Jarass/Pieroth

Grundgesetz
für die Bundesrepublik Deutschland

Grundgesetz
für die Bundesrepublik Deutschland

Kommentar

von

DR. HANS D. JARASS, LL. M.

o. Professor
an der Universität Münster

und

DR. BODO PIEROTH

o. Professor
an der Universität Münster

6. Auflage

Verlag C. H. Beck München 2002

Die Deutsche Bibliothek – CIP-Einheitsaufnahme

Jarass, Hans D.:
Grundgesetz für die Bundesrepublik Deutschland :
Kommentar / von Hans D. Jarass und Bodo Pieroth. –
6. Aufl. – München : Beck, 2002
    ISBN 3 406 48445 X

ISBN 3 406 48445 X

© 2002 Verlag C. H. Beck oHG
Wilhelmstraße 9, 80801 München
Druck: Druckerei C. H. Beck Nördlingen
(Adresse wie Verlag)

Gedruckt auf säurefreiem, alterungsbeständigem Papier
(hergestellt aus chlorfrei gebleichtem Zellstoff)

Vorwort zur 6. Auflage

Sehr viel mehr als frühere deutsche Verfassungen beeinflusst das Grundgesetz, also die Verfassung der Bundesrepublik Deutschland, Rechtsordnung und Praxis in vielen Bereichen des öffentlichen und selbst des privaten Rechts. Auslegung und Konkretisierung des Grundgesetzes sind dadurch nicht einfacher geworden, wie insb. die Großkommentare und Handbücher belegen. Hier möchte der vorliegende Kommentar helfen. Er präsentiert in komprimierter Form die (systematisch ausgewertete) Rechtsprechung des Bundesverfassungsgerichts und der anderen obersten Bundesgerichte zum Grundgesetz. Das Schrifttum ist demgegenüber nur begrenzt berücksichtigt; insoweit geht es vor allem darum, Kommentare, Handbücher und ähnliche Literatur zu erschließen. Im Übrigen sollen die vor jeder Vorschrift aufgeführten Literaturhinweise, auch wenn sie auf die neuere Literatur beschränkt bleiben mussten, den Zugang eröffnen.

Die Stoffauswahl orientiert sich an den Zielgruppen des Kommentars: Er wendet sich zunächst an alle, die in der Praxis mit Problemen des Grundgesetzes beschäftigt sind. Daher bleiben rein theoretische Streitfragen grundsätzlich unberücksichtigt. Eine gewisse Ausweitung wurde allerdings im Hinblick auf die zweite Zielgruppe, die Studenten und Referendare, vorgenommen: Behandelt werden auch Probleme, die in Übungsarbeiten und im Examen immer wieder eine Rolle spielen. So wurde die den Erläuterungen der Grundrechte zugrundeliegende Dogmatik zusammenfassend in den Vorbemerkungen vor Art. 1 dargestellt, auch um die Ausführungen zu den einzelnen Grundrechten zu entlasten. Des Weiteren beschränkt sich die Kommentierung generell auf die Auslegung des Grundgesetzes. Die Auslegung einfachgesetzlicher Normen, auch wenn sie verfassungsrechtliche Vorgaben konkretisieren und ausgestalten, bleibt ausgeklammert. Lediglich bei der Kommentierung der Zulässigkeitsvoraussetzungen von Verfassungsstreitigkeiten greift die Darstellung weiter aus.

Was die Art der Darstellung angeht, wurde ein durchsichtiger und konsequenter Aufbau angestrebt, der sich beispielsweise bei den Grundrechten an der Prüfungsreihenfolge einer Falllösung orientiert. Ähnlich erfolgt die Kommentierung des Art. 34 GG entsprechend der Voraussetzungen eines Amtshaftungsanspruchs. Inhaltlich folgt

Vorwort

die Kommentierung in der Regel der Linie der Rechtsprechung, was gelegentliche Kritik nicht ausschließt. Hauptsächliches Ziel ist es durchgängig, das unübersichtliche und manchmal widersprüchliche Rechtsprechungsmaterial in einsichtiger Weise zu gliedern und zusammenzustellen. Generell wurde auf Systematik und Stringenz besonderer Wert gelegt; es ging darum, auf die vielen Parallelprobleme im Grundgesetz einheitliche oder doch miteinander vereinbare Antworten zu geben. Das erfordert nicht selten eigene Antworten auf bisher noch offene Fragen.

Im Hinblick auf diese Zielsetzung erwies es sich als förderlich, dass nur zwei Autoren beteiligt sind und zudem sämtliche Vorschriften zum gleichen Zeitpunkt kommentiert werden. Andererseits ergeben sich aus eben diesem Umstand besondere Schwierigkeiten. Ein so anspruchsvolles Vorhaben geht notwendig an die Grenze der Arbeitskraft von zwei Autoren. Seine Realisierung muss zwangsläufig Fehler und Mängel aufweisen, weshalb wir auf Anregungen und Kritik hoffen. Auch für Hinweise auf Fehlzitate sind wir dankbar. Wegen der riesigen Menge der Zitate und der fortlaufenden Veränderung der Kommentierung lassen sie sich trotz wiederholter Kontrollen nicht ganz vermeiden. Die Verantwortung für die Kommentierung liegt bei dem in der Fußzeile ausgewiesenen Verfasser (bei Art. 6, Art. 20 und Art. 33 erfolgt ausnahmsweise innerhalb eines Artikels eine Aufteilung); die Verantwortung für das Gesamtkonzept liegt beim ersten Autor.

In der Neuauflage wurde gegenüber der Vorauflage eine große Zahl von Änderungen vorgenommen. Sie betreffen insb. die Vorbemerkungen vor den Grundrechten, die Glaubensfreiheit des Art. 4, das Brief-, Post- und Fernmeldegeheimnis in Art. 10, der Schutz der Wohnung in Art. 13, Teile des Art. 14, Art. 21, Art. 28, Art. 38 und Art. 92, die Vorgaben für Freiheitsbeschränkungen in Art. 104 und das Staatskirchenrecht in Art. 137 WRV. Darüber hinaus wurde der Aufbau der Gleichheitsgrundrechte etwas modifiziert. Rechtsprechung und Literatur befinden sich auf dem (veröffentlichten) Zustand vom 1. 5. 2001; spätere Entscheidungen und Literatur konnten nur vereinzelt berücksichtigt werden.

Dank verdienen die Mitarbeiter unserer Lehrstühle für ihre vielfältige Unterstützung bei der Erfassung, Sichtung und Auswertung des Rechtsprechungs- und Literaturmaterials, bei der Texterstellung und beim Korrekturlesen.

Münster, im Juli 2001   Hans D. Jarass
                                                     Bodo Pieroth

Hinweise für den Gebrauch

Die Kommentierung der einzelnen Artikel erfolgt nach systematischen Gesichtspunkten und nicht notwendig nach der Reihenfolge der einzelnen Absätze und/oder Sätze eines Artikels. Die Hauptfundstellen der einschlägigen Kommentierung sind daher durch hochgestellte Ziffern im Grundgesetztext nachgewiesen. Zudem wurden, um Raum zu sparen, mehrfach auftauchende Fragen jeweils nur einmal behandelt. Die vollständige Kommentierung ergibt sich daher erst, wenn auch die Weiterverweisungen gelesen werden. Hinweise auf andere Grundgesetz-Kommentare beziehen sich auf die Erläuterungen zum selben Artikel (ggf. zum gleichen Absatz) des Grundgesetzes, sofern kein anderer Artikel genannt ist. Die vollständigen Titel der abgekürzt zitierten Literatur finden sich, wenn die Angabe „o. Lit." folgt, in den Literaturangaben zu der betreffenden Vorschrift, im Übrigen im Abkürzungsverzeichnis. Folgen einem Zitat mehrere Fundstellen, findet sich das Zitat wörtlich meist nur in der ersten Fundstelle; die anderen Fundstellen enthalten Belege in der Sache.

Inhaltsverzeichnis

I. Die Grundrechte

II. Der Bund und die Länder

Inhalt

III. Der Bundestag

Inhalt

XI

Inhalt

Inhalt

Inhalt

X a. Verteidigungsfall

XI. Übergangs- und Schlussbestimmungen

Inhalt

Inhalt

Abkürzungsverzeichnis

Abkürzungen

Abkürzungen

Abkürzungen

Abkürzungen

GO	Gemeindeordnung
grds.	grundsätzlich
GS	Gedächtnisschrift
GV, GVBl	Gesetz- und Verordnungsblatt
GVG	Gerichtsverfassungsgesetz
hA	herrschende Auffassung
Hamb, hamb	Hamburg, hamburgisch
HbStKirchR	Listl/Pirson (Hg.), Handbuch des Staatskirchenrechts, 2. Aufl., Bd. 1 1994, Bd. 2 1996
HbStR	Isensee/Kirchhof (Hg.), Handbuch des Staatsrechts der Bundesrepublik Deutschland, Bd. I und II 1987, Bd. III 1988; Bd. IV 1990; Bd. V 1992; Bd. VI 1989; Bd. VII 1992; Bd. VIII 1995; Bd. IX 1997; Bd. X 2000 (in 2. Aufl., aber materiell unverändert, sind erschienen Bd. 1 1995, Bd. 2 1998, Bd. 3 1996, Bd. 4 1999, Bd. 5 2000 und Bd. 6 2001)
HbVerfR	Benda/Maihofer/Vogel (Hg.), Handbuch des Verfassungsrechts der Bundesrepublik Deutschland, 2. Aufl. 1995
Hess, hess	Hessen, hessisch
Hesse	Hesse, Grundzüge des Verfassungsrechts der Bundesrepublik Deutschland, 20. Aufl. 1995
hM	herrschende Meinung
Hg.	Herausgeber
HRG	Hochschulrahmengesetz
Hs.	Halbsatz
idF	in der Fassung
idR	in der Regel
idS	in diesem Sinne
i. E.	im Ergebnis
ieS	im engeren Sinne
insb.	insbesondere
Ipsen I	Ipsen, Staatsrecht I, 11. Aufl. 1999
Ipsen II	Ipsen, Staatsrecht II, 3. Aufl. 2000
iS	im Sinne
iSd	im Sinne des
iSv	im Sinne von
iVm	in Verbindung mit
iü	im Übrigen
iwS	im weiteren Sinne
JA	Juristische Arbeitsblätter (Zeitschrift)
JöR	Jahrbuch des öffentlichen Rechts der Gegenwart (Zeitschrift)
JR	Juristische Rundschau (Zeitschrift)

Abkürzungen

Abkürzungen

Abkürzungen

Abkürzungen

Abkürzungen

Grundgesetz
für die Bundesrepublik Deutschland

Vom 23. Mai 1949 (BGBl 1),
zuletzt geändert durch das Gesetz zur Änderung des Grundgesetzes
vom 19. 12. 2000 (BGBl I 1755).

Einleitung

Übersicht

1. Überschrift

Die amtliche Überschrift „Grundgesetz für die Bundesrepublik **1**
Deutschland" liefert zunächst die **Bezeichnung für die Verfassung.** Aufgrund der internationalen Lage im Jahre 1949 war am
Zustandekommen des GG lediglich ein Teil des deutschen Volkes
beteiligt, der zudem wegen der Rechte der Westmächte in seiner
Souveränität begrenzt war. Das GG war daher ursprünglich nur als
Übergangsordnung gedacht, weshalb die Bezeichnung *„Grundgesetz "*
statt „Verfassung" gewählt wurde (Murswiek BK 9 ff zur Überschrift;
Starck MKS 1 f). Die Geltungskraft des GG war und ist deshalb nicht
von minderem Rang (Starck MKS zur Präambel; Kirn MüK 2 zu
Art.146). Seit der Wiedervereinigung hat der Begriff seine provisorischen Aspekte verloren (Starck MKS 4; Rn.2 zur Präamb). Des
Weiteren ergibt sich aus der Überschrift und aus Art.20 Abs.1 die
amtliche Bezeichnung für das durch das GG konstituierte Gemeinwesen: *„Bundesrepublik Deutschland"* (Starck MKS 6 zur Überschrift).

2. Entstehung, Ausweitung und Änderungen des Grundgesetzes

2 **a) Entstehung und räumliche Ausweitung.** Nach den Vorarbeiten eines von den Ministerpräsidenten der ursprünglichen Bundesländer eingesetzten Sachverständigenausschusses, des „Verfassungskonvents von Herrenchiemsee" (dazu Denninger AK I 19 f), erarbeitete der in Bonn tagende **„Parlamentarische Rat"** vom 1. 9. 1948 bis zum 8. 5. 1949 den Text des GG (dazu Denninger AK I 21 ff; Mußgnug HbStR I 230 ff). Die 65 Mitglieder des Parlamentarischen Rates wurden von den Landtagen der ursprünglichen Bundesländer Baden, Bayern, Bremen, Hamburg, Hessen, Niedersachsen, Nordrhein-Westfalen, Rheinland-Pfalz, Schleswig-Holstein, Württemberg-Baden und Württemberg-Hohenzollern gewählt; dazu kamen fünf Berliner Vertreter mit beratender Stimme. Der erarbeitete Text fand die Zustimmung der Volksvertretungen der Länder; näher Rn. 1 zu Art. 144. Zur Verkündung und Veröffentlichung sowie zum Inkrafttreten des GG und zum Entstehen der Bundesrepublik Deutschland Rn. 2 zu Art. 145. 1957 wurde das GG auf das Saarland und 1990 auf die ostdeutschen Länder sowie den Ostteil Berlins erstreckt (dazu Rn. 3 zu Art. 145). Die Vorbehalte der Alliierten, die die *Anwendung* des Grundgesetzes teilweise begrenzten, wurden stückweise abgebaut und zum 3. 10. 1990 völlig beseitigt (dazu Rn. 2 zu Art. 144).

3 **b) Änderungen des Grundgesetzes.** Das GG (zur Veröffentlichung der ursprünglichen Fassung Rn. 2 zu Art. 145) ist in zahlreichen Änderungen fortentwickelt worden. Im Einzelnen handelt es sich dabei um folgende Änderungen:

(1) Durch das Strafrechtsänderungsgesetz vom 30. 8. 1951 (BGBl I 739) wurde *Art. 143* aufgehoben.

(2) Durch das Gesetz zur Einfügung eines Art. 120 a vom 14. 8. 1952 (BGBl I 445) wurde *Art. 120 a* eingefügt.

(3) Durch das Gesetz zur Änderung des Art. 107 vom 20. 4. 1953 (BGBl I 130) wurde *Art. 107* geändert.

(4) Durch das Gesetz zur Ergänzung des GG vom 26. 3. 1954 (BGBl I 45) wurden *Art. 73 Nr. 1* geändert sowie *Art. 79 Abs. 1 S. 2* und *Art. 142 a* eingefügt.

(5) Durch das 2. Gesetz zur Änderung des Art. 107 vom 25. 12. 1954 (BGBl I 517) wurde *Art. 107* geändert.

(6) Durch das Finanzverfassungsgesetz vom 23. 12. 1955 (BGBl I 817) wurden *Art. 106* und *Art. 107* geändert.

(7) Durch das Gesetz zur Ergänzung des GG vom 19. 3. 1956 (BGBl I 111) wurden Art. 1 Abs. 3, 12, 36, 49, 60 Abs. 1, 96

Abs.3, 137 Abs.1 geändert und Art.17 a, 45 a, 45 b, 59 a, 65 a, 87 a, 87 b, 96 a, 143 eingefügt.

(8) Durch das Gesetz vom 24. 12. 1956 (BGBl I 1077) wurde *Art.106 Abs.2, 6–8* geändert.

(9) Durch das Gesetz vom 22. 10. 1957 (BGBl I 1745) wurde *Art.135 a* eingefügt.

(10) Durch das Gesetz zur Ergänzung des GG vom 23. 12. 1959 (BGBl I 813) wurden *Art.74 Nr.11 a* und *Art.87 c* eingefügt.

(11) Durch das Gesetz zur Einfügung eines Art. über die Luftverkehrsverwaltung in das GG vom 6. 2. 1961 (BGBl I 65) wurde *Art.87 d* eingefügt.

(12) Durch das 12. Gesetz zur Änderung des GG vom 6. 3. 1961 (BGBl I 141) wurden *Art.96 Abs.3* aufgehoben und *Art.96 a* geändert.

(13) Durch das 13. Gesetz zur Änderung des GG vom 16. 6. 1965 (BGBl I 513) wurden *Art.74 Nr.10* geändert und *Art.74 Nr.10 a* eingefügt.

(14) Durch das 14. Gesetz zur Änderung des GG vom 30. 7. 1965 (BGBl I 649) wurde *Art.120 Abs.1* geändert.

(15) Durch das 15. Gesetz zur Änderung des GG vom 8. 6. 1967 (BGBl I 581) wurde *Art.109 Abs.2–4* eingefügt.

(16) Durch das 16. Gesetz zur Änderung des GG vom 18. 6. 1968 (BGBl I 657) wurden *Art.92, 95, 96 a, 99, 100* geändert, *Art.96* aufgehoben und *Art.96 a* wurde zu Art.96.

(17) Durch das 17. Gesetz zur Ergänzung des GG vom 24. 6. 1968 (BGBl I 709) wurden *Art.9, 10, 11, 12, 19, 20, 35, 65 a, 73 Nr.1, 87 a, 91* geändert, *Art.12 a, 53 a, 80 a, 115 a bis 115 l* eingefügt sowie *Art.59 a, 142 a, 143* aufgehoben.

(18) Durch das 18. Gesetz zur Änderung des GG vom 15. 11. 1968 (BGBl I 1177) wurden *Art.76 Abs.2* und *Art.77 Abs.2 S.1, Abs.3* geändert.

(19) Durch das 19. Gesetz zur Änderung des GG vom 29. 1. 1969 (BGBl I 97) wurden *Art.93 Abs.1 Nr.4 a, 4 b* und *Art.94 Abs.2 S.2* eingefügt.

(20) Durch das 20. Gesetz zur Änderung des GG vom 12. 5. 1969 (BGBl I 357) wurden *Art.109 Abs.3, 110, 112, 113, 114, 115* geändert.

(21) Durch das 21. Gesetz zur Änderung des GG (Finanzreformgesetz) vom 12. 5. 1969 (BGBl I 359) wurden *Art.91 a, 91 b, 104 a, 105 Abs.2 a* eingefügt und *Art.105 Abs.2, 106, 107, 108, 115 c Abs.3, 115 k Abs.3* geändert.

(22) Durch das 22. Gesetz zur Änderung des GG vom 12. 5. 1969 (BGBl I 363) wurden *Art. 74 Nr. 19 a, 75 Abs. 1 Nr. 1 a, Abs. 2, 3* eingefügt und *Art. 74 Nr. 13, Nr. 22, 96 Abs. 4* geändert.

(23) Durch das 23. Gesetz zur Änderung des GG vom 17. 7. 1969 (BGBl I 817) wurde *Art. 76 Abs. 3 S. 1* geändert.

(24) Durch das 24. Gesetz zur Änderung des GG vom 28. 7. 1969 (BGBl I 985) wurde *Art. 120 Abs. 1* geändert.

(25) Durch das 25. Gesetz zur Änderung des GG vom 19. 8. 1969 (BGBl I 1241) wurde *Art. 29* geändert.

(26) Durch das 26. Gesetz zur Änderung des GG vom 26. 8. 1969 (BGBl I 1357) wurde *Art. 96 Abs. 5* eingefügt.

(27) Durch das 27. Gesetz zur Änderung des GG vom 31. 7. 1970 (BGBl I 1161) wurden *Art. 38 Abs. 2* und *Art. 91 a Abs. 1 Nr. 1* geändert.

(28) Durch das 28. Gesetz zur Änderung des GG vom 18. 3. 1971 (BGBl I 206) wurden *Art. 74 a* eingefügt und *Art. 75, 98 Abs. 3* geändert.

(29) Durch das 29. Gesetz zur Änderung des GG vom 18. 3. 1971 (BGBl I 207) wurde *Art. 74 Nr. 20* geändert.

(30) Durch das 30. Gesetz zur Änderung des GG vom 12. 4. 1972 (BGBl I 593) wurde *Art. 74 Nr. 24* eingefügt.

(31) Durch das 31. Gesetz zur Änderung des GG vom 28. 7. 1972 (BGBl I 1305) wurden *Art. 35 Abs. 2, 73 Nr. 10, 87 Abs. 1 S. 2* geändert und *Art. 74 Nr. 4 a* eingefügt.

(32) Durch das 32. Gesetz zur Änderung des GG vom 15. 7. 1975 (BGBl I 1901) wurde *Art. 45 c* eingefügt.

(33) Durch das 33. Gesetz zur Änderung des GG vom 23. 8. 1976 (BGBl I 2381) wurden *Art. 29* und *Art. 39 Abs. 1* und *2* geändert sowie *Art. 45, 45 a Abs. 1 S. 2, 49* aufgehoben.

(34) Durch das 34. Gesetz zur Änderung des GG vom 23. 8. 1976 (BGBl I 2383) wurde *Art. 74 Nr. 4 a* geändert.

(35) Durch das 35. Gesetz zur Änderung des GG vom 21. 12. 1983 (BGBl I 1481) wurde *Art. 21 Abs. 1 S. 4* geändert.

(36) Durch das Einigungsvertragsgesetz vom 31. 8. 1990 (BGBl II 889) wurden die *Präambel, Art. 51 Abs. 2, Art. 135 a* und *Art. 146* geändert, *Art. 23* aufgehoben und *Art. 143* eingefügt.

(37) Durch das Gesetz zur Änderung des GG vom 14. 7. 1992 (BGBl I 1254) wurde *Art. 87 d Abs. 1* geändert.

(38) Durch das Gesetz zur Änderung des GG vom 21. 12. 1992 (BGBl I 2086) wurden *Art. 23, Art. 24 Abs. 1 a, Art. 28 Abs. 1 S. 3, Art. 45, Art. 52 Abs. 3 a* und *Art. 88 S. 2* eingefügt sowie *Art. 50* und *Art. 115 e Abs. 2 S. 2* neu gefasst.

(39) Durch das Gesetz zur Änderung des GG vom 28. 6. 1993 (BGBl I 1002) wurden *Art. 16 a* eingefügt, *Art. 18* geändert sowie *Art. 16 Abs. 2 S. 2* aufgehoben.

(40) Durch das Gesetz zur Änderung des GG vom 20. 12. 1993 (BGBl I 2089) wurden *Art. 73 Nr. 6, Art. 74 Nr. 23, Art. 80 Abs. 2* und *Art. 87 Abs. 1 S. 1* geändert sowie *Art. 73 Nr. 6 a, Art. 87 e, Art. 106 a* und *Art. 143 a* eingefügt.

(41) Durch das Gesetz zur Änderung des GG vom 30. 8. 1994 (BGBl I 2245) wurden *Art. 73 Nr. 7, Art. 80 Abs. 2* und *Art. 87 Abs. 1 S. 1* geändert und *Art. 87 f* sowie *Art. 143 b* eingefügt.

(42) Durch das Gesetz zur Änderung des GG vom 27. 10. 1994 (BGBl I 3146) wurden Art. 29 Abs. 7, Art. 72, Art. 74, Art. 75, Art. 76 Abs. 2, 3 geändert und Art. 3 Abs. 2 S. 2, Art. 3 Abs. 3 S. 2, Art. 20 a, Art. 28 Abs. 2 S. 3, Art. 29 Abs. 8, Art. 77 Abs. 2 a, Art. 80 Abs. 3, 4, Art. 87 Abs. 2 S. 2, Art. 93 Abs. 1 Nr. 2 a, Art. 118 a und Art. 125 a eingefügt.

(43) Durch das Gesetz zur Änderung des GG vom 3. 11. 1995 (BGBl I 1492) wurde *Art. 106 Abs. 3, 4* geändert.

(44) Durch das Gesetz zur Änderung des GG vom 20. 10. 1997 (BGBl I 2470) wurde Art. 28 Abs. 2 S. 3 und Art. 106 Abs. 3, 6 geändert sowie Art. 106 Abs. 5 a eingefügt.

(45) Durch das Gesetz zur Änderung des GG vom 26. 3. 1998 (BGBl I 610) wurde Art. 13 Abs. 3–6 eingefügt.

(46) Durch das Gesetz zur Änderung des GG vom 16. 7. 1998 (BGBl I 1822) wurde Art. 39 geändert.

(47) Durch Art. 1 des Gesetzes zur Änderung des GG vom 29. 11. 2000 (BGBl I 1633) wurde Art. 16 Abs. 2 S. 2 angefügt.

(48) Durch das Gesetz zur Änderung des GG vom 19. 12. 2000 (BGBl. I 1755) wurde Art. 12a Abs. 4 S. 2 geändert.

3. Verfassungsrechtliche Vorgaben für die Auslegung

a) Auslegung einfachen Rechts. Das BVerfG entnimmt dem **4** GG eine Reihe von Vorgaben für die Auslegung des einfachen Rechts (zur Auslegung des GG unten Rn. 7–9): **aa)** „Maßgebend für die Auslegung einer Gesetzesbestimmung ist der in dieser zum Ausdruck kommende **objektivierte Wille des Gesetzgebers**" (BVerfGE 1, 299/312; 11, 126/129 ff; 71, 81/106; 79, 106/121). Dieser (objektivierte) Gesetzeswille ist gemeint, wenn Art. 20 Abs. 3 Exekutive und Rechtsprechung an das Gesetz bindet (dazu Rn. 37–43 zu Art. 20). Der Wille der am Gesetzgebungsprozess beteiligten Personen, der sog. subjektive Wille des Gesetzgebers, bildet nur einen

Anhaltspunkt (unten Rn.5). Zudem wird jede Norm durch die Gemeinschaft der Rechtsanwender, v. a. die obersten Gerichte, konkretisiert bzw. ausgestaltet und damit verselbständigt (vgl. Hesse 61 ff). Diese Zusammenhänge werden durch die Redeweise vom (objektivierten oder objektiven) Willen des Gesetzgebers nicht gerade verdeutlicht (vgl. Müller, Juristische Methodik, 5.A. 1993, 256 ff).

5   **bb)** Um die Bedeutung einer Gesetzesvorschrift zu ermitteln, kommen die **herkömmlichen Auslegungsmethoden** zum Einsatz (vgl. BVerfGE 11, 126/130; 82, 6/11): „Die Auslegung aus dem Wortlaut der Norm (grammatische Auslegung), aus ihrem Zusammenhang (systematische Auslegung), aus ihrem Zweck (teleologische Auslegung) und aus den Gesetzesmaterialien und der Entstehungsgeschichte (historische Auslegung)" sind zulässig (BVerfGE 11, 126/130); vgl. auch zu den einzelnen Methoden unten Rn.7. Es wird keine bestimmte Auslegungsmethode vorgegeben (BVerfGE 82, 6/11; 88, 145/166 f). Dem entsprechend setzt der Wortlaut keine unübersteigbare Grenze (BVerfGE 35, 263/278; 97, 186/196; a. A. BVerwGE 90, 265/269; wohl beschränkt auf Art.103 Abs.2 BVerfGE 71, 108/115). Nicht (allein) ausschlaggebend sind auch die Vorstellungen der gesetzgebenden Instanzen, der subjektive Wille des Gesetzgebers (BVerfGE 1, 299/311 f; 11, 126/130; 62, 1/45) und die systematische Interpretation, die verlangt, einzelne Rechtssätze in einem logischen Zusammenhang mit der Gesamtregelung zu verstehen (BVerfGE 48, 246/257). Die subjektiven Vorstellungen des Gesetzgebers verlieren mit zunehmendem Alter einer Regelung an Gewicht (vgl. BVerfGE 34, 269/288). Zulässig ist eine *teleologische Reduktion* (BVerfGE 88, 145/167). Bei einer Änderung der sozialen Verhältnisse, gesellschaftspolitischer Anschauungen und rechtlicher Rahmenbedingungen kann der bisherigen Gesetzesinterpretation oder Rechtsfortbildung die Grundlage entzogen sein (BVerfGE 98, 49/59 f). Zur **Rechtsfortbildung** Rn.42 zu Art.20; zur Analogie im Grundrechtsbereich Rn.43 zu Art.20. Ein gesetzgeberisches *Versehen* kann korrigiert werden (BVerfGE 11, 139/149; 18, 38/45).

6   Aus dem GG ergeben sich für diese Auslegungsmethoden bestimmte **Einschränkungen:** Ist von mehreren Auslegungen nur eine mit dem GG vereinbar, muss diese gewählt werden; näher zur *verfassungskonformen Auslegung* Rn.34 zu Art.20. Das kann etwa eine teleologische Reduktion erfordern (BVerfGE 88, 145/168). Zur Analogie bei Grundrechtseinschränkungen Rn.43 zu Art.20. Darüber hinaus sind die *Wertentscheidungen* des GG generell bei der Auslegung einfachen Rechts zu berücksichtigen; dies gilt für vorkons-

titutionelle Gesetze in gleicher Weise (BVerfGE 19, 1/8). Bedeutung hat das auch für die Auslegung des Privatrechts im Bereich der Grundrechte; näher zur dadurch begründeten *Ausstrahlungswirkung* der Grundrechte Vorb.15 f, 33 vor Art.1. Bei der Auslegung der Vorschriften der Rahmengesetzgebung kommt dem Wortlaut besonderes Gewicht zu (BVerfGE 93, 319/341).

b) Auslegung des Grundgesetzes. Die Normen des GG sind **7** mit Hilfe der herkömmlichen **allgemeinen Auslegungsmethoden** (oben Rn.5) zu interpretieren (Starck HbStR VII 200 f; Sachs SA 38). Bei der Auslegung nach dem *Wortlaut* ist zu beachten, dass „ein im Grundgesetz mehrfach verwendeter Begriff ... nicht überall denselben Inhalt haben muss", insb. im Hinblick auf den Zweck der Regelungen (BVerfGE 6, 32/38); der „gängige Wortsinn" ist nicht allein entscheidend (BVerfGE 74, 102/116). Die *systematische* Auslegung verlangt eine Berücksichtigung der anderen Normen des GG (BVerfGE 6, 55/72). „Vornehmstes Interpretationsprinzip ist die Einheit der Verfassung" (BVerfGE 19, 206/220; Hesse 71). Im Bereich der Grundrechte ergeben sich daher aus kollidierendem Verfassungsrecht Schranken; näher dazu Vorb.45–49 vor Art.1. Generell sind widerstreitende Verfassungsnormen im Weg der „praktischen Konkordanz" einander zuzuordnen, die beide Normen zu jeweils (relativ) optimaler Entfaltung kommen lässt (Stern I 133; Hesse 72). Die Vorstellung von verfassungswidrigem Verfassungsrecht (etwa BVerfGE 1, 14/32 f) ist daher abzulehnen, was natürlich die materielle Verfassungswidrigkeit von Verfassungsänderungen nicht ausschließt (vgl. Rn. 6–12 zu Art.79). Die *teleologische* Auslegung erfordert die Beachtung von Sinn und Zweck einer Norm (etwa BVerfGE 74, 51/57; Starck HbStR VII 202 f); zudem ist eine Folgenanalyse angebracht (Stein AK II 47, 69 ff). Die *historische* Interpretation verlangt eine Berücksichtigung der Entstehungsgeschichte (BVerfGE 88, 40/56; Stein AK II 58), v. a. dann, wenn sie im Normzusammenhang ihren Ausdruck gefunden hat (BVerfGE 79, 127/143 f) oder Wortlaut und Systematik unergiebig sind (BVerfGE 67, 299/315; 86, 148/221). Besonderes Gewicht hat sie bei Kompetenznormen (BVerfGE 41, 205/220; Starck HbStR VII 226 f; Rn.4 zu Art.70).

Des Weiteren sind die tatsächlichen Eigenheiten des *Normbereichs* **8** zu berücksichtigen (Hesse 69). Anzuwenden ist auch der Vorrang der *spezielleren Regelung* (BVerfGE 13, 290/296); dies gilt jedoch nicht, wenn die allgemeine Norm nach ihrem Sinngehalt „die stärkere sachliche Beziehung zu dem zu prüfenden Sachverhalt" besitzt, wie das BVerfG für das Verhältnis von allgemeinen und besonderen Gleichheitsgrundrechten festgehalten hat (Rn.3 zu Art.3). Endlich können Verfassungsnormen einem *Bedeutungswandel* unterliegen (BVerfGE 2, 380/401; Stein AK II 87 ff).

9 Über die allgemeinen Auslegungsregeln hinaus „ist derjenigen Auslegung der Vorrang zu geben, die die juristische Wirkungskraft der betreffenden Norm am stärksten entfaltet" (BVerfGE 6, 55/72; 43, 154/167); man kann von einem Prinzip **optimaler Wirksamkeit** sprechen. Darüber hinaus ist der **Vorrang der Verfassung** (dazu Rn.32, 38 zu Art.20) bedeutsam, was eine Auslegung verfassungsrechtlicher Begriffe nach Maßgabe des einfachen Rechts ausschließt (vgl. BVerfGE 12, 45/53). Endlich ist bei der Auslegung des GG das EG-Recht im Wege der **EG-rechtskonformen Interpretation** zu beachten (Rn.41 zu Art.23). Die Europäische Menschenrechtskonvention ist zu berücksichtigen (BVerfGE 74, 358/370; 82, 106/115; vgl. Rn.19 zu Art.1). Gleiches gilt für sonstiges Völkerrecht; zur *völkerrechtsfreundlichen Auslegung* Rn.4 zu Art.25.

Präambel

Im Bewusstsein seiner Verantwortung vor Gott[3] und den Menschen, von dem Willen beseelt, als gleichberechtigtes Glied in einem Vereinten Europa dem Frieden der Welt zu dienen[4], hat sich das Deutsche Volk[3] kraft seiner verfassungsgebenden Gewalt[2] dieses Grundgesetz gegeben. Die Deutschen in den Ländern Baden-Württemberg, Bayern, Berlin, Brandenburg, Bremen, Hamburg, Hessen, Mecklenburg-Vorpommern, Niedersachsen, Nordrhein-Westfalen, Rheinland-Pfalz, Saarland, Sachsen, Sachsen-Anhalt, Schleswig-Holstein und Thüringen haben in freier Selbstbestimmung die Einheit und Freiheit Deutschlands vollendet[5]. Damit gilt dieses Grundgesetz für das gesamte Deutsche Volk[8 ff].

Übersicht

Literatur: *Ennuschat,* „Gott" und Grundgesetz, NJW 1998, 953; *Wiegand,* Das Prinzip der Verantwortung und die Präambel des GG, JöR 1995, 31; *Isensee/Kirchhof* (Hg.), Die Einheit Deutschlands, HbStR, Bd. VIII, 1995; *Wiegand,* Das Prinzip Verantwortung und die Präambel des GG, JöR 1995, 31; *Guggenberger/Stein (Hg.),* Die Verfassungsdiskussion im Jahre der deutschen Einheit, 1991; *Weis,* Verfassungsrechtliche Fragen im Zusammenhang mit der Herstellung der staatlichen Einheit Deutschlands, AöR 1991, 1; *Herdegen,* Die Verfassungsänderungen im Einigungsvertrag, 1991; *v. Münch,* Deutschland gestern – heute – morgen, NJW 1991, 865; *Rauschning,* Beendigung der Nachkriegszeit mit dem Vertrag über die abschließende Regelung in bezug auf Deutschland, DVBl 1990, 1275; *Schnapauff,* Der Einigungsvertrag, DVBl 1990, 1249; *Degenhart,* Verfassungsfragen der deutschen Einheit, DVBl 1990, 973; *Stern/Schmidt-Bleibtreu,* Verträge und Rechtsakte zur deutschen Einheit, Bd.2: Einigungsvertrag und Wahlvertrag, 1990; *Engel,* Verfassungs-, Gesetzes- und Referendumsvorbehalt für Änderungen des Bundesgebiets und andere gebietsbezogene Akte, AöR 1989, 46; *Fiedler,* Die staats- und völkerrechtliche Stellung der Bundesrepublik Deutschland, JZ 1988, 132; *Bernhardt,* Deutsche Teilung und Status Gesamtdeutschlands, HbStR I, 1987, § 8; *Vitzthum,* Staatsgebiet, HbStR I, 1987, § 16; *Böckenförde,* Die verfassungsgebende Gewalt des Volkes, 1986; *Geiger,* Präambel des GG, EuGRZ 1986, 121 ff. – S. auch Literatur zu Art.116, 143, 146.

1. Bedeutung der Präambel

1   Die Präambel greift die Entstehungs- und Änderungsgeschichte des GG auf, insb. im Zusammenhang mit der Wiedervereinigung, und weist auf einige zentrale Anliegen hin, die den Entstehungsvorgang prägten. Daneben hat die Präambel auch rechtliche Bedeutung (BVerfGE 36, 1/17; Kunig MüK 7; Starck MKS 30), sie ist Teil des GG (Huber SA 8), ohne dass sich aus jedem Teil der Präambel rechtliche Folgerungen ableiten lassen. Subjektive Rechte enthält die Präambel nicht (Huber SA 13). Auch fällt sie nicht unter Art.79 Abs.3 (Dreier DR 11 ff; Kunig MüK 49; a. A. Huber SA 9).

2. Verfassungsgebung und Einbettung in internationale Ordnung (S.1)

2   **a) Verfassungsgebung.** S.1 der Präambel weist zunächst darauf hin, dass sich das Deutsche Volk kraft seiner **verfassungsgebenden Gewalt** das GG gegeben hat. Das verdeutlicht, dass das GG sich nicht von einer anderen Verfassung ableitet, sondern seinen Rechtsgrund unmittelbar in der Volkssouveränität hat. Dagegen lässt sich daraus nicht entnehmen, dass das Volk, wie das vielfach vertreten wird, das GG jederzeit kraft seiner verfassungsgebenden Gewalt durch eine neue Verfassung ersetzen kann. Mit Erlass des GG gibt es nur noch eine konstituierte verfassungsgebende Gewalt, die allein dort zum Tragen kommt, wo das GG sie ausdrücklich zulässt (vgl. Stern I 152 f; Schneider HbStR VII 22). Eine neue Verfassung, die die Vorschriften des GG für Verfassungsänderungen in Art.79, 146 nicht beachtet, wäre verfassungswidrig (Rn.3 f zu Art.146; Schneider HbStR VII 24 f; vgl. auch BVerfGE 3, 225/232; 84, 90/121). Seit der Änderung der Präambel im Jahre 1990 (Einl.3 Nr.36) und der damit erfolgten Streichung der Aussage, dass das GG nur für eine Übergangszeit gedacht ist, stellt das GG nicht nur eine Verfassung im vollen Sinne dar, sondern ist auch die **dauerhafte Verfassung** der Bundesrepublik Deutschland (Busse, DÖV 91, 349; noch deutlicher v. Campen-

hausen MaK 11 zu Art.146; Einl. 1). Zur Möglichkeit, das GG gem. Art.146 durch eine neue Verfassung zu ersetzen, vgl. Rn.2–5 zu Art.146.

Der Verweis auf das **Deutsche Volk** als Geber des GG, der auch **3** schon in der ursprünglichen Fassung der Präambel enthalten war, stellt klar, dass die Schaffung des GG keine Vereinbarung der Länder darstellt (Huber SA 20; Starck MKS 20) und kein Diktat der Besatzungsmächte war (Maunz MD 28; Huber SA 14). Trotz der gewichtigen Einflussnahme der Westmächte handelt es sich um eine deutsche Schöpfung (Kunig MüK 33). Weiter ergibt sich aus der Berufung auf die **„Verantwortung vor Gott"** keine anti-atheistische oder gar prochristliche Auslegungsmaxime für das GG (Dreier DR 18 ff; Starck MKS 36; Kunig MüK 16; Zuleeg AK 14; a. A. Hollerbach HbStR VI 518). Deutlich wird aber eine Zurückweisung der Verabsolutierung von Staatsgewalt (Dreier DR 17; vgl. auch Rn.1 zu Art.1).

b) Internationale Einbettung. Aus S.1 der Präambel folgt, im **4** Zusammenhang mit anderen Verfassungsnormen, das **Friedensgebot** des GG (Dreier DR 30 f; Huber SA 44), das auch als Verfassungsprinzip des **friedlichen Zusammenlebens der Völker** gekennzeichnet werden kann (näher dazu Rn.1 zu Art.26). Darüber hinaus stellt gem. S.1 die Bereitschaft zur **Einigung Europas** eine verfassungsrechtliche Grundentscheidung dar (BVerfGE 73, 339/386; Zuleeg AK 60), die allerdings den zuständigen Organen weite Spielräume belässt (Dreier DR 25; Starck MKS 41). Die Grundentscheidung, die nicht auf die Friedens*sicherung* beschränkt ist (Kunig MüK 24), wird nunmehr in Art.23 aufgenommen und konkretisiert; näher dazu Rn.5 zu Art.23.

3. Wiedervereinigung und Rechtslage Deutschlands

a) Einheit Deutschlands. Die Präambel stellte in ihrer ur- **5** sprünglichen Fassung klar, dass die Schaffung des GG im Jahre 1949 allein für das Gebiet der westlichen Besatzungszonen keinen Verzicht auf die Wiedervereinigung Deutschlands bedeutete. Einen ersten Schritt zur Wiederherstellung der Einheit Deutschlands bildete der Beitritt des Saarlands nach einer Volksabstimmung zum 1. 1. 1957 (BGBl 1956 I 1011). Gem. Art.1 des am 31. 8. 1990 unterzeichneten Vertrags über die Herstellung der Einheit Deutschlands, dem Einigungsvertrag (BGBl 1990 II 889), sind die Länder Brandenburg, Mecklenburg-Vorpommern, Sachsen, Sachsen-Anhalt und Thüringen sowie der Ostteil von Berlin mit Wirkung zum 3. 10. 1990 auf der Grundlage des Art.23 a. F. der Bundesrepublik beigetreten; dem Vertrag lag ein entsprechender, mit über 80% der (abgegebenen) Stimmen gefasster Beschluss der Volkskammer der DDR zugrunde (Starck MKS 26). Zum Inkrafttreten des GG in diesem Gebiet Rn.3 zu Art.145. Damit war Deutschland wiedervereinigt, wie auch Art.146 deutlich werden lässt (Amtl. Begr. EVertr BT-Drs. 11/7760, 358; Rn.1 zu Art.146). Das früher bestehende Wiedervereinigungsgebot (BVerfGE 5, 85/125 ff; 36, 1/16 ff; 77, 137/149; näher Rn.3 zur Präamb in 1. Aufl.), das sich nicht notwendig auf Deutschland in den Grenzen von 1937 bezog (Herdegen o. Lit. 8; Degenhart, DVBl 90, 977 f; a. A. Seifert/Hömig 5), ist obsolet geworden. Die staatliche Identität der Bundesrepublik Deutschland wurde durch den Beitritt der neuen Länder nicht berührt (BVerfGE 92, 277/348); die DDR ist untergegangen (BVerfGE 96, 68/94; Huber SA 28).

6   **b) Verhältnis zum Deutschen Reich.** Die Bundesrepublik Deutschland ist nach hA trotz ihrer neuen, unabgeleiteten Verfassung (oben Rn.2) im Verhältnis zu anderen Völkerrechtssubjekten **identisch** mit dem Deutschen Reich. Nach hM ist das 1871 geschaffene Deutsche Reich weder 1945 noch mit der Gründung der Bundesrepublik oder der DDR untergegangen (BVerfGE 5, 85/126; 36, 1/16); auch später ist das nicht geschehen (BVerfGE 77, 137/154 ff; Fiedler, JZ 88, 135; a. A. Zuleeg AK 31 ff). Von dieser Rechtslage geht das GG aus (vgl. BVerfGE 36, 1/16 f; 77, 137/155 f), ohne sie selbst festzuschreiben (anders wohl Dolzer HbStR I 549 f). Dementsprechend hebt das BVerfG im Wesentlichen auf völkerrechtliche Gesichtspunkte ab (BVerfGE 77, 137/154 ff).

7   Umstritten ist, wie man sich den **Fortbestand des Deutschen Reichs** vorzustellen hat und in welchem Verhältnis es vor der Wiedervereinigung zur Bundesrepublik und zur früheren DDR stand. Das BVerfG neigte der sog. *Dachtheorie* zu (Bernhardt HbStR I 339): Spätestens mit dem Abschluss des Grundlagenvertrags bestanden danach „zwei Staaten in Deutschland", die „für einander nicht Ausland sind" (BVerfGE 77, 137/165; Dolzer HbStR I 581 f; Ress HbStR I 494 f; a. A. Zuleeg AK 37), gleichwohl aber Völkerrechtssubjekte darstellten (BVerfGE 36, 1/22; vgl. E 92, 277/320). Darüber wölbte sich das handlungsunfähige Gesamtdeutschland, für das die Vier Mächte (USA, UdSSR, Großbritannien, Frankreich) Verantwortung trugen (BVerfGE 36, 1/16; 77, 137/160; Bernhardt HbStR I 339); zum Erlöschen der Rechte der Vier Mächte Rn.2 zu

Art. 144. Eine Sezession der DDR aus dem gesamtdeutschen Staatsverband konnte wegen der Vier-Mächte-Verantwortung und der mangelnden freien Ausübung des Selbstbestimmungsrechts nicht stattfinden (BVerfGE 77, 137/151, 160; Ress HbStR I 492 f; a. A. Zuleeg AK 32). Die Bundesrepublik war daher vor der Wiedervereinigung teilidentisch mit dem Deutschen Reich (BVerfGE 36, 1/16; 77, 137/155 f); die Staatsgewalt und der Geltungsbereich des GG bezogen sich aber nicht auf das Gebiet der DDR (BVerfGE 84, 90/122 f).

4. Geltungsbereich und Bundesgebiet

a) Räumlicher Geltungsbereich. Gem. S.3 der Präambel gilt **8** das GG für das gesamte deutsche Volk. Damit ist weniger der personelle als der *räumliche* Geltungsbereich gemeint (vgl. Dreier DR 59, 61), da viele Normen des GG auch für Ausländer gelten; zur personellen Zusammensetzung des deutschen Volkes Rn.4 zu Art. 20. Anhaltspunkte für den (heutigen) räumlichen Geltungsbereich des GG können zudem S.2 entnommen werden. Er umfasst das Gebiet aller **in S.2 aufgeführten Länder.** Zum zeitlichen Geltungsbereich und zur Frage, ab wann das GG in den einzelnen Ländern in Kraft getreten ist, Rn.1–3 zu Art.145.

Die Anforderungen des GG gelten für die im Geltungsbereich **9** konstituierte **inländische öffentliche Gewalt**, und zwar auch insoweit, als die Aktivitäten dieser Gewalt im Ausland stattfinden bzw. sich dort auswirken (BVerfGE 6, 290/295; 57, 9/23). Das GG gilt daher auch für deutsche Hoheitsakte auf deutschen Schiffen und in deutschen Botschaften (Huber SA 34 a) sowie im Bereich der deutschen Hoheitsgewässer (Huber SA 32; vgl. allerdings Zuleeg AK 4 zu Art.23). Praktische Bedeutung hat die Frage des Anwendungsbereichs v. a. für die Grundrechte (näher dazu Rn.32 f zu Art.1 und Rn.38 zu Art.23). Das GG besagt unmittelbar nichts zum Geltungsbereich einfachgesetzlicher Normen, insb. des Verwaltungsrechts (vgl. BSGE 36, 209/216; tendenziell anders BGHZ 52, 123/140); soweit allerdings einfachgesetzliche Normen auf das Staats- bzw. Bundesgebiet beschränkt sind, hat die Präambel mittelbare Bedeutung.

b) Indirekt wird durch S.2 der Präambel das **Bundesgebiet** (vgl. **10** Art.11 Abs.1), also das Staatsgebiet der Bundesrepublik Deutschland, festgelegt (Huber SA 32; vgl. Kunig MüK 6). Das Bundesgebiet besteht aus den Gebieten aller Bundesländer. Die Präambel verdeutlicht, dass es weder bundesfreie Landesgebiete noch ein bundesunmittelbares Gebiet gibt (Huber SA 32). Zum Bundesgebiet gehören auch das Erdinnere und der Luftraum über den Bundesländern sowie das Küstenmeer, soweit es von der Bundesrepublik (im Rahmen des Völkerrechts) in Anspruch genommen wird (Scholz MD 84 ff zu Art.23 a. F.; Kunig MüK 6). Das Bundesgebiet kann durch völkerrechtliche Vereinbarungen iVm einem Bundesgesetz gem. Art.59 Abs.2 S.1 erweitert oder eingeschränkt werden (Stern I 248 f; Engel, AöR 1989, 71 ff; Huber SA 34); die Präambel steht jedenfalls *Grenzberichtigungen* nicht entgegen. Zur Zustimmung des betreffenden Bundeslandes Rn.7 zu Art.32.

I. Die Grundrechte

Vorbemerkungen vor Art. 1:
Allgemeine Grundrechtslehren

Übersicht

Literatur A I Grundrechtsfunktionen: *Jarass,* Die Grundrechte: Abwehrrechte und objektive Grundsatznormen, in: FS Bundesverfassungsgericht, 2001, 35; *Jaeckel,* Schutzpflichten im deutschen und europäischen
Recht, 2001; *Gellermann,* Grundrechte im einfachgesetzlichen Gewande,
2000; *Dolderer,* Objektive Grundrechtsgehalte, 2000; *Morgenthaler,* Freiheit
durch Gesetz, 1999; *Erichsen,* Grundrechtliche Schutzpflichten in der Rechtsprechung des BVerfG, Jura 1997, 85; *Unruh,* Zur Dogmatik der grundrechtlichen Schutzpflichten, 1996; *Heintschel v. Heinegg/Haltern,* Grundrechte als
Leistungsansprüche des Bürgers gegenüber dem Staat, JA 1995, 333; *Jean
d'Heur,* Grundrechte im Spannungsverhältnis zwischen subjektiven Freiheits-
garantien und objektiven Grundsatznormen, JZ 1995, 161; *Kopp,* Grundrechtliche Schutz- und Förderungspflichten der öffentlichen Hand, NJW
1994, 1753; *Klein,* Die grundrechtliche Schutzpflicht, DVBl 1994, 489 ff;
H. Dreier, Dimensionen der Grundrechte, 1993; *Murswiek,* Grundrechte als
Teilhaberechte, soziale Grundrechte, HbStR V, 1992, 243; *Denninger,* Staatliche Hilfe zur Grundrechtsausübung durch Verfahren, Organisation und Finanzierung, HbStR V, 1992, 291; *Dietlein,* Die Lehre von den grundrechtlichen Schutzpflichten, 1992; *Isensee,* Das Grundrecht als Abwehrrecht und
als staatliche Schutzpflicht, HbStR V, 1992, 143; *Wohl/Masing,* Schutz durch
Eingriff, JZ 1990, 553; *Alexy,* Grundrechte als subjektive Rechte und als
objektive Normen, Staat 1990, 49; *Böckenförde,* Grundrechte als Grundsatznormen, Staat 1990, 1; *Scherzberg,* „Objektiver" Grundrechtsschutz und subjektives Grundrecht, DVBl 1989, 1128; *Sachs/Stern,* Juristische Bedeutung
der Grundrechte, Stern III/1, 1988, §§ 63–69; *Lübbe-Wolff,* Die Grundrechte

als Eingriffsabwehrrechte, 1988; *Ramsauer,* Die Rolle der Grundrechte im System der subjektiv-öffentlichen Rechte, AöR 1986, 501; *Alexy,* Theorie der Grundrechte, 1985; *Grimm,* Verfahrensfehler als Grundrechtsverstöße, NVwZ 1985, 865; *Jarass,* Grundrechte als Wertentscheidungen bzw. objektiv-rechtliche Prinzipien in der Rechtsprechung des Bundesverfassungsgerichts, AöR 1985, 363.

Literatur A II (Ausstrahlungswirkung/Drittwirkung): *Limbach,* Die Ausstrahlung des Grundgesetzes auf das Privatrecht, in: Hadding (Hg.), Zivilrechtslehre 1934/1935, 1999, 383; *Roth,* Die Grundrechte als Maßstab einer Vertragsinhaltskontrolle, in: Wolter/Riedel/Taupitz (Hg.), Einwirkungen der Grundrechte auf das Zivilrecht, Öffentliche Recht und Strafrecht, 1999, 229 ff; *Canaris,* Grundrechte und Privatrecht, 1999; *Lücke,* Die Drittwirkung der Grundrechte anhand des Art.19 Abs.3 GG, JZ 1999, 377; *Langner,* Die Geltung der Grundrechte zwischen Privaten, 1998; *Diederichsen,* Das Bundesverfassungsgericht als oberstes Zivilgericht, AcP 1998, 171; *Classen,* Die Drittwirkung der Grundrechte in der Rechtsprechung des BVerfG, AöR 1997, 65; *Erichsen,* Die Drittwirkung der Grundrechte, Jura 1996, 527; *Hager,* Grundrechte im Privatrecht, JZ 1994, 337; *Oeter,* „Drittwirkung" der Grundrechte und die Autonomie des Privatrechts, AöR 1994, 529; *Pietzcker,* Drittwirkung – Schutzpflicht – Eingriff, FS Dürig, 1990, 345; *Canaris,* Grundrechtswirkungen und Verhältnismäßigkeitsprinzip in der richterlichen Anwendung und Fortbildung des Privatrechts, JuS 1989, 1; – S. auch Literatur II zu Art.1.

Literatur B (Schutzbereich, Beeinträchtigung, Rechtfertigung): *Heß,* Grundrechtskonkurrenzen, 2000; *Winkler,* Kollisionen verfassungsrechtlicher Schutznormen, 2000; *Koch,* Der Grundrechtsschutz des Drittbetroffenen, 2000; *Bethge,* Der Grundrechtseingriff, VVDStRL 57 (1998), 10; *Bumke,* Der Grundrechtsvorbehalt, 1998; *Höfling,* Grundrechtstatbestand – Grundrechtsschranken – Grundrechtsschrankenschranken, Jura 1994, 169; *Albers,* Faktische Grundrechtsbeeinträchtigungen als Schutzbereichsproblem, DVBl 1996, 233; *Jarass,* Bausteine einer umfassenden Grundrechtsdogmatik, AöR 1995 (120), 345; *Sachs,* in: Stern III/2, 1994, §§ 77–81; *Roth,* Faktische Eingriffe in Freiheit und Eigentum, 1994; *Lerche,* Ausnahmslos und vorbehaltlos geltende Grundrechtsgarantien, FS Mahrenholz, 1994, 515; *Isensee,* Das Grundrecht als Abwehrrecht und als staatliche Schutzpflicht, HbStR V, 1992, 143; *Lerche,* Grundrechtlicher Schutzbereich, Grundrechtsprägung und Grundrechtseingriff, HbStR V, 1992, 739; *Lerche,* Grundrechtsschranken, HbStR V, 1992, 775; *Eckhoff,* Der Grundrechtseingriff, 1992; *Selk,* Einschränkung von Grundrechten durch Kompetenzregelungen, JuS 1990, 895; *Bleckmann,* Der „mittelbare" Grundrechtseingriff, DVBl 1988, 373; *Bleckmann,* Probleme des Grundrechtsverzichts, JZ 1988, 57; *Fehn,* Grundrechtskollisionen in der Praxis, JA 1987, 12; *Robbers,* Der Grundrechtsverzicht, JuS 1985, 925. – S. auch Literatur II zu Art.1 und Literatur B zu Art.19.

A. Begriff, Arten und Funktionen der Grundrechte

1. Grundlagen

1   **a) Begriff.** Der Überschrift des Art.1–19 umfassenden Abschnitts I des GG und der Formulierung des Art.93 Abs.1 Nr.4a entsprechend sind als **Grundrechte** alle in Artikel 1–19 aufgeführten subjektiven Rechte einzustufen, unter Einbeziehung aller zugehörigen Regelungen (etwa Art.17a, Art.19 Abs.1–3) und aller zugeordneten objektiven Gehalte (vgl. Stern III/1, 351 ff). Die weiteren in Art.93 Abs.1 Nr.4a aufgeführten Rechte aus Art.20 Abs.4, Art.33, Art.38, Art.101, Art.103 und Art.104 sind **„grundrechtsgleiche Rechte"** (Dreier DR 27); ihre Verletzung kann, wie die der Grundrechte, mit der Verfassungsbeschwerde geltend gemacht werden (Rn.52, 72 zu Art.93). Wenn im Folgenden von Grundrechten gesprochen wird, sind die Grundrechte und die grundrechtsgleichen Rechte gemeint, die als **Grundrechte iwS** zusammengefasst werden können. Schließlich enthält das Grundgesetz subjektive Rechte, die nicht mit der Verfassungsbeschwerde verfolgt werden können, obgleich sie Privatpersonen zustehen, etwa in Art.21, in Art.34, in Art.92, in Art.136 WRV oder in Art.137 WRV. Sie können als „sonstige verfassungsmäßige Rechte" bezeichnet werden.

2   **b) Grundrechtsarten.** Entsprechend der unterschiedlichen Wirkungsweise kann man drei Grundrechtsarten untescheiden (Jarass, AöR 1995, 354 ff): die meisten Grundrechte sind die primär *negativ* wirkenden **Freiheits- und Abwehrgrundrechte** (unten Vorb.4). Dazu kommen die primär *positiv* wirkenden **Leistungs- und Schutzgrundrechte** (unten Vorb.10) und die primär *relativ* wirkenden **Gleichheitsgrundrechte** (unten Vorb.9). Die zT als weitere Gruppe behandelten Bewirkungsgrundrechte (Stern III/1, 571 ff) des status activus liegen auf einer anderen Differenzierungsebene und können je nach Eigenart einer der vorgenannten Gruppen zugeordnet werden (Jarass, AöR 1995, 357 f).

3   **c) Ausweitung der Grundrechtsfunktionen durch objektive Gehalte.** Die Funktionen der Grundrechte sind insb. vom BVerfG erheblich ausgeweitet worden: Die Grundrechte, genauer die Freiheits- und Abwehrgrundrechte (unten Vorb.4), enthalten „nicht allein subjektive Abwehrrechte des einzelnen gegen die öffentliche Gewalt, sondern stellen zugleich objektiv-rechtliche **Wertentscheidungen** der Verfassung dar, die für alle Bereiche der Rechtsordnung

gelten und Richtlinien für Gesetzgebung, Verwaltung und Rechtsprechung geben" (BVerfGE 49, 89/141 f; 56, 54/73; 73, 261/269; 96, 56/64; Jarass, AöR 1985, 363 ff; Dreier o.Lit. AI 53 ff; krit. Starck MKS 159 f zu Art. 1). Statt von Wertentscheidungen wird auch von Grundsatznormen, objektiven Normen, objektiven Grundrechtsgehalten oder *Schutzpflichten* gesprochen (Jarass, FS BVerfG, 2001, 50 f). Mit diesen Aussagen ist anderes gemeint als der selbstverständliche Umstand, dass Grundrechtsnormen auch objektives Recht sind und für den Staat negative Kompetenznormen bilden. Die Wertentscheidungsgehalte zielen vielmehr darauf ab, den (Freiheits-)Grundrechten **über die Abwehrfunktion hinaus** zusätzliche Grundrechtsfunktionen zu entnehmen, v. a. Leistungs- und Schutzgehalte (näher zu diesen Gehalten unten Rn. 6–8). Der Gewährung eines Abwehrrechts wird eine Wertentscheidung entnommen, die auch in andere Richtung als der der Abwehr staatlichen Handelns aktiviert werden kann (Jarass, AöR 1985, 365 f; Dreier DR 55 ff; Bleckmann 220). Diese Gehalte können idR auch vom Grundrechtsinhaber geltend gemacht werden (unten Vorb. 7 f), sind also nicht nur objektives Recht (vgl. Rn. 21 zu Art. 1; Jarass, FS BVerfG, 2001, 46 ff).

2. Freiheits- oder Abwehrgrundrechte

a) Prägung durch Abwehrfunktion. Die weitaus meisten **4** Grundrechte zielen *primär* auf ein **Unterlassen** des Staates, auf die Abwehr staatlicher Eingriffe (zum Eingriffsbegriff unten Vorb. 25–27). Sie dienen dazu, „die Freiheitssphäre des einzelnen vor Eingriffen der öffentlichen Gewalt zu sichern" (BVerfGE 7, 198/204; 50, 290/336 f; 68, 193/205; Starck MKS 147 ff zu Art. 1). Sie werden als Freiheits- oder Abwehrgrundrechte bezeichnet (Jarass, AöR 1995, 354). Bei ihnen dominiert die Abwehrfunktion. Zur Beeinträchtigung der Abwehrfunktion unten Vorb. 25–27.

b) Gleichbehandlungsfunktion. Jedenfalls bestimmten Frei- **5** heitsgrundrechten werden auch Gleichbehandlungspflichten entnommen (Kirchhof HbStR V § 124 Rn. 227; vgl. Rn. 24 zu Art. 4; Rn. 30, 89 zu Art. 5; Rn. 11 f zu Art. 6; Rn. 11 zu Art. 38), zT unter Bezug auf objektive bzw. Schutzpflichtgehalte (etwa BVerfGE 80, 124/133 f; oben Vorb. 3). Die vielfach ebenfalls einschlägigen Gleichheitsgrundrechte (unten Vorb. 9) werden nicht genutzt. Die Gleichbehandlungsfunktion wird vielfach, ohne nähere Erörterung, der Abwehrfunktion zugeordnet; doch bestehen insoweit, trotz mancher Parallelen, deutliche Unterschiede (vgl. dazu unten Vorb.9). Zur Beeinträchtigung der Gleichbehandlungsfunktion unten Vorb.28.

6   **c) Leistungs- und Schutzfunktion.** Den Freiheitsgrundrechten werden des Weiteren durchweg unter Berufung auf die objektiven Grundrechtsgehalte (oben Vorb.3) sekundär auch *positive Handlungspflichten* entnommen. Es geht um Leistungspflichten, die auch als *Schutzpflichten* bezeichnet werden, nicht allein in dem unten in Vorb.7 behandelten Teilbereich des Schutzes gegenüber Dritten (etwa Enders FH 64). Die Leistungs- und Schutzfunktion bedarf der Ausgestaltung, weshalb die Spielräume des Gesetzgebers hier größer als bei der Abwehrfunktion sind (vgl. unten Vorb.30 f). Die Schutzpflichten sind von Exekutive und Rechtsprechung auch ohne gesetzliche Grundlage zu erfüllen (BVerfGE 84, 212/227; 96, 56/64).

7   Ein wichtiger Teilbereich der Leistungs- bzw. Schutzfunktion besteht in der Pflicht des Staates, die grundrechtlichen **Güter gegenüber Dritten** zu schützen (Rn.9 zu Art.1; Rn.43, 70–72, 89 zu Art.2; Rn.101 zu Art.5; Rn.9 f zu Art.6; Rn.12 zu Art.8; Rn.18 zu Art.12). Die Pflicht trifft nicht nur den Gesetzgeber, sondern auch Exekutive und Rechtsprechung. Der Staat wird verpflichtet, durch *positive* Maßnahmen die Grundrechtsausübung vor Behinderungen durch Privatpersonen zu schützen (Alexy, o. Lit. A, 410 ff; Dreier DR 62 ff; Jarass, AöR 1985, 383). Dies kann z. B. durch Verbote, Genehmigungsverfahren und andere verfahrensrechtliche Vorgaben (BVerfGE 53, 30/60 ff; außerdem unten Vorb.11 f) oder durch Strafvorschriften (BVerfGE 39, 1/45 ff) geschehen. Darüber hinaus kann aus Grundrechten ein Anspruch auf Schutz gegenüber ausländischer öffentlicher Gewalt folgen (vgl. Rn.6 zu Art.16). Als eine Ausprägung der Schutzfunktion wird vielfach die *Ausstrahlungswirkung im Privatrecht* (dazu unten Vorb.15 f) eingestuft (etwa Enders FH 69). Die Schutzpflicht stellt ein subjektives Grundrecht des Betroffenen dar (BVerfGE 56, 54/73; 77, 54/73; Isensee HbStR V 192). Zur Beeinträchtigung der Schutzfunktion unten Vorb.30.

8   Ein weiterer Teilbereich der Leistungsfunktion kommt zum Tragen, wo die Grundrechtsausübung auf die Benutzung bestehender öffentlicher Einrichtungen angewiesen ist. In diesem Falle gewähren viele Grundrechte einen Anspruch auf sachgerechte **Teilhabe** an dieser Einrichtung, insb. auf Zulassung (Jarass, AöR 1995, 350 f; Rn.69 zu Art.2; Rn.102, 108 zu Art.5; Rn.75 f, 84–87 zu Art.12). Wie weit über solche derivativen Ansprüche hinaus auch ein Anspruch auf Schaffung von Einrichtungen aus Grundrechten abgeleitet werden kann, ist unsicher (vgl. BVerfGE 33, 303/333 f). Gleiches gilt für sonstige Leistungsansprüche, etwa auf *finanzielle Unterstützung.* Anders als Teilhabeansprüche führen solche originären Leistungsansprüche zu finanziellen Belastungen des Staates; ihre Anerkennung bedeutet eine Beeinträchtigung der Budgethoheit des Parlaments (Jarass, AöR 1985, 389), weshalb sie sich nur selten aus den Freiheitsgrundrechten ergeben (Alexy o.Lit. AI 466 ff; Starck MKS 154 ff zu Art.1). Immerhin gibt es Beispiele (Rn.10 zu Art.1; Rn.69 zu Art.2; Rn.42 zu Art.3; Rn.20 zu Art.7). Teilhabe- und andere Leistungsrechte enthalten durchweg ein subjektives Grundrecht des Betroffenen (etwa BVerfGE 35, 79/116). Zur Beeinträchtigung von Teilhabe- und sonstigen Leistungsansprüchen unten Vorb.31.

3. Gleichheitsgrundrechte

Die Gleichheitsgrundrechte, also Art.3 Abs.1, Art.3 Abs.2, Art.3 **9** Abs.3 S.1, Art.3 Abs.3 S.2, Art.6 Abs.5, Art.33 Abs.1, Art.33 Abs.2 und Art.33 Abs.3 zielen *primär* auf ein **relatives Verhalten** des Staates: Er kann den grundrechtlichen Anforderungen dadurch gerecht werden, dass er das fragliche Handeln unterlässt oder aber es derart ausweitet, dass die diskriminierende Wirkung entfällt (Jarass, AöR 1995, 348 f, 354 f). Bei diesen Grundrechten dominiert die Nichtdiskriminierungs- oder Gleichbehandlungsfunktion (vgl. zu dieser Funktion auch oben Vorb.5). Wegen des relativen Charakters unterscheiden sich die Gleichheitsgrundrechte von den Freiheits- bzw. Abwehrgrundrechten (Manssen 20; Dreier DR 52; anders Osterloh SA 38 zu Art.3), die primär ein bestimmtes staatliches Verhalten grundsätzlich verbieten (oben Vorb.4). Andernfalls könnte man auch die Leistungsgrundrechte als Abwehrgrundrechte einstufen, weil hier dem Staat ein Unterlassen verboten wird. Zur Beeinträchtigung der Gleichbehandlungsfunktion unten Vorb.28. Sekundär können bei den Gleichheitsgrundrechten auch andere Funktionen eine Rolle spielen, etwa die Schutzfunktion (vgl. Rn.90 f, 119 zu Art.3).

4. Leistungs- und Schutzgrundrechte

Während die Freiheitsgrundrechte (primär) ein staatliches Unter- **10** lassen bezwecken, zielen einige Grundrechte gerade umgekehrt *primär* auf ein **positives Handeln des Staates** ab, etwa Art.6 Abs.4, Art.17, Art.19 Abs.4, Art.101 und Art.103 Abs.1, wohl auch Art.7 Abs.3. Bei diesen Grundrechten steht die Leistungs- und Schutzfunktion (vgl. dazu oben Vorb.6–8) im Vordergrund (dazu Jarass, AöR 1995, 355 f). Hier geht es um die Einrichtung und den Zugang zu staatlichen Einrichtungen, etwa Gerichten, und/oder um einen ausreichenden Schutz vor Dritten. Zur Beeinträchtigung der Leistungs- und Schutzfunktion unten Vorb.29–31. Sekundär können bei den Leistungs- und Schutzgrundrechten auch andere Funktionen eine Rolle spielen, vor allem die Abwehrfunktion (vgl. Rn.5 zu Art.17; Rn.22 zu Art.19).

5. Hilfsfunktionen: Verfahren, Organisation, Ausgestaltung

11   **aa)** Die Grundrechte setzen „Maßstäbe für eine den Grundrechtsschutz effektuierende **Organisations- und Verfahrensgestaltung** sowie für eine grundrechtsfreundliche Anwendung vorhandener Verfahrensvorschriften" (BVerfGE 69, 315/355; 65, 76/94; 73, 280/296; Alexy 428 ff; Denninger HbStR V 304 ff). Das Verfahren muss so gestaltet sein, dass nicht die „Gefahr einer Entwertung der materiellen Grundrechtsposition besteht" (BVerfGE 63, 131/143). Dies hat vor allem für das Verwaltungsverfahren Bedeutung (BVerfGE 53, 30/65 ff; vgl. Rn.49 f zu Art.19). Verstöße gegen grundrechtliche Verfahrensvorgaben bilden ein Indiz für die materielle Rechtswidrigkeit (Hufen, Fehler im Verwaltungsverfahren, 3.Aufl. 1998, Rn.554), was zu einer intensiveren Gerichtskontrolle zwingt. Umgekehrt fehlt ein Grundrechtsverstoß, wenn „von vornherein ausgeschlossen werden (kann), dass bei fehlerfreier Verfahrensgestaltung eine für den Beschwerdeführer günstige Entscheidung getroffen worden wäre oder hätte getroffen werden müssen" (BVerfGE 73, 280/299). Die verfahrensrechtliche Funktion materieller Grundrechte muss zurücktreten, soweit spezielle Verfahrensgrundrechte eingreifen (v. Münch MüK 27; Lorenz, Jura 83, 396 f). Was das gerichtliche Verfahren gegen Akte öffentlicher Gewalt angeht, verdrängt Art.19 Abs.4 die sonstigen Grundrechte (Rn.22 zu Art.19). Gleiches dürfte für Art.103 Abs.1 gelten (s. aber Rn.2 f zu Art.103).

12   Die Grundrechtsdimensionen des Verfahrens und der Organisation können **bei allen Grundrechtsarten und -funktionen** auftreten (Dreier DR 66; Starck MKS 165 f zu Art.1; Denninger HbStR V § 113 Rn.4): So kann die Abwehrfunktion verfahrensrechtliche Kompensierungen verlangen (BVerfGE 17, 108/115 ff; 42, 212/219 f; 46, 325/334 f), etwa die Gewährung von Auskunft (vgl. Rn.42 zu Art.2). Mit ihnen wird der Eingriff gemildert, weshalb es nicht um eine echte Leistung geht. Weiterhin konkretisiert sich die Schutzfunktion (oben Vorb.6 f) nicht selten in administrativen und gerichtlichen Verfahrensvorschriften (BVerfGE 53, 30/65). Besonderes Gewicht kommt schließlich der Organisation, dem Verfahren und der sonstigen Ausgestaltung bei der Teilhabe an öffentlichen Einrichtungen (oben Vorb.8) zu.

bb) Eine ähnliche Grundrechtsdimension bildet die bei verschiedenen Grundrechten bedeutsame **Pflicht zu rechtlicher Ausgestaltung** (dazu Jarass, AöR 1995, 353 f; Gellermann o.Lit. A I 90 ff; Hesse Rn.303 ff). Besonders bedeutsam ist sie etwa bei der Rundfunkfreiheit; dazu Rn.44–47 a zu Art.5. Die Ausgestaltungspflicht belässt dem Gesetzgeber weite Spielräume bei der Art und Weise der Ausgestaltung (vgl. Rn.44 zu Art.5). Die *Pflicht* zur Ausgestaltung dürfte einen deutlich geringeren Anwendungsbereich aufweisen als die *Befugnis* zur Ausgestaltung; dazu unten Vorb.34 f. **13**

6. Besonderheiten im Privatrecht

a) Privatrechtliche Gesetze. Privatpersonen sind, von Ausnahmen abgesehen, nicht Adressaten der Grundrechte (Rn.35 f zu Art.1). Gleichwohl haben die Grundrechte auch im Privatrecht erhebliche Bedeutung. Einmal binden sie den Privatrechtsgesetzgeber, auch im internationalen Privatrecht (BVerfGE 31, 58/72 f; 63, 181/195; Stern III/1, 1565 ff; Manssen 206). Der Grundrechtsbindung unterliegt zudem die richterliche Fortbildung des Privatrechts (BVerfGE 73, 261/269). Die Grundrechte kommen hier, wie sonst, in ihren unterschiedlichen Funktionen zum Tragen (Jarass, FS BVerfG, 2001, 41 f; vgl. Canaris, Grundrechte und Privatrecht, 1999, 40 f). Geht es dem Betroffenen um weniger staatliche Regelungen, dann kommt die Abwehrfunktion zum Tragen (etwa BVerfGE 31, 58/70, 72 f). Geht es dagegen um einen stärkeren Schutz, kommt die Schutzfunktion (oben Vorb.6 f) zum Einsatz (etwa BVerfGE 97, 169/175 f; 98, 365/395). Dementsprechend ist in privatrechtlichen Konflikten häufig für den einen Partner die Abwehrfunktion und den anderen die Schutzfunktion einschlägig. Auch die Gleichbehandlungsfunktion kann einschlägig sein (etwa BVerfGE 63, 181/194 f). Zum Spielraum des Privatrechtsgesetzgebers unten Vorb.32. Zu den Normen privater Rechtssubjekte Rn.31 zu Art.1. **14**

b) Bei der **Auslegung und Anwendung von Privatrecht** vernachlässigt das BVerfG den Unterschied zwischen Abwehr und Schutz und geht einheitlich vor (vgl. Jarass, FS BVerfG, 2001, 42 f). Hier kommt eine Bindung des Richters an die Grundrechte in Betracht, weil „das Grundgesetz in seinem Grundrechtsabschnitt zugleich Elemente objektiver Ordnung aufgerichtet hat, die als verfassungsrechtliche Grundentscheidung für alle Bereiche des Rechts Geltung haben, mithin auch das Privatrecht beeinflussen" (BVerfGE **15**

73, 261/268; 7, 198/205; 42, 143/148; Stern III/1, 1572; Canaris, AcP 1984, 203 ff). Der Rechtsgehalt der Grundrechte wirkt „über das Medium der das einzelne Rechtsgebiet unmittelbar beherrschenden Vorschriften, insb. der Generalklauseln und sonstigen auslegungsfähigen und auslegungsbedürftigen Begriffe … auf dieses Rechtsgebiet ein" (BVerfGE 73, 261/269; NJW 01, 958). Dies wird als **Ausstrahlungswirkung** bezeichnet (dazu Dreier DR 57 ff; Jarass, AöR 1995, 352 f), vielfach auch als **mittelbare Drittwirkung** (etwa v. Münch MüK 31; Sachs 67 ff). Letztlich unterliegt die Anwendung und Auslegung jeder Privatrechtsnorm dieser Wirkung (Stern III/1, 1584; Hager, JZ 95, 381 ff). Erfasst wird insb. die „Auslegung und Anwendung der §§ 133, 157 BGB" (BVerfGE 73, 261/269). Besonderes Gewicht hat die Ausstrahlung der Grundrechte bei der Rechtsfortbildung (BVerfGE 96, 375/398). Zudem ist sie bei der Anwendung ausländischen Rechts zu beachten (BVerfGE 31, 58/76 f; zurückhaltend Starck MKS 210). Zur Beeinträchtigung der Ausstrahlungswirkung unten 33.

15 a   Was die **Wirkungen** der Ausstrahlungsfunktion im Privatrecht angeht, so ähnelt sie dem Gebot der verfassungskonformen Interpretation (dazu Rn. 34 zu Art. 20), geht aber insoweit darüber hinaus, als sie zudem die Vorfrage behandelt und bejaht, ob die Grundrechte und damit die verfassungskonforme Interpretation privatrechtliche Konflikte überhaupt erfassen. Näher zu den Wirkungen unten Vorb. 33. Die Ausstrahlungswirkung nimmt „dem Verfahren nicht den Charakter eines Privatrechtsstreits" (BVerfGE 72, 272/280). Sie ist auch ein subjektives Recht des Betroffenen (BVerfGE 7, 198/206 f; 84, 192/195; 99, 185/195).

B. Stufen der Grundrechtsprüfung

16   Die Grundrechtsprüfung wird üblicherweise in mehreren Stufen vorgenommen, wobei allerdings im Detail manche Unterschiede bestehen (vgl. Pieroth/Schlink 226 ff; Starck MKS 228 ff zu Art. 1): – **(1)** Zunächst ist zu klären, ob die zu prüfende staatliche Maßnahme den *Schutzbereich* des Grundrechts betrifft; näher dazu unten Vorb. 17–23. Lässt sich das bejahen, ist **(2)** zu entscheiden, ob die Maßnahme als *Beeinträchtigung* des Grundrechts qualifiziert werden kann; dazu unten Vorb. 24–37. Ist auch das zu bejahen, dann gilt es **(3)** zu untersuchen, ob die Beeinträchtigung im Schutzbereich durch *Grundrechtsschranken,* also durch einen Gesetzesvorbehalt oder durch kollidierendes Verfassungsrecht *gerechtfertigt* werden kann. Da-

bei lassen sich zwei Teilfragen unterscheiden: Gibt es eine Grundlage
für die Rechtfertigung; näher dazu unten Vorb.39–43, 45–48. Entspricht die Rechtfertigung den sog. *Schranken-Schranken,* also den
Vorgaben der Verhältnismäßigkeit bzw. der gebotenen Abwägung;
näher dazu unten Vorb.44, 49. – Dieser Prüfungsaufbau ist für die
Freiheitsrechte und dort für die Abwehrfunktion entwickelt worden.
Gleichwohl kann er auch bei anderen Grundrechtsarten zum Tragen
kommen, wenn auch mit gewissen Modifikationen (Jarass, AöR
1995, 359 ff; str., vgl. unten Vorb.18, 28–33, 50 f).

I. Schutzbereich

1. Grundlagen

Die einzelnen Grundrechte schützen jeweils bestimmte **Bereiche**   **17**
oder Umstände aus der Sphäre des Grundrechtsinhabers (vgl.
Stern HbStR V 91). Das können *Verhaltensweisen* sein, etwa das
Äußern einer Meinung im Falle des Art.5 Abs.1. Der Schutzbereich
kann aber auch in einem *Rechtsgut* bestehen, im Falle des Art.2
Abs.2 S.1 etwa im Leben und der Gesundheit, weiterhin in *Eigen-
schaften* des Grundrechtsinhabers, etwa in seinem Geschlecht oder
in seiner Herkunft (vgl. Art.3 Abs.2, 3), oder in *Situationen,* in
denen der Grundrechtsinhaber sich befindet, wie die Beeinträchti-
gung subjektiver Rechte (nicht nur verfassungsrechtlicher Art) bei
Art.19 Abs.4 oder die Bewerbung um ein öffentliches Amt bei
Art.33 Abs.2 (Jarass, AöR 1995, 360). Diese Elemente aus der
Sphäre des Grundrechtsinhabers bilden den Schutzbereich des
Grundrechts. Man könnte auch vom Anwendungsbereich sprechen,
während der Begriff des Tatbestands eher für die Summe von
Schutzbereich und Beeinträchtigung verwandt werden sollte (vgl.
unten Vorb.38).

Bei den **Gleichheitsgrundrechten** wird der Begriff des Schutz-   **18**
bereichs selten benutzt (etwa BAGE 87, 180/184) und statt dessen
Schutzbereich und Beeinträchtigung zu einer Stufe der Grundrechtsprüfung zusammengefasst (Dreier DR 95; Pieroth/Schlink
10 f, 430; drei Stufen hingegen bei Ipsen II 751 ff). Doch auch hier
kann das allgemeine Schema Verwendung finden und ist jedenfalls
bei den besonderen Gleichheitsgrundrechten von Nutzen (Jarass,
AöR 1995, 361 f, 365 ff; Martini, Art.3 Abs.1 GG als Prinzip absoluter Rechtsgleichheit, 1997, 224 ff; zurückhaltend Osterloh SA 43
zu Art.3); auch wird dadurch die Grundrechtsdogmatik vereinheit-
licht. Gewisse Modifikationen sind allerdings notwendig: der

Schutzbereich ist eröffnet, wenn an bestimmte Merkmale (bzw. Handlungen) des Grundrechtsinhabers angeknüpft wird und es dadurch zu einer Ungleichbehandlung kommt, möglicherweise in bestimmten Situationen (vgl. Jarass, AöR 1995, 362; Siekmann/ Duttge 98); zur Sondersituation beim allgemeinen Gleichheitssatz unten Vorb.19. Eine Beeinträchtigung liegt vor, wenn die Ungleichbehandlung von einem Träger staatlicher Gewalt bewirkt und der Grundrechtsinhaber benachteiligt wird *(Benachteiligung)* oder wenn dem Schutzauftrag nicht ausreichend Rechnung getragen ist.

19   Das **allgemeine Freiheitsrecht** des Art.2 Abs.1 und das **allgemeine Gleichheitsrecht** des Art.3 Abs.1 besitzen einen grundsätzlich *umfassenden* Schutzbereich; hier hat der Schutzbereich selbst also keine einschränkende Wirkung. Beschränkungen ergeben sich aber aus speziellen Gleichheitsrechten bzw. aus der *Grundrechtskonkurrenz* (dazu unten Vorb.22 f).

2. Die Elemente des Schutzbereichs

20   **a)** Der **sachliche Schutzbereich** umfasst die Menge jener Verhaltensweisen, Rechtsgüter, Eigenschaften oder Situationen des Grundrechtsinhabers (vgl. oben Vorb.17 f), die nach dem Wortlaut des entsprechenden Grundrechts geschützt sind. Durch den Wortlaut des Grundrechts vorgegebene Begrenzungen (nicht jedoch Begrenzungs*möglichkeiten*) sind dabei mitzuberücksichtigen. Der Schutzbereich des Art.8 umfasst dementsprechend nur friedliche und waffenlose Versammlungen (Rn.6–7 zu Art.8). Grenzen des Schutzbereichs einerseits und durch Schrankenvorbehalte und vergleichbare Beschränkungen gezogene Grenzen andererseits unterscheiden sich dadurch, dass nur letztere mit Hilfe einer Verhältnismäßigkeitsprüfung zu bestimmen sind (näher Jarass, AöR 1995, 370 f sowie unten Vorb.38). Zur insoweit häufig differierenden Terminologie im Schrifttum Pieroth/Schlink 206, 226. Zum zeitlichen Anwendungsbereich der Grundrechte Rn.1–3 zu Art.145; zum räumlichen Anwendungsbereich Rn.8 f zur Präambel und Rn.33 zu Art.1. Zum Schutzbereich der Gleichheitsgrundrechte oben Vorb.18 f.

21   **b)** Mit dem **personalen Schutzbereich** werden die Personen umschrieben, die durch das betreffende Grundrecht geschützt werden *(Grundrechtsträger* bzw. *Grundrechtsberechtigte)*. Damit wird der objektive Schutzbereich begrenzt, weil das Grundrecht nur zur Anwendung kommt, wenn es um Umstände geht, die diesen Personen zuzuordnen sind. Zudem wird mit dem personalen Schutzbereich

festgelegt, wer sich auf ein bestimmtes Grundrecht berufen und daher seine Verletzung gerichtlich geltend machen kann. Die Grundrechte verleihen subjektive Rechte, auch im Bereich der sog. objektiven Funktionen (Jarass, FS BVerfG, 2001, 46 ff; oben Vorb.3). Grundrechtsträger sind zum einen alle natürlichen Personen (näher Rn.8 zu Art.19); zur Frage der Grundrechtsmündigkeit Rn.11 f zu Art.19. Grundrechte stehen auch Ausländern bzw. Nicht-Deutschen zu, soweit sie nicht ausdrücklich auf Deutsche beschränkt sind (Rn.9 f zu Art.19). Wieweit Grundrechte auf Organisationen etc. anwendbar sind, wird durch Art.19 Abs.3 geregelt; näher dazu Rn.13–21 a zu Art.19. Zum „besonderen Gewaltverhältnis" unten Vorb.39 a.

c) Grundrechtskonkurrenz. Ein Grundrecht ist trotz Ein- **22** schlägigkeit des Schutzbereichs unanwendbar, wenn es von einem anderen Grundrecht verdrängt wird. Das setzt zunächst eine Grundrechtskonkurrenz voraus (zur davon zu unterscheidenden Grundrechtskollision unten Vorb.45). Sie liegt vor, wenn ein Verhalten **eines** Grundrechtsträgers an sich vom Schutzbereich **mehrerer** Grundrechte bzw. grundrechtsgleicher Rechte erfasst wird (v. Münch MüK 42; Bleckmann/Wiethoff, DÖV 91, 722 ff; Sachs SA 136). Keine Grundrechtskonkurrenz liegt vor, wenn es genau genommen um mehrere selbständige (meist aufeinander folgende) Eingriffe geht, von denen jeder nur ein Grundrecht betrifft (v. Münch MüK 42). Die Grundrechtskonkurrenz kann zu Schwierigkeiten führen, wenn die einschlägigen Grundrechte unterschiedlich weit gefasste Gesetzes- bzw. Schrankenvorbehalte besitzen (Starck MKS 253 ff zu Art.1).

In den Fällen der Grundrechtskonkurrenz ist anerkanntermaßen **23** zunächst zu prüfen, ob eines der Grundrechte generell als **lex specialis** eingestuft werden kann (*unechte Grundrechtskonkurrenz*), das dann das oder die anderen, an sich anwendbaren Grundrechte verdrängt (Dreier DR 97). Im Übrigen dürfte entscheidend sein, welches Grundrecht „nach seinem Sinngehalt die stärkere sachliche Beziehung zu dem zu prüfenden Sachverhalt" aufweist (BVerfGE 64, 229/238 f; 65, 104/112 f; 67, 186/195; 92, 191/196; kritisch Sachs SA 136). Im Rahmen dieses Grundrechts werden dann die spezifischen Gehalte des verdrängten Grundrechts mitberücksichtigt (BVerfGE 13, 290/296 ff; 65, 104/113). Hat keines der Grundrechte einen deutlich stärkeren Bezug, liegt Idealkonkurrenz vor. Die beiden Grundrechte sind dann parallel anzuwenden; d. h., der staatliche Eingriff muss auch den Anforderungen des strengeren Grundrechts gerecht werden (Pieroth/Schlink 343).

II. Beeinträchtigung

1. Grundlagen

24   Die Grundrechte schützen nicht vor jeder Einwirkung des Staates im Schutzbereich des Grundrechts. Notwendig ist vielmehr, dass die Einwirkung eine *Grundrechtsbeeinträchtigung* bildet, die – den Grundrechtsarten und -funktionen (oben Vorb.2, 4–8) entsprechend – in unterschiedlichen Formen auftritt (vgl. unten Vorb.25–31). Allgemein kennzeichnet die Grundrechtsbeeinträchtigung zunächst eine belastende oder nachteilige Wirkung im weitesten Sinne. Weiter ist ein *ausreichend enger Zusammenhang* zwischen der staatlichen Maßnahme und der Belastung für den Grundrechtsinhaber erforderlich (Jarass, AöR 1995, 363 f). Zudem lässt sich von einer Grundrechtsbeeinträchtigung nur sprechen, wenn sie von einem *Grundrechtsadressaten ausgeht* (näher unten Vorb.37). Darüber hinaus fehlt es an einer Grundrechtsbeeinträchtigung, wenn es um eine *Grundrechtsausgestaltung* geht (dazu unten Vorb.34 f) oder wenn eine wirksame *Einwilligung* vorliegt (dazu unten Vorb.36).

2. Arten der Beeinträchtigung

25   **a) Eingriffe. aa)** Bei Freiheitsgrundrechten (oben Vorb.4) ist der Eingriff die Hauptform der Beeinträchtigung. Sekundär tritt er auch bei Leistungsgrundrechten auf (oben Vorb.10). Der Eingriff ist zunächst als **klassischer** (imperativer) **Eingriff** gegeben, wenn die Beeinträchtigung in einer generellen oder individuellen Regelung besteht, die den Adressaten der Maßnahme überwiegend belastet (BVerwGE 90, 112/121; Sachs SA 55 ff; vgl. Dreier DR 81). In der Praxis spielen solche Eingriffe von allen Beeinträchtigungen im Streitfall die wichtigste Rolle. Auch die gesetzliche Ermächtigung zum Erlass von Eingriffen ist ihrerseits ein Eingriff (Enders FH 102). Ob es um die Abwehr geht, ist unter Berücksichtigung der zugehörigen Regelungen zu entscheiden: die Verweigerung einer Genehmigung etwa ist ein Eingriff und nicht eine Verweigerung einer Leistung, weil sie mit einem Genehmigungsvorbehalt verbunden ist (Pieroth/Schlink 62).

26   **bb)** Der Eingriffsbereich geht erheblich über diesen klassischen Bereich hinaus und erfasst auch **sonstige Eingriffe,** wobei die Grenzen fließend werden. Im Einzelnen geht es dabei um *faktische Eingriffe* durch Realakte, die zu keiner verbindlichen Regelung im Grundrechtsbereich führen, sondern eine geschützte Tätigkeit behindern oder gefährden (etwa Rn.14 zu Art.12; Rn.31 zu Art.14). Dazu rechnet auch die gezielte Subventionierung oder sonstige Unterstützung einer grundrechtsbelastenden Tätigkeit von Privatpersonen (BVerwGE 90, 112/119 f). Einen Sonderfall der faktischen Eingriffe bilden die *influenzierenden Eingriffe,* mit denen der Verzicht auf eine Grundrechtsausübung mit einem Vorteil verknüpft wird (vgl. unten Vorb.36); man kann insoweit auch von Anreizeinwirkungen sprechen. Zum anderen ist an mittelbare Wirkungen von Regelungen wie von faktischen Maßnahmen zu denken, die *mittelbare Eingriffe* bilden können: Ein solcher Eingriff kann sich für Dritte daraus ergeben, dass der Adressat einer belastenden Beeinträchtigung diese auf Dritte überwälzt. Schließlich können auch *Grundrechtsgefährdungen* einen Grundrechtseingriff darstellen (BVerfGE 52, 214/220; 77, 170/220; Stern III/2, 210 ff; vgl. unten Vorb.30).

Solche Einwirkungen faktischer bzw. mittelbarer Art können Eingriffe sein, müssen es jedoch nicht. Die Frage, wann dies der Fall ist **27** **(Eingriffsschwelle),** führt auf unsicheres Gelände. *Bezweckt* die Maßnahme die belastende Wirkung, dürfte sie regelmäßig einen Grundrechtseingriff enthalten (BVerwGE 71, 183/193 f; 90, 112/121 f; Manssen 451; vorsichtig Sachs SA 61; Dreier DR 82; a. A. BGHZ 37, 44/47). Andererseits können auch nichtfinale Einwirkungen Eingriffe sein. Insoweit ist bedeutsam, dass die sonstigen Einwirkungen umso eher als Eingriff qualifiziert werden können, je stärker sie das betreffende Grundrecht belasten (vgl. Rn.46 zu Art.20). Weiter dürfte eine Rolle spielen, ob die Beeinträchtigung Ausdruck derjenigen Gefahr ist, gegen die das betreffende Grundrecht Schutz bieten will (BVerwGE 71, 183/192; Ramsauer, VerwArch 1981, 102) und wieweit die grundrechtsbeeinträchtigende Wirkung voraussehbar ist. Schließlich dürfte bedeutsam sein, ob die betroffene Aktivität wesentlich für die Grundrechtsausübung ist (vgl. Rn.46 zu Art.20).

b) (Relative) Benachteiligung. Bei *Gleichheits*grundrechten, **28** sekundär aber auch bei anderen Grundrechten (vgl. oben Vorb.5), liegt eine Grundrechtsbeeinträchtigung darin, dass es wegen der vom Schutzbereich erfassten Eigenschaft (bzw. Handlung) oder (im Falle des Art.3 Abs.1) allgemein zu einer (relativen) Benachteiligung des Grundrechtsinhabers kommt (näher Jarass, AöR 1995, 365 f; vgl. auch Rn.9–12, 88 f, 117–119 zu Art.3). Keine Rolle spielt, ob die Maßnahme an sich, ohne den Vergleich mit dem anders behandelten Fall, für den Grundrechtsinhaber belastend ist. Zur *Rechtfertigung* von Benachteiligungen unten Vorb.50. Soweit Freiheitsgrundrechte Gleichbehandlungsgehalte aufweisen, wird ein Verstoß vielfach als Sonderform eines Eingriffs eingestuft (vgl. unten Vorb.50).

29   **c) Unterlassen von Leistung und Schutz.** Bei Leistungs- bzw. Schutzgrundrechten (oben Vorb.10) liegt die Beeinträchtigung im Unterlassen der fraglichen Leistung bzw. des fraglichen Schutzes (Jarass, AöR 1995, 364 f). Aber auch bei anderen Grundrechtsarten spielt diese Form der Beeinträchtigung eine Rolle (oben Vorb.6–9). Zur *Rechtfertigung* der Verweigerung von Leistung und Schutz unten Vorb.51.

30   Ein praktisch sehr wichtiger Teilbereich ist das **Unterlassen des** zureichenden **Schutzes gegenüber Dritten.** Hierher gehören auch die Fälle, in denen die Einwirkung in der Erteilung einer Genehmigung an einen Dritten besteht. Eine Beeinträchtigung liegt nur vor, „wenn die öffentliche Gewalt Schutzvorkehrungen entweder überhaupt nicht getroffen hat oder die getroffenen Regelungen und Maßnahmen gänzlich ungeeignet oder völlig unzulänglich sind, das gebotene Schutzziel zu erreichen, oder erheblich dahinter zurückbleiben" (BVerfGE 92, 26/46). Man spricht insoweit vom sog. *Untermaßverbot* (BVerfGE 88, 203/254; Isensee HbStR V 191; Jarass, AöR 1985, 383), das allerdings strikt vom Grundsatz der Verhältnismäßigkeit zu trennen ist, der hier nicht zur Anwendung kommt (Sachs SA 147 zu Art.20; Gellermann o.Lit.AI 342 ff). Die Anforderungen des Untermaßverbots dürfen daher nicht über die beschriebenen Vorgaben hinausgehen (zu anspruchsvoll Höfling FH 133). Dem Gesetzgeber kommt ein **weiter Spielraum** zu (BVerfGE 88, 203/262; 97, 169/176; Hesse, FS Mahrenholz, 1994, 553 ff), der auch den Gerichten zugute kommt, sofern gesetzliche Vorgaben fehlen (BVerfGE 96, 56/64). Im Einzelnen ist bei Grundrechtsgefährdungen „Art, Nähe und Ausmaß der möglichen Gefahr" bedeutsam (BVerfGE 49, 89/141 f). Zudem spielt eine Rolle, ob die mögliche Grundrechtsverletzung reparabel bzw. beherrschbar ist (Pieroth/Schlink, 92; vgl. auch Rn.68 zu Art.2).

31   Ein anderer Teilbereich ist die **Versagung der Teilhabe** an vorhandenen öffentlichen Sachen und Einrichtungen. Sie wird zT als Eingriff eingestuft, obwohl es um die Nichtgewährung grundrechtlich gebotener Leistungen bzw. Teilhabe geht (Murswiek HbStR V 271); näher Rn.13 f zu Art.2, Rn.10 zu Art.5 und Rn.12 zu Art.8. Leistungsrechte, die über die Teilhabe an vorhandenen Sachen und Einrichtungen hinausgehen und zu orginären Ansprüchen führen, sind selten (vgl. oben Vorb.8). Wegen der Ausgestaltungsaufgabe

kommen dem Gesetzgeber bei Leistungs- und Teilhabegehalten weite Spielräume zu, mit der Folge, dass es ggf. an einer Beeinträchtigung fehlt (unten Vorb. 34 f).

d) Sonderfragen der privatrechtlichen Beeinträchtigung. 32 aa) Im Bereich der **Privatrechtsgesetzgebung** kann die Grundrechtsbeeinträchtigung sowohl in einem Eingriff, im unzureichenden Schutz oder in einer (relativen) Benachteiligung liegen (oben Vorb. 14). Insoweit gelten die allg. Gesichtspunkte (oben Vorb. 25–28, 30). Dem Privatrechtsgesetzgeber steht allerdings ein **weiter Spielraum** zu, weshalb privatrechtliche Vorschriften den Grundrechten engere Grenzen als öffentlich-rechtliche Vorschriften ziehen können (BVerfGE 66, 116/135). Zum einen spielen bei privatrechtlichen Konflikten regelmäßig auf beiden Seiten Grundrechte eine Rolle (BVerfGE 89, 214/232; Stern III/1, 1579 f; vgl. unten Vorb. 33); zudem ist durchgängig (neben der Abwehrfunktion) die Schutzfunktion der Grundrechte bedeutsam (vgl. BVerfGE 81, 242/254 f), was die Spielräume des Gesetzgebers erweitert (oben Vorb. 30). Des Weiteren werden Privatrechtsnormen durch unabhängige Gerichte durchgesetzt und nicht durch abhängige Exekutivorgane, was tendenziell zu einer geringeren Grundrechtsgefährdung führt. Dementsprechend wird man privatrechtliche Normen, die *auch* durch die Verwaltung durchgesetzt werden, generell wie öffentlich-rechtliche Normen behandeln müssen. Besonders weit sind die Spielräume bei dispositiven Normen, die idR keinen (unzulässigen) Grundrechtseingriff darstellen (zur privatrechtlichen Bindung als Grundrechtsausübung unten Vorb. 36); in Sonderfällen kann das aber auch anders sein (vgl. Rn. 16 zur Art. 2; generell gegen Grundrechtsbeeinträchtigung Pieroth/Schlink 178).

bb) Weiter liegt eine Grundrechtsbeeinträchtigung in der unzu- **33** reichenden Beachtung der Ausstrahlungswirkung bzw. der mittelbaren Drittwirkung der Grundrechte bei der **Auslegung und Anwendung des Privatrechts** (BVerfGE 86, 122/128 f; 89, 214/229 f; 96, 375/398; 102, 347/362). Wann eine solche Beeinträchtigung vorliegt, lässt sich nicht einfach eruieren, da das BVerfG diese Frage häufig mit der Begrenzung der Überprüfung fachgerichtlicher Entscheidungen (dazu Rn. 73 zu Art. 93) verbindet (vgl. BVerfGE 66, 116/131). Eine Grundrechtsbeeinträchtigung liegt vor, wenn die Erwägungen „Auslegungsfehler erkennen lassen, die auf einer grundsätzlich unrichtigen Auffassung von der Bedeutung eines Grundrechts, insb. vom Umfang seines Schutzbereichs, beruhen und auch in ihrer materiellen Bedeutung für den konkreten

Rechtsfall von einigem Gewicht sind" (BVerfGE 81, 242/253; 89, 214/230; 102, 347/362; NJW 01, 958), wenn das Gericht „den grundrechtlichen Einfluss überhaupt nicht berücksichtigt oder unzutreffend eingeschätzt hat und die Entscheidung auf der Verkennung des Grundrechtseinflusses beruht" (BVerfGE 95, 28/37). Zudem sind gegenläufige Grundrechte in der Abwägung zu berücksichtigen (BVerfGE 96, 375/399). Das Gewicht der Ausstrahlungswirkung wird entscheidend von der Intensität der Belastung bestimmt (BVerfGE 42, 143/148 f; 61, 1/6). Weiter dürfte bedeutsam sein, wieweit auf das Grundrecht verzichtet werden kann (vgl. unten Vorb.36); die privatrechtliche Möglichkeit, sich zu binden, ist häufig Grundrechtsausübung (Hesse 356). Die Ausstrahlungswirkung ist daher umso schwächer, je mehr die Belastung dem Betroffenen als eigene Entscheidung real zugerechnet werden kann (Privatautonomie). Dagegen intensiviert sie sich, wo es um den Schutz personaler Freiheit gegenüber wirtschaftlicher und sozialer Macht geht (Stern III/1 1595; Rüfner BK 195 zu Art.3 I) bzw. wo sehr ungleiche Verhandlungsstärken zum Tragen kommen (BVerfGE 89, 214/234).

3. Fehlen einer Beeinträchtigung

34   **a) Ausgestaltung.** Bei einer Reihe von Grundrechten ist der Gesetzgeber zur Ausgestaltung berechtigt (näher unten Vorb.35), gelegentlich sogar verpflichtet (oben Vorb.13). Solche Ausgestaltung stellt keine Grundrechtsbeeinträchtigung dar, auch wenn sie zu ungünstigen Rückwirkungen für bestimmte, an sich geschützte Grundrechtsausübungen führt (näher Jarass, AöR 1995, 367 ff; Alexy 300 ff; Gellermann o.Lit. AI 54 f; Isensee HbStR V 425 ff). Man könnte auch von Grundrechtsprägung sprechen (Lerche HbStR V 763 ff). Eine zulässige Grundrechtsausgestaltung dürfte eine Grundrechtsbeeinträchtigung ausschließen, also bereits auf der Stufe der Beeinträchtigung zum Tragen kommen und nicht eine zusätzliche Rechtfertigung von Grundrechtsbeeinträchtigungen darstellen.

35   Was die **Einsatzmöglichkeiten der Ausgestaltung** von Grundrechten angeht, so ist sie bei *Leistungs- und Schutzgrundrechten* strukturell notwendig und daher in erheblichem Umfang zulässig (Gellermann o.Lit. AI 298; Jarass; AöR 1995, 368 ff; vgl. Rn. 36 zu Art.19; Rn.9 zu Art.103). Entsprechendes gilt für sekundäre Leistungs- und Schutzfunktionen sowie für den privatrechtlichen Ausgleich zwischen gleichgeordneten Grundrechtsträgern (vgl. Rn.57, 60 zu Art.4; Rn.33, 44–47 a zu Art.5; Rn.14, 36 zu Art.6; Rn.14,

35 f zu Art. 9). Doch ist insoweit Vorsicht und Zurückhaltung geboten, um nicht verdeckte Eingriffe zu ermöglichen. Sie darf nur der realen Entfaltung der mit dem betreffenden Grundrecht verfolgten Ziele dienen (BVerfGE 74, 297/334 zur Rundfunkfreiheit; allg. Jarass, AöR 1985, 391 f). Die Verfolgung sonstiger öffentlicher Interessen dürfte dagegen nicht genügen, da sonst der Unterschied zur Beeinträchtigung völlig verschwimmt (vgl. allerdings Rn. 14, 36 zu Art. 9). Bei rechts- und normgeprägten Grundrechten ist das evtl. anders (so Pieroth/Schlink 209 ff). Die Ausgestaltung muss auf jeden Fall im Hinblick auf die Grundrechtsfunktion sachgerecht und geeignet sowie für die nachteilig Betroffenen zumutbar sein (vgl. BVerfGE 60, 253/295; 77, 275/284; Jarass, Gutachten 56. DJT, 1986, G 35 f; Rn. 36 zu Art. 9). Die Wertentscheidung des betreffenden Grundrechts wie andere Verfassungsentscheidungen sind zu beachten. Wirkt sich die Ausgestaltung wie ein Grundrechtseingriff aus, ist eine volle Verhältnismäßigkeitsprüfung geboten (vgl. BVerfGE 79, 29/40 f).

b) Grundrechtsverzicht. Eine Grundrechtsbeeinträchtigung **36** liegt unter bestimmten Voraussetzungen nicht vor, wenn der Betroffene in die Maßnahme und ihre Wirkung einwilligt (Stern III/2 887 ff; Manssen 429). Bei bestimmten Grundrechten ist die Einwilligung in die Beeinträchtigung geradezu als Grundrechtsausübung geschützt. Besonders deutlich ist das bei Art. 16 Abs. 1, aber auch bei Art. 12 und Art. 14. Andere Grundrechte, wie Art. 6, sind dagegen eher verzichtsfeindlich (näher Robbers, JuS 85, 927 f); s. im Einzelnen Rn. 8 f zu Art. 1, Rn. 65, 67 zu Art. 2, Rn. 34 zu Art. 9, Rn. 12 zu Art. 10, Rn. 5, 9 zu Art. 16, Rn. 16 zu Art. 104. Die Einwilligung muss eine rechtlich verbindliche Erklärung sein (Manssen 431). Weiter muss sie freiwillig sowie ausreichend konkret sein, damit der Betroffene die Folgen abschätzen kann (Schmidt-Aßmann MD 247 zu Art. 19 IV; Schenke BK 66 f zu Art. 19 IV). Daher ist es nicht möglich, generell auf die Ausübung eines Grundrechts zu verzichten, sondern allenfalls auf einzelne, durch das Grundrecht geschützte Handlungsweisen. Wird die Einwilligung durch die Gewährung von Vorteilen herbeigeführt, kann eine influenzierende Einwirkung vorliegen (oben Vorb. 26). Darüber hinaus kann der objektive Gehalt eines Grundrechts einer Einwilligung entgegenstehen, insb. dann, wenn die Beeinträchtigung von besonderer Dauer und Schwere ist (Pieroth/Schlink 139). Bei der Einwilligung in die Beeinträchtigung durch Private kommt es auf die Reichweite der Ausstrahlungswirkung an (oben Vorb. 33; Rn. 57 zu Art. 12).

4. Grundrechtsverpflichteter (Grundrechtsbindung)

37   Eine Grundrechtsbeeinträchtigung liegt nur vor, wenn der Einwirkende durch das Grundrecht gebunden ist. Die Grundrechte binden die gesamte öffentliche Gewalt (näher Rn.22–30 zu Art.1), soweit sie durch das GG konstituiert ist (näher Rn.32 f zu Art.1). Dies gilt auch für privatrechtliches Handeln der öffentlichen Hand, selbst im fiskalischen Bereich (str.; näher Rn.28 f zu Art.1). Zur Bedeutung der Grundrechte für die Beziehungen zwischen Privaten oben Vorb.15 f, 33.

III. Rechtfertigung von Eingriffen (Schranken)

1. Mögliche Rechtfertigungsgrundlagen für Eingriffe

38   Erfolgt im Schutzbereich eines Grundrechts (oben Vorb.17–23) ein Eingriff (dazu oben Vorb.25–27; zur Rechtfertigung anderer Beeinträchtigungen unten Vorb.50 f), muss die Maßnahme nicht verfassungswidrig sein. Sie kann vielmehr unter bestimmten Voraussetzungen gerechtfertigt sein, wobei jeweils zu klären ist, ob der Eingriff verhältnismäßig ist, während die Bestimmung des Schutzbereichs wie des Eingriffs keine solche Abwägung erfordert. Schutzbereich und Eingriff bestimmen also die *grundsätzliche* Reichweite der grundrechtlichen Gewährleistung, weshalb bei Vorliegen eines Eingriffs im Schutzbereich ein Indiz für die Verfassungswidrigkeit spricht, ähnlich wie die Erfüllung des Tatbestands einer Strafrechtsnorm ein Indiz für die Rechtswidrigkeit bildet (Jarass, AöR 1995, 371). Lediglich bei der allgemeinen Handlungsfreiheit wird man eine solche Indizwirkung ablehnen müssen.

39   Ein Eingriff (dazu oben Vorb.25–27) kann durch einen entsprechenden **Gesetzesvorbehalt** (unten Vorb.40, 42 f) oder durch **kollidierendes Verfassungsrecht** (unten Vorb.45–49) gerechtfertigt sein. Das entsprechende Gesetz bzw. die entsprechende Verfassungsnorm setzen dem Grundrecht eine „Schranke", beschränken es; zum Begriff der Einschränkung Rn.3 f zu Art.19. Regelungen im Schutzbereich gestattet außerdem bei bestimmten Grundrechten die *Ausgestaltung,* die allerdings bereits zum Fehlen einer Beeinträchtigung führt (dazu oben Rn.34 f).

39 a   **Andersartige** bzw. zusätzliche **Möglichkeiten der Grundrechtseinschränkung** gibt es nicht (BVerfGE 30, 173/192; 69, 1/54 f; BVerwGE 49, 202/208 f), etwa einen allgemeinen *Gemeinschaftsvorbehalt* (dafür Schmidt-Bleibtreu/Klein 20), eine Schranke

„offensichtlich sozialschädlichen Verhaltens" (dafür Starck MKS 279 zu Art.1), die generelle Anwendung der Schranken des Art.2 Abs.1 (vgl. Dürig MD 69 ff zu Art.2) oder einen Vorbehalt der streitbaren Demokratie (vgl. BVerfGE *abwM* 63, 266/310). Auch im **besonderen Gewaltverhältnis** bzw. im Sonderstatusverhältnis, v. a. im Beamten-, Wehrdienst-, Schul- und Strafvollzugsverhältnis gibt es keine zusätzlichen Beschränkungsmöglichkeiten, müssen also Eingriffe auf Grund eines entsprechenden Gesetzesvorbehalts oder kollidierenden Verfassungsrechts gerechtfertigt sein (BVerfGE 33, 1/11; 47, 46/78 ff; 58, 358/367; Stern III/1 1376 ff; Hesse 325; Rn.47 zu Art.20).

2. Rechtfertigung auf Grund eines Gesetzesvorbehalts

a) Art und Form. aa) Von einem grundrechtlichen Gesetzes- **40** vorbehalt iwS wird gesprochen, wenn das betreffende Grundrecht den Gesetzgeber zu einer Beschränkung, Beeinträchtigung, Regelung o. ä. im Schutzbereich des Grundrechts ermächtigt. Zum Verhältnis zum rechtsstaatlichen Vorbehalt des Gesetzes Rn.45 zu Art.20. Der Gesetzesvorbehalt kann **einfacher** oder **qualifizierter Art** sein (v. Münch MüK 54). Qualifizierte Vorbehalte lassen eine Beschränkung des Grundrechts nur bei bestimmten Situationen, zu bestimmten Zwecken oder durch bestimmte Mittel zu (etwa Rn.40 f zu Art.6, Rn.14 zu Art.8, Rn.10 zu Art.11, Rn.28 f zu Art.13). Der einem Grundrecht beigefügte Vorbehalt kann nicht, etwa im Wege der Analogie oder unter dem Begriff der Schranken-Spezialität, auf ein anderes Grundrecht übertragen werden. Daneben kann man, insb. im Hinblick auf das Zitiergebot des Art.19 Abs.1 S.2, zwischen den *Einschränkungsvorbehalten* des Art.19 Abs.1 und den sonstigen grundrechtlichen Vorbehalten unterscheiden (Rn.3 f zu Art.19).

Die vereinzelten **Ermächtigungen zu näherer Regelung** (etwa **41** Art.4 Abs.3 S.2, Art.12 a Abs.2 S.3, Art.38 Abs.3, Art.104 Abs.2 S.4) stellen keine Gesetzesvorbehalte dar, sondern sind der Ausgestaltung zuzuordnen (vgl. oben Vorb.34 f). Sie erlauben daher keine Grundrechtseinschränkung (Sachs SA 102).

bb) Gesetzesvorbehalte sehen regelmäßig eine Einschränkung **42** **durch oder auf Grund eines Gesetzes** vor. Da mit Gesetz ein förmliches Gesetz gemeint ist (vgl. Rn.2 zu Art.19), kann die Einschränkung unmittelbar durch förmliches Gesetz oder auf Grund eines solchen durch untergesetzliche Normen oder durch Verwaltungsakte erfolgen. Zum Teil wird nur die Alternative „auf Grund eines Gesetzes" erwähnt (Art.2 Abs.2 S.3, Art.10 Abs.2, Art.13

Abs.3, Art.16 Abs.1 S.2), ohne dass dies einen sachlichen Unterschied begründet (vgl. BVerfGE 33, 125/156). Der Grund für den verkürzten Wortlaut dürfte darin liegen, dass der Verfassungsgeber lediglich die erwähnte Alternative für bedeutsam hielt. Zur notwendigen Bestimmtheit des einschränkenden Gesetzes Rn.54–56 zu Art.20.

43   Was die **Art der einschränkenden Regelung** angeht, so kann eine Einschränkung auf der Grundlage eines förmlichen Gesetzes insb. durch *Satzung* erfolgen. Allerdings muss das förmliche Gesetz, wie auch sonst, ausreichend speziell sein und alle für die Grundrechtsausübung wesentlichen Fragen regeln (Rn.54 zu Art.20); dem wird eine allgemeine Verleihung der Satzungsautonomie regelmäßig nicht gerecht (BVerfGE 33, 125/158 f; Sachs SA 85). Auch *Rechtsverordnungen* können nur insoweit zur Konkretisierung verwandt werden, als nicht der Gesetzesvorbehalt eine Regelung durch förmliches Gesetz verlangt (Rn.54 zu Art.20). Zur Beschränkung durch vorkonstitutionelle Rechtsverordnungen Rn.7 zu Art.123. Endlich kann eine Einschränkung auch durch (wirksam erlassenes und innerstaatlich geltendes) EG-Recht erfolgen (Sachs SA 88); vgl. auch Rn.38 zu Art.23. Eine Beschränkung durch *Gewohnheitsrecht* ist nicht möglich (BVerfGE 32, 74/75; Pieroth/Schlink 420, 1093); die für vorkonstitutionelles Gewohnheitsrecht geltende Ausnahme (vgl. Rn.21 zu Art.12) hat sich durch Zeitablauf erledigt (vgl. Rn.7 zu Art.123). Verwaltungsvorschriften vermögen Grundrechte nicht zu beschränken (Rn.21 zu Art.12). Zum *Richterrecht* Rn.55 zu Art.5, Rn.21 zu Art.12.

44   **b) Schranken-Schranken.** Wenn für einen Grundrechtseingriff eine entsprechende Grundlage durch einen Gesetzesvorbehalt vorliegt, ist weiter zu prüfen, ob er *verhältnismäßig* ist (ausführlich dazu Rn.83–88 zu Art.20; Starck MKS 242 ff zu Art.1; v. Münch MüK 55). Dies schließt eine *Abwägung* der kollidierenden Rechtsgüter ein (Rn.86 zu Art.20). Die bei einigen Grundrechten geforderte Wechselwirkung (Rn.57 zu Art.5) bedeutet nichts anderes als die Anwendung des Grundsatzes der Verhältnismäßigkeit (BVerfGE 67, 157/172 f; Bethge SA 146 zu Art.5). Die *Wesensgehaltsgarantie* des Art.19 Abs.2 bietet keinen darüber hinausreichenden Schutz (Rn.7 zu Art.19). *Sachlich* kommt es vor allem auf die Schwere des Eingriffs sowie auf das Gewicht der ihn rechtfertigenden Gründe an (Rn.86 zu Art.20). Darüber hinaus dürften *allgemeine Gesetze*, d. h. Gesetze, die einschlägige grundrechtliche Betätigungen den gleichen Pflichten unterwerfen wie andere Verhaltensweisen, die sich somit nicht allein im Schutzbereich eines bestimmten Grundrechts auswirken, eher zulässig sein. Schließlich darf ein einschränkendes Gesetz nicht gegen sonstiges Verfassungsrecht verstoßen.

3. Rechtfertigung durch kollidierendes Verfassungsrecht

a) Beschränkungsgrundlagen. Grundrechte können des Wei- **45** teren durch kollidierende **Grundrechte Dritter** beschränkt werden (BVerfGE 28, 243/261; 47, 46/76; 67, 213/228; 84, 212/228; v. Münch MüK 57; Starck MKS 240 zu Art. 1), auch dann, wenn das Grundrecht einen Gesetzes- oder Regelungsvorbehalt aufweist (unten Vorb. 47). Kennzeichen einer solchen **Grundrechtskollision** ist (anders als bei einer Grundrechtskonkurrenz; oben Vorb. 22 f) das Gegeneinander von einem oder mehreren Grundrechten bei *mehreren* Grundrechtsträgern (v. Münch MüK 44; Stern III/2 607, 629): Die Grundrechtsausübung eines Grundrechtsinhabers ist mit der Grundrechtsausübung eines anderen Grundrechtsinhabers nicht vereinbar. In diesem Falle wird ein Grundrecht zur Schranke des anderen Grundrechts, mit der Folge, dass (staatliche) Eingriffe in ein Grundrecht durch das kollidierende Grundrecht gerechtfertigt sein können. Bei der Anwendung solcher *verfassungsimmanenter Schranken* ist allerdings Zurückhaltung und Vorsicht geboten, um nicht die unterschiedliche Gewährleistung von Grundrechten ohne Vorbehalt und Grundrechten mit einfachen bzw. qualifizierten Vorbehalten zu unterlaufen.

Eine ähnliche Grundrechtsschranke kann sich weiterhin aus **sons-** **46** **tigen verfassungsrechtlich geschützten Gütern** ergeben (BVerfGE 28, 243/261; 67, 213/228; 83, 130/138 f; Sachs, in: Stern III/2 552 ff). Solche Verfassungsgüter folgen nicht bereits aus bloßen Kompetenz-, Ermächtigungs- und Organisationsvorschriften (vgl. BVerfGE *abwM* 69, 1/59 f; BVerwG, DVBl 82, 200; Sachs SA 106 f; Bleckmann 358; Pieroth/Schlink 334; zu großzügig BVerfGE 41, 205/227 f; 53, 30/56); notwendig ist der Nachweis, dass die Verfassung eine Einrichtung etc. nicht nur zulässt, sondern ihr einen verfassungsrechtlichen Rang verleiht und ihre Realisierung vorschreibt, ähnlich wie das für die Grundrechte gilt (vgl. BVerfGE 67, 213/228; noch restriktiver Pieroth/Schlink 328). Noch mehr als bei den kollidierenden Grundrechten ist hier Vorsicht und Zurückhaltung geboten (vgl. oben Vorb. 45). Akzeptabel sind nur Einschränkungen, die mit der betreffenden Einrichtung etc. zwangsnotwendig verbunden sind (Siekmann/Duttge 190; vgl. Sachs SA 96). Dementsprechend können Gesetzesvorbehalten des GG keine verfassungsrechtlich geschützten Güter entnommen werden, da die Vorbehalte den Schutz des betreffenden Guts nur erlauben, nicht erzwingen. Ein Verfassungsgut, das Grundrechte begrenzen kann, ist etwa die Gewährleistung des Berufsbeamtentums in Art.33 Abs.5 (Rn.32 zu Art.33). Zum Sozialstaatsprinzip Rn.111 zu Art.20, zum Umweltschutzprinzip Rn.10 zu Art.20 a.

47 **b) Anwendungsbereich des Instituts.** Die Möglichkeit einer Beschränkung von Grundrechten durch andere Grundrechte oder Verfassungsgüter muss auch bei den Grundrechten, die einen **Gesetzesvorbehalt** aufweisen, möglich sein (BVerwGE 87, 37/45 f; BVerfGE 72, 122/137 zu Art.2 Abs.1; 66, 116/136 zu Art.5 Abs.1; 73, 301/315 zu Art.12; Lerche HbStR V 789, 802; a. A. Pieroth/Schlink 331). Andernfalls könnten die vorbehaltslosen Grundrechte stärker relativiert werden als die nur mit Vorbehalt gewährten Grundrechte. Um ein Unterlaufen der gesetzlichen Vorbehalte zu vermeiden, wird man verlangen müssen, dass zunächst die grundrechtlichen Vorbehalte geprüft werden, bevor auf kollidierende Grundrechte oder Verfassungsgüter zurückgegriffen wird. Dies ergibt sich auch daraus, dass genau genommen eine Scheinkollision vorliegt, wenn die Grundrechtsausübung bereits auf Grund von Gesetzen, die in zulässiger Weise den Gesetzesvorbehalt des entsprechenden Grundrechts ausfüllen, verboten bzw. beschränkt ist.

48 **c) Erfordernis einer gesetzlichen Ermächtigung.** Soll das Institut des kollidierenden Verfassungsrechts bei (echten) Grundrechtseingriffen (dazu oben Vorb.25–27) zum Tragen kommen, gilt der Vorbehalt des Gesetzes; es ist eine ausreichend bestimmte gesetzliche Grundlage notwendig (BVerfGE 59, 231/261 ff; Dreier DR 89). Dies gilt insb. dann, wenn ein schrankenloses Grundrecht beschränkt wird (BVerfGE 83, 130/142; BVerwGE 90, 112/122). Es ist daher unzutreffend, durch kollidierendes Verfassungsrecht bereits den Schutzbereich des Grundrechts begrenzt zu sehen (vgl. Pieroth/Schlink 326 ff). Zur teilweise abweichenden Lage bei anderen Grundrechtsbeeinträchtigungen unten Vorb.50 f.

49 **d) Schranken-Schranken.** Bei der Beschränkung eines Grundrechts durch kollidierendes Verfassungsrecht ergibt sich für den Ausgleich ein Spielraum aus dem Umstand, dass das einzuschränkende Grundrecht bis zur Grenze der Verhältnismäßigkeit beschränkt werden kann, während der Schutz des zu fördernden Grundrechts oder Verfassungsguts nur in einem Kernbereich verfassungsrechtlich vorgegeben ist (vgl. Jarass, AöR 1985, 382 ff). Die Kollision mit einem anderen Grundrecht oder einem sonstigen Verfassungsgut ist durch eine *„Abwägung* aller Umstände des Einzelfalles" aufzulösen (BVerfGE 30, 173/195). Dabei müssen die betroffenen Grundrechte bzw. Verfassungsgüter „im Konfliktfall nach Möglichkeit zum Ausgleich gebracht werden; lässt sich dies nicht erreichen, so ist unter Berücksichtigung der falltypischen Gestaltung und der besonderen Umstände des Einzelfalles zu entscheiden, welches Interesse zurückzutreten hat" (BVerfGE 35, 202/225; 59, 231/261 ff; 67, 213/228; v. Münch MüK 47; Denninger AK 46). Notwendig ist „ein Ausgleich der gegenläufigen . . . Interessen mit dem Ziel ihrer Optimierung" (BVerfGE 81, 278/292), ein schonender Ausgleich nach dem Grundsatz praktischer Konkordanz (BVerfGE 93, 1/21). Auch die anderen Aspekte des Grundsatzes der *Verhältnismäßigkeit* (dazu Rn.83–88 zu Art.20) sind zu beachten.

IV. Rechtfertigung bei sonstigen Beeinträchtigungen

Bei Grundrechtsbeeinträchtigungen in Form einer **(relativen) 50 Benachteiligung** (oben Vorb.28) wird häufig von Rechtfertigung gesprochen. Die dogmatische Basis bleibt aber vielfach unklar. Die Gleichheitsgrundrechte enthalten durchweg keinen Gesetzesvorbehalt; gleichwohl sind hier Einschränkungen möglich (vgl. Rn.92 f, 120 zu Art.3), für die im Bereich der besonderen Gleichheitsrechte auf Grund des Rechtsstaatsprinzips eine gesetzliche Grundlage erforderlich ist (Rn.48 zu Art.20), des weiteren eine Verhältnismäßigkeitsprüfung (etwa Rn.27 zu Art.3). Weiter ist eine Rechtfertigung durch kollidierendes Verfassungsrecht (oben Vorb.45–49) möglich (Jarass, AöR 1995, 375). Insgesamt bestehen jedenfalls bei besonderen Gleichheitsrechten große Ähnlichkeiten mit der Behandlung von Eingriffen, was es verständlich werden lässt, dass dort, wo Freiheitsgrundrechte gegen Diskriminierungen schützen, diese vielfach als Eingriffe bezeichnet und behandelt werden (oben Vorb.28).

Bei Grundrechtsbeeinträchtigungen in Form des **Unterlassens 51 von Leistung** und **Schutz** (oben Vorb.29–31) spielt die Rechtfertigung eine sehr geringe Rolle, da die grundrechtlichen Vorgaben weite Spielräume belassen (oben Vorb.30) und das damit in Zusammenhang stehende Ausgestaltungsrecht Gestaltungsspielräume eröffnet (Jarass, AöR 1995, 373 f; oben Vorb.35). Darüber hinaus passt die Figur des Gesetzesvorbehalts nicht (Rn.50 zu Art.20). Entscheidend ist somit zumeist die Frage, ob überhaupt eine Beeinträchti-

gung vorliegt. Zum Untermaßverbot oben Vorb.30. Eine Rechtfertigung ist allerdings durch kollidierendes Verfassungsrecht möglich
(Jarass, AöR 1995, 373).

Art. 1 [Würde des Menschen, Grundrechtsbindung]

(1) **Die Würde[5] des Menschen ist unantastbar[12]. Sie zu achten[7] und zu schützen[9f] ist Verpflichtung aller staatlichen Gewalt[11].**

(2) **Das Deutsche Volk bekennt sich darum zu unverletzlichen und unveräußerlichen Menschenrechten als Grundlage jeder menschlichen Gemeinschaft, des Friedens und der Gerechtigkeit in der Welt[17ff].**

(3) **Die nachfolgenden Grundrechte[20] binden Gesetzgebung, vollziehende Gewalt und Rechtsprechung[22ff] als unmittelbar geltendes Recht[21].**

Übersicht

Literatur I (Abs.1, 2): *Steiger,* Verantwortung vor Gott und den Menschen?, FS K. Lehmann, 2001, 663; *Schlehofer,* Die Menschenwürdegarantie des Grundgesetzes, Goltdammers Archiv für Strafrecht 1999, 357 ff; *v. Hodenberg,* Das Bekenntnis des deutschen Volkes zu den Menschenrechten in Art.1 Abs.2 GG, 1997, *Enders,* Die Menschenwürde in der Verfassungsordnung, 1997; *Brugger,* Menschenwürde, Menschenrechte, Grundrechte, 1997; *Benda,* Menschenwürde und Persönlichkeitsrecht, HbVerfR, 1995, 161; *Höfling,* Die Unantastbarkeit der Menschenwürde, JuS 1995, 857; *Kirchhof,* Verfassungsrechtlicher Schutz und internationaler Schutz der Menschenrechte, EuGHZ 1994, 16; *H. Hofmann,* Die versprochene Menschenwürde, AöR 1993, 353; *Geddert-Steinacher,* Menschenwürde als Verfassungsbegriff, 1990; *Holzhüter,* Konkretisierung und Bedeutungswandel der Menschenwürdenorm des Art.1 Abs.1 des GG, 1989; *Niebler,* Die Rechtsprechung des BVerfG zum obersten Rechtswert der Menschenwürde, BayVBl 1989, 737; *Stern,* Die Menschenwürde als Fundament der Grundrechte, Stern III/1, 1988, § 58; *Häberle,* Die Menschenwürde als Grundlage der staatlichen Gemeinschaft, HbStR I, 1987, 815. – **Literatur II (Abs.3):** *Schnapp/Kaltenborn,* Grundrechtsbindung nichtstaatlicher Institutionen, JuS 2000, 937; *Höfling,* Die Grundrechtsbindung der Staatsgewalt, JA 1995, 431; *Nierhaus,* Grundrechte aus der Hand des Gesetzgebers?, AöR 1991, 72; *Schnapp,* Die Grundrechtsbindung der Staatsgewalt, JuS 1989, 1; *Stern,* Die Grundrechtsverpflichteten, Stern III/1, 1988, §§ 72–76. S. auch Literatur A II zu Vorb. vor Art.1.

I. Garantie der Menschenwürde (Abs.1)

1. Bedeutung und Abgrenzung zu anderen Vorschriften

1　　**a) Gründe für die Garantie.** Nach den grauenhaften Verbrechen des nationalsozialistischen Staates, die die Würde des Menschen unter Berufung auf staatliche oder sonstige Ziele auf das schwerste verletzten, hat der Verfassungsgeber den Schutz der Menschenwürde an den Anfang des GG gestellt. Er hat deutlich gemacht, dass in der Ordnung des GG zuerst der Mensch kommt und erst dann der Staat (Höfling SA 43), in Umkehrung des nationalsozialistischen Leitsatzes, der Einzelne sei nichts, der Staat (oder die Gemeinschaft) alles. Im Entwurf von Herrenchiemsee hieß es zutreffend in Art.1 Abs.1: „Der Staat ist um des Menschen willen da, nicht der Mensch um des Staates willen" (JöR 1951, 48; ebenso Starck MKS 11). Der Staat und seine Ziele haben keinen Eigenwert, sondern ziehen ihre Berechtigung allein daraus, dass sie den Menschen konkret dienen (vgl. Häberle HbStR I 847; vgl. auch Rn.3 zur Präamb). Darin liegt auch eine Abkehr von der Vergötterung des Staats und der Volksgemeinschaft, etwa in der deutschen Romantik.

b) Rechtliche Eigenart und Verhältnis zu anderen Normen. 2
Den Beweggründen für die Schaffung des Abs.1 (oben Rn.1) entsprechend ist „die Würde des Menschen der **oberste Wert**" des GG
(BVerfGE 32, 98/108; 50, 166/175; 54, 341/357; BVerwG, DVBl
1994, 528; Stern III/1 27; Kunig MüK 1, 4). Die Garantie des Abs.1
fungiert als „tragendes Konstitutionsprinzip" (BVerfGE 87, 209/228;
96, 375/398), als **wichtigste Wertentscheidung** des GG. Das wird
durch die Regelung des Art.79 Abs.3 unterstrichen, die eine Einschränkung des Grundsatzes des Art.1 Abs.1 auch im Wege der
Verfassungsänderung verbietet. Die Gewährleistung des Abs.1 kann
daher durch keine andere Verfassungsnorm beschränkt werden (unten
Rn.12). Vielmehr steuert sie die Auslegung der Normen des GG
(Häberle HbStR I 820 f, 823). Insb. reichert Abs.1 die nachfolgenden
Grundrechte an (unten Rn.4), umso eine extensive Verwirklichung
der Garantie der Menschenwürde zu erreichen, wie das insb. durch
das allgemeine Persönlichkeitsrecht innerhalb des Art.2 Abs.1 geschehen ist (dazu Rn.28 f zu Art.2). Zudem bildet Abs.1 die Wurzel für
einzelne Rechtsprinzipien, wie das Schuldprinzip (Rn.99 zu Art.20).
Schließlich ist Art.1 Abs.1 bei der Schaffung wie der Anwendung
von einfachgesetzlichen Normen zu beachten (Zippelius BK 29).

Ob Art.1 Abs.1 auch ein (eigenständiges) **Grundrecht** enthält, ist 3
zweifelhaft (dagegen Kley/Rührmann UC § 90 Rn.43; Ged-
dert/Steinacher o. Lit. 164 ff; Dreier DR 72; dafür Stern III/1 26 f;
Zippelius BK 26; Starck MKS 26 f). Das BVerfG hat die Frage
offengelassen (E 61, 126/137). Die praktische Bedeutung der Frage
ist eher gering: Die Gewährung der Menschenwürde steuert die
Reichweite der nachfolgenden Grundrechte (oben Rn.2), mit der
Folge, dass ein Betroffener jeden Verstoß gegen Art.1 Abs.1 geltend
machen kann, auch wenn die Vorschrift kein Grundrecht enthält.

Die Gewährleistung des Art.1 Abs.1 wird **durch die nachfol-** 4
genden Grundrechte konkretisiert, zumal sie im Lichte des Abs.1
auszulegen sind (oben Rn.2). Daher sind, auch wenn man in Art.1
Abs.1 ein eigenständiges Grundrecht sieht (oben Rn.3), die nach-
folgenden Grundrechte als konkretere Normen zuerst zu prüfen
(BVerfGE 51, 97/105; 53, 257/300; 56, 363/393; Manssen 289;
Höfling SA 57; Kunig MüK 69). Eine unwürdige Behandlung ist
daher zunächst am allgemeinen Persönlichkeitsrecht zu messen, eine
Haft an der Freiheit der Person. Andererseits steht der besondere
Rang des Art.1 Abs.1 einem echten Spezialitätsverhältnis entgegen
(Höfling SA 57). Wird aber bei der Auslegung der nachfolgenden
Grundrechte die Gewährleistung der Menschenwürde ausreichend
berücksichtigt, erübrigt sich regelmäßig ein Rückgriff auf Abs.1

(Kunig MüK 69). Im Wesentlichen wirkt Art.1 Abs.1 wie eine Schranken-Schranke: Eine Verletzung der Vorschrift stellt durchweg eine Verletzung eines (anderen) Grundrechts dar (Kley/Rührmann UC § 90 Rn.43). Die Beeinträchtigung ist wegen Art.1 Abs.1 ausnahmslos unzulässig (vgl. unten Rn.12).

2. Schutzbereich

5   **a) Menschenwürde**. Mit der Menschenwürde ist der soziale Wert- und Achtungsanspruch gemeint, der dem Menschen wegen seines Menschseins zukommt (BVerfGE 87, 209/228). Es besteht ein prinzipieller Unterschied zwischen dem Menschen und den Gegenständen (einschl. der Tiere). „Jeder Mensch (muss) als gleichberechtigtes Glied mit Eigenwert anerkannt werden" (BVerfGE 45, 187/228). Der Mensch ist Subjekt, nicht Objekt (vgl. BVerfGE 30, 1/26; 50, 166/175; BVerwGE 64, 274/278 f). Er ist ein Wert, nicht ein Schaden (vgl. BVerfGE 88, 203/296; unten Rn.11). Geschützt ist die menschliche Identität und Personalstruktur. Weiter schließt die Menschenwürde die prinzipielle Gleichheit aller Menschen ein, trotz aller tatsächlichen Unterschiede (Kirchhof HbStR V 881; diff. Höfling SA 27). Andererseits darf die Garantie der Menschenwürde nicht zur „kleinen Münze" gemacht werden, auch wenn die Berufung auf sie in so vielen Fällen zu passen scheint und starken emotiven Beiklang aufweist (Dreier DR 35; Manssen 288; Höfling SA 16; Lerche, FS Mahrenholz, 1994, 520; diff. Kunig MüK 8). Die Menschenwürde ist nicht bereits verletzt, wenn jemand in wenig würdigen Umständen (im Alltagssinne) lebt. Vielmehr müssen die beschriebenen, die Menschenwürde kennzeichnenden Aspekte betroffen sein. Art.1 Abs.1 vermittelt allein einen Elementarschutz (Starck MKS 14). Ob sich der Gehalt der Menschenwürde im Laufe der Zeit ändern kann (so BVerfGE 45, 187/229; 96, 375/399 f), erscheint zweifelhaft.

6   **b) Träger bzw. personaler Schutzbereich.** Das Grundrecht steht allen natürlichen Personen zu, selbstverständlich auch Ausländern, Kindern (BVerfGE 74, 102/124 f), Geisteskranken (BGHZ 35, 1/8; Zippelius BK 50), Straftätern (BVerfGE 61, 269/284; 72, 105/115) etc. „Jeder (Mensch), besitzt sie, ohne Rücksicht auf seine Eigenschaften, seine Leistungen und seinen sozialen Status" (BVerfGE 87, 209/228). Unerheblich ist, „ob der Träger sich dieser Würde bewusst ist und sie selbst zu wahren weiß" (BVerfGE 39, 1/41). Sie kommt jedem Menschen als Gattungswesen zu. Geschützt wird auch das werdende Leben im Mutterleib (BVerfGE 39, 1/41 f; 88, 203/251; Kunig MüK 14; a.A. Podlech AK 57 f; Dreier DR 51;

Zippelius BK 51; Stern III/1, 1056 ff); der Schutz dürfte mit der Befruchtung der Eizelle beginnen (Starck MKS 18; für 14. Tag nach Empfängnis Kunig MüK 14). Bei der Schutzintensität sind beim werdenden Leben allerdings Differenzierungen geboten; die Ausführungen zu Art.2 Abs.2 (Rn.64 zu Art.2) gelten entsprechend (Höfling SA 49). Nach dem Tod dürfte Art.1 gewisse Fortwirkungen entfalten (BVerfGE 30, 173/194; BGH, MDR 84, 997; Zippelius BK 53 f; Höfling SA 53 ff; a. A. Rüfner HbStR V § 116 Rn.18; Manssen 119), allerdings nur objektiv-rechtlich (a. A. Kunig MüK 15). Nicht geschützt sind juristische Personen (Kunig MüK 11; Zippelius BK 51) sowie Gruppen (Höfling SA 56). Letztere können keine personale Würde haben; die unwürdige Behandlung einer Gruppe kann allerdings die Menschenwürde einzelner Mitglieder verletzen (anders Kunig MüK 17).

3. Beeinträchtigung

a) Eingriffe. Gem. Abs.1 S.2 hat der Staat (dazu unten Rn.22–34) **7** zum einen die Würde des Menschen **„zu achten".** Damit ist iS eines Abwehrrechts (Vorb.4 vor Art.1) gemeint, dass dem Staat Handlungen verboten sind, die die Menschenwürde im beschriebenen Sinne (oben Rn.5) verletzen (Starck MKS 35; Dreier DR 77). Die aus der Menschenwürde fließende *Subjektqualität* (oben Rn.5) wird verletzt, wenn ein Mensch „zum bloßen Objekt des Staates" gemacht wird, wenn „seine Subjektqualität prinzipiell in Frage" gestellt wird (BVerfGE 50, 166/175; 87, 209/228; ähnlich E 27, 1/6), etwa durch Erniedrigung, Brandmarkung oder Ächtung (BVerfGE 102, 347/367). Dementsprechend wird die Menschenwürde durch Folter, Sklaverei, Leibeigenschaft oder Stigmatisierung verletzt (Dreier DR 80), durch Frauen- oder Kinderhandel (Pieroth/Schlink 361). Weiter liegt ein Eingriff vor, wenn jemand zum bloßen Gegenstand des Verfahrens gemacht wird (BVerfGE 63, 332/337), wenn in gravierender Weise in die körperliche oder geistige Integrität und Identität eingegriffen wird, etwa durch grausame, unmenschliche oder erniedrigende Strafen (BVerfGE 45, 187/228; 72, 105/116; 75, 1/16 f); zur lebenslangen Freiheitsstrafe unten Rn.14. Auch in der Erniedrigung, Brandmarkung oder Ächtung von Personen sowie in der Kommerzialisierung menschlichen Daseins kann eine Beeinträchtigung liegen (BVerfGE 96, 375/400). Unzulässig ist weiter das Brechen der *Identität* des Menschen (Höfling SA 35). Schließlich wird die Menschenwürde beeinträchtigt, wenn die prinzipielle *Gleichheit* eines Menschen mit anderen Menschen in Zweifel gezogen wird (Kirchhof HbStR V 881; Höfling SA 27), wenn jemand grundsätzlich wie ein Mensch zweiter Klasse behandelt wird, weshalb schwere Beeinträchtigungen der rechtlichen Gleichheit erfasst werden (Pieroth/Schlink 361; Podlech AK 29 ff; oben Rn.5).

8   Ob die Beeinträchtigung der Menschenwürde **beabsichtigt** ist, kann an sich nicht entscheidend sein (a. A. Kunig MüK 24), zumal die Voraussetzung der Finalität relativ einfach verschleiert werden kann. Allerdings kann der entwürdigende Charakter durch eine entsprechende Absicht verstärkt werden (Zippelius BK 62). Stimmt der Betroffene einem Eingriff zu, ändert das mit dieser Maßgabe nichts an der Verletzung des Art.1 Abs.1 (BVerwGE 86, 362/366; Podlech AK 71; vorsichtiger Zippelius BK 39 f; a. A. Starck MKS 32).

9   **b) Unterlassen von Schutz und Leistung.** Als zweite Rechtsfolge schreibt Abs.1 S.2 neben dem „Achten" den **„Schutz"** der Würde des Menschen durch den Staat vor. Damit ist primär „nicht Schutz vor materieller Not, sondern Schutz gegen Angriffe auf die Menschenwürde durch andere ... gemeint" (BVerfGE 1, 97/104; Dreier DR 78). Der Staat muss insb. privatrechtliche und öffentlichrechtliche Vorschriften erlassen, die die Beeinträchtigung der Würde des Menschen verhindern, wobei ihm allerdings ein erheblicher Spielraum zukommt (Höfling SA 41). Ein Schutz gegen den Willen des Betroffenen ist regelmäßig nicht erforderlich (BVerfGE 61, 126/137 f; Stern III/1 30 f; a. A. BVerwGE 113, 340/341 f). Insoweit kommt das ebenfalls in Art.1 Abs.1 wurzelnde Autonomiegebot zum Tragen (Kunig MD 34); zur abweichenden Situation bei der Abwehr von Eingriffen oben Rn.8. Schutz ist zudem vor Angriffen durch eine ausländische Staatsgewalt zu gewähren (Kunig MüK 33).

10   Die Garantie der Menschenwürde enthält auch gewisse Elemente von **Ansprüchen auf tatsächliche Leistungen** (Zippelius BK 102; Starck MKS 36; **a. A.** BVerfGE 1, 97/104; offengelassen BVerfGE 75, 348/360). Doch ist insoweit Zurückhaltung geboten. Die Menschenwürde ist noch nicht beeinträchtigt, wenn jemand in Not kommt; erst wenn dies die Folge der Behandlung als Objekt durch den Staat oder durch Dritte ist (oben Rn.7), kann Art.1 Abs.1 zum Tragen kommen (a. A. Höfling SA 40). Aus dem Zusammenspiel mit dem Sozialstaatsprinzip ergibt sich ein Anspruch auf Sicherung des Existenzminimums (dazu Rn.113 zu Art.20), wie sich das auch aus dem Recht auf Leben und körperliche Unversehrtheit ergibt (Rn.69 zu Art.2).

11   **c) Adressat sowie privatrechtliche Beeinträchtigung.** Die Garantie der Menschenwürde verpflichtet gem. Abs.1 S.2 die ge-

samte „staatliche Gewalt", was den in Abs.3 verwandten Begriffen (unten Rn.22–31) entspricht (Starck MKS 33). Insb. gilt sie im Bereich der Streitkräfte in gleicher Weise wie außerhalb (BVerwGE 83, 300/301; 113, 70 f; NVwZ-RR 98, 320). Darüber hinaus soll das Gebot der Menschenwürde auch unmittelbar für Privatpersonen gelten (BAGE 38, 69/80 f; Stern III/1 29 f; Zippelius BK 35; Kunig MüK 27; a. A. Geddert-Steinacher, o. Lit., 94 f). Hier gewinnt allerdings der Umstand noch größeres Gewicht, dass freiwillige Zustimmung (zu den Voraussetzungen Vorb.36 vor Art.1) eine Beeinträchtigung der Menschenwürde häufig ausschließt (zur abweichenden Situation bei Eingriffen oben Rn.8), mit der Folge, dass Art.1 Abs.1 nur in seltenen Fällen zum Tragen kommt. Die Existenz des Kindes kann kein Schaden sein (BVerfGE 88, 203/296), wohl aber das Entstehen von Unterhaltsverpflichtungen (BVerfGE 96, 375/400 ff; Starck MKS 106).

4. Rechtfertigung von Beeinträchtigungen (Schranken)

Die Garantie der Menschenwürde unterliegt keinen Beschrän- **12** kungsmöglichkeiten („unantastbar"), auch nicht durch andere Verfassungsgüter, da ihr der höchste Rang im GG zukommt (BVerfGE 75, 369/380; 93, 266/293; Höfling SA 11; Starck MKS 30). Voraussetzung ist allerdings, dass die Garantie in dem hier vertretenen engen Sinne verstanden wird (vgl. oben Rn.7–10). Zudem können Eingriffe Privater in die Menschenwürde anderer Personen mit (für sie) Abs.1 S.1 verletzenden Mitteln bekämpft werden, wenn ein milderes Mittel nicht zur Verfügung steht (Starck MKS 31). Ob es allerdings solche Fälle gibt, ist zweifelhaft (ablehnend Kunig MüK 4).

5. Einzelfälle

Die Garantie des Art.1 Abs.1 wird in der Literatur in den unter- **13** schiedlichsten Zusammenhängen herangezogen (vgl. Starck MKS 39 ff). Vielfach sind aber, wie die Rspr. des BVerfG in zunehmendem Maße zeigt, **andere Grundrechte einschlägig,** sei es allein (insb. weil Art.1 Abs.1 nur einen Elementarschutz bietet; oben Rn.5) oder doch primär. So ist das Allgemeine Persönlichkeitsrecht primär in Art.2 Abs.1 verankert (Rn.29 zu Art.2). Das festzuhalten, ist wegen der Beschränkungsmöglichkeiten wichtig (vgl. BVerfGE 56, 37/49; Kunig MüK 37 zu Art.2). Dementsprechend wird im Folgenden vor allem auf andere Grundrechte verwiesen.

14   **a) Strafrecht und Haft.** Zur Folter Rn.77 zu Art.2; zum Lügen-detektor Rn.50 zu Art.2. Zum Schuldprinzip Rn.99 zu Art.20; zur Art der Strafe oben Rn.7. Für lebenslänglich Verurteilte muss die rechtlich abgesicherte Chance bestehen, „der Freiheit wieder teilhaf-tig zu werden" (BVerfGE 45, 187/245 ff; 72, 105/113; a. A. Starck MKS 44); s. auch Rn.93 zu Art.2. Die Todesstrafe dürfte gegen Art.1 Abs.1 verstoßen (BGHSt 41, 317/325; Kunig MüK 18 zu Art.102; Starck MKS 43; Lorenz HbStR VI 25; einschr. Scholz MD 31 zu Art.102; a. A. Zippelius BK 70). Für die Behandlung von Straf- und Untersuchungsgefangenen ist das allg. Persönlichkeits-recht einschlägig (Rn.52 f zu Art.2), daneben das Recht auf Freiheit (Rn.7 f zu Art.104; vgl. Rn.93–96 zu Art.2).

15   **b) Eingriffe in Persönlichkeit und Körper.** Die Ehre wird durch das allg. Persönlichkeitsrecht gestützt (Rn.31 zu Art.2). Eine schikanöse oder entwürdigende Behandlung von (untergebenen) Soldaten ist unzulässig (BVerwGE 83, 300/301; 86, 305/306; 93, 56/58; Zippelius BK 31; vgl. auch oben Rn.11); auch insoweit dürfte eher das allg. Persönlichkeitsrecht einschlägig sein. Gleiches gilt für die informationelle Selbstbestimmung (dazu Rn.32 zu Art.2), insb. im Bereich des Abhörens von Telefonen (Rn.32, 55 zu Art.2). Kinderpornographie verstößt gegen Art.1 Abs.1 (BVerwG, NJW 01, 241). Zu den Methoden staatlicher Informationsgewinnung Rn.49 f zu Art.2. Zur Selbstbezichtigung Rn.34 zu Art.2. Zum Sexualleben Rn.36 zu Art.2; eine Peep-Show kann schwerlich gegen Art.1 ver-stoßen (Starck MKS 97; v.Münch MÜK 32; a. A. BVerwGE 64, 274/278 ff; vorsichtiger zu Art.1 BVerwGE 84, 314/317). S. außer-dem generell die Einzelfälle zum allgemeinen Persönlichkeitsrecht Rn.49–55 zu Art.2. Zu Eingriffen in den **Körper** vgl. Rn.66 f, 77-79 zu Art.2. Für *gentechnologische Eingriffe* ist der Gesundheits- und Persönlichkeitsschutz einschlägig (Dreyer DR 56 ff; Zippelius BK 77; anders Starck MKS 88 ff); in Sonderfällen kann auch Art.1 Abs.1 verletzt sein, etwa beim Klonen eines Menschen (vgl. auch Seifert/Hömig 17). Der Organentnahme bei Toten setzt (allein) Art.1 Abs.1 Grenzen (Kunig MüK 72 zu Art.2). Die Sterbehilfe ist primär ein Problem des Rechts auf Leben (Rn.76, 81 zu Art.2).

16   **c) Sonstiges.** Zum Existenzminimum Rn.69 zu Art.2, Rn.48 zu Art.3 und Rn.113 zu Art.20. Im Arbeitsrecht wurde bei übermäßi-ger Arbeitsbelastung ein Verstoß gegen Art.1 Abs.1 erwogen (BA-GE 38, 69/80 f). Tierschutz hat mit Menschenwürde nichts zu tun (BVerwGE 105, 73/81; Kloepfer, JZ 86, 210; Höfling SA 29; a. A. Kunig MüK 16); eine Gleichstellung von Mensch und Tier verletzt

vielmehr Art.1 Abs.1 (Dreier DR 63). Zum Anspruch auf rechtliches Gehör Rn.1 zu Art.103. Zu privatrechtlichen Beeinträchtigungen oben Rn.11.

II. Bekenntnis zu Menschenrechten (Abs.2)

Abs.2 enthält wichtige Vorgaben zur **Bedeutung** und Qualität **17**
von Menschen- bzw. Grundrechten, auch in Reaktion auf die
Verbrechen des Nazi-Regimes (BVerwGE 101, 25/26; 113, 48/50).
Die Vorschrift verbindet die Gewährleistung des Abs.1 mit der Idee
der Menschenrechte in der Tradition der westlichen Demokratien,
die dem Menschen nicht vom Staat verliehen werden, sondern kraft
seiner Natur zustehen (vgl. Dreier DR II 1 f; Starck MKS 109 f).
Abs.2 macht weiter deutlich, dass Menschenrechte nicht nur ihrem
Träger dienen, sondern als *Grundlage* jeder „guten" menschlichen
Gesellschaft und damit auch der durch das GG begründeten Ordnung verstanden werden müssen. Ohne sie sind Frieden und Gerechtigkeit in der Welt gefährdet (vgl. Dreier DR II 18). Wegen
dieser zentralen Bedeutung sind die Menschenrechte unverletzlich,
d. h. müssen in wirksamer Weise gegen jede Verletzung geschützt
werden. Außerdem sind sie unveräußerlich, d. h. unverzichtbar, was
nicht ausschließt, auf einzelne Grundrechtsausübungen zu verzichten
(vgl. Vorb.36 vor Art.1).

Was die **Rechtsfolgen** angeht, so erfolgt die Umsetzung der **18**
Gehalte des Abs.2 durch die Grundrechte des GG, die allein dem
Bürger Rechte von Verfassungsrang verleihen (ähnlich Pieroth/
Schlink 352; Starck MKS 114; Dreier DR II 10). Bei ihrer Auslegung und Anwendung sind aber die Gehalte des Abs.2 zu beachten. Der verfassungsändernde Gesetzgeber darf gem. Art.79 Abs.3
diese Gehalte nicht aufgeben (vgl. BVerfGE 84, 90/121; Starck
MKS 115). Darüber hinaus enthält Abs.2 den Auftrag, zur Verwirklichung der Idee unverletzlicher und unveräußerlicher Menschenrechte weltweit beizutragen, wobei den zuständigen Stellen ein
weiter Spielraum zukommt (Starck MKS 121; Dreier DR II 18;
Zippelius BK 109). Dies ist insb. für die von den nationalen Grundrechten nicht gebundene ausländische öffentliche Gewalt von Bedeutung (vgl. BVerfGE 66, 39/56 f).

Abs.2 verpflichtet auch das in Rn.15 beschriebene Konzept der **19**
Menschenrechte (vgl. Dreier DR II 14), nicht auf einzelne, genau
umschreibbare Rechte. Insb. führt Abs.2 nicht zu einer normativen
Festschreibung von **völkerrechtlichen Menschenrechtskatalo-**

gen. Wieweit sie innerstaatlich gelten, ist wie bei sonstigem Völkerrecht zu beurteilen. Abs.2 vermittelt daher weder der Allgemeinen
Erklärung der Menschenrechte noch der Europäischen Menschen-
rechtserklärung Verfassungsrang (Kunig MüK 47; Rn.10 zu Art.25).
Andererseits trägt Abs.2 im Bereich der Menschenrechte zum Gebot
der Völkerrechtsfreundlichkeit (dazu Rn.4 zu Art.25) bei; die genannten Menschenrechtserklärungen sind daher bei der Auslegung
der Grundrechte des GG zu berücksichtigen. Zur prozessualen Bedeutung der Erklärungen Rn.72 zu Art.93.

III. Grundrechtsbindung bzw. Grundrechtsverpflichteter (Abs.3)

1. Anwendungsbereich und Art der Bindung

20   Art.1 Abs.3 regelt die Frage der Grundrechtsbindung und damit
die Frage, wer durch die Grundrechte *verpflichtet* wird, wer ihr
Adressat ist. Die Regelung gilt für „die nachfolgenden Grundrech-
te". Damit sind alle **Grundrechte und grundrechtsähnlichen
Rechte** des GG (Grundrechte iwS) gemeint, also die des ersten
Abschnitts und die anderen in Art.93 Abs.1 Nr.4a aufgeführten
Rechte (Kunig MüK 48; vgl. BVerfGE 10, 302/329 zu Art.104).
Sonstige verfassungsmäßige Rechte (vgl. Vorb.1 vor Art.1) dürften
hingegen nicht erfasst sein (a. A. Dreier DR 17); doch kommt eine
entsprechende Anwendung in Betracht.

21   Die Grundrechte sind gem. Abs.3 **unmittelbar geltendes
Recht**. Darin liegt eine bewusste Abkehr vom Rechtszustand unter
der WRV, wo viele Grundrechte als bloße Programmsätze eingestuft
wurden, deren Verletzung aber gerichtlich nicht geltend gemacht
werden konnte. Gerade Letzteres ist für die praktische Wirksamkeit
der Grundrechte entscheidend. Die Bezeichnung der Grundrechte
als unmittelbar geltendes Recht schließt daher ein, dass ihre Beachtung gerichtlich durchgesetzt werden kann (Stern III/1, 1208). Da
zudem eine gerichtliche Kontrolle nur dann effektiv ist, wenn der
betroffene Bürger sie in Gang setzen kann, enthalten die Grundrechte generell **subjektive Rechte** (BVerfGE 6, 386/387; Dreier
DR 21; Höfling SA 75). Abs.3 regelt nur die Art der Bindung, nicht
den materiellen Gehalt, enthält also keinen eigenständigen Prüfungsmaßstab (BVerfGE 61, 126/137). Zur Kontrolle der Vereinbarkeit
von Gesetzen mit den Grundrechten durch die Verwaltung Rn.36,
40 zu Art.20.

2. Öffentliche Gewalt als Verpflichteter der Grundrechte

a) Öffentlich-rechtliches Handeln des Staates. aa) Die 22
Grundrechte binden gem. Abs.3 die **Gesetzgebung,** auch den Privatrechtsgesetzgeber (Vorb.14 vor Art.1); ebenfalls erfasst werden
Untersuchungsausschüsse (BVerfGE 77, 1/46; Stern III/1, 1289 ff).
Abs.3 verlangt insb. die Wirkungen einer gesetzlichen Regelung zu
überprüfen, wenn sie bei Erlass des Gesetzes nicht zuverlässig voraus-
gesehen werden konnten (BVerfGE 82, 353/380; vgl. auch Rn.87 zu
Art.20). Nicht erfasst wird der verfassungsändernde Gesetzgeber;
insoweit geht Art.79 Abs.3 vor. Der Grundrechtsbindung unterliegt
auch das *Gewohnheitsrecht* (Dreier DR 35).

Weiter wird die **vollziehende Gewalt** gebunden, zu der auch die 23
Regierung gehört (Stern III/1, 1326 f; Rüfner HbStR V 535; Rn.1
zu Art.62); der mißverständliche Begriff der „Verwaltung" wurde
1956 durch den der „vollziehenden Gewalt" ersetzt (Einl.3 Nr.7).
Der Grundrechtsbindung unterliegen zudem Gnadenakte (Rn.29 zu
Art.19), des Weiteren alle Verwaltungsvorschriften, soweit sie die
Auslegung unbestimmter Rechtsbegriffe oder das Ermessen beeinflussen (Rüfner HbStR V 534 f; Starck MKS 195; Stern III/1,
1331;BVerwGE 75,109/115 zu Art.12).

Zur Verwerfungskompetenz der Exekutive Rn.36, 40 zu Art.20. 24
Schließlich ist die **Rechtsprechung** an die Grundrechte gebunden,
auch wenn sie Zivilprozessrecht anwendet (BVerfGE 52, 203/207);
soweit sie privatrechtliche Normen anwendet, ist ihre Bindung auf
die Ausstrahlungswirkung beschränkt (Vorb.15 f, 33 vor Art.1).
Rechtsprechung ist iSd Art.92 zu verstehen, weshalb auch Landesverfassungsgerichte erfasst werden (Starck MKS 215), nicht aber
Schiedsgerichte (Dreier DR 57; a. A. Starck MKS 215). Der Ausschluss des Rechtswegs nach einer Schiedsgerichtsentscheidung ist
aber an den Grundrechten zu messen, wobei insb. die Beachtung
von Prozessgrundrechten im Schiedsverfahren eine Rolle spielt.

Zusammengenommen wird alle **staatliche Gewalt** im weitesten 25
Sinne erfasst (Stern III/1, 1202 f), gleich welcher Art (Kunig
MüK 51; Starck MKS 189). Dazu gehören alle öffentlich-rechtlich
verfassten Einrichtungen, soweit sie öffentlich-rechtlich tätig sind
(zum privatrechtlichen Handeln unten Rn.28 f). Im besonderen
Gewaltverhältnis sind die Grundrechte voll anwendbar (vgl.
Vorb.39 a vor Art.1). Zudem unterliegt staatliches *Unterlassen* der
Grundrechtsbindung, soweit sich aus einem Grundrecht eine
Handlungspflicht ergibt. Die Grundrechte binden auch die staatli-
che Gewalt der Länder (BVerfGE 97, 298/313 f; Dreier DR 23),

selbst im Bereich der Verfassungsgebung (vgl. Art.142), des Weiteren im Bereich der Selbstverwaltung (Stern III/1 1339 ff; Dreier DR 43).

26   **bb)** Öffentlich-rechtliche Einrichtungen, die (in ihren Beziehungen zum Staat) ausnahmsweise **selbst Grundrechtsträger** sind (dazu Rn.21 f zu Art.19), unterliegen gleichwohl der unmittelbaren Grundrechtsbindung gegenüber Dritten (Dreier DR 44). Dies gilt für die Rundfunkanstalten (vgl. BVerfGE 97, 298/314) und Universitäten (Stern III/1, 1340; Denninger AK 22; a. A. Starck MKS 222). Allerdings darf die grundrechtlich geschützte Aufgabenstellung dieser Einrichtungen nicht unmöglich gemacht oder gelähmt werden; ihre Grundrechtsposition begrenzt das Grundrecht des Dritten (Stern III/1, 1342 f).

27   Anders stellt sich die Situation bei den **öffentlich-rechtlichen Glaubensgemeinschaften** dar, weil ihr öffentlich-rechtlicher Status sich wesentlich von dem anderer öffentlich-rechtlicher Körperschaften unterscheidet (Rn.13 zu Art.140/137 WRV). Sie fallen daher grundsätzlich nicht unter Art.1 Abs.3 (Dreier DR Rn.53, 56). Anderes gilt nur dann, wenn ihnen Hoheitsbefugnisse übertragen werden (Kirchhof HbStKirchR I 579, 585), die privaten Einrichtungen *in der Sache* nicht zur Verfügung stehen können; dies gilt insb. für die Kirchensteuer, aber auch für andere Bereiche (vgl. Rn.32 zu Art.19; Dreier DR 55). Insoweit besteht eine unmittelbare Grundrechtsbindung (vgl. Rn.28 zu Art.4). Iü kommt allein die grundrechtliche Ausstrahlungswirkung zum Tragen (Dreier DR 56; in der Sache Stern III/2, 1220), deren praktische Bedeutung im Verhältnis zu Mitgliedern der Glaubensgemeinschaft sehr begrenzt ist (vgl. Rn.29 zu Art.4).

28   **b) Privatrechtliches Handeln des Staates iwS.** Soweit **öffentlich-rechtliche Einrichtungen in privatrechtlichen Handlungsformen** agieren, wird z. T. darauf abgestellt, ob sie unmittelbar öffentliche Aufgaben erfüllen *(Verwaltungsprivatrecht)*. Wenn sich dies bejahen lässt, sollen die Grundrechte voll zur Anwendung kommen (BGHZ 36, 91/95 f; 91, 84/96 f); im Übrigen sollen die staatlichen Organe wie Privatrechtssubjekte zu behandeln sein (BGHZ 36, 91/95 ff). Abs.3 liefert für eine solche Differenzierung jedoch keine Anhaltspunkte. Zudem konstituieren die Grundrechte den Staat in allen seinen Ausprägungen und Aktivitäten, weshalb die Grundrechtsbindung auch jedes privatrechtliche Handeln des Staates erfasst (Stern III/1, 1412 f; Starck MKS 197; Dreier DR 49 ff; Denninger AK 30), auch rein erwerbswirtschaftlicher Art (Stern III/1, 1418 f;

Rüfner HbStR V 543; Höfling SA 96). Eine unzumutbare Behinderung staatlicher Aktivitäten ergibt sich daraus nicht.

Der Grundrechtsbindung unterliegen weiter **privatrechtliche** 29 **Einrichtungen** die im **Alleinbesitz des Staates** stehen (Stern III/1, 1421 f; Starck MKS 197 f; a. A. Püttner, Die öffentlichen Unternehmen, 2. A. 1985, 119); zur umgekehrten Frage der Grundrechtsträgerschaft Rn.15 zu Art.19. Die privatrechtlichen Einrichtungen sind dann *selbst* unmittelbare Adressaten der Grundrechte (BGHZ 52, 325/329; 91, 84/97 f für den Bereich des Verwaltungsprivatrechts; Rüfner HbStR V 547; Manssen 211; Höfling SA 96; a. A. Püttner, Die öffentlichen Unternehmen, 2. A. 1985, 119); die Durchsetzung eines Grundrechts über die Einwirkungsmöglichkeiten des Muttergemeinwesens wäre zu unsicher. Gleiches muss für Einrichtungen gelten, die vom **Staat beherrscht** werden, insb. weil der Staat die Mehrheit der Anteile hält (Stern III/1, 1421 f; Manssen 216; a. A. Rüfner HbStR V 547; Starck MKS 199), selbst wenn man sie als Grundrechtsträger einstuft (dazu Rn.15 zu Art.19); zur ähnlichen Situation bei Rundfunkanstalten und Universitäten oben Rn.26. Andernfalls könnte der Staat durch die Wahl der Organisationsform die Reichweite der Grundrechte bestimmen, in der Sache aber im Wesentlichen die gleiche Wirkung wie mit privatrechtlichen Einrichtungen im Alleinbesitz des Staates erzielen. Auch hier kann eine bloße Verpflichtung des Muttergemeinwesens zur Beeinflussung der privatrechtlichen Einrichtung nicht genügen, weil damit die praktische Wirkung der Grundrechte zu sehr begrenzt würde (a. A. Höfling SA 96). Gemischtwirtschaftliche Unternehmen, die vom Staat nicht beherrscht werden, sind hingegen keine Grundrechtsadressaten.

c) Beliehene und private Normen. Unmittelbar durch die 30 Grundrechte verpflichtet sind die sog. **Beliehenen** (Stern III/1, 1334 f; Kunig MüK 60; Rüfner HbStR V 530; Starck MKS 200), also jene privaten Rechtssubjekte, die Dritten gegenüber öffentlichrechtlich auftreten und die gegenüber der Verwaltung selbständig handeln. Keine Grundrechtsadressaten sind die *Verwaltungshelfer,* die im Auftrag und nach Weisung einer Behörde tätig sind; insoweit ist die Behörde Grundrechtsadressat (Dreier DR 25).

Private Normen, also von privaten Personen erlassene Normen, 31 sind keine Akte öffentlicher Gewalt und unterliegen daher nicht der Grundrechtsbindung, selbst wenn sie als Rechtsnormen bezeichnet werden (BVerfGE 73, 261/268; Stern III/1, 1279 ff; Rüfner HbStR V 533). Anderes gilt erst dann, wenn privaten Nromen durch Gesetz eine Verpflichtung Außenstehender zuerkannt wird. Dementsprechend unterliegt die Allgemeinverbindlichkeitserklärung von Tarifverträgen der (unmittelbaren) Grundrechtsbindung (Stern III/1, 1278 f). Davon abgesehen sind die Grundrechte auf Tarifverträge nur mittelbar anwendbar (BAGE 88, 162/168; Höfling SA 88; Starck MKS 221; Jarass, NZA 90, 508 f; offen gelassen BAGE 92, 303/308; für eine unmittelbare Geltung BAGE 54, 210/213), auch wenn § 1 TVG Tarifverträge als Rechtsnormen bezeichnet. Gleiches gilt für Sozialpläne (BVerfGE 73, 261/268 f). Zu Betriebsvereinbarungen BVerfG-K, NJW 98, 591. Private Normen müssen aber die Ausstrahlungswirkung der Grundrechte beachten (BVerfGE 73, 261/269 für den Sozialplan). Diese Wirkung kommt der (unmittelbaren) Grundrechtsbindung nahe, wenn das einzelne Verbandsmitglied nur sehr geringe Einflussmöglichkeiten besitzt (vgl. Vorb.33 vor Art.1).

32   **d) Inländische Gewalt, räumlicher und zeitlicher Geltungsbereich.** Abs.3 meint allein die durch das GG konstituierte **inländische** öffentliche Gewalt (Stern III/1, 1229; Kunig MüK 52; Isensee HbStRV 385; vgl. auch oben Rn.18). Nicht gebunden werden daher ausländische Staaten (BVerfGE 1, 10 f) und zwischenstaatliche Einrichtungen. Zur Bedeutung der Grundrechte im Bereich der EU Rn.38, 44 zu Art.23. Das Handeln ausländischer Organe kann allerdings deutschen Organen evtl. zugerechnet werden (BVerfGE 66, 39/60). Erfasst wird insb. die Mitwirkung deutscher Stellen an solchem Handeln. Zudem wird der Vollzug ausländischer Hoheitsakte durch deutsche Behörden sowie die Anwendung ausländischen Rechts durch deutsche Gerichte erfasst (vgl. BVerfGE 31, 58/76 f). Darüber hinaus kann der Schutzauftrag der Grundrechte deutsche Stellen zum Schutz gegenüber unmittelbar wirkenden Beeinträchtigungen der Grundrechte in Deutschland (vgl. unten Rn.33) bedeutsam werden. Im Bereich des Art.23 Abs.1 bzw. des Art.24 Abs.1 ist andererseits ein evtl. Vorrang zwischenstaatlicher Hoheitsakte gegenüber den nationalen Grundrechten zu beachten (vgl. Rn.38 f zu Art.23).

33   Der **räumliche Geltungsbereich** der Grundrechte ist nicht anders als der des GG insgesamt (dazu Rn.8 f zur Präamb) zu beurteilen. Er umfasst den gesamten Wirkungsbereich der deutschen öffentlichen Gewalt, auch soweit sie im Ausland stattfindet oder sich dort auswirkt (BVerfGE 6, 290/295; 57, 1/23; Höfling SA 79), wobei eventuelle Grenzen der allgemeinen Regeln des Völkerrechts iSd Art.25 zu beachten sind (BVerfGE 100, 313/363). Dies gilt für Abwehr- und Nichtdiskriminierungsgehalte der Jedermann-Grund-

rechte, auch für Ausländer im Ausland (Quaritsch HbStR V 702 ff;
wohl auch Rüfner HbStR V 491; einschr. Isensee HbStR V 398 ff).
Bei den Leistungs-, Schutz- und Ausstrahlungsgehalten muss dagegen ein zusätzliches Bezug zur deutschen öffentlichen Gewalt bestehen, der jedenfalls bei einem zulässigen Inlandsaufenthalt von Ausländern gegeben ist (vgl. Stern III/1 1232 f). Daher ist von Relevanz,
dass kein Grundrecht, abgesehen von Art.16 a (dazu Rn.20 zu
Art.16 a), Nichtdeutschen ein Recht auf Einreise gibt (Rüfner
HbStR V 491; Rn.7 zu Art.2; Rn.29 zu Art.6). Bei Sachverhalten
mit starkem internationalen Bezug ist „eine Minderung des Grund-
rechtsstandards in Kauf zu nehmen", wenn anders die Grundrechte
noch weniger verwirklicht würden (BVerfGE 92, 26/42).

Zum **zeitlichen Anwendungsbereich** der Grundrechte in den 34
verschiedenen Teilen Deutschlands vgl. Rn.2 f zu Art.145. Akte der
früheren DDR unterliegen mit gewissen Einschränkungen (dazu
Rn.3 zu Art.145) seit dem 3. 10. 1990 der Grundrechtsbindung
(vgl. Rn.2 zu Art.143).

3. Bedeutung der Grundrechte für Private

Der Wortlaut des Abs.3 wie die Funktion der Grundrechte (zu 35
letzterem vgl. Vorb.4–15a vor Art.1) machen deutlich, dass die
Grundrechte Privatpersonen nicht (ähnlich wie staatliche Stellen)
binden. Kommt es daher zwischen Privatpersonen zum Streit, können Grundrechte nicht wie gegenüber einer staatlichen Stelle zur
Anwendung kommen; Privatpersonen sind nicht Adressaten der
Grundrechte (Rüfner HbStR V 551). Dies gilt auch dann, wenn
eine der beteiligten Privatpersonen über weit überlegene Machtres-
sourcen verfügt (vgl. allerdings Vorb.33 vor Art.1). Gleichwohl sind
die Grundrechte auch in privatrechtlichen Beziehungen bedeutsam:
über die Bindung des Privatrechtsgesetzgebers (Vorb.14 vor Art.1)
und über die **Ausstrahlungswirkung** (näher dazu Vorb.15 f, 33 vor
Art.1). Im *Arbeitsrecht* gilt nichts anderes (BAGE 52, 88/97 f; Stern
III/1, 1591; für eine unmittelbare Grundrechtsbindung die frühere
Rspr. des BAG); über die Ausstrahlungswirkung kann auch insoweit
für einen ausreichenden Schutz gesorgt werden, der wegen der
besonderen Eigenart von Arbeitsverhältnissen weiter reicht als in
vielen anderen Feldern (Rüfner HbStR V 559 f; vgl. Vorb.33 vor
Art.1). Zur speziellen Situation bei Tarifverträgen oben Rn.31.

Ausnahmsweise besteht eine direkte Grundrechtsbindung von 36
Privatpersonen (sog. *unmittelbare Drittwirkung*), wenn dies das betreffende Grundrecht ausdrücklich vorsieht, wie das für die Koalitions-

freiheit angenommen wird (näher Rn.34 zu Art.9). Gleiches soll für die Menschenwürde gelten (oben Rn.11). Diese Ausnahmen sind möglicherweise nur ein Sonderfall der Ausstrahlungswirkung, in denen das Resultat dieser Wirkung durch die grundrechtliche Regelung eindeutig vorgegeben wird. Keine echte Ausnahme zu dem oben in Rn.35 beschriebenen Grundprinzip bildet die direkte Bindung des *privatrechtlich handelnden Staates* (oben Rn.28 f). Gleiches gilt für die unmittelbare Bindung von *Beliehenen* (oben Rn.30).

Art.2 [Allg. Handlungsfreiheit, Allg. Persönlichkeitsrecht, Recht auf Leben und körperliche Unversehrtheit, Freiheit der Person]

(1) Jeder[9f] hat das Recht auf die freie Entfaltung seiner Persönlichkeit,[3ff, 30ff] soweit er nicht die Rechte anderer[18] verletzt und nicht gegen die verfassungsmäßige Ordnung[17] oder das Sittengesetz[19] verstößt.

(2) Jeder[63f] hat das Recht auf Leben[61] und körperliche Unversehrtheit.[53] Die Freiheit der Person ist unverletzlich.[84ff] In diese Rechte darf nur auf Grund eines Gesetzes eingegriffen werden.[74ff, 90ff]

Übersicht

Jarass

Literatur A I (Handlungsfreiheit): *Kahl,* Die Schutzergänzungsfunktion des Art.2 Abs.1 GG, 2000; *Duttge,* Freiheit für alle oder allgemeine Handlungsfreiheit? NJW 1997, 3353; *Jarass,* Zum Grundrecht auf Bildung und Ausbildung, DÖV 1995, 674; *Burgi,* Das Grundrecht der freien Persönlichkeitsentfaltung durch einfaches Gesetz, ZG 1994, 341; *Höfling,* Vertragsfreiheit, 1991; *Pieroth,* Der Wert der Auffangfunktion des Art.2 Abs.1 GG, AöR 1990, 33; *Sachs,* Ausländergrundrechte im Schutzbereich von Deutschengrundrechten, BayVBl 1990, 385; *Degenhart,* Die allgemeine Handlungsfreiheit des Art.2 Abs.1 GG, JuS 1990, 161; *Erichsen,* Allgemeine Handlungsfreiheit, HbStR VI, 1989, 1185.

Literatur A II (Persönlichkeitsrecht): *Holznagel,* Das Grundrecht auf informationelle Selbstbestimmung, in: Pieroth (Hg.), Verfassungsrecht und soziale Wirklichkeit in Wechselwirkung, 2000, 29; *Hoffmann-Riem,* Informationelle Selbstbestimmung als Grundrecht kommunikativer Entfaltung, in: Bäumler (Hg.), Der neue Datenschutz, 1998, 11; *Kübler,* Ehrenschutz, Selbstbestimmung und Demokratie, NJW 1999, 1281; *Heldrich,* Persönlichkeitsschutz und Pressefreiheit, FS Heinrichs, 1998, 319; *Scholz/Konrad,* Meinungsfreiheit und allgemeines Persönlichkeitsrecht, AöR 1998, 60; *Tettinger,* Das Recht der persönlichen Ehre in der Wertordnung des GG, JuS 1997, 769; *v. Arnauld,* Strukturelle Fragen des Persönlichkeitsrechts, ZUM 1996, 286; *Jarass,* Die Entwicklung des allgemeinen Persönlichkeitsrechts, in: Erichsen/Kollhosser/Welp (Hg.), Recht der Persönlichkeit, 1996, 89 ff; *Kunig,* Der Grundsatz der informationellen Selbstbestimmung, Jura 1993, 595; *Geis,* Der Kernbereich des Persönlichkeitsrechts, JZ 1991, 112; *Heußner,* Das informationelle Selbstbestimmungsrecht des GG als Schutz des Menschen vor totaler Erfassung, BB 1990, 1281; *Jarass,* Das allgemeine Persönlichkeitsrecht im GG, NJW 1989, 857; *Schmitt Glaeser,* Schutz der Privatsphäre, HbStR VI, 1989, 41; *Gola,* Das Recht auf informationelle Selbstbestimmung in der aktuellen

Rechtsprechung, Recht der Datenverarbeitung 1988, 109; *Rosenbaum,* Der grundrechtliche Schutz vor Informationseingriffen, Jura 1988, 178; *Vogelsang,* Grundrecht auf informationelle Selbstbestimmung?, 1987; *Schlink,* Das Recht der informationellen Selbstbestimmung, Staat 1986, 233. Vgl. auch Literatur zu Art.5 B.

Literatur B I (Leben und körperliche Unversehrtheit): *Rixen,* Lebensschutz am Lebensende, 1999; *Steiner,* Der Schutz des Lebens durch das Grundgesetz, 1992; *Kunig,* Grundrechtlicher Schutz des Lebens, Jura 1991, 415; *Lorenz,* Recht auf Leben und körperliche Unversehrtheit, HbStR VI, 1989, 3; *Hermes,* Das Grundrecht auf Schutz von Leben und Gesundheit, 1987; *Brugger,* Abtreibung – Ein Grundrecht oder ein Verbrechen?, NJW 1986, 896; *Murswiek,* Die staatliche Verantwortung für die Risiken der Technik, 1985; *Reis,* Das Lebensrecht des ungeborenen Kindes als Verfassungsproblem, 1984; *Zippelius,* An den Grenzen des Rechts auf Leben, JuS 1983, 659; *Doering,* Zum „Recht auf Leben" in nationaler und internationaler Sicht, FS Mosler, 1983, 145. – **Literatur B II (Freiheit der Person):** *Hantel,* Das Grundrecht der Freiheit der Person nach Art.2 II 2, 104 GG, JuS 1990, 865; *Grabitz,* Freiheit der Person, HbStR VI, 1989, 109; *Tiemann,* Der Schutzbereich des Art.2 Abs.2 S.2 GG, NVwZ 1987, 10; *Müller-Dietz,* Die Unterbringung im psychiatrischen Krankenhaus und Verfassung, JR 1987, 45; *Neumann,* Freiheitssicherung und Fürsorge im Unterbringungsrecht, NJW 1982, 2588. – S. außerdem die Literatur zu Art.104.

A. Allgemeine Handlungsfreiheit, Allgemeines Persönlichkeitsrecht (Abs.1)

Art.2 Abs.1 enthält zum einen das *Recht der allgemeinen Handlungsfreiheit,* zum anderen (im Zusammenspiel mit Art.1 Abs.1) das *allgemeine Persönlichkeitsrecht* (deutlich Dreier DR 8, 16). Beide Rechte sind dogmatisch wie in ihrer praktischen Wirkung sehr verschieden. Während die allgemeine Handlungsfreiheit als subsidiäre Generalklausel der Freiheitsrechte fungiert (unten Rn.2), weist das allgemeine Persönlichkeitsrecht Parallelen zu den speziellen, benannten Freiheitsrechten auf (unten Rn.28 f). **1**

I. Allgemeine Handlungsfreiheit

1. Bedeutung und Abgrenzung zu anderen Vorschriften

Da Art.2 Abs.1 jegliches menschliche Handeln vor staatlichen Eingriffen schützt (näher unten Rn.3), wird das Grundrecht als „allgemeine Handlungsfreiheit" und als „allgemeines Freiheitsrecht" be- **2** zeichnet (BVerfGE 6, 32/37; 63, 45/60); es füllt als Generalklausel alle Lücken aus, die von den speziellen Freiheitsrechten gelassen werden. Art.2 Abs.1 ist daher gegenüber anderen Freiheitsrechten **subsidiär** (BVerfGE 6, 32/37; 67, 157/171; 83, 182/194; 89, 1/13; Erichsen HbStR VI 1196), mit der methodischen Konsequenz, dass zuerst die speziellen Freiheitsrechte zu prüfen sind. Entscheidend für die Subsidiarität ist, ob eine *Beeinträchtigung im Schutzbereich* eines speziellen Freiheitsrechts vorliegt, nicht, ob das spezielle Recht die staatliche Beeinträchtigung verbietet (Dreier DR 66; Kunig MüK 12). So wird etwa eine Beeinträchtigung der Berufswahl auch dann nicht von Art.2 Abs.1 erfasst, wenn die Beeinträchtigung auf Grund des Regelungsvorbehalts des Art.12 zulässig ist. Andererseits greift Art.2 Abs.1 durchaus ein, wenn Grenzen des Schutzbereichs spezielle Freiheitsrechte nicht zum Tragen kommen lassen (Pieroth/ Schlink 341, 369; a. A. Erichsen, Jura 87, 369 f). Im Übrigen ist die Abgrenzung zu den speziellen Freiheitsrechten nicht selten problematisch, weil deren Schutzbereich unterschiedlich abgesteckt wird; näher dazu bei dem jeweiligen Freiheitsrecht. Zur Anwendung auf Ausländer im Bereich der Deutschen-Grundrechte unten Rn.10. Mit Art.3 Abs.1 besteht regelmäßig Idealkonkurrenz (Starck MKS 59).

2. Schutzbereich

3   **a) Geschütztes Verhalten (Allgemeines).** Wie der Entstehungsgeschichte des Art.2 Abs.1 entnommen werden kann (JöR 1951, 54 ff), schützt das Grundrecht die *Handlungsfreiheit im umfassenden Sinne* (BVerfGE 54, 143/144; 75, 108/154 f; 97, 332/340; Degenhart, JuS 90, 162 ff), „ohne Rücksicht darauf, welches Gewicht der Betätigung für die Persönlichkeitsentfaltung zukommt" (BVerfGE 80, 137/152 f; Höfling FH 54; Dreier DR 20; dagegen Hesse 428). Steht hingegen dieser Aspekt im Vordergrund, kommt vielfach das allgemeine Persönlichkeitsrecht zum Tragen (dazu unten Rn.28 ff). Geschützt wird jedes menschliche Tun und Unterlassen, sofern es nicht vom Schutzbereich eines anderen Freiheitsrechts erfasst wird. Zudem schützt das Grundrecht vor der Belastung mit Nachteilen, etwa vor Zahlungspflichten bzw. *Abgaben* (BVerfGE 42, 220/227; 44, 216/223 f; 91, 207/221). Ob das Handeln durch die Strafgesetze verboten ist, betrifft die Einschränkung des Grundrechts, nicht den Schutzbereich (Murswiek SA 53; a. A. Starck MKS 13). Gleiches gilt für die Grenzen, die aus dem Eigentum Dritter resultieren (BVerfGE 80, 137/152).

4   **b) Einzelne Bereiche.** Geschützt wird zunächst die **Vertragsfreiheit,** d. h. die Freiheit, Verträge zu schließen und sich durch sie

zu binden (BVerfGE 88, 384/403; 89, 48/61). Bedeutung hat dies insb. für wirtschaftliche Verträge (BVerfGE 73, 261/270; 74, 129/151 f; 95, 267/303), insb. für Arbeitsverträge (BVerfGE 86, 122/130; für Anwendung von Art.12 dagegen BVerfGE 81, 242/254; BAGE 76, 155/166) und Vergütungsvereinbarungen (BVerfGE 70, 1/25). Darüber hinaus hat das Grundrecht auch im sonstigen **wirtschaftlichen Bereich** erhebliche Bedeutung. Es schützt die „wirtschaftliche Betätigung" (BVerfGE 91, 207/221; 98, 218/259), die unternehmerische Handlungsfreiheit (BVerfGE 50, 290/366; 65, 196/210; s. auch unten Rn.24), auch im Hinblick auf Marktordnungen (BVerfGE 18, 315/327). Geschützt werden Nebentätigkeiten (str., Rn.5 zu Art.12), generell die entgeltliche Verwertung der Arbeitskraft (BVerwGE 35, 201/205). Wieweit andere Grundrechte vorgehen, ist str. Zum Teil wird ein weitgehender Vorrang von Art.12 angenommen (Erichsen HbStR VI 1211 f; Breuer HbStR VI 922 ff; Starck MKS 72 ff). Art.12 ist aber nur bei Maßnahmen mit berufsregelnder Tendenz (dazu Rn.12 zu Art.12) einschlägig; fehlt sie, wird die wirtschaftliche Betätigung durch Art.2 Abs.1 geschützt. Zur Wettbewerbsfreiheit Rn.15 f zu Art.12.

Das Grundrecht schützt vor der Auferlegung von **Steuern** 5 (BVerfGE 9, 3/11; 48, 102/115 f; 87, 153/169), eines Konjunkturzuschlags (BVerfGE 29, 402/410), anderer Abgaben (BVerfGE 78, 232/244 f), einer Kindergartengebühr (BVerfGE 97, 332/340 f), einer Geldbuße (BVerfGE 92, 191/196) oder eines anderen finanziellen Nachteils (BVerfGE 97, 332/340 f). Weiter wird das Sammeln von Geld- oder Sachspenden geschützt (BVerfGE 20, 150/154). Das Grundrecht wird beeinträchtigt durch die **Zwangsmitgliedschaft** in einem öffentlich-rechtlichen Verband (BVerfGE 32, 54/64 f; 38, 281/298; BVerwGE 74, 254/255; diff. Erichsen HbStR VI 1214 ff; s. allerdings auch Rn.5 zu Art.9, Rn.13 zu Art.12); zur Überschreitung des Aufgabenbereichs unten Rn.25. Eine Beeinträchtigung liegt auch darin, dass gesetzlich zugesagte Leistungen einer Zwangskörperschaft wesentlich vermindert werden (BVerfGE 97, 271/286). Ein **Anschluss- und Benutzungszwang** fällt unter Art.2 Abs.1, soweit nicht ein spezielles Grundrecht eingreift (Starck MKS 132 f). Gleiches gilt für Zwangsversicherungen (Starck MKS 128). Art.2 Abs.1 wird auch durch ein kommunalrechtliches *Vertretungsverbot* beeinträchtigt (Rn.13 zu Art.12).

Geschützt wird weiter die Entfaltung des Kindes in der **Schule** 6 (BVerfGE 34, 165/200; 53, 185/203 f; 58, 257/272; BVerwG, NJW 82, 250). Darüber hinaus schützt das Grundrecht jede Art der **Aus- und Weiterbildung** (BVerwGE 47, 201/206; 56, 155/158; zurückhaltender BVerfGE 53, 185/203), soweit es nicht um die berufliche Ausbildung von Deutschen geht, die unter Art.12 fällt (Rn.71–73 zu Art.12). Zumindest soweit Schulpflicht oder ein staatliches Monopol besteht, können auch Schulorganisation und Vorgaben zur Lehre Abs.1 beeinträchtigen (Starck MKS 139; vgl. allerdings Rn.51 zu Art.20). Zum Anspruch auf Bildung unten Rn.14. Zum Führen akademischer Titel unten Rn.31.

6a   Geschützt wird die **körperliche Bewegungsfreiheit** (Lühle, RuP 98, 233), soweit nicht Art.2 Abs.2 S.2 oder Art.11 eingreift (Starck MKS 71), weshalb das Reiten im Walde erfasst wird (BVerfGE 80, 137/154 f), weiter das Mofa-Fahren ohne Helm (BVerfGE 54, 143/146 f) und das Fahren ohne Gurt (BVerfG-K, NJW 1987, 180). Zur Abgrenzung zu Art.2 Abs.2 S.2 unten Rn.83, 86; zur Abgrenzung zu Art.11 vgl. Rn.2 zu Art.11. Endlich dürfte die Nutzung vorhandener Verkehrswege im Rahmen des *Gemeingebrauchs* geschützt sein (BVerwGE 32, 222/225; BVerwG, NJW 1987, 1837; 1988, 432 f; Dreier DR 49; a.A. Erichsen HbStR VI 1213; vgl. unten Rn.13).

7   Unter Art.2 Abs.1 fällt die **Ausreise von Deutschen** aus dem Bundesgebiet (Rn.3 zu Art.11), die auch in Art.2 Abs.2 ZP EMRK gewährleistet wird. Für **Ausländer** und Staatenlose fällt die gesamte **Freizügigkeit** unter Art.2 Abs.1 (BVerfGE 35, 382/399; BVerwG, NVwZ 82, 43; vgl. unten Rn.10 und Rn.6 zu Art.11); ein Recht auf Einreise vermittelt Art.2 Abs.1 jedoch nicht (BVerfGE 76, 1/71; Tomuschat, NJW 80, 1074; allgemein Rn.33 zu Art.1). Selbst ein Recht auf Verbleib im Bundesgebiet soll sich nicht aus Art.2 Abs.1 ergeben (BVerfGE 80, 81/95 f). Ein weitergehender Schutz kann sich für Ausländer aus dem Asylrecht (Rn.20 zu Art.16a) und aus dem Schutz der Ehe (Rn.29 zu Art.6) ergeben. Zur Freizügigkeit von EU-Ausländern Rn.6 zu Art.11.

8   Erfasst wird die Änderung des **Namens** (BVerwG, NVwZ 82, 111) und die Namensgebung für Kinder (BVerfG-K, StAZ 83, 70), die „Befugnis sein Äußeres nach eigenem Gutdünken zu gestalten" (BVerfGE 47, 239/248 f; BVerwGE 46, 1/2; 76, 60; s. auch unten Rn.66). Das Grundrecht wird durch die Auferlegung von Unterhaltsleistungen beeinträchtigt (BVerfGE 57, 361/389; 80, 286/293 f). Weiter fällt die Freiheit, in nichtehelicher Gemeinschaft zu leben, unter Art.2 Abs.1 (BVerfGE 82, 6/16; 87, 234/267); vgl. Rn.2 zu Art.6. Geschützt sind **selbstgefährdende** Tätigkeiten (BVerwGE 82, 45/48 f; Starck MKS 117; s. auch unten Rn.27, 52) und die Selbsttötung (Kunig MüK 50; Wassermann, DRiZ 86, 293; a.A. Lorenz HbStR VI 35; außerdem unten Rn.81). Auch die Entscheidung, sich mit einer besonders kleinen Wohnung zu begnügen, fällt unter Art.2 Abs.1 (BVerfGE 85, 214/217 f). Erfasst wird weiter die Vorsorge des Lebenden für die Zeit nach seinem Tode (BVerfGE 50, 256/262). Endlich schützt das Grundrecht im **strafrechtlichen Bereich** die Wahl eines Verteidigers (BVerfGE 45, 272/295), das Recht des Inhaftierten zum Empfang von Besuchern (BVerfGE 34, 384/395 f) sowie zur Benutzung einer eigenen Schreibmaschine (BVerfGE 35, 5/10); s. auch unten Rn.37. Aus dem Zusammenspiel mit dem **Rechtsstaatsprinzip** hat das BVerfG weitere Ausprägungen entwickelt (näher dazu Rn.89, 94, 99 zu Art.20). Schiedsgerichtsklauseln haben ihre Grundlage in Art.2 Abs.1 (BGHZ 144, 146/148). Im Übrigen wird auf die **Einzelfälle** unten Rn.24–27 verwiesen.

c) Träger des Grundrechts ist zunächst jede natürliche Person. **9** Dies gilt auch für Kinder und Minderjährige (BVerfGE 53, 185/203; 59, 360/382); im Verhältnis zu den Eltern können allerdings Beschränkungen bestehen (BVerfGE 59, 360/382; allg. Rn.12 zu Art.19). Der Nasciturus ist kein Grundrechtsträger (Kunig MüK 5; Podlech AK 60). Toten steht das Recht nicht zu, da es „die Existenz einer wenigstens potentiellen oder zukünftigen Person als unabdingbar" voraussetzt (BVerfGE 30, 173/194; diff. BGHZ 50, 133/136 ff; Starck MKS 41). Insoweit soll Art.1 Abs.1 einen begrenzten Schutz bieten (Rn.6 zu Art.1). Auch auf juristische Personen und Vereinigungen ist das Grundrecht anwendbar (BVerfGE 20, 323/336; 23, 12/30; 44, 353/372; näher Rn.13–16 zu Art.19); bei Wirtschaftsgesellschaften bezieht sich das Grundrecht auf die wirtschaftliche Betätigungsfreiheit (BVerfGE 66, 116/130). Ausländische Vereinigungen sowie juristische Personen des öffentlichen Rechts werden idR nicht geschützt (Rn.17–21 a zu Art.19).

Art.2 Abs.1 kommt **Ausländern** (genauer Nichtdeutschen) zu- **10** gute, auch im Schutzbereich derjenigen Freiheitsrechte, die allein Deutschen gewährt werden (BVerfGE 35, 382/399; 78, 179/196 f; Stern III/1, 1040 ff; Kunig MüK 3; Höfling FH 82; Lerche HbStR V 748 f; a. A. Erichsen HbStR VI 1205 ff). Eine Beschränkung der Ausländer in diesem Bereich auf die Menschenwürde o. ä. (so Starck MKS 44) ist abzulehnen. Dies spielt etwa für die berufliche Betätigung oder die Freizügigkeit eine Rolle. Hinsichtlich der Beschränkungsmöglichkeiten ist allerdings zu berücksichtigen, dass Ausländern in diesem Bereich von der Verfassung ein geringerer Schutz als Deutschen gewährt wird (Degenhart, JuS 90, 167 f; wohl auch BVerfGE 78, 179/196 f; vgl. BVerwGE 74, 165/173; Murswiek SA

140). Zu den Folgen für die Freizügigkeit der Ausländer, insb. für die Ausweisung oben Rn.7. Zum räumlichen Anwendungsbereich des Grundrechts Rn.32 f zu Art.1.

3. Beeinträchtigung

11   **a) Eingriffe.** Das Grundrecht wird durch jede (imperative) Regelung der öffentlichen Gewalt (dazu Rn.22–30 zu Art.1) beeinträchtigt, die das geschützte Verhalten (oben Rn.3–8) regelt (Höfling FH 60), sei es durch positive oder negative Pflichten in der Sache, oder durch Genehmigungsvorbehalte etc. Auch die nachträgliche Veränderung der rechtlichen Wirkung geschützter Aktivitäten wird erfasst. So wird die Vertragsfreiheit nicht nur durch Behinderungen beim Vertragsschluss, sondern auch durch die nachträgliche Änderung geschlossener Verträge durch den Staat beeinträchtigt (BVerfGE 89, 48/61). Die wirtschaftliche Handlungsfreiheit wird „nur durch Maßnahmen betroffen, die auf Beschränkung wirtschaftlicher Entfaltung sowie Gestaltung, Ordnung oder auch Lenkung des Wirtschaftslebens angelegt sind oder sich in diesem Sinne auswirken" (BVerfGE 98, 218/259).

12   Ob und in welchem Umfang das Grundrecht Schutz gegen **faktische** bzw. **mittelbare** Beeinträchtigungen (dazu Vorb.26 f vor Art.1) bietet, ist ungeklärt (dafür Erichsen HbStR VI 1216; dagegen Pieroth/Schlink 379 f; Pietzcker, FS Bachof, 1984, 146; diff. Kunig MüK 18). Die Erteilung einer Genehmigung dürfte etwa Dritte nicht in Art.2 Abs.1 beeinträchtigen (BVerwGE 54, 211/220 ff; Schwerdtfeger, NVwZ 82, 10). Hingegen bietet das Grundrecht gegen faktische Beeinträchtigungen im Rahmen des wirtschaftlichen Wettbewerbs Schutz, etwa durch die Erteilung von Ausnahmegenehmigungen an Konkurrenten (BVerwGE 65, 167/174), durch die Gestattung höherer Entgelte für Konkurrenten (BVerwGE 60, 154/159) oder eine Vergabe von Subventionen an Konkurrenten (BVerwGE 30, 191/198 f; 60, 154/160). Die Beeinträchtigung muss aber von erheblichem Gewicht sein (BVerwGE 65, 167/174; Erichsen HbStR VI 1218; s. auch BVerwGE 30, 191/198 f; Schmidt-Aßmann MD 126 zu Art.19 IV). Das Ladenschlussgesetz stellt eine Beeinträchtigung der Handlungsfreiheit der Kunden dar (BVerfGE 13, 230/235 f).

13   **b) Unterlassen von Leistung.** Aus Art.2 Abs.1 dürfte sich kein Leistungsanspruch ergeben, auch nicht auf Teilhabe an bestehenden Einrichtungen der öffentlichen Hand. Wegen der sachlichen Unbestimmtheit unterscheidet sich die allgemeine Handlungsfreiheit inso-

weit von den speziellen Freiheitsrechten (vgl. Jarass, DÖV 95, 675 f).
In Teilbereichen kann das unter dem Einfluss sonstiger Verfassungsnormen anders sein, wie dies im Bereich des allgemeinen Persönlichkeitsrechts anerkannt ist. Dies gilt auch für den *Gemeingebrauch* an
öffentlichen Sachen, da dessen Verweigerung der Teilhabe- und
nicht der Abwehrfunktion zuzurechnen ist (Erichsen HbStR VI
1213; Kunig MüK 29; Vorb.31 vor Art.1; a. A. Höfling FH 46).
Dementsprechend stellt der Schutz vor Rauchern in U-Bahnhöfen
keine Beeinträchtigung von Abs.1 dar (BGHZ 79, 111/115 f). Auch
die freie Arztwahl im Rahmen von Sozialhilfeleistungen wird durch
Abs.1 nicht geschützt (offen gelassen BVerfGE 16, 286/303 f;
BVerwGE 60, 367/370); insoweit kann allerdings Abs.2 S.1 zum
Tragen kommen. Die Nutzung öffentlicher Verkehrswege zur Fort-
bewegung dürfte dagegen wegen deren elementarer Bedeutung geschützt sein (Erichsen HbStR VI 1212 f; oben Rn.6a). Bei der Einbürgerung sichert Abs.1 iVm dem Rechtsstaatsprinzip angesichts der
Bedeutung der Frage einen Anspruch auf fehlerfreien Ermessens-
gebrauch (vgl. BVerfGE 37, 217/239; zurückhaltend BVerwG,
DVBl 86, 111).

Im **Schulbereich** ergibt sich – wegen des Einflusses des in Art.7   **14**
Abs.1 enthaltenen Verfassungsauftrags (Rn.1 zu Art.7) – aus Art.2
Abs.1 nicht nur ein Abwehrrecht, sondern auch ein Recht der
Kinder auf Teilhabe an bestehenden Schulen der öffentlichen Hand
ergeben (Jarass, DÖV 95, 677 f; i. E. Pieroth/Siegert, RdJB 94, 444;
für Anwendung von Art.3 Murswiek SA 111), einen „Anspruch auf
eine Entfaltung ihrer Anlagen und Befähigungen im Rahmen schu-
lischer Ausbildung und Erziehung" (BVerfGE 98, 218/257). Die
Nichtversetzung eines Schülers beeinträchtigt daher Abs.1, auch
wenn keine Schulpflicht besteht (BVerfGE 58, 257/273 f; BVerwGE
56, 155/158). Ob darüber hinaus ein allgemeiner *Anspruch auf Bildung* besteht, ist zweifelhaft (s. allerdings BVerwGE 56, 155/158;
außerdem oben Rn.6); zum objektiv-rechtlichen Auftrag der Förderung von Bildung Rn.107 zu Art.20.

   c) Privatrechtliche Beeinträchtigung. Die allgemeine Hand-   **15**
lungsfreiheit kann auch durch privatrechtliche Vorschriften, wie
etwa jene über den Versorgungsausgleich, verletzt werden (BVerfGE
63, 88/108 f). Unzumutbare Unterhaltsverpflichtungen verletzen das
Grundrecht (BVerfGE 80, 286/293 f). Darüber hinaus soll die allgemeine Handlungsfreiheit auch die **Anwendung** privatrechtlicher
Vorschriften beeinflussen, ihr also eine Ausstrahlungswirkung
(Vorb.15 f, 33 vor Art.1) zukommen. Doch dürfte die Wirkung nur

in gravierenden Fällen zum Tragen kommen (vgl. BVerfGE 95, 267/321; Kunig MüK 18 a). Die Bindung eines Unternehmers an die Vereinbarungen Dritter bedarf eines legitimierenden Rechtsgrunds (BVerfGE 73, 261/270 f). Die Ausstrahlungswirkung kann vertragliche Absprachen in aller Regel nicht korrigieren, z. B. ein Verbot der Hundehaltung in einer Mietwohnung (BVerfG-K, WMR 81, 77).

16   Anderes gilt bei „struktureller Unterlegenheit des einen Vertragsteils", wobei insb. auf die Art und Weise des Zustandekommens des Vertrags und des Verhaltens des überlegenen Vertragspartners zu achten ist (BVerfGE 89, 214/235; NJW 01, 958). Im Falle eines solchen **fundamentalen Ungleichgewichts** ist eine Korrektur geboten, wenn der Inhalt des Vertrags für eine Seite ungewöhnlich belastend und als Interessenausgleich offensichtlich unangemessen ist (BVerfGE 89, 214/232; BVerfG-K, NJW 94, 2750; NJW 96, 2021; BGHZ 140, 395/397 f; BAGE 76, 155/167 f; vgl. Rn.57 zu Art.12; zurückhaltend Murswiek SA 37 a, 55 a f). Praktische Bedeutung hat das für Bürgschaften (BVerfGE 89, 214/230 ff; BVerfG-K, NJW 96, 2021), für Eheverträge (BVerfG, NJW 01, 958), sowie für die Rückzahlung von Weiterbildungskosten (BAGE 76, 155/177 ff). Dogmatisch ist allerdings zweifelhaft, ob die Begrenzung der Privatautonomie nicht besser auf das allgemeine Persönlichkeitsrecht statt auf die allgemeine Handlungsfreiheit gestützt werden sollte; vgl. unten Rn.38, 44.

4. Rechtfertigung von Beschränkungen (Schranken)

17   **a) Grundlagen der Einschränkung: aa)** Die allgemeine Handlungsfreiheit reicht nur soweit ihre Nutzung nicht gegen die **„verfassungsmäßige"** Ordnung verstößt. Dieser Begriff wird, anders als in anderen Regelungen des GG (etwa Art.9 Abs.2, Art.18 S.2, Art.21 Abs.2), entspr. der Entstehungsgeschichte (Murswiek SA 3) als verfassungsmäßige Rechtsordnung verstanden, „zu der alle formell und materiell verfassungsmäßigen Gesetze gehören" (BVerfGE 96, 10/21; 80, 137/153; 90, 145/172). Die Klausel stellt daher einen Gesetzes- bzw. Rechtsvorbehalt (Kunig MüK 23; Erichsen HbStR VI 1200) dar und vermag Eingriffe in das Grundrecht zu rechtfertigen. Eine gesetzliche Ermächtigung ist auch für Eingriffe im besonderen Gewaltverhältnis erforderlich, insb. im Schul- und Ausbildungsbereich (Rn.53 zu Art.20). Zur verfassungsmäßigen Ordnung gehört zudem das EG-Recht (Murswiek SA 89).

18   **bb)** Die Handlungsfreiheit steht weiter unter dem Vorbehalt der **Rechte anderer,** ganz gleich, welcher Natur sie sind; bloße Interes-

sen genügen nicht (Kunig MüK 20; Starck MKS 32). Für Eingriffe ist auch hier eine normative Ermächtigung zum Schutz der Rechte Dritter notwendig (vgl. Rn.47 zu Art.20; a. A. Erichsen, Jura 87, 372). Die Beschränkung wird daher voll durch die Beschränkung der verfassungsmäßigen Ordnung in der heute ganz herrschenden extensiven Interpretation (oben Rn.17) abgedeckt (Kunig MüK 19; vgl. Höfling FH 66). Der Vorbehalt der Rechte anderer hat folglich keine eigenständige Bedeutung.

cc) Ohne praktische Bedeutung ist auch die dritte Schranke der **19** Handlungsfreiheit, das **Sittengesetz** (Pieroth/Schlink 388; Höfling FH 72; Kunig MüK 28). Es dürfte iSd „allgemein anerkannten Wertvorstellungen unserer Rechtsgemeinschaft" zu verstehen sein (BVerfGE 6, 389/435). Bei dem heutigen Grad der Durchnormiertheit aller Lebensbereiche und im Hinblick auf den Vorbehalt des Gesetzes (Rn.46 ff zu Art.20) wird man außerdem verlangen müssen, dass die Wertvorstellungen in einer Rechtsnorm ihren Niederschlag gefunden haben (Degenhart, JuS 90, 164), mit der Folge, dass das Sittengesetz iSd Abs.1 in der verfassungsmäßigen Ordnung aufgeht (Kunig MüK 28).

b) Formelle Voraussetzungen. Das Grundrecht kann grund- **20** sätzlich durch jede Rechtsvorschrift eingeschränkt werden, auch durch Vorschriften des Ortsrechts (BVerfGE 54, 143/144) oder durch richterliche Rechtsfortbildung (BVerfGE 74, 129/152). Verwaltungsvorschriften können das Grundrecht dagegen nicht einschränken (vgl. Rn.21 zu Art.12). Gewohnheitsrecht kann nur grundrechtsbeschränkend sein, wenn es vorkonstitutioneller Natur ist (Vorb.43 vor Art.1; großzügiger Kunig MüK 23; strenger Erichsen HbStR VI 1200). Art.19 Abs.1, insb. das Zitiergebot, finden keine Anwendung (BVerfGE 10, 89/99; 28, 36/46; Höfling FH 78; allg. Rn.4 zu Art.19).

c) Verhältnismäßigkeit. Jede Einschränkung des Grundrechts **21** muss verhältnismäßig sein (BVerfGE 44, 353/373; 80, 137/153). Dies sichert die materiellen Gehalte der Handlungsfreiheit (Starck MKS 28). Das gilt auch für Abgaben (BVerfGE 75, 108/155 f; BFHE 141, 369/384). Im Einzelnen folgt daraus (näher Rn.83–88 zu Art.20), dass der Eingriff *geeignet* sein muss, insb. in einem sachlichen Zusammenhang mit dem verfolgten Zweck steht (BVerfGE 55, 159/165 ff). Weiter muss der Eingriff *erforderlich* sein (BVerfGE 63, 88/115). Außerdem darf der Eingriff *nicht außer Verhältnis* zu dem mit ihr verfolgten Zweck stehen (BVerfGE 96, 10/21). Es ist eine Abwägung der einander entgegenstehenden Interessen notwendig (BVerfGE 7,

198/220). Die Prüfung hat dabei umso genauer zu erfolgen, je mehr „der gesetzliche Eingriff elementare Äußerungsformen der menschlichen Handlungsfreiheit berührt" (BVerfGE 17, 306/314; 20, 150/159; Starck MKS 29). Innerhalb der Privatsphäre ist der Schutz des Grundrechts intensiver. Umgekehrt kommt dem Gesetzgeber im Bereich der Sozialsphäre ein weiter Spielraum zu (BVerfGE 10, 354/371; 48, 227/234; Erichsen HbStR VI 1200 f). Er ist umso größer, je größer der Sozialbezug der betreffenden Handlung ist (vgl. Rn.86 zu Art.20).

22   Gesetze, die auf Grund der Sachlage **typisieren,** müssen nicht alle Einzelfälle berücksichtigen; gewisse Härten für Einzelne sind insoweit zulässig (BVerfGE 13, 230/236; vgl. Rn.30 f zu Art.3). Das Grundrecht zwingt andererseits dazu, „Befreiung von einer schematisierenden Belastung zu erteilen, wenn die Folgen extrem über das normale Maß hinausschießen, das der Schematisierung zugrunde liegt" (BVerfGE 48, 102/115 f). Zu den Genehmigungsvorbehalten Rn.55, 84 zu Art.20.

23   **d) Vereinbarkeit mit sonstigem Recht.** Die einschränkende Rechtsvorschrift darf nicht gegen eine andere **Norm des GG** verstoßen (BVerfGE 6, 32/37 f; 45, 400/413; 78, 123/126; 80, 137/153; Starck MKS 26 ff). Art.2 Abs.1 ist daher verletzt, wenn die der belastenden Maßnahme zugrunde liegende Norm gegen das Rechtsstaatsprinzip verstößt (Rn.29 zu Art.20). Das hat zur Folge, dass die Verletzung eher objektivrechtlicher Elemente dieses Prinzips, etwa zum Vertrauensschutz (BVerfGE 80, 137/153; näher dazu Rn.67–75, 78 f zu Art.20) oder zum Prozessrecht (Rn.89 ff zu Art.20), über Art.2 Abs.1 geltend gemacht werden kann (BVerfGE 74, 358/369). Gleiches gilt für die Vereinbarkeit mit Art.80 Abs.1, mit der Kompetenzverteilung zwischen Bund und Ländern (BVerfGE 10, 354/360 f; 67, 256/274; 75, 108/146; 78, 205/209), mit den allgemeinen Regeln des Völkerrechts (Rn.13 zu Art.25) oder sonstigem Verfassungsrecht und für die Vereinbarkeit von Landesrecht mit Bundesrecht (BVerfGE 51, 77/89 ff; 80, 137/153). Aus diesem Grunde beruft sich das BVerfG nicht selten auf eine Verletzung von Art.2 Abs.1 iVm einer sonstigen Verfassungsnorm und prüft dann allein die Einhaltung der sonstigen Verfassungsnorm (etwa BVerfGE 79, 372/375). Genau genommen ist das nur dort möglich, wo keine speziellen Freiheitsrechte einschlägig sind. Wo das der Fall ist, kommt Art.2 Abs.1 eine „Umschaltfunktion" zu. Grundrechte Dritter können auf diesem Weg nicht geltend gemacht werden (BVerfGE 77, 84/101). Art.2 Abs.1 ist weiter verletzt, wenn die der

belastenden Maßnahme zugrunde liegende Norm gegen sonstiges **höherrangiges Recht** verstößt; die Verfassungsbeschwerde ist allerdings insoweit nicht möglich (Rn.73 zu Art.93). Gleiches gilt bei der Verletzung von EG-Recht (BVerfGE 82, 159/191).

5. Einzelfälle

a) Wirtschaftlicher Bereich. Bei Beschränkungen der *Unterneh-* **24** *merfreiheit* (oben Rn.4) ist „ein angemessener Spielraum zur Entfaltung der Unternehmerinitiative" unantastbar (BVerfGE 50, 290/366; 65, 196/210); eine bestehende Gesetzeslage wird aber nicht zu einem grundrechtlich geschützten Bestand verfestigt (BVerfGE 97, 69/83). Die Angemessenheit des unternehmerischen Spielraums wird durch die Grundsätze der Verhältnismäßigkeit und des Vertrauensschutzes bestimmt (BVerfGE 65, 196/215 f; vgl. E 91, 207/221). Preisfestlegungen sind nur zulässig, soweit sie aus Gründen des Gemeinwohls geeignet, erforderlich und verhältnismäßig sind (BVerfGE 70, 1/25 f). Zu behördlichen Besichtigungs- und Betretungsrechten Rn.30 zu Art.13.

b) Zwangsbeteiligung und Abgaben. Eine *Zwangsmitgliedschaft* **25** in öffentlich-rechtlichen Verbänden ist nur zulässig, wenn der Verband legitime öffentliche Aufgaben erfüllt (BVerfGE 10, 89/102; 38, 281/299) und sie zur Erfüllung der übertragenen öffentlichen Aufgaben erforderlich und angemessen ist (BVerfGE 38, 281/302; BVerwGE 107, 169/173; s. auch oben Rn.5 sowie Rn.5 zu Art.9); dabei soll dem Gesetzgeber ein weiter Spielraum zustehen (BVerfGE 38, 281/297; BVerwG Bh 430.1 Nr.15 S.3). Daher ist etwa die Zwangs-Studentenschaft zulässig (BVerfG-K, NVwZ 01, 191), weiter die Handwerkskammer (BVerwGE 108, 169/172 f). Die Mitglieder haben aus Art.2 Abs.1 einen Anspruch darauf, dass die Zwangskörperschaft nur im Rahmen ihrer Zuständigkeiten tätig wird (BVerwGE 74, 254/255; 109, 97/99, 103; DVBl 01, 139; BSGE 62, 231/234; Starck MKS 126); das gilt jedoch nicht, wenn die Mitgliedschaft allein zu einer Geldleistungspflicht führt (BVerfGE 78, 320/330 f). Die Zwangsbeiträge müssen erforderlich sein (BVerwGE 80, 334/336 f), sowie verhältnismäßig ieS (BVerwGE 87, 324/331). Pflichtversicherungen im Bereich der Altersversorgung bzw. der Arbeitslosigkeit sind regelmäßig zulässig (BVerfGE 10, 354/369 f; 29, 221/237; BVerfG-K, NJW 91, 746 f; BVerwGE 87, 324/330; einschr. Starck MKS 128 f).

Abgaben im wirtschaftlichen Bereich sind zulässig, „wenn dem **25a** Betroffenen ein angemessener Spielraum verbleibt, sich frei zu entfalten" (BVerfGE 78, 232/245; 87, 153/169). „Dieser Spielraum ist gegeben, soweit die Gebührenbelastung verhältnismäßig ist" (BVerfGE 91, 207/221; vgl. oben Rn.24). Steuergesetze dürfen keine „erdrosselnde Wirkung" haben (BVerfGE 87, 153/169). Gebühren müssen das *Äquivalenzprinzip* beachten, das Ausdruck des Grundsatzes der Verhältnismäßigkeit ist und ein Mißverhältnis zwischen der Gebühr und der von der öffentlichen Gewalt gebotenen Leistung verbietet (BVerfGE 20, 257/270; 83, 363/392; BVerwGE 80, 36/39; s. auch Rn.53 zu Art.3); das gilt auch für Sondernutzungsgebühren (BVerwGE 80, 36/39). Auch Beiträge haben das Äquivalenzprinzip zu beachten, wobei es genügt, wenn dem Pflichtigen ein entspr. Vorteil geboten wird und er ihn nutzen kann (BVerwGE 109, 97/111; BGHZ 140, 302/304 f).

26   **c)** In **besonderen Gewaltverhältnissen** ist Art.2 Abs.1 voll anzuwenden (Vorb.39 a vor Art.1). Die Nebentätigkeit von *Beamten* (oben Rn.4) kann beschränkt werden (Rn.38 zu Art.33). Gleiches gilt für das *Reisen* von Beamten und Soldaten in bestimmte Länder (BVerwGE 46, 190/192), sowie die Beschränkung selbstgefährdender Tätigkeiten (BVerwGE 53, 83/85 f). Anforderungen an die Haar- und Barttracht sind möglich, sofern dienstliche Bedürfnisse dies erfordern (BVerwGE 76, 66/70 f). Ein Verbot von Ohrschmuck für Männer im Dienst ist möglich (BVerwGE 84, 287/291; vgl. Rn.102 zu Art.3). In der *Untersuchungshaft* sind nur die absolut erforderlichen Beschränkungen zulässig (unten Rn.94 f und Rn.100 zu Art.20). Die Praxis verfährt insoweit zu großzügig (vgl. Starck MKS 122). Zur Schule oben Rn.14.

27   **d) Sonstiges.** Die Beschränkung der *Ausreise* (oben Rn.7) ist nur aus zwingenden Gründen zum Schutze überragender Gemeinschaftsgüter zulässig (vgl. Gusy MKS 41 zu Art.11; Hailbronner HbStR VI 180 f; zu großzügig BVerfGE 6, 32/43); für das Ansehen der Bundesrepublik wird durch die Strafgesetze ausreichend gesorgt. Eine Beschränkung des räumlichen Aufenthalts von Asylbewerbern ist zulässig (BVerfGE 96, 10/21 ff). Zulässig ist ferner die Beschränkung *selbstgefährdender Tätigkeiten* (z. B. durch Gurt- oder Schutzhelmpflicht), wenn die Folgen auch die Allgemeinheit treffen (BVerfGE 59, 275/278; BGHZ 74, 25/34; s. auch oben Rn.26). Zulässig ist weiterhin die Verhinderung der Selbsttötung, sofern Anhaltspunkte dafür vorliegen, dass es an einer selbstverantwortlichen Entscheidung fehlt (vgl. auch unten Rn.61, 81). Der *Verstoß gegen* eine *verwaltungsrechtliche Anordnung,* etwa die Personalien anzugeben, darf nur bestraft werden, wenn die Anordnung rechtmäßig ist (BVerfGE 92, 191/201). Die *Handlungsfreiheit des Kindes* wird durch Art.6 Abs.2, ggf. auch durch Art.7 Abs.1 beschränkt (BVerfGE 53, 185/203; 72, 122/137; näher Rn.32 f zu Art.6). Möglich sind das Verbot der *Beisetzung* außerhalb von Friedhöfen (BVerfGE 50, 256/262 f), ein *Taubenfütterungsverbot* (BVerfGE 54, 143/144 ff). Gleiches gilt für kommunalrechtliche *Vertretungsverbote* (BVerfG-K, DVBl 88, 55), die allerdings restriktiv interpretiert werden müssen (BVerfGE 61, 68/74). Zum Rauchen in öffentlichen Gebäuden oben Rn.13 sowie Rn.5 zu Art.14. Zum Gemeingebrauch oben Rn.13. Zur Sozialhilfe oben Rn.13. Zum Einfluss auf *privatrechtliche Beziehungen* oben Rn.15 f. Vgl. auch die Einzelfälle zum *allgemeinen Persönlichkeitsrecht* unten Rn.49–55.

II. Allgemeines Persönlichkeitsrecht

1. Bedeutung und Abgrenzung zu anderen Vorschriften

Ein Teilbereich des Art.2 Abs.1 erfährt als „Allgemeines Persön- **28** lichkeitsrecht" einen besonderen Schutz (oben Rn.1) und hat sich zu einem eigenen Grundrecht verselbständigt (vgl. unten Rn.29); in der Sache findet es sich auch in Art.12 AEMR und in Art.8 EMRK. „Seine Aufgabe ist es, iSd obersten Konstitutionsprinzips der Würde des Menschen (Art.1 Abs.1 GG) die engere persönliche Lebenssphäre und die Erhaltung ihrer Grundbedingungen zu gewährleisten" (BVerfGE 54, 148/153; 72, 155/170; 96, 56/61; Jarass, NJW 89, 857), insb. gegenüber „neue Gefährdungen der Persönlichkeitsentfaltung" (BVerfGE 101, 361/380; 79, 256/268). Das Recht schützt v. a. gegen „Eingriffe, die geeignet sind, die engere Persönlichkeitssphäre zu beeinträchtigen" (BVerfGE 54, 148/153; 60, 329/339). „Als Recht auf Respektierung des geschützten Bereichs" hebt es sich „von dem aktiven Element dieser Entfaltung, der allgemeinen Handlungsfreiheit" ab (BVerfGE 54, 148/153; Starck MKS 83); s. allerdings unten Rn.38. Das Grundrecht des allgemeinen Persönlichkeitsrechts darf, trotz vieler Parallelen, nicht mit seinem privatrechtlichen Gegenstück, das nur einfachgesetzlichen Rang hat, verwechselt werden (Jarass, NJW 89, 858).

Grundlage des allgemeinen Persönlichkeitsrechts ist primär Art.2 **29** Abs.1, beeinflusst durch das Grundrecht des Art.1 Abs.1 (Dreier DR 50; Starck MKS 15; Kunig MüK 30; Jarass, NJW 89, 857), das einen uneinschränkbaren Kern des Rechts fixiert (BVerfGE 75, 369/380). Das allgemeine Persönlichkeitsrecht hebt sich durch seine inhaltliche Prägung als lex specialis (Murswiek SA 64) von der allgemeinen Handlungsfreiheit ab und steht insoweit in Parallele zu den sonstigen speziellen Freiheitsrechten (vgl. BVerfGE 79, 256/ 268; 99, 185/193; 101, 361/380; Starck MKS 17). Andererseits konkretisieren die speziellen Freiheitsrechte das allgemeine Persönlichkeitsrecht. Für die **Konkurrenz** ist daher zu differenzieren (zur Abgrenzung der beiden Gruppen unten Rn.30): – **(1)** Im Hinblick auf den *Schutz der Privatsphäre* ist das Grundrecht neben den sonstigen Freiheitsrechten anzuwenden (Scholz MD 116 zu Art.12; für eine Verdrängung anderer Grundrechte im Bereich des Datenschutzes Schmitt Glaeser HbStR VI 87 ff). Lediglich das Brief-, Post- und Fernmeldegeheimnis sowie die Unverletzlichkeit der Wohnung enthalten Spezialregelungen (Rn.2 zu Art.10; Rn.1 zu Art.13). – **(2)** Im Hinblick auf die *personale Entfaltung* (unten Rn.38) gehen die anderen Freiheitsrechte generell als Spezialregelungen vor (etwa BVerfGE 71, 183/196, 201). Zur Begrenzung des Elternrechts durch das Persönlichkeitsrecht des Kindes unten Rn.37.

2. Schutzbereich

30   **a) Geschütztes Verhalten (Allgemeines).** Das allgemeine Persönlichkeitsrecht schützt „die engere persönliche Lebenssphäre und die Erhaltung ihrer Grundbedingungen" (BVerfGE 54, 148/153; 72, 155/170). Es sichert „jedem einzelnen einen autonomen Bereich privater Lebensgestaltung, in dem er seine Individualität entwickeln und wahren kann" (BVerfGE 79, 256/268). Geschützt wird in diesem Sinne das „Person-Sein" (Jarass, NJW 89, 859), und zwar in zwei verschiedenen Richtungen: – **(1)** Zum einen geht es um das Recht des Grundrechtsträgers, im weitesten Sinne in Ruhe gelassen zu werden (BVerfGE 27, 1/6; 44, 197/203), um den Schutz der **Privatsphäre** (BVerfGE 90, 255/260), um die „personale Identität" (Schmitt Glaeser HbStR VI 59). Es geht um das Recht des Menschen auf Selbstfindung im Alleinsein und in enger Beziehung zu ausgewählten Vertrauten. Das allgemeine Persönlichkeitsrecht hat insoweit die Aufgabe, einen geschützten Bereich der Privat- und Intimsphäre vor Dritten bzw. der Öffentlichkeit abzuschirmen. Dabei kann die räumliche Privatsphäre nicht auf den häuslichen Bereich beschränkt werden (BVerfGE 101, 361/383 f). – **(2)** Daneben soll das Grundrecht auch die **zentralen Voraussetzungen für** das Tätigwerden der Person in den Beziehungen mit (nicht vertrauten) Dritten und für das Tätigwerden in der Öffentlichkeit sichern (unten Rn.38), also die **personale Entfaltung** ieS (Jarass, NJW 89, 859), indem

etwa eine persongerechte Darstellung in der Öffentlichkeit (dazu unten Rn.31) oder die Resozialisierung geschützt wird (unten Rn.53). Hier geht es um die „soziale Identität" (Schmitt Glaeser HbStRVI 59).

b) Darstellung in der Öffentlichkeit. „Der Einzelne soll selbst 31 darüber befinden dürfen, wie er sich gegenüber Dritten oder der Öffentlichkeit darstellen will, was seinen sozialen Geltungsanspruch ausmachen soll und ob oder inwieweit Dritte über seine Persönlichkeit verfügen können, indem sie diese zum Gegenstand öffentlicher Erörterungen machen" (BVerfGE 63, 131/142; 35, 202/220; 54, 148/155). Der Einzelne wird jedenfalls vor verfälschenden und entstellenden Darstellungen seiner Person geschützt, die von nicht ganz unerheblicher Bedeutung für die Persönlichkeitsentfaltung sind (BVerfGE 99, 185/194; ähnlich BVerfGE 97, 125/148). Daraus folgt das Recht am eigenen Bild im Hinblick auf dessen Verbreitung in der Öffentlichkeit (BVerfGE 35, 202/224; 54, 148/154; 97, 228/268; vgl. auch unten Rn.32), soweit es um private Bereiche geht (BVerfGE 101, 361/382 f). Ein entsprechender Schutz besteht für das Recht am eigenen Wort (BVerfGE 34, 238/246; 54, 208/217). Weiter hat jeder das Recht, dass ihm nicht Äußerungen in den Mund gelegt werden, die er nicht getan hat (BVerfGE 54, 148/155 f). Auch die Behauptung einer Gruppenmitgliedschaft wird erfasst (BVerfGE 99, 185/194). Ein Anspruch auf eine bestimmte Interpretation von Äußerungen besteht nicht (BVerfGE 82, 236/ 269). Weiter gehören hierher der **Schutz der Ehre** (BVerfGE 54, 208/217; 93, 266/290; 97, 125/147; BVerwGE 82, 76/78), wie zudem Art.5 Abs.2 erkennen lässt (BVerfGE 42, 143/152 f), weiter das Führen des Namens bzw. Geburtsnamens (BVerfGE 78, 38/49; 97, 391/399) sowie das Führen akademischer Grade (BVerwG, NVwZ 88, 365; unten Rn.55).

c) Informationelle Selbstbestimmung. aa) Unabhängig von 32 der Darstellung in der Öffentlichkeit gewährleistet das Grundrecht dem Einzelnen die Befugnis, „selbst über die Preisgabe und Verwendung persönlicher Daten zu bestimmen" (BVerfGE 65, 1/43; 78, 77/84; 84, 192/194), und zwar nicht nur im Bereich der automatischen Datenverarbeitung (BVerfGE 78, 77/84). Geschützt wird die „Befugnis des einzelnen, grundsätzlich selbst zu entscheiden, wann und innerhalb welcher Grenzen persönliche Lebenssachverhalte offenbart werden" (BVerfGE 65, 1/41 f; 80, 367/373). Zu den möglichen Eingriffen unten Rn.40. Jedermann kann daher selbst bestimmen, ob er fotografiert oder seine Stimme aufgenommen werden darf und was mit den Aufnahmen geschehen soll (vgl. BGH,

NJW 85, 1618); s. auch unten Rn.40, 55. Auch eine systematische Beobachtung bzw. Observation beeinträchtigt das Persönlichkeitsrecht (BVerwG, NJW 86, 2332). Gleiches gilt für psychiatrische Zwangsuntersuchungen (BGHZ 98, 32/34).

33   Die **geschützten Daten** können unterschiedlichster Art sein, etwa Ehescheidungsakten (BVerfGE 27, 344/350 f), Tagebücher und private Aufzeichnungen (BVerfGE 80, 367/374 f), Krankenakten (BVerfGE 32, 373/379), der Schwerbehindertenstatus (BSGE 60, 284/286), Unterlagen zur Entmündigung (BVerfGE 78, 77/84), Akten und Informationen einer Suchtberatungsstelle (BVerfGE 44, 353/372) oder eines Sozialarbeiters (BVerfGE 33, 367/374 f), Steuerdaten (BVerfGE 67, 100/142 f) sowie Daten über die seelische Verfassung und den Charakter (BVerfGE 89, 69/82) sowie über persönliche wirtschaftliche Verhältnisse (BVerfGE 77, 121/125). Geschützt ist auch der Name und seine Verwendung (BVerfGE 97, 391/399). Geschäfts- und Betriebsgeheimnisse werden regelmäßig nicht erfasst. Sie fallen unter Art.12 (vgl. Rn.11 zu Art.12) bzw. unter Art.14 (vgl. Rn.19 zu Art.14). Nicht geschützt ist die Information über den Familienstand (BVerfGE 78, 38/51). Zur *Spezialität* des Art.10 im Bereich brieflicher und telefonischer Kommunikation vgl. Rn.2 zu Art.10.

34   **bb)** Das Persönlichkeitsrecht wird insb. durch den **Zwang zu selbstbelastenden Äußerungen** beeinträchtigt (BVerfGE 56, 37/49 f; 95, 220/241; Kunig MüK 35; Starck MKS 100); früher wurde insoweit Art.1 allein herangezogen (BVerfGE 55, 144/150). Eine Grundrechtsbeeinrächtigung liegt vor, wenn sich der Einzelne „selbst strafbarer Handlungen oder ähnlicher Verfehlungen bezichtigen muss" oder „wegen seines Schweigens in Gefahr kommt, Zwangsmitteln unterworfen zu werden" (BVerfGE 95, 220/241). Gleiches gilt für die Pflicht zu selbstbelastenden Tätigkeiten. Zu den Folgen unten Rn.49, 51.

35   **d)** Der **Schutz der Privatsphäre** umfasst zum einen „Angelegenheiten, die wegen ihres Informationsinhalts typischerweise als privat eingestuft werden", zum anderen „einen räumlichen Bereich, in dem der Einzelne zu sich kommen, entspannen oder auch gehenlassen kann" (BVerfGE 101, 361/382 f). Dieser räumliche Bereich geht über den häuslichen Bereich hinaus und erfasst Örtlichkeiten, die von der breiten Öffentlichkeit deutlich abgeschieden sind (BVerfGE 101, 361/384).

36   *Im Einzelnen* wird die Privatheit der **Sexualsphäre** geschützt (BVerfGE 96, 56/91), unabhängig davon, ob eine Ehe besteht (Ku-

nig MüK 33). Weiter fällt die sexuelle Selbstbestimmung in den Bereich des Persönlichkeitsrechts (BVerfGE 47, 46/73; 49, 286/ 298), weshalb das Grundrecht auch die Geschlechtsumwandlung erfasst, einschl. der personenstandsrechtlichen Folgen (BVerfGE 49, 286/297 ff; 60, 123/134; BVerfG-K, NJW 97, 1633). Schwangere können sich gegenüber Regelungen und Beeinträchtigungen der Schwangerschaft auf das allgemeine Persönlichkeitsrecht berufen (BVerfGE 39, 1/42).

Weiter sollen vertragliche Beziehungen zwischen **Ehegatten** er- 37 fasst werden, etwa im Hinblick auf die finanziellen Regelungen nach einer Scheidung (BVerfGE 60, 329/339; 81, 1/10); richtigerweise dürfte dafür Art.6 einschlägig sein (Rn.3 zu Art.6). Geschützt ist zudem der persönliche Kontakt von Familienangehörigen, auch zugunsten von Strafgefangenen (BVerfGE 57, 170/177 ff) und der Briefkontakt mit Vertrauten (unten Rn.40); das Lesen der Briefe durch staatliche Stellen fällt allerdings unter die speziellere Regelung des Art.10 (Rn.2 zu Art.10). Schließlich schützt das allgemeine Persönlichkeitsrecht den **familiären Umgang zwischen Eltern und Kindern.** Zugunsten der Eltern wie der Kinder wird die „elterliche Hinwendung zu den Kindern" geschützt (BVerfGE 101, 361/385 f). Der Bereich, in dem sich Kinder frei von öffentlicher Beobachtung fühlen und entfalten dürfen, wird noch umfassender als bei Erwachsenen geschützt (BVerfGE 101, 361/385). Weiter verlangt das allgemeine Persönlichkeitsrecht die Berücksichtigung des Kindeswohls bei Entscheidungen darüber, in welcher Familie ein Kind aufwachsen soll (BVerfGE 75, 201/218; 79, 51/63 f). Darüber hinaus wird der Jugendschutz durch das allgemeine Persönlichkeitsrecht gewährleistet (BVerfGE 83, 130/140); BVerwGE 91, 223/224 f; vgl. auch Rn.61 zu Art.5.

e) Umfassende Beschränkung. Das allgemeine Persönlich- 38 keitsrecht bietet Schutz gegen eine umfassende Einschränkung der personalen Entfaltung bzw. der Privatautonomie (BVerfGE 72, 155/170), der Grundbedingungen freier Entfaltung (Dreier DR 50), während für einzelne Beeinträchtigungen der Privatautonomie die allgemeine Handlungsfreiheit einschlägig ist. So beeinträchtigt die Anordnung der Betreuung das allgemeine Persönlichkeitsrecht (Starck MKS 131; vgl. BVerfGE 78, 77/84). Des Weiteren ist das Recht geschützt, lebensverlängernde Maßnahmen unterbinden zu können, wenn ein menschenwürdiges Leben nur noch schwer möglich ist (vgl. Zippelius BK 94 zu Art.1; oben Rn.27). Dieser Schicht des Persönlichkeitsrechts dürfte auch das Recht zuzuordnen sein, in angemessener Zeit nach Begehung von Fehlern wieder „neu anfangen zu können", insb. ein Recht auf Resozialisierung (unten Rn.53).

39 f) Was den **Träger des Grundrechts** angeht, kann für natürliche Personen auf die Ausführungen zur allgemeinen Handlungsfreiheit verwiesen werden (oben Rn.9 f). Insb. steht es auch Kindern und Ausländern zu (BGHZ 120, 29/35; Dreier DR 55). Tote werden nicht geschützt (BVerfGE 30, 173/194; Kunig MüK 39; a. A. Stern III/1 1053). *Juristischen Personen* kommt das Persönlichkeitsrecht dagegen nicht zugute (Kunig MüK 39; Jarass, NJW 89, 859 f; für einen Teilbereich BVerfGE 95, 220/242; Schmitt Glaeser HbStR VI 91; a. A. BGHZ 81, 75/78; 98, 94/97 f: abgeschwächte Anwendung), da dies dem Wesen des Grundrechts widersprechen würde (Jarass, NJW 89, 860). Das bürgerlich-rechtliche „Persönlichkeitsrecht" von Unternehmen fällt in den Bereich der allgemeinen Handlungsfreiheit (BVerfG-K, NJW 94, 1784); ggf. können auch andere Grundrechte einschlägig sein, etwa bei einer Rufschädigung Art.9 Abs.1 (übersehen bei Dreier DR 56). Zum Schutz von Geschäfts- und Betriebsgeheimnissen oben Rn.33. Für Personenvereinigungen mit ideeller Zielsetzung kann nichts anderes gelten (a. A. BVerwGE 82, 76/78). Personen des öffentlichen Rechts bietet das Grundrecht erst recht keinen Schutz (BGH, DÖV 83, 291).

3. Beeinträchtigung

40 a) **Eingriffe.** Das allgemeine Persönlichkeitsrecht kann durch *rechtliche* Einwirkungen beeinträchtigt werden, etwa durch die Verpflichtung, persönliche Daten zu offenbaren. Des Weiteren kommen *faktische* Einwirkungen (vgl. Vorb.26 vor Art.1) durch die öffentliche Gewalt (dazu Rn.22–30 zu Art.1) in Betracht. Hierher rechnen insb. die Erhebung, die Speicherung, die Verwendung und die Weitergabe personenbezogener Daten (BVerfGE 65, 1/43; 84, 239/279; BVerwGE 84, 375/378). Eine faktische Beeinträchtigung liegt etwa in heimlichen Tonbandaufnahmen (dazu unten Rn.55); zum Abhören von Telefonen Rn.2 zu Art.10. Gleiches gilt für die Unterbindung der Kommunikation mit Angehörigen, etwa durch das Einziehen von Briefen Strafgefangener (BVerfGE 57, 170/177 f; BVerfG-K, NJW 95, 1477); vgl. oben Rn.37 und Rn.9 zu Art.5.

41 Die **Einwilligung** des Betroffenen steht einer Verletzung des Persönlichkeitsrechts jedenfalls dann nicht entgegen, wenn sich der Betroffene in einer Zwangslage befindet (BVerfG-K NJW 82, 375). Wer allerdings Sozialhilfeleistungen beansprucht, muss gewisse Einschränkungen des Persönlichkeitsrechts hinnehmen (BVerwGE 67, 163/169; 91, 375/379 f; anders für Leistungen an Beamte BVerwGE 36, 53/57 f). Allgemein zum Verzicht auf die Grundrechtsausübung Vorb.36 vor Art.1.

b) Unterlassen von Leistung. Die Verweigerung von **Aus-** 42 **künften u. ä.** kann eine Beeinträchtigung in Form der Verweigerung von Leistung sein, es sei denn, die Auskunft hat nur Hilfsfunktion zur Klärung eines Eingriffs. Demgegenüber scheint das BVerfG die „Vorenthaltung erlangbarer Informationen" als Eingriff einzustufen (BVerfGE 79, 256/268 f; 90, 263/271). Das Grundrecht kann verletzt sein, wenn der Name eines Behördeninformanten nicht genannt und damit ein Ehrenschutz unmöglich wird (BVerwG, NJW 83, 2954). Entsprechendes gilt für andere Beeinträchtigungen des Persönlichkeitsrechts (BVerwGE 74, 115/117 f). Ein Patient hat Anspruch auf Einsicht in Krankheitsakten (BVerwGE 82, 45/50 f; BGHZ 85, 327/332). Weiter besteht ein Anspruch auf Einsicht in Unterlagen über die eigene Abstammung (BVerfGE 79, 256/268 ff) und auf gerichtliche Klärung der Abstammung (BVerfGE 90, 263/271). Zur Klärung der Abstammung kann die Fortdauer der Amtspflegschaft des Jugendamts geboten sein (BGHZ 82, 173/179). Andererseits besteht kein Anspruch auf Einsicht in Kriminalakten (BVerwG, NJW 90, 2766) oder Unterlagen des Verfassungsschutzes (BVerwGE 84, 375/378 ff). Ein Anspruch auf **finanzielle Leistungen** auf Grund des Persönlichkeitsrechts besteht regelmäßig nicht.

c) Unterlassen von Schutz; privatrechtliche Beeinträchti- 43 **gung.** Dem Persönlichkeitsrecht gebührt „Schutz von Seiten aller staatlichen Gewalt" (BVerfGE 34, 269/281; 96, 56/64). Dem Gesetzgeber kommt dabei ein weiter Spielraum zu, aber auch den Gerichten in vom Gesetzgeber nicht näher geregelten Bereichen (BVerfGE 96, 56/64). Der Staat muss den Einzelnen vor Persönlichkeitsgefährdungen durch Dritte schützen (BVerfGE 99, 185/194 f). *Privatrechtliche Vorschriften* müssen daher in vollem Umfang dem allgemeinen Persönlichkeitsrecht gerecht werden. Darüber hinaus kann das Grundrecht sogar zu Regelungspflichten führen. So verlangt es einen „wirksamen Schutz des einzelnen gegen Einwirkungen der Medien auf seine Individualsphäre" (BVerfGE 73, 118/201); ein funktionsfähiges Gegendarstellungsrecht ist daher verfassungsrechtlich geboten (BVerfGE 63, 131/142 f; 73, 118/201). Die Reichweite des Gegendarstellungsrechts wird maßgeblich durch den Schutzzweck des Grundrechts bestimmt; Behauptungen, die sich nicht in

nennenswerter Weise auf das Persönlichkeitsbild des Betroffenen
auswirken können, bleiben unberücksichtigt (BVerfGE 97, 125/
148). Umgekehrt muss die Gegendarstellung in wirksamer Form
erfolgen (BVerfG-K, NJW 99, 484).

44   Bei der **Anwendung** privatrechtlicher Vorschriften ist die (weitreichende) Ausstrahlungswirkung des Persönlichkeitsrechts zu beachten (BVerfGE 84, 192/194 f; vgl. BGHZ 98, 32/33 f; BAGE 48,
122/131; 53, 226/233 f; 64, 308/312 f; Schmitt Glaeser HbStR VI
92; allg. Vorb.15 f, 33 vor Art.1). Die Entwicklung des zivilrechtlichen Persönlichkeitsrechts füllt diesen verfassungsrechtlichen Auftrag im Wesentlichen aus. Aus verfassungsrechtlichen Gründen erfasst es auch den Schutz vor dem Sammeln und Verwerten persönlicher Daten (vgl. BAGE 42, 375/381 f – Sicherheitsprüfung), ebenso
wie vor der Aufbewahrung solcher Daten, etwa der Führung von
Personalakten (BAGE 46, 98/102; 54, 365/369; Starck MKS 164).
Kommt es zu einer Grundrechtskollision, besitzen die Gerichte,
soweit gesetzliche Vorgaben fehlen, einen Konkretisierungsspielraum
(BVerfGE 96, 56/64). Ergibt sich die Beeinträchtigung durch eine
Privatperson aus einer vertraglichen Regelung, schließt die im Vertrag enthaltene Einwilligung eine Beeinträchtigung grundsätzlich
aus. Bei Dauervereinbarungen sowie bei besonders gravierenden Be-
lastungen des geschützten Bereichs kann das jedoch nicht uneingeschränkt gelten. Formularmäßige Einwilligungen dürften in aller
Regel unzureichend sein (Steindorff o. Lit. 31). Siehe weiterhin die
Einzelfälle unten Rn.55. Vgl. oben Rn.15 f.

4. Rechtfertigung von Beeinträchtigungen (Schranken)

45   **a) Beschränkung durch Gesetz: aa)** Was die **Schranken** des
allgemeinen Persönlichkeitsrechts bzw. die Rechtfertigung von Eingriffen angeht, so gelten die Schranken des Abs.1 (BVerfGE 79,
256/269; 97, 228/269; 99, 165/195; für Anwendung des Abs.2 S.3
noch BVerfGE 34, 238/246). Das führt zur Unanwendbarkeit des
Zitiergebots des Art.19 Abs.1 S.2; vgl. oben Rn.20. Unabhängig
davon sind die Anforderungen an die Bestimmtheit des einschränkenden Gesetzes relativ hoch (BVerfGE 65, 1/46; BSGE 57,
253/257; Starck MKS 21; Kunig MüK 42; vgl. auch Rn.54–56 zu
Art.20). Die polizeirechtliche Generalklausel bietet nur übergangsweise eine ausreichende Grundlage (BVerwG, NJW 90, 2770). Die
Berufung auf einen Notstand erübrigt nicht die gesetzliche Ermächtigung (vgl. BGHSt 34, 39/51 f). Die Berufung auf das Sittengesetz
erweitert nicht die Beschränkungsmöglichkeiten; insb. ist auch hier

eine gesetzliche Grundlage notwendig (vgl. BVerwGE 79, 143/ 148 f; oben Rn.19).

bb) In **materieller Hinsicht** brauchen nur Eingriffe hingenom- **46** men zu werden, die verhältnismäßig, d. h. insb. „zum Schutz öffentlicher Interessen unerlässlich" sind (BVerfGE 65, 1/44; 78, 77/85; 84, 239/280); dabei ist eine strikte Prüfung der Verhältnismäßigkeit (allg. dazu Rn.83–88 zu Art.20) geboten (BVerfGE 33, 367/377; Schmitt Glaeser HbStR VI 64), strenger als im Bereich der allgemeinen Handlungsfreiheit (Dreier DR 59; Jarass, NJW 89, 860 f). Der Grundrechtseingriff muss im Hinblick auf den verfolgten Zweck geeignet und erforderlich sein. Letzteres kann organisatorische und verfahrensmäßige Vorkehrungen notwendig machen, um die Grundrechtsbeeinträchtigung in Grenzen zu halten (BVerfGE 65, 1/44; Vorb.11 f vor Art.1). Für die Abwägung ist v. a. das Gewicht des Persönlichkeitseingriffs von Bedeutung; so sind die Voraussetzungen bei Daten, die in individualisierter Form verarbeitet werden, strenger als bei anonymisierten Daten (BVerfGE 65, 1/45 ff; Starck MKS 110). Gegebenenfalls ist ein Verfahren zu normieren, das Missbrauch soweit wie möglich ausschließt (BVerfGE 65, 1/46; Starck MKS 89). Ein besonders gravierender Eingriff liegt vor, wenn die Beeinträchtigung ohne Kenntnis des Betroffenen erfolgt.

Noch weiter geht der Schutz im Bereich der **Intimsphäre** bzw. **47** der Privatsphäre ieS; das BVerfG spricht von einem Kernbereich bzw. einem letzten unantastbaren Bereich privater Lebensgestaltung (BVerfGE 80, 367/373 f). Kennzeichen dieses Bereichs ist sein höchstpersönlicher Charakter sowie der Umstand, dass ein Sozialbezug fehlt oder relativ gering ist (Schmitt Glaeser HbStR VI 61 f; vgl. BVerfGE 6, 389/433). Hier sind staatliche Eingriffe generell verboten (BVerfGE 6, 389/433; 34, 238/245; 54, 143/146; BGHSt 31, 296/299 f; Kunig MüK 45; krit. Starck MKS 16; Podlech AK 37 ff). „Eine Abwägung nach Maßgabe der Verhältnismäßigkeitsprüfung findet nicht statt" (BVerfGE 34, 238/245; 80, 367/373). Gleiches gilt für den Kernbereich der Ehre (BVerfGE 75, 369/380). Daten, die der Intimsphäre nahe stehen, sind besonders intensiv geschützt (BVerfGE 89, 69/82 f). Zu Äußerungen im Bereich der vertraulichen Kommunikation Rn.68 zu Art.5.

b) Kollidierendes Verfassungsrecht. Das allgemeine Persön- **48** lichkeitsrecht kann durch andere Verfassungsnormen beschränkt werden (Vorb. 45–49 vor Art.1), etwa durch die Pressefreiheit (näher Rn.67 zu Art.5) oder das Persönlichkeitsrecht eines anderen

(BVerwGE 74, 115/119). Dabei ist für Eingriffe eine Konkretisierung durch Gesetz erforderlich (Dreier DR 59; Vorb. 48 vor Art. 1).

5. Einzelfälle

49   **a) Ermittlung und Verwertung in gerichtlichen und behördlichen Verfahren. aa)** Was **Aussage- und Zeugnispflichten** angeht, so ist eine Pflicht zu **selbstbelastenden Aussagen** *im Strafverfahren* unzulässig (BVerfGE 56, 37/42 f; 95, 220/241; BGHSt 45, 363/364; vgl. auch oben Rn. 34), nicht aber eine passive Pflicht zur Duldung der Blutentnahme. Dagegen dürfte die weitreichende Regelung der Fahrerflucht, insb. bei kleinen Schäden, zu weit gehen, ist doch eine derartige Selbstbelastung selbst bei Straftaten zu Lasten hoher Rechtsgüter nicht vorgeschrieben (offengelassen BVerfGE 56, 37/42; a. A. zur früheren Regelung BVerfGE 16, 191). Eine Verletzung des Grundrechts liegt auch vor, wenn aus dem Schweigen des Beschuldigten nachteilige Schlüsse gezogen werden, jedenfalls bei einem vollständigen Schweigen (BVerfG-K, NStZ 95, 555 f; BGHSt 45, 363/365). In *anderen Verfahren* können selbstbelastende Aussagen verlangt werden, wenn andere Verfassungsgüter Vorrang haben (BVerwG, NVwZ 84, 377). Eine Fahrtenbuchauflage kann zulässig sein (BVerwG, NJW 81, 1852), ebenso die Belastung des Fahrzeughalters mit den Kosten der Verfolgung von Verkehrsverletzungen (BVerfGE 80, 109/121). Im Steuerrecht sind weitreichende Offenbarungspflichten zulässig (BVerfGE 84, 239/280). Aussagen über die *Privatsphäre* können nur verlangt werden, falls überwiegende Interessen der Allgemeinheit dies unter strikter Wahrung des Grundsatzes der Verhältnismäßigkeit gebieten (BVerfGE 33, 367/375; BSGE 59, 172/181). Das Persönlichkeitsrecht kann auch Vertrauenspersonen ein Zeugnisverweigerungsrecht verschaffen (BVerfGE 33, 367/374 f). Zur Inanspruchnahme von Sozialhilfeleistungen oben Rn. 41.

50   **Im Übrigen** sind psychologische Tests bei der Einstellung von Soldaten grundsätzlich möglich (BVerwGE 73, 146/147), bei Einwilligung auch ein Lügendetektor im Strafverfahren (BGHSt 44, 308/312 ff; a. A. BVerfG-K, NJW 82, 375). Bei der Einstellung in den öffentlichen Dienst sind Fragen nach dem Vorleben nur begrenzt möglich (BVerfGE 96, 171/187 f). Ein medizinisch-psychologisches Gutachten ist bei Haschischkonsum regelmäßig nicht möglich (BVerfGE 89, 69/83 ff). Die *Beschlagnahme* von Patientenakten ist auch zu *Strafverfolgungszwecken* regelmäßig bedenklich (BVerfGE 32, 373/379 ff; 44, 353/372 f), desgleichen die Auswertung von

Tagebüchern (vgl. BVerfGE 80, 367/376 ff). Der Verfassungsschutz darf seine Erkenntnisse grundsätzlich nicht einem Arbeitgeber offenbaren (BVerwG, NJW 98, 920). Zu individualisierten bzw. anonymisierten Daten oben Rn.46. Zum Zugriff von Untersuchungsausschüssen auf private Daten Rn.8 zu Art.44. Zum Auskunftsanspruch gegenüber Behörden oben Rn.42.

bb) Unter Verstoß gegen Art.2 Abs.1 erlangte Informationen **51** dürfen **nicht verwertet** werden, es sei denn, andere Verfassungsgüter haben zwingenden Vorrang (BVerfGE 44, 353/372, 383 f; 56, 37/49 f; BGH, DB 82, 850 f; BAGE 87, 31/38 f) bzw. das Gewicht des Verfahrensverstoßes ist gering (BGHSt 44, 243/249 f). Wurde in den Intimbereich eingegriffen, ist eine Verwertung ausnahmslos unzulässig (BVerfGE 34, 238/245; BGHSt 31, 296/300). Rechtmäßig erlangte Informationen dürfen nur zu dem Zweck verwandt werden, den die gesetzliche Ermächtigung vorsieht (BVerfGE 65, 1/46; Gusy, NVwZ 83, 325; einschr. BGHSt 36, 328/332 f: nur wenn zwangsweise erhoben). Zudem muss eine anderweitige Verwertung den Grundsatz der Verhältnismäßigkeit beachten.

b) Untersuchungshaft, Strafe und Strafvollzug. Die Aus- **52** gestaltung der **Untersuchungshaft** muss der Unschuldsvermutung (Rn.100 zu Art.20) gerecht werden. Der Umstand, dass sich jemand in Untersuchungshft befindet, darf, auch wegen der Unschuldsvermutung, ohne ausreichenden Grund nicht bekannt gegeben werden (BVerfGE 34, 369/382 f; Starck MKS 123); das schließt eine Information der Öffentlichkeit regelmäßig aus. Zudem ist eine gesetzliche Ermächtigung notwendig.

Bei der **Verhängung von Strafen** ist das Schuldprinzip zu be- **53** achten (dazu Rn.99 zu Art.20). Im **Strafvollzug** ist die Einziehung von Briefen zwischen Gefangenen und Familienangehörigen nur bei einer konkreten Gefahr für die Anstaltsordnung, nicht aber zum Schutze anderer Rechtsgüter, etwa der Ehre der Mitarbeiter, erlaubt (vgl. BVerfGE 57, 170/179; noch strenger BVerfG-K, NJW 95, 1478). Des Weiteren ergibt sich aus dem allg. Persönlichkeitsrecht unter Heranziehung des Sozialstaatsprinzips ein Recht auf **Resozialisierung** (BVerfGE 45, 187/238 f; 96, 100/115; 98, 169/200; Kunig MüK 36). Das hat Bedeutung etwa für die Ausstrahlung von Fernsehsendungen (BVerfGE 35, 202/239 ff; einschr. BVerfG-K, NJW 00, 1860 f), weiter für die Ausgestaltung des Strafvollzugs, etwa für Entscheidungen über die Beurlaubung von lebenslänglich Verurteilten (BVerfGE 64, 261/276) oder die Aussetzung der Verbüßung (BVerfGE 72, 105/115 f), die angemessene Anerkennung der Arbeit im Strafvollzug (BVerfGE 98, 169/201 ff) und Maßnahmen der Vollzugslockerung (BVerfG-K, NJW 98, 2203); vgl. auch Rn.14 zu Art.1.

54   **c) Weitere Fälle im öffentlichen Recht.** Ein Soldat muss Kritik durch den Vorgesetzten in der Öffentlichkeit hinnehmen, wenn überwiegende Interessen der Allgemeinheit dies gebieten (BVerwGE 73, 4/7). Zur entwürdigenden Behandlung von (untergebenen) Soldaten Rn.15 zu Art.1. An die Anerkennung eines Berufsnamens dürfen keine zu hohen Anforderungen gestellt werden (BVerfGE 78, 38/52). Die öffentliche Bekanntgabe der Entmündigung ist unzulässig (BVerfGE 78, 77/86 f). Die Herausnahme eines Kindes aus einer Pflegefamilie in eine Adoptivfamilie ist nur zulässig, „wenn mit hinreichender Sicherheit eine Gefährdung des Kindeswohls ausgeschlossen ist" (BVerfGE 79, 51/64). Eine Indoktrination in der Schule verletzt das Persönlichkeitsrecht des Schülers (BVerfG-K, NVwZ 90, 55). Eine soziale Abstempelung ist (auch) bei der Datenerhebung zu vermeiden (BVerfGE 65, 1/48). Das Persönlichkeitsrecht verlangt nicht, dass vor einer Einsicht eines Pressevertreters in das Grundbuch vorher der Eigentümer des fraglichen Grundstücks angehört werden muss (BVerfG-K, NJW 01, 506). Zu Auskunftsansprüchen oben Rn.42. S. auch die Einzelfälle zur allgemeinen Handlungsfreiheit oben Rn.24–27.

55   **d) Privatrecht.** Allgemein dazu oben Rn.43 f. Minderjährige dürfen durch den gesetzlichen Vertreter nicht unbegrenzt finanziell belastet werden (BVerfGE 72, 155/170 ff). Heimliche Ton- oder Bildaufnahmen beeinträchtigen das Persönlichkeitsrecht, auch am Arbeitsplatz, sofern der Betroffene auf die Vertraulichkeit der Äußerungen vertrauen durfte (BAGE 41, 37/40 ff; noch strenger BAGE 87, 31/37 f). Gleiches gilt für das Mitschneiden von Telefongesprächen, auch geschäftlicher Natur, und für das Mithörenlassen Dritter bei Telefongesprächen (BAGE 87, 31/39; a. A. BGH, NJW 82, 1397). Der Telefonpartner muss also drauf hingewiesen werden (BGH, NJW 88, 1017). Allgemein zum Datenschutz oben Rn.44. Zur Verwertung oben Rn.51. Eine Ausnahme ist in notwehrähnlichen Situationen zu machen (näher Starck MKS 161). Ärztliche Daten dürfen nur mit ausdrücklicher Zustimmung des Patienten an Dritte weitergeleitet werden (BGHZ 116, 268/273). Graphologische Gutachten dürfen nur mit ausdrücklicher Einwilligung des Betroffenen angefertigt werden (BAGE 41, 54/61). Personalakten müssen sorgfältig vor Dritten geschützt werden (BAGE 54, 365/369 f; 64, 308/313). Die Weiterleitung von Daten an den Verfassungsschutz soll bei überwiegenden Interessen der Allgemeinheit möglich sein (BAGE 42, 375/381 ff). Akademische Grade seiner Arbeitnehmer muss der Arbeitgeber im Geschäftsverkehr nach außen korrekt verwenden (BAGE 45, 111/117 ff; oben Rn.31). Bei Abschluss eines Mietvertrags muss nicht auf eine Entmündigung hingewiesen werden (BVerfGE 84, 192/195 f). Geschützt wird auch die geschlechtliche Ehre vor verbalen Attacken (BVerwGE 86, 84/96). Zur Beeinträchtigung durch geschlechtliche Diskriminierung Rn.81 zu Art.3. Zur Führung von Personalakten oben Rn.44. Zur Beeinträchtigung durch die Medien bzw. durch Meinungsäußerungen Rn.67 f zu Art.5; zum Gegendarstellungsrecht oben Rn.43. Zu Auskunftsansprüchen oben Rn.42. Zur Kollision mit der Kunstfreiheit Rn.90 zu Art.5.

(unbesetzt) **56–59**

B. Grundrechte des Abs.2

I. Recht auf Leben und körperliche Unversehrtheit

1. Bedeutung und Abgrenzung zu anderen Vorschriften

Das Recht auf Leben wie das Recht auf körperliche Unversehrt- **60** heit sind Neuschöpfungen des GG in Reaktion auf die furchtbaren Verbrechen des nationalsozialistischen Staates. Vor allem das Grundrecht auf Leben sollte aus diesem Grunde besonders betont werden (vgl. BVerfGE 18, 112/117; 39, 1/36). Es „stellt innerhalb der grundgesetzlichen Ordnung einen Höchstwert dar" (BVerfGE 49, 24/53). Abs.2 S.1 enthält neben einem Abwehrrecht eine objektive Entscheidung, die die staatlichen Organe verpflichtet, sich schützend vor die im Grundrecht genannten Rechtsgüter zu stellen und sie zu fördern (unten Rn.70–73). Zum Verhältnis zum Verbot der Todesstrafe Rn.3 zu Art.102, zum Mißhandlungsverbot des Art.104 Abs.1 S.2 vgl. Rn.7 zu Art.104.

2. Schutzbereich

a) Recht auf Leben. Das Grundrecht schützt das körperliche **61** Dasein, die biologisch-physische Existenz. Nicht geschützt wird dagegen die Entscheidung über das eigene Leben, also der Selbstmord u. ä. (Kunig MüK 50; Lorenz HbStR VI 35; a. A. Pieroth/ Schlink 392); insoweit ist Abs.1 einschlägig (oben Rn.8, 27). Abs.2 S.1 steht daher einer Zwangsernährung ebenso wenig entgegen wie der Verweigerung des Wunsches unheilbar Kranker auf den „Gnadentod" (vgl. auch unten Rn.81).

62   **b) Recht auf körperliche Unversehrtheit.** Die körperliche Unversehrtheit schützt **(1)** vor allen Einwirkungen, die die menschliche Gesundheit im biologisch-physiologischen Sinne beeinträchtigen (vgl. BVerfGE 56, 54/74). **(2)** Unterhalb dieser Schwelle wird das psychische Wohlbefinden geschützt, sofern die Einwirkung zu körperlichen Schmerzen vergleichbaren Wirkungen führt (vgl. BVerfGE 56, 54/75; Schütz, JuS 96, 502), etwa zu psychisch-seelischen Pathologien (Schulze-Fielitz DR 20). Im Übrigen wird das bloße Wohlbefinden nicht geschützt (Schmidt-Aßmann, AöR 1981, 209 f; offen gelassen von BVerfGE 56, 54/74 ff). Eine herabwürdigende Behandlung berührt regelmäßig das allgemeine Persönlichkeitsrecht (oben Rn.31) und nicht die körperliche Unversehrtheit (anders BVerwGE 46, 1/7). **(3)** Schließlich wird die körperliche Integrität als solche geschützt, weshalb auch Heileingriffe wie Operationen erfasst werden (BVerfGE *abwM* 52, 171/174 f; Kunig MüK 62; Schulze-Fielitz DR 22); vgl. allerdings auch unten Rn.67.

63   **c) Träger des Grundrechts** ist jede natürliche Person. Der Geisteszustand etc. spielt keine Rolle. Ein „lebensunwertes" Leben kennt das GG nicht. Die Grundrechtsberechtigung endet mit dem Tod, genauer mit dem Erlöschen der Hirnströme (Stern III/1, 1058; Schulze-Fielitz DR 16). Juristische Personen bzw. Personenvereinigungen sind nicht geschützt (BVerwGE 54, 211/220; BVerwG, NJW 81, 363; Starck MKS 187; Kunig MüK 45; vgl. Rn.13 zu Art.19).

64   Auch das **werdende Leben** im Mutterleib ist Träger des Grundrechts auf *Leben* (Schulze-Fielitz DR 24; Murswiek SA 146; Lorenz HbStR VI 8; Kunig MüK 47; allein für objektiv-rechtlichen Schutz Manssen 115; Ipsen II 233). Das BVerfG hat die Frage offengelassen, andererseits aber jedenfalls das werdende Leben ab dem 14. Tag nach der Empfängnis (Nidation) objektivrechtlich dem Schutz des Grundrechts unterstellt (BVerfGE 39, 1/37; ähnlich E 88, 203/251). Nach überwiegender Auffassung beginnt die Grundrechtsberechtigung bereits mit der Befruchtung der Eizelle (Stern III/1, 1061 f; Murswiek SA 145; Lorenz HbStR VI 8) und kommt auch dem extrakorporal erzeugten Leben zugute (Lorenz HbStR VI 9 f, 15). Allerdings ist zu beachten, dass die Verletzung des werdenden Lebens nicht mit der Verletzung eines (geborenen) Menschen gleichgesetzt werden kann (BVerfGE *abwM* 39, 80; s. auch Stern III/1, 1062). Dies gilt v. a. für die frühe Zeit der Schwangerschaft;

notwendig ist also eine zeitliche Differenzierung (BVerfGE *abwM* 88, 203/342 ff; Schulze/Fielitz DR 41; **a. A.** BVerfGE 88, 203/ 254). Weiter ist zu berücksichtigen, dass der Nasciturus physisch Teil der Mutter ist (BVerfGE *abwM* 88, 203/341 f), sein Grundrecht im Verhältnis zur Mutter daher von vornherein Beschränkungen unterliegt, wie das gegenüber Dritten nicht der Fall ist (BVerfGE 88, 203/254; Kunig MüK 58 b). Für die Anwendung des Grundrechts auf *körperliche Unversehrtheit* gilt nichts anderes (Lorenz HbStR VI 14 f; Kunig MüK 61).

3. Beeinträchtigung

a) Eingriffe: aa) Das **Recht auf Leben** wird durch jede recht- **65** liche (imperative) oder faktische Maßnahme der öffentlichen Gewalt (Rn.22–30 zu Art.1) beeinträchtigt, die den Tod eines Menschen bewirkt, wie der zum Tode führende Schuss eines Polizisten. Zur Auslieferung in ein Land mit Todesstrafe Rn.3 zu Art.102. Auch nichtfinale Maßnahmen werden erfasst. Die Einwilligung schließt wegen der Bedeutung des Rechtsguts einen Eingriff nicht aus (allg. Vorb.36 vor Art.1).

Das **Recht auf körperliche Unversehrtheit** wird durch Men- **66** schenversuche, Zwangssterilisationen und -kastrationen, durch körperliche Strafen und Züchtigungen (Dürig MD 44 ff), durch Impfzwang (BVerwGE 9, 78/79) sowie strafprozessuale Eingriffe wie die Blutentnahme (vgl. BVerfGE 5, 13/15), Liquorentnahme (BVerfGE 16, 194/198) und die Hirnkammerluftfüllung (BVerfGE 17, 108/ 115) beeinträchtigt. Auch geringfügige oder zumutbare Beeinträchtigungen sind nicht von vornherein ausgenommen (Lorenz HbStR VI 12 f; Murswiek SA 163; Schulze-Fielitz DR 31; **a. A.** BVerfGE 17, 108/115), jedenfalls soweit es um imperative und nicht nur um faktische Beeinträchtigungen geht. Allerdings fehlt es insoweit vielfach an einer schmerzgleichen Wirkung, etwa bei einer Anordnung, die Haare kürzen zu lassen (BVerwGE 46, 1/7; s. auch oben Rn.8), nicht dagegen im Falle der Kürzung der Haare unter Einsatz von Gewalt (BVerfGE 47, 239/248 f). Eine öffentliche Einrichtung verletzt Art.2 Abs.1, wenn der von ihr ausgehende Lärm zu Gesundheitsbeeinträchtigungen führt (BVerwGE 79, 254/257). An einer Beeinträchtigung fehlt es bei der Beschränkung von Erholungsmöglichkeiten (BVerwGE 54, 211/223 f).

Mittelbar hervorgerufene Verletzungen werden erfasst, wenn sie **67** bei einer normativen Betrachtung der staatlichen Tätigkeit zurechenbar sind (BVerfG-K, NJW 99, 3401). Eine Beeinträchtigung stellen auch **indirekte** bzw. influenzierende Eingriffe dar, etwa die Verknüpfung von Leistungen mit körperlichen Beeinträchtigungen (Lorenz HbStR VI 17), jedenfalls wenn der Betroffene auf die Leistung angewiesen ist (vgl. Vorb.27 vor Art.1; a. A. Starck MKS 206, 232). Keine Grundrechtsbeeinträchtigung ist die mit **Einwilligung** des Betroffenen vorgenommene Heilbehandlung (Pieroth/Schlink 395; für bloße Rechtfertigung Schulze-Fielitz DR 32, 36); die Einwilligung ist aber nur wirksam, wenn sie nach einer ausreichenden ärztlichen Aufklärung erfolgt (BVerfGE *abwM* 52, 131/171 ff; BGHZ 106, 391/399; Lorenz HbStR VI 36 f; s. auch unten Rn.78). Die Einwilligung des Betroffenen kann auch andere Eingriffe legitimieren, etwa eine Sterilisation (Kunig MüK 72).

68   **bb)** Eine Beeinträchtigung des Grundrechts liegt nicht nur in der Verletzung von Leben und Gesundheit, sondern unter gewissen Voraussetzungen in einer **Gefährdung** der beiden Rechtsgüter (BVerfGE 51, 324/346 f; 66, 39/58; vgl. Vorb.26 vor Art.1). Dabei dürfte es auf Art, Nähe und Ausmaß möglicher Gefahren und die Irreversibilität von Verletzungen ankommen (Schulze-Fielitz DR 27; vgl. BVerfGE 49, 89/142). Das Grundrecht auf Leben ist jedenfalls beeinträchtigt, wenn eine Verletzung des Lebens ernsthaft zu befürchten ist (BVerfGE 51, 324/347), auch durch militärische Aktivitäten (BVerfGE 66, 39/58); auf die Zahl der Betroffenen dürfte es nicht ankommen. Die Heranziehung zum Kriegsdienst wird jedoch nicht als Grundrechtsbeeinträchtigung angesehen (Lorenz HbStR VI 21), wohl aber die Zwangsräumung gegenüber einem kranken Mieter (BVerfGE 52, 214/220 f). Die Stationierung von Waffen oder die Zustimmung dazu stellt bei hinreichender Gefährdung durch Lagerung und Transport einen Eingriff dar, nicht jedoch im Hinblick auf die einsatzbedingten Gefahren (BVerfGE 77, 170/220 f). Zur Gefährdung durch Privatpersonen unten Rn.70.

69   **b) Verweigerung von Leistung.** Ein Anspruch auf staatliche Leistungen (außerhalb von Schutzpflichten iSv Rn.70–72) dürfte aus Abs.2 S.1 nur ausnahmsweise folgen. Aus dem Recht auf Leben ergibt sich ein Anspruch, vor dem Verhungern bewahrt zu werden, auf Sicherung des Existenzminimums (Schulze-Fielitz DR 58; Kunig MüK 60; Rn.113 zu Art.20); vgl. außerdem Rn.48 zu Art.3. Aus dem Recht auf Leben und körperliche Unversehrtheit ergibt sich kein eigenständiger Anspruch auf eine medizinische Mindestversorgung (Kunig MüK 60). Zu bejahen dürfte aber ein Anspruch auf sachgerechte Teilhabe an vorhandenen Einrichtungen sein

(Starck MKS 194) sowie auf sachgerechte Ausgestaltung staatlicher Krankeneinrichtungen (BVerfGE 57, 70/99).

c) Unterlassen von Schutz; privatrechtliche Beeinträchti- 70
gung: aa) Aus der objektiven Grundrechtsseite (oben Rn.60) ergibt sich für den Staat die Pflicht, „sich schützend und fördernd vor das Leben zu stellen"; d. h. vor allem, es auch vor rechtswidrigen Eingriffen von Seiten anderer zu bewahren" (BVerfGE 46, 160/164; 45, 187/254 f; 85, 191/212). Diese **Schutzpflicht** besteht auch zugunsten der körperlichen Unversehrtheit (BVerfGE 56, 54/63, 78) und hat daher für den Umweltschutz Bedeutung (Lorenz HbStR VI 31; vgl. BVerfGE 56, 54/73; 77, 381/402 f; BVerwGE 101, 1/10). Die Verletzung der Schutzpflicht kann von allen Grundrechtsträgern geltend gemacht werden (BVerfGE 77, 170/214), auch von besonders empfindlichen Personen (Murswiek SA 202 a).

Bei der Erfüllung der Schutzpflicht hat der Staat einen **erhebli-** 71
chen Spielraum (BVerfGE 46, 160/164; 56, 54/80 ff; 79, 174/202; 85, 191/212; BVerwG, DVBl 96, 563 f; Lorenz HbStR VI 27; strenger Murswiek SA 191 ff). Nur selten wird die Schutzpflicht derart konkret sein, dass allein das Ergreifen einer bestimmten Maßnahme verfassungsmäßig ist (vgl. Schulze-Fielitz DR 53). Dies kommt allerdings in Betracht, wenn die Gefahr einer schweren Grundrechtsbeeinträchtigung droht und zudem lediglich eine bestimmte Abwehr sachgerecht ist. Zum Schwangerschaftsabbruch unten Rn.80.

Der Staat kann seiner Schutzpflicht durch Erlass entsprechender 72
materieller Vorschriften nachkommen (BVerwGE 65, 157/160 – Straßenverkehr), weiterhin durch die Bereitstellung geeigneter Verwaltungs- bzw. Genehmigungsverfahren (BVerfGE 49, 89/140 ff; 53, 30/65 f; BVerwGE 60, 297/305; Lorenz HbStR VI 33). Stellen sich später Mängel heraus, sind die Vorschriften nachzubessern (BVerfGE 56, 54/78 f). Nicht jeder Aspekt muss aber durch den Gesetzgeber geregelt werden (BVerfGE 77, 381/402 f); etwa müssen Lager für Kernbrennelemente nicht vom Gesetzgeber zugelassen werden (BVerfGE 77, 381/402 f). Drittbetroffene können in ihrem Grundrecht beeinträchtigt sein, wenn der Staat gefährliche Tätigkeiten genehmigt (BVerwGE 54, 211/222 f; 82, 61/75; Schwerdtfeger, NVwZ 82, 9 f). Der Schutz vor *Lärm* ist im Kern grundrechtlich geboten (BVerfGE 56, 54/77; 79, 174/201 f; BVerwG, DVBl 96, 919). Gleiches gilt für den Schutz vor Elektrosmog (BVerfG-K, NJW 97, 2509) und vor der Kernenergie (BVerfGE 49, 89/142). Die Schutzpflicht wird durch eine Planfeststellung verletzt, die

rechtswidrige Gesundheitsbeeinträchtigungen ermöglicht (BVerw-GE 107, 350/357). Auch soll der Staat Regelungen zur Nachtarbeit erlassen müssen (BVerfGE 85, 191/213; 87, 363/385 f). Zum Schutz des ungeborenen Lebens unten Rn.80; zum Schutz des Einzelnen vor sich selbst unten Rn.81.

73   **bb)** Die Schutzpflicht erstreckt sich auch und gerade auf die Gefährdung des Lebens und der körperlichen Unversehrtheit durch **Privatpersonen**; allerdings muss der Staat nicht bei jeder Gefahr eingreifen (so aber Murswiek SA 176). In privatrechtlichen Beziehungen ist die aus der Schutzpflicht resultierende *Ausstrahlungswirkung* (allg. dazu Vorb.15 f, 33 vor Art.1) zu beachten. Flugbegleiter haben allerdings keinen Anspruch auf rauchfreien Arbeitsplatz (BAGE 83, 95/99). Dem elterlichen Züchtigungsrecht werden Grenzen gesetzt (Schulze-Fielitz DR 59; etwas großzügiger Starck MKS 220). Der Arbeitgeber hat dem Gesundheitsschutz der Arbeitnehmer Rechnung zu tragen (BAGE 90, 316/323).

4. Rechtfertigung von Beeinträchtigungen (Schranken)

74   **a) Formelle Voraussetzungen.** Das Grundrecht kann gem. Abs.2 S.3 „auf Grund eines Gesetzes" beschränkt und Eingriffe dadurch gerechtfertigt werden. Eine Beschränkung unmittelbar durch Gesetz ist damit aber nicht ausgeschlossen (Vorb.42 vor Art.1); nur steht die in der Vorschrift genannte Alternative in der Praxis ganz im Vordergrund. Mit Gesetz ist ein förmliches Gesetz gemeint (BVerfGE 22, 180/219), weshalb eine Grundrechtsbeschränkung unmittelbar durch förmliches Gesetz oder auf Grund eines solchen doch untergesetzliche Norm bzw. Verwaltungsakt möglich ist (Vorb.43 vor Art.1), sofern die Ermächtigung ausreichend bestimmt ist (dazu Rn.54–56 zu Art.20). Satzungen scheiden nicht generell aus (a. A. Starck MKS 183); doch ist die Verleihung der Satzungsautonomie keine ausreichend bestimmte Ermächtigung. Bei schweren Eingriffen ist eine entspr. präzise Spezialermächtigung notwendig (Schulze-Fielitz DR 34; vgl. unten Rn.76). Die Berufung auf die Ziele eines besonderen Gewaltverhältnisses genügt nicht (Lorenz HbStR VI 22). Schließlich muss der Gesetzgeber das Zitiergebot des Art.19 Abs.1 S.2 beachten (Schulze-Fielitz DR 37; näher Rn.3 zu Art.19).

75   **b) Materielle Voraussetzungen.** Das einschränkende Gesetz „muss seinerseits im Lichte des Grundrechts gesehen werden" (BVerfGE 17, 108/117; 51, 324/346). Der Grundrechtseingriff muss geeignet, erforderlich und **verhältnismäßig** ieS (BVerfGE 16, 194/202; 17, 108/117) sein. Dabei ist eine strenge Prüfung

geboten (BVerfGE 19, 342/349; 58, 208/224; 66, 191/195; Lorenz HbStR VI 23 f; Kunig MüK 84 f). In besonderer Weise gilt das für eine Tötung, da das Leben einen Höchstwert bildet (oben Rn.60). Allgemein zu den einzelnen Anforderungen Rn.83–88 zu Art.20. Einzelfälle unten Rn.76–81. Zur Schranken-Schranke des Verbots der **Todesstrafe** Rn.2 zu Art.102.

5. Einzelfälle

a) Eingriffe in das Leben. Das Recht auf Leben wird durch **76** einen gezielten *Todesschuss* bei Geiselnahmen nicht verletzt, wenn dies die einzige Möglichkeit ist, eine gegenwärtige Gefahr für das Leben der Geiseln abzuwenden (Kunig MüK 85; Pieroth/Schlink 405; Schulze-Fielitz DR 42; a. A. Podlech AK 13). Notwendig ist aber eine ausreichend bestimmte Grundlage; die polizeirechtliche Generalklausel genügt nicht (Murswiek SA 182). Eine aktive *Sterbehilfe* in staatlichen Kliniken ist auf Grund eines Gesetzes möglich, wenn ein unheilbar Kranker sie bei vollem Bewusstsein verlangt (Schulze-Fielitz DR 43; Pieroth/Schlink 394; Höfling JuS 00, 111; unten Rn.81; a. A. BGHSt 32, 367/371 ff). Zur *Todesstrafe* Rn.2 zu Art.102. Eine *Abschiebung* eines Ausländers ist unzulässig, wenn in konkreter und unmittelbarer Weise das Leben oder in erheblichem Umfang die körperliche Unversehrtheit bedroht sind (BVerwGE 102, 249/259) und nicht entgegenstehende Verfassungsgüter überwiegen. Zur Auslieferung bzw. Ausweisung einer Person an einen Staat, in dem ihr die Todesstrafe droht, Rn.3 zu Art.102. Zur *Gentechnologie* Rn.15 zu Art.1. Zum Existenzminimum oben Rn.69. Zum Schutz des ungeborenen Lebens oben Rn.64 und unten Rn.80. Zum Anspruch auf Schutz durch den Staat oben Rn.70–72.

b) Eingriffe in die körperliche Unversehrtheit zu Zwecken **77** der **Strafverfolgung** sind regelmäßig zulässig, wenn der Eingriff von geringem Gewicht ist (BVerfGE 47, 239/248). Schwere Eingriffe sind nur möglich, wenn der Tatverdacht groß und das verfolgte Delikt von erheblichem Gewicht sind (BVerfGE 16, 194/202; 27, 211/218 f; Schulze-Fielitz DR 44). Die notwendige Wahrscheinlichkeit hängt vom Gewicht der in Frage stehenden Straftat und von der Schwere des Tatverdachts ab. Führt die Durchführung der Strafverhandlung oder des Strafvollzugs zu einer ernsthaften Lebensgefahr oder zu gewichtigen und konkreten Gesundheitsgefahren, ist davon abzusehen (BVerfGE 51, 324/350). Folter ist generell unzulässig (Lorenz HbStR VI 25; Zippelius BK 58 zu Art.1; Art.3

EMRK; einschr. Brugger, Staat 1996, 79 ff; diff. Starck MKS 63, 71 zu Art.1). Der Schutz des Lebens eines Zeugen kann es gebieten, den Aufenthaltsort geheim zu halten oder auf sein persönliches Erscheinen in der Hauptverhandlung zu verzichten (BVerfGE 57, 250/285). Wird neben einer Freiheitsstrafe eine Maßregel der Unterbringung zur Entziehung verhängt, ist ein Verzicht auf eine Anrechnung jedenfalls dann zulässig, wenn der Betroffene nicht ausreichend an der Therapie mitwirkt (BVerfGE 91, 1/32 f).

78   Wissenschaftliche Experimente sind bei der **Krankenbehandlung** nur mit Einwilligung des Patienten zulässig, wobei eine sorgfältige Aufklärung vorausgehen muss (oben Rn.67). Zwangsheilungen und entsprechende vorbeugende Maßnahmen (Impfzwang) sind unzulässig, außer bei ansteckenden Krankheiten, die Leben und Gesundheit anderer Menschen schwer gefährden (Schulze-Fielitz DR 45). Dies gilt auch für zwangsweise untergebrachte Personen. Zwangsbehandlungen greifen regelmäßig tiefer in die Lebenssphäre ein als die Unterbringung selbst (Azzola AK 34 zu Art.104). Der Wille, sich nicht behandeln zu lassen, ist daher zu beachten, es sei denn, die Behandlung wird mit Sicherheit eine erhebliche Erkrankung beseitigen (Schulze-Fielitz DR 45; vgl. BVerfGE 91, 1/29 f; zu großzügig BVerfGE 58, 208/224 ff). Aus einer Weigerung zur Krankenbehandlung dürfen prozessual negative Folgen jedenfalls dann nicht gezogen werden, wenn den begrenzten Erfolgsaussichten ein nicht unbeträchtliches Risiko gegenübersteht (BVerfGE 89, 120/131). Zur medizinischen Versorgung oben Rn.69.

79   Maßnahmen der *Zwangsvollstreckung* sind zu verschieben, wenn ein schwerwiegender Eingriff in das Grundrecht zu besorgen ist (BVerfGE 52, 214/220; BVerfG-K, NJW 98, 296). Ob die körperliche *Züchtigung* von Schülern durch Gesetz gestattet werden kann, ist umstritten (dafür Starck MKS 208; dagegen Schulze-Fielitz DR 46). Die Zulassung eines Verkehrslärms von 60 db(A) verletzt nicht Abs.2 S.1 (BVerwG, NVwZ 98, 847). Die **Wehrpflicht** verstößt nicht gegen Abs.2 S.1, solange sie der Verteidigung der Bundesrepublik dient und nicht zu Angriffszwecken eingesetzt wird (vgl. BVerfGE 12, 45/50 f sowie Rn.2 f zu Art.26). Militärische Einrichtungen und Vorkehrungen sind grundsätzlich zulässig (BVerfGE 77, 170/221), rechtfertigen aber keine körperverletzende Behandlung (BVerwGE 83, 300/301). Zum Anspruch auf Schutz durch den Staat oben Rn.70–72.

80   **c) Schutz des ungeborenen Lebens.** Der *strafrechtliche* Schutz des werdenden Lebens ist im frühen Stadium nicht verfassungsrecht-

lich geboten (BVerfGE 88, 203/264; BVerfGE *abwM* 39, 1/87 ff; Pieroth/Schlink 122; Kunig MüK 58 f; a. A. noch BVerfGE 39, 1/51, 65), da das Ausweichen auf andere Schutzinstrumente (etwa Beratungspflicht) eine vertretbare Entscheidung des Gesetzgebers darstellt, wie auch der internationale Vergleich erweist; s. außerdem oben Rn.64. Bei der Abwägung der Rechtsgüter „Leben" (des werdenden Lebens) und „Persönlichkeitsrecht" (der Mutter) ist zu beachten, dass es im ersten Fall meist um die grundrechtliche Schutzfunktion, im zweiten um die grundrechtliche Abwehrfunktion geht; erstere belässt dem Gesetzgeber einen deutlich größeren Spielraum (Jarass, AöR 1985, 380 f). Eine Verpflichtung zum Schutz des ungeborenen Lebens besteht auf keinen Fall, wenn die Schwangere der Gefahr einer erheblichen Gesundheitsbeeinträchtigung ausgesetzt ist (BVerfGE 39, 1/49 f) oder das Austragen des Kindes von der Frau eine Aufopferung eigener Lebenswerte verlangen würde, die von ihr nicht erwartet werden kann (BVerfGE 88, 203/257). Die vom BVerfG angenommene Pflicht, den Abbruch einer Schwangerschaft grundsätzlich als Unrecht zu bewerten (BVerfGE 39, 1/42 ff), ist im Bereich der straflosen Abbrüche schwerlich durchzuhalten (BVerwGE 89, 260/268 ff; Kunig MüK 58). Eine finanzielle Unterstützung für eine Abtreibung, etwa im Recht der Sozialhilfe, ist möglich (BVerfGE 88, 203/322). Eine fehlerhafte Beratung, die zum Verzicht auf einen Abbruch führt, kann zu Schadensersatzansprüchen führen (BGHZ 124, 128/136 ff).

d) Schutz vor sich selbst. Ob aus Art.2 Abs.2 S.1 eine *Ver-* **81** *pflichtung* des Staates folgt, den Einzelnen vor sich selbst zu schützen, muss bezweifelt werden (vgl. BVerwGE 82, 45/49; allerdings auch BGHZ 79, 131/141 f); vielmehr wird die Selbstbeschädigung durch Art.2 Abs.1 geschützt (oben Rn.8, 38; widersprüchlich Lorenz HbStR VI 35, 38). Dagegen ergibt sich aus Abs.2 S.1 eine Schutz*befugnis* des Staates, die die Handlungsfreiheit des Betroffenen, in gewissem Umfang auch die Freiheit der Person (unten Rn.97), beschränkt. Allerdings ist der Entscheidungsfreiheit des Betroffenen großes Gewicht zuzuerkennen (BVerfGE 58, 208/226; BVerfG-K, NJW 98, 1775; BVerwGE 82, 45/49; vgl. BGHSt 40, 257/260; Murswiek SA 211). Daher kann die *passive* Sterbehilfe vom Staat nicht unterbunden werden, wenn der Betroffene zu einer selbstverantwortlichen Entscheidung noch in der Lage ist (Zippelius BK 94, 96 zu Art.1; Schulze-Fielitz DR 43; Lorenz HbStR VI § 128 Rn.66). Die *aktive* Sterbehilfe kann dagegen auch unter dieser Voraussetzung unterbunden werden (Schulze-Fielitz DR 50);

ein entsprechendes grundrechtliches *Gebot* ist aber nicht erkennbar (oben Rn.76).

II. Recht auf Freiheit der Person

1. Bedeutung und Abgrenzung zu anderen Vorschriften

82   Das Recht auf Freiheit in Art.2 Abs.2 S.2 (textgleich mit Art.114 Abs.1 S.1 WRV und § 138 Abs.1 PKV) steht in der Tradition des zunächst in England entwickelten Instituts des „habeas corpus", mit dessen Hilfe Festnahmen und verwandte, mit körperlichem Zwang verbundene Freiheitsbeschränkungen durch die öffentliche Gewalt begrenzt und verfahrensrechtlichen Anforderungen unterworfen wurden. Es hat „unter den grundrechtlich verbürgten Rechten ein besonderes Gewicht" (BVerfGE 65, 317/322; ähnlich E 46, 160/164; 49, 24/53). Seine Grundlage findet das Recht auf Freiheit sowohl in Art.2 Abs.2 S.2 wie in Art.104, wobei die erste Norm regelt, ob und in welchem Umfang eine Freiheitsbeschränkung zulässig ist, während Art.104 v. a. zusätzliche *verfahrensrechtlichen* Voraussetzungen einer Freiheitsbeschränkung normiert (Manssen 300; vgl. BVerfGE 10, 302/322 f; 58, 208/220; 65, 317/321 f; Rn.1 zu Art.104). Abs.2 S.2 enthält als Grundsatznorm auch eine objektive Wertentscheidung (BVerfGE 10, 302/322).

83   Für das **Verhältnis zu anderen Freiheitsrechten** ist bedeutsam, dass Abs.2 S.2 nur bestimmte Beschränkungen der körperlichen Bewegungsfreiheit erfasst (unten Rn.86 f). Für andere mit Freiheitsbeschränkungen (und Freiheitsentziehungen) zusammenhängende Beeinträchtigungen, insb. in der Straf- und Untersuchungshaft, gelten die dafür einschlägigen Grundrechte (Schulze-Fielitz DR 76; vgl. Rn.7 f zu Art.104 sowie Rn.21 zu Art.10); Einzelfälle etwa oben Rn.26, 37, 53. Soweit Art.2 Abs.2 S.2 einschlägig ist, wird Art.11 verdrängt (Gusy MKS 25, 65 zu Art.11; Randelzhofer BK 143 zu Art.11; für Idealkonkurrenz Kunig MüK 74; Schulze-Fielitz DR 76), da in den meisten Fällen des Art.2 Abs.2 S.2 auch Art.11 betroffen ist und zudem die Schranken des Art.11 erkennbar nicht auf Straftaten zugeschnitten sind.

2. Schutzbereich

84   **a) Geschütztes Verhalten.** Das Grundrecht schützt trotz des weiten Wortlauts allein die *körperliche Bewegungsfreiheit* (BVerfGE 94, 166/198; Schulze-Fielitz DR 60; Starck MKS 180) gegen be-

stimmte Beeinträchtigungen (unten Rn.86–89). Dies ergibt sich aus der Entstehungsgeschichte, aus der Parallelgarantie des Art.104 und dem Zusammenhang mit Abs.2 S.1. Weiter verlangt das BVerfG, dass der Betroffene gehindert wird, einen Ort aufzusuchen, „der ihm an sich (tatsächlich oder rechtlich) zugänglich ist" (BVerfGE 94, 166/198; 96, 10/21). Die rechtlichen Hindernisse sind aber gerade zu prüfen (vgl. Lübbe-Wolff, DVBl 96, 837; Siekmann/Duttge 248). Jedenfalls muss bei der Beurteilung der rechtlichen Zulässigkeit die zu prüfende Maßnahme außer Betracht bleiben (anders Murswiek SA 235 a; vgl. allerdings auch unten Rn.87 a. E.).

b) Träger des Grundrechts ist jede natürliche Person, auch der **85** Geschäftsunfähige (BVerfGE 10, 302/309; 58, 208/224). Auf juristische Personen und andere Personenvereinigungen ist es nicht anwendbar (Kunig MüK 73; vgl. Rn.13 zu Art.19).

3. Beeinträchtigung

a) Ein Eingriff, also eine **Freiheitsbeeinträchtigung**, liegt **86** nicht in jeder Beschränkung der körperlichen Bewegungsfreiheit. Im Hinblick auf die historische Vorgeschichte des Grundrechts (oben Rn.82) ist vielmehr **(1)** eine Beschränkung des Betroffenen auf einen relativ begrenzten Raum erforderlich. Ein Verbot, sich an einem bestimmten Ort aufzuhalten, wird daher nicht erfasst (Grabitz HbStR VI 112). **(2)** Des Weiteren müssen gegen das Verlassen dieses Raumes besondere Sicherungen bestehen, wie das bei einem verschlossenen Gebäude der Fall ist, oder dann, wenn bei ihrer Nichterfüllung mit sofortigem unmittelbaren Zwang gerechnet werden muss (Schulze-Fielitz DR 65; Ipsen II 254; noch restriktiver Grabitz HbStR VI 112; weiter dagegen Pieroth/Schlink 414), wenn somit die Intensität der Beeinträchtigung einem Festhalten am Ort gleichkommt (Kunig MüK 76). Unnötige Abgrenzungsprobleme werden provoziert, wenn man auf den primären Zweck abstellt (so Murswiek SA 233). Eine **Freiheitsentziehung** (zur Abgrenzung Rn.10 zu Art.104) stellt einen Unterfall der Freiheitsbeeinträchtigung bzw. -beschränkung dar.

Im Einzelnen wird die Verhängung einer Freiheitsstrafe erfasst **87** (BVerfGE 14, 174/186; 90, 145/172) sowie deren Durchführung, weiter jede Verhaftung oder Festnahme. Ein lediglich außer Vollzug gesetzter Haftbefehl kann in das Grundrecht eingreifen (BVerfGE 53, 152/158 ff). Die Vorladung zum Verkehrsunterricht ist kein Eingriff (BVerfGE 22, 21/26; BVerwGE 6, 354/355), ebenso wenig wie die Einberufung zum Wehrdienst (Schulze-Fielitz DR 65;

Starck MKS 180; a. A. Pieroth/Schlink 416) oder die Verpflichtung zu einer Untersuchung beim Amtsarzt. Einen Eingriff bildet jedoch die zwangsweise Durchsetzung dieser Pflichten, etwa die zwangsweise Vorführung beim Amtsarzt (BGHZ 82, 261/264 f); zur davon zu trennenden Frage der Freiheitsentziehung Rn.10 zu Art.104. Erfasst wird jede zwangsweise Unterbringung, selbst in einer Familie oder einem offenen Heim (BVerfGE 22, 180/218 f). Die Anordnung des Nachsitzens greift nicht in den Schutzbereich ein (VGH BW, DÖV 84, 767), es sei denn, es fände in einem abgeschlossenen Raum statt (Kunig MüK 78). Die Ausweisung wird nicht erfasst, da der Betroffene (aus deutscher Sicht) sich beliebig im Ausland aufhalten kann (vgl. BVerfGE 94, 166/198 f). Die Unterbringung von Asylsuchenden im Transitbereich eines Flughafens ist kein Grundrechtseingriff, sofern der Betroffene jederzeit ausreisen kann (BVerfGE 94, 166/198 f; Starck MKS 180). Erfasst wird aber die Abschiebehaft (BGHZ 109, 104/106; unten Rn.86). *Kein* Grundrechtseingriff ist die Verpflichtung eines Ausländers, sich nur in einem Teil des Bundesgebiets aufzuhalten (BVerfG-K, NVwZ 83, 603; a. A. Tiemann, NVwZ 87, 11 ff) oder ein Auslieferungsersuchen (BVerfGE 57, 9/23 ff) sowie die Verpflichtung, sich in bestimmten Räumen nicht aufzuhalten (BVerfGE 94, 166/198; Schulze-Fielitz DR 60).

88   Die **Einwilligung** des Betroffenen schließt eine Freiheitsbeschränkung aus, sofern sie auf freier Entscheidung beruht; die Einwilligung allein des gesetzlichen Vertreters genügt nicht (BVerfGE 10, 302/309 f). Die verbindliche Anordnung eines Polizisten, zur Wache mitzukommen, ist aber ein Grundrechtseingriff, auch wenn der Betroffene „freiwillig" mitkommt; gleiches gilt für die Durchsuchung einer Person (Schulze-Fielitz DR 64; Kunig MüK 78).

89   **b) Unterlassen von Schutz; privatrechtliche Beeinträchtigung.** Das Grundrecht verpflichtet den Staat, den Einzelnen vor Beeinträchtigungen der körperlichen Bewegungsfreiheit (oben Rn.86) durch Dritte zu schützen, etwa vor Geiselnahme, Straßenblockaden etc. (Kunig MüK 77; Schulze-Fielitz DR 72). Bei der Erfüllung des Schutzauftrags haben die staatlichen Organe aber einen weiten Spielraum (vgl. oben Rn.71). Daher ist nicht notwendig ein strafrechtlicher Schutz geboten (a. A. Starck MKS 229). Weiter ist das Grundrecht bei der Auslegung privatrechtlicher Vorschriften zu beachten (vgl. BVerfGE 49, 304/316 ff, 323 f sowie Vorb.15 f, 33 vor Art.1).

4. Rechtfertigung von Beeinträchtigungen (Schranken)

a) Gesetzliche Grundlage. In das Recht auf Freiheit der Per- **90** son darf nur auf Grund eines förmlichen Gesetzes eingegriffen werden. Abs.2 S.3 wird insoweit von Art.104 Abs.1 S.1 überlagert; zu den Einzelheiten, insb. auch zur Anwendung von Art.19 Abs.1, vgl. Rn.3–5 zu Art.104. Art und Dauer der Strafvollstreckung sind gesetzlich zu regeln (BVerfGE 86, 288/326); allg. zur ausreichenden Bestimmtheit Rn.54–56 zu Art.20. Entsprechendes gilt für die Unterbringung psychisch Kranker in einer geschlossenen Anstalt (BVerfGE 58, 208/224 ff; Schulze-Fielitz DR 67). Eine Beschränkung unmittelbar durch Gesetz soll unzulässig sein (Grabitz HbStR VI 117; Starck MKS 182); s. aber Vorb.42 vor Art.1. Das einschränkende Gesetz muss das Zitiergebot des Art.19 Abs.1 S.2 wahren (Schulze-Fielitz DR 37; Rn.3 zu Art.19).

b) Anforderungen an die Freiheitsbeschränkung. Das Ver- **91** fahren der Entscheidung über die Freiheitsbeschränkung muss den freiheitssichernden Gehalt des Abs.2 S.2 beachten (BVerfGE 70, 297/308). Insbesondere ist eine umfassende Prüfung der Voraussetzungen der Haft geboten (BVerfG-K, DVBl 00, 696). Des Weiteren sind gem. Art.104 Abs.1 S.1 *kraft Verfassung* die einfachgesetzlichen Verfahrensvorgaben zu beachten; dazu Rn.5 zu Art.104. Für den Unterfall der **Freiheitsentziehung** (Rn.10 zu Art.104) schreibt Art.104 Abs.2–4 **weitere Voraussetzungen** vor; näher dazu Rn.13–25 zu Art.104. Auch für Entscheidungen im Strafvollstreckungsverfahren ist ein faires, rechtsstaatliches Verfahren geboten (BVerfGE 86, 288/326).

Der Eingriff muss **verhältnismäßig** sein, also geeignet, erfor- **92** derlich und verhältnismäßig ieS (BVerfGE 29, 312/316; 66, 191/195; 70, 297/311). Der Eingriff ist unzulässig, wenn sein Ziel auch auf andere Weise erreicht werden kann (BVerfG-K, NVwZ 92, 767 f). „Die Freiheit der Person ist ein so hohes Rechtsgut, dass sie nur aus besonders gewichtigen Gründen eingeschränkt werden darf" (BVerfGE 22, 180/219; 70, 297/307; 90, 145/172); doch muss es sich nicht notwendig um ein verfassungsrechtlich vorgegebenes Interesse handeln (a. A. Hantel, JuS 90, 867). Je länger die Freiheitsentziehung dauert, desto gewichtiger müssen die Zwecke der Freiheitsentziehung sein (BVerfGE 70, 297/315). Eine **Misshandlung** ist generell unzulässig (Rn.7 zu Art.104). Allgemein zu den Einzelheiten der Verhältnismäßigkeitsprüfung Rn.83–88 zu Art.20.

5. Einzelfälle

93   **a) Strafhaft.** Die Verhängung einer Freiheitsstrafe muss geeignet, erforderlich und angemessen sein (BVerfGE 90, 145/172 f), insb. das Schuldprinzip beachten (dazu Rn.99 zu Art.20). Bei einem gelegentlichen Eigenverbrauch geringer Mengen von Cannabisprodukten muss daher zumindest von der Strafverfolgung abgesehen werden (BVerfGE 90, 145/187 ff). Eine ausländische Haft muss in gewissem Umfang angerechnet werden (BVerfGE 29, 312/316; s. auch Rn.98 zu Art.20). Eine lebenslange Freiheitsstrafe darf nur für schwerste Delikte gegen höchste Rechtsgüter verhängt werden (BVerfGE 45, 187/223 ff); zur vorzeitigen Entlassung Rn.14 zu Art.1, zur Beurlaubung oben Rn.53. Zur Strafart außerdem Rn.7 zu Art.1. Zur Resozialisierung oben Rn.53. Das Entscheidungsverfahren wie das Vollstreckungsverfahren müssen im Lichte des Art.2 Abs.2 S.2 ausgestaltet sein (BVerfGE 86, 288/326). Bei einer Entscheidung über eine Aussetzung des Strafrestes muss sich der Richter ein möglichst umfassendes Bild verschaffen (BVerfGE 70, 297/310 f; BVerfG-K, NJW 00, 503). Zur Beschränkung anderer Grundrechte im Strafvollzug oben Rn.83.

94   **b)** Die **Untersuchungshaft** stellt, wegen der verfassungsrechtlichen Vermutung der Schuldlosigkeit (Rn.100 zu Art.20), einen weit schwereren Grundrechtseingriff als die Strafhaft dar (Starck MKS 122 f; Grabitz HbStR VI 129). Im Hinblick auf das verfassungsrechtlich fundierte Interesse der Strafrechtspflege (Rn.95 zu Art.20) ist ein solcher Eingriff zum einen bei *Flucht- und Verdunkelungsgefahr* möglich, wenn wegen eines „dringenden, auf konkrete Anhaltspunkte gestützten Tatverdachts begründete Zweifel an der Unschuld des Verdächtigen bestehen" (BVerfGE 19, 342/347 f). Diese Voraussetzungen dürfen nicht vorschnell angenommen werden, sondern bedürfen einer sorgfältigen Prüfung und einer detaillierten Begründung. Zudem muss man ein Delikt von erheblichem Gewicht verlangen. Weiterhin darf es keine milderen Mittel zur Erreichung der Ziele der Strafrechtspflege geben, etwa die Stellung einer Kaution (vgl. Frowein/Peukert Art.5 Rn.114). Bei einer von schwerer und unheilbarer Krankheit und von Todesnähe gekennzeichneten Person dürfte eine Untersuchungshaft regelmäßig ausgeschlossen sein (BerlVerfGH, NJW 93, 517; a. A. Starck MKS 196). Der Haftgrund der *Wiederholungsgefahr* ist nur zur Abwehr schwerer Delikte akzeptabel (BVerfGE 19, 342/350; 35, 185/191 f). In allen Fällen ist zu prüfen, ob es nicht als milderes Mittel genügt, den Vollzug des Haftbefehls ggf. mit Auflagen auszusetzen (BVerfGE 19, 342/351 ff; Starck MKS 221, 228).

Die **Dauer der Untersuchungshaft** muss verhältnismäßig sein. **95**
Mit zunehmender Dauer muss dem Freiheitsanspruch immer größeres Gewicht eingeräumt werden (BVerfGE 36, 264/270; 53, 152/158 f). Das Verfahren ist daher mit größtmöglicher Beschleunigung zu betreiben (BVerfGE 20, 45/49 f; 36, 264/273; 46, 194/195; Rn.97 zu Art.20); dazu sind ggf. auch entsprechende Vorkehrungen der Gerichtsorganisation zu treffen (BVerfGE 36, 264/273 f). Eine Dauer von mehr als sechs Monaten ist nur ausnahmsweise zulässig (BVerfG-K, NJW 91, 2821). Die Überlastung des Gerichts ist kein ausreichender Grund (BVerfGE 36, 264/273 f; BVerfG-K, NJW 94, 2082). Die Untersuchungshaft ist unverhältnismäßig, wenn sie länger dauert als die vermutlich zu verhängende Strafe (Schulze-Fielitz DR 70; vorsichtig Grabitz HbStR VI 130). Unabhängig davon ist eine Untersuchungshaft von mehr als fünf Jahren bis zum erstinstanzlichen Urteil verfassungswidrig (Schulze-Fielitz DR 70; **a. A.** BVerfGE 21, 220 ff). Zur **Ausgestaltung** der Untersuchungshaft oben Rn.83 sowie Rn.7 f zu Art.104.

c) Andere Formen der Haft. Für die **Abschiebe-** und die **96**
Auslieferungshaft gelten die gleichen Erwägungen wie für die Untersuchungshaft (oben Rn.94 f). Insb. ist eine strikte Prüfung der Verhältnismäßigkeit vorzunehmen (BVerfGE 61, 28/34 f). Die Dauer der Abschiebehaft muss eindeutig festgelegt werden (BGHZ 109, 104/106). Bei unverhältnismäßiger Dauer der Auslieferungshaft ist diese zu beenden (BVerfG-K, NJW 00, 1252 f). Die **Erzwingungshaft** zur Erzwingung von Geldzahlungen, Zeugenaussagen u. ä. ist als ultima ratio erlaubt (BVerfGE 76, 363/383; Grabitz HbStR VI 128), vorausgesetzt, der Betreffende kann die Handlung vornehmen; gegen einen zahlungsunfähigen Schuldner darf daher keine Beugehaft eingesetzt werden (BVerfGE 61, 126/134). Das Gewicht des Grundrechtseingriffs ist zu beachten (BGHSt 36, 192/195 f). Ein **polizeilicher Gewahrsam** ist nur zum Schutz hochrangiger Rechtsgüter möglich (Grabitz HbStR VI 134; Starck MKS 227); daneben sind die Anforderungen des Art.104 zu beachten (dazu Rn.17–24 zu Art.104). Ein mehrstufiges gerichtliches Verfahren ist nicht erforderlich (BVerfGE 83, 24/31).

d) Unterbringung in geschlossenen Anstalten. Anordnung **97**
und Fortdauer der Unterbringung nach dem StGB in einem psychiatrischen Krankenhaus unterliegen der strikten Anwendung des Verhältnismäßigkeitsgrundsatzes (BVerfGE 70, 297/311 ff; Grabitz HbStR VI 127). Geisteskranke dürfen in geschlossenen Anstalten nur untergebracht werden, wenn sie für die Allgemeinheit bzw. Dritte

eine erhebliche Gefahr darstellen (BVerfGE 66, 191/195), etwa weil erhebliche rechtswidrige Taten zu erwarten sind (BVerfGE 70, 297/312; BVerfG-K, NJW 95, 3048). Des Weiteren kommt eine Unterbringung in Betracht, wenn die Gefahr besteht, dass sie sich selbst an ihrer Gesundheit erheblich schädigen (BVerfGE 58, 208/224 ff; 63, 340/342; vgl. oben Rn.81). Zweifel an den tatsächlichen Voraussetzungen schließen eine nicht nur vorläufige Unterbringung generell aus (BVerfGE 63, 340/342; Grabitz HbStR VI 127). Der Gefährdung eigener wirtschaftlicher Interessen muss anders begegnet werden (Schulze-Fielitz DR 71; Podlech AK 55). Schließlich ist die Freiheit, staatliche Fürsorge zurückzuweisen (BVerfGE 58, 208/224 ff), bei allen Entscheidungen zu berücksichtigen. Dies muss besonders für Zwangsbehandlungen gelten (oben Rn.78). Je länger eine Unterbringung andauert, umso strenger werden die Voraussetzungen der Verhältnismäßigkeit (BVerfGE 70, 297; BVerfG-K, NJW 93, 778).

Art.3 [Gleichheit]

(1) **Alle Menschen[7] sind vor dem Gesetz[9] gleich[4 ff].**

(2) **Männer und Frauen sind gleichberechtigt[80 ff]. Der Staat fördert die tatsächliche Durchsetzung der Gleichberechtigung von Frauen und Männern und wirkt auf die Beseitigung bestehender Nachteile hin[81, 90, 97].**

(3) **Niemand[116] darf wegen[118] seines Geschlechtes[80], seiner Abstammung[110], seiner Rasse[110], seiner Sprache[112], seiner Heimat[111] und Herkunft[111], seines Glaubens[114], seiner religiösen oder politischen Anschauungen[115] benachteiligt oder bevorzugt werden[108 f]. Niemand darf wegen seiner Behinderung benachteiligt werden[126 ff].**

Übersicht

Literatur A (Art. 3 Abs. 1): *Brüning,* Gleichheitsrechtliche Verhältnismäßigkeit, JZ 2001, 669; *Kischel,* Systembindung des Gesetzgebers und Gleichheitssatz, AöR 124 (1999), 174; *Bryde/Kleindiek,* Der allgemeine Gleichheitssatz, Jura 1999, 36; *Pauly,* Gleichheit im Unrecht als Rechtsproblem, JZ 1997, 647 ff; *Jarass,* Sicherung der Rentenfinanzierung und Verfassungsrecht, NZS 1997, 545; *Martini,* Art. 3 Abs. 1 GG als Prinzip absoluter Rechtsgleichheit, 1997; *Jarass,* Folgerungen aus der neueren Rechtsprechung des BVerfG für die Prüfung von Verstößen gegen Art. 3 I GG, NJW 1997, 2545; *Sachs,* Die Maßstäbe des allgemeinen Gleichheitssatzes, JuS 1997, 124; *Bleckmann,* Die Struktur des allgemeinen Gleichheitssatzes, 1995; *Huster,* Gleichheit und Verhältnismäßigkeit, JZ 1994, 541; *Huster,* Rechte und Ziele – Zur Dogmatik des allgemeinen Gleichheitssatzes, 1993; *Hesse,* Der allgemeine Gleichheitssatz in der neueren Rechtsprechung des BVerfG, FS Lerche, 1993, 121; *Kirchhof,* Der allgemeine Gleichheitssatz, HbStR V, 1992, 837; *Stern,* Das Gebot zur Ungleichbehandlung, FS Dürig, 1990, 207; *Zippelius,* Der Gleichheitssatz, VVDStRL 1989, 7; *Kirchhof,* Objektivität und Willkür, FS Geiger, 1989, 82; *Pietzcker,* Zu den Voraussetzungen des Anspruchs auf Gleichbehandlung nach Art. 3 I GG, JZ 1989, 305; *Gusy,* Der Gleichheitssatz, NJW 1988, 2505; *Robbers,* Der Gleichheitssatz, DÖV 1988, 749; *Schoch,* Der Gleichheitssatz, DVBl 1988, 863; *Stettner,* Der Gleichheitssatz, BayVBl 1988, 545; *Lücke,* Der Gleichheitssatz, JZ 1988, 1121; *Wendt,* Der Gleichheitssatz, NVwZ 1988, 778; *Schoeck,* Das Recht auf Ungleichheit, 3. Aufl. 1988; *Maaß,* Die neuere Rechtsprechung des BVerfG zum allgemeinen Gleichheitssatz, NVwZ 1988, 14.

Literatur B (Art. 3 Abs. 2, 3): *Reichenbach,* Art. 3 Abs. 3 S. 2 GG als Grundrecht auf Chancengleichheit, RdJB 2001, 53; *Caspar,* Das Diskriminierungsverbot behinderter Personen nach Art. 3 Abs. 3 S. 2 GG, EuGRZ 2000, 135; *Faist,* Minderheitenschutz im Grundgesetz und in den Landesverfassungen, 2000; *Reichenbach,* Art. 3 III 2 GG als Recht auf selbstbestimmte Lebensführung, SGb 2000, 660; *Nelles,* Die Gleichberechtigung von Mann und Frau, in: Pieroth (Hg.), Verfassungsrecht und soziale Wirklichkeit in Wechselwirkung, 2000, 45; *Rädler,* Verfahrensmodelle zum Schutz vor Rassendiskriminierung, 1999; *Schweizer,* Der Gleichberechtigungssatz – neue Form, alter Inhalt?, 1998; *Di Fabio,* Die Gleichberechtigung von Mann und Frau, AöR 1997, 404; *Jürgens,* Der Diskriminierungsschutz im Grundgesetz, DVBl 1997, 410; *Rüfner,* Die mittelbare Diskriminierung und die speziellen Gleichheitssätze in Art. 3 Abs. 2 und 3 GG, FS Friauf, 1996, 331; *Sacksofsky,* Das Grundrecht auf Gleichberechtigung, 2. Aufl. 1996; *Classen,* Gleichberechtigung von Männern und Frauen, JZ 1996, 921; *Döring,* Frauenquoten und Verfassungsrecht, 1996; *Sachs,* Das

Grundrecht der Behinderten aus Art.3 Abs.2 GG, RdJ 1996, 424; *Fuchsloch,*
Das Verbot der mittelbaren Geschlechtsdiskriminierung, 1995; *Hofmann,*
Die tatsächliche Durchsetzung der Gleichberechtigung, FamRZ 1995, 257;
Vogel, Verfassungsreform und Geschlechterverhältnis, FS Benda, 1995, 395;
König, Die Grundgesetzänderung in Art.3 Abs.2 GG, DÖV 1995, 837;
Kokott, Zur Gleichstellung von Mann und Frau, NJW 1995, 1094; *Ebsen,*
Gleichberechtigung von Männern und Frauen, HbVerfR, 1995, 263 ff;
Suelmann, Die Horizontalwirkung des Art.3 II GG, 1994; *Schlachter,* Beruf-
liche Gleichberechtigung und Frauenförderung, JA 1994, 72; *Heckel,* Das
Gleichbehandlungsgebot im Hinblick auf die Religion, HbStKirchR,
2. Aufl. 1994, § 21; *Huster,* Frauenförderung zwischen individueller Gerechtigkeit und Gruppenparität, AöR 1993, 109; *Sachs,* Besondere Gleichheits-
garantien, HbStR V, 1992, 1017; *Battis/Schulte-Trux/Weber,* „Frauenquoten"
und Grundgesetz, DVBl 1991, 1165; *Breuer,* Antidiskriminierungsgesetz-
gebung – Chance oder Irrweg?, 1991; *Slupik,* Gleichberechtigungsgrundsatz
und Diskriminierungsverbot im Grundgesetz, JR 1990, 317; *Heckel,* Art.3
Abs.3 GG – Aspekte des Besonderen Gleichheitssatzes, FS Dürig, 1990,
241; *Sachs,* Grenzen des Diskriminierungsverbots, 1987.

A. Allgemeiner Gleichheitssatz (Abs.1)

I. Bedeutung und Abgrenzung

1. Bedeutung

1   Der allgemeine Gleichheitsatz des Art.3 Abs.1, der sich (für Deutsche) bereits in § 137 Abs.3 PKV und in Art.9 Abs.1 WRV fand,
enthält ein Grundrecht des Einzelnen und damit ein subjektives
Recht (BVerwGE 55, 349/351). Gleichzeitig bildet er einen in allen
Bereichen geltenden Verfassungsgrundsatz (BVerfGE 6, 84/91; 38,
225/228; 41, 1/13; Rüfner BK 159; Starck MKS 210), dem über
den Anwendungsbereich der subjektiv-rechtlichen Seite hinaus Bedeutung zukommt (unten Rn.8). Die Vorschrift soll die Gleichbehandlung von Personen in vergleichbaren Sachverhalten sicherstellen, sei es bei rechtlichen oder tatsächlichen Maßnahmen. Darüber
hinaus entnimmt das BVerfG dem Abs.1 ein allgemeines *Willkürver-*
bot, das selbst dort greift, wo es nicht um Ungleichbehandlungen
geht (BVerfGE 23, 98/106 f; 78, 232/248; Gubelt MüK 2; unten
Rn.38 f). Dagegen dürfte Abs.1 weder einen Auftrag noch eine
Legitimation zum Abbau *tatsächlicher* Ungleichheiten zwischen verschiedenen Personengruppen enthalten; insoweit ist das Sozialstaatsprinzip einschlägig (Rn.107 zu Art.20; Rüfner BK 53 f; Starck MKS
3 ff). Allerdings kann die Anwendung des Art.3 Abs.1 vom Sozial-

staatsprinzip beeinflusst werden (unten Rn.22). Zu den Folgen eines
Verstoßes von Rechtsvorschriften gegen Art.3 unten Rn.40–42.
Zum Prüfungsaufbau Vorb.18, 50 vor Art.1.

2. Abgrenzung zu anderen Vorschriften

aa) Gegenüber den **speziellen Gleichheitsgrundrechten** tritt **2**
Art.3 Abs.1, bezogen auf die dort geregelten Differenzierungskriterien, zurück (BVerfGE 59, 128/156; Sachs HbStR V 1026); hinsichtlich anderer Aspekte kann aber Abs.1 zum Tragen kommen (Osterloh SA 78). Im Anwendungsbereich eines speziellen Gleichheits-
grundrechts erfolgt keine bloße Beschränkung der Rechtfertigung
von Ungleichbehandlungen des allgemeinen Gleichheitsrechts; vielmehr tritt Art.3 Abs.1 vollständig zurück (vgl. Osterloh SA 78;
Sachs HbStR V § 126 Rn.18; Starck MKS 13; Gubelt MüK 9;
anders Rüfner BK 544). Andernfalls müsste immer Art.3 Abs.1 als
einschlägig mitgenannt werden. Das Verhältnis zwischen allgemeinen und speziellen Gleichheitsgrundrechten stellt sich wie das zwischen der allgemeinen Handlungsfreiheit als allgemeinem Freiheitsrecht und den besonderen Freiheitsgrundrechten (vgl. Rn.2 zu
Art.2) dar. Ausnahmsweise kommt jedoch der allgemeine Gleichheitssatz zur Anwendung, wenn er nach seinem Sinngehalt „die
stärkere sachliche Beziehung zu dem zu prüfenden Sachverhalt"
besitzt (BVerfGE 64, 229/238 f; 65, 104/112).

Im Einzelnen finden sich spezielle Gleichheitsgrundrechte für **2 a**
Differenzierungen zwischen Mann und Frau in Abs.2 bzw. Abs.3 S.1
(unten Rn.80–104), für eine Reihe anderer Kriterien in Abs.3 S.1
(unten Rn.105–125), für die Benachteiligung Behinderter in Abs.3
S.2 (unten Rn.126–133), für uneheliche Kinder in Art.6 Abs.5
(Rn.48–56 zu Art.6), für Ungleichbehandlungen wegen der Landeszugehörigkeit in Art.33 S.1 (dazu Rn.1–6 zu Art.33), für eignungswidrige Ungleichbehandlungen beim Zugang zu öffentlichen Ämtern
in Art.33 Abs.2 (dazu Rn.7–21 zu Art.33) und für religiöse bzw. weltanschauliche Ungleichbehandlungen in Art.33 Abs.3 (dazu Rn.22–29
zu Art.33). Schließlich ist die Verankerung der Chancengleichheit der
Parteien in Art.21 als lex specialis einzustufen (Rn.17 zu Art.21),
desgleichen die Wahlgleichheit nach Art.38 Abs.1 S.2 bei Wahlen
zum Bundestag (dazu sowie zu anderen Wahlen unten Rn.69).

bb) Überschneidungen mit **Freiheitsrechten** können sich insb. **3**
dort ergeben, wo diesen Gleichbehandlungsgehalte entnommen
werden (zu diesen Fällen Vorb.5 vor Art.1). In Überschneidungs-
fällen wird dagegen darauf abgestellt, welches Grundrecht „nach

seinem Sinngehalt die stärkere sachliche Beziehung zu dem zu prüfenden Sachverhalt" besitzt (BVerfGE 64, 229/238 f; 65, 104/112 f; 67, 186/195; 75, 348/357; Gubelt MüK 105). Im Rahmen dieses Grundrechts werden dann die spezifischen Gehalte des verdrängten Grundrechts mitberücksichtigt (BVerfGE 65, 104/112 f; 75, 382/393; 82, 60/86). Geht es um die Erstreckung einer Begünstigung auf das Verhalten im Schutzbereich eines Grundrechts, liegt der Schwerpunkt bei Art. 3 Abs. 1 (vgl. BVerfGE 87, 1/36). Hat keines der Grundrechte einen deutlich stärkeren Bezug, liegt Idealkonkurrenz vor (so generell Starck MKS 59 zu Art. 2). Wo es um die Verteilung knapper Güter geht (z. B. Studienplätze, verkehrsrechtliche Genehmigungen etc), liegt der Schwerpunkt regelmäßig bei den Freiheitsrechten (Starck MKS 57). Gleiches gilt für die Diskriminierung von Meinungen, Parteien, religiösen Auffassungen. Generell ist die unterschiedliche Nutzung eines Freiheitsrechts diesem Recht zuzuordnen. Zum Einfluss der Freiheitsgrundrechte auf die Anwendung des Art. 3 unten Rn. 21.

II. Schutzbereich und Beeinträchtigung

1. Schutzbereich (Anwendungsbereich)

4   **a) Ungleichbehandlung. aa)** Der Schutzbereich des Art. 3 Abs. 1 (zum Begriff des Schutzbereichs und der Prüfungsreihenfolge Vorb. 18 f vor Art. 1) ist bei einer Ungleichbehandlung, d. h. bei einer **unterschiedlichen Behandlung** zweier **vergleichbarer Sachverhalte** betroffen. Da die Vergleichbarkeit allenfalls dann verneint wird, wenn die Sachverhalte unterschiedlichen „rechtlichen Ordnungsbereichen angehören und in anderen systematischen und sozialgeschichtlichen Zusammenhängen stehen" (BVerfGE 40, 121/ 139 f; BAGE 87, 180/184; a. A. Osterloh SA 82; Heun DR 22; vgl. auch unten Rn. 29 a. E.), ist die Voraussetzung der Ungleichbehandlung schnell erfüllt. Notwendig ist nur die Benennung der Sachverhalte, die unterschiedlich behandelt werden (zum Sonderfall schwerer Rechtsanwendungsfehler unten Rn. 38). Eine Ungleichbehandlung kann sich auch aus den praktischen Auswirkungen einer formalen Gleichbehandlung ergeben (BVerfGE 8, 51/64; 49, 148/165).

5   Nach der Rspr. verbietet Art. 3 Abs. 1 nicht nur die Ungleichbehandlung von wesentlich Gleichem, sondern auch die **Gleichbehandlung von wesentlich Ungleichem** (BVerfGE 72, 141/150; 84, 133/158; 98, 365/385; BGHZ 112, 163/173; BSGE 84, 235/238). Damit ist der Schutzbereich auch dann eröffnet, wenn nicht

vergleichbare Sachverhalte gleichbehandelt werden; zur Rechtfertigung in solchen Fällen unten Rn.28. Dagegen wird eingewandt, dass solche Fälle durch die Wahl einer geeigneten Bezugsgruppe als Ungleichbehandlung umformuliert werden können (Rüfner BK I 10). Das ist jedoch nicht immer möglich, etwa dann nicht, wenn ein Eingriff in ein Grundrecht in bestimmten Fällen erheblich gravierende Auswirkungen hat (vgl. Manssen 673). Genau genommen geht es dabei aber um das Problem übermäßiger Grundrechtseingriffe und nicht um eine (bloße) unangemessene Gleichbehandlung.

bb) Ob auf Eigenschaften oder Tätigkeiten des Grundrechtsinha- **6** bers oder andere Gesichtspunkte abgestellt wird, spielt für den Schutzbereich des Art.3 Abs.1, anders als bei den speziellen Gleichheitsgrundrechten (oben Rn.2 f), keine Rolle. Art.3 Abs.1 besitzt, ähnlich wie Art.2 Abs.1 (vgl. Rn.3 zu Art.2), einen grundsätzlich **umfassenden Schutzbereich** (vgl. allerdings oben Rn.2 f). Besondere Bedeutung hat Art.3 Abs.1 im Steuer- und Abgabenrecht erlangt (vgl. unten Rn.44–53), im Sozial-, Arbeits- und Beamtenrecht (unten Rn.54–61), im Berufs- und Wirtschaftsrecht (unten Rn.62), im Prozess- und Strafrecht (unten Rn.63–66), im Prüfungsrecht (unten Rn.67 f) und in anderen Bereichen (unten Rn.69). Geschützt wird auch die Wettbewerbsgleichheit (BVerfGE 43, 58/70; BFHE 177, 393/343). Weiter ist Art.3 Abs.1 bei der Ungleichbehandlung anhand der Staatsangehörigkeit einschlägig (näher unten Rn.19, 56, 113).

b) Personaler Schutzbereich (Träger). Das Grundrecht gilt **7** für alle natürlichen Personen, auch für Ausländer (BVerfGE 30, 409/412; 43, 1/6); zur abweichenden Behandlung von Ausländern unten Rn.113. Träger des Grundrechts sind weiterhin inländische juristische Personen des Privatrechts (BVerfGE 4, 7/12; Gubelt MüK 6; näher Rn.14 zu Art.19), Handelsgesellschaften und Personengemeinschaften (BVerfGE 23, 353/373; Stein AK 38; Rn.16 zu Art.19). Eine notwendige Gleichbehandlung natürlicher und juristischer Personen folgt daraus jedoch nicht (BVerfGE 35, 348/357 f; s. auch unten Rn.22).

Den juristischen **Personen des öffentlichen Rechts** steht das **8** Grundrecht des Abs.1 nicht zu (BVerfGE 21, 362/372; 35, 263/271; 78, 101/102); allg. dazu Rn.18–21 a zu Art.19. Ein willkürliches Verhalten zu Lasten öffentlich-rechtlicher Einrichtungen wird allerdings zT als eine Verletzung der (rein) objektivrechtlichen Seite des Art.3 Abs.1 eingestuft (BVerfGE 35, 263/271 f; 76, 130/139; Starck MKS 210). Besser ist es insoweit, das Rechtsstaatsprinzip als Grundlage heranzuziehen (so BVerfGE 21, 362/372; 56, 298/313; 89, 132/141; BVerwGE 75, 318/327; 106, 280/287). Ein Grundrechtsschutz wird verneint (BVerfGE 75, 192/201); belastende Maßnahmen können allerdings wegen Verstoßes gegen den objektivrechtlichen Gehalt als rechtswidrig gerügt werden. Des Weiteren ist der objektivrechtliche Gehalt bei einer Richtervorlage zu beachten (vgl. BVerfGE 76, 130/139).

2. Beeinträchtigung

9   **a) Benachteiligung durch Träger öffentlicher Gewalt.**
aa) Die in der Praxis weitaus wichtigste Form der Beeinträchtigung des Art. 3 Abs. 1 kann man als **Benachteiligung** bezeichnen. Hier wird die Ungleichbehandlung (unmittelbar) durch einen Grundrechtsadressaten bewirkt und löst einen Nachteil aus. Ungleichbehandlung und Benachteiligung können durch Gesetze bewirkt werden, da Art. 3 Abs. 1 trotz der missverständlichen Formulierung auch für den Gesetzgeber gilt (BVerfGE 1, 14/52; 13, 331/355). Des Weiteren kommen Akte der Exekutive in Betracht (vgl. unten Rn. 34–36, auch Realakte). Schließlich kann die benachteiligende Ungleichbehandlung durch die Rspr. bewirkt werden (vgl. unten Rn. 37–39). Insgesamt werden alle Akte der Träger öffentlicher Gewalt (Rn. 22–30 zu Art. 1) erfasst, etwa auch Unfallversicherungsträger (BSGE 79, 250/256). Zur Bindung der Tarifvertragsparteien Rn. 31 zu Art. 1).

10   Eine Benachteiligung durch einen Grundrechtsadressaten liegt nur vor, wenn die **Vergleichsfälle** (oben Rn. 4 f) **in den Kompetenzbereich** der handelnden Stelle fallen. Daran fehlt es, wenn die beiden Sachverhalte von *zwei verschiedenen* Trägern öffentlicher Gewalt gestaltet werden; der Gleichheitssatz bindet jeden Träger öffentlicher Gewalt allein in dessen konkreten Zuständigkeitsbereich (BVerfGE 21, 54/68; 76, 1/73; 79, 127/158; BVerwGE 70, 127/ 132; BAGE 92, 310/318). Ein Land bzw. eine Gemeinde verletzt daher den Gleichheitssatz nicht deshalb, weil ein anderes Land bzw. eine andere Gemeinde den gleichen Sachverhalt anders behandelt (BVerfGE 16, 6/24; 42, 20/27; 52, 42/57 f; 93, 319/351). Gleiches gilt für eine unterschiedliche Praxis verschiedener Gerichte (BVerfGE 1, 332/345; 75, 329/347; 87, 273/278) oder verschiedener Behörden (BVerfGE 21, 87/91; BVerfG-K, NVwZ 85, 259). Eine solche kompetenzübergreifende (unechte) Ungleichbehandlung kann allerdings gegen andere Grundrechte verstoßen (Rn. 81, 87 zu Art. 12). Demgegenüber gilt der Gleichheitssatz für das Han

deln verschiedener Organwalter *innerhalb* einer Behörde; für die Grenzziehung ist entscheidend, wem das Handeln zugerechnet wird.

bb) Die Beeinträchtigung setzt weiter einen **Nachteil** für den **11** Betroffenen voraus (BVerfGE 67, 239/244; BFHE 154, 383/387; Kirchhof HbStR V, 853; Osterloh SA 84 f). Der Begriff des Nachteils ist sehr weit zu verstehen: Eine Verletzung subjektiver Rechte ist nicht erforderlich (a. A. Rüfner BK 158). Die Beeinträchtigung besteht im Bereich der Gleichheitsrechte gerade nicht in der Belastung einer geschützten Rechtsposition des Betroffenen, sondern in dessen Ungleichbehandlung im Vergleich zu anderen. Daher stellt die (ungleiche) *Begünstigung eines Dritten* eine Beeinträchtigung dar (BVerfGE 17, 210/216 f; 79, 1/17), unabhängig davon, ob der Betroffene einen (aus sonstigem Recht resultierenden) Anspruch auf die Begünstigung besitzt. Die Gründe, die den Gesetzgeber bewogen haben, auf die Zuweisung eines subjektiven Rechts zu verzichten, können allerdings im Rahmen der Rechtfertigung der Ungleichbehandlung bedeutsam werden. Die Benachteiligung kann insb. in der (ungleichen) Verweigerung der *Teilhabe* an einer öffentlichen Einrichtung bestehen (Osterloh SA 53 ff; vgl. auch unten Rn.33). Ist die Begünstigung rechtswidrig, schließt der Vorrang des Gesetzes meist eine Beeinträchtigung aus (unten Rn.36).

Ob der Nachteil *geringfügig* oder gewichtig ist, spielt keine Rolle **12** (BVerfGE 71, 39/50; anders noch E 18, 315/337); eine geringfügige Belastung wird aber häufig aus Typisierungsgründen zulässig sein. Dagegen fehlt es an einer relevanten Ungleichbehandlung, wenn sie die bloße *Nebenfolge* einer an sich unbedenklichen Regelung ist (BVerfGE 13, 331/341 f). Entscheidend ist die durch die Gesamtregelung bedingte Belastung, unter Einbeziehung auch der Vorteile (BVerfGE 96, 1/8). *Kompensierende Vorteile* sind zu berücksichtigen, wenn sie dem benachteiligten Personenkreis zugute kommen (BVerfGE 23, 327/343; 63, 119/128; 96, 1/8; BSGE 85, 10/20) und gleichwertig sind (BVerfGE 74, 9/25).

b) Privatrechtliche Beeinträchtigungen. Privatrechtliche Vor- **13** schriften selbst sind unmittelbar an Art.3 Abs.1 zu messen (Vorb.14 vor Art.1). Bei der *Anwendung* dieser Vorschriften entfaltet der Gleichheitssatz nur eine Ausstrahlungswirkung (dazu Vorb.15 f, 33 vor Art.1; Starck MKS 266; Gubelt MüK 2; weitergehend Heun DR 58). Insb. hat die Vertragsfreiheit grundsätzlich Vorrang (BAGE 13, 96/105 ff); ist daher die Ungleichbehandlung allein die Folge privater Verträge, liegt keine Beeinträchtigung vor (BVerfGE 92, 26/51). Wer jedoch beim Angebot wichtiger Güter oder Dienstleistungen ein Monopol hat, soll den Gleichheitssatz als Adressat zu beachten haben (Starck MKS 269). Auch im Arbeitsverhältnis ist eine willkürliche Ungleichbehandlung unzulässig (unten Rn.60).

III. Rechtfertigung durch sachlichen Grund

1. Grundlagen und Differenzierungsgrund

14   Eine Ungleichbehandlung vergleichbarer Sachverhalte (bzw. die Gleichbehandlung verschiedenartiger Sachverhalte; oben Rn.5) muss keineswegs Abs.1 verletzen; dafür besteht nicht einmal ein Indiz (Jarass, AöR 95, 377). Die Ungleichbehandlung kann gerechtfertigt sein. Hier liegen regelmäßig die entscheidenden Probleme (Jarass, NJW 97, 2546).

15   Für die Rechtfertigung ist ein **„hinreichend gewichtiger Grund"** notwendig (BVerfGE 100, 138/174). Dabei ist es „grundsätzlich Sache des Gesetzgebers, diejenigen Sachverhalte auszuwählen, an die er dieselben Rechtsfolgen knüpft", vorausgesetzt, die Auswahl ist „sachlich vertretbar" und nicht „sachfremd" (BVerfGE 90, 145/196; 75, 108/157; 94, 241/260; Heun DR 43). Auch kann der Gesetzgeber an in anderen Gesetzen vorhandene Differenzierungen anknüpfen (Pieroth/Schlink 444). Auf keinen Fall verlangt Abs.1, die zweckmäßigste, vernünftigste oder gerechteste Lösung zu wählen (BVerfGE 4, 144/155; 83, 395/401; 84, 348/359; BGHZ 112, 163/173; Gubelt MüK 23). Andererseits muss „ein innerer Zusammenhang zwischen den vorgefundenen Unterschieden und der differenzierenden Regelung bestehen" (BVerfGE 42, 375/388; 71, 39/58; BVerwGE 88, 354/361). Wenig hilfreich ist dagegen das Abheben auf eine „am Gerechtigkeitsgedanken orientierte Betrachtungsweise" (BVerfGE 9, 334/337; 71, 39/58). Im Einzelnen fallen die Anforderungen sehr unterschiedlich aus; näher unten Rn.17–29.

16   Als Grund für die Ungleichbehandlung, als **Differenzierungsgrund,** kommt jede vernünftige Erwägung in Betracht. Ein möglicher Grund kann auch in der Praktikabilität der Regelung liegen (BVerfGE 17, 337/354; 41, 126/288; BSGE 79, 14/17), in finanziellen Gesichtspunkten (BVerfGE 3, 4/11; 75, 40/72; 87, 1/45), in der Rechtssicherheit (BVerfGE 15, 313/319 f; 48, 1/22; 72, 302/327 f), nicht hingegen in der Tradition, jedenfalls nicht auf Dauer (BVerfGE 62, 256/279). Soweit der Grundsatz der Verhältnismäßigkeit zum Tragen kommt (unten Rn.17, 27), werden allerdings an den Differenzierungsgrund *erhöhte Anforderungen* gestellt.

Finanzielle Erwägungen genügen dann vielfach nicht (BVerfGE 61, 43/63; 87, 1/46; 92, 53/69; unten Rn.61); Ähnliches gilt für die Verwaltungspraktikabilität (BVerfGE 55, 159/169; 60, 68/78).

2. Unterschiedliche Prüfungsanforderungen

a) Grundlagen. Die aus Art.3 Abs.1 resultierenden Anforderun- **17** gen an den Differenzierungsgrund fallen unterschiedlich aus: Sie reichen „je nach Regelungsgegenstand und Differenzierungsmerkmalen ... vom bloßen Willkürverbot bis zu einer strengen Bindung an Verhältnismäßigkeitserfordernisse" (BVerfGE 99, 367/388; 89, 15/22; 92, 365/407; 95, 267/316; BSGE 82, 83/90). Im Schrifttum wird zT eine generelle Anwendung des Grundsatzes der Verhältnismäßigkeit vorgeschlagen, der allerdings unterschiedlich intensiv anzuwenden ist (Herzog MD Anh. 10; a. A. Hesse, FS Lerche, 1993, 129 f). Entspr. den unterschiedlichen materiellen Vorgaben variiert auch die (verfassungs-)gerichtliche Kontrolldichte (BVerfGE 88, 87/96 f; 89, 15/23; 99, 367/389). Insgesamt ergibt sich ein Kontinuum von einer sehr großzügigen Prüfung bis zu einer sehr strengen Prüfung.

b) Zuordnungskriterien für die Prüfungsintensität. Bei der **18** Zuordnung von Fällen zu einer eher großzügigen oder eher strengen Prüfung sind unterschiedliche Gesichtspunkte bedeutsam (dazu Jarass, NJW 98, 2546; Gubelt MüK 14):

aa) Eine strenge Prüfung ist vorzunehmen, wenn verschiedene **19** **Personengruppen** und nicht nur verschiedene Sachverhalte ungleich behandelt werden (BVerfGE 75, 348/357; 78, 232/247; 88, 87/96 f; 100, 195/205; BSGE 76, 84/89 f). Das ist insb. dann der Fall, wenn die Benachteiligten den begünstigten Sachverhalt in ihrer Person nicht oder nur schwer erfüllen können (BVerfGE 55, 72/89; 60, 329/346; 88, 5/12; Kirchhof HbStRV 924), wenn sie „durch ihr Verhalten die Verwirklichung der Merkmale ..., nach denen unterschieden wird" zu beeinflussen nicht in der Lage sind (BVerfGE 88, 87/96; 97, 169/181; 99, 367/388). Hierher gehört eine Differenzierung zwischen Arbeitern und Angestellten (BVerfGE 90, 46/56 f), zwischen Verheirateten oder Geschiedenen (BVerfGE 91, 389/401), die Begünstigung von Landesangehörigen (BVerfGE 73, 301/321; vgl. auch und Rn.2 f zu Art.33), oder die Benachteiligung von Ausländern, sofern sich keine spezielle verfassungsrechtliche Rechtfertigung findet (vgl. dazu Heun DR 36). Eine Beeinträchtigung juristischer Personen ist nicht „von vornherein" sachverhaltsbezogen (BVerfGE 95, 267/ 317); auch zwischen juristischen Personen ist eine Ungleichbehandlung von Personengruppen möglich (BVerfGE 99, 367/389). Insgesamt ist der Anwendungsbereich der Differenzierung nach Personengruppen weiter, als man das auf den ersten Blick vielleicht vermutet. Eine besonders genaue Prüfung ist angebracht, wenn personengebundene Merkmale zur Differenzierung verwandt werden (BVerfGE 89, 365/376; 91, 346/363). Dies gilt insb. dann, wenn sich das Differenzierungskriterium den in Abs.3 genannten Merkmalen annähert (BVerfGE 92, 26/51 f; 97, 169/180 f; 99, 367/388; BVerwGE 100, 287/295).

20   Werden dagegen allein **Sachverhalte** ungleich behandelt, ist eine großzügige Prüfung geboten (BVerfGE 55, 72/89; 60, 329/346; Gubelt MüK 14), etwa bei Unterschieden zwischen verschiedenen Gerichtsbarkeiten (BVerfGE 83, 1/22; 93, 99/111) oder bei technischen Regelungen ohne „unmittelbaren menschlichen Bezug" (BVerfGE 38, 225/229). Zum Zufallsprinzip unten Rn.25. Eine großzügige Prüfung ist auch geboten, wenn sich die Betroffenen auf die Regelung einstellen und nachteiligen Auswirkungen durch eigenes Verhalten begegnen können (BVerfGE 90, 22/26). Betrifft eine sachverhaltsbezogene Differenzierung mittelbar Personengruppen, ist eine genauere Prüfung geboten (BVerfGE 89, 15/22; 92, 53/69; 95, 267/316; 99, 367/388).

21   **bb)** Eine eher strengere Prüfung ist weiter angebracht, wenn die fragliche Maßnahme in den **Schutzbereich eines anderen Grundrechts** eingreift (BVerfGE 74, 9/24; 88, 87/96; 89, 69/89; 91, 346/363), etwa in den des allg. Persönlichkeitsrechts (BVerfGE 60, 123/134; 88, 87/97), in den der Freiheit von Kunst und Wissenschaft (BVerfGE 81, 108/121), in den des Art.6 (BVerfGE 13, 290/317; 69, 188/205; 78, 128/130; Rn.11 f, 16 zu Art.6), in den der Berufsfreiheit des Art.12 (BVerfGE 62, 256/274; 79, 212/218) oder in den des Art.13 (BVerfGE 83, 82/86 f). Dabei muss die Prüfung umso strenger ausfallen, je intensiver in das Grundrecht eingegriffen wird (BVerfGE 88, 87/96; 99, 367/388).

21 a   Demgegenüber genügt eine großzügige Prüfung im Bereich der **gewährenden Staatstätigkeit** (BVerfGE 49, 280/282; 51, 295/300 ff; 78, 104/121; BVerwGE 101, 86/95; BSGE 70, 62/67; Jarass, NJW 97, 2547 f; Starck MKS 58; Heun DR 35; a. A. Podlech AK 54), insb. bei der Subventionsgewährung (BVerfGE 17, 210/216), bei Sozialleistungen, die an die Bedürftigkeit anknüpfen (BVerfGE 100, 197/205) sowie bei bevorzugender Typisierung (BVerfGE 17, 1/23 f; 54, 290/295; 65, 325/356; BAGE 64, 315/323 f). In diesen Fällen sind regelmäßig Freiheitsrechte nicht oder weniger betroffen. Werden dagegen zuerkannte Leistungen

entzogen, muss die Prüfung strenger ausfallen (vgl. BVerfGE 60, 16/42; 61, 138/147).

cc) Auch **andere Verfassungsvorschriften** können den Spiel- **22** raum beeinflussen. Einschränkungen können sich aus dem **Sozial- staatsprinzip** ergeben (BVerfGE 39, 316/327; 44, 283/290; 45, 376/387; Rn.111 f zu Art.20), was den Gesetzgeber zu einer mate- riellen Gleichbehandlung verpflichten kann. Dies ist insb. für die Prozesskostenhilfe etc. bedeutsam (unten Rn.63). Das gilt allerdings nicht zugunsten juristischer Personen (BVerfGE 35, 348/357 f; 41, 126/183).

Umgekehrt ist eine großzügige Prüfung angebracht, wenn die **23** vom Gesetzgeber gewählte **Differenzierung im Grundgesetz an- gelegt** ist. Der Einsatz dieser Differenzierungsgesichtspunkte ist vielfach zulässig, etwa die in Art.33 Abs.5 angelegte Unterscheidung von Beamten und anderen Angehörigen des öffentlichen Dienstes (BVerfGE 52, 303/346), die Angleichung bzw. Besserbehandlung sozial Schwacher auf Grund des Sozialstaatsprinzips (BVerfGE 56, 133/143; 99, 367/395; s. auch den Bezug zur Leistungsfähigkeit bei der Steuer unten Rn.45) oder die Begünstigung der Ehe gegenüber eheähnlichen Verhältnissen (BFHE 158, 431/436 f; vgl. Rn.9 zu Art.6) und homosexuellen Lebensgemeinschaften (BVerwG, NJW 00, 2039). Auch das Umweltschutzprinzip des Art.20 a kann Ungleichbehandlungen rechtfertigen.

dd) Eine eher großzügige Prüfung ist geboten bei **komplexen** **24** **Zusammenhängen,** insb. solange noch Erfahrungen gesammelt werden müssen (BVerfGE 33, 171/189 f; 70, 1/34; 78, 249/288; BVerwGE 88, 354/364; einschr. BVerfGE 68, 155/174; 71, 364/393), bei einem unübersichtlichen Sachbereich (BVerfGE 16, 147/186; 37, 104/118; BGHZ 135, 1/13), bei der Sanierung des Staatshaushalts (BVerfGE 60, 16/42 f; 61, 43/63; 64, 158/169), bei wirtschaftslenkenden und wirtschaftsordnenden Maßnahmen (BVerfGE 18, 315/331; 50, 290/338), im Bereich des Besoldungs- rechts (unten Rn.61) und des Sozialrechts (unten Rn.54) sowie bei der Beseitigung von Kriegs- und Kriegsfolgelasten (BVerfGE 27, 259/286; 53, 164/178; 71, 66/76; BGHZ 139, 152/163) und der Bewältigung der Einigung Deutschlands (BVerfGE 95, 143/157 f; BSGE 79, 282/290 ff; Rn.8 zu Art.143).

ee) Eine **alleinige Willkürprüfung** ist geboten, wenn nach dem **25** Zufallsprinzip vorgegangen wird (BVerfGE 91, 118/123). Gleiches gilt für den Bereich der willkürlichen Rechtsanwendung (unten Rn.38) und gegenüber Personen, die nicht Träger des Grundrechts sind (oben Rn.8).

26   **c) Inhalte der Prüfung: aa)** Soweit alle oder fast alle Gesichtspunkte (oben Rn.19–25) für eine großzügige Prüfung sprechen, findet eine bloße **Willkürprüfung** statt: hier hat der Gesetzgeber eine weite Gestaltungsfreiheit (BVerfGE 80, 109/118). „Nur die Einhaltung der äußersten Grenzen der gesetzgeberischen Freiheit" ist zu überprüfen (BVerfGE 18, 121/124; 50, 57/77; 74, 182/200). Abs.1 ist nur verletzt, „wenn sich für eine gesetzliche Regelung kein sachlicher Grund finden lässt und sie deshalb als willkürlich zu bezeichnen ist" (BVerfGE 91, 118/123; 83, 1/23; 97, 271/291). Die Unsachlichkeit der Differenzierung muss evident sein (BVerfGE 88, 87/97; 89, 132/142; 99, 367/389; BSGE 64, 296/301). Dabei ist eine objektive Beurteilung geboten (BVerfGE 51, 1/27; 80, 48/51; 86, 59/63); auf die Erwägungen des Gesetzgebers kommt es also nicht entscheidend an.

27   **bb)** Soweit die einschlägigen Gesichtspunkte (oben Rn.19–25) überwiegend gegen eine großzügige Prüfung sprechen, findet eine **Verhältnismäßigkeitsprüfung** statt, deren Intensität davon abhängt, wie gewichtig die Umstände sind, die für eine strengere Prüfung sprechen. Dabei muss der Rechtfertigungsgrund „in angemessenem Verhältnis zu dem Grad der Ungleichbehandlung" stehen (BVerfGE 102, 68/87), nicht, wie bei den Freiheitsgrundrechten, zum Ausmaß der Freiheitsbeeinträchtigung (Jarass, NJW 1997, 2549). Im Einzelnen muss die Differenzierung zunächst *geeignet* sein, das mit ihr verfolgte Ziel zu erreichen. Weiter darf iSd *Erforderlichkeit* keine weniger belastende Differenzierung zur Verfügung stehen (BVerfGE 91, 389/403 f; Rüfner BK 97; a. A. Gubelt MüK 29); die durch die Ungleichbehandlung bewirkte Belastung „darf nicht weiter greifen, als der die Verschiedenbehandlung legitimierende Zweck es rechtfertigt" (BVerfGE 85, 238/245). Der verfolgte Zweck muss die Ungleichbehandlung in ihrem gesamten Ausmaß legitimieren (vgl. BVerfGE 51, 1/28). Endlich ist die *Verhältnismäßigkeit ieS* zu beachten: „Ungleichbehandlung und rechtfertigender Grund müssen in einem angemessenen Verhältns zueinander stehen" (BVerfGE 82, 126/146; ähnlich BVerfGE 85, 238/245). Die Differenzierungsgründe müssen „von solcher Art und solchem Gewicht" sein, „dass sie die ungleichen Rechtsfolgen rechtfertigen können" (BVerfGE 91, 389/401; 95, 267/317; 102, 41/54; BAGE 64, 315/320; Gubelt MüK 27).

28   **d) Sonderfälle. aa)** Eine eher großzügige Prüfung genügt zumeist, wenn die **Gleichbehandlung** ungleicher Sachverhalte **gerügt** wird (oben Rn.5). Art.3 Abs.1 ist nicht schon verletzt, „wenn der Gesetzgeber Differenzierungen, die er vornehmen darf, nicht vornimmt" (BVerfGE 86, 81/87; 90, 226/239). Insoweit ist vielmehr zu fragen, ob ein vernünftiger Grund für die Gleichbehandlung fehlt (BVerfGE 90, 226/239) bzw. ob die tatsächlichen Ungleichheiten so bedeutsam sind, dass ihre Nichtbeachtung gegen eine am Gerechtigkeitsgedanken orientierte Betrachtungsweise verstößt (BVerfGE 52, 256/263; 86, 81/87; 98, 365/385). In welcher Weise eine abweichende Regelung getroffen wird, ist regelmäßig Sache des Gesetzgebers (BVerfG-K, DtZ 91, 376).

bb) Wird die vom Gesetz selbst statuierte **Sachgesetzlichkeit** 29 ohne zureichenden Grund verlassen, liegt darin ein Indiz für einen Gleichheitsverstoß (BVerfGE 34, 103/115; 66, 214/224; 67, 70/84 f; Gubelt MüK 30). Eine generelle Verschärfung der Prüfungsintensität dürfte daraus jedoch nicht folgen. „Die Gründe für eine Durchbrechung des einmal gewählten Ordnungsprinzips (müssen) ... in ihrem Gewicht der Intensität der Abweichung von der zugrundegelegten Ordnung entsprechen" (BVerfGE 67, 70/84 f; 18, 366/372 f; 61, 138/148). Ebenso stellt eine **Systemwidrigkeit** allein noch keinen Gleichheitsverstoß dar, liefert allenfalls ein Indiz dafür (BVerfGE 68, 237/253; 81, 156/207; Rüfner BK 38 ff; Osterloh SA 98 ff). Von einem selbst gesetzten Regelsystem darf der Gesetzgeber abweichen, wenn es dafür zureichende Gründe gibt (BVerfGE 85, 238/347). Werden verschiedene Regelungssysteme oder verschiedene Lebensbereiche miteinander verglichen, ist die Aussagekraft des Abs.1 deutlich geringer (Starck MKS 50 f; vgl. auch oben Rn.4).

3. Insb. Typisierung und Stichtage

a) Typisierung. Ein ausreichender Differenzierungsgrund liegt 30 in der Typisierung und Generalisierung von Sachverhalten, wenn der Gesetzgeber ihrer anders nur schwer Herr werden kann (BVerfGE 11, 245/254; 71, 146/157; Heun DR 31), wie das für Massenerscheinungen zutrifft (BVerfGE 63, 119/128; 77, 308/338; 80, 109/118; 97, 186/194 f; BVerwG, NJW 87, 1963), etwa in der Sozialversicherung (unten Rn.54) oder im Steuerrecht (unten Rn.46). Dies gilt auch für eine Typisierung durch die Verwaltung (BVerfGE 78, 214/227 ff; Osterloh SA 112). Zulässig ist die Bildung von Gruppen, einschl. der dadurch für Grenzfälle bedingten Härten in Einzelfällen (BVerfGE 77, 308/338; BAG, DB 84, 1528). Ein Sonderfall der Typisierung sind **Pauschalierungen** (Gubelt MüK 26; Starck MKS 24).

31   Die Typisierung muss sich (naturgemäß) am typischen Fall orientieren (BVerfGE 27, 142/150), muss die meisten Fälle zutreffend
erfassen (BVerwG, NVwZ 83, 290; BSGE 69, 285/296). Eine **Aus-
blendung atypischer Fälle** ist aber nicht unbegrenzt möglich:
Unzulässig ist es, dass „bestimmte, wenn auch zahlenmäßig begrenzte Gruppen typischer Fälle ohne ausreichende sachliche
Grundlage wesentlich stärker belastet" werden (BVerfGE 30,
292/327; 68, 155/173; BSGE 61, 169/171; Rn.32 zu Art.12). Eine
generalisierende bzw. typisierende Behandlung von Sachverhalten
kann lediglich hingenommen werden, wenn die damit verbundenen
„Härten nur unter Schwierigkeiten vermeidbar wären, lediglich eine
verhältnismäßig kleine Zahl von Personen betroffen und der Verstoß
gegen den Gleichheitssatz nicht sehr intensiv ist" (BVerfGE 100,
59/90; 79, 87/100; 87, 234/255; BVerwG, NJW 87, 1963; BFHE
167, 152/154). Der Spielraum reduziert sich, wenn die Ausübung
eines Grundrechts betroffen ist (BVerfGE 98, 365/385). Eine „Aus-
nahmequote" von 7,5 % wurde unter bestimmten Voraussetzungen
hingenommen (BVerfGE 17, 1/23 ff), nicht jedoch eine Fehlerquote
von mehr als 10% (BVerwGE 68, 36/41; NVwZ 87, 232). Für die
Beurteilung der Intensität des Eingriffs sind die mit der Typisierung
verbundenen Vorteile zu berücksichtigen (BVerfGE 48, 227/239),
insb. die praktischen Verwaltungserfordernisse (BVerfGE 84,
348/360). Überschreitet die Intensität des Eingriffs das zulässige
Maß, ist zumindest eine Härteklausel erforderlich (BVerfGE 60,
16/51 f; 68, 155/173 f). Umgekehrt ist der Spielraum für die Typisierung besonders groß, wo Billigkeitsklauseln vorhanden sind
(Starck MKS 23). Bei komplexen Sachverhalten ist übergangsweise
eine gröbere Typisierung möglich (BVerfGE 100, 59/101).

32   **b) Stichtagsregelungen** für die Schaffung von Ansprüchen
wie das Inkrafttreten belastender Regelungen sind trotz der damit
verbundenen Härten grundsätzlich zulässig (BVerfGE 3, 58/148;
71, 364/397; 80, 297/311), vorausgesetzt, der Gesetzgeber hat
„seinen Spielraum in sachgerechter Weise genutzt, die für die
zeitliche Anknüpfung in Betracht kommenden Faktoren hinreichend gewürdigt und eine sachlich begründete Entscheidung getroffen" (BVerfGE 95, 64/88; 79, 212/219 f; 101, 239/270; vorsichtig BSGE 56, 90 ff). Unter Umständen ist eine Übergangsregelung erforderlich (BVerfGE 29, 245/258; 44, 1/23; 71,
364/397); dies ergibt sich aus dem Prinzip des Vertrauensschutzes
(näher dazu Rn.75 zu Art.20). Zum Inkrafttreten von Gesetzen
vgl. Rn.9 f zu Art.82.

4. Insb. Teilhabe an öffentlichen Einrichtungen

Die (ungleiche) Verweigerung der Teilhabe an einer öffentlichen **33** Einrichtung stellt eine Beeinträchtigung des Art.3 Abs.1 dar (oben Rn.11). Können aus Kapazitätsgründen nicht alle Interessenten zugelassen werden, folgt aus Abs.1 kein Anspruch auf Erweiterung der Kapazität (Murswiek HbStR V § 112 Rn.73). Die Auswahl muss jedoch durch vernünftige, sachlich einleuchtende Gründe bestimmt sein. Als solcher Grund wird bei Volksfesten etc. grundsätzlich das Kriterium „bekannt und bewährt" angesehen (BVerwG, NVwZ 82, 195). Allerdings sind dabei die Freiheitsrechte zu beachten, die den Spielraum der Behörde nicht selten einschränken. Das gilt auch für die Zulassung zu Ausbildungseinrichtungen (Rn.76 zu Art.12). Weitere Begrenzungen können sich aus der Selbstbindung ergeben; dazu unten Rn.35.

IV. Sonderfragen und Folgen eines Verstoßes

1. Sonderfragen im Bereich von Exekutive und Rechtsprechung

a) Exekutive. Die Verwaltung wird durch den Gleichheitssatz **34** gebunden, soweit ihr (rechtliche) Handlungsspielräume zustehen. Sie hat daher Abs.1 einmal dort zu beachten, wo sie zum Erlass von Rechtsverordnungen oder Satzungen ermächtigt ist (BVerfGE 13, 248/253; 69, 150/159 f). Weiter spielt der Gleichheitssatz bei Ermessensentscheidungen (BVerfGE 18, 353/363 f; 69, 161/169; BVerwGE 77, 188/192) sowie bei Beurteilungsspielräumen eine Rolle (Gubelt MüK 37). Ordnungswidrige Zustände, deren Bekämpfung im Ermessen steht, müssen nicht flächendeckend angegangen werden (BVerwG, NVwZ-RR 92, 360). Die falsche Anwendung rechtlicher Vorgaben in einem bestimmten Falle ist eine bloße Verletzung einfachen Rechts (BVerwGE 34, 269/281 f; 65, 167/174; Gubelt MüK 37). Verfährt allerdings die Verwaltung in zahlreichen Fällen gesetzeskonform und nur in einem Fall nicht, ist zusätzlich Art.3 Abs.1 verletzt. Aus diesem Grunde ist es auch vertretbar, einen Gleichheitsverstoß anzunehmen, wenn die Entscheidung unverständlich bzw. willkürlich ist (vgl. unten Rn.38), etwa bei einem Rechtspfleger (BVerfG-K, NJW 93, 1699). Zudem liegt nicht nur ein Rechtsanwendungsfehler vor, sondern eine Verletzung des Gleichheitssatzes, wenn einem Unternehmer etc. eine Genehmigung erteilt wird, einem anderen jedoch nicht, obwohl

Letzterer dem gesetzlichen Differenzierungsziel deutlich besser gerecht wird.

35   Aus dem Gleichheitssatz kann eine **Selbstbindung** der Verwaltung folgen. Hat die Verwaltung ihr Ermessen bislang nach einem
bestimmten Muster ausgeübt, kann sie davon in einem Einzelfalle,
ohne besondere sachliche Rechtfertigung nicht abgehen, wohl aber
generell für die Zukunft (BVerwGE 44, 72/74 f; NJW 88, 2907;
Starck MKS 245 f; Heun DR 49; Gubelt MüK 39). Gleiches gilt
dort, wo der Verwaltung ein Beurteilungsspielraum zusteht (BVerw-
GE 72, 195/205). Die Selbstbindung kann auch durch ein unzuständiges Organ innerhalb einer Behörde bewirkt werden (BVerwG,
NVwZ 94, 582). Aus der Selbstbindung folgt idR eine Bindung an
Verwaltungsvorschriften, da man davon ausgehen kann, dass sich die
Verwaltung an sie hält (BGHZ 139, 259/267; vgl. BVerwGE 85,
163/168; 104, 220/223; Rüfner BK I 174). Deren *generelle* Änderung ist aber möglich. Zudem ist zu berücksichtigen, dass Verwaltungsvorschriften regelmäßig solche Fälle nicht erfassen, die wegen
ihrer Besonderheiten eine abweichende Behandlung verlangen
(BVerwG, NJW 80, 75). Im Hinblick auf die Selbstbindung muss
man dem Betroffenen einen Anspruch auf Einsicht in die Ermes-
sensrichtlinien einräumen (BVerwGE 61, 15/20 f; Gubelt MüK 41;
s. auch Rn.66 zu Art.20). Die Selbstbindung kommt insb. bei der
Subventionsvergabe zum Tragen (BVerwGE 104, 220/223; Reidt,
in: Jarass, Wirtschaftsverwaltungsrecht, 3. Aufl. 1997, § 10 Rn.53;
Gubelt MüK 72).

36   Eine **Gleichheit im Unrecht** und damit einen Anspruch auf
Fehlerwiederholung bei der Rechtsanwendung gibt es nicht (BVerf-
GE 50, 142/166; BVerwGE 92, 153/157; Kirchhof HbStR
V 1003 f; Gubelt MüK 42; einschr. Osterloh SA 51 f; vgl. Rn.41 zu
Art.20); die Berufung auf rechtswidrige Parallelfälle ist daher irrele-
vant. Wird allerdings die Gleichheit im Vollzug generell verfehlt,
liegt ein Gleichheitsverstoß vor (BVerfGE 84, 239/284).

37   **b) Judikative. aa)** Die Rechtsprechung muss bei der Auslegung
und Lückenfüllung den Gleichheitssatz beachten (BVerfGE 84,
197/199; 101, 239/269). „Es ist den Gerichten verwehrt, bestehendes Recht zugunsten oder zu Lasten einzelner Personen nicht anzuwenden" (BVerfGE 66, 331/335 f; 71, 354/362). Eine differenzierte
Anwendung von Prozessrecht in verschiedenen Sachmaterien ist
unzulässig (BVerwG, NVwZ 89, 652). Die Zulassung der Revision
darf nicht von der Arbeitslast abhängig gemacht werden (BVerfGE
54, 277/293). Generell darf die Auslegung nicht zu Differenzierun-

gen führen, die dem Gesetzgeber nicht erlaubt wären (BVerfGE 69, 188/205; 70, 230/240; 84, 197/199). Ein Anspruch auf die Wiederholung einer falschen Rechtsanwendung in einem vergleichbaren Falle besteht nicht (BVerfGE 50, 142/166). Einer Änderung der Rechtsprechung steht Art.3 nicht entgegen (BVerfGE 19, 38/47; 71, 354/362 f; s. allerdings auch BVerfGE 18, 224/240); eine Selbstbindung scheidet im Bereich der Rechtsanwendung mangels Ermessen und Beurteilungsspielraum regelmäßig aus (BVerfGE 19, 38/47; vgl. oben Rn.35; a. A. Gubelt MüK 44). Soweit den Gerichten ausnahmsweise ein Ermessen zusteht, gelten die Ausführungen zur Selbstbindung der Verwaltung (oben Rn.35) ganz entsprechend (Podlech AK 70). Zum ungleichen Vorgehen verschiedener Gerichte oben Rn.10. Zum Prozessrecht unten Rn.63–66.

bb) Über solche Fälle der Ungleichbehandlung hinaus wird der 38 Gleichheitssatz nicht schon bei unzutreffender Rechtsanwendung verletzt (BVerfGE 75, 329/347; 81, 132/137; 96, 189/203) bzw. dann, „wenn eine andere Auslegung möglicherweise dem Gleichheitssatz besser entspräche" (BVerfGE 22, 322/329; 42, 64/74). Abs.1 ist erst verletzt, wenn „die Rechtsanwendung oder das Verfahren unter keinem denkbaren rechtlichen Aspekt mehr vertretbar sind und sich daher der Schluss aufdrängt, dass sie auf sachfremden und damit willkürlichen Erwägungen beruhen" (BVerfGE 86, 59/63; ähnlich E 80, 48/51; 83, 82/84). Es muss eine „krasse Fehlentscheidung" vorliegen (BVerfGE 89, 1/14). Mit dieser Begründung korrigiert das BVerfG **schwere Rechtsanwendungsfehler**, etwa die Nichtberücksichtigung einer offensichtlich einschlägigen Norm oder die krasse Missdeutung einer Norm (BVerfGE 83, 82/85 ff; 87, 273/279). Auf einen Vergleich unterschiedlich behandelter Sachverhalte wird dabei verzichtet. Das ist dogmatisch problematisch (BVerfGE *abwM* 42, 64/81 ff; Podlech AK 31 f), iE aber nachvollziehbar (Herzog MD Anh.5). Die Rspr. lässt sich evtl. darauf stützen, dass eine willkürliche Rechtsanwendung ein in der Praxis seltener Ausnahmefall ist und deshalb den Gleichheitssatz verletzt.

Im Einzelnen geschah dies bei der Anwendung von Strafprozess- 39 recht (BVerfGE 59, 98/101; 62, 338/343), Strafvollstreckungsrecht (BVerfGE 66, 129/205 ff), Berufsrecht (BVerfG-K, NVwZ 96, 1200), Mietrecht (BVerfGE 80, 48/51), Vertragsrecht (BVerfG-K, NJW 01, 1200), Asylrecht (BVerfG-K, DVBl 01, 1203), Zivilprozessrecht (BVerfGE 69, 248/254 f; 71, 122/131 f), Familienrecht (BVerfGE 55, 114/125 f; 66, 324/330), Kostenrecht (BVerfGE 62, 189/192) und Zwangsversteigerungsrecht (BVerfGE 42, 64/78 –

unzureichende Aufklärung). Die unverständliche Anwendung von
Landesrecht kann auf dieser Grundlage im Revisionsverfahren geprüft werden (BVerwGE 96, 350/354 f). Willkür liegt etwa vor,
wenn die die Entscheidung tragende Begründung einen unauflös-
baren Widerspruch enthält (BVerfGE 71, 202/205), weiter wenn ein
Gericht vom eindeutigen Wortlaut einer Vorschrift ohne Begründung abgeht (BVerfGE 71, 122/136; BVerfG-K, NJW 98, 3484 f)
oder ein Gericht von der höchstrichterlichen Rspr. unter bloßer
Berufung auf eine nicht einschlägige Kommentarstelle abweicht
(BVerfG-K, NJW 95, 2911). Gleiches wird angenommen, wenn
nicht darauf hingewiesen wurde, dass ein Antrag grob interessenwid-
rig ist (BVerfG-K, NJW 93, 1699 f) oder wenn ein Antrag entgegen
Wortlaut und erkennbarem Sinn ausgelegt wurde (BVerfG-K,
NJW 93, 1381). Gelegentlich wurde die unverständliche Rechtsanwendung als Verstoß gegen das Rechtsstaatsprinzip eingestuft
(BVerfGE 56, 99/107; 61, 68/72 f).

2. Folgen eines Gleichheitsverstoßes

40   **a) Gesetzgebung.** Eine Ungleichbehandlung durch den (förmlichen) Gesetzgeber kann unterschiedlich behoben werden: die eine
Gruppe kann ebenso wie die andere, die andere kann ebenso wie die
eine oder beide können auf eine neue dritte Weise behandelt werden
(Pieroth/Schlink 479). Das hat Konsequenzen für die Folgen, die
sich aus einem Gleichheitsverstoß des Gesetzgebers ergeben:

41   **aa)** Grundsätzlich ist einem solchen Falle die gegen Art.3 verstoßende Regelung **nicht** nichtig, sondern nur mit Art.3 *unvereinbar*
(Gubelt MüK 47; Osterloh SA 130). Dies gilt nicht nur, wenn es um
die Ausweitung von Begünstigungen geht (BVerfGE 8, 28/36 ff; 91,
389/404) oder um privatrechtliche Konflikte (BVerfGE 82,
126/154 f), sondern auch dann, wenn Maßnahmen angegriffen werden, die bereits für sich betrachtet als Belastung einzustufen sind
(BVerfGE 85, 191/211 f; 93, 121/148; a. A. Heun DR 45). Der
Gesetzgeber ist verpflichtet, eine verfassungskonforme Regelung zu
erlassen, wobei die Korrektur bezüglich des vor der gerichtlichen
Entscheidung liegenden Zeitraums beschränkt werden kann (Rn.35
zu Art.20). In der Übergangszeit bis zur Neuregelung kann die
bisherige Regelung nicht mehr angewandt werden, auch nicht zugunsten der gesetzlich begünstigten Gruppe (BVerfGE 73, 40/101 f;
BAGE 37, 352/354; BSGE 83, 218/223); laufende Verfahren sind
auszusetzen (BVerfGE 87, 234/262 f; BAGE 67, 343/363 ff; Schlaich
378 ff). Möglich ist aber auch eine zeitlich begrenzte Anwendung,

wenn die Rechtssicherheit dies erfordert (BVerfGE 61, 319/356; Schlaich 370 ff).

bb) In bestimmten Situationen erfolgt dagegen eine (Teil-)Nichtigerklärung, mit der Folge, dass **alle Betroffenen in den Genuss** der weniger belastenden (im Gesetz nur für einen Teil vorgesehenen) Lösung kommen. Dies ist zunächst der Fall, wenn ein Verfassungsauftrag die Ausweitung der vorenthaltenen Begünstigung auf die benachteiligten Personen verlangt (BVerfGE 22, 349/360; Gubelt MüK 35). Zudem ist eine Nichtigerklärung angebracht, wenn der Gesetzgeber mit Sicherheit die nach Teilnichtigerklärung verbleibenden Regelungen wählen würde (BVerfGE 88, 87/101), wenn er ein Regelungssystem geschaffen hat, an dem er erkennbar festhalten will und das Regelungssystem eine Ausweitung der Begünstigung verlangt. Solche Systeme fanden sich im Bereich des Beamtenrechts (BVerfGE 21, 329/337 f) und im Sozialrecht (BVerfGE 22, 163/174 f; 29, 283/303; 55, 100/113 f). Des Weiteren kommt eine derartige Ausnahme in Betracht, wenn der Staat dadurch nur geringfügig belastet wird (BVerfGE 92, 91/121 zu Art.3 Abs.3) oder die „besondere Lage" der Grundrechtsbeeinträchtigten eine Abweichung erforderlich macht (BVerfGE 87, 234/262 f; 91, 389/404 f). **Umgekehrt** können zwingende Gemeinwohlbedürfnisse wie die Erfordernisse verlässlicher Finanz- und Haushaltsplanung und eines gleichmäßigen Verwaltungsvollzugs gebieten, gegen Art.3 Abs.1 verstoßende Steuervorschriften in einem begrenzten Zeitraum anzuwenden (BVerfGE 93, 121/148). **42**

b) Exekutive. Bei Gleichheitsverstößen der Exekutive beim Erlass von Normen kommen die gleichen Überlegungen wie beim förmlichen Gesetzgeber (dazu oben Rn.40–42) zur Anwendung (BVerwGE 102, 113/117 f); insb. ist eine Begünstigung auszuweiten, wenn nur so ein verfassungsmäßiger Zustand hergestellt werden kann (BVerwGE 102, 113/118 f). Verletzen Einzelfallmaßnahmen den Gleichheitssatz, ist noch häufiger nur eine Rechtsfolge möglich (sehr weitgehend BVerwGE 55, 349/351 ff; Heun DR 51). Insbesondere verlangt der Gleichheitssatz die Ausweitung von Begünstigungen, sofern in einem *Einzelfall* von der Regel abgewichen wurde, da hier nicht anzunehmen ist, dass die Verwaltung lieber in allen Fällen auf die Begünstigung verzichtet (vgl. oben Rn.35). Zudem kann die Bindung an das Gesetz zur Eindeutigkeit der Rechtsfolge führen. **43**

V. Einzelne Rechtsbereiche

1. Steuerrecht und sonstiges Abgabenrecht

44   **a) Allgemeines zu Steuern.** Aus dem Gleichheitssatz folgt für das Steuerrecht das „Gebot der Steuergerechtigkeit" (BVerfGE 66, 214/223), ohne dass deshalb der Gleichheitssatz hier schärfere Anforderungen als in anderen Rechtsgebieten stellt (Herzog MD Anh. 56 ff; Heun DR 65; Gubelt MüK 51; vgl. BFHE 150, 22/25; 151, 512/521). Der Gesetzgeber besitzt einen weiten Spielraum (BFHE 152, 240/244; 180, 497/503). Die Steuerpflichtigen müssen jedoch sowohl rechtlich wie tatsächlich gleichbehandelt werden (BVerfGE 84, 239/268 f).

45   Der Gleichheitssatz „fordert zumindest für die direkten Steuern eine Belastung nach der **finanziellen Leistungsfähigkeit**" (BVerfGE 99, 216/232; 74, 182/200; 81, 288/236; 89, 346/352; BFHE 163, 162/166). In vertikaler Hinsicht bedeutet das, dass die Besteuerung niedriger Einkommen im Vergleich zur Steuerbelastung höherer Einkommen dem Gerechtigkeitsgebot genügen muss (BVerfGE 82, 60/89). Die Abstufung muss in „folgerichtig gestalteten Übergängen" erfolgen (BVerfGE 87, 153/170; 93, 121/138). In horizontaler Hinsicht müssen Steuerpflichtige mit gleicher Leistungsfähigkeit gleichhoch belastet werden (BVerfGE 82, 60/89 f). Das Prinzip der Leistungsfähigkeit muss aber *nicht in reiner Form* verwirklicht werden (BFHE 161, 570/571). Zudem können auch andere Gesichtspunkte berücksichtigt werden (oben Rn.16), etwa finanz-, wirtschafts- oder sozialpolitische sowie steuertechnische Erwägungen (BVerfGE 26, 302/310; 50, 386/391 f; 74, 182/200; BFHE 168, 111/113; Rn.4 zu Art.105). Auch lenkende Steuern sind zulässig (BVerfGE 84, 239/274; 85, 238/244; Heun DR 68; BFHE 162, 307/313). Des Weiteren spielt im Steuerrecht die Typisierung (oben Rn.30 f) eine große Rolle (BVerfGE 21, 12/27 f; 43, 58/71 f; 96, 1/6 f; BFHE 145, 383/386). In besonders atypischen Fällen kann ein Erlass von Steuern geboten sein (BVerfGE 48, 102/114 ff; BVerfG-K, NVwZ 95, 990). Eingriffe in die *Wettbewerbsgleichheit* sind hinzunehmen, wenn dafür ein hinreichender sachlicher Grund besteht (BVerfGE 43, 58/70).

46   Hinsichtlich der *Erschließung von Steuerquellen* hat der Gesetzgeber einen sehr weiten Spielraum (BVerfGE 49, 343/360; 65, 325/354; 81, 108/117; BFHE 151, 285/286), ebenso für die Höhe des Steuersatzes (BVerfGE 84, 239/271; 85, 238/244). Was die *Bemessungsgrundlage* angeht, wird der Gesetzgeber nicht gehindert, statt eines individuellen Wirklichkeitsmaßstabes aus Gründen der Praktikabilität pauschale Maßstäbe zu wählen, „es sei denn, dass die steuerlichen Vorteile der Typisierung nicht mehr im rechten Verhältnis zu der mit der Typisierung notwendig verbundenen Ungleichheit der steuerlichen Belastung stehen" (BVerfGE 65, 325/354 f; 31, 119/130 f; s. auch unten Rn.53). Schließlich darf die Steuer*erhebung* nicht strukturell zu einer weitreichenden Belastungsungleichheit führen (BVerfGE 84, 239/272; 101, 151/155).

b) Einkommen- und Körperschaftsteuern. aa) Die verschie- **47** denen Einkommensarten müssen gleichbehandelt werden, wogegen der Ausschluss der Verlustverrechnung im Bereich der Vermietung verstößt (BVerfGE 99, 88/95). Weiter spielt eine wichtige Rolle, dass die Besteuerung an der wirtschaftlichen Leistungsfähigkeit ausgerichtet werden muss (BVerfGE 89, 346/352; oben Rn.45). Daher sind etwa Unterhaltsverpflichtungen zu berücksichtigen (BVerfGE 61, 319/344; 66, 214/223; 67, 290/297), nicht dagegen die Vermögensteuer (BVerfGE 43, 1/7). Besserverdienende können höher besteuert werden, doch dürfen dadurch keine Ungleichheiten unter den Besserverdienenden entstehen (BVerfGE 82, 60/89).

Bei der Einkommensteuer müssen Einkünfte steuerfrei bleiben, die **48** das **Existenzminimum** abdecken, und zwar für den Steuerpflichtigen (BVerfG 99, 246/260) wie für dessen Familienmitglieder (BVerfGE 99, 216/233; Rn.23 zu Art.6), insb. für die Kinder (BVerfGE 91, 93/109; BFHE 174, 328/333 f). Unterhaltsaufwendungen müssen daher als Minderung der Leistungsfähigkeit vorweg abgezogen werden (BVerfGE 82, 60/86 f; 89, 346/352 f; 99, 246/ 260). Das vom Gesetzgeber festzulegende Existenzminimum darf die entspr. durchschnittlichen Sozialhilfeanforderungen nicht unterschreiten (BVerfGE 87, 153/171; 91, 93/110, 112; 99, 246/260). Bei Berufsausbildungsaufwendungen (nach dem 8. Lebensjahr) ist eine Freistellung in Höhe der Hälfte der durchschnittlichen Aufwendungen ausreichend (BVerfGE 89, 346/355). Grundlage für diese Sicherung des Existenzminimums ist Art.3 Abs.1 iVm dem Sozialstaatsprinzip sowie ggf. iVm Art.6 GG (BVerfGE 82, 60/86; 91, 93/108 f). Die Rspr. hat dagegen für den Steuerpflichtigen Art.1 Abs.1 (BVerfGE 82, 60/85) bzw. Art.2 Abs.1 iVm Art.14 herangezogen (BVerfGE 87, 153/169); sachgerechter erscheint es auch insoweit wegen des Wertungswiderspruchs zum Sozialrecht vor allem auf Art.3 Abs.1 abzustellen.

bb) Im Einzelnen ergab sich ein Verstoß gegen Art.3 Abs.1 in **49** folgenden Fällen: Absetzbarkeit von Ausgaben für politische Parteien (BVerfGE 8, 51/63 ff), die besondere Belastung von Allein-

erziehenden (BVerfGE 61, 319/342 ff; 68, 143/152) und von berufstätigen Eltern (BVerfGE 47, 1/31 f), Stichtage für Kinderfreibeträge (BVerfGE 23, 1/7 ff; 33, 90/103 ff), Differenzierungen bei
Sonn-tags-, Feiertags- und Nachtzuschlägen (BVerfGE 25, 101/108;
89, 15/24 f), Privilegierung von Landwirten bei Veräußerungsgewinnen (BVerfGE 28, 227/237 f), die Steuerfreiheit von Abgeordnetenentschädigungen (BVerfGE 40, 296/328; s. allerdings
BVerwG, NVwZ 83, 667), Differenzierungen zwischen der Einkommen- und der Lohnsteuer (BVerfGE 23, 1/6; 33, 90/103;
BFHE 167, 152/154 ff), völligen Ausschluss der Verlustverrechnung
bei Vermietung (BVerfGE 99, 88/95), Obergrenzen bei außergewöhnlichen Belastungen (BVerfGE 66, 217/222 ff), die Freistellung
von Aufwandsentschädigungen ohne ausreichenden Grund
(BVerfGE 99, 280/290 f) sowie die unterschiedliche Behandlung
von Aufwandsentschädigungen (BFHE 175, 368/375 ff). Entgegen
der gängigen Praxis ist es schwerlich mit Art.3 Abs.1 vereinbar, die
Absetzung von Aufwendungen von der Bemessungsgrundlage für
die Einkommens- und Körperschaftsteuer für Aktivitäten zuzulassen, die der Staat fördern will; warum diese Aktivitäten in Abhängigkeit von der Ertragslage gefördert werden sollen, ist nicht einzusehen (Tippke, Steuerrechtsordnung, Bd. I, 1993, 365 f; für den
Bereich der Parteien BVerfGE 85, 264/313 f). Eine Vielzahl anderer
Vorschriften wurde für verfassungsmäßig erklärt, etwa die nur teilweise Absetzbarkeit der Kosten der Kindererziehung (BVerfGE 43,
108/120 f; s. auch Rn.23 zu Art.6), die reduzierten Höchstgrenzen
für Unterhaltsleistungen an im Ausland wohnende Personen
(BVerfGE 78, 214/230 f) oder die privilegierende Bewertung von
Einfamilienhäusern (BVerfGE 74, 182/200 ff; s. auch unten Rn.51).
Die unterschiedliche steuerliche Behandlung von Pensionen und
Renten ist auf Dauer nicht hinnehmbar (BVerfGE 54, 11/34 ff; 86,
369/380 f).

50   **c) Gewerbe-, Umsatz- und Verkehrsteuern.** Im Gewerbesteuerrecht waren die Nichtanerkennung von Ehegatttenarbeitsverhältnissen (BVerfGE 13, 290/295 ff; s. auch E 69, 188/205 ff) und
die Nichtberücksichtigung der Arbeitsvergütungen von wesentlich
beteiligten Kapitalgesellschaften (BVerfGE 13, 331/341) sowie die
Zweigstellensteuer (BVerfGE 21, 160/168) unzulässig. Die Gewerbesteuer an sich ist dagegen mit Art.3 Abs.1 vereinbar, auch die
Ausklammerung der freien Berufe (BVerfGE 26, 1/8; 46, 224/240).
Im Umsatzsteuerrecht verstieß die unzureichende Wettbewerbsneutralität gegen Art.3 (BVerfGE 21, 12/31 ff), ebenso die Ungleichbe-

handlung ärztlicher Laborgemeinschaften und gewerblicher Analyseunternehmen (BVerfGE 43, 58/72 ff) und die Benachteiligung der
von einer juristischen Person erbrachten ärztlichen Leistungen
(BVerfGE 101, 151/156 f), weiter die Benachteiligung von Ehegatten bei der Kapitalverkehrsteuer (BVerfGE 26, 321/324 ff) sowie die
gleichzeitige Erhebung von Schenkungsteuer und Grunderwerbsteuer (BVerfGE 67, 70/88 f). Zulässig ist dagegen unter gewissen
Voraussetzungen die Benachteiligung des Werkverkehrs gegenüber
dem gewerblichen Güterfernverkehr (BVerfGE 38, 61/100).

d) Sonstige Steuern. Eine Zweitwohnungssteuer mit einer Un **51**
gleichbehandlung von einheimischen und ortsfremden Zweitwohnungsbesitzern ist unzulässig (BVerfGE 65, 325/357). Zu Sozialversicherungsabgaben unten Rn.55 f. Die ungleiche Bewertung von
Grundvermögen und sonstigen Vermögen bei der *Vermögenssteuer* ist
unzulässig (BVerfGE 93, 121/146 f); gleiches gilt für die *Erbschaftssteuer* (BVerfGE 93, 165/176 ff); vgl. auch oben Rn.49 und unten
Rn.59. Eine als Soll-Ertragssteuer konzipierte Vermögenssteuer darf,
außer unter besonderen Umständen, den Vermögensstamm nicht
angreifen (BVerfGE 93, 121/137, 138 f). Zulässig ist aber auch eine
Vermögenssteuer mit Umverteilungswirkung (vgl. Rn.108 zu
Art.20; Gubelt MüK 52; offengelassen BVerfGE 93, 121/135). Eine
Begrenzung der Vermögenssteuer auf die Hälfte der durch die sonstigen Steuern reduzierten möglichen Erträge des Vermögens lässt
sich nicht aus dem GG ableiten (BVerfGE *abwM* 93, 121/152 ff;
a. A. BVerfGE 93, 121/138). Das der individuellen Lebensführung
dienende Vermögen darf nicht der Vermögenssteuer unterworfen
werden, wozu auch Einfamilienhäuser mit durchschnittlichem Wert
gehören (BVerfGE 93, 121/141). Dies gilt auch für die Erbschaftssteuer bei Ehegatten und Kindern (BVerfGE 93, 165/174 f). Führt
ein Erbe einen Betrieb fort, kann die Erbschaftssteuer so ausgestaltet
werden, dass die Fortführung des Betriebs nicht gefährdet wird (für
Verpflichtung BVerfGE 93, 165/175 f).

e) Nichtsteuerliche Abgaben bedürfen einer besonderen Legi **52**
timation (BVerfGE 75, 108/158); näher Rn.8 ff zu Art.105. Die
Abwasserabgabe ist zulässig (BVerwGE 79, 54/60). Höhere Benutzungsgebühren müssen bei der Abwasserabgabe berücksichtigt werden (BVerwGE 78, 275/279 f). **Beiträge** (zum Begriff Rn.15 zu
Art.105) können auch dann erhoben werden, wenn nur indirekte
bzw. potentielle Vorteile entstehen (BVerwGE 64, 248/259 ff). Die
Beiträge sind im Verhältnis der Beitragspflichtigen untereinander
grundsätzlich vorteilsgerecht zu bemessen (BVerwGE 92, 24/26;

108, 169/181). Der Verzicht auf Beiträge und die bloße Erhebung von Entwässerungsgebühren ist nicht unbegrenzt möglich (BVerwG, NVwZ 82, 623).

53   Strengere Anforderungen stellt der Gleichheitssatz beim Maßstab für **Gebühren** (zur Abgrenzung Rn.13 zu Art.105); die Geldleistungspflichten müssen entsprechend den jeweiligen Vorteilen auf die Abgabenschuldner aufgeteilt werden (BVerfGE 50, 217/227; BVerwGE 68, 36/38 ff; NVwZ 83, 289), ohne dass eine strikte Leistungsproportionalität geboten ist (BVerwG, DVBl 01, 489 f). Eine Typisierung insb. aus Gründen des Verwaltungsaufwandes ist allerdings zulässig (BVerwGE 80, 36/41 f; NVwZ-RR 95, 349); s. auch oben Rn.30 f. Doch darf ein Wahrscheinlichkeitsmaßstab nicht in einem offensichtlichen Missverhältnis zum Maß der tatsächlichen Inanspruchnahme stehen (BVerwG, NVwZ 87, 231; NVwZ-RR 95, 595). Soweit öffentliche Interessen verfolgt werden, muss die öffentliche Hand dafür aufkommen (BVerwGE 69, 242/245 f; 81, 371/373); für die Festlegung des Anteils für das Allgemeininteresse besteht eine weite Einschätzungsfreiheit (BVerwGE 69, 242/247; 81, 371/376). Eine einkommensabhängige Gestaltung der Gebührenhöhe ist jedenfalls zulässig, solange der Höchstbetrag unter den Kosten bleibt (BVerfGE 97, 332/346; BVerwGE 107, 188/193), etwa bei Kindergartengebühren (BVerwG, NJW 00, 1130). Ein Abschlag bei den Gebühren zugunsten von Gemeindeangehörigen ist zulässig, sofern die Einrichtung aus Gemeindemitteln bezuschusst wird (BVerwGE 104, 60/66 f). Das Kostendeckungsprinzip ergibt sich dagegen nicht aus Art.3, sondern aus dem einfachen Landesrecht (BVerfGE 97, 332/345; BVerwG, NVwZ 86, 483; 87, 503); lediglich eine gewisse Kostenorientierung ist verfassungsrechtlich geboten (vgl. BVerfGE 50, 217/226 f; 85, 337/346). Zum Äquivalenzprinzip Rn.25a zu Art.2.

2. Sozialrecht, Arbeitsrecht, Beamtenrecht

54   **a) Sozialrecht. aa) Allgemein** hat der Gesetzgeber im Sozialrecht, insb. im Sozialversicherungsrecht einen weiten Spielraum, etwa bei der Finanzierung sozialer Sicherungssysteme (BSGE 58, 10/13; 62, 136/140). Möglich sind unterschiedliche Konzepte für verschieden Gebiete (BVerfGE 97, 271/297). Typisierungen sind aber nicht unbegrenzt möglich (BVerfGE 28, 324/355; 63, 119/128; oben Rn.30 f). Deutlichere Beschränkungen des Spielraums ergeben sich, wenn Regelungen Auswirkungen auf Freiheitsrechte aufweisen (BVerfGE 89, 365/376; oben Rn.31).

bb) Sozialversicherung (ohne Arbeitsförderung). Wegen des 55
die Sozialversicherung beherrschenden *Versicherungsprinzips* muss
grundsätzlich eine Äquivalenz zwischen Beiträgen und Leistungen
bestehen (vgl. BVerfGE 63, 152/171; 79, 87/99 ff; 90, 226/240).
Allerdings erlaubt das Solidarprinzip Abweichungen (BVerfGE 20,
52/54 f; 79, 223/236 ff). Eine Schlechterbehandlung von freiwillig
Versicherten kann wegen der weniger sicheren Gegenleistungen und
der möglichen Missbrauchsgefahr zulässig sein (BVerfGE 36,
120/124 ff; 47, 168/177 ff; 71, 1/15 f). Eine Verschiebung von Lasten auf künftige Generationen ist problematisch (Jarass, NZS 97,
549 ff).

Im Einzelnen betrafen gegen Abs.1 verstoßende Regelungen 56
folgende Aspekte und Situationen: die Anrechnung von Kindererziehungszeiten (BVerfGE 87, 1/36 ff; 94, 241/262 ff), die Berücksichtigung der Kindererziehung bei der Bemessung von Beiträgen
(BVerfG, DVBl 01, 205), die Abgrenzung der Empfänger von
Wohngeld (BVerfGE 27, 220/226 f) und von Mutterschaftsgeld
(BVerfGE 38, 213/219), die Rentenversicherung von Ehegatten-Ar-
beitnehmern (BVerfGE 18, 257/269) und von freien Berufen
(BVerfGE 38, 41/45 ff), die undifferenzierte bzw. sachlich unzureichend fundierte Kappung von Renten, die auf DDR-Arbeitsein-
kommen zurückgehen (BVerfGE 100, 59/90 ff, 98 ff; 100,
104/132 ff; 100, 138/ 174 ff), die Ungleichbehandlung von Angestellten im öffentlichen Dienst und sonstigen Angestellten bei Betriebsrenten (BVerfGE 98, 365/388 f), die Gleichbehandlung bei der
Zusatzrente trotz höchst unterschiedlicher Versorgungszusagen
(BVerfGE 98, 365/384 f), die Anrechnung von Pflichtbeiträgen
(BVerfGE 63, 119/126 ff), die Verweigerung eines höheren Kran-
kenversicherungsschutzes über den Ehegatten wegen eigener Versicherung (BVerfGE 40, 65/81 f; s. auch BSGE 51, 265/266), die
Schlechterbehandlung von teilweise freiwillig Versicherten in der
Krankenversicherung (BVerfGE 102, 68/98), die Begünstigung von
Gewerkschaften bei Selbstverwaltungswahlen (BVerfGE 30,
227/246), die Witwen von Berufsunfähigen (BVerfGE 32,
365/371 f), die Behandlung von Angehörigen in der Knappschafts-
versicherung (BVerfGE 39, 316/326), den Schutz der Leibesfrucht
bei Berufskrankheiten (BVerfGE 45, 376/385; einschr. E 75,
348/358), das Überwechseln von der berufsständischen Versorgung
in die Angestelltenversicherung (BVerfGE 38, 41/45 ff), die Benachteiligung von Beamtinnen, die das Altersversorgungssystem nach
Rückkehr in den Beruf wechseln (BVerfGE 98, 1/13), die Schlechterstellung von Gemeinschaftspraxen gegenüber Einzelärzten (BSGE

61, 92/95). Probleme ergaben sich beim versorgungsrechtlichen Härteausgleich (BVerfGE 60, 16/43 ff) und beim schuldrechtlichen Versorgungsausgleich (BVerfGE 71, 364/394). Die Berechnung des Versorgungsausgleichs war teils zulässig (BGHZ 81, 152/156 ff), teils unzulässig (BGHZ 85, 194/206 ff). Unzulässig ist die Verweigerung der Rentenzahlung an Ausländer im Ausland (BVerfGE 51, 1/22 ff), nicht jedoch die Kürzung von Leistungen an derartige Personen (BSGE 53, 49/51; 54, 97/99 ff; Heun DR 36). Teilzeitarbeit darf nur quantitativ, nicht qualitativ anders als Vollzeitarbeit behandelt werden (BVerfGE 97, 35/44). Die Heranziehung zu Sozialversicherungsabgaben zugunsten Dritter, wie bei der Künstlersozialabgabe, bedarf einer besonderen Rechtfertigung, etwa einer Solidaritäts- und Verantwortlichkeitsbeziehung (BVerfGE 75, 108/158). Das Ruhen von sozialrechtlichen Leistungen kann angeordnet werden, soweit anderweitige Leistungen mit gleicher Zweckbestimmung gewährt werden (BVerfGE 79, 87/98). Beitragsunterschiede von Krankenkassen, die verschiedenen Hoheitsträgern zuzurechnen sind, können keine Probleme aufwerfen (vgl. oben Rn.10; a. A. Heun DR 73).

57 **cc)** Im Bereich der **Arbeitsförderung** wurden Verstöße festgestellt: bei der Abgrenzung der Bezieher von Arbeitslosengeld (BVerfGE 42, 176/182; 74, 9/28), bei der Beitragspflichtigkeit bestimmter Einkünfte ohne deren Berücksichtigung auf der Leistungsseite (BVerfGE 92, 53/68 ff; 102, 127/142 ff), hinsichtlich der bei ihren Eltern beschäftigten Arbeitnehmern (BVerfGE 18, 366/372 f), bei der Benachteiligung der Doppelverdiener-Ehe in der Arbeitslosenhilfe (BVerfGE 87, 234/258), beim Mutterschaftsgeld bei der Bevorzugung von Landwirtskindern (BVerfGE 20, 374/377 f) und bei der Umlage nach dem Lohnfortzahlungsgesetz (BVerfGE 48, 227/235 ff).

58 **dd)** Im Bereich der **Wiedergutmachung** und des **Ausgleichs** von Schäden der Verfolgung und des Krieges hat der Gesetzgeber einen sehr weiten Spielraum (BVerfGE 53, 164/177; 71, 66/76 f; 102, 254/299; Starck MKS 164). Wird eine Wiedergutmachung wie bei der Kriegsopferentschädigung wesentlich durch ideelle Aspekte mitgeprägt, ist auf Dauer eine Ungleichbehandlung zwischen West- und Ostdeutschland unzulässig (BVerfGE 102, 41/61). Ein Verstoß ergab sich des Weiteren bei der Hinterbliebenenrente von Kriegerwitwen (BVerfGE 38, 187/198). Dagegen erwiesen sich zahlreiche Regelungen des EntschädigungsG als verfassungskonform (BVerfGE 102, 254/299 ff), desgleichen Regelungen des AusgleichsleistungsG (BVerfGE 102, 254/319 ff) und des NS-VerfolgtenentschädigungsG (BVerfGE 102, 254/341 ff). Vgl. auch Rn.106 zu Art.20.

ee) Im **sonstigen Sozialrecht** zeigten sich Verstöße gegen 59
Abs.1: beim Kindergeld für verheiratete Kinder (BVerfGE 29, 71/
78 f), bei der Abgrenzung der Empfänger von Wohngeld (BVerfGE
27, 220/226 f) und von Blindenhilfe (BVerfGE 37, 154/164). Bei
der Ausbildungsförderung ergaben sich Verstöße hinsichtlich der
Anrechnung von Einkünften und Vermögen des dauernd getrennt
lebenden Ehegatten (BVerfGE 91, 389/400 ff; vgl. auch E 70,
230/239 ff) sowie der Eltern (BVerfGE 99, 165/181 f) und hinsichtlich der unterschiedlichen Bewertung von Grundbesitz und sonstigem Vermögen (BVerfGE 100, 195/206 ff; vgl. oben Rn.51). Zulässig ist die Beschränkung von Babygeld auf ausländische Kinder,
deren Eltern eine Aufenthaltsberechtigung oder eine unbefristete
Aufenthaltserlaubnis besitzen (BVerwG, NVwZ 87, 51).

b) Im **Arbeitsrecht** hat der Gleichheitssatz große Bedeutung. 60
Arbeitsrechtliche Vorschriften sind unmittelbar an Art.3 zu messen
(allg. Vorb.14 vor Art.1). Unzulässig sind daher kürzere Kündigungsfristen für Arbeiter als für Angestellte (BVerfGE 82, 126/146 ff; s.
auch E 62, 256/274), nicht dagegen für Heimarbeiter (BAGE 52,
238/240). Arbeiterinnen dürfen im Hinblick auf die Nachtarbeit
nicht anders als Angestellte behandelt werden (BVerfGE 85,
191/210 f). Die Beschränkung des Kündigungsschutzes auf Betriebe
mit mehr als zwei Angestellten ist unzulässig (BAGE 69, 242/247 ff),
desgleichen der Ausschluss von einer Zusatzversorgung bei mehreren
geringfügigen Beschäftigungen (BAGE 72, 345/348 ff). Die Ausweitung der Montan-Mitbestimmung auf Konzernobergesellschaften ist
teilweise unzulässig (BVerfGE 99, 367/390). Andererseits kann der
Ausschluss der Mitbestimmung in Kleinbetrieben größerer Unternehmen unzulässig sein (BAGE 92, 11/16 f). Auch **Tarifverträge**
werden vom BAG an Art.3 Abs.1 gemessen (BAGE 48, 107/113 f;
71, 29/35 f; 76, 90/98); näher dazu Rn.31 zu Art.1. Verstöße ergaben sich zB bei der Ungleichbehandlung von Teilzeitarbeit (BAGE
85, 257/263; 86, 291/296 f; BAG, NJW 93, 875), bei der Benachteiligung von Personen, die aus den neuen Bundesländern kommen,
auf Dauer jedoch im Westen tätig sind (BAGE 71, 68/74 ff), sowie
bei der Anrechnung übertariflicher Zulagen (BAG, DB 85, 1239).
Art.3 Abs.1 kann auch zur Ergänzung von Tarifverträgen führen
(BAGE 41, 163/169 ff). Die Reichweite eines Tarifvertrags wird
nicht an Art.3 Abs.1 gemessen (BAGE 48, 307/310). Im Rahmen
der (individuellen) arbeitsrechtlichen **Vertragsfreiheit** kommt Art.3
Abs.1 nur im Wege der Ausstrahlungswirkung zum Tragen (oben
Rn.13); doch hat die Rspr. insoweit einen einfachgesetzlichen

Gleichheitssatz entwickelt (BAGE 42, 217/220; 71, 29/37, 45; Osterloh SA 191), der seinerseits an Art.3 Abs.1 zu messen ist (BVerfG-K, NJW 98, 591).

61   **c)** Im **öffentlichen Dienstrecht,** insb. im Besoldungsrecht, hat der Gesetzgeber einen erheblichen Spielraum (BVerfGE 13, 356/362; 65, 141/148; 71, 39/52; 76, 256/330). Fiskalische Überlegungen stellen jedoch in der Regel keinen zulässigen Differenzierungsgrund dar (BVerfGE 19, 76/84 f; 76, 256/311; 93, 386/402). Ein Verstoß gegen Art.3 wurde angenommen bei einer besoldungsrechtlichen Einstufung von Richtern (BVerfGE 26, 100/110; 26, 163/164; 56, 146/168), bei der Nichtberücksichtigung von Richterzulagen bei Besoldungserhöhungen (BVerfGE 56, 353/359 ff), bei der Anrechnung bestimmter Einkünfte auf die Versorgungsbezüge (BVerfGE 27, 364/371 ff), bei der Nichtberücksichtigung der Höhe der Versorgungszusagen (BVerfGE 98, 365/386 ff), beim Ausschluss der Altersversorgung von Unterhalbzeitbeschäftigten (BVerfGE 97, 35/44 ff; BAGE 79, 236/242 f), beim Auslandszuschlag von Soldaten (BVerfGE 93, 386/397 ff), bei den Voraussetzungen der Versorgungsbezüge (BVerfGE 61, 43/65 ff), bei der Berechnung des Ortszuschlags für Alleinerziehende (BAGE 45, 36/45 ff), bei der Amtsbezeichnung (BVerfGE 38, 1/17) und bei der Festsetzung von Beihilfen (BVerwGE 77, 345/349 f), insb. im Hinblick auf die Anrechnung privater Versicherungsleistungen (BVerwGE 77, 331/335 f; 77, 345/349 f). Öffentlich-rechtliche Renten dürfen auf die Pensionen angerechnet werden (BVerfGE 76, 256/329 f). Beamte und Angestellte im öffentlichen Dienst können unterschiedlich behandelt werden (BVerfGE 52, 303/345; 63, 152/166 ff; BVerwG, NJW 86, 1560 f). Die Teilzeitbeschäftigung allein ist kein ausreichender Differenzierungsgrund (BVerwGE 91, 160/164 f). Für den Zugang zum öffentlichen Dienst ist Art.33 Abs.2 lex specialis (Rn.8 zu Art.33). Art.33 Abs.5 steht dagegen neben Art.3 Abs.1 (BVerfGE 61, 43/62).

3. Weitere Rechtsgebiete

62   **a)** Im **Berufs- und Wirtschaftsrecht** hat das BVerfG weniger häufig Konsequenzen aus Art.3 gezogen; meistens stand Art.12 im Vordergrund. Ausnahmen bilden etwa die Benachteiligung von Warenhäusern (BVerfGE 21, 292/304), die Ungleichbehandlung von Banken und Sparkassen (BVerfGE 64, 229/238 ff), von Apotheken und sonstigen Einzelhandelsbetrieben bei der Selbstbedienung (BVerfGE 75, 166/179), das Verbot einer Sozietät zwischen Anwaltsnotaren und Wirtschaftsprüfern (BVerfGE 98, 49/62 f), die Ungleichbehandlung von Anwälten und Rechtsbeiständen bei der Akteneinsicht (BVerfG-K, NVwZ 98, 837) sowie von Versicherungs- und Rentenberatern (BVerfGE 75, 284/300). Unzulässig ist auch das Verbot der Sozietät eines Anwaltsnotars mit einem Nur-Steuerberater (BVerfGE 80, 269/280 ff) und das Verbot einer Sozietät zwischen Anwaltsnotaren und Wirtschaftsprüfern (BVerfGE 98, 49/62). Bei wirtschaftslenkenden und wirtschaftsordnenden Maßnahmen hat das BVerfG den Spielraum des Gesetzgebers besonders betont (oben Rn.24). Zur direkten Beeinträchtigung des Wettbewerbs Rn.15 zu Art.12. Aus Art.3 Abs.1 folgt iVm Art.12 Abs.1 das Gebot der Honorarverteilungsgerechtigkeit (BSGE 83, 205/212). Zur Zulassung zu öffentlichen Einrichtungen, etwa zu einem Volksfest oben Rn.33. Zur Subventionierung oben Rn.21 a.

b) Prozessrecht sowie Strafrecht. aa) Aus Art.3 Abs.1 iVm **63** (für öffentlich-rechtliche Streitigkeiten) dem Grundrecht des Art.19 Abs.4 bzw. iVm (für privatrechtliche Streitigkeiten) dem allgemeinen Justizgewährungsanspruch (Rn.89 zu Art.20) ergibt sich das Gebot der „weitgehenden Angleichung der Situation von Bemittelten und Unbemittelten bei der Verwirklichung des Rechtsschutzes" (BVerfGE 81, 347/356; 10, 264/270; 78, 104/117 f; BGHZ 98, 295/299). In früheren Entscheidungen wurde zudem das Sozialstaatsprinzip herangezogen (BVerfGE 35, 348/355). Insb. ist eine angemessene **Prozesskostenhilfe** geboten (BVerfGE 22, 83/86; 51, 295/302; 56, 139/143; einschr. E 63, 380/394 f), auch im sozialgerichtlichen Verfahren (BVerfGE 54, 251/273), nicht aber im Disziplinarverfahren (BVerwG, NVwZ-RR 97, 664). Dabei braucht der Unbemittelte aber „nur einem solchen Bemittelten gleichgestellt zu werden, der seine Prozessaussichten vernünftig abwägt und dabei auch das Kostenrisiko berücksichtigt" (BVerfGE 81, 347/357; vgl. aber auch E 71, 122/135), was auch im Bereich der Verfassungsbeschwerde bedeutsam ist (BVerfGE 92, 122/124). Die Anforderungen an die Erfolgsaussichten dürfen nicht überspannt werden (BVerfG-K, NJW 00, 1937). Kläger und Beklagter müssen gleichbehandelt werden (BVerfG-K, NJW 99, 3186). Art.3 Abs.1 ist verletzt, wenn die Prozesskostenhilfe das Existenzminimum des Betroffenen nicht gewährleistet (BVerfGE 78, 104/118). Bei juristischen Personen kann die Prozesskostenhilfe knapper als bei natürlichen Personen ausfallen (BVerfGE 35, 348/355 f). Der Ausschluss der Beratungshilfe in arbeitsrechtlichen Streitigkeiten ist unzulässig (BVerfGE 88, 5/12).

64   Die Höhe der **Gerichtskosten** ist am Justizgewährungsanspruch
zu messen (Rn. 93 zu Art. 20). Mit Art. 3 Abs. 1 unvereinbar soll die
fehlende Erstattung von Kosten einer obsiegenden Partei sein
(BVerfGE 16, 231/236; 27, 391/395; 74, 78/94 ff; Starck MKS 206).
Zum Gebot der **Waffengleichheit** Rn. 87, 89 zu Art. 20. Zur Anwendung prozessualer und anderer Vorschriften in gerichtlichen
Verfahren oben Rn. 37–39.

65   **bb)** Die notwendige Verteidigung im **Strafprozess** ist auch
erforderlich, wenn sich der Beschuldigte in Strafhaft befindet
(BVerfGE 40, 1/4). Grundsätzlich zulässig ist die unterschiedliche
Rechtskraft von *Strafbefehl* und Strafurteil (BVerfGE 65, 325/384 ff).
Eine Amnestie muss den Gleichheitssatz beachten (BVerfGE 10,
340/344 f).

66   Strafvollzugsmaßnahmen werden besonders sorgfältig an Abs. 1
gemessen (vgl. BVerfGE 66, 199/205 ff; 69, 161/168 ff). Dies gilt
auch für Unterschiede zwischen inländischer und ausländischer Strafvollstreckung (BGHSt 33, 329/334). Unverständliche Maßnahmen
können ähnlich wie im Bereich der Rspr. (dazu oben Rn. 38) gegen
Art. 3 Abs. 1 verstoßen (BVerfG-K, NJW 90, 3191; NJW 90, 3194).

67   **c)** Im staatlichen **Bildungswesen**, v. a. im **Prüfungsrecht** gilt
das Prinzip der *Chancengleichheit* (BVerfGE 52, 380/388; BVerw-
GE 87, 258/261; BFHE 131, 422/424; Starck MKS 37 ff). Es verlangt, „daß die Prüflinge ihre Prüfungsleistungen möglichst unter
gleichen äußeren Prüfungsbedingungen erbringen können"
(BVerwGE 69, 46/49; 85, 323/325; 87, 258/261 f), ohne dass dabei
auf die jeweiligen Gewohnheiten eingegangen werden muss
(BVerwGE 55, 355/358; NJW 88, 2813). Bei starker Lärmbelastung
ist eine Verlängerung der Prüfungszeit notwendig (BVerwGE 85,
323/325; 94, 64/67 ff). Unterschiedliche Situationen können eine
unterschiedliche Behandlung rechtfertigen (BVerwG, NJW 86,
953). Bei der Änderung von Prüfungsvoraussetzungen sind evtl.
geeignete Übergangsregelungen erforderlich (BVerwG, NVwZ 87,
592; NJW 87, 724; s. auch Rn. 87 a zu Art. 20). Eine fehlerhafte
Prüfung muss auch nach längerer Zeit noch nachgeholt werden
(BVerwG, DVBl 96, 998). Weiter wird aus Art. 3 Abs. 1 im Zusammenspiel mit dem Rechtsstaatsprinzip das Recht auf ein *faires Prüfungsverfahren* abgeleitet (BVerwGE 70, 143/144 f). Verstöße machen
eine neue Prüfung notwendig (BVerwG, NJW 80, 2208), bei der
der Gesichtspunkt der Chancengleichheit voll zu berücksichtigen ist
(BVerwG, DÖV 83, 463 ff). Im Rahmen einer Neubewertung darf
das Bewertungssystem nicht geändert werden; i. Ü. ist aber eine

Verschlechterung, etwa wegen zusätzlich erkannter Mängel, möglich (BVerwGE 109, 211/216 f). Ein befangener Prüfer darf in einer Wiederholungsprüfung in keiner Weise beteiligt sein (BVerwGE 107, 363/368 ff). Der Prüfling muss eventuelle Verstöße rechtzeitig rügen (BVerwGE 69, 46/48 ff; vgl. Rn.83 zu Art.12). Für Prüfungen kann auch Art.12 einschlägig sein (Rn.81–83 zu Art.12); zudem kann Art.19 Abs.4 eine Rolle spielen (Rn.53 zu Art.19).

Zur **Zulassung** zum Studium Rn.66 f zu Art.12. Eine bevorzugte **68** **Förderung** bestimmter Bekenntnis- und Weltanschauungsschulen ist ohne ausreichende Sachgründe unzulässig (BVerfGE 75, 40/71 ff); allg. zur Förderung solcher Schulen Rn.20 zu Art.7.

d) Sonstiges. Ein Mieter darf nicht schlechter gestellt werden, weil **69** er mit einem gewerblichen Zwischenvermieter einen Vertrag geschlossen hat (BVerfGE 84, 197/199 ff). Transsexuellen muss eine Vornamensänderung auch unter 25 Jahren möglich sein (BVerfGE 88, 87/97 f). Die Einschränkung der Staatshaftung gegenüber Ausländern ist wohl zulässig (Rn.22 zu Art.34). Die Ungleichbehandlung von Eigentum und Erbbaurechten durch das VermögensG ist unzulässig (BVerfGE 99, 129/139 ff). Zur Entschädigung für Enteignungen in Ostdeutschland Rn.8 zu Art.143. Zur Förderung konfessioneller Einrichtungen oben Rn.68. Zur Wehrgerechtigkeit Rn.57 zu Art.4. Zum Geistlichenprivileg im Wehrdienst Rn.37 zu Art.4. Zur *Wahlgleichheit* bei Wahlen zum Bundestag Rn.6 f zu Art.38. Zur Wahlgleichheit bei Wahlen zu Landtagen und kommunalen Vertretungen Rn.6 f zu Art.28, bei anderen Wahlen Rn.2 a zu Art.38. Art.3 Abs.1 tritt insoweit zurück (BVerfGE 99, 1/10 f; a. A. noch BVerfGE 85, 148/157), mit der Folge, dass eine Verfassungsbeschwerde bei Landeswahlen ausscheidet (BVerfGE 99, 1/17). Zur Chancengleichheit der Parteien Rn.16 f, 39–43 zu Art.21. Für Wählervereinigungen ergibt sich die Chancengleichheit aus Art.3 Abs.1 iVm Art.9, Art.28 Abs.1 S.2 (BVerfGE 99, 69/79). Die strengen Anforderungen der Wahlgleichheit gelten im Wesentlichen nur für politische Wahlen und Abstimmungen (vgl. Rn.2 a zu Art.38), insb. nicht für Wahlen zum Aufsichtsrat in Kapitalgesellschaften (BAGE 89, 15/21).

Eine nationale Regelung, die EG-Ausländer besser als Inländer **70** behandelt **(Inländer-Ungleichbehandlung)**, weil das EG-Recht einer Erstreckung der für Inländer geltenden Regelung auf EG-Ausländer entgegensteht, dürfte Art.3 Abs.1 beeinträchtigen (BGH, DB 1991, 2485; Gubelt MüK 4 a), obwohl man argumentieren könnte, dass die Ungleichbehandlung durch zwei verschiedene Hoheitsträger verursacht wird (vgl. oben Rn.10). Die Ungleichbehandlung ist

jedoch zulässig, wenn ausreichende Sachgründe für die für Inländer
geltenden Anforderungen bestehen und sich andererseits die relative
Benachteiligung der Inländer in Grenzen hält, etwa wegen des
geringen Marktanteils der EG-Ausländer. Dementsprechend wurde
eine Inländerbenachteiligung im Anwaltsrecht als zulässig eingestuft
(BGHZ 108, 342/346; EuZW 1997, 284), des Weiteren im Handwerksrecht (BVerwG, DVBl 70, 628) und im Beamtenrecht (BAGE
89, 300/306).

71–79   *(unbesetzt)*

B. Die speziellen Gleichheitssätze der Abs.2, 3

I. Gleichberechtigung von Frau und Mann

1. Bedeutung und Abgrenzung zu anderen Vorschriften

80   **aa)** Das Grundrecht der Gleichberechtigung von Frau und Mann
hat seine Grundlage in Abs.2. Im Teilbereich der an das Geschlecht
anknüpfenden Diskriminierungen ist nach Auffassung des BVerfG
gleichzeitig Art.3 Abs.3 S.1 einschlägig (BVerfGE 85, 191/207; 92,
91/109). Einfacher und ebenso leistungsfähig war die früher vom
BVerfG vertretene Auffassung, wonach die Regelung des Abs.3 S.1
insoweit durch Abs.2 verdrängt wird (BVerfGE 6, 389/420; ebenso
Starck MKS 280 f). Um unnötige Probleme zu vermeiden, werden
im Folgenden die Vorgaben des Abs.2 und der geschlechtsbezogenen
Aussagen des Abs.3 S.1 zusammen behandelt.

81   Das Grundrecht der Gleichberechtigung von Frau und Mann
enthält nicht nur ein Diskriminierungsverbot, sondern zudem einen
Auftrag zur Förderung der Gleichberechtigung, wie das durch die
Neuregelung des Abs.2 S.2 zusätzlich klargestellt wurde (unten
Rn.90), also einen Handlungsauftrag für den Staat. Die Vorschrift
enthält einen bindenden Auftrag für den Staat „für die Zukunft die
Gleichberechtigung der Geschlechter durchzusetzen" (BVerfGE 85,
191/207). Dazu besteht angesichts der großen Diskrepanz zwischen
rechtlichem Ideal und gesellschaftlicher Wirklichkeit (vgl. Heun
DR 87 m. N.) besonderer Anlass. Abs.2 (bzw. Abs.3 S.1 Alt.1) hat in
seinem Anwendungsbereich Vorrang vor Abs.1 (oben Rn.2). Die
Verletzung des Art.3 Abs.2 beeinträchtigt regelmäßig auch das allgemeine Persönlichkeitsrecht des Art.2 Abs.1 iVm Art.1 Abs.1
(BAGE 61, 209/213).

Das Grundrecht der Gleichberechtigung enthält ein **subjektives** 82
Recht, auch soweit es um den Auftrag des Staates zur Angleichung
der Lebensverhältnisse geht (unten Rn.74). Des Weiteren enthält das
Grundrecht eine **objektive Wertentscheidung** (BVerfGE 17, 1/27;
37, 217/359 f), was für mittelbar Betroffene von Bedeutung ist
(unten Rn.89). Das Grundrecht schützt sowohl Männer wie Frauen
vor Benachteiligung (BVerfGE 31, 1/4), ihre historische Wurzel ist
allerdings der Abbau der Benachteiligung der Frau (Gubelt MüK 83;
Heun DR 94). Für die **Folgen eines Verstoßes** von Rechtsvorschriften gegen das Grundrecht gilt das oben in Rn.40–43 Ausgeführte entsprechend.

Das Grundrecht hat in allen Teilen **unmittelbare Geltung;** 83
Art.117 Abs.1 ist seit dem 31. 3. 1953 durch Zeitablauf überholt.
Jede gegen das Grundrecht verstoßende Norm ist (seit diesem Zeitpunkt) unwirksam. Ein übergangsweises Weitergelten aus Gründen
der Rechtsklarheit wurde selbst bei der komplizierten Materie des
Ehegüterrechts abgelehnt (BVerfGE 3, 225/237 ff). Werden gleichwohl gegen die Gleichberechtigung von Mann und Frau verstoßende Rechtsvorschriften nach dem 31. 3. 1953 angewandt, besteht
ein Korrekturanspruch für die Zukunft, selbst wenn die entsprechende Entscheidung bereits bestandskräftig wurde (BVerfGE 37,
217/262 f; 48, 327/340; BVerwG, NVwZ-RR 99, 687 f). Für Entscheidungen, die vor diesem Zeitpunkt ergingen, gilt das hingegen
nicht (BVerfGE 17, 99/108; 48, 327/340 f; Gubelt MüK 81). Wirkungen, die kraft Gesetzes eintreten, sind ebenso zu behandeln
(BVerwGE 71, 301/305, 307 f; 71, 108/114).

bb) Das **Recht der EU** enthält in Art.141 EGV eine primär- 84
rechtliche Verpflichtung zur Gleichbehandlung beim Arbeitsentgelt
sowie zahlreiche sekundärrechtliche Verbote der Diskriminierung
von Frauen und Männern (vgl. unten Rn.96, 103). Dies führt zu
bedeutsamen Überschneidungen mit der grundgesetzlichen Gleichberechtigung von Frau und Mann. Soweit inhaltliche Unterschiede
bestehen, ist keine EG-rechtskonforme Auslegung im strikten Sinne
geboten, weil das EG-Recht nicht den Erlass nationaler Grundrechte
verlangt. Denkbar ist evtl. eine EG-rechtsfreundliche Auslegung
(dafür Ebsen HbVerfR § 8 Rn.38; offengelassen Osterloh SA 268).

2. Schutzbereich (Anwendungsbereich)

a) Geschlechtsbezogene Ungleichbehandlung. Der Schutz- 85
bereich des Grundrechts (zum Begriff des Schutzbereichs und der
Prüfungsreihenfolge Vorb.18 vor Art.1) setzt eine Ungleichbehand-

lung, also eine unterschiedliche Behandlung vergleichbarer Sachverhalte (dazu oben Rn.4 f) **in Abhängigkeit vom Geschlecht** des
Grundrechtsträgers voraus. Dies kann zunächst dadurch geschehen,
dass die Ungleichbehandlung das Geschlecht als Differenzierungskriterium einsetzt. Darin liegt eine **direkte Ungleichbehandlung.**
Sie liegt auch dann vor, wenn die Maßnahme vom Geschlecht
lediglich *mit* abhängt (BVerfGE 89, 276/288 f). Die Eröffnung des
Schutzbereichs wird nicht dadurch ausgeschlossen, dass es um einen
Sachverhalt geht, der nur in *einem* Geschlecht verwirklicht werden
kann (Osterloh SA 275; a.A. Gubelt MüK 87); dieser Umstand
spielt aber bei der Rechtfertigung eine wichtige Rolle (unten
Rn.94).

86   Erfasst wird darüber hinaus eine „geschlechtsneutral formulierte
Regelung", die „überwiegend Frauen trifft und dies auf natürliche
und gesellschaftliche Unterschiede zwischen den Geschlechtern zurückzuführen ist" (BVerfGE 97, 35/43; BAGE 80, 173/181 f; 83,
327/336; Sacksofsky o. Lit. B 365 f; Heun DR 96; Gubelt MüK 86;
Osterloh SA 260). Das Grundrecht bietet also auch Schutz gegen
solche **indirekte Ungleichbehandlungen.** Aus diesem Grunde
stellt die Benachteiligung der Hausarbeit gegenüber der sonstigen
beruflichen Tätigkeit einen Verstoß gegen Abs.2 dar (so i.E.
BVerfGE 17, 1/15 f; 37, 217/251; 53, 257/296; BGH, NJW 88,
2373), weil darin eine indirekte Ungleichbehandlung von Frauen
liegt. Gleiches gilt umgekehrt für eine Begünstigung der Hausfrau-
enehe, weil Abs.2 „eine Festschreibung überkommener Rollenver-
teilungen zum Nachteil von Frauen verbietet" (BVerfGE 87,
234/258; ähnlich E 85, 191/207). Wird eine indirekte Ungleichbehandlung vom Betroffenen glaubhaft gemacht, muss die Gegenseite
dies tatsächlich entkräften; das Nachschieben von Gründen bedarf
besonderer Rechtfertigung (BVerfGE 89, 276/289 f; Gubelt MüK
87).

87   **b) Personaler Schutzbereich.** Träger des Grundrechts sind natürliche Personen jedes Geschlechts, auch Kinder. Juristische Personen und Personenvereinigungen können sich nicht auf Abs.2
berufen (Starck MKS 283; Heun DR 94; Osterloh SA 69). Das
Grundrecht steht demjenigen zu, der wegen *seines* Geschlechts benachteiligt wird (dazu unten Rn.89).

3. Beeinträchtigung

88   **a) Benachteiligung durch Träger öffentlicher Gewalt.** Eine
Grundrechtsbeeinträchtigung liegt vor allem dann vor, wenn die

geschlechtliche Ungleichbehandlung (oben Rn.70 f) **durch einen Grundrechtsadressaten**, durch einen Träger öffentlicher Gewalt (Rn.19–26 zu Art.1) **bewirkt** wird. Insoweit gelten die Ausführungen oben in Rn. 9 f entsprechend. Weiter muss der Betroffene einen relativen **Nachteil** erleiden, wobei der Nachteilsbegriff sehr weit ist (näher oben Rn.11 f). Eine Beeinträchtigung bloßer Interessen ist ausreichend (Sachs HbStR V 1040). Zudem werden geringfügige Beeinträchtigungen erfasst (Sachs HbStR V 1041 f; **a. A.** BVerfGE 19, 177/181 ff). Des Weiteren fällt darunter die (ungleiche) *Begünstigung* einer Person des anderen Geschlechts (vgl. oben Rn.11). Keine Rolle spielt, ob Frauen oder Männer benachteiligt werden (oben Rn.82). An einem Nachteil fehlt es etwa bei getrennten Toiletten, Bädern etc. (Rüfner BK 553).

Der Betroffene ist nur dann in Art.3 Abs.2 beeinträchtigt, wenn **89** auf **sein** Geschlecht **abgestellt** wird, nicht auf das Geschlecht eines Dritten. So ist beim Adoptionsnamen nur ein Abstellen auf das Geschlecht des Kindes relevant, nicht auf das eines bestimmten Elternteils (BVerfGE 17, 99/104 f; Sachs HbStR V 1036). Wer wegen des Geschlechts anderer Personen Benachteiligungen erleidet, kann sich aber evtl. auf den objektiv-rechtlichen Gehalt berufen (BVerfGE 37, 217/259 f).

b) Unzureichende Förderung der Gleichberechtigung. **90** Art.3 Abs.2 verlangt vom Staat, die tatsächliche Durchsetzung der Gleichberechtigung zu fördern, insb. auf den Abbau bestehender Nachteile zu Lasten eines Geschlechts hinzuwirken (vgl. oben Rn.81). Dies wurde früher bereits Abs.2 S.1 entnommen und 1994 (Einl.3 Nr.41) durch Abs.2 S.2 klargestellt (BVerfGE 92, 41/109). Die Verpflichtung „zielt auf eine Angleichung der Lebensverhältnisse" zwischen Frauen und Männern (BVerfGE 85, 191/207; 89, 276/285), ohne aber eine Ergebnisgleichheit vorzuschreiben; es geht „allein" um tatsächliche *Chancengleichheit* (Osterloh SA 282; Gubelt MüK 93 d). Familientätigkeit und Erwerbstätigkeit müssen aufeinander abgestimmt werden können (BVerfGE 97, 332/348). Die Verpflichtung richtet sich an den Gesetzgeber wie an die anderen staatlichen Gewalten. Sie enthält nicht nur eine objektiv-rechtliche Verpflichtung, sondern auch ein subjektives Recht (BVerfGE 89, 276/285 ff; Rüfner BK 688; a. A. Scholz MD 66; Gubelt MüK 93 b), wie das auch bei anderen Auftragsgehalten von Grundrechten angenommen wird (Vorb.3 vor Art.1). Bei der Durchführung des Auftrags besitzt allerdings der Staat einen weiten Spielraum, da in Abs.2 S.2 nur ein Fördern bzw. Hinwirken verlangt wird. Dementsprechend lässt sich aus Abs.2 S.2 nur selten ein Anspruch auf eine *bestimmte* Maßnahme der Förderung der Gleichberechtigung herleiten. Immerhin wurde die Schaffung von Kindergartenplätzen als Ausschluss der Schutzpflicht eingestuft (BVerfGE 97, 332/348).

91   **c) Privatrechtliche Beeinträchtigung.** Privatrechtliche Vorschriften, insb. zwingender Art, sind in vollem Umfang an Abs.2 zu messen (Vorb.14 vor Art.1). Benachteiligen sie ein Geschlecht, sind sie verfassungswidrig (BVerfGE 52, 369 f); unzulässig sind auch formale Diskriminierungen, selbst wenn sie in der Sache nicht notwendig eine Benachteiligung bedeuten (BVerfGE 63, 181/195; 68, 384/390; BGHZ 86, 57/60). Gesetze zur Gleichstellung von Mann und Frau haben regelmäßig Vorrang vor der Vertragsfreiheit (a. A. Starck MKS 310). Für die Ausstrahlung von Abs.2 auf die *Anwendung* privatrechtlicher Vorschriften gilt grundsätzlich das zu Abs.1 Ausgeführte (oben Rn.13). Allerdings ist der hohe Rang des Abs.2 zu beachten, weshalb die Ausstrahlung intensiver als bei Abs.1 ist (Gubelt MüK 82). Bei einer Ungleichbehandlung von Männern und Frauen muss der Arbeitgeber das Vorliegen sachlicher Gründe beweisen (BAGE 36, 187/193; 39, 336/340). Dabei ist ein strenger Maßstab anzulegen (BVerfGE 89, 276/289 f). Zudem wird Abs.2 bereits verletzt, wenn das Geschlecht (nur) einer von mehreren Gründen für die Nichteinstellung ist (BVerfGE 89, 276/288 f). Auf der anderen Seite dürften private Aktivitäten zugunsten der tatsächlichen Gleichberechtigung in großem Umfang zulässig sein. Dies dürfte auch für Quoten in Parteien gelten (Rüfner BK 812 ff). Zum Arbeitsrecht s. auch unten Rn.100.

4. Rechtfertigung von Beeinträchtigungen

92   **a) Möglichkeiten der Rechtfertigung.** Das Grundrecht der Gleichbehandlung von Mann und Frau weist keinen Gesetzesvorbehalt auf, weder im Bereich des Abs.2 noch des Abs.3 S.1. Der Gesetzgeber wird also nicht zu Einschränkungen ermächtigt. Möglich ist aber eine Rechtfertigung durch kollidierendes Verfassungsrecht (BVerfGE 92, 91/109; Osterloh SA 254; Jarass, AöR 95, 375 f), sei es durch den Auftrag des Art.3 Abs.2 (unten Rn.97) oder durch sonstiges Verfassungsrecht (unten Rn.98). Darüber hinaus ist i. E. anerkannt, dass der Gesetzgeber unter gewissen Voraussetzungen das Geschlecht als Differenzierungskriterium einsetzen kann. Systematisch wird dies teilweise als Einschränkung des Tatbestands, des Schutzbereichs qualifiziert, obwohl die Möglichkeiten des Gesetzgebers durch den Grundsatz der Verhältnismäßigkeit begrenzt wer-

den (unten Rn.94, 96), was gegen eine Beschränkung des Schutzbereichs und für eine Qualifikation als Rechtfertigungsmöglichkeit
spricht (Jarass, AöR 95, 377 f; vgl. Vorb.20 vor Art.1). Die rechtliche
Grundlage für diese Rechtfertigungsmöglichkeit ergibt sich aus der
Struktur der Gleichheitsrechte, die Handlungen, die an sich zu einer
Differenzierung führen, unter bestimmten Voraussetzungen zuzulassen (näher Jarass, AöR 1995, 379 f). In diese Richtung deutet es,
wenn das BVerfG davon spricht, dass das Geschlecht „grundsätzlich –
ebenso wie die anderen in Abs.3 genannten Merkmale – nicht als
Anknüpfungspunkt für eine rechtliche Ungleichbehandlung heran-
gezogen werden" darf (BVerfGE 85, 191/206). Das *grundsätzliche*
Verbot beschreibt den Tatbestand, die Ausnahmen bedürfen einer
noch näher zu beschreibenden Rechtfertigung (dazu unten
Rn.93–98).

b) Gesetzliche Grundlage. Wenig geklärt ist die Frage, ob die **93**
(ausnahmsweise) Verwendung des Geschlechts als Differenzierungs-
kriterium, unabhängig von den materiellen Anforderungen (unten
Rn.94–98) generell einer (speziellen) gesetzlichen Grundlage bedarf.
Dies ist jedenfalls für direkte Ungleichbehandlungen (dazu oben
Rn.85) zu bejahen (vgl. Rn.48 zu Art.20), etwa bei der Privilegie-
rung von Frauen im öffentlichen Dienst (OVG NW, NJW 89, 2561;
Osterloh SA 290).

c) Materielle Voraussetzungen direkter Ungleichbehand- **94**
lung. Die (direkte) Verwendung des Geschlechts als Differenzierungskriterium (oben Rn.85) ist ausnahmsweise zulässig, „soweit sie
zur Lösung von Problemen, die *ihrer Natur nach* nur entweder bei
Männern oder bei Frauen auftreten können, zwingend erforderlich"
ist (BVerfGE 85, 191/207; 92, 91/109). Die Formel, wonach bereits
Unterschiede genügen, die „das zu ordnende Lebensverhältnis so
entscheidend prägen, dass etwa vergleichbare Elemente daneben
vollkommen zurücktreten" (BVerfGE 10, 59/74; 68, 384/390), ist
überholt (Osterloh SA 273). Insb. können funktionale (arbeitsteilige)
Unterschiede eine Ungleichbehandlung nicht rechtfertigen (Heun
DR 99; Sachs HbStR V 1052 f; Gubelt MüK 90; Stein AK 74; a. A.
noch BVerfGE 68, 384/390; offengelassen BVerfGE 84, 9/18).
Abs.2 verbietet gerade eine Festschreibung überkommener Rollen-
verteilungen (oben Rn.86). Die Ungleichbehandlung ist einer *stren-*
gen Verhältnismäßigkeitsprüfung zu unterziehen (Osterloh SA 274); sie
muss zur Erreichung des damit verfolgten Ziels geeignet und erforderlich und im Hinblick auf die geschlechtsbezogene Ungleichbehandlung angemessen sein (BAGE 66, 264/274; Gubelt MüK 89).

95 Nicht zu rechtfertigen sind **Schutzvorschriften** „zugunsten" von Frauen, die mit deren schwächerer körperlicher Konstitution o. ä. begründet werden (Rüfner BK 658). Die Vorschriften können unschwer direkt an der körperlichen Konstitution o. ä. anknüpfen (vgl. BVerfGE 92, 91/110), sofern auf sie nicht völlig verzichtet werden kann. Die weitreichenden Typisierungsmöglichkeiten, die im Rahmen von Abs.1 zulässig sind, können bei Abs.2 nicht akzeptiert werden (vgl. BVerfGE 31, 1/4; anders jedoch für einen Sonderfall BVerfGE 43, 213/230). Arbeitsschutzvorschriften, die die berufliche Tätigkeit von Frauen beschränken, dürften daher generell mit Abs.2 bzw. Abs.3 S.1 nicht vereinbar sein (Gubelt MüK 90; vgl. Sachs, DÖV 84, 417; anders noch BVerfGE 5, 9/11 f), es sei denn, es geht um den Schutz der Mutterschaft (dazu unten Rn.98). Dementsprechend verstößt das Nachtarbeitsverbot für Frauen gegen Abs.2 bzw. Abs.3 S.1 (BVerfGE 85, 191/209 f).

96   **d) Materielle Voraussetzungen indirekter Ungleichbehandlung.** Eine indirekte Ungleichbehandlung (oben Rn.86) ist zulässig, wenn sie durch gewichtige objektive Gründe gerechtfertigt ist (BAGE 83, 327/337) und somit nichts mit einer Diskriminierung wegen des Geschlechts zu tun hat (Gubelt MüK 91; vgl. EuGHE 1986, 1607/1627; zur ähnlichen Problemlage bei Art.141 EGV; ähnlich BVerfGE 57, 335/343 f; Heun DR 96; vorsichtiger BVerfGE 48, 346/366). Eine indirekte Ungleichbehandlung dürfte auch durch andere als biologische Unterschiede gerechtfertigt werden können. Doch ist auch hier eine *Verhältnismäßigkeitsprüfung* geboten (BAGE 74, 309/314 f); insoweit gelten die Ausführungen oben in Rn.94 mit gewissen Abstrichen.

97   **e) Ausgleich von Nachteilen.** Art.3 Abs.2 bzw. Abs.3 S.1 ist nicht verletzt, wenn in Ausführung des Auftrags zur Durchsetzung der Gleichbehandlung (oben Rn.81) „faktische Nachteile, die typischerweise Frauen treffen, ...durch begünstigende Regelungen ausgeglichen werden" (BVerfGE 85, 191/207; 74, 163/180; 92, 91/109; BAGE 86, 79/85; BSGE 65, 181/184), wobei ein sachlicher Zusammenhang bestehen muss (Gubelt MüK 93 e; vgl. unten Rn.101). Durch Art.3 Abs.2 S.2 wird dies noch besonders hervorgehoben. Art.3 Abs.2 gestattet in diesem Rahmen eine bevorzugende Ungleichbehandlung von Frauen (vgl. BT-Drs. 12/6000, 50). Unter dieser Voraussetzung sind auch Regelungen möglich, die einen höheren Frauenanteil bei beruflichen Tätigkeiten fördern oder gar erzwingen. Voraussetzung ist aber zunächst eine gesetzliche Grundlage (oben Rn.93). Zudem muss der Zusammenhang mit dem Nachteil, dem die Frauen in dem konkreten Zusammenhang ausgesetzt sind und der kompensiert werden soll, umso deutlicher belegbar sein, je größer die Belastung für die Männer ist. Das gilt insb. für **Quotenregelungen** (dazu unten Rn.103). Zu beachten ist im Übrigen, dass Abs.2 S.2 die Förderung der Chancengleichheit verlangt, nicht die paritätische Besetzung beruflicher Positionen (Osterloh SA 283, 288; Scholz MD 61). Schließlich ist der Grundsatz der Verhältnismäßigkeit zu beachten. Ändern sich die zugrunde liegenden Verhältnisse, können kompensatorische Regelungen verfassungswidrig werden (BVerfGE 74, 163/181 f; BAGE 85, 284/290).

f) Sonstiges kollidierendes Verfassungsrecht. Beschränkungen können außer durch Art.3 Abs.2 S.2 auch durch andere kollidierende Verfassungsnormen gerechtfertigt sein (BVerfGE 92, 91/109). So rechtfertigt Art.6 Abs.4 den Schutz der Mutter und den damit verbundenen Schutz des (werdenden) Kindes (vgl. Rn.43 zu Art.6). Dies legitimiert insb. Sonderregelungen zugunsten der Frauen im Zusammenhang mit der Schwangerschaft, der Geburt und dem Stillen, etwa den Mutterschaftsurlaub (BAG, NJW 86, 743) sowie das Mutterschaftsgeld (Rn.46 zu Art.6). Das durch Art.2 Abs.1 iVm Art.1 Abs.1 geschützte Kindeswohl (Rn.37 zu Art.2) kann Begünstigungen der nichtehelichen Mutter rechtfertigen (BVerfGE 56, 363/388). Eine Differenzierung ist dagegen unzulässig, wenn die betreffende Aufgabe auch von Vätern wahrgenommen werden kann (Podlech AK 81; Osterloh SA 278). Zum Wehrdienst Rn.3 zu Art.12 a. Das Sozialstaatsprinzip ist wegen seiner Unbestimmtheit nicht geeignet, Abs.2 einzuschränken (Gubelt MüK 88; Starck MKS 308; vgl. auch oben Rn.93). **98**

5. Einzelfälle

a) Zivil- und Zivilprozessrecht. Im *Eherecht* wurde eine Reihe von Vorschriften aufgehoben, weil sie dem Ehemann größere Beeinflussungsrechte gaben oder ihn stärker belasteten: Im Namensrecht (BVerfGE 48, 327/337; 84, 9/18 ff; s. auch E 78, 38/53), bei Adoptionen (BVerfGE 19, 177/187), beim Stichentscheid (BVerfGE 10, 59/66 ff) und beim Unterhalt der Kinder (BVerfGE 26, 265/271 ff). Zur Übertragung des Sorgerechts für das nichteheliche Kind Rn.38 zu Art.6. Das bis 1998 geltende Eheverbot für Frauen für die Dauer von 10 Monaten nach Auflösung einer Ehe war verfassungswidrig (Osterloh SA 276; a.A. Starck MKS 299). Im *Erbrecht* verstößt die Bevorzugung männlicher Nachkommen im Höferecht gegen Art.3 (BVerfGE 15, 337/342 ff; **99**

BGHZ 125, 41/48). Im *Versicherungsrecht* verstößt eine Regelung, die Versicherer zu unterschiedlichen Tarifen bei Frauen und Männern verpflichten, gegen Abs.2, Abs.3 S.1 (Rüfner BK 681). Im *Internationalen Privatrecht und Prozessrecht* wurden Vorschriften als unzulässig eingestuft, die an das Heimatrecht des Mannes anknüpften, etwa Art.15 Abs.1, 2 EGBGB (BVerfGE 63, 181), Art.17 Abs.1 EGBGB (BVerfGE 68, 384/390 ff; BGHZ 86, 57/60 ff), § 606 b ZPO (BVerfGE 71, 224/228 f) und vergleichbare Regelungen in internationalen Abkommen (BGH, NJW 87, 583).

100   **b) Arbeits-, Sozial- und öffentliches Dienstrecht. aa)** Die Vorschriften des **Arbeitsrechts** sind uneingeschränkt an Abs.2 zu messen (BVerfGE 52, 369 f/373 f – Hausarbeitstag). Zur Frauenförderung oben Rn.91, 93 und unten Rn.103. Auch Tarifverträge werden unmittelbar an Art.3 Abs.2 gemessen, weshalb eine Ehezulage allein für Männer unzulässig ist (BAGE 50, 137/141; s. allerdings Rn.31 zu Art.1). Eine Benachteiligung der Teilzeitarbeit ist häufig unzulässig (BAGE 66, 264/274 ff; a. A. noch BAGE 59, 306/318). Bei der *Anwendung* des Arbeitsrechts ist die Ausstrahlungswirkung des Abs.2 zu beachten (oben Rn.91). Der arbeitsrechtliche Grundsatz der Gleichbehandlung wird durch Abs.2 geprägt (BAGE 36, 187; 39, 336/339). Insb. ergibt sich aus dem Grundrecht der Grundsatz der Lohngleichheit von Mann und Frau (BAGE 1, 258/260; 29, 122/126; 38, 232/242), der etwa bei Gratifikationsordnungen (BAG, NJW 75, 751) und bei Teilzeitentgelten (BAGE 38, 232/242 ff) zum Tragen gekommen ist. Bei einer Ungleichbehandlung kann Schadensersatz wegen Verletzung des Persönlichkeitsrechts verlangt werden (BAGE 61, 209 ff). Diskriminierungen sind auch für die Vergangenheit zu beseitigen (BAGE 62, 345/349 f). Unzulässig ist zudem eine Diskriminierung im Einstellungs*verfahren* (BVerfGE 89, 276/287 f). Zum Mutterschaftsurlaub oben Rn.98.

101   Im **Sozialrecht** wurden Ungleichbehandlungen bei Renten festgestellt (BVerfGE 17, 62 f; 39, 169/185 ff; 57, 335/343 ff). Verfassungsrechtlich kaum haltbar ist das frühere Rentenalter von Frauen (Starck MKS 332; tendenziell BAGE 86, 80/84 f; **a. A.** BVerfGE 74, 163/180 f; BSGE 53, 107/109 ff), da darin kein sachgerechter Ausgleich für erlittene Nachteile liegt (vgl. oben Rn.97). Erziehungsgeld ist auch bei der Fortbildung von Frauen zu gewähren (BSGE 73, 181/187). Zu Mutterschaftsleistungen oben Rn.98.

102   **bb)** Im **Recht des öffentlichen Dienstes** wurden Ungleichbehandlungen bei Pensionen festgestellt (BVerfGE 31, 1/4; 39, 196/204), weiter bei der Schlechterbehandlung von Beamten gegenüber Soldaten (BVerfGE 93, 396/397). Die These, Beamtenstellen müssten grundsätzlich Vollzeitstellen sein (Rüfner BK 729 f), ist schwerlich mit Art.3 Abs.2 vereinbar. Mit Art.3 Abs.2 vereinbar ist die unterschiedliche Zulässigkeit von Ohrschmuck bei Bediensteten (BVerwGE 84, 287/292) und spezifische Haartrachtregelungen für männliche Soldaten (BVerwGE 103, 99/102; a. A. Rüfner BK 583; vgl. Rn.26 zu Art.2).

Quotenregelungen im öffentlichen Dienst sind zulässig, sofern **103** sie in Bereichen, in denen weniger Frauen als Männer beschäftigt sind, Frauen nur bei gleicher Eignung bevorzugen und zudem gegenläufige Gesichtspunkte Berücksichtigung finden, sofern sie von vergleichbarem Gewicht sind (Heun DR 100; Osterloh SA 287 f; vgl. BAGE 82, 211/217 ff; restriktiver OVG NW, NVwZ 96, 496; NdsOVG, NVwZ 96, 498 f; Scholz MD II 77; wohl auch Rüfner BK 767 f); vgl. auch Rn.20 zu Art.33. Dies entspricht auch den Vorgaben des EG-Rechts (EuGH, DB 97, 2383 f). Zulässig ist, wenn bei einer Personalratswahl an männliche und weibliche Bewerber nur so viele Stimmen vergeben werden können, wie an Personalratssitzen auf das jeweilige Geschlecht entfallen (BVerwGE 110, 253/263). Zur erforderlichen gesetzlichen Grundlage oben Rn.93.

c) Sonstiges. Die (früher geltende) Nichtzulassung von Männern **104** als Hebamme verstieß gegen Abs.2 (Gubelt MüK 92; **a. A.** BVerwGE 40, 17/24 f). Unzulässig ist die Feuerwehrdienstpflicht allein für Männer (BVerfGE 92, 91/109). Als zulässig wurde die Strafbarkeit der männlichen Homosexualität im Unterschied zur lesbischen Sexualität eingestuft (BVerfGE 6, 389/421 f; Starck MKS 325). Für die *Staatsangehörigkeit* ist das Geschlecht seit 1953 (vgl. Art.117 Abs.1) ein unzulässiger Anknüpfungspunkt (BVerfGE 37, 217/244; BVerwG, NVwZ-RR 99, 687 f). S. außerdem oben Rn.98.

II. Die speziellen Gleichheitsrechte des Abs.3 S.1 (im Übrigen)

1. Bedeutung und Abgrenzung zu anderen Vorschriften

Art.3 Abs.3 S.1 wurde v. a. auf Grund der Verfolgung und Be- **105** nachteiligung von Minderheiten im Nationalsozialismus in das GG aufgenommen (Starck MKS 339) und steht in engem Zusammenhang mit dem Grundsatz der Menschenwürde (Heun DR 102). Eine ähnliche Vorschrift enthält Art.14 EMRK. Abs.3 S.1 enthält ein Grundrecht sowie eine objektive Wertentscheidung (BVerfGE 17, 127; Starck MKS 341; Osterloh SA 233). Im Bereich der religiösen und politischen Anschauungen wird die Wertentscheidung durch Art.4 Abs.1, 2 und des Art.5 Abs.1 verstärkt (vgl. Rn.24 zu Art.4 und Rn.30 f zu Art.5). Die Rspr. neigt zu einer äußerst restriktiven Deutung des Grundrechts (Sachs, NJW 83, 2924 f), weshalb seine praktische Bedeutung gering ist (BVerfGE *abwM* 63, 266/303). In jüngerer Zeit zeichnen sich gewisse Änderungen ab (etwa unten Rn.118). Zu den Folgen eines Verstoßes von Vorschriften gegen Abs.3 vgl. oben Rn.40–43.

106   Was das **Verhältnis zu anderen Grundrechten** betrifft, so hat Abs.3 S.1 als spezielles Gleichheitsrecht Vorrang vor Abs.1 (oben Rn.2). Das Diskriminierungsverbot wegen des Geschlechts in Abs.3 S.1 konkurriert dagegen mit Abs.2 (oben Rn.80). Zu Art.33 Abs.1 steht Art.3 Abs.3 S.1 in Idealkonkurrenz (Rn.1 zu Art.33), desgleichen zu Art.33 Abs.2 (Rn.8 zu Art.33), während Art.33 Abs.3 als Spezialvorschrift Vorrang haben dürfte (Rn.23 zu Art.33). Soweit eine Ungleichbehandlung wegen religiöser oder politischer Anschauungen vorgenommen wird, verstärkt Art.3 Abs.3 die Glaubensfreiheit des Art.4 und die Meinungsfreiheit des Art.5. Vielfach werden hier allein die Freiheitsgrundrechte angewandt (vgl. Rn.24 zu Art.4), ohne dass die Relevanz des Art.3 Abs.3 behandelt wird. Das Verhältnis muss als ungeklärt bezeichnet werden (Osterloh SA 301).

2. Schutzbereich (Anwendungsbereich)

107   **a) Ungleichbehandlung im Hinblick auf bestimmte Merkmale.** Der Schutzbereich des Abs.3 S.1 (zum Begriff des Schutzbereichs und der Prüfungsreihenfolge Vorb.18 vor Art.1) setzt eine Ungleichbehandlung, also eine unterschiedliche Behandlung vergleichbarer Sachverhalte (dazu oben Rn.4 f) **in Abhängigkeit von bestimmten Merkmalen** des Grundrechtsinhabers (unten Rn.109–115) voraus. Es muss auf eine bestimmte Ausprägung des jeweiligen Merkmals ankommen. Abs.3 S.1 ist etwa betroffen, wenn bestimmte politische Vereine gegenüber anderen benachteiligt werden, nicht jedoch wenn alle politischen Vereine benachteiligt oder bevorzugt werden oder wenn eine Regelung ihrer Struktur nach zu Lasten aller politischen Auffassungen geht (vgl. BVerfGE 7, 155/170 f).

108   Die Ungleichbehandlung in Abhängigkeit von einem der aufgeführten Merkmale liegt vor, wenn die Maßnahme auf das Merkmal abhebt **(direkte Ungleichbehandlung).** Ungeklärt ist, ob Abs.3 S.1 auch zum Tragen kommt, wenn zwar nicht an eines der problematischen Merkmale angeknüpft wird, das verwandte Differenzierungskriterium aber i. E. immer oder in den meisten Fällen auf eine Verwendung des Merkmals hinausläuft (*indirekte Ungleichbehandlung;* vgl. oben Rn.86). Um eine Umgehung zu vermeiden, wird man dies bejahen müssen (Osterloh SA 256; Gubelt MüK 86; a. A. Rüfner BK 562, 567; vgl. auch BVerfG-K, NVwZ 99, 756; Sachs HbStR V 1031 f). Alternativ kommt in Betracht, indirekte Ungleichbehandlungen im Rahmen des Abs.1 als dem Abs.3 nahestehende Fälle besonders streng zu prüfen (oben Rn.19).

b) Die einzelnen Merkmale. Die Merkmale des Abs.3 S.1 **109** kennzeichnet, dass „auf deren Vorhandensein oder Fehlen der Einzelne keinen oder nur einen begrenzten Einfluss nehmen kann" (BVerfGE 96, 288/302). Der Katalog der Merkmale wird als abschließend angesehen, so dass eine analoge Anwendung ausscheidet (BAGE 61, 151/161; Dürig MD 27 f). Im Einzelnen werden folgende Merkmale geschützt:

aa) Abstammung meint „die natürliche biologische Beziehung **110** eines Menschen zu seinen Vorfahren" (BVerfGE 9, 124/128; Heun DR 113), also den Umstand, dass jemand Abkömmling einer bestimmten Vorfahrenreihe ist. Einzubeziehen ist die familienrechtliche Abstammung, etwa im Hinblick auf eine Vaterschaftsvermutung, nicht jedoch im Hinblick auf die familienrechtliche Qualifikation, etwa hinsichtlich der Nichtehelichkeit (Sachs HbStR V 1036 f). Erfasst wird ein Anknüpfen an Eigenschaften der Eltern (etwa Religion oder Kriminalität) sowie eine Sippenhaft (Heun DR 113). Zu Einzelfällen unten Rn.122. Das Merkmal der **Rasse** bezieht sich auf Gruppen mit bestimmten wirklich oder vermeintlich biologisch vererbbaren Merkmalen (Rüfner BK 830; Osterloh SA 293; Sachs HbStR V 1037). Unter eines der beiden Merkmale fallen etwa Farbige, Mischlinge, Juden, Sinti und Roma. Vgl. auch unten Rn.122. Zum **Geschlecht** oben Rn.80.

Mit **Heimat** ist die „örtliche Herkunft eines Menschen nach **111** Geburt oder Ansässigkeit im Sinne der emotionalen Beziehung zu einem geographisch begrenzten, einzelnen mitprägenden Raum (Ort, Landschaft) gemeint" (BVerfGE 102, 41/53; ähnlich E 48, 281/287 f; Rüfner BK 839; Osterloh SA 295). Die Heimat fällt keineswegs mit dem Wohnsitz oder dem gewöhnlichen Aufenthaltsort zusammen (BVerfGE 38, 128/135; 92, 26/50; 102, 41/53; BVerwG, NVwZ 83, 224). Landeskinderklauseln werden daher

regelmäßig nicht erfasst (Osterloh SA 296). Vgl. auch unten
Rn.123. **Herkunft** meint die „ständisch-soziale Abstammung und
Verwurzelung" (BVerfGE 48, 281/288; BVerwGE 106, 191/194;
Rüfner BK 845), insb. die soziale Stellung der Eltern, nicht aber
„die in den eigenen Lebensumständen begründete Zugehörigkeit
zu einer bestimmten sozialen Schicht" (BVerfGE 9, 124/129).
Hierher rechnet auch die nichteheliche Geburt; doch geht insoweit
Art.6 Abs.5 vor (Starck MKS 356).

112   Das Merkmal der **Sprache** schützt Gruppen vor Diskriminierung
auf Grund ihrer Muttersprache (Sachs HbStR V 1037), unabhängig
davon, ob sie in geschlossenen Gebieten zusammenwohnen, wie die
dänische oder die sorbische Minderheit, oder verstreut leben, wie
Gastarbeiter oder Flüchtlinge (Heun DR 115; Starck MKS 360).
Auch der Dialekt rechnet hierher (Osterloh SA 298). Zu Einzelfällen unten Rn.124.

113   Eine Differenzierung nach der Staatsangehörigkeit und damit
eine Sonderbehandlung von **Ausländern** wird von keinem der
Kriterien des Abs.3 erfasst (BVerfGE 51, 1/30; BVerwGE 22,
66/70; 67, 177/183; 80, 233/243; Podlech AK 93; Heun DR 116;
a. A. BGHSt 43, 233/234; Gubelt MüK 5, 99); insoweit ist Abs.1
einschlägig (oben Rn.7). Werden allerdings Ausländer mit dunkler
Hautfarbe o. ä. diskriminiert, kommt das Kriterium der Rasse zum
Tragen (oben Rn.110). Außerdem wird bei Ausländern vielfach
eine mittelbare bzw. indirekte Beeinträchtigung (oben Rn.108)
vorliegen (Osterloh SA 297) oder Abs.1 wegen der Nähe der
Kriterien des Abs.3 S.1 besonders genau zu prüfen sein (oben
Rn.19).

114   **bb) Die religiösen Anschauungen** beziehen sich auch auf Weltanschauungen (Rüfner BK 848; Starck MKS 371) und darüber hinaus auch auf areligiöse und antireligiöse Einstellungen und Auffassungen (Heun DR 118; Gubelt MüK 101; Osterloh SA 302;);
geschützt werden also durch den Glauben (dazu Rn.7–9 zu
Art.4) bedingte Eigenschaften bzw. Tätigkeiten. Das Grundrecht
ist insb. einschlägig, wenn bestimmte religiöse Gemeinschaften
oder deren Angehörige bevorzugt werden, weshalb Abs.3 S.1 die
weltanschaulich-religiöse Neutralität des Staates sichert (dazu
Rn.5 zu Art.4; Gubelt MüK 101; Podlech AK 95). Die großen
Kirchen dürfen über ihre Sonderstellung nach Art.140 hinaus
nicht weiter privilegiert werden (Starck MKS 372; Renck,
NVwZ 87, 670; näher Rn.15f zu Art.140/137 WRV). Zum
Verhältnis des Abs.3 S.1 zum Grundrecht des Art.4 oben Rn.106.
Zu Einzelfällen unten Rn.125.

Der Begriff der **politischen Anschauungen** ist weit zu verste- 115
hen. Die Auffassung, dass Abs.3 S.1 allein das „Haben" der Einstellungen und Anschauungen erfasst, nicht deren Äußerung und Umsetzung (BVerfGE 39, 334/368; BAGE 51, 246/255), ist abzulehnen
(BVerfGE *abwM* 63, 266/304; Gubelt MüK 102; Rüfner BK 864;
Starck MKS 378). Bloße innere Einstellungen, die niemandem bekannt sind, können ohnehin nicht als Anknüpfungspunkt für Ungleichbehandlungen verwendet werden (ähnlich Heun DR 119;
Podlech AK 96). Die Folgen der Äußerung und ihrer Umsetzung
können im Rahmen der Rechtfertigung (unten Rn.121) Berücksichtigung finden. Eine Abberufung aus politischen Ämtern wegen
einer bestimmten politischen Auffassung wird durch das Demokratieprinzip legitimiert (vgl. BVerfGE 7, 155/170 f; Heun DR 119).
Zum Verhältnis zu Art.5 Abs.1 oben Rn.106. Zu Einzelfällen unten
Rn.125.

c) **Personaler Schutzbereich.** Träger des Grundrechts sind alle 116
natürlichen Personen. Darüber hinaus sollen auch juristische Personen und Personenvereinigungen Grundrechtsträger sein können
(Rüfner BK 595; einschr. Heun DR 103), was aber nur bei der
Diskriminierung wegen des Glaubens oder religiöser sowie politischer Anschauungen zutreffen dürfte (Osterloh SA 238). Die anderen Merkmale sind höchstpersönlicher Natur (vgl. Starck MKS 345).

3. Beeinträchtigung

a) **Merkmalsbezogene Benachteiligung durch Träger öf-** 117
fentlicher Gewalt. Eine Beeinträchtigung des Art.3 Abs.3 S.1 liegt
vor allem dann vor, wenn die Ungleichbehandlung in Abhängigkeit
von den problematischen Merkmalen (oben Rn.110–115) **durch**
einen Grundrechtsadressaten, einen Träger öffentlicher Gewalt
(Rn. 22–30 zu Art.1) **bewirkt** wird. Insoweit gelten die Ausführungen oben in Rn.9 f entsprechend. Weiter ist derjenige beeinträchtigt,
der durch die Ungleichbehandlung einen (relativen) **Nachteil** erleidet. Zwar spricht Abs.3 S.1 auch von Bevorzugung; beeinträchtigt ist
in diesem Falle aber derjenige, der sich in einer vergleichbaren Situation befindet und die Bevorzugung nicht erhält. Was den Nachteil
angeht, gelten zunächst die gleichen Überlegungen wie bei Abs.1;
näher dazu oben Rn.11 f. Insb. genügt die Beeinträchtigung eines
beliebigen Interesses (Sachs HbStR V 1040). Erfasst werden auch
geringfügige Benachteiligungen (Heun DR 104; Sachs HbStR V
1041 f). Zudem muss die Person benachteiligt werden, auf die sich
der problematische Anknüpfungspunkt bezieht (vgl. oben Rn.89).

118   Die Benachteiligung (oben Rn.117) muss eine Folge der Verwendung der angeführten Anknüpfungspunkte sein; insoweit ist also eine (objektive) **Kausalität** iwS (Ursächlichkeit) erforderlich (BVerwGE 106, 191/194 f; Gubelt MüK 104). Daher ist etwa das Merkmal der Heimat nicht betroffen, wenn für ein bestimmtes Gebiet wegen der dort bestehenden Besonderheiten Regelungen getroffen werden (BVerfG-K, EuGRZ 98, 40; BVerwGE 91, 140/148; BVerwGE 106, 191/194 f). Es muss tatsächlich an das problematische Kriterium angeknüpft werden. Ob die Ungleichbehandlung und die daraus resultierende Belastung **bezweckt** ist oder in erster Linie andere Zwecke verfolgt werden, ist unerheblich (BVerfGE 85, 191/206; 97, 35/43; 97, 186/197; Rüfner BK 560; Osterloh SA 252; anders noch BVerfGE 59, 128/157; 75, 40/70; BVerwGE 79, 62/65). Eine derartige Einschränkung würde Abs.3 S.1 weithin leerlaufen lassen.

119   **b) Verweigerung von Schutz; privatrechtliche Beeinträchtigung.** Abs.3 S.1 soll nicht die Förderung der geschützten Personengruppen bzw. einen Abbau der tatsächlichen Unterschiede verlangen (BVerfGE 64, 135/156; 85, 191/207; Heun DR 115; a. A. Rüfner BK 609), etwa durch Abbau sprachbedingter Erschwernisse für Ausländer (BVerfGE 64, 135/156 f). Warum das anders bei Art.3 Abs.2 und Art.3 Abs.3 S.2 sein soll (vgl. oben Rn.90 und unten Rn.131), ist jedoch nicht zu ersehen. Insb. ergibt sich aus Abs.3 S.1 ein Auftrag an den Staat, Diskriminierungen anhand der in dieser Vorschrift genannten Kriterien durch Private entgegenzuwirken (Rüfner BK 611; Sachs HbStR V § 126 Rn.122). Abs.3 S.1 bindet auch den Privatrechtsgesetzgeber (Rüfner MD 604). Die Ausstrahlung auf die *Anwendung* des Privatrechts (Vorb.15 f, 33 vor Art.1) fällt stärker als bei Abs.1, aber schwächer als bei Abs.2 aus. Unzulässig ist die Verweigerung des Gaststättenzutritts für Farbige. Die Ablehnung eines Nachmieters kann nicht mit dessen Eigenschaft als Roma begründet werden; vielmehr sind (wie immer) konkrete Ablehnungsgründe notwendig. Ein Testament kann unter bestimmten Voraussetzungen entgegen Art.3 Abs.3 differenzieren (BGHZ 140, 118/132).

4. Rechtfertigung von Beeinträchtigungen

120   **a) Möglichkeiten der Rechtfertigung und gesetzliche Grundlage.** Was die Möglichkeiten einer Rechtfertigung von Ungleichbehandlungen wegen der in Abs.3 S.1 genannten Merkmale angeht, gelten die Ausführungen oben in Rn.92. Insbesondere ist eine Rechtfertigung durch kollidierendes Verfassungsrecht möglich (BVerfG-K, NVwZ 99, 756). Ungeklärt ist die Frage, ob die (ausnahmsweise) Verwendung der Differenzierungskriterien des Abs.3 S.1 einer gesetzlichen Grundlage bedarf. Die Frage wird für direkte Ungleichbehandlungen (oben Rn.108) zu bejahen sein (vgl. Rn.48 zu Art.20 sowie oben Rn.93). Die gesetzlichen Grundlagen müssen ausreichend bestimmt, insb. auf die Verwendung des an sich unzulässigen Differenzierungskriteriums bezogen sein.

b) Materielle Voraussetzungen. Abs.3 S.1 verbietet nicht jede **121** Verwendung der (grundsätzlich) unzulässigen Differenzierungskriterien. Ihr Einsatz ist zulässig, wenn sie zur Lösung von Problemen notwendig sind, die ihrer Natur nach nur bei Personen der *einen* Gruppe auftreten können (BVerfGE 85, 191/207; Rozek, BayVBl 93, 649), wenn das Kriterium „das konstituierende Element des zu regelnden Lebenssachverhalts bildet" (BVerfGE 7, 155/171; BVerfG-K, NVwZ 94, 477). Zudem muss die Diskriminierung *zwingend* erforderlich sein (BVerfGE 85, 191/207; ähnlich E 48, 327/337); es ist eine strenge Verhältnismäßigkeitsprüfung geboten (Osterloh SA 254). Weniger streng ist die Prüfung in Fällen mittelbarer Diskriminierungen. Darüber hinaus kann Abs.3 S.1 durch *andere Verfassungsnormen* beschränkt werden (Rüfner BK 575), wobei zwischen den konkurrierenden Verfassungsgütern ein sachgerechter Ausgleich getroffen werden muss (Vorb. 45–49 vor Art.1). Dies gilt im Bereich des Glaubens für Regelungen des Art.140 iVm Art.136 ff WRV, insb. für die dort vorgenommene Begünstigung bestimmter religiöser und weltanschaulicher Einrichtungen.

c) Einzelfälle. aa) Die **Abstammung** kann wegen Art.6 im **122** Familien-, Erb- und Versorgungsrecht Berücksichtigung finden (Podlech AK 87; Starck MKS 357). Eine testamentarische Benachteiligung wegen einer bestimmten Abstammung soll zulässig sein (BGHZ 140, 118/132 f). Bei der Berufszulassung und -ausübung darf die Abstammung keine Rolle spielen, weshalb § 103 Abs.4 S.4 SGB V fragwürdig ist; vgl. auch oben Rn.110. Zu früheren Ausbürgerungen aus Gründen der **Rasse** BVerfGE 23, 98/106 f sowie Rn.11–16 zu Art.116. Vgl. auch oben Rn.110, 119.

Zu **Heimat** und **Herkunft** vgl. oben Rn.111. Im Hinblick auf **123** die *Heimat* ist es unzulässig, wenn eine Gemeinde bei Einstellungen Einheimische bevorzugt (BVerwG, DVBl 80, 56). Im Hinblick auf das Merkmal der *Herkunft* ist es unzulässig, die Zulassung zu einem Beruf zu erleichtern, weil ein Elternteil den Beruf bereits ausgeübt hat (Starck MKS 370). Zu Ausländern oben Rn.113.

124   Was die **Sprache** angeht, so soll die Festlegung des Deutschen als Gerichts- oder Schulsprache keine Beeinträchtigung darstellen (BVerfGE 64, 135/156 f); richtigerweise dürfte eine ausreichende Rechtfertigung vorliegen. Die Förderung deutscher Sprachkenntnisse bei Gastarbeiterkindern anstelle der Förderung der Muttersprache ist zulässig (a. A. Starck MKS 353). Bei der Anstellung als Beamter können ausreichende Kenntnisse der deutschen Sprache verlangt werden (BVerfGE 39, 334/368). Die Einbürgerung kann von Kenntnissen der deutschen Sprache abhängig gemacht werden (Starck MKS 366). Vgl. auch oben Rn.112.

125   **bb)** Zum **Glauben** bzw. zu **religiösen Anschauungen** von Lehrern und zum konfessionsgebundenen Staatsamt Rn.28 zu Art.33. Vgl. auch oben Rn.114. Art.7 Abs.3 S.1 geht Art.3 Abs.3 vor (BVerwGE 107, 75/92). Hinsichtlich der **politischen Anschauungen** von Bewerbern für den öffentlichen Dienst kann wegen Art.33 Abs.2, 5 die Frage eine Rolle spielen, ob der Bewerber verfassungsfeindliche Auffassungen vertritt; es ist eine Abwägung zwischen den beiden GG-Normen notwendig (vgl. Rn.18, 40 zu Art.33). Iü dürfen, von politischen Positionen (einschl. der der politischen Beamten) abgesehen, die politischen Anschauungen bei Einstellung und Beförderung keine Rolle spielen, wogegen in der Praxis häufig verstoßen wird (Rüfner BK 866; Lecheler HbStR III § 72 Rn.20, 108; Sachs HbStR V § 126 Rn.147; vgl. Rn.19 zu Art.33). Vgl. außerdem oben Rn.115.

III. Verbot der Benachteiligung Behinderter (Abs.3 S.2)

1. Bedeutung und Abgrenzung zu anderen Vorschriften

126   Art.3 Abs.3 S.2 wurde im Rahmen der Verfassungsreform von 1994 (Einl.3 Nr.42) eingefügt. Die Vorschrift bezweckt die Stärkung der Stellung behinderter Menschen in Recht und Gesellschaft (BT-Drs. 12/8165, 29). Sie enthält ein Gleichheitsrecht zugunsten Behinderter sowie einen Auftrag an den Staat, auf die gleichberechtigte Teilhabe behinderter Menschen hinzuwirken (BT-Drs. 12/8165, 29; Rüfner BK 884). Die Gehalte des Sozialstaatsprinzips zugunsten Behinderter (dazu Rn.104 zu Art.20) werden durch Art.3 Abs.3 S.2 verstärkt und ergänzt (Osterloh SA 305).

2. Schutzbereich (Anwendungsbereich)

127   **a) Behinderungsbezogene Ungleichbehandlung.** Der Schutzbereich des Abs.3 S.2 (zum Begriff des Schutzbereichs und zur

Prüfungsreihenfolge Vorb.18 vor Art.1) ist bei einer Ungleichbehandlung, d. h. einer unterschiedlichen Behandlung vergleichbarer
Sachverhalte (dazu oben Rn.4 f) **in Abhängigkeit von der Behinderung** des Grundrechtsinhabers betroffen. **Behinderung** meint
eine nicht nur vorübergehende Funktionsbeeinträchtigung, die auf
einem regelwidrigen körperlichen, geistigen oder seelischen Zustand
beruht (BVerfGE 96, 288/301; 99, 341/356 f; Starck MKS 384;
Schulze-Osterloh SA 309). Geringfügige Beeinträchtigungen bleiben ausgeklammert (Rüfner BK 871). Erfasst werden auch erhebliche Verunstaltungen (etwa Narben im Gesicht), die im Kontakt mit
Dritten zu Belastungen führen können. Der Grund für die Behinderung ist unerheblich (Rüfner (BK 871). Ungünstige Persönlich-
keitsmerkmale allein genügen nicht (Gubelt MüK 104 c; vgl.
BSGE 48, 82/83). Chronisch Kranke werden regelmäßig erfasst,
nicht aber vorübergehend Erkrankte mit voller Genesungserwartung
(Scholz MD III 176). Unklar ist, ob mit § 3 Abs.1 S.2 Schwerbehin-
dertenG altersbedingte Beeinträchtigungen, die für diese Lebens-
phase nicht regelwidrig sind, erfasst werden (dafür Osterloh
SA 310).

Eine Ungleichbehandlung erfolgt in Abhängigkeit von der Behin- **128**
derung, wenn an die Behinderung direkt angeknüpft wird **(direkte
Ungleichbehandlung).** Unklar ist, ob das Grundrecht auch zum
Tragen kommt, wenn eine staatliche Regelung nicht an die Behin-
derteneigenschaft, sondern an ein anderes Differenzierungskriterium
anknüpft, i. E. es aber im Wesentlichen zu einer Benachteiligung
Behinderter kommt *(indirekte Ungleichbehandlung);* dies dürfte zu
bejahen sein (Heun DR 122; vgl. oben Rn.86, 108). An die Behinderung wird wohl auch angeknüpft, wenn sie wegen ihrer Schwere
zu einer geringeren Eignung führt (wohl a. A. BSGE 85, 298/303 f;
Starck MKS 385); zur Rechtfertigung in diesem Falle unten
Rn.133.

b) Personaler Schutzbereich. Träger des Grundrechts sind al- **129**
lein natürliche Personen (Osterloh SA 308; Gubelt MüK 94 a; teilw.
a. A. Rüfner BK 882; vgl. aber oben Rn.116), nicht dagegen Verbände von Behinderten etc. (Heun DR 121).

3. Beeinträchtigung

a) Benachteiligung durch Träger öffentlicher Gewalt. Eine **130**
Beeinträchtigung liegt vor, wenn die behinderungsbezogene Un-
gleichbehandlung von einem **Träger öffentlicher Gewalt** (dazu
Rn.22–30 zu Art.1) bewirkt wird und sie zu einem **Nachteil** für

den Behinderten führt. Sie liegt in Regelungen und Maßnahmen, „die die Situation des Behinderten wegen seiner Behinderung verschlechtern," indem ihm etwa der tatsächlich mögliche Zutritt zu öffentlichen Einrichtungen verwehrt wird oder Leistungen, die grundsätzlich jedermann zustehen, verweigert werden (BVerfGE 96, 288/303; 99, 341/357). Auf das Gewicht der Benachteiligung kommt es nicht an (Osterloh SA 312; vgl. oben Rn.12, 117). Des Weiteren kann eine Benachteiligung „auch bei einem Ausschluss von Entfaltungs- und Betätigungsmöglichkeiten durch die öffentliche Gewalt gegeben sein, wenn dieser nicht durch eine auf die Behinderung bezogene Förderungsmaßnahme hinlänglich kompensiert wird" (BVerfGE 96, 288/303). Auch in der unzureichenden *Begründung* einer Benachteiligung kann eine Beeinträchtigung liegen (BVerfGE 96, 288/310 f). Das Grundrecht ist nicht betroffen, wenn Behinderte **bevorzugt** werden (BVerfGE 96, 288/302 f; Starck MKS 383).

131   **b) Verweigerung von Schutz; privatrechtliche Beeinträchtigung.** Art.3 Abs.3 S.2 verlangt die **Förderung** Behinderter bzw. den Abbau von Benachteiligungen in der Gesellschaft (BT-Drs. 12/8165, 29). Insb. trifft den Staat für behinderte Schüler eine besondere Verantwortung; Art.7 Abs.1 wird insoweit eingeschränkt (BVerfGE 96, 288/304). Bei der Umsetzung des Förderungsauftrags kommt dem Staat allerdings ein erheblicher Spielraum zu. Im öffentlichen Dienst ist zudem Art.33 Abs.2 zu beachten. Bei der Ausgestaltung öffentlicher Einrichtungen ist die Wertentscheidung des Abs.3 S.2 zu berücksichtigen (Osterloh SA 306). Originäre Leistungsansprüche werden vielfach abgelehnt (Osterloh SA 305; Gubelt MüK 104 b; offen gelassen BVerfGE 96, 228/304).

132   Bei der **Auslegung** und **Anwendung privatrechtlicher Normen** kommt die Ausstrahlungswirkung des Grundrechts (dazu allg. Vorb.15 f, 33 vor Art.1) zum Tragen (BVerfGE 99, 341/356; Starck MKS 388), etwa bei der Auslegung eines Mietvertrags (BVerfG-K, NJW 00, 2659). Die bei einer Einstellung gestellte Frage nach der Schwerbehinderteneigenschaft soll auch dann wahrheitsgemäß zu beantworten sein, wenn die Behinderung tätigkeitsneutral ist (BAGE 81, 120/128 f).

4. Rechtfertigung von Beeinträchtigungen

133   Eine Schlechterstellung Behinderter im Vergleich zu Nichtbehinderten ist nicht ausgeschlossen (BT-Drs. 12/8165, 29; Heun

DR 122). Sofern dies in Form einer direkten Ungleichbehandlung (dazu oben Rn.128) geschieht, dürfte eine gesetzliche Grundlage notwendig sein (vgl. oben Rn.93, 120). Zudem muss die Benachteiligung unerlässlich sein, um behinderungsbedingten Besonderheiten Rechnung zu tragen (BVerfGE 99, 341/357; Osterloh SA 314; Rüfner BK 876). Fehlen einer Person „auf Grund ihrer Behinderung bestimmte geistige oder körperliche Fähigkeiten, die unerlässliche Voraussetzung für die Wahrnehmung eines Rechts sind", ist die Verweigerung des Rechts zulässig (BVerfGE 99, 341/357). Bei der Einstellung in den öffentlichen Dienst ist zudem Art.33 Abs.2 zu beachten (vgl. Starck MKS 385). Ein Behinderter kann gegen seinen Willen nicht in eine Sonderschule verwiesen werden, wenn keine gewichtigen Belange entgegenstehen (BVerfGE 96, 288/304 ff; strenger Rüfner BK 877; Osterloh SA 312). Zudem ist eine ausreichende Begründung geboten (BVerfG-K, DVBl 96, 1369). Unzulässig ist der generelle Ausschluss schreib- und sprechunfähiger Personen von der Errichtung von Testamenten (BVerfGE 99, 341/355). Die Zulässigkeit der Abtreibung bei zu erwartender schwerer Behinderung (BVerfGE 39, 1/49; 88, 203/257) dürfte nicht gegen Abs.3 S.2 verstoßen (a. A. Rüfner BK 880 f; Starck MKS 387).

Art.4 [Glaubens- und Gewissensfreiheit]

(1) **Die Freiheit des Glaubens[7], des Gewissens[45] und die Freiheit des religiösen und weltanschaulichen Bekenntnisses[10] sind unverletzlich[30 ff, 50].**

(2) **Die ungestörte Religionsausübung wird gewährleistet[1, 10].**

(3) **Niemand[55] darf gegen sein Gewissen zum Kriegsdienst mit der Waffe[53] gezwungen werden[56]. Das Nähere regelt ein Bundesgesetz[60].**

Übersicht

Literatur A (Abs.1, 2): *Oebbecke,* Religionsfreiheit zwischen Neutralitätsgebot und staatlicher Gewährleistung, in: Kokott/Rudolf (Hg.), Gesellschaftsgestaltung unter dem Einfluß von Grund- und Menschenrechten, 2001, 237; *Weber,* Die Religionsfreiheit im nationalen und internationalen

Verständnis, ZevKR 2000, 109; *Brenner,* Staat und Religion, VVDStRL 59 (2000), 264; *Czermak,* Das System der Religionsverfassung des Grundgesetzes, KJ 2000, 229; *Muckel,* Die Grenzen der Gewissensfreiheit, NJW 2000, 689; *Hassemer/Hömig,* Die Rechtsprechung des Bundesverfassungsgerichts im Bereich der Bekenntnisfreiheit, EuGRZ 1999, 525; *Kluth,* Das Grundrecht der Gewissensfreiheit und allgemeine Geltung der Gesetze, FS Listl, 1999, 215; *Pagels,* Schutz- und förderpflichtrechtliche Aspekte der Religionsfreiheit, 1999; *Neumann,* Individuelle Religionsfreiheit und kirchliches Selbstbestimmungsrecht, in: GS Jean d'Heur, 1999, 247; *Muckel,* Religionsfreiheit für Muslime in Deutschland, FS Listl, 1999, 239; *Masuch,* Ist Scientology eine Religions- oder Weltanschauungsgemeinschaft?, StWiss 1998, 623; *Bock,* Die Religionsfreiheit zwischen Skylla und Charybdis, AöR 1998, 444; *Kästner,* Das Grundrecht auf Religions- und Weltanschauungsfreiheit in der neueren höchstrichterlichen Rechtsprechung, AöR 1998, 408; *Kästner,* Hypertrophie des Grundrechts auf Religionsfreiheit?, JZ 1998, 974; *Bayer,* Das Grundrecht der Religions- und Gewissensfreiheit, 1997; *Muckel,* Religiöse Freiheit und staatliche Letztentscheidung, 1997; *Merten,* Der „Kruzifix-Beschluß" des BVerfG aus grundrechtsdogmatischer Sicht, FS Stern 1997, 997; *Rux,* Positive und negative Bekenntnisfreiheit in der Schule, Staat 1996, 523; *Badura,* Das Kreuz im Schulzimmer, BayVBl 1996, 33, 71; *Heckel,* Das Kreuz im öffentlichen Raum, DVBl 1996, 453; *Mikat,* Staat, Kirchen und Religionsgemeinschaften, HbVerfR, 1995, 1425; *Lücke,* Zur Dogmatik der kollektiven Glaubensfreiheit, EuGRZ 1995, 651; *Müller-Volbehr,* Das Grundrecht der Religionsfreiheit und seine Schranken, DÖV 1995, 301; *Isak,* Das Selbstverständnis der Kirchen und Religionsgemeinschaften 1994; *Albers,* Der Schutzbereich des Art. 4 I GG, NVwZ 1994, 1150; *Listl,* Glaubens-, Bekenntnis- und Kirchenfreiheit, HbStKirchR, 1994, § 14; *Hesse,* Das Selbstbestimmungsrecht der Kirchen und Religionsgemeinschaften, HbStKirchR, 1994, § 17; *Herdegen,* Gewissensfreiheit, HbStKirchR, 1994, § 15; *Fischer,* Trennung von Staat und Kirche, 4. Aufl. 1993; *Fehlau,* Die Schranken der freien Religionsausübung, JuS 1993, 441; *v. Heinegg/Schäfer,* Der Grundrechtsschutz (neuer) Religionsgemeinschaften und die Grenzen staatlichen Handelns, DVBl 1991, 1341; *Rupp,* Verfassungsprobleme der Gewissensfreiheit, NVwZ 1991, 1033; *Badura,* Der Schutz von Religion und Weltanschauung durch das Grundgesetz, 1989; *v. Campenhausen,* Religionsfreiheit, HbStR VI, 1989, 369; *Bethge,* Gewissensfreiheit, HbStR VI, 1989, 435; *Hollerbach,* Grundlagen des Staatskirchenrechts, HbStR VI, 1989, 471; *Hollerbach,* Der verfassungsrechtliche Schutz kirchlicher Organisation, HbStR VI, 1989, 557; *Renck,* Staatliche Religionsneutralität und Toleranz, JuS 1989, 451. – **Literatur B (Abs. 3):** *Herdegen,* Kriegsdienstverweigerung aus Gewissensgründen, HbStKirchR, 1994, § 16; *Eckertz,* Die Kriegsdienstverweigerung aus Gewissensgründen als Grenzproblem des Rechts, 1986; *Listl,* Gewissen und Gewissensentscheidung im Recht der Kriegsdienstverweigerung, DÖV 1985, 801; *Berg,* Das Grundrecht der Kriegsdienstverweigerung in der Rechtsprechung des Bundesverfassungsgerichts, AöR 1982, 585; *Scholler,* Gewissen, Gewissensfreiheit, Kriegsdienst, Kriegsdienstverweigerung, ZevKR 1982, 20. – S. auch Literatur zu Art. 12 a.

I. Glaubensfreiheit
(Religions- und Weltanschauungsfreiheit)

1. Systematik, Bedeutung und Abgrenzung

1   **a) Systematik, Begriffe, Weimarer Verfassung. aa)** Die in
Abs.1 angesprochene Freiheit des Glaubens und des religiösen und
weltanschaulichen Bekenntnisses sowie das in Abs.2 angesprochene
Recht der ungestörten Religionsausübung bilden ein **einheitliches
Grundrecht** (BVerfGE 24, 236/245 f; v. Campenhausen HbStR VI
392; Mikat HbVerfR 1064; Morlok DR 31, 42; a. A. Muckel FH 4).
Insb. ist die Freiheit der Religionsausübung des Abs.2, die v. a. die
Kultusfreiheit meint, bereits in der Bekenntnisfreiheit des Abs.1 ent-
halten und nur deutscher Tradition entsprechend zusätzlich auf-
geführt (Starck MKS 12). Ausgeklammert bleibt üblicherweise die
Gewissensfreiheit (unten Rn.44).

2   Für die **Bezeichnung** dieses (um die Gewissensfreiheit vermin-
derten) Grundrechts hat sich noch kein einheitlicher Begriff eingebürgert. Das BVerfG spricht von *Glaubensfreiheit,* die auch die Teilnahme an kultischen Handlungen und das Handeln nach dem Glauben umfasst (etwa BVerfGE 32, 98/106 f; 93, 1/15 f; a. A. Kokott
SA 23) oder von „Religionsfreiheit" (BVerfGE 83, 341/354; Listl
HbStKirchR I 454; Kokott SA 23). Der Begriff der Religionsfreiheit ist weniger treffend, da Art.4 Abs.1, 2 auch die Weltanschauungsfreiheit einschließt (unten Rn.7 f) und der Begriff der Religion
schwerlich den der Weltanschauung umfasst, wie insb. Art.4 Abs.1
(religiöses und weltanschauliches Bekenntnis) und Art.137 Abs.7
WRV entnommen werden kann. Daher bietet es sich an, als Oberbegriff den der Glaubensfreiheit zu verwenden, der Religions- und
Weltanschauungsfreiheit einschließt (so auch BVerfGE 12, 1/3 f;
Manssen 269, 305 ff; Lücke, EuGRZ 95, 651 ff). Ähnlich wie bei
der Freiheit der Wissenschaft in Art.5 Abs.3 (dazu Rn.95 zu Art.5)
stellt der erste Begriff in Art.4 Abs.1, 2 den Oberbegriff dar, der die
folgenden Freiheiten (mit Ausnahme der Gewissensfreiheit) einschließt. Sachgerecht ist auch der Doppelbegriff der Religions- und
Weltanschauungsfreiheit (so etwa BVerwGE 90, 112/125 f; Pieroth/
Schlink 508 ff).

3   **bb)** In engstem Zusammenhang mit Art.4 Abs.1, 2 stehen die
durch Art.140 inkorporierten **Artikel der Weimarer Reichsverfassung** (Text und Kommentierung hinter Art.140), die vollgültiger
Teil des GG sind (Rn.1 zu Art.140). Art.4 und die durch Art.140
rezipierten Vorschriften bilden ein organisches Ganzes (BVerfGE 53,

366/400; 70, 138/167) und sind aufeinander abgestimmt zu interpretieren (Starck MKS 122; v. Campenhausen HbStR VI 391; Ehlers SA 2 zu Art. 140; vorsichtig Herzog MD 27). Die inkorporierten Vorschriften der WRV betreffen die individuelle und die kollektive Glaubensfreiheit der Religions- und Weltanschauungsgemeinschaften (Rn. 1 zu Art. 140), wie das auch für Art. 4 gilt (vgl. unten Rn. 18 f). Daher ist es unangebracht, die individuelle Seite v. a. in Art. 4 und die kollektive Seite in Art. 140 und den inkorporierten Vorschriften verankert zu sehen (Mager MüK 4; anders v. Campenhausen HbStR VI 426; Herzog MD 28). Zur Übereinstimmung von Art. 137 Abs. 2–4 WRV mit Art. 4 Abs. 1, 2 näher Rn. 5 f zu Art. 140/137 WRV. Die Regelungen in Art. 137 WRV zu öffentlich-rechtlich organisierten Religions- und Weltanschauungsgemeinschaften (dazu Rn. 10–20 zu Art. 140/137 WRV) gehen jedoch über Art. 4 hinaus.

b) Bedeutung, insb. Aussagen zur Neutralität. Die Glau **4** bensfreiheit stellt in besonderem Maße eine Ausprägung der Menschenwürde dar (BVerfGE 32, 98/106; 33, 23/28 f; Herzog MD 11). Das Grundrecht ist ein wichtiges Element objektiver Ordnung (Preuß AK 12; Zippelius BK 74), eine wertentscheidende Grundsatznorm (BVerwGE 93, 323/340; Muckel FH 42).

Aus der Glaubensfreiheit ergibt sich im Zusammenspiel mit den **5** speziellen Gleichheitsrechten des Art. 3 Abs. 3 S. 1 und des Art. 33 Abs. 3 (einschl. der Wiederholung in Art. 136 Abs. 2 WRV) sowie der Vorgaben des Art. 136 Abs. 1 WRV und des Verbots der Staatskirche in Art. 137 Abs. 1 WRV, die **religiös–weltanschauliche Neutralität** des Staates (BVerfGE 24, 236/246; 33, 23/28; 93, 1/16 f; BVerwGE 107, 75/80; Zippelius BK 19 ff; Herzog MD 19). Nur der neutrale Staat kann Heimat aller Bürger sein (BVerfGE 19, 206/216; Morlok DR 24). Die Neutralität verwehrt „die Einführung staatskirchlicher Rechtsformen" und untersagt „die Privilegierung bestimmter Bekenntnisse ebenso wie die Ausgrenzung Andersgläubiger" (BVerfGE 93, 1/17); zu den Konsequenzen unten Rn. 24, 36 f und Rn. 2, 15 f zu Art. 140/137 WRV, Rn. 24, 36 f und Rn. 2, 15 f zu Art. 140/137 WRV. Andererseits ist eine Förderung religiöser und weltanschaulicher Tätigkeiten und Vereinigungen nicht ausgeschlossen (v. Campenhausen HbStR VI 392; vgl. auch unten Rn. 25 f). Insoweit besteht unter dem GG, trotz des Verbots der Staatskirche, in Art. 137 Abs. 1 WRV, nur eine *gemäßigte Trennung von Staat und Kirche,* genauer von Staat und Religions- bzw. Weltanschauungsgemeinschaften (Rn. 2 zu Art. 140/137 WRV).

6   **c) Abgrenzung zu anderen Vorschriften.** Gegenüber Art.2
Abs.1 ist die Glaubensfreiheit lex specialis (BVerfGE 17, 302/306).
Art.3 Abs.3 S.1 bzw. Art.33 Abs.3 (und die Wiederholung in
Art.136 Abs.2 WRV) werden parallel zu Art.4 angewandt (BVerfGE
79, 69/75; Starck MKS 129; Mager MüK 91). In der Sache spricht
manches für einen Vorrang des Art.3 Abs.3 S.1 (vgl. Rn.106 zu
Art.3) bzw. des Art.33 Abs.3. Zum Verhältnis zur Gewissensfreiheit
unten Rn.44, zum Recht auf Kriegsdienstverweigerung unten
Rn.52. Die Glaubensfreiheit ist weiterhin lex specialis gegenüber
Art.5, sofern es um durch die religiöse Überzeugung gebotene
Auffassungen geht (vgl. BVerfGE 32, 98/107; Herzog MD 18;
Kokott SA 105; a. A. v. Campenhausen HbStR VI 424). Umgekehrt
sind die Grundrechte aus Art.7 Abs.2, 3 vorrangige Sondervorschrif-
ten (Morlok DR 164; Rn.8–10 zu Art.7); im Hinblick auf die
Privatschulen gilt gleiches für die Rechte aus Art.7 Abs.4, 5 (Starck
MKS 128). Die Glaubensfreiheit ist außerdem lex specialis gegen-
über Art.8 (Starck MKS 134; v. Campenhausen HbStR VI 425;
Kokott SA 106; a. A. Herzog MD 96) sowie gegenüber Art.9 (Rn.2
zu Art.9; a. A. Herzog MD 97). Zum Verhältnis zu den inkorporierten Vorschriften der WRV oben Rn.3.

2. Schutzbereich

7   **a) Glaube, Religion, Weltanschauung.** Der **Glaube** iSv Art.4
Abs.1, der weit zu verstehen ist (str.; oben Rn.1 f), kann sich auf der
Grundlage einer Religion oder einer Weltanschauung entfalten (Mager MüK 12). Da Religion und Weltanschauung in gleicher Weise
geschützt werden, bedürfen sie keiner Abgrenzung (BVerwGE 90,
1/4; Starck MKS 10; Muckel FH 15). Insb. kommt die Freiheit der
Religionsausübung auch Weltanschauungen zugute (BVerfGE 24,
236/246).

8   **Religion** und **Weltanschauung** liegt eine Gewissheit über bestimmte Aussagen zum Weltganzen sowie zur Herkunft bzw. zum
Ziel menschlichen Lebens zugrunde (BAGE 79, 319/338; BVerw-
GE 90, 112/115; vgl. Morlok DR 42; v. Campenhausen HbStR VI
395). Regelmäßig gehört zu Religion und Weltanschauung eine
Gemeinschaft von Gleichgesinnten, mag sie auch erst noch auf-
zubauen sein (Starck MKS 58; Morlok DR 42). Von einer Weltanschauung iSd Art.4 Abs.1 kann man dabei nur sprechen, wenn sie
im Hinblick auf Geschlossenheit und Sinngebungskraft Religionen
vergleichbar ist (Starck MKS 31; Zippelius BK 94, Mager MüK 14).
Nicht erfasst wird etwa eine bloße geistige Technik (BVerwGE 82,

76/78). Schließlich liegt sowohl der Religion wie der Weltanschauung eine Gewissensentscheidung zugrunde (vgl. Starck MKS 13). Aus dem Glauben ergeben sich für den Gläubigen bindende Verpflichtungen, von denen er ohne ernste Gewissensnot nicht abweichen kann (vgl. unten Rn.13). Dies gilt auch für die Weltanschauung iSd Art.4 (vgl. BVerwGE 89, 368/370 f).

Keine Rolle spielt, ob sich der Glaube auf dem Boden gewisser **9** sittlicher Grundanschauungen entwickelt hat (BVerfGE 41, 29/50; BVerwG, NVwZ 87, 696; anders noch BVerfGE 24, 236/246; BVerwGE 94, 82/87; Zippelius BK 85) oder dem christlichen Glauben entspricht (BVerfGE 24, 236/246). Auf die zahlenmäßige Stärke und die soziale Relevanz kommt es nicht an (BVerfGE 32, 98/106). Geschützt wird auch die vereinzelt auftretende Glaubensüberzeugung, die von den offiziellen Lehren der religiösen oder weltanschaulichen Vereinigungen abweicht (BVerfGE 33, 23/28 f; BVerwGE 94, 82/87).

b) Geschützte Tätigkeiten natürlicher Personen. aa) Die **10** (individuelle) Glaubensfreiheit schützt neben der inneren Freiheit, religiöse und weltanschauliche Überzeugungen zu bilden und zu haben, die äußere Freiheit, diese Überzeugungen bzw. Entscheidungen zu **bekennen** und zu **verbreiten** (BVerfGE 32, 98/106 f; 69, 1/33 f), also die in Abs.1 angesprochene Bekenntnisfreiheit (Starck MKS 33). Geschützt sind auch kultische Handlungen sowie religiöse oder weltanschauliche Feiern und Gebräuche, wie Abs.2 klarstellt, der über seinen Wortlaut hinaus für Weltanschauungen ebenfalls gilt (BVerfGE 24, 236/245 f; Mager MüK 60; a. A. Zippelius BK 103) und i. Ü. in der Bekenntnisfreiheit des Abs.1 enthalten ist (oben Rn.1). Erfasst wird auch die Anerkennung oder Ablehnung religiöser Symbole (BVerfGE 93, 1/15). Weiter ist die Gründung von religiösen und weltanschaulichen Vereinigungen geschützt, wie zudem Art.137 Abs.2 S.1, Abs.7 WRV verdeutlicht (BVerfGE 83, 341/354). Geschützt wird der jederzeitige Austritt aus einer solchen Vereinigung (BVerfGE 44, 37/49), wobei eine förmliche Erklärung der Folgen wegen (unten Rn.29) verlangt werden kann. Erfasst wird das Abwerben von einem anderen Glauben (BVerfGE 12, 1/4). Geschützt werden weiter die religiöse Erziehung der Kinder (BVerfGE 41, 29/48 f; 52, 223/236; 93, 1/17; Starck MKS 64), die Einhaltung der Sonntags- bzw. Sabbatruhe (BSGE 51, 70/74 f; vgl. unten Rn.25), das Tragen besonderer Kleidung bzw. Haartracht (Starck MKS 34; Muckel FH 23, 32) sowie das Begräbnis (BVerwGE 45, 224/234).

11   Erfasst wird zudem, wie auch Art.136 Abs.3 S.1, Abs.4 WRV und Art.141 WRV verdeutlichen, die **negative** Glaubensfreiheit (BVerfGE 41, 29/49; Starck MKS 22; Preuß AK 17), also die Freiheit, eine religiöse oder weltanschauliche Überzeugung abzulehnen (Zippelius BK 30). Art.4 wird beeinträchtigt durch „eine vom Staat geschaffene Lage, in der der Einzelne ohne Ausweichmöglichkeiten dem Einfluss eines bestimmten Glaubens, den Handlungen, in denen sich dieser manifestiert, und den Symbolen, in denen er sich darstellt, ausgesetzt wird" (BVerfGE 93, 1/16). Geschützt wird zudem das Recht, die eigene Überzeugung zu verschweigen (BVerfGE 46, 266/267; 49, 375/376; 65, 1/39; Zippelius BK 99).

12   **bb)** Über diese glaubensbezogenen Handlungen im engeren Sinne hinaus schützt Art.4 Abs.1 das „Recht des einzelnen, sein **gesamtes Verhalten** an den Lehren seiner religiösen oder weltanschaulichen Überzeugung auszurichten und dieser Überzeugung gemäß zu handeln" (BVerfGE 32, 98/106; 33, 23/28; 41, 29/49; Starck MKS 34). Geschützt ist die Beachtung religiöser Ernährungsvorschriften, wie das Schächten von Tieren (Kokott SA 38), aber nur, soweit für das Gewissen zwingende religiöse Vorgaben bestehen (BVerwGE 99, 1/7 f). Weiter ist geschützt: die Verweigerung religiös verbotener Arbeiten, der Verzicht auf medizinische Hilfe (BVerfGE 32, 98) oder die Verweigerung des Amtseids (BVerfGE 79, 69/75 f).

13   Andererseits bedarf der Schutzbereich insoweit der Einschränkung, weil für den gläubigen Menschen sein gesamtes Verhalten glaubensgeleitet sein kann und damit Art.4 andere Grundrechte in weitem Umfang verdrängen würde (ebenso im Ansatz Mager MüK 17). Voraussetzung ist, ähnlich wie bei der Gewissensfreiheit (unten Rn.46), dass der Betroffene wegen seines Glaubens **nicht ohne innere Not** von dem betreffenden Handeln absehen kann (vgl. Pieroth/Schlink 512 f; strenger Badura o. Lit. 49 ff; 89 ff; großzügiger dagegen BVerfGE 32, 98/106 f). Ob das der Fall ist, hängt *auch* vom Selbstverständnis der betroffenen Religionsgemeinschaft ab (BVerfGE 24, 236/247 f). Im Zweifelsfalle trifft den Betroffenen eine Darlegungslast (BVerwGE 94, 82/87; Morlok DR 56). An dieser Voraussetzung fehlte es, etwa beim Verkauf von Speisen und Getränken bei einer religiösen Veranstaltung (BVerfGE 19, 129/133), desgleichen bei der Verfolgung tagespolitischer Ziele (BVerfGE 25, 44/63 f). Die fehlende Gewissensnot dürfte auch erklären, warum in folgenden Fällen eine Beeinträchtigung des Schutzbereichs des Art.4 abgelehnt wurde: Pflicht von Universitätsangehörigen, die gesellschaftliche Folgen wissenschaftlicher Erkenntnis mitzubedenken (BVerfGE 47, 327/385), Friedhofszwang

für Urnen (BVerfGE 50, 256/262). Zur Verweigerung des Kriegsdienstes unten Rn.52, zur Verweigerung des Ersatzdienstes Rn.6 zu
Art.12 a.

c) Geschützte Tätigkeiten von Vereinigungen. aa) Geschützt **14**
sind des Weiteren die **Tätigkeiten** einer **religiösen** oder **weltanschaulichen Vereinigung** (unten Rn.19 f), soweit sie für die
Beteiligten unter die Glaubensfreiheit fallen (Manssen 311); dazu
oben Rn.10–13. Bei der Abgrenzung spielt das Selbstverständnis der
Vereinigung eine wichtige Rolle (BVerfGE 24, 236/247 f); entscheidend ist aber der Tatbestand des Art.4 (Starck MKS 55). Erfasst
werden insb. alle Angelegenheiten iSd Art.137 WRV (Rn.7 zu
Art.140/137 WRV).

In den Schutzbereich fallen zunächst die **eigene Organisation,** **15**
Normsetzung und **Verwaltung.** Geschützt wird zudem die Vereinigungsfreiheit (BVerfGE 83, 341/355; Kokott SA 69; a. A. Muckel FH 41), insb. der Zusammenschluss zu größeren Gemeinschaften (Rn.9 zu Art.140/137 WRV). Zum Eigentum Rn.3 f zu
Art.140/138 WRV. Erfasst werden des Weiteren **nach außen gerichtete Tätigkeiten:** Die Verbreitung der eigenen Überzeugung,
der Bau von Kirchen und Moscheen (Muckel FH 30), das Glocken-
geläute (BVerwGE 68, 62/68), der muslimische Gebetsruf (Muckel
FH 33), religiös-karitative Sammlungen (BVerfGE 24, 236/247), die
kirchlich getragene Krankenpflege (BVerfGE 53, 366/392 f; 57,
220/243; 70, 138/163) und die schulische Erziehung (BAGE 47,
144/149).

bb) Zur Umsetzung dieser Tätigkeiten stehen gem. Art.137 **16**
Abs.4 WRV **privatrechtliche** Organisations- und Handlungsformen zur Verfügung (Rn.9 zu Art.140/137 WRV). Die Formen des
Privatrechts sind dabei großzügig anzuwenden, wenn andernfalls
das religiöse Selbstverständnis tangiert wäre (BVerfGE 83,
341/356 ff). IÜ gelten aber die allgemeinen Vorgaben, weshalb die
Rechtsform des Idealvereins bei gewichtiger Verfolgung wirtschaftlicher Ziele entzogen werden kann (BVerwGE 105, 313/321 f; Morlok DR 39 zu Art.140/137 WRV). Geschützt werden auch Tätigkeiten in **öffentlich-rechtlicher Form** (vgl. BVerfGE 66, 1/19 f;
unten Rn.20 sowie Rn.13 zu Art.140/137 WRV), vorausgesetzt,
der Einsatz der öffentlich-rechtlichen Form ist zulässig. Die Möglichkeit, öffentlich-rechtliche Organisations- und Handlungsformen
zu nutzen, wird allerdings nicht durch Art.4, sondern (in gewissem
Umfang) durch Art.137 Abs.4, 5 WRV gewährleistet (vgl. Rn.10 zu
Art.140/137 WRV).

17   **cc) Nicht geschützt** werden Hilfstätigkeiten, mit denen religiöse oder weltanschauliche Aufgaben nur *mittelbar* verfolgt werden (BVerfGE 19, 129/133), etwa gewinnorientierte Tätigkeiten (v. Campenhausen HbStR VI 414; Starck MKS 136) oder die Beschaffung von Gütern (BVerfG-K, NJW 95, 1607). Nicht vom Schutzbereich erfasst werden des Weiteren Tätigkeiten der Kirchen, die ihnen *vom Staat übertragen* sind und der Erfüllung staatlicher Aufgaben dienen, wie die Verleihung von Abschlusszeugnissen in kirchlichen Ersatzschulen (Ehlers HbStKirchR II 1125; vgl. unten Rn. 28, weiter Rn. 32 zu Art. 19).

18   **d) Träger. aa)** Träger der (individuellen) Glaubensfreiheit ist zunächst jede **natürliche Person.** Geschützt werden insb. Ausländer und Kinder (Starck MKS 64). Das Grundrecht der Kinder wird allerdings durch das Erziehungsrecht der Eltern nach Art. 6 Abs. 2 überlagert, die daher im Ergebnis die Glaubensfreiheit des Kindes bis zur sog. Religionsmündigkeit ausüben (BVerfGE 30, 415/423 f; Herzog MD 43); näher zur sog. Grundrechtsmündigkeit Rn. 11 f zu Art. 19.

19   **bb)** Träger der (kollektiven) Glaubensfreiheit sind weiter **religiöse** und **weltanschauliche Vereinigungen** (BVerfGE 99, 100/118), ohne dass es eines Rückgriffs auf Art. 19 Abs. 3 bedarf (Listl HbStKirchR I 461; vgl. Rn. 11 zu Art. 9; ebenso wohl BVerfGE 83, 341/355; diff. BVerfGE 70, 138/160; a. A. v. Campenhausen HbStR VI 417). Man kann insoweit von *kollektiver Glaubensfreiheit* sprechen (BVerfGE 42, 313/332; Herzog MD 93; Manssen 153; Lücke JZ 98, 536). Träger des Grundrechts sind auch öffentlich-rechtliche Vereinigungen (Rn. 21a zu Art. 19).

20   **Im Einzelnen** werden alle Vereinigungen erfasst, deren Zweck die Pflege oder Förderung eines religiösen oder weltanschaulichen Bekenntnisses bzw. die Verkündung des Glaubens ihrer Mitglieder ist (BVerfGE 19, 129/132; 24, 236/246 f; 70, 138/160 f; Mager MüK 45; Starck MKS 48; v. Campenhausen HbStR VI 417 f; Zippelius BK 72), unabhängig davon, ob sie öffentlich-rechtlich oder privatrechtlich organisiert sind (Rn. 21 a zu Art. 19; außerdem Rn. 13 zu Art. 140/137 WRV). Art. 137 WRV spricht insoweit von Religionsgesellschaften bzw. von weltanschaulichen Vereinigungen. Eine solche Vereinigung verliert ihren Charakter nicht deshalb, weil sie sich im politischen Raum betätigt (BVerwGE 37, 334/363). Geschützt sind auch alle „der Kirche in bestimmter Weise zugeordneten Einrichtungen ohne Rücksicht auf ihre Rechtsform, wenn sie nach kirchlichem Selbstverständnis ihrem Zweck oder ihrer Aufgabe entsprechend berufen sind, ein Stück des Auftrags der Kirche wahr-

zunehmen und zu erfüllen" (BVerfGE 70, 138/162; 53, 366/391; 57, 220/242). Dies kann etwa zutreffen bei einem nicht rechtsfähigen katholischen Jugendverein (BVerfGE 24, 236/247; vgl. die Gleichstellung in Art.138 Abs.2 WRV), konfessionelle Krankenhäuser (BVerfGE 46, 73/85 ff; 53, 366/391 f) oder Erziehungseinrichtungen (BVerfGE 70, 138/160 f; BVerwGE 72, 135/138 f). Voraussetzung ist eine Übereinstimmung der Ziele sowie eine institutionelle Verbindung (BAGE 58, 92/100 ff). Ausländische Religions- und Weltanschauungsgemeinschaften können sich wohl auf Art.4 berufen, da ein Rückgriff auf Art.19 Abs.3 nicht erforderlich ist.

Vereinigungen mit **anderen als religiösen oder weltanschauli-** 21 **chen Zwecken** können sich nicht auf Art.4 berufen, etwa Handels- oder Kapitalgesellschaften (BVerfGE 44, 103/104; BVerwGE 64, 196/199; NVwZ 82, 195; a. A. für negative Glaubensfreiheit Starck MKS 69). Das gilt auch dann, wenn religiöse Formen benutzt werden. Die Behauptung, eine Religionsgemeinschaft zu sein, genügt nicht (BVerfGE 83, 341/353). Nicht geschützt wird daher eine sich als „Kirche" bezeichnende Organisation, die ihrer Struktur nach praktisch ausschließlich auf die Verfolgung wirtschaftlicher Ziele angelegt ist (BAGE 79, 319/338; v. Münch MüK 44; v. Campenhausen HbStR VI 415), selbst wenn für viele Mitglieder die individuelle Glaubensfreiheit zum Tragen kommt. Solange aber religiöse Elemente vorhanden sind, kommt Art.4 zur Anwendung (BVerwGE 90, 112/117; Morlok DR 46); allerdings haben in einem solchen Fall die allgemeinen Gesetze (unten Rn.31) höheres Gewicht. Andererseits genügt die Behauptung, eine Religionsgemeinschaft zu sein, nicht (BVerfGE 83, 341/353). Ob die Church of Scientology unter Art.4 fällt, wird unterschiedlich beurteilt (dafür BVerwGE 90, 112/116 ff; dagegen BAGE 79, 319/338 ff; Muckel FH 12). Wird eine nicht religiöse Gesellschaft mit Kirchensteuern belastet, verstößt das gegen Art.2 Abs.1 iVm anderen Verfassungsnormen (vgl. BVerfGE 19, 206/217 ff).

3. Beeinträchtigungen

a) Eingriffe. Die Glaubensfreiheit wird beeinträchtigt, wenn der 22 Staat die geschützten Tätigkeiten (oben Rn.7–16) regelt oder faktisch in erheblicher Weise behindert. Im Bereich der **individuellen Glaubensfreiheit** ist das hinsichtlich der Kirchensteuerpflicht der Fall (BVerfGE 30, 415/423 f; 44, 37/50 ff; Rn.17 f zu Art.140/137 WRV) oder bei der Verpflichtung zu einem religiösen Eid im gerichtlichen Verfahren (Art.136 Abs.4 WRV; BVerfGE 33, 23/29 f).

Weiter liegt ein Eingriff in einer Gerichtsverhandlung unter einem Kruzifix (BVerfGE 35, 366/375 f; a. A. Starck MKS 23), im Anbringen eines Kruzifixes in der Schule (BVerfGE 93, 1/17 ff; a. A. Muckel FH 45), in der Schulpflicht in einer bekenntnisgebundenen Schule (BVerfGE 41, 29/48) und in strafrechtlichen Sanktionen gegenüber einem glaubensgeleiteten Verhalten (BVerfGE 32, 98/106 f; 69, 1/34). Die Beeinträchtigung einer konfessionellen Einrichtung stellt nicht notwendig eine Beeinträchtigung der Konfessionsmitglieder dar (BVerwG, NVwZ 91, 471). Die Einführung eines bekenntnis- und weltanschauungsneutralen Ethik-Unterrichts ist keine Grundrechtsbeeinträchtigung (BVerwGE 107, 75/82). Zur Beeinträchtigung durch öffentlich-rechtliche Kirchen unten Rn.28 f.

23   Im Bereich der **Religions- oder Weltanschauungsgemeinschaften** liegt etwa ein Eingriff vor, wenn vor ihnen gewarnt wird (BVerwGE 82, 76/79; Morlock DR 87). Gleiches gilt für die Förderung von Vereinen, deren Aufgabe darin besteht, bestimmte Religions- oder Weltanschauungsgemeinschaften zu bekämpfen (BVerwGE 90, 112/119). Eine Beeinträchtigung liegt auch in Eingriffen in das Eigentum von Glaubensgemeinschaften, soweit dadurch die geschützte Betätigung behindert wird (BVerfGE 66, 1/21; vgl. auch Rn.3 zu Art.140/138 WRV).

24   **b) Relative Benachteiligung.** Die Glaubensfreiheit wird durch die Benachteiligung einer Person wegen ihres Glaubens, durch eine nachteilige Ungleichbehandlung verschiedener Glaubensauffassungen oder Glaubensgemeinschaften beeinträchtigt, wobei allerdings unklar ist, ob und wieweit den speziellen Gleichheitsgrundrechten des Art.3 Abs.3, des Art.33 Abs.3 und des Art.136 Abs.1, 2 WRV der Vorrang zukommt (oben Rn.6). Das gilt für die individuelle Glaubensfreiheit (BVerfGE 79, 69/75 f) wie für die kollektive Glaubensfreiheit (BVerfGE 93, 1/17; Kokott SA 41; Morlok DR 134). Es gilt der Grundsatz der *weltanschaulich-religiösen Neutralität des Staates* (dazu oben Rn.5). Die Benachteiligung kann auch in der Verweigerung einer Begünstigung liegen, selbst wenn auf die Begünstigung kein Anspruch besteht. Werden bestimmte Glaubensangehörige gefördert, die Angehörigen anderer Glaubensgemeinschaften dagegen nicht, ist Art.4 beeinträchtigt (Kokott SA 41). Gleiches gilt für die Benachteiligung von Religionsgemeinschaften gegenüber weltanschaulichen Vereinigungen, wie Art.137 Abs.7 WRV klarstellt (Rn.3 zu Art.140/137 WRV). Zur Begünstigung oder Benachteiligung *öffentlich-rechtlicher* Religionsgemeinschaften Rn.15 f zu Art.140/137 WRV. Einzelfälle unten Rn.36 f.

c) Unterlassen von Schutz und Leistung. Abs.1, 2 gebieten **25** weiterhin, „Raum für die aktive Betätigung der Glaubensüberzeugung und die Verwirklichung der autonomen Persönlichkeit auf weltanschaulich-religiösem Gebiet zu sichern" (BVerfGE 41, 29/49; 52, 223/240 f). Insb. ist die Grundrechtsausübung gegen Störungen Dritter zu schützen (BVerfGE 93, 11/16; Zippelius BK 108). Dagegen gibt Art.4 keinen Anspruch auf finanzielle Mittel zur Ausübung der Glaubensfreiheit (BVerwGE 65, 52/57; Starck MKS 17; Mager MüK 40). Im Bereich der individuellen Glaubensfreiheit besteht etwa kein Anspruch hinsichtlich der Mehrkosten der Sozialhilfe in einem bestimmten weltanschaulich geprägten Altersheim (BVerwG, NJW 83, 2587). Weiter besteht kein Anspruch auf Erhalt staatlich anerkannter Feiertage (BVerfG-K, NJW 95, 3379; vgl. auch oben Rn.10). Bei der Verweigerung von Arbeitslosengeld kann dagegen Art.4 zum Tragen kommen (BSG, NJW 81, 1526 f). Die Freistellung der Geistlichen vom Wehrdienst ist verfassungsrechtlich nicht geboten (BVerwGE 61, 152/155; vgl. unten Rn.37). Ausländern erwächst aus Art.4 kein Anspruch auf Erteilung eines Fremdenpasses (BVerwG, NVwZ 83, 227) oder einer Aufenthaltserlaubnis (BVerwG, NJW 83, 2587). Bei der räumlichen Begrenzung des Aufenthaltsrechts ist ggf. Art.4 zu beachten (BVerwG, Bh 402.25, 1).

Auch für die **Religions- und Weltanschauungsgemeinschaf- 26 ten** ergeben sich keine Leistungsansprüche (Starck MKS 17; v. Campenhausen HbStR VI 394); solche Rechte ergeben sich allerdings aus Art.141 WRV (Rn.1 zu Art.140/141 WRV) und (für öffentlich-rechtliche Einrichtungen) aus Art.137 WRV (Rn.15–18 zu Art.140/137 WRV). Die Verweisung einer Kirchengemeinde auf den innerkirchlichen Finanzausgleich ist zulässig (BVerwG, NVwZ 90, 67). Auch besteht kein Anspruch auf Bereitstellung eines Kirchengebäudes (BVerwGE 87, 115/133). Religiöse und weltanschauliche Gruppen haben keinen Anspruch, im Rundfunk zu Wort zu kommen (BVerwG, NVwZ 86, 380; Rn.41 zu Art.5). Zur Befugnis der Förderung oben Rn.5. Zu den herkömmlichen Staatsleistungen Rn.1 f zu Art.140/138 WRV.

d) Privatrechtliche Beeinträchtigung. Der **Privatrechts- 27 gesetzgeber** wird gebunden, wie auch Art.33 Abs.3 und Art.136 Abs.1 WRV entnommen werden kann. Bei der **Anwendung** privatrechtlicher Vorschriften kommt Abs.1, 2 im Wege der *Ausstrahlungswirkung* (dazu Vorb.15 f, 33 vor Art.1) zum Tragen (Herzog MD 52; Zippelius BK 81 ff). Das Direktionsrecht des Arbeitgebers ist dahingehend eingeschränkt, dass dem Arbeitnehmer keine Arbeit zugewiesen werden darf, die ihn in einen vermeidbaren Gewissenskonflikt bringt (vgl. BAGE 47, 363/376 ff). Dabei spielt auch eine Rolle, ob der Konflikt bei Eingehung des Arbeitsverhältnisses bereits voraussehbar war (BVerwGE 89, 260/264). Zu den subjektiven Leistungshindernissen im Rahmen eines Dienstverhältnisses kann auch die Erfüllung religiöser Pflichten gehören (BAGE 42, 272/275). Zu den Arbeitnehmern in kirchlichen Einrichtungen unten Rn.40 f. Die Kündigung der Mitgliedschaft in einer privatrechtlichen religiösen oder weltanschaulichen Vereinigung muss jederzeit zulässig sein (vgl. Rn.18 zu Art.140/137 WRV).

28   **e) Verpflichteter.** Art.4 verpflichtet die gesamte öffentliche Gewalt (dazu Rn.22–30 zu Art.1). Die **öffentlich-rechtlichen Religionsgemeinschaften** rechnen dazu nur, wenn sie gegenüber dem Betroffenen Hoheitsrechte ausüben, die *in der Sache* privaten Einrichtungen nicht zur Verfügung stehen können (vgl. Rn.27 zu Art.1). Letzters ist bei der Erhebung der Kirchensteuer der Fall (Rn.18 zu Art.137 WRV), weiter auf dem Gebiet des Friedhofsrechts und bei kirchlichen Privatschulen (Morlok DR 81; Rüfner HbStR V § 117 Rn.50 ff). Belastende Maßnahmen in diesen Bereichen sind Grundrechtseingriffe, lassen sich allerdings durch die Zustimmung des Betroffenen rechtfertigen. Mit einem Austritt, der jederzeit möglich sein muss, entfällt eine solche Rechtfertigung (Rn.18 zu Art.140/137 WRV).

29   **Im Regelfall** sind die öffentlich-rechtlichen Religionsgemeinschaften **nicht** Adressat der Glaubensfreiheit (Herzog MD 50; Morlok DR 83; a. A. Preuß AK 56 f zu Art.140). Hier kommt die Ausstrahlungswirkung der Glaubensfreiheit (oben Rn.27) zum Tragen. Praktische Bedeutung hat das vor allem im Verhältnis zu Dritten. Im Verhältnis zwischen Glaubensgemeinschaft und deren Mitgliedern ist der kollektiven Glaubensfreiheit meist der Vorrang einzuräumen, sofern das Mitglied an der Mitgliedschaft festhält (vgl. Zippelius BK 80, 82 ff).

4. Rechtfertigung (Schranken) bei natürlichen Personen

30   Die Regelung des Art.4 Abs.1, 2 weist keinen **Gesetzesvorbehalt** auf. Die Schranken des Art.2 Abs.1 und des Art.5 Abs.2 sind nicht anwendbar (BVerfGE 32, 98/107; 52, 223/246; a. A. Herzog MD 114). Daraus wird v. a. vielfach der Schluss gezogen, dass eine Beschränkung der individuellen Glaubensfreiheit, also der Glaubensfreiheit natürlicher Personen, durch Gesetz nicht möglich ist

(BVerfGE 33, 23/30; 93, 1/21; Kokott SA 83; Morlok DR 90); zur Gegenauffassung unten Rn.31. Möglich ist aber eine Rechtfertigung durch **kollidierendes Verfassungsrecht** (BVerfGE 44, 59/67; 52, 223/246 f; 93, 1/21; Starck MKS 15), wobei man für echte Eingriffe eine gesetzliche Grundlage verlangen muss (Vorb.48 vor Art.1). Zwischen Art.4 und der kollidierenden Verfassungsnorm ist eine Abwägung notwendig. Aus der Glaubensfreiheit anderer und der Würde des Menschen folgt das verfassungsrechtliche Gebot der *Toleranz,* das Grenzen setzen kann (BVerfGE 32, 98/108; 41, 29/51; BVerwG, NVwZ 88, 938). Dementsprechend kann die positive Glaubensfreiheit die negative Glaubensfreiheit begrenzen und umgekehrt, etwa beim Schulgebet (vgl. BVerfGE 52, 223/241, 246 f). Weder die positive noch die negative Glaubensfreiheit kann einen generellen Vorrang beanspruchen (Zippelius BK 31; wohl anders v. Campenhausen HbStR VI 427 ff). Die Abwerbung mit unlauteren Methoden wird nicht gedeckt (vgl. BVerfGE 12, 1/4 f). Art.4 wird auch durch Art.7 Abs.1 beschränkt (unten Rn.38).

Abweichend von der Auffassung des BVerfG (oben Rn.30) wird **31** der Regelung des Art.136 Abs.1 WRV, die vollgültiger Teil des GG ist (Rn.1 zu Art.140), ein Vorbehalt des **allgemeinen Gesetzes** o. Ä. entnommen (Zippelius BK 89; Muckel FH 47 f; v. Campenhausen HbStR VI 421; Sachs VR 270; Starck MKS 75 f; Preuß AK 30; Schoch, FS Hollerbach, 2001, 163 f; Ehlers SA 4 zu Art.140; ebenso bereits Anschütz, Verfassung d. Dt. Reichs, 12. A., 1930, Art.136 Anm.1), also ein Vorbehalt zugunsten von Gesetzen, die glaubensgeleitetes und nicht glaubensgeleitetes Verhalten gleichbehandeln. Das ist i. E. im Wesentlichen zutreffend. Art.136 Abs.1 WRV enthält ein grundsätzliches Verbot, glaubensgeleitetes Verhalten besser als nicht glaubensgeleitetes Verhalten zu behandeln (Rn.1 zu Art.140/136 WRV). Dieses Verbot muss auch im Rahmen des Art.4 GG (als kollidierendes Verfassungsrecht) Berücksichtigung finden und erlaubt Grundrechtseinschränkungen durch allgemeine Gesetze (vgl. dazu unten Rn.33), sofern der Gleichbehandlung (und den verfolgten Zielen) das größere Gewicht zukommt. Es ist eine Abwägung erforderlich (vgl. Starck MKS 77). Der Umstand, dass im Bereich des Art.4 Abs.1, 2 auf einen Gesetzesvorbehalt verzichtet wurde (darauf stützt sich BVerfGE 33, 23/30 f), steht dem nicht entgegen, weil bei Schaffung der Vorschriften von einem viel engeren Schutzbereich des Grundrechts (vgl. insb. oben Rn.12) ausgegangen wurde. Zudem geht die Rspr. bei Art.136 Abs.3 S.2 WRV gerade umgekehrt vor (unten Rn.32). Das Zitiergebot gilt nicht (vgl. Rn.55 zu Art.5).

32   Der Regelungsvorbehalt des **Art.136 Abs.3 S.2 WRV** zu Fragen
nach der Religionszugehörigkeit kommt auch nach Auffassung der
Rspr. zum Tragen (BVerfGE 65, 1/39; Mager MüK 47; restriktiv
Morlok DR 20 zu Art.140/136 WRV). Zulässig ist danach der
Offenbarungszwang bei einer Volkszählung (BVerfGE 65, 1/38 f)
und die Angabepflicht auf der Lohnsteuerkarte (BVerfGE 49,
375/376), nicht jedoch bei der Aufnahme in ein staatliches Krankenhaus (BVerwG, NJW 76, 383).

5. Rechtfertigung (Schranken) bei Vereinigungen

33   **a) Für alle geltende Gesetze.** Im Bereich der (kollektiven)
Glaubensfreiheit für Vereinigungen können Eingriffe ihre Grundlage
in den Schranken der „für alle geltenden" Gesetze finden, wie das
Art.137 Abs.3 WRV zu entnehmen ist (BVerfGE 70, 138/164; 72,
278/289; BVerwGE 68, 62/66; Morlok DR 74). Dieser Vorbehalt
dürfte nicht nur die in Art.137 Abs.3 WRV angesprochene Ordnung
und Vewaltung eigener Angelegenheiten im strikten Sinne, sondern
auch die nach außen gerichteten Tätigkeiten (oben Rn.15) erfassen,
da hier dieser Vorbehalt erst recht angebracht ist. Gleiches gilt für die
Gründung von Religionsgesellschaften und ihre Rechtsform, wofür
auch Art.137 Abs.4 WRV spricht (vgl. Morlok DR 31 zu
Art.140/137 WRV). **Für alle geltende** (allgemeine) **Gesetze** iSd
Art.137 Abs.3 WRV sind Gesetze, die für die Religions- und Weltanschauungsgemeinschaften „dieselbe Bedeutung haben wie für jedermann" (BVerfGE 66, 1/20; 42, 312/334), womit anderes als im
Falle des Art.5 Abs.2 gemeint sein soll (BVerfGE 42, 312/333; a.A.
zu Recht Mager MüK 64; v. Campenhausen MaK 123 zu Art.137
WRV; Morlok DR 57).

34   Der Eingriff bedarf einer **gesetzlichen Grundlage** (allg. Rn.47 f
zu Art.20); das Haushaltsgesetz liefert keine ausreichende Basis für
die mittelbare Belastung Dritter durch eine Subvention (BVerwGE
90, 112/122 ff). Gleiches gilt für die Befugnis der Regierung zur
Öffentlichkeitsarbeit (Morlok DR 95; Mager MüK 52; a.A.
BVerwGE 82, 78/82; BVerwG, NVwZ 94, 163). Für kirchenrechtliche Regelungen liegt die Gesetzgebungskompetenz gem. Art.137
Abs.8 WRV bei den Ländern (vgl. Rn.4 zu Art.104/137 WRV).
Das Zitiergebot des Art.19 Abs.1 gilt nicht (vgl. Rn.55 zu Art.5).
Das allgemeine Gesetz kann die kollektive Glaubensfreiheit nicht
beliebig einschränken. Vielmehr muss der Eingriff in die Glaubens-
freiheit **verhältnismäßig** sein (vgl. BVerfGE 53, 366/405; allg.
Rn.83–88 zu Art.20). Insb. ist eine Güterabwägung zwischen Glau-

bensfreiheit und Schrankenzweck geboten (BVerfGE 53, 366/404; 70, 138/167; 72, 278/289; BVerwG, NVwZ 90, 865), wobei dem Selbstverständnis der religiösen oder weltanschaulichen Gemeinschaft besonderes Gewicht zukommt (BVerfGE 66, 1/22; 72, 278/289; Stern III/1, 1217), ohne dass es aber verbindlich wäre (Morlok DR 60). Für Religionsgesellschaften des öffentlichen Rechts gilt nichts anderes (Rn.13 zu Art.140/137 WRV).

b) Sonderfall rein interne Angelegenheiten. Der Vorbehalt **35** des Art.137 Abs.3 WRV ist im Bereich der rein internen Tätigkeiten (sog. *rein innerkirchliche Angelegenheiten*) nicht anwendbar (BVerfGE 18, 385/387 f; 42, 312/334; 66, 1/20; 72, 278/289; a.A. zu Recht v. Campenhausen MaK 128 zu Art.140/138 WRV; Preuß AK 27 zu Art.140; Morlok DR 59 zu Art.140/137 WRV; Ehlers SA 11 zu Art.140/137 WRV; vgl. oben Rn.31). Dies ist im Ergebnis zutreffend, da hier die Abwägung (oben Rn.34) regelmäßig zugunsten der Glaubensfreiheit ausfällt. Allerdings dürfen die rein innerkirchlichen Angelegenheiten nicht mit den eigenen Angelegenheiten iSd Art.137 Abs.3 WRV (dazu Rn.7 zu Art.140/137 WRV) verwechselt werden (v. Campenhausen MaK 128 zu Art.140/137 WRV). Eine rein innerkirchliche Angelegenheit dürfte nur vorliegen, wenn die Tätigkeit keine Auswirkungen über den Bereich der Kirchen hinaus hat und auch die Mitglieder der Kirche nur in dieser Rolle betroffen werden (vgl. BVerwG, NJW 90, 2080; außerdem Hemmrich MüK 18 zu Art.140), etwa bei der Teilung einer Kirchengemeinde (BVerfGE 18, 385/388). Keine rein innerkirchliche Angelegenheit liegt dagegen in den Beziehungen zu kirchlichen Arbeitnehmern (BVerfGE 70, 138/165 f; 72, 278/290), auch nicht bei öffentlich-rechtlicher Ausgestaltung (**a.A.** die Rspr.; näher Rn.32 zu Art.19) oder im Konkurs (BVerfGE 66, 1/20). Daneben können Eingriffe durch *kollidierendes Verfassungsrecht* gerechtfertigt sein; insoweit gelten die Ausführungen oben in Rn.30. Für Weltanschauungsgemeinschaften gelten diese Vorgaben ganz entsprechend.

6. Einzelfälle

a) Ungleichbehandlung. Eine relative Benachteiligung (oben **36** Rn.24) liegt nicht vor, wenn die Ungleichbehandlung durch tatsächliche Umstände bedingt ist (BVerfGE 19, 1/8, 10; BVerwGE 87, 115/ 127) und die Ungleichbehandlung zu dem damit verfolgten Zweck geeignet, erforderlich und verhältnismäßig ist; vgl. Rn.121 zu Art.3. Auf die Finalität abzustellen, ist dagegen abzulehnen (vgl.

Rn.118 zu Art.3). Relevant kann etwa die Größe und Verbreitung der Glaubensgemeinschaft sein, evtl. auch der Grad der öffentlichen Wirksamkeit und die kultur- und sozialpolitische Leistung (BVerwGE 87, 115/127 f).

37   **Im Einzelnen** ist eine Gerichtskostenbefreiung ab einer bestimmten Größe unzulässig (BVerfGE 19, 1/10; Zippelius BK 26); auch die Länge der Tradition kann keine entscheidende Rolle spielen. Das Bestehen eines Konkordats dürfte idR kein ausreichender Differenzierungsgrund sein (BVerfGE 19, 1/10 ff; a. A. BVerwGE 74, 134/138). Überwiegende Auffassungen in der Bevölkerung rechtfertigen keine Ungleichbehandlung (a. A. BVerwGE 61, 152/159), da die Grundrechte gerade Minderheiten schützen sollen. Geistliche verschiedener Religionsgemeinschaften müssen, insb. bei der Freistellung vom Wehrdienst, gleichbehandelt werden (vgl. BVerfG-K, NVwZ 87, 676; Heun DR 80 zu Art.3; Starck MKS 80 zu Art.3; a. A. BVerwGE 61, 152/158 f), soweit sie eine vergleichbare Stellung haben, etwa hinsichtlich der Hauptamtlichkeit (BVerfG-K, NVwZ 90, 1065; v. Campenhausen HbStR VI 394). Bedenklich ist eine Ungleichbehandlung bei der Gewährung beamtenrechtlichen Sonderurlaubs (Renck, NVwZ 87, 671; Morlok DR 108; Ehlers SA 17 zu Art.140/137 WRV; a. A. BVerwG, NVwZ 87, 699).

38   **b) Schulbereich.** Eine religiöse bzw. weltanschauliche Ausrichtung öffentlicher Schulen beeinträchtigt die religiös–weltanschauliche Neutralität des Staates (oben Rn.5) sowie die negative Glaubensfreiheit, während die positive Glaubensfreiheit zugunsten einer solchen Ausrichtung spricht. Notwendig ist ein Ausgleich im Sinne praktischer Konkordanz unter Berücksichtigung der staatlichen Schulaufsicht des Art.7 Abs.1 (BVerfGE 41, 29/50 f; 41, 88/108; 93, 1/21), wobei dem Landesgesetzgeber ein gewisser Gestaltungsspielraum zusteht (BVerfGE 41, 29/46 f; 53, 185/202). Religiöse Bezüge sind danach nicht schlechthin verboten; doch darf damit nur das „unerlässliche Minimum an Zwangselementen verbunden" sein (BVerfGE 93, 1/23). Ausgeschlossen ist ein Unterricht, der missionarisch wirkt oder Verbindlichkeit für bestimmte Glaubensinhalte beansprucht (BVerfGE 41, 65/82 ff; 93, 1/23; BVerwGE 79, 298/ 301). Eine christliche Gemeinschaftsschule ist nur zulässig, wenn sie sich nach ihrer Ausrichtung auf die Anerkennung des Christentums als prägendem Kultur- und Bildungsfaktor bezieht, nicht auf bestimmte Glaubenswahrheiten (BVerfGE 93, 1/23; vgl. BVerfGE 41, 65/79 ff). Weitergehende Möglichkeiten der religiösen Einfluss-

nahme bestehen, wenn alle Schüler und Eltern einverstanden sind oder wenn Alternativschulen zur Verfügung stehen. Dann sind auch Bekenntnisschulen oder stärker christlich ausgerichtete Gemeinschaftsschulen möglich, wovon Art.7 Abs.5 letzter Satzteil ausgeht (vgl. Schmitt-Kammler SA 26 zu Art.7).

Im Einzelnen ist eine Unterrichtsbefreiung aus religiösen Grün-   **39** den an bestimmten Tagen zulässig (BVerwGE 42, 128/130) und die Einrichtung eines obligatorischen Ersatzunterrichts in Philosophie für die nicht am Religionsunterricht teilnehmenden Schüler (BVerwG, NJW 73, 1815). Die Veranstaltung eines freiwilligen, überkonfessionellen Schulgebets außerhalb des Religionsunterrichts ist zulässig, sofern die Schüler, die nicht teilnehmen wollen, in zumutbarer Weise ausweichen können (BVerfGE 52, 223/235 ff; BVerwGE 44, 196/198 ff; a.A. HessStGH, ESVGH 16, 1). Von einem koedukativ erteilten Sportunterricht muss ggf. befreit werden (BVerwGE 94, 82/83 f; Pieroth, DVBl 94, 960). Zur Bekenntniszugehörigkeit der Lehrer vgl. Rn.28 f zu Art.33. In staatlichen Schulen ist die Anbringung von *Kreuzen* grundsätzlich unzulässig (BVerfGE 93, 1/23 f; Morlok DR 99; a.A. Starck MKS 27), sofern dies nicht im Einverständnis mit *allen* Schülern (und Eltern) geschieht (Kokott SA 49; Morlok DR 100). Kommt es zu einem Widerspruch aus einem ausreichend dargelegten Glaubenskonflikt und bestehen keine zumutbaren Ausweichmöglichkeiten, ist das Kreuz zu entfernen (BVerwGE 109, 40/53 ff). In Bekenntnisschulen (zu deren Zulässigkeit oben Rn.38) gelten diese Begrenzungen nicht (BVerfGE 93, 1/24). Lehrern kann das Tragen religiöser Kleidung verboten werden (BVerwG, NVwZ 88, 938). Auch sonst ist den Lehrern verboten, ihnen anvertraute Kinder weltanschaulich einseitig zu beeinflussen (Starck MKS 100). Muslimischen Schülerinnen dürfte das Tragen eines Kopftuchs nicht verwehrt werden können (Starck MKS 96).

c) Arbeitsrecht. Die Vorgaben des **individuellen Arbeits-   40 rechts** für die Arbeitnehmer kirchlicher Einrichtungen betreffen die eigenen Angelegenheiten der Kirche, nicht jedoch rein innerkirchliche Angelegenheiten (oben Rn.35). Das individuelle Arbeitsrecht ist daher grundsätzlich auch hier anwendbar (BVerfGE 70, 138/165; BAGE 45, 250/254). Dabei muss jedoch dem kirchlichen Selbstbestimmungsrecht Rechnung getragen werden, aber auch den Grundrechten des Arbeitnehmers (vgl. BAG, NJW 84, 428; v. Campenhausen HbStR VI 408; Preuß AK 48 zu Art.140; Morlok DR 63; vom BVerfG nicht immer ausreichend berücksichtigt), etwa der

Meinungsfreiheit (Rn.71 zu Art.5) oder der Ehefreiheit (vgl. Rn.13
zu Art.6). Bestimmung des Ausmaßes der Beeinträchtigung des
kirchlichen Selbstbestimmungsrechts ist eine gerichtliche Aufgabe
und darf nicht völlig den Kirchen überlassen werden (so aber
BVerfGE 70, 138/168), wie dies bei den entsprechenden Problemen
der individuellen Glaubensfreiheit anerkannt ist (vgl. oben Rn.13).
Der Kündigungsschutz dürfte nur bei Tätigkeiten mit besonderer
Nähe zu kirchlichen Aufgaben einzuschränken sein (BAGE 30,
247/252 ff; 47, 144/153 ff; NJW 84, 1918; Starck MKS 113; Morlok
DR 63; **a. A.** wohl BVerfGE 70, 138/165 ff). Zur Kündigung wegen
eines Kirchenaustritts s. BAGE 45, 250/253; zur Kündigung wegen
einer Meinungsäußerung Rn.71 zu Art.5; zur Kündigung wegen
Wiederverheiratung BAGE 34, 195/202 ff.

41   Die Anwendung der Vorgaben des **kollektiven Arbeitsrechts**
auf kirchliche Einrichtungen wird größtenteils als unzulässig angesehen, etwa die Anwendung des Betriebsverfassungsgesetzes (BAGE
58, 92/99 f; NJW 89, 2285; v. Campenhausen HbStR VI 408 f),
weiter spezielle Beteiligungsrechte von Arbeitnehmern in Krankenhäusern (BVerfGE 53, 366/405), Zutrittsrechte von Gewerkschafts-
vertretern zu kirchlichen Einrichtungen (BVerfGE 57, 220/248),
die Besetzung von Organen der Berufsbildung (BVerfGE 72,
278/292 f) oder Kriterien des passiven Wahlrechts (BAG, NJW 86,
2592). Einschränkungen zugunsten der Religionsgemeinschaften
sind jedoch nur geboten, soweit „die verfassungsrechtlich geschützte
Eigenart des kirchlichen Dienstes, das spezifisch Kirchliche und das
kirchliche Proprium" in Frage gestellt wird (BAGE 75, 166/170;
vgl. BVerfGE 70, 138/165). Die Erstreckung tarifvertraglicher
Altersgrenzen auf kirchliche Einrichtungen ist daher zulässig (BAGE
75, 166/169 f).

42   **d) Sonstiges. aa)** Im **Individualbereich** wurde der Friedhofszwang als zulässig eingestuft (BVerfGE 50, 256/262); doch können
Ausnahmen geboten sein (BVerwGE 45, 224/233 f). Straftaten bleiben Straftaten, auch wenn sie aus Glaubensgründen begangen werden; allerdings ist an eine Strafmilderung zu denken (vgl. BVerfGE
23, 127/134; Starck MKS 85). Die Versetzung an einen Ort, an dem
die Glaubensgemeinschaft nicht vertreten ist, ist zulässig (BVerwGE
63, 215/218). Bei der Verhängung von Sperrzeiten in der Sozialversicherung ist Art.4 zu beachten (BSGE 51, 70/72 f). Zu den
Pflichten der Mitglieder öffentlich-rechtlicher Vereinigungen oben
Rn.28 f. Nichtmitgliedern können keine Pflichten, etwa Steuer-
pflichten, zugunsten einer solchen Vereinigung auferlegt werden

(BVerfGE 19, 206/216). Zur Frage nach der Religionszugehörigkeit oben Rn.32.

bb) Eine religiöse oder weltanschauliche **Vereinigung** kann auf- **43** grund einer entsprechenden gesetzlichen Regelung, die entsprechend der Vorgabe des Art.137 Abs.3 WRV möglich ist (str., oben Rn.33), verboten werden, wenn nur so die Einhaltung der allgemeinen Gesetze gewährleistet werden kann und das Verbot verhältnismäßig ist (vgl. Ehlers SA 16 a zu Art.140/137 WRV; Morlok DR 33 zu Art.140/137 WRV; Rn.2 zu Art.9); dabei ist der Wertentscheidung des Art.4 ausreichend Rechnung zu tragen. Zum Entzug der Rechtsform oben Rn.16.

Zulässig sind Buchführungspflichten in kirchlichen Krankenhäu- **43a** sern (BVerfG-K, NJW 84, 970), die Beschränkung des Glockengeläuts aus Gründen des Gesundheitsschutzes (BVerwGE 68, 62/69), die Erhebung der Umsatzsteuer (BVerfGE 19, 129/133 ff), die Anzeigepflicht für gewerbliche Tätigkeiten (BVerwG, NVwZ 95, 475; NVwZ 99, 767) oder die Anwendung des Strafrechts (BGH, NJW 83, 1809). Hinsichtlich einer straßenrechtlichen Sondernutzungsgenehmigung kann Art.4 zu einem Anspruch auf Erteilung führen (BVerwG, NJW 97, 407). *Unzulässig* ist dagegen die Ausweitung des Unterhalts von Ordensmitgliedern (BVerwG, NJW 87, 207), die Beschränkung einer kirchlichen Inkompatibilitätsregelung (BVerfGE 42, 312/314 f), eine auf die Befugnis zur Öffentlichkeitsarbeit gestützte Warnung vor gefährlichen religiösen Überzeugungen (str.; oben Rn.34) oder die Beschränkung der Namensführung im Hinblick auf andere Religionsgemeinschaften (BVerfG-K, NJW 94, 2346).

II. Gewissensfreiheit

1. Bedeutung und Abgrenzung zu anderen Vorschriften

Die Gewissensfreiheit enthält ein subjektives Recht und eine wert- **44** entscheidende Grundsatznorm (BVerwGE 105, 73/77 f; Bethge HbStR VI 436). Schutzgut ist die moralische Identität und Integrität des Einzelnen (Mager MüK 22). Sie steht in engstem Zusammenhang mit der Glaubensfreiheit. Die individuelle Glaubensfreiheit dürfte ein Unterfall der Gewissensfreiheit sein (Hesse 383; Obermayer BK 59 zu Art.140; vgl. oben Rn.8). Gleichwohl wird die Gewissensfreiheit üblicherweise als eigenständiges Grundrecht angesehen (Starck MKS 58; Preuß AK 34; Morlok DR 30; Herzog MD 122 f; anders dagegen Zippelius BK 30 ff). Die Glaubensfreiheit hat als lex specialis den

Vorrang im Überschneidungsfalle (anders Mager MüK 30). Im Übrigen sind die Konkurrenzen ganz ähnlich wie bei der Glaubensfreiheit zu beantworten (dazu oben Rn.6). Zum Verhältnis zum Recht auf Kriegsdienstverweigerung unten Rn.52.

2. Schutzbereich

45   **a) Gewissen.** Als Gewissensentscheidung ist jede ernstliche sittliche, d. h. an den Kategorien von „Gut" und „Böse" orientierte Entscheidung anzusehen, die der Einzelne in einer bestimmten Lage als für sich bindend und unbedingt verpflichtend erfährt, so dass er gegen sie nicht ohne ernste Gewissensnot handeln könnte (BVerfGE 12, 45/55; 48, 127/173; BVerwGE 79, 24/26 f; BAGE 47, 363/376; 62, 59/68; Bethge HbStR VI 441; Herdegen HbStKirchR I 486 f). Ob die Entscheidung „berechtigt" ist, spielt keine Rolle (BAGE 62, 59/69). Feste Überzeugungen genügen nicht; sie werden von Art.5 Abs.1 geschützt (Pieroth/Schlink 319). Zur Glaubhaftmachung der Gewissensentscheidung unten Rn.46.

46   **b) Geschützte Tätigkeiten.** Ähnlich wie die Glaubensfreiheit (oben Rn.12 f) schützt die Gewissensfreiheit nicht nur das forum internum, sondern auch das Handeln entsprechend einer Gewissensentscheidung (BVerfGE 78, 391/395; BVerwGE 105, 73/77; BSGE 61, 158/162; Bethge HbStR VI 442 f; Starck MKS 62; Muckel FH 58). Das Handeln muss für den Betroffenen auf Grund einer Gewissensentscheidung (oben Rn.45) verpflichtend sein, was von ihm glaubhaft gemacht werden muss (BVerwG, NVwZ 89, 60; BAGE 62, 59/69; Morlok DR 66 f; Zippelius BK 46, 52). Dies ist im Bereich der Gewissensfreiheit meist schwieriger als im Bereich der Glaubensfreiheit, da sich regelmäßig keine Anhaltspunkte aus einer von vielen Personen geteilten Gewissensauffassung gewinnen lassen (Mager MüK 16). Andererseits dürfen die Beweisanforderungen nicht zu hoch angesetzt werden; die Beweisprobleme lassen sich durch die Bereitstellung gewissensneutraler Verhaltensalternativen vermindern (Preuß AK 51; unten Rn.50). Eine Gewissensentscheidung wurde im Einzelnen bei der Schulbesuchspflicht hinsichtlich der Förderstufe abgelehnt (BVerfGE 34, 165/195), weiter beim ärztlichen Bereitschaftsdienst (BVerwGE 41, 261/268), oder bei der Pflicht zur Steuerzahlung wegen einer gewissenswidrigen Verwendung von Steuermitteln (BVerfG-K, NJW 93, 455). Zur Verweigerung des Kriegsdienstes unten Rn.52, des Ersatzdienstes Rn.6 zu Art.12 a.

c) Träger der Gewissensfreiheit ist jede natürliche Person. Inso- **47**
weit gelten die Ausführungen oben in Rn.18 entsprechend. Nicht
geschützt werden juristische Personen und Vereinigungen, gleich
welcher Art (BVerfG-K, NJW 90, 241; Muckel FH 63; Bethge
HbStR VI 438 f).

3. Beeinträchtigung

a) Eingriff und Unterlassen von Schutz. Die Gewissensfrei- **48**
heit wird beeinträchtigt, wenn der Staat (dazu Rn.22–30 zu Art.1)
die geschützten Tätigkeiten (oben Rn.46) regelt oder faktisch in
erheblicher Weise behindert. Des Weiteren kann eine Beeinträchtigung vorliegen, wenn der Staat seiner Pflicht nicht nachkommt,
„Raum für eine aktive Betätigung des Gewissens zu sichern und
geeignete und erforderliche Maßnahmen zur Ermöglichung gewis-
senskonformen Verhaltens zu treffen" (BVerwGE 105, 73/78); allerdings kommt ihm insoweit ein weiter Spielraum zu. Umgekehrt
fehlt ein Eingriff, wenn dem Grundrechtsträger eine zumutbare
Handlungsalternative zur Verfügung steht (Muckel FH 58); die Zumutbarkeit hängt auch vom Gewicht der entgegenstehenden
Rechtsgüter ab (Mager MüK 28). Je nach den Umständen kann
auch das Vermeiden eines vorhersehbaren Gewissenskonflikts eine
zumutbare Handlungsalternative sein (Mager MüK 25, allerdings mit
der unzutreffenden Annahme, das Vermeiden einer grundrechts-
geschützten Tätigkeit sei generell unzumutbar).

b) Privatrechtliche Beeinträchtigung. Bei der Anwendung **49**
privatrechtlicher Vorschriften kommt die Gewissensfreiheit (nur) im
Wege der Ausstrahlungswirkung (dazu Vorb.15 f, 33 vor Art.1) zum
Tragen (Bethge HbStR VI 444; Herdegen HbStKirchR I 492; Herzog MD 146; für unmittelbare Geltung Preuß AK 48). Dabei
kommt der Vorhersehbarkeit des Gewissenskonflikts große Bedeutung zu (Mager MüK 51; Muckel FH 72; Herzog MD 147). Das
Direktionsrecht des Arbeitgebers ist dahingehend eingeschränkt, dass
dem Arbeitnehmer keine Arbeit zugewiesen werden darf, die ihn in
einen vermeidbaren Gewissenskonflikt bringt (BAGE 47, 363/376 ff;
62, 59/67). Vgl. auch oben Rn.27.

4. Rechtfertigung von Beeinträchtigungen (Schranken)

Die Gewissensfreiheit enthält keinen Gesetzesvorbehalt (Bethge **50**
HbStR VI 447 f; a. A. Herzog MD 154: Anwendung der Schranken
des Art.2 Abs.1). Zum Teil wird allerdings die Vorschrift auf die

Gewissensfreiheit erstreckt, zumal dies auch unter der WRV so gesehen wurde (Herdegen HbStKirchR I 496; a. A. Muckel FH 65; Morlok DR 90). Auf jeden Fall wird die Gewissensfreiheit durch kollidierendes Verfassungsrecht beschränkt (BVerwGE 105, 73/78; BSGE 61, 158/165; Bethge HbStR VI 449), wobei man eine gesetzliche Grundlage für echte Eingriffe verlangen muss (Vorb. 48 vor Art. 1). Insbesondere wird die Gewissensfreiheit durch die Grundrechte Dritter begrenzt. Im Konfliktfalle ist eine Abwägung geboten. Soweit dies möglich ist, wird es sinnvoll sein, statt des durch den Gewissenskonflikt belasteten Verhaltens ein „Ersatzverhalten" zu verlangen (Bethge HbStR VI 454 f; oben Rn. 46). Wird die Erfüllung einer Pflicht wegen des Gewissenskonflikts verweigert, kann regelmäßig eine angemessene Ersatzpflicht vorgesehen werden (Mager MüK 28), etwa eine Zahlungspflicht.

51   **Im Einzelnen** besteht wegen der Forschungsfreiheit kein Anspruch auf Studiengänge ohne Tierversuche (Morlok DR 113), es sei denn, die wissenschaftlichen Ziele lassen sich belegbar auch ohne Tierversuche erreichen (BVerwGE 105, 73/83 f). Weiter sollen die Funktionsinteressen der Arbeitslosenversicherung Beschränkungen der Gewissensfreiheit rechtfertigen (BSGE 61, 158/165). Andererseits kann ein schwerer Gewissenskonflikt die Befehlsverweigerung eines Soldaten rechtfertigen (BVerwGE 83, 358/360 f; vgl. unten Rn. 52). Abgaben können aus Gewissensgründen regelmäßig nicht gekürzt werden, etwa Krankenkassenbeiträge wegen der Finanzierung von Schwangerschaftsabbrüchen (BVerfGE 67, 26/37). Ein Postbeamter kann nicht die Zustellung bestimmter Postsendungen aus Gewissensgründen verweigern, wenn er nicht vorher versucht hat, den Konflikt mit Mitteln des Beamtenrechts zu lösen (BVerwG, NJW 00, 88 ff). Die Verweigerung der Einschulung aus Gewissensgründen ist zulässig (BVerwG-K, JZ 86, 1019). Zu privatrechtlichen Beeinträchtigungen oben Rn. 49.

III. Recht der Kriegsdienstverweigerung (Abs. 3)

1. Bedeutung und Abgrenzung zu anderen Vorschriften

52   Das Recht der Kriegsdienstverweigerung ist ein echtes Grundrecht (Herzog MD 177) und bezieht sich auf den mit dem Kriegsdienst verbundenen Zwang zum Töten (BVerfGE 28, 243/262; 32, 40/45; 69, 1/45). Das Grundrecht bildet einen Sonderfall der in Abs. 1 gewährleisteten Freiheiten des Glaubens und des Gewissens, die für die Verweigerung des Kriegsdienstes mit der Waffe (unten Rn. 53) durch Abs.3 verdrängt werden (BVerfGE 19, 135/138; 23, 127/132; BVerwG, NVwZ-RR 93, 636; Muckel FH 73). Die Freiheiten des Abs.1 können jedoch für andere Aspekte des Wehrdienstes zum Tragen kommen (Morlok DR 134; oben Rn.51), ebenso für andere Dienstleistungen, wie den Zivildienst (Kempen AK 6). Dementsprechend kann die Zurückstellung (nicht aber die Befreiung) vom Wehrdienst verlangt werden, wenn die Religionsausübung bei der Bundeswehr beeinträchtigt ist (BVerwG, NVwZ 85, 113). Zur Verweigerung des Ersatzdienstes Rn.6 zu Art.12 a. Gegenüber Art.2 Abs.1 ist Art.4 Abs.3 lex specialis (BVerfGE 28, 243/264).

2. Schutzbereich

a) Kriegsdienst mit der Waffe meint nicht nur den Dienst mit **53** der Waffe im Krieg, sondern auch die Ausbildung an der Waffe im Frieden (BVerfGE 12, 45/56; 80, 354/358; Bethge HbStR VI 465; abschwächend BVerfGE 48, 127/163 f), da eine Ausbildung ohne einen Einsatz im Ernstfall sinnlos ist (Starck MKS 143). Erfasst wird, wie Art.12 a Abs.2 S.3 zu entnehmen ist, auch der Dienst beim Bundesgrenzschutz (Starck MKS 144; Herzog MD 186), nicht aber der Dienst in einem Zivilschutzverband (Ipsen/Ipsen BK 80 zu Art.12 a) oder in einem Ersatzdienst iSv Art.12 a Abs.2 (BVerfGE 19, 135/137; 23, 127/132). Als *„mit der Waffe"* sind alle Tätigkeiten einzustufen, die nach dem Stand der jeweiligen Waffentechnik in *unmittelbarem* Zusammenhang mit dem Einsatz von Kriegswaffen stehen (BVerfGE 69, 1/56; Herzog MD 182; vorsichtig Zippelius BK 128). Der Betroffene muss also entweder selbst Waffen einzusetzen oder die Waffenanwendung anderer unmittelbar zu unterstützen haben. Keine Rolle spielt, ob der Dienst in einem zwischenstaatlichen Konflikt oder innerhalb eines Landes erfolgt (Morlok DR 138; Mager MüK 81). Nicht erfasst werden die Dienste des Helfers in der Rüstungswirtschaft (BSGE 54, 7/9) und der Zivil- oder Katastrophenschutz (BVerwGE 61, 246/250), wohl aber der Sanitätsdienst (BVerwGE 80, 62/64 f; a. A. Muckel FH 73) und die Militärverwaltung; s. allerdings auch unten Rn.60.

b) Gewissensentscheidung. Das Recht des Abs.3 besteht nur, **54** wenn der Betroffene auf Grund einer zwingenden Gewissensentscheidung (dazu näher oben Rn.45 f) im Hinblick auf den mit dem Kriegsdienst verbundenen Zwang zum Töten (oben Rn.52) nur unter schwerer seelischer Not imstande ist, am Kriegsdienst mit der Waffe teilzunehmen (BVerwG, NVwZ 87, 695); nicht erforderlich ist ein schwerer seelischer Schaden (BVerwGE 81, 239/240). Eine Be-

wertung der Entscheidung des Betroffenen als „richtig" oder „falsch"
ist ausgeschlossen (BVerwGE 79, 24/27; Zippelius BK 133; oben
Rn.45). Die Entscheidung muss **schlechthin** und nicht nur für
bestimmte Kriege, Situationen oder Waffen gelten (BVerfGE 12,
45/57; 69, 1/23; BVerwGE 74, 72/74 f; 83, 358/371; Bethge HbStR
VI 465 f; Muckel FH 74; a. A. BVerfGE *abwM* 69, 57/81 f; Starck
MKS 149; Morlok DR 146; diff. Mager MüK 72), etwa für einen
Bundeswehreinsatz außerhalb des Bundesgebietes (BVerwG, NJW
94, 603 f). Eine situationsbedingte Verweigerung kann aber von der
Gewissensfreiheit erfasst werden (Starck MKS 148 f). Zur Plausibilitätsprüfung der Gewissensentscheidung unten Rn.57–59.

55   c) **Träger des Grundrechts** ist jeder, der zum Kriegsdienst mit
der Waffe herangezogen wird, auch der bereits eingezogene Soldat
(Starck MKS 151; Herzog MD 189; vgl. unten Rn.60), ggf. auch
Ausländer (Kempen AK 12; Mager MüK 67). Juristische Personen
und Vereinigungen sind nicht Grundrechtsträger (BVerwGE 64,
196/198; Morlok DR 150).

3. Beeinträchtigung und Ausgestaltung

56   a) **Beeinträchtigung.** Das Grundrecht wird durch jeden Zwang
beeinträchtigt, Kriegsdienst mit der Waffe (oben Rn.53) auszuüben,
etwa durch die Einberufung oder die Verhängung und Vollziehung
von Disziplinarmaßnahmen (BVerfGE 28, 264/275 f) bzw. von Jugendarrest (BVerfGE *abwM* 32, 51/53 f; **a. A.** BVerfGE 32, 40/48 ff).
Dies gilt auch bereits vor rechtskräftiger Anerkennung (s. allerdings
unten Rn.60). Weiter liegt eine Beeinträchtigung vor, wenn die
Wahrnehmung des Rechts unangemessen erschwert wird. Zur Ausgestaltung des Ersatzdienstes in einer Art und Weise, die von der
Nutzung des Grundrechts abschreckt, Rn.7 f zu Art.12 a. Wird ein
Soldat wegen Kriegsdienstverweigerung entlassen, kann die Rückzahlung eines von der Bundeswehr gewährten Stipendiums verlangt
werden, da es hier um keine Sanktion, sondern um einen Vorteils-
ausgleich geht (BVerwG, DVBl 96, 1152).

57   b) **Ausgestaltung durch Anerkennungsverfahren. aa)** Art.4
Abs.3 steht dem Verlangen nicht entgegen, dass der Betroffene seine
Gewissensentscheidung plausibel macht (vgl. oben Rn.46), dass ihn
eine Art materielle Beweislast trifft (BVerfGE 69, 1), weshalb ein
sachgerechtes **Anerkennungsverfahren** keine Grundrechtsbeeinträchtigung darstellt (BVerfGE 48, 127/166; 69, 1/51; Starck MKS
161, 164; Kempen AK 18). Grundlage für die Regelung des Verfahrens ist Abs.3 S.2 (vgl. unten Rn.60). Aus Gründen der auf Art.3

Abs.1 gestützten Wehrgerechtigkeit (BVerfGE 48, 127/168 f; 69, 1/21; Starck MKS 155; s. auch Rn.5 zu Art.12 a) soll sogar eine Pflicht des Gesetzgebers bestehen, die Berufung auf das Grundrecht nur solchen Personen zuzugestehen, bei denen die Voraussetzungen mit hinreichender Sicherheit angenommen werden können (BVerfGE 48, 127/168; 69, 1/21; BVerwGE 83, 358/361; Bethge HbStR VI 462; a. A. BVerfGE *abwM* 48, 184/186).

Die **Ausgestaltung des Anerkennungsverfahrens** muss sach- **58** gerecht, geeignet und zumutbar sein (BVerfGE 69, 1/25). Die Anforderungen können unterschiedlich intensiv ausfallen, sofern dafür Sachgründe sprechen (BVerfGE 69, 1/40 ff). Insb. können vom Wehrpflichtigen objektivierbare Anhaltspunkte verlangt werden, aus denen mit hinreichender Sicherheit auf eine Gewissensentscheidung geschlossen werden kann (BVerfGE 69, 1/47). Doch dürfen die Anforderungen nicht zu hoch angesetzt werden; es genügt ein Glaubhaftmachen (BVerwGE 14, 149 f; Mager MüK 77; Zippelius BK 139). Substantiiert angebotene Beweismittel sind auszuschöpfen (BVerwG, NVwZ-RR 93, 39). Ohne Anhörung darf nur bei völlig eindeutiger Rechtslage entschieden werden (BVerfGE 69, 1/46); zur Anhörung im gerichtlichen Verfahren Rn.19 zu Art.103.

bb) Im Einzelnen kommt es entscheidend auf die Begründung **59** des Wehrpflichtigen und den von ihm gewonnenen Gesamteindruck an (BVerwGE 50, 275/277; NJW 86, 2898). Ein bloßes verbales Bekenntnis genügt nicht (BVerwGE 55, 217/219; 65, 57/60); der Betreffende muss bereit sein, für seine Überzeugung auch Nachteile in Kauf zu nehmen (vgl. BVerwG, NVwZ 84, 449). Die Prüfung, ob eine hinreichende geistige Auseinandersetzung mit der Problematik des Kriegsdienstes stattgefunden hat, ist zulässig (BVerwGE 60, 278/280), außer bei Mitgliedern einer Glaubensgemeinschaft, die sich zu einem absoluten Tötungsverbot bekennt, wie die Zeugen Jehovas (BVerwGE 75, 188/192 ff). Die Bereitschaft, in einer Notwehr- oder Nothilfesituation den Angreifer ohne schwere Gewissensbelastung zu töten, spricht gegen die Anerkennung als Kriegsdienstverweigerer (BVerwG, NVwZ 86, 476), nicht jedoch die Inkaufnahme von Verkehrstoten (BVerwGE 84, 191/192 f) oder die fehlende Bereitschaft, Soldaten in einem Lazarett zu pflegen (BVerwG, NVwZ 88, 155). Die Teilnahme an Hausbesetzungen spricht nicht notwendig gegen eine Gewissensentscheidung gegen den Kriegsdienst (BVerwGE 81, 18). Der Wehrpflichtige darf nicht mit völlig irrealen Konfliktsituationen konfrontiert werden (BVerwGE 79, 24/29; NVwZ 87, 801). Die Achtung und Respektierung des Kriegsdienstes anderer steht der eigenen Gewissensentscheidung gegen den Kriegsdienst mit der Waffe nicht notwendig entgegen (BVerwG, NVwZ 85, 493); gleiches gilt für eine begrenzte Anerkennung der Sterbehilfe (BVerwGE 60, 278/282) oder des Schwangerschaftsabbruchs (BVerwGE 60, 336/338).

4. Rechtfertigung von Beeinträchtigungen (Schranken)

60   Das Grundrecht des Abs.3 unterliegt keinem Gesetzesvorbehalt; insb. ermächtigt Abs.3 S.2 nicht zu Eingriffen (BVerfGE 28, 243/259; 48, 127/163; 69, 1/23; Starck MKS 169; Muckel FH 77; Vorb.41 vor Art.1). Abs.3 S.2 enthält allein ein Recht zur *Ausgestaltung* (oben Rn.57; allg. dazu Vorb.34 f vor Art.1), insb. in verfahrensmäßiger Hinsicht (Kempen AK 13), gestattet also keine Einschränkung des Grundrechts (Morlok DR 152); andererseits enthält Abs.3 wegen der Ausgestaltungsmöglichkeit ein verfahrensabhängiges Grundrecht (BVerwGE 80, 62/63). Echte Grenzen können sich aus kollidierendem Verfassungsrecht ergeben (Herzog MD 195). Die Grundentscheidung für die militärische Landesverteidigung (Rn.2 zu Art.12 a) bietet dafür jedoch keine Grundlage, weil diese Entscheidung durch Art.4 Abs.3 gerade eingeschränkt wird (BVerfGE *abwM* 69, 1/62 ff; Muckel FH 77; Bethge HbStR VI 463; Morlok DR 162; Kokott SA 99; **a. A.** BVerfGE 28, 243/261). Zulässig ist allerdings, dass ein Soldat bis zu seiner rechtskräftigen Anerkennung wehrdienstverpflichtet bleibt (BVerfGE 28, 243/261 f; Starck MKS 147; Zippelius BK 125); das folgt (im Hinblick auf das vorherige entgegengesetzte Verhalten) aus der Ausgestaltungsmöglichkeit des Abs.3 S.2 (Bethge HbStR VI 463). Der Soldat darf in diesem Falle nur zum waffenlosen Dienst herangezogen werden, etwa im Sanitätsdienst (BVerfGE 69, 1/56; BVerwGE 72, 241/242; 80, 62/64 f) oder in der Militärverwaltung (BVerfGE 69, 1/56). Zulässig ist, einen Soldaten auf Zeit, der als Wehrdienstverweigerer aus der Bundeswehr entlassen wurde, zu verpflichten, die Kosten eines finanzierten Studiums zu erstatten (BVerwG, DVBl 96, 1152). Bei der Aberkennung eines bereits zuerkannten Verweigerer-Status ist Vorsicht geboten (BVerwG, NVwZ-RR 95, 44).

Art.5 [Kommunikationsfreiheiten; Kunst- und Wissenschaftsfreiheit]

(1) **Jeder[8, 18] hat das Recht, seine Meinung[2 ff] in Wort, Schrift und Bild[7] frei zu äußern und zu verbreiten[6 ff] und sich aus allgemein zugänglichen Quellen[15 f] ungehindert zu unterrichten[17].**

Die Pressefreiheit[23 ff] und die Freiheit der Berichterstattung durch Rundfunk[35 ff] und Film[49 ff] werden gewährleistet. Eine Zensur findet nicht statt.[63 f]

(2) Diese Rechte finden ihre Schranken in den Vorschriften der allgemeinen Gesetze,[55 ff] den gesetzlichen Bestimmungen zum Schutze der Jugend[60 f] und in dem Recht der persönlichen Ehre[62].

(3) Kunst[85] und Wissenschaft[95], Forschung[96] und Lehre[97] sind frei. Die Freiheit der Lehre entbindet nicht von der Treue zur Verfassung.[106]

Übersicht

Literatur A I (Art. 5 Abs. 1 S. 1): *Fenchel,* Negative Informationsfreiheit, 1997; *Grigoleit,* Grundrechtlicher Schutz und grundrechtliche Schranken kommerzieller Kommunikation, DVBl 1996, 596; *Erichsen,* Das Grundrecht der Meinungsfreiheit, Jura 1996, 84; *Lerche,* Aktuelle Grundfragen der Informationsfreiheit, Jura 1995, 561; *Grimm,* Die Meinungsfreiheit in der Rechtsprechung des BVerfG, NJW 1995, 1697; *Heselhaus,* Neuentwicklungen bei der Bestimmung des Schutzbereichs der Meinungsfreiheit, NVwZ 1992, 740; *Merten,* Zur negativen Meinungsfreiheit, DÖV 1990, 761; *Tettinger,* Schutz der Kommunikationsfreiheiten im deutschen Verfassungsrecht, JZ 1990, 846; *Degenhart,* Meinungs- und Medienfreiheit in Wirtschaft und Wettbewerb, FS Lukes, 1989, 287; *Schmidt-Jortzig,* Meinungs- und Informationsfreiheit, HbStR VI, 1989, 635; *Großmann,* Die Rechtsprechung des BVerfG zur Meinungsfreiheit, FS Schwartländer, 1988, 130; *Schmitt Glaeser,* Die Meinungsfreiheit in der Rechtsprechung des BVerfG, AöR 1988, 52; *Schmitt Glaeser,* Das Grundrecht auf Informationsfreiheit, Jura 1987, 567; *Wolfram,* Recht auf Information – Schutz vor Information, 1986. – Vgl. auch Literatur A II zu Art. 2.

Literatur A II (Abs. 1 S. 2): *Dörr,* Der Einfluss der Judikatur des BVerfG auf das Medienrecht, VerwArch 2001, 149; *Jarass,* Rundfunkfreiheit, in Pieroth (Hg.), Verfassungsrecht und soziale Wirklichkeit in Wechselwirkung, 2000, 59; *Erdemir,* Filmzensur und Filmverbot, 2000; *Jarass,* Rundfunkbegriffe im Zeitalter des Internet, AfP 1998, 133; *Ladeur,* Grundrechtskonflikte in der dualen Rundfunkordnung, AfP 1998, 141; *Ricker/Schiwy,* Rundfunkverfassungsrecht, 1997; *Bullinger,* Der Rundfunkbegriff in der Differenzierung kommunikativer Dienste, AfP 1998, 1; *Bethge,* Die verfassungsrechtliche Position des öffentlich-rechtlichen Rundfunks in der dualen Rundfunkordnung, 1996; *Fiebig,* Ansätze zu einem institutionellen Verständnis der Pressefreiheit, AfP 1995, 459; *Eberle,* Neue Übertragungstechniken und Verfassungsrecht, ZUM 1995, 249; *Engel,* Rundfunk in Freiheit, AfP 1994, 185; *Reupert,* Die Filmfreiheit, NVwZ 1994, 1155; *Bethge,* Verfassungsrechtliche Aspekte des föderalen Rundfunkfinanzausgleichs, DÖV 1994, 445; *Jarass,* Verfassungsmäßigkeit des Rechts der Kurzberichterstattung, AfP 1993, 455; *Kübler,* Massenkommunikation und Medienverfassung, FS Lerche, 1993, 649; *Ring,* Gefährdung der Rundfunkfreiheit, FS Lerche, 1993, 707; *Groß,* Zur Pressefreiheit, DÖV 1992, 981; *Ruck,* Zur Unterscheidung von Ausgestaltungs- und Schrankengesetzen im Bereich der Rundfunkfreiheit, AöR 1992, 543 ff; *Stark,* „Grundversorgung" und Rundfunkfreiheit, NJW 1992, 3257; *Brugger,* Rundfunkfreiheit und Verfassungsinterpretation, 1991; *Bullinger,* Freiheit von Presse, Rundfunk, Film, HbStR VI, 1989, 667; *Rossen,*

Freie Meinungsbildung durch den Rundfunk, 1988; *Degenhart,* Duale Rundfunkordnung, Jura 1988, 21; *Schmitt-Glaeser,* Die Rundfunkfreiheit in der
Rechtsprechung des BVerfG, AöR 1987, 215; *A. Hesse,* Die Organisation
privaten Rundfunks in der Bundesrepublik, DÖV 1986, 177.

Literatur B (Abs.1 S.3, Abs.2): *Gucht,* Das Zensurverbot im Gefüge der
grundrechtlichen Eingriffskautelen, 2000; *di Fabio,* Persönlichkeitsrechte im
Kraftfeld der Medienwirkung, AfP 1999, 126; *Lücke,* Die „allgemeinen" Geset-
ze, 1998; *Schmitt-Glaeser,* Meinungsfreiheit, Ehrenschutz und Toleranzgebot,
NJW 1996, 876; *Stark,* Ehrenschutz in Deutschland, 1996; *Hager,* Der Schutz
der Ehre im Zivilrecht, AcP 1996, 168; *Tettinger,* Die Ehre – ein ungeschütztes
Verfassungsgut, 1995; *Kriele,* Ehrenschutz und Meinungsfreiheit, NJW 1994,
1897; *Hoppe,* Die „allgemeinen Gesetze" als Schranke der Meinungsfreiheit,
JuS 1991, 734; *Gornig,* Die Schrankentrias des Art.5 II GG, JuS 1988, 274;
Stern, Ehrenschutz und „allgemeine Gesetze", FS Hübner, 1984, 815.

Literatur C I (Kunst): *Dierksmeier,* Die Würde der Kunst, JZ 2000, 883;
Palm, Öffentliche Kunstförderung zwischen Kunstfreiheitsgarantie und Kul-
turstaat, 1998; *Enderlein,* Der Begriff der Freiheit als Tatbestandsmerkmal der
Grundrechte, 1995; *Mahrenholz,* Freiheit der Kunst, HbVerfR, 1995, 1289;
Kübler, Meinungsäußerung durch Kunst, FS Mahrenholz, 1994, 303;
Würkner, Das Bundesverfassungsgericht und die Freiheit der Kunst, 1994;
Henschel, Die Kunstfreiheit in der Rechtsprechung des BVerfG, NJW 1990,
1937; *Denninger,* Freiheit der Kunst, HbStR VI, 1989, 847; *Steffen,* Politische
Karikatur und politische Satire im Spannungsfeld von Kunstfreiheit und
Persönlichkeitsschutz, FS Simon, 1987, 359; *Zöbeley,* Zum Schutzbereich der
Kunstfreiheitsgarantie bei photographischen Darstellungen, FS Zeidler,
Bd. 2, 1987, 1525; *Häberle,* Die Freiheit der Kunst im Verfassungsstaat, AöR
1985, 577; *Henschel,* Zum Kunstbegriff des GG, FS Wassermann, 1985, 351;
Hoffmann, Kunstfreiheit und Sacheigentum, NJW 1985, 237; *Hufen,* Die
Freiheit der Kunst in staatlichen Institutionen, 1982.

Literatur C II (Wissenschaft): *Ossenbühl,* Wissenschaftsfreiheit und Gesetzgebung, in: FS Schiedermair, 2001, 505; *Loschelder,* Das Grundrecht der
Freiheit von Forschung und Lehre, in: FS K. Ipsen, 2000, 467; *Wagner,*
Forschungsfreiheit und Regulierungsdichte, NVwZ 1998, 1235; *Schulze-Fielitz,* Freiheit der Wissenschaft, HbVerfR, 1995, 1339 ff; *Classen,* Wissenschaftsfreiheit außerhalb der Hochschule, 1994; *Trute,* Die Forschung zwischen Grundrechten der Freiheit und staatlicher Institutionalisierung, 1994;
Thieme, Die Wissenschaftsfreiheit der nichtuniversitären Forschungseinrichtungen, DÖV 1994, 150; *Lorenz,* Wissenschaft darf nicht alles!, FS Lerche,
1993, 267; *Losch,* Verantwortung der Wissenschaft als Rechtsproblem,
NVwZ 1993, 625; *Dickert,* Naturwissenschaften und Forschungsfreiheit,
1991; *Oppermann,* Freiheit von Forschung und Lehre, HbStR VI, 1989, 809;
v. Brünneck, Die Freiheit der Wissenschaft und Forschung, JA 1989, 165;
Theis, Ausbildungs- und Wissenschaftsfreiheit, 1987; *Lüthje,* Berufs- und
Wissenschaftsfreiheit in Hochschulen und Forschungseinrichtungen, FS Si-
mon, 1987, 599; *Kirchhof,* Wissenschaft in verfaßter Freiheit, 1986; *Bauer,*
Wissenschaftsfreiheit in Lehre und Studium, 1986; *Häberle,* Die Freiheit der
Wissenschaften im Verfassungsstaat, AöR 1985, 329.

A. Grundrechtstatbestände des Abs.1

I. Meinungsfreiheit (Abs.1 S.1 Hs. 1)

1. Bedeutung und Abgrenzung zu anderen Vorschriften

1 Das Grundrecht der Meinungsfreiheit rechnet zu den „vornehmsten Menschenrechten überhaupt" (BVerfGE 7, 198/208; Degenhart BK 86). Für ein freiheitliches demokratisches Gemeinwesen ist es konstituierend (BVerfGE 62, 230/247; 71, 206/220; 76, 196/208 f; Bethge SA 22). Es sichert, dass jeder frei sagen kann, was er denkt, auch wenn er keine nachprüfbaren Gründe für sein Urteil angibt bzw. angeben kann (BVerfGE 42, 163/170 f; 61, 1/7). Zugleich sollen die geistigen Wirkungen ermöglicht werden, wie sie von Meinungsäußerungen ausgehen (BVerfGE 61, 1/7). Insb. dient das Grundrecht dem demokratischen Prozess, für den es konstitutiv ist (BVerfGE 82, 272/281). Das Grundrecht enthält neben dem Abwehrrecht ein „objektives Prinzip" (BVerfGE 57, 295/319 f; Schmidt-Jortzig HbStR VI 639 ff; Hoffmann-Riem AK 32 ff), eine Wertentscheidung. Gegenüber Art.2 Abs.1 ist Art.5 Abs.1 lex specialis. Zur Abgrenzung zur Glaubensfreiheit Rn.6 zu Art.4. Zum Verhältnis zur Informationsfreiheit unten Rn.8, 17, zur Pressefreiheit unten Rn.24, zur Rundfunkfreiheit unten Rn.41, zur Kunstfreiheit unten Rn.84, zur Wissenschaftsfreiheit unten Rn.94. Zum Verhältnis zur Versammlungsfreiheit Rn.5 zu Art.8, zur Koalitionsfreiheit Rn.22 zu Art.9, zum Telefongeheimnis Rn.2 zu Art.10, zur Redefreiheit des Abgeordneten Rn.32 zu Art.38. Zum Verhältnis zum Gleichheitsrecht des Art.3 Abs.3 vgl. Rn.106 zu Art.3.

2. Schutzbereich

2 **a) Meinung.** Der Begriff der Meinung ist „grundsätzlich weit zu verstehen" (BVerfGE 61, 1/9). Er umfasst **„Werturteile"** (Meinungen ieS) und **„Tatsachenbehauptungen,** jedenfalls ... wenn sie Voraussetzung für die Bildung von Meinungen sind" (BVerfGE 94, 1/7; 61, 1/8; 65, 1/41; Degenhart BK 99; für Einbeziehung aller Tatsachenwiedergaben Schulze-Fielitz DR 47). Für Werturteile ist „die subjektive Beziehung des sich Äußernden zum Inhalt seiner Aussage kennzeichnend", für Tatsachenbehauptungen „die objektive Beziehung zwischen der Äußerung und der Wirklichkeit" (BVerfGE

94, 1/8; 90, 241/247; 93, 266/289), die der Überprüfung mit
Mitteln des Beweises zugänglich ist (BGHZ 139, 95/102). Für die
Abgrenzung von Werturteil und Tatsachenbehauptung kommt es
insb. auf den objektiven Sinn der Äußerung an (BVerfGE 94, 1/8 f).
Angaben statistischer Art stellen keine Meinungsäußerung dar
(BVerfGE 65, 1/40 f); insoweit ist Art.2 Abs.1 einschlägig.

Keine Rolle spielt, welche **Themen** berührt werden; die Mei- **3**
nungsfreiheit schützt die Kommunikation in allen Bereichen (Schulze-Fielitz DR 44; Degenhart BK 94). Ebensowenig ist von Bedeutung, ob mit der Meinung öffentliche, insb. politische oder private
Zwecke verfolgt werden (Hoffmann-Riem AK 22; Wendt MüK 8).
„Die Kundgabe einer Meinung bleibt auch dann Meinungsäußerung, wenn sie wirtschaftliche Vorteile bringen soll" (BVerfGE 30,
336/352). Abs.1 S.1 erfasst daher die kommerzielle Werbung
(BVerwG, Bh 442 015, 6; BGHZ 130, 196/203; Degenhart BK 96,
125 f; Starck MKS 25; Wendt MüK 11; vgl. unten Rn.26; tendenziell auch BVerfGE 71, 162/175; a. A. BVerfGE 40, 371/382; 60,
215/229 ff).

Unerheblich ist des Weiteren, ob die Äußerung als **wertlos** oder **4**
abwegig eingestuft wird, ob sie rational oder emotional begründet ist
(BVerfGE 30, 336/347; 61, 1/7; 65, 1/41; 93, 266/289; Degenhart
BK 94; Schulze-Fielitz DR 44; unten Rn.26). Geschützt sind auch
polemische Äußerungen (BVerfGE 61, 1/9 f; 68, 226/ 230 ff; BGH,
NJW 87, 1398). Viele der genannten, für die Anwendbarkeit der
Meinungsfreiheit bedeutungslosen Aspekte können bei der Ein-
schränkung des Grundrechts relevant werden (unten Rn.58). Zum
Boykottaufruf unten Rn.26, 70.

Sind **Tatsachenbehauptungen** (oben Rn.2) unwahr, ist zu diffe- **5**
renzieren, da unrichtige Information grundsätzlich nicht schützens-
wert ist (BVerfGE 54, 208/219; BGHZ 90, 113/116; a. A. Schmidt-
Jortzig HbStR VI 645; Wendt Mük 10): Außerhalb des Schutzbereichs liegen (allein) „bewusst unwahre Tatsachenbehauptungen
und solche, deren Unwahrheit unzweifelhaft feststeht" (BVerfGE 99,
185/197; ähnlich E 90, 1/15; 90, 241/254; BGHZ 139, 95/101;
Degenhart BK 104; a. A. Pieroth/Schlink 555). Dies gilt etwa für die
Äußerung, dass es im Dritten Reich keine Judenverfolgung gegeben
habe (BVerfGE 90, 241/249 ff); insoweit ist Art.2 Abs.1 einschlägig
(a. A. Bethge SA 48 a). Doch dürfen auf keinen Fall „die Anforderungen an die Wahrheitspflicht ... so bemessen werden, dass dadurch
die Funktion der Meinungsfreiheit in Gefahr gerät oder leidet"
(BVerfGE 54, 208/219; 61, 1/8; 85, 1/15; 90, 241/248; Degenhart
BK 139 f). Aus dem gleichen Grund ist der Begriff der *Meinung* weit

zu verstehen, mit der Folge, dass die Ausklammerung unwahrer *Tatsachenbehauptungen* geringere Bedeutung hat. „Sofern eine Äußerung, in der Tatsachen und Meinungen sich vermengen, durch die Elemente der Stellungnahme, das Dafürhaltens oder Meinens geprägt sind", ist sie als Meinung zu behandeln (BVerfGE 85, 1/15). Echte Fragen sind wie Meinungsäußerungen zu behandeln, während rhetorische Fragen bei entsprechendem Gehalt dem Regime von Tatsachenbehauptungen unterliegen (BVerfGE 85, 23/32; Herzog MD 55 c f; anders Bethge SA 30).

6   **b) Geschütztes Verhalten. aa)** Das Grundrecht schützt **Äußern** und **Verbreiten** der Meinung, also ihre Abgabe, wie den mehr oder minder langen Prozess der Informationsübertragung. Geschützt sind der Inhalt, aber auch die Form bzw. die Art und Weise der Äußerung (BVerfGE 54, 129/138 f; 60, 234/241; 76, 171/192; Degenhart BK 160 ff; a. A. wohl E 57, 29/35 f), mögen auch die Einschränkungsmöglichkeiten unterschiedlich ausfallen (unten Rn.58). Erfasst wird insb. die Beifügung des eigenen Namens (BVerfGE 97, 391/397 f). Weiter kommt das Grundrecht allen Tätigkeiten zugute, die zur Informationsübermittlung und verbreitung beitragen. Zugunsten des Meinungsäußernden ist geschützt, dass die Äußerung beim Adressaten ankommt (vgl. unten Rn.9). Geschützt ist „die Wahl des Ortes und der Zeit einer Äußerung" (BVerfGE 93, 266/289). Erfasst werden auch begleitende Tätigkeiten, die den Zweck haben, die Wirkung der Äußerung zu verstärken (BVerfGE 97, 391/398; Schulze-Fielitz DR 51). Unerheblich ist, ob die Äußerung privat oder öffentlich, kostenlos oder gegen Entgelt erfolgt (BVerfGE 30, 336/352 f). Geschützt werden zudem die „Voraussetzungen für die Herstellung und Aufrechterhaltung des Kommunikationsprozesses" (BVerfGE 97, 391/399). Unklar ist, wieweit auch die Meinungsbildung geschützt wird; jedenfalls kann nicht das Sammeln von Informationen generell geschützt sein (so aber Bethge SA 24; Starck MKS 37), da dann die Informationsfreiheit keine eigenständige Bedeutung mehr hätte (vgl. unten Rn.8, 17).

6 a   Ausgenommen wird die *Ausübung von Druck,* etwa wirtschaftlicher Art, sowie die Anwendung von Gewalt, da die Meinungskundgabe allein als Mittel des geistigen Meinungskampfes geschützt wird (BVerfGE 25, 256/265; 62, 230/245; Schulze-Fielitz DR 53; vgl. unten Rn.26). Andererseits entfällt der Schutz der Meinungsfreiheit nicht deshalb, weil die Meinungsäußerung zu wirtschaftlichen Nachteilen führt (BVerfGE 25, 256/268); auch der Boykottaufruf fällt daher unter Art.5 (Wendt MüK 14; unten Rn.26, 70). Die Veröffentlichung *rechtswidrig beschaffter* oder erlangter *Informationen* wird ebenfalls geschützt (BVerfGE 66, 116/137).

Schließlich schützt Art.5 das Recht, eine Meinung **nicht zu** **6 b** **äußern** (BVerfGE 65, 1/40 f; Schulze-Fielitz DR 54; Hoffmann-Riem AK 24); zur Pflicht, statistische Angaben zu machen, oben Rn.2. Die Verpflichtung, eine staatliche Information (als staatliche Information) zu verbreiten, berührt jedoch nicht die Meinungsfreiheit (BVerfGE 95, 173/182).

bb) Als geschützte Medien nennt Abs.1 S.1 **Wort, Schrift und** **7** **Bild,** was aber nur als beispielhafte Nennung der wichtigsten Medien zu verstehen ist (Herzog MD 73). Geschützt wird daher jede Form der Meinungsäußerung und -verbreitung, auch mit Hilfe von Schallplatten (Wendt MüK 15), Tonträgern, Bildern (BVerfGE 30, 336/352) oder elektromagnetischen Wellen etc. (Degenhart BK 133, 135). Gleichfalls erfasst werden bildhafte und suggestive Meinungsäußerungen durch Gesten, Tragen und Verwenden von Symbolen (BVerwGE 72, 183/185 f), Plaketten (BVerfGE 71, 108/113), Uniformen (BVerfG, NJW 82, 1803) etc. oder durch Aktionen wie eine Unterschriftensammlung (BVerfGE 44, 197); ein Anspruch auf Tragen staatlicher Uniformen ergibt sich aus Art.5 jedoch nicht (BVerwGE 76, 30/35).

c) Träger des Grundrechts ist jede Person, die die geschützte **8** Tätigkeit (oben Rn.2–7) ausübt (Schulze-Fielitz DR 86). Eine Verhinderung der Briefzustellung beeinträchtigt daher den Absender in seiner Meinungsfreiheit, nicht dagegen den Empfänger, für den die Informationsfreiheit einschlägig ist (BVerfGE 27, 71/81; unten Rn.17). Die Meinungsfreiheit steht auch Minderjährigen zu (Rn.11 f zu Art.19; Herzog MD 24; Hoffmann-Riem AK 30; Schmidt-Jortzig HbStR VI 642 f), weiter inländischen juristischen Personen und Personenvereinigungen (Rn.14–16, 22 zu Art.19; Schmidt-Jortzig HbStR VI 643; Wendt MüK 6). Auf die Staatsangehörigkeit der Mitglieder eines Vereins kommt es nicht an (BVerfG-K, NVwZ 00, 1282). Staatliche Organe bzw. juristische Personen des öffentlichen Rechts dürfen zwar (in sachlicher Weise) Meinungen äußern, soweit dies die entsprechenden Kompetenznormen erlauben (OVG NW, NVwZ 85, 124); auf die Meinungsfreiheit können sie sich aber nicht berufen (Starck MKS 24; Degenhart BK 180, 185; Rn.18 f zu Art.19). Dies gilt insb. für einen Bürgermeister, der in amtlicher Eigenschaft eine Meinung äußert (BVerwGE 104, 323/326).

3. Beeinträchtigung

9 **a) Eingriffe.** Der Schutzbereich wird durch jede Anordnung der öffentlichen Gewalt (Rn.22–30 zu Art.1) beeinträchtigt, die die Meinungsäußerung oder -verbreitung verbietet, behindert oder gebietet (vgl. Schulze-Fielitz DR 96). Darunter fallen auch nachteilige Rechtsfolgen für bestimmte Äußerungen (BVerfGE 86, 122/128) oder Auflagen zum Umgang mit der Presse (BVerfGE 85, 248/263). Erfasst werden Sanktionen, die den Wortlaut und die Erklärungsabsicht des Urhebers verkennen (BVerfGE 82, 43/52; 82, 272/280 f; Herzog MD 80 b). Dies hat insb. für die Satire Bedeutung (Herzog MD 80 c f). Belastende Anordnungen zur Art und Weise der Äußerung werden erfasst (oben Rn.6). Gleiches gilt für das Anhalten von Briefen, etwa von Strafgefangenen (BVerfGE 33, 1/14 ff; vgl. auch Rn.2 zu Art.10). *Faktische* Einwirkungen stellen eine Grundrechtsbeeinträchtigung dar (vgl. Degenhart BK 198), sofern sie von einem gewissen Gewicht und daher Regelungen gleichzustellen sind (Schulze-Fielitz DR 98), etwa das heimliche Abhören von Gesprächen (Wendt MüK 18; Herzog MD 79; Hoffmann-Riem AK 31).

10 **b) Verweigerung von Teilhabe und Leistung.** Wird die **Nutzung öffentlicher Straßen, Parks etc.** zu Zwecken der Meinungsäußerung verboten, kann die Grundrechtsbeeinträchtigung nicht davon abhängen, ob es sich um Gemeingebrauch oder Sondernutzung handelt (so aber Starck MKS 35). Die Grundrechtsgeltung würde damit von der Widmung abhängen. Genau genommen geht es in beiden Fällen um Teilhabe an einer öffentlichen Einrichtung (Vorb.31 vor Art.1; Starck MKS 152 zu Art.1). Ein Nutzungsanspruch dürfte im Hinblick auf den objektiven Gehalt der Meinungsfreiheit (oben Rn.1) bestehen, wenn die staatlich vorgesehene Nutzung nicht behindert wird und zudem ein sachlicher Zusammenhang besteht (Jarass, DÖV 83, 612; Schulze-Fielitz DR 172; vgl. BVerwGE 56, 56/59 ff). Bei der Vergabe von Räumen in der Universität für studentische Veranstaltungen ist der Fördergehalt des Abs.1 S.1 zu beachten (BVerwG Bh 421.2, 87).

11 Im Übrigen ist ein Anspruch auf staatliches Tätigwerden bzw. auf staatliche **Leistungen** der Meinungsfreiheit grundsätzlich nicht zu entnehmen. Sie gibt weder einen Anspruch auf Mittel zur Meinungskundgabe (BVerwGE 72, 113/118; Herzog MD 64) noch auf Zugang zu den Massenmedien (Herzog MD 65).

12 **c) Privatrechtliche Beeinträchtigung.** Die Ausstrahlungswirkung (Vorb.15 f, 33 vor Art.1) der Meinungsfreiheit beeinflusst die Anwendung privatrechtlicher Vorschriften, und zwar umso intensi-

ver, je schwerer das Grundrecht betroffen ist (BVerfGE 7, 198/212; 42, 163/168; Hoffmann-Riem AK 35; Bethge SA 30 a ff). Eine Verkennung der verfassungsrechtlich bedeutsamen Tatsachen durch das Gericht verletzt Abs.1 S.1 (BVerfGE 82, 272/280). Eine intensive Prüfung ist insb. geboten, wenn die Entscheidung geeignet ist, in künftigen Fällen die Bereitschaft zu mindern, von dem Grundrecht Gebrauch zu machen (BVerfGE 86, 1/10). Einzelfälle unten Rn.67–72 a.

4. Rechtfertigung (Schranken) und Einzelfälle (Hinweise)

Zur Rechtfertigung (Schranken) von Beeinträchtigungen der **13** Meinungsfreiheit unten Rn.55–66. Einzelfälle der Verfassungsmäßigkeit bzw. -widrigkeit von Beeinträchtigungen unten Rn.67–83.

II. Informationsfreiheit (Abs.1 S.1 Hs. 2)

1. Bedeutung und Abgrenzung zu anderen Vorschriften

Die Informationsfreiheit ist das Ergebnis der Erfahrungen mit den **14** nationalsozialistischen Informationssperren, insb. dem Verbot, ausländische Sender abzuhören (BVerfGE 27, 71/80). Das Grundrecht steht gleichwertig neben der Meinungsfreiheit und dient der individuellen Entfaltung wie dem demokratischen Prinzip (BVerfGE 27, 71/81 f; Herzog MD 84; Schmidt-Jortzig HbStR VI 650). Zur Abgrenzung zur Meinungsfreiheit oben Rn.8, zur Pressefreiheit unten Rn.24, zur Rundfunkfreiheit unten Rn.41.

2. Schutzbereich

a) Allgemein zugängliche Quellen. Als **Quellen** sind alle Trä- **15** ger von Informationen einzustufen, unabhängig davon, ob die Informationen eher Meinungen bzw. Tatsachen enthalten oder ob sie öffentliche oder private Angelegenheiten betreffen (Schmidt-Jortzig HbStR VI 651; Herzog MD 87; Degenhart BK 349 f; vgl. BVerfGE 27, 71/81 ff). Welcher Informationsträger genutzt wird, ist unerheblich (Bethge SA 54). Erfasst werden auch Personen, die bereit sind, sich zu bestimmten Fragen zu äußern, weshalb die Informationsfreiheit demoskopischen Befragungen zugute kommt (Starck MKS 47; Herzog MD 93). Informationsquelle ist zudem das Ereignis selbst, etwa ein Verkehrsunfall (Herzog MD 87; Hoffmann-Riem AK 82; Schulze-Fielitz DR 57).

16   **Allgemein zugänglich** ist eine Informationsquelle, die „technisch geeignet und bestimmt ist, der Allgemeinheit, d. h. einem individuell nicht bestimmbaren Personenkreis, Informationen zu verschaffen" (BVerfGE 27, 71/83; 33, 52/65; DVBl 01, 457; Wendt MüK 23; Herzog MD 90; a. A. Starck MKS 131 ff). Durch staatliche Vorschriften und Maßnahmen wird das Merkmal der allgemeinen Zugänglichkeit nicht eingeschränkt (BVerfGE 27, 71/83; 90, 27/32; Herzog MD 89), auch nicht in Notfällen (Schmidt-Jortzig HbStR VI 652; Schulze-Fielitz DR 58; a. A. Herzog MD 89). Wo die Quelle zugänglich ist (etwa im Ausland), spielt keine Rolle (BVerfGE 27, 71/84; Wendt MüK 23; Hoffmann-Riem AK 82). Geschützt wird daher der Bezug ausländischer Zeitungen ebenso wie der Empfang ausländischer Sender (BVerfGE 90, 27/32; Herzog MD 92; Degenhart BK 251). Auch ein Sachverständiger ist eine geschützte Quelle (BGH, NJW 78, 753). Gleiches gilt für die allgemein zugänglichen Teile des Internet. Nicht allgemein zugänglich sind private oder betriebliche Aufzeichnungen, die nicht zur Veröffentlichung bestimmt sind (BVerfGE 66, 116/137; Degenhart BK 266), sowie die von staatlichen Behörden verwalteten Informationen (BVerwGE 47, 247/252; Starck MKS 49), etwa Behördenakten (BVerfG-K, NJW 86, 1243), es sei denn, sie befinden sich in öffentlich zugänglichen Archiven oder sind sonst der Allgemeinheit zugänglich. Abs.1 S.1 gibt daher weder einen Anspruch auf Akteneinsicht noch auf Auskunftserteilung (BVerwG, NJW 83, 2954; Schulze-Fielitz DR 192) noch auf Bekanntgabe von Verwaltungsvorschriften (BVerwGE 61, 15/22; s. aber Rn.35 zu Art.3). Sobald allerdings solche Informationen an die Öffentlichkeit (sei es auch rechtswidrig) gelangt sind, sind sie allgemein zugänglich (Schulze-Fielitz DR 61; Starck MKS 48). Zum presserechtlichen Auskunftsanspruch unten Rn.31.

17   **b) Geschütztes Verhalten.** Die Informationsfreiheit schützt die schlichte Entgegennahme von Informationen ebenso wie das aktive Beschaffen (BVerfGE 27, 71/82 f; Wendt MüK 26), unabhängig von den verwandten Methoden. So wird das Fotografieren, etwa von Personen in der Öffentlichkeit, erfasst (Schulze-Fielitz DR 64; Wendt MüK 26), weiter das Anbringen von Parabol-Antennen (BVerfGE 90, 27/36 f). Ein Beschaffen durch Einschleichen etc. wird nicht geschützt, da die Quellen dann nicht allgemein zugänglich sind (BVerfGE 66, 116/137; einschr. Degenhart BK 267). Zur

Verwertung rechtswidrig erlangter Informationen unten Rn.69. Erfasst wird zudem die Informationsaufbereitung und -speicherung (Schulze-Fielitz DR 62; Starck MKS 50; Wendt MüK 26; Hoffmann-Riem AK 94) und die Beschaffung sowie Nutzung erforderlicher technischer Einrichtungen (BVerfGE 90, 27/32). Die Abgabe von Informationen fällt dagegen unter die Meinungsfreiheit (oben Rn.8). Geschützt wird auch die negative Informationsfreiheit, also vor aufgedrängter Information (Degenhart BK 358; Wendt MüK 26; zweifelnd Hoffmann-Riem AK 95).

c) Träger des Grundrechts kann jede natürliche oder juristische **18** Person sein (näher Rn.8–21 a zu Art.19), die **sich** informieren will. Dies gilt auch im Rahmen von besonderen Gewaltverhältnissen (BVerfGE 15, 288/293; 35, 307/309).

3. Beeinträchtigung

a) Eingriffe. Die Informationsfreiheit wird durch jede Maß- **19** nahme beeinträchtigt, die die Informationsaufnahme verbietet oder einem Erlaubnisvorbehalt unterwirft. Dies gilt auch für die Beschränkung allein eines bestimmten Informationsmediums (BVerfGE 15, 288/295). Darüber hinaus wird die bloße Verzögerung des Informationszugangs erfasst, jedenfalls soweit sie nicht zumutbar ist (BVerfGE 27, 88/98 f; Schmidt-Jortzig HbStR IV 653). Behinderungen tatsächlicher Art wie die Registrierung der Informationsaufnahme können Art.5 beeinträchtigen („ungehindert"; Herzog MD 99; Degenhart BK 274 f; Schulze-Fielitz DR 100). Das Betreiben von Störsendern zur Verhinderung des Empfangs von Rundfunksendungen ist eine Beeinträchtigung (Starck MKS 55).

b) Unterlassen von Leistung. Die Informationsfreiheit ist im **20** Wesentlichen ein Abwehrrecht. Daher zwingt sie den Staat nicht, „allgemein zugängliche Informationsquellen einzurichten", etwa ein bestimmtes Rundfunkprogramm (BVerwG, DÖV 79, 102; Herzog MD 101). Generell besteht kein Anspruch auf Verschaffung von Informationen oder Eröffnung einer Informationsquelle (BVerfG, DVBl 01, 457; BVerwGE 29, 214/218; Schmidt-Jortzig HbStR VI 651 f; Starck MKS 49). Auch in der Regelung des Zugangs zu einer staatlichen Informationsquelle liegt keine an Abs.2 zu messende Beeinträchtigung (BVerfG, DVBl 01, 457 f). Allerdings soll die objektive Seite der Informationsfreiheit ein Mindestmaß an Zugänglichkeit wichtiger Informationen gewährleisten (Hoffmann-Riem AK 98; Degenhart BK 278; Wendt MüK 28); doch dürfte insoweit eher das Demokratieprinzip einschlägig sein

(Jarass, AfP 79, 230 f; vgl. BVerfGE 44, 125/147 f). Zum Anspruch auf Nennung des Namens eines Behördeninformanten Rn.42 zu Art.2. Zur Akteneinsicht oben Rn.16.

21   **c) Privatrechtliche Beeinträchtigung.** Die Ausstrahlungswirkung (dazu Vorb.15 f, 33 vor Art.1) der Informationsfreiheit beeinflusst die Anwendung privatrechtlicher Normen (BVerfGE 90, 27/33). Der Vermieter kann die Anbringung einer Parabolantenne zum Empfang von Rundfunksendungen in der Regel nicht verweigern, wenn ein Kabelanschluss fehlt (BVerfG-K, NJW 93, 1253). Besteht ein Kabelanschluss, ist das Interesse eines Ausländers zum Empfang von Programmen aus der Heimat gebührend zu berücksichtigen (BVerfGE 90, 27/36 f; BVerfG-K, NJW 95, 1666). Die negative Informationsfreiheit (oben Rn.17) kann etwa bei aufgedrängter e-mail relevant werden (Degenhart BK 358).

4. Rechtfertigung (Schranken) und Einzelfälle (Hinweise)

22   Zur Rechtfertigung von Beeinträchtigungen (Schranken) der Informationsfreiheit unten Rn.55–62, 65 f. Einzelfälle der Verfassungsmäßigkeit bzw. -widrigkeit von Beeinträchtigungen unten Rn.67–83, insb. Rn.78–81.

III. Pressefreiheit (Abs.1 S.2, 1. Alt.)

1. Bedeutung und Abgrenzung zu anderen Vorschriften

23   Die Pressefreiheit besitzt einen hohen Rang (BVerfGE 50, 234/239 f; 52, 283/296; 66, 116/133). „Eine freie, nicht von der öffentlichen Gewalt gelenkte, keiner Zensur unterworfene Presse ist Wesenselement des freiheitlichen Staates und für die moderne Demokratie unentbehrlich" (BVerfGE 20, 162/174; 52, 283/296; 66, 116/133). „Ihre Aufgabe ist es, umfassende Information zu ermöglichen, die Vielfalt der bestehenden Meinungen wiederzugeben und selbst Meinungen zu bilden und zu vertreten" (BVerfGE 52, 283/296; 20, 162/174 f). Die Pressefreiheit ist kein bloßes Abwehrrecht, sondern weist auch objektive Gehalte auf (BVerfGE 66, 116/135; 80, 124/133), die früher als Garantie des Instituts „Freie Presse" umschrieben wurden (BVerfGE 20, 162/175 f). Die Freiheit schützt, wie die anderen Medienfreiheiten, die Freiheit der in der Massenkommunikation tätigen Personen im Hinblick auf deren massenkommunikative Vermittlungsleistungen, die auf der einen Seite die Informationsfreiheit der Leser und auf der anderen Seite die Meinungsfreiheit der Personen, die in der Presse zu Wort kommen, fördern (Jarass, o.Lit. A II, 25 ff; Schulze-Fielitz DR 65; s. auch Degenhart BK 60 ff).

Was die **Abgrenzung zu anderen Grundrechten** angeht, so ist **24** nicht die Pressefreiheit, sondern die Meinungsfreiheit einschlägig, wenn es um die „Zulässigkeit einer bestimmten Äußerung" geht (BVerfGE 95, 28/34; 97, 391/400; 85, 1/11 f; Degenhart BK 33; a. A. Bethge SA 47), da in diesem Falle die spezifische Vermittlungsleistung der Presse (oben Rn.23) nicht betroffen ist. Die Pressefreiheit kommt aber zum Tragen, wenn es „um die einzelne Meinungsäußerungen übersteigende Bedeutung der Presse für die freie individuelle und öffentliche Meinungsbildung" geht (BVerfGE 85, 1/12; 97, 391/400), „um die im Pressewesen tätigen Personen in Ausübung ihrer Funktion, um ein Presseerzeugnis selbst, um seine institutionell-organisatorischen Voraussetzungen und Rahmenbedingungen" (BVerfGE 85, 1/13). Ein Presseunternehmen kann zudem im Rahmen der Pressefreiheit die Beeinträchtigung der Meinungsfreiheit eines Dritten geltend machen, wenn es um die Veröffentlichung der Meinung des Dritten geht (BVerfGE 102, 347/359). Abs.1 S.1 ist weiter allein für die Leser sowie die Personen einschlägig, die ihre Auffassung in der Presse wiedergegeben sehen wollen, etwa dem Autor eines Buchs (Jarass, Freiheit der Massenmedien, 1978, 258 ff; Bethge SA 76; vgl. BVerfGE 71, 162/179 ff) oder dem Schreiber eines Leserbriefs (Degenhart BK 75; a. A. Hoffmann-Riem AK 132). Die Abgrenzung zur Rundfunkfreiheit erfolgt durch den Verbreitungsvorgang (unten Rn.36). Mit Art.12 und Art.14 dürfte regelmäßig Idealkonkurrenz bestehen (Herzog MD 142; Schulze-Fielitz DR 245; für Spezialität gegenüber Art.12 Manssen MKS 273 zu Art.12; Degenhart BK 758). Zum Verhältnis zu Art.42 Abs.3 vgl. Rn.6 zu Art.42. Zur Gesetzgebungskompetenz Rn.10 zu Art.75.

2. Schutzbereich

a) Presse. Als Presse sind alle zur Verbreitung geeigneten und **25** bestimmten Druckerzeugnisse einzustufen (BVerfGE 95, 28/35; Schulze-Fielitz DR 68). Geschützt sind daher nicht nur Zeitungen und Zeitschriften jeder Art, sondern auch Bücher, Plakate, Flugblätter, Handzettel etc. (Wendt MüK 30; Jarass, Freiheit der Massenmedien, 1978, 195). Die *Verbreitung* erfolgt durch Vervielfältigung, regelmäßig mittels mechanischer oder chemischer Mittel (BVerwGE 39, 159/164). Ob ein herkömmliches Druckverfahren oder eine sonstige Form der Vervielfältigung verwandt wird (etwa fotomechanische Verfahren etc.), hat keine Bedeutung (Herzog MD 130; Wendt MüK 30). Generell ist zu beachten, dass der Pressebegriff entwicklungsoffen ist (Schulze-Fielitz DR 69). Zur Verbreitung geeignet und bestimmt sind auch gruppeninterne Publikationen, etwa Werkszeitungen (BVerfGE 95, 28/35), Schülerzeitungen oder Schulbücher. *Nicht* erfasst werden Druckerzeugnisse für genau *festgelegte Adressaten,* insb. ein Einzeldruck (Schulze-Fielitz DR 70). In den Schutzbereich der Pressefreiheit fallen auch Schallplatten, CD-Rom und Disketten aller Art (Starck MKS 59; Bethge SA 68), nicht jedoch Videokassetten und ähnliche Bildträger (str., unten Rn.50). Der einfachgesetzliche Pressebegriff darf nicht unbesehen in das Verfassungsrecht übernommen werden (Degenhart BK 401).

26   Für die Anwendbarkeit der Pressefreiheit spielt der **Inhalt** keine Rolle (Schulze-Fielitz DR 72; Herzog MD 128; Wendt MüK 31). Geschützt ist die Berichterstattung wie die Verbreitung eigener Meinungen (BVerfGE 10, 118/121; 62, 230/243) sowie die Unterhaltung (BVerfGE 101, 361/389 f). Auch als wenig wertvoll eingestufte Produkte wie Skandal- und Sensationsblätter werden geschützt (BVerfGE 34, 269/283; 66, 116/134; vgl. oben Rn.4). Ein Boykottaufruf wird geschützt, sofern nicht physischer oder erheblicher wirtschaftlicher Druck eingesetzt wird (BVerfGE 25, 256/264; 62, 230/244 f; einschr. Degenhart BK 301; vgl. oben Rn.6). Weiter kommt die Pressefreiheit dem Anzeigenteil zugute (BVerfGE 21, 271/278; 64, 108/114; 102, 347/359; Starck MKS 61; oben Rn.3), wohl auch reinen Anzeigenblättern (BGHZ 116, 47/54). In beiden Fällen ist der Schutz der Pressefreiheit im Konfliktfall jedoch weniger weitreichend (unten Rn.58). Die Verbreitung falscher Informationen wird ebenso wie bei der Meinungsfreiheit erfasst, soweit es nicht um bewusst oder offenkundig unwahre Tatsachenbehauptungen geht (oben Rn.5; etwas strenger Herzog MD 146; noch großzügiger Schulze-Fielitz DR 72). Geschützt ist auch die **Form** der Äußerung (BVerfGE 60, 234/241).

27   **b) Geschütztes Verhalten.** Die Pressefreiheit schützt die Einführung und Gestaltung von Presseprodukten (BVerfGE 97, 125/144), einschl. der Schaffung der notwendigen Organisation. Erfasst werden alle wesensmäßig mit der Pressearbeit zusammenhängenden Tätigkeiten „von der Beschaffung der Information bis zur Verbreitung der Nachricht und Meinung" (BVerfGE 20, 162/176; Schulze-Fielitz DR 73; Degenhart BK 417; vgl. unten Rn.39). Ob die Informationen aus allgemein zugänglichen Quellen stammen, spielt

keine Rolle (zur besonderen Bedeutung der Informationsbeschaf-
fungsfreiheit BVerfGE 91, 125/134). Nicht geschützt wird das Beschaffen von Informationen gegen den Willen des Informationsinha-
bers, wohl aber die Verbreitung rechtswidrig erlangter Informationen (BVerfGE 66, 116/137 f; vgl. unten Rn.69). Geschützt sind
auch die Vertraulichkeit der Redaktionsarbeit (BVerfGE 20,
162/176; 66, 116/133), das Vertrauensverhältnis zwischen Informanten und Presse, das Chiffregeheimnis (BVerfGE 64, 108/115),
der Zugang zu den Presseberufen (BVerfGE 20, 162/175 f), die Festlegung der Tendenz (BVerfGE 52, 283/296 f), die Art und Weise der
Verbreitung (Degenhart BK 352) und die Tätigkeit der Presse-Gros-
sisten (BVerfGE 77, 346/354 f). Geschützt wird zudem der Abdruck
von Leserbriefen etc., auch wenn sie anonym veröffentlicht werden
(BVerfGE 95, 28/35 f). Zur Verbreitung eigener Meinungen von
Presseangehörigen oben Rn.24. Schließlich werden die pressetech-
nischen Hilfstätigkeiten erfasst (Herzog MD 140), sofern sie „notwendige Bedingung einer freien Presse" sind (BVerfGE 77, 346/354;
100, 313/365). Geschützt ist auch die *negative* Äußerungsfreiheit,
etwa das Ablehnen von Anzeigen (Degenhart BK 349; vgl. aber
auch Rn.21 zu Art.21).

c) Träger des Grundrechts der Pressefreiheit sind alle Personen **28**
und Unternehmen, die die geschützten Tätigkeiten (oben Rn.27)
vornehmen, auch juristische Personen und sonstige Vereinigungen
(BVerfGE 50, 234/239; 66, 116/130; 80, 124/131; 95, 28/34;
Rn.13–16 zu Art.19) sowie Ausländer (Herzog MD 143). Auf eine
hauptberufliche Pressetätigkeit kommt es nicht an (BVerfGE 95,
28/35). Geschützt werden neben den Verlagen auch Herausgeber,
Redakteure (Bullinger HbStR VI 676; vgl. unten Rn.72 a) und
sonstige Verlagsmitarbeiter (BVerfGE 25, 296/304; 64, 108/114 f),
Buchhändler und Grossisten (BVerfGE 77, 346/355) sowie Presse-
agenturen (Wendt MüK 33; Schulze-Fielitz DR 74; vgl. oben
Rn.27). Geschützt werden zudem andersartige Unternehmen, soweit sie Presseprodukte erstellen (BVerfGE 95, 28/34 f). Hilfstätigkeiten werden erfasst, soweit sie auf eine Pressetätigkeit bezogen
erbracht werden, nicht aber, wenn sie organisatorisch verselbständigt sind (BVerfGE 77, 346/354; a. A. Wendt MüK 33). Die
Pressefreiheit kommt auch minderjährigen Personen zugute und ist
daher auf Schülerzeitungen in vollem Umfange anwendbar (Herzog
MD 157; Schulze-Fielitz DR 90, 155; Rn.11 zu Art.19). Von der
Schule in eigener Verantwortung herausgegebene „Zeitungen"
werden dagegen von der Pressefreiheit nicht erfasst (Bethge SA 80;

Jarass, DÖV 83, 616). Eine öffentlich-rechtliche Rundfunkanstalt kann sich nicht auf die Pressefreiheit berufen (BVerfGE 83, 238/312). Keine Grundrechtsträger sind die Leser (oben Rn.24).

3. Beeinträchtigung und Ausgestaltung

29   **a) Eingriffe und relative Benachteiligung.** Die Pressefreiheit wird durch jede staatliche Maßnahme beeinträchtigt, die zu einer Unterbindung oder Behinderung der Pressetätigkeiten (oben Rn.27) führt. Darunter fällt etwa das Verbot der Berufsausübung als Redakteur (BVerfGE 10, 118/121), eine Beschlagnahme von Zeitungen oder redaktionellen Unterlagen (BVerfGE 56, 247/248 f), die Durchsuchung von Redaktionsräumen oder die sonstige Beeinträchtigung des Redaktionsgeheimnisses (BVerfGE 20, 162/187; 64, 108/115), die Einführung eines staatlichen Genehmigungsverfahrens (BVerfGE 20, 162/175 f) oder die Erzwingung von Aussagen über Pressetätigkeiten (BVerfGE 20, 162/187; 36, 193/204). Zum Ausschluss von Pressekonferenzen und Gerichtsverfahren unten Rn.31. Zum Gegendarstellungsrecht Rn.43 zu Art.2.

30   Eine **Förderung,** insb. **Subventionierung** von Zeitungen stellt eine Grundrechtsbeeinträchtigung in Form der relativen Benachteiligung (Vorb.28 vor Art.1) dar, wenn dadurch bestimmte, im Unterschied zu anderen Auffassungen gefördert werden. „Staatliche Förderungen dürfen bestimmte Meinungen oder Tendenzen weder begünstigen noch benachteiligen" (BVerfGE 80, 124/134; Bullinger HbStR VI 685; Herzog MD 144 a). Besteht (auch ohne gesetzliche Regelung) keine solche Gefahr, dürfte es an einer Grundrechtsbeeinträchtigung fehlen, solange die Förderung nicht zu einer Abhängigkeit von Presseunternehmen führt (vgl. BVerfGE 80, 124/131; OVG Berl, OVGE 13, 108/114 f; Rn.50 zu Art.20), weshalb ermäßigte Gebühren im Postzeitungsdienst zulässig sind (unten Rn.81).

31   **b) Unterlassen von Leistung.** Der Staat muss bei Pressekonferenzen etc. über das Willkürverbot des allgemeinen Gleichheitssatzes hinaus den objektiven Gehalt des Grundrechts (oben Rn.23) berücksichtigen: Eine unterschiedliche Behandlung von Journalisten ist, auch wegen Art.3 Abs.3, nur aus zwingenden Gründen möglich (vgl. Rn.121 zu Art.3). Ein Ausschluss wegen unfreundlicher Berichterstattung oder politischer Ausrichtung ist weder bei Gerichtsverhandlungen noch bei Pressekonferenzen zulässig (BVerfGE 50, 234/241 ff; 87, 334/339; BVerwGE 47, 247/253 f; Jarass, DÖV 86, 723; Schulze-Fielitz DR 102). Generell dürfen Presseangehörige

von öffentlichen Veranstaltungen des Staates nicht ausgeschlossen werden; zu Veranstaltungen Privater unten Rn.32. Aus der Pressefreiheit folgen keine Auskunftspflichten der Behörden, sieht man von einem Minimalstandard an Informationen ab (BVerwGE 70, 310/313 ff; 85, 283/284; Jarass, AfP 79, 231; noch restriktiver Bullinger HbStR VI 691 f; a. A. Degenhart BK 430). Die Herausgabe von Gerichtsentscheidungen darf nicht auf Zeitschriften mit wissenschaftlichem Anspruch beschränkt werden (BVerwGE 104, 105/112 f). Ein Anspruch auf staatliche Förderung besteht nicht (BVerfGE 80, 124/133; Degenhart BK 449). Bei Schülerzeitungen kann ein Anspruch auf Verteilung in der Schule bestehen (Degenhart BK 472). Zur Subventionierung s. auch oben Rn.30.

c) Privatrechtliche Beeinträchtigung. Privatrechtliche Vor- **32** schriften sind direkt an Abs.1 S.2 zu messen (Vorb.14 vor Art.1). Sie können allerdings u. U. der Pressefreiheit engere Grenzen ziehen als dies staatliche Eingriffe vermögen (BVerfGE 66, 116/135; Schulze-Fielitz DR 227). Eine Beeinträchtigung liegt weiterhin vor, wenn der Staat Presseunternehmen fremden, nicht staatlichen Einflüssen unterwirft, etwa der Mitbestimmung des Betriebsrats (BVerfGE 52, 283/296 f; Starck MKS 71). Bei der **Anwendung** privatrechtlicher Vorschriften ist die Ausstrahlungswirkung (dazu Vorb.15 f, 33 vor Art.1) der Pressefreiheit zu beachten (BVerfGE 62, 230/243; 66, 116/135; 95, 28/36 f). So haben Presseangehörige einen Anspruch auf Zugang zu öffentlichen Veranstaltungen (auch) von Privatpersonen (BVerfGE 50, 234/239 ff; Degenhart BK 421; Schulze-Fielitz DR 227; vgl. oben Rn.31). Die Verkennung der verfassungsrechtlich bedeutsamen Tatsachen durch ein Gericht verletzt die Pressefreiheit (BVerfGE 82, 43/50; 82, 272/280). Weitere Einzelheiten unten Rn.67–72.

d) Ausgestaltung. Der objektive Gehalt der Pressefreiheit (dazu **33** oben Rn.23) kann den Staat zur Ausgestaltung (dazu Vorb.34 f vor Art.1) der Pressefreiheit berechtigen und verpflichten, etwa dazu, Maßnahmen gegen Meinungsmonopole zu ergreifen (BVerfGE 20, 162/176; Bullinger HbStR VI 689 f; Bethge SA 73; a. A. Degenhart BK 395). Solche Maßnahmen sind, auch wenn sie für einzelne Presseunternehmen belastend wirken, unabhängig von Abs.2 zulässig, sofern sie zum Schutze freier Meinungsbildung angemessen und verhältnismäßig sind (Hoffmann-Riem AK 149; i. E. Herzog MD 185; anders Starck MKS 81; vgl. unten Rn.44 a). Die Sicherung des freien Wettbewerbs auf dem Pressemarkt durch die Normen des GWB dienen der Pressefreiheit (BGH, NJW 84, 1116; Hoffmann-

Riem AK 161 f), dürfen jedoch im Einzelnen nicht unverhältnismäßig sein (Degenhart BK 379 f). Zulässig sind die Regelungen der Pressefusionskontrolle (vgl. BGHZ 76, 55/66 f). Im Konflikt zwischen Zeitungen und Anzeigenblättern ist zu beachten, dass Zeitungen einen intensiveren Schutz durch die Pressefreiheit genießen, weil sie der verfassungsrechtlichen Aufgabe der Presse (oben Rn.23) besser gerecht werden.

4. Rechtfertigung (Schranken) und Einzelfälle (Hinweise)

34   Zur Rechtfertigung (Schranken) von Beeinträchtigungen der Pressefreiheit unten Rn.55–66. Einzelfälle der Verfassungsmäßigkeit bzw. -widrigkeit von Beeinträchtigungen unten Rn.67–83. Regelungen im Schutzbereich erlaubt auch die Ausgestaltung; dazu oben Rn.33.

IV. Rundfunkfreiheit (Abs.1 S.2, 2. Alt.)

1. Bedeutung und Abgrenzung zu anderen Vorschriften

35   „Die Rundfunkfreiheit dient der Gewährleistung freier individueller und öffentlicher Meinungsbildung" (BVerfGE 57, 295/319; 59, 231/257; 74, 297/323) und ist von fundamentaler Bedeutung (BVerfGE 13, 54/80; 35, 202/222 f; 77, 65/74). Sie ist eine „dienende Freiheit" (BVerfGE 87, 181/197; 83, 238/296), darf aber nicht darauf beschränkt werden (Jarass, in: Pieroth, o. Lit A II 66 f). Im Einzelnen hat der Rundfunk „in möglichster Breite und Vollständigkeit zu informieren; er gibt dem einzelnen und den gesellschaftlichen Gruppen Gelegenheit zu meinungsbildendem Wirken und ist selbst an dem Prozeß der Meinungsbildung beteiligt" (BVerfGE 59, 231/257 f; 73, 118/152; s. auch oben Rn.23). Abs.1 S.2 dient der „Vermittlungsfunktion des Rundfunks" (BVerfGE 83, 238/296; Jarass, Die Freiheit der Massenmedien, 1978, 181 ff). „Unter den Medien kommt dem Rundfunk wegen seiner Breitenwirkung, Aktualität und Suggestivkraft besondere Bedeutung zu" (BVerfGE 90, 60/87). Im Zentrum der Garantie steht die Programmfreiheit (BVerfGE 87, 181/200 f). Das Grundrecht enthält neben einem Abwehrrecht ein objektives Prinzip (BVerfGE 57, 295/320; 74, 297/323; BVerwGE 39, 159/163). Die objektive Seite des Grundrechts hat weitreichende Konsequenzen; näher unten Rn.44–47 a. Früher sprach das BVerfG insoweit von institutioneller Freiheit (BVerfGE 12, 205/206 f; 31, 314/326).

Was die **Abgrenzung zu anderen Grundrechten** angeht, so 35a
erfasst die Rundfunkfreiheit nicht die Zulässigkeit von Äußerungen
der Redakteure im Rundfunk; insoweit ist die Meinungsfreiheit
einschlägig (Degenhart BK 35); für die Abgrenzung gelten die Ausführungen oben in Rn.24. Allein die Meinungsfreiheit ist des Weiteren für Dritte relevant, die ihre Auffassungen im Rundfunk wiedergegeben sehen wollen (BVerwGE 87, 270/274; NVwZ 86, 380;
Degenhart BK 720). Ähnlich ist für die *Empfänger* der Rundfunksendungen allein Abs.1 S.1 einschlägig (BVerfGE 79, 29/42;
BVerfG-K, NJW 90, 311; Degenhart BK 723; vgl. oben Rn.24 und
unten Rn.80). Zur Abgrenzung zur Pressefreiheit unten Rn.36.

2. Schutzbereich

a) Rundfunkbegriff. Als Rundfunk ist die Veranstaltung und Ver- 36
breitung von Darbietungen aller Art für einen unbestimmten Personenkreis mit Hilfe elektrischer Schwingungen zu verstehen (OVG
NW, DÖV 78, 519 f; Degenhart BK 667; Herzog MD 195). Darbietungen sind von Rundfunkunternehmen im Interesse der Rezipienten
redaktionell verantwortete und aufbereitete Inhalte (Jarass, AfP 98,
134 ff; Pieroth/Schlink 574). Der elektronische Verbreitungsweg unterscheidet den Rundfunk von der Presse (Manssen 329; vgl. oben
Rn.25). Der verfassungsrechtliche Begriff des Rundfunks umfasst
neben dem herkömmlichen Hörfunk und Fernsehen (BVerfGE 12,
205/226) auch alle neuartigen Dienste, wie Pay-TV, Videotext oder
Bildschirmtext sowie sonstige Abruf- und Zugriffsdienste (BVerfGE
74, 297/345, 350 f; Herzog MD 195 f; Jarass, Gutachten 56. DJT, 1986,
C 13; Schulze-Fielitz DR 77; Wendt MüK 58; enger Degenhart BK
695 ff). Allerdings gilt das nur insoweit, als sich die Veranstaltungen an
einen unbestimmten Personenkreis richten, sich also technisch nicht
nur an bestimmte, im Vorhinein festgelegte Personen wenden (Jarass,
AfP 98, 134; vgl. oben Rn.25). Die früher gängige Formulierung der
Adressierung an die Allgemeinheit ist zu weitgehend, zumindest missverständlich (vgl. Starck MKS 94). Erfasst wird etwa ein Krankenhaus-
oder Betriebsrundfunk. Gleiches gilt für nicht nur an bestimmte, im
Vorhinein festgelegte Personen gerichtete Internet-Dienste, sofern
sie Teil eines Gesamtprogramms sind (Jarass AfP 98, 139). Nicht
erfasst werden dagegen e-mail oder Online-Banking.

Trotz des Wortlauts schützt die Rundfunkfreiheit nicht nur die 37
Berichterstattung im eigentlichen Sinn (BVerfGE 35, 202/222; Herzog MD 201; a. A. Hesse 396; vgl. aber oben Rn.24). Geschützt ist
jede „Vermittlung von Information und Meinung" (BVerfGE 57,

295/319; 60, 53/63 f; BVerwGE 75, 67/70 f; Degenhart BK 676). Allerdings darf die Betonung der Berichterstattung nicht unter den Tisch fallen; sie genießt einen besonderen Schutz, der bei Einschränkungen wie bei der Ausgestaltung der Rundfunkfreiheit bedeutsam werden kann (näher unten Rn. 46, 59). Für die Anwendbarkeit der Rundfunkfreiheit irrelevant ist die Programmart; insb. spielt keine Rolle, ob die Sendung primär der Information, der Bildung, der Unterhaltung oder anderen Zwecken dient (BVerfGE 59, 231/258; Starck MKS 100 ff). Für die Wahrheitspflicht gilt das Gleiche wie bei der Meinungs- und Pressefreiheit; dazu oben Rn. 5, 26.

38   **Werbesendungen** werden von der Rundfunkfreiheit (mittelbar) geschützt, weil sie der Finanzierung von Programmfunktionen dienen (BVerfGE 74, 297/342; Hoffmann-Riem AK 130, 39; für unmittelbaren Schutz Degenhart BK 677; Wendt MüK 47). Ein unmittelbarer Schutz scheidet aus, weil die Inhalte nicht redaktionell aufbereitet werden. Dementsprechend ist der Schutz weniger intensiv (unten Rn. 59). *Wahlsendungen* sollen von der Rundfunkfreiheit gleichfalls erfasst sein (BVerwGE 75, 67/70; s. auch Rn. 41 zu Art. 21).

39   **b) Geschütztes Verhalten.** Die Rundfunkfreiheit umfasst alle wesensmäßig mit der Veranstaltung von Rundfunk zusammenhängenden Tätigkeiten, von der Beschaffung der Informationen und der Produktion der Sendungen bis hin zu ihrer Verbreitung (BVerfGE 77, 65/74; 91, 125/135; BGHZ 110, 371/375; Schulze-Fielitz DR 80). Lediglich die rein fernmeldetechnischen Tätigkeiten werden nicht erfasst (BVerfGE 12, 205/263). Im Internet dürfte dies für die Tätigkeit des Access providers gelten (Jarass AfP 98, 139). Die Sammlung von Informationen wird, ähnlich wie bei der Pressefreiheit (oben Rn. 27), geschützt (Wendt MüK 45). Weiter fallen die Organisation und die Finanzierung in den Schutzbereich der Rundfunkfreiheit, soweit die damit zusammenhängenden Fragen Rückwirkungen auf die Programmtätigkeit haben können (BVerfGE 59, 231/259 f; 90, 60/92 f). Dementsprechend wird die Auswahl der Rundfunkmitarbeiter geschützt, soweit die Mitarbeiter an Sendungen inhaltlich gestaltend mitwirken, nicht jedoch im Hinblick auf das betriebstechnische und das Verwaltungspersonal (BVerfGE 59, 231/260; Degenhart BK 695 ff). Geschützt wird auch die *Verbreitung* rechtswidrig erlangten Materials (BGHZ 138, 311/319; oben Rn. 27). Die Verwertung von Rundfunksendungen wird an sich nicht erfasst (BVerfGE 78, 101/102; Degenhart BK 682), wohl aber bei öffentlich-rechtlichen Anstalten im Hinblick auf die Sicherung der Finanzgrundlagen (BVerfGE 83, 238/303 f). Erfasst wird zudem die Veröffentlichung

von Druckwerken mit vorwiegend programmbezogenem Inhalt (BVerfGE 83, 238/312 f). Weitere Aspekte unten Rn.78–80.

Die Rundfunkfreiheit schützt auch die **Gründung von (pri-** **40** **vaten) Rundfunkunternehmen** (BVerfGE 97, 298/313; Degenhart BK II 657; Herzog MD 236; Wendt MüK 50; Jarass, Gutachten 56. DJT, 1986, C 37 f; a. A. Hoffmann-Riem AK 143; Bethge SA 110); ein Grundrecht, dessen Schutz erst durch Maßnahmen des Gesetzgebers *entstünde,* würde dem (auch) individualrechtlichen Charakter der Rundfunkfreiheit nicht gerecht werden (Siekmann/ Duttge 477). Daher können sich private Lizenzbewerber auf die Rundfunkfreiheit berufen (BVerfGE 97, 298/313). Allerdings kann dieses Recht durch die Ausgestaltungsbefugnis des Gesetzgebers (unten Rn.44 f) in erheblichem Umfang überlagert werden (vgl. BVerfGE 12, 205/262).

c) Träger des Grundrechts auf Rundfunkfreiheit sind alle na- **41** türlichen und juristischen Personen sowie Personenvereinigungen (Schulze-Fielitz DR 87), die eigenverantwortlich Rundfunk veranstalten und verbreiten (BVerfGE 97, 298/310), also die vom Staat unabhängigen öffentlich-rechtlichen Rundfunkanstalten (BVerfGE 31, 314/322; 59, 231/254 f; Herzog MD 210) ebenso wie die privaten Veranstalter (BVerfGE 95, 220/234; vgl. oben Rn.40). Träger des Grundrechts sind auch Ausländer (Schulze-Fielitz DR 87), nicht aber ausländische juristische Personen (Starck MKS 168), mit Ausnahme von juristischen Personen aus EU-Mitgliedstaaten (Degenhart BK 713; Rn.17 a zu Art.19). Grundrechtsträger dürften auch die Landesmedienanstalten sein (BayVGH, BayVBl 1993, 341; Herrmann, Rundfunkrecht 1994, § 17 Rn.44; Schulze-Fielitz DR 91; tendenziell BVerwG, DVBl 00, 122 f; a. A. SächsVerfGH, NJW 97, 3016; Bethge SA 113; Starck MKS 172). Redakteure können sich ebenfalls (gegenüber dem Staat) auf die Rundfunkfreiheit berufen (Starck MKS 123); zur inneren Rundfunkfreiheit unten Rn.72 a. Grundrechtsträger sind zudem private Programmanbieter im bayerischen Rundfunkmodell, da sie die Programme eigenverantwortlich erstellen (BVerfGE 97, 298/311). Zum einschlägigen Grundrecht für Redakteure u. ä. sowie für Empfänger von Rundfunksendungen oben Rn.35 a. Zur Geltung sonstiger Grundrechte für die Rundfunkanstalten Rn.21 zu Art.19.

3. Beeinträchtigung

a) Eingriffe. Die Rundfunkfreiheit wird durch jede Handlung **42** des Staates beeinträchtigt, die die Rundfunkanstalten und -unternehmen in ihrer geschützten Tätigkeit (oben Rn.36–40) behindert. Zum Staat idS gehört auch eine unabhängige Medienanstalt, soweit sie über die Ausstrahlung der Programme entscheidet (BVerfGE 97, 298/314). Vor allem die staatliche Einflussnahme auf Auswahl, Inhalt und Ausgestaltung des **Programms** wird erfasst (BVerfGE 59, 231/258 ff; Wendt MüK 46). Des Weiteren liegt ein Grundrechtseingriff in der Beeinträchtigung der Vertraulichkeit der Redaktionsarbeit (Schulze-Fielitz DR 104) sowie in der Behinderung der Informationsbeschaffung (BVerfGE 77, 65/74 f). Die *Staatsfreiheit* der Berichterstattung ist ein wesentliches Element der Rundfunkfreiheit (vgl. BVerfGE 83, 238/322). Die Rundfunkfreiheit wird durch jede Einflussnahme des Staates auf die Programmgestaltung beeinträchtigt, nicht erst durch eine staatliche Dominanz der Programmgestaltung (BVerfGE 90, 60/88; vgl. dazu unten Rn.78–80). Dazu gehört auch eine mittelbare Programmbeeinflussung (BVerfGE 73, 118/183; BGHZ 110, 371/396), etwa durch die Festlegung von Rundfunkgebühren (BVerfGE 90, 60/88 f) oder durch die Zuteilung von Übertragungskapazitäten, wobei die Gefahr einer Programmbeeinflussung genügt (BVerfGE 83, 238/323). Die Rechtsaufsicht und die damit verbundenen Beschränkungen stellen eine Beeinträchtigung selbst dann dar, wenn damit auch Normen durchgesetzt werden, die der Ausgestaltung der Rundfunkfreiheit dienen (BVerfGE 95, 220/235); vgl. demgegenüber unten Rn.44 a. Vgl. auch die Einzelfälle zum Rundfunkrecht unten Rn.78–80.

43   **b) Unterlassen von Leistung; privatrechtliche Beeinträchtigung.** Der Staat muss bei der Zulassung des Rundfunks zu Veranstaltungen den objektiven Gehalt der Rundfunkfreiheit beachten. Insoweit gelten die gleichen Vorgaben wie im Bereich der Presse (oben Rn.31). Das Verbot von Fernsehaufnahmen von einem Gerichtsverfahren kann unzulässig sein (BVerfGE 91, 125/137 ff). Bei der Anwendung **privatrechtlicher Normen** ist die Ausstrahlungswirkung (dazu Vorb.15 f, 33 vor Art.1) der Rundfunkfreiheit zu beachten (BVerfGE 59, 231/256 f). Gleiches gilt für wettbewerbsrechtliche Normen (BGHZ 110, 371/395). Einzelfälle, insb. zur inneren Rundfunkfreiheit, unten Rn.72 f.

4. Ausgestaltung

44   **a) Grundlagen.** Der objektive Gehalt der Rundfunkfreiheit (oben Rn.35) verpflichtet den Staat zur Ausgestaltung der Freiheit (Hoffmann-Riem AK 137; Jarass, Gutachten 56. DJT, 1986, C

24 ff). Es sind „materielle, organisatorische und Verfahrensregelungen erforderlich, die an der Aufgabe der Rundfunkfreiheit orientiert und deshalb geeignet sind, zu bewirken, was Art.5 Abs.1 GG gewährleisten will" (BVerfGE 57, 295/320; 73, 118/153; 83, 238/296; Schulze-Fielitz DR 181). Grund dafür sind die spezifischen Bedingungen privatwirtschaftlichen Rundfunks und die Internationalität des Rundfunkangebots (BVerfGE 73, 118/154 f; krit. Degenhart BK 536 f); die Ausgestaltungsaufgabe hat auch nach einer erheblichen Ausweitung der Übertragungswege Bestand. Dem Gesetzgeber kommt dabei ein weiter Spielraum zu (BVerfGE 90, 60/94; 97, 228/267). Die Regelungen müssen aber von ausreichender Wirksamkeit sein (BVerfGE 57, 295/331 ff; 60, 53/64). Je nach Breitenwirkung und Suggestivkraft können die Regelungen unterschiedlich weit gehen (Jarass, AfP 98, 133 f, 137; Schulze-Fielitz DR 136). Die Pflicht zur Schaffung einer rechtlichen Rahmenordnung richtet sich, soweit es um wesentliche Fragen geht, an das Parlament (BVerfGE 57, 295/320 f); die sonstigen Fragen bedürfen dagegen keines förmlichen Gesetzes. Für Internetdienste, die als Rundfunk einzustufen sind (oben Rn.36), gelten geringere Anforderungen (vgl. Jarass AfP 98, 133 f; Schoch, VVDStRL 1998, 197).

Regelungen zur Ausgestaltung der Rundfunkfreiheit können sich **44 a** für einzelne Grundrechtsträger auch belastend auswirken. Gleichwohl sind sie **nicht an Art.5 Abs.2 zu messen** (BVerfGE 73, 118/166; Degenhart BK 101 f; Bethge SA 154 ff), solange sie als zulässige Ausgestaltung eingestuft werden können (dazu Jarass, Gutachten 56. DJT, 1986, C 34 ff; Vorb.34 vor Art.1). Das ist der Fall, soweit die Ausgestaltung der Sicherung der Rundfunkfreiheit bzw. des mit ihr verfolgten Zwecks (dazu unten Rn.45–47) dient (BVerfGE 74, 297/334; 97, 228/267; Vorb.35 vor Art.1).

b) Vielfalt und andere inhaltliche Ziele. Zur Sicherung **45** **gleichgewichtiger Vielfalt** hat der Gesetzgeber zum einen sicherzustellen, „daß der Rundfunk nicht einer oder einzelnen gesellschaftlichen Gruppen ausgeliefert wird und dass die in Betracht kommenden Kräfte im Gesamtprogrammangebot zu Wort kommen können" (BVerfGE 12, 205/262 f; 57, 295/325; 90, 60/88; Herzog MD 216). Dies bereitet im Hinblick auf die vorwiegend durch Werbung finanzierten privaten Veranstalter besondere Probleme, die deshalb den vollen Vielfaltsanforderungen nur schwer gerecht werden können (BVerfGE 87, 181/199). Abstriche sind aber hinnehmbar, wenn der öffentlich-rechtliche Rundfunk eine *Grundversorgung* sicherstellt (BVerfGE 73, 118/157; 74, 297/324 f; 83, 238/297;

Herzog MD 238 a). Der Staat muss daher die finanziellen, technischen und sonstigen Voraussetzungen der Grundversorgung durch den öffentlich-rechtlichen Rundfunk gewährleisten (BVerfGE 73, 118/158; 74, 297/324 f, 341 f; 87, 181/199; 89, 144/153; Herzog MD 238 a, 238 e; s. auch unten Rn.47); dazu gehören ausreichende Entwicklungsmöglichkeiten (BVerfGE 83, 238/298; 90, 60/91). Die Grundversorgung ist nicht auf den informierenden und bildenden Rundfunk beschränkt (BVerfGE 83, 238/297 f; vgl. E 97, 228/257) und kann auch Regionalprogramme erfassen (BVerfGE 87, 181/204; a. A. Herzog MD 238 c). Zu organisatorischen Aspekten der Vielfalt unten Rn.47 a.

46   **Des Weiteren** ist jeder Veranstalter, auch im Zustand des Außenpluralismus, „zu sachgemäßer, *umfassender und wahrheitsgemäßer Information* und einem Mindestmaß an gegenseitiger Achtung verpflichtet" (BVerfGE 57, 295/326; 73, 118/153 f; Herzog MD 215 a ff). Dies gilt auch für herangeführte Programme (BVerfGE 73, 118/200; Herzog MD 241 a). Weiter verpflichtet die Rundfunkfreiheit zur Trennung von Programm und Werbung (BGHZ 110, 278/290; Degenhart BK 739). Zusätzlich wird man im Hinblick auf die Funktion der Rundfunkfreiheit Vorkehrungen verlangen müssen, dass Sendungen der Information und Bildung, in denen die Berichterstattung im Vordergrund steht, nicht zu sehr zugunsten unterhaltender Sendungen verdrängt werden (Jarass, Gutachten 56. DJT, 1986, C 29) und die Werbung (auch die Eigenwerbung) deutlich begrenzt wird (anders Starck MKS 151). Zur Werbung öffentlich-rechtlicher Anstalten unten Rn.47.

47   **c) Organisatorische Vorgaben.** Der Gesetzgeber kann, solange dies durch die Ausgestaltungsaufgabe (oben Rn.44) geboten ist, die Veranstaltung von Rundfunk auf öffentlich-rechtliche Anstalten beschränken (BVerfGE 12, 205/261; 57, 295/322 ff). Diese Voraussetzung dürfte heute nicht mehr gegeben sein (Schulze-Fielitz DR 206; Herzog MD 226; Bullinger HbStR VI 712). Die öffentlich-rechtlichen Anstalten haben aber einen Anspruch auf ausreichende Finanzierung, ohne dass eine bestimmte Finanzierungsart geschützt ist (BVerfGE 74, 297/342, 347; 87, 181/198; 89, 144/153; Herzog MD 239 a). Eine vornehmliche Werbefinanzierung der öffentlich-rechtlichen Anstalten ist unzulässig (BVerfGE 83, 238/311; a. A. Herzog MD 239 b). Der Umfang der Finanzierung des öffentlichen Rundfunks muss sich an dessen Aufgabe und den Programmentscheidungen der Anstalten orientieren (BVerfGE 90, 60/102 f). Die Verteilung der Mittel auf einzelne Programme ist Sache der

Rundfunkanstalten (BVerfGE 87, 181/203 f). Zu den Rundfunkgebühren unten Rn.78 a. Die Existenz einer bestimmten Rundfunkanstalt wird nicht gewährleistet (BVerfGE 89, 144/153; BVerwG,
NJW 87, 3018). Werden private Veranstalter zugelassen, muss der
Gesetzgeber ein Erlaubnisverfahren einführen und die Voraussetzungen der Erlaubnis wie ihres Widerrufs regeln; näher unten Rn.79. S.
außerdem unten Rn.78–80.

Der Staat muss „vorherrschende Meinungsmacht" auf Veranstal- **47 a**
terebene verhindern (dazu bereits BVerfGE 73, 118/172) und „ausreichende **Maßnahmen gegen Informationsmonopole**" treffen
(BVerfGE 97, 228/258). Dementsprechend fördert das Kartellrecht
häufig die Rundfunkfreiheit (BGHZ 110, 371/396 f; vgl. oben
Rn.33); allerdings ist die Kompetenz des Landesrundfunkgesetz-
gebers zu achten (Jarass, Kartellrecht und Landesrundfunkrecht,
1991, 35 ff; Degenhart BK 874 ff). Zur Relevanz von Monopolen
im Zeitungsbereich unten Rn.79. Zudem können Maßnahmen
gegen eine „durchgängige *Kommerzialisierung von Informationen*" geboten sein (BVerfGE 97, 228/258).

5. Rechtfertigung (Schranken) und Einzelfälle (Hinweise)

Zur Rechtfertigung (Schranken) von Beeinträchtigungen der **48**
Rundfunkfreiheit unten Rn.55–66. Einzelfälle der Verfassungsmäßigkeit bzw. -widrigkeit von Beeinträchtigungen unten
Rn.67–83, insb. Rn.72 f, 78–80. Regelungen im Grundrechtsbereich erlaubt auch die Ausgestaltung; dazu oben Rn.44–47 a.

V. Filmfreiheit (Abs.1 S.2, 3. Alt.)

1. Bedeutung und Abgrenzung zu anderen Vorschriften

Die praktische Bedeutung der Filmfreiheit ist bislang gering ge- **49**
blieben. Ein Grund dafür ist der Umstand, dass für die meisten Filme
auch die Kunstfreiheit in Anspruch genommen werden kann (Schulze-Fielitz DR 27), die einen weiterreichenden Schutz bietet. Die
Filmfreiheit enthält auch eine institutionelle Seite (BVerwGE 39,
159/163), einen objektiven Gehalt (Bethge SA 121). Die Abgrenzung zur Pressefreiheit ergibt sich daraus, dass es um Filme (unten
Rn.50), nicht um Druckerzeugnisse (oben Rn.25) geht. Zur Abgrenzung zur Rundfunkfreiheit unten Rn.50, zur Informationsfreiheit unten Rn.52. Zur Gesetzgebungskompetenz Rn.1 zu Art.125 a.

2. Schutzbereich

50   **a) Film** iSd Abs.1 S.2 ist herkömmlich ein Massenmedium, bei dem ein chemisch-optischer Bildträger (dem meist eine Tonspur beigefügt ist) in der Öffentlichkeit vorgeführt wird (Schulze-Fielitz DR 84; Starck MKS 152 f). Ebenso wie der Presse- und der Rundfunkbegriff muss auch der Filmbegriff entwicklungsoffen verstanden werden (Degenhart BK 899; Schulze-Fielitz DR 84). Unter den Begriff des Films fallen deshalb auch sonstige Bild-Ton-Träger, wie Videobänder und Bildplatten, bei denen das visuelle Erscheinungsbild dominiert (Degenhart BK 900, 903, 906; Hoffmann-Riem AK 123; Herzog MD 198; Erdemir o. Lit.11; für Anwendung der Pressefreiheit Wendt MüK 30). Darüber hinaus kann auf die Vorführung in der Öffentlichkeit verzichtet werden, sofern es sich um ein Massenmedium handelt, die erstellten Filme also an einen unbestimmten Personenkreis adressiert sind (Degenhart BK 904; oben Rn.25, 36; a. A. Starck MKS 153). Die Filmfreiheit ist daher auf Videokassetten etc. selbst dann anwendbar, wenn sie privat abgespielt werden (Herzog MD 198; Schulze-Fielitz DR 84; a. A. Wendt MüK 61). Die Abgrenzung zum Rundfunk liegt darin, dass Filme am Ort des Abspielens des Bild-Ton-Trägers vorgeführt werden (Schulze-Fielitz DR 84).

51   **b) Geschütztes Verhalten.** Die Filmfreiheit schützt Herstellung und Verbreitung der Filme, u. a. die Erstellung des Drehbuchs, die Aufnahmen, die Herstellung der Kopien, die Filmeinfuhr, den Filmverleih und das Abspielen (Degenhart BK 737; Starck MKS 154), soweit es nicht durch den Zuschauer selbst geschieht (unten Rn.52). Die Werbung für den Film wird ebenso wie bei Presse und Rundfunk geschützt (Schulze-Fielitz DR 85). Trotz des Wortlauts des Abs.1 S.2 erfasst die Filmfreiheit ebenso wie die Rundfunkfreiheit nicht nur die Berichterstattung, sondern jegliche Inhalte (Herzog MD 200 ff; Starck MKS 152; Degenhart BK 901; a. A. BVerwGE 1, 303/305). Immerhin dürften berichterstattende Filme (etwa Wochenschauen) einen besonders weitreichenden Schutz genießen (vgl. oben Rn.37 und unten Rn.59).

52   **c) Träger des Grundrechts** auf Filmfreiheit sind diejenigen Personen, die die geschützten Tätigkeiten ausüben, nicht jedoch die Zuschauer. Für die Zuschauer ist die Informationsfreiheit einschlägig (Schulze-Fielitz DR 85). Geschützt sind auch juristische Personen und Personenvereinigungen (Schulze-Fielitz DR 87; Rn.13–16 zu Art.19).

3. Beeinträchtigung

Jede Behinderung der geschützten Tätigkeit (oben Rn.51) durch **53** staatliche Ge- oder Verbote ist ein Eingriff in die Filmfreiheit. Darüber hinaus dürfte die Förderung von Filmen die Filmfreiheit nicht geförderter Filmhersteller beeinträchtigen, soweit diese erheblich behindert werden (Schulze-Fielitz DR 101; vgl. oben Rn.30). Die objektive Seite der Kunstfreiheit sowie andere Verfassungsnormen können allerdings die Beeinträchtigung rechtfertigen (unten Rn.89; vgl. Degenhart BK 739; Starck MKS 155). Zum Zensurverbot unten Rn.63 f. Die Filmfreiheit verleiht keinen Anspruch auf Förderung (Schulze-Fielitz DR 191; Degenhart BK 909). Im *privatrechtlichen* Bereich, etwa bei der freiwilligen Filmselbstkontrolle, ist die Ausstrahlungswirkung zu beachten (Degenhart BK 913 f; Herzog MD 207 f).

4. Rechtfertigung (Schranken) und Einzelfälle (Hinweise)

Zur Rechtfertigung von Eingriffen (Schranken) in die Filmfrei- **54** heit unten Rn.55–66. Einzelfälle der Verfassungsmäßigkeit bzw. -widrigkeit von Beeinträchtigungen unten Rn.67–83.

B. Rechtfertigung von Beeinträchtigungen des Abs.1 und Einzelfälle

I. Rechtfertigung von Beeinträchtigungen des Abs.1 (Schranken)

1. Die Schranke der allgemeinen Gesetze

a) Formelle Fragen. Die mit Abstand wichtigste Schranke des **55** Art.5 Abs.2 und damit die bedeutsamste Grundlage zur Rechtfertigung von Eingriffen in die Freiheiten des Abs.1 ist die der „allgemeinen Gesetze". Als solche kommen sowohl förmliche Gesetze wie andere Rechtsvorschriften in Betracht (Degenhart BK 76). Selbst von der Rspr. in Fortentwicklung von Rechtsnormen entwickelte Regelungen werden erfasst (BVerfGE 34, 269/292). Für die Grundrechtsausübung wesentliche Fragen müssen allerdings vom Parlament geregelt werden. Zur Bestimmtheit Rn.54–56 zu Art.20. Das Zitiergebot des Art.19 Abs.1 S.2 findet keine Anwendung (BVerfGE 28, 282/289; 33, 52/77 f; BVerwGE 86, 188/194; Menger BK 169 zu Art.19 I 2); näher Rn.4 zu Art.19.

56   b) Inhaltliche Begriffsbestimmung. Allgemeine Gesetze sind Normen, „die sich weder gegen die Meinungsfreiheit an sich noch gegen bestimmte Meinungen richten, sondern dem Schutz eines schlechthin, ohne Rücksicht auf eine bestimmte Meinung, zu schützenden Rechtsgutes dienen" (BVerfGE 97, 125/146; 62, 230/244; 71, 162/175; BVerwGE 93, 323/325; Degenhart BK 66). Das Schwergewicht legt die Rspr. dabei auf den zweiten Teil der Formel (Schutz anderer Rechtsgüter), mit der Folge, dass praktisch jedes vorkommende Gesetz allgemein sein kann. Richtiger dürfte es sein, Gesetze, die zu einer Beschränkung bestimmter Kommunikations-*inhalte* ermächtigen, grundsätzlich nicht als allgemein einzustufen (Schmidt-Jortzig HbStRVI 657; tendenziell BVerfGE 95, 220/235 f). Anderes gilt nur dann, wenn das geschützte Rechtsgut auch (zulässig) gegenüber entsprechenden Handlungen geschützt wird (Starck MKS 186; ähnlich Hoffmann-Riem AK 43) oder wenn der Angriff einer besonders strengen Verhältnismäßigkeitsprüfung standhält (Hoffmann-Riem AK 44; Degenhart BK 75; Jarass, Freiheit der Massenmedien, 1978, 158 ff). Besondere Gesetze können schließlich durch kollidierendes Verfassungsrecht gerechtfertigt sein (unten Rn.65). Auch ein Gesetz, dessen personeller Anwendungsbereich auf Rundfunk oder Presse beschränkt ist, kann allgemein sein (BVerfGE 74, 297/342 f; anders noch E 21, 271/280); die Gleichsetzung der Allgemeinheit mit dem personellen Anwendungsbereich müsste auch für die Grundrechte des Abs.1 S.1 gelten, was schwerlich möglich ist (Starck MKS 181). Wenig sinnvoll ist es, wenn es als Definitionselement eines allgemeinen Gesetzes angesehen wird, dass es einem Gemeinschaftswert dient, der Vorrang gegenüber der Betätigung der Meinungsfreiheit hat (etwa BVerfGE 7, 198/209 f). Diese Voraussetzung gilt für jede Grundrechtsschranke (näher Vorb.44 vor Art.1), stellt also keine eigenständige Schranken-Schranke dar (näher unten Rn.57).

57   c) Abwägung. aa) Allgemeine Gesetze können die Freiheiten des Abs.1 nicht beliebig einschränken. Sie sind ihrerseits aus „der Erkenntnis der Bedeutung" dieser Grundrechte „im freiheitlichen demokratischen Staat auszulegen und so in ihrer diese Grundrechte beschränkenden Wirkung selbst wieder einzuschränken" (BVerfGE 71, 206/214; 7, 198/208; 66, 116/150; Schmidt-Jortzig HbStR VI 658 f; Degenhart BK 107 ff; sog. *Wechselwirkung*). Notwendig ist eine fallbezogene Güterabwägung zwischen dem beeinträchtigten Kommunikationsgrundrecht und den Interessen, die mit den allgemeinen Gesetzen verfolgt werden (BVerfGE 35, 202/224; 85, 1/16; 86,

122/129 f); die Einschränkung der Kommunikationsfreiheit muss verhältnismäßig sein (BVerfGE 59, 231/265; 71, 162/181; 77, 65/75; Hoffmann-Riem AK 41 f); allg. zur Verhältnismäßigkeit Rn.83–88 zu Art.20. Das einschränkende Gesetz darf schließlich nicht gegen eine andere Verfassungsnorm verstoßen (BVerfGE 10, 118/122; 71, 108/114, 121).

bb) Im Einzelnen ist bei der Abwägung der überragende Rang **58** der Freiheiten des Abs.1 zu berücksichtigen (BVerfGE 7, 198/208; 35, 202/221 f; 71, 206/219 f). Zudem spielt die Funktion dieser Freiheiten eine Rolle. „Handelt es sich um einen Beitrag zum geistigen Meinungskampf in einer die Öffentlichkeit wesentlich berührenden Frage", spricht dies für den Vorrang der Freiheiten des Abs.1 (BVerfGE 61, 1/11; 71, 206/220; 85, 1/16; BGH, NJW 94, 126; einschr. Degenhart BK 50 ff). In diesem Falle muss auch Kritik „in überspitzter und polemischer Form" hingenommen werden (BVerfGE 82, 272/282). Dabei kommt es darauf an, ob „im konkreten Fall eine Angelegenheit von öffentlichem Interesse ernsthaft und sachbezogen erörtert … oder ob … lediglich das Bedürfnis einer mehr oder minder breiten Leserschicht nach oberflächlicher Unterhaltung befriedigt" wird (BVerfGE 34, 269/283; 101, 361/391). Tatsachenbehauptungen genießen einen geringeren Schutz (BVerfGE 85, 1/16). Ein geringerer Stellenwert kommt der Meinungsfreiheit auch „bei Gegenständen ohne allgemeines Interesse und bei Auseinandersetzungen im privaten Bereich" zu (BVerfGE 54, 129/137) bzw. dann, wenn sie lediglich zur Förderung privater Wettbewerbsinteressen genutzt wird (BGH, NJW 85, 62; NJW 87, 1082 f).

Der Schutz für die *Werbung* fällt dementsprechend geringer aus **59** (BVerfGE 64, 108/118 f; BGHZ 130, 5/11; Jarass JZ 83, 281), desgleichen der Schutz für außerpublizistische Erzeugnisse (BVerfGE 80, 124/135; BVerwGE 78, 184/189 f), insb. für Anzeigenblätter (BGHZ 116, 47/54). Größer sind die Einschränkungsmöglichkeiten, wenn allein die *Form* betroffen ist, nicht der Inhalt (BVerfGE 42, 143/149 f). Entsprechend ist der Schutz bei Presse und Rundfunk höher, wenn es um den *Inhalt* bzw. das Programm und nicht um die Organisation geht. Zudem dürften die Massenmedien im Bereich der *Berichterstattung* intensiveren Schutz als bei der Verbreitung der Meinung von Medienmitarbeitern erhalten (Jarass, Gutachten 56. DJT, 1986, C 14); die Medienfreiheit ist kein persönliches Privileg (BVerfGE 20, 162/176). Die stärkere Beeinträchtigung anderer Rechtsgüter durch die Rundfunkberichterstattung kann weitergehendere Beschränkungen als bei der Presseberichterstattung recht-

fertigen (BVerfGE 91, 125/135). Die Aufforderung zu rechtswidrigem Verhalten wird regelmäßig nicht geschützt (BGH, NJW 85,
1621).

2. Jugend- und Ehrenschutz

60   **a) Jugendschutz.** Die Schranke „zum Schutze der Jugend" in
Abs.2 gestattet Regelungen zur Abwehr von der Jugend drohenden
Gefahren, wie sie v. a. von Medienprodukten ausgehen können, die
Gewalttätigkeiten oder Verbrechen glorifizieren, Hass auf andere
Menschen provozieren, den Krieg verherrlichen oder sexuelle Vorgänge in grob schamverletzender Weise darstellen (BVerfGE 30,
336/347; Schulze-Fielitz DR 116). „Die Auswahl der Mittel, mit
denen diesen Gefahren zu begegnen ist, obliegt zunächst dem Gesetzgeber. Eine gesetzliche Bestimmung zum Schutz der Jugend
muss aber die grundlegende Bedeutung der in Art.5 Abs.1 GG
garantierten Rechte ... und den Grundsatz der Verhältnismäßigkeit
wahren" (BVerfGE 30, 336/348). Notwendig ist eine Güterabwägung zwischen der Forderung nach umfassendem Grundrechtsschutz
und dem verfassungsrechtlich herausgehobenen Interesse an einem
effektiven Jugendschutz (vgl. oben Rn.57 f). Dabei ist auch der
gefährdungsgeneigte Jugendliche zu berücksichtigen (BVerwGE 39,
197/206; Schulze-Fielitz DR 117). Indizierte Publikationen können zum Gegenstand kritischer Auseinandersetzung gemacht werden (BGHSt 34, 218/221). Vertriebsbeschränkungen gegenüber
dem Großhandel sind möglich (BVerfGE 77, 346/356). Das Werbeverbot für jugendgefährdende Schriften ist zulässig (BVerfGE 11,
234/238). Unzulässig ist jedoch, jugendgefährdende Sendungen generell zu verbieten (BVerwG, DVBl 90, 935; Degenhart BK 728).
Ausgeschlossen ist auch, ein Buch als jugendgefährdend zu indizie-
ren, weil es die Schuldfrage des Zweiten Weltkriegs unzutreffend
beantworte (BVerfGE 90, 1/14 ff). Der Begriff der Werbung für
jugendgefährdende Schriften ist eng auszulegen (BGHSt 34,
218/221). Vgl. auch unten Rn.92.

61   Der Vorbehalt des Jugendschutzes soll nicht nur Beschränkungen
der Rechte des Abs.1 rechtfertigen, sondern zudem einen **Schutzauftrag** enthalten (Schulze-Fielitz DR 116). Die Vorschrift enthält
eine „Wertung des Grundgesetzes ...", wonach der Schutz der Jugend ein Ziel von bedeutsamem Rang und ein wichtiges Gemein-
schaftsanliegen ist" (BVerfGE 30, 336/348; 77, 346/356; Bethge SA
160). Die eigentliche Grundlage dürfte aber das allgemeine Persönlichkeitsrecht des Art.2 Abs.1 iVm Art.1 Abs.1 (Rn.37 zu Art.2) sein
(vgl. Vorb.46 vor Art.1).

b) Ehrenschutz. Die Freiheiten des Abs.1 können durch Gesetze **62** zum Schutze der Ehre, die durch das allgemeine Persönlichkeitsrecht ohnehin verfassungsrechtlich geschützt ist (Rn.31 zu Art.2), beschränkt werden. Eine spezialgesetzliche Grundlage ist trotz des Wortlauts erforderlich (BVerfGE 33, 1/16 f; Herzog MD 247; Schmidt-Jortzig HbStR VI 662), allerdings wohl nicht im Bereich der Ausstrahlungwirkung. Das BVerfG sieht den zivilrechtlichen Ehrenschutz regelmäßig durch die äußerst extensiv ausgelegte (oben Rn.56) Schranke der allgemeinen Gesetze gedeckt (BVerfGE 34, 269/282), während es im Strafrecht auf die Ehrenschutzschranke zurückgreift (BVerfGE 90, 241/251). Bei der Anwendung des einschränkenden Gesetzes ist eine Interessenabwägung erforderlich (BVerfGE 54, 129/136; krit. Starck MKS 195). Die Ausführungen in Rn.57–59 gelten entsprechend; zu den Einzelheiten unten Rn.67 f.

3. Zensurverbot

Das Zensurverbot des Abs.1 S.3 enthält kein eigenständiges **63** Grundrecht, sondern bildet eine **Schranke der Beschränkungsmöglichkeiten** des Abs.2 (Degenhart BK 916; Herzog MD 296; Starck MKS 159; offengelassen BVerfGE 27, 88/102). Das Zensurverbot kann also durch beschränkende Gesetze gem. Abs.2 nicht durchbrochen werden (BVerfGE 33, 52/72; Bethge SA 129; Herzog MD 302), auch dann nicht, wenn es um Jugend- oder Ehrenschutz geht (Herzog MD 284). Es gilt im Bereich aller Freiheiten des Abs.1 S.1, 2 (Bethge SA 129; Schmidt-Jortzig HbStR VI 660; **a. A.** BVerfGE 27, 88/102 für die Informationsfreiheit; diff. Degenhart BK 929). Mit Zensur ist die **Vorzensur** gemeint (BVerfGE 33, 52/71; 83, 130/155; Starck MKS 158; a. A. Hoffmann-Riem AK 78), d. h. „ein präventives Verfahren, vor dessen Abschluss ein Werk nicht veröffentlicht werden darf" (BVerfGE 87, 209/230; ähnlich E 47, 198/236 f; 73, 118/166; weiter Hoffmann-Riem AK 78 f). Kennzeichnend für die Zensur ist ein präventives Verbot der Kommunikation, vorbehaltlich einer Erlaubnis, deren Erteilung vom Inhalt abhängt (vgl. Starck MKS 156). Die Nachzensur stellt dagegen eine Beeinträchtigung des Abs.1 dar, die über die Schranke des Abs.2 gerechtfertigt werden kann. Für Privatpersonen gilt das Zensurverbot nicht (Degenhart BK 919; Schulze-Fielitz DR 141; diff. Hoffmann-Riem AK 81), auch nicht für Leitungsorgane in öffentlich-rechtlichen Rundfunkanstalten (Bethge SA 134; Starck MKS 136).

Im Einzelnen liegt keine Zensur in der Nichtzulassung eines **64** Schulbuchs zum Unterrichtsgebrauch, da der Staat hier nicht die

Verteilung von Presseprodukten an Dritte verhindert, sondern als Benutzer der Informationen auftritt bzw. im Rahmen seiner Schulhoheit iSd Art.7 Abs.1 agiert (BVerwG, JR 73, 437; Starck MKS 160; Schulze-Fielitz DR 141). Die Kontrolle von eingeführten Filmen und Presseprodukten ist dagegen Zensur (BVerfGE *abwM* 33, 52/58 f; a. A. BVerfGE 33, 52/72 ff mit wenig überzeugender Begründung). Eine mit einem potentiellen Verbot verbundene Vorkontrolle zu Zwecken der Filmförderung ist regelmäßig keine Zensur, da eine Aufführung des Filmes ohne Förderung faktisch nicht völlig ausgeschlossen ist (BVerfGE 33, 52/74; diff. BVerwGE 23, 194/199). Entsprechendes gilt für eine Kontrolle zu Zwecken des Jugendschutzes, weil sie nur zu einer Verbreitungs*beschränkung* führt (BVerfGE 87, 209/230 f; Starck MKS 189). Keine Zensur ist auch die Untersagung einer Meinungsäußerung durch eine gerichtliche einstweilige Verfügung (Degenhart BK 747; Starck MKS 161), da hier kein präventives Verbot vorausgeht. Dagegen ist eine anlässlich des Jugendschutz-Kennzeichnungsverfahrens erfolgte Einziehung eine der Zensur gleich zu stellende Maßnahme (BVerfGE 87, 209/232 f).

4. Sonstige Grenzen

65 **a) Kollidierendes Verfassungsrecht.** Schranken für die Rechte des Abs.1 können sich auch aus anderen Verfassungsnormen ergeben (BVerfGE 66, 116/136; Schmidt-Jortzig HbStR VI 660; allg. dazu Vorb.47 vor Art.1). Praktische Bedeutung hat dies v. a. für Gesetze, die sich gegen eine bestimmte Meinung richten und daher nicht allgemein sind (Wendt MüK 78; s. aber oben Rn.56). Dabei ist allerdings Vorsicht angebracht, um Abs.2 nicht leerlaufen zu lassen. Methodisch ist es geboten, zunächst die Möglichkeiten des Abs.2 zu prüfen (Vorb.47 vor Art.1). Außerdem ist bei Eingriffen eine gesetzliche Konkretisierung der Begrenzung erforderlich (BVerfGE 52, 283/298; 59, 231/262; Schulze-Fielitz DR 121; Vorb.48 vor Art.1) sowie eine Abwägung der kollidierenden Verfassungsnormen nötig. Die Schranken-Schranke des Zensurverbots dürfte für kollidierendes Verfassungsrecht nicht gelten (so i. E. wohl BVerfGE 27, 88/99 f). Kollidierendes Verfassungsrecht kann sich etwa für Angehörige des Öffentlichen Dienstes (auch für Bewerber) aus Art.33 Abs.5 ergeben (BVerfGE 39, 334/367); vgl. Rn.40 zu Art.33. Weiter können auf Grund Art.9 Abs.2, 21 Abs.2 Meinungsäußerungen zugunsten verbotener Vereinigungen und Parteien untersagt werden (BVerfGE 25, 44/57). Das Sozialstaatsprinzip enthält dagegen keine unmittelbar

geltende Schranke (Schulze-Fielitz DR 123; Rn.111 zu Art.20).
Gleiches gilt für die Berufsfreiheit (BVerfGE 59, 231/262). Zur
Ausgestaltung oben Rn.33, 44.

b) Besondere Gewaltverhältnisse. In *besonderen Gewaltverhält-* **66**
nissen können die Rechte des Art.5 Abs.1 nur unter den gleichen
Voraussetzungen wie sonst beschränkt werden (Vorb.39 a vor Art.1;
Hoffmann-Riem AK 63; Wendt MüK 85; zu großzügig Bethge SA
179). Insb. ist eine gesetzliche Grundlage erforderlich (BVerfGE 33,
1/9). Für Angehörige der *Streitkräfte* bzw. des Ersatzdienstes (Rn.3
zu Art.17 a) bestehen zusätzliche Einschränkungsmöglichkeiten
gem. Art.17 a Abs.1 (Degenhart BK 213); zu den Grenzen Rn.6 f zu
Art.17 a.

II. Einzelfälle

1. Privatrecht

a) Ehrenschutz. Die Rechte des Abs.1 werden durch das allg. **67**
Persönlichkeitsrecht und insb. den dort enthaltenen Schutz der Ehre
(Rn.31 zu Art.2) beschränkt (vgl. oben Rn.62). Hier ist eine Abwägung geboten (BVerfGE 34, 269/282; 71, 206/219 f; 99,
185/196). Dabei kommt es zum einen auf das Gewicht der Beeinträchtigung des allg. Persönlichkeitsrechts an; insb. ist das Verlet-
zungspotential der Massenkommunikation erheblich größer als das
der Individualkommunikation (BVerfGE 35, 202/226 f; Hoffmann-
Riem AK 151). Besonders hohes Gewicht hat die Meinungsfreiheit,
wenn der Ehrenschutz auf staatliche Einrichtungen bezogen wird
(BVerfGE 93, 266/293). Auf der anderen Seite ist von Bedeutung,
ob es um eine die Öffentlichkeit wesentlich berührende Frage geht
(dazu oben Rn.58). Des Weiteren ist der **Sinn** einer Äußerung
genau zu erfassen (BVerfGE 93, 266/295). Bei versteckten Behauptungen kommt es darauf an, ob sie erkennbar im Text angelegt
sind (BGHZ 78, 9/14 ff); belastende Umstände müssen dem Äußernden zugerechnet werden können (BVerfGE 82, 43/52). Bei
einer Satire ist zu berücksichtigen, dass sie notwendig mit Über-
treibungen, Verzerrungen und Verfremdungen arbeitet (BVerfGE
86, 1/11; BVerfG-K, NJW 98, 1387). Die Bedeutung einer Einstufung von Soldaten als Mörder ist genau zu prüfen (BVerfGE 93,
266/295 ff; vgl. auch unten Rn.75 a a. E.). Auch eine Bezeichnung
als Jude ist genau auf ihre Bedeutung zu überprüfen (BVerfG-K,
NJW 01, 63).

67 a   **Tatsachenbehauptungen** genießen einen geringeren Schutz als Werturteile (oben Rn.58); zur Abgrenzung von Werturteilen oben Rn.2. Je schwerer eine Äußerung in das Ansehen des Betroffenen eingreift, um so größer sind die Sorgfaltspflichten bei der Erstellung (BGH, NJW 77, 1289); der Nachweis der Wahrheit kann gleichwohl nicht generell verlangt werden (BGH, NJW 87, 2226). Sorgfaltspflichten des Einzelnen sind generell geringer als die der Massenmedien (BVerfGE 85, 1/22 f). Unwahre Tatsachenbehauptungen sind schon tatbestandlich nur begrenzt geschützt (oben Rn.5). Bei einer falschen Tatsachenbehauptung kommt dem allgemeinen Persönlichkeitsrecht regelmäßig der Vorrang zu (BVerfGE 99, 185/197; BVerfG-K, NJW 00, 3486). Ein erfundenes Interview verletzt regelmäßig das Persönlichkeitsrecht (BVerfGE 34, 269/282 f), ebenso wenn dem Betreffenden zu Unrecht ein bestimmtes Zitat zugeschrieben wird (BVerfGE 54, 208/217 f). Unzulässig sind generell (vorsätzliche) **Beleidigungen** (BGH, NJW 87, 1399); doch darf der Begriff der Beleidigung nicht überdehnt werden (BVerfGE 93, 266/292). Nur einen geringen Schutz genießen Formalbeleidigungen und Äußerungen mit schmähendem Charakter (BVerfGE 82, 272/281).

68   Wer sich **in der Öffentlichkeit äußert,** muss „scharfe und abwertende Kritik" hinnehmen (BVerfGE 54, 129/138; Herzog MD 278; Schulze-Fielitz GK 220). Wer andere kritisiert, muss mit einem Angriff in gleicher Schärfe rechnen (Starck MKS 197). Im Wahlkampf sind vergröbernde Vereinfachungen zulässig (BVerfGE 61, 1/12 f; 69, 257/270; BGH, NJW 84, 1103). Die Gerichtsberichterstattung muss die Unschuldsvermutung respektieren (Starck MKS 207; vgl. Rn.100 zu Art.20). Das Persönlichkeitsrecht rechtfertigt weitreichende Einschränkungen im Bereich der Gegendarstellung (BVerfGE 97, 125/145 ff); vgl. auch Rn.43 zu Art.2.

68 a   **b) Schutz der Privatsphäre.** Die Rechte des Abs.1 werden durch das allg. Persönlichkeitsrecht auch insoweit beschränkt, als der Einzelne über die Publikation persönlicher Daten entscheiden kann (Rn.31 zu Art.2). Die Beschäftigung mit und die Abbildung von bekannten **Persönlichkeiten des öffentlichen Lebens** ist von Art.5 gedeckt, soweit es nicht um die Intimsphäre bzw. den Kern der Privatsphäre geht (BGH, NJW 86, 1129; Rn.47 zu Art.2) oder um den Kernbereich der Ehre (Rn.47 zu Art.2). Bei Berichten über Straftaten kann das Recht auf Resozialisierung Grenzen setzen (Rn.53 zu Art.2). Das Fotografieren von Amtsträgern in der Öffentlichkeit ist zulässig, soweit die Aufnahmen dem allgemeinen Infor-

mationsinteresse dienen (Jarass, JZ 83, 283; Hoffmann-Riem AK
152). Das Persönlichkeitsrecht rechtfertigt weitreichende Einschränkungen im Bereich der Gegendarstellung (BVerfGE 97, 125/145 ff);
vgl. auch Rn.43 zu Art.2. Die Veröffentlichung vertraulich weiter-
gegebener Informationen kann das Persönlichkeitsrecht verletzen
(BGH, NJW 87, 2669). Äußerungen gegenüber Familienangehörigen und Vertrauenspersonen sind in besonderer Weise geschützt
(BVerfGE 90, 255/260 ff).

c) Beeinträchtigung sonstiger privater Rechte. Die Ver- **69**
öffentlichung **rechtswidrig** (etwa unter Verletzung des Redaktionsgeheimnisses) **erlangter Informationen** wird von Art.5 gedeckt,
wenn es um eine „die Öffentlichkeit wesentlich berührende Frage"
geht (oben Rn.58) und der Rechtsbruch im Vergleich dazu untergeordnete Bedeutung hat (BVerfGE 66, 116/139; BGHZ 138,
311/318 f; Degenhart BK 342 f). So kann das Redaktionsgeheimnis
ausnahmsweise verletzt werden, wenn dadurch grobe, die Allgemeinheit beeinträchtigende Mißstände aufgedeckt werden
(BGHZ 80, 25/32 ff; Hoffmann-Riem AK 50; krit. Bullinger
HbStR VI 682 f).

Die Meinungskundgabe durch ein Plakat von einer *Mietwohnung* **70**
aus kann vom Eigentümer untersagt werden, wenn der Hausfriede
gestört wird, nicht jedoch, weil der Eigentümer sie für inopportun
oder falsch hält (BVerfGE 7, 230/234 ff). Nicht geschützt ist die
Aufforderung, die Miete nicht zu zahlen (BGH, NJW 85, 1621).
Einem Unterlassungsanspruch wegen unzulässiger *Lärmbelästigung*
steht die Pressefreiheit nicht entgegen (BGH, LM § 903 Nr.4). Der
Aufruf, ein Unternehmen zu *boykottieren,* ist v. a. dann zulässig,
wenn er seinen „Grund nicht in eigenen Interessen wirtschaftlicher
Art, sondern in der Sorge um politische, wirtschaftliche, soziale oder
kulturelle Belange der Allgemeinheit" hat, „auch wenn dadurch
private und namentlich wirtschaftliche Interessen beeinträchtigt werden" (BVerfGE 62, 230/244; ebenso E 7, 198/212; etwas vorsichtiger BGH, NJW 85, 62 f). Kritiker gefährlicher Produkte sind „nicht
auf eine ausgewogene oder gar schonende Darstellung" beschränkt
(BGHZ 91, 117/121), es sei denn, sie nehmen eine besondere
Objektivität in Anspruch (Schulze-Fielitz DR 226; Degenhart BK
496). Zur Verpflichtung, Wahlanzeigen zu veröffentlichen Rn.21 zu
Art.21. Das *Urhebergesetz* beschränkt die Pressefreiheit in zulässiger
Weise (BGH, NJW 85, 2134). Gleiches gilt für das Gesetz gegen
unlauteren Wettbewerb (BVerfGE 102, 347/360 f). Vgl. außerdem
zum Wettbewerbsrecht oben Rn.33.

2. Arbeitsrecht, auch bei Presse und Rundfunk

71   **a) Alle Unternehmen.** In Arbeitsverhältnissen hat die Meinungsfreiheit erhebliches Gewicht, auch wenn keine unmittelbare Drittwirkung wie in Art. 118 Abs. 1 S. 2 WRV besteht. Eine Nichteinstellung wegen einer Meinungsäußerung in einer Schülerzeitung ist häufig unzulässig (BVerfGE 86, 122/130 ff). Eine Kündigung wegen des Verteilens eines Flugblattes mit diffamierenden Äußerungen kann zulässig sein (BAG, NJW 78, 1874). Das Tragen von Plaketten oder eine ständige verbale Agitation, die den Betriebsfrieden oder den Betriebsablauf konkret stören, rechtfertigen eine fristlose Kündigung (BAGE 41, 150/158 ff); eine abstrakte Gefährdung des Betriebsfriedens reicht dagegen nicht (BAG, DB 76, 680; Hoffmann-Riem AK 71). Der Ausschluss aus dem Betriebsrat wegen Verteilens eines Aufrufs zur Kommunalwahl unter Berufung auf § 74 Abs. 2 BetrVG ist unzulässig, soweit der Betriebsfrieden nicht gestört wird (BVerfGE 42, 133/141 f). Die Verpflichtung eines in einem kirchlichen Krankenhaus beschäftigten Arztes nicht öffentlich für Schwangerschaftsabbrüche einzutreten, soll zulässig sein (BAG, NJW 84, 828 f); das ist problematisch, soweit dies außerhalb der Beschäftigung ohne Bezug zum Krankenhaus geschieht (vgl. auch Rn. 40 zu Art. 4). Vom Sonntagsbeschäftigungsverbot muss eine Ausnahme gemacht werden, wenn sie für die Erfüllung von Pressetätigkeiten erforderlich ist (BVerwGE 84, 86/92).

72   **b) Sonderfragen der Presse- und Rundfunkunternehmen.** Im Verhältnis zwischen Verleger und Redakteuren eines **Presseunternehmens** findet Art. 5 Abs. 1 S. 2 keine unmittelbare Anwendung (Starck MKS 87 ff). Doch ist die Ausstrahlungswirkung des Grundrechts (oben Rn. 32) zu beachten (Herzog MD 168 ff), weshalb Redakteuren im Rahmen der Grundsatzkompetenz des Verlegers eine gewisse Selbständigkeit eingeräumt werden muss („Innere Pressefreiheit"; Herzog MD 174; Hoffmann-Riem AK 141; a. A. Bullinger HbStR VI 688). Kein Redakteur darf gezwungen werden, einen Beitrag zu schreiben, der seiner Auffassung widerspricht (Wendt MüK 35). Umgekehrt rechtfertigt die Pressefreiheit eine Begrenzung der betrieblichen Mitbestimmung; der Verleger kann sich gegen die tendenzbezogene Fremdbestimmung durch den Betriebsrat wehren (BVerfGE 52, 283/297 f; BAGE 56, 71/77 ff; Degenhart BK 397 ff). Der Streik in Presseunternehmen ist in der Regel zulässig. Allerdings darf der Zweck des Streiks nicht in inhaltlicher Einflussnahme liegen; daher ist auch das Nichtdrucken redaktioneller Beiträge aus inhaltlichen Gründen unzulässig (Degenhart BK 407 f,

414; Starck MKS 72); vgl. auch Rn.41 zu Art.9. Zum Bruch des Redaktionsgeheimnisses oben Rn.69.

Für das Verhältnis der **Rundfunkunternehmen** zu ihren Mit- **72 a** arbeitern gelten diese Erwägungen ganz entsprechend, insb. was die innere Rundfunkfreiheit anbelangt (vgl. BVerfGE 59, 231/261 ff; Herzog MD 211; anders Degenhart BK 687). Die Rundfunkfreiheit rechtfertigt nicht die Reduzierung von Vergütungsansprüchen (BGH, NJW 83, 1191), wohl aber die Befristung von Arbeitsverhältnissen, wenn dies zur Erfüllung der Rundfunkaufgabe nötig ist (BVerfGE 59, 231/264 ff; 64, 256/260 f; BAGE 88, 263/271 f); die allg. Differenzierung zwischen Arbeits- und (sonstigen) Dienstverträgen wird dadurch aber nicht berührt (BAGE 77, 226/241 ff). Zum Rundfunkrecht unten Rn.78–80.

3. Öffentlicher Dienst

aa) Im Dienst dürfen Vorgesetzte die grundgesetzliche Ordnung **73** nicht in Frage stellen (BVerfGE 28, 36/49 f) und haben eine gesteigerte Zurückhaltung zu wahren (BVerwG, NJW 87, 84; Starck MKS 239). Das Tragen von Plaketten und Aufklebern kann verboten werden (BAGE 38, 85/95 f; BVerwGE 84, 292/293 f; a. A. Hoffmann-Riem AK 67), auch an Kraftfahrzeugen (BVerwGE 73, 237/238 ff). Soldaten können Kollegen zur Unterzeichnung eines öffentlichen Aufrufs auffordern (BVerfGE *abwM* 44, 197/206; **a. A.** BVerfGE 44, 197/201 ff). Äußerungen eines hochrangigen Offiziers in amtlicher Eigenschaft können einer Abstimmungspflicht mit dem Verteidigungsminister unterworfen werden (BVerwG, NVwZ 92, 65). Rassistische und ausländerfeindliche Äußerungen können als Dienstvergehen bestraft werden (BVerwGE 113, 48/50 ff).

bb) Die Information der Öffentlichkeit über verwaltungsinterne **74** Vorgänge **(Aussagen zum Dienst)** ist bei schweren Rechtsverstößen unmittelbar, bei sonstigen nach Ausschöpfung der internen Abhilfemöglichkeiten zulässig (BVerfGE 28, 191/202 ff; Jarass, DÖV 86, 726 f; ähnlich BVerwG, NVwZ 89, 975 f für Gemeinderatsmitglied; Degenhart BK 272); im Übrigen kann sie aber ausgeschlossen werden (BVerwGE 86, 188/192). Auch nach Beendigung des Beamtenverhältnisses kann die Amtsverschwiegenheit zum Tragen kommen (BVerwG, NJW 83, 2344). Bei der Kritik an unmittelbaren Vorgesetzten kann besondere Mäßigung verlangt werden. Vgl. auch oben Rn.71.

cc) Außerhalb des Dienstes reichen die Kommunikationsfrei- **75** heiten weiter (Degenhart BK 269;. Jarass, DÖV 86, 727). Politische

Äußerungen dürfen allerdings nicht gegen die in Art.33 Abs.5 (Rn.40 zu Art.33) verankerte Treuepflicht der Beamten gegenüber der Verfassung (nicht gegenüber der Regierung) verstoßen (BVerfGE 39, 334/366 f; BVerwGE 83, 60/63; 83, 90/98; Starck MKS 238). Dabei ist aber eine Abwägung geboten (Degenhart BK 276).

75 a   **Im Einzelnen** kann die Verbreitung ausländerfeindlicher Pamphlete durch einen Verwaltungsangestellten eine außerordentliche Kündigung rechtfertigen (BAG, NJW 96, 2253 f; Degenhart BK 276). Richter müssen bei der Unterzeichnung politischer Anzeigen große Zurückhaltung üben, wenn sie unter Berufung auf ihr Amt auftreten (BVerfG-K, NJW 83, 2691; BVerfG-K, NJW 89, 93 f; BVerwGE 78, 216/222). Gleiches gilt für Soldaten (BVerwGE 83, 60/69; 86, 188/196) oder Beamte (BVerwG, NJW 88, 1747 f). Im Übrigen ist Kritik am Staat und seinen Amtsträgern möglich (BVerfGE 28, 55/64 f; BVerwGE 63, 37/39 f; Hoffmann-Riem AK 68). Zu verfassungsfeindlichen Äußerungen und der Zulassung zum öffentlichen Dienst Rn.18 zu Art.33. Maßnahmen wegen eines Leserbriefes beeinträchtigen die Meinungsfreiheit (BVerwGE 46, 175/181 ff), selbst wenn Kritik an der öffentlichen Äußerung eines Vorgesetzten geübt wird (BVerwGE 76, 267/272). Auf die Meinungsfreiheit berufen kann sich des Weiteren ein Offizier, der sich für eine atomwaffenfreie Zone einsetzt (BVerwG, NJW 85, 160 f) oder der sich an einer friedenspolitischen Demonstration beteiligt (BVerwGE 83, 60/67 ff). Ein Soldat darf für die Kriegsdienstverweigerung werben (BVerwG, DÖV 69, 349) oder verteidigungspolitische Fragen kritisch in der Presse behandeln (BVerwGE 76, 267/272; 83, 90/97). Bei einer Bezeichnung von Soldaten als Mörder ist besondere Zurückhaltung geboten (BVerwGE 93, 323/326 ff; vgl. oben Rn.67).

4. Strafrecht, Strafprozessrecht, Haft

76   Die Rspr. sieht in den Straftatbeständen, die an eine bestimmte Meinung anknüpfen, regelmäßig zulässige allgemeine Gesetze, etwa in § 89 StGB (BVerfGE 47, 130/143), in § 90 a Abs.1 StGB (BVerfGE 47, 198/232), in § 99 Abs.1 Nr.1 StGB (BVerfGE 57, 250/268), in § 103 StGB (BVerwGE 64, 55/62 f) und in § 185 StGB (BVerfGE 93, 266/291). Bei Anwendung dieser und anderer Vorschriften ist aber der besondere Stellenwert der Freiheiten des Abs.1 (oben Rn.1, 14, 23, 35) zu berücksichtigen (etwa BVerfGE 57, 250/268) und ggf. eine restriktive Interpretation vorzunehmen

(BGHSt 33, 16/18). Im Rahmen von § 193 StGB ist der hohe Stellenwert der Pressefreiheit zu beachten (BVerfGE 42, 143/152). Für Presse- und Rundfunkredakteure kann sich aus Abs.1 S.2 ein über § 53 StPO hinausreichendes Zeugnisverweigerungsrecht ergeben (BVerfGE 77, 65/82; Degenhart BK 441), das sich aber nicht auf das Chiffregeheimnis bzw. den Anzeigenteil erstreckt (BVerfGE 64, 108/117 f; vorsichtig BVerfG-K, NJW 90, 702; Degenhart BK 331 f). Die Beschlagnahme von selbst recherchiertem Material soll grundsätzlich zulässig sein (BVerfGE 77, 65/78 ff; einschr. Jarass, JZ 83, 280 f; Hoffmann-Riem AK 154). Zur Beschlagnahme von aus dem Ausland kommenden Zeitungen unten Rn.81.

Das Verbot des Einzel-Fernsehempfangs gegenüber **Unter-** 77 **suchungshäftlingen** soll zulässig sein (BVerfGE 35, 307/309 f; a. A. Degenhart BK 291; s. auch Rn.100 zu Art.20). Das Anhalten von Dritte beleidigenden Briefen **Strafgefangener** an Vertrauenspersonen ist idR unzulässig (BVerfGE 33, 1/15 f; 90, 255/259 ff; BVerfG-K, NJW 97, 186). Das Verbot, einen Journalisten zu empfangen, ist nur zulässig, wenn die davon ausgehenden Gefahren nicht anders vermieden werden können (BVerfG-K, NJW 96, 983). Bei Disziplinarmaßnahmen wegen beleidigender Äußerungen ist der Grundsatz der Verhältnismäßigkeit zu beachten (BVerfG-K, NJW 95, 1016 ff).

5. Sonstiges öffentliches Recht

a) Rundfunkrecht. Allgemein zur Ausgestaltung der Rundfunk- 78 freiheit durch das Rundfunkrecht oben Rn.44–47 a. **aa)** Was den **öffentlich-rechtlichen Rundfunk** angeht, so ist der Aufgabenbereich vom Gesetzgeber zu bestimmen; die Erfüllung der Rundfunkaufgaben darf allerdings nicht sachwidrig behindert werden (Jarass, Gutachten 56. DJT, 1986, 81; Schulze-Fielitz DR 168; weitergehend BVerfGE 74, 297/331 ff; enger Starck MKS 130). In den Aufsichtsgremien der Rundfunkanstalten darf staatlichen Vertretern nur ein sehr begrenzter Einfluss eingeräumt werden (BVerfGE 73, 118/164 f; Starck MKS 125); die Vertreter der Parteien wird man dabei den staatlichen Vertretern zuzurechnen haben (Jarass, Gutachten 56. DJT, 1986, C 80; Schulze-Fielitz DR 203; vgl. BVerfGE 60, 53/66 f). Gesellschaftlichen Gruppen dürfte kein Anspruch auf Vertretung in den Aufsichtsgremien zustehen (vgl. BVerfGE 60, 53/63 ff; Degenhart BK 770). Aus Art.5 ergibt sich die Konkursunfähigkeit einer öffentlich-rechtlichen Rundfunkanstalt (BVerfGE 89, 144/153 f; Schulze-Fielitz DR 104; a. A. BVerwGE 75, 318/322).

Die Entscheidung über Anzahl und Umfang der Programme im öffentlich-rechtlichen Rundfunk muss primär bei den Anstalten liegen, soweit dies zur Erfüllung ihrer verfassungsrechtlichen Aufgabe erforderlich ist (BVerfGE 87, 181/ 201 f; ähnlich E 74, 297/331 ff). Die staatliche Aufsicht ist auf eine begrenzte Rechtsaufsicht beschränkt (BVerfGE 12, 205/261; BVerwGE 54, 29/36; Schulze-Fielitz DR 202; vgl. BVerfGE 57, 295/326). Sie kann nicht zur Durchsetzung vager Vorgaben genutzt werden (Jarass o. Lit.A II 1981, 52 ff; Starck MKS 137). Aufzeichnungspflichten sind möglich (BVerfGE 95, 220/236 ff).

78 a   **Rundfunkgebühren** sind zulässig, weil und soweit sie zur Funktionserfüllung geboten erscheinen (BVerfGE 87, 181/201); auch sonst bestehen keine durchgreifenden verfassungsrechtlichen Bedenken (BVerwGE 108, 108/111 ff). Das Verfahren der Gebührenfestsetzung muss die Bedarfsermittlung der Rundfunkanstalten ausreichend berücksichtigen und zudem die Autonomie der Anstalten gewährleisten (BVerfGE 90, 60/94 ff). Allg. zur Finanzierung oben Rn.47.

79   **bb)** Für die Zulassung **privater Rundfunkunternehmen** hat der Gesetzgeber Vorgaben für die Auswahl unter mehreren Bewerbern bei Frequenzknappheit zu treffen (BVerfGE 57, 295/324 f; 73, 118/153 f). Im Bereich des lokalen Rundfunks sind Monopolstellung örtlicher Zeitungsverlage zu beachten (BVerfGE 83, 238/324; Schulze-Fielitz DR 199; Herzog MD 238 h). Die Entscheidung über Zulassung und Widerruf darf nicht staatlichen Stellen ieS übertragen werden (BVerfGE 73, 118/182 ff), da insoweit immer gewisse Spielräume bestehen. Generell sind Handlungs- oder Wertungsspielräume bei der Zulassung ausgeschlossen (BVerfGE 90, 60/89; Herzog MD 214 a). Die Pflicht zur Aufzeichnung von Rundfunksendungen und zur Vorlage an eine Landesmedienanstalt ist zulässig (BVerfGE 95, 220/235 ff).

80   **cc) Sowohl** für den öffentlich-rechtlichen wie für den privaten Rundfunk gilt folgendes: Die Frequenzzuteilung darf nicht der Exekutive überlassen werden (BVerfGE 83, 238/323). Das Recht der Kurzberichterstattung ist mit Art.5 Abs.1 S.2 vereinbar (BVerfGE 97, 228/267 f; Jarass, AfP 93, 455 ff). Zur Chancengleichheit der Parteien im Rundfunk Rn.41 zu Art.21. Zum Arbeitsrecht im Rundfunk oben Rn.72 f. Zur Rundfunkwerbung oben Rn.38, 59. Zur Trennung von Programm und Werbung oben Rn.46. Zu Fernsehaufnahmen von Gerichtsverhandlungen oben Rn.43. Der **Empfang** von Sendungen, die mit Individualantennen empfangen werden können, darf gem Abs.1 S.1 nicht verhindert werden (vgl. oben

Rn.21). Die inländische Weiterverbreitung kann dagegen den Anforderungen der Ausgestaltung der Rundfunkfreiheit unterworfen werden (Bullinger HbStR VI 720 f; Degenhart BK 755; Wendt MüK 60).

b) Postrecht, Einfuhrkontrolle. Das generelle Verbot politi- 81
scher Aufdrucke auf Postsendungen ist unzulässig (BVerwGE 72, 183/187 ff; NJW 90, 464). Höhere Gebühren für nichtpublizistische Erzeugnisse im Postzeitungsdienst sind zulässig (BVerfGE 80, 124/135 ff); gleiches gilt für den Ausschluss geschäftlicher Druckschriften vom Postzeitungsdienst (BVerwG, NJW 88, 2688). Die Beschlagnahme ausländischer Zeitschriften ist nur ausnahmsweise zulässig (BVerfGE 27, 71/85). Die Auffassung, eine Vorkontrolle von importierten Postsendungen bzw. Filmen sei zulässig, wenn die Produkte „tendenziell auf die Bekämpfung der freiheitlich demokratischen Grundordnung oder des Gedankens der Völkerverständigung gerichtet sind und diese Schutzgüter gefährdet werden" (BVerfGE 33, 52/65 ff), kann nur akzeptiert werden, wenn eine konkret belegbare Gefahr besteht (Schulze-Fielitz DR 157). Im Übrigen bieten die Strafgesetze einen ausreichenden Schutz (BVerfGE *abwM* 33, 52/87 f). Die mit einer rechtmäßigen Kontrolle notwendig verbundene Verzögerung unbedenklicher Sendungen ist zulässig (BVerfGE 27, 88/99 f).

c) Schulrecht. Die Kommunikationsfreiheit von Schülern kann 82
nur durch Gesetz oder auf Grund eines Gesetzes beschränkt werden (oben Rn.28). Sachlich kann die Beschränkung nicht so weit wie bei Angehörigen des öffentlichen Dienstes (oben Rn.73–75 a) gehen (näher Herzog MD 116; Degenhart BK 219 f; Starck MKS 242; Hoffmann-Riem AK 69). Lehrern kann das Tragen von politischen Plaketten untersagt werden (BVerwGE 84, 292/296). (Echte) Schülerzeitungen (oben Rn.28) dürfen keiner Vorkontrolle unterworfen werden (Jarass, DÖV 83, 614 f; Starck MKS 244); bei von der Schule herausgegebenen Schulzeitungen können sich mitwirkende Schüler auf die Meinungsfreiheit berufen (Degenhart BK 581).

d) Sonstiges. Die Generalklausel des Polizei- und Ordnungs- 83
rechts dürfte nur zur Durchsetzung konkreter Vorschriften Rechte des Abs.1 beschränken können (Herzog MD 271). Sonntagsarbeitsverbote sind bei Tageszeitungen unzulässig (BVerwGE 84, 86/92 f). Zum Jugendschutz oben Rn.60 f. Eine straßenrechtliche Erlaubnispflicht für das Verteilen von politischen Flugblättern ist für die meisten Straßenarten unzulässig (BVerwGE 56, 24/26 ff; BVerfG-K, NVwZ 92, 53 f; Degenhart BK 188; für Zulässigkeit der Erlaubnispflicht und Reduzierung des Ermessens BVerwGE 84, 71/75;

BVerwG, NJW 1997, 407). Die straßenrechtliche Sondernutzungsgenehmigung zur Aufstellung von Informationsständen etc. kann
nur begrenzt verweigert werden (Hoffmann-Riem AK 74 a; unten
Rn.88 a; zu großzügig BVerwGE 56, 56/57 ff; NJW 81, 472). Bei
einem „Großen Zapfenstreich" der Bundeswehr müssen kritische
Transparente geduldet werden (BVerwGE 84, 247/256). Das Uni-
formverbot gem. § 3 VersG ist zulässig (BVerfG, NJW 82, 1803).
Eine Versammlung soll wegen beleidigender Spruchbänder aufgelöst
werden können (BVerwGE 64, 55/61 ff); s. auch Rn.5 zu Art.8. Für
die Observation und Registrierung von Kommunikationsakten gel-
ten die Ausführungen in Rn.18 zu Art.8. Die generelle Beschrän-
kung der Kritik am eigenen Berufsstand und an Kollegen im Recht
der freien Berufe ist unzulässig (BVerfG-K, NJW 94, 2413 f; Jarass,
NJW 82, 1837 f; Starck MKS 222; Hoffmann-Riem AK 74; s. auch
EGH BW, NJW 82, 661 ff). Auch Werbeverbote müssen einer
Abwägung standhalten (BVerfGE 71, 162/178 ff; Schulze-Fielitz
DR 161; Jarass, NJW 82, 1838 f; Degenhart BK 224 f; Rn.53–55 zu
Art.12). Die stärkere Belastung von Schallplatten im Vergleich zu
Büchern mit der Umsatzsteuer ist zulässig (BVerfGE 36, 321/322 f).
Zum Kartellrecht oben Rn.33.

C. Freiheit von Kunst und Wissenschaft (Abs.3)

I. Kunstfreiheit

1. Bedeutung und Abgrenzung zu anderen Vorschriften

84   Sinn und Aufgabe der Kunstfreiheit „ist es vor allem, die auf der
Eigengesetzlichkeit der Kunst beruhenden, von ästhetischen Rück-
sichten bestimmten Prozesse, Verhaltensweisen und Entscheidungen
von jeglicher Ingerenz öffentlicher Gewalt freizuhalten (BVerfGE
30, 173/190; 31, 229/238 f). Das Grundrecht enthält zudem eine
wertentscheidende Grundsatznorm (BVerfGE 30, 173/188; 36,
321/330 f) und verpflichtet den Staat zur Pflege und Förderung der
Kunst (BVerfGE 81, 108/116; Pernice DR 43). Gegenüber den
Freiheiten des Abs.1 ist die Kunstfreiheit lex specialis (BVerfGE 30,
173/191; Scholz MD 50). Mit Art.4 Abs.1, 2 dürfte dagegen Idealkonkurrenz bestehen (Starck MKS 287), grundsätzlich auch mit
Art.12 Abs.1 (Bethge SA 194; a. A. Starck MKS 288); s. allerdings
unten Rn.86.

2. Schutzbereich

a) Kunst. Die Bestimmung des Kunstbegriffs leidet darunter, dass 85 eine Definition der Kunst ihrem eigentlichen Wesen widerspricht, eine Abgrenzung in der Rechtsanwendung aber unausweichlich ist (BVerfGE 67, 213/224 f; 75, 369/377; 83, 130/138; BVerwGE 39, 197/207; Scholz MD 25). Um staatliches Kunstrichtertum auszuschließen, ist eine weite Definition geboten (BGH, NJW 86, 1274; Scholz MD 38; Starck MKS 276). Kunst iSd Art.5 Abs.3 ist die „freie schöpferische Gestaltung, in der Eindrücke, Erfahrungen, Erlebnisse des Künstlers durch das Medium einer bestimmten Formensprache zur unmittelbaren Anschauung gebracht werden" (BVerfGE 30, 173/189; 67, 213/226; BVerwGE 77, 75/82; Pernice DR 18). Für ein Kunstwerk spricht zudem, wenn es bei formaler, typologischer Betrachtung die Gattungsanforderungen eines bestimmten Werktyps erfüllt (etwa des Malens, Dichtens, etc.) oder sich das Werk im Wege einer fortgesetzten Interpretation immer neuen Deutungen erschließt (vgl. BVerfGE 67, 213/227). Dazu kommen *Anhaltspunkte* für die Abgrenzung, die allerdings (allein) indiziellen Charakter haben: Für das Vorliegen von Kunst spricht der Umstand, dass sein Urheber ein Werk als Kunstwerk betrachtet (Wendt MüK 91). Weiter dürfte bedeutsam sein, ob ein in Kunstfragen kompetenter Dritter es für vertretbar hält, das in Frage stehende Gebilde als Kunstwerk anzusehen (Wendt MüK 92; Pernice DR 23). Wird mit einem Kunstwerk ein politischer, religiöser oder sonstiger Zweck angestrebt, ändert das nichts an seinem Charakter als Kunstwerk (BVerfGE 67, 213/227 f; NJW 90, 2541; Scholz MD 32 ff). Unerheblich ist des Weiteren, welches „Niveau" das Kunstwerk hat (BVerfGE 75, 369/377; 81, 298/305). Geschützt wird auch die Satire (BVerfG, NJW 90, 1985 f). Pornographie und Kunst schließen sich nicht aus (BVerfGE 83, 130/139; BGHSt 37, 55/59). Zur Einräumung eines Beurteilungsspielraums unten Rn.92.

b) Geschütztes Verhalten. Die Kunstfreiheit schützt neben der 86 eigentlichen künstlerischen Tätigkeit, dem sog. „Werkbereich", auch die Vermittung des Kunstwerks an Dritte, den sog. „Wirkbereich" (BVerfGE 30, 173/189; 67, 213/224). Die Kunstfreiheit erfasst alle Modalitäten der Kunstausübung, weshalb die Baukunst durch das Baurecht beschränkt wird. Die Werbung für ein Kunstwerk wird geschützt (BVerfGE 77, 240/251; Pernice DR 25). Die wirtschaftliche Verwertung eines Kunstwerks, also die Einnahmeerzielung, wird dagegen nicht geschützt; insoweit sind andere

Grundrechte einschlägig (BVerfGE 31, 229/239; 49, 382/392; 71, 162/176). Davon wird man eine Ausnahme machen müssen, wenn der Staat auf diesem Wege Einfluss auf Kunstinhalte nimmt oder eine freie künstlerische Betätigung praktisch unmöglich macht (Scholz MD 18; vgl. BVerfGE 31, 229/240). Der Kunstkonsum wird nicht erfasst (Pieroth/Schlink 614). Zur Beeinträchtigung der Rechte Dritter unten Rn.88.

87   **c) Träger des Grundrechts** ist nicht nur derjenige, der das Kunstwerk herstellt, sondern auch die Person, die das Kunstwerk der Öffentlichkeit zugänglich macht, etwa ein Verleger (BVerfGE 30, 173/191; 36, 321/331; Starck MKS 267, 285; a. A. Scholz MD 47), ein Filmproduzent (BGHZ 130, 205/218) oder ein Geschäftsführer eines Buchverlags (BGHSt 37, 55/62). Die Kunstfreiheit ist auch auf juristische Personen und Personenvereinigungen anwendbar. Träger der Kunstfreiheit sind weiter die (staatlichen) Kunst- und Musikhochschulen (Bethge SA 192; Scholz MD 48) sowie die in staatlichen Kunsteinrichtungen künstlerisch tätigen Personen (BVerwGE 62, 55/59 f; Starck MKS 299). Keine Rolle spielt, ob die künstlerische Tätigkeit beruflich oder nur gelegentlich ausgeübt wird (Pieroth/Schlink 698). Wer Kunst lediglich nutzt, ist dagegen nicht Träger des Grundrechts (BVerfG-K, NJW 85, 263 f; Pernice DR 28).

3. Beeinträchtigung

88   **a) Eingriffe.** Die Kunstfreiheit wird beeinträchtigt, wenn der Staat den Künstler im *Werk-* oder im *Wirkbereich* (oben Rn.86) behindert, etwa durch Verbote, strafrechtliche oder andere Sanktionen etc. Kein Eingriff soll vorliegen, wenn durch den generellen Schutz der Rechtsgüter *Dritter* („allgemeine Gesetze") der Künstler auf diese Rechtsgüter nicht eigenmächtig zugreifen kann (BVerfG-K, NJW 84, 1294 f; Wendt MüK 93; unten Rn.90). Zu weit geht es auf jeden Fall, wenn die Kunstfreiheit nur noch auch sonst erlaubtes Verhalten schützen soll (so Pieroth/Schlink 617). Zur Beeinträchtigung durch die Förderung konkurrierender Kunstrichtungen unten Rn.89.

88 a   In dem Verbot, **öffentliche Verkehrsflächen** zu nutzen, liegt kein echter Eingriff, da es hier genau genommen um *Teilhabe* geht (vgl. oben Rn.10; BVerwG, BayVBl 81, 508). Allerdings gewährt insoweit die objektive Seite der Kunstfreiheit einen Mindestschutz, der insb. eine Einflussnahme des Staates auf die Inhalte der Kunst ausschließt. Darüber hinaus sind die einschlägigen Vorschriften „kunstfreundlich" auszulegen. Musikalische Darbietungen weniger Straßenmusikanten ohne elektrische Verstärkung etc. sind daher als

Gemeingebrauch einzustufen (OLG Hamm, NJW 80, 1702; Würkner, GewArch 87, 325 ff; vgl. oben Rn.83; Starck MKS 320; **a. A.** BVerwG, NJW 87, 1837; vorsichtig BVerwGE 84, 71/76). Zumindest besteht ein Rechtsanspruch auf Erteilung der Sondernutzungserlaubnis (BVerwGE 84, 71/78), und zwar ohne Gebühr.

b) Unterlassen von Leistung und Benachteiligung. Einen **89** Anspruch auf Förderung vermittelt die Kunstfreiheit trotz ihres objektiven Förderungsauftrags (oben Rn.84) nicht (BVerwG, NJW 80, 718; BFHE 50, 22/27; Scholz MD 40; Pernice DR 43); auch vermittelt sie keinen Anspruch auf Weiterbeschäftigung (BVerwGE 62, 55/60) oder besondere Steuervorteile (BVerfGE 81, 108/114). Zur Ausübung von Straßenkunst oben Rn.88 a. Werden bestimmte Kunstrichtungen gefördert, andere dagegen nicht **(relative Benachteiligung)**, kann darin ein Grundrechtseingriff liegen (Bethge SA 190; vgl. Vorb.28 vor Art.1). Allerdings folgt insoweit aus dem objektiven Auftrag zur Förderung der Kunst ein erheblicher Spielraum des Staates (i. E. BVerfGE 36, 321/331 f; BFHE 175, 155/158; Ladeur AK 24). Eine Vergabe der Förderung durch unabhängige sachverständige Gremien wird der Kunstfreiheit am ehesten gerecht (ähnlich Starck MKS 294; Scholz MD 42). Die Heranziehung wirtschafts- und finanzpolitischer Gesichtspunkte ist unbedenklich (BVerfGE 36, 321/332).

c) Privatrechtliche Beeinträchtigung. Wo die Durchsetzung **90** privater Rechte, etwa des Persönlichkeitsrechts, die künstlerische Betätigung beeinträchtigt, muss die Wertentscheidung der Kunstfreiheit berücksichtigt werden (BVerfGE 30, 173/195; Scholz MD 43). An vertragliche Vereinbarungen muss sich ein Künstler allerdings regelmäßig halten (BGHZ 55, 77, 80 f; Starck MKS 301). Die Vorgaben des Wettbewerbsrechts sind zu beachten (BGHZ 130, 205/219 f); ein völliges Verbreitungsverbot ist aber regelmäßig unzulässig (BGH, NJW 95, 3182). Eine Beeinträchtigung des Eigentums Dritter ist unzulässig (BVerwG Bh 11 Art.5, 2; Starck MKS 301; oben Rn.88). Der Kündigungsschutz kann durch Art.5 Abs.3 beschränkt werden (BAGE 46, 163/173). Wird das allgemeine Persönlichkeitsrecht (gem Art.2 Abs.1 iVm Art.1 Abs.1) eines anderen tangiert, ist abzuwägen (BGHZ 84, 237/238 f; Scholz MD 68 f). Schwere Beeinträchtigungen des Persönlichkeitsrechts sind jedoch generell unzulässig (BVerfGE 67, 213/228; 75, 369/380; Rn.47 zu Art.2). Die Mitbestimmung von Personal- bzw. Betriebsräten in Theaterbetrieben ist grundsätzlich zulässig (BVerwGE 62, 55/57 ff; BVerfG-K, ZBR 83, 107).

4. Rechtfertigung von Beeinträchtigungen (Schranken)

91   Die Kunstfreiheit unterliegt weder den Schranken des Abs.2 noch denen des Art.2 Abs.1 (BVerfGE 30, 173/191 f; 67, 213/228; 83, 130/139; Starck MKS 302). Sie kann aber durch andere verfassungsrechtlich geschützte Werte beschränkt werden (BVerfGE 67, 213/228; BVerwGE 91, 223/224; Vorb.45–47 vor Art.1; Scholz MD 57), wobei echte Eingriffe einer gesetzlichen Grundlage bedürfen (Vorb.48 vor Art.1). Ein besonders Gewaltverhältnis enthält keine Beschränkungsermächtigung (Vorb.39 a vor Art.1; a. A. Scholz MD 64). Das Zitiergebot des Art.19 Abs.1 S.2 gilt nicht (Rn.4 zu Art.19).

91 a   **Materiell** ist eine Abwägung der kollidierenden Güter notwendig (BVerfGE 30, 173/191 ff; 77, 240/253; 81, 278/292) bzw. der Grundsatz der Verhältnismäßigkeit (dazu Rn.83–88 zu Art.20) zu beachten (BVerfGE 83, 130/143; Scholz MD 65). Dabei sind die Strukturmerkmale der betreffenden Kunstgattung zu berücksichtigen (BVerfGE 81, 298/306; Wendt MüK 98). Weiterhin ist Vorsicht geboten: Die Entscheidung des Verfassungsgebers, die Kunstfreiheit schrankenlos zu gewähren, darf nicht bedeutungslos werden. Am ehesten kommt eine Begrenzung der Kunstfreiheit durch andere Verfassungswerte in Betracht, wenn es allein um die Modalitäten der Kunstausübung geht oder wenn ein bestimmtes Verhalten generell verboten wird, unabhängig davon, ob es bei der Schaffung von Kunst eingesetzt wird (allgemeine Gesetze). Im Wirkbereich ist eher eine Beschränkung möglich als im Werkbereich (BVerfGE 77, 240/253 ff). Weiter muss immer das gesamte Kunstwerk in die Abwägung einbezogen werden (BVerfGE 67, 213/228 f). Sind mehrere Interpretationen eines Kunstwerks möglich, ist die für die Beurteilung zugrunde zu legen, die andere Rechtsgüter am wenigsten beeinträchtigt (BVerfGE 67, 213/230; 81, 298/307). Zur Beurteilungsermächtigung vgl. unten Rn.92.

5. Einzelfälle

92   **a) Der Jugendschutz** ist ein verfassungsrechtlich geschütztes Gut (BVerwGE 77, 75/82 f; Rn.37 zu Art.2) und begrenzt die Kunstfreiheit (BVerfGE 83, 130/139 f; BGH, NJW 90, 3028; BVerwGE 91, 223/225). Die Verbreitung eindeutig jugendgefährdender Kunstwerke an Jugendliche kann deshalb verboten werden (BVerfGE 30, 336/350; BVerwGE 39, 197/208); dabei ist eine Abwägung notwendig (BVerfGE 83, 130/143; BVerwGE 91, 223/224; BVerwG, NJW 97, 602 f). Es ist unzulässig, der Prüfstelle für jugendgefährdende Schriften im Hinblick auf die Abwägung einen gerichtlich nicht überprüfbaren Spielraum einzuräumen (BVerwGE 91, 211/ 213 f; anders noch BVerwGE 77, 75/85). Dagegen ist eine Einschränkung des Werkbereiches (oben Rn.86) aus Gründen des Jugendschutzes nicht möglich (Starck MKS 314; Scholz MD 70). Die Besetzung der Prüfstelle für jugendgefährdende Schriften muss gesetzlich geregelt sein (BVerfGE 83, 130/153 f). Die betroffenen Künstler müssen vorher angehört werden, soweit dies nicht unangemessen ist (BVerwG, NJW 99, 78).

b) Sonstiges. Verunstaltende *Bauwerke* können verboten werden, **93** da und soweit dies im Interesse des Eigentums oder anderer Grundrechte der Nachbarn geschieht (BVerwG, NVwZ 91, 983; Starck MKS 319; Scholz MD 72). Art.20 a gestattet Einschränkungen von Bauten, die das Landschaftsbild verunstalten (BVerwG, NJW 95, 2649). Zur *Kunstförderung* oben Rn.89. Die Kunstfreiheit rechtfertigt keine objektiv groben Verletzungen *religiöser Empfindungen* (Starck MKS 311). An stillen Feiertagen können auch künstlerische Aufführungen verboten werden (BVerwG, NJW 94, 1976; Rn.1 zu Art.140/139 WRV). Die Einfuhr eines Kunstwerks kann aus Gründen des *Staatsschutzes* nur verboten werden, wenn es eine „unmittelbare und gegenwärtige Gefahr für den Bestand der Bundesrepublik und ihrer Grundlagen herbeiführt" (BVerfGE 33, 52/70 f). Die Verwendung von Kennzeichen verfassungswidriger Organisationen kann nicht ausnahmslos verboten werden (BVerfGE 77, 240/256). Die Strafvorschriften zum Schutze der Bundesflagge und der Nationalhymne müssen im Kunstbereich restriktiv gehandhabt werden (BVerfGE 81, 278/293 ff); ähnliches gilt für ein Verächtlichmachen der Bundesrepublik (BVerfG-K, NJW 01, 597). Zum *Straßenrecht* oben Rn.88 a. Zum *Privatrecht,* etwa zum Persönlichkeitsrecht, sowie zum *Arbeitsrecht* oben Rn.90. Strafrechtliche Vorschriften zum Schutz der *Ehre* haben generell Vorrang, wenn der Kern der Ehre betroffen ist (Rn.47 zu Art.2).

II. Freiheit der Wissenschaft (Forschung und Lehre)

1. Bedeutung und Abgrenzung zu anderen Vorschriften

Die Wissenschaftsfreiheit des Abs.3 S.1 enthält neben einem Ab- **94** wehrrecht „eine objektive, das Verhältnis von Wissenschaft, Forschung und Lehre zum Staat regelnde wertentscheidende Grundsatznorm" (BVerfGE 35, 79/112; 88, 129/136; 93, 85/95; Oppermann HbStR VI 819 f). Zu den Folgen des objektiven Gehalts unten insb.

Rn.101 f. Gegenüber Abs.1 ist Abs.3 lex specialis (BVerfGE 30, 173/191; Pernice DR 54). Die Wissenschaftsfreiheit und Berufsfreiheit können parallel anwendbar sein (BVerfGE 85, 360/381). Zur Gesetzgebungskompetenz Rn.5 f zu Art.75.

2. Schutzbereich

95   **a) Sachlicher Schutzbereich: Allgemeines.** Die Wissenschaftsfreiheit schützt „die auf wissenschaftlicher Eigengesetzlichkeit beruhenden Prozesse, Verhaltensweisen und Entscheidungen beim Auffinden von Erkenntnissen, ihrer Deutung und Weitergabe" (BVerfGE 47, 327/367). Konstitutiv ist die Wahrheitssuche und die prinzipielle Unabgeschlossenheit des Erkenntnisprozesses (BVerfGE 90, 1/11 f). Methodisch geordnetes und kritisch reflektierendes Denken sowie wechselseitige Kommunikation und Publizität kennzeichnen die Wissenschaft (Pernice DR 14). Auf die Richtigkeit der Methoden und Ergebnisse kommt es nicht an. Dagegen kommt Abs.3 nicht zum Tragen, wenn „vorgefassten Meinungen oder Ergebnissen lediglich der Anschein wissenschaftlicher Gewinnung oder Nachweisbarkeit" verliehen wird (BVerfGE 90, 1/12 f). Weder der Anspruch auf absolute Wahrheit noch die grundsätzliche Weigerung, die Ergebnisse der öffentlichen Kritik zu stellen, sind mit Wissenschaft vereinbar (Pernice DR 22); gleiches gilt für das systematische Ausblenden von entgegenstehenden Fakten, Quellen und Ansichten (BVerfGE 90, 1/13 f). Der Begriff der Wissenschaft stellt den Oberbegriff dar und besteht aus Forschung und Lehre (BVerfGE 35, 79/113; Denninger AK 13; Pernice DR 20).

96   **b) Forschung** ist der „nach Inhalt und Form ... ernsthafte und planmäßige Versuch zur Ermittlung der Wahrheit", die „Tätigkeit mit dem Ziel, in methodischer, systematischer und nachprüfbarer Weise neue Erkenntnisse zu gewinnen" (BVerfGE 35, 79/113; 47, 327/367); sie ist ein Unterfall der Wissenschaft (oben Rn.95). Das setzt einen gewissen Kenntnisstand sowie ein methodisch geordnetes Vorgehen voraus (Scholz MD 91; Wendt MüK 100). Erfasst wird auch die angewandte Forschung, nicht jedoch die bloße Anwendung bereits bekannter Erkenntnisse (BAGE 62, 156/165). Die Zweck- und Auftragsforschung wird erfasst, solange der Auftraggeber nicht auf die inhaltlichen Ergebnisse wesentlichen Einfluss hat (vgl. Scholz MD 98). Keine Wissenschaft sind politische Aktivitäten, auch wenn sie auf wissenschaftlicher Grundlage beruhen; die Grenze liegt dort, wo Ergebnisse wissenschaftlicher Forschung in aktives Handeln umgesetzt werden (BVerfGE 5, 85/146; Scholz MD 93; Starck

MKS 327). Geschützt werden alle Aktivitäten der Forschung mit allen vorbereitenden und unterstützenden Tätigkeiten (Starck MKS 331). Auch die Organisation der Forschung wird geschützt (Scholz MD 84). Darüber hinaus fällt die Gründung privater Forschungseinrichtungen in den Schutzbereich der Wissenschaftsfreiheit, desgleichen die Erstellung (wissenschaftlicher) Privatgutachten (Starck MKS 331). Die wirtschaftliche Verwertung wissenschaftlicher Erkenntnisse soll nicht unter Art.5 Abs.3, sondern unter Art.12 fallen (Oppermann HbStR VI 818). Die Publikation von Forschungsergebnissen (auch gegen Entgelt) fällt aber unter Art.5 Abs.3 (Classen o. Lit. CII 84 ff), da sie ein zentrales Element der Forschung bildet (vgl. oben Rn.95).

c) Lehre. Der Schutzbereich der Wissenschaftsfreiheit umfasst des **97** Weiteren die wissenschaftliche Lehre, d. h. die „wissenschaftlich fundierte Übermittlung der durch die Forschung gewonnenen Erkenntnisse" (BVerfGE 35, 79/113); zum Wissenschaftsbegriff oben Rn.95. Die Lehre muss also im Zusammenhang mit der Forschung des Lehrenden stehen, unter Einschluss der Weitergabe fremder Forschungen (Pernice DR 26). Sie muss selbständig und frei von Weisungen durchgeführt werden (vgl. BayVerfGE 24, 25; Scholz MD 104). Keine Lehre iSd Abs.3 ist der Unterricht an Schulen, da nur die wissenschaftliche Lehre erfasst wird und i. ü. Art.7 Vorrang hat (Pernice DR 26; Bethge SA 212; diff. Denninger AK 31). In den Schutzbereich fällt u. a. die Bestimmung der Hochschullehrer über Inhalt, Methoden und Ablauf der Lehrveranstaltungen (BVerfGE 55, 37/68). Auch Prüfungen werden erfasst, sofern sie rechtlich oder faktisch die Lehre abschließen (Denninger AK 61; zu restriktiv BVerwG, Bh 421.20 Nr.30). Zur Verfassungstreue unten Rn.106.

d) Träger des Grundrechts. Die Wissenschaftsfreiheit steht **98** jedem zu, der eigenverantwortlich in wissenschaftlicher Weise tätig ist oder tätig werden will (BVerfGE 35, 79/112; 95, 193/209; Scholz MD 119 f), also nicht nur den Hochschullehrern. So können sich Studenten auf die Wissenschaftsfreiheit berufen, wenn sie wissenschaftlich tätig sind (BVerfGE 55, 37/67 f). Tutoren zählen nicht zu den geschützten Personen, da sie nicht eigenverantwortlich tätig sind (BVerwGE 62, 45/51 f; Pernice DR 27; oben Rn.97). Eine „Lernfreiheit" der Studenten enthält Art.5 Abs.3 nicht (Scholz MD 113; Pernice DR 27; a. A. Bethge SA 208); sie fällt unter Art.12 (Rn.70 ff zu Art.12). Beruft sich jemand im Rahmen einer dienstlichen Tätigkeit auf die Wissenschaftsfreiheit, kommt sie ihm nur zugute, soweit das ihm übertragene Aufgabenfeld wissenschaftliche Tätigkeiten um-

fasst (BVerwG, NVwZ 87, 681; Oppermann HbStR VI 828); die
Abgrenzung der wissenschaftlichen Aufgaben muss aber dem Zweck
des Art.5 Abs.3 gerecht werden. Ein Laborbetriebsleiter kann sich
nicht auf die Wissenschaftsfreiheit berufen (BVerwGE 94, 53/60).

99   Darüber hinaus kommt die Wissenschaftsfreiheit auch **juristischen Personen** zugute (Oppermann HbStR VI 829), die Wissenschaft betreiben und organisieren. Dies gilt auch für öffentlich-
rechtlich organisierte Hochschulen und Fakultäten (BVerfGE 15,
256/261; 21, 362/373 f; 31, 314/322; Oppermann HbStR VI 830;
Starck MKS 370); zum Konflikt zwischen Universität und dem
einzelnen Hochschullehrer unten Rn.104, 109 f. Grundrechtsträger
sind mit gewissen Einschränkungen auch die Gesamthochschulen
(BVerfGE 61, 210/237 f); Fachhochschulen werden von der Wissenschaftsfreiheit eher am Rande berührt (BVerfGE 61, 210/244; 64,
323/358; BVerwG, DVBl 86, 1109; Scholz MD 106; Pernice
DR 26). Entscheidend ist jeweils nicht die begriffliche Einstufung,
sondern ob die Einrichtung nach Organisation und Ressourcen auf
einen wissenschaftlichen Betrieb angelegt ist. Zu den Schulen oben
Rn.97. Private Einrichtungen können sich, auch im Hinblick auf
die Gründung (Oppermann HbStR VI 829; vorsichtig Wendt
MüK 105), auf die Wissenschaftsfreiheit berufen, sofern sie als wissenschaftlich eingestuft werden können, insb. den beschäftigten Wissenschaftlern einen ausreichenden Spielraum einräumen (Starck
MKS 365; offengelassen BVerwG, DÖV 79, 750).

3. Beeinträchtigung

100   **a) Eingriffe.** Die Wissenschaftsfreiheit gewährleistet zunächst
„ein Recht auf Abwehr jeder staatlichen Einwirkung auf den Prozess
der Gewinnung und Vermittlung wissenschaftlicher Erkenntnisse"
(BVerfGE 47, 327/367; ähnlich E 35, 79/112; 90, 1/11; Oppermann
HbStR VI 818). Der Eingriff kann dabei in einer Einflussnahme auf
einen einzelnen Wissenschaftler liegen, aber auch in einer Einflussnahme auf wissenschaftliche Einrichtungen und Institutionen. Das
Grundrecht schützt vor allen Eingriffen in die Hochschulautonomie
(Oppermann HbStR VI 838; Scholz MD 131), insb. in die akademische Selbstverwaltung (Oppermann HbStR VI 839; Scholz MD 144).
Kein Eingriff liegt allerdings in der zulässigen Förderung und Ausgestaltung der Wissenschaftsfreiheit im Bereich der vom Staat unterhaltenen Einrichtungen (näher unten Rn.102).

101   **b) Verweigerung von Teilhabe und Schutz; Ausgestaltung.**
Der objektive Gehalt des Art.5 Abs.3 (dazu oben Rn.94) verlangt

ein „Einstehen des Staates . . . für die Idee der freien Wissenschaft und seine Mitwirkung an ihrer Verwirklichung" (BVerfGE 35, 79/114). Er hat „schützend und fördernd eine Aushöhlung dieser Freiheitsgarantie vorzubeugen" (BVerfGE 85, 360/384). Der Staat hat „die Pflege der freien Wissenschaft und ihrer Vermittlung . . . durch die Bereitstellung von personellen, finanziellen und organisatorischen Mitteln zu ermöglichen und zu fördern" (BVerfGE 35, 79/114 f; 88, 129/136 f; Denninger AK 22; Oppermann HbStR VI 821). Er hat „durch geeignete organisatorische Maßnahmen dafür zu sorgen, dass das Grundrecht der freien wissenschaftlichen Betätigung soweit unangetastet bleibt, wie das unter Berücksichtigung der anderen legitimen Aufgaben der Wissenschaftseinrichtungen und der Grundrechte der verschiedenen Beteiligten möglich ist" (BVerfGE 35, 79/115; 85, 360/384; 93, 85/95); den Staat trifft eine Ausgestaltungspflicht (vgl. dazu allg. Vorb.13, 34 f vor Art.1). Zum Schutz einzelner Hochschullehrer unten Rn.108–110. Verletzungen dieser Förderungs- und Ausgestaltungspflicht können von den Trägern des Grundrechts (trotz der objektiven Grundlage) eingeklagt werden (BVerfGE 35, 79/116). Der Gesetzgeber hat bei der Umsetzung dieses Auftrags einen erheblichen Gestaltungsspielraum (BVerfGE 66, 155/177; BVerwG 45, 39/44; Starck MKS 347; unten Rn.102). Schließlich muss der Staat die Wissenschaftsfreiheit vor Dritten schützen, weshalb er Störungen und Behinderungen der Lehre durch Dritte soweit wie möglich auszuschließen hat (BVerfGE 55, 37/68 f; Scholz MD 175).

Überall dort, wo der **Staat wissenschaftliche Einrichtungen** 102 **unterhält,** wird der Abwehr- und Eingriffsaspekt des Grundrechts durch den Teilhabeaspekt mehr oder minder überlagert. Das ermöglicht in größerem Umfang staatliche Einflussnahme (Scholz MD 117 f, 195; Starck MKS 347; oben Rn.101). Dies gilt v. a. für den Gesetz- und Verordnungsgeber (BVerfGE 67, 202/207 f). Relativ weit kann die staatliche Einflussnahme bei allgemeinen Verwaltungsangelegenheiten gehen (BVerfGE 35, 79/122 f), weiter bei organisatorischen Fragen, etwa bei der Zuteilung von Aufgaben (BVerfGE 66, 155/177; 67, 202/207); zur Beteiligung von Gruppen unten Rn.108. Auch organisatorische Regelungen dürfen aber nicht übermäßig die freie wissenschaftliche Betätigung behindern (BVerfGE 85, 360/384; vgl. Pernice DR 32). *Inhaltliche* Vorgaben greifen dagegen regelmäßig in den Schutzbereich des Abs.3 ein, auch Vorgaben zur Ausgestaltung des Studienplans (BVerwG, DVBl 88, 399). Ein Anspruch auf Fortbestand einer wissenschaftlichen Einrichtung besteht nicht (BVerfGE 85, 360/384 f); vor einer Auflösung ist eine

Anhörung notwendig (Starck MKS 345). Zu den Einzelheiten unten Rn. 107–110.

103   **c) Privatrechtliche Beeinträchtigung.** Wird eine wissenschaftliche Betätigung durch die Ausübung privater Rechte begrenzt, muss die *Ausstrahlungswirkung* der Wissenschaftsfreiheit berücksichtigt werden. Dies führt etwa zu einer Einschränkung des Rechts am eingerichteten und ausgeübten Gewerbebetrieb im Hinblick auf wissenschaftliche Kritik. Weiter muss den an privaten Hochschulen tätigen Wissenschaftlern ein eigenbestimmter Spielraum belassen werden (Starck MKS 365, 373); andernfalls fallen die Einrichtungen nicht in den Schutzbereich des Art. 5 Abs. 3 (oben Rn. 99). Dies gilt auch für kirchliche Hochschulen (vgl. Scholz MD 181). Zur Ermöglichung befristeter Arbeitsverhältnisse BAGE 39, 38/52 f.

104   **d) Verpflichtete.** Die Wissenschaftsfreiheit bindet zunächst die *staatlichen Organe* ieS. Der einzelne Wissenschaftler kann sich aber auch gegenüber der (staatlichen) Universität bzw. gegenüber deren Organen auf Abs. 3 berufen (Scholz MD 128; Bethge SA 219; Pernice DR 31). Insoweit hat die Wissenschaftsfreiheit des einzelnen Hochschullehrers größeres Gewicht (BVerwGE 102, 304/309). Zum Einfluss auf Private oben Rn. 103.

4. Rechtfertigung von Beeinträchtigungen (Schranken)

105   Die Wissenschaftsfreiheit unterliegt nicht den Schranken des Abs. 2 (BVerfGE 47, 327/369; Oppermann HbStR VI 822). Regelungsmöglichkeiten ergeben sich jedoch aus dem Förderungs- und Ausgestaltungsauftrag (oben Rn. 101). Darüber hinaus kann die Freiheit durch *andere Verfassungsgüter* beschränkt werden (Scholz MD 185; Vorb. 45–47 vor Art. 1), wobei für Eingriffe jeweils eine gesetzliche Konkretisierung vorliegen muss (Vorb. 48 vor Art. 1). Das Zitiergebot des Art. 19 Abs. 1 S. 2 gilt nicht (Rn. 4 zu Art. 19).

105 a   **Materiell** ist eine Abwägung geboten (BVerfGE 47, 327/369; 57, 70/99; Oppermann HbStR VI 823 f). Die hergebrachten Grundsätze des Berufsbeamtentums (Rn. 35 zu Art. 33) haben daher keineswegs immer den Vorrang (widersprüchlich BVerwG 61, 200/206); zur Sonderregelung im Bereich der Lehre unten Rn. 106. Weiter wird die Wissenschaftsfreiheit durch das Recht auf freie Wahl der Ausbildungsstätte des Art. 12 beschränkt (Pernice DR 34; Starck MKS 381); dies hat v. a. für die Lehre Bedeutung (Oppermann HbStR VI 831 f; Scholz MD 174), weshalb etwa Kapazitätsregelungen zulässig sind (BVerwGE 64, 77/94 f; näher Rn. 86 zu Art. 12).

Gleiches gilt für den Schutz des Persönlichkeitsrechts gem. Art.2 Abs.1 iVm Art.1 Abs.1 im Hinblick auf persönliche Daten (BVerfGE 67, 213/228; Starck MKS 375) oder den Schutz der Personalvertretung durch die Koalitionsfreiheit des Art.9 Abs.3 (BVerwGE 72, 94/111 f). Der Tierschutz stellt allein insoweit ein verfassungsrechtliches Gut dar, als er von Art.20 a erfasst wird (vgl. HessVGH, NuR 94, 497; Pernice DR 39; a. A. Starck MKS 383); dies gilt nur für wild lebende Tiere (Rn.3 zu Art.20 a) und nicht für Tierversuche (BVerwGE 105, 73/81). Zum Verhältnis von Art.5 Abs.3 und der Gewissensfreiheit Rn.51 zu Art.4.

Die Regelung des Abs.3 S.2, die die Lehrfreiheit durch die **Treue** **106** **zur Verfassung** begrenzt, scheint vom Wortlaut her eine Begrenzung des Schutzbereichs. Richtigerweise wird man darin eine besondere Ausprägung der allgemeinen, auf Art.33 Abs.5 gestützten beamtenrechtlichen Verpflichtung zur Loyalität gegenüber der freiheitlichen demokratischen Grundordnung (Rn.40 zu Art.33) zu sehen haben (BVerfGE 39, 334/347; BVerwGE 61, 200/206; 81, 212/218; Scholz MD 203), also eine Schranke, deren Anwendung bei Eingriffen einer gesetzlichen Grundlage bedarf (ebenso wohl Bethge SA 225; Starck MKS 386; a. A. Pernice DR 35). Materiell ist das besondere Gewicht der Lehrfreiheit zu beachten. Sachlich darf die Lehre nicht zum Kampf gegen die verfassungsrechtliche Grundordnung missbraucht werden; Kritik an der Verfassung ist aber zulässig (Pernice DR 35). Besteht begründeter Anlass für die Annahme, dass ein Bewerber um ein Hochschullehreramt die notwendige Treue zur Verfassung vermissen lässt, kann der Berufungsvorschlag abgelehnt werden (BVerwGE 52, 313/318 ff, 332). Die Einschränkung durch die Treueklausel des Abs.3 S.2 gilt auch für private Hochschulen (a. A. Starck MKS 388), mit der Folge, dass ggf. Art.5 Abs.3 nicht zur Anwendung kommt. Zur Publikation nationalsozialistischer Bücher BVerwG, NJW 86, 1278.

5. Einzelfälle

a) Öffentliche Einrichtungen als Betroffene. Auch im Bereich **107** der vom Staat unterhaltenen Einrichtungen (dazu allg. oben Rn.102) ist die Autonomie der Hochschulen (oben Rn.100) sowenig wie möglich zu beeinträchtigen (Oppermann HbStR VI 839; Scholz MD 137). Besonders geschützt sind die Forschungs- und Lehrplanung, die Initiierung und Koordinierung von Forschungs- und Lehrprojekten sowie die Promotion und die Habilitation (Scholz MD 162; Starck MKS 334 ff). Eine Ablehnung von Berufungsvorschlägen einer wissenschaftlichen Hochschule ist nur aus gewichtigen Gründen möglich (BVerwGE 52, 313/318; großzügiger BVerwG, NVwZ 86, 375 f; strenger Wendt MüK 112), wobei zunächst eine einvernehmliche Lösung angestrebt werden muss (BVerfGE 35, 79/133 f). Hochschulleiter und Fakultätsdekane müssen im Wege der Selbstverwaltung durch die Hochschule gewählt werden; doch ist ein staatliches Bestätigungsrecht möglich (Starck MKS 357). Generell vermittelt die Wissenschaftsfreiheit der Universität gegenüber staatlichen Maßnahmen verfahrensrechtliche Mitwirkungsrechte (Starck MKS 335; Scholz MD 137). Zulässig sind Vorgaben zur Kapazitätsausnutzung (oben Rn.105), weiter eine Pauschalierung der Lehrverpflichtung (BVerwGE 60, 25/48). Eine Befristung von Arbeitsverhältnissen wissenschaftlicher Mitarbeiter muss möglich sein (BVerfGE 94, 268/286).

108   Was die **Organisationsstruktur** der Universitäten angeht, kann sich der Gesetzgeber für die sog. „Gruppenuniversität" entscheiden, in der neben den Hochschullehrern noch andere Gruppen mitbestimmen können (Denninger AK 63; Scholz MD 152). Allerdings muss den Hochschullehrern im Bereich der die „Forschung und Lehre unmittelbar betreffenden Angelegenheiten" ein ausreichender Einfluss eingeräumt werden (BVerfGE 35, 79/131; s. auch E 61, 260/280), wobei in Fragen der Lehre ein „maßgebender Einfluss" und in Fragen der Forschung sowie in Berufungsangelegenheiten ein „ausschlaggebender Einfluss" sichergestellt sein muss (BVerfGE 35, 79/132 ff; 95, 193/210; Oppermann HbStR VI 841; Scholz MD 158). Die Gruppe der Hochschullehrer muss auf Grund Art. 5 Abs. 3 iVm Art. 3 Abs. 1 homogen zusammengesetzt sein (BVerfGE 35, 79/134; 47, 327/388; Scholz MD 149), d. h. aus akademischen Forschern und Lehrern, „die auf Grund der Habilitation oder eines sonstigen Qualifikationsbeweises mit der selbständigen Vertretung eines wissenschaftlichen Fachs in Forschung und Lehre betraut sind" (BVerfGE 35, 79/126 f; 56, 192/208; 95, 193/210). Wer diese Voraussetzungen erfüllt (etwa ein Privatdozent; vgl. BVerwG, DVBl 89, 1192), muss die Teilhaberechte eines Hochschullehrers erhalten (BVerfGE 56, 192/211; 95, 193/211 ff; BVerwGE 100, 160/165 f). Fachhochschullehrer werden vielfach nicht erfasst (vgl. BVerfGE 61, 210/262). Im Einzelnen hat der Gesetzgeber bei der Abgrenzung einen gewissen Spielraum (BVerfGE 51, 369/382), muss aber eindeutige Abgrenzungen liefern (BVerfGE 61, 210/240 f). Das Homogenitätsgebot steht andererseits einer unterschiedlichen Behandlung innerhalb der Gruppe der Hochschullehrer nicht entgegen (BVerfGE 54, 363/387; 57, 70/92 f).

Art.5

b) Einzelne Hochschullehrer als Betroffene. Die Wissen- **109**
schaftsfreiheit gibt „dem einzelnen Wissenschaftler ein Recht auf
solche staatlichen Maßnahmen auch organisatorischer Art, die zum
Schutz seines grundrechtlich gesicherten Freiheitsraums unerlässlich sind, weil sie ihm freie wissenschaftliche Betätigung überhaupt
erst ermöglichen" (BVerfGE 95, 193/209). Insbesondere stehen
den Hochschullehrern im materiellen Sinne (dazu oben Rn.108)
eine Reihe von Rechten zu, die zunächst die **Unabhängigkeit**
betreffen: Weisungskompetenzen eines Professors gegenüber einem
anderen Professor sind unzulässig; zudem dürfen die Zuständigkeiten der Leitung einer wissenschaftlichen Einrichtung nicht zu
unmittelbaren Eingriffen in die den Professoren „gewährleistete
Freiheit auf wissenschaftliche Eigeninitiative sowie Wahl und
Durchführung ihrer Forschungsvorhaben führen" (BVerfGE 89,
346/353; BVerwGE 102, 304/309). Das Grundrecht verleiht
„Hochschullehrern über die allgemeine beamtenrechtliche Stellung
hinaus ... eine weitgehende Unabhängigkeit bei der Ausübung
ihres Berufs" (BVerwGE 61, 200/206). Das ist auch bei der Entlassung eines Wissenschaftlers zu beachten. Ein inhaltliches Weisungsrecht der Hochschule ist normalerweise ausgeschlossen
(BVerfGE 57, 70/94 f); Abweichungen sind möglich, soweit der
Universität Aufgaben der Krankenversorgung übertragen sind
(BVerfGE 57, 70/95 ff). Der einzelne Hochschullehrer muss selbst
über Inhalt und Ablauf von Lehrveranstaltungen bestimmen können
(BVerfGE 55, 37/68; BVerwG, NVwZ-RR 94, 94). Ein Fach-
bereich darf zur Qualität der wissenschaftlichen Tätigkeit des einzelnen Hochschullehrers keine amtliche Stellungnahme abgeben
(BVerwGE 102, 304/312).

Des Weiteren haben Hochschullehrer einen Anspruch auf eine **110**
bedarfsgerechte Grundausstattung (Scholz MD 177; Denninger AK
50) sowie auf eine angemessene Berücksichtigung bei der Mittel-
vergabe (BVerwGE 52, 339/349 f). Dagegen gibt es keinen unbegrenzten Schutz einmal zugestandener Mittel (BVerwGE 43,
242/285 f; a.A. Scholz MD 177, 196); von Zusagen kann aber nur
unter Berücksichtigung des Art.33 Abs.5 und des Vertrauensschutzes
bei Vorliegen sachlicher Gründe durch Gesetz abgewichen werden
(BVerfGE 47, 327/410 ff; Pernice DR 47). Ein Anspruch auf Fortbestand bestimmter wissenschaftlicher Einrichtungen besteht nicht
(oben Rn.102). Wird zu Forschungszwecken Akteneinsicht begehrt,
ist der Stellenwert des Art.5 Abs.3 zu berücksichtigen, ohne dass ein
strikter Anspruch besteht (BVerfG-K, NJW 86, 1243; BVerwG,
NJW 86, 1278). Die Vorverlegung der Emeritierung ist zulässig

(BVerfGE 67, 1/20). Desweiteren gehören die im Rahmen des Dienstverhältnisses erstellten wissenschaftlichen Arbeiten dem Hochschullehrer und nicht dem Dienstherrn; sie sind aber in geeigneter Form der Allgemeinheit zugänglich zu machen (BGHZ 112, 243/253). Störungen und Behinderungen der Wissenschaftsfreiheit der Hochschullehrer, auch ihrer Lehrfreiheit, sind soweit wie möglich auszuschließen (oben Rn.101). Hochschullehrer dürfen nicht der Gruppe der wissenschaftlichen Mitarbeiter zugeordnet werden (oben Rn.108). Lehrer ohne Habilitation oder ähnliche Leistungen können schlechter behandelt werden (BVerfGE 88, 129/139 f; BVerwG, NVwZ 88, 827). Ein Privatdozent kann von Hochschulwahlen ausgeschlossen sein (BVerwG, NVwZ 88, 826); zur Lehrverpflichtung von Privatdozenten Rn.45 zu Art.12. Hinsichtlich der Entscheidung über die Zulassung als Privatdozent besteht ein Anspruch auf ermessensfehlerfreie Entscheidung (BVerwGE 91, 24/36 f). Zu den herkömmlichen Grundsätzen des Berufsbeamtentums für Hochschullehrer Rn.52 zu Art.33.

111   **c) Private Einrichtungen als Betroffene.** Die Beschränkung der Begriffe „Hochschule" oder „Universität" auf Einrichtungen, die entsprechende qualitative Anforderungen wie staatliche Hochschulen erfüllen, ist zulässig (BVerwG, NVwZ-RR 95, 145 f). Vgl. außerdem oben Rn.103.

Art.6 [Ehe und Familie]

(1) **Ehe[2 f] und Familie[4] stehen unter dem besonderen Schutze der staatlichen Ordnung[7 ff].**

(2) **Pflege und Erziehung der Kinder[32 f] sind das natürliche Recht der Eltern[34 ff] und die zuvörderst ihnen obliegende Pflicht[31]. Über ihre Betätigung wacht die staatliche Gemeinschaft[40].**

(3) **Gegen den Willen der Erziehungsberechtigten dürfen Kinder nur auf Grund eines Gesetzes von der Familie getrennt werden, wenn die Erziehungsberechtigten versagen oder wenn die Kinder aus anderen Gründen zu verwahrlosen drohen[41].**

(4) **Jede Mutter[44] hat Anspruch auf den Schutz und die Fürsorge der Gemeinschaft[45 ff].**

(5) **Den unehelichen Kindern[50] sind durch die Gesetzgebung die gleichen Bedingungen für ihre leibliche und seelische Entwicklung und ihre Stellung in der Gesellschaft zu schaffen wie den ehelichen Kindern[48 ff].**

Übersicht

Literatur I (Abs.1): *Burgi,* Schützt das GG die Ehe vor der Konkurrenz anderer Lebensgemeinschaften?, Staat 2000, 487; *Kingreen,* Das Grundrecht von Ehe und Familie (Art.6 I GG), Jura 1997, 401; *Geißler,* Der Schutz von Ehe und Familie in der ausländerrechtlichen Ausweisungsverfügung, ZAR 1996, 27; *Pechstein,* Familiengerechtigkeit als Gestaltungsgebot für die staatliche Ordnung, 1995; *Wendt,* Familienbesteuerung und GG, FS Tipke, 1995, 47; *Salgo,* Unerledigte „Aufträge" des BVerfG an den Gesetzgeber auf dem Gebiet des Familienrechts, KritV 1994, 262; *Steiner,* Die Ehe im Verwaltungsrecht, FamRZ 1994, 1189; *Meissner,* Familienschutz im Ausländerrecht, Jura 1993, 1, 113; *Zimmermann,* Der Grundsatz der Familieneinheit im Asylrecht der BRD und der Schweiz, 1991; *Suhr,* Transferrechtliche Ausbeutung und verfassungsrechtlicher Schutz von Familien, Müttern und Kindern, Staat 1990, 69; *Lecheler,* Schutz von Ehe und Familie, HbStR VI, 1989, 211; *V. Schmid,* Die Familie in Art.6 des GG, 1989; *Loschelder,* Staatlicher Schutz für Ehe und Familie, FamRZ 1988, 333; *Kirchhof/Krause/Mikat,* Der Schutz von Ehe und Familie, 1987; *F. Klein,* Ehe und Familie im Steuerrecht als verfassungsrechtliches Problem, FS Zeidler, 1987, S. 775; *v. Campenhausen/Steiger,* Verfassungsgarantie und sozialer Wandel. Das Beispiel von Ehe und Familie, VVDStRL 45 (1987), 7, 55; *Friauf,* Verfassungsgarantie und sozialer Wandel – Das Beispiel von Ehe und Familie, NJW 1986, 2595; *Gusy,* Der Grundrechtsschutz von Ehe und Familie, JA 1986, 183; *Zippelius,* Verfassungsgarantie und sozialer Wandel. Das Beispiel von Ehe und Familie, DÖV 1986, 805; *Zuleeg,* Verfassungsgarantie und sozialer Wandel – das Beispiel von Ehe und Familie, NVwZ 1986, 800; *Häberle,* Verfassungsschutz der Familie – Familienpolitik im Verfassungsstaat, 1984. – **Literatur II (Abs.2, 3):** *Jestaedt,* Staatliche Rollen in der Eltern-Kind-Beziehung, DVBl 1997, 693; *Coester,* Elternautonomie und Staatsverantwortung bei der Pflege und Erziehung von Kindern, FamRZ 1996, 1181; *Jeand'Heur,* Verfassungsrechtliche Schutzgebote zum Wohl des Kindes und staatliche Interventionspflichten aus der Garantienorm des Art.6 Abs.2 S. 2 GG, 1993; *D. Reuter,* Elterliche Sorge und Verfassungsrecht, AcP 1992, 108; *Zacher,* Elternrecht, HbStR VI, 1989, 265; *Erichsen,* Elternrecht – Kindeswohl – Staatsgewalt, 1985; *Jach,* Elternrecht, staatlicher Schulerziehungsauftrag und Entfaltungsfreiheit des Kindes, KJ 1984, 85; *Kohl,* Schule und Eltern in der Rspr. des BVerfG, FS Faller, 1984, S. 200; *Schmitt-Kammler,* Elternrecht und schulisches Erziehungsrecht nach dem GG, 1983; *Fehnemann,* Zur näheren Bestimmung des grundgesetzlichen Elternrechts, DÖV 1982, 353; *Ossenbühl,* Das elterliche Erziehungsrecht im Sinne des GG, 1981; *Böckenförde,* Elternrecht – Recht des Kindes – Recht des Staates, Essener Gespräche zum Thema Staat und Kirche 1980, 54. –

Literatur III (Abs.4): *Schleicher,* Mutterschutz und GG, BB 1985, 340. – **Literatur IV (Abs.5):** *Kingreen,* Die verfassungsrechtliche Stellung der nichtehelichen Familie, NVwZ 1999, 852; *E. Schumann,* Das Nichtehelichenrecht, JuS 1996, 506; *Schwenzer,* Die Rechtsstellung des nichtehelichen Kindes, FamRZ 1992, 121; *A. Roth,* Die aktuelle Bedeutung des Art.6 V GG für das Recht des nichtehelichen Kindes, FamRZ 1991, 139.

I. Schutz von Ehe und Familie (Abs.1)

1. Bedeutung und Abgrenzung zu anderen Vorschriften

Die Vorschrift ist sowohl ein Grundrecht als auch eine Instituts- **1** garantie und eine wertentscheidende Grundsatznorm (BVerfGE 62, 323/329; 80, 81/92 f; EuGRZ 01, 182). Dabei erreicht allerdings die wertentscheidende Grundsatznorm „nicht das Maß an Verbindlichkeit, das der Institutsgarantie oder dem Freiheitsrecht eigen ist" (BVerfGE 80, 81/93). Abs.1 verstärkt die Entfaltungsfreiheit des Art.2 Abs.1 im privaten Lebensbereich (BVerfGE 42, 234/236; 57, 170/178) und erfasst Ehe und Familie „als einen geschlossenen, gegen den Staat abgeschirmten und die Vielfalt rechtsstaatlicher Freiheit stützenden Autonomie- und Lebensbereich" (BVerwGE 91, 130/134). Ehe und Familie haben gleichermaßen Teil am besonderen Schutz der staatlichen Ordnung (Robbers MKS 18). Für das Verhältnis zwischen Eltern und Kindern innerhalb der Familie sind Abs.2, 3 leges speciales gegenüber Abs.1 (BVerfGE 31, 194/204). Zum Verhältnis zum Gleichheitssatz unten Rn.11.

2. Schutzbereich

a) Ehe. Dem **Ehebegriff** der Verfassung liegt das Bild der „ver- **2** weltlichten" bürgerlich-rechtlichen Ehe zugrunde, die in den rechtlich vorgesehenen Formen geschlossen wird (BVerfGE 31, 58/82 f; 53, 224/245). Damit bleiben die nichteheliche oder eheähnliche Lebensgemeinschaft aus dem Schutzbereich von Abs.1 ausgespart (vgl. auch BVerfGE 9, 20/34 f; 36, 146/165; BVerfG-K, NJW 99, 1622; BSG, NJW 93, 1160); sie fallen unter Art.2 Abs.1 (Rn.8 zu Art.2). Auch gleichgeschlechtliche Verbindungen sind aus dem Ehebegriff ausgeschlossen (BVerfG-K, NJW 93, 3058; BVerwGE 100, 287/294; DVBl 01, 224; Coester-Waltjen MüK 9; Pauly, NJW 97, 1955). Die bürgerlich-rechtliche Ehe ist die Einehe (BVerfGE 29, 166/176; 62, 323/330); Mehrehen können aber unter dem Gesichtspunkt des Schutzes der Familie unter Abs.1 fallen (BVerwGE 71, 228/231 f; weitergehend Robbers MKS 42). Der zweiten Ehefrau darf eine Hinterbliebenenrente eingeräumt (BSGE 51, 40/43), und es dürfen vermögensrechtliche Wirkungen an die Zweitehe geknüpft werden (BFHE 146, 39/41 f). Unbeachtlich ist, ob es sich um die zweite, dritte usw. Ehe eines der Partner handelt (BVerfGE 55, 114/128 f; 68, 256/267 f). Unter den Ehebegriff fallen auch die hinkende Ehe (BVerfGE 62, 323/331) und die Namens- oder Scheinehe (Richter AK 15; Pieroth/Schlink 638 f; vgl. auch BVerfGE 67, 245/251; a. A. BVerwGE 65, 174/179 ff; Coester-Waltjen MüK 6), nicht aber die Ehe „nach Sinti-Art" (BVerfG-K, NJW 93, 3316 f).

3   Das **geschützte Verhalten** reicht von der Eheschließung (BVerfGE 29, 166/175; 36, 146/162) über das eheliche Zusammenleben, einschl. der Entscheidung der Eltern, wann und wieviele Kinder sie haben wollen (Robbers MKS 92; Schmitt-Kammler SA 26; Richter AK 31), bis zur Ehescheidung (BVerfGE 31, 58/82 f; 53, 224/250) und teilw. noch darüber hinaus: Das eheliche Pflichtenverhältnis wird durch die Trennung und Scheidung der Ehe zwar verändert, aber nicht beendet; auch die Folgewirkungen einer geschiedenen Ehe, zu denen die Unterhaltsregelung gehört, sollen durch Abs.1 geschützt werden (BVerfGE 53, 257/297; 66, 84/93; a. A. Richter AK 38). Ähnliches gilt für den Fall, dass die eheliche Gemeinschaft durch den Tod aufgelöst wird (BVerfGE 62, 323/329 f). Frei ist die Wahl des Ehepartners und des Zeitpunkts der Eheschließung, frei sind die Ehepartner bei der Entscheidung, ob sie einen gemeinsamen Ehe-/Familiennamen führen wollen oder nicht (vgl. BVerfGE 84, 9/23; krit. Schmitt-Kammler SA 29), bei der Bestimmung des Ehenamens (BVerfGE 48, 327/332), des Ehegüterrechts (Richter AK 31) und der finanziellen Beziehungen untereinander (BVerfGE 53, 257/296; vgl. Rn.37 zu Art.2), des gemeinsamen Wohnorts (BVerfGE 87, 234/260; BVerwGE 56, 246/250; 110, 99/105) und bei der Verteilung der Aufgaben in der Ehegemeinschaft (BVerfGE 21, 329/353; 68, 256/268; 87, 234/259). Hierbei haben die Eheleute die Ehevertragsfreiheit (BVerfGE 80, 81/92; NJW 01, 958). Schließlich wird die negative Eheschließungsfreiheit, d. h. die Entscheidung, keine Ehe einzugehen, geschützt (Robbers MKS 57; Kingreen, Jura 97, 402; dagegen stellt BVerfGE 56, 363/384 insoweit auf Art.2 Abs.1 ab).

4   **b) Familie.** Der **Familienbegriff** knüpft wie der Ehebegriff (oben Rn.2) an das bürgerlich-rechtliche Institut der Familie an (BVerfGE 6, 55/82). Familie ist „die umfassende Gemeinschaft zwischen Eltern und Kindern" (BVerfGE 10, 59/66; 80, 81/90), seien

diese ehelich oder nichtehelich (BVerfGE 45, 104/123; 79, 256/ 267; 92, 158/176 ff; BFHE 159, 150/155), aus homologer oder heterologer Insemination hervorgegangen (Robbers MKS 79), minder- oder volljährig (BVerfGE 57, 170/178), aus Ein- oder Mehrehe hervorgegangen (BVerwGE 71, 228/231 f), Adoptiv-, Stief- oder Pflegekinder (BVerfGE 68, 176/187; 79, 256/267; 80, 81/90; BSGE 71, 128/132). Die Familie auf die Kleinfamilie im Gegensatz zur Großfamilie zu beschränken (so BVerfGE 48, 327/339; Schmitt-Kammler SA 16; Maunz MD 16), besteht kein Grund (Coester-Waltjen MüK 11; Pieroth/Schlink 643; Robbers MKS 88). Auch das Zusammenleben von nur einem Elternteil mit einem, selbst nichtehelichen Kind ist von Abs.1 geschützt (BVerfGE 45, 104/123; 79, 203/211; a. A. Lecheler HbStR VI 232). Geschwister allein fallen nicht unter den Familienbegriff (BVerwG, NVwZ 94, 385; a. A. Coester-Waltjen MüK 11, Robbers MKS 88). Bloße Formfehler, z. B. bei der Begründung der Adoptiv- oder Pflegeelternschaft, können die Familieneigenschaft nicht ausschließen. Der Familienbegriff des einfachen Rechts darf hiervon abweichen (BVerwG, NJW 99, 2688 f).

Das **geschützte Verhalten** reicht von der Familiengründung bis 5 in alle Bereiche des familiären Zusammenlebens. Abs.1 „berechtigt die Familienmitglieder, ihre Gemeinschaft nach innen in familiärer Verantwortlichkeit und Rücksicht frei zu gestalten" (BVerfGE 80, 81/92). Dagegen sind „die Auswirkungen familiärer Freiheit nach außen, insb. auf das Berufsleben, das Schulwesen, die Eigentumsordnung und das öffentliche Gemeinschaftsleben" (BVerfGE 80, 81/92), nicht in gleicher Weise geschützt. Das BVerfG mißt dem Abs.1 abgestufte Schutzwirkungen zu, je nach dem ob es sich um eine Lebens- und Erziehungsgemeinschaft, Hausgemeinschaft oder bloße Begegnungsgemeinschaft handelt (BVerfGE 80, 81/90 f).

c) **Träger des Grundrechts** können nur natürliche Personen 6 sein (BVerfGE 13, 290/297 f), auch Ausländer und Staatenlose (BVerfGE 31, 58/67; 62, 323/329; 76, 1/41 ff; 80, 81/93). Für die Grundrechtsträgerschaft von Ehepartnern und Familienangehörigen kommt es nicht darauf an, an welchen Ehepartner oder welches Familienmitglied eine Maßnahme der öffentlichen Gewalt im Einzelfall adressiert ist (BVerfGE 76, 1/45).

3. Beeinträchtigung und Ausgestaltung

a) **Eingriffe** sind nach der st. Rspr. des BVerfG alle staatlichen 7 Maßnahmen, die Ehe und Familie schädigen, stören oder sonst beeinträchtigen (BVerfGE 6, 55/76; 55, 114/126 f; 81, 1/6). Das gilt sowohl im immateriell-persönlichen als auch im materiell-wirt-schaftlichen Bereich (BVerfGE 33, 236/238; 57, 361/387; 66, 84/94). Benachteiligungen, die nur in bestimmten Fällen als unbe-absichtigte Nebenfolge einer im Übrigen verfassungsgemäßen Re-gelung vorkommen, kann der Eingriffscharakter fehlen (BVerfGE 6, 55/77; 23, 74/84; BVerfG-K, NJW 92, 1093). Das gilt aber nicht bei wirtschaftlich einschneidenden Maßnahmen (BVerfGE 15, 328/335).

8   Umstritten ist der Eingriffscharakter der **Ausweisung von Aus-ländern,** die in der Bundesrepublik Deutschland verheiratet sind und/oder Kinder haben (Richter AK 29 ff). Die Rspr. sieht in der den ehelichen bzw. familiären Zusammenhalt zerreißenden Auswei-sung regelmäßig einen Eingriff in das Ehe- bzw. Familiengrundrecht sowohl des Ausgewiesenen selbst als auch seines Ehepartners bzw. seiner Familienangehörigen (unten Rn.27). Jedoch ist zu berück-sichtigen, dass Art.6 Abs.1 keinen Anspruch auf Aufenthalt oder Nachzug begründet (BVerfGE 76, 1/47 f; 80, 81/93; BVerwGE, 102, 12/19; 106, 13/17; vgl. auch Rn.7 zu Art.2). Daher müssen Ausländer sowie Deutsche, die Ehen mit Ausländern schließen, damit rechnen, dass das eheliche und familiäre Zusammenleben sich nicht stets in der Bundesrepublik Deutschland vollziehen kann; für minderjährige Kinder gilt, dass ihre Minderjährigkeit sie grds. das Schicksal ihrer Eltern teilen lässt. Ein Eingriff in das Ehe- und Familiengrundrecht kann erst dann vorliegen, wenn es dem Ehe-partner oder den Familienangehörigen nicht möglich oder nicht zumutbar ist, dem Ausländer ins Ausland zu folgen (BVerfG-K, NJW 94, 3155; Pieroth/Schlink 651). Entsprechendes gilt für den Nachzug von ausländischen Ehegatten und Familienangehörigen (unten Rn.29). Nähere Regelungen enthält das AusländerG. Zu Einzelfällen unten Rn.27–29.

9   **b) Verweigerung von Schutz.** Der Staat hat die Pflicht, **Ehe und Familie** vor Beeinträchtigungen durch andere Kräfte zu be-wahren und durch geeignete Maßnahmen zu fördern (BVerfGE 6, 55/76; 55, 114/126; 87, 1/35; BVerwGE 91, 130/133 f). Das be-trifft auch das Verfahren der Eheschließung (Robbers MKS 40). Dabei kann der Gesetzgeber im Rahmen seiner Gestaltungsfreiheit aber grds. selbst bestimmen, auf welche Weise er den ihm aufgetra-genen besonderen Schutz der Ehe und Familie verwirklichen will (BVerfGE 21, 1/6; 62, 323/333; 87, 1/36). Auch der Verwaltung ist ein Raum für sachgerechte Erwägungen eröffnet (BVerfGE 61, 18/27). Regelmäßig erwachsen daher aus Abs.1 noch keine konkre-

ten Ansprüche auf staatliche Leistungen (BVerfGE 39, 316/326; 87, 1/35 f; BVerwG, DVBl 99, 1444 f; BSGE 69, 95/99). Es besteht auch keine Pflicht zum Schutz von Ehe und Familie durch Strafnormen (Robbers MKS 10). Im Übrigen muss der Gesetzgeber auch nichtehelichen Lebensgemeinschaften nicht jedwede rechtliche Anerkennung oder finanzielle Förderung versagen (BVerfGE 82, 6/15; 84, 168/184; BGHZ 121, 116/126; v. Münch HbVerfR 299 ff).

Die Pflicht zur Förderung der **Familie** umfasst besonders den **10** wirtschaftlichen Zusammenhalt der Familie (BVerfGE 61, 18/25; 62, 323/332; 75, 382/392), insb. die Kinderbetreuung (BVerfGE 99, 216/234) einschl. der Vereinbarkeit von Familien- und Erwerbstätigkeit (BVerfGE 88, 203/260). Die staatliche Familienförderung durch finanzielle Leistungen steht aber „unter dem Vorbehalt des Möglichen im Sinne dessen, was der Einzelne vernünftigerweise von der Gesellschaft beanspruchen kann" (BVerfGE 87, 1/35; EuGRZ 01, 183). Der Staat ist daher nicht verpflichtet, jegliche die Familie treffende finanzielle Belastung auszugleichen (BVerfGE 23, 258/264; 55, 114/127; 75, 348/360; BSGE 73, 293/298 f). Es darf eine unterschiedliche Förderungsbedürftigkeit berücksichtigt werden (BVerfGE 17, 210/219 f; 43, 108/120 ff).

c) **Diskriminierung** von Ehe und/oder Familie. Art.6 Abs.1 ist **11** ein **spezielles Diskriminierungsverbot** (krit. Kingreen, Jura 97, 401): Es dürfen keine rechtlichen Nachteile gerade an Ehe und Familie geknüpft werden (BVerfGE 76, 1/72; 99, 216/232). Der Maßstab des Art.3 Abs.1 wird durch die besondere Wertentscheidung des Art.6 Abs.1 verschärft (BVerfGE 18, 257/269; 29, 71/79), außer der Schutzgedanke des allgemeinen Gleichheitssatzes hat gegenüber der zu prüfenden Norm die stärkere Affinität (BVerfGE 13, 290/296; 75, 348/357) oder es geht um zwei widerstreitende Rechtspositionen, die beide durch Art.6 Abs.1 geschützt werden (BVerfGE 66, 84/94). Auch dann werden z.T. die spezifischen Gehalte des Art.6 besonders berücksichtigt (BVerfGE 65, 104/112 f; 75, 382/393; EuGRZ 01, 184).

Vergleichspaare. Voraussetzung ist eine Ungleichbehandlung **12** von Ehegatten gegenüber Ledigen (BVerfGE 28, 324/347; 69, 188/205 f; 87, 234/259) oder gegenüber eheähnlichen Gemeinschaften (BVerfGE 67, 186/196; BVerwGE 72, 1/7 vgl. auch BGHZ 84, 36/40; BSGE 63, 120/129) bzw. von Familien(angehörigen) gegenüber Nichtfamilienmitgliedern (BVerfGE 28, 104/112) oder gegenüber Kinderlosen (BVerfGE, 82, 60/80; 87, 1/37). Der Benachteiligung steht eine entsprechende Begünstigung gleich

(BVerfGE 12, 151/167). Keinen Maßstab bietet Art.6 Abs.1 insoweit
für das Verhältnis zwischen verschiedenen Ehen (BVerfGE 9,
237/242 f; 45, 104/126; 47, 1/19), zwischen den beiden Ehegatten
(BVerfGE 12, 151/165; anders aber BVerfGE 67, 348/368 f; 80,
170/179), zwischen Erst- und Zweitehe (BVerfGE 66, 84/94 f),
zwischen Ehen einerseits und Familien andererseits (BVerfGE 11,
64/69) und zwischen Familien mit unterschiedlicher Kinderzahl
(vgl. BVerfG-K, NJW 97, 2445).

13   **d) Privatrechtliche Beeinträchtigung.** Im Privatrecht außerhalb des Ehe- und Familienrechts (unten Rn.14) wirkt Abs.1 nach
allgemeinen Grundsätzen (Vorb.15 f, 33 vor Art.1; Pirson BK 97 ff).
Eine letztwillige Verfügung kann bei einem schweren Eingriff in die
Eheschließungsfreiheit sittenwidrig und unwirksam sein (BVerfG-K,
NJW 00, 2496; BGHZ 140, 118/130 f). Die Eheschließung darf
ausnahmsweise Anlass für eine Kündigung des Arbeitsverhältnisses
sein, wenn ein entgegenstehendes verfassungsrechtlich geschütztes
Interesse des Arbeitgebers, z.B. das Selbstbestimmungsrecht der Religionsgesellschaften, überwiegt (Rn.40 zu Art.4; vgl. auch Robbers
MKS 26). Abs.1 gebietet nicht, die Rückforderung einer nicht
sittenwidrigen Zuwendung an den Partner einer nichtehelichen
Lebensgemeinschaft nach deren Scheitern wegen einer bestehenden
Ehe des Zuwendungsempfängers auszuschließen (BGHZ 112,
259/262) oder wohngeldrechtlich nichteheliche Lebensgemeinschaften mit Ehen gleichzustellen (BVerwG, NJW 95, 1569).

14   **e)** Die **Ausgestaltung** der Rechtsinstitute der Ehe und Familie
durch den Gesetzgeber ist bei Abs.1 notwendig vorausgesetzt. Insb.
bedarf es einer allgemeinen familienrechtlichen Regelung, welche
diejenige Lebensgemeinschaft zwischen Mann und Frau, die als Ehe
den Schutz der Verfassung genießt, rechtlich definiert und abgrenzt;
hierbei hat der Gesetzgeber einen erheblichen Gestaltungsraum
(BVerfGE 31, 58/69 f; 62, 323/330; 81, 1/7). Grenzen der Ausgestaltung ergeben sich daraus, dass auch gegenüber dem definieren-
den bürgerlichen Recht die Höherrangigkeit der Verfassung gewahrt
bleiben muss (BVerfGE 31, 58/69 f). Insoweit ist nach rechtfertigenden Gründen für eine ausgestaltende bzw. definierende Regelung zu
fragen.

4. Rechtfertigung von Beeinträchtigungen (Schranken)

15   Gegenüber **Eingriffen** ist Abs.1 vorbehaltlos gewährleistet (vgl.
auch BVerfGE 31, 58/68 f). Ehe- oder familienungünstige Regelungen und Maßnahmen können daher allenfalls durch kollidierendes

Verfassungsrecht gerechtfertigt werden, das durch Gesetz konkretisiert werden muss (Vorb.45–49 vor Art.1). Als Schranken-Schranke wirkt die Institutsgarantie des Abs.1; sie sichert „den Kern der das Familienrecht bildenden Vorschriften insb. des bürgerlichen Rechts gegen eine Aufhebung oder wesentliche Umgestaltung und schützt gegen staatliche Maßnahmen, die bestimmende Merkmale des Bildes von der Familie, das der Verfassung zugrunde liegt, beeinträchtigen" (BVerfGE 80, 81/92).

Diskriminierungen können durch „einleuchtende Sachgründe" **16** (BVerfGE 78, 128/130; 17, 210/217; 28, 324/347; BSGE 81, 294/301) bzw. besondere Rechtfertigungsgründe (BVerfGE 13, 290/299; vgl. auch BVerfGE 81, 1/7 f) gerechtfertigt werden. Eine steuerliche Schlechterstellung von Ehegatten ist insb. hinzunehmen, wenn die gesetzliche Regelung im ganzen sich für Ehegatten vorteilhaft oder „ehe-neutral" auswirkt (BVerfGE 32, 260/269; 75, 361/367); dabei gleicht das Steuersplitting für Ehegatten geringfügige Benachteiligungen aus (BSGE 72, 125/133 ff).

5. Einzelfälle

a) Ehe- und Familienrecht. Im **Eheschließungsrecht** sind **17** zulässige Ausgestaltungen die Eheverbote der Verwandten- und Doppelehe (Richter AK 17) und die Voraussetzung der Ehemündigkeit (Robbers MKS 53; Coester-Waltjen MüK 21). Verfassungswidrig sind dagegen die Eheverbote der Geschlechtsgemeinschaft (BVerfGE 36, 146/163 ff), der Schwägerschaft (Richter AK 17; a. A. BVerwGE 10, 340/343) und der Wartezeit (Richter AK 17). Die Eheschließungsfreiheit darf auch nicht nach nationalen Merkmalen, Unterschieden des Standes, der Religion oder der Besitzverhältnisse beschränkt werden (Robbers MKS 51). Verfassungswidrig wäre das Verbot der Eheschließung während der Strafhaft (Pirson BK 39; Coester-Waltjen MüK 11). Die Befreiung von der Beibringung eines Ehefähigkeitszeugnisses darf auch nicht unter Hinweis auf ein ausländisches Eheschließungsrecht verweigert werden (BVerfGE 31, 58/82 f). Der Staat muss keine Fürsorge für die richtige Partnerwahl treffen (BVerfGE 31, 58/84); er darf aber die Mitwirkung des Standesbeamten bei der Eheschließung anordnen (BVerfGE 29, 166/176).

Auf das eheliche und familiäre **Zusammenleben** darf der Staat **18** nicht mit einer verfassungswidrigen Zwecksetzung, z. B. die Ehefrau ins Haus zurückzuführen (BVerfGE 21, 329/353) oder umgekehrt (Robbers MKS 75), einwirken. Der Ehevertragsfreiheit (oben Rn.3) sind aber dort Grenzen zu setzen, wo der Vertrag nicht Ausdruck und Ergebnis gleichberechtigter Lebenspartnerschaft ist (BVerfG, NJW 01, 958). Zölibatsklauseln sind verfassungswidrig (Coester-Waltjen MüK 24; Pieroth/Schlink 654; Robbers MKS 52; a.A. Schmitt-Kammler SA 24; vgl. auch BVerwGE 14, 21/27). Die eheliche Schlüsselgewalt ist verfassungsgemäß (BVerfGE 81, 1/7). Ein einheitlicher Familienname muss von Verfassungs wegen nicht eingeführt werden (BVerfGE 78, 38/49); aber verfassungswidrig war die Regelung, dass der Name des Mannes automatisch Ehename wurde, wenn keine Einigung über den Ehenamen zustandekam (BVerfGE 84, 9/19). Die Anfechtung der Ehelichkeit eines Kindes durch den Mann darf zeitlich beschränkt werden (BVerfGE 38, 241/254 f). Familienangehörige müssen bei der Auswahl von Pflegern und Vormündern bevorzugt bestellt werden (BVerfGE 33, 236/238). Außerdem besteht die Pflicht, für Besuche von Ehegatten und Kindern von Untersuchungsgefangenen Besuchsgelegenheiten in dem Umfang zu schaffen, der ohne Beeinträchtigung der Ordnung der Anstalt möglich ist (BVerfG-K, NJW 95, 1479 f; BVerfGE 42, 95/101 f). Der Einsatz einer Trennscheibe bei Ehegattenbesuchen von Strafgefangenen ist nur unter engen Voraussetzungen zulässig (BVerfGE 89, 315/323 f; BVerfG-K, NJW 94, 1401). Die Kontrolle von Briefen zwischen Eltern und (auch erwachsenen) Kindern muss den Schutz der Familienbeziehung angemessen wahren (BVerfGE 57, 170/179).

19   Im **Ehescheidungsrecht** sind das Zerrüttungsprinzip (BVerfGE 53, 224/245 ff) und der Versorgungsausgleich zwischen geschiedenen Ehegatten (BVerfGE 53, 257/288 ff; 89, 48/62 ff) verfassungsgemäß. Art.6 Abs.1 gebietet aber, eine Scheidung zur Unzeit zu verhindern und dem nicht scheidungsberechtigten Ehegatten eine Umstellung auf die veränderte Lage zu erleichtern (BVerfGE 55, 134/141 f). Verfassungswidrig waren das Fehlen einer Härteklausel nach 5-jährigem Getrenntleben der Ehegatten (BVerfGE 55, 134/141 ff) und die ausnahmslose Verpflichtung zum Ehegattenunterhalt im Fall der Kinderbetreuung (BVerfGE 57, 361/388; 80, 286/294 ff). Zulässig sind aber persönliche Verkehrsregelungen bezüglich eines Kindes aus einer geschiedenen Ehe, auch wenn sich dies faktisch auf die durch eine neue Heirat begründete Familienbeziehung auswirkt (BVerfGE 31, 194/204).

20   **b) Sozialrecht.** In der **Sozialversicherung** sind Heiratsklauseln verfassungswidrig, soweit sie den Anspruch auf Waisenrente für in der Ausbildung stehende Waisen auch dann ausschließen, wenn deren Ehegatte zur Unterhaltsleistung außerstande ist (BVerfGE 28, 324/347 ff). Nicht zu beanstanden ist dagegen eine Regelung bei der Angestelltenversicherung, die die Waisenrente für behinderte Kinder gerade unabhängig vom Familienstand ab einem bestimmten Alter ausschließt (BVerfGE 40, 121/131). Bei Hinterbliebenenrente und Kinderzuschuss kann an das Verhältnis der früheren Unterhaltsleistungen der Ehegatten angeknüpft werden (BVerfGE 17, 1/10 f). Ebenso verfassungsgemäß ist die Beschränkung des Anspruchs auf eine abgeleitete Rente auf 60% der Versichertenrente für einen hinterbliebenen Ehegatten eines in der Rentenversicherung Versicherten (BVerfGE 48, 346/366 f). Ein Anspruch des Unterhaltsleistenden auf finanzielle Entlastung besteht nicht (BVerfGE 28, 104/113; 43, 108/121). Eine verfassungswidrige Diskriminierung der Ehe liegt vor, wenn die bei ihrem Ehegatten beschäftigten Arbeitnehmer von der Rentenversicherung der Angestellten ausgeschlossen werden (BVerfGE 18, 257/269 ff) oder einer anderen Beitragsberechnung unterliegen (BSGE 75, 45/48). Die Benachteiligung von kindererziehenden Familienmitgliedern gegenüber Kinderlosen in der Alterssicherung ist vom Gesetzgeber in weiterem Umfang als bisher schrittweise abzubauen (BVerfGE 87, 1/39) und bei der Pflegeversicherung verfassungswidrig (BVerfG, EuGRZ 01, 184 ff).

Im Recht der **Arbeitslosenhilfe** hat der Staat die Pflicht, den **21** Eheleuten bei der Einkommensanrechnung im Bereich der Arbeitslosenhilfe das Existenzminimum zu belassen (BVerfGE 87, 234/259). Nicht zu beanstanden ist aber eine für den Bezug von Arbeitslosenhilfe geltende Bedürftigkeitsregelung, die für den unterhaltspflichtigen Ehegatten des Arbeitslosen nur einen Freibetrag in bestimmter Höhe vorsieht (BVerfGE 75, 382/392). Eheleute, die in einem gemeinsamen Haushalt lebten, wurden gegenüber eheähnlichen Gemeinschaften dadurch unzulässig benachteiligt, dass den Eheleuten, auch wenn beide anspruchsberechtigt waren, nur *ein* Anspruch auf Arbeitslosenhilfe zustand (BVerfGE 67, 186/195 ff). Dadurch, dass bei der Bedürftigkeitsprüfung für die Bemessung der Arbeitslosenhilfe der Selbstbehalt des vom Arbeitslosen nicht dauernd getrennt lebenden und erwerbstätigen Ehegatten ohne Berücksichtigung des Lebensstandardprinzips berechnet wurde, wurden nicht dauernd getrennt lebende und erwerbstätige Ehegatten in drei Hinsichten unzulässig benachteiligt: gegenüber Ehepaaren, von denen nur ein Teil erwerbstätig war, gegenüber Alleinstehenden und gegenüber dauernd getrennt lebenden Ehegatten (BVerfGE 87, 234/255 ff).

22   Im **sonstigen Sozialrecht** mindert eine bestehende Ehe zulässigerweise die *sozialhilferechtliche* Bedürftigkeit (BVerfGE 75, 382/395).
Das *Mutterschaftsgeld* darf auf den Erziehungsgeldanspruch des Vaters,
der mit der Mutter in Haushaltsgemeinschaft lebt, angerechnet werden (BSGE 69, 95/99 f). Aus Art. 6 Abs. 1 lässt sich auch kein Anspruch auf *Kindergeld* für Kinder ableiten, die nicht in Deutschland
wohnen. Verfassungswidrig sind aber auch hier Heiratsklauseln als
Anspruchsausschluss für den Bezug von Kindergeld, wenn der Ehegatte zur Unterhaltsleistung außerstande ist (BVerfGE 29, 71/78 ff;
vgl. aber auch BVerfG-K, NJW 92, 2012; BSGE 74, 131/134 ff).
Bei einer Kürzung des Kindergeldes für Besserverdienende dürfen
Familien mit unterhaltsbedürftigen Kindern nicht gegenüber sonstigen Familien, gegenüber kinderlosen Ehepaaren und gegenüber
kinderlosen Alleinstehenden diskriminiert werden (BVerfGE 82,
60/78 ff). Bei der *Ausbildungsförderung* dürfen Unterhaltsleistungen
für das Kind eines Darlehensnehmers nicht als Einkommen des
Darlehensnehmers berücksichtigt werden (BVerwG, NJW 96, 944);
das familiäre Zusammenleben stellt einen wichtigen Grund für einen
Fachrichtungswechsel dar (BVerwG, NJW 00, 682). Beim *Lastenausgleich* wurden Ehegatten gegenüber Alleinstehenden wie folgt
benachteiligt: Die Vermögen der Ehegatten wurden bei der Prüfung
des für den Erlass der Vermögensabgabe erforderlichen Vermögens-
verfalls zusammengerechnet (BVerfGE 12, 180/190 ff); die von
Grundstückseigentümern zu zahlende Hypothekengewinnabgabe
fiel nur bei Identität zwischen persönlichem Schuldner und Eigentümer des Sicherungsobjekts an, abweichend von diesem Grundsatz
aber auch dann, wenn persönlicher Schuldner und Eigentümer verheiratet waren (BVerfGE 15, 328/332 ff). Auch bei der *Kriegsopfer-
versorgung* sind Heiratsklauseln als Anspruchsausschluss für den Bezug
von Kindergeld verfassungswidrig, wenn der Ehegatte zur Unterhaltsleistung außerstande ist (BVerfGE 29, 57/65 ff).

23   **c) Abgabenrecht. Allgemein** gebietet Art. 6 Abs. 1 einen angemessenen Familienlastenausgleich und die Steuerfreiheit des Existenzminimums aller Familienmitglieder (BVerfGE 82, 60/85; 87,
153/169; 99, 216/233; 99, 246/259 f; BFHE 168, 174/179; 180,
551/554; vgl. Rn. 47 zu Art. 3). Beim Kinderlastenausgleich müssen
die je nach der sozialen Stellung verschiedenen Aufwendungen für
den Unterhalt von Kindern nicht in vollem Umfang steuermindernd
berücksichtigt werden (BVerfGE 43, 108/121; 89, 346/354 f; Robbers MKS 106); insb. gehören Unterhaltsleistungen für die auswärtige Unterbringung studierender Kinder nicht zum Existenzmini-

mum (BVerfGE 87, 153/176; BFHE 183, 165/168 ff). Es ist auch nicht geboten, die Erstanschaffung der Wohnungseinrichtung durch jungverheiratete Paare als außergewöhnliche Belastung steuermindernd anzuerkennen (BVerfGE 21, 1/6; a. A. Richter AK 22). Zulässig sind steuerliche Vorschriften über die Bekämpfung von Steuerumgehung bei Ehegatten (BVerfGE 6, 55/83 f; 29, 104/117 f).

Bei der **Einkommensteuer** sind Eheleute gegenüber nichtver- **24** heirateten Personen durch die gemeinsame Veranlagung (BVerfGE 6, 55/76 ff) und dadurch benachteiligt worden, dass Pensionsrückstellungen des Arbeitgebers zugunsten eines bei ihm beschäftigten Ehegatten im Gegensatz zu Pensionszusagen zugunsten anderer Arbeitnehmer nicht bereits vor Eintritt des Versorgungsfalles einkommensteuermindernd berücksichtigt wurden (BVerfGE 29, 104/115 ff). Ehegatten sind gegenüber Ledigen diskriminiert worden, weil ernsthaften Arbeitsverträgen zwischen Ehegatten oder zwischen einer Personengesellschaft und dem Ehegatten eines Gesellschafters über die Mitarbeit des nichtbeteiligten Ehegatten im Gewerbebetrieb die steuerrechtliche Anerkennung versagt worden ist (BVerfGE 13, 318/325 ff). Die Familie ist durch die gemeinsame Veranlagung von Eltern mit den im gemeinsamen Haushalt lebenden Kindern benachteiligt worden (BVerfGE 18, 97/106 ff). Umgekehrt sind Alleinstehende mit Kindern gegenüber Ehepaaren mit Kindern im Hinblick auf den zusätzlich erforderlichen Betreuungsaufwand von berufstätigen Alleinstehenden mit Kindern diskriminiert worden; allerdings muss das Ehegattensplitting nicht für Alleinstehende mit Kindern eingeführt werden (BVerfGE 61, 319/342 ff; 68, 143/152 ff) und muss der Betreuungsbedarf unabhängig davon, wie er gedeckt wird, einkommensteuerlich unbelastet bleiben (BVerfGE 99, 216/234).

Im Bereich der **Verkehrsteuern** hat bei der *Grunderwerbsteuer* **25** eine Diskriminierung von Ehe und Familie dadurch stattgefunden, dass die Pflicht zur Zahlung der Grunderwerbsteuer außer beim Wechsel des Eigentums an einem Grundstück oder bei der Vereinigung aller Gesellschaftsanteile mit Grundstückseigentum in der Hand eines Erwerbers auch dann angenommen wurde, wenn sich die Gesellschaftsanteile mit Grundstückseigentum in der Hand des Erwerbers und seines Ehegatten oder seiner Kinder vereinigen (BVerfGE 16, 203/208 ff). Bei der *Kapitalverkehrsteuer* lag eine Benachteiligung der Ehe darin, dass die Kapitalverkehrsteuer außer bei Darlehen der Gesellschafter an die Gesellschaft auch bei Darlehen des Ehegatten des Gesellschafters an die Gesellschaft anfiel, nicht aber bei Darlehen anderer Dritter, auch wenn sie noch so eng mit dem Gesellschafter verbunden waren (BVerfGE 26, 321/324 ff).

26   **Sonstige Abgaben.** Bei der *Gewerbesteuer* ist die Ehe bezüglich Ehegatten-Arbeitsverhältnissen wie bei der Einkommensteuer (oben Rn.24) diskriminiert worden (BVerfGE 13, 290/299 ff; BFHE 176, 130/137); ferner dadurch, dass die Voraussetzungen für die Annahme einer sog. Betriebsaufspaltung schon wegen der ehelichen Verbindung der Beteiligten als erfüllt angesehen und deshalb die Besitzunternehmen als selbständige, der Gewerbesteuer unterworfene Gewerbebetriebe behandelt worden sind (BVerfGE 69, 188/205 ff). Bei der *Kurabgabe* werden dagegen Eheleute gegenüber einer nichtehelichen Lebensgemeinschaft nicht dadurch diskriminiert, dass die die Abgabepflicht auslösende Aufenthaltsvermutung auch für den Ehegatten des Eigentümers einer Wohnung in einem Kurgebiet, nicht aber für den Partner einer nichtehelichen Lebensgemeinschaft gilt (BVerfG-K, NVwZ 95, 370; BVerwG, Bh 401.63 Nr.6). *Erbschaftsteuer* darf auch beim Erwerb einer Hinterbliebenenversorgung erhoben werden (BVerfGE 79, 106/126). Der *Kirchensteuer*bescheid darf an den Ehepartner in einer glaubensverschiedenen Ehe ergehen (BFHE 138, 531/534). Bei der Bemessung des Kirchgelds in glaubensverschiedener Ehe sind nicht notwendig kinderbedingte Abzugsbeträge vorzusehen (BVerwG, Bh 401.70 Nr.23). Bei der *Kindergartengebühr* muss nicht das Existenzminimum freigestellt werden (BVerwG, NJW 00, 1130).

27   **d) Ausländerrecht. Allgemein** muss bei der Ausweisung und Abschiebung von Ausländern, die den ehelichen und/oder familiären Zusammenhang zerreißt (oben Rn.8), der Grundsatz der Verhältnismäßigkeit gewahrt und zwischen den widerstreitenden Rechtsgütern abgewogen werden (BVerwGE 56, 246/249 ff; 65, 174/179 f). Die Ausweisung von Ausländern, die in der Bundesrepublik Deutschland verheiratet sind und/oder Kinder haben, bedarf umso gewichtigerer Gründe, je verwurzelter die Ehe und/oder Familie in der Bundesrepublik Deutschland sind (BVerfGE 19, 394/396 ff; 35, 382/408; 37, 217/247; 51, 386/397 f; BVerwGE 81, 155/162 f; 102, 12/22). Die gleichen Maßstäbe gelten für die Erteilung und Verlängerung einer Aufenthaltserlaubnis (BVerfGE 80, 81/93; BVerwGE 71, 228/232 ff; 105, 35/40; NVwZ 98, 750). Bei Einbürgerungen ist außerdem das Prinzip der Einheit der Staatsangehörigkeit in der Familie zu beachten (BVerwGE 64, 7/11 f; 67, 177/183; 80, 249/254 ff; 84, 93/96 f) und stehen entwicklungspolitische Interessen des Staats dann regelmäßig nicht entgegen, wenn

sich die Lebensverhältnisse verfestigt haben (BVerwGE 77, 164/171 ff). Ein Anspruch auf Einbürgerung besteht jedenfalls dann nicht, wenn die bisherige Staatsangehörigkeit nicht aufgegeben wird, obwohl der Heimatstaat zur Entlassung aus dieser bereit ist (BVerfG-K, NJW 91, 634). Nach einer Scheidung kann nicht mehr der Eheschutz, wohl aber der Familienschutz greifen (BVerwGE 48, 299/303 f; DÖV 83, 424). Entsprechendes gilt bei dauerndem Getrenntleben (BVerwG, NVwZ 89, 759 f; InfAuslR 94, 252) und bei Scheinehen (BVerfGE 76, 1/58 ff; Robbers MKS 118).

Im Einzelnen darf ein Ausländer, dessen **Ehepartner** die deut- **28** sche Staatsangehörigkeit hat oder rechtmäßig im Bundesgebiet ansässiger Asylberechtigter ist (BVerwG, NVwZ 87, 331; 90, 377), nicht wegen Bagatelldelikten ausgewiesen werden; seine Aufenthaltsberechtigung darf nicht allein deshalb versagt werden, weil er einen behördlichen Erstattungsanspruch noch nicht erfüllt hat (BVerwG, NVwZ 87, 895) oder weil der Lebensunterhalt des Ehegatten nicht ohne Inanspruchnahme von Sozialhilfe bestritten werden kann (BVerwGE 42, 133/136; NVwZ 90, 377). Demgegenüber hat bei rein ausländischen Ehen der aufenthaltsrechtliche Schutz durch Art.6 Abs.1 ein geringeres Gewicht (BVerwG, DÖV 1991, 78); er soll erst bei „unverhältnismäßiger Härte" greifen (BVerwGE 102, 12/19). Der Ehegatte eines eine mehrjährige Freiheitsstrafe im Bundesgebiet verbüßenden ausreisepflichtigen Ausländers hat keinen Anspruch auf Erteilung einer Aufenthaltserlaubnis für die Dauer der Strafhaft (BVerwG, Bh 402.24 § 2 Nr.96). Art.6 Abs.1 gebietet nicht generell eine Befristung der Ausweisung (BVerwG, NVwZ 00, 1423).

Abs.1 gibt **Kindern** von Ausländern regelmäßig keinen Anspruch **29** auf Nachzug zu ihren in der Bundesrepublik Deutschland lebenden Eltern (BVerwGE 65, 188/193; DÖV 83, 204; NJW 83, 1278) oder Eltern von Ausländern zu ihren in der Bundesrepublik Deutschland lebenden Kindern (BVerwGE 66, 268/272; DÖV 83, 420; 90, 571) oder Familienmitgliedern zu ihren Angehörigen (BVerwG, NVwZ 98, 186). Ebensowenig hat ein erwachsener Ausländer normalerweise Anspruch auf dauernden Aufenthalt bei seinen Adoptiveltern (BVerfGE 80, 81/94 f; BVerwGE 69, 359/362) oder bei seinen Eltern, wenn er wegen einer oder mehrerer Straftaten verurteilt worden ist (BVerwGE 68, 101/105; DVBl 84, 97 f; NVwZ 97, 1122), oder bei den sorgeberechtigten Großeltern (BVerwG, DÖV 97, 835 f). Erfüllt die Familie hingegen die Voraussetzungen einer Beistandsgemeinschaft und kann dieser Beistand nur im Bundesgebiet unter zumutbaren Umständen geleistet werden, überwiegt der Familienschutz regelmäßig einwanderungspolitische Belange (BVerfG-K, NVwZ 96, 1099 f; 97, 479; BVerwGE 109, 305/311). Die Versagung des Aufenthalts soll aber bei bloßer Begegnungsgemeinschaft zulässig sein (BVerfG-K, NVwZ 90, 455 f; BVerwGE 106, 13/19; NVwZ 98, 747). Zulässig ist es auch, den Nachzug ausländischer Ehegatten zu Ausländern, die als Kinder oder Jugendliche in das Bundesgebiet eingereist oder hier geboren sind, von dem rechtsförmig verfestigten Aufenthalt in der Bundesrepublik (BVerfGE 76, 1/52 ff; BVerwG, NVwZ 98, 186), nicht aber von einer 3-jährigen Ehebestandszeit (BVerfGE 76, 1/57 ff; a. A. BVerwGE 70, 127/135 ff) abhängig zu machen.

30   **e) Sonstige Rechtsgebiete.** Im *Aussiedlerrecht* kann eine Trennung der Ehegatten im Aufnahmeverfahren eine unzumutbare Härte bedeuten (BVerwGE 110, 99/105; 110, 106/110). Im *Erbrecht* werden Ehegatten nicht dadurch diskriminiert, dass Drittschenkungen und Ehegattenschenkungen im Rahmen der Pflichtteilsergänzung unterschiedlich berücksichtigt werden (BVerfG-K, NJW 91, 217). Im *Konkursrecht* wurden Ehegatten von Gemeinschuldnern dadurch benachteiligt, dass sie bei der Aussonderung Gegenstände, die sie während der Ehe erworben hatten, nur in Anspruch nehmen konnten, wenn sie bewiesen, dass sie nicht mit Mitteln des Gemeinschuldners erworben worden waren (BVerfGE 24, 104/109 ff). Im *Maklerrecht* wurde die Ehe dadurch diskriminiert, dass die Maklerprovision ausnahmslos für den Fall ausgeschlossen wurde, dass der Makler mit dem Eigentümer, Verwalter oder Vermieter der vermittelten Wohnung verheiratet war (BVerfGE 76, 126/129 f; 78, 128/130 f; BVerwGE 100, 214/217 f). Im *Wehrrecht* soll die Versetzung eines Soldaten auch ohne besondere gesetzliche Grundlage zulässig sein (BVerwG, NVwZ 96, 474; krit. Schmidt-Bremme, NVwZ 96, 455). Die Wehrdienstbefreiung für sog. Dritt-Brüder muss nicht auf Pflegebrüder erstreckt werden (BVerwG, NVwZ-RR 00, 227 f).

II. Elternrecht (Abs.2, 3)

1. Bedeutung und Abgrenzung zu anderen Vorschriften

31   Das Elternrecht ist gem. Abs.2 S. 1 nicht nur ein Grundrecht und eine „Richtlinie" für die gesamte Rechtsordnung (BVerfGE 4, 52/57), sondern auch eine Pflicht der Eltern. Diese Pflichtbindung unterscheidet das Elternrecht von allen anderen Grundrechten

(BVerfGE 24, 119/143). Diese Pflicht ist nicht eine das Recht begrenzende Schranke, sondern ein wesensbestimmender Bestandteil des Elternrechts, das insoweit treffender als Elternverantwortung bezeichnet werden soll (BVerfGE 56, 363/382; 68, 176/190; NJW 01, 959 f). Darin kommt zum Ausdruck, dass das Elternrecht maßgeblich dem Wohl des Kindes dient und „wesentlich (d. h. nicht ausschließlich; vgl. Robbers MKS 189) ein Recht im Interesse des Kindes" ist (BVerfGE 72, 122/137; BVerfG-K, NJW 94, 1646), das auf Schutz und Hilfe angewiesen ist (BVerfGE 79, 51/63); insoweit wird vom Elternrecht als einem treuhänderischen Recht gesprochen (BVerfGE 59, 360/377; 64, 180/189) und ist es durch die Verpflichtung zur Rechtstreue begrenzt (BVerfGE 99, 145/156 f). Zum Kindeswohl vgl. auch Rn.37 zu Art.2. Gegenüber Art.6 Abs.2 ist Art.7 Abs.2 lex specialis (Rn.10 zu Art.7). Dagegen ergeben sich mit Art.7 Abs.1 Kollisionen (Rn.5 zu Art.7), die entweder als Schutzbereichsbegrenzung oder als Eingriffsrechtfertigung einzuordnen sind.

2. Schutzbereich

a) Umfang. Das Elternrecht umfasst die freie Entscheidung über 32 die Pflege, d. h. die Sorge für das körperliche Wohl, und die Erziehung, d. h. die Sorge für die seelische und geistige Entwicklung, die Bildung und Ausbildung der minderjährigen Kinder, insgesamt „die umfassende Verantwortung für die Lebens- und Entwicklungsbedingungen des Kindes" (Zacher HbStR VI 296). Es umfasst auch die Befugnis, die Lektüre der Kinder zu bestimmen (BVerfGE 7, 320/323 f; 83, 130/139 f), und die Entscheidung, in welchem Ausmaß und mit welcher Intensität die Eltern sich selbst der Pflege und Erziehung widmen (BSGE 68, 171/176 f; BAGE 81, 68/75) oder Dritten die Pflege und Erziehung teilw. überlassen (BVerfGE 99, 216/234; Richter AK 31). Grundrechtlich nicht geschützt ist dagegen die körperliche Züchtigung (a. A. Robbers MKS 154; vgl. auch BGH, JZ 88, 617). Die im Elternrecht wurzelnden Rechtsbefugnisse beginnen mit der Zeugung (Robbers MKS 155), nehmen mit fortschreitendem Alter des Kindes ab und erlöschen mit der Volljährigkeit des Kindes (BVerfGE 59, 360/382; 72, 122/137; a. A. Robbers MKS 161), können aber im rechtsgeschäftlichen Bereich noch – allerdings durch die Grundrechte des Kindes begrenzte – Nachwirkungen haben (Rn.55 zu Art.2). Das Elternrecht erstreckt sich auch auf die weltanschauliche Erziehung (BVerfGE 41, 29/47), wobei es mit der Religionsmündigkeit des Kindes (Rn.10 zu Art.7) nicht erlischt (BVerwGE 68, 16/18), und auf die Ausbildung in der Schule

(BVerfGE 34, 165/183; Pieroth, DVBl 94, 955), einschl. Privatschulen (BGH, NJW 83, 393), wobei es jedoch durch die staatliche Schulaufsicht beschränkt wird (Rn.6 zu Art.7).

33   **Grenzen** ergeben sich aus der Pflichtbindung (oben Rn.31). Die Pflicht der Eltern erstreckt sich auf den gleichen Bereich wie ihr Recht. Sie erlischt weder durch die Ehescheidung noch durch das Eingehen einer neuen Ehe, unabhängig von der Übertragung der elterlichen Sorge, woraus sich der Gleichrang der Unterhaltsansprüche aller minderjährigen unverheirateten Kinder ergibt (BVerfGE 68, 256/267 ff). Das Elternrecht gibt keinen Anspruch auf einen bestimmten Familiennamen für das Kind (BVerfG-K, NJW 91, 2822; vgl. aber auch BVerfGE 84, 9/23 f), auf kostenlosen Zugang zu einer privaten Schule (BVerwG, NVwZ 93, 692) oder auf Erstattung von Kosten der notwendigen Schülerbeförderung (BVerwG, DVBl 85, 1084).

34   **b) Träger des Grundrechts** sind die Eltern je für sich (BVerfGE 47, 46/76; 99, 145/164), einschl. der Adoptiveltern (BVerfGE 24, 119/150), nicht aber die Pflegeeltern (BVerfGE 79, 51/60; offengelassen BVerfG-K, NJW 94, 183; a. A. BSGE 68, 171/176). Das Grundrecht kann nicht durch Mehrheitsbildung ausgeübt werden (BVerfGE 47, 46/76). Berechtigt aus Abs.2 ist auch der nicht personensorgeberechtigte Elternteil (BVerwG, FamRZ 87, 808). Bei nichtehelichen Kindern steht das Grundrecht nicht nur der Mutter (BVerfGE 24, 119/135), sondern auch dem Vater zu (BVerfGE 92, 158/176; einschr. noch BVerfGE 84, 168/179). Bei heterologer Insemination und Leihmutterschaft gibt es mehr als zwei Elternteile (Robbers MKS 174 f). Die geschiedenen Eltern bleiben Träger des Grundrechts aus Abs.2 (BVerfGE 64, 180/188; 66, 84/96). Keine Grundrechtsträger sind Großeltern (BVerfGE 19, 323/329), Pfleger und Vormünder (BVerfGE 10, 302/328); das soll bei zu Vormündern bestellten Großeltern anders sein (BVerfGE 34, 165/200; krit. Jestaedt BK 89). Den Kindern erwächst aus dem Elternrecht ein Anspruch auf Pflege, Erziehung und Beaufsichtigung durch die Eltern (BVerfGE 68, 256/269; Zacher HbStR VI 291; a. A. Maunz MD 4), nicht aber gegenüber dem Staat auf Jugendschutz (so jedoch BGHSt 37, 55/63).

3. Beeinträchtigung und Ausgestaltung

35   **a) Eingriffe** sind sowohl staatliche Maßnahmen, die das Elternrecht im Verhältnis zum Kind beschränken als auch Beschränkungen im Verhältnis der Eltern untereinander. Eingriffe in das Elternrecht *im Verhältnis zum Kind* kommen v. a. im staatlichen Schulwesen vor (vgl. Rn.5 zu Art.7). *Im Verhältnis der Eltern untereinander* stellt die Übertragung des Sorgerechts an einen Elternteil einen Eingriff in das Elternrecht des anderen Elternteils dar (BVerfGE 61, 358/371 ff; 84, 168/179 ff; Pieroth/Schlink 648). Gleiches gilt für die Übertragung des Sorgerechts an einen Dritten (BVerfG-K, NJW 94, 1209) und für die Beschränkung des Umgangsrechts des Nichtsorgeberechtigten mit dem Kind (BVerfG-K, EuGRZ 93, 214). Die schwersten Eingriffe sind die Trennung des Kindes von seinen Eltern gegen deren Willen (BVerfGE 7, 320/323; 24, 119/142; 60, 79/91) und der Verlust der Elternstellung (BVerfGE 92, 158/179 f).

b) Ausgestaltung. Ebenso wie Abs.1 ist Abs.2 S. 1 auf die Ausgestaltung durch den Gesetzgeber angewiesen (BVerfGE 84, 168/180). Das bedeutet im Verhältnis der **Eltern untereinander**, dass ihre Rechtsstellung „unter Berücksichtigung der unterschiedlichen tatsächlichen Verhältnisse" differenziert ausgestaltet werden darf (BVerfGE 92, 158/178 f). Diesem Auftrag ist v. a. durch die familienrechtlichen Vorschriften zur elterlichen Sorge Rechnung getragen worden (Zacher HbStR VI 305). Das Verbot entwürdigender Erziehungsmaßnahmen in § 1631 Abs.2 BGB stellt daher keinen Eingriff in Abs.2 S. 1 dar, sondern enthält eine Definition der Begriffe „Pflege und Erziehung" (Pieroth/Schlink 648). **36**

Im **Verhältnis der Eltern zum Kind** entspricht es der besonderen, aus Recht und Pflicht zusammengesetzten Struktur des Abs.2 S. 1, dass mit abnehmender Pflege- und Erziehungsbedürftigkeit sowie zunehmender Selbstbestimmungsfähigkeit des Kindes (zur Grundrechtsmündigkeit Rn.11 f zu Art.19) die im Elternrecht wurzelnden Rechtsbefugnisse zurückgedrängt werden, bis sie schließlich mit der Volljährigkeit des Kindes erlöschen; abgestufte partielle Mündigkeitsregelungen, die an diesen Bezugspunkten ausgerichtet und sachlich begründet sind, stellen daher keine Eingriffe in das Elternrecht dar (BVerfGE 59, 360/382). Ebenso ist die Einschränkung der elterlichen Sorge im Falle der Heirat des minderjährigen Kindes (§ 1633 BGB) kein Eingriff, sondern nur eine Definition der zeitlichen und inhaltlichen Beschränktheit elterlicher Sorge und Erziehung. Bei Interessenkollisionen zwischen dem Kind und seinen Eltern kommt den Interessen des Kindes grds. der Vorrang zu (BVerfGE 75, 201/218; 79, 203/211; 99, 145/156). Das Kindeswohl verlangt ggf. im familiengerichtlichen Verfahren ebenso wie im Verfassungsbeschwerdeverfahren (Rn.49 zu Art.93) die Bestellung eines **37**

Pflegers (BVerfGE 99, 145/157) und die Anhörung des Kindes (BVerfGE 99, 145/163). Es ist auch durch das allgemeine Persönlichkeitsrecht geschützt (Rn.37 zu Art.2).

38   **Im Einzelnen** muss bei der Scheidung der Eltern eine am Kindeswohl ausgerichtete **Sorgeregelung** getroffen werden (BVerfGE 55, 171/179 ff; 61, 358/377; 64, 180/188). Das gilt auch für das Sorgerechtsverfahren (BVerfG-K, NJW 94, 1209). Allerdings darf das gemeinsame Sorgerecht geschiedener Ehegatten dann nicht ausgeschlossen werden, wenn sie willens und fähig sind, ihre Elternverantwortung zum Wohl des Kindes weiterhin zusammen zu tragen (BVerfGE 61, 358/374). Das gilt auch bei nichtehelichen Kindern, wenn die Eltern mit dem Kind zusammenleben, beide bereit und in der Lage sind, die elterliche Verantwortung gemeinsam zu übernehmen, und dies dem Kindeswohl entspricht (BVerfGE 84, 168/181; Richter AK 26; Pieroth/Schlink 659; anders noch BVerfGE 56, 363/385). Dem nichtsorgeberechtigten Elternteil muss grds. ein Umgangsrecht eingeräumt werden (BVerfGE 64, 180/188; BVerfG-K, NJW 95, 1343); dabei ist das Kindeswohl konkret zu ermitteln (BVerfG-K, EuGRZ 93, 214). Auch für das Herausgabeverlangen der Eltern gegenüber den Pflegeeltern muss das Kindeswohl bestimmend sein (BVerfGE 68, 176/187 f). Das Herausgabeverlangen ist idR nur begründet, wenn die Zusammenführung der Familie, nicht aber wenn ein Wechsel der Pflegeeltern bezweckt wird (BVerfGE 75, 201/220). Ein Kind darf aber von Pflege- zu Adoptiveltern übergeführt werden (BVerfGE 79, 51/64 f). Das Abweichen von einem fachpsychologischen Gutachten bedarf einer eingehenden Begründung und des Nachweises eigener Sachkunde des Gerichts (BVerfG-K, NJW 99, 3624).

39   Der **Unterhaltsanspruch** des bedürftigen Ehegatten dient zur Sicherung der Wahrnehmung seiner Elternverantwortung (BVerfGE 57, 361/383; 80, 286/295). Unterhaltsregelungen dürfen sich für die Entwicklung von Kindern nicht nachteilig auswirken (BVerfG-K, NJW 99, 3112). Bei der Ermittlung der Höhe des Unterhaltsanspruchs dürfen diejenigen Einkünfte des Unterhaltsverpflichteten nicht berücksichtigt werden, die gerade wegen der Betreuung des Kindes entfallen sind (BVerfG-K, NJW 96, 915). Die erhöhte Unterhaltspflicht der Eltern gegenüber ihren minderjährigen Kindern kann auch einen Wohnsitzwechsel verlangen, wenn der unterhaltspflichtige Elternteil nur auf diese Weise eine Arbeitsstelle finden kann (BGH, NJW 80, 2415). Unterhaltsvereinbarungen müssen die Interessen der Kinder wahren (BVerfG, NJW 01, 960).

4. Rechtfertigung von Beeinträchtigungen (Schranken)

a) Das **Wächteramt** der staatlichen Gemeinschaft (Abs.2 S. 2) **40**
rechtfertigt Beeinträchtigungen (Maunz MD 26 ff; Erichsen,
o. Lit. II, 48; a. A. Ossenbühl, o. Lit. II, 59 f, 76, 84). Dass von
dieser Ermächtigung nur durch oder auf Grund Gesetzes Gebrauch
gemacht werden darf, folgt aus dem Gesetzesvorbehalt (Rn.46 zu
Art.20). Der Gesetzesvorbehalt ist hier dadurch qualifiziert, dass das
Wächteramt nur zum Wohl des Kindes ausgeübt werden darf
(Pieroth/Schlink 652). Dazu gehört es aber nicht, gegen den Willen
der Eltern für eine den Fähigkeiten des Kindes bestmögliche Förderung zu sorgen (BVerfGE 60, 79/94). Das Wächteramt rechtfertigt
ein Verbot körperlicher Züchtigung (Coester-Waltjen MüK 65;
a. A. Robbers MKS 154). Es rechtfertigt aber nicht, die Stellung der
Vater entfallen zu lassen, wenn die Mutter oder ihr Ehemann das
nichteheliche Kind adoptieren (BVerfGE 92, 158/181 f). Auch hier
gilt der Grundsatz der Verhältnismäßigkeit: Der Staat muss nach
Möglichkeit zunächst versuchen, durch helfende, unterstützende,
auf Herstellung oder Wiederherstellung eines verantwortungs-
gerechten Verhaltens der natürlichen Eltern gerichtete Maßnahmen
sein Ziel zu erreichen (BVerfGE 24, 119/144 f). Erziehungsmaß-
regeln nach dem JGG dürfen auch noch gegenüber Heranwachsen-
den ergehen (BVerfGE 74, 102/125).

b) Die **Trennung des Kindes von der Familie** (Abs.3) ist kein **41**
eigenständiges Grundrecht (so aber Jestaedt BK 217), sondern eine
Schranken-Schranke (Pieroth/Schlink 660; vgl. auch BVerfGE 76,
1/48). Trennung meint Entfernung aus der häuslichen Gemeinschaft
mit den Eltern und ist nicht auf die Begründung einer Zwangs-
erziehung (**a. A.** BVerfGE 31, 194/210) oder eines staatlichen Erzie-
hungseinflusses (**a. A.** BVerfGE 76, 1/48) beschränkt. Sie ist nur
unter engen Voraussetzungen zulässig: Andere als die hier genannten Gründe des Versagens der Erziehungsberechtigten und der drohenden Verwahrlosung der Kinder sind nicht anzuerkennen (Jestaedt
BK 247; Pieroth/Schlink 662; a. A. Maunz MD 37; Robbers MKS
273). Der Entzug des Elternrechts kann nur durch Abs.3, nicht
durch Abs.2 S. 2 gerechtfertigt werden (BVerfGE 72, 122/137;
Pieroth/Schlink 661; Schmitt-Kammler SA 75; **a. A.** BVerfGE 24,
119/150 für die vormundschaftsgerichtliche Ersetzung der Einwilligung in die Adoption).

Im Einzelnen deckt Abs.3 die Regelung, nach der Kinder auch **42**
bei unverschuldetem Elternversagen von der Familie getrennt werden können, wenn einer Gefährdung des Kindeswohls nicht auf

andere Weise begegnet werden kann (BVerfGE 60, 79/88; vgl. auch BGHZ 133, 384/388). Keine Trennung ist eine Verkehrsregelung (BVerfGE 31, 194/210), eine Maßnahme der Aufenthaltsbehörde gegenüber Ausländern (BVerfGE 76, 1/48) oder eine Freiheitsentziehung gegenüber den Erziehungsbrechtigten (Robbers MKS 260). Abs.3 ist nicht nur im Augenblick der Trennung der Kinder von der Familie maßgeblich, sondern auch dann, wenn es um Entscheidungen über die Aufrechterhaltung dieses Zustands geht (BVerfGE 68, 176/187). Der Schutzgehalt des Abs.3 kann auch den Pflegeeltern (BVerfGE 79, 51/60) und anderen Erziehungsberechtigten, einschl. juristischer Personen (Coester-Waltjen MüK 101; Robbers MKS 257), zugute kommen.

III. Schutz- und Fürsorgeanspruch der Mutter (Abs.4)

1. Bedeutung und Abgrenzung zu anderen Vorschriften

43   Die Vorschrift enthält einen bindenden Auftrag an den Gesetzgeber, eine verfassungsrechtliche Wertentscheidung (BVerfGE 32, 273/277; 60, 68/74) und ein Grundrecht (BVerwGE 47, 23/27; Richter AK 23; Maunz MD 11, 41 Coester-Waltjen MüK 105). Sie soll die besonderen Belastungen im Zusammenhang mit der Schwangerschaft und Mutterschaft ausgleichen und hat Ausstrahlungswirkung ins Privatrecht (BVerfGE 52, 357/365), insb beschränkt er die Ehevertragsfreiheit (BVerfG, NJW 01, 958 f). Gegenüber dem Sozialstaatsprinzip ist Abs.4 lex specialis (BVerfGE 32, 273/279).

2. Schutzbereich

44   Abs.4 steht insb. werdenden Müttern zu (BVerfGE 55, 154/157 f; 88, 203/258; BVerfG-K, NJW 94, 786), einschl. der sog. Ersatz- oder Leihmutter (Coester-Waltjen MüK 104), erfasst aber nicht die ganze Lebenszeit einer Frau, die einmal Mutter geworden ist (BVerwGE 61, 79/84; offengelassen BVerfGE 47, 1/20; 94, 241/259; a. A. Robbers MKS 292), eine Mutterschaft durch Adoption (BSG, NJW 81, 2719; BAGE 43, 205/209; a. A. Robbers MKS 290) und auch nicht eigenständig das werdende Kind (BVerfGE 61, 18/27; a. A. Schmitt-Kammler SA 84). Dagegen können aus der Vorschrift keine besonderen Rechte für Sachverhalte hergeleitet werden, die nicht allein Mütter betreffen (BVerfGE 87, 1/42; 94, 241/259).

3. Beeinträchtigung

a) Eingriffe. Wie Abs.1 (oben Rn.11) wirkt Abs.4 insb. als Dis- **45**
kriminierungsverbot (BVerfGE 65, 104/113). Unzulässig ist es daher
z. B., in der Schwangerschaft einer Beamtenbewerberin einen Mangel der Eignung isd Art.33 Abs.2 zu erblicken (BVerfGE 44,
211/215) oder die während der Mutterschutzfrist fortzuzahlenden
Dienstbezüge eng zu interpretieren (BVerwGE 47, 23/29). Zulässig
soll es dagegen sein, die Mutterschutzzeit bei der Berechnung des
Besoldungsdienstalters nicht zu berücksichtigen (BVerwGE 61,
79/85; DVBl 84, 1217).

b) Verweigerung von Schutz und Fürsorge. Abs.4 enthält **46**
auch eine staatliche Verpflichtung zum Schutz der Mutter und
rechtfertigt abweichend von Art.3 Abs.2, 3 Ungleichbehandlungen
von Mann und Frau sowie wegen des Geschlechts, soweit sie an die
Mutterschaft anknüpfen (BSGE 56, 8/9 ff; Starck MaK 223 zu
Art.3; Coester-Waltjen MüK 108; Pieroth/Schlink 455), insb. den
Mutterschaftsurlaub (BAG, NJW 86, 743) und das Mutterschaftsgeld (BSGE 56, 8/9 ff; 69, 95/101). Vor allem gebietet Abs.4 einen
wirksamen arbeitsrechtlichen Kündigungsschutz (BVerfGE 84,
133/156; 85, 167/175; 85, 360/372; BAGE 84, 231/235). Es kann
gegen die Schutzpflicht verstoßen, von einer nicht baruntenhalts-
pflichtigen Kindesmutter eine Vorfinanzierung zu verlangen
(BVerfG-K, NJW 99, 3112). Darüber hinaus enthält die Vorschrift
aber keinen konkreten Maßstab, was im einzelnen Gegenstand der
Schutz- und Fürsorgepflicht der Gemeinschaft gegenüber der Mutter ist (BVerfG-K, NVwZ 97, 54 f; BVerwGE 91, 130/134). Die
Vorschrift legt auch nicht fest, dass jede mit der Mutterschaft
zusammenhängende wirtschaftliche (BVerfGE 60, 68/74; 75,
348/361; BVerfG-K, NJW 94, 786; BVerwGE 91, 130/134 f; BSGE
82, 41/49; vgl. auch BAGE 80, 248/255) oder zeitliche
(BVerwGE 79, 336/339) Belastung auszugleichen wäre. Sie gibt
keinen Anspruch auf Abschluss eines (Anschluss-)Arbeitsvertrags
(BAGE 69, 1/12).

4. Rechtfertigung von Beeinträchtigungen (Schranken)

Abs.4 enthält keinen Gesetzesvorbehalt. Die Rechtfertigung von **47**
Eingriffen ist daher nur auf der Basis von kollidierendem Verfassungsrecht (Vorb.45–49 vor Art.1) möglich (Robbers MKS 282).
Insb. können sich Kollisionen mit der Arbeitskampffreiheit der Arbeitgeber (Rn.24 zu Art.9) ergeben (BAGE 10, 111/115; 53,

205/213 ff), weil der Staat nicht verpflichtet ist, die Kosten des Mutterschutzes allein zu tragen (BVerfGE 37, 121/125 ff).

IV. Gleichbehandlung von unehelichen Kindern (Abs.5)

1. Bedeutung und Abgrenzung zu anderen Vorschriften

48 Die Vorschrift enthielt ursprünglich allein einen bindenden Auftrag an den Gesetzgeber, innerhalb einer angemessenen Frist dem Grundrecht entgegenstehendes Recht zu beseitigen, und verpflichtete Vewaltung und Gerichte im Rahmen des geltenden Rechts, den Auftrag umzusetzen (BVerfGE 8, 210/216). Die Frist ist zum Ende der 5. Legislaturperiode (20. 10. 1969) abgelaufen (BVerfGE 25, 157/188; Gröschner DR 113). Damit ist Art.6 Abs.5 in jeder Hinsicht direkt anwendbar; insb. muss entgegenstehendes Gesetzesrecht weichen (BVerfGE 25, 167/178 ff). Art.6 Abs.5 enthält ein Gleichheitsgrundrecht (Gröschner DR 117) und eine verfassungsrechtliche Wertentscheidung (BVerfGE 8, 210/216 f; 25, 167/173; Coester-Waltjen MüK 113), eine „Schutznorm zugunsten der nichtehelichen Kinder" (BVerfGE 84, 168/185 f; 85, 80/87). Abs. 5 ist lex specialis zum Sozialstaatsprinzip (BVerfGE 26, 44/61 f), zu Art.3 Abs.1 (BVerfGE 17, 148/153; 17, 280/286; 44, 1/18) und zum Merkmal der Abstammung in Art.3 Abs.3 S.1 (BVerfGE 26, 265/272; Sachs HbStR V 1036). Dagegen werden andere spezielle Gleichheitsgrundrechte für ihren jeweiligen Anwendungsbereich durch Abs.5 nicht verdrängt, etwa Art.3 Abs.2 im Verhältnis der unehelichen Mutter zum unehelichen Vater (BVerfGE 26, 265/272 f).

2. Schutzbereich (Anwendungsbereich)

49 **a) Ungleichbehandlung im Hinblick auf Unehelichkeit.** Der Schutzbereich des Art.6 Abs.5 (zum Begriff des Schutzbereichs und der Prüfungsreihenfolge Vorb.18 vor Art.1) ist bei einer **Ungleichbehandlung,** d. h. bei einer unterschiedlichen Behandlung zweier vergleichbarer Sachverhalte (dazu Rn.4 zu Art.3) in Abhängigkeit von der **Unehelichkeit** (unten Rn.50) betroffen. Erfasst werden nicht nur Ungleichbehandlungen, die unmittelbar an die Unehelichkeit anknüpfen (direkte Ungleichbehandlung); auch die Verwendung anderer Differenzierungskriterien dürfte erfasst sein, wenn sie iE in den meisten Fällen auf die Verwendung der Unehelichkeit hinauslaufen (Schmitt-Kammler SA 91; vgl. Rn.86 zu Art.3).

Unehelich isd Abs.5 ist eine Person, deren Eltern im Zeitpunkt 50 der Geburt nicht miteinander verheiratet sind (Coester-Waltjen MüK 116). Auf die weiteren Modifikationen im einfachen Recht kommt es verfassungsrechtlich nicht an, da eine Ungleichbehandlung isd Abs.5 auch dann vorliegt, wenn (nur) ein Teil der unehelich geborenen Personen anders als ehelich geborene behandelt wird (BVerfGE 17, 148/155; 84, 168/185). Einfachgesetzlich sprach man seit 1979 von Nichtehelichkeit; seit 1998 spricht man von Kindern nicht miteinander verheirateter Eltern.

b) Personaler Schutzbereich. Träger des Grundrechts ist jede 51 uneheliche (dazu oben Rn.50) Person, auch Nichtdeutsche (Coester-Waltjen MüK 115). Auf das Alter kommt es trotz des Worts „Kinder" nicht an (BVerfGE 44, 1/19 f; Robbers MKS 311). Kein Grundrechtsträger ist der nichteheliche Vater (BVerfGE 37, 121/127; 79, 203/209) und wohl auch nicht die nichteheliche Mutter. Beide können aber eine Verletzung des Art.6 Abs.5 im Rahmen anderer Grundrechte, insb. des Art.6 Abs.1 und des Art.3 Abs.1, geltend machen. Juristischen Personen steht das Grundrecht nicht zu (Robbers MKS 310).

3. Beeinträchtigung

a) Benachteiligung durch einen Träger öffentlicher Gewalt. 52 Das Grundrecht ist beeinträchtigt, wenn die Ungleichbehandlung in Abhängigkeit von der Nichtehelichkeit von der öffentlichen Gewalt (dazu Rn.22–30 zu Art.1) bewirkt wird (Robbers MKS 312) und dem Grundrechtsträger daraus ein Nachteil erwächst (vgl. BVerfGE 17, 148/153 f; 22, 163/172; 44, 1/18). Zum Nachteil gelten die Ausführungen in Rn.11 f zu Art.3; insb. genügt auch ein geringfügiger Nachteil. Vielfach wird allein schon die Ungleichbehandlung diskriminierend wirken und daher einen Nachteil darstellen. Eine relative Benachteiligung ehelich Geborener wird nicht erfasst. Die Benachteiligung kann auch mittelbar erfolgen, etwa durch die Benachteiligung der nichtehelichen Mutter (BVerfGE 36, 126/133; einschr. Kingreen, NVwZ 99, 854).

b) Verweigerung von Schutz und Leistung; privatrechtliche 53 **Beeinträchtigung.** Aus Abs.5 folgt eine allgemeine Pflicht des Staates, für die rechtliche und tatsächliche Gleichstellung unehelich geborener Personen sowie dafür zu sorgen, dass ein uneheliches Kind möglichst unter den gleichen Voraussetzungen wie ein eheliches aufwächst (BVerfGE 56, 363/395). Daher muss er das Aufwachsen eines unehelichen Kindes in einer Ersatzfamilie fördern (BVerfGE 22,

163/173), sofern dies im belegbaren Kindesinteresse liegt. Weiter muss er sozialen Diskriminierungen entgegentreten (Robbers MKS 316). Zur Erreichung des Ziels tatsächlich gleicher Bedingungen für eheliche und uneheliche Kinder kann sogar eine Differenzierung zugunsten unehelicher Kinder erforderlich sein (BVerfGE 85, 80/87). Im Übrigen muss bei der Realisierung dieses Ziels die gesamte Rechtsstellung des unehelichen Kindes in die Betrachtung einbezogen werden (BVerfGE 17, 280/284; 25, 167/196 f; 58, 377/390). Bei der Anwendung von Privatrecht ist die **Ausstrahlungswirkung** (dazu Vorb.15 f, 33 vor Art.1) zu beachten. Bei der Abwägung widerstreitender Grundrechte der Mutter und des Kindes kommt den Gerichten ein weiter Spielraum zu (BVerfGE 96, 56/63 ff).

4. Rechtfertigung

54   Art.6 Abs.5 weist keinen Gesetzesvorbehalt auf. Möglich ist aber eine Rechtfertigung durch kollidierendes Verfassungsrecht (Vorb.50 vor Art.1). Eine Ungleichbehandlung kann daher zulässig sein, „wenn eine förmliche Gleichstellung in ebenso geschützte Rechtspositionen dritter Eingriffe oder der besonderen sozialen Situation des nichtehelichen Kindes nicht gerecht würde" (BVerfGE 85, 80/88; 84, 168/185; 74, 33/39). Jedenfalls für direkte Ungleichbehandlungen (oben Rn.49) wird man eine gesetzliche Grundlage verlangen müssen (vgl. Rn.48 zu Art.20).

5. Einzelfälle

55   Im **Familienrecht** war der Ausschluss des gemeinsamen Sorgerechts nichtehelicher Eltern unzulässig (oben Rn.38), weiter die grundsätzliche Befristung des Unterhaltsanspruchs des unehelichen Kindes bis zum 18. Lebensjahr und die Nichtanerkennung einer Vaterschaft zwischen dem unehelichen Kind und seinem Vater (BVerfGE 25, 167/184; 74, 33/39), des Weiteren der Ausschluss eines unvorhergesehenen Sonderbedarfs beim Unterhaltsanspruch (BVerfGE 26, 206/213). Das nichteheliche Kind hat einen Anspruch auf ein Verfahren, in dem es seine Abstammung von einem bestimmten Mann mit Wirkung auch gegenüber Dritten klarstellen kann, selbst wenn ehelichen Kindern kein entsprechendes Verfahren zur Verfügung steht (BVerfGE 8, 210/215). Dagegen ergibt sich aus Art.6 Abs.5 kein Anspruch gegen die Mutter auf Benennung des Vaters (BVerfGE 96, 56/63, 65?). Unzulässig ist, wenn der Gesetzgeber für Unterhaltsansprüche ehelicher Kinder einen günstigeren Instanzenzug vorsieht (BVerfGE 85, 80/91 ff).

Im **Erbrecht** muss dem unehelichen Kind eine angemessene Be- **56**
teiligung am väterlichen Nachlass in Form eines Erbrechts oder eines
Geldanspruchs zuerkannt werden (BVerfGE 25, 167/174; 74,
33/38 f). Zulässig ist, dass sich die erbrechtlichen Verhältnisse eines
vor dem 1. 7. 1949 geborenen nichtehelichen Kindes zu seinem Vater
und zur väterlichen Familie weiter nach dem alten Recht richten
(BVerfGE 44, 1/24 ff). **Im Übrigen** schränkt Abs.5 etwa den Grundsatz der effektiven Staatsangehörigkeit ein (BVerwGE 68, 220/231).

Art.7 [Schulwesen]

(1) **Das gesamte Schulwesen steht unter der Aufsicht des Staates**[1 ff].

(2) **Die Erziehungsberechtigten haben das Recht, über die
Teilnahme des Kindes am Religionsunterricht**[7] **zu bestimmen**[10].

(3) **Der Religionsunterricht ist in den öffentlichen Schulen mit
Ausnahme der bekenntnisfreien Schulen ordentliches Lehrfach**[7].
Unbeschadet des staatlichen Aufsichtsrechtes[3 ff] **wird der Religi-
onsunterricht**[7] **in Übereinstimmung mit den Grundsätzen der
Religionsgemeinschaften erteilt**[8]. **Kein Lehrer darf gegen seinen
Willen verpflichtet werden, Religionsunterricht zu erteilen.** [9]

(4) **Das Recht zur Errichtung von privaten Schulen**[13] **wird
gewährleistet**[14 ff]. **Private Schulen als Ersatz**[16] **für öffentliche
Schulen bedürfen der Genehmigung des Staates und unterstehen
den Landesgesetzen**[21]. **Die Genehmigung ist zu erteilen, wenn
die privaten Schulen in ihren Lehrzielen und Einrichtungen sowie in der wissenschaftlichen Ausbildung ihrer Lehrkräfte nicht
hinter den öffentlichen Schulen zurückstehen und eine Sonderung der Schüler nach den Besitzverhältnissen der Eltern nicht
gefördert wird**[17]. **Die Genehmigung ist zu versagen, wenn die
wirtschaftliche und rechtliche Stellung der Lehrkräfte nicht
genügend gesichert ist**[17].

(5) **Eine private Volksschule ist nur zuzulassen, wenn die Unterrichtsverwaltung ein besonderes pädagogisches Interesse anerkennt oder, auf Antrag von Erziehungsberechtigten, wenn sie als
Gemeinschaftsschule, als Bekenntnis- oder Weltanschauungs-
schule errichtet werden soll und eine öffentliche Volksschule
dieser Art in der Gemeinde nicht besteht**[18].

(6) **Vorschulen bleiben aufgehoben**[2].

Übersicht

Literatur I (Abs.1): *Rennert,* Entwicklungen in der Rspr. zum Schul-recht, DVBl 2001, 504; *Thiel,* Der Erziehungsauftrag des Staates in der Schule, 2000; *Oppermann,* Öffentlicher Erziehungsauftrag, Essener Gespräche zum Thema Staat und Kirche 1998, 7; *Bothe/Dittmann,* Erziehungsauftrag und Erziehungsmaßstab der Schule im freiheitlichen Verfassungsstaat, VVDStRL 1995, 7, 47; *Jarass,* Zum Grundrecht auf Bildung und Ausbildung, DÖV 1995, 674; *Glotz/Faber,* GG und Bildungswesen, HbVerfR, 1994, 1363; *Niehues,* Schul- und Prüfungsrecht, 3. A. 1994; *P.M. Huber,* Erzie-hungsauftrag und Erziehungsmaßstab der Schule im freiheitlichen Verfas-sungsstaat, BayVBl 1994, 545; *Pieroth,* Erziehungsauftrag und Erziehungs-maßstab der Schule im freiheitlichen Verfassungsstaat, DVBl 1994, 948; *Maunz,* Gestaltungsfreiheit des Lehrers und Schulaufsicht des Staates, FS Dürig, 1990, 269. – S. auch Literatur zu Art.6 und Art.12 B. – **Literatur II (Abs.2, 3):** *Oebbecke,* Islamischer Religionsunterricht an deutschen Schulen – Aktuelle Fragen und Problemstellungen, epd – Dokumentation 2/00, 3; *Fechner,* Islamischer Religionsunterricht an öffentlichen Schulen, NVwZ 99, 735; *Maurer,* Die verfassungsrechtliche Grundlage des Religionsunterrichts, FS Zacher, 1998, 577; *Korioth,* Islamischer Religionsunterricht und Art.7 III GG, NVwZ 1997, 1040; *Mückl,* Staatskirchenrechtliche Regelungen zum

Religionsunterricht, AöR 1997, 513; *Oebbecke,* Reichweite und Voraussetzungen der grundgesetzlichen Garantie des Religionsunterrichts, DVBl 1996, 336; *Link,* Religionsunterricht, HbStKirchR II, 1996, 439; *Renck,* Rechtsfragen des Religionsunterrichts im bekenntnisneutralen Staat, DÖV 1994, 27; *Pieroth,* Die verfassungsrechtliche Zulässigkeit einer Öffnung des Religionsunterrichts, ZevKR 1993, 189; *Hollerbach,* Freiheit kirchlichen Wirkens, HbStR VI, 1989, 595. – S. auch Literatur zu Art.4 A. – **Literatur III (Abs.4, 5):** *Jach/Jenckner* (Hg.), Autonomie der staatlichen Schule und freies Schulwesen, 1998; *Loschelder,* Kirchen als Schulträger, HbStKirchR II, 1996, 511; *Jach,* Die Zulässigkeit von Landeskinderklauseln im Privatschulrecht, DÖV 1995, 925; *Vogel,* Zur Errichtung von Grundschulen in freier Trägerschaft, DÖV 1995, 587; *Geis,* Die Anerkennung des „besonderen pädagogischen Interesses" nach Art.7 Abs.5 GG, DÖV 1993, 22; *Pieroth,* Zulässige Eignungsanforderungen bei der Genehmigung von Lehrern an Ersatzschulen, NWVBl 1993, 201; *Jach,* Schulvielfalt als Verfassungsgebot, 1991; *Eiselt,* Art.7 Abs.5 GG im System des Privatschulrechts, DÖV 1988, 211; *Pieroth/Schuppert* (Hg.), Die staatliche Privatschulfinanzierung vor dem BVerfG, 1988; *F. Müller,* Das Recht der Freien Schule nach dem GG, 2. A., 1982.

I. Staatliche Schulaufsicht (Abs.1)

1. Bedeutung

Abs.1 ist kein Grundrecht, sondern eine organisationsrechtliche **1** Norm. Da als Adressat hier nur der „Staat" normiert ist, müssen zur konkreten Bestimmung zusätzlich die Kompetenzvorschriften über die Zuordnung an den Bund bzw. die Länder, in deren Gesetzgebungskompetenz das Schulrecht weitgehend steht (Rn.11 f zu Art.70), sowie an die Legislative bzw. Exekutive (vgl. Rn.46–52 zu Art.20) herangezogen werden. Als Organisationsnorm, die ein Rechtsinstitut normiert, mit dem notwendig Grundrechtseinschränkungen verbunden sind (vgl. Pieroth, AöR 1989, 440 f), entfaltet Abs.1 grundrechtsbeschränkende Wirkung. Abs.1 wird darüber hinaus der Verfassungsauftrag zur Gewährleistung eines leistungsfähigen Schulwesens, sei es durch Errichtung und Betrieb staatlicher Einrichtungen, sei es durch Überwachung privater Schulen, entnommen (Jarass, DÖV 95, 677). Jedenfalls wird einhellig in Abs.1 ein staatlicher Bildungs- und Erziehungsauftrag verortet.

2. Schulen

Schulen sind Einrichtungen, die **(1)** auf gewisse Dauer berechnet **2** sind und **(2)** ein zusammenhängendes Unterrichtsprogramm haben (Hemmrich MüK 4 f; Schmitt-Kammler SA 8 f). Keine Schulen sind danach zum einen Arbeitsgemeinschaften, Lehrgänge, Vortragsreihen (vgl. BVerfGE 75, 40/77), zum anderen Kindergärten sowie Musik- (LVerfG SAn, LVerfGE 9, 361/367), Tanz-, Sport- und Volkshochschulen (Robbers MKS 54). Dagegen sind berufsbildende Ausbildungsstätten, bei denen der Anteil der allgemeinbildenden Fächer zurücktritt, Schulen (BVerwG, NVwZ 87, 680). Art.7 Abs.1 ist auch anwendbar auf Bildungssendungen mit Schulcharakter im Rundfunk (BVerfGE 83, 238/340). Weder das Bestehen oder Nichtbestehen einer Schulpflicht noch dem Lebensalter der Schüler kommt Bedeutung für den Schulbegriff zu (BVerfGE 75, 40/77). Zum Schulwesen zählen auch die mit dem Zweck der Schule unmittelbar zusammenhängenden Unternehmungen wie Schultheater, Schulmusik, Schulwerkstätten, Schulreisen usw. (Schmitt-Kammler SA 9; Maunz MD 9 a; Robbers MKS 56). Keine Schulen sind wegen Art.5 Abs.3 die Hochschulen (BVerfGE 37, 314/320). Vorschulen, die gem. Art.7 Abs.6 aufgehoben bleiben, waren Grundschulen, die den verschiedenen Zweigen der höheren Schulen, insb. Gymnasien, zugeordnet waren und v. a. sozial differenzierend wirkten; daraus kann aber keine institutionelle Garantie der gemeinsamen Grundschule abgeleitet werden (so aber Richter/Groh, RdJB 89, 277).

3. Schulaufsicht

3 **a)** Der **Begriff** der Schulaufsicht wird traditionell umfassend als die Gesamtheit der staatlichen Befugnisse zur Organisation, Leitung und Planung des Schulwesens verstanden (BVerfGE 26, 228/238; BVerwGE 47, 201/204; BayVerfGH, DVBl 95, 419; für einen materiellen Begriff dagegen Richter AK 18 ff). Sie tritt in den Rechtsformen der Rechts-, Fach- und Dienstaufsicht auf (Hemmrich MüK 11 f). Sie umfasst auch die Festlegung der Ausbildungsgänge und Unterrichtsziele (BVerfGE 52, 223/236; 53, 185/196; 59, 360/377; BVerwGE 79, 288/300; 94, 82/84; 107, 75/78), einschl. der Schaffung neuer Unterrichtsfächer und Bildungsinhalte (BVerwGE 107, 75/78 f), die Koordinierung der Aufnahmeentscheidungen der Schulleitungen (VerfGH NW, OVGE 43, 266/270 ff), die Auswahl und Verwendung von Schulbüchern (BVerfG-K, NVwZ 90, 54; BVerwGE 79, 298/300) und die Rechtschreibreform (BVerfGE 98, 218/247). Sie lässt gewisse Formen von Schulautonomie in Bindung an die staatlichen Erziehungsziele, aber keine der Hochschulautonomie (Rn.100 zu Art.5) vergleichbare Freisetzung zu (Pieroth, DVBl 94, 951 f; Robbers MKS 66). Die Beteiligung der

Gemeinden an der Schulaufsicht ist zulässig (Schmitt-Kammler SA 32 f; Richter AK 33). Darüber hinaus fällt die Schulträgerschaft unter die kommunale Selbstverwaltungsgarantie (Rn.26 zu Art.28).

b) Beschränkung von Verfassungsnormen: aa) Allgemei- 4 nes. Die Beschränkung muss zur Verwirklichung der legitimen Ziele der Schulaufsicht geeignet, erforderlich und angemessen sein sowie durch Gesetz erfolgen. So kann der Schulausschluss eines Schülers nicht allein durch Art.7 Abs.1 gerechtfertigt werden (BVerfGE 41, 251/263). Zur Einschränkung der allgemeinen Handlungsfreiheit der Schüler Rn.6, 20 zu Art.2; der Religionsfreiheit der Eltern, Schüler und Lehrer Rn.30 f zu Art.4. Die Rundfunkfreiheit wird bei Bildungssendungen mit Schulcharakter beschränkt, soweit es um die Sicherung der Gleichwertigkeit der Bildungsveranstaltung und der durch sie vermittelten Prüfungen und Abschlüsse mit denen des staatlichen Schulwesens geht (BVerfGE 83, 238/340 f). Auch Eingriffe in das kommunale Selbstverwaltungsrecht können durch Art.7 Abs.1 gerechtfertigt werden (BVerfGE 26, 228/238 f).

bb) Das **Elternrecht** (Art.6 Abs.2) ist vom Schulwesen nicht 5 ausgeschlossen; Abs.1 ist nicht lex specialis zu Art.6 Abs.2; vielmehr ist der staatliche Erziehungsauftrag in der Schule dem elterlichen Erziehungsrecht gleichgeordnet (BVerfGE 34, 165/182 f; 47, 46/71 ff; 96, 288/304; 98, 218/244 f; a. A. Robbers MKS 219 zu Art.6; Schmitt-Kammler SA 36). Die staatlichen Erziehungsziele binden aber nicht die Eltern (Pieroth, DVBl 94, 954). Die allgemeine Schulpflicht ist verfassungsmäßig (BVerfG-K, NJW 87, 180; BVerwG, NVwZ 92, 370; Fetzer, RdJB 93, 91). Die Eltern können nicht verlangen, dass ihnen eine ihren Wünschen entsprechende Schule zur Verfügung gestellt wird (BVerwGE 35, 111/112; BVerwG, DVBl 94, 169; Bh 421 Nr.115; Glotz/Faber HbVerfR 1382 ff). Der Staat darf aber nicht die Kinder übermäßig lange in einer Schule mit undifferenziertem Unterricht festhalten (BVerfGE 34, 165/187; BVerwGE 104, 1/9). Die Eltern haben zwar ein Wahlrecht zwischen verschiedenen Schulformen, das aber solange nicht verletzt ist, als es nicht bloß eine einzige Schulform mit einem einzigen Ausbildungsgang gibt (BVerfGE 34, 165/197 ff).

Im Einzelnen haben Eltern kein Mitwirkungsrecht bei der Er- 6 richtung einer Förderstufe (BVerfGE 34, 165/182), bei der Neuordnung der gymnasialen Oberstufe (BVerfGE 45, 400/415 f; 53, 185/196 f), bei der Schaffung der integrierten Gesamtschule (BVerfG-K, NVwZ 84, 89 f; Saarl VerfGH, AS 21, 278/328 f;

NdsStGH, NVwZ 97, 267), bei Veränderungen des humanistischen Gymnasiums (BVerwG, NJW 81, 1056), bei der Festlegung der ersten Pflichtfremdsprache in der Orientierungsstufe (BVerwGE 64, 308/314), bei der Einführung von Ethikunterricht (BVerwGE 107, 75/83 f), bei der Zeugnis- und Notengebung (BVerwG, NJW 82, 250; NdsStGH, NVwZ 97, 270 f) und bei der Rechtschreibreform (BVerfGE 98, 218/245 ff). Sie haben auch kein generelles Beteiligungsrecht an der Schulselbstverwaltung; die landesrechtlich, teilw. auch landesverfassungsrechtlich normierten elterlichen Anhörungs- und Mitspracherechte sind nicht vom GG gefordert (BVerfGE 59, 360/381 f); soweit sie unterhalb der Ebene von Mitentscheidungsrechten bleiben, verstoßen sie aber auch nicht gegen Art. 7 Abs. 1. Dagegen haben die Eltern aus Art. 6 Abs. 2 einen Anspruch auf rechtzeitige und umfassende Information über den Inhalt und den methodisch-didaktischen Weg der Sexualerziehung in der Schule (BVerfGE 47, 46/76) und auf Unterrichtung über Vorgänge in der Schule, deren Verschweigen die Ausübung des elterlichen Erziehungsrechts beeinträchtigen könnte (BVerfGE 59, 360/381 f). Das führt aber nicht zu einem Anspruch der Eltern auf Mitteilung des Notenspiegels bei Klassenarbeiten ihrer Kinder (BVerwG, DÖV 78, 846). Organisatorische Maßnahmen, wie die sachlich begründete Auflösung einer Schule (BVerfGE 51, 268/289; BVerwG, NJW 78, 2211; 79, 828; vgl. auch Ladeur, DÖV 90, 945 ff), die Zusammenfassung von Schulen (OVG Bremen, SPE I B 21), die Nichterrichtung eines Gymnasiums (BVerwG, DÖV 79, 911) oder eine auf freiwilliger Grundlage durchgeführte Schulveranstaltung (BVerwG, NJW 86, 1949) verletzen nicht das elterliche Erziehungsrecht. Das muss auch für die Einführung der Ganztagsschule jedenfalls dann gelten, wenn sie nach Zielsetzung und Umfang im Wesentlichen nur die zeitliche Verteilung der Schulstunden betrifft und nicht subjektiv oder objektiv auf die Verdrängung der Eltern aus ihrer Erziehungsrolle gerichtet ist (Pieroth, DVBl 94, 956; diff. Rennert, DVBl 01, 505). Die 6-jährige Grundschulpflicht ist verfassungsmäßig (BVerwGE 104, 1/11).

II. Religionsunterricht (Abs. 2, 3)

1. Organisationsrechtliche Regelung (Abs. 3 S. 1)

7   Der Staat ist verpflichtet, innerhalb des staatlichen Schulwesens Religionsunterricht einzurichten, d. h. zu veranstalten (BVerfGE 74, 244/251) und die Kosten zu tragen (BVerwGE 110, 326/333;

Maunz MD 48 ff; Pieroth/Schlink 672). Das ist eine Durchbrechung der grundsätzlichen Trennung von Staat und Kirche (Rn.2 zu Art.140/137 WRV); Abs.3 S. 1 ist lex specialis zu Art.140 iVm Art.137 Abs.1 WRV. Im Bereich des Art.141 gilt Abs.3 S. 1 nicht (Rn.1 zu Art.141). Öffentliche Schulen stehen im Gegensatz zu Privatschulen (unten Rn.13). Bekenntnisfreie Schulen sind weltliche und als Unterfall auch Weltanschauungsschulen (BVerwGE 89, 368/377; Maunz MD 53 e). Ordentliches Lehrfach bedeutet, dass der Religionsunterricht nicht Wahl-, sondern Pflichtfach ist (unbeschadet der aus Abs.2 und Abs.3 S. 3 folgenden Besonderheiten; BVerfGE 74, 244/251 f). Damit ist vereinbar, dass der Religionsunterricht bei der Versetzungsentscheidung berücksichtigt wird (BVerwGE 42, 346/349). Es dürfen auch gewisse Mindestschülerzahlen für die Erteilung des Religionsunterrichts festgesetzt werden (Pieroth/Schlink 672; Robbers MKS 144 f; a. A. Maunz MD 48 a). Als ordentliches Lehrfach darf der Religionsunterricht nicht gegenüber anderen Fächern diskriminiert werden (BVerfGE 74, 244/252). Zum Inhalt des Religionsunterrichts unten Rn.8.

2. Beeinträchtigung der grundrechtlichen Schutzbereiche (Abs.2, Abs.3 S. 2, 3)

a) Die **Religionsgemeinschaften** (vgl. Rn.28 f zu Art.4) haben **8** einen Anspruch auf Schaffung der organisatorischen und finanziellen Voraussetzungen und auf inhaltliche Gestaltung des Religionsunterrichts (Abs.3 S. 2). Diese Vorschrift ist lex specialis zu Art.4 Abs.1, 2, der auch die religiöse Erziehung beinhaltet (Rn.10 zu Art.4). Es ist Sache der Religionsgemeinschaften zu bestimmen, was zu ihren Grundsätzen zählt (zu eng BVerfGE 74, 244/252 f und BVerwGE 110, 326/333, wonach der Religionsunterricht in konfessioneller Positivität und Gebundenheit zu erteilen ist). Sie können auch entscheiden, ob und in welchem Umfang bekenntnisfremden Schülern die Teilnahme am Religionsunterricht gestattet wird (BVerfGE 74, 244/253 ff; BVerwGE 68, 16/20). Die Erteilung des Religionsunterrichts darf von einer kirchlichen Erlaubnis abhängig gemacht werden, und der Religionsunterricht darf von Vertretern der Religionsgemeinschaften besucht werden (Robbers MKS 156); daher ist die staatliche Dienstaufsicht über die Religionslehrer durch die inhaltliche Bestimmungsbefugnis der Religionsgemeinschaften eingeschränkt (Maunz MD 53 b; Hemmrich MüK 30; Pieroth/Schlink 673).

9   **b)** Die **Lehrer** an öffentlichen Schulen haben das Recht, die
Erteilung von Religionsunterricht abzulehnen (Abs.3 S. 3). Auch
diese Vorschrift ist lex specialis zu Art.4 Abs.1, 2 (Hemmrich
MüK 52); sie ergänzt das Benachteiligungsverbot des Art.33 Abs.3
S. 2. Ihre Bedeutung liegt insb. darin, dass mögliche, auf den Son-
derstatus der Lehrer als Beamte gestützte Rechtfertigungen von
Beeinträchtigungen ihrer Religions- und Weltanschauungsfreiheit
ausgeschlossen sind (BVerwGE 110, 326/342; Maunz MD 54;
Pieroth/Schlink 674). Mit Abs.3 S.2 ist vereinbar, dass Lehrer nach
allgemeinen beamtenrechtlichen Grundsätzen dorthin versetzt werden, wo ihre Lehrbefähigung benötigt wird (Maunz MD 49, 55;
Hemmrich MüK 33). Aus Art.4 Abs.1, 2, nicht erst aus Art.7 Abs.3
S. 3 (so aber Hemmrich MüK 34), folgt, dass der Lehrer auch nicht
an anderen religiösen Schulveranstaltungen, wie z. B. einem Schulgebet, teilnehmen muss.

10   **c)** Die **Erziehungsberechtigten** haben das Recht, über die Teil-
nahme des Kindes am Religionsunterricht zu bestimmen (Abs.2),
nicht aber auf Einrichtung des Religionsunterrichts (Korioth,
NVwZ 97, 1045 f; Schmitt-Kammler SA 44; a. A. Richter AK 55;
Robbers MKS 122–124; de Wall, NVwZ 97, 465). An die Aus-
übung dieser Rechte dürfen keine Nachteile geknüpft werden
(Robbers MKS 111). Diese Vorschrift ist lex specialis sowohl zu
Art.4 Abs.1, 2 als auch zu Art.6 Abs.2 (Maunz MD 28; Hemmrich
MüK 52). Die Erziehungsberechtigung richtet sich nach dem verfassungsgemäßen Familienrecht (vgl. Robbers MKS 107); in der
Regel steht sie den Eltern gemeinsam zu. Zum Familienrecht gehört
auch das RelKErzG (Link HbStKirchR II 475). Das Recht des
Kindes selbst, über die Teilnahme am Religionsunterricht zu bestimmen, ergibt sich unmittelbar aus Art.4 Abs.1, 2 (Starck MaK 39
zu Art.4; Maunz MD 32; Pieroth/Schlink 675). Die unterverfassungsrechtliche Ausgestaltung der Religionsmündigkeit durch § 5
RelKErzG ist verfassungsgemäß (BGHZ 21, 340/351 ff). Daher
endet mit dem 14. Lebensjahr das Recht der Eltern, über die Teilnahme des Kindes am Religionsunterricht zu bestimmen (Maunz
MD 32; Link HbStKirchR II 476), nicht aber das im Einklang mit
dem Kind ausgeübte Recht der Eltern, sich auch um die religiösen
Belange des Kindes zu kümmern (BVerwGE 68, 16/18 f).

3. Rechtfertigung von Beeinträchtigungen (Schranken)

11   Die genannten Grundrechte (oben Rn.8–10) stehen nicht unter
Gesetzesvorbehalt. Abs.1 (oben Rn.1–6) kann keine Eingriffe recht-

fertigen, da diese Grundrechte Spezialregelungen der Religions-
und Weltanschauungsfreiheit sowie des elterlichen Erziehungsrechts
gerade im staatlichen Schulwesen sind; ihr eigentlicher Sinn würde
zunichte gemacht, wenn man aus der Kompetenzvorschrift für das
staatliche Schulwesen die Rechtfertigung von Eingriffen ableiten
würde (Pieroth/Schlink 676). Soweit der Religionsunterricht dagegen ordentliches Lehrfach ist (oben Rn.7), ist er „staatlichem Schulrecht und staatlicher Schulaufsicht unterworfen" (BVerfGE 74,
244/251). Soweit Glaubensfragen betroffen sind, ist Einvernehmen
zwischen Staat und Religionsgemeinschaft herzustellen (Robbers
MKS 148). Die grundlegenden staatlichen Erziehungsziele gelten
aber auch für den Religionsunterricht (Pieroth, ZevKR 93, 193).
Zulässig ist auch für die nicht am Religionsunterricht teilnehmenden Schüler die Einrichtung eines obligatorischen Ersatzunterrichts
in Philosophie (BVerwG, NJW 73, 1815; krit. Maunz MD 52 a ff)
oder Ethik unter der Voraussetzung, dass diese Unterrichtsfächer
dem ordentlichen Lehrfach Religion gleichwertig ausgestaltet werden (BVerwGE 107, 75/80 ff; Robbers MKS 137–139; Erwin, Verfassungsrechtliche Anforderungen an das Schulfach Ethik/Philoso-
phie, 2001).

III. Privatschulfreiheit (Abs.4, 5)

1. Bedeutung

Abs.4, 5 gewährleisten jedermann das Freiheitsrecht, Privatschu- **12**
len – unter näher normierten Voraussetzungen – zu errichten.
Damit ist zugleich der Bestand der Privatschule als Institution gewährleistet (BVerfGE 27, 195/200 f; 75, 40/61 f; 90, 107/114). Das
hat gleichheitsrechtliche Auswirkungen: Ersatzschulen (unten
Rn.16) dürfen gegenüber den entsprechenden staatlichen Schulen
nicht allein wegen ihrer andersartigen Erziehungsformen und -in-
halte benachteiligt werden (BVerfGE 27, 195/201; 90, 107/114).
Darüber hinaus wird aus Abs.4, 5 unter bestimmten Voraussetzungen
eine Schutz- und Förderungspflicht mit korrespondierendem grundrechtlichen Anspruch abgeleitet (unten Rn.20).

2. Schutzbereich

a) Privatschulen sind alle Schulen (oben Rn.3), die nicht von **13**
einem Träger öffentlicher Gewalt betrieben werden. Religionsgemeinschaften als Körperschaften des öffentlichen Rechts (Rn.28

zu Art.4) sind idS kein Träger öffentlicher Gewalt (Richter AK 32; Robbers MKS 179). Nicht erfasst werden private Hochschulen und private Fachhochschulen (BVerfGE 37, 314/320 f).

14   **b) Geschützte Tätigkeiten.** Abs.4, 5 schützen die Errichtung und den Betrieb von Privatschulen (Richter AK 25; Hemmrich MüK 38), insb. die eigenverantwortliche Gestaltung des Unterrichts im Hinblick auf die Erziehungsziele, die weltanschauliche Basis, die Lehrmethode und die Lehrinhalte (BVerfGE 27, 195/200 f; 88, 40/46; 90, 107/114). Weiter werden die freie Schülerwahl und die freie Lehrerwahl geschützt (Pieroth/Schlink 678). Die freie Schülerwahl kann durch die Anerkennung Einschränkungen erfahren (vgl. unten Rn.19).

15   **c) Träger** der Privatschulfreiheit ist jede natürliche Person; sie ist nicht auf Deutsche beschränkt. Nach den allgemeinen Regeln (Rn.13–16, 21 zu Art.19) sind Abs.4, 5 auch auf juristische Personen anwendbar (BVerwGE 40, 347/349).

3. Beeinträchtigung

16   **a) Eingriffe.** Der Vorbehalt der Genehmigung (Abs.4 S. 2) „hat den Sinn, die Allgemeinheit vor unzureichenden Bildungseinrichtungen zu schützen" (BVerfGE 27, 195/203). Er bezieht sich auf Ersatzschulen, d. h. Privatschulen, die nach dem mit ihrer Errichtung verfolgten Gesamtzweck als Ersatz für eine in dem Land vorhandene oder grds. vorgesehene öffentliche Schule dienen sollen (BVerfGE 27, 195/201 f; 75, 40/76; 90, 128/139; BVerwGE 104, 1/8; 105, 20/24). Da Ersatzschulen öffentliche Schulen ersetzen, müssen sie „ein Mindestmaß an Verträglichkeit mit vorhandenen Schulstrukturen einschl. der damit verfolgten pädagogischen Ziele" aufweisen (BVerwGE 104, 1/7; krit. Rennert, DVBl 01, 514 f). Die Qualifizierung einer Schule als Ersatzschule hängt nicht davon ab, ob sie schulpflichtige Schüler aufnimmt (BVerfGE 75, 40/76). Der Genehmigungsvorbehalt gilt daher nicht für die sog. Ergänzungsschulen (Maunz MD 83 f) und erst recht nicht für freie Unterrichtseinrichtungen (Robbers MKS 190). An diese Unterscheidung darf auch im übrigen Recht angeknüpft werden (BGHZ 52, 325/331 ff). Private Volksschulen (unten Rn.18) sind Ersatzschulen.

17   Einen **Anspruch auf Genehmigung** (Abs.4 S. 3, 4) haben alle Ersatzschulen außer den Volksschulen, wenn sie folgende Voraussetzungen erfüllen: – **(1)** Sie dürfen in ihren Lehrzielen und Einrichtungen sowie der wissenschaftlichen Ausbildung ihrer Lehrkräfte

nicht hinter den öffentlichen Schulen zurückstehen; daher sind die staatlichen Erziehungsziele grds. auch für Ersatzschulen verbindlich (BVerwGE 90, 1/6 ff; krit. Lecheler SA 69). – **(2)** Sie dürfen keine Sonderung der Schüler nach den Besitzverhältnissen der Eltern fördern. Das schließt überhöhte Schulgelder aus (BVerfGE 75, 40/64). – **(3)** Sie müssen die wirtschaftliche und rechtliche Stellung der Lehrkräfte genügend sichern (näher Maunz MD 74 ff; Müller, o. Lit. III, 127 ff). Solange diese Voraussetzungen vorliegen, besteht ein grundrechtlicher Anspruch darauf, dass die Genehmigung nicht wieder aufgehoben wird. Das Erfordernis der „wissenschaftlichen Ausbildung" wird von der Rspr. auf die persönliche Eignung (BVerwG, DÖV 70, 566) und die Besetzung von Schulleiterstellen (BVerwG, NVwZ 90, 865) erstreckt.

Private Volksschulen (Abs.5), d. h. Grund- und Hauptschulen 18 (Robbers MKS 227), sind nur unter den zusätzlich aufgeführten Voraussetzungen zuzulassen. „Dahinter steht eine sozialstaatliche und egalitär-demokratischem Gedankengut verpflichtete Absage an Klassen, Stände und sonstige Schichtungen" (BVerfGE 88, 40/50). Der Zulassungsanspruch setzt nach Alt.1 ein „besonderes pädagogisches Interesse" voraus: Als „pädagogisches" beurteilt es sich nicht nach dem Schulträger, den Eltern oder der Unterrichtsverwaltung, sondern nach fachlichen Maßstäben (BVerfGE 88, 40/51); als „besonderes" setzt es eine sinnvolle Alternative zum bestehenden öffentlichen und privaten Schulangebot voraus, welche die pädagogische Erfahrung bereichert und der Entwicklung des Schulsystems insgesamt zugute kommt (BVerfGE 88, 40/53). Allerdings soll die Unterrichtsverwaltung hierbei den öffentlichen Grundschulen einen grundsätzlichen Vorrang einräumen dürfen (BVerfGE 88, 40/55; BVerwGE 75, 275/278; NJW 00, 1281; Richter AK 59; krit. Jach, DÖV 90, 508 ff). Auch wird der Unterrichtsverwaltung ein weiter Grenzen ein Beurteilungsspielraum eingeräumt (BVerfGE 88, 40/56 ff; krit. Pieroth/Kemm, JuS 95, 780 ff). – Durch die Alt.2 werden Bekenntnis- und Weltanschauungsschulen (oben Rn.7) grds. auch als öffentliche (Volks-)Schulen anerkannt. Die Begriffe „Bekenntnis" und „Weltanschauung" sind wie in Art.4 (Rn.7–9 zu Art.4) zu verstehen (BVerwGE 89, 368/369, 373 ff; 90, 1/3 f). Unter Bekenntnis- und Weltanschauungsschulen sind nur solche Schulen zu verstehen, in denen ein Bekenntnis oder eine Weltanschauung die Schule sowie ihren gesamten Unterricht prägt; dies setzt ein Minimum an Organisationsgrad der Bekenntnis- oder Weltanschauungsgemeinschaft voraus (BVerwGE 89, 368/372 f; Pieroth, RdJB 90, 451).

19 **b) Schutz und Leistung.** Die Verweigerung der **Anerken-nung** von Ersatzschulen stellt eine Beeinträchtigung dar, d. h. es besteht ein Anspruch auf Anerkennung bei Vorliegen der Genehmigungsvoraussetzungen (**a. A.** BVerfGE 27, 195/203 f). Erst auf Grund der Anerkennung, die an über Abs.4 S. 2 hinausgehende Voraussetzungen geknüpft ist, dürfen in allen Ländern außer NW die Ersatzschulen Berechtigungen mit öffentlich-rechtlicher Wirkung (Zeugnisse, Hochschulzugangsberechtigung usw.) erteilen. Die verfassungsrechtliche Zulässigkeit einer von der Genehmigung gesonderten Anerkennung von Ersatzschulen wird damit bejaht, dass dem Abs.4 S. 2 der herkömmliche, diese sog. Öffentlichkeitsrechte nicht umfassende Ersatzschulbegriff zugrunde liege (BVerfGE 27, 195/204 ff; BVerwGE 68, 185/187 f). Dagegen spricht, dass unter den heutigen Bedingungen die Öffentlichkeitsrechte unentbehrlich sind, damit die Privatschulen wirklich als Ersatz für öffentliche Schulen fungieren können (Müller, o. Lit. III, 353 ff). Jedenfalls darf das Institut der Anerkennung nicht dazu benutzt werden, die Ersatzschulen zu einer übermäßigen Anpassung an die öffentlichen Schulen zu veranlassen oder sie untereinander zu diskriminieren (BVerfGE 27, 195/209). Zulässig ist aber die Verpflichtung der anerkannten Ersatzschule, die für die entsprechenden öffentlichen Schulen geltenden Aufnahme- und Vertretungsbestimmungen zu beachten (BVerwG, NVwZ 84, 104 f).

20 Ein **grundsätzlicher Leistungsanspruch** ergibt sich aus folgendem: Der Staat hat die Pflicht, das private Ersatzschulwesen zu schützen und zu fördern; angesichts der gegenwärtig bestehenden generellen Hilfsbedürftigkeit impliziert das eine Handlungspflicht des Gesetzgebers und einen entsprechenden grundrechtlichen Schutzanspruch des Ersatzschulträgers (BVerfGE 75, 40/62 ff; 90, 107/115). Der Gesetzgeber kann der Handlungspflicht durch Leistung von Finanzhilfe nachkommen; dann darf aus Gründen der Missbrauchsabwehr eine angemessene Eigenleistung und eine Anfangsfinanzierung durch den Ersatzschulträger verlangt werden (BVerfGE 75, 40/68). Hierzu gehören aber weder die Kosten nach Aufnahme des Betriebs (Kloepfer/Messerschmidt, DVBl 83, 200; Gramlich, BayVBl 87, 611; Jach, DÖV 90, 507; **a. A.** BVerfGE 90, 107/117 ff, wonach Wartefristen nur dann unzulässig sind, wenn sie sich als Sperre für die Errichtung neuer Schulen auswirken) noch alle Schulbaukosten (BVerfGE 90, 128/141 ff; Pieroth, DÖV 92, 593). Aus Abs.4 folgt kein Recht der Eltern auf Schulgeld (BVerwG, NVwZ 93, 692) oder auf Ersatz der Schülerbeförderungskosten (Hemmrich MüK 45). Bei der Förderung privater Ersatzschulen ist der Gleichheitssatz zu beachten (BVerfGE 75, 40/71 ff). Der Staat darf Eltern und Kindern nicht den Besuch von Privatschulen verbieten oder unmöglich machen (BVerfGE 34, 165/197 f). Er darf sogar zugunsten einer privaten Ersatzschule enteignen (BGHZ 105, 94/98 ff). Dem Staat ist aber nicht verwehrt, eine neue öffentliche Schule neben einer bereits bestehenden Privatschule zu errichten, auch wenn dadurch die wirtschaftliche Grundlage der Privatschule beeinträchtigt wird (BVerfGE 37, 314/319).

4. Rechtfertigung von Beeinträchtigungen (Schranken)

Die Privatschulfreiheit unterliegt keinem Gesetzesvorbehalt 21 (Pieroth/Schlink 684; Schmitt-Kammler SA 67; a. A. Richter AK 58). Die Klausel, dass die Ersatzschulen den Landesgesetzen „unterstehen" (Abs.4 S. 2 Hs.2) ist kein Gesetzesvorbehalt, sondern ein Hinweis darauf, dass Ersatzschulen in die Gesetzgebungskompetenz der Länder fallen (oben Rn.1). Die Beeinträchtigung durch die Genehmigung von Ersatzschulen ist im dargestellten Umfang gerechtfertigt (oben Rn.16–18). Wegen dieser Spezialregelung kann auch die allgemeine Schulaufsicht (oben Rn.1–6) kein inhaltliches Bestimmen, sondern nur ein Überwachen von Grenzen gegenüber den Privatschulen bedeuten. Die Schulaufsicht ist zu allen Maßnahmen befugt, die geeignet, erforderlich und im Einzelfall verhältnismäßig sind, um beim Betrieb der Ersatzschule die Einhaltung der Genehmigungsvoraussetzungen zu gewährleisten. Dazu gehört nicht die Genehmigung von Lehrbüchern (Robbers MKS 208). Bei Ergänzungsschulen bezieht sich das Überwachen durch die Schulaufsicht auf die Grenzen der allgemeinen Rechtsordnung (Maunz MD 84); danach sind zB Anzeige- und Berichtpflichten zulässig (Robbers MKS 191).

Art.8 [Versammlungsfreiheit]

(1) **Alle Deutschen**[9] **haben das Recht, sich ohne Anmeldung**[17] **oder Erlaubnis friedlich und ohne Waffen**[6 ff] **zu versammeln**[2].

(2) **Für Versammlungen unter freiem Himmel**[14] **kann dieses Recht durch Gesetz oder auf Grund eines Gesetzes beschränkt werden**[15 ff].

Übersicht

Literatur: *Brenneisen,* Der exekutive Handlungsrahmen im Schutzbereich des Art.8 GG, DÖV 2000, 275; *Kniesel,* Versammlungs- und Demonstrationsfreiheit, NJW 2000, 2857; *Mayer,* Vorfeldkontrollen bei Demonstrationen, JA 1998, 345; *Deutelmoser,* Angst vor den Folgen eines weiten Versammlungsbegriffs?, NVwZ 1999, 240; *Hueck,* Versammlungsfreiheit und Demonstrationsrecht, in: Grabenwarter (Hg.), Allgemeinheit der Grundrechte und Vielfalt der Gesellschaft, 1994, 179; *Höllein,* Das Verbot rechtsextremistischer Veranstaltungen, NVwZ 1994, 635; *Rinken,* Die Demonstrationsfreiheit, Strafverteidiger 1994, 95; *Burgi,* Art.8 GG und die Gewährleistung des Versammlungsorts, DÖV 1993, 633; *Alberts,* Zum Spannungsverhältnis zwischen Art.8 GG und dem Versammlungsgesetz, NVwZ 1992, 38; *Kloepfer,* Versammlungsfreiheit, HbStR VI, 1989, 739; *Schwerdtfeger,* Die Grenzen des Demonstrationsrechts in innerstädtischen Ballungsbereichen, 1988; *Bethge,* Die Demonstrationsfreiheit, ZBR 1988, 205; *v. Mutius,* Die Versammlungsfreiheit des Art.8 I GG, Jura 1988, 30 u. 79; *Hoffmann-Riem,* Demonstrationsfreiheit durch Kooperation?, FS Simon, 1987, 379; *J. Hofmann,* Demonstrationsfreiheit und GG, BayVBl 1987, 97; *Hölscheidt,* Das Grundrecht der Versammlungsfreiheit nach dem Brokdorf-Beschluß des BVerfG, DVBl 1987, 666; *Gallwas,* Das Grundrecht der Versammlungsfreiheit, Art.8 GG, JA 1986, 484; *Brohm,* Demonstrationsfreiheit und Sitzblockaden, JZ 1985, 501; *Frowein,* Die Versammlungsfreiheit vor dem BVerfG, NJW 1985, 2376; *Förster,* Die Friedlichkeit als Voraussetzung der Demonstrationsfreiheit, 1985.

1. Bedeutung und Abgrenzung zu anderen Vorschriften

Die Möglichkeit der freien Versammlung dient einerseits der **1**
„ungehinderten Persönlichkeitsentfaltung". Andererseits unterstützt
sie die Einflussnahme auf die politische Willensbildung und bildet
damit ein „wesentliches Element demokratischer Offenheit"
(BVerfGE 69, 315/344 ff). Die Versammlungsfreiheit gewährleistet
„ein Stück ursprünglicher ungebändigter unmittelbarer Demokratie" (BVerfGE 69, 315/347; krit. Kloepfer HbStR VI 744 f), was
umso wichtiger ist, als andere Formen direkter Demokratie vom GG
kaum vorgesehen sind (vgl. Rn.6 f zu Art.20). Art.8 besitzt einen
besonderen Rang (BVerfGE 69, 315/343; Kunig MüK 3) und enthält sowohl ein subjektives Abwehrrecht wie eine verfassungsrechtliche Grundentscheidung (BVerfGE 69, 315/343; Hoffmann-Riem
AK 31; v. Mutius, Jura 88, 31 f). Zum Verhältnis zur Glaubensfreiheit Rn.6 zu Art.4, zur Vereinigungsfreiheit Rn.2 zu Art.9. Zum
Verhältnis zu Art.5 sowie anderen Grundrechten unten Rn.5. Zur
Gesetzgebungskompetenz Rn.12 zu Art.74.

2. Schutzbereich

a) Versammlung. Kennzeichnend für eine Versammlung ist der **2**
Umstand, dass sie „Ausdruck gemeinschaftlicher, auf Kommunikation angelegter Entfaltung" ist (BVerfGE 69, 315/342 f). Sie setzt
zunächst eine *innere Verbindung* der Personen zu gemeinsamem Handeln voraus (BVerwGE 82, 34/38; Herzog MD 49). Keine Versammlungen sind bloße Ansammlungen oder Volksbelustigungen,
wie ein Menschenauflauf oder Personen vor einem Informations-
stand (BVerwGE 56, 63/69). Zufällige Ansammlungen können allerdings zu Versammlungen werden, wenn sich die innere Verbindung einstellt (Kunig MüK 14). Was die **Funktion** der Versammlung angeht, so ist Art.8 „nicht auf Versammlungen beschränkt, auf
denen argumentiert und gestritten wird, sondern umfasst vielfältige
Formen gemeinsamen Verhaltens bis hin zu nicht verbalen Aus-
drucksformen" (BVerfGE 69, 315/343; 87, 399/406). Welcher
Zweck verfolgt wird, spielt keine Rolle, sofern nur die beschriebene
innere Verbindung gewahrt ist (Höfling SA 11; Gusy MKS 18;
Herzog MD 50; Schulze-Fielitz DR 15; a. A. BVerwGE 82, 34/38 f;
Kunig MüK 14). Bei unterhaltenden und kommerziellen Veranstaltungen, wie etwa Sportveranstaltungen, fehlt es in der Regel an der
inneren Verbindung (Kloepfer HbStR VI 751; Kunig MüK 17; a. A.
Herzog MD 51).

3   Unerheblich ist, ob die Versammlung „ortsfest" ist oder nicht; geschützt werden daher auch **Demonstrationszüge** etc. (Herzog MD 80; Hoffmann-Riem AK 12). Was die **Teilnehmerzahl** angeht, dürften im Hinblick auf den Schutzzweck bereits zwei Personen genügen (Höfling SA 9; Schulze-Fielitz DR 13; Kloepfer HbStR VI 747; für drei Teilnehmer Hoffmann-Riem AK 12). Planung und Organisation sind keine begriffsnotwendigen Elemente einer Versammlung. Unter Art.8 fällt daher auch die **Spontanversammlung,** die ohne Einladung und Vorbereitung, ausgelöst durch einen akuten Anlass, stattfindet (Kunig MüK 15).

4   **b) Geschütztes Verhalten.** Abs.1 kommt zum einen der Veranstaltung der Versammlung zugute, insb. der Entscheidung über Ort und Zeit, Art und Inhalt (BVerfGE 69, 315/343). Weiter werden vorbereitende Maßnahmen geschützt (Herzog MD 58; Hoffmann-Riem AK 24), z.B. die Anreise zu einer Versammlung (BVerfGE 69, 315/349; 84, 203/209; Höfling SA 23; a.A. Kunig MüK 18). Gleiches gilt für die Modalitäten der Versammlung, etwa das Tragen von Uniformen (Höfling SA 21; Schulze-Fielitz DR 20; **a.A.** BVerfGE 57, 29/35 f) oder der Einsatz von Lautsprechern (Gusy MKS 31). Geschützt ist die Teilnahme an einer Versammlung ebenso wie die negative Versammlungsfreiheit, also die Entscheidung, einer Versammlung fernzubleiben (BVerfGE 69, 315/343; a.A. Gusy MKS 33). In den Schutzbereich fällt auch die kritische Teilnahme, nicht jedoch die Verhinderung einer Versammlung (BVerfGE 84, 203/209). Nicht geschützt ist zudem die Verhinderung der kritisierten Tätigkeit durch die Demonstration (Hoffmann-Riem AK 19).

5   Im Verhältnis zu **anderen Grundrechten** ist zu beachten, dass Abs.1 nur versammlungsspezifische Tätigkeiten schützt, insb. die Veranstaltung und ihre Organisation (vgl. Rn.9, 29 zu Art.9). Darüber hinaus gehende Tätigkeiten der versammelten Personen werden (allein) durch die dafür einschlägigen Grundrechte geschützt (Herzog MD 24; Schulze-Fielitz DR 71). Für gemeinsame Meinungsäußerungen gilt daher Art.5 Abs.1, 2 (BVerfGE 90, 241/246; Kunig MüK 37; Hoffmann-Riem AK 15), für gemeinsame künstlerische Betätigungen Art.5 Abs.3 (Schulze-Fielitz DR 75; Gusy MKS 88). Art.8 schützt keine Tätigkeiten in Versammlungsform, die dem einzelnen verboten sind (Herzog MD 101; vgl. BVerfGE 90, 241/250). Soweit Versammeln und Meinungsäußerung gleichzeitig betroffen sind, kommen Art.5 Abs.1 und Art.8 parallel zur Anwendung (BVerfGE 82, 236/258).

c) Friedlich und ohne Waffen. Das Verhalten ist nur geschützt, **6** wenn es friedlich und ohne Waffen erfolgt; insoweit ist bereits der Schutzbereich zurückgenommen (BVerfGE 69, 315/360). Ob auch Art.2 Abs.1 nicht anwendbar ist (so Gusy MKS 92), erscheint zweifelhaft, da es sich um eine Grenze des Schutzbereichs und keine Einschränkungsvorbehalte handelt (vgl. Rn.2 zu Art.2).

Friedlich ist eine Versammlung, die keinen gewalttätigen oder **6a** aufrührerischen Verlauf nimmt (Kunig MüK 23; vgl. § 5 Nr.3 VersG), bei der keine körperlichen „Handlungen von einiger Gefährlichkeit" auftreten, wie „Gewalttätigkeiten oder aggressive Ausschreitungen gegen Personen oder Sachen" (BVerfGE 73, 206/248; 87, 399/406; Herzog MD 72). Der strafrechtliche Gewaltbegriff ist dafür zu weit (BVerfGE 73, 206/248; a. A. Kloepfer HbStR VI 759 f) und im Rahmen der Nötigung zu unbestimmt (BVerfGE 92, 1/17 ff). Erst recht kann nicht jeder Rechtsverstoß die Versammlung unfriedlich machen (Hoffmann-Riem AK 17 f), da sonst der Vorbehalt des Abs.2 unnötig wäre (Herzog MD 71; Kunig MüK 23). Sofern sich daher die Teilnehmer einer Sitzblockade auf passive Resistenz beschränken und insoweit friedlich bleiben, ist der Schutzbereich des Art.8 eröffnet (BVerfGE 73, 206/249; 87, 399/406; a. A. Herzog MD 61 f). Unfriedlich ist eine Versammlung schließlich auch dann, wenn ein gewalttätiger Verlauf unmittelbar bevorsteht (Höfling SA 32); die Vermummung dürfte dafür kein ausreichendes Indiz sein (Herzog MD 75; Kunig MüK 25). Zur Behinderung Dritter unten Rn.19.

Weiter muss das geschützte Verhalten (oben Rn.4) **ohne Waffen** **7** erfolgen. Zu den Waffen zählen zum einen (technische) Waffen iSd § 1 WaffG wie Pistolen, Schlagringe, chemische Kampfstoffe, unabhängig vom Zweck, zu dem sie mitgeführt werden. Darüber hinaus sollen auch sonstige gefährliche Werkzeuge Waffen sein, sofern sie zur Verletzung von Personen oder zur Beschädigung von Sachen geeignet sind und zu diesem Zwecke mitgeführt werden (Herzog MD 66); das ist jedoch unnötig, da insoweit die Einschränkung der Unfriedlichkeit greift (Höfling SA 36). Keine Waffen sind Schutzgegenstände wie Helme, Gasmasken etc; der Ausdruck „passive Bewaffnung" oder „Schutzwaffen" ist dafür irreführend (Herzog MD 68; Gusy MKS 27; Hoffmann-Riem AK 22). Andererseits können solche Gegenstände im Einzelfall ein Indiz für drohende Unfriedlichkeit sein (Schulze-Fielitz DR 26).

Verhalten sich **einige Teilnehmer** einer Versammlung friedlich, **8** andere **unfriedlich,** dann kommt Art.8 (nur) den friedlichen Versammlungsteilnehmern zugute (BVerfGE 69, 315/361; Höfling SA

26; Herzog MD 73; Hoffmann-Riem AK 23). Es ist also, dem Wortlaut des Abs.1 entsprechend, auf den einzelnen Teilnehmer abzustellen, nicht auf die Versammlung insgesamt (Herzog MD 116). Unerheblich ist, ob der Leiter das unfriedliche Verhalten unterbinden kann oder nicht (Kunig MüK 24). Gleiches gilt für das Mitführen von Waffen (Herzog MD 65). In solchen Fällen muss gegen die störende Minderheit vorgegangen werden (Schulze-Fielitz DR 64). Nur wenn dies keinen Erfolg verspricht, kann im Rahmen des Abs.2 unter Beachtung des Grundsatzes der Verhältnismäßigkeit (dazu unten Rn.16) gegen die Versammlung eingeschritten werden (BVerfGE 69, 315/360 f; Herzog MD 117; Schulze-Fielitz DR 64). Gleiches gilt, wenn Gegendemonstranten oder Außenstehende sich unfriedlich verhalten (BVerfGE 69, 315/360 f; BVerfG-K, NVwZ 98, 836; Herzog MD 74). Eine Gegendemonstration genießt den Schutz des Art.8, sofern sie friedlich ist (Hoffmann-Riem AK 32; Schulze-Fielitz DR 16). Bezweckt sie, eine Versammlung zu stören, kann jedenfalls auf Grund des Gesetzesvorbehalts eingegriffen werden.

9   **d) Träger des Grundrechts** ist jeder Deutsche iSd Art.116 (dazu Rn.1 zu Art.116), der sich an einer Versammlung beteiligt; dies gilt auch für Minderjährige (Rn.11 zu Art.19; Höfling SA 46; einschr. Herzog MD 37). Juristische Personen und Personenvereinigungen des Privatrechts sind Grundrechtsträger, soweit sie geschützte Handlungen vornehmen können (Schulze-Fielitz DR 31; Kunig MüK 10 f; zurückhaltend Kloepfer HbStR VI 755). Träger des Grundrechts sind auch nichtrechtsfähige Vereinigungen, wenn sie ihrer Struktur nach festgefügt und auf eine gewisse Dauer angelegt sind (BayVGH, NJW 84, 2116; Höfling SA 48). Die Versammlung selbst ist kein Grundrechtsträger (Herzog MD 35; Kunig MüK 10). Nicht-Deutsche können sich (allein) auf Art.2 Abs.1 berufen (vgl. Rn.10 zu Art.2; Schulze-Fielitz DR 28; Gusy MKS 39; Kunig MüK 7; Höfling SA 46). Zur Anwendung auf EU-Ausländer Rn.10 zu Art.19.

3. Beeinträchtigung

10   **a) Eingriffe.** Art.8 wird beeinträchtigt durch Maßnahmen, die das geschützte Verhalten (oben Rn.4–8) **regeln** (Schulze-Fielitz DR 34), wie Anmelde- und Erlaubnispflichten, Auflösungen und Verbote von Versammlungen. Auch die „Behinderung von Anfahrten und schleppende vorbeugende Kontrollen" rechnen hierher (BVerfGE 69, 315/349). Weiter wird Art.8 beeinträchtigt, wenn ein

geschütztes Verhalten bestraft wird (Höfling SA 50). Straftatbestände müssen daher verfassungskonform interpretiert werden (BVerfGE 69, 315/361).

Faktische Behinderungen stellen eine Grundrechtseingriff dar, **11** sofern sie von einem solchen Gewicht sind, dass sie einer imperativen Maßnahme gleichkommen. Dies ist regelmäßig der Fall, wenn die Maßnahmen Personen von der Teilnahme an Versammlungen abschrecken (BVerfGE 65, 1/43), etwa wenn die Versammlung oder die Versammlungsteilnehmer in dieser Eigenschaft registriert werden (Kunig MüK 19; Höfling SA 51; Herzog MD 87), sei es auch durch das Notieren von Autokennzeichen.

b) Unterlassen von Leistung und Schutz. Art.8 enthält eine **12** grundsätzliche Pflicht des Staates, die Durchführung von Versammlungen und Aufzügen zu ermöglichen (Hoffmann-Riem AK 31 ff; offengelassen BVerfGE 69, 315/355). Staatliche Behörden sind daher verpflichtet, Versammlungen im Rahmen ihrer Aufgaben „freundlich" zu behandeln, insb. ein eventuelles Ermessen in grundrechtsfreundlicher Weise auszuüben (BVerfGE 69, 315/355 f). Dies hat v. a. für die Benutzung öffentlicher Straßen Bedeutung (Herzog MD 43; Hoffmann-Riem AK 55; Schulze-Fielitz DR 63), aber auch für die Vermietung gemeindlicher Einrichtungen (Hoffmann-Riem AK 36); dogmatisch geht es insoweit um Leistungsgehalte, nicht um Abwehrgehalte (Herzog MD 42 f; Vorb.29 vor Art.1; a. A. Höfling SA 38). Bei der Nutzung öffentlicher Flächen mit eingeschränkter Zweckbestimmung besteht idR nur ein Anspruch auf fehlerfreien Ermessensgebrauch (BVerwGE 91, 135/139 f). Unkalkulierbare oder untragbare Gebühren bzw. Kosten sind unzulässig (Gusy MKS 48). Ein Anspruch auf Sozialhilfeunterstützung für Reisen zu einer Versammlung besteht nicht (BVerwGE 72, 113/118). Ebenso besteht kein Anspruch von Beamten auf Teilnahme an Versammlungen während der Dienstzeit (BVerwGE 42, 79/85 f; diff. Hoffmann-Riem AK 38). Des Weiteren verpflichtet Art.8 den Staat, die Grundrechtsausübung vor Störungen und Ausschreitungen durch Dritte zu schützen (offen gelassen BVerfGE 69, 315/355).

c) Privatrechtliche Beeinträchtigung. Der hohe Rang der **13** Versammlungsfreiheit (oben Rn.1) ist auch bei der Anwendung des Privatrechts zu beachten (Hoffmann-Riem AK 34 ff; Schulze-Fielitz DR 67; allg. Vorb.15 f, 33 vor Art.1). Insb. dürfen an die Teilnahme an Versammlungen keine unangemessenen haftungsrechtlichen Risiken geknüpft werden (BGHZ 89, 383/395; Hoffmann-Riem AK 36; vgl. BVerfGE 69, 315/361). Andererseits verleiht Art.8 kein

Recht zur Versammlung auf fremden Grundstücken (Gusy MKS 43).

4. Rechtfertigung von Beeinträchtigungen (Schranken) bei Versammlungen unter freiem Himmel

14   a) **Anwendungsbereich.** Die Schranke des Abs.2 gilt für Versammlungen unter *freiem Himmel,* nicht für Versammlungen in geschlossenen Räumen. Für die Abgrenzung dürfte es, entgegen dem Wortlaut, weniger auf die Überdachung als darauf ankommen, ob der Raum zur Seite hin überall umschlossen und nur durch Eingänge zugänglich ist (Schulze-Fielitz DR 37; Kunig MüK 29). In diesem Falle birgt die Durchführung der Versammlung geringere Gefahren (vgl. BVerfGE 69, 315/348). Die Abgrenzung darf nicht mit der zwischen öffentlichen und nichtöffentlichen Versammlungen iSd VersammlungsG verwechselt werden (Gusy MKS 60).

15   b) **Gesetzliche Grundlage.** Abs.2 gestattet Eingriffe durch oder auf Grund eines Gesetzes (näher dazu Vorb.42 vor Art.1). Das förmliche Gesetz, das Art.8 beschränkt bzw. die Grundlage dazu bietet, muss ausreichend bestimmt sein (Höfling SA 54; allg. Rn.54–56 zu Art.20) und das Zitiergebot beachten (Gusy MKS 56; näher Rn.3 zu Art.19). Für mittelbare und ungezielte Maßnahmen dürfte dagegen keine gesetzliche Grundlage notwendig sein (Hoffmann-Riem AK 29; Schulze-Fielitz DR 38), jedenfalls solange ihre belastende Wirkung nicht so groß ist, dass eine wesentliche Behinderung des geschützten Verhaltens vorliegt (Rn.46 zu Art.20).

16   c) **Verhältnismäßigkeit.** Eine Grundrechtsbeschränkung nach Abs.2 ist „im Lichte der grundlegenden Bedeutung des Art.8 Abs.1 GG auszulegen" (BVerfGE 87, 399/407). Sie ist „nur zum Schutz gleichgewichtiger anderer Rechtsgüter unter strikter Wahrung des Grundsatzes der Verhältnismäßigkeit" möglich (BVerfGE 69, 315/348 f): Die einschränkende Maßnahme muss zunächst zur Erreichung ihres Ziels *geeignet* sein (dazu Rn.84 zu Art.20). Weiter muss sie *erforderlich* sein; es darf kein „milderes und angesichts der konkreten Sachlage angemessenes Mittel zur Abwehr der von der Veranstaltung unmittelbar ausgehenden Gefahren zur Verfügung" stehen (BVerwG, NVwZ 88, 250). Schließlich verlangt die *Verhältnismäßigkeit* ieS eine praktische Konkordanz zwischen den betroffenen Gütern (BVerfGE 69, 315/348 f; Herzog MD 94 ff). Verbot und Auflösung einer Versammlung kommen nur zum Schutz elementarer Rechtsgüter in Betracht (BVerfGE 69, 315/353). Andererseits spielt eine Rolle, ob es sich um „einen Beitrag zum Meinungskampf in

einer die Öffentlichkeit wesentlich berührenden Frage handelt", oder um die Verfolgung eigennütziger Zwecke (BVerfGE 73, 206/258; Hoffmann-Riem AK 14; Rn.58 zu Art.5; a. A. Kloepfer HbStR VI 763 f).

d) Einzelfälle. aa) Die pauschale **Anmeldepflicht** des § 14 **17** Abs.1 VersG ist angesichts des Wortlauts des Abs.1 schwerlich verfassungsgemäß (Höfling SA 58; tendenziell Gusy MKS 36; **a. A.** BVerfGE 69, 315/349 f; 85, 69/74; Herzog MD 106); bei Großdemonstrationen sieht das anders aus (BVerfGE 69, 315/357 ff). Jedenfalls darf aus kritischen Äußerungen in einer Versammlung nicht auf eine selbständige Gegendemonstration mit Anmeldepflicht geschlossen werden (BVerfGE 92, 191/202 f). Auch können Spontanversammlungen (oben Rn.3) keiner Anmeldepflicht unterworfen werden, weil sie sonst generell verboten wären (BVerfGE 69, 315/350 f; 85, 69/75; Schulze-Fielitz DR 49). Kann die Anmeldefrist nur unter Gefährdung des Demonstrationszwecks gewahrt werden (*Eilversammlung*), ist die Versammlung so früh wie möglich anzumelden (BVerfGE 85, 69/75). Der bloße Verstoß gegen die Anmeldepflicht rechtfertigt nicht das Verbot der Versammlung; entscheidend ist vielmehr, ob sachliche Gefahren drohen (vgl. BVerfGE 69, 315/351; Herzog MD 110; Schulze-Fielitz DR 55). Die Pflicht einen **Leiter zu bestellen,** ist verfassungsrechtlich allenfalls bei größeren Versammlungen akzeptabel (vgl. Hoffmann-Riem AK 41, 52; Höfling SA 75; Schulze-Fielitz DR 66).

Bevor die staatlichen Stellen Auflagen und Verbote erlassen, müs- **18** sen sie zuerst *einvernehmliche Lösungen* mit den Versammlungsveranstaltern suchen (vgl. BVerfGE 69, 315/355 ff). Je mehr die Veranstalter zu einer Kooperation (dazu Hoffmann-Riem AK 42) bereit sind, desto höher ist die Eingriffsschwelle (BVerfGE 69, 315/357; Schulze-Fielitz DR 55). *Vorbeugende Kontrollen* dürfen nicht schleppend vorgenommen werden (BVerfGE 69, 315/349; Schulze-Fielitz DR 52). Ein vorbeugendes Verbot ist nur möglich, wenn Maßnahmen während der Versammlung keinen Erfolg versprechen (BVerfGE 69, 315/362; Herzog MD 118); zur Abwehr bloßer Belästigungen kann es nicht verwandt werden, ebenso nicht bei einer unzureichenden Gefahrenprognose (vgl. BVerfGE 69, 315/363 f). Eine *excessive Observation* und Registrierung ist auch bei konkreter Gefährdung von Rechtsgütern unzulässig (BVerfGE 69, 315/349; näher Hoffmann-Riem AK 36; strenger Pieroth/Schlink 706), da sie das in der Demokratie essentielle Bürgerengagement empfindlich behindert.

19   **bb)** Im Hinblick auf den besonderen Rang der Versammlungsfreiheit müssen **Straßenverkehrsteilnehmer** die Behinderung durch eine Demonstration regelmäßig hinnehmen, soweit sie „sich ohne Nachteile für den Veranstaltungszweck nicht vermeiden lassen" (BVerfGE 69, 315/373; 73, 206/249 f; Schulze-Fielitz DR 54). Andererseits rechtfertigt Art.8 Behinderungen Dritter nicht mehr, wenn die Behinderung „nicht nur als Nebenfolge in Kauf genommen, sondern beabsichtigt wird, um die Aufmerksamkeit für das Demonstrationsanliegen zu erhöhen" (BVerfGE 73, 206/249 f; 82, 236/264; Schulze-Fielitz DR 59). Sitzblockaden, die wesentlich über eine geringfügige Behinderung hinausgehen, können aufgelöst werden (BVerfGE 73, 206/250; Schulze-Fielitz DR 59; krit. Kloepfer HbStR VI 767 ff).

20   **cc) Des Weiteren** sind die Ziele der Demonstration bei der Strafzumessung zu berücksichtigen (BVerfGE 73, 206/261; BGH, NJW 88, 1739 ff). Eine Bestrafung wegen eines Verstoßes gegen eine Versammlungsauflösung darf nicht unbeachtet lassen, ob die Auflösung rechtmäßig war (BVerfGE 87, 399/408 f); die Verbindlichkeit der Auflösung unabhängig von ihrer Rechtmäßigkeit ist aber zulässig (BVerfG-K, NVwZ 99, 292). Die Auferlegung der Kosten für die Straßenreinigung ist in gewissem Umfange möglich (BVerwGE 80, 158/161; s. auch Hoffmann-Riem AK 36); der bloße Versammlungsleiter kann damit aber nicht belastet werden (BVerwGE 80, 158/168 f). Ein Eintreten für Frieden und Abrüstung durch einen *Berufssoldaten* kann nicht unter Berufung auf die Aufgabe der Bundeswehr verboten werden (BVerwG, NJW 87, 82; BVerwGE 83, 60/64). Andererseits dürfen Soldaten durch Demonstrationen militärische Einrichtungen nicht in ihrer Funktionsfähigkeit behindern (BVerwGE 83, 60/66).

5. Rechtfertigung von Beeinträchtigungen (Schranken) bei Versammlungen in geschlossenen Räumen

21   Die Freiheit von Versammlungen in geschlossenen Räumen (zur Abgrenzung oben Rn.14) unterliegt weder einem Gesetzesvorbehalt (für eine analoge Anwendung des Art.9 Abs.2 jedoch Kloepfer HbStR VI 761; dagegen etwa Gusy MKS 81) noch einem Gemeinwohlvorbehalt (Schulze-Fielitz DR 39; Herzog MD 124; Vorb.38 a vor Art.1). Sie kann aber beschränkt werden, wenn dies zum Schutze eines **kollidierenden Verfassungsgutes** zwingend geboten ist (BVerwG, DVBl 99, 1742; Höfling SA 74). Dazu ist bei Eingriffen eine gesetzliche Konkretisierung erforderlich (Vorb.48 vor Art.1;

Ketteler, JuS 90, 957; anders Schulze-Fielitz GK 40). Zudem ist Zurückhaltung geboten (Vorb.45 f vor Art.1; s. auch Bäumler, JZ 86, 474). Auf Grund kollidierenden Verfassungsrechts kann etwa gegen Versammlungen vorgegangen werden, bei denen die Verletzung von Personen oder die Beeinträchtigung fremden Eigentums droht (Schulze-Fielitz GK 41). Art.33 Abs.5 entfaltet dagegen (außerhalb der Dienstzeit) kaum Wirkung (Herzog MD 132). Die Pflicht des § 7 VersG, einen Leiter zu bestellen, ist jedenfalls bei kleinen Versammlungen verfassungswidrig (Höfling SA 75; vgl. oben Rn.17). Für Angehörige der Streitkräfte bzw. des Ersatzdienstes (Rn.3 zu Art.17 a) unterliegt die Versammlungsfreiheit gem. *Art.17 a Abs.1* auch in geschlossenen Räumen einem vollen Gesetzesvorbehalt; zu den Grenzen Rn.6 f zu Art.17 a. Daher ist das Verbot des Tragens von Soldatenuniformen auch hier zulässig (i. E. BVerfGE 57, 29/35 f). Versammlungsverbote für Soldaten sollen nur in Krisenzeiten zulässig sein (Ipsen/Ipsen BK 69 zu Art.17 a).

Art.9 [Vereinigungs- und Koalitionsfreiheit]

(1) **Alle Deutschen**[7,11] **haben das Recht, Vereine und Gesellschaften**[3 f] **zu bilden.**[6,8 f]

(2) **Vereinigungen, deren Zwecke oder deren Tätigkeit den Strafgesetzen zuwiderlaufen**[16] **oder die sich gegen die verfassungsmäßige Ordnung**[17] **oder gegen den Gedanken der Völkerverständigung**[18] **richten, sind verboten.**[15]

(3) **Das Recht, zur Wahrung und Förderung der Arbeits- und Wirtschaftsbedingungen**[23 f] **Vereinigungen zu bilden, ist für jedermann**[26,31] **und für alle Berufe gewährleistet.**[37 ff] **Abreden, die dieses Recht einschränken oder zu behindern suchen, sind nichtig, hierauf gerichtete Maßnahmen sind rechtswidrig.**[34] **Maßnahmen nach den Artikeln 12 a, 35 Abs.2 und 3, Artikel 87 a Abs.4 und Artikel 91 dürfen sich nicht gegen Arbeitskämpfe richten, die zur Wahrung und Förderung der Arbeits- und Wirtschaftsbedingungen von Vereinigungen im Sinne des Satzes 1 geführt werden.**[39]

Übersicht

Literatur A (Abs.1, 2): *Planker,* Das Vereinsverbot in der verfassungs-gerichtlichen Rechtsprechung, NVwZ 1998, 113; *Gornig,* Pflichtmitglied-schaft in der Industrie- und Handelskammer, WuV 1998, 157; *Nolte/Planker,* Vereinigungsfreiheit und Vereinsbestätigung, Jura 1993, 635; *Murswiek,* Grundfälle zur Vereinigungsfreiheit, JuS 1992, 166; *Merten,* Vereinsfreiheit, HbStR VI, 1989, 775; *v. Mutius,* Die Vereinigungsfreiheit gem. Art.9 I GG, Jura 1984, 193; *Grimm,* Verbände, in: HbVerfR, 1983, 373; *Jäckel,* Vorausset-zungen und Grenzen der Zwangsmitgliedschaft in öffentlich-rechtlichen Körperschaften, DVBl 1983, 1133; *Etzrodt,* Der Grundrechtsschutz der nega-tiven Vereinigungsfreiheit, 1980. – **Literatur B (Abs.3):** *Dieterich,* Die Grundrechtsbindung von Tarifverträgen, FS Schaub, 1998, 117; *Sodan,* Ver-fassungsrechtliche Grenzen der Tarifautonomie, JZ 1998, 421; *Pfohl,* Koaliti-onsfreiheit und öffentlicher Dienst, ZBR 1997, 78; *Höfling,* Grundelemente einer Bereichsdogmatik der Koalitionsfreiheit, FS Friauf, 1996, 377; *Farth-*

mann/Coen, Tarifautonomie, Unternehmensverfassung und Mitbestimmung, HbVerfR, 1995, 851; *Reinemann/Schulz/Henze,* Die Rechtsprechung des BVerfG zur Koalitionsfreiheit, JA 1995, 811; *Otto,* Tarifautonomie unter Gesetzes- oder Verfassungsvorbehalt, FS Zeuner, 1994, 121; *Schwarze,* Die verfassungsrechtliche Garantie des Arbeitskampfes, JuS 1994, 653; *Löwisch,* Koalitionsfreiheit als Grundrecht der Arbeitsverfassung, in: Richardi/Wlotzke (Hg.), Münchner Handbuch zum Arbeitsrecht, Bd.3, 1993, 39; *Säcker/Oetker,* Grundlagen und Grenzen der Tarifautonomie, 1992; *Jarass,* Tarifverträge und Verfassungsrecht, NZA 1990, 505; *Kemper,* Die Bestimmung des Schutzbereichs der Koalitionsfreiheit, 1989; *Scholz,* Koalitionsfreiheit, HbStR VI, 1989, 1115; *Neumann,* Der Schutz der negativen Koalitionsfreiheit, RdA 1989, 243; *Badura,* Neutralität des Staates und koalitionsrechtliches Gleichgewicht, FS Zeidler, Bd.2, 1987, 1591; *Lerche,* Koalitionsfreiheit und Richterrecht, NJW 1987, 2465; *Seiter,* Die Rechtsprechung des BVerfG zu Art.9 Abs.3 GG, AöR 1984, 88.

I. (Allgemeine) Vereinigungsfreiheit

1. Bedeutung und Abgrenzung zu anderen Vorschriften

Die auf § 162 PKV und Art.124 WRV zurückgehende Vorschrift **1** des Art.9 Abs.1 enthält ein Abwehrrecht und bildet zugleich ein „konstituierendes Prinzip der demokratischen und rechtsstaatlichen Ordnung des Grundgesetzes: das Prinzip freier sozialer Gruppenbildung" (BVerfGE 50, 290/353; 38, 281/302 f; 80, 244/252 f; Rinken AK 38, 61, 64; Merten HbStR VI 778). Durch die Vereinigungsfreiheit sucht das Grundgesetz „ständisch-korporative Ordnungen" nach dem Muster älterer Sozialordnungen wie die planmäßige Formung und Organisation durch den totalitären Staat nach den Maßstäben eines von der herrschenden Gruppe diktierten Wertsystems zu verhindern (BVerfGE 50, 290/353; Scholz MD 37). Zum Einfluss des Grundrechts auf die Beziehungen zwischen Vereinigungen und Mitglied unten Rn.13.

Was die **Abgrenzung zu anderen Vorschriften** angeht, so wird **2** für die Koalitionsfreiheit auf die Ausführungen unten in Rn.22 verwiesen. Für religiöse und weltanschauliche Vereinigungen ist allein Art.4 bzw. Art.140 einschlägig (Pieroth/Schlink 717; Starck MKS 135 zu Art.4; Morlok DR 33 zu Art.140/137 WRV; Bauer DR 22, 38; vgl. BVerfGE 83, 341/354 ff). Daher kann insoweit auch nicht auf Art.9 Abs.2 zurückgegriffen werden (a. A. BVerwGE 37, 344/362 f; 105, 117/121), wofür i.ü. auch kein Bedarf besteht (vgl. Rn.43 zu Art.4). Für die Abgrenzung zu Art.8 ist bedeutsam, dass Art.9 auf Dauer oder auf eine gewisse Zeit angelegte Verbände schützt, während Art.8 einen „Augenblicksverband" erfasst (Rinken AK 46; Schulze-Fielitz DR 76 zu Art.8). Zum Verhältnis der kollektiven Vereinigungsfreiheit zu anderen Freiheitsrechten unten Rn.9. Für die Gründung wie für die Betätigung der Parteien ist Art.21 lex specialis (Rn.3 zu Art.21); eine kommunale Wählervereinigung fällt jedoch unter Art.9, da sie keine Partei ist (BVerfGE 78, 350/358; vgl. außerdem BVerwGE 74, 176 ff). Zu den Parlamentsfraktionen Rn.35 zu Art.38. Zur Gesetzgebungskompetenz Rn.12 zu Art.74.

2. Schutzbereich

3   **a) Vereine und Gesellschaften (Vereinigungen).** Als Vereinigung als dem Oberbegriff von Vereinen und Gesellschaften (Kemper MKS 55; vgl. Abs.2) ist jeder Zusammenschluss zu verstehen, zu dem sich eine Mehrheit natürlicher oder juristischer Personen bzw. Personenvereinigungen zu einem gemeinsamen Zweck freiwillig zusammenfindet und einer organisatorischen Willensbildung unterwirft (Höfling SA 8; Kemper MKS 61; Löwer MüK 27). Notwendig und ausreichend sind 2 Mitglieder (Höfling SA 19; Kemper MKS 57; a. A. Merten HbStR VI 789; Löwer MüK 28: 3 Mitglieder). Gesetzlich angeordnete *Zwangszusammenschlüsse* werden nicht geschützt, unabhängig davon, ob sie privat- oder öffentlich-rechtlicher Natur sind (BVerfGE 85, 360/370; Kemper MKS 78, 82; Scholz MD 66), etwa Personalräte oder öffentlich-rechtliche Verbände (unten Rn.5). Entscheidend ist die Errichtung durch den Staat; ein von Privatpersonen freiwillig gegründeter Verein verliert den Grundrechtsschutz nicht dadurch, dass jemand zum Beitritt verpflichtet wird (Kemper MKS 82). Die Anforderungen an die *organisierte Willensbildung* sind niedrig anzusetzen, mit der Folge, dass auch lose Vereinigungen erfasst werden (Merten HbStR VI 789; Kemper MKS 45). Auch sonst ist der Begriff der Vereinigung weit auszulegen. Der Zusammenschluss kann auf Dauer oder auf Zeit erfolgen, weshalb auch Gründergesellschaften und Bürgerinitiativen erfasst werden (Bauer DR 36; Löwer MüK 29). Welche rechtliche Form genutzt wird bzw. ob die Vereinigung rechtsfähig ist, spielt keine Rolle (BVerfGE 80, 244/253; Merten HbStR VI 787). Unerheblich ist des Weiteren die Art des verfolgten Zwecks (Kemper MKS 75; Merten HbStR VI 790; Höfling SA 4, 14); erfasst werden also Vereinigungen mit ideellen wie mit wirtschaftlichen Zwecken (Bauer DR 15). Auch rechtswidrige Zwecke schließen den Schutzbereich nicht aus (Bauer DR 37).

4   **Im Einzelnen** fallen unter Abs.1 eingetragene wie nicht eingetragene Vereine, Personengesellschaften, aber auch Kapitalgesellschaften, sofern sie mehrere Gesellschafter aufweisen. Auch große Wirtschaftsunternehmen werden erfasst, obwohl dort der personale Vereinigungsaspekt nur noch schwach ausgeprägt ist (Kemper MKS 68; Höfling SA 11 f; offen gelassen BVerfGE 50, 290/355 f; Rinken AK 48); insoweit ist lediglich eine stärkere Ausgestaltung möglich (unten Rn.14). Kartelle werden erfasst, wenn sie eine eigene Organisation besitzen (Scholz MD 64; Kemper MKS 88). Nicht erfasst werden Stiftungen (BVerwGE 106, 177/180 f; Bauer DR 34; Kemper MKS 64) und Ein-Mann-Gesellschaften (Kemper MKS 59).

Öffentlich-rechtliche Zusammenschlüsse fallen generell 5 nicht unter Art.9 (Bauer DR 32; Rinken AK 50; Löwer MüK 20; diff. Kemper MKS 81, 86). Zum Zwangszusammenschluss zu öffentlich-rechtlichen Vereinigungen unten Rn.7. Mit Hilfe öffentlich-rechtlicher Zwangsverbände werden öffentliche Aufgaben erfüllt, deren Erledigung auch unmittelbar durch die staatliche Verwaltung möglich wäre, ohne dass Art.9 Abs.1 daran etwas ändern könnte (Starck MKS 125 zu Art.2). Zudem beruhen sie idR nicht auf einem freiwilligen Zusammenschluss (vgl. oben Rn.3).

b) Geschützte Tätigkeiten. aa) Abs.1 schützt zunächst das Tä- 6 tigwerden der (künftigen oder gegenwärtigen) **Vereinigungsmitglieder,** also die Bildung einer Vereinigung, die Entscheidung über Zeitpunkt, Zweck und Rechtsform, ebenso den Beitritt zu einer Vereinigung (Kemper MKS 21). Die Vereinigungsfreiheit gilt zudem im besonderen Gewaltverhältnis (Rinken AK 70; Scholz MD 143). Zur Pflichtmitgliedschaft in öffentlich-rechtlichen Vereinigungen oben Rn.5.

Die **negative Vereinigungsfreiheit** wird ebenfalls erfasst, also 7 die Entscheidung, einer Vereinigung fern zu bleiben (BVerfGE 50, 290/354; Bauer DR 41) oder aus ihr auszutreten (BGHZ 130, 243/254); sie findet sich auch in Art.20 Abs.2 AEMR. Dagegen schützt Art.9 Abs.1 nicht gegen den **Zwangszusammenschluss** zu **öffentlich-rechtlichen Vereinigungen** (BVerfGE 10, 89/102; 38, 281/297; BVerwGE 107, 169/172 f; Merten HbStR VI 798 f; Löwer MüK 20; a. A. Bauer DR 42; Scholz MD 90). Öffentlich-rechtliche Vereinigungen fallen generell nicht unter Art.9 Abs.1 (oben Rn.5). Gegen die Pflichtmitgliedschaft schützt Art.2 Abs.1 (Rn.5 zu Art.2); zum Einfluss der Berufsfreiheit Rn.13 zu Art.12. Unklar ist, ob Art.9 die negative Vereinigungsfreiheit im Hinblick auf privatrechtliche Zwangsvereinigungen schützt (dafür BGH, NJW 95, 2983).

bb) Art.9 Abs.1 schützt des Weiteren die Tätigkeiten der **Ver-** 8 **einigung** zur Sicherung ihrer Existenz- und Funktionsfähigkeit, sowie ihre Selbstbestimmung über die eigene Organisation, das Verfahren ihrer Willensbildung und die (interne) Führung der Geschäfte (BVerfGE 50, 290/354; 80, 244/253; Kemper MKS 21; vgl. unten Rn. 26–28 a). Erfasst wird insb. die Aufnahme und der Ausschluss von Mitgliedern, die Namensführung (BVerfGE 30, 227/241), die Mitgliederwerbung, die Selbstdarstellung nach außen (BVerfGE 84, 372/378) und die Selbstauflösung (Bauer DR 41). Geschützt sind auch die Vereinsdaten (Merten HbStR VI 795 f). Missverständlich ist eine Beschränkung auf interne Tätigkeiten (so Löwer MüK 16), da auch bestimmte externe Aktivitäten, wie die Mitgliederwerbung, geschützt sind.

9 *Nicht* von Abs. 1 *geschützt* werden die Tätigkeiten einer Vereinigung, die **keinen Bezug zur vereinsmäßigen Struktur** haben und auch von Einzelpersonen bzw. Zusammenschlüssen ohne organisatorische Willensbildung in gleicher Weise vorgenommen werden können (Höfling SA 20; ähnlich Kemper MKS 24; restriktiver Löwer MüK 33). Wird eine Vereinigung wie jedermann im Rechtsverkehr tätig, sind allein die materiellen Individualgrundrechte und nicht Art. 9 Abs. 1 einschlägig (BVerfGE 70, 1/25; BGHZ 142, 304/312; Rinken AK 54; Bauer DR 40). Art. 9 vermittelt einem gemeinschaftlich verfolgten Zweck keinen größeren Schutz als die Grundrechte einem individuell verfolgten Zweck bieten (BVerfGE 30, 227/243; 54, 237/251; BVerwGE 88, 9/11 f; Kemper MKS 28; Merten HbStR VI 795). Allgemeine, für Vereinigungen wie für Einzelpersonen gleichermaßen geltende Vorschriften berühren daher nicht den Schutzbereich des Art. 9 (Kemper MKS 105). Beschränkungen des Zusammenschlusses mehrerer Notare zu einer Sozietät damit zu rechtfertigen (BGHZ 127, 83/95), überzeugt jedoch nicht.

10 c) **Träger** der (individuellen) Vereinigungsfreiheit ist jeder Deutsche iSd Art. 116 (Rn. 1 zu Art. 116), soweit er eine geschützte Tätigkeit ausübt oder daran teilnimmt. Eine Grundrechtsmündigkeit ist nicht erforderlich (Kemper MKS 145; Rn. 11 f zu Art. 19; a. A. Scholz MD 51). Nicht-Deutsche können sich auf Art. 2 Abs. 1 berufen (Merten HbStR VI 784; Rn. 10 zu Art. 2; a. A. Scholz MD 47). EU-Bürger können sich, soweit EG-rechtlich geboten, auf Art. 9 Abs. 1 berufen (vgl. Rn. 10 zu Art. 19; für Anwendung von Art. 2 Abs. 1 Höfling SA 32).

11 Des Weiteren sind **juristische Personen** sowie die **nicht juristischen Vereinigungen** iSd Art. 9 Abs. 1 (dazu oben Rn. 3 f) Träger der Vereinigungsfreiheit. Dies ergibt sich nach zutreffender Auffassung unmittelbar aus Art. 9 Abs. 1; ein Rückgriff auf Art. 19 Abs. 3 ist unnötig (BVerfGE 13, 174/175; ähnlich BVerfGE 80, 244/253; 84, 372/378; 92, 26/38; Löwer MüK 15; Merten HbStR VI 785; a. A. Kemper MKS 137; Scholz MD 25; Höfling SA 26). Erfasst werden auch große Kapitalgesellschaften (oben Rn.4). Allerdings muss die Vereinigung wegen Art.19 Abs.3 in der Bundesrepublik ihren Sitz haben und zudem, wegen der Begrenzung des Art.9 Abs.1 auf Deutsche, von Deutschen beherrscht sein (Merten HbStR VI 786; Kemper MKS 144; vgl. BVerfG-K, NVwZ 00, 1281); näher Rn.17 zu Art.19. Zu öffentlich-rechtlichen Zusammenschlüssen oben Rn.5.

3. Beeinträchtigung und Ausgestaltung

a) Eingriffe. Art.9 Abs.1 wird durch jede belastende Regelung **12** beeinträchtigt, die das geschützte Verhalten behindert, wie ein Verbot einer Vereinigung oder eine Verhinderung des Beitritts zu einer Vereinigung (Bauer DR 46). Auch faktische Behinderungen von erheblichem Gewicht, etwa einer nachrichtendienstlichen Unterwanderung, stellen eine Grundrechtsbeeinträchtigung dar (Rinken AK 61; vgl. Vorb.26 vor Art.1).

b) Unterlassen von Förderung und Schutz; privatrechtliche 12 a Beeinträchtigung. Der Gesetzgeber muss „eine hinreichende Vielfalt von Rechtsnormen zur Verfügung" stellen, „die den verschiedenen Typen von Vereinigungen angemessen und deren Wahl deshalb zumutbar" ist (BVerfGE 50, 290/355; anders Kemper MKS 51). Ein (originärer) Anspruch auf staatliche *Leistungen* besteht nicht, wohl aber ein Anspruch auf gleiche Berücksichtigung bei staatlicher Förderung (Bauer DR 60; Merten HbStR VI § 144 Rn.12). Nicht gewährleistet ist die Beteiligung von Vereinigungen in öffentlichen Einrichtungen wie den Rundfunkräten (BVerfGE 83, 238/339).

Der Staat muss gegenüber übermächtigen Verbänden **Schutzvor- 13 kehrungen** treffen (Höfling SA 29). Für Privatpersonen untereinander ist allein die **Ausstrahlungswirkung** (dazu Vorb.15 f, 33 vor Art.1) bedeutsam (BGHZ 140, 74/77; Merten HbStR VI 782 f; Scholz MD 96 f). Ein Antrag auf Mitgliedschaft darf daher nicht in willkürlicher Weise versagt werden, wenn der Verein im wirtschaftlichen oder sozialen Bereich eine überragende Machtstellung innehat und ein wesentliches oder grundlegendes Interesse am Erwerb der Mitgliedschaft besteht (BGHZ 93, 151/152; 140, 74/77; NJW 99, 1326; Bauer DR 45; Merten HbStR VI 793 f; vgl. BVerfG-K, NJW-RR 89, 636). Entsprechendes gilt für den Ausschluss. Wegen der Ausstrahlungswirkung ist zudem ein Mindestmaß an demokrati-

scher Binnenstruktur bzw. pluraler Binnenorganisation geboten,
wenn die Mitgliedschaft für die Mitglieder zur Ausübung eines
Grundrechts zwingend erforderlich ist (Scholz MD 108; vgl. auch
Rn. 23–25 zu Art. 21; Kemper MKS 127); weitergehende Anforderungen bedürfen gesetzlicher Regelung (Rinken AK 71). Zur Bindung der Vereinssatzung an Grundrechte Rn. 31 zu Art. 1.

14   **c) Ausgestaltung.** Die „Vereinigungsfreiheit ist in mehr oder
minder großem Umfang auf Regelungen angewiesen, welche die
freien Zusammenschlüsse und ihr Leben in die allgemeine Rechtsordnung einfügen, die Sicherheit des Rechtsverkehrs gewährleisten,
Rechte der Mitglieder sichern und den schutzbedürftigen Belangen
Dritter oder auch öffentlichen Interessen Rechnung tragen"; solche
Ausgestaltung des Grundrechts stellt keine Grundrechtsbeeinträchtigung dar (BVerfGE 50, 290/354 f; 84, 372/378 f; Löwer MüK 24;
Merten HbStR VI 782, 803 f; vgl. auch BVerfGE 39, 334/367; allg.
zur Ausgestaltung Vorb. 34 f vor Art. 1; gegen eine Ausgestaltung
Kemper MKS 41 ff, der allerdings die Vereinigungsfreiheit durch
andere Grundrechte weithin verdrängt sieht, etwa im Bereich der
Vereinssatzung durch die Vertragsfreiheit des Art. 2 Abs. 1; Kemper
MKS 120). Soweit es weder um die Entfaltung der Vereinigungsfreiheit noch um den Ausgleich mit den Grundrechten Dritter geht,
ist das problematisch, weil die Grenze zur Beeinträchtigung völlig
verschwimmt (Vorb. 35 vor Art. 1; vgl. unten Rn. 36). Vieles spricht
dafür, die Ausgestaltung auf Maßnahmen zu beschränken, die das
Schutzgut des Art. 9 Abs. 1 fördern. Jedenfalls muss die Ausgestaltung
„auf einen Ausgleich gerichtet sein, der geeignet ist, freie Assoziation
und Selbstbestimmung der Vereinigungen unter Berücksichtigung
der Notwendigkeit eines geordneten Vereinslebens und der schutzbedürftigen sonstigen Belange zu ermöglichen und zu erhalten"
(BVerfGE 50, 290/355). Der Ausgleich muss insb. den Grundsatz
der Verhältnismäßigkeit wahren (vgl. Löwer MüK 24). In diesem
Rahmen ist etwa die Begrenzung der Rechtsfähigkeit von Vereinigungen zulässig (BVerwGE 58, 26/33 f). Zudem ist bedeutsam, dass
der Grundtyp der von Abs. 1 gemeinten Vereinigung der „freie
Zusammenschluss gleichberechtigter Mitglieder" ist. Je weiter eine
Vereinigung von diesem Ideal entfernt ist, wie das insb. bei großen
Wirtschaftsgesellschaften häufig der Fall ist, desto weiter kann die
zulässige Ausgestaltung gehen (BVerfGE 50, 290/358 f; Löwer MüK
31). Für die Mitgliedschaft in Aktiengesellschaften ist daher Art. 14
und nicht Art. 9 Abs. 1 dominierend (BVerfGE 14, 263/273 ff; Scholz
MD 93).

4. Rechtfertigung (Schranken) bei Verboten

a) Allgemeines. Der Wortlaut des Abs.2 spricht dafür, dass die **15** unter diese Vorschrift fallenden Vereinigungen nicht in den Schutzbereich des Grundrechts fallen (so wohl BVerfGE 80, 244/253). Der Vergleich mit Art.21 Abs.2 sowie der Grundsatz der Rechtssicherheit und das Erfordernis der Effektuierung der Vereinigungsfreiheit verlangen jedoch, in Abs.2 eine (bloße) Ermächtigung zum Erlass grundrechtseinschränkender Vorschriften zu sehen (Bauer DR 49; Höfling SA 38). Das Verbot durch die staatliche Stelle hat daher konstitutive Wirkung (Scholz MD 132; Löwer MüK 48; Becker HbStR VII 343; a. A. Ridder AK II 23 ff; wohl auch BVerfGE 80, 244/254). Abs.2 enthält somit einen Regelungs- bzw. Gesetzesvorbehalt. Die Voraussetzungen des Vorbehalts müssen jeweils von der Vereinigung erfüllt werden; werden sie nur von einzelnen Mitgliedern erfüllt, genügt das nicht (vgl. unten Rn.16). Zulässig ist die Auflösung des Vereins bereits vor Unanfechtbarkeit der Verbotsverfügung (BVerfGE 80, 244/254). Art.19 Abs.1, insb. das Zitiergebot, dürfte nicht anwendbar sein (vgl. Rn.4 zu Art.19). Die Verbotsvoraussetzungen des Abs.2 sind abschließend (BVerfGE 80, 244/253).

b) Alternativen für ein Verbot nach Abs.2: aa) Verboten **16** werden können Vereinigungen, deren Zwecksetzung oder Tätigkeit den **Strafgesetzen** zuwiderlaufen. Damit sind nur *allgemeine* Strafgesetze gemeint, die ein Verhalten pönalisieren, unabhängig davon, ob es vereinsmäßig begangen wird oder nicht (Scholz MD 125; Höfling SA 39; a. A. Merten HbStR VI 806). Das Verhalten einzelner Mitglieder ist nur relevant, soweit es dem Verein zugerechnet werden kann (BVerwGE 80, 299/306 f; Bauer DR 50). Die Strafgesetzwidrigkeit kann auch zeitlich begrenzt sein (BVerwGE 80, 299/307), muss aber andererseits dem Verein zuzurechnen sein (BVerwGE 80, 299/306; Kemper MKS 152).

bb) Weiter können Vereinigungen verboten werden, die gegen **17** die **verfassungsmäßige Ordnung** gerichtet sind. Mit verfassungsmäßiger Ordnung soll die freiheitliche demokratische Grundordnung (dazu Rn.33 zu Art.21) gemeint sein (BVerwGE 47, 330/351; Stern I 217; enger Ridder AK II 34 ff), obwohl das GG an anderen Stellen (etwa Art.18, Art.21 Abs.2) eben diesen Begriff nutzt und nicht den der verfassungsmäßigen Ordnung. Richtigerweise dürfte ebenso wie in Art.20 Abs.3 (Rn.32 zu Art.20) die gesamte Verfassung gemeint sein (Kemper MKS 160; diff. Scholz MD 127). Dementsprechend rechnet hierher auch der Schutz des Art.3 Abs.3

(i. E. BVerwG, NJW 95, 2505). Wegen des Bestimmtheitsgebots (Rn.54–56 zu Art.20) ist auch hier eine gesetzliche Grundlage notwendig. Weiter muss sich die Vereinigung aktiv und aggressiv-kämpferisch gegen die verfassungsmäßige Ordnung richten (BVerw-GE 37, 344/358 f; 61, 218/220; BVerwG, NJW 95, 2505; Stern I 217; Scholz MD 128). Die Beeinträchtigung der Rechtsgüter muss nicht unmittelbar bevorstehen (BVerwGE 61, 218/220; Kemper MKS 156).

18   **cc)** Schließlich können Vereinigungen verboten werden, die sich gegen die **Völkerverständigung** richten. Diese Voraussetzung ist nach hM erfüllt, wenn durch Art.26 Abs.1 verbotene Tätigkeiten verfolgt werden (Scholz MD 131; Löwer MüK 44). Gleichgestellt werden gegen das Zusammenleben der Völker gerichtete sonstige völkerrechtswidrige Tätigkeiten von vergleichbarem Gewicht (Höfling SA 45). Ein Verbot ist nicht gerechtfertigt, wenn Kritik an fremden Staaten geübt wird oder politische bzw. völkerrechtliche Kontakte mit bestimmten Staaten abgelehnt werden (Pieroth/ Schlink 750).

19   **c) Verhältnismäßigkeit.** Ein Verbot eines Vereins kommt nur in Betracht, wenn dies zur Förderung des geschützten Rechtsguts geeignet, erforderlich und verhältnismäßig ist (BVerfGE 30, 227/243; BVerwGE 37, 344/361 f; Bauer DR 55; a. A. Kemper MKS 148); näher zu den einzelnen Voraussetzungen Rn.83–88 zu Art.20.

5. Rechtfertigung (Schranken) bei sonstigen Beeinträchtigungen

20   Abs.2 regelt an sich nur den besonders gewichtigen Fall des Verbots einer Vereinigung. Sonstige Beschränkungen der geschützten Tätigkeit können aber als **mildere Maßnahmen** ebenfalls auf Abs.2 gestützt werden (Scholz MD 117, 134; a. A. Kemper MKS 150). Zudem werden einzelne Tätigkeiten, die gegen allgemeine Gesetze verstoßen, bereits vom **Schutzbereich** der Vereinigungsfreiheit **nicht erfasst** (oben Rn.9). Zur Begrenzung durch die Ausgestaltung oben Rn.14. Schließlich kann **kollidierendes Verfassungsrecht** die Vereinigungsfreiheit beschränken, etwa die verfassungsrechtliche Anerkennung des Strafvollzugs oder die Wettbewerbsfreiheit (Vorb.45 f vor Art.1; Bauer DR 54). Dazu ist eine gesetzliche Konkretisierung notwendig (Höfling SA 40; allg. Vorb.48 vor Art.1).

21   Materiell ist allgemein der Grundsatz der Verhältnismäßigkeit einzuhalten; vgl. oben Rn.19. **Im Einzelnen** muss die Pflichtmitgliedschaft in einem Prüfungsverband auf die gesetzliche Pflichtprüfung

beschränkt werden können (BGHZ 130, 243/254 ff). Unverhältnismäßig ist das Verbot von Sozietäten mit mehr als zwei Notaren (a. A.
BGHZ 127, 83/96 ff; vgl. oben Rn.9).

II. Koalitionsfreiheit

1. Bedeutung, Systematik und Abgrenzung zu anderen Vorschriften

Die auf Art.159, 165 WRV zurückgehende Gewährleistung des **22**
Abs.3 hatte historisch den Zweck, entgegen der Unterdrückung der
Gewerkschaften im 19. Jhdt. deren Freiheit zu sichern (vgl. Kittner
AK 2 ff, 24). Sie kommt aber der Arbeitgeberseite in prinzipiell
gleicher Weise zugute (einschr. Kittner AK III 24). Sie soll einen von
staatlicher Rechtsetzung freien Raum garantieren, in dem frei gebildete Arbeitgeber- sowie Arbeitnehmervereinigungen das Arbeits-
leben selbständig ordnen (BVerfGE 44, 322/340 f; 64, 208/215).
Über die Arbeits- und Wirtschaftsbedingungen „sollen die Beteiligten selbst und eigenverantwortlich, grundsätzlich frei von staatlicher Einflussnahme, bestimmen" (BVerfGE 50, 290/367). Das
Grundrecht wird als *Koalitionsfreiheit* bezeichnet (etwa BVerfGE 50,
290/366 f; 84, 212/223 f; 88, 103/113). Es enthält ein Abwehrrecht
und zugleich eine Institutsgarantie bzw. eine objektive Entscheidung, insb. für den Kernbestand des Tarifvertragssystems (BVerfGE
4, 96/108; 44, 322/340; Scholz MD 164). Die Koalitionsfreiheit ist
ein Spezialfall der allgemeinen Vereinigungsfreiheit des Abs.1 (Bauer
DR 24; vgl. BVerfGE 84, 212/224); der spezifische Zweck (unten
Rn.23 a) unterscheidet sie (BVerfGE 84, 212/224). Sie geht weiterhin Art.5 Abs.1 (BVerfGE 28, 295/310) und Art.2 Abs.1 vor
(BVerfGE 19, 303/314; 58, 233/256). Zum Verhältnis zu anderen
Grundrechten unten Rn.29. Zur Beziehung zwischen Koalition und
Mitglied unten Rn.44 sowie Rn.31 zu Art.1. Die (kollektive) Glau-
bensfreiheit geht der Koalitionsfreiheit weithin vor (Rn.41 zu Art.4).

2. Schutzbereich

a) Koalition. Die von Abs.3 erfassten Vereinigungen werden als **23**
Koalitionen bezeichnet (etwa BAGE 58, 138/142; Höfling SA 53).
Sie müssen zunächst die in Rn.3 aufgeführten Voraussetzungen einer
Vereinigung erfüllen, etwa *freiwillig* und *privatrechtlich* gebildet sein
(oben Rn.5). Wie diese müssen Koalitionen *nicht auf Dauer* angelegt
sein (vgl. oben Rn.3), weshalb auch ein ad-hoc-Bündnis erfasst

wird, sofern die sonstigen Voraussetzungen vorliegen (BVerfGE 84, 212/225; Kittner AK III 48; a. A. Löwer MüK 71).

23 a   Der **Zweck** der Koalition muss in der Wahrung und Förderung der *Arbeitsbedingungen* bestehen, d. h. der Bedingungen, die die einzelnen Arbeitsverhältnisse bestimmen, wie Lohnhöhe, Arbeitszeit, Urlaub und Arbeitsschutz (Kemper MKS 178). Dazu rechnen auch Vorgaben für ein Personalbemessungssystem (BAGE 64, 284/292). Weiter können sie die Förderung der *Wirtschaftsbedingungen* bezwecken, also der für Arbeitgeber und Arbeitnehmer bedeutsamen allgemeinen wirtschafts- und sozialpolitischen Verhältnisse (Bauer DR 70; Kemper MKS 178), wie die Arbeitslosigkeit, die Einführung neuer Technologien, die Beteiligung am Produktionsvermögen etc. (Höfling SA 54). Eine Koalition liegt nur vor, wenn zumindest auch Ziele aus dem Bereich der Arbeitsbedingungen verfolgt werden (Scholz HbStR VI 1147; Löwer MüK 69; ähnlich Kittner AK III 30). Wirtschaftsverbände, Kartelle und Verbrauchervereinigungen fallen daher nicht unter Abs.3, sondern unter Abs.1 (Löwer MüK 72; Pieroth/Schlink 733). Den erforderlichen Zweck verfolgen dagegen die Arbeitgeberverbände und die Gewerkschaften iwS, also Vereinigungen von Arbeitnehmern (Scholz HbStR VI 1147), sowie die jeweiligen Spitzenverbände (Bauer DR 70), ohne dass es auf die Bezeichnung ankommt (s. auch unten Rn.31).

24   **Darüber hinaus** lässt sich von einer Koalition nur sprechen, wenn sie **gegnerfrei** organisiert ist (BVerfGE 50, 290/373 ff; 100, 214/223; BAGE 88, 38/44; Bauer DR 72 f), die Mitglieder also entweder Arbeitgeber oder Arbeitnehmer sind (Scholz HbStR VI 1147; vgl. BVerfGE 50, 290/373 ff). Auch sonst muss die Vereinigung **von der Gegenseite unabhängig** sein (BVerfGE 50, 290/368, 373; 58, 233/247). Nur dann kann eine Vereinigung den Aufgaben gerecht werden, die eine Koalition iSd Abs.3 erfüllen soll. Das Erfordernis der *überbetrieblichen Grundlage* (BVerfGE 50, 290/368; 58, 233/247) ist eine Ausprägung dieser Anforderung, auf die in Sonderfällen verzichtet werden kann, sofern die Beschränkung auf ein Unternehmen die Unabhängigkeit nicht gefährdet (Höfling SA 57; Kittner AK III 51; Bauer DR 75). Eine ausreichende *Durchsetzungsfähigkeit* bzw. Verbandsmacht dürfte nicht zwingend notwendig sein (BVerfG-K, NJW 95, 3377; Bauer DR 74; a. A. für Arbeitnehmerverbände BAGE 66, 258/363 f; Kittner AK III 54); jedenfalls genügt es, wenn sie eine solche Fähigkeit anstreben (BAGE 88, 38/44). Die Fähigkeit kann andererseits als Voraussetzung der Tariffähigkeit verlangt werden (unten Rn.40). Die Tariffähigkeit ist keine notwendige Voraussetzung für eine Koalition iSd Art.9 Abs.3 (BVerfGE 19,

303/312; vgl. E 58, 233/251 ff), ebenso wenig wie die Bereitschaft zum Arbeitskampf (BVerfGE 18, 18/32 f) oder die Fähigkeit zum Abschluss von Tarifverträgen (BVerwG, NJW 80, 1763). Generell darf der arbeitsrechtliche Koalitionsbegriff nicht unbesehen in das Verfassungsrecht übernommen werden (vgl. Kittner AK III 46).

b) Geschützte individuelle Tätigkeiten. aa) Zu den **ge-** **25** **schützten Tätigkeiten** gehört zunächst die Gründung wie der Beitritt zu einer Koalition, der Verbleib in der Koalition und die Teilnahme an der geschützten Tätigkeit durch Arbeitgeber und Arbeitnehmer (BVerfGE 19, 303/312; 51, 77/87 f; 55, 7/21; 64, 208/213). Die *negative* Koalitionsfreiheit schützt die Entscheidung, einer Koalition nicht beizutreten oder aus ihr auszutreten (BVerfGE 50, 330/367; 64, 208/213; Scholz MD 226; a. A. Kittner AK III 41); sie schützt auch gegen faktischen Druck, sofern er nicht unerheblich ist (BVerfGE 20, 312/321 f; 55, 7/22). Näher zum Beitritt und Austritt unten Rn.44. Einer Allgemeinverbindlicherklärung von Tarifverträgen steht das aber nicht notwendig entgegen (BAG, NJW 90, 3037). Zum Schutz der negativen Koalitionsfreiheit gegenüber Privaten s. auch unten Rn.43.

c) Geschützte Tätigkeiten der Koalition. aa) Geschützt sind **26** weiter alle Tätigkeiten der Koalition, die für die **Erhaltung und Sicherung der Koalition** notwendig sind (BVerfGE 28, 295/304; 50, 290/373; 57, 220/246; Scholz MD 249; vgl. oben Rn.8). Dazu gehört die Wahl der Organisationsform (BSGE 69, 25/30), die Satzungsautonomie (BAGE 50, 179/196), die Mitgliederwerbung (BVerfGE 28, 295/304; 93, 352/358), Maßnahmen zur Aufrechterhaltung der Geschlossenheit nach innen und nach außen (BVerfGE 100, 214/221), insb. der Ausschluss von Mitgliedern, die gegen die Ziele der Koalition verstoßen (dazu unten Rn.44). Der *Schutzbereich* ist entgegen früheren mißverständlichen Formulierungen (BVerfGE 57, 220/246; 77, 1/63) nicht auf einen Kernbereich beschränkt (BVerfGE 93, 352/359; 94, 268/283; 100, 214/221 f; Bauer DR 80; vgl. Höfling SA 82; unten Rn.36).

bb) Weiter ist das Recht geschützt, „durch **spezifisch koaliti-** **27** **onsmäßige** Betätigung die in Abs.3 genannten Zwecke zu verfolgen" (BVerfGE 50, 290/367; 77, 1/62 f; 94, 268/283; BAGE 48, 307/311), auch wenn sie nicht unerlässlich sind (BVerfGE 93, 352/358; 94, 268/283; Höfling SA 81 f; a. A. Kemper MKS 201, 204). Geschützt ist die Tätigkeit der Koalition, „soweit diese gerade in der Wahrung und Förderung der Arbeits- und Wirtschaftsbedingungen besteht" (BVerfGE 88, 103/114).

28   Dazu gehört v. a. der Abschluss von *Tarifverträgen* (BVerfGE 84, 212/224; 92, 26/38; 94, 268/283; BAGE 62, 171/183 f); Abs.3 ist deshalb die Grundlage der **Tarifautonomie** (BVerfGE 44, 322/341; 58, 233/248 f; 100, 271/282; BVerwGE 80, 355/368). Die „Tarifautonomie ist darauf angelegt, die strukturelle Unterlegenheit der einzelnen Arbeitnehmer beim Abschluss von Arbeitsverträgen durch kollektives Handeln auszugleichen und damit ein annähernd gleichgewichtiges Aushandeln der Löhne und Arbeitsbedingungen zu ermöglichen" (BVerfGE 84, 212/229). Gegenstand von Tarifverträgen können alle Arbeits- bzw. Wirtschaftsbedingungen (dazu oben Rn.23 a) sein (BAGE 64, 284/290 f; Höfling SA 87). Auch die Abgrenzung des Geltungsbereichs von Tarifverträgen fällt unter Abs.3; Art.3 Abs.1 wird insoweit verdrängt (BAGE 49, 360/367). Zum Charakter von Tarifverträgen Rn.31 zu Art.1, zur Allgemeinverbindlicherklärung unten Rn.40. Zu den geschützten Tätigkeiten zählt weiterhin der **Streik,** der „auf den Abschluss von Tarifverträgen gerichtet" ist (BVerfGE 92, 365/393 f; ähnlich E 88, 103/114; BAGE 48, 160/166), auch der verhältnismäßige Warnstreik (BAGE 46, 322 ff). Nicht geschützt wird der wilde Streik, der nicht von einer Koalition iSd Abs.3 geführt wird (BAGE 15, 174/191; Kemper MKS 262). Gleiches gilt für den politischen Streik, der sich nicht gegen den Tarifvertragspartner wendet (Kemper MKS 261; Höfling SA 106; s. aber auch Kittner AK 66). Zum Sympathiestreik unten Rn.41. Auf der anderen Seite schützt Art.9 Abs.3 auch die **Abwehraussperrung**, da und soweit sie zur Herstellung der Kampf- bzw. Verhandlungsparität angebracht ist (BVerfGE 84, 212/225; BAGE 58, 138/144; Scholz MD 329; a. A. wegen fehlender Erforderlichkeit Kittner AK 66); dies gilt auch für den Außenseiterarbeitgeber (BAGE 71, 92/98), jedenfalls wenn er sich einer Verbandsaussperrung anschließt (BVerfGE 84, 212/225). Zu den Möglichkeiten der Beschränkung von Arbeitskampfmaßnahmen unten Rn.41 f.

28 a   **Des Weiteren** schützt Abs.3 die gewerkschaftliche Präsenz im Betrieb sowie die gewerkschaftliche Betätigung in Betriebsräten und Personalvertretungen (BVerfGE 19, 303/321; 50, 290/372) und die Wahlen dazu, einschl. deren Vorbereitung (BVerfGE 60, 162/170; 67, 369/379). Geschützt ist auch die Errichtung von Sozialkassen (BAGE 60, 183/189 f) und die außergerichtliche Beratung (BVerfGE 88, 5/11).

29   **cc)** Für andere als koalitionsspezifische Betätigungen (oben Rn.27 f) sind **allein die sonstigen Grundrechte** einschlägig (Bauer DR 66). Von Art.9 Abs.3 nicht geschützt ist daher die allg. politische

Betätigung (BVerfGE 57, 29/37 f) und die Beteiligung in öffentlichen Einrichtungen wie den Rundfunkräten (BVerfGE 83, 238/339). Generell wird Abs.3 nicht durch Regelungen beeinträchtigt, die für Einzelpersonen bzw. Vereinigungen in gleicher Weise wie für Koalitionen gelten (vgl. oben Rn.9).

d) Träger der (individuellen) Koalitionsfreiheit ist jeder Arbeit- **30** geber und jeder Arbeitnehmer (BVerfGE 84, 212/224), soweit er eine geschützte Tätigkeit (oben Rn.25) ausübt oder an ihr aktiv beteiligt ist. Darunter fallen auch Ausländer (Bauer DR 62). Welchen Beruf oder welches Gewerbe der Betreffende ausübt, spielt keine Rolle (BVerfGe 19, 303/322); erfasst werden auch Beamte und Richter (BVerfGe 88, 103/114; BVerwGE 59, 48/54) sowie Soldaten (BVerfGE 57, 29/35 ff); vgl. auch unten Rn.42. Die Koalitionsfreiheit steht auch den Auszubildenden zu (Höfling SA 112), des Weiteren Minderjährigen (Rn.11 zu Art.19; Bauer DR 27). Auch Arbeitnehmer einer Gewerkschaft sind Grundrechtsträger (BAGE 88, 38/47). Geschützt sind schließlich die Personalratsmitglieder, jedenfalls in ihrer Arbeitnehmereigenschaft (BVerfGE 28, 314/323; 51, 77/86 ff).

Träger der (kollektiven) Koalitionsfreiheit sind alle **Koalitionen 31** (dazu oben Rn.23–24), unabhängig von ihrer Rechtsform (BVerfGE 4, 96/101 f; 50, 290/367). Dies ergibt sich unmittelbar aus Art.9 Abs.3; ein Rückgriff auf Art.19 Abs.3 ist unnötig (BVerfGE 84, 212/224; 88, 103/114; 94, 268/282 f; Kittner AK 25; Löwer MüK 68; für Heranziehung von Art.19 Abs.3 dagegen Höfling SA 113). Als juristische Personen oder nicht rechtsfähige Personenvereinigungen organisierte Unternehmen können sich gem. Art.19 Abs.3 auf die Koalitionsfreiheit berufen. Keine Grundrechtsträger sind juristische Personen des öffentlichen Rechts (Kemper MKS 276; vgl. oben Rn.5; Rn.18 f zu Art.19), auch nicht die öffentlich-rechtlichen Rundfunkanstalten (BVerfGE 59, 231/254 f). **Im Einzelnen** sind die Personalvertretungen Grundrechtsträger, jedenfalls die dort tätigen Gewerkschaften (BVerfGE 19, 303/312; oben Rn.30). Tochterunternehmen von Koalitionen, die gewerbliche Zwecke verfolgen, werden von Abs.3 allenfalls insoweit erfasst als sie ökonomisch die Tätigkeit der Mutter sichern (vgl. BVerfGE 77, 1/62 f). Koalitionen mit Sitz im Ausland werden ebenfalls geschützt (Löwer MüK 82; a. A. Kemper MKS 272), weil ein Rückgriff auf Art.19 Abs.3 unnötig ist; für sonstige juristische Personen dürfte das dagegen wegen Art.19 Abs.3 nicht gelten (Kemper MKS 272; a. A. Löwer MüK 83).

3. Beeinträchtigung und Ausgestaltung

32   **a) Eingriffe.** Jede Regelung des geschützten Verhaltens (oben Rn. 25–28 a) beeinträchtigt das Grundrecht. Bei Arbeitskämpfen ist dies der Fall, wenn der Staat zugunsten einer Seite interveniert oder eine Zwangsschlichtung durchführt (BVerfGE 18, 18/30). Bei mittelbaren und faktischen Behinderungen dürfte es auf das Gewicht ankommen (Vorb. 27 vor Art. 1). So beeinträchtigt die Errichtung einer öffentlich-rechtlichen Zwangskörperschaft mit einem ähnlichen Aufgabengebiet die Koalitionsfreiheit, sofern dadurch koalitionsspezifische Tätigkeiten unmöglich gemacht oder erheblich erschwert werden (BVerfGE 38, 281/303 f). Das Ruhen von Arbeitslosengeld im Zusammenhang mit Arbeitskämpfen beeinträchtigt Art. 9 Abs. 3 (BVerfGE 92, 365/393). Eine unterschiedliche Behandlung von Koalitionsmitgliedern und Nichtmitgliedern durch den Staat beeinträchtigt Abs. 3 erst dann, wenn dadurch Zwang oder Druck zum Beitritt bzw. Ausscheiden ausgeübt wird (BVerfGE 31, 297/302; 44, 322/352); zum Parallelproblem bei Privaten unten Rn. 34. An einer Grundrechtsbeeinträchtigung fehlt es, wenn es sich um eine zulässige Ausgestaltung handelt (dazu unten Rn. 35).

33   **b) Unterlassen von Schutz.** Treten „strukturelle Ungleichgewichte" auf, „die ein ausgewogenes Aushandeln der Arbeits- und Wirtschaftsbedingungen nicht mehr zulassen", ist der Gesetzgeber verpflichtet, „Maßnahmen zum Schutz der Koalitionsfreiheit zu treffen" (BVerfGE 92, 365/397).

34   **c) Privatrechtliche Beeinträchtigungen.** Die Koalitionsfreiheit wird gem. Abs. 3 S. 2 auch durch Absprachen und Maßnahmen von Privatpersonen, insb. von Koalitionen und Arbeitgebern beeinträchtigt. Voraussetzung ist, dass mit ihnen ein erheblicher Druck auf die geschützte Tätigkeit ausgeübt wird (BVerfGE 55, 7/22; vgl. E 57, 220/245; Bauer DR 82; Kittner AK 80 ff). Der Effekt des Abs. 3 S. 2 wird häufig als „unmittelbare Drittwirkung" bezeichnet (etwa Löwer MüK 85; Bauer DR 82 f; krit. zu Recht Ipsen II 667 f; vgl. Rn. 36 zu Art. 1 sowie BVerfGE 93, 352/360 f). In der Sache wird klargestellt, dass der Koalitionsfreiheit generell der Vorrang vor der Vertragsfreiheit zukommt. Eine Begrenzung durch andere Grundrechte und Verfassungsgüter ist aber nicht ausgeschlossen (unten Rn. 38 f); dies gilt insb. für einander entgegengesetzte Ausübungen der Koalitionsfreiheit. Behindern Private die Ausübung der Koalitionsfreiheit in unzulässiger Weise, ist dies rechtswidrig. Entsprechende Absprachen sind nichtig (Löwer MüK 86). Tarifwidrige Betriebsvereinbarungen stellen etwa eine Beeinträchtigung dar (BAGE 91, 210/227 f). Koalitionen haben einen Unterlassungsanspruch (BAGE 54, 353/367; 91, 210/228 f). Gegen einen rechtswidrigen Streik kann sich nur das betroffene Unternehmen, nicht ein Arbeitgeberverband wehren (BAGE 46, 322/332 f). Zum Schutz der negativen Koalitionsfreiheit unten Rn.43. Zu den Religionsgesellschaften unten Rn.38.

d) Ausgestaltung. Die Koalitionsfreiheit bedarf „von vornherein **35** der gesetzlichen Ausgestaltung. Diese besteht … in der Schaffung der Rechtsinstitute und Normenkomplexe, die erforderlich sind, um die grundrechtlich garantierten Freiheiten ausüben zu können" (BVerfGE 50, 290/368; 58, 233/247; 88, 103/115; Scholz MD 167; a. A. Kittner AK 70; allg. zur Ausgestaltung Vorb.34 f vor Art.1). Eine Ausgestaltung bzw. ein Ausgleich ist insb. dort geboten, wo die individuelle und die kollektive Koalitionsfreiheit oder die Freiheit verschiedener Koalitionen kollidieren (BVerfGE 84, 212/228; 92, 365/394; 94, 268/284; BAGE 36, 131/137). Zur Frage, ob mit der Ausgestaltung auch andere Ziele verfolgt werden können, unten Rn.36. Die Ausgestaltung ist keine Grundrechtsbeschränkung (Höfling SA 116; allg. Vorb.34 vor Art.1). Zur gesetzlichen Grundlage der Ausgestaltung unten Rn.39.

Was die **Reichweite** zulässiger Ausgestaltung angeht, so muss sich **36** die Ausgestaltung „am Normziel von Art.9 Abs.3 GG orientieren" (BVerfGE 92, 26/41). Der Kernbereich der Koalitionsfreiheit darf nicht beeinträchtigt werden (BVerfGE 93, 352/359; vgl. oben Rn.26). Weiter rechtfertigt die Ausgestaltung nicht die Verfolgung beliebiger öffentlicher Interessen (offengelassen BVerfGE 84, 212/228). Andererseits besitzt der Gesetzgeber bei der Ausgestaltung einen erheblichen Spielraum (BVerfGE 92, 365/394). Werden zwangsläufig die Rechtsordnungen anderer Staaten berührt, ist der Spielraum noch weiter (BVerfGE 92, 26/41 f). Schließlich wird die Ausgestaltung den Grundsatz der Verhältnismäßigkeit (näher Rn.83–88 zu Art.20) zu beachten haben. Zudem darf die Parität der Tarifpartner nicht verfälscht werden (BVerfGE 92, 26/41), die nicht nur rechtlich formal, sondern auch faktisch zu verstehen ist (BAGE 23, 292/308; einschr. Scholz MD 292; weitergehend Kittner AK 28).

4. Rechtfertigung von Beeinträchtigungen (Schranken)

Die **Schranken** des Abs.2 lassen sich aus systematischen Gründen **37** **nicht** auf die **Koalitionsfreiheit** anwenden (Kittner AK 36; Höfling SA 127; a. A. Kempen MKS 298; Löwer MüK 89; Bauer DR 87), ebenso wenig wie die des Art.5 Abs.2 auf Art.5 Abs.3

angewandt werden (Rn.91, 105 zu Art.5). Das BVerfG hat dementsprechend in keiner Entscheidung auf Art.9 Abs.2 zurückgegriffen.
Eine Beschränkung durch das *Gemeinwohl* besteht so wenig wie bei
anderen Grundrechten (Pieroth/Schlink 746; Vorb.39 a vor Art.1;
a. A. Scholz, HbStR VI 1132 ff). Der Schutz wichtiger Gemeinschaftsgüter genügt nicht (so aber Höfling SA 135 f; zu Sachverhalten mit Auslandsbezug vgl. oben Rn.36). Eine Beschränkung der
Koalitionsfreiheit, insb. der Tarifvertragsfreiheit, durch die guten
Sitten ist nicht möglich (a. A. BAGE 73, 20/23).

38   Grundlage für Begrenzungen durch den Gesetzgeber kann zum
einen die **Ausgestaltung** sein (oben Rn.35 f; Scholz MD 339). Eine
weitere Basis bildet das **kollidierende Verfassungsrecht** (BVerf-
GE 84, 212/228; 94, 268/284; 100, 271/283 f; Vorb.45–49 vor Art.1;
Kittner AK 34), insb. Grundrechte Dritter. Zur Einschränkung durch
Art.33 Abs.5 unten Rn.42. Zur Einschränkung durch Art.4 BVerf-
GE 57, 220/242 ff; Rn.41 zu Art.4. Kollidierendes Verfassungsrecht
kann sich auch aus der Koalitionsfreiheit Dritter ergeben (BVerfGE
84, 212/228; Höfling SA 130; a. A. Kemper MKS 224); doch kommt
insoweit meist schon die Ausgestaltung zum Tragen (oben Rn.35 f).
Des Weiteren können sich aus der in Art.12 gewährleisteten Unter-
nehmensautonomie Beschränkungen ergeben (BAGE 64, 284/295).
Auch die Bekämpfung der Massenarbeitslosigkeit hat Verfassungsrang
(BVerfGE 100, 271/284). Weitere Fälle unten Rn.42.

39   Die Ausgestaltung bzw. die Konkretisierung durch kollidierendes
Verfassungsrecht bedarf der **gesetzlichen Regelung,** soweit es um
Beziehungen zwischen Staat und Privatrechtssubjekten geht (BVerf-
GE 88, 103/116 f; Bauer DR 89). Das Zitiergebot des Art.19 Abs.1
S.2 GG greift nicht (Rn.4 zu Art.19; vorsichtig BAG, NJW 00, 974).
Werden dagegen die Beziehungen zwischen Privaten geregelt, kön-
nen die Gerichte auch ohne gesetzliche Grundlagen tätig werden
(BVerfGE 84, 212/226 f; 88, 103/115 f). Jede Beschränkung muss
den Grundsatz der **Verhältnismäßigkeit** bzw. des schonenden Ausgleichs wahren (BVerfGE 84, 212/228 f; 92, 26/43 f, 45; 92,
365/395; Bauer DR 91); allg. zur Verhältnismäßigkeit Rn.83–88 zu
Art.20. Der Stellenwert der Koalitionsfreiheit nimmt „in dem Maße
zu, in dem eine Materie ... am besten von den Tarifvertragsparteien
geregelt werden kann" (BVerfGE 94, 268/285). Im **Notstandsfall**
unterliegt die Koalitionsfreiheit keinen zusätzlichen Beschränkungen, wie Abs.3 S. 3 (1968 eingefügt; Einl.2 Nr.17) klarstellt (Höfling
SA 140); andererseits sind die im Normalfall möglichen Beschränkungen auch im Notstandsfall nicht verboten (Bauer DR 90; Löwer
MüK 93).

5. Einzelfälle

a) Tarifverträge. Die Tarifautonomie darf darauf angelegt sein, **40** „die strukturelle Unterlegenheit der einzelnen Arbeitnehmer beim Abschluss von Arbeitsverhältnissen durch kollektives Handeln auszugleichen", ohne zu einem „Übergewicht" zu führen (BVerfGE 84, 212/229; 92, 365/395). Zulässig sind die sachgemäße Fortbildung des Tarifvertragssystems (BVerfGE 50, 290/369), die Allgemeinverbindlicherklärung von Tarifverträgen (BVerfGE 55, 7/20 ff; 64, 208/214), die Flexibilisierung der Arbeitszeit (BAGE 74, 363/372 f), befristete Arbeitsverträge im Hochschulbereich (BVerfGE 94, 268/284 ff) oder bestimmte Grenzen der Tariffähigkeit (BVerfGE 20, 312/318; 58, 233/255), etwa eine ausreichende Verbandsmacht (BVerfGE 58, 233/250). Unzulässig sind hingegen das Erfordernis einer gesonderten Erstreckung von Tarifverträgen auf ausländische Seeleute (BVerfGE 92, 26/45 f), weiter tarifvertragliche Regelungen, wonach bestimmte Leistungen nur Gewerkschaftsmitglieder erhalten (BAGE 20, 175/218 ff; Scholz MD 231). Art. 9 Abs. 3 schließt staatliche Regelungen im Schutzbereich nicht generell aus. Die Funktionsfähigkeit der Tarifautonomie darf aber nicht gefährdet werden (BVerfGE 92, 365/394 f). Gesetzliche Regelungen sind eher möglich, wenn die betreffende Frage bislang in Tarifverträgen nicht geregelt wurde. Lohnabstandsklauseln können zulässig sein (BVerfGE 100, 271/284 f). Vgl. auch oben Rn. 28, 37, 39.

b) Bei **Arbeitskämpfen** rechtfertigt insb. die Möglichkeit der **41** Ausgestaltung (oben Rn. 35 f) die Beschränkung durch das ultima-ratio-Prinzip (BAGE 46, 322 ff) sowie das Gebot der Verhältnismäßigkeit von Arbeitskampfmaßnahmen (BAGE 48, 195/200 ff; Scholz HbStR VI § 151 Rn. 113; a. A. Kemper MKS 265). Zulässig ist, Arbeitskampfmaßnahmen daran zu messen, ob sie „der Herstellung eines Verhandlungsgleichgewichts bei Tarifauseinandersetzungen" dienen (BVerfGE 84, 212/229). Möglich ist das grundsätzliche Verbot von Sympathiestreiks (BAGE 48, 160/169; NJW 88, 2062) sowie von nichtorganisierten Streiks (BAGE 58, 348/349). Zulässig ist die Beschränkung der *Aussperrung* auf die suspendierende Abwehraussperrung (BAGE 33, 140/148 ff; 48, 195/200; 58, 138/146 ff; oben Rn. 28; a. A. Kittner AK 66). Zudem darf die Aussperrung nicht auf Streikende beschränkt werden (BAGE 33, 195/203 ff) und muss verhältnismäßig sein (BVerfGE 84, 212/230 f). Bei Schwerpunktstreiks können die Arbeitgeber angemessen reagieren (BVerfGE 84, 212/230 ff; BAGE 33, 140/180 f; 48, 195/208 ff). Zulässig ist der Entzug des Arbeitslosen- und Kurzarbeitsgeldes in mittelbar betroffenen Betrieben durch § 116 AFG (BVerfGE 92, 365/397; BSGE 75, 97/151 ff). Arbeitgeber und Betriebsrat können nicht Vereinbarungen treffen, die die Kampfparität beeinträchtigen (BAGE 77, 335/340). Umgekehrt bestehen keine Mitwirkungsrechte des Betriebsrats, soweit dadurch der Arbeitgeber bei Kampfmaßnahmen beeinträchtigt wird (BAGE 31, 372/378). Unzulässig ist eine Aussperrung allein von Gewerkschaftsmitgliedern (Löwer MüK 79; Kemper MKS 286). Eine Prämie für Streikbrecher soll zulässig sein (BAGE 73, 320/326 ff; a. A. Kittner AK 81). Möglich ist, die nichtorganisierten Arbeitnehmer mit den Folgen eines Streiks zu belasten (BAGE 76, 193/206; 79, 152/157 ff). Zur Frage, wer sich gegen einen rechtswidrigen Streik wehren kann, oben Rn.34. Weiterhin kann im Hinblick auf Art.2 Abs.2 ein Streik in *Krankenhäusern* etc. verboten werden, wenn Lebensgefahr für die Patienten besteht (Bauer DR 93). Ein Streik in *Presseunternehmen* kann wegen Art.5 Abs.1 u. U. ausgeschlossen sein, wenn dadurch die öffentliche Meinungsbildung in großem Umfang empfindlich beeinträchtigt wird (BAGE 48, 195/205; Wendt MüK 38 zu Art.5; vgl. auch Rn.72 zu Art.5).

42   Für **Beamte** ist gem. Art.33 Abs.5 als hergebrachter Grundsatz des Berufsbeamtentums (Rn.35 zu Art.33) der Streik verboten (BVerfGE 8, 1/17; 44, 249/264; BVerwGE 73, 97/102; BGHZ 70, 277/279; BAG, NJW 86, 211), selbst in abgeschwächten Formen (BVerwGE 63, 155/161). Art.33 Abs.5 legitimiert auch den Einsatz von Beamten auf bestreikten Stellen (BVerwGE 69, 208/214 f; BAGE 49, 303/311 f). Doch ist eine gesetzliche Grundlage erforderlich; Richterrecht genügt insoweit nicht (BVerfGE 88, 103/116 f; oben Rn.39). I.ü. wird auch die gewerkschaftliche Betätigung von Beamten geschützt, sofern dem das konkrete Dienst- und Treueverhältnis nicht entgegensteht (BVerfGE 19, 303/322; Bauer DR 94). Für **Arbeiter** und **Angestellte** im öffentlichen Dienst ergeben sich aus Art.33 Abs.5 keine Einschränkungen der Koalitionsfreiheit (Kemper MKS 301; vgl. BVerfGE 88, 103/114).

43   **c) Sonstige Fragen des Außenverhältnisses.** Zulässig sind Grenzen bei der Information und **Werbung** im Betrieb (BVerfGE 57, 220/246 ff; BAG, NJW 82, 2890; vgl. aber auch BAG, DB 84, 463; a. A. Kittner AK 39, 67). Unzulässig ist der vollständige Ausschluss der Wahlwerbung für Arbeitnehmervertreter im Unternehmensrat (BGHZ 84, 253/357 f). Aus der sog. Drittwirkung (oben Rn.34) der *negativen Koalitionsfreiheit* (oben Rn.25) ergibt sich ein grundsätzliches Verbot, Mitglieder einer Koalition, insb. einer Gewerkschaft, und Nichtmitglieder unterschiedlich zu behandeln, sofern dadurch ein mehr als geringfügiger Druck zum Beitritt bzw. zum Ausscheiden ausgeübt wird (vgl. oben Rn.25; Scholz MD 231). Wegen Gewerkschaftszugehörigkeit darf ein Arbeitsverhältnis weder verweigert noch gekündigt werden (BAGE 54, 353/359 f). Zu den Folgen für Tarifverträge oben Rn.40, für Arbeitskämpfe oben Rn.41.

d) Rechtsfragen innerhalb einer Koalition. Ein Anspruch auf **44** Beitritt zu einer Gewerkschaft gegen deren Willen besteht nicht, wenn zu befürchten ist, dass der Betreffende den Grundsätzen der Gewerkschaft nachhaltig zuwiderhandeln wird (BGH, NJW 85, 1215; vgl. auch oben Rn.13, 25). Weiter ist ein Mindestmaß an demokratischer Binnenorganisation geboten (oben Rn.13; Scholz MD 207; Kittner AK 49); ein Zwang zur Urabstimmung vor dem Streik folgt daraus aber nicht (Scholz MD 205; Kittner AK 60). Der Ausschluss eines Mitglieds ist zulässig, wenn dies erforderlich ist, um die innere Ordnung der Koalition oder deren geschlossenes Auftreten nach außen zu verteidigen (BVerfGE 100, 214/223; BVerfG-K, NZA 93, 655) oder der Betroffene Mitglied einer gewerkschaftsfeindlichen Partei ist (BGH, NJW 91, 485). Der Ausschluss eines Mitglieds, das auf einer von der Gewerkschaft nicht unterstützten Betriebsratsliste kandidierte, ist zulässig (BVerfGE 100, 214/222 ff; Kittner AK 74; a. A. BGHZ 71, 126/129 f; Scholz MD 225). Kündigungsfristen für den Austritt aus einer Gewerkschaft dürfen nicht überlang sein, was bei einer 6-Monats-Frist der Fall ist (BGH, NJW 81, 341).

Art.10 [Brief-, Post- und Fernmeldegeheimnis]

(1) **Das Briefgeheimnis[3] sowie das Post- und Fernmeldegeheimnis[4 ff] sind unverletzlich[11 ff].**

(2) **Beschränkungen dürfen nur auf Grund eines Gesetzes angeordnet werden[17]. Dient die Beschränkung dem Schutze der freiheitlichen demokratischen Grundordnung oder des Bestandes oder der Sicherung des Bundes oder eines Landes, so kann das Gesetz bestimmen, daß sie dem Betroffenen nicht mitgeteilt wird und daß an die Stelle des Rechtsweges die Nachprüfung durch von der Volksvertretung bestellte Organe und Hilfsorgane tritt[22 ff].**

Übersicht

Literatur: *Huber,* Post auch aus Pullach, NVwZ 2000, 393; *Groß,* Die Schutzwirkung des Brief-, Post- und Fernmeldegeheimnisses nach der Privatisierung der Post, JZ 1999, 326; *Arndt,* Grundrechtsschutz bei der Fernmeldeüberwachung, DÖV 1996, 459; *Bizer,* Schutz und Vertraulichkeit der Telekommunikation, KJ 1995, 450; *Gramlich,* Art. 10 GG nach der zweiten Postreform 1994, CR 1996, 102; *Schmitt Glaeser,* Schutz der Privatsphäre, HbStR III, 1989, 77 ff; *Schlink,* Die dritte Abhörentscheidung des Bundesverfassungsgerichts, NJW 1989, 11; *Gusy,* Das Grundrecht des Post- und Fernmeldegeheimnisses, JuS 1986, 89; *Riegel,* Die Kontrolle von Überwachungsmaßnahmen nach dem Gesetz zu Art. 10 GG, DÖV 1985, 314; *Schatzschneider,* Fernmeldegeheimnis und Telefonbeschattung, NJW 1981, 268.

1. Bedeutung und Abgrenzung zu anderen Vorschriften

1   Die Art. 117 WRV im Wesentlichen übernehmende Regelung des Art. 10 scheint nach ihrem Wortlaut mehrere Grundrechte zu enthalten: Die inhaltlichen und strukturellen Übereinstimmungen zwischen Brief-, Post- und Fernmeldegeheimnis (Löwer MüK 11) sprechen aber dafür, in Art. 10 ein einheitliches Grundrecht zu sehen (Manssen 274; a. A. Hermes DR 22; Löwer MüK 11), zumal sich dadurch Abgrenzungsschwierigkeiten (etwa beim Telefax) und Konkurrenzprobleme (vgl. Löwer MüK 12; Schubert AK 21) vermeiden lassen. Das Grundrecht schützt die Vertraulichkeit individueller „Kommunikationen, die wegen der räumlichen Distanz zwischen den Beteiligten auf eine Übermittlung durch Dritte ... angewiesen sind" (BVerfGE 85, 386/396; 100, 313/366; Hermes DR 13). Das Grundrecht dient dem Schutz der Privatsphäre (BVerfGE 85, 386/395 f). Art.10 enthält sowohl ein Abwehrrecht als auch ein objektives Prinzip (BVerfGE 67, 157/185; Löwer MüK 5) und besitzt einen hohen Rang (BVerfGE 67, 157/171).

Gegenüber Art.2 Abs.1 ist Art.10 lex specialis (BVerfGE 67, **2** 157/171); dies gilt auch im Verhältnis zum allgemeinen Persönlichkeitsrecht, insb. zum Recht auf informationelle Selbstbestimmung (BVerfGE 100, 313/358). Art.5 Abs.1 tritt ebenfalls zurück (Pieroth/Schlink 561). Das Unterbinden der Kommunikation fällt jedoch nicht unter Art.10 (unten Rn.13). Dagegen dürfte Art.10 auch die gerichtliche Verwertung von unter Verstoß gegen das Grundrecht vorgenommenen Telefonaufzeichnungen erfassen (unten Rn.20). Die Abgrenzung zu Art.13 hängt davon ab, ob die Beeinträchtigung des Geheimnisschutzes durch Ausnutzung der brieflichen oder fernmeldetechnischen Übermittlung erfolgt oder durch ein Eindringen in den durch Art.13 geschützten Raum, insb. mit Hilfe technischer Mittel ohne „Anzapfen" der Fernmeldeanlagen (Groß FH 17; Hermes DR 85). Zum Verhältnis zu Art.44 unten Rn.16.

2. Schutzbereich

a) **Instrumente der Übermittlung. aa)** Art.10 schützt zu- **3** nächst durch das **Briefgeheimnis** die körperliche Übermittlung von **Briefen** (vgl. BVerfGE 67, 157/171). Als Brief ist jede schriftliche Kommunikation an einen oder mehrere bestimmte Empfänger anzusehen (Hermes DR 26), unabhängig von der Form und der Herstellung. Die schriftliche Kommunikation muss nicht verschlossen sein, weshalb auch Postkarten und Drucksachen erfasst werden (Schmitt Glaeser HbStR VI 78; Hermes DR 27; a. A. BVerwGE 76, 152/153 f; Groß FH 21). Verschlossene Sendungen werden andererseits bereits erfasst, wenn sie eine (individuelle) Kommunikation enthalten *können,* da Art.10 auch Schutz gegen die Untersuchung bietet, ob eine solche Kommunikation übermittelt wird (Hermes DR 26; Pieroth/Schlink 765; unten Rn.9). Zeitlich greift das Grundrecht, sobald der Absender den Brief aus der Hand gegeben hat, bis der Empfänger die Möglichkeit der Kenntnisnahme hat (Gusy MKS 28).

bb) Art.10 schützt des Weiteren über das **Postgeheimnis** die **4** körperliche Übermittlung von Informationen und Kleingütern durch die herkömmliche (staatliche) **Post.** Erfasst werden insb. Briefe, Päckchen, Pakete und Warenproben, nicht aber Postdienste, die auf unkörperlicher Übermittlung beruhen (Gusy MKS 33; Löwer MüK 17; Hermes DR 38). Erfasst werden auch unverschlossene Sendungen (BVerwGE 113, 208/210). Brief- und Postgeheimnis überschneiden sich somit in erheblichem Umfang. Umstritten war und ist, ob auch alle anderen Dienstleistungen der staatlichen Post erfasst werden, etwa Postbankdienste (dafür Schuppert AK 17; dagegen Gusy MKS 33). Der Schutz beginnt mit der Einlieferung der Sendung bei der Post und endet mit der Ablieferung an den Empfänger (Löwer MüK 17). Geschützt sind auch Sendungen im Postfach (BVerwGE 79, 110/115).

5 Umstritten ist, ob mit der (materiellen) **Privatisierung der Post** (dazu unten Rn. 16) die eigenständige Bedeutung des Postgeheimnisses entfallen wird (dafür Hermes DR 40; Pieroth/Schlink 770; dagegen Löwer MüK 13). Bedeutung hat das für die Übermittlung von Kleingütern, da die (körperliche) Übermittlung von Informationen ohnehin vom Briefgeheimnis abgedeckt wird. Für die Obsoletheit des Postgeheimnisses spricht der Umstand, dass das Postgeheimnis als Reaktion auf die Staatlichkeit der Post und deren Monopol entstanden ist (Gusy MKS 32). Andererseits entspricht es der Schutzrichtung des gesamten Grundrechts künftig alle materiellen Postdienstleistungen als geschützt anzusehen (Löwer MüK 13), d. h. die Beförderung von körperlichen Nachrichten und von Kleingütern durch ein auf massenhaften Verkehr angelegtes Transportnetz (vgl. BT-Drs. 12/7269, 4; Löwer MüK 17).

6 **cc)** Art. 10 schützt schließlich durch das **Fernmeldegeheimnis** die unkörperliche Übermittlung von Informationen durch den **Fernmeldeverkehr.** Das Grundrecht ist (auch insoweit) entwicklungsoffen und umfasst daher beliebige elektromagnetische und andere unkörperliche Formen der Übermittlung, insb. durch Leitungen, Funk, optische oder akustische Signale (Löwer MüK 18; Groß FH 18; Gusy MKS 40). Was die Technik im Einzelnen angeht, so werden Telefon-, Telefax-, Telegramm- und Fernschreibverkehr erfasst, aber auch Computernetze (Gusy MKS 40; Hermes DR 33), etwa das Internet (Löwer MüK 18). Der Schutz endet, wenn die Information auf einer Anlage des Empfängers angekommen ist, eine E-Mail also auf dem Computer des Empfängers. Erfasst wird dagegen noch die Mailbox beim Provider. Der Fernmeldeverkehr im Ausland wird jedenfalls dann erfasst, wenn die Aufzeichnung oder die Ausweitung in Deutschland erfolgt (BVerfGE 100, 313/363 f; Groß FH 23).

b) Weitere Aspekte der Übermittlung. Art.10 kommt generell **7** nur zum Tragen, wenn es um die Übermittlung **an einen bestimmten Empfänger** geht, nicht bei einer Übermittlung an die Allgemeinheit (Löwer MüK 18). Für die Abgrenzung entscheidend ist nicht nur der Inhalt der Information, sondern die Adressierung durch den Absender. Sendungen an einem unbestimmten Personenkreis, wie Postwurfsendungen, werden daher nicht erfasst (vgl. Löwer MüK 10; Piertoh/Schlink 765 f). Nicht erfasst werden weiter Rundfunksendungen für die Allgemeinheit sowie an jedermann adressierte Inhalte des Internet (Groß FH 19; Gusy MKS 43). Nur wenn, etwa bei neuen Kommunikationsnetzen, die technische Adressierung nicht ermittelt werden kann, genügt die Möglichkeit der Adressierung an bestimmte Personen, um Art.10 anwenden zu können (Löwer MüK 18; generell so Hermes DR 33).

Keine Rolle spielt, welche Inhalte übermittelt werden (Hermes **8** DR 36; Gusy MKS 24). Geschützt werden daher auch geschäftliche Informationen (BVerfGE 67, 157/172). Keine Rolle spielt, ob es um sprachliche Inhalte, Bilder, Töne oder andere Daten geht (Groß FH 18). Unerheblich ist weiterhin, welche **Einrichtung** die Übermittlung vornimmt, etwa eine staatliche oder eine private Stelle (Krüger SA 15; Hermes DR 30, 33) und ob die Übermittlungseinrichtung jedermann oder nur bestimmten Personen zugänglich ist. Selbst eine Übermittlung durch Mitarbeiter des Absenders soll erfasst sein (Gusy MKS 29), desgleichen eine betriebs- oder hausinterne Anlage (Hermes DR 33). Unerheblich ist schließlich, ob die Übermittlungseinrichtung rechtmäßig genutzt wird (unten Rn.10).

c) Geschützte Informationen. Der Schutz des Grundrechts **9** bezieht sich zum einen auf den Inahlt der Kommunikation (Gusy MKS 58). Erfasst werden auch Informationen über Ort, Zeit sowie Art und Weise der Kommunikation (Löwer MüK 11). Das ist von Bedeutung insb. für den Fernmeldebereich (BVerfGE 67, 157/162; 85, 386/396; 100, 313/358; BAGE 52, 88/97; Hermes DR 47) sowie für den Postbereich (Schuppert AK 17).

d) Träger des Grundrechts ist jedermann, auch Minderjährige **10** (näher Rn.11 zu Art.19; Gusy MKS 47; Löwer MüK 6) und juristische Personen und Personenvereinigungen des Privatrechts (BVerfGE 100, 313/356 f; Löwer MüK 6; Rn.13–16 zu Art.19), nicht jedoch ausländische Vereinigungen (Gusy MKS 47; Rn.17 zu Art.19). Voraussetzung ist, dass die betreffende Person als *Partner* eines Kommunikationsvorgangs auftritt, d. h. als Absender oder als (vom Absender festgelegter) Empfänger agiert (Gusy MKS 47). Ob die Übermittlungseinrichtung rechtmäßig benutzt wird, ist unerheblich (Löwer MüK 18; Gusy MKS 47; Hermes DR 24). Die die Kommunikation übermittelnde Einrichtung ist kein Grundrechtsträger (Hermes DR 25; Gusy MKS 49; Groß FH 25; Löwer MüK 20; a. A. Krüger SA 11). Des Weiteren sind öffentlich-rechtliche Personen generell nicht Träger des Grundrechts (Rn.18 f zu Art.19). Gleichwohl soll die frühere öffentlich-rechtliche Post Grundrechtsträger gewesen sein, weil sie dadurch die eigentlichen Grundrechtsträger wirksam schützen konnte (BVerfGE 67, 157/172; 85, 386/396).

3. Beeinträchtigung

11   **a) Eingriffe.** Das Grundrecht wird beeinträchtigt, wenn ein Verpflichteter (dazu unten Rn.16) den Kommunikationsinhalt liest bzw. mithört, das Lesen oder Mithören anordnet oder durch Dritte ermöglicht (Hermes DR 47; a. A. BGH, NJW 94, 598). Neben der Erfassung der Daten stellt deren Speicherung einen Eingriff dar (BVerfGE 100, 313/366). Weiter ist das Grundrecht beeinträchtigt, wenn die Übermittlungsdaten (Zeit, Teilnehmer etc.) fixiert werden (Löwer MüK 7; vgl. oben Rn.9). Generell stellt nicht nur die Kenntnisnahme (ohne Einwilligung des Betroffenen), sondern auch der nachfolgende Informations- und Datenverarbeitungsprozess einen Eingriff dar (BVerfGE 100, 313/359). Daher ist die Weitergabe der Daten an Dritte (auch an andere Behörden) ein Eingriff (BVerfGE 30, 1/22 f); Gleiches gilt für eine Weiterverwendung (BVerfGE 85, 386/398; Gusy MKS 60; Hermes DR 45; vgl. unten Rn.20) und für Zweckänderungen (BVerfGE 100, 313/360). Die Beeinträchtigung muss die briefliche oder fernmeldetechnische Übermittlung nutzen (oben Rn.2). Eine Beeinträchtigung liegt auch vor, wenn sie *betriebsbedingt* ist, wenn etwa unzustellbare Sendungen geöffnet oder ein Telefonmissbrauch untersucht wird (BVerfGE 85, 386/399 ff; Schuppert AK 25; einschr. BGH, NJW 93, 1213). Keine Grundrechtsbeeinträchtigung liegt in der bloßen *Verhinderung der Kommunikation* (Löwer MüK 32; Gusy MKS 57; Hermes DR 71); insoweit greifen andere Grundrechte (Rn.40 zu Art.2; Rn.9 zu Art.5).

12   Die Kommunikationspartner können auf die Vertraulichkeit im Einzelfall **verzichten;** geschieht dies freiwillig, liegt keine Grundrechtsbeeinträchtigung vor (BVerfGE 85, 386/398; BVerwG, NJW 82, 840; Löwer MüK 7; s. auch Vorb.36 vor Art.1). Der Verzicht **eines** Partners genügt jedoch nicht (BVerfGE 85, 386/398 f; Hermes DR 48; Groß FH 30; a. A. Löwer MüK 7). Andererseits gilt das Grundrecht nicht im Verhältnis der Kommunikationspartner zueinander (BVerfGE 85, 398/399; BGHSt 39, 335/340). Daher liegt kein Grundrechtseingriff vor, wenn ein Partner Dritte mithören lässt, etwa die Polizei (BGHSt 39, 335/340 f; Gusy MKS 67); doch kann insoweit das allgemeine Persönlichkeitsrecht greifen (Rn.55 zu Art.2). Dagegen liegt eine Beeinträchtigung vor, wenn ein Dritter die den Kommunikationspartnern zugänglichen Daten ausweitet, etwa durch eine Fangschaltung (BVerfGE 85, 398/399). Zur Benutzung von Diensttelefonen unten Rn.21.

b) Unterlassen von Leistung und Schutz; privatrechtliche 13 Beeinträchtigung. Das Grundrecht vermittelt keinen Anspruch auf postalische Leistungen (Löwer MüK 4). Die Verweigerung der Beförderung von Briefen oder der Übermittlung von Telefongesprächen stellt daher keinen Grundrechtseingriff dar (vgl. BVerwGE 36, 352/355).

Aus Art.10 folgt die Pflicht des Staates, die Vertraulichkeit des 14 Brief- und Fernmeldeverkehrs gegenüber Übergriffen Privater zu **schützen** (Löwer MüK 14; Krüger SA 21 f; Hermes DR 72). Zu den Privaten in diesem Sinn zählen insb. die privaten Übermittlungseinrichtungen (Pieroth/Schlink 763; Gusy MKS 63; Hermes DR 74 f), nicht aber die Partner der Kommunikation (Hermes DR 73; oben Rn.12). Möglicherweise sind verfahrensrechtliche Sicherungen geboten (sehr weitgehend Gusy MKS 74).

In **privatrechtlichen Beziehungen** ist die Ausstrahlungswir- 15 kung des Grundrechts (allg. Vorb.15 f, 33 vor Art.1) zu beachten (BAGE 52, 88/97 f; Hermes DR 70; a. A. Gusy, JuS 86, 92), etwa bei der Telefondatenerfassung. Dies gilt insb. für das Verhältnis von privaten Kommunikationsübermittlern zu ihren Kunden. Zum Benutzen von Diensttelefonen unten Rn.21. Zu einem Anspruch auf Übermittlung oben Rn.13.

c) Verpflichteter. Abs.1 kann durch jede staatliche Stelle beein- 16 trächtigt werden (BVerfGE 67, 157/171 f; Schuppert AK 18; Löwer MüK 8), auch durch Untersuchungsausschüsse (Rn.7 zu Art.44). Adressat sind zudem privatrechtliche Unternehmen, die im Alleinbesitz des Staates stehen oder die vom Staat beherrscht werden (vgl. Rn.29 zu Art.1). Dies betrifft die Nachfolgeunternehmen der Post, solange sie noch vom Staat beherrscht werden, insb. nicht in überwiegendem Besitz Privater stehen (BVerwGE 113, 208/211; Gusy MKS 53; Groß FH 26; Müller-Dehn, DÖV 96, 865; a. A. Hermes DR 43; Löwer MüK 9), also vor ihrer materiellen Privatisierung.

Die Grundrechte binden auch den erwerbswirtschaftlich handelnden Staat (Rn.28 zu Art.1). Dagegen sind echte Privatpersonen nicht Adressat des Art.10 (Krüger SA 18; Rn.35 zu Art.1). Dies gilt auch für Postbedienstete, soweit sie nicht dienstlich aktiv sind (BVerwGE 76, 152/153 f). Zur Ausstrahlung auf das Privatrecht oben Rn.15.

4. Rechtfertigung von Beeinträchtigungen (Schranken)

17 **a) Gesetzliche Grundlage.** Ein Eingriff in das Brief-, Post- und Fernmeldegeheimnis ist gem. Abs.2 zulässig, wenn er auf Grund eines Gesetzes erfolgt. Die Einschränkung kann unmittelbar durch ein förmliches Gesetz, aber auch auf Grund einer ausreichend bestimmten Ermächtigung, durch Rechtsverordnung oder Satzung geschehen (Hermes DR 51; Löwer MüK 28; vgl. Vorb.43 vor Art.1). Das Erfordernis einer gesetzlichen Grundlage gilt auch im besonderen Gewaltverhältnis (BVerfGE 33, 1/11 f; Krüger SA 24). Im Bereich der betriebsbedingten Beeinträchtigungen (oben Rn.11) könnte vorübergehend auf eine gesetzliche Grundlage verzichtet werden (BVerfGE 85, 386/400 f). Zur Grundlage bei einer Nutzung von Diensttelefonen unten Rn.21.

18 Die Ermächtigung muss ausreichend **bestimmt** sein (allg. Rn.54–56 zu Art.20). Voraussetzungen und Umfang der Beschränkungen müssen sich für den Einzelnen erkennbar aus dem Gesetz ergeben; der Verwendungszweck muss „bereichsspezifisch und präzise bestimmt werden" (BVerfGE 100, 313/359 f; Hermes DR 56). Das Erfordernis der ausreichend bestimmten Ermächtigung gilt auch für die Weiterverarbeitung und Weitergabe sowie für Zweckänderungen (BVerfGE 100, 313/360). Die Generalklausel des § 119 Abs.3 StPO für die Untersuchungshaft bildet mangels ausreichender Bestimmtheit keine Grundlage (BVerfGE *abwM* 57, 170/182 ff; Löwer MüK 34; Hermes DR 62; Gusy MKS 89; **a. A.** BVerfGE 57, 170/177). Unzureichend bestimmt ist auch § 99 StPO für die Postkontrolle im Ermittlungsverfahren und § 12 FAG für die Weitergabe von Daten über die Telekommunikation (Groß FH 39). Das einschränkende Gesetz muss das Zitiergebot wahren (BVerfGE 85, 386/404; Gusy MKS 70; Rn.3 zu Art.19). § 34 StGB scheidet schon aus diesem Grund als Eingriffsermächtigung aus (Groß FH 37; Gusy MKS 71). Gleiches gilt für die polizeirechtliche Generalklausel (Löwer MüK 29) und das BundesverfassungsschutzG (Löwer MüK 30). Zugunsten von Untersuchungsausschüssen ist keine Grundrechtseinschränkung möglich (Rn.7 zu Art.44).

b) Weitere Anforderungen. Die gebotene Zweckerreichung 19
verlangt eine **Kennzeichnung** der Daten, damit auch nach ihrer
Erfassung und Verarbeitung erkennbar bleibt, dass sie aus Eingriffen
in Art. 10 stammen (BVerfGE 100, 313/360 f). Weiter muss dem
Betroffenen ein heimlicher Eingriff **mitgeteilt** werden, sobald dadurch der Zweck der Überwachung nicht mehr beeinträchtigt wird
und dem Betroffenen kein, seinen Belangen ausreichend Rechnung
tragender Auskunftsanspruch zusteht (BVerfGE 100, 313/361 f, 397;
vgl. Rn. 15 zu Art. 13). Dies ergibt sich insb. im Umkehrschluss zu
Abs. 2 S. 2. Zu Ausnahmen unten Rn. 22–24.

Die Grundrechtseinschränkung muss **verhältnismäßig** sein 20
(BVerfGE 67, 157/172 f; 100, 313/359; Hermes DR 58), also geeignet, erforderlich und verhältnismäßig ieS (BVerfGE 100,
313/390 f; allg. dazu Rn. 83–88 zu Art. 20). Die Verlegung der Über-
mittlungsschwelle in das Vorfeld einer drohenden Rechtsgutverlet-
zung ist nur bei sehr gewichtigen Rechtsgütern möglich (BVerfGE
100, 313/392); die Gefahr der schlichten Gedlfälschung genügt
nicht (BVerfGE 100, 313/384 f). Nicht mehr benötigte Daten müssen vernichtet werden (BVerfGE 100, 313/362). Unter Verstoß
gegen Art. 10 gewonnene Informationen dürfen weder gerichtlich
noch sonst **verwertet** werden (BVerfGE 85, 386/399; Hermes
DR 45; Groß FH 44; vgl. unten Rn. 24 sowie Rn. 51 zu Art. 2),
jedenfalls nicht ohne ausdrückliche, hinreichend genaue Ermächtigung (vgl. oben Rn. 18).

c) Einzelfälle. In der Benutzung eines **Diensttelefons** etc. für 21
private Gespräche liegt kein Grundrechtsverzicht, zumal auch der
Kommunikationspartner zustimmen müsste (BVerfGE 85, 386/398;
vgl. BVerfG-K, NJW 92, 815 f; a. A. für äußere Daten BVerwG,
NVwZ 90, 73; BAGE 52, 89/98). Materiell ist bei privaten wie bei
dienstlichen Gesprächen ein Mithören unzulässig (Gusy MKS 79);
äußere Daten dürfen nur so weit erhoben werden, als eine Feststellung des Kommunikationspartners nicht möglich ist. Ob im
staatlichen Bereich eine gesetzliche Grundlage notwendig ist, wird
überwiegend verneint, weil nur die grundrechtliche Ausstrahlungswirkung betroffen ist (Krüger SA 44; Löwer MüK 25; a. A. Hermes
DR 64). Die Kontrolle der Briefpost von **Untersuchungs-** und
Strafgefangenen ist zulässig (BVerfGE 33, 113 f); zum Anhalten
von Briefen Rn. 40 zu Art. 2 und Rn. 9 zu Art. 5.

d) Ausschluss von Benachrichtigung bzw. Rechtsweg. 1968 22
wurden im Rahmen der Notstandsgesetze Abs. 2 S. 2 und Art. 19
Abs. 4 S. 3 in das GG eingefügt (Einl. 3 Nr. 17). Die Verfassungs-

mäßigkeit dieser Änderungen ist umstritten (im Wesentlichen dafür BVerfGE 30, 1 ff; Schenke BK 79 zu Art.19 IV; Löwer MüK 44 ff; dagegen BVerfGE *abwM* 30, 1/33 ff; Hermes DR 54; Evers BK 176, 195 zu Art.79 III). Geboten ist jedenfalls eine restriktive Interpretation (Krüger SA 35). In der Sache bestimmt Abs.2 S. 2, dass Beeinträchtigungen des Abs.1, etwa das Abhören von Telefonen, – nicht jedoch Eingriffe in andere Grundrechte –, den Betroffenen gegenüber dauerhaft geheimgehalten werden können und statt gerichtlichen Schutzes lediglich eine Überprüfung durch ein spezielles Kontrollorgan erfolgt.

23   **Voraussetzung** dafür ist zunächst, dass der Ausschluss der Benachrichtigung und des Rechtswegs geeignet ist, den „Schutz der freiheitlichen demokratischen Grundordnung" oder den Bestand bzw. die Sicherung des Bundes oder eines Bundeslandes zu gewährleisten, (vgl. dazu (2) in Rn.10 zu Art.11); insoweit müssen konkret nachprüfbare Anhaltspunkte bestehen (BVerfGE 67, 157/159; Hermes DR 53). Weiter muss sowohl der Ausschluss der Benachrichtigung wie des Rechtsweges im Hinblick auf diese Zwecke erforderlich sein; daran fehlt es etwa, wenn die fraglichen Informationen auf andere Weise gewonnen werden können (BVerfGE 67, 157/177). Schließlich müssen Geheimhaltung und Ausschluss des Rechtswegs verhältnismäßig ieS sein (vgl. Rn.86 zu Art.20). Daher ist eine Benachrichtigung geboten, sobald dies ohne Gefährdung des Zwecks der Beschränkung möglich ist (BVerfGE 30, 1; oben Rn.19). Darüber hinaus ist erforderlich, dass ersatzweise eine Kontrolle „durch unabhängige und durch keine Weisungen gebundenen staatlichen Organe ... sichergestellt" (BVerfGE 67, 157/185) und diese Kontrolle „materiell und verfahrensmäßig der gerichtlichen Kontrolle gleichwertig" ist (BVerfGE 30, 1/23; Hermes DR 53). Die Kontrolle muss den gesamten Prozess der Datenerfassung und -verwertung umfassen und ausreichend personell ausgestattet sein (BVerfGE 100, 313/401 f).

24   Außerdem ist die **Verwendung** der Überwachungsergebnisse auf die in Abs.2 S.2 genannten Zwecke beschränkt (BVerfGE *abwM* 57, 170/200 f; Gusy, JuS 86, 93; tendenziell BVerfGE 30, 1/22 f; a. A. BVerfG-K, NJW 88, 1075). Rechtswidrig erlangte Informationen dürfen nicht verwandt werden (Gusy, JuS 86, 94; vgl. BVerfGE 44, 353/383 f; oben Rn.15); die Weiterverwendung stellt einen zusätzlichen Grundrechtseingriff dar (oben Rn.11).

25   Von der Ermächtigung des Abs.2 S. 2 wurde durch das **Gesetz zu Art.10** Gebrauch gemacht. Ob es den verfassungsrechtlichen Anforderungen in vollem Umfang gerecht wird, erscheint sehr zwei-

felhaft (Hermes DR 69; Schuppert AK 52 ff; Hesse 377). Jedenfalls ist eine restriktive Anwendung geboten (BVerfGE 67, 157/173 ff; Arndt, NJW 85, 107 ff).

Art.11 [Freizügigkeit]

(1) **Alle Deutschen[6] genießen Freizügigkeit[2 ff] im ganzen Bundesgebiet[3].**

(2) **Dieses Recht darf nur durch Gesetz oder auf Grund eines Gesetzes[9] und nur für die Fälle eingeschränkt werden, in denen eine ausreichende Lebensgrundlage nicht vorhanden ist und der Allgemeinheit daraus besondere Lasten entstehen würden oder in denen es zur Abwehr einer drohenden Gefahr für den Bestand oder die freiheitliche demokratische Grundordnung des Bundes oder eines Landes, zur Bekämpfung von Seuchengefahr, Naturkatastrophen oder besonders schweren Unglücksfällen, zum Schutze der Jugend vor Verwahrlosung oder um strafbaren Handlungen vorzubeugen, erforderlich ist[10].**

Übersicht

Literatur: *Hetzer,* Zur Bedeutung des Grundrechts auf Freizügigkeit für polizeiliche Aufenthaltsverbote, JR 2000, 1; *Alberts,* Freizügigkeit als polizeiliches Problem, NVwZ 1997, 45; *Ziekow,* Über Freizügigkeit und Aufenthalt, 1997; *Waechter,* Freizügigkeit und Aufenthaltsverbot, NdsVBl 1996, 197; *Kunig,* Das Grundrecht auf Freizügigkeit, Jura 1990, 306; *Hailbronner,* Freizügigkeit, HbStR VI, 1989, 137; *Pieroth,* Das Grundrecht der Freizügigkeit, JuS 1985, 81.

1. Bedeutung und Abgrenzung zu anderen Vorschriften

1 Die auf Art.111 WRV zurückgehende Vorschrift enthält ein Abwehrrecht und ein Element objektiver Ordnung (Pieroth, JuS 85, 82). Sie schützt eine elementare Voraussetzung personaler Lebensgestaltung, nicht dagegen die wirtschaftliche Niederlassungsfreiheit; insoweit ist heute Art.12 einschlägig (unten Rn.4). Im Anwendungsbereich des Art.2 Abs.2 S.2 wird Art.11 verdrängt (str.; Rn.83 zu Art.2). Zum Verhältnis zur allgemeinen Handlungsfreiheit unten Rn.3; zum Verhältnis zu Art.6 unten Rn.8; zum Verhältnis zu Art.16 unten Rn.3. Mit den sonstigen Freiheitsrechten besteht Idealkonkurrenz, sofern sie nicht eine stärkere sachliche Beziehung zu dem betreffenden Sachverhalt haben. Zur Gesetzgebungskompetenz Rn.6 zu Art.73.

2. Schutzbereich

2 **a) Geschütztes Verhalten.** Freizügigkeit bedeutet die Möglichkeit, „an jedem Ort innerhalb des Bundesgebiets Aufenthalt und Wohnsitz zu nehmen" (BVerfGE 2, 266/273; 43, 203/211; 80, 137/150). „**Wohnsitz**" ist gegenüber „Aufenthalt" der speziellere Begriff (Pieroth/Schlink 790), weshalb für die Reichweite des Grundrechts der Begriff des **Aufenthalts** entscheidend ist. Darunter ist das Verweilen an einem bestimmten Ort zu verstehen, wobei allerdings umstritten ist, welche Anforderungen an das Verweilen zu stellen sind. Zum Teil wird jede Beschränkung abgelehnt, mit der Folge, dass auch der Gang zum Kaufmann um die Ecke als erfasst angesehen wird (Pernice DR 13). Andere verlangen eine mehr oder minder weitreichende Bedeutung des Aufenthalts (BVerwGE 3, 308/312; Randelzhofer BK 28 ff; Kunig MüK 13) oder eine gewisse Dauer (Rittstieg AK 32; Hailbronner HbStR VI 153). Die Antwort auf diese Streitfrage muss beachten, dass der Gesetzesvorbehalt des Abs.2 ungewöhnlich eng gefasst ist, weshalb ein genereller oder auch nur weitreichender Schutz der körperlichen Bewegungsfreiheit schwerlich gemeint sein kann. Auch widerspräche das dem Umstand, dass die körperliche Bewegungsfreiheit, soweit nicht die Sonderregelung des Art.2 Abs.2 S. 2 eingreift, üblicherweise der allgemeinen Handlungsfreiheit zugewiesen wird (dazu Rn.6a zu Art.2). Insgesamt muss der Aufenthalt eine ausreichende Bedeutung und v. a. Dauer haben (vgl. Pieroth/Schlink 791), was idR eine Übernachtung voraussetzt (Merten, Inhalt des Freizügigkeitsrechts, 1970, 52; Manssen 383; a. A. Pernice DR 13; Kunig MüK 14). Aus wel-

chen Gründen der Ortswechsel erfolgt, ist unerheblich (Randelzhofer BK 22; Hailbronner HbStR VI 154 f).

Art.11 schützt den **Wechsel** des Wohnsitzes oder Aufenthaltsorts **3** innerhalb des gesamten Bundesgebiets, also im Geltungsbereich des GG (BVerfG-K, DVBl 92, 1287); näher zum Bundesgebiet Rn.10 zur Präamb. Der Wechsel des Aufenthalts innerhalb einer Gemeinde wird ebenfalls erfasst (Rittstieg AK 29; Pieroth/Schlink 793; Kunig MüK 12). Art.11 schützt weiter die **Einreise** in das Bundesgebiet zum Zweck des Aufenthalts (BVerfGE 2, 266/272 f; 43, 203/211; Pernice DR 15; a. A. Gusy MKS 38), nicht jedoch die **Ausreise** (Hailbronner HbStR VI 176 f), die daher unter Art.2 Abs.1 fällt (BVerfGE 6, 32/35 f; 72, 200/245; BVerwG, NJW 71, 820; Rittstieg AK 38; a. A. mit guten Gründen Pernice DR 15). Endlich schützt Art.11 das Beibehalten von Wohnsitz und Aufenthaltsort (Kunig MüK 18; Gusy MKS 34; Randelzhofer BK 55) und damit gegen Abschiebung, Ausweisung u. ä. (Randelzhofer BK 89). Die Auslieferung wird dagegen von Art.16 Abs.2 erfasst (dazu Rn.12 zu Art.16).

Nicht unter Art.11 fällt die rein **berufliche Niederlassung; 4** insoweit ist allein Art.12 einschlägig (BVerwGE 2, 151/152; 12, 140/162; Breuer HbStR VI 927; Scholz MD 191 zu Art.12; wohl auch BVerfGE 41, 378/389 ff; a. A. Pernice DR 16), wie die ausdrücklich in Art.12 angesprochene Freiheit des Arbeitsplatzes verdeutlicht (dazu Rn.9 zu Art.12). Zudem wurde die die Niederlassungsfreiheit insoweit erweiternde Regelung des Art.111 S. 2 WRV nicht übernommen. Eine Sperrbezirksvorschrift für Prostituierte greift daher nicht in den Schutzbereich ein (Kunig MüK 20). Dagegen kommt Art.11 zum Tragen, soweit mit der beruflichen Niederlassung auch ein privater Wohnsitz oder Aufenthalt begründet wird. Dementsprechend dürfte Art.11 Residenzpflichten erfassen (Pieroth/Schlink 892; Pernice DR 30; Kunig MüK 20; a. A. Rittstieg AK 44; Hailbronner HbStR VI 161).

Der Schutz des Grundrechts kommt auch der **Mitnahme der 5 persönlichen Habe** zugute, nicht jedoch der Mitnahme des berufsbezogenen Eigentums (BGH, JR 53, 270; Pieroth/Schlink 799; Gusy MKS 31; a. A. Hailbronner HbStR VI 159; Kunig MüK 17), da Art.11 die berufliche Niederlassungsfreiheit nicht schützt (oben Rn.4).

b) Träger des Grundrechts ist jeder Deutsche iSd Art.116 (zur **6** Abgrenzung Rn.1 zu Art.116). Geschützt werden auch Minderjährige (Rn.11 zu Art.19; Randelzhofer BK 60; außerdem unten Rn.8), wie der in Abs.2 enthaltene Vorbehalt zum Schutze der Jugend (vgl. unten (4) in Rn.10) verdeutlicht. Deutsche Volkstumsangehörige (ohne deutsche Staatsangehörigkeit) können sich vor ihrer Aufnahme in Deutschland nicht auf Art.11 berufen (näher Rn.6–8 zu Art.116). Ob Art.11 auch inländischen juristischen Personen sowie Personengemeinschaften zugute kommt (so Pernice DR 17; Randelzhofer BK 64; Hailbronner HbStR VI 165), erscheint im Hinblick auf den personalen Gehalt des Art.11 und die Ausklammerung der wirtschaftlichen Niederlassungsfreiheit (oben Rn.4) sehr zweifelhaft (vgl. Gusy MKS 44; Rn.13 zu Art.19). Die Freizügigkeit der Nicht-Deutschen wird durch Art.2 Abs.1 geschützt (Hailbronner HbStR VI 166; Gusy MKS 45). Bei EU-Bürgern wird man aber kraft EG-Rechts Art.11 in bestimmten Fällen anzuwenden haben (Rn.10 zu Art.19; generell für Anwendung Pernice DR 18).

3. Beeinträchtigung

7   **a) Eingriffe.** Art.11 bietet Schutz gegenüber direkten imperativen Einwirkungen, etwa dagegen, das geschützte Verhalten (oben Rn.2–5) von Bedingungen, Genehmigungen oder Nachweisen abhängig zu machen. Zur Abschiebung und Ausweisung oben Rn.3. Dagegen sollen mittelbare und faktische Belastungen nicht erfasst sein (Kunig MüK 19; Gusy MKS 49; vgl. BVerwGE 64, 153/159; a. A. Pernice DR 20), weshalb sich der Schutz deutscher Familienangehöriger von ausgewiesenen Ausländern allein nach Art.6 Abs.1 bestimmt (BVerwGE 42, 133/134; Kunig MüK 8); dazu näher Rn.27 f zu Art.6. Mit dem Wohnsitz verbundene Abgaben stellen regelmäßig keine Beeinträchtigung dar (BVerwG, Bh 401.63 Nr.5; VGH BW, KStZ 77, 149; Kunig MüK 20; a. A. Rittstieg AK 42; Hailbronner HbStR VI 162). Keine Beeinträchtigung liegt vor, wenn an einem bestimmten Ort jedermann der Aufenthalt oder die Wohnsitznahme untersagt ist (Pernice DR 20). Planerische Maßnahmen stellen demgemäß keine Beeinträchtigung dar, auch wenn sie den Aufenthalt an einem bestimmten Ort ausschließen (anders Kunig MüK 19). Nicht geschützt wird die Benutzung bestimmter Beförderungsmittel (BVerfGE 80, 137/150) oder einer bestimmten Route, weshalb straßen- und verkehrsrechtliche Beschränkungen keine Beeinträchtigung des Art.11 darstellen (Gusy MKS 32).

8   **b) Leistung und privatrechtliche Beeinträchtigung.** Art.11 enthält keine **Leistungsansprüche,** etwa auf Zahlung von Umzugskosten (Kunig MüK 19). Zielt allerdings die Ausgestaltung der Sozialhilfe darauf ab, den Aufenthalt an einem bestimmten Ort zu verhindern, liegt darin eine Beeinträchtigung (HessVGH, NVwZ

86, 861; Kunig MüK 19; krit. Hailbronner HbStR VI 162 f). Bei der Anwendung **privatrechtlicher Vorschriften** ist die Ausstrahlungswirkung des Grundrecht (allg. dazu Vorb.15 f, 33 vor Art.1) zu beachten (BGH, NJW 72, 1414 f; Randelzhofer BK 69 f; Kunig MüK 5). Eine generelle vertragliche Verpflichtung, den Wohnsitz nicht in einer bestimmten Stadt zu begründen, ist unzulässig (BGH, NJW 72, 1414); zum Grundrechtsverzicht Vorb.36 vor Art.1. Andererseits rechtfertigt Art.11 nicht die Inanspruchnahme fremden Eigentums (Rittstieg AK 54). Bei Kindern wird die Ausstrahlungswirkung gegenüber den Eltern durch Art.6 Abs.2 begrenzt.

4. Rechtfertigung von Beeinträchtigungen (Schranken)

a) Formelle Rechtfertigung nach Abs.2. Ein Eingriff in das **9** Grundrecht ist nach Maßgabe des 1968 geänderten Abs.2 (Einl.3 Nr.17) zulässig, wenn er durch oder auf Grund eines Gesetzes erfolgt (vgl. Vorb.42 vor Art.1). Als Gesetz kommen nur formelle Gesetze in Frage (BVerwGE 11, 133/134; Pernice DR 22; Randelzhofer BK 142). Doch können Rechtsverordnungen die Einzelheiten regeln; zu den Satzungen Vorb.43 vor Art.1. Die Ausnahme des Art.119 hat keine Bedeutung mehr (Rn.1 zu Art.119). Zur Bestimmtheit der gesetzlichen Grundlage Rn.54–56 zu Art.20. Das einschränkende Gesetz muss das Zitiergebot wahren (Hailbronner HbStR VI 168; Rn.3 zu Art.19). Das hat häufig Folgen für die polizeilichen Generalklausel (Rittstieg AK 53).

b) Materielle Rechtfertigung nach Abs.2. aa) Materiell ist ein **10** Eingriff nach Abs.2 in folgenden Fällen möglich: – **(1)** Eine Grundrechtsbeschränkung kommt einmal zu Lasten jener Personen in Betracht, bei denen der Ortswechsel die ausreichende **Lebensgrundlage** gefährdet, d. h. sie ihren Lebensmindestbedarf nicht selbst verdienen können (BVerwGE 6, 173/175; Kunig MüK 22; anders Gusy MKS 56). Hinzutreten muss die weitere Voraussetzung, dass dem Staat daraus nicht unerhebliche Lasten besonderer Art, d. h. aufgrund von unmittelbar dem Grundrechtsinhaber zukommenden Leistungen, erwachsen (Kunig MüK 22). Darüber hinaus verlangt das Sozialstaatsprinzip eine einschränkende Anwendung des Vorbehalts (Randelzhofer BK 151; Kunig MüK 22; Dürig MD 59 ff; krit. Hailbronner HbStR VI 171). – **(2)** Eine Grundrechtsbeeinträchtigung ist weiter nach der 1968 (Einl.3 Nr.17) eingefügten Alternative möglich, wenn sie zur Abwehr einer Gefahr für die **freiheitliche demokratische Grundordnung,** also für die durch Art.79 Abs.3 garantierten Grundsätze (Ipsen SA 156 zu Art.21; vgl. auch Rn.33 zu

Art.21), notwendig ist. Weiter ist eine Beschränkung zur Abwehr einer Gefahr für den **Bestand des Bundes oder eines Bundeslandes,** vor allem für die territoriale Integrität (vgl. Rn.34 zu Art.21), zulässig. Dabei dürfte es nur um den inneren Notstand (Rn.1 zu Art.91) gehen (Krüger SA 25; Kunig MüK 23). – **(3)** Einschränkungen sind weiterhin möglich zur Abwehr von **Seuchengefahren,** d. h. von durch übertragbare Krankheiten verursachten Gefahren (Hailbronner HbStR VI 173; Randelzhofer BK 160), und zur Bekämpfung von Naturkatastrophen und anderen besonders schweren **Unglücksfällen.** – **(4)** Bei **Kindern** und Jugendlichen sind Einschränkungen möglich, wenn sie zum Schutz vor **Verwahrlosung** geboten sind. – **(5)** Der **Kriminalvorbehalt** bezieht sich nicht auf den Vollzug von Freiheitsstrafen; insoweit ist Art.2 Abs.2 S. 2 einschlägig (Randelzhofer BK 166; oben Rn.1). Vielmehr geht es um vorbeugende Maßnahmen zur *Verhinderung* von Straftaten; eine Einschränkung der Freizügigkeit ist möglich, wenn anderenfalls im konkreten Fall mit hinreichender Wahrscheinlichkeit die Begehung von Straftaten zu erwarten ist (Kunig MüK 27; noch strenger Pernice DR 27). Je geringer die drohende Straftat ist, desto höher sind die Anforderungen an die Wahrscheinlichkeit (Gusy MKS 62).

11   **In allen Fällen** ist der Grundsatz der Verhältnismäßigkeit zu beachten (Rittstieg AK 51; allg. dazu Rn.83–88 zu Art.20). Ein vollständiges Einreiseverbot kann zulässig sein (BVerfGE 2, 266/284). Jedoch ist eine generalisierende Betrachtung unzulässig; die Voraussetzungen des Abs.2 müssen in jedem Fall vorliegen (BVerfGE 2, 266/278; krit. Hailbronner, HbStR VI 168).

12   **c) Weitere Vorbehalte.** Zum Zwecke der Verteidigung (Rn.5 zu Art.17 a) sind gem. **Art.17 a Abs.2** weitere Grundrechtsbeschränkungen möglich; zu den Grenzen Rn.6 f zu Art.17 a. Der Vorbehalt des **Art.117 Abs.2** ist dagegen bedeutungslos geworden, da die gegen Art.11 verstoßenden vorkonstitutionellen Gesetze aufgehoben wurden (Randelzhofer BK 170; Rittstieg AK 8 zu Art.117) und sich die Vorschrift zudem nur auf die im Zeitpunkt des Erlasses des GG „gegenwärtige" Raumnot bezog.

13   **d) Kollidierendes Verfassungsrecht.** Beschränkungen des Art.11 können sich aus kollidierendem Verfassungsrecht ergeben (allg. Vorb.45–49 vor Art.1), für Kinder und Minderjährige etwa aus Art.6 Abs.2 und dem dort verankerten elterlichen Sorgerecht. Bei Eingriffen ist eine gesetzliche Grundlage erforderlich (Vorb.48 vor Art.1). Dies gilt auch für die Versetzung von Soldaten (a. A. BVerwG, NVwZ 96, 474).

Art.12 [Berufsfreiheit]

(1) **Alle Deutschen**[10] **haben das Recht, Beruf**[4 ff]**, Arbeitsplatz**[9] **und Ausbildungsstätte**[71] **frei zu wählen. Die Berufsausübung**[8] **kann durch Gesetz oder auf Grund eines Gesetzes geregelt werden.**[19ff]

(2) **Niemand**[92] **darf zu einer bestimmten Arbeit gezwungen werden**[89 f]**, außer im Rahmen einer herkömmlichen allgemeinen, für alle gleichen öffentlichen Dienstleistungspflicht**[93]**.**

(3) **Zwangsarbeit**[91] **ist nur bei einer gerichtlich angeordneten Freiheitsentziehung**[95] **zulässig.**

Übersicht

Literatur A (Berufsfreiheit ieS): *Hohmann,* Berufsfreiheit (Art.12 GG) und Besteuerung, DÖV 2000, 406; *Jarass,* Grundrechtliche Vorgaben für die Zulassung von Lotterien gemeinnütziger Einrichtungen, DÖV 2000, 753; *Surbaum,* Berufsfreiheit und Erlaubtheit, DVBl 1999, 1690; *Huber,* Zur verfassungsgerichtlichen Kontrolle von Berufsausübungsregelungen, FS Kriele, 1997, 389; *Hoffmann,* Staatliche Wirtschaftsregulierung und grundrechtlicher Schutz der Unternehmensfreiheit, BB 1995, 53; *Geisendörfer,* Berufs- und Gewerbefreiheit, GewArch 1995, 41; *Lücke,* Die Berufsfreiheit, 1994; *Hufen,* Berufsfreiheit, NJW 1994, 2913; *Langer,* Strukturfragen der Berufsfreiheit, JuS 1993, 203; *Söllner,* Die Bedeutung des Art.12 für das Arbeitsrecht, AuR 1991, 45; *Czybulka,* Berufs- und Gewerbefreiheit: Ende oder Fortbildung der Stufentheorie?, NVwZ 1991, 145; *J. Ipsen,* „Stufentheorie" und Übermaßverbot. Zur Dogmatik des Art.12 GG, JuS 1990, 634; *Breuer,* Freiheit des Berufs, HbStR VI, 1989, 877; *Breuer,* Die staatliche Berufsregelung und Wirtschaftslenkung, HbStR VI, 1989, 957; *Waltermann,* Freiheit und Arbeitsplatzwahl, DVBl 1989, 699; *Höfling,* Berufsfreiheit und autonome Berufskonstruktion, DVBl 1987, 881; *Riedel,* Das Grundrecht der Berufsfreiheit im Arbeitsrecht, 1987; *Krüger,* Erlaubte und unerlaubte Zugangsbeschränkungen zum Beruf, BayVBl 1986, 673; *Schneider/Lecheler,* Art.12 GG – Freiheit des Berufs und Grundrecht der Arbeit, VVDStRL 1985, 7, 48; *Bryde,* Art.12 GG – Freiheit des Berufs und Grundrecht der Arbeit, NJW 1984, 2177; *Papier,* Art.12 GG – Freiheit des Berufs und Grundrecht der Arbeit, DVBl 1984, 801; *Pitschas,* Berufsfreiheit und Berufslenkung, 1983; *Tettinger,* Das Grundrecht der Berufsfreiheit in der Rechtsprechung des BVerfG, AöR 1983, 92. – **Literatur B (Berufsbezogene Ausbildung):** *Löwer/Linke,* Rechtsprechung zum Prüfungsrecht, WissR 1997, 128; *Hailbronner,* Verfassungsrechtliche Fragen des Hochschulzugangs, WissR 1996, 1; *Theis,* Ausbildungs- und Wissenschaftsfreiheit, 1987; *Becker/Hauck,* Hochschulzulassungsrecht, NVwZ 1985, 316, 535. S. auch Literatur zu Art.7 Abs.1–3. – **Literatur C (Abs.2, 3):** *Gusy,* Arbeitszwang, Zwangsarbeit, Strafvollzug, JuS 1989, 710; *Köhler,* Zwangsarbeitsverbot und Jugendstrafrecht, JZ 1988, 749.

A. Berufsfreiheit ieS (Wahl, Ausübung, Arbeitsplatz)

I. Systematik, Bedeutung und Abgrenzung

1. Die beiden Bereiche des Art. 12 Abs. 1

Art.12 Abs.1 enthält ein einheitliches Grundrecht (BVerfGE 7, **1** 377/400 ff; 95, 193/214; Breuer HbStR VI 902; a. A. Rittstieg AK 59), wobei sich zwei Teilbereiche unterscheiden lassen: Die Berufs-

freiheit ieS (näher dazu unten Rn.2–62) betrifft die Wahl des Berufs
ebenso wie dessen Ausübung. Auch die freie Wahl des Arbeitsplatzes
rechnet dazu, findet sie doch zwischen Berufswahl und Berufsausübung statt (vgl. BVerfGE 84, 133/146; 95, 267/302); zudem stellen
Beeinträchtigungen der freien Wahl des Arbeitsplatzes regelmäßig
auch eine Beeinträchtigung der Wahl oder der Ausübung des Berufs
dar (Tettinger SA 65; Siekmann/Duttge 582). Neben der Berufsfreiheit ieS wird die berufliche Ausbildung geschützt; dieser Teilbereich der Berufsfreiheit iwS weist manche Besonderheit auf, weshalb darauf gesondert eingegangen wird (unten Rn.70–87).

2. Bedeutung der Berufsfreiheit ieS und Abgrenzung zu anderen Vorschriften

2   Das Grundrecht sichert „die Freiheit des Bürgers, jede Tätigkeit,
für die er sich geeignet glaubt, als Beruf zu ergreifen, d. h. zur
Grundlage seiner Lebensführung zu machen" und ist „in erster Linie
persönlichkeitbezogen" (BVerfGE 30, 292/334). Es konkretisiert das
Grundrecht auf freie Entfaltung der Persönlichkeit im Bereich der
individuellen Leistung und Existenzerhaltung" (BVerfGE 54,
301/313; 75, 284/292; 97, 12/25; Gubelt MüK 2). Wegen dieses
Zusammenhangs kommt dem Grundrecht ein besonderer Rang zu
(BVerfGE 63, 266/286; 66, 337/359 f; 71, 183/201). Es enthält ein
Abwehrrecht und zugleich eine „Wertentscheidung" (BVerfGE 16,
214/219), „objektive Gehalte" (BVerfGE 92, 26/46; 97, 169/176).
Das Grundrecht ist für die Wirtschaftsordnung von erheblicher Bedeutung. Es sichert die Freiheit des Gewerbes (BVerfGE 50,
290/362; BVerwGE 65, 167/173) und hat einen wettbewerbsför-
dernden Effekt (Scholz MD 40, 80; Pieroth/Schlink 814; Jarass, in:
drs., WVR § 3 Rn.5 f; unten Rn.15; s. auch BVerfGE 32, 311/317).
Geschützt wird die Freiheit zum Wettbewerb, womit die Vorstellung
einer Freiheit von Konkurrenz unvereinbar ist. Eine bestimmte
Wirtschaftspolitik oder eine bestimmte Wirtschaftsordnung schreibt
das GG aber nicht vor (BVerfGE 7, 377/400; Gubelt MüK 3; Scholz
MD 77, 79). Verstößt eine Rechtsvorschrift gegen Art. 12 GG, ist sie
regelmäßig nichtig; in Sonderfällen ist aber eine „bloße" Verfassungswidrigkeit möglich (dazu Rn.35 zu Art.20).

3   Gegenüber *Art.2 Abs.1* ist die Berufsfreiheit lex specialis (BVerfGE
58, 358/363; 68, 193/216, 223 f; 70, 1/32; 77, 84/118), sofern die
Voraussetzungen einer Beeinträchtigung der Berufsfreiheit gegeben
sind (dazu unten Rn.4–18). Besonderheiten gelten im Verhältnis
zum *allgemeinen Persönlichkeitsrecht* (Rn.29 zu Art.2). Zum Verhältnis

zu *Art.5* Abs.1 S. 2 Rn.24 zu Art.5, zum Verhältnis zu *Art.5 Abs.3* Rn.94 zu Art.5, zum Verhältnis zu *Art.11* unten Rn.9. Für das Verhältnis zur *Eigentumsgarantie* ist darauf abzustellen, ob die Maßnahme eher in die „Freiheit der individuellen Erwerbs- und Leistungsfähigkeit" eingreift (dann Art.12) oder die „Innehabung und Verwendung vorhandener Vermögensgüter" betrifft (BVerfGE 30, 292/335; 84, 133/157), ob es eher um den Erwerb oder das Erworbene geht (BVerfGE 30, 292/335; 85, 360/383; 88, 366/377; BGHZ 132, 181/187; Wieland DR 174; Rn.22 zu Art.14); Art.12 schützt die Betätigung, die zum Erwerb führt, während Art.14 das Erworbene losgelöst von der Erwerbsbetätigung erfasst. Zum Verhältnis zu *Art.12 Abs.2* unten Rn.88. *Art.33 Abs.2* ist parallel anzuwenden (Rn.8 zu Art.33). Durch *Art.33 Abs.5* wird Art.12 nicht verdrängt, wohl aber modifiziert (unten Rn.6, 59).

II. Schutzbereich

1. Geschützte Tätigkeiten

a) Als **Beruf** ist jede Tätigkeit einzustufen, die in ideeller wie in **4** materieller Hinsicht der Schaffung und Erhaltung einer Lebensgrundlage dient (BVerfGE 54, 301/313; 97, 228/252; 102, 197/212; Tettinger SA 29) bzw. dazu beiträgt. „Beruf ist danach nicht nur die auf Grund einer persönlichen ‚Berufung' ausgewählte und aufgenommene Tätigkeit, sondern jede auf Erwerb gerichtete Beschäftigung, die sich nicht in einem einmaligen Erwerbsakt erschöpft" (BVerfGE 97, 228/253). Ob die Tätigkeit selbständig oder unselbständig ausgeübt wird, ist unerheblich (BVerfGE 7, 377/398 f; 54, 301/322). Bei einer juristischen Person ist diese Voraussetzung regelmäßig gegeben, wenn die Führung eines Geschäftsbetriebs zu ihren satzungsmäßigen Zwecken gehört (BVerfGE 97, 228/253). Dies gilt auch für auf Gewinnerzielung angelegte Tätigkeiten gemeinnütziger Vereine, selbst wenn die Gewinne gemeinnützig verwandt werden sollen (Jarass, DÖV 00, 755), nicht dagegen für die eigentlichen Aktivitäten gemeinnütziger Vereine (BGHZ 142, 304/313). Dass lediglich eine Kostendeckung beabsichtigt ist, soll nicht entgegenstehen (BVerwGE 95, 15/20; a. A. zu Recht Manssen MKS 37; vgl. unten Rn.10). Kein Beruf liegt in den Tätigkeiten der Privatsphäre, etwa in der Ausübung von Hobbys (Tettinger SA 32). Die Tätigkeit muss *auf Dauer angelegt* bzw. nachhaltig sein (BVerfGE 32, 1/28; Wieland DR 49), wofür auch eine kürzere Dauer genügt (Manssen MKS 38); sie darf sich aber nicht auf einen einmaligen Erwerbsakt beschränken (BVerfGE 97, 228/253). Generell ist der Begriff des Berufs weit auszulegen (BVerfGE 14, 19/22; 68, 272/281; BSGE 22, 92/94) und erfasst auch Tätigkeiten, die von traditionellen Berufsbildern abweichen (BVerfGE 7, 377/397; 13, 97/106; 78, 179/193; Scholz MD 263; Gubelt MüK 11). Zur Fixierung von Berufsbildern durch den Gesetzgeber unten Rn.29. Was den Schutzbereich angeht, spielt es keine Rolle, ob die fragliche Tätigkeit als eigener Beruf oder nur als Teil eines Berufs einzustufen ist; dies wird erst bei den Einschränkungsmöglichkeiten bedeutsam (unten Rn.30).

5   **Nebentätigkeiten** sollen nach der Rspr. nicht der Lebensgrundlage dienen und daher nur von Art.2 Abs.1 erfasst werden (BVerfGE 33, 44/48; BVerwGE 60, 254/255 f; 67, 287/294 f; a. A. zu Recht Breuer HbStR VI 917 f; Scholz MD 203 f; Wieland DR 50; Manssen MKS 35; offengelassen BVerwGE 84, 194/197). **Doppel-** und **Nebenberufe** erfüllen dagegen die Voraussetzungen des Berufsbegriffs (BVerfGE 21, 173/179; 54, 237/245 f; BVerwGE 21, 195/195 f; BGHZ 97, 204/208; BAGE 22, 344/349; Gubelt MüK 15; a. A. anscheinend BVerwGE 63, 99/101). Erfasst wird auch die Tätigkeit eines Ruhestandsbeamten etc. (BVerwGE 84, 194/197 f).

6   Als Beruf sind auch Tätigkeiten einzustufen, die vorwiegend oder ausschließlich im **öffentlichen Dienst** ausgeübt werden (BVerfGE 7, 377/397 f; 73, 301/315; 84, 133/147; a. A. Scholz MD 196); insoweit folgen lediglich aus Art.33 Abs.2, 5 besondere Beschränkungsmöglichkeiten (unten Rn.59). Art.12 gibt aber keinen Anspruch auf Erhöhung der Zahl der Arbeitsplätze im öffentlichen Dienst (vgl. unten Rn.17), sondern sichert lediglich den Zugang zu vorhandenen Stellen (BVerfGE 39, 334/369). Für Notare soll das ebenfalls gelten (BVerfGE 73, 280/294). Erst recht werden sog. „staatlich gebundene Berufe" erfasst (BVerfGE 47, 285/319; 54, 237/246; 73, 280/292; s. a. unten Rn.60).

7   Zum Teil wird zusätzlich verlangt, dass die Tätigkeit **erlaubt,** nicht generell verboten ist (Pieroth/Schlink 810). Dies hat mit dem Berufsbegriff bzw. dem Schutzbereich nichts zu tun (BVerwGE 96, 293/296 f; Jarass, DÖV 00, 755 f; Wieland DR 51; Tettinger SA 36; tendenziell BVerfGE 98, 265/297; a. A. noch BVerwGE 87, 37/40 f; evtl. auch BVerfGE 102, 197/213), selbst wenn man damit nur Verbote meint, die für Tätigkeiten unabhängig von einem beruflichen Bezug gelten (so Pieroth/Schlink 810; Scholz MD 28). Ein solches Verbot ist allerdings häufig keine berufsspezifische Regelung und beeinträchtigt aus diesem Grunde nicht den Schutzbereich des Abs.1 (unten Rn.12 f). Andernfalls handelt es sich durchgängig um

eine Beschränkung der Berufsfreiheit (Rittstieg AK 67; ebenso BVerfGE 32, 311/317 ff; mißverständlich E 32, 311/316). Die Gegenauffassung führt dazu, dass bereits der Schutzbereich durch allgemeine Gesetze beschränkt wird. Abzulehnen ist auch die Auffassung, dass ein Beruf iSd Abs.1 bei **sozial- und gemeinschaftsschädlichem Verhalten** nicht vorliegt (so BVerwGE 22, 286/289; Manssen MKS 39; offen gelassen BVerwGE 96, 293/297; dagegen Rittstieg AK 68; Tettinger SA 37). Diese Voraussetzung ist viel zu vage.

b) Berufswahl und -ausübung. Die Berufswahl schützt zum **8** einen die **Wahl** des Berufs. Dazu zählt die Entscheidung, überhaupt einen Beruf zu ergreifen oder aber darauf zu verzichten (BVerfGE 58, 358/364; 68, 256/267) sowie die Wahl eines bestimmten Berufs. Geschützt wird auch die Kombination verschiedener Berufe (BVerfGE 81, 70/85 f; 87, 287/316). Weiterhin gehört dazu der Entschluss, den Beruf zu wechseln (BVerfGE 43, 291/363; 62, 117/146) oder die berufliche Betätigung völlig zu beenden (BVerfGE 85, 360/373). Bindungen auf Grund einer Ausbildungsfinanzierung beeinträchtigen daher Art.12 (BVerwGE 65, 203/207; s. auch unten Rn.57). Zum anderen wird die **Ausübung** des Berufs, d. h. die gesamte berufliche Tätigkeit geschützt, insb. Form, Mittel und Umfang sowie Inhalt der Betätigung (Breuer HbStR VI 919; Manssen MKS 63; Gubelt MüK 38). Dazu zählt insb. die Gründung und Führung von Unternehmen (BVerfGE 50, 290/363), die Beschäftigung von Personen (BSGE 20, 52 ff), die berufliche Werbung (BVerfGE 85, 97/104; 94, 372/388; BVerwGE 105, 362/363) oder das Führen beruflicher Bezeichnungen (BVerwGE 59, 213/219).

c) Wahl des Arbeitsplatzes. Geschützt ist die Befugnis, einen **9** (konkreten) Arbeitsplatz nach eigener Wahl anzunehmen, beizubehalten und aufzugeben (BVerfGE 85, 360/372 f; 97, 169/175; BAGE 28, 159/163). Arbeitsplatz ist der räumliche Ort wie der berufliche Umkreis der Betätigung (BVerfGE 84, 133/146; Wieland DR 54; Rittstieg AK 113; vgl. BVerfGE 98, 365/395). Der Schutz kommt auch Selbständigen zugute, weshalb Art.12 auch die Niederlassungsfreiheit, also die berufliche Freizügigkeit, garantiert (BVerfGE 41, 378/399; Gubelt MüK 23; Scholz MD 429; Tettinger SA 64; a. A. Manssen MKS 56). Art.11 wird insoweit verdrängt (Rn.4 zu Art.11). Die Wahl des Arbeitsplatzes ist auch im öffentlichen Dienst geschützt (Manssen MKS 55). Zur systematischen Stellung der freien Wahl des Arbeitsplatzes im Rahmen des Art.12 Abs.1 vgl. oben Rn.1.

2. Träger des Grundrechts

10   Träger der Berufsfreiheit sind alle *Deutschen* iSd Art. 116 (dazu Rn. 1
zu Art. 116), auch Minderjährige (Rn. 11 f zu Art. 19; Rittstieg AK
165). Darüber hinaus können sich EG-Ausländer, soweit EG-rechtlich geboten, auf Art. 12 berufen (Breuer HbStR VI 895 f; Rn. 10 zu
Art. 19; a. A. Manssen MKS 260). Die berufliche Betätigung von
sonstigen Ausländern sowie von Staatenlosen wird durch Art. 2 Abs. 1
geschützt (BVerfGE 78, 179/196 f; BVerwGE 59, 284/294; Gubelt
MüK 5; Rn. 10 zu Art. 2; a. A. Scholz MD 96). Für Strafgefangene soll
Abs. 3 lex specialis sein (Scholz MD 110). Gem. Art. 19 Abs. 3 kommt
die Berufsfreiheit auch inländischen *juristischen Personen* sowie Personenvereinigungen des Privatrechts zugute (BVerfGE 53, 1/13; 65,
196/209 f; 97, 228/253; 102, 197/213; BVerwGE 97, 12/23; a. A.
Rittstieg AK 167); der Schutz bezieht sich vor allem auf Tätigkeiten,
die der Führung eines Geschäftsbetriebs dienen (oben Rn. 4), und
kann schwächer ausfallen (unten Rn. 35). Gemeinnützige Einrichtungen können sich (lediglich) im Bereich erwerbswirtschaftlicher Tätigkeiten auf Art. 12 berufen, auch wenn der Ertrag für gemeinnützige
Zwecke verwandt wird (Jarass, DÖV 00, 755; vgl. BVerfGE 97,
228/253; BVerwGE 95, 15/20; oben Rn. 4). Soweit die Vereinigung
von Ausländern beherrscht wird, dürfte Art. 12 nicht anwendbar sein
(Manssen MKS 265; Rn. 17 zu Art. 19); zu juristischen Personen im
EU-Bereich Rn. 17 a zu Art. 19. Nicht auf Art. 12 berufen können
sich ausländische juristische Personen (BVerfGE 21, 207/208 f) sowie
die juristischen Personen des öffentlichen Rechts, selbst wenn sie
fiskalisch tätig sind (Scholz MD 100 ff; Rn. 18 f zu Art. 19).

III. Beeinträchtigungen

1. Eingriffe

11   **a) Regelungen: aa)** Die Berufsfreiheit wird zum einen durch
Regelungen **mit Berufsbezug** beeinträchtigt, d. h. durch Regelungen, die sich unmittelbar auf einen oder mehrere Berufe beziehen
und die berufliche Tätigkeit ganz oder teilweise unterbinden oder
sonst bewirken, dass sie „nicht in der gewünschten Weise ausgeübt
werden kann" (BVerfGE 82, 209/223; Gubelt MüK 42). Erfasst
werden verbindliche Vorgaben für das Ob und das Wie einer bestimmten beruflichen Tätigkeit, insb. Genehmigungsvorbehalte
(schief BVerwGE 75, 330/333 ff). Dazu zählen Residenzpflichten
(Manssen MKS 280), weiter Auskunftspflichten oder andere Ein-

griffe in Betriebs- bzw. Geschäftsgeheimnisse (Breuer HbStR VI
978 f). Gleichgestellt ist die Verknüpfung zusätzlicher Pflichten mit
der Ausübung eines Berufs (sog. Indienstnahme; BVerfGE 22,
380/384; 57, 139/158; 68, 155/170; Breuer HbStR VI 980 f).
Schließlich rechnen hierher Regelungen, die die „Vergütung" für
die berufliche Tätigkeit festlegen (BVerfGE 68, 193/216 ff; 83, 1/13;
101, 331/347; BGHZ 112, 163/170; Breuer HbStR VI 977), selbst
wenn sie allein die Durchsetzung von Vergütungsansprüchen betreffen (BVerfGE 88, 145/159). Bei abhängig Beschäftigten stellt insb.
eine Regelung, die „den einzelnen am Erwerb eines zur Verfügung
stehenden Arbeitsplatzes hindert, ihn zur Annahme eines bestimmten Arbeitsplatzes zwingt oder die Aufgabe seines Arbeitsplatzes
verlangt", eine Beeinträchtigung dar (BVerfGE 85, 360/373).

   bb) Vorschriften ohne berufsregelnde Zielrichtung können auf **12**
Grund ihrer **mittelbaren oder tatsächlichen Auswirkungen** den
Schutzbereich beeinträchtigen (BVerfGE 13, 181/185 f; 61,
291/308; 81, 108/121 f). Zu Einwirkungen auf den Wettbewerb
unten Rn.15 f. Die Auswirkungen müssen jedoch von einigem
Gewicht sein und einen konkreten Kreis von Personen *in ihrer Berufs-*
freiheit betreffen (BVerfGE 47, 1/21). Sie müssen „zumindest eine
objektiv **berufsregelnde Tendenz** haben" (BVerfGE 97, 228/254;
98, 218/258; 95, 267/302; BVerwG, NVwZ 89, 1175; a. A. Manssen MKS 71). Normen, die nicht allein Berufstätige als Adressaten
haben, besitzen eine berufsregelnde Tendenz, „wenn sie nach Entstehungsgeschichte und Inhalt im Schwerpunkt Tätigkeiten betreffen, die typischerweise beruflich ausgeübt werden" (BVerfGE 97,
228/254). Die Regelung muss zudem die berufliche Tätigkeit „nen-
nenswert" behindern (BVerfGE 81, 108/122). Fehlt es an einem
Berufsbezug in diesem Sinne, liegt nur ein Eingriff in die allgemeine
Handlungsfreiheit des Art.2 Abs.1 „in ihrer Ausgestaltung als wirtschaftliche Betätigungsfreiheit" vor (BVerfG 37, 1/18; 55, 7/25 ff;
Tettinger SA 75; a. A. Breuer HbStR VI 983; Scholz MD 115). Diese
Beschränkung der Beeinträchtigung dürfte ihre Rechtfertigung insb.
in dem Umstand finden, dass andernfalls, angesichts der weiten
Bedeutung beruflicher Aktivitäten, fast jede belastende Regelung
eine Beeinträchtigung der Berufsfreiheit darstellen würde.

   Im **Einzelnen** fehlt eine berufsregelnde Tendenz bei Pflichten, **13**
die an bestimmte Tätigkeiten geknüpft werden, unabhängig davon,
ob sie beruflich ausgeübt werden oder nicht (vgl. oben Rn.12), wie
z. B. für urheberrechtliche Vergütungsansprüche (BVerfGE 31,
255/265) oder ein (kommunales) Vertretungsverbot (BVerfGE 52,
42/53 f; 61, 68/72; offengelassen BVerfGE-VPr, DVBl 88, 55; a. A.

BVerwG, NJW 88, 1994). Besondere Bedeutung hat die Einschränkung für Zahlungspflichten, insb. Steuern und sonstige Abgaben (BVerfGE 55, 7/25 ff; 75, 108/153 f; 81, 108/121; 98, 83/97; BFHE 161, 570/575; a. A. Scholz MD 415). An der berufsregelnden Tendenz fehlt es bei Ausgleichsabgaben in bescheidener Höhe (BVerfGE 37, 1/17 f), nicht jedoch bei wirtschaftslenkenden Abgaben (BVerfGE 38, 61/85 ff). Die Auferlegung der Kosten der Arbeitslosigkeit im Falle einer Wettbewerbsvereinbarung stellt eine Beeinträchtigung der Berufsfreiheit dar (BVerfGE 99, 202/211). Weiter ist das Erfordernis der berufsregelnden Tendenz bei staatlicher Planung sowie bei Subventionen bedeutsam (BVerfGE 82, 209/223 f). Zur Regelung der Vergütung etc. oben Rn.11. Bei der Schaffung öffentlich-rechtlicher Zwangsverbände fehlt eine berufsregelnde Tendenz, soweit es um bloße Zahlungspflichten geht, nicht dagegen, soweit Berufspflichten fixiert werden (vgl. BVerwG, NJW 83, 2651; Manssen MKS 74; s. auch Rn.7 zu Art.9).

14   **b)** Der Schutzbereich kann weiter durch **Realakte** bzw. durch faktische Einwirkungen verletzt werden, sofern sie eine berufsregelnde Tendenz (oben Rn.12 f) besitzen und zu erheblichen Belastungen führen. *Informationen* stellen einen Eingriff dar, wenn sie zu schwerwiegenden Berufsbeeinträchtigungen führen (BVerwGE 87, 37/43 f; NJW 96, 3161; strenger Manssen MKS 82; großzügiger Wieland DR 81). Werden auf Anfrage eines Interessenten von einer Industrie- und Handelskammer nicht sämtliche einschlägige Unternehmen benannt, soll generell ein Grundrechtseingriff vorliegen (BVerwGE 89, 281/283). Auch **Verwaltungsvorschriften** können eine Grundrechtsbeeinträchtigung enthalten (BVerwGE 75, 109/115; Tettinger SA 72).

15   **c) Insb. Wettbewerbsbeeinträchtigungen.** Die freie Wahl und Ausübung von Berufen führt zum Wettbewerb zwischen Unternehmen, Handel- und Gewerbetreibenden, Freiberuflern, aber auch Arbeitnehmern. Abs.1 hat also eine wettbewerbsfördernde Wirkung und schützt nicht vor der Zulassung von Konkurrenten (BVerfGE 34, 252/256; 55, 261/269; BVerwG, DVBl 83, 1252; Wieland DR 82). Art.12 gibt kein Recht auf Erhaltung eines bestimmten Geschäftsumfangs und auf Sicherung weiterer Erwerbsmöglichkeiten (BVerfGE 34, 252/256; BVerwGE 71, 183/193). Das Grundrecht ist aber beeinträchtigt, wenn der Staat das Verhalten der Unternehmen im Wettbewerb regelt (BVerfGE 32, 311/317; 46, 120/137 f). Dafür „genügt, dass durch staatliche Maßnahmen der Wettbewerb beeinflusst und die Ausübung einer beruflichen Tätigkeit dadurch behindert wird" (BVerfGE 86, 28/37). Dies gilt auch für die Begünstigung von Konkurrenten (BVerfGE 82, 209/223 f; BVerwGE 71, 183/191). Subventionen an einen Konkurrenten sind Grundrechtseingriffe, wenn sie von gewichtiger Lenkungsintensität sind (Breuer HbStR VI 1016 f; Manssen MKS 95). Auch eine (staatliche) Planung kann ein Grundrechtseingriff sein (BVerfGE 82, 209/226). Voraussetzung ist in allen Fällen, dass die Regelung eine berufsregelnde Tendenz (oben Rn.12 f) besitzt; fehlt diese Tendenz, ist Art.2 Abs.1 einschlägig (Rn.14 f zu Art.2). Auf Art.2 Abs.1 wird generell abgestellt von BVerwGE 30, 191/198; 60, 154/159; 65, 167/174; a. A. Breuer HbStR VI 1002 ff; Manssen MKS 67.

Eine **staatliche Konkurrenz** stellt grundsätzlich keine Grund- **16** rechtsbeeinträchtigung dar (BVerwGE 39, 329/336; Manssen MKS 79; Wieland DR 83). Anders sieht dies bei einem Verdrängungswettbewerb oder sonstiger empfindlicher Belastung aus (BVerwG, DÖV 78, 851). Strengere Anforderungen gelten auch, wenn der Staat einen Teilmarkt beherrscht (vgl. BGHZ 82, 375/390 f). Ansonsten liegt ein Grundrechtseingriff vor, wenn das staatliche Unternehmen einen unangemessenen Wettbewerbsvorteil genießt, wenn ihm Vorteile eingeräumt werden, die den privaten Unternehmen nicht zukommen und denen keine ausreichenden Sonderlasten gegenüberstehen (vgl. Schneider, DVBl 00, 1256; für Eingriff allein bei erdrosselnder Wirkung Wieland DR 82 bzw. bei unerträglicher Beeinträchtigung Manssen MKS 80). Zu Bedürfnisprüfungen etc. unten Rn.40.

2. Leistung und Schutz sowie privatrechtliche Beeinträchtigung

a) Unterlassen von Leistung. Abs.1 verpflichtet den Staat, die **17** berufliche „Freiheitssphäre zu schützen und zu sichern" (BVerfGE 92, 26/46). Insb. verpflichtet Art.12 iVm dem Sozialstaatsprinzip (Rn.107 zu Art.20) den Staat, gegen die Arbeitslosigkeit vorzugehen (Scholz MD 45; Manssen MKS 13; ebenso Art.23 Abs.1 AEMR). Die staatlichen Organe haben dabei einen weiten Gestaltungsspielraum (Wieland DR 150). Eine sachgerechte **Teilhabe** an den Möglichkeiten der staatlichen Arbeitsvermittlung dürfte grundrechtlich fundiert sein. Individuelle **Leistungsansprüche** ergeben sich dagegen regelmäßig nicht aus Abs.1, etwa ein Recht auf Bereitstellung eines Arbeitsplatzes (BVerfGE 84, 133/146 f; 85, 360/373; 97, 169/175; Breuer HbStR VI 931; vgl. oben Rn.6); zur Schutzpflicht gegen den Verlust von Arbeitsplätzen unten Rn.18. Des Weiteren ergibt sich aus Art. 12 kein Recht auf berufliche Rehabilitation (diff. BSGE 69, 128/130) oder auf Unterstützung bei der Berufsausübung, etwa auf die Nutzung von Straßengrund (BVerwGE 35, 319/323), auf Exportsubventionen (BVerwGE 35, 268/275), auf Akteneinsicht (BVerwGE 69, 278/281), auf Bekanntgabe von Verwaltungsvorschriften (BVerwGE 61, 15/17 f; 61, 40/41 f) oder auf Zulassung als Pflichtverteidiger (BVerfGE 39, 238/242). Die Betrauung mit öffentlichen Aufgaben kann zu gewissen staatlichen Pflichten führen, etwa hinsichtlich der Entschädigung für einen Anwaltsvormund (BVerfGE 54, 251/271) oder für einen Konkursverwalter (BGHZ 116, 233/238 f). Erfolgt in einem Sektor eine umfassende öffentliche Planung, ist ein Verfahren notwendig, in dem die beteiligten Interessen mit dem erforderlichen Gewicht zur Geltung kommen (BVerfGE 82, 209/226). Zu den weitergehenden Rechten im *Ausbildungsbereich* unten Rn. 76.

18   **b) Unterlassen von Schutz; privatrechtliche Beeinträchtigung.** Die Berufsfreiheit enthält für den Staat gewisse Schutzpflichten zum Erlass von Normen, wenn die Berufsfreiheit durch die Privatautonomie gravierend beschränkt wird (BVerfGE 81, 242/254 f), wenn „die Privatautonomie ihre regulierende Kraft nicht zu entfalten vermag, weil ein Vertragspartner kraft seines Übergewichts Vertragsbestimmungen einseitig setzen kann" (BVerfGE 98, 365/395). Insb. muss er für einen gewissen Kündigungsschutz sorgen (BVerfGE 92, 140/150; 97, 169/175); der Konflikt zwischen der Berufsfreiheit des Arbeitnehmers und der des Arbeitgebers ist im Wege praktischer Konkordanz zu bewältigen, wobei dem Staat ein weiter Gestaltungsspielraum zukommt (BVerfGE 97, 169/176). Darüber hinaus ist die Berufsfreiheit bei der Auslegung und Anwendung privatrechtlicher Vorschriften zu beachten (BVerfGE 92, 140/152; 96, 152/164; BGH, NJW 86, 2944; Breuer HbStR VI 897 f; allg. zur Ausstrahlungswirkung Vorb. 15 f, 33 vor Art. 1). Das ist insb. für die Arbeitnehmer bedeutsam (Breuer HbStR VI 930 f; Rittstieg AK 87 ff). Zum Arbeitsrecht unten Rn. 56 f.

IV. Rechtfertigung von Beeinträchtigungen (Schranken)

1. Gesetzliche Grundlage gem. Abs. 1 S. 2

19   **a) Reichweite des Gesetzesvorbehalts.** Der Vorbehalt des Abs. 1 S. 2, der in der Sache ein Gesetzesvorbehalt ist (BVerfGE 33, 125/159; 54, 237/246), betrifft entgegen dem Wortlaut nicht nur

die Berufsausübung, sondern die gesamte Berufsfreiheit, also auch die Wahl des Berufs (BVerfGE 7, 377/401 f; 54, 237/246; Scholz MD 15) und des Arbeitsplatzes (BVerfGE 84, 133/148; 85, 360/373; BGHZ 38, 13/16 f). Eingriffe in die Berufsfreiheit können daher im gesamten Schutzbereich verfassungsmäßig sein; nur die Anforderungen sind unterschiedlich (unten Rn.35–40).

Jeder Eingriff in die Berufsfreiheit bedarf einer **gesetzlichen** 20 **Grundlage.** Die Beschränkung kann durch Gesetz oder, wie 1956 ergänzt wurde (Einl.3 Nr.7), auf Grund Gesetzes (dazu Vorb.42 vor Art.1) erfolgen. Das gilt auch für die Berufe des öffentlichen Diensts sowie für staatlich gebundene Berufe (BVerfGE 73, 280/294 f; 80, 257/265; BVerwGE 75, 109/114 f; Tettinger SA 43). Zur notwendigen Bestimmtheit der gesetzlichen Grundlage unten Rn.22. Faktische Eingriffe bedürfen einer gesetzlichen Grundlage, wenn sie voraussehbar sind (Manssen MKS 104; vgl. oben Rn.14). Auch die Veröffentlichung von Markttransparenzlisten bedarf einer gesetzlichen Grundlage (BVerwGE 71, 1 83/198 f), desgleichen die Laufbahnprüfung von Beamtenanwärtern (BVerwG, NVwZ 97, 74). Subventionen bedürfen einer (über das Haushaltsgesetz hinausgehenden) gesetzlichen Grundlage, wenn sie zu gewichtigen, voraussehbaren Beeinträchtigungen von Konkurrenten führen (vgl. BVerwGE 90, 112/126; strenger Manssen MKS 106 f). **Übergangsweise** kann auf eine Rechtsgrundlage verzichtet werden, wenn die Folgen der Nichtigerklärung einer Norm der verfassungsmäßigen Ordnung noch ferner stehen als der ungeregelte Zustand (BVerfGE 73, 280/297; 76, 171/189; unten Rn.78 sowie allg. Rn.59 zu Art.20).

b) Anforderungen an die gesetzliche Grundlage. Die Be- 21 schränkung kann durch *förmliches Gesetz,* durch *Rechtsverordnung* oder durch *Satzung* erfolgen (Scholz MD 309). Das Parlament muss aber alle für die Grundrechtsausübung *wesentlichen Fragen* selbst regeln (BVerfGE 41, 251/265; Wieland DR 92; Rn.54 zu Art.20), insb. besonders intensive Eingriffe (BVerfGE 38, 373/381; 94, 372/390; Manssen MKS 115). So können die statusrechtlichen Fragen der freien Berufe nicht durch Satzung der öffentlich-rechtlichen Berufskammern festgelegt werden (BVerfGE 33, 125/158 ff; 76, 171/185; BVerwGE 72, 73/76), insb. nicht Berufswahlregelungen, wohl aber die Details der Berufsausübung (BVerfGE 33, 125/163; 38, 373/381; 71, 162/172 f; BVerwGE 67, 261/266); für die Details können zudem öffentlich-rechtliche Vereinbarungen eingesetzt werden (BSGE 58,18/25 f). Strafbeschlüsse jeder Art bedürfen einer gesetzlichen Grundlage (BVerwGE 96, 189/193). Allein die Gewährung der gemeindlichen Satzungsautonomie bildet keine zureichende Grundlage (BVerwGE 90, 359/363; noch strenger BSGE 67, 256/264 f). Die rechtliche Grundlage kann auch im Wege der Rechtsfortbildung gewonnen werden (BVerfGE 98, 49/59 f; vgl. auch BVerfGE 54, 224/234 f; 80, 269/279); dagegen können die Gerichte nicht selbst eigene Rechtsgrundlagen entwickeln (BGHZ 124, 224/229 f; Scholz MD 316). Schließlich bildet *Gewohnheitsrecht* keine ausreichende Grundlage (BVerfGE 22, 114/122; Wieland DR 94); die für vorkonstitutionelles Gewohnheitsrecht angenommene Ausnahme (BVerfGE 34, 293/303 f; 60, 215/229 f) ist heute überholt (Vorb. 43 vor Art. 1). *Verwaltungsvorschriften* genügen nicht (BVerwGE 51, 235/239; 75, 109/116 f; Wieland DR 95; Gubelt MüK 76; bedenklich BGH, NJW 87, 1330). Gleiches gilt für *Standesrichtlinien* (BVerfGE 57, 121/132 f; 60, 215/230; 82, 18/26). Selbst zur Konkretisierung gesetzlicher Vorgaben können sie nicht herangezogen werden (BVerfGE 76, 171/187; 76, 196/205 f; Manssen MKS 116; Breuer HbStR VI 960 f; anders noch BVerfGE 66, 337/356).

22   Das einschränkende Gesetz muss hinreichend **bestimmt** sein, muss „Umfang und Grenzen des Eingriffs deutlich erkennen" lassen (BVerfGE 86, 28/40); vgl. auch Rn. 54–56 zu Art. 20. Die Anforderungen an die Bestimmtheit sind umso größer, je intensiver in die Berufsfreiheit eingegriffen wird (BVerfGE 87, 287/316 f; 98, 49/60; 101, 312/323). Bei Rechtsverordnungen sollen die Anforderungen denen des Art. 80 Abs. 1 S. 2 entsprechen (BVerwG, NVwZ 95, 488). Wird die Zulassung zu einem Beruf kontingentiert, müssen die Auswahlkriterien gesetzlich geregelt werden (BVerfGE 73, 280/ 294 f; BVerwGE 51, 235/238 f). Zur Zulässigkeit von Ermessens- bzw. Beurteilungsermächtigungen unten Rn. 38 sowie Rn. 56 zu Art. 20. Eine Untersagungsverfügung bedarf einer eigenständigen gesetzlichen Grundlage; eine Zulassungspflicht allein genügt nicht (BVerwGE 94, 269/277).

23   Das einschränkende Gesetz muss **kompetenzgemäß** erlassen sein (BVerfGE 98, 265/298) und sonstigen verfassungsrechtlichen Anforderungen gerecht werden (BVerfGE 98, 83/97). Nicht anzuwenden ist *Art. 19 Abs. 1,* insb. das **Zitiergebot,** da es sich um Regelungen und nicht um Einschränkungen des Grundrechts handelt (BVerfGE 13, 97/122; 64, 72/80 f; BVerwGE 43, 48/54; Rn. 4 zu Art. 19; a. A. Manssen MKS 98).

2. Stufenlehre

24   **a) Grundlagen.** Beeinträchtigungen der Berufsfreiheit müssen verhältnismäßig sein (näher unten Rn. 31–40). Die Anforderungen

dieses Grundsatzes werden durch die sog. „Stufenlehre" näher konkretisiert (BVerfGE 25, 1/11 f; Breuer HbStR VI 961 f), die das BVerfGE in teilweiser Anlehnung an die formale Struktur des Abs.1 entwickelt hat (erstmals BVerfGE 7, 377/397 ff). Die Stufenlehre spielt vor allem im Rahmen der Verhältnismäßigkeit ieS eine Rolle (unten Rn.35), aber auch bei der Erforderlichkeit (unten Rn.34). Die Stufenlehre unterscheidet folgende drei Arten von Beeinträchtigung der Berufsfreiheit:

aa) Relativ gering ist die Beeinträchtigung der Berufsfreiheit bei **25** **Berufsausübungsbeschränkungen,** die die Wahl eines Berufs nicht beeinflussen; näher zur Abgrenzung zu den Berufswahlbeschränkungen unten Rn.28–30. Innerhalb der Ausübungsbeschränkungen kann man zwischen subjektiven und objektiven Merkmalen unterscheiden (BVerfGE 86, 28/39). Zu den Anforderungen an Ausübungsbeschränkungen unten Rn.36.

bb) Ein mittleres Beeinträchtigungsniveau liegt bei **subjektiven 26 Berufswahlbeschränkungen** vor, bei subjektiven Zulassungsvoraussetzungen. Sie beeinflussen die Berufswahl (zur Abgrenzung unten Rn.28–30), einschl. der Entscheidung über die Fortsetzung der Tätigkeit (BVerfGE 25, 88/101; 44, 105/117; Manssen MKS 141). Sie stellen auf persönliche Eigenschaften und Fähigkeiten, erworbene Abschlüsse oder erbrachte Leistungen der Betroffenen ab (BVerfGE 9, 338/345; Scholz MD 339). Dazu rechnet etwa ein bestimmtes Alter (BVerfGE 9, 338/344; 64, 72/82), die Eignung und Zuverlässigkeit (BVerfGE 41, 378/390), solange die Beurteilung streng berufsbezogen erfolgt (BVerwGE 94, 352/359 ff), das Bestehen von Prüfungen (BVerfGE 13, 97/106 f; 34, 71/77 f), das Fehlen bestimmter Vorstrafen (BVerfGE 44, 105/117 f; 48, 292/ 296) oder das Vorhandensein von Finanzmitteln (BVerwGE 22, 16; BFHE 151, 194/198). Ob der Betreffende auf die Eigenschaften Einfluss hat, ist nicht entscheidend (Breuer HbStR VI 988). Zu den Anforderungen an subjektive Berufswahlbeschränkungen unten Rn.37 f.

Am gewichtigsten sind die Beeinträchtigungen der Berufsfreiheit **27** bei **objektiven Berufswahlbeschränkungen,** bei objektiven Zulassungsvoraussetzungen. Sie beeinflussen die Berufswahl (zur Abgrenzung unten Rn.28–30), und zwar anhand objektiver Kriterien, die weder mit den Eigenschaften des Betroffenen in Zusammenhang stehen noch von ihm beeinflusst werden können (BVerfGE 7, 377/406). Zur Berufswahl rechnet auch die Entscheidung über die Fortsetzung des Berufs (oben Rn.26). Hierher rechnen auch (staatliche oder private) Monopole (dazu unten Rn.61 f). Zu den Anforderungen an objektive Berufswahlbeschränkungen unten Rn.39 f.

28   **b) Abgrenzung von Wahl und Ausübung.** Eine Berufswahlbeschränkung liegt nicht nur dann vor, wenn die Zulassung zu einem Beruf oder der Entzug der Zulassung geregelt wird (zu Letzterem BVerfGE 65, 116/127 f; 72, 26/32; BVerwGE 105, 214/217). Auch bloße Ausübungsregelungen können derart gravierend sein, dass sie die Berufsangehörigen zur Berufsaufgabe zwingen (Manssen MKS 137). Eine solche Regelung muss die Voraussetzungen einer Berufswahlbeschränkung erfüllen, vorausgesetzt, der Zwang zur Berufsaufgabe tritt nicht nur in Einzelfällen auf (BVerfGE 30, 292/315 f; 31, 8/29; 68, 155/170 f; Gubelt MüK 45). Das gilt auch für Regelungen der Arbeitsplatzwahl (BVerfGE 84, 133/148) oder für Abgaben bzw. Steuern (BVerwGE 79, 192/199; NVwZ 89, 1176). In Zweifelsfällen ist von einem Grenzfall zwischen einer Berufswahl- und einer Berufsausübungsbeschränkung auszugehen, mit der Folge, dass auch die Anforderungen entsprechend anzusetzen sind (vgl. unten Rn.36). Dem entspricht es, wenn an die Stelle der Stufen-Theorie die direkte Anwendung des Verhältnismäßigkeitsgrundsatzes tritt. Ein Fall der mittelbaren Berufswahlregelung können Vorschriften über das Führen eines Titels sein (BVerwGE 59, 213/219).

29   Die Grenze zwischen Berufswahl- und Berufsausübungsbeschränkungen wird nicht selten überschritten, wenn der Gesetzgeber bestimmte Tätigkeiten und bestimmte Voraussetzungen zu einem **Berufsbild** zusammenfaßt, an das rechtlich Folgerungen geknüpft werden. Die Rspr. hat eine solche Fixierung von Berufsbildern z. T. recht großzügig behandelt (BVerfGE 13, 97/117; BGH, NJW 94, 787; Breuer HbStR VI 904 ff). Doch besteht kein Anlass, dort, wo die Berufswahl verengt wird, die entsprechenden Anforderungen der Stufen-Theorie abzuschwächen (BVerfGE 59, 302/315 f; 75, 246/266 f; 78, 179/193; Manssen MKS 42; Tettinger SA 53; a. A. Wieland DR 47). Bestehende Berufsbilder sind ggf. veränderten Umständen anzupassen (BVerfGE 78, 179/193). Insb. kann ein Teil eines Berufs zu einem Spezialberuf werden (BVerwGE 97, 12/32 f).

30   Die Einstufung als Berufswahl- oder Berufsausübungsbeschränkung hängt weiter davon ab, ob die Ausübung eines **Berufs oder** einer bloßen **Berufsmodalität** ausgeschlossen wird. Die beschränkte Zulassung als Kassenarzt wäre etwa eine Wahlregelung, wenn die Rechtsprechung im Kassenarzt nicht nur eine Modalität des Berufs Arzt sehen würde (BVerfGE 11, 30/41; 12, 144/147). Auch die Zulassung zur technischen Überwachung betrifft nur eine Berufsmodalität und damit allein die Berufsausübung (BVerfGE 68,

272/281 f), desgleichen die Zulassung als Sachverständiger nach der
GewO (BVerfGE 86, 28/38). Daher ist von Bedeutung, dass die
Erweiterung der Berufstätigkeit regelmäßig nur die Ausübung betrifft (BVerfGE 16, 286/296; 68, 272/281 f), ebenso der Aufstieg
innerhalb des Berufs (BSGE 58, 291/301 f), nicht dagegen der Übergang von einer abhängigen zu einer selbständigen Betätigung
(BVerfGE 7, 377/398 f; Breuer HbStR VI 909). Die Abgrenzung
eigener Berufe von bloßen Berufsmodalitäten ist i. ü. häufig unsicher. Zur Behandlung von Zweifelsfällen oben Rn.28.

3. Verhältnismäßigkeit

a) Allgemeines. Jede Beeinträchtigung der Berufsfreiheit muss   **31**
verhältnismäßig sein, also geeignet, erforderlich und verhältnismäßig
ieS (etwa BVerfGE 76, 196/207; 80, 1/24; 94, 372/389 f). Im
Bereich der Berufsausübungsregelungen (oben Rn.25) ist allerdings
zu beachten, dass der Gesetzgeber hier einen erheblichen **Beurtei-
lungs- und Gestaltungsspielraum** hat (BVerfGE 39, 210/225 f;
77, 84/106; 77, 308/332; Breuer HbStR VI 973 f; s. auch Rn.87 zu
Art.20). Dies gilt für die Einschätzung drohender Gefahren ebenso
wie für die Eignung und Erforderlichkeit des gewählten Mittels
(BVerfGE 77, 84/106). Besonders weit ist der Spielraum bei der
Verfolgung wirtschafts-, arbeitsmarkt- und sozialpolitischer Ziele
(BVerfGE 46, 246/256 f; 51, 193/208; 77, 308/332; Breuer HbStR
VI 972; Wieland DR 113) sowie dort, wo der soziale Bezug der
grundrechtlichen Tätigkeit hoch ist (BVerfGE 99, 367/392). Endlich
ist der Spielraum bei Regelungen, die in die Berufsfreiheit nicht
gezielt, sondern nur mittelbar (oben Rn.12) eingreifen, weiter gesteckt (BVerfGE 46, 120/145; 57, 139/158 f; 77, 308/332). Stellen
sich Prognosen später als falsch heraus, sind die Regelungen entsprechend zu korrigieren (Breuer HbStR VI 973; Rn.87 a zu Art.20),
wobei ein Anpassungszeitraum besteht (BVerfGE 83, 1/21 f). Umgekehrt müssen bei einer objektiven Berufswahlregelung nachweisbare
oder höchstwahrscheinliche Gefahren für das Gemeinschaftsgut bestehen (BVerfGE 75, 284/296).

Neuartige Vorschriften müssen aus Gründen der Verhältnismäßig-   **32**
keit nicht selten **Übergangsregelungen** vorsehen (BVerfGE 64,
72/83 f; 68, 272/284; 98, 265/309 f; Breuer HbStR VI 987 f; Manssen MKS 147); näher Rn.87 a zu Art.20. Die Länge der erforderlichen Frist hängt von Gewicht und Dringlichkeit der Regelung
einerseits und der Zumutbarkeit andererseits ab (BVerwGE 101,
185/188).

32a   Weiterhin muss die besondere Belastung von **Teilgruppen** berücksichtigt werden. Auch wenn eine Regelung für den Großteil der Betroffenen verhältnismäßig ist, kann sie insoweit gegen Art.12 Abs.1 iVm Art.3 Abs.1 verstoßen, als eine Teilgruppe typischerweise sehr viel härter betroffen ist und daher einer gesonderten Behandlung bedarf (BVerfGE 30, 292/327; 68, 155/173; BVerwG, DVBl 01, 743). Auf der anderen Seite ist eine besondere und **atypische Belastung** in Einzelfällen hinzunehmen (BVerfGE 34, 71/78 f; 59, 336/355 f; 70, 1/30; 77, 84/105; BFHE 160, 61/68; Breuer HbStR VI 987; Rittstieg AK 81). Insoweit kommt der *Typisierungsspielraum* des Gesetzgebers zum Tragen. Näher zur Typisierung und Generalisierung Rn.30 f zu Art.3.

33   **b) Geeignetheit und Erforderlichkeit.** Die Beeinträchtigung der Berufsfreiheit muss zur Erreichung des verfolgten Zweckes **geeignet** sein (BVerfGE 30, 292/316; 46, 120/146; 68, 193/218). Ein „Mittel ist geeignet, wenn mit seiner Hilfe der gewünschte Erfolg gefördert werden kann" (BVerfGE 30, 292/316; 80, 1/24 f); näher dazu Rn.84 zu Art.20.

34   Weiter muss die Beeinträchtigung **erforderlich** sein, d. h., der Zweck darf nicht durch ein anderes Mittel erreicht werden können, das den Bürger weniger belastet (BVerfGE 30, 292/316; 53, 135/145; 69, 209/218 f). Erforderlich ist die Beeinträchtigung „nur dann, wenn ein anderes, gleich wirksames, aber die Berufsfreiheit weniger fühlbar einschränkendes Mittel fehlt" (BVerfGE 80, 1/30; 30, 292/316; 75, 246/269; allg. Rn.85 zu Art.20). Voraussetzung ist, dass das Alternativmittel nicht merklich höhere Aufwendungen der öffentlichen Hand notwendig macht (BVerfGE 77, 84/110; Manssen MKS 132). Der Grundsatz der Erforderlichkeit ist regelmäßig verletzt, wenn der gesetzgeberische Zweck auch auf einer niedrigeren Stufe (dazu oben Rn.24–27) erreicht werden kann; vereinzelt aber kann auch eine Regelung auf der höheren Stufe sich milder auswirken.

35   **c) Verhältnismäßigkeit ieS.** Schließlich darf der Grundrechtseingriff **nicht außer Verhältnis** zu dem angestrebten Zweck stehen (BVerfGE 30, 292/316 f; 46, 120/148; 51, 193/208; Rn.86 zu Art.20). Die Grenze der Zumutbarkeit muss bei einer Gesamtabwägung zwischen der Schwere des Eingriffs und dem Gewicht der ihn rechtfertigenden Gründe gewahrt sein (BVerfGE 102, 197/220). Insb. muss das Gewicht des verfolgten Zwecks umso größer sein, je tiefer in die Berufsfreiheit eingegriffen wird; dabei kommt es zunächst entscheidend auf die „Stufe" der Beeinträchtigung an (dazu unten Rn.36–40). Des Weiteren spielt eine Rolle, welches Gewicht die Komponente der persönlichen Entfaltung (dazu oben Rn.2) hat; bei Großunternehmen sind daher eher Einschränkungen möglich (BVerfGE 50, 290/364 f). Zur Generalisierung und Typisierung oben Rn.32a.

aa) Reine **Berufsausübungsbeschränkungen** (zur Abgrenzung **36** oben Rn.25) werden durch jede vernünftige Erwägung des Gemeinwohls legitimiert (BVerfGE 70, 1/28; 78, 155/162; 95, 173/183; NJW 01, 354). Der Gesetzgeber darf Gesichtspunkte der Zweckmäßigkeit in den Vordergrund stellen (BVerfGE 77, 308/332) und besitzt hinsichtlich der Festlegung arbeits-, sozial- und wirtschaftspolitischer Ziele einen weiten Spielraum (BVerfGE 81, 156/189). Die Maßnahme darf aber den Betroffenen nicht übermäßig belasten (BVerfGE 81, 156/188 f; 83, 1/19; 85, 248/259; allg. Rn.86 zu Art.20). Wird in die Freiheit der Berufsausübung empfindlich eingegriffen, ist eine Rechtfertigung durch Interessen von entsprechend großem Gewicht erforderlich (BVerfGE 16, 147/167; 36, 47/59; 61, 291/311; 77, 84/106; BSGE 60, 76/78). Die leichtere staatliche Überwachung ist generell kein ausreichender Grund (BVerfGE 65, 116/129; 86, 28/44). An einer sachgerechten Erwägung fehlt es in der Regel, wenn vor Konkurrenz geschützt werden soll (vgl. unten Rn.40), weshalb totale Werbeverbote zum Teil unzulässig sind (vgl. unten Rn.53–55). Unzulässig ist auch, den Ertrag einer Berufstätigkeit (teilweise) dem Konkurrenten zuzuweisen (BVerfGE 97, 228/262 f). Objektive Bedürfnisregelungen für Berufsmodalitäten (oben Rn.30) bedürfen einer besonders weitreichenden Legitimation (BVerfGE 86, 28/42 f; vgl. unten Rn.39). Gleiches gilt für Regelungen mit wettbewerbsverzerrender Wirkung (BVerfGE 86, 28/38 f, 42). Höhere Anforderungen an die Rechtfertigung gelten des Weiteren, wenn der Staat die unentgeltliche Vornahme von Tätigkeiten vorschreibt (BVerfGE 54, 251/271; 57, 107/117). Zum Bewertungs-, Gestaltungs- und Prognosespielraum im Bereich der Berufsausübung oben Rn.31.

bb) Subjektive Berufswahlbeschränkungen (zur Abgrenzung **37** oben Rn.26) sind zum Schutze wichtiger Gemeinschaftsgüter zulässig (BVerfGE 13, 97/107; 69, 209/218). Dabei kann es sich um „relative", vom Gesetzgeber nach seinen wirtschafts-, sozial- und gesellschaftspolitischen Vorstellungen (sachgerecht) festgelegte Güter bzw. Interessen handeln (BVerfGE 13, 97/107; Breuer HbStR VI 967 ff; Scholz MD 337). Dementsprechend wurde der handwerkliche Befähigungsnachweis im Hinblick auf das gesetzgeberische Ziel der Mittelstandsförderung für zulässig erklärt, obwohl er zur Abwehr von Gefahren für die Allgemeinheit nicht wirklich geboten ist (BVerfGE 13, 97/110 ff; a. A. mit guten Gründen Manssen MKS 243). Neubewerber dürfen gegenüber bereits tätigen Personen nicht unangemessen benachteiligt werden (BVerfGE 54, 301/331). Besonders bedenklich ist der Ausschluss aus einem Beruf (BVerfGE 66, 337/353; zurückhaltender BGHSt 32, 305 ff), bei belegbar fehlender Eignung aber möglich (BVerfGE 69, 233/244).

38   Vorgeschriebene **Kenntnisse** und Fähigkeiten für die *Zulassung zu einem Beruf* dürfen nicht außer Verhältnis zu der geplanten Tätigkeit stehen (BVerfGE 54, 301/331; 55, 159/166). Ein gewisser „Überschuss an Ausbildungsanforderungen" ist zulässig, nicht jedoch eine unzumutbare Überqualifikation (BVerfGE 13, 97/117 f; 54, 301/330 f; 73, 301/320; BVerwGE 75, 45/53; Rittstieg AK 99). Prüfungsfragen müssen mit den Berufsanforderungen im Zusammenhang stehen (BVerwGE 78, 55/57). Gleichwertige Prüfungen müssen anerkannt werden (**a. A.** BVerwG, NVwZ 83, 470). Ein reines Antwort-Wahl-Verfahren zur Feststellung von Kenntnissen ist unzulässig (BVerfGE 80, 1/26 ff). Zu Anforderungen an das Habilitationsverfahren BVerwGE 95, 237/243 ff. Der Verwaltung kann eine Beurteilungsermächtigung eingeräumt werden, falls die Entscheidung einem Sachverständigenausschuss übertragen wird (BVerwGE 59, 213/215 ff; s. auch Rn.48 zu Art.19); doch muss das Gesetz dafür einen Anhaltspunkt liefern (BVerwG, DVBl 91, 49 f). Zu Vorgaben für Prüfungen, die eine berufsbezogene Ausbildung abschließen, unten Rn.81–83.

39   **cc) Objektive Berufswahlbeschränkungen** (zur Abgrenzung oben Rn.27) sind „nur zulässig, wenn sie zur Abwehr nachweisbarer oder höchst wahrscheinlicher schwerer Gefahren für ein überragend wichtiges Gemeinschaftsgut zwingend geboten sind" (BVerfGE 102, 197/214; ähnlich BVerfGE 63, 266/286; 97, 12/26; Breuer HbStR VI 995 f). Zum Prognosespielraum oben Rn.31). Unzulässig ist es, die Berufszulassung in das behördliche Ermessen zu stellen (BVerwGE 91, 356/358). Fragwürdig ist, nach einer vom Staat bewirkten „Verknappung des Marktes" dem Gesetzgeber einen größeren Spielraum einzuräumen (BVerfGE 102, 197/215). Bei Zweitberufen liegen die Anforderungen etwas niedriger (BVerfGE 21, 173/181; Scholz MD 278).

40   **Im Einzelnen** ist die Volksgesundheit ein derartiges Gemeinschaftsgut (BVerfGE 7, 377, 414; BVerwGE 65, 323/339), die Erhaltung einer menschenwürdigen Umwelt (BVerwGE 62, 224/230), die Stellung des Rechtsanwalts als unabhängiges Rechtspflegeorgan (BGHZ 57, 237/240), die Minderung der Arbeitslosigkeit (BVerfGE 21, 245/251), die Sicherung der Volksernährung (BVerfGE 25, 1/16). Bestand, Funktionsfähigkeit und Wirtschaftlichkeit der Bahn sind ein überragend wichtiges Gemeinschaftsgut, nicht zuletzt im Hinblick auf die damit verfolgten Zwecke der Reduzierung von Verkehrstoten etc. (vgl. BVerfGE 40, 196/218; BVerwGE 64, 70/72). Kein Gemeinschaftsgut (und erst recht kein überragend wichtiges) ist der Schutz bestehender Unternehmen vor Konkurrenz (BVerfGE 7, 377/408; 11, 168/188 f; 19, 330, 342; BVerwGE 79, 208/211 f; Breuer HbStR VI 996; Gubelt MüK 66; Scholz MD 353; vorsichtig BVerfGE 97, 12/31). Dies gilt auch für den Mittelstandsschutz (Manssen MKS 123); möglich sind aber Maßnahmen zur Erhaltung einer ausreichenden Zahl von Wettbewerbern im Interesse eines wirksamen Wettbewerbs. (Objektive) *Bedürfnisprüfungen,* wie sie früher u. a. bei der Genehmigung von Apotheken oder Gaststätten üblich waren, sind unzulässig (BVerfGE 7, 377/431 ff; 11, 168/186 f; BVerwGE 1, 48/52; 82, 189/194); nur in wenigen Fällen sind sie verfassungskonform, etwa beim Linienverkehr (BVerfGE 11, 168/184 f) sowie beim Güterverkehr (unten Rn.49), bei Mühlen (BVerfGE 25, 1/13 ff) sowie bei staatlich gebundenen Berufen (unten Rn.60). Fiskalische Erwägungen stellen kein besonders wichtiges Gemeinschaftsgut dar (Manssen MKS 250; Jarass, DÖV 00, 756 f); insb. kann diesem Ziel durch entsprechende Abgaben oder eine Versteigerung Rechnung getragen werden (BVerfGE 102, 197/217 f).

4. Schranke des kollidierenden Verfassungsrechts

Art.12 kann ebenso wie andere Grundrechte durch sonstige Verfassungsnormen beschränkt werden (BVerfGE 73, 301/315; Vorb.45–49 vor Art.1). Bei Grundrechtseingriffen ist eine gesetzliche Grundlage erforderlich (Vorb.48 vor Art.1), etwa bei der Einschränkung durch Art.33 Abs.5 (BVerfGE 80, 257/265; BVerwGE 75, 109/116). Zur materiellen Zulässigkeit von Einschränkungen nach Art.33 unten Rn.59 f. Weiter wird der Schutz der Sonntagsruhe durch Art.140 iVm Art.139 WRV abgedeckt (BVerwG, NJW 82, 899; 88, 2254; Rn.1 zu Art.140/139 WRV). Ob und wieweit auch Kompetenznormen zur Begrenzung der Berufsfreiheit eingesetzt werden können, ist umstritten. Dies dürfte idR zu verneinen sein (unten Rn.61 und Vorb.46 vor Art.1; diff. Scholz MD 231 ff; a. A. Tettinger SA 169). **41**

V. Einzelfälle

1. Einzelne Berufe

42   **a) Apotheken, Arzneien, Heilberufe.** *Unzulässig* sind eine
Bedürfnisprüfung für Apotheken (BVerfGE 7, 377/415 ff), unzureichende Übergangsregelungen für Apothekenanwärter und Apo-
thekenassistenten (BVerfGE 32, 1/21 ff; 50, 265/275), das Verbot des
Verkaufs von Tierarzneimitteln im Reisegewerbe (BVerfGE 17,
269/276 f), der übergangslose Facharztvorbehalt für Schwangerschaftsabbrüche (BVerfGE 98, 265/309 ff). Zur Veröffentlichung
von Markttransparenzlisten oben Rn.14, 20. Unzulässig ist auch die
Verminderung des Honoraranspruchs bei Praxen mit hohem Fall-
wert ohne ausreichende gesetzliche Grundlage (BSGE 75, 37/44);
zur Verteilungsgerechtigkeit bei der Honorarverteilung von Ärzten
BSGE 73, 131/138 ff. Zur Zulassung von Großgeräten für Kassenärzte BSGE 70, 285/302 ff. Zu Fachgebietsbeschränkungen BSGE
68, 190/192 f. *Zulässig* sollen dagegen die Beschränkung des Apo-
thekenbetriebs auf eine Apotheke (BVerfGE 17, 232/241; BVerwGE
40, 157/164) und die Begrenzung der Apothekenverpachtung sein
(BVerfGE 17, 232/246 f); beides kann schwerlich überzeugen
(Manssen MKS 181 f). Zur Werbung unten Rn.54 f. Zulässig ist der
Ausschluss von Heilpraktikern von der Kassenzulassung (BVerfGE
78, 155/161 f) und die am Bedarf orientierte Kassenzulassung von
Ärzten (Manssen MKS 180; anders BVerfGE 11, 30/48; 12,
142/147 ff). Zulässig ist weiter eine Altersgrenze für Hebammen
(BVerfGE 9, 338/344 f), das Erfordernis von Prüfungen für die
Ausübung der Zahnheilkunde (BVerfGE 25, 236/247), die Verminderung der Vergütung für zahntechnische Leistungen (BVerfGE 68,
193/216 ff) und der Entzug der Kassenzulassung bei groben Pflicht-
verstößen, soweit daraus auf die fehlende Eignung geschlossen werden kann (BVerfGE 69, 233/244; BSGE 60, 76). Für die Beurteilung der Leistungsfähigkeit einer Klinik kommt es auf den aktuellen
Stand des Krankenhauswesens an (BVerfGE 82, 209/234). Unzulässig ist das Verbot der Tornometrie und Perimetrie durch Optiker
(BVerfG-K, NJW 00, 2736 f).

43   **b) Rechtsanwälte.** Im Bereich der **Rechtsanwälte** gilt der
Grundsatz der freien Advokatur (BVerfGE 76, 171/188). Richtlinien
können das Grundrecht nicht beschränken (oben Rn.21). Was die
Zulassung als Rechtsanwalt angeht, so ist eine Verweigerung der
Zulassung wegen verfassungsfeindlicher Tätigkeit unzulässig (BVerf-

GE 63, 266/286 ff), desgleichen wegen der Tätigkeit als wissenschaftlicher Mitarbeiter an der Universität (BVerfG-K, NJW 95, 952). Die Beschränkung von Zweitberufen bedarf zwingender Sachgründe (BVerfGE 87, 287/325 ff; großzügiger BGHZ 97, 204/208). Unzulässig ist das Verbot einer Sozietät von Anwaltsnotar und Wirtschaftsprüfer (BVerfGE 98, 49/62; a. A. noch E 54, 237/249). Mit Art. 12 unvereinbar ist der **Entzug der Anwaltszulassung** wegen eines Verstoßes gegen die Kanzleipflicht (BVerfGE 72, 26/33), ein ausnahmsloses Berufsverbot auf Lebenszeit (BVerfGE 72, 51/63 f). Zulässig sind hingegen Berufsverbote nach der BRAO (BVerfGE 44, 105/117; 48, 292/296), vorausgesetzt, eine Wiederzulassung ist möglich (BVerfGE 66, 337/353 f).

Im Bereich der **Ausübung** ist die Pflicht zum unentgeltlichen 44 Tätigwerden eines Rechtsanwalts als Vormund unzulässig (BVerfGE 54, 251/271), des Weiteren die unzureichende Erstattung der Kosten eines Pflichtverteidigers (BVerfG-K, NJW 01, 1269), das Verbot, die Bezeichnung eines tatsächlich ausgeübten Berufs zu führen (BVerfGE 82, 18/28 f), das Verbot der Bezugnahme auf eine Urkunde, in der ehrenrührige Behauptungen aufgestellt werden (BVerfG-K, EuGRZ 96, 479), der Ausschluss des Verteidigers unter bestimmten Voraussetzungen (BVerfGE 16, 214/216 f; 43, 79/90) und das völlige Verbot der Kooperation zweier Verteidiger (BVerfGE 72, 34/38). Zulässig ist die Notwendigkeit der Prozessfähigkeit des Anwalts für die Tätigkeit vor Gericht (BVerfGE 37, 67/77), die Verpflichtung der Anwälte, vor Gericht die Amtstracht zu tragen (BVerfGE 28, 21/31), das Verbot, mehrere Beschuldigte zu verteidigen (BVerfGE 39, 156/164 f) und die Wohnsitzpflicht für Patentanwälte (BVerfGE 65, 116/125 ff – bedenkl.). Unzulässig ist der Ausschluss eines Rechtsanwalts als Zeugenbeistand (BVerfG-K, NJW 00, 2660 f). Gleiches gilt für die Singularzulassung beim OLG (BVerfG, NJW 01, 354) und die Zulassung allein an *einem* Landgericht (vgl. BVerfGE 93, 226/371 f). Das Sachlichkeitsgebot bedarf der restriktiven Anwendung (BVerfGE 76, 171/190 f; BVerfG-K, NJW 89, 3148). Eine Beschränkung von Fachanwaltsbezeichnungen muss durch Gesetz geregelt werden (BGHZ 111, 229/230 ff). Ein Verbot von Fachbezeichnungen soll zulässig sein (BVerfGE 57, 121/133). Zu Werbeverboten unten Rn. 54 f. Zum kommunalen Vertretungsverbot oben Rn. 13.

c) Sonstige Rechtsberatung, Notare, Steuerberatung. 45 **aa)** Im Beeich der Rechtsberatung durch andere als durch Anwälte wurde die weitgehende Beseitigung der Tätigkeit der Rechtsbeistände als zulässig eingestuft (BVerfGE 75, 246/267 ff). Der Sach-kundenachweis nach dem RechtsberatungsG ist zulässig (BVerwGE 59, 138/142), nicht jedoch das Ermessen bei der Erteilung der Erlaubnis (Manssen MKS 194; **a. A.** BVerfG-K, NJW 88, 2535). Die Überwachung von Fristen darf, wenn sie sich zu einer selb-ständigen Berufstätigkeit entwickelt, nicht dem RechtsberatungsG unterworfen werden (BVerfGE 97, 12/30 ff). Unzulässig ist der Aus-schluss der Rechtsberatung durch Versicherungsberater (BVerfGE 75, 284/298 f).

46   **bb)** Die Beschränkung der **Notar**stellen soll Art.12 überhaupt nicht berühren; die Auswahl der Bewerber muss gleichwohl gesetz-lich geregelt werden (BVerfGE 73, 280/292; 294 f; oben Rn.20). Eine Ermessensentscheidung über die Zulassung ist schwerlich mit Art.12 vereinbar (a. A. BGHZE 127, 83/91 ff). Stellen sind aus-zuschreiben (BVerfGE 73, 280/296). Gebührenbeschränkungen bei Notaren können unzulässig sein (BVerfGE 47, 285/318, aber auch E 69, 373/378 ff). Sozietätsverbote sind möglich (BVerfGE 80, 269/278 ff); vgl. aber Rn.21 zu Art.9. Wohnsitzpflichten sind be-denklich (Manssen MKS 177). Eine Notaramtsenthebung wegen früherer DDR-Richtertätigkeit ist nur unter spezifischen Vorausset-zungen möglich (BVerfG-K, NJW 01, 671 f). Zur Stellung der Notare s. auch unten Rn.60.

47   **cc)** *Unzulässig* sind das Verbot von Doppelberufen für **Steuerbe-rater** (BVerfGE 21, 173/179; BGHZ 57, 229/237 ff), das Buch-führungsprivileg der Steuerberater (BVerfGE 54, 301/314 ff; 59, 302/314 ff), die Zulassung von Angehörigen der Finanzverwaltung zur Steuerberaterprüfung erst nach Ausscheiden aus dem Dienst (BVerfGE 69, 209/218 ff), zu große Restriktionen bei Stellenanzei-gen (BVerfG-K, DVBl 96, 148). Zur Werbung unten Rn.54 f. *Zu-lässig* sind hingegen die Anforderungen an die persönliche Eignung von Steuerberatern (BVerfGE 55, 185/196), das Verbot einer Sozie-tät von Steuerberatern und berufsfremden Personen (BVerfGE 60, 215/230 f) sowie das Berufsverbot bei Konkurs (BFHE 151, 194/198).

48   **d) Architekten, Ingenieure, Sachverständige.** *Unzulässig* sind fehlende Übergangsregelungen für die Vorlageberechtigung von Bauplänen (BVerfGE 68, 272/284 ff), weiter eine objektive Bedürf-nisprüfung für die öffentliche Bestellung als Sachverständiger (BVerfGE 86, 28/42 f). Dagegen ist eine Altersgrenze für Prüfinge-nieure zulässig (BVerfGE 64, 72/82), ebenso das Monopol des TÜV (BVerwGE 72, 126/130; probl.). Zulässig ist auch das Erfordernis

einer praktischen Tätigkeit bei Vermessungsingenieuren in dem betreffenden Bundesland (BVerfGE 73, 301/316 ff). Zu Prüf- oder Vermessungsingenieuren als staatlich gebundenen Berufen unten Rn.60.

e) In der **Verkehrs- und Versorgungswirtschaft** sind *unzulässig* 49 die Bedürfnisprüfung beim Gelegenheitsverkehr mit Mietwagen (BVerfGE 11, 168/186 f), die Verweigerung von Taxigenehmigungen wegen wirtschaftlicher Interessen der vorhandenen Unternehmen, solange nicht das gesamte Gewerbe in seiner Existenz bedroht ist (BVerwGE 64, 238/242). *Zulässig* soll hingegen die Kontingentierung im Güterfernverkehr sein (BVerfGE 40, 196/218 ff; BVerwGE 64, 70/72 f; vgl. oben Rn.40), außer für den Möbelfernverkehr, da insoweit keine Konkurrenz zur Bundesbahn besteht (BVerfGE 40, 196/226); zur gesetzlichen Grundlage der Auswahlkriterien oben Rn.20. Die Übertragung von Taxikonzessionen muss nicht generell verboten werden (BVerfGE 81, 40/50 f). Zulässig sind weiterhin Trennwände in Taxen (BVerfGE 21, 72 f); zur Werbung in Taxen unten Rn.53.

f) Handel und Vertrieb. *Unzulässig* ist der Sachkundenachweis 50 für den Betrieb von Warenautomaten (BVerfGE 14, 19 ff), der Sachkundenachweis im Einzelhandel (BVerfGE 19, 330/336 ff; 34, 71/77), ein Mindestmilchumsatz (BVerfGE 9, 39/48 ff), Verbote für das Inverkehrbringen verwechslungsfähiger Lebensmittel (BVerfGE 53, 135/143 ff) sowie Rabattstaffeln bei öffentlichen Schulbuchaufträgen (BVerfGE 53, 1/15 ff). Warnungen vor gesundheitsschädlichen Produkten sind zulässig (BVerwGE 87, 37/42 ff). Zulässig sind Betriebsverbote für jugendgefährdende Schriften (BVerfGE 30, 336/350); generell rechtfertigt der Jugendschutz erhebliche Beschränkungen (BVerfG-K, NJW 86, 1241 f). Zum Arzneimittelverkauf oben Rn.42, zum Ladenschluss unten Rn.52.

g) Weitere Berufe. *Unzulässig* ist ein Ausschluss juristischer Personen von der Buchmacher-Tätigkeit (BVerwGE 97, 12/22 ff), eine 51 Bedürfnisprüfung bei der Erste-Hilfe-Ausbildung ohne zureichende Gründe (BVerwGE 95, 15/20 f), der Ausschluss Privater von Spielbanken (BVerfGE 102, 197/217 ff) und die Versagung der Vergütung bei nebenberuflicher Betreuung (BVerfG-K, NJW 99, 1621 f). *Zulässig* ist dagegen der handwerkliche Befähigungsnachweis (str., oben Rn.37), weiter die Heranziehung der Banken zur Abführung der Kapitalertragssteuer (BVerfGE 22, 380/383 ff), die Bevorratungspflicht für Erdölerzeugnisse, soweit sie nicht für Teilgruppen der Betroffenen übermäßig belastend sind (BVerfGE 30, 292/313 ff) und die Vermahlungsbegrenzung nach dem MühlenstrukturG (BVerfGE 39, 210/225 ff). Als zulässig wird das repressive Verbot von Wettveranstaltungen angesehen (BVerwGE 96, 293/300 f), desgleichen von Spielbanken (BVerwGE 96, 302/308 ff); allerdings kann das nicht für Formen gelten, bei denen die Gefahr der Spielleidenschaft gering ist (Jarass, DÖV 00, 759 f). Im Rettungsdienst sind Begrenzungen möglich (BVerwGE 97, 79/84 f). Zulässig ist die Verpflichtung zur kostenlosen Lehre von Privatdozenten (BVerwGE 96, 136/142 ff). Zum öffentlichen Dienst, zu staatlich gebundenen Berufen etc. unten Rn.59–62.

2. Querschnittsfragen

52 **a) Betriebs- und Öffnungszeiten.** *Zulässig* sind Ladenschlussregelungen (BVerfGE 13, 237/240 f; BVerwGE 41, 271/275 f; BVerwG, NJW 81, 596; s. aber auch BVerfGE 59, 336/349 ff; a. A. zu Recht Hufen, NJW 86, 1291; Manssen MKS 207). Frisören musste allerdings die Möglichkeit der Öffnung am Samstagnachmittag eingeräumt werden (BVerfGE 59, 336/355 ff). Zulässig sind weiter die Vorschriften zur Arbeitszeit (BVerfGE 22, 1/20), das Nachtbackverbot (BVerfGE 87, 363/382), die Sperrstunde für Gastwirtschaften (BVerwGE 20, 321/323) und die Beschränkungen zugunsten der Sonntagsruhe (oben Rn.41).

53 **b) Werbung. aa)** Unterschiedliche Werberegelungen für konkurrierende Berufe bedürfen einer besonderen Legitimation (vgl. BVerfGE 85, 97/106 f). *Unzulässig* ist die Einschränkung von Werbefahrten im Straßenverkehr (BVerfGE 40, 371/382 f). *Zulässig* sind hingegen Werbebeschränkungen für radiumhaltige Erzeugnisse (BVerfGE 9, 213/221 f) und für Taxen (BVerfGE 65, 237/245 ff). Generell zur Problematik von Werbeverboten oben Rn.36 sowie Rn.83 zu Art.5.

54 **bb)** Werbebeschränkungen für **freie Berufe** wurden früher in weitem Umfang für zulässig erklärt, etwa für Ärzte (BVerfGE 71, 162/174; einschr. BVerfG-K, DVBl 93, 716), für Apotheken (BVerfGE 53, 96/98; BVerwGE 72, 73/79 ff), für Steuerberater (BVerfGE 60, 215/231 ff) und für Rechtsanwälte (BVerfGE 57, 121/133). Die neuere Rspr. verfährt zu Recht restriktiver: Ein Ausschluss der Werbung, unabhängig vom Inhalt, ist auch bei den freien Berufen unzulässig (BVerfGE 94, 372/392 f; BVerfG-K, NJW 96, 3072 jeweils für Apotheker). Bei der Anwendung von die Werbung begrenzenden Vorschriften ist der hohe Stellenwert der Berufsfreiheit zu beachten (BVerfG-K, NJW 96, 3071; Manssen MKS 158 ff).

Im Einzelnen ist es unzulässig, in einer Selbstanzeige eine Wer- 55
bung zu sehen (BVerfGE 76, 196/207 ff); gleiches gilt für die Übernahme eines Vereinsvorsitzes (BGHZ 106, 212/213 f), für aus-
geprägte Restriktionen bei Stellenanzeigen (BVerfG-K, DVBl 96,
148) oder die Mitwirkung an redaktionell verantworteten Pressear-
tikeln (zu restriktiv BVerfGE 85, 248/260 ff). Unzulässig ist es, die
Verwendung von selbst gewählten Tätigkeitsschwerpunkten zu verbieten, sofern es sich um eine sachgerechte Information handelt
(BVerfG-K, NJW 95, 776; NJW 00, 3057 f), auch wenn man sich
dadurch vom Wettbewerber abzuheben versucht (Manssen MKS
162; a. A. BGH, NJW 97, 2522 ff). Unzulässig sind auch übermäßige Einschränkungen beim Telefonbucheintrag (BVerwGE 105,
362/368). Bei Sanatorien sind einem Werbeverbot noch engere
Grenzen zu ziehen (BVerfGE 71, 183/198 ff; vgl. BVerfG-K, NJW
00, 2734 f). Ein Verbot farbiger Briefbögen von Notaren ist unzulässig (BVerfG-K, NJW 97, 2510 ff). Werbeverbote für verschreibungs-
pflichtige Arzneimittel sind zulässig, um einen übermäßigen Arznei-
mittelverbrauch zu vermeiden (BVerfGE 94, 372/393; Manssen
MKS 164). Ähnlich ist eine Arztwerbung unzulässig, wenn sie zu
einer Verunsicherung der Kranken führt (BVerfGE 71, 162/174;
BVerwG, NJW 98, 2760). Werbebeschränkungen für Architekten
und Ingenieure sich schwerlich haltbar (Manssen MKS 165).

c) Arbeits- und Sozialrecht. Die Entgeltfortzahlungspflicht für 56
den Bildungsurlaub ist zulässig, soweit die betreffenden Arbeitnehmer sich selbst bilden (BVerfGE 77, 308/332 ff). Zulässig ist
das Mutterschaftsgeld (BAGE 81, 222/225 ff). Gleiches gilt für
die Kleinbetriebsklausel des Kündigungsschutzes (BVerfGE 97,
169/177); allg. zum Kündigungsschutz oben Rn.18. Zur Befristung
von Arbeitsverhältnissen im Rundfunk Rn.72 a zu Art.5, in der
Wissenschaft Rn.103 zu Art.5. Unzulässig sind eine Sonderurlaubs-
pflicht zugunsten der Jugendarbeit außerhalb des Betriebs (BVerfGE
85, 226/236 f; vgl. auch E 77, 308 ff; BAGE 62, 288/290 f) und
übermäßige Sozialleistungen (BVerfGE 81, 156/197 ff). Die Über-
bürdung des Arbeitslosengeldes bei älteren Arbeitnehmern auf den
Arbeitgeber ist nur zulässig, soweit ihn eine besondere Verantwortung für die Arbeitslosigkeit trifft (BVerfGE 81, 156/185 ff). Die
Einschaltung einer Einigungsstelle im Betriebsverfassungsrecht ist
zulässig (BVerfG-K, NJW 88, 1135). Das Verleihverbot für Arbeitnehmer im Baubereich ist zulässig (BVerfGE 77, 84/116). Zur
Arbeitszeit s. oben Rn.52. Der Verfall betrieblicher Versorgungsanwartschaften kann unzulässig sein (BVerfGE 98, 365/395 ff). Un-

zulässig ist auch die Belastung von Arbeitgebern mit den Kosten für die Arbeitslosigkeit bei Abschluss einer Wettbewerbsvereinbarung (BVerfGE 99, 202/213).

57   Bei der **Anwendung** des Arbeitsrechts ist die Ausstrahlungswirkung der Berufsfreiheit (oben Rn.18) zu beachten. Bei einem besonders schwerwiegenden Ungleichgewicht der Vertragsparteien kann eine gerichtliche Korrektur von Vertragsbedingungen geboten sein (BAGE 76, 155/166; vgl. Rn.16 zu Art.2). Haftungsrisiken dürfen Arbeitnehmern nur begrenzt auferlegt werden (BAGE 70, 337/345; 78, 56/65 f). Abs.1 gebietet weiterhin, dass man sich aus einer direkten oder indirekten langfristigen vertraglichen Bindung hinsichtlich der Berufsausübung wieder lösen kann (BGHZ 94, 248/256; Scholz MD 50); zum Grundrechtsverzicht Vorb.36 vor Art.1. Die mit der Lösung verbundenen Nachteile dürfen nicht unangemessen belastend sein. Das hat Bedeutung für Wettbewerbsverbote nach Beendigung eines Arbeitsverhältnisses (BVerfGE 81, 242/261 f; BGH, NJW 86, 2944; BAGE 34, 220/224), insb. für Karenzentschädigungen (BVerfGE 81, 242/260 f), weiter für die Rückzahlung von Ausbildungsbeihilfen bei vorzeitigem Ausscheiden (BAGE 42, 48/51 ff; 63, 232/239 f; 76, 155/171 ff; BGH, DB 84, 2456) und der Verfall betrieblicher Versorgungsanwartschaften (BVerfGE 98, 365/395 ff). Ähnliches gilt für die Beschränkung von Nebentätigkeiten sowie für die Ablösesummen von Lizenzspielern (Tettinger SA 79 a f). Unzulässig sind bestimmte Transferregelungen im Berufseishockey (BAG, NAZ 97, 651; BGH, NJW 00, 1028 f) und im Fußballbereich (BGH, NJW 99, 3552 f). Das Kündigungsrecht für Arbeitnehmer berücksichtigt dagegen bereits in ausreichendem Umfang den Gehalt des Art.12 (BVerfGE 84, 133/147), weshalb bei seiner Anwendung die Berufsfreiheit in der Regel keine Bedeutung mehr hat (BAGE 28, 176/183; 29, 247/254 ff; vgl. Scholz MD 50, 72). Das im EV vorgesehene Sonderkündigungsrecht für Arbeitnehmer im öffentlichen Dienst darf nicht zu extensiv verstanden werden (BVerfGE 92, 140/153 ff). Zum Mutterschutz Rn.46 zu Art.6. Tarifverträge können Kriterien für die Besetzung von Arbeitsplätzen festlegen (BAGE 44, 141/151 ff; 64, 368/387 ff).

58   **d) Sonstiges.** Vergütungsregelungen müssen regelmäßig die Belastung durch die Umsatzsteuer berücksichtigen (BVerfGE 101, 331/355 ff). Der Verfall von Betriebsrenten darf den Arbeitsplatzwechsel nicht unverhältnismäßig behindern (BVerfGE 98, 365/397).

3. Öffentlicher Sektor

a) Öffentlicher Dienst. Für die Berufe des öffentlichen Dienstes **59** eröffnet Art.33 Abs.4, 5 GG „die Möglichkeit zu Sonderregelungen, die darauf beruhen, dass in diesen Berufen staatliche Aufgaben wahrgenommen werden; sie können nicht allein die Zahl der verfügbaren Stellen, sondern auch die Bedingungen zur Ausübung dieses Berufs betreffen" (BVerfGE 73, 301/315; 7, 377/398; 39, 334/369; Gubelt MüK 20). Dabei führt Art.33 zu keiner Verdrängung des Art.12 (oben Rn.6), sondern bildet eine zusätzliche Schranke für das Grundrecht. Das hat zur Folge, dass Einschränkungen der Berufsfreiheit im öffentlichen Dienst eher verhältnismäßig sind. Für die Form der Einschränkung gelten aber die gleichen Voraussetzungen wie in anderen Bereichen (BVerfGE 73, 280/295; 80, 257/265). Bei der Zulassung zum und der Beförderung im öffentlichen Dienst ist zudem Art.33 Abs.2 zu beachten (BVerfGE 96, 152/163); dazu Rn.8–21 zu Art.33. Zur Verfassungstreue Rn.18, 40 zu Art.33. Bei einer Kündigung im öffentlichen Dienst ist Art.12 zu beachten (BVerfGE 96, 189/199; 96, 205/213). Bei der Verletzung einer Ausbildungsförderungsvereinbarung kann das Darlehen zurückverlangt werden (BVerwG, NJW 82, 1412); zudem ist eine Vertragsstrafe möglich (BVerwGE 74, 78/83 f; s. auch oben Rn.57). Ablieferungspflichten der Einkünfte aus Nebentätigkeiten sind schwerlich mit Art.12 vereinbar (a. A. BAGE 83, 311/319 ff); vgl. auch zur Nebentätigkeit von Beamten oben Rn.5 sowie Rn.38 zu Art.33. Zu weiteren Pflichten Rn.39 f zu Art.33. Zum Vorbereitungsdienst unten Rn.75–77.

b) Staatlich gebundene Berufe. Nach hA soll in Anlehnung an **60** Art.33 Abs.4, 5 Ähnliches wie für den öffentlichen Dienst (oben Rn.59) für staatlich gebundene Berufe gelten, etwa für Notare (BVerfGE 54, 237/250; 73, 280/292; 80, 257/265; BGHZ 128, 240/248), Schornsteinfeger, den TÜV (BVerwGE 72, 126/130), Prüfingenieure (BVerfGE 64, 72/83) oder Vermessungsingenieure (BVerfGE 73, 301/316). Kennzeichen eines staatlich gebundenen Berufs ist es, dass der Gesetzgeber dem Berufsinhaber öffentliche Aufgaben, die er dem eigenen Verwaltungsapparat vorbehalten könnte, überträgt und zu diesem Zwecke die Ausgestaltung des Berufs dem öffentlichen Dienst angenähert hat (BVerfGE 73, 301/315 f). Bedürfnisprüfungen werden dort als zulässig angesehen (BGHZ 37, 179/183). Das ist jedoch abzulehnen, soweit es nicht um den Zugang zu und die Tätigkeit in staatlich finanzierten Einrichtungen geht (ähnlich BVerfGE 69, 373/378); angebracht ist die

Schrankenprüfung gem. Abs.1 S. 2 (ebenso Breuer HbStR VI 915 f; Scholz MD 223). Zumindest ist der Kreis der staatlich gebundenen Berufe sehr eng zu ziehen. Der Anwaltsberuf gehört nicht dazu (BVerfGE 50, 16/29; 63, 266/285). Die formalen Anforderungen des Gesetzesvorbehalts gelten auch für staatlich gebundene Berufe (BVerfGE 80, 257/265; BVerwG, NVwZ 95, 485). Eine Verpflichtung zur Gutachtenserstellung ist eine an Art.12 zu messende Indienstnahme Privater (BVerfGE 85, 329/334).

61   **c)** Ein **staatliches Monopol** für eine bestimmte berufliche bzw. wirtschaftliche Tätigkeit ist als objektive Berufswahlbeschränkung einzustufen und ist daher nur möglich, wenn ein überragend wichtiges Gemeingut dies zwingend erfordert (BVerfGE 21, 245/251; BVerwGE 39, 159/168; 62, 224/230; oben Rn.39). Auf diese strengen Anforderungen wird verzichtet, wenn Zuständigkeitsvorschriften des GG erkennbar ein bestimmtes Monopol voraussetzen (zu großzügig BVerfGE 41, 205/227 f; restriktiv zu Recht Scholz MD 234; Papier, HbVerfR, 817; Vorb.46 vor Art.1). Keine Rechtfertigung staatlicher Monopole ergibt sich aus der Kompetenz des Staates, festzulegen, welche Aufgaben staatliche Aufgaben sind und wie bzw. durch wen sie erfüllt werden sollen (so aber wohl BVerfGE 37, 314/322; 41, 205/217 f; vgl. Scholz MD 207 f). Diese Kompetenz legitimiert das staatliche Tätigwerden. Der damit nicht notwendig verbundene Ausschluss von Privaten muss an Abs.1 gemessen werden (Breuer HbStR VI 1007 ff). Soweit es allerdings um *Verwaltungsmonopole* geht, entspricht es der staatlichen Kompetenz-Kompetenz für die Bestimmung staatlicher Aufgaben, dem Gesetzgeber einen Beurteilungsspielraum bei der Frage einzuräumen, ob das Monopol tatsächlich erforderlich ist (vgl. Scholz MD 407 ff; diff. Manssen MKS 46; großzügiger Wieland DR 74). Zu den Verwaltungsmonopolen gehört insb. der Anschluss- und Benutzungszwang bei gemeindlichen Einrichtungen (vgl. Scholz MD 312). Bei *Finanzmonopolen* (Rn.24 zu Art.105) besteht für einen Beurteilungsspielraum kein Anlass (Scholz MD 248, 406; Gubelt MüK 15 zu Art.105; Manssen MKS 45; **a. A.** BVerfGE 14, 105/111). Bestehende Monopole wie das Branntweinmonopol dürften heute, trotz der Erwähnung in Art.105 Abs.1, generell unzulässig sein (Manssen MKS 250; Gubelt MüK 72).

62   Zum Teil betreffen öffentliche Monopole nur **einzelne Tätigkeiten** oder **Aspekte** eines Berufs und nicht einen Beruf im Ganzen (zur Abgrenzung oben Rn.30). Sie sind dann lediglich Berufsausübungsregelungen und damit eher zulässig (vgl. BVerfGE 46,

120/149 ff). Zum Abfallbeseitigungsmonopol BVerwGE 62, 224/ 230. Zum Arbeitsvermittlungsmonopol BVerfGE 21, 245/248 ff; BSGE 43, 100/102 f; 70, 206/211 f.

(unbesetzt) **63–69**

B. Freiheit der Ausbildungsstätte bzw. der berufsbezogenen Ausbildung

1. Bedeutung und Abgrenzung zu anderen Normen

Art.12 Abs.1 schützt über den Wortlaut hinaus nicht nur die freie **70** Wahl der Ausbildungsstätte, sondern die gesamte Freiheit der berufsbezogenen Ausbildung. Das Grundrecht enthält ein „Abwehrrecht gegen Freiheitsbeschränkungen im Ausbildungsbereich" (BVerfGE 33, 303/329). Zudem enthält es auf Grund der in ihm enthaltenen Wertentscheidung zugunsten der berufsbezogenen Ausbildung ein Teilhaberecht (unten Rn.75 f, 84–87). Wegen der extensiven Abgrenzung der berufsbezogenen Ausbildung (unten Rn.71) deckt das Grundrecht weite Bereiche des sog. „Rechts auf Bildung" ab. Geht es um eine nicht berufsbezogene Ausbildung, kommt Art.2 Abs.1 zum Tragen (unten Rn.71). Bei Prüfungen verbindet sich Art.12 Abs.1 mit Art.3 zum Grundsatz der Chancengleichheit (dazu Rn.67 zu Art.3).

2. Schutzbereich

a) Ausbildungsstätte. Die Berufsfreiheit erfasst nur die *berufs-* **71** *bezogenen* Ausbildungsstätten. Dazu zählen alle Einrichtungen, die der Ausbildung für bestimmte Berufe oder Berufsgruppen dienen und dabei über das Angebot allgemeiner Bildung hinausgehen (Wieland DR 55; Breuer HbStR VI 933; Gubelt MüK 26; etwas enger BVerwGE 47, 330/332), also Hochschulen, Fachhochschulen, staatliche Vorbereitungsdienste (BVerfGE 39, 334/373; BVerwG, NJW 78, 2258; BAGE 36, 344/349), betriebliche und überbetriebliche Ausbildungslehrgänge, Lehrstellen, Sprachschulen. Selbst weiterführende Schulen, wie Gymnasien werden dazu gerechnet (Breuer HbStR VI 933; zur Rspr. unten Rn.74), was jedoch nicht zu überzeugen vermag (Manssen MKS 58; Jarass, DÖV 95, 678). Nicht erfasst werden Grundschulen (Scholz MD 180). Die nicht berufsbezogene Bildung wird durch Art.2 Abs.1 geschützt (Rn.6, 14 zu Art.2; Tettinger SA 67; vgl. auch BVerfGE 59, 172/205 f).

72   **b) Geschützte Tätigkeiten** sind der Eintritt in eine Ausbildungsstätte sowie die im Rahmen der Ausbildung notwendigen
Tätigkeiten, insb. die Teilnahme am Unterricht sowie an evtl. Prüfungen (Tettinger SA 69; vgl. unten Rn.81 f). Geschützt wird auch
ein Zweit- oder Drittstudium (vgl. BVerfGE 45, 393/398; 62,
117/146).

73   **c) Träger des Grundrechts** sind alle Deutschen (näher oben
Rn.10), die sich selbst bilden wollen, nicht dagegen die Träger der
Ausbildungsstätten (BGHZ 142, 304/313; Tettinger SA 68). Auch
Jugendliche sind Träger des Grundrechts (vgl. Rn.11 zu Art.19);
zum Verhältnis zum Elternrecht Rn.12 zu Art.19. Ausländer können
sich auf Art.2 Abs.1 berufen (Rn.10 zu Art.2); s. aber auch unten
Rn.87. Juristischen Personen steht die Freiheit der Ausbildungsstätte
nicht zu (Rittstieg AK 166).

3. Beeinträchtigung

74   **a) Allgemeines.** Im Bereich der berufsbezogenen Ausbildung
wird Art.12 zunächst durch jede belastende Regelung beeinträchtigt,
die unmittelbar die geschützte Tätigkeit in einer Ausbildungsstätte
(oben Rn.71 f) betrifft (vgl. allerdings unten Rn.76). Darüber hinaus
stellen sonstige, auf die berufsbezogene Ausbildung bezogene belastende Maßnahmen eine Beeinträchtigung dar, wenn dadurch der
weitere Berufs- und Lebensweg des Betroffenen beeinflusst wird
(BVerfGE 58, 257/273).

75   **b) Beschränkungen des Zugangs** zu berufsbezogenen Ausbildungsstätten stellen einen (echten) Grundrechtseingriff dar, soweit
sie (bei staatlichen Einrichtungen) nicht durch die Kapazität bedingt
sind (zu Kapazitätsbeschränkungen unten Rn.76). Dies gilt etwa für
generelle Voraussetzungen der Zulassung zum Vorbereitungsdienst
(BVerwGE 64, 142/144), wie die Verfassungstreue des Bewerbers
(dazu BVerfGE 39, 334/371 ff; 46, 43/52; BVerwGE 62, 267/270 f;
NJW 82, 785 f).

76   Soweit der Zugang aus **Kapazitätsgründen** beschränkt wird,
geht es weniger um einen klassischen Eingriff, als um Teilhabe und
Leistung. Abs.1 vermittelt aber nicht nur Abwehrrechte, sondern
auch ein Recht auf sachgerechte Teilhabe an staatlichen Ausbildungseinrichtungen (Tettinger SA 139; Jarass, DÖV 95, 675), jedenfalls dort, wo der Staat für eine bestimmte Ausbildung ein rechtliches
oder tatsächliches Monopol besitzt (Scholz MD 431), v. a. im Hochschulbereich (ausführlich unten Rn.84–87) sowie im Vorbereitungsdienst (BVerfGE 39, 334/372 ff; BAGE 53, 137/143 f; Scholz

MD 64), nicht jedoch in privaten Ausbildungseinrichtungen (Scholz MD 67). Das darin enthaltene Recht der erschöpfenden Kapazitätsausnutzung geht über die Anforderungen des Art.3 Abs.1 hinaus (Breuer HbStR VI 939 f; Rittstieg AK 129). Selbst eine völlig gleichmäßige Nichtausnutzung der Kapazität verletzt Art.12 Abs.1, weshalb die Zuteilung eines Studienplatzes bei unzureichender Kapazitätsausnutzung nicht wegen der sehr ungünstigen Randziffer verweigert werden darf (BVerfGE 39, 258/270, 272; Wieland DR 164). Weiter besteht ggf. ein Anspruch, zum Vorbereitungsdienst in privatrechtlicher Form zugelassen zu werden, wenn es an der für einen Beamten notwendigen Verfassungstreue fehlt (BAGE 53, 137/144; 54, 340/347 ff). Die langen Wartezeiten bei der Zulassung zum juristischen Vorbereitungsdienst sind schwerlich mit Art.12 vereinbar. Das Teilhaberecht dürfte jedoch keinen Anspruch auf *Erweiterung* bestehender Ausbildungseinrichtungen enthalten (Breuer HbStR VI 935; Gubelt MüK 32; vgl. Vorb.8 vor Art.1; a. A. Scholz MD 63 f; offengelassen von BVerfGE 33, 303/333; 43, 291/325). Auch dürfen die staatlichen Ressourcen in Bereiche gelenkt werden, in denen ein gesamtgesellschaftlicher Bedarf besteht (Breuer HbStR VI 936 f).

c) **Weitere Beeinträchtigungen.** Abs.1 kann auch durch die **77** Ausgestaltung von Prüfungen beeinträchtigt werden, die eine Ausbildungsstätte abschließen (näher unten Rn.81–83), weiter beim Ausschluss aus berufsbezogenen Ausbildungsstätten (BVerfGE 58, 257/273). Wenn die bloße Nichtversetzung in Sekundarschulen nicht als Beeinträchtigung des Art.12 Abs.1 angesehen wird (BVerfGE 58, 257/273; a. A. Starck MKS 75 zu Art.2), dann ist das i. E. richtig, da Sekundarschulen generell nicht unter Art.12 fallen (str., oben Rn.71). Art.12 vermittelt weder einen Anspruch auf **finanzielle Unterstützung** der Ausbildung (BVerwGE 81, 242/251; Scholz MD 65; Rittstieg AK 150) noch auf Unterhaltszuschuss im Vorbereitungsdienst (BVerfGE 33, 44/50). Ein Anspruch auf kostenloses Studium besteht nicht (BVerwGE 102, 142/146 f); bei Bedürftigkeit besteht aber gem. Abs.1 iVm dem Sozialstaatsprinzip ein Anspruch auf Unterstützung. Zum Anspruch auf Erweiterung bestehender Ausbildungseinrichtungen oben Rn.76. Zur Rückzahlung von Ausbildungsunterstützung oben Rn.57.

4. Rechtfertigung von Beeinträchtigungen (Schranken)

a) **Gesetzliche Grundlage.** Der Vorbehalt des Abs.1 S. 2 gilt **78** auch im Ausbildungsbereich (BVerfGE 33, 303/336; BVerwG, NJW

78, 2258). Hinsichtlich der Ausnutzung der Kapazität und damit im Teilhabebereich ist ebenfalls eine gesetzliche Grundlage erforderlich (BVerfGE 43, 291/314). Im Übrigen kann **übergangsweise** auf eine ausreichende Grundlage verzichtet werden, wenn und soweit anderenfalls die Funktionsunfähigkeit der Ausbildungseinrichtung droht (BVerfGE 41, 251/266 f; BVerwGE 51, 235/242 f; oben Rn.20; näher Rn.59 zu Art.20).

79 Was die **Anforderungen an die gesetzliche Grundlage** der berufsbezogenen Ausbildung angeht, kann auf die Ausführung zur Berufsfreiheit ieS verwiesen werden (oben Rn.19–23). Insb. müssen die wesentlichen Fragen der Ausbildung durch das Parlament selbst entschieden werden (BVerfGE 33, 303/345 f; 45, 393/399), etwa der Schulausschluss (BVerfGE 58, 257/275) oder die Voraussetzungen für das Bestehen einer Prüfung (BVerwG, DVBl 81, 1149); weitere Fälle in Rn.53 zu Art.20. Zu den wesentlichen Fragen zählen dagegen nicht die den Kapazitätsberechnungen zugrunde liegende Lehrverpflichtung (BVerfGE 54, 173/192 ff; s. aber unten Rn.86; außerdem BVerwGE 56, 31/41) sowie Einzelheiten des Prüfungssystems (BVerwGE 68, 69/73; 98, 324/327). Art.19 Abs.1, insb. das Zitiergebot, ist nicht anzuwenden (oben Rn.23).

80 **b) Verhältnismäßigkeit.** Jede Beschränkung der Berufsfreiheit im Ausbildungsbereich muss verhältnismäßig iwS sein (allg. dazu Rn.83–88 zu Art.20). Die Stufentheorie (oben Rn.24–30) als Konkretisierung des Verhältnismäßigkeitsgrundsatzes wird hier seltener angewandt. Anerkannt ist jedoch, dass Beschränkungen der Ausbildung, die den Zugang zu einem bestimmten Beruf völlig versperren, den Anforderungen an Berufwahlbeschränkungen unterliegen. Dementsprechend muss die Festlegung eines Numerus clausus als objektive Berufswahlbeschränkung dem Schutz eines überragend wichtigen Gemeinschaftsgutes dienen (BVerfGE 33, 303/338 f; 54, 173/191 f; 66, 155/179). Zu Prüfungen unten Rn.81–83, zur Zulassung zu Ausbildungseinrichtungen unten Rn.84–87.

5. Einzelfälle

81 **a)** Bei **Prüfungen** für den Nachweis berufsrelevanter Fähigkeiten beeinflusst Art.12 zunächst den **Zugang** und den **Inhalt** der Prüfungen. Die Zulassung zu einer Prüfung darf nur aus sachlich gebotenen Gründen beschränkt werden; die Landeszugehörigkeit dürfte nicht dazu gehören (BVerfGE 33, 303/353 f; a. A. BVerwG, NVwZ 83, 224; vgl. auch Rn.6 zu Art.33). Die Wartezeit darf nicht unangemessen sein (BVerfG-K, NVwZ 99, 1103). Die Prüfungsanforderungen müssen lösbar, verständlich und in sich widerspruchsfrei sein (BVerwG, DVBl 96, 1382 f), wobei aber auch die Funktion der Prüfung zu beachten ist (BVerwG, NVwZ 97, 502; Tettinger SA 16). *Übergangsregelungen* müssen übermäßige Benachteiligungen vermeiden (BVerfGE 79, 212/217 ff); die Wahl des Stichtags muss sich am Sachverhalt orientieren und die Interessenlage des Betroffenen angemessen berücksichtigen (BVerfGE 79, 212/219 f; Rn.32 zu Art.3). Zur Verschärfung von Prüfungsanforderungen vgl. auch Rn.67 zu Art.3 und Rn.73 zu Art.20. Zur **Chancengleichheit** bei Prüfungen Rn.67 zu Art.3. Zum Gesetzesvorbehalt im Prüfungsrecht oben Rn.79.

Weiter ergeben sich Pflichten hinsichtlich des **Prüfungsverfahrens** (BVerfGE 52, 380/389 f; 84, 34/45; BVerwGE 107, 363/373; vgl. auch Rn.31a zu Art.20). Um eine Kontrolle der Prüfungen zu ermöglichen, besteht ein Anspruch auf eine angemessene **Begründung** der Bewertung (BVerwGE 99, 74/80; 99, 185/189 f). Bei schriftlichen Prüfungen ist eine schriftliche Begründung erforderlich (BVerwGE 91, 262/265; 92, 132/137). Bei mündlichen Prüfungen, die für den Zugang zu einem Beruf entscheidend sind, besteht eine (sehr begrenzte) Begründungspflicht; eine genauere Begründung ist geboten, wenn der Prüfling dies beantragt und eine Begründung wegen des zeitlichen Ablaufs noch möglich ist (BVerwGE 99, 185/191 ff; BVerwG, NJW 98, 3657 ff; Tettinger SA 17 a). Die Begründung kann in diesem Fall auch mündlich vorgenommen werden (BVerwGE 99, 185/191, 193). Ein Wortprotokoll ist nicht erforderlich (BVerfG-K, DVBl 96, 433; BVerwGE 99, 185/196 f; BVerwG, NVwZ 97, 503). Des Weiteren muss der Prüfling die Möglichkeit erhalten, Einwände gegen die Bewertung vorzutragen (BVerfGE 84, 34/48 f; BVerwGE 99, 185/195), und zwar in einem **verwaltungsinternen Kontrollverfahren** (BVerwGE 92, 132/141 ff; BVerwG, DÖV 95, 114), an dem der Prüfer maßgeblich beteiligt ist (BVerwGE 92, 132/137 f; 98, 324/330; BFHE 172, 273/274). Voraussetzung sind substantiierte Einwände des Prüflings (BVerwG, NVwZ 93, 689).

Was die **gerichtliche Kontrolle** angeht, so kann bei Verfahrensfehlern eine Ausschlussfrist mit Präklusionswirkung für den Rechtsschutz vorgesehen werden (BVerwGE 96, 126/135 f). Eine gerichtliche Kontrolle ist geboten, wenn sich der Fehler auf das Prüfungsergebnis ausgewirkt haben kann (BVerfGE 84, 34/55; BVerwGE 105, 328/332 ff). Hinsichtlich der *gerichtlichen Kontrolldichte* bei materiellen Fehlern ist zwischen der fachwissenschaftlichen Beurteilung und prüfungsspezifischen Wertungen zu unterscheiden (BVerfGE

84, 34/50 ff; Tettinger SA 17 d f): Die fachwissenschaftliche Beurteilung (zur Abgrenzung BVerwG, NVwZ 98, 738) ist vom Gericht vollständig überprüfbar, notfalls unter Heranziehung von Sachverständigen (BVerfGE 84, 34/55; 84, 59/79; BVerwG, DVBl 97, 1238). Prüfungsspezifische Wertungen unterliegen dagegen nur einer begrenzten gerichtlichen Kontrolle (Manssen MKS 224; Tettinger SA 17 e). Insb. besteht im Hinblick auf die Festsetzung der Prüfungsnote ein Beurteilungsspielraum (BVerwGE 99, 74/77; vgl. BVerfGE 84, 34/50), desgleichen hinsichtlich der Einschätzung des Schwierigkeitsgrades (Manssen MKS 226). Insoweit beschränkt sich die Kontrolle auf das Verfahren und das Fehlen sachfremder Erwägungen (vgl. BVerfGE 84, 34/53 f; BVerwGE 99, 74/77). Auch darf der Prüfer nicht von einem falschen Sachverhalt ausgegangen sein (BVerwGE 70, 143/146 f). Vertretbare und mit gewichtigen Argumenten folgerichtig vertretene Lösungen dürfen nicht als falsch bewertet werden (BVerfGE 84, 34/55; BVerwG, NVwZ 93, 687; Wieland DR 60). Zur Beweislast für die Kausalität von Prüfungsfehlern BVerwGE 70, 143/147 ff. Zum Verschlechterungsverbot Rn.67 zu Art.3. Ein Gericht kann die Kausalität eines Fehlers nicht mit einem anderen, vom Prüfer nicht erkannten Fehler verneinen (BVerwGE 105, 328/333 f; BVerwG, NVwZ 00, 919 f). Die Unbeachtlichkeit von Fehlern muss nicht spezialgesetzlich geregelt sein (BVerwGE 105, 328/332). Bei der Beurteilung der unverzüglichen Geltendmachung von Mängeln sind die Auswirkungen des Art.12 zu beachten (BVerwGE 106, 369/371 ff; vgl. Rn.67 zu Art.3). Vgl. außerdem zum Rechtsschutz Rn.53 zu Art.19.

84 **b) Hochschulzulassung u. ä.** Besondere Bedeutung hat das in Abs.1 enthaltene Teilhaberecht (oben Rn.76) für das **Hochschulstudium** erlangt. Abs.1 gewährt (iVm Art.3 Abs.1 und dem Sozialstaatsprinzip) ein Recht auf Zulassung zum Hochschulstudium, sofern die subjektiven Zulassungsvoraussetzungen erfüllt sind (BVerfGE 33, 303/331 f; 59, 1/25; 85, 36/53 f); zudem müssen die notwendigen Kapazitäten vorhanden sein. Abs.1 schützt nur ein Vollstudium mit berufsqualifizierendem Abschluss (BVerfGE 59, 172/205), auch in Form eines Zweit- oder Parallelstudiums (BVerfGE 43, 291/363; 45, 393/397 f; s. aber unten Rn.87). Ähnliches wie für die Hochschulzulassung gilt für die Zulassung zu anderen berufsbezogenen Ausbildungseinrichtungen (oben Rn.71) des Staates.

85 **Zulassungsbeschränkungen** sind nur zum Schutz eines überragend wichtigen Gemeinschaftsguts statthaft (oben Rn.80), insb.

zum Schutz der Funktionsfähigkeit der Hochschule bei der Wahrnehmung ihrer Aufgaben in Forschung und Lehre. Weiter dürfen Beschränkungen nur „in den Grenzen des unbedingt Erforderlichen unter erschöpfender Nutzung der vorhandenen, mit öffentlichen Mitteln geschaffenen Ausbildungskapazitäten angeordnet werden" (BVerfGE 66, 155/179; 85, 36/54; 33, 303/338 ff; 54, 173/191; BVerwG, NVwZ 87, 690; Breuer HbStR VI 937 ff). Es besteht ein Anspruch auf **erschöpfende Kapazitätsnutzung.** Vorhandene Kapazitäten können nicht aus Gründen der Berufslenkung ungenützt bleiben (Rittstieg AK 131; Tettinger SA 136; diff. Scholz MD 89); einer Änderung der Ausbildungskapazitäten steht das aber nicht entgegen. Das Recht auf erschöpfende Kapazitätsnutzung ist bei Änderungen der Universitätsstruktur zu berücksichtigen (BVerfGE 66, 156/179), desgleichen bei der Verminderung von Lehrverpflichtungen (BVerfGE 54, 173/191 f).

Bei der **Kapazitätsbestimmung** ist die Freiheit von Wissen- **86** schaft und Lehre ausreichend in Rechnung zu stellen (BVerwG, NVwZ 87, 688; DVBl 88, 399; Scholz MD 449; Breuer HbStR VI 943; vgl. Rn.107 zu Art.5). Zugrundezulegen ist die tatsächliche Belastung der Universität (BVerwG, NVwZ 87, 688). Zum Spielraum des Verordnungsgebers BVerwGE 70, 318 ff, 346 ff. Ein Studienplan muss evtl. geändert werden (BVerwGE 65, 76/79 ff). Betrifft der Engpass nur einen Teil des Studiums, besteht ein Anspruch auf ungenutzte Teilstudienplätze, solange die Möglichkeit eines Weiterstudiums bis zum Ende des Studiums nicht auszuschließen ist (BVerfGE 59, 172/211 ff; BVerwG, NVwZ 86, 1015). Objektivierte und nachprüfbare Kriterien zur Kapazitätsermittlung sind durch Gesetz festzulegen (BVerfGE 85, 36/54; vgl. oben Rn.79). Zu weiteren Fragen der Kapazitätsbestimmung BVerwGE 64, 77/94 ff; NVwZ 84, 109; DVBl 88, 394 ff; 90, 528 ff; Rittstieg AK 134 ff.

Darüber hinaus verlangt das Teilhaberecht, bei einer Übernach- **87** frage die **Studienplätze so** zu **verteilen,** dass jeder Interessent die gleiche Chance des Studiums erhält (BVerfGE 33, 303/331 ff; 43, 291/313 f; 54, 173/191; BVerwGE 56, 31/45; Gubelt MüK 31). Leitende Gesichtspunkte sind die Sachgerechtigkeit und die Chancenoffenheit der Kriterien (Rittstieg AK 140). Eine **Auswahl** nach Leistung, Wartezeit und Gesichtspunkten sozialer Härte ist grundsätzlich zulässig (BVerfGE 33, 303/348; 43, 291/317 ff; Scholz MD 454 ff). Modifikationen wurden verlangt u. a. für das Parkstudium (BVerfGE 43, 291 ff) und für „Altwarter" (BVerfGE 59, 1 ff). Eine Berücksichtigung von Ausländern ist – trotz der Beschränkung des Art.12 auf Deutsche (oben Rn.73) – zulässig (BVerwG, NJW 90,

2900). Unzulässig ist ein Bonus für Landeskinder (BVerfGE 33, 303/353 f), zulässig dagegen ein Bonus für Abiturnoten aus Ländern mit unterdurchschnittlichen Ergebnissen (BVerfGE 37, 104/113 ff), sowie eine gewisse Benachteiligung von Zweitstudienbewerbern (BVerfGE 45, 393/398; 62, 117/147 f). Zur Anrechnung fachfremder Studienzeiten BVerwGE 61, 169/170 ff; zur Wartezeit BVerwG, NVwZ 84, 588; zum Anspruchsgegner BVerfGE 39, 276/295, 300 f.

C. Arbeitszwang und Zwangsarbeit (Abs. 2, 3)

1. Bedeutung und Abgrenzung zu anderen Vorschriften

88   Abs. 2 und Abs. 3 enthalten ein einheitliches Grundrecht (vgl. unten Rn. 91; BVerfGE 74, 102/115 ff; Scholz MD 479; Gubelt MüK 77; a. A. Wieland DR 62), das den Grundsatz der Menschenwürde konkretisiert (BVerfGE 74, 102/120). Es soll die im Nationalsozialismus angewandten Formen des Arbeitszwangs und der Zwangsarbeit mit ihrer Herabwürdigung der menschlichen Persönlichkeit ausschließen (BVerfGE 22, 380/383; 74, 102/116). Im Verhältnis zu Abs. 1 besteht Idealkonkurrenz (BVerfGE 74, 102/120; vgl. auch BVerfGE 98, 169/205; für Vorrang von Abs. 1 BVerwGE 35, 146/149; ähnlich Scholz MD 478). Art. 12 a geht Art. 12 Abs. 2, 3 als Spezialregelung vor (Breuer HbStR VI 949; Gubelt MüK 86; i. E. BVerwGE 35, 146/150).

2. Schutzbereich und Beeinträchtigung

89   **a) Arbeitszwang und Zwangsarbeit. aa)** Als **Arbeitszwang** ist die Verpflichtung anzusehen, eine Tätigkeit auszuführen, sofern die Verpflichtung zu einer Verletzung der Menschenwürde führt oder führen könnte (BVerfGE 74, 102/121 f; oben Rn. 88; a. A. Manssen MKS 298; Breuer HbStR VI 946 f). Im Hinblick darauf muss die Tätigkeit einen gewissen Umfang besitzen und zudem persönlich ausgeführt werden (BVerwGE 22, 26/29; NJW 88, 2122; Scholz MD 483). Zudem darf die Arbeit nicht eine bloße *Obliegenheit* bilden, die in untergeordneter Weise mit einem Recht verbunden ist, etwa mit dem Eigentum oder einer Berufsausübung (ähnlich, aber missverständlich die Ausklammerung von Nebenpflichten durch Manssen MKS 290, 293; Tettinger SA 149); dementsprechend wird ein mittelbarer Zwang nicht erfasst, wenn staatliche Leistungen mit gemeinnütziger Arbeit verbunden sind (i. E. Manssen MKS 303; vgl. Breuer HbStR VI 947 f). Am Zwang fehlt es bei allen *freiwillig* eingegangenen Verpflichtungen (Scholz MD 491).

Im Einzelnen ist kein Arbeitszwang: die Indienstnahme von   90 Unternehmen zur Abführung von Steuern und Beiträgen (BVerfGE 22, 380/383), die Pflicht, das Eigentum in polizeimäßigem Zustand zu halten (BVerwGE 22, 26/29; Manssen MKS 293) und die meisten anderen berufsbezogenen bzw. eigentumsgebundenen Arbeitspflichten (Scholz MD 491; Tettinger SA 149). Kein Arbeitszwang sind weiterhin ehrenamtliche Tätigkeiten, wie der Schöffendienst oder Wahlhelferpflichten (Breuer HbStR VI 945; Manssen MKS 291), die Meldepflicht (Gubelt MüK 79) sowie Arbeitsleistungen, die durch eine Weisung im Jugendstrafrecht oder als Bewährungsauflage angeordnet werden, sofern sie zeitlich und sachlich sehr begrenzt ausfällt (BVerfGE 74, 102/122; 83, 119/126; a. A. Wieland DR 100). Kein Arbeitszwang iSv Art.12 Abs.2, 3 sind die in Art.12 a geregelten Pflichten, da insoweit Art.12 a als Spezialregelung vorgeht (oben Rn.88).

bb) Was mit **Zwangsarbeit** im Unterschied zum Arbeitszwang   91 gemeint ist, ist noch wenig geklärt. Vielfach wird als Zwangsarbeit die Pflicht zur Bereitstellung der Arbeitskraft für grundsätzlich unbegrenzte Tätigkeiten angesehen, während Arbeitszwang nur den Zwang zu einer bestimmten Tätigkeit meint (Gubelt MüK 90; Rittstieg AK 162); nach a. A. kommt es auf die Inanspruchnahme von Arbeitskraft zur Erfüllung anderer als unmittelbarer Zwecke an (Manssen MKS 297). Beides erscheint jedoch wenig sachgerecht. Richtigerweise wird man die Zwangsarbeit als einen besonders schweren Unterfall des Arbeitszwangs einzustufen haben, bei dem die gesamte Arbeitskraft des Betroffenen über eine erhebliche Zeit zur Verfügung gestellt werden muss (Wieland DR 87). Dies ist v. a. bei Arbeitszwang in geschlossenen Einrichtungen der Fall (vgl. BVerfGE 98, 169/209; Breuer HbStR VI 950; Scholz MD 493).

b) Träger des Grundrechts ist jedermann, also nicht nur Deut-   92 sche (Manssen MKS 307; Gubelt MüK 77). Im Hinblick auf die Funktion des Grundrechts (oben Rn.88) steht das Grundrecht juristischen Personen sowie Personenvereinigungen nicht zu (Rüfner HbStR V 508; diff. Manssen MKS 307).

3. Rechtfertigung von Beeinträchtigungen (Schranken)

a) Arbeitszwang (oben Rn.89 f) kann gem. Abs.2 als **her- 93 kömmliche Dienstleistungspflicht** zulässig sein. Voraussetzung ist eine formell-gesetzliche Ermächtigung (Scholz MD 490; Manssen MKS 299; a. A. Breuer HbStR VI 948). Das Zitiergebot des Art.19 Abs.1 S.2 dürfte greifen. Materiell sind sie nur zulässig, sofern sie herkömmlich, allgemein *und* gleich sind. Im Wesentlichen werden davon nur die gemeindlichen Hand- und Spanndienste, die Pflicht zur Deichhilfe und die Feuerwehrdienstpflicht erfasst (BVerfGE 22, 380/383). **Herkömmlich** ist eine Pflicht, die der entstehungsgeschichtlich bedingten Funktion (oben Rn.88) entsprechend ihrer Art nach bereits vor der NS-Zeit bestand (BVerfGE 92, 91/111; anders Manssen MKS 301). **Allgemein** ist die Pflicht, die im Bereich des betreffenden Hoheitsträgers jedem auferlegt wird, der zur Erfüllung der Pflicht in der Lage ist. Besteht nur ein begrenzter Bedarf, muss der Kreis der Pflichtigen sachgerecht abgegrenzt werden. **Gleich** ist die Pflicht, wenn sie alle Pflichtigen in gleicher Weise belastet; eine Ersatzabgabe ist jedoch möglich (BVerfGE 9, 291/299; Breuer HbStR VI 949).

94 Weiter kann Arbeitszwang als mildere Maßnahme auf Abs.3 (dazu unten Rn.95) gestützt werden (vgl. BVerfGE 74, 102/122). Zudem kann er im kollidierenden Verfassungsrecht eine Grundlage finden (vgl. Manssen MKS 303). Zu den Pflichten des Art.12 a oben Rn.88.

95 **b) Zwangsarbeit** (oben Rn.91) ist nur zulässig, wenn sie mit einer vom Richter angeordneten **Freiheitsentziehung** (dazu Rn.10 zu Art.104) verbunden ist. Die richterliche Anordnung muss ausreichend spezifiziert sein (vgl. Rn.11 zu Art.13). Schließlich muss die Anordnung verhältnismäßig sein (näher Rn.83–88 zu Art.20) und darf nicht die Menschenwürde verletzen. Weder Arbeitszwang noch Zwangsarbeit dürfen daher „unnötig beschwerlich" oder „in gewisser Weise schikanös" sein (BVerfGE 74, 102/121). Schließlich dürfen nicht andere Grundrechte verletzt werden. Unzulässig ist deshalb im Hinblick auf Art.12 Abs.1 der Arbeitszwang als Mittel der Arbeitsdisziplin, im Hinblick auf Art.9 Abs.3 der Arbeitszwang als Sanktion für die Teilnahme am Streik und Hinblick auf Art.3 Abs.3 der Arbeitszwang als Maßnahme rassischer, sozialer, nationaler oder religiöser Diskriminierung (BVerfGE 74, 102/121). Zulässig ist dagegen, wie insb. die Entstehungsgeschichte zeigt, das Anhalten zur Arbeit im Rahmen der gerichtlich angeordneten Freiheitsentziehung sowie im Rahmen der Fürsorgeerziehung (BVerfGE 74, 102/122). Zwangsarbeit nach Abs.3 ist nur möglich, soweit die Strafvollzugsbehörden die öffentlich-rechtliche Verantwortung behalten (BVerfGE 98, 169/206, 209).

Art. 12 a [Wehrdienst, Ersatzdienst u. a.]

(1) Männer[3] können vom vollendeten achtzehnten Lebensjahr an zum Dienst in den Streitkräften, im Bundesgrenzschutz oder in einem Zivilschutzverband verpflichtet werden[2 ff].

(2) Wer aus Gewissensgründen den Kriegsdienst mit der Waffe verweigert, kann zu einem Ersatzdienst verpflichtet werden[5]. Die Dauer des Ersatzdienstes darf die Dauer des Wehrdienstes nicht übersteigen[7]. Das Nähere regelt ein Gesetz, das die Freiheit der Gewissensentscheidung nicht beeinträchtigen darf und auch eine Möglichkeit des Ersatzdienstes vorsehen muß, die in keinem Zusammenhang mit den Verbänden der Streitkräfte und des Bundesgrenzschutzes steht[7].

(3) Wehrpflichtige[13], die nicht zu einem Dienst nach Absatz 1 oder 2 herangezogen sind, können im Verteidigungsfalle[9] durch Gesetz oder auf Grund eines Gesetzes zu zivilen Dienstleistungen[12] für Zwecke der Verteidigung[10] einschließlich des Schutzes der Zivilbevölkerung[9] in Arbeitsverhältnisse verpflichtet werden; Verpflichtungen in öffentlich-rechtliche Dienstverhältnisse sind nur zur Wahrnehmung polizeilicher Aufgaben oder solcher hoheitlichen Aufgaben der öffentlichen Verwaltung, die nur in einem öffentlich-rechtlichen Dienstverhältnis erfüllt werden können, zulässig.[12] Arbeitsverhältnisse nach Satz 1 können bei den Streitkräften, im Bereich ihrer Versorgung sowie bei der öffentlichen Verwaltung begründet werden; Verpflichtungen in Arbeitsverhältnisse im Bereiche der Versorgung der Zivilbevölkerung sind nur zulässig, um ihren lebensnotwendigen Bedarf zu decken oder ihren Schutz sicherzustellen[11].

(4) Kann im Verteidigungsfalle der Bedarf an zivilen Dienstleistungen im zivilen Sanitäts- und Heilwesen sowie in der ortsfesten militärischen Lazarettorganisation nicht auf freiwilliger Grundlage gedeckt werden, so können Frauen vom vollendeten achtzehnten bis zum vollendeten fünfundfünfzigsten Lebensjahr durch Gesetz oder auf Grund eines Gesetzes zu derartigen Dienstleistungen herangezogen werden.[15] Sie dürfen auf keinen Fall zum Dienst mit der Waffe verpflichtet werden[3, 15].

(5) Für die Zeit vor dem Verteidigungsfalle können Verpflichtungen nach Absatz 3 nur nach Maßgabe des Artikels 80 a Abs. 1 begründet werden.[7] Zur Vorbereitung auf Dienstleistungen nach Absatz 3, für die besondere Kenntnisse oder Fertigkeiten erfor-

derlich sind, kann durch Gesetz oder auf Grund eines Gesetzes die Teilnahme an Ausbildungsveranstaltungen zur Pflicht gemacht werden. [12] Satz 1 findet insoweit keine Anwendung.

(6) Kann im Verteidigungsfalle der Bedarf an Arbeitskräften für die in Absatz 3 Satz 2 genannten Bereiche auf freiwillige Grundlage nicht gedeckt werden, so kann zur Sicherung dieses Bedarfs die Freiheit der Deutschen, die Ausübung eines Berufs oder den Arbeitsplatz aufzugeben, durch Gesetz oder auf Grund eines Gesetzes eingeschränkt werden. [14] Vor Eintritt des Verteidigungsfalles gilt Absatz 5 Satz 1 entsprechend[14].

Übersicht

Literatur: *Sachs,* Frauen an die Front, NWVBl 2000, 405; *Doehring,* Verbietet das Grundgesetz den freiwilligen Waffendienst von Frauen in der Bundeswehr?, NZWehr 1997, 45; *Heimann,* Zur Verfassungsmäßigkeit des Einsatzes Wehrpflichtiger außerhalb der Landesverteidigung, ZRP 1996, 20; *Fröhler,* Grenzen legislativer Gestaltungsfreiheit in zentralen Fragen des Wehrverfassungsrechts, 1995; *Steinkamm,* Der „Ernstfall für die Gleichberechtigung" ist in Sicht, NZWehrR 1994, 133; *Hellenthal,* Frauen im Bundesgrenzschutz, 1988; *Grimm,* Freiwilliger Waffendienst für Frauen?, ZRP 1987, 394; *Albrecht-Heide/Bujewski,* Militärdienst für Frauen?, 1982; *Dörig,* Gewissensfreiheit und Diskriminierungsverbot als Grenze einer Neugestaltung des Zivildienstes nach Art.12 a II GG, 1981. S. außerdem Literatur B zu Art.4 und Literatur zu Art.24.

1. Bedeutung und Abgrenzung zu anderen Vorschriften

1   Die 1968 (Einl.3 Nr.17) in das GG eingefügte, früher teilweise in Art.12 Abs.2, 3 enthaltene Vorschrift enthält Regelungen zum Wehrdienst und anderen Diensten sowie für bestimmte Dienstleis-

tungen, insb. für den Fall eines militärischen Angriffs auf die Bundesrepublik. Gleichwohl ist die Vorschrift, jedenfalls primär, nicht organisationsrechtlicher Natur, sondern enthält – ihrer Stellung in Teil I des GG entsprechend – grundrechtsbezogene Aussagen. Sie ermächtigt zu Einschränkungen der Berufsfreiheit und setzt den Einschränkungen Grenzen (Heun DR 6; Gornig MKS 2). Zum Verhältnis zu Art.12 Abs.2, 3 vgl. Rn.88 zu Art.12. Zur verfassungsrechtlichen Grundentscheidung zugunsten einer wirksamen Landesverteidigung unten Rn.2. Im Bereich der Koalitionsfreiheit ist Art.9 Abs.3 S. 3 zu beachten (dazu Rn.39 zu Art.9). Von verfassungsrechtlichen *Grundpflichten* zu sprechen (etwa Gornig MKS 1), ist schon deshalb problematisch, weil Art.12 a dem Gesetzgeber freistellt, ob er die Pflichten einführt. Eine reine Berufsarmee ist nicht ausgeschlossen (BVerfGE 48, 127/160; Heun DR 6).

2. Wehrdienst und andere primäre Dienste (Abs.1)

a) Wehrdienst. Gem. Abs.1 kann durch Gesetz (dazu Rn.47 zu **2** Art.20) ein Dienst in den Streitkräften iSd Art.87 a (Gornig MKS 42; Heun DR 16) eingeführt werden. Zum Begriff der Streitkräfte Rn.2 zu Art.87 a; zu ihren Aufgaben Rn.5–8 zu Art.87 a. Entsprechend der Entstehungsgeschichte der Norm dürfte sich die Wehrpflicht nur auf die Verteidigungsaufgaben der Streitkräfte beziehen, allerdings im weitesten Sinne unter Einbeziehung der kollektiven Selbstverteidigung und der Staatennothilfe (vgl. Kokott SA 9; Streinz SA 59 zu Art.24). Nicht erfasst wird die Bundeswehrverwaltung (Rn.2 zu Art.87a) sowie ein Dienst in den Streitkräften verbündeter Staaten (Scholz MD 48). Eine *Verpflichtung zur Einführung* bzw. zum Fortbestand der Wehrpflicht besteht nicht (Gornig MKS 8; Scholz MD 17). Zwar ergibt sich aus Abs.1 sowie aus Art.73 Nr.1, Art.87 a Abs.1 S. 1 und Art.115 b eine verfassungsrechtliche Grundentscheidung für die Legitimität und Notwendigkeit einer *wirksamen Landesverteidigung* (BVerfGE 28, 243/261; 48, 127/159 f; 69, 1/21 f; BVerwG, NJW 87, 2950; a. A. BVerfGE *abwM* 69, 57/59 ff; Pieroth/ Schlink 348 ff). Sie belässt aber den zuständigen Stellen einen weiten Spielraum (vgl. Heun DR 7; restr. Scholz MD 4); insb. ist eine Beschränkung auf eine reine Berufsarmee möglich (oben Rn.1).

Zur Wehrpflicht können nur **Männer** ab dem vollendeten **3** 18. Lebensjahr herangezogen werden. Auch Ausländer können der Wehrpflicht unterworfen werden (Gornig MKS 28; Scholz MD 33). Im Verhältnis zu Art.3 Abs.2 ist Abs.1 lex specialis, weshalb die Beschränkung der Wehrpflicht auf Männer zulässig ist (BVerfGE 48,

127/165; Gornig MKS 24; Heun DR 13, 36). Ob ein *freiwilliger* Dienst von *Frauen* in den Streitkräften möglich ist, war umstritten (dagegen BVerwGE 103, 301/303 f; Scholz MD 199; Gubelt MüK 20; dafür Kokott SA 5; Sachs, NWVBl 00, 406 ff; Rn.3 zur 5. Aufl.). Um die Zulässigkeit eines solchen Dienstes auf „eine klare verfassungsrechtliche Grundlage" zu stellen (BT-Drs. 14/4380, 3) und einer entspr. Entscheidung des EuGH (NJW 00, 497 ff) Rechnung zu tragen, wurde Abs.4 S.2 geändert (Einl.3 Nr.48). Ausnahmen von der Wehrpflicht kann der Gesetzgeber unter Beachtung von Art.3 und anderen Grundrechten vorsehen. Zum Geistlichenprivileg Rn.37 zu Art.4. Zur „Wehrgerechtigkeit" unten Rn.5 sowie Rn.57 zu Art.4.

4   **b) Bundesgrenzschutz, Zivilschutz.** Des Weiteren können durch Gesetz Männer, auch Ausländer, zum Dienst im Bundesgrenzschutz oder in einem Zivilschutzverband verpflichtet werden. Diese Dienste stehen alternativ (und nicht subsidiär wie der Ersatzdienst nach Abs.2) neben dem Dienst in den Streitkräften (Heun DR 12), ohne dass der Einzelne ein (verfassungsrechtliches) Wahlrecht besitzt (Scholz MD 56; Gornig MKS 56). Der *Bundesgrenzschutz* ist eine polizeiartige Organisation zum Schutz der Außengrenzen, aber auch zum Einsatz bei anderen bundespolizeilichen Aufgaben (dazu Rn.4 zu Art.87). Der *Zivilschutz* dient der Bekämpfung von Gefahren und Schäden, die der Zivilbevölkerung auf Grund von Kriegseinwirkungen oder Katastrophen drohen (Gubelt MüK 8; Heun DR 18). Zur Verweigerung der Dienste aus Gewissensgründen Rn.53 zu Art.4.

3. Ersatzdienst (Abs.2)

5   **a) Bedeutung und Abgrenzung zu anderen Normen.** Gem. Abs.2 kann durch Gesetz ein Ersatzdienst für diejenigen eingeführt werden, die von ihrem Grundrecht aus Art.4 Abs.3 Gebrauch machen. Wegen der auf Art.3 Abs.1 beruhenden Pflichtengleichheit (**Wehrgerechtigkeit;** vgl. Rn.57 zu Art.4) soll sogar eine Pflicht zur Einführung des Ersatzdienstes bestehen (Bethge HbStR VI 468; Scholz MD 92; Kempen AK 29 zu Art.4 III). Der Ersatzdienst stellt keine selbständige Alternativpflicht dar, sondern tritt hilfsweise an die Stelle des rechtmäßig verweigerten Wehrdienstes (BVerfGE 80, 354/358; Heun DR 9). Abs.2 rechtfertigt Grundrechtseingriffe, die mit dem Ersatzdienst unvermeidlich verbunden sind; im Übrigen kommen die einschlägigen Grundrechte zum Tragen (vgl. Art.17 a).

6   Die **Verweigerung des Ersatzdienstes** fällt nicht unter Art.4 Abs.3 (Rn.53 zu Art.4). Die Gewissensfreiheit (und die Glaubensfreiheit) soll nicht eingreifen, weil Art.4 Abs.3 eine abschließende

Regelung enthalte (BVerfGE 19, 135/138; 23, 127/132; Heun DR 21; unklar BVerfGE 69, 1/33 f). Das kann nicht wirklich überzeugen, da der Ersatzdienst gerade nicht in den Schutzbereich des Art.4 Abs.3 fällt (Mager MüK 80 zu Art.4; Morlok DR 147 zu Art.4; Gornig MKS 106; Starck MKS 140 zu Art.4). Doch werden diese Grundrechte durch kollidierendes Verfassungsrecht, insb. durch den Grundsatz der Wehrgerechtigkeit beschränkt, weshalb die Verweigerung jeder Art von Ersatzdienst unzulässig ist (BVerfGE 69, 1/34; Starck MKS 150 zu Art.4); vgl. auch Rn.58 zu Art.103. Eine Strafaussetzung wegen Verweigerung des Ersatzdienstes darf nicht wegen einer erneuten Verweigerung widerrufen werden, wenn dies von vornherein absehbar war (BVerfGE 78, 391/396).

b) Die **Ausgestaltung** des Ersatzdienstes ist gem. Abs.2 S. 2, 3 **7** dreifach beschränkt: – **(1)** Sie darf die Freiheit der Gewissensentscheidung nicht beeinträchtigen, d. h. Personen nicht davon abschrecken, von ihrem Grundrecht aus Art.4 Abs.3 Gebrauch zu machen (BVerfGE 69, 1/32; 80, 354/358). Keine Abschreckung ist eine sachlich begründete Unterscheidung bei Unterhaltssicherungsleistungen (BVerwGE 52, 145/149 ff) und bei Arbeitsentgeldzahlungen (BAGE 45, 7/10). – **(2)** Weiter muss eine Möglichkeit des Ersatzdienstes vorgesehen werden, die in keinem unmittelbaren Funktionszusammenhang mit den Aufgaben der Bundeswehr oder des Bundesgrenzschutzes steht (Scholz MD 126), weshalb etwa ein (unfreiwilliger) Dienst in der Bundeswehrverwaltung oder in einem Rüstungsunternehmen ausgeschlossen ist (Gornig MKS 94; Scholz MD 127, 129). – **(3)** Die **Dauer** des Ersatzdienstes darf die Dauer des Wehrdienstes nicht übersteigen, wobei dem Grundwehrdienst die übliche tatsächliche Dauer von Wehrübungen, nicht jedoch deren rechtlich mögliche Dauer hinzugerechnet werden kann (BVerfGE *abwM* 69, 57/66 ff; Herdegen HbStKirchR I 518; Gubelt MüK 11; Starck MKS 167 zu Art.4; Gornig MKS 100; **a. A.** BVerfGE 48, 127/171; 78, 364/370; Scholz MD 120; etwas vorsichtiger BVerfGE 69, 1/28 ff). Möglich ist evtl. ein Zuschlag für eine tageszeitlich stärkere Inanspruchnahme von Wehrpflichtigen (Kokott SA 17); auch ist eine Typisierung möglich (Heun DR 24). Die Zeit eines schon geleisteten Teil-Wehrdienstes muss angerechnet werden (BVerfGE 78, 364/371 f).

Zulässig ist andererseits, den Ersatzdienst mit Schlechterstellungen **8** gegenüber dem Wehrdienst zu versehen (von der Dauer abgesehen), um den Ersatzdienst insgesamt **ebenso lästig** wie den Wehrdienst zu gestalten (Starck MKS 166 zu Art.4).

4. Dienstleistungspflichten zu Zwecken der Verteidigung (Abs.3, 5)

9   **a) Begründung und Wirksamkeit.** Gem. Abs.3 können durch Gesetz Dienstleistungspflichten zum Zwecke der Verteidigung festgelegt und damit das Grundrecht des Art.12 GG eingeschränkt werden (oben Rn.1). Die Dienstleistungspflichten (mit einer Ausnahme: unten Rn.14) sind nur wirksam, wenn der Verteidigungsfall wirksam erklärt und nicht aufgehoben wurde (dazu Rn.3–6 zu Art.115 a; Rn.2 zu Art.115 l). Gleiches gilt nach Abs.5 S. 1 für die Erklärung des Spannungsfalls nach Art.80 a Abs.1 (dazu Rn.1 f zu Art.80 a). Zudem kommt die Vorschrift zum Tragen, wenn der Bundestag gem. Art.80 a Abs.1 der Maßnahme mit einer relativen Zwei-Drittel-Mehrheit zugestimmt hat (vgl. Rn.3 zu Art.80 a sowie Rn.1 f zu Art.121). Im bloßen Bündnisfall kommt dagegen Abs.3 nicht zum Tragen (Rn.6 zu Art.80 a).

10   **b) Inhaltliche und personelle Reichweite: aa)** Die Dienstleistungen müssen der **Verteidigung des Bundesgebiets** vor einem bewaffneten Angriff (vgl. Rn.3 zu Art.115 a) dienen, einschl. des Schutzes der Zivilbevölkerung. Nicht erfasst werden Tätigkeiten **in** den Streitkräften (vgl. Rn.2 zu Art.87 a), da insoweit Abs.1 einschlägig ist. Erfasst werden alle Tätigkeiten, die *unmittelbar* dem Funktionieren der Streitkräfte dienen, etwa der Dienst in der Bundeswehrverwaltung, der Dienst in allen Bereichen, die der Versorgung der Streitkräfte dienen, etwa in der Rüstungsgüterherstellung, sowie in sonstigen Bereichen der öffentlichen Verwaltung wie des privaten Sektors, soweit sie unmittelbare Leistungen für die Streitkräfte erbringen. Der Verteidigung können auch Dienste zugunsten der Streitkräfte verbündeter Staaten dienen (Heun DR 28; Scholz MD 168).

11   Des Weiteren werden alle Tätigkeiten erfasst, die dem **Schutz der Zivilbevölkerung** dienen. Darunter fällt der Schutz der Zivilbevölkerung vor unmittelbaren Kriegseinwirkungen, etwa der Schutz vor Luftangriffen oder die medizinische Versorgung, einschl. der vorbeugenden Maßnahmen, wie der Räumung von Gebäuden. Darüber hinaus gehört zum Schutz der Zivilbevölkerung, wie Abs.3 S. 2, 2. Halbs. entnommen werden kann, die Versorgung der Zivilbevölkerung mit lebenswichtigem Bedarf, nicht mit Luxusgütern oder mit Gütern des gehobenen Bedarfs (großzügiger Scholz MD 171).

12   **bb)** Die Dienstleistungsverhältnisse sind grundsätzlich als **zivile Leistungen** auszugestalten, also privatrechtlich (Scholz MD 164;

Vitzthum HbStR VII 430). Die Begründung und Beendigung der Verhältnisse erfolgt jedoch öffentlich-rechtlich. Statt eines privatrechtlichen Dienstverhältnisses ist wegen Art.33 Abs.4 (Heun DR 29) eine öffentlich-rechtliche Organisation zulässig, soweit es um Dienstleistungen polizeilicher Natur oder um (sonstige) Dienstleistungen geht, die nur in einem öffentlich-rechtlichen Dienstverhältnis durchgeführt werden können.

cc) Die Dienstleistungspflicht kann sich nur auf **Wehrpflichtige** 13 erstrecken, die nicht bereits nach Abs.1 zum Dienst in den Streitkräften oder nach Abs.2 zum Ersatzdienst herangezogen wurden. Erfasst werden können damit nur Männer, ggf. auch Ausländer (oben Rn.3). Die Pflicht hat Ersatzcharakter, weshalb Abs.3 nicht darauf abhebt, ob eine Sicherstellung des Bedarfs durch freiwillige Leistungen möglich ist. Doch gilt der Grundsatz der Verhältnismäßigkeit (Scholz MD 166).

c) Zur **Vorbereitung** von Dienstleistungen iSd Abs.3 (oben 14 Rn.10 f) kann gem. Abs.5 S. 2 die Pflicht zur Teilnahme an Ausbildungsveranstaltungen vorgeschrieben werden. Dies ist nach Abs.5 S. 3 generell möglich, nicht erst nach Erklärung des Spannungs- oder Verteidigungsfalls.

5. Dienstleistung im zivilen Sanitätsbereich (Abs.4)

Gem. Abs.4 kann durch Gesetz vorgeschrieben werden, dass 15 Frauen, auch Ausländerinnen (Scholz MD 196), im Alter zwischen 18 und 55 zu zivilen Dienstleistungen in allen zivilen Einrichtungen der Gesundheitspflege sowie in (militärischen) ortsfesten Lazaretten verpflichtet werden. Voraussetzung der konkreten Pflicht zu Dienstleistungen ist die wirksame Erklärung des Verteidigungsfalls (dazu Rn.3–6 zu Art.115 a); zur Aufhebung Rn.2 zu Art.115 l. Zudem ist der Grundsatz der Verhältnismäßigkeit zu beachten; insb. darf gem. Abs.4 S. 1 der Bedarf nicht auf freiwilliger Basis gedeckt werden können. Dazu sind bereits in Friedenszeiten geeignete Vorkehrungen zu treffen (Heun DR 32; Gubelt MüK 18). Die Erforderlichkeit muss aber nicht in jedem Einzelfalle nachgewiesen werden (Gubelt MüK 18; Heim DR 32). Ein Dienst mit der Waffe ist gem. Abs.4 S. 2 für Frauen ausgeschlossen (zum freiwilligen Dienst oben Rn.3). Das Dienstleistungsverhältnis muss generell privatrechtlicher Natur sein, da die entsprechende Einschränkung im Rahmen des Abs.3 hier nicht zum Tragen kommt (Ipsen/Ipsen BK 289; a. A. Scholz MD 194).

6. Bindung an Beruf und Arbeitsplatz (Abs.6)

16   Gem. Abs.6 kann durch Gesetz vorgeschrieben werden, dass Männer wie Frauen ihren Beruf oder ihren Arbeitsplatz nicht aufgeben dürfen, sofern sie eine der von Abs.3 erfassten Tätigkeiten (oben Rn.10 f) ausüben und der Bedarf nicht auf freiwilliger Basis gedeckt werden kann. Die Möglichkeit, Wehrpflichtige nach Abs.3 heranzuziehen, ist dagegen wegen des eindeutigen Wortlauts nicht vorrangig. Abs.6 gilt auch für selbständige Tätigkeiten und für Beamte (Scholz MD 187). Eine Verpflichtung zur *Aufnahme* eines bestimmten Berufs oder zur Tätigkeit auf einem *neuen* Arbeitsplatz kann auf Abs.6 nicht gestützt werden. Voraussetzung der Bindung an Beruf und Arbeitsplatz ist die Erklärung des Verteidigungsfalls (dazu Rn.3–6 zu Art.115 a) oder des Spannungsfalls (dazu Rn.1 f zu Art.80 a) oder eine entsprechende Zustimmung des Bundestags iSd Art.80 a Abs.1 (dazu Rn.3 zu Art.80 a). Ein bloßer Bündnisfall iSd Art.80 a Abs.3 genügt nicht (näher Rn.6 zu Art.80 a). Die Wirksamkeit der Verpflichtung endet, sobald Verteidigungsfall, Spannungsfall oder Zustimmung aufgehoben wurden. Ausländer werden von der Regelung nicht erfasst; doch kann die bei ihnen einschlägige Handlungsfreiheit in vergleichbarer Weise beschränkt werden (Heun DR 35; Gubelt MüK 25).

Art.13 [Unverletzlichkeit der Wohnung]

(1) **Die Wohnung[2] ist unverletzlich.[4 ff]**

(2) **Durchsuchungen[9] dürfen nur durch den Richter[11], bei Gefahr im Verzuge auch durch die in den Gesetzen vorgesehenen anderen Organe angeordnet und nur in der dort vorgeschriebenen Form durchgeführt werden[12].**

(3) **Begründen bestimmte Tatsachen den Verdacht, daß jemand eine durch Gesetz einzeln bestimmte besonders schwere Straftat begangen hat, so dürfen zur Verfolgung der Tat auf Grund richterlicher Anordnung technische Mittel zur akustischen Überwachung von Wohnungen, in denen der Beschuldigte sich vermutlich aufhält, eingesetzt werden, wenn die Erforschung des Sachverhalts auf andere Weise unverhältnismäßig erschwert oder aussichtslos wäre[16]. Die Maßnahme ist zu befristen[16]. Die Anordnung erfolgt durch einen mit drei Richtern besetzten Spruchkörper[15]. Bei Gefahr im Verzuge kann sie auch durch einen einzelnen Richter getroffen werden.[15]**

(4) **Zur Abwehr dringender Gefahren für die öffentliche Sicherheit, insbesondere einer gemeinen Gefahr oder einer Lebensgefahr, dürfen technische Mittel zur Überwachung von Wohnungen nur auf Grund richterlicher Anordnung eingesetzt werden[20f]. Bei Gefahr im Verzuge kann die Maßnahme auch durch eine andere gesetzlich bestimmte Stelle angeordnet werden; eine richterliche Entscheidung ist unverzüglich nachzuholen[20].**

(5) **Sind technische Mittel ausschließlich zum Schutze der bei einem Einsatz in Wohnungen tätigen Personen vorgesehen, kann die Maßnahme durch eine gesetzlich bestimmte Stelle angeordnet werden[23]. Eine anderweitige Verwertung der hierbei erlangten Erkenntnisse ist nur zum Zwecke der Strafverfolgung oder der Gefahrenabwehr und nur zulässig, wenn zuvor die Rechtmäßigkeit der Maßnahme richterlich festgestellt ist; bei Gefahr im Verzuge ist die richterliche Entscheidung unverzüglich nachzuholen.[24]**

(6) **Die Bundesregierung unterrichtet den Bundestag jährlich über den nach Absatz 3 sowie über den im Zuständigkeitsbereich des Bundes nach Absatz 4 und, soweit richterlich überprüfungsbedürftig, nach Absatz 5 erfolgten Einsatz technischer Mittel. Ein vom Bundestag gewähltes Gremium übt auf der Grundlage dieses Berichts die parlamentarische Kontrolle aus[25]. Die Länder gewährleisten eine gleichwertige parlamentarische Kontrolle.[25]**

(7) **Eingriffe und Beschränkungen[26] dürfen im übrigen nur zur Abwehr einer gemeinen Gefahr oder einer Lebensgefahr für einzelne Personen[27], auf Grund eines Gesetzes auch zur Verhütung dringender Gefahren für die öffentliche Sicherheit und Ordnung, insbesondere zur Behebung der Raumnot, zur Bekämpfung von Seuchengefahr oder zum Schutze gefährdeter Jugendlicher vorgenommen werden[28f].**

Übersicht

Literatur: *Amelung,* Die Entscheidung des BVerfG zur Gefahr im Vollzug
i.S. des Art.13 II GG, NStZ 2001, 337; *Figgener,* Behördliche Betretungsrechte und Nachschaubefugnisse, 2000; *Braun,* Der so genannte „Lauschan-
griff" im präventiv polizeilichen Bereich, NVwZ 2000, 375; *Ruthig,* Die
Unverletzlichkeit der Wohnung, JuS 1998, 506; *Raum/Palm,* Zur verfassungs-
rechtlichen Problematik des Großen Lauschangriffs, JZ 1994, 447; *Kutscha,*
Der Lauschangriff im Polizeirecht der Länder, NJW 1994, 85; *Voßkuhle,*
Behördliche Betretungs- und Nachschaurechte, DVBl 1994, 611; *Guttenberg,*
Die heimliche Überwachung von Wohnungen, NJW 1993, 567; *Lübbe-Wolff,*
Satzungsrechtliche Betretungsrechte und Art.13 GG, DVBl 1993, 762; *Kunig,*
Grundrechtlicher Schutz der Wohnung, Jura 1992, 476; *Schmitt Glaeser,*
Schutz der Privatsphäre, HbStR III, 1988, 68; *Sachs,* Behördliche Nach-
schaubefugnisse und richterliche Durchsuchungsanordnungen nach Art.13 II
GG, NVwZ 1987, 560; *Dittmann,* Grundrechtlicher Wohnungsschutz und
Vollstreckungseffizienz, Verw 1983, 17.

I. Bedeutung und Abgrenzung zu anderen Vorschriften

1   Das Grundrecht des Art.13 steht in Zusammenhang mit der freien
Entfaltung der Persönlichkeit und soll die Privatheit der Wohnung
als einen „elementaren Lebensraum" (BVerfGE 42, 212/219; 51,
97/110), den räumlichen Bereich individueller Persönlichkeitsentfaltung sichern (BVerfGE 32, 54/72). Es geht um eine Konkretisierung
des allgemeinen Rechts, in Ruhe gelassen zu werden (vgl. Rn.30 zu
Art.2), um die „Abschirmung der Privatsphäre in räumlicher Hinsicht" (BVerfGE 97, 228/265; BVerfGE 65, 1/40). Neben einem
Abwehrrecht enthält das Grundrecht eine „Wertentscheidung"

(BVerfGE 18, 121/132). Die Abs.3–6 wurden 1998 eingefügt (Einl.3 Nr.45), um insb. der organisierten Kriminalität besser entgegentreten zu können (vgl. Papier MD 49 ff). Gegenüber dem allgemeinen Persönlichkeitsrecht des Art.2 Abs.1 iVm Art.1 Abs.1 ist Art.13 lex specialis (BVerfGE 51, 97/105; Papier MD 148), vorausgesetzt, der Schutzbereich des Art.13 ist beeinträchtigt (vgl. etwa zu Auskunfts-pflichten unten Rn.6). Gleiches dürfte gegenüber Art.14 gelten, wobei aber zu beachten ist, dass Art.13 nur Eingriffe in die Privat-sphäre erfasst (unten Rn.4–6). Zur Abgrenzung zu Art.10 vgl. Rn.2 zu Art.10.

II. Schutzbereich und Beeinträchtigung

1. Schutzbereich

a) Als **Wohnung** sind alle Räume einzustufen, die der allgemei- **2** nen Zugänglichkeit durch eine räumliche Abschottung entzogen und zur Stätte privaten Lebens und Wirkens gemacht sind (BGHSt 44, 138/140; Papier MD 11; Gornig MKS 13; Hermes DR 13). Dazu rechnen neben den Wohnungen ieS auch (zur Wohnung gehörende) Nebenräume, wie Keller, Böden, abgeschlossene Höfe etc., weiterhin Gast- und Hotelzimmer (BGHZ 31, 285/289) und Wohnboote sowie Vereinshäuser und Clubräume (BGHSt 42, 372/375). Nicht erfasst sind Autos und Strandkörbe (Herdegen BK 29) oder Räume von Häftlingen (BVerwG-K, NJW 96, 2643) sowie Besucherräume in Untersuchungsgefängnissen (BGHSt 44, 138/141). Nicht um-baute Flächen werden nur erfasst, soweit sie gegenüber der Öffent-lichkeit auf andere Weise real abgeschirmt sind oder sich in unmittel-barer Nähe eines Gebäudes befinden (vgl. Herdegen BK 26 f; Papier MD 11; großzügiger Kunig MüK 10; restriktiver Hermes DR 16). Weiterhin werden nach ganz h. A. *Arbeits-, Betriebs- und Geschäfts-räume* erfasst (BVerfGE 42, 212/219; 44, 353/371; 76, 83/88; 96, 44/51; Herdegen BK 34), auch wenn die Funktion des Art.13 (oben Rn.1) eher dagegen spricht und die weite Auslegung zu Problemen im Bereich der Schranken führt (unten Rn.30). Selbst der Öffent-lichkeit zugängliche Räume, wie Verkaufsräume oder Sportstadien, sollen erfasst sein (BVerfGE 97, 228/265; a. A. zu Recht Papier MD 14; Ruthig, JuS 98, 510; Pieroth/Schlink 876); allerdings fehlt es hier vielfach an einem Eingriff (unten Rn.4, 7).

b) **Träger des Grundrechts** ist jeder Bewohner der geschützten **3** Räume (Papier MD 12), unabhängig von den Eigentumsverhält-nissen, insb. der Mieter (Kunig MüK 12; Gornig MKS 29). Ob der

Besitz rechtmäßig ist, dürfte keine Rolle spielen (Hermes DR 19; Kunig MüK 14; a. A. Papier MD 12; Schmitt Glaeser HbStR VI 73), weshalb ein Mieter auch trotz abgelaufener Kündigungsfrist Grundrechtsträger bleibt (BVerfGE 89, 1/12). Entscheidend ist das Bewohnen. Der Besitzdiener ist Träger des Grundrechts, soweit der betreffende Raum als seine persönliche Privatsphäre eingestuft werden kann (vgl. Kunig MüK 15). Das Grundrecht steht auch Ausländern und Staatenlosen zu (Gornig MKS 35). Gleiches wird für juristische Personen und Personenvereinigungen des Privatrechts angenommen (BVerfGE 32, 54/72; 44, 353/371; 76, 83/88; Schmitt Glaeser HbStR VI 73), nicht jedoch für juristische Personen des öffentlichen Rechts (Rn.18 f zu Art.19), insb. für staatliche Behörden (Papier MD 18). Öffentlich-rechtliche Rundfunkanstalten und Universitäten können sich nur auf ihr Grundrecht aus Art.5 Abs.1 S. 2 bzw. aus Art.5 Abs.3 berufen (vgl. Herdegen BK 40).

2. Beeinträchtigung

4   **a) Eingriffe. aa)** Dem Schutzzweck des Art.13 entsprechend wird das Grundrecht durch jede Verletzung der Privatheit der Wohnung durch staatliche Stellen (Rn.22–30 zu Art.1) beeinträchtigt (Berkemann AK 29). Diese Voraussetzung erfüllt jede Durchsuchung (unten Rn.9) sowie jedes sonstige **Betreten** der geschützten Räume (BVerfGE 65, 1/40), auch durch einen gerichtlich bestellten Sachverständigen (BVerfGE 75, 318/326). Erfasst wird zudem das bloße Verweilen in geschützten Räumen (BVerfGE 76, 83/89 f; 89, 1/12). Sieht man ein Betreten öffentlich zugänglicher Räume als durch Art.13 geschützt an (oben Rn.2), stellt es keinen Grundrechtseingriff dar, weil und soweit die vom Grundrechtsinhaber vorgenommene Abschirmung nicht beeinträchtigt wird (i. E. Ruthig, JuS 98, 510; Pieroth/Schlink 876; Kunig MüK 60). Aus welchen Gründen die Beeinträchtigung geschieht, ist unerheblich (Berkemann AK 29, 32).

5   Eine **Überwachung** von Vorgängen in einer Wohnung **von außen** ohne körperliches Betreten stellt einen Eingriff dar, wenn dies mit Hilfe *technischer* Mittel geschieht (technische Überwachung), wie Abs.3–5 entnommen werden kann (Gornig MKS 44; vorsichtig Kunig MüK 17). Hierher rechnen insb. Infrarotkameras, Videokameras, Richtmikrofone, Abhörvorrichtungen und Aufzeichnungsgeräte (Papier MD 79). Dementsprechend wird ein *Abhören* mit Hilfe geeigneter technischer Mittel als Grundrechtseingriff eingestuft (BVerfGE 65, 1/40; Berkemann AK 30; Schmitt Glaeser HbStR VI 74). Gleiches gilt für technische Späheingriffe (Kühne

SA 22). Erfasst werden auch Eingriffe aus weiter Ferne, etwa über Satellit (Gornig MKS 44). Eine Beobachtung von außen ohne technische Mittel, wie sie jedermann möglich ist, dürfte idR keinen Eingriff darstellen, weil damit die vom Grundrechtsinhaber vorgenommene Abschirmung nicht über das allgemein mögliche Maß hinaus beeinträchtigt wird (Ruthig, JuS 98, 512; unklar Kühne SA 22). Werden Fernmeldeanlagen angezapft, ist allein Art.10 einschlägig (Rn.2 zu Art.10). Art.13 ist auch nicht berührt, wenn Personen ermittelt werden, die ein Haus betreten (BGHSt 44, 13/16).

Keine Beeinträchtigung stellen Auskunftspflichten dar **6** (BVerfGE 65, 1/40). Gleiches gilt mangels Verletzung der Privatsphäre für die Beseitigung der Wohnung u. Ä. (Pieroth/Schlink 881; Kunig MüK 72) sowie für die Kündigung des Mietverhältnisses (BVerfGE 89, 1/12; Hermes DR 42) oder die Beeinträchtigung durch Bauvorschriften etc.

bb) Ist der Grundrechtsinhaber mit dem Eindringen etc. **einver-** **7** **standen,** liegt keine Grundrechtsbeeinträchtigung vor (Schmitt Glaeser HbStR VI 74; vgl. Vorb.36 vor Art.1). Voraussetzung ist, dass die Einwilligung nicht durch Drohung oder Täuschung erlangt wurde (Kunig MüK 19; Gornig MKS 45 f) und sich auf den konkreten Eingriff bezieht (Gornig MKS 34). Die Aktivitäten eines verdeckten Ermittlers, der unter Täuschung über seine Identität eine Wohnung ausspäht, ist daher ein Grundrechtseingriff (Gornig MKS 48); seine Tätigkeit bedarf daher, soweit es um technische Mittel geht, der Rechtfertigung nach Abs.3–5, im Übrigen nach Abs.7. Bei mehreren Berechtigten ist die Zustimmung aller erforderlich, um eine Beeinträchtigung des Schutzbereichs auszuschließen (Kunig MüK 21; Gornig MKS 45; vgl. Rn.12 zu Art.10; a. A. Kühne SA 24).

b) Verweigerung von Leistung und Schutz; privatrechtliche **8** **Beeinträchtigung.** Art.13 enthält weder ein *Recht auf eine angemessene Wohnung* noch ein *Recht auf eine bestimmte Wohnungsnutzung* (BVerfGE 7, 230/238; Papier MD 5 f; Gornig MKS 11), vgl. aber Rn.107 zu Art.20. Das Grundrecht des Art.13 verpflichtet den Gesetzgeber, die räumliche Privatsphäre effektiv gegenüber Übergriffen Privater zu schützen (Hermes DR 55). Weiter ist Art.13 wegen seiner Ausstrahlungswirkung (vgl. Vorb.15 f, 33 vor Art.1) bei der Anwendung privatrechtlicher Vorschriften zu beachten (BVerfGE 89, 1/11; Papier MD 8; Herdegen BK 13). Daraus ergeben sich Beschränkungen für das Betretungsrecht des Vermieters einer Wohnung (BVerfGE 89, 1/12 f) oder für die zivilprozessuale Verwertung von Erkenntnissen, die durch heimliche Bespitzelung erlangt wurden (Hermes DR 56).

III. Rechtfertigung von Beeinträchtigungen (Schranken)

1. Durchsuchungen (Abs.2)

9   **a) Anwendungsbereich.** Eine Durchsuchung ist nur unter den Voraussetzungen des Abs.2 möglich; Abs.7 wird insoweit verdrängt (BVerwGE 28, 285/286; Kunig MüK 24). **Durchsuchung** ist das „ziel- und zweckgerichtete Suchen staatlicher Organe nach Personen oder Sachen oder zur Ermittlung eines Sachverhalts", mit dem Zweck, „etwas aufzuspüren, was der Inhaber der Wohnung von sich aus nicht offenlegen oder herausgeben will" (BVerfGE 51, 97/106 f; 75, 318/327; 76, 83/89; BVerwGE 47, 31/37). Es geht um die Suche nach Personen und Sachen, die sich in der Wohnung befinden, um dem Augenschein oder Zugriff entzogen zu sein, nicht um die Prüfung des Zustands der Wohnung oder ihres funktionsgemäßen Gebrauchs (Pieroth/Schlink 878). Voraussetzung ist ein *körperliches* Betreten der Wohnung durch das Durchsuchungsorgan; für eine Überwachung mittels technischer Mittel ist allein Abs.3, 4 einschlägig (Ruthig, JuS 98, 513; Kunig MüK 24; Gornig MKS 67; unten Rn.17). Auch die tätigkeit eines verdeckten Ermittlers stellt reglemäßig keine Durchsuchung dar (Gornig MKS 67). Ob strafprozessuale oder andere Zwecke verfolgt werden, ist unerheblich. Dementsprechend werden auch zivilprozessuale oder steuerrechtliche Durchsuchungen erfasst (BVerfGE 51, 97/105 ff; 57, 346/354 ff). Kann ein Vorführungsbefehl nur mit einer Durchsuchung durchgesetzt werden, ist Art.13 Abs.2 zu beachten (BGHZ 82, 271/273 f). Keine Durchsuchung liegt vor, wenn es um die Kontrolle der Einhaltung gesetzlicher Vorschriften bei gefährlichen Anlagen und Einrichtungen geht. Daher sind gewerberechtliche, umweltrechtliche und andere Betretungs- und Besichtigungsrechte *(Nachschau)* keine Durchsuchungen (BVerfGE 32, 54/73; BVerwGE 78, 251/254; Papier MD 24). Für echte Durchsuchungen in Geschäfts- und Betriebsräumen gelten dagegen die Anforderungen des Abs.2 (BVerfGE 32, 54/72). Keine Durchsuchung stellt die Vornahme von Messungen in der Wohnung dar (BVerfGE 75, 318/327), des Weiteren die bloße Besichtigung einer Wohnung (BFHE 154, 435/437 f).

b) Gesetzliche Ermächtigung. Durchsuchungen bedürfen ei- **10** ner gesetzlichen Ermächtigung (Herdegen BK 63; Berkemann AK 58; Rn. 47 zu Art.20). Dies kann durch förmliches Gesetz oder auf Grund eines (ausreichend bestimmten) förmlichen Gesetzes durch eine andere Rechtsvorschrift geschehen (Berkemann AK 58; Vorb.42 vor Art.1; a. A. Kunig MüK 33). Zur Regelung des Richtervorbehalts unten Rn.11. Das Gesetz muss das Zitiergebot beachten (Rn.3 zu Art.19) und ausreichend bestimmt sein (Rn.54–56 zu Art.20), weshalb die polizeiliche Generalklausel keine ausreichende Grundlage bildet (Berkemann AK 58; Hermes DR 34; **a. A.** BVerwGE 47, 31/38 f). Die Verletzung der in dem betreffenden Gesetz vorgeschriebenen Form stellt eine Verfassungsverletzung dar (vgl. Rn.5 zu Art.104).

c) Richterliche bzw. behördliche Anordnung. Eine Durch- **11** suchung ist grundsätzlich nur möglich, wenn vorher eine **richterliche Anordnung** ergangen ist. Dieser Richtervorbehalt zielt auf eine vorbeugende Kontrolle der Maßnahme durch eine unabhängige und neutrale Instanz ab (BVerfG, NJW 01, 1122; E 76, 83/91). Soweit das entsprechende Gesetz (oben Rn.10) keine richterliche Anordnung vorschreibt, folgt der Richtervorbehalt unmittelbar aus Abs.2 (BVerfGE 51, 97/114; 57, 346/355), ohne dass dies an der Verfassungswidrigkeit des Gesetzes etwas ändert. Das Fehlen einer richterlichen Anordnung wird durch die nachfolgende Rechtskontrolle nicht geheilt (BVerfGE 51, 97/114). Der richterliche Durchsuchungsbefehl muss für eine angemessene Begrenzung der Zwangsmaßnahmen sorgen, sowie die Messbarkeit und Kontrollierbarkeit des Grundrechtseingriffs gewährleisten (BVerfGE 42, 212/220). Zum Rechtsschutz nach Erledigung Rn.43 zu Art.19. Ein halbes Jahr nach Ausstellung eines Durchsuchungsbefehls erlöschen seine rechtfertigenden Wirkungen (BVerfGE 96, 44/54). Ein strafrechtlicher Durchsuchungsbefehl muss tatsächliche Angaben über den Inhalt des Tatvorwurfs enthalten (BVerfG-K, NJW 94, 3282; Papier MD 28 ff). Wird die Wohnung gleichzeitig für einen zweiten Gläubiger durchsucht, ist auch insoweit eine richterliche Anordnung notwendig, sofern sich die Durchsuchung dadurch zeitlich verlängert (BVerfGE 76, 83/91 f). Zum Verzicht auf eine *vorherige* Anhörung Rn.22 zu Art.103. Der Rechtspfleger ist kein Richter iSd Abs.2 (Herdegen BK 55).

Ausnahmsweise kann eine Durchsuchung auch durch eine **Be- 12 hörde** ohne vorherige richterliche Anordnung verfügt werden, sofern **Gefahr im Verzug** besteht. Dies muss qualitativ und quantita-

tiv die Ausnahme sein (BVerfG, NJW 01, 1122 f). Die Voraussetzung
ist gegeben, wenn die vorherige Einholung der richterlichen Anordnung den Erfolg der Durchsuchung gefährden würde (BVerfGE 51,
97/111; NJW 01, 1123). Das muss mit Tatsachen begründet werden,
die auf den Einzelfall bezogen sind; zudem dürfen die Strafverfolgungsbehörden die tatsächlichen Voraussetzungen nicht selbst herbeigeführt haben (BVerfG, NJW 01, 1123). Ob die Voraussetzungen
erfüllt sind, unterliegt der vollen gerichtlichen Überprüfung
(BVerfG, NJW 01, 1123 f); zu Aufzeichnungspflichten der Strafverfolgungsbehörden Rn. 50 zu Art. 19. Notwendig ist in jedem Fall
eine gesetzliche Ermächtigung (vgl. oben Rn. 10).

13   **d) Materielle Voraussetzungen.** Bei allen Durchsuchungen ist
der Grundsatz der Verhältnismäßigkeit zu wahren (BVerfGE 20,
162/186 f; 51, 97/113; 57, 346/356; 59, 95/97; BVerwGE 47,
31/39); allg. zu diesem Grundsatz Rn. 83–88 zu Art. 20. Insb. muss
der Eingriff in angemessenem Verhältnis zur Stärke des bestehenden
Tatverdachts und zur Schwere der vorgeworfenen Tat stehen (Papier
MD 34 ff; Gornig MKS 70). Zur Konkretheit eines Verdachts in
Steuerstrafsachen BVerfG-K, NJW 94, 2079. Unzulässig erlangte
Informationen dürfen grundsätzlich nicht verwertet werden (Herdegen BK 68; Hermes DR 31; Kunig MüK 35; vgl. Rn. 51 zu Art. 2;
noch strenger Berkemann AK 64).

2. Technische Überwachung (Abs. 3–6)

14   **a) Zur Strafverfolgung (Abs. 3). aa)** Der **Anwendungsbereich** des Abs. 3 betrifft die *technische Überwachung,* also die Aufnahme von Vorgängen in der Wohnung mit Hilfe technischer
Mittel; zu den Mitteln oben Rn. 5. Ob die Mittel sich innerhalb
oder außerhalb der Wohnung befinden, spielt keine Rolle (Papier
MD 47). Abs. 3 betrifft allein die Überwachung zu Zwecken der
(repressiven) *Strafverfolgung;* zur Überwachung zu anderen Zwecken
unten Rn. 19, 23.

15   **bb)** Die Rechtfertigung einer solchen Überwachung setzt zunächst eine ausreichend bestimmte **gesetzliche Grundlage** voraus
(Kunig MüK 38; Papier MD 73); zur Festlegung der einschlägigen
Straftaten unten Rn. 16. Das Zitiergebot des Art. 19 Abs. 1 S. 2 ist zu
beachten. Weiter kann die Anordnung der Überwachung gem.
Abs. 3 S. 3 grundsätzlich nur durch **drei Richter** erfolgen; es handelt
sich insoweit um Rspr. iSd Art. 92. Bei *Gefahr im Verzug* (dazu oben
Rn. 12) genügt gem. Abs. 3 S. 4 eine Entscheidung durch *einen* Richter, nicht jedoch eines Exekutivorgans. Für die richterliche Anord-

nung nach S.3 wie S.4 gelten die Ausführungen (oben Rn.11) entsprechend. Schließlich ist eine **Mitteilung** an den Betroffenen geboten, sobald dadurch der Zweck der Überwachung nicht mehr beeinträchtigt wird und dem Betroffenen kein Auskunftsanspruch zusteht (Papier MD 85 ff; zu Art.10 vgl. BVerfGE 100, 313/361 ff; Rn.19 zu Art.10).

Materiell setzt die Anordnung Folgendes voraus: – **(1)** Konkrete **16** Umstände begründen den *Verdacht einer besonders schweren Straftat;* ein dringender Tatverdacht iSd StPO ist nicht erforderlich (Kühne SA 42; Gornig MKS 97; Kunig MüK 40). Bloße Vermutungen oder ein Anfangsverdacht genügen andererseits nicht (Papier MD 74; Kunig MüK 41). Die in Betracht kommenden Straftaten müssen im Gesetz festgelegt sein (Kunig MüK 42; Papier MD 75); die Regelung des § 100 c StPO muss restriktiv angewandt werden (Papier MD 78). – **(2)** Es muss um die Überwachung einer Wohnung gehen, in der sich der *Beschuldigte* iSd StPO vermutlich *aufhält* (Kunig MüK 40). Dass sich in der Wohnung auch andere Personen aufhalten, ist unschädlich (Gornig MKS 107; Kunig MüK 40); deren Rechtsstatus ist allerdings im Rahmen der Verhältnismäßigkeit zu berücksichtigen (vgl. Papier MD 81). – **(3)** Die Überwachung muss *geeignet* sein; von ihr müssen verwertbare Erkenntnisse zu erwarten sein, die den Verdacht klären. Weiter ist der Grundsatz der *Erforderlichkeit* gem. Abs.3 S.1 zu beachten; alternative Formen der Erforschung des Sachverhalts müssen aussichtslos oder unverhältnismäßig schwieriger sein. Schließlich muss die Maßnahme *verhältnismäßig ieS* sein (allg. dazu Rn.86 zu Art.20). Zu berücksichtigen ist auch, ob in andere Grundrechte eingegriffen wird, zumal in solche (nicht beschuldigter) Personen (Kunig MüK 44). – **(4)** Die Überwachung ist gem. Abs.3 S.2 generell zeitlich auf eine angemessene Dauer zu *befristen.* Eine Verlängerung ist möglich, muss aber allen Voraussetzungen des Abs.3 gerecht werden.

cc) Die Anordnung kann nur zur **akustischen** Überwachung **17** ermächtigen, nicht zur optischen Überwachung (Kühne SA 41; Kunig MüK 40; Papier MD 79). Abs.3 deckt zudem *weitere Eingriffe,* soweit sie *notwendig* mit dem Abhören verbunden sind, etwa das heimliche Betreten zum Anbringen von technischen Mitteln (Papier MD 79).

Die gewonnenen Informationen können **anderweitig verwer- 18 tet** werden (Änderungen des Verwendungszwecks), vorausgesetzt ein Gesetz sieht dies in ausreichend bestimmter Form vor und die Anwendung der technischen Mittel sowie der Einsatz der Ermittler erfolgten rechtmäßig (Papier MD 88; Kunig MüK 37). Zu weiteren formalen Anforderungen im Falle des Abs.5 unten Rn.24. Außerdem ist der Grundsatz der Verhältnismäßigkeit zu beachten, da die Verwertung ein zusätzlicher Grundrechtseingriff ist (vgl. Papier MD 104, 114). Das dürfte eine Verwertung nur zur Verfolgung schwerer Straftaten oder zur Verhinderung schwerer Gefahren gestatten.

19   **b) Zur (präventiven) Gefahrenabwehr (Abs.4). aa)** Der **Anwendungsbereich** des Abs.4 betrifft, wie bei Abs.3, die technische Überwachung (dazu oben Rn.5, 14). Ziel ist hier aber nicht die (repressive) Strafverfolgung, sondern die **präventive Gefahrenabwehr.** Zum Sonderfall des Schutzes staatlicher Organe unten Rn.23.

20   **bb)** Die Rechtfertigung einer solchen Überwachung setzt zunächst eine ausreichend bestimmte **gesetzliche Ermächtigung** voraus. Das Zitiergebot des Art.19 Abs.1 S.2 ist zu beachten. Des Weiteren ist gem. Abs.4 S.1 eine **richterliche Anordnung** notwendig. Insoweit gelten die Ausführungen oben in Rn.11. Der Richter muss hauptamtlich und planmäßig angestellt sein (vgl. Rn.13 zu Art.104). Bei *Gefahr im Verzug* ist gem. Abs.4 S.2 auch eine Anordnung durch eine Behörde (auf gesetzlicher Grundlage) möglich. Diesbezüglich gelten die Ausführungen oben in Rn.12. Die behördliche Anordnung muss unverzüglich durch den Richter bestätigt werden. Unverzüglich heißt nicht ‚ohne schuldhaftes Zögern' (Kunig MüK 47). Vielmehr muss die Verzögerung sachlich zwingend geboten sein; entscheidend ist ein objektiver Maßstab (vgl. Rn.21 zu Art.104). **Zur Mitteilungspflicht** gelten die Ausführungen oben in Rn.15.

21   In **materieller** Hinsicht sind folgende Voraussetzungen zu beachten – **(1)** Es besteht eine dringende Gefahr für die öffentliche Sicherheit. Insoweit gelten die Ausführungen unten in Rn.29 entsprechend; insb. ist die konkrete Gefährdung eines wichtigen Rechtsguts notwendig (Papier MD 93, 95; anders Gornig MKS 127). Dementsprechend wird hier der Begriff der öffentlichen Ordnung nicht benutzt. – **(2)** Von der Überwachung müssen Erkenntnisse zu erwarten sein, die es ermöglichen, Maßnahmen zur Vermeidung der Gefahr zu ergreifen. – **(3)** Schließlich ist der Grundsatz der Verhältnismäßigkeit zu beachten (Kunig MüK 48; Papier MD 102). Insb. darf kein milderes Mittel zur Abwehr der Gefahr zur Verfügung stehen (allg. dazu Rn.85 zu Art.20). Zudem muss die Maßnahme verhältnismäßig ieS sein (allg. dazu Rn.86 zu Art.20). Dafür ist auch hier eine Befristung notwendig (Kunig MüK 48).

cc) Abs.4 ermächtigt zu **akustischen** und **optischen** Über- 22
wachung sowie zu den zwangsläufig mit der Überwachung verbundenen sonstigen Beeinträchtigungen des Grundrechts (vgl. oben
Rn.17). Für die **Änderung des Verwendungszwecks** gelten die
Ausführungen oben in Rn.18.

c) Zum Schutz staatlicher Organe (Abs.5). Die technische 23
Überwachung kann abweichend von Abs.4 in akustischer wie in
optischer Form (Kunig MüK 49) durch jede Behörde (auf gesetzlicher Grundlage) angeordnet werden, wenn es allein um den Schutz
hoheitlich tätiger Personen geht, die in rechtmäßiger Weise in Wohnungen (auf gesetzlicher Grundlage) tätig sind. Insb. wird der Schutz
von verdeckten Ermittlern (dazu oben Rn.7) bezweckt (Kunig MüK
49). Der Grundsatz der Verhältnismäßigkeit ist zu beachten (Kunig
MüK 50; a. A. Gornig MKS 143). Verfolgt der Einsatz der technischen Mittel auch andere Zwecke, insb. den der Gewinnung von
Informationen zur Gefahrenabwehr oder Strafverfolgung, sei es auch
in untergeordneter Form, scheidet Abs.5 aus; in diesem Falle müssen
die Voraussetzungen des Abs.3 bzw. des Abs.4 gegeben sein (Gornig
MKS 143). Soweit ein verdeckter Ermittler selbst Dinge hört oder
sieht, ist (insoweit) Abs.7 einschlägig (vgl. oben Rn.7).

Die erlangten Informationen dürfen grundsätzlich nur zum 24
Schutze der Einsatzpersonen verwandt werden. Ausnahmsweise ist
eine **anderweitige Verwertung** gem. Abs.5 S.2 (nur) zum Zwecke
der Strafverfolgung oder der Gefahrenabwehr möglich. Für eine
solche Verwertung gelten zunächst die allg. Regeln (oben Rn.18).
Darüber hinaus muss die Rechtmäßigkeit der Anordnung, insb. dass
sie nicht (auch) zu Zwecken der Strafverfolgung oder der Gefahrenabwehr (außerhalb des Schutzes der Einsatzpersonen) angeordnet
wurde (oben Rn.23), von einem Richter vor der Verwertung bestätigt werden. Bei Gefahr im Verzug (dazu oben Rn.12) genügt die
unverzügliche Nachholung der richterlichen Bestätigung (vgl. oben
Rn.20). Richter iSd Abs.5 S.2 soll bei einer Verwertung zu Strafverfolgungszwecken nur der Spruchkörper des Abs.3 S.3 sein (Gornig MKS 143; Kunig MüK 50).

d) Berichtspflicht (Abs.6). Um die Normeffizienz der Abs.3–5 25
überprüfen zu können, hat die Bundesregierung gem. Abs.6 S.1
jährlich über den Einsatz technischer Mittel zu berichten: Im Bereich des Abs.3 und des Abs.5 S.2 hat das umfassend zu geschehen.
Im Bereich des Abs.4 beschränkt sich die Berichtspflicht gem. Abs.6
S.1 auf die von Bundesbehörden vorgenommenen Maßnahmen; was
die von Landesbehörden getroffen Maßnahmen angeht, so müssen

die Länder gem. Abs.6 S.3 eine entsprechende Berichtspflicht gegenüber den Landesparlamenten vorsehen. Über Maßnahmen nach Abs.5 muss nur im Bereich des Abs.5 S.2 berichtet werden (Gornig MKS 145).

3. Sonstige Beeinträchtigungen (Abs.7)

26   **a) Anwendungsbereich.** Eingriffe und Beschränkungen iSd Abs.7 sind alle Beeinträchtigungen des Schutzbereichs, die keine Durchsuchungen (oben Rn.9) sind (BVerfGE 32, 54/73; Herdegen BK 49; Hermes DR 39) und auch nicht als Überwachung mit Hilfe technischer Mittel (oben Rn.5) eingestuft werden können (Kühne SA 46; Papier MD 121).

27   **b) Vorbehalt bei Gemeingefahr und Lebensgefahr.** Zur Abwehr einer gemeinen Gefahr oder Lebensgefahr sind Eingriffe und Beschränkungen (oben Rn.26) ohne spezialgesetzliche, ausreichend bestimmte und das Zitiergebot beachtende Ermächtigung möglich; ganz ohne gesetzliche Grundlage kann die Exekutive aber auch hier nicht tätig sein (Pieroth/Schlink 887; Hermes DR 46; vgl. Rn.47 zu Art.20; a. A. Papier MD 121; Kunig MüK 61). Eine Gefahr liegt in der hinreichenden Wahrscheinlichkeit des Schadenseintritts. Die gemeine Gefahr betrifft einen unbestimmten Kreis von Personen oder Sachen, die an Bedeutung einer Lebensgefahr nahekommt (Berkemann AK 69; Kunig MüK 61; a. A. Gornig MKS 159), etwa Überschwemmungen oder Brände. Die beiden Alternativen sind eng zu interpretieren (Schmitt Glaeser HbStR VI 76 f). Schließlich muss die Grundrechtsbeeinträchtigung verhältnismäßig sein; zu den einzelnen Voraussetzungen Rn.83–88 zu Art.20.

28   **c) Qualifizierter Gesetzesvorbehalt. aa)** Eingriffe und Beschränkungen sind weiter zulässig, wenn ein (förmliches) **Gesetz** dies **gestattet.** Diese Voraussetzung ist auch dann erfüllt, wenn eine sonstige Rechtsnorm auf Grund eines ausreichend bestimmten förmlichen Gesetzes (Rn.54 zu Art.20) die Beschränkung vornimmt (Vorb.43 vor Art.1; BVerwGE 37, 283/286; Hermes DR 44; Papier MD 125; diff. Berkemann AK 72). Gewohnheitsrecht genügt dagegen nicht (BVerfGE 32, 54/75). Das Zitiergebot ist zu beachten (Rn.3 zu Art.19). Das Gesetz kann relativ allgemein gefasst sein, weshalb die polizeirechtliche Generalklausel eine ausreichende Grundlage bietet (BVerwGE 47, 31/38 f; Hermes DR 47; Kunig MüK 68; a. A. Kühne SA 50), die allerdings im Hinblick auf die folgende Voraussetzung restriktiv zu verstehen ist (vgl. BVerwGE 47, 31/40).

Weiter muss die Beeinträchtigung der Verhütung einer **dringen-** 29
den Gefahr für die öffentliche Sicherheit und Ordnung dienen.
Damit ist die hinreichende Wahrscheinlichkeit eines Schadens an
einem *wichtigen* Rechtsgut gemeint. Das Adjektiv „dringend" betrifft
v. a. Ausmaß und Wahrscheinlichkeit des Schadens (BVerwGE 47,
31/40; Kunig MüK 46; vgl. BVerfGE 17, 232/251 f; a. A. Gornig
MKS 127; Papier MD 132) und hat mit dem zeitlichen Ablauf nichts
zu tun (BVerwGE 47, 31/40). Eine bloße Gefährdung der öffentlichen Ordnung im polizeirechtlichen Sinne genügt damit nicht
(Hermes DR 44 f; Kunig MüK 66; Herdegen BK 77; Papier MD
127; vgl. auch oben Rn.21). Als Beispiele nennt Abs.3 die Behebung
der (Wohn-) Raumnot, die Bekämpfung der Seuchengefahr und den
Schutz gefährdeter Jugendlicher. Wegen des Beispielcharakters ist die
Abgrenzung dieser Begriffe wenig bedeutsam. In jedem Falle ist der
Grundsatz der **Verhältnismäßigkeit** (dazu Rn.83–88 zu Art.20) zu
wahren; insb. muss das Verfahren so gewählt werden, dass die Beein-
trächtigung so gering wie möglich ausfällt (BVerfGE 75, 318/328).
So ist an die Möglichkeit einer vorherigen Anhörung zu denken.

bb) Geringer fallen die Anforderungen des Abs.3 aus, wenn es 30
um reine **Betriebs-, Geschäfts- und Arbeitsräume** geht. „Je
größer ihre Offenheit nach außen ist und je mehr sie zur Aufnahme
sozialer Kontakte für Dritte bestimmt sind, desto schwächer wird
der grundrechtliche Schutz" (BVerfGE 97, 228/266). Diese Reduzierung des Schrankenvorbehalts in Abs.3 wird wegen der weiten
Fassung des Schutzbereichs durch das BVerfG (oben Rn.2) erforderlich. Bedeutung hat das insb. für behördliche Besichtigungs- und
Betretungsrechte im Rahmen etwa des Wirtschaftsverwaltungs- und
Arbeitsschutzrechts (Hermes DR 45; Papier MD 15, 20, 144 f): sie
sind zulässig, wenn sie auf einem Gesetz beruhen und geeignet,
erforderlich sowie verhältnismäßig ieS sind. Letzteres verlangt u. a.,
dass das Betreten und Besichtigen möglichst nur zu Zeiten vorgenommen wird, in denen die Räume normalerweise für die jeweilige geschäftliche oder betriebliche Nutzung zur Verfügung stehen
(BVerfGE 32, 54/75 ff). Dazu können Informationspflichten der
kontrollierenden Personen gegenüber dem Hausrechtsinhaber kommen (BVerwGE 78, 251/255 ff). Für Durchsuchungen gelten die
regulären Vorgaben (oben Rn.9 ff).

4. Weitere Beschränkungsmöglichkeiten

Beschränkungen sind weiterhin zu Zwecken der Verteidigung 31
(dazu Rn.5 zu Art.17 a) gem. Art.17 a Abs.2 möglich; zu den

Grenzen Rn.6 f zu Art.17 a. Abzulehnen ist die Auffassung, wonach überragende Gesichtspunkte des Gemeinwohls zusätzliche Beschränkungen rechtfertigen (a. A. Berkemann AK 74). Dagegen kann kollidierendes Verfassungsrecht, konkretisiert in einem Gesetz, das Grundrecht beschränken (Gornig MKS 173; Vorb.45–49 vor Art.1).

Art.14 [Eigentumsgarantie und Erbrecht]

(1) **Das Eigentum[7 ff] und das Erbrecht[91] werden gewährleistet. Inhalt und Schranken werden durch die Gesetze bestimmt.[31 ff, 95]**

(2) **Eigentum verpflichtet. Sein Gebrauch soll zugleich dem Wohle der Allgemeinheit dienen.[1, 35, 42, 50]**

(3) **Eine Enteignung[58 ff] ist nur zum Wohle der Allgemeinheit[66 f] zulässig. Sie darf nur durch Gesetz oder auf Grund eines Gesetzes[64 f] erfolgen, das Art und Ausmaß der Entschädigung regelt.[70 ff] Die Entschädigung ist unter gerechter Abwägung der Interessen der Allgemeinheit und der Beteiligten zu bestimmen.[72 ff] Wegen der Höhe der Entschädigung steht im Streitfalle der Rechtsweg vor den ordentlichen Gerichten offen.[75]**

Übersicht

Literatur: *Hendler,* Zur Inhalts- und Schrankenbestimmung des Eigentums, FS Maurer, 2001, 127; *Wilhelm,* Zum Enteignungsbegriff des BVerfG, JZ 2000, 905; *Külpmann,* Enteignende Eingriffe, 2000; *Jarass,* Inhalts- und Schrankenbestimmung oder Enteignung?, NJW 2000, 2841; *Hösch,* Eigentum und Freiheit, 2000; *Grochtmann,* Art.14 – Rechtsfragen der Eigentumsdogmatik, 2000; *Papier,* Die Weiterentwicklung der Rechtsprechung zur Eigentumsgarantie des Art.14 GG, DVBl 2000, 1398; *König,* Kriterien für die Begründung der Ausgleichspflicht bei Inhalts- und Schrankenbestimmungen des Eigentums, DVBl 1999, 954; *Sieckmann,* Modelle des Eigentumsschutzes, 1998; *Rozek,* Die Unterscheidung von Eigentumsbindung und Enteignung, 1998; *Ossenbühl,* Staatshaftungsrecht, 5. Aufl.1998; *Wolter,* Vom Volkseigentum zum Privateigentum, 1998; *Jaschinski,* Der Fostbestand des Anspruchs aus enteignendem Eingriff, 1997; *Jarass,* Sicherung der Rentenfinanzierung und Verfassungsrecht, NZS 1997, 545; *Ibler,* Die Eigentumsdogmatik und die Inhalts- und Schrankenbestimmungen iSv Art.14 Abs.1 S. 2 GG im Mietrecht, AcP 1997, 565; *Eschenbach,* Die Enteignung, Jura 1997, 519; *Breuer,* Naturschutz, Eigentum und Entschädigung, NuR 1996, 537; *Thormann,* Abstufungen in der Sozialbindung des Eigentums, 1996; *Eschenbach,* Der verfassungsrechtliche Schutz des Eigentums, 1996; *Badura,* Eigentum, HbVerfR, 1995, 327; *Bull,* Vom Eigentums- zum Vermögensschutz – Ein Irrweg, NJW 1996, 281; *Lege,* Zwangskontrakt und Güterdefinition, 1995; *Rennert,* Eigentumsbindung und Enteignung nach der höchstrichterlichen Rechtsprechung, VBlBW 1995, 41; *Burgi,* Die Enteignung durch „teilweisen" Rechtsentzug, NVwZ 1994, 527; *Kraft,* System der Klassifizierung eigentumsrelevanter Regelungen, BayVBl 1994, 97; *Lege,* Wohin mit den Schwellentheorien?, JZ 1994, 431; *Engel,* Eigentumsschutz für Unternehmen, AöR 118, 169; *Heinz/ Schmitt,* Vorrang des Primärrechtsschutzes und ausgleichspflichtige Inhaltsbestimmung des Eigentums, NVwZ 1992, 513; *Ehlers,* Eigentumsschutz, Sozialbindung und Enteignung bei der Nutzung von Boden und Umwelt, VVDStRL 51 (1992), 211; *Sass,* Art.14 GG und das Entschädigungserfordernis, 1992; *Kleinlein,* Die ausgleichspflichtige Inhaltsbestimmung, DVBl 1991, 365; *Osterloh,* Eigentumsschutz, Sozialbindung und Enteignung bei der Nutzung von Boden und Umwelt, DVBl 1991, 906; *Maurer,* Der enteignende Eingriff und die ausgleichspflichtige Inhaltsbestimmung des Eigentums, DVBl 1991, 781; *Kutschera,* Bestandsschutz im öffentlichen Recht, 1990; *Papier,* Entwicklung der Rechtsprechung zur Eigentumsgarantie des Art.14, NWVBl 1990, 397; *Maurer,* Enteignungsbegriff und Eigentumsgarantie, FS Dürig, 1990, 293; *Leisner,* Eigentum, HbStR VI, 1989, 1023; *Leisner,* Erbrecht, HbStR VI, 1989, 1099; *Söllner,* Zum Eigentumsschutz sozialrechtlicher Positionen, FS Geiger, 1989, 262; *Ossenbühl,* Der Anspruch wegen rechtswidriger Eigentumsverletzung (enteignungsgleichen Eingriffs), FS Geiger, 1989, 475; *Schoch,* Die Eigentumsgarantie des Art.14 GG, Jura 1989, 113; *Böhmer,* Grundfragen der verfassungsrechtlichen Gewährleistung des Eigentums in der Rechtsprechung des BVerfG, NJW 1988, 2561; *Ekey,* Die Verminderung von Eigentümergrundrechten im Spannungsfeld zwischen Art.14 I 1 GG und Art.14 I 2 GG, 1988; *Dörr,* Die neuere Rechtsprechung des BVerfG zur Eigentumsgarantie des Art.14 GG, NJW 1988, 1049; *Nüßgens/Boujong,* Eigentum, Sozialbindung, Enteignung, 1987. – S. auch Literatur zu Art.34.

A. Eigentumsgarantie

I. Bedeutung und Abgrenzung zu anderen Vorschriften

1. Bedeutung

Die Eigentumsgarantie des Art.14 ist „ein elementares Grund- **1** recht". Zudem ist sie „eine Wertentscheidung ... von besonderer Bedeutung" (BVerfGE 14, 263/277; 102, 1/15). Sie soll dem Grundrechtsträger „einen Freiheitsraum im vermögensrechtlichen Bereich sichern und ihm dadurch eine eigenverantwortliche Gestaltung seines Lebens" ermöglichen (BVerfGE 102, 1/15; 79, 292/303 f; 83, 201/208; 97, 350/371), steht also in engem Zusammenhang mit der persönlichen Freiheit (BVerfGE 24, 367/389). Dies gilt auch für die wirtschaftliche Betätigungsfreiheit (BVerfGE 78, 58/73 f; BVerwGE 81, 329/341). Art.14 beschränkt sich folglich nicht auf das persönliche Eigentum, sondern erfasst jedes Eigentum (Wendt SA 5; s. allerdings unten Rn.43). *Abs.2* enthält keine unmittelbar geltenden Pflichten für den Eigentümer (str.; unten Rn.50), sondern lediglich einen Auftrag an den Gesetzgeber, dem Eigentümer die im Interesse Dritter und der Allgemeinheit gebotenen Schranken zu setzen (unten Rn.35).

Wie vom BVerfG herausgearbeitet wurde, enthält Art.14 zwei **2** verschiedene Garantiebereiche: – **(1)** Abs.1, 2 betreffen die *Inhalts-*

und Schrankenbestimmung des Gesetzgebers (näher unten Rn.36) und die *sonstigen Eigentumsbeeinträchtigungen* ohne Enteignungscharakter (näher unten Rn.49). Dadurch wird im Regelfall der Bestand des Eigentums in der Hand des Eigentümers geschützt; in bestimmten Fällen besteht (lediglich) eine begrenzte Wertgarantie (unten Rn.46). – **(2)** Abs.3 regelt demgegenüber den Fall der *Enteignung* (näher unten Rn.70–77). Abs.3 S. 1 bestimmt, wann eine Enteignung überhaupt zulässig ist und bietet damit, zusammen mit Abs.1, dem Eigentümer einen Bestandsschutz. Für den Fall, dass eine Enteignung zulässig ist, bietet Abs.3 S. 2–4 einen Wertschutz (vgl. BVerfGE 24, 367/397; 56, 249/260 f).

3   Soweit Art.14 eine **Wertentschädigung** gebietet, bedeutet dies, dass Eigentumsbeeinträchtigungen nur rechtmäßig sind, wenn der Gesetzgeber eine Entschädigung gewährt. Dagegen folgt aus Art.14 in keinem Bereich ein unmittelbarer Entschädigungsanspruch, auch nicht in analoger Anwendung (unten Rn.54, 84).

4   Art.14 enthält nach ganz hA eine **Institutsgarantie** für das Privateigentum; Sachbereiche, die zum elementaren Bestand grundrechtlich geschützter Betätigung im vermögensrechtlichen Bereich gehören, dürfen nicht der Privatrechtsordnung entzogen werden (BVerfGE 24, 367/389; 58, 300/339; Papier MD 13; krit. Bryde MüK 32). Das steht in gewissem Widerspruch zur Erstreckung der Eigentumsgarantie auf öffentlich-rechtliche Positionen (unten Rn.11). Immerhin ist öffentlich-rechtliches Eigentum nicht generell unzulässig (BVerfGE 24, 367/388 f; 58, 300/339). Im Übrigen ist die praktische Relevanz der Institutsgarantie kaum auszumachen (vgl. Papier MD 39; Sieckmann FH 85; Pieroth/Schlink 952). Folgen können ihr zukommen, soweit sie als Schutzpflicht verstanden wird (dazu unten Rn.34).

2. Abgrenzung zu anderen Vorschriften

5   Durch Art.14 geschützte Vermögensrechte werden häufig bei der Ausübung von Freiheitsrechten eingesetzt, etwa bei der beruflichen Betätigung, bei der Führung von Presseunternehmen, bei der Gründung von Vereinen etc. Steht in dem betreffenden Fall die Ausübung des Freiheitsrechts im Vordergrund, dürfte Art.14 zurücktreten (vgl. Pieroth/Schlink 915; Bryde MüK 13; Rittstieg AK 79 ff), wie das insb. für das Verhältnis zu Art.12 weitgehend anerkannt ist (näher dazu Rn.3 zu Art.12). Ein Rauchverbot beeinträchtigt nicht das Eigentum an Zigaretten, eine Geschwindigkeitsbeschränkung nicht das Eigentum an Kraftfahrzeugen; einschlägig ist jeweils die allgemeine Hand-

lungsfreiheit (Rn.6 a zu Art.2). Die Gehalte der Eigentumsgarantie können evtl. bei der Prüfung des Freiheitsrechts mitberücksichtigt werden. Art.14 kommt dagegen zum Tragen, wenn die geldwerten Aspekte dominieren (vgl. etwa Rn.86 zu Art.5) und die sonstigen Voraussetzungen des Art.14 gegeben sind. Begründen ließe sich dies auch dadurch, dass man, ähnlich wie im Bereich der Berufsfreiheit (Rn.12 zu Art.12), eine eigentumsregelnde Tendenz verlangt. Für vermögenswerte Rechte der Beamten ist allein Art.33 Abs.5 einschlägig (unten Rn.14). Für Gesetze mit unechter Rückwirkung enthält Art.14 eine abschließende Regelung (Rn.74 zu Art.20).

II. Schutzbereich

Schutzfähiges Eigentum iSd Art.14 sind alle eigentumsfähigen **6** Positionen (unten Rn.7–18) in ihrem konkreten, gesetzlich ausgestalteten Bestand (unten Rn.21–26), wobei Innehabung, Nutzung und Verfügung geschützt werden (unten Rn.19 f).

1. Schutzfähige Positionen

a) Allgemeines. Eigentumsfähige Position ist grundsätzlich jedes **7** vom Gesetzgeber gewährte (konkrete) vermögenswerte Recht (BVerfGE 24, 367/396; 53, 257/290; 58, 300/336; Bryde MüK 59), jedenfalls wenn es durch Entfaltung des Leistungswillens entstanden ist (BVerfGE 31, 229/240 f; 51, 193/218). Keine Rolle spielt, ob es ein dingliches oder sonstiges absolutes Recht ist, das gegenüber jedermann wirkt, oder eine bloße Forderung (BVerfGE 83, 201/208; unten Rn.8). Im Einzelnen fallen darunter:

b) Privatrechtliche Positionen. Zu den schutzfähigen Rechts- **8** positionen iSd Art.14 gehören alle vermögenswerten Rechte, die das bürgerliche Recht einem privaten Rechtsträger als Eigentum zuordnet (BVerfGE 70, 191/199), die durch privatrechtliche Normen dem Einzelnen so „zugeordnet sind, dass er die damit verbundenen Befugnisse nach eigenverantwortlicher Entscheidung zu seinem privaten Nutzen ausüben darf" (BVerfGE 83, 201/209; 89, 1/6). Darunter fallen neben dem Eigentum iSd Zivilrechts auch alle anderen dinglichen Rechte. Des Weiteren werden alle Ansprüche und Forderungen des privaten Rechts erfasst (BVerfGE 68, 193/222; 83, 201/208 f), es sei denn, sie sind jederzeit kündbar (BGHZ 123, 166/169). Erfasst werden auch Rechte, deren Ausübung sich in einem einmaligen Vorgang erschöpft (BVerfGE 83, 201/210) sowie

die vermögenswerten Aspekte des geistigen Eigentums (BVerf-
GE 31, 229/238 ff; Wieland DR 51).

9   **Im Einzelnen** gehören dazu Hypotheken, Grundschulden, Ak-
tien (BVerfGE 14, 263/276), die Rechte als Mitglied einer Gesamt-
handsgemeinschaft (BVerfGE 24, 367/384), das in einer Aktie ver-
körperte Anteilseigentum (BVerfGE 100, 289/301), der Anspruch
auf Versorgungsausgleich (BVerfGE 83, 182/199), das Eigentum an
Produktionsmitteln (Jarass, WVR, § 3 Rn.34; vgl. Art.15), Berg-
baurechte (BVerfGE 77, 130/136), Vorkaufsrechte (BVerfGE 83,
201/210 f, jedenfalls nach Eintritt des Vorkaufsfalles), das Urheberrecht hinsichtlich seiner vermögenswerten Aspekte (BVerfGE 31,
229/239; 77, 263/270; 79, 1/25; vgl. Art.27 Abs.2 AEMR), Patent-
rechte (BVerfGE 36, 281/290), das Recht am Warenzeichen bzw. an
Marken (BVerfGE 51, 193/217; Wieland DR 52), das Ausstattungs-
recht (BVerfGE 78, 58/71), das Leistungsschutzrecht (BVerfGE 81,
208/219), private Fischereirechte (BVerfGE 70, 191/199), das Jagdausübungsrecht (BGHZ 84, 261 ff) und das Besitzrecht des Mieters
(BVerfGE 89, 1/5 f; BVerfG-K, NJW 00, 2659; Wendt SA 24; Bryde
MüK 14; a. A. Depenheuer MKS 157 ff). Privatrechtliche Rechtspositionen, die der Staat in Wahrnehmung öffentlicher Aufgaben
einräumt, sind wie öffentlich-rechtliche Positionen (unten Rn.11–14)
zu behandeln (BVerfGE 88, 384/401; BGHZ 92, 94/105). Zu durch
ausländisches Recht konstituiertem Eigentum unten Rn.18.

10   Nicht eindeutig ist die Situation beim Recht am **eingerichteten
und ausgeübten Gewerbebetrieb,** das auch Landwirten (BGHZ
92, 34/37) und freien Berufen zugute kommt (BGHZ 81, 21/33;
Papier MD 98). Das BVerfG hat die Anwendbarkeit von Art.14
offengelassen (BVerfGE 66, 116/145; 68, 193/222 f; 77, 84/118; 81,
208/227 f), während sonst die Anwendbarkeit ganz überwiegend
bejaht wird (BGHZ 23, 157/162 f; 92, 34/37; BVerwGE 62,
224/226; Papier MD 95 ff; Kimminich BK 77 ff; diff. Bryde MüK
19; gegen einen Schutz Wieland DR 44). Im Ansatz ist der zweiten
Auffassung zu folgen. Doch ist zu beachten, dass das (einfachgesetzliche) Recht am eingerichteten und ausgeübten Gewerbebetrieb
(dazu unten Rn.26), soweit es über den Schutz der einzelnen Teile
hinausgeht, weithin Berechtigungen abdeckt, bei denen es primär
um den Erwerb und nicht um das Erworbene, um die unternehmerische Betätigung und nicht um den Bestand geht; solche Berechtigungen sind Art.12 und nicht Art.14 zuzuordnen (vgl. BVerfGE 30,
292/335; näher Rn.3 zu Art.12; anders BGHZ 111, 349/355 ff).
Art.14 bietet „nur Bestandsschutz, nicht Erwerbsschutz" (BGHZ
98, 341/351; 92, 34/46). Näher zum Schutz von Aussichten, Ver-

dienstmöglichkeiten, Betriebsausweitungen etc. unten Rn.22, 26. Außerdem geht der Schutz nicht über den Schutz hinaus, den die wirtschaftlichen Grundlagen des Gewerbebetriebs genießen (BVerfGE 58, 300/353; BGHZ 84, 223/227; Bryde MüK 20). Geschützt ist nur ein Eingriff in die Substanz der Sach- und Rechtsgesamtheit (BVerwGE 95, 341/348). Endlich ist allein der rechtmäßig eingetragene und ausgeübte Gewerbebetrieb geschützt; insb. müssen eventuelle Genehmigungen eingeholt worden sein (BVerwGE 66, 301/303 ff; Depenheuer MKS 137; Kimminich BK 80).

c) Öffentlich-rechtliche Positionen. Ein vermögenswertes **11** subjektives Recht öffentlich-rechtlicher Natur wird nur dann von Art.14 geschützt, wenn es „dem einzelnen eine Rechtsposition verschafft, die derjenigen des Eigentümers entspricht" (BVerfGE 18, 392/397; 53, 257/289; BGHZ 92, 94/106). Gleiches gilt für verwaltungsprivatrechtliche Positionen (oben Rn.9). Für die Abgrenzung kommt es wesentlich darauf an, ob das Recht dem Inhaber „nach Art eines Ausschließlichkeitsrechts zugeordnet ist" (BVerfGE 69, 272/300; 72, 175/195). Darüber hinaus muss die Position „auf nicht unerheblichen Eigenleistungen beruhen" (BVerfGE 69, 9/19; 92, 365/405; 97, 271/284; Jarass, NZS 97, 545 f); unschädlich ist, wenn die Rechtsposition (nur) überwiegend auf staatlicher Gewährung beruht (BVerfGE 69, 272/301; vgl. aber unten Rn.44). Nicht unter Art.14 fallen dagegen Ansprüche, die der Staat in Erfüllung seiner Fürsorgepflicht einräumt, ohne dass der Einzelne eine den Eigentumsschutz rechtfertigende Leistung erbringt (BVerfGE 48, 403/413; 53, 257/291 f; 72, 175/193; Sieckmann FH 47). Gleiches gilt für alle *Ermessensleistungen* (BVerfGE 63, 152/174; 69, 272/301; BSGE 50, 149/150). Wo öffentlich-rechtliche Vorschriften keine subjektiven Rechte vermitteln, kann ihre Nichtbeachtung auf keinen Fall Art.14 beeinträchtigen; dies spielt etwa bei EG-Marktordnungen eine Rolle (BVerfGE 45, 142/171).

Im Einzelnen wird der Anspruch auf Erstattung zu viel gezahlter **12** *Steuern* geschützt (BVerfGE 70, 278/285). In der *Sozialversicherung* müssen vermögenswerte Positionen auf nicht unerheblichen Eigenleistungen beruhen und der Existenzsicherung dienen (BVerfGE 69, 272/304; 76, 220/235; 92, 365/405; BSGE 69, 76/77 f; a. A. Depenheuer MKS 186 ff); warum es hier auf die Existenzsicherung ankommen soll, ist aber nicht recht ersichtlich (Herzog, NZA 89, 3; Sieckmann Fh 47; Jarass, NZS 97, 546 f). Art.14 schützt daher Renten der Sozialversicherung (BVerfGE 58, 81/109; 66, 234/247;

76, 256/293), einschließlich der Anwartschaften (BVerfGE 70, 101/110; 75, 78/96 f; 95, 143/160; 100, 1/32; BSGE 60, 158/162; Jarass, NZS 97, 545; diff. Papier MD 155 f) sowie der Kinderzuschüsse (BSGE 60, 18/27; Wendt SA 34). Erfasst werden auch Kriegsopferrenten (BSGE 73, 41/42). Zur Anpassung von Renten BVerfGE 64, 87/97. Geschützt werden das Unterhalts- und das Übergangsgeld (BVerfGE 76, 220/235). Gleiches gilt für Anwartschaften auf das Arbeitslosengeld (BVerfGE 74, 203/213; 92, 365/405) oder auf Erwerbs- und Berufsunfähigkeitsrenten (BVerfGE 75, 78/96 f). Zu auf DDR-Recht beruhenden Renten unten Rn.18. **Nicht unter Art.14** fallen Hinterbliebenenrenten (BVerfGE 97, 271/284 f), Leistungen nach dem LAG (BVerfGE 11, 64/70 f; 32, 111/128), das *Kindergeld* (BSG, NJW 87, 463) oder Wiedergutmachungs- bzw. Rückübertragungsansprüche (BVerwGE 98, 147/150 f). Zur Abwicklung von *Kriegs-* und *Kriegsfolgeschäden* sowie von Verbindlichkeiten der DDR unten Rn.68.

13   Gesetzlich vorgesehene **Ansprüche auf Subventionen** werden mangels Eigenleistung nicht erfasst (BVerfGE 97, 67/83), auch wenn die Subvention privatrechtlich abgewickelt wird (BVerfGE 88, 384/401 f). Nicht geschützt wird etwa der Anspruch auf Wohnbauprämie (BVerfGE 48, 403/413) oder auf ein zinsverbilligtes Darlehen (BVerfGE 72, 175/193; BGHZ 92, 94/106 f). Auch staatliche **Genehmigungen** sind mangels eigener Leistung für sich keine durch Art.14 geschützte Position (BGHZ 108, 364/371 für Taxikonzession; anders wohl BGHZ 81, 21/33 f; BSGE 58, 18/26; offengelassen von BVerfGE 17, 232/247 f; BGHZ 97, 204/209 f); werden allerdings im Vertrauen auf die Genehmigung Investitionen vorgenommen, wird dieses Vertrauen gegen die nachträgliche Entwertung der Investitionen geschützt, soweit der Unternehmer auf Grund der einfachgesetzlichen Rechtslage auf den Fortbestand der Genehmigung vertrauen konnte (dazu unten Rn.51). Werden die Investitionen obsolet (etwa eine Anlage wird stillgelegt), dürfte ein Entzug der Genehmigung die Eigentumsgarantie nicht tangieren.

14   Für vermögensrechtliche Ansprüche von Angehörigen des **öffentlichen Dienstes,** die sich aus einem öffentlich-rechtlichen Dienstverhältnis ergeben, wird Art.14 durch Art.33 Abs.5 verdrängt (BVerfGE 67, 1/14; 71, 255/271; 76, 256/294; BSGE 58, 1/6). Die Reichweite des Schutzes stimmt mit der des Art.14 weitestgehend überein (BVerfGE 16, 94/115; 39, 196/200; BSGE 55, 268/274). Wo Art.33 Abs.5 ausnahmsweise nicht eingreift, kommt Art.14 wieder zum Tragen, wie etwa bei Berufssoldaten (BVerfGE 16, 94/116; 65, 141/147; 83, 182/195) oder bei besonderen Hoch

schullehrerbezügen (BVerfGE 35, 23/31), ohne dass sich an der Schutzintensität etwas ändert (BVerfGE 76, 256/294).

d) Vermögen und Geldleistungspflichten. Art. 14 schützt nicht 15 das Vermögen als solches (BVerfGE 78, 232/243; 81, 108/122; 91, 207/220; 95, 267/300; BVerwGE 98, 280/291; BFHE 163, 162/174; BGHZ 83, 190/194 f; BSGE 60, 134/145; Papier MD 42, 160; Bryde MüK 23; a. A. Sieckmann FH 53). Dementsprechend bietet Art. 14 keinen Schutz gegen die Geldentwertung (BVerfGE 97, 350/371; Bryde MüK 24; Depenheuer MKS 162; a. A. Papier MD 183 ff).

Durch die **Auferlegung** von **öffentlich-rechtlichen Geldleis-** 16 **tungspflichten** wird Art. 14 grundsätzlich nicht beeinträchtigt (BVerfGE 70, 219/230; 75, 108/154; 78, 249/277; 91, 207/220; Wieland DR 48; a. A. Kirchhof HbStR IV 127 ff; Depenheuer MKS 173). Anderes gilt, wenn eine Abgabe „den Pflichtigen übermäßig belasten und seine Vermögensverhältnisse grundlegend beeinträchtigen würde" (BVerfGE 14, 221/241; 78, 232/243; 82, 159/190); man spricht dann von erdrosselnden Abgaben. Dabei bleibt allerdings unklar, ob eine derartige Abgabe auch generell unzulässig ist oder ob nur eine (evtl. zu rechtfertigende) Beeinträchtigung vorliegt. Immerhin spricht das BVerfG überwiegend davon, dass eine Verletzung des Art. 14 GG „in Betracht" komme, vorliegen „könnte" bzw. „in Erwägung" zu ziehen ist (BVerfGE 63, 312/327; 68, 287/310 f; 78, 232/243; 82, 159/190; 95, 267/301; anders BVerfGE 87, 153/169; 93, 121/137). Richtiger dürfte ein anderer Ansatz sein: Soweit, wie das häufig der Fall ist, die Geldleistungspflichten an den Bestand oder die Nutzung oder Verfügung (nicht Erwerb; vgl. unten Rn. 19) über eine bestimmte, als Eigentum schutzfähige Position anknüpfen, kann diese Position und damit das Eigentum beeinträchtigt sein (Papier MD 170; Schuppert, FS Zeidler, 1987, 698 ff; vgl. BVerfGE 34, 139/144 f; 55, 249/257 f; 93, 121/137). Eine Abgabe muss daher eine hohe Belastungswirkung für die Eigentumsnutzung aufweisen, damit sie als indirekte Eigentumsbeeinträchtigung einem klassischen Eigentumseingriff gleichgestellt werden kann (vgl. unten Rn. 31; im Ansatz ähnlich Bryde MüK 23; Papier MD 170). Zudem ist zu beachten, dass in derartigen Fällen nicht selten die Eigentumsgewährleistung durch die Freiheitsgrundrechte verdrängt wird (oben Rn. 5).

Unsicher ist, wieweit dieser Befund durch die rechtspolitisch 17 verständlichen, dogmatisch wie sachlich aber sehr unklaren Aussagen in der Vermögensteuer-Entscheidung zu den **Grenzen des staatlichen Steuerrechts** (BVerfGE 93, 121/136 ff; ähnlich bereits BVerfGE 87, 159/169) verändert wird. Z. T. sieht man darin einen

grundlegenden Wandel, mit der Folge, dass praktisch in jeder steuerlichen Belastung eine Beeinträchtigung der Eigentumsgarantie liege,
die der Rechtfertigung vor Art. 14 bedürfe (Leisner, NJW 95, 2594;
tendenziell Wendt SA 143; a. A. Wieland DR 46). Damit würde
jedoch der auf einzelne Vermögenspositionen bezogene Schutz des
Art. 14 GG verkannt, selbst wenn man dies auf den Vermögens-
bestand beschränkt (BVerfGE *abwM* 93, 121/152 ff; Wieland
DR 48; Bull, NJW 96, 283 f; vgl. BFH, NJW 99, 3798). Sofern es
daher nicht um Abgaben auf die Verwendung einzelner Vermögensgegenstände geht (oben Rn. 16), ist nicht Art. 14, sondern Art. 2
Abs. 1 einschlägig (Rn. 3 zu Art. 2), ggf. auch Art. 3 Abs. 1. Die Auffassung, die Grenze der Gesamtbelastung des Sollertrags liege bei
typisierender Betrachtung von Einnahmen, abziehbaren Aufwendungen und sonstigen Entlastungen „in der Nähe der hälftigen
Teilung zwischen Privaten und öffentlicher Hand" (BVerfGE 93,
121/138; Depenheuer MKS 389), ist dem GG schwerlich zu entnehmen und nur schwierig zu handhaben (BVerfGE *abwA* 93,
121/149 ff; Wieland DR 46; Wendt SA 39; Bryde MüK 66; vgl.
BFH, NJW 99, 3798). Auch passt das nicht zu den sonstigen Möglichkeiten der Beschränkung des Art. 14: So kann die Belastung
durch die Zustandsstörerhaftung weit höher liegen (unten Rn. 62).

18   **e) Durch DDR-Recht oder ausländisches Recht gewährte
Positionen.** Rechtspositionen, die auf früherem DDR-Recht beruhen, werden geschützt, soweit sie im Einigungsvertrag oder später anerkannt wurden. Dies gilt insb. für Rentenanwartschaften
(BVerfGE 100, 1/33 ff). Werden zunächst anerkannte Positionen später
eingeschränkt, liegt eine Eigentumsbeeinträchtigung vor (BVerfGE
100, 138/184). Die Rechtsposition iSd Art. 14 kann auch durch
ausländisches Recht, insb. durch EG-Recht, im Rahmen des ordre
public konstituiert werden (BVerfGE 45, 162/169; 101, 239/258).

2. Geschützte Aspekte

19   **a) Grundsätzlich: Innehabung, Nutzung, Verfügung.** Geschützt ist der Bestand der Eigentumsposition in der Hand des Eigentümers und die Nutzung der Position (BVerfGE 52, 1/30; 88,
366/377; 101, 54/75) sowie deren Veräußerung bzw. die Verfügung
über sie (BVerfGE 42, 263/294; 50, 290/339; 52, 1/30 f; BVerwGE
92, 322/327). Erfasst wird auch die Überlassung zur Nutzung an
Dritte, insb. gegen Entgelt (BVerfGE 98, 17/35 f). Zu Einschränkungen unten Rn. 21–26. Soweit die Nutzung des Eigentums gleichzeitig
die Ausübung eines anderen Freiheitsrechts darstellt, kann dieses vor-

gehen (oben Rn.5). Nicht erfasst wird der Erwerb des Eigentums; insoweit kommt Art.2 Abs.1 zum Tragen (Papier MD 223; Wendt SA 43; Wieland DR 151). Weiter werden betriebsbezogene Daten geschützt, soweit sie bereits zu einem Vermögenswert geworden sind (Breuer HbStRVI 979; vgl. BVerfGE 77, 1/46; Rn.33 zu Art.2).

Geschützt ist schließlich das Recht des Eigentümers, seine Eigen- **20** tümerinteressen im **Verwaltungs- und Gerichtsverfahren** effektiv zu vertreten und gegenüber anderen durchsetzen zu können (vgl. BVerfGE 35, 348/361; 45, 297/322; 51, 150/156; BVerwGE 81, 329/341 ff; Bryde MüK 37). Richtigerweise dürfte, jedenfalls soweit es unmittelbar oder mittelbar um Rechtsschutz geht, der Garantie des Art.19 Abs.4 bzw. dem allg. Justizgewährungsanspruch (Rn.89 zu Art.20) der Vorrang zukommen (so für Art.19 Abs.4 Papier MD 46; Krüger SA 112). Andernfalls müsste man auch allen anderen Grundrechten eine Rechtsschutzgewährleistung entnehmen. Eine Klagefrist für einen Entschädigungsanspruch muss durch die Erhebung von Rechtsbehelfen des Primärrechtsschutzes gehemmt oder unterbrochen werden (BVerfG-K, NVwZ 99, 1329 f).

b) Ausgestaltung durch geltendes Recht. Wieweit die durch **21** Art.14 geschützten Rechtspositionen reichen, ergibt „sich aus der Gesamtheit der verfassungsmäßigen Gesetze bürgerlichen und öffentlichen Rechts" (BVerfGE 74, 129/148; 58, 300/335 f; ähnlich BGHZ 128, 200/226). Eine das Eigentum betreffende Regelung stellt danach für bestehende Rechtspositionen eine Eigentumsbeeinträchtigung dar, für künftig entstehende Eigentumspositionen wird dagegen der Schutzbereich zurückgenommen, mit der Folge, dass es bereits an einer Eigentumsbeeinträchtigung fehlt (BVerfGE 58, 300/336; Pieroth/Schlink 899). Vorgaben für künftige Positionen können sich allerdings aus der Institutsgarantie (Papier MD 9) bzw. der gebotenen Ausgestaltung des Eigentums durch eine Abwägung zwischen den Belangen des Einzelnen und der Allgemeinheit ergeben (Bryde MüK 63 a; vgl. unten Rn.39). Dabei geht es nicht um Eingriffe, sondern um die positive Pflicht zur Ausgestaltung, weshalb der gesetzgeberische Spielraum groß ist (Vorb.13 vor Art.1) und der Grundsatz der Verhältnismäßigkeit nur zurückhaltend eingesetzt werden kann (vgl. Bryde MüK 63 a). Eigentum, das „nicht nach materiell-rechtsstaatlichen Grundsätzen erworben worden ist", fällt nicht unter Art.14 (BVerwGE 92, 196/205).

c) Rechtlich gesicherter Anspruch. Art.14 „gewährleistet nur **22** Rechtspositionen, die einem Rechtssubjekt bereits zustehen" (BVerfGE 78, 205/211; 68, 193/222). Geschützt wird allein der konkret vorhandene Bestand (BVerfGE 20, 31/34; 89, 1/7). Bloße **Gewinn-chancen,** Zukunftshoffnungen, Erwartungen werden grundsätzlich nicht geschützt (BVerfGE 68, 193/222; 74, 129/148; 97, 67/77), desgleichen bloße Verdienstmöglichkeiten (BVerfGE 78, 205/211; BGHZ 132, 181/187); insoweit sind die Freiheitsrechte, insb. Art.12 einschlägig (oben Rn.5, 10 und Rn.3 zu Art.12). Nicht geschützt ist auch die (rechtlich nicht gesicherte) Erwartung auf den Fortbestand eines Vertragsverhältnisses (BGHZ 117, 236/237) oder anderer äußerer Umstände, insb. einer günstigen Gesetzeslage, die keine subjektiven Rechte zugunsten des Eigentümers vermittelt (unten Rn.26). Chancen und Aussichten werden jedoch *geschützt,* wenn auf ihre Verwirklichung ein rechtlich gesicherter Anspruch besteht (BGHZ 125, 293/299). Entsprechendes gilt für **Nutzungsmöglichkeiten.**

23   Die bloße **Ermächtigung zu Beschränkungen** durch Ermessensentscheidungen begrenzt idR noch nicht den Bestand (Papier MD 106; Nüßgens/Boujong o. Lit.97; a. A. BVerwG, NVwZ-RR 94, 494). Potentielle Beschränkungsmöglichkeiten beeinflussen allerdings die Beurteilung der Rechtmäßigkeit einer Eigentumsbeeinträchtigung (unten Rn.51). Das gilt jedoch nur für Vorschriften mit unmittelbarem Bezug zur betreffenden Eigentumsposition. Das Vertrauen auf den Fortbestand allg. Vorschriften wird grundsätzlich nicht geschützt (oben Rn.22 und unten Rn.26).

24   **d) Insb. Grundeigentum.** Geschützt sind Grundstücksnutzungen, die rechtmäßig bereits verwirklicht wurden und werden; Art.14 bietet insoweit einen *Bestandsschutz* (BVerwGE 50, 49/55 ff; 84, 322/334; BGHZ 87, 66/78 ff; Papier MD 84 f; einschr. BVerwG, NVwZ 98, 736). Ob dies auch für eine (allein) aus formellen Gründen rechtswidrige Nutzung gilt (so BVerwGE 72, 362/363), erscheint zweifelhaft (vgl. oben Rn.10 a. E.). Zum Schutz von genehmigten, aber materiell rechtswidrigen Nutzungen oben Rn.13. Darüber hinaus werden als *eigentumskräftig verfestigte Anspruchspositionen* Nutzungen geschützt, die noch nicht verwirklicht wurden, die aber ursprünglich zulässig waren und sich förmlich aufdrängten (BVerwGE 67, 93/97; etwas großzügiger BGHZ 90, 17/25; näher Wendt SA 45; Papier MD 87 f).

25   **Im Einzelnen** wird die *Bebauung eines Grundstücks* geschützt, soweit nicht Gesetze eine Einschränkung vorsehen. Art.14 schützt das Recht, ein „Grundstück im Rahmen der Gesetze zu bebauen" (BVerfGE 35, 263/276; BVerwGE 106, 228/234). Das Recht, zu bauen, muss also nicht verwaltungsrechtlich verliehen werden, sondern ist herkömmlich mit dem Grundeigentum jedenfalls in be-

stimmten Lagen verbunden (vgl. Papier MD 58; Leisner, HbStR VI 1062; Wendt SA 46; a. A. Rittstieg AK 92; Wieland DR 41). Allerdings hat der konkrete Bestand dieser Position durch bestehende, verfassungskonforme (vgl. unten Rn.41) Regelungen des Planungs- und Ordnungsrechts gravierende Eingrenzungen erfahren, weshalb die Baufreiheit nur begrenzt verfassungsrechtlich geschützt ist (vgl. Badura HbVerfR 377 f; Bryde MüK 14; oben Rn.21). Ist nach einfachem Recht eine Bebauung unzulässig, ergibt sich auch im Falle der Unverhältnismäßigkeit dieser Einschränkung kein Bebauungsanspruch aus Art.14; vielmehr muss die entsprechende Norm angegriffen werden (BVerwGE 106, 228/235). Zur Zulassung von Nutzungen auf Nachbargrundstücken unten Rn.32. Zum *Anliegergebrauch* unten Rn.29. Das Grundeigentum erfasst nicht das Grundwasser (BVerfGE 58, 300/332).

e) Insb. Recht am Gewerbebetrieb (dazu oben Rn.10). Bei **26** Gewerbebetrieben erfasst Art.14 nicht die „allgemeinen Gegebenheiten und Chancen, innerhalb derer der Unternehmer seine Tätigkeit entfaltet" und „die keinen Bezug zu einem bestimmten einzelnen Gewerbebetrieb haben", auch wenn sie für das Unternehmen und seine Rentabilität von erheblicher Bedeutung sind oder die Folge einer bestimmten Rechtslage darstellen (BGHZ 78, 41/44 f; Wendt SA 47; ähnlich BVerfGE 45, 142/173; Papier MD 99 f). Geschützt ist „nur das Recht auf Fortsetzung des Betriebes im bisherigen Umfange nach den schon getroffenen betrieblichen Maßnahmen" (BGHZ 98, 341/351). Nicht geschützt sind künftige Verdienstmöglichkeiten und in der Zukunft liegende Chancen (BVerfGE 30, 292/335; 95, 173/187 f; BVerwGE 95, 341/349; Papier MD 100; diff. Bryde MüK 21; oben Rn.22). Auch bestehende Geschäftsbeziehungen und der erworbene Kundenstamm werden (als solche) nicht erfasst (BVerfGE 77, 84/118; BSGE 67, 251/255; Wieland DR 42; a. A. Papier MD 95; Wendt SA 48). Anders ist dies nur, wenn auf die Verwirklichung der Möglichkeiten ein rechtlich gesicherter Anspruch besteht (oben Rn.22). Art.14 wird daher nicht tangiert durch den Verlust des Lagevorteils auf Grund der Änderung einer Straße (BGHZ 48, 58/60; DVBl 77, 524) oder durch den Ausschluss einer Betriebserweiterung (BGHZ 98, 341/351; 132, 181/187; BVerwGE 95, 341/349). Die Einführung eines Anschluss- und Benutzungszwangs berührt Art.14 nicht, wenn er bei Errichtung des Betriebs bereits vorgesehen war (BVerwGE 62, 224/226; Bryde MüK 20; Papier MD 103; unten Rn.63; a. A. Wendt SA 50). Art.14 schützt nicht vor Konkurrenz (vgl. BVerwGE 65, 167/173), auch nicht vor der der öffentlichen Hand (BVerwGE 39, 329/337; vgl. allerdings Rn.16 zu Art.12).

3. Träger des Grundrechts

27   Grundrechtsträger ist jede natürliche Person; zur Grundrechtsmündigkeit Rn.11 f zu Art.19. Träger des Grundrechts ist weiter gem. Art.19 Abs.3 jede juristische Person (BVerfGE 4, 7/17; 53, 336/345; 66, 116/130), aber auch jede andere Personenvereinigung (Rn.13–16 zu Art.19). Ausländischen juristischen Personen und Personenvereinigungen kommt Art.14 dagegen nicht zugute (BVerfGE 21, 207/208 f; Kimminich BK 110; Papier MD 215; näher Rn.17 zu Art.19); einem (einfachgesetzlichen) Anspruch aus enteignungsgleichem Eingriff steht das nicht entgegen (BGHZ 76, 375/384 f). Im Übrigen können sich die Anteilseigner ausländischer juristischer Personen auf Art.14 berufen, sofern sie natürliche Personen sind (Bryde MüK 7; Nüßgens/Boujong o. Lit.23). Zu juristischen Personen aus dem EU-Bereich Rn.17 a zu Art.19.

28   Juristische **Personen des öffentlichen Rechts** können sich regelmäßig nicht auf Art.14 berufen, selbst wenn sie keine öffentliche Aufgabe wahrnehmen (BVerfGE 61, 82/105; 75, 192/197; BVerwGE 84, 257/269; 97, 143/151; Wendt SA 17; Papier MD 204; näher Rn.18 f zu Art.19; a. A. Wieland DR 62). Dies gilt auch für die Rundfunkanstalten (BVerfGE 78, 101/102). Dagegen kommt Art.14 den öffentlich-rechtlichen Religionsgemeinschaften zugute (Bryde MüK 9; Papier MD 213; Rn.3 zu Art.140/138 WRV; Rn.21 a zu Art.19), unter gewissen Voraussetzungen auch den öffentlich-rechtlichen Berufsverbänden u. ä. (Rn.19 zu Art.19).

III. Beeinträchtigungen

1. Eingriffe

29   **a) Unmittelbare Regelungen.** Der Eigentumseingriff, d. h. der Entzug der geschützten Positionen oder die Beschränkung der geschützten Nutzung, Verfügung oder Verwertung (oben Rn.7–26), kann zunächst direkt durch eine Norm oder eine Einzelfallregelung bewirkt werden. Dabei lassen sich verschiedene Unterfälle unterscheiden: Der Eingriff kann durch eine Inhalts- und Schrankenbestimmung (dazu unten Rn.36) erfolgen, durch eine Einzelfallregelung ohne Enteignungscharakter (vgl. unten Rn.49) oder durch eine Enteignung (dazu unten Rn.70–77). Auf die Abgrenzung zwischen diesen Formen kommt es aber für die Annahme einer Beeinträchti-

gung nicht entscheidend an; die Differenzierung wird erst im Rahmen der Rechtfertigung bzw. der Schranken bedeutsam.

b) Faktische und mittelbare Einwirkungen. Des Weiteren **30** wird das Eigentum, wenn auch nicht generell, durch Realakte sowie durch faktische und mittelbare Auswirkungen von Regelungen beeinträchtigt (Wendt SA 52 f). Voraussetzung ist, dass dadurch die Nutzung, die Verfügung oder die Verwertung von geschützten Eigentumspositionen (oben Rn.7–26) – in erheblichem Umfang – faktisch behindert wird. Schließlich ist zu beachten, dass bei einer Beeinträchtigung der *Nutzung* von Eigentum nicht selten Freiheitsrechte vorgehen (oben Rn.5).

Dies gilt zunächst für **Realakte** (BVerwG, NJW 85, 1481; 87, **31** 2885; BGHZ 94, 373/375 f; Papier MD 29). Direkte Eingriffe faktischer Natur in die Eigentumssubstanz sind immer eine Eigentumsbeeinträchtigung (BVerwGE 50, 282/287; Wendt SA 52; Wieland DR 77). Bei anderen Eingriffen kommt es auf das Gewicht der Beeinträchtigung an, etwa bei Immissionen oder beim Bau von Straßen (vgl. BGHZ 37, 44; 45, 150). Weiter können **influenzierende** Einwirkungen eine Eigentumsbeeinträchtigung darstellen, etwa die Androhung eines Nachteils für bestimmte Eigentumsnutzungen (BVerwGE 71, 99/103). Schließlich bietet Art.14 unter Umständen Schutz gegen **indirekte** Beeinträchtigungen, wie die Erteilung einer Genehmigung an einen Dritten, die für den (Dritt-) Betroffenen nachteilige Nebenwirkungen hat (BVerwGE 66, 307/309; DVBl 83, 898 f; NJW 83, 1626). Ob solche Einwirkungen regelnden Eingriffen gleichgestellt werden können, muss durch Interpretation des betroffenen Rechts festgestellt werden (BGHZ 94, 373/375 f); entscheidend ist der Schutzbereich der Norm (Rittstieg AK 260; Marburger, Gutachten 56. DJT, C 18 ff). Zudem dürfte die Intensität der Einwirkung eine wichtige Rolle spielen (vgl. Vorb.27 vor Art.1). Endlich ist bedeutsam, ob Nebenwirkungen voraussehbar waren (Wendt SA 53; vgl. unten Rn.54, 58).

Was **Drittbetroffene** angeht, so berührt die Zulassung der Än- **32** derung der Nutzung von Nachbargrundstücken das Eigentum nur, wenn sie zu einer nachhaltigen Änderung der Grundstückssituation und zu schweren und unerträglichen Beeinträchtigungen führt (BGHZ 64, 220/230; 86, 356/364 f; 92, 34/42 f; BVerwG, NJW 79, 996; Sieckmann FH 75). Und selbst das kommt nicht zum Tragen, wenn im einfachen Recht drittschützende Regelungen vorhanden sind (BVerwGE 89, 69/78; 101, 364/373; Wieland DR 33) und sie eine vertretbare Ausgestaltung des Art.14 bilden. Diese Beschränkungen für Drittbetroffene gelten nicht für den, dessen Grundstück zugunsten des angegriffenen Vorhabens enteignet werden soll (BVerwGE 67, 74/75 f), da er unmittelbar Betroffener ist. Dogmatisch geht es bei den Drittbetroffenen (mittelbar Betroffenen) nicht um den Abwehrgehalt des Art.14, sondern um die grundrechtliche Schutzpflicht, was erklärt, warum nicht jede Belastung als Grundrechtsbeeinträchtigung eingestuft wird (vgl. Vorb.30 vor Art.1).

2. Unterlassen von Schutz und Leistung; privatrechtliche Beeinträchtigung

33   Art.14 schließt auch staatliche **Schutz- und Förderpflichten** ein (BVerwGE 107, 350/357; Depenheuer MKS 96 f; Papier MD 16). Die Schutzpflicht wird v. a. in den Fällen des Drittbetroffenen bedeutsam (oben Rn.32). Darüber hinaus dürfte Art.14 dazu verpflichten, für eine gleichmäßigere Vermögenslage zu sorgen (Papier MD 16 f). Förderpflichten bestehen des Weiteren beim *Anliegergebrauch* (Sieckmann FH 79): danach besteht ein Recht auf Zugang zum öffentlichen Straßennetz, soweit die angemessene Nutzung des Grundeigentums dies erfordert (BVerwGE 94, 136/138 f; BVerwG, NVwZ-RR 1996, 558; Wendt SA 46; Papier MD 115 ff). Die Nutzung einer angrenzenden Wasserfläche stellt dagegen lediglich „einen eigentumsrechtlich irrelevanten Lagevorteil" dar (BVerfGE 94, 1/14).

34   Die Schutzpflicht (bzw. die Institutgarantie) verlangt die Bereitstellung einer geeigneten Privatrechtsordnung (Papier MD 11; Depenheuer MKS 96; vgl. oben Rn.4). Bei der **Anwendung privatrechtlicher Vorschriften** muss die Ausstrahlungswirkung des Art.14 beachtet werden (BVerfGE 79, 292/303; 89, 1/9 f; BGHZ 101, 24/27; Papier MD 218 f; Wieland DR 149; einschr. Bryde MüK 41). Allgemein zur Ausstrahlungswirkung Vorb.15 f, 33 vor Art.1. Von Bedeutung ist insoweit auch die verfahrensrechtliche Komponente des Art.14 (oben Rn.20; Wendt SA 15). Die Ausstrahlungswirkung soll der inländischen Anerkennung entschädigungsloser Enteignungen anderer Staaten entgegenstehen (BGHZ 104, 240/244; vgl. unten Rn.71).

IV. Rechtfertigung (Schranken) bei der Inhalts- und Schrankenbestimmung und sonstigen Beeinträchtigungen

1. Grundlagen

35   Auf der Grundlage der heute ganz h. A., wonach Art.14 zwei unterschiedliche Garantiebereiche enthält (oben Rn.2), ist die

Rechtfertigung von Eigentumsbeeinträchtigungen unterschiedlich zu beurteilen, je nachdem ob es um eine *Inhalts- und Schrankenbestimmung* (unten Rn.36) bzw. eine *sonstige Beeinträchtigung ohne Enteignungscharakter* (unten Rn.49) einerseits oder aber um eine *Enteignung* (unten Rn.70–77) andererseits geht. Zur Irrelevanz der Rechtmäßigkeit für die Qualifikation unten Rn.36. Während sich die Rechtfertigung einer Enteignung nach Abs.3 bestimmt (dazu unten Rn.78–88), ist die Rechtfertigung einer Inhalts- und Schrankenbestimmung wie sonstiger Beeinträchtigungen ohne Enteignungscharakter an Abs.1 S. 2 und an Abs.2 zu messen: Nach Abs.1 S. 2 bestimmt der Gesetzgeber die Schranken des Eigentums. Dazu tritt die Vorschrift des Art.14 Abs.2, die für den Gesetzgeber einen bindenden Regelungsauftrag enthält (BVerfGE 18, 121/131 f; 37, 132/140 f; Papier MD 299; vgl. oben Rn.1), der umso größere Bedeutung hat, je stärker der soziale Bezug des Eigentumsobjekts ist (unten Rn.42).

2. Rechtfertigung (Schranken) der Inhalts- und Schrankenbestimmung

a) Abgrenzung der Inhalts- und Schrankenbestimmung. **36** Die Inhalts- und Schrankenbestimmung besteht in der „generellen und abstrakten Festlegung von Rechten und Pflichten durch den Gesetzgeber hinsichtlich solcher Rechtsgüter, die als Eigentum ... zu verstehen sind. Sie ist auf die Normierung objektiv-rechtlicher Vorschriften gerichtet, die den Inhalt des Eigentums vom Inkrafttreten des Gesetzes an für die Zukunft in allgemeiner Form bestimmen" (BVerfGE 72, 66/76; 52, 1/27; 58, 137/144 f). Als derartige Vorschriften kommen beliebige Rechtsvorschriften in Betracht (unten Rn.37), auch Bebauungspläne (Papier MD 94). Die Inhalts- und Schrankenbestimmung kann zulässig oder (etwa wegen Unzumutbarkeit) unzulässig sein, ohne deshalb ihren Charakter als Inhalts- und Schrankenbestimmung zu ändern bzw. in eine Enteignung umzuschlagen (BVerfGE 52, 1/27 f; 58, 300/320; 79, 174/192; BVerwGE 84, 361/367; BGHZ 100, 136/144; Bryde MüK 52; Papier MD 28; anders Wendt SA 78); vgl. auch unten Rn.75 f. Schließlich bildet der Umstand, dass ein Entschädigungs- oder Übernahmeanspruch vorgesehen ist, kein Indiz gegen eine Inhalts- und Schrankenbestimmung (BGHZ 121, 328/331; BVerwGE 94, 1/4 f).

b) Formelle Voraussetzungen. Die Inhalts- und Schranken- **37** bestimmung (zur Abgrenzung oben Rn.36) kann durch jede

Rechtsnorm erfolgen, auf der Grundlage einer entsprechenden Ermächtigung auch durch Rechtsverordnung (BVerfGE 8, 71/79; 9,
338/343) oder Satzung (BGHZ 77, 179/183). Dies gilt auch für
Steuern (a. A. Papier MD 333 f), soweit sie überhaupt den Schutzbereich beeinträchtigen (oben Rn.15–17). Art.19 Abs.1, insb. das
Zitiergebot, findet keine Anwendung, da es nicht um eine Einschränkung isd Vorschrift geht (BVerfGE 21, 92/93; Sieckmann FH
135; Rn.4 zu Art.19). Das Gesetz muss die Kompetenzordnung des
GG wahren (BVerfGE 34, 139/146; 58, 137/145).

38   **c) Verhältnismäßigkeit.** Jede Inhalts- und Schrankenbestimmung (oben Rn.36) muss den Grundsatz der Verhältnismäßigkeit
beachten (BVerfGE 8, 71/80; 75, 78/97 f; 76, 220/238; 92,
262/273; Bryde MüK 63; krit. Rittstieg AK 167): – **(1)** Daher muss
die betreffende Regelung im Hinblick auf das entsprechende Ziel
geeignet sein (BVerfGE 70, 278/286; allg. Rn.84 zu Art.20). Daran
fehlte es etwa bei der Kontingentierung des Möbelfernverkehrs (vgl.
BVerfGE 40, 196/225 f). – **(2)** Weiter darf sie den Eigentümer nicht
mehr beeinträchtigen als es der gesetzgeberische Zweck erfordert
(BVerfGE 21, 73/86; 52, 1/29 f; 70, 278/286); es darf keine **mildere
Alternative** zur Verfügung stehen (allg. Rn.85 zu Art.20). Ein
milderes Mittel idS liegt nicht in der Zuerkennung einer Entschädi-
gung, zumal die Inhalts- und Schrankenbestimmung gerade ohne
Entschädigung erfolgen soll (Papier MD 338 ff). Gelegentlich ist eine
Maßnahme jedoch unverhältnismäßig ieS, wenn kein finanzieller
Ausgleich gewährt wird (unten Rn.46). Hinsichtlich der Geeignet-
heit und der Erforderlichkeit hat der Gesetzgeber einen erheblichen
Beurteilungs- und *Prognosespielraum* (BVerfGE 8, 71/80; 53, 257/293;
Rittstieg AK 172; Papier MD 312 ff; Rn.87 f zu Art.20).

39   **(3)** Die Belastung des Eigentümers muss in einem **angemessenen Verhältnis** zu den mit der Regelung verfolgten Interessen
stehen (Verhältnismäßigkeit ieS; allg. Rn.86 zu Art.20). Sie muss
also zumutbar sein (BVerfGE 74, 203/214 f; BGHZ 81, 152/175).
Die Belange der Allgemeinheit und die Individualinteressen müssen
in ein ausgewogenes Verhältnis gebracht werden (BVerfGE 58,
81/114; 72, 66/77 f; 87, 114/138; BVerwGE 88, 191/194 f; Papier
MD 303). Dabei ist „die grundgesetzliche Anerkennung des Privat-
eigentums durch Art.14 Abs.1 S. 1 GG als auch das Sozialgebot des
Art.14 Abs.2 zu beachten" (BVerfGE 52, 1/29; 71, 230/246 f; 81,
208/220). Zu den zu berücksichtigenden Individualinteressen zählen
auch die Interessen dritter Personen, deren Situation von dem betreffenden Eigentum beeinflusst wird (unten Rn.42). Bei der Ge-

wichtung der einzelnen Interessen ist zu beachten, ob sie auf verfassungsrechtliche Wertentscheidungen gestützt werden können, wie
das für das Eigentum gilt (BVerfGE 37, 132/140). Näher zu den
relevanten Gesichtspunkten unten Rn.40–47.

d) Wichtige Aspekte der Verhältnismäßigkeit ieS. aa) Für **40**
die Abwägung (oben Rn.39) ist zunächst die **Intensität,** die
Schwere und **Tragweite** der Eigentumsbeeinträchtigung bedeutsam (BVerfGE 31, 229/243). Ein Veräußerungsverbot ist etwa ein
besonders schwerer Eingriff (BVerfGE 26, 215/222; 52, 1/31). Weiterhin ist auf der einen Seite relevant, dass nicht jede mögliche und
wirtschaftlich vernünftige Nutzung dem Eigentümer zuerkannt werden muss; Art.14 verleiht keinen Anspruch auf höchstmöglichen
Gewinn (BVerfGE 84, 382/385). Andererseits sind die Grenzen der
Verhältnismäßigkeit regelmäßig überschritten, wenn in das **Zuord-
nungsverhältnis** oder in die **Substanz** des Eigentums eingegriffen
wird (BVerfGE 42, 263/295; 50, 290/341; 68, 361/368; 84,
382/385); in solchen Fällen kann i.Ü. eine Enteignung vorliegen
(vgl. unten Rn.75–77). Substanzeingriffe können ausnahmsweise
zulässig sein, wenn anders die von einer Sache ausgehenden Gefahren für die Allgemeinheit nicht beseitigt werden können (BVerf-
GE 20, 351/356 ff; 22, 387/422; BVerwGE 12, 87/96; Wendt
SA 146) und das Übermaßverbot gewahrt wird. Die Intensität der
Beeinträchtigung ist geringer, wenn **sachliche** oder **finanzielle
Ausgleichsansprüche** gewährt werden (vgl. BVerfGE 58,
137/149 f; 79, 174/192); zur Frage, ob solche Ansprüche gewährt
werden müssen, unten Rn.46. Ähnliches gilt für die Gewährung
kompensierender Rechte (vgl. BVerfGE 71, 1/14 f).

Die Intensität der Beeinträchtigung von **Grundeigentum** wird **41**
durch dessen **Situationsgebundenheit** mitbestimmt (dazu Kimminich BK 169 ff). Jedes Grundstück wird durch seine Lage und
Beschaffenheit sowie seine Einbettung in die Umwelt geprägt
(BVerwGE 49, 359/368; 67, 84/87; BGHZ 90, 4/15; 105, 15/18;
krit. Papier MD 397). Daraus ergibt sich eine, von Grundstück zu
Grundstück variierende immanente Belastung der Eigentümerposi-
tion, die entsprechende Beschränkungen zu rechtfertigen vermag.
Eine solche situationsbedingte Belastung besteht jedenfalls dann,
„wenn ein – als Leitbild gedachter – vernünftiger und einsichtiger
Eigentümer, der auch das Gemeinwohl nicht aus dem Auge verliert,
von sich im Blick auf die Lage und die Umweltverhältnisse des
Grundstücks von bestimmten Formen der Nutzung" absieht
(BGHZ 87, 66/71 f; 90, 4/14 f). Dies gilt insb. für die Bebauung.

42   **bb)** Für die Verhältnismäßigkeitsabwägung (oben Rn.39) ist des Weiteren der **soziale Bezug** der betreffenden Eigentumsposition bedeutsam. Die Befugnis des Gesetzgebers zur Inhalts- und Schrankenbestimmung ist „umso weiter, je mehr das Eigentumsobjekt in einem sozialen Bezug und in einer sozialen Funktion steht" (BVerfGE 70, 191/201; 79, 292/302; 101, 54/75 f; 102, 1/17; BSGE 60, 158/162; Wendt SA 111); umso stärker kommt Abs.2 zum Tragen (BVerfGE 71, 230/246 f; Papier MD 305). Bedarf etwa ein Dritter der Nutzung des Eigentumsobjekts zu seiner Freiheitssicherung und verantwortlichen Lebensgestaltung, dann umfasst das grundgesetzliche Gebot einer am Gemeinwohl orientierten Nutzung die Pflicht zur Rücksichtnahme auf den Dritten (BVerfGE 68, 361/368; 71, 230/247; 84, 382/385; BGHZ 101, 24/27). Daraus ergeben sich zu Lasten von Grund und Boden besondere Beschränkungsmöglichkeiten (BVerfGE 21, 73/82 f; 87, 114/146; vgl. auch E 52, 1/32 f), insb. bei vermietetem Wohnungseigentum (BVerfGE 79, 292/304; 82, 6/16; 91, 294/310). Noch weiter gehen die Beschränkungsmöglichkeiten bei Sozialwohnungen (BVerfGE 95, 64/84 ff). Ein hoher sozialer Bezug besteht auch beim Eigentum an Produktionsmitteln, das Macht über Dritte verleiht.

43   Soweit dagegen das Eigentum für die **Sicherung der persönlichen Freiheit** des Eigentümers wichtig ist, genießt es besonderen Schutz (BVerfGE 58, 81/112; 79, 283/289; 100, 226/241; 102, 1/17; Bryde MüK 59; Papier MD 304; oben Rn.1). Der Spielraum des Gesetzgebers ist daher bei persönlichem Eigentum sehr viel geringer als etwa beim Eigentum von Handelsgesellschaften etc. (BVerfGE 50, 290/348 f). Bei sozial Schwachen ist das Eigentum besonders geschützt (BVerfGE 42, 64/77; 49, 220/226).

44   **cc)** Des Weiteren ist bedeutsam, wieweit die Position auf **eigene Leistungen** zurückgeht. Dies ist für öffentlich-rechtliche Positionen anerkannt: Je höher der einem Anspruch zugrundeliegende Anteil eigener Leistung ist, desto stärker tritt der verfassungsrechtlich wesentliche personale Bezug und mit ihm ein tragender Grund des Eigentumsschutzes hervor (BVerfGE 53, 257/291 f; BSGE 54, 293/296; vgl. auch oben Rn.11 f). Auch bei privatrechtlichen Positionen können Einschränkungen eher vorgenommen werden, wenn sie auf staatlicher und nicht auf eigener Leistung beruhen (BVerfGE 91, 294/311; a. A. Wendt SA 92 ff), was für die Abschöpfung von durch die öffentliche Planung bedingten Wertsteigerungen Bedeutung hat (vgl. Papier MD 489 ff).

45   **dd)** „**Veränderte** wirtschaftliche und gesellschaftliche **Verhältnisse** können zu einer Verschiebung der Maßstäbe führen" und die

Möglichkeiten gesetzgeberischer Gestaltung erweitern (BVerfGE 70, 191/201; 52, 1/30; 101, 54/76; BSGE 58, 10/15). Dem Gesetzgeber kommt weiterhin bei der **Neuordnung eines Rechtsgebiets** ein besonders weiter Spielraum zu. Hier ist auch ein Entzug von Rechtspositionen möglich, vorausgesetzt, die Neuregelung ist als solche verfassungsmäßig und der Eingriff verhältnismäßig (BVerfGE 83, 201/212; ähnl. E 78, 58/75). Erst recht ist unter diesen Voraussetzungen eine Umformung von Rechten möglich (BVerfGE 58, 300/351; 70, 191/201 f; BVerwGE 56, 186/198 ff; BGHZ 108, 147/154). Allerdings macht der Verhältnismäßigkeitsgrundsatz nicht selten Übergangsregelungen notwendig (unten Rn.47).

e) Sachlicher oder finanzieller Ausgleich sowie Übergangs- 46 regelung. Eine unverhältnismäßige Belastung kann evtl. durch Ausgleichsregelungen vermieden werden (vgl. oben Rn.38, 40). Dabei kommt Übergangsregelungen (dazu unten Rn.47), Ausnahme- und Befreiungsvorschriften sowie sonstigen administrativen und technischen Vorgaben der Vorrang zu (BVerfGE 100, 226/245 f). Ist ein solcher sachlicher Ausgleich nicht möglich, kann ein finanzieller Ausgleich oder eine Übernahme des Eigentums durch die öffentliche Hand zum Verkehrswert notwendig sein (BVerfGE 100, 226/245 f). Dies ist häufig der Fall, wenn eine Inhaltsbestimmung in ihren Wirkungen einer Enteignung nahe- oder gleichkommt (vgl. BVerfGE 83, 201/212 f; 100, 226/245 f; BVerwGE 88, 191/197). Generell ist die Frage, ob ein finanzieller Ausgleich geboten ist, anhand der materiellen Voraussetzungen für eine Inhalts- und Schrankenbestimmung (oben Rn.40–45) zu beurteilen (BVerfGE 58, 137/150; 79, 174/192; Bryde MüK 65). Insb. kommt es auf die Verhältnismäßigkeit ieS, auf den Vertrauensschutz und auf den Gleichheitssatz an (Ossenbühl o. Lit. 189 f). Dagegen hilft der Grundsatz der Erforderlichkeit insoweit nicht weiter (oben Rn.38). Eine Aufhebung bestehender Rechte ohne Ausgleich ist nicht ausgeschlossen. Sie kommt etwa in Betracht, wenn sich die Investitionen amortisiert haben (BVerfGE 58, 300/339 ff; Sieckmann FH 140) sowie bei einer Neuordnung eines Rechtsgebiets (oben Rn.45). Dagegen ist ein Ausgleich regelmäßig angebracht, wenn die Regelung Dritten Rechte einräumt, die zur Gewinnerzielung vermarktet werden (BGH, NJW 00, 3210). Weiter ist ein finanzieller Ausgleich bei individuellen, gravierenden Härten einer generell unbedenklichen gesetzlichen Regelung geboten (Wieland DR 124; anders etwa Manssen 652). Zu den rechtlichen Grundlagen des Ausgleichsanspruchs unten Rn.54.

47   Bei der Umgestaltung bzw. Verkürzung bestehender Rechtspositionen folgt aus dem Verhältnismäßigkeitsgrundsatz die Notwendigkeit einer schonenden **Übergangsregelung** (BVerfGE 53, 336/351;
58, 300/351; 71, 137/144; BVerwGE 81, 49/55; Depenheuer MKS
234). Ob und in welchem Umfang sie notwendig ist, hängt von
einer Abwägung zwischen dem Maß des Vertrauensschadens und
der Bedeutung des gesetzlichen Anliegens für die Allgemeinheit ab
(BVerfGE 70, 101/114). Der Grundsatz des **Vertrauensschutzes**
hat für die vermögenswerten Güter in Art. 14 hinsichtlich der unechten Rückwirkung eine spezifische Ausprägung erfahren (Wieland DR 122; näher Rn. 74 zu Art. 20), ohne dass die sachlichen
Anforderungen (dazu Rn. 73 zu Art. 20) dadurch wesentlich verändert würden (vgl. Jarass, NZS 97, 548 f). Andererseits kann eine
geeignete Übergangsregelung dazu führen, dass auch gravierende,
ohne finanziellen Ausgleich ergehende Eigentumsbeeinträchtigungen zulässig sind.

48   **f) Sonstiges Verfassungsrecht.** Jede Inhalts- und Schrankenbestimmung muss allen übrigen Verfassungsnormen gerecht werden
(BVerfGE 14, 263/278; 62, 169/183; 102, 1/17; Papier MD 317;
oben Rn. 37 a. E.). Dazu gehört insb. der Gleichheitssatz (BVerfGE
70, 191/200; 79, 174/198; 87, 114/139; s. auch unten Rn. 52).
Umgekehrt kann sonstiges Verfassungsrecht beschränkende Gesetze
rechtfertigen (allg. dazu Vorb. 45–49 vor Art. 1), etwa das Sozialstaatsprinzip (Rn. 111 zu Art. 20) oder das Umweltschutzprinzip (Rn. 10
zu Art. 20 a).

3. Rechtfertigung (Schranken) bei sonstigen Beeinträchti-   gungen ohne Enteignungscharakter

49   **a) Abgrenzung der sonstigen Eingriffe.** Neben der Inhalts-
und Schrankenbestimmung gibt es weitere Fälle von Einwirkungen
auf das Eigentum, die keine Enteignung darstellen und daher an
Abs. 1 S. 2 und an Abs. 2 zu messen sind (Jarass, NJW 00, 2841 f;
Pieroth/Schlink 925). Sie erfolgen nicht durch Rechtsvorschriften
und sind daher nicht als Inhalts- und Schrankenbestimmung einzustufen (oben Rn. 36). Andererseits erfüllen sie nicht die engen
Voraussetzungen einer Enteignung iSd Abs. 3 (dazu unten
Rn. 70–77). Ihnen ist gemeinsam, dass der Erwerb, die Nutzung, die
Verfügung oder die Verwertung von geschützten Eigentumspositionen (im Einzelfall) rechtlichen Beschränkungen unterworfen oder –
in erheblichem Umfang – faktisch behindert wird. Im Einzelnen
fallen darunter sehr unterschiedliche Fallgruppen: Einzelfallregelun-

gen ohne Enteignungscharakter (vgl. oben Rn.36) sowie faktische und mittelbare Beeinträchtigungen (vgl. oben Rn.30–32).

b) Gesetzliche Grundlage. Einzelfall*regelungen,* die in das Ei- **50** gentum eingreifen, bedürfen generell einer rechtlichen Grundlage. Bei faktischen, influenzierenden und indirekten Einwirkungen wird man auf die Wesentlichkeit abzustellen haben (dazu Rn.46 zu Art.20). Bei unbeabsichtigten Nebenwirkungen kann sich der Vorbehalt allenfalls auf das Grundhandeln beziehen (Wieland DR 116). Schließlich ist zu beachten, dass nicht jede solche Einwirkung einen Eingriff darstellt (dazu oben Rn.30–32; Vorb.27 vor Art.1). Keine ausreichende Grundlage liefert *Abs.2.* Die dort umschriebene Sozialpflichtigkeit des Eigentums gilt nicht unmittelbar, sondern bedarf der Aktualisierung und Konkretisierung durch den Gesetzgeber; der Verwaltung steht eine solche Befugnis nicht zu (BVerfGE 56, 249/260; Papier MD 298 f; oben Rn.1; a. A. Wieland DR 83), jedenfalls bei imperativen Maßnahmen. Bei der Auslegung einfachrechtlicher Normen und im Rahmen von Ermessensspielräumen ist Abs.2 gleichwohl zu beachten (Bryde MüK 70). Gleiches gilt für die Beschränkung des Art.14 durch kollidierendes Verfassungsrecht (dazu allg. Vorb.47 vor Art.1); auch hier ist eine gesetzliche Grundlage notwendig (Rittstieg AK 159; Vorb.48 vor Art.1). Art.19 Abs.1, insb. das Zitiergebot, gilt nicht (oben Rn.37).

c) Verhältnismäßigkeit. Soweit Eigentumsbeeinträchtigungen **51** ohne Enteignungscharakter in vollem Umfang durch eine Vorschrift der Inhalts- und Schrankenbestimmung (oben Rn.36) gedeckt sind, kommt es entscheidend auf deren Bewertung an (dazu oben Rn.37–46). Anders ist die Situation, wenn Exekutive oder Judikative bei der Anwendung eigentumsbestimmender Normen Spielräume besitzen. Die Einzelfallmaßnahme ist dann selbständig an Abs.1, 2 zu messen. Exekutive und Rspr. haben grundsätzlich die gleichen Grenzen zu beachten wie der Gesetzgeber (Wendt SA 122; vgl. BVerfGE 53, 352/357 f; 68, 361/372). Vor allem müssen sie den Grundsatz der *Verhältnismäßigkeit* wahren (vgl. dazu oben Rn.38–44), wobei auf den Einzelfall abzustellen ist, während der Gesetzgeber eine gewisse Typisierungsbefugnis hat (Sieckmann FH 144). Weiter ist bedeutsam, ob der Betroffene mit der Beeinträchtigung rechnen musste (*Vertrauensschutz;* vgl. oben Rn.47). Soweit etwa eine Genehmigung nach der im Zeitpunkt der Erteilung geltenden Rechtslage (durch Ermessensentscheidung; oben Rn.23) aufgehoben oder sonst, etwa durch nachträgliche Anordnung, geschmälert werden konnte, ist die Aktualisierung dieser Beschränkung meist verhältnismäßig (Jarass, Anwendung neuen Umweltrechts, 1987, 85; vgl. BGHZ 25, 266/269 f; BVerwGE 62, 224/226 ff). Regelt das einfache Recht den *Drittschutz*, ist ein Rückgriff auf Art.14 regelmäßig ausgeschlossen (oben Rn.32). Zum Verfahren der Eigentumsbeeinträchtigung oben Rn.20.

52   **d) Verstoß gegen sonstiges Recht.** Endlich darf die Eigentumsbeeinträchtigung nicht gegen **sonstiges Verfassungsrecht,** insb. gegen Art.3 verstoßen (BVerfGE 34, 139/146; 58, 137/148; vgl. oben Rn.48). Darin liegt die Grundlage der Sonderopfertheorie (BGHZ 6, 270/280; 72, 289/292; NJW 80, 1680). Umgekehrt kann sonstiges Verfassungsrecht Art.14 beschränken (s. aber zu Abs.2 oben Rn.50). Eigentumsbeeinträchtigende Maßnahmen der Exekutive und Judikative verstoßen gegen Art.14, wenn sie *mit dem einfachen Recht nicht zu vereinbaren* sind (Wendt SA 122); die Verfassungsbeschwerde kommt insoweit jedoch nur unter spezifischen Voraussetzungen zum Tragen (Rn.73 zu Art.93).

4. Folgen von Verstößen und enteignungsgleicher sowie enteignender Eingriff

53   **a) Rechtswidrigkeit.** Wird eine Inhalts- und Schrankenbestimmung oder eine sonstige Eigentumsbeeinträchtigung den beschriebenen Anforderungen (oben Rn.38–44 bzw. Rn.50–52) nicht gerecht, ist sie verfassungswidrig. Rechtsvorschriften sind regelmäßig unwirksam; zur bloßen Verfassungswidrigkeit in Sonderfällen Rn.35, 59 zu Art.20.

54   **b) Finanzieller Ausgleich bei Verstößen. aa)** Die Verfassungsmäßigkeit einer **Inhalts- und Schrankenbestimmung** hängt in bestimmten Fällen davon ab, ob ein finanzieller Ausgleich gewährt wird (oben Rn.46), und zwar durch das einfache Recht, weil aus Art.14 selbst in einem solchen Fall kein Entschädigungsanspruch folgt (BVerfGE 52, 1/27 f; 58, 300/320; BGHZ 100, 136/143 ff; BVerwGE 84, 361/368). Der Anspruch kann seine Grundlage auch in salvatorischen Klauseln (dazu unten Rn.83) haben, da es nicht um eine echte Enteignung geht (BGHZ 126, 379/381; BGH, DVBl 96, 672; Bryde MüK 90, 102; a.A. Wieland DR 126; wohl auch BVerfGE 100, 226/246 f; vgl. demgegenüber unten Rn.83 f). Des Weiteren kann sich ein Anspruch aus dem Institut des enteignenden Eingriffs (unten Rn.58) ergeben, soweit es um atypische und unvorhergesehene Nebenfolgen des Gesetzes geht, auch bei förmlichen Gesetzen (BGHZ 122, 76/77 f). Bei einer Inhalts- und Schrankenbestimmung durch untergesetzliche Normen kommt zudem das

Institut des enteignungsgleichen Eingriffs zum Tragen (unten Rn.57). Die Verwaltungsentscheidung, die eine ausgleichspflichtige Inhalts- und Schrankenbestimmung aktualisiert, muss zugleich über den finanziellen Ausgleich entscheiden (BVerfGE 100, 226/245). Zu Klagefristen oben Rn.20.

bb) Wird ein **sonstiger Eigentumseingriff ohne Enteig-** **55** **nungscharakter** (oben Rn.49) den dargestellten Anforderungen (Rn.50–52) nicht gerecht, dann löst er idR einen (einfachgesetzlichen) Anspruch aus enteignungsgleichem Eingriff aus, sofern der Betroffene die Nachteile nicht durch zumutbare Rechtsmittel hätte vermeiden können (unten Rn.57). Dies gilt insb. bei sofort vollzogenen Maßnahmen, die nicht rückgängig gemacht werden können oder bei rechtswidriger Verweigerung einer Genehmigung (BGH, NJW 97, 3433). Der Anspruch kann auch bei typischen und vorhersehbaren Nachteilen zum Tragen kommen (BGH, NJW 86, 2424). Dagegen besteht kein Entschädigungsanspruch, wenn die Eigentumsbeeinträchtigung als bloßer Vollzug einer rechtswidrigen gesetzlichen Eigentumsbindung anzusehen ist (unten (1) in Rn.57), jedenfalls dann, wenn der Gesetzgeber hat deutlich werden lassen, dass eine Entschädigung nicht gewollt ist. In diesem Fall muss gegen das Gesetz vorgegangen werden. Schließlich machen unvorhergesehene und atypische Nebenwirkungen einer Maßnahme, die das verfassungsrechtlich Zumutbare überschreiten, die Maßnahme nicht rechtswidrig. Doch kommt insoweit ein Anspruch aus enteignendem Eingriff (unten Rn.58) zum Tragen (BGHZ 100, 335/337).

c) Anhang: Enteignungsgleicher und enteignender Ein- **56** **griff.** Die Institute des enteignungsgleichen und des enteignenden Eingriffs können nicht, wie früher, auf eine analoge Anwendung des Art.14 Abs.3 gestützt werden. Sie finden ihre Grundlage im einfachen Recht (Papier MD 722; oben Rn.54 und unten Rn.69), sind allerdings im Kern durch Art.14 Abs.1, 2 fundiert. Beide Institute knüpfen an eine Beeinträchtigung von Eigentumspositionen an (unten Rn.57 f). Zur Vereinbarkeit der Institute mit der Junktimklausel unten Rn.84, zum Rechtsweg unten Rn.89 a. E. Für die Höhe der Entschädigung gelten die Ausführungen unten in Rn.88 entsprechend.

Ein Anspruch aus **enteignungsgleichem Eingriff** setzt nach **57** hA folgendes voraus: – **(1)** *Hoheitliche Maßnahme* (Regelung oder Realakt), die in einem positiven Handeln oder einem qualifizierten Unterlassen besteht (dazu Papier MD 701 ff). Förmliche Gesetze sind wegen der Budgethoheit des Parlaments ausgenommen (BGHZ 100, 136/144; 102, 350/359), nicht hingegen alle anderen Rechtsvorschriften (BGHZ 92, 34/36; 111, 349/352 f). Ausgenommen sind auch Vollzugsakte, deren Rechtswidrigkeit ausschließlich auf der Verfassungswidrigkeit eines formellen Gesetzes beruht (BGHZ 100, 136/145; 102, 350/359). – **(2)** Es wird in eine *Eigentumsposition* iSd Art. 14 (oben Rn. 7–26) eingegriffen (BGHZ 94, 373/374 f); der Eingriff in ein anderes Grundrecht genügt nicht (BGHZ 132, 181/188; BVerfG-K, NVwZ 98, 272; a. A. Bryde MüK 107), was jedenfalls rechtspolitisch zu bedauern ist, da es für eine Schlechterstellung des Eingriffs in andere Grundrechte keinen zureichenden Sachgrund gibt. Der Eingriff muss *unmittelbar* erfolgen (BGHZ 111, 349/355), d. h. es muss sich die besondere Gefahr verwirklichen, „die bereits in der hoheitlichen Maßnahme selbst angelegt ist" (BGHZ 131, 163/166; 100, 335/339; 125, 19/21) und nicht erst das Hinzutreten weiterer selbständiger Umstände zu dem Schaden führen (Badura HbVerfR § 10 Rn. 73). – **(3)** *Rechtswidrigkeit* der Maßnahme (BGHZ 125, 258/264), wobei die verletzte Norm dem Schutz des betreffenden Rechtsguts dienen muss (Wieland DR 140; vgl. auch oben Rn. 55). Eine nur formelle Rechtswidrigkeit genügt nicht, wenn die Maßnahme inhaltlich mit Art. 14 vereinbar ist (BGHZ 58, 124/127 f). – **(4)** Dem Betroffenen wird „ein *besonderes,* anderen nicht zugemutetes *Opfer* für die Allgemeinheit auferlegt" (BGHZ 117, 240/252; 125, 258/264). Diese Voraussetzung ist wegen der Rechtswidrigkeit idR gegeben; anders kann sich das etwa bei normativem Unrecht darstellen. – **(5)** Der Eingriff war *nicht* durch ein *zumutbares Rechtsmittel* abwendbar (BGHZ 90, 17/32; 110, 12/14 f; Sieckmann FH 208).

58   Ein Anspruch aus **enteignendem Eingriff** setzt nach hA folgendes voraus: – **(1)** *Atypische* und *nicht vorhergesehene Nebenfolge* einer rechtmäßigen hoheitlichen Maßnahme (BGHZ 100, 136/144; Wieland DR 142, 144; Depenheuer MKS 500; Wendt SA 179); vgl. zudem oben Rn. 55. Die Maßnahme kann auch ein förmliches Gesetz sein (oben Rn. 54). – **(2)** Dadurch wird in eine *Eigentumsposition* iSd Art. 14 (oben Rn. 7–26) eingegriffen und zwar in *unmittelbarer* Weise (BGHZ 131, 163/166); zur Unmittelbarkeit oben (2) in Rn. 57. – **(3)** Die Nachteile für den Betroffenen überschreiten die *„Schwelle des enteignungsrechtlich Zumutbaren"* (BGHZ 117, 240/252; 129, 124/134); bei der Abgrenzung des Sonderopfers sind die Ungleichbehandlung mit anderen (BGHZ 80, 111/114 f) sowie die oben in Rn. 40–44 behandelten Gesichtspunkte bedeutsam.

5. Einzelfälle

Achtung: Wenn im folgenden Maßnahmen als unzulässig be- **59** zeichnet werden, schließt das nicht aus, dass sie zulässig sind, sofern eine Entschädigung vorgesehen ist (vgl. oben Rn.46, 54).

a) Bau- und Flurbereinigungsrecht. *Zulässig* sind generelle **60** Veränderungssperren bis zu vier Jahren (BGHZ 73, 161/174; BVerwGE 51, 121/135 ff; s. außerdem BGHZ 82, 361/368 f), vorausgesetzt, sie sind notwendig und verhältnismäßig (BGH, NVwZ 82, 329 f). Beschränkungen der Außenwerbung sind möglich (BVerwG, NJW 80, 2091). Zur Baufreiheit und zur Veränderung der Nutzungsmöglichkeiten eines Nachbargrundstücks oben Rn.25, zum Drittschutz oben Rn.32. Zulässig ist idR auch eine Umlegung (BVerwGE 85, 129/133; BGHZ 93, 103/110), des Weiteren die Abschöpfung von Bodenwertsteigerungen (BVerwG, NVwZ 99, 409). *Unzulässig* sind dauernde Bauverbote (BGHZ 37, 269/273), unwirtschaftliche Baugebote (vgl. Papier MD 481 f) sowie die rechtswidrige Versagung einer Baugenehmigung (BGH, NJW 80, 387). Der Schutz bestehender Nutzungen erfasst in gewissem Umfang auch die zur Sicherung der Nutzung notwendigen Maßnahmen (BVerwG, NVwZ 89, 668). Neue Nutzungen werden nicht geschützt (BVerwG, NVwZ 91, 265). Zum Bestandsschutz oben Rn.24. Zu Kleingärten unten Rn.65.

b) Umweltrecht, Denkmalschutz. Zulässig sind idR gesetzli- **61** che Vorschriften, „die die Umwelt belastende Nutzung von Eigentum verbieten oder beschränken" (BGHZ 99, 262/269; vgl. Rn.10 zu Art.20 a), etwa das Verbot der Schweinemästerei in einem Wohngebiet (BGHZ 45, 23/29). Ein dem Baurecht vergleichbarer Bestandsschutz besteht im Immissionsschutzrecht nicht (BVerwGE 65, 313/317; BGHZ 99, 262/268 f; Sieckmann FH 68). Umgekehrt wird Art.14 nicht durch die Zulassung von Immissionen beeinträchtigt, die mit dem BImSchG vereinbar sind (BVerfGE 79, 174/193 ff; BVerwGE 68, 58/61). Unzulässig ist dagegen die erhebliche Beeinträchtigung von Wohnräumen durch Verkehrslärm (BGHZ 49, 148/152 ff; 64, 220 ff; 97, 114/116; BVerwGE 61, 295/303; NJW 83, 640), unabhängig davon, ob es sich um Altstraßen oder neue Straßen handelt (BGHZ 97, 361/364; Wendt SA 130). Zulässig sind Beschränkungen durch den *Natur- und Landschaftsschutz* bei schützenswerten Grundstücken (BVerwGE 67, 84/89), nicht dagegen der Ausschluss einer ausgeübten Nutzung bzw. einer vernünftigerweise in Betracht zu ziehenden Nutzung durch Regelungen des Natur- und Landschaftsschutzes (BGHZ 77, 351/354; 90, 4/14 ff). Zulässig

ist weithin ein Auskiesungsverbot aus Gründen des Landschaftsschutzes (BGHZ 90, 4/11 ff) oder des Wasserrechts (BVerfGE 58,
300/330 ff). Zur Präklusion unten Rn.67. Die Eintragung in die
Denkmalsliste ist regelmäßig eine zulässige Eigentumsbindung
(BVerwG, NVwZ 84, 724; NJW 88, 505; einschr. BGHZ 99,
24/31 ff), desgleichen ein staatliches Recht an wissenschaftlich bedeutsamen Funden (BVerwGE 102, 260/267 f).

62   Mit Art.14 grundsätzlich vereinbar ist die **Zustandsstörerhaftung**, insb. bei Bodenverunreinigungen und Altlasten, auch wenn
evtl. ein Handlungsstörer vorhanden ist (BVerfGE 102, 1/19). Problematisch wird die Haftung jedoch, wenn die notwendigen Kosten
den Wert des Grundstücks nach Sanierung überschreiten (BVerfGE
102, 1/20), zumal dann, wenn die Ursachen der Verunreinigung
von Naturereignissen, von der Allgemeinheit zurechenbaren Ursachen oder von nicht nutzungsberechtigten Dritten herrühren, sowie
dann, wenn das Grundstück den wesentlichen Teil des Vermögens
bildet (BVerfGE 102, 1/21). Umgekehrt ist die Haftung eher verhältnismäßig, wenn der Eigentümer beim Erwerb des Grundstücks
die Verunreinigung hätte kennen können (BVerfGE 102, 1/21 f;
BVerwG, NVwZ 97, 578) oder wenn das Grundstück zusammen
mit anderem Vermögen des Betroffenen eine funktionale Einheit
bildet, etwa bei einem Betrieb (BVerfGE 102, 1/22 f).

63   **c) Öffentliche Sachen und Einrichtungen.** Zulässig ist die
Einrichtung von Fußgängerzonen (BVerwG, NJW 75, 1528 f). Eine
Bebauung kann verboten werden, wenn ihr eine verfestigte Straßen-
planung entgegensteht (BGHZ 94, 77/85 f). Unzulässig können
dagegen Beeinträchtigungen eines Gewerbebetriebs durch den Bau
einer U- oder S-Bahn sein (BGHZ 57, 359 ff; 83, 61/65 f; NJW 83,
1663), desgleichen die Erschwerung der Grundstückszufahrt durch
Änderungen an der Straße (BGHZ 30, 241/243 ff). Zum Anliegergebrauch oben Rn.25. Ein Anschluss- und Benutzungszwang, auch
wenn er zur Aufgabe eines bestehenden Betriebs zwingt, ist zulässig,
sofern nicht ein Vertrauenstatbestand gesetzt wurde (BGHZ 54,
293/297; 133, 265/270; BVerwGE 62, 224/226; BSGE 85,
98/105 f); im Einzelfall kann aber auch das Eigentum beeinträchtigt
sein (BGHZ 77, 179/181 ff).

64   **d) Wirtschafts- und Landwirtschaftsrecht.** Zulässig sind Regelungen über die Sanierung von Weinbergen (BVerwGE 68,
143/148) und die Beschränkung des Weinanbaus (BVerfGE 21,
150/154 ff), preisrechtliche Vorschriften (BVerfGE 8, 274/330), Regelungen zur Sperrzeit (BVerwG, DVBl 86, 565), die erweiterte

Mitbestimmung (BVerfGE 50, 290/339 ff; s. auch Papier MD 498 ff), der Kündigungsschutz (BAGE 46, 42/47 f). Unzulässig sind dagegen die (mittelbare) Entziehung eines Warenzeichens (BVerfGE 51, 193/219 f), desgleichen der Entzug eines Ausstattungsrechts (BVerfGE 78, 58/75), ein Vermarktungsverbot ohne Übergangsregelung (BVerwGE 81, 49/55), weiter die Beeinträchtigung einer ärztlichen Zulassung (BGHZ 81, 21/33 f), das ausnahmslose Verbot von Werbefahrten (BGHZ 78, 41/47 ff), die dauerhafte Behinderung der Grundstücksnutzung durch Telekommunikationsanlagen (BVerfG-K, NJW 00, 799 f). Zur Beeinträchtigung von Gewerbebetrieben s. auch oben Rn.63. Landwirtschaftliche Grundstücksveräußerungsverbote sind nur zulässig, soweit sie einer nachteiligen Landwirtschaftsstruktur vorbeugen (BVerfGE 26, 215/224 ff; BGHZ 124, 217/221). Zulässig sind landwirtschaftliche Anbaubeschränkungen (BVerfGE 8, 71/79 f; 21, 150/154 ff).

e) Wohnungs-, Miet- und Pachtrecht. Zulässig ist das Verbot **65** der Zweckentfremdung von Wohnraum (BVerfGE 38, 348/370 f), sofern das Gebot der Geeignetheit beachtet wird (BVerfGE 55, 249/257 ff; BVerwGE 65, 139/144 f; 71, 291/298) und der Bestand eines Betriebs nicht konkret und ernsthaft gefährdet wird (BVerwGE 95, 341/349 f). Der Mieterschutz ist grundsätzlich zulässig (BVerfGE 37, 132/140 f; 53, 352/357; 68, 361/369 f). Mieterhöhungsverlangen dürfen jedoch nicht übermäßig erschwert werden (BVerfGE 49, 244/249 ff; 53, 352/358 ff). Mietpreisbindungen, die „auf Dauer zu Verlusten für den Vermieter oder zur Substanzgefährdung der Mietsache führen", sind unzulässig (BVerfGE 91, 294/310). Die Geltendmachung des Eigenbedarfs darf nicht zu restriktiv gehandhabt werden (BVerfGE 68, 361/374 f; 79, 292/306 ff; BVerfG-K, NJW 91, 158 f); eine zu respektierende Selbstnutzung kann auch durch die gewerbliche Nutzung einer anderen Immobilie bedingt sein (BVerfGE 81, 29/34), des Weiteren in einer Verbindung von Wohnen und Arbeiten (BVerfG-K, NJW 94, 2606), in der Nutzung zugunsten einer Puppensammlung oder eines Au-pair-Mädchens (BVerfG-K, NJW 94, 994 f) oder wegen des Bedarfs einer größeren Wohnung im Hinblick auf die Familienplanung (BVerfG-K, NJW 94, 996; NJW 95, 1481). Der Wunsch, statt zur Miete im eigenen Haus wohnen zu wollen, ist regelmäßig von überwiegendem Gewicht (BVerfG-K, NJW 94, 310; vgl. auch BVerfG-K, NJW 94, 435 f). Bei einer Kündigung ist zu berücksichtigen, ob das Objekt andernfalls zu einem zumutbaren Preis nur schwer zu verkaufen wäre (BVerfG-K, NJW 91, 3271). Unzulässig sind ein weitgehender Ausschluss der Kündigung eines Kleingartenpachtvertrags (BVerfGE 52, 1/32 ff), die übermäßige Begrenzung des Pachtzinses (BVerfGE 87, 114/148 f) und übermäßige Belastungen bei einer Kündigung (BVerfG-K, NJW 98, 3559 f).

66   **f)** Im Bereich der **Sozialversicherung** hat der Gesetzgeber weite Gestaltungsmöglichkeiten (BVerfGE 74, 203/214; 100, 1/37), stößt aber auch auf Grenzen (Jarass, NZS 97, 547 f), insb dort, wo Ansprüche und Anwartschaften durch eigene Leistungen des Versicherten geprägt sind (BVerfGE 100, 1/38). *Zulässig* sind die Änderung von Anrechnungszeiten (BVerfGE 58, 81/110 ff), der Abbau von Vergünstigungen in der Altersversorgung (BVerfGE 70, 101/110 ff), Verschlechterungen auf Grund von Systemänderungen (BVerfGE 51, 257/265 f) und eine „maßvolle Umverteilung innerhalb der ... Rentenversicherung zu Lasten kinderloser oder kinderarmer Personen" (BVerfGE 87, 1/41). *Unzulässig* sind übermäßige Belastungen durch den Versorgungsausgleich (BVerfGE 53, 257/297 f; BVerfG-K, NJW 93, 1059; s. auch BSGE 59, 246/247 f), die Versagung eines Austrittsrechts aus der Rentenversicherung nach einer Verschlechterung der Konditionen (BVerfGE 71, 1/13) und die übergangslose Verdoppelung von Anwartschaftszeiten (BVerfGE 72, 9/23 ff) sowie übermäßige Belastungen bei Meldeversäumnissen in der Arbeitslosenversicherung (BVerfGE 74, 203/215 ff). Unzulässig ist auch, notwendige Rentenkürzungen einseitig einer Gruppe von Berechtigten aufzuerlegen (Wendt SA 120); vgl. Rn.55 zu Art.3. Zum Schutz von Erwartungen auf eine Rentenanpassung BVerfGE 64, 87/97 ff.

67   **g) Sonstiges.** *Unzulässig* ist die Nutzung von Privateigentum als Faustpfand gegenüber anderen Staaten (BVerfGE 62, 169/181 ff) und die übermäßige Beschränkung eines Kleingartenverpächters (oben Rn.65). *Zulässig* ist die Begrenzung des Urheberrechts auf die Veräußerung von Werkstücken und die Ausklammerung einer anschließenden Weitervermietung (BVerfGE 77, 263/270 f); auch sonst ist nicht jede Verwertung von Urheberrechten geschützt (BVerfGE 81, 12/17; 81, 208/220). Beim Ausschluss von Aktionären darf die Entschädigung nicht unter dem Verkehrswert liegen, wobei der Börsenkurs zu berücksichtigen ist (BVerfGE 100, 289/305 ff). Zur Zulässigkeit *erdrosselnder* Abgaben vgl. oben Rn.16. Auch die strafrechtliche Einziehung (vgl. unten Rn.77) ist zulässig (BVerfGE 22, 387/422), muss aber verhältnismäßig sein (BVerfG-K, NJW 96, 246 f). Gleiches gilt für eine Vermögensstrafe (BGHSt 41, 20/28). Ausschlussfristen, die zum Erlöschen materieller Rechte führen, können ebenfalls unbedenklich sein (BVerfGE 70, 278/ 285 f). Der Ausschluss von Rechten in Fällen der materiellen Präklusion, etwa nach § 10 Abs.3 S.3 BImSchG ist verfassungsrechtlich bedenklich (Papier MD 50; **a. A.** BVerfGE 61, 82/112 f) und bedarf jedenfalls einer restriktiven Anwendung (Jarass, BImSchG, 4. A., § 10 Rn.92 ff). Die Ersetzung der DM durch den Euro ist mit Art.14 vereinbar (BVerfGE 97, 350/372 ff). Der Vorrang des redlichen Erwerbs vor Rückübertragungsansprüchen ist zulässig (BVerfGE 95, 48/58 f).

Bei Abwicklung von **Kriegs-** und **Kriegsfolgeschäden** ist **68** Art.14 besonders intensiv einschränkbar oder ist überhaupt nicht einschlägig (BVerfGE 41, 126/150 f; 53, 164/175 f; Rn.6 zu Art.134). Gleiches gilt für die in Art.135 a Abs.1 umschriebenen Verbindlichkeiten des Reichs etc. (Rn.1 zu Art.135 a), sowie für die durch Art.135 a Abs.2 erfassten Verbindlichkeiten der **DDR** etc. (Rn.2 zu Art.135 a). Auch bei den mit der Wiedervereinigung verbundenen Problemen hat der Gesetzgeber einen weiten Spielraum (BVerfGE 101, 239/260 f). Für Ausgleichsansprüche wegen Vermögensbeeinträchtigungen durch die DDR enthält Art.14 keine Vorgaben (BVerfGE 102, 254/297; vgl. unten (1) in Rn.71).

V. Rechtfertigung bei Enteignungen (Schranken)

1. Grundlagen und Abgrenzung zu anderen Normen

Die Enteignung stellt eine besonders schwere Eigentumsbeein- **69** trächtigung dar und ist nur unter den strengen Voraussetzungen des Abs.3 zulässig, während sich die Zulässigkeit der Inhalts- und Schrankenbestimmung und der sonstigen Eigentumsbeeinträchtigungen (ohne Enteignungscharakter) nach Abs.1 S. 2 und Abs.2 bestimmt (oben Rn.2, 35, 49). Damit ist für die Zulässigkeit einer Enteignung zunächst von Bedeutung, ob überhaupt eine Enteignung vorliegt (unten Rn.70–77). Auf andere Maßnahmen ist Abs.3 auch nicht analog anwendbar (BVerfGE 58, 300/324; Papier MD 720; vgl. oben Rn.54). Liegt eine Enteignung vor, müssen formelle und sachliche Voraussetzungen gegeben (unten Rn.78–82) sowie eine Entschädigung vorgesehen sein (unten Rn.83–88). Der Enteignungsbegriff beschreibt somit nicht die Grenze der Verfassungsmäßigkeit noch des Geldersatzes (vgl. oben Rn.46), sondern führt v. a. zum Eingreifen der Junktimklausel (unten Rn.85).

2. Abgrenzung der Enteignung

70 **a) Allgemeines und Kennzeichen der Enteignung:** Die Enteignung „ist auf die vollständige oder teilweise Entziehung konkreter
subjektiver Eigentumspositionen iSv Art.14 Abs.1 zur Erfüllung
bestimmter öffentlicher Aufgaben gerichtet" (BVerfGE 70,
191/199 f; 72, 66/76; ähnlich E 24, 367/394; 79, 174/191; BGHZ
99, 24/28; BVerwGE 77, 295/297). Eine verfassungswidrige Inhalts-
und Schrankenbestimmung stellt keine Enteignung dar (oben
Rn.36). Der Enteignungsbegriff des Abs.3 ist deutlich enger als der
traditionelle Enteignungsbegriff, der mehr oder minder jede unzulässige Eigentumsbeeinträchtigung umfasste (Jarass, NJW 00, 2842).
Die Enteignung kann in Form der Legal- oder der Administrativenteignung erfolgen (unten Rn.79). Schließlich ist die Doppelqualifika-
tion *eines* Aktes ausgeschlossen; eine Regelung ist für alle Anwendungsfälle entweder eine Inhalts- und Schrankenbestimmung oder
eine Enteignung (BVerfG-K, NJW 98, 368; in der Sache BVerfGE
83, 201/211 f; anders noch BVerfGE 58, 300/331 f). Im Einzelnen
müssen folgende Voraussetzungen gegeben sein, damit man von
einer Enteignung sprechen kann:

71 **(1)** Eine Enteignung kann nur durch **hoheitlichen Rechtsakt,**
also durch Gesetz oder Verwaltungsakt, nie durch einen Realakt
vorgenommen werden (BVerwGE 77, 295/298; 84, 361/366; Papier
MD 539 f). Maßnahmen ausländischer öffentlicher Gewalt werden
nicht erfasst (BVerfGE 43, 203/209; vgl. aber oben Rn.34). Gleiches
gilt für Enteignungen in der früheren DDR (BVerfGE 84, 90/126;
Papier MD 247); vgl. auch Rn.4–8 zu Art.143. – **(2)** Es muss eine
geschützte Position iSv Art.14 (oben Rn.7–18) betroffen sein,
und zwar bei einem oder mehreren konkreten Eigentümern; dies
gilt auch für die Legalenteignung (Bryde MüK 55). – **(3)** Diese
Position muss zur **Erfüllung einer** bestimmten **öffentlichen Aufgabe entzogen** werden (näher dazu unten Rn.72–77). – **(4)** Traditionell wird für den Begriff der Enteignung weiter gefordert, dass sie
rechtmäßig ist (Papier MD 554). Dies ist abzulehnen (Depenheuer
MKS 420; Wieland DR 70; Sieckmann FH 111; Jarass, NJW 00,
2845). Das BVerfG spricht auch dann von Enteignung, wenn die
Maßnahme rechtswidrig ist (etwa BVerfGE 56, 249/261). Richtig
ist allerdings, dass die einfachgesetzlichen Entschädigungsnormen
vielfach von einer rechtmäßigen Enteignung ausgehen und rechtswidrige Akte der Anfechtung etc. überlassen.

72 **b) Insb. Entziehung zur Erfüllung einer öffentlichen Aufgabe: aa)** Das die Enteignung kennzeichnende Element der Entzie-

hung zur Erfüllung einer bestimmten öffentlichen Aufgabe ist im Falle der **klassischen Enteignung,** die der Güterbeschaffung dient, zweifelsfrei gegeben. Sie führt zu einem vollständigen oder teilweisen Übergang der Eigentumsposition auf den von der Enteignung Begünstigten (BVerfGE 45, 297/338; vgl. BGHZ 6, 270/275 ff), der damit eine öffentliche Aufgabe erfüllt. Eine teilweise Entziehung liegt bei der zwangsweisen Belastung eines Grundstücks mit einem dinglichen Recht vor (BVerfGE 45, 297/338; 56, 249/260), sofern das dingliche Recht vom Staat aktiv genutzt werden kann (unten Rn.75). Die Bereitstellung von Ersatzland ändert nichts am Enteignungscharakter, weshalb die Flurbereinigung im Drittinteresse eine Enteignung darstellt (BVerfGE 74, 264/283; vgl. auch unten Rn.77).

Unerheblich ist, ob die Entziehung mittelbar oder unmittelbar **73** bewirkt wird (Jarass NJW 00, 2845). Abs.3 ist daher auf eine planerische Entscheidung anzuwenden, die „abschließend und ... verbindlich über die Verwirklichung des Vorhabens unter Inanspruchnahme fremden Eigentums entscheidet" (BVerfGE 74, 264/282; 95, 1/22; BVerwGE 71, 166/168; 72, 282 ff; NVwZ 93, 478). Man spricht von einer **enteignungsrechtlichen Vorwirkung** der Fachplanung.

bb) Umstritten ist, ob und in welchem Umfang es noch **weitere 74 Fälle der** Entziehung und damit **Enteignung** gibt, Fälle also, in denen die beeinträchtigte Eigentumsposition nicht auf einen neuen Rechtsinhaber übergeleitet, sondern nur beschränkt wird (generell ablehnend Rittstieg AK 187; skeptisch Bryde MüK 58). Das BVerfG lehnt es auf der einen Seite ab, die Enteignung auf Güterbeschaffungsvorgänge zu beschränken (BVerfGE 24, 367/394; 83, 201/211). Vielmehr genüge es, wenn eine Maßnahme darauf abzielt, „zur Erfüllung einer bestimmten öffentlichen Aufgabe konkrete subjektive Eigentumspositionen ... ganz oder teilweise zu entziehen" (BVerfGE 71, 137/143; 72, 66/76; 79, 174/191; BVerwGE 84, 361/366). Wo allerdings die Grenze zwischen einer aufgabenbezogenen Entziehung, insb. einer Teilentziehung, und einer Beschränkung bzw. Aufhebung des Eigentums im Wege der Inhalts- und Schrankenbestimmung verläuft, ist unsicher (Wendt SA 149); zur Bedeutung der Abgrenzung oben Rn.69.

Eine Enteignung iSd Abs.3 außerhalb der Eigentumsübertragung **75** (oben Rn.72 f) dürfte nur vorliegen, wenn die entzogene Vermögensposition **vom Enteignungsbegünstigten wie von einem Eigentümer genutzt** werden kann (Jarass, NJW 00, 2844 f; ähnlich Manssen 594). Ohne einen solch konkret Begünstigten ist auch der Entschädigungsverpflichtete kaum auszumachen (vgl. unten Rn.86). Weiter erklärt diese Voraussetzung die Ablehnung einer Enteignung bei der Zerstörung gefährlicher Sachen (unten Rn.77). Bei einer Teilenteignung muss folglich ein Teil des Eigentums rechtlich abgespalten und dem Enteignungsbegünstigten zur Verfügung gestellt werden (Wieland DR 71). Nutzungsbeschränkungen durch einen Rechtssatz sind dementsprechend regelmäßig als Inhalts- und Schrankenbestimmung iSd Rn.31 einzustufen, auch wenn sie gravierender Natur sind. Eine Enteignung liegt nicht schon deshalb vor, weil in bestehende Rechte „schwer und unerträglich" eingegriffen wird (BVerwG, NVwZ-RR 91, 133), weil ein Ausgleichsanspruch geboten (BVerfG-K, NJW 98, 367 f) oder ein Enschädigungs- bzw. Übernahmeanspruch gesetzlich vorgesehen ist (BVerfGE 100, 226/245 f; BGHZ 121, 328/331; BVerwGE 94, 1/5 f). Eine Inhaltsbestimmung wird selbst dann nicht zur Enteignung, wenn sie in ihren „Auswirkungen für den Betroffenen einer Enteignung nahe- oder gleichkommt" (BVerfGE 100, 226/240; Jarass, NJW 00, 2844), wenn sie „das Eigentum völlig entwerten" (BVerfGE 102, 1/16). Solche Eingriffe sind allerdings idR ohne sachlichen oder finanziellen Ausgleich oder ausreichende Übergangsregelung unverhältnismäßig (oben Rn.46). Dementsprechend kann die Aufhebung einer Rechtsposition eine Inhalts- und Schrankenbestimmung darstellen (vgl. BVerfGE 78, 58/75; 83, 201/212; 101, 239/259; anders noch BVerfGE 58, 300/331 f). Die traditionelle Abgrenzung von Inhalts- und Schrankenbestimmung und Enteignung anhand des Gewichts der Maßnahme bzw. der Sonderopfersituation ist folglich für die Abgrenzung der Enteignung überholt (Ehlers, VVDStRL 51 (1992), 236 f; Jarass, NJW 00, 2842, 2844; a. A. Wendt SA 150). Damit wird auch vermieden, dass man den Anwendungsbereich der Junktimklausel (etwa bei nicht vorhersehbaren Auswirkungen) systemwidrig einschränken muss (so aber Leisner HbStR VI 1094; Wendt SA 167).

76   Dementsprechend ist die als Enteignung zu qualifizierende Teilentziehung ein seltener Fall. Die **meisten Fälle** einer Verkürzung von Eigentümerbefugnissen werden als **Inhalts- und Schrankenbestimmung** eingestuft, etwa die Regelung des nachbarlichen Ausgleichs (BVerfGE 72, 66/77), der nahezu vollständige Ausschluss des Kündigungsrechts bei Kleingärten (BVerfGE 52, 1/26 ff), die städtebauliche Sanierung auch bei sehr langer Dauer (BVerwG, NJW 96, 2807 f), naturschutzrechtliche Nutzungsverbote und -beschränkungen (BVerwG, NJW 96, 409; BGHZ 126, 379/381 f), Bauverbote in Wasserschutzgebieten (BVerwG, NVwZ 97, 889 f) und die Festlegung der zu duldenden Verkehrsimmissionen (BVerfGE 79, 174/191 f). Weitere Fälle fehlender Enteignung unten Rn.77.

cc) Ein weiteres Kennzeichen der Enteignung besteht darin, dass **77** sie auf die **Erfüllung bestimmter öffentlicher Aufgaben gerichtet** ist (BVerfGE 70, 191/199 f; 72, 66/76; 102, 1/15; BVerwGE 77, 295/297). Dies bedeutet, dass Maßnahmen, die primär *im Interesse der betroffenen Eigentümer* erfolgen, keine Enteignung, sondern eine Inhalts- und Schrankenbestimmung sind. Das gilt etwa für die Flurbereinigung oder die Umlegung (BVerfGE 74, 264/284; BGHZ 113, 139/143; Bryde MüK 79), es sei denn, die Flurbereinigung erfolgt allein im Interesse Dritter, wie bei der Unternehmensflurbereinigung (BVerfGE 74, 264/279 f). Weiter muss es um die Erfüllung öffentlicher Aufgaben gehen, die nicht mit der Nutzung der geschützten Position durch deren Inhaber zusammenhängen (Eschenbach, Jura 97, 521; Jarass, NJW 00, 2845). Bei der Enteignung geht „die öffentliche Gewalt aus eigenem Interesse aktiv, offensiv gegen den Privateigentümer vor, weil sie sein Eigentum für einen öffentlichen Zweck ‚braucht'"; wird sie dagegen „nicht im Blick auf die Eigentumsentziehung tätig", sondern „um Rechtsgüter der Gemeinschaft ... vor Gefahren zu schützen", liegt immer eine Inhaltsbestimmung vor (BVerfGE 20, 351/359; noch weiter gehend BVerfG-K, NVwZ 99, 979 f). Das erklärt die Ablehnung einer Enteignung bei der Zerstörung gefährlicher Objekte, etwa wenn ein seuchenkrankes Tier getötet oder eine Sache zerstört wird, da von ihr ausgehende Gefahren anders nicht beseitigt werden können (BVerfGE 20, 351/359). Auch verdeutlicht dies, warum die strafrechtliche Einziehung keine Enteignung ist (BVerfGE 22, 387/422; Depenheuer MKS 476); hier erfolgt die Einziehung nicht mit dem Ziel, die Erfüllung einer öffentlichen Aufgabe zu ermöglichen, sondern einen gemeinwohlschädlichen Gebrauch zu verhindern.

3. Gesetzliche Grundlage; Legalenteignung

Eine Enteignung (zum Begriff oben Rn.70–77) ist nur zulässig, **78** wenn sie durch **Gesetz** oder auf Grund eines förmlichen Gesetzes erfolgt (BVerfGE 56, 249/261 f; Bryde MüK 76; Sieckmann FH 159). In dem förmlichen Gesetz müssen die Gemeinwohlgründe (unten Rn.70) festgelegt sein (BVerfGE 56, 249/261; Wieland DR 90). Art.19 Abs.1, insb. das Zitiergebot, findet keine Anwendung (BVerfGE 21, 92/93; 24, 367/398; Papier MD 567 f; Rn.4 zu Art.19); die Junktimklausel bietet insoweit ausreichenden Schutz (Wendt SA 158). Dagegen muss das Enteignungsgesetz die Kompetenzverteilung zwischen Bund und Ländern beachten (BVerfGE 56, 249/262).

79   Die Enteignung unmittelbar durch förmliches Gesetz **(Legalenteignung)** soll nach Auffassung des BVerfG nur ausnahmsweise zulässig sein, weil sie den Rechtsschutz des Betroffenen erheblich verkürzt (BVerfGE 24, 367/402 f; 45, 297/324 ff; ebenso Bryde MüK 75). Eine Legalenteignung ist danach nur möglich, wenn mit einer Enteignung durch die Exekutive, sei es durch Verwaltungsakt oder durch untergesetzliche Rechtsnorm **(Administrativenteignung),** der betreffende Zweck erheblich weniger gut erreicht werden kann, wenn die Administrativenteignung mit erheblichen Nachteilen für das Gemeinwohl verbunden wäre (BVerfGE 95, 1/22). In der Sache bestehen jedoch gute Gründe für eine weitgehende Gleichstellung von Legal- und Administrativenteignungen (Papier MD 565 ff; Wieland DR 86 f; tendenziell auch BVerfGE 74, 264/297). Jedenfalls bei Planungsentscheidungen kommt dem Gesetzgeber insoweit eine erhebliche Gestaltungs- und Bewertungsbefugnis zu (BVerfGE 95, 1/22 f).

4. Materielle Anforderungen

80   a) **Zweck.** Der mit der Enteignung verfolgte Zweck muss dem **Wohl der Allgemeinheit** dienen. Die Enteignung muss daher einen konkreten Zweck verfolgen (BVerwGE 87, 241/243, 246), der im Enteignungsgesetz festzuhalten ist (Wieland DR 94; oben Rn. 78). Fiskalische Interessen genügen nicht (BVerfGE 38, 175/180; Depenheuer MKS 431; Sieckmann FH 161). Eine Enteignung für ein (nach den einschlägigen Vorschriften) rechtswidriges Vorhaben dient nie dem Wohl der Allgemeinheit (BVerwGE 77, 86/91); dabei sind alle Vorgaben des objektiven Rechts zu berücksichtigen (BVerwGE 72, 15/25 f; 74, 109/110; einschr. BVerwGE 67, 74/77). Dem Wohl der Allgemeinheit kann auch eine Enteignung zugunsten **privater Personen** dienen, selbst außerhalb der Daseinsvorsorge (BVerfGE 74, 264/286; Bryde MüK 84; Rittstieg AK 204; einschr. Papier MD 586). Allerdings muss der Gesetzgeber hier sicherstellen, „dass der im Allgemeininteresse liegende Zweck der Maßnahme erreicht und dauerhaft gesichert wird" (BVerfGE 74, 264/286 ff; Papier MD 593). Das BauGB entsprach dem nicht (BVerfGE 74, 264/296). Soll die Enteignung zugunsten eines privaten Unternehmens erfolgen, das eine öffentliche Aufgabe erfüllt, genügt es, wenn generell sichergestellt ist, dass es trotz privatrechtlicher Struktur und Gewinnerzielungsabsicht zum Nutzen der Allgemeinheit geführt wird (BVerfGE 66, 248/258; BVerwGE 71, 108/124 f; 87, 241/247 f).

Wird der Zweck der Enteignung in angemessener Zeit nicht **81** realisiert, entfällt die legitimierende Wirkung des Abs.3, mit der Folge, dass der frühere Eigentümer, gestützt auf Art.14 Abs.1, die **Rückübereignung** verlangen kann (BVerfGE 38, 175/180 f; 97, 89/96 f; BGHZ 76, 365 f; BVerwGE 96, 172/177 f; Bryde MüK 86; vorsichtig BGHZ 111, 52/60). Der Anspruch kann einfachgesetzlich ausgestaltet werden (BVerwGE 85, 96 ff). Kein Rückübertragungsanspruch besteht, wenn die Enteignung von vornherein rechtswidrig war (vgl. BGHZ 84, 1/5 f); in diesem Falle muss die Enteignung angegriffen werden (Wendt SA 165). Weiter kann eine Rückübertragung abgelehnt werden, wenn das enteignete Grundstück erheblich verändert wurde (BVerwG, NVwZ 87, 49). Nach einer Umlegung kann der Rückübertragungsanspruch ausgeschlossen sein (BVerwGE 85, 96/101). Schließlich kommt ein Rückübertragungsanspruch nur in Betracht, wenn Art.14 bereits im Zeitpunkt der Enteignung anwendbar war, nicht also bei Enteignungen in der früheren DDR (BVerfGE 97, 89/98; BGH, NJW 98, 223 f; BVerwGE 96, 172).

b) Verhältnismäßigkeit. Generell muss die Enteignung den **82** Grundsatz der Verhältnismäßigkeit (dazu Rn.83–88 zu Art.20) wahren (BVerfGE 45, 297/335; 53, 336/349; Sieckmann FH 161; Papier MD 596). Die Enteignung muss zum Wohl der Allgemeinheit objektiv **erforderlich,** d. h. unumgänglich sein (BVerfGE 38, 175/180; 53, 336/349; BGHZ 68, 100/102; abschwächend BVerwGE 72, 282/285). Insb. darf es kein milderes Mittel zur Erreichung des Zwecks geben (BVerfGE 24, 367/405; 45, 297/335; Depenheuer MKS 433). So ist eine dingliche Belastung statt eines vollen Entzugs zu wählen, wenn auch damit der entsprechende Zweck erreicht werden kann (Bryde MüK 85). Eine Enteignung für den Straßenbau ist nur zulässig, wenn die Straße zur Bedarfsdeckung erforderlich ist (BVerwGE 98, 339/347). Schließlich müssen der Entzug des Eigentums und der verfolgte Zweck in einem angemessenen Verhältnis stehen (Bryde MüK 81; Papier MD 597). Diese Voraussetzung ist allerdings meist gegeben, weil der Entzug durch die angemessene Entschädigung erheblich gemildert wird. Zum Verfahren der Enteignung oben Rn.20. Werden Verbindlichkeiten iSd Art.135 a Abs.1 aufgehoben, bietet Art.14 nur wenig Schutz (Rn.6 zu Art.134). Gleiches dürfte für Verbindlichkeiten iSd Art.135 a Abs.2 gelten (Rn.2 zu Art.135 a).

5. Entschädigung

83   **a) Junktimklausel.** Das förmliche Gesetz, das die Enteignung vornimmt oder die Grundlage dazu bildet (oben Rn.78), muss Art und Ausmaß der Entschädigung regeln. Ein Enteignungsgesetz, das ganz oder teilweise dagegen verstößt, ist nichtig (BVerfGE 58, 300/319; Papier MD 572; Bryde MüK 89) und zwar in seinem gesamten Umfang (BVerfGE 24, 367/418; 46, 268/287). Durch die Junktimklausel soll der Gesetzgeber gezwungen werden, sich darüber Rechenschaft zu geben, „ob der zu regelnde Sachverhalt einen Enteignungstatbestand iSd Art.14 Abs.3 darstellt, und dass in diesem Falle Entschädigung geleistet werden muss, welche die öffentlichen Haushalte belastet" (BVerfGE 46, 268/287; Papier MD 570). Zudem wird die Haushaltshoheit des Gesetzgebers gewahrt (Wieland DR 100). Salvatorische, d. h. pauschale Entschädigungsklauseln werden dem nicht gerecht (BVerwGE 84, 361/364 ff; Papier MD 573; Bryde MüK 89 f; a. A. BGHZ 105, 15/16 f; offengelassen von BVerfGE 58, 300/346; vgl. oben Rn.54). Auf allgemeine Enteignungsgesetze kann im Rahmen der Kompetenzordnung verwiesen werden (BVerfGE 56, 249/264; Bryde MüK 91).

84   Die Junktimklausel darf nicht indirekt unterlaufen werden, indem für eine dagegen verstoßende Enteignung auf Grund allgemeiner Institute, insb. des **enteignungsgleichen Eingriffs,** eine Entschädigung entrichtet wird (BVerfGE 58, 300/323 f; Wendt SA 168; vgl. Wieland DR 112); Abs.3 S. 2 entfaltet insoweit eine **Sperrwirkung.** Der Betroffene muss bei fehlender oder unzureichender Entschädigungsregelung gegen die Enteignung vorgehen; er hat kein Wahlrecht zwischen Abwehr und Entschädigung (BVerfGE 58, 300/324; Pieroth/Schlink 940; Wendt SA 168). Die herkömmlichen Institute des enteignungsgleichen und des enteignenden Eingriffs bedürfen daher insoweit der Einschränkung (Papier MD 727). Zumeist betreffen sie aber nicht (echte) Enteignungen (oben Rn.70–77). Zum einfachgesetzlichen Charakter der Institute oben Rn.54.

85   Die Junktimklausel gilt **nur für die Enteignung** iSd Abs.3, nicht für sonstige Beeinträchtigungen des Eigentums (BGHZ 99, 24/29; 126, 379/381). Für vorkonstitutionelle Gesetze (zur Abgrenzung Rn.8 f zu Art.100) gilt die Junktimklausel nicht (BVerfGE 46, 268/287 f; Wendt SA 168); schließen vorkonstitutionelle Gesetze allerdings eine Entschädigung ausdrücklich aus, sind sie unwirksam (BVerfGE 4, 219/237). Im Verteidigungsfall sind vorläufige Entschädigungen möglich (Rn.3 zu Art.115 c).

b) Verpflichteter, Art und Höhe. aa) Entschädigungspflich- 86
tig ist der durch die Enteignung unmittelbar Begünstigte (BGH,
NJW 80, 582; Depenheuer DR 468), was auch eine Privatperson sien
kann (Papier MD 645; vgl.BGHZ 60, 126/143). Als **Art** der Entschädigung kommen neben Geld auch Ersatzland oder Wertpapiere
in Betracht (Wendt SA 169; s. allerdings BGH, NJW 79, 923).

bb) Die **Höhe** der Entschädigung ist gemäß Abs.3 S. 3 unter 87
gerechter Abwägung der Interessen der Allgemeinheit und der Beteiligten festzulegen. Sie muss nicht notwendig zum Verkehrswert
erfolgen (BVerfGE 24, 367/420 f; 41, 126/161; 46, 268/284 ff;
BGHZ 67, 190/192; Bryde MüK 92; Papier MD 608). Der Gesetzgeber kann auch eine geringere Entschädigung festlegen, wenn das
einer sachgerechten Interessenabwägung entspricht (BGH, NJW 80,
889). Dies ist v. a. insoweit möglich, als das Eigentum nicht auf
eigener Leistung beruht, etwa bei Bodenwertsteigerungen (Papier
MD 616 ff; Wieland DR 108; Bryde MüK 94). Weiter spielt der
Zusammenhang der Eigentumsgarantie mit der persönlichen Entfaltungsfreiheit (oben Rn.1) eine Rolle. Schließlich dürfte der Umstand bedeutsam sein, ob es sich um eine Einzel- oder um eine
Gruppenenteignung handelt (Wieland DR 109).

Legt der Gesetzgeber, wie das häufig der Fall ist, die Höhe der 88
Entschädigung nicht näher fest, dürfte regelmäßig eine Entschädigung zum **Verkehrs-** bzw. **Marktwert** gewollt sein (BGHZ 67,
190/192; Papier MD 621; vgl. Bryde MüK 92). Danach ist der
Verkehrswert der entzogenen Substanz zu entschädigen (BGHZ 57,
359/368). Dazu kommen unmittelbare Folgekosten (Papier
MD 638 f), wie Umzugskosten, Kosten der Betriebsverlegung, Einbußen durch den Verlust eines bestimmten Kundenkreises, die Wert-
minderung des Restgrundstücks und Rechtsverfolgungskosten,
nicht aber mittelbare Folgekosten, wie die Kosten für die Beschaffung eines Ersatzobjekts (Rüfner, in: Erichsen (Hg.), Allg. VerwR,
§ 49 Rn.27). Zukunftschancen u. ä., die sich (noch) nicht im Verkehrswert niedergeschlagen haben, werden nicht ersetzt (vgl. oben
Rn.22). Weiter sind die Umstände negativ zu berücksichtigen, die
auch ohne den Eingriff eine Verschlechterung oder Zerstörung des
Objekts bewirkt hätten (BGHZ 30, 281/287; Sieckmann FH 174).
Abzuziehen sind auch Belastungen, die den Betroffenen im Wege
einer entschädigungsfreien Sozialbindung hätten auferlegt werden
können (BGHZ 92, 34/50; a. A. Depenheuer MKS 460). Schließlich können Planungs- und Spekulationsgewinne abgezogen werden
(Bryde MüK 94; Wieland DR 108; Papier MD 617; einschr. Sieckmann FH 163).

89   **c) Rechtsweg und Rechtsschutz.** Für Rechtsstreitigkeiten über die *Höhe* der Entschädigung sind gem. Abs.3 S. 4 die ordentlichen Gerichte zuständig; gleiches gilt für die Entscheidung über den Anspruchsgrund (BVerwGE 39, 172; Papier MD 653; Wieland DR 115). Die Zivilgerichte haben auch verwaltungsrechtliche Vorfragen zu entscheiden; dabei sind sie an ein rechtskräftiges Verwaltungsgerichtsurteil gebunden (BGHZ 86, 226/232; 95, 28/35 f). Das Enteignungsverfahren wie das Gerichtsverfahren müssen so durchgeführt werden, dass der Eigentümer seine Interessen effektiv verfolgen kann (oben Rn.20). Auf Ansprüche aus enteignendem und enteignungsgleichem Eingriff ist Abs.3 S. 4 nicht analog anwendbar (BGHZ 90, 17/31; 91, 20/26 ff); insoweit ist gem. § 40 Abs.2 VwGO der Zivilrechtsweg einschlägig (Papier MD 729). Erst recht ist Abs.3 S. 4 nicht auf gesetzlich vorgesehene Ausgleichs- bzw. Entschädigungsansprüche anwendbar; hier ist, vorbehaltlich einer abweichenden gesetzlichen Regelung, der Verwaltungsrechtsweg gegeben (BVerwGE 94, 1/6 f).

B. Erbrecht

1. Bedeutung und Abgrenzung

90   Das Erbrecht umfasst das Recht des Erblassers, sein Vermögen an den zu vererben, an den er es vererben möchte, sowie das Recht des Erben, mit dem Tod des Erblassers in dessen vermögensrechtliche Position einzutreten (Leisner HbStR VI 1102). Das Erbrecht geht damit über die Eigentumsgarantie hinaus, da die eigentumsgrundrechtliche Stellung des Erblassers mit dessen Tod erlischt und die eigentumsgrundrechtliche Stellung des Erben erst einsetzt, wenn er die entsprechenden Rechte erworben hat (Leisner HbStR VI 1101 f; oben Rn.19). Für die Auseinandersetzung unter Miterben wird die Eigentumsgarantie durch die Erbrechtsgarantie verdrängt (BVerfGE 91, 346/356 f). Das Erbrecht dient der Selbstbestimmung des Einzelnen im Rechtsleben (BVerfGE 99, 341/350). Die Gewährleistung des Erbrechts enthält ein Individualgrundrecht sowie ein Rechtsinstitut (BVerfGE 44, 1/17; 67, 329/340; 97, 1/6). Letzteres dürfte nichts anderes als der objektive Grundrechtsgehalt (dazu Vorb.3 vor Art.1) sein (vgl. Bryde MüK 46). Demgegenüber werden in der Literatur durch die Institutsgarantie vielfach die Grundzüge des einfachgesetzlichen Erbrechts gewährleistet gesehen (etwa Papier MD 292).

2. Schutzbereich und Beeinträchtigung

a) **Schutzbereich.** Das Erbrecht umfasst zum einen die **Testier-** 91
freiheit (BVerfGE 58, 377/398; 67, 329/341; 99, 341/350 f;
BGHZ 118, 361/365; Bryde MüK 47), d. h. das Recht von Personen, ihnen zustehende Vermögensgegenstände, die den Schutz des
Art. 14 genießen (Rittstieg AK 136; oben Rn. 7–18), an den zu
vererben, an den sie es vererben wollen (BVerfGE 67, 329/341).
Dazu zählen auch sonstige testamentarische Verfügungen (Rittstieg
AK 149; BGHZ 140, 118/128). Geschützt werden nur selbst-
bestimmte und selbstverantwortete letztwillige Erklärungen
(BVerfGE 99, 341/351). Daneben schützt das Erbrecht das **Recht**
des testamentarischen oder gesetzlichen **Erben,** mit den ererbten
Gegenständen als Eigentümer zu verfahren (BVerfGE 91, 346/360;
97, 1/6). Voraussetzung ist, dass der Erbfall eingetreten ist oder der
Erbe einen rechtlich gesicherten Anspruch auf die Erbschaft hat.
Unter dieser Voraussetzung wird auch der Erbeserbe geschützt
(BVerfGE 99, 341/349). Im Übrigen wird die Erlangung künftiger
Erbpositionen vor dem Erbfall nicht geschützt (offengelassen BVerf-
GE 97, 1/6). Zum gesetzlichen Erben vgl. auch unten Rn. 94.

Träger des Grundrechts sind natürliche Personen, auch Ausländer 92
(vgl. Leisner HbStR VI 1103). Juristische Personen dürften sich
wegen des personalen Gehalts des Erbrechts (oben Rn. 90) auch
hinsichtlich des Erberwerbs nicht auf Art. 14 berufen können (a. A.
Sieckmann FH 215).

b) **Beeinträchtigung.** Das Grundrecht wird durch jede belas- 93
tende Regelung der geschützten Vorgänge (oben Rn. 91) beeinträchtigt. *Abgaben,* die für diese Vorgänge erhoben werden, beeinträchtigen das Erbrecht nicht generell (so aber wohl Papier MD 297),
sondern nur dann, wenn sie konfiskatorisch wirken oder doch von
erheblichem Gewicht sind (vgl. BVerfGE 63, 312/327); für das Erbrecht gilt insoweit nichts anderes als für das Eigentum (dazu näher
oben Rn. 15 f).

Eine Beeinträchtigung liegt des Weiteren vor, wenn der Staat 94
keine ausreichenden Regelungen für die **gesetzliche Erbfolge**
trifft, wobei die Interessen eines verständigen Erblassers im Vordergrund stehen müssen (BVerfGE 91, 346/358 f). Darüber hinaus ist
wegen Art. 6 Abs. 1 das gesetzliche Erb- bzw. Pflichtteilsrecht der
engeren Familie geschützt (Wendt SA 198; Papier MD 294 f; Bryde
MüK 48; a. A. Wieland DR 59; vgl. BVerfGE 93, 165/174 f;
BGHZ 123, 368/371).

3. Rechtfertigung von Beeinträchtigungen (Schranken)

95   **aa)** Der Gesetzgeber kann in ähnlicher Weise wie beim Eigentum **Inhalt und Schranken** des Erbrechts **bestimmen** (BVerfGE 67, 329/340). Die Ausführungen zur Eigentumsgarantie (oben Rn.37–47) gelten insoweit grundsätzlich entsprechend. Das Grundrecht bedarf der gesetzlichen Ausgestaltung (BVerfGE 99, 341/351). Dabei hat der Gesetzgeber einen erheblichen Spielraum (BVerfGE 67, 329/341; 97, 1/7; 99, 341/352 f; BSGE 37, 199/202), der noch weiter als bei der Eigentumsgarantie reicht (BVerfGE 93, 165/174; Depenheuer MKS 530; Papier MD 291). Er kann festlegen, welche Rechtspositionen zum Vermögen des Erblassers gehören und bei seinem Tod auf den Erben übergehen (BVerwGE 35, 278/287; BSGE 37, 199/202; Rittstieg AK 136). Insb. kann er zur Verfolgung ausreichender öffentlicher Ziele bestimmte Vermögensgegenstände generell von der Erbfolge ausschließen (BVerfGE 19, 202/206; BVerwG, NJW 87, 3213). Die Verpflichtung des Abs.2 gilt auch für das Erbrecht (Bryde MüK 45). Aus diesem Grunde sowie wegen des personalen Gehalts des Erbrechts (oben Rn.90) wird der Spielraum des Gesetzgebers umso weiter, je größer das Vermögen des Erblassers ist (Wendt SA 199).

96   **Grenzen** der gesetzgeberischen Ausgestaltung ergeben sich zum einen aus dem Grundsatz der Verhältnismäßigkeit (BVerfGE 67, 329/340; 99, 341/352). Dabei ist das besondere Gewicht der Testierfreiheit (oben Rn.91) zu berücksichtigen (BVerfGE 67, 329/341; zu weitgehend jedoch Bryde MüK 47). Zudem ist das sonstige Verfassungsrecht zu beachten. Bedeutsam ist v. a. der Gleichheitssatz (BVerfGE 67, 329/340) sowie der Schutz von Ehe und Familie (Bryde MüK 48; Papier MD 293). Letzterem wird durch das Pflichtteilsrecht Genüge getan (BVerfGE 67, 329/341 f; Wendt SA 200). Ein landwirtschaftlicher Betrieb kann im Rahmen der gesetzlichen Erbfolge einem Miterben zugewiesen und die anderen Miterben auf eine Abfindung nach dem Ertragswert beschränkt werden (BVerfGE 91, 346/356 ff). Unzulässig ist der generelle Ausschluss schreibunfähiger Stummer von jeder Testiermöglichkeit (BVerfGE 99, 341/353).

97   **bb)** Besonders weit ist der Spielraum des Gesetzgebers bei der **Besteuerung** der Erbschaft. Generell ist ein „Anteil des Staates am Erbgut", wie ihn Art.154 Abs.2 WRV ausdrücklich vorsah, nicht ausgeschlossen (Rittstieg AK 147; Papier MD 289). Bei sehr großen Vermögen kann der Großteil des Erbes durch eine Steuer abgeschöpft werden, jedenfalls soweit es nicht um das Erbrecht von

Ehegatten und Kindern geht (Bryde MüK 48; Papier MD 294; strenger Leisner HbStR VI 1112; vgl. BVerfGE 97, 1/9 f). Zu verschonen ist hingegen das „der persönlichen Lebensgestaltung dienende Vermögen", das bei typisierter Betrachtung beim Wert eines durchschnittlichen Einfamilienhauses liegt (BVerfGE 93, 121/140 f). Zur Erbschaftssteuer vgl. auch Rn.51 zu Art.3.

Art.15 [Überführung in Gemeinwirtschaft]

Grund und Boden[3], Naturschätze und Produktionsmittel[3] können zum Zwecke der Vergesellschaftung[2] durch ein Gesetz, das Art und Ausmaß der Entschädigung regelt[5], in Gemeineigentum oder in andere Formen der Gemeinwirtschaft überführt werden[2]. Für die Entschädigung gilt Artikel 14 Abs.3 Satz 3 und 4 entsprechend[5].

Literatur: *Püttner,* Gemeinwirtschaft im deutschen Verfassungsrecht, 1980; *Bäumler,* Art.15 GG als Instrument der Wirtschaftslenkung, GewArch 1980, 287.

1. Bedeutung

Art.15 soll der Entstehungsgeschichte entsprechend (Bryde MüK **1** 1) sicherstellen, dass trotz des weitreichenden, insb. auch die Produktionsmittel erfassenden Eigentumsschutzes des Art.14 gemeinwirtschaftliche Vorstellungen verwirklicht werden können. Art.15 enthält daher kein Grundrecht (Rittstieg AK 231; a. A. Depenheuer MKS 8), sondern bietet eine weitere Rechtfertigung für Eigentumseingriffe, die zu den in Art.14 enthaltenen Beschränkungsmöglichkeiten hinzutritt (Bryde MüK 6). Andererseits enthält Art.15 nur eine Ermächtigung zur Überführung in Gemeinwirtschaft (Sozialisierung), keinen Auftrag dazu (BVerfGE 12, 354/363 f; Rittstieg AK 229) und auch keine objektive Wertentscheidung zugunsten der Sozialisierung (Kimminich BK 23; a. A. Bryde MüK 5). Art.15 steht der Privatisierung von vergesellschafteten bzw. öffentlichen Unternehmen nicht entgegen (Wendt SA 3). Von der Ermächtigung wurde kein Gebrauch gemacht, ohne dass sie deswegen obsolet geworden ist (Bryde MüK 3; Kimminich BK 19 ff). Die praktische Bedeutung des Art.15 liegt heute in der Verdeutlichung, dass das GG nicht notwendig eine erwerbswirtschaftliche Ordnung der Wirtschaft vorschreibt (Bryde MüK 3). Zur Gesetzgebungskompetenz Rn.34 zu Art.74.

2. Überführung in Gemeinwirtschaft (Sozialisierung)

2 Art. 15 erlaubt, bestimmte Güter (unten Rn. 3) in **Gemeinwirtschaft** zu überführen und damit zu vergesellschaften: Die Güter bzw. ihre Nutzung sollen nicht mehr der individuellen Gewinnerzielung dienen, sondern unmittelbar der Deckung eines gesellschaftlichen Bedarfs oder der Verfolgung sonstiger Gemeinwohlzwecke (Depenheuer MKS 16; Bryde MüK 11). Dies soll dadurch ermöglicht werden, dass das Eigentum an den Gütern auf öffentlich-rechtliche Einrichtungen (Staat ieS, Gemeinden, Selbstverwaltungseinrichtungen) übergeführt wird *(Gemeineigentum),* mit dem Ziel, seine Nutzung am Allgemeinwohl zu orientieren (Wendt SA 5). Die Schaffung von Gemeineigentum aus fiskalischen Gründen fällt daher nicht unter Art. 15 (Bryde MüK 12; Wieland DR 26). Alternativ kommt in Betracht („andere Formen der Gemeinwirtschaft"), das Eigentum zwar formal dem Eigentümer zu belassen, den dominierenden Einfluss auf die Nutzung des Eigentums aber der öffentlichen Hand oder gesellschaftlichen Gruppen zu übertragen (Wendt SA 6). Keine Sozialisierung iSd Art. 15 liegt im Hinblick auf die Funktion der Vorschrift (oben Rn. 1) vor, wenn Verfügungsbeschränkungen als zulässige Eigentumsbindung (dazu Rn. 37–48 zu Art. 14) eingestuft werden können (vgl. Rittstieg AK 234). Der umgekehrte Ansatz, wonach die Möglichkeit der Eigentumsbindung gem. Art. 14 dort endet, wo der Bereich des Art. 15 beginnt, ist daher unzutreffend (vgl. Rittstieg AK 227). Keine Sozialisierung ist weiterhin die Umverteilung von Eigentum unter Privaten, etwa eine Bodenreform (Bryde MüK 8; Wendt SA 6; Rittstieg AK 240).

3. Voraussetzungen

3 **a) Materielle Voraussetzungen. aa) Sozialisierungsfähige Gegenstände** sind einmal **Grund und Boden,** einschl. Bestandteilen und Zubehör, etwa der Gebäude (Bryde MüK 16), es sei denn, sie werden persönlich genutzt (Wendt SA 7; zweifelnd Bryde MüK 16). Zu den **Naturschätzen** gehören die Bodenschätze und die Naturkräfte, wie Wasserkraft und Kernenergie (Bryde MüK 17; a. A. Wendt SA 8). Zu den **Produktionsmitteln** zählen alle Wirtschaftsunternehmen; die Beschränkung auf die Erzeugung von Gütern, die eine Sozialisierung von Handel, Banken, Versicherungen oder Verkehrsbetrieben ausschließen würde, widerspricht der Entstehungsgeschichte und dem wirtschaftswissenschaftlichen Sprachgebrauch (Rittstieg AK 241; Bryde MüK 18; Wieland DR 23; a. A. Wendt SA 11; Depenheuer MKS 38).

bb) Ob die Sozialisierung, die ja in den Schutzbereich des Art.14 **4** eingreift (oben Rn.1), im Hinblick auf den mit der Sozialisierung konkret verfolgten **Zweck** geeignet, erforderlich und verhältnismäßig sein muss, wird überwiegend verneint (Bryde MüK 10; Pieroth/Schlink 955; Rittstieg AK 243; a. A. Wendt SA 14). Jedenfalls hat der Gesetzgeber einen weiten Beurteilungspielraum (Wendt SA 14). Der Sozialisierungzweck muss für die Dauer der Sozialisierung gesichert werden (Bryde MüK 15).

b) Gesetzesvorbehalt und Entschädigung. Die Sozialisierung **5** darf wegen ihrer Bedeutung nur durch förmliches Gesetz erfolgen (Bryde MüK 20). Das Gesetz muss dabei Art und Ausmaß der Entschädigung regeln (dazu Rn.83–88 zu Art.14), wobei gem. Art.14 Abs.3 S. 3 ein gerechter Ausgleich der öffentlichen und privaten Interessen anzustreben ist. Eine Entschädigung zum Verkehrswert dürfte danach regelmäßig nicht erforderlich sein (Rn.87 zu Art.14); anderenfalls wäre eine Sozialisierung praktisch ausgeschlossen, was dem Zweck des Art.15 nicht gerecht würde (Wieland DR 28; Bryde MüK 22; a. A. Wendt SA 19). Für Streitigkeiten über die Höhe der Entschädigung sind gem. Art.15 S. 2 iVm Art.14 Abs.3 S. 4 die ordentlichen Gerichte zuständig (Rn.89 zu Art.14).

Art.16 [Schutz vor Ausbürgerung und Auslieferung]

(1) **Die deutsche Staatsangehörigkeit[2f] darf nicht entzogen werden[5ff]. Der Verlust[5] der Staatsangehörigkeit darf nur auf Grund eines Gesetzes und gegen den Willen des Betroffenen nur dann eintreten, wenn der Betroffene dadurch nicht staatenlos wird[9].**

(2) **Kein Deutscher darf an das Ausland ausgeliefert werden[12ff]. Durch Gesetz kann eine abweichende Regelung für Auslieferungen an einen Mitgliedstaat der Europäischen Union oder an einen internationalen Gerichtshof getroffen werden, soweit rechtsstaatliche Grundsätze gewahrt sind.**

Übersicht

Literatur: *Göbel-Zimmermann/Masuch,* Die Neuregelung des Staatsangehörigkeitsrechts, DÖV 2000, 95; *Huber/Butzke,* Das neue Staatsangehörigkeitsrecht und sein verfassungsrechtliches Fundament, NJW 1999, 2769; *Hailbronner,* Die Form des deutschen Staatsangehörigkeitsrechts, NVwZ 1999, 1273; *Renner,* in: Hailbronner/Renner, Staatsangehörigkeitsrecht, 3. Aufl. 2001, Teil II A, Art.16; *Smaluhn,* Verfassungsrechtliche Aspekte einer Reform des Staatsangehörigkeitsrechts, StAZ 1998, 98; *Lübbe-Wolff,* Entziehung und Verlust der deutschen Staatsangehörigkeit, Jura 1996, 57; *Zimske,* Die deutsche Staatsangehörigkeit nach dem GG, 1995; *Bleckmann,* Völker- und verfassungsrechtliche Probleme des Erwerbs und des Verlustes der deutschen Staatsangehörigkeit, 1992. – S. auch Literatur zu Art.116.

I. Schutz vor Verlust der Staatsangehörigkeit (Abs.1)

1. Bedeutung und Abgrenzung zu anderen Vorschriften

1   Abs.1 stellt eine Reaktion auf die willkürliche Entziehung der Staatsangehörigkeit in der Zeit des Nationalsozialismus dar (Lübbe-Wolff DR 5 f) und soll zudem der Staatenlosigkeit vorbeugen (Kokott SA 4 a). Abs.1 wird damit Art.15 AEMR gerecht. Ein gegen Abs.1 verstoßender Verlust der Staatsangehörigkeit ist nichtig. Strukturell enthält Abs.1 ein (insoweit) etwa Art.14 vergleichbares Freiheitsrecht, das ein Rechtsgut des Grundrechtsinhabers gegen Entzug schützt (vgl. Vorb.17 vor Art.1; anders Lübbe-Wolff DR 28). Abs.1 enthält eine objektive Wertentscheidung zugunsten der Staatsangehörigkeit (Renner o. Lit. 2), belässt aber dem Gesetzgeber einen weiten Spielraum bei der Festlegung der mit der Staatsangehörigkeit verbundenen Rechte und Pflichten (Lübbe-Wolff DR 52; unten Rn.2). Eine gesonderte Ausprägung der Wertentscheidung ist die institutionelle Garantie der Staatsangehörigkeit (dazu Lübbe-Wolff DR 52; Becker MKS 16 ff). Inhaltlich steht das Grundrecht in Zusammenhang mit Art.116 Abs.2 (dazu Rn.11 zu Art.116). Zur Kompetenz vgl. Rn.5 zu Art.73. Die EU-Bürgerschaft ist mit dem GG vereinbar (vgl. BVerfGE 89, 155/184).

2. Schutzbereich

a) Staatsangehörigkeit. Abs.1 setzt voraus, dass der Betroffene **2** die deutsche Staatsangehörigkeit besitzt. In welchen Fällen sie erworben wird, hat der Gesetzgeber zu entscheiden (Renner o. Lit. 11; Lübbe-Wolff DR 35; Randelzhofer MD 65 f); zur Kompetenz oben Rn.1. Das GG enthält dazu keine näheren Vorgaben. Insb. kann insoweit auch entgegen dem in Deutschland traditionellen Abstammungsprinzip das Territorialitätsprinzip benutzt werden (Vedder MüK 35 zu Art.116; Renner o. Lit. 16; Schnapp MüK 7). Die Erwerbstatbestände müssen allerdings die Eigenart der Staatsangehörigkeit berücksichtigen, was eine nähere tatsächliche Beziehung zwischen dem betreffenden Bürger und dem deutschen Staat voraussetzt (vgl. Kokott SA 1); zudem müssen andere Vorgaben des GG beachtet werden, insb. Art.3. Die Vermeidung einer mehrfachen Staatsangehörigkeit ist verfassungsrechtlich nicht geboten (BVerfGE 37, 217/254 ff; Schnapp MüK 8; Renner o. Lit. 19; Becker MKS 10). Die Neuregelungen zur Staatsangehörigkeit durch G vom 15. 7. 1999 (BGBl I 1618) dürften daher verfassungsrechtlich in Ordnung gehen (Lübbe-Wolff DR 19 zu Art. 116; Renner o. Lit. 44; Hailbronner, NVwZ 1999, 1275 ff; a. A. Scholz/Uhle, NJW 1999, 1514).

Sonderfragen ergeben sich aus historischen Eingriffen und Um- **3** brüchen: Deutsche Staatsangehörige sind auch die *Bürger der* früheren *DDR,* soweit sie die Voraussetzungen des RStAngG erfüllten oder durch das Recht der DDR in den Grenzen des ordre public eingebürgert wurden (BVerfGE 77, 137/151 f; teilweise a. A. BVerwGE 66, 277/281 ff). Deutsche Staatsangehörige, die in *früheren deutschen Gebieten* leben, haben ihre Staatsangehörigkeit nicht durch die Ostverträge verloren (BVerfGE 40, 141/170); völkerrechtliche Bedenken dürften insoweit nicht bestehen (Lübbe-Wolff DR 17). Auch die Sudetendeutschen haben ihre Staatsangehörigkeit nicht verloren (BVerfGE 43, 203/210). Sammeleinbürgerungen in annektierten Staaten sind unwirksam, sofern der Eingebürgerte nach dem Krieg von seinem Staat als Staatsangehöriger in Anspruch genommen wurde (BVerwGE 100, 139/146; vgl. BVerfGE 1, 322/331). *Österreicher* haben ihre deutsche Staatsangehörigkeit am 25. 4. 1945 idR verloren (BVerfGE 4, 322/327, 329; BVerwGE 85, 108/117). Die Einstellung in die deutsche Wehrmacht etc. führte entgegen dem entspr. Erlass nicht zur Einbürgerung (BVerfGE 14, 142/149 f; Lübbe-Wolff DR 34). Schließlich sind bestimmte *Zwangsausbürgerungen im Nationalsozialismus* unwirksam (Rn.14 f zu Art.116).

4   **b) Träger** des Grundrechts sind alle **deutschen Staatsangehörigen,** also die Personen, die die deutsche Staatsangehörigkeit wirksam erworben (dazu oben Rn.2 f) und nicht verloren haben (BVerfGE 14, 142/150; Becker MKS 50), wobei es jeweils auf das im Erwerbs- oder Verlustzeitpunkt einschlägige Recht (ggf. unter Beachtung von Art.16 Abs.1 und Art.116 Abs.2) ankommt. Geschützt werden auch deutsche Staatsangehörige, die zusätzlich eine andere Staatsangehörigkeit besitzen (Renner o. Lit.9; Becker MKS 51; Lübbe-Wolff DR 46). Keine Träger des Grundrechts sind die sog. Status-Deutschen, die unter Art.116 Abs.1 fallen (dazu Rn.1 zu Art.116), aber die deutsche Staatsangehörigkeit nicht besitzen (BVerwGE 8, 340/343; Kokott SA 26; Lübbe-Wolff DR 32; Schnapp MüK 14; Renner o. Lit 7 f; a. A. Becker MKS 56). Juristische Personen können nicht Träger des Grundrechts sein (Becker MKS 52).

3. Beeinträchtigung

5   Abs.1 wird durch jede staatliche Maßnahme beeinträchtigt, die **zum Verlust** der deutschen Staatsangehörigkeit **führt,** selbst wenn das vom Betroffenen gewollt ist. Darunter fällt insb. die Entziehung (dazu unten Rn.8). Wie die Maßnahme bezeichnet wird, ist unerheblich, etwa als Ausbürgerung oder Aberkennung der Staatsangehörigkeit etc. Erfasst wird auch eine Rücknahme oder ein Widerruf einer Einbürgerung. Eine Beeinträchtigung liegt auch in der Anerkennung der Aberkennung der deutschen Staatsangehörigkeit durch einen anderen Staat (BVerfGE 36, 1/30). Abs.1 ist zudem beeinträchtigt, wenn einem Grundrechtsträger zwar nicht die deutsche Staatsangehörigkeit entzogen wird, ihm aber alle oder fast *alle Rechte genommen* werden, die nach einfachem Recht mit der Staatsangehörigkeit verbunden sind. Eine Beeinträchtigung liegt des Weiteren in der Verweigerung einer *Staatsangehörigkeitsbescheinigung,* ohne die der Berechtigte seine Staatsangehörigkeitsrechte nicht wahrnehmen kann (BVerwG, DÖV 67, 95; Becker MKS 24; Lübbe-Wolff DR 58).

6   Zudem dürfte der Kern des **diplomatischen Schutzes** und der konsularischen Betreuung im Ausland durch Art.16 Abs.1 gewährleistet sein (BVerfGE 37, 217/241; Isensee HbStR V § 111 Rn.123; Becker MKS 20, 23; vgl. Vorb.7 vor Art.1; a. A. Renner o. Lit. 10; Lübbe-Wolff DR 55). Das BVerfG hat allerdings insoweit meist keine rechtliche Grundlage genannt (BVerfGE 6, 290/299; 40, 141/177; 41, 126/182; 55, 349/364). Für andere mit der Staats-

angehörigkeit verbundene Rechte sind dagegen andere Verfassungsnormen einschlägig, etwa für die Einreise das Grundrecht des Art.11
(i. E. Lübbe-Wolff DR 56; a. A. Becker MKS 29) und für das Wahlrecht die Regelung des Art.38.

4. Rechtfertigung von Beeinträchtigungen (Schranken)

a) Entziehung. Stellt die Beeinträchtigung eine Entziehung der **8**
Staatsangehörigkeit dar, ist sie gem. Abs.1 S.1 generell unzulässig
(Pieroth/Schlink 966). Wann der Tatbestand der Entziehung, die
einen Unterfall des Verlusts darstellt (Becker MKS 27; Kokott
SA 17) vorliegt, ist umstritten. ZT wird angenommen, dass damit
die individuelle einzelaktsmäßige oder allgemein verfügungsartige
Zwangsausbürgerung gemeint ist (Kokott SA 16; v. Mangoldt
HbStR V § 119 Rn.88). Damit lässt sich aber nur schwer erklären,
wieso die traditionellen Verlusttatbestände in § 17 Nr.2, 4 StAG
zulässig sein sollen (Randelzhofer MD 49). Eine Entziehung liegt
daher nur bei einem „Verlust (vor), den der Betroffene nicht beeinflussen kann" (BVerfG-K, NJW 90, 2193; BVerwGE 100, 139/145;
ähnlich Randelzhofer MD 49; Kimminich BK 36; anders Becker
MKS 35). Der Optionszwang nach § 29 StAG ist keine Entziehung,
weil der Betroffene in vertretbarer Weise Einfluss nehmen kann
(Lübbe-Wolff DR 19 zu Art.116; i. E. Schnapp MüK 15); dabei ist
ein grundrechtsfreundliches Verfahren zu wählen. Demgegenüber
stellen v. a. Ausbürgerungen, die an angeborene Merkmale anknüpfen, eine Entziehung dar. Darüber hinaus dürfte eine Entziehung
vorliegen, wie die Formulierung des Art.116 Abs.2 verdeutlicht,
wenn die Entziehung aus politischen oder religiösen Gründen erfolgt. I. ü. ist aber das Merkmal des Beeinflussen-Könnens weit zu
verstehen. Insb. kommt es nicht auf die Zustimmung zur Ausbürgerung an.

b) Sonstiger Verlust. aa) Ein Verlust der Staatsangehörigkeit ist **9**
gem. Abs.1 S.2 generell und unabhängig von den sonstigen Umständen unzulässig, wenn er **entgegen** oder **ohne Willen** des Betroffenen erfolgt und zur **Staatenlosigkeit** führt (Lübbe-Wolff DR 49).
Staatenlosigkeit idS liegt auch dann vor, wenn der andere Staat nicht
willens oder in der Lage ist, dem Betroffenen den Schutz eines
Staatsbürgers zu gewähren (Kokott SA 19; Becker MKS 45; Lübbe-
Wolff DR 49).

bb) Eine **sonstige Beeinträchtigung** außerhalb der in Rn.8 f **10**
beschriebenen Verlustfälle ist gem. Abs.1 S.2 auf gesetzlicher Grundlage möglich. Zulässig ist über den Wortlaut hinaus auch ein Verlust

unmittelbar durch Gesetz (Lübbe-Wolff DR 48; Randelzhofer MD 56; Renner o. Lit. 47; Vorb.42 vor Art.1). Das Zitiergebot des Art.19 Abs.1 S.2 ist zu beachten. Materiell ist der Grundsatz der Verhältnismäßigkeit zu wahren (a. A. Lübbe-Wolff DR 28), wie das für jede Grundrechtsbeeinträchtigung gilt (Vorb.44 vor Art.1). Die Regelung muss also im Hinblick auf das verfolgte Ziel geeignet, erforderlich und angemessen sein.

5. Einzelfälle

11   Die Rücknahme einer rechtswidrig erteilten Staatsangehörigkeit gem. § 48 VwVfG ist zulässig, zumal Art.16 Abs.1 eine rechtswidrige Einbürgerung nicht mit einem verfassungsrechtlichen Bestandsschutz ausstatten will (OVG NW, NVwZ-RR 97, 742; VGH BW, DVBl 90, 1069; Kokott SA 25; Randelzhofer MD 53; a. A. Lübbe-Wolff DR 41; Pieroth/Schlink 965). Ist allerdings der Fehler der Sphäre der Behörde und nicht des Einbürgerungsbewerbers zuzurechnen, steht der Vertrauensschutz einer Rücknahme angesichts des besonderen Gewichts der Staatsangehörigkeit regelmäßig entgegen (Becker MKS 41). Die Rücknahme ist außerdem unverhältnismäßig, wenn der Betroffene dadurch staatenlos wird und eine Einbürgerung möglich ist (Kokott SA 25). Generell unzulässig ist ein Widerruf (Becker MKS 40; Schnapp MüK 12). Zulässig sind Regelungen, die die Nichtigkeit einer Einbürgerung vorsehen, sofern schuldhaft falsche Angaben des Einbürgerungsbewerbers zur Rechtswidrigkeit geführt haben (Randelzhofer MD 53; Schnapp MüK 13; a. A. Lübbe-Wolff DR 43). Rücknahme und Nichtigerklärung dürfen aber nicht an die die Entziehung konstituierenden Merkmale (oben Rn.8) anknüpfen.

II. Schutz vor Auslieferung (Abs.2)

1. Schutzbereich

12   Abs.2 schützt das „Recht jedes Staatsbürgers, sich in seinem Heimatland aufhalten zu dürfen" (BVerfGE 29, 183/192 f), soweit es um bestimmte Beeinträchtigungen geht (unten Rn.14–16). Geschützt wird also das Verbleiben in Deutschland, nicht dagegen die Einreise etwa von Personen, denen eine ausländische Strafverfolgung droht; insoweit ist Art.11 einschlägig.

13   **Träger** des Grundrechts sind alle Deutschen iSd Art.116 Abs.1, also deutsche Staatsangehörige (oben Rn.2 f) und Status-Deutsche (dazu Rn.1 zu Art.116). Der Besitz einer weiteren Staatsangehörigkeit steht nicht entgegen (Becker MKS 79). Allein das Stellen eines Einbürgerungsantrags führt nicht zur Anwendung von Abs.2 (Lübbe-Wolff DR 62); besteht allerdings ein Einbürgerungsanspruch, ist die Auslieferung bis zur Entscheidung über den Anspruch auszusetzen (Becker MKS 81). Zur Behandlung von Zweifeln unten Rn.16. Nicht-Deutsche können sich hinsichtlich der Auslieferung nur auf andere Grundrechte berufen, vor allem auf Art.16 a; vgl. auch Rn.7 zu Art.2.

2. Beeinträchtigung

aa) Auslieferung ist die Entfernung aus dem Hoheitsbereich der 14 Bundesrepublik Deutschland und Überführung an eine ausländische Hoheitsgewalt auf deren Ersuchen (Kokott SA 28; Randelzhofer MD 5 f; Schnapp MüK 17), und zwar gegen den Willen des Betroffenen (Becker MKS 64). Auf den Zweck der Auslieferung, insb. ob es um eine Rechtshilfe auf dem Gebiet des Strafrechts geht, kommt es nicht an (Becker MKS 65 f; Schnapp MüK 18). Unter das Verbot des Abs.2 fallen auch die vorläufige Auslieferung (Randelzhofer MD 7; Schnapp MüK 20) und die Durchlieferung (BVerfGE 10, 136/139 f; Becker MKS 77). Dagegen fällt die Rücklieferung eines der Bundesrepublik nur vorläufig und unter der Bedingung der Rücküberstellung ausgelieferten Deutschen im Interesse der potentiell nach Deutschland ausgelieferten Grundrechtsinhaber nicht unter Abs.2 (BVerfGE 29, 183/193 f; Kokott SA 34; Becker MKS 75; diff. Randelzhofer MD 12; a. A. Lübbe-Wolff DR 70; Pieroth/Schlink 970). Erfasst sein dürfte auch die Überstellung an internationale Gerichte (Lübbe-Wolff DR 74; a. A. Becker MKS 71); überlegenswert erscheint allerdings eine Einschränkung in diesem Bereich durch Art.23 oder durch Art.24.

Keine Auslieferung ist die *Ausweisung,* also das ohne Ersuchen 15 eines ausländischen Staates ergehende Gebot, die Bundesrepublik Deutschland zu verlassen; gleiches gilt für die Abschiebung als Vollzug der Ausweisung. Insoweit ist das Grundrecht der Freizügigkeit einschlägig (Rn.3 zu Art.11; diff. Kokott SA 29). Keine Auslieferung liegt auch in einem Ersuchen an einen ausländischen Staat, gegen einen dort befindlichen Deutschen eine im Inland verhängte *Sanktion zu vollstrecken,* weil dies keine Entfernung und Überführung darstellt (Schnapp MüK 21). Gleiches gilt für die *Herausgabe eines Kindes* an einen im Ausland lebenden sorgeberechtigten Elternteil (BVerfG-K, NJW 96, 3145).

16   **bb)** Eine Beeinträchtigung kann auch in der Verletzung von **Verfahrensregeln** liegen: Die mit dem Auslieferungsverfahren befassten Behörden haben die Pflicht, von Amts wegen in jedem Stadium des Verfahrens den Sachverhalt soweit aufzuklären, dass die Eigenschaft als Nichtdeutscher eindeutig feststeht (BVerfGE 8, 81/84; 17, 225/227; BVerfG-K; NJW 90, 2193). Bei Zweifeln muss die Auslieferung unterbleiben (BVerwG, DVBl 63, 147).

3. Rechtfertigung von Beeinträchtigungen

17   Nach der 2000 eingefügten (Einl.3 Nr.47) Regelung des Abs.2 S.2 kann durch Gesetz der Auslieferungsschutz eingeschränkt werden. Dies gilt einmal für die Auslieferung an andere Mitgliedstaaten der **Europäischen Union** (dazu Rn.6 zu Art.23), was es erlaubt, die Einschränkung in Art.1 Abs.1 S.1 des G zur Auslieferung zwischen den Mitgliedstaaten der Europäischen Union (BGBl 1998, II 2253) zu streichen. Weiter kann durch Gesetz die Überstellung Deutscher an einen **internationalen Gerichtshof** vorgesehen werden, etwa an den Internationalen Strafgerichtshof für das ehemalige Jugoslawien (BGBl 1995, I 485), an den Internationalen Strafgerichtshof für Ruanda (BGBl 1998, I 843) oder an den geplanten ständigen Internationalen Strafgerichtshof. Voraussetzung ist zunächst, dass rechtsstaatliche Grundsätze bei dem Verfahren im Ausland gewahrt werden, insb. ein im Wesentlichen vergleichbarer Grundrechtsschutz besteht (BR-Drs. 715/99, 6). Dies ist für jeden internationalen Gerichtshof gesondert zu prüfen. Bei der EU kann dagegen von der Einhaltung der Vorgabe ausgegangen werden (BR-Drs. 14/4419, 3). Daneben ist der Grundsatz der Verhältnismäßigkeit zu beachten. So besteht für eine Auslieferung zum Zwecke der Strafvollstreckung kein Bedürfnis, soweit geltende Übereinkommen die Vollstreckung ausländischer Verurteilungen gegen Deutsche im Inland ermöglichen (BR-Drs. 715/99, 5).

Art. 16 a [Asylrecht]

(1) **Politisch Verfolgte genießen Asylrecht**[2 ff].

(2) **Auf Absatz 1 kann sich nicht berufen, wer aus einem Mitgliedstaat der Europäischen Gemeinschaften**[25] **oder aus einem anderen Drittstaat**[26] **einreist**[27]**, in dem die Anwendung des Abkommens über die Rechtsstellung der Flüchtlinge und der Konvention zum Schutze der Menschenrechte und Grundfreiheiten**

sichergestellt ist[24 ff]. Die Staaten außerhalb der Europäischen Gemeinschaften, auf die die Voraussetzungen des Satzes 1 zutreffen, werden durch Gesetz, das der Zustimmung des Bundesrates bedarf, bestimmt[24]. In den Fällen des Satzes 1 können aufenthaltsbeendende Maßnahmen unabhängig von einem hiergegen eingelegten Rechtsbehelf vollzogen werden[29].

(3) Durch Gesetz, das der Zustimmung des Bundesrates bedarf, können Staaten bestimmt werden, bei denen auf Grund der Rechtslage, der Rechtsanwendung und der allgemeinen politischen Verhältnisse gewährleistet erscheint, daß dort weder politische Verfolgung noch unmenschliche oder erniedrigende Bestrafung oder Behandlung stattfindet[30]. Es wird vermutet, daß ein Ausländer aus einem solchen Staat nicht verfolgt wird, solange er nicht Tatsachen vorträgt, die die Annahme begründen, daß er entgegen dieser Vermutung politisch verfolgt wird[31].

(4) Die Vollziehung aufenthaltsbeendender Maßnahmen wird in den Fällen des Absatzes 3 und in anderen Fällen, die offensichtlich unbegründet sind oder als offensichtlich unbegründet gelten, durch das Gericht nur ausgesetzt, wenn ernstliche Zweifel an der Rechtmäßigkeit der Maßnahme bestehen[33]; der Prüfungsumfang kann eingeschränkt werden und verspätetes Vorbringen unberücksichtigt bleiben[34]. Das Nähere ist durch Gesetz zu bestimmen[33 f].

(5) Die Absätze 1 bis 4 stehen völkerrechtlichen Verträgen von Mitgliedstaaten der Europäischen Gemeinschaften untereinander und mit dritten Staaten nicht entgegen, die unter Beachtung der Verpflichtungen aus dem Abkommen über die Rechtsstellung der Flüchtlinge und der Konvention zum Schutze der Menschenrechte und Grundfreiheiten, deren Anwendung in den Vertragsstaaten sichergestellt sein muß, Zuständigkeitsregelungen für die Prüfung von Asylbegehren einschließlich der gegenseitigen Anerkennung von Asylentscheidungen treffen[36 f].

Übersicht

Literatur: *Roeser,* Rspr. des BVerfG zum Grundrecht auf Asyl und zum Ausländerrecht in den Jahren 1998 und 1999, EuGRZ 2000, 346; *Biermann,* Der „Asylkompromiß" und das BVerfG, Jura 1997, 522; *H. A. Wolff,* Die Asylrechtsentscheidungen des BVerfG vom 14. Mai 1996, DÖV 1996, 819; *Frowein/Zimmermann,* Die Asylrechtsreform des Jahres 1993 und das BVerfG, JZ 1996, 753; *Hailbronner,* Das Asylrecht nach den Entscheidungen des BVerfG, NVwZ 1996, 625; *Lübbe-Wolff,* Das Asylgrundrecht nach den Entscheidungen des BVerfG vom 14. Mai 1996, DVBl 1996, 825; *Tomuschat,* Asylrecht in der Schieflage, EuGRZ 1996, 381; *Pieroth/Schlink,* Menschenwürde- und Rechtsschutz bei der verfassungsrechtlichen Gewährleistung von Asyl, FS Mahrenholz, 1994, 669; *Wollenschläger/Schraml,* Art.16 a, das neue „Grundrecht" auf Asyl?, JZ 1994, 61; *Voßkuhle,* Grundrechtspolitik und Asylkompromiß, DÖV 1994, 53; *Zimmermann,* Das neue Grundrecht auf Asyl, 1994; *Classen,* Sichere Drittstaaten – ein Beitrag zur Bewältigung des Asylproblems?, DVBl 1993, 700; *Gusy,* Neuregelung des Asylrechts, Jura 1993, 505; *Henkel,* Das neue Asylrecht, NJW 1993, 2705; *Huber,* Das Asylrecht nach der Grundgesetzänderung, NVwZ 1993, 736; *Schoch,* Das neue Asylrecht gem. Art.16 a GG, DVBl 1993, 1161; *Liegmann,* Eingriffe in die Religionsfreiheit als asylerhebliche Rechtsgutsverletzung religiös Verfolgter, 1993; *Wollenschläger/Becker,* 40 Jahre Asylgrundrecht, AöR 1990, 369; *J. Dürig,* Beweismaß und Beweislast im Asylrecht, 1990; *Randelzhofer,* Asylrecht, HbStR VI, 1989, 185; *Sachs,* Das Asylgrundrecht, JuS 1989, 537;

Schwäble, Zum Zustand des materiellen Asylrechts, DÖV 1989, 419; *Reichel,*
Das staatliche Asylrecht „im Rahmen des Völkerrechts", 1987.

I. Bedeutung

Das Asylrecht geht auf Erfahrungen im und mit dem Dritten **1**
Reich zurück, weil damals rassisch bzw. politisch verfolgte Deutsche, wenn überhaupt, so nur unter erheblichen Schwierigkeiten im
Ausland Schutz finden konnten (JöR 1951, 165 ff). Mit der Schaffung des ursprünglich vorbehaltlosen Asylgrundrechts sollte Menschen, die sich in einer ähnlichen politischen Lage in anderen
Staaten befinden, in Zukunft geholfen werden. Durch die Verfassungsänderung von 1993 (Einl.3 Nr.39) sind das Grundrecht und
das einfach-rechtliche Asylrecht erheblich beschränkt worden. Die
hiergegen erhobenen Bedenken (BVerfGE *abwM* 94, 157 ff, 223 ff)
sind vom BVerfG zurückgewiesen worden (BVerfGE 94, 49 ff,
115 ff, 166 ff). Das Grundrecht wird durch völkerrechtliche Gewährleistungen, insb. die Genfer Flüchtlingskonvention v. 28. 7.
1951 (BGBl 1953 II 559) idF des Protokolls v. 31. 1. 1967 (BGBl
1969 II 1294) ergänzt (Decker MKS 8). Die Anerkennung als
politisch Verfolgter in einem anderen Vertragsstaat der GFK hat aber
keine Bindungswirkung für Asylanträge in der Bundesrepublik
(BVerfGE 52, 391/406; BVerwG, NVwZ 87, 507). Anderes kann
sich aus speziellen völkerrechtlichen Verträgen, insb. dem Schenge-
ner Durchführungsübereinkommen v. 19. 6. 1990 (BGBl 1993 II
1013) ergeben (unten Rn.36 f).

II. Schutzbereich (Abs.1)

1. Allgemeines

Der Begriff des politisch Verfolgten wird grds. in Anlehnung an **2**
die GFK bestimmt: Asylrechtlichen Schutz genießt danach jeder, der
wegen seiner Rasse, Religion, Nationalität, Zugehörigkeit zu einer
sozialen Gruppe oder wegen seiner politischen Überzeugung Verfolgungsmaßnahmen mit Gefahr für Leib und Leben oder Beschränkungen seiner persönlichen Freiheit ausgesetzt ist oder solche Verfolgungsmaßnahmen begründet befürchtet (vgl. BVerfGE 76,
143/157 ff; 80, 315/335; BVerwGE 49, 202/204 f; 68, 171/173; 79,
143/145; krit. Becker MKS 55). Allerdings ist diese Definition nicht
abschließend (unten Rn.9) bzw. muss sie im Hinblick auf den Vor-

rang der Verfassung „sachgerecht verstanden" werden (Randelzhofer MD 24 f). Bezüglich der Verfolgungsgefahr ist eine objektive Beurteilung geboten (BVerfGE 54, 341/359). Entscheidungen, die eine Anerkennung als politischer Flüchtling versagen, sind für die Frage der Asylgewährung nicht präjudiziell (BVerfGE 9, 174/181; vgl. auch BVerfGE 52, 391/406).

2. Politische Verfolgung

3   **a) Verfolgung** setzt zunächst eine Rechtsgutbeeinträchtigung voraus, die von einer gewissen Intensität ist. Bei Beeinträchtigungen von Leib, Leben und persönlicher Freiheit kann dies regelmäßig angenommen werden (BVerfGE 76, 143/157; vgl. auch BVerwGE 87, 141/145 f). Verfolgung kann alle Lebensbereiche beeinträchtigen, auch den religiösen (BVerfGE 76, 143/158; 81, 58/66; BVerfG-K, DVBl 95, 561; BVerwG, DVBl 96, 203), den kulturellen (BVerfG-K, NVwZ 92, 559) und den wirtschaftlichen (BVerfG-K, DVBl 94, 526; BVerwG, NVwZ-RR 95, 607). Soweit die Beeinträchtigungen Leben, Leib oder persönliche Freiheit nicht unmittelbar verletzen oder gefährden und auch soweit sie andere Rechtsgüter betreffen, sind sie nur bei die Menschenwürde verletzender Intensität Verfolgung iSd Abs. 1 (BVerfGE 54, 341/357; 76, 143/158; BVerwGE 80, 321/324). Das kann auch bei intensiver politischer Indoktrination (BVerwGE 87, 187/189) und bei Heiratsverboten (BVerwGE 90, 127/133) der Fall sein. Beeinträchtigungen, die unterschiedliche Schutzgüter mit jeweils nicht asylrelevanter Intensität treffen, gelten auch in ihrer Gesamtheit nicht als Verfolgung (BVerwG, NVwZ-RR 95, 607). Keine Verfolgung liegt vor „bei Nachteilen, die jemand auf Grund der allgemeinen Zustände in seinem Heimatstaat zu erleiden hat, wie Hunger, Naturkatastrophen, aber auch bei den allgemeinen Auswirkungen von Unruhen, Revolutionen und Kriegen" (BVerfGE 80, 315/335). Das Asylgrundrecht hat auch nicht zur Aufgabe, in wirtschaftlichen Notlagen, die nicht ihrerseits auf Verfolgungsmaßnahmen zurückzuführen sind, zu helfen (BVerfGE 54, 341/357; 56, 216/235). Als Verfolgungsmaßnahmen kommen grds. auch Einreiseverweigerung und Abschiebung in Betracht (BVerwG, NVwZ 85, 589).

4   **b) Staat als Verfolger: aa)** Politische Verfolgung ist grds. **unmittelbare staatliche Verfolgung** (BVerfGE 9, 174/180; 54, 341/356 ff; 76, 143/157 f; 80, 315/334). Dabei ist bei Staatsangehörigen auf die Maßnahmen des Heimatstaats, nicht aber eines dritten Staats (BVerwGE 68, 106/107) – es sei denn, der Heimatstaat droht,

seinen Machtbereich auf den Drittstaat auszudehnen (BVerfG-K, NVwZ 91, 979) –, und bei Staatenlosen auf solche des Staats des gewöhnlichen Aufenthalts (vgl. BVerwG, NVwZ 85, 589; 86, 759) abzustellen. Staatlich sind auch Verfolgungsmaßnahmen in der Armee, die von deren Führung angeordnet und von der Regierung stillschweigend hingenommen werden (BVerwGE 89, 163/166; BVerwG, NVwZ-RR 95, 54)

bb) Politische Verfolgung kann auch bestehen, wenn Verfol- **5** gungshandlungen durch Dritte dem Staat zuzurechnen sind **(mittelbare staatliche Verfolgung).** Das können auch Private sein (BVerwGE 85, 12/19 f). Verfolgungshandlungen Dritter sind dem Staat dann zuzurechnen, wenn er einzelne oder Gruppen zu Verfolgungsmaßnahmen anregt oder derartige Handlungen unterstützt oder tatenlos hinnimmt und damit den Betroffenen den erforderlichen Schutz versagt, weil er hierzu nicht willens oder nicht in der Lage ist (BVerfGE 54, 341/358; 80, 315/336; BVerwGE 67, 317/319; DVBl 95, 868). Allenfalls vereinzelte Exzesstaten von Amtswaltern können dem Staat nicht zurechenbar sein (BVerwGE 80, 315/352).

Dem Staat können Verfolgungshandlungen Dritter aber dann **6** **nicht mehr zugerechnet** werden, wenn die Schutzgewährung seine Kräfte übersteigt (BVerfGE 80, 315/336). Grundlagen der Zurechnung von Drittverfolgungen sind nämlich das staatliche Gewaltmonopol iS einer überlegenen Hoheitsmacht und das damit korrespondierende Schutzmonopol, das eine Garantenstellung begründet, die der Staat für und gegen jedermann durch Einsatz seiner Sicherheits- und Ordnungskräfte zum Schutz vor (politisch motivierten) Übergriffen wahrnehmen muss (Rothkegel, Gemeinschaftskommentar zum Asylrecht, 156, 162, 198 vor § 1 AsylVfG). Diese Garantenstellung und der Zurechnungsgrund entfallen, wenn der Staat zur Verhinderung solcher Übergriffe prinzipiell und auf Dauer und nicht nur zeitweise (BVerwGE 70, 232/236 f; 72, 269/271 f) nicht in der Lage ist, weil er das Gesetz des Handelns an andere Kräfte verloren hat und seine staatlichen Sicherheits- und Ordnungsvorstellungen insoweit nicht mehr durchzusetzen vermag. Dann kommt eine unmittelbare politische Verfolgung durch die Macht in Betracht, die den Staat aus seiner überlegenen Position verdrängt hat und an seine Stelle getreten ist. Dieser Wechsel des Zurechnungssubjekts setzt nicht etwa voraus, dass der Bürgerkrieg beendet ist (BVerfG-K, NVwZ 00, 1166 gegen BVerwGE 101, 328/332; 105, 306/310) und dass der Konkurrent um die überlegene Staatsgewalt völkerrechtlich anerkannt worden ist (Becker MKS 62).

7   **cc)** Auch in einem **Bürgerkrieg** kann es politische Verfolgung geben. Zwar hat das Asylrecht nicht die Aufgabe, vor den allgemeinen Unglücksfolgen zu bewahren, die sich aus Krieg, Bürgerkrieg und sonstigen Unruhen ergeben (oben Rn. 3). Daraus folgt aber nicht, dass Bürgerkriegsverhältnisse das Entstehen eines Asylanspruchs durchweg ausschließen. Die Möglichkeit einer politischen Verfolgung ist vielmehr dann gegeben, wenn die Maßnahmen gegen den Bürgerkriegsgegner nicht alle Betroffenen gleichmäßig treffen sollen, sondern einzelne und bestimmte Gruppen unter ihnen in Abhängigkeit von asylerheblichen Gesichtspunkten herausgegriffen und in asylrelevanter Weise anders behandelt werden (BVerwGE 72, 269/277). Dies ist dann der Fall, wenn die staatlichen Kräfte den Bürgerkriegskampf in einer Weise führen, die auf die physische Vernichtung von auf der Gegenseite stehenden oder ihr zugerechneten und nach asylerheblichen Merkmalen bestimmten Personen gerichtet ist, obwohl diese keinen Widerstand mehr leisten wollen oder können und an dem militärischen Geschehen nicht oder nicht mehr beteiligt sind; vollends, wenn die Handlungen der staatlichen Kräfte in die gezielte physische Vernichtung oder Zerstörung der ethnischen, kulturellen oder religiösen Identität des gesamten aufständischen Bevölkerungsteils umschlagen (sog. Gegenterror; BVerfGE 80, 315/340; BVerfG-K, DVBl 94, 203).

8   Politische Verfolgung ist auch als **regionale** durch einen „mehrgesichtigen Staat" möglich, der in verschiedenen Landesteilen unterschiedliche politische Ziele verfolgt und unterschiedliche Kultur- und Rechtsordnungen zulässt (BVerfGE 80, 315/342 f; 81, 58/65). Hiervon soll die von vornherein örtlich begrenzte (Gruppen-)Verfolgung zu unterscheiden sein (BVerwGE 101, 134/141 f; 105, 204/207 ff). Asylberechtigt ist aber nur, wer dadurch landesweit in eine ausweglose Lage versetzt wird; das ist der Fall, wenn er in anderen Teilen seines Heimatstaats eine tatsächlich erreichbare (BVerwG, NVwZ 93, 1212) und zumutbare Zuflucht nicht finden kann (sog. inländische Fluchtalternative; BVerfGE 80, 315/342; 81, 58/65; BVerwGE 85, 139/140 f; 101, 123/131; 105, 204/211). Das soll selbst dann gelten, wenn dort keine staatliche Friedensordnung mehr besteht (BVerwGE 108, 84/90). Insoweit ist der Asylsuchende im Hinblick auf eigene Erlebnisse darlegungspflichtig (BVerwG, DVBl 94, 1408). Auch für unverfolgt Ausgereiste gilt aber, dass der Wahrscheinlichkeitsmaßstab (unten Rn. 15 a) herabgestuft ist (BVerwGE 101, 134/137). Unzumutbar ist der Zufluchtsort, wenn der Asylsuchende auf Dauer ein Leben am Rande des Existenzminimums zu erwarten hat (BVerwG, DVBl 92, 1542), es sei denn am

Herkunftsort herrscht die gleiche Notlage (BVerwGE 105, 204/211 f). Wegen möglicher Veränderungen im Heimatstaat ist für die Zukunftsprognose das jeweilige Staatsgebiet in seiner Gesamtheit in den Blick zu nehmen (BVerwG, NVwZ 93, 792).

c) Anknüpfung an asylerhebliche Merkmale: aa) Asylerheb- **9** lich sind in erster Linie die in der **Genfer Flüchtlingskonvention** bestimmten Merkmale (oben Rn.2). Dabei umfasst das Merkmal „wegen ihrer politischen Überzeugung" nicht nur die politische Gesinnung als solche und ihre Bekundung, sondern grds. auch ihre Betätigung (BVerfGE 80, 315/336; BVerwGE 77, 258/265; 80, 136/140). Asylerheblich ist auch ein Anderssein auf Grund unabänderlicher persönlicher Merkmale, wie z. B. schicksalhaft irreversible Homosexualität (BVerwGE 79, 143/146 f). Ob eine Anknüpfung an asylerhebliche Merkmale vorliegt, ist objektiv (Sachs, JuS 89, 540) „anhand ihres inhaltlichen Charakters nach der erkennbaren Gerichtetheit der Maßnahme selbst zu beurteilen, nicht nach den subjektiven Gründen oder Motiven, die den Verfolgenden dabei leiten" (BVerfGE 80, 315/335; 76, 143/157, 166 f; BVerfG-K, DVBl 96, 1251; BVerwGE 85, 139/141 f; anders die frühere Rspr. des BVerwG; vgl. Becker MKS 33).

bb) Im Einzelnen sind keine politische Verfolgung: Zwangs- **10** rekrutierungen, die alle wehrfähigen Männer eines bestimmten Alters treffen (BVerwGE 69, 320/322; 81, 41/42), Ausbürgerungen aller Männer, die sich dem Wehrdienst durch einen längeren Aufenthalt außer Landes entziehen (BVerwG, DVBl 96, 206), die nur vorübergehende Weigerung eines Staats, seine Staatsbürger wieder einreisen zu lassen (BVerwG, DVBl 97, 912 f), religiöse Differenzierungen beim Wahlrecht und beim Zugang zu den Ausbildungsstätten und zum Öffentlichen Dienst (BVerfGE 76, 143/168 f), die Pflicht zur Teilnahme an einem bekenntnisfremden Religionsunterricht (BVerwG, NVwZ 88, 263) und die Pflicht der Bürger, bei zahlreichen Gelegenheiten die Staatsflagge zu grüßen (BVerwGE 80, 321/324 ff).

cc) Eine drohende **strafrechtliche Sanktion** allein ist noch kein **11** Asylgrund. Doch ist eine staatliche Verfolgung von Handlungen, die aus politischer Überzeugung begangen werden, grds. politische Verfolgung auch dann, wenn der Staat seinen eigenen Bestand oder seine politische Identität verteidigt (BVerfGE 80, 315/337; 81, 142/149 f; anders die frühere Rspr. des BVerwG). Allerdings können solche Handlungen aus besonderen Gründen aus dem Bereich politischer Verfolgung herausfallen. Ein solcher Grund ist v. a. der

Rechtsgüterschutz, d. h. „die staatliche Verfolgung kriminellen Unrechts, also von Straftaten, die sich gegen die Rechtsgüter anderer
Bürger richten" (sog. Terrorismusvorbehalt; BVerfGE 81, 142/150;
80, 315/337 f; BVerfG-K, DVBl 01, 66 f; BVerwGE 109, 12/17).
Anders ist das nur, „wenn der Betroffene eine Behandlung erleidet,
die härter ist als die sonst zur Verfolgung ähnlicher – nicht politischer
– Straftaten von vergleichbarer Gefährlichkeit im Verfolgerstaat übliche" (sog. Politmalus; BVerfGE 81, 142/150; 80, 315/336 f). Dabei
soll es auf die Sicherheitslage und die allgemeinen Verhältnisse in
dem Verfolgerstaat ankommen (BVerwG, NVwZ 00, 1427). Ähnlich
wird bei nicht politischen Straftaten politische Verfolgung angenommen, wenn die Sanktion an asylrelevante Eigenschaften, insb. an die
politische Überzeugung des Täters, anknüpft und auf sie abzielt (vgl.
BVerwGE 80, 136/140; Zuleeg AK 36). Dabei ist das Asylrecht
vorrangig gegenüber dem einfach-gesetzlichen Grundsatz der
Nichtauslieferung politischer Verbrecher (Schnapp MüK 9).

12   **Einzelne Delikte:** Bei der Verfolgung wegen Wehrdienstverwei-
gerung müssen idS besondere Umstände hinzutreten (BVerwGE 62,
123/125; 81, 41/44 f; NVwZ 92, 275; 93, 790; Randelzhofer
MD 77). Entsprechendes gilt für die Bestrafung wegen unerlaubten
Verlassens des Heimatstaats bzw. Republikflucht (BVerwGE 81,
41/46; Becker MKS 45). Keine politische Verfolgung liegt vor,
wenn falsche Anschuldigungen Dritter lediglich pflichtgemäß von
den Behörden geprüft werden; anders kann die Beurteilung aber
ausfallen, wenn in der Absicht politischer Diskriminierung mit De-
nunzianten zusammengearbeitet wird (BVerfGE 63, 197/206 f).
Keine politische Verfolgung liegt auch dann vor, wenn ein Staat
politischen Terrorismus bekämpft und sich dabei auf die eigentlichen
Taten, Täter und Förderer und auf eine gewissermaßen normale
Intensität der Bekämpfung beschränkt (BVerfGE 80, 315/339 f; 81,
142/152; BVerwGE 87, 152/153; BVerwG, DVBl 95, 573); dies soll
auch dann gelten, wenn ein Terrorist sein gegen den Heimatstaat
gerichtetes Tun in der Bundesrepublik Deutschland beginnt oder
fortsetzt (BVerfG-K, NVwZ 92, 261 f). Dagegen spricht ein gegen
eine ganze Bevölkerungsgruppe gerichteter Separatismusverdacht
für politische Verfolgung (BVerwGE 96, 200/205).

13   **dd)** Auch drohende **Folter** und **Todesstrafe** allein sind noch
kein Asylgrund. Die Folter stellt aber dann politische Verfolgung dar,
wenn sie wegen eines der asylrelevanten Merkmale (oben Rn.10)
eingesetzt oder im Blick auf diese Merkmale in verschärfter Form
angewendet wird (BVerfGE 81, 142/151; BVerfG-K, DVBl 96,
1251; vgl. auch BVerwGE 67, 184/193 f; 74, 226/228; DVBl 93,

326). Entsprechendes muss für die Todesstrafe gelten. Für die Ausweisung von Asylbewerbern in einen Staat, in dem ihnen Folter oder Todesstrafe droht, bestehen aber grundrechtliche Grenzen (Rn.2 zu Art.102; Rn.5 f zu Art.104).

3. Eigene und gegenwärtige Betroffenheit

a) Es muss eine **eigene Verfolgung** vorliegen (BVerfGE 83, **14** 216/230). Die bloße familiäre Verbundenheit mit einem Verfolgten begründet als solche noch keine eigene Verfolgung (BVerwGE 65, 244/245; BVerfG-K, NVwZ 85, 260). Allerdings ist bei Ehegatten und minderjährigen Kindern anerkannt, dass sie gewissermaßen stellvertretend politisch verfolgt werden können; daraus resultiert die widerlegliche Vermutung für eigene politische Verfolgung (BVerwGE 75, 304/312 f; 79, 244/246). Daher räumt § 26 AsylVfG Ehegatten und Kindern von Asylberechtigten unter bestimmten Voraussetzungen die Rechtsstellung von Asylberechtigten ein (vgl. BVerfG-K, NVwZ 91, 978 f; BVerwGE 88, 326/327 ff; 90, 364/368 ff; 104, 347/349 ff). Auch bei anderen Verwandten liegt stellvertretend politische Verfolgung vor, wenn sie in die gegen ihren Verwandten gerichtete politische Verfolgung über das übliche Maß hinaus, etwa als in Anspruch genommener Informant, einbezogen werden (BVerwG, NVwZ 94, 1122 f). Dass jemand einer Gruppe angehört, die Verfolgungsmaßnahmen ausgesetzt ist, begründet eigene politische Verfolgung, wenn die Gruppenangehörigen wegen eines bei allen vorliegenden asylerheblichen Merkmals (oben Rn.9) nicht nur von vornherein örtlich begrenzt (oben Rn.8) verfolgt werden und sie sich in einer nach Ort, Zeit und Wiederholungsträchtigkeit vergleichbaren Lage befinden (sog. Einzelverfolgung wegen Gruppenzugehörigkeit; BVerfGE 83, 216/231 ff; BVerfG-K, DVBl 96, 612; BVerwGE 96, 200/203 ff). Bei unmittelbarer staatlicher Verfolgung (oben Rn.4) reichen insofern hinreichend sichere Anhaltspunkte für ein entsprechendes staatliches Verfolgungsprogramm (BVerwGE 96, 200/204; 101, 123/125); bei Verfolgungshandlungen Dritter, die dem Staat zugerechnet werden (oben Rn.6), wird eine erhebliche Verfolgungsdichte verlangt (BVerwG, NVwZ 94, 1121).

b) Gegenwärtige Verfolgung: aa) Im Hinblick auf die **Zeit 15 vor der Ausreise** liegt keine gegenwärtige Verfolgung vor, wenn jemand erst mehrere Jahre nach erlittener, aber beendeter Verfolgung seinen Heimatstaat (BVerwGE 87, 52/53 f) oder einen von diesem beherrschten Drittstaat (BVerwGE 89, 171/175 f) verlässt. Je länger der Ausländer nach erlittener Verfolgung in seinem Heimatstaat verbleibt, umso mehr spricht gegen eine gegenwärtige Verfolgung (BVerwGE 87, 141/146; NVwZ 00, 1426).

15 a **bb)** Im Hinblick auf eine **Rückkehr** in den Verfolgerstaat darf keine gegenwärtige Verfolgung zu befürchten sein. Begründete Furcht besteht, wenn eine politische Verfolgung in absehbarer Zeit mit beachtlicher, d. h. grds. überwiegender Wahrscheinlichkeit droht (BVerwGE 76, 143/167). Dabei soll die Zumutbarkeit der Rückkehr in den Heimatstaat eine maßgebende Rolle spielen (BVerwGE 89, 162/169). Dieses Erfordernis entfällt nicht durch eine Gesamtschau mehrerer Gründe, die je für sich eine Verfolgungsgefahr nur möglicherweise auslösen (BVerwGE 82, 171/173). Für Vorverfolgte, bei denen schon vor Verlassen des Heimatstaats eine Verfolgung stattgefunden oder unmittelbar gedroht hat (BVerwGE 87, 52/53), ist der Wahrscheinlichkeitsmaßstab aber herabgestuft (BVerwGE 70, 169/170; 85, 266/267 f; 104, 97/99 f) und muss eine Wiederholung von Verfolgungsmaßnahmen mit hinreichender Wahrscheinlichkeit ausgeschlossen sein (BVerfGE 54, 341/356 ff). Voraussetzung hierfür ist allerdings ein innerer Zusammenhang zwischen erlittener Vorverfolgung und Asylbegehren, dergestalt, dass bei Rückkehr mit einem Wiederaufleben der ursprünglichen Verfolgung zu rechnen ist oder das erhöhte Risiko einer gleichartigen Verfolgung besteht (BVerwGE 104, 97/102; Becker MKS 52). Die Gegenwärtigkeit besteht nicht mehr, wenn die geltend gemachte Furcht vor Verfolgung keinerlei Verknüpfung mehr zu der früher erlittenen aufweist oder wenn die frühere Verfolgung ohne Einfluss auf den späteren Entschluss zum Verlassen des Heimatstaats gewesen ist (BVerwGE 71, 175/179), insb. längere Zeit verstrichen ist (BVerwGE 87, 52/55). Dem, der sich selbst dem Schutz seines Heimatstaats unterstellt, ist auch der Aufenthalt in diesem zumutbar (vgl. BVerwGE 89, 231/233 ff).

16 **cc)** Auch eine sog. **ausländische Fluchtalternative** schließt die gegenwärtige Verfolgung aus. Sie liegt vor, wenn der Betroffene in einem Staat Aufnahme und Schutz vor Verfolgung gefunden hat; zur Einreise aus sog. sicheren Drittstaaten unten Rn. 24–29. Es reicht die objektive Sicherheit vor politischer Verfolgung aus (BVerwGE 77, 150/152). Sie ist insb. gegeben, wenn die Flucht des politisch Verfolgten im Drittstaat ihr Ende gefunden, d. h. der Aufenthalt stationären Charakter angenommen hat (BVerwGE 79, 347/351; 84, 115/121; 88, 226/230), die auch noch im für die Asylentscheidung maßgeblichen Zeitpunkt (unten Rn. 18 a) bestehen muss (BVerfG-K, NVwZ 92, 659). Das soll regelmäßig bei einem Aufenthalt von mehr als drei Monaten der Fall sein (§ 27 Abs. 3 AsylVfG; BVerwGE 79, 347/353 ff; 88, 226/230 f). Aufnahme und Schutz vor Verfolgung im Drittstaat setzt auch eine Hilfestellung zur Beseitigung oder Verhinderung von Obdachlosigkeit, Mittellosigkeit, Hunger oder Krankheit voraus (BVerwGE 78, 332/345 f; 88, 226/232). Die ausländische Fluchtalternative kann auch nach Einreise in die Bundesrepublik Deutschland und nach Asylantragstellung gegeben sein (BVerwGE 81, 164/168). Der ausländischen Fluchtalternative gleichstehen soll der freiwillige Verzicht auf anderweitigen Verfolgungsschutz, wobei aber Abs. 1 insoweit fortwirken soll, als Schutz vor Abschiebung in einen Verfolgerstaat besteht (BVerwGE 75, 181/187; 77, 150/153 f; krit. Zuleeg AK 33).

dd) Bei **Nachfluchttatbeständen,** d. h. nach Verlassen des Hei- **17** matstaats eingetretenen Handlungen, Vorgängen oder Ereignissen, ist wegen des von der Rspr. für erforderlich gehaltenen Kausalzusammenhangs Verfolgung – Flucht – Asyl zu unterscheiden: Für objektive Nachfluchttatbestände, die durch Vorgänge oder Ereignisse im Heimatland oder sonstige vom Betroffenen nicht selbst herbeigeführte Umstände ausgelöst werden, gelten die allgemeinen Grundsätze (BVerfGE 74, 51/64 ff; 80, 315/344 f; BVerwGE 77, 258/261; 85, 139/140 f; 88, 92/95 f). Dagegen sind subjektive oder selbstgeschaffene Nachfluchttatbestände grds. unbeachtlich (anders die GFK; vgl. Becker MKS 71). Das sind nur solche, die von demjenigen Ausländer geschaffen worden sind, der unter Berufung auf sie Asyl begehrt (BVerwGE 88, 92/95; DVBl 92, 1541).

Im Einzelnen sind typische subjektive Nachfluchttatbestände das **18** bloße illegale Verlassen des Heimatstaats (BVerwGE 81, 41/46), das illegale Verbleiben im Ausland nach legaler Ausreise (BVerwG, NVwZ 89, 69) und das bloße Stellen eines Asylantrags (BVerwGE 68, 171/175). Allerdings kann allein aus der Tatsache der vom Asylbewerber beantragten Erneuerung oder Verlängerung von Ausweispapieren durch den Heimatstaat noch nicht auf fehlende Verfolgungsgefahr geschlossen werden (BVerwG, NVwZ 88, 161). Subjektive Nachfluchttatbestände können aber politische Verfolgung begründen, wenn sie „sich als Ausdruck und Fortführung einer schon während des Aufenthalts im Heimatstaat vorhandenen und erkennbar bestätigten festen Überzeugung darstellen" (BVerfGE 74, 51/64 ff) oder Folge einer zum Nachfluchtverhalten drängenden, zumindest latenten Gefährdungslage im Heimatstaat sind (BVerwGE 81, 170/172; 82, 171/175 f; DVBl 92, 1543). Als asylrechtlich erheblicher subjektiver Nachfluchtgrund wurde auch gewertet, wenn jemand wegen einer nach Verlassen des Heimatstaats geschlos-

senen Ehe mit einem Menschen anderer Religionszugehörigkeit
oder wegen der Gestattung einer christlichen Kindererziehung verfolgt wird (BVerwGE 90, 127/132 f).

18 a   **ee) Maßgeblicher Zeitpunkt** für die Feststellung, ob einem
Asylsuchenden politische Verfolgung droht, ist grds. der Zeitpunkt
der Letzten gerichtlichen Tatsachenentscheidung (BVerfGE 54,
341/359 f; BVerwGE 75, 181/183); doch darf das Revisionsgericht
auch spätere offenkundige Tatsachen berücksichtigen (BVerwGE 91,
104/106 ff). Gleiches gilt für die Aufstellung der mit dem ablehnenden Asylbescheid zugestellten Ausreiseaufforderung und Abschie-
bungsandrohung (vgl. § 77 Abs.1 AsylVfG).

4. Wegfall der Asylberechtigung

18 b   Politische Verfolgung ist Voraussetzung nicht nur für die Entstehung, sondern auch für den Fortbestand des Asylrechts. Erlöschen,
Widerruf und Rücknahme der Anerkennung als politisch Verfolgter
(vgl. §§ 72 f AsylVfG) sind grds. zulässig (Kimminich BK 394;
Randelzhofer MD 144; einschr. Lübbe-Wolff DR 50). Der Widerruf ist aber nur zulässig, wenn sich die für die Beurteilung der
Verfolgungslage maßgeblichen Verhältnisse nachträglich entscheidungserheblich geändert haben; eine Änderung der Erkenntnislage
oder deren abweichende Würdigung genügt nicht (BVerwG,
NVwZ 01, 335 f). Die Rücknahmeregelung des § 73 Abs.2 AsylVfG
lässt Raum für eine ergänzende Anwendung des § 48 VwVfG
(BVerwG, NVwZ 01, 337 f).

5. Träger des Grundrechts

19   Nur natürliche Personen sind Träger des Art.16 a, nicht aber juristische Personen und Vereinigungen, z. B. Fluggesellschaften (BVerf-
GE 97, 49/66); praktisch wird das Grundrecht nur für Ausländer
und Staatenlose (vgl. Kimminich BK 168 ff; Randelzhofer MD 82;
Schnapp MüK 7) sowie für Volksdeutsche, die noch nicht den Status
eines Deutschen erlangt haben (Rn.1 zu Art.116). Dass der Anspruch auf Asyl erst entstehen soll, wenn der politisch Verfolgte das
Staatsgebiet der Bundesrepublik Deutschland erreicht hat (so
BVerwGE 69, 323/325 ff; Randelzhofer MD 84 ff), widerspricht
nicht nur Art.1 Abs.3 (Pieroth/Schlink 986), sondern auch Abs.2
S. 1, 2: Wenn nur diejenigen sich nicht auf das Asylrecht berufen
können, die aus dort näher bestimmten Staaten einreisen (unten
Rn.25 f), sind die aus anderen Staaten einreisenden Ausländer
grundrechtsberechtigt. Nur die Einreise aus einem Mitgliedstaat der

Europäischen Gemeinschaften schließt von Verfassungs wegen das Asylrecht aus; bezüglich der aus anderen Drittstaaten Einreisenden bedarf es eines Gesetzes gem. Abs. 2 S. 2 (unten Rn. 26; Becker MKS 157). Nach erfolglosem Asylverfahren dürfen Asylbewerber wie andere Ausländer behandelt werden (BVerwGE 105, 28/33 f)

III. Beeinträchtigung

1. Eingriffe

a) Allgemeines. Eingriffe sind alle aufenthaltsverweigernden **20** und -beendenden Maßnahmen gegenüber den vom Asylrecht geschützten politisch Verfolgten (Kimminich BK 275 ff; Randelzhofer MD 100 ff), insb. die Abweisung von Nicht-EG-Bürgern an der Grenze (vgl. BVerfG-K, NVwZ 92, 973), die Abschiebung und grds. auch die Auslieferung (Becker MKS 111 f). Die Ausländerbehörden dürfen außer in den Fällen sicherer Drittstaaten (unten Rn. 24–29), verfolgungsfreier Herkunftstaaten (unten Rn. 25 f) und „offensichtlicher Unbegründetheit" (BVerfGE 67, 43/56 ff) vor Durchführung des Anerkennungsverfahrens keine aufenthaltsbeendenden Maßnahmen gegen Asylsuchende ergreifen. Die Visumspflicht ist kein Eingriff, soweit ihre Erfüllung möglich und zumutbar ist (BVerfG-K, NVwZ 87, 1068). Eingriffe sind dagegen die rechtsgrundlose Verweigerung des Visums durch eine deutsche Auslandsvertretung und das Verbot, Asylsuchende ohne Visum auf dem Luftweg in die Bundesrepublik Deutschland zu befördern (BVerwG, NVwZ 92, 682; Becker MKS 115). Eine räumliche Aufenthaltsbeschränkung stellt dagegen keinen Eingriff in das Asylrecht dar (BVerfG-K, NVwZ 83, 603 f).

b) Modalitäten. Eingriffe können auch in einer das Asylgrund- **21** recht nicht hinreichend wahrenden **Verfahrensgestaltung** liegen (BVerfGE 52, 391/401; 56, 216/236; 65, 76/94). Es müssen daher geeignete Vorkehrungen gegen unrichtige Entscheidungen, die den Asylbewerber der Verfolgungsgefahr aussetzen, getroffen werden (BVerfGE 71, 276/292 f; 87, 48/62). Die Gerichte haben besondere Aufklärungs- und Offenlegungspflichten (BVerfG-K, DVBl 94, 1403; 00, 1049; BVerwGE 85, 92/94; 87, 141/150; NVwZ 92, 272). Die Abweisung der Asylklage als offensichtlich unzulässig oder unbegründet setzt voraus, dass an den tatsächlichen Feststellungen des Gerichts vernünftigerweise kein Zweifel besteht und sich die Abweisung der Klage geradezu aufdrängt (BVerfG-K, EuGRZ 97, 420; DVBl 00, 1123 unter Berufung auf BVerfGE 65, 76/95 f). Kein

Eingriff ist die Auferlegung von Mitwirkungsobliegenheiten des Asylbewerbers im Asylverfahren (vgl. BVerfGE 60, 255/295), wohl aber die Sanktionierung ihrer Nichterfüllung, wenn der Betroffene hierüber nicht ausreichend belehrt worden ist (BVerfG-K, DVBl 94, 632 f).

22   Im **Auslieferungsverfahren** muss von Amts wegen geklärt werden, ob eine Gefahr politischer Verfolgung vorliegt und ob der betreffende Staat die Zusicherung der Nichtverfolgung einhalten wird (Vergewisserungspflicht; BVerfGE 63, 197/209 ff; 64, 46/62 ff; 64, 125/132 f); allerdings müssen tatsächliche Anhaltspunkte dafür vorliegen, dass der betreffende Staat nicht vertragstreu sein wird (BVerwGE 52, 391/401; 64, 391/401; 64, 46/63). Die Überprüfung der Asylberechtigung im Auslieferungsverfahren hat unabhängig davon zu erfolgen, ob das Asylanerkennungsverfahren vor den Verwaltungsgerichten abgeschlossen ist oder nicht (BVerfGE 60, 348/358).

2. Verweigerung von Leistungen

23   In der Verweigerung von Leistungen liegt grds. keine Beeinträchtigung des Asylgrundrechts (Pieroth/Schlink 986 ff). Dass der Zufluchtstaat den Asylsuchenden nicht verhungern lassen darf (BVerwGE 71, 139/141), folgt schon aus dem Recht auf Leben (Rn.69 zu Art.2). Die Einschränkbarkeit laufender Geldleistungen an den Asylsuchenden auf das zum Lebensunterhalt Unerlässliche ist mit dem GG vereinbar (BVerwGE 71, 139/141). Asylbewerber haben während des Asylverfahrens in der Regel keinen Anspruch auf Erwerbstätigkeit (BVerfG-K, NJW 84, 558; BVerwG, DÖV 82, 40), Kindergeld (BSG, NVwZ 83, 246) oder Erziehungsgeld (BSGE 70, 197/199). Dem Asylbewerber darf auch eine Auflage erteilt werden, um sicherzustellen, dass er eine künftige Ausreisepflicht auf eigene Kosten erfüllen kann (BVerwGE 64, 285/288). Nähere Regelungen enthält das AsylbewerberleistungsG.

IV. Rechtfertigung von Beeinträchtigungen (Schranken)

1. Sichere Drittstaaten (Abs.2)

24   **a) Bedeutung und Anwendungsbereich.** Abs.2 S. 1 beruht auf dem „Konzept normativer Vergewisserung" (BVerfGE 94, 49/95 f): Die Schutzbedürftigkeit des Asylsuchenden wird nicht in einem administrativen Verfahren unter Würdigung aller Umstände

des Einzelfalls geprüft, sondern durch Einstufung von sicheren Drittstaaten normativ entschieden (Lübbe-Wolff, DVBl 96, 827). Zwei
Gruppen sicherer Drittstaaten sind zu unterscheiden: die Mitgliedstaaten der Europäischen Union (hier synonym mit dem Begriff der
Europäischen Gemeinschaften; vgl. Rn.3 zu Art.23) und andere
sichere Drittstaaten. Bei Einreise aus den Mitgliedstaaten der Europäischen Union entfällt grds. (Ausnahme unten Rn.36) bereits der
persönliche Schutzbereich des Asylgrundrechts (oben Rn.19). Für
die Parteien völkerrechtlicher Verträge iSd Abs.5 (unten Rn.36 f)
ergibt sich dies aus dem gegenüber Abs.2 speziellen Abs.5 (BVerfGE
94, 49/86 f), für die sonstigen Mitgliedstaaten unmittelbar aus Abs.2
S. 1. Dagegen enthält Abs.2 S. 2 eine ausschließliche Bundesgesetzgebungskompetenz (Rn.3 zu Art.70) und einen qualifizierten Gesetzesvorbehalt (Pieroth/Schlink 985): Die Bestimmung der sonstigen
sicheren Drittstaaten bedarf einer Feststellung durch Gesetz, das der
Zustimmung des Bundesrats bedarf (Rn.4 zu Art.77). Art.19 Abs.1,
insb. das Zitiergebot, findet aber aus den gleichen Gründen wie bei
Enteignungsgesetzen (Rn.68 zu Art.14) keine Anwendung.

b) Voraussetzungen: aa) Die Sicherheit der **Mitgliedstaaten** 25
der Europäischen Union wird durch die Verfassung fingiert
(Schoch, DVBl 93, 1163) und ist der verfassungsgerichtlichen Überprüfung daher nur im Rahmen des Art.79 Abs.3 zugänglich (Becker
MKS 149, 151; wohl auch BVerfGE 94, 49/84; a. A. wohl Bonk SA
60; Lübbe-Wolff, DVBl 96, 829). Abs.2 S. 1 hat dynamische Wirkung, gilt also auch für nach seinem Inkrafttreten der Europäischen
Union beigetretene Mitgliedstaaten (BVerfGE 94, 49/89; Randelzhofer MD 4).

bb) Die Sicherheit der Drittstaaten **außerhalb der Europäi-** 26
schen Union besteht, wenn die Anwendung der GFK und der
EMRK sichergestellt ist. Voraussetzung ist der förmliche Beitritt des
Drittstaats zu beiden Konventionen und deren tatsächliche Einhaltung (BVerfGE 94, 49/90 ff). Dies sollen auch Staaten sein, die ihrerseits Drittstaatenregelungen vorsehen, sofern keine Gefahr von Ket-
tenabschiebungen in den Verfolgerstaat besteht (BVerfGE 94,
49/92 f). Diese Gefahr besteht aber, weil von dem Viertstaat nur ein
der GFK und der EMRK entsprechender Schutz, nicht aber eine
Rechtsbindung an diese Konventionen gefordert wird (so BVerfGE
94, 49/111 ff; dagegen Becker MKS 155). Der auch bei Verfassungsänderungen zu beachtende Menschenwürdeschutz verlangt aber
(vgl. Rn.5 zu Art.1), dass sich die deutschen Behörden vergewissern,
dass der Flüchtling durch die Zurückweisung oder Abschiebung

keinen Menschenwürdeverletzungen ausgesetzt wird; dem genügt Abs. 2 nicht (Pieroth/Schlink, FS Mahrenholz, 1994, 681 ff; **a. A.** BVerfGE 94, 49/102 ff; Randelzhofer MD 55). Bei der Bestimmung der sicheren Drittstaaten soll der Gesetzgeber einen weiten Einschätzungs- und Entscheidungsspielraum haben und das BVerfG nur die Vertretbarkeit des Gesetzes überprüfen (BVerfGE 94, 49/93; krit. Lübbe-Wolff DR 75; Frowein/Zimmermann, JZ 96, 756 f). Das BVerfG darf aber durch überlegene Beweismittel die kraft Gesetzes bestehende Vermutung widerlegen (Bonk SA 67). Sichere Drittstaaten außerhalb der Europäischen Union sind gem. § 26 a Abs. 2 AsylVfG iVm Anl. I Norwegen, Polen, Schweiz und die Tschechische Republik. Damit sind alle an die Bundesrepublik Deutschland angrenzenden Staaten sichere Drittstaaten.

27 Die **Einreise** aus dem sicheren Drittstaat muss nach dem 30. 6. 1993 stattgefunden haben (vgl. §§ 87, 87 a AsylVfG; BVerfG-K, NVwZ 94, 162). Sie kann auf dem Land-, Luft- und Seeweg erfolgen. Die Feststellung, dass der Ausländer überhaupt aus einem sicheren Drittstaat eingereist ist, reicht aus; der konkrete Staat muss nicht feststehen (BVerfGE 94, 49/94 f; BVerwGE 100, 23/25 ff). Dem Asylbewerber darf zwar nicht die volle Beweislast für eine Einreise per Flugzeug oder Schiff aufgebürdet werden (Becker MKS 166); die Weggabe wichtiger Beweismittel darf aber zu Lasten des Asylbewerbers gewürdigt werden (BVerwGE 109, 174/179). Nicht ausreichend ist aber die Einreise über einen sicheren Drittstaat; bei der Einreise mit dem Flugzeug oder Schiff reicht es auch nicht, wenn in einem Drittstaat ein Zwischenaufenthalt erfolgt ist und der Asylbewerber den Transitbereich nicht verlassen hat (BVerfGE 94, 115/131; Lübbe-Wolff DR 68; a. A. Randelzhofer MD 40). Vielmehr muss der Asylbewerber die objektive Möglichkeit gehabt haben, an der Grenze oder im Hoheitsgebiet des Drittstaats ein Asylbegehren zu stellen (sog. Gebietskontakt). Der Gebietskontakt entfällt aber nicht dadurch, dass der Asylbewerber aus von ihm selbst zu verantwortenden Gründen kein Asylbegehren stellen kann (BVerwGE 105, 194/199).

28 **c) Rechtsfolgen.** Dadurch, dass sich der Asylbewerber bei Vorliegen der Voraussetzungen (oben Rn. 25 f) gem. Abs. 2 S. 1 nicht auf das Asylgrundrecht berufen kann, entfallen das Recht auf Einreise und auf vorläufigen Aufenthalt in der Bundesrepublik Deutschland. Auch die sonstigen materiellen Rechtspositionen, die einen Ausländer gegen seine Abschiebung schützen (insb. §§ 51, 53 AuslG), entfallen dadurch jedenfalls grds. (BVerfGE 94, 49/95; Becker MKS

146; a. A. Lübbe-Wolff, DVBl 96, 826 f) und mit Wirkung auch auf
das einfach-rechtliche Familienasyl (BVerwG, DÖV 97, 322). Das
gilt unabhängig davon, ob der Ausländer in den sicheren Drittstaat
zurückgeführt werden kann oder soll (BVerfGE 94, 49/87; a. A.
Möller/Schütz, DVBl 95, 866). Ausnahmen, in denen zwar nicht
der Schutz des Asylgrundrechts, wohl aber die sonstigen materiellen
Abschiebungshindernisse bestehen bleiben müssen, gelten nur in
den Fällen, die außerhalb der Möglichkeiten antizipierter normativer
Vergewisserung (oben Rn. 24) liegen (BVerfGE 94, 49/99 f): (1) im
Drittstaat drohende Todesstrafe, politische Verfolgung oder men-
schenunwürdige Behandlung; (2) im Drittstaat drohendes Verbrechen, vor dem der Drittstaat den Asylsuchenden nicht schützen
kann; (3) Veränderung der für die Einstufung als sicherer Drittstaat
maßgeblichen Verhältnisse; (4) ausnahmsweise drohende politische
Verfolgung oder unmenschliche Behandlung durch den sicheren
Drittstaat selbst sowie (5) offenkundiges konventionswidriges Verhalten des Drittstaats in Form einer totalen Schutzverweigerung. Mit
diesem Ausnahmekatalog wird insb. den völkerrechtlichen Verpflichtungen der Bundesrepublik (Art. 33 GFK, Art. 3 EMRK)
Rechnung getragen (Frowein/Zimmermann, JZ 96, 758). Eine erhöhte Darlegungslast bezüglich der Voraussetzungen der Ausnahmen
ist nicht zu fordern (a. A. Randelzhofer MD 77 f). Das Entfallen des
asylgrundrechtlichen Schutzes hindert auch nicht eine zeitweise
Aussetzung der Abschiebung gem. § 55 AuslG (Schnapp MüK 16).

d) Rechtsschutz. Abs. 2 S. 3 wendet sich nicht nur an den Ge- **29**
setzgeber, sondern unmittelbar an Behörden und Gerichte: Er statuiert ein Verbot, die Vollziehung aufenthaltsbeendender und einreise-
verhindernder (BVerfGE 94, 49/101; Randelzhofer MD 84; a. A.
Lübbe-Wolff DR 85; Wollenschläger/Schraml, JZ 94, 65) Maßnahmen durch verwaltungsgerichtliche Eilentscheidung auszusetzen
(BVerfGE 94, 49/100 f; Pieroth/Schlink, FS Mahrenholz, 1994,
676 ff). Abs. 2 S. 3 gilt nur, wenn der Ausländer in einen sicheren
Drittstaat, nicht aber in den Herkunftstaat zurückgebracht wird,
wenn nicht ernstlich zweifelhaft ist, dass der Ausländer über einen
sicheren Drittstaat eingereist ist (BVerfGE 94, 49/101 f; a. A. Randelzhofer MD 88), sowie nur im Rahmen der Möglichkeiten normativer Vergewisserung (BVerfGE 94, 49/102). Der Betroffene muss
also vor der Rückführung Einwände wegen fehlender individueller
Sicherheit geltend machen können, die auf einer der Ausnahmen
von dem Konzept normativer Vergewisserung (oben Rn. 28) beruhen. Mit diesem einschränkenden Verständnis von Abs. 2 S. 3 soll

§ 34 a Abs. 2 AsylVfG vereinbar sein (BVerfGE 94, 49/113), obwohl
dieser nach seinem Wortlaut vorläufigen Rechtsschutz ohne Einschränkung ausschließt (für Verfassungswidrigkeit Schoch, DVBl 93,
1168; Lübbe-Wolff, DVBl 96, 832). Innerhalb der Reichweite des
Konzepts normativer Vergewisserung soll Abs. 2 S. 3 aber selbst dann
gelten, wenn sich das Verwaltungsgericht zu einer Vorlage nach
Art. 100 Abs. 1 – etwa wegen Zweifeln an der Bestimmung eines
sicheren Drittstaats – entschließt und das Verfahren aussetzt
(BVerfGE 94, 49/102). Dies ist nur akzeptabel, wenn man davon
ausgeht, dass Abs. 2 S. 3 nur den verwaltungs-, nicht aber den verfassungsgerichtlichen Eilrechtsschutz nach § 32 BVerfGG erfasst
(vgl. Bonk SA 81; Lübbe-Wolff DR 79). Dieser muss dann auch
Schutz vor Abschiebung gewährleisten (a. A. offensichtlich – jedenfalls für Abs. 4 – BVerfGE 94, 166/212 ff; unten Rn. 33)

2. Verfolgungsfreie Herkunftstaaten (Abs. 3)

30   **a) Voraussetzungen.** Durch Gesetz, das der Zustimmung des
Bundesrats bedarf (Rn. 4 zu Art. 77), können gem. Abs. 3 S. 1 sichere
Herkunftstaaten bestimmt werden; dadurch wird eine ausschließliche
Bundesgesetzgebungskompetenz begründet (Rn. 3 zu Art. 70).
Art. 19 Abs. 1, insb das Zitiergebot, findet aber aus den gleichen
Gründen wie bei Enteignungsgesetzen (Rn. 68 zu Art. 14) keine
Anwendung. Die Sicherheit beurteilt sich nach der Rechtslage, der
Rechtsanwendung und den allgemeinen politischen Verhältnissen.
Sie ist gegeben, wenn weder politische Verfolgung (oben Rn. 4–18)
noch Folter oder unmenschliche oder erniedrigende Bestrafung
oder Behandlung stattfindet (vgl. Art. 3 EMRK). Die Tatsache, dass
der Herkunftstaat die Todesstrafe kennt, steht der Einstufung als
sicher aber nicht automatisch entgegen (BVerfGE 94, 115/137 f).
Anders als nach Abs. 1 (oben Rn. 8) muss die Verfolgungsfreiheit
landesweit bestehen (BVerfGE 94, 115/135). Bei der Tatsachenfest-
stellung und der darauf beruhenden Bewertung und Prognose besteht ein Einschätzungsspielraum des Gesetzgebers (BVerfGE 94,
115/144; krit. BVerfGE *abwM* 94, 115/157 ff; Frowein/Zimmer-
mann, JZ 96, 761; Becker MKS 190; Schnapp MüK 23). Bei Staaten
mit erst kurzer demokratischer Tradition bedarf es aber einer besonderen Sorgfalt und umfassenden Würdigung (BVerfGE *abwM* 94,
115/159; zu weitgehend: BVerfGE 94, 115/144). § 29 a Abs. 2
AsylVfG iVm Anl. II hat folgende Staaten zu verfolgungsfreien Herkunftstaaten erklärt: Bulgarien, Ghana, Polen, Rumänien, Senegal,
Slowakische Republik, Tschechische Republik und Ungarn. Für

Ghana wird das Vorliegen dieser Voraussetzungen bezweifelt
(BVerfGE *abwM* 94, 115/161 ff; Lübbe-Wolff, DVBl 96, 835).

b) Rechtsfolgen. Mit Hilfe einer antizipierten Tatsachen- und 31
Beweiswürdigung wird gem. Abs. 3 S. 2 vermutet, dass ein Asylbewerber aus einem verfolgungsfreien Herkunftstaat keiner politischen
Verfolgung ausgesetzt ist (BVerfGE 94, 115/147). Diese Vermutung
bezieht sich nicht auf sonstige rechtlich relevante Verfolgung; Abs. 3
S. 2 entbindet daher nicht von der Verpflichtung, das Vorliegen von
sonstigen Abschiebungshindernissen (vgl. § 31 Abs. 3 AsylVfG
i. V. m. § 53 AuslG) zu prüfen (BVerfGE 94, 115/146; a. A. Randelzhofer MD 130 f). Die Regelvermutung kann durch den Vortrag
von Tatsachen widerlegt werden, die die Annahme begründen, dass
der Asylbewerber politisch verfolgt ist: Der Vortrag muss zur
Kenntnis genommen und im Einzelnen gewürdigt werden
(BVerfGE 89, 101/104). Dafür reicht ein schlüssiger und substanti-
ierter Tatsachenvortrag (BVerfGE 94, 115/147); § 29 a Abs. 1
AsylVfG muss entsprechend verfassungskonform interpretiert werden (Bonk SA 96; Wollenschläger/Schraml, JZ 94, 69; a. A. Randelzhofer MD 145). Weitere Rechtsfolgen ergeben sich aus Abs. 4
(unten Rn. 32 ff).

3. Beschränkungen des Rechtsschutzes (Abs. 4)

a) Bedeutung. Abs. 4 beinhaltet verfahrensrechtliche, insb. den 32
Rechtsschutz betreffende Beschränkungen der Asylgewährleistung
im Hinblick auf aufenthaltsbeendende und einreiseverhindernde
(BVerfGE 94, 166/192; a. A. Randelzhofer MD 149 f; vgl. auch
oben Rn. 29) Maßnahmen. Der materiell-rechtliche Schutzbereich
des Abs. 1 wird hingegen nicht beschränkt.

b) Voraussetzungen. Abs. 4 S. 1 Hs. 1 schränkt die Zulässigkeit 33
der **Aussetzung der Vollziehung aufenthaltsbeendender Maßnahmen** ein. Die Regelung enthält in der 1. Alt. eine Ergänzung
zu Abs. 3 und knüpft in der 2. Alt. an andere, außerhalb des GG
geregelte, unbegründete oder als offensichtlich unbegründet geltende Fälle (vgl. § 30 AsylVfG) an. Diese sonstigen offensichtlich
unbegründeten und als offensichtlich unbegründet geltenden Fälle
darf der einfache Gesetzgeber nach Abs. 4 S. 2 bestimmen. Diese
Regelungen müssen der Bedeutung des Asylrechts und des aus ihm
abgeleiteten vorläufigen Bleiberechts gerecht werden (BVerfGE 94,
166/191). Dabei muss es sich aber um Konstellationen handeln, in
denen die Individualinteressen des Asylsuchenden in vergleichbarem
Maße gegenüber öffentlichen Interessen zurückstehen wie bei Abs. 3

(BVerfGE 94, 166/191). Voraussetzung für die sofortige Vollziehung
ist jeweils, dass keine ernstlichen Zweifel an der Unbegründetheit
des Antrags bestehen. Ernstliche Zweifel an der Rechtmäßigkeit
einer Maßnahme und das daraus folgende Gebot zur Aussetzung des
gerichtlichen Verfahrens bestehen, wenn erhebliche Gründe dafür
sprechen, dass die Maßnahme einer rechtlichen Prüfung wahrscheinlich nicht standhält (BVerfGE 94, 166/194; Randelzhofer MD
155). Abs.4 S. 1 Hs.1 beschränkt sich auf die Straffung verwaltungsgerichtlichen Eilrechtsschutzes, schließt aber verfassungsgerichtliche
Eilentscheidungen nicht aus (BVerfGE 94, 166/212 ff; Becker MKS
206 ff); im Interesse eines effektiven Rechtsschutzes darf der Asylsuchende bis zur Entscheidung des BVerfG auch nicht abgeschoben
werden (BVerfGE *abwM* 94, 166/230 ff; a. A. BVerfGE 94,
166/212 ff; Tomuschat, EuGRZ 96, 385).

34   Abs.4 S. 1 Hs.2 iVm S. 2 ermächtigt darüberhinaus zur gesetzlichen **Einschränkung des Prüfungsumfangs** und zur materiellen
Präklusion durch **Nichtberücksichtigung verspäteten Vorbrin-
gens** (Rn.38 zu Art.19; Rn.39 zu Art.103). Eine hinreichende
Sachverhaltsermittlung muss aber jeweils möglich bleiben
(BVerfG-K, NVwZ-Beil.93, 11, 19; Bonk SA 102). Von der Er-
mächtigung ist durch § 36 Abs.4 S. 2, 3 AsylVfG Gebrauch gemacht
worden. Beide Fälle enthalten eine Einschränkung des gerichtlichen
Rechtsschutzes, verstoßen aber nicht gegen Art.79 Abs.3 (Schoch,
DVBl 93, 1168).

35   **c) Verfahrensrechtliche Einzelfragen.** Das sog. Flughafenver-
fahren (§ 18 a AsylVfG), das die sonst schwierige Rückführung
abgelehnter Asylbewerber, die auf dem Luftweg eingereist sind,
erleichtert, ist insgesamt verfassungsgemäß (BVerfGE 94,
166/195 ff); auch die Dreitagesfrist für Anträge auf vorläufigen
Rechtsschutz in § 18 a Abs.4 S. 1 AsylVfG soll nicht zu beanstanden
sein, wenn dem Antragsteller auf Verlangen eine Nachfrist von
weiteren vier Tagen für die Begründung des Antrags eingeräumt
wird (BVerfGE 94, 166/210 ff; vgl. auch Marx, ZAR 93, 164).
Damit hat das BVerfG allerdings die Grenzen verfassungskonformer
Auslegung überschritten (Lübbe-Wolff, DVBl 96, 840). Ebenfalls
verfassungsgemäß soll es ein, dem Antragsteller erst nach der ersten
Anhörung Gelegenheit zur Beiziehung eines Rechtsbeistands zu
geben (BVerfGE 94, 166/204 f). Gleiches soll für die §§ 18 a Abs.4
S. 7, 36 Abs.3 S. 9 AsylVfG gelten, die die Vollziehung der Einreiseverweigerung bereits auf der Grundlage des ablehnenden Tenor-
beschlusses, also vor Vorliegen der gerichtlichen Begründung, erlau-

ben (BVerfGE 94, 166/210 ff; a. A. BVerfGE *abwM* 94, 166/223 ff;
Schnapp MüK 28).

4. Vorbehalt völkerrechtlicher Verträge (Abs. 5)

Bedeutung und Verhältnis zu anderen Vorschriften. Abs. 5 **36**
soll eine europäische Lastenverteilung erleichtern und bewirkt einen
Vorrang des multi- oder bilateralen (Becker MKS 221) Völkervertragsrechts vor Art. 16 a Abs. 1–4 (BVerfGE 94, 49/86; Bonk SA
111): Die Bundesrepublik Deutschland wird ermächtigt, völkerrechtliche Verträge abzuschließen, die Zuständigkeitsregelungen für
die Prüfung von Asylbegehren und die gegenseitige Anerkennung
von Asylentscheidungen enthalten können. Diese können über
Abs. 1–4 (oben Rn. 24–33) hinausgehende Schutzbereichsbegren-
zungen und Eingriffsrechtfertigungen (vgl. BVerfGE 94, 49/86;
Becker MKS 218; Pieroth/Schlink 990), aber auch eine von den
Beschränkungen des Abs. 2 absehende Asylgewährung nach Abs. 1
vorsehen (Lübbe-Wolff DR 99; vgl. § 26 a Abs. 1 S. 2 Nr. 2
AsylVfG). Abs. 5 ist lex specialis gegenüber Art. 24 Abs. 1; eine über
Abs. 5 hinausgehende Rechtfertigung von Beeinträchtigungen ist
unzulässig (Lübbe-Wolff DR 103; Rennert, DVBl 94, 720 f). Dagegen lässt die Rspr. eine Ausweisung von Asylberechtigten aus
schwerwiegenden Gründen der öffentlichen Sicherheit und Ordnung zu (BVerwGE 101, 247/253; 106, 351/357 ff; 109, 1/3 ff). Str.
ist, ob für eine gemeinschaftsrechtliche Harmonisierung des Asylrechts (vgl. Art. 63 EGV) Abs. 5 als lex specialis zu Art. 23 eine Sperrwirkung bezüglich der Übertragung von Hoheitsrechten (Zimmermann, NVwZ 98, 455) oder inhaltliche Maßstäblichkeit (vgl. Bonk
SA 109) entfaltet.

Voraussetzungen. Es muss sich um völkerrechtliche Verträge **37**
(Art. 32, 59) handeln, die die Verpflichtungen aus der GFK und der
EMRK beachten. Die Anwendung letzterer muss in den Staaten,
mit denen die völkerrechtlichen Verträge geschlossen werden, sichergestellt sein. Einschränkend ist zu verlangen, dass an dem Vertragsschluss außer Deutschland mindestens ein weiterer EG-Mit-
gliedstaat beteiligt ist (Lübbe-Wolff DR 100; a. A. Schnapp MüK
29). Eine entsprechende Vereinbarung stellte das SDÜ (BVerfGE 94,
49/86; a. A. Classen, DVBl 93, 703; vgl. oben Rn. 24) und stellt
nunmehr das Dubliner Übereinkommen über die Bestimmung des
zuständigen Staates für die Prüfung eines in einem Mitgliedstaat der
Europäischen Gemeinschaften gestellten Asylantrags dar (vgl. Becker
MKS 234 ff; Huber, NVwZ 98, 150).

Art. 17 [Petitionsrecht]

Jedermann[4] hat das Recht, sich einzeln oder in Gemeinschaft[3] mit anderen schriftlich mit Bitten oder Beschwerden[2f] an die zuständigen Stellen[6] und an die Volksvertretung[6] zu wenden.

Literatur: *Betz,* Petitionsrecht und Petitionsverfahren, FS Hanisch, 1994, 13; *Rühl,* Der Umfang der Begründungspflicht von Petitionsbescheiden, DVBl 1993, 14; *Siegfried,* Begründungspflicht bei Petitionsbescheiden, DÖV 1990, 279; *Burmeister,* Das Petitionsrecht, HbStR II, 1987, 73; *Vitzthum,* Petitionsrecht und Volksvertretung, 1985; *Woike,* Behandlung von Petitionen durch Behörden, DÖV 1984, 419; *Terbille,* Das Petitionsrecht in der Bundesrepublik Deutschland, 1980. – S. auch die Literatur zu Art.45 c.

1. Bedeutung und Verhältnis zu anderen Vorschriften

1   Mit dem in Art.17a Abs.1 als Petitionsrecht bezeichneten Grundrecht des Art.17 soll sichergestellt werden, dass der Staat individuelle sowie allgemeine Anliegen zur Kenntnis nehmen muss, auch außerhalb formaler Verwaltungs- und Rechtsmittelverfahren (Krüger SA 6). Das Grundrecht ist primär ein Leistungsgrundrecht (Manssen 76 ff; vgl. Vorb.10 vor Art.1), hat aber auch Abwehrgehalte (vgl. Burmeister HbStR II § 32 Rn.26 ff; unten Rn.5). Zum Verhältnis zu Art.5 Abs.1 S. 1 und Art.19 Abs.4 unten Rn.2. Wird das Petitionsrecht verletzt, erfolgt der Rechtsschutz durch eine allg. Leistungsklage zu den Verwaltungsgerichten (Brenner MKS 50). Aus Art.17 folgt zudem das Recht der Volksvertretung gegenüber der Exekutive auf Informationen, soweit sie zur Erledigung der Petition notwendig sind (Brenner MKS 62; Burmeister HbStR II § 32 Rn.49 ff). Zum Petitionsausschuss des Bundestags Rn.1 zu Art.45 c.

2. Schutzbereich

2   **a) Geschütztes Verhalten.** Bitten bzw. Beschwerden, die voneinander nicht genau abgegrenzt und zusammen als **Petitionen** bezeichnet werden, kennzeichnet (Brenner MKS 28), dass sie ein bestimmtes Verhalten staatlicher Stellen wünschen. Darunter fallen auch Bitten auf Auskunftserteilung und Akteneinsicht (Stein AK 14; a. A. Brenner MKS 24; Bauer DR 24); die von der Gegenauffassung als speziellere Norm angeführte Vorschrift des Art.5 Abs.1 S. 1 ist insoweit gerade nicht einschlägig (vgl. Rn.16 zu Art.5). Auch wäre unverständlich, warum eine Bitte um Übermittlung einer Information unzulässig, eine Bitte um Gewährung des mit der Information

erfolgten Sachanliegens aber zulässig sein soll. Nicht erfasst werden dagegen bloße Meinungsäußerungen (Bauer DR 46), die unter Art.5 Abs.1 S. 1 fallen, sowie förmliche Rechtsbehelfe und Rechtsmittel, für die allein Art.19 Abs.4 einschlägig ist. Dies schließt jedoch nicht aus, ein Anliegen nach Erschöpfung von Rechtsmitteln oder parallel dazu mit einer Petition zu verfolgen (Bauer DR 44).

Die **sonstigen Voraussetzungen** an eine Petition iSv Art.17 **3** sind gering: Sie muss schriftlich erfolgen und darf im Hinblick auf ihren Zweck nicht anonym sein (Burmeister HbStR II 84; Bauer DR 25; Krüger SA 9). Die Schriftform wird auch durch Telefax gewahrt (Brenner MKS 30) und dürfte eine eigenhändige Unterschrift erfordern (Brenner MKS 31; Rauball MüK 11; a. A. Bauer DR 23). Eine Bezeichnung als Petition ist unnötig, wenn nur deutlich wird, dass in der Sache eine Petition gewollt ist (Brenner MKS 27). Petitionen können als Sammelpetitionen eingebracht werden, auch unter einem gemeinsamen Namen (Rauball MüK 9); aus einer Sammelpetition müssen alle Petenten erkennbar sein; doch genügt *eine* eigenhändige Unterschrift (Brenner MKS 32). Andere Voraussetzungen, insb. Fristen, bestehen nicht (Stein AK 21). Der Petent kann auch Fremd- oder Allgemeininteressen geltend machen (Bauer DR 25). Weiter kann die Petition – ebenso wie ein förmliches Rechtsmittel – auf etwas rechtlich Verbotenes gerichtet sein (Stein AK 26; Pieroth/Schlink 1001). Dagegen liegt keine zulässige Petition vor, wenn *sie selbst* gegen Strafgesetze verstößt oder sonst rechtswidrig ist (Stein AK 23), etwa eine Beleidigung darstellt (BVerfGE 2, 225/229; BVerwGE 103, 81/89; Krüger SA 9). Dabei ist allerdings die Wertentscheidung des Art.17 zu beachten (Stein AK 24; Pieroth/Schlink 999).

b) Träger des Grundrechts sind alle *natürlichen Personen*, auch **4** Ausländer (BVerwG Bh 415.1 Nr.32; Bauer DR 17). Minderjährigen kommt das Recht ebenfalls zugute (Burmeister HbStR II 88 f; Dagtoglou BK 51; Rn.11 f zu Art.19; diff. Rauball MüK 5); Gleiches gilt für Geschäftsunfähige (Brenner MKS 38). Bei im Ausland lebenden Ausländern ist ein Bezugspunkt zu den Adressaten der Grundrechtsbindung notwendig (Rn.33 zu Art.1; generell bejahend Stein AK 7; generell verneinend Burmeister HbStR II 88). Dies ist etwa der Fall, wenn sie von Umweltbelastungen betroffen werden, die von deutschen Stellen zugelassen wurden (Bauer DR 28). Weiter sind inländische *juristische* Personen bzw. Personenvereinigungen des Privatrechts Grundrechtsträger (Rauball MüK 6), wohl auch ausländische Personen und Personenvereinigungen (Stern III/1 1147;

Isensee HbStR V § 118 Rn.47; a. A. Brenner MKS 40), nicht dagegen juristische Personen des öffentlichen Rechts (Rüfner HbStR V
§ 116 Rn.58; Krüger SA 7; Rn.18 f zu Art.19; diff. Brenner MKS
41 f).

3. Beeinträchtigung

5   Das Petitionsrecht wird beeinträchtigt, wenn eine Petition nicht
angenommen oder fehlerhaft bzw. überhaupt nicht erledigt wird
(Rauball MüK 14; Brenner MKS 47; Krüger SA 14); zum *Leistungs-
charakter* oben Rn.1. Der Petitionsbescheid muss die Art der Erledigung angeben und zudem eine knappe Begründung enthalten
(Brenner MKS 49; Rauball MüK 14; Krüger SA 8; Stein AK 29;
a. A. hinsichtlich der Begründung BVerfGE 2, 225/230; BVerfG-K,
NJW 92, 3033; BVerwG, NJW 91, 936). Ein Recht auf mündliche
Anhörung verleiht Art.17 nicht (Rauball MüK 11). Kosten dürfen
dem Petenten nicht auferlegt werden (Rauball MüK 1). Wird die
gleiche Petition mehrfach vorgebracht, genügt eine einmalige Erledigung (BVerfGE 2, 225/231 f; Brenner MKS 35). Darüber hinaus
enthält Art.17 einen *Abwehranspruch* gegen die Behinderung vorbereitender Maßnahmen, etwa bei der Erstellung einer Petition
(Stein AK 27) oder bei der Sammlung von Unterschriften (Rauball
MüK 9; Brenner MKS 45; Bauer DR 27). Art.17 ist schließlich
beeinträchtigt, wenn jemand wegen der Erstellung einer Petition
benachteiligt wird (vgl. BVerwGE 93, 287/291).

6   **Adressat** des Petitionsrechts sind die *„Volksvertretung"*, d. h. der
Bundestag und die Länderparlamente, aber auch die Gemeinde- und
Kreisparlamente (Krüger SA 10; Rauball MüK 12; Stein AK 16;
offen Brenner MKS 51). Einzelne Abgeordnete sind nicht Adressaten (Brenner MKS 51; a. A. Rauball MüK 13; Krüger SA 10),
müssen aber eine Petition an den zuständigen Ausschuss weiterleiten.
Weiter sind Adressat die *„zuständigen Stellen"*, d. h. alle anderen
Stellen und Behörden öffentlich-rechtlicher Einrichtungen, gleich
welcher Art; unklar ist, ob auch privatrechtliche Einrichtungen, die
öffentliche Aufgaben erfüllen, erfasst werden (dafür Brenner MKS
54). Zwischen den beiden Adressatengruppen bestehen gewisse Unterschiede: Im Bereich der Volksvertretung können Petitionen in
jeder Angelegenheit geprüft werden, für die der Bund, das entsprechende Land oder die entsprechende Gemeinde die Kompetenz
besitzen (BVerfG-K, NJW 92, 3033; Brenner MKS 59). Die zuständigen Stellen können dagegen nur Petitionen prüfen, wenn sie für
die Entscheidung des mit der Petition Gewollten zuständig sind

(Brenner MKS 56; Bauer DR 31). Wird eine unzuständige Stelle angegangen, muss sie die Petition weiterleiten oder dem Petenten die zuständige Stelle benennen (BVerwG, DÖV 76, 315; Rauball MüK 12; Brenner MKS 48). Für Organe und Behörden der EU gilt allein EG-Recht (vgl. Art.21, 194 EGV).

4. Rechtfertigung von Beeinträchtigungen (Schranken)

Art.17 unterliegt keinem Gesetzesvorbehalt. Weder die Schranken **7** des Art.2 Abs.1 noch des Art.5 Abs.2 sind übertragbar (Pieroth/Schlink 1076; Krüger SA 15; Brenner MKS 69; a.A. für Art.2 Abs.1 Rauball MüK 16). Auch ein besonderes Gewaltverhältnis rechtfertigt keine Beschränkungen (Krüger SA 16 f; Vorb.39 a vor Art.1; a.A. Rauball MüK 16; diff. Stein AK 35). Als Leistungsrecht ist Art.17 jedoch der Ausgestaltung zugänglich (Brenner MKS 70; vgl. Vorb.35 vor Art.1). Eine Beeinträchtigung des Art.17 ist schließlich zulässig, wenn dies zum Schutze eines anderen Verfassungsgutes verhältnismäßig ist (BVerfG-K, NJW 91, 1476; Brenner MKS 70; Vorb.45–49 vor Art.1). Im Bereich des KontaktsperreG wird etwa das Recht auf Sammelpetitionen durch das Recht auf Leben beschränkt (vgl. BVerfGE 49, 24/64 f). Für die Beamten können sich im Hinblick auf dienstliche Anliegen Beschränkungen aus Art.33 Abs.5 ergeben (Burmeister HbStR II 91 ff). Sammelpetitionen von Angehörigen der Streitkräfte bzw. des Ersatzdienstes (Rn.3 zu Art.17 a) unterliegen dem Gesetzesvorbehalt des Art.17 a Abs.1; zu den Grenzen Rn.6 f zu Art.17 a.

Art.17 a [Grundrechtseinschränkungen zu Verteidigungszwecken]

(1) **Gesetze über Wehrdienst und Ersatzdienst können bestimmen, daß für die Angehörigen der Streitkräfte und des Ersatzdienstes während der Zeit des Wehr- oder Ersatzdienstes[3] das Grundrecht, seine Meinung in Wort, Schrift und Bild frei zu äußern und zu verbreiten (Artikel 5 Abs.1 Satz 1 erster Halbsatz), das Grundrecht der Versammlungsfreiheit (Artikel 8) und das Petitionsrecht (Artikel 17)[2], soweit es das Recht gewährt, Bitten oder Beschwerden in Gemeinschaft mit anderen vorzubringen, eingeschränkt werden[6 f].**

(2) **Gesetze, die der Verteidigung einschließlich des Schutzes der Zivilbevölkerung dienen[5], können bestimmen, daß die**

Grundrechte der Freizügigkeit (Artikel 11) und der Unverletzlichkeit der Wohnung (Artikel 13)⁴ eingeschränkt werden⁶ᶠ.

Literatur: *Mutschler,* Die Grundrechte der Staatsbürger in Uniform, NZWehrR 1998, 1; *Schmidt-De Caluwe,* Die verfassungsrechtliche Grenze der Meinungsäußerungsfreiheit der Soldaten, NZWehrR 1992, 235; *Schoch,* Verfassungsrechtliche Grundlagen der Einschränkung politischer Betätigung von Soldaten, AöR 1983, 215.

1. Bedeutung

1   Die im Zuge der Einführung der Bundeswehr 1956 in das GG eingefügte Vorschrift (Einl. 3 Nr. 7) enthält *kein* selbständiges Grundrecht (BVerfGE 44, 197/205), sondern Einschränkungsvorbehalte für verschiedene Grundrechte, die kumulativ zu den Vorbehalten treten, die bereits bei den betreffenden Grundrechten selbst aufgeführt sind. Diese Vorbehalte werden durch Art. 17 a nicht verdrängt (Brenner MKS 13; vgl. BVerfGE 44, 197/201 f; BVerfG-K, NJW 92, 2750; BVerwG, NJW 85, 1659; a. A. Heun DR 9, 17; Kokott SA 21), da nicht einzusehen ist, warum im militärischen Bereich die allgemeinen Beschränkungsmöglichkeiten nicht bestehen sollen. Da diese Vorbehalte die praktischen Bedürfnisse idR abdecken, ist die Bedeutung des Art. 17 a gering. Allerdings dürfte Art. 17 a etwas intensivere Eingriffe zulassen (BVerwGE 73, 237/238 f). Umgekehrt verdeutlicht die Vorschrift, dass auch Soldaten grundsätzlich den vollen Grundrechtsschutz genießen, ist also Ausdruck der Idee des „Staatsbürgers in Uniform" (Frank AK 86 hinter Art. 87). Eine vergleichbare Norm für Einschränkungen der Berufsfreiheit enthält Art. 12 a.

2. Anwendungsbereich

2   a) Der Vorbehalt des **Abs. 1** ermöglicht Einschränkungen der Meinungsfreiheit (Rn. 66 zu Art. 5), der Versammlungsfreiheit (Rn. 21 zu Art. 8) und des Petitionsrechts, soweit es gemeinschaftlich wahrgenommen werden soll (Rn. 7 zu Art. 17). Die Einschränkung anderer Grundrechte, insb. der Informationsfreiheit des Art. 5 Abs. 1 S. 1 2. Hs., kann nicht auf Art. 17 a gestützt werden (Rauball MüK 7, 13; Heun DR 14; Brenner MKS 12).

3   Abs. 1 ist zum einen auf Angehörige der **Streitkräfte** anwendbar, also auf Berufssoldaten sowie auf Soldaten auf Zeit und auf die Wehrpflichtigen (dazu Rn. 2 f zu Art. 12 a), jeweils solange sie aktiv Dienst leisten (Rauball MüK 5; Brenner MKS 9). Reservisten werden dementsprechend in der Zeit erfasst, in der sie an Wehrübungen

teilnehmen. Dagegen gilt Abs.1 nicht für Angehörige der Bundeswehrverwaltung und für Zivilbedienstete der Bundeswehr (Rauball MüK 6; Brenner MKS 19). Weiter ist Abs.1 anwendbar auf Angehörige des **Ersatzdienstes** (dazu Rn.5 zu Art.12 a), d. h. auf alle tatsächlich als Zivildienstleistende tätigen Personen sowie auf die Berufskräfte des Zivildienstes (Rauball MüK 6; Kokott SA 15).

b) Der Vorbehalt des **Abs.2** ermöglicht Einschränkungen des 4 Rechts auf Freizügigkeit (Rn.12 zu Art.11) sowie der Unverletzlichkeit der Wohnung (Rn.31 zu Art.13), unabhängig davon, ob es um Durchsuchungen, Überwachungsmaßnahmen mit Hilfe technischer Mittel, Eingriffe oder Beschränkungen geht.

Die Einschränkungsmöglichkeiten des Abs.2 können jedermann 5 betreffen (Ipsen/Ipsen BK 134). Voraussetzung ist, dass das einschränkende Gesetz der **Verteidigung,** einschließlich des Schutzes der Zivilbevölkerung, dient (vgl. Rn.10 zu Art.12 a). Diese Klausel wird extensiv verstanden (Ipsen/Ipsen BK 130) und erfasst etwa auch das Recht der Bundeswehr zum Betreten von Grundstücken im Falle von Manövern (Rauball MüK 14). Der Auslandsaufenthalt von Bundeswehrangehörigen wird dagegen nicht erfasst, da insoweit Art.11 nicht einschlägig ist (Rn.3 zu Art.11; a. A. Rauball MüK 14). Diesbezüglich genügt der weite Regelungsvorbehalt des Art.2 Abs.1.

3. Folgen

Eine Einschränkung gem. Art.17 a kann allein durch formelles 6 Gesetz oder auf Grund eines solchen Gesetzes durch Rechtsverordnung erfolgen (Rauball MüK 3; Kokott SA 16). Ob das Zitiergebot des Art.19 Abs.1 zum Tragen kommt, ist umstritten (dafür Ipsen/Ipsen BK 25; dagegen Kokott SA 12). Richtigerweise ist zu differenzieren: das Zitiergebot gilt im Rahmen des Art.17 a wegen des ergänzenden Charakters dieser Vorschrift nur dann, wenn es bei dem betreffenden Grundrecht auch sonst Anwendung findet (wohl auch Kokott SA 21). Für Einschränkungen der Meinungsfreiheit gilt es daher nicht (BVerfGE 28, 282/291 f; 44, 197/201; a. A. Ipsen/Ipsen BK 58), wohl aber für die sonstigen auf Grund Art.17 a einschränkbaren Grundrechte.

Einschränkungen gem. Art.17 a müssen im Lichte des ein- 7 zuschränkenden Grundrechts gesehen werden (BVerwGE 83, 60/62 f; NJW 85, 1659). Insbesondere ist der Grundsatz der **Verhältnismäßigkeit** (dazu Rn.83–88 zu Art.20) zu wahren (Rauball MüK 2). Einschränkungen sind möglich, wenn sie geeignet, erforderlich und angemessen sind, um die Funktionsfähigkeit der Bundeswehr zu wahren (Kokott SA 10; vgl. BVerwGE 86, 321/325 f). Schließlich ist die Wesensgehaltsgarantie (Rn.6 f zu Art.19) zu beachten (Ipsen/Ipsen BK 129). Einzelfälle in Rn.83 zu Art.5 und in Rn.20 f zu Art.8.

Art.18 [Verwirkung von Grundrechten]

Wer die Freiheit der Meinungsäußerung, insbesondere die Pressefreiheit (Artikel 5 Abs.1), die Lehrfreiheit (Artikel 5 Abs.3), die Versammlungsfreiheit (Artikel 8), die Vereinigungsfreiheit (Artikel 9), das Brief-, Post- und Fernmeldegeheimnis (Artikel 10), das Eigentum (Artikel 14) oder das Asylrecht (Artikel 16 a) zum Kampfe gegen die freiheitliche demokratische Grundordnung mißbraucht[5], verwirkt diese Grundrechte. Die Verwirkung und ihr Ausmaß werden durch das Bundesverfassungsgericht ausgesprochen[6 f].

Literatur: *Isensee,* Verfassungsnorm in Anwendbarkeitsnöten: Art.18 GG, in: FS Graßhof, 1998, 289; *Brenner,* Grundrechtsschranken und Verwirkung von Grundrechten, DÖV 1995, 60; *Stern,* Die Grundrechtsverwirkung, Stern III/2, 1994, § 87; *Butzer/Clever,* Grundrechtsverwirkung nach Art.18 GG, DÖV 1994, 637; *Gusy,* Die „freiheitlich demokratische Grundordnung" in der Rechtsprechung des Bundesverfassungsgerichts, AöR 1980, 279.

1. Bedeutung und Abgrenzung zu anderen Vorschriften

1   **aa)** Art.18 ist Ausdruck der „**streitbaren Demokratie**", die auf Selbstverteidigung angelegt ist (BVerfGE 28, 36/48; 80, 244/253; BVerwG, NVwZ 95, 1134; Stern I 201). Die Vorschrift verfolgt ein ähnliches Ziel wie Art.30 AEMR und Art.17 EMRK. Sie nimmt dem Angreifer wegen der von ihm ausgehenden Gefährdung der freiheitlich-demokratischen Grundordnung den Schutz bestimmter Grundrechte, um ihn insoweit zu „entpolitisieren" (Dürig/Klein MD 10; ähnlich Krebs MüK 15). Ob sich allerdings mit der Verwirkung von Grundrechten wirklich ein Schutz der freiheitlichen demokratischen Grundordnung erreichen lässt, ist insb. wegen des Publizitätseffekts unsicher. Die praktische Vorschrift der Bedeutung ist denn auch sehr gering: Eine Verwirkung von Grundrechten wurde bislang in keinem Fall ausgesprochen; die Anträge in den drei eingeleiteten Verfahren wurden abgewiesen (BVerfGE 11, 123 ff; 38, 23 ff; Brenner MKS 11 ff; Gröschner DR 7). Zur allg. Bedeutung

des Grundsatzes der streitbaren Demokratie für die Grundrechte Vorb.39 a vor Art.1. Art.18 enthält kein Grundrecht, sondern eine Grundrechtsbeschränkung (Ipsen/Ipsen BK II 1; vgl. Gröschner DR 14; s. auch unten Rn.6).

Was das **Verhältnis zu anderen Verfassungsnormen** angeht, so 2 sind bei Vereinigungen Art.9 Abs.2 und Art.18 parallel anwendbar (Brenner MKS 104;. Krebs MüK 23; a. A. Benda/Klein 1072), da Art.18 auch für juristische Personen gilt. Für Parteien wird Art.18 durch Art.21 Abs.2 verdrängt (BVerfGE 25, 44/59 f). Dementsprechend ist für den Mandatsverlust eines Abgeordneten wegen der Verfassungswidrigkeit einer Partei allein Art.21 Abs.2 einschlägig (BVerfGE 2, 1/74 f; 25, 44/59 f). Zur Einleitung eines Verfahrens gegen Abgeordnete Rn.9 zu Art.46.

bb) Art.18 begründet ein Entscheidungsmonopol des BVerfG im 3 Anwendungsbereich dieser Vorschrift. Andererseits tritt sie ihrem Zweck (oben Rn.1) entsprechend neben die sonstigen Möglichkeiten der Grundrechtsbeschränkung. Aus diesem Grunde steht Art.18 **Staatsschutzentscheidungen sonstiger staatlicher Stellen** nur entgegen, wenn die Entscheidung dem Schutz der freiheitlichen demokratischen Grundordnung dient und eine Verwirkung von Grundrechten im technischen Sinne ausspricht bzw. eine Anordnung trifft, die einer solchen Verwirkung de facto gleichkommt (BVerfGE 10, 118/122 ff). Diese Sperrwirkung greift erst recht bei den nicht in Art.18 aufgeführten Grundrechten (BVerfGE *abwM* 63, 266/306). Ob ein Berufsverbot einer Verwirkung gleichkommt, ist umstritten (dafür BVerfGE *abwM* 63, 266/307 f; dagegen BGHSt 17, 38/41 ff; Brenner MKS 125). Ein strafrechtliches Berufsverbot zur Durchsetzung des Parteiverbots wird nicht als ausgeschlossen angesehen (BVerfGE 25, 88/95 ff).

2. Grundrechtsverwirkungsentscheidung

a) Zulässigkeit. – (1) Die *Antragsberechtigung* besitzen gem. § 36 4 BVerfGG der Bundestag, die Bundesregierung und die Landesregierungen. Die Einschränkung des § 43 Abs.2 BVerfGG ist nicht entspr. anwendbar (Schmidt UC 5 zu § 36; Benda/Klein 1071; Pestalozza 68 f; a. A. Klein MSKU 6 zu § 36). Die Stellung des Antrags steht im Ermessen der Antragsberechtigten (Schmidt UC § 36 Rn.6). – **(2)** *Antragsgegenstand* ist die Feststellung der Verwirkung eines Grundrechts wegen möglichen Missbrauchs zum Kampf gegen die freiheitliche demokratische Grundordnung (vgl. unten Rn.5). – **(3)** *Antragsgegner* können alle natürlichen und nach Maßgabe des Art.19

Abs.3 juristischen Personen sein, soweit sie Träger des zu verwirken-
den Grundrechts sind. Zu Vereinigungen und Parteien oben Rn.2. –
(4) Es ist ein *Vorverfahren* gem. § 37 BVerfGG durchzuführen. –
(5) Die *Formerfordernisse* ergeben sich aus § 23 Abs.1 BVerfGG.

5   **b) Begründetheit.** – **(1)** Die Verwirkung setzt den Missbrauch
eines der **folgenden Grundrechte** voraus: Freiheit der Meinungsäußerung des Art.5 Abs.1 S.1, Pressefreiheit des Art.5 Abs.1 S.2,
Lehrfreiheit des Art.5 Abs.3, Versammlungsfreiheit des Art.8, Vereinigungsfreiheit des Art.9 Abs.1, Brief-, Post- und Fernmeldegeheimnis des Art.10, Eigentum des Art.14 und Asylrecht des
Art.16 a. – **(2)** Die Grundrechte müssen zum **Kampf gegen die
freiheitliche demokratische Grundordnung** missbraucht werden. Der Begriff der freiheitlichen demokratischen Grundordnung
ist wie bei Art.21 Abs.2 zu verstehen (Krebs MüK 8; Brenner MKS
41); s. daher im Einzelnen Rn.33 zu Art.21. Der *Missbrauch zum
Kampf* setzt aktiv-aggressive Aktionen gegen die Grundordnung voraus (Krebs MüK 4 f; Dürig/Klein MD 54; Stern I 217). Zudem
muss das Verhalten zu einer Gefährdung der Grundordnung führen.
Dabei kommt es weniger auf die Vergangenheit als auf die Zukunft
an (BVerfGE 38, 23/24 f). Notwendig ist also eine Prognose über
die künftige Gefährlichkeit (Krüger SA 14). Der Missbrauch muss
vorsätzlich, jedenfalls mit natürlichem Handlungswillen, erfolgen
(Schmidt-Bleibtreu/Klein 5). – **(3)** Der Missbrauch kann durch
jeden möglichen Grundrechtsinhaber erfolgen, auch durch juristische Personen (Dürig/Klein MD 28). Bei Ausländern ist von besonderer Bedeutung, dass Art.18 nur die Grundordnung des GG
schützt (Dürig/Klein MD 26).

6   **c) Inhalt und Wirkung der Entscheidung.** Allein die in Art.18
aufgeführten Grundrechte (oben (1) in Rn.5) können für verwirkt erklärt werden (Krüger SA 13; Brenner MKS 55), nicht dagegen andere Grundrechte, wie das Auslieferungsverbot des Art.16
Abs.2 S. 1 (Krebs MüK 7), die Informationsfreiheit des Art.5 Abs.1
S. 1, die Rundfunk- und Filmfreiheit des Art.5 Abs.1 S. 2 (Stern
III/2 957; Krüger SA 13; a. A. Dürig/Klein MD 21; Krebs MüK 7)
und die Forschungsfreiheit des Art.5 Abs.3. Art.18 dürfte andererseits aus systematischen Gründen nur für die Grundrechte des I. Abschnitts gelten, nicht für grundrechtsgleiche Rechte (vgl. Rn.4 zu
Art.19). Art.18 steht dann einer Aberkennung des Wahlrechts, wie
sie § 39 Abs.2 BVerfGG vorsieht, nicht entgegen (Brenner MKS 97;
i. E. Benda/Klein 1078; Gröschner DR 27; Dürig/Klein MD 33;
a. A. Krebs MüK 17; Pestalozza 71 f). Die Verwirkung eines Grund-

rechts deckt die Einschränkungen anderer Grundrechte ab, soweit sie zwangsläufig mit der Ausübung des verwirkten Grundrechts verbunden sind und dem mitbetroffenen Grundrecht kein Vorrang zukommt (BVerfGE 25, 88/97; Dürig/Klein MD 32). Welches der verwirkbaren Grundrechte konkret verwirkt wird, hat das BVerfG orientiert an der Funktion des Art.18 zu entscheiden. Des Weiteren wird man, der Funktion (oben Rn.1) entsprechend, die Verwirkung auf **politische Betätigungen** zu beschränken haben (deutlich Dürig/Klein MD 70, 92). Schließlich ist der Grundsatz der Verhältnismäßigkeit (dazu Rn.83–88 zu Art.20) zu beachten (Krebs MüK 14; Dürig/Klein MD 52).

Die Entscheidung wirkt ex nunc (Krebs MüK 12; Dürig/Klein 7 MD 88; Brenner MKS 83), mit der Folge, dass sich der Betroffene nicht mehr auf das Grundrecht berufen kann (Krüger SA 16; Dürig/ Klein MD 69, 74). Die Verwirkung kann befristet werden, wie das in § 39 Abs.1 S. 2 BVerfGG vorgesehen ist. Was die weiteren **Folgen** der Verwirkungsentscheidung angeht, so wird der in Art.20 Abs.3 verankerte Vorbehalt des Gesetzes nicht berührt (Dürig/Klein MD 105; Brenner MKS 103; teilw. a. A. Krebs MüK 19), was aber gesetzliche Regelungen zu Lasten des von der Verwirkung Betroffenen nicht ausschließt. § 39 Abs.1 S. 3, 4 BVerfGG ist bei restriktiver funktionaler Auslegung mit Art.20 Abs.3 vereinbar (i. E. Dürig/ Klein MD 106; Krebs MüK 19).

Art.19 [Grundrechtseinschränkung; Grundrechtsträger; Rechtsschutz]

(1) **Soweit nach diesem Grundgesetz ein Grundrecht[1] durch Gesetz oder auf Grund eines Gesetzes eingeschränkt werden kann[3 f], muß das Gesetz allgemein und nicht nur für den Einzelfall gelten[1]. Außerdem muß das Gesetz das Grundrecht unter Angabe des Artikels nennen[2,5].**

(2) **In keinem Falle darf ein Grundrecht in seinem Wesensgehalt angetastet werden[6 f].**

(3) **Die Grundrechte gelten auch für inländische juristische Personen, soweit sie ihrem Wesen nach auf diese anwendbar sind[13 ff].**

(4) **Wird jemand[34] durch die öffentliche Gewalt[29 ff] in seinen Rechten verletzt[24 ff], so steht ihm der Rechtsweg offen[38 ff]. Soweit eine andere Zuständigkeit nicht begründet ist, ist der ordentliche Rechtsweg gegeben[38]. Artikel 10 Abs.2 Satz 2 bleibt unberührt[23].**

Übersicht

Literatur A (Abs. 1 u. 2): *Stern,* Staatsrecht, III/2, 1994, §§ 83, 85; *Kunig,* Einzelfallentscheidungen durch Gesetz, Jura 1993, 308; *Selk,* Zum heutigen Stand der Diskussion um das Zitiergebot, Art. 19 I 2 GG, JuS 1992, 816; *Hasso Hofmann,* Das Postulat der Allgemeinheit des Gesetzes, in: Starck (Hg.), Die Allgemeinheit des Gesetzes, 1987, 9; *Herbert,* Der Wesensgehalt der Grundrechte, EuGRZ 1985, 321; *Kaufmann,* Über den „Wesensgehalt" der Grund- und Menschenrechte, Archiv für Rechts- u. Sozialphilosophie, 1984, 384; *Schneider,* Der Schutz des Wesensgehalts von Grundrechten nach Art. 19 Abs. 2 GG, 1983; *Häberle,* Die Wesensgehaltsgarantie des Art. 19 Abs. 2 GG, 3. Aufl. 1983. – S. auch Literatur zu Vorb. vor Art. 1 II–IV.

Literatur B (Abs. 3): *Kotzur,* Der Begriff der inländischen juristischen Personen nach Art. 19 Abs. 3 GG im Kontext der EU, DÖV 2001, 192; *Lücke,* Zur Europarechtskonformität der Deutschen-Grundrechte, EuR 2001, 112; *Roellecke,* Zur Geltung von Grundrechten für juristische Personen des öffentlichen Rechts, in: Wolter/Riedel/Taupitz, Einwirkungen der Grundrechte auf das Zivilrecht, öffentliche Recht und Strafrecht, 1999, 137; *Störmer,* Gemeinschaftsrechtliche Diskriminierungsverbote versus nationale Grundrechte?, AöR 1998, 541; *Ossenbühl,* Zur Geltung der Grundrechte für juristische Personen, FS Stern, 1997, 887; *Bauer/Kahl,* Europäische Unionsbürger als Träger von Deutschen Grundrechten?, JZ 1995, 1077; *Frenz,* Die Grundrechtsberechtigung juristischer Personen des öffentlichen Rechts bei grundrechtssichernder Tätigkeit, VerwArch 1994, 22; *Bleckmann/Helm,* Die Grundrechtsfähigkeit juristischer Personen, DVBl 1992, 9; *Zimmermann,* Der grundrechtliche Schutzanspruch juristischer Personen des öffentlichen Rechts, 1992; *Pieroth,* Die Grundrechtsberechtigung gemischt-wirtschaftlicher Unternehmen, NWVBl 1992, 85; *Rüfner,* Grundrechtsträger, HbStR V, 1992, 485; *Scholz,* Grundrechtsschutz gemischt-wirtschaftlicher Unternehmen, FS Lorenz, 1991, 213; *Schmidt-Aßmann,* Der Grundrechtsschutz gemischt-wirtschaftlicher Unternehmen, BB 1990, Beil. 34; *Stern,* Die Grundrechtsberechtigten, Stern III/1, 1988, § 70; *v. Mutius,* Grundrechtsmündigkeit, Jura 1987, 272; *Seidl,* Grundrechtsschutz juristischer Personen des öffentlichen Rechts in der Rspr. des BVerfG, FS Zeidler Bd. 2, 1987, 1459; *Hohm,* Grundrechtsträgerschaft und Grundrechtsmündigkeit, NJW 1986, 3107.

Literatur C (Abs.4): *Schenke,* Die Rechtsschutzgarantie des Art.19 IV GG, in: Wolter u. a. (HG.), Einwirkungen der Grundrechte auf das Zivilrecht, öffentliche Recht und Strafrecht, 1999, 153; *Gusy,* Verfassungsfragen vorbeugenden Rechtsschutzes, JZ 1998, 167; *Pitschas,* Der Kampf um Artikel 19 IV GG, ZRP 1998, 96; *Frenz,* Grundgesetzliche Rechtsschutzgarantie gegen europäische Rechtsakte, Staat 1995, 586; *Vosskuhle,* Rechtsschutz gegen den Richter, 1993; *Herzog,* Verfassung und Verwaltungsgerichte – Zurück zu mehr Kontrolldichte?, NJW 1992, 2601; *Reidt,* Behördlicher Beurteilungsspeilraum und Grundrechtsschutz, DÖV 1992, 916; *Redecker,* Verfassungsrechtliche Vorgaben zur Kontrolldichte verwaltungsgerichtlicher Rspr, NVwZ 1992, 305; *Papier,* Rechtsschutzgarantie gegen die öffentliche Gewalt, HbStR VI, 1989, 1233; *Haag,* „Effektiver Rechtsschutz" – Grundrechtlicher Anspruch oder Leerformel?, 1985; *Lorenz,* Das Gebot effektiven Rechtsschutzes des Art.19 IV GG, Jura 1983, 393; *Schmidt-Aßmann,* Art.19 IV GG als Teil des Rechtsstaatsprinzips, NVwZ 1983, 1. – S. auch Literatur zu Art.20 D VI, VII.

A. Grundrechtseinschränkung (Abs.1, 2)

I. Allgemeinheit und Zitiergebot (Abs.1)

1. Allgemeinheit und Einzelfallverbot

1   Die in Abs.1 S. 1 statuierten Forderungen der allgemeinen Geltung und des Einzelfallverbots gelten anerkanntermaßen in den Fällen, in denen auch das Zitiergebot des Abs.1 S. 2 zum Tragen kommt (unten Rn.3 f). Darüber hinaus wird Abs.1 S. 1 vielfach auch auf andere Regelungen, insb. im Bereich der Freiheitsgrundrechte erstreckt (vgl. Dreier DR 10; Krebs MüK 13; Stern III/2, 729 ff; Lerche HbStR V 796; Huber MKS 43 ff; **a. A.** BVerfGE 24, 367/396). Angesichts der geringen Wirkungen des Abs.1 S. 1 (unten Rn.1 a) ist dieser Streit wenig bedeutsam. I. ü. ist aus systematischen Gründen ein übereinstimmender Anwendungsbereich vorzuziehen und Abs.1 S. 1 auf die sonstigen Regelungen im Grundrechtsbereich allenfalls analog anzuwenden. Die mit der Funktion des Abs.1 S. 2 begründeten Ausnahmen (unten Rn.5) gelten dagegen im Bereich des Abs.1 S. 1 nicht, weshalb die Regelung auch vorkonstitutionelle Gesetze erfasst (Dreier DR 9; Krebs MüK 13).

1 a   Das Gebot der allgemeinen Geltung und des Einzelfallverbots stellen nicht mehr als eine **Konkretisierung des allgemeinen Gleichheitssatzes** dar (BVerfGE 25, 371/399; Denninger AK 14; a. A. Huber MKS 24; diff. Herzog MD 9). Dem Gesetzgeber wird verboten, „aus einer Reihe gleichartiger Sachverhalte willkürlich einen Fall herauszugreifen". Zulässig ist dagegen die Regelung eines Einzelfalles, „wenn der Sachverhalt so beschaffen ist, dass es nur einen Fall dieser Art gibt und die Regelung dieses singulären Sachverhalts von sachlichen Gründen getragen wird" (BVerfGE 85, 360/374; 25, 371/399; BVerwG, NJW 82, 2458; strenger Huber MKS 61 f; Krebs MüK 11). Erst recht ist Abs.1 S. 1 nicht verletzt, wenn von einer Vorschrift gegenwärtig nur ein Fall betroffen ist, die Vorschrift aber in Zukunft weitere Anwendungsfälle haben kann (BVerfGE 13, 225/228 f; 24, 33/52; 99, 367/400; BVerwGE 74, 58/63). **Maßnahmegesetze,** die einen konkreten Fall zum Anlass haben, sind dementsprechend durchaus zulässig (BVerfGE 25, 371; 42, 263/305; Lerche HbStR V 798; Huber MKS 63). Die praktische Bedeutung des Abs.1 S. 1 ist äußerst gering (Hesse 330).

2. Zitiergebot

a) Bedeutung. Das *förmliche* Gesetz, das ein Grundrecht ein- **2** schränkt oder dazu ermächtigt, muss gem. Abs.1 S. 2 **ausdrücklich** darauf hinweisen, dass das betreffende Grundrecht eingeschränkt wird (Menger BK 76). Geschieht das nicht, verletzt das Gesetz das eingeschränkte Grundrecht iVm Abs.1 S. 2 und ist nichtig (BVerfGE 5, 13/15 f; Dreier DR 17; Denninger AK 19; Huber MKS 101). Das Zitiergebot hat den Zweck „sicherzustellen, dass nur wirklich gewollte Eingriffe erfolgen" und „sich der Gesetzgeber über die Auswirkungen seiner Regelungen für die betroffenen Grundrechte Rechenschaft" gibt (BVerfGE 64, 72/79; 85, 386/403 f; Herzog MD 48; Dreier DR 16). Der Hinweis muss nicht notwendig der entsprechenden Einzelvorschrift angefügt werden (Krebs MüK 14; a. A. Herzog MD 56).

b) Anwendungsbereich. Art.19 Abs.1 S. 2 kommt nur bei **3** Grundrechten zur Anwendung, „die auf Grund ausdrücklicher Ermächtigung vom Gesetzgeber eingeschränkt werden dürfen" (BVerfGE 83, 130/154; ähnlich E 28, 55/62; 64, 72/79; a. A. Huber MKS 94). Darunter fallen die **Einschränkungsvorbehalte** des Art.2 Abs.2 S. 3, des Art.6 Abs.3, des Art.8 Abs.2, des Art.10 Abs.2, des Art.11 Abs.2, des Art.12 Abs.2, 3, des Art.13 Abs.2–5, 7 und des Art.16 Abs.1 S. 2 (vgl. die Kommentierung zu den formellen Voraussetzungen der Rechtfertigung beim jeweiligen Grundrecht); siehe auch Rn.6 zu Art.17 a. Das Zitiergebot greift allerdings nur im Hinblick auf gezielte und unmittelbare Einwirkungen (BVerfG-K, NJW 99, 3400; Krebs MüK 16; Manssen 511).

4   An einer Grundrechtseinschränkung iSd Abs.1 S. 2 fehlt es bei „andersartigen grundrechtsrelevanten Regelungen, die der Gesetzgeber in Ausführung der ihm obliegenden, im Grundgesetz vorgesehenen **Regelungsaufträge, Inhaltsbestimmungen oder Schrankenziehungen** vornimmt" (BVerfGE 64, 72/80; Krebs MüK 16; Denninger AK 18; a.A. Krüger SA 13; Herzog MD 58; diff. Stern III/2 753 ff). Hierher gehören die Vorbehalte des Art.2 Abs.1 (Rn.20, 45 zu Art.2), des Art.5 Abs.2 (Rn.55 zu Art.5), des Art.12 Abs.1 (Rn.23 zu Art.12), des Art.14 (Rn.37, 78 zu Art.14), des Art.16 a Abs.2, 3 (Rn.24, 30 zu Art.16 a) und des Art.136 Abs.1 WRV (Rn.31 zu Art.4) sowie des Art.137 Abs.3 WRV (Rn.34 zu Art.4). Nicht erfasst werden zudem die ungeschriebenen **Ausgestaltungsaufträge,** etwa in Art.6 Abs.1, Art.9 Abs.1, Art.9 Abs.3, Art.19 Abs.4 und Art.103 (vgl. die Kommentierung zu den formellen Voraussetzungen der Rechtfertigung beim jeweiligen Grundrecht), da eine Ausgestaltung keine Grundrechtsbeschränkung darstellt (Vorb.34 vor Art.1). Keine Einschränkungsvorbehalte iSd Art.19 Abs.1 S.2 enthalten auch die Gleichheitgrundrechte sowie die grundrechtsgleichen Rechte in Art.33 Abs.5, Art.38, Art.101 und Art.103 (Herzog MD 15; Dreier DR 11). Zur Sondersituation bei Freiheitsentziehungen Rn.4 zu Art.104. Schließlich kommt Art.19 Abs.1 auch bei der Fixierung verfassungsimmanenter Schranken aus **kollidierendem Verfassungsrecht** (dazu Vorb.45–48 vor Art.1) nicht zum Tragen (vgl. BVerfGE 83, 130/154; BVerwG, NVwZ 1996, 474). Allgemein zu den Arten der Grundrechtseinschränkung Vorb.42 f vor Art.1.

5   **c) Ausnahmen.** Um die Formvorschrift des Abs.1 S. 2 nicht zu einer leeren Förmlichkeit erstarren zu lassen und den Gesetzgeber nicht unnötig zu behindern, muss das Zitiergebot restriktiv verstanden werden (BVerfGE 28, 36/46; 35, 185/188; 64, 72/79 f). Von seiner Funktion her (oben Rn.2) ist seine Anwendung unnötig, wenn ein Gesetz lediglich bereits geltende Grundrechtseinschränkungen unverändert oder mit geringfügigen Abweichungen wiederholt oder auf sie verweist (BVerfGE 5, 13/16; 35, 185/189; 61, 82/113; Menger BK 165 ff; a.A. Herzog MD 12; Huber MKS 82 ff; Denninger AK 18). Ob dagegen bei offensichtlichen Grundrechtseinschränkungen das Zitiergebot nicht gilt (so BVerfGE 35, 185/189; 64, 72/80), erscheint sehr zweifelhaft (Dreier DR 22; Krebs MüK 17; Krüger SA 21). Bei vorkonstitutionellen Gesetzen (Rn.8 f zu Art.100) findet das Zitiergebot keine Anwendung (BVerfGE 5, 13/16; 28, 36/46; Menger BK 163).

II. Sicherung des Wesensgehalts (Abs.2)

Abs.2 greift, der Systematik des Art.19 entsprechend, an sich nur **6** bei Einschränkungen iSd Abs.1 ein (BVerfGE 13, 97/122; 31, 58/69; a. A. Krebs MüK 19); näher dazu oben Rn.3 f. Gegen eine (analoge) Anwendung auf andere grundrechtsrelevante Regelungen bestehen jedoch keine Bedenken (BVerwGE 47, 330/357; Huber MKS 114; vgl. oben Rn.1; **a. A.** für Art.12 BVerfGE 13, 97/122; 64, 72/80 f). Gleiches gilt für die (entsprechende) Anwendung auf grundrechtsgleiche Rechte. Darüber hinaus gilt Abs.2 für alle Grundrechtsfunktionen, also abwehrrechtliche, leistungsrechtliche und andere Gehalte (Huber MKS 135; Krebs MüK 26).

Die **Bestimmung des Wesensgehalts** kann *individuell* auf den **7** einzelnen Grundrechtsinhaber oder *generell* auf das Grundrecht bezogen werden. Darüber hinaus lässt sich der Wesensgehalt *absolut* oder *relativ* deuten; im letzteren Falle kommt es auf eine Abwägung der Umstände im Einzelfall an. In der Rspr. finden sich dazu keine klaren Aussagen (vgl. BVerfGE 80, 367/373; BVerwGE 84, 375/381); die Literatur geht sehr unterschiedlich vor. Die überwiegenden Gesichtspunkte sprechen für eine generell-absolute Deutung: Das Grundrecht als solches, die Grundrechtsnorm, muss im Wesentlichen erhalten bleiben (ähnlich Lerche HbStR V § 133 Rn.28; Manssen 655 f; Stern III/2, 865 ff; anders Huber MKS 178); die im Grundrecht enthaltenen Wertentscheidungen und Prinzipien müssen Bestand haben. Darüber hinaus ist der Wesensgehalt für jedes Grundrecht spezifisch zu bestimmen (BVerfGE 22, 118/119; Pieroth/Schlink 303; Stern III/2, 875 f; Krüger SA 38), was die angeführten Differenzierungen relativiert. Werden die sonstigen für Grundrechtseinschränkungen geltenden Regeln gewahrt, ist Abs.2 regelmäßig nicht verletzt (BVerfGE 58, 300/348). Abs.2 spielt dementsprechend praktisch keine Rolle. Auch die Heranziehung von Art.1 Abs.1 zur Konkretisierung der Wesensgehaltsgarantie (so BVerwGE 47, 330/357) ändert daran nichts, jedenfalls wenn man Art.1 zurückhaltend interpretiert (Rn.5 zu Art.1).

B. Grundrechtsträger bzw. Grundrechtsberechtigte

I. Natürliche Personen

1. Grundrechtsträgerschaft

8   **aa)** Träger von Grundrechten *(Grundrechtsberechtigte), also grundrechtsfähig,* sind grundsätzlich alle **natürlichen Personen,** unabhängig von ihrem Alter und ihren Fähigkeiten. Insb. stehen die Grundrechte auch Kindern und Jugendlichen zu (vgl. BVerfGE 57, 361/382); gleiches gilt für Geschäftsunfähige (vgl. BVerfGE 10, 302/322 ff; 58, 233/246 f). Das ungeborene Leben ist nur im Rahmen des Art.1 Abs.1 und des Art.2 Abs.2 S. 1 Grundrechtsträger (Rn.6 zu Art.1; Rn.64 zu Art.2). Die Grundrechtsträgerschaft endet mit dem Tod; zu gewissen Folgewirkungen nach dem Tod Rn.6 zu Art.1. Grundrechte können nicht durch Rechtsgeschäft auf andere zu treuhänderischer Wahrnehmung übertragen werden (BVerfGE 16, 147/158). Auch Ausländer können sich, außer bei Deutschen-Grundrechten (unten Rn.9), auf die Grundrechte berufen (vgl. auch Rn.33 zu Art.1).

9   **bb)** Soweit Grundrechte ausdrücklich nur Deutschen zuerkannt sind **(Deutschen-Grundrechte),** stehen sie Ausländern sowie Staatenlosen, genauer: Nicht-Deutschen, nicht zu. Wer Deutscher ist, wird durch Art.116 bestimmt; näher dazu Rn.1 zu Art.116. Nicht-Deutsche können sich im Bereich der Deutschen-Grundrechte auf Art.2 Abs.1 (näher Rn.10 zu Art.2) oder ein spezielleres Jedermann-Grundrecht berufen.

10   Was **Bürger aus** anderen **EU-Staaten** angeht, so müssen diese wie Deutsche behandelt werden, sofern das EG-Recht eine Diskriminierung verbietet. Dem sucht man vielfach dadurch Rechnung zu tragen, dass EG-Ausländer im Bereich der Deutschen-Grundrechte auf Art.2 Abs.1 beschränkt werden, dieses Grundrecht aber wie das entsprechende Deutschen-Grundrecht anzuwenden ist (Bauer/Kahl, JZ 95, 1083; Manssen 186). Das hilft jedoch nicht im Bereich juristischer Personen (Dreier DR Vorb.75 vor Art.1; unten Rn.17). Zudem ist zweifelhaft, ob damit die EG-rechtlichen Vorgaben erreicht werden (Klein, FS Stern, 1997, 1309 f): Die *tatsächliche* Wirksamkeit der Grundrechte dürfte bei der Umwegkonstruktion über Art.2 Abs.1 geringer sein. Das spricht für eine Anwendung der Deutschen-Grundrechte. Ob allerdings eine solche Anwendung EG-rechtlich im konkreten Zusammenhang geboten ist, bedarf jeweils sorgfältiger Prüfung (zu weitgehend Störmer, AöR 1998, 557 ff).

2. Grundrechtsmündigkeit

In der Literatur wird teilweise die Auffassung vertreten, dass Min- **11** derjährige ein Grundrecht erst dann selbst ausüben können, wenn sie „grundrechtsmündig" sind (Dürig MD 16; v. Münch MüK 13 vor Art.1). Dafür fehlt im GG jeder Anhaltspunkt (Sachs SA Vorb.75 vor Art.1). Jeder Träger eines Grundrechts, gleich welchen Alters, ist *berechtigt,* es selbständig auszuüben (Pieroth/Schlink 134; Sachs SA Vorb.52 vor Art.1). Dass Minderjährige dazu faktisch nicht immer in der Lage sind, ist ein anderes Problem, das i. ü. auch bei Erwachsenen auftreten kann (Siekmann/Duttge 1007). Soweit mit der Grundrechtsmündigkeit allein die Prozessfähigkeit des Minderjährigen, etwa im Verfassungsbeschwerdeverfahren, gemeint ist, bestehen in der Sache keine Einwände (vgl. Rn.49 zu Art.93); eine andere Frage ist, ob dies eine eigene Figur der Grundrechtsmündigkeit notwendig macht.

Das Grundrecht des Minderjährigen kann allerdings in **Spannung** **12** **zum elterlichen Erziehungsrecht** treten (dazu näher Rn.32, 37 zu Art.6). Auch insoweit ist es wenig glücklich, von Grundrechtsmündigkeit zu sprechen (so aber Rüfner HbStR V 494), geht es doch eher um eine Grundrechtsbeschränkung als um eine Frage des Schutzbereichs. In der Sache besteht die Beschränkung durch das elterliche Erziehungsrecht allein im Interesse und zum Wohle des Minderjährigen, also nicht im eigenen Interesse der Eltern (Rn.31 zu Art.6), und nimmt außerdem mit fortschreitendem Alter ab (Rn.32 zu Art.6). Dem widerspricht es, ab einem bestimmten Zeitpunkt die volle Mündigkeit hinsichtlich eines Grundrechts anzunehmen und es vorher vollständig abzulehnen. Andererseits können für die Beurteilung der Frage, in welchem Umfang das elterliche Erziehungsrecht die Grundrechte des Minderjährigen begrenzt, entsprechende einfachgesetzliche Regelungen, wie § 5 RelKErzG und §§ 1626 ff BGB Anhaltspunkte liefern (Pieroth/Schlink 127; vgl. auch Rn.49 zu Art.93). Soweit die Grundrechtsausübung zu rechtlichen Verpflichtungen führt, ist die Zustimmung der Eltern notwendig (Dürig MD 27), abgesehen von den Fällen der §§ 110, 113 BGB. Im Verhältnis von Vormund und Kindern gilt auf Grund von Art.6 Abs.2 S. 2 das Gleiche.

II. Organisationen (Abs.3)

1. Anwendbare Grundrechte

Gem. Abs.3 können privatrechtliche juristische Personen (dazu **13** unten Rn.14 f) sowie andere Personenvereinigungen (näher unten

Rn.16) Grundrechtsträger sein, wenn das betreffende Grundrecht seinem Wesen nach auf diese anwendbar ist. Entscheidend dürfte dafür sein, ob die von dem Grundrecht geschützten Tätigkeiten auch von juristischen Personen (selbst) ausgeübt werden können (BVerfGE 42, 212/219; Dürig MD 32) bzw. ob juristische Personen sich in einer natürlichen Personen vergleichbaren Gefährdungslage befinden (BVerfGE 45, 63/79; 61, 82/105 f). Das BVerfG stellt zusätzlich darauf ab, ob „Bildung und Betätigung (der Vereinigung) Ausdruck der freien Entfaltung der natürlichen Personen sind" (BVerfGE 21, 362/369; 61, 82/101; 68, 193/205 f; 75, 192/196; ähnlich Krebs MüK 37 f; kritisch Dreier DR 21), hat daraus aber nur Konsequenzen für die juristischen Personen des öffentlichen Rechts gezogen. Zur Frage, welche Grundrechte die Voraussetzungen des Abs.3 erfüllen, wird auf die Ausführungen zum Grundrechtsträger (im Abschnitt „Schutzbereich") bei dem jeweiligen Grundrecht verwiesen. Zu den Deutschen-Grundrechten s. auch unten Rn.17 f. Eine analoge Anwendung des Art.19 Abs.3 auf die grundrechtsgleichen Rechte ist möglich (Krebs MüK 30); doch gelten diese Rechte ohnehin nur für natürliche Personen, wie Art.20 Abs.4, 33, 38, 104, oder aber für alle juristischen Personen, wie Art.101, 103 (unten Rn.17, 20).

2. Privatrechtliche Vereinigungen

14   **a)** Gem. Art.19 Abs.3 können sich inländische **juristische Personen des Privatrechts** auf die iSd Rn.13 anwendbaren Grundrechte berufen. Im Einzelnen können daher u. a. Grundrechtsträger sein: Rechtsfähige Vereine (BVerfGE 3, 383/390; 53, 366/386), Gesellschaften mit beschränkter Haftung (BVerfGE 3, 359/363), Aktiengesellschaften (BVerfGE 50, 290/319; 53, 336/345; 66, 116/130), Stiftungen des bürgerlichen Rechts (BVerfGE 57, 220/240; 70, 138/160; BVerwGE 40, 347/348 f; Huber MKS 256). Eine beendete Gesellschaft ist grundrechtsfähig, wenn sie noch an einem gerichtlichen Verfahren beteiligt ist (BVerfGE 98, 106/116).

15   Keine Grundrechtsträger sind dagegen **vom Staat geschaffene juristische Personen des Privatrechts,** die Aufgaben und Funktionen der öffentlichen Verwaltung erfüllen (BVerfGE 68, 193/213; Krüger SA 62); sie können sich allerdings, wie juristische Personen des öffentlichen Rechts, auf die justiziellen Grundrechte berufen (unten Rn.20). Gleiches gilt für juristische Personen des Privatrechts, deren Anteile vollständig von juristischen Personen des öffentlichen Rechts gehalten werden (BVerfGE 45, 63/78 ff; 68,

193/212 f; Huber MKS 294; a. A. Pieroth, NWVBl 92, 88). Gemischtwirtschaftliche Unternehmen, an denen auch Privatpersonen
beteiligt sind, dürften Grundrechtsträger sein (Stern III/1, 1169 f;
Rüfner HbStR V 522; **a. A.** für vom Staat beherrschte Unternehmen BVerfG-K, NJW 90, 1783; Huber MKS 302). Problematisch
ist, juristischen Personen des Privatrechts (in privater Hand) die
Grundrechtsfähigkeit abzuerkennen, soweit sie öffentliche Aufgaben
erfüllen (so BVerfG-K, NJW 87, 2502; 96, 584), da dieses Kriterium
zu diffus ist; erst wenn eine echte Beleihung vorliegt, entfällt die
Grundrechtsfähigkeit (Krüger SA 64). Zum Einfluss der Benutzung
privatrechtlicher *Handlungs*formen unten Rn.18 f. Zu den Parteien
Rn.3 zu Art.21.

b) Sonstige Vereinigungen. Juristische Personen iSd Art.19 **16**
Abs.3 sind über den Wortlaut hinaus auch (inländische) nichtrechtsfähige Vereinigungen, soweit sie wenigstens teilrechtsfähig sind (Krüger SA 58; Pieroth/Schlink 147; Rüfner HbStR V 509 f; Stern III/1
1134). Zudem sind auch andere Vereinigungen iSd Art.9 Abs.1
(dazu Rn.3 f zu Art.9) grundrechtsfähig (BVerfGE 83, 341/351;
Ladeur AK 26; a. A. Stern III/1 1134; Huber MKS 258). Andernfalls läge die Frage der Grundrechtsträgerschaft in der Hand des
Gesetzgebers. I. ü. sind Vereinigungen iSd Art.9 Abs.1 zumindest
Träger dieses Grundrechts. **Im Einzelnen** kann Grundrechtsträger
die OHG bzw. die KG sein (BVerfGE 10, 89/99; 20, 283/290; 53,
1/13), weiter der nicht eingetragene Verein, die Gesellschaft bürgerlichen Rechts, die Fakultät einer Universität (Rn.99 zu Art.5). Teile
von Vereinigungen sind nicht Grundrechtsträger, es sei denn, sie sind
so verselbständigt, dass sie selbst eigene Vereinigungen bilden (vgl.
zum Personalrat BVerfGE 51, 77/87). Zu den Parteien Rn.3 zu
Art.21.

c) Ausländische Vereinigungen. Ausländische juristische Per- **17**
sonen und Personenvereinigungen werden nicht als Grundrechtsträger eingestuft (BVerfGE 21, 207/208 f; 100, 113/364; Stern III/2,
1141; Krebs MüK 33; offen gelassen von BVerfGE 64, 1/11), selbst
wenn sie im Inland anerkannt wurden (BGHZ 76, 387/395; Huber
MKS 310). Ausländischen Vereinigungen stehen lediglich die justi-
tiellen Grundrechte des Art.19 Abs.4, des Art.101 Abs.1 und des
Art.103 Abs.1 zu (BVerfGE 21, 362/373; 64, 1/11; unten Rn.34)
und wohl auch das Petitionsrecht des Art.17 (Dreier DR 25; Rn.4
zu Art.17). Eine Vereinigung ist ausländisch, wenn sie ihren Sitz,
d. h. den tatsächlichen Mittelpunkt der Tätigkeit, nicht im Bundesgebiet (Rn.10 zur Präamb) hat (Rüfner HbStR V 512 f; Huber MKS

313; Quaritsch HbStR V 686 f). Eine nach deutschem Recht ge-
gründete Tochter einer ausländischen Gesellschaft ist eine inländische Person (Quaritsch HbStR V 686). Bei Grundrechten, die nur
Deutschen zustehen, wird man ihrem Wesen entsprechend zusätzlich
verlangen müssen, dass die Vereinigung nicht von Ausländern beherrscht wird (Isensee HbStR V 596 f; Huber MKS 317; Dreier
DR 32; Stern III/1 1148; Rn.11 zu Art.9; a. A. Quaritsch HbStR V
§ 120 Rn.54 ff). Andernfalls würden die betreffenden Grundrechte
individuell handelnden Ausländern nicht zustehen, wohl aber kollektiv Handelnden. Dagegen kommt es bei Jedermann-Grundrech-
ten nicht auf die Staatsangehörigkeit der Mitglieder an (BVerfG-K,
NVwZ 00, 1282).

17 a   Juristische Personen und Personenvereinigungen aus dem **EU-
Bereich** sind kraft Gemeinschaftsrechts wie inländische Vereinigungen zu behandeln, soweit sich der Fall im Regelungsbereich des
Gemeinschaftsrechts bewegt (Dreier DR 14; Huber MKS 325; vgl.
oben Rn.10). Bei anderen Staaten kann sich aus **bilateralen Vereinbarungen** ein entsprechender Anspruch ergeben (BGHZ 76,
387/396). Schließlich ist zu beachten, dass sich natürliche Personen,
die Anteilseigner ausländischer juristischer Personen sind, auf die
Grundrechte berufen können (vgl. Rn.27 zu Art.14).

3. Öffentlich-rechtliche Vereinigungen

18   **a) Grundsatz.** Juristische Personen des öffentlichen Rechts können sich grundsätzlich nicht auf die Grundrechte berufen (BVerfGE
21, 362/369; 61, 82/100 f; 68, 193/206; a. A. Ladeur AK 60). Sie
sind auf Grund von Kompetenzen und nicht in Wahrnehmung von
Freiheit tätig (BVerfGE 68, 193/206). Daher sind sie Adressaten
und nicht Träger der Grundrechte (Rn.22–25 zu Art.1). Dies gilt
auch für Sondervermögen (BVerwGE 64, 202/205). Auch der Einsatz **privatrechtlicher Handlungsformen** führt grundsätzlich
nicht zur Grundrechtsträgerschaft, unabhängig davon, ob öffentliche
Aufgaben erfüllt werden (BVerfGE 61, 82/103 f; 75, 192/196 f; zu
Ausnahmen unten Rn.20–21 a) oder ob es um fiskalisches bzw.
erwerbswirtschaftliches Handeln geht (BVerfGE 61, 82/104; Dreier
DR 47; vorsichtig BVerfGE 75, 192/197). Anderes gilt, wenn eine
öffentliche Einrichtung allein „in ihrer Funktion als Vertretung der
wirtschaftlichen Interessen ihrer Mitglieder betroffen" ist (BVerf-
GE 75, 192/197; 70, 1/20). Zum Einsatz privatrechtlicher **Organi-
sationsformen** durch öffentlich-rechtliche Einrichtungen oben
Rn.15.

Im Einzelnen ist den Gemeinden eine Berufung auf die Grund- **19** rechte selbst dann verwehrt, wenn sie fiskalisch tätig sind und damit nicht unmittelbar öffentliche Aufgaben erfüllen (BVerfGE 61, 82/105 ff; BVerwG, DVBl 84, 682; Dürig MD 48; Krebs MüK 41 f). Keine Grundrechtsträger sind Rentenversicherungsträger (BVerfGE 21, 362/377) und andere Sozialversicherungsträger (BVerwG, DVBl 01, 565), Ärztekammern (BVerfG-K, NJW 97, 1634), Ortskrankenkassen (BVerfGE 39, 302/316) und Sparkassen (BVerfGE 75, 192/200). Ein als öffentlich-rechtliche Körperschaft organisierter Berufsverband, der allein die gewerblichen Interessen seiner Mitglieder wahrnimmt, ist Grundrechtsträger (oben Rn.18). Auf die Schaffung des Verbandes und seinen territorialen Zuschnitt kann das nicht erstreckt werden (BVerfG-K, NVwZ 94, 262 f). Erfüllt der Berufsverband dagegen öffentliche Aufgaben, ist er nicht grundrechtsfähig (BVerfGE 68, 193/208 ff; BVerfG-K, NJW 96, 1588); dies gilt auch für einen privatrechtlichen Dachverband (BVerfGE 68, 193/211 ff).

b) Ausnahmen. Die **justiziellen Grundrechte** des Art.101 **20** Abs.1 und des Art.103 Abs.1 stehen den öffentlich-rechtlichen Personen ausnahmslos zu (BVerfGE 18, 441/447; 61, 82/104 f; krit. Huber MKS 243). Gleiches gilt für ausländische Vereinigungen (oben Rn.17). Zu Art.19 Abs.4 unten Rn.34. Entsprechendes soll für das (durch das Rechtsstaatsprinzip oder Art.3 Abs.1 gewährleistete) Willkürverbot gelten (Rn.8 zu Art.3). Zum Petitionsrecht oben Rn.17.

Einzelne Grundrechte sichern die Autonomie bestimmter öffent- **21** lich-rechtlicher Einrichtungen gegenüber dem Staat und stehen daher diesen Einrichtungen auch als subjektives Recht zu (etwa BVerfGE 68, 193/207; 70, 138/161). Dies gilt für die öffentlich-rechtlichen **Rundfunkanstalten** im Hinblick auf Art.5 Abs.1 S. 2 (Rn.41 zu Art.5), für Einrichtungen der **Kunst** im Hinblick auf Art.5 Abs.3 (Rn.87 zu Art.5) und für die **Universitäten** im Hinblick auf Art.5 Abs.3 (Rn.99 zu Art.5). Auf sonstige Grundrechte können sich diese Einrichtungen jedoch nicht berufen (BVerfGE 59, 231/254 f; 78, 101/102; ähnlich Bryde MüK 8 ff zu Art.14). Zur Frage, wieweit diese Einrichtungen Grundrechtsverpflichtete sind, Rn.26 zu Art.1.

Schließlich sind die öffentlich-rechtlich organisierten **Religions-** **21 a** **und Weltanschauungsgemeinschaften** Grundrechtsträger, da sie nicht im staatlichen Bereich wurzeln (BVerfGE 19, 129/132; 42, 312/321 f; 53, 366/387; vgl. Rn.19 f zu Art.4 und Rn.13 zu Art.137 WRV). Auch zugeordnete Einrichtungen sind grundrechtsfähig

(Rn.20 zu Art.4). Öffentlich-rechtliche Religions- und Weltanschauungsgemeinschaften können sich auf alle Grundrechte berufen (Krebs MüK 40), in gleichem Umfang wie privatrechtliche
Gemeinschaften (BVerfGE 102, 370/387), etwa auf Art.3 (BVerfGE
19, 1/5; 30, 112/119 f) sowie auf Art.14 (Rn.28 zu Art.14).

C. Rechtsschutz gegen öffentliche Gewalt (Abs.4)

I. Bedeutung und Abgrenzung zu anderen Vorschriften

22 Abs.4 S. 1 enthält ein subjektives Recht sowie eine „Grundsatznorm für die gesamte Rechtsordnung" (BVerfGE 58, 1/40; Huber
MKS 387; Schmidt-Aßmann MD 15). In der Vorschrift liegt eine
Strukturentscheidung   zugunsten   des   Individualrechtsschutzes
(Schulze-Fielitz DR 5). Das Grundrecht ist primär ein *Leistungsgrundrecht* (BVerfGE 101, 106/123; Schulze-Fielitz DR 65; Sachs,
in: Stern III/2 68; Huber MKS 381; vgl. Vorb.2 vor Art.1); es geht
v. a. um die Errichtung von Gerichten und deren Betrauung mit
bestimmten Aufgaben; Abwehrgehalte, denen nur geringe praktische
Bedeutung zukommt, kommen etwa zum Tragen, wenn die Beratung oder Vertretung durch Anwälte behindert wird. Besondere
Bedeutung gewinnt Abs.4, wenn es um den Schutz der Grundrechte
geht (BVerfGE 60, 253/266); soweit es um den Rechtsschutz geht,
kommt Art.19 Abs.4 der Vorrang zu (Papier HbStR VI § 154
Rn.15; Huber MKS 375; tendenziell BVerfGE 60, 253/298; 101,
106/122; vgl. allerdings auch Rn.20 zu Art.14), es sei denn, es geht
um „besondere oder zusätzliche Maßgaben" im Interesse eines bestimmten Grundrechts (BVerfGE 101, 106/122). Abs.4 enthält einen
wichtigen Teilbereich des allgemeinen Justizgewährungsanspruchs,
der Teil des Rechtsstaatsprinzips ist (Huber MKS 364; Rn.89 zu
Art.20). Aus diesem Grund ist der Kerngehalt des Art.19 Abs.4
verfassungsänderungsfest, obwohl die Vorschrift nicht zu den gem.
Art.79 Abs.3 unveränderbaren Verfassungsnormen zählt (BVerf-
GE 30, 1/25 ff; Dreier DR 110; Schmidt-Aßmann MD 30; Rn.11
zu Art.79).

23 Die **Abgrenzung** von Abs.4 zum allgemeinen Rechtsstaatsgebot
ergibt sich daraus, dass Abs.4 den Rechtsschutz gegenüber der Exekutive sichert, also in allen verwaltungsrechtlichen Streitigkeiten iwS
zum Tragen kommt. Abs.4 ist insoweit lex specialis (BVerfGE 83,
182/194). Für privatrechtliche Streitigkeiten ist dagegen das all-

gemeine Rechtsstaatsprinzip einschlägig (dazu Rn.89–93 zu Art.20). Gleiches gilt für Rechtsmittel gegen strafgerichtliche Entscheidungen (Krüger SA 149), da die Rspr. keine öffentliche Gewalt iSd Art.19 Abs.4 ist (unten Rn.31); näher zu diesem Bereich Rn.94–97 zu Art.20. Bei strafprozessualen Grundrechtseingriffen der Staatsanwaltschaft und der Polizei ist dagegen Art.19 Abs.4 einschlägig. Zur Modifizierung durch Art.16 a unten Rn.52. Zur Verfassungsmäßigkeit der in Abs.4 S. 3 in Bezug genommenen Einschränkung des Rechtsschutzes durch Art.10 Abs.2 S.2 vgl. Rn.22–25 zu Art.10. Zur Einschränkung des Anwendungsbereichs durch EG-Recht u. ä. insb. Rn.9 zu Art.23. Zum Verhältnis der Art.101, 103 unten Rn.35. Zur Spezialität der Wahlprüfung Rn.4 zu Art.41.

II. Schutzbereich

1. Mögliche Verletzung eines subjektiven Rechts

Das Grundrecht des Art.19 Abs.4 kommt nur zur Anwendung, **24** wenn ein Grundrechtsinhaber (unten Rn.34) durch die öffentliche Gewalt (unten Rn.29–33) in seinen Rechten (unten Rn.25–28) verletzt sein kann. Ob er wirklich in seinen Rechten verletzt ist, soll vor Gericht erst geprüft werden (Schulze-Fielitz DR 56; Krebs MüK 61). Die Möglichkeit der Rechtsverletzung setzt ein Doppeltes voraus:

a) Subjektives Recht. Abs.4 S. 1 kommt nur dort zum Tragen, **25** wo die einschlägigen Normen dem Betroffenen ein subjektives Recht (iwS) des öffentlichen oder des privaten Rechts einräumen (Schulze-Fielitz DR 43); die Verletzung bloßer Interessen genügt nicht (BVerfGE 31, 33/39 ff; 83, 182/194). Abs.4 S. 1 setzt subjektive Rechte voraus und begründet sie nicht (unten Rn.26). Entscheidend ist, ob die einschlägige Norm des Verfassungs- oder des Gesetzesrechts (BVerfGE 96, 100/114 f) **dem Schutz des Betroffenen zu dienen bestimmt** ist, ob sie einen derartigen Schutz bezweckt und nicht lediglich zur Folge hat (BVerfGE 31, 33/39 f; Schmidt-Aßmann MD 118 ff). Ob dies der Fall ist, muss durch Auslegung der Normen bestimmt werden (Schmidt-Aßmann MD 136 ff). Der Gesetzgeber bestimmt, ob und in welchem Umfang subjektive Rechte bestehen (BVerfGE 78, 214/226; vgl. aber unten Rn.26). Bei Ermessensentscheidungen besteht ein subjektives Recht, wenn bei der Ermessensausübung auch die Interessen des Betroffenen zu berücksichtigen sind, wobei die Frage im Zweifel zu

bejahen ist (BVerfGE 96, 100/115). Zum Drittschutz unten Rn.28.
Grundrechte gewähren immer subjektive Rechte (Rn.21 zu Art.1).
Bei völkerrechtlichen Verträgen bzw. den entsprechenden Zustim-
mungsgesetzen ist das dagegen selten der Fall (BVerfGE 57, 9/25 f).
Subjektive Rechte iSd Art.19 Abs.4 können sich auch aus dem
EG-Recht ergeben (Huber MKS 419 ff), weshalb von Bedeutung
ist, dass das EG-Recht z. T. im größeren Umfang als das nationale
Recht subjektive Rechte vermittelt oder deren Einräumung verlangt
(vgl. Jarass, Grundfragen der innerstaatlichen Bedeutung des EG-
Rechts, 1994, 57 ff).

26   Bei der Bestimmung des subjektiv-rechtlichen Schutzumfangs
einer einfachgesetzlichen Norm ist der **Einfluss der materiellen
Grundrechte** zu beachten. Soweit eine staatliche Handlung in den
Schutzbereich eines Grundrechts eingreift, ist den einschlägigen
Normen des einfachen Rechts im Zweifel ein subjektiv-rechtlicher
Gehalt zuzuerkennen (BVerfGE 15, 275/281 f; BVerfG-K, NJW 90,
2249; Schulze-Fielitz DR 52; vgl. BSGE 60, 284/285). Im Hinblick
auf Drittbetroffene kommt allerdings nur die Schutzverpflichtung
der Grundrechte zum Tragen, die dem Gesetzgeber weite Spielräume belässt (Huber MKS 416; Vorb.30 vor Art.1). Dagegen enthält Art.19 Abs.4 keine Auslegungsregel, wonach von einem subjektiv-rechtlichen Gehalt einfachgesetzlicher Normen im Zweifel
auszugehen ist. Abs.4 setzt subjektive Rechte voraus und gewährt sie
nicht (BVerfGE 61, 82/110 f; 69, 1/49; 84, 34/49; NJW 01, 1123;
Schmidt-Aßmann MD 143; Schulze-Fielitz DR 47; Schenke BK
287; vgl. oben Rn.25). Vor allem bietet Abs.4, anders als die materiellen Grundrechte (mit Ausnahme wohl des Art.2 Abs.1 und des
Art.3 Abs.1), keine sachlichen Kriterien für die Reichweite des
subjektiv-rechtlichen Gehalts. Eine auf Abs.4 gestützte Auslegungsregel zugunsten subjektiv-rechtlicher Gehalte würde daher die Entscheidungsbefugnis des einfachen Gesetzgebers in diesem Bereich
unterlaufen. Zum *Drittschutz* unten Rn.28.

27   Für Verstöße gegen Vorschriften zum **Verwaltungsverfahren**
(vgl. unten Rn.49 f) gelten diese Überlegungen ganz entsprechend.
Art.19 Abs.4 kommt daher nur zum Tragen, wenn die (einfachgesetzliche) Verfahrensnorm auch dem Schutz des Betroffenen dient.
Dabei ist die verfahrensrechtliche Seite der Grundrechte zu beachten
(dazu Vorb.11 f vor Art.1). Allerdings kommt es auch hier entscheidend darauf an, ob die „Gefahr einer Entwertung der materiellen
Grundrechtsposition besteht" (BVerfGE 63, 131/143). Das einfache
Recht kann daher die subjektiv-rechtliche Position auf Fälle beschränken, in denen sich die Verletzung des Verfahrensrechts auf

materielle Positionen ausgewirkt haben kann (Schmidt-Aßmann MD 158). Umso größer die rechtlichen und tatsächlichen Spielräume der Exekutive im materiellen Bereich sind, umso eher folgt aber aus den Grundrechten die Notwendigkeit subjektiv-rechtlicher *Verfahrenspositionen* (Schulze-Fielitz DR 54). Im Hinblick auf diese Vorgaben ist die Auffassung des BVerwG, das vollständige Unterlassen eines Planfeststellungsverfahrens könne nur gerügt werden, wenn dies konkrete Auswirkungen auf die materiell-rechtliche Position des Betroffenen hat (BVerwGE 62, 243/245 ff; 64, 325/332), schwerlich haltbar (Schulze-Fielitz DR 54; Papier MD 49 zu Art.14); damit wird selbst eine verfahrensrechtliche Position von hohem Gewicht für den Rechtsschutz völlig bedeutungslos. Der Ausschluss eines direkten Rechtsschutzes gegen Verfahrenshandlungen, etwa nach § 44 a VwGO, darf nicht zu unzumutbaren Nachteilen führen, etwa hinsichtlich der Gewährung von Akteneinsicht (BVerfG-K, NJW 91, 416). Generell ist die immer weiter ausgeweitete Folgenlosigkeit von Verfahrensfehlern problematisch (Sachs SA 164 zu Art.20).

b) Rechtliche Betroffenheit. Auch wenn eine Vorschrift ein **28** subjektives Recht verleiht, kommt Art.19 Abs.4 nicht in jedem Falle zum Tragen. Vielmehr muss das Handeln der öffentlichen Gewalt in den Schutzbereich des Rechts eingreifen. Notwendig ist die Möglichkeit der rechtlichen Betroffenheit des Klägers, ein „Rechtswidrigkeitszusammenhang" (Schmidt-Aßmann MD 156 ff; Schulze-Fielitz DR 57). Eine faktische Betroffenheit genügt nicht (Schmidt-Aßmann MD 119). Auch hier muss die Abgrenzung durch Auslegung der einschlägigen Vorschriften gewonnen werden. Besondere Bedeutung hat dies für mittelbare und faktische Beeinträchtigungen (vgl. dazu Vorb.26 f vor Art.1). *Drittbetroffene* sind in subjektiven Rechten nur verletzt, wenn die Norm auch zu ihrem Schutze dient. Was speziell die Grundrechte angeht, so bieten sie dem direkt Betroffenen einen umfassenden Schutz, während sie Drittbetroffene regelmäßig nur bei qualifizierten Belastungen schützen (Jarass, NJW 83, 2846 f; Schmidt-Aßmann MD 126; noch restriktiver Schulze-Fielitz DR 45); vgl. auch Rn.71 zu Art.2 und Rn.32 zu Art.14.

2. Öffentliche Gewalt

a) Exekutive. Öffentliche Gewalt iSd Abs.4 ist die gesamte voll- **29** ziehende Gewalt, unabhängig davon, ob sie als Regierung oder als Verwaltung qualifiziert wird. Erfasst werden auch Beliehene

(Schmidt-Aßmann MD 56 f; Huber MKS 437; Krebs MüK 55).
Weiter wird die privatrechtlich organisierte oder handelnde Voll-
ziehung erfasst (Schmidt-Aßmann MD 58, 64; Wassermann AK 40;
Schenke BK 191), desgleichen die fiskalische Verwaltung (Schulze-
Fielitz DR 37; Rn.28 f zu Art.1; Huber MKS 436; a. A. Schmidt-
Aßmann MD 65; Schenke BK 192). Abs.4 erfasst weiterhin die
Normsetzung durch die Exekutive (BVerwGE 80, 355/361; NJW 00,
3585; Schmidt-Aßmann MD 70; Krebs MüK 55; offengelassen
BVerfGE 31, 364/367 f), insb. Rechtverordnungen und Satzungen;
zur Art des insoweit gewährten Rechtsschutzes unten Rn.40. Ge-
richtsfreie Hoheitsakte der Exekutive kennt Abs.4 nicht (Schmidt-
Aßmann MD 77; Wassermann AK 29), abgesehen vom Sonderfall
des Abs.4 S. 3; lediglich Art und Umfang des Rechtsschutzes können variieren (vgl. unten Rn.47 f). Abs.4 erfasst daher Regierungs-
akte (Schmidt-Aßmann MD 81; Schenke BK 219 ff) ebenso wie
Gnadenakte (BVerfGE *abwM* 25, 352/363 ff; Stern III/11 374;
Schenke BK 232 ff; Schmidt-Aßmann MD 80; Wassermann AK 32;
a. A. BVerfGE 25, 352/358; BVerwG, DVBl 82, 1147). Für den
Widerruf eines Gnadenaktes ist das ganz hA (BVerfGE 30, 108/111).
Bei Vorliegen eines entsprechenden Interesses erfasst Abs.4 auch
erledigte Akte (unten Rn.43; vgl. Rn.66 zu Art.93). Zur ausländischen öffentlichen Gewalt sowie zu Akten internationaler Einrichtungen unten Rn.33.

30   **b) Legislative und Judikative.** Keine öffentliche Gewalt stellen
die Akte der **gesetzgebenden Körperschaften** dar, wie die Sondervorschriften zur Normenkontrolle in Art.93 Abs.1 Nr.2, 4 a,
Art.100 Abs.1 zeigen (BVerfGE 24, 33/49 ff; 24, 367/401; 45,
297/334; BAGE 64, 315/326; Hesse 337; a. A. Schmidt-Aßmann
MD 93 ff; Huber MKS 440; Schenke BK 249 ff). Lediglich die Akte
der Parlamentsverwaltung werden erfasst, ebenso die Tätigkeit der
Untersuchungsausschüsse (BVerfGE 77, 1/52), mit Ausnahme der
Beschlüsse dieser Ausschüsse (Rn.2 zu Art.44). Art.19 Abs.4 ist nicht
beeinträchtigt, wenn statt einer exekutiven Norm (etwa Satzung) ein
förmliches Gesetz ergeht und damit der Rechtsschutz eingeschränkt
wird; allerdings kann evtl. Art.3 Abs.1 verletzt sein (BVerfGE 70,
35/56 f). Zu den nichtförmlichen Gesetzen oben Rn.29. Zur Wahlprüfung Rn.4 zu Art.41.

31   Die **Rechtsprechung** fällt nicht unter Art.19 Abs.4 (BVerfGE
15, 275/280; 49, 329/340; 65, 76/90; Papier HbStR VI § 154
Rn.37; Schenke BK 275; a. A. Schulze-Fielitz DR 35; Huber MKS
448; Krebs MüK 57); andernfalls wäre die erstinstanzliche Zustän-

digkeit von obersten Gerichten ausgeschlossen. Die Vorschrift garantiert den Schutz durch den Richter, nicht gegen ihn (BVerfGE 11, 263/265; 76, 93/98). Dies gilt auch für den EuGH (BVerfGE 73, 339/372 f). Erfasst werden dagegen die Akte des Rechtspflegers (BVerfG 101, 397/407) und der Justizverwaltung, insb. die Justizverwaltungsakte, die nicht in richterlicher Unabhängigkeit, sondern administrativ getroffen werden (BVerfGE 28, 10/14 f; Schmidt-Aßmann MD 102 f; Schenke BK 277).

c) Öffentlich-rechtliche Religions- und Weltanschauungs- 32
gemeinschaften fallen nur insoweit unter Art.19 Abs.4, als sie ihre Aufgabe unter Einsatz staatlicher Zwangsmittel ausüben bzw. staatliche Befugnisse nutzen (BVerwGE 105, 117/122), nicht aber schon dann, wenn sie öffentlich-rechtliche Formen in einer Weise einsetzen, die auch bei privatrechtlichen Formen möglich wäre (Rüfner HbStKirchR II 1084; vgl. Rn.27 zu Art.1). Ein Einsatz staatlicher Zwangsmittel findet sich etwa bei der Erhebung von Kirchensteuern (BVerfGE 18, 392/396; 19, 206/218; 30, 415/422; Schmidt-Aßmann MD 114) oder bei der Verwaltung von Friedhöfen (BVerwG, NJW 90, 2080; Schmidt-Aßmann MD 114). Gleichzustellen sind Fälle, in denen den Kirchen staatliche Aufgaben übertragen werden, wie etwa im Schulbereich bei staatlicher Anerkennung oder Beleihung (Schmidt-Aßmann MD 57, 114). Soweit das nicht geschieht, greift der allg. Justizgewährungsanspruch (Schmidt-Aßmann MD 113) mit gewissen Einschränkungen (näher dazu Rn.19–21 zu Art.140/137 WRV).

d) Auslandsbezug. Abs.4 meint allein die durch das GG kon- 33
stituierte öffentliche Gewalt (BVerfGE 58, 1/26 ff; 59, 63/85 f). Nicht erfasst werden daher Akte anderer Staaten sowie zwischenstaatlicher Einrichtungen (BVerfGE 59, 63/88; 58, 1/30; BVerwGE 91, 126/129; Schulze-Fielitz DR 38, 66). Andererseits ist ein Ausschluss der deutschen Gerichtsbarkeit durch deutsche Zustimmungsakte an Art.19 Abs.4 zu messen (vgl. EGMR, NJW 99, 1173; Rn.10 zu Art.24). Erfasst wird dagegen die Tätigkeit bundesrepublikanischer Organe in internationalen Einrichtungen bzw. im Ausland (Schmidt-Aßmann MD 49 f; Schulze-Fielitz DR 66). Erfasst wird auch der „Vollzug" oder die Vollstreckung fremder Hoheitsakte durch deutsche Organe (BVerfGE 63, 343/375; BSGE 61, 131/133; Krebs MüK 53; Schmidt-Aßmann MD 51). Gleiches gilt für den Vollzug von EG-Recht. Zum Schutz gegen Akte der EG vgl. Rn.38 f zu Art.23.

3. Träger des Grundrechts

34   Das Grundrecht des Art.19 Abs.4 steht jedermann zu, der überhaupt Träger eines Grundrechts sein kann (dazu oben Rn.8–21a), also natürlichen und juristischen Personen, Vereinigungen, Inländern wie Ausländern (BVerfGE 35, 382/401; 65, 76/90; 67, 43/58). Auch ausländische juristische Personen werden als Grundrechtsträger angesehen (Schulze-Fielitz DR 63; Schmidt-Aßmann MD 40; Papier HbStR VI § 154 Rn.19). Zum räumlichen Anwendungsbereich der Grundrechte Rn.33 zu Art.1. Juristische Personen des öffentlichen Rechts können sich idR nicht auf Abs.4 berufen (Huber MKS 395; Schenke BK 32 ff; Krebs MüK 51; offengelassen von BVerfGE 61, 82/109). Wenn sie ausnahmsweise Grundrechtsträger sind (oben Rn.21 f), kommt ihnen auch Art.19 Abs.4 zugute (Schmidt-Aßmann MD 43; Ipsen II 829; Schenke BK 38) und zwar zur Durchsetzung beliebiger subjektiver Rechte, nicht nur der anwendbaren Grundrechte (Schulze-Fielitz DR 64).

III. Beeinträchtigung und Ausgestaltung

1. Grundlagen; Verpflichteter

35   **a) Grundlagen.** Rechtsweg iSd Abs.4 ist der Weg zu den staatlichen *Gerichten,* die in ihrer organisatorischen Stellung und in ihrer personellen Besetzung Art.92 und Art.97 entsprechen (BVerfGE 11, 232/233; 49, 329/340; Schulze-Fielitz DR 60, 70); näher zum Begriff des Gerichts Rn.10 zu Art.92. Art.19 Abs.4 wird zum einen beeinträchtigt, wenn der *Zugang zu den Gerichten* ausgeschlossen oder in unzumutbarer, aus Sachgründen nicht gerechtfertigterweise erschwert wird (BVerfGE 40, 272/274 f; 60, 253/269; 69, 381/385 f). Darüber hinaus garantiert Abs.4 einen *effektiven Rechtsschutz,* d. h. eine tatsächlich wirksame Kontrolle durch die Gerichte (BVerfGE 37, 150/153; 54, 39/41; 60, 253/296 f; 84, 34/49; Huber MKS 462; Schenke BK 383; s. auch Rn.93 zu Art.20). Für die Anhörung vor Gericht (einschl. der Berücksichtigung vorgebrachter Punkte sowie der Bereitstellung erforderlicher Informationen durch das Gericht) ist (allein) Art.103 Abs.1 einschlägig (Rn.5–39a zu Art.103). Art.101 enthält eine Spezialregelung für die gesetzliche Bestimmung des Richters (vgl. BVerfG-K, EuGRZ 88, 113).

36   Sowohl der Zugang zu den Gerichten wie die wirksame Kontrolle durch die Gerichte unterliegen der **Ausgestaltung** durch den Gesetzgeber (Schenke BK 99; Schulze-Fielitz DR 60; allg. Vorb.34 f vor Art.1), nicht zuletzt deshalb, weil Art.19 Abs.4 primär ein Leistungsgrundrecht ist (oben Rn.22). „Die dem Gesetzgeber obliegende normative Ausgestaltung des Rechtswegs muss aber das Ziel dieser Gewährleistung – den wirkungsvollen Rechtsschutz – verfolgen; sie muss im Hinblick darauf geeignet und angemessen sowie für den Rechtssuchenden zumutbar sein" (BVerfGE 77, 275/284; 60, 253/269).

b) Verpflichtete. Art.19 Abs.4 kann durch jeden Adressaten der 37
Grundrechte, also jeden Träger öffentlicher Gewalt (dazu Rn.22–30 zu Art.1) verletzt werden. Abs.4 erfasst etwa den Erlass prozessualer Vorschriften durch den Gesetzgeber. Weiter gilt Abs.4 für die Gerichte, soweit sie Akte der öffentlichen Gewalt iSd Abs.4 (oben Rn.29–31) überprüfen, also v. a. für die Verwaltungs-, Sozial- und Finanzgerichte. Im Übrigen ist der allg. Justizgewährungsanspruch einschlägig (oben Rn.23). Auch für die Exekutive ist Abs.4 bedeutsam (unten Rn.49 f).

2. Zugang zu den Gerichten

a) Rechtsweg, Instanzen. Die Einrichtung verschiedener 38
Rechtswege ist zulässig, obwohl sie zu manchen, eigentlich unnötigen Erschwerungen des Rechtsschutzes führt. Zulässig ist auch eine Rechtswegspaltung (BSGE 75, 97/137 ff; Huber MKS 455). Schwierigkeiten bei der Bestimmung des Rechtswegs dürfen allerdings nicht zu Lasten des Bürgers gelöst werden (BVerfGE 57, 9/22). Soweit kein bestimmter Rechtsweg vorgesehen ist, auch nicht im Wege einer extensiven Interpretation zugunsten derjenigen Gerichtsbarkeit, die eine besondere Sachnähe besitzt (BVerwG, DVBl 83, 943; Schenke BK 64), sind gem. Abs.4 S. 2 die ordentlichen Gerichte zuständig. Die Annahme eines unzutreffenden Rechtswegs verletzt nicht Abs.4 (BVerfGE 57, 9/21). Zum Ausschluss des Rechtswegs durch völkerrechtliche Vereinbarungen oben Rn.33.

Weiter besteht kein Anspruch auf mehr als *eine* gerichtliche **Ins-** 39
tanz (BVerfGE 65, 76/90; 87, 48/61; 92, 365/410), zumal zweifelhaft ist, wieweit mehrere Instanzen aufs Ganze gesehen überhaupt zu einem wirksameren Rechtsschutz beitragen (Schenke BK 56). Wurden allerdings durch Gesetz mehrere Instanzen geschaffen, darf der Zugang zu ihnen nicht unzumutbar erschwert werden (BVerfGE 65, 76/90; 78, 88/99; 96, 27/39), etwa hinsichtlich der Frage, ob der Rechtsstreit grundsätzliche Bedeutung hat (BVerfG-K, NVwZ 93, 465) oder ob die Berufung zugelassen werden kann (BVerfG-K, NVwZ 01, 552 f). Die unterschiedliche Behandlung von Sachberei-

chen und Fallgruppen im Hinblick auf den Instanzenweg ist an Art.3 Abs.1 zu messen (BVerfGE 65, 76/91).

40   **b) Klageart.** Gegenüber (untergesetzlichen) **Normen** genügt es, wenn Rechtsschutz nur bei konkreten Streitfällen über die Feststellungsklage gewährt wird. Art.19 Abs.4 schreibt daher keine abstrakte Normenkontrolle vor (BVerfGE 31, 364/369 f); die Abgrenzung des Anwendungsbereichs einer abstrakten Normenkontrolle muss allerdings Art.3 Abs.1 entsprechen (oben Rn.30). Art.19 Abs.4 iVm Art.3 Abs.1 verlangt § 47 VwGO dahingehend zu interpretieren, dass die Normenkontrolle auch gegen Bebauungspläne in Gesetzesform eröffnet ist (BVerfGE 70, 35/56).

41   *Unklarheiten* bei der Qualifikation einer staatlichen Maßnahme dürfen nicht zu Lasten des Bürgers gehen (BVerwGE 78, 3/5). Gegen *vorbereitende Maßnahmen* muss ein Rechtsmittel gegeben sein, wenn sie weitreichende Auswirkungen haben (BVerwG, DVBl 90, 867). Das gilt nicht für verwaltungsinterne Entscheidungen, die im Rahmen nachfolgender Entscheidungen mit Außenwirkung überprüft werden können, etwa für die Linienbestimmung bei Straßen (BVerwGE 62, 342/347 ff), den Wege- und Gewässerplan im Flurbereinigungsverfahren (BVerwGE 74, 1/6 ff) oder bei einem bergrechtlichen Rahmenbetriebsplan (BVerwGE 89, 246/255 f). Ein *vorbeugender Rechtsschutz* bereits vor Rechtsverletzung kann geboten sein, wenn ein nachträglicher Rechtsschutz die Beeinträchtigung nicht mehr zu korrigieren vermag (Schenke BK 390 ff; Schulze-Fielitz DR 80).

42   **c)** Ein **vorläufiger Rechtsschutz** ist geboten, wenn ohne ihn dem Betroffenen eine „erhebliche, über Randbereiche hinausgehende Verletzung in seinen Rechten droht, die durch die Entscheidung in der Hauptsache nicht mehr beseitigt werden kann, es sei denn, dass ausnahmsweise überwiegende, besonders gewichtige Gründe entgegenstehen" (BVerfGE 93, 1/14; 46, 166/179; 65, 1/70 f; 79, 69/74; Schenke BK 412 ff). Das gilt auch für Verpflichtungsansprüche (BVerfG-K, NJW 95, 951). Bei der Interessenabwägung im Rahmen des einstweiligen Rechtsschutzes ist die Vorgabe des Art.19 Abs.4 zu berücksichtigen (vgl. BVerfGE 69, 315/364). Unter Umständen muss das Gericht dann über eine summarische Prüfung hinausgehen (BVerfGE 67, 43/62). Überwiegende öffentliche Interessen können nur in Ausnahmefällen zu einem Zurücktreten des sofortigen Rechtsschutzes führen (BVerfGE 51, 268/284 f; 67, 43/58). Die Möglichkeiten des § 80 VwGO und des § 123 VwGO sind verfassungsrechtlich grundsätzlich gleichwertig

(BVerfGE 51, 268/285 f); die (automatisch) aufschiebende Wirkung eines Rechtsmittels ist daher verfassungsrechtlich nicht geboten (BSGE 67, 176/183; Schulze-Fielitz DR 85; a. A. BVerfG-K, NVwZ 96, 59). Die Anforderungen gelten auch bei der Durchführung EG-rechtlicher Vorschriften, soweit das EG-Recht keinen vorläufigen Schutz bietet (BVerfG-K, NJW 95, 951). Für den einstweiligen Rechtsschutz im Verfassungsbeschwerdeverfahren gelten diese Anforderungen nicht uneingeschränkt (BVerfGE 94, 166/214 ff). Zur sofortigen Vollziehung der Ausweisung im Bereich des Asylrechts Rn.29, 33 zu Art.16 a.

d) Klagebefugnis, Präklusion etc. Möglich ist, ein dem betrof- **43** fenen Bürger *unnützes Rechtsmittel* nicht zuzulassen (BVerwG, NVwZ 90, 361). Bei Fällen tiefgreifender Grundrechtseingriffe, etwa Durchsuchungen, muss eine Klärung der Rechtswidrigkeit auch nach *Erledigung* möglich sein (BVerfGE 96, 27/40; BVerfG-K, NVwZ 99, 292; BVerwG, NVwZ 99, 991 f). Eine Verbandsklage muss nicht zugelassen werden (BVerwGE 101, 73/81 ff). Bei Massenverfahren ist es möglich, zunächst nur einen Musterfall zu entscheiden (BVerfGE 54, 39/40 ff). Zur Geltendmachung von *Verwaltungsverfahrensfehlern* oben Rn.27. Bei der Prüfung des Feststellungsinteresses dürfen keine überspannten Anforderungen gestellt werden (BVerwG, NVwZ 94, 283). Eine *Präklusion* subjektiver Rechte für den Fall, dass im vorgeschalteten Verwaltungsverfahren keine Einwendungen erhoben wurden etc., ist nur akzeptabel, wenn das Verwaltungsverfahren den Rechtsschutz des Betroffenen deutlich verbessert und der Betroffene zudem die von ihm verlangte Handlung im Verwaltungsverfahren unschwer vornehmen kann (vgl. BVerfGE 61, 82/115 ff; Jarass, BImSchG, 4. Aufl.1999, § 10 Rn.91 ff; für Verstoß der Präklusion gegen Art.14 Papier MD 50 zu Art.14).

e) Fristen, Wiedereinsetzung. „Fristen dürfen nicht unange- **44** messen kurz sein, damit das Recht, den Rechtsweg zu beschreiten, nicht ausgehöhlt wird" (BVerfGE 77, 275/285; 8, 240/247). Dies gilt insb. bei Anträgen auf Wiedereinsetzung in den vorigen Stand (BVerfGE 41, 332/334 f; 50, 1/3 f; 54, 80/84). Weiter muss die Fristversäumnis zurechenbar sein, woran es fehlt, wenn die Post die Briefbeförderung verzögert (BVerfGE 41, 23/25; 50, 397/399; 54, 80/84), die Fristversäumnis auf fehlenden Deutsch-Kenntnissen (Rn.35 f zu Art.103) oder auf einer unzureichenden Belehrung beruht (BVerfG-K, NJW 96, 1811). Gleiches gilt, wenn das Verschulden auf eine unzureichende Tatsachenermittlung gestützt wird (BVerfG-K, NJW 95, 1416 f). Eine verfrüht eingelegte Beschwerde ist zu berücksichtigen (BVerfGE 54, 94/99). Eine schlichte Erklärung muss zur Glaubhaftmachung genügen, wenn andere Mittel nicht zur Verfügung stehen (BVerfG-K, NJW 95, 2546). Fristen können voll ausgenutzt werden (Rn.92 zu Art.20). Eine Rechtsmittelfrist von einer Woche nach öffentlicher Bekanntmachung dürfte verfassungsrechtlich nicht haltbar sein (BVerfGE 77, 275/286). Die Verwirkung eines Rechtsmittels muss zumutbar sein (BVerfGE 32, 305/309 f). Das Verschulden des Anwalts kann der Partei im Verwaltungsprozess zugerechnet werden (BVerfGE 60, 253/300 ff), nicht jedoch bei der Wiedereinsetzung im Strafbefehlsverfahren (BVerfG-K, NJW 94, 1856 f). Vgl. außerdem Rn.37 f zu Art.103.

45   **f) Sonstiges.** Vorschriften über den Zugang zu den Gerichten müssen ausreichend bestimmt sein (BVerfGE 54, 277/292 f; 85, 337/353). Ein *Rechtsmittelverzicht* des Betroffenen ist nur hinsichtlich eines bestimmten, dem Betroffenen bekannten Aktes öffentlicher Gewalt möglich (BVerfGE 26, 49/50 ff; Schulze-Fielitz DR 67; Schenke BK 66 f). Der Ausschluss des Rechtswegs im steuerrechtlichen Unterwerfungsverfahren ist unzulässig (BVerfGE 22, 49/81 f). Unzulässig ist, die Vorbereitung oder Durchführung von Rechtsmitteln mit Strafe zu bedrohen (BVerfGE 80, 244/250).

3. Verfahren vor Gerichten und Kontrolldichte

46   **a) Verfahren vor Gerichten.** Für das **rechtliche Gehör,** insb. das Recht auf Information, auf Äußerung und auf Berücksichtigung, geht Art.103 Abs.1 als Spezialregelung vor; näher dazu Rn.2 zu Art.103. Gegen den Grundsatz des effektiven Rechtsschutzes wird verstoßen, wenn nicht innerhalb **angemessener Zeit** eine abschließende, gerichtliche Entscheidung vorliegt (BVerfGE 54, 39/41; 55, 349/369; 60, 253/269; 93, 1/13; BFHE 188, 264/267 f; Schmidt-Aßmann MD 262 f; Schulze-Fielitz DR 83). Dazu haben der Gesetzgeber wie die Gerichte beizutragen (Wassermann AK 55 f; Schenke BK 422 f). Die Praxis wird dem in vielen Fällen nicht gerecht (vgl. EGMR, NJW 89, 652; BVerfG-K, NJW 01, 216). Zur **Prozesskostenhilfe** Rn.63 zu Art.3. Zu den Sprachkenntnissen Rn.35 zu Art.103.

47   **b) Kontrolldichte.** Das Gebot effektiven Rechtsschutzes (oben Rn.35) hat Konsequenzen für die Kontrolldichte: Es besteht grundsätzlich ein Anspruch auf vollständige – auch die Beurteilungsgrundlagen umfassende – Nachprüfung der angefochtenen Maßnahme in rechtlicher und tatsächlicher Hinsicht (vgl. BVerfGE 64, 261/279;

78, 214/226; 84, 34/49; 101, 106/123; BVerwG, NVwZ 94, 79).
eine Bindung an die von der Exekutive getroffenen Feststellungen
und Wertungen ist ausgeschlossen (BVerfG, NJW 01, 1123). Unbestimmte Rechtsbegriffe sind in vollem Umfang zu überprüfen
(BVerfGE 7, 129/154; 84, 34/49 f; NJW 01, 1123; Schulze-Fielitz
DR 87); bei besonders vagen Begriffen sind allerdings Eingrenzungen möglich (BVerfGE 84, 34/50). Dazu muss das Gericht über
hinreichende Prüfungs- und Entscheidungsbefugnisse verfügen
(BVerfGE 61, 82/111; 67, 43/58), vorausgesetzt, subjektive Rechte
des Betroffenen (dazu oben Rn.25–28) können beeinträchtigt sein.
Unzulässig ist daher eine Verweigerung von Auskunft oder Aktenvorlage durch Verwaltungsbehörden, soweit die Information allein
dem Gericht zugänglich gemacht wird (BVerfGE 101, 106/128 ff).
Unzulässig ist weiter eine Beschränkung der Kontrolle des Zuschlags
in der Versteigerung (BVerfGE *abwM* 49, 228/242). Schließlich ist
die Bindung an Entscheidungen des EuGH zulässig (BVerfGE 73,
339/373). Die unzutreffende Auslegung des materiellen Rechts bedeutet keine Beeinträchtigung des Art.19 Abs.4 (BVerfGE 97,
298/315 f).

Darüber hinaus kann der Gesetzgeber kraft seiner Ausgestaltungs- **48**
befugnis (oben Rn.36) eine *reduzierte Kontrolldichte* durch die Einräumung von **Gestaltungs-, Ermessens-** und **Beurteilungsspielräumen** vorsehen (BVerfGE 61, 82/111, 114 f; 88, 40/56; NJW 01,
1123). Die Ermächtigung der Exekutive zur Letztentscheidung muss
allerdings den jeweiligen Rechtsvorschriften zumindest konkludent
entnommen werden können (BVerwGE 94, 307/309 f; 100,
221/225); die Verwendung eines unbestimmten Rechtsbegriffes genügt dazu nicht (Schenke BK 337), auch nicht die Einschaltung
eines Fachausschusses (BVerwG, DVBl 91, 49 f). Ein Beurteilungsspielraum liegt nahe bei Entscheidungen eines fachkundigen *und*
ausgewogen zusammengesetzten Gremiums (BVerwGE 59,
213/216 f; 72, 195/206; einschr. BVerwGE 91, 211/213 f), weiter
bei Prüfungen u. ä. (BVerwGE 38, 105/110; 92, 132/137; zu den
Grenzen Rn.83 zu Art.12), nicht jedoch bei Prognoseentscheidungen (Schenke BK 354; a. A. bei wertenden Prognosen BVerwGE
106, 263/267). Beurteilungsspielräume sind eher akzeptabel, wenn
durch spezifische Verfahrensvorgaben für eine Richtigkeitsgewähr
gesorgt wird (Schulz-Fielitz SA 97). Die gesetzliche Einräumung
von exekutiven Entscheidungsspielräumen verstößt nicht gegen
Art.19 Abs.4, da insoweit keine rechtliche Bindung besteht und
damit eine Rechtskontrolle zwangsläufig ausscheidet (BVerwGE 72,
195/206; 75, 275/279); die gesetzlichen Begrenzungen von Spiel-

räumen sind jedoch gerichtlich zu kontrollieren (BVerfGE 84, 34/53; BVerwGE 75, 214/254). Normkonkretisierende Verwaltungsvorschriften müssen daraufhin überprüft werden, ob sie nicht durch Erkenntnisfortschritte überholt sind (BVerwG, NVwZ 95, 994; NVwZ-RR 97, 279) oder ob ein atypischer Sachverhalt vorliegt (Jarass, JuS 99, 111; vgl. BSGE 73, 146/150). Im Übrigen können (materielle) Grundrechte der Einräumung von Spielräumen Grenzen setzen (BVerfGE 84, 34/54 f; BVerfG-K, NJW 93, 918; Rn.92 zu Art.5). Soweit es um Grundrechtseingriffe geht, kann zudem das einschlägige Grundrecht Vorgaben für die Bestimmtheit der gesetzlichen Ermächtigung (Rn.54 f zu Art.20) oder den Ausschluss von Ermessen (Schenke BK 330) liefern und damit zu einer intensiveren Gerichtskontrolle führen (Schulze-Fielitz DR 98).

4. Verwaltungsverfahren

49   Das dem gerichtlichen Verfahren vorgelagerte Verwaltungsverfahren darf **nicht** so angelegt werden, dass der **gerichtliche Schutz unzumutbar erschwert** wird (BVerfGE 61, 82/110; 69, 1/49; Huber MKS 493). Die Behörden dürfen die spätere Nachprüfung durch das Gericht nicht ausschalten (BVerfGE 69, 1/49; Schulze-Fielitz DR 66), etwa durch das sofortige Abschieben eines Ausländers (näher unten Rn.52). Art.19 Abs.4 verlangt nicht, *die* Form hoheitlicher Maßnahmen zu wählen, die den größten Rechtsschutz bietet (BVerfGE 10, 89/105; 70, 35/56). Im Einzelnen können aber Modifikationen des Verfahrens geboten sein (BVerfGE 77, 1/54 f). Eine öffentliche Bekanntgabe anstelle einer Zustellung bedarf einer ausreichenden sachlichen Legitimation (BVerwGE 67, 206/209); vgl. auch Rn.14 zu Art.103. Ein Widerspruchsverfahren ist nicht notwendig (BVerfGE 35, 65/73; 60, 253/290 f). Eine reformatio in peius im Verwaltungsverfahren ist nicht unzumutbar (BVerwGE 51, 310/312 ff; BVerwG, NVwZ 1987, 215). Bei monopolisierter Information besteht ein Akteneinsichtsrecht oder Auskunftsanspruch (Schmidt-Aßmann MD 256; Schenke BK 428; zurückhaltend BVerwGE 84, 375/377 f, 386 f). Zur Geltendmachung von Verfahrensfehlern oben Rn.27; zu Verfahrensgehalten der materiellen Grundrechte Vorb.11 f vor Art.1.

50   Über wichtige Vorgänge, die subjektive Rechte berühren, sind **Aufzeichnungen** zu machen (BVerfGE 65, 1/70; Schmidt-Aßmann MD 255; einschr. BVerwGE 62, 135/142), etwa für Durchsuchungen ohne richterliche Anordnung (BVerfG, NJW 01, 1224). Für Werturteile gilt das jedoch nicht (BVerwGE 60, 245/247 ff); zu

Prüfungen vgl. Rn. 82 zu Art.12. Bei *heimlichen* Eingriffen ist regelmäßig eine (spätere) Benachrichtigung geboten (BVerfGE 100, 313/364). Belastende Verwaltungsentscheidungen müssen in der Regel **begründet** werden (Schulze-Fielitz DR 69; unter Berufung auf das Rechtsstaatsprinzip BVerfGE 6, 32/44 f; 40, 276/286; 49, 24/67); doch soll es genügen, wenn die Behörde die Gründe im gerichtlichen Verfahren mitteilt (BVerfGE 6, 32/44; BVerwGE 61, 200/210; Schmidt-Aßmann MD 254). Eine erst mehr als ein Jahr nach Beschluss zugestellte Begründung ist mit Art.19 Abs.4 nicht vereinbar (BSGE 72, 214/217). Zur Begründung von Prüfungsentscheidungen Rn.82 zu Art.12. Eine **Rechtsmittelbelehrung** ist wohl nicht geboten (Schenke BK 429; a. A. Wassermann AK 58; vorsichtig BVerfGE 40, 237/258 f).

IV. Rechtfertigung von Beeinträchtigungen (Schranken)

1. Grundlagen

Art.19 Abs.4 enthält keinen Gesetzesvorbehalt. Das Grundrecht **51** kann daher nur durch kollidierendes Verfassungsrecht beschränkt werden (Schulze-Fielitz DR 105; Pieroth/Schlink 1025; Vorb.45 f vor Art.1). Gleichwohl hat der Gesetzgeber erhebliche Regelungsmöglichkeiten: Zum einen kann er festlegen, ob und in welchem Umfang subjektive Rechte des einfachen Rechts bestehen (oben Rn.25–28). Zudem hat der Gesetzgeber bei der *Ausgestaltung* des Rechtswegs (oben Rn.36) einen erheblichen Spielraum; allgemein zur Grundrechtsausgestaltung Vorb.34 f vor Art.1.

2. Einzelfälle

a) Asyl und Auslieferung. Der Rechtsschutz in Asylangelegen- **52** heiten wird durch Art.16a Abs.2, 4 modifiziert und beschränkt (BVerfGE 94, 49/104); näher dazu Rn.32–35 zu Art.16a. Soweit diese Regelungen greifen, tritt Art.19 Abs.4 zurück, es sei denn, der verfassungsänderungsfeste Kern dieser Norm (oben Rn.22) ist betroffen. Daher sind Vorkehrungen der zuständigen Behörden geboten, damit „die Erlangung gerichtlichen Rechtsschutzes nicht durch die obwaltenden Umstände (insb. Abgeschlossensein des asylsuchenden Ausländers im Transitbereich, besonders kurze Fristen, Sprachunkundigkeit) unzumutbar erschwert oder gar vereitelt wird" (BVerfGE 94, 166/206). Zu den Folgen im Bereich des Art.16a vgl. Rn.29, 32, 35 zu Art.16a. Der Fiktion der Erledigung des Asylgerichtsverfahrens sind Grenzen gesetzt (BVerfG-K, NVwZ 94, 63). Eine Auslieferung zur Vollstreckung eines ausländischen Urteils, das in Abwesenheit ergangen ist, kommt nur in Betracht, wenn das rechtliche Gehör gewährleistet wird (BVerfGE 63, 332/338 f). Die Darlegungspflicht zur Betroffenheit darf nicht überspannt werden (BVerfG-K, NVwZ-Beil 96, 66).

53   **b) Sonstiges.** Bei *Prüfungen* muss die Möglichkeit bestehen, wirksame Einwände zu erheben; zudem ist auch die (inhaltliche) Bewertung einer Kontrolle nicht völlig entzogen (Rn.83 zu Art.12). Geht ein Teil der Unterlagen bei Prüfungen verloren, führt das zu keiner Beweislastumkehr (BVerwGE 78, 367/370). Zu Anforderungen an Prüfungen vgl. außerdem Rn.67 zu Art.3 und Rn.81–83 zu Art.12. Zu Bebauungsplänen oben Rn.40. Nicht angreifbar soll der Widerruf von Fraktionszuschüssen sein (BVerwG, NJW 85, 2347; sehr bedenklich). Die Stellung eines Strafantrags im öffentlichen Interesse verletzt keine subjektiven Rechte (BVerfGE 51, 176/185 ff). Im Rechtsschutzverfahren für Gefangene gem. § 109 StVollzG ist eine umfassende Überprüfung geboten (BVerfGE 64, 261/279). Ein Arbeitgeber kann die Feststellung der Schwerbehinderteneigenschaft seines Arbeitnehmers nicht angreifen (BSGE 60, 284/285 f), ebenso wenig wie die Anerkennung einer Schulungsveranstaltung (BAGE 35, 337/340 f). Zum Ausschluss des Rechtswegs nach DDR-Recht Rn.3 zu Art.143.

II. Der Bund und die Länder

Art. 20 [Verfassungsrechtliche Grundprinzipien; Widerstand]

(1) Die Bundesrepublik Deutschland ist ein demokratischer[1 ff] und sozialer[102 ff] Bundesstaat[16 ff].

(2) Alle Staatsgewalt geht vom Volke aus[4]. Sie wird vom Volke in Wahlen und Abstimmungen[6] und durch besondere Organe[23 ff] der Gesetzgebung, der vollziehenden Gewalt und der Rechtsprechung ausgeübt.

(3) Die Gesetzgebung ist an die verfassungsmäßige Ordnung[32], die vollziehende Gewalt und die Rechtsprechung sind an Gesetz und Recht gebunden[37 ff].

(4) Gegen jeden, der es unternimmt, diese Ordnung zu beseitigen, haben alle Deutschen das Recht zum Widerstand, wenn andere Abhilfe nicht möglich ist[116 f].

Übersicht

Literatur A (Demokratie und Republik): *v. Arnim,* Vom schönen Schein der Demokratie, 2000; *Hufschlag,* Einfügung plebiszitärer Komponenten in das GG?, 1999; *Poscher,* Die Opposition als Rechtsbegriff, AöR 1997, 444; *Dreier,* Das Demokratieprinzip des GG, Jura 1997, 249; *Rinken,* Demokratie und Hierarchie, KritV 1996, 282; *Maihofer,* Prinzipien freiheitlicher Demokratie, HbVerfR, 2. A. 1994, 427; *Waechter,* Geminderte demokratische Legitimation staatlicher Institutionen im parlamentarischen Regierungssystem, 1994; *Jürgens,* Direkte Demokratie in den Bundesländern, 1993; *Jestaedt,* Demokratieprinzip und Kondominialverwaltung, 1993; *Bugiel,* Volkswille und repräsentative Entscheidung, 1991; *Emde,* Die demokratische Legitimation der funktionalen Selbstverwaltung, 1991; *Schmidt-Aßmann,* Verwaltungslegitimation als Rechtsbegriff, AöR 1991, 329; *Oebbecke,* Demokratische Legitimation nicht-kommunaler Selbstverwaltung, VerwArch 1990, 349; *Henke,* Die Republik, HbStR I, 1987, 863; *Böckenförde,* Demokratie als Verfassungsprinzip, HbStR I, 1987, 887; *Badura,* Die parlamentarische Demokratie, HbStR I, 1987, 953; *Ehsen,* Abstimmungen des Bundesvolks als Verfassungsproblem, AöR 1985, 2.

Literatur B (Bundesstaat): *Sarcevic,* Das Bundesstaatsprinzip, 2000; *Volkmann,* Bundesstaat in der Krise?, DÖV 1998, 613; *Schmidt-Jortzig,* Herausforderungen für den Föderalismus in Deutschland, DÖV 1998, 746; *Oeter,* Integration und Subsidiarität im deutschen Bundesstaatsrecht, 1998; *Dittmann,* Föderalismus in Gesamtdeutschland, HbStR IX, 1997, 229; *H.-J. Vogel,* Die bundesstaatliche Ordnung des GG, HbVerfR, 2. A. 1994, 1041; *Bauer,* Die Bundestreue, 1992; *Bleckmann,* Zum Rechtsinstitut der Bundestreue – Zur Theorie der subjektiven Rechte im Bundesstaat, JZ 1991, 900; *H.-P. Schneider,* Die bundesstaatliche Ordnung im vereinigten Deutschland, NJW 1991, 2448; *Meßerschmidt,* Der Grundsatz der Bundestreue und die Gemeinden, Verwaltung 1990, 425; *Isensee,* Idee und Gestalt des Föderalismus im GG, HbStR IV, 1990, 517; *Karpen/v. Rönn,* Bericht über die Rspr. des BVerfG und der Länderverfassungsgerichte zum Bundesstaatsprinzip (seit 1980), JZ 1990, 579; *Rudolf,* Kooperation im Bundesstaat, HbStR IV, 1990, 1091.

Literatur C (Gewaltenteilung): *Lerche,* Gewaltenteilung – deutsche Sicht, in: Isensee (Hg.), Gewaltenteilung heute, 2000, 75; *Wrege,* Das System der Gewaltenteilung im GG, Jura 1996, 436; *Vogel,* Gewaltenvermischung statt Gewaltenteilung?, NJW 1996, 1505; *Papier,* Gewaltenteilung im Rechtsstaat, DVPr 1989, 279; *Stettner,* Not und Chance der grundrechtlichen Gewaltenteilung, JöR 1986, 58; *Sinemus,* Der Grundsatz der Gewaltenteilung in der Rechtsprechung des BVerfG, 1982; *Stern,* Funktionsverteilung und Funktionszuordnung, das Gewaltenteilungsprinzip, Stern II, 1980, § 36; *Jarass,* Politik und Bürokratie als Elemente der Gewaltenteilung, 1978.

Literatur D I (Rechtsstaat, allgemein): *Sobota,* Das Prinzip Rechtsstaat, 1997; *Bleckmann,* Vom subjektiven zum objektiven Rechtsstaatsprinzip,

JöR 1987, 1; *Schmidt-Aßmann,* Der Rechtsstaat, HbStR I, 1987, 987; *Kunig,* Das Rechtsstaatsprinzip, 1986; *Stern,* Das rechtsstaatliche Prinzip, Stern I, 1984, § 20. – **Literatur D II, III (Vorrang und Vorbehalt des Gesetzes):** *Schmidt-Aßmann,* Gefährdungen der Rechts- und Gesetzesbindung der Exekutive, FS Stern, 1997, 745; *Burmeister,* Herkunft, Inhalt und Stellung des institutionellen Gesetzesvorbehalts, 1991; *Hufen,* Die Grundrechte und der Vorbehalt des Gesetzes, in: Grimm (Hg.), Wachsende Staatsaufgaben – Sinkende Steuerungsfähigkeit des Rechts, 1990, 273; *Ossenbühl,* Vorrang und Vorbehalt des Gesetzes, HbStR III, 1989, 315; *v. Arnim,* Zur „Wesentlichkeitstheorie" des BVerfG, DVBl 1987, 1241 ff; *Staupe,* Parlamentsvorbehalt und Delegationsbefugnis, 1986; *Papier,* Der Vorbehalt des Gesetzes und seine Grenzen, in: Götz/Klein/Starck (Hg.), Die öffentliche Verwaltung zwischen Gesetzgebung und richterlicher Kontrolle, 1985, 36; *Rottmann,* Der Vorbehalt des Gesetzes und die grundrechtlichen Gesetzesvorbehalte, EuGRZ 1985, 277; *Umbach,* Das Wesentliche an der Wesentlichkeitstheorie, FS Faller, 1984, 111; *Wahl,* Vorrang der Verfassung, NVwZ 1984, 401; *Jarass,* Der Vorbehalt des Gesetzes bei Subventionen, NVwZ 1984, 473; *Eberle,* Gesetzesvorbehalt und Parlamentsvorbehalt, DÖV 1984, 485; *Kloepfer,* Der Vorbehalt des Gesetzes im Wandel, JZ 1984, 685; *Gusy,* Vorrang des Gesetzes, JuS 1983, 189; s. auch Literatur zu Art.80. – **Literatur D IV (Bestimmtheit, Vertrauensschutz):** *Wernsmann,* Grundfälle zur verfassungsrechtlichen Zulässigkeit rückwirkender Gesetze, JuS 1999, 1177, 2000, 39; *Möller/Rührmair,* Die Bedeutung der Grundrechte für die verfassungsrechtlichen Anforderungen an rückwirkende Gesetze, NJW 1999, 908; *Papier/ Möller,* Das Bestimmtheitsgebot und seine Durchsetzung, AöR 1997, 177; *Gassner,* Gesetzgebung und Bestimmtheitsgrundsatz, ZG 1996, 37; *Muckel,* Die Rückwirkung von Gesetzen, JA 1994, 13; *Jekewitz,* Der Zeitpunkt wirksamer Zerstörung des Vertrauensschutzes bei rückwirkenden Rechtsnormen, NJW 1990, 3114; *Mauer,* Kontinuitätsgewähr und Vertrauensschutz, HbStR III, 1988, 211; *Pieroth,* Grundsatz des Vertrauensschutzes, JZ 1984, 971; *Bauer,* Rückwirkungsverbot, NVwZ 1984, 220. – **Literatur D V (Verhältnismäßigkeit):** *Krebs,* Zur verfassungsrechtlichen Verortung und Anwendung des Übermaßverbotes, Jura 2001, 228; *Michael,* Die drei Argumentationsstrukturen des Grundsatzes der Verhältnismäßigkeit, JuS 2001, 148; *Lerche,* Übermaß und Verfassungsrecht, 2. Aufl. 1999; *Ossenbühl,* Der Grundsatz der Verhältnismäßigkeit in der Rechtsprechung der Verwaltungsgerichte, Jura 1997, 617; *Stern,* Übermaßverbot und Abwägungsverbot, Stern III/2, 1994, § 84; *Bleckmann,* Begründung und Anwendungsbereich des Verhältnismäßigkeitsgrundsatzes, JuS 1994, 177; *Dechsling,* Das Verhältnismäßigkeitsgebot, 1989; *Jakobs,* Verhältnismäßigkeit, 1985; *Schnapp,* Verhältnismäßigkeit, JuS 1983, 850; *Hirschberg,* Der Grundsatz der Verhältnismäßigkeit, 1981. – **Literatur D VI (Prozeßrecht, Strafverfahren):** *Schmidt-Jortzig,* Effektiver Rechtsschutz als Kernstück des Rechtsstaatsprinzip, NJW 1994, 2569; *Hill,* Verfassungsrechtliche Gewährleistungen gegenüber der staatlichen Strafgewalt, HbStR VI, 1989, 1305; *Tettinger,* Fairness und Waffengleichheit, 1984; *Niemöller/Schuppert,* Rechtsprechung des BVerfG zum Strafverfahrensrecht, AöR 1982, 387; *Leonardy,* Rechtsstaat und

Begrenzung der Rechtsgewährung, DRiZ 1982, 121; s. auch Literatur zu Art.19 C.

Literatur E (Sozialstaat): *Neuner,* Privatrecht und Sozialstaat, 1999; *Schnapp,* Was können wir über das Sozialstaatsprinzip wissen?, Jura 1998, 873; *Neumann,* Sozialstaatsprinzip und Grundrechtsdogmatik, DVBl 1997, 92; *Limbach,* Das soziale Staatsziel, Jb der sozialen Arbeit 1997, 12; *Kutzki,* Das Sozialstaatsprinzip und aktuelle Entwicklungen des Sozialrechts, RiA 1996, 241; *Benda,* Der soziale Rechtsstaat, HbVerfR, 1995, 719; *Andre,* Das Sozialstaatsprinzip und seine Verankerung im Grundgesetz, Sozialer Fortschritt 1990, 1; *Badura,* Der Sozialstaat, DÖV 1989, 491; *Bieback,* Inhalt und Funktion des Sozialstaatsprinzips, Jura 1987, 229; *Zacher,* Das soziale Staatsziel, HbStR I, 1987, 1045; *Bieback,* Sozialstaatsprinzip und Grundrechte, EuGRZ 1985, 657; *Katzenstein,* Das Sozialstaatsprinzip in der Rechtsprechung des BVerfG, ZSR 1985, 189; *Stern,* Das sozialstaatliche Prinzip, Stern I, 1984, § 21.

Literatur F (Widerstand): *Dolzer,* Der Widerstandsfall, HbStR VII, 1993, 455 ff; *Enders,* Bürgerrecht auf Ungehorsam?, Der Staat 1986, 351; *Klein,* Ziviler Ungehorsam im demokratischen Rechtsstaat, FS Ges. f. Rechtspolitik, 1984, 177; *Frankenberg,* Ziviler Ungehorsam und rechtsstaatliche Demokratie, JZ 1984, 266; *Wassermann,* Gewaltfreier Widerstand und Rechtsordnung, DRiZ 1983, 362; *Dreier,* Widerstandsrecht im Rechtsstaat, FS Scupin, 1983, 573.

A. Demokratieprinzip und Republik

1. Systematik und Abgrenzung zu anderen Vorschriften

1   Die **Strukturentscheidung** des Abs.1 für einen demokratischen Staat wird durch Abs.2 S.1 und 2 Hs.1 (Volkssouveränität) konkretisiert. Weitere Konkretisierungen finden sich in vielen anderen Bestimmungen des GG. Diese unterfallen aber nicht insgesamt dem Demokratieprinzip des Abs.1, wie sich aus Art.28 Abs.1 und 79 Abs.3 ergibt. Vom normativen Gehalt des Abs.1 zu unterscheiden ist auch die Verwendung des Demokratiegedankens als rechts- und verfassungspolitisches Argument. Allerdings können dem Abs.1 als einem in die Zeit hinein offenen Prinzip neue normative Gehalte zuwachsen (vgl. auch Herzog MD I 27 ff); mit Blick auf Art.79 Abs.3 ist dabei jedoch große Zurückhaltung geboten.

2   Das Demokratieprinzip **überschneidet** sich teilw. mit den anderen Strukturentscheidungen des Art.20. Manche Folgerung aus dem Rechtsstaatsprinzip wird von der Rspr. zugleich auf das Demokratieprinzip gestützt. Die Gewaltenteilung ist in Abs.2 S.2 unmittelbar mit dem Demokratieprinzip verknüpft (unten Rn.4). Der enge

Sachzusammenhang zum Bundesstaatsprinzip kann auch zu gewissen Kollisionen führen, die durch verhältnismäßige Zuordnung gelöst werden müssen (BVerfGE 1, 14/50).

Ein enger Sachzusammenhang besteht auch zum Begriff der **Re- 3 publik.** Nach hM ist die Staatsform der Republik in Abs.1 verankert (Dreier DR Rp 15; Herzog MD III 2; Schnapp MüK 5). Die Bedeutung dieser Aussage ist aber gering, da Abs.2 S.1 ohnehin klarstellt, dass alle Staatsgewalt vom Volk ausgeht (Herzog MD III 3). Die Entscheidung für die Republik besagt daher nur, dass das Staatsoberhaupt nicht auf dynastischer Grundlage und nicht auf Lebenszeit berufen wird (Sachs SA 9; Stern I 581; weitergehend für eine Pflicht zur Gemeinwohlorientierung Hesse 121; Sommermann MKS 14 ff; dagegen zutr. Dreier DR Rp 19); wegen Art.79 Abs.3 darf auch nicht durch Verfassungsänderung die Monarchie eingeführt werden. Konkretisierungen enthält Art.54.

2. Einzelne normative Gehalte

a) Volkssouveränität. In der Demokratie, d. h. „freie Selbst- 4 bestimmung aller Bürger" (BVerfGE 44, 125/142), darf Staatsgewalt nur vom Volk ausgehen (Abs.2 S.1), also keine anderen Legitimationsquellen haben. Damit ist die verfassunggebende Gewalt des Volkes anerkannt. Staatsgewalt darf auch nur vom Volk ausgeübt werden (Abs.2 S.2), wobei allerdings die Ausübung durch besondere Organe (Hs.2) von der durch Wahlen und Abstimmungen (Hs.1) zu unterscheiden ist. Wahlen sind Personalentscheidungen (Rn.2 zu Art.38), Abstimmungen sind Sachentscheidungen; darunter fallen Volksantrag, Volksbefragung, Volksbegehren, Volksentscheid, Volksinitiative und Volksreferendum. Zu Hs.2 näher unten Rn.23–27. *Staatsgewalt* bedeutet hier alles amtliche Handeln mit Entscheidungscharakter einschl. des behördeninternen Handelns, das die Voraussetzungen für die Wahrnehmung der Amtsaufgaben schafft (BVerfGE 93, 37/68), nicht aber bloß vorbereitende und rein konsultative Tätigkeiten (BVerfGE 83, 60/73 f); eine Ausnahme für unwichtige Aufgaben ist nicht zu machen (Dreier DR D 81, **a. A.** BVerfGE 47, 253/274). *Volk* bedeutet das Staatsvolk der Bundesrepublik Deutschland, das nur von den Deutschen (Rn.2–6 zu Art.116) gebildet werden soll (BVerfGE 83, 37/50 f; krit. Bryde, StWiss 94, 305; zu den Konsequenzen Rn.4 f zu Art.28; Rn.4 zu Art.38; Rn.10 f zu Art.79).

Im Einzelnen hat Volkssouveränität „nicht zum Inhalt, dass sich 5 die Entscheidungen der Staatsgewalt von den jeweils Betroffenen her zu legitimieren haben" (BVerfGE 83, 37/51). Bei der Ausübung der Staatsgewalt ist das Volk an die verfassungsrechtlichen Kompetenzgrenzen gebunden (BVerfGE 8, 104/115 f). Die gesetzliche Schaffung von Bezirksvertretungen als kommunaler Untergliederungen (BVerfGE 47, 253/272, 275) und Bezirksversammlungen in Stadtstaaten (BVerfGE 83, 60/75 f) ist zulässig. Das Demokratieprinzip verwehrt nicht die Anerkennung und Vollstreckung ausländischer Hoheitsakte durch deutsche Staatsorgane (BVerfGE 63, 343/369 f).

6 Die Ausübung der Staatsgewalt durch **Wahlen und Abstimmungen** bedeutet, dass Volksvertretungen vorhanden sein und periodisch wiederkehrende Wahlen zu ihnen stattfinden müssen (vgl. Rn.1 zu Art.39). Die Wahlrechtsgrundsätze der Allgemeinheit, Freiheit, Gleichheit und Geheimheit (Rn.5–7, 9, 10 zu Art.38) gehören zum Demokratieprinzip (Herzog MD II 9; Schnapp MüK 13; vgl. auch BVerfGE 69, 92/106; 71, 81/94; 85, 148/158); fraglich ist dies für den Wahlrechtsgrundsatz der Unmittelbarkeit (Rn.8 zu Art.38). Wahlwerbung durch Staatsorgane ist verboten (Rn.14 zu Art.38). Das Gleiche gilt für Eingriffe von Staatsorganen in einen Abstimmungskampf (BVerfGE 37, 84/91).

7 **Verfassungsvorbehalt?** Die Fälle, in denen Wahlen und Abstimmungen stattfinden dürfen, sind weder durch Abs.2 S.2 noch durch abschließende Aufzählung im GG festgelegt (Jürgens, o.Lit. A, 286 f). Das ist für Wahlen wohl anerkannt (vgl. Schmidt-Aßmann AöR 1991, 353 f; a. A. Krause HbStR II 322 f), wird aber von der hM für Abstimmungen auf Bundesebene bestritten und insoweit ein Verfassungsvorbehalt angenommen. Danach sollen Abstimmungen in anderen Fällen als dem des Art.29 auf Bundesebene nur durch Verfassungsänderung eingeführt werden können (Herzog MD II 43 ff; Sachs SA 32; Schnapp MüK 31; Sommermann MKS 156; Stern I 607; Volkmann FH 59; a. A. Stein AK II 39 f; Pestalozza, Der Popularvorbehalt, 1981). Dagegen ist zu sagen, dass Volksbefragungen durch Parlamentsgesetz eingeführt werden können (Dreier DR D 102; Ebsen, AöR 1985, 13 f; Hofmann, Verfassungsrechtliche Perspektiven, 1995, 145, 159 f), da dies nicht mit Art.76 ff kollidiert.

8 **b) Politische Freiheit und Gleichheit** sind Grundbedingungen der Demokratie. Die Kerngehalte der Kommunikationsgrundrechte (Art.5, 8 und 9) sind daher vom Demokratieprinzip umfasst (BVerfGE 7, 111/119; 27, 71/81; 69, 315/345 ff). Das Gleiche gilt für die Parteienfreiheit und -gleichheit (BVerfGE 2, 1/13; 3, 19/26; 5, 85/134 f) und den allgemeinen Gleichheitssatz (Stein AK II 11;

Herzog MD II 6 ff; Schnapp MüK 14). Das BVerfG hat diesen Zusammenhang auf die einprägsame Formel gebracht, dass in einer Demokratie die Willensbildung sich vom Volk zu den Staatsorganen, nicht umgekehrt von den Staatsorganen zum Volk hin vollziehen muss (BVerfGE 20, 56/98 f); die daraus gezogene Folgerung der grundsätzlichen Unzulässigkeit staatlicher Parteienfinanzierung ist allerdings inzwischen modifiziert worden (vgl. Rn.13 f zu Art.21).

c) Das Demokratieprinzip verlangt eine **hinreichende Legiti-** **9** **mation** der Staatsgewalt durch das Volk, d. h. ein bestimmtes Legitimationsniveau (BVerfGE 93, 37/66 f; BerlVerfGH, NVwZ 00, 794). Dieses muß umso höher sein, je wichtiger die zu treffende Entscheidung ist (Sommermann MKS 176). **Personelle Legitimation** besteht in einer ununterbrochenen Legitimationskette vom Volk zu den mit staatlichen Aufgaben betrauten Organen und Amtswaltern der Verwaltung, die aber außer bei den Vertretungen in den Kreisen und Gemeinden (Rn.6 zu Art.28) nicht nur durch Volkswahl, sondern auch durch andere kompetenzgemäße Handlungen, namentlich Ernennungen und Bestellungen, aufrechterhalten wird (BVerfGE 47, 253/275 f; 77, 1/40; 83, 60/72; BSGE 82, 41/46 f; krit. Volkmann FH 47). Das ist in der Europäischen Union (Rn.3 zu Art.23) der Fall (Rn.8 zu Art.23). Das Demokratieprinzip setzt aber Grenzen für Verweisungen (Dreier DR D 111; unten Rn.54). Bei der Bestellung eines Amtswalters durch nicht nur aus personell legitimierten Amtsträgern zusammengesetzten Gremien ist erforderlich, „dass die die Entscheidung tragende Mehrheit sich ihrerseits aus einer Mehrheit unbeschränkt demokratisch legitimierter Mitglieder des Kreativorgans ergibt" (BVerfGE 93, 37/68; krit. Battis/ Kersten, DÖV 96, 589 ff; a. A. VerfGH NW, OVGE 39, 292/294; Sachs SA 40). Die Bestellung von Organen der öffentlichen Gewalt muss regelmäßig durch einen Akt erfolgen, der der Volksvertretung in ihrer Gesamtheit zuzurechnen ist, so dass eine Benennung durch die Fraktionen nicht ausreicht (BVerfGE 38, 258/270 ff); das ist anders bei Hilfsorganen des Parlaments wie z.B. den Ausschüssen (Rn.5 zu Art.40). Das Parlament ist „Legitimationsspender" für die gesamte weitere staatliche Organisation (BremStGH, NVwZ 89, 954 f).

Materielle Legitimation besteht in der grundsätzlichen Wei- **10** sungsgebundenheit der Verwaltung gegenüber der Regierung und deren Verantwortlichkeit gegenüber dem Parlament (Rn.1 zu Art.65); die hierarchische Struktur der Ministerialverwaltung folgt also aus dem Demokratieprinzip (Dreier DR D 114). Das Demokratieprinzip verlangt insb. eine Rechtsaufsicht über autonome Bereiche (Emde, o.Lit. A, 329 f), z. B. durch Genehmigung des vom Braunkohlenausschuss aufgestellten Braunkohlenplans (VerfGH NW, DVBl 97, 1110). Es setzt damit der Übertragung der Normsetzungsbefugnis auf außerstaatliche Stellen (unten Rn.54) und der Verwaltung in Privatrechtsform (Dreier DR D 124 ff) Grenzen. Mitbestimmung im Öffentlichen Dienst (Personalvertretung) darf sich nur auf innerdienstliche Maßnahmen erstrecken und muss die Letztentscheidungsbefugnis eines dem Parlament verantwortlichen Verwaltungsträgers wahren (BVerfGE 93, 37/70 ff; BVerfG-K, NJW 98, 2592; krit. Rinken, KritV 96, 282).

11   **d)** Auch die **Öffentlichkeit** der staatlichen Beratungs- und Entscheidungsprozesse ist Bestandteil des demokratischen Prinzips (BVerfGE 70, 324/358); als Kontrollinstrument staatlicher Machtausübung ist sie zugleich rechtsstaatliches Anliegen (Pieroth, FS Hoppe, 2000, 195). Besondere Öffentlichkeitsgebote enthalten Art.42 Abs.1, Art.44 Abs.1 S.1 und Art.52 Abs.3 S.3. Öffentlichkeitsfördernd wirken ferner Art.43 Abs.1, Art.110 (Budgetöffentlichkeit, Rn.13 zu Art.110) und Art.114.

12   Die Öffentlichkeit der Verhandlungen des **Bundestags** (Rn.1 zu Art.42) ist ein wesentliches Element des demokratischen Parlamentarismus (BVerfGE 70, 324/355) und gleichzeitig Grundlage der für die politische Willensbildung erforderlichen Information des Wahlvolkes (Martens, Öffentlich als Rechtsbegriff, 1969, 64). Aus dem Demokratie- und Rechtsstaatsprinzip hat das BVerfG abgeleitet, dass der Willensbildungsprozess im Parlament, der zur Festsetzung der Höhe der Entschädigung und zur näheren Ausgestaltung der mit dem Abgeordnetenstatus verbundenen finanziellen Regelungen führt, für den Bürger durchschaubar sein und das Ergebnis vor den Augen der Öffentlichkeit beschlossen werden muss (BVerfGE 40, 296/327; vgl. auch v. Arnim ParlRPr 531 f).

13   Das Öffentlichkeitsgebot gilt abgeschwächt auch für die **Exekutive**. Insb. die Regierung ist verpflichtet, der Öffentlichkeit ihre Politik, ihre Maßnahmen und Vorhaben sowie die künftig zu lösenden Fragen darzulegen und zu erläutern (BVerfGE 44, 125/147; 63, 230/243; vgl. auch BVerfGE 20, 56/100). Daher ist die Öffentlichkeitsarbeit der Regierung nicht nur zulässig, sondern auch notwendig, um den Grundkonsens im demokratischen Gemeinwesen lebendig zu erhalten (BVerfGE 44, 125/147; 63, 230/242 f; VerfGH NW, NVwZ 92, 467). Sie darf allerdings nicht als Wahlwerbung missbraucht werden (Rn.14 zu Art.38). Konkrete Publizitätspflichten vermag das Demokratieprinzip aber weder für die Regierung noch für die Verwaltung zu begründen (Kloepfer HbStR II 199; vgl. Rn.16 zu Art.5). Weitergehende Informationsrechte im Verwaltungsverfahren können sich aber aus der Rechtsschutzgarantie ergeben (Rn.49 f zu Art.19).

Die **Gerichtsöffentlichkeit** hat als Konkretisierung des Demo- **14** kratie- und Rechtsstaatsprinzips Verfassungsrang; ihre Abschaffung wäre verfassungswidrig (Pieroth, in: Recht der Persönlichkeit, 1996, 254 f; Degenhart HbStR III 914; BGHSt 22, 297/301 spricht von „grundlegender Einrichtung des Rechtsstaats"; **a. A.** BVerfGE 15, 303/307; Kloepfer HbStR II 201).

e) Weitere Grundsätze. Das Demokratieprinzip des GG begrün- **15** det den *Gesetzesvorbehalt* (unten Rn.55; vgl. auch BVerfGE 86, 90/106), das *Repräsentationsprinzip* (Rn.24 zu Art.38; Rn.3 zu Art.62), die *Herrschaft auf Zeit* mit dem Gebot periodischer Neuwahlen (Rn.1 zu Art.39), das *Mehrheitsprinzip* (Rn.3 zu Art.42; Rn.3 zu Art.62; vgl. auch BVerfGE 29, 154/165) und das Recht auf verfassungsmäßige Bildung und Ausübung der *Opposition* (BVerfGE 1, 167/178; 2, 1/13; 70, 324/363); daher verstößt auch der Minderheitenschutz nicht gegen das Demokratieprinzip (Volkmann FH 16). Andererseits besitzt die Opposition keine eigenständige Rechtsstellung (Haberland, Die verfassungsrechtliche Bedeutung der Opposition nach dem GG, 1995, 174).

B. Bundesstaatsprinzip

1. Bedeutung und Abgrenzung zu anderen Vorschriften

Die **Strukturentscheidung** des Abs.1 für einen Bundesstaat **16** dient allgemein der Begrenzung politischer Macht (BVerfGE 55, 274/318 f). Das Bundesstaatsprinzip wird durch viele Bestimmungen des GG konkretisiert, v. a. durch die Homogenitätsklausel (Art.28 Abs.1), die Neugliederungsvorschriften (Art.29, 118, 118 a), die Kompetenzklausel (Art.30), die Kollisionsklausel (Art.31), die Mitwirkung der Länder an der Willensbildung des Bundes durch den Bundesrat (Art.50) und die Finanzverfassung (Rn.1 zu Art.104 a). Die große Bedeutung des Bundesstaatsprinzips zeigt sich auch darin, dass es in mehrfacher Hinsicht von der sog. Ewigkeitsklausel (Rn.8 f zu Art.79) erfasst wird. Es besteht ein enger Sachzusammenhang zum Demokratieprinzip (oben Rn.2).

17   Zur **Konstruktion** des Bundesstaats vertritt das BVerfG einen zweigliedrigen Aufbau aus dem Bund als Gesamtstaat und den Ländern, in dem allerdings drei Rechtskreise zu unterscheiden sind: zwischen den Organen des Gesamtstaats, zwischen Gesamtstaat und Gliedstaaten sowie zwischen den Gliedstaaten (BVerfGE 13, 54/77 f; für einen dreigliedrigen Aufbau aus Ländern, Bund und Gesamtstaat noch BVerfGE 6, 309/340). Insoweit soll für die Anwendung von Völkerrecht kein Raum sein (BVerfGE 34, 216/231). Als Glieder des Bundes stehen die Länder gleichberechtigt nebeneinander (Herzog MD IV 66; krit. Bauer DR B 25), und es gilt der Grundsatz der Einstimmigkeit (BVerfGE 1, 299/315; 41, 291/308). Den Ländern wird eine eigene, nicht vom Bund abgeleitete Staatsqualität mit daraus folgender Verfassungsautonomie zuerkannt, die allerdings durch das GG begrenzt wird (BVerfGE 36, 342/360 f; 64, 301/317; 72, 330/388). Zu den Problemen des kooperativen Föderalismus Bothe AK I 40 ff; Herzog MD IV 91 ff; Rudolf HbStR IV 1091 ff; Sommermann MKS 44 ff; vgl. auch Rn.8 zu Art.30 und Rn.2 zu Art.32.

18   **Ansprüche der Länder gegen den Bund** können sich aus dem GG ergeben, soweit es Kompetenzabgrenzungen zwischen Bund und Ländern vornimmt („Recht auf Kompetenz", vgl. Isensee HbStR IV 584 f) oder materielle Anforderungen an die Länder enthält, nicht aber soweit es das organschaftliche Zusammenwirken der Bundesorgane ordnet oder den Bund zur Neugliederung ermächtigt (BVerfGE 13, 54/79 f). Die Länder haben dem Bund gegenüber auch „kein einforderbares Recht, dass dieser einen Verstoß gegen Grundrechtsbestimmungen unterlässt" (BVerfGE 81, 310/334). Im Übrigen ist der Bund zu materieller Gleichbehandlung der Länder verpflichtet (vgl. BVerfGE 72, 320/404; 86, 148/275; Herzog MD IV 68; Isensee HbStR IV 587 ff). Während das rechtsstaatliche Willkürverbot auch im Verhältnis von Hoheitsträgern untereinander gilt (unten Rn.29), ist der Grundsatz der Verhältnismäßigkeit im Bund-Länder-Verhältnis nicht anwendbar (BVerfGE 81, 310/338; unten Rn.81); wohl aber wird die Organisationsgewalt der Länder gegen nicht erforderliche Eingriffe des Bundes geschützt (Rn.2 zu Art.84).

19   Es besteht eine **Pflicht aller Glieder der bundesstaatlichen Gemeinschaft,** in dem Fall, dass ein Glied sich in einer extremen Haushaltsnotlage befindet, die seine Fähigkeit zur Erfüllung der ihm verfassungsrechtlich zugewiesenen Aufgaben in Frage stellt und aus der es sich mit eigener Kraft nicht befreien kann, ihm mit dem Ziel der haushaltswirtschaftlichen Stabilisierung auf der Grundlage konzeptionell aufeinander abgestimmter Maßnahmen Hilfe zu leisten, damit es wieder zur Wahrung seiner politischen Autonomie und zur Beachtung seiner verfassungsrechtlichen Verpflichtungen befähigt wird (BVerfGE 86, 148/264 f).

2. Grundsatz bundesfreundlichen Verhaltens

a) Grundlagen. Der Grundsatz bundesfreundlichen Verhaltens **20** wird auch als Bundestreue bezeichnet (BVerfGE 92, 203/234; Bothe AK I 39; Herzog MD IV 61 ff; Sachs SA 68; Schnapp MüK 9; Stern I 699 ff). Er hat „die Funktion, die aufeinander angewiesenen ‚Teile' des Bundesstaats, Bund und Länder, stärker unter der gemeinsamen Verfassungsrechtsordnung aneinander zu binden" (BVerfGE 8, 122/140). Zur Wahrung der gesamtstaatlichen Ordnung begründet er Rechte und Pflichten von Bund und Ländern über das geschriebene Recht hinaus. Wegen des Vorrangs von Gesetz und Verfassung (unten Rn.32–43) und zur Wahrung der funktionell-rechtlichen Grenzen der Rspr. des BVerfG (Rn.2–4 zu Art.93) ist bei der Anwendung des Grundsatzes bundesfreundlichen Verhaltens große Zurückhaltung geboten (Hesse 270; Isensee HbStR IV 604 f).

Sein **normativer Gehalt** besteht darin, konkrete, über die im GG **21** normierten Pflichten hinausgehende, zusätzliche Pflichten der Länder gegenüber dem Bund, des Bundes gegenüber den Ländern und der Länder untereinander zu begründen. Der Grundsatz gilt weder innerhalb des Bundes oder der Länder noch für die Gemeinden (Bauer, o.Lit. B, 296 ff; a. A. BVerwG, DVBl 90, 46). *Materielle Pflichten* beziehen sich auf gegenseitige Information, Abstimmung, Mitwirkung und Zusammenarbeit (BVerfGE 43, 291/348 f; 61, 149/205; 73, 118/197) sowie finanzielle (Rn.1 zu Art.107) und sonstige (Rn.1 zu Art.35) Unterstützung. *Prozedurale Pflichten* beziehen sich auf Fragen des Verfahrens und des Stils der Verhandlungen (BVerfGE 12, 205/255; 86, 148/211 f). Der Pflichtenbegründung entspricht eine *Beschränkung von Rechten und Kompetenzen* (BVerfGE 12, 205/254 f; 41, 291/308 ff; 81, 310/337; BVerwGE 60, 162/194), namentlich das Verbot missbräuchlicher (BVerfGE 14, 197/215; 81, 310/337) oder die Rechtsordnung widersprüchlich machender (BVerfGE 98, 106/118 ff; 98, 265/300) Kompetenzausübung und das Verbot des venire contra factum proprium (Bauer, o.Lit. B, 358 f). Der Grundsatz gilt auch für verfassungsändernde Gesetze (BVerfGE 34, 9/20) und für Staatsverträge, für die er die Geltung der clausula rebus sic stantibus begründet (BVerfGE 34, 216/232; 42, 345/358 f; BVerwGE 50, 137/145). Gegen den Grundsatz kann durch Tun oder Unterlassen verstoßen werden (BVerfGE 8, 122/131); ein Verschulden ist nicht

Voraussetzung (BVerfGE 8, 122/140). Rechtsfolgen eines Verstoßes können sein die Unbeachtlichkeit oder Verfassungswidrigkeit eines Aktes sein. Ein Verstoß berechtigt aber nicht zu entsprechenden Gegenmaßnahmen (Sommermann MKS 38). Beim Einwirken auf ein verwaltungsrechtliches Rechtsverhältnis ändert der Grundsatz nicht dessen rechtliche Qualität (BVerfGE 42, 103/117 f).

22   **b) Im Einzelnen** verletzt der *Bund* den Grundsatz, wenn er in Verhandlungen mit den Ländern diese willkürlich ungleich behandelt (BVerfGE 12, 205/255 ff; 86, 148/211 f), den Regelungsspielraum der Ländergesetzgebung übermäßig beschneidet (BVerfGE 34, 9/20), im Gesetzgebungsverfahren unter Umgehung des betroffenen Landes unmittelbar mit einzelnen Gemeinden verhandelt (BVerfGE 56, 298/320), das Verfahren zur Verständigung bei Mitwirkungsakten des Bundes bei der Rechtsetzung durch die EG nicht einhält (BVerfGE 92, 203/234 ff) oder vor Erlass einer Weisung gem. Art.85 Abs.3 dem Land keine Gelegenheit zur Stellungnahme gibt, dessen Standpunkt nicht erwägt und den Weisungserlass nicht ankündigt (BVerfGE 81, 310/337 f). Die *Länder* verletzen den Grundsatz, wenn sie Verhandlungen mit dem Bund willkürlich zum Scheitern bringen (BVerfGE 1, 299/315 f), gegen ein die Bundeskompetenz beeinträchtigendes Verhalten von Gemeinden nicht aufsichtlich einschreiten (BVerfGE 8, 122/141), von ihrem Gesetzgebungsrecht offenbar missbräuchlich Gebrauch machen (BVerfGE 4, 115/140), staatsvertragliche Verpflichtungen ohne vorgängige, für alle Vertragsparteien verbindliche Klärung der Rechtsfrage aufkündigen (BVerwGE 50, 137/147 ff) oder gesamtstaatliche Belange erheblich beeinträchtigen (VerfGH NW, NVwZ 82, 189).

C. Gewaltenteilungsprinzip

1. Bedeutung und Verhältnis zu anderen Vorschriften

23   In Abs.2 S.2 ist das Prinzip der Gewaltenteilung verankert (Herzog MD V 1; Schmidt-Aßmann HbStR I 1013; vorsichtig Hesse 477; a.A. Bäumlin/Ridder AK III 57). Seine Funktion ist es, dass „die Staatsgewalt gemäßigt und die Freiheit des Einzelnen geschützt wird" (BVerfGE 9, 268/279 f; 67, 100/130; Schmidt-Aßmann HbStR I 1011). Darüber hinaus soll es für eine rationale und sachgerechte Organisation des Staates sorgen (BVerfGE 68, 1/86; 95, 1/15; Jarass, o.Lit. C, 6; Schulze-Fielitz DR R 63; Benda HbVerfR § 17 Rn.39). Die Gewaltenteilung zielt darauf ab, „dass staatliche

Entscheidungen möglichst richtig, d.h. von den Organen getroffen werden, die dafür nach ihrer Organisation, Zusammensetzung, Funktion und Verfahrensweise über die besten Voraussetzungen verfügen" (BVerfGE 95, 1/15; 98, 218/251 f). Der Grundsatz der Gewaltenteilung ist ein „tragendes Organisationsprinzip des Grundgesetzes" (BVerfGE 3, 225/247; 67, 100/130; Stern II 546). Gleichwohl hat er kaum eigenständige Bedeutung (Schulze-Fielitz DR R 65), weil für die Ausgestaltung der Gewaltenteilung weitgehend die Organisationsnormen des GG zu den Aufgaben und zur Zuordnung staatlicher Organe einschlägig sind (unten Rn.24). Wo aber solche Regelungen fehlen, ist auf den Grundsatz der Gewaltenteilung zurückzugreifen; zudem kann der Grundsatz bei der Interpretation anderer Vorgaben des GG bedeutsam sein. Der organisationsrechtliche Charakter verdeutlicht, dass das Gewaltenteilungsprinzip kein bloßer Unterfall des Rechtsstaatsprinzips ist, auch wenn es weite Überschneidungen gibt. Zur „Gewaltenteilung" durch den Bundesstaat Rn.1 zu Art.30; zur „Gewaltenteilung" durch die Selbstverwaltung der Gemeinden vgl. Rn.10 zu Art.28.

2. Gewaltentrennung und Gewaltenhemmung

a) Allgemeines. Das Prinzip der Gewaltenteilung unterscheidet 24 zunächst drei Teilbereiche staatlicher Aufgaben, die Gesetzgebung, die vollziehende Gewalt und die Rechtsprechung (*funktionelle* Gewaltenteilung). Diese Aufgaben werden jeweils gesonderten Organen zugewiesen (*organisatorische* Gewaltenteilung): die Gesetzgebung v. a. dem Bundestag und dem Bundesrat, die vollziehende Gewalt der Regierung (vgl. Rn.1 zu Art.62) und den Organen der Verwaltung und die Rechtsprechung den Gerichten. Weitere (selbständige) Gewalten kennt das GG nicht (Stern II 537). Das GG fordert keine „absolute Trennung", sondern die gegenseitige Kontrolle, Hemmung und Mäßigung der Gewalten (BVerfGE 95, 1/15; BVerwGE 93, 287/288 f). Wie das im Einzelnen zu geschehen hat, wird durch die einschlägigen Organisationsnormen des GG festgelegt (vgl. BVerfGE 64, 175/179). Dies gilt auch für die Frage, wieweit die Organe einer Gewalt in den Tätigkeitsbereich der Organe einer anderen Gewalt hineinwirken dürfen. Jeder Gewalt wird aber durch Abs.2 S.2 GG ein Kernbereich gewährleistet (BVerfGE 30, 1/27 f; 34, 52/59; 95, 1/15 f; Schulze-Fielitz DR R 66; Schmidt-Aßmann HbStR I 1015 f; krit. Hesse 478).

b) Konkretisierende Regelungen. aa) Der Bereich der **Ge-** 25 **setzgebung** wird gegenüber der *Exekutive* v. a. durch den Vorrang des Gesetzes (BGHZ 142, 172/177; näher unten Rn.37–41) und den Vorbehalt des Gesetzes (BVerfGE 20, 150/157 f; näher unten Rn.44–59), durch die Bestimmtheit von Verordnungsermächtigungen (BVerfGE 34, 52/60; 54, 143/144; näher unten Rn.55), durch die Unvereinbarkeit von Verwaltungsamt und Mandat (BVerfGE 18, 172/183; 48, 64/82 f; Herzog MD V 45) und durch die parlamentarische Kontrolle der Exekutive (BVerfGE 49, 70/85; 67, 100/130; 77, 1/43; vgl. Rn.1 zu Art.65) gesichert (Schulze-Fielitz DR R 67). Schutz gegenüber der *Rechtsprechung* bietet der Vorrang des Gesetzes (BVerfGE 9, 89/102; BVerwGE 59, 242/247; näher unten Rn.42 f, 42 f) und die Begrenzung der Kontrolle des BVerfG (BVerfGE 56, 54/81; näher Rn.3 f zu Art.93). Weiter dürfen Gerichte nicht „Befugnisse beanspruchen, die eindeutig dem Gesetzgeber zugewiesen sind", was aber einer Rechtsfortbildung nicht entgegensteht (BVerfGE 96, 375/394 f; unten Rn.42). Zulässig ist auch die Entwicklung allgemeiner Rechtsgrundsätze (BVerfGE 95, 48/62).

26   **bb)** Die **vollziehende Gewalt** verfügt über keine vergleichbaren Sicherungen gegenüber der *Gesetzgebung*. Insb. erscheint es fraglich, ob die Akte der auswärtigen Gewalt idR der Regierung zuzuordnen sind (Herzog MD V 105; **a. A.** BVerfGE 68, 1/87). In einer parlamentarischen Demokratie ist grundsätzlich jede Frage einer gesetzlichen Regelung zugänglich (Herzog MD V 79 ff; vgl. Rn.8 zu Art.59, aber auch BVerfGE 9, 268/281; 67, 100/139); anderes gilt nur dort, wo das GG erkennbar etwas anderes vorsieht. Die Grenze des Einzelfallgesetzes (Rn.1 f zu Art.19) ist zu beachten. Staatliche Planung kann auch vom Gesetzgeber wahrgenommen werden bzw. stellt ein Zwischenphänomen dar (BVerfGE 95, 1/16; BVerfG-K, NVwZ 98, 1061). Die These, ein Selbstvollzug belastender Gesetze ohne Einzelfallentscheidung sei nur ausnahmsweise zulässig (BSGE 77, 253/258 ff; 84, 195/206), ist sehr zweifelhaft. Auch der Bereich der Organisationsgewalt dürfte jedenfalls nicht generell dem Gesetzgeber entzogen sein (vgl. Rn.2 zu Art.64; Rn.2 zu Art.65; zu den Grenzen eines Untersuchungsausschusses Rn.4 zu Art.44. Im Übrigen sorgt der Umstand, dass gesetzliche Regelungen weithin an bedeutsame faktische Grenzen stoßen (Herzog MD V 112 f), für einen ausreichenden Schutz eines Kernbereichs exekutivischer Eigenverantwortung (vgl. BVerfGE 67, 100/130; weitergehend Sommermann MKS 209). Richtig ist allerdings, dass auch die Regierung eine eigenständige demokratische Legitimation besitzt (BVerfGE 49, 89/125) und der Gesetzesvorbehalt daher nur soweit reicht, wie das die einschlägigen Normen des GG vorsehen. Im Hinblick auf Handlungsmuster, Verfahren und Organisation sichert das GG die Eigen-

ständigkeit der *Verwaltung ieS* und sorgt andererseits für eine Verklammerung von *Regierung* und Parlamentsmehrheit (Jarass, o.Lit. C, 145 ff; vgl. Schmidt-Aßmann HbStR I 1016), was das herkömmliche Gewaltenteilungsschema zusätzlich relativiert.

Gegenüber der *Rechtsprechung* wird der Bereich der Exekutive v. a. **26 a** durch die Beschränkung der Gerichte auf eine bloße Rechtskontrolle geschützt (BVerwGE 72, 300/317; 76, 90/93; 85, 323/327 f; Schulze-Fielitz DR R 68). Die Beschlagnahme von Behördenakten ist nicht ausgeschlossen (BGHSt 38, 237/243 ff).

cc) Die Eigenständigkeit der **Rechtsprechung** wird durch den **27** Richtervorbehalt des Art. 92 und das daraus resultierende Rechtsprechungsmonopol (Rn.11 zu Art.92), die organisatorische Selbständigkeit der Gerichte (BVerfGE 54, 159/166) und durch die Sicherung der sachlichen und personellen Unabhängigkeit der Richter in Art.97 gewährleistet (BGHZ 67, 184/187; BVerwGE 78, 216/219; Schulze-Fielitz DR R 69). Dazu kommt die grundsätzliche Unvereinbarkeit von Verwaltungsamt und richterlichem Amt (näher Rn.11 zu Art.92). Zur Bindung der Gerichte an Entscheidungen der Verwaltung BVerfGE 75, 329/346 f.

D. Rechtsstaatsprinzip

I. Grundlagen

1. Bedeutung und Verhältnis zu anderen Normen

aa) Das Rechtsstaatsprinzip als „eines der elementaren Prinzipien **28** des Grundgesetzes" (BVerfGE 20, 323/331) hat im Grundgesetz in zahlreichen Vorschriften eine nähere **Konkretisierung** erfahren. Dazu gehören die Grundrechte (insb. die in ihnen enthaltenen Gesetzesvorbehalte), die Entschädigung bei staatlichen Eingriffen (Rn.2 zu Art.34), die Gewaltenteilung (oben Rn.23–27), der Vorrang der Verfassung und des Gesetzes (unten Rn.32–43), der Rechtsschutz gegenüber der öffentlichen Gewalt (Rn.22–53 zu Art.19), das rechtliche Gehör (Rn.1 zu Art.103) und die Gewährleistung des gesetzlichen Richters (Rn.1 zu Art.101). Weitere eigenständige Teilelemente des Rechtsstaatsprinzips sind der Vorbehalt des Gesetzes (unten Rn.44–59) und der Grundsatz der Verhältnismäßigkeit (unten Rn.80–88). Im Bereich dieser Teilelemente, die im GG eine nähere Ausprägung erfahren haben, ist ein Rückgriff auf das allgemeine Rechtsstaatsprinzip grundsätzlich unnötig und unzulässig (Schmidt-Aßmann HbStR I § 24 Rn.7; Schulze-Fielitz DR R 42).

29   Aus der Zusammenschau dieser Regelungen ergibt sich das Rechtsstaatsprinzip als **allgemeiner Rechtsgrundsatz** (vgl. BVerfGE 7, 89/92 f; 45, 187/246; 52, 131/144 f; Herzog MD VII 32). In Art. 20 Abs. 3 sind nur Teilelemente des Prinzips verankert (BVerfGE 30, 1/24 f; Schulze-Fielitz DR R 38; mißverständlich daher BVerfGE 39, 128/143; BVerwGE 70, 143/144). Das Rechtsstaatsprinzip bindet alle Träger öffentlicher Gewalt, auch den Landesgesetzgeber (BVerfGE 2, 380/403). Vom Bürger kann es insb. über Art. 2 Abs. 1 geltend gemacht werden (BVerfGE 91, 335/338 f; Rn.23 zu Art. 2), auch von Ausländern (BVerfGE 51, 356/362). Aus dem Prinzip lassen sich konkretere Folgen ableiten, wobei allerdings „wegen der Weite und Unbestimmtheit des Rechtsstaatsprinzips mit Behutsamkeit vorzugehen" ist (BVerfGE 57, 250/276; 70, 297/308; völlig gegen eine derartige Konkretisierung des allg. Rechtsstaatsprinzips Schnapp MüK 21). Das Prinzip „enthält keine in allen Einzelheiten eindeutig bestimmten Gebote oder Verbote" (BVerfGE 52, 131/144; 74, 129/152; 90, 60/86). Im Einzelnen ergeben sich aus dem Rechtsstaatsprinzip Folgerungen für die Bestimmtheit, die Rechtssicherheit und den Vertrauensschutz (unten Rn.60–79), für den wirksamen Rechtsschutz außerhalb von Art. 19 Abs. 4 (unten Rn.89–97), für das Strafrecht (unten Rn.98–100) und für willkürliches Verhalten des Staates (vgl. Rn.8 zu Art. 3).

30   **bb)** Die Forderungen des Rechtsstaatsprinzips sind zum Teil formaler Natur (etwa Rechtssicherheit), zum Teil materieller Art (etwa Verhältnismäßigkeit). Die materiellen Anforderungen werden nicht selten auf die Idee der Gerechtigkeit bezogen (BVerfGE 20, 323/331; 52, 131/144 f; 70, 297/308). Das kann aber nicht bedeuten, dass das Rechtsstaatsprinzip mit überpositiven Gehalten aufgefüllt wird. Die Anforderungen des **materiellen Rechtsstaats** müssen aus der Verfassung abgeleitet werden (Schnapp MüK 22; Benda HbVerfR § 17 Rn.9 ff; Schulze-Fielitz DR R 49). Andernfalls könnte die Figur des materiellen Rechtsstaats zum Einfallstor beliebiger Vorstellungen werden.

2. Übergreifende Institute

31   **aa)** Wesentliche Gehalte des Rechtsstaatsprinzips als allgemeinem Rechtsgrundsatz werden, soweit sie die Exekutive bzw. die Verwaltung betreffen, traditionell unter dem Prinzip der **„Gesetzmäßigkeit der Verwaltung"** zusammengefasst. Es zielt auf den Vorrang des Gesetzes im Sinne der Bindung der Verwaltung an geltendes Recht (unten Rn.39–41), auf den Vorbehalt des Gesetzes (vgl. BVerfGE 80, 137/161; näher unten Rn.44 ff) und die Bestimmtheit von Ermächtigungen (vgl. BVerfGE 69, 1/41; näher unten Rn.54 f).

bb) Übergreifenden Charakter hat auch das Recht auf ein rechts- **31 a** staatliches **faires Verfahren.** Es ist bedeutsam insb. vor den Zivilgerichten (unten Rn.93), vor den Strafgerichten (unten Rn.94) und, auf der Grundlage des Art.19 Abs.4, vor den Verwaltungsgerichten. Darüber hinaus bindet es auch den Rechtspfleger (BVerfGE 101, 397/404 f). Es gilt generell in Verwaltungsverfahren (BVerwG, NVwZ 01, 95), insb. in Prüfungsverfahren (BVerwGE 107, 363/368 f). Das Recht verlangt insb., dass dem Einzelnen die Möglichkeit gegeben wird, „vor einer Entscheidung, die seine Rechte betrifft, zu Wort zu kommen, um Einfluss auf das Verfahren und dessen Ergebnis nehmen zu können" (BVerfGE 101, 397/405).

II. Vorrang von Verfassung und Gesetz (Abs.3)

1. Bindung des förmlichen Gesetzgebers

a) Reichweite. Art.20 Abs.3 statuiert zunächst die Bindung des **32** Gesetzgebers an die **verfassungsmäßige Ordnung.** Adressat dieser Verpflichtung ist (allein) der *förmliche* Gesetzgeber (Herzog MD VI 16; Schulze-Fielitz DR R 75; a. A. Sachs SA 62). Mit „verfassungsmäßiger Ordnung" ist der gesamte Normbestand des GG gemeint (Schnapp MüK 35; Sommermann MKS 240; Herzog MD VI 9), nicht hingegen überpositives Recht. Ob der Gesetzgeber an überpositives Recht gebunden ist, wie dies das BVerfG in seiner frühen Rechtsprechung angenommen hat (BVerfGE 9, 338/349; deutlich vorsichtiger BVerfGE 34, 269/286 f), wird von Art.20 Abs.3 nicht beantwortet. Nicht gemeint ist des Weiteren das Landesverfassungsrecht (Schulze-Fielitz DR R 76; a. A. Sachs SA 63). Zur Bindung des Gesetzgebers an die Grundrechte Rn.22 zu Art.1. Normverwerfende verfassungsgerichtliche Entscheidungen hindern den (förmlichen) „Gesetzgeber nicht, eine inhaltsgleiche oder inhaltsähnliche Neuregelung zu beschließen" (BVerfGE 77, 84/103 f; 78, 230/238); Voraussetzung sind aber veränderte tatsächliche oder rechtliche Gründe oder veränderte Anschauungen (BVerfGE 96, 260/263; vgl. Klein, FS F. Klein, 1994, 518 f). Eine ursprünglich verfassungsmäßige Norm kann „wegen Veränderungen der maßgeblichen Umstände" verfassungswidrig werden (BVerfGE 59, 339/357).

33   **b) Folgen. aa)** Verstößt ein Gesetz gegen das GG, ist es von Anfang an **nichtig,** also unwirksam (BVerfGE 84, 9/20 f; Schulze-Fielitz DR 77; Schlaich Rn.343 ff; Herzog MD VI 12), nicht nur vernichtbar (so aber Stuth UC § 78 Rn.4 ff). Dem GG kommt ein Geltungsvorrang (Derogation), kein bloßer Anwendungsvorrang (Suspension) zu. Zu *Ausnahmen* unten Rn.35. Das Gesetz darf nicht mehr angewandt werden; zum Prüfungs- und Verwerfungsrecht siehe allerdings unten Rn.36.

34   Die Folge der Nichtigkeit greift jedoch nicht, wenn eine **verfassungskonforme Auslegung** des Gesetzes möglich ist. „Lassen der Wortlaut, die Entstehungsgeschichte, der Gesamtzusammenhang der einschlägigen Regelungen und deren Sinn und Zweck mehrere Deutungen zu, von denen jedenfalls eine zu einem verfassungsgemäßen Ergebnis führt, so ist diese geboten" (BVerfGE 88, 145/166; 69, 1/55; 86, 288/320 f; 95, 64/81, 93; Stern III/1 1316 ff). Dabei spielt es keine Rolle, „ob dem subjektiven Willen des Gesetzgebers eine weitergehende als die nach der Verfassung zulässige Auslegung des Gesetzes eher entsprochen hätte" (BVerfGE 69, 1/55; 9, 194/200; 93, 37/81; anders Starck MKS 284 zu Art.1). Allerdings darf die Auslegung nicht „mit dem Wortlaut und dem klar erkennbaren Willen des Gesetzgebers in Widerspruch treten" (BVerfGE 71, 81/105; 67, 382/390; 86, 288/320; 95, 64/93; BVerwGE 105, 20/23). Es „darf einem nach Wortlaut und Sinn eindeutigen Gesetz nicht ein entgegengesetzter Sinn verliehen, der normative Gehalt der auszulegenden Norm nicht grundlegend neu bestimmt oder das gesetzgeberische Ziel nicht in einem wesentlichen Punkt verfehlt werden" (BVerfGE 71, 81/105; 8, 71/78 f; 90, 263/276; BVerwGE 98, 280/293 f). Der Wortlaut allein bildet keine unübersteigbare Grenze (BVerfGE 35, 263/278 f; vgl. Einl.5). Schließlich darf die verfassungskonforme Interpretation nicht zu einer gesetzeskonformen Interpretation der Verfassung führen (Stern I 137).

35   **bb)** In bestimmten Fällen kann *statt der Nichtigkeit* der verfassungswidrigen Norm lediglich ihre **Unvereinbarkeit** mit dem Verfassungsrecht festgestellt werden (dazu Schlaich Rn.359 ff; Schulze-Fielitz DR R 80 ff; vgl. auch § 31 Abs.2, § 79 Abs.1 BVerfGG); man kann von einer *Suspension* sprechen. Dies gilt zum einen übergangsweise in Fällen, in denen die sofortige Unwirksamkeit zu einer Situation führen würde, die der verfassungsrechtlichen Ordnung noch ferner steht (BVerfGE 61, 319/356 f; 84, 9/20; Battis HbStR VII 249; vgl. unten Rn.59). Des Weiteren ist eine bloße Unvereinbarkeitserklärung möglich, wenn der Verfassungsverstoß auch durch eine **Ergänzung** oder **Änderung des Gesetzes** beho-

ben werden kann. Dies ist v. a. bei Gleichheitsverletzungen möglich (dazu Rn.40–42 zu Art.3), aber auch in anderen Fällen, etwa bei einem Verstoß gegen Art.12 (BVerfGE 81, 242/243), gegen Art.14 (BVerfGE 87, 114/136; 100, 226/247 f), gegen Art.19 Abs.4 (BVerfGE 101, 397/409) oder gegen Art.107 (BVerfGE 72, 330/333). Die Unvereinbarkeit führt zu einer bloßen Suspendierung des Gesetzes: Es kann von Gerichten und Behörden nicht mehr angewandt werden, soweit das BVerfG zur Vermeidung eines Rechtsvakuums nichts anderes vorsieht (BVerfGE 73, 40/101 f; Battis HbStR VII 246 ff). Gerichte und Behörden müssen die Neuregelung durch den Gesetzgeber abwarten (BVerfGE 87, 114/136). Der Gesetzgeber muss innerhalb einer angemessenen Frist den Verfassungsverstoß beseitigen (BVerfGE 81, 363/384; 82, 126/155); für die Zeit vor der Entscheidung des BVerfG kann die Korrektur beschränkt werden (BVerfGE 87, 114/137; 94, 241/266). Wird ein Gesetz nur teilweise als mit dem GG unvereinbar erklärt („soweit es …"), dann ist es im Übrigen weiter anzuwenden (vgl. BVerfGE 71, 1/10 f; unnötig daher die Konstruktion BAGE 49, 21/26 f).

cc) Von der Frage der materiellen Wirkung des Verfassungsver- **36** stoßes eines Gesetzes ist die Frage zu trennen, wer diesen Verstoß feststellen darf, wer also über die Anwendung oder Nichtanwendung entscheiden kann. Vielfach spricht man insoweit von **Verwerfung,** wobei zwischen der Verwerfung im Einzelfall (Nichtanwendung) und der allgemein verbindlichen Verwerfung unterschieden werden muss. Für den Bereich der *Rechtsprechung* ist insoweit Art.100 einschlägig, mit der Folge, dass für nachkonstitutionelle (förmliche) Gesetze kein Nichtanwendungsrecht besteht (näher Rn.2 zu Art.100). Auch der Verwaltung dürfte es verwehrt sein, ein förmliches Gesetz wegen Verfassungswidrigkeit nicht anzuwenden (Herzog MD VI 30; Schulze-Fielitz DR R 89; Bull, Allg. VerwR, 5. A. 1997, 228; Starck MKS 201 zu Art.1; Kunig MüK 61 zu Art.1; a. A. wohl BVerfGE 12, 180/186). Bei evidenten, besonders schweren Verfassungsverstößen kann das aber nicht gelten (Stern III/1 1347 ff). Auf jeden Fall müssen die Überprüfungsmöglichkeiten innerhalb des Verwaltungsträgers ausgeschöpft werden (vgl. BGH, NVwZ 87, 169). Zur Nichtanwendung untergesetzlicher Normen unten Rn.40.

2. Bindung der vollziehenden Gewalt und der Rechtsprechung

a) Allgemeines. Mit vollziehender Gewalt und Rspr. iSd Abs.3 **37** sind zusammen alle staatlichen Aktivitäten mit Ausnahme jener des förmlichen Gesetzgebers gemeint. Die ohnehin problematischen Versuche (oben Rn.24), weitere Gewalten, wie auswärtige Gewalt, Wehrgewalt, Gnadengewalt etc. zu entwickeln, können jedenfalls nicht zu einer Freistellung von Abs.3 führen (Schnapp MüK 37). Erfasst werden alle öffentlich-rechtlichen Tätigkeiten begünstigender wie belastender Art, gleich welchen Personen des öffentlichen Rechts sie zuzurechnen sind (Schulze-Fielitz DR R 86; vgl. Rn.25 zu Art.1). Weiter werden alle privatrechtlichen Tätigkeiten öffentlich-rechtlicher Einrichtungen erfasst (Schnapp MüK 39; vgl. Rn.28 f zu Art.1). Allerdings muss der Geltungsbereich der einschlägigen Normen jeweils geprüft werden. Sie können eventuell allein auf öffentlich-rechtliche Tätigkeiten anwendbar sein.

38   Die Bindung an **Gesetz und Recht** ist als die Bindung an die Verfassung und an förmliche Gesetze zu verstehen, aber auch an alle anderen Rechtsvorschriften, auch Rechtsverordnungen und Satzungen und das Gewohnheitsrecht (BVerfGE 78, 214/227; Herzog MD VI 50 ff), auch des unmittelbar anwendbaren EG-Rechts (Sachs SA 65; vgl. BVerwGE 74, 241/248 f). Dagegen besteht keine Bindung an Richterrecht (BVerfGE 84, 212/227; Sommermann MKS 276) und an Verwaltungsvorschriften (BVerfGE 78, 214/227). Der Hinweis auf das „Recht" ist tautologischer Natur (Schnapp MüK 36; Bäumlin/Ridder AK 55); andernfalls träte zu Art.97 Abs.1 ein Widerspruch auf. Überpositive Gerechtigkeitsvorstellungen durch das „Recht" erfasst zu sehen (so Benda HbVerfR 487; Schulze-Fielitz DR R 85) führt dagegen zu einer problematischen Relativierung des positiven Rechts (Schnapp MüK 36; Gusy, JuS 83, 193; vgl. auch BVerfGE 3, 162/182). Das GG bietet ausreichende Sicherungen für eine materiell verstandene Gerechtigkeit (Herzog MD VI 54; vgl. oben Rn.30). Weniger problematisch ist es, unter „Gesetz" nur förmliche Gesetze und unter „Recht" das gesamte sonstige Recht zu verstehen (so Sommermann MKS 255). Zu den Konsequenzen für die Auslegung von Gesetzen Einl.4–6.

39   **b) Vollziehende Gewalt. aa)** Die Bindung der vollziehenden Gewalt an Gesetz und Recht besagt zum einen, dass die **von der Exekutive erlassenen Normen** nicht gegen höherrangige Normen verstoßen dürfen (Herzog MD VI 37; Schulze-Fielitz DR R 87). Soweit möglich, ist der Verstoß durch eine verfassungskonforme bzw. gesetzeskonforme Auslegung zu vermeiden; insoweit gelten die Ausführungen oben in Rn.34 direkt oder entsprechend. Der Verstoß einer untergesetzlichen Norm gegen höherrangiges Recht führt zu ihrer Nichtigkeit (BVerwG, DÖV 95, 469 f; Schulze-Fielitz DR

R 87; vgl. oben Rn.33). Die in Rn.35 beschriebenen Ausnahmen gelten aber auch hier (vgl. Kopp/Schenke § 47 Rn.92). Auch *Verwaltungsvorschriften* müssen den Vorrang des Gesetzes beachten (BVerfGE 78, 214/227) und sind ggf. unwirksam (Jarass, JuS 99, 110).

Verstoßen untergesetzliche Normen gegen höherrangiges **40** Recht, haben *Gerichte* sie **nicht anzuwenden** (Rn.2 zu Art.100). Gleiches gilt für die *Verwaltung* (Stern III/1 1347; Starck MKS 201 zu Art.1; Kunig MüK 61 zu Art.1; Schulze-Fielitz DR R 90; wohl auch BVerfGE 12, 180/186; offengelassen BVerwGE 75, 142/146; BGH, NVwZ 87, 169). Die Norm ist jedoch anzuwenden, wenn eine Norm mindestens gleichen Ranges wie die, gegen die verstoßen wurde, eine mehr oder minder weit reichende Unerheblichkeit der Rechtswidrigkeit vorgibt (vgl. etwa §§ 214 ff BauGB). Des Weiteren kann die Entscheidung über die Nichtanwendung auf bestimmte Stellen beschränkt werden, wie das durch § 38 Abs.2 BRRG zugunsten des jeweiligen Vorgesetzten eines Beamten geschieht. Dementsprechend ist die Gehorsamspflicht eines Beamten auch gegenüber (aus seiner Sicht) verfassungswidrigen Weisungen zulässig, sofern nicht ein evidenter, besonders schwerer Verfassungsverstoß vorliegt (BVerfG-K, DVBl 95, 193). Andererseits *muss* ein Beamter die vorgesetzte Stelle einschalten, wenn er eine Regelung für rechtswidrig hält (BGH, NVwZ 87, 169). Die Nichtanwendungspflicht entfällt nicht deshalb, weil der Vorrang des Gesetzes auch den untergesetzlichen Normen zugute kommt (so aber Degenhart 317); der Vorrang der höherrangigen Norm, die andernfalls unbeachtet bleibt, geht vor. Eine *allgemein verbindliche Verwerfung* steht allein den Gerichten nach Maßgabe des Prozessrechts zu; das Exekutivorgan, das die rechtswidrige Norm erlassen hat, hat diese aufzuheben (vgl. BVerwGE 75, 142/144 ff; Schulze-Fielitz DR 90, 206). Zur Nichtanwendung bw. Verwerfung bei förmlichen Gesetzen oben Rn.36.

bb) Weiter muss **sonstiges Handeln** der Exekutive mit allen **41** Rechtsnormen in Einklang stehen. Dies gilt insb. für Verwaltungsakte, Verträge und Realakte. Verstößt die Verwaltung dagegen, ist ihr Handeln rechtswidrig; zur Ausnahme beim Vorbehalt des Gesetzes unten Rn.59. Zur Gesetzmäßigkeit der Verwaltung oben Rn.31. Weiter besteht ein Folgenbeseitigungsanspruch hinsichtlich der unmittelbaren Folgen (BVerwGE 69, 366/373; vgl. Rn.3 zu Art.34). Der Vorrang des Gesetzes ist nicht verletzt, wenn durch ein förmliches Gesetz Modifikationen dieses Gesetzes durch eine Verwaltungsvorschrift (dazu Rn.3 zu Art.80) zugelassen werden (BVerfGE 8, 155/171 f). Der Vorrang des Gesetzes bzw. das allgemeinere Prinzip der Gesetzmäßigkeit verlangt weiter, dass die Verwaltung bindende Gesetze tatsächlich ausführt (BVerfGE 25, 216/228; 30, 292/332; Gusy, JuS 83, 191 ff). Ein „Unterlaufen" von Gesetzen ist unzulässig (BVerfGE 56, 216/241). Eine falsche Auskunft vermag ein Abgehen vom Prinzip der Gesetzmäßigkeit nicht zu rechtfertigen (BSGE 76, 84/91); zur Gleichheit im Unrecht Rn. 36 zu Art. 3.

42   **c) Rechtsprechung.** Die Gerichte dürfen sich nicht in die Rolle einer normsetzenden Instanz begeben (BVerfGE 96, 375/394). Daraus folgt aber kein Verbot der richterlichen **Rechtsfortbildung.** Diese ist möglich, soweit das geltende Recht Lücken aufweist (BVerfGE 69, 315/371; 88, 145/167; 98, 49/59 f; BVerwGE 98, 280/294; Schulze-Fielitz DR R 93). Einsetzbar ist insb. die Analogie, wobei die Lücke auch eine Folge der tatsächlichen Entwicklung sein kann (BVerfGE 82, 6/11 ff); zur Situation im Grundrechtsbereich unten Rn. 43. Je älter eine Regelung ist, desto eher ist eine Rechtsfortbildung möglich (BVerfGE 34, 269/288 f). Grenzen ergeben sich jedoch aus dem eindeutigen Wortlaut und Sinn vorhandener Rechtsvorschriften (BVerfGE 59, 330/334; 69, 315/369; 71, 354/362 f; 78, 20/24); der Richter darf sich „nicht dem vom Gesetzgeber festgelegten Sinn und Zweck des Gesetzes entziehen", sondern hat diesen „unter gewandelten Bedingungen möglichst zuverlässig zur Geltung zu bringen" (BVerfGE 96, 375/394). Eine Rechtsfortbildung contra legem unter Berufung auf das Verfassungsrecht muss Art. 100 beachten (BVerfGE 84, 212/266 f; 88, 103/116; Schulze-Fielitz DR R 93; a. A. noch BVerfGE 34, 269/284).

43   **Engere Grenzen** sind der Rechtsfortbildung bei der *Verkürzung von Rechtspositionen* gesetzt (BVerfGE 65, 182/194 f; 69, 315/371 f; 71, 354/362 f; BVerwGE 59, 242/247 f). Auch kann der Grundsatz des Vertrauensschutzes bedeutsam werden (unten Rn. 79). Auf verfassungsrechtliche Grundentscheidungen ist Bedacht zu nehmen (BVerfGE 96, 378/398). Bei Grundrechtsbeeinträchtigungen im Wege der Rechtsanwendung bildet der (objektive) Wille des Gesetzgebers die Grenze der Einschränkung (BVerfGE 63, 266/289; 86, 59/64). Eine Analogie soll hier ausgeschlossen sein (BVerfG-K, NJW 96, 3146; NJW 97, 2230 f; a. A. Sachs SA 121).

III. Vorbehalt des Gesetzes (Gesetzesvorbehalt)

1. Bedeutung, rechtliche Grundlage, Begriffe

44   Der Vorbehalt des Gesetzes „verlangt, dass staatliches Handeln in bestimmten grundlegenden Bereichen durch förmliches Gesetz legitimiert wird" (BVerfGE 98, 218/251). Er schreibt zum einen vor, dass überhaupt eine gesetzliche Grundlage besteht. In welchen Fällen das der Fall ist, wird durch die Reichweite des Vorbehalts des Gesetzes bestimmt; dazu unten Rn.46-52. Zum anderen verlangt der Vorbehalt des Gesetzes, dass das legitimierende Gesetz ausreichend genau bzw. bestimmt ist; dazu unten Rn.53-58. Durch den Vorbehalt des Gesetzes soll für die fraglichen Entscheidungen ein Verfahren sichergestellt werden, „das sich durch Transparenz auszeichnet, die Beteiligung der parlamentarischen Opposition gewährleistet und ... den Betroffenen und dem Publikum Gelegenheit bietet, ihre Auffassungen auszubilden und zu vertreten" (BVerfGE 95, 267/307 f; 85, 386/403). Der Vorbehalt des Gesetzes wird zT auf Art.20 Abs.3 gestützt (BVerfGE 40, 237/248; BVerwGE 72, 265/266; dagegen Herzog MD VI 51, 72; Schnapp MüK 38); auch ohne Gesetzesvorbehalt gäbe es aber Gesetze. Richtigerweise bildet der Vorbehalt des Gesetzes eine Konkretisierung des übergreifenden Rechtsstaatsprinzips (Schulze-Fielitz DR R 96; Jarass, NVwZ 84, 475 ff; Kunig, o.Lit. D I, 319 ff; oben Rn.29) und des Demokratieprinzips (Schulze-Fielitz DR R 95). Andererseits wird der allgemeine Vorbehalt des Gesetzes durch spezielle Regelungen im Bereich der Grundrechte und im organisationsrechtlichen Teil (unten Rn.47 f, 51) konkretisiert, die vorrangig anzuwenden sind (Schulze-Fielitz DR R 96; Jarass, NVwZ 84, 475).

Statt von Vorbehalt des Gesetzes wird synonym auch von **Ge-** **45** **setzesvorbehalt** gesprochen (etwa BVerfGE 49, 89/126 f; 95, 267/307; Ossenbühl HbStR III § 62 Rn.12; Schnapp MüK 38; Degenhart 319 ff), obwohl dieser Begriff im Zusammenhang mit den Grundrechten ebenfalls benutzt wird und dort einen zusätzlichen Aspekt aufweist: Grundrechtliche Gesetzesvorbehalte ermächtigen zunächst zu Grundrechtseinschränkungen, legen aber gleichzeitig fest, dass dies nur in Form eines Gesetzes geschehen darf (dies übersieht Sachs SA 70). Nur letzteres entspricht der Bedeutung des rechtsstaatlichen Vorbehalts des Gesetzes. Wegen der weitreichenden Bedeutungsüberschneidung ist aber eine synonyme Verwendung von Vorbehalt des Gesetzes und Gesetzesvorbehalt vertretbar. Zum Parlamentsvorbehalt unten Rn.54.

2. Notwendigkeit eines förmlichen Gesetzes

a) Grundrechtsrelevante Tätigkeiten. aa) Die Reichweite des **46** Gesetzesvorbehalts, also die Frage, ob überhaupt eine gesetzliche Grundlage notwendig ist (zur Bestimmtheit unten Rn.54–56), wird im Grundrechtsbereich traditionell durch die Formel des *„Eingriffs in Freiheit und Eigentum"* bestimmt. Diese Formel wird durch die *„Wesentlichkeitstheorie"* erweitert (nicht aber eingeschränkt; unten Rn. 47). Danach ist „der Gesetzgeber verpflichtet, ... im Bereich der Grundrechtsausübung, soweit diese staatlicher Regelung zugänglich ist, alle wesentlichen Entscheidungen selbst zu treffen" (BVerfGE 61, 260/275; 49, 89/126; 77, 170/230 f; BVerwGE 68, 69/72; vgl. unten Rn. 54). Es kommt regelmäßig darauf an, was „wesentlich für die Verwirklichung der Grundrechte" ist (BVerfGE 98, 218/251; 47, 46/79; 83, 130/140). Für die Abgrenzung kommt es insb. auf die Intensität der Wirkungen für die Grundrechtsausübung an (BVerfGE 49, 89/127; 83, 130/145; 98, 218/252; Sommermann MKS 281). Die noch weitergehende Auffassung vom Totalvorbehalt, die für jede Handlung der Exekutive eine gesetzliche Ermächtigung verlangt, wird zu Recht abgelehnt (BVerfGE 68, 1/109; BGHZ 111, 229/234); zu Gegenauffassungen im Bereich der Leistungen unten Rn. 49.

47   **bb) Notwendig** ist ein Gesetz zunächst für alle *klassischen* **Grundrechtseingriffe** (dazu Vorb. 25 vor Art. 1). Die Wesentlichkeitstheorie führt zu keiner Einschränkung (BVerwGE 72, 265/266). Bei *sonstigen* Grundrechtseingriffen, insb. faktischen und mittelbarer Natur (dazu Vorb. 26 vor Art. 1), dürfte ebenfalls eine gesetzliche Grundlage erforderlich sein, vorausgesetzt, die Eingriffsschwelle (dazu Vorb. 27 vor Art. 1) wird überschritten (Schulze-Fielitz DR R 105). Beides gilt auch dann, wenn kollidierendes Verfassungsrecht die Basis bildet (Vorb. 48 vor Art. 1). Unerheblich ist, ob es um ein besonderes Gewaltverhältnis geht (BVerfGE 33, 1/10 f; 40, 276; Schulze-Fielitz DR R 99). Im Bereich des **privatrechtlichen Ausgleichs** dürften die Anforderungen geringer sein, weshalb dem Richterrecht mehr Raum eröffnet ist (vgl. Rn. 39 zu Art. 9).

48   Eine Grundrechtsbeeinträchtigung in Form einer **Ungleichbehandlung** dürfte im Bereich der speziellen Gleichheitsgrundrechte regelmäßig eine gesetzliche Grundlage erfordern, da es bei Verwendung der inkriminierten Kriterien generell um eine für die Grundrechtsausübung wesentliche Frage geht (Jarass, AöR 1995, 378; Schulze-Fielitz DR R 106; vgl. Rn. 93, 120 zu Art. 3). Weiter bedarf die **Ausgestaltung** eines Grundrechtseingriffs, jedenfalls in bestimmten Bereichen, der gesetzlichen Regelung (Schulze-Fielitz DR R 101; vgl. Rn. 44 zu Art. 5), obwohl sie nicht als Grundrechtseingriff anzusehen ist (Vorb. 34 vor Art. 1).

49   **cc) Nicht notwendig** ist ein Gesetz bei staatlichen **Leistungen** (BVerwGE 45, 8/11; 58, 45/48; Stern I 808; oben Rn. 46; a. A.

Maurer, Allg. VerwaltungsR, § 6 Rn.14; Sommermann MKS 271). Daher bedürfen Subventionen keiner gesetzlichen Grundlage, es sei denn, eine Subvention stellt ausnahmsweise für einen Drittbetroffenen einen Grundrechtseingriff dar (BVerwGE 90, 112/126; Rn.24 zu Art.4 und Rn.30 zu Art.5). Auf jeden Fall ist eine Grundlage im Haushaltsgesetz erforderlich (BVerwGE 58, 45/48; Schnapp MüK 45; Heun DR 31 zu Art.110). Auch Steuerbegünstigungen bedürfen keiner gesetzlichen Grundlage; doch verstößt ein Abweichen vom Steuergesetz gegen den Vorrang des Gesetzes (schief BfHE 162, 450/455 f).

Das **Unterlassen** von **Leistungen** und **Schutz** wird vom Ge-   50
setzesvorbehalt nicht erfasst, auch wenn es eine Grundrechtsbeeinträchtigung darstellt (Schulze-Fielitz DR R 102; Jarass, AöR 1995, 373 f). Die Wesentlichkeitstheorie kann aber auch hier eine gesetzliche Regelung notwendig machen, etwa im Schutzbereich (BVerfGE 77, 381/403) und insb. im Teilhabebereich (BVerfGE 47, 46/79; 58, 257/268 f). Doch geht es dann nicht um eine Einschränkung grundrechtlicher Schutzgehalte, sondern um deren Verstärkung.

b) Tätigkeiten ohne Grundrechtsrelevanz. Zahlreiche Nor-   51
men des GG ohne Grundrechtsbezug verlangen für bestimmte Aktivitäten der Exekutive ein Gesetz bzw. eine andere verbindliche Erklärung des Parlaments. Man kann insoweit von **organisationsrechtlichen Gesetzvorbehalten** sprechen (vgl. Schulze-Fielitz DR R 112; Jarass, NVwZ 84, 478 f). Dies gilt etwa für die Übertragung von Hoheitsrechten (Rn.24 zu Art.23 und Rn.8 zu Art.24), die Neugliederung des Bundesgebiets (Rn.3 zu Art.29), bestimmte völkerrechtliche Verträge (Rn.8 zu Art.59), die Schaffung von Bundesbehörden gem. Art.87 Abs.3, die Fixierung der Gemeinschaftsaufgaben gem. Art.91 a Abs.2, die Feststellung des Haushaltgesetzes (Rn.16 zu Art.110), die Kreditaufnahme des Bundes (Rn.3 zu Art.115), den militärischen Einsatz der Streitkräfte (Rn.9 zu Art.87 a) oder die Inkompatibilität von Angehörigen des öffentlichen Dienstes (Rn.7 zu Art.137).

Ob daneben aus dem **Demokratieprinzip** oder aus anderen   52
Prinzipien der Staatsorganisation Fälle des Gesetzesvorbehalts abgeleitet werden können, erscheint zweifelhaft (dafür Schulze-Fielitz DR R 114). Schöpft man die speziellen Regelungen des GG aus, kann darauf vielfach verzichtet werden (vgl. allerdings Rn.14 zu Art.20 a). Verbleibende Lücken dürften sich im Wege der Analogie schließen lassen. So lässt sich insb. aus Art.87 Abs.3, Art.89 Abs.2 S.2

entnehmen, dass die Einrichtung einer Behörde mit externen Kompetenzen regelmäßig einer gesetzlichen Grundlage bedarf (Schulze-Fielitz DR R 113); näher Rn.2 zu Art.86. Einen allgemeinen Parlamentsvorbehalt für *wesentliche* Fragen gibt es nicht (BVerfGE 49, 89/125; 68, 1/109; BVerwGE 60, 162/182; Schulze-Fielitz DR R 114). Zum Vorbehalt der Exekutive oben Rn.26.

53   **c) Einzelfälle.** Kein Gesetzesvorbehalt besteht für das Verfahren und die Zuständigkeit der leistungsgewährenden Verwaltung (BVerfGE 8, 155/167 f; Schulze-Fielitz DR R 106; vgl. auch BVerfGE 40, 237/249 f), für die Zuständigkeit zur Gerichtskostenfeststellung (BVerfGE 40, 237/239 f). Zu Subventionen oben Rn.49 f. Eine gesetzliche Grundlage ist *erforderlich* bei schulrechtlichen Organisationsmaßnahmen (BVerfGE 41, 251/263; 51, 268/287), für die Festlegung von Pflichtfächern (BVerwGE 64, 308/309 f), für die Einführung des Sexualkundeunterrichts (BVerfGE 47, 46/80); weitere Fälle des Gesetzesvorbehalts im Ausbildungsbereich in Rn.79 zu Art.12. Die Einführung neuer Rechtschreibregeln bedarf keiner gesetzlichen Grundlage (BVerfGE 98, 218/252 ff). Allgemein zum Gesetzesvorbehalt im Schulwesen BVerfGE 47, 46/80; 58, 257/271. Weiter ist eine gesetzliche Grundlage notwendig bei Bewährungsauflagen (BVerfGE 58, 358/367). Zum Gesetzesvorbehalt im besonderen Gewaltverhältnis Vorb.39 a vor Art.1. Die Annahme einer Haftung ohne spezielle Grundlage, gestützt auf allgemeine Rechtsprinzipien, bedarf sorgfältiger Prüfung (BVerwGE 101, 51/54 f).

3. Bestimmtheit des förmlichen Gesetzes

54   **a) Grundrechtsrelevante Tätigkeiten. aa)** „Der Vorbehalt des Gesetzes erschöpft sich nicht in der Forderung nach einer gesetzlichen Grundlage für Grundrechtseingriffe. Er verlangt vielmehr auch, dass alle wesentlichen Fragen vom Parlament selbst entschieden" werden (BVerfGE 95, 267/307; 83, 130/152; 98, 218/251; BVerwGE 109, 29/37; vgl. oben Rn.46). Das förmliche Gesetz muss in diesem Sinne ausreichend bestimmt bzw. genau sein (BVerfGE 57, 295/320 f; 80, 137/161; Kunig, o.Lit. D I, 400). Man spricht insoweit von **Parlamentsvorbehalt** (etwa BVerfGE 58, 257/274; Pieroth/Schlink 264), obwohl genau genommen   der Gesetzesvorbehalt insgesamt ein Parlamentsvorbehalt ist (vgl. oben Rn.44). Wie genau und bestimmt das förmliche Gesetz sein muss, hängt – wie die Reichweite des Gesetzesvorbehalts – von der sog. Wesentlichkeitstheorie (oben Rn.46) ab (BVerfGE 83, 130/152; 86,

288/311; 98, 218/251; Herzog MD VI 81 ff). Je schwerwiegender die Auswirkungen einer Regelung sind, desto genauer müssen die Vorgaben des förmlichen Gesetzgebers sein (BVerfGE 49, 168/181; 59, 104/114; 86, 288/311; BVerwG, NVwZ-RR 90, 47). Die Rechtslage muss für den Betroffenen erkennbar sein, damit er sein Verhalten darauf einrichten kann (BVerfGE 52, 1/41; 62, 169/182 f; 64, 261/286; BVerwG, NVwZ 90, 868; BFHE 133, 405/507). Zum rechtsstaatlichen Bestimmtheitsgebot unten Rn.60 f.

bb) Die erforderliche Bestimmtheit betrifft auch **Ermächti- 55 gungen zum Erlass von Rechtsvorschriften.** Was wesentlich für die Grundrechtsausübung ist, darf „nicht anderen Normgebern überlassen werden" (BVerfGE 95, 267/307; 58, 257/274; 62, 169/182; 98, 218/251). Darüber hinaus ist zu beachten, dass bei einzelnen Grundrechten der Bereich des durch *Rechtsverordnung* Regelbaren noch weiter beschränkt ist (etwa Rn.3 zu Art.104). Geht es um die Ermächtigung zum Erlass einer Rechtsverordnung, dann konkurrieren die Bestimmtheitsanforderungen des Vorbehalts des Gesetzes mit denen des Art.80 Abs.1 S.2 (dazu Rn.11–13 zu Art.80). Bei einer Ermächtigung zum Erlass von *Satzungen* kommt Art.80 Abs.1 S.2 nicht zur Anwendung (Rn.3 zu Art.80), weshalb hier die durch den Vorbehalt des Gesetzes gebotene Bestimmtheit besonderes Gewicht hat (vgl. BVerfGE 33, 125/159; 45, 393/399). Entsprechendes gilt für Unfallversicherungsvorschriften (BSGE 85, 98/104 f).

Soweit sich ein **Genehmigungsvorbehalt** auf grundrechtlich 56 geschützte Tätigkeiten bezieht, ist grundsätzlich eine *gebundene Genehmigung* geboten (BVerfGE 18, 353/364; 49, 89/145; BVerwGE 77, 214/219). Bei besonders empfindlichen Grundrechtseingriffen hat der Gesetzgeber auch die Voraussetzungen der Genehmigung *detailliert zu* regeln (BVerwGE 51, 235/238 ff; vgl. auch BVerfGE 52, 1/41). Ermessensgenehmigungen sind möglich, wenn andernfalls „der Schutzzweck des Verbots … nachweisbar beeinträchtigt" würde (BVerfGE 18, 353/364), wenn von den Vorhaben schwere Gefahren ausgehen, die sich nicht sicher beherrschen lassen (BVerfGE 49, 89/145 ff). Ausnahmegenehmigungen können regelmäßig im Ermessen stehen, da die Grundrechte dem Gesetzgeber gewisse Typisierungen gestatten, eine Ausnahmegenehmigung also nicht selten über das grundrechtlich Gebotene hinausgeht (Schulze-Fielitz DR R 127; vgl. außerdem BVerfGE 48, 210/226 f; 69, 161/169; noch weitergehend BVerfGE 9, 137/149). Zur Einräumung von Ermessens- und Beurteilungsspielräumen Rn.48 zu Art.19.

57 **b) Tätigkeiten ohne Grundrechtsrelevanz.** Die Anforderungen an die Bestimmtheit richten sich bei den organisationsrechtlichen Vorbehalten nach der einschlägigen Norm. Zum Teil sind sie sehr hoch (vgl. Rn.24 zu Art.23; Rn.8 zu Art.24). Demgegenüber gelten im Bereich des Art.59 Abs.2 sehr geringe Anforderungen (Rn.15 zu Art.59). Beim Erlass von Rechtsverordnungen ist Art.80 Abs.1 S.2 (dazu Rn.11–13 zu Art.80) zu beachten.

4. Art der gesetzlichen Ermächtigung

58 Der Funktion des Vorbehalts des Gesetzes entsprechend (oben Rn.44) muss das ermächtigende Gesetz ein *förmliches* Gesetz sein, das allerdings im Rahmen der Bestimmtheitsanforderungen (oben Rn.54–57) durch sonstiges Recht konkretisiert werden kann. Im Bereich der grundrechtsrelevanten Tätigkeiten wird davon nur bei der Transformation von zwischen Bundesländern geschlossenen Staatsverträgen eine Ausnahme gemacht; hier soll ein ausreichend spezifizierter Parlamentsbeschluss genügen (BVerwGE 74, 139/140; a. A. Schulze-Fielitz DR R 110; Herdegen HbStR IV 501 f; vgl. auch BVerfGE 37, 191/197). Auch im organisationsrechtlichen Teil genügt in bestimmten Fällen ein schlichter Parlamentsbeschluss (Rn.9 zu Art.87 a). Das Haushaltsgesetz ist jedenfalls in einzelnen Bereichen ausreichend (Rn.3 zu Art.115). Zur *Verweisung* unten Rn.64 f.

5. Folgen eines Verstoßes

59 Verwaltungsmaßnahmen, die ohne die erforderliche gesetzliche Ermächtigung ergehen, sind rechtswidrig (BVerfGE 41, 251/266; 51, 268/287). Sofern dies allerdings die Folge „einer gewandelten Rechtsauffassung oder völlig veränderter tatsächlicher Umstände" ist, kann für eine *Übergangszeit* auf eine Ermächtigung verzichtet werden, sofern dafür zwingende Gründe bestehen (BVerfGE 51, 268/288), etwa wenn die sonst eintretende Funktionsunfähigkeit einer staatlichen Einrichtung der verfassungsmäßigen Ordnung noch ferner stünde als der bisherige Zustand (BVerfGE 33, 1/12 f; 41, 251/264; 73, 280/296 f; 79, 245/250 f; BVerwGE 64, 238/245 f; vgl. oben Rn.35 sowie Rn.20, 78 zu Art.12). Dabei sind umso strengere Anforderungen an die Einräumung von Übergangsfristen und die innerhalb dieser Fristen unerlässlichen Maßnahmen zu stellen, je tiefgreifender eine Verwaltungsmaßnahme Grundrechte des Betroffenen berührt (BVerfGE 51, 268/288).

IV. Rechtssicherheit u. ä.

1. (Allgemeine) Bestimmtheit von Rechtsvorschriften

a) Abgrenzung der allgemeinen Bestimmtheit von anderen 60 **Bestimmtheitsanforderungen.** Ein Element des Rechtsstaatsgebots bildet herkömmlich – als Ausprägung des Gebots der Rechtssicherheit – das Gebot der ausreichenden Bestimmtheit von Rechtsvorschriften (BVerfGE 49, 168/181; 59, 104/114; 62, 169/183; 80, 103/107 f). Diese Anforderung bezieht sich auf die Gesamtheit der für eine bestimmte Frage relevanten Rechtsvorschriften. Demgegenüber betrifft das aus dem Vorbehalt des Gesetzes folgende Bestimmtheitsgebot (oben Rn.54–57) allein die förmlichen Gesetze. In Rechtsprechung und Literatur gehen die beiden Ansätze aber vielfach ineinander über, etwa wenn die Bestimmtheit eines förmlichen Gesetzes ohne Bezug zum Gesetzesvorbehalt (auch) an der Intensität der Grundrechtsbeeinträchtigung orientiert wird (etwa BVerfGE 93, 213/238; vgl. Sobota o.Lit. D I 138). Für den Bereich der Strafgesetze werden beide Ansätze durch die noch schärfere Sonderregelung des Art.103 Abs.2 verdrängt (Rn.48 zu Art.103). Für die Sonderregelung des Art.104 Abs.1 (dazu Rn.3 f zu Art.104) gilt das Gleiche (BVerfGE 76, 363/387). Im Bereich des Art.59 Abs.2 gelten geringere Anforderungen (Rn.15 zu Art.59).

b) Anforderungen des Bestimmtheitsgebots. „Der Be- 61 stimmtheitsgrundsatz gebietet, dass eine gesetzliche Ermächtigung der Exekutive zur Vornahme von Verwaltungsakten nach Inhalt, Zweck und Ausmaß hinreichend bestimmt und begrenzt ist, so dass das Handeln der Verwaltung messbar und in gewissem Ausmaß für den Staatsbürger voraussehbar und berechenbar wird" (BVerfGE 56, 1/12; 9, 137/147; BVerwGE 100, 230/236 f). Rechtsvorschriften sind so genau zu fassen, „wie dies nach der Eigenart der zu ordnenden Lebenssachverhalte mit Rücksicht auf den Normzweck möglich ist" (BVerfGE 93, 213/238; 49, 168/181; 59, 104/114; 87, 234/263). Die Konkretisierung dieser Vorgaben fällt allerdings sehr zurückhaltend aus: Zunächst kommt es auf die Regelungsfähigkeit der Materie an (BVerfGE 48, 210/217; 56, 1/13). Unbestimmte, auslegungsbedürftige Rechtsbegriffe sind regelmäßig zulässig (BVerfGE 78, 205/212; 80, 103/108; 87, 234/263 f), ebenso Generalklauseln (BVerfGE 8, 274/326; 13, 153/161; 56, 1/12; BVerwG, NJW 87, 1435; BAGE 32, 381/396). Lediglich die äußeren Grenzen des Spielraums müssen abgesteckt und damit die Möglichkeit richterlicher Überprüfung der Einhaltung der Grenzen gegeben sein (BVerfGE 6, 32/42; 20, 150/158; 21, 73/78 ff). Das Bestimmtheitsgebot ist verletzt, wenn eine willkürliche Handhabung durch die Behörden ermöglicht wird (BVerfGE 80, 137/161; BVerwGE 105, 144/147). Zu den Anforderungen des Vorbehalts des Gesetzes im *Grundrechtsbereich* oben Rn.54–56.

62   **c) Folgen und einzelne Bereiche.** Eine unzureichend bestimmte Norm ist unwirksam; bei teilweiser Unbestimmtheit ist eine teilweise Unwirksamkeit möglich (BVerwG, NVwZ-RR 97, 608 f). Bei *Steuergesetzen* wird das Bestimmtheitsgebot als „Tatbestandsmäßigkeit der Besteuerung" bezeichnet (vgl. Vogel HbStR IV 49). Sie gilt auch für untergesetzliche und kirchliche Vorschriften und verlangt, dass der Steuerpflichtige die auf ihn entfallende Steuerlast vorausberechnen kann (BVerfGE 19, 253/267; 49, 343/362; 73, 388/400). Auslegungsbedürftige Begriffe sind auch hier möglich (BVerfGE 79, 106/120). Zur Bestimmtheit der Rechtswegvorschriften unten Rn.91. Zur Bestimmtheit der Vorschriften über den gesetzlichen Richter vgl. Rn.9 zu Art.101.

2. Klarheit und Verkündung von Rechtsvorschriften

63   **a) Widerspruchsfreiheit.** Das Gebot der *Klarheit des Gesetz*es überschneidet sich weithin mit dem der Bestimmtheit (vgl. BVerfGE 93, 213/238). Zusätzlich verlangt das Rechtsstaatsprinzip, dass Regelungen widerspruchsfrei sind (BVerfGE 25, 216/227), aber auch die gesamte Rechtsordnung (BVerfGE 98, 83/97; 98, 265/301). Allerdings kann das nur bei einem echten Normwiderspruch zum Tragen kommen, der zudem durch Auslegung und Kollisionsregeln nicht zu beheben ist (vgl. Sendler, NJW 98, 2876).

64   **b) Verweisung.** Wird in einer Rechtsnorm auf andere Regelungen oder Normen **verwiesen,** dann ergibt sich aus dem Rechtsstaatsprinzip das Erfordernis, dass der Bürger ohne Zuhilfenahme spezieller Kenntnisse die in bezug genommenen Regelungen und deren Inhalt mit hinreichender Sicherheit feststellen können muss (BVerfGE 5, 25/31 f; 8, 274/302; 22, 330/346; s. auch BAGE 38, 166/174). Verlängerungsgesetze sind auch dann nicht zu beanstanden, wenn das in bezug genommene Gesetz bereits außer Kraft getreten ist (BVerfGE 8, 274/302 f; Schulze-Fielitz DR R 133). Eine *Verweisung* auf fremdes Recht, selbst dynamischer Art, ist grundsätzlich möglich (BVerfGE 47, 285/311 ff; 64, 208/214; 67, 348/363).

65   Regelmäßig unzulässig ist dagegen, auch aus Gründen des Demokratieprinzips (oben Rn.9), eine **dynamische Verweisung** im Be-

reich von Freiheitsbeschränkungen (BVerfGE 47, 285/311 ff; 64, 208/214 f; 73, 261/272); insb. darf der Gesetzgeber den Bürger nicht ohne dessen Zustimmung der normsetzenden Gewalt nichtstaatlicher Einrichtungen unterwerfen, sondern muss die Beschränkungen im Wesentlichen selbst festlegen (BVerfGE 64, 208/214 f; 78, 32/36).

c) Verkündung. Das Rechtsstaatsprinzip verlangt, dass „Rechts- **66** normen der Öffentlichkeit in einer Weise **förmlich zugänglich gemacht** werden, dass die Betroffenen sich verlässlich Kenntnis von ihrem Inhalt verschaffen können. Diese Möglichkeit darf auch nicht in unzumutbarer Weise erschwert sein" (BVerfGE 65, 283/291; s. auch BVerwGE 26, 129/130). Für Bundesgesetze und Bundesrechtsverordnungen folgt dies aus Art.82 (Rn.5 f zu Art.82). Ein Anspruch auf Einsicht in Verwaltungsvorschriften soll aus Art.20 Abs.3 nicht ableitbar sein (BVerwG, NJW 85, 1234; vgl. Rn.35 zu Art.3).

3. Schutz des Vertrauens auf Gesetze (Rückwirkungsverbot, Übergangsregelung)

a) Grundlagen und Abgrenzung zu anderen Vorschriften. **67** Durch die Änderung von Rechtsvorschriften wird nicht selten das Vertrauen des Bürgers in den Fortbestand von Rechtsvorschriften enttäuscht, soweit die Änderung belastende Wirkung entfaltet. Das Rechtsstaatsprinzip setzt dem in den Teilgeboten der Rechtssicherheit und des Vertrauensschutzes Schranken; die Gebote ziehen Hoheitsakten, „die belastend in verfassungsmäßig verbürgte Rechtspositionen eingreifen, enge Grenzen" (BVerfGE 63, 343/356 f; 67, 1/14). Für die nähere Bestimmung der Grenzen unterscheidet der 1. Senat des BVerfG mit der h. A. zwischen echter und unechter Rückwirkung. Der 2. Senat des BVerfG differenziert in der Sache ähnlich zwischen der „Rückbewirkung von Rechtsfolgen", die allein als Rückwirkung bezeichnet und unmittelbar am Rechtsstaatsprinzip gemessen wird, und der tatbestandlichen Rückanknüpfung, die vorrangig an den Grundrechten zu messen ist (BVerfGE 72, 200/242 ff; 92, 277/325; 97, 67/78 f; zustimmend BFHE 185, 393/396; Maurer HbStR III 221; näher unten Rn.69). Die Vorgaben gelten auch für Normsetzungsverträge (BSGE 81, 86/89). Der Bürger kann die Verletzung des Rückwirkungsverbots über Art.2 Abs.1 geltend machen (BVerfGE 72, 175/196). Für die Beamten enthält Art.33 Abs.5 eine abschließende Spezialregelung (Rn.33 zu Art.33). Zum Verhältnis zu den Grundrechten unten Rn.74, zu Art.103 Abs. unten Rn.70.

68 **b) Abgrenzung von echter und unechter Rückwirkung.**
Eine **(echte) Rückwirkung** liegt vor, „wenn ein Gesetz nachträglich ändernd in abgewickelte, der Vergangenheit angehörende Tatbestände eingreift" (BVerfGE 57, 361/391; 68, 287/306; 72,
175/196), wenn die Rechtsfolgen „für einen vor der Verkündung
liegenden Zeitpunkt auftreten sollen" und nicht „für einen nach
(oder mit) der Verkündung beginnenden Zeitraum" (BVerfGE 72,
200/242; 63, 343/353; 97, 67/78; BFHE 147, 346/349; BSGE 71,
202/206 f), wenn also der von der Rückwirkung betroffene Tatbestand in der Vergangenheit (d. h. vor Verkündung des Gesetzes)
nicht nur begonnen hat, sondern bereits abgewickelt war (BVerfGE
89, 48/66; Degenhart 369). Relevanter Bezugspunkt ist jeweils die
Verkündung bzw. Bekanntgabe (BVerfGE 72, 200/242; BSGE 71,
202/206); zur davon zu unterscheidenden Frage, zu welchem Zeitpunkt des Gesetzgebungsverfahrens das Vertrauen zerstört wird, unten (1) in Rn.72. Bei Abgabengesetzen liegt eine (echte) Rückwirkung vor, wenn im Zeitpunkt der Verkündung die Steuerschuld
bereits entstanden ist (vgl. BVerfGE 19, 187/195; 30, 392/401), bei
Jahressteuern also mit Ablauf des Veranlagungszeitraums (BVerfGE
72, 200/253; 97, 67/80). Bei öffentlich-rechtlichen Anspruchsnor-
men liegt eine echte Rückwirkung vor, wenn im Zeitpunkt der
Verkündung die Anspruchsvoraussetzungen bereits erfüllt sind; ein
Bewilligungsbescheid ist unnötig (BVerfGE 30, 367/386 f). Zur
Rückwirkung völkerrechtlicher Verträge BVerfGE 63, 343/355.
Unerheblich ist, ob es sich um ein förmliches Gesetz, eine Rechtsverordnung (BVerfGE 45, 142, 167 f) oder eine andere Rechtsnorm,
etwa einen für verbindlich erklärten Tarifvertrag (BAGE 40,
288/293 f), handelt. Das Vertrauen auf ein später für verfassungswidrig erklärtes Gesetz wird geschützt (BVerfGE 53, 115/128).

69 Eine **unechte Rückwirkung** bzw. eine **tatbestandliche Rückanknüpfung** liegt vor, wenn „eine Norm auf gegenwärtige, noch
nicht abgeschlossene Sachverhalte und Rechtsbeziehungen für die
Zukunft einwirkt und damit zugleich die betroffene Rechtsposition
nachträglich entwertet" (BVerfGE 101, 239/263; 69, 272/309; 72,
141/154; BFHE 148, 272/276 f; Schulze-Fielitz DR R 152) bzw.
eine Norm künftige Rechtsfolgen „von Gegebenheiten aus der Zeit
vor ihrer Verkündung abhängig macht" (BVerfGE 72, 200/242; 79,
29/45 f). Bei unechter Rückwirkung wird also ein Tatbestand geregelt, der zwar vor Gesetzesverkündung begonnen wurde, aber noch
nicht vollständig abgeschlossen war (Degenhart 369); es geht um
einen Tatbestand, der bereits vor Verkündung „ins Werk gesetzt"
wurde (BVerfGE 98, 67/79). Hierher rechnet auch die Korrektur

einer Dauerregelung für die Zukunft (BVerwGE 62, 230/237). Gilt eine Regelung nur für Tatbestände, die *nach* Verkündung begonnen werden, fehlt es selbst an einer unechten Rückwirkung. Bei Verkürzung befristeter Gesetze (für die Zukunft) können aber die Regeln über die unechte Rückwirkung entsprechend anwendbar sein (BVerfGE 30, 392/404; 55, 185/204). Zur Änderung der Rspr. unten Rn.79. Zur Anwendung auf Tarifverträge BAGE 63, 111/118 f.

c) Behandlung der (echten) Rückwirkung (zu Begriff und **70** Voraussetzungen oben Rn.68). Grundlage der Beurteilung sind die aus dem Rechtsstaatsprinzip resultierenden Grundsätze des Vertrauensschutzes und der Rechtssicherheit (BVerfGE 72, 200/242). Darauf können sich auch Ausländer berufen (BVerfGE 30, 367/386; 51, 356/362). Die Rückwirkung von Strafgesetzen wird ausschließlich durch Art.103 Abs.2 geregelt (dazu Rn.52 zu Art.103).

Eine „echte" Rückwirkung wird durch das Rechtsstaatsprinzip **71** **grundsätzlich verboten** (BVerfGE 13, 261/272; 45, 142/173; 95, 64/86) bzw. bedarf einer „besonderen Rechtfertigung" (BVerfGE 72, 200/257). Unzulässig war etwa die rückwirkende Änderung der Kassenarzthonorierung (BSGE 81, 86/88 ff).

Das Verbot **kann durchbrochen** werden, wenn „zwingende **72** Gründe des gemeinen Wohls oder ein nicht – oder nicht mehr – vorhandenes schutzbedürftiges Vertrauen des einzelnen eine Durchbrechung" gestatten (BVerfGE 72, 200/258; 97, 67/79 f; 101, 239/263 f; Maurer HbStR III 228). Diese Voraussetzung ist in folgenden Fallgruppen erfüllt, ohne dass sie abschließend sind (BVerfGE 72, 200/258): – **(1)** Der Betroffene musste zu dem Zeitpunkt, auf den der Eintritt der Rechtsfolge vom Gesetz bezogen wird, mit der Regelung rechnen (BVerfGE 37, 363/397 f; 45, 142/173 f; 88, 384/404), etwa weil die bisher herrschende Rechtsüberzeugung kodifiziert wurde (BFHE 146, 411/413). Das Bekanntwerden von Gesetzesinitiativen allein rechtfertigt jedoch noch keine Rückwirkung (BVerfGE 30, 272/287; 31, 222/227; 72, 200/260 f; BGHZ 77, 384/388); erst der Gesetzesbeschluss beseitigt das schützenswerte Vertrauen (BVerfGE 43, 291/392; 72, 200/261; 95, 64/87; vgl. auch oben Rn.68). Jedenfalls bei Steuersubventionen u. a. genügt die ernsthafte Ankündigung der Gesetzesänderung durch die Bundesregierung (BVerfGE 97, 67/82). Auch die in einem förmlichen Gesetz niedergelegte und durch die öffentliche Diskussion des Verordnungsentwurfs eindeutig geäußerte Absicht, eine Verordnung zu ändern, lässt den Vertrauensschutz entfallen (BGHZ 100, 1/6 f). – **(2)** Das geltende Recht ist unklar und verworren

(BVerfGE 45, 142/173; 88, 384/404; BSGE 82, 198/204 f; BFHE 135, 311/313) oder eine Änderung der Rechtsprechung wird durch den Gesetzgeber korrigiert (BVerfGE 72, 302/325 ff); – **(3)** Eine neue Rechtsnorm erweist sich im Nachhinein als ungültig; sie kann durch eine rechtlich einwandfreie Norm ersetzt werden (BVerfGE 13, 261/272; BVerwGE 75, 262/267), wobei eine gewisse Verschärfung möglich ist (BVerwGE 67, 129/131 f); – **(4)** Es handelt sich um eine Bagatelle (BVerfGE 30, 367/389; 72, 200/258 f; 95, 64/86 f); – **(5)** Bei verfahrensrechtlichen Vorschriften ist eine Durchbrechung eher möglich (BVerfGE 63, 343/359).

73   **d) Behandlung der unechten Rückwirkung.** Die unechte Rückwirkung bzw. die tatbestandliche Rückanknüpfung (zu Begriff und Voraussetzungen oben Rn.69) wird herkömmlich ebenfalls am Rechtsstaatsprinzip gemessen. Sie ist danach **in der Regel zulässig** (BVerfGE 72, 141/154; 97, 271/289; 101, 239/263; BVerwGE 110, 265/270). Anderes gilt unter folgenden Voraussetzungen: – **(1)** Das Gesetz nimmt einen Eingriff vor, „mit dem der Betroffene nicht zu rechnen brauchte, den er also auch bei seinen Dispositionen nicht berücksichtigen konnte" (BVerfGE 68, 287/307), wobei das Vertrauen auf den Fortbestand gesetzlicher Vorschriften regelmäßig nicht geschützt wird (BVerfGE 38, 61/83; 68, 193/221 ff; BVerwG, NVwZ 86, 484). Mit dem Beschluss des Bundestages über die angegriffene Regelung wird ein schützenswertes Vertrauen zerstört (BVerfGE 31, 222/227). Besonders weit geht der Vertrauensschutz bei der (vorzeitigen) Aufhebung befristeter Gesetze (BVerfGE 102, 68/97). – **(2)** Das Vertrauen des Betroffenen ist schutzwürdiger als die mit dem Gesetz verfolgten Anliegen (BVerfGE 68, 287/307; 69, 272/310; 72, 141/154 f; 78, 249/284; BGHZ 92, 94/109); es ist eine „Abwägung zwischen dem Ausmaß des Vertrauensschadens des einzelnen und der Bedeutung des gesetzlichen Anliegens für das Wohl der Allgemeinheit" erforderlich (BVerfGE 24, 220/230 f; 72, 175/196; 76, 256/356; 89, 48/66). *Im Einzelnen* wurde etwa die Erhöhung der Zinsen für staatliche Darlehen als zulässig eingestuft (BVerfGE 72, 175/196 ff). Die Verschärfung von Prüfungsanforderungen ist im Rahmen der Verhältnismäßigkeit zulässig (BVerwGE 65, 323/339; s. auch Rn.67 zu Art.3).

74   Im **Bereich des Art.14** sieht das BVerfG seit langem die Regeln über die unechte Rückwirkung als durch Art.14 verdrängt, ohne dass dies von Einfluss für das Ergebnis ist (BVerfGE 71, 1/11 f; 75, 78/104 f; 76, 220/244 f; 101, 239/257; anders E 70, 101/114 f; vgl. Rn.47 zu Art.14). Seit einiger Zeit wird das auch im Bereich der

anderen Grundrechte angenommen (BVerfGE 72, 200/242; 76, 256/346 f; Maurer HbStR III 238 f; anders E 72, 175/196; 74, 129/155; 77, 370/379). Dabei können allerdings allgemeine rechtsstaatliche Grundsätze einfließen (BVerfGE 76, 256/347; 78, 249/284). Zu Art.33 Abs.5 oben Rn.67.

e) Notwendigkeit einer Übergangsregelung. „Der Gesetz- **75** geber muss bei der Aufhebung oder Modifizierung geschützter Rechtspositionen – auch dann, wenn der Eingriff an sich verfassungsrechtlich zulässig ist – auf Grund des rechtsstaatlichen Grundsatzes der Verhältnismäßigkeit eine angemessene Übergangsregelung treffen" (BVerfGE 43, 242/288; 67, 1/15; 21, 173/183; 58, 300/351; s. auch unten Rn.87 a). Dies wird vor allem in den Fällen unechter Rückwirkung (oben Rn.69) bedeutsam. Die Betroffenen erlangen dadurch einen gewissen, zeitlich begrenzten Schutz. Ob und in welchem Umfang Übergangsregelungen notwendig sind, muss einer Abwägung des gesetzlichen Zweckes mit der Beeinträchtigung der Betroffenen entnommen werden. Dabei steht dem Gesetzgeber ein erheblicher Spielraum zur Verfügung (BVerfGE 43, 242/288 f; 67, 1/15 f; 76, 256/359). Insb. spielt eine Rolle, wie gewichtig die Beeinträchtigung ist (BVerfGE 43, 242/288 f; 51, 356/368; 67, 1/15). Des Weiteren ist der Umstand bedeutsam, ob die Übergangsvorschrift zu Gefahren für die Allgemeinheit führt (BVerfGE 68, 272/286). Einzelfälle etwa in Rn.81 zu Art.12 und in Rn.47 zu Art.14.

4. Rechtssicherheit u. ä. bei Verwaltungsakten und Gerichtsentscheidungen

a) Bestimmtheit und Bekanntgabe. Verwaltungsakte müssen **76** ausreichend bestimmt sein (BVerwG, DVBl 96, 1062). Weiter können sie „erst dann gegenüber dem Bürger Rechtswirkungen entfalten ..., wenn sie ihm persönlich oder in ordnungsgemäßer Form öffentlich bekanntgemacht worden sind" (BVerfGE 84, 133/159; Schulze-Fielitz DR R 159).

b) Bestandskraft und Rechtskraft. Die Lösung des Konflikts **77** zwischen Rechtssicherheit und materieller Gerechtigkeit ist in erster Linie dem Gesetzgeber übertragen (BVerfGE 3, 225/237 f; 15, 313/319 f; 35, 41/47). Das BVerfG hat fast durchgängig die Entscheidungen des Gesetzgebers zugunsten der Rechtssicherheit akzeptiert (Schulze-Fielitz DR R 138). Zulässig ist daher die Rechtskraft von Urteilen (BVerfGE 22, 322/329; 47, 146/161) und die Bestandskraft von Verwaltungsakten (BVerfGE 20, 230/236; 27, 297/305 f; 60, 253/270), unabhängig von der Rechtmäßigkeit der

Entscheidung. Gleiches gilt für prozessuale Fristen (BVerfGE 60, 253/269). Die behördliche Nachprüfung eines Verwaltungsakts muss aus Gründen der Rechtssicherheit idR innerhalb von vier Jahren abgewickelt sein (BSGE 72, 271/276 ff).

78   **c) Vertrauensschutz.** Die Gebote der Rechtssicherheit und des Vertrauensschutzes kommen auch im Hinblick auf Verwaltungsakte zum Tragen (vgl. Maurer HbStR III 252), desgleichen für andere Maßnahmen der Verwaltung (BVerfG-K, NJW 93, 3191). Der Grundsatz des Vertrauensschutzes hat Bedeutung, wenn ein Verwaltungsakt aufgehoben werden soll (BVerfGE 59, 128/164 ff; Maurer HbStR III 255 f). Die §§ 48 f VwVfG besitzen daher (im Kernbereich) eine verfassungsrechtliche Fundierung (BVerfGE 59, 128/169 ff; BVerwGE 91, 306/312 f; Herzog MD VII 64). Rückwirkende Verwaltungsakte können im Einzelfall unzulässig sein (BSGE 77, 86/92 f). Gleiches gilt, wenn ein Verwaltungsakt sachlich unterlaufen wird (BVerfGE 50, 244/249 f; 63, 215/223 f; ähnlich BGH, NVwZ 86, 246: Pflicht zu konsequentem Verhalten). Die Grenzen dürften im Einzelfalle wie bei der unechten Rückwirkung (bei Gesetzen) zu ziehen sein (dazu oben Rn.73 f). Die Nichtanwendung der Jahresfrist des § 48 Abs.4 VwVfG in EG-rechtlichen Fällen ist zulässig (BVerfG-K, NJW 00, 2015 f). Auch bei der Verlängerung eines befristeten Verwaltungsakts soll der Vertrauensschutz eine Rolle spielen können (BVerfGE 49, 168/184 ff; Schulze-Fielitz DR R 159; anders BVerfGE 64, 158/174); vgl. zum entsprechenden Fall bei Gesetzen oben Rn.69.

79   Eine Änderung der (höchstrichterlichen) **Rechtsprechung** stellt keine Änderung eines Gesetzes dar (BVerfGE 84, 212/226 f), weshalb die Regeln über den Schutz des Vertrauens auf Gesetze nicht unmittelbar zur Anwendung kommen. Bei der Änderung einer konsistenten höchstrichterlichen Rechtsprechung sind jedoch auch Aspekte des Vertrauensschutzes zu berücksichtigen (vgl. BVerfGE 74, 129/155 f; 84, 212/227 f; BGHZ 132, 117/129 ff; BAGE 79, 236/250 f; Schulze-Fielitz DR R 165).

V. Grundsatz der Verhältnismäßigkeit

1. Grundlagen und Anwendungsbereich

80   **a) Bedeutung und Herleitung.** Der Grundsatz der Verhältnismäßigkeit hat eine kaum zu überschätzende Bedeutung erlangt (krit. dazu Bäumlin/Ridder AK 64 ff). Er wird aus dem Rechtsstaatsprinzip abgeleitet (BVerfGE 61, 126/134; 69, 1/35; 76, 256/359; 80, 109/120; BSGE 59, 276/278; Herzog MD VII 72). Zudem ergibt er sich „bereits aus dem Wesen der Grundrechte selbst, die als Ausdruck des allgemeinen Freiheitsanspruch des Bürgers gegenüber dem Staat von der öffentlichen Gewalt jeweils nur soweit beschränkt werden dürfen, als es zum Schutze öffentlicher Interessen unerlässlich ist" (BVerfGE 19, 342/348 f; 61, 126/134; 76, 1/50 f; 77, 308/334). Dem „Grundsatz der Verhältnismäßigkeit ... kommt eine die individuelle Rechts- und Freiheitssphäre verteidigende Funktion zu" (BVerfGE 81, 310/338). Zum Begriff des *Übermaßverbots* unten Rn.83, zum *Untermaßverbot* Vorb.30 vor Art.1.

b) Anwendungsbereich. Der Grundsatz der Verhältnismäßig- **81** keit **bindet** anerkanntermaßen alle staatliche Gewalt, sofern sie subjektive Rechte des Bürgers in irgendeiner Weise beeinträchtigt (Schulze-Fielitz DR R 175). Voraussetzung für die Anwendung ist also eine konkret betroffene Rechtsposition (Degenhart 390). V. a. bildet der Grundsatz der Verhältnismäßigkeit eine Grenze für die Beschränkung von **Grundrechten** auf Grund von Gesetzesvorbehalten oder kollidierendem Verfassungsrecht (Vorb.44, 49 vor Art.1), soweit es um Abwehrgehalte geht. Die Ausgestaltung der Grundrechte dürfte, jedenfalls in bestimmten Fällen, erfasst werden (Vorb.35 vor Art.1). Des Weiteren spielt der Grundsatz bei Gleichheitsgrundrechten eine wichtige Rolle (etwa Rn.27 zu Art.3). Weiterhin ist der Grundsatz der Verhältnismäßigkeit bei der Beschränkung einfachgesetzlicher subjektiver Rechte durch die Verwaltung anzuwenden, sofern die Verwaltung einen Beurteilungs- oder Ermessensspielraum besitzt (vgl. oben Rn.56). Mit besonderer Sorgfalt ist der Grundsatz der Verhältnismäßigkeit im Strafrecht zu prüfen (vgl. BVerfGE 90, 145/172; unten Rn.99).

Im **Verhältnis verschiedener Staatsorgane** kommt der Grund- **82** satz nur dann zum Tragen, wenn und soweit ein Staatsorgan ein subjektives Recht (und nicht nur eine Kompetenz) besitzt (Schulze-Fielitz DR R 176; ähnlich Sachs SA 146 f; Sommermann MKS 308; Stern I 863), wie etwa die Gemeinden gem. Art.28 Abs.2 (BVerfGE 76, 107/119 f; 86, 90/109; BVerwGE 77, 47/59; vgl. Rn.22 zu Art.28; aber auch BVerfGE 91, 228/241 f) oder die Länder gegenüber dem Bund (vgl. Rn.2 zu Art.84). Zum Teil beschränkt das BVerfG den Grundsatz auf das Staat-Bürger-Verhältnis (BVerfGE 81, 310/338).

2. Die Teilgebote

83   Nach heute hA besteht der Grundsatz der Verhältnismäßigkeit iwS aus drei Teilgeboten (BVerfGE 65, 1/54; 67, 157/173; 70, 278/286; BVerwGE 109, 188/191; Herzog MD VII 73; Jarass WVR § 3 Rn.47 ff): Aus dem Gebot der Geeignetheit (dazu unten Rn.84), dem der Erforderlichkeit (dazu unten Rn.85) und dem der Verhältnismäßigkeit ieS (dazu unten Rn.86). Der Grundsatz der Verhältnismäßigkeit iwS wird zT auch als Übermaßverbot bezeichnet (Stern I 861); zT wird dieser Begriff für die Verhältnismäßigkeit ieS verwandt (unten Rn.86; wieder anders Lerche, o.Lit. D 5, 289 f).

84   **a)** Das **Gebot der Geeignetheit** verlangt den Einsatz solcher Mittel, mit deren „Hilfe der gewünschte Erfolg gefördert werden kann" (BVerfGE 96, 10/23; 30, 292/316; 33, 171/187; 67, 157/173), „die Möglichkeit der Zweckerreichung" (BVerfGE 67, 157/175; 96, 10/23). Das benutzte Mittel muss nicht das bestmögliche oder geeignetste sein (Sachs SA 98; Stern III/2 776 f) und nicht in jedem Einzelfall zum Tragen kommen (BVerfGE 67, 157/175; Schulze-Fielitz DR R 170); es genügt ein Beitrag zur Zielerreichung (Herzog MD VII 74). Ist allerdings der Ertrag des Mittels gering, die Belastung für den Betroffenen hingegen hoch, kann die Angemessenheit (unten Rn.86) betroffen sein. Eine Ermessensgenehmigung ist möglich, wenn nur so das gesetzgeberische Ziel erreicht werden kann (BVerfGE 58, 300/346 f). Zu Prognosen unten Rn.87–88. Zu *Einzelfällen* vgl. insb. Rn.33 zu Art.12 sowie Rn.38 zu Art.14.

85   **b)** Nach dem **Gebot der Erforderlichkeit** darf keine Maßnahme über das zur Verfolgung ihres Zwecks notwendige Maß hinausgehen. Das Gebot ist verletzt, wenn das Ziel der staatlichen Maßnahme auch durch ein anderes, gleich wirksames Mittel erreicht werden kann, das das betreffende Grundrecht nicht oder weniger fühlbar einschränkt (BVerfGE 53, 135/145 f; 67, 157/177; 68, 193/219; 92, 262/273). Voraussetzung ist, dass das mildere Mittel zur Erreichung des Regelungszwecks ebenso geeignet ist und zudem Dritte (Manssen 629) und die Allgemeinheit nicht stärker belastet (vorsichtig Stern III/2 781). Insb. darf das alternative Mittel nicht zu einer unangemessen höheren finanziellen Belastung des Staates führen (Manssen 631; vgl. BVerfGE 77, 84/110 f; 81, 70/91 f). Zu Prognosen unten Rn.87 f. Zu *Einzelfällen* vgl. insb. Rn.46 zu Art.2, Rn.34 zu Art.12 und Rn.38, 82 zu Art.14.

86   **c)** Das **Gebot der Angemessenheit** bzw. der **Verhältnismäßigkeit ieS,** das auch als Übermaßverbot (BVerfGE 67, 157/178; 90,

145/173), als Zumutbarkeit oder als Proportionalität bezeichnet wird (Sachs SA 102), verlangt, dass der Eingriff „in angemessenem Verhältnis zu dem Gewicht und der Bedeutung des Grundrechts" steht (BVerfGE 67, 157/173), „dass bei einer Gesamtabwägung zwischen der Schwere des Eingriffs und dem Gewicht und der Dringlichkeit der ihn rechtfertigenden Gründe die Grenze der Zumutbarkeit gewahrt bleibt" (BVerfGE 83, 1/19; ähnlich E 68, 193/219; 90, 145/173; 102, 197/220). „Das Maß der den einzelnen ... treffenden Belastung (muss) noch in einem vernünftigen Verhältnis zu den der Allgemeinheit erwachsenden Vorteilen stehen" (BVerfGE 76, 1/51). „Der ... Eingriff darf seiner Intensität nach nicht außer Verhältnis zur Bedeutung der Sache und den vom Bürger hinzunehmenden Einbußen stehen" (BVerfGE 65, 1/54; 80, 297/312). Die Verhältnismäßigkeit ieS verlangt also eine Güterabwägung (BVerfGE 92, 277/327; vgl. BVerfGE 67, 157/172 f; Vorb.44 vor Art.1), die aber nur dann zu einer Korrektur führt, wenn die betroffenen Interessen „ersichtlich wesentlich schwerer wiegen" (BVerfGE 44, 353/373). Bei der Ermittlung der im Einzelfall relevanten Maßstäbe kommt den in dem betreffenden Bereich vorhandenen gesetzgeberischen Wertentscheidungen erhebliches Gewicht zu (BVerfGE abwM 97, 277/350 ff; Sachs SA 155). Zu *Einzelfällen* vgl. Rn.46 f zu Art.2, Rn.35–40 zu Art.12 und Rn.39–46, 82 zu Art.14. Zum Einfluss auf die Verhängung von **Strafen** unten Rn.99. Zum **Äquivalenzprinzip** bei Gebühren Rn.25a zu Art.2.

3. Besonderheiten für Gesetzgebung und Verwaltung, insb. Prognosen

Dem **Gesetzgeber** – auch dem Verordnungsgeber (BVerfGE 53, 135/145) – kann bei der Einschätzung der Auswirkungen einer neuen Regelung ein beträchtlicher Spielraum zustehen (Schulze-Fielitz DR R 178). Dies hängt „von der Eigenart des in Rede stehenden Sachbereichs, den Möglichkeiten, sich ein hinreichend sicheres Urteil zu bilden und der Bedeutung der auf dem Spiele stehenden Rechtsgüter" ab (BVerfGE 50, 290/332 f; 57, 139/159; 62, 1/50; 90, 145/173; Starck MKS 244 ff zu Art.1). Es ist daher auf die Beurteilung abzustellen, „die dem Gesetzgeber bei der Vorbereitung des Gesetzes möglich war" (BVerfGE 25, 1/17). Ein weiter Spielraum besteht v. a. bei Regelungen, die nur vergleichsweise milde in ein Grundrecht eingreifen, wie reinen Berufsausübungsregelungen (Rn.36 zu Art.12), sowie dann, wenn der personale Bezug zurücktritt bzw. der soziale Bezug hoch ist (Rn.31 zu Art.12; Rn.42 zu

87

Art. 14), wie das bei wirtschaftsbezogenen Regelungen häufig der Fall ist (BVerfGE 53, 135/145; 87, 363/383; 94, 315/326; Schulze-Fielitz DR R 178). Jedenfalls in solchen Fällen kann der Gesetzgeber auch *typisieren* (unten Rn. 87 a). Die Kontrolldichte hängt weiter von „Rang und Bedeutung des auf dem Spiele stehenden Grundrechtsguts" und der „Eigenart des betroffenen Sachbereichs" ab (BVerfGE 76, 1/51). Stellt sich später die Beurteilung als unzutreffend heraus, muss die Entscheidung für die Zukunft korrigiert werden (BVerfGE 25, 1/13; 50, 290/335; 57, 139/162; 95, 267/314 f; vgl. auch Rn. 22 zu Art. 1); dabei besteht ein Anpassungszeitraum (BVerfGE 83, 1/21 f; 95, 267/314 f). Der Einschätzungsspielraum des Gesetzgebers entfaltet besondere Bedeutung bei der Frage der Geeignetheit. Liegen die Voraussetzungen eines weiten Spielraums vor, reduziert sich die Prüfung auf die Frage, ob die Regelung offensichtlich oder schlechthin ungeeignet ist (BVerfGE 47, 109/117; 65, 116/126).

87 a   Bei der Beurteilung der Verhältnismäßigkeit einer Rechtsvorschrift ist grundsätzlich auf den „Normalfall" abzustellen. Eine Rechtsvorschrift ist nicht allein deshalb unverhältnismäßig, weil sie in einem **Einzelfall** besonders gravierende Auswirkungen hat; eine besondere und atypische Belastung im Einzelfall ist hinzunehmen (Rn. 22 zu Art. 2; Rn. 32 a zu Art. 12; vgl. auch Rn. 30 f zu Art. 3). Wird allerdings eine **Teilgruppe** typischerweise sehr viel härter betroffen, dann kann der Grundsatz der Verhältnismäßigkeit eine Sonderbehandlung verlangen (zu Art. 12 Abs. 1 BVerfGE 30, 292/327; 68, 155/173; BVerwG, DVBl 01, 743). Dies ist um so eher erforderlich, je größer die Teilgruppe ist, je mehr sie einen eigenständigen Charakter aufweist und je geringer die Gefahr der Grundrechtsbeeinträchtigung ist (vgl. Rn. 31 zu Art. 3). Dieser Konstellation verwandt ist das Erfordernis einer **Übergangsregelung** (dazu oben Rn. 75), das aber auch in der Verhältnismäßigkeit wurzelt (Rn. 32 zu Art. 12).

88   Die **Verwaltung** muss den Grundsatz der Verhältnismäßigkeit eigenständig beachten, sofern ihr ein Ermessens- oder Beurteilungsspielraum eingeräumt ist (BVerfGE 69, 161/169). Prognosen sind, anders als beim Gesetzgeber, idR voll gerichtlich überprüfbar (Degenhart SA 393). Werden der Verwaltung vom Gesetzgeber dagegen bindende Standards vorgegeben, darf und braucht sie diese nicht mit Hilfe des Verhältnismäßigkeitsgrundsatzes zu korrigieren. Hier kann nur das Gesetz selbst an diesem Gebot gemessen werden (Degenhart 401; Schulze-Fielitz DR R 177; Sachs SA 148), wobei dem Gesetzgeber eine weiter gehende Typisierung gestattet ist (oben Rn. 87 a). Der Verwaltung kommt eine Typisierungsbefugnis nur dort zu, wo sie übergreifende Regelungen trifft, etwa in Verwaltungsvorschriften.

VI. Rechtsschutz im Bereich des Privatrechts

1. Justizgewährungsanspruch (Allgemeines)

Das Rechtsstaatsprinzip verlangt einen wirkungsvollen Rechts- **89** schutz in bürgerlich-rechtlichen Streitigkeiten (BVerfGE 80, 103/ 107; 85, 337/345; 97, 169/185; BGHZ 140, 208/217; Schmidt-Aß- mann MD 16 ff zu Art.19 IV; Papier HbStR VI 1222), wie er auch in Art.10 AEMR und Art.6 Abs.1 S.1 EMRK garantiert wird. „Der Justizgewährungsanspruch umfasst das Recht auf Zugang zu den Gerichten und eine grundsätzlich umfassende tatsächliche und rechtliche Prüfung des Streitgegenstandes sowie eine verbindliche Entscheidung durch den Richter" (BVerfGE 85, 337/345). Der Bürger kann jede unzulässige Verkürzung des Rechtsschutzes jeden- falls über Art.2 Abs.1 geltend machen (BVerfGE 69, 381/385; 78, 123/126). Für öffentlich-rechtliche Streitigkeiten enthält Art.19 Abs.4 eine vorrangige Spezialregelung (Rn.23 zu Art.19), weshalb der allg. Justizgewährungsanspruch v. a. gegenüber den Zivil- und Arbeitsgerichten zum Tragen kommt; zu den Strafgerichten unten Rn.94 ff. Für die gesetzliche Bestimmung des Richters enthält Art.101 eine Spezialregelung (BVerfG-K, NJW 88, 1459). Zum Verhältnis zu Art.103 Abs.1 unten Rn.93.

Der Justizgewährungsanspruch bedarf der gesetzlichen **Ausgestal-** **90** **tung** (BVerfGE 85, 337/345 f; 88, 118/123; 93, 99/107; Schulze- Fielitz DR 198), zumal es sich um einen Leistungsanspruch handelt (vgl. Vorb.35 vor Art.1). Daraus können sich im Einzelfall auch Begrenzungen des Rechtsschutzes ergeben. „Solche Einschränkun- gen müssen aber mit den Belangen einer rechtstaatlichen Verfah- rensordnung vereinbar sein und dürfen den einzelnen Rechtsuchen- den nicht unverhältnismäßig belasten" (BVerfGE 88, 118/124).

2. Einzelne Anforderungen

a) Rechtsweg und Fristen. Geboten ist eine ausreichende Klar- **91** heit der Rechtsvorschriften (BVerfGE 57, 9/22; s. auch Rn.45 zu Art.19) wie der Regelung der Rechtsmittel (BVerfGE 49, 148/164). Eine Rechtsverweigerung auf Grund eines negativen Kompetenz- konflikts ist unzulässig (BAGE 44, 246/248). Die Zulässigkeit einer Klage darf nicht aus völlig formalen Gesichtspunkten abgelehnt werden (BVerfG-K, NJW 91, 3140). Es besteht kein Anspruch auf eine zweite Gerichtsinstanz (BVerfGE 54, 277/291; 89, 381/390); werden allerdings weitere Instanzen geschaffen, darf der Zugang nicht unzumutbar erschwert werden (BVerfGE 74, 228/234; vgl. Rn.39 zu Art.19). Zur Rechtskraft oben Rn.77. Zum vorläufigen Rechtsschutz vgl. Rn.42 zu Art.19.

92   **Fristen** können voll ausgenutzt werden (BVerfGE 53, 25/29; 69, 381/385). Bei (zugelassener) Nutzung von Telefax werden Fristen gewahrt, wenn so rechtzeitig mit der Übermittlung begonnen wurde, dass unter normalen Umständen mit einem Abschluss der Übermittlung bis 24.00 Uhr zu rechnen ist (BVerfG-K, NJW 96, 2857 f). Bei der *Wiedereinsetzung in den vorigen Stand* dürfen keine übertriebenen Anforderungen gestellt werden (BVerfGE 79, 372/375 ff; BVerfG-K, NJW 01, 813 f). Ein Wiedereinsetzungsantrag ist gleichzeitig als Einspruch etc. zu werten (BVerfGE 88, 118/127 f). Wiedereinsetzung ist u. a. zu gewähren, wenn die Fristversäumnis auf folgenden Umständen beruht: Ein an ein unzuständiges Gericht gesandter Schriftsatz wurde nicht an das zuständige Gericht weitergeleitet (BVerfGE 93, 99/113 ff), unzutreffende Rechtsmittelbelehrung (BAG, NJW 95, 2509 f), sonstiges Verschulden des Gerichts (BVerfG-K, NJW 95, 711; NJW 98, 2044 f), Verschulden des Büropersonals des Anwalts bei einfachen Tätigkeiten (BVerfG-K, NJW 96, 309). Vgl. außerdem Rn.44 zu Art.19 und Rn.37 zu Art.103.

93   **b) Faires Verfahren, Beweiswürdigung, Kosten.** Das Verfahren vor Gericht muss dem Gebot des effektiven Rechtsschutzes (BVerfGE 88, 118/123) und des fairen Verfahrens (BVerfGE 78, 123/126) gerecht werden. Für das **rechtliche Gehör,** insb. das Recht auf Information, auf Äußerung und auf Berücksichtigung, geht Art.103 Abs.1 als Spezialregelung vor; näher zum Gehalt dieses Rechts Rn.9–28 zu Art.103. Weiter ist unter dem Einfluss des Art.3 Abs.1 das Gebot der Waffengleichheit zu beachten (BVerfGE 52, 131/144, 156 f; 69, 248/254), insb. im kartellrechtlichen Beschwerdeverfahren (BVerfGE 74, 78/95). Schließlich muss der Rechtsstreit in angemessener Zeit entschieden werden (BVerfGE 88, 118/124; 93, 99/107) wie auch Art.6 Abs.1 S.1 EMRK festhält. Ein Verstoß liegt sicherlich vor, wenn nach über $6^1/_2$ Jahren noch keine erstinstanzliche Entscheidung ergangen ist (BVerfG-K, NJW 97, 2812). Besondere Beschleunigung ist in kindschaftsrechtlichen Verfahren geboten (BVerfG-K, NJW 01, 961 f). Die Richtigkeit bestrittener Tatsachen darf nicht ohne hinreichende Begründung bejaht werden (BVerfGE 91, 176/181). Das Gebot des fairen Verfahrens hat auch für die **Beweiswürdigung** Bedeutung (BVerfGE 52, 131/145 ff), des Weiteren bei der Zwangsversteigerung (BVerfGE 51, 150/156). Unzulässig ist es, „durch eine übermäßig schwere Handhabung verfahrensrechtlicher Schranken den Anspruch auf gerichtliche Durchsetzung des materiellen Rechts unzumutbar zu verkürzen" (BVerfGE 84, 366/369 f). Die einem Sachverständigengutachten zugrundeliegenden Tatsachen müssen idR von den Prozessparteien überprüft werden können (BVerfGE 91, 176/182). Die **Gerichtskosten** müssen in einem angemessenen Verhältnis zu dem mit dem Rechtsschutz angestrebten wirtschaftlichen Erfolg stehen (BVerfGE 85, 337/346); zur Prozesskostenhilfe Rn.63 zu Art.3.

VII. Strafrecht, Strafprozessrecht u. ä.

1. Rechtsstaatliches Strafverfahren

a) Allgemeines. Das Rechtsstaatsprinzip gewährleistet im Zu- **94** sammenspiel mit Art.2 Abs.1, Art.2 Abs.2 S.2 und Art.1 Abs.1 dem Beschuldigten das Recht auf ein rechtsstaatliches, **faires Strafverfahren** (BVerfGE 57, 250/274 f; 63, 380/390; 70, 297/308; vgl. auch Art.10 AEMR). „Ihm muss die Möglichkeit gegeben werden, zur Wahrung seiner Rechte auf den Gang und das Ergebnis des Strafverfahrens Einfluss zu nehmen" (BVerfGE 65, 171/174 f; 64, 135/145; 66, 313/318; Starck MKS 120 zu Art.2). Der Beschuldigte muss jederzeit „die Möglichkeit einer geordneten und effektiven Verteidigung" haben (BGHSt 44, 46/49). Zum Teil wird Art.103 Abs.1 als zusätzliche Stütze herangezogen (BVerfGE 41, 246/249; 54, 100/116; 63, 332/337 f). Zum Verhältnis zu Art.103 Abs.1 unten Rn.96, zu Art.103 Abs.2, 3 unten Rn.98.

Der Anspruch des Beschuldigten auf ein faires Verfahren wird **95** wesentlich durch das **Gebot der Wahrheitsfindung** beeinflusst. Notwendig ist eine Verfahrensausgestaltung, die eine „zuverlässige Wahrheitsfindung" gewährleistet (BVerfGE 86, 288/317; 80, 367/378). Eine Verhandlung in Abwesenheit ist nur zulässig, wenn der Angeklagte die Verhandlungsunfähigkeit selbst herbeiführte (BVerfGE 89, 120/129 f). Aussagen eines Zeugen vom Hörensagen (mittelbare Vernehmung) können nur verwandt werden, sofern sie durch andere wichtige Gesichtspunkte bestätigt werden (BVerfG-K, NJW 96, 448 f). Das Gebot der Wahrheitsfindung geht regelmäßig Persönlichkeitsrechten Dritter vor (BVerfGE 63, 45/72 f). Auch andere staatliche Stellen müssen diese Verpflichtung beachten (BVerfGE 57, 250/283; 63, 45/63; BGHSt 29, 109/112 f); zu den Folgen für eine Aussagegenehmigung unten Rn.97. In einem Rehabilitationsverfahren muss eine ausreichende Sachermittlung stattfinden (BVerfGE 101, 275/294 f). Des Weiteren besteht ein verfas-

sungsrechtliches Interesse an der **Aufklärung von Straftaten**
(BVerfGE 47, 239/247 f; 77, 65/76; 80, 367/375; 100, 313/389);
zum Anspruch des Verletzten unten Rn.97. Schließlich verlangt die
Aufrechterhaltung einer *funktionsfähigen Rechtspflege* verschiedene Beschränkungen (BVerfGE 33, 367/383; 47, 239/247 f; 51, 324/343).
Alle diese Anliegen bedürfen jeweils der Abwägung mit den Interessen des Beschuldigten.

96   **b) Verfahrensrechte.** Das Gebot des fairen Verfahrens setzt „einen Mindestbestand an aktiven verfahrensrechtlichen Befugnissen
des Angeklagten voraus" (BVerfGE 57, 250/275); vgl. auch oben
Rn.94. Eine Beschlagnahme sowie eine Verwertung von Verteidi-
gungsunterlagen ist unzulässig (BGHSt 44, 46/47). Für das **rechtliche Gehör,** insb. das Recht auf Information, auf Äußerung und
auf Berücksichtigung, geht Art.103 Abs.1 als Spezialregelung vor;
näher zu diesem Recht Rn.9–39 a zu Art.103. Die Verteidigung darf
nicht durch die unangemessene Anwendung von Beleidigungstat-
beständen behindert werden (BVerfG-K, NJW 00, 3197). Das Gebot
des fairen Verfahrens verlangt **Waffengleichheit** zwischen Staatsanwalt und Beschuldigten (BVerfGE 38, 105/111; 63, 45/61). Des
Weiteren ist die Zuziehung und Auswahl eines **Verteidigers** garantiert (BVerfGE 39, 156/163; 65, 171/174 f; 68, 237/255), rechtlich
wie faktisch (BVerfGE 66, 313/319 ff). Dies gilt auch bei einer
Zeugenvernehmung, es sei denn der Ausschluss des Rechtsbeistands
ist für eine funktionsfähige Rechtspflege erforderlich (BVerfGE 38,
105/112 ff). In schwerwiegenden Fällen hat der Beschuldigte, der die
Kosten eines Wahlverteidigers nicht aufzubringen vermag, Anspruch
auf einen Pflichtverteidiger (BVerfGE 39, 328/243; 65, 171/174 ff;
68, 237/255 f). Dies gilt auch für Entscheidungen über die Anordnung bzw. Fortdauer der Unterbringung in einem psychiatrischen
Krankenhaus (BVerfGE 70, 297/322 f). Ist der Angeklagte der deutschen **Sprache** nicht mächtig, muss dafür gesorgt werden, dass er die
wesentlichen Verfahrensvorgänge versteht und sich im Verfahren
verständlich machen kann (BVerfGE 64, 135/145); eine Übersetzung
des Urteils ist unnötig, wenn er von einem Anwalt vertreten wird
(BVerfGE 64, 135/136). Unterlagen, die vom Betroffenen zur Verteidigung erstellt wurden, dürfen nicht beschlagnahmt werden
(BGHSt 44, 46/47 ff). Zur Selbstbezichtigung Rn.34, 49 zu Art.2.

97   **c) Sonstiges.** Aus dem Rechtsstaatsprinzip ergibt sich die Verpflichtung, das **Verfahren zügig durchzuführen** (BVerfGE 63,
45/70; BVerfG-K, NJW 92, 2472; vgl. Rn.46 zu Art.19), es in einer
angemessenen Zeit abzuschließen (Schulze-Fielitz DR R 205; vgl.

Art.6 Abs.1 S.1 EMRK). Wird dagegen verstoßen, ist eine Strafmilderung unter ausdrücklichem Hinweis auf die Verletzung des Beschleunigungsgebots geboten (BVerfG-K, NJW 93, 3255). Besondere Bedeutung hat dieses Erfordernis, wenn der Beschuldigte in Haft ist (Rn.95 zu Art.2). Bei der Entscheidung über eine **Aussagegenehmigung** ist das Gebot der Wahrheitsfindung (oben Rn.95) zu beachten (BVerwGE 66, 39/43; vgl. Rn.47 zu Art.19). Die Verweigerung der Genehmigung ist unzulässig, es sei denn, das Recht auf Verteidigung wird nur am Rande betroffen (BGH, NJW 89, 1229). **Absprachen** sind begrenzt möglich (BGHSt 43, 195/203 ff). Die Nichteinhaltung einer Zusage, eine bestimmte Straftat nicht zu verfolgen, muss zu einer Strafmilderung führen (BGH, NJW 90, 1924; vgl. BVerfG-K, NJW 87, 2663). Das **Wiederaufnahmeverfahren** darf nicht zu restriktiv gehandhabt werden (BVerfG-K, NJW 95, 2024). Bei einer Aufhebung eines Urteils besteht ein Anspruch auf eine Haftentschädigung (vgl. Art.3 ZP 7 zur EMRK). Ein Recht auf eine **weitere** gerichtliche **Instanz** soll nicht bestehen (BVerfGE 49, 329/342; anders Art.2 ZP 7 EMRK). Der Verletzte hat keinen **Anspruch auf Aufklärung** von Straftaten (BVerfGE 51, 176/187); doch dürfen ihm aus einer (nicht leichtfertigen) Strafanzeige keine Nachteile erwachsen (BVerfGE 74, 257/262).

2. Strafe, Schuldprinzip, Unschuldsvermutung

Das Erfordernis der **gesetzlichen Grundlage der Strafe** wird in **98** Art.103 Abs.2 abschließend geregelt (Rn.40 zu Art.103); zu den einzelnen Anforderungen Rn.41–55 zu Art.103. Das Verbot der **Doppelbestrafung** ist in Art.103 Abs.3 geregelt; dazu Rn.56–66 zu Art.103. Diese Vorschrift erfasst jedoch nicht die Verhängung einer Disziplinarstrafe neben einer Kriminalstrafe (Rn.59 zu Art.103). Insoweit kann das Rechtsstaatsprinzip eine gewisse Anrechnung notwendig machen (BVerfGE 21, 378/388 ff; 27, 180/187; 28, 264/277 f; Schulze-Fielitz DR R 182; s. auch Rn.93 zu Art.2). Zur **Art der Strafe** Rn.7 zu Art.1 und Rn.93 zu Art.2. Bei der Wahl zwischen straf- oder ordnungswidrigkeitsrechtlichen Sanktionen hat der Gesetzgeber einen breiten Spielraum (BVerfGE 80, 182/185 f; 90, 145/173, 178 ff).

Aus dem Zusammenspiel von Art.1, Art.2 Abs.1 und dem **99** Rechtsstaatsprinzip (etwa BVerfGE 86, 288/313) folgert das BVerfG eine Verankerung des **Schuldprinzips:** Jede Strafe, nicht nur die Strafe für kriminelles Unrecht, sondern auch die strafähnliche Sanktion für sonstiges Unrecht, setzt Schuld voraus (BVerfGE 57,

250/275; 58, 159/163; 80, 244/255; 95, 96/140). Dies gilt auch für die Geldstrafe (BVerfGE 20, 323/333) sowie im Bereich des § 890 Abs.1 ZPO (BVerfGE 20, 323/333), nicht jedoch für Folgen, mit denen kein Strafzweck verfolgt wird (BVerfGE 91, 1/27). Die Strafe muss in einem gerechten Verhältnis zur Schwere der Tat und zum Verschulden des Täters stehen (BVerfGE 50, 5/12; 73, 206/253 f; 86, 288/313; 96, 245/249). Dazu müssen alle Umstände anhand konkreter Tatsachen ermittelt werden (BVerfG-K, NJW 94, 1339). Strafen und Verwaltungsmaßnahmen mit generalpräventivem Charakter sind sorgfältig am Grundsatz der *Verhältnismäßigkeit* zu messen (BVerfGE 50, 166/176; 92, 277/326 ff). Verstößt eine Freiheitsstrafe dagegen, ist Art.2 Abs.2 S.2 verletzt (dazu Rn.92 zu Art.2). Zur Bestrafung wegen eines Verstoßes gegen eine rechtswidrige Anordnung vgl. Rn.27 zu Art.2.

100   Im Rechtsstaatsprinzip ist die **Vermutung der Schuldlosigkeit** verankert (BVerfGE 19, 342/347; 38, 105/115; 82, 106/114), die auch in Art.11 Abs.1 AEMR und Art.6 Abs.2 EMRK gewährleistet wird. Sie verbietet „zum einen, im konkreten Strafverfahren ohne gesetzlichen, prozeßordnungsgemäßen – nicht notwendigerweise rechtskräftigen – Schuldnachweis, Maßnahmen gegen den Beschuldigten zu verhängen, die in ihrer Wirkung einer Strafe gleichkommen und ihn verfahrensbezogen als schuldig zu behandeln; zum anderen verlangt sie den *rechtskräftigen* Nachweis der Schuld, bevor dem Verurteilten diese im Rechtsverkehr allgemein vorgehalten werden darf" (BVerfGE 74, 358/371). Dies gilt auch für die Kostenentscheidung (BVerfGE 74, 358/379) und die Erstattung von Auslagen (BVerfG-K, NJW 92, 1612 f) sowie in Disziplinarverfahren (BVerwGE 111, 43/44 f). Ohne Abschluss der Hauptverhandlung ist aber eine verfahrensbezogene Beurteilung von Verdachtslagen möglich (BVerfGE 82, 106/115; anders BVerfG-K, NJW 92, 1611). Wegen der Unschuldsvermutung ist dem Untersuchungsgefangenen weitestgehend Freiheit einzuräumen (vgl. Rn.83 zu Art.2). Die Bekanntgabe des Namens des Beschuldigten in einem Ermittlungsverfahren ist regelmäßig unzulässig (BGH, NJW 94, 1952). Die Vermutung endet mit der Rechtskraft der Verurteilung (BAG, NJW 00, 1133).

3. Ordnungswidrigkeitenverfahren und Disziplinarverfahren

101   Das Recht auf ein faires rechtsstaatliches Verfahren gilt auch für das Verfahren nach dem Ordnungswidrigkeitengesetz (BVerfG-K, NJW 92, 2472) sowie für ein förmliches Disziplinarverfahren (vgl.

BVerfGE 38, 105/111). Was die Einzelheiten angeht, gelten die Ausführungen zum Strafprozess (oben Rn.94–97) entsprechend. Insb. kann eine unsachgemäße Verzögerung eine Reduzierung des Bußgeldes verlangen (BVerfG-K, NJW 92, 2473). Dauert ein Disziplinarverfahren unverhältnismäßig lange, kann eine Gehaltskürzung unzulässig werden (BVerfGE 46, 17/29 f; BVerfG-K, NVwZ 1994, 574 f). Das Schuldprinzip gilt auch bei Disziplinarmaßnahmen (BVerfGE 98, 169/198). Zur Wahl zwischen straf- und ordnungswidrigkeitsrechtlichen Sanktionen oben Rn.98.

E. Sozialstaatsprinzip

1. Bedeutung und Abgrenzung zu anderen Vorschriften

Das Sozialstaatsprinzip ist ein Grundprinzip des GG (Herzog MD **102** VIII 1), auch wenn es im Text nur am Rande auftaucht: Im Adjektiv „sozial" in Art.20 Abs.1 bzw. in Art.28 Abs.1. Das Sozialstaatsprinzip ist unmittelbar geltendes Recht (Herzog MD VIII 6; Kittner AK 47; vgl. BVerfGE 6, 32/41). Es hat bislang im Vergleich zum Rechtsstaatsprinzip nur geringe rechtliche Kraft entfaltet. Konkretisierende Teilprinzipien wurden kaum entwickelt. Art.33 Abs.5 enthält eine spezielle Konkretisierung (Rn.33 zu Art.33), ebenso Art.3 Abs.3 S.2, Art.6 Abs.4 (Rn.43 zu Art.6) und Art.6 Abs.5 (Rn.48 zu Art.6). Zur Eigenart des freiheitlichen Sozialstaats unten Rn.110. Bei der Auslegung des Sozialstaatsprinzips sind zudem die Art.136 ff EGV zu berücksichtigen. Gleiches gilt kraft völkerrechtsfreundlicher Auslegung (dazu Rn.4 zu Art.25) für die Europäische Sozialcharta (Sommermann MKS 130; vgl. BVerfGE 88, 103/112).

Wegen seiner hohen Unbestimmtheit bedarf das Sozialstaatsprinzip **103** in besonderem Maße der **Konkretisierung** (BVerfGE 65, 182/193; 71, 66/80), v. a. durch den Gesetzgeber (dazu unten Rn.114), aber auch durch die vollziehende Gewalt und die Rspr. (dazu unten Rn.115). **Subjektive Rechte** ergeben sich aus dem Sozialstaatsprinzip (allein) regelmäßig nicht (BVerfGE 27, 253/283; 82, 60/80; Badura D 35; Herzog MD VIII 28, 49 ff). Es besteht kein Anspruch auf bestimmte soziale Regelungen (BSG, SGb 84, 430). Anders kann dies allerdings aussehen, sobald der Sozialstaatsgrundsatz mit den Grundrechten zusammen zum Tragen kommt (unten Rn.113).

2. Gehalte und Begünstigte des sozialstaatlichen Auftrags

a) Soziale Leistungen. Ein wesentliches Element des Sozial- **104** staatsprinzips ist die **Fürsorge für Hilfsbedürftige**, d. h. für Personen, „die aufgrund ihrer persönlichen Lebensumstände oder gesellschaftlichen Benachteiligungen an ihrer persönlichen oder sozialen Entfaltung gehindert sind" (BVerfGE 100, 271/284; 43, 13/19; 45, 376/387). Der Grund kann in einer finanziellen Notlage, in „körperlichen und geistigen Gebrechen" (BVerfGE 44, 353/375), in einer Schwerbehinderung (BSGE 84, 253/256 f) oder in „persönlicher Schwäche oder Schuld, Unfähigkeit oder gesellschaftlicher Benachteiligung" (BVerfGE 35, 202/235 f) oder in einem anderen Umstand (etwa BVerfGE 43, 213/226 f) liegen. Die Hilfe muss die „Mindestvoraussetzungen eines menschenwürdigen Daseins" sicherstellen (BVerfGE 40, 121/133; 82, 60/80).

105   Über den Schutz sozial besonders Schwacher hinaus enthält das Sozialstaatsprinzip den Auftrag zur Schaffung **sozialer Sicherungssysteme** gegen die Wechselfälle des Lebens (BVerfGE 28, 324/348 ff; 45, 376/387; 68, 193/209); ähnlich Art.22 AEMR. Behinderte sollen wieder eingegliedert werden (BVerfGE 40, 121/133; vgl. Rn.131 zu Art.3). Im Sozialstaatsprinzip fundiert sind daher die Rentenversicherung, einschl. der Hinterbliebenenversorgung (BVerfGE 28, 324/348 ff), weiter die Unfallversicherung (BVerfGE 45, 376/387) und die Krankenversicherung (BVerfGE 68, 193/209). Wegen des aus dem Sozialstaatsprinzip fließenden Solidarprinzips können sozial Schwache begünstigt werden (BGHZ 126, 16/33). Der Bürger darf aber nicht durch Zwang davon abgehalten werden, Risiken einzugehen, solange das Risiko „nicht zu einer schwerwiegenden Selbstgefährdung führt oder zu Lasten anderer oder der Allgemeinheit geht" (BVerfGE 59, 172/213). Auch ergibt sich aus dem GG keine Garantie bestehender Versicherungssysteme (BVerfGE 77, 340/344; vgl. unten Rn.114).

106   Weiter verlangt das Sozialstaatsprinzip, dass zur **Wiedergutmachung** oder zum **Ausgleich** von Schäden „die staatliche Gemeinschaft in der Regel Lasten mitträgt, die aus einem von der Gesamtheit zu tragenden Schicksal entstanden sind und mehr oder weniger zufällig nur einzelne Bürger oder bestimmte Gruppen von ihnen getroffen haben" (BVerfGE 102, 254/298; 41, 193/200; BSGE 54, 206/212). Leistungsansprüche ergeben sich aber erst aus einer gesetzlichen Regelung (BVerfGE 27, 253/270, 283; 41, 126/153 f; 84, 90/125; 102, 254/298). Vgl. auch Rn.58 zu Art.3 sowie Rn.8 zu Art.143.

107   **b) Chancengleichheit.** Im Zusammenspiel mit den Freiheitsrechten ergibt sich aus dem Sozialstaatsprinzip das Ziel der Chancengleichheit (Starck MKS 33 ff zu Art.3; Sommermann MKS 105;

Herzog MD VIII 40; unten Rn.110). Damit ist nicht die bereits in Art.3 verankerte (rechtliche) Gleichbehandlung gemeint, sondern die Angleichung der tatsächlichen Voraussetzungen zum Erwerb materieller und immaterieller Güter (Stein AK 71 zu Art.3), und damit der faktischen Vorbedingungen, die zur Nutzung der Freiheitsrechte notwendig sind (BVerfGE 33, 303/331; Kittner AK 60). Der Einzelne soll „in den Genuss der für seine Würde und die freie Entfaltung seiner Persönlichkeit unentbehrlichen wirtschaftlichen, sozialen und kulturellen Rechte ... gelangen" (Art.22 AEMR). Die Angleichung kann durch materielle Leistung, durch Organisation und durch Verfahren erfolgen (Starck MKS 35 zu Art.3). Ein entsprechender objektivrechtlicher Auftrag ist v. a. im Bereich der Berufsfreiheit bedeutsam, etwa zur Schaffung von *Arbeitsplätzen* (Rn.17 zu Art.12). Des Weiteren enthält das Sozialstaatsprinzip einen objektiven Auftrag, die *Möglichkeit der Bildung* sicherzustellen (Kittner AK 66 f), wie dies auch in Art.20 AEMR verankert ist; zu subjektivrechtlichen Gehalten Rn.14 zu Art.2 und Rn.70 zu Art.12. Des Weiteren ergibt sich ein Auftrag an den Staat, für ausreichenden *Wohnraum* zu sorgen (vgl. auch Rn.8 zu Art.13).

c) Gerechte Sozialordnung. Darüber hinaus ergibt sich aus **108** dem Sozialstaatsprinzip ganz generell und prinzipiell ein Auftrag an den Gesetzgeber, „für einen Ausgleich der sozialen Gegensätze zu sorgen" (BVerfGE 100, 271/284; 22, 180/204), für eine „gerechte Sozialordnung" (BVerfGE 69, 272/314; 94, 241/263), wie das etwa im Arbeitsrecht oder im Mietrecht zum Tragen kommt. Dementsprechend rechtfertigt das Sozialstaatsprinzip den Schutz der Arbeitnehmer durch Betriebsräte und Personalvertretungen, ohne aber eine Gleichheit des Schutzes durch die beiden Formen der Arbeitnehmervertretung zu verlangen (GemSOGB, NJW 87, 2573), weiter die Bekämpfung der Arbeitslosigkeit, insb. durch Mitfinanzierung von Lohnkosten (BVerfGE 100, 271/284). Darüber hinaus ermächtigt dieses Ziel auch zu einer begrenzten Umverteilung. Dagegen folgt aus dem Sozialstaatsprinzip keine Pflicht „zur Korrektur jeglicher hart oder unbillig erscheinender Einzelregelungen" (unten Rn.115).

d) Begünstigte des Sozialstaatsprinzips sind natürliche, nicht ju- **109** ristische Personen (BVerfGE 35, 348/355 f; Kittner AK 50). Ausländer sind geschützt, sofern sie in der Bundesrepublik leben (BVerfGE 51, 1/27 f; BSGE 84, 253/257; Gröschner DR 34; Kittner AK 85); vgl. Rn.33 zu Art.1. Bei im Ausland wohnenden Deutschen ist die soziale Schutzpflicht geringer als bei Inländern (BSGE 73, 293/300 f).

3. Einfluss auf und Begrenzung durch sonstiges Verfassungsrecht

110   **a) Allgemeines.** Das Sozialstaatsprinzip ist zum einen bei der Konkretisierung und Anwendung anderer Verfassungsnormen zu berücksichtigen (BVerfGE 1, 97/105; Kittner AK 53), insb. im Bereich der Grundrechte (dazu unten Rn.111–113). Andererseits wird die Anwendung des Sozialstaatsprinzips seinerseits durch die sonstigen Verfassungsnormen beeinflusst. Die prinzipielle Entscheidung des GG für die Freiheit und Würde der Einzelperson macht ein sozialstaatliches Konzept unzulässig, das zu einem zentral gesteuerten Versorgungsstaat führt, in dem selbstverantwortliche Freiheit erstickt (Herzog MD VIII 46 f; Gröschner DR S. 4, 15). Der Selbsthilfe kommt der Vorrang zu (BVerfGE 17, 38/56; Gröschner DR S. 17). Der **freiheitliche Sozialstaat** (Herzog MD VIII 34) zielt darauf, für jedermann die tatsächlichen Voraussetzungen der Freiheit zu schaffen und auszubauen (Kittner AK 42; Gröschner DR 20; Benda HbVerfR 537). Die Sozialstaatsklausel statuiert den Übergang vom liberalen zum sozialen Rechtsstaat (Stein 170 f). Nicht mehr nur formale, rechtliche Freiheit, sondern reale, in der sozialen Wirklichkeit vorhandene Freiheit wird von der Verfassung bezweckt (Hesse 214; Jarass, Wirtschaftsverwaltungsrecht, 3. Aufl. 1997, § 3 Rn.66 f), neben der rechtlichen die faktische *Chancengleichheit* (oben Rn.107). Dagegen wird das Sozialstaatsprinzip nicht durch das der Marktwirtschaft begrenzt (Kittner AK 72; a. A. wohl Stern I 905), da dieses kein Verfassungsprinzip darstellt (BVerfGE 4, 7/17 f; 50, 290/338; Jarass, § 4 Rn.5 ff; a. A. Herzog MD VIII 60 f).

111   **b) Beschränkung von Grundrechten.** Das Sozialstaatsprinzip kann die Beschränkung von Grundrechten **legitimieren;** Grundrechtsbeschränkungen sind in größerem Umfang möglich (Kittner AK 56; Rüfner, SGb 84, 149). Dies kann zum einen im Rahmen von Gesetzesvorbehalten zum Tragen kommen (Herzog MD VIII 43). Darüber hinaus kann das Sozialstaatsprinzip den Grundrechten als kollidierendes Verfassungsrecht Grenzen setzen (Kittner AK 56; Herzog MD VIII 45; vgl. Vorb.46 vor Art.1); dafür ist aber eine gesetzgeberische Entscheidung notwendig (BVerfGE 52, 283/298; 59, 231/262 f; 65, 182/193; Gröschner DR S. 31; Vorb.48 vor Art.1), soweit es um (unmittelbare) Eingriffe geht (Stern I 924). Im Bereich der Gleichheitsgrundrechte kann das Sozialstaatsprinzip Ungleichbehandlungen rechtfertigen (Rn.22 zu Art.3). In materieller Hinsicht ist ein Ausgleich zwischen dem betreffenden Grundrecht und dem Sozialstaatsprinzip notwendig (BVerwGE 62, 55/61 f), für

den der Gesetzgeber einen weiten Spielraum besitzt (BVerfGE 39, 302/314 f; 52, 264/274). Dabei ist zu beachten, dass die Selbsthilfe grundsätzlich Vorrang vor der Zwangshilfe und Zwangsversicherung hat (BVerfGE 17, 38/56; 18, 257/267; vorsichtig Kittner AK 81 ff). Zum Einfluss auf den gleichen Zugang zu öffentlichen Ämtern Rn.16 zu Art.33.

c) Materielle Gleichheit. Der Gleichheitssatz wird durch das **112** Sozialstaatsprinzip angereichert (Rn.22 zu Art.3), mit der Folge, dass dieses Grundrecht keine bloße formale Gleichheit garantiert (Kittner AK 57; Stern I 929 f). Die soziale Lage der Betroffenen kann mitberücksichtigt werden, etwa im Steuer- und Abgabenrecht (BVerfGE 13, 331/347; 29, 402/412), bei der Vergabe staatlicher Leistungen (BVerfGE 13, 248/259) oder zugunsten von Beziehern niedriger Versorgungsbezüge (BVerfGE 14, 30/33). Die Zivilrechtsordnung muss Korrekturen für typisierbare vertragliche Fallgestaltungen ermöglichen, die eine strukturelle Unterlegenheit des einen Vertragsteils erkennen lassen, wenn die Folgen des Vertrags für diesen ungewöhnlich belastend sind (BGHZ 140, 395/397).

d) Grundrechtliche Leistungsrechte. Auch unter dem Einfluss **113** des Sozialstaatsprinzips lassen sich den Grundrechten meist keine Leistungsrechte entnehmen (BVerfGE 82, 60/80; Herzog MD VIII 49 ff; Kittner AK 63). Doch sind Ausnahmen möglich: So besteht ein Anspruch auf „die Mindestvoraussetzungen für ein menschenwürdiges Dasein" (BVerfGE 82, 60/80), auf das *Existenzminimum* (BVerwGE 82, 364/368; BSG, NJW 87, 463; vgl. Rn.69 zu Art.2). Zum Existenzminimum Rn.48 zu Art.3. Der Nasciturus muss in die gesetzliche Unfallversicherung einbezogen werden (BVerfGE 45, 376/387 ff; einschr. E 75, 348/359 f). Zur Prozesskostenhilfe Rn.63 zu Art.3; zur Resozialisierung Rn.53 zu Art.2.

4. Adressaten des Sozialstaatsprinzips

a) Gesetzgeber. Die Konkretisierung des Sozialstaatsprinzips ist **114** v. a. dem Gesetzgeber als bindende Aufgabe übertragen (BVerfGE 51, 115/125; 59, 231/262 f; 65, 182/193; 71, 66/80; BGHZ 108, 305/310; Kittner AK 54; Stern I 915), jedenfalls dort, wo sie zu erheblichen finanziellen Belastungen der öffentlichen Hände führt BVerwGE 66, 29/32; vgl. Herzog MD VIII 23) und daher mit der gesetzgeberischen Haushaltsbefugnis verknüpft werden muss. Dem Gesetzgeber steht dabei ein weiter Gestaltungsspielraum zu (BVerfGE 70, 278/288; 97, 169/185; 98, 169/204). Konkrete Pflichten für den Gesetzgeber lassen sich aus dem Sozialstaatsprinzip (allein) regelmäßig nicht ableiten (Kittner AK 55; vgl. BVerfGE 52, 283/298; 82, 60/80). Dies hat besondere Bedeutung, soweit das Sozialstaatsprinzip den Gesetzgeber zu neuen Leistungen verpflichtet. Aber auch der Abbau von Sozialleistungen ist möglich (Sommermann MKS 116; vgl. BSG, NJW 87, 463; oben Rn.105; a. A. Kittner AK 79); allerdings kann insoweit der Bestandsschutz des Art.14 oder der rechtsstaatliche Vertrauensschutz Grenzen setzen (vgl. Degenhart 430).

115   **b) Vollziehende Gewalt und Rechtsprechung.** Der Verwaltung und den Gerichten ist die Konkretisierung des Sozialstaatsprinzips weniger zugänglich (BVerfGE 65, 182/193), eine direkte Anwendung durch sie aber keineswegs ausgeschlossen. Dies gilt für die Auslegung sonstiger Verfassungsnormen (oben Rn.110–113) wie im Bereich des einfachen Rechts. Verwaltung und Rspr. haben das Sozialstaatsprinzip im Rahmen der verfassungskonformen Auslegung und Anwendung des einfachen Rechts zu berücksichtigen (BVerfGE 1, 97/105; Schnapp MüK 20; Kittner AK 58; Stern I 916). Dies führt etwa dazu, dass Sozialhilfevorschriften subjektive Rechte vermitteln (BVerwGE 1, 159/161; s. auch E 27, 360/364). Auch im Rahmen von Ermessenstatbeständen ist das Sozialstaatsprinzip zu berücksichtigen (BVerwGE 56, 254/260). Im Einzelfall kann sich eine Ermessensreduzierung auf Null ergeben, etwa bei der Einreise einer ausländischen Großmutter (BVerwGE 42, 148/157 ff; einschr. BVerwG, DVBl 83, 461 f; vgl. auch Rn.29 zu Art.6). Andererseits ist es nicht Aufgabe des Sozialstaatsprinzips, Härten und Unbilligkeiten im Einzelfall zu modifizieren (BVerfGE 59, 287/301; 67, 231/239; 69, 272/315; BSGE 60, 189/193); das Prinzip wird erst tangiert, „wenn der soziale Schutz einer ins Gewicht fallenden Zahl von Personen vernachläßigt wird" (BVerwGE 68, 80/84). Schließlich strahlt das Sozialstaatsprinzip auf das Privatrecht aus (Kittner AK 59; vgl. BVerfGE 49, 220/226) und kann die Korrektur völlig ungleichgewichtiger Verträge erzwingen (BVerfGE 89, 214/232; BAGE 76, 155/167; vgl. Rn.16 zu Art.2).

F. Widerstandsrecht (Abs.4)

116   Der durch die Notstandsgesetze (Einl.3 Nr.17) eingefügte Abs.4 enthält ein Widerstandsrecht, das objektiv durch seine Symbolfunktion geprägt ist (Gröschner DR IV 8) und ein grundrechtsgleiches Recht darstellt (Stern II 1511; vgl. dazu Vorb.1 vor Art.1 und Rn.72

zu Art.93). Es steht allen Deutschen iSd Art.116 (dazu Rn.1 zu Art.116) zu (Herzog MD IX 45; Sachs SA 116; a. A. Stern II 1515), nicht dagegen den Inhabern öffentlicher Ämter in dieser Eigenschaft (Gröschner DR IV 14; Sommermann MKS 332). Voraussetzung ist, dass ein staatliches Organ oder ein Privater (Gröschner DR IV 10) es unternimmt, die in Abs.1–3 verankerte Ordnung des GG zu beseitigen, soweit diese Ordnung gem. Art.79 Abs.3 unabänderlich ist (Schnapp MüK 50; Stern II 1512; Dolzer HbStR VII 467). Eine „Beseitigung" liegt bei kurzfristigen oder vereinzelten Verletzungen der Prinzipien des Art.20 Abs.1–3 nicht vor; Abs.4 gewährt daher kein Widerstandsrecht gegen einzelne, Art.20 verletzende Maßnahmen staatlicher Organe (vgl. Dolzer HbStR VII 468; Herzog MD IX 24). Von einem „Unternehmen" ist bereits beim Versuch, nicht jedoch bei einer Vorbereitungshandlung zu sprechen (Herzog MD IX 26; Gröschner DR IV 12). Unklar ist, ob die Voraussetzungen offenkundig vorliegen müssen (dafür Herzog MD IX 27; dagegen Gröschner DR IV 12).

Liegen die beschriebenen Voraussetzungen objektiv vor, sind belie- **117** bige Formen des Widerstands möglich, auch wenn sie dem geltenden Recht nicht entsprechen (Herzog MD IX 56). Insb. kann das Recht individuell oder kollektiv ausgeübt werden (Sommermann MKS 334). Allerdings darf keine andere Abhilfe objektiv möglich sein: Der Widerstandsleistende muss mildere Mittel einsetzen, sofern sie ausreichend wirksam sind (Dolzer HbStR VII 475 f; Stern II 1521).

Art.20 a [Schutz natürlicher Lebensgrundlagen]

Der Staat schützt auch in Verantwortung für die künftigen Generationen[4] die natürlichen Lebensgrundlagen[2] im Rahmen der verfassungsmäßigen Ordnung[9] durch die Gesetzgebung[12] und nach Maßgabe von Gesetz und Recht durch die vollziehende Gewalt und die Rechtsprechung.[13 ff]

Übersicht

Literatur: *Murswiek,* Umweltrecht und Grundgesetz, Verw 2000, 241; *Westphal,* Art. 20 a GG – Staatsziel „Umweltschutz", JuS 2000, 339; *Söhnlein,* Landnutzung im Umweltstaat des Grundgesetzes, 1999; *Brönneke,* Umweltverfassungsrecht, 1999; *Steiger,* Verfassungsrechtliche Grundlagen, in: Arbeitskreis für Umweltrecht (Hg.), Grundzüge des Umweltrechts, 2. Aufl., Stand 1997, 02; *Ekardt,* Praktische Probleme des Art. 20 a GG in Verwaltung, Rechtsprechung und Gesetzgebung, SächsVBl 1998, 49; *Wolf,* Gehalt und Perspektiven zu Art. 20 a GG, KritV 1997, 280; *Schink,* Umweltschutz als Staatsziel, DÖV 1997, 221; *Bernsdorff,* Positivierung des Umweltschutzes im GG, NuR 1997, 328; *Wolf,* Gehalt und Perspektiven des Art. 20 a GG, KritV 1997, 280; *Uhle,* Das Staatsziel Umweltschutz und das Sozialstaatsprinzip im verfassungsrechtlichen Vergleich, JuS 1996, 96; *Tsai,* Die verfassungsrechtliche Umweltschutzpflicht des Staates, 1996; *Kloepfer,* Umweltschutz als Verfassungsrecht: Zum neuen Artikel 20 a GG, DVBl 1996, 73; *Waechter,* Umweltschutz als Staatsziel, NuR 1996, 321; *Uhle,* Das Staatsziel „Umweltschutz" und das Sozialstaatsprinzip im verfassungsrechtlichen Vergleich, JuS 1996, 96; *Henneke,* Der Schutz der natürlichen Lebensgrundlagen in Art. 20 a GG, NuR 1995, 325 ff.

1. Bedeutung und Abgrenzung

1 Die Verpflichtung des Art. 20 a zum Schutz der natürlichen Lebensgrundlagen, die in Art. 150 WRV einen gewissen Vorgänger hatte, enthält eine bindende verfassungsrechtliche Zielsetzung (BT-Drs. 12/6000, 47) und damit unmittelbar geltendes Recht. Allerdings ist die Gewährleistung als Rechts*prinzip* ausgestaltet (Schulze-Fielitz DR 23), ähnlich wie das Sozialstaatsprinzip (vgl. Rn. 102 f zu Art. 20). Man kann daher vom „Umweltschutzprinzip" oder „Umweltstaatsprinzip" sprechen (Schulze-Fielitz DR 20). Es enthält eine verfassungsrechtliche Wertentscheidung zugunsten des Umweltschutzes (Scholz MD 18), die bei der Auslegung des einfachen Rechts zu beachten ist (Schulze-Fielitz DR 22). Zum Verhältnis zu anderen Verfassungsnormen unten Rn. 9–11. Wegen seiner Unbestimmtheit bedarf es der Konkretisierung durch den Gesetzgeber (unten Rn. 12) sowie durch die vollziehende Gewalt und die Rspr. (unten Rn. 13–15). Art. 20 a gilt für alle Bereiche, nicht nur für die Umweltpolitik (Epiney MKS 77). Bei der Auslegung von Art. 20 a sind die Gehalte des Art. 174 EGV zu beachten, um Widersprüche mit dem EG-Recht zu vermeiden (vgl. Murswiek SA 55 a). **Subjektive Rechte** ergeben sich aus Art. 20 a nicht (BVerwG, NVwZ 98, 399; 98, 1081; Epiney MKS 38); insb. enthält die Vorschrift kein Grund-

recht (BT-Drs.12/6000, 67; Scholz MD 33; Schulze-Fielitz DR 68).
Art.20 a kann allerdings Grundrechte anreichern (unten Rn.11).

2. Sachliche Gehalte

a) Mit **natürlichen Lebensgrundlagen** ist die gesamte natürli- 2
che Umwelt des Menschen gemeint, auch wenn sie von ihm erheblich verändert wurde (Scholz MD 36; Schulze-Fielitz DR 28).
Erfasst werden die Umweltmedien Luft, Wasser und Boden sowie
(in der Umwelt befindliche) Pflanzen, Tiere und Mikroorganismen
in ihren Lebensräumen (Ekardt, SächsVBl 98, 51; Kloepfer BK 50;
Murswiek, NVwZ 96, 225); dazu kommen die Beziehungen zwischen diesen Elementen (Schulze-Fielitz DR 28). Auch das Landschaftsbild wird erfasst (BVerwG, NJW 95, 2649; Scholz MD 36).
Umstritten ist, ob nur die natürlichen Lebensgrundlagen geschützt
werden, die (im weitesten Sinne) den *Bedürfnissen des Menschen*
dienen (für eine solche Anthropozentrik Scholz MD 39 f; Kloepfer
BK 53; dagegen Murswiek SA 22; Seifert/Hömig 1); die praktische
Bedeutung der Frage ist aber eher gering (Schulze-Fielitz DR 27).

Der Auftrag des Art.20 a bezieht sich nicht auf die **vom Men-** 3
schen geschaffene gegenständliche bzw. künstliche **Umwelt,** wie
etwa Wohngebäude (vgl. Scholz MD 36), obgleich Umweltschutz-
maßnahmen auch solchen Gegenständen zugute kommen können.
Nicht erfasst wird auch die *soziale Umwelt* des Menschen (Kloepfer
BK 52), etwa gesellschaftliche oder kulturelle Einrichtungen. Der
Tierschutz wird nur hinsichtlich der wild lebenden Tiere erfasst
(Murswiek SA 31), weshalb Tierversuche regelmäßig ausgeklammert
bleiben (BVerwGE 105, 73/81).

b) Schutz. Die Verpflichtung des Art.20 a zum Schutz der natür- 4
lichen Lebensgrundlagen verpflichtet den Staat zunächst dazu, (eigene) Eingriffe in die Umwelt zu unterlassen (Kloepfer, DVBl 96, 77;
Epiney MKS 57). Private Aktivitäten zugunsten des Umweltschutzes,
insb. von Umweltschutz-Organisationen, muss er freundlich behandeln. Darüber hinaus hat er Maßnahmen zur Erhaltung und Wiederherstellung der natürlichen Umwelt zu ergreifen (Schutzpflicht im
eigentlichen Sinn). Insb. hat er den Umwelteingriffen von Privatpersonen entgegenzutreten (Schulze-Fielitz DR 48); er darf solche Eingriffe nicht fördern (Murswiek, NVwZ 96, 225). Die Verpflichtung
des Art.20 a erfasst auch die „Verantwortung für die künftigen Generationen", schützt also die Umwelt **in der Zukunft.** Verlangt wird
die Einbeziehung von Langzeitrisiken, insb. durch die Teilprinzipien
der Vorsorge und der Nachhaltigkeit (dazu unten Rn.5, 7).

5   **c) Teilprinzipien. aa)** Die Verpflichtung des Art. 20 a erfährt in
verschiedenen Teilprinzipien eine Konkretisierung: Art. 20 a zielt
zunächst nicht nur auf die Abwehr konkreter Gefahren für die
Umwelt, sondern auch auf die **Vorsorge** (Epiney MKS 73; Bernsdorff, NuR 97, 332; Kloepfer BK 55; vgl. Art. 174 Abs. 2 UAbs. 1 S. 2
EV); zum Begriff der Vorsorge Jarass, BImSchG, 4. A. 1999, § 5
Rn. 46 ff. Dem Entstehen von Umweltbelastungen soll umfassend
vorgebeugt werden, unabhängig davon, ob ein konkretes Gefähr-
dungspotential belegbar ist. Die Vorsorge dient daher, insb. wegen
der Berücksichtigung von Zukunftsproblemen (oben Rn. 4), der
Risikominimierung und der Ressourcenschonung (vgl. Jarass, a. a. O.,
§ 1 Rn. 5).

6   Art. 20 a stützt des Weiteren das **Verursacherprinzip** (Eckardt,
SächsVBl 98, 53 f; Murswiek SA 3; Epiney MKS 74; einschr. Kloepfer BK 36 f; Schulze-Fielitz DR 47), insb. die Belastung des Ver-
ursachers mit den Folgekosten. Andere Verfassungsprinzipien können aber das gegenläufige Gemeinlastprinzip rechtfertigen. Bedenken löst allerdings der weitreichende Verstoß gegen das
Verursacherprinzip bei der Verunreinigung des Grundwassers durch
die Landwirtschaft aus. Des Weiteren wird man, entspr. Art. 174
Abs. 2 UAbs. 1 S. 2 EGV (vgl. oben Rn. 1), in Art. 20 a das Gebot
verankert zu sehen haben, Umweltbeeinträchtigungen mit Vorrang
an ihrem **Ursprung** zu bekämpfen (Epiney MKS 73).

7   Des Weiteren gilt das **Nachhaltigkeitsprinzip,** das eine Inanspruchnahme natürlicher Ressourcen nur in dem Maße erlaubt, wie
ihre Nutzbarkeit auch durch künftige Generationen gewährleistet
ist: Nachwachsende Rohstoffe dürfen nur in dem Maße verbraucht
werden, wie sie sich (ggf. durch entsprechende Unterstützung) wieder bilden (Schulze-Fielitz DR 36); für nicht nachwachsende Rohstoffe gilt das Prinzip der Sparsamkeit (Murswiek SA 51). Zudem
enthält Art. 20 a ein allgemeines **Verschlechterungsverbot** (Murswiek, NVwZ 96, 225 ff; Schulze-Fielitz DR 40); zur Möglichkeit
der Einschränkung unten Rn. 9.

8   **bb) Organisation und Verfahren** der Verwaltung sind mit Blick
auf den Umweltschutz **auszugestalten** (Ekardt, SächsVBl 98, 49,
51; Steinberg, NJW 96, 1993 f). Dies fördert Anhörungspflichten,
den Zugang zu Umweltinformationen und die Beteiligung von
Umweltschutzverbänden (Schulze-Fielitz DR 70). Zur Verbandsklage unten Rn. 15.

9   **d) Verhältnis zu anderen Verfassungsnormen. aa)** Der Vorbehalt der „verfassungsmäßigen Ordnung" bringt (allein) „die

prinzipielle Gleichordnung des Umweltschutzes mit anderen Verfassungsprinzipien und Verfassungsrechtsgütern" zum Ausdruck (BT-Drs. 12/6000, 67; Kloepfer BK 16). Der Begriff der verfassungsmäßigen Ordnung ist wie in Art.20 Abs.3 (Rn.32 zu Art.20), als Gesamtheit der Normen des GG zu verstehen (Kloepfer BK 33; Murswiek SA 58). Das Grundgesetz verpflichtet daher nicht zu einem unbegrenzten Umweltschutz. Vielmehr ist jeweils ein Ausgleich mit anderen Verfassungsgütern herzustellen (Schröder, DVBl 1994, 837; Kloepfer BK 32; Schulze-Fielitz DR 37 f, 42). Weder der Umweltschutz noch konkurrierende Verfassungsgüter besitzen einen generellen Vorrang. Im Konfliktsfalle ist unter Berücksichtigung der falltypischen Gestaltung und der besonderen Umstände zu entscheiden, welches Gut zurückzutreten hat, wie das das BVerfG für die Beschränkung von Grundrechten durch kollidierendes Verfassungsrecht annimmt (Vorb.49 vor Art.1). Einerseits sind daher bei der Ausführung des in Art.20 a enthaltenen Auftrags die sonstigen Verfassungsnormen zu berücksichtigen, andererseits ist bei der Konkretisierung und Anwendung anderer Verfassungsnormen die Wertentscheidung des Art.20 a zu beachten.

bb) Im Hinblick auf **Grundrechte** hat die Gewährleistung des **10** Art.20 a zum einen die Bedeutung, dass sie **Beschränkungen** von Grundrechten legitimieren kann, etwa der Eigentumsgarantie (BVerwG, DVBl 00, 1277) oder der allgemeinen Handlungsfreiheit, aber auch der Kunstfreiheit (BVerwG, NJW 96, 1163; Kloepfer BK 16; Schulze-Fielitz DR 74 f). Grundrechtsbeschränkungen sind in größerem Umfang möglich, ähnlich wie das für das Sozialstaatsprinzip angenommen wird (Rn.103 zu Art.20). Das kann im Rahmen von Gesetzesvorbehalten (dazu Vorb.40 vor Art.1) zum Tragen kommen, aber auch im Wege der Begrenzung durch kollidierendes Verfassungsrecht (Murswiek SA 72; Manssen 618; allg. Vorb.46 vor Art.1). Allerdings ist für Grundrechts*eingriffe* generell eine gesetzliche Grundlage notwendig (vgl. unten Rn.14 sowie Vorb.48 vor Art.1).

Andererseits kann Art.20 a grundrechtliche Gewährleistungen **11 verstärken,** auch insoweit in Parallele zum Sozialstaatsprinzip (Rn.107 zu Art.20). Welche Interessen durch Grundrechte geschützt werden, ist auch unter dem Einfluss der Wertentscheidung des Art.20 a zu bestimmen (Epiney MKS 90). Dies gilt für die Abwehrgehalte der Grundrechte gegenüber staatlichen Eingriffen wie für den in den Grundrechten enthaltenen Auftrag zum Schutz grundrechtlicher Güter (Kloepfer BK 12; vgl. Rn.70, 72 zu Art.2).

3. Adressaten des Umweltschutzprinzips

12   **a) Gesetzgeber.** Art.20 a wendet sich zunächst und primär an den Gesetzgeber (BFHE 181, 515/519 f; Murswiek SA 57), auch in den Ländern. Er ist verpflichtet, den in dieser Norm enthaltenen Auftrag umzusetzen, indem er geeignete Umweltschutzvorschriften erlässt (Schulze-Fielitz DR 57). Darüber hinaus hat der Gesetzgeber das Anliegen des Umweltschutzes auch in allen anderen Rechtsbereichen zu beachten (vgl. Art.6 EGV). Dem Gesetzgeber steht dabei ein weiter Gestaltungsspielraum zu (BVerwG, NJW 95, 2649; Kloepfer BK 28; Schulze-Fielitz DR 58), insb. im Hinblick auf den notwendigen Ausgleich mit anderen Verfassungsgütern (oben Rn.9). Konkrete Pflichten des Gesetzgebers werden sich nur selten aus Art.20 a ableiten lassen. Auch ein Abbau von Umweltschutzvorschriften ist nicht generell ausgeschlossen (Kloepfer BK 35). Bei neuen Erkenntnissen kann eine Nachbesserungspflicht bestehen (Schulze-Fielitz DR 59; Kloepfer BK 39).

13   **b) Vollziehende Gewalt und Rechtsprechung. aa)** Art.20 a enthält auch für die vollziehende Gewalt und die Rspr. und damit für alle anderen, neben dem Gesetzgeber bestehenden Träger öffentlicher Gewalt (dazu Rn.22–30 zu Art.1) einen bindenden Auftrag (vgl. Kloepfer, DVBl 96, 74 f). Der Auftrag steht unter dem Vorbehalt „nach Maßgabe von Gesetz und Recht", womit (lediglich) die ohnehin geltende Vorgabe des Art.20 Abs.3 betont wird (BT–Drs. 12/6000, 68; Scholz MD 51; Kloepfer BK 43). Das heißt insb., dass die vollziehende Gewalt und die Rechtsprechung an den Vorrang des Gesetzes (Rn.37–43 zu Art.20) wie an den Vorbehalt des Gesetzes (Rn.44 ff zu Art.20) gebunden sind. Dagegen wird dadurch eine verfassungsunmittelbare Wirkung des Art.20 a für Verwaltung und Rechtsprechung nicht ausgeschlossen (Epiney MKS 53, 89). Insb. bedeutet die Bindung an Recht und Gesetz nicht, dass die vollziehende Gewalt und die Rspr. Rechtsvorschriften nicht wegen Verstoßes gegen Art.20 a verwerfen können (Schulze-Fielitz DR 72), soweit sie dazu in anderen Fällen verfassungswidriger Vorschriften befugt sind (vgl. Rn.36, 40 zu Art.20). Angesichts des weiten gesetzgeberischen Ausgestaltungsspielraums (oben Rn.12) wird das aber nur selten zum Tragen kommen. Eine Umsetzung von Art.20 a contra legem ist unzulässig (BFHE 184, 226/231).

14   **bb)** Die **Exekutive** ist verpflichtet, den Gehalt des Art.20 a bei der Auslegung von Gesetzen, bei der Ausübung von Ermessenstatbeständen und generell im Bereich der gesetzesfreien Verwaltung

zu beachten (BVerwG, NuR 98, 483; Epiney MKS 90, 92 f;
Schulze-Fielitz DR 64 ff; Kloepfer BK 41). Art.20 a allein ist keine
ausreichende Grundlage für belastende Akte der Exekutive (Scholz
MD 57; Schulze-Fielitz DR 62; Murswiek SA 61; oben Rn.10).
Die Vorschrift kann aber zu Maßnahmen der Exekutive ermächti-
gen und verpflichten, die gem. Art.20 Abs.3 keiner gesetzlichen
Grundlage bedürfen (Kloepfer BK 43), etwa zu Fördermaßnah-
men. Andererseits soll Art.20 a für wesentliche Umwelteingriffe
des Staates ein Gesetz vorschreiben, unabhängig davon, ob in
Rechte Privater eingegriffen wird (LVerfG Bbg, DVBl 96, 37;
Seifert/Hömig 5; Ekardt, SächsVBl 98, 50). Die Befreiung von
Anschluss- und Benutzungszwang kann nicht verlangt werden
(BVerwG, NVwZ 98, 1081). Zur umweltorientierten Ausgestal-
tung von Organisation und Verfahren oben Rn.8. Die Verwaltung
wird auch verpflichtet, wenn sie privatrechtlich agiert (Schulze-
Fielitz DR 53).

Für die **Rechtsprechung** ist Art.20 a im Rahmen der Auslegung 15
von Gesetzen bedeutsam, auch im Bereich des Privatrechts (vgl.
unten Rn.16). Eine Verbandsklage muss nicht zulässig sein
(BVerwGE 101, 73/83; BVerwG, DVBl 98, 586 f).

c) Private sind nicht Adressat der Vorschrift (Kloepfer BK 18; 16
Scholz MD 45). Das schließt natürlich nicht aus, dass der Staat,
entsprechend seiner Schutzpflicht (oben Rn.4), Private zu umwelt-
freundlichem Verhalten verpflichtet (Kloepfer BK 18; Murswiek SA
56 a).

Art.21 [Politische Parteien]

(1) **Die Parteien[4 ff] wirken bei der politischen Willensbildung
des Volkes[6] mit[11 f]. Ihre Gründung[15] ist frei[18 ff]. Ihre innere Ordnung muß demokratischen Grundsätzen entsprechen[23 ff]. Sie
müssen über die Herkunft und Verwendung ihrer Mittel sowie
über ihr Vermögen öffentlich Rechenschaft geben[27 f].**

(2) **Parteien[4 ff], die nach ihren Zielen[31] oder nach dem Verhalten ihrer Anhänger[32] darauf ausgehen[35], die freiheitliche demokratische Grundordnung zu beeinträchtigen oder zu beseitigen[33]
oder den Bestand der Bundesrepublik Deutschland zu gefährden[34], sind verfassungswidrig[36]. Über die Frage der Verfassungswidrigkeit entscheidet das Bundesverfassungsgericht[30, 37 f].**

(3) **Das Nähere regeln Bundesgesetze[2].**

Übersicht

Literatur: *Kühne,* Parteienrechtliche Bundeskompetenz und Föderalismusadäquanz, FS Schiedermair, 2001, 307; *Heinig/Streit,* Die direkte staatliche Parteienfinanzierung, Jura 2000, 393; *Volkmann,* Parteispenden als Verfassungsproblem, JZ 2000, 539; *Kißlinger,* Das Recht auf politische Chancengleichheit, 1998; *Kressel,* Parteigerichtsbarkeit und Staatsgerichtsbarkeit, 1998; *Morlok,* Der Anspruch auf Zugang zu den politischen Parteien, FS Knöpfle, 1996, 231; *v. Arnim,* Die Partei, der Abgeordnete und das Geld, 2. A. 1996; *Reichel,* Das demokratische Offenheitsprinzip und seine Anwendung im Recht der politischen Parteien, 1996; *Wietschel,* Der Parteibegriff, 1996; *Schwartmann,* Verfassungsfragen der Allgemeinfinanzierung politischer Parteien, 1995; *Mager,* Die Kontrolle der Kandidatenaufstellung, DÖV 1995, 9; *D. Grimm,* Politische Parteien, HbVerfR, 2. A. 1994, 599; *Mauersberger,* Die Freiheit der Parteien, 1994; *G. König,* Die Verfassungsbindung der politischen Parteien, 1993; *Meier,* Parteiverbote und demokratische Republik,

1993; *Herzog,* Verfassungsrechtliche Grundlagen des Parteienstaates, 1993; *Maurer,* Die politischen Parteien im Prozeß, JuS 1992, 296; *ders.,* Die Rechtsstellung der politischen Parteien, JuS 1991, 881; *Kunig,* Politische Parteien im GG, Jura 1991, 247; *Stoklossa,* Der Zugang zu den politischen Parteien im Spannungsfeld zwischen Vereinsautonomie und Parteienstaat, 1989; *Clemens,* Politische Parteien und andere Institutionen im Organstreitverfahren, FS Zeidler, 1987, 1261; *F. Grawert,* Parteiausschluß und innerparteiliche Demokratie, 1987; *Frotscher,* Die parteienstaatliche Demokratie – Krisenzeichen und Zukunftsperspektiven, DVBl 1985, 917; *Henke,* Die Parteien und der Ämterstaat, NVwZ 1985, 616; *Stolleis,* Parteienstaatlichkeit – Krisensymptome des demokratischen Verfassungstaates?, VVDStRL 44 (1985), 7.

I. Bedeutung und Abgrenzung zu anderen Vorschriften

Art.21 regelt die **verfassungsrechtliche Stellung** der Parteien 1 an zentraler Stelle, nämlich unmittelbar im Anschluss an die Staatsfundamentalnormen des Art.20. Das GG hat die Parteien „als verfassungsrechtlich notwendige Instrumente für die politische Willensbildung des Volkes anerkannt und in den Rang einer verfassungsrechtlichen Institution erhoben" (BVerfGE 41, 399/416). Die Parteien sind rechtlich in einem Übergangsbereich zwischen Staat und Gesellschaft angesiedelt, „Zwischenglieder zwischen dem Bürger und den Staatsorganen" (BVerfGE 44, 125/145): Einerseits sind sie frei gebildete, im gesellschaftlich-politischen Bereich wurzelnde Gruppen, nicht etwa Staatsorgane oder Träger öffentlicher Gewalt; andererseits sind sie in den systematischen Zusammenhang nicht der Grundrechte, sondern der Staatsorganisation gestellt und wirken in den Bereich institutionalisierter Staatlichkeit hinein (BVerfGE 20, 56/100 f; 52, 63/82 f; 73, 1/33); sie spielen eine Rolle sowohl bei der demokratischen Willensbildung als auch bei der staatlichen Entscheidungsfindung (BVerfGE 85, 264/285).

Gem. **Abs.3** regeln das Nähere **Bundesgesetze.** Diese aus- 2 schließliche Bundesgesetzgebungskompetenz (Rn.3 zu Art.70) erstreckt sich grds. auch auf die Parteien in den Ländern (BVerfGE 1, 208/277; 66, 107/114). Soweit sich das Parteienrecht mit anderen Materien überschneidet, die in der Gesetzgebungskompetenz der Länder liegen, z.B. Wahlrecht zu den Länderparlamenten, Parlamentsrecht, Kommunalrecht, kommt es nach den allgemeinen Regeln (Rn.5 zu Art.70) auf den stärkeren Sachzusammenhang an; nicht aber besteht in solchen Fällen eine konkurrierende Gesetzgebungskompetenz (Preuß AK 80; v. Münch MüK 98; a. A. Henke BK 378). Die Wahlkampfkostenerstattung war Wahl-, nicht Partei-

enrecht (Preuß AK 80; **a. A.** BVerfGE 20, 56/115; 24, 300/353 f;
41, 399/425). Die heutige staatliche Parteienfinanzierung ist dagegen Parteienrecht (Morlok DR 154; Streinz MKS 254; Pestalozza
MaK 18 zu Art.71). Abs.3 ist ein Regelungs-, kein Gesetzesvorbehalt; er rechtfertigt keine Beeinträchtigung der Rechte aus Abs.1
(Morlok DR 151; v. Münch MüK 97; Streinz MKS 253).

3   Art.21 steht in **Zusammenhang** mit dem Demokratieprinzip
(Rn.1–15 zu Art.20) und dem parlamentarischen Regierungssystem
(Rn.1 zu Art.62). Im Verhältnis zur Vereinigungsfreiheit (Art.9 Abs.1,
2) ist Art.21 im Allgemeinen lex specialis (BVerfGE 25, 69/78; vgl.
auch BVerfGE 91, 262/267: „Sonderstellung"; krit. Morlok DR
49 f); es erscheint aber nicht ausgeschlossen, unter bestimmten Aspekten, z. B. der aus Art.21 nicht herleitbaren Verfassungsbeschwerdebe-
fugnis (Rn.52, 72 zu Art.93), auf Art.9 zurückzugreifen (Pieroth/
Schlink 717; Streinz MKS 32; weitergehend Ipsen SA 27 ff). Nach
Maßgabe des Art.19 Abs.3 sind auch andere Grundrechte auf Parteien
anwendbar (Kunig HbStR II 132). Zum Verhältnis zu Art.3 unten
Rn.17.

II. Gewährleistungen

1. Parteibegriff

4   **a) Allgemeines.** Die Definition von Parteien in § 2 PartG (zu
den einzelnen Merkmalen unten Rn.5–10) ist vom BVerfG als verfassungsgemäß erklärt worden (BVerfGE 24, 260/263 f; 79,
379/384; 91, 262/267). Weitere Merkmale hat der Parteibegriff
nicht; insb. ist nicht erforderlich, dass die Vereinigung dem Gemeinwohl verpflichtet ist (Morlok DR 37 f; Preuß AK 34; v. Münch
MüK 21; Grimm HbVerfR 619; Streinz MKS 65; a. A. Henke BK
30). Auch Parteien, die die freiheitliche demokratische Grundordnung bekämpfen, sind begrifflich Parteien (BVerfGE 47, 198/223),
die allerdings verboten werden können (unten Rn.29–36). Untergliederungen, seien sie gebietlicher (Landes-, Bezirks-, Kreis-, Orts-
verbände) oder fachlicher Art (Arbeitsgemeinschaften, Arbeitskreise
usw.), unterfallen dem Parteibegriff, wenn nach den Kriterien der
Mitgliedschaft, der ideellen, finanziellen und organisatorischen Abhängigkeit eine Eingliederung in die Partei vorliegt (Henke BK
59 ff). Bei Nebenorganisationen (BVerfGE 2, 1/13; BVerwGE 75,
86/97; krit. Morlok DR 42), zu denen auch die sog. parteinahen
Stiftungen gehören (BVerfGE 73, 1/31 ff; BVerwGE 106, 177/183 f;
Streinz MKS 72; vgl. auch H. Merten, Parteinahe Stiftungen im

Parteienrecht, 1999), und Tarnorganisationen (BVerfGE 5, 85/392; BGHSt 27, 59/61) ist das regelmäßig nicht der Fall.

b) Vereinigung von natürlichen Personen. Zum Begriff der **5** Vereinigung Rn. 3 f zu Art. 9. Aus diesem Merkmal folgt auch für Parteien das Erfordernis eines Mindestmaßes an Eigenständigkeit der Willensbildung und organisatorischer Selbständigkeit (BVerwGE 74, 176/180). Anders als bei Art. 9 können juristische Personen nicht Mitglieder von Parteien sein (vgl. § 2 Abs. 1 S. 2 PartG). Das schließt aber einen Aufbau der Gesamtpartei aus Gebietsverbänden verschiedener Stufen nicht aus (v. Münch MüK 8). Der Ausschluss von Ausländerparteien, deren Mitglieder und Vorstandsmitglieder nicht mehrheitlich Deutsche sind, aus dem Parteibegriff gem. § 2 Abs. 3 PartG ist auf Bundes- und Landesebene verfassungsmäßig, weil das Wahlrecht insoweit nur Deutschen zusteht (Rn. 4 zu Art. 28; Rn. 4 zu Art. 38). Dagegen ist der Ausschluss von Ausländerparteien auf kommunaler Ebene, wenn man nicht Rathausparteien überhaupt aus dem Parteibegriff ausschließt (unten Rn. 7), wegen Art. 28 Abs. 1 S. 3 verfassungswidrig (Streinz MKS 55). Auch ist die Mitgliedschaft von Ausländern in Parteien als solche zulässig, wenn auch nicht verfassungsrechtlich garantiert. § 2 Abs. 3 Nr. 2 PartG steht der Bildung von Auslandsgruppen deutscher Parteien, d. h. von Gliederungen mit deutschen Parteimitgliedern, die ihren Wohnsitz im Ausland haben, nicht entgegen (Streinz MKS 56).

c) Zielsetzung. Es muss das Ziel der dauerhaften oder länger- **6** fristigen Einflussnahme auf die politische Willensbildung im Bund oder einem Land durch Mitwirkung in Parlamenten verfolgt werden (vgl. § 2 Abs. 1 S. 1 Hs. 1 PartG). **Politische Willensbildung** geschieht in Wahlen und Abstimmungen (Rn. 6 zu Art. 20), aber auch darüber hinaus im gesamten Prozess öffentlicher Auseinandersetzung (BVerfGE 8, 51/68; 85, 264/284; 91, 262/268 f; zu eng daher BVerfGE 20, 56/113, wonach die Parteien vornehmlich Wahlvorbereitungsorganisationen sind). Wählervereinigungen, Wahlblock- oder Listenverbindungen, die sich nur zur Aufstellung von Kandidaten für eine Wahl bilden, sind vom Parteibegriff nicht umfasst (Hesse 168; Kunig HbStR II 127); für sie ist Art. 9 Abs. 1, 2 einschlägig (oben Rn. 3; BVerfGE 78, 350/358). Andererseits muss eine Partei aber nicht auf allen Feldern öffentlicher Auseinandersetzung beteiligt sein.

Das Erfordernis **„für den Bereich des Bundes oder eines** **7** **Landes"** schließt sog. Rathausparteien vom Parteibegriff aus. Dies ist entgegen der Rspr. (BVerfGE 6, 367/372 f; 47, 253/272; 69,

92/104) verfassungswidrig, weil auch in Angelegenheiten der örtlichen Gemeinschaft (Art.28 Abs.2 S.1) politische Willensbildung stattfindet und auch in Gemeinden gem. Art.28 Abs.1 S.2 Wahlen iSd Art.20 Abs.2 S.2 stattfinden (Morlok DR 36; Preuß AK 27; Hesse 168; Kunig HbStR II 127 f; v. Münch MüK 14; Ipsen SA 19 f; Streinz MKS 59; a. A. Henke BK 37 f; Maurer, JuS 91, 884). Das BVerfG sieht das Recht der Rathausparteien auf Chancengleichheit (unten Rn.16) immerhin durch Art.28 Abs.2 gewährleistet (BVerfGE 69, 92/110) und billigt die Chancengleichheit auch kommunalen Wählervereinigungen zu (BVerfGE 78, 350/358; 85, 264/328; 99, 69/79 f; vgl. auch HessStGH, NVwZ-RR 93, 655). Auch die Mitwirkung an der politischen Willensbildung in Europa ist erfasst (Morlok, DVBl 89, 393 ff; v. Münch MüK 15; Streinz MKS 59).

8   Das Merkmal „**dauernd oder für längere Zeit**" fehlt noch nicht, wenn eine Partei bis zu 6 Jahre lang (vgl. § 2 Abs.2 PartG) nicht an Wahlen teilgenommen hat (BVerfGE 24, 260/265; 89, 266/271); eine kürzere Frist wäre aber unzulässig (Preuß AK 32; v. Münch MüK 17; Streinz MKS 61).

9   Die **Mitwirkung an der Volksvertretung des Bundes oder eines Landes** ist bei Bürgerinitiativen und sonstigen Interessenverbänden nicht gegeben (vgl. auch BVerfGE 74, 96/101; Henke BK 33). Eine Beteiligung lediglich an Abstimmungen iSd Art.20 Abs.2 S.2 genügt nicht (v. Münch MüK 10), ebenso wenig die bloße Abgabe von Wahlempfehlungen (Streinz MKS 60). Es reicht aber der Wille zur Beteiligung an nur einer Bundes- oder Landtagswahl (v. Münch MüK 16; Streinz MKS 62; a. A. Henke BK 35). Auch müssen nicht in allen Wahlkreisen Kandidaten aufgestellt werden (Streinz MKS 60).

10   **d)** Eine ausreichende **Gewähr für die Ernsthaftigkeit** dieser Zielsetzung muss gegeben sein (vgl. § 2 Abs.1 S.1 Hs.2 PartG). Dadurch soll ausgeschlossen werden, dass sich „Zufallsbildungen von kurzer Lebensdauer um Wähler bewerben" (BVerfGE 91, 262/270). Die Ernsthaftigkeit muss sich durch objektive Kriterien über die Fähigkeit zur Erfüllung der Aufgaben einer Partei belegen lassen (BVerfGE 91, 262/270; BVerwG, NVwZ 97, 66). Maßgebende Faktoren hierfür sind: Umfang und Festigkeit der Organisation, Zahl der Mitglieder und Hervortreten in der Öffentlichkeit. Zulässigerweise wird daher durch § 6 Abs.1 S.1 PartG eine Satzung und ein Programm gefordert. An die Zahl der Mitglieder dürfen keine strengen Anforderungen gestellt werden (vgl. BVerfGE 24, 300/332).

Zwar ist die Parteieigenschaft nicht vom Wahlerfolg abhängig, doch darf anhaltend fehlender Wahlerfolg bei der Gesamtwürdigung der Ernsthaftigkeit mitberücksichtigt werden (BVerfGE 89, 266/272; 91, 262/272; krit. Ipsen SA 20 a). An inhaltliche Kriterien darf nicht angeknüpft werden (Streinz MKS 49, 67 f). Allgemein ist Zurückhaltung bei der Verneinung der Parteieigenschaft geboten (BGH, NJW 74, 567; v. Münch MüK 19).

2. Mitwirkung an der politischen Willensbildung (Abs.1 S.1)

a) Allgemeines. Abs.1 S.1 enthält eine **Aufgabenzuweisung** an 11 die Parteien (BVerfGE 61, 1/11 f), keine Freiheitsgewährleistung (a. A. Henke BK 61). Sie umschließt das „Gebot der fortdauernden Verankerung der Parteien in der Gesellschaft und ihrer darauf beruhenden Staatsferne" (BVerfGE 85, 264/283). Soweit die Parteien diese Aufgabe wahrnehmen, handeln sie von Verfassungs wegen rechtmäßig; im Übrigen gilt für sie das allgemeine Recht. Politische Willensbildung des Volkes geschieht nicht nur in Wahlen und Abstimmungen und im gesamten Prozess öffentlicher Auseinandersetzung (oben Rn.6), sondern auch im Bereich institutionalisierter Staatlichkeit (oben Rn.1). Insoweit ist allerdings die Grenze zwischen politischer und staatlicher Willensbildung zu ziehen (BVerfGE 8, 104/113; 20, 56/98 f; 44, 125/140 f). In den Grenzen sonstigen Verfassungsrechts ist die Einwirkung der Parteien auf die Staatsorgane legitim, die aus Wahlen und Abstimmungen hervorgehen, nämlich Bundestag, Landesparlamente und Bundesversammlung, und die diesen gegenüber verantwortlich sind, nämlich Bundesregierung und Landesregierungen, sowie durch letztere vermittelt noch Bundesrat und Gemeinsamer Ausschuss (Henke BK 71 ff; Preuß AK 28; v. Münch MüK 40 f). Die Parteien haben aber kein Monopol für die politische Willensbildung (Henke BK 72; Streinz MKS 76, 79).

Nicht gedeckt von dieser Aufgabenzuweisung ist die Einwir- 12 kung auf die anderen Staatsorgane: In der Verwaltung und Rechtsprechung findet grds. (vgl. aber Art.94 Abs.1 S.2, 95 Abs.2) keine politische Willensbildung des Volkes statt (Preuß AK 61; v. Münch MüK 42 f). Allerdings kann diese Grenzziehung nicht ohne weiteres auf die Gemeindeverfassung übertragen werden, da die gewählte Volksvertretung dort zugleich Aufgaben der Verwaltung wahrnimmt. Daher sind gesetzliche Regelungen zulässig, die zwar nicht den Parteien, wohl aber den Fraktionen ein Vorschlagsrecht für die Besetzung hauptamtlicher kommunaler Wahlbeamtenstellen einräumen (BVerfGE 38, 258/275 f). Abs.1 S.1 rechtfertigt auch nicht die Weiterverbreitung unrichtiger Informationen (BVerfG-K, NJW 00, 3486).

13   **b)** Daraus folgt für die **allgemeine staatliche Parteienfinanzierung,** dass sie als solche **nicht verboten** ist, weil sie einem legitimen Zweck dient (BVerfGE 85, 264/285 f). Die anderslautende frühere Rspr., nach der die Finanzierung der Parteien aus staatlichen Haushaltsmitteln grds. unvereinbar mit Art.21 und dem „demokratischen Grundsatz der freien und offenen Meinungs- und Willensbildung vom Volk zu den Staatsorganen" und daher nur die Erstattung der Kosten eines angemessenen Wahlkampfs zulässig war (BVerfGE 20, 56/102 ff; nochmals anders BVerfGE 8, 51/63; 12, 276/280), wurde aufgegeben, weil die Mitwirkung an der politischen Willensbildung über die Wahlvorbereitung hinausgeht (oben Rn.6) und daher die Grenze der staatlichen Parteienfinanzierung nicht bei der Wahlkampfkostenerstattung gezogen werden kann.

14   **Voraussetzungen der Verfassungsmäßigkeit: – (1)** Es ist nur eine *Teilfinanzierung* der allgemeinen Tätigkeit der politischen Parteien aus staatlichen Mitteln erlaubt, weil die Parteien auch wirtschaftlich und organisatorisch auf die Zustimmung und Unterstützung der Bürger angewiesen bleiben müssen (BVerfGE 85, 264/287 f). Der Umfang muss sich auf das beschränken, was zur Aufrechterhaltung der Funktionsfähigkeit der Parteien unerlässlich ist und von diesen nicht selbst aufgebracht werden kann (BVerfGE 85, 264/290). Daraus sollen relative und absolute Obergrenzen folgen (vgl. BVerfGE 85, 264/289 ff; krit. Volkmann, ZRP 92, 328). Der Verteilungsschlüssel muss den Wahlerfolg sowie das Beitrags- und Spendenaufkommen der Partei berücksichtigen (BVerfGE 85, 264/292; demgegenüber erkennt Ipsen, JZ 92, 759 f ausschließlich den Wahlerfolg als Kriterium an). – **(2)** Die Schutzpflicht des Staates (unten Rn.20) kann sich im Extremfall, wenn sich eine ausreichende Eigenfinanzierung unter den Bedingungen der modernen Demokratie als nicht erreichbar erwiese, auf eine *finanzielle Unterstützung* erstrecken (Morlok DR 44; Streinz MKS 182; a. A. Ipsen SA 95 ff; offengelassen BVerfGE 85, 264/288). – **(3)** Staatliche Geldleistungen bzw. Einnahmeverzichte bedürfen einer *gesetzlichen Grundlage* (Henke BK 321 f).

3. Freiheit der Gründung und Betätigung (Abs.1 S.2)

15   Wie bei der Vereinigungsfreiheit (Rn.5 zu Art.9) ist durch Abs.1 S.2 als subjektives Recht (vgl. Morlok DR 49 f) über die Gründung

hinaus positiv der Beitritt und der Verbleib in Parteien sowie negativ das Fernbleiben und der Austritt aus Parteien geschützt (Preuß AK 35; Henke BK 270, 273). Anerkannt ist weiter, dass die Betätigung einzelner in ihnen und für sie sowie der Bestand und die Betätigung der Parteien selbst geschützt sind (BVerwGE 110, 126/131: Recht auf Selbstbestimmung; v. Münch MüK 52; Streinz MKS 100). Das umfasst namentlich die freie Wahl der Rechtsform, der inneren Organisation und der Zielsetzung (Morlok DR 58: Tendenzfreiheit) einschl. Name, Satzung und Programm, die Teilnahme an Wahlen (BVerfGE 89, 266/270) sowie die Verfügung über Einnahmen und Vermögen (BVerfGE 84, 290/300), in personeller Hinsicht die freie Entscheidung über Aufnahme und Ausschluss von Mitgliedern bis hin zur Selbstauflösung der Partei (Preuß AK 35; v. Münch MüK 57) und Vereinigung mit anderen Parteien (Morlok DR 57; Streinz MKS 103). Soweit die Betätigung in den Schutzbereich spezieller Grundrechte fällt, sind diese vorrangig zu prüfen (Kunig HbStR II 132).

4. Chancengleichheit

Grds. müssen alle Parteien **formal gleich behandelt** werden **16** (BVerfGE 8, 51/64 f; 69, 257/268; 82, 322/337). Die Chancengleichheit der Parteien wird vom BVerfG aus der Gründungsfreiheit (oben Rn.15) und dem daraus folgenden Mehrparteiensystem (unten Rn.20) abgeleitet (BVerfGE 47, 198/225; 52, 63/88; 73, 40/65). Ein enger Zusammenhang besteht auch zur Wahlgleichheit (Rn.6 f zu Art.38); gelegentlich wird die Chancengleichheit auch auf Art.21 Abs.1 S.1 iVm Art.38 gestützt (BVerfGE 82, 322/337, 84, 304/324). Das BVerfG rechnet sie zur „demokratisch-egalitären Grundlage unserer Verfassungsordnung" (BVerfGE 8, 51/64 f; 44, 125/146). Die „streng formale" Chancengleichheit soll nicht nur für den Bereich des Wahlrechts, sondern für das gesamte Vorfeld der Wahlen und damit letztlich für die gesamte Tätigkeit der Parteien gelten (BVerfGE 20, 56/116; 66, 107/114; 85, 264/297). Die Freiheit politischer Willensbildung besteht aber gerade darin, dass die Bürger, Gruppen und Parteien sich verschieden stark Gehör und Geltung verschaffen können; mit der streng formalen Gleichheit des Bürgereinflusses ist eine streng formale Gleichheit der Parteien nicht vereinbar (Pieroth/Schlink 482; Morlok DR 75; Streinz MKS 127; a. A. Kunig HbStR II 135 f). Das BVerfG berücksichtigt das dadurch, dass der Gesetzgeber „die vorgefundene Wettbewerbslage nicht verfälschen" darf (BVerfGE 85, 264/297; vgl. auch unten Rn.39–43).

17   Im **Verhältnis zum allgemeinen Gleichheitssatz** (Art.3 Abs.1)
ist die Chancengleichheit lex specialis (vgl. Pieroth/Schlink 485 ff).
Wie früher bei der Wahlgleichheit (Rn.7 zu Art.38) wird vom
BVerfG häufig auch auf Art.3 abgestellt (BVerfGE 7, 99/107; 47,
198/225; 85, 264/312; anders BVerfGE 91, 262/269; 91, 276/286),
was aber v. a. prozessuale Gründe haben dürfte, da Art.21 kein
Grundrecht iSd Art.93 Abs.1 Nr.4 a ist (oben Rn.3). In der Sache
wird die Chancengleichheit auch vom BVerfG als spezieller Gleichheitssatz behandelt, indem für Ungleichbehandlungen besondere,
zwingende Gründe gefordert werden (BVerfGE 8, 51/64 f; 69,
92/106; 82, 322/338; vgl. auch Vorb.50 f vor Art.1, Rn.121 zu
Art.3).

III. Beeinträchtigung und Ausgestaltung

1. Beeinträchtigung

18   **a) Eingriffe** in die Freiheit der *Gründung* sind: Anmeldepflicht,
Erlaubnisvorbehalt, gebühren- oder steuerrechtliche Barrieren der
Gründung (v. Münch MüK 45 f), Genehmigungsvorbehalt, Regis-
trierungszwang (Morlok DR 32), Zulassungsvorbehalt. Eingriffe in
die Freiheit der *Betätigung* sind die Beeinträchtigungen der parteispe-
zifischen Tätigkeit der Mitglieder und Funktionäre. Soweit diese
einem speziellen Grundrecht unterfällt (oben Rn.15), liegt ein Eingriff in Art.21 nur dann vor, wenn die Beeinträchtigung gerade um
der parteimäßigen Ausrichtung der Grundrechtsausübung willen
erfolgt, es sich insb. um Sonderrecht gegen die Parteien handelt (vgl.
BVerfGE 47, 130/139 f; 47, 198/230 f; 69, 257/268 f). Eingriffe sind
danach Verbote und Formen der Überwachung der Parteitätigkeit
und der Mitglieder in ihrer Eigenschaft als Parteimitglieder (Preuß
AK 35, 38). Bewertungen von Parteien als verfassungsfeindlich oder
-widrig durch die Bundesregierung in Antworten auf parlamentarische Anfragen und in Verfassungsschutzberichten sollen Wertungen
ohne rechtliche Wirkung und damit keine Eingriffe sein (BVerfGE
13, 123/126; 40, 287/290 ff; 57, 1/5 ff; Pestalozza 79; a. A. Preuß
AK 38; Streinz MKS 115; diff. Morlok DR 149).

19   **b) Diskriminierung.** Die Chancengleichheit wird beeinträchtigt durch Ungleichbehandlung einer gegenüber einer anderen Partei. Dies kann durch Benachteiligung oder Begünstigung geschehen.
Hierbei sind die tatsächlichen Auswirkungen der staatlichen Maßnahmen zu berücksichtigen (vgl. BVerfGE 82, 322/339 ff). Bei der

staatlichen Öffentlichkeitsarbeit zu einer Sachfrage (vgl. Rn.14 zu Art.38) liegt eine Beeinträchtigung nicht vor (BerlVerfGH, LVerfGE 3, 75/81 f). Im Verhältnis zwischen Parteien und Wahlbewerbern greift die Wahlgleichheit oder der allgemeine Gleichheitssatz ein (Rn.9, 11 zu Art.38). Im Verhältnis zwischen Parteien und kommunalen Wählervereinigungen stellt das BVerfG auf Art.3 Abs.1 iVm Art.9, Abs.1, 28 Abs.1 S.2 ab (BVerfGE 99, 69/79).

c) Verweigerung von Schutz. Mit der Aufgabenzuweisung an 20 die Parteien (oben Rn.11) ist auch der Bestand von Parteien objektiv-rechtlich gewährleistet (Morlok DR 27: institutionelle Garantie). Damit ist insb. das Mehrparteiensystem verfassungsrechtlich geschützt (BVerfGE 2, 1/13; 58, 233/250; 82, 322/337). Bei ernsthaften Gefährdungen dieses Systems ist der Staat verpflichtet, Maßnahmen zu seiner Aufrechterhaltung zu treffen (v. Münch MüK 31; einschr. Streinz MKS 74: Rahmenbedingungen zu schaffen), z. B. die Selbstauflösung einer Partei dann zu verhindern, wenn danach nur noch eine Partei bestehen würde (Preuß AK 12), oder auch finanzielle Unterstützung zu gewähren (oben Rn.13 f). Die Parteien haben dem Grunde nach einen Anspruch auf Gestattung der Wahlsichtwerbung während des Wahlkampfs (BVerwGE 47, 280/284; 56, 56/60), nicht aber auf Gebührenfreiheit (BVerwGE 56, 63/70) oder auf Gewährung von Wahlsendezeiten im Rundfunk (BVerwGE 87, 270/273 f). Sie haben keinen Anspruch, ein Mitglied in den Rundfunkrat zu entsenden (BVerfGE 60, 233/244), und keine Beteiligungsrechte im Vorfeld eines Parteiverbotsverfahrens (BVerfG, NJW 01, 1407). Die Chancengleichheit verlangt zwar nicht generell, dass tatsächliche Unterschiede der Parteien durch staatliche Maßnahmen ausgeglichen werden (BVerfGE 8, 51/57; 52, 63/89), führt aber in manchen Bereichen zu Leistungsansprüchen (unten Rn.41, 43).

d) Ausstrahlungswirkung. Die Rechte aus Art.21 richten sich 21 gegen den Staat (eine unmittelbare Drittwirkung wird nur von Preuß AK 40 vertreten), einschl. der öffentlich-rechtlichen Rundfunkanstalten (unten Rn.41); insofern besteht ein „Grundsatz der Staatsfreiheit" (BVerfGE 85, 264/283 ff). Nach allgemeinen Grundsätzen (Vorb.15 f, 33 vor Art.1) können die Parteienfreiheit und -gleichheit aber auch im Privatrecht zur Anwendung kommen. Beispielsweise sind Kündigungen wegen einer Parteimitgliedschaft nichtig; die Ablehnung von Wahlanzeigen durch ein Presseunternehmen kann rechtswidrig sein, wenn eine Monopolstellung zur Diskriminierung einzelner Parteien ausgenutzt wird (Meyer HbStR II 280;

Streinz MKS 131; offengelassen BVerfGE 48, 271/278; a. A.
BVerfGE 42, 53/62). Zur Grundrechtsgeltung innerhalb der Partei-
organisation unten Rn.24.

2. Ausgestaltung (Abs.1 S.3, 4)

22 **a)** Keine Beeinträchtigung sind die gesetzlichen Vorschriften, die
Merkmale des Parteibegriffs (oben Rn.4–10) enthalten und konkretisieren. Insofern gilt das bei der Vereinigungsfreiheit Gesagte
(Rn.14 zu Art.9) entsprechend. Zivilrechtliche Ordnungsvorschrif-
ten, bes. des Vereinsrechts, sind zulässig, zumal sie durch § 37 PartG
modifiziert werden (Streinz MKS 104). Das Erfordernis der Na-
mensunterscheidung (vgl. § 4 Abs.1 PartG) ist verfassungsmäßig (v.
Münch MüK 50). Die Gefahr der Verwechslung von Parteinamen ist
aber kein Grund für die Nichtzulassung zur Wahl (BVerfGE 89,
291/308).

23 **b) Gebot einer demokratischen inneren Ordnung: aa) Allgemeines.** Abs.1 S.3 ist eine Konsequenz daraus, dass die Parteien
in den Bereich institutionalisierter Staatlichkeit hineinwirken (oben
Rn.1) und Kategorien rein gesellschaftlicher Freiheit für sie nicht
aufgabenadäquat wären (vgl. Henke BK 262). Innere Ordnung betrifft die gesamte innerparteiliche Willensbildung (BGHZ 101,
193/202; v. Münch MüK 55); nicht erfasst ist der reine Geschäfts-
betrieb (Morlok DR 116). Der Begriff „demokratische Grundsätze"
verweist grds. auf das Demokratieprinzip (Rn.1–15 zu Art.20); dessen Anforderungen müssen aber im Hinblick auf Begriff und Aufgaben der Parteien modifiziert werden (Henke BK 262; Morlok DR
117; v. Münch MüK 56; Streinz MKS 150). Jedenfalls gilt, dass der
Aufbau der Partei von unten nach oben erfolgen muss, die Mitglieder nicht von der Willensbildung ausgeschlossen werden dürfen und
den Parteiführern nicht unbedingter Gehorsam versprochen werden
darf (BVerfGE 2, 1/40). Immerhin muss bei der Konkretisierung der
demokratischen Grundsätze berücksichtigt werden, dass erstens die
Freiheit, Gleichheit und Teilhabe der Mitglieder gewährleistet sind,
zweitens die Einheit und Geschlossenheit der Partei als ganzes möglich bleiben und drittens der Zugang von Wahlberechtigten zu den
Parteien eröffnet ist (Preuß AK 64).

24 **bb) Im Einzelnen:** Es müssen regelmäßig wiederkehrende **innerparteiliche Wahlen** zu den Parteiämtern stattfinden (Morlok
DR 119; Streinz MKS 151). Die Wahlrechtsgrundsätze (Rn.5–10 zu
Art.38) gelten abgesehen von der Unmittelbarkeit (Streinz MKS
168) auch für die Delegiertenwahlen (BGHZ 106, 67/74) und die

Aufstellung von Kandidaten für Volksvertretungen. Das Mehrheitswahlrecht ist für Kreisparteitagsdelegierte (BGHZ 106, 67/76 ff) wie für Kandidaten für Volksvertretungen (HambVerfG, DVBl 93, 1071) zulässig. Das Blockwahlsystem, bei dem der Wähler so viele Kandidaten wählen muß, wie Positionen zu besetzen sind, bedarf einer satzungsmäßigen Grundlage und ist dann unzulässig, wenn es relevante Minderheiten benachteiligt; eine relevante Minderheit liegt jedenfalls bei einer Gruppierung vor, die mehr als 10% Anhänger unter den Wahlberechtigten hat (BGH, NJW 74, 184 f); soweit eine Blockwahl zulässig ist, braucht sie nicht mehrere Wahlgänge zu umfassen (BGHZ 106, 57/72 f; HambVerfG, DVBl 93, 1071). Die Gesamtwahl, die den Wahlberechtigten das Recht beläßt, unter den vorgeschlagenen in beliebiger Anzahl Namen zu streichen, ist zulässig (BVerfGE 89, 243/264). Quotenregelungen bei der Wahl zu Parteiorganen sind − anders als bei der Wahl von Kandidaten für Volksvertretungen (Rn.22 a zu Art.38) − zulässig (v. Münch MüK 57). Das imperative Mandat ist − anders als für Abgeordnete (Rn.27 zu Art.38) − zulässig (Morlok DR 132; Preuß AK 66; a. A. Henke BK 284). Urabstimmungen sind auf satzungsmäßiger Grundlage zulässig (Morlok DR 131).

Innerparteiliche Freiheit und Gleichheit müssen gewährleistet 25 sein (vgl. Rn. 8 zu Art.20). Die Bestimmungen der Satzung müssen entgegen § 10 Abs.1 S.1 PartG einen grundsätzlichen Aufnahmeanspruch gewähren, der in begründeten Fällen, insb. fehlender Grundidentifikation (Grimm HbVerfR 615), ausgeschlossen werden kann (Morlok DR 127; Preuß AK 42; v. Münch MüK 57; Reichel, o. Lit., 131 ff; a. A. BGHZ 101, 193/201 ff; Henke BK 272; Ipsen SA 83; Kunig HbStR II 111); dazu gehört nicht die Eigenschaft als Frau (Pieroth/Zekl, NWVBl 95, 38 f; a. A. Streinz MKS 110). Die Regelung des Ausschlusses von Mitgliedern in § 10 Abs.4, 5 PartG ist verfassungsmäßig (Morlok DR 128); hiervon kann in Satzungen grds. nicht abgewichen werden (BGHZ 73, 275/280). Das Recht auf sofortigen Austritt ist gewährleistet (Morlok DR 127). Die für die politische Willensbildung konstitutiven Grundrechte, wie Art.5, 8 und 9, gelten unmittelbar im Verhältnis der Mitglieder zur Partei (Preuß AK 67 ff; v. Münch MüK 57; König, o. Lit., 38 f; a. A. Henke BK 268; Ipsen SA 75 ff; Morlok DR 125, anders aber 119 für die Chancengleichheit; Streinz MKS 162), die sonstigen nur im Rahmen der Ausstrahlungswirkung (Vorb. 15 f, 33 vor Art.1); die Grenzen sind von den Aufgaben der Partei her zu bestimmen und jedenfalls bei der Unterstützung anderer Parteien und sonstigen erheblichen Verstößen überschritten (vgl. § 10 Abs.4 PartG). Min derheiten müssen geschützt werden (Ipsen SA 60; Streinz MKS 151), und Opposition muss möglich sein (Morlok DR 130). Aber Unvereinbarkeitsbeschlüsse über die Mitgliedschaft in anderen Parteien und ihnen nahestehenden Organisationen sind zulässig (Kunig HdStR II 142; Streinz MKS 166).

25 a   **Innerparteiliche Organisation und innerparteiliches Verfahren.** Parteien müssen eine Satzung und ein Programm haben (BVerfGE 5, 77/84). Auch eine gebietliche Gliederung ist erforderlich; § 7 PartG ist eine verfassungsgemäße Ausgestaltung (Henke BK 300 f; Morlok DR 119; v. Münch MüK 57). Das demokratische Öffentlichkeitsgebot (Rn.11–14 zu Art.20) verlangt auch innerparteiliche Transparenz (Morlok DR 113; Streinz MKS 151). Allerdings müssen Parteiveranstaltungen nicht öffentlich sein (a. A. Reichel, o. Lit., 129 f). Zwar gilt Art.19 Abs.4 nicht für die innere Ordnung der Parteien (Henke BK 308; Streinz MKS 159; a. A. Kressel o. Lit., 131), doch ist grds. eine Parteischiedsgerichtsbarkeit erforderlich (Morlok DR 133; Streinz MKS 159). Die Parteischiedsgerichte sind keine Schiedsgerichte iSd §§ 1025 ff ZPO (Henke BK 310; Morlok DR 133; Streinz MKS 160). In Parteischiedsgerichtsverfahren ist es grds. verfassungsgemäß, nur Parteimitglieder als Rechtsanwälte zuzulassen (Morlok, NJW 91, 1162; a. A. LG Bonn, NVwZ 91, 1118; offengelassen OLG Köln, NVwZ 91, 1116 f). Die Überprüfung von Entscheidungen der Parteischiedsgerichte durch staatliche Gerichte darf nicht ausgeschlossen werden (Morlok DR 134; Streinz MKS 161). Sie wird aber nur daraufhin vorgenommen, ob die Entscheidungen der Parteischiedsgerichte offenbar unbillig sind bzw. ob nicht allgemein gültige Grundsätze verletzt worden sind (BGHZ 75, 158/159; NJW 94, 2610; näher Kressel, o.Lit., 246 ff). Entscheidungen der Parteischiedsgerichte sind kein zulässiger Beschwerdegegenstand der Verfassungsbeschwerde (Rn.40 zu Art.93).

26   **Rechtsfolgen** eines Verstoßes gegen das Gebot einer demokratischen inneren Ordnung sind: Satzungsbestimmungen und auf ihrer Grundlage gefasste Beschlüsse sind gem. § 134 BGB (Ipsen SA 87; v. Münch MüK 58; Kunig HbStR II 116; dagegen hält Morlok DR 121 diese Norm nicht für einschlägig) nichtig; in Fällen, wo die Abkehr von demokratischen Organisationsgrundsätzen in der inneren Ordnung einen solchen Grad erreicht, dass sie nur als Ausdruck einer grds. demokratiefeindlichen Haltung erklärbar ist, liegen die Voraussetzungen für ein Verbot (unten Rn.30–36) vor (BVerfGE 2, 1/14); die Verletzung der in § 21 BWahlG normierten Voraussetzungen für die Aufstellung von Bundestagskandidaten kann gem. § 26 Abs.1 Nr.2 BWahlG durch die Zurückweisung des

Wahlvorschlags sanktioniert werden (Preuß AK 62; weitergehend v. Münch MüK 58). Zu Wahlfehlern Rn.5 f zu Art.41.

c) Die **öffentliche Rechenschaftspflicht** (Abs.1 S.4) bezweckt, **27** „den Prozess der politischen Willensbildung für den Wähler durchschaubar zu machen und ihm zu offenbaren, welche Gruppen, Verbände oder Privatpersonen im Sinne ihrer Interessen durch Geldzuwendungen auf die Parteien politisch einzuwirken suchen" (BVerfGE 20, 56/106; 52, 63/86 f; 85, 264/319). Seit der Ergänzung von 1983 (Einl.3 Nr.35) müssen die Parteien nicht nur wie früher über die Herkunft, sondern auch über die Verwendung ihrer Mittel sowie über ihr Vermögen öffentlich Rechenschaft geben; Mittel sind nur Geld oder geldwerte Leistungen (Morlok DR 109). Die Rechenschaftspflicht umfasst grds. alle Einnahmen; doch ist die Bagatellklausel des § 27 Abs.3 PartG verfassungsmäßig (v. Münch MüK 63). Es müssen grds. Namen und Anschrift des Spenders angegeben werden; dadurch werden keine Grundrechte verletzt (Preuß AK 74; v. Münch MüK 65); zulässig soll sein, Spenden, deren Gesamtwert in einem Kalenderjahr unter 20.000 DM liegt, hiervon auszunehmen (BVerfGE 24, 300/356 f; a. A. Preuß AK 73; Ipsen SA 111); es ist aber unzulässig, diese Freigrenze zu erhöhen (BVerfGE 85, 264/323) und für Spenden von natürlichen und juristischen Personen verschieden zu bemessen (BVerfGE 24, 300/357; krit. Morlok DR 110).

Art.21 Abs.1 S.4 enthält grds. weder eine Gewährleistung noch **28** ein Verbot **privater Spenden** an die Parteien (BVerfGE 20, 56/105; 52, 63/86). Der Gesetzgeber ist daher nicht gehindert, bestimmte Spendenarten zu verbieten (vgl. § 25 Abs.1 S.2 PartG). Str. ist, ob dies auch für die Festlegung einer absoluten Höchstgrenze der Spenden und für ein Verbot von Spenden juristischer Personen gilt (vgl. Preuß AK 71).

IV. Rechtfertigung von Beeinträchtigungen (Schranken)

1. Parteiverbot (Abs.2)

a) Bedeutung und Abgrenzung zu anderen Vorschriften. **29** Art.21 Abs.2 ist wie Art.18 Ausdruck der „streitbaren" oder „wehrhaften Demokratie" (vgl. Rn.1 zu Art.18; Becker HbStR VII 317). Ein Parteiverbot gem. S.2 setzt eine entsprechende Entscheidung des BVerfG voraus. Dies ist eine ausschließliche Kompetenz des BVerfG (sog. Parteienprivileg); andere Träger öffentlicher Gewalt dürfen

diesen schwersten Eingriff in die Parteienfreiheit nicht vornehmen
(konstitutive Wirkung der Entscheidung des BVerfG; BVerfGE 12,
296/304 f; 13, 46/52); zu den Konsequenzen hieraus für die Zulässigkeit sonstiger Beeinträchtigungen der Parteienfreiheit unten
Rn.37 f. Abs.2 ist lex specialis gegenüber Art.9 Abs.2 (BVerfGE 2,
1/13; 12, 296/304 f; 17, 155/166).

30   **b) Parteiverbotsverfahren: aa) Zulässigkeit: − (1)** Die *An-*
tragsberechtigung besitzen gem. § 43 Abs.1 BVerfGG nur der Bundestag, der Bundesrat und die Bundesregierung, ferner gem. § 43 Abs.2
BVerfGG die Landesregierungen, soweit die Organisation der Partei
sich auf das Gebiet des betreffenden Landes beschränkt. Die Stellung
des Antrags auf Verbot steht im Ermessen der Antragsberechtigten
gem. § 43 BVerfGG (BVerfGE 5, 85/113; 40, 287/291; Morlok DR
150; a. A. Ipsen SA 173). Parteien selbst sind nicht antragsberechtigt
(Schuppert UC 1 zu § 43). − **(2)** *Antragsgegenstand* ist die Feststellung der Verfassungswidrigkeit (unten Rn.31−35), nicht auch der
Verfassungsmäßigkeit (Pestalozza 80) einer politischen Partei. −
(3) *Antragsgegner* kann nur eine politische Partei (oben Rn.4 ff) sein.
Ihre Vertretung regelt sich nach § 44 BVerfGG. − **(4)** Es ist ein
Vorverfahren gem. § 45 BVerfGG durchzuführen. − **(5)** Die *Formerfor-*
dernisse ergeben sich aus § 23 Abs.1 BVerfGG.

31   **bb) Begründetheit.** Es müssen die Voraussetzungen des Abs.2
S.1 vorliegen. Die Vorschrift ist zur Wahrung des Demokratieprinzips (Rn.8 zu Art.20) eng auszulegen (Hesse 715; Morlok DR 138;
Schuppert UC 9 ff zu § 46; Streinz MKS 223). Die **Ziele** einer
Partei ergeben sich idR „aus dem Programm und den sonstigen
parteiamtlichen Erklärungen, aus den Schriften der von ihr als maßgebend anerkannten Autoren über die politische Ideologie der Partei, aus den Reden der führenden Funktionäre, aus dem in der Partei
verwendeten Schulungs- und Propagandamaterial, sowie aus den
von ihr herausgegebenen oder beeinflussten Zeitungen und Zeitschriften ... (Es) sind auch geheime Zielsetzungen und nachträgliche tatsächliche Änderungen ursprünglich schriftlich vereinbarter
Zielsetzungen ... rechtserheblich, sofern sie nachweisbar sind"
(BVerfGE 5, 85/144). Entscheidend ist, ob die Ziele gegenwärtig
bestehen, nicht, wann sie voraussichtlich realisiert werden (BVerfGE
5, 85/144).

32   Das **Verhalten der Anhänger einer Partei** muss dieser zurechenbar sein; ein Unterlassen reicht nicht aus, da es keine Rechtspflicht zur Verteidigung der Schutzgüter des Abs.2 gibt (Morlok DR
144; v. Münch MüK 85; a. A. Kunig HbStR II 120). Zu den An-

hängern gehören über die Mitglieder hinaus alle, die sich für eine Partei einsetzen (BVerfGE 2, 1/22) und sich zu ihr bekennen (v. Münch MüK 84). Zwischen den Zielen einer Partei und dem Verhalten ihrer Anhänger besteht eine Wechselwirkung (BVerfGE 2, 1/22; 5, 85/144).

Beeinträchtigung oder Beseitigung der freiheitlichen de- 33 **mokratischen Grundordnung** bedeutet die Abschaffung von Strukturprinzipien des GG, zu denen nach BVerfGE 2, 1/12 f zu rechnen sind: die Achtung vor den im GG konkretisierten Menschenrechten, v. a. vor dem Recht der Persönlichkeit auf Leben und freie Entfaltung (Rn.28–55, 61, 65, 76 zu Art.2), die Volkssouveränität (Rn.4 f zu Art.20), die Gewaltenteilung (Rn.23–27 zu Art.20), die Verantwortlichkeit der Regierung (Rn.1 zu Art.65), die Gesetzmäßigkeit der Verwaltung (Rn.39–41 zu Art.20), die Unabhängigkeit der Gerichte (Rn.2–8 zu Art.97), das Mehrparteienprinzip und die Chancengleichheit für alle politischen Parteien (oben Rn.16 f, 19) mit dem Recht auf verfassungsmäßige Bildung und Ausübung einer Opposition (Rn.1 zu Art.67). Vgl. auch BVerfGE 5, 85/197; 69, 315/345 f; Denninger HbVerfR 696 ff; Henke BK 352; Stern I 568. Der Tatbestand ergibt sich ohne weiteres aus einer Wesensverwandtschaft mit dem Nationalsozialismus in Programm, Vorstellungswelt und Gesamtstil (BVerwG, NJW 93, 3215).

Gefährdung des Bestands der Bundesrepublik Deutschland 34 bezieht sich im Unterschied zur freiheitlichen demokratischen Grundordnung auf das Verhältnis zu anderen Staaten (Henke BK 354; v. Münch MüK 90), d. h. territoriale Unversehrtheit und politische Unabhängigkeit (vgl. § 92 Abs.1 StGB). Gefährdung ist der gegenüber Beeinträchtigung und Beseitigung weitere Begriff (v. Münch MüK 91). Nicht hierunter fallen auf Grund anderer Verfassungsbestimmungen speziell zugelassene Grenzänderungen (Rn.7 zur Präamb) und Abhängigkeiten (Rn.2–12 zu Art.24).

Die Parteien müssen **darauf ausgehen,** die genannten Ziele zu 35 erreichen. Dafür ist nicht nur eine „aktiv kämpferische, aggressive Haltung" erforderlich (so BVerfGE 5, 85/141; dagegen will Kunig HbStR II 121 Beharrlichkeit ausreichen lassen), sondern auch eine entsprechende Tätigkeit (Henke BK 356; vgl. auch Rn.5 zu Art.18), mindestens iS einer Vorbereitungshandlung (Morlok DR 142; Streinz MKS 232).

cc) Zu den **Wirkungen der Entscheidung** gehören die Auf- 36 lösung der Partei (oder gem. § 46 Abs.2 BVerfGG eines Teils einer Partei; zum Parteibegriff oben Rn.4–10) und das Verbot, eine Ersatzorganisation zu schaffen (§ 46 Abs.3 S.1 BVerfGG), das in § 33

PartG konkretisiert wird. Diese Wirkungen sind mit dem Rechtsstaatsprinzip vereinbar (BVerfGE 5, 85/391; 25, 44/54; a. A. Ridder
AK 18 ff zu Art. 21 Abs. 2). Entscheidend für eine Ersatzorganisation
ist, „dass sie in der Art ihrer Betätigung (Teilnahme an der politischen Willensbildung des Volkes, Beteiligung an politischen Wahlen
usw.), in der Verfolgung der politischen Ziele, nach dem Kreis der
von ihr Angesprochenen, nach der politischen Haltung ihrer Anhänger und nach dem aus der zeitlichen Abfolge des Geschehens (Verbot der Organisation und Schaffung des Ersatzes) erkennbaren Zusammenhang die verbotene Partei zu ersetzen bestimmt ist"
(BVerfGE 6, 300/307). Ersatzorganisationen genießen nicht das Parteienprivileg (BVerfGE 16, 4/5 f); vgl. aber § 33 Abs. 2 PartG. Die
Entscheidung erfasst die Einzelnen nur insoweit, als organisations-
fördernde Handlungen und Äußerungen verboten sind (BVerfGE
25, 44/56 ff). Die von § 46 Abs. 3 S. 2 BVerfGG in das pflichtgemäße
Ermessen des BVerfG gestellte Entscheidung über die Einziehung
des Vermögens der aufgelösten Partei ist von BVerfGE 5, 85/392 f
für den Fall, dass nennenswertes Vermögen nicht vorhanden ist oder
die Vermögensverhältnisse nicht übersichtlich sind, als gebundene
Entscheidung interpretiert worden. Zur Wirkung auf die Abgeord-
netenstellung Rn. 23 zu Art. 38.

2. Sonstige Beeinträchtigungen der Parteienfreiheit

37   Abs. 2 ist die **einzige Schranke** der Parteienfreiheit; Eingriffe
(oben Rn. 18) sind nur auf dieser Grundlage zu rechtfertigen. Überwachungsmaßnahmen sind soweit zulässig, als sie für die Beurteilung
der Frage, ob ein Antrag auf Verbot zu stellen ist, erforderlich sind,
d. h. nicht etwa ständig (Ipsen SA 196 f) und unter strikter Wahrung
des Verhältnismäßigkeitsgrundsatzes (BVerwGE 110, 126/133 ff; vgl.
auch Michaelis, NVwZ 00, 399; Sander, DÖV 01, 328). Liegen die
Voraussetzungen für ein Parteiverbot nicht vor, sind Eingriffe in die
Betätigung der Parteien und der Mitglieder für sie unzulässig.
M. a. W. darf niemand bis zu einer Entscheidung des BVerfG (und
nach einer solchen Entscheidung mit Wirkung für einen Zeitpunkt
vor ihr) die Verfassungswidrigkeit einer Partei rechtlich geltend
machen (BVerfGE 12, 296/304 f; 13, 46/52 f; 17, 155/166 f;
BVerwGE 31, 368/369; 106, 177/183). Straftatbestände gegen eine
nicht parteispezifische Tätigkeit (oben Rn. 18) dürfen nicht zur
Umgehung des Abs. 2 eingesetzt werden (BVerfGE 9, 162/166).

38   Abweichend hiervon hat das BVerfG bezüglich der **Extremisten
im Öffentlichen Dienst** entschieden. Danach kann auch vor einer

Entscheidung gem. Art.21 Abs.2 geltend gemacht werden, dass eine Partei verfassungsfeindliche Ziele verfolgt; die daraus für die Partei und ihre Mitglieder entstehenden Nachteile seien bloß faktischer Natur. Insofern wird die politische Treuepflicht der Beamten (Rn.40 zu Art.33) als weitere Schranke der Parteienfreiheit anerkannt (BVerfGE 39, 334/357 ff; vgl. auch BVerwGE 47, 330/344 ff; 76, 157/161 ff; NJW 87, 2694; BAGE 28, 62/72 ff; a. A. BVerfGE *abwM* 39, 378/385; Grimm HbVerfR 621 f; Ipsen SA 199; Preuß AK 36 f; Pieroth/Schlink 489; Streinz MKS 105, 216 ff). Verfassungsfeindliche Parteien idS sind die DKP (BVerwGE 73, 263/271 ff; 83, 90/98 f; 86, 99/105 ff), die NPD (BVerwGE 61, 194/197; 83, 158/162 ff; 83, 345/349 ff) und die Republikaner (BVerwGE 111, 22/24).

3. Chancengleichheit

Beeinträchtigungen der Chancengleichheit bedürfen besonderer **39** **zwingender Gründe** (oben Rn.17). Entgegen der selbstformulierten Anforderung streng formaler Gleichbehandlung hat das BVerfG in verschiedenen Lebensbereichen „abgestufte" Chancengleichheit ausreichen lassen. § 5 PartG, der dies verwirklicht, ist für verfassungsmäßig erklärt worden (BVerfGE 24, 300/355; BVerwGE 75, 67/77; krit. Kunig HbStR II 66 f; Ipsen SA 40, 43; diff. Morlok DR 85 ff; Streinz MKS 129: ausschließliche Orientierung am Wettbewerb auf Bundesebene ist verfassungswidrig). Zur Rechtfertigung von Beeinträchtigungen der Chancengleichheit im Wahlrecht Rn.18–20 zu Art.38.

Die **Finanzierung** der Parteien aus staatlichen Haushaltsmitteln **40** ist nur in bestimmten Grenzen zulässig (oben Rn.13 f). Zusätzliche Rechtsfolgen ergeben sich aus der Chancengleichheit: Wird die Mittelzuweisung von einem Mindestanteil an Stimmen abhängig gemacht, muss dieser deutlich unter 5% liegen (BVerfGE 20, 56/117 f; 24, 300/335 ff; 85, 264/293 f). Das Erfordernis von 1,5% der abgegebenen gültigen Stimmen ist als zulässig erachtet worden (BVerwG, NJW 80, 2092). Der frühere Chancenausgleich war verfassungswidrig (BVerfGE 85, 264/296 ff). Die Vergabe öffentlicher Mittel zur Förderung politischer Bildungsarbeit an parteinahe Stiftungen ist nur zulässig, wenn diese rechtlich und tatsächlich unabhängige Institutionen sind, die auch in der Praxis die gebotene Distanz zu den Parteien wahren (BVerfGE 73, 1/31 f; BVerwGE 116, 177/184 f). Die Erstreckung der Chancengleichheit auf kommunale Wählervereinigungen (oben Rn.7) zwingt zu ihrer Berücksichtigung bei der staatlichen Parteienfinanzierung (BVerfGE 85,

264/328; Schmidt-Bleibtreu/Klein 20 c). Zur Finanzierung durch Steuerverzicht unten Rn.42.

41   Die **Rundfunksendezeiten** für Wahlwerbung der Parteien sind nicht verfassungsrechtlich garantiert (BVerwGE 87, 270/272 ff; BremStGH, LVerfGE 5, 175/188 f). Im Übrigen dürfen sie nach der Bedeutung der Parteien unterschiedlich bemessen sein (BVerfGE 7, 99/108; 48, 271/277; Morlok DR 95; a. A. Grimm HbVerfR 629 f; Ipsen SA 42; Meyer HbStR II 293 ff). Die Bedeutung einer Partei darf aber nicht nur nach den Ergebnissen der vorausgegangenen Parlamentswahlen beurteilt werden; es sind auch die Zeitdauer ihres Bestehens, ihre Kontinuität, ihre Mitgliederzahl, der Umfang und Ausbau ihres Organisationsnetzes, ihre Vertretung im Parlament und ihre Beteiligung an der Regierung in Bund oder Ländern zu berücksichtigen (BVerfGE 14, 121/137). Allen Parteien, deren Landeslisten im Sendebereich zugelassen worden sind, ist eine angemessene Redezeit zur Verfügung zu stellen (BVerfGE 7, 99/107; 13, 204/205 f). Der freiwillige Verzicht der Mehrzahl der Parteien auf Wahlwerbung führt nicht zu einem Ausschluss aller Parteien (BVerwGE 87, 270/276; a. A. Dörr, JuS 91, 1009). Einer Landespartei darf die Teilnahme an der Wahlwerbung in einem bundesweiten Sendegebiet nicht versagt werden (BVerwGE 75, 67/75; 75, 79/83; krit. Neumann/Wesener DVBl 84, 914). Die Ausstrahlung einer Wahlsendung darf nicht lediglich deshalb verweigert werden, weil sie verfassungsfeindliche Äußerungen enthält (BVerfGE 47, 198/230 ff), sondern erst dann, wenn sie evident gegen allgemeine Strafgesetze verstößt (BVerfGE 69, 257/269). Wegen des Parteienprivilegs (oben Rn.37) dürfen Wahlsendezeiten nicht verbotenen Parteien nicht verweigert werden (vgl. OVG Hamburg, NJW 94, 70; Benda, NJW 94, 22 f). Diese Kriterien gelten abgeschwächt auch für private Rundfunkveranstalter (Schulze-Sölde, Politische Parteien und Wahlwerbung in der dualen Rundfunkordnung, 1994, 180 ff; a. A. Mauersberger, o.Lit., 126). Im Programmbereich kommt die Rundfunkfreiheit stärker zum Tragen (vgl. Rn.38 zu Art.5), kann sich aber nicht generell gegenüber der Chancengleichheit durchsetzen (vgl. BVerfGE 82, 54/58 f).

42   Im **Steuerrecht** führt die Abzugsfähigkeit von Beiträgen und Spenden an die Parteien zu einer mittelbaren Parteienfinanzierung. Das BVerfG hält sie nur in engen Grenzen für zulässig, weil dadurch die Parteien begünstigt werden, deren Programm und Tätigkeit kapitalkräftige Kreise ansprechen, da diese durch die Steuerprogression absolut und relativ mehr Steuern durch Spenden ersparen können als Bezieher mittlerer und niedriger Einkommen und damit einen stärkeren Einfluss auf die politische Willensbildung erlangen (BVerfGE 8, 51/63 ff; 73, 40/71 ff; 85, 264/313). Die steuerliche Begünstigung von Spenden von Körperschaften ist verfassungswidrig (BVerfGE 85, 264/315). Die betragsmäßige Begrenzung des Spendenabzugs darf nicht dadurch umgangen werden, dass die Zuwendungen als Betriebsausgaben qualifiziert werden (BFHE 151, 544/547 ff). Die Ausdehnung des Höchstbetrags für die steuerliche Abzugsfähigkeit von Zuwendungen an Parteien bis zu 60.000 DM ist hiermit unvereinbar (BVerfGE 85, 264/315 f; für die Grenze von 100.000 DM bereits BVerfGE *abwM* 73, 103/109 ff; a. A. BVerfGE 74, 40/84). Die Befreiung der Parteien von Körperschaft- und Vermögensteuer diskriminiert die freien Wählervereinigungen (BVerfGE 99, 69/80 ff).

Die Chancengleichheit gilt auch für die **Zulassung zu ge-** **43** **meindlichen Einrichtungen,** insb. Stadthallen (vgl. Gassner, VerwArch 1994, 533; Zundel, JuS 1991, 472). Wegen des Parteienprivilegs (oben Rn.37) dürfen Gemeinden nicht verbotene Parteien nicht abweisen (BVerwGE 31, 368/369; vgl. auch BVerfGE 57, 1/6). Kapazitätsprobleme sind nach Priorität oder durch das Los zu entscheiden (Morlok DR 91; Streinz MKS 141). Wird die gemeindliche Einrichtung privatrechtlich betrieben, besteht ein Anspruch gegen die Gemeinde, durch Einwirkung auf den privaten Rechtsträger die Zulassung zu der gemeindlichen Einrichtung zu verschaffen (BVerwG, NJW 90, 135).

V. Rechtsschutz

Vor dem BVerfG soll für Parteien, die die Verletzung ihres **44** verfassungsrechtlichen Status geltend machen, die Organstreitigkeit gem. Art.93 Abs.1 Nr.1 die richtige Klageart sein (BVerfGE 82, 322/335; 84, 290/298; 85, 264/284). Das gilt für alle Maßnahmen oberster Bundes- und Landesorgane, z. B. bezüglich Wahlen (BVerfGE 4, 27/30 f; 44, 125/137), auch Gemeindewahlen (BVerfGE 6, 367/372 f), Parteienfinanzierung (BVerfGE 11, 239/241 ff), Spendenabzugsfähigkeit (BVerfGE 24, 300/324 f) und Regierungsäußerungen (BVerfGE 57, 1/4). Parteifähig sind insoweit auch die Untergliederungen der Parteien (BVerfGE 14, 121/129; 67, 65/69; 75, 34/39; a. A. Stern BK 140 zu Art.93); insoweit kann aber der Rechtsweg zu einem Landesverfassungsgericht vorrangig sein (vgl. BVerfGE 66, 107/113 ff). Die Verfassungsbeschwerde gem. Art.93 Abs.1 Nr.4 a soll für Parteien nur insofern in Betracht kommen, als es um Verletzungen durch Träger öffentlicher Gewalt geht, die nicht parteifähig in der Organstreitigkeit sind, z. B. Rundfunkanstalten

(BVerfGE 7, 99/103; 14, 121/129; 67, 149/151; 69, 257/266). Die Beschwerdebefugnis kann sich aus Art.3 (oben Rn.17) und Art.9 (oben Rn.3) ergeben (krit. zu dieser Rspr. Preuß AK 52; Kunig HbStR II 143 ff; Ipsen SA 48 f; Streinz MKS 145 ff; Wieland DR 51 zu Art.93).

45 **Vor anderen Gerichten.** Aus der Betätigungsfreiheit (oben Rn.15) folgt auch, dass Parteien unabhängig von ihrer Rechtsform unter ihrem Namen klagen und verklagt werden können (v. Münch MüK 29). § 3 PartG verwirklicht dies als lex specialis namentlich gegenüber § 50 ZPO. Namensschutz erfolgt durch die ordentlichen Gerichte; § 4 PartG modifiziert insoweit § 12 BGB (BGHZ 79, 265/270).

Art.22 [Bundesflagge]

Die Bundesflagge ist schwarz-rot-gold.[1]

Literatur: *Klein,* Staatssymbole, HbStR I, 1987, 733; *Hattenhauer,* Geschichte deutscher Nationalsymbole, 3. Aufl. 1990; *Stern,* Symbole und Selbstdarstellung des Staates, Stern I, 1984, § 9.

1 Die **Bundesflagge** und ihre Farben sollen eine Identifikation der Bürger mit ihrem Staat ermöglichen und stehen für die freiheitliche demokratische Grundordnung (BVerfGE 81, 278/293). Art.22 bestimmt als Farben der Bundesflagge die Farben der demokratischen Einigungsbewegung des 19. Jahrhunderts (Klein HbStR I 737; Herzog MD 18; Classen MKS 3 f) und der Frankfurter Nationalversammlung von 1848/49 (Herzog MD 8). Die Vorschrift wendet sich gegen das „Schwarz-Weiß-Rot" des monarchischen Obrigkeitsstaates und des Dritten Reichs (Klein BK 18 ff, 28; Bothe AK 2). Unter dem GG gibt es nur eine Bundesflagge (Herzog MD 15). Dieser Hintergrund verdeutlicht, dass die Farben in drei Streifen anzuordnen sind (Klein BK 29; Huber SA 3; Bothe AK 5). Die Festlegung der Farben für die Bundesflagge gilt auch für die Bundesfahne und die Bundesfarben (Wieland DR 14; Herzog MD 16 f). Für die Regelung weiterer Einzelheiten der Bundesflagge sowie der Flaggenführungspflicht besteht eine Bundeskompetenz kraft Natur der Sache (Hoog MüK 20; Classen MKS 7; a. A. Huber SA 5: Grundlage ist Art.22); näher zu dieser Kompetenzart Rn.8 f zu Art.70. Flaggenführungspflichten des Bürgers bedürfen einer gesetzlichen Grundlage (Maunz MD 20); gleiches gilt für entsprechende Anweisungen des Bundes gegenüber den Ländern (Maunz MD 18; Klein BK 43 ff; vorsichtig Stern I 279). Art.22 bildet eine (der Abwägung unterliegende) materielle Legitimation für gesetzliche Maßnahmen zum Schutz der Bundesflagge (BVerfGE 81, 278/293; BGH, NJW 86, 1272; Klein BK 78; s. aber auch Rn.93 zu Art.5).

Zur Festlegung anderer **Bundessymbole** durch den Bundesprä- 2 sidenten Herzog MD 32; Rn.2 zu Art.54. Der Schutz der Nationalhymne ist in der Verfassung begründet (BVerfGE 81, 298/308). Zur **Bundeshauptstadt** und zum Sitz der Bundesorgane enthält das GG keine Regelungen (Herzog MD 33); vgl. auch Art.2 Abs.1 EV sowie den Berlin/Bonn-Beschluss des BT vom 20. 6. 91 (BR-Drs. 12/815).

Art.23 [Europäische Union]

(1) **Zur Verwirklichung eines vereinten Europas wirkt die Bundesrepublik Deutschland bei der Entwicklung der Europäischen Union[3] mit,[5ff] die demokratischen,[8] rechtsstaatlichen,[9] sozialen[10] und föderativen Grundsätzen[11] und dem Grundsatz der Subsidiarität[12] verpflichtet ist und einen diesem Grundgesetz im wesentlichen vergleichbaren Grundrechtsschutz gewährleistet.[13,38] Der Bund kann hierzu durch Gesetz mit Zustimmung des Bundesrates Hoheitsrechte übertragen.[16ff] Für die Begründung der Europäischen Union sowie für Änderungen ihrer vertraglichen Grundlagen und vergleichbare Regelungen, durch die dieses Grundgesetz seinem Inhalt nach geändert oder ergänzt wird oder solche Änderungen oder Ergänzungen ermöglicht werden,[22f] gilt Artikel 79 Abs.2 und 3.[24ff]**

(2) **In Angelegenheiten der Europäischen Union wirken der Bundestag[48ff] und durch den Bundesrat die Länder mit.[55ff] Die Bundesregierung hat den Bundestag und den Bundesrat umfassend und zum frühestmöglichen Zeitpunkt zu unterrichten.[50]**

(3) **Die Bundesregierung gibt dem Bundestag Gelegenheit zur Stellungnahme vor ihrer Mitwirkung an Rechtssetzungsakten der Europäischen Union.[51f] Die Bundesregierung berücksichtigt die Stellungnahmen des Bundestages bei den Verhandlungen.[53] Das Nähere regelt ein Gesetz.[47]**

(4) **Der Bundesrat ist an der Willensbildung des Bundes zu beteiligen, soweit er an einer entsprechenden innerstaatlichen Maßnahme mitzuwirken hätte oder soweit die Länder innerstaatlich zuständig wären.[56ff]**

(5) **Soweit in einem Bereich ausschließlicher Zuständigkeiten des Bundes Interessen der Länder berührt sind oder soweit im**

übrigen der Bund das Recht zur Gesetzgebung hat, berücksichtigt die Bundesregierung die Stellungnahme des Bundesrates.[58] Wenn im Schwerpunkt Gesetzgebungsbefugnisse der Länder, die Einrichtung ihrer Behörden oder ihre Verwaltungsverfahren betroffen sind, ist bei der Willensbildung des Bundes insoweit die Auffassung des Bundesrates maßgeblich zu berücksichtigen; dabei ist die gesamtstaatliche Verantwortung des Bundes zu wahren.[59 f] In Angelegenheiten, die zu Ausgabenerhöhungen oder Einnahmeminderungen für den Bund führen können, ist die Zustimmung der Bundesregierung erforderlich.[60]

(6) Wenn im Schwerpunkt ausschließliche Gesetzgebungsbefugnisse der Länder betroffen sind, soll die Wahrnehmung der Rechte, die der Bundesrepublik Deutschland als Mitgliedstaat der Europäischen Union zustehen, vom Bund auf einen vom Bundesrat benannten Vertreter der Länder übertragen werden.[61] Die Wahrnehmung der Rechte erfolgt unter Beteiligung und in Abstimmung mit der Bundesregierung; dabei ist die gesamtstaatliche Verantwortung des Bundes zu wahren.[61]

(7) Das Nähere zu den Absätzen 4 bis 6 regelt ein Gesetz, das der Zustimmung des Bundesrates bedarf.[47]

Übersicht

Literatur A (Abs.1): *Caspar,* Nationale Grundrechtsgarantien und sekundäres Gemeinschaftsrecht, DÖV 2000, 349; *Uhrig,* Die Schranken des Grundgesetzes für die europäische Integration, 2000; *Kischel,* Der unabdingbare grundrechtliche Mindeststandard in der EU, Staat 2000, 523; *Zuleeg,* Die föderativen Grundsätze der EU, NJW 2000, 2846; *Erichsen,* Das Grundgesetz als europäische Verfassung, in: Pieroth (Hg.), Verfassungsrecht und soziale Wirklichkeit in Wechselwirkung, 2000, 139; *Selmayr/Prowald,* Abschied von den Solange-Vorbehalten, DVBl 1999, 269; *Dörr,* Europäischer Verwaltungsrechtsschutz, in: Sodan/Ziekow, Nomos-Kommentar zur Verwaltungsgerichtsordnung, Stand 1998; *Flint,* Die Übertragung von Hoheitsrechten, 1998; *Isensee,* Vorrang des Europarechts und deutsche Verfassungsvorbehalte, FS Stern 1997, 1239; *Huber,* Das Kooperationsverhältnis zwischen BVerfG und EuGH in Grundrechtsfragen, EuZW 1997, 517; *Schilling,* Zur Verfassungsbindung des deutschen Vertreters bei der Mitwirkung an der Rechtsetzung im Rate der EU, DVBl 1997, 458; *Heitsch,* Prüfungspflichten des Bundesverfassungsgerichts unter dem Staatsziel der europäischen Integration, EuGRZ 1997, 461; *Scheuing,* Deutsches Verfassungsrecht und europäische Integration, EuR 1997, Beih.1, 7; *Fluck/Lenz,* Verfassungsrechtlicher Rechtsschutz in Europa, NJW 1997, 1193; *Schmitt-Glaeser,* Grundgesetz und Europarecht als Elemente Europäischen Verfassungsrechts, 1996; *Schmalenbach,* Der neue Europaartikel 23 des GG, 1996; *Geiger,* Die Mitwirkung des deutschen Gesetzgebers an der Entwicklung der Europäischen Union, JZ 1996, 1093; *Jarass,* Die Kompetenzverteilung zwischen der Europäischen Gemeinschaft und den Mitgliedstaaten, AöR 1996, 173; *Oppermann,* Subsidiarität als Bestandteil des GG, JuS 1996, 569; *Everling,* Bundesverfassungsgericht und Gerichtshof der Europäischen Gemeinschaften, GS Grabitz, 1995, 57; *Klein,* Grundrechtsdogmatische und verfassungsprozessuale Überlegungen zur Maastricht-Entscheidung, GS Grabitz, 1995, 271; *Hölscheidt/Schotten,* Die Erweiterung der EU als Anwendungsfall des neuen Art.23 GG?, DÖV 1995, 187; *Pernice,* Deutschland in der Europäischen Union, HbStR, VIII, 1995, § 191; *Badura,* Das Staatsziel „Europäische Integration" im GG, FS Schambeck, 1994, 887 ff; *Kokott,* Deutschland im Rahmen der Europäischen Union, AöR 1994, 207; *Classen,* Europäische Integration und demokratische Legitimation, AöR 1994, 238; *Sommermann,* Staatsziel „Europäische Union", DÖV 1994, 596; *Breuer,* Die Sackgasse des neuen Europaartikels, NVwZ 1994, 417; *Magiera,* Die Grundgesetzänderung von 1992 und die Europäische Union, Jura 1994, 1. – S. auch Literatur zu Art.24.

Literatur B (Abs.2–7): *Fuchs,* Art.23 GG in der Bewährung, DÖV 2001, 233; *Halfmann,* Entwicklungen des deutschen Staatsorganisationsrechts im Kraftfeld der Europäischen Union, 2000; *Koller,* Die Mitwirkung der deutschen Länder und der belgischen Regionen an EG-Entscheidungen, AöR 1998, 21; *Lang,* Die Mitwirkungsrechte des Bundesrats und des Bundestags in Angelegenheiten der EU, 1997; *Meißner,* Die Bundesländer und die Europäischen Gemeinschaften, 1996; *Winkelmann,* Die Bundesregierung als Sachwalter von Länderrechten, DÖV 1996, 1; *Kunig,* Mitwirkung der Länder bei der europäischen Integration, in: Verfassungsrecht im Wandel, 1995, 591; *Kabel,* Die Mitwirkung des Deutschen Bundestages in Angelegenheiten der

EU, GS Grabitz, 1995, 241; *Oschatz/Risse,* Die Bundesregierung an der Kette der Länder?, DÖV 1995, 437 ff; *Lerche,* Zur Position der deutschen Länder nach dem neuen Europa-Artikel des GG, in: FS Schambeck, 1994, 753 ff; *Schede,* Bundesrat und EU, 1994. S. auch Literatur zu Art.45.

I. Bedeutung, Anwendungsbereich, Abgrenzung

1. Bedeutung

Art.23 enthielt bis 1990 (Einl.3 Nr.36) Aussagen zum räumlichen **1** Geltungsbereich des GG (dazu Rn.8–10 zur Präamb) und zum Beitritt deutscher Gebiete, einschl. der damit verbundenen Gesetzgebungsaufgaben (BVerfGE 82, 316/320 f; 85, 360/374). 1992 wurde aus Anlass des Vertrags über die Europäische Union (unten Rn.3) die heutige Regelung eingefügt (Einl.3 Nr.38). Sie soll die Schaffung der Europäischen Union und ihre Fortentwicklung auf ein gesichertes Fundament stellen (BT-Drs. 12/6000, 20). Insb. regelt Abs.1 die Übertragung von Hoheitsrechten auf die Europäische Union. Bereits vor Inkrafttreten der Neuregelung des Art.23 konnte der Bund gem. Art.24 Abs.1 Hoheitsrechte auf die Europäischen Gemeinschaften übertragen (vgl. Rn.3 zu Art.24). Diese magere Regelung konnte für die Schaffung der Europäischen Union nicht mehr genügen, ging doch die damit erreichte Einigung Europas weit über das hinaus, woran bei Erlass der Vorschrift des Art.24 Abs.1 gedacht wurde (Streinz SA 3).

Zudem ist die Europäische Union keine bloße zwischenstaatliche **2** Einrichtung mehr, sondern ein „**Staatenverbund**" (BVerfGE 89, 155/186, 188), besser eine „**Staatengemeinschaft**" (Ipsen, EuR 94, 8 f) bzw. eine „Staatenunion". Sie weist nach ganz h. M. keinen (Bundes-)Staatscharakter auf (Everling, DVBl 93, 938; Rojahn MüK 8; Stein, VVDStRL 1994, 28 ff), besitzt aber in erheblichem Umfang staatsähnliche Züge (Ossenbühl, DVBl 93, 631; Scholz, MD 28) und lässt sich daher als Staatenbund nicht mehr sachgerecht begreifen (Scholz MD 32). Sie bildet ein föderales System (Pernice DR 23). Bedeutsam ist des Weiteren, dass die Europäische Union zwar über keine *Kompetenz-Kompetenz* verfügt. Doch sind die Kompetenzen im Bereich der EG außerordentlich weit gefasst und sehr dehnungsfähig (Jarass, AöR 96, 176 ff). Wenn die Mitgliedstaaten als „Herren der Verträge" bezeichnet werden (BVerfGE 89, 155/190), trifft das nur für ihre Gesamtheit zu (noch restriktiver Pernice DR 21). Deutschland allein verfügt daher über keine Kompetenz-Kompetenz zur Einschränkung der der Europäischen Union überlassenen Hoheitsrechte (vgl. Pernice HbStR VIII § 191 Rn.22).

2. Anwendungsbereich und Abgrenzung zu anderen Vorschriften

3   **Anwendungsbereich** der Vorschrift sind allein Angelegenheiten der **Europäischen Union**. Entsprechend der Entstehungsgeschichte ist damit die Europäische Union gemeint, die durch den 1992 in Maastricht unterzeichneten und am 1. 11. 1993 in Kraft getretenen „Vertrag über die Europäische Union" (BGBl 1992 II 1251, 1993 II 1947) geschaffen wurde. Diese Union umfasst insb. die *Europäische Gemeinschaft,* die *Europäische Atomgemeinschaft,* die *Europäische Gemeinschaft für Kohle und Stahl* und andere vom EUV erfasste Bereiche. Der Anwendungsbereich des Art.23 ist darauf nicht beschränkt: Einmal kann die Europäische Union fortentwickelt werden (unten Rn.6); zum anderen dürfte Art.23 nicht strikt auf die Europäische Union beschränkt sein, sondern alle Einrichtungen erfassen, die mit ihr in einem normativen Zusammenhang stehen. Dazu wird man gem. Art.17 EUV die Westeuropäische Union rechnen können (a. A. Classen MKS 3). Für europäische Einrichtungen, die nicht mit der Europäischen Union verbunden sind, etwa der Europarat, gilt Art.23 nicht (Classen MKS 3).

4   In ihrem Anwendungsbereich **verdrängt** die Vorschrift des Art.23 für seit ihrem Inkrafttreten (Einl.3 Nr.38) ergangene Maßnahmen die Regelung des Art.24 Abs.1 (Rojahn MüK 3) und geht der Regelung des Art.32 vor (Streinz SA 9); Kempen MKS 14 zu Art.32). Dagegen sind Art.23 und Art.59 Abs.2 parallel anzuwenden (BVerfGE 73, 339/367, 375 zu Art.24 Abs.1; Streinz SA 61; für Vorrang von Art.23 Pernice DR 122). Die Vorschrift des Art.24 Abs.1 a wird nicht verdrängt (Scholz MD 47). Für europäische Einrichtungen, die nicht mit der Europäischen Union verbunden sind, gilt Art.23 nicht.

II. Auftrag zur Entwicklung der Europäischen Union (Abs.1 S.1)

1. Rechtlicher Charakter und Gegenstand des Auftrags

5   **a) Bindender Auftrag.** Abs.1 S.1 enthält eine *Staatszielbestimmung* und einen rechtsverbindlichen Auftrag, zur Entwicklung des vereinten Europas durch die Mitwirkung an der Entwicklung der Europäischen Union beizutragen (BT-Drs. 12/3338, 6; Streinz SA

10; Classen MKS 10; abschwächend Scholz MD 36). Dies präzisiert und verstärkt die seit jeher im GG enthaltene Grundentscheidung für die Einigung Europas, wonach Deutschland ein „Glied in einem Vereinigten Europa" bildet (dazu Rn.4 zur Präamb). Abs.1 S.1 konkretisiert das Prinzip der internationalen Zusammenarbeit (Rn.1 zu Art.24), geht aber darüber hinaus. Adressaten des Auftrags sind, im Rahmen ihrer Kompetenzen, alle staatlichen Stellen in Deutschland (Classen MKS 12; Scholz MD 38); näher dazu unten Rn.13 a–15.

b) Gegenstand. Der Auftrag richtet sich auf die „Entwicklung **6** der Europäischen Union", einschl. aller mit der Union in Zusammenhang stehenden Einrichtungen (oben Rn.3). Mit *Entwicklung* ist die Schaffung der Europäischen Union sowie deren fortschreitender Ausbau gemeint (Rojahn MüK 10, 14). Abs.1 deckt daher (im Rahmen der unten in Rn.7–13, 28 f beschriebenen Grenzen) alle Änderungen der vertraglichen Grundlagen und ermöglicht auch ganz andere Unionsformen (Scholz MD 12). Zur Rückentwicklung unten Rn.14. Dem Gesetzgeber kommt ein weiter Gestaltungsspielraum zu (Scholz MD 4). Insb. schreibt Abs.1 nicht die Schaffung eines europäischen Bundesstaats vor (Pernice DR 37), schließt ihn aber auch nicht aus (näher unten Rn.29). Zudem deckt Abs.1 die Erweiterung der EU ab (Scholz MD 43).

c) Strukturvorgaben. Der Auftrag zur Entwicklung der Euro- **7** päischen Union setzt voraus, dass diese bestimmten, in Abs.1 S.1 näher festgelegten Anforderungen entspricht. Diese Anforderungen betreffen die organisatorische Struktur der Europäischen Union und deren Kompetenzausübung. Die Vorgaben dürfen einerseits nicht mit den entsprechenden Anforderungen des GG für die Innerstaatliche Ordnung gleichgesetzt werden (Rojahn MüK 20). Andererseits besitzen Art.79 Abs.3 und die dort in bezug genommenen Prinzipien erkenntnisleitende Bedeutung für die Auslegung von Art.23 Abs.1 S.1 (Randelzhofer MD 202 zu Art.24 I; Rojahn MüK 22). Werden die Strukturvorgaben bei der Übertragung von Hoheitsrechten nicht beachtet, ist die Übertragung unwirksam (unten Rn.30 f); dies ist auch für das Sekundärrecht bedeutsam (unten Rn.37).

(1) Die Union muss **demokratischen Grundsätzen** entspre- **8** chen. Insb. müssen sich die Tätigkeiten der Union auf die Unionsbürger zurückführen lassen. Dies erfolgt zum einen durch die direkte Legitimation über das Europäische Parlament (vgl. Classen MKS 29); der weitere Ausbau der EU macht eine Stärkung des Europäischen Parlaments notwendig (Scholz MD 58; Pernice DR 53; Classen MKS 35), obwohl das Leistungspotential des heutigen Europäi-

schen Parlaments nicht unterschätzt werden darf (Classen MKS 32).
Dazu kommt die indirekte Legitimation, insb. über die Parlamente
der Mitgliedstaaten (BVerfGE 89, 155/185 ff; 97, 350/369; Rojahn
MüK 23; Pernice DR 52 f). Vgl. auch zum Demokratieprinzip
Rn.1–15 zu Art.20.

9 **(2)** Die Union muss so organisiert sein, dass ihre Organe und
Einrichtungen **rechtsstaatliche Grundsätze** beachten (vgl. dazu
Art.6 Abs.1 EUV). Dazu gehören die Bindung des Sekundärrechts-
gesetzgebers an das primäre Recht (Pernice DR 63) und die Gesetzesbindung von Verwaltung und Rechtsprechung (Classen MKS
37). Auch eine Gliederung der staatlichen Gewalten rechnet hierher
(Scholz MD 49), die allerdings nicht dem klassischen Gewaltenteilungsschema folgen muss (Pernice DR 64). Des Weiteren gehört zu
den rechtsstaatlichen Grundsätzen ein ausreichender Rechtsschutz
(vgl. Rn.10 zu Art.24), den zunächst die nationalen Gerichte sicherzustellen haben (Pernice DR 62). Ist ein ausreichender Rechtsschutz
ausgeschlossen, ist die Übertragung von Hoheitsrechten mit Durch-
griffswirkung ausgeschlossen (Streinz SA 29). Vgl. auch zum Gehalt
des innerstaatlichen Rechtsstaatsprinzips Rn.28–101 zu Art.20.

10 **(3)** Die Union muss **sozialen Grundsätzen** verpflichtet sein.
Anhaltspunkte zur Konkretisierung dieser Grundsätze lassen sich
Art.2 Abs.1 EGV entnehmen (Rojahn MüK 26). Zu nennen sind
daher insb. ein hohes Beschäftigungsniveau, ein hohes Maß an
sozialem Schutz, die Hebung der Lebenshaltung und der soziale
Zusammenhalt. Sachstrukturell besteht insoweit ein weiter Gestaltungsspielraum (Scholz MD 60). Vgl. auch zur Bedeutung des innerstaatlichen Sozialstaatsprinzips Rn.102–115 zu Art.20.

11 **(4)** Zwischen der Union und den Mitgliedstaaten müssen **föde-
rative Prinzipien** gelten. Föderative Grundsätze sind bundesstaats-
ähnlicher Natur. Dies schließt eine Entwicklung der EU zum Zen-
tralstaat aus (Pernice DR 69). Weiter ist die Staatlichkeit und die
Verfassungsautonomie der Mitgliedstaaten zu achten (Badura, FS
Lerche, 1993, 382; Zuleeg, NJW 00, 2846; Rojahn MüK 28).
Zudem muss die Union auf innerstaatlich festgelegte föderative
Strukturen Rücksicht nehmen (Classen MKS 44; Scholz MD 62).
Dies kommt in Deutschland den Bundesländern, aber auch der
kommunalen Selbstverwaltung zugute (Pernice DR 71; Scholz MD
63).

12 Kraft ausdrücklicher Regelung ist der **Grundsatz der Subsidia-
rität** zu beachten. Aktivitäten auf Gemeinschaftsebene, zumal der
Erlass von Rechtsvorschriften, sind daher in Anlehnung an Art.5
Abs.2 EGV nur zulässig, wenn und soweit die damit verfolgten Ziele

von den Mitgliedstaaten nicht ausreichend erreicht werden *können* und zudem die Zielverfolgung auf Gemeinschaftsebene deutlich leistungsfähiger ist (vgl. Jarass, EuGRZ 94, 210 ff; vorsichtiger Classen MKS 47). Zur verwandten Regelung des Art.72 Abs.2 vgl. Rn.9 f zu Art.72.

(5) Gegenüber Akten der Europäischen Union muss ein **Grund-** 13 **rechtsschutz** „generell gewährleistet (sein), der dem vom Grundgesetz als unabdingbar gebotenen Grundrechtsschutz im Wesentlichen gleich zu achten ist, zumal den Wesensgehalt der Grundrechte generell verbürgt" (BVerfGE 102, 147/164; 73, 339/387; 89, 155/174 f; Classen MKS 52; Rn.10 zu Art.24). Ob der Grundrechtsschutz im Einzelfall durch den EuGH immer sichergestellt wird, erscheint allerdings nicht unzweifelhaft (Streinz SA 44; Caspar, DÖV 00, 357 ff; a. A. Pernice DR 79). Doch kommt es darauf nicht an: Entscheidend ist die *generelle* Wahrung des notwendigen Standards (BVerfGE 102, 147/164; Classen MKS 52, 64); vgl. unten Rn.38.

2. Adressaten und Anwendungsfelder

a) Adressat. Der Auftrag des Abs.1 S.1 richtet sich an die deut- 13 a schen Staatsorgane, auch soweit sie als deutsche Organe Funktionen in der EU übernehmen, etwa im Rat (Classen MKS 12). Nicht erfasst werden Einzelpersonen, auch wenn sie auf deutschen Vorschlag hin ernannt werden, etwa in der Kommission, im Gerichtshof etc.

b) Anwendungsfelder. aa) Der Auftrag des Art.23 Abs.1 S.1 **14** wird zunächst durch die **Übertragung von Hoheitsrechten** auf die Europäische Union (dazu unten Rn.17–20) bzw. die **Mitgestaltung des primären EU-Rechts** (unten Rn.21–23) erfüllt. Dabei sind die Vorgaben des Abs.1 S.2, 3 zu beachten (dazu unten Rn.24–29). Im Übrigen besteht ein weiter Spielraum (oben Rn.6). Maßnahmen, die zu einer Rückentwicklung der Einigung Europas führen, etwa eine Auflösung der Europäischen Union in der Sache oder ein einseitiger Austritt, sollen aber unzulässig sein (Zuleeg, NJW 00, 2851; Pernice DR 45; a. A. Classen MKS 11).

bb) Darüber hinaus kommt der Auftrag des Abs.1 S.1 bei der **15** sonstigen Fortentwicklung des Primärrechts (unten Rn.26) sowie bei der Mitwirkung staatlicher Stellen am **Erlass von sekundärem Gemeinschaftsrecht** zum Tragen (dazu unten Rn.44). Der Auftrag bindet die beteiligten Organe, insb. die Bundesregierung (BVerfGE 89, 155/209 ff). Zur innerstaatlichen Kompetenzverteilung in diesem Bereich unten Rn.45. Weiter verpflichtet der Auftrag die nach nationalem Recht dafür kompetenten Stellen, EG-Recht, das der **Umsetzung** bedarf, insb. Richtlinien, umzusetzen. Schließlich sind die zuständigen Behörden und Gerichte zur **Ausführung und Beachtung von EU-Recht** verpflichtet (Streinz, Europarecht, Rn.472); Abs.1 verstärkt insoweit die im Vertragsgesetz enthaltene Vorgabe. Dies gilt für die Ausführung von unmittelbar geltendem EU-Recht (dazu unten Rn.33) wie von zur Umsetzung von EU-Recht ergangenem nationalem Recht. Zur Beachtung des Vorrangs unten Rn.40–42.

III. Übertragung von Hoheitsrechten und Mitgestaltung des primären EU-Rechts (Abs.1 S.2, 3)

1. Grundlagen

16   Zur Verwirklichung des Verfassungsauftrags des Abs.1 S.1 enthält Abs.1 S.2, 3 weitreichende Ermächtigungen: Abs.1 S.2 erlaubt, wie bereits Art.24 Abs.1, die Übertragung von Hoheitsrechten (näher unten Rn.17–20). Mit diesem Begriff lassen sich allerdings das Entstehen und die Fortentwicklung der Europäischen Union nur unzureichend erfassen. Es geht auch um die Schaffung und Änderung des primären EU-Rechts und damit (jedenfalls im Bereich der Gemeinschaften) um eine Art Verfassungsgebung (Pernice DR 16 f, 20) die die nationale Verfassungslage verändert und die man als verfassungsrelevante Mitgestaltung des primären EU-Rechts bezeichnen kann. Sie wird in Abs.1 S.3 angesprochen (dazu unten Rn.21–23). Zum Verhältnis von Abs.1 S.2 zu Abs.1 S.3 unten Rn.21.

2. Der Tatbestand der Übertragung von Hoheitsrechten

17   **a)** Unter **„Hoheitsrechten"** iSd Abs.1 S.2 ist die gesamte Ausübung öffentlicher Gewalt im innerstaatlichen Bereich zu verstehen, gleichgültig, ob es sich um Gesetzgebung, Vollziehung oder Rechtsprechung handelt (Streinz SA 53; Scholz MD 49; vgl. Rn.4 zu Art.24). Auch Kompetenzen zur Rechtsfortbildung durch die Rechtsprechung können übertragen werden (BVerfGE 75, 223/242 zu Art.24 Abs.1; Classen MKS 17 ff; Streinz SA 53). Die Kompetenz-Kompetenz wird nicht erfasst (BVerfGE 89, 155/210); möglich ist jedoch eine *Beschränkung* der nationalen Kompetenz-Kompetenz (str.; vgl. oben Rn.2). Erfasst wird auch die öffentliche Gewalt im Kompetenzbereich der Länder (Scholz MD 48), ins-

besondere im Bereich der ausschließlichen Landeskompetenzen, wie
das von Abs.6 vorausgesetzt wird. Thematisch können alle Sachgebiete betroffen sein, unabhängig davon, ob sie vom heutigen
Vertrag über die Europäische Union angesprochen werden (oben
Rn.6). Erfasst wird etwa auch die öffentliche Gewalt im Verteidigungsbereich (BVerfGE 68, 1/93 zu Art.24 Abs.1); Art.24 Abs.2 ist
insoweit keine verdrängende Spezialregelung (Scholz MD 50; vgl.
Rn.19 zu Art.24).

b) Der Begriff der **Übertragung** ist mißverständlich. Er bedeu- **18**
tet, „dass der ausschließliche Herrschaftsanspruch der Bundesrepublik Deutschland ... zurückgenommen und der unmittelbaren Geltung und Anwendbarkeit eines Rechts aus einer anderen Quelle
innerhalb des staatlichen Herrschaftsbereichs Raum gelassen wird"
(BVerfGE 37, 271/280; 58, 1/28; 59, 63/90; 73, 339/374 jeweils zu
Art.24 Abs.1; Pernice DR 82; Streinz SA 52 ff; vgl. Rn.5 f zu Art.24;
wohl anders Scholz MD 51). Die „Übertragung" besteht daher
zunächst in der Schaffung der Europäischen Union und ihrer Glied-
einrichtungen als Träger der Hoheitsrechte und in der Ermöglichung des Entstehens der Hoheitsgewalt in der Europäischen
Union.

Eine Übertragung iSd Abs.1 S.2 liegt nur vor, wenn die Hoheits- **19**
gewalt der Europischen Union unmittelbar auf den innerstaatlichen
Bereich **durchgreifen** kann (Pernice DR 83; vgl. Rn.5 zu Art.24).
Die Voraussetzung ist v. a. gegeben, wenn der *unmittelbaren Geltung
und Anwendung* von EU-Recht im deutschen Hoheitsbereich Raum
gegeben wird (so zu Art.24 Abs.1 BVerfGE 37, 271/280; 59, 63/90;
73, 339/374). Doch gibt es auch andere Fälle (vgl. Rn.5 f zu Art.24).
Erfasst werden zudem *Änderungen* der EU-Hoheitsgewalt, sofern sie
nicht in jeder Hinsicht die EU-Hoheitsgewalt (gegenüber deutschen
Organen und Bürgern) beschränken. Zu einer Übertragung von
Hoheitsrechten ist es v. a. im Bereich der EG, der EGKS und der
EAG gekommen. Keine Übertragung liegt vor, wenn lediglich Verpflichtungen zur Kooperation geschaffen werden.

Änderungen des primären EU-Rechts können eine Übertra- **20**
gung von Hoheitsrechten darstellen, müssen es aber nicht (Rojahn
MüK 49). Wenig klar ist, wo die Grenzen zu ziehen sind. Änderungen des primären Rechts werden nicht nur erfasst, wenn unmittelbar
Kompetenzen der EU geschaffen oder ausgeweitet bzw. die Durch-
griffswirkung von EU-Akten verstärkt werden. Auch Änderungen,
die mittelbar diesen Effekt besitzen, wie etwa die Einschränkung des
EG-Rechtsschutzes, werden erfasst, nicht jedoch Regelungen im

Kooperationsbereich. Darüber hinaus dürften Änderungen des primären Organisationsrechts, die die Stellung und das Gewicht Deutschlands in der EU reduzieren, etwa eine Ausweitung der EU, ebenfalls von Abs.1 S.2 erfasst sein, weil dadurch das relative Gewicht der EU-Hoheitsgewalt zunimmt (a. A. Scholz MD 52). Jedenfalls ist eine entsprechende Anwendung von Abs.1 S.2 angebracht (so Pernice DR 88). Zudem sind Änderungen des primären Rechts, die das in Abs.1 S.3 angesprochene verfassungsändernde Gewicht besitzen (unten Rn.23), als (zumindest mittelbare) Übertragung von Hoheitsrechten anzusehen (Hölscheidt/Schotten, DÖV 95, 192). Die Nutzung von sog. Evolutivklauseln (unten (3) in Rn.22) wird man wie Vertragsänderungen zu behandeln haben (für analoge Anwendung von Abs.1 S.2 Pernice DR 88). Zu Änderungen des primären Rechts ohne jede unmittelbare oder mittelbare Übertragung von Hoheitsrechten unten Rn.26.

3. Der Tatbestand der verfassungsändernden Mitgestaltung des primären EU-Rechts

21 **a) Bedeutung von Abs.1 S.3 und Verhältnis zu Abs.1 S.2.** Abs.1 S.3 betrifft die Mitwirkung Deutschlands an der Schaffung und Änderung des primären EU-Rechts, sofern eine verfassungsändernde Qualität (dazu unten Rn.23) zu verzeichnen ist (vgl. oben Rn.16). Vom Wortlaut her enthält die Vorschrift allein Beschränkungen dieser Mitwirkung, keine Ermächtigung dazu. Diese findet sich in Abs.1 S.2, jedenfalls wenn man der Auffassung folgt, dass jede verfassungsändernde Mitgestaltung des primären EU-Rechts eine Übertragung von Hoheitsrechten darstellt bzw. ihr gleichzustellen ist (oben Rn.20). Abs.1 S.3 stellt somit eine Beschränkung der Ermächtigung des Abs.1 S.2 dar. Andererseits fällt nicht jede Übertragung von Hoheitsrechten iSd Abs.1 S.2 unter Abs.1 S.3. Systematik und Entstehungsgeschichte sprechen dafür, Abs.1 S.3 einen etwas engeren Anwendungsbereich als Abs.1 S.2 zuzuweisen (Pernice DR 92; Scholz MD 83 ff; Hufeld, Die Verfassungsdurchbrechung, 1997, 119; Magiera, Jura 94, 9; wohl auch BVerfGE 89, 155/190 f; a. A. Streinz SA 65; Classen MKS 21; Rojahn MüK 49). Andernfalls hätte die Zwei-Drittel-Mehrheit des Art.79 Abs.2 gleich in Abs.1 S.2 festgeschrieben werden können. Dafür spricht zudem, dass Art.24 Abs.1 Hoheitsrechtsübertragungen mit einfacher Mehrheit (und ohne notwendige Zustimmung des Bundesrats) zulässt; dann muss aber für geringfügige Hoheitsrechtsübertragungen an die EU die Mehrheit des Abs.1 S.2 genügen. Hoheitsrechtsübertragungen fallen daher nur dann unter Abs.1 S.3, wenn sie ein verfassungsänderndes Gewicht besitzen (Pernice DR 92); näher zu dieser Voraussetzung unten Rn.23.

b) Fälle der verfassungsändernden Mitgestaltung von pri- 22
märem EU-Recht. Abs.1 S.3 kommt, unter der Voraussetzung des verfassungsändernden Gewichts (unten Rn.23), in folgenden Fällen zum Tragen: – **(1)** *Zustimmung zum Vertrag* über die Begründung der Europäischen Union, die 1992 erfolgt ist (BGBl II 1253). – **(2)** *Änderungen der vertraglichen Grundlagen* der Europäischen Union. Der Begriff der Europäischen Union ist dabei weit zu verstehen (oben Rn.3); erfasst wird insb. auch die Änderung von bereits vor Schaffung der Europäischen Union geltenden Normen des EG-Vertrags etc. (oben Rn.6). – **(3)** Der Änderung der vertraglichen Grundlagen *vergleichbare Regelungen*. Damit sind Fälle gemeint, in denen der Vertrag einen Beschluss vorsieht, der durch die Mitgliedstaaten zu ratifizieren ist (Classen MKS 20; Scholz MD 85; Rojahn MüK 47), wie Art.22, Art.190 Abs.4, Art.269 EGV oder Art.44 EUV. Art.308 EGV stellt keinen derartigen Fall dar (Pernice DR 90; a. A. Scholz MD 85). Die Kompetenzübertragung muss einer Änderung der vertraglichen Grundlagen vergleichbar sein; daran fehlt es bei vertragsausfüllenden oder vertragsimmanenten Hoheitsrechtsübertragungen, die nach dem bestehenden Vertragsrecht vorhersehbar sind (Lerche, FS Schambeck, 760; Scholz MD 84).

Des Weiteren setzt Abs.1 S.3 voraus, dass die in Rn.22 beschrie- 23
benen Maßnahmen das GG seinem Inhalt nach ändern oder ergänzen oder solche Änderungen bzw. Ergänzungen ermöglichen. Man kann insoweit von **verfassungsänderndem Gewicht** oder **qualifizierter Verfassungsbedeutung** sprechen. Diese Voraussetzung gilt auch für Vertragsänderungen (Streinz SA 72; Pernice DR 89). Erfasst werden damit alle EU-Regelungen, die (über die kompetenz- und verfahrensrechtliche Verschiebungen hinaus) in materiell-rechtliche Bestimmungen des GG in einer nur dem verfassungsändernden Gesetzgeber zukommenden Weise eingreifen (vgl. Hufeld o.Lit. 119; etwas anders Pernice DR 92). Darunter dürften auch Änderungen des primären Rechts fallen, die die Stellung Deutschlands in der Union grundlegend verändern (Streinz SA 81). Die Ausweitung der Befugnisse des Europäischen Parlaments kann aber schwerlich dazu rechnen (so Streinz SA 80), zumal damit nur Abs.1 S.1 Rechnung getragen wird (oben Rn.8). Die dargestellte Differenzierung ist auch bei der Übertragung von Hoheitsrechten geboten, die daher nicht in jedem Falle verfassungsänderndes Gewicht besitzen (oben Rn.21).

4. Formelle Voraussetzungen der Hoheitsrechtsübertragung und Mitgestaltung des primären EU-Rechts

24 **aa) Die Übertragung von Hoheitsrechten** auf die EU (dazu oben Rn.17–20) bedarf gem. Abs.1 S.2 – iVm einem entsprechenden völkerrechtlichen Vertrag (Streinz SA 60) – eines förmlichen Bundesgesetzes (vgl. BVerfGE 58, 1/35). Das Gesetz muss ausreichend bestimmt sein (BVerfGE 89, 155/191; Scholz MD 52). Rechtsverordnungen genügen nicht (vgl. Rn.8 zu Art.24). Eine Übertragung von Hoheitsrechten durch Landesgesetz ist ausgeschlossen (Streinz SA 62; vgl. aber Rn.15–18 zu Art.24). Das Gesetz bedarf, anders als ein entsprechendes Gesetz nach Art.24 Abs.1, gem. Abs.1 S.2 ausnahmslos der Zustimmung des Bundesrats, auch im Bereich ausschließlicher Bundeskompetenzen (Scholz, NVwZ 93, 821). Das Gebot der ausdrücklichen Änderung nach Art.79 Abs.1 S.1 gilt dagegen nicht (Pernice DR 89; Scholz MD 80). Zum Gesetzgebungsverfahren finden sich Sonderregeln in Art.76 Abs.2 S.5 und Art.76 Abs.3 S.5.

25 **bb) Die verfassungsändernde Mitgestaltung** des primären EU-Rechts (oben Rn.22 f) bedarf über die in Rn.24 aufgeführten Voraussetzungen hinaus gem. Abs.1 S.3 der in Art.79 Abs.2 vorgesehenen Zwei-Drittel-Mehrheit im Bundestag und im Bundesrat (näher dazu Rn.5 zu Art.79). Zum Verhältnis von Abs.1 S.3 zu Abs.1 S.2 oben Rn.21.

26 **cc) Änderungen des primären EU-Rechts ohne** jede unmittelbare oder mittelbare **Übertragung von Hoheitsrechten** (dazu oben Rn.18–20) bzw. ohne verfassungsänderndes Gewicht (dazu oben Rn.23) unterliegen nicht Art.23 Abs.1, sondern Art.59 Abs.2 (Pernice DR 84 Fn.384). Sie bedürfen generell der Zustimmung des Bundestags, da das frühere Zustimmungsgesetz geändert wird, ggf. auch der Zustimmung des Bundesrats (vgl. dazu Rn.15 zu Art.59).

5. Materielle Grenzen der Hoheitsrechtsübertragung und Mitgestaltung des primären EU-Rechts

27 **a) Beschränkung auf Europäische Union.** Allein auf die Europäische Union und deren Einrichtungen (oben Rn.3) können Hoheitsrechte übertragen werden. Für andere europäische Einrichtungen gilt Art.24 Abs.1 (oben Rn.4). Die Beschränkung auf die EU schließt nicht aus, dass diese die Behörden anderer Mitgliedstaaten mit der Wahrnehmung bestimmter Aufgaben auch mit Wirkung für Deutschland betraut. Die Übertragung von Hoheitsrechten

und die Mitgestaltung des primären EU-Rechts ist des Weiteren nur zulässig, wenn durch Regelungen des primären EU-Rechts sichergestellt ist, dass die Europäische Union den Anforderungen des Abs.1 S.1 gerecht wird. Näher zu diesen Anforderungen oben Rn.7–13.

b) Schranken des Art.79 Abs.3. In den Fällen des Abs.1 S.3 **28** (oben Rn.22 f) sind nach dieser Vorschrift die Grenzen des Art.79 Abs.3 zu beachten. In den sonstigen Fällen der Hoheitsrechtsübertragung (vgl. oben Rn.21) ist Art.79 Abs.3 regelmäßig nicht betroffen. Wäre es anders, käme Abs.1 S.3 jedenfalls entsprechend zur Anwendung. Generell wird die Beachtung des Art.79 Abs.3 bereits durch die Verpflichtung der Europäischen Union auf die Anforderungen des Abs.1 S.1 in erheblichem Umfang gewährleistet. Soweit das nicht geschieht, besitzt Abs.1 S.3 eine eigenständige Bedeutung, v. a. im Hinblick auf die bundesstaatliche Struktur der Bundesrepublik (vgl. Classen MKS 46; Pernice DR 93). Den Ländern müssen noch eigenständige Kompetenzen von einigem Gewicht verbleiben (Streinz SA 84). Zudem verlangt die in Art.79 Abs.3 angesprochene Beteiligung der Länder eine Einbeziehung des Bundesrats und/oder der Länder in die europäische Willensbildung (vgl. unten Rn.55–60).

Art.79 Abs.3 steht einem **europäischen Bundesstaat** nicht ent- **29** gegen (Stern I 521; Magiera, Jura 94, 8; Scholz MD 63; Pernice DR 35, 94; Scheuing EuR 97, Beih.1, 23 f; Maurer StR § 4 Rn.21; a. A. Streinz SA 84). Dies gilt selbst dann, wenn man Art.79 Abs.3 ein Verbot der „Entstaatlichung" Deutschlands entnimmt (so Scholz MD 88; Streinz SA 84; a. A. Pernice HbStR VIII 271 f). Die Bundesrepublik verliert in einem europäischen Bundesstaat nicht ihren Staatscharakter (Scholz MD 63; Classen MKS 29 zu Art.24; a. A. Kirchhof HbStR VII § 183 Rn.58 ff), werden doch selbst die deutschen Länder als Staaten eingestuft (BVerfGE 36, 342/360 f). I. ü. sichert Art.79 Abs.3 nicht die völlig souveräne (deutsche) Staatlichkeit, sondern ein Gemeinwesen im Interesse der Bürger (vgl. Rn.1 zu Art.1), das auch Teil eines größeren Gemeinwesens sein kann (vgl. Pernice DR 94). Auch spricht die Präambel von Deutschland als einem „Glied in einem Vereinten Europa". Schließlich müssten andernfalls die Befürworter eines europäischen Bundesstaates als Verfassungsfeinde eingestuft werden. Art.23 erlaubt andererseits noch nicht den Schritt zum europäischen Bundesstaat (Rojahn MüK 11 f; offengelassen BVerfGE 89, 155/188; BT-Drs.12/3338, 6; a. A. Pernice, DVBl 93, 922; Scholz NJW 92, 2599), da die in Bezug genommene EU kein Bundesstaat ist (oben Rn.2). Ggf. wäre also eine Verfassungsänderung erforderlich. Zudem könnte sich aus dem Demokratieprinzip die Notwendigkeit einer Volksabstimmung ergeben. Zu ähnlichen, möglicherweise noch weitergehenden Anforderungen führt es, wenn man für den Übergang zu einem europäischen Bundesstaat eine Verfassungsneugebung im Wege des Art.146 verlangt (so Dreier DR 46 zu Art.79 III; Huber SA 19 zu Art.146).

30 **c) Folgen eines Verstoßes gegen materielle Vorgaben.** Werden die materiellen Vorgaben des Art.23 Abs.1 für die Übertragung von Hoheitsrechten nicht beachtet, dann ist die Übertragung unwirksam (unten Rn.35). Die Vorgaben ergeben sich zum einen aus der Regelung des Abs.1 S.1 (dazu oben Rn.8–13), die bereits vor Inkrafttreten des Art.23 in ganz ähnlicher Weise dem GG entnommen wurden (Huber o.Lit. A § 3 Rn.11; vgl. Rn.9 zu Art.24). Zum anderen ergeben sich Vorgaben aus der in Abs.1 S.3 (dazu oben Rn.28 f) in Bezug genommenen (und unabhängig davon geltenden) Regelung des Art.79 Abs.3 (Dörr o.Lit. A 401). Dabei ist jedoch zu beachten, dass sowohl Abs.1 S.1 wie die durch Abs.1 S.3 anwendbare Norm des Art.79 Abs.3 nur Prinzipien und Strukturen gewährleistet. Der Umstand, dass die Übertragung von Hoheitsrechten im Einzelfalle zu einer Verletzung der gewährleisteten Strukturen und Prinzipien führen kann, stellt daher noch keinen Verstoß dar (BVerfG-K, NJW 87, 3077; Nettesheim, NJW 95, 2084; Isensee HbStR V 389 f; a.A. Scholz, Europarecht und GG, 1990, 84 f); insoweit kommen die Regeln für die Anwendung von EU-Recht (unten Rn.37) zum Tragen.

31 Des Weiteren ergibt sich aus dem verfassungsrechtlichen Auftrag zur Mitwirkung an der europäischen Einigung (oben Rn.5), dass ein Verstoß gegen die Vorgaben des Abs.1 S.1 und des Abs.1 S.3 die Wirksamkeit der Übertragung nicht berührt, soweit er durch **innerstaatliche Maßnahmen kompensiert** werden kann (anders Streinz SA 87). Solange die Europäische Union ihren Endzustand noch nicht erreicht hat, ist eine solche Kompensation im Interesse der verfassungsrechtlichen Verankerung der europäischen Einigung (oben Rn.5; Rn.4 zur Präamb) geboten. So könnte ein unzureichender *Grundrechtsschutz* auf Gemeinschaftsebene durch die Anwendung nationaler Grundrechte auf die Anwendung von EG-Recht in Deutschland kompensiert werden (BVerfGE 89, 155/175; unten Rn.38).

IV. Probleme nach Übertragung von Hoheitsrechten

1. Verhältnis von EG-Recht und deutschem Recht

a) Grundlagen. Das EG-Recht und das deutsche Recht bilden **32** (auch) aus der Sicht des nationalen Verfassungsrechts, um die es im Folgenden allein geht, zwei getrennte Rechtskreise (BVerfGE 37, 271/277 f), stehen aber nicht unverbunden nebeneinander (BVerfGE 73, 339/368). Die Bestimmung des Verhältnisses zwischen EG-Recht und nationalem Recht, insb. der unmittelbaren Anwendbarkeit und des Vorrangs des EG-Rechts, erfolgt durch eine „ungeschriebene Norm des primären Gemeinschaftsrechts" (BVerfGE 75, 223/244 f; 85, 191/204). Die innerstaatliche Anwendbarkeit dieser Entscheidung soll aber aus dem „**Rechtsanwendungsbefehl**" des durch Art.23 Abs.1 (bzw. Art.24 Abs.1) ermöglichten Zustimmungsgesetzes folgen (BVerfGE 73, 339/375; 75, 223/244 f; 85, 191/204; 89, 155/190; gegen die Notwendigkeit eines innerstaatlichen Akts Classen MKS 14 ff zu Art.24), selbst für das sekundäre Recht (BVerfGE 73, 339/375). Das ist nur schwer mit der Aussage zu vereinbaren, dass mit der Übertragung von Hoheitsrechten der deutsche Herrschaftsanspruch zurückgenommen wird (oben Rn.18). Auch ist unklar, wie auf dieser Grundlage der Vorrang des EG-Rechts vor späteren Gesetzen (in denen eine Rücknahme des Anwendungsbefehls gesehen werden kann) möglich ist. Der Rechtsanwendungsbefehl muss hier einen anderen Charakter als bei einem regulären völkerrechtlichen Vertrag haben (so tendenziell BVerfGE 73, 339/375; vgl. Kempen MKS 92 zu Art.59), zumal Art.23 wie Art.24 von vornherein auf die unmittelbare Anwendbarkeit angelegt sind (oben Rn.19). Worin der Charakter im Einzelnen besteht, ist allerdings ungeklärt. Angesichts der Verwendung des Begriffs bei normalen völkerrechtlichen Verträgen (Rn.17 zu Art.59), ist die Verwendung hier missverständlich. Besser wäre es, durch das Zustimmungsgesetz die deutsche Hoheit zurückgenommen zu sehen, mit der Folge, dass sich insoweit das Gemeinschaftsrecht entfalten kann, auch unter unmittelbarem Zugriff auf den Bürger. Andererseits ist das nur insoweit möglich, als die Übertragung von Hoheitsrechten stattgefunden hat; näher dazu unten Rn.35–38.

b) Unmittelbare Anwendbarkeit und Vorrang. aa) EG- **33** Recht ist in erheblichem Umfang ohne Umsetzung durch nationales Recht wie innerstaatliches Recht anzuwenden, also innerstaatlich **unmittelbar anwendbar** bzw. unmittelbar wirksam (zu den Begriffen Jarass, DVBl 95, 955; vgl. Rn.3 zu Art.25). Dies ist mit dem GG vereinbar, auch soweit dies durch den EuGH im Wege der Rechtsfortbildung begründet wurde (BVerfGE 75, 223/243 f).

34   **bb)** Tritt zwischen innerstaatlich geltendem bzw. unmittelbar anwendbarem EG-Recht und nationalem Recht ein Widerspruch auf, kommt dem EG-Recht der **Anwendungsvorrang** zu, was mit nationalem Verfassungsrecht vereinbar ist (BVerfGE 73, 339/375; 75, 223/244; 85, 191/204; Ipsen HbStR VI 792); zu den Grenzen unten Rn.35–38. Der Anwendungsvorrang greift auch gegenüber späteren Gesetzen (BVerfGE 75, 223/244; 85, 191/204). Gleiches gilt im Grundsatz gegenüber nationalem Verfassungsrecht (vgl. BVerfGE 73, 339/375: Vorrang „gegenüber innerstaatlichem Recht"), soweit die Grenzen der übertragbaren Hoheitsrechte nicht überschritten werden (unten Rn.35). Der Anwendungsvorrang führt nicht zur Nichtigkeit der nationalen Regelung, sondern zwingt lediglich dazu, sie soweit nicht anzuwenden, als der Konflikt mit EG-Recht auftritt (Streinz SA 59; vgl. BVerfGE 31, 145/174). Zur *Durchsetzung* unten Rn.40–42.

35   **c) Grenzen. aa)** Da die innerstaatliche Wirksamkeit von EG-Recht durch Art.23 Abs.1 (bzw. Art.24 Abs.1) ermöglicht wurde (oben Rn.32), sind die Grenzen der Ermächtigung auch bei der innerstaatlichen Geltung von Gemeinschaftsrecht zu beachten *(Grenze der übertragbaren Hoheitsrechte);* die Rücknahme des nationalen Hoheitsanspruchs ist nur in diesem Rahmen möglich. Zu diesen Grenzen gehören gem. Abs.1 S.3 die Vorgaben des Art.79 Abs.3 (dazu oben Rn.28 f) und wohl auch die des Abs.1 S.1 (dazu oben Rn.7–13). Werden diese Grenzen überschritten, sind EG-Akte „im deutschen Hoheitsbereich unverbindlich" (BVerfGE 89, 155/188, 210). Die Frage, ob die Grenzen überschritten sind, wird letztlich vom BVerfG entschieden, das allerdings seine Befugnisse in „Kooperation" mit dem EuGH auszuüben hat (BVerfGE 89, 155/175).

37   Das Abstellen auf das Zustimmungsgesetz als Rechtsanwendungsbefehl (oben Rn.32) könnte zudem die noch engeren Grenzen der durch den Inhalt des jeweiligen Vertrags bedingten **„Grenze der übertragenen Hoheitsrechte"** auch für die innerstaatliche Geltung bedeutsam werden lassen. Die Kompetenz zur Auslegung des EG-Rechts wurde aber auf den EuGH übertragen. Dessen Auslegung der Reichweite des Vertrags ist daher auch innerstaatlich verbindlich (BVerfGE 75, 223/234). Allenfalls bei offenkundiger und schwerwiegender Überschreitung des Übertragenen ist eine

Kontrolle durch das BVerfG vertretbar, da der EuGH dann keine Auslegung (und keine Rechtsfortbildung) mehr vornimmt (Pernice DR 31). Dabei gilt es aber zu beachten, dass das BVerfG in seiner eigenen Rspr. diese Grenze meist sehr großzügig zieht.

d) Insb. Grundrechte als Grenze. Da die Grundrechte nur die 38 inländische öffentliche Gewalt binden (Rn.32 zu Art.1), sind auch die Organe der EG nicht Adressaten der Grundrechte (Kunig MüK 52 zu Art.1; unklar BVerfGE 89, 155/174 f); das Gemeinschaftsrecht ist nicht an nationalen Grundrechten zu messen (BVerwGE 108, 289/296). Doch unterliegen deutsche Stellen bei der Umsetzung und dem Vollzug sowie der Anwendung des EG-Rechts den Grundrechten; dies gilt auch für die Gerichte. Zudem kann die Schutzpflicht der Grundrechte (Vorb.7 vor Art.1) Maßnahmen deutscher Stellen gegenüber der Beeinträchtigung von Grundrechten in Deutschland (vgl. Rn.33 zu Art.1) notwendig machen (Randelzhofer MD 140 zu Art.24 Abs.1; Claßen MKS 48 zu Art.24). Andererseits ist zu beachten, dass dem EG-Recht auch gegenüber den nationalen Grundrechten der Vorrang zukommt (oben Rn.34). Lediglich die Grenze der übertragbaren Hoheitsrechte (oben Rn.35) setzt dem Vorrang des EG-Rechts seinerseits eine äußerste Grenze. Einzuhalten ist die oben in Rn.13 beschriebene Vorgabe des **im Wesentlichen gleichkommenden Grundrechtsschutzes.** Ist sie nicht gewahrt, sind deutsche Grundrechte anzuwenden. Da das EG-Recht einen vergleichbaren Grundrechtsschutz jedenfalls *generell* vorsieht (BVerfGE 73, 339/376, 387; BVerwGE 85, 24/29 f; Claßen MKS 54 ff; a. A. noch BVerfGE 37, 271/280 ff), scheidet eine Anwendung nationaler Grundrechte aus (BVerfGE 102, 147/164); zum generellen Maßstab oben Rn.13. Anders wäre dies erst dann, wenn „die europäische Rechtsentwicklung ... unter den erforderlichen Grundrechtsstandard abgesunken" und „der jeweils als unabdingbar gebotene Grundrechtsschutz generell nicht gewährleistet ist" (BVerfGE 102, 147/164).

cc) Verfahrensmäßig ergibt sich daraus folgendes: Ist ein *Gericht* 39 der Auffassung, dass ein Akt des sekundären Rechts die Kompetenzgrenzen der EG überschreitet, ist das Vorabentscheidungsverfahren nach Art.234 EGV einschlägig (BVerfGE 85, 191/205). Die Entscheidung des EuGH ist bindend (Claßen MKS 53 zu Art.4). Verneint das Gericht diese Frage, sieht aber die Grenzen der Übertragbarkeit (oben Rn.7–13, Rn.28 f) überschritten, muss die Frage analog Art.100 Abs.1 dem BVerfG vorgelegt werden (BVerfGE 102, 147/161; Dreier DR 12 vor Art.1 III; vgl. BVerfGE 37, 271/284 f).

Soweit man verfassungsrechtliche Prüfpflichten im Bereich der Kompetenzüberschreitung bejaht, also der übertragenen Hoheitsrechte (oben Rn.37), ist auch insoweit Art.100 Abs.1 ensprechend anzuwenden (Schweitzer EUDUR § 26 Rn.93, Pernice DR 31; a. A. Dörr o.Lit. A 407 f). *Verwaltungsbehörden* müssen sekundäres Recht anwenden, auch wenn es gegen primäres Recht verstößt (EuGH 1979, 623/636 f); sie können lediglich die Betroffenen auf den Rechtsweg verweisen (Streinz HbStR VII § 182 Rn.66), was in bemerkenswertem Kontrast zur Situation des Konflikts zwischen EG-Recht und nationalem Recht steht (dazu unten Rn.42). Soweit nationale Stellen bei der Durchführung von EG-Recht EG-rechtlich nicht gebunden sind, besteht eine volle Grundrechtsbindung (Dreier DR 13 zu Art.1 III).

40   **e) Durchsetzung des Vorrangs des EG-Rechts.** Abs.1 S.1 verpflichtet die nationalen Behörden und Gerichte dazu, bei der Ausführung und Anwendung deutschen Rechts EG-Recht zu beachten, soweit es innerstaatlich gilt bzw. wirksam ist (dazu oben Rn.33). Bei Konflikten zwischen nationalem Recht und EG-Recht ist der Anwendungsvorrang (dazu oben Rn.34) zu beachten. Wird in Zweifelsfragen kein Vorabentscheidungsverfahren eingeleitet, obwohl dies EG-rechtlich geboten ist, kann das Art.101 verletzen (Rn.12 zu Art.101).

41   Der Auftrag des Abs.1 S.1 verpflichtet zu **EG-rechtskonformer Auslegung** nationalen Rechts, soweit die nationalen Auslegungsregeln das zulassen (vgl. Jarass, DVBl 95, 957 f). Dies ist mit dem GG veeinbar (BVerfGE 75, 223/237 iVm 240). Insoweit gelten die Überlegungen zur verfassungskonformen Auslegung (dazu Rn.34 zu Art.20) ganz entsprechend. Diese Pflicht tritt neben die entsprechende Pflicht aus dem EG-Recht (vgl. Jarass, EuR 91, 215 ff). Sie betrifft auch die Auslegung des GG.

42   Läßt sich dadurch dem Vorrang des EG-Rechts nicht ausreichend Rechnung tragen, muss nationales Recht unangewandt bleiben (EuGHE 1978, 629/630; 1989, 1838/1871). Es besteht eine **Nichtanwendungspflicht,** und zwar von Amts wegen, auch bei (unmittelbar wirksamen) Richtlinien (vgl. EuGHE 1989, 1839/1870 f). Die Verwerfungskompetenz steht insoweit jedem Gericht zu; eine Vorlage nach Art.100 scheidet aus (BVerfGE 31, 145/174 f; 82, 159/181). Des Weiteren besitzt die Verwaltung die Nichtanwendungskompetenz (Pernice DR 30). Vgl. zur ähnlichen Problematik beim Konflikt zwischen primärem und sekundärem Recht oben Rn.39.

2. Verhältnis von sonstigem EU-Recht und deutschem Recht

Die Ausführungen zum Verhältnis von EG-Recht und deutschem **43** Recht (oben Rn.32–42) gelten ganz entsprechend für das Verhältnis von EGKS-Recht bzw. EAG-Recht und nationalem Recht. Dagegen dürfte sich die Situation in den Bereichen der Gemeinsamen Außen- und Sicherheitspolitik und der Polizeilichen und Justiziellen Zusammenarbeit in Strafsachen anders darstellen, zumal insoweit dem EuGH gem. Art.46 EUV eine Entscheidungskompetenz, von Ausnahmen abgesehen, verwehrt wurde (BVerfGE 89, 155/177 f; Classen MKS 62).

3. Mitwirkung beim Erlass von sekundärem Recht

Beim Erlass sekundären EG-Rechts kommt dem Rat entschei- **44** dende Bedeutung zu, in dem die Bundesregierung vertreten ist. Des Weiteren ist die Bundesregierung im Vorfeld der Ratsentscheidungen, aber auch vieler Kommissionsentscheidungen, beteiligt. Ob und wieweit die Bundesregierung bei diesen Tätigkeiten an das GG gebunden ist, wird unterschiedlich beurteilt (vgl. Randelzhofer MD 164 zu Art.24 I; Rojahn MüK 54). Richtigerweise muss eine Bindung ausscheiden, soweit das GG durch das EG-Recht (zulässigerweise) eingeschränkt wird bzw. eingeschränkt werden kann (ähnlich Dreier DR 8 zu Art.1 III); weiter gehende Vorgaben können evtl. den grundrechtlichen Schutzgehalten entnommen werden. I. ü. dürfte eine volle Bindung an das GG bestehen, wie das i. ü. auch zugunsten des sonstigen nationalen Rechts gilt. Insb. muss die Bundesregierung strikt auf die Einhaltung der Kompetenzgrenzen der Union achten (vgl. BVerfGE 89, 155/211; 92, 203/236); eine andere Frage ist, ob die Mitwirkung der Bundesregierung im Rat zu unmittelbaren Beeinträchtigungen des Bürgers führen kann (ablehnend BVerfG-K, NJW 1990, 974 f). Auch der Bundestag hat im Rahmen seiner Beteiligung nach Abs.3 auf diese Grenzen zu achten (BVerfGE 89, 155/212). Zur Beteiligung von Bundestag und Bundesrat unten Rn.48–60.

V. Beteiligung deutscher Organe an Europäischer Union

1. Grundlagen

a) Kompetenzen für deutsche Mitwirkung. – (1) Die deut- **45** sche Mitwirkung am Erlass von *Primärrecht* (Vertragsrecht) liegt gem. Art.23 Abs.1 beim Bund (vgl. oben Rn.24); erforderlich ist die Zustimmung von Bundestag und Bundesrat. Zu Sonderfällen oben Rn.26. – **(2)** Die deutsche Beteiligung am *Erlass von sekundärem EU-Recht* liegt, wie Art.23 Abs.2 mittelbar entnommen werden kann, beim Bund, und zwar bei der Bundesregierung. Eine Sonderregelung für das Außenverhältnis findet sich in Abs.6 (dazu unten Rn.61). Im Innenverhältnis ist gem. Abs.3 der Bundestag (dazu unten Rn.48–54) und gem. Abs.4, 5 der Bundesrat zu beteiligen (dazu unten Rn.55–60). – **(3)** Die *normative Umsetzung von EU-Recht,* vor allem von Richtlinien, erfolgt entsprechend der innerstaatlichen Verteilung der Gesetzgebungskompetenzen (Streinz HbStR VII § 182 Rn.53). – **(4)** Der Vollzug von EG-Normen im Einzelfall liegt teils beim Bund, teils bei den Ländern (vgl. Rn.5 zu Art.83 sowie Rn.3 zu Art.30). – **(5)** Die Wahrnehmung deutscher Rechte gegenüber der EU außerhalb der Rechtsetzung erfolgt durch den Bund, und zwar durch die Bundesregierung, etwa bei Klagen gegen die EU (BVerfGE 92, 203/230 f; § 7 EUZBLG). Innerstaatlich ist Abs.2 zu beachten. Materiell hat die Bundesregierung auf die Belange der Länder Rücksicht zu nehmen (BVerfGE 92, 203/230).

46 **b) Bedeutung von Abs.2–6 und Ausführungsnormen. aa)** Angesichts des Verlustes staatlicher Zuständigkeiten und des Kompetenzzuwachses der EU sehen die Abs.2–6 eine weitreichende Beteiligung von Bundestag und Bundesrat an der nationalen Mitwirkung in der Europäischen Union vor, was für den Bundesrat in Art.50 wiederholt wird. Damit wird zum einen dem Demokratieprinzip entsprochen, das eine Beteiligung des nationalen Parlaments an Entscheidungsprozessen der EU verlangt (oben Rn.8; vgl. auch oben Rn.31). Zudem wird den Interessen der Länder und damit dem Bundesstaatsprinzip Rechnung getragen. Das organisationsrechtliche Gegenstück bilden der Europaausschuss im Bundestag (Rn.1 f zu Art.45) und die Europakammer im Bundesrat (Rn.4 zu Art.52).

47 **bb)** Die Einzelheiten der Beteiligung des *Bundestages* können gem. Abs.3 S.3 durch **Gesetz** geregelt werden, wobei dem Gesetzgeber ein gewisser Ausgestaltungsspielraum zukommen dürfte. Darauf gestützt erging das Gesetz über die Zusammenarbeit von Bundesregierung und Deutschem Bundestag in Angelegenheiten der Europäischen Union (EUZBBG) vom 12. 3. 1993 (BGBl I 311). Eine entsprechende Ermächtigung enthält Abs.7 für die Beteiligung des *Bundesrats* und die Einschaltung der *Länder;* in diesen Fällen bedarf das Gesetz der Zustimmung des Bundesrates. Davon wurde

mit dem Gesetz über die Zusammenarbeit von Bund und Ländern in Angelegenheiten der Europäischen Union (EUZBLG) vom 12. 3. 1993 (BGBl I 313) Gebrauch gemacht. Weitere Anhaltspunkte sind der „Vereinbarung zwischen der Bundesregierung und den Regierungen der Länder über die Zusammenarbeit in Angelegenheiten der Europäischen Union" vom 29. 10. 1993 (BAnz Nr.226) zu entnehmen.

2. Mitwirkung des Bundestages

a) Generelle Pflicht zur Mitwirkung. Abs.2 S.1 enthält eine 48 generelle Entscheidung, wonach die Mitwirkung in der Europäischen Union nicht allein durch die Bundesregierung erfolgt, sondern auch durch den Bundestag, um insb. dem Demokratieprinzip Rechnung zu tragen (oben Rn.8). Darin liegt ein Recht des Bundestags, aber auch eine Pflicht. Zur Beteiligung des Bundes*rats* unten Rn.55-60.

Die Mitwirkung des Bundestags betrifft alle **Angelegenheiten** 49 **der Europäischen Union.** Damit werden alle (nationalen) Aktivitäten erfasst, die mit der Vorbereitung, Wahrnehmung und Vollziehung von Zuständigkeiten, Befugnissen und Zielsetzungen der EU zusammenhängen (Scholz MD 111). Erfasst werden nicht nur Akte der EU-Rechtsetzung, sondern auch andere (wichtige) Maßnahmen, die allgemeinen politischen Programme sowie Maßnahmen im Rahmen der GASP und der PJZS (Pernice DR 98), aber auch die Ernennung von Kommissionsmitgliedern oder von Richtern am EuGH, weiter Vertragsverletzungsverfahren. Erfasst werden auch Regierungskonferenzen (Classen MKS 89).

b) Information durch die Bundesregierung. Die Bundes- 50 regierung ist durchweg und v. a. frühzeitig in Angelegenheiten der Europäischen Union eingeschaltet. Daher muss sie gem. Abs.2 S.2 den Bundestag über alle Angelegenheiten der Europäischen Union unterrichten. Zum gegenständlichen Anwendungsbereich oben Rn.49. Die Unterrichtung muss grundsätzlich *umfassend* sein, andererseits aber der Bedeutung der jeweiligen Angelegenheit entsprechen. Der Bundestag kann Vorgaben für die Schwerpunktbildung liefern. Zum anderen muss die Unterrichtung *so früh wie möglich* erfolgen: Bei Rechtsetzungsakten darf daher nicht erst berichtet werden, wenn die EU-Kommission einen Vorschlag vorlegt. Vielmehr muss die Information erfolgen, sobald die Ständige Vertretung Deutschlands oder ein anderes Organ der Bundesregierung über neue Rechtsetzungsvorhaben informiert ist. Die Verpflichtung erfasst alle der Bundesregierung und den ihr nachgeordneten Einrichtungen zugänglichen Informationen, auch die Informationen der Ständigen Vertretung in Brüssel (Pernice DR 102). Sofern zumutbar, muss die Bundesregierung die gebotenen Informationen beschaffen (Streinz SA 93; a. A. Pernice DR 103).

51   **c) Stellungnahme zu Rechtsetzungsvorhaben der EU. aa)** In Konkretisierung der allgemeinen Regelung des Abs.2 S.1 (oben Rn.48) verlangt Abs.3 die Mitwirkung des Bundestags an der Willensbildung der Bundesregierung im Hinblick auf Rechtsetzungsakte der EU (vgl. Classen MKS 94). Im Bereich der EG fallen darunter Verordnungen, Richtlinien, Entscheidungen sowie Beschlüsse, etwa nach Art.190, Art.269 EGV sowie Art.34 Abs.2 lit.b EUV. Nicht erfasst werden rechtlich unverbindliche Akte, wie Empfehlungen und Stellungnahmen iSd Art.249 Abs.4 EGV sowie Art.121 Abs.4 (BVerfGE 97, 350/375). Die Bundesregierung hat dazu dem Bundestag Gelegenheit zur Stellungnahme zu geben, und zwar so früh wie möglich (vgl. oben Rn.50). Insb. ist die Stellungnahme nicht nur zu Vorschlägen der Kommission zu eröffnen, sondern auch schon zu Entwürfen, da Abs.3 sich auf den gesamten Prozess der Willensbildung bezieht (Scholz, NVwZ 93, 822). Die Beteiligung ist zu wiederholen, wenn der Entwurf für den Rechtsetzungsakt wesentliche Änderungen erfährt (Classen MKS 96).

52   **bb)** Der Bundestag ist zur Beteiligung **verpflichtet** (Streinz SA 99; Klein, FS Remmers, 1995, 202; a. A. Scholz MD 119), was nicht bedeutet, dass er in jedem Einzelfall eine Stellungnahme abgeben muss. Der Bundestag kann die Beteiligung dem Europa-Ausschuss übertragen (Rn.2 zu Art.45).

53   Im Regelfall wird der Bundestag eine bloße Stellungnahme abgeben. Die Bundesregierung (einschl. der ihr nachgeordneten Organe) hat dann die Stellungnahme des Bundestages zu **berücksichtigen.** D. h., sie muss die Stellungnahme in ihre Entscheidungsbildung einbeziehen und sich mit ihr auseinandersetzen. Das Einbeziehen muss bereits bei der Festlegung der Verhandlungsposition der Bundesregierung erfolgen, nicht erst im Zeitpunkt des Beschlusses über den Rechtsakt, worauf auch § 5 S.3 EUZBTG hinweist (Scholz MD 116; vgl. Streinz SA 101). Eine Bindung an den Inhalt erfolgt jedoch nicht (Randelzhofer MD 205 zu Art.24 I). Ein Abweichen von der Stellungnahme des Bundestags ist zu begründen (Scholz MD 117). Treten Widersprüche zwischen den Stellungnahmen von Bundestag und Bundesrat auf, ergeben sich keine Probleme, soweit Stellungnahmen schlicht zu berücksichtigen sind. Die Bundesregierung hat die widersprüchlichen Auffassungen in ihren Entscheidungsprozess mit einzubeziehen. Soweit allerdings die Stellungnahme des Bundesrats Abs.5 S.2 „maßgeblich" zu berücksichtigen ist, kommt die abweichende Stellungnahme des Bundestags nicht zum Tragen (Scholz MD 106; Pernice DR 113; anders Classen MKS 108).

Der Bundestag dürfte zu der fraglichen Angelegenheit auch eine **54** **verbindliche Stellungnahme** in der Form eines Gesetzes abgeben können (Scholz MD 118; a. A. Classen MKS 86). Voraussetzung ist, dass er für die fragliche Angelegenheit die Regelungskompetenz besitzt. Dem steht das EG-Recht jedenfalls nicht generell entgegen, da der nationale Vertreter weisungsgebunden sein kann (a. A. Pernice DR 105).

3. Mitwirkung des Bundesrats

a) Generelle Befugnis zur Mitwirkung sowie Information. **55** Abs.2 S.1 hält fest, dass an der deutschen Mitwirkung in der EU auch der Bundesrat als Vertreter der Länder generell beteiligt ist. Erfasst werden alle Angelegenheiten der EU (näher dazu oben Rn.49). Darin liegt ein Recht und eine Pflicht des Bundesrats (a. A. Scholz MD 124), wobei er aber einen weiten Spielraum bei der Frage besitzt, ob und wie er im Einzelfall tätig wird. Um den Bundesrat in die Lage zu versetzen, dem nachzukommen, sieht Abs.2 S.2 eine umfassende **Informationsverpflichtung** der Bundesregierung vor. Insoweit gelten die Ausführungen oben in Rn.50.

b) Beteiligung nach Abs.4. In Konkretisierung der allg. Betei- **56** ligungsverpflichtung nach Abs.2 S.1 (oben Rn.55) wird die Beteiligung des Bundesrats in Abs.4, 5 näher geregelt, wobei Abs.4 die Grundlagennorm bildet, die im Hinblick auf den Einfluss der Stellungnahme des Bundesrats durch Abs.5 konkretisiert wird (tendenziell ebenso Pernice DR 107; anders Classen MKS 100). Abs.4 kommt zum Tagen, wenn **(1)** der Bundesrat an einer entsprechenden innerstaatlichen Maßnahme mitzuwirken hätte. Darunter fallen alle Bereiche der EU-Gesetzgebung, da der Bundesrat auch bei Einspruchsgesetzen mitzuwirken hat (Streinz SA 103; Pernice DR 109; Rojahn MüK 63). Abs.4 gilt zudem für alle EG-Beschlüsse über die Koordination von Verwaltungsbehörden, desgleichen wegen Art.84 Abs.4 Vertragsverletzungsverfahren, soweit sie Normen betreffen, die die Länder ausführen (Classen MKS 99), mit der Folge, dass Abs.5 S.2 zur Anwendung kommen kann (Classen MKS 109). **(2)** Abs.4 gilt zudem für alle Angelegenheiten, für die nach der innerstaatlichen Kompetenzverteilung die Länder zuständig sind, was im Bereich der Gesetzgebung, der Verwaltung und der Rechtsprechung bedeutsam werden kann (Classen MKS 99).

57 In welcher **Form** die Beteiligung erfolgt, wird durch Abs.4 nicht geregelt und bleibt damit grundsätzlich der Regelung durch den Gesetzgeber nach Abs.7 überlassen. In Betracht kommen insb. eine Anhörung des Bundesrats oder eine Beteiligung von Bundesratsvertretern an der Festlegung der materiellen Position. Hinzu kommt die spezielle Beteiligungsform des Abs.6 (unten Rn.61).

58 **c) Stellenwert der Stellungnahme des Bundesrats. aa)** Der Beteiligung des Bundesrats kommt inhaltlich unterschiedliches Gewicht zu, wobei sich drei Bereiche unterscheiden lassen: − **(1)** Am weitreichendsten ist der Einfluss des Bundesrats im Kompetenzbereich der Bundesländer; näher unten Rn.59 f. − **(2)** Liegen die in Rn.59 genannten Voraussetzungen nicht vor, ist die Stellungnahme des Bundesrats gem. Abs.5 S.1 zu **berücksichtigen.** Die Bundesregierung muss in diesen Fällen die Stellungnahme in ihre Entscheidungsbildung einbeziehen und sich mit ihr auseinandersetzen. Eine Bindung besteht jedoch nicht (Lerche, FS Schambeck, 763 f; vgl. oben Rn.53). − **(3)** Selbst auf die Berücksichtigung kann (außerhalb der in Rn.59 behandelten Fälle) verzichtet werden, wenn es um Fragen geht, für die der Bund die ausschließliche Gesetzgebungskompetenz besitzt **und** die Interessen der Länder nicht berührt werden (Abs.5 S.1) **und** (als Folge der Grundlagennorm des Abs.4) der Bundesrat an entsprechenden innerstaatlichen Maßnahmen nicht zu beteiligen wäre, in welcher Form auch immer, etwa in Form eines Einspruchs.

59 **bb)** Ein besonders großer Einfluss des Bundesrats besteht, wenn es um **Materien aus folgenden Bereichen** geht, wobei dies im **Schwerpunkt** der Fall sein muss, d.h. die Materien müssen bei qualitativer Betrachtung im Mittelpunkt des Vorhabens stehen oder ganz überwiegend Regelungsgegenstand sein (Scholz MD 128; Nr.II.2 der oben in Rn.47 aufgeführten Vereinbarung): − **(1)** Bereich der ausschließlichen Gesetzgebungskompetenz der Länder, also der Bereich, in dem keinerlei Gesetzgebungskompetenz des Bundes besteht (vgl. Rn.11 zu Art.70). − **(2)** Bereich der konkurrierenden Gesetzgebungskompetenz des Bundes iSd Art.72, 75, soweit nicht der Bund eine Regelung getroffen hat. Des Weiteren scheiden auch Materien in diesem Bereich aus, soweit der Bund gem. Art.72 Abs.2, Art.75 eine Regelung treffen könnte (Classen MKS 102, Pernice DR 110) und die Länder keine Regelung getroffen haben (Scholz

MD 126). – **(3)** Regelungen, die die Einrichtung von Landesbehörden oder das von Landesbehörden zu beachtende Verwaltungsverfahren betreffen, d. h., die sich darauf unmittelbar auswirken (Streinz SA 107).

In diesen Fällen ist die Entscheidung des Bundesrats gem. Abs.5 **60** S.2 Hs.1 **maßgeblich zu berücksichtigen.** Allerdings hat der Bundesrat bei seiner Stellungnahme gem. Abs.5 S.2 Hs.2 materiell die *gesamtstaatliche Verantwortung* zu wahren (Rojahn MK 70), die v. a. außen-, verteidigungs- und integrationspolitisch zu bewertende Fragen betrifft (Scholz MD 129; Lerche FS Schambeck, 764), und deren Beurteilung primär Sache der Bundesregierung ist (Pernice DR 115). Bei Meinungsunterschieden zwischen Bundesregierung und Bundesrat ist zunächst die Herstellung eines Einvernehmens zu versuchen. Gelingt das nicht, kommt dem Bundesrat das *Letztentscheidungsrecht* zu (Scholz MD 120; Randelzhofer MD 208 zu Art.24 I; a. A. Pernice DR 113; Streinz SA 110); das Erfordernis einer Zweidrittel-Mehrheit im Bundesrat in § 5 Abs.2 S.5 EUZBLG und die Sonderregelungen für Maßnahmen nach Art.308 EGV in § 5 Abs.3 EUZBLG dürfte noch eine zulässige Konkretisierung darstellen (vgl. Rojahn MüK 70; a. A. Pernice DR 111, 114; vgl. oben Rn.47). Schließlich ist gem. Abs.5 S.3 mit einer Art.113 vergleichbaren Zielrichtung (vgl. Fischer-Menshausen MüK 3 a zu Art.113) die Zustimmung der Bundesregierung notwendig, wenn die Stellungnahme des Bundesrats zu Ausgabenerhöhungen oder zu Einnahmenminderungen des Bundes führt. Das dürfte i. E. bedeuten, dass die Bundesregierung die Stellungnahme des Bundesrats lediglich berücksichtigen muss (dazu oben Rn.53). Zum Verhältnis zu einer widersprüchlichen Aussage des Bundestags oben Rn.53.

4. Vertretung durch Landesbevollmächtigten (Abs.6)

Während in den Fällen der Abs.4, 5 die Beteiligung des Bundes- **61** rats auf den innerstaatlichen Bereich beschränkt ist, sieht Abs.6 eine Beteiligung des Bundesrats bzw. der Länder im Außenverhältnis vor. Abs.6 setzt zunächst voraus, dass es um die Wahrnehmung der Rechte geht, die der Bundesrepublik Deutschland als Mitgliedstaat der EU zustehen. Dies ist nicht auf die Rechtsetzung beschränkt, erfasst an sich auch Vertragsverletzungsverfahren (Classen MKS 111). Des Weiteren muss es sich um eine Angelegenheit handeln, die innerstaatlich in den Bereich der ausschließlichen Gesetzgebungskompetenz der Länder (dazu oben (1) in Rn.59) fällt; Materien der

Rahmengesetzebung rechnen nicht dazu. Unter diesen Voraussetzungen muss die Bundesregierung die deutsche Mitwirkung gem. Abs.6 S.1 einem Vertreter der Länder überlassen, der vom Bundesrat gem. Art.52 Abs.3 S.1 ernannt wird (Streinz SA 114). Nur in begrenzten Ausnahmefällen („soll") darf die Bundesregierung davon absehen (Scholz MD 134; Streinz SA 113), etwa dann, wenn die Bundesrepublik den Vorsitz im Rat innehat. Auch die generelle Zuweisung der Vertragsverletzungsverfahren an die Bundesregierung gem. § 7 EUZBLG dürfte zulässig sein (Classen MKS 115). Der Ländervertreter hat die Bundesregierung bzw. ihren Vertreter gem. Abs.6 S.2 im Rahmen der Vertretung zu beteiligen und sich mit ihm abzustimmen. Eine Bindung des Ländervertreters an Beschlüsse des Bundesrats (so § 45 i GeschOBR) ist möglich. Was das Letztentscheidungsrecht angeht, gelten die in Rn.60 beschriebenen Regeln (vgl. BT-Drs. 12/3896, S.20: mehr als Benehmen und weniger als Einvernehmen). Zudem hat der Ländervertreter die gesamtstaatliche Verantwortung (zum Begriff oben Rn.60) des Bundes zu wahren. Der Ländervertreter ist nicht seinem Landesparlament gegenüber verantwortlich (a. A. Pernice DR 117), da er Vertreter aller Länder ist. Vielmehr dürfte er dem Bundesrat gegenüber verantwortlich sein.

62   **Außerhalb des Anwendungsbereichs** des Abs.6 ist eine Hinzuziehung von Landesvertretern in den Beratungsgremien von Kommission und Rat sowie in anderen Zusammenhängen möglich (Randelzhofer MD 209 zu Art.24 I; Streinz SA 117) und in §§ 4, 6 Abs.1 EUZBLG vorgesehen.

Art.**24** [Beitritt zu internationalen Einrichtungen]

(1) **Der Bund kann durch Gesetz[8] Hoheitsrechte[4] auf zwischenstaatliche Einrichtungen[7] übertragen[5].**

(1 a) **Soweit die Länder für die Ausübung der staatlichen Befugnisse und die Erfüllung der staatlichen Aufgaben zuständig sind, können sie mit Zustimmung der Bundesregierung Hoheitsrechte auf grenznachbarschaftliche Einrichtungen übertragen[15 ff].**

(2) **Der Bund kann sich zur Wahrung des Friedens einem System gegenseitiger kollektiver Sicherheit einordnen;[20] er wird hierbei in die Beschränkungen seiner Hoheitsrechte einwilligen, die eine friedliche und dauerhafte Ordnung in Europa**

und zwischen den Völkern der Welt herbeiführen und sichern[21f].

(3) **Zur Regelung zwischenstaatlicher Streitigkeiten wird der Bund Vereinbarungen über eine allgemeine, umfassende, obligatorische, internationale Schiedsgerichtsbarkeit beitreten**[23].

Übersicht

Literatur: *Baldus,* Übertragung von Hoheitsrechten auf ausländische Staaten im Bereich der Sicherheitsverwaltung, Verw 1999, 481; *Schröder,* Grundsatzfragen des Art.24 Abs.1a GG, ThürVBl 1998, 97; *Halmes,* Rechtsgrundlagen für den regionalen Integrationsprozeß in Europa, DÖV 1996, 933; *Rennert,* Grenzen nachbarschaftlicher Zusammenarbeit, FS Böckenförde, 1995, 199; *Stein/Gröninger,* Bundeswehreinsatz im Rahmen von NATO-, WEU- bzw. VN-Militäraktionen, Jura 1995, 254; *Beck,* Übertragung von Hoheitsrechten auf kommunale grenznachbarschaftliche Einrichtungen, 1995; *Schwarze,* Die Übertragung von Hoheitsrechten auf grenznachbarschaftliche Einrichtungen i. S. d. Art. 24 I a GG, FS Benda, 1995, 311 ff; *Grotefels,* Die Novellierung des Art. 24 GG, DVBl 1994, 785; *Beyerlin,* Zur Übertragung von Hoheitsrechten im Kontext dezentraler grenzüberschreitender Zusammenarbeit, ZaöVR 1994, 587; *Mosler,* Die Übertragung von Hoheitsgewalt, HbStR VII, 1992, 599; *Doehring,* Systeme kollektiver Sicherheit, HbStR VII, 1992, 669; *Mosler,* Das Grundgesetz und die internationale Streitschlichtung, HbStR VII, 1992, 711; *Rauser,* Die Übertragung von Hoheitsrechten auf ausländische Staaten, 1991; *Waitz v. Eschen,* GG und internationale Zusammenarbeit, BayVBl 1991, 321; *Streinz,* Bundesverfassungsgerichtlicher Grundrechtsschutz und Europäisches Gemeinschaftsrecht, 1989; *Bleckmann,* Zur Funktion des Art. 24 GG, FS Doehring, 1989, 97; *Ress,* Verfassungsrechtliche Auswirkungen der Fortentwicklung völkerrechtlicher Verträge, FS Zeidler Bd. 2, 1987, 1775; *Walz,* Zur Auslegung und Anwendung des Art. 24 Abs. 1 GG, NZWehrR 1985, 112; *Eichen,* Die NATO – ein System gegenseitiger kollektiver Sicherheit im Sinne des Art. 24 Abs. 2 GG?, NZWehrR 1984, 221; *Stern,* Die supranationale Option des GG, Stern I, 1984, § 15. – S. auch Literatur zu Art. 12 a, Art. 23 und Art. 25.

I. „Übertragung" von Hoheitsrechten durch den Bund (Abs. 1)

1. Bedeutung und Abgrenzung zu anderen Normen

1   **a) Prinzip der internationalen Zusammenarbeit.** Art. 24 ermöglicht die Beteiligung Deutschlands an internationalen Einrichtungen, ggf. auch unter Übertragung von Hoheitsrechten. Man kann insoweit von der „Verfassungsentscheidung für die internationale Zusammenarbeit" sprechen (BVerfGE 58, 11/41), vom Prinzip der offenen Staatlichkeit (vgl. Tomuschat HbStR VII 484 ff; Mosler HbStR VII 604). Noch weiter geht insoweit Art. 23 Abs. 1, wo es um die Schaffung und den Ausbau der EU geht. Das Prinzip der internationalen Zusammenarbeit ist mit dem Prinzip der Völkerrechtsfreundlichkeit (Rn. 4 zu Art. 25) und dem Prinzip des friedlichen Zusammenlebens der Völker (Rn. 1 zu Art. 26) verwandt.

2   **b) Bedeutung des Abs. 1.** Der Beitritt zu einer zwischenstaatlichen Einrichtung führt zu einer Einschränkung der Einfluss- und Gestaltungsbefugnise von Bund und Ländern, sofern damit Hoheitsrechte auf diese Einrichtung übergehen (BVerwGE 54,

291/299; vgl. Pernice DR 20), zumal dann, wenn das Recht der zwischenstaatlichen Einrichtung innerstaatlich unmittelbar und mit Vorrang gelten soll (vgl. Randelzhofer MD I 12; unten Rn.5). Abs.1 enthält eine ausdrückliche Ermächtigung für einen derartigen Beitritt. Dem Prinzip der internationalen Zusammenarbeit (oben Rn.1) entsprechend liegt darin auch ein Auftrag: Der Beitritt zu internationalen Einrichtungen ist aufgeschlossen zu prüfen (vgl. Randelzhofer MD I 19; Stern I 519 f; Streinz SA 9; Zuleeg AK 23); man kann insoweit von **Integrationsbereitschaft** sprechen. Zugleich enthält die Norm einen Gesetzesvorbehalt für eine Übertragung von Hoheitsrechten (Randelzhofer MD I 15). Art.24 Abs.1 geht als lex specialis Art.32 vor (Kempen MKS 14 zu Art.32). Dagegen ist Art.59 parallel anzuwenden (BVerfGE 73, 339/367, 375; Kempen MKS 7 zu Art.59).

Praktische Bedeutung hatte die Ermächtigung des Abs.1 (bis 1992) v. a. im Hinblick auf die Europäischen Gemeinschaften erlangt (BVerfGE 22, 293/296; 37, 271/277 f); insoweit ist heute Art.23 Abs.1 S.2 lex specialis (dazu Rn.4 zu Art.23). Unter Art.24 Abs.1 fallen: NATO (BVerfGE 68, 1/93; BVerwGE 83, 1/12; Wolfrum HbStR VII 654; a. A. Randelzhofer MD I 187; Classen MKS 64; außerdem unten Rn.6, 20), Eurocontrol (BVerwGE 54, 291; Randelzhofer MD I 181; Classen MKS 60; zur früheren Gestaltung von Eurocontrol BVerfGE 58, 1/31; 59, 63/86 f), europäische Patentorganisationen (BGHZ 102, 118/122; Randelzhofer MD I 188 ff), Europäische Kernenergieagentur (Randelzhofer MD I 183), die Zentralkommission für die Rheinschifffahrt (Pernice DR 27) und der Internationale Seegerichtshof (Pernice DR 27). Zum Verhältnis zu Abs.2 unten Rn.19. **3**

2. Gegenstand der Ermächtigung

a) Unter „**Hoheitsrechten**" ist die Ausübung öffentlicher Gewalt im innerstaatlichen Bereich zu verstehen, gleichgültig, ob es sich um Gesetzgebung, Vollziehung oder Rechtsprechung handelt (Randelzhofer MD I 33; Tomuschat BK 24). Nicht erfasst wird schlichthoheitliches Handeln (Tomuschat BK 21; Randelzhofer MD I 40 ff). Im Bereich der Rspr. können auch Kompetenzen zur Rechtsfortbildung übertragen werden (BVerfGE 75, 223/242); zur Rspr. s. auch unten Rn.10. Erfasst wird zudem die öffentliche Gewalt im Zuständigkeitsbereich der Länder (Rojahn MüK 23; Classen MKS 4; Tomuschat BK 25; einschr. Randelzhofer MD I 37 ff; s. auch Rn.6 zu Art.32). Art.79 Abs.3 ist aber zu **4**

beachten (Isensee HbStR IV 676 f; unten Rn.9). Gleiches gilt für
die öffentliche Gewalt im Verteidigungsbereich (BVerfGE 68, 1/93);
Abs.2 ist insoweit keine Spezialvorschrift (vgl. unten Rn.19).
Schließlich werden Hoheitsrechte erfasst, auf die bisher gem. Abs.2
lediglich verzichtet wurde, ohne sie auf eine zwischenstaatliche
Einrichtung zu übertragen (BVerfGE 68, 1/91).

5   **b)** Mit der **Übertragung** von Hoheitsrechten ist die Rücknahme
bzw. der Verzicht auf die ausschließliche Ausübung hoheitlicher
Gewalt durch deutsche Organe gemeint, mit dem Zweck, die Ausübung fremder Hoheitsgewalt im innerstaatlichen Bereich zu ermöglichen (BVerfGE 59, 63/90; 68, 1/90; 73, 339/374; Pernice
DR 19; Randelzhofer MD I 55). An der Ausübung im innerstaatlichen Bereich fehlt es, wenn lediglich völkerrechtliche Verpflichtungen geschaffen werden; die fremde Hoheitsgewalt muss unmittelbar
auf den innerstaatlichen Bereich „durchgreifen" können (Randelzhofer MD I 30; Pernice DR 25). Dies ist v. a. dann gegeben, wenn
dem Recht der zwischenstaatlichen Einrichtung unmittelbare Geltung bzw. Wirkung im deutschen Hoheitsbereich zukommt
(BVerfGE 37, 271/280; 59, 63/90; 73, 339/374). Erfasst werden
aber auch andere Fälle, in denen fremde Hoheitsgewalt auf deutschem Boden gegenüber Deutschen zum Tragen kommt (BVerfGE
68, 1/94; Mosler HbStR VII § 175 Rn.20; vgl. Streinz SA 16) und
damit die Gebietshoheit betroffen ist (BVerfGE 90, 286/350; Classen
MKS 6), etwa im Bereich der NATO (unten Rn.6). Eine Übertragung von Hoheitsrechten liegt schließlich vor, wenn Hoheitsrechte widerruflich übertragen werden (BVerfGE 68, 1/93). Eine
gewisse zeitliche Bindung ist aber notwendig; kann die Übertragung
rechtlich und faktisch jederzeit zurückgenommen werden, kommt
Art.24 Abs.1 nicht zur Anwendung (Rojahn MüK 34; Classen MKS
5). Den Anforderungen des Abs.1 unterliegt auch der Austritt oder
die Auflösung der zwischenstaatlichen Einrichtung (Pernice DR
31).

6   Im **militärischen Bereich** ist Abs.1 auch dann einschlägig, wenn
nichtdeutsche Organe über den Einsatz von Waffen entscheiden, die
auf deutschem Boden lagern (BVerfGE 68, 1/90 f; a. A. Randelzhofer MD 142). Ebenso wird die Stationierung fremder Truppen und
die Übertragung des Kommandos über die Bundeswehr auf nicht-
deutsche Organe erfasst, falls der Bundesrepublik kein wirksames
Vetorecht zusteht (BVerfGE 68, 1/93 f). Abs.1 ist daher die Grundlage für den externen Einsatz deutscher Truppen im Natobündnisfall
(vgl. Rn.6 zu Art.87 a), da die Entscheidung darüber keinem wirk-

samen nationalen Vetorecht unterliegt (BVerfGE 68, 1/93 f; a. A. Randelzhofer MD I 187). Gem. Art.26 (Rn.5 zu Art.26) muss der Einsatz einen strikt defensiven Charakter haben (vgl. Ipsen BK 29 zu Art.87 a; Hernekamp MüK 5 zu Art.87 a). Außerdem bedarf der konkrete Einsatz (auch zur Erfüllung der NATO-Verpflichtungen) der Zustimmung des Bundestages (Rn.9 zu Art.87 a).

c) Nur an **zwischenstaatliche Einrichtungen** können Ho- 7 heitsrechte übertragen werden. Als derartige Einrichtung ist jede durch Verträge zwischen Völkerrechtssubjekten geschaffene, rechtsfähige Organisation anzusehen (BVerfGE 2, 347/377 f; Zuleeg AK I 17; Tomuschat BK 39 ff), an deren Tätigkeit Deutschland diskriminierungsfrei beteiligt ist (Streinz SA 21; Pernice DR 36; Randelzhofer MD I 50; a. a. A. Classen MKS 21), und die Aufgaben erfüllt, die traditionell im Rahmen nationaler öffentlicher Gewalt ausgeübt werden (Mosler HbStR VII 600). Keine zwischenstaatlichen Einrichtungen sind Körperschaften des öffentlichen Rechts, die einem Staat unterstehen (BVerfGE 2, 347/377 f; Pernice DR 24). Auf der anderen Seite kann man von einer zwischenstaatlichen Einrichtung nicht mehr sprechen, wenn auf sie die Kompetenzkompetenz übertragen wurde (Mosler HbStR VII 615). Auf einen *anderen Staat* dürfen Hoheitsrechte nicht übertragen werden (Mosler HbStR VII 621; Pernice DR 24; Randelzhofer MD I 53; a. a. A. Classen MKS 66 ff für die Übertragung begrenzter Rechte). Im Rahmen der NATO sind daher Entscheidungsbefugnisse des amerikanischen Präsidenten nur hinnehmbar, wenn sie für die NATO und auf der Grundlage des NATO-Vertrags ausgeübt werden (vgl. BVerfGE 68, 1/94; noch restriktiver Pernice DR 38).

3. Voraussetzungen der Übertragung

a) Gesetzliche Grundlage. Die Übertragung von Hoheitsrech- 8 ten kann nur durch förmliches *Bundes*gesetz – iVm einem entsprechenden völkerrechtlichem Vertrag (Streinz SA 24) – erfolgen (BVerfGE 58, 1/35; Zuleeg AK 18), nicht durch Landesgesetz (Randelzhofer MD I 28; Tomuschat BK 14). Rechtsverordnungen genügen auch im technischen Bereich nicht (BVerfGE 58, 1/36; Pernice DR 28; Randelzhofer MD I 65; vgl. Rn.12 a zu Art.80). Durch Rechtsverordnung soll aber der Zeitpunkt der Übertragung fixiert werden können (BVerwGE 54, 291/299). Vage Ermächtigungen, ohne bestimmbaren Gehalt können für neue Verpflichtungen, wie die Stationierung von Mittelstreckenraketen, schwerlich genügen

(BVerfGE *abwM* 68, 1/112 ff; Streinz SA 23; **a. A.** BVerfGE 68, 1/97; 77, 170/232). Jedenfalls ist eine restriktive Anwendung geboten. Die Voraussetzungen des Art. 79 Abs. 2 müssen nicht erfüllt sein (Tomuschat BK 33). Die Übertragung von Hoheitsrechten bedarf unter den Voraussetzungen des Art. 59 Abs. 2 der Zustimmung des Bundesrats (Tomuschat BK 28; Randelzhofer MD I 63; Streinz SA 25; a. A. Pernice DR 30; Rojahn MüK 34). Dementsprechend bestimmt sich die Beteiligung des Bundesrats nach dieser Regelung. Zudem dürfte die Zustimmung des Bundesrats im Hinblick auf den Grundsatz des bundesfreundlichen Verhaltens immer notwendig sein, wenn (nicht ganz geringfügige) Hoheitsrechte der *Länder* übertragen werden (a. A. Randelzhofer MD 66; Stern I 534; vgl. auch Art. 23 Abs. 1 S. 2 sowie Rn. 7 zu Art. 32). Jedenfalls ist eine enge Zusammenarbeit zwischen Bund und Ländern geboten (vgl. BVerfGE 92, 203/230 f).

9 **b) Materielle Grenzen.** Die Übertragung der Hoheitsbefugnisse muss bestimmte inhaltliche Vorgaben beachten. Andernfalls könnte der vergleichsweise weitreichende Schutz des GG zur Sicherung der zentralen Verfassungsstrukturen, wie er insbesondere in Art. 79 Abs. 3 zum Ausdruck kommt, unterlaufen werden (Tomuschat BK 50 f; Stern I 534 f). Die Vorschrift ermächtigt daher nicht dazu, „die Identität der geltenden Verfassungsordnung der Bundesrepublik Deutschland durch Einbruch in ihr Grundgefüge, in die sie konstituierenden Strukturen aufzugeben" (BVerfGE 73, 339/375 f; 37, 271/279 f; 58, 1/40 ff) oder aushöhlen (BGHZ 102, 118/122 f). Die zwischenstaatliche Einrichtung muss in vergleichbarer Weise diese Grundstrukturen sichern (Herzog MD 34 Art. 20 I; krit. Randelzhofer MD I 104 ff). Diese Sicherung muss umso sorgfältiger geprüft werden, je stärker die nationalen Verfassungsstrukturen durch die übertragenen Hoheitsrechte beeinträchtigt werden können (Tomuschat BK 54). Dabei ist die *Integrationsbereitschaft* des GG (oben Rn. 2) zu berücksichtigen (BVerfGE 73, 339/386).

10 **Im Einzelnen** zählen zu den **Grenzen** des Abs. 1 „die Rechtsprinzipien, die dem Grundrechtsteil zugrunde liegen" (BVerfGE 73, 339/376; 37, 271/280; 58, 1/30 f; Tomuschat BK 61; a. A. Rojahn MüK 50). Sofern und soweit einer zwischenstaatlichen Einrichtung Hoheitsgewalt eingeräumt wird, die im Hoheitsbereich der Bundesrepublik wesentliche Gehalte der **Grundrechte** beeinträchtigen kann, muss die zwischenstaatliche Einrichtung an Rechtssätze gebunden sein, „die nach Inhalt und Wirksamkeit dem Grundrechtsschutz, wie er nach dem Grundgesetz unabdingbar ist, im Wesentli-

chen gleichkommen" (BVerfGE 73, 339/376). Desgleichen ist der Ausschluss des **Rechtsschutzes** gem. Art.19 Abs.4 nur zulässig, wenn ein anderer, effektiver Rechtsschutz gewährt wird (BVerfGE 58, 1/41 ff). Im Hinblick auf Grundrechte ist in aller Regel ein Individualrechtsschutz durch unabhängige Gerichte erforderlich, „die mit hinlänglicher Gerichtsbarkeit, insbesondere mit einer dem Rechtsschutzbegehren angemessenen Prüfungs- und Entscheidungsmacht über tatsächliche und rechtliche Fragen ausgerüstet sind, auf Grund eines gehörigen Verfahrens entscheiden ... und deren Entscheidungen gegebenenfalls die Verletzung eines Grundrechts sachgerecht und wirksam sanktionieren" (BVerfGE 73, 339/376). Ein Rechtsschutz durch ausländische Gerichte kann nur genügen, wenn die daraus resultierenden Belastungen noch hinnehmbar sind, was bei einer nichtdeutschen Verfahrenssprache regelmäßig nicht mehr der Fall ist (großzügiger BVerfGE 58, 1/42 f).

Sodann müssen Art.1 und die **Grundsätze des Art.20,** insb. die **11** Prinzipien der *Demokratie,* des *Rechtsstaats* und des *Sozialstaats* in ihren Grundstrukturen im Rahmen der zwischenstaatlichen Einrichtung ausreichend abgesichert sein (Zuleeg AK 39; Tomuschat BK 58 ff). Insb. ist eine „hinreichende demokratische Legitimation" notwendig (BVerfGE 89, 155/184), die je nach dem Ausmaß der übertragenen Hoheitsrechte und deren Gewicht für den innerstaatlichen Rechtsraum unterschiedliche Anforderungen stellt (näher Classen MKS 30). Endlich darf die *föderative Struktur* in der Bundesrepublik nicht völlig ausgehöhlt werden (vgl. BVerfGE 80, 74/80 f; Mosler HbStR VII 636 ff).

c) **Folgen eines Verstoßes.** Werden die materiellen Grenzen der **12** Übertragbarkeit nicht beachtet, ist das Zustimmungsgesetz und damit (innerstaatlich) die Übertragung unwirksam (vgl. BVerfGE 89, 155/174 f). Dies gilt jedoch nur, wenn die zwischenstaatliche Ordnung *strukturelle* Defizite aufweist, nicht bereits bei bedenklichen Einzelmaßnahmen (vgl. Rn.30 zu Art.23). Weiter führt eine Verletzung der Übertragungsgrenzen nicht zur Unwirksamkeit, soweit fehlende Sicherungen innerstaatlich kompensiert werden können. Das Fehlen eines ausreichenden Grundrechtsschutzes ist daher durch einen Vorrang nationaler Grundrechte (genauer ihres Kerngehalts) gegenüber dem Recht der zwischenstaatlichen Einrichtung zu kompensieren (BVerfGE 37, 271/279 ff; 73, 339/377; Stern I 544; a. A. Tomuschat BK 53, 65). Das kann im Verfahren gem. Art.100 überprüft werden (BVerfGE 37, 271/285; a. A. die hL, etwa Tomuschat BK 97); zur Verfassungsbeschwerde vgl. Rn.38 zu Art.23. Überschreitet die zwischenstaatliche Einrichtung die Grenzen der ihr übertragenen Rechte, sind entsprechende Akte innerstaatlich nicht anwendbar (vgl. BVerfGE 89, 155/188); auch kommen die nationalen Grundrechte zum Tragen (BVerfGE 89, 155/174 f). Vgl. allerdings zur ähnlichen Problematik im Bereich der EG Rn.30 f zu Art.23.

4. Probleme nach Übertragung von Hoheitsrechten

13 **a) Verhältnis zwischenstaatlicher und deutscher Hoheitsrechte.** Welche Folgen die Übertragung von Hoheitsrechten im Einzelnen hat, hängt weitgehend von dem zugrunde liegenden völkerrechtlichen Vertrag bzw. dem Zustimmungsgesetz ab (BVerfGE 73, 339/375; BSGE 60, 230/235), da die Verpflichtung zur innerstaatlichen Rechtsanwendung aus dem Zustimmungsgesetz folgt (BVerfGE 73, 339/375; 75, 223/244; Randelzhofer MD 12; a. A. Classen MKS 14 ff). Die zwischenstaatliche Einrichtung kann zur ausschließlichen Ausübung der Hoheitsrechte befugt sein. Im Zweifel liegt eine konkurrierende Kompetenz vor. Für das Verhältnis zum deutschen Recht ist ebenfalls der zugrunde liegende Vertrag entscheidend (BVerfGE 73, 339/375), begrenzt durch die Vorgaben des Abs.1 und des Art.79 Abs.3 (dazu oben Rn.9–11). Insb. kann ein mehr oder minder weitreichender *Anwendungsvorrang* des Rechts der zwischenstaatlichen Einrichtung vorgesehen sein (BVerfGE 75, 223/244; 85, 191/204); vgl. näher Rn.34 zu Art.23. Entsprechend dem Verständnis der Übertragung als Rücknahme deutscher Hoheitsgewalt zur Ermöglichung der Ausübung fremder Hoheitsgewalt (oben Rn.5) stellen die Akte der fremden Hoheitsgewalt keine Akte deutscher Hoheitsgewalt dar. Das Recht einer zwischenstaatlichen Einrichtung und das deutsche Recht bilden zwei getrennte Rechtskreise (BVerfGE 37, 271/277 f), müssen aber nicht unverbunden nebeneinanderstehen (BVerfGE 29, 198/210; 73, 339/368). Zur Verfassungsbeschwerde unmittelbar gegen Hoheitsakte der zwischenstaatlichen Einrichtungen vgl. Rn.38 zu Art.23, zur abstrakten Normenkontrolle oben Rn.12.

14 **b) Mitwirkung in der zwischenstaatlichen Einrichtung.** Die Mitwirkung in den Organen der zwischenstaatlichen Einrichtung zählt zur auswärtigen Gewalt und rechnet daher zu den Aufgaben des Bundes (Classen MKS 55) und innerhalb des Bundes zu den Aufgaben der Bundesregierung (Zuleeg AK 37; Tomuschat BK 103; Rn.6 zu Art.59). Die Bundesregierung ist dabei an das GG gebunden, insb. an den Grundsatz der Bundestreue (Isensee HbStR IV

676; vgl. Rn.20–22 zu Art.20), der dort bedeutsam werden kann, wo der zwischenstaatlichen Einrichtung Hoheitsrechte der Länder übertragen werden (Tomuschat BK 106; vgl. BVerfGE 92, 203/230). Im Übrigen steht der Bundesregierung ein weiter Spielraum zu (Classen MKS 57). Die Bundesregierung ist zu vorheriger Information des Bundesrats verpflichtet (BVerfGE 92, 203/230 f; Tomuschat BK 106); Gleiches dürfte gegenüber dem Bundestag gelten (Classen MKS 58).

II. Übertragung von Hoheitsrechten durch ein Land (Abs.1a)

a) Bedeutung und Gegenstand der Ermächtigung. Die 1993 **15** (Einl.3 Nr.38) eingefügte Vorschrift gibt den Ländern in begrenzten Fällen das Recht, ihnen zustehende Hoheitsrechte auf grenznachbarschaftliche Einrichtungen zu übertragen. In allen anderen Fällen ist nur eine Übertragung durch *Bundes*gesetz nach Abs.1 möglich. Unberührt bleibt die Zusammenarbeit unterhalb der Übertragung von Hoheitsrechten (Streinz SA 41). Zur Frage, was *Hoheitsrechte* sind, und wann eine *Übertragung* vorliegt, gelten die Ausführungen oben in Rn.4 f entsprechend. Abs.1a ist auch bei grenznachbarschaftlichen Einrichtungen in der EU anwendbar (vgl. Rn.4 zu Art.23). Darüber hinaus ist eine solche Übertragung nur möglich, soweit das Bundesland innerstaatlich im Verhältnis zum Bund die Verbandskompetenz besitzt (vgl. Streinz SA 47). Werden Gesetzgebungsrechte übertragen, muss das Land gesetzgebungsbefugt sein, und sei es auch auf Grund der konkurrierenden Gesetzgebungskompetenzen. Werden Verwaltungskompetenzen übertragen, muss das Land zur Ausführung von Gesetzen kompetent sein (Classen MKS 72). Ob auch Rechtsprechungskompetenzen übertragen werden können (dafür Pernice DR 44; Rojahn MüK 82), erscheint angesichts der Verknüpfung von Bundes- und Landeskompetenzen in diesem Bereich zweifelhaft (Streinz SA 47 Fn.133). Bedeutung hat Abs.1a insb. auf dem Gebiet des Schul- und Hochschulrechts, des Polizeirechts, der Fach- und Raumplanung sowie der Abfall- und Abwasserbeseitigung (BT-Drs. 12/338, S.10; Grotefels, DVBl 94, 789).

Die Übertragung der Hoheitsrechte darf nur auf eine **grenznach-** **16** **barschaftliche Einrichtung** erfolgen. Da insoweit auf den Begriff der zwischenstaatlichen Einrichtung (dazu oben Rn.7) verzichtet wird, dürften darunter auch Einrichtungen des Nachbarstaates fallen, sofern für eine grundsätzlich gleichberechtigte Mitwirkung der deutschen Seite gesorgt wird (Pernice DR 48; Classen MKS 71; restriktiver Streinz SA 44; großzügiger Schwarze, FS Benda, 1995, 329 ff). Doch muss die Einrichtung eine grenznachbarschaftliche Funktion haben, muss einen regionalen Bezug besitzen (Streinz SA 43). Daher betrifft Abs.1a nur die Bundesländer, die an den Außengrenzen Deutschlands liegen (Pernice DR 46).

17 **b) Voraussetzungen der Übertragung und Probleme nach Übertragung.** Ob die Übertragung eines Landesgesetzes bedarf, bestimmt sich nach Landesverfassungsrecht (Pernice DR 41 f; vgl. Randelzhofer MD I 198). Auf jeden Fall bedarf die Übertragung gem. Abs.1a der *vorherigen* Zustimmung durch die Bundesregierung (Rojahn MüK 86). Eine Verweigerung der Zustimmung ist nur bei erheblicher Beeinträchtigung der Gesamtstaatsinteressen möglich (noch restriktiver Pernice DR 49). Die Übertragungskompetenz liegt bei den Ländern, nicht den Gemeinden (Streinz SA 40). Das schließt nicht aus, dass Gemeinden durch Landesrecht zur Übertragung von Hoheitsrechten in bestimmten Bereichen ermächtigt werden (a. A. Pernice DR 43). Die Vereinbarung mit dem Nachbarstaat bzw. der Einrichtung des Nachbarstaats muss nicht notwendig völkerrechtlicher Natur sein (Randelzhofer MD 197; Streinz SA 39); der Vertragspartner muss aber zur Übertragung von Hoheitsrechten in der Lage sein.

18 Was die **materiellen Grenzen** und die **Folgen** eines Verstoßes dagegen angeht, so gelten die Ausführungen oben in Rn.9–12 entsprechend. Darüber hinaus wird für das **Verhältnis** der übertragenen Hoheitsrechte und der Hoheitsrechte des Bundeslandes auf die Ausführungen in Rn.13 verwiesen. Für die dauerhafte Beachtung des Bundesrechts ist Sorge zu tragen (Classen MKS 75), was durch materielle Klauseln oder ein Kündigungsrecht gesichert werden kann (vgl. Streinz SA 48; Classen MKS 73). Weiter gehende Möglichkeiten eröffnet insoweit allein Abs.1.

III. Weitere Formen der Teilnahme an internationalen Einrichtungen

1. Systeme kollektiver Sicherheit (Abs.2)

19 **a) Bedeutung, Abgrenzung, Anwendungsbereich.** Abs.2 ermächtigt den Bund zum Beitritt zu Systemen gegenseitiger Sicherheit. Die Vorschrift enthält keine Abs.1 ausschließende Sonderregelung, etwa für den militärischen Bereich (Randelzhofer MD II 1,

28; Streinz SA 55; Tomuschat BK 123). Werden Hoheitsrechte auf eine zwischenstaatliche Einrichtung (mit unmittelbarer Wirkung im innerstaatlichen Bereich) übertragen, ist (auch im militärischen Bereich) allein Abs.1 einschlägig. I.ü. unterscheiden sich Abs.1 und Abs.2 in den Folgen nur graduell (größere Bestimmtheit des entspr. Gesetzes).

Als **System gegenseitiger kollektiver Sicherheit** iSd Abs.2 **20** sind durch völkerrechtlichen Vertrag begründete Organisationen einzustufen, die die Sicherheit vor militärischen Angriffen und Bedrohungen, aber auch vor terroristischen Aktionen und Minderheitenkonflikten gewährleisten sollen (Pernice DR 57). Der Funktion der Vorschrift entsprechend und abweichend vom wohl überwiegenden völkerrechtlichen Sprachgebrauch werden auch Bündnisse zum Schutz gegen Angriffe durch *Dritte* erfasst (BVerfGE 90, 286/349; Randelzhofer MD II 21; Grewe HbStR III 957; Stern I 546; Pernice DR 55 f; a. A. Wolfrum HbStR VII 655 f; Doehring HbStR VII 674 ff; Classen MKS 80). Das System muss auf jeden Fall rein defensiven Charakter haben („zur Friedenswahrung"; Randelzhofer MD II 41). Schließlich dürfte Abs.2 (anders als Abs.1) allein kündbare Bündnisse gestatten (Streinz SA 69; Tomuschat BK 159; Frank AK 12). Unter Abs.2 fallen die Vereinten Nationen (Streinz SA 62; Pernice DR 54), weiter die NATO, soweit ihr keine Hoheitsrechte übertragen wurden (BVerfGE 90, 286/349 ff; vgl. auch Kirchhof HbStR III 989; Doehring HbStR VII 679 sowie oben Rn.3) und die Westeuropäische Union (Streinz SA 63).

b) Reichweite der Ermächtigung. Abs.2 gestattet nur die **Be- 21 schränkung von Hoheitsrechten,** ohne dass die Hoheitsrechte durch einen anderen Staat oder eine zwischenstaatliche Einrichtung wahrgenommen werden (Tomuschat BK 123; teilw. anders Randelzhofer MD II 31). Darunter fallen etwa Rüstungsbeschränkungen und deren Kontrolle. Erfasst wird auch die Verpflichtung zur Übernahme „der mit der Zugehörigkeit zu einem solchen System typischerweise verbundenen Aufgaben" (BVerfGE 90, 286/345). Abs.2 kann daher den Einsatz der Bundeswehr im Ausland im Rahmen eines Systems kollektiver Sicherheit, insb. der UNO, rechtfertigen (BVerfGE 90, 286/353 ff; BVerwGE 103, 361/364; Pernice DR 64; Classen MKS 88 f; vgl. auch Rn.6 zu Art.87 a); zum Erfordernis der Zustimmung des Bundestages Rn.9 zu Art.87 a. Zeit- und Berufssoldaten können auch gegen ihren Willen eingesetzt werden (BVerwGE 103, 361/364 f). Die Vorschrift des Abs.2 erlaubt, im

Unterschied zu Abs.1, keine *Übertragung* von Hoheitsrechten, mit der die Ausübung fremder Hoheitsrechte im innerstaatlichen Bereich (näher dazu oben Rn.4–6) ermöglicht wird (BVerfGE 90, 286/346 f; Pernice DR 60). Möglich ist aber die Ausübung fremder Hoheitsgewalt, sofern sie in jedem Anwendungsfall von deutscher Zustimmung abhängt (oben Rn.5). Eine integrierte Kommandogewalt ist nur nach Abs.1 möglich (oben Rn.6), es sei denn, die nationale Zustimmung kann jederzeit widerrufen werden (vgl. Classen MKS 90).

22   **c) Beitrittsvertrag.** Der Beitritt zu dem Sicherheitssystem bedarf eines **völkerrechtlichen Vertrags** (Randelzhofer MD II 23) sowie eines **Vertragsgesetzes** gem. Art.59 Abs.2 (Rn.8 zu Art.59). Das Vertragsgesetz muss, unter Berücksichtigung des völkerrechtlichen Vertrags, ausreichend bestimmt sein (vgl. oben Rn.8). Nach dem Wortlaut des Abs.2 Hs.2 scheint die Bundesrepublik **verpflichtet,** in eine Beschränkung ihrer Hoheitsrechte einzuwilligen, falls sie einem Sicherheitssystem beitritt. Das steht im Widerspruch zum Ermessen in Abs.2 Hs.1 bei der Entscheidung über den Beitritt (Tomuschat BK 167 f; Stern I 547 ff; a. A. Randelzhofer MD II 39). Die Verpflichtung dürfte daher nur die innerstaatliche Verbindlichkeit eines völkerrechtlich vereinbarten Verzichts auf Hoheitsrechte verdeutlichen (vgl. Tomuschat BK 169). Die innerstaatliche Verbindlichkeit endet demzufolge nicht bereits mit Aufhebung des Zustimmungsgesetzes, sondern erst mit der ordnungsgemäßen Kündigung des völkerrechtlichen Vertrags (Tomuschat BK 176; wohl auch Randelzhofer MD II 34). Dem völkerrechtlichen Vertrag kommt ein Rang *über* den förmlichen Gesetzen zu (Streinz SA 66; Rojahn MüK 90).

2. Schiedsgerichtsbarkeit (Abs.3)

23   Abs.3 enthält eine bindende Verpflichtung (Randelzhofer MD III 5; Stern I 508) für den Bund, Vereinbarungen über eine Schiedsgerichtsbarkeit (oder eine institutionalisierte Gerichtsbarkeit) zur Beilegung internationaler Streitigkeiten beizutreten, sofern die Schiedsgerichtsbarkeit folgende Voraussetzungen erfüllt: Sie muss *allgemein* sein, d. h. die überwiegende Mehrheit der Staaten umfassen; ob es genügt, dass der Beitritt allen Staaten offen steht, ist umstritten (dafür Classen MKS 99; Tomuschat BK 200; a. A. Randelzhofer MD III 15). Eine entspr. Mehrheit im regionalen Bereich, etwa in Europa, dürfte genügen (Randelzhofer MD III 11; Tomuschat 200 f; a. A. Classen MKS 99). Des Weiteren muss die Schieds-

gerichtsbarkeit *umfassend* sein, also alle Sachgebiete einschließen (Randelzhofer MD III 12). Endlich muss sie *obligatorisch* sein, d. h. auch ohne Zustimmung des beklagten Staats angerufen werden können (Randelzhofer MD III 13; Rojahn MüK 98). Erfasst werden nicht nur Schiedsgerichte im technischen Sinn, sondern auch internationale Gerichte (Streinz SA 80). Die Jurisdiktion des Internationalen Gerichtshofs nach Art. 92 der UN-Charta etwa ist nicht obligatorisch (Streinz SA 87; Randelzhofer MD III 18; Tomuschat BK 208; a. A. Classen MKS 100). Abs. 3 schließt nicht aus, dass die Bundesrepublik Schiedsgerichtsvereinbarungen die die genannten Voraussetzungen nicht erfüllen; nur *muss* sie das nicht tun. Zudem wird die Bundesrepublik verpflichtet, den Aufbau einer obligatorischen Schiedsgerichtsbarkeit zu fördern, wobei ihr aber ein weiter Beurteilungsspielraum zukommt (vgl. Streinz SA 85, etwas strenger Pernice DR 68).

Art. 25 [Allgemeines Völkerrecht als Teil des Bundesrechts]

Die allgemeinen Regeln des Völkerrechtes[5 ff] sind Bestandteil des Bundesrechtes[11]. Sie gehen den Gesetzen vor[12] und erzeugen Rechte und Pflichten unmittelbar für die Bewohner des Bundesgebietes[11].

Übersicht

Literatur: *Kunig,* Völkerrecht und staatliches Recht, in: Vitzthum (Hg.), Völkerrecht, 1997, 101; *Bleckmann,* Der Grundsatz der Völkerrechtsfreundlichkeit, DÖV 1996, 137; *Bungert,* Einwirkung und Rang von Völkerrecht im innerstaatlichen Rechtsraum, DÖV 1994, 797; *Steinberger,* Allgemeine Regeln des Völkerrechts, HbStR VII, 1992, 525; *Engel,* Völkerrecht als Tatbestandsmerkmal deutscher Normen, 1989; *Kunig,* Die Quellen des Völkerrechts aus der Sicht des GG, Jura 1989, 667; *Hofmann,* Rainer, Art. 25

und die Anwendung völkerrechtswidrigen ausländischen Rechts, ZaöRV 1989, 41; *Geiger,* Grundgesetz und Völkerrecht, 1985; *Stern,* Die Einbindung des Völkerrechts in das innerstaatliche Recht, Stern I, 1984, § 14. – S. auch Literatur zu Art.24, 59.

1. Innerstaatliche Geltung und Bedeutung des Völkerrechts

1   **a) Innerstaatliche Geltung und Anwendung.** Art.25 betrifft das **Völkerrecht,** d. h. die Gesamtheit der Regeln über die Beziehungen zwischen Staaten und anderen Völkerrechtssubjekten, insb. internationalen Organisationen (in eingeschränktem Umfang auch von Individuen) und das interne Recht internationaler Organisationen (Herdegen MD 14). Art.25 verdeutlicht ebenso wie Art.59 Abs.2, dass Völkerrecht nur dann innerstaatlich gilt, wenn ein innerstaatlicher Akt dies anordnet (BVerfGE 73, 339/375). Ob man in dieser Anordnung einen bloßen **Vollzugs- oder Rechtsanwendungsbefehl** sieht, mit der Folge, dass das Völkerrecht als solches im Inland zum Tragen kommt (so Steinberger HbStR VII 548; Koenig MKS 42; wohl auch BVerfGE 73, 339/375; BGHZ 52, 216/219), oder eine **Transformation,** mit der Folge, dass es als nationales Recht gilt (so noch BVerfGE 1, 397/411; BVerwGE 35, 262/265 f; BVerwG, NJW 89, 2557; Hesse 102), wird vom GG nicht entschieden (Schweitzer 34 f). Die beiden Ansätze werden überwiegend restriktiv verstanden und führen dann im Wesentlichen zu übereinstimmenden Ergebnissen (Streinz SA 21), weshalb im Folgenden meist neutral von **Übernahme** gesprochen wird. Dem völkerrechtsfreundlichen Charakter des GG (unten Rn.4) entspricht allerdings besser die Vollzugslehre, die zudem dogmatisch leistungsfähiger ist, etwa hinsichtlich der Beachtung völkerrechtlicher Prinzipien bei der Auslegung (vgl. unten Rn.4). Der Übernahme bedarf jede einzelne Regelung. Anders ist die Situation nur dort, wo Hoheitsrechte übertragen wurden (vgl. Rn.33 zu Art.23 und Rn.13 zu Art.24). Zur Kompetenzverteilung zwischen Bund und Ländern Rn.8, 14 zu Art.32.

2   Für die **allgemeinen Regeln des Völkerrechts** enthält Art.25 die Transformation bzw. den Vollzugsbefehl (vgl. unten Rn.11). Das **sonstige Völkerrecht** muss dagegen durch einen eigenständigen Vollzugsbefehl bzw. Transformationsakt übernommen werden. Im Bereich des Art.59 Abs.2 S.1 ist eine bundesgesetzliche Regelung notwendig; näher dazu, auch zum Rang, Rn.17–19 zu Art.59. Zur Situation im Bereich von Verwaltungsabkommen Rn.20 f zu Art.59.

Zur Übernahme durch Landesrecht Rn.14 zu Art.32. Zum Sonderfall des Art.16 a Abs.5 vgl. Rn.36 f zu Art.16 a. Völkerrechtliche Verträge sind im Licht des GG auszulegen (BVerfGE 99, 145/158). Zu innerstaatlichen Staatsverträgen Rn.3 zu Art.32.

Trotz Vollzugsbefehl bzw. Transformation ist eine völkerrechtliche **3** Vorschrift von Behörden und Gerichten **nicht** (unmittelbar) **anwendbar** (nicht *self-executing*), wenn bereits die völkerrechtliche Norm deutlich werden lässt, dass ihre Anwendung den Erlass weiterer Akte (etwa nationaler Gesetze) voraussetzt oder nationales Recht (etwa das Bestimmtheitsgebot für belastende Regelungen) eine Konkretisierung erfordert (BVerwGE 80, 233/235; 87, 11/13; Streinz SA 68 zu Art.59; Koenig MKS 46); zur Frage, ob man in diesen Fällen immerhin von einer innerstaatlichen Geltung sprechen kann, vgl. Streinz SA 67 zu Art.59. Mit der unmittelbaren Anwendbarkeit verwandt, wenn auch nicht identisch ist schließlich die Frage, ob *subjektive Rechte* verliehen werden (vgl. BGHZ 52, 371/383 f; Rn.18 zu Art.59).

b) Völkerrechtsfreundlichkeit. Das Grundgesetz geht, wie v. a. **4** Art.25 und die zugehörige Regelung des Art.100 Abs.2, aber auch Art.24 Abs.3 und Art.9 Abs.2 verdeutlichen, „von der Eingliederung des von ihm verfassten Staates in die Völkerrechtsordnung" aus (BVerfGE 75, 1/17). Es verpflichtet daher auch außerhalb der von Art.25 erfassten allgemeinen Regeln des Völkerrechts, zumal hinsichtlich des Völkervertragsrechts, zu besonderer **Völkerrechtsfreundlichkeit** (BVerfGE 18, 112/121; 31, 58/75 f; 75, 1/17; Streinz SA 9; Zuleeg AK 32). Geboten ist insb. eine *völkerrechtsfreundliche Interpretation* des nationalen Rechts, auch des Verfassungsrechts (BVerfGE 63, 1/20; Rojahn MüK 4 zu Art.24; Tomuschat HbStR VII 499 ff). Das Prinzip der Völkerrechtsfreundlichkeit ist mit dem der internationalen Zusammenarbeit (Rn.1 zu Art.24) und dem des friedlichen Zusammenlebens der Völker (Rn.1 zu Art.26) verwandt.

2. Allgemeine Regeln des Völkerrechts

a) Allgemeines. aa) Mit den **allgemeinen Regeln des Völ- 5 kerrechts** (zum Begriff des Völkerrechts oben Rn.1) sind Rechtsvorschriften gemeint, die allgemein gelten, d. h. von der überwiegenden Mehrheit der Staaten (BVerfGE 15, 25/34; 23, 288/316 f), der „weitaus größeren Zahl" anerkannt werden (BVerfGE 16, 27/33). Auf die Anerkennung durch Deutschland kommt es nicht an (BVerfGE 15, 25/34; 16, 27/33; BVerwG, NJW 89, 2557; Zuleeg AK 15 ff); bei einer beständigen Verweigerung der Zustimmung von Anfang an ist aber Deutschland bereits völkerrechtlich nicht gebunden (BVerfGE 46, 342/389; Streinz SA 25; Koenig MKS 31). Generell werden nur Regeln erfasst, die die Bundesrepublik völkerrechtlich binden (Koenig MKS 31; Steinberger HbStR VII § 173 Rn.35).

6   **bb)** Was die **Arten** des Völkerrechts angeht, gilt folgendes: – **(1)** Das **Völkervertragsrecht** zählt mangels allgemeiner Geltung *nicht* zu den allgemeinen Regeln des Völkerrechts (BVerfGE 6, 309/363; 41, 88/120 f; 100, 266/269), auch wenn ein Vertrag von der Mehrheit der Staaten abgeschlossen wird. Insoweit ist Art.59 Abs.2 lex specialis (Rojahn MüK 10; Koenig MKS 18; Herdegen MD 20). Das Vertragsrecht kann allerdings gewohnheitsrechtliche Regelungen enthalten, für die dann Art.25 ebenfalls gilt (Streinz SA 31; Koenig MKS 19). Voraussetzung ist, dass die fragliche Regelung nicht nur als Vertragsrecht, sondern allgemein auch als Gewohnheitsrecht angewandt wird. Zudem geht Völkervertragsrecht dem Gewohnheitsrecht im Konfliktsfalle vor (BVerfGE 18, 441/448; BAGE 48, 81/86; Steinberger HbStR VII 533), sofern das Gewohnheitsrecht nicht ausnahmsweise als zwingendes Völkerrecht einzustufen ist. Auch Zustimmungsgesetze nehmen am Vorrang des Völkervertragsrechts teil (Streinz SA 88).

7   **(2)** Zu den allg. Regeln des Völkerrechts rechnet durchweg das **Völkergewohnheitsrecht** (BVerfGE 23, 288/317; 96, 68/86), also die Regeln, die „auf einer allgemeinen, gefestigten Übung der Staaten beruhen, die in der Rechtsüberzeugung geübt wird, dass dieses Verhalten rechtens sei" (BVerfGE 66, 39/64 f; 95, 96/129; 96, 68/87). Für die Übung soll es maßgeblich auf das Verhalten der Organe der auswärtigen Gewalt ankommen (BVerfGE 46, 342/347 f). Entscheidend ist der aktuelle Bestand, nicht der von 1949 (BVerfGE 18, 441/448; Hobe FH 22). Erfasst wird allein „das universell geltende Völkergewohnheitsrecht", nicht also regionales Gewohnheitsrecht (BVerfGE 94, 315/328; 96, 68/86; Herdegen MD 32; a. A. Koenig MKS 28; Streinz SA 26). Zum Verhältnis zum Vertragsrecht oben Rn.6.

8   **(3)** Die **allgemein anerkannten Rechtsgrundsätze** des Völkerrechts fallen unter Art.25 (BVerfGE 23, 288/316 f; 96, 68/86; Streinz SA 35; Koenig MKS 23; a. A. Schweitzer 265). Damit sind Rechtsprinzipien angesprochen, die übereinstimmend in den innerstaatlichen Rechtsordnungen zu finden und auf den zwischenstaatlichen Verkehr übertragbar sind (Pernice DR 22; Hobe FH 25). Sie haben ergänzenden Charakter, insb. für die Auslegung und Lückenfüllung (Streinz SA 36).

b) Einzelfälle. aa) Allein staatsgerichtete Regeln. – (1) *Terri-* 9
torialitätsprinzip: Staatliche Hoheitsakte dürfen auf dem Gebiet eines
anderen Staats nur mit dessen Zustimmung vorgenommen werden
(BGH, NJW 69, 1428), es sei denn, es geht um staatliche Leistungen
(BVerfGE 14, 221/237; BSGE 33, 280/284). Nationales Recht darf
auf ausländische Sachverhalte ohne sachlichen Anknüpfungspunkt
nicht angewandt werden (vgl. BSGE 17, 173/177; 20, 69/70;
BGHSt 27, 30/32). Erfasst werden weiter die Regeln über die Basis-
linie für das Küstenmeer und die Wirtschaftszonen (BVerfG-K,
NVwZ-RR 92, 522). Zulässig ist hingegen, ausländische Hoheitsakte auf ihre Völkerrechtsmäßigkeit hin zu überprüfen und sie ggf.
unangewendet zu lassen (BVerfGE 95, 96/129). – (2) *Immunität:*
Andere Staaten und die für sie handelnden Organe können hinsichtlich ihrer hoheitlichen Tätigkeiten nicht nationalen Hoheitsakten
unterworfen werden (BVerwG, DVBl 89, 261; BGH, NJW 79,
1101), wohl aber im Bereich nicht hoheitlicher Betätigung
(BVerfGE 16, 27/60 ff; 46, 342/364; 64, 1/44). In hoheitlich ge-
nutztes Vermögen anderer Staaten kann nicht zwangsvollstreckt werden (BVerfGE 46, 342/364). – (3) *Diplomaten u. ä.:* Von der Staa-
tenimmunität ist die diplomatische Immunität zu trennen (BVerfGE
96, 68/84). Die formale Gleichbehandlung im diplomatischen Verkehr ist geboten (BVerfGE 46, 342/402), nicht dagegen freies Parken
vor diplomatischen Missionen (BVerwGE 37, 116). Eine über das
Wiener Übereinkommen hinausgehende Immunität gegenüber
Drittstaaten besteht nicht (BVerfGE 96, 58/86 ff). – (4) *Sonstiges:*
Nicht anerkannt ist ein Verbot von Kernwaffen (BVerfGE 66, 39/65)
oder ein Grundsatz der Anerkennung ausländischer Hoheitsakte
(BGHSt 39, 1/15). Zum Grundsatz „pacta sunt servanda" Rn.17 zu
Art.59.

bb) Individualgerichtete und individualbedeutsame **Regeln:** – 10
(1) *Rechtsschutz:* Gewährleistet ist ein angemessener Rechtsschutz
für Ausländer (BVerfGE 60, 253/303 ff; 67, 43/63), insb. die Zuziehung eines Dolmetschers im strafprozessualen Verfahren, wenn der
Angeklagte der deutschen Sprache nicht mächtig ist (BVerfG-K,
NJW 88, 1462 f). Nicht geboten ist eine volle Gleichstellung von
Ausländern im Rechtsschutz (BVerfGE 67, 43/63) sowie ein freies
Geleit für ausländische Zeugen auch ohne Zusicherung (BGHSt 35,
216/218 ff). – (2) *Auslieferung:* Anerkannt ist der Grundsatz der
Spezialität, wonach ein Strafverfahren durch die Auslieferungsbewilligung des fremden Staats begrenzt wird (BVerfGE 57, 9/28). Umge-
kehrt ist eine Auslieferung nur an andere Staaten möglich, wenn der
wesentliche Kern eines fairen Gerichtsverfahrens gewährleistet ist

(BVerfGE 63, 332/338). – **(3)** *Sonstiges:* Die EMRK gilt kraft gesetzlicher Übernahme im Rang eines Bundesgesetzes, nicht als allgemeine Regel des Völkerrechts (BVerfGE 74, 358/370; Kempen MKS 92 zu Art.59; Stern III/2 278; diff. Pernice DR 21); auch aus Art.1 Abs.2 ergibt sich kein Verfassungsrang (Starck MKS 108 zu Art.1). Nicht gewährleistet ist ein Verbot der Doppelbestrafung für eine Tat in zwei verschiedenen Ländern (BVerfGE 75, 1/23 f), die freie gewerbliche Betätigung von Ausländern (BVerwGE 56, 254/261), der Ersatz von Besatzungsschäden durch die Bundesrepublik (BVerfGE 27, 253/273 f; 41, 126/160), eine Beschränkung der Geltendmachung von kriegsfolgebedingten Ansprüchen allein auf Staaten (BVerfGE 94, 315/311 ff) oder ein Verfolgungshindernis für Spionagetätigkeiten beim Beitritt eines Staates zu einem anderen (BVerfGE 92, 277/320 ff).

3. Folgen und Rechtsschutz

11   **a) Bestandteil des Bundesrechts.** Allgemein anerkannte Regeln des Völkerrechts gelten gem. S.2 innerstaatlich wie sonstiges Bundesrecht. Sie sind „mit ihrer jeweiligen völkerrechtlichen Tragweite Bestandteil des ... (in) Deutschland geltenden Rechts" (BVerfGE 46, 342/403 f). Behörden und Gerichte müssen sie anwenden (BVerfGE 63, 343/373; 75, 1/19; Rojahn MüK 15; Pernice DR 15; a. A. Geiger 168), auch die Träger der auswärtigen Gewalt (Rojahn MüK 23). Für den *Bürger* erzeugen sie gem. S.2 unmittelbar geltende (subjektive) Rechte und Pflichten, sofern dies die völkerrechtliche Vereinbarung oder das Vertragsgesetz direkt oder indirekt vorsieht (BVerfGE 46, 342/362; 63, 343/373 f; BVerwG, NJW 89, 2557; gegen die Einschränkung Rojahn MüK 31 f; Stern I 492) und soweit entsprechende Vorschriften des Bundesrechts Rechte und Pflichten erzeugen würden (BVerfGE 46, 342/362 f), insb. die völkerrechtliche Vorschrift ausreichend bestimmt ist. In diesem Umfang sind sie auch unmittelbar anwendbar (vgl. oben Rn.3). Unmittelbar geltende Pflichten sind allerdings selten, weil dies nur unter Wahrung des Bestimmtheitsgrundsatzes (Rn.54–56 zu Art.20) möglich wäre (vgl. Rojahn MüK 36; anders Pernice DR 30). Wenn S.2 von den *„Bewohnern des Bundesgebiets"* als den Berechtigten und Verpflichteten spricht, sind damit alle natürlichen und juristischen Personen gemeint, die sich im Bundesgebiet (dazu Rn.10 zur Präamb.) aufhalten bzw. ihren Sitz haben (Rojahn MüK 34; Streinz SA 50; Koenig MKS 56; weiter Herdegen MD 47). *Akten nichtdeutscher Hoheitsträger,* die gegen die allgemeinen Regeln des Völkerrechts verstoßen, dürfen deutsche Organe keine Wirksamkeit verschaffen (BVerfGE 75, 1/19; einschr. Herdegen MD 38 ff), was etwa für die Auslieferung bedeutsam ist (BVerfGE 59, 280/282 ff; 63, 332/337 f; 75, 1/20 ff). Die allgemein anerkannten Regeln des Völkerrechts gehen im **Rang** den (förmlichen) Gesetzen vor, d. h. dem einfachen Bundesrecht und dem gesamten Landesrecht. Bei der Auslegung und Anwendung nationalen Rechts sind sie zu beachten (BVerfGE 75, 1/18 f). Gegenüber dem GG treten sie dagegen zurück (BVerfGE 37, 271/279; BFHE 157, 39/43; Zuleeg AK 22 f; Herdegen MD 42; für Verfassungsrang Steinberger HbStR VII 557 f; für Überverfassungsrang Pernice DR 25), nicht dagegen gegenüber den Landesverfassungen (BVerfGE 1, 208/233; Streinz SA 86). Nachrangiges Recht ist im Konfliktsfall unwirksam (genauer unanwendbar; Herdegen MD 43), wenn es gegen die allgemein anerkannten Regeln des Völkerrechts verstößt (BVerfGE 6, 309/363; 23, 288/316). Zum Vorrang des Vertragsrechts vor dem Völkergewohnheitsrecht oben Rn.6.

b) Rechtsschutz. Art.25 enthält kein subjektives Recht. Gleichwohl kann der durch eine belastende Norm Betroffene, jedenfalls über Art.2 Abs.1 (Rn.23 zu Art.2), geltend machen, dass die Norm gegen allgemein anerkannte Regeln des Völkerrechts verstößt (BVerfGE 23, 288/300; 31, 145/177; 46, 342/363; Streinz SA 91). Darüber hinaus kann die Einhaltung von Normen, die subjektive Rechte verleihen, generell eingeklagt werden. Zur Richtervorlage in Zweifelsfällen Rn.19 f zu Art.100. Bei willkürlicher Nichtvorlage ist Art.101 Abs.1 S.2 verletzt (Streinz SA 91).

Art.26 [Störung des friedlichen Zusammenlebens der Völker]

(1) **Handlungen, die geeignet sind und in der Absicht vorgenommen werden, das friedliche Zusammenleben der Völker zu stören, insbesondere die Führung eines Angriffskrieges vorzubereiten[2], sind verfassungswidrig[5]. Sie sind unter Strafe zu stellen[5].**

(2) **Zur Kriegführung bestimmte Waffen[6f] dürfen nur mit Genehmigung der Bundesregierung hergestellt, befördert und in Verkehr gebracht werden[8f]. Das Nähere regelt ein Bundesgesetz[10].**

Literatur: *Holthausen,* Das Kriegswaffenexportrecht als Verfassungsauftrag des Art.26 Abs.2 GG, RiW 1997, 369; *Hailbronner/Wolfrum,* Kontrolle der auswärtigen Gewalt, VVDStRL 1997, 7, 38; *Doehring,* Das Friedensgebot des GG, HbStR VII, 1992, 687; *Epping,* GG und Kriegswaffenkontrolle, 1993; *Düx,* Verfassungswidriges Verhalten des Gesetzgebers durch Nichterfüllen des Verfassungsauftrages aus Art.26 Abs.1 GG, in: Hannover/Kutscha/Skrobanek (Hg.), Staat und Recht in der Bundesrepublik, 1987, 369; *v. Münch,* Äußerer und innerer Friede im GG, Zeitschrift für Sozialreform, 1985, 39; *Benda,* Frieden und Verfassung, AöR 1984, 1; *K. Ipsen,* Frieden, Streitkräfte und Rüstungssteuerung im GG, Zeitschrift für Sozialreform, 1984, 188; *Starck,* Frieden als Staatsziel, FS K. Carstens Bd.2, 1984, 867.

1. Prinzip des friedlichen Zusammenlebens der Völker und Art.26

1   Art.26 stellt eine Konkretisierung des Friedensgebots des GG dar, das auch in anderen Regelungen angesprochen ist: In der Präambel (Rn.4 zur Präamb), in Art.1 Abs.2 (Rn.17 zu Art.1), in Art.9 Abs.2 (Rn.18 zu Art.9). Es wird zutreffend als Prinzip des **friedlichen Zusammenlebens der Völker** bezeichnet (BVerfGE 47, 377/382). Dieses Prinzip ist mit dem der internationalen Zusammenarbeit (Rn.1 zu Art.24) und dem der Völkerrechtsfreundlichkeit (Rn.4 zu Art.25) verwandt. Es beinhaltet ein Verdikt gegen die militärische „Lösung" internationaler Streitfragen; lediglich zur Verteidigung dürfen militärische Instrumente eingesetzt werden, wie auch Art.87 a Abs.1 S.1 verdeutlicht (BVerwGE 83, 60/65; Epping, in: Pieroth (Hg.), Verfassungsrecht und soziale Wirklichkeit, 2000, 203). Hinzu treten die Möglichkeiten gem. Art.24 Abs.1, 2 im Rahmen des Völkerrechts (dazu Rn.6, 21 zu Art.24; Rn.6 zu Art.87 a). Das Prinzip verpflichtet die staatlichen Organe dazu, nicht nur die gravierenden Friedensstörungen des Art.26 Abs.1 zu unterlassen, sondern aktiv zu einer internationalen Friedensordnung beizutragen (vgl. Frank AK 34 ff; Fink MKS 17; Hernekamp MüK 1), wie das insb. in dem Begriff des Dienens in S.1 der Präambel zum Ausdruck kommt (Starck MKS 44 zur Präamb). In diesem Sinne gilt es das allgemeine Prinzip des friedlichen Zusammenlebens der Völker und das konkrete Verbot friedensstörender Handlungen in Art.26 Abs.1 (unten Rn.2–5) zu unterscheiden.

2. Verbot friedensstörender Handlungen (Abs.1)

2   **a) Erfasste Handlungen.** Abs.1 erfasst zunächst die Vorbereitung (und erst recht die Führung) eines Angriffskriegs. Damit ist jede gewaltsame Aggression gemeint, die sich völkerrechtlich nicht rechtfertigen lässt (Streinz SA 18 ff; Hobe FH 4; weiter Fink MKS 33 ff). Zur Vorbereitung zählt insb. die Lieferung von Waffen für einen

Angriffskrieg. An der Rechtfertigung fehlt es v. a. bei einem Verteidigungsexzess. Darüber hinaus werden auch andere Handlungen erfasst, die geeignet sind und in der Absicht (auch dolus eventualis; Frank AK 19; Hernekamp MüK 19; für dolus directus hingegen Hobe FH 10) vorgenommen werden, das friedliche Zusammenleben der Völker zu stören. Im Hinblick auf den weiten Adressatenkreis (unten Rn.4) und die durch Abs.1 S.2 gebotene Strafbarkeit wird man den Kreis der verbotenen Handlungen eher eng zu ziehen haben und nur Handlungen erfasst sehen, die in ihrer Störungsqualität der Vorbereitung eines Angriffskriegs vergleichbar sind (ähnlich BVerwG, NJW 82, 195; ebenso für den Bereich der Privatpersonen Fink MKS 29; Pernice DR 18; a. A. Frank AK 21; Stern I 510), die sachlich dem Völkerrecht widersprechen (Doehring HbStR VII 703 f). Bürgerkriege werden erfasst, wenn sie aufgrund ihrer Intensität geeignet sind, das internationale friedliche Zusammenleben zu stören (Hobe FH 5). Generell nicht erfasst werden Unterlassungen (Streinz SA 24; Hobe FH 8). Weitergehende Anforderungen ergeben sich für die staatlichen Organe aus dem allgemeinen Friedensgebot (oben Rn.1; i. E. ähnlich Pernice DR 18). Gegen wen sich die friedensstörende Handlung richtet, ist unerheblich; erfasst werden daher auch Angriffskriege eines Drittstaates gegen einen anderen Drittstaat (Streinz SA 21; Doehring HbStR VII § 178 Rn.34).

Im Einzelnen wird etwa die logistische oder finanzielle Unter- **3** stützung gewaltsamer und völkerrechtswidriger Maßnahmen eines Drittstaats oder einer Bürgerkriegspartei durch staatliche Stellen erfasst (Pernice DR 17). Nicht erfasst werden räumlich-zeitlich begrenzte Sammlungen für bewaffnete Organisationen durch Privatpersonen (BVerwG, DÖV 83, 120), des Weiteren die Stationierung von Chemiewaffen zur Abschreckung eines Angriffs (BVerfGE 77, 170/233 f; Pernice DR 16).

b) Verpflichtete. Abs.1 wendet sich an die staatlichen Organe, **4** weiterhin an jeden Bürger, also an alle natürlichen und juristischen Personen sowie Vereinigungen jeglicher Art (Frank AK 42 f; Stern I 510; Hernekamp MüK 9 f). Erfasst werden auch Handlungen von Bundesbürgern im Ausland (Streinz SA 23; Pernice DR 18) ebenso wie Handlungen von Ausländern und Staatenlosen im Geltungsbereich des GG, etwa der in der Bundesrepublik stationierten NATO-Angehörigen (Hernekamp MüK 10). Anstiftung und Beihilfe zu einer Handlung iSd Rn.2 f werden ebenfalls erfasst.

c) Folgen eines Verstoßes. Die Vornahme der in Rn.2 f be- **5** schriebenen Handlungen ist **verfassungswidrig** und rechtlich un-

wirksam. Eine Rechtfertigung durch andere Verfassungsgüter ist
nicht möglich. Der Verstoß kann u. a. von Bürgern gegenüber staatlichen Maßnahmen im Rahmen des Rechtsschutzes, nicht jedoch im
Wege des Art.20 Abs.4 (Streinz SA 31; a. A. Hernekamp MüK 25),
sowie unter Bürgern (gestützt auf § 134 BGB) geltend gemacht
werden (Streinz SA 32). Gem. Abs.1 S.2 sind die von Abs.1 S.1
erfassten Handlungen (oben Rn.2 f) unter **Strafe** zu stellen, wie das
in §§ 80, 80 a StGB geschehen ist. Die Beschränkung dieser Vorschriften auf Angriffskriege, an denen die Bundesrepublik (aktiv oder
passiv) beteiligt ist, wird Abs.1 S.2 nicht gerecht (Doehring HbStR
VII 705; Frank AK 26; Streinz SA 33). Darüber hinaus folgt aus der
Vorschrift die Pflicht des Staates, auch mit anderen Mitteln als denen
des Strafrechts gegen friedensstörende Handlungen einzuschreiten,
soweit die strafrechtlichen Mittel zu keinem befriedigenden Ergebnis
führen (Frank AK 28). Vereinigungen, die die inkriminierten Handlungen vornehmen, können verboten werden (Rn.18 zu Art.9).

3. Kriegswaffen (Abs.2)

6   **a) Anwendungsbereich.** Zur Kriegsführung bestimmte **Waffen**
sind alle Gegenstände, die geeignet sind, Zerstörungen oder Schäden
zu verursachen und als Mittel der Gewaltanwendung bei bewaffneten Auseinandersetzungen zwischen Staaten zu dienen (Hernekamp MüK 27). Unerheblich ist, ob sie zur Verteidigung oder/und
zum Angriff eingesetzt werden (Streinz SA 37; Hobe FH 14). Die
genaue Abgrenzung erfolgt gem. Abs.2 S.2 im Kriegswaffenkon-
trollG. Gegenstände, die sowohl ziviler als auch militärischer Nutzung zugänglich sind (dual use), dürften nicht unter Abs.2 fallen
(a. A. Hobe FH 14); insoweit kann aber Abs.1 bzw. das Prinzip des
friedlichen Zusammenlebens der Völker (oben Rn.1) zum Tragen
kommen (Pernice DR 23).

7   Erfasst wird die **Herstellung,** auch der Zusammen- und Umbau
(Streinz SA 40), nicht die Forschung und Entwicklung, solange
keine einsatzfähigen Waffen produziert werden (Hobe FH 15). Des
Weiteren fällt unter Abs.2 das **Inverkehrbringen,** d. h. die Abgabe
von Kriegswaffen an andere sowie deren Erwerb (Hernekamp MüK
30). Die Teilnahme an derartigen Handlungen wird gleichfalls erfasst. Der Genehmigungspflicht unterliegt die Vornahme dieser Tätigkeiten durch jedermann im Inland und zudem durch Deutsche im
Ausland (Pernice DR 25 f; Streinz SA 44).

8   **b) Genehmigungsvorbehalt.** Die erfassten Handlungen (oben
Rn.6 f) werden durch Abs.2 S.1 einer Genehmigungspflicht unter-

worfen. Sie dürfen also nur vorgenommen werden, wenn die Bundesregierung dazu *vorher* ihre Zustimmung erteilt hat. Bundesregierung ist gem. Art.62 das Kollegium, nicht ein einzelner Minister (Rn.2 zu Art.62); die Möglichkeit der Delegation nach § 11 Abs.2 KWKG ist verfassungswidrig (Streinz SA 46; Fink MKS 75; Epping o.Lit. 215 ff; Pernice DR 28; a. A. Hernekamp MüK 29). Die Genehmigungsfiktion des § 27 KWKG ist mit Art.26 Abs.2 nicht vereinbar, soweit nicht die Voraussetzungen des Art.24 Abs.1 erfüllt sind (Streinz SA 46; a. A. Hernekamp MüK 29). Weiter muss die Genehmigung ausreichend spezifiziert werden; die genehmigten Handlungen müssen sachlich und zeitlich begrenzt sein.

Der Genehmigungsvorbehalt ist ein **repressives Verbot** mit 9 Befreiungsvorbehalt (BVerwGE 61, 24/31 f; Hobe FH 18; Pernice DR 20; Streinz SA 45). Die Genehmigung darf auf keinen Fall erteilt werden, wenn die Gefahr droht, dass mit den Waffen friedensstörende Handlungen iSd Abs.1 vorgenommen werden (oben Rn.2 f). Aber auch wenn keine derartige Gefahr droht, ergibt sich aus dem Charakter des Genehmigungsvorbehalts als repressivem Verbot, dass die von Abs.2 erfassten Handlungen nur im Ausnahmefall genehmigt werden dürfen; es müssen besondere rechtfertigende Gründe für die Erteilung der Genehmigung vorliegen (BVerwGE 61, 24/31; vgl. Frank AK 45). Kriegswaffen gehören regelmäßig nicht in die Hand von Privatpersonen (BVerwGE 61, 24/31).

Das **Gesetz** gem. Abs.2 S.2, für das der Bund mangels abweichen- 10 der Anhaltspunkte die ausschließliche Kompetenz hat (Rn.3 zu Art.70), kann keine Abweichungen vom sachlichen Gehalt des Abs.2 S.1 (oben Rn.8 f) vorsehen, sondern ihn nur (bis zu einer Entscheidung des BVerfG) konkretisieren.

Art.**27** [Handelsflotte]

Alle deutschen Kauffahrteischiffe bilden eine einheitliche Handelsflotte.

Literatur: *Dörr,* Die deutsche Handelsflotte und das GG, 1988.

Art.27 enthält eine traditionelle Regelung von geringer Tragweite 1 (Hoog MüK 1). Sie gilt für Kauffahrteischiffe, d. h. dem Erwerb dienende Schiffe (Koenig MKS 5; Erbguth SA 5; Hook MüK 4), die besser als Seehandelsschiffe zu bezeichnen sind (Koenig MKS 18); ausgeklammert bleiben Fischerei- und Hilfsschiffe (Pernice DR 7).

Nicht erfasst werden insb. hoheitlichen Aufgaben dienende Schiffe
sowie Yachten (Koenig MKS 5). Weiter müssen die Schiffe deutsch,
d. h. zur Führung der deutschen Flagge berechtigt sein (Pernice DR
8; Wolfrum BK 3); dazu gehören auch deutsche Schiffe iSd Zweit-
registerG (Erbguth SA 7). Sie besitzen gem. Art.27 die deutsche
Staatszugehörigkeit und nicht die eines Bundeslandes (Erbguth SA
2; Pernice DR 6). Die „Einheitlichkeit" dieser Flotte schließt ein
Zweitregister nicht aus (Wolfrum BK 3, Erbguth SA 7; Hoog MüK
11; a. A. Pernice DR 11). Die Vorschrift besagt nichts zur Kompetenzverteilung zwischen Bund und Ländern (Pernice DR 6; Erbguth SA 3) und entfaltet für Private keine Bindungswirkungen (Pernice DR 6; Bothe AK 3; Erbguth SA 4). Einen Auftrag zum Schutz
der Handelsflotte wird man Art.27 nicht entnehmen können (Erbguth SA 8; Pernice DR 6; a. A. Stern III/1 376; offen gelassen
BVerfGE 92, 26/43). Die Einheitlichkeit soll eine allg. Gleichbe-
handlungspflicht enthalten (Koenig MKS 7; Hook MüK 10). S. auch
das FlaggenrechtsG (BGBl 1951 I 79).

**Art.28 [Homogenitätsgebot; kommunale Selbstverwal-
tungsgarantie]**

(1) **Die verfassungsmäßige Ordnung in den Ländern muß den
Grundsätzen des republikanischen, demokratischen und sozialen
Rechtsstaates im Sinne dieses Grundgesetzes entsprechen**[3 ff]**. In
den Ländern, Kreisen und Gemeinden muß das Volk eine Vertretung haben, die aus allgemeinen, unmittelbaren, freien, gleichen und geheimen Wahlen hervorgegangen ist**[6 f]**. Bei Wahlen in
Kreisen und Gemeinden sind auch Personen, die die Staatsangehörigkeit eines Mitgliedstaates der Europäischen Gemeinschaft besitzen, nach Maßgabe von Recht der Europäischen Gemeinschaft wahlberechtigt und wählbar**[8]**. In Gemeinden kann an
die Stelle einer gewählten Körperschaft die Gemeindeversammlung treten**[9]**.

(2) **Den Gemeinden**[17] **muß das Recht gewährleistet sein, alle
Angelegenheiten der örtlichen Gemeinschaft**[12 ff] **im Rahmen der
Gesetze**[18] **in eigener Verantwortung**[16] **zu regeln**[18 ff]**. Auch die
Gemeindeverbände haben im Rahmen ihres gesetzlichen Auf-
gabenbereiches nach Maßgabe der Gesetze das Recht der Selbstverwaltung**[27]**. Die Gewährleistung der Selbstverwaltung umfaßt
auch die Grundlagen der finanziellen Eigenverantwortung; zu**

diesen Grundlagen gehört eine den Gemeinden mit Hebesatzrecht zustehende wirtschaftskraftbezogene Steuerquelle[14].

(3) Der Bund gewährleistet, daß die verfassungsmäßige Ordnung der Länder den Grundrechten und den Bestimmungen der
Absätze 1 und 2 entspricht[29].

Übersicht

Literatur A (Abs.1, 3): *Barley,* Das Kommunalwahlrecht für Ausländer
nach der Neuordnung des Art.28 Abs.1 S.3 GG, 1999; *Boehl,* Verfassungsgebung im Bundesstaat, 1997; *Dreier,* Einheit und Vielfalt der Verfassungsordnungen im Bundesstaat, in: K. Schmidt (Hg.), Vielfalt des Rechts –
Einheit der Rechtsordnung?, 1994, 113; *Sacksofsky,* Landesverfassungen und
GG, NVwZ 1993, 235; *Kersten,* Homogenitätsgebot und Landesverfassungsrecht, DÖV 1993, 896; *Rozek,* Das GG als Prüfungs- und Entscheidungs-
maßstab der Landesverfassungsgerichte, 1993; *Röger,* Der neue Artikel 28
Abs.1 S.3 GG, VR 1993, 137; *Sachs,* Die Landesverfassung im Rahmen der
bundesstaatlichen Rechts- und Verfassungsordnung, ThürVBl 1993, 121;
v. Arnim, Möglichkeiten unmittelbarer Demokratie auf Gemeindeebene,
DÖV 1990, 85; *Maunz,* Verfassungshomogenität von Bund und Ländern,
HbStR IV, 1990, 443; *Bartlsperger,* Das Verfassungsrecht der Länder in der

gesamtstaatlichen Verfassungsordnung, HbStR IV, 1990, 457; *Vitzthum,* Die
Bedeutung gliedstaatlichen Verfassungsrechts in der Gegenwart, VVDStRL
46 (1988), 7; *Ehlers,* Die Volksvertretung auf Gemeinde- und Kreisebene,
Jura 1988, 337. – S. auch Literatur zu Art.31.

   Literatur B (Abs.2): *Schoch,* Der verfassungsrechtliche Schutz der kom-
munalen Selbstverwaltung, Jura 2001, 121; *Ehlers,* Die verfassungsrechtliche
Garantie der kommunalen Selbstverwaltung, DVBl 2000, 1301; *Oebbecke,*
Die verfassungsrechtlich gewährleistete Planungshoheit der Gemeinden, FS
Hoppe, 2000, 239; *Mückl,* Kommunale Selbstverwaltung und aufgabenge-
rechte Finanzausstattung, DÖV 1999, 841; *Badura,* Wirtschaftliche Betätigung der Gemeinde zur Erledigung von Angelegenheiten der örtlichen
Gemeinschaft im Rahmen der Gesetze, DÖV 1998, 818; *Kenntner,* Zehn
Jahre nach Rastede, DÖV 1998, 702; *Henneke,* Die Kommunen in der
Finanzverfassung des Bundes und der Länder, 2. A. 1998; *ders.* (Hg.), Organi-
sation kommunaler Aufgabenerfüllung, 1998; *Inhester,* Kommunaler Finanzausgleich im Rahmen der Staatsverfassung, 1997; *Löwer/Menzel,* Die Rspr.
der neuen Verfassungsgerichte zum Kommunalrecht, ZG 1997, 90; *Schoch,*
Verfassungsrechtlicher Schutz der kommunalen Finanzautonomie, 1997; *ders.*
(Hg.), Selbstverwaltung der Kreise in Deutschland, 1996; *Maurer,* Verfassungsrechtliche Grundlagen der kommunalen Selbstverwaltung, DVBl 1995, 1037;
J. Ipsen, Schutzbereich der Selbstverwaltungsgarantie und Einwirkungsmöglichkeiten des Gesetzgebers, ZG 1994, 194; *Schmidt-Jortzig,* Gemeinde- und
Kreisaufgaben, DÖV 1993, 973; *Blanke,* Die kommunale Selbstverwaltung
im Zuge fortschreitender Integration, DVBl 1993, 819; *Heberlein,* Die Rspr.
des BVerfG und des BVerwG zur „kommunalen Außenpolitik", NVwZ
1992, 543; *Schmidt-Aßmann,* Kommunale Selbstverwaltung nach „Rastede",
FS Sendler, 1991, S.121; *Clemens,* Kommunale Selbstverwaltung und institutionelle Garantie, NVwZ 1990, 834; *Püttner* (Hg.), Handbuch der kommunalen Wissenschaft und Praxis, 2. A., 6 Bände, 1981 ff.

I. Homogenitätsgebot (Abs.1)

1. Bedeutung und Abgrenzung zu anderen Vorschriften

1   Abs.1 ist eine **Konkretisierung des Bundesstaatsprinzips**
(Rn.16–22 zu Art.20), indem er die Verfassungsautonomie der Länder sowohl voraussetzt als auch begrenzt. Die Länder werden nur
an die Vorgaben des Abs.1 gebunden, im Übrigen haben sie für
ihre verfassungsmäßige Ordnung Gestaltungsfreiheit (BVerfGE 4,
178/189; 64, 301/317); insoweit hat Abs.1 Rahmencharakter (Stern
BK 7, 13; Tettinger MKS 11). Das GG will nicht Konformität oder
Uniformität, sondern nur ein gewisses Maß an Homogenität
(BVerfGE 9, 268/279; 41, 88/119; 90, 60/84 f). Abs.1 normiert
nicht selbst Landesverfassungsrecht; er gilt nicht in den Ländern,
sondern nur für die Länder (BVerfGE 1, 208/236; 6, 104/111). Die

Rechtsfigur der in die Landesverfassung hineinwirkenden Bundes-
verfassung ist abzulehnen (Maurer, JuS 92, 297 f; Rozek, o.Lit.,
100 ff; Löwer MüK 12; Dreier DR 50; Tettinger MKS 31 f; **a. A.**
BVerfGE 1, 208/232; 27, 44/55; 66, 107/114; Benda/Klein 1041;
Pestalozza 155, 157; diff. März MKS 91 ff zu Art.31). Abs.1 soll eng
auszulegen sein (BVerfGE 90, 60/85).

Abgrenzung zu anderen Vorschriften. Den Staatsfundamen- 2
talnormen oder Wahlrechtsgrundsätzen widersprechendes Landesrecht ist nicht nach Art.31 nichtig (Bothe AK 16; Löwer MüK 13;
Nierhaus SA 27 f), weil bei Normen mit unterschiedlichen Adressaten kein Kollisionsfall vorliegt (Rn.4 zu Art.31). Vielmehr ergibt
sich die Nichtigkeit aus Abs.1 als lex specialis zu Art.31 (BVerfGE 3,
45/49; 83, 60/61; März MKS 93 f zu Art.31; Dreier, o.Lit. A, 126;
vgl. auch BVerfGE 36, 342/362). Dagegen bleibt mit Abs.1 verein-
bares Landesrecht in Kraft (Rn.5 zu Art.31). Abs.1 S.2 ist kein
Grundrecht oder gundrechtsgleiches Recht; seine Verletzung kann
daher auch nicht mit der Verfassungsbeschwerde geltend gemacht
werden (BVerfGE 99, 1/8 gegen die frühere st. Rspr.; vgl. BVerfGE
58, 177/190; 85, 148/157).

2. Umfang der Bindung der Länder

a) Staatsfundamentalnormen. Die „verfassungsmäßige Ord- 3
nung" bedeutet wie bei Art.2 Abs.1 die verfassungsmäßige Rechtsordnung (Rn.17 zu Art.2); aus Art.28 Abs.1 kann daher keine
Verpflichtung der Länder zur Verfassungsgebung abgeleitet werden
(Dreier DR 48; Bartlsperger HbStR IV 475; Tettinger MKS 22;
a. A. Löwer MüK 9 f). Die Länder sind gem. S.1 an folgende Grundsätze gebunden: Republik, Demokratie, Sozialstaat, Rechtsstaat
(Rn.1–15, 23–101, 102–115 zu Art.20).

Eine **Bindung besteht** hinsichtlich der demokratischen Organi- 4
sation und Legitimation von Staatsgewalt (BVerfGE 83, 60/71; 93,
37/66; BremStGH, DVBl 91, 1075); daher wäre die Einführung
einer Diktatur oder Monarchie, einer Räterepublik oder eines Ein-
parteiensystems unzulässig. Verbindlich sind für die Länder auch das
Prinzip der Gewaltenteilung (BVerfGE 2, 307/319; a. A. Brem-
StGHE 1, 27/30), die Publikation der Gesetze (BVerfGE 90, 60/85),
die Ermöglichung der Regierungskontrolle durch Untersuchungsausschüsse (BVerwGE 79, 339/344 f; 109, 258/263; BremStGHE 4,
74/79 ff), die Wahlprüfung (BVerfGE 85, 148/159; 99, 1/18; NJW
01, 1051), das Verbot eines Notverordnungsrechts ohne zeitliche
Grenzen, der Grundsatz des Parlamentsvorbehalts (BVerfGE 41,

251/266; 90, 60/85; BVerwGE 57, 130/137 f), das Bestimmtheitsgebot (BVerfG, NJW 01, 1052) und die selbständige, politische Entscheidungsgewalt und Sachverantwortung der Regierung
(BVerfGE 9, 268/281). Unzulässig ist zudem eine Abweichung
bezüglich des Verbots parteiergreifender Öffentlichkeitsarbeit der
Regierung (BremStGH, NVwZ 85, 649 f). Bezüglich des Abgeordnetenstatus erfaßt die Bindung die „essentiellen, den deutschen Parlamentarismus prägenden Grundsätze" (BVerfGE 102, 224/235),
z. B. das Verbot der Behinderung von Abgeordneten (BVerfGE 98,
145/160; BremStGH, NJW 75, 636) und den Kündigungsschutz
(BAGE 77, 184/188), nicht aber alle Fragen der Abgeordnetenentschädigung (BVerfGE 102, 224/235 ff gegen BVerfGE 40,
296/319; vgl. auch HambVerfG, LVerfGE 6, 157/165; ThürVerfGH,
LVerfGE 9, 413/430) und der Parlamentsautonomie (BVerfGE 102,
224/235 ff).

5   Eine **Bindung besteht nicht** bei der Ausgestaltung im Einzelnen
(vgl. dazu Maunz HbStR IV 447), z. B. die Einrichtung des Amtes
eines Landespräsidenten (Dreier, o.Lit. A, 123), einer präsidialen
Regierungsform (Herdegen HbStR IV 491; Vogelsang FH 31;
a. A. Löwer MüK 15) und eines Zwei-Kammer-Systems, sofern die
Erste Kammer dominiert (Herdegen HbStR IV 489); die Zulässigkeit von Verfassungsdurchbrechungen (HambVerfG, JVwBl 78,
43/49); die Modalitäten einer Parlamentsauflösung (Tettinger MKS
48); die Möglichkeit eines Misstrauensvotums (BVerfGE 9, 268/281)
oder einer Ministeranklage (Löwer MüK 15). Zulässig ist zudem die
abweichende Gestaltung des Wahlprüfungsverfahrens (BVerfG, NJW
01, 1051), der Verfassungsgerichtsbarkeit (BVerfGE 4, 178/189;
HessStGH, ESVGH 40, 20/21), der Dauer der Legislaturperiode
(BVerfGE 1, 14/34) und der Amtsperiode des Regierungschefs
(BVerfGE 27, 44/56) sowie dessen Mandatsgebundenheit (Pieroth,
ZParl 95, 525 f) und Abwahlmöglichkeit (Dreier DR 62), des Mit-
wirkungsverbots von Abgeordneten in sie betreffenden Angelegenheiten (BremStGHE 3, 17/23 f), der Schaffung bestimmter Funk-
tionszulagen für Abgeordnete (BVerfGE 102, 224/235 ff), des Zu-
stimmungsverfahrens zu Staatsverträgen (BVerfGE 90, 60/86;
BVerwGE 74, 139/141 f), des Grundrechtsschutzes von Gemeinden
(BayVerfGHE 37, 101/107) und von Volksbegehren und Volksentscheid (BVerfGE 60, 175/208; Löwer MüK 19). Die Einführung
öffentlichen Eigentums durch Landesrecht ist nicht unzulässig, wenn
dadurch nicht eine für die Wirtschafts- und Sozialordnung des
Bundes und aller Glieder fundamentale und einheitliche Rechts-
einrichtung zerstört wird und die Auswirkungen auf den Raum des

Landes beschränkt bleiben (BVerfGE 24, 367/390 f). Die Länder dürfen auch über das GG hinausgehende Staatsziele und soziale Grundrechte in ihre Verfassungen aufnehmen (Dreier DR 63).

b) Wahlrechtsgrundsätze: aa) Allgemeines. Die Länder sind 6 gem. S.2 an die Wahlrechtsgrundsätze der Allgemeinheit, Unmittelbarkeit, Freiheit, Gleichheit und Geheimheit als objektives Recht (oben Rn.2) gebunden (Rn.5–22 zu Art.38). Volk soll wie in Art.20 Abs.2 S.1 (Rn.4 zu Art.20) grds. das deutsche Volk bedeuten (BVerfGE 83, 37/53 ff). Vertretung meint nur den Rat, nicht Bezirksvertretungen (BVerfGE 47, 253/275; HambVerfG, LVerfGE 8, 227/238), Bürgermeister (SächsVerfGH, LVerfGE 6, 244/250) oder höherstufige Gemeindeverbände (Stern I 709; Tettinger MKS 97). Da das GG nur diese Grundsätze, nicht aber das Wahlrecht im Einzelnen vorschreibt (BVerwGE 94, 288/290), können sich Unterschiede zwischen Bundes- und Landeswahlrecht ergeben. Vom Bundeswahlrecht gehen keine einengenden Wirkungen aus (Löwer MüK 26; **a. A.** BVerfGE 4, 31/45). Die Länder können das Wahl- und Wählbarkeitsalter anders festlegen (Tettinger MKS 93), das Panaschieren und Kumulieren einführen (Dreier DR 67), die Briefwahl ausschließen (BVerfGE 12, 139/142 f; 15, 165/167) und vom Bundesrecht abweichende Unterschriftenquoren vorsehen (BVerfGE 3, 383/394 ff; 12, 132/133 f; 12, 135/137 ff; BayVerfGHE 13, 1/8). Da Gemeinden und Kreise zum Verfassungsbereich der Länder gehören (Rn.6 zu Art.30), gilt vorbehaltlich des S.3 (unten Rn.8) das Gleiche für das Kommunalwahlrecht. Auch die Beschränkung der Wählbarkeit von Angehörigen des Öffentlichen Dienstes (Rn.3–8 zu Art.137) gilt für das Kommunalwahlrecht (BVerfGE 48, 64/82; 58, 177/191; BayVerfGH, VwRspr Bd.26, Nr.1 S.4 f).

bb) Einzelfälle: Im Zuge kommunaler Neugliederungsmaßnahmen 7 sind geringfügige Beeinträchtigungen der Wahlrechtsgrundsätze zulässig (BVerwG, DVBl 73, 891). Die übliche Rechtfertigung der 5%-Sperrklausel (Rn.19 zu Art.38) ist hier noch schwächer (Dreier DR 69; Vogelgesang FH 52; vgl. auch VerfGH NW, NVwZ 95, 581; NVwZ 00, 666). Seßhaftigkeit darf auch für Gemeindewahlen verlangt werden (BVerfG-K, NVwZ 93, 56). Bei der Besetzung von Gemeinderatsausschüssen ist das d'Hondtsche Höchstzahlverfahren zulässig (BVerwG, NVwZ-RR 94, 109). Gewählte Kommunalvertreter sind nicht wie die Mitglieder des Bundestags (Rn.25–35 zu Art.38) oder der Landtage (oben Rn.4 f; Vogelgesang FH 74 f) verfassungsrechtlich abgesichert (BVerfGE 78, 344/348); doch erkennen BVerwGE 90, 104/105; NVwZ-RR 93, 209 den

Gemeindevertretern ein „freies Mandat" und BVerfGE 93, 373/377 die Gleichheit des Mandats zu.

8   **c) Kommunalwahlrecht für Ausländer.** Der 1992 eingefügte (Einl.3 Nr.38) S.3 ermöglicht die Einführung des Kommunalwahlrechts, und zwar wegen der Geltung der Wahlrechtsgrundsätze auch für politische Abstimmungen (Rn.2 zu Art.38) einschl. des Abstimmungsrechts bei kommunalen Bürgerentscheiden und -begehren (Dreier DR 75; Engelken, NVwZ 95, 432 ff; DÖV 96, 737; a. A. Burkholz, DÖV 95, 816 ff; Scholz MD 41 f; Vogelgesang FH 74 f), für Staatsangehörige von Mitgliedstaaten der Europäischen Gemeinschaft, das vorher verfassungswidrig war (BVerfGE 83, 37/59 ff; vgl. Rn.4 zu Art.20). S.3 verstößt nicht gegen Art.79 Abs.3 (Löwer MüK 30; Scholz MD 41 d; vgl. auch BVerfGE 83, 37/59), da nur das Demokratieprinzip, nicht aber dessen Ausgestaltung im Einzelnen verfassungsänderungsfest ist (Röger, VR 93, 139). Durch die auf Art.8 b Abs.1 (jetzt Art.19) EGV gestützte Richtlinie 94/80/EG vom 19. 12. 1994 (ABlEG L 368, 38), die bis zum 1. 1. 1996 in nationales Recht umzusetzen war, sind die Länder zu einer Änderung der Kommunalwahlgesetze verpflichtet (Schweitzer 396), die Unionsbürgern mit Wohnsitz in Deutschland das aktive und passive Wahlrecht bei Kommunalwahlen unter denselben Bedingungen wie Deutschen einräumt. Dem sind formal alle Länder nachgekommen; inhaltlich weisen die Regelungen in Bayern und Sachsen Defizite auf (Pieroth/Schmülling, DVBl 98, 365). Die Einführung eines Kommunalwahlrechts für Angehörige sonstiger Staaten wäre nach wie vor verfassungswidrig (Nierhaus SA 23; krit. Röger, VR 93, 143).

9   **d)** Eine **Gemeindeversammlung** kann gem. S.4 an die Stelle der von S.2 geforderten Volksvertretung treten. Dies ist eines der wenigen plebiszitären Elemente im GG. Eine Gemeindeversammlung ist nur in den Gemeindeordnungen Brandenburgs und Schleswig-Holsteins vorgesehen. Die Bürgerversammlung in Bayern ist keine Gemeindeversammlung, weil sie nur ein Mitberatungsrecht hat (Tettinger MKS 117).

II. Kommunale Selbstverwaltungsgarantie (Abs.2)

1. Allgemeines

10   **a) Bedeutung.** Kommunale Selbstverwaltung „bedeutet ihrem Wesen und ihrer Intention nach Aktivierung der Beteiligten für ihre eigenen Angelegenheiten" (BVerfGE 11, 266/275; vgl. auch BVerfGE 79, 127/149). Gemeinden und Gemeindeverbände sind zugleich Träger öffentlicher Gewalt und Teil der vollziehenden Gewalt iSd Art.1 Abs.3, 20 Abs.3, d. h. „ein Stück ‚Staat' " (BVerfGE 73, 118/191), „in den staatlichen Aufbau integriert" (BVerfGE 83, 37/54). Auch ihre Rechtsetzungstätigkeit ist dem Bereich der Verwaltung zuzuordnen (BVerfGE 65, 283/289). Unter dem Aspekt der Kompetenzverteilung nach dem GG gehören sie zu den Ländern (Rn.6 zu Art.30). Die Grenzen des Schutzbereichs (unten Rn.12–15) sind zugleich Kompetenzgrenzen (BVerfGE 79, 127/147; Löwer MüK 37 f; Tettinger MKS 173). Doch steht Abs.2 einer landesgesetzlichen Ausdehnung des Kompetenzbereichs auf gemeindefreies Gebiet nicht entgegen (BVerwG, NVwZ 98, 952 f). Die kommunale Selbstverwaltungsgarantie ist als solche keine Ermächtigung zu Eingriffen in die Rechtsstellung Privater (Löwer MüK 4; Dreier DR 100; Wieland/Hellermann, DVBl 96, 407). Sie enthält als solche auch keine Pflicht zur Mitwirkung bei der Erledigung staatlicher Aufgaben (BVerwG, DVBl 90, 1067).

b) Rechtliche Eigenart. – **(1)** Es muss zum einen Gemeinden **11** und Gemeindeverbände als Elemente des Verwaltungsaufbaus geben (sog. institutionelle Rechtssubjektsgarantie), die darüber hinaus gem. Art.28 Abs.1 S.2 eine Volksvertretung haben müssen, für die die Wahlrechtsgrundsätze (oben Rn.6 f) gelten. Den Gemeinden und in abgeschwächter Form den Gemeindeverbänden ist zum andern Selbstverwaltung (unten Rn.16) garantiert (sog. objektive Rechtsinstitutionsgarantie). Die Landesverfassungen dürfen den Gemeinden weitergehend Selbstverwaltung garantieren (LVerfG SAn, LVerfGE 7, 275/281 f; Löwer MüK 34; Dreier DR 86). – **(2)** Diese Garantien sind nicht nur objektiv-rechtlich, sondern auch als subjektive Rechte eingeräumt (sog. subjektive Rechtsstellungsgarantie): Die einzelne Gemeinde kann von den aus Abs.2 Verpflichteten (unten Rn.18) die Einhaltung der Garantien verlangen (Ehlers, DVBl 00, 1305). Ein Selbstauflösungsrecht steht den Gemeinden aber nicht zu (Dreier DR 94). Abs.2 ist selbst kein Grundrecht, strukturell aber einem Grundrecht vergleichbar (vgl. Maurer, DVBl 95, 1041 f). Das zeigt auch die der Verfassungsbeschwerde parallele Kommunalverfassungsbeschwerde gem. Art.93 Abs.1 Nr.4 b. Zur Grundrechtsfähigkeit der Gemeinden Rn.18–20 zu Art.19. Die kommunale Selbstverwaltungsgarantie wird durch finanzverfassungsrechtliche Gewährleistungen ergänzt (Rn.12–18 zu Art.106).

2. Schutzbereich

12   **a) Alle Angelegenheiten der örtlichen Gemeinschaft** sind gem. Abs.2 S.1 für die Gemeinden von der Selbstverwaltungsgarantie umfasst (sog. Universalität oder Allzuständigkeit; vgl. BVerfGE 83, 37/54). Das sind „diejenigen Bedürfnisse und Interessen, die in der örtlichen Gemeinschaft wurzeln oder auf sie einen spezifischen Bezug haben" (BVerfGE 79, 127/151; BVerwGE 92, 56/62). Hierbei ist der geschichtlichen Entwicklung und den verschiedenen historischen Erscheinungsformen der Selbstverwaltung Rechnung zu tragen (BVerfGE 11, 266/274; 59, 216/226). Angelegenheiten, die diese Voraussetzungen nicht erfüllen, werden als staatliche Aufgaben bezeichnet (Tettinger MKS 168). Die Angelegenheiten der örtlichen Gemeinschaft bilden „keinen ein für allemal feststehenden Aufgabenkreis" (BVerfGE 79, 127/152). Garantiert ist nicht nur der Aufgabenbereich, sondern auch die Befugnis zu eigenverantwortlicher Führung der Geschäfte in diesem Bereich (BVerfGE 91, 228/236). Die Garantie umfasst weiter nicht nur die Befugnis, bislang „unbesetzte" Aufgaben an sich zu ziehen (sog. Spontaneität), sondern auch ein Regel-Ausnahme-Verhältnis zugunsten der Gemeinden (BVerfGE 79, 127/147 ff; BVerwGE 98, 273/276 f; 101, 99/102 f; Nierhaus SA 52). Trotz der Schwierigkeit angesichts vielfältiger neuer Entwicklungen eine klare Zuordnung zum Bereich örtlicher Aufgaben vorzunehmen, hält die hM an der genannten Definition fest; darüber hinaus wird aber zu den Angelegenheiten der örtlichen Gemeinschaft auch die Mitwirkung an Planungen und Maßnahmen gezählt, die das Gemeindegebiet oder Teile dieses Gebiets nachhaltig betreffen und die Entwicklung der Gemeinde beeinflussen (unten Rn.19).

13   Typische Fälle gemeindlicher Angelegenheiten sind die sog. **Gemeindehoheiten.** Die *Gebietshoheit* bedeutet, dass sie gegenüber jedermann, der sich auf ihrem Gebiet aufhält, „Herrschaftsgewalt" (BVerfGE 52, 95/118) ausüben, d. h. rechtserhebliche Handlungen vornehmen darf (Löwer MüK 66). Die *Organisationshoheit* ist die Kompetenz, „für die Wahrnehmung ihrer Aufgaben Abläufe und Entscheidungszuständigkeiten im Einzelnen", nicht aber „die äußeren Grundstrukturen der Gemeinde" zu regeln (BVerfGE 91, 228/236 ff; LVerfG SAn. LVerfGE 7, 284 (294). Sie umfasst z. B., die Gewährträgerschaft für eine öffentlich-rechtliche Sparkasse zu übernehmen (vgl. BVerfGE 75, 179/199; BVerfG-K, WM 94, 1971; BbgVerfG, LVerfGE 2, 93/100; SächsVerfGH, DVBl 01, 294) und (als sog. Kooperationshoheit) zusammen mit anderen Gemeinden gemeinschaftliche Handlungsinstrumente zu schaffen (BVerfG-K, NVwZ 87, 124; vgl. auch Schaffarzik, DÖV 96, 155 ff) sowie negativ nicht zu Zwangsverbänden zusammengeschlossen zu werden (BVerfGE 26, 228/239; Löwer MüK 73; Dreier DR 128). Die *Personalhoheit* ist die Befugnis, das Personal, insb. die Gemeindebeamten auszuwählen, anzustellen, zu befördern und zu entlassen (BVerfGE 17, 172/182; BVerwG, NVwZ 85, 415 f; BAGE 76, 125/132). Die *Planungshoheit* ist die Befugnis, voraussehbare Entwicklungen längerfristig zu steuern, insb. für das eigene Gebiet die Bodennutzung festzulegen (vgl. BVerfGE 56, 298/310, 317 f; BVerwGE 81, 95/106; 84, 209/214 f).

Des weiteren zählen zu den gemeindlichen Angelegenheiten die **13 a** Förderung der Wirtschaft und der Umwelt (BVerwGE 84, 236/239 f), die Energieversorgung (BVerwGE 98, 273/275 f; Dreier DR 137 ff) und das Betreiben gemeindlicher Einrichtungen (BVerwG, NVwZ 00, 675 f). Teil der Gemeindehoheit ist auch das Recht der Gemeinde zur Führung ihres einmal bestimmten Namens (BVerfGE 59, 216/226; BVerwGE 44, 351; BGH, NJW 63, 2267) und ihres eigenen Wappens (offengelassen BVerfG-K, NVwZ 01, 317) sowie zur Unterhaltung internationaler Partnerschaften (BVerwGE 87, 237/238 f). Dagegen ist das Eigentum von Gemeinden nur insoweit durch Art.28 Abs.2 (nicht durch Art.14; vgl. Rn.28 zu Art.14) geschützt, als es Gegenstand und Grundlage kommunaler Betätigung ist (BVerwGE 97, 143/151). Die Gemeinde kann auch nicht Grundrechte und sonstige Rechte ihrer Bewohner für sich in Anspruch nehmen (BVerwGE 111, 108/115).

Die Gewährleistung der **Grundlagen der finanziellen Eigen- 14 verantwortung** gem. S.3 stellt als sog. Finanzhoheit einen Unterfall der Gemeindehoheiten dar. S.3 Hs.1 ist 1994 mit dem Ziel eingefügt worden (Einl.3 Nr.42), die kommunale Selbstverwaltung insb. im Bereich der Selbstverwaltungsangelegenheiten zu stärken (BT-Drs. 12/6000, 46). S.3 Hs.2 ist 1997 hinzugekommen (Einl.3 Nr.44), um die Gewerbesteuer (Rn.15 zu Art.106) in Form der Gewerbeertragsteuer den Gemeinden verfassungsrechtlich zu garantieren (BT-Drs.13/8348, 15; a. A. Scholz MD 84 d). Die Gewährleistung umfasst daher nicht nur die Befugnis zur eigenverantwortlichen Einnahmen- und Ausgabenwirtschaft (BVerfGE 26, 228/244; 71, 25/36), insb. die „Entscheidungsfreiheit darüber, für welche (zulässigen) Ziele welche Mittel in welcher Höhe verwendet werden sollen" (BVerwGE 104, 60/66), sondern auch das Recht auf eine aufgabenadäquate Finanzausstattung (VerfGH NW, NVwZ 85, 821; 94, 68; NVwZ-RR 99, 82; NdsStGH, DÖV 98, 382; BbgVerfG,

NVwZ-RR 00, 130; LVerfG SAn, NVwZ-RR 00, 6; offengelassen BVerfGE 71, 25/36 f; 83, 363/386; BVerfG-K, NVwZ 95, 371). Danach muss den Gemeinden eine freie Spitze von 5% verbleiben (Hufen, DÖV 98, 280). Dieses Recht umfasst aber keine bestimmten Steuerarten oder Anteile in bestimmter Höhe (Löwer MüK 91) und auch keine originäre Steuererhebungskompetenz (BayVerfGHE 41, 140/148; Stern II 1124; Wendt HbStR IV 1049; vgl. auch Rn.12 zu Art.106). An der Spezialität der finanzverfassungsrechtlichen Gewährleistungen (Rn.12–18 zu Art.106) ändert S.3 nichts (BT-Drs. 12/6000, 48; BVerwGE 106, 280/287; Scholz MD 84 b; Henneke, ZG 99, 23).

15   **Keine** Angelegenheit der örtlichen Gemeinschaft sind: allgemeinpolitische Fragen (BVerfGE 79, 127/147); Bildung fernmelderechtlicher Nahdienstbezirke (BVerwGE 77, 47/58); eisenbahnrechtliche Planfeststellung (BVerwG, NVwZ 01, 89); Nutzungsberechtigung an öffentlichen Verkehrswegen (BVerfG-K, NVwZ 99, 520); Straßenverkehrsregelungen (BVerwGE 95, 333/335); überörtliche Planungsmaßnahmen (BVerwG, DVBl 84, 88; NVwZ 84, 584; DVBl 96, 914 f); übertragene Aufgaben (BVerfGE 78, 331/341), zu denen aber die Pflichtaufgaben zur Erfüllung nach Weisung nicht gehören (VerfGH NW, DVBl 85, 687; BbgVerfG, LVerfGE 5, 79/86 ff); Unterbringung von Asylbewerbern während ihres Verfahrens (BVerwG, DVBl 90, 1068; vgl. aber unten Rn.24); Verteidigungspolitik, außer eine Frage hat einen spezifischen Bezug zu einer bestimmten Gemeinde (Faber AK 58; Schoch, JuS 91, 728 ff); der Bezug besteht durch die Planungshoheit der Gemeinden für die Stationierung von Atomwaffen (BVerwGE 87, 228/230), nicht aber allg. für die Abrüstung (Gern, NVwZ 91, 1148; a. A. BVerwGE 87, 237/239); Warnung vor Sekten (BayVerfGH, NVwZ 98, 392); Werbeverbote für Alkohol und Tabak (VGH BW, NVwZ 93, 905); Zugehörigkeit zu einem bestimmten Kreis (ThürVerfGH, LVerfGE 5, 331/341 f) oder Eigenschaft als Kreisverwaltungssitz (ThürVerfGH, LVerfGE 4, 426/435; vgl. auch BbgVerfG, LVerfGE 2, 183/188; LVerfG SAn, LVerfGE 2, 323/339 ff).

16   **b) Gemeindeautonomie.** Selbstverwaltung besteht darin, dass die genannten Angelegenheiten in eigener Verantwortung geregelt werden können. Eigenverantwortlichkeit bedeutet Ermessens-, Gestaltungs- und Weisungsfreiheit (Maunz MD 66) bei gleichzeitiger Gesetzesbindung (unten Rn.20). Sie bezieht sich auf das Ob, Wann und Wie der Aufgabenwahrnehmung, nicht aber auf die Organisation der Gemeinde (BVerfGE 91, 228/240). Regelung bedeutet jede

allgemein zulässige Art der Aufgabenerledigung einschl. der Rechtsetzung durch Satzungen (sog. Satzungshoheit; Maurer, DÖV 93, 187 f; vgl. auch BVerfG-K, DVBl 82, 28).

c) Träger der Selbstverwaltungsgarantie gem. S.1 sind die Ge- **17** meinden. Das ist ein auf personaler Mitgliedschaft zu einem bestimmten Gebiet beruhender Verband, der die Eigenschaft einer (rechtsfähigen) Körperschaft des öffentlichen Rechts besitzt. Darunter fallen Städte, Einheits- und Großgemeinden, kreisfreie und kreisangehörige Gemeinden, nicht aber gemeindliche Binnengliederungen, wie Bezirke (BVerfGE 83, 60/76), oder Gemeindeverbände (unten Rn.27 f; BVerfGE 77, 288/302).

3. Beeinträchtigung

a) Eingriffe. Die gemeindliche Selbstverwaltung gem. S.1 wird **18** durch alle belastenden Regelungen gemeindlicher Angelegenheiten durch andere Träger öffentlicher Gewalt beeinträchtigt. Außer Bund und Ländern (BVerfGE 56, 298/322) können dies auch Gemeindeverbände (unten Rn.27 f) und andere Gemeinden sein (vgl. BVerfGE 21, 54/68; BVerwG, NVwZ 84, 378), nicht aber Private. Eingriffe können auch durch die Kommunalaufsicht (vgl. BVerfGE 6, 104/118; 78, 331/341) sowie durch die Übertragung von Aufgaben erfolgen (VerfGH NW, DVBl 93, 198; 97, 483 f; Dreier DR 111; Löwer MüK 54; a. A. SaarlVerfGH, NVwZ-RR 95, 153). Die hieraus resultierende Beschränkung der Selbstverwaltung muss aber eine gewisse Intensität aufweisen (Petz, DÖV 91, 326). Durch die Auferlegung einzelner Ausgabepflichten wird der Schutzbereich solange nicht beeinträchtigt, als insgesamt eine zureichende Finanzausstattung der Gemeinde gewährleistet ist (BVerfGE 83, 363/385 f; BVerwG, DVBl 95, 926).

b) Sonstige Beeinträchtigungen. Aus der Selbstverwaltungs- **19** garantie, insb. der Planungshoheit (oben Rn.13), ergibt sich ein *Mitwirkungsrecht* an überörtlichen Planungen und Maßnahmen mit relevanten Auswirkungen auf die Gemeinde (BVerwGE 74, 124/132 f; 77, 128/133 f; 84, 209/214 f; 97, 203/211 f; Löwer MüK 53). Es beinhaltet ein formelles Recht auf Beteiligung, einschl. des Klagerechts (BVerwG, NVwZ 00, 1049), und ein materielles Recht auf Berücksichtigung, das beeinträchtigt wird, „wenn das Vorhaben eine hinreichend bestimmte (konkrete, verfestigte; vgl. BVerwGE 100, 388/394; DÖV 99, 205) Planung nachhaltig stört, wesentliche Teile des Gemeindegebiets einer durchsetzbaren Planung entzieht oder wenn kommunale Einrichtungen durch das Vorhaben erheblich beeinträchtigt werden" (BVerwGE 81, 95/106; vgl. auch VerfGH

NW, NVwZ 91, 1173 f; DVBl 95, 466) oder wenn die Entwicklung der Gemeinde, insb. die Gestaltung ihrer Infrastruktur, beeinflusst wird (BVerwGE 97, 203/211 f). Das Beteiligungsrecht umfasst allerdings nicht notwendig volle Akteneinsicht oder mündliche Erörterung (BVerwG, NVwZ 88, 732). Es kann auch ein *Anspruch auf Ausgleich* finanzieller Belastungen in Betracht kommen (vgl. BVerwG, NVwZ 87, 789), der aber nicht schon aus jeglicher Inanspruchnahme kommunaler Wegegrundstücke für die Stromversorgung (BGHZ 132, 198/217 f) oder aus mittelbaren finanziellen Auswirkungen einer Aufgabenauferlegung (BVerwG, NVwZ 98, 184 f) folgt. Es wird eine *Ausstrahlungswirkung* (Vorb.15 f, 33 vor Art.1) für möglich gehalten (Faber AK 48; Schmidt-Jortzig, Kommunalrecht, 1985, 523).

4. Rechtfertigung von Beeinträchtigungen (Schranken)

20   Die Formel „im Rahmen der Gesetze" in S.1 ist ein **Gesetzesvorbehalt** (BVerfGE 56, 298/309 f; 79, 127/143; Maunz MD 51 f), der Eingriffe in die Selbstverwaltungsgarantie rechtfertigt. Er bezieht sich sowohl auf die Universalität als auch auf die Eigenverantwortlichkeit (BVerfGE 56, 298/312); er umfasst „nicht nur die Art und Weise der Erledigung der örtlichen Angelegenheiten, sondern ebenso die gemeindliche Zuständigkeit für diese Angelegenheiten" (BVerfGE 79, 127/143). Außerdem wird dadurch die allgemeine Gesetzesbindung der Gemeinden gem. Art.20 Abs.3 konkretisiert. Gesetze sind hier auch Rechtsverordnungen (BVerfGE 26, 228/237; 56, 298/309; 71, 25/34), Gewohnheitsrecht (BVerwG, VwRspr 29 Nr.85; VerfGH NW, DVBl 82, 1043) und andere untergesetzliche Rechtsnormen, z.B. Raumordnungsprogramme (BVerfGE 76, 107/114) und Gebietsentwicklungspläne (VerfGH NW, DVBl 95, 466; 97, 1107). Gesetze sind auch Satzungen der Kreise (vgl. BVerwGE 101, 99/110 f; a. A. Heintzen, Verw 96, 33 f). Beeinträchtigungen können auch durch sonstiges Verfassungsrecht gerechtfertigt werden, z.B. Art.140 iVm Art.138 Abs.2 WRV (BVerwG, DÖV 80, 458) oder Staatszielnormen (vgl. VerfGH NW, OVGE 40, 310/314).

21   Folgende **Grenzen** sind der Eingriffsermächtigung gezogen: – **(1)** Aus der institutionellen Rechtssubjektsgarantie (oben Rn.11) folgt, dass zwar einzelne Gemeinden, *nicht* aber die *Gemeinden überhaupt* abgeschafft werden dürfen. – **(2)** Analog zur Wesensgehaltsgarantie bei Grundrechten (Rn.7 zu Art.19) wird eine *Kernbereichsgarantie* der Selbstverwaltung angenommen (BVerfGE 1, 167/175 f; 56, 298/312; 91, 228/238; BVerwGE 77, 47/58 f; VerfGH NW, DVBl 83, 214). Der Gesetzgeber darf die Selbstverwaltung nicht

„innerlich aushöhlen" (BVerfGE 22, 180/205). Bei der Bestimmung des unantastbaren Kernbereichs wird wiederum (vgl. oben Rn.12) auf das Kriterium der Tradition verwiesen (BVerfGE 76, 107/118; 79, 127/146; 91, 228/238). Der Kernbereich muss institutionell, nicht für einzelne Gemeinden gewahrt werden (BVerfGE 76, 107/119). Aufgaben mit relevantem örtlichen Charakter dürfen den Gemeinden nur bei überwiegenden Gründen des Gemeininteresses entzogen werden (BVerfGE 79, 127/153 ff; BVerwG, NVwZ 96, 1223). Eine eigenständige organisatorische Gestaltungsfähigkeit der Kommunen darf nicht „im Ergebnis erstickt" werden (BVerfGE 91, 228/239). Dagegen ist die Entscheidung über plebiszitäre Beteiligungsmöglichkeiten vom Kernbereich nicht erfasst (BVerfGE 91, 228/239; a. A. BayVerfGH, DÖV 97, 1044).

Weitere Grenzen: – (3) Es gilt der Grundsatz der *Verhältnis-* **22** *mäßigkeit* (BVerfGE 56, 298/313; 76, 107/119 f; 95, 1/27; BVerwGE 77, 47/49; NdsStGH, DÖV 96, 657; Begriff vermieden von BVerfGE 79, 127; dazu Ehlers, DVBl 01, 1303 ff und allg. Rn.80–88 zu Art.20) und das Willkürverbot (BVerfGE 26, 228/244; 56, 298/313; 76, 107/119; BVerwGE 77, 47/59; 87, 133/135; allg. dazu Rn.14–16 zu Art.3). Dabei ist die gerichtliche Kontrolle umso intensiver, je größer der Substanzverlust für die gemeindliche Selbstverwaltung ist (BVerfGE 79, 127/154; 83, 363/382 f). Bestands- und Gebietsänderungen von Gemeinden sind nur aus Gründen des öffentlichen Wohls und nach vorheriger Anhörung zulässig (BVerfGE 50, 50/55 f; 50, 195/202 f; BVerfG-K, DVBl 95, 287); die Verhältnismäßigkeitskontrolle wird insoweit zurückhaltend gehandhabt (vgl. BVerfGE 86, 90/109 ff; Löwer MüK 43; Starck, FS Thieme, 1993, 845). Den Gemeinden muss „ein hinreichender organisatorischer Spielraum bei der Wahrnehmung der je einzelnen Aufgabenbereiche offengehalten" werden (BVerfGE 91, 228/241). Eingriffe in die Planungshoheit einzelner Gemeinden sind nur zulässig, soweit sie durch überörtliche Interessen von höherem Gewicht erfordert werden (BVerfGE 56, 298/313 f; 76, 107/119 f; BVerwG, DVBl 01, 399; VerfGH NW, OVGE 40, 310/314). – **(4)** Der Vorbehalt des Gesetzes (Rn.55 zu Art.20) verlangt bei weittragenden Beeinträchtigungen ein *Parlamentsgesetz* statt einer Rechtsverordnung (vgl. VerfGH NW, NJW 79, 1201).

5. Einzelfälle zulässiger Beeinträchtigungen

Im Bereich der **Daseinsvorsorge:** Übertragung der Abfallbeseiti- **23** gung von Gemeinden auf Kreise (BVerfGE 79, 127/155 ff;

BVerwGE 67, 321/325), des Brandschutzes von Gemeinden auf Ämter (BbgVerfG, LVerfGE 5, 79/90 ff) und der Wasserversorgung von Orts- auf Verbandsgemeinden (BVerwG, NVwZ 84, 379); Zuweisung von Ergänzungs- und Ausgleichsaufgaben an die Kreise (BVerwGE 101, 99/103 ff; NVwZ 98, 63; Löwer MüK 87); Vorgaben für abfallrechtliche Bemessungsmaßstäbe (BVerwG, NVwZ 94, 900; 98, 1186); Regelungen über den Bau und die Unterhaltung von Sportanlagen (BGHZ 128, 393 ff); Beschränkung der wirtschaftlichen Betätigung der Gemeinden (VerfGH RP, NVwZ 00, 801).

24 **Organisationsvorgaben:** Rechtsaufsicht, nicht aber Fachaufsicht (BVerfGE 78, 331/341; VerfGH NW, DVBl 97, 121); Zuständigkeitswechsel bei der Staatsaufsicht ohne Intensivierung der Aufsicht (BVerfGE 78, 331/340 f); Bestätigung kommunaler Wahlbeamter durch die Landesregierung (BVerfGE 8, 332/359 f); Pflicht zur Bestellung von Gleichstellungsbeauftragten (BVerfGE 91, 228/242; LVerfG SAn, LVerfGE 7, 284/295); Einstellungspflichten (BVerfGE 17, 172/182 ff; BAGE 76, 125/132 f); besoldungsrechtliche Stellenplan-Obergrenzen (BVerwG, NVwZ 85, 416); arbeitsrechtliche Schutzpflichten (BAGE 30, 272/276); Namensänderung bei Gebietsneuregelung (BVerfGE 59, 216/229).

25 **Finanzielle Belastungen:** Kreisumlage (BVerfGE 23, 353/367 ff; 83, 363/381 ff; BVerwG, NVwZ 98, 66); Beitragspflicht zu Wasser- und Bodenverbänden (BVerwG, NVwZ 85, 271); Unterbringungen abgelehnter, aber geduldeter Asylbewerber (BVerwG, NVwZ 93, 787) und ausländischer Flüchtlinge (VerfGH NW, NVwZ 96, 110).

26 **Örtliche Auswirkungen staatlicher Aufgabenwahrnehmung:** Erschließungspflicht (BVerwGE 64, 186/190); Planfeststellungen (BVerwGE 51, 6/13; 74, 84/86); Festsetzung von Lärmschutzbereichen durch Rechtsverordnung des Bundes (BVerfGE 56, 298/312 ff) und von Vorrangstandorten für großindustrielle Anlagen durch Raumordnungsprogramm des Landes (BVerfGE 76, 107/120); Bezeichnung eines Verteidigungsvorhabens durch den Bundesminister der Verteidigung (BVerwGE 74, 124/133); Durchführung von militärischen Tiefflügen (BVerwGE 97, 203/211); Vorgaben für Schulträgerschaft (BVerfGE 26, 228/238 f; BbgVerfG, LKV 97, 449; BVerwG, DÖV 77, 755).

6. Gemeindeverbände (S.2)

27 **Begriff.** Gemeindeverbände sind alle Gebietskörperschaften zwischen Gemeinde und Land, die nicht wie insb. Zweckverbände nur Einzelaufgaben verfolgen, also Ämter, Samtgemeinden, Verbands-

gemeinden, (Land-)Kreise, Landschaftsverbände (Dreier DR 155; Löwer MüK 83; vgl. auch BVerfGE 52, 95/109).

Gewährleistungsumfang. Die Selbstverwaltungsgarantie für **28** Gemeindeverbände ist gegenüber der für Gemeinden in zweifacher Hinsicht abgeschwächt: − **(1)** Es sind keine bestimmten Aufgaben gewährleistet; vielmehr ist der Aufgabenkreis gesetzlicher Bestimmung überlassen (BVerfGE 83, 363/383). Es gibt daher auch keine feststehenden Gemeindeverbandshoheiten. Allerdings gilt die Gewährleistung der Grundlagen der finanziellen Eigenverantwortung gem. S.3 Hs.1 (oben Rn.14) auch für Gemeindeverbände (BT-Drs. 12/6000, 48). Daher ist ihnen die Befugnis zur Erhebung der Kreisumlage gewährleistet (vgl. BbgVerfG, LVerfGE 9, 121/134 f; VerfGH NW, DVBl 97, 121). Der Garantiegehalt besteht im Übrigen nur darin, dass überhaupt eine gewisse Aufgabenzuteilung bestehen muss. Daraus wird für die Aufgabenabgrenzung zwischen Kreis und Gemeinde ein Regel-Ausnahme-Verhältnis zugunsten der Gemeinden abgeleitet (oben Rn.6; sog. Subsidiaritätsprinzip). − **(2)** Soweit Gemeindeverbände nach Landesrecht existieren, steht ihnen die objektive Rechtsinstitutionsgarantie (oben Rn.11) zu. Dagegen gilt die institutionelle Rechtssubjektsgarantie in systematischer Auslegung mit Art.28 Abs.1 S.2 nur für die Kreise (NdsStGH, DVBl 81, 214 f; Nierhaus SA 62 f; Löwer MüK 84); diese dürfen also als Element des Verwaltungsaufbaus nicht abgeschafft werden (oben Rn.21). Gebietsänderungen von Kreisen sind nur aus Gründen des öffentlichen Wohls und nach vorheriger Anhörung zulässig (BVerfG-K, DVBl 95, 287).

III. Gewährleistung durch den Bund (Abs.3)

Abs.3 normiert eine **Pflicht** des Bundes, die Einhaltung der **29** Grundrechte, der Staatsfundamentalnormen (oben Rn.3−5), der Wahlrechtsgrundsätze (oben Rn.6−9) und der kommunalen Selbstverwaltungsgarantie (oben Rn.10−28) in den Ländern zu gewährleisten, d. h. die hierfür notwendigen Maßnahmen zu ergreifen; ein Entschließungsermessen steht dem Bund nicht zu (Dreier DR 170; Löwer MüK 101; Stern I 711). Dieser Pflicht entspricht ein Anspruch derjenigen, in deren Interesse die Gewährleistungspflicht jeweils normiert ist; das sind die Länder (BVerfGE 9, 268/277), Gemeinden und Gemeindeverbände (Maunz MD 89) sowie die Bürger (Bothe AK 1; Stern I 716; dagegen halten Löwer MüK 103 und Dreier DR 175 einen derartigen Anspruch für „entbehrlich").

30   Als **Maßnahmen** zur Durchsetzung der Gewährleistungspflicht
kommen in Betracht: gerichtliche Verfahren gem. Art.93 Abs.1
Nr.2, 3 und 4; Verfahren der Bundesaufsicht gem. Art.84 Abs.3 und
4 (a. A. Löwer MüK 105), 85 Abs.4 und 108 Abs.3 (a. A. Tettinger
MKS 263); Bundeszwang gem. Art.37; Bundesintervention gem.
Art.35 Abs.3, 87a Abs.3 und 4, 91 Abs.2. Bei der Auswahl der
Maßnahmen hat der Bund Ermessen, das aber durch den Vorrang
verfassungsgerichtlicher Streitschlichtung gebunden ist (Dreier DR
174; Löwer MüK 106).

Art.29 [Neugliederung des Bundesgebiets]

(1) **Das Bundesgebiet kann neu gegliedert werden, um zu gewährleisten, daß die Länder nach Größe und Leistungsfähigkeit
die ihnen obliegenden Aufgaben wirksam erfüllen können. Dabei
sind die landsmannschaftliche Verbundenheit, die geschichtlichen und kulturellen Zusammenhänge, die wirtschaftliche
Zweckmäßigkeit sowie die Erfordernisse der Raumordnung und
der Landesplanung zu berücksichtigen**[2].

(2) **Maßnahmen zur Neugliederung des Bundesgebietes ergehen durch Bundesgesetz, das der Bestätigung durch Volksentscheid bedarf. Die betroffenen Länder sind zu hören**[3].

(3) **Der Volksentscheid findet in den Ländern statt, aus deren
Gebieten oder Gebietsteilen ein neues oder neu umgrenztes
Land gebildet werden soll (betroffene Länder). Abzustimmen ist
über die Frage, ob die betroffenen Länder wie bisher bestehen-
bleiben sollen oder ob das neue oder neu umgrenzte Land gebildet werden soll. Der Volksentscheid für die Bildung eines neuen
oder neu umgrenzten Landes kommt zustande, wenn in dessen
künftigem Gebiet und insgesamt in den Gebieten oder Gebietsteilen eines betroffenen Landes, deren Landeszugehörigkeit im
gleichen Sinne geändert werden soll, jeweils eine Mehrheit der
Änderung zustimmt. Er kommt nicht zustande, wenn im Gebiet
eines der betroffenen Länder eine Mehrheit die Änderung ablehnt; die Ablehnung ist jedoch unbeachtlich, wenn in einem
Gebietsteil, dessen Zugehörigkeit zu dem betroffenen Land geändert werden soll, eine Mehrheit von zwei Dritteln der Änderung zustimmt, es sei denn, daß im Gesamtgebiet des betroffenen Landes eine Mehrheit von zwei Dritteln die Änderung ablehnt**[3] .

(4) Wird in einem zusammenhängenden, abgegrenzten Siedlungs- und Wirtschaftsraum, dessen Teile in mehreren Ländern liegen und der mindestens eine Million Einwohner hat, von einem Zehntel der in ihm zum Bundestag Wahlberechtigten durch Volksbegehren gefordert, daß für diesen Raum eine einheitliche Landeszugehörigkeit herbeigeführt werde, so ist durch Bundesgesetz innerhalb von zwei Jahren entweder zu bestimmen, ob die Landeszugehörigkeit gemäß Absatz 2 geändert wird, oder daß in den betroffenen Ländern eine Volksbefragung stattfindet[4f].

(5) Die Volksbefragung ist darauf gerichtet festzustellen, ob eine in dem Gesetz vorzuschlagende Änderung der Landeszugehörigkeit Zustimmung findet. Das Gesetz kann verschiedene, jedoch nicht mehr als zwei Vorschläge der Volksbefragung vorlegen. Stimmt eine Mehrheit einer vorgeschlagenen Änderung der Landeszugehörigkeit zu, so ist durch Bundesgesetz innerhalb von zwei Jahren zu bestimmen, ob die Landeszugehörigkeit gemäß Absatz 2 geändert wird. Findet ein der Volksbefragung vorgelegter Vorschlag eine den Maßgaben des Absatzes 3 Satz 3 und 4 entsprechende Zustimmung, so ist innerhalb von zwei Jahren nach der Durchführung der Volksbefragung ein Bundesgesetz zur Bildung des vorgeschlagenen Landes zu erlassen, das der Bestätigung durch Volksentscheid nicht mehr bedarf[6].

(6) Mehrheit im Volksentscheid und in der Volksbefragung ist die Mehrheit der abgegebenen Stimmen, wenn sie mindestens ein Viertel der zum Bundestag Wahlberechtigten umfaßt. Im übrigen wird das Nähere über Volksentscheid, Volksbegehren und Volksbefragung durch ein Bundesgesetz geregelt; dieses kann auch vorsehen, daß Volksbegehren innerhalb eines Zeitraumes von fünf Jahren nicht wiederholt werden können[7].

(7) Sonstige Änderungen des Gebietsbestandes der Länder können durch Staatsverträge der beteiligten Länder oder durch Bundesgesetz mit Zustimmung des Bundesrates erfolgen, wenn das Gebiet, dessen Landeszugehörigkeit geändert werden soll, nicht mehr als 50 000 Einwohner hat. Das Nähere regelt ein Bundesgesetz, das der Zustimmung des Bundesrates und der Mehrheit der Mitglieder des Bundestages bedarf. Es muß die Anhörung der betroffenen Gemeinden und Kreise vorsehen[9].

(8) Die Länder können eine Neugliederung für das jeweils von ihnen umfaßte Gebiet oder für Teilgebiete abweichend von den Vorschriften der Absätze 2 bis 7 durch Staatsvertrag regeln. Die

betroffenen Gemeinden und Kreise sind zu hören. Der Staatsvertrag bedarf der Bestätigung durch Volksentscheid in jedem beteiligten Land. Betrifft der Staatsvertrag Teilgebiete der Länder, kann die Bestätigung auf Volksentscheide in diesen Teilgebieten beschränkt werden; Satz 5 zweiter Halbsatz findet keine Anwendung. Bei einem Volksentscheid entscheidet die Mehrheit der abgegebenen Stimmen, wenn sie mindestens ein Viertel der zum Bundestag Wahlberechtigten umfaßt; das Nähere regelt ein Bundesgesetz. Der Staatsvertrag bedarf der Zustimmung des Bundestages[8].

Literatur: *Ernst,* Gedanken zur Neugliederung des Bundesgebietes als Planungsaufgabe, FS Hoppe, 2000, 255; *Vondenhoff,* Grundgesetzliche Begründung und Voraussetzung eines gleichgewichtigen Föderalismus, DÖV 2000, 949; *Jutzi,* Demokratische und bundesstaatliche Probleme kleinerer Gebietsänderungen, BayVBl 1997, 97; *Engelken,* Neugliederung aufgrund von Volksbegehren nach Art.29 Abs.4 GG, BayVBl 1995, 556; *Häberle,* Ein Zwischenruf zur föderalen Neugliederungsdiskussion in Deutschland – Gegen die Entleerung von Art.29 Abs.1 GG, FS Gitter, 1995, 315; *Greulich,* Länderneugliederung und GG, 1995; *H. - W. Arndt,* Zur verfassungsrechtlichen Problematik der Herstellung einheitlicher Lebensverhältnisse in der Bundesrepublik Deutschland, JuS 1993, 360; *Meyer-Teschendorf,* Territoriale Neugliederung nicht nur durch Bundesgesetz, sondern auch durch Staatsvertrag, DÖV 1993, 889; *Hoppe/Schulte,* Rechtliche Grundlagen und Grenzen für Staatsgebietsänderungen von neuen Bundesländern, DVBl 1991, 1041; *Engel,* Verfassungs-, Gesetzes- und Referendumsvorbehalt für Änderungen des Bundesgebiets und andere gebietsbezogene Akte, AöR 1989, 46.

1. Bedeutung und Abgrenzung zu anderen Vorschriften

1   Der 1969, 1976 und 1994 geänderte (Einl.3 Nr.25, 33, 42) Art.29 enthält abgesehen von dem obsoleten Art.118 und von dem spezielleren (BbgVerfG, LVerfGE 4, 114/130), den Art.29 aber nicht verdrängenden Art.118 a eine erschöpfende Regelung der Materie der Änderung des Gebietsbestands der Länder (BVerfGE 4, 250/288; 5, 34/43 ff). Zum Bundesgebiet Rn.7 zur Präamb. Durch Art.29 wird das Bundesstaatsprinzip (Rn.15–22 zu Art.20) konkretisiert: Einerseits sollte durch die Möglichkeit der Neuordnung zufälliger Grenzziehungen in einem geregelten Verfahren die bundesstaatliche Ordnung stabilisiert werden (Kunig MüK 2); andererseits erweist Art.29 den Bundesstaat des GG als „labil" (BVerfGE 5, 34/38; krit. Pernice DR 12), weil gesetzliche Neugliederungsmaßnahmen gem. Abs.2, 4–7 in ausschließlicher Bundesgesetzgebungskompetenz (Rn.3 zu Art.70) stehen und es ein Selbstbestimmungsrecht der Länder nur in

den Grenzen der Abs.7, 8 (unten Rn.8 f) gibt. Das Gebot bundesfreundlichen Verhaltens (Rn.20–22 zu Art.20) findet im Rahmen
des Art.29 keine Anwendung (BVerfGE 13, 54/76; einschr. Kunig
MüK 1). Zum Schutz der Länder gegen Verfassungsänderungen
Rn.8 zu Art.79. Die Mitwirkung der betroffenen Bevölkerung
durch Volksentscheid, Volksbegehren und Volksbefragung lässt sich
auch als Ausdruck des Demokratieprinzips (Rn.6 f zu Art.20) begreifen (BVerfGE 49, 15/21; a. A. Dreier DR 95 zu Art.20 D).
Art.29 ist kein Grundrecht oder grundrechtsgleiches Recht
(BVerfGE 49, 15/19). Zum Rechtsschutz der Länder Rn.29–34 zu
Art.93.

2. Neugliederung (Abs.1–6, 8)

a) Inhaltliche Voraussetzungen (Abs.1). Die Vorschrift enthält 2
eine Ermächtigung, keine Verpflichtung zur Neugliederung (a. A.
Pernice DR 22: Ermessensreduktion auf Null bezüglich des Ob
denkbar; Vogel/Waldhoff BK Vorb.74 f zu Art.104 a: bei Vorliegen
einer strukturellen und dauerhaften Haushaltsnotlage). Neugliederung bedeutet jede Änderung des Gebietsbestands der Länder, die
über den Umfang gem. Abs.7 (unten Rn.9) hinausgeht. Dabei
müssen nicht alle Länder in ihrem Gebietsbestand von der Neugliederung betroffen werden (Kunig MüK 13). Keine Maßnahmen der
Neugliederung sind die Schaffung bundesunmittelbarer Territorien
und die Änderung der Grenzen der Bundesrepublik Deutschland
gegenüber dem Ausland (Evers BK 32; Maunz/Herzog/Scholz MD
17; Kunig MüK 14). Die den Ländern „obliegenden Aufgaben"
ergeben sich aus der Kompetenzverteilung des GG (Rn.3 zu Art.30).
„Größe" meint die Gebietsfläche und die Einwohnerzahl. „Leistungsfähigkeit" umfasst wirtschaftliche, finanzielle, politische und
administrative Gesichtspunkte (vgl. Evers BK 40 f; Kunig MüK
17 ff). Soweit die in S.2 genannten Voraussetzungen „zu berücksichtigen" sind, besteht ein größerer Entscheidungsspielraum des
Gesetzgebers (Evers BK 36; Maunz/Herzog MD 23 ff; Kunig MüK
20).

b) Bundesgesetz und Volksentscheid (Abs.2, 3). Maßnahmen 3
der Neugliederung unterliegen dem Gesetzesvorbehalt (Rn.44–59 zu
Art.20) und bedürfen vorbehaltlich des Abs.8 (unten Rn.8) eines
Bundesgesetzes. Das Gesetz ist kein Zustimmungs-, sondern bloßes
Einspruchsgesetz (Rn.7 f zu Art.77). Eine Neugliederung bedarf also
einerseits keiner Verfassungsänderung, andererseits ist sie durch keine
anderen Akte als ein formelles Bundesgesetz möglich. Allerdings

kann sie auch durch mehrere aufeinander folgende Gesetze phasen-
weise durchgeführt werden (BVerfGE 5, 34/40). In dem Gesetzgebungsverfahren (Rn.1 zu Art.76) sind die betroffenen Länder zu
hören (Abs.2 S.2). Welches Organ in diesem Zusammenhang zu
beteiligen ist, ergibt sich aus Landesverfassungsrecht (Erbguth SA 38;
Evers BK 66; Kunig MüK 30; a. A. Maunz/Herzog MD 53). Inhalt
und Umfang der Anhörungspflicht entsprechen dem bei Rn.7 zu
Art.32 Gesagten; der Anhörungspflicht korrespondiert ein Anhörungsrecht der betroffenen Länder (Kunig MüK 32). Zum Zustandekommen des Neugliederungsgesetzes ist außerdem seine Bestätigung
durch Volksentscheid erforderlich, über dessen Durchführung Abs.3
Näheres regelt. Gegenstand des Volksentscheids ist das Bundesgesetz
insgesamt, doch ist die Abstimmungsfrage gem. Abs.3 S.2 zu formu-
lieren. Zur Geltung der Wahlrechtsgrundsätze Rn.2 zu Art.38.

4 **c) Volksbegehren, Bundesgesetz und Volksbefragung
(Abs.4, 5).** Hiernach kann eine Neugliederung auch durch Volksbegehren in Gang gesetzt werden, wofür neben dem oben Rn.2
Gesagten folgende zusätzliche Voraussetzungen gelten: – **(1)** Es muss
sich um den in Abs.4 definierten Neugliederungsraum handeln. Zu-
sammenhängend ist er bei einer Verflechtung, die ihn „weitgehend als
Einheit" erscheinen lässt; abgegrenzt ist er jedenfalls dann nicht,
„wenn zwischen ihm und Teilen seines Umlandes erhebliche Pend-
lerbewegungen stattfinden" (BVerfGE 96, 139/149 f). – **(2)** Das
Volksbegehren muss von 1/10 der im Neugliederungsraum zum
Bundestag Wahlberechtigten (Rn.4 zu Art.38) unterstützt werden;
von dem Volksbegehren selbst ist der Antrag auf Zulassung zur
Durchführung eines Volksbegehrens (Zulassungsantrag) zu unterscheiden, der zulässigerweise in dem nach Abs.6 ergangenen Gesetz
(unten Rn.7) näher geregelt ist. Antragsteller können nur natürliche
Personen sein (BVerfGE 96, 139/148). – **(3)** Gegenstand des Volksbegehrens kann nur die Forderung sein, dass für den Neugliederungsraum eine einheitliche Landeszugehörigkeit herbeigeführt werde; das
kann durch die Zuordnung eines Gebiets zu einen bestehenden Land
oder durch die Bildung eines neuen Landes geschehen (Meyer-Teschendorf MKS 50).

5 **Rechtsfolge eines zustandegekommenen Volksbegehrens** ist
die Verpflichtung zum Erlass eines Bundesgesetzes innerhalb von
zwei Jahren. Allerdings ist ein verspätet erlassenes Gesetz nicht allein
wegen der Fristüberschreitung nichtig (Evers BK 71; Maunz/Her-
zog MD 85; Kunig MüK 42). Inhaltlich kann das Bundesgesetz,
ohne durch das Volksbegehren rechtlich gebunden zu sein, folgendes

bestimmen: – **(1)** Die Landeszugehörigkeit wird nicht geändert; damit ist das durch das Volksbegehren in Gang gebrachte Verfahren beendet; ein Volksentscheid (oben Rn.3) ist unzulässig (Evers BK 72; Kunig MüK 43). – **(2)** Die Landeszugehörigkeit wird geändert; dann richtet sich das weitere Verfahren nach Abs.2, 3 (oben Rn.3). – **(3)** Es wird eine Volksbefragung in den betroffenen Ländern angeordnet, über deren Durchführung Abs.5 Näheres regelt.

Die **Rechtsfolgen der Volksbefragung** sind je nach deren Ergebnis unterschiedlich: – **(1)** Ergibt die Volksbefragung eine den Maßgaben des Abs.3 S.3, 4 entsprechende qualifizierte Mehrheit, besteht eine Verpflichtung des Bundesgesetzgebers zum Erlass eines Gesetzes zur Bildung des im Volksbefragungsgesetz vorgeschlagenen Landes innerhalb von zwei Jahren (Abs.5 S.4). – **(2)** Ergibt die Volksbefragung eine einfache Mehrheit, die nicht den Maßgaben des Abs.3 S.3, 4 genügt, besteht ebenfalls eine Verpflichtung zum Erlass eines Bundesgesetzes innerhalb von zwei Jahren, das aber sowohl eine Änderung wie eine Nichtänderung der Landeszugehörigkeit zum Inhalt haben kann (Abs.5 S.3); im Fall der Änderung der Landeszugehörigkeit richtet sich das weitere Verfahren nach Abs.2, 3 (oben Rn.3); dabei darf der Bundesgesetzgeber auch eine von der im Volksbefragungsgesetz abweichende, neue Neugliederungskonzeption zum Volksentscheid stellen (Evers BK 75; Kunig MüK 46; Meyer-Teschendorf MKS 56; a.A. Maunz/Herzog MD 96). – **(3)** Ergibt die Volksbefragung keine Mehrheit, ist das durch das Volksbegehren in Gang gesetzte Verfahren beendet; insb. besteht keine Verpflichtung des Bundesgesetzgebers (oben Rn.5). 6

d) Mehrheitsbegriff, Karenzzeit (Abs.6). Die erforderliche Mehrheit im Volksentscheid und in der Volksbefragung wird in S.1 bestimmt. Aufgrund der Ermächtigung des S.2 Hs.1, die nur Verfahrensfragen, nicht aber die inhaltlichen Voraussetzungen des Abs.1 betrifft (Kunig MüK 48; Maunz/Dürig/Scholz MD 101), ist das G v. 30. 7. 1979 (BGBl I 1317) ergangen. Dessen § 4 Abs.1 verlangt die Seßhaftigkeit im Abstimmungsgebiet. § 21 Abs.1 hat von der nach S.2 Hs.2 vorgesehenen Möglichkeit der Einführung einer Karenzzeit Gebrauch gemacht. 7

e) Staatsvertrag (Abs.8). Die „staatsvertragliche Option" soll die Neugliederung nach der Vereinigung Deutschlands vereinfachen (BT-Drs. 12/6000, 44; 12/8165, 46). Die Zuständigkeiten für den Abschluss des Staatsvertrags ergeben sich aus Landesverfassungsrecht. Der Staatsvertrag bedarf wie das Bundesgesetz gem. Abs.2 (oben Rn.3) gem. S.3, 4 der Bestätigung durch Volksentscheid in jedem 8 beteiligten Land bzw. in Teilgebieten der Länder. Anders als nach Abs. 2–6 ist für die Neugliederung durch Staatsvertrag gem. S.1 kein Bundesgesetz Voraussetzung; allerdings ist das Nähere über den Volksentscheid in den beteiligten Ländern – nicht aber gem. S.4 Hs.2 über Volksentscheide in Teilgebieten der Länder – gem. S.5 Hs.2 durch Bundesgesetz zu regeln, und bedarf der Staatsvertrag gem. S.6 in jedem Fall, also auch wenn er nur Teilgebiete der Länder betrifft (BT-Drs. 12/6000, 45), der Zustimmung durch den Bundestag, d. h. durch einen schlichten Parlamentsbeschluss (Rn.1 zu Art.76) und nicht durch Bundesgesetz (BT-Drs. 12/6000, 45). Zur Anhörung der betroffenen Gemeinden und Kreise gem. S.2 vgl. Abs.7 S.3 (unten Rn.9). Das Quorum gem. S.5 Hs.1 gilt für alle Volksentscheide gem. S.3, 4 (Maunz/Herzog/Scholz MD 116 f; Pernice DR 51; a. A. Kunig MüK 55).

3. Sonstige Änderungen des Gebietsbestands der Länder (Abs.7)

9   Ein gegenüber einer Neugliederung vereinfachtes Verfahren ist gem. S.1 zulässig, wenn das Gebiet, dessen Landeszugehörigkeit geändert werden soll, nicht mehr als 50.000 Einwohner hat. Eine Untergrenze besteht nicht (Erbguth SA 63; Kunig MüK 51; a. A. für „eine ganz verschwindend geringe Anzahl von Einwohnern" Maunz/Herzog/Scholz MD 107). Die Vorschrift umfasst Änderungen des Gebietsbestands der Länder untereinander, nicht aber die Schaffung bundesunmittelbarer Territorien oder die Änderung der Grenzen der Bundesrepublik Deutschland gegenüber dem Ausland (Rn.10 zur Präamb), ferner nicht bloße Markierungsberichtigungen, die den zutreffenden Grenzverlauf sichtbar machen (Erbguth SA 63; Kunig MüK 51). Entsprechende Maßnahmen können gem. S.1 entweder durch Staatsverträge der beteiligten Länder oder durch Bundesgesetz mit Zustimmung des Bundesrats (Rn.4-6 zu Art.77) erfolgen. Eine Subsidiarität der zweiten gegenüber der ersten Möglichkeit besteht nicht (Erbguth SA 64; Kunig MüK 52; Pernice DR 47; a. A. Evers BK 81; Maunz/Herzog/Scholz MD 109; vgl. auch BT-Drs. 12/8165, 45). Eine Mitwirkung der betroffenen Bevölkerung wird nicht verlangt (krit. Erbguth SA 66). Eine Änderung des Gebietsbestands der Länder gem. Abs.7 ist so oft möglich, wie sich ein Bedürfnis danach herausstellt (BVerfGE 5, 34/39). Aufzählung der bisherigen Anwendungsfälle bei Bothe AK 17; Kunig MüK Anh. Aufgrund der Ermächtigung des S.2, die die Zustimmung des Bundesrats (Rn.4-6 zu Art.77) und der Mehrheit der Mitglieder des

Bundestags (Rn.1 f zu Art.121) verlangt, ist das G v. 30. 7. 1979 (BGBl I 1325) ergangen. § 3 Abs.1 dieses Gesetzes sieht die von S.3 geforderte Anhörung der betroffenen Gemeinden und Kreise vor; auch hier korrespondiert der Anhörungspflicht ein Anhörungsrecht (vgl. oben Rn.3).

Art.**30** [Kompetenzverteilung zwischen Bund und Ländern]

Die Ausübung der staatlichen Befugnisse[3] und die Erfüllung der staatlichen Aufgaben[3] ist Sache der Länder[6 ff], soweit dieses Grundgesetz keine andere Regelung trifft[4] oder zuläßt[5].

Literatur: *Menzel,* Das „allgemeinpolitische Mandat" der Landesparlamente; DVBl 1999, 1385; *Heintzen,* Die Beidseitigkeit der Kompetenzverteilung im Bundesstaat, DVBl 1997, 689; *Pietzcker,* Zuständigkeitsordnung und Kollisionsrecht im Bundesstaat, HbStR IV, 1990, 693; *Stettner,* Grundfragen einer Kompetenzlehre, 1983; *Bothe,* Die Kompetenzstruktur des modernen Bundesstaates in rechtsvergleichender Sicht, 1977; *Ronellenfitsch,* Die Mischverwaltung im Bundesstaat, 1975.

1. Bedeutung und Abgrenzung zu anderen Vorschriften

Art.30 regelt die **grundsätzliche Kompetenzverteilung zwi- 1 schen Bund und Ländern.** Er legt ein Regel-Ausnahme-Verhältnis fest: Der Bund besitzt nur die ihm zugewiesenen Kompetenzen, der unbenannte Rest (Residual-Kompetenz) liegt bei den Ländern. Art.30 ist für das Bundesstaatsprinzip (Rn.16–22 zu Art.20) „grundlegend" (BVerfGE 12, 205/244; 36, 342/365 f) und zugleich ein Element zusätzlicher funktionaler Gewaltenteilung (BVerfGE 55, 274/318). Zusätzlich enthält Art.30 nach hM (BVerfGE 11, 6/15; 26, 281/297; 42, 20/28; BVerwGE 85, 332/342; Maunz MD 1; Gubelt MüK 1; Stern I 672) eine Kompetenzvermutung zugunsten der Länder. Das ist missverständlich, da es hier nicht um eine Tatsachen- oder Rechtsvermutung im rechtstheoretischen Sinn, sondern um die Auslegung von Normen geht (Bothe AK 11; März MKS 24; Bullinger, AöR 1971, 239 f). Jedenfalls sind die Ausnahmevorschriften über Bundeskompetenzen „strikt" zu interpretieren (BVerfGE 12, 205/229; 61, 149/174, 205; 75, 108/150); strikt ist als „genau", nicht etwa als „eng" zu verstehen (Pestalozza MaK 78 zu Art.70).

Leges speciales zu Art.30 sind alle Vorschriften des GG, die 2 Kompetenzen an Bund und Länder zuweisen, insb. Art.32, 70 Abs.1, 83, 92, 104 a, 105 und 107–109 (Erbguth SA 6 f; Gubelt MüK 26; März MKS 1, 36 f). Außerhalb ihres Anwendungsbereichs gilt

Art.30, z. B. für die Ausführung von Landesgesetzen durch die Länder (BVerfGE 21, 312/325, 328; 63, 1/40). Allerdings wird vom BVerfG auch innerhalb der Anwendungsbereiche der Art.70 Abs.1 und Art.83 regelmäßig Art.30 zitiert (vgl. BVerfGE 55, 274/318; 59, 360/377; 61, 147/175, 203, 205; 67, 299/315). Als Schranke der Ausübung von Kompetenzen und damit auch des Art.30 wirkt das Verfassungsgebot des bundesfreundlichen Verhaltens (Rn.20–22 zu Art.20).

2. Anwendungsbereich

3   **a) Staatliche Befugnisse und staatliche Aufgaben.** Befugnisse bezieht sich auf bestimmte, zu Eingriffen in Freiheit und Eigentum berechtigende Mittel; Aufgaben meint sachliche Bereiche staatlichen Tätigwerdens (Gubelt MüK 6). Der Oberbegriff zu Befugnis und Aufgabe ist Kompetenz. Art.30 gilt nicht nur für die gesetzesakzessorische, sondern auch für die gesetzesfreie Verwaltung (BVerfGE 12, 205/246 f; 22, 180/217; 39, 96/109; BVerwGE 75, 292/298); er umfasst auch das privatrechtliche Staatshandeln (BVerfGE 12, 205/224 ff), einschl. der Auslandsaktivitäten öffentlicher Unternehmen (März MKS 45; a. A. Hellermann, FS Böckenförde, 1995, 285 f). Die Auffassung, dass die fiskalische Tätigkeit von Art.30 nicht erfasst wird (Gubelt MüK 8; Blümel HbStR IV 863; Stern II 783; diff. Pietzcker HbStR IV 700), ist unbegründet (Bothe AK 17; Erbguth SA 33; Lerche MD 42 zu Art.83; Pernice DR 29). Auch die Wahrnehmung von Förderungsaufgaben durch Hingabe von Haushaltsmitteln fällt unter Art.30 (BVerfGE 22, 180/216; BVerwGE 110, 9/12). Andererseits bleiben bloß „anregende" (BVerfGE 22, 180/216) und „informelle" (Isensee HbStR IV 627 f) Tätigkeiten, d. h. solche, die sich nur im Vorfeld von Festlegungen rechtlicher oder faktischer Art bewegen, ausgespart (Lerche MD 42 Fn.154 zu Art.83; a. A. Erbguth SA 33; März MKS 46 ff; Pernice DR 28). Dies soll auch für „der Überprüfung und Urteilsbildung dienende Regierungstätigkeiten" gelten (BVerwG, NJW 91, 1772). Schließlich gilt Art.30 auch für die innerstaatliche Ausführung von Europäischem Gemeinschaftsrecht (Bull AK 105 vor Art.83; Lerche MD 51 zu Art.83; Streinz HbStR VII 847).

4   **b) Vorbehalt anderer Regelung.** Die grundsätzliche Landeskompetenz gilt zum einen nur, soweit das GG keine andere Regelung **trifft.** Bundeskompetenzen werden hauptsächlich in den Kompetenzkatalogen der Art.73 ff (Gesetzgebung) und Art.87 ff (Verwaltung) festgelegt. Sonderregelungen, die Verwaltungs- und Gesetzgebungskompetenzen des Bundes umfassen, finden sich für die Finanzverfassung in Art.104 a–109 und für die auswärtige Gewalt in Art.32 und 59. Darüber hinaus werden an vielen Stellen des GG durch ausdrücklichen Verweis auf ein „Bundesgesetz" oder auf ein „Gesetz mit Zustimmung des Bundesrats" Kompetenzen des Bundes begründet (Aufzählung bei Maunz MD 10; Pestalozza MaK 18 ff zu Art.71; Rengeling HbStR IV 768 ff). Dagegen lässt der Verweis auf ein „Gesetz" die Verbandskompetenz offen. Soweit nur der „Bund" für kompetent erklärt wird, ist nach dem Vorbehalt des Gesetzes (Rn.44–59 zu Art.20) zu entscheiden, ob es sich um eine Verwaltungs- oder Gesetzgebungskompetenz handelt (vgl. auch BVerfGE 24, 155/167).

Die grundsätzliche Landeskompetenz gilt zum anderen nur, soweit **5** das GG keine andere Regelung **zulässt** (ebenso Art.83, nicht aber Art.70 Abs.1). Hieran hat sich die Debatte um ungeschriebene Bundeskompetenzen entzündet (vgl. Bullinger, AöR 1971, 237). Das BVerfG hat ungeschriebene Bundeskompetenzen aus der Natur der Sache und kraft Sachzusammenhangs anerkannt (Rn.3–9 zu Art.70; Rn.6 f zu Art.83). Das kann richtigerweise aber nicht dahin verstanden werden, dass der Begriff des Zulassens den Rückgriff auf außerhalb des GG liegende Rechtsquellen ermöglicht. Vielmehr gewährt das GG, soweit es eine Regelung „trifft" (Art.30), etwas „bestimmt" (Art.83) oder Befugnisse „verleiht" (Art.70 Abs.1), die Kompetenz unmittelbar; soweit das GG anderes „zulässt", gibt es dagegen eine Ermächtigung, dem Bund eine Kompetenz durch einen weiteren Akt einzuräumen (Bothe AK 12; Erbguth SA 39; Maunz MD 20; Pestalozza MaK 36 zu Art.70; a. A. März MKS 57 ff; Pietzcker HbStR IV 698). Jede Bundeskompetenz muss ihre Grundlage daher im geschriebenen Recht finden. Damit ist bei näherer Betrachtung auch die Rspr. des BVerfG weitgehend vereinbar: Jedenfalls die Kompetenz kraft Sachzusammenhangs ist das Ergebnis sachgerechter Verfassungsauslegung, obwohl das BVerfG den Sachzusammenhang gelegentlich in einen Gegensatz zur Auslegung gebracht hat (BVerfGE 12, 205/225 ff; 15, 1/9 f, 20 f; 26, 281/298 ff); auch für viele Fälle der Kompetenz kraft Natur der Sache gilt nichts anderes.

3. Rechtsfolgen

a) Landeskompetenz. Handelt es sich um eine staatliche Tätig- **6** keit bzw. um staatliches Unterlassen und liegt keine Bundeskompetenz vor, sind die Länder kompetent bzw. verantwortlich. Welches Organ des Landes kompetent ist, richtet sich nach dem jeweiligen

Landesverfassungsrecht. Der Bund darf nicht die Ausübung einer
dem Landesgesetzgeber zukommenden Kompetenz der Landesregierung zuweisen (BVerfGE 78, 249/273). Zum Verfassungsbereich der
Länder gehören grds. auch die Gemeinden und Gemeindeverbände
(BVerfGE 22, 180/210; 39, 96/109; 86, 148/215; BVerwGE 100,
56/58; BSGE 34, 177/179 f; Isensee HbStR IV 610 ff) mit der
Folge, dass es keine Bundeskommunalaufsicht gibt (BVerfGE 8,
122/137); allerdings sind die speziellen Normen der Art.28 Abs.2,
104 a Abs.4 und 106 zu beachten (vgl. auch Lerche MD 14, 77 ff zu
Art.83). Art.30 verbietet nicht nur eine rechtliche, sondern auch
eine faktische Aufhebung (BVerwGE 62, 376/378 f) sowie eine
Aushöhlung (BVerfGE 61, 149/205; Gubelt MüK 10) der Landeskompetenz. Der Aspekt der Gleichmäßigkeit der Besteuerung im
ganzen Bundesgebiet kann unterschiedliche Verwaltungsvorschriften
der Länder nicht verhindern (BFHE 144, 9/14).

7   **b) Ausschließliche Kompetenzverteilung.** Entweder der
Bund oder die Länder sind zuständig; es gibt grds. keine Doppel-
zuständigkeit (BVerfGE 36, 193/202 f; 61, 149/204; 67, 299/321);
in engen Grenzen werden aber administrative Doppelzuständigkei-
ten für zulässig gehalten (Oebbecke, FS Stree/Wessels, 1993,
1130 ff). Bund und Länder können grds. unabhängig voneinander
von ihren Kompetenzen Gebrauch machen (BVerfGE 11, 77/88).
Soweit bei besonders komplexen Sachverhalten die Kompetenz-
bereiche des Bundes und der Länder sich ausnahmsweise nicht
unterscheiden lassen, greift Art.31 ein (Bothe AK 27; Pestalozza
MaK 75, 82 zu Art.70; 252 zu Art.72; Rengeling HbStR IV 745;
Dreier DR 61 zu Art.31). Zur gegenseitigen Bindung von Bund
und Ländern an Normen und Verwaltungsakte Bothe AK 29 ff;
Isensee HbStR IV 533 ff, 572 ff; Schoenenbroicher, Bundesverwaltung unter Landesgewalt, 1995.

8   **c) Zwingende Kompetenzverteilung.** Art.30 ist kein dispositi-
ves Recht (BVerfGE 4, 115/139; 39, 96/109; 41, 291/311; 63, 1/39).
Das bedeutet, dass Kompetenzüberlassungen bzw. Kompetenzver-
schiebungen, die keine Grundlage im GG haben, unzulässig sind
(BVerfGE 26, 281/296; 32, 145/156; 63, 1/39). Das gilt nicht nur im
Verhältnis der Länder zum Bund, sondern auch im Verhältnis der
Länder untereinander, wodurch allerdings gemeinsame Einrichtungen der Länder (Isensee HbStR IV 616 ff) und Verwaltungshilfen
zwischen den Ländern (Selmer, FS Thieme, 1993, 359 ff) nicht ausgeschlossen werden. Unzulässig ist die vertragliche Schaffung eines
neuen „zwischenstaatlichen Hoheitsträgers" (Pernice DR 23).

aa) Die Länder dürfen ihre **Gesetzgebungs**kompetenz nicht auf 9
den Bund übertragen (BVerfGE 1, 14/35; 4, 115/139; 32, 145/156;
55, 274/301). Landesgesetze, die ein Bundesgesetz in seiner jeweiligen Fassung für eine in der Landeskompetenz stehende Frage anwendbar erklären (dynamische Verweisung), sind grds. unzulässig
(Pestalozza AK 87 zu Art.70; vgl. auch Rn.64 f zu Art.20); Ausnahmen können sich für einigungsbedingte Übergangsregelungen ergeben (Erbguth SA 12) und werden aus Gründen der Gesetzesöko-
nomie in einem „eng umgrenzten und überschaubaren Regelungsbereich" zugelassen (BayVerfGHE 46, 14/18; 48, 109/113). Die
Bestimmung des Anwendungsbereichs eines Landesgesetzes ist Sache
der Länder (BVerfGE 21, 312/328).

bb) Die **Mischverwaltung,** bei der dem Bund oder einem Land 10
Mitentscheidungsrechte bezüglich einer in der Kompetenz des anderen liegenden Frage eingeräumt werden, ist grds. unzulässig, soweit sie nicht vom GG vorgesehen ist (BVerfGE 32, 145/156; 39,
96/120; 41, 291/311; 63, 1/38 ff). Damit wird aber nicht jede Art
des Zusammenwirkens von Bund und Ländern im Bereich der
Verwaltung verboten: Rechts- und Amtshilfe gem. Art.35 Abs.1
sowie Organleihe (BVerwG, NJW 76, 1469; Bull AK 58 vor Art.83;
Hermes DR 51 zu Art.83; Lerche MD 26 zu Art.83) sind zulässig.
Ausnahmsweise und aus besonderem sachlichen Grund können persönliche und sächliche Mittel einer Landesbehörde vom Bund oder
einer Bundesbehörde vom Land in Anspruch genommen werden
(„Betrauung"; BVerfGE 63, 1/39 ff; Isensee HbStR IV 622 f). Bei
der Abgrenzung zwischen zulässiger und unzulässiger Kooperation
sind Aspekte der Verantwortungsinnehabung, unterschiedlicher Materien und Intensitätsstufen zu bedenken (Bull AK 40 ff vor Art.83;
Lerche MD 93 ff zu Art.83). Ein Wahlrecht der Länder zwischen
Landesverwaltung und Bundesverwaltung ist unzulässig (Bull AK 60
vor Art.83). Art.30 verbietet die Ausführung von Landesgesetzen
durch den Bund (BVerfGE 12, 205/221; 21, 312/325, 327 f; krit.
Blümel HbStR IV 864 ff); Ausnahmen können sich aus anderen
Verfassungsnormen ergeben (vgl. Bothe AK 25; Pernice DR 22).

Art.31 [Verhältnis von Bundes- und Landesrecht]

Bundesrecht bricht Landesrecht[1 ff].

Literatur: *Tiedemann,* Landesverfassung und Bundesrecht, DÖV 1999,
200; *Wiederin,* Bundesrecht und Landesrecht, 1995; *Dietlein,* Landesverfassungsbeschwerde und Einheit des Bundesrechts, NVwZ 1994, 6; *Pietzcker,*

Zuständigkeitsordnung und Kollisionsrecht im Bundesstaat, HbStR IV, 1990, 693; *März,* Bundesrecht bricht Landesrecht, 1989; *Grawert,* Die Bedeutung gliedstaatlichen Verfassungsrechts in der Gegenwart, NJW 1987, 2329; *Hufen,* Die Bedeutung gliedstaatlichen Verfassungsrechts in der Gegenwart, BayVBl. 87, 513; *Pestalozza,* Die Bedeutung gliedstaatlichen Verfassungsrechts in der Gegenwart, NVwZ 1987, 744; *Sachs,* Die Bedeutung gliedstaatlichen Verfassungsrechts in der Gegenwart, DVBl 1987, 857; *Schneider,* Verfassungsrecht der Länder – Relikt oder Rezept, DÖV 1987, 749; *Jutzi,* Landesverfassungsrecht und Bundesrecht, 1982; *v. Olshausen,* Landesverfassungsbeschwerde und Bundesrecht, 1980. – S. auch Literatur zu Art.28 A.

1. Bedeutung und Abgrenzung zu anderen Vorschriften

1   Art.31 regelt die Lösung von Kollisionen zwischen Bundesrecht und Landesrecht. Er ist eine für das Bundesstaatsprinzip (Rn.16–22 zu Art.20) grundlegende Vorschrift (BVerfGE 36, 342/365 f). Art.31 trifft die grundsätzliche Kollisionslösung; Sondervorschriften sind v. a. Art.25 (Rn.12 zu Art.25), Art.28 Abs.1 (Rn.2 zu Art.28), Art.71 und 72 Abs.1 (unten Rn.3) sowie Art.142 (Rn.1 zu Art.142). Danach ist Art.31 nur in wenigen Fällen von Bedeutung (Bernhardt/Sacksofsky BK 29; Dreier DR 20, 50; März MKS 49 ff; Pietzcker HbStR IV 705 ff; weitergehend Wiederin, o.Lit., 358: „in jeder Hinsicht sinnlos").

2. Voraussetzungen

2   **Recht** bedeutet geschriebenes und ungeschriebenes Recht jeder Rangstufe, einschl. vorkonstitutionellen Rechts (vgl. Art.123-125), nicht aber Verwaltungsvorschriften (Bernhardt/Sacksofsky BK 34; Dreier DR 33; Gubelt MüK 4; a. A. März MKS 32, 38; für normkonkretisierende Verwaltungsvorschriften auch Huber SA 4; Bothe AK 16 f) und Einzelfallentscheidungen (Pietzcker HbStR IV 704), auch nicht der Gerichte (BVerfGE 96, 345/364; BerlVerfGH, LVerfGE 1, 169/181 f). Tarifverträge fallen aus dem Anwendungsbereich des Art.31 heraus (BayVerfGHE 24, 72/78). Ob es sich um Bundes- oder Landesrecht handelt, richtet sich grds. danach, ob das Organ, das den Rechtssatz geschaffen hat, dem Bund oder einem Land zuzurechnen ist; zum Gewohnheitsrecht Rn.2 zu Art.70. Für vorkonstitutionelles Recht sind Art.124 f einschlägig. Gemeinderecht ist Teil des Landesrechts (Rn.6 zu Art.30). Bei Verträgen zwischen den Ländern sowie zwischen Bund und Ländern kommt es auf die Zustimmungsgesetze an (näher Bothe AK 24 ff).

3   Art.31 setzt die **Gültigkeit** des Bundes- und Landesrechts voraus. Sind die Normen bereits aus anderen Gründen nichtig, braucht keine Kollision gelöst zu werden. Der Anwendungsbereich des Art.31 ist daher u. a. dann ausgeschlossen, wenn Bundesgesetze gegen das GG verstoßen, Rechtsverordnungen nicht durch eine gesetzliche Ermächtigung gedeckt sind und Landesrecht gegen höherrangiges Landesrecht verstößt (Bothe AK 9). Insb. ist (außer bei Landesverfassungsrecht, vgl. Rn.2 zu Art.70) die Kompetenzfrage der Kollisionsfrage vorgeordnet (Dreier DR 23, 29); soweit in den Art.70 ff Rechtsfolgen für das Landesrecht geregelt sind, gehen sie als leges speciales dem Art.31 vor (Gubelt MüK 17 f; Jarass, NVwZ 96, 1043; a. A. Ipsen 739; diff. nach dem Zeitpunkt Pestalozza MaK 254 f, 291, 305 ff zu Art.72). Das ist durch die Sperrwirkung der Art.71 und 72 Abs.1, nicht aber bei Art.75 geschehen (Rn.4 f zu Art.75). Die Rspr. beruft sich in diesen Fällen gleichwohl häufig auf Art.31 (vgl. BVerwGE 65, 174/178; 68, 143/147; SaarlVerfGH, NVwZ 83, 605).

Art.31 setzt eine **Kollision** zwischen Bundes- und Landesrecht **4** voraus, d. h. die Bundes- und die Landesrechtsnorm müssen auf denselben Sachverhalt anwendbar sein (vgl. BVerfGE 26, 116/135 f; 98, 145/159; BVerfG-K, NVwZ 90, 357) und zu unterschiedlichen Rechtsfolgen führen (BVerfGE 36, 342/363; SächsVerfGH, NJW 96, 1737) bzw. unvereinbare Normbefehle enthalten (Bernhardt/ Sacksofsky BK 53; Dreier DR 39). Ein Unterfall fehlender Kollision ist, dass Normen unterschiedliche Adressaten haben (BVerfGE *abwM* 36, 369; Bothe AK 15); das ist im Verhältnis zwischen Bundesrahmen- und Landesgesetzen dann der Fall, wenn erstere – wie idR vorgeschrieben (Rn.1 f zu Art.75) – nicht unmittelbar geltende Regelungen enthalten (Huber SA 17 a; Jarass, NVwZ 96, 1047). Auch bei unterschiedlicher Zielsetzung zweier Normen kann es an der Kollision fehlen (BayObLG, DÖV 61, 832).

3. Rechtsfolgen

Bundesrecht bricht Landesrecht, d. h. im Anwendungsbereich des **5** Art.31 ist Landesrecht nichtig (Derogation, keine Suspension; vgl. Rn.33 f zu Art.20). Bestehendes Landesrecht wird aufgehoben, zukünftiges wird gesperrt, d. h. kann nicht in Kraft treten (Bothe AK 18; Dreier DR 43 f; März MKS 43 ff; dagegen für bloßen Anwendungsvorrang von Bundesrecht gegenüber Landesverfassungsrecht Bernhardt/Sacksofsky BK 60 ff; Poscher, NJ 96, 352). Bei späterem Wegfall des Bundesrechts lebt das Landesrecht nicht wieder auf (BVerfGE 29, 11/17; vgl. auch Rn.8 zu Art.72). Die Rechtsfolge greift ohne Rücksicht auf das Rangverhältnis ein (BAGE 74,

218/222; Pietzcker HbStR IV 705). Inhaltsgleiches Landesrecht wird nicht gebrochen, da bei inhaltsgleichem Recht keine Kollision vorliegt (oben Rn.4) und das Bundesstaatsprinzip für ein Weitergelten entsprechenden Landesrechts spricht (BVerfGE 36, 342/366 f; 40, 296/327 für das Verhältnis zwischen Bundes- und Landesverfassungsrecht, ansonsten offengelassen; BayVerfGHE 23, 155/164; OVG NW, NVwZ 96, 914; Bothe AK 20; Bernhardt/Sacksofsky BK 64 ff; Dreier DR 40 ff; Jarass, NVwZ 96, 1042 f; a. A. Huber SA 12). Insoweit führen Art.71 und 72 Abs.1 als leges speciales zu einer abweichenden Rechtsfolge: Ein gegen die Sperrwirkung verstoßendes Landesgesetz ist nichtig, gleichgültig ob es mit dem Bundesgesetz inhaltlich vereinbar ist oder nicht (Rn.2 zu Art.71; Rn.5 zu Art.72).

Art.32 (Bundes- und Landeskompetenzen bei Beziehungen zu auswärtigen Staaten)

(1) **Die Pflege der Beziehungen zu auswärtigen Staaten ist Sache des Bundes[4 ff].**

(2) **Vor dem Abschlusse eines Vertrages, der die besonderen Verhältnisse eines Landes berührt, ist das Land rechtzeitig zu hören[7].**

(3) **Soweit die Länder für die Gesetzgebung zuständig sind, können sie mit Zustimmung der Bundesregierung mit auswärtigen Staaten Verträge abschließen[11 ff].**

Übersicht

Literatur: *Stern,* Auswärtige Gewalt und Lindauer Abkommen, in: Verfassungsrecht im Wandel, 1995, 251; *Geiger,* Grundgesetz und Völkerrecht, 2. Aufl. 1994; *Heberlein,* Die Rechtsprechung des BVerfG und des BVerwG zur „kommunalen Außenpolitik", NVwZ 1992, 543; *Rudolf,* Bundesstaat und Völkerrecht, AVR 1989, 1; *Grewe,* Auswärtige Gewalt, HbStR III, 1988, 921; *Fastenrath,* Kompetenzverteilung im Bereich der auswärtigen Gewalt, 1986; *Rudolf,* Mitwirkung der Landtage bei völkerrechtlichen Verträgen und bei der EG-Rechtsetzung, FS K. Carstens Bd.2, 1984, 757; *Weißauer,* Völkerrechtliche Verträge – Zusammenwirken von Bund und Ländern, FS K. Bengl, 1984, 149; *Bleckmann,* Die innerstaatliche Zuständigkeit für die Ausübung der durch die Wiener Vertragsrechtskonvention geregelten Rechte, DVBl 1983, 297. – S. auch Literatur zu Art.59.

I. Bedeutung und Abgrenzung

1. Bedeutung und Abgrenzung des Art.32

Die Vorschrift des Art.32 regelt die **Kompetenzverteilung** zwi- **1** schen Bund und Ländern im Bereich der Beziehungen zu auswärtigen Staaten (BVerfGE 1, 351/369). Abs.1 enthält eine allgemeine Regelung, während die Abs.2, 3 Sondervorschriften für den Abschluss völkerrechtlicher Verträge enthalten (Pernice DR 19). Gleichzeitig schafft Abs.3 die innerstaatlichen Voraussetzungen für eine partielle Völkerrechtsfähigkeit der Bundesländer (Streinz SA 6; Pernice DR 10). Art.32 geht als Sonderregelung der Vorschrift des Art.30 vor (Kempen MKS 13; Streinz SA 9), um für eine ausreichende Zentralisierung in den auswärtigen Beziehungen zu sorgen (vgl. Rojahn MüK 2). Umgekehrt haben die Regelungen des Art.23 Abs.1 und des Art.24 als leges speciales Vorrang vor Art.32 (Rn.4 zu Art.23; Rn.2 zu Art.24).

Für Tätigkeiten mit Auslandsbezug, die **nicht unter Art.32 fal- 2 len** (dazu unten Rn.4), gelten die allgemeinen Regeln für die Kompetenzverteilung zwischen Bund und Ländern, unter Einbeziehung des Grundsatzes der Bundestreue (Zuleeg AK 26 f; vgl. BVerwG, DÖV 89, 1014; allg. Rn.20–22 zu Art.20). Bei einem Erlass von Gesetzen kommen also die Art.70 ff zur Anwendung, was auch für die Transformation bzw. den Vollzugsbefehl von völkerrechtlichen Verträgen (unten Rn.8) gilt. Bei Akten der Verwaltung gelten die Art.83 ff. Zudem kommt die *Bundeskompetenz kraft Natur der Sache* zum Tragen, soweit es um rein ausländische Sachverhalte geht, bei denen es keinen territorialen oder sonstigen Anknüpfungspunkt zu einem *bestimmten* Bundesland gibt und daher nur eine Bundeskompetenz möglich ist (Fastenrath o.Lit. 175; Rn.7 zu Art.83). Bei der Annahme einer solchen Kompetenz ist allerdings Zurückhaltung geboten, insb. auch deshalb, weil die Länder gemeinsam handeln können (vgl. BVerfGE 98, 218/249).

2. Exkurs: Innerstaatliche Staatsverträge

3   Auf Verträge der Bundesländer untereinander sowie auf Verträge der Bundesländer mit dem Bund ist Art.32 nicht anwendbar (Rojahn MüK 33). Insoweit gelten die allgemeinen Regeln der Kompetenzverteilung (Degenhart Rn.227). Darüber hinaus ist auch bei solchen Verträgen zwischen dem Abschluss einerseits und der Transformation bzw. der Erteilung des Vollzugsbefehls andererseits (dazu Rn.1 zu Art.25) zu unterscheiden (Herdegen HbStR IV 501; Rudolff HbStR IV 1117; vgl. BVerfGE 90, 60/85 f); der Grundsatz der Bundestreue (Rn.20–22 zu Art.20) verlangt aber in besonderer Weise nach einer vertragskonformen Interpretation des Landesrechts. Zudem beschränkt dieser Grundsatz die Fortgeltung von Staatsverträgen durch die „Clausula rebus sic stantibus" (BVerfGE 34, 216/232).

II. Kompetenzen des Bundes

1. Anwendungsbereich des Abs.1: Beziehungen zu auswärtigen Staaten

4   Die Kompetenzzuweisung an den Bund in Abs.1 betrifft die Beziehungen zu **auswärtigen Staaten.** Zudem werden (über den Wortlaut hinaus) Beziehungen zu anderen im **Völkerrecht anerkannten Rechtsträgern** erfasst (Zuleeg AK 7; Kempen MKS 24), insb. zu zwischenstaatlichen bzw. internationalen Einrichtungen (BVerfGE 2, 347/374; Pernice DR 22). Erfasst werden auch anerkannte Exilregierungen, De-facto-Regime, Befreiungsbewegungen und die Glieder föderaler Staaten (Rojahn MüK 11; Pernice DR 22). Unklar ist, ob die Beziehungen zur EU unter Abs.1 fallen (dagegen Pernice DR 24); jedenfalls geht insoweit die weitreichende Sonderregelung des Art.23 vor (Rn.4 zu Art.23). Der Entstehungsgeschichte entsprechend werden Beziehungen zum Heiligen Stuhl nicht erfasst; der Abschluss von Konkordaten sollte den Ländern überlassen bleiben (BVerfGE 6, 309/362; Bernhard HbStR VII

§ 174 Rn.20; Kempen MKS 31; a. A. Streinz SA 21; Zuleeg AK 14). Von Art.32 nicht erfasst werden Beziehungen zu nachgeordneten ausländischen Einrichtungen, auch wenn die Einrichtungen öffentlich-rechtlicher Natur sind (BVerfGE 2, 347/374; Kempen MKS 28; Rojahn MüK 13, 61; a. A. Streinz SA 19; vgl. unten Rn.16). Gleiches gilt für Beziehungen zu privaten Organisationen und Unternehmen (Pernice DR 23; Kempen MKS 30). Schließlich betrifft Art.32 nur die Beziehungen zu völkerrechtlichen Subjekten selbst, nicht innerstaatliche Maßnahmen, die sich mittelbar auf diese Beziehungen auswirken (widersprüchlich Pernice DR 27 f); für die Länder und Gemeinden hat insoweit der Grundsatz der Bundestreue besonderes Gewicht (vgl. oben Rn.2).

Als weitere Voraussetzung des Anwendungsbereichs wird vielfach **4 a** angenommen, dass auch auf **deutscher Seite** eine **Völkerrechtsperson** handeln muss, also der Bund oder ein Land bzw. ein Organ, das zur völkerrechtlichen Vertretung des Bundes bzw. Landes befugt ist (Streinz SA 24; Kempen MKS 21). Dies hat allerdings über die in Rn.4 beschriebene Grenze hinaus nur geringe Bedeutung.

2. Abschluss von Verträgen

a) Grundlagen. Für die Kompetenzverteilung zwischen Bund **5** und Ländern im Hinblick auf völkerrechtliche Verträge (und Abkommen) muss zwischen Abschluss (und Kündigung) des Vertrags einerseits (dazu unten Rn.6) und der Transformation des Vertrags bzw. dem Vollzugsbefehl andererseits (dazu unten Rn.8) unterschieden werden. Wegen der umstrittenen Rechtslage in diesem Bereich haben Bund und Länder das Lindauer Abkommen (Text in BT-Drs. 7/5924, S.236; Streinz SA 35) geschlossen, das einen Modus vivendi enthält. Die verfassungsrechtliche Lage vermag es allerdings nicht zu ändern.

b) Abschluss. aa) Der Bund kann gem. Abs.1 *völkerrechtliche* **6** *Verträge* zu beliebigen Fragen abschließen. Das gilt auch für Bereiche, in denen die Länder die ausschließliche Gesetzgebungskompetenz besitzen (Zuleeg AK 20; Fastenrath o.Lit. 115 ff; Kempen MKS 48 ff; a. A. Geiger 125). Abs.3 enthält keine abschließende Regelung zugunsten der Länder. Für *Verwaltungsabkommen* (zum Begriff Rn.20 zu Art.59) gilt dies ebenso (Zuleeg AK 14; Pernice DR 37). Beim Abschluss von Konkordaten kommt dagegen die allgemeine Kompetenzverteilung zum Tragen (oben Rn.4). Abs.1 gilt auch für alle mit dem Abschluss von Verträgen in Zusammenhang stehenden

Maßnahmen, wie der Erteilung der Verhandlungsvollmacht, dem Vertragsschluss und der Vertragskündigung.

7   **bb)** Über den allgemeinen, auch den Bund selbst verpflichtenden Grundsatz des bundesfreundlichen Verhaltens (Rn.20-22 zu Art.20) hinaus, muss der Bund gem. Abs.2 vor dem Abschluss von völkerrechtlichen Verträgen ein Bundesland **anhören,** sofern dessen *besondere* Verhältnisse berührt werden, etwa weil es um die Regelung örtlicher und regionaler Fragen geht. Diese Voraussetzung liegt nicht vor, wenn alle Bundesländer in vergleichbarer Weise betroffen sind (Pernice DR 32; Streinz SA 43). Die Anhörung des Landes muss so frühzeitig erfolgen, dass die Stellungnahme noch in die Meinungsbildung des Bundes einfließen kann (Streinz SA 45; Rojahn MüK 29). Andererseits ist der Bund an die Stellungnahme nicht gebunden (Zuleeg AK 11; Streinz SA 44). Wird die Anhörung zu Unrecht unterlassen, soll das die Wirksamkeit des Vertragsgesetzes nicht berühren (Kempen MKS 79). Die (bloße) Anhörung nach Abs.2 gilt an sich auch für Gebietsabtretungen (zu deren Zulässigkeit Rn.10 zur Präamb). Eine Zustimmung des betreffenden Bundeslandes ist gleichwohl im Hinblick auf den Staatscharakter der Länder erforderlich (Stern I 249; Isensee HbStR IV 532; a.A. Streinz SA 46; Kempen MKS 80; Vitzthum HbStR I 727 f; für analoge Anwendung von Art.29 Abs.2, 3 Pernice DR 33).

8   **c) Transformation bzw. Vollzugsbefehl.** Die Kompetenzverteilung zwischen Bund und Ländern hinsichtlich der Transformation eines völkerrechtlichen Vertrags bzw. des Vollzugsbefehls (zu diesen Begriffen Rn.1 zu Art.25) wird nicht durch Art.32 geregelt (Fastenrath o.Lit. 132). Auch Art.59 Abs.2 ist nicht einschlägig, da Art.59 allein die Zuständigkeiten innerhalb des Bundes regelt (Rn.1 zu Art.59). Der Bund ist daher zu Transformation bzw. Vollzugsbefehl nur zuständig, soweit er die allgemeine Gesetzgebungskompetenz nach Art.70 ff besitzt (Fastenrath o.Lit. 135; Kempen MKS 48 ff). Dabei ist zu beachten, dass Art.73 Nr.1 regelmäßig nicht einschlägig ist, da sich diese Regelung im Wesentlichen auf den diplomatischen und konsularischen Verkehr und die gesamtstaatliche Repräsentation im Ausland beschränkt (vgl. Rn.2 f zu Art.73); anderenfalls würde Art.32 Abs.3 ausgehöhlt (Grewe HbStR III § 77 Rn.88; Fastenrath o.Lit. 109; Rojahn MüK 16). Im Bereich der *ausschließlichen* Gesetzgebungskompetenz der Länder ist dementsprechend der Bund nicht zur Transformation bzw. zum Erlass des Vollzugsbefehls befugt (Zuleeg AK 21; Fastenrath o.Lit. 136; Pernice DR 34 zu Art.59; a.A. Pernice DR 42). Wenn er in diesem Bereich Verträge auf Grund

seiner Abschlusskompetenz (oben Rn.6) abschließt, ist er wegen des Grundsatzes der Bundestreue (Rn.20–22 zu Art.20) verpflichtet, den Vertrag mit einem entsprechenden Vorbehalt zugunsten der Länder zu versehen oder das Einverständnis der Länder vor dem Abschluss einzuholen (ähnlich i. E. Streinz SA 42; Rojahn MüK 42; a. A. Zuleeg AK 21). Hat ein Bundesland dem Vertrag vor Abschluss zugestimmt, ist es verpflichtet, ihn zu transformieren bzw. den Vollzugsbefehl zu erteilen (Rojahn MüK 55).

3. Sonstige Maßnahmen

Die Kompetenzzuweisung des Abs.1 erfasst neben völkerrecht- **9** lichen Verträgen und den zugehörigen Aktivitäten (oben Rn.6) anerkanntermaßen auch alle anderen Handlungen in den Formen des Völkerrechts, denen **rechtsgestaltende Wirkung** zukommt, wie die Beglaubigung und Akkreditierung von Diplomaten, die Anerkennung anderer Staaten, die Auslieferungsbewilligung, den Protest, förmliche Abmahnungen, die Klageerhebung vor einem internationalen Gericht, die Ausübung von Mitgliedschaftsrechten in internationalen Organisationen und sonstige vertragsakzessorische Rechte (Fastenrath o.Lit. 98 f). Auch die Würdigung außenpolitischer Aspekte im Rahmen der internationalen Vollstreckungshilfe rechnet hierher (BVerfGE 96, 100/117).

Ob und ggf. welche sonstigen Aktivitäten noch unter Abs.1 fallen, **10** ist umstritten (völlig ablehnend Fastenrath o.Lit. 98 ff; sehr großzügig Streinz SA 22; Kempen MKS 34 f). Die Zuständigkeit des Bundes hängt davon jedoch nicht ab, da notfalls von einer Kompetenz kraft Natur der Sache ausgegangen wird (Fastenrath o.Lit. etwa 175). In der Sache wird man jedenfalls **informale Aktivitäten,** wie Besuche, Grußbotschaften oder Reden im Ausland dem Bereich des Abs.1 zuzurechnen haben, sofern damit die Bundesrepublik Deutschland offiziell repräsentiert wird (Pernice DR 27; restriktiver Fastenrath o.Lit. 99; großzügiger Streinz SA 13). *Privatrechtliche Aktivitäten* werden erfasst, sofern damit öffentliche Aufgaben erfüllt werden (Streinz SA 11) und Vertragspartner eine Person des Völkerrechts ist (oben Rn.4).

III. Kompetenz der Länder (und Gemeinden etc.)

1. Völkerrechtliche Verträge (einschl. Verwaltungsabkommen)

11   **a) Abschluss. aa)** Auf Gebieten, in denen den Ländern Gesetzgebungskompetenzen zustehen, der Bund also nicht ausschließlich zur Gesetzgebung befugt ist, können die Länder gem. Abs.3 mit anderen Staaten und internationalen Einrichtungen **völkerrechtliche Verträge** schließen. Dazu gehören auch alle vertragsbezogenen Handlungen, insb. das Kündigungsrecht (BVerfGE 2, 347/377). Verträge, die die politischen Beziehungen *des Bundes* regeln (dazu Rn.12 zu Art.59), sind ausgenommen (Rojahn MüK 14). Im Bereich der konkurrierenden und der Rahmenkompetenzen des Bundes darf noch keine Bundesregelung, auch nicht in Form eines völkerrechtlichen Vertrages, vorliegen (BVerfGE 2, 347/375); ergeht ein entsprechendes Bundesgesetz nach Abschluss des Vertrages, wird dieser jedenfalls innerstaatlich unwirksam (Zuleeg AK 13; Streinz SA 28). Für den Beitritt der Länder zu internationalen Organisationen gilt Abs.3, soweit damit nicht die politischen Beziehungen des Bundes erfasst werden (Kempen MKS 86; vgl. Rojahn MüK 37). Im Bereich der Europäischen Union ist die vorrangige Sonderregelung des Art.23 zu beachten. Die Übertragung von Hoheitsrechten ist den Ländern nur im Falle des Art.24 Abs.1a möglich (Rn.15 zu Art.24). Andererseits gelten für den Abschluss von Konkordaten wie für privatrechtliche Verträge die allgemeinen Regeln der Kompetenzverteilung (oben Rn.4).

12   Eine Kompetenz zum Abschluss von **Verwaltungsabkommen** (als einer Sonderform völkerrechtlicher Verträge; vgl. Rn.20 zu Art.59) durch die Länder besteht nur im Rahmen des Abs.3 (BVerfGE 2, 347/369 f; Rojahn MüK 34; a. A. Geiger 147). Verwaltungsabkommen der Länder setzen zudem voraus, dass der Vollzug von Landesrecht genügt oder der Vollzug von Bundesrecht, das noch nicht durch Verwaltungsvorschriften des Bundes, etwa nach Art.84 Abs.2, Art.85 Abs.2 geregelt ist (Kempen MKS 106 zu Art.59). Dabei ist allerdings zu beachten, dass die Regelung des Verwaltungsverfahrens ein eigenes Gebiet darstellt (Fastenrath o.Lit. 144 f; Kempen MKS 84; Streinz SA 60; wohl anders Pernice DR 40), für das besondere Regelungskompetenzen der Länder bestehen (vgl. Rn.2, 4 f zu Art.84; Rn.3 zu Art.85). Dem entspricht es (jedenfalls) i. E., wenn das BVerfG festhält, dass die Bezugnahme auf die Gesetzgebung in Art.32 Abs.3 „nur den Gegensatz zu landesrechtlicher Regelung und bundesrechtlicher Regelung" betrifft und daher die „Länder auch auf dem Gebiet der Landesverwaltung zum Abschluss von Verträgen befugt sind" (BVerfGE 2, 347/369 f).

bb) Der Abschluss völkerrechtlicher Verträge der Länder bedarf **13** gem. Abs.3 der *vorherigen* **Zustimmung** der Bundesregierung. Andernfalls ist der Vertrag innerstaatlich unwirksam (BVerfGE 2, 347/369 ff); auch völkerrechtlich dürfte er unwirksam sein (Kempen MKS 91; Pernice DR 46; Streinz SA 63). Die nachträgliche Genehmigung führt zur innerstaatlichen Wirksamkeit des Vertrages (Streinz SA 63; Rojahn MüK 36; a. A. Kempen MüK 91). Die Zustimmung ändert nichts am Charakter des Vertrages als Landesvertrag. Die Zustimmungspflicht gilt auch für Verwaltungsabkommen (BVerfGE 2, 347/369 f; Zuleeg AK 14).

b) Transformation bzw. Vollzugsbefehl. Für die Transforma- **14** tion bzw. die Erteilung des Vollzugsbefehls (dazu Rn.1 zu Art.25) bei völkerrechtlichen Verträgen und Abkommen der Länder sind die Länder zuständig, da hier von vornherein die allgemeinen Kompetenznormen für die Gesetzgebung zur Anwendung kommen (oben Rn.8).

2. Sonstige Maßnahmen

Umstritten ist, ob und auf welcher Grundlage die Länder **Maß-** **15** **nahmen gegenüber** auswärtigen Staaten und sonstigen **Völkerrechtssubjekten** unterhalb der Vertragsschwelle treffen können (zur umfangreichen Praxis Rojahn MüK 56 f). Zum Teil wird insoweit aus Abs.1 eine abschließende Bundeskompetenz entnommen, da die auf Verträge bezogene Ausnahme des Abs.3 nicht greife (Pernice DR 38; Rojahn MüK 58). In der Sache muss es jedoch überraschen, wenn die Länder zwar (in gewissem Umfang) Verträge schließen können, zu Maßnahmen unterhalb der Vertragsschwelle aber nicht befugt sein sollen. Daher wird zT eine Kompetenz der Länder kraft Natur der Sache angenommen (Streinz SA 52; Kempen MKS 89) oder Art.32 insgesamt auf völkerrechtsförmliches Handeln beschränkt (Fastenrath o.Lit. 193 f). Alternativ kann man in Abs.1 eine bloße Ermächtigung für den Bund (immerhin wurde das Wort „ausschließlich" der Vorgängerregelung des Art.78 Abs.1 WRV nicht übernommen) und den Sinn der Beschränkung des Abs.3 auf Verträge darin sehen, dass für Maßnahmen unterhalb der Vertragsebene die Zustimmung der Bundesregierung nicht erforderlich ist.

Abs.3 schließt dann nicht aus, dass die Länder, gestützt auf allgemeine Kompetenzen, nichtvertragliche Maßnahmen treffen können, sofern sie Gegenstände ihrer Gesetzgebung oder ihrer Verwaltung (oben Rn.12) betreffen und der Grundsatz der Bundestreue beachtet wird.

16   Für Maßnahmen der Länder, von Landesbehörden, Gemeinden etc., die sich nicht an Völkerrechtssubjekte wenden, sondern an **nachgeordnete** ausländische **öffentlich-rechtliche Einrichtungen** oder an ausländische **private Einrichtungen,** kommt Art.32 nicht zur Anwendung (oben Rn.4 f). Vielmehr gelten die allgemeinen Regeln der Kompetenzverteilung, einschl. des Grundsatzes der Bundestreue (oben Rn.2). Daher können Gemeinden im Rahmen ihres Aufgabenkreises mit ausländischen Gemeinden zusammenarbeiten und Verträge schließen (Grewe HbStR III 961; Rojahn MüK 65 ff; i.E. BVerwGE 78, 273/240). Gleiches gilt für die Kooperation von Hochschulen (Pernice DR 30; Fastenrath o.Lit. 99; Rojahn MüK 61).

Art.33 [Staatsbürgerliche Rechte- und Pflichtengleichheit, Öffentlicher Dienst]

(1) **Jeder Deutsche[4] hat in jedem Lande die gleichen staatsbürgerlichen Rechte und Pflichten[2 ff].**

(2) **Jeder Deutsche[11] hat nach seiner Eignung, Befähigung und fachlichen Leistung[13 f] gleichen Zugang zu jedem öffentlichen Amte[9 f, 12 ff].**

(3) **Der Genuß bürgerlicher und staatsbürgerlicher Rechte, die Zulassung zu öffentlichen Ämtern sowie die im öffentlichen Dienste erworbenen Rechte[24] sind unabhängig von dem religiösen Bekenntnis. Niemandem darf aus seiner Zugehörigkeit oder Nichtzugehörigkeit zu einem Bekenntnisse oder einer Weltanschauung ein Nachteil erwachsen[26].**

(4) **Die Ausübung hoheitsrechtlicher Befugnisse[30] ist als ständige Aufgabe in der Regel Angehörigen des öffentlichen Dienstes[30] zu übertragen, die in einem öffentlich-rechtlichen Dienst- und Treueverhältnis stehen[30 f].**

(5) **Das Recht des öffentlichen Dienstes[34] ist unter Berücksichtigung der hergebrachten Grundsätze des Berufsbeamtentums[35 ff] zu regeln[32].**

Übersicht

Literatur A (Abs.1–3): *Hetzer,* Der Bewerbungsverfahrensanspruch, VR 1998, 116; *Pfütze,* Die Verfassungsmäßigkeit von Landeskinderklauseln, 1998; *Schnellenbach,* Konkurrenzen und Beförderungsämter, ZBR 1997, 169; *Cremer/Kelm,* Mitgliedschaft in sog. „Neuen Religions- und Weltanschauungsgemeinschaften" und Zugang zum öffentlichen Dienst, NJW 1997, 832; *Battis,* Berufsbeamtentum und Leistungsprinzip, ZBR 1996, 193; *Sachs,* Zur Bedeutung der grundgesetzlichen Gleichheitssätze des öffentlichen Dienstes, ZBR 1994, 133; *Kisker,* Grundrechtsschutz gegen bundesstaatliche Vielfalt?, FS Bachof, 1984, 47; *Sachs,* Das Staatsvolk in den Ländern, AöR 1983, 68. – S. auch Literatur zu Art.3.

Literatur B (Abs.4, 5): *Gramm,* Privatisierung und notwendige Staatsaufgaben, 2001; *Strauß,* Funktionsvorbehalt und Berufsbeamtentum, 2000; *Manssen,* Der Funktionsvorbehalt des Art.33 Abs.4 GG, ZBR 1999, 253; *P. M. Huber,* Das Berufsbeamtentum im Umbruch, Verw 1996, 437; *Badura,* Die hoheitlichen Aufgaben des Staates und die Verantwortung des Berufsbeamtentums, ZBR 1996, 321; *Isensee,* Öffentlicher Dienst, HbVerfR, 2. A. 1994, 1527; *Lecheler,* Der öffentliche Dienst, HbStR III, 1988, 717; *Loschelder,* Vom besonderen Gewaltverhältnis zur öffentlich-rechtlichen Sonderbindung, 1982; *Rottmann,* Der Beamte als Staatsbürger, 1981.

I. Ungleichbehandlung wegen Landeszugehörigkeit (Abs.1)

1. Bedeutung und Abgrenzung zu anderen Vorschriften

1   Abs.1 enthält ein grundrechtsgleiches Recht (Lübbe-Wolff DR 26), ein Grundrecht iwS (Vorb.1 vor Art.1). Es handelt sich um ein Gleichheitsrecht (Jachmann MKS 3), das auf ein relatives Verhalten des Staates zielt (Vorb.9 vor Art.1). Abs.1 verdrängt in seinem Anwendungsbereich den allg. Gleichheitssatz (Höfling BK 42; Rn.2 zu Art.3). Dagegen werden die anderen speziellen Gleichheitsrechte von Abs.1 nicht verdrängt, sondern kommen ggf. parallel zur Anwendung (Jachmann MKS 3; Höfling BK 44; Pieroth/Schlink 471; vgl. unten Rn.8, 23). Zu Art.12 und Art.36 vgl. unten Rn.6.

2. Schutzbereich bzw. Anwendungsbereich

2   **a)** Das Recht des Abs.1 kommt zum Tragen, wenn es um **staatsbürgerliche Rechte und Pflichten** geht. Erfasst wird das

gesamte Rechtsverhältnis des Staatsbürgers zum Staat, d. h. sämtliche öffentlich-rechtlichen (subjektiven) Rechte und Pflichten (Jachmann MKS 5; Kunig MüK 16; Sachs HbStR V 1063; Rn.2 zu Art.140/136 WRV; a. A. Lübbe-Wolff DR 27), nicht dagegen zivilrechtliche Rechte und Pflichten (Kunig MüK 10; a. A. Höfling BK 19, 22).

Der Entstehungsgeschichte entsprechend (Lübbe-Wolff DR 8) **3** setzt Abs.1 eine Ungleichbehandlung, also eine unterschiedliche Behandlung vergleichbarer Sachverhalte (dazu Rn.4 f zu Art.3) voraus, die an die **Landeszugehörigkeit** anknüpft; die Vorgängerregelung des Art.110 Abs.2 WRV bezog sich auf die Landesstaatsangehörigkeit. Da es heute keine wirksame Landesstaatsangehörigkeit gibt, wird man eine Anknüpfung an die Landeszugehörigkeit anzunehmen haben, wenn Kriterien benutzt werden, die üblicherweise für den Erwerb der Staatsangehörigkeit zum Einsatz kommen (Höfling BK 30), etwa die Geburt in einem Bundesland, die Abstammung von Landesangehörigen oder ein langjähriger Wohnsitz in einem Land (ähnlich Jachmann MKS 6 f). Unklar ist, ob auch das Abstellen auf einen kürzeren Wohnsitz, das Ablegen von Prüfungen in einem Land etc. erfasst wird (dafür Höfling BK 34; dagegen Sachs HbStR V § 126 Rn.111, 113). Die Entstehungsgeschichte spricht eher dagegen (insoweit zutreffend Lübbe-Wolff DR 28). Das BVerfG hat das Abstellen auf die Berufspraxis in dem betreffenden Land nicht an Art.33 Abs.1, sondern an Art.3 Abs.1 gemessen (BVerfGE 73, 301/321). An einer Ungleichbehandlung iSd Abs.1 fehlt es, wenn ein Land die Bürger eines anderen Landes den gleichen Pflichten wie die eigenen Bürger unterwirft, etwa bei der Zeugenpflicht vor einem Untersuchungsausschuss (BVerwGE 79; 339/342); Entsprechendes gilt für die Gewährung von Rechten. Eine Ungleichbehandlung liegt hingegen vor, wenn die Anerkennung einer gleichwertigen, in einem anderen Bundesland erworbenen Hochschulzulassungsberechtigung verweigert wird (Jachmann MKS 10).

b) Personaler Schutzbereich. Träger des Rechts ist jeder Deut- **4** sche iSd Art.116 Abs.1; näher dazu Rn.1 zu Art.116. Nichtdeutsche können sich allein auf Art.3 Abs.1 berufen (Höfling BK 43). Im Anwendungsbereich des EG-Rechts dürfte sich der Gemeinschaftsbürger auf Abs.1 berufen können (Lecheler FH 11). Unklar ist, ob sich auch juristische Personen auf Abs.1 berufen können. Fasst man den Begriff der Landeszugehörigkeit relativ eng (dazu oben Rn.3), ist das eher zu verneinen.

3. Beeinträchtigung

5   Die Beeinträchtigung kann durch jeden Akt eines **Trägers öffentlicher Gewalt** bewirkt werden, etwa durch Gesetze, die staatsbürgerliche Rechte und Pflichten festlegen, aber auch Einzelfallregelungen und Realakte. Voraussetzung ist, dass die Ungleichbehandlung für den Träger des Rechts zu einem **Nachteil** führt.
Insoweit gelten die Ausführungen in Rn.11 f zu Art.3 entsprechend.
Abs.1 verlangt nicht, dass die staatsbürgerlichen Rechte und Pflichten in allen Ländern gleich geregelt sind (BVerwG-K, NVwZ 93,
56; Höfling BK 24); die Vorschrift gibt keinen Anspruch auf Einräumung staatsbürgerlicher Rechte iSd Schaffung solcher Rechte für
alle Bürger (BVerfGE 13, 54/91).

4. Rechtfertigung von Beeinträchtigungen (Schranken)

6   Beeinträchtigungen des Abs.1 können zunächst durch kollidierendes Verfassungsrecht (dazu Vorb.50 vor Art.1) gerechtfertigt werden
(Höfling BK 35; sehr weitgehend Jachmann MKS 8: „verfassungs-
kräftiger Belang"). Ein Beispiel liefert Art.36. Daneben dürfte Abs.1,
in Anlehnung an die Rspr. des BVerfG zum Verbot geschlechtlicher
Diskriminierung nicht verletzt sein, wenn die Ungleichbehandlung
entsprechend der Landeszugehörigkeit zur Lösung von Problemen,
die ihrer Natur nach einen besonderen Landesbezug aufweisen,
zwingend erforderlich ist (vgl. Rn.121 zu Art.3; vgl. Höfling BK
32). Notwendig ist eine Verhältnismäßigkeitsprüfung. Nicht gerechtfertigt werden kann der Landeskinderbonus beim Zugang zu
Hochschulen (Höfling BK 36; Jachmann MKS 10; i. E. BVerfGE 33,
303/353 f, wo auf Art.12 iVm Art.3 abgestellt wird), wohl aber das
Abheben auf den Wohnsitz bzw. ständigen Aufenthalt bei der Zulassung zur Externen-Prüfung an Fachhochschulen (BVerwG,
NVwZ 83, 224). Die Anknüpfung des Wahlrechts an einen zeitlich
beschränkten Wohnsitz im Lande ist zulässig (Jachmann MKS 9;
Kunig MüK 13); wahrscheinlich fehlt es bereits an einer relevanten
Ungleichbehandlung (oben Rn.3). Zur Begünstigung von Landesangehörigen s. auch Rn.81, 87 zu Art.12.

II. Eignungswidrige Ungleichbehandlung beim Zugang zu öffentlichen Ämtern (Abs.2)

1. Bedeutung und Abgrenzung zu anderen Vorschriften

Abs.2 enthält ein grundrechtsgleiches Recht (Lübbe-Wolff DR **7** 32), ein Grundrecht iwS (Vorb.1 vor Art.1). Der Art nach handelt es sich um ein Gleichheitsgrundrecht (Battis SA 20; Lecheler FH 13; vgl. dazu Vorb.9 vor Art.1). Zudem enthält Abs.2 eine objektive Wertentscheidung (Höfling BK 54 ff), die das Interesse der Allgemeinheit zum Ausdruck bringt, möglichst qualifizierte Bewerber in die öffentlichen Ämter zu berufen (BVerfGE 56, 146/163; BremStGH, DÖV 93, 300). Man spricht vom „Prinzip der Bestenauslese" (BVerwGE 86, 244/249; Jachmann MKS 12). Das Grundrecht dient dem Leistungsprinzip (Lecheler FH 17). Abs.2 vermittelt keinen **Anspruch auf Übernahme** in ein öffentliches Amt (BVerfGE 39, 334/354; BVerwGE 68, 109/110; 75, 133/135; BAGE 78, 244/247). Anders ist dies jedoch, wenn jede andere Entscheidung als rechtswidrig angesehen werden muss (BVerfGE 15, 3/7; BAGE 78, 244/247; 53, 137/152; Battis SA 41; Höfling BK 97). Diese Voraussetzung ist regelmäßig gegeben, wenn der Betroffene trotz seiner besseren Eignung benachteiligt, insb. nicht eingestellt wurde.

Der allg. Gleichheitssatz wird durch Art.33 Abs.2 verdrängt (Rn.2 **8** zu Art.3). Dagegen sind andere spezielle Gleichheitsgrundrechte grundsätzlich parallel anwendbar. Wird etwa die Eignung mit Gesichtspunkten bejaht oder verneint, die nach Art.3 Abs.2, 3 unzulässig sind, kommen (auch) diese Grundrechte zum Tragen (vgl. BVerwGE 61, 325/330; unten Rn.12; für Vorrang des Art.33 Abs.2 Gubelt MüK 102 zu Art.3). Dies muss für Art.3 Abs.3 auch im Bereich der politischen Auffassungen gelten (unklar Höfling BK 169, 174). Zum Verhältnis zu Art.33 Abs.3 unten Rn.23. Im Verhältnis zu Art.12 Abs.1 handelt es sich um eine „ergänzende Regelung" (BVerfGE 92, 140/151, 153; 96, 152/163 f).

2. Schutzbereich (Anwendungsbereich)

a) Ungleichbehandlung bei Zugang zu öffentlichem Amt. **9**
Abs.2 ist anwendbar, wenn es im Hinblick auf den Zugang zu einem öffentlichen Amt zu einer Ungleichbehandlung, also einer unterschiedlichen Behandlung vergleichbarer Sachverhalte (dazu Rn.4 f zu Art.3) kommt. Der Begriff des **öffentlichen Amtes** ist weit zu

verstehen und umfasst alle beruflichen und ehrenamtlichen Funktionen öffentlich-rechtlicher Art bei Bund, Ländern, Gemeinden und anderen juristischen Personen des öffentlichen Rechts (Battis SA 24; Lübbe-Wolff DR 38 f; Kunig MüK 20 ff), einschl. der Arbeiter und Angestellten im öffentlichen Dienst (BVerwGE 61, 325/330; BAGE 87, 171/173; Jachmann MKS 15). Erfasst werden auch Richter (Höfling BK 62) und politische Beamte. Nicht erfasst werden dagegen Wahlämter (Höfling BK 84 ff; Kunig MüK 21), staatlich gebundene Berufe, wie der des Notars (BVerfGE 73, 280/295; BGH, NJW 93, 2536; a. A. Höfling BK 78), Beliehene (Lübbe-Wolff DR 38; Battis SA 25; a. A. Kunig MüK 20) und kirchliche Ämter (Battis SA 25). Bei Ausbildungsplätzen in der Hand öffentlicher Träger ist Abs. 2 anwendbar, wenn ein Dienstverhältnis begründet oder ausschließlich für ein öffentliches Amt ausgebildet wird (Lübbe-Wolff DR 40; Jachmann MKS 15; weitergehend Höfling BK 52 f).

10   Als **Zugang** ist auch die Beförderung und der Aufstieg anzusehen (BVerwGE 76, 243/251; BAGE 87, 165/169; Höfling BK 62), desgleichen die Übernahme von Angehörigen des öffentlichen Dienstes der DDR (BVerfGE 96, 152/165) und die Weiterbeschäftigung eines Jugend- und Auszubildendenvertreters (BVerwGE 109, 295/300 ff). Darüber hinaus dürfte (als actus contrarius) der Entzug eines öffentlichen Amts erfasst sein (vgl. BVerfGE 96, 189/198 f; diff. Höfling BK 98). Dagegen gilt Abs. 2 nicht für die mit einem bestimmten Amt verbundenen (sonstigen) Rechte; insoweit kann etwa nach dem Alter (unabhängig von der Eignung) differenziert werden. Auch in *verfahrensmäßiger Hinsicht* ist der Begriff des Zugangs weit zu verstehen: Erfasst werden nicht nur die Entscheidung über die Besetzung des Amtes, sondern alle vorbereitenden Schritte, etwa der Ausschreibung oder der Rekrutierung (Lübbe-Wolff DR 35; Kunig MüK 18). Nur eine solche Auslegung wird dem Ziel der Bestenauslese effektiv gerecht.

11   **b) Personaler Schutzbereich.** Träger des Grundrechts sind Deutsche (dazu Rn. 1 zu Art. 116). Es steht demjenigen zu, der in ein öffentliches Amt (oben Rn. 9 f) gelangen möchte (Höfling BK 214) oder sich in einem solchen Amt befindet. Soweit Art. 39 EGV zum Tragen kommt, wird man auch EU-Bürger als Grundrechtsträger ansehen müssen (Lecheler FH 30; Rn. 10 zu Art. 19). Die andernfalls bestehenden EG-rechtlichen Bedenken entfallen nicht deshalb, weil Art. 33 Abs. 2 eine Verleihung von öffentlichen Ämtern an Nicht-Deutsche zulässt (so aber Höfling BK 210 f; Lübbe-Wolff

DR 37); die Verweigerung des Schutzes des Art.33 Abs.2 stellt eine Diskriminierung isd Art.39 EGV dar. Juristische Personen und Personenvereinigungen können sich nicht auf Abs.2 berufen (Höfling BK 213; vgl. Rn.13 zu Art.19).

3. Beeinträchtigung

a) Eignungswidrige Benachteiligung. aa) Abs.2 wird durch **12** jede Benachteiligung des Grundrechtsinhabers im Vergleich zu anderen Bewerbern beim Zugang zu dem Amt (dazu oben Rn.9 f) beeinträchtigt. Der Funktion des Abs.2 entsprechend (oben Rn.7) wird man des Weiteren voraussetzen müssen, dass der Mitbewerber im Hinblick auf die Eignung iwS (dazu unten Rn.13 f) schlechter abschneidet, auch wenn der Wortlaut insoweit unklar ist. Eine eignungswidrige Benachteiligung liegt auch dann vor, wenn die Eignung gar nicht festgestellt und stattdessen anhand anderer Gesichtspunkte entschieden wurde. Vielfach wird eine Beeinträchtigung auch bei (gesicherter) gleicher Eignung angenommen (so wohl BVerwGE 89, 260/265), insoweit aber der großzügigere Maßstab des Art.3 Abs.1 angewandt (Lübbe-Wolff DR 34; Höfling BK 221). Das ist widersprüchlich. Daher wird man in diesem Fall Art.33 Abs.2 nicht und stattdessen Art.3 Abs.1 und ggf. sonstige besondere Gleichheitsgrundrechte anzuwenden haben (ähnlich BVerwG, NVwZ-RR 90, 489 f; DVBl 94, 118/119; Sachs HbStR V § 126 Rn.145). Abs.2 ist daher nicht beeinträchtigt, wenn ein Schwerbeschädigter bei absolut gleicher Eignung vorgezogen wird (vgl. BVerwGE 86, 244/249 f).

bb) Die Eignung, Befähigung und fachliche Leistung isd Abs.2 **13** wird zusammen als **Eignung iwS** bezeichnet (BVerfGE 47, 330/336; Höfling BK 108). Die **Befähigung** zielt auf allgemein der Tätigkeit zugute kommende Fähigkeiten, v. a. Begabung, Allgemeinwissen, Lebenserfahrung und allg. Ausbildung (vgl. Jachmann MKS 17). **Fachliche Leistung** bedeutet Fachwissen, Fachkönnen und Bewährung im Fach. **Eignung** (ieS) erfasst alle sonstigen geistigen, körperlichen, seelischen und charakterlichen Eigenschaften, die nicht bereits den Bereichen der Befähigung und fachlichen Leistungen zuzuordnen sind (Lecheler HbStR III 725; Lübbe-Wolff DR 41). Dabei kann auch die innere Einstellung bedeutsam sein, sofern sie sich auf die Ausübung des Amts auswirken kann (BVerfGE 96, 152/164). Zur Verfassungstreue unten Rn.18.

Bei der **näheren Bestimmung der Eignung iwS** ist auf das **14** betreffende Amt abzuheben (BVerfGE 92, 140/155; BAG, NJW 96,

2530; Lübbe-Wolff DR 41; Kunig MüK 27). Dies muss auch für die Voraussetzung der Verfassungstreue (dazu unten Rn.18) gelten (Battis SA 35; i.E. Höfling BK 156f; pauschal dagegen BVerfGE 39, 334/355). Des Weiteren kann der Verwaltung hinsichtlich der Eignung iwS ein Beurteilungsspielraum eingeräumt werden (BVerfGE 39, 334/354; 106, 263/266f; BAGE 90, 106/109f; einschr. BVerfGE 96, 205/214; Höfling BK 166, 286ff; a.A. Lecheler FH 20). Der Dienstherr kann sich insoweit durch Verwaltungsvorschriften binden (BVerwG, DVBl 90, 868), sofern diese insb. den Vorgaben des Abs.2 entsprechen.

15   **cc)** Das Recht des Abs.2 kann dadurch unterlaufen werden, dass die entsprechende Stelle bei der Beurteilung der für das fragliche Amt erforderlichen Eignung in rechtlicher und noch mehr in faktischer Hinsicht einen erheblichen Spielraum besitzt (vgl. oben Rn.14). Die Wirksamkeit des Grundrechts verlangt daher nach **verfahrensrechtlichen Ergänzungen** (BremStGH, NVwZ-RR 93, 418; Lübbe-Wolff DR 46; Höfling BK 189f; Lecheler FH 24). Daher ergibt sich aus Abs.2 eine grundsätzliche Pflicht zur öffentlichen Stellenausschreibung; nur bei untergeordneten Funktionen kann davon abgesehen werden (Lübbe-Wolff DR 35; Höfling BK 192ff; Jachmann MKS 16; **a.A.** BVerwGE 49, 232/243; 56, 324/327). Auch sonst muss das Verfahren so ausgestaltet werden, dass das von Abs.2 verfolgte Ziel der Bestenauslese nicht verfehlt wird. Insb. muss die Frage der Eignung zureichend erhoben werden. Das gilt in besonderer Weise in Fällen, in denen die Gefahr der Ämterpatronage (dazu unten Rn.19) besteht. Abs.2 verlangt aber nicht generell, dass die Auswahl durch einen mehrköpfigen Ausschuss erfolgen muss (BVerwG, DÖV 71, 769).

15 a   **b) Leistungsansprüche.** Aus Abs.2 ergibt sich kein Recht auf Schaffung oder Umwandlung von Stellen (BVerwG, NVwZ-RR 01, 253f) oder auf Fortführung eines Auswahlverfahrens (BVerwG, NVwZ-RR 00, 173). Zum Verfahrensrecht oben Rn.15.

4. Rechtfertigung von Beeinträchtigungen (Schranken)

16   Beeinträchtigungen können durch kollidierendes Verfassungsrecht gerechtfertigt werden (vgl. Jachmann MKS 21). Voraussetzung ist zunächst eine gesetzliche Grundlage, die ausreichend bestimmt auf die Abweichung bezogen ist (Höfling BK 228; Vorb.48 vor Art.1). Des Weiteren ist eine Verhältnismäßigkeitsprüfung erforderlich; insb. ist der hohe Stellenwert des Abs.2, auch für die Allgemeinheit (oben Rn.7), zu beachten. Dem dürfte es vielfach nicht gerecht werden, wenn Durchbrechungen des Abs.2 mit dem Sozialstaatsprinzip gerechtfertigt werden (Pieroth/Schlink 476; Höfling BK 228 f; Lübbe-Wolff DR 49; Sachs HbStR V 1080), etwa für die Begünstigung der Wehr- und Ersatzpflichtigen (BGHZ 69, 224/227 f; 102, 6/9 f). Zum Einfluss des Art.3 Abs.2 und des Art.6 Abs.4 unten Rn.20. Zum Verhältnis zu Art.36 vgl. Rn.1 zu Art.36. Weitere Einzelfälle unten Rn.18–21.

5. Rechtsschutz und Einzelfälle

a) Rechtsschutz und Schadensersatz. Bei einem Verstoß gegen Abs.2 muss dem Betroffenen ein wirkungsvoller Rechtsschutz eröffnet sein (BVerfG-K, NJW 90, 501; BAGE 92, 112/117). Die Auffassung, dass die Ernennung des rechtswidrig ernannten Beamten wegen des Grundsatzes der Ämterstabilität weder von der Verwaltung noch von Gerichten rückgängig gemacht werden kann, ist bei Verstößen gegen Art.33 Abs.2 verfassungsrechtlich schwerlich haltbar (Höfling BK 294 ff; Kopp/Schenke, VwGO, § 42 Rn.49; Ronellenfitsch, Verwaltung 1991, 139 f; **a. A.** BVerfG-K, NJW 90, 501; BVerwGE 80, 127/130; BAGE 87, 165/169 f; Jachmann MKS 23). Dem Rechtsgut des Art.33 Abs.2 kommt ein deutlich höheres Gewicht als der Ämterstabilität zu; die Belastung für den öffentlichen Dienst ist zudem relativ gering, solange die Ernennung noch nicht sehr weit zurückliegt. Jedenfalls muss der Grundrechtsinhaber über die bevorstehende Ernennung informiert werden (BVerfG-K, NJW 90, 501; BGHZ 129, 226/228). Bei einem Verstoß gegen Abs.2 besteht regelmäßig ein Schadensersatzanspruch (BGHZ 129, 226/228 ff; BGH, NJW 95, 2344; BVerwGE 102, 33/35).

b) Treuepflicht. Umstritten ist, wieweit die Treuepflicht des Beamten (dazu unten Rn.40) beim Zugang zu öffentlichen Ämtern eine Rolle spielen kann. Unproblematisch ist, dass der Bewerber Gewähr für die Beachtung der Verfassung und der Gesetze bieten muss; dass er für die Änderung der Verfassung oder der Gesetze in den dafür vorgesehenen Bahnen eintritt, steht dem nicht entgegen. Die h. A. verlangt darüber hinaus, dass der Bewerber eine positive Einstellung zu Staat und Verfassung hat, sich eindeutig von verfassungsfeindlichen Gruppen und Bestrebungen distanziert und bereit ist, jederzeit für die freiheitlich-demokratische Grundordnung einzutreten (BVerfGE 39, 334/346 ff; BVerwGE 61, 176/177 ff). Soweit dies unabhängig von dem betreffenden Amt verlangt wird, liegt darin eine Beeinträchtigung des Art.33 Abs.2 (vgl. EGMR, NJW 96, 377; Battis SA 35; **a. A.** für Beamte BVerfGE 39, 334/355;

BVerwGE 73, 263/267), da die eigentlichen Eignungskriterien nicht zum Tragen kommen (vgl. oben Rn.12). Zudem wird Art.3 Abs.3 beeinträchtigt (vgl. Rn.115 zu Art.3). Die Zulässigkeit kann sich allenfalls aus Art.33 Abs.5 ergeben, sofern eine derart weitgehende Treuepflicht zu den hergebrachten Grundsätzen des Berufsbeamtentums zählt (krit. zu Recht Battis SA 34; unten Rn.40). Aber auch dann ist eine Abwägung zwischen den kollidierenden Verfassungsnormen geboten, wobei zusätzlich die Wertentscheidung der Meinungsfreiheit (Rn.1 zu Art.5) zu berücksichtigen ist (vgl. EGMR, NJW 96, 376 f), ggf. auch der Wertgehalt der Berufsfreiheit (BVerfGE 96, 152/164 ff). Das macht entgegen der dargestellten Rechtsprechung eine Differenzierung nach Aufgaben und Ämtern notwendig (Battis SA 35; ähnlich EGMR, NJW 96, 376 f).

19   Die eignungswidrige Ungleichbehandlung wegen **politischer Auffassungen** verletzt auch in anderen Fällen meist nicht nur Art.3 Abs.3 (dazu Rn.115, 125 zu Art.3), sondern auch Art.33 Abs.2. Dies gilt insb. für die gängige Ämterpatronage, bei der Ernennung oder Beförderung nach partei- oder verbandspolitischen Gesichtspunkten erfolgen (Battis SA 39; Jachmann MKS 19), auch wenn sie paritätisch erfolgt (Lecheler HbStR III § 72 Rn.20). Zudem sind diesbezügliche Vorbereitungshandlungen, wie eine Absprache über eine politische Ämterverteilung, verfassungswidrig (vgl. oben Rn.10). Bei den politischen Beamten darf dagegen die politische Auffassung eine Rolle spielen (Lübbe-Wolff DR 42; Kunig SA 17; a.A. Sachs HbStR V § 126 Rn.143). Doch muss die Entscheidung, ein Amt als das eines politischen Beamten einzustufen, mit Abs.2 vereinbar sein.

20   **c) Geschlecht.** Regelmäßig unzulässig ist die Einstellung von **Frauen** trotz geringerer Eignung (Höfling BK 265 ff; vgl. Rn.103 zu Art.3); bei einer Frauenförderung in Fällen gleicher Eignung greift dagegen Art.33 Abs.2 nicht (Höfling BK 254; oben Rn.12). Wegen besserer Eignung soll die Bevorzugung einer Frau als Leiterin einer Mädchenschule (BVerfGE 39, 334/368; a.A. Pieroth/Schlink 475; Höfling BK 247) oder als Frauenbeauftragte zulässig sein (NdsStGH, DÖV 96, 659; offen gelassen BVerfGE 91, 228/245; a.A. v. Mutius, Kommunalrecht, 1996, Rn.232). Im Hinblick auf Art.3 Abs.2 S.2 dürfte eine Begünstigung von Frauen bei der Auswahl der einzuladenden Bewerber unter bestimmten Voraussetzungen möglich sein (krit. Höfling BK 200). Zulässig ist im Hinblick auf Art.6 Abs.4 ein Ausgleich schwangerschafts- und mutterschaftsbedingter Nachteile (BVerfG-K, NVwZ 1997, 55; Höfling BK 239).

d) Sonstiges. Das Abstellen auf das Lebensalter ist bei Beför- **21**
derungen innerhalb einer Laufbahn unzulässig (BVerwGE 86,
169/175). Zulässig ist dagegen eine Benachteiligung wegen fehlender Deutschkenntnisse (BVerfGE 39, 334/368) oder wegen der
Homosexualität eines Militärausbilders (BVerwGE 86, 355/356;
ZBR 98, 181 f; krit. zu Recht Lübbe-Wolff DR 42). Zulässig ist
ein Abstellen auf die Bereitschaft zur Durchführung von Schwangerschaftsabbrüchen in staatlichen Krankenhäusern, die solche Abbrüche vornehmen (BVerwGE 89, 260/265 ff). Möglich ist ein
Abstellen auf die Kenntnisse örtlicher Verhältnisse bei Gemeindebeamten, nicht aber generell ein Bonus für Einheimische
(BVerwG, DÖV 79, 793). Unzulässig ist die Benachteiligung wegen des Erwerbs der Laufbahnbefähigung bei einem anderen als
dem um Einstellung angegangenen Dienstherrn (BVerwGE 68,
109/111; 75, 133/136). Die Einstellung von Schwerbeschädigten
trotz geringerer Eignung dürfte wegen Art.3 Abs.3 S.2 in gewissem
Umfang möglich sein (anders Jachmann MKS 21). Eine Begünstigung von Bewerbern, die Wehrdienst geleistet haben, soll möglich sein (Jachmann MKS 21; vgl. BGHZ 102, 6/9 f; a. A.
Schmidt, ZBR 97, 374, 380). Dagegen soll auf die Bereitschaft zur
Teilzeitbeschäftigung nicht abgestellt werden können (BVerwGE
82, 196/204; 110, 363/368). Zur Konfession des Bewerbers vgl.
unten Rn.28 f.

III. Religiöse bzw. weltanschauliche Ungleichbehandlung
(Abs.3)

1. Bedeutung und Abgrenzung zu anderen Vorschriften

Abs.3 enthält ein grundrechtsgleiches Recht (Lübbe-Wolff DR **22**
51), ein Grundrecht iwS (dazu Vorb.1 vor Art.1). Der Art nach
handelt es sich um ein Gleichheitsgrundrecht (Jachmann MKS 24),
das relative Anforderungen stellt (Vorb.9 vor Art.1). Gleichzeitig
enthält Abs.3 eine objektive Wertentscheidung zugunsten der reli-
giös-weltanschaulichen Neutralität des Staates (Battis SA 43; Rn.5
zu Art.4 und Rn.2 zu Art.140/137 WRV). Abs.3 enthält ein
einheitliches Grundrecht, dessen Umfang v. a. durch die umfassen-
dere Regelung des Abs.3 S.2 bestimmt wird (anders Höfling BK
342).

Was das **Verhältnis zu anderen Vorschriften** angeht, so ver- **23**
drängt Abs.3 in seinem Anwendungsbereich das allgemeine Gleichheitsrecht (Rn.2 zu Art.3). Mit den sonstigen speziellen Gleichheits-

grundrechten besteht Idealkonkurrenz. Erhält etwa eine Person wegen des religiösen Bekenntnisses ein öffentliches Amt, so wird der Mitbewerber in seinem Recht auf Art.33 Abs.3 beeinträchtigt; ist der Mitbewerber zudem besser geeignet, liegt auch eine Beeinträchtigung des Art.33 Abs.2 vor (oben Rn.12). Im Verhältnis zu Art.3 Abs.3 besteht hinsichtlich der Bevorzugung oder Benachteiligung wegen religiöser Abfassungen ein Vorrang des Art.33 Abs.3 (BVerwGE 19, 252/261; Heun DR 124 zu Art.3; Starck MKS 393 zu Art.3). Weitreichende Überschneidungen bestehen auch mit Art.136 Abs.1, 2 WRV (dazu Rn.1 f zu Art.140/136 WRV); insoweit dürfte Art.33 Abs.3 wegen der weitergehenden Wirkung (Gewährung eines Grundrechts iwS) der Vorrang zukommen (wohl auch Pieroth/Schlink 477). Unklar ist das Verhältnis zu Art.4 Abs.1, 2 (vgl. dazu Rn.106 zu Art.3 und Rn.6 zu Art.4).

2. Schutzbereich (Anwendungsbereich)

24   **a) Religions- oder weltanschauungsbedingte Ungleichbehandlung.** Abs.3 kommt gem. Abs.3 S.2 zum Tragen, wenn eine Ungleichbehandlung, also eine unterschiedliche Behandlung vergleichbarer Sachverhalte (Rn.4 f zu Art.3) in Abhängigkeit von der **Zugehörigkeit** oder Nichtzugehörigkeit **zu einem Bekenntnis** oder einer **Weltanschauung** erfolgt. Zur Frage, ob neben direkten auch indirekte Ungleichbehandlungen erfasst werden, gelten die Darlegungen in Rn.108 zu Art.3. (Religiöses) Bekenntnis sowie Weltanschauung sind wie in Art.4 Abs.1, 2 zu verstehen (Jachmann MKS 26; Battis SA 43); näher dazu Rn.7–9 zu Art.4. Erfasst wird nicht nur die Zugehörigkeit an sich, sondern auch das Handeln entsprechend der Zugehörigkeit. Besonders wichtige Anwendungsfälle finden sich in Abs.3 S.1: Abstellen auf die religiöse Bekenntnis bei der Vergabe *bürgerlicher und staatsbürgerlicher Rechte,* d. h. aller subjektiven Rechte, seien sie privatrechtlicher oder öffentlich-rechtlicher Natur (Kunig MüK 37; Rn.2 zu Art.140/136 WRV); Abstellen auf das religiöse Bekenntnis bei der *Zulassung zu öffentlichen Ämtern* (insoweit gelten die Ausführungen oben in Rn.9 f) und bei den *im öffentlichen Dienst erworbenen Rechten.*

25   **b) Personaler Schutzbereich.** Träger des Grundrechts ist jedermann. Auch juristische Personen und Personenvereinigungen können im Bereich bürgerlicher und staatsbürgerlicher Rechte wohl Grundrechtsträger sein (vgl. Rn.116 zu Art.3; a. A. Höfling BK 340).

3. Beeinträchtigung

Eine Beeinträchtigung liegt vor, wenn die Ungleichbehandlung **26** durch einen **Träger öffentlicher Gewalt** (dazu Rn.22–30 zu Art.1) erfolgt (Höfling BK 317). Ob dies durch eine Rechtsnorm, durch eine Einzelfallregelung oder einen Realakt geschieht, ist unerheblich. Weiter muss die Ungleichbehandlung für den Träger des Grundrechts zu einem **Nachteil** führen. Insoweit gelten die Ausführungen in Rn.11 f zu Art.3 entsprechend. Für die Kausalität wird auf die Ausführungen in Rn.118 zu Art.3 verwiesen.

4. Rechtfertigung von Beeinträchtigungen (Schranken)

Beeinträchtigungen des Abs.3 können durch kollidierendes Ver- **27** fassungsrecht gerechtfertigt werden. So kann wegen Art.33 Abs.2 beim Zugang zu einem öffentlichen Amt die Religionszugehörigkeit Beachtung finden, wenn nur so die notwendige Eignung sichergestellt werden kann (näher unten Rn.28). Wieweit darüber hinaus die spezifische Natur von Gleichheitsrechten eine Rechtfertigung erlaubt (vgl. Rn.92, 120 zu Art.3), ist unklar. Auf jeden Fall ist aber für alle direkten Ungleichbehandlungen (zum Begriff Rn.85, 108 zu Art.3) eine ausreichend bestimmte *gesetzliche Grundlage* erforderlich (vgl. Rn.120 zu Art.3).

5. Einzelfälle

Konfessionsgebundene Staatsämter sind wegen Art.33 Abs.3 **28** sowie wegen Art.136 Abs.1 WRV und Art.137 Abs.1 WRV grundsätzlich unzulässig. In welchen Fällen davon abgewichen werden kann, ist umstritten (extensiv v. Campenhausen MaK 14 ff zu Art.140/136 WRV; restr. Preuß AK 37 zu Art.140). Zulässig ist das Abstellen auf die Konfession von Lehrern an einer Bekenntnisschule (BVerfGE 39, 334/368 zu Art.3 Abs.3; BVerwGE 17, 267/269; 19, 252/260; s. auch Rn.24 zu Art.4). Lehrstühle in profanen Fächern werden allenfalls erfasst, wenn sie überwiegend der Theologenausbildung dienen (ähnlich Höfling BK 332 f; Ehlers SA 3 zu Art.140/136 WRV; Morlok DR 18 zu Art.140/136 WRV; v. Campenhausen MaK 24 ff zu Art.140/136 WRV). I. ü. ist beim Umgang mit konfessionsgebundenen Staatsämtern auch die individuelle Glaubensfreiheit, ggf. auch die Wissenschaftsfreiheit des Inhabers zu beachten und in der Abwägung zu berücksichtigen. Endlich ist eine gesetzliche Grundlage erforderlich (oben Rn.27). Zu Militär- und Anstaltsgeistlichen Rn.1 zu Art.141 WRV.

29   **Des Weiteren** wird Abs.3 durch die Anerkennung eines ausländischen Eheverbots wegen Religionszugehörigkeit verletzt (BGHZ 56, 180/191). Gleiches gilt für die Verwehrung der Ausübung eines Kommunalmandats wegen Verweigerung der Eidesleistung (BVerfGE 79, 69/75). Unzulässig ist es, auf die Konfession von Lehrern an einer öffentlichen Gemeinschaftsgrundschule abzustellen (BVerwGE 81, 22/24 f; Sachs HbStR V § 126 Rn.142; **a. A.** BVerfGE 41, 65/87), desgleichen bei einer Schulratsstelle (BayVerfGH, DÖV 66, 716). Zum Geistlichenprivileg im Wehrdienst Rn.37 zu Art.4.

IV. Funktionsvorbehalt für Beamte (Abs.4)

30   Die Vorschrift **verpflichtet** als Organisationsnorm (vgl. BVerfGE 6, 376/385; 35, 79/147; BVerfG-K, NVwZ 88, 523), nicht als subjektives Recht (BVerwG, NVwZ-RR 01, 254) alle Träger öffentlicher Gewalt, die ständige Ausübung hoheitsrechtlicher Befugnisse in der Regel Beamten und nicht Angestellten und Arbeitern des Öffentlichen Dienstes oder Beliehenen (vgl. BVerwGE 57, 55/60) zu übertragen. Damit ist sie die institutionelle Garantie eines Mindest-Einsatzbereichs des Berufsbeamtentums (Lübbe-Wolff DR 53). Sie „sichert die Kontinuität hoheitlicher Funktionen des Staates" (BVerfGE 88, 103/114). Dadurch können Beeinträchtigungen der Berufsfreiheit gerechtfertigt werden (Rn.59 zu Art.12). Zum Begriff des Beamten unten Rn.34. Hoheitsrechtliche Befugnisse ist die öffentlich-rechtliche (a. A. Lecheler FH 49 ff; Isensee HbVerfR 1553 f; Jachmann MKS 35; Kunig MüK 48) Entscheidungstätigkeit der Eingriffsverwaltung und der grundrechtsrelevanten Leistungsverwaltung (Lübbe-Wolff DR 57 ff; Stern I 348 f), ausgenommen die Leistung untergeordneter Hilfsdienste (Lecheler FH 49; Jachmann MKS 36), zu denen aber die Vorbereitung von Maßnahmen der Bankenaufsicht durch Sachbearbeiter nicht gehört (BAG, NVwZ 99, 917 f). Ständige Ausübung meint kontinuierlich und auf unabsehbare Dauer (Lübbe-Wolff DR 61); nicht erfasst sind daher Vorbereitungsdienste und die Tätigkeit der Bundesprüfstelle für jugendgefährdende Schriften (BVerfGE 83, 130/150). Die Vorschrift enthält kein Verbot für öffentlich-rechtliche Rechtsverhältnisse besonderer Art (BVerwGE 49, 137/141 f; BAGE 38, 259/266 f).

31   **Abweichungen** von der Regel sind nur in begrundeten Ausnahmefällen zulässig (BVerfGE 9, 268/284; BVerwGE 57, 55/59); und zwar sowohl in der Richtung, dass Nichtbeamten ständige oder

nichtständige hoheitsrechtliche Befugnisse als auch in der Richtung, dass Beamten nichtständige hoheitsrechtliche Befugnisse oder nicht-hoheitsrechtliche Befugnisse übertragen werden (Kunig MüK 50 f; a. A. für die 2.Alt. Schuppert AK 38). Je intensiver die Abweichung von der Regel ist, desto stärkere Gründe müssen dafür sprechen. Die Übertragung der ständigen Ausübung hoheitlicher Befugnisse in größerem Umfang ist verfassungswidrig (BVerfGE 9, 268/284). Die Verwaltungswirklichkeit trägt dem Abs.4 nicht in ausreichendem Maß Rechnung (Kunig MüK 46).

V. Berücksichtigung hergebrachter Grundsätze des Berufs-beamtentums (Abs.5)

1. Bedeutung und Abgrenzung zu anderen Vorschriften

Abs.5 **enthält** unmittelbar geltendes Recht (BVerfGE 8, 1/11 ff; **32** 9, 268/286; 11, 203/210) und einen Regelungsauftrag an den Ge-setzgeber (BVerfGE 15, 167/196) sowie eine institutionelle Garantie des Berufsbeamtentums: Sie soll die Institution des Berufsbeamten-tums in ihrer Funktionsfähigkeit im Interesse der Allgemeinheit erhalten und gewährleisten, dass der Bedienstete in rechtlicher und wirtschaftlicher Unabhängigkeit zur Erfüllung der dem Berufsbeam-tentum vom GG vorgeschriebenen Aufgabe, im politischen Kräfte-spiel eine stabile, gesetzestreue Verwaltung zu sichern, beitragen kann (BVerfGE 64, 367/379; 71, 39/60; 99, 300/315). Die Garantie rechtfertigt Beschränkungen anderer Verfassungsrechtssätze, beson-ders der auch Beamten zustehenden Grundrechte des Gleichheits-satzes (Rn.23 zu Art.3), der Meinungsfreiheit (Rn.73–75 a zu Art.5), der Wissenschaftsfreiheit (Rn.106 zu Art.5), der Koalitionsfreiheit (Rn.42 zu Art.9) und der Berufsfreiheit (Rn.59 zu Art.12). Abs.5 soll darüber hinaus ein grundrechtsgleiches Recht (Vorb.1 vor Art.1; Rn.52, 72 zu Art.93) der Beamten sein, soweit ein hergebrachter Grundsatz die persönliche Rechtsstellung betrifft (BVerfGE 43, 154/167; 64, 367/375; 99, 300/314; BVerfG-K, NVwZ 94, 473), obwohl grammatische, genetische und systematische Gründe dage-gen sprechen (Schuppert AK 4 ff; Kunig MüK 55; Lecheler, AöR 1978, 360 f; Pieroth/Schlink 1031). Jedenfalls sind die durch Abs.5 begründeten Pflichten der Beamten keine grundrechtsgleichen Rechte (vgl. BVerfG-K, NVwZ 94, 474). Als grundrechtsgleiches Recht unterliegt Abs.5 der Schranke kollidierenden Verfassungs-rechts (vgl. BVerfGE 87, 348/356). Diese verschiedenen in Abs.5

enthaltenen Rechtsgarantien sollen gleichwertig nebeneinander stehen (BVerfGE 43, 154/167 f).

33   Die Vorschrift ist **lex specialis** zu Art.14 (Rn.14 zu Art.14), dem aus dem Rechtsstaatsprinzip abgeleiteten Grundsatz des Vertrauensschutzes (Rn.67–79 zu Art.20; BVerfGE 52, 303/345; 67, 1/14; 71, 255/272) und dem Sozialstaatsprinzip (Rn.104–115 zu Art.20; BVerfGE 17, 337/355; 58, 68/78 f). Zum Verhältnis zu Art.131 Rn.2 zu Art.131, zur Berufsfreiheit Rn.41 zu Art.12, zum allgemeinen Gleichheitssatz Rn.61 zu Art.3.

2. Anwendungsbereich

34   Zum Öffentlichen Dienst iSd Abs.5 zählen nur die Beamten (BVerfGE 3, 162/186; 9, 268/284 f; Lecheler FH 64; Lübbe-Wolff DR 67; a. A. Schuppert AK 40 ff) einschl. der Richter (unten Rn.53), nicht aber Abgeordnete (Rn.25 zu Art.38), Angestellte und Arbeiter des Öffentlichen Dienstes, Beamte des Dritten Reichs (BVerfGE 3, 58/113 ff; 6, 132/152 ff; 15, 167/196), Ehrenbeamte (Lübbe-Wolff DR 68), Kassenärzte (BVerfGE 11, 30/39; 12, 144/147), kirchliche Bedienstete (BVerfG-K, NJW 80, 1041; BVerwG, DVBl 83, 508), kriegsgefangene Beamte (BVerfGE 15, 80/102 ff), Minister (vgl. BVerfGE 76, 256/344; BVerwGE 109, 258/260), Mitglieder kommunaler Vertretungskörperschaften (BVerfGE 6, 376/385), Notare (Lübbe-Wolff DR 68; a. A. BVerwG, NJW 89, 376) und Privatdozenten (BVerwGE 55, 73/81). Für Berufssoldaten hat die Rspr. eine institutionelle Garantie aus Abs.5 verneint (BVerfGE 3, 288/334 f; 16, 94/111; 31, 212/221; BVerwGE 93, 69/73); doch erscheint eine Erstreckung bestimmter hergebrachter Grundsätze des Berufsbeamtentums auch auf sie nicht ausgeschlossen; so wird die politische Treuepflicht (unten Rn.40) auch von Soldaten, einschl. der Zeitsoldaten verlangt (BVerwGE 83, 345/348; 103, 361/367) und werden Gewährleistungen aus dem Alimentationsprinzip (unten Rn.41 ff) auch auf sie erstreckt (BVerwGE 93, 69/73; vgl. auch Rn.14 zu Art.14).

3. Berücksichtigung hergebrachter Grundsätze

35   **a) Hergebrachte Grundsätze des Berufsbeamtentums** werden definiert als ein Kernbestand von Strukturprinzipien, die allgemein oder doch ganz überwiegend und während eines längeren, Tradition bildenden Zeitraums, mindestens unter der Reichsverfassung von Weimar, als verbindlich anerkannt und gewahrt worden sind (BVerfGE 8, 332/343; 70, 69/79; 83, 89/98). Fundamentalität

und Traditionalität müssen kumulativ vorliegen (Lübbe-Wolff DR 70 ff). Dabei kann es gerade Inhalt der Grundsätze sein, dass sie für verschiedene Gruppen von Beamten unterschiedlich ausfallen. Außerdem sind die Grundsätze ausgerichtet auf den Typus des Lebenszeitbeamten; die Einrichtungen des Zeitbeamten, des Teilzeitbeamten, des Wahlbeamten, des Beamten im Vorbereitungsdienst sind als solche durch Abs.5 nicht garantiert (BVerfGE 44, 249/262 f; 71, 39/60). Soweit sie allerdings einfach-gesetzlich eingerichtet sind, kann es auch für sie spezifische hergebrachte Grundsätze des Berufsbeamtentums geben (vgl. BVerfGE 7, 155/163 f; BVerfG-K, NVwZ 94, 473; BVerwGE 56, 163/164; 81, 318/320 ff; 90, 104/110 für kommunale Wahlbeamte; BVerfG-K, DVBl 92, 1598 für Beamte auf Widerruf im Vorbereitungsdienst).

b) Berücksichtigung. Abs.5 fordert lediglich eine Berücksichtigung der hergebrachten Grundsätze des Berufsbeamtentums. Das bedeutet, dass sie nicht unbedingt beachtet werden müssen (BVerfGE 3, 58/137; 8, 1/16) und eine geringere normative Bindungswirkung haben. In die gleiche Richtung zielen der Wortlaut, weil nur von Grundsätzen die Rede ist, die Entstehungsgeschichte (JöR 1951, 322 f) und der systematische Zusammenhang mit Art.123 Abs.1, wonach nur diejenigen hergebrachten Grundsätze verbindlich sind, die mit dem GG im Übrigen vereinbar sind (BVerfGE 3, 58/137; 15, 167/195). Diese Beschränkungen sind von der dargestellten Rspr. vielfach überspielt worden (Lübbe-Wolff DR 74 f). Das zeigt sich besonders deutlich daran, dass das BVerfG einzelne hergebrachte Grundsätze für so bedeutsam erklärt hat, dass sie nicht nur zu berücksichtigen, sondern zu beachten seien (BVerfGE 8, 1/16; 62, 374/383; BVerfG-K, NVwZ 94, 473; krit. Kunig MüK 59). Neuerdings wird allerdings unter Hinweis auf die „Berücksichtigung" eine Anpassung an veränderte Umstände für zulässig gehalten (BVerfGE 97, 350/376 f; in BVerfGE 43, 154/168 hieß es noch „in beschränktem Umfang"). **36**

4. Einzelfälle

a) Zum **grundsätzlichen Status** gehört in **formeller** Hinsicht, dass das Beamtenverhältnis durch Gesetz zu regeln ist und privatrechtliche Vereinbarungen grds. ausgeschlossen sind (Lübbe-Wolff DR 76). Ausnahmen gelten z.B. für Einstellungsvereinbarungen bei leitenden Krankenhausärzten, die aber keinen absoluten Bestandsschutz gewährleisten (BVerfGE 52, 303/335; BVerwGE 87, 319/323; 102, 29/32); Vereinbarungen über das Beamtenverhältnis **37**

können aber nur auf gesetzlicher Grundlage getroffen werden (BVerwGE 91, 200/203). Zulässig sind auch personalvertretungsrechtliche Dienstvereinbarungen zu Einzelheiten der Arbeitsbedingungen (BVerfGE 9, 268/285). Das durch Ernennung begründete Beamtenverhältnis hat eine „gesteigerte Bestandskraft" (BVerwGE 109, 59/62).

38   In **materieller** Hinsicht sind insoweit als hergebrachte Grundsätze anerkannt: die Hauptberuflichkeit (BVerfGE 9, 268/286), die aber einer freiwilligen Teilzeitbeschäftigung nicht entgegensteht (BVerfGE 71, 39/63; BVerwGE 82, 196/202 f; 110, 363/366 ff) und Einschränkungen der Nebentätigkeit zuläßt (BVerfGE 52, 303/343 f; 55, 207/238; BVerwGE 67, 287/295; 84, 299/301), und volle Dienstleistungspflicht (BVerwG, DVBl 92, 101); die fachliche Vorbildung (BVerfGE 9, 268/286) und das Leitungsprinzip (BVerfGE 56, 146/163; 64, 367/379 f; 71, 255/268); der Laufbahngrundsatz (BVerfGE 62, 374/383; 64, 323/351; 71, 255/268; BVerwGE 109, 292/293) und die lebenslängliche Anstellung (BVerfGE 70, 251/267), die aber mit keiner bestimmten Altersgrenze verbunden ist (BVerfGE 71, 255/270; BVerwG, NVwZ 97, 1207 f) und von der Ausnahmen zulässig sind (Lübbe-Wolff DR 82), die aber einer gesetzlichen Regelung bedürfen (BVerfGE 7, 155/163; 8, 323/352 f); bei freiwilligem Ausscheiden entfallen Alimentations- und Fürsorgepflicht (BVerfG-K, NVwZ 00, 1036). Keine hergebrachten Grundsätze sind die Besitzstandswahrung schlechthin (BVerfGE 8, 332/342; 44, 249/263) und die deutsche Staatsangehörigkeit (Lübbe-Wolff DR 86).

39   b) Folgende **Beamtenpflichten** sind hergebrachte Grundsätze: die allgemeine Treuepflicht (BVerfGE 61, 43/56; 71, 39/60), die Pflichten zu unparteiischer Amtsführung (BVerfGE 9, 268/286; BVerfG-K, NVwZ 94, 474), Unbestechlichkeit und Uneigennützigkeit (BVerwGE 100, 172/175) und zu parteipolitischer Neutralität (BVerwGE 90, 104/110); die Gehorsamspflicht (BVerfGE 9, 268/286; BVerwGE 113, 361/363), grds. auch bei rechtswidrigen Weisungen (BVerfG-K, NVwZ 95, 680); die Amtsverschwiegenheispflicht (BVerfGE 28, 191/198 ff; BVerwGE 66, 39/42); die Anwesenheitspflicht am Dienstplatz während der Dienststunden (BVerwGE 42, 79/83), nicht aber eine Arbeitszeitregelung parallel zu der für Angestellte (BVerwG, NVwZ 95, 168) oder ein Verbot der Arbeitszeitverlängerung ohne Erhohung der Bezüge (VerfGH RP, DÖV 97, 506) oder ein Anspruch auf Dienstbefreiung zum Ausgleich geleisteter Mehrarbeit (BVerwGE 37, 21/29 f). Ein her-

gebrachter Grundsatz ist auch das Disziplinarrecht (BVerfGE 7, 129/144 f; 15, 105/121; 37, 167/178 f; BVerwGE 103, 70/79), nicht aber die Regelungen über die Verfolgungsverjährung (BVerfGE 15, 105/121) oder über eine zweite Instanz (BVerfGE 4, 205/211). Zum Streikverbot für Beamte Rn.34 zu Art.9.

Speziell die **politische Treuepflicht** verpflichtet den Beamten, **40** sich durch sein gesamtes Verhalten zu der freiheitlichen demokratischen Grundordnung (Rn.33 zu Art.21) zu bekennen und für deren Erhaltung einzutreten; sie bedeutet die Identifizierung mit der Verfassung, nicht mit der Regierung, und gilt für jedes Beamtenverhältnis (BVerfGE 39, 334/347 ff). Sie wird konkretisiert durch die beamtenrechtlichen politischen Mäßigungsgebote (BVerwGE 84, 292/294 f; BVerfG-K, NJW 89, 93 f). Die Verpflichtung soll gleichermaßen das dienstliche und außerdienstliche Verhalten betreffen (BVerwGE 73, 263/284; 76, 157/161; 83, 158/161; NJW 87, 2691). Die politische Treuepflicht wird verletzt durch Aktivitäten für verfassungsfeindliche Parteien (Rn.38 zu Art.21) und extremistische Gruppierungen (BVerwGE 61, 176/192; 62, 267/270). Zwar soll die Mitgliedschaft als solche noch nicht zwingend auf die Verletzung der politischen Treuepflicht schließen lassen, doch ist sie ein wesentliches Beurteilungselement (BVerwGE 73, 263/281), das mit weiteren Einzelumständen zu berücksichtigen ist (BVerwGE 61, 200/202 f). Derartige Umstände sind die Innehabung von Vorstandsämtern und Kandidaturen bei allgemeinen Wahlen (BVerwGE 76, 157/161; 83, 158/174; NJW 87, 2691) und sogar Reisen in die DDR (BVerwGE 73, 263/280). Bei der Begründung eines Beamtenverhältnisses muss die künftige Erfüllung der politischen Treuepflicht gewährleistet sein; berechtigte Zweifel sollen für eine Ablehnung ausreichend sein (BVerwGE 61, 176/179 ff; BGHZ 73, 46/51). Bei Beamten führen Verletzungen der politischen Treuepflicht je nach Status zum Widerruf (BVerwGE 62, 267/270), zur Entlassung (BVerwGE 61, 200/201) oder zur Entfernung aus dem Dienst (BVerwGE 73, 263/286; 76, 157/171; 86, 99/124). Zur politischen Treuepflicht vgl. auch Rn.115 zu Art.3; Rn.73 zu Art.5.

c) Alimentationspflicht des Dienstherrn: aa) Allgemeines. 41
Die Alimentationspflicht umfasst **sachlich** die Besoldung (unten Rn.45 f) und die Versorgung des Beamten und seiner Hinterbliebenen (unten Rn.47 f) und bedeutet, dass ein angemessener Lebensunterhalt entsprechend der Entwicklung der allgemeinen wirtschaftlichen und finanziellen Verhältnisse und des allgemeinen Lebensstandards zu gewähren ist (BVerfGE 8, 1/14 ff; 71, 39/62 f; 83, 89/98).

Der Besoldungs- und Versorgungsanspruch des Beamten besteht nur nach Maßgabe eines Gesetzes (BVerfGE 8, 28/35; 52, 303/331; 81, 363/386; BVerwG, NVwZ 98, 77; offengelassen BVerfGE 99, 300/313). Dabei darf die Höhe der Besoldung und Versorgung je nach der Bedeutung des Amts (BVerfGE 4, 115/135; 56, 146/164) und nach Dienstzeitalter (Lübbe-Wolff DR 80), grds. aber nicht nach individuellen Einkommens- und Vermögensverhältnissen (BVerfGE 70, 69/81; 83, 89/106) abgestuft sein. Die Alimentation ist kein Entgelt iS einer Entlohnung für konkrete Dienste (BVerfGE 21, 329/344; 55, 207/241; 71, 39/63), darf nicht in Leistungen anderer Qualität, wie z. B. Leistungslohn, Fürsorgehilfen oder Sozialversicherungsleistungen, übergeleitet werden (BVerfGE 76, 256/319) und steht dem Beamten grds. nur einmal zu (BVerfGE 55, 207/238). Dagegen sind Leistungszulagen zulässig (Lübbe-Wolff DR 80).

42   **Zeitliche und personelle Aspekte.** Da die Alimentation die Befriedigung eines gegenwärtigen Bedarfs aus gegenwärtig zur Verfügung stehenden Haushaltsmitteln ist, braucht sich eine verfassungsrechtlich gebotene Besoldungskorrektur nur auf denjenigen Zeitraum zu erstrecken, der mit dem Haushaltsjahr beginnt, in dem die Verfassungswidrigkeit der bisherigen Regelung vom BVerfG festgestellt worden ist (BVerfGE 81, 363/385; 99, 300/330 f). Das Alimentationsprinzip gilt nicht für Beamte im Vorbereitungsdienst (BVerfGE 33, 44/50 f; BVerfG-K, DVBl 92, 1598; BVerwG, NVwZ 89, 875), wohl aber für Zeit- und Widerrufbeamte, deren Beamtenverhältnis als Vorstufe für ein Beamtenverhältnis auf Lebenszeit gedacht ist (BVerfGE 44, 249/280).

43   **bb)** Bei der Beurteilung der **Angemessenheit** hat der Gesetzgeber einen weiten Gestaltungsspielraum (BVerfGE 8, 1/22 f; 76, 256/295; 81, 363/376; BVerwGE 101, 116/121). Der Beamte hat keinen Anspruch auf eine summenmäßig bestimmte Alimentation (BVerfGE 8, 1/13 f; 53, 257/307). Der Gesetzgeber kann grds. für die Zukunft aus sachgerechten Gründen Besoldung und Versorgung kürzen (BVerfGE 18, 159/166 f; 64, 367/379; 76, 256/310) und andere Leistungen aus einer öffentlichen Kasse auf die Alimentation anrechnen (BVerfGE 44, 249/266 ff; 70, 69/81; 76, 256/295 ff); das gilt besonders, wenn dem Beamten mehrere Einkünfte aus einem Beamtenverhältnis zufließen (BVerfGE 46, 97/107) oder Doppelversorgung im Ruhestand vorliegt (BVerwG, DVBl 97, 1004). Dabei darf aber der Kernbestand der Alimentation nicht entzogen werden (BVerfGE 16, 94/112 f; 53, 257/307). Der Beamte muss außer den Grundbedürfnissen ein „Minimum an Lebenskomfort" befriedigen

können (BVerfGE 99, 300/315). Bei der Beurteilung der Angemessenheit ist das Nettoeinkommen zugrundezulegen (BVerfGE 44, 249/266; 81, 363/376; 99, 300/315).

Im Einzelnen müssen Beamte der gleichen Besoldungsstufe **44** ohne Rücksicht auf die Größe ihrer Familie sich annähernd das Gleiche leisten können (BVerfGE 44, 249/267 f; 81, 363/376 f; 99, 300/315 f; BVerwG, NVwZ 86, 480; krit. Lübbe-Wolff DR 80), wobei aber nur zum Haushalt des Beamten gehörige Kinder zu berücksichtigen sind (BVerfGE 70, 69/82). Die kinderbezogenen Bestandteile des Beamtengehalts müssen über den Sozialhilfesätzen liegen (BVerfGE 81, 363/378; 99, 300/321 ff: um 15%). Zum angemessenen Unterhalt gehört auch eine Krankenversicherung (BVerfGE 58, 68/77 f; 83, 89/98). Beim Anstieg der Lebenshaltungskosten ergibt sich eine Anpassungspflicht (BVerfGE 56, 353/361 f). Das Alimentationsprinzip verbietet weder die unterschiedliche Besoldung in alten und neuen Bundesländern (BVerwGE 101, 116/121 f) noch die entsprechende Anwendung der Vorschriften des bürgerlichen Rechts über die ungerechtfertigte Bereicherung bei zu viel gezahlten Beamten- oder Versorgungsbezügen (BVerfGE 46, 97/113) noch die Einbehaltung von Dienstbezügen bei vorläufiger Dienstenthebung (BVerwGE 103 111/114) noch die Anrechnung von Nebeneinkünften auf die einbehaltenen Dienstbezüge (BVerfGE 37, 167/179) oder auf die Besoldung (BVerwGE 104, 230/234) oder Versorgung (BVerwGE 105, 226/230 f) bei Dienstunfähigkeit. Zur Geltung des Gleichheitssatzes im Besoldungs- und Versorgungsrecht Rn.47 zu Art.3.

cc) Zur **Besoldung** rechnen die Dienstbezüge an den Beamten **45** und an die zu seinem Hausstand zählenden Familienangehörigen, d. h. Ehefrau und Kinder (BVerfGE 29, 1/9; 70, 69/82). Bezüglich der Familienangehörigen gibt es aber keinen rechtlich selbständigen Besoldungsanspruch (BVerfGE 70, 69/80). Die Besoldung **umfasst** den Kinderzuschlag, allerdings für dasselbe Kind nur einmal (BVerfGE 31, 101/108; vgl. auch BVerwG, NJW 93, 1410). Dagegen schützt Abs.5 nicht das sog. 13. Monatsgehalt, Aufwandsentschädigung für alle berufsbedingten Kosten (BVerwG, DVBl 84, 431), Leistungszulagen, Urlaubsgeld, Vergütung für Überstunden, Zuschüsse zu Essenskosten (BVerfGE 44, 249/263), das gegenwärtige System der Beihilfegewährung (BVerfGE 58, 68/77 f; 79, 223/235; 83, 89/98; BVerwG, NVwZ 85, 908; vgl. aber unten Rn.50), den Unfallausgleich (BVerwG, NVwZ-RR 01, 169) oder Dienstzeitprämien (BVerfGE 64, 158/168 ff). Es ist auch nicht garantiert, dass sich die Besoldung aus Grundgehalt, Kinderzuschlag und Ortszuschlag zusammensetzen müsste (BVerfGE 44, 249/263). Allerdings muss bei beamteten Ehegatten der ehegattenbezogene Bestandteil des Ortszuschlags mindestens einmal in voller Höhe gewährt werden (BVerfGE 71, 39/61).

46   **Im Einzelnen** ist es ein hergebrachter Grundsatz des Berufsbeamtentums, dass mit einem höheren Amt in aller Regel auch höhere Dienstbezüge verbunden sind (BVerfGE 56, 146/164). Dagegen ist es keiner, dass bei einer Neuregelung der Besoldung stets diejenige Besoldungsgruppe zugewiesen werden müsste, die im Vergleich zum früheren Recht der alten Besoldungsgruppe am ehesten entspricht (BVerfGE 46, 146/162 f), dass die Eingangsbesoldung nicht abgesenkt werden dürfte (BVerwG, NVwZ 87, 501), dass die ständigen Vertreter von Dienststellenleitern stets gegenüber den entsprechenden Amtsinhabern ohne Stellvertreterfunktion besoldungsrechtlich herausgehoben werden müssten (BVerfGE 56, 146/163) oder dass geschiedene, nicht unterhaltspflichtige Beamte den für Verheiratete vorgesehenen Ortszuschlag erhalten müssten (BVerfGE 49, 260/270 ff; BAGE 37, 73/81).

47   **dd)** Für die **Versorgung** des Beamten (Ruhegehalt) und seiner Hinterbliebenen gilt, dass für ihre Berechnung das letzte vom Beamten bekleidete Amt zugrundezulegen ist (BVerfGE 11, 203/213; 61, 43/58; 76, 256/323 ff). Die Ruhensvorschriften des § 53 Abs.1, 2 BeamtVG sind verfassungsgemäß (BVerwG, DVBl 87, 1155; 97, 1004). Auch hier sind grds. zumutbare Kürzungen nicht ausgeschlossen (BVerfGE 3, 58/160; 53, 257/307 f; 80, 297/309 ff). Eine Mindestpension von 35% der ruhegehaltsfähigen Dienstbezüge wird als ausreichende Erfüllung der Alimentationspflicht angesehen (BVerfGE 7, 155/169). Das Ruhegehalt darf dienstzeitabhängig sein (BVerfGE 76, 256/322). Nicht gefordert sind ein Ausgleich für früher in den Ruhestand tretende Beamte (BVerfGE 14, 30/32 f), die Erstreckung der Neubewertung von Ämtern auf die im Ruhestand befindlichen Beamten (BVerwG, Bh 239.1 § 5 BeamtVG Nr.4) und die Ruhegehaltsfähigkeit aller Teile der Amtsbezüge (BVerfGE 44, 227/244 f; BVerfG-K, NVwZ 01, 669). Die Versorgungsbezüge dürfen bei der Bemessung des Beitrags für die Krankenversicherung der Rentner berücksichtigt werden (BVerfGE 79, 223/231 ff). Renten dürfen auf die Versorgungsbezüge angerechnet werden (BVerfGE 76, 256/297 f); das gilt auch, soweit die Rente auf einer Nebentätigkeit beruht (BVerwGE 92, 41/45). Die Versorgung muss auch nicht beitragsfrei bleiben (Lübbe-Wolff DR 80).

48   Den **Hinterbliebenen** erwächst im Fall des Versterbens des Beamten ein eigener, selbständiger Anspruch auf Versorgung (BVerfGE

70, 69/80). Abs.5 verbietet nicht die Kürzung des Witwengeldes wegen besonders großen Altersunterschieds (BVerfGE 3, 58/159; BVerwG, NVwZ 89, 376), das Ruhen von Hinterbliebenenbezügen bei eigenem Verwendungseinkommen im Öffentlichen Dienst (BVerwG, NVwZ 88, 67) oder das teilweise Ruhen beim Zusammentreffen von Witwengeld und eigener Beamtenversorgung (BVerwG, NVwZ 83, 548) und legt keine bestimmte Höchstdauer für die Gewährung von Waisenversorgung fest (BVerfGE 70, 69/82).

d) Die **Fürsorgepflicht** verpflichtet den Dienstherrn, den Be- **49** amten entsprechend seiner Eignung und Leistung zu fördern, bei seinen Entscheidungen die wohlverstandenen Interessen des Beamten in gebührender Weise zu berücksichtigen und einen Mindeststandard an ordentlicher und fairer Gestaltung des verwaltungsmäßigen Vorgehens zu gewährleisten (BVerfGE 43, 154/165 f), insb. auch den Beamten anzuhören (BVerfGE 8, 332/356 f). Sie gebietet, den Beamten gegenüber unberechtigten Anwürfen in Schutz zu nehmen, und verbietet, ihn durch Kritik an seiner Amtsführung gegenüber Dritten ohne rechtfertigenden Grund bloßzustellen (BVerwGE 99, 56/59). Sie gebietet zwar keine umfassende Belehrung, wohl aber nicht im Einzelfall grundlos eine allgemein praktizierte Belehrung zu unterlassen (BVerwGE 104, 55/57 f). Nach Ablauf der Probezeit ist unverzüglich eine Entscheidung über die Frage der Bewährung des Beamten herbeizuführen (BVerwGE 92, 147/150). Das ausschließliche Abstellen auf fiskalische Erwägungen im Verfahren um die Wiederherstellung der aufschiebenden Wirkung bei Sofortvollzug der Entlassung eines Probebeamten verletzt Abs.5 (BVerfG-K, NVwZ 90, 853). Die Fürsorgepflicht wirkt über die Beendigung des Beamtenverhältnisses hinaus (BVerfGE 19, 76/85). Sie hindert den Dienstherrn aber nicht, überzahlte Dienst- und Versorgungsbezüge in Höhe des Bruttobetrags zurückzuverlangen (BVerfGE 46, 97/117 f), die Ansprüche eines bei einem Dienstunfall verletzten Beamten auf die gegen den eigenen Dienstherrn gegebenen Ansprüche auf Unfallfürsorge zu begrenzen (BVerfGE 85, 176/184 f) und den Sachschadensersatz auf ein zumutbares Maß zu begrenzen (BVerwG, VwRspr 32 Nr.9).

Die Fürsorgepflicht verlangt vom Dienstherrn **ergänzende Hil-** **50** **feleistung,** wenn konkrete Krankheits-, Geburts- oder Todesfälle die amtsangemessene Alimentation verhindern (BVerfGE 83, 89/100 ff; BVerwGE 71, 342/346). Die die Eigenvorsorge des Beamten ergänzende Beihilfe darf nicht ohne Rücksicht auf die vorhandenen Versicherungsmöglichkeiten ausgestaltet werden (BVerf-

GE 83, 89/101 f). Damit steht die 100%-Grenze im Beihilferecht (BVerfGE 83, 89/102 ff; BVerwGE 81, 27/29 f; NJW 91, 2361) und der Ausschluss der Beihilfe für Aufwendungen für die persönliche Tätigkeit naher Angehöriger (BVerfG-K, DVBl 92, 1590) sowie für Fahr-, Unterkunfts- und Verpflegungskosten bei der Beschaffung von beihilfefähigen Leistungen (BVerwG, NVwZ-RR 00, 99) im Einklang. Zu weit geht die Annahme einer Maßgeblichkeit eines vom Bundesbesoldungsgesetzgeber gesetzten „Beihilfestandards" in Bund und Ländern (SaarlVerfGH, LVerfGE 5, 243/269; a. A. BVerwGE 77, 345/346; 89, 207/208 ff).

51   e) Sonstige **einzelne Rechte** des Beamten als hergebrachte Grundsätze sind: die Beschäftigung entsprechend dem Amt im statusrechtlichen und abstrakt-funktionellen Sinn (BVerfGE 70, 251/266; BVerwGE 87, 310/315; 89, 199/200 f; 98, 334/337 f), nicht aber ein Recht am Amt im konkret-funktionellen Sinn (BVerfGE 8, 332/345; 43, 242/282; BVerwGE 60, 144/150; 89, 199/201); eine angemessene, in bezug auf Tätigkeit und Stellung in der Hierarchie hinreichend aussagefähige Amtsbezeichnung (BVerfGE 9, 268/287) sowie eine Regelung, dass über Personalangelegenheiten des Beamten nur die ihm vorgesetzten Dienstbehörden entscheiden (BVerfGE 9, 268/287); eine Personalvertretung (OVG Münster, OVGE 40, 97/100; v. Münch MüK 63; Schenke, JZ 91, 593; offengelassen BVerfGE 51, 43/56; 91, 367/382; a. A. Schnapp, ZBR 99, 401 f). Kein hergebrachter Grundsatz des Berufsbeamtentums ist dagegen das strafrechtliche Haftungsprivileg (BVerfG-K, NJW 95, 186).

52   f) **Sonderfälle.** Für **Hochschullehrer** ist als hergebrachter Grundsatz anerkannt worden, dass die Unterrichtsgeldpauschale zur Besoldung gehört (BVerwGE 57, 174/178) und dass bei der Bemessung der Emeritenbezüge die nicht fakultativen Teile der Bezüge des aktiven Hochschullehrers unter Ausschluss der in ihnen enthaltenen tätigkeitsbezogenen Teile dem entpflichteten Hochschullehrer ungekürzt belassen werden müssen (BVerfGE 35, 23/30 f). Auch darf die rechtliche Bindung von Berufungsvereinbarungen nicht grds. abgelehnt werden (BVerfGE 43, 242/277 ff). Die einheitliche Amtsbezeichnung „Professor" für alle Hochschullehrer soll gegen Abs.5 verstoßen (BVerfGE 64, 323/353). Dagegen besteht kein besonderer hergebrachter Grundsatz über die Altersgrenze (BVerfGE 67, 1/14), über die Behandlung der Dienstbezüge entpflichteter Professoren im Versorgungsausgleich (BGH, NJW 83, 1786) und über die Mitwirkung der akademischen Selbstverwaltungsorgane in Personalangelegenheiten (BVerfGE 35, 79/146 ff). Zu den Hochschullehrern vgl. auch Rn.109 f zu Art.5.

Durch die Einbeziehung der **Richter** in Abs.5 hat das BVerfG die 53 Garantien der richterlichen Unabhängigkeit verfassungsbeschwerde-fähig gemacht (Rn.1 zu Art.97), aber nicht sachlich erweitert (BVerfGE 38, 139/151). Gewisse Besonderheiten für das Richter-amtsrecht ergeben sich für die Amtsbezeichnungen (BVerfGE 38, 1/12 f) und die Besoldung (BVerfGE 26, 72; 26, 79; 26, 100; 26, 141; 26, 163; 32, 199; 56, 87). Das Laufbahnrecht der Richter unterliegt erheblichen Modifikationen (BVerfGE 56, 146/165 f). Zu den Richtern vgl. auch Rn.7–9 zu Art.92.

Art.**34** [Haftung bei Amtspflichtverletzung]

Verletzt jemand in Ausübung eines ihm anvertrauten öffentli-chen Amtes[6f] die ihm einem Dritten gegenüber obliegende Amtspflicht[11f], so trifft die Verantwortlichkeit grundsätzlich den Staat oder die Körperschaft, in deren Dienst er steht.[23] Bei Vor-satz oder grober Fahrlässigkeit bleibt der Rückgriff vorbehal-ten[25]. Für den Anspruch auf Schadensersatz und für den Rückgriff darf der ordentliche Rechtsweg nicht ausgeschlossen werden[24].

Übersicht

Literatur: *Rinne/Schlick,* Die Rechtsprechung des BGH zu den öffent-lich-rechtlichen Ersatzleistungen, NVwZ 2000, Beil. II zu Heft 2, 1; *Os-senbühl,* Staatshaftungsrecht, 5.Aufl.1998; *Pfab,* Staatshaftung in Deutschland, 1997; *Ehlers,* Die Weiterentwicklung des Staatshaftungsrechts durch das europäische Gemeinschaftsrecht, JZ 1996, 776; *Galke,* Die Beschränkung der Staatshaftung nach Art.34 GG, DÖV 1992, 53; *Krohn/Schwager,* Die neuere Rspr. des BGH zum Amtshaftungsrecht, DVBl 1992, 321; *Dohnold,* Die Haftung des Staates für legislatives und normatives Unrecht in der neueren Rspr. des BGH, DÖV 1991, 129 ff; *Papier,* Staatshaftung, HbStR VI, 1990, 1353; *Schwager/Krohn,* Die neuere Rspr. des BGH zum Amtshaftungsrecht, DVBl 1990, 1077; *Boujong,* Staatshaftung für legislatives und normatives Unrecht in der neueren Rspr. des BGH, FS W. Geiger, 1989, 430; *Schoch,* Amtshaftung, Jura 1988, 585, 648. – S. auch Literatur zu Art.14.

1. Bedeutung und Abgrenzung

1   **a) Bedeutung und Verhältnis zum einfachen Recht.** Art.34 S.1 verpflichtet den Staat zur Haftung bei rechtswidrigem Verhalten seiner Amtswalter, im Interesse des von einer Amtshandlung Betroffenen (BVerfGE 61, 149/199) wie im Interesse des handelnden Amtsträgers (Papier MD 12). Die Vorschrift bildet zusammen mit der einschlägigen Regelung des einfachen Rechts in § 839 BGB (zu Sonderregelungen in den neuen Bundesländern unten Rn.14) die Anspruchsgrundlage für Staatshaftungsansprüche. Nach hA stellt § 839 BGB die anspruchsbegründende Norm dar, während Art.34 S.1 GG den Anspruch modifiziert und auf den Staat überleitet (Papier MD 11; Bryde MüK 11). Wortlaut und Rang des Art.34 S.1 wie die Ausweitung der Haftung durch diese Norm (unten Rn.5) legen es jedoch nahe, in Art.34 S.1 die Anspruchsnorm zu sehen (Bonk SA 53; wohl auch Wieland DR 25; vgl. v. Danwitz MKS 56), die allerdings in erheblichem Umfang eine Konkretisierung durch einfaches Recht gestattet und erfordert (unten Rn.14–22). Art.34 S.1 enthält ein subjektives Recht des von der Amtshandlung Betroffenen (Stern III/1 378), nicht jedoch ein Grundrecht oder grundrechtsgleiches Recht (v. Danwitz MKS 39; vgl. Vorb.1 vor Art.1), das mit Hilfe der Verfassungsbeschwerde verfolgt werden könnte (BVerfGE 2, 336/338 f; Papier MD 87; Rittstieg AK 9). Art.34 verleiht weder dem Bund noch den Ländern eine Gesetzgebungskompetenz für die Staats- oder Amtshaftung (BVerfGE 61, 149/174; Papier MD 244); einschlägig sind insoweit andere Grundlagen (Rn.3, 59 zu Art.74). Zum privatrechtlichen Staatshandeln unten Rn.8 f.

2   Art.34 S.1 enthält des Weiteren eine **Institutsgarantie** der Staatshaftung, genauer eine Mindestgarantie der Haftung des Staates für die schuldhafte Verletzung von Rechtsvorschriften, die dem Schutz des Betroffenen dienen (Papier MD 101; Bonk SA 3; vgl. BVerfGE 61, 149/199), nicht der Amtshaftung des Beamten. Ob daher die

Staatshaftung mittelbar durch die Überleitung der Amtshaftung des Beamten auf den Staat oder durch eine direkte Staatshaftung erfolgt, ist unerheblich (BVerfGE 61, 149/198 f; Papier MD 14). Auch eine Erweiterung der Haftung ist möglich, etwa eine verschuldensunabhängige Haftung (Papier HbStR VI 1360). Als unzulässig wird eine Beschränkung der Haftung auf Fälle qualifizierten Verschuldens oder eine erhebliche Einschränkung des Haftungsumfangs angesehen (Papier MD 250; Bryde MüK 30); zur Reichweite der Institutsgarantie vgl. auch unten Rn.18–22.

b) Abgrenzung zu anderen Instituten. Die Amtshaftung ist **3** an sich das zentrale Institut der Haftung für *rechtswidriges Staatshandeln* (Bryde MüK 7). Trotz der Ausweitung durch Art.34 (unten Rn.5–7) weist es erhebliche Defizite auf, die zur Entwicklung des Instituts des *enteignungsgleichen Eingriffs* wesentlich beitrugen, das eine Entschädigung bei rechtswidrigem Staatshandeln unter bestimmten Voraussetzungen vorsieht (dazu Rn.56 f zu Art.14). Gewisse Überschneidungen mit der Amtshaftung weist auch der *Folgenbeseitigungsanspruch* auf, der auf die Beseitigung der unmittelbaren Folgen rechtswidrigen Handelns zielt (BVerwGE 69, 355/373; Bonk SA 45). Seine Grundlage wird in Art.20 Abs.3 gesehen (BVerwGE 69, 355/370; Bonk SA 45), unmittelbar in den Grundrechten (BVerwG, NJW 85, 1481; v. Danwitz MKS 11; Papier MD 66) oder im Gewohnheitsrecht (BVerwGE 94, 100/103). Zum enteignenden Eingriff Rn.58 zu Art.14.

c) Abgrenzung zu EG-Recht. Art.34 gilt nicht für die Tätig- **4** keit von EG-Organen. Insoweit findet sich in Art.288 Abs.2 EGV eine vergleichbare Regelung. Darüber hinaus ergibt sich aus dem primären Recht die Verpflichtung, bei einem Verstoß nationaler Stellen gegen EG-Recht unter bestimmten Voraussetzungen betroffenen Bürgern Schadensersatz zu leisten (EuGHE 1991, I-5403; 1993, I-6926; 1994, I-3347; 1996, I-1131; dazu Wieland DR 17 ff; Jarass, NJW 94, 881 ff; Papier MD 75 ff; v. Danwitz MKS 138 ff). Durch die Amtshaftung nach Art.34 und v. a. deren Konkretisierung durch das einfache Recht wird diese Verpflichtung nur teilweise abgedeckt, jedenfalls wenn man das herkömmliche Verständnis der Amtshaftungsvorschriften zugrundelegt (vgl. insb. unten Rn.13). Eine echte Kollision zwischen EG-Recht und nationalem Recht besteht insoweit allerdings nur, soweit der Ersatzanspruch bei Verletzung von EG-Recht nicht unmittelbar aus EG-Recht folgt (dazu unten Rn.13). Zumindest ein Teil der EG-rechtlichen Vorgaben zur Amtshaftung nationaler Stellen bei Verletzung von EG-Recht bedarf jedoch der Umsetzung, was eine entsprechende Auslegung von Art.34 GG und der konkretisierenden Vorschriften des einfachen Rechts nahelegt.

2. Anspruchsvoraussetzungen

5   **a) Handeln in Ausübung eines öffentlichen Amtes.** § 839 BGB greift herkömmlich nur bei Handeln eines Beamten im dienstrechtlichen Sinne ein. Art.34 GG weitet jedoch die Haftung auf jede Ausübung öffentlicher Gewalt (unten Rn.6 f) aus, und zwar im Bereich aller drei Gewalten (Papier MD 84; Bonk SA 56; zur Gesetzgebung siehe allerdings unten Rn.13). Zu Organen der EG oben Rn.4.

6   **aa)** Voraussetzung der Haftung ist zunächst, dass ein **Inhaber eines öffentlichen Amtes** handelt (Wieland DR 26). Dazu gehören die Beamten (im beamtenrechtlichen Sinn) sowie die Personen, die zu einer juristischen Person des öffentlichen Rechts in einem sonstigen öffentlich-rechtlichen Dienstverhältnis (etwa Soldaten, Richter) stehen und die (bei einer juristischen Person des öffentlichen Rechts) privatrechtlich beschäftigten Personen (Angestellte, Arbeiter). Weiter sind Inhaber eines öffentlichen Amtes alle Personen, die zu einer öffentlich-rechtlichen Einrichtung in einem *Amts*verhältnis stehen, wie etwa Minister, Bürgermeister, Gemeinderäte oder Parlamentsabgeordnete (Papier MD 108). Zudem werden Beliehene (Rn.30 zu Art.1) erfasst (BGHZ 118, 304/308 f; Papier MD 109), aber auch mit der Wahrnehmung einer öffentlich-rechtlichen Aufgabe betraute Personen, wie ein Zivildienstleistender (BGHZ 118, 304). Gleiches gilt für sog. *Verwaltungshelfer,* die in untergeordneter Position an der Erfüllung öffentlicher Aufgaben beteiligt sind (BGH, NJW 92, 1227 f; 96, 2431 f; v. Danwitz MKS 61). Erfasst werden des Weiteren Normgeber (vgl. allerdings unten Rn.13) und andere Kollegialorgane. Wegen der Erweiterung des Amtsträgerbegriffs ist eine Individualisierung des handelnden Amtsträgers unnötig; es genügt ein ensprechendes Gesamtverhalten der betreffenden Behörde (v. Danwitz MKS 59). Öffentlich-rechtliche Religionsgemeinschaften unterliegen nicht Art.34, es sei denn, sie nutzen staatliche Befugnisse (BGHZ 34, 20; Papier HbStR VI 1363 f); zur Abgrenzung Rn.32 zu Art.19.

7   Von staatlichen Stellen **beauftragte Werk- und Dienstunternehmer** sind umso eher Inhaber eines öffentlichen Amtes, „je stärker der hoheitliche Charakter der Aufgabe in den Vordergrund tritt, je enger die Verbindung zwischen der übertragenen Tätigkeit

und der von der Behörde zu erfüllenden hoheitlichen Aufgabe und je begrenzter der Entscheidungsspielraum des Unternehmers ist" (BGHZ 121, 161/165 f; ähnlich bereits BGHZ 48, 98/103; noch großzügiger Papier MD 113; Wieland DR 27). Im Bereich der Eingriffsverwaltung ist das immer der Fall (BGHZ 121, 161/166), etwa beim Abschleppen eines Kfz im Auftrag der Polizei.

bb) Das **Handeln** des Inhabers eines öffentlichen Amtes wird **8** von Art.34 nur erfasst, wenn es seiner **Form** nach als **öffentlich-rechtlich** zu qualifizieren ist (BGHZ 110, 253/255; NJW 00, 2811; Papier MD 122, 124; Bryde MüK 17; v. Danwitz MKS 64; a. A. Wieland DR 29). Einbezogen ist auch schlicht-hoheitliches Handeln, bei dem zwischen der hoheitlichen Zielsetzung und dem realen Verhalten ein enger innerer und äußerer Zusammenhang besteht (BGH, NJW 92, 1228; 92, 1310; v. Danwitz MKS 64). Für zivilrechtliches Handeln, selbst im Bereich des Verwaltungsprivatrechts, gilt Art.34 nicht (BGH, NJW 73, 1652; Papier MD 125; Bryde MüK 17; a. A. Ossenbühl o.Lit. 27 f).

Ob ein öffentlich-rechtliches Handeln vorliegt, ist außer **9** beim Einsatz von Normen und Verwaltungsakten häufig unklar. Soweit der Inhaber des Amtes nicht deutlich erkennen lässt, welche Handlungsform er nutzen will, spricht die Vermutung für ein öffentlich-rechtliches Handeln, falls unmittelbar öffentliche Aufgaben erfüllt werden (Papier MD 131; Bryde MüK 17) bzw. ein äußerer und innerer Zusammenhang mit der Erfüllung derartiger Aufgaben besteht (BGHZ 42, 176/179; 69, 128/132; 108, 230/232). Bei der Teilnahme am Straßenverkehr ist entsprechend zu differenzieren (BGH, NJW 85, 1950; krit. v. Danwitz MKS 66). Dies muss entgegen der Rspr. auch für die Erfüllung von Verkehrssicherungspflichten bei öffentlichen Sachen gelten (Papier MD 149 f); nach der Rspr. sollen die Erfüllung von Verkehrssicherungspflichten nur dann als öffentlich-rechtlich zu qualifizieren sein, wenn eine Rechtsvorschrift dies ausdrücklich vorsieht (BGHZ 9, 373/374 ff; 66, 398/399 f; 86, 152/153). Fiskalische Aufgaben werden im Zweifel privatrechtlich erfüllt (BGHZ 110, 253/254). Abgrenzungsprobleme ergeben sich weiter bei der Benutzung öffentlich-rechtlicher Anstalten und Einrichtungen. Auch hier kann die Verwaltung öffentlich-rechtlich oder privatrechtlich handeln, es sei denn, das einschlägige Gesetz schreibt eine bestimmte Handlungsform vor (Papier MD 132). Möglich ist auch ein zweistufiges Handeln: Öffentlich-rechtliche Begründung und privatrechtliche Abwicklung (noch stärker differenzierend BGH, NJW 85, 678).

10   Das Handeln muss **in Ausübung** eines öffentlichen Amtes erfolgen. Notwendig ist ein enger äußerer und innerer Zusammenhang zwischen der Amtsausübung und der Schadenszufügung (BGHZ 69, 128/132 f; 108, 230; NVwZ 00, 467; Bonk SA 60; Bryde MüK 19).

11   **b) Verletzung einer Amtspflicht gegenüber Dritten. aa)** Der Amtshaftungsanspruch setzt des Weiteren die **Verletzung einer Amtspflicht** voraus. Ob sich die **Amtspflichten** auf das Verhältnis zwischen Amtsträger und dem Staat (so etwa Rittstieg AK 14) oder auf das Außenverhältnis zwischen Staat und Dritten beziehen (so zu Recht Papier MD 160; v. Danwitz MKS 75 f; Wieland DR 32; Bonk SA 60), ist umstritten. Da aber eine Amtspflicht zu rechtmäßigem Verhalten besteht, stellt jede Rechtsverletzung eine Amtspflichtverletzung dar (Papier MD 161; Bonk SA 63). Amtspflichten können sich auch aus allgemeinen Grundsätzen ergeben: So besteht eine Pflicht zu konsequentem Verhalten (BGHZ 137, 344/346). Auskünfte müssen richtig sein, sofern der Betroffene erkennbar darauf vertraut (Bonk SA 67). Entscheidungen dürfen nicht ohne zureichenden Grund hinausgezögert werden (vgl. BGHZ 20, 178/182; BGH, NJW 93, 299). Die Zivilgerichte sind hinsichtlich des Vorliegens einer Amtspflichtverletzung an rechtskräftige Entscheidungen der Verwaltungsgerichte gebunden (BGHZ 118, 253/255), nicht aber an bestandskräftige Verwaltungsakte (BGHZ 90, 17/22; 127, 223/225; krit. Bonk SA 117).

12   **bb)** Des Weiteren muss die Amtspflicht den betroffenen **Dritten gegenüber obliegen** (v. Danwitz MKS 79, 82). Das hängt davon ab, ob der Betroffene *und* das betroffene Interesse unter Berücksichtigung der Eigenart der Amtstätigkeit von der verletzten Norm (auch) geschützt werden sollen (BGHZ 110, 1/9; Schlick/Rinne, NVwZ 97, 1072). Im Zweifelsfall kommt es auf eine „besondere Beziehung zwischen der verletzten Amtspflicht und dem Geschädigten" an (BGHZ 110, 1/8 f; NJW 93, 2304). Die Abgrenzung ist ähnlich wie bei der der subjektiven Rechte iwS (dazu Rn.25–27 zu Art.19) vorzunehmen (v. Danwitz MKS 85 f). Die Pflicht, keine rechtswidrigen Genehmigungen für investive Vorhaben zu erteilen, ist regelmäßig drittschützend (BGHZ 134, 268/277 ff; 142, 259/272 f). Zur Bauleitplanung unten Rn.13: Dritte können auch juristische Personen des öffentlichen Rechts sein (BGHZ 116, 312/315; v. Danwitz MKS 89).

13   **cc)** Der **Gesetzgeber kann festlegen,** ob überhaupt eine bestimmte Amtspflicht besteht, weiter wem gegenüber sie besteht (vgl. BGH, DVBl 96, 1129; v. Danwitz MKS 88; Papier MD 182) und welche Interessen sie erfasst (vgl. BGHZ 39, 358/363 ff; 100, 313/317; 106, 323/331 f; v. Danwitz MKS 90; Bryde MüK 26). Das Bestehen drittgerichteter Amtspflichten wird von Art.34 nicht geregelt, sondern vorausgesetzt. Der Landesgesetzgeber kann allerdings bundesgesetzlich fundierte Amtspflichten nicht einschränken. Erst recht können Gemeinden etc. gesetzliche Amtspflichten durch Satzung u. a. nicht einschränken und müssen selbst beim Satzungserlass eventuelle Amtspflichten beachten, etwa beim Erlass eines Bebauungsplans im Hinblick auf gesunde Wohn- und Arbeitsverhältnisse (BGHZ 117, 363; 140, 380/382 f; 142, 249/263 ff). Dem *förmlichen Gesetzgeber* sollen generell keine Amtspflichten zum Schutze Dritter obliegen (BGHZ 56, 40/46, 87, 321/335; 102, 350/365 f; Bryde MüK 27 f; a. A. Wieland DR 36). Davon wird man kraft EG-rechtskonformer Auslegung eine Ausnahme machen müssen, soweit es um die Umsetzung von EG-Recht geht, das auch subjektive Rechte sichern will (vgl. EuGH, EuZW 1999, 635 Rn.62; Jarass, NJW 94, 881 ff; Papier MD 77, 80, 199; oben Rn.4; für unmittelbare Anwendung des EG-Rechts BGHZ 134, 30/33 f; v. Danwitz MKS 115).

c) Verantwortlichkeit (Verschulden, Schaden, Kausalität, 14 Verjährung). Mit dem Begriff der Verantwortlichkeit verweist Art.34 S.1 auf die im einfachen Recht geregelte Verpflichtung zum Schadensersatz für Schäden bei rechtswidrigem Amtshandeln. Das lässt folgende Voraussetzungen zum Tragen kommen, wobei auf die zusätzlichen Sonderregelungen in einigen neuen Bundesländern im Gefolge des DDR-Staatshaftungsrechts (dazu Lühmann, NJW 98, 3001 ff; Bonk SA 27 ff; v. Danwitz MKS 135 ff) nicht eingegangen wird:

aa) Gem. § 839 BGB ist zunächst ein **Verschulden** des Amts- 15 walters erforderlich, also Vorsatz oder Fahrlässigkeit hinsichtlich der Amtspflichtverletzung (Papier MD 217 ff), nicht des Schadens (BGH, JZ 98, 43; v. Danwitz MKS 96). Das Verschuldenserfordernis ist mit Art.34 vereinbar (BVerfG-K, NVwZ 98, 271; krit. Bonk SA 83). Dabei wird der Fahrlässigkeitsbegriff in objektiver Weise verstanden (vgl. BGHZ 129, 226/232; v. Danwitz MKS 95; Papier MD 221); es kommt darauf an, was von einem pflichtgetreuen Durchschnittsbeamten in dem betreffenden Amt erwartet werden kann (BGHZ 134, 268/274; Papier MD 225). Zudem ist die Möglichkeit eines Organisationsverschuldens zu beachten (BGHZ 113, 367/371 f; UPR 86, 308; v. Danwitz MKS 96). An einem Verschulden fehlt es regelmäßig, wenn ein Kollegialgericht von der Rechtmäßigkeit ausgegangen ist (BVerwG, NJW 85, 876); doch gibt es davon zahlreiche Ausnahmen (BSGE 79, 33/34 f, BGH, NJW 98, 752).

16   **bb)** Weiter wird eine **adäquate Verursachung** eines **Schadens** vorausgesetzt (Papier MD 212 f; v. Danwitz MKS 93; Schlick/Rinne, NVwZ 98, 1172). Besteht die Amtspflichtverletzung in einem Unterlassen, muss der Schaden „mit an Sicherheit grenzender Wahrscheinlichkeit vermieden worden" sein (BGH, NVwZ 94, 825).

17   **cc)** Die **Verjährung** beträgt gem. § 852 BGB drei Jahre seit Kenntnis aller Anspruchsvoraussetzungen (BGHZ 93, 87/89; v. Danwitz MKS 117); die Kenntnis der Anspruchshöhe ist jedoch nicht erforderlich, wenn eine Feststellungsklage möglich ist (BGHZ 102, 246). Widerspruch und verwaltungsgerichtliche Klage gegen den amtspflichtwidrig erlassenen Verwaltungsakt unterbrechen den Verjährungsablauf (BGHZ 95, 238).

18   **d) Ausschluss bzw. Einschränkung der Staatshaftung. aa)** Eine Einschränkung der Staatshaftung ergibt sich zunächst aus den Vorschriften des einfachen Haftungrechts, die die Verantwortlichkeit iSd S.1 konkretisieren, sofern sie mit der Institutsgarantie (oben Rn.2) vereinbar sind. Praktisch bedeutsam sind die Einschränkungen in § 839 BGB:

19   **(1)** Nach der **Subsidiaritätsklausel** des § 839 Abs.1 S.2 BGB entfällt der Anspruch, wenn der Betroffene alsbald und in zumutbarer Weie (Bonk SA 92) von einem Dritten Ersatz verlangen kann. Die Klausel wird allerdings von der Rspr. in bestimmten Zusammenhängen nicht angewandt: bei der Teilnahme am allg. Straßenverkehr (BGHZ 68, 217/220; 85, 225/228 f) und bei der Verletzung öffentlich-rechtlicher Verkkehrssicherungspflichten (BGHZ 118, 368/371 ff; 123, 102/104 f). Gleiches gilt idR für erkaufte Versicherungs- und Versorgungsleistungen, deren Zweck in der Versorgung im Schadensfalle besteht (BGHZ 62, 380/387; 79, 26/32 ff; 85, 230/232 ff). Auch ist eine Verweisung auf Ersatzansprüche gegen andere Hoheitsträger ausgeschlossen (BGHZ 49, 267/275) oder auf andere Anspruchsgrundlagen (BGHZ 55, 180/182). Jedenfalls mit diesen Einschränkungen wird die Subsidiaritätsklausel als mit Art.34 vereinbar angesehen (BVerfGE 61, 7/16 f; a. A. Papier MD 252).

20   **(2)** Weiter entfällt der Anspruch gem. § 839 Abs.3 BGB, soweit der Betroffene es vorsätzlich oder fahrlässig unterlassen hat, den Schaden durch **Einlegung von Rechtsmitteln** oder Rechtsbehelfen **abzuwehren.** Dies wird als eine Ausprägung der allgemeinen Verpflichtung zur Schadensminderung angesehen (BGHZ 113, 17/22 f) und soll dem Vorrang des primären Rechtsschutzes im

Verwaltungsrecht Rechnung tragen (Bonk SA 96; v. Danwitz MKS 103). Die Regelung ist mit Art.34 vereinbar (Wieland DR 42; Papier MD 268 f). Die Ausweitung auf nichtförmliche Rechtsbehelfe (BGH, NJW 93, 3063) ist allerdings bedenklich (v. Danwitz MKS 104).

(3) Einschränkungen ergeben sich schließlich aus § 839 Abs.2 **21** BGB für **richterliche Entscheidungen,** die der materiellen Rechtskraft fähig sind (v. Danwitz MKS 109). Nicht erfasst werden Entscheidungen der Justizverwaltung, einschl. der freiwilligen Gerichtsbarkeit (BGH, VersR 84, 77).

bb) Eine Einschränkung der Staatshaftung kann sich des Weiteren **22** daraus ergeben, dass die „Überleitung" der Haftung auf den Staat gem. S.1 *nur „grundsätzlich"* erfolgt (BVerfGE 61, 149/199; Papier MD 239). In Sonderfällen kann es also bei der Haftung des Amtswalters verbleiben; daran ändert auch Art.33 Abs.5 nichts (BGHZ 122, 268/272). Eine Einschränkung der Haftungsüberleitung kann durch Bundesgesetz oder wegen Art.77 EGBGB durch Landesgesetz geschehen (BVerfGE 61, 149/199 f; BGHZ 76, 375/379), nicht jedoch durch Satzung (BGHZ 61, 7/14; NJW 84, 617; Papier MD 242; a. A. BayVGH, DVBl 85, 904). Die einschränkende Regelung ist als Ausnahme von der Verfassung eng auszulegen (BGH, NJW 88, 129). Sachlich ist eine Beschränkung nur möglich, wenn dafür ausreichende Sachgründe bestehen und die Ausnahme verhältnismäßig ist (BGHZ 62, 372/377 f; 99, 62/64; NJW 88, 129; Papier MD 240; Wieland DR 41). Der (nunmehr nur noch ausnahmsweise greifende) Ausschluss der Überleitung gegenüber Ausländern soll damit vereinbar sein (BVerfG-K, NVwZ 83, 89; BGHZ 99, 62/64; NJW 85, 1287; a. A. Papier MD 286 f, Ossenbühl o.Lit. 99 f). Zulässig ist der Ausschluss der Überleitung bei Gebührenbeamten und Notaren (BGHZ 135, 354/356; Papier MD 278 f) sowie bei einem Regressanspruch nach § 640 RVO (BGH, NVwZ 85, 446).

e) Haftungsadressat. Der Anspruch richtet sich gegen die staat- **23** liche Einrichtung, in deren Dienst der Amtswalter steht (BGHZ 108, 230/232; NVwZ 00, 964). Damit ist die juristische Person des öffentlichen Rechts gemeint, die *dienstherrenfähig* ist (BGHZ 49, 108/115; Papier MD 292 f) und die den Beamten mit dem betreffenden öffentlichen Amt betraut hat (BGHZ 53, 217/218 ff; 99, 326/330; 143, 18/26; v. Danwitz MKS 121; Papier MD 295 ff). Dies ist zumeist die Körperschaft, die den Beamten, Angestellten etc. angestellt hat (BGHZ 91, 243/251). Fehlt ein Beamten- oder Angestelltenverhältnis, wie etwa bei Schülerlotsen, bei amtlich anerkannten Sachverständigen, bei beauftragten Unternehmen etc. haftet die Körperschaft, die das konkrete Amt bzw. die konkrete Aufgabe übertragen hat (BGHZ 49, 108/116; 99, 326/330; BGH, NVwZ-RR 01, 147). Bei Beamten mit echter, gesetzlich vorgesehener Doppelstellung, etwa beim Landrat bzw. Oberkreisdirektor sowie bei abgeordneten Beamten, haftet die Körperschaft, deren Aufgaben wahrgenommen werden (BGHZ 87, 202/204 f; 99, 326/330 f). Bei Zivildienstleistenden haftet die Bundesrepublik Deutschland (BGH, NVwZ 00, 964). Der Amtswalter selbst wird von der Haftung befreit (BGH, NJW 88, 129). Zur Begrenzung der „Überleitung" der Haftung oben Rn.22.

3. Rechtsweg (S.3)

24   Gem. Art.34 S.3 muss der Gesetzgeber für die Geltendmachung von Amtshaftungsansprüchen, einschl. vorbereitender Auskunftsansprüche (BGHZ 78, 274, 276 ff), den ordentlichen Rechtsweg vorsehen, d. h. den Zivilrechtsweg (Papier MD 317). Dies ist durch § 40 Abs.2 VwGO geschehen. Sachlich führt dies zu unnötigen Belastungen für den Betroffenen, da für die Primäransprüche sowie für bestimmte, parallel auftretende Sekundäransprüche der Verwaltungsrechtsweg gegeben ist (Papier MD 307 ff; v. Danwitz MKS 130 f; Bryde MüK 40). § 17 Abs.2 GVG ändert daran nichts (BVerwG, NJW 93, 2255; Papier MD 312). Sachlich zuständig ist in erster Instanz, unabhängig vom Streitwert, das Landgericht (§ 71 Abs.2 Nr.2 GVG). Ein Vorverfahren wird durch Art.34 S.3 nicht ausgeschlossen (Papier MD 324).

4. Rückgriff (S.2)

25   Ob die haftende Körperschaft von dem Inhaber eines öffentlichen Amtes, der durch sein rechtswidriges Verhalten die Haftung ausgelöst hat, Ersatz verlangen kann, bestimmt sich nach allgemeinen gesetzlichen, tarifvertraglichen oder einzelvertraglichen Regelungen (v. Danwitz MKS 123; Papier MD 301). Der Rückgriff wird jedoch durch Art.34 S.2 *beschränkt:* Die Vorschrift schließt eine Haftung des Inhabers eines öffentlichen Amtes aus, soweit er ohne Verschulden oder nur leicht fahrlässig gehandelt hat (v. Danwitz MKS 124). Der Rückgriff bei privatrechtlichem Handeln wird von S.2 nicht erfasst (Papier MD 303; oben Rn.8). Für die Geltendmachung des Rückgriffsanspruchs schreibt S.3 im Anwendungsbereich des S.2 den ordentlichen Rechtsweg vor (Papier MD 325); die Ausführungen in Rn.24 gelten entsprechend.

Art.35 [Rechts- und Amtshilfe, kompetenzüberschreitendes Zusammenwirken bei Notfällen]

(1) Alle Behörden[3] des Bundes und der Länder leisten sich gegenseitig Rechts- und Amtshilfe[1 ff].

(2) Zur Aufrechterhaltung oder Wiederherstellung der öffentlichen Sicherheit oder Ordnung kann ein Land in Fällen von besonderer Bedeutung Kräfte und Einrichtungen des Bundesgrenzschutzes zur Unterstützung seiner Polizei anfordern, wenn die Polizei ohne diese Unterstützung eine Aufgabe nicht oder nur unter erheblichen Schwierigkeiten erfüllen könnte[6]. Zur Hilfe bei einer Naturkatastrophe oder bei einem besonders schweren Unglücksfall kann ein Land Polizeikräfte anderer Länder, Kräfte und Einrichtungen anderer Verwaltungen sowie des Bundesgrenzschutzes und der Streitkräfte anfordern[7].

(3) Gefährdet die Naturkatastrophe oder der Unglücksfall das Gebiet mehr als eines Landes, so kann die Bundesregierung, soweit es zur wirksamen Bekämpfung erforderlich ist, den Landesregierungen die Weisung erteilen, Polizeikräfte anderen Ländern zur Verfügung zu stellen, sowie Einheiten des Bundesgrenzschutzes und der Streitkräfte zur Unterstützung der Polizeikräfte einsetzen. Maßnahmen der Bundesregierung nach Satz 1 sind jederzeit auf Verlangen des Bundesrates, im übrigen unverzüglich nach Beseitigung der Gefahr aufzuheben.[8]

Literatur: *Lehner,* Der Vorbehalt des Gesetzes für die Übermittlung von Informationen im Wege der Amtshilfe, 1996; *E. Klein,* Der innere Notstand, HbStR VII, 1992, 387; *Robbers,* Die Befugnisse der Bundeswehr im Katastrophenfall, DÖV 1989, 926; *Jahn/Riedel,* Streitkräfteeinsatz im Wege der Amtshilfe, DÖV 1988, 957; *Meyer-Teschendorf,* Das Rechts- und Amtshilfegebot des Art.35 Abs.1 GG, DÖV 1988, 901; *Wessel,* Verfassungs- und verfahrensrechtliche Probleme der Amtshilfe im Bundesstaat, 1983; *Schlink,* Die Amtshilfe, 1982.

1. Rechts- und Amtshilfe (Abs.1)

Die Vorschrift **ermächtigt und verpflichtet** als Konkretisierung 1 des Bundesstaatsprinzips (vgl. BVerfGE 31, 43/46; 42, 91/95) grds. alle Behörden zu gegenseitiger Rechts- und Amtshilfe; der konkrete Umfang bestimmt sich nach näherer gesetzlicher Regelung (BVerwGE 38, 336/340; 50, 301/310). Sie ist eine Spezialregelung zur grds. ausschließlichen Kompetenzverteilung zwischen Bund und

Ländern (Rn.7, 10 zu Art.30) und gilt daher nur im Verhältnis von
Bundes- und Landesbehörden und von Behörden verschiedener
Länder (Bauer, DR 10; Bull AK 9 f; Stern II 788 f; Schlink, o.Lit.,
34 ff); nach a. A. soll sie auch zwischen Bundesbehörden und zwi-
schen Behörden desselben Landes gelten (Erbguth SA 5; Gubelt
MüK 1). Abs.1 begründet keine allgemeine Pflicht der Behörden,
Straftaten anzuzeigen (BGHSt 43, 82/86), und ermächtigt eine
Gebietskörperschaft nicht, außerhalb des Landes, in dem sie liegt,
tätig zu werden (BGHZ 54, 157/163).

2   Die Rechts- und Amtshilfe ist auch im **Verhältnis zum Bürger**
grds. zulässig; doch müssen insoweit andere einschlägige Verfassungsrechtssätze, v. a. der Gesetzesvorbehalt (Rn.44–53 zu Art.20), gewahrt bleiben; insoweit kann die Verpflichtung zur Rechts- und
Amtshilfe als „formell" bezeichnet werden (BVerfGE 27, 344/352).
Daraus folgt (Schlink, o.Lit., 155 f): Im Bereich von Grundrechtseingriffen (zur Frage, inwieweit Informationserhebung, -verarbei-
tung und -weitergabe Eingriffe sind, Rn.40 zu Art.2) bedarf die
Rechts- und Amtshilfe, soweit sie die sachliche Zuständigkeit überwindet, eines Spezialgesetzes, und, soweit sie die örtliche Zuständigkeit überwindet, eines Querschnittsgesetzes, wie es das VwVfG ist.
Im Bereich staatlicher Leistungen und im staatsorganisatorischen
Innenbereich bedarf sie eines Querschnittsgesetzes nur dann, wenn
die Bereiche gesetzlich geregelt sind, wobei dies im Bereich staatlicher Leistungen häufiger als im staatsorganisatorischen Innenbereich
der Fall ist. Einen Anspruch auf Amtshilfeleistung kann nur eine
Behörde, nicht aber ein Bürger haben (Bauer DR 14; v. Danwitz
MKS 9; Erbguth SA 14, 26).

3   **Behörden** sind nicht nur Verwaltungsbehörden, sondern auch
Behörden der rechtsprechenden (BVerfGE 31, 43/46) und gesetzgebenden (vgl. Rn.1, 7 zu Art.44) Gewalt; Rechtshilfe wird
herkömmlich von Amtshilfe gerade dadurch unterschieden, dass
Rechtshilfe von einem Gericht geleistet wird (Bull AK 13 ff; v. Danwitz MKS 9; Gubelt MüK 9). Zu den Behörden der Länder rechnen
auch die der Gemeinden und Gemeindeverbände sowie der sonstigen juristischen Personen des öffentlichen Rechts, z. B. Bundes-
versicherungsanstalt für Angestellte (BVerwGE 38, 336/340), nicht
aber Parteien (BVerwGE 32, 333/336), Kirchen (BVerwG, DÖV
72, 721; vgl. auch Rn.16 zu Art.137 WRV) oder privatrechtlich
organisierte Verwaltungseinheiten (Gubelt MüK 3; a. A. v. Danwitz
MKS 13). Für Rundfunkanstalten und Universitäten gelten im Hinblick auf ihren Grundrechtsschutz (Rn.41, 99 zu Art.5) Besonderheiten (Gubelt MüK 3).

Rechts- und Amtshilfe ist die Hilfeleistung zwischen Behörden 4 unter Überwindung bestehender Kompetenz- und Zuständigkeits-grenzen unter folgenden Voraussetzungen: Es darf keine Weisungs-abhängigkeit, keine Delegation, kein Mandat und keine Organleihe vorliegen; es darf sich nur um ausnahmsweises und punktuelles, nicht um regelmäßiges Zusammenwirken handeln (Gubelt MüK 6). Die Hilfeleistung muss zur rechtmäßigen Aufgabenerfüllung erforderlich und darf nicht verselbständigter Gegenstand einer sondergesetzlichen Aufgabenzuweisung sein (v. Danwitz MKS 20, 22). Str. ist, ob die Rechts- und Amtshilfe ein Ersuchen einer Behörde voraussetzt (bejahend BGHZ 34, 184/187; Bauer DR 11, 16; Bull AK 13 f; Erbguth SA 15; verneinend Isensee HbStR IV 646; Schlink, o.Lit., 220 f).

2. Kompetenzüberschreitendes Zusammenwirken bei Not-fällen (Abs.2, 3)

Allgemeines. Die hier geregelten Formen der Zusammenarbeit 5 wurden 1968 und 1972 eingefügt (Einl.3 Nr.17, 31) und unterschei-den sich von Abs.1 dadurch, dass Kräfte und Einrichtungen des Bundes und der Länder an einem anderen Ort, nach anderem Recht und unter anderer Weisung tätig werden (Klein HbStR VII 400 f; Schlink, o.Lit., 161 ff). Diese Zusammenarbeit erfolgt entweder auf Anforderung eines Landes (Abs.2) oder durch Eingreifen des Bundes (Abs.3; sog. Bundesintervention). Die Anforderung eines Landes löst eine grundsätzliche Verpflichtung aus, ihr nachzukommen (BVerwG, DÖV 73, 491; Erbguth SA 40; Robbers, DÖV 89, 928).

Gesteigerte Amtshilfe (Abs.2 S.1). *Voraussetzungen* der Anforde- 6 rung eines Landes sind: – **(1)** Störung der öffentlichen Sicherheit oder Ordnung iSd allgemeinen Polizeirechts (Bauer DR 22; Erbguth SA 36; Stern II 1468 f). – **(2)** Fall von besonderer Bedeutung, wobei den zuständigen Landesorganen ein Beurteilungsspielraum einzuräu-men ist (Bauer DR 22; Erbguth SA 36). – **(3)** Erforderlichkeit idS, dass ohne die angeforderte Unterstützung die Polizei des Landes „eine Aufgabe nicht oder nur unter erheblichen Schwierigkeiten erfüllen könnte". *Rechtsfolge* der ansonsten im Ermessen des Landes liegenden (v. Danwitz MKS 62) Anforderung ist, dass Kräfte und Einrichtungen des Bundesgrenzschutzes der Polizei des Landes Un-terstützung leisten dürfen und müssen. „Kräfte" sind die Bediens-teten, „Einrichtungen" die sächlichen Mittel. Die Unterstützungs-leistung kann in sämtlichen Handlungsformen des öffentlichen Rechts erfolgen (v. Danwitz MKS 64).

7   **Katastrophennotstand innerhalb eines Landes** (Abs.2 S.2). *Voraussetzung* der Anforderung eines Landes ist entweder eine Naturkatastrophe oder ein besonders schwerer Unglücksfall. Den Begriffen ist gemeinsam, dass es sich um Schadensereignisse größeren Ausmaßes handelt; sie unterscheiden sich durch die Verursachung durch Naturgewalten bzw. durch menschliches Fehlverhalten oder technische Unzulänglichkeiten (Gubelt MüK 25; Klein HbStR VII 399; Stern II 1462 f). Darüber hinaus ist eine Erforderlichkeit iSd Abs.2 S.1 (oben Rn.6) zu verlangen (v. Danwitz MKS 70; Gubelt MüK 25; Hase AK 4). *Rechtsfolge* der ansonsten im Ermessen des Landes liegenden (v. Danwitz MKS 74) Anforderung ist, dass **(1)** Polizeikräfte anderer Länder, **(2)** Kräfte und Einrichtungen (vgl. oben Rn.6) anderer Verwaltungen, **(3)** des Bundesgrenzschutzes sowie **(4)** der Streitkräfte (Rn.2 zu Art.87 a) Unterstützung leisten (oben Rn.6) dürfen und müssen. Dies ist ein Fall des Einsatzes (Rn.4 zu Art.87 a) der Bundeswehr (Robbers, DÖV 89, 927). Hinsichtlich dieser Adressaten haben die zuständigen Landesorgane ein Auswahlermessen (Bauer DR 24; Hase AK 5; Stern II 1464). Die angeforderten Hilfskräfte bleiben Teil ihrer Herkunftsorganisation, sind aber an das Recht des Einsatzlandes gebunden (Klein HbStR VII 399 f).

8   **Katastrophennotstand über ein Land hinaus** (Abs.3). *Voraussetzungen* des Eingreifens des Bundes sind **(1)** entweder eine Naturkatastrophe oder ein besonders schwerer Unglücksfall (oben Rn.7), die das Gebiet mehr als eines Landes gefährden, und **(2)** Erforderlichkeit zur wirksamen Bekämpfung, d. h. wenn die betroffenen Länder zur wirksamen Bekämpfung nicht fähig oder nicht willens sind (Stern II 1465). Die Bundesregierung (vgl. Art.62) hat dann folgende, in ihrem Ermessen liegende (v. Danwitz MKS 78) *Kompetenzen:* – **(1)** Sie kann den Landesregierungen, anders als nach Art.91 Abs.2 aber nicht direkt den Polizeikräften, die Weisung erteilen, ihre Polizeikräfte einem betroffenen Land zur Verfügung zu stellen. – **(2)** Sie kann Einheiten des Bundesgrenzschutzes und der Streitkräfte (Rn.2 zu Art.87 a) zur Unterstützung (oben Rn.6) der Polizeikräfte einsetzen. Entsprechende Maßnahmen der Bundesregierung sind unverzüglich nach Beseitigung der Gefahr aufzuheben; sie sind außerdem jederzeit auf Verlangen des Bundesrats aufzuheben (Abs.3 S.2).

Art.36 [Personal der Bundesverwaltung]

(1) **Bei den obersten Bundesbehörden sind Beamte aus allen Ländern in angemessenem Verhältnis zu verwenden. Die bei den**

übrigen **Bundesbehörden beschäftigten Personen sollen in der Regel aus dem Lande genommen werden, in dem sie tätig sind.**

(2) **Die Wehrgesetze haben auch die Gliederung des Bundes in Länder und ihre besonderen landsmannschaftlichen Verhältnisse zu berücksichtigen.**

Literatur: *Schwidden,* Der Anteil der Beamten aus den Ländern bei den obersten Bundesbehörden gem. Art.36 GG, RiA 1994, 57; *Didczuhn,* Der Grundsatz der proportionalen föderalen Parität, 1990; *W. Klein,* Zur heutigen Bedeutung des Art.36 Abs.1 S.1 GG, ZBR 1988, 126.

Allgemeines. Die Vorschrift, deren Abs.2 1956 eingefügt wurde 1 (Einl.3 Nr.7), ist in allen Teilen unmittelbar geltendes Recht (Battis SA 6; Bauer DR 5; a. A. Bothe AK 9; Gubelt MüK 2); allerdings lässt sie dem Gesetzgeber einen weiten Gestaltungsspielraum. Art.36 gibt den Ländern, nicht aber den Bediensteten, einen Anspruch gegen den Bund (Bothe AK 8; Gubelt MüK 2). Durch Art.36 wird Art.33 Abs.2 nicht eingeschränkt (Bothe AK 7; Gubelt MüK 10; Höfling BK 67; diff. v. Danwitz MKS 14, 18; Sachs HbStR V 1080). Eine Ausdehnung des Abs.1 S.2 auf die Landesverwaltungen ist ausgeschlossen (BVerwGE 68, 109/113).

Bundesverwaltung. Zu den obersten Bundesbehörden Rn.1 zu 2 Art.87; hinzu kommen BVerfG und oberste Gerichtshöfe des Bundes außerhalb ihrer Rechtsprechungsfunktion (v. Danwitz MKS 7, 9; Gubelt MüK 4; Battis SA 7). Eine analoge Anwendung wird allgemein für Bundesoberbehörden (Rn.8 zu Art.87) befürwortet. Auch Behörden der mittelbaren Bundesverwaltung (Rn.1 zu Art.83) sollen darunter fallen (Höfling BK 22). Übrige Bundesbehörden iSd Abs.1 S.2 sind danach mittlere, untere und sonstige Bundesbehörden (Battis SA 11; Bauer DR 9; Höfling BK 47 ff).

Personal. Abs.1 S.1 gilt nur für Beamte, Abs.1 S.2 für alle 3 Bediensteten. Beamte aus allen Ländern meint nicht Landesbeamte, sondern Angehörige der Länder (Bothe AK 3; Gubelt MüK 6), wobei mehrere Anknüpfungspunkte in Betracht kommen (Bauer DR 7; Battis SA 9 f; v. Danwitz MKS 11). Angemessenes Verhältnis meint nicht Quotierung, sondern Annäherung an das Einwohnerverhältnis (Bergmann SeiHö 3; Bauer DR 8).

Art.**37** [Bundeszwang]

(1) **Wenn ein Land die ihm nach dem Grundgesetze oder einem anderen Bundesgesetze obliegenden Bundespflichten nicht erfüllt[2], kann die Bundesregierung mit Zustimmung des**

Bundesrates die notwendigen Maßnahmen[3] treffen, um das Land im Wege des Bundeszwanges zur Erfüllung seiner Pflichten anzuhalten.

(2) Zur Durchführung des Bundeszwanges hat die Bundesregierung oder ihr Beauftragter das Weisungsrecht gegenüber allen Ländern und ihren Behörden[3].

Literatur: S. Literatur zu Art.20 B.

1 **Allgemeines.** Die Vorschrift betrifft die Sicherung des Bundesstaatsprinzips (Rn.16–22 zu Art.20) und ermächtigt zu Zwangsmaßnahmen gegenüber einzelnen Ländern, zu denen es aber bisher noch nicht gekommen ist. Sie hat keinen individualschützenden Charakter (BVerwG, NJW 77, 118). Der Bundeszwang ist von der Bundesaufsicht (Rn.12–15 zu Art.84; Rn.8 zu Art.85) zu unterscheiden; allerdings kann die Feststellung der Nichterfüllung von Pflichten aus der Bundesaufsicht nach Maßgabe des Art.84 Abs.4 Tatbestandsvoraussetzung für den Bundeszwang sein (v. Danwitz MKS 10, 28).

2 **Tatbestandsvoraussetzung** ist die Nichterfüllung von Bundespflichten aus dem GG oder einem Bundesgesetz durch ein Land, d. h. dessen Verfassungsorgane mit Ausnahme der Rechtsprechung (v. Danwitz MKS 12 ff; Erbguth SA 7; Gubelt MüK 3 f). Bundespflichten sind nur solche, die das Verhältnis zwischen Bund und Ländern sowie zwischen Ländern untereinander betreffen; nicht darunter fallen Pflichten der Länder gegenüber ihren Bürgern (Bauer DR 9; Erbguth SA 8; a. A. Bothe AK 11) oder gegenüber ausländischen Staaten und deren Bürgern (Bauer DR 9; Erbguth SA 8). Die Bundespflichten müssen den Ländern nach dem GG oder einem Bundesgesetz obliegen; das umschließt ihre Feststellung durch Entscheidungen des BVerfG (Stern I 715). Bundespflichten aus Gewohnheitsrecht, Rechtsverordnungen oder Staats- und Verwaltungsverträgen reichen nicht aus (Erbguth SA 8; Gubelt MüK 6; a. A. zu Rechtsverordnungen Bothe AK 13; v. Danwitz MKS 17 f; Stern I 715); die vielfach vertretene Annahme, auch aus dem Gebot bundesfreundlichen Verhaltens (Rn.20–22 zu Art.20) seien Bundespflichten herleitbar (Bothe AK 12; v. Danwitz MKS 16; Erbguth SA 8; Stern I 715), ist problematisch (Bauer DR 10). Die Nichterfüllung der Bundespflichten setzt kein Verschulden voraus.

3 **Maßnahmen** des Bundeszwangs stehen im Ermessen der Bundesregierung (vgl. Art.62). Sie ist nicht verpflichtet, vorher das BVerfG anzurufen (BVerfGE 7, 367/372). Es ist aber die vorherige und jederzeit widerrufliche Zustimmung des Bundesrats erforderlich. Die Ermächtigung zu den „notwendigen" Maßnahmen be-

schränkt das Ermessen nach dem Maßstab des Übermaßverbots (Rn. 80–88 zu Art. 20; krit. Bauer DR 12; v. Danwitz MKS 30). *Zulässige* Maßnahmen sind außer den in Abs. 2 genannten Weisungen (Bothe AK 23 f; Stern I 716; nach a. A. sollen sie keine Maßnahme iSd Abs. 1 sein, vgl. Bauer DR 14; v. Danwitz MKS 37; Erbguth SA 21) und der ebenda vorausgesetzten Einsetzung eines Bundesbeauftragten: finanzielle und wirtschaftliche Maßnahmen; Untersagungsverfügung (BVerfGE 3, 52/57); Weigerung der Erfüllung von Pflichten des Bundes gegenüber dem Land; Ersatzvornahme (v. Danwitz MKS 36); Einsatz von Polizeikräften des betroffenen Landes, dagegen ist der Einsatz von Polizeikräften anderer Länder und des Bundesgrenzschutzes nur unter den Voraussetzungen des Art. 91 Abs. 2 zulässig (Bothe AK 23; Gubelt MüK 14; Stern I 717; a. A. v. Danwitz MKS 9); treuhänderische Übernahme der Landesgewalt durch Suspension von Verfassungsorganen mit Ausnahme der Rechtsprechung. *Unzulässig* sind die Auflösung des Landes, der Einsatz der Bundeswehr, die Ausübung des Stimmrechts des Landes im Bundesrat, Maßnahmen mit Strafwirkung oder irreversiblem Charakter, wie Auflösung des Parlaments und Amtsenthebung der Regierung (Erbguth SA 13).

III. Der Bundestag

Art. 38 [Wahlrechtsgrundsätze und Rechtsstellung der Abgeordneten]

(1) Die Abgeordneten des Deutschen Bundestages[23] werden in allgemeiner[5, 11, 18 ff], unmittelbarer[8, 12, 21], freier[9, 13 ff, 21], gleicher[6 f, 11, 18 ff] und geheimer[10, 16 f, 21] Wahl[2 f] gewählt. Sie sind Vertreter des ganzen Volkes[24], an Aufträge und Weisungen nicht gebunden und nur ihrem Gewissen[26] unterworfen[25 ff].

(2) Wahlberechtigt ist, wer das achtzehnte Lebensjahr vollendet hat; wählbar ist, wer das Alter erreicht hat, mit dem die Volljährigkeit eintritt[4, 18].

(3) Das Nähere bestimmt ein Bundesgesetz[21, 25].

Übersicht

Literatur I (Wahlrechtsgrundsätze): *Studenroth,* Wahlbeeinflussung durch staatliche Funktionsträger, AöR 2000, 257; *Ehlers,* Sperrklauseln im Wahlrecht, Jura 1999, 660; *W. Schreiber,* Handbuch des Wahlrechts zum Deutschen Bundestag, 6. A. 1998; *Pauly,* Das Wahlrecht in der neueren Rspr. des BVerfG, AöR 1998, 232; *C. Lenz,* Die Wahlrechtsgleichheit und das BVerfG, AöR 1996, 337; *Papier,* Überhangmandate und Verfassungsrecht, JZ 1996, 265; *Hoppe,* Die Verfassungswidrigkeit der Grundmandatsklausel (§ 6 Abs.6 Bundeswahlgesetz), DVBl 1995, 265; *Mager/Uerpmann,* Überhangmandate und Gleichheit der Wahl, DVBl 1995, 273; *Nicolaus,* Demokratie, Verhältniswahl und Überhangmandate, 1995; *Gassner,* Kreation und Repräsentation, Staat 1995, 429; *Schürmann,* Öffentlichkeitsarbeit der Bundesregierung, 1992; *Brenner,* Die Entwicklung des Wahlrechts und der Grundsatz der Wahlrechtsgleichheit im wiedervereinigten Deutschland, AöR 1991, 537; *Becht,* Die 5%-Klausel im Wahlrecht, 1990; *Walther,* Wahlkampfrecht, 1989; *H. Meyer,* Demokratische Wahl und Wahlsystem, HbStR II, 1987, 249; *ders.,* Wahlgrundsätze und Wahlverfahren, HbStR II, 1987, 269; *Gramlich,* Allgemeines Wahlrecht – in Grenzen?, JA 1986, 129. – **Literatur II (Stellung der Bundestagsabgeordneten):** *Cremer,* Anwendungsorientierte Verfassungsauslegung. Der Status der Bundestagsabgeordneten im Spiegel der Rspr. des BVerfG, 2000; *Rühl,* Das „freie Mandat", Staat 2000, 23; *Steinberg,* Aberkennung des Abgeordnetenmandats im Verfassungsstaat, Staat 2000, 588; *Remmert,* Abgeordnetenvereinigungen im Bundestag, ZPol 1998, 961; *Kürschner,* Das Binnenrecht der Bundestagsfraktionen, 1995; *Demmler,* Der Abgeordnete im Parlament der Fraktionen, 1994; *Wefelmeier,* Repräsentation und Abgeordnetenmandat, 1991; *Ziekow,* Der Status der fraktionslosen Abgeordneten, JuS 1991, 28; *Trute,* Der fraktionslose Abgeordnete, Jura 1990, 184; *Badura,* Die Stellung des Abgeordneten nach dem Grundgesetz und den Abgeordnetengesetzen in Bund und Ländern, ParlRPr, 1989, 489; *Schulze-Fielitz,* Der Fraktionslose im Bundestag, DÖV 1989, 829; *Birk,* Gleichheit im Parlament, NJW 1988, 2521; *Umbach,* Abgeordnete und Fraktionen als Antragsteller im Organstreit, FS Zeidler, 1987, 1235; *H. H. Klein,* Status des Abgeordneten, HbStR II, 1987, 367; *Heyen,* Über Gewissen und Vertrauen des Abgeordneten, Staat 1986, 35; *Abmeier,* Die parlamentarischen Befugnisse des Abgeordneten des Deutschen Bundestages nach dem GG, 1984; *Härth,* Die Rede- und Abstimmungsfreiheit der Parlamentsabgeordneten in der Bundesrepublik Deutschland, 1983.

I. Wahlrechtsgrundsätze (Abs.1 S.1, Abs.2, 3)

1. Bedeutung

1   Die Vorschrift normiert die Volkswahl zum Deutschen Bundestag (Schneider AK 38; v. Münch MüK 1). Die Wahlrechtsgrundsätze sind objektives Recht und zugleich grundrechtsgleiche Rechte (Vorb.1 vor Art.1; Rn.52, 72 zu Art.93). Sie sind eine wichtige Ausprägung des Demokratieprinzips (Rn.6 zu Art.20; BVerfGE 11, 351/360; 18, 151/154; 69, 92/105 f). Zu ihrer Maßstäblichkeit im Wahlprüfungsverfahren Rn.5 zu Art.41.

2. Schutzbereich I: Allgemeines

2   **a) Erfasste Wahlen.** Wahl ist eine Abstimmung, durch die eine oder mehrere Personen aus einem größeren Personenkreis ausgelesen werden (BVerfGE 47, 253/276); eine bloße Parteienwahl ist ausgeschlossen (BVerfGE 95, 335/349; 97, 317/323). Sie umfasst grds. den gesamten Wahlvorgang, von der Aufstellung der Bewerber über die Stimmabgabe und Auswertung der abgegebenen Stimmen bis zur Zuteilung der Abgeordnetensitze (Stern I 304 f). Für die Kandidatenaufstellung durch politische Parteien verlangt Art.38 allerdings nur die Einhaltung eines Kernbestandes an Verfahrensgrundsätzen, ohne den ein Kandidatenvorschlag schlechterdings nicht Grundlage eines demokratischen Wahlvorgangs sein kann (BVerfGE 89, 243/252 f; vgl. auch HambVerfG, DVBl 93, 1072; Mager, DÖV 95, 9/11 ff). Die Wahlrechtsgrundsätze sind in Abs.1 S.1 nur für die Wahlen zum Deutschen Bundestag normiert. Die Grundsätze gelten gem. Art.28 Abs.1 S.2 als objektives Recht (Rn.1 zu Art.28; Rn.54 zu Art.93) auch für die Wahlen in den Ländern, Kreisen und Gemeinden. Darüber hinaus gelten sie „als allgemeine Rechtsprinzipien" für Wahlen zu allen Volksvertretungen und für politische Abstimmungen (BVerfGE 13, 54/91 f; 51, 222/234 f; 60, 162/167; BVerwG, NVwZ 86, 756; vgl. auch SächsVerfGH, LVerfGE 6, 244/250; HambVerfG, LVerfGE 8, 227/238 f; BerlVerfGH, LVerfGE 4, 34/38). Die Wahlrechtsgrundsätze der Allgemeinheit und Gleichheit hat die Rspr. auch auf die Wahlen im Bereich der Sozialversicherung (BVerfGE 30, 227/246; BSGE 81, 268/272), der Personalvertretung (BVerfGE 60, 162/169 ff; BVerwGE 110, 253/264 f) und der Arbeitnehmerkammern (BVerfGE 71, 81/94 f) angewandt. Der Wahlrechtsgrundsatz der Unmittelbarkeit

wird bei Sozialwahlen jedenfalls gleich ausgelegt (BSGE 79, 105/109).

Die Wahlrechtsgrundsätze **gelten** dagegen **nicht** umfassend für **2 a** Wahlen zum Europäischen Parlament (BVerfG-K, NJW 95, 2216; vgl. aber BVerfGE 51, 222/234; a. A. Lenz, NJW 96, 1328 f) und für Wahlen innerhalb von Selbstverwaltungseinrichtungen, wo die spezifische Sachaufgabe anstelle der allgemeinen demokratischen Legitimation im Vordergrund steht, so in Hochschulgremien (BVerfGE 39, 247/254 ff), Richter- und Präsidialräten (BVerfGE 41, 1/12 f; BVerwGE 48, 251/256) und Schülerräten (HambOVG, DVBl 79, 361). Keine Wahl idS, sondern ein Akt der Geschäftsführung des Personalrats ist die Bestimmung der Personalratsvorstandsmitglieder (st. Rspr. seit BVerwGE 5, 118/119), so dass es nicht zu beanstanden ist, dass die Besetzung nach dem Gruppenprinzip und nicht nach dem Verhältniswahlsystem erfolgt (BVerwG, DVBl 91, 114).

b) Aktives und passives Wahlrecht werden geschützt. Sie umfas- **3** sen die Möglichkeit, Wahlvorschläge zu machen (unten Rn.7–9) und die Stimme abzugeben (BVerfGE 13, 1/18). Darin ist der Anspruch enthalten, dass nach Maßgabe der Verfassung (vgl. vor allem Art.39) überhaupt gewählt und gegebenenfalls neugewählt (OVG Rh-Pf, AS 2, 186/198) wird (BVerfGE 1, 14/33; 13, 54/91); nicht aber, dass der Bundestag nicht gem. Art.68 aufgelöst wird (BVerfGE 63, 73/75). Abs.1 S.1 gewährleistet auch keine Einflussnahme auf die Ausübung der Staatsgewalt (vgl. Bethge MSKU Vorb.151 f vor § 1; Tomuschat, EuGRZ 93, 491; **a. A.** BVerfGE 89, 155/171 f; vgl. auch BVerfGE 97, 350/368 ff). Die einzelnen Anforderungen der Wahlrechtsgrundsätze (unten Rn.5–10) haben teilw. unterschiedliche normative Wirkungen für das aktive und passive Wahlrecht.

c) Träger der grundrechtsgleichen Rechte aus Abs.1 S.1 sind nur **4** Deutsche (Rn.1–10 zu Art.116). Die Wahlen sind als Ausdruck des Demokratieprinzips und der Volkssouveränität (Rn.4 f zu Art.20) ein Recht des Staatsvolks der Bundesrepublik Deutschland, das von den Deutschen gebildet wird (BVerfGE 83, 37/50 f; a. A. Meyer HbStR II 272 ff). Soweit Beeinträchtigungen der Allgemeinheit der Wahl gerechtfertigt sind (unten Rn.18–20), führen sie zu einem entsprechenden Ausschluss der Trägerschaft. Die grundrechtsgleichen Rechte aus Abs.1 S.1 sind auf Vereinigungen von Wählern anwendbar (BVerfGE 60, 162/167; 82, 322/336; 95, 408/417; vgl. auch Rn.13, 16 zu Art.19).

3. Schutzbereich II: Wahlrechtsgrundsätze

5   **a) Allgemeinheit** der Wahl bedeutet Gleichheit bezüglich der Fähigkeit zu wählen und gewählt zu werden. Allgemeinheit der Wahl ist ein Spezialfall der Gleichheit der Wahl (unten Rn.6 f). Der Grundsatz der Allgemeinheit „untersagt den unberechtigten Ausschluss von Staatsbürgern von der Teilnahme an der Wahl. Er verbietet dem Gesetzgeber, bestimmte Bevölkerungsgruppen aus politischen, wirtschaftlichen oder sozialen Gründen von der Ausübung des Wahlrechts auszuschließen und fordert, dass grds. jeder sein Wahlrecht in möglichst gleicher Weise soll ausüben können" (BVerfGE 58, 202/205). Die Allgemeinheit bezieht sich auch auf das Wahlvorschlagsrecht (BVerfGE 11, 266/272; 60, 162/167; 89, 243/251).

6   **b) Gleichheit** der Wahl besagt, „dass jedermann sein Wahlrecht in formal möglichst gleicher Weise soll ausüben können" (BVerfGE 79, 161/166; 82, 322/337; st. Rspr.). Sie bedeutet für das aktive Wahlrecht, dass jeder Wähler die gleiche Stimmenzahl hat (gleicher Zählwert) und jede Stimme bei der Umsetzung der Stimmen in die Zuteilung von Parlamentssitzen berücksichtigt wird (gleicher Erfolgswert); allerdings soll letzteres der vom BVerfG für zulässig gehaltenen Mehrheitswahl nicht gelten (BVerfGE 95, 335/353; 95, 408/417; vgl. auch Pauly, AöR 1998, 241 f; Lenz, AöR 1996, 354 f). Für das passive Wahlrecht bedeutet Gleichheit der Wahl die Chancengleichheit aller Wahlbewerber. Jeder Wahlbewerber hat „Anspruch darauf, dass die für ihn gültig abgegebenen Stimmen bei der Ermittlung des Wahlergebnisses für ihn berücksichtigt und mit gleichem Gewicht gewertet werden wie die für andere Bewerber abgegebenen Stimmen" (BVerfGE 85, 148/157). Inhaltlich gilt für sie das zur Chancengleichheit der Parteien (Rn.16 zu Art.21) Gesagte entsprechend. Die Gleichheit bezieht sich auch auf das Wahlvorschlagsrecht (oben Rn.5; unten Rn.9) und die Wahlwerbung (BVerfGE 42, 133/138; HessStGH, NVwZ 92, 465). Die Wahlgleichheit soll nach der Rspr. darüber hinaus das Vorfeld der politischen Willensbildung umfassen, insb. „mittelbare staatliche Finanzierungshilfen zugunsten der politischen Parteien und der mit ihnen auf der kommunalen Ebene konkurrierenden Gruppen durch die steuerliche Berücksichtigung von Beiträgen und Spenden" (BVerfGE 78, 350/358; 85, 264/297; 99, 69/78; zust. Magiera SA 91). Das ist abzulehnen, weil die Wahlgleichheit damit konturenlos würde (v. Münch MüK 47; Morlok DR 93).

7   Im **Verhältnis zum allgemeinen Gleichheitssatz** (Art.3 Abs.1) ist die Wahlgleichheit lex specialis (BVerfGE 99, 1/7; Sachs HbStR

V 1075; v. Münch MüK 48). Im Anwendungsbereich der speziellen wahlrechtlichen Gleichheitssätze des Art.38 Abs.1 S.1 und des Art.28 Abs.1 S.2 kann nicht auf den allgemeinen Gleichheitssatz zurückgegriffen werden (BVerfGE 99, 1/8 gegen die frühere st. Rspr.; vgl. BVerfGE 89, 266/270; 95, 408 (417 f). Die Wahlgleichheit unterscheidet sich vom allgemeinen Gleichheitssatz durch ihre „weit stärkere Formalisierung" (BVerfGE 4, 375/382), durch ihren „formalen Charakter": Es verbleibt dem Gesetzgeber nur ein eng bemessener Spielraum; Differenzierungen in diesem Bereich bedürfen stets eines besonderen rechtfertigenden bzw. zwingenden Grundes (BVerfGE 69, 92/106; 82, 322/338; 95, 408/418 f; BVerwGE 51, 69/77).

c) Unmittelbarkeit der Wahl „verlangt, dass die Mitglieder einer **8** Volksvertretung direkt ohne die Einschaltung von Wahlmännern gewählt werden. (Sie) schließt jedes Wahlverfahren aus, bei denen zwischen Wähler und Wahlbewerber nach der Wahlhandlung eine Instanz eingeschaltet ist, die nach ihrem Ermessen den Vertreter auswählt und damit dem einzelnen Wähler die Möglichkeit nimmt, die zukünftigen Mitglieder der Volksvertretung durch die Stimmabgabe selbständig zu bestimmen" (BVerfGE 47, 253/279 f). Die Unmittelbarkeit ist daher bei einer freien Willensentscheidung des Gewählten selbst über Nichtannahme, späteren Rücktritt (BVerfGE 3, 45/50; 47, 253/281) oder Ausscheiden aus der Partei (BVerfGE 7, 63/72) gewahrt. Die Unmittelbarkeit hindert auch nicht, dass die Wahl eines Bewerbers von der Mitwahl weiterer Bewerber abhängig gemacht wird (BVerfGE 7, 63/69; 21, 355/356; 47, 253/283); daher ist die Listenwahl als solche unproblematisch (Morlok DR 73; a. A. für das Listenprivileg der Parteien Achterberg/Schulte MKS 125; v. Münch MüK 22). Die Unmittelbarkeit setzt allerdings voraus, dass der Wähler erkennen kann, welche Personen sich um ein Mandat bewerben (BVerfGE 47, 253/280 f; 95, 335/350; 97, 317/326). Teilw. wird darüber hinaus die Höchstpersönlichkeit der Stimmabgabe hierher gerechnet (Morlok DR 75; v. Münch MüK 64).

d) Freiheit der Wahl bedeutet zunächst, „dass der Akt der **9** Stimmabgabe frei von Zwang und unzulässigem Druck bleibt" (BVerfGE 44, 125/139). Freiheit ist weiterhin vor und nach der Wahl gewährleistet (Maunz MD 47; v. Münch MüK 42). Sie schützt vor allen Maßnahmen, die geeignet sind, die Entscheidungsfreiheit ernstlich zu beeinträchtigen (BVerfGE 40, 11/41; 66, 369/380). Sie betrifft nicht nur das Wie, sondern auch das Ob der Wahl (Morlok DR 83; v. Münch MüK 33; Magiera SA 85; Stern I 248 f; a. A.

Schneider AK 48; Volkmann FH 29 zu Art.20). Zur Wahlfreiheit gehören auch ein grds. freies Wahlvorschlagsrecht für alle Wahlberechtigten (BVerfGE 41, 399/417; zust. Achterberg/Schulte MKS 127) und eine freie Kandidatenaufstellung unter Beteiligung der Mitglieder der Parteien und Wählergruppen (BVerfGE 47, 253/282). Die Parteien müssen rechtlich mögliche und ihnen zumutbare organisatorische Maßnahmen zur Einladung der teilnahmeberechtigten Parteiangehörigen ergreifen (BVerfGE 89, 243/256). Wahlbewerber müssen sich ausreichend vorstellen können (BVerfGE 89, 243/260). Die Entscheidungsfreiheit garantiert die Auswahlmöglichkeit zwischen Kandidaten und Listen (BVerfGE 47, 253/283 f; 95, 335/350). Die zugelassenen Wahlvorschläge und die Ergebnisse der ersten Wahl bei einer Neuwahl müssen rechtzeitig bekanntgemacht werden (SächsVerfGH, LVerfGE 6, 244/252). Freiheit der Wahl steht in engem Zusammenhang mit Geheimheit der Wahl (unten Rn.10).

10   **e) Geheimheit** der Wahl schützt vor der Offenbarung, wie jemand wählen will, wählt oder gewählt hat. Sie beschränkt sich nicht auf den Vorgang der Stimmabgabe, sondern erstreckt sich auf die Wahlvorbereitungen, die notwendig zur Verwirklichung des Wahlrechts gehören (BVerfGE 4, 375/386 f; 12, 33/35 f; 12, 135/139).

4. Beeinträchtigung

11   **a) Allgemeinheit und Gleichheit** werden beeinträchtigt durch staatliche Ungleichbehandlung im Zusammenhang mit der Wahl. Das kann durch die Benachteiligung eines Wählers oder Wahlbewerbers und durch die Begünstigung eines „vergleichbaren Falles" geschehen (BVerfGE 64, 301/321). Vergleichbar idS sind auch einzelne Wahlbewerber und Parteien (BVerfGE 11, 351/362; 41, 399/413; 69, 92/107). Die Gleichheit gibt aber kein subjektives Recht auf Ausschluss anderer von der Wahl (BVerfGE 89, 155/179 f; BVerfG-K, BayVBl 97, 499). Die Gleichheit gebietet die „Einrichtung einer Wahlprüfung, die sich auch auf die Ermittlung des Wahlergebnisses erstreckt" (BVerfGE 85, 148/158). Allgemeinheit und Gleichheit verpflichten den Gesetzgeber nicht zur Einführung der Brief- oder Vorauswahl (BVerfGE 12, 139/142; 15, 165/167; krit. v. Münch MüK 20) und auch nicht zum Ausgleich vorgegebener Unterschiede zwischen den konkurrierenden Bewerbern und Bewerbergruppen (BVerfGE 78, 350/358; vgl. auch Rn.11 zu Art.21). Unter besonderen Umständen kann er aber verpflichtet sein, die ordnungsgemäße und fristgerechte Wahlvorbereitung zu über-

wachen (BVerfGE 82, 353/367). Politische Parteien können Allgemeinheit und Gleichheit bei der Kandidatenaufstellung (oben
Rn.2) beeinträchtigen (unten Rn.15).

b) Unmittelbarkeit wird beeinträchtigt, wenn eine fremde Wil- **12**
lensentscheidung außer der des Bewerbers selbst zwischen Wahlakt
und Wahlergebnis geschaltet ist. Dies kann durch staatliches rechtliches und faktisches Verhalten sowie auf der Grundlage staatlicher
Regelungen durch Private geschehen. Dagegen können entsprechende Handlungen Privater ohne rechtliche Grundlage die Unmittelbarkeit nicht beeinträchtigen. Bei der Listenwahl beeinträchtigen
nachträgliche Änderungen (Auffüllung, Streichung, andere Reihenfolge) die Unmittelbarkeit (BVerfGE 3, 45/51; 7, 77/84 f). Ersatzleute sind dann nicht durch die Landesliste mitgewählt, wenn die
Partei des weggefallenen Wahlkreisabgeordneten in dem betreffenden Land über Überhangmandate verfügt (BVerfGE 97, 317/328).
Die Nichtberücksichtigung von Listenkandidaten, die aus der Partei
ausgeschieden sind (vgl. § 48 Abs.1 S.2 BWahlG) ist nicht insgesamt
gültig (so BVerfGE 7, 63/72), sondern nur insoweit, als das Ausscheiden freiwillig und nicht durch Parteiausschluss erfolgt ist
(Erichsen, Jura 83, 640; Pieroth/Schlink 1048; a. A. Morlok DR 78;
v. Münch MüK 28 f; Schreiber FH 65).

c) Freiheit wird durch Zwang und Druck von **staatlicher** Seite **13**
beeinträchtigt (BVerfGE 44, 125/139), d. h. es darf keine inhaltliche
Beeinflussung des Wählers erfolgen. Hinsichtlich des Ob der Wahl
wäre dies bei einer Wahlpflicht der Fall (oben Rn.9); hinsichtlich des
Wie der Wahl bei der parteiergreifenden Bevorzugung einer Partei
oder eines Bewerbers gegenüber anderen oder aller am Wahlkampf
beteiligten Parteien oder Bewerber gegenüber der Regierung
(BVerfGE 44, 125/144; BVerwGE 104, 323/327) sowie bei der
Beseitigung einer Auswahlmöglichkeit. Beeinträchtigungen der
Freiheit des aktiven Wahlrechts sind hier häufig zugleich Beeinträchtigungen der Chancengleichheit des Wahlbewerbers (oben Rn.6)
und der Chancengleichheit der Parteien (Rn.16 zu Art.21).

Werbende Äußerungen dürfen nicht in amtlicher Eigenschaft **14**
abgegeben werden (BVerwGE 104, 323/327 ff; Achterberg/Schulte
MKS 128); für sie darf auch nicht das Diensttelefon benutzt werden
(BVerwG, NVwZ 99, 424). Die Erläuterung der Briefwahlunterla-
gen im Fernsehen ist keine Werbung (BVerfGE 40, 11/41). Zulässig
ist auch die innerhalb der jeweiligen Kompetenzen bleibende Öffentlichkeitsarbeit, z. B. Presseerklärungen, Wiedergabe von Gesetzen und Gefahraufklärungen (BVerfGE 44, 125/149). Für unzuläs-

sige Wahlwerbung spricht, wenn der informative Gehalt einer
Druckschrift oder Anzeige eindeutig hinter die reklamehafte Auf-
machung zurücktritt und die Aktivitäten in Wahlkampfnähe an-
wachsen (BVerfGE 44, 125/151 ff; 63, 230/243 f; StGH BW,
ESVGH 31, 81; BremStGH, NVwZ 85, 649; HessStGH, NVwZ
92, 465; LVerfG MV, LVerfGE 4, 268/279; VerfGH NW, NVwZ 92,
467; LVerfG SAn, LVerfGE 3, 261/271). Bei Volksentscheiden darf
die Regierung nicht wie eine der beteiligten Gruppen in den
Abstimmungskampf eingreifen (BVerfGE 37, 84/91; BerlVerfGH,
LVerfGH 3, 75/81; 4, 30/33 f; Schürmann, o. Lit, 312 ff), d. h. es
besteht für ihr grds. zulässiges Werben ein Sachlichkeitsgebot (Oebbecke, BayVBl 98, 645). Auch Fraktionen dürfen die ihnen aus
öffentlichen Mitteln zur Verfügung gestellten Zuschüsse nicht zur
Wahlwerbung verwenden (BVerfG-K, DÖV 83, 153; BremStGHE
4, 111/146 f). Die Wahlfreiheit verpflichtet darüber hinaus die Regierung zu Vorkehrungen dagegen, „dass die von ihr für Zwecke der
Öffentlichkeitsarbeit hergestellten Druckwerke nicht von den Parteien selbst oder von anderen sie bei der Wahl unterstützenden
Organisationen oder Gruppen zur Wahlwerbung eingesetzt werden"
(BVerfGE 44, 125/154).

15   Die Wahlfreiheit richtet sich auch gegen **Private** (BVerfGE 66,
369/380; Achterberg/Schulte MKS 126; v. Münch MüK 34). Deren
Einflussnahme auf die Wahl ist im Rahmen des Art.5 Abs.1, 2
erlaubt (BVerfGE 37, 84/91; 42, 53/62; 47, 198/229; 48, 271/278).
Das gilt auch für kirchliche Aufrufe zur Wahl einer bestimmten
Partei (BVerwGE 18, 14/17; OVG NW, OVGE 18, 1). Dagegen ist
die von einem privaten Arbeitgeber ausgesprochene Kündigung
eines Arbeitnehmers wegen einer bestimmten Stimmabgabe nichtig
(v. Münch MüK 42). Welcher Druck von Privaten unzulässig ist,
wird im Tatbestand des § 108 StGB (Wählernötigung) in verfassungsmäßiger Weise konkretisiert (BVerfGE 66, 369/380). Eine
Beeinträchtigung der Wahlfreiheit durch Übergabe von Geschenken
hat BVerfGE 21, 196/198 offengelassen; sie ist bei Gegenständen
von einigem Wert zu bejahen (Frowein, AöR 1974, 104; v. Münch
MüK 39). Zu den Privaten zählen auch die politischen Parteien,
insb. bei der Kandidatenaufstellung (vgl. BVerfGE 89, 243/251). Die
Veröffentlichung von Meinungsumfragen und Wahlprognosen beeinträchtigt die Wahlfreiheit nicht (Morlok DR 91). Zur Ablehnung
von Wahlanzeigen durch Presseunternehmen Rn.21 zu Art.21.

16   **d) Geheimheit** wird durch unzulässige Offenbarung durch
staatliche Maßnahmen beeinträchtigt. Dazu gehört auch eine ge-

richtliche Beweiserhebung über die Wahlentscheidung einer Person (BVerwGE 49, 75/76; BGH, JZ 81, 103; a. A. für den Strafprozess und das Wahlprüfungsverfahren vorbehaltlich eines Aussageverweigerungsrechts Silberkuhl SeiHö 10). Das Wahlgeheimnis verpflichtet darüber hinaus den Staat zu Vorkehrungen, die die geheime Stimmabgabe gewährleisten, wie sichtgeschützte Wahlzelle und verdeckter (mindestens gefalteter) Stimmzettel (v. Münch MüK 58), nicht aber zur Verwendung von Stimmzettelumschlägen (BVerwG, Bh 160 Nr.25). Soweit die Briefwahl zulässig ist (unten Rn.21), ist der Gesetzgeber verpflichtet, Mißbräuche zu beseitigen, die das Wahlgeheimnis gefährden, und sind die Behörden „gehalten, darüber zu wachen und im Rahmen ihrer Möglichkeiten dafür zu sorgen, dass bei der Briefwahl das Wahlgeheimnis und die Freiheit der Wahl gewährleistet bleiben" (BVerfGE 59, 119/127).

Die Geheimheit richtet sich wie die Wahlfreiheit (oben Rn.15) **17** auch gegen **Private** (Achterberg/Schulte MKS 152; Maunz MD 54; v. Münch MüK 56). Die Offenbarung durch den Wähler selbst ist vor und nach der Wahl zulässig, nicht aber bei der Stimmabgabe (OVG Lüneburg, OVGE 12, 418; VGH BW, ESVGH 14, 11/15; Maunz MD 54; v. Münch MüK 57).

5. Rechtfertigung von Beeinträchtigungen (Schranken)

a) Beeinträchtigungen der **Allgemeinheit und Gleichheit** be- **18** dürfen eines besonderen rechtfertigenden Grundes (oben Rn.5, 7). Dieser muss zudem geeignet und erforderlich sein (BVerfGE 95, 408/418, 420). Er kann in einer speziellen **Verfassungsvorschrift** enthalten sein. So durchbricht Abs.2 die Allgemeinheit: Das aktive Wahlrecht beginnt seit der Verfassungsänderung von 1970 (Einl.3 Nr.27) mit Vollendung des 18. Lebensjahrs, ebenso seit einer Gesetzesänderung von 1975 das passive Wahlrecht; vollendet ist das 18. Lebensjahr mit Beginn des Geburtstags (vgl. § 187 Abs.2 S.2 BGB). Art.137 Abs.1 ermächtigt zu Beschränkungen der Allgemeinheit des passiven Wahlrechts (Rn.3–7 zu Art.137). Die Inkompatibilitätsvorschriften der Art.55 Abs.1 und 94 Abs.1 S.3 betreffen unmittelbar zwar nur die Unvereinbarkeit eines Amts mit dem Abgeordnetenstatus, haben aber mittelbare Auswirkungen auf das passive Wahlrecht. Mit Art.33 Abs.5 werden die Altersgrenzen für die Wählbarkeit kommunaler Wahlbeamter gerechtfertigt (BayVerfGHE 21, 83/90; vgl. auch BVerfG-K, DVBl 94, 44; NVwZ 97, 1207; krit. Gramlich, JA 86, 132 f). Art.118 a ermächtigt die beteiligten Landesregierungen, für die Fusion zu werben (Rn.1 zu Art.118 a).

19   Der besondere rechtfertigende Grund kann auch in **systematischer Auslegung** dem GG entnommen werden. Er muss durch die Verfassung legitimiert, nicht aber geboten sein (BVerfGE 95, 408/418). So werden Sperrklauseln bei dem Verhältniswahlsystem, die den gleichen Erfolgswert der Stimmen beeinträchtigen, mit der Funktionsfähigkeit des Parlaments gerechtfertigt (BVerfGE 1, 208/248 ff; 51, 222/237 f; 95, 408/419 f; für Kommunalwahlen diff. VerfGH NW, NVwZ 00, 666). Zur Höhe hat BVerfGE 1, 208/256 5% als „gemeindeutschen Satz" bezeichnet, eine Erhöhung „bei ganz besonderen, zwingenden Gründen" zwar nicht ausgeschlossen (vgl. auch BVerfGE 34, 81/100 ff), aber für „in aller Regel" verfassungswidrig erachtet (BVerfGE 47, 253/277; 95, 408/419); unter den besonderen Umständen der ersten gesamtdeutschen Wahl 1990 war ein Festhalten an 5% in einem einheitlichen Wahlgebiet unzulässig (BVerfGE 82, 322/340); BayVerfGHE 2, 45 ff; 11, 140 ff haben 10% auf der Ebene des Regierungsbezirks nicht beanstandet (krit. Bothe AK 9 zu Art.28; Dreier DR 66 zu Art.28; Meyer HbStR II 286 f; Morlok DR 104; Löwer MüK 23 zu Art.28).

20   Andere Beeinträchtigungen hat das BVerfG mit der **Tradition** gerechtfertigt, etwa „dass vom Wahlrecht ausgeschlossen blieb, wer entmündigt war, wer unter vorläufiger Vormundschaft oder wegen geistigen Gebrechens unter Pflegschaft stand oder wer infolge Richterspruchs das Wahlrecht nicht besaß" (BVerfGE 36, 139/141 f; vgl. auch BVerfGE 42, 312/341; 67, 146/148; krit. Meyer HbStR II 271, 275; Morlok DR 61, 72). Das gilt auch für das Erfordernis der Seßhaftigkeit im Bundesgebiet (BVerfGE 36, 139/142 ff; 58, 202/205; ThürVerfGH, LVerfGE 6, 387/398; krit. Meyer HbStR II 271 Fn.7) bzw. der früheren Seßhaftigkeit im Bundesgebiet bei im Ausland lebenden Deutschen (BVerfG-K, NJW 91, 690). So ist es auch zu verstehen, dass das BVerfG das Mehrheitswahlrecht für zulässig erklärt hat (BVerfGE 6, 84/90; 34, 81/100; 95, 335/349 ff; krit. Meyer HbStR II 263 ff; Morlok DR 95, 99; Nicolaus, ZRP 97, 185). Das für Eingebürgerte verschärfte Sesshaftigkeitserfordernis gem. § 15 Abs.1 Nr.1 BWahlG ist aber nicht mehr zu rechtfertigen (Stock, ZAR 95, 33 ff; Schreiber FH 84). Die Anforderungen für Auslandsdeutsche gem. § 12 Abs.2 BWahlG sind zu streng (Breuer, Verfassungsrechtliche Anforderungen an das Wahlrecht der Auslandsdeutschen, 2001, 223 ff).

21   **b)** Beeinträchtigungen der **Unmittelbarkeit, Freiheit und Geheimheit** können nicht durch Abs.3 gerechtfertigt werden, der ein Regelungs- und kein Gesetzesvorbehalt ist (Morlok DR 61, 120;

v. Münch MüK 81; Pieroth/Schlink 1037; a. A. Erichsen, Jura 83, 636) und dem zugleich ein Regelungsauftrag entnommen wird (BVerfGE 95, 335/349). Im Übrigen wird dem Bund durch Abs.3 eine ausschließliche Gesetzgebungskompetenz für das Bundeswahlrecht verliehen (Rn.3 zu Art.70), während für das Landeswahlrecht die Länder gesetzgebungskompetent sind (Rn.12 zu Art.70). Eine Rechtfertigung von Beeinträchtigungen kann sich nur aus kollidierendem Verfassungsrecht ergeben (Vorb. 45–49 vor Art.1). Hierunter fallen namentlich die einzelnen Wahlrechtsgrundsätze selbst, die möglicherweise jeweils nicht „in voller Reinheit verwirklicht" werden können (BVerfGE 3, 19/24 f; 59, 119/124; krit. Meyer HbStR II 282). So sind Beeinträchtigungen der Geheimheit bei der Briefwahl (BVerfGE 59, 119/124; BVerwG, NVwZ 86, 756) und bei der Wahl mit Hilfe einer Vertrauensperson (BVerfGE 21, 200/206; BVerwG, DÖV 74, 388) durch die Allgemeinheit der Wahl gerechtfertigt worden (vgl. auch BayVerfGHE 27, 139/146 ff). Gleiches gilt aber nicht mehr für Online-Wahlen (Buchstein, ZParl 2000, 903).

6. Einzelfälle

Zum **Wahlsystem:** *Verhältniswahl* ist verfassungsmäßig (BVerfGE **22** 1, 208/246 f; 66, 291/304), auch wenn keine überregionale Stimmenverrechnung erfolgt (BVerfGE 34, 81/99; VerfGH RP, NVwZ 88, 820); zur Mehrheitswahl oben Rn.20; *Wahlkreisgrößenunterschiede* können bei Mehrheitswahl und bei Verhältniswahl bezüglich der Gewinnung von Überhangmandaten gegen die Gleichheit verstoßen (BVerfGE 13, 127/128 f; 79, 169/171; 95, 335/358; vgl. auch Lenz, AöR 1996, 357); *Stimmensplitting* führt nicht zu Gleichheitsverstoß (BVerfGE 79, 161/167 f); *Listenverbindungen* verletzen, anders als *Listenvereinigungen,* die Gleichheit (BVerfGE 82, 322/345 ff).

Zur **Vorbereitung der Wahl:** *Nominationsmonopol* der politischen **22 a** Parteien verstößt gegen die Allgemeinheit und Gleichheit des passiven und gegen die Freiheit des aktiven Wahlrechts (BVerfGE 11, 351/361 f; 41, 399/417; 47, 253/282); *Quotenregelungen* bei der Wahl von Kandidaten für Volksvertretungen verstoßen gegen die Gleichheit (v. Nieding, NVwZ 94, 1173 ff; Sachs, NJW 89, 555; a. A. Lange, NJW 88, 1183); *Doppelkandidatur* darf verboten werden (BVerwG, NVwZ 92, 489; BayVerfGH, DÖV 93, 954); *Scheinkandidatur* eines Listenbewerbers soll verfassungsmäßig sein (HessVGH, DÖV 70, 643; OVG RP, NVwZ-RR 92, 256); *Zweitlisten* dürfen bei zahlenmäßiger Begrenzung der Listen verboten, aber nur in äußerlich erkennbaren Fällen angenommen werden (BVerfG-K

NVwZ 95, 577; BayVerfGHE 46, 21 ff); *Wahlrechtsbescheinigung* und Benutzung von Formblättern als Voraussetzung für die Unterzeichnung eines Wahlvorschlags sind verfassungsmäßig (BVerfGE 3, 19/32 f; 46, 196/199); *Unterschriftenprüfung* bei Wahlvorschlägen ist verfassungsmäßig (BVerfGE 12, 132/134); *Unterschriftenquoren* sind unter der Voraussetzung angemessener Begrenzung zulässig, um die Ernsthaftigkeit von Wahlvorschlägen nachzuweisen (BVerfGE 12, 10/27; 60, 162/168; 82, 353/364); es soll dabei auch zwischen neuen und bereits im Parlament vertretenen Parteien (BVerfGE 3, 19/29 f; 12, 135/137; 89, 266/270; 89, 291/301) und zwischen Parteien und parteifreien Wählervereinigungen (BVerfGE 5, 77/81 f) unterschieden werden dürfen (krit. Meyer HbStR II 292 f; vgl. auch Oebbecke, Verw 98, 223 ff); *öffentliche Bekanntmachung der Kreiswahlvorschläge* ist zulässig (BVerfGE 79, 161/165 f); *Reihenfolge von Wahlvorschlägen* für die Veröffentlichung darf nach Eingangszeitpunkt, Los oder Stimmergebnissen bei vorausgegangenen Wahlen festgelegt werden (HessStGH, NVwZ-RR 93, 657; NVwZ 96, 161; krit. Kleindiek, NVwZ 96, 131 ff); *Wahlkampfkostenerstattung* steht im Ermessen des Gesetzgebers (vgl. Rn.40 zu Art.21); soweit sie gewährt wird, müssen unabhängige Bewerber und Parteien (BVerfGE 41, 399/418), nicht aber Abstimmungen und Wahlen gleichbehandelt werden (BVerfGE 42, 53/58 f; BVerwG, NVwZ 83, 737).

22 b Zur **Mandatsverteilung:** *Überhangmandate* sind unzulässig, soweit sie über einen mit jeder Sitzzuteilung im Proportionalverfahren unausweichlichen Umfang hinausgehen (BVerfGE *abwM* 95, 335/367 ff; **a. A.** BVerfGE 95, 335/357 ff); *Grundmandatsklausel* (vgl. § 6 Abs.6 S.1 BWahlG) ist verfassungswidrig (Hoppe, DVBl 95, 268 ff; Erichsen, Jura 84, 31 f; Frowein, AöR 1974, 93; Meyer HbStR II 287 f; Morlok DR 106; **a. A.** BVerfGE 95, 408/420 ff unter Hinweis auf eine „effektive Integration des Staatsvolkes"); *nationale Minderheiten-Klausel* (vgl. § 6 Abs.6 S.2 BWahlG) ist mit Gleichheit vereinbar (BVerfGE 5, 77/83; 6, 84/97 f; a. A. Morlok DR 105); *Verteilungsverfahren* nach d'Hondt (BVerfGE 16, 130/140; 79, 169/170 f; BVerwG, Bh 160 Nr.23, 28; einschr. BayVerfGHE 45, 54/64 f; krit. Meyer HbStR II 290 f) und Hare/Niemeyer (BVerfGE 79, 169/170 f; BVerwG, Bh 160 Nr.35; NVwZ 97, 291; NdsStGH, OVGE 32, 485/489 ff) sind mit Gleichheit vereinbar; *ruhendes Mandat* verletzt insoweit die Unmittelbarkeit, als das Mandat des Nachrückers von einer Willenserklärung des durch die Ruhenserklärung aus dem Parlament Ausgeschiedenen abhängt (HessStGH, ESVGH 27, 193/197 ff).

II. Stellung der Bundestagsabgeordneten (Abs.1 S.2, Abs.3)

1. Anwendungsbereich und Bedeutung

Die Vorschrift gilt nur für die **Abgeordneten des Deutschen** **23** **Bundestags** (BVerfGE 3, 383/390 f; 6, 445/447), nicht aber für Gemeindevertreter (BVerwGE 90, 104/105). Zum Abgeordnetenstatus in den Volksvertretungen der Länder und Gemeinden Rn.4, 7 zu Art.28. Abs.1 S.2 gilt nicht für ehemalige oder zukünftige Abgeordnete, auch nicht für als Ersatzleute gewählte Listenbewerber (BVerfGE 7, 63/73). Das Mandat *beginnt* mit dem Zusammentritt eines neuen Bundestags (Rn.2 zu Art.39). Außerdem muss die schriftliche Erklärung des Bewerbers über die Annahme seiner Wahl beim zuständigen Wahlleiter eingegangen sein (vgl. § 45 BWG; BVerfGE 2, 300/304). Zwischen der Annahmeerklärung und dem Zusammentritt des neuen Bundestags steht den gewählten Bewerbern eine Mandatsanwartschaft zu (Schneider AK 12 zu Art.39; a. A. Kretschmer BK 34 zu Art.39). Das Mandat *endet* mit dem Zusammentritt eines neuen Bundestags (Rn.3 zu Art.39) und mit dem Tod des Abgeordneten, ferner gem. § 46 Abs.1 S.1 Nr.1–4 BWahlG mit Ungültigkeit des Erwerbs der Mitgliedschaft, Neufeststellung des Wahlergebnisses, Wegfall einer Wählbarkeitsvoraussetzung (vgl. BVerfGE 5, 2/6 ff) und Verzicht. Das Parteiverbot gem. Art.21 Abs.2 ist von BVerfGE 2, 1/74 als Verlustgrund anerkannt worden (vgl. § 46 Abs.1 S.1 Nr.5, Abs.4 BWahlG; ebenso Magiera SA 55; Achterberg/Schulte MKS 56; Klein HbStR II 377; Schreiber FH 107; a. A. Preuß AK 58 zu Art.21 Abs.1, 3; Hesse 601; Maunz MD 28).

In der Normierung der Abgeordneten als „Vertreter des ganzen **24** Volkes" kommt das **Repräsentationsprinzip** zum Ausdruck (vgl. BVerfGE 102, 224/237). Vertretung ist hier nicht im rechtsgeschäftlichen oder prozessualen Sinn zu verstehen (vgl. Achterberg/Schulte MKS 32). Die Abgeordneten sind nicht einem Land, einem Wahlkreis, einer Partei, einer Bevölkerungsgruppe, sondern dem ganzen Volk gegenüber verantwortlich. Da sie in der Realität fast stets als Vertreter einer Partei gewählt werden, besteht ein gewisses „Spannungsverhältnis" zu Art.21 (BVerfGE 2, 1/72; 5, 85/392; Schreiber FH 98; a. A. Schneider AK 18). Die vom Volk ausgehende Staatsgewalt (Rn.4 zu Art.20) wird vom Parlament als ganzen iSd Gesamtheit seiner Mitglieder ausgeübt (BVerfGE 44, 308/315 f; 56, 396/405; 80, 188/217 f). Dies setzt die gleiche Mitwirkungsbefugnis aller Abgeordneten voraus (BVerfGE 80, 188/218; 84, 304/321; 102, 224/237). Die verminderte Präsenz der Abgeordneten im Plenum verstößt solange nicht gegen das Repräsentationsprinzip, als die endgültige Beschlussfassung über ein parlamentarisches Vorhaben dem Plenum vorbehalten bleibt, die Mitwirkung der Abgeordneten bei der Vorbereitung der Parlamentsbeschlüsse außerhalb des Plenums der Mitwirkung im Plenum im Wesentlichen gleich zu erachten ist und der parlamentarische Entscheidungsprozess institutionell in den Bereich des Parlaments eingefügt bleibt (BVerfGE 44, 308/317). Das Repräsentationsprinzip verbietet, dass zwei gewählte Landtage gleichzeitig nebeneinander amtieren (BayVerfGH, VwRspr. Bd.26, Nr.30 S.143).

2. Verfassungsrechtlicher Status

25 **a) Allgemeines.** Abs.1 S.2 ist anders als Abs.1 S.1 (oben Rn.1) kein grundrechtsgleiches Recht (BVerfGE 6, 445/448). Der Abgeordnete hat ein „Amt" (Art.48 Abs.2 S.1) inne; als Mandatsträger übt er öffentliche Gewalt aus und ist nicht durch Grundrechte geschützt. Er ist Teil des Verfassungsorgans Bundestag und gehört nicht zum Öffentlichen Dienst iSd Art.33 Abs.4, 5 (BVerfGE 76, 256/341 ff; BVerwG, NVwZ 98, 502). Die Inkompatibilitätsvorschriften der Art.55 Abs.1, 94 Abs.1 S.3 und 137 Abs.1 verbieten die Innehabung bestimmter Ämter neben dem Mandat; s. auch Rn.1 zu Art.45 b, Rn.3 zu Art.51. Demgegenüber ist die Vereinbarkeit der Ämter des Bundeskanzlers und der Bundesminister mit dem Abgeordnetenmandat traditionelles Kennzeichen des parlamentarischen Regierungssystems; dafür spricht auch Art.53 a Abs.1 S.2 Hs. 2 (Schenke BK 32 zu Art.64; Maunz MD 33 ff zu Art.66; a. A. Epping MKS 17 ff zu Art.66; Meyer ParlRPr 129 ff; Schreiber FH 126). Diese Rechtfertigung der Beeinträchtigung der Gewaltenteilung (Rn.23–27 zu Art.20) trägt aber nicht die Einrichtung der Parlamentarischen Staatssekretäre (Meyer ParlRPr 132 ff). Keine Inkompatibilität besteht zwischen Mandaten im Bundestag und einem Landes- oder internationalen Parlament (Achterberg/Schulte MKS 80, 83; Versteyl ParlRPr 479 f; a. A. für Bundestag und Landtag Morlok DR 134; Tsatsos ParlRPr 724 f; vgl. auch Rn.5 zu Art.48). Abgeordnete dürfen auch Schöffe und Laienrichter sein (BGHSt 22, 85/87). Abs.1 S.2 garantiert Freiheit, Gleichheit und Teilhabe des Abgeordneten (unten Rn.26–35; Häberle, NJW 76, 537); zum Rechtsschutz unten Rn.36. Abs.3 ist kein Gesetzesvorbehalt (vgl. oben Rn.21). Die konkrete Reichweite einzelner Rechte und Be-

fugnisse ergibt sich häufig erst aus einer systematischen Auslegung mit den verfassungsrechtlichen und in einem Rechtssatz fixierten (Morlok DR 145) Befugnissen des Bundestags und seiner Organe. Dabei dürfen die Rechte des einzelnen Abgeordneten „eingeschränkt, ihm jedoch grds. nicht entzogen werden" (BVerfGE 80, 188/219). Einzelne Aspekte des verfassungsrechtlichen Status sind in Art.46–48 speziell geregelt.

b) Die **Freiheit** des Abgeordneten kommt in den Formulierun- **26** gen „an Aufträge und Weisungen nicht gebunden und nur ihrem Gewissen unterworfen" zum Ausdruck. Aufträge und Weisungen brauchen nicht begrifflich unterschieden zu werden (Schneider AK 29; v. Münch MüK 74). Zum Begriff des Gewissens Rn.45 zu Art.4; allerdings braucht der Abgeordnete eine Berufung auf sein Gewissen nicht zu begründen und dürfen ihm aus einer fehlenden Begründung keine Nachteile erwachsen (Schneider AK 30; vgl. auch Badura ParlRPr 492 f). Die Freiheit bezieht sich darüber hinaus auf alle Entscheidungen, die der Abgeordnete im Parlament zu treffen hat, auch solche, die ihn nicht in Gewissensnot bringen (Morlok DR 140). Die Bindung des Abgeordneten an die nicht gerade wegen Verstoßes gegen seine Freiheit nichtigen Gesetze bleibt hiervon unberührt (Schneider AK 30; Maunz MD 17; v. Münch MüK 77). Die Freiheit umfasst die sachliche und die persönliche Unabhängigkeit, d. h. die grundsätzliche Unentziehbarkeit des Mandats (oben Rn.23). Sie soll auch die „politische Vertrauenswürdigkeit des Abgeordneten" umfassen, aber durch die Kollegialenquête gem. § 44 b Abs.2 AbgG nicht verletzt sein (BVerfGE 94, 351/367 ff; vgl. auch die 4:4-Entscheidung BVerfGE 99, 19/32). Sie enthält aber kein Recht auf eine bestimmte Höhe der Fraktionszuschüsse (Rn.6 zu Art.40) und auf die Regelung ihrer Verteilungskriterien durch den Haushaltsgesetzgeber (BVerfGE 62, 194/201).

Die Freiheit **richtet** sich gegen alle staatlichen Maßnahmen, die **27** den Bestand und die Dauer des Mandats (BVerfGE 62, 1/32) beeinträchtigen und die inhaltliche Bindungen der Mandatsausübung herbeiführen oder sanktionieren. Darüber hinaus richtet sich die Freiheit auch gegen Private, insb. Parteien und Wähler (Schneider AK 19, 29; Maunz MD 11 f; Badura ParlRPr 495 ff). Rechtliche Bindungen können danach ihnen gegenüber nicht zustandekommen; faktische Bindungen bleiben aber unberührt (Wefelmeier, oben Lit. II, 164). Das führt bei Rechtshandlungen, deren Rechtsfolge gerade die Bindung ist, wie Verträgen und verpflichtenden Erklärungen, zu deren Nichtigkeit. Bei Rechtshandlungen, die auch

ohne Bindung rechtlich sinnvoll bleiben, wie Beschlüsse von Partei-
tagen, führt die Freiheit des Abgeordneten dazu, dass sie ihnen
gegenüber keine Bindungswirkung entfalten. Betrifft ein Parteitags-
beschluss aber ausdrücklich die Bindung des Abgeordneten oder
enthält er eine Sanktion für eine den Parteibeschlüssen zuwider-
laufende Mandatsausübung (sog. imperatives Mandat) oder hat er
Nötigungscharakter (NdsStGH, NJW 85, 2319), ist auch insofern
Nichtigkeit anzunehmen. Auch eine Bindung an die Grundsatzpro-
gramme als „rahmengebundenes Mandat" (Achterberg, 1975) oder
als „generelles Mandat" (Oppermann, VVDStRL 33, 1975, 51 ff) ist
nicht anzuerkennen (Schneider AK 33; Klein HbStR II 370 ff;
Morlok DR 138). Im Privatrecht bewirkt die Freiheit, dass die Befristung der Arbeitsverhältnisse von wissenschaftlichen Mitarbeitern
einer Parlamentsfraktion gerechtfertigt werden kann (BAGE 89,
316/320 ff).

28   Diese Maßstäbe gelten grds. auch im Verhältnis des Abgeordneten
zu den **Fraktionen** (unten Rn.35). Fraktionsbeschlüsse haben nur
den Charakter unverbindlicher Empfehlungen (BVerfGE 47,
308/318; BVerwGE 90, 104/106). Um der Erfüllung ihrer verfassungsgemäßen Aufgaben willen wird ihnen aber die Befugnis zugestanden, ein möglichst geschlossenes Auftreten im Parlament durch
Verfahrens- und Verhaltensregeln für die ihnen angehörenden Abgeordneten herbeizuführen (BVerfGE 10, 4/14; vgl. auch BVerfGE
102, 224/237 f; sog. Fraktionsdisziplin; krit. Achterberg/Schulte
MKS 41; Schreiber FH 111) und nötigenfalls Zuwiderhandlungen
auch zu sanktionieren, z. B. in schweren Fällen durch Fraktionsausschluss (BremStGHE 2, 19/24; OVG Lüneburg, OVGE 4, 139/143;
Magiera SA 51; Schneider AK 36 f; Maunz MD 12; Klein HbStR II
375 f; a. A. Achterberg 218 ff), durch Rückruf aus einem Ausschuss
(BVerfGE 80, 188/233; a. A. Demmler, o. Lit. II, 371 ff; Achter-
berg/Schulte MKS 44, 47; Klein HbStR II 376) oder durch Abberufung aus Fraktionsämtern (Kürschner, o. Lit. II, 140).

29   **Einzelfälle** eines Verstoßes gegen die Freiheit des Mandats: Abmachungen über Erwerb oder Verlust des Mandats, wie bedingte
Annahme der Wahl, Blankoverzichtserklärungen (BVerfGE 2, 1/74)
und Rücktrittsreverse, sowie über die Ausübung des Mandats, wie
Stimmenkaufverträge (Schneider AK 29; v. Münch MüK 78) und
Verpflichtungen finanzieller Art (Rückzahlungsversprechen, Schuld-
scheine) für den Fall des Parteiwechsels ohne Mandatsniederlegung
(v. Münch MüK 78); Mandatsverlust bei Fraktionsausschluss, Frakti-
onsaustritt, Parteiausschluss und Parteiaustritt (Achterberg/Schulte
MKS 53 ff; Badura ParlRPr 500 f; Ipsen 239 ff; Erichsen II 49 ff)

sowie bei Wiederaufleben eines ruhenden Mandats (HessStGH, ESVGH 27, 193/208 f); Rätesystem.

c) Die **Gleichheit** des Abgeordneten verbietet Differenzierungen 30 des verfassungsrechtlichen Status: „Alle Mitglieder des Parlaments sind einander formal gleichgestellt" (BVerfGE 40, 296/318; 93, 195/204; 102, 224/237 ff). Jedem Abgeordneten steht eine gleich hoch bemessene Entschädigung zu (vgl. Rn. 7 zu Art. 48); eine Ausnahme ist nach Maßgabe ihrer verfassungsrechtlichen Hervorhebung (vgl. Rn. 1 zu Art. 40) nur für den Parlamentspräsidenten und seine Stellvertreter anzuerkennen (BVerfGE 40, 296/318). Nicht überzeugend wird eine weitere Ausnahme für „wenige politisch besonders herausgehobene parlamentarische Funktionen" wie die des Fraktionsvorsitzenden gemacht (BVerfGE 102, 224/237 ff, 242 ff; vgl. auch HambVerfG, LVerfGE 6, 157/168; Morlok DR 155). Diejenigen Vorteile, die die fraktionsangehörigen Abgeordneten aus der Arbeit der Fraktionen haben, sind den fraktionslosen Abgeordneten vom Bundestag auszugleichen (BVerfGE 80, 188/232); ein Anspruch auf Finanzausstattung erwächst daraus aber nicht (BVerfGE 80, 188/231). Gegen die Gleichheit des Mandats verstößt es auch, wenn ein Regierungsmitglied sein Mandat ruhen und bei Ausscheiden aus der Regierung wiederaufleben lassen kann (HessStGH, ESVGH 27, 193/200 ff).

d) Die **Teilhabe** des Abgeordneten umfasst verschiedene par- 31 lamentarische Rechte, die für eine effektive Mandatswahrnehmung erforderlich sind (unten Rn. 32–35). Andererseits umfasst der verfassungsrechtliche Status auch Pflichten, wie die Mitwirkungs- und Anwesenheitspflicht (vgl. BVerfGE 44, 308/317; 56, 396/405), Verschwiegenheitspflicht (BVerfGE 67, 100/135; 70, 324/359) und Offenlegungspflichten (Morlok DR 149, 159). Es besteht auch eine Pflicht, nicht gegen den Abgeordneten bindendes Verfassungsrecht zu verstoßen; daher ist ein auf das Rotationsprinzip gestützter Mandatsverzicht verfassungswidrig (Rn. 1 zu Art. 39), während ein Mandatsverzicht aus persönlichen Gründen unproblematisch ist. Nur der Kern dieser Rechte und Pflichten ist verfassungsrechtlich garantiert; die nähere Ausgestaltung kann durch die GeschOBT (Rn. 7–9 zu Art. 40) vorgenommen werden.

aa) Das **Rederecht** im Parlament unterfällt nicht dem Schutz- 32 bereich des Art. 5 Abs. 1, sondern ist eine „Kompetenz zur Wahrnehmung der parlamentarischen Aufgaben" (BVerfGE 60, 374/380). Beschränkungen durch den Bundestag auf der Grundlage seiner Geschäftsordnungsautonomie (Rn. 7–9 zu Art. 40) müssen für die

Pieroth 723

von ihm zu erfüllenden Aufgaben geeignet, erforderlich und angemessen sein (BVerfGE 10, 4/11 ff; 70, 324/359). Zulässig sind die Begrenzung der Gesamtredezeit und ihre Aufteilung auf die Fraktionen und Gruppen nach ihrer Stärke (BVerfGE 10, 4/14 ff; 96, 264/284 ff; Besch ParlRPr 942 f) unter Wahrung von Mindestredezeiten (BVerfGE 96, 264/285), parlamentarische Ordnungsmaßnahmen (Bücker ParlRPr 964 ff) und Rügen (BremStGH, DÖV 71, 164) und der Ausschluss von der Sitzung (Rn.12 zu Art.40).

33   **bb)** Aus dem **Abstimmungs- und Beratungsrecht** folgt ein gewisses Maß an Antragsrechten (BayVerfGHE 29, 63/89; Schneider AK 23); das Parlament muss über diese Anträge Beschluss fassen (VerfGH NW, NVwZ-RR 00, 266). Der Abgeordnete hat einen Anspruch auf diejenigen Informationen, die für eine sachverständige Beurteilung der Gesetze erforderlich sind (BVerfGE 70, 324/355); dieser Anspruch soll allerdings durch einen Beschluss des Bundestags bei zwingenden Gründen der Geheimhaltung beschränkt werden können (BVerfGE 70, 324/358; a. A. BVerfGE *abwM* 70, 366/372). Der Abgeordnete hat keinen Anspruch auf seine Wahl in ein zahlenmäßig begrenztes Gremium des Bundestags (BVerfGE 70, 324/354; a. A. BVerfGE *abwM* 70, 366/375). Abstimmungen in eigener Sache sind zulässig (Morlok DR 143; Schreiber FH 116; a. A. Henke BK 321 f zu Art.21).

34   **cc)** Zur effektiven Mandatswahrnehmung gehört auch das **Fragerecht** (Interpellationsrecht) des Abgeordneten gegenüber der Regierung, das vom Zitierungsrecht (Rn.3 zu Art.43) zu unterscheiden ist. Danach hat der Abgeordnete einen Informationsanspruch zur Erfüllung der ihm durch sein Mandat zukommenden Rechte und Befugnisse (Achterberg/Schulte MKS 91; Badura ParlRPr 502; Magiera ParlRPr 1437 f). Dem Fragerecht entspricht die grundsätzliche Verpflichtung der Mitglieder der Bundesregierung, „auf Fragen Rede und Antwort zu stehen" (BVerfGE 13, 123/125; VerfGH NW, NVwZ 94, 679) und „den Abgeordneten die zur Ausübung ihres Mandats erforderliche Information zu verschaffen" (BVerfGE 57, 1/5; 67, 100/129; 70, 324/355). Hierdurch können keine Eingriffe in Grundrechte gerechtfertigt werden (Burkholz, VerwArch 93, 229).

35   **dd)** Der Abgeordnete hat das Recht, sich mit anderen Abgeordneten zu einer **Fraktion** (BVerfGE 43, 142/149; 70, 324/354) oder in anderer Weise zu gemeinsamer Arbeit, insb. zu Gruppen (BVerfGE 84, 304/322; Morlok DR 154), zusammenzuschließen. Parlamentsfraktionen sind notwendige Einrichtungen des Verfassungslebens (BVerfGE 2, 143/160; 70, 324/350; 80, 188/219;

BVerwGE 90, 104/105) und als Gliederungen des Bundestags in die organisierte Staatlichkeit eingefügt (Rn.6 zu Art.40). Ihre Rechtsstellung ist in Art.38 Abs.1 begründet (BVerfGE 70, 324/363; 80, 188/220; 84, 304/317 f; dagegen stützten sich BVerfGE 7, 99/107; 10, 4/14; 47, 198/225 auf Art.21). Daher gelten die dargestellten Rechte der Abgeordneten (oben Rn.26–34) für die Fraktionen entsprechend; insb. binden Parteitagsbeschlüsse nicht die Fraktionen (Hesse 602; Zeh HbStR II 397; a. A. Preuß AK 55 zu Art.21 Abs.1, 3) und gilt der Grundsatz der Fraktionsgleichheit (BVerfGE 93, 195/205). Fraktionen können auch aus Abgeordneten unterschiedlicher, aber nicht miteinander konkurrierender Parteien gebildet werden (Morlok DR 169). Das Quorum von 5% der Abgeordneten zur Erreichung des Fraktionsstatus ist verfassungsmäßig (BVerfGE 83, 304/326; 96, 264/279; BayVerfGHE 29, 63/88 ff; krit. Böckenförde HbStR I 917). Das grds. gleiche Recht aller Fraktionen auf Zugang zur Beratung des Budgets soll aus zwingenden Gründen des Geheimschutzes durchbrochen werden können (BVerfGE 70, 324/363 ff; a. A. BVerfGE *abwM* 70, 366/371; Meyer ParlRPr 159; Schneider ParlRPr 1068).

3. Rechtsschutz

Soweit der **Abgeordnete** um seinen verfassungsrechtlichen Status 36 als Abgeordneter streitet, ist die Organstreitigkeit (Art.93 Abs.1 Nr.1) gegenüber der Verfassungsbeschwerde (Art.93 Abs.1 Nr.4a) der spezielle Rechtsbehelf (BVerfGE 60, 374/380; 62, 1/31 f; 70, 324/350; 80, 188/208 f; 94, 351/365). Das gilt auch dann, wenn der Abgeordnete zugleich eine Grundrechtsverletzung rügt (BVerfGE 43, 142/148 f; 64, 301/312; 99, 19/29). Ausgeschiedenen Abgeordneten (BVerfGE 32, 157/162) und potentiellen Abgeordneten (BVerfGE 40, 296/309; 63, 230/241 f; 64, 301/313; BVerfG-K, NVwZ 88, 818) steht nur die Verfassungsbeschwerde zu (krit. Clemens UC 62 ff zu §§ 63, 64). In Parallele zu den politischen Parteien (Rn.44 zu Art.21) muss dem Abgeordneten die Verfassungsbeschwerde auch dann eröffnet sein, wenn der Antragsgegner nicht parteifähig in der Organstreitigkeit ist. Weder Organstreitigkeit noch Verfassungsbeschwerde sind zulässig, wenn um die einfach-gesetzliche Rechtsstellung des Abgeordneten gestritten wird (BVerwG, DÖV 86, 244). **Fraktionen** sind parteifähig in der Organstreitigkeit (BVerfGE 60, 319/325 f; 90, 286/336; 100, 266/268). Dasselbe gilt für Gruppen gem. § 10 Abs.4 GeschOBT (BVerfGE 84, 304/318).

Art.39 [Wahlperiode und Einberufung der Sitzungen]

(1) Der Bundestag wird vorbehaltlich der nachfolgenden Bestimmungen auf vier Jahre gewählt[1]. Seine Wahlperiode endet mit dem Zusammentritt eines neuen Bundestages[3]. Die Neuwahl findet frühestens sechsundvierzig, spätestens achtundvierzig Monate nach Beginn der Wahlperiode statt[6]. Im Falle einer Auflösung des Bundestages findet die Neuwahl innerhalb von sechzig Tagen statt[6].

(2) Der Bundestag tritt spätestens am dreißigsten Tage nach der Wahl zusammen[2].

(3) Der Bundestag bestimmt den Schluß und den Wiederbeginn seiner Sitzungen. Der Präsident des Bundestages kann ihn früher einberufen. Er ist hierzu verpflichtet, wenn ein Drittel der Mitglieder, der Bundespräsident oder der Bundeskanzler es verlangen[7].

Literatur: *Krech,* Möglichkeiten und Grenzen der Verlängerung von laufenden Wahlperioden, VR 1993, 401; *Fuchs-Wissemann,* Funktion und Berechnung der Zeiträume und Fristen des Art.39 GG, DÖV 1990, 694; *Versteyl,* Beginn und Ende der Wahlperiode, Erwerb und Verlust des Mandats, ParlRPr, 1989, 467; *Klein/Giegerich,* Grenzen des Ermessens bei der Bestimmung des Wahltages, AöR 1987, 544; *T. Stoll,* Das Rotationsprinzip und seine verfassungsrechtliche Würdigung, JuS 1987, 25; *Jekewitz,* Der Grundsatz der Diskontinuität der Parlamentsarbeit im Staatsrecht der Neuzeit und seine Bedeutung unter der parlamentarischen Demokratie des GG, 1977.

1. Dauer der Wahlperiode (Abs.1 S.1)

1   Die Dauer der Wahlperiode (Legislaturperiode) beträgt seit der Änderung von 1998 (Einl.3 Nr.46) grds. 4 Jahre; sie kann sich aber wegen der zeitlichen Spielräume bei der Neuwahl (unten Rn.6) und beim erstmaligen Zusammentritt (unten Rn.2) um maximal 2 Monate verkürzen und um maximal 30 Tage verlängern. Diese zeitliche Begrenzung (BVerfG-K, NVwZ 94, 893: „Gebot der Periodizität der Wahl") ist eine Ausprägung des Demokratieprinzips (Rn.15 zu Art.20), aus dem zugleich folgt, dass die laufende Wahlperiode nicht außerhalb des in der Verfassung vorgesehenen Verfahrens verändert, d. h. verlängert oder verkürzt werden darf (BVerfGE 1, 14/33; 18, 151/154; 62, 1/32; einschr. Maunz/Klein MD 25: Verkürzung bei unabweisbaren Gründen zulässig). Eine entsprechende Änderung der Verfassung darf frühestens für die folgende Wahlperiode erfolgen

(Achterberg/Schulte MKS 4). Eine Verlängerung der Wahlperiode über den Rahmen des Art.39 hinaus sieht das GG nur im Verteidigungsfall vor (Rn.1 zu Art.115 h). Zur Verkürzung der Wahlperiode durch eine vorzeitige Auflösung des Bundestags Rn.5 zu Art.63; Rn.4 zu Art.68; danach darf sich der Bundestag nicht selbst auflösen. Unzulässig sind auch Maßnahmen, die eine Verkürzung der Wahlperiode bewirken, z. B. das Rotationsprinzip (NdsStGH, NJW 85, 2319; Maunz/Klein MD 26 f; Achterberg/Schulte MKS 19 ff). Die Dauer der Wahlperiode ist Bestandteil des verfassungsrechtlichen Status des Abgeordneten (Rn.27 zu Art.38).

2. Beginn und Ende der Wahlperiode (Abs.1 S.2, Abs.2)

a) Die Wahlperiode **beginnt** seit der Änderung von 1976 (Einl.3 2 Nr.33) mit dem erstmaligen (konstituierenden) Zusammentritt eines neugewählten Bundestags, der gem. Abs.2 spätestens am 30. Tag nach der Wahl erfolgen muss (krit. Fuchs-Wissemann, DÖV 90, 694). Die Einberufung erfolgt kraft Verfassungsgewohnheitsrechts (Achterberg/Schulte MKS 23; Maunz/Klein MD 42; Schulze-Fielitz ParlRPr 360) durch den bisherigen Bundestagspräsidenten (vgl. § 1 Abs.1 GeschOBT). Eine frühere Einberufung kann nicht in analoger Anwendung des Abs.3 S.3 vom Bundespräsidenten oder Bundeskanzler verlangt werden (Kretschmer BK 22; Maunz/Klein MD 43; Versteyl MüK 34; Stern II 79).

b) Die Wahlperiode **endet** gem. Abs.1 S.2 mit dem erstmaligen 3 Zusammentritt eines neugewählten Bundestags. Es gibt also keine sog. parlamentslose Zeit; die Rechtsstellung aller Parlamentsorgane bleibt in vollem Umfang gewahrt (vgl. Klein HbStR VII 371). Das gilt auch für die Fälle vorzeitiger Auflösung des Bundestags (oben Rn.1).

c) Der Grundsatz der **Diskontinuität** des Parlamentsbetriebs 4 knüpft an die Regelungen über Beginn und Ende der Wahlperiode an und wird überwiegend als Verfassungsgewohnheitsrecht angesehen (Ossenbühl HbStR III 371; Maunz/Klein MD 61; Schulze-Fielitz ParlRPr 360; Stern II 76; a. A. Achterberg/Schulte MKS 12 ff; Versteyl MüK 25). *Personelle* Diskontinuität bedeutet, dass mit dem Ende der Wahlperiode alle Mitglieder des Parlaments ihr Mandat als Abgeordneter verlieren (Rn.23 zu Art.38). *Sachliche* Diskontinuität bedeutet, dass mit dem Ende der Wahlperiode grds. alle Beschlussvorlagen als erledigt gelten (vgl. § 125 GeschOBT). Sie gilt nicht für andere Verfassungsorgane wie Bundesrat und Bundesregierung, weshalb das Vorverfahren gem. Art.76 Abs.2, 3 bei Wiedereinbringung im neuen Bundestag nicht wiederholt werden muss (Schneider AK 7; Maunz/

Klein MD 58; a. A. Jekewitz AK 14, 19 zu Art.76). Nur solche Handlungen der anderen Verfassungsorgane gelten ebenfalls als erledigt, die eine erneute Beschlussfassung im Bundestag oder im Vermittlungsausschuss (Rn.9–11 zu Art.77) erfordern. *Institutionelle* Diskontinuität bedeutet, dass alle Unterorgane des Bundestags, die nicht verfassungsrechtlich vorgeschrieben sind (ständige Einrichtungen; vgl. Rn.1–3 zu Art.40), mit dem Ende der Wahlperiode als aufgelöst gelten. Die verfassungsrechtlich vorgeschriebenen Unterorgane bleiben wie der Bundestag institutionell erhalten, unterliegen aber der personellen und sachlichen Diskontinuität.

5   Von der Diskontinuität zu unterscheiden ist die sog. **Organidentität** (BVerfGE 4, 144/152) bzw. Organkontinuität (BVerfGE 4, 144/152): Rechtshandlungen des Bundestags oder rechtsfähiger Teile des Bundestags mit Außenwirkung, z. B. Verträge mit Angestellten und Prozesshandlungen in gerichtlichen Verfahren (BVerfGE 79, 311/327; Morlok DR 23; a. A. für Organstreitverfahren Achterberg/Schulte MKS 15; Löwer HbStR II 747), behalten ihre Verbindlichkeit über die Wahlperiode hinaus (Schneider AK 9).

3. Fristen für die Neuwahl (Abs.1 S.3, 4)

6   Seit der Änderung von 1998 (Einl.3 Nr.46) findet die Neuwahl frühestens 46 und spätestens 48 Monate nach Beginn der Wahlperiode statt; es sollte eine Verschiebung vom Herbst in die Ferienzeit verhindert werden (BT-Drs. 13/10590). Diese Fristen binden den Bundespräsidenten bei der von ihm gem. § 16 BWahlG vorzunehmenden Bestimmung des Wahltags; weitere Schranken können sich aus Gleichheitssatz und Vertrauensschutz ergeben (vgl. VerfGH RP, DVBl 84, 676; Maunz/Klein MD 36 ff). Diese Anordnung der Neuwahl wird in Abs.1, 2 vorausgesetzt; als Annex-Entscheidung zur Bundestagsauflösung (Rn.5 zu Art.63; Rn.4 zu Art.68) begründet sie ein verfassungsrechtliches Verhältnis iSd Organstreitigkeit (BVerfGE 62, 1/31). Findet eine Wahl zu früh statt, ist sie ungültig; findet eine Wahl zu spät statt, ist sie zwar verfassungswidrig, aber gleichwohl gültig, weil sonst gegen das Verbot der Verlängerung einer laufenden Wahlperiode (oben Rn.1) verstoßen werden müsste (Schneider AK 17; Maunz/Klein MD 39).

4. Einberufung der Sitzungen (Abs.3)

7   Der Bundestag entscheidet mit der Mehrheit der abgegebenen Stimmen (Rn.4 zu Art.42) gem. S.1 über den Schluss und den Wiederbeginn sowie den Ort (Morlok DR 29) der Sitzungen (sog.

Selbstversammlungsrecht). Sitzung ist die durch die Tagesordnung festgelegte Beratungseinheit; Schluss der Sitzung bedeutet zugleich Vertagung (Schneider AK 10; Maunz/Klein MD 4). Der Bundestagspräsident hat die Befugnis, über einen früheren Wiederbeginn einer Sitzung zu entscheiden (S.2). Er ist hierzu gem. S.3 verpflichtet, wenn 1/3 der Mitglieder, der Bundespräsident oder der Bundeskanzler es verlangen. Der Bundestagspräsident muss unverzüglich handeln und eine Sitzung in angemessener Frist bestimmen (Kretschmer BK 48; Magiera SA 25; Maunz/Klein MD 74). Soweit das Verlangen eine bestimmte Tagesordnung umschließt, ist der Bundestagspräsident, nicht aber der Bundestag hieran gebunden (Schneider AK 22; Versteyl MüK 38; Stern II 80).

Art.**40** [Bundestagspräsident und Geschäftsordnung]

(1) **Der Bundestag wählt seinen Präsidenten, dessen Stellvertreter und die Schriftführer**[1]. **Er gibt sich eine Geschäftsordnung**[7 ff].

(2) **Der Präsident übt das Hausrecht und die Polizeigewalt im Gebäude des Bundestages aus**[11]. **Ohne seine Genehmigung darf in den Räumen des Bundestages keine Durchsuchung oder Beschlagnahme stattfinden**[13].

Übersicht

Literatur: *Besch,* Die Rechtsstellung parlamentarischer Gruppen, FS Ipsen, 2000, 577; *Schwerin,* Der Deutsche Bundestag als Geschäftsordnungsgeber, 1998; *Kühnreich,* Das Selbstorganisationsrecht des Deutschen Bundestages unter besonderer Berücksichtigung des Hauptstadtbeschlusses, 1997; *Wolters,* Der Fraktions-Status, 1996; *Haug,* Bindungsprobleme und Rechtsnatur parlamentarischer Geschäftsordnungen, 1994; *Bollmann,* Verfassungsrechtliche Grundlagen und allgemeine verfassungsrechtliche Grenzen des Selbstorganisationsrechts des Bundestages, 1992; *Edinger,* Wahl und Besetzung parlamentarischer Gremien – Präsidium, Ältestenrat, Ausschüsse, 1992; *Hagelstein,* Die Rechtsstellung der Fraktionen im Deutschen Parlamentswesen, 1992; *Köhler,* Die Polizeigewalt des Parlamentspräsidenten im deutschen Staatsrecht, DVBl 1992, 1577; *Dreier,* Regelungsform und Regelungsinhalt des autonomen Parlamentsrechts, JZ 1990, 310; *Pietzcker,* Schichten des Parlamentsrechts: Verfassung, Gesetze und Geschäftsordnung, ParlRPr, 1989, 333; *Morlok,* Parlamentarisches Geschäftsordnungsrecht zwischen Abgeordnetenrechten und politischer Praxis, JZ 1989, 1035; *Zeh,* Das Ausschußsystem im Bundestag, ParlRPr, 1989, 1087; *Scherer,* Fraktionsgleichheit und Geschäftsordnungskompetenz des Bundestages, AöR 1987, 189; *M. Schröder,* Grenzen der Gestaltungsfreiheit des Parlaments bei der Festlegung des Beratungsmodus, Jura 1987, 469.

1. Selbstbestimmung über Organisation und Verfahren (Abs.1)

1   **a) Präsident, Stellvertreter, Schriftführer.** Sie werden gem. S.1 vom Bundestag als Verfassungs- und oberstes Bundesorgan (Schneider AK 2; Stern II 41 f) gewählt. Soweit der Bundestagspräsident den Bundestag gem. § 7 Abs.1 S.1 GeschOBT nach außen vertritt, z.B. in Verfassungsstreitverfahren (Gusy ParlRPr 1641 f), repräsentiert er den Bundestag in seiner „Gesamtheit" (BVerfGE 1, 115/116; 56, 396/405; 80, 188/227). Dass der Bundestagspräsident aus der stärksten, ein Stellvertreter aus der zweitstärksten Fraktion stammen muss (vgl. auch § 7 Abs.6 GeschOBT), ist kein Verfassungsgewohnheitsrecht (Versteyl MüK 3; Schulze-Fielitz ParlRPr 387 f), wohl aber parlamentarisches Gewohnheitsrecht (unten Rn.8; Bollmann, o. Lit., 138); zur Zahl der Stellvertreter vgl. § 2 Abs.1 S.2 GeschOBT. Die Wahl muss zu Beginn der Wahlperiode (vgl. auch § 1 Abs.4 GeschOBT) für deren Dauer erfolgen. Eine Abwahl ist auch ohne eine dem Art.67 entsprechende Regelung verfassungsrechtlich zulässig (Klein MD 91; Magiera SA 5; Morlok DR 23; Stern II 91; a. A. Dach BK 48; Steiger ParlRPr 767). Zu Präsidium, Ältestenrat, Sitzungsvorstand sowie Schriftführern §§ 5–12 GeschOBT, Dach BK 116 ff, Edinger, o. Lit., 163 ff und Zeh HbStR II 407 ff; zum Alterspräsidenten Klopp, Das Amt des Alterspräsidenten im Deutschen Bundestag, 2000; zur Bundestagsverwaltung Schindler ParlRPr 829 ff.

2   **b) Sonstige Untergliederungen** des Bundestags, die ebenfalls gewählt werden (können oder müssen), sind die Ausschüsse (unten Rn.3–5), die Fraktionen (unten Rn.6), der Wehrbeauftragte (Art.45b) und die Enquête-Kommissionen (§ 56 GeschOBT; dazu Metzger, Enquête-Kommissionen des Deutschen Bundestages,

1995). Die Untergliederungen werden überwiegend als Unterorgane des Organs Bundestag betrachtet, da ihr Handeln in der Regel dem Bundestag als eigenes Handeln zugerechnet wird (Schneider AK 8). Soweit ihnen aber durch das GG oder die GeschOBT eigene Rechte zukommen, können sie diese selbständig und ggf. auch gegen den Bundestag geltend machen (Rn.5 f zu Art.93).

aa) Die **Ausschüsse** des Bundestags finden ihre **Rechtsgrundlage** 3 z.T. im GG (Art.45, 45 a, 45 c), z.T. im Gesetz: Wahlprüfungsausschuss (§ 3 WahlprüfungsG), Wahlausschuss (§ 6 BVerfGG), Parlamentarisches Kontrollgremium gem. § 1 PKGrG, Vertrauensgremium gem. § 10 a BHO. Die gesetzliche Regelung der Einsetzung und des Verfahrens von Ausschüssen im Regelungsbereich der Geschäftsordnungsautonomie (unten Rn.8) ist aber nur auf Grund verfassungsrechtlicher Ermächtigung (vgl. z. B. Art.41 Abs.3) zulässig. Die Mehrzahl der Ausschüsse, insb. die Fachausschüsse beruhen auf der Geschäftsordnungsautonomie (unten Rn.7–9). Einen Sonderfall stellen die Untersuchungsausschüsse (Art.44) dar. Die Ausschüsse können ihrerseits Unterausschüsse einsetzen (Achterberg/Schulte MKS 20; Schneider AK 8).

Aufgaben. Die Ausschüsse bereiten zwar nur Entscheidungen 4 des Plenums vor (BVerfGE 1, 144/152), sind aber von großer Bedeutung (Rn.24 zu Art.38). Auch haben sie ein Selbstbefassungsrecht (Klein MD 136). Der Bundestag darf seine Kompetenzen außer auf Grund verfassungsrechtlicher Ermächtigung (z. B. Art.45 S.2) nicht auf Ausschüsse übertragen (BVerfGE 44, 308/316 f; Schneider AK 11; vgl. aber auch Kretschmer ParlRPr 321 f). Daher ist § 6 BVerfGG verfassungswidrig (Rn.1 zu Art.94).

Zusammensetzung. Grds. muss jeder Ausschuss ein verkleiner- 5 tes Abbild des Plenums sein (BVerfGE 80, 188/222; 84, 304/323). Die Mitgliederzahl in den Ausschüssen kann innerhalb der Grenzen des Willkürverbots frei bestimmt werden; es besteht kein Verfassungsgebot, in jedem Ausschuss jede Fraktion mit mindestens einem Sitz zu berücksichtigen (BVerfGE 70, 324/364; 96, 264/281 f; BayVerfGHE 41, 124/133; a. A. BVerfGE *abwM* 70, 366/370; Morlok DR 29; diff. Meyer ParlRPr 158). Die Ausschussmitglieder und ihre Stellvertreter dürfen durch die Fraktionen bestimmt werden (BVerfGE 77, 1/39 ff). Gruppierungen fraktionsloser Abgeordneter sind mit Fraktionen gleichzubehandeln (BVerfGE 84, 304/323 f). Ein einzelner fraktionsloser Abgeordneter hat Anspruch darauf, jedenfalls in einem Ausschuss mitzuwirken (BVerfGE 80, 188/224; a. A. BVerfGE *abwM* 80, 241 ff); diese Mitwirkung soll aber nur das Rede- und Antragsrecht, nicht das Stimmrecht umfassen (BVerfGE

80, 188/224 f; a. A. BVerfGE *abwM* 80, 235 ff; Demmler, o. Lit. zu
Art.38 II, 362 ff).

6   **bb) Fraktionen** als Zusammenschlüsse von Abgeordneten
(Rn.35 zu Art.38) sind ebenfalls Untergliederungen des Parlaments
und verfassungsrechtlich lediglich in Art.53 a Abs.1 S.2 Hs. 1 normiert. Eine gesetzliche Regelung besteht seit 1995 gem. §§ 45 ff
AbgG (vgl. Morlok, NJW 95, 29 ff; Schmidt-Jortzig/Hansen, NVwZ
94, 1145 ff). Das ist im Hinblick auf den Geschäftsordnungsvorbehalt
(unten Rn.8; vgl. auch BVerfGE 92, 74/77 f) unproblematisch bezüglich der Regelungen über das Außenverhältnis der Fraktionen,
insb. Rechtsfähigkeit, Parteifähigkeit, Personalhoheit. Für das Innenverhältnis, wozu auch die Festlegung einer Mindeststärke der Fraktion gehört (BVerfGE 84, 304/335; 96, 264/279 f), verweist § 45
Abs.2 AbgG richtigerweise auf nähere Regelungen in der GeschOBT (unten Rn.7–9). Im übrigen ist der genaue Rechtscharakter der Fraktionen str. (näher Jekewitz ParlRPr 1045 ff; Meyer, FS
Mahrenholz, 1994, 326 ff). Wenn sie auch nicht in vollem Umfang
Organ des Bundestags sind, kommt diese Qualifizierung ihrer
Rechtsstellung noch am nächsten, so dass von Quasi-Organ oder
Organ sui generis gesprochen werden kann (vgl. auch Schneider AK
35 zu Art.38). Ihre Finanzierung aus öffentlichen Mitteln ist zulässig
(BVerfGE 20, 56/104; 62, 194/202; 80, 188/231; vgl. auch Höl-
scheidt, DÖV 00, 712) und in §§ 50 ff AbgG näher geregelt (krit.
Meyer, KritV 95, 227 ff; Morlok DR 171 zu Art.38).

7   **c)** Der Bundestag hat gem. S.2 die Pflicht, sich eine **Geschäftsordnung** zu geben (Klein MD 37). Die GeschOBT ist eine Satzung
(BVerfGE 1, 144/148; BayVerfGHE 8, 91/95 ff; HambVerfG, DVBl
76, 444) oder jedenfalls ein Rechtssatz sui generis, der einer Satzung
am nächsten steht (Klein MD 61; Schneider AK 10; Versteyl MüK
17; Stern II 82 f). Sie geht der Verfassung und den Gesetzen im
Rang nach (BVerfGE 1, 144/148; Klein MD 73 f; Morlok DR 17;
Pietzcker ParlRPr 355; a. A. Achterberg/Schulte MKS 40 ff). Das
Parlament hat einen weiten Gestaltungsspielraum (BVerfGE 80,
188/220); seine Regelungen „bedürfen der Flexibilität, um eine
Anpassung an die veränderte Verfassungswirklichkeit zu ermöglichen" (BVerfGE 102, 224/240). Doch können z. B. Rechtsstaats-,
Repräsentations- und Demokratieprinzip der Geschäftsordnungs-
autonomie Schranken setzen (vgl. BVerfGE 44, 308/315 ff; Boll-
mann, o. Lit., 37 ff); allerdings reicht die bloße Möglichkeit einer
missbräuchlichen Handhabung nicht zur Verfassungswidrigkeit aus
(BVerfGE 1, 144/149). Die Geschäftsordnung bindet nur die Mit-

glieder des Bundestags (BVerfGE 1, 144/148; Dach BK 35; a. A.
Klein MD 68; Morlok DR 13 f: funktionale Bestimmung des Geltungsbereichs); außenwirkende Vorschriften können aber insoweit
in ihr enthalten sein, als sie auf anderen Verfassungsvorschriften, z. B.
Art.40 Abs.2, beruhen (Edinger, o. Lit., 342 ff; Pietzcker ParlRPr
345 ff). Die Geschäftsordnung gilt nur für die Dauer der Wahlperiode (Rn.1 zu Art.39); sie kann von einem neugewählten Bundestag
durch bloße Übernahme in Kraft gesetzt werden (BVerfGE 1,
144/148), was regelmäßig geschieht (Achterberg/Schulte MKS 55;
Klein MD 62 f; Morlok DR 9).

Der **Regelungsbereich** der Geschäftsordnungsautonomie wird **8**
in starkem Maß durch die Tradition bestimmt (BVerfGE 1,
144/148 f; 44, 308/314; 70, 324/360), ist aber für eine Anpassung
an veränderte Arbeitsbedingungen offen (BVerfGE 102, 224/236).
Überlieferte Gegenstände geschäftsordnungsmäßiger Regelung sind
neben Organisation (oben Rn.1–6) und Disziplin (unten Rn.12) die
Selbstorganisation (BVerfGE 80, 188/219; 102, 224/236) und der
parlamentarische Geschäftsgang. Dazu gehört auch die Frage der
Beschlussfähigkeit (vgl. BVerfGE 44, 308/314 ff) und die Schaffung
besonders zu entschädigender Funktionsstellen (BVerfGE 102,
224/237). In diesem Rahmen soll sich auch parlamentarisches Gewohnheitsrecht (vgl. Schulze-Fielitz ParlRPr 360 ff) bilden können,
dem allerdings die Gleichstellung mit geschriebenem Geschäftsordnungsrecht bezüglich der Rechtsfolgen (unten Rn.9) und des
Rechtsschutzes (Rn.5 zu Art.93) verweigert wird (Klein MD 36;
Schneider AK 12; Versteyl MüK 19). Geschäftsordnungsfragen dürfen, abgesehen von spezieller verfassungsrechtlicher Ermächtigung
(vgl. Art.10 Abs.2 S.2, Art.41 Abs.3, Art.45 b S.2, Art.45 c Abs.2),
nicht durch Gesetz geregelt werden, da am Gesetzgebungsverfahren
(Rn.1 zu Art.76) auch andere Organe beteiligt sind (BVerfGE *abwM*
70, 366/376 ff, 386 ff; Bollmann, o. Lit., 184 f; Achterberg/Schulte
MKS 43, 48; Pietzcker ParlRPr 341; **a. A.** BVerfGE 70, 324/361;
Klein MD 79 f; Kretschmer ParlRPr 303; Morlok DR 16).

Für die **Rechtsfolgen von Verstößen** gegen die Geschäftsord- **9**
nung sind gewisse Besonderheiten dieser rechtlichen Kategorie zu
beachten (vgl. §§ 126, 127 Abs.1 GeschOBT; BVerfGE 10, 4/19;
Klein MD 38 ff; Kretschmer ParlRPr 327 ff). Ein Verstoß gegen die
Geschäftsordnung macht Gesetze nicht unwirksam (BVerfGE 29,
221/234; VerfGH RP, VwRspr Bd.1 S.245; HessStGH, ESVGH 17,
18/21; Achterberg/Schulte MKS 61; Klein MD 57; Pietzcker
ParlRPr 355 f; Stern II 84; a. A. für schwerwiegende Verstöße Morlok
DR 21; Schneider AK 10; Versteyl MüK 18). Zu Verstößen gegen die

verfassungsrechtlichen Vorschriften über das Gesetzgebungsverfahren
Rn. 1 zu Art. 76.

2. Schutz des räumlichen Bereichs (Abs. 2)

10　　**a) Allgemeines.** Abs. 2 begründet eigenständige Kompetenzen
des Bundestagspräsidenten zum Schutz des räumlichen Bereichs des
Bundestags gegen Übergriffe von Exekutive und Judikative. Die
gleichbedeutenden Begriffe „im Gebäude" (S. 1) und „in den Räumen" (S. 2) umfassen alle Orte, an denen der Bundestag oder eine
seiner Untergliederungen (oben Rn. 1–6) zusammentritt oder arbeitet (vgl. BerlVerfGH, LVerfGE 4, 12/18; Schneider AK 14, 16;
Versteyl MüK 25, 28; einschr. Dach BK 101; Klein MD 165; Morlok DR 36).

11　　**b) Hausrecht und Polizeigewalt (S. 1).** Hausrecht meint die
privatrechtliche Befugnis jedes Eigentümers; Näheres ist in einer
Hausordnung geregelt (vgl. § 7 Abs. 2 S. 2 GeschOBT). Polizeigewalt
meint alle polizeilichen Aufgaben und Befugnisse für den genannten
räumlichen Bereich. Dem Bundestagspräsidenten unterstehen Poli-
zeivollzugsbeamte gem. § 1 Abs. 2 BPolBG. Die allgemeinen Polizei-
behörden sind insoweit unzuständig und dürfen nur auf Ersuchen
des Bundestagspräsidenten im Wege der Amtshilfe (Art. 35 Abs. 1)
tätig werden, wobei sie jedoch seinen Weisungen unterstellt bleiben
(Schneider AK 14); nach a. A. soll für den Fall dringender Gefahr im
Verzug eine Ausnahme gemacht werden (Achterberg/Schulte MKS
64; Versteyl MüK 24; Stern II 85). Hausrecht und Polizeigewalt
richten sich auch gegen Mitglieder des Bundestags (Köhler, DVBl
92, 1582).

12　　Die **Ordnungsgewalt** ist vom Hausrecht und der Polizeigewalt
zu unterscheiden. Darunter versteht man allgemein die jedem für
einen räumlichen Bereich verantwortlichen Träger öffentlicher Gewalt mindestens gewohnheitsrechtlich zustehende Befugnis, diejenigen Maßnahmen mit räumlichem Bezug zu treffen, die zur ordnungsgemäßen Aufgabenerfüllung erforderlich sind. Die Ordnungsgewalt richtet sich gegen Außenstehende (vgl. § 41 Abs. 1
GeschOBT). Bei Maßnahmen gegen Mitglieder des Bundestags geht
es um die **Sitzungsgewalt**, die in der Geschäftsordnungsautonomie
(oben Rn. 7–9) begründet ist. Ordnungs- und Sitzungsgewalt stehen
dem Bundestag als ganzem zu und werden vom Präsidenten kraft
Delegation durch das Parlament gem. §§ 36–41 GeschOBT ausgeübt (BVerfGE 60, 374/ 379; Dach BK 73 ff). Entsprechendes gilt
für die Ordnungs- und Sitzungsgewalt der Ausschussvorsitzenden

(vgl. § 59 Abs.3 GeschOBT; Bücker ParlRPr 973 f). Problematisch ist § 38 Abs.1 GeschOBT insoweit, als ein Ausschluss von der Sitzung über einen Sitzungstag hinaus möglich ist (vgl. Brandt/Gosewinkel, ZRP 86, 33).

c) Durchsuchungen und Beschlagnahmen (S.2) jeder Art **13** bedürfen der Genehmigung, d. h. – entgegen § 184 BGB – der vorherigen Zustimmung (Versteyl MüK 27), die außerdem ausdrücklich erteilt werden muss (Schneider AK 16; a. A. Köhler, DVBl 92, 1581). Auf die Genehmigung kann von dem betroffenen Abgeordneten nicht wirksam verzichtet werden (Schneider AK 16; Versteyl MüK 27). Festnahmen und Verhaftungen fallen nicht hierunter (Morlok DR 37; a. A. Magiera SA 33; Versteyl MüK 29; Stern II 86), sondern unter Art.46.

Art.41 [Wahlprüfung und Mandatsprüfung]

(1) **Die Wahlprüfung ist Sache des Bundestages[1 ff]. Er entscheidet auch, ob ein Abgeordneter des Bundestages die Mitgliedschaft verloren hat[5].**

(2) **Gegen die Entscheidung des Bundestages ist die Beschwerde an das Bundesverfassungsgericht zulässig[3].**

(3) **Das Nähere regelt ein Bundesgesetz[1].**

Literatur: *T. Koch,* „Bestandsschutz" für Parlamente? – Überlegungen zur Wahlfehlerfolgenlehre, DVBl 2000, 1093; *Roth,* Subjektiver Wahlrechtsschutz und seine Beschränkungen durch das Wahlprüfungsverfahren, FS Graßhof, 1998, 53; *H. Lang,* Subjektiver Rechtsschutz im Wahlprüfungsverfahren, 1997; *C. Koenig,* Mandatsrelevanz und Sanktionen im verfassungsrechtlichen Wahlbeschwerdeverfahren, ZParl 1994, 241; *Kühl/Unruh,* Materielles Wahlprüfungsrecht und Kandidatenaufstellung, DVBl 1994, 1391; *Kretschmer,* Wahlprüfung, ParlRPr, 1989, 441; *T. L. Oppermann,* Wahlprüfung, Wahlbeeinflussung und Wählernötigung, JuS 1985, 519.

1. Wahlprüfung (Abs.1 S.1, Abs.2)

a) Gegenstand ist die Prüfung der Gültigkeit von Wahlen zum **1** Bundestag (Rn.2 zu Art.38). Während die ältere Rspr. die Funktion des Wahlprüfungsverfahrens ausschließlich objektiv-rechtlich bestimmte (BVerfGE 1, 208/238; 40, 11/29; 66, 369/378), geht sie heute von einer Doppelfunktion aus: Das Wahlprüfungsverfahren „dient auch der Verwirklichung des subjektiven aktiven und passiven Wahlrechts" (BVerfGE 85, 148/159). Die Wahlprüfung ist

durch die Wahlgleichheit geboten (Rn.11 zu Art.38) und zügig
durchzuführen (Hoppe, DVBl 96, 344 ff). Abs.3 begründet für die
näheren Regelungen eine ausschließliche Bundesgesetzgebungskompetenz (Rn.3 zu Art.70). Die Wahlprüfung erstreckt sich gem.
§ 49 BWahlG auf alle Entscheidungen und Maßnahmen, die sich
unmittelbar auf das Wahlverfahren beziehen (BVerfGE 74, 96/101;
Achterberg/Schulte MKS 5). Wahlfehler können nicht nur von
amtlichen Wahlorganen begangen werden, sondern auch von Dritten, soweit sie unter Bindung an wahlgesetzliche Anforderungen
kraft Gesetzes Aufgaben bei der Organisation einer Wahl erfüllen,
bes. Parteien bei der Kandidatenaufstellung (BVerfGE 89, 243/251;
HambVerfG, DVBl 93, 1071; vgl. auch Mager, DÖV 95, 9). Die
Prüfung der Gültigkeit der Wahlen der deutschen Abgeordneten
zum Europäischen Parlament ist durch § 26 EuropawahlG ebenfalls
dem Bundestag und dem BVerfG (Rn.1 zu Art.93) übertragen
worden. Die Wahlprüfung setzt voraus, dass eine Wahl stattgefunden hat (BVerfGE 63, 73/76). Der Wahlprüfung unterliegen nicht
Abstimmungen iSd Art.20 Abs.2 S.2 (BVerfGE 42, 53/63) und
interne Wahlen des Bundestags (Versteyl MüK 1; Kretschmer
ParlRPr 448).

2   **b) Zulässigkeit: aa) Einspruch beim Bundestag,** der gem.
Abs.1 S.1 in erster Instanz entscheidet: – **(1)** *Einspruchsberechtigung*
besitzen gem. § 2 Abs.2 WahlprüfungsG: jeder Wahlberechtigte,
jede Gruppe von Wahlberechtigten, jeder Landeswahlleiter, der
Bundeswahlleiter und der Bundestagspräsident. – **(2)** *Einspruchs-
gegenstand* ist die Gültigkeit der Wahl (oben Rn.1). – **(3)** Die *Frist*
beträgt gem. § 2 Abs.4 S.1 WahlprüfungsG einen Monat nach Bekanntmachung des Wahlergebnisses. – **(4)** Die *Formerfordernisse* ergeben sich aus § 2 Abs.3 WahlprüfungsG. – **(5)** Zum *Verfahren* §§ 3 ff
WahlprüfungsG. Es verstößt nicht gegen das GG, dass eine substantiierte Begründung des Einspruchs innerhalb einer Einspruchsfrist
verlangt wird (BVerfGE 85, 148/159) und dass im Wahlprüfungsverfahren ein Ausschluss von Abgeordneten wegen Befangenheit
nicht vorgesehen ist (BVerfGE 37, 84/90; 46, 196/198; krit. Achter-
berg/Schulte MKS 24; Versteyl MüK 28). Im Interesse der Rechtssicherheit sollen auch grundrechtsbeschränkende formelle Voraussetzungen eingeführt werden dürfen (BVerfG-K, DVBl 93, 1069 f).

3   **bb) Beschwerde beim Bundesverfassungsgericht** (Abs.2): –
(1) *Beschwerdeberechtigung* besitzen gem. § 48 Abs.1 BVerfGG: ein
Wahlberechtigter, dessen Einspruch vom Bundestag verworfen worden ist, wenn ihm mindestens 100 Wahlberechtigte beitreten, eine

Fraktion (Rn. 6 zu Art. 40) und eine Minderheit des Bundestags, die wenigstens 1/10 der gesetzlichen Mitgliederzahl umfasst. Der Ausschluss der Beschwerdeberechtigung von Gruppen von Wahlberechtigten (BVerfGE 2, 300/303 f; 59, 176/177; 79, 47/48) und die Notwendigkeit des Beitritts von 100 Wahlberechtigten (BVerfGE 58, 170/171; 79, 47/48; a. A. Roth, FS Graßhof, 1998, 67) sind verfassungsmäßig. § 48 Abs. 2 BVerfGG enthält Formvorschriften für den Beitritt. – **(2)** *Beschwerdegegenstand* ist die Gültigkeit der Wahl (oben Rn. 1), allerdings nur in dem Umfang der abschließenden Entscheidung des Bundestags; mit der Beschwerde können keine neuen Anfechtungsgründe geltend gemacht werden (BVerfGE 16, 130/144; 66, 369/380; 79, 161/165). – **(3)** Die *Beschwerdebefugnis* ergibt sich für einen Wahlberechtigten aus der ablehnenden Entscheidung des Bundestags über den Einspruch; im Übrigen ist sie wegen des objektiven Charakters des Verfahrens grds. nicht erforderlich. Doch wird die Beschwerde mit Ablauf der Wahlperiode gegenstandslos (BVerfGE 22, 277/280; 34, 201/203). – **(4)** Die *Frist* (einschl. der Begründungsfrist) beträgt gem. § 48 Abs. 2 BVerfGG zwei Monate nach Beschlussfassung des Bundestags. Es handelt sich um eine Ausschlussfrist (BVerfGE 1, 430/431; 21, 359/361 f; 58, 172). Die Frist gilt auch für den Beitritt der mindestens 100 Wahlberechtigten (BVerfGE 58, 170/171; 58, 174 f; 66, 311/312). – **(5)** Die *Formerfordernisse* ergeben sich aus § 23 Abs. 1 BVerfGG. – **(6)** Eine *Antragsrücknahme* steht einer Sachentscheidung nicht entgegen, wenn hieran ein öffentliches Interesse besteht (BVerfGE 89, 291/299).

cc) Dem Wahlprüfungsverfahren kommt **Ausschließlichkeit-** 4 **scharakter** zu: Die Korrektur von Wahlfehlern kann nach der Rspr. nur in diesem Verfahren vor dem BVerfG vorgenommen werden, ohne dass dies gegen Art. 19 Abs. 4 verstoßen soll (vgl. BVerfGE 46, 196/198; 66, 232/234; 74, 96/101; krit. Achterberg/Schulte MKS 13 f; Morlok DR 11 f; Schneider AK 15; Versteyl MüK 18 f). Dagegen ist zu sagen, dass die Ausschließlichkeit des Wahlprüfungsverfahrens strikt auf ihren Gegenstand (oben Rn. 1) zu begrenzen ist, d. h. dass vor der Wahl anderweitiger Rechtsschutz möglich ist und dass nur die Erklärung der Ungültigkeit der Wahl mit anderweitigem Rechtsschutz nicht erreichbar ist (vgl. auch Meyer HbStR II 309 f). Allerdings darf der Rechtsschutz vor der Wahl den Urnengang nicht verhindern oder verzögern (Roth, FS Graßhof, 1998, 64). Im Einzelnen ist eine Verfassungsbeschwerde zulässig gegen Entscheidungen von Wahlprüfungs- und Verfassungsgerichten der Länder (BVerfGE 34, 81/94; 85, 148/157) und gegen Normen des Wahlrechts (BVerfGE 57, 43/55; 58, 177/189; 82, 322/336). Auch eine Organklage gegen Bundestag und Bundesrat mit der Rüge der Verfassungswidrigkeit des BWahlG ist möglich (BVerfGE 82, 322/335 f; 82, 353/363 ff). Der Verwaltungsrechtsweg ist eröffnet gegen die Ablehnung der Eintragung in die Wählerverzeichnisse künftiger Bundestagswahlen (BVerwGE 51, 69/71 ff).

5   **c) Begründetheit.** Maßstab sind jedenfalls alle Gesetze und untergesetzlichen Vorschriften, die sich auf die Wahl und das Wahlprüfungsverfahren (BVerfGE 89, 243/249; 89, 291/299) beziehen. Bei Strafgesetzen reicht für die Annahme eines Wahlfehlers die Erfüllung des objektiven Tatbestandes aus (Schneider AK 11; Rechenberg BK 22). Für das BVerfG ist auch das GG in vollem Umfang Maßstab (vgl. BVerfGE 16, 130/135 f.; 21, 200/204). Für den Bundestag wird dies verneint, weil er jederzeit das betreffende Gesetz ändern könnte und kein Gericht iSd Art.100 Abs.1 ist (Schneider AK 7; Rechenberg BK 37; Versteyl MüK 22). Da das Wahlprüfungsverfahren nur dazu dient, die richtige Zusammensetzung des Bundestags zu gewährleisten, kann es nur dann zum Erfolg führen, wenn Wahlfehler sich auf die Mandatsverteilung auswirken (Mandatsrelevanz, Effektivitätstheorie; vgl. BVerfGE 59, 119/123; 85, 148/159; 89, 291/304; Morlok DR 7; krit. Kühl/Unruh, DVBl 94, 1396 ff; Schneider AK 3 f). Dabei kann eine Nachzählung geboten sein (BVerfGE 85, 148/160). Die Auswirkung darf aber nach der allgemeinen Lebenserfahrung nicht ganz fern liegend sein (BVerfGE 89, 243/254; 89, 266/273; 89, 291/304; VerfGH NW, NVwZ-RR 96, 679).

6   **d) Wirkungen der Entscheidung.** Gültigkeit bedeutet Rechtswirksamkeit, Ungültigkeit bedeutet Nichtigkeit. Es ist aber anerkannt, dass die Folgen von Rechtswidrigkeiten bei der Wahl differenziert zu beurteilen sind. Die Wahlrichtigkeit ist mit der kontinuierlichen Arbeitsfähigkeit des Parlaments abzuwägen (HambVerfG, DVBl 93, 1073). Es kommt sinnvollerweise nur eine ex nunc-Wirkung der Ungültigkeitserklärung in Betracht; die in der Zwischenzeit gefassten Beschlüsse bleiben gültig (vgl. BVerfGE 3, 41/44). Generell ist die Frage der Fehlerfolge vom Grundsatz der Verhältnismäßigkeit beherrscht (Achterberg/Schulte MKS 44 ff; Schneider AK 5); es gibt keine absoluten Nichtigkeitsgründe. Ein Wahlfehler ist vorrangig ohne Neuwahl zu korrigieren, z. B. durch rechnerische Berichtigung (sog. Verbesserungsprinzip; BVerfGE 34, 81/102). Neuwahlen sind nur in dem Umfang der Fehlerbeseitigung erforderlich, z. B. beschränkt auf einzelne Wahl-

lokale, Wahlkreise usw. sowie möglichst auf der Grundlage bisheriger Wahlvorbereitungen. Auch die Verfassungswidrigkeit einzelner Wahlrechtsnormen hat nicht notwendig eine Neuwahl zur Folge (Achterberg/Schulte MKS 38; Versteyl MüK 14). Wird die Wahl für ungültig erklärt, verlieren die Vertreter des neu gewählten Bundestags ihre Mandate; an die Stelle des neuen tritt wieder der alte Bundestag (vgl. BVerfGE 3, 41/44; Schneider AK 8; Storost UC 48 f zu § 48; krit. Versteyl MüK 13).

2. Mandatsprüfung (Abs.1 S.2, Abs.2)

Gegenstand ist nur der nachträgliche Verlust des Mandats eines 7 Bundestagsabgeordneten. Die Prüfung der Gültigkeit des Erwerbs des Mandats unterfällt der Wahlprüfung (oben Rn.1–4). Maßstab für die Rechtmäßigkeit eines Mandatsverlusts ist der verfassungsrechtliche Status des Abgeordneten (Rn.23 zu Art.38). Für das Verfahren und die Rechtsfolgen gilt das oben Rn.2–6 zur Wahlprüfung Gesagte entsprechend. Die Regelung des § 47 Abs.1, 3 BWahlG, wonach in bestimmten Fällen der Ältestenrat bzw. der Präsident des Bundestags entscheidet, ist wegen der Entscheidungsbefugnis des Plenums problematisch.

Art.42 [Öffentlichkeit, Mehrheit, Berichterstattung]

(1) **Der Bundestag verhandelt öffentlich[1]. Auf Antrag eines Zehntels seiner Mitglieder oder auf Antrag der Bundesregierung kann mit Zweidrittelmehrheit die Öffentlichkeit ausgeschlossen werden[2]. Über den Antrag wird in nichtöffentlicher Sitzung entschieden[2].**

(2) **Zu einem Beschlusse des Bundestages ist die Mehrheit der abgegebenen Stimmen[4] erforderlich, soweit dieses Grundgesetz nichts anderes bestimmt[5]. Für die vom Bundestage vorzunehmenden Wahlen kann die Geschäftsordnung Ausnahmen zulassen[5].**

(3) **Wahrheitsgetreue Berichte über die öffentlichen Sitzungen des Bundestages und seiner Ausschüsse bleiben von jeder Verantwortlichkeit frei[6].**

Literatur: *Linck,* Die Parlamentsöffentlichkeit, ZParl 1992, 674; *Hofmann/ Dreier,* Repräsentation, Mehrheitsprinzip und Minderheitenschutz, ParlRPr, 1989, 165; *Zeh,* Parlamentarische Verfahren, HbStR II, 1987, 425; *Hett,* Die Öffentlichkeitsfunktion der Parlamentsverhandlungen, das Grundrecht der Informationsfreiheit und Informationspflichten der Exekutive, 1987; *Binder,*

Die „Öffentlichkeit" nach Art.42 I 1, 44 I 1 GG und das Recht der Massenmedien zur Berichterstattung, DVBl. 1985, 1112; *Heun,* Das Mehrheitsprinzip in der Demokratie, 1983.

1. Öffentlichkeit der Verhandlungen (Abs.1)

1   **Grundsatz (S.1).** Die Öffentlichkeit der Verhandlungen ist eine
Ausprägung des Demokratieprinzips (Rn.12 zu Art.20; BVerfGE 70,
324/355; 84, 304/329; BremStGH, LVerfGE 7, 167/187). Sie gilt
nur für das Plenum, nicht für die Ausschüsse (BVerfGE 1, 144/152;
a. A. Morlok DR 24). Vorbehaltlich verfassungsrechtlicher (z. B.
Art.44 Abs.1 S.1) und gesetzlicher Regelung (z. B. § 8 WahlPrüfG)
unterliegt die Öffentlichkeit der Verhandlungen der Ausschüsse der
Geschäftsordnungsautonomie (Rn.7–9 zu Art.40). *Verhandeln* umfasst die gesamte Tätigkeit von Beginn bis zum Schluss einer Sitzung
(Rn.7 zu Art.39), d. h. sowohl die Beratung wie die Beschlussfassung
(BVerfGE 89, 291/303). *Öffentlichkeit* bedeutet den freien und gleichen Zugang für jedermann. Nach hM umfasst sie auch den Vorgang, nicht aber den Inhalt von Wahlen und Abstimmungen, weshalb geheime Wahlen und Abstimmungen zulässig sein sollen
(Schneider AK 3); richtiger erscheint es, Formen und Verfahrens-
modalitäten von Wahlen und Abstimmungen der Parlamentsautonomie (Rn.7–9 zu Art.40) zuzuordnen, wonach geheime Wahlen
zulässig, geheime Abstimmungen aber verfassungsgewohnheitsrecht-
lich ausgeschlossen sind (Pieroth, JuS 91, 93 f). Die Widmung eines
Teils des Zuhörerraums für die Presse und Diplomaten ist zulässig
(Schneider AK 6). Das Zutrittsrecht findet außerdem Grenzen in der
räumlichen Kapazität und im Hausrecht und in der Ordnungsgewalt
des Bundestagspräsidenten (Rn.11 f zu Art.40).

2   **Ausnahmen (S.2, 3).** Zur Zahl der Mitglieder des Bundestags
Rn.1 f zu Art.121; zum Begriff der Bundesregierung Art.62. Der
jeweils erforderliche Antrag braucht nicht begründet zu werden,
weil sonst der Zweck der Geheimhaltung gefährdet wäre (Achter-
berg/Schulte MKS 19; Schneider AK 9; a. A. Morlok DR 29: kur-
sorische Begründung erforderlich). 2/3-Mehrheit bezieht sich analog zu Abs.2 (unten Rn.4) auf die abgegebenen Stimmen (Magiera
SA 6; Achterberg/Schulte MKS 19; Schneider AK 9; a. A. Versteyl
MüK 13). Der Ausschluss der Öffentlichkeit umfasst nicht die Mitglieder des Bundestags und die nach Art.43 Abs.2 zutrittsberechtigten Amtsträger. Die Öffentlichkeit kann in den Grenzen des Willkürverbots (Rn.14–16 zu Art.3) auch teil- und zeitweise ausgeschlossen werden (Achterberg/Schulte MKS 21; Schneider AK 9;

a. A. Magiera SA 7; Versteyl MüK 14). Über den Antrag selbst muss gem. S.3 bereits in nichtöffentlicher Sitzung entschieden werden.

2. Mehrheitsprinzip (Abs.2)

Allgemeines. Das Mehrheitsprinzip ist eine parlamentarische 3 Entscheidungsregel und Ausprägung des Demokratieprinzips (Rn.12 zu Art.20). Das Mehrheitsprinzip gibt der Mehrheit das Recht, die Minderheit zu binden, verpflichtet diese aber nicht, die Auffassung der Mehrheit zu übernehmen (BVerfGE 2, 143/172; *abwM* 70, 366/368). Beschlüsse des Bundestags sind alle Entscheidungen, die er als ganzer im Rahmen seiner verfassungsrechtlichen Befugnisse trifft. Hierunter fallen auch schlichte Parlamentsbeschlüsse (Rn.1 zu Art.76) sowie Entschließungsanträge gem. § 88 GeschOBT (Magiera SA 9; Morlok DR 32; a. A. Achterberg/Schulte MKS 31; Schneider AK 13; Versteyl MüK 16). Die Beschlussfähigkeit ist auf Grund der Geschäftsordnungsautonomie (Rn.7–9 zu Art.40) in § 45 Abs.1 GeschOBT geregelt. Eine Mehrheitsentscheidung kann jeweils nur über ein und dieselbe Frage erfolgen (BVerfGE 1, 14/46).

Grundsatz. Die Mehrheit der abgegebenen Stimmen ist gem. 4 S.1 Hs.1 erforderlich und ausreichend (sog. einfache Abstimmungsmehrheit oder relative Mehrheit). Mehrheit bedeutet, dass die Zahl der Ja-Stimmen die der Nein-Stimmen überwiegen muss. Stimmenthaltungen werden traditionell nicht zu den abgegebenen Stimmen gezählt (Magiera SA 10; Achterberg/Schulte MKS 38; krit. Versteyl MüK 21). Gleiches gilt für ungültige Stimmen (Morlok DR 34). Hiervon zu unterscheiden sind die Abgeordnetenmehrheit (d. h. die Mehrheit der Mitglieder des Bundestags, sog. absolute Mehrheit; vgl. Rn.1 f zu Art.121) und die Anwesenheitsmehrheit. Diese ist nur in §§ 80 Abs.2, 81 Abs.1, 84 lit. b, 126 GeschOBT vorgesehen und als eine Ausnahme der grundgesetzlichen Regel, die nicht Wahlen betrifft (unten Rn.5), verfassungswidrig (vgl. Schneider AK 12). Außerdem können diese Mehrheiten noch quantitativ abgestuft (1/10, 1/4, 1/3) und kombiniert werden (z. B. Art.77 Abs.4 S.2).

Ausnahmen können gem. S.1 Hs.2 durch das GG (Aufzählung 5 bei Morlok DR 37; Schneider AK 12) bestimmt sein. Für die vom Bundestag vorzunehmenden Wahlen kann gem. S.2 die GeschOBT Ausnahmen zulassen. Wahlen sind im Gegensatz zu Abstimmungen Personalentscheidungen (Rn.4 zu Art.20), umfassen also nicht die Entscheidung über Orte (Morlok DR 36; Pieroth, JuS 91, 90; a. A.

Schneider AK 15). Die GeschOBT darf die im GG normierten
Erfordernisse nur verschärfen, nicht aber abschwächen, weil sonst
eine Umgehung der Anforderungen an Verfassungsänderungen
(Art.79) möglich wäre (Achterberg/Schulte MKS 44; Schneider AK
15; Versteyl MüK 26; a. A. Magiera SA 15).

3. Freiheit der Berichterstattung (Abs.3)

6   Abs.3 ist lex specialis zu Art.5 Abs.1 S.2 (Schneider AK 16). Der
Schutzbereich umfasst nur wahrheitsgetreue Berichte. Wahrheitsgetreu
bedeutet die richtige und vollständige Wiedergabe (Magiera SA 18;
krit. Morlok DR 43). Der Schutzbereich ist davon abgesehen wie
der Schutzbereich der Presse-, Rundfunk- und Filmfreiheit zu verstehen (Rn.25–28, 36–41, 50–52 zu Art.5), allerdings beschränkt auf
die öffentlichen Sitzungen des Bundestags und seiner Ausschüsse
(oben Rn.1). Eine schriftliche Anfrage gehört nicht dazu (BGHZ
75, 384/390), ebenso wenig die Wiederholung der gleichen Äußerung bei anderer Gelegenheit (BGH, NJW 81, 2118). Die *Beeinträchtigung* besteht in „jeder Verantwortlichkeit", d. h. strafrechtlicher, dienstrechtlicher, zivilrechtlicher oder sonstiger staatlicher
Sanktion. Grds. gehört dazu auch der presserechtliche Gegendarstellungsanspruch (Schneider AK 19), den man aber dem Bundestag
und seinen Abgeordneten selbst zugestehen muss, da die Vorschrift
auch im Interesse des Parlaments besteht. Abs.3 unterliegt keinem
Gesetzesvorbehalt.

Art.43 [Zitierungs-, Zutritts- und Rederecht]

(1) **Der Bundestag und seine Ausschüsse**[1] **können die Anwesenheit jedes Mitgliedes der Bundesregierung**[2] **verlangen**[3]**.**

(2) **Die Mitglieder des Bundesrates und der Bundesregierung
sowie ihre Beauftragten**[4] **haben zu allen Sitzungen des Bundestages und seiner Ausschüsse Zutritt**[5]**. Sie müssen jederzeit gehört
werden**[6f]**.**

Literatur: *Queng,* Das Zutritts- und Rederecht nach Art.43 II GG,
JuS 1998, 610; *Hölscheidt,* Information der Parlamente durch die Regierungen, DÖV 1993, 593; *Maiwald,* Berichtspflichten gegenüber dem Deutschen
Bundestag, 1993; *Magiera,* Rechte des Bundestages und seiner Mitglieder
gegenüber der Regierung, ParlRPr, 1989, 1421; *M. Schröder,* Rechte der
Regierung im Bundestag, ParlRPr, 1989, 1447; *Vogelsang,* Die Verpflichtung
der Bundesregierung zur Antwort auf parlamentarische Anfragen, ZRP

1988, 5; *Weis,* Parlamentarisches Fragerecht und Antwortpflicht der Regierung, DVBl 1988, 268; *Meier,* Zitier- und Zutrittsrecht im parlamentarischen Regierungssystem, 1982.

1. Zitierungsrecht (Abs.1)

a) Berechtigte sind der Bundestag und seine Ausschüsse **1** (Rn.3–5 zu Art.40), mit Ausnahme der Unterausschüsse (Achterberg/Schulte MKS 21; Schneider AK 4; diff. Magiera ParlRPr 1422). Da das Zitierungsrecht nicht als Minderheitenrecht ausgestaltet ist, hat es eine geringe praktische Bedeutung (Schröder BK 24). Soweit ein parlamentarisches Gremium nicht nur aus Mitgliedern des Bundestags besteht (sog. gemischte Ausschüsse), ist es grds. nicht berechtigt. Berechtigt sind aber Enquête-Kommissionen gem. § 56 GeschOBT als Fortentwicklung des parlamentarischen Untersuchungsrechts (Magiera SA 3; Schneider AK 4; Schröder BK 30; a. A. Achterberg/Schulte MKS 22; Versteyl MüK 9; Stern II 53) sowie der Vermittlungsausschuss (Rn.9 zu Art.77) und der Gemeinsame Ausschuss (Rn.1 zu Art.53 a), da sie neben den Mitgliedern des Bundestags lediglich aus solchen des Bundesrats besteht, die als eigener Ausschuss betrachtet ebenfalls zitierungsberechtigt (Rn.1 zu Art.53) wären (Morlok DR 9; Magiera ParlRPr 1422; Stern II 53, 177; a. A. für den Gemeinsamen Ausschuss in Friedenszeiten Achterberg/Schulte MKS 24; Schneider AK 4; Schröder BK 31).
Verpflichtet ist jedes Mitglied der Bundesregierung (Art.62), **2** soweit der betreffende Beratungsgegenstand in seine Zuständigkeit fällt (Schneider AK 5; Schröder BK 33; Versteyl MüK 23; a. A. Magiera ParlRPr 1423; Morlok DR 10). Eine Vertretung durch Beauftragte, sei es Beamte oder Parlamentarische Staatssekretäre (insoweit a. A. Schröder BK 36 ff; Magiera SA 5 bei Einverständnis des Parlaments), sei es im Krankheitsfall (insoweit a. A. Achterberg/Schulte MKS 10), ist unzulässig (Schneider AK 5; Versteyl MüK 24; Stern II 54).

b) Inhalt ist die Pflicht zum persönlichen Erscheinen und Ver- **3** bleiben während der Dauer der Verhandlungen zu dem betreffenden Beratungsgegenstand sowie zur Beantwortung der damit im Zusammenhang stehenden und im Übrigen verfassungsrechtlich zulässigen Fragen (vgl. auch BVerwGE 73, 9/10). Im Falle der unverschuldeten Verhinderung muss der Bundestag oder der Ausschuss entscheiden, ob er auf die Zitierung verzichten, sie verschieben oder sich mit einem Vertreter begnügen will. Eine Verweigerung der Antwort kann nur durch kollidierendes Verfassungsrecht gerechtfertigt werden; z. B. kann die Funktionsfähigkeit der Regierung die Antwortverweigerung bezüglich noch nicht entscheidungsreifer Vorhaben rechtfertigen (Achterberg/Schulte MKS 14; Schneider AK 3; Magiera ParlRPr 1443 f). Vom Zitierungsrecht ist das allgemeine Fragerecht (Interpellationsrecht) der Abgeordneten gegenüber der Regierung (Rn.34 zu Art.38) zu unterscheiden (Schneider AK 6; Schröder BK 5 f; Klein HbStR II 383 f; a. A. Stern II 55: systemimmanente Fortbildung des Zitierrechts). Ein Recht auf Aktenvorlage und Akteneinsicht entspringt dem Zitierungsrecht nicht; insoweit haben aber Untersuchungsausschüsse weitergehende Befugnisse (Rn.7 f zu Art.44).

2. Zutritts- und Rederecht (Abs.2)

4   **a) Berechtigt** sind die Mitglieder des Bundesrats (Art.51 Abs.1) und die Mitglieder der Bundesregierung (Art.62) sowie ihre Beauftragten. Es genügt die Beauftragung durch jeweils ein Mitglied; doch ist auch die Beauftragung durch den Bundesrat und die Bundesregierung zulässig (Morlok DR 18; Schneider AK 10 f). Die Bestellung eines Unterbeauftragten ist unzulässig (Magiera SA 8; Achterberg/Schulte MKS 39). **Verpflichtet** sind der Bundestag und seine Ausschüsse (oben Rn.1).

5   **b) Zutrittsrecht (S.1)** bedeutet die Befugnis zur Anwesenheit bei allen Sitzungen (Rn.7 zu Art.39) des Bundestags und seiner Ausschüsse (oben Rn.1). Darin ist ein Anspruch auf Mitteilung der Sitzungstermine und der Tagesordnung enthalten. Das Zutrittsrecht besteht auch bei nichtöffentlichen Sitzungen. Eine Grenze ist für diejenigen Ausschüsse, die gerade der Kontrolle der Regierung oder des Bundesrats dienen, insb. Untersuchungsausschüsse, insoweit anzunehmen, als sich ein bestimmter Beratungsgegenstand gegen einen Zutrittsberechtigten richtet (Schneider AK 12; Schröder BK 75 ff; Versteyl MüK 32). Bei „geheim" zu haltenden Beratungsgegenständen soll das Zutrittsrecht auf je ein Mitglied oder Beauftragten beschränkt sein (BVerfGE 74, 7/8 f). Die Zutrittsberechtigten unterstehen dem Hausrecht und der Polizeigewalt des Bundestagspräsidenten (Rn.11 f zu Art.40).

6   **c) Das Rederecht (S.2)** besteht jederzeit, d. h. „auch außerhalb der Tagesordnung und nach Schluss der Beratung" (BVerfGE 10, 4/17), solange der Präsident bzw. Vorsitzende die Sitzung noch nicht geschlossen hat (Morlok DR 23; Schneider AK 13). Grenzen ergeben sich in zeitlicher Hinsicht aus dem Missbrauchsverbot, etwa bei

übermäßiger Häufung von Regierungsreden oder Einsatz der Rede-
befugnis zur Erreichung sachfremder Ziele (BVerfGE 10, 4/17 f), in
sachlicher Hinsicht aus der verfassungsrechtlichen Stellung des Red-
ners, der nur für seine Institution sprechen darf (Schneider AK 14;
Schröder BK 96; Besch ParlRPr 945; a.A. Achterberg/Schulte
MKS 66).

Das Rederecht ist mit der aus der **Geschäftsordnungsautono-** 7
mie (Rn.7–9 zu Art.40) folgenden Befugnis des Bundestags zum
Erlass einer Redeordnung (vgl. §§ 27 ff GeschOBT) zu harmonisie-
ren. Das Rederecht setzt eine ordnungsgemäße Wortmeldung und
Worterteilung durch den Präsidenten bzw. Vorsitzenden voraus. Es
gibt das Recht, abweichend von der Rednerliste als nächster zu
sprechen (Schneider AK 15; Schröder BK 91; Versteyl MüK 34).
Besondere, durch die Geschäftsordnung verliehene Befugnisse der
Abgeordneten, wie Zwischenfragen und Erklärungen zur Abstimmung (§§ 27 Abs.2, 31 GeschOBT), sind vom Rederecht gem. S.2
nicht umfasst (Schneider AK 13; Schröder BK 89; a.A. Achterberg
80). Es erstreckt sich auch nicht auf Antrags- und Abstimmungs-
befugnisse (Magiera SA 12; Achterberg/Schulte MKS 60; Schneider
AK 9; Schröder BK 88). Die Inanspruchnahme des Rederechts
wird bei einer vereinbarten Redezeitverteilung der Parlamentsmehrheit nicht angerechnet (BVerfGE 10, 4/18 ff; krit. Morlok
DR 25; Schröder BK 100; Versteyl MüK 34).

Art.44 [Untersuchungsausschüsse]

(1) **Der Bundestag hat das Recht und auf Antrag eines Viertels
seiner Mitglieder die Pflicht, einen Untersuchungsausschuß[3 f]
einzusetzen[5], der in öffentlicher Verhandlung[6] die erforderlichen
Beweise erhebt[7 f]. Die Öffentlichkeit kann ausgeschlossen werden[6].**

(2) **Auf Beweiserhebungen finden die Vorschriften über den
Strafprozeß sinngemäß Anwendung. Das Brief-, Post- und Fernmeldegeheimnis bleibt unberührt[7].**

(3) **Gerichte und Verwaltungsbehörden sind zur Rechts- und
Amtshilfe verpflichtet[7].**

(4) **Die Beschlüsse der Untersuchungsausschüsse sind der richterlichen Erörterung entzogen. In der Würdigung und Beurteilung des der Untersuchung zugrunde liegenden Sachverhaltes
sind die Gerichte frei[2].**

Literatur: *Masing,* Parlamentarische Untersuchungen privater Sachverhalte, 1998; *Köhler,* Umfang und Grenzen des parlamentarischen Untersuchungsrechts gegenüber Privaten im nichtöffentlichen Bereich, 1996; *Klenke,* Zum Konflikt zwischen parlamentarischen Enquêterecht und dem Recht auf informationelle Selbstbestimmung des Betroffenen, NVwZ 1995, 644; *Schmidt-Hartmann,* Schutz der Minderheit im parlamentarischen Untersuchungsverfahren, 1994; *Studenroth,* Die parlamentarische Untersuchung privater Bereiche, 1992; *Richter,* Privatpersonen im parlamentarischen Untersuchungsausschuß, 1991; *Simons,* Das parlamentarische Untersuchungsrecht im Bundesstaat, 1991; *Kästner,* Parlamentarisches Untersuchungsrecht und richterliche Kontrolle, NJW 1990, 2649; *Buchholz,* Der Betroffene im parlamentarischen Untersuchungsausschuß, 1990; *M. Schröder,* Untersuchungsausschüsse, ParlRPr, 1989, 1245; *Engels,* Parlamentarische Untersuchungsausschüsse, 1989; *Bachmann/Schneider,* Zwischen Aufklärung und politischem Kampf, 1988; *Di Fabio,* Rechtsschutz im parlamentarischen Untersuchungsverfahren, 1988; *Hilf,* Untersuchungsausschüsse vor den Gerichten, NVwZ 1987, 537; *Kipke,* Die Untersuchungsausschüsse des Deutschen Bundestages, 1985; *Schleich,* Das parlamentarische Untersuchungsrecht des Bundestages, 1985.

1. Bedeutung und Abgrenzung zu anderen Vorschriften

1   **Allgemeines.** Das Untersuchungsrecht (Enquêterecht) ist eines der wichtigsten und ältesten Mittel der Information und Kontrolle, die dem Parlament zur Verfügung stehen (BVerfGE 49, 70/85; 70, 1/42 f; BVerwGE 109, 258/262). Der Untersuchungsausschuss übt öffentliche Gewalt aus (BVerfGE 76, 363/387; 77, 1/46) und ist eine Behörde iSd Art. 35 Abs. 1 (BVerfG-K, NVwZ 94, 55; BVerwGE 109, 258/268; a. A. Morlok DR 14). Art. 44 muss so ausgelegt werden, dass parlamentarische Kontrolle wirksam sein kann (BVerfGE 67, 100/130; 77, 1/48). Praktisch steht die Aufklärung von Sachverhalten, die auf Mißstände hinweisen, im Bereich der Exekutive im Vordergrund (sog. Missstandsenquête). Der Untersuchungsausschuss ist ein spezieller Ausschuss (Rn. 3 zu Art. 40). Für seine Zusammensetzung gilt das bei Rn. 5 zu Art. 40 Gesagte. Auf dem Gebiet der Verteidigung darf kein Untersuchungsausschuss eingesetzt werden (Rn. 2 zu Art. 45 a).

2   **Verhältnis zur Rechtsprechung (Abs. 4).** Untersuchungsausschüsse und Gerichte (Rn. 10 zu Art. 92) sind grds. voneinander unabhängig. Insb. können die Gerichte gem. S. 2 die gleichen Sachverhalte selbständig untersuchen und rechtlich beurteilen. Die Beschlüsse der Untersuchungsausschüsse, d. h. der Schlussbericht einschl. eventueller Minderheitsvoten, nicht aber sonstige Maßnahmen des Untersuchungsausschusses und seines Vorsitzenden während eines laufenden Verfahrens (VerfGH NW, NWVBl 95, 250;

Magiera SA 28; Achterberg/Schulte MKS 189; Schneider AK 10; Rechenberg BK 32; krit. Morlok DR 56 ff), sind gem. S.1 der richterlichen Erörterung entzogen (vgl. auch BVerfGE 99, 19/34 f); dies ist eine Spezialregelung zu Art.19 Abs.4. Dagegen steht gegen eine Zeugenvorladung (BVerwG, DÖV 81, 300; BVerwGE 79, 339/340) und die Verhängung einer Ordnungsstrafe (OVG Berlin, OVGE 10, 163/164) der Verwaltungsrechtsweg offen.

2. Einsetzung

a) Rechtsstellung. Untersuchungsausschüsse können nur unter- **3** stützend und vorbereitend für den Bundestag tätig werden. Sie sind an den im Einsetzungsbeschluss (unten Rn.5) enthaltenen Untersuchungsauftrag gebunden; jede Änderung muss vom Plenum beschlossen werden. Der Bundestag kann den Untersuchungsausschuss auflösen; allerdings ist bei Minderheitsenquêten dafür eine Mehrheit von mehr als 3/4 der Mitglieder des Bundestags (Rn.1 f zu Art.121) erforderlich (Magiera SA 27; Achterberg/Schulte MKS 102; Schneider AK 8; Versteyl MüK 24). Der Grundsatz der Diskontinuität (Rn.4 zu Art.39) gilt auch für Untersuchungsausschüsse (BVerfGE 49, 70/86; BVerwGE 109, 258/263). Soweit dagegen den Untersuchungsausschüssen für ihre Verfahren besondere Befugnisse zugewiesen sind (unten Rn.7 f), üben sie diese auch gegenüber dem Bundestag selbständig, d. h. unabhängig und weisungsfrei, aus. Das Plenum darf sich nicht selbst als Untersuchungsausschuss einsetzen (Magiera SA 12) oder die besonderen Befugnisse ausüben (BVerfGE 67, 100/124 f).

b) Aufgabe der Untersuchungsausschüsse ist es, Sachverhalte, **4** deren Aufklärung im öffentlichen Interesse liegt, zu untersuchen und dem Bundestag darüber Bericht zu erstatten (vgl. § 1 Abs.1 IPA-Entwurf, BT-Drs. V 4209). Das Untersuchungsrecht darf nur im Rahmen der Kompetenzen des Bundestags ausgeübt werden (sog. Korollartheorie): Es erstreckt sich nicht auf Angelegenheiten, an deren parlamentarischer Behandlung kein öffentliches Interesse von hinreichendem Gewicht besteht, die nicht zu den Bundesaufgaben gehören oder in die ausschließliche Kompetenz anderer Verfassungsorgane fallen (BVerfGE 77, 1/44; BVerwGE 109, 258/266; Schröder ParlRPr 1249 ff). Str. ist, ob Untersuchungsausschüsse verfahrensbegleitende oder sogar vorbeugende Kontrolle ausüben dürfen (vgl. Achterberg/Schulte MKS 60 ff). Das Untersuchungsrecht erstreckt sich grds. auch auf die Vorgänge im öffentlichen Leben und Vorkommnisse im gesellschaftlichen Bereich (BVerfGE 77, 1/44), nicht aber auf rein privates Handeln (Morlok DR 20; Masing, o. Lit.,

220 ff; Studenroth, o. Lit., 142 ff). Der vor einer parlamentarischen Untersuchung geschützte Kernbereich exekutiver Eigenverantwortung muss eng interpretiert werden (BayVerfGHE *abwM* 38, 165/175 ff) und liegt bei abgeschlossenen Vorgängen regelmäßig nicht vor (BremStGH, NVwZ 89, 955 ff).

5 **c)** Bei den **Voraussetzungen für die Einsetzung** von Untersuchungsausschüssen sind zwei Fälle zu unterscheiden: Die Mehrheitsenquête beruht auf einem Beschluss gem. Art. 42 Abs. 2 S. 1. Die Minderheitsenquête beruht auf dem Antrag von 1/4 der Mitglieder des Bundestags (Rn. 1 f zu Art. 121). In diesem Fall hat die Mehrheit gem. Abs. 1 S. 1 Hs. 1 die Pflicht, einen Untersuchungsausschuss unverzüglich einzusetzen, außer es handelt sich um einen verfassungswidrigen Antrag (oben Rn. 4); im letzten Fall muss aber die Ablehnung ausreichend begründet werden (Schröder ParlRPr 1251; a. A. BayVerfGHE 38, 165/172). Inhaltliche Voraussetzung ist in beiden Fällen eine hinreichend genaue Bestimmung des Untersuchungsgegenstands (Achterberg/Schulte MKS 30 ff; vgl. auch BayVerfGH, NVwZ 95, 684 f; HessStGH, ESVGH 17, 1/18; StGH BW, ESVGH 27, 1/8). Die Mehrheit darf den Untersuchungsgegenstand nicht gegen den Willen der Minderheit verändern (BVerfGE 49, 70/86; BayVerfGHE 30, 48/61; StGH BW, ESVGH 27, 1/8). Andererseits muss sie ihn auf Antrag der Minderheit verändern, wenn anders der Erfolg der Untersuchung insgesamt gefährdet wäre (vgl. BVerfGE 83, 175/179 f). Zusatzfragen sind nur in engen Grenzen zulässig, um eine verzerrte Darstellung zu vermeiden und ein umfassendes, wirklichkeitsnäheres Bild des Untersuchungsgegenstands zu gewinnen (BVerfGE 49, 70/80 ff; krit. Achterberg/Schulte MKS 91). Wegen dieser Verpflichtung hat der Mehrheitsbeschluss formalen Charakter; sein Fehlen führt regelmäßig nicht zur Verfassungswidrigkeit, es sei denn, die Verfassungsmäßigkeit der Einsetzung des Untersuchungsausschusses ist bestritten worden (HessStGH, ESVGH 17, 1/8 ff).

3. Verfahren

6 **a)** Die **Öffentlichkeit** der Verhandlungen ist anders als für die anderen Ausschüsse (Rn. 1 zu Art. 42) gem. Abs. 1 S. 1 Hs. 2 vorgeschrieben, kann aber gem. Abs. 1 S. 2 durch Mehrheitsbeschluss (Rn. 4 zu Art. 42) ausgeschlossen werden; dabei ist das Willkürverbot (Rn. 14–16 zu Art. 3; Schneider AK 14) und die Bedeutung des Öffentlichkeitsprinzips in der Demokratie (Rn. 11 f zu Art. 20; BVerfGE 77, 1/48) zu beachten. Der Ausschluss der Öffentlichkeit kann von der Bundesregierung nicht erzwungen werden; doch

schränkt der Nicht-Ausschluss der Öffentlichkeit die Pflicht der Bundesregierung zur Aktenvorlage (unten Rn.8) ein (BVerfGE 67, 100/137). Zum Zutrittsrecht der Mitglieder der Bundesregierung und des Bundesrats Rn.4 f zu Art.43. Im Übrigen gilt die GeschOBT; die Praxis, insoweit die teilw. abweichenden Regelungen des IPA-Entwurfs (oben Rn.4) als eine „Art Sondergeschäftsordnung" (Schröder ParlRPr 1248) zugrundezulegen, ist im Hinblick auf § 74 GeschOBT rechtswidrig (vgl. auch Achterberg/Schulte MKS 109 ff; Schneider AK 14); die IPA-Regeln gelten nicht im Außenverhältnis (BVerwG, NVwZ 93, 61) und sind kein Gewohnheitsrecht (Morlok DR 17; a. A. HessVGH, NVwZ-RR 96, 684).

b) Beweiserhebung. Auf diese gem. Abs.1 S.1 Hs.2 bestehende **7** Kompetenz der Untersuchungsausschüsse finden gem. Abs.2 S.1 die jeweils geltenden (BVerfGE 76, 363/387) Vorschriften über den Strafprozess sinngemäß Anwendung. Auch insoweit bleiben die Untersuchungsausschüsse Hilfsorgane des Bundestags und handelt es sich um Befugnisse des Bundestags (BVerfGE 77, 1/40 f). Die sinngemäße Anwendung ergibt sich daraus, dass es hier keinen Beschuldigten gibt, und bedeutet, dass Art und Umfang der Anwendung dieser Vorschrift dem Sinn parlamentarischer Kontrolle durch einen Untersuchungsausschuss entsprechen sollen (BVerfGE 67, 100/133 f; Morlok DR 44). Der Richtervorbehalt gilt uneingeschränkt; daher müssen Beschlagnahmen, Durchsuchungen und Verhaftungen beim zuständigen Gericht beantragt werden (BVerfGE 76, 363/383; 77, 1/51; vgl. auch BremStGHE 2, 11/17). Darüber hinaus sind gem. Abs.2 S.2 die strafprozessualen Möglichkeiten zur Einschränkung des Brief-, Post- und Fernmeldegeheimnisses auf der Grundlage des Art.10 Abs.2 nicht anwendbar (Morlok DR 50; Rechenberg BK 28; Versteyl MüK 34; a. A. Schneider AK 15). Das impliziert entsprechende Beweisverwertungsverbote (vgl. HambVerfG, DÖV 89, 120). Das Beweisantragsrecht steht bei der Minderheitsenquête auch 1/4 der Mitglieder des Untersuchungsausschusses zu (vgl. BVerfGE 49, 70/85 f; Schneider AK 5). Der Untersuchungsausschuss darf dabei die Rechtmäßigkeit, nicht aber die Erforderlichkeit des Beweisantrags überprüfen (NdsStGH, NVwZ 86, 827). Für den Umfang der Rechts- und Amtshilfeverpflichtung von Gerichten und Verwaltungsbehörden gilt gem. Abs.3 das bei Rn.4 zu Art.35 Gesagte entsprechend (vgl. auch BVerfGE 67, 100/128 f). Das VwVfG ist entsprechend anwendbar (Morlok DR 51).

Im Einzelnen kann die Aktenvorlage nur unter ganz besonderen **8** Umständen verweigert werden, z. B. zum Schutz von Grundrechten

und für Regierungsinterna (BVerfGE 67, 100/133 ff), nicht aber für
alle Regierungsprotokolle, „die abgeschlossene Vorgänge betreffen"
(vgl. BremStGH, NVwZ 89, 955 ff); es besteht ein Aussageverweigerungsrecht entsprechend § 55 StPO (OVG NW, NVwZ 87, 607);
beschlagnahmte Unterlagen, die ersichtlich grundrechtlich bedeutsame Daten enthalten, dürfen zum Schutz persönlicher (Rn.31 f zu
Art.2) und geschäftlicher (Rn.19 zu Art.14) Daten erst dann im
Ausschuss erörtert werden, wenn ihre Beweiserheblichkeit im
Einzelnen und die Frage der Zulässigkeit der Beweiserhebung im
Blick auf ausreichende Geheimschutzmaßnahmen geprüft wurden
(BVerfGE 77, 1/55; vgl. auch HambVerfG, LVerfGE 3, 194/211);
Beschlagnahme- und Durchsuchungsfreiheit setzt eine dem Beschuldigten vergleichbare Situation voraus (BVerfG-K, NVwZ 94,
56); die Beugehaft darf auf Antrag des Untersuchungsausschusses
durch den Richter (oben Rn.7) angeordnet werden (BVerfGE 76,
363/383 ff); die Festsetzung von Ordnungsgeld als Sanktion für
eine grundlose Aussageverweigerung ist zulässig (BVerfGE 76,
363/385 f); die Ordnungsgewalt des Ausschussvorsitzenden (Rn.12
zu Art.40) ist um die Befugnisse des Gerichtsvorsitzenden gem.
§§ 176 ff GVG erweitert (Schneider AK 13; krit. Versteyl MüK 30);
die Verfahrensgrundsätze der Mündlichkeit und Unmittelbarkeit sollen nicht strikt gelten (Schneider AK 15; Versteyl MüK 29), wohl
aber der der Amtsermittlung (Schneider AK 14; a. A. Versteyl MüK
29); für Zeugenaussagen gelten die Maßstäbe der Aktenvorlage entsprechend (Schneider AK 15; Schröder ParlRPr 1255 f; vgl. auch
BGHSt 17, 128/130); auf den Zeugenbeweis findet § 58 Abs.1
StPO sinngemäß Anwendung (BVerfG, NVwZ 96, 1198 f); Zeugenpflichten bestehen auch bei Untersuchungsausschüssen der Landesparlamente bundesweit (BVerfG-K, NVwZ 94, 55; BVerwGE 79,
339/344; 109, 258/264); Zeugniszwang und Zeugenvereidigung
sind von der Kompetenz zur Beweiserhebung umfasst (BVerfGE 67,
100/131; NdsStGH, NVwZ 86, 827).

Art. 45 [Europaausschuss]

**Der Bundestag bestellt einen Ausschuß für die Angelegenheiten der Europäischen Union[1]. Er kann ihn ermächtigen, die
Rechte des Bundestages gemäß Artikel 23 gegenüber der Bundesregierung wahrzunehmen[2].**

Literatur: *Hölscheidt,* Parlamentarische Mitwirkung bei der europäischen
Rechtsetzung, KritV 1994, 405; *Brenner,* Das Gesetz über die Zusammen-

arbeit von Bundesregierung und Deutschem Bundestag in Angelegenheiten der Europäischen Union, ThürVBl 1993, 196; *Möller/Limpert,* Informations- und Mitwirkungsrechte des Bundestages in Angelegenheiten der Europäischen Union, ZParl 1993, 21. – S. auch Literatur zu Art.23.

S.1 der 1992 gemeinsam mit dem neuen Europa-Artikel 23 ein- **1** gefügten Vorschrift (Einl.3 Nr.38) begründet eine Verpflichtung des Bundestags, einen Ausschuss für die Angelegenheiten der Europäischen Union (Rn.6 zu Art.23) einzurichten. Wie bei den Ausschüssen für auswärtige Angelegenheiten und Verteidigung (Art.45 a) und dem Petitionsausschuss (Art.45 c) handelt es sich um eine ständige Einrichtung (Rn.4 zu Art.39). Der Ausschuss hat grds. die gleiche Rechtsstellung wie die anderen Ausschüsse (Rn.3 zu Art.40). Er wird aber ressortübergreifend tätig (Achterberg/Schulte MKS 14). Die Abgrenzung der Kompetenzen zwischen dem Europaausschuss und den Fachausschüssen (Rn.3 zu Art.40) liegt in der Geschäftsordnungsautonomie des Bundestags (Rn.7–9 zu Art.40); zu den Einzelheiten vgl. §§ 93, 93 a GeschOBT und die „Grundsätze" des Ausschusses (vgl. Scholz MD 2).

Durch die Ermächtigung gem. **S.2** (vgl. auch § 2 AusführungsG **2** zu Art.23 Abs.3 S.3) soll der Europaausschuss zu einem verbesserten Informationsfluss zwischen Bundesregierung und Bundestag beitragen und eine rechtzeitige Beteiligung des Bundestags an Entscheidungen der Bundesregierung, die nicht den Kernbereich der exekutiven Eigenverantwortung betreffen, in Organen der Europäischen Union ermöglichen. Die verfassungsrechtliche Ermächtigung umfasst die Kompetenz zur Wahrnehmung der Rechte des Bundestags gegenüber der Bundesregierung gem. Art.23 (Rn.50–54 zu Art.23). Die näheren Regelungen über Umfang und Dauer der Ermächtigung gem. § 93 a Abs.3, 4 GeschOBT werden als zu restriktiv kritisiert (Pernice DR 8 ff). In Fällen der Ermächtigung müssen die Sitzungen entsprechend Art.42 Abs.1 öffentlich sein (Pernice DR 11). Der Bundestag darf sich ein Rückholrecht vorbehalten, so dass er selbst in Angelegenheiten der Europäischen Union beraten und beschließen kann (Möller/Limpert, ZParl 93, 31).

Art.45a [Ausschüsse für auswärtige Angelegenheiten und für Verteidigung]

(1) **Der Bundestag bestellt einen Ausschuß für auswärtige Angelegenheiten und einen Ausschuß für Verteidigung.**

(2) **Der Ausschuß für Verteidigung hat auch die Rechte eines Untersuchungsausschusses. Auf Antrag eines Viertels seiner Mitglieder hat er die Pflicht, eine Angelegenheit zum Gegenstand seiner Untersuchung zu machen.**

(3) **Artikel 44 Abs.1 findet auf dem Gebiet der Verteidigung keine Anwendung.**

Literatur: *E. Busch,* Zur parlamentarischen Kontrolle der Streitkräfte, NZWehr 1983, 81; *H.-J. Berg,* Der Verteidigungsausschuß des Deutschen Bundestages, 1982.

1 **Abs.1** der 1956 eingefügten und 1976 geänderten Vorschrift (Einl.2 Nr.7, 33) begründet eine Verpflichtung des Bundestags, einen Ausschuss für auswärtige Angelegenheiten und einen Ausschuss für Verteidigung einzurichten. Zum Begriff „auswärtige Angelegenheiten" Rn.2 zu Art.73. Zum Begriff „Verteidigung" Rn.4 zu Art.73; allerdings sind hier der Schutz der Zivilbevölkerung und das Zivildienstwesen nicht erfasst (Magiera SA 3; Achterberg/ Schulte MKS 20; Dürig/Klein MD 21 f; Hernekamp MüK 6). Diese Ausschüsse sind ständige Einrichtungen (Rn.4 zu Art.39); sie dürfen nicht aufgelöst oder vereinigt oder mit anderen Ausschüssen zusammengelegt werden, und ihre Kompetenzen dürfen nicht ausgehöhlt werden (Frank AK 40 hinter Art.87; Berg BK 117); dagegen dürfen gemeinsame Unterausschüsse eingerichtet werden (Dürig/ Klein MD 13). Sie haben grds. die gleiche Rechtsstellung wie die anderen Ausschüsse (Rn.3 zu Art.40).

2 Allerdings enthalten **Abs.2, 3** Sonderregelungen für den Ausschuss für Verteidigung. Gem. Abs.2 S.1 darf er sich jederzeit als Untersuchungsausschuss gem. Art.44 einsetzen (Dürig/Klein MD 35; Heun DR 8). Durch Abs.2 S.2 ist die Minderheitsenquête garantiert (Rn.5 zu Art.44). Aus Abs.3 folgt, dass der Bundestag auf dem Gebiet der Verteidigung keinen Untersuchungsausschuss einsetzen darf und dass keine Öffentlichkeit vorgeschrieben ist, nicht aber, dass der Bundestag dem Ausschuss für Verteidigung keinen Untersuchungsauftrag geben darf (Bergmann SeiHö 2; a. A. Achterberg/Schulte MKS 35 ff; Berg BK 210; widersprüchlich Dürig/ Klein MD 39 f).

Art.45b [Wehrbeauftragter]

Zum Schutz der Grundrechte und als Hilfsorgan des Bundestages bei der Ausübung der parlamentarischen Kontrolle wird

ein Wehrbeauftragter des Bundestages berufen. Das Nähere regelt ein Bundesgesetz.

Literatur: *Glenner,* Die Wehrbeauftragte – Parlamentarische Kontrolle über die Streitkräfte; Petitionsinstanz für die Soldaten der Bundeswehr, 1997; *E. Busch,* Der Wehrbeauftragte des Bundestages, ParlRPr, 1989, 1393.

S.1 der 1956 eingefügten Vorschrift (Einl.3 Nr.7) begründet eine **1** Verpflichtung des Bundestags, einen Wehrbeauftragten zu berufen. Er ist eine Untergliederung des Bundestags (Rn.2 zu Art.40; §§ 113 ff GeschOBT). Seine Aufgaben bestehen im Schutz der Grundrechte der Soldaten und in der Ausübung parlamentarischer Kontrolle. Da er letztere Aufgabe aber nur als „Hilfsorgan des Bundestages" hat, ist er insoweit vom Bundestag und vom Verteidigungsausschuss (Art.45 a) abhängig, während er zum Schutz der Grundrechte eigenständig tätig wird (Frank AK 54 hinter Art.87; Hernekamp MüK 6, 9, 23 ff; a. A. Achterberg/Schulte MKS 10 ff; Heun DR 4; Klein MD 13 f). Das rechtfertigt auch die Inkompatibilitätsvorschrift des § 14 Abs.3 WehrbeauftragtenG, und dementsprechend reichen Richtlinienkompetenz und Weisungsrecht von Bundestag und Verteidigungsausschuss (vgl. Klein MD 45 ff) unterschiedlich weit. Seine Kompetenzen können aber nicht über die eines parlamentarischen Organs hinausgehen und etwa vollziehender Art sein (Achterberg/Schulte MKS 75; Klein MD 28). Gegenständlich ist auf den Bereich der Verteidigung entsprechend dem bei Rn.2 zu Art.45 a Gesagten beschränkt (Hernekamp MüK 10; Klein MD 32). **S.2** begründet eine ausschließliche Bundesgesetzgebungskompetenz (Rn.3 zu Art.70). Im WehrbeauftragtenG sind die Kompetenzen des Wehrbeauftragten abschließend aufgezählt (BVerwGE 46, 69/70).

Art.45c [Petitionsausschuss]

(1) **Der Bundestag bestellt einen Petitionsausschuß, dem die Behandlung der nach Artikel 17 an den Bundestag gerichteten Bitten und Beschwerden obliegt.**

(2) **Die Befugnisse des Ausschusses zur Überprüfung von Beschwerden regelt ein Bundesgesetz.**

Literatur: *Schick,* Petitionen, 3. A. 1996; *Vitzthum/März,* Der Petitionsausschuß, ParlRPr, 1989, 1221. – S. auch Literatur zu Art.17.

Für die Rechtsstellung des Petitionsausschusses gem. **Abs.1** der **1** 1975 eingefügten Vorschrift (Einl.3 Nr.32) gilt das bei Rn.1 zu

Art.45 a Gesagte entsprechend. Seine Kompetenz umfasst – vorbehaltlich der Befugnisse gem. Abs.2 – die Behandlung der nach Art.17 an den Bundestag gerichteten Bitten und Beschwerden (Rn.2 zu Art.17). An den Bundestag gerichtet sind auch solche, die an Untergliederungen des Bundestags (Rn.1–6 zu Art.40) und an einzelne Abgeordnete adressiert und die von anderen Stellen an den Bundestag weitergeleitet sind (Stein AK 6; Hernekamp MüK 5). Die Behandlung richtet sich inhaltlich nach dem grundrechtlichen Anspruch (Rn.7 zu Art.17). Das Verfahren ist in §§ 108 ff GeschOBT und den Verfahrensgrundsätzen des Ausschusses näher geregelt (vgl. Bauer DR 23 ff). Die Einschaltung der zur Bundestagsverwaltung gehörigen „Zentralstelle für Petitionen und Eingaben" ist zulässig, solange diese im Auftrag und nach hinreichend bestimmten Weisungen des Petitionsausschusses tätig wird (BVerfG-K, ZParl 82, 21 f; krit. Achterberg/Schulte MKS 22 ff). Die Behandlung der Petitionen unterfällt nicht der sachlichen Diskontinuität (Rn.4 zu Art.39).

2   **Abs.2** begründet eine ausschließliche Bundesgesetzgebungskompetenz (Rn.3 zu Art.70). Das G nach Art.45 c GG v. 19. 7. 1975 (BGBl I 1921) enthält zwar keine Zwangsbefugnisse, wie sie der Untersuchungsausschuss (Rn.7 zu Art.44) besitzt, wohl aber erweiterte Sachaufklärungsmöglichkeiten (Würtenberger BK 138 ff).

Art.**46** [Indemnität und Immunität]

(1) **Ein Abgeordneter[1] darf zu keiner Zeit[3] wegen seiner Abstimmung oder wegen einer Äußerung, die er im Bundestage oder in einem seiner Ausschüsse getan hat[2], gerichtlich oder dienstlich verfolgt oder sonst außerhalb des Bundestages zur Verantwortung gezogen werden[4]. Dies gilt nicht für verleumderische Beleidigungen[2].**

(2) **Wegen einer mit Strafe bedrohten Handlung[6] darf ein Abgeordneter[5] nur mit Genehmigung des Bundestages[8] zur Verantwortung gezogen oder verhaftet werden[6], es sei denn, daß er bei Begehung der Tat oder im Laufe des folgenden Tages festgenommen wird[7].**

(3) **Die Genehmigung des Bundestages[8] ist ferner bei jeder anderen Beschränkung der persönlichen Freiheit eines Abgeordneten oder zur Einleitung eines Verfahrens gegen einen Abgeordneten gemäß Artikel 18 erforderlich[9].**

(4) **Jedes Strafverfahren und jedes Verfahren gemäß Artikel 18 gegen einen Abgeordneten, jede Haft und jede sonstige Beschränkung seiner persönlichen Freiheit sind auf Verlangen des Bundestages auszusetzen**[10].

Literatur: *Butzer,* Immunität im demokratischen Rechtsstaat, 1991; *Schulz,* Abgeordnetenimmunität und Zwangsmaßnahmen im strafrechtlichen Ermittlungsverfahren, DÖV 1991, 448; *H. H. Klein,* Indemnität und Immunität, ParlRPr, 1989, 555; *Wurbs,* Regelungsprobleme der Immunität und Indemnität in der parlamentarischen Praxis, 1988; *Bornemann,* Die Immunität der Abgeordneten im Disziplinarverfahren, DÖV 1986, 93; *M. Schröder,* Rechtsfragen des Indemnitätsschutzes, Staat 1982, 25; *Wolfrum,* Indemnität im Kompetenzkonflikt zwischen Bund und Ländern, DÖV 1982, 674; *Friesenhahn,* Zur Indemnität der Abgeordneten in Bund und Ländern, DÖV 1981, 512.

1. Indemnität (Abs.1)

a) Anwendungsbereich. Persönlich sind nur Abgeordnete des **1** Bundestags erfasst. Die Indemnität ist eine Ausprägung ihres verfassungsrechtlichen Status (Rn.25 zu Art.38). *Keinen* Indemnitätsschutz genießen der Bundespräsident (Rn.6 zu Art.60), Regierungsmitglieder, die nicht Abgeordnete sind oder die nicht in ihrer Eigenschaft als Abgeordnete auftreten, z.B. bei der Beantwortung einer parlamentarischen Anfrage (OVG NW, DVBl 67, 53; Graul, NJW 91, 1718), Mitglieder des Bundesrats (Klein ParlRPr 571), Landtagsabgeordnete (Schulze-Fielitz DR 11), außerparlamentarische Mitglieder von gemischten Ausschüssen (Rn.1 zu Art.43) und Sachverständige bei einer öffentlichen Anhörung im Parlament (BGH, NJW 81, 2117).

Sachlich sind Abstimmungen und Äußerungen im Bundestag **2** und in einem seiner Ausschüsse erfasst; anders als sonst (Rn.4 zu Art.20) umfasst der Begriff der Abstimmung hier sowohl Personal- als auch Sachentscheidungen (Achterberg/Schulte MKS 12; Magiera BK 34; Klein ParlRPr 571). Die Indemnität dient der Funktionsfähigkeit des Parlaments. Äußerung umfasst weiter als bei Art.5 (Rn.2 f zu Art.5) auch die Mitteilung von Tatsachen (Schneider AK 6; Magiera BK 34 ff). Abstimmungen sind ein Unterfall von Äußerungen. Vom Indemnitätsschutz nicht umfasst sind Tätlichkeiten (BVerwGE 83, 1/16), reine Privatgespräche (Achterberg/Schulte MKS 10) und gem. S.2 verleumderische Beleidigungen (vgl. § 187 StGB). „Im Bundestag oder in einem seiner Ausschüsse" bedeutet die Sitzungen des Plenums und aller Untergliederungen (Rn.1–6 zu Art.40) einschl. der gemischten Ausschüsse (Rn.1 zu Art.43;

Schneider AK 7; Magiera BK 40; Klein ParlRPr 575 f). Vom Indemnitätsschutz nicht umfasst sind Äußerungen außerhalb des Parlaments, insb. auf Partei- und Wahlveranstaltungen (BGH, NJW 82, 2246), es sei denn, es werden im Parlament gemachte Äußerungen lediglich wörtlich wiederholt (BGHZ 75, 384/387; Schneider AK 7; Magiera BK 41 f). Bei schriftlichen Anfragen beginnt der Indemnitätsschutz nicht schon mit der Einreichung beim Bundestagspräsidenten (a. A. Achterberg/Schulte MKS 20; Schulze-Fielitz DR 17), sondern mit der Weiterleitung durch den Bundestagspräsidenten an die Regierung (Meyer-Hesemann, DÖV 81, 288) bzw. mit ihrer Veröffentlichung (Schröder, Staat 1982, 40 f), nicht erst mit ihrer Beantwortung (a. A. BGHZ 75, 384/388 f).

3   **Zeitlich** beginnt der Indemnitätsschutz mit dem Erwerb des Mandats (Rn.23 zu Art.38), endet aber nicht mit dem Verlust des Mandats („zu keiner Zeit"; BVerwGE 83, 1/15 f). Weder kann der Abgeordnete auf seine Indemnität verzichten, noch der Bundestag sie aufheben (Achterberg/Schulte MKS 7; Schneider AK 3; Magiera BK 54).

4   **b) Rechtsfolgen.** Unzulässig ist jede außerparlamentarische beeinträchtigende staatliche Maßnahme, sei es durch die Rechtsprechung (Rn.2–10 zu Art.92), einschl. der Zivilgerichte, z. B. in Bezug auf Schadenersatz, Unterlassung (OLG Karlsruhe, NJW 56, 1840), Widerruf und Vollstreckung; sei es durch die Exekutive, z. B. durch Polizei, Staatsanwalt, Gerichtsvollzieher, Verfassungsschutzamt, nicht aber durch Maßnahmen des Bundestagspräsidenten (Rn.11 f zu Art.40). Keine Rechtsfolgen ergeben sich für private Sanktionen wie Parteiausschluss, Kündigung, gesellschaftlichen Boykott (Trute MüK 17; Magiera BK 46; Schulze-Fielitz DR 20; a. A. Achterberg/Schulte MKS 24). Im einfachen Recht wirkt der Indemnitätsschutz als spezielles Verfahrenshindernis (HambOVG, HambJVwBl 78, 6; Klein ParlRPr 570; Trute MüK 18); dagegen wird für das Strafrecht überwiegend ein persönlicher Strafausschließungsgrund mit der Folge angenommen, dass Tatbestandsmäßigkeit, Rechtswidrigkeit und Schuld nicht beseitigt werden (Schneider AK 3; Magiera BK 53; Schulze-Fielitz DR 10). Für die Annahme einer verleumderischen Beleidigung gem. S.2 reicht eine Glaubhaftmachung im Prozess nicht aus (Heintzen, ZParl 98, 731).

2. Immunität (Abs.2–4)

5   **a) Anwendungsbereich.** Der *persönliche* Anwendungsbereich ist mit dem der Indemnität identisch (oben Rn.1); allerdings kommt es

bei Regierungsmitgliedern nicht darauf an, ob sie in ihrer Eigenschaft als Abgeordnete auftreten. Der *zeitliche* Anwendungsbereich umfasst die Dauer des Mandats (Rn.23 zu Art.38); dabei ist unerheblich, dass die mit Strafe bedrohte Handlung schon vor Erwerb des Mandats erfolgt ist (sog. mitgebrachte Verfahren; Achterberg/Schulte MKS 41; Schneider AK 10; Magiera BK 86). Andererseits ruht in dieser Zeit auch die Verfolgungs- und Vollstreckungsverjährung (BGHSt 20, 248/250). Nach dem Ende des Mandats ist die Strafverfolgung wieder möglich (BGH, NJW 92, 701). Anders als der Bundestag (unten Rn.8) kann der Abgeordnete nicht auf die Immunität verzichten (Schneider AK 10; Magiera BK 96, 107; Schulze-Fielitz DR 23).

b) Unzulässigkeit der Strafverfolgung (Abs.2) greift grds. bei **6** einer „mit Strafe bedrohten Handlung" ein. Daher hat der Begriff „Verantwortung" eine engere Bedeutung als bei der Indemnität (oben Rn.4). Die Handlung kann nur außerhalb des Bundestags begangen werden, außer es handelt sich um eine Tätlichkeit oder verleumderische Beleidigung (oben Rn.2). Strafe ist hier im weitesten Sinn zu verstehen: Kriminalstrafen einschl. der Maßnahmen der Besserung und Sicherung (Butzer, o. Lit., 173), Sanktionen des Ordnungswidrigkeiten- (Butzer, o. Lit., 175 f; Trute MüK 24; a. A. OLG Düsseldorf, NJW 89, 2207; OLG Köln, NJW 88, 1606), Disziplinar- (BVerfGE 42, 312/328; BDHE 1, 184/186; a. A. BVerwGE 83, 1/8 f) und Standesrechts (Butzer, o. Lit., 185 f; Achterberg/Schulte MKS 35), ausgenommen nur Beugemaßnahmen (Schulze-Fielitz DR 27) und Verwarnungsgelder im Hinblick auf ihren Bagatellcharakter (Schneider AK 12; Magiera BK 63 f; Klein ParlRPr 580 f). „Verhaftung" betrifft im Hinblick auf Abs.3 (unten Rn.9) nur die Untersuchungshaft (vgl. §§ 112 ff StPO), die Festnahme nach § 127 Abs.2 StPO (Trute MüK 34) und sonstige strafprozessuale Sistierungen (Schulze-Fielitz DR 30). Unzulässig ist schon die Einleitung eines auf eine entsprechende Sanktion gerichteten Verfahrens durch jeden Hoheitsträger, z. B. Polizei und Staatsanwaltschaft, nicht aber die Entgegennahme einer Anzeige und die Einstellung des Verfahrens (Schulze-Fielitz DR 29); zulässig sind auch diejenigen Untersuchungshandlungen, deren es bedarf, um festzustellen, ob die Genehmigung des Bundestags (unten Rn.8) eingeholt werden soll (Magiera BK 67; Klein ParlRPr 581). Im einfachen Recht wirkt der Immunitätsschutz als spezielles Verfahrenshindernis (vgl. auch oben Rn.4). Er erstreckt sich nicht auf zivilrechtliche Streitigkeiten, selbst wenn sie, z. B. bei einer Schadenersatzklage, an eine mit Strafe bedrohte Handlung anknüpfen (Schneider AK 12; Magiera BK 70; vgl. aber unten Rn.9), nicht auf die Strafverfolgung gegen Dritte, von der der Abgeordnete betroffen wird (Hömig SeiHö 7), und nicht auf parlamentarische Maßnahmen (Trute MüK 23).

7   Eine Ausnahme besteht für **Festnahmen** „bei Begehung der Tat oder im Laufe des folgenden Tages". Hiervon sind Zufallsfestnahmen und solche Festnahmen erfasst, die keine Ermittlungen voraussetzen, weil die Voraussetzungen der Festnahme oder eines Haftbefehls offenkundig vorliegen (Schneider AK 13; Magiera BK 72), ferner strafprozessuale Maßnahmen freiheitsbeschränkenden Charakters wie gem. § 81a StPO (OLG Bremen, NJW 66, 744), nicht dagegen entsprechende präventiv-polizeiliche Maßnahmen (unten Rn.9).

8   **Die Genehmigung des Bundestags** macht die Strafverfolgung zulässig. Genehmigung bedeutet ausdrückliche vorherige Zustimmung des Plenums (vgl. Rn.13 zu Art.40). Sie kann für bestimmte Fälle generell erteilt werden (Magiera BK 91 f; Klein ParlRPr 584) und steht im Ermessen des Bundestags. Der betroffene Abgeordnete hat keinen Anspruch auf Aufhebung oder Nichtaufhebung der Immunität, wohl aber auf fehlerfreie Ermessensentscheidung (Schneider AK 16; Magiera BK 103; vgl. auch BayVerfGHE 1, 38/42; 19, 1/3; a. A. Achterberg/Schulte MKS 51). Er darf in eigener Sache mitstimmen (Achterberg/Schulte MKS 49; Schulze-Fielitz DR 36; a. A. Magiera BK 93). Soweit eine Genehmigung erteilt wird, gilt sie vorbehaltlich näherer Bestimmung über ihren Umfang nur für jeweils eine der genannten Fallgruppen (Strafverfolgung, Verhaftung, Beschränkung der persönlichen Freiheit; vgl. Magiera BK 100). Die Genehmigung setzt aber nicht die Rechte des Abgeordneten aus Art.47 außer Kraft (Schneider AK 8 zu Art.47).

9   **c) Unzulässigkeit von Beschränkungen der persönlichen Freiheit (Abs.3)** besteht vorbehaltlich einer Genehmigung des Bundestags (oben Rn.8). Zu den Beeinträchtigungen der Freiheit der Person Rn.85 f zu Art.2; wie dort ist auch hier str., ob schon die Anordnung eine Freiheitsbeeinträchtigung darstellt (Klein ParlRPr 582 f). Eine Ausdehnung des Abs.3 auf Beschränkungen sonstiger Freiheitsrechte (Butzer, o. Lit., 252 f), namentlich der Kommunikationsrechte (Borchert, DÖV 92, 59), findet in der Verfassung keinen Anhalt (Schulze-Fielitz DR 34). Soweit Vollstreckungsmaßnahmen die persönliche Freiheit beeinträchtigen, z. B. die Beugehaft, kann auch eine zivilrechtliche Streitigkeit zum Immunitätsschutz führen

(Butzer, o. Lit., 200 f; offengelassen BGHZ 75, 384/385). Die Einleitung eines Verfahrens zur Verwirkung von Grundrechten gem. Art.18 findet nicht erst mit dem Beginn des Verfahrens beim BVerfG statt, sondern bereits mit der Entscheidung des Bundestags, der Bundesregierung oder einer Landesregierung über den entsprechenden Einleitungsantrag gem. § 36 BVerfGG (Schneider AK 15; Magiera BK 83).

d) Das **Aussetzungsverlangen des Bundestags (Abs.4;** sog. **10** Reklamationsrecht) betrifft den gesamten Anwendungsbereich von Abs.2, 3, unabhängig davon, ob eine Genehmigung bereits erteilt oder nicht erforderlich war (BayVerfGHE 11, 146/155; Magiera SA 26; Achterberg/Schulte MKS 59). Es hat zur Rechtsfolge, dass der Immunitätsschutz ganz oder teilw. (wieder)hergestellt wird. Es ist bei mitgebrachten Verfahren nicht erforderlich, da diese mit Mandatserwerb von Amts wegen auszusetzen sind (oben Rn.5).

Art.47 [Zeugnisverweigerungsrecht und Beschlagnahmeverbot]

Die Abgeordneten sind berechtigt, über Personen, die ihnen in ihrer Eigenschaft als Abgeordnete oder denen sie in dieser Eigenschaft Tatsachen anvertraut haben, sowie über diese Tatsachen selbst das Zeugnis zu verweigern[2]. Soweit dieses Zeugnisverweigerungsrecht reicht, ist die Beschlagnahme von Schriftstücken unzulässig[3].

Literatur: *Borchert,* Der Abgeordnete des Deutschen Bundestages im G 10-Verfahren, DÖV 1992, 58; *Dach,* Zur Kontrolle von Abgeordnetenpost durch den Verfassungsschutz, ZRP 1992, 1; *K. Schulte,* Volksvertreter als Geheimnisträger, 1987.

Bedeutung. Art.47 soll ein Vertrauensverhältnis zwischen Wäh- **1** ler und Abgeordneten (vgl. BVerfGE 28, 191/204) und einen unbehinderten Informationsaustausch ermöglichen. Zeugnisverweigerungsrecht und Beschlagnahmeverbot sind Ausprägungen des verfassungsrechtlichen Status des Abgeordneten (Rn.25 zu Art.38) und dienen zugleich der Funktionsfähigkeit des Parlaments.

Das **Zeugnisverweigerungsrecht (S.1)** umfasst nur Abgeord- **2** nete des Bundestags, einschl. der Mitarbeiter, z. B. Sekretärin, Assistent, Referent und Praktikant (Schneider AK 3; Schulze-Fielitz DR 6; Umbach BK 6). Es ist zeitlich nicht begrenzt und steht nicht zur Disposition des Bundestags (Magiera SA 3, 5; Achterberg/

Schulte MKS 3, 9). Sachlich umfasst S.1 Personen und Tatsachen. Informanten des Abgeordneten und Adressaten seiner Informationen sind gleichgestellt. Die Informationen müssen einen unmittelbaren Zusammenhang mit der parlamentarischen Tätigkeit haben (Schneider AK 5; Trute MüK 7). Rechtsfolge der Berufung auf das Zeugnisverweigerungsrecht ist, dass hieran keine Sanktionen geknüpft werden dürfen (Schulze-Fielitz DR 9). S.1 gilt unabhängig von einer einfach-gesetzlichen Wiederholung in allen gerichtlichen Verfahren mit Zeugnispflicht sowie in Verwaltungsverfahren mit Auskunftspflicht. Der Abgeordnete ist nicht verpflichtet, von diesem Recht im Einzelfall Gebrauch zu machen (Achterberg 261; Umbach BK 4); doch soll ein genereller (vorheriger) Globalverzicht unzulässig sein (Magiera SA 3; Achterberg/Schulte MKS 3; Schneider AK 4). Weder Informanten noch Adressaten haben auf seine Entscheidung eine rechtliche Einflussnahmemöglichkeit (Schulze-Fielitz DR 7).

3 Das **Beschlagnahmeverbot (S.2)** steht in engem Sachzusammenhang mit dem Zeugnisverweigerungsrecht: Dieses soll nicht dadurch umgangen oder beeinträchtigt werden, dass statt des Zeugenbeweises ein Urkundenbeweis geführt wird. Es gilt also zunächst das oben Rn.2 Gesagte entsprechend. Allerdings beschränkt sich das Beschlagnahmeverbot auf Schriftstücke. Hierzu zählen auch Ton-, Bild- und Datenträger (Schulze-Fielitz DR 11; Umbach BK 27). Diese müssen sich im Gewahrsam des Abgeordneten oder seiner Mitarbeiter befinden (Magiera SA 8; Trute MüK 13; Achterberg/Schulte MKS 12; Schneider AK 7; a. A. Umbach BK 28) und als Beweismittel dienen können. Daher dürfen Schriftstücke, die selbst unmittelbarer Gegenstand eines Strafverfahrens sind, beschlagnahmt werden, sofern die zusätzlichen Voraussetzungen gem. Art.40 Abs.2 S.2 und 46 Abs.2 erfüllt sind (Schneider AK 8; Trute MüK 14). Das Beschlagnahmeverbot umfasst nicht nur strafprozessuale, sondern auch präventiv-polizeiliche Beschlagnahmen und Sicherstellungen sowie solche Maßnahmen, die auf eine zwangsweise Wegnahme gerichtet sind, namentlich Durchsuchungen (Schneider AK 6; Umbach BK 26) und Briefkontrollen (Schulze-Fielitz DR 12).

Art.48 [Urlaubsanspruch, Behinderungsverbot, Entschädigungs- und Beförderungsanspruch]

(1) **Wer sich um einen Sitz im Bundestage bewirbt, hat Anspruch auf den zur Vorbereitung seiner Wahl erforderlichen Urlaub[2].**

(2) **Niemand**[3] **darf gehindert werden, das Amt eines Abgeordneten zu übernehmen und auszuüben**[4f]**. Eine Kündigung oder Entlassung aus diesem Grunde ist unzulässig**[4f]**.

(3) **Die Abgeordneten haben Anspruch auf eine angemessene, ihre Unabhängigkeit sichernde Entschädigung**[7]**. Sie haben das Recht der freien Benutzung aller staatlichen Verkehrsmittel**[8]**. Das Nähere regelt ein Bundesgesetz**[6]**.

Literatur: *v. Waldthausen,* Gesetzgeberische Gestaltungsfreiheit und öffentliche Kontrolle im Verfahren zur Festsetzung der Abgeordnetenentschädigung, 2000; *Giesen,* Gesetzliche Rentenversicherung für Abgeordnete?, DVBl 1999, 291; *Welti,* Die soziale Sicherung der Abgeordneten des Deutschen Bundestages, der Landtage und der deutschen Abgeordneten im Europäischen Parlament, 1998; *Determann,* Verfassungsrechtliche Vorgaben für die Entschädigung von Abgeordneten, BayVBl 1997, 385; *v. Arnim,* Die Partei, der Abgeordnete und das Geld, 1996; *Medding,* Das Verbot der Abgeordnetenbehinderung nach Art.48 Abs.2 GG, DÖV 1991, 494; *ders.,* Der Wahlvorbereitungsurlaub eines Bewerbers um einen Sitz im Deutschen Bundestag, VR 1990, 161; *Pestalozza,* Die Staffeldiät oder: Das Parlament als Dunkelkammer, NJW 1987, 818; *Feuchte,* Zur Geschichte und Auslegung des Behinderungsverbots in Art.48 Abs.2 GG, AöR 1986, 325.

1. Bedeutung

Art.48 sichert zum einen in Abs.1 und 2 das passive Wahlrecht **1** (Rn.3 zu Art.38) und zum andern in Abs.2 und 3 den verfassungsrechtlichen Status des Abgeordneten (Rn.25 zu Art.38) zusätzlich ab. Anders als Abs.2, der ein Abwehrrecht ist, enthalten Abs.1 und 3 Leistungsrechte. Während Abs.3 nur gegen den Staat gerichtet ist, wirken Abs.1 und 2 auch gegenüber Privaten.

2. Urlaubsanspruch (Abs.1)

Der Urlaubsanspruch steht allen wahlberechtigten (Rn.4 zu **2** Art.38) und ernsthaften Bewerbern um ein Bundestagsmandat zu, soweit er für die Bewerbung erforderlich ist (vgl. § 3 S.1 AbgG; Schneider AK 4; v. Arnim BK 22); auf die Wahlchancen kommt es nicht an (Klein MD 59). Urlaub bedeutet Entbindung von bestimmten öffentlich- oder privatrechtlichen Dienstverpflichtungen gegenüber Dritten; daher sind Strafgefangene und Untersuchungshäftlinge (Klein MD 53f; Schulze-Fielitz DR 11) nicht anspruchsberechtigt (BVerfG-K, NVwZ 82, 96; Trute MüK 6; v. Arnim BK 17; a. A. Schneider AK 2); ebenso wenig Selbständige (BGHZ 94, 248/255) und Werkvertragsverpflichtete (Achterberg/Schulte MKS 9). Der

Urlaubsanspruch umfasst keinen Anspruch auf Fortzahlung der Bezüge (vgl. § 3 S.2 AbgG; krit. Schneider AK 5; v. Arnim BK 27). Der Anspruch wird nicht dadurch beeinträchtigt, dass die Stellung eines Urlaubsantrags verlangt wird; Abs.1 rechtfertigt kein eigenmächtiges Fernbleiben (Schulze-Fielitz DR 12).

3. Behinderungsverbot (Abs.2)

3   Der **persönliche Anwendungsbereich** umfasst zum einen („Übernahme" des Mandats) alle wahlberechtigten (Rn.4 zu Art.38) Bewerber um ein Bundestagsmandat im zeitlichen Umfang des Urlaubsanspruchs (oben Rn.2), zum andern („Ausübung" des Mandats) die Abgeordneten des Bundestags (Rn.23 zu Art.38). Die Herausnahme von freiberuflich Tätigen aus dem Anwendungsbereich (so BGHZ 94, 249/252 ff) ist unbegründet (Klein MD 80; Kühne ZParl 86, 347). Aus Sinn und Zweck folgt eine begrenzte zeitliche Fortwirkung nach dem Ende des Mandats (vgl. § 2 Abs.3 S.4 AbgG; Klein MD 77; Magiera SA 8; Schulze-Fielitz DR 13).

4   Der **sachliche Anwendungsbereich** umfasst Behinderungen (S.1). Nach der Rspr. fallen darunter nur solche Verhaltensweisen, die die Übernahme oder Ausübung des Mandats erschweren oder unmöglich machen sollen, nicht aber in andere Richtung zielende Handlungen, die unvermeidlicherweise eine Beeinträchtigung der Mandatsfreiheit als tatsächliche Folge oder Wirkung nach sich ziehen (BVerfGE 42, 312/329; BVerwGE 73, 263/282; 76, 157/170; 86, 99/118; BGHZ 94, 248/251; zust. Achterberg/Schulte MKS 28; Badura ParlRPr 511; krit. Klein MD 85 ff; Magiera SA 11; Schneider AK 6; v. Arnim BK 38 ff). Kündigungen und Entlassungen gem. S.2 sind ein Unterfall der Behinderung und bedeuten das unfreiwillige Ausscheiden aus einem Dienst- oder Arbeitsverhältnis. Der Arbeitgeber oder Dienstherr darf derartige Maßnahmen auch nicht androhen oder in Aussicht stellen (Schneider AK 7; vgl. auch BAGE 77, 184/187 f). Keine Behinderung liegt darin, dass keine Bezüge gezahlt werden, soweit die entsprechende Leistung ausbleibt (BVerwGE 86, 211/216 f), oder dass dienstliche Gegenstände nicht zur Wahlwerbung verwendet werden dürfen (BVerwG, NVwZ 99, 424). Behinderungen aus anderen, z.B. straf- oder disziplinarrechtlichen Gründen (BVerwG, NJW 89, 2557), einschl. der Strafvollstreckung (BVerfG-K, NVwZ 82, 96), sind von Abs.2 nicht erfasst (vgl. aber Rn.5–10 zu Art.46).

5   Die **Schutzwirkung** erstreckt sich wie die der Freiheit des Mandats (Rn.26–29 zu Art.38) auf den Staat und auf Private. Willens-

erklärungen, die hiergegen verstoßen, sind gem. § 134 BGB nichtig (BGHZ 43, 384/387); Abs.2 ist ein Schutzgesetz iSd § 823 Abs.2 BGB (Schulze-Fielitz DR 17). Die Rechtfertigung von Beeinträchtigungen kann sich nur aus kollidierendem Verfassungsrecht ergeben (BVerfGE 42, 312/326; HambVerfG, LVerfGE 8, 227/245). Hierzu zählen vor allem die Inkompatibilitätsvorschriften (Rn.25 zu Art.38; Rn.3 zu Art.137). Eine gesetzliche (vgl. Rn.25 zu Art.38) Unvereinbarkeit von Bundestags- und Landtagsmandat bzw. Mandat im Europäischen Parlament verstößt nicht gegen Abs.2, weil bereits ein Mandat den Abgeordneten voll in Anspruch nimmt (BVerfGE 42, 312/327); erst recht ist eine Kürzung oder Anrechnung von Diäten zulässig (BVerfGE 4, 144/155; 18, 172/ 181). Zulässig ist auch der fehlende Versicherungsschutz in der Arbeitslosenversicherung (BSG, MDR 90, 472). Dagegen sind Unvereinbarkeitsregelungen aus wirtschaftlichen Gründen mangels verfassungsrechtlicher Grundlage unzulässig (BGHZ 72, 70/75; a. A. v. Arnim BK 47 f).

4. Entschädigungs- und Beförderungsanspruch (Abs.3)

Allgemeines. Die Vorschrift enthält die verfassungsrechtliche **6** Grundlage für das Diätenrecht. S.3 begründet eine ausschließliche Bundesgesetzgebungskompetenz (Rn.3 zu Art.70). Im Abgeordnetengesetz werden die Diäten in Übereinstimmung mit BVerfGE 40, 296/310 ff als „Alimentation des Abgeordneten und seiner Familie" und „Einkommen aus der Staatskasse" geregelt (unten Rn.7). Das ist allerdings nicht die einzige verfassungsmäßige Ausgestaltung; Wortlaut sowie Sinn und Zweck des Abs.3 lassen auch eine Aufwandsentschädigung zu, die geeignet ist, die Mandatsfreiheit gegenüber den Parteien besser zu sichern, z. B. eine Teilalimentation (BVerfGE *abwM* 40, 330/338 f; Schneider AK 10 ff; v. Arnim ParlRPr 528 f; **a. A.** BVerfGE 40, 296/310 ff; vgl. aber BVerfGE 76, 256/341 f, wonach das GG keine Garantie einer dauernden Vollalimentation enthält). Unzulässig ist die Koppelung der Abgeordnetenentschädigung an beamtenrechtliche Gehaltsregelungen (BVerfGE 40, 296/316 f; krit. Klein MD 156 ff). Abs.3 umfasst alle Abgeordneten des Bundestags. Zwar folgt aus Sinn und Zweck eine begrenzte zeitliche Fortwirkung nach dem Ende des Mandats (v. Arnim BK 126), doch sind nicht alle Ansprüche des ausgeschiedenen Abgeordneten und seiner Hinterbliebenen gem. §§ 18 ff AbgG und der entsprechenden Landesregelungen verfassungsrechtlich vorgeschrieben (BVerwG, NVwZ 98, 502; weitergehend hält v. Arnim BK 127, 141, 165 ff sie teilw. für verfassungswidrig).

7 Der **Entschädigungsanspruch (S.1)** umfasst die Vollalimentation (BVerfGE 40, 296/310 ff; vorbereitet durch BVerfGE 32, 157/164 f; vgl. dagegen BVerfGE 4, 144/150; 20, 56/103): Jedem Abgeordneten steht eine gleich hohe (vgl. Rn.30 zu Art.38) Entschädigung zu, die so zu bemessen ist, dass sie auch denjenigen, die infolge des Mandats ihr Berufseinkommen ganz oder teilw. verlieren, eine Lebensführung gestattet, die der Bedeutung des Amts angemessen ist. Zulässig sind auch eine begrenzte Altersversorgung (BVerfGE 32, 157/165; 40, 296/311) und ein Übergangsgeld (v. Arnim BK 126; Schulze-Fielitz DR 26). Das Abgeordneteneinkommen ist zu versteuern, ausgenommen eine Entschädigung für wirklich entstandenen, sachlich angemessenen, mit dem Mandat verbundenen besonderen Aufwand. Eine Anrechnung von sonstigem Einkommen soll nicht geboten sein (BVerfGE 76, 256/341 ff; BVerwG, NJW 90, 463). Zu verfahrensmäßigen Anforderungen Rn.12 zu Art.20.

8 Der **Beförderungsanspruch (S.2)** umfasst nur die Verkehrsmittel des Bundes, nicht der Länder, der Gemeinden oder Privater (Klein MD 193; Schulze-Fielitz DR 30); maßgeblich ist nicht die Organisationsform, sondern der rechtliche Einfluss des Bundes. Der Beförderungsanspruch ist auf die Mandatsausübung und das Bundesgebiet beschränkt (Achterberg/Schulte MKS 56 f; Schulze-Fielitz DR 30). Das Abgeordnetengesetz erstreckt den Beförderungsanspruch darüber hinaus praktisch auf alle Verkehrsmittel.

Art. 49 [Parlamentsorgane zwischen den Wahlperioden]

Aufgehoben, s. Einl.3 Nr.33.

IV. Der Bundesrat

Art. **50** [Aufgaben]

**Durch den Bundesrat[1] wirken die Länder bei der Gesetz-
gebung[3] und Verwaltung[4] des Bundes und in Angelegenheiten
der Europäischen Union[5] mit[1 ff].**

Literatur: *Dolzer/Sachs,* Das parlamentarische Regierungssystem und der
Bundesrat – Entwicklungsstand und Reformbedarf, VVDStRL 58 (1999), 7,
39; *Ziller/Oschatz,* Der Bundesrat, 10. A. 1998; *Maurer,* Der Bundesrat im
Verfassungsgefüge der Bundesrepublik Deutschland, FS Winkler, 1997, 615;
Blanke, Der Bundesrat im Verfassungsgefüge des GG, Jura 1995, 57; *Posser,*
Der Bundesrat und seine Bedeutung, HbVerfR, 2. A. 1994, 1145; *Reuter,*
Praxishandbuch Bundesrat, 1991; *Wilke/Schulte* (Hg.), Der Bundesrat, 1990;
Bundesrat (Hg.), Vierzig Jahre Bundesrat, 1989; *Wyduckel,* Der Bundesrat als
Zweite Kammer, DÖV 1989, 181; *Herzog,* Aufgaben des Bundesrates,
HbStR II, 1987, 489; *ders.,* Zusammensetzung und Verfahren des Bundes-
rates, HbStR II, 1987, 505; *K. Lange,* Die Legitimationskrise des Bundes-
rates, FS E. Stein, 1983, 181; *H. H. Klein,* Der Bundesrat der Bundesrepublik
Deutschland, AöR 1983, 329; *Limberger,* Die Kompetenzen des Bundesrates
und ihre Inanspruchnahme, 1982; *Scholl,* Der Bundesrat in der deutschen
Verfassungsentwicklung, 1982.

1. Bedeutung und Abgrenzung zu anderen Vorschriften

Der **Bundesrat** ist Verfassungs- und oberstes Bundesorgan **1**
(BVerfGE 1, 299/311; 8, 104/120). Im Hinblick auf seine Zu-
sammensetzung (Art. 51) konkretisiert er das Bundesstaatsprinzip
(Rn. 16–22 zu Art. 20); im Hinblick auf seine Aufgaben (unten
Rn. 3–5) konkretisiert er das Demokratieprinzip (Rn. 1–15 zu
Art. 20). Insgesamt kann er also als föderativ-demokratisches Bundes-
organ gekennzeichnet werden (Maunz MD 1; vgl. auch Herzog
HbStR II 467 ff).

Art. 50 enthält nur die **grundsätzliche Aufgabenzuweisung 2**
an den Bundesrat (BVerfGE 1, 299/311). Seine einzelnen Befugnisse ergeben sich aus anderweitigen Regelungen im GG (unten
Rn. 3–5). Darüber hinaus ist es nicht zulässig, durch einfaches
Bundesgesetz dem Bundesrat weitere Befugnisse innerhalb und
außerhalb der Aufgabenzuweisung des Art. 50 zu übertragen (Korioth MKS 25; a. A. Jekewitz AK 1; Krebs MüK 2). Dagegen ist es
zulässig, den Ländern Mitwirkungsbefugnisse bei der Gesetzgebung

und Verwaltung des Bundes ohne Einschaltung des Bundesrats einzuräumen; allerdings darf dabei nicht gegen Kompetenzvorschriften
des GG verstoßen werden (BVerfGE 1, 299/311). Soweit die Länder im Rahmen ihrer Kompetenzen sich vertraglich und durch
eigene Einrichtungen, z. B. Ministerpräsidentenkonferenzen und
Konferenzen der Ressortminister, koordinieren, dürfen die Befugnisse des Bundesrats nicht beeinträchtigt werden (Maunz MD 11).

2. Kompetenzen des Bundesrats

3   Der Bundesrat wirkt v.a. an der **Gesetzgebung des Bundes** mit.
Er ist insoweit aber neben dem Bundestag „nicht eine zweite Kammer eines einheitlichen Gesetzgebungsorgans, die gleichwertig mit
der ‚Ersten Kammer' entscheidend am Gesetzgebungsverfahren beteiligt wäre" (BVerfGE 37, 363/380; krit. Stern I 743). Zum Schutz
dieser Mitwirkung gegen Verfassungsänderungen Rn.9 zu Art.79.
Die einzelnen Befugnisse (Aufzählung bei Korioth MKS 22; Krebs
MüK 14) ergeben sich für die normale Gesetzgebung aus Art.76–78,
für die Verfassungsänderungsgesetzgebung aus Art.79 Abs.2, für den
Gesetzgebungsnotstand aus Art.81 und für Haushaltsgesetze aus
Art.110 Abs.3; vgl. ferner Art.43 Abs.2.

4   Der Bundesrat wirkt auch an der **Verwaltung des Bundes** mit.
Verwaltung wird hier einhellig als vollziehende Gewalt verstanden.
Die Mitwirkungsformen sind vielgestaltig; im Wesentlichen sind
Informationsrechte, Zustimmungs- bzw. Mitentscheidungsrechte
und Aufhebungsansprüche zu unterscheiden (Bauer DR 25 ff; Herzog HbStR II 491 ff; Aufzählung bei Korioth MKS 23; Krebs MüK
15). Zu gesetzlich eingeräumten Befugnissen, die häufig Personalentscheidungen betreffen, Jekewitz AK 8; Stern II 150 f. Zur Mitwirkung bei der Ausübung der auswärtigen Gewalt Rn.15 zu
Art.59.

5   Der Bundesrat wirkt ferner in **Angelegenheiten der Europäischen Union** mit. Diese Passage wurde 1992 gemeinsam mit dem
neuen Europa-Artikel 23 eingefügt (Einl.3 Nr.38). Sie wiederholt
lediglich Art.23 Abs.2 S.1. Die einzelnen Befugnisse des Bundesrats
ergeben sich aus Art.23 Abs.2 S.2, Abs.4–6. Insb. hat er ein umfassendes Informationsrecht (Rn.55 zu Art.23) und ist er an der
Willensbildung des Bundes zu beteiligen (Rn.56–60 zu Art.23);
unter bestimmten Voraussetzungen vertritt ein vom Bundesrat be-
nannter Vertreter der Länder die Bundesrepublik (Rn.61 f zu
Art.23).

Art.51 [Zusammensetzung]

(1) Der Bundesrat besteht aus Mitgliedern der Regierungen der Länder[1], die sie bestellen und abberufen[2]. Sie können durch andere Mitglieder ihrer Regierungen vertreten werden[1].

(2) Jedes Land hat mindestens drei Stimmen, Länder mit mehr als zwei Millionen Einwohnern haben vier, Länder mit mehr als sechs Millionen Einwohnern fünf, Länder mit mehr als sieben Millionen Einwohnern sechs Stimmen[4].

(3) Jedes Land kann so viele Mitglieder entsenden, wie es Stimmen hat[5]. Die Stimmen eines Landes können nur einheitlich und nur durch anwesende Mitglieder oder deren Vertreter abgegeben werden[6].

Literatur: *Deecke,* Verfassungsrechtliche Anforderungen an die Stimmenverteilung im Bundesrat, 1998; *Hanikel,* Die Organisation des Bundesrats, 1991; *Jekewitz,* Die Stimmenverteilung im Bundesrat nach dem EVertr, RuP 1991, 97; *Busch,* Die Stimmenverteilung im Bundesrat, ZG 1990, 307; *R. Scholz,* Landesparlamente und Bundesrat, FS Carstens II, 1984, 831. – S. auch Literatur zu Art.50.

1. Mitgliedschaft (Abs.1)

Die Mitgliedschaft ist auf **Mitglieder der Regierungen der** 1 **Länder** beschränkt (S.1). Auch Stellvertreter müssen diese Eigenschaft haben (S.2). Nur den Bundesratsausschüssen können sonstige Beauftragte, z. B. Ministerialbeamte, angehören (Art.52 Abs.4). Regierung bedeutet die kollegiale Exekutivspitze, d. h. das Kabinett; wer dazu gehört, bestimmt sich nach Landesverfassungsrecht (Jekewitz AK 2 f; Korioth MKS 3; Krebs MüK 3). Mit dem Ausscheiden aus der Landesregierung endet auch die Mitgliedschaft im Bundesrat, nicht aber mit dem Wechsel eines Ressorts (Bauer DR 14).

Die **Bestellung und Abberufung** ist Befugnis und Pflicht der 2 Landesregierung und richtet sich im Übrigen wieder nach Landesverfassungsrecht. Es ist mindestens ein Mitglied zu bestellen (Bauer DR 13; Krebs MüK 4; Robbers SA 5; a. A. Blumenwitz BK 10; Korioth MKS 7); die Höchstzahl ergibt sich aus Abs.2. Auch die Stellvertreter müssen bestellt werden (Korioth MKS 14; Krebs MüK 6; Robbers SA 5; Blumenwitz BK 11; a. A. Maunz MD 12). Der Grundsatz der Diskontinuität (Rn.4 zu Art.39) gilt nicht für den Bundesrat.

Die **Rechtsstellung** der Mitglieder des Bundesrats unterscheidet 3 sich grds. von der der Abgeordneten des Bundestags (Rn.25 zu

Art.38); insb. sind die Rechte aus Art.46–48 nicht anwendbar. Zum Zutritts- und Rederecht im Bundestag Rn.4–7 zu Art.43. Wegen der Konkurrenz- und Kontrollsituation zwischen Bundestag und Bundesrat besteht insoweit eine Inkompatibilität der Mitgliedschaften (Jekewitz AK 6; Blumenwitz BK 23; Korioth MKS 12; Stern II 161 f; a. A. Krebs MüK 10). Weitere Inkompatibilitäten folgen aus Art.55 Abs.1, 66 und 94 Abs.1 S.3.

2. Stimmenverhältnisse (Abs.2, 3)

4   Die **Stimmenverteilung** (Abs.2) wurde 1990 durch das Einigungsvertragsgesetz geändert (Einl.3 Nr.36). Sie führt gegenwärtig dazu, dass Baden-Württemberg, Bayern, Niedersachsen und Nordrhein-Westfalen 6, Hessen 5, Berlin, Brandenburg, Rheinland-Pfalz, Sachsen, Sachsen-Anhalt, Schleswig-Holstein und Thüringen 4 sowie Bremen, Hamburg, Mecklenburg-Vorpommern und Saarland 3 Stimmen besitzen. Insgesamt hat der Bundesrat also 69 Mitglieder. Dass zu den „Einwohnern" auch Ausländer gezählt werden, ist nicht etwa verfassungswidrig (Bauer DR 20; Korioth MKS 16; a. A. Maunz/Scholz MD 3).

5   Das **Entsendungsrecht** (Abs.3 S.1) bezieht sich im Gegensatz zur Pflicht zur Bestellung (oben Rn.2) auf die einzelnen Sitzungen des Bundesrats (Bauer DR 21; Jekewitz AK 9; Korioth MKS 20; a. A. Maunz MD 14). Für die Stimmabgabe (unten Rn.6) aller Stimmen gem. Abs.2 reicht es aus, wenn ein einziges Bundesratsmitglied eines Landes anwesend ist, das alle Stimmen des Landes als sog. Stimmführer abgibt. Die Höchstzahl ergibt sich aus Abs.2. Die Teilnahmeberechtigung anderer Personen fällt unter die Geschäftsordnungsautonomie (Rn.3 zu Art.52; § 18 Abs.2 GeschOBR).

6   Die **Stimmabgabe** (Abs.3 S.2) muss durch anwesende Mitglieder oder Stellvertreter (oben Rn.1) und einheitlich erfolgen. Stimmensplitting und Stimmenthaltungen einzelner Mitglieder eines Landes sind unzulässig (Krebs MüK 13; Blumenwitz BK 29; Bauer DR 22); ein Verstoß gegen die Pflicht zur Einheitlichkeit macht alle Stimmen ungültig (Jekewitz AK 10; Maunz MD 27; Krebs MüK 13; a. A. Blumenwitz BK 29; Stern II 137). Hieraus sowie aus einem Umkehrschluss aus Art.77 Abs.2 S.3 und 53a Abs.1 S.3 folgt ferner die Zulässigkeit von Weisungen der Landesregierungen, nicht aber der Landesparlamente oder Landesvölker (BVerfGE 8, 104/120 f; StGH BW, ESVGH 36, 161/163). Die Stimmabgabe darf durch Koalitionsvereinbarungen in den Ländern festgelegt werden (Robbers SA 11).

Eine weisungswidrige Stimmabgabe ist gültig (Blumenwitz BK 16; Krebs MüK 14).

Art.52 [Bundesratspräsident, Einberufung, Mehrheit, Geschäftsordnung, Öffentlichkeit]

(1) Der Bundesrat wählt seinen Präsidenten auf ein Jahr[1].

(2) Der Präsident beruft den Bundesrat ein. Er hat ihn einzuberufen, wenn die Vertreter von mindestens zwei Ländern oder die Bundesregierung es verlangen[2].

(3) Der Bundesrat faßt seine Beschlüsse mit mindestens der Mehrheit seiner Stimmen[6]. Er gibt sich eine Geschäftsordnung[3]. Er verhandelt öffentlich[7]. Die Öffentlichkeit kann ausgeschlossen werden[7].

(3 a) Für Angelegenheiten der Europäischen Union kann der Bundesrat eine Europakammer bilden, deren Beschlüsse als Beschlüsse des Bundesrates gelten; Artikel 51 Abs.2 und 3 Satz 2 gilt entsprechend[4].

(4) Den Ausschüssen des Bundesrates können andere Mitglieder oder Beauftragte der Regierungen der Länder angehören[5].

Literatur: *Fischer/Koggel,* Die Europakammer des Bundesrates, DVBl 2000, 1742; *Oschatz/Risse,* Die Bundesregierung an der Kette der Länder?, DÖV 1995, 437; *Dästner,* Zur Aufgabenverteilung zwischen Bundesrat, Landesregierungen und Landesparlamenten in Angelegenheiten der EU, NWVBl 1994, 1; *Schede,* Bundesrat und EU, 1994; *R. Scholz,* EU und deutscher Bundesstaat, NVwZ 1993, 817. – S. auch Literatur zu Art.50.

1. Autonomie

Der Bundesrat wählt seinen **Präsidenten** auf ein Jahr **(Abs.1).** 1
Die Einschränkung, dass er Mitglied des Bundesrats sein muss (§ 5 Abs.1 GeschOBR), wird allgemein für verfassungsmäßig gehalten (Bauer DR 12). Nach einer Vereinbarung der Ministerpräsidenten der Länder vom 30. 8. 1950 (sog. Königsteiner Abkommen), die teilw. für Verfassungsgewohnheitsrecht gehalten wird (Ipsen 283), werden die Ministerpräsidenten in der Reihenfolge der Einwohnerzahlen der Länder im jährlichen Wechsel gewählt. Das Präsidentenamt endet außer durch Tod und Zeitablauf durch Verlust der Mitgliedschaft im Bundesrat (Rn.1 zu Art.51), nicht aber durch bloßen Verlust des Amts des Ministerpräsidenten (Blumenwitz BK 19; Krebs MüK 3; a. A. Jekewitz AK 2).

2   Die **Einberufung (Abs.2)** zu den Sitzungen ist eine Kompetenz des Präsidenten, die er nach pflichtgemäßem Ermessen wahrzunehmen hat (Korioth MKS 10). Er ist gem. S.2 zur Einberufung verpflichtet, wenn die Vertreter von mindestens zwei Ländern oder die Bundesregierung (Art.62) es verlangen. Insoweit gilt das bei Rn.7 zu Art.39 Gesagte entsprechend. § 15 Abs.1 GeschOBR, wonach schon das Verlangen eines Landes die Verpflichtung des Bundesratspräsidenten auslöst, ist verfassungswidrig (Maunz MD 18; vgl. auch Bauer DR 17; a. A. Korioth MKS 10; Robbers SA 10; Stern II 160).

3   Der Bundesrat gibt sich eine **Geschäftsordnung (Abs.3 S.2).** Für die GeschOBR gilt das bei Rn.7 zu Art.40 Gesagte entsprechend. Anders als dort ist aber die Geltungsdauer der GeschOBR nicht beschränkt und bedürfen Abweichungen von ihren Vorschriften im einzelnen Fall gem. § 48 GeschOBR eines einstimmigen Beschlusses.

4   Die Bildung einer **Europakammer** (Abs.3 a) ist gem. Hs.1 fakultativ. Dieser Absatz wurde 1992 gemeinsam mit dem neuen Europa-Artikel 23 eingefügt (Einl.3 Nr.38), aus dem sich der Aufgabenbereich des Bundesrats und damit der Europakammer ergibt (Rn.55–60 zu Art.23). Mit dieser verfassungsrechtlichen Normierung wurde den Bedenken gegen die Einrichtung der früheren EG-Kammer durch Geschäftsordnungsrecht (Schütz, NJW 89, 2165) Rechnung getragen und sollte die Arbeitsweise des Bundesrats beschleunigt werden (Maunz/Scholz 26). Von der Ermächtigung ist durch §§ 45 b ff GeschOBR Gebrauch gemacht worden. Da die Beschlüsse der Europakammer gem. Hs. 2 als Beschlüsse des Bundesrats gelten, ist sie, anders als sonstige Ausschüsse (unten Rn.5; Rn.4 zu Art.40), nicht nur vorbereitend tätig und müssen die Verfahrensgrundsätze für das Plenum auch für die Kammer Anwendung finden (Korioth MKS 21). Zu der gem. Hs.3 angeordneten entsprechenden Geltung Rn.4, 6 zu Art.51; daher ist eine Stimmabgabe im Umlaufverfahren unzulässig (Hilf, VVDStRL 1994, 19; Korioth MKS 21; a. A. Oschatz/Risse, DÖV 95, 448 f; Scholz MD 29). Da auf Art.51 Abs.3 S.1 nicht verwiesen wird, ist die Mitgliederzahl in den Sitzungen der Europakammer nicht beschränkt (a. A. Korioth MKS 21). Da die Europakammer kein Ausschuss des Bundesrats (unten Rn.5) ist, können Beauftragte nicht Mitglieder sein (Korioth MKS 21; Pernice, DVBl 93, 920). Zum Europaausschuss des Bundestags Rn.1 f zu Art.45.

5   **Ausschüsse (Abs.4)** kann der Bundesrat nach seinem Ermessen einsetzen, wobei die Mitglieder der Ausschüsse nicht Bundesratsmit-

glieder zu sein brauchen. Für die Beauftragten gelten die Inkompatibilitäten (Rn.3 zu Art.51) nicht (Maunz MD 10; a. A. Korioth MKS 28). Anders als beim Bundestag (Rn.3 zu Art.40) beruhen Zahl und Arten der Ausschüsse ausschließlich auf der Geschäftsordnungsautonomie (oben Rn.3). Der Bundesrat darf aber keine Untersuchungsausschüsse einsetzen (Korioth MKS 25; Stern II 159 f; a. A. Herzog HbStR II 513; Robbers SA 18). Für die Einsetzung von Unterausschüssen und die Kompetenzen der Ausschüsse gilt das bei Rn.3 f zu Art.40 Gesagte entsprechend. Die gegenüber dem Bundestag abweichende Struktur des Bundesrats kommt v.a. dadurch zum Ausdruck, dass er keine Fraktionen (Rn.6 zu Art.40) kennt.

2. Mehrheitsprinzip und Öffentlichkeit der Verhandlungen

Das **Mehrheitsprinzip (Abs.3 S.1)** gilt nur für das Plenum und **6** die Europakammer (oben Rn.4), nicht für die Ausschüsse (Jekewitz AK 6 f; Blumenwitz BK 33; Herzog HbStR II 516). Beschlüsse sind alle Entscheidungen, die der Bundesrat im Rahmen seiner verfassungsrechtlichen Befugnisse trifft. Mehrheit der Stimmen bedeutet, dass die Zahl der Ja-Stimmen die der Nein-Stimmen überwiegen muss. Da die Zahl der Stimmen durch Art.51 Abs.2 festgelegt ist, ergeben sich folgende Abweichungen gegenüber dem Bundestag (Rn.3–5 zu Art.42): Alle Beschlüsse müssen mit absoluter Mehrheit gefasst werden (vgl. Rn.1 f zu Art.121), d. h. mit 35 (von 69; vgl. Rn.4 zu Art.51); Stimmenthaltungen werden dadurch wie Gegenstimmen gewertet; der Bundesrat ist nicht mehr beschlussfähig, wenn die genannte Stimmenzahl über die Mehrheit nicht vertreten ist (Jekewitz AK 5; Blumenwitz BK 10; Krebs MüK 7; vgl. auch § 28 Abs.1 GeschOBR). Ausnahmen können sich nur aus anderen Vorschriften des GG, nämlich Art.61 Abs.1 S.3 und 79 Abs.2, nicht aber aus der GeschOBR ergeben (Jekewitz AK 5; Krebs MüK 7; a. A. Maunz MD 24 für die Wahl des Bundesratspräsidenten).

Für die **Öffentlichkeit (Abs.3 S.3, 4)** gilt grds. das bei Rn.1 f zu **7** Art.42 Gesagte entsprechend. Abweichend davon kann der Ausschluss der Öffentlichkeit ohne besondere Antrags- und Mehrheitsvoraussetzungen erfolgen (vgl. § 17 GeschOBR). Für die Europakammer (oben Rn.4) gilt Entsprechendes (vgl. § 45 f Abs.1 GeschOBR).

Art.53 [Teilnahmerecht und -pflicht, Rederecht und Informationspflicht]

Die Mitglieder der Bundesregierung haben das Recht und auf Verlangen die Pflicht, an den Verhandlungen des Bundesrates und seiner Ausschüsse teilzunehmen[1]. Sie müssen jederzeit gehört werden[1]. Der Bundesrat ist von der Bundesregierung über die Führung der Geschäfte auf dem laufenden zu halten[2].

Literatur: *Lang,* Zum Fragerecht von Landesregierungen im Bundesrat, ZParl 2001, 281; *Herzog,* Die Beziehungen des Bundesrates zu Bundestag und Bundesregierung (insb. die Information nach Art.53 S.3 GG), in: Bundesrat (Hg.), Vierzig Jahre Bundesrat, 1989, 167. – S. auch Literatur zu Art.50.

1 Art.53 regelt in weitgehender **Parallele zu Art.43** bestimmte Rechte (richtiger: Befugnisse) und Pflichten im Verhältnis zwischen Bundesrat und Bundesregierung. Dass dort von „Anwesenheit" und „Zutritt" und hier von „Teilnahme" die Rede ist, begründet keinen Unterschied. Das zu Art.43 Gesagte gilt entsprechend mit folgenden Abweichungen: Das Zutritts- bzw. Teilnahmerecht der Bundesregierung ist gem. S.1, 2 nur Bundeskanzler und Bundesministern, nicht auch Beauftragten oder Mitgliedern des Bundestags verliehen. Da hier von „Verhandlungen" statt von „Sitzungen" die Rede ist, umfasst das Zutritts- bzw. Teilnahmerecht der Bundesregierung auch Vorbesprechungen und Sitzungen des Ständigen Beirats (Blumenwitz BK 4; Krebs MüK 3; a. A. Jekewitz AK 1; Korioth MKS 4).

2 Die **Informationspflicht der Bundesregierung** gem. S.3 geht über die aus dem Zitierungsrecht folgende Pflicht zur Beantwortung von Fragen des Bundesrats (Rn.3 zu Art.43) hinaus. Sie umfasst die regelmäßige generelle Unterrichtung, ohne dass es einer Aufforderung hierzu bedarf, über alle Aufgaben, die der Bundesregierung nach dem GG obliegen, mit Ausnahme ihrer internen Angelegenheiten (Blumenwitz BK 13; Korioth MKS 13; Krebs MüK 7). Die Informationspflicht besteht gegenüber dem Bundesrat, die aus dem Zitierungsrecht folgende Pflicht zur Beantwortung darüber hinaus gegenüber den Ausschüssen des Bundesrats, in beiden Fällen also nicht gegenüber einzelnen Mitgliedern des Bundesrats oder gegenüber Landesregierungen (Krebs MüK 7; Jekewitz AK 5). Die weitergehenden Regelungen der §§ 19, 40 Abs.2 GeschOBR verpflichten die Bundesregierung nicht. Für die Verweigerung einer Information gilt das bei Rn.3 zu Art.43 Gesagte entsprechend.

IV a. Gemeinsamer Ausschuss

Art. **53a** [Organisation und Information]

(1) **Der Gemeinsame Ausschuß besteht zu zwei Dritteln aus Abgeordneten des Bundestages, zu einem Drittel aus Mitgliedern des Bundesrates. Die Abgeordneten werden vom Bundestage entsprechend dem Stärkeverhältnis der Fraktionen bestimmt; sie dürfen nicht der Bundesregierung angehören. Jedes Land wird durch ein von ihm bestelltes Mitglied des Bundesrates vertreten; diese Mitglieder sind nicht an Weisungen gebunden. Die Bildung des Gemeinsamen Ausschusses und sein Verfahren werden durch eine Geschäftsordnung geregelt, die vom Bundestage zu beschließen ist und der Zustimmung des Bundesrates bedarf.**[1]

(2) **Die Bundesregierung hat den Gemeinsamen Ausschuß über ihre Planungen für den Verteidigungsfall zu unterrichten. Die Rechte des Bundestages und seiner Ausschüsse nach Artikel 43 Abs.1 bleiben unberührt.**[2]

Literatur: *Schick,* Der Gemeinsame Ausschuß, ParlR.Pr, 1989, 1579.

Der **Gemeinsame Ausschuss** ist entgegen seiner Bezeichnung 1 kein Ausschuss von Bundestag und Bundesrat, sondern ein *oberstes Bundesorgan* (BVerfGE 84, 304/334f; Heun DR 5; Fink MKS 5; Vitzthum HbStR VII 447). Er übernimmt im Verteidigungsfall die Befugnisse von Bundestag und Bundesrat, soweit diese auf Grund der Umstände zu einer Entscheidung nicht in der Lage sind (Rn.2 zu Art.115 e). Bundestag und Bundesrat können Entscheidungen des Gemeinsamen Ausschusses jederzeit aufheben (Rn.1 zu Art.115 l). Der Gemeinsame Ausschuss ist also ein reines Ersatzorgan (Heun DR 4). Die Befugnisse des Gemeinsamen Ausschusses werden v. a. in Art.115 e festgelegt (Rn.1 zu Art.115 e), daneben in Art.115 a Abs.2 (Rn.4 zu Art.115 a).

Die **Organisation** des Gemeinsamen Ausschusses wird durch die 2 1968 eingefügte (Einl.3 Nr.17) Vorschrift des Art.53 a Abs.1 geregelt. Er hat 48 Mitglieder (nach Abs.1 S.3 16 Bundesrats-Mitglieder und nach Abs.1 S.1 32 Bundestags-Mitglieder). Der Bundestag bestimmt nach Maßgabe des Art.42 Abs.2 (Herzog MD 13) 32 Mitglieder, wobei gem. Abs.1 S.2 jede Fraktion (dazu Rn.35 zu Art.38) entsprechend ihrer Stärke im Bundestag vertreten sein muss. Dabei unterliegt die „Bestimmung des Begriffs der Fraktion . . . der Geschäftsordnungsautonomie des Bundestages" (BVerfGE 96, 264/ 280 f). Fraktionslose Abgeordnete müssen nicht vertreten sein, sofern es ausreichende Sachgründe für die Festlegung der Fraktionsstärke gibt (BVerfGE 80, 188/234; 84, 304/335; krit. Krebs MüK 10). Mitglieder des Gemeinsamen Ausschusses dürfen gem. Abs.1 S.2 nicht der Bundesregierung angehören. Des Weiteren benennt jedes Bundesland, d. h. entsprechend Art.51 Abs.1 die Landesregierung (Fink MKS 18; Krebs MüK 12), einen Vertreter, der Mitglied des Bundesrats sein muss. Sämtliche Mitglieder des Gemeinsamen Ausschusses sind an Weisungen nicht gebunden; für die Bundesratsmitglieder wurde das ausdrücklich klargestellt (Robbers SA 11). Im Übrigen berührt die Mitgliedschaft im Gemeinsamen Ausschuss nicht die Rechtsstellung als Abgeordneter bzw. als Bundesratsmitglied. Gem. Abs.1 S.4 wird Bildung und Verfahren des Gemeinsamen Ausschusses durch eine vom Bundestag mit Zustimmung des Bundesrats beschlossene *Geschäftsordnung* (im Rahmen der Vorgaben des Art.53 a und des Art.115 e) geregelt, insb. die Frage der Stellvertretung. Insoweit gelten die Ausführungen in Rn.7–9 zu Art.40 entsprechend. Unter den Voraussetzungen des Art.115 e Abs.1 kann der Gemeinsame Ausschuss die Geschäftsordnung ändern (Heun DR 13; Robbers SA 12).

3   Die **Informationspflicht der Bundesregierung nach Abs.2** besteht auch vor der Erklärung des Verteidigungsfalls (Fink MKS 29). Für den Umfang der Informationspflicht nach S.1, der eine Befugnis des Gemeinsamen Ausschusses korrespondiert, gilt das bei Rn.1 f zu Art.53 Gesagte mit der Maßgabe entsprechend, dass sie gegenständlich auf die Planungen für den Verteidigungsfall beschränkt ist. Durch S.2 wird klargestellt, dass die Informationspflicht zusätzlich zu den Pflichten aus Art.43 Abs.1 gegenüber dem Bundestag und seinen Ausschüssen (Rn.3 zu Art.40) besteht (Krebs MüK 21). Für die Pflichten gegenüber dem Bundesrat (Rn.1 f zu Art.53) gilt nichts anderes (Robbers SA 18).

V. Der Bundespräsident

Art. **54** [Wahl durch die Bundesversammlung]

(1) Der Bundespräsident[1] wird ohne Aussprache von der Bundesversammlung gewählt[4]. Wählbar ist jeder Deutsche, der das Wahlrecht zum Bundestage besitzt und das vierzigste Lebensjahr vollendet hat[3].

(2) Das Amt des Bundespräsidenten dauert fünf Jahre. Anschließende Wiederwahl ist nur einmal zulässig[3].

(3) Die Bundesversammlung besteht aus den Mitgliedern des Bundestages und einer gleichen Anzahl von Mitgliedern, die von den Volksvertretungen der Länder nach den Grundsätzen der Verhältniswahl gewählt werden[5].

(4) Die Bundesversammlung tritt spätestens dreißig Tage vor Ablauf der Amtszeit des Bundespräsidenten, bei vorzeitiger Beendigung spätestens dreißig Tage nach diesem Zeitpunkt zusammen. Sie wird von dem Präsidenten des Bundestages einberufen[5].

(5) Nach Ablauf der Wahlperiode beginnt die Frist des Absatzes 4 Satz 1 mit dem ersten Zusammentritt des Bundestages[5].

(6) Gewählt ist, wer die Stimmen der Mehrheit der Mitglieder der Bundesversammlung erhält. Wird diese Mehrheit in zwei Wahlgängen von keinem Bewerber erreicht, so ist gewählt, wer in einem weiteren Wahlgang die meisten Stimmen auf sich vereinigt[4].

(7) Das Nähere regelt ein Bundesgesetz[4].

Literatur: *Kunig,* Der Bundespräsident, Jura 1994, 217; *Braun,* Die Bundesversammlung, 1993; *Kessel,* Die Bundesversammlung, ParlRPr, 1989, 1599; *Kilian,* Der Bundespräsident als Verfassungsorgan, JuS 1988, 33; *Schlaich,* Die Bundesversammlung und die Wahl des Bundespräsidenten, HbStR II, 1987, 523; *ders.,* Der Status des Bundespräsidenten, HbStR II, 1987, 529; *ders.,* Die Funktionen des Bundespräsidenten im Verfassungsgefüge, HbStR II, 1987, 541; *Erichsen,* Der Bundespräsident, Jura 1985, 373.

1. Rechtsstellung des Bundespräsidenten

Allgemeines. Der Bundespräsident ist das Staatsoberhaupt der 1 Bundesrepublik Deutschland (krit. Pernice DR 15). Er ist Verfassungs- und oberstes Bundesorgan, gehört nicht zum Öffentlichen

Dienst isd Art.33 Abs.4, 5 und ist isd Art.1 Abs.3, 20 Abs.2 S.2 und 20 Abs.3 der vollziehenden Gewalt (Exekutive) zuzurechnen (Jekewitz AK 13 vor Art.54; Herzog MD 16 f; Schlaich HbStR II 534, 581; a. A. Fritz BK 32). Zur Wahl unten Rn.4 f; zum Amtsverlust Art.61. Zur Durchführung seiner Aufgaben steht ihm das Bundespräsidialamt zur Verfügung; es ist eine oberste Bundesbehörde. Es wird vorbereitend und beratend tätig, besitzt aber keine eigenen Kompetenzen (Butzer, VerwArch 1991, 509).

2   Die **Kompetenzen** des Bundespräsidenten ergeben sich aus verschiedenen Vorschriften des GG (Aufzählung bei Herzog MD 68; Pernice DR 19; Schlaich HbStR II 543 ff). Weitere Kompetenzen können sich aus Gesetzen und nach hM aus der Natur der Sache, z. B. für Staatssymbole, Staatsfeiern und Staatsehrungen (Herzog MD 40 ff zu Art.60; Hemmrich MüK 3; Stern II 200; a. A. Jekewitz AK 16 vor Art.54; Pernice DR 20), ergeben, soweit dadurch nicht verfassungsrechtliche Kompetenzen anderer Organe beeinträchtigt werden, insb. der Bundesgesetzgeber keine Regelung getroffen hat (Klein HbStR I 740 f); zu seiner Kompetenz im Bereich der Außenpolitik Rn.1–6 zu Art.59; zur Gegenzeichnung Rn.2 f zu Art.58. Insgesamt sind seine Kompetenzen gegenüber dem Reichspräsidenten unter der WRV erheblich reduziert.

3   **Wählbarkeit und Amtsdauer.** Wählbar ist gem. Abs.1 S.2 jeder Deutsche (Rn.1–10 zu Art.116), der das aktive und passive Wahlrecht zum Bundestag besitzt (Art.38 iVm §§ 12 f BWahlG) und das 40. Lebensjahr vollendet hat. Sonstige Wählbarkeitsvoraussetzungen sind unzulässig. Die 5-jährige Amtsdauer (Abs.2 S.1) soll ein Zusammenfallen mit der Wahl des Bundestags (Art.39 Abs.1 S.1) verhindern und eine größere Kontinuität gewährleisten (krit. Jekewitz AK 19 vor Art.54). Die Amtszeit beginnt mit dem Ablauf der Amtszeit des Vorgängers und endet außer durch Zeitablauf durch Tod, Rücktritt, Amtsverlust gem. Art.61 oder Verlust der Wählbarkeit; eine Abwahl ist nicht vorgesehen (Pernice DR 6 zu Art.57). Eine anschließende Wiederwahl ist gem. Abs.2 S.2 nur einmal zulässig. Daraus folgt, dass eine spätere Wiederwahl dann nicht ausgeschlossen ist, wenn zwischendurch mindestens ein anderer Bundespräsident amtiert hat (Herzog MD 21; Fritz BK 153; Pernice DR 33; a. A. Jekewitz AK 8).

2. Wahl durch die Bundesversammlung

4   **Wahlverfahren.** Der Bundespräsident wird von der Bundesversammlung ohne Aussprache gewählt (Abs.1 S.1). Damit soll eine die Autorität des künftigen Bundespräsidenten möglicherweise gefähr-

dende Personaldiskussion verhindert werden. Wahlvorschläge können von jedem Mitglied der Bundesversammlung beim Bundestagspräsidenten eingereicht werden (Fritz BK 169). Als Folge des demokratischen Prinzips (Rn.11 f zu Art.20) verhandelt die Bundesversammlung öffentlich (Nierhaus SA 27; Hemmrich MüK 6); doch darf die Abstimmung geheim sein (Rn.1 zu Art.42). Die Voraussetzungen für das Zustandekommen der Wahl regelt Abs.6. Weitere Verfahrensvorschriften finden sich in dem gem. der ausschließlichen Bundesgesetzgebungskompetenz (Rn.3 zu Art.70) des Abs.7 ergangenen WahlGBPräs. Mangels gesetzlicher Grundlage findet eine Wahlprüfung nicht statt (a. A. Schmidt-Bleibtreu/Klein 7, die Art.41 analog anwenden wollen).

Die **Bundesversammlung (Abs.3–5)** ist ein Verfassungs- und 5 oberstes Bundesorgan. Ihre *Zusammensetzung* bestimmt sich nach Abs.3. Zur Ermittlung der Zahl der Mitglieder des Bundestags Rn.1 f zu Art.121. Hinzu kommt eine gleiche Anzahl von Mitgliedern, die von den Volksvertretungen der Länder nach den Grundsätzen der Verhältniswahl, d. h. im Verhältnis der Stärke der Fraktionen, gewählt werden; diese Mitglieder brauchen nicht Mitglieder in den Volksvertretungen der Länder zu sein (Jekewitz AK 10; Herzog MD 34; Hemmrich MüK 13). Gem. § 7 S.1 WahlGBPräs finden Art.46, 47, 48 Abs.2 auf die Mitglieder der Bundesversammlung entsprechende Anwendung. Über den *Zusammentritt* und die *Einberufung* der Bundesversammlung enthalten Abs.4 S.1 und Abs.5 Fristbestimmungen; Abs.5 ist durch die Neufassung des Art.39 Abs.1 S.2 gegenstandslos geworden. Verletzungen dieser Fristbestimmungen haben nicht die Ungültigkeit der Wahl zur Folge. Die Befugnis des Präsidenten des Bundestags zur Einberufung (Abs.4 S.2) umfasst auch Ort und Zeit des Zusammentritts. Es ist zulässig, dass § 8 S.1 WahlGBPräs dem Präsidenten des Bundestags die Ordnungsgewalt (Rn.12 zu Art.40) übertragen hat. Entsprechend dürften auch sein Hausrecht und seine Polizeigewalt (Rn.11 zu Art.40) für den Zusammentritt der Bundesversammlung anzuerkennen sein (Nierhaus SA 27; Pernice DR 32).

Art.55 [Inkompatibilitäten]

(1) **Der Bundespräsident darf weder der Regierung noch einer gesetzgebenden Körperschaft des Bundes oder eines Landes angehören[1 f].**

(2) **Der Bundespräsident darf kein anderes besoldetes Amt, kein Gewerbe und keinen Beruf ausüben und weder der Leitung**

noch dem Aufsichtsrate eines auf Erwerb gerichteten Unternehmens angehören[2].

Literatur: S. Literatur zu Art.54.

1   **Bedeutung.** Die Regelung der Inkompatibilität, d. h. der Unvereinbarkeit eines Amts mit anderen, ist teilw. eine Ausprägung des Grundsatzes der Gewaltenteilung (Rn.23–27 zu Art.20) und soll die verfassungsrechtliche Stellung des Bundespräsidenten in Richtung gesteigerter Unabhängigkeit und Integrität absichern. Art.55 statuiert Pflichten des Bundespräsidenten, bei deren Verletzung eine Sanktion gem. Art.61 erfolgen kann, nicht aber führt der Erwerb des Amts des Bundespräsidenten automatisch zum Verlust der unvereinbaren Ämter (Herzog MD 6; Hemmrich MüK 7; Fritz BK 16; a. A. Versteyl ParlRPr 478) oder ist die Aufnahme eines unvereinbaren Regierungsamts oder Mandats durch den Bundespräsidenten als konkludenter Amtsverzicht anzusehen (Fink MKS 15; Hemmrich MüK 8; Pernice DR 10; a. A. Nierhaus SA 10). Die Pflichten aus Art.55 beginnen mit dem Amtsantritt (Hemmrich MüK 6; Pernice DR 9; Schlaich HbStR II 531; a. A. Nierhaus SA 5) und enden mit dem Ausscheiden aus dem Amt (Fritz BK 17).

2   **Abs.1** trennt das Amt des Bundespräsidenten nur von der Regierung und den gesetzgebenden Körperschaften des Bundes und der Länder (Jekewitz AK 4; Herzog MD 3, 16 Fn.11; für entsprechende Anwendung auf Gemeindevertretungen und Kreistage: Nierhaus SA 9; Pernice DR 6; Stern II 204). Die Stellung eines Kandidaten für das Amt (BVerfGE 89, 359/362) und die Mitgliedschaft in einer Partei (Fritz BK 24; Herzog MD 24; Schlaich HbStR II 531) sind nicht erfasst. Bezüglich der besoldeten (öffentlichen) Ämter, Gewerbe und Berufe (Rn.6 f zu Art.12) ist gem. **Abs.2** nur die Ausübung von der Inkompatibilität erfasst; das bloße Innehaben ist zulässig. Bezüglich der Leitung eines auf Erwerb gerichteten Unternehmens ist dagegen schon die bloße Zugehörigkeit verboten.

Art.56 [Amtseid]

Der Bundespräsident leistet bei seinem Amtsantritt vor den versammelten Mitgliedern des Bundestages und des Bundesrates folgenden Eid:

„Ich schwöre, daß ich meine Kraft dem Wohle des deutschen Volkes widmen, seinen Nutzen mehren, Schaden von ihm wenden, das Grundgesetz und die Gesetze des Bundes wahren und

verteidigen, meine Pflichten gewissenhaft erfüllen und Gerechtigkeit gegen jedermann üben werde. So wahr mir Gott helfe."
Der Eid kann auch ohne religiöse Beteuerung geleistet werden.

Literatur: S. Literatur zu Art.54.

Die Leistung des in Art.56 formulierten Eids bei Amtsantritt ist **1** eine Pflicht des Bundespräsidenten, bei deren Verletzung eine Sanktion gem. Art.61 erfolgen kann. Die Eidesformel ist bis auf die religiöse Beteuerung unabänderlich (Jekewitz AK 2; Herzog MD 24; Nierhaus SA 5; weitergehend für eine Abänderbarkeit von „ich schwöre" Hemmrich MüK 9; Pernice DR 10). Der ohne religiöse Beteuerung geleistete Eid hat nur die Bedeutung eines rein weltlichen Gelöbnisses (BVerfGE 33, 23/27). Die Eidesleistung ist keine Voraussetzung für den Erwerb des Amts; Amtshandlungen vor Eidesleistung sind daher gültig (Herzog MD 14; Hemmrich MüK 2; Fritz BK 3). Die Eidesleistung begründet keine zusätzlichen Rechte, Pflichten oder Befugnisse des Bundespräsidenten (Nierhaus SA 3; Jekewitz AK 2; Herzog MD 20; Schlaich HbStR II 532). Bei anschließender Wiederwahl ist keine Eidesleistung erforderlich (a. A. Herzog MD 18), wohl aber bei späterer Wiederwahl (Jekewitz AK 3; Hemmrich MüK 6; Fritz BK 12).

Art.**57** [Stellvertretung]

Die Befugnisse des Bundespräsidenten werden im Falle seiner Verhinderung oder bei vorzeitiger Erledigung des Amtes durch den Präsidenten des Bundesrates wahrgenommen[1f].

Literatur: S. Literatur zu Art.54.

Voraussetzungen der Stellvertretung des Bundespräsidenten **1** durch den Präsidenten des Bundesrats (Rn.1 zu Art.52) sind entweder Verhinderung, z.B. Krankheit, Freiheitsverlust, Auslandsaufenthalt (krit. Pernice DR 5), Befangenheit, einstweilige Anordnung des BVerfG im Verfahren gem. Art.61, oder vorzeitige Erledigung des Amts, z.B. Tod, Rücktritt, Entscheidung des BVerfG im Verfahren gem. Art.61, Verlust der Wählbarkeit (Rn.3 zu Art.54). Gleichzustellen ist der Fall, dass die Amtszeit eines Bundespräsidenten abgelaufen ist, ohne dass ein Nachfolger gewählt ist (Herzog MD 13). Keine Voraussetzung ist, dass der Präsident des Bundesrats die Voraussetzungen der Wählbarkeit gem. Art.54 Abs.1 S.2 erfüllt

(Hemmrich MüK 5). Ob die Voraussetzungen vorliegen, entscheidet in den Grenzen des Missbrauchsverbots der Bundespräsident (Nierhaus SA 9; Herzog MD 18 ff; Schlaich HbStR II 539; einschr. Fink MKS 15).

2   **Rechtsfolge** ist die Wahrnehmung aller Befugnisse des Bundespräsidenten (Rn.2 zu Art.54; Rn.1 zu Art.136) einschl. der Regelung des Art.58 durch den jeweiligen Präsidenten des Bundesrats, bei dessen Verhinderung durch den ersten Vizepräsidenten des Bundesrats (vgl. §§ 5 Abs.1, 7 GeschOBR). Der Präsident des Bundesrats ist an Weisungen des Bundespräsidenten nicht gebunden (Fritz BK 6; Hemmrich MüK 6; Schlaich HbStR II 538; a. A. Herzog MD 25). Art.55 und 61 gelten für ihn nicht (Fritz BK 10 ff; Pernice DR 9; a. A. bezüglich Art.61: Fink MKS 24; Jekewitz AK 5; Wolfrum BK 5 zu Art.61; Schlaich HbStR II 538). Eine Eidesleistung gem. Art.56 durch den Stellvertreter ist nicht erforderlich (Fink MKS 16; Jekewitz AK 3 zu Art.56; Herzog MD 24 Fn.9 zu Art.56; a. A. Hemmrich MüK 7).

Art.58 [Gegenzeichnung]

Anordnungen und Verfügungen[2] des Bundespräsidenten bedürfen zu ihrer Gültigkeit[5] der Gegenzeichnung durch den Bundeskanzler oder durch den zuständigen Bundesminister[4]. Dies gilt nicht für die Ernennung und Entlassung des Bundeskanzlers, die Auflösung des Bundestages gemäß Artikel 63 und das Ersuchen gemäß Artikel 69 Abs.3[3].

Literatur: *Maurer,* Die Gegenzeichnung nach dem GG, FS Carstens II, 1984, 701. – S. auch Literatur zu Art.54.

1   **Bedeutung.** Die Vorschrift soll iSd staatsrechtlichen Tradition des Instituts der Gegenzeichnung oder Kontrasignatur (näher Herzog MD 1 ff) die Einheitlichkeit der Staatsleitung sichern und die parlamentarische Verantwortung der Regierung für Handlungen des Bundespräsidenten begründen. Da Ermessensentscheidungen des Bundespräsidenten die Ausnahme, gebundene Entscheidungen dagegen die Regel sind (Rn.6 zu Art.59; Rn.3 zu Art.60; Rn.2 zu Art.82), ist die Bedeutung des Instituts der Gegenzeichnung heute eher gering.

2   **Anordnungen und Verfügungen** brauchen, auch wenn dies theoretisch möglich ist (vgl. Herzog MD 21 ff), praktisch nicht unterschieden zu werden. Es sind dies alle auf rechtliche Verbind-

lichkeit angelegten Akte des Bundespräsidenten, auch im Bereich der völkerrechtlichen Vertretungsbefugnis (Rn.6 zu Art.59), mit Ausnahme der Weisungen innerhalb des Bundespräsidialamts (Rn.1 zu Art.54). Keine Anordnungen und Verfügungen sind ihre Unterlassung (Schenke BK 55 ff; Herzog MD 44 f; Pernice DR 11; Fink MKS 76; a. A. Hemmrich MüK 4), das sonstige amtliche und politisch bedeutsame Verhalten und Auftreten (Jekewitz AK 5 f; Schenke BK 20 ff; Herzog MD 48 ff; Schlaich HbStR II 571; Pernice DR 10; a. A. Hemmrich MüK 4; Maurer, FS Carstens II, 1984, 716 f), rein private Äußerungen sowie der Rücktritt des Bundespräsidenten.

Ausgenommen von der Gegenzeichnung sind die in S.2 ge- **3** nannten Fälle, bei denen die Gegenzeichnungsberechtigten selbst betroffen sind. Aus dem GG selbst ergeben sich folgende weitere Ausnahmefälle (Nierhaus SA 13 ff; Jekewitz AK 9; Herzog MD 36 ff; Schlaich HbStR II 574): Art.39 Abs.3 S.3, da der Bundeskanzler das gleiche Recht zur Einberufung des Bundestags hat; Art.63 Abs.1 und Art.115 h Abs.2 S.1, da für den Wahlvorschlag dasselbe wie für die Ernennung des Bundeskanzlers gelten muss; Art.93 Abs.1 Nr.1, da die Rechtsschutzmöglichkeit der Organstreitigkeit sinnvollerweise allein dem betreffenden Organ zustehen muss.

Die Gegenzeichnung kann durch den **Bundeskanzler** oder **4** durch den **zuständigen Bundesminister** erfolgen. Deren Ermessen ist nur durch die Verfassung beschränkt (Fink MKS 90). Unwirksam ist eine Gegenzeichnung durch einen unzuständigen Bundesminister sowie dann, wenn die Kompetenzverteilung zwischen Bundeskanzler und Bundesminister (vgl. Art.65) nicht gewahrt worden ist (Schenke BK 65 f). Nach a. A. soll die Gegenzeichnung allein durch den Bundeskanzler immer ausreichen (Jekewitz AK 7; Herzog MD 71; Schlaich HbStR II 575). Soweit mehrere Minister zuständig sind, müssen alle gegenzeichnen (Herzog MD 68; Hemmrich MüK 9; a. A. Fink MKS 81; Jekewitz AK 7). § 29 Abs.1 S.1 GeschO-BReg, wonach der Bundeskanzler *und* der zuständige Bundesminister gegenzeichnen müssen, kann die dargelegten verfassungsrechtlichen Wirksamkeitsvoraussetzungen nicht verschärfen (Bryde MüK 10 zu Art.82).

Die wirksame Gegenzeichnung führt zur **Gültigkeit** von Anord- **5** nungen und Verfügungen des Bundespräsidenten (Schenke BK 92 ff; Herzog MD 2 Fn.1, 46 Fn.20; Fink MKS 11; a. A. Hemmrich MüK 6: Rechtmäßigkeit); nach Ablehnung der Gegenzeichnung sind sie nichtig; bis dahin sind sie schwebend unwirksam (Schlaich HbStR II 576). Außerhalb des Anwendungsbereichs des Art.58 ist der Bundespräsident innerhalb seiner Kompetenzen frei; er hat allerdings die Kompetenzen der anderen Verfassungsorgane, z. B. die der Bundesregierung zur Außenpolitik (Rn.6 zu Art.59), zu beachten. Aus der Pflicht zur Verfassungsorgantreue wird darüber hinaus ein allgemeines Mäßigungsgebot abgeleitet (Schenke BK 16, 49, 52 f; Herzog MD 57 ff; a. A. Maurer, FS Carstens II, 1984, 718).

Art.59 [Zuständigkeit für die auswärtige Gewalt]

(1) **Der Bundespräsident vertritt den Bund völkerrechtlich**[2 ff]**. Er schließt im Namen des Bundes die Verträge mit auswärtigen Staaten**[4]**. Er beglaubigt und empfängt die Gesandten**[5]**.

(2) **Verträge**[9 f]**, welche die politischen Beziehungen des Bundes regeln**[12] **oder sich auf Gegenstände der Bundesgesetzgebung beziehen**[13 f]**, bedürfen der Zustimmung oder der Mitwirkung der jeweils für die Bundesgesetzgebung zuständigen Körperschaften in der Form eines Bundesgesetzes**[14 f]**. Für Verwaltungsabkommen gelten die Vorschriften über die Bundesverwaltung entsprechend**[20 f]**.

Übersicht

Literatur: *Hailbronner/Wolfrum,* Kontrolle der auswärtigen Gewalt, VVDStRL 1997, 7 ff, 38 ff; *Kokott,* Kontrolle der auswärtigen Gewalt, DVBl 1996, 937; *Geiger,* Grundgesetz und Völkerrecht, 2. Aufl. 1994; *Bernhardt,* Verfassungsrecht und völkerrechtliche Verträge, in: HbStR VII, 1993, 571; *Vogel,* Gesetzesvorbehalt, Parlamentsvorbehalt und völkerrechtliche Verträge, FS für Lerche, 1993, 95; *Steinberger,* Auswärtige Gewalt unter dem Grundgesetz, in: Mußgnug (Hg.), Rechtsentwicklung unter dem Bonner Grundgesetz, 1990, 1101; *Kokott,* Art.59 Abs.2 GG und einseitige völkerrechtliche Akte, FS Doehring, 1989, 503; *Ress,* Verfassung und völkerrechtliches Vertragsrecht, FS Doehring, 1989, 803; *Dregger,* Die antizipierte Zustimmung des Parlaments zum Abschluß völkerrechtlicher Verträge, die sich auf Gegenstände der Bundesgesetzgebung beziehen, 1989; *Grewe,* Zum Verfassungsrecht der auswärtigen Gewalt, AöR 1987, 522; *Cronauer,* Der internationale Vertrag im Spannungsfeld zwischen Verfassung und Völkerrecht, 1986; *Fastenrath,* Kompetenzverteilung im Bereich der auswärtigen Gewalt, 1986; *Zuleeg,* Abschluß und Rechtswirkung völkerrechtlicher Verträge in der Bundesrepublik Deutschland, JA 1983, 1; *Treviranus,* Inkraftsetzen völkerrechtlicher Vereinbarungen durch Rechtsverordnung, NJW 1983, 1948; *Jasper,* Die Behandlung von Verwaltungsabkommen im innerstaatlichen Recht, 1980. – S. auch Literatur zu Art.32.

1. Bedeutung und Abgrenzung zu anderen Vorschriften

Art.59 regelt die Verteilung des dem **Bund** zustehenden Anteils 1 an der auswärtigen Gewalt auf die Organe des Bundes (Rojahn MüK 1). Die Vorschrift macht deutlich, dass an der auswärtigen Gewalt neben der Bundesregierung und dem Bundespräsidenten auch das Parlament beteiligt ist (unten Rn.8). Die Verteilung der Kompetenzen zwischen Bund und Ländern wird in Art.32 geregelt. Die völkerrechtliche Vertretung der Länder wird von Art.59 nicht erfasst (Pernice DR 14; Streinz SA 4). Art.59 gilt daher nicht für den Abschluss von völkerrechtlichen Verträgen durch die Länder (BVerfGE 2, 347/371; Zuleeg AK 6); zur Kompetenz der Länder Rn.11 f zu Art.32. Zum Verhältnis zu Art.23 Abs.1, Art.24 Abs.1 vgl. Rn.4 zu Art.23 und Rn.2 zu Art.24. Auch im Bereich des Art.24, Abs.2, 3 ist Art.59 Abs.2 parallel anzuwenden, während Art.115a Abs.1 und Art.115l Abs.2, 3 als lex specialis vorgehen (Kempen MKS 45).

2. Völkerrechtliche Vertretung (Abs.1)

a) Vertretung nach außen. aa) Gem Abs.1 kommt dem Bun- 2 despräsidenten die *ausschließliche* Zuständigkeit zu, namens der Bundesrepublik im völkerrechtlichen Verkehr rechtserheblich zu handeln (Pernice DR 18). Nicht erfasst wird die Vertretung der Bundesländer (oben Rn.1). Der in Abs.1 geregelte Bereich beschränkt sich des Weiteren (wie Art.32) auf **völkerrechtsförmliches Verhalten** (Rojahn MüK 9; Fastenrath o. Lit. 202 ff), gilt also nur für die Vertretung der Bundesrepublik gegenüber anderen Völkerrechtssubjekten (BVerfGE 2, 347/374 f; näher Rn.4 zu Art.32). Zudem muss es um völkerrechtliche Handlungsformen gehen, also rechtserhebliche Erklärungen. Nicht erfasst werden informelle Handlungen (Kempen MKS 8; Rojahn MüK 9; Fastenrath o. Lit. 211 f; a. A. Pernice DR 18; Streinz SA 13), etwa unverbindliche Absprachen (dazu unten Rn.7).

3   Aber auch die völkerrechtsförmlichen Erklärungen werden in der Praxis in großem Umfang von der Bundesregierung und nicht vom Bundespräsidenten vorgenommen (Kempen MKS 13). Z. T. hält man das für verfassungswidrig (Kempen MKS 18). Z. T. klammert man „Routineangelegenheiten" aus Abs.1 (Stern II 226; zu Vertragsverhandlungen vgl. BVerfGE 90, 286/358). Schließlich wird eine stillschweigende oder gewohnheitsrechtliche Ermächtigung der Bundesregierung bzw. des zuständigen Bundesministers angenommen (Zuleeg AK 23; vgl. BVerfGE 68, 1/82 f). Der Repräsentativfunktion des Bundespräsidenten entsprechend wird man Abs.1 auf rechtserhebliche Akte von **gesamtstaatlicher Bedeutung** zu beschränken haben, auf Akte, in denen der Staat als Ganzes und nicht nur hinsichtlich einer Teilgewalt repräsentiert werden muss (Fastenrath o. Lit. 110 f; Streinz SA 12; a. A. Pernice DR 20 f). Das sind Akte, die ein Tätigwerden des Gesetzgebers erfordern oder die aufgrund ihrer umfassenden politischen Auswirkungen den Staat insgesamt berühren (Streinz SA 12), weshalb Verwaltungsabkommen ausgenommen sind (a. A. Kempen MKS 21).

4   **aa)** Die Vertretungsmacht umfasst gem. Abs.1 S.2 den Abschluss von **Verträgen mit auswärtigen Staaten** und (über den Wortlaut hinaus) **mit anderen Völkerrechtssubjekten** (Pernice DR 23; Kempen MKS 20). Damit werden grundsätzlich alle Vereinbarungen zwischen Völkerrechtssubjekten erfasst, die völkerrechtliche Bindungen erzeugen (vgl. oben Rn.2), unabhängig von Form und Regelungsgegenstand (BVerfGE 90, 286/359). Verwaltungsabkommen (unten Rn.20) müssen jedoch nicht vom Bundespräsidenten abgeschlossen werden (str.; oben Rn.3); insoweit genügt ein Abschluss durch die Bundesregierung oder einen Bundesminsiter. Die Vertretung erfolgt durch die *Unterzeichnung* des von den Unterhändlern paraphierten Vertragspunkts. Sie führt zur Wirksamkeit, sofern der Vertrag keinen Ratifikationsvorbehalt aufweist. Ein solcher Vorbehalt wird regelmäßig in den Fällen des Abs.2 S.2 vereinbart. Die Wirksamkeit tritt dann durch die *Ratifikation* ein, meist durch Austausch von Ratifikationsurkunden (Kempen MKS 22). Generell kann das Wirksamwerden des Vertrags durch eine vertragliche Regelung noch weiter hinausgeschoben sein.

5   Des Weiteren erfasst die Vertretungsmacht nach Abs.1 S.1 **einseitige völkerrechtliche Erklärungen** jedenfalls von gesamtstaatli-

cher Bedeutung (vgl. oben Rn.3), wie die Anerkennung von Staaten und Regierungen, die Aufnahme und den Abbruch diplomatischer Beziehungen (Pernice DR 20). Zu Erklärungen im Zusammenhang mit dem Verteidigungsfall Rn.8 zu Art.115 a. Der Bundespräsident ist schließlich gem. Abs.1 S.3 für die außenwirksame Benennung deutscher Vertreter bei ausländischen Staatsoberhäuptern („Beglaubigung") und die Entgegennahme der Beglaubigung ausländischer Vertreter („Empfang"), also die Akkreditierung, zuständig (Rojahn MüK 16 f). Dies erfasst nicht diplomatische Vertreter im Rang unter den Gesandten (Kempen MKS 24).

b) Innerstaatliche Kompetenzverteilung. Die Vertretungs- **6** macht des Bundespräsidenten erfasst allein die Kundgabe staatlicher Erklärungen nach außen (Kempen MKS 10). Die **interne Willensbildung,** also die Entscheidung über die Inhalte der (rechtsverbindlichen) Erklärungen liegt bei der Bundesregierung sowie beim Parlament (Grewe HbStR III 936; Stern II 222, 224). Der Bundespräsident bedarf für (rechtsverbindliche) Erklärungen der Zustimmung der Bundesregierung, da das Erfordernis der Gegenzeichnung nach Art.58 auch im Bereich der auswärtigen Gewalt gilt (Rojahn MüK 14; Streinz SA 19; Rn.2 zu Art.58). In den Fällen des Abs.2 S.1 kommt es auf die gesetzliche Entscheidung des Bundestags, ggf. auch des Bundesrats, an (unten Rn.8). Umgekehrt kann der Bundespräsident die Abgabe einer Erklärung, die von der Bundesregierung bzw. vom Parlament beschlossen wurde, nicht verweigern (Fastenrath o. Lit. 201; Kempen MKS 11, 19). Er besitzt kein außenpolitisches Mitspracherecht (Bernhardt HbStR VII 575 f; Streinz SA 18; Stern II 224; diff. Zuleeg AK 11 f). Entsprechend der Tradition parlamentarischer Demokratie hat der Bundespräsident lediglich das Recht, konsultiert zu werden und Vorschläge machen zu können (Jarass, DÖV 75, 118 f). Für den Bürger ergeben sich aus Art.59 keine Begrenzungen (BVerwG, NJW 82, 194).

Für die *Überprüfung der Verfassungsmäßigkeit* der Entscheidungen **6 a** der Bundesregierung bzw. des Parlaments, insb. des Zustimmungsgesetzes nach Abs.2, gelten die Gesichtspunkte wie für (sonstige) Gesetze (Stern II 239): Der Bundespräsident kann und muss eine Erklärung (nur) wegen Verstoßes gegen das GG verweigern, sofern es sich um einen formellen Fehler oder um einen schweren und offensichtlichen materiellen Fehler handelt (vgl. Pernice DR 23; Kempen MKS 12); näher dazu Rn.3 zu Art.82. Ist ein Verfahren um die Verfassungsmäßigkeit des Zustimmungsgesetzes beim BVerfG anhängig, wird der Bundespräsident die Ratifikation regelmäßig auszusetzen haben (Pernice DR 55).

7 **c) Für rechtlich unverbindliche Erklärungen** gilt weder Art.59 (oben Rn.2) noch Art.58 (Rojahn MüK 11; Streinz SA 17; a. A. Zuleeg AK 19). Der Bundespräsident kann aber solche Erklärungen auch ohne Zustimmung der Bundesregierung abgeben, ebenso wie er Aufgaben der Repräsentation wahrnehmen kann (Rojahn MüK 10). Andererseits sind die Bundesregierung und der Bundestag nicht an solchen Erklärungen gehindert.

3. Völkerrechtliche Verträge iSv Abs.2 S.1

8 **a) Funktion und Bedeutung des Vertragsgesetzes.** Völkerrechtliche Verträge werden formal durch den Bundespräsidenten abgeschlossen (oben Rn.4); inhaltlich werden sie von der Bundesregierung gestaltet (BVerfGE 90, 286/358; oben Rn.6). Abs.2 S.1 schreibt darüber hinaus für bestimmte völkerrechtliche Verträge vor ihrer Ratifikation (oben Rn.4) die Beteiligung von Bundestag und Bundesrat in Form eines Vertragsgesetzes vor, z. T. (etwa BVerfGE 73, 339/375) wird von Zustimmungsgesetz gesprochen, was im Hinblick auf Art.77 mißverständlich ist (Streinz SA 51). „Langfristige grundsätzlich unauflösbare Bindungen völkerrechtlicher Art" bedürfen einer parlamentarischen Abstützung (BVerfGE 68, 1/88; 90, 286/357). Die auswärtige Gewalt steht hier der Exekutive und Legislative gemeinsam zu; die Annahme einer grundsätzlichen Prärogative der Exekutive in auswärtigen Angelegenheiten ist deshalb abzulehnen (BVerfGE *abwM* 68, 1/129; Rojahn MüK 20 f; Rn.26 zu Art.20; Stern I 499; Rn.26 zu Art.20; Wolfrum VVDStRL 1997, 40; **a. A.** BVerfGE 68, 1/87 f; 90, 286/357; Kempen MKS 36). Jedenfalls kann das Parlament auch außerhalb des Abs.2 schlichte Parlamentsbeschlüsse fassen (Kempen MKS 39). Zu den Wirkungen des Vertragsgesetzes unten Rn.16–19.

9 **b) Verträge und ähnliche Akte. aa)** Abs.2 S.1 gilt nur für **völkerrechtliche Verträge,** also „Übereinkünfte zwischen zwei oder mehreren Völkerrechtssubjekten" (BVerfGE 90, 286/359; Kempen MKS 46). Da Art.59 nur die auswärtige Gewalt des **Bundes** betrifft (oben Rn.1), muss auf deutscher Seite der Bund (bzw. die Bundesregierung oder ein Bundesminister) Vertragspartner sein. Verträge der Länder, Gemeinden etc. werden nicht erfasst. Auf der anderen Seite muss ein Völkerrechtssubjekt stehen, also ein ausländischer Staat oder eine zwischenstaatliche Einrichtung. Für die genaue Abgrenzung der Vertragspartner gelten die Ausführungen in

Rn.4 zu Art.32. Für Verträge zur Übertragung von Hoheitsrechten
auf die Europäische Union ist Art.23 Abs.1 lex specialis.

bb) Einseitige Rechtsgeschäfte werden von Abs.2 S.1 nicht   **10**
erfasst (BVerfGE 90, 286/358), sofern sie die Geltung von Verträgen
nicht beeinflussen oder ihre Gültigkeit allein *insgesamt* bestimmen
(Rojahn MüK 47). Direkt oder analog ist die Vorschrift dagegen
anzuwenden, wenn durch einseitige Akte völkerrechtliche Bindungen erzeugt oder geändert werden (Streinz SA 43; **a. A.** BVerf-
GE 68, 1/87 ff; diff. Kempen MKS 57 f). Jedenfalls sind Aktivitäten
zum Vollzug entstandener völkerrechtlicher Bindungen (ohne vor-
gängiges Gesetz nach Abs.2) ausgeschlossen, wenn sie einer gesetzlichen Grundlage bedürfen (BVerfGE 90, 286/364).

Im Einzelnen wird die *Kündigung* nicht erfasst, zumal der Bun-   **11**
destag den Abschluss von Verträgen nicht verlangen kann (unten
Rn.16). Eine Ausnahme ist wohl zu machen, wenn die politischen
Beziehungen (unten Rn.12) betroffen sind (Pernice DR 49; Kokott,
FS Doehring, 1989, 512; a. A. Rojahn MüK 47). Erfasst wird der
Beitritt zu einem Pakt (Fastenrath o. Lit. 230 f; Kempen MKS 57).
Auch ein *Vorbehalt* zu einem völkerrechtlichen Vertrag fällt im Hinblick auf die Funktion des Abs.2 S.1 (oben Rn.8) darunter (BVerfGE
abwM 68, 1/128 ff; Zuleeg AK 23; Fastenrath o. Lit. 232 ff; Streinz
SA 43; a. A. Kempen MKS 58; Pernice DR 39). Nicht erfasst wird
das Wiederaufleben eines *suspendierten Vertrags* (BVerfGE 80,
233/241) oder die *Konkretisierung einer vertraglichen Verpflichtung,* wie
die Unterwerfungserklärung unter die Gerichtsbarkeit des Internationalen Gerichtshofs (Streinz SA 45; Kempen MKS 60). Eine In-
haltsänderung durch eine *einvernehmliche Erklärung* zur Vertragsausle-
gung fällt nicht unter Abs.2 (BVerfGE 90, 286/361); doch sind
insoweit die allgemeinen Regeln über den Gesetzesvorbehalt zu
beachten (BVerfGE 90, 286/364; Rojahn MüK 49). Erfasst wird
dagegen die (nachträgliche) einverständliche Begründung einer Ver-
tragspraxis über den Vertragsinhalt hinaus (BVerfGE *abwM* 90,
286/372 ff; Pernice DR 43 f; **a. A.** BVerfGE 90, 286/362 f). Das
(rechtlich unverbindliche) *soft law* wird nicht erfasst (BVerfGE 68,
1/108; Kempen MKS 54); allerdings ist genau zu prüfen, ob nicht
doch rechtliche Bindungen auftreten (Pernice DR 46).

c) Politischer oder Gesetzesbezug. aa) Die in Rn.9–11 be-   **12**
schriebenen Akte sind zum einen zustimmungsbedürftig, wenn sie
die **politischen Beziehungen** des Bundes ieS regeln, also Verträge
u. ä. betreffen, die nach Inhalt und Zweck „wesentlich und unmittelbar den Bestand des Staates und dessen Stellung und Gewicht

innerhalb der Staatengemeinschaft oder die Ordnung der Staatengemeinschaft betreffen" (BVerfGE 1, 372/382; Grewe HbStR III
946; Kempen MKS 63). Darunter fallen etwa Friedensverträge,
Bündnisse, Neutralitäts- und Abrüstungsverträge, Abkommen über
politische Zusammenarbeit, Schiedsverträge sowie Garantiepakte
(BVerfGE 1, 372/381; 90, 286/359; Rojahn MüK 22; Zuleeg AK
28) oder die sog. Ostverträge (BVerfGE 40, 141/164 f; 43,
203/208 f). Weiter werden generell die Verträge gem. Art.23 Abs.1,
gem. Art.24 Abs.1 und gem. Art.24 Abs.2, 3 erfasst (Kempen MKS
63; Randelzhofer MD 24 zu Art.24 II). Die Einordnung als politischer Vertrag iSd Abs.2 S.1 wurde abgelehnt beim Petersberger-Ab-
kommen (BVerfGE 1, 351), beim deutsch-französischen Wirt-
schaftsabkommen (BVerfGE 1, 372) und beim Kehler Hafen-Ab-
kommen (BVerfGE 2, 347).

13   **bb)** Weiter fallen unter Abs.2 S.1 Verträge, die sich auf **Gegenstände der Bundesgesetzgebung** beziehen. Trotz des Verweises
auf den *Bundes*gesetzgeber greift diese Alternative auch dann, wenn
die Durchführung des Vertrags ein Landesgesetz erfordert (Streinz
SA 31; Pernice DR 32; Kempen MKS 70), sofern die Abschlusskompetenz des Bundes gegeben ist (vgl. Rn.6 zu Art.32). Ein Gesetz
ist iSd Abs.2 S.1 erforderlich, wenn der Vollzug des Vertrags allein
durch ein förmliches Gesetz möglich ist (BVerfGE 1, 372/388;
Kempen MKS 67; vgl. auch BVerfGE 77, 170/231), wenn also eine
entsprechende innerstaatliche Maßnahme nur als förmliches Gesetz
oder auf Grund eines förmlichen Gesetzes ergehen könnte (Schweitzer 164). Dies gilt einmal für alle Materien, die in den Anwendungsbereich des Vorbehalts des Gesetzes fallen (dazu näher Rn.46–53 zu
Art.20), selbst dann, wenn bereits ein entsprechendes innerstaatliches
Gesetz vorliegt („Parallelverträge"); der völkerrechtliche Vertrag
führt hier zu einer Bindung des Bundestags (Schweitzer 174; Bernhardt HbStR VII 579; Zuleeg AK 34). Wegen des Vorrangs des
Gesetzes ist für die Transformation des Vertrages bzw. für den diesbezüglichen Vollzugsbefehl ein Gesetz weiterhin erforderlich, wenn
geltende Rechtsvorschriften geändert werden müssen. Darunter fällt
auch jede (selbst konkludente) *Änderung* eines mit Zustimmung
ergangenen Vertrags (BVerfGE 90, 286/361; Streinz SA 39; einschr.
Kempen MKS 50). Ob eine Änderung vorliegt, ist durch Auslegung
zu ermitteln und nicht vom Willen der nationalen Organe abhängig
(BVerfGE *abwM* 90, 286/372 ff; Rojahn MüK 44; Kempen MKS
51; **a. A.** BVerfGE 90, 286/361 ff). Schließlich ist ein Gesetz erforderlich, wenn der Vertrag zu finanziellen Belastungen führt, es sei
denn, deren Berücksichtigung im Haushaltsplan ist unproblematisch

(Bernhardt HbStR VII 580; Streinz SA 34; Kempen MKS 72; Pernice DR 36).

Kein Gesetz ist erforderlich, wenn die vertraglichen Pflichten **14** durch **Rechtsverordnung** (auf Grund einer wirksamen Ermächtigung) in innerstaatliches Recht überführt werden können (BVerfGE 1, 372/390; Bernhardt HbStR VII 579; Pernice DR 33), obwohl die Zustimmung gem. Abs.2 S.1 nicht (in genereller Form) delegiert werden kann (BVerfGE 1, 372/395). Es handelt sich dann um ein sog. *normatives* Verwaltungsabkommen, das eines Vertragsgesetzes nicht bedarf, es sei denn, es regelt die politischen Beziehungen (Rojahn MüK 54). Die Ermächtigung muss nicht explizit auslandsbezogen (Fastenrath o. Lit. 20; strenger Rojahn MüK 42), wohl aber ausreichend deutlich sein (BSGE 85, 256/265 f). Auf ein Gesetz kann auch dann verzichtet werden, wenn die Rechtsverordnung der Zustimmung des Bundesrats bedarf, etwa gem. Art.80 Abs.2 (Zuleeg AK 33; Rojahn MüK 54; Streinz SA 37; a. A. wohl BVerfGE 1, 372/390).

d) Anforderungen an das notwendige Gesetz. Verträge iSv **15** Abs.2 S.1 dürfen vom Bundespräsidenten nur ratifiziert werden, wenn der Bundestag ihnen vorher durch förmliches Gesetz zugestimmt hat; für das Initiativrecht gilt Art.76 (Streinz SA 55; offengelassen BVerfGE 68, 1/66; für Beschränkung auf Bundesregierung Zuleeg AK 22). Zur Delegation oben Rn.14. Außerdem muss der Bundesrat beteiligt werden, wobei ihm idR eine Einspruchsbefugnis zusteht (Grewe HbStR III 948). Anderes gilt dort, wo das zum Vollzug notwendige Gesetz ein Zustimmungsgesetz (dazu Rn.4 f zu Art.77) ist, wobei es genügt, wenn *eine* Vorschrift des Vertrags diese Voraussetzung erfüllt (Streinz SA 50; vgl. Rn.4 zu Art.77). Bei Verträgen, die allein die politischen Beziehungen regeln (oben Rn.12), dürfte die Zustimmung des Bundesrats generell nicht erforderlich sein (Streinz SA 48; Zuleeg AK 22; Bernhardt HbStR VII 581). Wieweit ein Zustimmungsgesetz auch unmittelbar die Verfassung ändern kann, sofern keine spezifische verfassungsrechtliche Legitimation, wie etwa das früher geltende Wiedervereinigungsgebot, besteht, ist unklar. Auf jeden Fall sind die Vorgaben des Art.79 zu beachten (BVerfGE 36, 1/14; Streinz SA 58); zur Ausnahme bei bestimmten Verträgen Rn.4 zu Art.79. Das Bestimmtheitsgebot des Vorbehalts des Gesetzes soll im Bereich des Abs.2 nicht gelten (BVerfGE 77, 170/231).

e) Wirkungen des Vertragsgesetzes. aa) Das Vertragsgesetz **16** liefert zum einen die gem. Abs.2 S.1 erforderliche **Ermächtigung**

für die Exekutive zum Vertragsschluss, verpflichtet sie aber nicht dazu (Streinz SA 59; Kempen MKS 81). Das Vertragsgesetz kann unter der Bedingung ergehen, dass ein bestimmter Vorbehalt erklärt wird (Rojahn MüK 31; Bernhardt HbStR VII 580).

17   **bb)** Zum anderen verleiht das Vertragsgesetz dem Vertragsinhalt **innerstaatliche Geltung** (BVerfGE 1, 396/410 f; 29, 348/358; 99, 145/158; BVerwGE 110, 363/366), enthält also den *Rechtsanwendungsbefehl* (BVerfGE 90, 286/364) bzw. den Vollzugsbefehl oder die *Transformation* (Stern I 505; Grewe HbStR III 947), die erforderlich ist, damit Völkervertragsrecht innerstaatlich gilt; näher dazu Rn.1 f zu Art.25. Die innerstaatliche Geltung hängt sowohl von der Wirksamkeit des völkerrechtlichen Vertrags wie von der Wirksamkeit des Vertragsgesetzes ab (BVerfGE 1, 396/411; 42, 263/284). Daran ändert auch der völkerrechtliche Grundsatz „Pacta sunt servanda" nichts (BVerfGE 31, 145/178; BFHE 157, 39/43). Wird Abs.2 S.1 nicht beachtet, ist der Vertrag (jedenfalls) innerstaatlich unwirksam (Rojahn MüK 34); eine Heilung des Mangels durch Erlass eines Vertragsgesetzes *nach* der Ratifikation soll möglich sein (Streinz SA 59; a. A. Kempen MKS 78). Was die Wirksamkeit des Übernahmegesetzes angeht, so muss der Bund zunächst die Übernahmekompetenz besitzen (dazu Rn.8 zu Art.32). Der Vertrag ist des Weiteren innerstaatlich unwirksam, wenn das Vertragsgesetz sonstiges Verfassungsrecht verletzt. In allen Fällen der innerstaatlichen Unwirksamkeit sind die zuständigen Organe verpflichtet, die eingegangene völkerrechtliche Verpflichtung möglichst zu lösen (BVerfGE 45, 83/96).

18   Trotz Übernahme eines völkerrechtlichen Vertrags sind dessen Regelungen unter bestimmten Voraussetzungen **nicht** (unmittelbar) **anwendbar** (Kempen MKS 95; insoweit missverständlich BVerfGE 29, 348/360); insoweit gelten die Ausführungen in Rn.3 zu Art.25. Des Weiteren entstehen **subjektive Rechte** nur dann, wenn der völkerrechtliche Vertrag derartige Rechte vermitteln will (BSGE 60, 230/234; Schweitzer 440; Streinz SA 69).

19   Die übernommene Regelung des Völkerrechts hat den **Rang** des Gesetzes, das die Transformation bzw. den Vollzugsbefehl ausspricht (BVerwGE 47, 365/378 f; 110, 363/366; Streinz SA 17; Geiger § 32 II 4); spätere Gesetze haben daher Vorrang (Zuleeg AK 25). Das gilt auch für die EMRK (Rn.10 zu Art.25). Bei der *Auslegung* sind völkerrechtliche Prinzipien zu beachten (BVerfGE 4, 157/168; BGHZ 52, 216/219; Kempen MKS 94; Tomuschat HbStR VII 497), aber auch das nationale Verfassungsrecht (BVerfGE 99, 145/158).

4. Verwaltungsabkommen (Abs.2 S.2)

a) Anwendungsbereich. *Verwaltungsabkommen* iSd Abs.2 S.2 **20**
sind alle völkerrechtlichen Verträge des Bundes, die nicht unter
Abs.2 S.1 fallen (zur Abgrenzung oben Rn.9–13), die also nicht die
notwendige politische Bedeutung haben und zu deren Durchführung kein Gesetz, sondern nur eine Rechtsverordnung (oben
Rn.14), eine Verwaltungsvorschrift oder ein anderer Akt der Exekutive notwendig ist (Rojahn MüK 51; Kempen MKS 102; Pernice
DR 50; a. A. Grewe HbStR III 950). Für Verwaltungsabkommen
der Länder, die in erheblichem Umfang möglich sind (Rn.12 zu
Art.32), gelten allein die entsprechenden Vorschriften des Landesrechts (Streinz SA 77).

b) Kompetenz u. a. Verwaltungsabkommen werden von der **21**
Bundesregierung (Regierungsabkommen) bzw. dem zuständigen
Bundesminister (Ressortabkommen) abgeschlossen; zur Zuständig-
keit bzw. zur Ermächtigung durch den Bundespräsidenten oben
Rn.2 f. Sie bedürfen als nicht unter Abs.2 S.1 fallende Verträge (oben
Rn.20) nicht der Zustimmung des Parlaments. Was die Transformation bzw. die Erteilung des Vollzugsbefehls (zu diesen Begriffen
Rn.1 zu Art.25) angeht, so ergibt sich aus dem (nicht sehr glück-
lichen) Verweis des Abs.2 S.2 auf die Bundesverwaltung, dass dies
durch Verwaltungsvorschrift bzw. Ausführungsanweisungen erfolgt
(Rojahn MüK 54). Im Sonderfall der normativen Verwaltungsabkommen (oben Rn.14) ist jedoch eine Rechtsverordnung erforderlich. Die Bundesexekutive ist dazu allerdings nur zuständig, soweit der Bund innerstaatlich eine entsprechende Regelung treffen
könnte (Schweitzer 466). Ist die Zustimmung des Bundesrats erforderlich (etwa gem. Art.80 Abs.2, 84 Abs.2, 85 Abs.2), gilt dies auch
hier (Kempen MKS 104; Pernice DR 51; Streinz SA 79). Zur Situation bei Verwaltungsabkommen der Länder Rn.14 zu Art.32. Der
innerstaatliche Rang des Verwaltungsabkommens richtet sich nach
dem Rang des Übernahmeaktes (Streinz SA 81).

Art.**60** [Ernennungs-, Entlassungs- und Begnadigungsrecht; Immunität]

(1) **Der Bundespräsident ernennt und entläßt die Bundesrichter, die Bundesbeamten, die Offiziere und Unteroffiziere, soweit
gesetzlich nichts anderes bestimmt ist**[1 ff.]

(2) **Er übt im Einzelfalle für den Bund das Begnadigungsrecht aus**[4f].

(3) **Er kann diese Befugnisse auf andere Behörden übertragen**[3f].

(4) **Die Absätze 2 bis 4 des Artikels 46 finden auf den Bundespräsidenten entsprechende Anwendung**[6].

Literatur: *Dimoulis,* Die Begnadigung in vergleichender Perspektive, 1996; *Mikisch,* Die Gnade im Rechtsstaat, 1996; *Schätzler,* Handbuch des Gnadenrechts, 2. A. 1992; *Huba,* Gnade im Rechtsstaat?, Staat 1990, 117. – S. auch Literatur zu Art.54.

1. Ernennungs- und Entlassungsrecht (Abs.1, 3)

1   Es handelt sich um eine **Kompetenz** des Bundespräsidenten. Der Vorbehalt abweichender gesetzlicher Bestimmung darf nicht dazu führen, dass diese Kompetenz ausgehöhlt wird (Hemmrich MüK 11) oder ohne sachliche Rechtfertigung erfolgt (Pernice DR 21). Die Ernennung oder Entlassung bedarf der Gegenzeichnung gem. Art.58. Der Bundespräsident ist nach Wortlaut und Systematik auch grds. verpflichtet, die Ernennung oder Entlassung vorzunehmen; denn die Personalhoheit liegt allgemein oder auf Grund spezieller Regelungen bei anderen Trägern der Exekutive, Legislative (vgl. Art.94 Abs.1 S.2) und teilw. auch Judikative (vgl. Art.95 Abs.2). Allerdings darf der Bundespräsident eine Ernennung oder Entlassung aus Rechtsgründen verweigern; anders als bei der Ausfertigung von Gesetzen (Rn.2 f zu Art.82) ist er hierzu nicht erst bei schweren und offensichtlichen Verfassungsverstößen befugt (Herzog MD 18; Schlaich HbStR II 554, 560; Pernice DR 20).

2   Diese Kompetenz **erstreckt** sich *personell* auf Bundesrichter, d. h. Richter (Rn.7 zu Art.92) an einem der in Art.94 (Geck HbStR II 705; Nierhaus SA 4; Pernice DR 17; a. A. Fink MKS 8), 95 und 96 aufgezählten Gerichte des Bundes, auf Bundesbeamte, d. h. Personen in einem öffentlich-rechtlichen Dienst- und Treueverhältnis (Rn.34 zu Art.33) zum Bund oder zu einer vom Bund getragenen juristischen Person, und seit 1956 (Einl.3 Nr.7) auch auf Offiziere und Unteroffiziere. Die Kompetenz erstreckt sich *funktionell* auf Ernennung, d. h. jede Begründung eines bestimmten Beamten-, Richter- und Soldatenverhältnisses einschl. der Beförderung (Herzog MD 15; a. A. Jekewitz AK 4; Hemmrich MüK 5; Pernice DR 19), und Entlassung, d. h. die Beendigung dieses Verhältnisses einschl. der Ruhestandsversetzung und der Versetzung in den einstweiligen Ru-

hestand (Jekewitz AK 4; Herzog MD 16; Pernice DR 19; a. A.
Hemmrich MüK 5); nicht hierunter fallen Versetzungen.

Diese Kompetenz kann gem. Abs.3 **delegiert** (übertragen) wer- **3**
den. Bei den „anderen Behörden" muss es sich um Bundesbehörden
handeln. Die Delegation bedarf der Gegenzeichnung gem. Art.58
(Schenke BK 36 zu Art.58; Herzog MD 23; Pernice DR 30; a. A.
Hemmrich MüK 26; Schlaich HbStR II 574; Stern II 265). Von ihr
ist in weitem Umfang Gebrauch gemacht worden.

2. Begnadigungsrecht (Abs.2, 3)

Es handelt sich um eine **Kompetenz** des Bundespräsidenten, die **4**
von ihm delegiert werden kann (oben Rn.3). Begnadigungsakte
bedürfen der Gegenzeichnung gem. Art.58 (Nierhaus SA 11; Pernice DR 27; Schenke BK 20 zu Art.58; Herzog MD 40 zu Art.58;
Schlaich HbStR II 574 f; a. A. Hemmrich MüK 16 zu Art.58; Stern
II 265). Begnadigungen stehen im Ermessen des Bundespräsidenten.
Zum Rechtsschutz Rn.29 zu Art.19.

Die Kompetenz **umfasst** die „Befugnis, im Einzelfall eine rechts- **5**
kräftig erkannte Strafe ganz oder teilweise zu erlassen, sie umzuwandeln oder ihre Vollstreckung auszusetzen" (BVerfGE 25, 352/358).
Unter Strafen fallen auch Nebenstrafen, Disziplinarmaßnahmen und
die Verwirkung von Grundrechten, nicht aber Maßnahmen der
Besserung und Sicherung; str. ist, ob auch Sanktionen des Ordnungswidrigkeitenrechts hierunter fallen (bejahend: Fink MKS 23;
Hemmrich MüK 21; Jekewitz AK 7; verneinend: Nierhaus SA 12;
Herzog MD 28). „Im Einzelfall" schließt Amnestien aus, d. h. Begnadigungen oder Verfahrensniederschlagungen in generell-abstrak-
ter Form, die nur durch Gesetz zulässig sind (BVerfGE 2, 213/219;
vgl. auch Rn.6 zu Art.74). „Für den Bund" bedeutet, dass der
Bundespräsident das Begnadigungsrecht nur in solchen Fällen hat, in
denen ein Strafverfahren insgesamt vor Bundesgerichten durchgeführt worden ist (Herzog MD 33; Hemmrich MüK 19; vgl. auch
Rn.4 zu Art.96). Außerhalb des Anwendungsbereichs des Art.60
Abs.2 stehen Begnadigungen in der Kompetenz der Länder.

3. Immunität (Abs.4)

Der Bundespräsident genießt Immunität, nicht Indemnität **6**
(Schulze-Fielitz DR 11 zu Art.46). Die Ausführungen unter
Rn.5–10 zu Art.46 gelten für den Bundespräsidenten entsprechend.

Art.61 [Anklage vor dem Bundesverfassungsgericht]

(1) Der Bundestag oder der Bundesrat können den Bundespräsidenten wegen vorsätzlicher Verletzung des Grundgesetzes oder eines anderen Bundesgesetzes vor dem Bundesverfassungsgericht anklagen. Der Antrag auf Erhebung der Anklage muß von mindestens einem Viertel der Mitglieder des Bundestages oder einem Viertel der Stimmen des Bundesrates gestellt werden. Der Beschluß auf Erhebung der Anklage bedarf der Mehrheit von zwei Dritteln der Mitglieder des Bundestages oder von zwei Dritteln der Stimmen des Bundesrates. Die Anklage wird von einem Beauftragten der anklagenden Körperschaft vertreten[2].

(2) Stellt das Bundesverfassungsgericht fest, daß der Bundespräsident einer vorsätzlichen Verletzung des Grundgesetzes oder eines anderen Bundesgesetzes schuldig ist, so kann es ihn des Amtes für verlustig erklären. Durch einstweilige Anordnung kann es nach der Erhebung der Anklage bestimmen, daß er an der Ausübung seines Amtes verhindert ist[3].

Literatur: S. Literatur zu Art.54.

1   Die **Bedeutung** der Vorschrift wird allg. als äußerst gering angesehen; sie ist bisher auch nicht praktisch geworden. Das Verfahren der Präsidentenanklage hat keinen strafrechtlichen, sondern einen verfassungsrechtlichen Charakter: Es dient dem Schutz der Verfassung (Nierhaus SA 5; Pernice DR 11; Jekewitz AK 3; Wolfrum BK 3; Stern II 1006). Eine anderweitige zivil- oder strafrechtliche Verfolgung des Bundespräsidenten bleibt unberührt; vgl. aber Rn.6 zu Art.60.

2   **Voraussetzungen** der Präsidentenanklage sind: – (1) Vorsätzliche Verletzung des GG oder eines anderen Bundesgesetzes (Abs.1 S.1); erforderlich ist ein Bundesgesetz im formellen Sinne (Herzog MD 15; Weber UC 2 zu § 49; a. A. Pernice DR 12); es ist ein Zusammenhang mit besonderen Rechten oder Pflichten als Verfassungsorgan zu fordern (Jekewitz AK 5), nicht aber ein unkonturierter Verstoß von politischer Relevanz oder gewissem politischen Gewicht (so aber Nierhaus SA 7; Wolfrum BK 7; Hemmrich MüK 5; krit. Stern II 1007); die Gegenzeichnung durch den Bundeskanzler oder den zuständigen Bundesminister (Rn.1 f zu Art.58) schließt die Anklageerhebung nicht aus (Nierhaus SA 6; Jekewitz AK 5; Wolfrum BK 4; Hemmrich MüK 6). – (2) Antrag auf Erhebung der Anklage gem. Abs.1 S.2 durch mindestens ¼ der

Mitglieder des Bundestags (Rn.1 f zu Art.121) oder ¼ der Stimmen des Bundesrats (Rn.4 zu Art.51). – **(3)** Beschluss über die Erhebung der Anklage gem. Abs.1 S.3 mit der Mehrheit von ²/₃ der Mitglieder des Bundestags oder von ²/₃ der Stimmen des Bundesrats. – **(4)** Vertretung der Anklage vor dem BVerfG durch einen Beauftragten von Bundestag oder Bundesrat (Abs.1 S.4), der aber nicht Mitglied sein muss. – **(5)** Frist zur Anklageerhebung gem. § 50 BVerfGG von 3 Monaten nach Bekanntwerden des der Anklage zugrunde liegenden Sachverhalts. – **(6)** Form entsprechend § 97 Abs.1 S.2 GeschOBT, § 26 Abs.1 GeschOBR (Herzog MD 38; Pernice DR 16).

Die **Entscheidung des Bundesverfassungsgerichts** ist auf eine **3** Schuldfeststellung gerichtet; zusätzlich kann der Amtsverlust erklärt werden (Abs.2 S.1). Abs.2 S.2 ermöglicht dem BVerfG, schon vor der Entscheidung in der Hauptsache dem Bundespräsidenten durch einstweilige Anordnung (vgl. § 53 als lex specialis zu § 32 BVerfGG; Weber UC 2 zu § 53) die weitere Ausübung seines Amtes zu untersagen. Sowohl die Erklärung des Amtsverlusts wie die vorläufige Untersagung der Amtsausübung führen zur Stellvertretung (Rn.1 zu Art.57). Gem. § 51 BVerfGG stehen weder der Rücktritt des Bundespräsidenten oder sein Ausscheiden aus dem Amt noch die Auflösung des Bundestags oder der Ablauf seiner Wahlperiode der Durchführung des Verfahrens entgegen. Das gilt aber nicht für den Tod des Bundespräsidenten (Benda/Klein 1086; a. A. Maunz MSKU 2 zu § 51). Die Anklage kann unter den Voraussetzungen des § 52 BVerfGG zurückgenommen werden.

VI. Die Bundesregierung

Art. 62 [Zusammensetzung]

Die Bundesregierung besteht aus dem Bundeskanzler und aus den Bundesministern[1 ff].

Literatur: *Busse,* Bundeskanzleramt und Bundesregierung, 3. A. 2001; *Mehde,* Die Ministerverantwortlichkeit nach dem GG, DVBl 2001, 13; *E.- W. Böckenförde,* Die Organisationsgewalt im Bereich der Regierung, 2. A. 1998; *Epping,* Die Willensbildung von Kollegialorganen am Beispiel der Beschlußfassung der Bundesregierung, DÖV 1995, 719; *Brauneck,* Die rechtliche Stellung des Bundeskanzleramtes, 1994; *Maurer,* Die Richtlinienkompetenz des Bundeskanzlers, FS Thieme, 1993, 123; *Brandner/Uwer,* Organisationserlasse des Bundeskanzlers und Zuständigkeitsanpassung in gesetzlichen Verordnungsermächtigungen, DÖV 1993, 107; *Schürmann,* Öffentlichkeitsarbeit der Bundesregierung, 1992; *Schneider/Zeh,* Koalitionen, Kanzlerwahl und Kabinettsbildung, ParlRPr, 1989, 1297; *Lehnguth/Vogelsang,* Die Organisationserlasse des Bundeskanzler seit Bestehen der Bundesrepublik Deutschland im Lichte der politischen Entwicklung, AöR 1988, 531; *Schmidt-Preuß,* Das Bundeskabinett, Verw 1988, 199; *M. Schröder,* Aufgaben der Bundesregierung, HbStR II, 1987, 585; *ders.,* Bildung, Bestand und parlamentarische Verantwortung der Bundesregierung, HbStR II, 1987, 603; *Achterberg,* Innere Ordnung der Bundesregierung, HbStR II, 1987, 629; *Oldiges,* Die Bundesregierung als Kollegium, 1983. – S. auch Literatur zu Art. 67.

1   Die **Stellung** der Bundesregierung ist die eines Verfassungs- und obersten Bundesorgans; sie ist iSd Art. 1 Abs. 3, 20 Abs. 2 S. 2 und 20 Abs. 3 der vollziehenden Gewalt (Exekutive) zuzurechnen (Schneider AK 2 f; Herzog MD 1; Meyn MüK 10; Schröder HbStR II 586 f). Sie kann auch oberste Bundesbehörde sein (Oldiges SA 22). Die Abhängigkeit des Bestands der Bundesregierung vom Vertrauen des Parlaments (vgl. Art. 63, 67, 68 Abs. 1 S. 2, 69 Abs. 2) macht das sog. parlamentarische Regierungssystem aus, durch das das Demokratieprinzip (Rn. 1–15 zu Art. 20) konkretisiert wird. Es ist unter dem GG mehr auf die Stabilität der Regierung ausgelegt als unter der WRV (BVerfGE 67, 100/129 f). Das Verhältnis der Bundesregierung zum Bundestag ergibt sich ferner v.a. aus Art. 43 Abs. 1, 44, 65 S. 1 und 2, 68, 76 ff und 110 Abs. 2.

2   Art. 62 regelt die **Zusammensetzung** des Kollegialorgans Bundesregierung aus den Teilorganen Bundeskanzler und Bundesminister. Diese Legaldefinition ist für die Verwendung des Begriffs der

Bundesregierung an anderen Stellen des GG und regelmäßig auch in Gesetzen maßgeblich (BVerfGE 26, 338/395 f; 100, 249/259; Herzog MD 6 f; Schneider AK 10; a. A. Hermes DR 11; Meyn MüK 14; vgl. auch Rn.9 zu Art.84; Rn.7 zu Art.86). Außer Bundeskanzler und Bundesministern darf niemand Mitglied der Bundesregierung werden, insb. auch nicht beamtete und Parlamentarische Staatssekretäre (Herzog MD 41 ff; Meyn MüK 13; Oldiges SA 29). Andererseits sind Minister ohne Kabinettsrang unzulässig (Hermes DR 12).

Für das **Entscheidungsverfahren** gelten aus Gründen der Zurechenbarkeit an das Kollegialorgan folgende verfassungsrechtliche Anforderungen (BVerfGE 91, 148/166): Sämtliche Mitglieder der Bundesregierung müssen von der anstehenden Entscheidung in Kenntnis gesetzt werden und an ihr mitwirken können (Information), an der Entscheidung muss mindestens die Hälfte der Mitglieder beteiligt sein (Quorum), und die Entscheidung muss mit Mehrheit getroffen werden. Im zulässigen Umlaufverfahren darf das Unterlassen einer Willensbekundung nicht als Beteiligung gewertet werden und bedeutet die Einholung der Zustimmung „auf schriftlichem Wege" gem. § 20 Abs.2 S.1 GeschOBReg die Schriftlichkeit der Zustimmungserklärung (BVerfGE 91, 148/170; Epping, DÖV 95, 722). **3**

Art.**63** [Wahl und Ernennung des Bundeskanzlers]

(1) **Der Bundeskanzler wird auf Vorschlag des Bundespräsidenten vom Bundestage ohne Aussprache gewählt**[1 f].

(2) **Gewählt ist, wer die Stimmen der Mehrheit der Mitglieder des Bundestages auf sich vereinigt. Der Gewählte ist vom Bundespräsidenten zu ernennen**[2].

(3) **Wird der Vorgeschlagene nicht gewählt, so kann der Bundestag binnen vierzehn Tagen nach dem Wahlgange mit mehr als der Hälfte seiner Mitglieder einen Bundeskanzler wählen**[3].

(4) **Kommt eine Wahl innerhalb dieser Frist nicht zustande, so findet unverzüglich ein neuer Wahlgang statt, in dem gewählt ist, wer die meisten Stimmen erhält. Vereinigt der Gewählte die Stimmen der Mehrheit der Mitglieder des Bundestages auf sich, so muß der Bundespräsident ihn binnen sieben Tagen nach der Wahl ernennen. Erreicht der Gewählte diese Mehrheit nicht, so hat der Bundespräsident binnen sieben Tagen entweder ihn zu ernennen oder den Bundestag aufzulösen**[4 f].

Literatur: S. Literatur zu Art.62.

1. Erste Wahlphase (Abs. 1, 2)

1　Die Wahl durch den Bundestag setzt einen **Vorschlag des Bundespräsidenten** voraus (Abs. 1). Rechtlich gebunden ist der Bundespräsident nur insofern, als der Bundeskanzler wählbar sein muss. Wählbar zum Bundeskanzler ist in Analogie zum Bundestagsabgeordneten (Rn. 4 zu Art. 38) und Bundespräsidenten (Rn. 3 zu Art. 54) jeder Deutsche (Rn. 1–10 zu Art. 116), der das aktive und passive Wahlrecht zum Bundestag besitzt (vgl. §§ 12 ff BWahlG). Sonstige Wählbarkeitsvoraussetzungen sind unzulässig; das Erfordernis der Verfassungstreue (Schneider AK 5; Schenke BK 59 f; Herzog MD 24; Schröder MKS 21) ist abzulehnen (Hermes DR 13). Auch eine rechtliche Bindung des Vorschlagsrechts durch eine politische Konstellation (Wahlsieger, Führer einer Parlamentsmehrheit) ist dem GG nicht zu entnehmen (Herzog MD 18; Meyn MüK 3 ff; einschr. Schneider AK 4; a. A. Schenke BK 52; Steiger ParlRPr 777). Der Bundespräsident darf von dem Vorzuschlagenden keine Zusagen über sein Regierungsprogramm verlangen (Schneider AK 3; Schenke BK 40; Meyn MüK 8; Schröder MKS 28). Der Vorschlag des Bundespräsidenten bedarf keiner Gegenzeichnung (Rn. 3 zu Art. 58). Macht der Bundespräsident keinen Vorschlag, verwirkt er sein Vorschlagsrecht (Herzog MD 17; Meyn MüK 2; Stern I 769; a. A. Schenke BK 16 f).

2　**Verfahren.** Die Wahl erfolgt gem. Abs. 1 ohne Aussprache (vgl. auch Rn. 4 zu Art. 54). Die Feststellung der Beschlussunfähigkeit gem. § 45 GeschOBT ist ausgeschlossen, um die weiteren Wahlphasen (unten Rn. 3–5) nicht hinauszuzögern (Schenke BK 63 ff; Hermes DR 24; Schröder MKS 31). Zur erfolgreichen Wahl sind gem. Abs. 2 S. 1 die Stimmen der Mehrheit der Mitglieder des Bundestags (Rn. 1 f zu Art. 121) erforderlich. Der Gewählte ist, nachdem er die Wahl angenommen hat (Hermes DR 12), vom Bundespräsidenten zu ernennen (Abs. 2 S. 2). Nimmt der Gewählte die Wahl nicht an, ist die erste Wahlphase abgeschlossen (Hermes DR 26; Herzog MD 30; a. A. Schenke BK 71 ff; Schneider AK 6). Der Bundespräsident darf die Ernennung aus Rechtsgründen verweigern, insb. wenn das Wahlverfahren verfassungswidrig oder der Gewählte nicht wählbar war. Die Ernennung muss unverzüglich, spätestens vor Ablauf von sieben Tagen (vgl. Abs. 4 S. 2), erfolgen (Meyn MüK 17; Schneider AK 10; Schenke BK 80). Die Ernennung bedarf gem. Art. 58 S. 2 keiner Gegenzeichnung. Wird der Vorgeschlagene nicht gewählt, ist das Vorschlagsrecht des Bundespräsidenten verbraucht (Schneider AK 5; Meyn MüK 14).

2. Zweite Wahlphase (Abs.3)

Voraussetzung für das Verfahren nach Abs.3 ist der negative Aus- **3**
gang der ersten Phase. Nunmehr hat der Bundestag selbst das Vorschlagsrecht. Durch § 4 S.2 GeschOBT wird zulässigerweise (a. A.
Hermes DR 30; Demmler, o. Lit. zu Art.38 II, 403 ff) verlangt, dass
ein Wahlvorschlag von 1/4 der Mitglieder des Bundestags zu unterzeichnen ist (Schenke BK 82; Herzog MD 35; Meyn MüK 19;
Oldiges SA 28). Innerhalb der Frist von 14 Tagen können beliebig
viele Wahlgänge durchgeführt werden; abgestimmt werden muss
aber nur, wenn ein zulässiger Vorschlag vorliegt (Meyn MüK 21).
Zur erfolgreichen Wahl sind wiederum die Stimmen der Mehrheit
der Mitglieder des Bundestags (Rn.1 f zu Art.121) erforderlich. Ein
Verbot der Aussprache besteht nicht mehr (Schneider AK 9; Schenke
BK 84; Meyn MüK 22; Hermes DR 25, 31; a. A. Herzog MD 33;
Schröder MKS 36). Für die Ernennung gilt das oben Rn.2 Gesagte.

3. Dritte Wahlphase (Abs.4)

Voraussetzung für das Verfahren nach Abs.4 ist der negative **4**
Ausgang der zweiten Phase. Nunmehr reicht zur erfolgreichen Wahl
gem. S.1 die sog. einfache Abstimmungsmehrheit (Rn.4 zu Art.42).
Wegen des Erfordernisses der Unverzüglichkeit darf keine Beschlussunfähigkeit gem. § 45 GeschOBT festgestellt (Schneider AK 9;
Schenke BK 89; Meyn MüK 24) und die Wahl nicht von der Tagesordnung abgesetzt werden (Hermes DR 35; Herzog MD 38; Schröder MKS 38). Str. ist, ob § 4 S.2 GeschOBT (oben Rn.3) auch hier
in jedem Fall gilt (Schenke BK 88) oder jeder Abgeordnete einen
Wahlvorschlag machen kann (Herzog MD 43; Meyn MüK 19,
Oldiges SA 28; Schröder MKS 38). Es darf nur ein Wahlgang durchgeführt werden, außer es besteht Stimmengleichheit oder der Gewählte nimmt die Wahl nicht an (Schenke BK 91 ff; Herzog MD
45).

Für die **Ernennung** ist zu unterscheiden: Wird ein Kandidat mit **5**
den Stimmen der Mehrheit der Mitglieder des Bundestags (Rn.1 f zu
Art.121) gewählt, ist der Bundespräsident verpflichtet, ihn binnen 7
Tagen nach der Wahl zu ernennen (S.2); für den Umfang der Pflicht
gilt das zur Ernennung der Bundesminister durch den Bundespräsidenten Gesagte (Rn.1 zu Art.64) entsprechend (Schneider/Zeh
ParlRPr 1314). Andernfalls hat der Bundespräsident ein auf 7 Tage
befristetes Wahlrecht zwischen der Ernennung des Gewählten und
der Auflösung des Bundestags (S.3). Ein Recht zur Auflösung des
Bundestags hat der Bundespräsident auch, wenn die wegen Stim-

mengleichheit oder Nichtannahme der Wahl durch den Gewählten angesetzten Wiederholungswahlen (oben Rn.4) nicht zum Erfolg führen (Hermes DR 41; Meyn MüK 28) oder wenn jeglicher Wahlgang unterbleibt (Schenke BK 90; Herzog MD 44; Meyn MüK 25). Dagegen ist der Bundespräsident nach dem Ablauf der 7-Tage-Frist verpflichtet, den Gewählten zu ernennen (Schneider AK 11; Schenke BK 100; Herzog MD 42; Meyn MüK 30; Oldiges SA 32; a. A. Hermes DR 42). Für die Ernennung gilt das oben Rn.2 Gesagte. Zum Minderheitskanzler näher Herzog MD 53 ff. Die Auflösung bedarf gem. Art.58 S.2 keiner Gegenzeichnung. Sie ist eine empfangsbedürftige Willenserklärung und verpflichtet zur Neuwahl (Rn.6 zu Art.39).

Art.64 [Ernennung und Entlassung der Bundesminister]

(1) **Die Bundesminister werden auf Vorschlag des Bundeskanzlers vom Bundespräsidenten ernannt[1] und entlassen[3].**

(2) **Der Bundeskanzler und die Bundesminister leisten bei der Amtsübernahme vor dem Bundestage den in Artikel 56 vorgesehenen Eid[1].**

Literatur: S. Literatur zu Art.62.

1   Die **Ernennung** eines Bundesministers setzt gem. Abs.1 einen Vorschlag des Bundeskanzlers, einen entsprechenden Akt des Bundespräsidenten sowie das Einverständnis des zu Ernennenden voraus. Der Bundespräsident ist nach Wortlaut und Systematik grds. verpflichtet, den Vorgeschlagenen zu ernennen (vgl. auch Rn.1 zu Art.60). Allerdings darf der Bundespräsident politische Bedenken äußern (Meyn MüK 7; Oldiges SA 16; Schlaich HbStR II 553 f; Schröder MKS 28) und eine Ernennung aus Rechtsgründen verweigern (Schneider AK 4; Schenke BK 9 ff; Hesse 667; Herzog MD 14; Meyn MüK 3 ff; a. A. Bergmann SeiHö 1: auch aus „sonstigen schwerwiegenden Bedenken"). Hierzu zählen die Wählbarkeit des Bundesministers, an die die gleichen Anforderungen wie beim Bundeskanzler (Rn.1 zu Art.63) zu stellen sind, sowie Inkompatibilitäten (Art.66). Die Ernennung ist gem. Art.58 S.1 gegenzeichnungspflichtig. § 2 Abs.2 BMinG ist verfassungswidrig, soweit er das Amtsverhältnis vor Aushändigung der Urkunde beginnen lässt (Hermes DR 26; Meyn MüK 15; Oldiges SA 17). Einer Ernennung bedarf es nach jeder Beendigung des Amts (Rn.2 zu Art.69) und bei jeder Übernahme eines anderen (Meyn MüK 8; Schenke BK 35; a. A.

Herzog MD 17) oder eines zusätzlichen Ministeriums. Für den Amtseid gilt gem. Abs.2 das bei Rn.1 zu Art.56 Gesagte entsprechend.

Abs.1 setzt die **organisatorische Regierungsbildungskom-** 2 **petenz** des Bundeskanzlers voraus, d. h. Errichtung, Kompetenzzuweisung und -abgrenzung der Ministerien (vgl. auch Art.65 S.1, § 9 S.1 GeschOBReg), für die kein organisationsrechtlicher Gesetzesvorbehalt (Rn.51 f zu Art.20) gilt (Hermes DR 20; Schröder MKS 18); insoweit ist Art.86 S.2 nicht einschlägig (Schneider AK 3; Schenke BK 42 f; Oldiges SA 29; Meyer ParlRPr 140 Fn.97; a. A. Böckenförde, Lit. zu Art.62, 136; Herzog MD 3 Fn.1 a). Aus Art.65a, 69 Abs.1, 96 Abs.2 S.4, 108 Abs.3 S.2, 112 und 114 Abs.1 ergibt sich, dass es einen Stellvertreter des Bundeskanzlers, einen Bundesverteidigungsminister, einen Bundesjustizminister und einen Bundesfinanzminister geben muss. Daraus folgen aber keine Inkompatibilitäten innerhalb der Bundesregierung (Hermes DR 13). Im Übrigen ist der Bundeskanzler bezüglich der Zahl und der Geschäftsbereiche nicht gebunden (Meyn MüK 19; Schröder MKS 13 f), vorbehaltlich einer äußersten Grenze der Funktionsfähigkeit der Bundesregierung (Schenke BK 47). Der Bundeskanzler darf selbst Bundesministerien außer den eben genannten verfassungsrechtlich vorgeschriebenen übernehmen (Hermes DR 16 zu Art.62; Meyn MüK 18 zu Art.62) sowie Bundesminister ohne Geschäftsbereich, für mehrere Geschäftsbereiche und für besondere Aufgaben ernennen, die aber keine Weisungsbefugnis gegenüber anderen Bundesministern haben (Schenke BK 52 ff; Herzog MD 6 ff; Hermes DR 20 zu Art.62; Oldiges SA 39 f zu Art.62). Diese Kompetenz des Bundeskanzlers ist allerdings nur insoweit verfassungsrechtlich auch gegenüber dem Gesetzgeber abgesichert, als sie für das Personalbestimmungsrecht (oben Rn.1) erforderlich ist; der Gesetzgeber darf iS eines Zugriffsrechts die Grobstruktur der Bundesregierung regeln (Meyer ParlRPr 139 f; Schenke BK 63 ff; a. A. Schröder MKS 23) und punktuelle Organisationsregelungen treffen (Böckenförde, Lit. zu Art.62, 292 f; Oldiges SA 29; Herzog MD 3 Fn.1 a; weitergehend Hermes DR 23; Schneider AK 3), z. B. Justiz- und Innenministerium zusammenlegen (Pieroth, FS Ipsen, 2000, 755; a. A. VerfGH NW, DVBl 99, 714).

Für die **Entlassung** gilt das oben Rn.1 Gesagte mit der Maßgabe 3 entsprechend, dass hierfür kein Einverständnis des Bundesministers erforderlich ist. § 9 Abs.2 S.2 Hs.2 BMinG, wonach die Bundesminister ihre Entlassung jederzeit verlangen können, ist verfassungsgemäß (Schenke BK 37; Meyn MüK 8 a; Stern II 295 f; a. A. Hermes DR 30; Herzog MD 51). Hiervon ist das Entlassungs- oder Rücktrittsangebot zu unterscheiden, das dem Bundeskanzler die Entscheidung überlässt. Ein Entlassungsgesuch durch den Bundestag ist nur als schlichter Parlamentsbeschluss (Rn.1 zu Art.76) zulässig (vgl. auch Rn.3 zu Art.67; diff. Herzog MD 47 ff zu Art.67).

Art.65 [Kompetenzverteilung]

Der Bundeskanzler bestimmt die Richtlinien der Politik[3] und trägt dafür die Verantwortung[3 f]. Innerhalb dieser Richtlinien leitet jeder Bundesminister seinen Geschäftsbereich selbständig und unter eigener Verantwortung[5]. Über Meinungsverschiedenheiten zwischen den Bundesministern entscheidet die Bundesregierung[6]. Der Bundeskanzler leitet ihre Geschäfte[4] nach einer von der Bundesregierung beschlossenen und vom Bundespräsidenten genehmigten Geschäftsordnung[7].

Literatur: S. Literatur zu Art.62.

1. Bedeutung und Abgrenzung zu anderen Vorschriften

1 Art.65 regelt die Kompetenzverteilung **innerhalb der Bundesregierung,** wobei die Kompetenzen des Bundeskanzlers (S.1, 4; sog. Kanzlerprinzip), der Bundesminister (S.2; sog. Ressortprinzip) und der Bundesregierung (S.3, 4; sog. Kabinetts- oder Kollegialprinzip) voneinander abzugrenzen sind. Die Vorschrift regelt in S.1, 2 das Verhältnis des Bundeskanzlers und der Bundesminister zum Bundestag nur insoweit, als jene diesem verantwortlich sind; teilw. wird darüber hinaus auch eine Kabinettsverantwortlichkeit bejaht (Hermes DR 38 f; Schröder MKS 49; a. A. Oldiges SA 46 zu Art.62). Die Verantwortlichkeit ist eine Ausprägung der Gewaltenteilung (Rn.23–27 zu Art.20); sie setzt keine persönliche Zurechenbarkeit voraus (Hermes DR 39; Schröder MKS 51; a. A. Stern II 319 f). Aus der Verantwortlichkeit ergeben sich Grenzen für die Zulässigkeit ministerialfreier Räume (Rn.3 zu Art.86). Durch welche rechtlichen Befugnisse diese Verantwortlichkeit konkretisiert wird, ergibt sich aus anderen Vorschriften (vgl. besonders Art.43, 44 und 67).

2 Darüber hinaus regelt Art.65 nicht die Kompetenzen im **Verhältnis zu anderen Verfassungsorganen.** Insb. schließt er den Bundestag nicht von der Bestimmung der Richtlinien der Politik (unten Rn.3) und von der politischen Leitung (unten Rn.6) aus; er enthält also keinen Vorbehalt der Exekutive (Herzog MD 29 ff; näher Rn.26

zu Art.20). Alle Kompetenzen des Art.65 bestehen nur im Rahmen des geltenden Rechts (Art.20 Abs.3). Allerdings darf der Gesetzgeber Akte der Bundesregierung und des Bundeskanzlers nicht selbst aufheben (vgl. auch BVerfGE 68, 1/72). Art.65 enthält auch keine Aussage zum Bund-Länder-Verhältnis (BVerfGE 1, 299/310 f).

2. Kompetenzen des Bundeskanzlers (S.1, 4)

Der Bundeskanzler bestimmt die **Richtlinien der Politik** (S.1). **3** Er kann hierbei durch die politischen Parteien nicht gebunden werden; unabhängig von der rechtlichen Qualifizierung von Koalitionsvereinbarungen als (bürgerlich-, verwaltungs- oder verfassungsrechtliche) Verträge oder bloße politische Absprachen ohne rechtliche Verbindlichkeit (vgl. BGHZ 29, 187/192; Schenke BK 21 zu Art.63; Büge/Pauly, JuS 87, 646 f; Herzog MD 9 ff zu Art.63) beschränken sie jedenfalls nicht die Kompetenz des Bundeskanzlers. Richtlinien der Politik sind die grundlegenden und richtungweisenden Entscheidungen, die auch Einzelfälle von besonderer Bedeutung betreffen können (Schneider AK 3; Herzog MD 6 ff; Meyn MüK 7; Oldiges SA 15). Dabei steht ihm ein Beurteilungsspielraum zu (Maurer, FS Thieme, 1993, 129). Die Richtlinien unterliegen keiner Form und binden die Bundesminister als Leiter ihres Ministeriums (unten Rn.5; vgl. aber Rn.2 zu Art.112), nicht aber die Bundesregierung (Hermes DR 26; Maurer, FS Thieme, 1993, 135 ff; Oldiges SA 37; a. A. Hesse 642; Stern II 304 ff; Meyn MüK 11) und auch nicht andere Verfassungsorgane oder gar die Bürger.

Weitere Kompetenzen des Bundeskanzlers sind v. a. die per- **4** sonelle und organisatorische Regierungsbildung (Rn.1 f zu Art.64) und die Leitung der Geschäfte der Bundesregierung (S.4; näher Achterberg HbStR II 657 ff). Die Geschäftsleitungsbefugnis steht dem Bundeskanzler als Teil des Kollegialorgans Bundesregierung zu (Hermes DR 51). Aus der Gesamtheit dieser Kompetenzen wird eine Organisationsgewalt des Bundeskanzlers für die Errichtung ihm unterstellter Ämter und Arbeitsstäbe abgeleitet (Schneider AK 5; Meyn MüK 5; Oldiges SA 12; Schröder HbStR II 594). Die Doppelstellung des Leiters des Bundeskanzleramts als Staatssekretär (vgl. § 7 GeschOBReg) und Bundesminister für besondere Aufgaben ist problematisch (Hermes DR 18 zu Art.62).

3. Kompetenzen der Bundesminister (S.2)

Die Bundesminister haben eine Doppelstellung als Mitglieder der **5** Bundesregierung (Art.62) und als Leiter eines Ministeriums (vgl.

auch BVerwGE 63, 37/40). Das wirkt sich besonders bei der Stellvertretung aus (vgl. § 14 GeschOBReg; Herzog MD 23 ff zu Art.69). Die Bundesminister stehen in einem besonderen öffentlich-rechtlichen Amtsverhältnis (vgl. § 1 BMinG). Geschäftsbereiche sind die sachlich abgegrenzten Tätigkeitsgebiete der Bundesministerien, die vom Bundeskanzler bestimmt werden (Rn.2 zu Art.64). Die Kompetenz zur Leitung umfasst die inhaltliche Gestaltung der Politik einschl. der Öffentlichkeitsarbeit (BVerwGE 87, 37/51; NJW 91, 1770 ff) sowie die Personal- und Organisationsgewalt im entsprechenden Geschäftsbereich (Rn.2 zu Art.86). Zur Beschränkung durch die Richtlinienkompetenz des Bundeskanzlers oben Rn.3, durch die Streitentscheidungskompetenz der Bundesregierung unten Rn.6. Im Übrigen besteht Weisungsfreiheit der Bundesminister gegenüber Bundeskanzler und Bundesregierung (Hermes DR 31; Oldiges SA 21).

4. Kompetenzen der Bundesregierung (S.3, 4)

6   Die Bundesregierung entscheidet über **Meinungsverschiedenheiten zwischen den Bundesministern** (S.3). Diese Kompetenz ist einerseits beschränkt durch die Kompetenzen des Bundeskanzlers (oben Rn.3) und andererseits durch die Kompetenzen der Bundesminister (oben Rn.5). Die Streitentscheidungskompetenz der Bundesregierung betrifft daher nur ressortübergreifende Fragen, für die der Bundeskanzler keine Richtlinien erlassen hat. In diesem Rahmen steht auch der Bundesregierung eine Organisationsgewalt zu, z. B. zur Errichtung eines Kabinettsamts und zur Einsetzung von Kabinettsausschüssen (Busse, DVBl 93, 413; Schröder MKS 37; krit. Meyn MüK 5; Oldiges SA 34). Sie haben nur beratende Funktionen; ihnen dürfen keine Entscheidungskompetenzen übertragen werden (Herzog MD 39 ff zu Art.64). Aus der Gesamtheit der Kompetenzen der Bundesregierung entnimmt man ihre Befugnis zur politischen Leitung (vgl. auch BVerfGE 55, 349/365; 66, 39/60 f); zu ihrer Kompetenz für die Außenpolitik Rn.5 zu Art.59.

7   Die Bundesregierung gibt sich eine **Geschäftsordnung**, die der Genehmigung durch den Bundespräsidenten (Herzog MD 113 ff) bedarf (S.4). Sie hat damit wie der Bundestag (Rn.7–9 zu Art.40) die sog. Geschäftsordnungsautonomie (BVerwGE 89, 121/124; krit. Schröder MKS 39). Dieser Regelungsauftrag ist durch die GeschO-BReg erfüllt worden. Für ihre Rechtsnatur, ihren Rang und die Ausschließlichkeit dieser Kompetenz gilt das bei Rn.7 f zu Art.40 Gesagte entsprechend. Sie gilt für eine neue Bundesregierung weiter,

da sie nicht dem Grundsatz der Diskontinuität (Rn.4 zu Art.39) unterliegt (BVerfGE 91, 148/167). Die Geschäftsordnung bindet nur die Mitglieder der Bundesregierung. Beschlüsse über Personalangelegenheiten der Bundesministerien gem. § 15 Abs.2 GeschOBReg fallen nicht in die Kompetenz der Bundesregierung und binden daher den betreffenden Bundesminister nicht (vgl. Hermes DR 36; Meyn MüK 16, 19; a. A. Schneider AK 9 zu Art.62; Herzog MD 72). Entsprechendes gilt für Regelungen der Geschäftsordnung zur personellen und organisatorischen Regierungsbildung (Hermes DR 16). Zum Verfahren beim Erlass von Rechtsverordnungen vgl. Rn.7, 14, 20 zu Art.80.

Art.65a [Befehls- und Kommandogewalt über die Streitkräfte]

Der Bundesminister für Verteidigung hat die Befehls- und Kommandogewalt über die Streitkräfte.

Literatur: S. Literatur zu Art.62.

Die 1956 eingefügte und 1968 geänderte (Einl.3 Nr.7, 17) Vorschrift **stellt klar** (wegen der deutschen Verfassungstradition), dass die Streitkräfte nicht mehr dem Staatsoberhaupt unterstehen und es keinen Oberbefehl mit auch legislativen und judikativen Kompetenzen mehr gibt. Der Bundesminister für (heute üblicherweise: der) Verteidigung ist grds. ein Bundesminister wie alle anderen Bundesminister (Rn.5 zu Art.65); seine Kompetenzen unterliegen den allgemeinen Maßstäben (BVerwGE 46, 55/58; Oldiges SA 18; Hernekamp MüK 15, 23; a. A. Frank AK 64, 66 hinter Art.87); insb. unterliegt er der Richtlinienkompetenz des Bundeskanzlers (Maurer, FS Thieme, 1993, 133) und entscheidet er beim Streitkräfteeinsatz nicht über das Ob, sondern über das Wie (BVerfGE 90, 286/338). **1**

Die **konstitutive Bedeutung** des Art.65 a liegt in zweierlei: Die organisatorische Regierungsbildungskompetenz des Bundeskanzlers ist beschränkt (Rn.2 zu Art.64), und die Organisationsgewalt des Bundesministers der Verteidigung ist dahingehend beschränkt, dass er die Befehls- und Kommandogewalt nicht delegieren, insb. nicht an den Generalinspekteur oder andere militärische Stellen abgeben darf (Heun DR 13; Oldiges SA 14). Befehls- und Kommandogewalt bedeuten den militärischen Zweig der Ressortleitung. Zum Begriff der Streitkräfte Rn.2 zu Art.87 a. Zur Befehls- und Kommandogewalt im Verteidigungsfall Art.115 b. **2**

Art.66 [Inkompatibilitäten]

Der Bundeskanzler und die Bundesminister dürfen kein anderes besoldetes Amt, kein Gewerbe und keinen Beruf ausüben und weder der Leitung noch ohne Zustimmung des Bundestages dem Aufsichtsrate eines auf Erwerb gerichteten Unternehmens angehören.

Literatur: *Veen,* Die Vereinbarkeit von Regierungsamt und Aufsichtsratsmandat in Wirtschaftsunternehmen, 1996; *Traupel,* Ämtertrennungen und Ämterverbindungen zwischen staatlichen Leitungsämtern und Leitungsämtern in Verbänden, 1991; *Nebendahl,* Inkompatibilität zwischen Ministeramt und Aufsichtsratsmandat, DÖV 1988, 961.

1   Die Regelung der Inkompatibilität, d. h. der Unvereinbarkeit eines Amts mit anderen, soll Pflichten- und Interessenkollisionen des Bundeskanzlers und der Bundesminister verhindern. Art.66 entspricht dem Art.55 Abs.2 mit der Ausnahme, dass die Zugehörigkeit zum Aufsichtsrat eines auf Erwerb gerichteten Unternehmens mit Zustimmung des Bundestags (Rn.3 zu Art.42) zulässig ist. Damit sollen Regierungsmitglieder in Aufsichtsräte von Unternehmen entsandt werden können, an denen der Bund maßgebend beteiligt ist (JöR 1951, 441). Außer dass der Bund ein Interesse an der Sicherung seines Einflusses im Aufsichtsrat haben muss, unterliegt der Bundestag keinen Bindungen (Veen, o. Lit., 157). Unter den Begriff des besoldeten Amts fällt auch das Amt des Landesministers (vgl. auch § 4 BMinG); nach a. A. sollen sog. politische Inkompatibilitäten von Art.66 nicht erfasst sein, aber „allgemeine Strukturprinzipien des GG" dieselben Ergebnisse zeigen (Hermes DR 8, 17 f). Keine Inkompatibilität besteht mit dem Amt des Bundestagsabgeordneten (Rn.25 zu Art.38). Die Pflichten aus Art.66 beginnen mit dem Amtsantritt; ihre Nichtbeachtung führt nicht automatisch zum Verlust der unvereinbaren Ämter (Epping MKS 42; Herzog MD 2; Meyn MüK 3; Oldiges SA 16; teilw. a. A. Schneider AK 3). Zur Unvereinbarkeit mit den Ämtern des Bundespräsidenten und der Richter am BVerfG Rn.2 zu Art.55, Rn.1 zu Art.94. § 5 BMinG erweitert zulässigerweise die Inkompatibilitäten von Bundeskanzler und Bundesministern.

Art.67 [Misstrauensvotum]

(1) **Der Bundestag kann dem Bundeskanzler das Mißtrauen nur dadurch aussprechen, daß er mit der Mehrheit seiner Mit-**

glieder einen Nachfolger wählt und den Bundespräsidenten er-
sucht, den Bundeskanzler zu entlassen[1]. Der Bundespräsident
muß dem Ersuchen entsprechen und den Gewählten ernennen[3].

(2) Zwischen dem Antrage und der Wahl müssen achtundvierzig Stunden liegen[2].

Literatur: *Berthold,* Das konstruktive Mißtrauensvotum und seine Ur-
sprünge in der Weimarer Staatsrechtslehre, Staat 1997, 81; *Umbach,* Parlamentsauflösung in Deutschland, 1990; *Puhl,* Die Minderheitsregierung
nach dem GG, 1986; *Hochrathner,* Anwendungsbereich und Grenzen des
Parlamentsauflösungsrechts nach dem Bonner GG, 1985; *Heun,* Die Stellung
des Bundespräsidenten im Licht der Vorgänge um die Auflösung des Bundestages, AöR 1984, 13; *Geiger,* Die Auflösung des Bundestages nach Art.68
GG, JöR 1984, 41; *Schreiber/Schnapauff,* Rechtsfragen „im Schatten" der
Diskussion um die Auflösung des Deutschen Bundestages nach Art.68 GG,
AöR 1984, 369; *Heyde/Wöhrmann* (Hg.), Auflösung und Neuwahl des Bundestages 1983 vor dem BVerfG, 1984; *E. Brandt,* Die Bedeutung parlamentarischer Vertrauensregelungen, 1981. – S. auch Literatur zu Art.62.

Bedeutung. Art.67 konkretisiert das parlamentarische Regie- 1
rungssystem (Rn.1 zu Art.62) und die parlamentarische Verantwortlichkeit des Bundeskanzlers (Rn.1 zu Art.65) und steht in Konkurrenz zu den anderen Kanzlerwahlbestimmungen der Art.63, 68 und
115 h Abs.2 S.2 (näher Epping MKS 23 ff). Das Misstrauensvotum
darf sich nur gegen den Bundeskanzler, nicht gegen einzelne Bundesminister richten, und es darf nur durch die Wahl eines Nachfolgers
erfolgen (sog. konstruktives Misstrauensvotum). Dadurch soll die
Regierungsstabilität erhöht werden (Schneider AK 2; Oldiges SA
14 ff; Schröder HbStR II 617; krit. Hermes DR 11; Herzog MD
14 ff; Mager MüK 1). Durch Art.67 ist zugleich das Recht der parlamentarischen Opposition anerkannt (Schneider AK 2; Mager MüK
2; Oldiges SA 20; Schröder HbStR II 617). Der gem. Art.67 gewählte
Bundeskanzler genießt die gleiche demokratische Legitimität wie der
gem. Art.63 gewählte (BVerfGE 62, 1/43).

Voraussetzungen. Die Wahl eines Nachfolgers des Bundeskanz- 2
lers muss mit der Mehrheit der Mitglieder des Bundestags (Rn.1 f zu
Art.121) erfolgen und durch das Ersuchen an den Bundespräsidenten
ergänzt werden, dass dieser den Bundeskanzler entlässt (Abs.1 S.1).
Der Wahl muss ein entsprechender Antrag vorausgehen; durch § 97
Abs.1 S.2 GeschOBT wird zulässigerweise verlangt, dass der Antrag
von ¼ der Mitglieder des Bundestags zu unterzeichnen ist (Hermes
DR 13; vgl. auch Rn.3 zu Art.63). Zwischen dem Antrag und der
Wahl müssen gem. Abs.2 mindestens 48 Stunden liegen (zum Beginn
der Frist Schneider AK 6; Herzog MD 26 f; Mager MüK 8). Anders

als bei der regulären Kanzlerwahl (Rn.2 zu Art.63) darf eine Aussprache stattfinden (Herzog MD 30; Mager MüK 5; Schneider AK 3).

3 **Rechtsfolgen.** Der Bundespräsident ist verpflichtet, den bisherigen Bundeskanzler zu entlassen und den Gewählten zum Bundeskanzler zu ernennen (Abs.1 S.2). Er darf beide Akte zusammen nur aus Rechtsgründen verweigern (Rn.2 zu Art.63); wie bei der regulären Kanzlerwahl (Rn.2, 5 zu Art.63) muss er unverzüglich handeln (Mager MüK 11). Diese Akte bedürfen gem. Art.58 S.2 keiner Gegenzeichnung. Sonstige Misstrauens-, Mißbilligungs-, Tadelsbeschlüsse, Rücktrittsaufforderungen und Vertrauensfrageersuchen gegen den Bundeskanzler haben nicht diese Rechtsfolgen; sie sind aber nicht unzulässig, sondern als schlichte Parlamentsbeschlüsse (Rn.1 zu Art.76) zulässig (Hermes DR 19 f; Schneider AK 8 ff; diff. Epping MKS 27 ff; Herzog MD 39 ff; Mager MüK 12 ff; Oldiges SA 28 ff).

Art.68 [Vertrauensfrage]

(1) **Findet ein Antrag des Bundeskanzlers, ihm das Vertrauen auszusprechen[1], nicht die Zustimmung der Mehrheit der Mitglieder des Bundestages[2], so kann der Bundespräsident auf Vorschlag des Bundeskanzlers binnen einundzwanzig Tagen den Bundestag auflösen[3]. Das Recht zur Auflösung erlischt, sobald der Bundestag mit der Mehrheit seiner Mitglieder einen anderen Bundeskanzler wählt[4].**

(2) **Zwischen dem Antrage und der Abstimmung müssen achtundvierzig Stunden liegen[1].**

Literatur: S. Literatur zu Art.67.

1. Voraussetzungen der Vertrauensfrage

1 Es ist ein Antrag des Bundeskanzlers im Bundestag erforderlich, ihm das Vertrauen auszusprechen (Abs.1 S.1). Bei der Entscheidung, ob, wann und in welcher Form dies geschieht, ist der Bundeskanzler nicht gebunden; das gilt auch für ein Vertrauensfrageersuchen des Bundestags (vgl. Rn.3 zu Art.67). Dem Bundeskanzler ist es aber nicht gestattet, trotz ausreichender Mehrheit im Bundestag sich die Vertrauensfrage negativ beantworten zu lassen mit dem Ziel, die Auflösung des Bundestags zu betreiben (unten Rn.3). Der Bundeskanzler kann den Antrag mit einer Gesetzesvorlage verbinden (vgl. Art.81 Abs.1 S.2). Zwischen dem Antrag und der Abstimmung

müssen gem. Abs.2 mindestens 48 Stunden liegen (vgl. auch Rn.2 zu Art.67).

2. Rechtsfolgen

Rechtsfolgen knüpfen sich nur an die **Verneinung** der Vertrauens- 2 frage, nicht aber an ihre Bejahung, d. h. Zustimmung der Mehrheit der Mitglieder des Bundestags (Rn.1 f zu Art.121). Als Verneinung gilt auch, wenn über den Antrag des Bundeskanzlers nicht binnen angemessener Frist im Bundestag abgestimmt wird (arg. Art.81 Abs.2 S.2). Die Verneinung eröffnet dem Bundeskanzler zwei zusätzliche Handlungsmöglichkeiten: die erleichterte Verabschiedung von Gesetzen gem. Art.81 und die Bundestagsauflösung gem. Abs.1 S.1.

Eine **Bundestagsauflösung** setzt einen entsprechenden Vor- 3 schlag des Bundeskanzlers voraus. Aus systematischen und historischen Gründen ergibt sich, dass dem Bundestag kein Selbstauflösungsrecht zusteht; daraus ist für die Rechtmäßigkeit des Vorschlags des Bundeskanzlers und der Auflösung durch den Bundespräsidenten als zusätzliche ungeschriebene Voraussetzung abgeleitet worden, dass tatsächlich kein Vertrauen iSd gegenwärtigen Zustimmung der Abgeordneten zu Person und Sachprogramm des Bundeskanzlers besteht, ein Weiterregieren für den Bundeskanzler also politisch nicht mehr gewährleistet ist (BVerfGE 62, 1/36 ff; zu dieser „Krisenlage" Epping MKS 12 ff; Hermes DR 10 ff; Oldiges SA 14 ff; Schenke BK 62 ff). Eine verfassungsgerichtliche Überprüfung dieser Voraussetzung ist aber nur sehr zurückhaltend vorgenommen worden (vgl. BVerfGE 62, 1/50 ff); dem Bundeskanzler kommt insoweit ein Beurteilungsspielraum zu (Epping MKS 20). Die Auflösung ist nur binnen 21 Tagen nach der Abstimmung über die Vertrauensfrage zulässig. Bei Vorliegen dieser Voraussetzungen und vorbehaltlich eines Beschlusses des Bundestags gem. Abs.1 S.2 (unten Rn.4) ist der Bundespräsident frei, ob er den Bundestag auflöst oder nicht (BVerfGE 62, 1/62 f). Die Auflösungsverfügung bedarf gem. Art.58 S.1 der Gegenzeichnung durch den Bundeskanzler (BVerfGE 62, 1/34 f).

Die **Wahl eines anderen Bundeskanzlers** ist auch innerhalb der 4 21-Tage-Frist zulässig; mit Abschluss einer solchen Wahl erlischt das Recht des Bundespräsidenten zur Bundestagsauflösung (Abs.1 S.2). Diese Vorschrift ist lex specialis zu Art.63 und 67 (Hermes DR 26; Schenke BK 168; Herzog MD 64; a. A. Schneider AK 14). Voraussetzung für die Wahl des Bundeskanzlers sind danach nur die Stimmen der Mehrheit der Mitglieder des Bundestags (Rn.1 f zu

Art.121). Die Wiederwahl des amtierenden Bundeskanzlers ist unzulässig (Schneider AK 14; Herzog MD 66; Mager MüK 28; Oldiges
SA 36; a.A. Schenke BK 166). Nach Ablauf der 21-Tage-Frist ist
die Neuwahl des Bundeskanzlers nur unter den Voraussetzungen der
Art.63 oder 67 zulässig. Nach einer Bundestagsauflösung durch den
Bundespräsidenten sind Art.63 und 67 weiter anwendbar (Schenke
BK 185 ff; Mager MüK 33; Oldiges SA 39; a.A. Morlok DR 14 zu
Art.39; Schneider AK 13). Für die Rechtsfolgen der Wahl gem.
Art.68 Abs.1 S.2 gilt das bei Rn.3 zu Art.67 Gesagte entsprechend.

Art.69 [Stellvertreter des Bundeskanzlers, Amtszeiten]

(1) **Der Bundeskanzler ernennt einen Bundesminister zu seinem Stellvertreter[1].**

(2) **Das Amt des Bundeskanzlers oder eines Bundesministers
endigt in jedem Falle mit dem Zusammentritt eines neuen Bundestages, das Amt eines Bundesministers auch mit jeder anderen
Erledigung des Amtes des Bundeskanzlers[2].**

(3) **Auf Ersuchen des Bundespräsidenten ist der Bundeskanzler,
auf Ersuchen des Bundeskanzlers oder des Bundespräsidenten
ein Bundesminister verpflichtet, die Geschäfte bis zur Ernernung seines Nachfolgers weiterzuführen[3 ff].**

Literatur: *Schnapauff,* Die geschäftsführende Bundesregierung, VR 1983,
77; *R. Groß,* Zur geschäftsführenden Regierung, DÖV 1982, 1008; *Peine,*
Parlamentsneuwahl und Beendigung des Amtes des Regierungschefs, Staat
1982, 335; *R. Wahl,* Stellvertretung im Verfassungsrecht, 1971. – S. auch
Literatur zu Art.62.

1. Stellvertretung des Bundeskanzlers (Abs.1)

1 Der Bundeskanzler ist berechtigt und binnen angemessener Frist
verpflichtet, einen Bundesminister seiner Wahl für den Fall der
Verhinderung zu seinem Stellvertreter (sog. Vizekanzler) zu ernernen (Herzog MD 4 ff). Kein Verhinderungsgrund ist wegen Abs.2
die Beendigung der Amtszeit des Bundeskanzlers. Ob die Voraussetzungen der Verhinderung gegeben sind, entscheidet in den Grenzen des Missbrauchsverbots der Bundeskanzler, wenn er dazu nicht
in der Lage ist, die Bundesregierung (Hermes DR 9). Eine Pflicht
zur Übernahme der Aufgabe besteht nicht (h. M.; a. A. Epping MKS
6). Rechtsfolge der Ernennung ist die – je nach Art der Verhinderung auch nur teilweise (vgl. § 8 S.2 GeschOBReg) – Wahrneh-

mung der Befugnisse des Bundeskanzlers (Rn.3 f zu Art.65). Eine Stellvertretung durch andere Bundesminister ist unzulässig (Hermes DR 9; Schneider AK 3; a. A. Epping MKS 8; Herzog MD 17; Mager MüK 6; Oldiges SA 16). Der Stellvertreter ist an Weisungen des Bundeskanzlers gebunden, weil es sich hier anders als gem. Art.57 um eine personenbezogene Stellvertretung handelt (Achterberg HbStR II 646; Schneider AK 4; Herzog MD 21). Ein Misstrauensvotum gem. Art.67 kann sich nur gegen den Bundeskanzler richten, eine Vertrauensfrage gem. Art.68 nur von diesem gestellt werden (Herzog MD 20; Schneider AK 10; Stern II 282; a. A. Epping MKS 12; Hermes DR 10; Mager MüK 11; Oldiger SA 20).

2. Beendigung der Regierungsämter (Abs.2)

Die Ämter des Bundeskanzlers und der Bundesminister, und **2** damit der Bundesregierung (vgl. Art.62), enden mit dem Zusammentritt eines neuen Bundestags (Rn.2 zu Art.39). Diese Regelung konkretisiert das parlamentarische Regierungssystem (Rn.1 zu Art.62; BVerfGE 27, 44/56). Das Amt des Bundeskanzlers endet außerdem durch Tod und Verlust der Amtsfähigkeit durch Richterspruch (Herzog MD 7 zu Art.67; Mager MüK 17) sowie durch Entlassung in den Fällen der Art.67, 68 Abs.1 S.2 und des Rücktritts. Der Bundespräsident ist verpflichtet, einem Rücktrittsverlangen des Bundeskanzlers durch Entlassung zu dem gewünschten Zeitpunkt nachzukommen. Die Ämter der Bundesminister enden außerdem durch Tod, Verlust der Amtsfähigkeit durch Richterspruch und Entlassung gem. Art.64 Abs.1 sowie durch jede Beendigung des Amts des Bundeskanzlers.

3. Weiterführung der Geschäfte (Abs.3)

Allgemeines. Bei Beendigung der Ämter des Bundeskanzlers **3** (außer nach seiner Entlassung in den Fällen des Art.67, 68 Abs.1 S.2) und der Bundesminister (oben Rn.2) ist eine Weiterführung der Geschäfte erforderlich. Zu dem in Abs.3 angesprochenen Ersuchen ist der Bundespräsidenten bezüglich des Bundeskanzlers daher nicht nur berechtigt, sondern auch verpflichtet (Klein HbStR VII 372; Schneider AK 8; Mager MüK 21; Oldiges SA 29; teilw. a. A. Epping MKS 42; Herzog MD 52). Die Kompetenzen des geschäftsführenden Bundeskanzlers und Bundesministers sind die gleichen wie sonst (vgl. Rn.3–5 zu Art.65); allerdings sind hier Art.67 und 68 nicht anwendbar (Schneider AK 11; Schenke BK 40 ff zu Art.68; Herzog MD 61; Oldiges SA 40). Die Geschäftsführung dauert bis zur Ernennung des Nachfolgers (Herzog MD 64; Oldiges SA 26; a. A. Schneider AK 11: Amtsantritt des Nachfolgers).

4   Bestellung eines geschäftsführenden Bundeskanzlers. Das Ersuchen des Bundespräsidenten ist gem. Art.58 S.2 nicht gegenzeichnungspflichtig. Der bisherige Bundeskanzler ist auf Grund des Ersuchens verpflichtet, die Geschäfte weiterzuführen, außer dies ist ihm wegen zwingender Gründe unzumutbar (Schneider AK 10; Hermes DR 19; Herzog MD 55; a. A. Epping MKS 44; Mager MüK 22). Im Fall des Todes oder des Verlusts der Amtsfähigkeit des Bundeskanzlers kann und muss der Bundespräsident eine andere Person bestellen, wodurch auch für diese eine entsprechende Verpflichtung begründet wird (Herzog MD 59; Klein HbStR VII 373; Mager MüK 23). Str. ist, ob der Bundespräsident den bisherigen Stellvertreter des Bundeskanzlers bestellen muss (Herzog MD 59; Oldiges SA 32) oder auch einen anderen Bundesminister bestellen darf (Klein HbStR VII 373).

5   Bestellung eines geschäftsführenden Bundesministers. Die Kompetenzen des Bundeskanzlers und des Bundespräsidenten stehen zwar gleichberechtigt nebeneinander, bei Tod oder Verlust der Amtsfähigkeit eines Bundesministers ergibt sich aber die Befugnis des Bundeskanzlers, einen anderen Bundesminister zum geschäftsführenden zu bestellen, unmittelbar aus dem Kabinettsbildungsrecht (Rn.1 zu Art.64; diff. Mager MüK 26 f); eine entsprechende außerordentliche Befugnis des Bundespräsidenten besteht nur, wenn kein, sei es auch nur ein geschäftsführender, Bundeskanzler im Amt ist (Hermes DR 21; Schröder HbStR II 621; Stern II 255 f; Epping MKS 48 ff; a. A. Herzog MD 51; Schneider AK 9). Zu geschäftsführenden Bundesministern dürfen nur bisherige Mitglieder der Bundesregierung berufen werden (Mager MüK 20). Zu dem Ersuchen an den bisherigen Bundesminister, seine Geschäfte weiterzuführen, besteht anders als beim Ersuchen des Bundespräsidenten an den Bundeskanzler (oben Rn.3) keine Verpflichtung (Herzog MD 52; Mager MüK 25; a. A. Hermes DR 22; Oldiges SA 35). Der bisherige Bundesminister ist auf Grund des Ersuchens verpflichtet, die Geschäfte weiterzuführen, außer dies ist ihm wegen zwingender Gründe unzumutbar (Schneider AK 10; Herzog MD 55; vgl. oben Rn.4).

VII. Die Gesetzgebung des Bundes

Art. 70 [Gesetzgebungskompetenzverteilung zwischen Bund und Ländern]

(1) Die Länder haben das Recht der Gesetzgebung[2], soweit dieses Grundgesetz nicht dem Bunde Gesetzgebungsbefugnisse verleiht[3 ff].

(2) Die Abgrenzung der Zuständigkeit zwischen Bund und Ländern bemißt sich nach den Vorschriften dieses Grundgesetzes über die ausschließliche und die konkurrierende Gesetzgebung[10].

Übersicht

Literatur: *Jarass,* Allgemeine Probleme der Gesetzgebungskompetenz des Bundes, NVwZ 2000, 1089; *Ehlers,* „Ungeschriebene Kompetenzen", Jura 2000, 323; *Rengeling,* Gesetzgebungskompetenzen für den integrierten Umweltschutz, 1999; *Bumke,* Gesetzgebungskompetenz unter bundesstaatlichem Kohärenzzwang, ZG 1999, 376; *Frenz,* Das Prinzip widerspruchsfreier Normgebung und seine Folgen, DÖV 1999, 41; *Kunig,* Gesetzgebungsbefugnis von Bund und Ländern – Allgemeine Fragen, Jura 1996, 254; *Jarass,* Regelungsspielräume des Landesgesetzgebers im Bereich der konkurrierenden Gesetzgebung und in anderen Bereichen, NVwZ 1996, 1041; *M. D. Müller,* Auswirkungen der Grundgesetzrevision von 1994 auf die Verteilung der Gesetzgebungskompetenzen zwischen Bund und Ländern, 1996; *Sannwald,* Die Neuordnung der Gesetzgebungskompetenzen und des Gesetzgebungsverfahrens im Bundesstaat, 1995; *Rybak/Hofmann,* Verteilung der Gesetzgebungsrechte zwischen Bund und Ländern nach der Reform des Grundgesetzes, NVwZ 1995, 230; *Harms,* Kompetenzen des Bundes aus der „Natur der Sache"?, Staat 1994, 409; *H. Schneider,* Gesetzgebung, 2. A., 1991; *Rengeling,* Gesetzgebungszuständigkeit, HbStR IV, 1990, 723; *Erbguth,* Bundesstaatliche Kompetenzverteilung im Bereich der Gesetzgebung, DVBl

1988, 317; *Stettner,* Grundfragen einer Kompetenzlehre, 1983; *Brohm,* Kompetenzüberschneidungen im Bundesstaat, DÖV 1983, 525.

1. Bedeutung und Abgrenzung zu anderen Vorschriften

1   Art. 70 regelt die grundsätzliche Kompetenzverteilung zwischen Bund und Ländern für die Gesetzgebung. Abs. 1 legt ein **Regel-Ausnahme-Verhältnis** fest: Der Bund besitzt nur die ihm zugewiesenen Kompetenzen, der unbenannte Rest (die Residual-Kompetenz) liegt bei den Ländern. Wegen des Umfangs der dem Bund durch das GG verliehenen Gesetzgebungskompetenzen liegt das faktische Schwergewicht dagegen umgekehrt beim Bund (Isensee HbStR IV 630 ff). Abs. 2 regelt unterschiedliche Arten der Zuweisung von Kompetenzen an den Bund. Die Vorschrift ist eine spezielle Regelung zu Art. 30. Die in Rn. 1 zu Art. 30 getroffenen Feststellungen gelten auch hier. Abs. 1 wird seinerseits durch Art. 104 a–109 verdrängt, die auf dem Gebiet der Finanzen eine für Bund *und* Länder „abschließende Regelung" enthalten (BVerfGE 67, 256/286). Soweit der Bund nicht nach Art. 105 Abs. 1, 2 kompetent ist, folgt daher aus Art. 70 Abs. 1 oder Art. 30 nicht eine Länderkompetenz (Rozek MKS 8; anders zu Art. 105 a. F.: BVerfGE 16, 64/78 f). Zum Verhältnis der Gesetzgebungskompetenzen zu den Verwaltungskompetenzen Rn. 2 zu Art. 83. Zur Begrenzung von Grundrechten durch Kompetenznormen Vorb. 46 vor Art. 1.

1 a   **Europäisches Gemeinschaftsrecht,** dem gegenüber dem nationalen Recht Anwendungsvorrang zukommt (Rn. 32–38 zu Art. 23), wirkt sich wie folgt auf die Kompetenzordnung des GG aus (vgl. auch Reich, EuGRZ 01, 1): Soweit der Gemeinschaft ausnahmsweise eine gegenständlich umschriebene ausschließliche Gesetzgebungskompetenz zusteht (etwa die Festlegung der Zolltarife gem. Art. 26 EGV und die Währungspolitik gem. Art. 105 ff EGV), dürfen weder Bund noch Länder von ihren entsprechenden Gesetzgebungskompetenzen (etwa Art. 73 Nr. 4: Währungs-, Münz- und Geldwesen; Art. 73 Nr. 5: Zölle) Gebrauch machen (vgl. Jarass, AöR 96, 186; Stettner DR 13). Im Übrigen erfolgt die Kompetenzabgrenzung zwischen Gemeinschaft und Mitgliedstaaten nicht nach Sachmaterien, sondern finalen, auf die Gewährleistung des Binnenmarkts gerichteten Kompetenzzuweisungen (insb. Art. 95 EGV), deren Ausübung durch das Subsidiaritäts- und Erforderlichkeitsprinzip (Art. 5 Abs. 2, 3 EGV) gesteuert wird. Hier liegt eine konkurrierende Gesetzgebungskompetenz zwischen Gemeinschaft und Mitgliedstaaten vor (von Borries, EuR 94, 275; Jarass, AöR 96, 191): Die Zuständigkeit der Mitgliedstaaten und damit Art.70 ff bleiben unberührt, soweit die Gemeinschaft von ihrer Kompetenz nicht durch unmittelbar geltende Vorschriften, insb. Verordnungen, Gebrauch gemacht hat; Grenzen ergeben sich insoweit nur aus dem Prinzip der Gemeinschaftstreue (Jarass, AöR 96, 195). Für die bei Richtlinien erforderlichen nationalen Umsetzungsakte gelten wiederum allein Art.70 ff (vgl. Rn.45 zu Art.23).

2. Anwendungsbereich

a) Gesetzgebung bedeutet im gesamten Abschnitt VII und damit auch in Art.70–75 Gesetze im formellen Sinn (BVerfGE 55, 7/21; Degenhart SA 13), d. h. Parlamentsgesetze einschl. der verfassungsändernden Gesetze (Kunig MüK 14, Pestalozza MaK 122), der Maßnahme- und Einzelfallgesetze (Rozek MKS 22) und der Vertragsgesetze (Pestalozza MaK 49, 121); dagegen sind Landesverfassungen hier nicht gemeint (Dreier DR 29 zu Art.31; März MKS 88 zu Art.31; Pietzcker HbStR IV 708 f; a. A. Kunig MüK 14; Pestalozza MaK 50; Rozek MKS 23). Untergesetzliche Rechtsnormen wie Rechtsverordnungen (a. A. Bothe AK 2 f vor Art.70) oder Satzungen werden ebenso wenig erfasst wie Allgemeinverbindlicherklärung von Tarifverträgen (BVerfGE 55, 7/21). Gewohnheitsrecht ist dem Kompetenzbereich zuzuordnen, den es durch seine Übung aktualisiert (BVerfGE 61, 149/203; diff. März MKS 34 ff zu Art.31). Recht der Gesetzgebung ist als Kompetenz (Rn.3 zu Art.30) oder Zuständigkeit (Art.70 Abs.2) zu verstehen.

b) Vorbehalt der Verleihung an den Bund. Die Verleihung von Gesetzgebungskompetenzen an den Bund geschieht hauptsächlich in Art.73–75, aber auch in zahlreichen anderen Normen des GG (Rn.4 zu Art.30). Soweit sich aus diesen Normen nichts Gegenteiliges ergibt (z. B. Art.98 Abs.3 S.2: „Rahmenvorschriften"), handelt es sich der Art nach um eine ausschließliche Gesetzgebungskompetenz des Bundes (Degenhart SA 3 zu Art.71; Kunig MüK 29), die eine Sperrwirkung für die Landesgesetzgebung entfaltet (Rn.2 zu Art.71). Jede Gesetzgebungskompetenz des Bundes muss ihre Grundlage im geschriebenen Recht finden. Es gibt also keine ungeschriebenen Gesetzgebungskompetenzen, wohl aber solche, die sich nicht unmittelbar aus dem Wortlaut, sondern erst nach umfassender Auslegung der Verfassung ergeben. Obwohl das BVerfG teilw. von „ungeschriebenen" Bundeskompetenzen „kraft Sachzusammenhangs" und „aus der Natur der Sache" gesprochen hat, können seine Ergebnisse durchweg auf geschriebenes Recht gestützt werden (vgl.

2

3

Bothe AK 13 ff zu Art.30; Bullinger, AöR 1971, 246 ff, 278 ff; Kunig MüK 22; Stern II 610).

4   **aa)** Bei der **Auslegung der Kompetenzbestimmungen** ist die historische Auslegung häufig besonders ergiebig (vgl. BVerfGE 61, 149/174 ff; 68, 319/328 ff; 97, 198/219). Auch der Staatspraxis wird ein „besonderes Gewicht" zuerkannt (BVerfGE 68, 319/328 f; 77, 308/331); das kann aber nur für eine verfassungsmäßige Praxis gelten (Pestalozza MaK 63). Andererseits hängt die Einschlägigkeit einer Kompetenznorm von der Einordnung (Qualifikation) des unter sie zu subsumierenden Gesetzes ab: Der Gegenstand einer (oder mehrerer) Kompetenznorm(en; sog. Kompetenzkombination) muss auch Gegenstand der gesetzlichen Regelung sein. Dafür ist der unmittelbare Zweck (BVerfGE 8, 143/148 ff; 24, 300/353; 26, 281/298), der Hauptzweck (BVerfGE 13, 181/196), die unmittelbare Wirkung (BVerfGE 36, 314/319; 78, 249/266), der Kern (BVerfGE 28, 119/147), das Spezifische (BVerfGE 3, 407/433; 15, 1/22), Spezielle (BVerfGE 14, 197/220) der Regelung entscheidend; der Gegenstand der Kompetenznorm darf in dem Gesetz nicht nur als „Reflex" (BVerfGE 28, 119/149; vgl. auch BVerfG-K, NJW 96, 2498) mitberührt sein. Die Zuordnung von Gesetz und Kompetenznorm kann als Ermittlung des Sachzusammenhangs verstanden werden („kompetenzbegründender Sachzusammenhang" iSv Pestalozza MaK 114 f). Im Überschneidungsbereich von Bundes- und Landeskompetenzen kommt es auf den stärkeren Sachzusammenhang an (BVerfGE 97, 228/252; 98, 265/299: „Schwerpunkt"; Maunz MD 12 zu Art.74) bzw. darauf, mit welchem Kompetenzbereich eine Regelung enger „verzahnt" ist (BVerfGE 98, 145/158). Das Gleiche gilt für die Überschneidung verschiedener Gesetzgebungskompetenzarten (BVerfGE 80, 124/132: „Schwergewicht"; HessStGH, ESVGH 32, 20/26; VerfGH RP, DVBl 01, 471).

5   **bb)** Eine **Kompetenz kraft Sachzusammenhangs** („kompetenzergänzender Sachzusammenhang" iSv Pestalozza MaK 110 ff) liegt vor, „wenn eine dem Bund ausdrücklich zugewiesene Materie verständigerweise nicht geregelt werden kann, ohne dass zugleich eine nicht ausdrücklich zugewiesene andere Materie mitgeregelt wird, wenn also ein Übergreifen in nicht ausdrücklich zugewiesene Materien unerlässliche Voraussetzung ist für die Regelung einer der Bundesgesetzgebung zugewiesenen Materie" (BVerfGE 3, 407/423; 98, 265/299). Dies setzt voraus, dass der Bund von einer ihm ausdrücklich zugewiesenen Kompetenz Gebrauch gemacht hat (BVerfGE 26, 246/256 f). Die Kompetenz kraft Sachzusammenhangs erlaubt nur punktuelle Inanspruchnahmen der Landeskompetenz

(BVerfGE 98, 265/300). Das Übergreifen ist erst recht im Verhältnis zwischen konkurrierender und Rahmenkompetenz des Bundes möglich (Jarass, NVwZ 00, 1090 f).

Im Einzelnen: *Angenommen* wurde ein Sachzusammenhang mit **6** dem bürgerlichen Recht (Rn.1 zu Art.74) für die Gebührenfestsetzung für gerichtliche Beurkundungen in der freiwilligen Gerichtsbarkeit (BVerfGE 11, 192/199), mit dem Strafrecht (Rn.4 f zu Art.74) bei der Beratungslösung für Schwangerschaftsabbrüche (BVerfGE 98, 265/302 ff), mit dem Handwerksrecht (Rn.25 zu Art.74) für die Altersversorgung für Schornsteinfeger (BVerfGE 1, 264/272; a. A. Pestalozza MaK 538 zu Art.74) und mit der öffentlichen Fürsorge (Rn.17 zu Art.74) für die Jugendpflege (BVerfGE 22, 180/213). Diese Fälle sind richtigerweise als kompetenzbegründender und nicht kompetenzergänzender Sachzusammenhang zu qualifizieren (Pestalozza MaK 111). – *Abgelehnt* wurde ein Sachzusammenhang mit dem Bodenrecht (Rn.38 f zu Art.74) für das Baurecht (BVerfGE 3, 407/421 f), mit den Bundeseisenbahnen (Rn.15 zu Art.73) für das Verwaltungsgebührenrecht der Länder (BVerfGE 26, 281/300), mit dem Post- und Fernmeldewesen (Rn.16–18 zu Art.73) für Rundfunkveranstaltungen (BVerfGE 12, 205/237) und für die Verwaltungsgebührenrecht der Länder (BVerfGE 26, 281/300), mit dem Wasserwegerecht (Rn.51 zu Art.74) für die Wasserwirtschaft (BVerfGE 15, 1/20 ff) bzw. Wasserpolizei (BVerwGE 87, 181/186) und mit der Zulassung zu Heilberufen (Rn.44 zu Art.74) für die Berufsgerichtsbarkeit (BVerfGE 4, 74/83 f).

cc) Die **Annexkompetenz** ist der Sache nach nur ein Unterfall **7** der Kompetenz kraft Sachzusammenhangs (Bullinger, AöR 1971, 243 f; Rengeling HbStR IV 746; a. A. Degenhart SA 32; Maunz MD 49: Ausdehnung „in die Tiefe", statt, wie bei der Kompetenz kraft Sachzusammenhangs, „in die Breite"), im Übrigen mit dem gleichen Changieren zwischen Kompetenzbegründung und Kompetenzergänzung (Pestalozza MaK 116 f). Als Annex zu einer dem Bund zugewiesenen Materie sind die spezielle Ordnungs- und Polizeigewalt in dem entsprechenden Sachgebiet (BVerfGE 3, 407/433; 8, 143/149; BVerwGE 84, 247/250; NVwZ-RR 97, 351; BGH, DVBl 79, 116) und die Kompetenz für Gesetze über Volksbefragungen und Statistik zu dem entsprechenden Gegenstand (BVerfGE 8, 104/118 f) bezeichnet worden. In der neueren Rspr. wird zwischen Annexkompetenz und Kompetenz kraft Sachzusammenhangs nicht mehr unterschieden (BVerfGE 98, 265/299; BVerfG-K, NJW 96, 2498). Zu Verfahrensvorschriften als Annex materiell-rechtlicher Regelungen Rn.2 zu Art.83.

8   **dd)** Eine **Kompetenz aus der Natur der Sache** ist vom BVerfG angenommen worden, wenn „gewisse Sachgebiete, weil sie ihrer Natur nach eigenste, der partikularen Gesetzgebungszuständigkeit a priori entrückte Angelegenheiten (des Bundes) darstellen, (vom Bund) und *nur* von ihm geregelt werden können"; „Schlussfolgerungen ‚aus der Natur der Sache' müssen begriffsnotwendig sein und eine bestimmte Lösung unter Ausschluss anderer Möglichkeiten sachgerechter Lösung zwingend fordern" (BVerfGE 11, 89/99). Hierbei handelt es sich um eine die gesamte Verfassung umfassende systematische Auslegung (Bothe AK 15 zu Art. 30; Stern II 612 f). Eine Gesetzgebungskompetenz des Bundes aus der Natur der Sache ist der Art nach stets eine ausschließliche (Maunz MD 6 zu Art. 71; Kunig MüK 27; Pestalozza MaK 90).

9   **Im Einzelnen:** *Angenommen* wurde eine Bundesgesetzgebungskompetenz aus der Natur der Sache für Bundesregierungssitz, Bundeshauptstadt (Rozek MKS 40) und Bundessymbole einschl. Bundesflaggen (Rn. 1 zu Art. 22) und die mit der Vereinigung Deutschlands verbundenen unaufschiebbaren Aufgaben, z. B. Regelung der Beschäftigungsverhältnisse der Arbeitnehmer im öffentlichen Dienst (BVerfGE 84, 133/148) und Verteilung des öffentlichen Vermögens (BVerfGE 95, 243/248 f), ferner für Nationalfeiertag (Kunig MüK 27; Preuß AK 69 zu Art. 140), Bannmeilen für Bundesorgane (Rn. 12 zu Art. 74), Raumplanung für den Gesamtstaat (vgl. Rn. 14 zu Art. 75) und Sportförderung, soweit die Pflege der Beziehungen zu auswärtigen Staaten betroffen ist (Tettinger, in: Subventionierung des Sports, 1987, 40 ff). – *Abgelehnt* wurde eine Bundesgesetzgebungskompetenz aus der Natur der Sache für Baurecht (BVerfGE 3, 407/422), Berufsbezeichnung „Ingenieur" (BVerfGE 26, 246/257), Kunstförderung (Geißler, Staatliche Kunstförderung nach GG und Recht der EG, 1995, 138 ff), Rundfunkveranstaltungen (BVerfGE 12, 205/242), Urlaub für Postarbeiter (BVerfGE 11, 89/98 f) und Wasserwirtschaft (BVerfGE 15, 1/24).

10   **c) Arten der Verleihung an den Bund (Abs. 2).** Soweit nach dem GG eine Bundeskompetenz begründet ist, unterfällt sie gem. Abs. 2 in die beiden Arten der ausschließlichen und der konkurrierenden Gesetzgebungskompetenz (näher Art. 71 und 72). Diese Aufzählung ist nicht abschließend (Degenhart SA 9; Maunz MD 40; Stern II 592; **a. A.** BVerfGE 1, 14/35; BVerwGE 3, 335/339 f; Bothe AK 4 ff; Kunig MüK 27; Pestalozza MaK 239 f). Andernfalls muss die Rahmengesetzgebungskompetenz (Rn. 1–3 zu Art. 75) in gekünstelter Weise als Unterart der konkurrierenden Gesetzgebungskompetenz ausgegeben werden (vgl. Rozek MKS 1 zu Art.75), und die Grundsatzgesetzgebungskompetenz (näher Rn.6 zu Art.91 a) bleibt ganz ausgeblendet.

3. Rechtsfolgen

a) Länderkompetenz. Soweit das GG keine Gesetzgebungs- **11** kompetenz des Bundes begründet, haben die Länder die Gesetzgebungskompetenz, und zwar je für sich, wodurch allerdings freiwillige konzertierte Aktionen der Landesgesetzgeber und das Befolgen von Musterentwürfen nicht ausgeschlossen sind (Pestalozza MaK 41). Die in Rn.7–9 zu Art.30 genannten Rechtsfolgen gelten auch hier. Wenn die Länderkompetenz ihrer Art nach als ausschließliche bezeichnet wird (BVerfGE 16, 64/79), ist zu beachten, dass, anders als bei der ausschließlichen Bundesgesetzgebungskompetenz (Rn.3 f zu Art.71), keine Kompetenzüberlassung zulässig ist (Rn.8 zu Art.30). Auch die Länderkompetenz kann „kraft Sachzusammenhangs" (oben Rn.4–6) bestehen (BVerfGE 7, 29/43; BVerfG-K, NJW 96, 2497 f; Degenhart SA 33). Im Wesentlichen ist die Gesetzgebungskompetenz der Länder heute auf das interne Organisations- und Verfahrensrecht, das Gemeinde(Kommunal)recht, das Polizei- und Ordnungsrecht sowie das Kulturrecht beschränkt.

Einzelfälle der Gesetzgebungskompetenz der Länder: Denkmal- **12** schutzrecht (BVerfGE 78, 205/211; BVerwGE 102, 260/265); Enteignungsrecht vorbehaltlich Art.74 Abs.1 Nr.14 (BVerfGE 56, 249/263); Facharztrecht (BayVerfGH, NJW 83, 325); Festsetzung von Feiertagen (BayVerfGHE 35, 10/18 f; DÖV 96, 558; vgl. aber Rn.9 zu Art.70 und Rn.29 zu Art.74); Gemeinderecht (BVerfGE 1, 167/176; 56, 298/310; 57, 43/59; 58, 177/191 f), einschl. Kommunalwahlrecht (BVerwG, NVwZ 93, 378; LKV 97, 171); Hochschulrecht vorbehaltlich Art.75 Abs.1 Nr.1a (BVerfGE 37, 314/322; BerlVerfGH, LVerfGE 5, 37/42 ff); Landesangehörigkeit (Rn.5 zu Art.73); Landesparlamentsrecht (BVerfGE 98, 145/157; BVerfG-K, NJW 96, 2497); öffentlich-rechtliches Versicherungswesen ausschließlich der Sozialversicherung (BVerfGE 41, 205/218 f); Polizei- und Ordnungsrecht vorbehaltlich Art.73 Nr.5 und 10, dem Ordnungsrecht als Bestandteil bestimmter Materien (BVerfGE 3, 407/433; 8, 143/150; 40, 261/266) sowie Auswirkungen anderer Materien (BVerwGE 108, 269/271 f); Presserecht vorbehaltlich Art.75 Abs.1 Nr.2, 74 Abs.1 Nr.1 (BVerfGE 7, 29/40; 36, 193/201 ff; 58, 137/145 f); Rettungswesen (BVerwGE 99, 10/13); Rundfunkrecht (BVerfGE 12, 205/229; 92, 203/238); Sammlungsrecht (BVerwG, DVBl 82, 200); Schulrecht einschl. Privatschulrecht (BVerfGE 6, 309/354; 53, 185/196; 59, 360/377; 75, 40/66 f; 98, 218/248; BVerwGE 104, 1/6); Straßen- und Wegerecht ausschließlich Boden-, Fernstraßen- und Straßenverkehrsrecht (BVerfGE 26, 338/370; 34, 139/152; 42, 20/28; 67, 299/314 f); Verfassungsgerichtsbarkeit der Länder (Rn.7 zu Art.74); Wahlen in den Ländern (BVerfGE 24, 300/354; 98, 145/157).

13   **b)** Die Zuweisung einer Kompetenz begründet grds. **keine Gesetzgebungspflicht**, erst recht kein subjektives Recht hierauf (BFHE 134, 445/449; Bothe AK 25; Maunz MD 14; Stern II 609; a. A. Bleckmann, DÖV 83, 131). Gesetzgebungspflichten können sich jedoch aus anderen Verfassungsbestimmungen, namentlich aus Rahmenvorschriften (Rn.1–3 zu Art.75), Gesetzgebungsaufträgen (z. B. Art.6 Abs.5) und Grundrechten (vgl. Vorb. 4–8, 13 vor Art.1), sowie aus Europäischem Gemeinschaftsrecht ergeben. Soweit das GG eine nähere Regelung oder Bestimmung eines Gegenstandes vorsieht, ist das durchweg als Regelungsauftrag anzusehen (Stettner, Grundfragen einer Kompetenzlehre, 1983, 332). Verpflichtet ist der jeweils kompetente Gesetzgeber. Bei Gegenständen der konkurrierenden Gesetzgebungskompetenz (Rn.1 zu Art.72) darf der Bundesgesetzgeber die Länder nicht zur Gesetzgebung verpflichten (Pestalozza MaK 259), wohl aber kann die Gesetzgebungspflicht gerade eine einheitliche Bundesregelung verlangen (vgl. BVerfGE 88, 203/304 f).

Art.71 [Ausschließliche Gesetzgebung des Bundes]

Im Bereiche der ausschließlichen Gesetzgebung des Bundes haben die Länder die Befugnis zur Gesetzgebung nur, wenn und soweit sie hierzu in einem Bundesgesetze ausdrücklich ermächtigt werden[1 ff].

Literatur: S. Literatur zu Art.70.

1. Bedeutung

1   Art.71 definiert den Begriff der ausschließlichen Gesetzgebung des Bundes. Diese ist eine von mehreren Arten der Gesetzgebungskompetenz des Bundes (Rn.10 zu Art.70) und durch zwei Merkmale gekennzeichnet: Sie hat einerseits eine Sperrwirkung für die Landesgesetzgebung zur Folge, von der andererseits Ausnahmen zulässig sind.

2. Sperrwirkung

Soweit das GG dem Bund eine ausschließliche Gesetzgebungs- **2** kompetenz verleiht (Rn.3 zu Art.70), sind Landesgesetze unzulässig und nichtig; insoweit ist Art.71 lex specialis zu Art.31 (Rn.3 zu Art.31; a. A. Heintzen MKS 38). Das gilt auch für Gesetzentwürfe, die durch Volksbegehren eingebracht werden (vgl. StGH BW, ESVGH 36, 161/164). Die Sperrwirkung enthält auch ein Verbot von Aktivitäten der Länder, die die Wahrnehmung der ausschließlichen Gesetzgebungskompetenz des Bundes erheblich beeinträchtigen (Bothe AK 3; Maunz MD 40 ff). Die Länder dürfen keine gesetzliche Grundlage für Volksbefragungen im Bereich der ausschließlichen Gesetzgebungskompetenz des Bundes schaffen (BVerfGE 8, 104/117 f). Die Sperrwirkung gilt nicht für Landesverfassungsrecht (Rn.2 zu Art.70).

3. Ausnahmen

Allgemeines. Die Sperrwirkung tritt nicht ein, wenn und soweit **3** die Länder in einem Bundesgesetz ausdrücklich zur Gesetzgebung im Bereich der ausschließlichen Gesetzgebungskompetenz ermächtigt werden. Sinn dieser Delegationsbefugnis ist „die Notwendigkeit oder Zweckmäßigkeit einer regional differenzierten Sachregelung" (BVerfGE 18, 407/418). Von ihr ist bisher erst in wenigen Fällen Gebrauch gemacht worden. Die Sperrwirkung tritt ferner nicht ein unter den Voraussetzungen des Art.80 Abs.4 (Rn.7 zu Art.80; Pestalozza MaK 31).

Voraussetzungen. Die Ermächtigung muss ausdrücklich durch **4** förmliches Bundesgesetz erfolgen (Bothe AK 5; Maunz MD 22; Kunig MüK 8). Es bedarf der Zustimmung des Bundesrats, wenn für den Gegenstand der Ermächtigung ein Zustimmungserfordernis (Rn.4 zu Art.77) besteht (Pestalozza MaK 51). Die Ermächtigung muss spätestens vor Ausfertigung bzw. Schluss der letzten Parlamentslesung des Landesgesetzes in Kraft sein (Pestalozza MaK 54). Es dürfen nur Teilgebiete (Einzelfragen) eines unter die ausschließliche Gesetzgebungskompetenz des Bundes fallenden Gegenstandes delegiert werden (Rn.8 zu Art.30; Maunz MD 24; Kunig MüK 10). Die Ermächtigung ist aber mindestens in dem Umfang zulässig wie eine Verordnungsermächtigung nach Art.80 Abs.1 (Pestalozza MaK 40). Die Bestimmtheitserfordernisse des Art.80 Abs.1 S.2 müssen nicht beachtet werden (Degenhart SA 5; Stettner DR 10). Daher ist auch die Vorgabe eines Rahmens für die Landesgesetzgebung möglich (VerfGH NW, OVGE 43, 205/209 ff). Die Delegation der dem Bund kraft Natur der Sache zugewiesenen Materien (Rn.8 f zu Art.70) wird als unzulässig angesehen (Maunz MD 23; Kunig MüK 9; a.A. Heintzen MKS 23; offengelassen BVerwGE 92, 263/266). Rechtlich tragfähig ist insoweit aber nur eine Missbrauchsgrenze (Bothe AK 6). Der Bund muss für die Delegation keinen sachlichen Anlass haben (Maunz MD 18; Kunig MüK 11). Der Bund darf auch „aus Bequemlichkeit" delegieren (Heintzen MKS 45; Maunz MD 23; Pestalozza MaK 38; Stettner DR 15; a.A. Stern II 593). Die Delegation darf allen oder auch einzelnen Ländern mit der Folge regionaler Differenzierung erteilt werden (Bothe AK 7; Maunz MD 25; Pestalozza MaK 37, 44; Rengeling HbStR IV 750). Bei einer dynamischen Verweisung (Rn.9 zu Art.30) auf Landesrecht kommt eine Umdeutung in eine Ermächtigung gem. Art.71 in Betracht (Pestalozza MaK 55 f).

5   **Rechtsfolge** der Ermächtigung ist die Gesetzgebungskompetenz, jedoch keine Gesetzgebungspflicht der Länder (Maunz MD 20; Kunig MüK 13; Pestalozza MaK 57; a.A. Bothe AK 7). Wegen Art.80 Abs.1 bezieht sich Art.71 nur auf förmliche Landesgesetze (Maunz MD 19; Kunig MüK 6). Das von den Ländern auf Grund der Ermächtigung erlassene Gesetz ist Landesrecht (BVerfGE 18, 407/415). Die Ermächtigung kann auch umfassen, widerstreitendes Bundesrecht außer Kraft zu setzen (BVerwG, GewArch 67, 96; Pestalozza MaK 53). Ein Landesgesetz, das die Ermächtigung überschreitet, ist nichtig (vgl. VerfGH NW, OVGE 43, 205/206 f, 209). Die Ermächtigung kann durch Aufhebung oder Änderung des ermächtigenden Gesetzes und durch Neuregelung der Materie durch Bundesgesetz rückgängig gemacht bzw. eingeschränkt werden (Maunz MD 27; Kunig MüK 14). Der Wegfall der Ermächtigung lässt regelmäßig vorhandene Landesgesetze nichtig werden, außer dem Bundesrecht ist Gegenteiliges zu entnehmen (Pestalozza MaK 65 ff; Kunig MüK 15; a.A. Degenhart SA 11; Rengeling HbStR IV 751).

Art. 72 [Konkurrierende Gesetzgebung des Bundes]

(1) **Im Bereich der konkurrierenden Gesetzgebung haben die Länder die Befugnis zur Gesetzgebung, solange und soweit der Bund von seiner Gesetzgebungszuständigkeit nicht durch Gesetz Gebrauch gemacht hat**[2 ff].

(2) **Der Bund hat in diesem Bereich das Gesetzgebungsrecht, wenn und soweit die Herstellung gleichwertiger Lebensverhält-**

nisse im Bundesgebiet oder die Wahrung der Rechts- oder Wirtschaftseinheit im gesamtstaatlichen Interesse eine bundesgesetzliche Regelung erforderlich macht[9 ff].

(3) **Durch Bundesgesetz kann bestimmt werden, daß eine bundesgesetzliche Regelung, für die eine Erforderlichkeit im Sinne des Absatzes 2 nicht mehr besteht, durch Landesrecht ersetzt werden kann**[12].

Übersicht

Literatur: *Kenntner,* Justitiabler Förderalismus, 2000; *Neumeyer,* Der Weg zur neuen Erforderlichkeitsklausel für die konkurrierende Gesetzgebung des Bundes (Art.72 Abs.2 GG), 1999; *Böhm,* Sperrwirkung von Verordnungsermächtigungen, DÖV 1998, 234; *Knorr,* Die Justitiabilität der Erforderlichkeitsklausel iSd Art.72 II GG, 1998; *Kröger/Moos,* Die Erforderlichkeitsklausel gem. Art.72 Abs.2 GG n. F. im Spannungsfeld des Bundesstaates, BayVBl 1997, 705; *Calliess,* Die Justitiabilität des Art.72 Abs.2 GG vor dem Hintergrund von kooperativem und kompetitivem Föderalismus, DÖV 1997, 889; *Schmehl,* Die erneuerte Erforderlichkeitsklausel in Art.72 Abs.2 GG, DÖV 1996, 724; *G. Schmidt,* Die neue Subsidiaritätsprinzipregelung des Art.72 GG in der deutschen und europäischen Wirtschaftsverfassung, DÖV 1995, 657. – S. auch Literatur zu Art.70.

1. Bedeutung

Art.72 ist 1994 mit dem Ziel geändert worden (Einl.3 Nr.42), den **1** Verlust der Gesetzgebungskompetenzen der Länder(parlamente) in den vergangenen Jahrzehnten auszugleichen (BT-Drs. 12/6000, 32); zur Fortgeltung alten Rechts Rn.1 f zu Art.125 a. Abs.1 definiert den Begriff der konkurrierenden Gesetzgebung des Bundes. Diese ist eine von mehreren Arten der Gesetzgebungskompetenz des Bundes (Rn.10 zu Art.70) und dadurch gekennzeichnet, dass mit dem (rechtmäßigen) Gebrauchmachen von der Kompetenz durch den

Bund eine Sperrwirkung für die Landesgesetzgebung eintritt. Das Gebrauchmachen durch den Bund ist nur zulässig, wenn die Erforderlichkeit gem. Abs.2 besteht; fehlt die Erforderlichkeit, sind ausschließlich die Länder zuständig (Pestalozza MaK 206). Dies kann vom BVerfG überprüft werden (Rn.20, 28 zu Art.93). Erlassenes Bundesrecht kann gem. Abs.3 durch Landesrecht ersetzt werden (unten Rn.12).

2. Sperrwirkung (Abs.1)

2   **a)** Ein **Gebrauchmachen** liegt vor, wenn ein Bundesgesetz eine bestimmte Frage ausdrücklich – auch negativ (vgl. BVerfGE 2, 232/236; 34, 9/28), insb. durch absichtsvollen Regelungsverzicht (BVerfGE 98, 265/300) oder durch „beredtes Schweigen" (BVerwGE 109, 272/283) – geregelt hat oder wenn dem Gesetz durch „Gesamtwürdigung des betreffenden Normenbereiches" zu entnehmen ist, dass es eine erschöpfende Regelung einer bestimmten Materie darstellt (BVerfGE 49, 343/358; 67, 299/324; 102, 99/114 f; BVerwGE 109, 272/279); neben konkreten Einzelregelungen ist auf die Gesamtkonzeption abzustellen (BVerfGE 98, 83/98; 98, 265/301; 102, 99/121). Entscheidend ist der Inhalt des erlassenen Gesetzes (BT-Drs. 12/6000, 33; Degenhart, ZfA 93, 417); dagegen hat BVerfGE 34, 9/28 schon mit einem ersten Gesetz einer mehrere Gesetze umfassenden Gesamtplanung die Sperrwirkung für die gesamte Materie eintreten lassen. Die Kodifizierung eines bestimmten Sachgebiets erlaubt noch keinen Schluss auf eine erschöpfende Regelung (BVerfGE 56, 110/119; BVerwGE 85, 332/342). Auch bei sehr allgemein oder abstrakt gefassten Vorschriften kann es an einer erschöpfenden Regelung fehlen (Jarass, NVwZ 96, 1043). Gesetz bedeutet grds. Parlamentsgesetz (vgl. unten Rn.5) und keinesfalls Verwaltungsvorschriften (a. A. Dolde/Vetter, NVwZ 95, 944 f). Kein Gebrauchmachen liegt vor, wenn der Bund in einer bestimmten Materie überhaupt nicht gesetzgeberisch tätig geworden ist, wenn das Bundesgesetz bloße Wert- und Zielvorstellungen enthält (BVerfGE 49, 343/359), wenn es die Frage des „Ob" einer Leistungspflicht offenlässt (BVerfGE 78, 249/273) oder wenn es Lücken enthält (BVerwGE 109, 272/279). Der Bundesgesetzgeber muss sich für eine bestimmte inhaltliche Konzeption entscheiden und diese verbindlich verankern (Jarass, NVwZ 96, 1044). Andererseits stellt auch ein bloßes Verbot von Landesgesetzen ein Gebrauchmachen dar (Pestalozza MaK 56 ff; diff. Oeter MKS 67).

Einzelfälle einer erschöpfenden Regelung durch Bundesgesetze: **3**
aus dem Abfallrecht das Kooperationsprinzip (BVerfGE 98,
106/125 ff) und die Überwachung der Altölverwertung (BVerwGE
96, 318/322 f); Aufenthaltsrecht der Ausländer (BVerwGE 65,
174/178); aus dem Baurecht die Bauleitplanung (BVerfGE 77,
288/301 f), die Zulässigkeit von Abgrabungen größeren Umfangs
(BVerwG, DVBl 83, 893) und von Vorhaben im Außenbereich
(BayVGHE 30, 65/73 f); aus dem BGB das Recht der beschränkt
dinglichen Sachenrechte und des Schadenersatzes (BVerfGE 45,
297/341, 345); notarielles Gebührenrecht (BVerfGE 47, 285/314);
Parken von Fahrzeugen (BVerfGE 67, 299/324 ff); aus dem SGB die
Entgeltregelung für vertragsärztliche Leistungen (BVerwGE 99,
10/12); aus dem StGB § 367 Abs.1 Nr.15 a. F. (BVerfGE 29,
11/16 f; 31, 141/144) sowie allg. der von ihm erfasste Rechtsgüterschutz (Degenhart SA 12 zu Art.74; Kunig MüK 14 zu Art.74;
Maunz MD 68 zu Art.74; vgl. auch BVerfGE 98, 265/312); aus der
StPO § 53 Abs.1 Nr.5 (BVerfGE 36, 193/210; 36, 314/320) und
§ 310 (BVerfGE 48, 367/376); Strafregisterrecht (BVerwGE 65,
174/178); im Strafvollzug die Kostenerstattung (BVerfGE 85,
134/146); Versicherungsbedingungen im VVG (BVerfGE 41,
205/224); VwGO − daher sind abweichende landesrechtliche Vorschriften über Klagefristen (BVerfGE 21, 106/117), Klagegegner
(BVerfGE 20, 238/256), örtliche Zuständigkeiten (BVerfGE 37,
191/198), Rechtsmittel (SaarlVerfGH, NVwZ 83, 605) und Vorverfahren (BVerfGE 35, 65/72; Kingreen, DVBl 95, 1342 f; a. A. Pestalozza MaK 169 ff zu Art.74) unzulässig, soweit kein ausdrücklicher
Vorbehalt für die Landesgesetzgebung, wie z. B. gem. § 187 Abs.1
VwGO (BVerfGE 29, 125/137) und gem. § 40 Abs.1 S.2 VwGO
(BVerfGE 83, 24/30), besteht.

Ein **teilweises Gebrauchmachen** belässt die Gesetzgebungs- **4**
kompetenz den Ländern im nicht geregelten Bereich, so wenn der
Bund ausdrücklich nur Teile eines Sachgebiets regelt (vgl. BVerfGE
62, 354/369; 83, 363/379 f; 85, 226/234) bzw. von seiner Gesetzgebungskompetenz nicht umfassend Gebrauch macht (BVerwGE
111, 143/147 f) oder dem Gesetz durch Auslegung zu entnehmen
ist, dass es keine erschöpfende Regelung einer bestimmten Materie
darstellt. Die gleiche Rechtsfolge tritt ein, wenn eine erschöpfende
Regelung durch den Bund Vorbehalte (Ermächtigungen, Blankettnormen) zugunsten der Landesgesetzgebung enthält (BVerfGE 35,
65/73 f; 78, 132/144 f; 83, 24/30 f; BVerwGE 92, 263/265; a. A. für
inhaltlich bestimmte Ermächtigungen Pestalozza MaK 273 ff), landesrechtliche Vorschriften für fortgeltend (Pestalozza MaK 307)

oder „unberührt" erklärt werden (BVerfGE 7, 120/124; 47, 285/314; 78, 205/210) und eine dynamische Verweisung auf Landesrecht besteht (Schenke, NJW 80, 748; vgl. auch BVerwG, Bh 401.71 Nr.3). Die Rücknahme eines entsprechenden Vorbehalts muss idR ausdrücklich erfolgen (BVerfGE 11, 192/200). Zum Gebrauchmachen durch Rechtsverordnungsermächtigungen unten Rn.6.

5   **b) Rechtsfolgen.** Solange und soweit der Bund von einer ihm verliehenen konkurrierenden Gesetzgebungskompetenz wirksam Gebrauch gemacht hat, kann neues Landesrecht nicht mehr entstehen und sind erlassene Landesgesetze unzulässig und nichtig; insoweit ist Abs.1 lex specialis zu Art.31 (Rn.3 zu Art.31). Diese Rechtsfolge ist unabhängig von einem inhaltlichen Widerspruch zwischen Bundes- und Landesrecht (BVerfGE 102, 99/115). Die Sperrwirkung enthält auch ein Verbot von Aktivitäten der Länder, die die Wahrnehmung der konkurrierenden Gesetzgebungskompetenz des Bundes erheblich beeinträchtigen (vgl. Rn.2 zu Art.71; Pestalozza MaK 296; zurückhaltend Degenhart SA 32). Das bedeutet aber keine Pflicht der Länder zur Anpassung an verwandte bundesrechtliche Regelungen (BGHZ 60, 337/339 f). Die Sperrwirkung gilt nicht für Landesverfassungsrecht (Rn.2 zu Art.70). Die Verleihung konkurrierender Gesetzgebungskompetenz des Bundes erfolgt abschließend in Art.74, 74a, 105 Abs.2, 115c Abs.1 S.1 (nach a. A. zählt auch Art.75 hierher; vgl. Rn.10 zu Art.70). Das Gebrauchmachen ist wirksam, wenn die Voraussetzungen des Abs.2 (unten Rn.11 f) gegeben sind und kein Verstoß gegen sonstiges Verfassungsrecht vorliegt (Maunz MD 7; Kunig MüK 8; vgl. auch BVerfGE 7, 377/387); allerdings kann im Verfahren der Verfassungsbeschwerde gegen ein Landesgesetz nicht die Verfassungsmäßigkeit der Sperrwirkung entfaltenden Bundesgesetzes überprüft werden (BVerfGE 98, 265/318 ff). Die Sperrwirkung kann auch durch vorkonstitutionelles Recht eintreten, das gem. Art.125 Bundesrecht geworden ist (BVerfGE 29, 11/17; 47, 285/314; 58, 45/60 f); die Fortgeltung des alten Rechts als Bundesrecht ist nicht vom Bedürfnis gem. Abs.2 abhängig (Rn.2 zu Art.125).

6   Für die Sperrwirkung von **Rechtsverordnungen** verlangt der Wortlaut „durch Gesetz", dass bereits das ermächtigende Gesetz ausdrücklich oder implizit die Möglichkeit einer Sperrwirkung durch den Erlass der Rechtsverordnung vorsehen muss (Jarass, NVwZ 96, 1046 f). Regelmäßig tritt die Sperrwirkung aber erst durch die erschöpfende Regelung in der Rechtsverordnung ein (vgl.

BVerfGE 18, 407/417 f; BVerwG, LKV 91, 411). Ausnahmsweise geht die Sperrwirkung schon von der Verordnungsermächtigung aus, wenn sie eine inhaltliche, etwaige landesrechtliche Regelungen ausschließende Regelung enthält. Bei der Sperrwirkung von Rechtsverordnungen und Rechtsverordnungsermächtigungen ist nicht zwischen erlassenem und zukünftigem Landesrecht zu unterscheiden (Jarass, NVwZ 96, 1046; a. A. Pestalozza MaK 72).

Die Sperrwirkung **beginnt** grds. mit der Verkündung (BT-Drs. **7** 12/6000, 33; Degenhart SA 27; Pestalozza MaK 339; Kunig MüK 9; a. A. Schmidt-Bleibtreu/Klein 17: mit dem Gesetzesbeschluss; Stern II 595 f: mit dem Inkrafttreten). Im Einzelfall kann aus dem Verfassungsgebot des bundesfreundlichen Verhaltens (Rn.20–22 zu Art.20) eine Vorverlegung des Beginns der Sperrwirkung folgen, etwa wenn das Gesetzgebungsverfahren im Bund unmittelbar vor dem Abschluss steht (Vogel, DVBl 94, 502) oder das Landesgesetz dem Zweck eines im Gesetzgebungsverfahren befindlichen Entwurfes eines Bundesgesetzes zuwiderlaufen würde (BVerfGE 34, 9/29; krit. Degenhart SA 29). Andererseits kann der Gesetzgeber die Sperrwirkung bis zum Inkrafttreten hinausschieben (Jarass, NVwZ 96, 1044).

Die Sperrwirkung **endet** mit der Aufhebung des Bundesgesetzes, **8** das sie bewirkt hat, außer es enthält das Verbot einer Ländergesetzgebung (BVerfGE 2, 232/236; 32, 319/327; Maunz MD 8; Rengeling HbStR IV 774), und mit Inkrafttreten eines Freigabegesetzes gem. Abs.3 (unten Rn.12 f). Wegen der Sperrwirkung nichtiges Landesrecht lebt nicht wieder auf (BVerfGE 29, 11/17; 33, 224/232; BVerwG, NVwZ 93, 1198; diff. Pestalozza MaK 319 ff).

3. Erforderlichkeit bundesgesetzlicher Regelung (Abs.2)

a) Allgemeines. Anders als bei der ausschließlichen Gesetz- **9** gebungskompetenz des Bundes (Rn.2 zu Art.71) setzt die Begründung einer konkurrierenden Gesetzgebungskompetenz des Bundes die **Erforderlichkeit** einer bundesgesetzlichen Regelung voraus. Die frühere Fassung des Abs.2 („Bedürfnisklausel") galt als „eines der Haupteinfallstore für die Auszehrung der Länderkompetenzen" (BT-Drs. 12/6000, 33). Der Erforderlichkeit kommt daher eigenständige Bedeutung zu (Degenhart SA 11, 15; Schmehl, DÖV 96, 726; a. A. Rybak/Hofmann, NVwZ 95, 232). Eine bundesgesetzliche Regelung ist nicht erforderlich, wenn die gleichwertigen Lebensverhältnisse (unten Rn.11) durch Selbstkoordination der Länder, d. h. durch gleichgerichtete Landesgesetze in angemessener Zeit verwirklicht werden können (BT-Drs. 12/7109, 15; Kunig MüK 28; Stettner DR 18; Sannwald, ZG 94, 139; diff. Pestalozza MaK 372). Sie kann auch nicht erforderlich sein, wenn ein teilweises Gebrauchmachen (oben Rn.4) ausreichend ist (Jarass, NVwZ 00, 1093). Eine bundesgesetzliche Regelung ist erforderlich, wenn das Gesetz in unmittelbarem Zusammenhang mit einer diesbezüglichen Grundgesetzänderung steht (Pestalozza MaK 374 ff). Ein Vorbehalt für die Landesgesetzgebung (oben Rn.4) lässt nicht notwendig die Erforderlichkeit entfallen (vgl. BVerfGE 20, 238/249 f; 21, 106/115; 26, 338/383; BVerwG, NJW 72, 700). Die Erforderlichkeit muss nur bei Erlass des Bundesgesetzes vorliegen; bei späterem Wegfall endet weder die Sperrwirkung (Degenhart SA 31) noch besteht eine Pflicht des Bundesgesetzgebers zur Aufhebung (vgl. auch unten Rn.12).

10   Entgegen BVerfGE 18, 407/415; 26, 338/383 ist **„bundesgesetzliche Regelung"** nicht als „bundeseinheitliche Regelung" zu verstehen, weil dem der Wortlaut entgegensteht und die Erforderlichkeit gem. Abs.2 sinnvollerweise auch einmal durch eine nicht bundeseinheitliche – nämlich regionale Verschiedenheiten berücksichtigende – Regelung befriedigt werden kann (Bothe AK 11; Pestalozza MaK 369; vgl. auch BVerfGE 78, 249/271; BVerwG, MDR 62, 504). Dafür spricht auch, dass nicht mehr wie früher einheitliche, sondern gleichwertige Lebensverhältnisse (unten Rn.11) genannt werden.

11   **b)** Durch die Schaffung von nur zwei alternativen **Voraussetzungen,** die Anlass und Umfang der bundesgesetzlichen Regelung begrenzen, soll die früher sehr beschränkte gerichtliche Überprüfung der „Bedürfnisklausel" (BVerfGE 2, 213/224; 65, 1/63; 78, 249/270; krit. Ipsen 537 ff; Rengeling HbStR IV 776) korrigiert werden (BT-Drs. 12/6000, 33; Kunig MüK 23 f); dem dient auch das diesbezügliche abstrakte Normenkontrollverfahren (Rn.20, 28 zu Art.93). – **(1)** Herstellung gleichwertiger Lebensverhältnisse im Bundesgebiet schließt nicht jede Ungleichbehandlung aus (vgl. Rn.6 zu Art.3); z.B. dürfen die Länder im Umweltrecht unterschiedliche Mindest- oder Höchstwerte festlegen (Rohn/Sannwald, ZRP 94, 68; Sannwald, ZG 94, 139). – **(2)** Wahrung der Rechts- oder Wirtschaftseinheit im gesamtstaatlichen Interesse bedeutet, dass das Gesetz nicht nur im Interesse einzelner Länder stehen darf. Auch verfassungsrechtliche Autonomiegewährleistungen, z.B. für Gemeinden (Rn.16 zu Art.28), können dieser Voraussetzung entgegenstehen. – Ob damit das Ziel präziserer Voraussetzungen für die Inanspruchnahme der konkurrierenden Bundesgesetzgebungskompetenz (BT-Drs. 12/6000, 33 f) erreicht worden ist, wird allg. bezweifelt und dem Bundesgesetzgeber nach wie vor ein Beurteilungsbzw. Ermessensspielraum zugestanden (Degenhart SA 11 ff; Kunig MüK 28; Rybak/Hofmann, NVwZ 95, 231; Sannwald, NJW 94, 3316; Schmehl, DÖV 96, 728; Vogel, DVBl 94, 502; a. A. Kenntner, ZRP 95, 368). Abzulehnen ist eine spezielle Begründungspflicht des Bundesgesetzgebers (a. A. Degenhart SA 15; Stettner DR 17; Jarass, NVwZ 00, 1092).

4. Freigabebefugnis (Abs.3)

a) Bedeutung und Anforderungen an den Bundesgesetz- **12** **geber.** Abs.3 begründet eine ausschließliche Bundesgesetzgebungskompetenz (Rn.3 zu Art.70), die den Bundesgesetzgeber zu einem sog. Freigabegesetz ermächtigt, aber nicht verpflichtet (Degenhart SA 38; einschr. Kunig MüK 33; Oeter MKS 120 f). In Abgrenzung zur einschlägigen Übergangsnorm (Rn.2 zu Art.125 a) erfasst Abs.3 neben den Bundesgesetzen, die bereits aufgrund der Neufassung des Abs.2 (oben Rn.9) erlassen worden sind, auch Bundesgesetze, die zwar vor dem 15. 11. 1994 erlassen worden sind, bei denen aber erst danach die Erforderlichkeit weggefallen ist (Degenhart SA 33 f). Die Ermächtigung des Abs.3 muss durch den Bundesgesetzgeber ausgeübt werden, d. h. sie ist nicht delegierbar (Pestalozza MaK 383; Oeter MKS 120), muss aber nicht notwendig durch ein selbständiges Gesetz erfolgen, d. h. die Freigabe kann in dem ursprünglichen Bundesgesetz für einen späteren Zeitpunkt vorgesehen werden (Oeter MKS 119; a. A. Degenhart SA 37; Kunig MüK 32). Voraussetzung für die Ermächtigung des Abs.3 ist, dass keiner der Bedürfnis- oder Erforderlichkeitsgründe, auf die sich das Bundesgesetz ursprünglich stützte, mehr vorliegt (Oeter MKS 118). Die Freigabe darf auch nur für Teile des Bundesgesetzes erfolgen (Pestalozza MaK 389, 400). Das Freigabegesetz darf die Länder weder zum Erlass von Gesetzen verpflichten (Degenhart SA 39; Kunig MüK 34; Oeter MKS 122) noch ihnen inhaltlich etwas vorschreiben (Pestalozza MaK 409).

b) Anforderungen an das Landesrecht und Rechtsfolgen. **13** Abs.3 ermächtigt zur Freigabe für Landesrecht, d. h. unstreitig Landesgesetze, aber auch Rechtsverordnungen und Satzungen der Länder (Pestalozza MaK 401 ff; a. A. ohne Begründung Kunig MüK 34; Oeter MKS 122; Stettner DR 30; Degenhart SA 40 beruft sich auf das Verbot gesetzesvertretender Rechtsverordnungen gem. Art.80

Abs.1, das aber Durchbrechungen durch gleichrangiges Verfassungsrecht wie hier zulässt). Abs.3 verlangt vom Landesrecht ein Ersetzen, das aber auch in der durch die Aufhebung des Bundesgesetzes sich ergebenden neuen Rechtslage erblickt werden kann (a. A. Degenhart SA 41; Kunig MüK 34; Oeter MKS 122 verlangt allerdings nur „wenige Rahmenregelungen"). Das Freigabegesetz bewirkt den Wegfall der Sperrwirkung gem. Abs.1 (Oeter MKS 116). Es kann zu partikularem Bundesrecht und einem Nebeneinander von bundes- und landesrechtlichen Regelungen kommen (Degenhart SA 43; Oeter MKS 123). Freigegebenes Landesrecht darf nicht vermittels einer dynamischen Verweisung wieder zu Bundesrecht erhoben werden (BVerwGE 101, 211/218). Freigegebenes Landesrecht bricht das entsprechende Bundesrecht (Dreier DR 25 zu Art.31).

Art.73 [Gegenstände der ausschließlichen Gesetzgebung des Bundes]

Der Bund hat die ausschließliche Gesetzgebung über:

1. **die auswärtigen Angelegenheiten[2f] sowie die Verteidigung einschließlich des Schutzes der Zivilbevölkerung[4];**

2. **die Staatsangehörigkeit im Bunde[5];**

3. **die Freizügigkeit, das Paßwesen, die Ein- und Auswanderung und die Auslieferung[6];**

4. **das Währungs-, Geld- und Münzwesen[7], Maße und Gewichte sowie die Zeitbestimmung[8];**

5. **die Einheit des Zoll- und Handelsgebietes[9], die Handels- und Schiffahrtsverträge[10], die Freizügigkeit des Warenverkehrs[11] und den Waren- und Zahlungsverkehr mit dem Auslande[12] einschließlich des Zoll- und Grenzschutzes[13];**

6. **den Luftverkehr[14];**

6 a. **den Verkehr von Eisenbahnen, die ganz oder mehrheitlich im Eigentum des Bundes stehen (Eisenbahnen des Bundes), den Bau, die Unterhaltung und das Betreiben von Schienenwegen der Eisenbahnen des Bundes sowie die Erhebung von Entgelten für die Benutzung dieser Schienenwege[15];**

7. **das Postwesen[16] und die Telekommunikation[17f];**

8. **die Rechtsverhältnisse der im Dienste des Bundes und der bundesunmittelbaren Körperschaften des öffentlichen Rechtes stehenden Personen[19];**

9. den gewerblichen Rechtsschutz, das Urheberrecht und das Verlagsrecht[20];

10. die Zusammenarbeit des Bundes und der Länder[21]
    a) in der Kriminalpolizei[22],
    b) zum Schutze der freiheitlichen demokratischen Grundordnung, des Bestandes und der Sicherheit des Bundes oder eines Landes (Verfassungsschutz)[23] und
    c) zum Schutze gegen Bestrebungen im Bundesgebiet, die durch Anwendung von Gewalt oder darauf gerichtete Vorbereitungshandlungen auswärtige Belange der Bundesrepublik Deutschland gefährden[24],
    sowie die Einrichtung eines Bundeskriminalpolizeiamtes und die internationale Verbrechensbekämpfung[25];

11. die Statistik für Bundeszwecke[26].

Übersicht

Literatur: S. Literatur zu Art. 70.

I. Bedeutung

1   Art. 73 enthält einen Katalog der Gegenstände (Materien) der ausschließlichen Gesetzgebungskompetenz des Bundes. Rechtsfolge der Einschlägigkeit einer der hier aufgezählten Gegenstände ist die Sperrwirkung für die Landesgesetzgebung (Rn. 2 zu Art. 71). Rechtsfolge der Nichteinschlägigkeit ist die Gesetzgebungskompetenz der Länder, vorbehaltlich einer anderweitigen Verleihung von Gesetzgebungskompetenz an den Bund (Rn. 11 zu Art. 70). Entscheidend für die Einschlägigkeit ist, ob eine Regelung gegenständlich in den Kompetenzbereich fällt, nicht ob die Kompetenz für eine inhaltlich rechtmäßige oder rechtswidrige Regelung in Anspruch genommen wird (BVerfGE 88, 203/313).

II. Die einzelnen Gegenstände

1. Auswärtige Angelegenheiten, Verteidigung (Nr. 1)

2   **a)** Die Kompetenzzuweisung für die **auswärtigen Angelegenheiten** ergänzt Art. 32 im Hinblick auf die Gesetzgebung (Rn. 8 zu Art. 32). Auswärtige Angelegenheiten sind die Fragen, „die für das Verhältnis der Bundesrepublik Deutschland zu anderen Staaten oder zwischenstaatlichen Einrichtungen, insb. für die Gestaltung der Außenpolitik, Bedeutung haben" (BVerfGE 100, 313/368 f). Einerseits macht nicht jeder Auslandsbezug eine Frage zu einer auswärtigen Angelegenheit (BVerwG, NJW 82, 194); andererseits beschränkt sich der Begriff nicht auf den völkerrechtlichen Verkehr (BVerfGE 100, 313/368 f; a. A. Bothe AK 1; Kunig MüK 6).

3   **Einzelfälle:** Auslandsaufklärung des Bundesnachrichtendienstes (BVerfGE 100, 313/370); auswärtige Kulturpolitik (Heintzen MKS 9); Auswärtiger Dienst (Pestalozza MaK 25); diplomatische und konsularische Beziehungen, einschl. der Diplomatenausbildung (Maunz MD 34) und des Schutzes Deutscher im Ausland (Pestalozza MaK 25); Beitritt zu internationalen Organisationen (Maunz MD 32); Entwicklungshilfe (Dellmann SeiHö 1 a; Wiedemann, DÖV 90, 690 f; offengelassen Maunz MD 44); dienstliche Rechtsstellung ausländischer Vertretungen in der Bundesrepublik (Pestalozza MaK 27); gesamtstaatliche Repräsentation im Ausland, einschl. der Ausstrahlung von Rundfunksendungen in das Ausland (BVerwGE 75, 79/81; Badura BK 30 zu Art. 73 Nr. 7; Stettner DR 9; v. Münch MüK 22 b zu Art. 32; offengelassen BVerfGE 12, 205/241; a. A. Pestalozza

MaK 28); Betreuung von Deutschen im Ausland, einschl. der deutschen Auslandsschulen (Jutzi, Die Deutschen Schulen im Ausland, 1977, 85; Stettner DR 9; a. A. Pestalozza MaK 28).

b) Die 1954 eingefügte und 1968 geänderte (Einl.3 Nr.4, 17) **4** Kompetenzzuweisung für die **Verteidigung** umfasst zum einen den gesamten militärischen Bereich, außer es ginge nur um Angriff (Pestalozza MaK 35 f): Rechtsverhältnisse der Berufssoldaten (Heintzen MKS 17); Wehrpflicht und zivile Dienstleistungen im Verteidigungsfall (BVerfGE 62, 354/373), dagegen ist für den Ersatzdienst Art.12 a Abs.2 S.3 lex specialis (Pestalozza MaK 57; a. A. Heintzen MKS 17); Einsatz der Bundeswehr außerhalb des Verteidigungsfalls (BVerwG, DÖV 73, 492; Bothe AK 2; Kunig MüK 9; a. A. Maunz MD 49; Pestalozza MaK 37); Überlassung von Kasernen an verbündete Streitkräfte (BVerwG, NVwZ 01, 196); Bundeswehrhochschulen (vgl. Rn.8 zu Art.75) mit Ausnahme der hoheitlichen Befugnisse zur Abnahme von Hochschulprüfungen (BVerwG, DVBl 93, 52 f); militärspezifische Gefahrenabwehr (BVerwGE 84, 247/250; NVwZ-RR 97, 351). Verteidigung umfasst zum anderen die Maßnahmen, die zur Abwehr eines gewaltsamen Angriffs auf die Bundesrepublik (vgl. BVerfGE 100, 313/370), insb. zum Schutz der Zivilbevölkerung (vgl. Rn.11 zu Art.12 a), getroffen werden; hierzu zählen die Einrichtung von Schutzanlagen und die Durchführung von Schutzübungen (Maunz MD 49; Rengeling HbStR IV 753), die Vorbereitung und Vorratshaltung (Pestalozza MaK 49).

2. Staatsangehörigkeit im Bund (Nr.2)

Die Kompetenzzuweisung betrifft die Regelung der Voraussetzungen für Erwerb und Verlust der Staatsangehörigkeit (BVerfGE 83, 37/52). Staatsangehörigkeit im Bund umfasst zum einen die deutsche Staatsangehörigkeit iSd Art.16 Abs.1 S.1, 116 Abs.1 (BVerwGE 66, 277/284; Maunz MD 61; Kunig MüK 11; Pestalozza MaK 70, 76). Die Formulierung „Staatsangehörigkeit im Bunde" erklärt sich insofern aus der Gegenüberstellung zur „Staatsangehörigkeit in den Ländern" im früheren Art.74 Nr.8. Die Landesangehörigkeit steht in ausschließlicher Landesgesetzgebungskompetenz (Pestalozza MaK 73). Nr.2 umfasst darüber hinaus auch die Regelung der Status-Deutschen iSd Art.116 Abs.1 (Degenhart SA 13; Pestalozza MaK 78; a. A. Maunz MD 62); der dortige Regelungsvorbehalt (Rn.2 f zu Art.116) bezieht sich dagegen auf die Deutscheneigenschaft (Pestalozza MaK 84). Keine Fragen der Staatsangehörigkeit sind dagegen die einzelnen an diese anknüpfenden Rechte und Pflichten (Maunz MD 63) und die Unionsbürgerschaft gem. Art.17 ff EGV (Heintzen MKS 25).

3. Freizügigkeit, Passwesen, Ein- und Auswanderung, Auslieferung (Nr.3)

6 *Freizügigkeit* entspricht dem Schutzbereich des Art.11 Abs.1 (dagegen rechnen Pestalozza MaK 117 ff, 136 ff und Heintzen MKS 28 auch die wirtschaftliche Freizügigkeit hierher). Da der dort enthaltene Zusatz „im ganzen Bundesgebiet" hier fehlt, umfasst Nr.3 auch die Ein- und Ausreise (Bothe AK 6; Kunig MüK 14; Pestalozza MaK 133 f). Das *Passwesen* bezieht sich auf die Gesamtheit der mit der Erteilung und dem Entzug von Pässen verbundenen gesetzgeberischen und exekutivischen Maßnahmen (Maunz MD 73). Der Pass ist kein Personalausweis (Rn.17 zu Art.75), sondern der Ausweis über die Identität von Personen zum Gebrauch im grenzüberschreitenden Verkehr (Kunig MüK 15; vgl. auch BVerwG, Bh 402.00 PassG Nr.10). *Einwanderung* ist die Einreise in das Bundesgebiet mit dem Ziel, dort einen Wohnsitz oder dauernden Aufenthalt zu begründen; *Auswanderung* ist die Ausreise aus dem Bundesgebiet mit dem Ziel, einen Wohnsitz oder dauernden Aufenthalt außerhalb des Bundesgebiets zu begründen (Maunz MD 74; Rengeling HbStR IV 755). Für die Stellung von Ausländern nach ihrer Einwanderung ist Art.74 Abs.1 Nr.4 einschlägig. Zum Begriff der *Auslieferung* Rn.14 f zu Art.16. Da Art.16 Abs.2 S.1 die Auslieferung Deutscher verbietet, kann sich Nr.3 nur auf die Regelung der Auslieferung von Ausländern und der Auslieferung von Deutschen durch ausländische Staaten an die Bundesrepublik Deutschland beziehen (Kunig MüK 17).

4. Währungswesen, Maße (Nr.4)

7 **Währungswesen** ist der Oberbegriff zu **Geld- und Münzwesen** und umfasst die Bestimmung und institutionelle Ordnung der gesetzlichen Zahlungsmittel, die Devisenbewirtschaftung (BVerfGE 1, 372/391 f), die Grundsätze der Währungspolitik (BVerfGE 4, 60/73; Schmidt HbStR III 1126 ff) – wozu freiwillige Leistungen über die Umstellungsquote der Währungsgesetzgebung hinaus nicht gehören (BVerfGE 10, 141/160) und woraus sich auch keine generelle Kompetenz für die Konjunkturpolitik ergibt (Bothe AK 10; Maunz MD 80) – sowie die Organisation der Lenkung des Währungswesens durch die Bundesbank (Art.88). Geldwesen betrifft die Geldnoten und das Buch- oder Giralgeld (Pestalozza MaK 194 f).

Münzwesen umfasst die Regelung der Bundesmünzen, die gesetzliche Zahlungsmittel sind, sowie diesbezügliche Schutzvorschriften (Degenhart SA 19; Kunig MüK 20; Rengeling HbStR IV 756; a. A. Bothe AK 10: alle Münzen).

Maße ist der Oberbegriff zu **Gewichte** und **Zeitbestimmung.** 8
Nr. 4 umfasst die Festlegung der von den Naturwissenschaften eingeführten Maße sowie diesbezügliche Schutzvorschriften, d. h. das Eichwesen (Maunz MD 87). Dazu gehört die Festlegung des Kalenders (Maunz MD 84; Rengeling HbStR IV 756; a. A. Pestalozza MaK 219) und die Einführung der Sommerzeit (Bothe AK 12; Kunig MüK 21), nicht aber die Festlegung von Handelsklassen für landwirtschaftliche Erzeugnisse (Maunz MD 87; Kunig MüK 21) oder die Prüfung der Läufe und Verschlüsse der Handfeuerwaffen (**a. A.** BVerfGE 8, 143/153 f).

5. Waren- und Zahlungsverkehr (Nr. 5)

Die Forderung nach **Einheit des Zoll- und Handelsgebiets** 9
soll über die Kompetenzverteilung hinaus materiell-rechtlich ein grundsätzliches Verbot von Handelsschranken innerhalb des Bundesgebiets enthalten (Bothe AK 13; Maunz MD 92; Pestalozza MaK 260; a. A. Kunig MüK 22). Kleinere Abweichungen in örtlicher – Zollanschlüsse, Zollausschlüsse, Zollfreigebiete – und zeitlicher Hinsicht – Übergangsregelungen für das Saarland und dessen Beitritt zur Bundesrepublik – sind hiermit vereinbar (Maunz MD 92). Für den Teilbereich des Zollwesens ist Art. 105 Abs. 1 lex specialis (Degenhart SA 21, Maunz MD 93; **a. A.** BVerfGE 8, 260/268: nur deklaratorische Wiederholung; Pestalozza MaK 261: unterschiedliche Gegenstände).

Handels- und Schifffahrtsverträge meint nicht den Vertrags- 10
abschluss und das Vertragsabschlussverfahren, sondern die Materien, die typischerweise in solchen Verträgen geregelt werden: Bedingungen der Ein- und Ausfuhr von Waren, Meistbegünstigungsklausel, Niederlassungen zum Zweck des Handels, Zugang von Schiffen zu Häfen (Bothe AK 14; Maunz MD 97; Pestalozza MaK 266), nicht aber das Recht der Hafengebühren (BVerfGE 91, 207/220). Die Binnenschifffahrt ist nicht umfasst, soweit sie nur Deutsche betrifft (Kunig MüK 23). Der Gegenstand überschneidet sich mit dem des Waren- und Zahlungsverkehrs mit dem Ausland (unten Rn. 12).

Die **Freizügigkeit des Warenverkehrs** bezieht sich in Abgren- 11
zung zum folgenden Gegenstand nur auf den inländischen Warenver-

kehr. Insofern ist dieser Gegenstand schon in dem der Einheit des Zoll-
und Handelsgebiets enthalten (Degenhart SA 21; Kunig MüK 24).

12   Der **Waren- und Zahlungsverkehr mit dem Ausland** geht
v.a. im Hinblick auf den Zahlungsverkehr (nicht identisch mit dem
Kapitalverkehr; Pestalozza MaK 300, 303) über den Gegenstand der
Handels- und Schifffahrtsverträge hinaus. Darunter fällt das nicht in
Devisenbewirtschaftung (oben Rn.7) bestehende Devisenrecht
(BVerwGE 81, 1/2; Pestalozza MaK 302). Unerheblich ist, ob der
Verkehrsvorgang unentgeltlich erfolgt (BVerfGE 33, 52/60 f); daher
fällt z. B. der Leihverkehr mit ausländischem Kulturgut hierunter
(Pieroth/Hartmann, NJW 00, 2131). Erfasst werden alle Wareinein-
fuhr- und -ausfuhrverbote, einschl. der Filmeinfuhrverbote aus poli-
zeilichen Gründen (BVerfGE 33, 52/64; Degenhart SA 21; Kunig
MüK 25; a. A. BVerfGE *abwM* 33, 78/79).

13   Der **Zoll- und Grenzschutz** umfasst über den Waren- und
Zahlungsverkehr mit dem Ausland hinaus auch die grenzschutzspe-
zifische polizeiliche Tätigkeit an der Grenze, im grenznahen Raum
und auf Flughäfen und Grenzbahnhöfen; das Wort „einschließlich"
ist daher entweder ein Redaktionsversehen (Bothe AK 15; Maunz
MD 102 f; Rengeling HbStR IV 758) oder ein verschleiernder
Kompromiss (Pestalozza MaK 307).

6. Luftverkehr, Eisenbahnen des Bundes (Nr. 6, 6 a)

14   **Luftverkehr** meint nicht nur den reinen Flugverkehr, sondern das
gesamte Luftfahrtwesen (BVerwGE 95, 188/190 f). Umfaßt sind Re-
gelungen über die Luftaufsicht (Rengeling HbStR IV 760), Luftpolizei
(Kunig MüK 27), Flugsicherung (Pestalozza MaK 346), Luftrettung
(Kunig MüK 27) sowie Anlage und Betrieb von Flughäfen (HessStGH,
ESVGH 32, 20/25 f; Bothe AK 18; Keller, DÖV 82, 811; a. A. Frohn,
DÖV 82, 322), einschl. des anlagebezogenen Lärmschutzes
(BVerwGE 87, 332/339; Pestalozza MaK 344 f), des Schutzes vor
Angriffen auf die Sicherheit des Luftverkehrs (vgl. BVerfGE 97,
198/225 f) und der Erhebung einer Luftsicherheitsgebühr (BVerwGE
95, 188/192). Erfasst wird ferner die Raumfahrt (Bothe AK 19; Kunig
MüK 28; Stettner DR 26; a. A. Maunz MD 114).

15   **Eisenbahn** ist ein Unterfall von Schienenbahnen (Rn. 57 zu
Art. 74). Sie ist gekennzeichnet durch das System von Rad und
Schiene (BT-Drs. 12/5015, 5; Pestalozza MaK 385 f). Eisenbahnen
des Bundes sind diejenigen Eisenbahnunternehmen, die ganz oder
mehrheitlich im Eigentum des Bundes stehen. Die Mehrheit der
Anteile und Stimmrechte reicht aus (Schmidt-Aßmann/Röhl, DÖV

94, 579). Die 1993 geänderte (Einl.3 Nr.40) Fassung unterscheidet mit Blick auf EG-Recht und in Parallele zu Art.74 Abs.1 Nr.22 (Rn.52, 55, 56 zu Art.74) innerhalb des Begriffs der Eisenbahn zwischen dem Verkehr (Transportmittel, sein Einsatz und Beziehungen zu seinen Nutzern), der Infrastruktur (Bau, Unterhaltung und Betreiben der Schienenwege) sowie der Erhebung von Entgelten für die Benutzung dieser Schienenwege. Zu den Schienenwegen zählen auch Anlagen und Gebäude (Pestalozza MaK 393, 401 f). Der Gegenstand umfasst mit dem Betrieb ferner Regelungen über die Bahnpolizei (BVerfGE 97, 198/218 ff; Bothe AK 17; Maunz MD 109; Kunig MüK 29; Rengeling HbStR IV 761) und Kreuzungen mit anderen Verkehrswegen, einschl. der materiellen Rechtswirkungen diesbezüglicher Planfeststellungen (BVerfGE 26, 338/375; BVerwGE 64, 202/207; 92, 258/259 f; NVwZ 01, 89; vgl. auch Fromm, DVBl 94, 192). Dagegen fallen **nicht** hierunter: Gebührenpflicht der Bundesbahn gegenüber Länderbehörden (BVerfGE 26, 281/300 f; BVerwG, VwRspr Bd.26, Nr.99); Rückenteignung zu Lasten der Bundesbahn (BVerwG, NVwZ 87, 50); Werbeanlagen an der Außenseite einer Eisenbahnbrücke (BVerwG, NJW 62, 554); Geschäftstätigkeiten in dem Eisenbahnverkehr verwandten Bereichen (Pestalozza MaK 395).

7. Postwesen und Telekommunikation (Nr.7)

a) Zum **Postwesen** zählen die herkömmlichen Postdienste, auch **16** soweit sie nicht dem Postmonopol gem. §§ 2, 3 PostG unterliegen, z. B. Postzeitungsdienst (BVerfGE 80, 124/132), Postreisedienst (Pestalozza MaK 457) und Postbank (Degenhart SA 31; Lerche MD 47 zu Art.87 f; zweifelnd Heintzen MKS 65). Privatisierungen im Postwesen lassen die Reichweite des Kompetenztitels unberührt (Heintzen MKS 68; a. A. Badura BK 9). Die postalische Beförderung von Nachrichten und Kleingütern ist durch die Übermittlung in einem standardisierten und auf massenhaften Verkehr angelegten Transportnetz und durch festgelegte Gewichtsgrenzen gekennzeichnet (BT-Drs. 12/7269, 4). Neue Dienstzweige müssen in einem notwendigen Zusammenhang hiermit stehen (Lerche MD 48 zu Art.87 f; Kunig MüK 30). Die Gebührenpflicht der Bundespost gegenüber Landesbehörden fällt nicht hierunter (BVerfGE 26, 281/300 f), wohl aber die in den Postgebühren enthaltene Ablieferung an den Bund (BVerfG-K, NJW 84, 1871).

b) Der Begriff **Telekommunikation** ist 1994 (Einl.3 Nr.41) **17** an die Stelle des Begriffs „Fernmeldewesen" getreten, ohne dass damit eine inhaltliche Änderung eingetreten ist (BT-Drs. 12/7269, 4). Er umfasst die technische Seite des Übermittlungsvorgangs im gesamten nicht körperlichen Kommunikationswesen (BVerfGE 12, 205/225 ff). Hierzu zählen auch die technischen Einrichtungen am Anfang und Ende des Übermittlungsvorgangs (BVerfGE 46, 120/144). Für den Bereich der Massenkommunikation fallen alle Regelungen über die übermittelten Inhalte und die Organisation nicht unter Nr.7 (Degenhart SA 33a, 35; Kunig MüK 31; Pestalozza MaK 468). Für den Bereich der Individualkommunikation gilt das Gleiche für neue Medien; das traditionelle Postrecht fällt dagegen unter Nr.7 (Bullinger, AfP 82, 73). Für neue Medien können sich Bundeskompetenzen aus anderen Normen ergeben, z.B. für den Jugendschutz aus Art.74 Abs.1 Nr.7. Zum Auslandsrundfunk oben Rn.3.

18   **Einzelfälle:** Breitbandverkabelung (BVerwGE 77, 128/131); digitale Nachrichtenübertragung (BVerfGE 46, 120/139 ff); FernmeldeanlagenG (GemSOBG, BGHZ 56, 395/396); Fernschreib-, Fernsprech- und Funkwesen (Kunig MüK 31); Kosten (Pestalozza MaK 470); Planfeststellung nach dem TelegraphenwegeG (BVerwGE 27, 253/256; VkBl 67, 588); Satellitenfunk (Bullinger, AfP 85, 1); Sendetechnik des Rundfunks (BVerfGE 12, 205/225). **Nicht** dazu gehören und in die Gesetzgebungskompetenz der Länder fallen: Fernsprechauftrags- und -ansagedienste (Pestalozza MaK 475); Frequenznutzung im Unterschied zur fernmelderechtlichen Frequenzzuteilung (BayVerfGHE 43, 95/99; NVwZ 94, 1205; Badura BK 31; Maunz MD 126); Mediendienste (Badura BK 32); Organisation, Programmgestaltung, Studiotechnik und Veranstaltung des Rundfunks (BVerfGE 12, 205/225 ff); Rundfunkgebühren (BVerfGE 90, 60/105; BVerwGE 29, 214/215; 66, 315/322; 72, 8/10); Werbefunk- und Werbefernsehen (Badura BK 28; Kunig MüK 32).

8. Rechtsverhältnisse der Bundesbediensteten (Nr.8)

19   Die Vorschrift ist lex specialis zu Art.74a Abs.1 und umfasst das gesamte Dienstrecht, einschl. der Besoldung und Versorgung, des Disziplinar- und Disziplinarverfahrensrechts (Maunz MD 142), des Laufbahnrechts (BVerwGE 64, 142/147; a.A. Pestalozza MaK 499), der Inkompatibilitäten (Pestalozza MaK 493) sowie des Personalvertretungsrechts (BVerfGE 7, 120/127; 67, 382/387), soweit der Bund oder eine bundesunmittelbare Körperschaft, einschl. Anstalten und Stiftungen (hM; a.A. Pestalozza MaK 513 ff), Dienstherr ist. Letzte-

res trifft auf die Kirchen nicht zu (Kunig MüK 34; Pestalozza MaK 519; Rengeling HbStR IV 763). Kein Dienstrecht war § 1 StHG (BVerfGE 61, 149/202). Erfasst werden Beamte, Angestellte, Arbeiter, Minister und Parlamentarische Staatssekretäre (Bothe AK 22; Maunz MD 139; Kunig MüK 34), Soldaten (BVerfGE 39, 128/141; Maunz MD 137; Pestalozza MaK 503; Rengeling HbStR IV 763; a. A. BVerfGE 62, 354/367 f; Kunig MüK 34) und Zivildienstleistende (Pestalozza MaK 504; a. A. Degenhart SA 39), nicht dagegen noch nicht im Dienst stehende Personen (Pestalozza MaK 498), Bundestagsabgeordnete (Rn.25 zu Art.38) und Richter (Rn.2 zu Art.98). Zu den Bediensteten von Bahn und Post Rn.2 zu Art.143 a und Rn.3 zu Art.143 b. Zur Zustimmungsbedürftigkeit entsprechender Gesetze Rn.6 zu Art.74 a.

9. Gewerblicher Rechtsschutz, Urheberrecht, Verlagsrecht (Nr.9)

Der *gewerbliche Rechtsschutz* umfasst den Schutz des geistigen **20** Schaffens auf gewerblichem Gebiet. Dazu gehören das Gebrauchsmuster-, Geschmacksmuster-, Patent-, Sortenschutz-, Warenzeichen- und Wettbewerbsrecht (Kunig MüK 35). Das *Urheberrecht* umfasst Normen zum Schutz von Werken der Literatur, Wissenschaft und Kunst. Dazu gehört auch die Tätigkeit von entsprechenden Verwertungsgesellschaften (Kunig MüK 35), nicht aber die Ablieferungspflicht von Pflichtexemplaren (BVerfGE 58, 137/145 f) und die nachrichtenmäßige Kurzberichterstattung im Fernsehen (BVerfGE 97, 228/251). Das *Verlagsrecht* betrifft die Rechtsbeziehungen zwischen dem Verfasser eines Literatur- oder Tonkunstwerks und dem Verleger, nicht aber das gesamte Verlagswesen (Bothe AK 25; Rengeling HbStR IV 764; a. A. Maunz MD 153), die Betätigung von Verlagen im Bereich des Rundfunks (Kunig MüK 36) oder die Ablieferungspflicht von Pflichtexemplaren (BVerfGE 58, 137/145 f).

10. Verbrechensbekämpfung und Verfassungsschutz (Nr.10)

a) Die **Zusammenarbeit des Bundes und der Länder** in den **21** unter Buchstabe a–c genannten Bereichen bedeutet ein auf Dauer angelegtes Zusammenwirken, das von gegenseitiger Information, Unterstützung und Hilfeleistung bis hin zur organisatorischen und funktionalen Verknüpfung in Einsatzgemeinschaften und gemeinschaftlichen und zentralen Einrichtungen reicht (Werthebach/Droste

BK 69 ff). Sie geht damit über die Pflicht zur Amtshilfe gem. Art.35 Abs.1 hinaus und umfasst auch die Zusammenarbeit zwischen den Ländern, nicht aber die verbandsinterne Zusammenarbeit (Pestalozza MaK 609 f). Nr.10 deckt die Übertragung von Aufgaben auf die Länder sowie die Einräumung von Weisungsbefugnissen an den Bund und die Zentralstellen isd Art.87 Abs.1 S.2, soweit dies zum Zweck der Koordinierung erforderlich ist (Lerche MD 129 zu Art.87; Pestalozza MaK 604; Werthebach/Droste BK 76; a. A. Gusy, DVBl 93, 1121). Nr.10 deckt dagegen nicht Kompetenzzuweisungen an die Landesbehörden (Gusy, BayVBl 82, 202; Werthebach/ Droste BK 74; a. A. Stern I 223; offengelassen BVerwGE 69, 53/58 f).

22   Die Tätigkeit der **Kriminalpolizei** (Buchstabe a) umfasst die Verhütung, Aufklärung und Verfolgung gewichtiger strafbarer Handlungen, nicht aber die allgemeine Gefahrenabwehr und die Bekämpfung von Ordnungswidrigkeiten (Stettner DR 42; Rengeling HbStR IV 765). § 4 BKAG überschreitet diese Kompetenzgrenzen (Pestalozza MaK 616 f; a. A. Werthebach/Droste BK 139). Nr.10 a ermächtigt nicht zur Errichtung von Bundespolizeibehörden; s. aber oben Rn.14 (Luftpolizei), Rn.15 (Bahnpolizei) und unten Rn.25 (Bundeskriminalpolizeiamt).

23   In Buchstabe b wird der **Verfassungsschutz** definiert. Zu den Begriffen der freiheitlichen demokratischen Grundordnung und des Bestandes des Bundes oder eines Landes Rn.33 f zu Art.21. „Sicherheit des Bundes oder eines Landes" muss in Abgrenzung von den in die Kompetenz der Länder fallenden allgemeinen Sicherungsaufgaben auf solche Sicherheitsbelange beschränkt werden, die von besonderem Gewicht sind und mit den Mitteln der Polizei und der Strafverfolgungsbehörden nicht abgewehrt werden können (Kunig MüK 40). Zum Bundesamt für Verfassungsschutz Rn.7 zu Art.87.

24   Zu den 1972 eingefügten (Einl.3 Nr.31), die **auswärtigen Belange gefährdenden Bestrebungen** (Buchstabe c), gehören besonders die von Ausländern (Emigrantenorganisationen), aber auch die von Deutschen ausgehenden (Maunz MD 164; Kunig MüK 41).

25   **b)** Zum **Bundeskriminalpolizeiamt** Rn.6 zu Art.87. Seine Einrichtung begründet keine eigenständigen Strafverfolgungsbefugnisse (Pestalozza MaK 683). Die **internationale Verbrechensbekämpfung** betrifft nicht nur grenzüberschreitende Straftaten, sondern alle Straftaten, deren Bekämpfung eine internationale Zusammenarbeit erfordert. Auch dadurch werden keine Strafverfolgungsbefugnisse begründet (Maunz MD 166).

11. Statistik für Bundeszwecke (Nr.11)

Statistik ist die methodische Erhebung, Sammlung, Darstellung und **26**
Auswertung von Daten und Fakten (Kunig MüK 43), auch Repräsen-
tativbefragungen (vgl. BVerfGE 27, 1) und Meinungsbefragungen, es
sei denn, ihnen wohnt die Absicht inne, politische Aktionen zu
bewirken (BVerfGE 8, 104/111). Die Statistik *für Bundeszwecke* muss
der Erfüllung einer Bundesaufgabe dienen (BVerfGE 8, 104/119; 65,
1/39; diff. Pestalozza MaK 715 ff); doch darf auch Aufgaben der
Länder Rechnung getragen werden, z.B. mit Angaben über die Zugehörigkeit oder Nichtzugehörigkeit zu einer Religionsgemeinschaft
(BVerfGE 65, 1/39 f). Nicht hierunter fällt die Tätigkeit privater
Meinungsforscher (Kunig MüK 44; Rengeling HbStR IV 767).

Art.74 [Gegenstände der konkurrierenden Gesetzgebung des Bundes]

(1) **Die konkurrierende Gesetzgebung erstreckt sich auf folgende Gebiete:**

1. **das bürgerliche Recht[2f], das Strafrecht[4f] und den Strafvollzug[6],
   die Gerichtsverfassung[7], das gerichtliche Verfahren[8f], die
   Rechtsanwaltschaft, das Notariat und die Rechtsberatung[10];**

2. **das Personenstandswesen[11];**

3. **das Vereins- und Versammlungsrecht[12];**

4. **das Aufenthalts- und Niederlassungsrecht der Ausländer[13];**

4 a. **das Waffen- und das Sprengstoffrecht[14];**

5. **(aufgehoben, s. Einl.3 Nr.42)**

6. **die Angelegenheiten der Flüchtlinge und Vertriebenen[16];**

7. **die öffentliche Fürsorge[17f];**

8. **(aufgehoben, s. Einl.3 Nr.42)**

9. **die Kriegsschäden und die Wiedergutmachung[20];**

10. **die Versorgung der Kriegsbeschädigten und Kriegshinter-
    bliebenen und die Fürsorge für die ehemaligen Kriegsgefan-
    genen[21];**

10 a. **die Kriegsgräber und Gräber anderer Opfer des Krieges
      und Opfer von Gewaltherrschaft[21];**

11. **das Recht der Wirtschaft[22ff] (Bergbau, Industrie, Energie-
    wirtschaft, Handwerk, Gewerbe, Handel, Bank- und Börsen-
    wesen, privatrechtliches Versicherungswesen)[25];**

11 a. die Erzeugung und Nutzung der Kernenergie zu friedlichen Zwecken, die Errichtung und den Betrieb von Anlagen, die diesen Zwecken dienen, den Schutz gegen Gefahren, die bei Freiwerden von Kernenergie oder durch ionisierende Strahlen entstehen, und die Beseitigung radioaktiver Stoffe[28];

12. das Arbeitsrecht[29] einschließlich der Betriebsverfassung, des Arbeitsschutzes und der Arbeitsvermittlung[30] sowie die Sozialversicherung einschließlich der Arbeitslosenversicherung[31 f];

13. die Regelung der Ausbildungsbeihilfen und die Förderung der wissenschaftlichen Forschung[33];

14. das Recht der Enteignung, soweit sie auf den Sachgebieten der Artikel 73 und 74 in Betracht kommt[34];

15. die Überführung von Grund und Boden, von Naturschätzen und Produktionsmitteln in Gemeineigentum oder in andere Formen der Gemeinwirtschaft[34];

16. die Verhütung des Mißbrauchs wirtschaftlicher Machtstellung[35];

17. die Förderung der land- und forstwirtschaftlichen Erzeugung, die Sicherung der Ernährung, die Ein- und Ausfuhr land- und forstwirtschaftlicher Erzeugnisse, die Hochsee- und Küstenfischerei und den Küstenschutz[36];

18. den Grundstücksverkehr[37], das Bodenrecht (ohne das Recht der Erschließungsbeiträge)[38 f] und das landwirtschaftliche Pachtwesen[40], das Wohnungswesen[41], das Siedlungs- und Heimstättenwesen[42];

19. die Maßnahmen gegen gemeingefährliche und übertragbare Krankheiten bei Menschen und Tieren[43], die Zulassung zu ärztlichen und anderen Heilberufen und zum Heilgewerbe[44 f], den Verkehr mit Arzneien, Heil- und Betäubungsmitteln und Giften[46];

19 a. die wirtschaftliche Sicherung der Krankenhäuser und die Regelung der Krankenhauspflegesätze[47];

20. den Schutz beim Verkehr mit Lebens- und Genußmitteln, Bedarfsgegenständen, Futtermitteln und land- und forstwirtschaftlichem Saat- und Pflanzgut, den Schutz der Pflanzen gegen Krankheiten und Schädlinge sowie den Tierschutz[48];

21. die **Hochsee- und Küstenschiffahrt sowie die Seezeichen, die Binnenschiffahrt**[49]**, den Wetterdienst**[50]**, die Seewasserstraßen und die dem allgemeinen Verkehr dienenden Binnenwasserstraßen**[51];

22. den **Straßenverkehr**[52 f]**, das Kraftfahrwesen**[54]**, den Bau und die Unterhaltung von Landstraßen für den Fernverkehr**[55] **sowie die Erhebung und Verteilung von Gebühren für die Benutzung öffentlicher Straßen mit Fahrzeugen**[56];

23. die **Schienenbahnen, die nicht Eisenbahnen des Bundes sind, mit Ausnahme der Bergbahnen**[57];

24. die **Abfallbeseitigung, die Luftreinhaltung und die Lärmbekämpfung**[58];

25. die **Staatshaftung**[59];

26. die **künstliche Befruchtung beim Menschen, die Untersuchung und die künstliche Veränderung von Erbinformationen sowie Regelungen zur Transplantation von Organen und Geweben**[60].

(2) **Gesetze nach Absatz 1 Nr.25 bedürfen der Zustimmung des Bundesrates**[1].

Übersicht

I. Bedeutung

1   Abs. 1 enthält einen Katalog der Gegenstände (Materien) der konkurrierenden Gesetzgebungskompetenz des Bundes; die Untergliederung in zwei Absätze besteht seit 1994 (Einl. 3 Nr. 42). Rechtsfolge der Einschlägigkeit einer der hier aufgezählten Gegenstände iVm einem wirksamen Gebrauchmachen hiervon durch den Bundesgesetzgeber ist die Sperrwirkung für die Landesgesetzgebung (Rn. 5 zu Art. 72). Rechtsfolge der Nichteinschlägigkeit bzw. des nicht wirksamen oder nur teilweisen oder Nicht-Gebrauchmachens ist die

Gesetzgebungskompetenz der Länder, vorbehaltlich einer anderweitigen Verleihung von Gesetzgebungskompetenz an den Bund (Rn.11 zu Art.70). Zur Frage der Einschlägigkeit s. auch Rn.1 zu Art.73. Abs.2 macht Gesetze nach Abs.1 Nr.25 (unten Rn.59) zustimmungsbedürftig (Rn.4–6 zu Art.77). Zur Fortgeltung alten Rechts nach Änderungen des Art.74 Rn.1 f zu Art.125 a.

II. Die einzelnen Gegenstände (Abs.1)

1. Bürgerliches Recht, Strafrecht, Prozessrecht (Nr.1)

a) Das **bürgerliche Recht** umfasst die Ordnung der Individual- 2 rechtsverhältnisse, wie sie im BGB und den herkömmlich zum bürgerlichen Recht gerechneten Nebengesetzen erfolgt ist (BVerfGE 42, 20/31). Bürgerliches Recht ist grds. ebenso wie unter der Reichsverfassung von 1871 und der WRV zu verstehen (BVerfGE 61, 149/175). Ob ein Gegenstand in heutiger Sicht dem Öffentlichen Recht zuzuordnen ist, ist daher nicht entscheidend (BVerfGE 11, 192/199; 61, 149/176). Nr.1 tritt hinter speziellere Kompetenzverleihungen, wie Art.73 Nr.9, Art.74 Abs.1 Nr.2, 11, 12, 18, Art.75 Abs.1 Nr.2, 3, zurück (Maunz MD 54, 56 f; Pestalozza MaK 57 f).

Einzelfälle einer hierauf gestützten Bundeskompetenz: Amtshaf- 3 tung (BVerfGE 61, 149/176); Beurkundungswesen (BVerfGE 11, 192/199); dingliche Forstrechte (BVerwG, NVwZ 86, 1012); Ertragswertbestimmung (BVerfGE 78, 132/144); Haftpflichtrecht (BGHZ 66, 388/391); Insolvenzrecht (BVerwGE 108, 269/271); Pachtvertragsrecht (BVerfGE 71, 137/143); religiöse Kindererziehung (Rengeling HbStR IV 778; a. A. Maunz MD 61); Sachenrecht (BVerfGE 45, 297/340); Schadenersatzrecht (BVerfGE 45, 297/345); Schatzregal im herkömmlichen Umfang (BVerwGE 102, 260/263 f). **Nicht** hierauf gestützt werden können: Gegendarstellungsanspruch der Presse (BVerwGE 76, 94/96; Groß, DVBl 81, 248; Maunz MD 57; Kunig MüK 9); Staatshaftung im umfassenden Sinn (BVerfGE 61, 149/174 ff; vgl. auch unten Rn.59); Straßenrecht (BVerfGE 42, 20/28 ff).

b) Strafrecht sind die Rechtsnormen, die für eine rechtswidrige 4 und schuldhafte Tat als Rechtsfolge eine Strafe, Buße oder Maßregel der Besserung und Sicherung (vgl. BVerfGE 85, 134/142) festsetzen (Maunz MD 63; Kunig MüK 12). Hierunter fällt auch das Ordnungswidrigkeitenrecht (BVerfGE 27, 18/32 f; 29, 11/16; 31,

141/144; BGHSt 38, 138/142). Verjährungsvorschriften gehören, wenn schon nicht zum Strafrecht (so Degenhart SA 14; Kunig MüK 13), so doch jedenfalls zum gerichtlichen Verfahren (unten Rn.8). Kein Strafrecht sind Privatstrafen gem. §§ 339–345 BGB (Pestalozza MaK 70). Nicht dazu gezählt werden traditionell auch Beugemittel, Disziplinarrecht, standesrechtliche Sanktionen und Verwaltungszwang (krit. Pestalozza MaK 71).

5   Durch diese Kompetenz kann der Bundesgesetzgeber auch **Landesrecht mit Strafe oder Bußgeld bewehren**, insb. durch Blankettstrafgesetze (BVerfGE 23, 113/124 f; 26, 246/257 f; 31, 141/144; 33, 206/219). Das gilt unabhängig davon, ob die landesrechtliche Sachregelung den Ländern ausschließlich oder nur konkurrierend zusteht (Pestalozza MaK 94). Der Bundesgesetzgeber darf aber die Kompetenz der Länder zur inhaltlichen Ausgestaltung des Landesrechts nicht beeinträchtigen (BVerfGE 13, 367/373; 23, 113/125; 26, 246/258). Das ist bei der Strafbarkeit der Fälschung von Volkswahlen in den Gemeinden nicht der Fall (BVerfG-K, NVwZ 93, 56). In den Sachzusammenhang mit Strafrecht fällt das Schutzkonzept für das ungeborene Leben und die Schwangere, einschl. der Organisation der Beratung und berufsrechtlicher Anforderungen (BVerfGE 88, 203/294 f, 304 f, 331; 98, 265/313 ff; BVerwGE 75, 330/332), ferner das strafrechtliche RehabilitierungsG (Pestalozza MaK 350).

6   **c) Strafvollzug** umfasst die Ausführung der Anordnungen der Strafvollstreckungsbehörden – deren Tätigkeit zum gerichtlichen Verfahren gerechnet wird (unten Rn.8) – durch die Strafvollzugsbehörden (Maunz MD 70), einschl. der Regelung der Kosten (BVerfGE 85, 134/144 ff), sowie die Straffreiheitsgesetze (Amnestiegesetze) des Bundes (BVerfGE 2, 213/220 ff; 10, 234/238). Zum Strafvollzug gehören auch der Vollzug der freiheitsentziehenden Maßregeln der Besserung und Sicherung (BVerfGE 85, 134/142) und die Eintreibung von Geldbußen des Ordnungswidrigkeitenrechts (Pestalozza MaK 102). Für Amnestiegesetze der Länder besteht wegen des Verbots der Beeinträchtigung der Bundesgesetzgebungskompetenz (Rn.5 zu Art.72) kaum Raum (Degenhart SA 16; Kunig MüK 15; a. A. Maunz MD 71). Zu den Kompetenzen für Begnadigungen Rn.3–5 zu Art.60.

7   **d) Gerichtsverfassung** umfasst die Ordnung des Gerichtswesens, die äußere Organisation der Rechtsprechung, grds. einschl. der Landesgerichte (BVerfGE 11, 192/198 f; 24, 155/166 f; 30, 103/106), insb. der Verwaltungsgerichte (BVerfGE 20, 238/248; 29,

125/137; 37, 191/198; a.A. Pestalozza MaK 109 ff). Dagegen sind
die konkrete Errichtung der Landesgerichte und die Festsetzung
ihrer Bezirke (BVerfGE 24, 155/166 f) sowie die Geschäftsverhält-
nisse der Gerichtsvollzieher (BVerwGE 65, 253/256) Sache der
Länder (Rn.12 zu Art.92). Die Gerichtsverfassung ist nicht auf
richterliche Tätigkeiten beschränkt, sondern umfasst auch die Pflicht
der Rechtsanwälte zum Tragen einer Amtstracht (BVerfGE 28,
21/32), die Stellung der Staatsanwaltschaft (BVerfGE 56, 110/118)
und der Gerichtsvollzieher (BVerwGE 65, 260/263 f; Grawert,
DGVZ 89, 103 f). Nicht hierunter fallen die Disziplinargerichtsbar-
keit (Maunz MD 73), die Standesgerichtsbarkeit (BVerfGE 4,
74/85), die Verfassungsgerichtsbarkeit der Länder (BVerfGE 96,
345/368 f; HessStGH, ESVGH 40, 20/21; Blümel HbStR IV 980;
Kunig MüK 17), einschl. der Landesverfassungsbeschwerde und der
Befugnis, unter bestimmten Voraussetzungen Entscheidungen der
Landesgerichte aufzuheben, die nach Bundesverfahrensrecht formell
und materiell rechtskräftig sind (BVerfGE 96, 345/370 ff), und die
Regelung der Amtsbezeichnungen der Richter (BVerfGE 38, 1/10
unter Aufgabe von BVerfGE 32, 199/200 f). Für die Rechtsstellung
der Richter ist Art.98 Abs.1, 3 lex specialis (offengelassen BVerwG,
NJW 86, 951).

e) Das **gerichtliche Verfahren** betrifft die verfahrensmäßige **8**
Behandlung von Angelegenheiten durch die Gerichte, von der Einleitung des Verfahrens bis zur Anordnung der Vollstreckung. Einerseits gehört dazu die Vollstreckung, andererseits auch das unmittelbare Vorfeld des gerichtlichen Verfahrens, d.h. Aufklärung, Ermittlung und Verfolgung von Straftaten (Maunz MD 81). Umfaßt sind
auch Maßnahmen, die die Beweisführung in zukünftigen Strafverfahren erleichtern (BVerfG-K, DVBl 01, 454). Es ergeben sich
Überschneidungen mit dem Gegenstand der Gerichtsverfassung
(oben Rn.7); bei manchen Rechtsinstituten ist auch die Zuordnung
zum materiellen oder Verfahrensrecht problematisch (vgl. auch
Rn.4 f zu Art.84).

Einzelfälle: Brief-, Post- und Fernmeldegeheimnisbeschränkun- **9**
gen nach G 10 (BVerfGE 30, 1/29); DNA-Identitätsfeststellung
(BVerfG-K, DVBl 01, 454); Dolmetscher (Pestalozza MaK 121);
Entschädigung für Strafverfolgungsmaßnahmen (Pestalozza MaK
350); Ermittlungsverfahren, einschl. der Regelung diesbezüglicher
Aufgaben und Befugnisse der Polizei (Maunz MD 82; Kunig MüK
19); freiwillige Gerichtsbarkeit (Pestalozza MaK 53, 129); Gerichtskosten (BVerfGE 47, 285/313 f); Normenkontrolle gem. § 47

VwGO (BVerwGE 64, 77/79; a. A. Renck, DÖV 96, 412 f); aus
dem Presserecht die Regelung der Beschlagnahme von Presseerzeugnissen (a. A. Groß, AfP 76, 14) und des Zeugnisverweigerungsrechts
von Presseangehörigen (BVerfGE 36, 193/202; 36, 314/319), nicht
aber der Verjährung von Pressedelikten (BVerfGE 7, 29/40); Rechtsmittel (BVerfGE 48, 367/374), einschl. der Anwendung von Landesrecht durch oberste Bundesgerichte (BVerfGE 10, 285/292 ff); Strafregisterrecht (BVerwGE 54, 81/90). Zum Verwaltungsgerichtsver-
fahren Rn.3 zu Art.72.

10   **f) Rechtsanwaltschaft, Notariat** und **Rechtsberatung** betreffen das entsprechende Berufsrecht, d. h. die Zulassung zum Beruf
und die Berufsausübung einschl. des Gebührenwesens (BVerfGE 17,
287/292; 47, 285/313) und der Strafgerichtsbarkeit (BVerfGE 42,
74/85). Zur Rechtsberatung gehört die diesbezügliche Tätigkeit der
Rechtsbeistände, Prozessagenten, Patentanwälte, Steuerberater und
Wirtschaftsprüfer (Maunz MD 86; Rengeling HbStR IV 782; diff.
Pestalozza MaK 156). Nicht hierunter fallen die Fragen, ob eine
Person ein Recht auf Vertretung durch einen Rechtsanwalt hat oder
ob der Rechtsanwalt ein Vertretungsrecht hat. Dies sind Fragen des
gerichtlichen Verfahrens (oben Rn.8), die aber im Einzelfall einen
stärkeren Sachzusammenhang (Rn.4 zu Art.70) zu einem Gegenstand haben können, der in die Gesetzgebungskompetenz der Länder fällt, z. B. das Gemeindeverfassungsrecht bei kommunalen Ver-
tretungsverboten (BVerfGE 42, 231/241 f; 52, 42/54 ff), bzw. die –
bei kirchlichen Angelegenheiten – der staatlichen Regelungsgewalt
ganz entzogen sind (BVerwG, NJW 74, 716 f; 81, 1973).

2. Personenstandswesen (Nr.2)

11   Erfasst werden die öffentlich-rechtlichen Aspekte des Personen-
standswesens, d. h. die Beurkundung des Personenstands sowie die
Tätigkeit, die Organisation und das Verfahren der Standesämter
(Bothe AK 8; Maunz MD 87; Kunig MüK 24). Hierunter fallen
auch Meldepflichten über den Personenstand (Degenhart SA 24),
nicht aber über den Wohnsitz (Rn.16 zu Art.75). Auch der Name
und die Namensänderung sind keine Frage des Personenstands (Pestalozza MaK 191, 194 und Oeter MKS 35 gegen die h. M.).

3. Vereins- und Versammlungsrecht (Nr.3)

12   *Vereinsrecht* sind die öffentlich-rechtlichen Regelungen des Ver-
einswesens (Zulassung, Überwachung, Auflösung); privatrechtliche

Aspekte fallen unter Art.74 Abs.1 Nr.1 „bürgerliches Recht". Zum Begriff des Vereins Rn.3–5 zu Art.9. Koalitionen sind Vereine, ihre tarifvertragsbezogene Tätigkeit fällt aber unter Art.74 Abs.1 Nr.12 (Bothe AK 9). Keine Vereine sind öffentlich-rechtliche Körperschaften (Rn.4 zu Art.9). Spezielle Kompetenznormen bestehen für Parteien (dazu Rn.2 zu Art.21), Fraktionen (dazu Rn.6 zu Art.40) und Religionsgesellschaften (dazu Rn.1 zu Art.137 WRV iVm Art.140). *Versammlungsrecht* sind die öffentlich-rechtlichen Regelungen des Versammlungswesens. Zum Begriff der Versammlung Rn.2 f zu Art.8. Es besteht kein Grund, private Versammlungen hier auszuklammern (Degenhart SA 26; Kunig MüK 26; Pestalozza MaK 205; a. A. Maunz MD 93; Rengeling HbStR IV 785). Die Vorschriften über nichtöffentliche Versammlungen haben aber keinen abschließenden Charakter (BVerwG, DVBl 99, 1742). Zum Versammlungsrecht gehört auch das Recht in der Bannmeile, während die Festlegung des Bannkreises eine ungeschriebene Kompetenz des Bundes (bei Bundesorganen) und der Länder (bei Landesorganen) ist (Pestalozza MaK 216).

4. Aufenthalts- und Niederlassungsrecht der Ausländer (Nr.4)

13 Die Vorschrift betrifft das Verweilen einschl. der Wohnsitznahme (Aufenthalt) und die Begründung einer Erwerbstätigkeit (Niederlassung) von Ausländern in der Bundesrepublik Deutschland, nicht aber das Ausländerrecht insgesamt, d. h. das Sonderrecht für Ausländer während ihres Aufenthalts und für ihre Erwerbstätigkeit (Pestalozza MaK 236 f, 240 f; dagegen will Oeter MKS 48 die Einreise erfassen). Ausländer sind alle natürliche Personen, die nicht Deutsche sind (Rn.1–10 zu Art.116), sowie ausländische juristische Personen (vgl. JöR 1991, 505). Erfasst wird grds. auch das Asylverfahrensrecht (a. A. Pestalozza MaK 233: ausschließliche Bundeskompetenz kraft Natur der Sache); für die Gesetze gem. Art.16 a Abs.2 S.2, Abs.3 S.1 (nicht aber Abs.4 S.2) besteht aber eine ausschließliche Gesetzgebungskompetenz des Bundes (vgl. Rn.3 zu Art.70). Einwanderung und Auslieferung von Ausländern fallen unter Art.73 Nr.3 als lex specialis (Degenhart SA 28).

5. Waffen- und Sprengstoffrecht (Nr.4a)

14 Erfasst wird seit 1972 (Einl.3 Nr.31) das gesamte Waffen- und seit 1976 (Einl.3 Nr.34) auch das Sprengstoffrecht, d. h. jeglicher Umgang mit Waffen und Sprengstoffen. Nur Art.73 Nr.5 tritt nicht

hinter diesen Kompetenztitel zurück (Pestalozza MaK 276). Für das
Kriegswaffenrecht (Rn.6 zu Art.26) ist Art.26 Abs.2 S.2 lex specialis
(Pestalozza MaK 268; Oeter MKS 55).

6. Flüchtlinge und Vertriebene (Nr.6)

16   Die Vorschrift betrifft die Eingliederung und Förderung von
Flüchtlingen (vgl. Rn.2 zu Art.16 a) und Vertriebenen in berufli-
cher, sozialer, wirtschaftlicher und kultureller Beziehung (Maunz
MD 103; Kunig MüK 31), nicht auch die Einreise, für die Art.73
Nr.3 einschlägig ist. Sie ist nicht auf Deutsche und nicht auf Flucht
und Vertreibung als Folge des Zweiten Weltkriegs beschränkt (Bothe
AK 14; Kunig MüK 31; Pestalozza MaK 295), umfasst aber nicht
Aussiedler und Evakuierte (Pestalozza MaK 297; a. A. Maunz MD
103; Oeter MKS 61; Rengeling HbStR IV 788; Stettner DR 40).

7. Öffentliche Fürsorge (Nr.7)

17   Die Vorschrift umfasst im Kern die öffentliche Hilfe bei wirtschaftlicher Notlage, d. h. die Sozialhilfe (Degenhart SA 32; Korioth,
DVBl 93, 357). Sie wird im Hinblick auf das Sozialstaatsprinzip
(Rn.102–115 zu Art.20) weit (BSGE 6, 213/219; krit. Pestalozza
MaK 353: keine „Generalklausel zugunsten eines Beschützers und
Betreuers Bund") oder jedenfalls „nicht eng" (BVerfGE 88,
203/329) ausgelegt. Danach umfasst Nr.7 auch vorbeugende Maßnahmen (BVerfGE 22, 180/212 f), Hilfe bei anderen als wirtschaftlichen Notlagen (BVerfGE 42, 263/281 f), organisatorische Regelungen und Abgrenzungen (BVerfGE 22, 180/203) bis hin zu Zwangsmaßnahmen gegen Hilfsbedürftige (BVerfGE 58, 208/227) oder
Dritte (BVerfGE 30, 47/53). Das Merkmal „öffentlich" schließt
nicht aus, dass auch Private gebunden werden (BVerfGE 57,
139/159, 166 f; Degenhart SA 35; Maunz MD 110). In diesen Fällen
besteht aber ein Sachzusammenhang (Rn.5–7 zu Art.70) mit der
öffentlichen Fürsorge nur dann, wenn das Ziel der öffentlichen Hilfe
bei allgemeiner Notlage im Vordergrund steht (Maunz MD 115).
Maßnahmen für notleidende Berufsgruppen fallen unter das Berufsrecht, das teilw. in der Kompetenz des Landesgesetzgebers liegt
(Bothe AK 15; Maunz MD 116; Kunig MüK 35). Wegen der eingeschränkten Gesetzgebungskompetenz des Bundes für das Gesundheitswesen (unten Rn.43–47) darf keine strukturelle Veränderung
des Gesundheitswesens in den Ländern auf Nr.7 gestützt werden
(BVerfGE 88, 203/330).

Einzelfälle: Altenhilfe (Pestalozza MaK 344); Blindenhilfe (Ku- **18** nig MüK 33); Contergan-Hilfswerk (BVerfGE 42, 263/281); Ehe- und Familienberatung (Maunz MD 116); Erstattung von Arbeitslosenhilfe (BVerfGE 81, 156/186); Erziehungsgeld (Pestalozza MaK 336); Familienlastenausgleich (BVerfGE 87, 1/ 34 f); HäftlingshilfeG (Pestalozza MaK 350); HeimG (Pestalozza MaK 329 Fn.597; a. A. Bischoff, DÖV 78, 201 f); Jugendpflege (BVerfGE 22, 180/212 f); Jugendschutz (BVerfGE 31, 113/117; BVerwGE 19, 94/96; 23, 112/113; 85, 169/176); Kinderbeauftragte (Pestalozza MaK 340 Fn.644); KindererziehungsleistungsG (BVerfGE 87, 1/34 f); Kindergärten bzw. -tageseinrichtungen (BVerfGE 97, 332/341 f; LVerfG SAn, LVerfGE 9, 390/399 f; a. A. BayVerfGHE 29, 191/202 f; Degenhart SA 33; Isensee, DVBl 95, 5 f; Kunig MüK 34); Kindergeld (BSGE 6, 213/224; Maunz MD 113; Rengeling HbStR IV 789), soweit nicht Art.74 Abs.1 Nr.12 „Sozialversicherung" oder „Arbeitsrecht" einschlägig ist (BVerfGE 11, 105/111, 115 f); Opferentschädigung (Bothe AK 15; Kunig MüK 33; Maunz MD 108; krit. Pestalozza MaK 350); Schwangerschaftsabbrucheinrichtungen (BVerfGE 88, 203/330 f); Schwerbehindertenhilfe (BVerfGE 57, 139/166 f; BVerwGE 72, 8/10; BSGE 52, 168/175); Unterbringung aus fürsorgerischen Gründen (BVerfGE 58, 208/227), d. h. nicht generell Unterbringung von Alten oder psychisch Kranken (Maunz MD 112, 116; offengelassen BVerfGE 58, 208/229 f); Wohngeld (Pestalozza MaK 335).

8. Kriegsschäden, Wiedergutmachung, Kriegsopfer, Kriegsgräber (Nr.9, 10, 10a)

Kriegsschäden bedeutet Sachschäden, die durch Kriege mit **20** deutscher Beteiligung (Oeter MKS 78), insb. den Zweiten Weltkrieg, entstanden sind, einschl. der Nachkriegs- und Folgeschäden; die zeitliche Grenze ist wie bei Art.120 zu bestimmen (Maunz MD 122; Kunig MüK 36; krit. Pestalozza MaK 410 f); Personenschäden fallen unter Art.74 Abs.1 Nr.6 und 10. **Wiedergutmachung** bedeutete zunächst den Ausgleich von Schäden, die durch nationalsozialistische Verfolgungsmaßnahmen sowie durch Maßnahmen deutscher Truppen in besetzten Gebieten verursacht worden sind (Maunz MD 125; Kunig MüK 37). Heute wird man auch den Ausgleich von Schäden, die durch SED-Unrecht entstanden sind, einbeziehen können (Degenhart SA 36; Heintzen, DÖV 94, 414; Pestalozza MaK 418; a. A. Kunig MüK 37; Oeter MKS 79; Stettner DR 47). Nr.9 beschränkt sich auf finanzielle Abgeltung (BVerfGE 3, 407/419). Zu dem hierunter fallenden Lastenausgleichsrecht gehört auch die Regelung der Verjährung entsprechender Ansprüche (BVerwGE 31, 65/66 f).

21   **Versorgung** der Kriegsbeschädigten und Kriegshinterbliebenen bezieht sich nur auf Personenschäden; **Fürsorge** für die ehemaligen Kriegsgefangenen umfasst Personen- und Sachschäden (Löwer BK 10). Alle in diesen Gegenständen aufgeführten Personengruppen können – teilw. über die völkerrechtlichen Normen hinaus – sowohl Militär- als auch Zivilpersonen sein (Bothe AK 19; Maunz MD 126, 128; Kunig MüK 38). Nr.10 ist auch nicht auf vergangene Kriege beschränkt (Pestalozza MaK 438, 445; Stettner DR 49). Die 1965 eingefügte (Einl.3 Nr.13) Nr.10 a über **Kriegsgräber** betrifft auch Opfer unter Nichtdeutschen und Gräber deutscher Opfer im Ausland (Pestalozza MaK 464, 468). Opfer der Gewaltherrschaft sind z. B. durch nationalsozialistische und durch kommunistische Verfolgungsmaßnahmen Getötete (Maunz MD 129; Pestalozza MaK 470 f).

9. Recht der Wirtschaft (Nr.11)

22   **a) Begriff.** Recht der Wirtschaft wird von der Rspr. weit *definiert* als alle Normen, die das wirtschaftliche Leben und die wirtschaftliche Betätigung regeln (BVerfGE 8, 143/148 f; 55, 274/308; 68, 319/330; BVerwGE 97, 12/14 ff; krit. Kunig, JR 86, 491; Pestalozza MaK 524 ff). Es umfasst danach nicht nur die Organisation der Wirtschaft, Wirtschaftszweige und wirtschaftenden Personen, sondern auch die Steuerung und Lenkung des Wirtschaftslebens insgesamt (BVerfGE 11, 105/110 ff; 67, 256/275). Auch auf die Rechtsform der wirtschaftlichen Betätigung kommt es nicht an (BVerfG-K, JZ 82, 289; Rengeling BK 27, 57; Maunz MD 135, 154; Kunig MüK 45). Ausgenommen ist privates Verhalten (Pestalozza MaK 544 f). Die *Aufzählung einzelner Wirtschaftszweige* in der Klammer ist erschöpfend, nicht nur beispielhaft (Maunz MD 135; Pestalozza MaK 520 ff; a. A. Bothe AK 21; Rengeling BK 16; Stettner DR 53; offengelassen BVerfGE 68, 319/331). Von der Rspr. sind Materien als Recht der Wirtschaft anerkannt worden, die kaum einem der in der Klammer genannten Wirtschaftszweige zuzuordnen sind, z. B. Konjunkturzuschlag (BVerfGE 29, 402/408 ff; krit. Pestalozza MaK 542), ärztliche Gebühren (BVerfGE 68, 319/331 f; krit. Pestalozza MaK 543) und Filmförderung (BVerwGE 45, 1/3; krit. Pestalozza MaK 594).

23   **Abgaben** können unter Nr.11 fallen, solange es sich nicht um Steuern handelt (Rn.3–7 zu Art.105) und die Voraussetzungen für nicht-steuerliche Abgaben (Rn.8–23 zu Art.105) vorliegen.

Nr.11 **tritt zurück** gegenüber speziellen Regelungen und soweit 24
ein stärkerer Sachzusammenhang (Rn.4 zu Art.70) zur Gesetzgebungskompetenz der Länder besteht. Polizei- und Ordnungsrecht
kann im Sachzusammenhang mit dem Recht der Wirtschaft stehen;
ein solcher besteht aber nicht, wenn die Aufrechterhaltung der
öffentlichen Sicherheit und Ordnung alleiniger Gesetzeszweck ist
(BVerfGE 8, 143/149 f) oder nur Auswirkungen auf die wirtschaftliche Tätigkeit hat (BVerfGE 41, 344/355). Das kommunale Organisationsrecht erstreckt sich auch auf die wirtschaftliche Betätigung der
Gemeinden (Rengeling BK 56). Das Bildungswesen hat nur insoweit
einen Sachzusammenhang mit Nr.11, als berufliche Bildung durch
die Wirtschaft erfolgt (BVerfGE 55, 274/309; BVerwGE 69,
162/165) oder Bildungseinrichtungen als Gewerbe betrieben werden können (Maunz MD 140, 153). Berufsrecht ist Recht der Wirtschaft, soweit es Gewerbe- und Handwerksrecht ist; im Übrigen
gehen spezielle Regelungen, wie Art.74 Abs.1 Nr.1 für Rechtsanwälte und Art.74 Abs.1 Nr.19 für einzelne Heilberufe, vor (Bothe
AK 24; Maunz MD 140).

b) Die in der Klammer genannten **einzelnen Wirtschafts** 25
zweige bedeuten folgendes: *Bergbau* ist das Aufsuchen, Gewinnen
und Aufbereiten von Bodenschätzen (Pestalozza MaK 548), auch in
der Tiefsee (Rengeling BK 60; Maunz MD 136) und von Bohrinseln aus (Bothe AK 54). *Industrie* ist die fabrikmäßige, arbeitsteilige
Herstellung und Verarbeitung von Produktions- und Verbrauchsgütern (Maunz MD 137) oder kurz das Großgewerbe (Pestalozza
MaK 555). *Energiewirtschaft* umfasst die Energiegewinnung und -verteilung aller Energien und Energieträger (Pestalozza MaK 559 ff).
Handwerk ist die Be- und Verarbeitung von Stoffen ohne Massenproduktion mit einem erheblichen Anteil qualifizierter Handarbeit
(BVerfGE 13, 97/123; BVerwGE 17, 230/233; 25, 66/71); auch die
Prüfung der Haushalts- und Wirtschaftsführung der Handwerkskammern durch Rechnungshöfe rechnet hierzu (BVerwGE 98,
163/167). *Gewerbe* ist die selbständige, nicht verbotene, auf Erwerb
gerichtete Tätigkeit mit Ausnahme der Urproduktion und der höheren Berufsarten (Pestalozza MaK 580 ff); dieser Gegenstand ist
nicht auf den Gewerbebegriff der GewO beschränkt (BVerfGE 41,
344/352 f). *Handel* ist der erwerbsmäßige, nicht veredelnde Güteraustausch (Pestalozza MaK 600). *Bankwesen* umfasst die typische Geschäftstätigkeit und das Verfassungs- und Organisationsrecht privater
Kreditinstitute außerhalb des Gegenstands des Art.73 Nr.4 und Nr.7
(Kunig MüK 52), einschl. der Bausparkassen (Pestalozza MaK 606;

dagegen rechnen sie Bothe AK 23; Kunig MüK 54; Maunz MD 148 zum privatrechtlichen Versicherungswesen), nicht aber das Verfassungs- und Organisationsrecht der öffentlich-rechtlichen Sparkassen (BVerwGE 69, 11/20; BGHZ 90, 161/164) und Landesbanken (BVerwGE 75, 292/299) oder einen allgemeinen Gläubigerschutz (BVerwGE 69, 120/130). *Börsenwesen* betrifft die organisierte Veranstaltung von regelmäßiger Versammlung zur Abwicklung von Rechtsgeschäften über Effekten oder Waren (Pestalozza MaK 622). Zum *privatrechtlichen Versicherungswesen* gehören Regelungen über Versicherungsunternehmen, die in Wettbewerb mit anderen durch privatrechtliche Verträge Risiken versichern, die Prämien grds. am individuellen Risiko und nicht am Erwerbseinkommen des Versicherungsnehmers orientieren und die vertraglich zugesagten Leistungen im Versicherungsfall aufgrund eines kapitalgedeckten Finanzierungssystems erbringen (BVerfG, EuGRZ 01, 170). Nicht dazu gehören die öffentlich-rechtlichen Versicherungsanstalten mit öffentlich-rechtlich geregelten Versicherungsbeziehungen (BVerfGE 41, 205/220).

26   **c) Einzelfälle**, die unter Nr.11 fallen: Ärztliche GebührenO (BVerfGE 68, 319/328 ff); Apothekenerrichtung und -betrieb (BVerfGE 5, 25/28 f; 7, 377/387); Aufzugsanlagen in wirtschaftlichen Unternehmungen (BVerfGE 41, 344/351 ff); Ausbildungsplatzförderung (BVerfGE 55, 274/308 f); BerufsbildungsG (BVerwG, DÖV 74, 753; BVerwGE 69, 162/165; BAGE 26, 198/204; 28, 269/272 f); BeschlussG (BVerfGE 8, 143/148); Buchmacherwesen im Rennwett- und LotterieG (BVerwGE 97, 12/14); ChemikalienG (Rengeling BK 80; Maunz MD 133); Filmförderung (BVerwGE 45, 1/3); HandwerksO (BVerfGE 1, 264/272; 26, 246/255 f), einschl. der Berufsausbildung im Handwerk (BVerwGE 108, 169/175); InvestitionshilfeG (BVerfGE 4, 7/13); Konjunkturzuschlag (BVerfGE 29, 402/409); Konzessionsabgaben (BVerfGE 86, 148/227); LadenschlussG (BVerfGE 1, 283/292); öffentlich bestellte Sachverständige gem. § 36 GewO (BayVerfGHE 36, 123/133 f; krit. Pestalozza MaK 588); Preisbildung und -überwachung (BVerfGE 8, 275/294); RabattG (BVerfGE 21, 292/296); private Pflege-Pflichtversicherung (BVerfG, EuGRZ 01, 170 f); regionale Wirtschaftsstrukturförderung (BVerwGE 59, 327/332); Reisegewerbekarte für Zeitschriftenwerber (BGHSt 28, 5/8 f; VGH BW, DVBl 75, 261); Rentenaltlastenverteilung auf Berufsgenossenschaften (BVerfGE 23, 12/22 ff); Rohstoffsicherung (Brohm, NJW 80, 863); Schornsteinfeger (BVerfGE 1, 264/272); Spielbankenrecht (notwendige Konsequenz aus BVerwGE 96, 302; **a. A.** BVerfGE 28, 119/146 ff; 102, 197/199), wovon der Bund allerdings keinen Gebrauch gemacht hat; StromeinspeisungsG (vgl. Studenroth, DVBl 95, 1219); Teledienste (Badura BK 33 zu Art.73 Nr.7); Unterrichtsveranstaltungen, die gewerbsmäßig betrieben werden und landesrechtlich nicht geregelt sind (BVerwGE 78, 6/11); Verbraucherschutz (BVerfGE 26, 246/254); Vertrieb eines Anzeigenblattes (BVerwG, NJW 86, 2003 f); WaschmittelG (Rengeling BK 80); Wasserversorgung ausschließlich des Benutzungszwangs (BVerwG, NVwZ 88, 1127; BVerfG-K, JZ 82, 289; a. A. Knemeyer/Emmert, JZ 82, 284); WeinwirtschaftsG (BVerfGE 37, 1/17); Wettbewerbsrecht (BVerfGE 26, 246/254); WirtschaftsprüferO (BVerfGE 26, 246/255 f).

Nicht erfasst werden: Berufsbezeichnung Ingenieur (BVerfGE 26, **27** 246/254); Gewährträgerschaft der Länder für öffentlich-rechtliche Kreditanstalten (BVerwGE 75, 292/299 f); Investitionsabgabe (BVerfGE 67, 256/274 ff); öffentlich bestellte Vermessungsingenieure (BVerwGE 2, 349/351); öffentlich-rechtliches Versicherungswesen (BVerfGE 10, 141/162 f; 41, 205/218 f); Schankerlaubnissteuer (BVerfGE 13, 181/196); SprengstoffG (BVerfGE 13, 367/371 f); Waldbrandverhütung (KG, NJW 76, 1466).

10. Kernenergie (Nr.11a)

Durch diese 1959 eingefügte (Einl.3 Nr.10) Kompetenzzuweisung **28** ist die Erzeugung und Nutzung der Kernenergie zu friedlichen Zwecken als grds. verfassungsrechtlich zulässig anzusehen (BVerfGE 53, 30/56; BVerwGE 104, 36/54). Nr.11 a enthält aber keinen Verfassungsauftrag zur Gestattung der Erzeugung und Nutzung der Kernenergie zu friedlichen Zwecken (Pestalozza MaK 792). Für die Nutzung zu militärischen Zwecken ist Art.73 Nr.1 einschlägig. Schutz gegen Gefahren umfasst das Strahlenschutzrecht (Degenhart SA 44), einschl. der Regelung des Umgangs mit radioaktiven Stoffen zu medizinischen Zwecken (BVerwGE 97, 266/271), sowie die Beseitigung bereits eingetretener Gefahren (Kunig MüK 60; Pestalozza MaK 769; vgl. auch BVerwGE 72, 300/315) und damit die Errichtung und den Betrieb von Zwischen- und Endlagern, einschl. diesbezüglicher Schutzvorschriften (BayVerfGHE 37, 59/67), z. B. über die Umweltverträglichkeitsprüfung (BVerfGE 84, 25/32). Errichtung und Betrieb umfassen auch die Genehmigung von Kernkraftwerken (BayVerfGHE 40, 94/103 f; VerfGH NW, OVGE 39, 299/302 f; Pestalozza MaK 758).

11. Arbeitsrecht, Sozialversicherung (Nr.12)

29   **a) Arbeitsrecht** ist das Sonderrecht der unselbständigen Arbeitnehmer, und zwar das individuelle und kollektive, private und öffentliche Arbeitsrecht (BVerfGE 7, 342/351; 38, 281/299). Für das Arbeitsrecht des Öffentlichen Dienstes sind aber Art.73 Nr.8 und 75 Abs.1 Nr.1 leges speciales (Maunz MD 166); daher kann der Bund das Arbeitsverhältnis der Arbeiter und Angestellten von Landeshochschulen nur rahmenhaft regeln (Pestalozza MaK 812; a. A. BVerwGE 18, 135/138; BAGE 76, 204/209; 82, 173/175). Für das arbeitsgerichtliche Verfahren ist Nr.1 einschlägig (Degenhart SA 48; Stettner DR 63; a. A. Pestalozza MaK 810). Unter das Arbeitsrecht fallen: Arbeitnehmerkammern (BVerfGE 38, 281/299); Arbeitnehmerweiterbildung (BVerfGE 77, 308/329; BbgVerfG, LVerfGE 2, 117/121); Arbeitskampfrecht (Pestalozza MaK 808); Beschäftigungsverbot an Sonn- und Feiertagen im Handelsgewerbe (BVerwG, NJW 86, 2003); betriebliche Altersversorgung einschl. der Insolvenzsicherungsabgabe (BVerwGE 72, 212/222); Festsetzung sozialpolitisch motivierter Feiertage (Preuß AK 69 zu Art.140); Kinderzuschläge zum Arbeitslohn (BVerfGE 11, 105/115 f); Kündigungsschutz (BVerfGE 51, 43/55 f); Lohnfortzahlung im Krankheitsfall (Pestalozza MaK 808); Mutterschaftsgeld (Pestalozza MaK 336; von Maunz MD 173 auf „öffentliche Fürsorge" gestützt); Tarifvertragsrecht (Pestalozza MaK 808) und Urlaubsgesetzgebung (BVerfGE 7, 342/347; 77, 308/329 ff; 85, 226/233 f), einschl. des Erziehungsurlaubs (Pestalozza MaK 336 Fn.619).

30   Ausdrücklich **einbezogen** sind in diesen Gegenstand: *Betriebsverfassung* als die durch Organe institutionalisierte Zusammenarbeit zwischen Arbeitgeber und Arbeitnehmer im Betrieb (Kunig MüK 64); *Arbeitsschutz* als die öffentlich-rechtliche Regelung des Schutzes der Arbeitnehmer vor Gefahren der Arbeit, einschl. der Arbeitszeit (BVerfGE 1, 283/292); *Arbeitsvermittlung* als die Tätigkeit, die darauf gerichtet ist, Arbeitsuchende mit Arbeitgebern zur Begründung von Arbeitsverhältnissen zusammenzuführen, einschl. der Arbeitnehmerüberlassung (BVerfGE 21, 261/268).

31   **b) Sozialversicherung** ist ein „weit gefasster" Begriff (BVerfGE 75, 108/146 f; 87, 1/34; 88, 203/313). Er ist gekennzeichnet durch das soziale Bedürfnis nach Ausgleich besonderer Lasten, die Aufbringung der erforderlichen Mittel durch Beiträge der Beteiligten oder Betroffenen (BVerfGE 87, 1/34) und die organisatorische Durchführung durch selbständige Anstalten oder

Körperschaften des öffentlichen Rechts (BVerfGE 11, 105/111 ff; 63, 1/34 f); es kommen sowohl Personen- als auch Sachversicherungen in Betracht (Pestalozza MaK 831). Erfasst werden auch „Regelungen über die Erstattung und den Ausgleich erbrachter Sozialversicherungsleistungen" (BVerfGE 81, 156/185). Die Heranziehung nicht selbst Versicherter als Beteiligte bedarf eines sachorientierten Anknüpfungspunkts in den Beziehungen zwischen Versicherten und Beitragspflichtigen (BVerfGE 75, 108/147). Der Gegenstand ist zwar nicht auf die traditionellen Bereiche der Versicherung gegen Krankheit, Alter, Invalidität, Unfall und Arbeitslosigkeit beschränkt, bedeutet aber nicht soziale Sicherheit insgesamt (BVerfGE 11, 105/111 f). Neue Gegenstände dürfen einbezogen werden, wenn die wesentlichen Strukturmerkmale der klassischen Sozialversicherung gewahrt bleiben (BVerfGE 75, 108/146; 87, 1/34). Dies trifft zu für die Pflegeversicherung gem. SGB XI (Stettner DR 67) mit Ausnahme der Feiertagsregelung in § 58 Abs.2 SGB XI (Pieroth/ Störmer, Die Feiertagsregelung des Pflegeversicherungsgesetzes, 1996, 12 ff). Sozialversicherung ist auch nicht notwendig mit abhängiger Arbeit verbunden; es können auch Handwerker, Landwirte (BAGE 50, 92/100 f) und freie Berufe einbezogen werden (Degenhart SA 52 f; Maunz MD 171; a. A. BayVerfGHE 12, 14/17 f; Pestalozza MaK 830; offengelassen BVerfGE 12, 319/323; BVerwG, NJW 83, 2650; 94, 1888). Doch darf der Beitragszweck, Einnahmen zu erzielen, nicht völlig hinter einem anderen mit der Leistungspflicht verbundenen Zweck zurücktreten (BVerfGE 14, 312/318).

Einzelfälle: Ausgleichsverfahren nach dem LohnfortzahlungsG **32** (BSGE 36, 16/19 f); Datenschutz in der Sozialversicherung (Bothe AK 29); Erstattungspflicht gem. § 128 AFG (BVerfGE 81, 156/185 f); Kassenarztrecht s. Vertragsarztrecht; Kindererziehungszeiten in der Rentenversicherung (BVerfGE 87, 1/34; dagegen für „öffentliche Fürsorge" BSGE 68, 31/36); Konkursausfallgeld (BVerfGE 89, 132/144); Krankenhaus-Notopfer (BSG, NJW 00, 3446); Künstlersozialabgabe (BVerfGE 75, 108/148 f; Degenhart SA 53; Stettner DR 65; a. A. Pestalozza MaK 829; Rengeling HbStR IV 805 f); Rechtsanwaltsversorgung (offengelassen BVerwGE 87, 324/325 f; BVerwG, NJW 94, 1888; a. A. Lerche MD 151 zu Art.87); „versicherungsfremde Leistungen" in der Rentenversicherung (BSGE 81, 276/281 f; krit. Schnapp, JZ 99, 621; Wernsmann, DRV 01, 67); Vertragsarztrecht (BVerfG-K, NJW 99, 2731; BVerwGE 65, 362/365; 99, 10/12; BSGE 82, 55/59). **Nicht** hierunter fallen: beamtenrechtliche Krankenfürsorge (BVerfGE 62, 354/366); Unfallversicherung (Maunz MD 173).

12. Ausbildungsbeihilfen, Forschungsförderung (Nr.13)

33   Die 1969 eingefügte (Einl.3 Nr.22) Kompetenzzuweisung für die *Regelung der Ausbildungsbeihilfen* umfasst die individuelle Ausbildungsförderung für alle Bildungsbereiche (von BVerwGE 27, 58/59 ff noch auf „öffentliche Fürsorge" gestützt). Sie bezieht sich nicht auf die Förderung von Bildungseinrichtungen oder Ausbildungspersonal (Maunz MD 177; Kunig MüK 69; Pestalozza MaK 886). Die *Förderung der wissenschaftlichen Forschung* (dazu Rn.95 f zu Art.5) umfasst die Regelung finanzieller, organisatorischer und planerischer Maßnahmen (Bothe AK 31; Maunz MD 179; a.A. Pestalozza MaK 903 ff); teilw. werden noch kontrollierende Maßnahmen hinzugefügt (Rengeling HbStR IV 807). Die Forschungsförderung erstreckt sich auch auf die Hochschulen, wegen der grundsätzlichen Länderkompetenz für das Hochschulrecht (Rn.11 zu Art.70; Rn.8 f zu Art.75) aber nicht auf strukturelle Fragen (Maunz MD 182) und nicht auf konkrete Gegenstände (Pestalozza MaK 907 f).

13. Enteignung, Gemeinwirtschaft (Nr.14, 15)

34   Zum Begriff der Enteignung Rn.69–77 zu Art.14. Die ausdrückliche Einschränkung, „soweit sie auf den Sachgebieten der Art.73 und 74 in Betracht kommt", hat zur Folge, dass der Bund keine Kompetenz für das Recht der Enteignung bei Gegenständen etwa der Art.75 und 105 hat. Zu den in Nr.15 verwendeten Begriffen Rn.2 zu Art.15.

14. Missbrauch wirtschaftlicher Machtstellung (Nr.16)

35   Missbrauch ist ein Gebrauch, der vom normalen, von der Rechtsordnung gebilligten Gebrauch abweicht und eine entartete Machtausübung darstellt (Maunz MD 191; Kunig MüK 74); er ist durch die Illegitimität des Zwecks, der Mittel-Zweck-Verbindung oder der Wirkung gekennzeichnet (Pestalozza MaK 1048). Verhütung umfasst auch die Beseitigung wirtschaftlicher Machtstellung (Kunig MüK 74; Oeter MKS 144; Stettner DR 76; a.A. Maunz MD 192; Pestalozza MaK 1056 f). Dazu gehört das Kartellrecht einschl. materieller und prozessualer Sanktionsbestimmungen (BGH, NJW 87, 267; BGHZ 110, 371/375). Entsprechende Regelungen im Pressewesen können nur insoweit auf Nr. 16 gestützt werden, als kein pressespezifisches Ziel verfolgt wird (BVerfG-K, NJW 86, 1743; BGHZ 76, 55/64 ff; Maunz MD 193; Stettner DR 76; krit. Bothe AK 15 zu Art. 70). Danach ist auch Kartellrecht auf die wirtschaftliche Tätigkeit der öffentlich-rechtlichen Rundfunkanstalten bei der Programmbeschaffung anwendbar (BGHZ 110, 371/375; vgl. auch BVerfGE 73, 118/174).

15. Agrarwirtschaft, Küstenschutz (Nr. 17)

Die ersten vier der hier aufgezählten Gegenstände können als **36** Gesetzgebungskompetenz für die *Agrarwirtschaft* zusammengefasst werden, worunter herkömmlich auch die Fischerei zählt. Landesrecht über die Binnenfischerei stützt sich auf den Vorbehalt gem. Art. 69 EGBGB (BayVerfGHE 30, 167/170). Unter Nr. 17 fällt die Flurbereinigung (BVerwGE 68, 143/144). Wie bei Art. 74 Abs. 1 Nr. 11 werden auch Regelungen zur Organisation, Steuerung, Lenkung und Förderung (BVerfGE 88, 366/378) der Agrarwirtschaft umfasst (Maunz MD 195), einschl. der Erhebung von Abgaben (BVerfGE 18, 315/329; 37, 1/17; 82, 159/182) und unabhängig von privat- oder öffentlich-rechtlichen Gestaltungsformen (BVerfGE 58, 45/56 ff); vgl. aber zu den Grenzen von Sonderabgaben Rn. 8–23 zu Art. 105. Nr. 17 ist lex specialis zu Art. 73 Nr. 5 (Maunz MD 197; Pestalozza MaK 1137; a. A. Bothe AK 35). Der *Küstenschutz* umfasst die Erhaltung des Festlands gegenüber dem Meer durch technische, organisatorische und personelle Schutzmaßnahmen, insb. den Bau von Sperrwerken und Deichen, auch zum Schutz der öffentlichen Sicherheit (Maunz MD 198; a. A. Degenhart SA 63; Kunig MüK 80; Rengeling HbStR IV 811). Landesrecht über das Deichwesen stützt sich auf den Vorbehalt gem. Art. 66 EGBGB (BVerfGE 24, 367/386 f).

16. Bodenrecht, Wohnungswesen (Nr. 18)

a) Grundstücksverkehr bedeutet Erwerb, Veräußerung, Belas- **37** tung (s. aber unten Rn. 39) und Verpachtung von Grundstücken (Kunig MüK 81; Maunz MD 199; Rengeling HbStR IV 811; krit. Pestalozza MaK 1209 ff). Er umschließt auch das Bodenverkehrsrecht, d. h. Vorschriften darüber, inwieweit Eigentums- und sonstige Rechtsänderungen an Grundstücken im Zusammenhang mit der baulichen Ordnung einer Genehmigungspflicht unterliegen (BVerfGE 3, 407/429). Art. 74 Abs. 1 Nr. 14, 15 ist gegenüber Nr. 18 lex specialis (Pestalozza MaK 1284).

38   **b) Bodenrecht** sind die öffentlich-rechtlichen Normen, die die Beziehungen des Menschen zum Grund und Boden regeln (BVerfGE 3, 407/424; 34, 139/144), d. h. das Recht der Bodenbeschaffenheit und der Bodenbenutzbarkeit (Pestalozza MaK 1229 ff). Dazu gehören: Baulanderschließung einschl. Abgrabungen größeren Umfangs (BVerwG, DVBl 83, 893), Erweiterungs- und Verbesserungsmaßnahmen (BVerwGE 68, 130/132) und Planwertausgleich (Kunig MüK 82; Schmidt-Aßmann, DVBl 72, 630; a. A. Maunz MD 206); Baulandumlegung und Zusammenlegung von Grundstücken (BVerfGE 3, 407/428); Bauleitplanung (BVerfGE 3, 407/424; 65, 283/288; 77, 288/299) einschl. des bauplanungsrechtlichen Grundstücksbegriffs (BVerwGE 88, 24/29) und der Bekanntmachung der Bauleitpläne (BVerwGE 88, 204/206 f); Bodenschutz (Brandt, DÖV 96, 680; diff. Pestalozza MaK 1236, 1240; a. A. Oeter MKS 161) einschl. Altlastenregelungen (BVerwG, NVwZ 00, 1181; Schink, DÖV 95, 214 f); Festsetzung von Lärmschutzbereichen (BVerfGE 56, 298/311); Bodenverbandsrecht (Pestalozza MaK 1246); städtebaulicher Denkmalschutz (BVerfG-K, NVwZ 87, 879); städtebauliche Planung, die Art und Weise der baulichen Nutzbarkeit des Bodens bestimmt, s. Bauleitplanung; Wasserverbandsrecht (BVerwGE 3, 1/4; offengelassen BVerfGE 58, 45/61). Das Recht der Erschließungsbeiträge ist entgegen der bisherigen Rspr. (BVerfGE 3, 407/429; 33, 265/287; 34, 139/144) wegen des Sachzusammenhangs mit dem kommunalen Abgabenrecht (BT-Drs. 12/8165, 40) 1994 durch Verfassungsänderung (Einl.3 Nr.42) ausdrücklich ausgenommen worden (ausf. Kallerhoff, Die Gesetzgebungskompetenz für das Erschließungsbeitragsrecht, 1994).

39   **Kein Bodenrecht** sind: Baurecht als ganzes (BVerfGE 3, 407/416); Bauordnungsrecht (BVerfGE 3, 407/433; 40, 261/266), einschl. öffentlicher Baulasten (BVerwG, NJW 91, 714; 93, 480), der Stellplatzverpflichtung beim Häuserbau (BVerwGE 2, 122/125) und der Zulässigkeit von Werbeanlagen (BVerwGE 40, 94/95 ff); Erschließungsbeitragsrecht (oben Rn.38); integrierte Stadtentwicklungsplanung (Degenhart SA 65; Maunz MD 203; a. A. Rothe, DVBl 74, 739); Kleingartenrecht (Pestalozza MaK 1239; a. A. BVerwG, DVBl 54, 365; Oeter MKS 160); Landesplanung und Raumordnung (BVerfGE 3, 407/425 ff); spezieller (BayVGHE 30, 65/73 f) bzw. optischer (BVerwGE 55, 272/275) Landschafts- und Naturschutz, einschl. des Baumschutzes (Maunz MD 204).

40   **c) Das landwirtschaftliche Pachtwesen** hat neben dem Grundstücksverkehrs- und Bodenrecht keine selbständige Bedeutung

(Maunz MD 207; a. A. Pestalozza MaK 1256). Die Förderung der langfristigen Verpachtung kleinerer landwirtschaftlicher Betriebe kann zugleich auf Art.74 Abs.1 Nr.17 gestützt werden (BVerwGE 58, 45/48; a. A. Pestalozza MaK 1288).

d) Das **Wohnungswesen** umfasst alle Regelungen, die sich aus **41** sozialen Gründen (Pestalozza MaK 1261) auf privaten Wohnzwecken dienende Gebäude beziehen (BVerfGE 3, 407/416). Dazu gehören Fehlbelegungsabgabe (BVerfGE 78, 249/266; BVerwGE 101, 211/213; NJW 99, 736), Wohnraumbewirtschaftung, Wohnraumbindung, Wohnraumverteilung und Wohnungsbauförderung (BVerfGE 21, 117/128), auch für Landesbedienstete (BGH, NJW 71, 1316), nicht aber die Wohnungsbesetzung zugunsten von Polizeidienstkräften (BayVerfGHE 29, 105/127). Fraglich ist diese Kompetenzgrundlage für Abgaben zur Deckung kommunaler Wohnungsbaufolgekosten (Degenhart SA 68: allenfalls Bodenrecht; offengelassen BVerwGE 44, 202/205, 208; vgl. zu den Grenzen von Sonderabgaben Rn.8–23 zu Art.105).

e) Beim **Siedlungs- und Heimstättenwesen** geht es um Be- **42** gründung neuer Wohnstätten in Verbindung mit der Zuteilung von Grund und Boden einschl. von Erschließungsmaßnahmen (BVerfGE 3, 407/417 f, 430), z. B. durch das Vorkaufsrecht nach dem ReichsheimstättenG (BGHZ 77, 45/46) und durch Vorschriften über Gebührenbefreiungen (OVG Berlin, NJW 81, 778; Kunig MüK 88; krit. Maunz MD 209).

17. Gesundheitswesen, Krankenhäuser (Nr.19, 19a)

a) **Maßnahmen gegen Krankheiten,** d. h. regelwidrige Kör- **43** per- oder Geisteszustände, die ärztlicher Behandlung bedürfen (Pestalozza MaK 1310) und/oder zur Arbeitsunfähigkeit führen (BSGE 35, 10/12; 39, 167/168; Oeter MKS 170), sind beschränkt auf solche, die gemeingefährlich sind, d. h. schwer und verbreitet (Degenhart SA 71; Maunz MD 211), oder (das „und" ist alternativ zu verstehen; Pestalozza MaK 1312) die übertragbar sind, d. h. alle Infektionskrankheiten, z. B. Wundstarrkrampf (BVerwGE 33, 339/341 f). Es kommen Krankheiten bei Menschen oder Tieren in Betracht; woher der Erreger stammt, ist unerheblich (Pestalozza MaK 1313 f). Auch Maßnahmen der Vorbeugung fallen hierunter (Rengeling HbStR IV 814; i. E. auch Pestalozza MaK 1315).

b) Die **Zulassung zu ärztlichen und anderen Heilberufen 44 und zum Heilgewerbe** umfasst die Vorschriften, die sich auf Erteilung, Zurücknahme und Verlust der Approbation und auf die Befugnis zur Ausübung des ärztlichen Berufs beziehen (BVerfGE 4, 74/83; 7, 18/25; 17, 287/292; 33, 125/154 f). Zur Zulassung gehört auch das der Approbation vorausgehende Prüfungswesen einschl. hierauf bezogener ausbildungsrechtlicher Regelungen (BVerwGE 61, 169/174 f; BAGE 35, 173/176; vgl. auch BVerfGE 80, 1; a. A. Pestalozza MaK 1324). *Keine* Zulassungsfrage ist die Berufsausübung, d. h. Ärztekammerrecht (BVerwGE 39, 110/112; 41, 261/262), ärztliche Berufsgerichtsbarkeit (BVerfGE 4, 74/83; 7, 59/60; 17, 287/292 f), Apothekerkammerrecht (BVerwG, NJW 97, 815), Berufsbezeichnungsschutz (Gallwas, FS Lerche, 1993, 411), Datenschutz für Heilberufe (Bothe AK 44), Facharztwesen (BVerfGE 33, 125/155; 98, 265/307; BayVerfGHE 35, 56/63), Gebührenfragen (BVerfGE 17, 287/292; 68, 319/327), Kassenarztzulassung (Pestalozza MaK 1326), Werbeverbote (BVerfGE 71, 162/172) und Zulassung von Einrichtungen zum ambulanten Schwangerschaftsabbruch (BVerfGE 98, 265/306; BVerwGE 75, 330/333). Nicht unter Nr. 19 fallen auch hochschulrechtliche Gegenstände wie die Zulassung zum Medizinstudium (Maunz MD 217; Rengeling HbStR IV 815), Studienordnungen für die Ausbildung zu ärztlichen und anderen Heilberufen (BVerwG, NVwZ 87, 979) und die Organisationsform von Schulen für das Heilgewerbe (BVerwGE 105, 20/25).

45 **Ärztliche Berufe** sind nur der Arzt, der Zahnarzt und der Tierarzt (BVerfGE 33, 125/154). Zu den anderen Heilberufen zählten früher die Dentisten (Pestalozza MaK 1318) und zählen heute Heilpraktiker einschl. der Psychotherapeuten (BVerfGE 78, 179/192; BVerwGE 66, 367/369; Kingreen VSSR 2000, 1) und sog. Heilhilfsberufe wie Hebammen (BVerfGE 17, 287/293; BVerwGE 66, 126/127), Krankengymnasten (Pestalozza MaK 1318), Krankenpfleger (Degenhart SA 73) und Masseure (Pestalozza MaK 1318), nicht aber generell Altenpfleger (Gallwas, DÖV 93, 17; a. A. Maier, DVBl 91, 249). Die Grenzen zum Heilgewerbe sind fließend. Die Apotheker sollen unter Art. 74 Abs. 1 Nr. 11 fallen (BVerfGE 5, 25/28 f; 7, 377/387; a. A. BVerwGE 4, 51/52; Pestalozza MaK 1319).

46 c) Der **Verkehr mit Arzneien, Heil- und Betäubungsmitteln und Giften** umfasst den gesamten Handel mit diesen Stoffen, von der Herstellung zum Inverkehrbringen über den Vertrieb, einschl. der Werbung, bis zum Verbrauch, nicht aber die Herstellung zur Anwendung bei eigenen Patienten (BVerfGE 102, 26/36 ff). Auch die Er- und Einrichtung von Ethik-Kommissionen ist gedeckt (Pestalozza MaK 1343).

d) Die 1969 eingefügte (Einl.3 Nr.22) Kompetenzzuweisung für **47** die Regelung der **Krankenhäuser und Krankenhauspflegesätze** umfasst öffentliche und private Krankenhäuser, die durch die stationäre ärztliche Heilbehandlung gekennzeichnet sind (Pestalozza MaK 1380 ff). Wirtschaftliche Sicherung betrifft die Steigerung der Einnahmen ebenso wie die Verringerung der Ausgaben; daher fallen Regelungen über die Personalstruktur, die Einkünfte des Personals und die Klasseneinteilung hierunter (enger Degenhart SA 78 und Oeter MKS 179 f: nur Finanzhilfen, Pflegesätze und Entgelte für Leistungen). Nicht erfasst sind die Krankenhausorganisation und Krankenhausplanung (BVerfGE 83, 363/380; a. A. Pestalozza MaK 1397) sowie die Durchsetzung gesundheitspolitischer Fernziele, die den allgemeinen Standard der Krankenhausversorgung weit übersteigen (BVerfGE 82, 209/232). Für Bundeswehrkrankenhäuser ist Art.73 Nr.1 „Verteidigung" lex specialis (Pestalozza MaK 1386).

18. Verbrauchsgüter-, Pflanzen- und Tierschutz (Nr.20)

Der Erste der hier aufgezählten Gegenstände betrifft den *Ver-* **48** *brauchsgüterschutz* vor gesundheitlichen Gefahren, aber auch vor Übervorteilung durch irreführende Bezeichnung oder mangelnde Kennzeichnung (vgl. JöR 1951, 543 ff), nicht aber vor Konkurrenz (Pestalozza MaK 1439). Verkehr bedeutet den gesamten Umgang mit den betreffenden Stoffen. Bedarfsgegenstände sind solche, deren Beschaffenheit oder Gebrauch sie gesundheitsrelevant macht (Pestalozza MaK 1432). Der *Pflanzenschutz* betrifft alle Maßnahmen gegen Krankheiten und Schädlinge lebender und toter Pflanzen (Pestalozza MaK 1442; a. A. Rengeling HbStR IV 819), nicht aber die Erhaltung eines Biotops als solchen (vgl. Kunig MüK 99). Der 1971 eingefügte (Einl.3 Nr.29) *Tierschutz* umfasst Regelungen über die Haltung, Pflege, Unterbringung und Beförderung von Tieren, über Versuche an lebenden Tieren und das Schlachten von Tieren (Bothe AK 50; Kunig MüK 100), einschl. organisatorischer Regelungen zur Überwachung und Förderung des Tierschutzes (Maunz MD 231) und Gebühren für Hygienekontrollen von frischem Fleisch (BVerwGE 102, 39/40; 111, 143/146). Dagegen fällt die Regelung von Tierpflegeberufen unter Art.74 Abs.1 Nr.11 und die Tierhege wilder Tiere unter Art.75 Abs.1 Nr.3 „Jagdwesen" (Kunig MüK 100).

19. Wasserverkehrs- und Wasserwegerecht (Nr.21)

49   Die ersten vier der hier aufgezählten Gegenstände betreffen das **Wasserverkehrsrecht**, d. h. Regelungen über die technische Beschaffenheit, die Ausrüstung und die Bemannung der Schiffe (im weitesten Sinn, einschl. z. B. von Surfbrettern, Maunz MD 234), die Festsetzung des Entgelts, die Sorge für die Leichtigkeit und Sicherheit des Verkehrs (vgl. auch unten Rn.52), das Signalwesen (BVerfGE 15, 1/12); davon ist die Schifffahrtspolizei umfasst (BVerwGE 110, 9/15 f; Pestalozza MaK 1499). Häfen sind von allen Gegenständen der Nr.21 nicht erfasst (Kunig MüK 103; Pestalozza MaK 1491; BVerfGE 2, 347/376 für Binnenhäfen). Die Bekämpfung von Gewässerverunreinigungen ist nur insoweit hiervon erfasst, als es um Anforderungen an den Bau, die Beschaffenheit, die Einrichtung und Ausrüstung der Schiffe sowie deren Betrieb, ferner den Umgang mit gefährlichem Transportgut sowie allg. das Verhalten im Verkehr geht (BVerwGE 110, 9/15 f). Für die „Beseitigung von schifffahrtsverursachten Wasserverunreinigungen" (BVerwGE 87, 181/185), insb. die Bilgenölentsorgung (BVerwGE 110, 9/13 ff), besteht Landeskompetenz. *Hochseeschifffahrt* ist der Verkehr mit Schiffen auf hoher See, d. h. jenseits der Küstengewässer (Territorial- oder Hoheitsgewässer); *Küstenschifffahrt* ist der Verkehr mit Schiffen in Küstengewässern (Pestalozza MaK 1500). *Seezeichen* sind optisch wahrnehmbare feste oder schwimmende Zeichen in oder an der See (Pestalozza MaK 1503 f). *Binnenschifffahrt* ist der Verkehr mit Schiffen auf Binnengewässern (Bothe AK 52; Pestalozza MaK 1506; teilw. abw. Kunig MüK 105; Rengeling HbStR IV 820 f). Für Rhein, Donau und Bodensee existieren völkerrechtliche Sonderregelungen.

50   Der **Wetterdienst** reicht in seiner Bedeutung über die Schifffahrt hinaus. Er dient auch dem Straßen- und Luftverkehr, der Land-, Forst- und gewerblichen Wirtschaft und dem Gesundheitswesen (BVerfGE 15, 1/12 f). Der Gegenstand umfasst Regelungen über die Organisation des Wetterdienstes und die Tätigkeit der damit Befassten (Pestalozza MaK 1515). Umfaßt ist jeweils das gesamte Gewässer, nicht nur die Fahrrinne (Pestalozza MaK 1523).

51   Die beiden letzten der hier aufgezählten Gegenstände betreffen das **Wasserwegerecht**. Seewasserstraßen betreffen die Küstengewässer. Die dem allgemeinen Verkehr dienenden Binnenwasserstraßen sind nicht mit den Bundeswasserstraßen identisch (BVerfGE 15, 1/8 f). Ein Verkehr ist allgemein, wenn er überörtlich oder überdurchschnittlich stark ist (Pestalozza MaK 1539). Nr.21 gibt die

Kompetenz zu Regelungen über die Erhaltung der Wasserstraßen als Verkehrsträger in einem für den Schiffsverkehr erforderlichen Zustand (BVerfGE 15, 1/10), einschl. der Planfeststellung (Maunz MD 233; vgl. auch BVerwG, NVwZ 85, 108) und der Strompolizei (Pestalozza MaK 1532). Nicht unter Nr.21 fallen aber wasserwirtschaftliche Maßnahmen (BVerfGE 15, 1/15).

20. Straßenverkehr (Nr.22)

a) Straßenverkehrsrecht ist in Abgrenzung zu dem in der Ge- **52** setzgebungskompetenz der Länder stehenden Straßen-(Wege-) Recht zu bestimmen (ausführlich Steiner, JuS 84, 1). Es regelt die Anforderungen, die an den Straßenverkehr, d. h. die Benutzung der Straßen durch Fahrzeuge, Fußgänger und Tiere (vgl. BVerwGE 85, 322/341), und die Verkehrsteilnehmer gestellt werden, um Gefahren des Verkehrs, die anderen Verkehrsteilnehmern oder Dritten drohen, oder Gefahren für den Verkehr von außen abzuwehren und die Sicherheit und Leichtigkeit des Verkehrs zu gewährleisten; das Straßenverkehrsrecht ist also sachlich begrenztes Ordnungsrecht (BVerfGE 40, 371/380; 67, 299/314; BVerwGE 109, 29/35). Nicht unter Nr.22 fallen Regelungen zur Gefahrenabwehr, die den Straßenverkehr nicht als Gefahrenquelle betreffen, sondern sich nur (auch) auf ihn auswirken (Pestalozza MaK 1594, 1596). – *Im Einzelnen* werden erfasst: Anbieten von Unfallhilfe (BVerwGE 45, 147/149); Außenwerbung (BVerfGE 32, 319/326 f); Beförderungsentgelte und -bedingungen (Pestalozza MaK 1592); bewachter Parkplatz (BVerwGE 34, 241/244 f); Dauerparken (BVerfGE 67, 299/315); Kennzeichnungspflichten (BVerwGE 85, 332/341 f; NVwZ 92, 1095); Lautsprecher (BVerwGE 82, 34/37); Leinenzwang für Hunde zu verkehrsbezogenen Zwecken (BGHSt 37, 366/369); rollende Reklame (BVerfGE 40, 371/380); stationäre Veranstaltung (BVerwGE 82, 34/37); Verkehrshindernisse (BVerwGE 82, 34/37).

Nicht erfasst wird das **Straßen-(Wege-)Recht**, das sich mit der **53** Entstehung, Ein- und Umstufung sowie Einziehung öffentlicher Straßen befasst, Träger und Umfang der Straßenbaulast bestimmt und anordnet, unter welchen Voraussetzungen und in welchem Umfang die Straße dem einzelnen zur Verfügung steht (BVerfGE 40, 371/378). Von dieser Frage der grundsätzlichen Bestimmung des Gemeingebrauchs ist die Ausübung des Gemeingebrauchs zu unterscheiden, die zum Straßenverkehrsrecht zählt (BVerfGE 67, 299/321 f). – *Im Einzelnen* gehören zum Straßen-(Wege-)Recht: Enteignung für den Bau von Gemeindestraßen (BGHZ 71,

375/379); Bau und Unterhaltung von Gemeindestraßen (BVerfGE 34, 139/152); Fußgängerzone (BVerwG, MDR 75, 431; BVerwGE 62, 376/378; 94, 136/138); Leinenzwang für Hunde zu allgemeinen Ordnungszwecken (BGHSt 37, 366/369 ff); öffentliches Eigentum (BVerfGE 42, 20/33); Plakatständer (BVerwGE 56, 56/58); Verkaufswagen (BayObLG, DÖV 83, 297); Verkehrssicherungspflicht (BGHZ 60, 54/60; BGH, DVBl 73, 490; NJW 80, 2195).

54   **b)** Das **Kraftfahrwesen** umfasst die von der Herstellung bis zur Benutzung von Kraftfahrzeugen entstehenden Rechts- und Wirtschaftsfragen (Maunz MD 240; Kunig MüK 111). Für Schienenfahrzeuge ist Nr. 23 einschlägig (unten Rn. 57).

55   **c) Bau und Unterhaltung von Landstraßen für den Fernverkehr**, d. h. Bundesstraßen und Bundesautobahnen, zu denen auch Kreuzungen, nicht aber Zubringerstraßen rechnen (Pestalozza MaK 1606), umfasst alle baulichen und pflegerischen Maßnahmen von der Planung bis zu den Kosten, z. B. die Planfeststellung (BVerfGE 26, 338/377), die Regelung von Sondernutzungen an Bundesfernstraßen (BVerwGE 35, 326/328; a. A. Pestalozza MaK 1613), nicht aber die Verkehrssicherungspflicht (Bartlsperger, DVBl 73, 465; i. E. auch BGHZ 60, 54/60; BGH, DVBl 73, 490; NJW 80, 2195) oder die eigenständige Entscheidung spezifischer Aspekte, die in der Länderkompetenz stehen (z. B. Denkmalschutz, vgl. Schweitzer/Meng, DVBl 75, 940) oder für die der Bund nur eine Rahmenkompetenz hat (z. B. Naturschutz, Art. 75 Abs. 1 Nr. 3; vgl. Schroeter, DVBl 79, 14).

56   **d)** Die Erhebung und Verteilung von **Gebühren für die Benutzung öffentlicher Straßen** mit Fahrzeugen ist 1969 eingefügt worden (Einl. 3 Nr. 22). Zum Gebührenbegriff Rn. 13 f zu Art. 105; öffentliche Straßen umschließen auch Privatstraßen des öffentlichen Verkehrs (Pestalozza MaK 1615). Hierunter fallen Mautgebühren (Pestalozza MaK 1621; Stettner DR 104), Parkgebühren (BVerwGE 58, 326/330) sowie die Normierung einer Zweckbindung für ihre Verwendung (Henseler, NVwZ 95, 745 ff).

21. Schienenbahnen (Nr. 23)

57   Die 1993 geänderte (Einl. 3 Nr. 40) Kompetenzzuweisung umfasst Schienenbahnen, d. h. alle Bahnen mit einem festen Spurweg, d. h. Eisenbahnen, Hochbahnen, S-Bahnen (BVerwGE 110, 180/187), Straßenbahnen (BVerfGE 26, 338/382; 56, 249/282), U-Bahnen (BVerfGE 45, 297/323), Schwebebahnen, Magnetkissenbahnen

(Bothe AK 58; Pestalozza MaK 1661; a. A. Degenhart SA 88), Zahnradbahnen (BT-Drs. 12/5015, 5, 6), nicht dagegen Seilbahnen und O-Busse. Zu den Eisenbahnen des Bundes Rn.15 zu Art.73; Bergbahnen gehören zur Gesetzgebungskompetenz der Länder (vgl. BVerfGE 56, 249/263). Für den Ausschluss von Privatbahnen (Maunz MD 247; Rengeling HbStR IV 824) besteht kein Grund (Bothe AK 58; Degenhart SA 88; Stettner DR 106). Der Gegenstand umfasst wie bei Art.73 Nr.6a und Art.74 Abs.1 Nr.22 den Verkehr (BVerfGE 15, 1/13f) und den Bau (BVerfGE 26, 338/382) einschl. der Planfeststellung (BVerfGE 26, 338/383) und der Kosten (BVerfGE 26, 338/388f).

22. Abfallbeseitigung, Luftreinhaltung, Lärmbekämpfung (Nr.24)

Diese Kompetenzzuweisung ist 1972 eingefügt worden (Einl.3 **58** Nr.30). *Abfälle* sind bewegliche Sachen, deren sich der Besitzer entledigen will oder entledigt hat oder deren geordnete Entsorgung geboten ist (Pestalozza MaK 1749, 1753; vgl. auch Kunig MüK 117). Abfallbeseitigung ist gleichbedeutend mit Abfallwirtschaft (BVerfGE 98, 106/120; 102, 99/115) und umfasst sowohl die Abfallvermeidung (Oeter MKS 210; Pieroth, WuV 96, 75; Rengeling HbStR IV 825; Degenhart SA 90f: kraft Sachzusammenhangs; a. A. BayVerfGHE 43, 35/57; Pestalozza MaK 1760), z. B. durch Abfallabgaben (Peine, NuR 92, 358f), als auch die Abfallverwertung, insb. die Lagerung und Behandlung von Autowracks (BVerwG, DVBl 91, 400) und das Recycling (Bothe AK 60). *Luftreinhaltung* ist der Schutz vor und die Beseitigung von Verunreinigungen der Luft, d. h. Veränderungen der natürlichen Zusammensetzung der Luft. *Lärmbekämpfung* ist die Vermeidung, Beseitigung oder Linderung störender Geräusche an ihrer Quelle oder in ihrem Wirkungsbereich (vgl. Pestalozza MaK 1773f).

23. Staatshaftung (Nr.25)

Durch diese 1994 eingefügte (Einl.3 Nr.42) Kompetenzzuweisung **59** wird ein bundeseinheitliches Staatshaftungsrecht ermöglicht, das auf der Basis der konkurrierenden Bundesgesetzgebungskompetenz für das bürgerliche Recht unzulässig war (oben Rn.3). Staatshaftung ist die unmittelbare Haftung juristischer Person des öffentlichen Rechts und umfasst Haftung für legislatives Unrecht, öffentlich-rechtliche Gefährdungshaftung, enteignungsgleichen und enteignenden Eingriff, Aufopferung und Folgenbeseitigung (Degenhart SA 93f). Das

Bundesgesetz bedarf gem. Abs.2 als einziges in den Materien des Abs.1 der Zustimmung des Bundesrats (oben Rn.1).

24. Fortpflanzungsmedizin, Gentechnologie, Organtransplantation (Nr.26)

60 Diese Kompetenzzuweisung ist 1994 eingefügt worden (Einl.3 Nr.42). Während die künstliche Befruchtung und damit die Fortpflanzungsmedizin (Degenhart SA 96; Kunig MüK 123) nur beim Menschen erfasst wird, fällt die Untersuchung und die künstliche Veränderung von Erbinformationen und damit die Gentechnologie auch bei Tieren und Pflanzen hierunter (BT-Drs. 12/6000, 35). Das Gleiche gilt für die Transplantation von Organen und Geweben (Pestalozza MaK 1920; a. A. Kunig MüK 125). Zu den grundrechtlichen Grenzen der Gentechnologie Rn.13 zu Art.1.

Art.74a [Besoldung und Versorgung im Öffentlichen Dienst]

(1) **Die konkurrierende Gesetzgebung erstreckt sich ferner auf die Besoldung[2f] und Versorgung[4] der Angehörigen des öffentlichen Dienstes, die in einem öffentlich-rechtlichen Dienst- und Treueverhältnis stehen[5], soweit dem Bund nicht nach Artikel 73 Nr.8 die ausschließliche Gesetzgebung zusteht[1].**

(2) **Bundesgesetze nach Absatz 1 bedürfen der Zustimmung des Bundesrates[6].**

(3) **Der Zustimmung des Bundesrates bedürfen auch Bundesgesetze nach Artikel 73 Nr.8, soweit sie andere Maßstäbe für den Aufbau oder die Bemessung der Besoldung und Versorgung einschließlich der Bewertung der Ämter oder andere Mindest- oder Höchstbeträge vorsehen als Bundesgesetze nach Absatz 1[6].**

(4) **Die Absätze 1 und 2 gelten entsprechend für die Besoldung und Versorgung der Landesrichter[5]. Für Gesetze nach Artikel 98 Abs.1 gilt Absatz 3 entsprechend[6].**

Literatur: S. Literatur zu Art.70.

1. Konkurrierende Gesetzgebung des Bundes (Abs.1, 4)

1 **a) Allgemeines.** Die Vorschrift ist 1971 (Einl.3 Nr.28) eingefügt worden und mit Art.79 Abs.3 vereinbar (BVerfGE 34, 9/20; krit. Oeter MKS 4 ff). Zu den Zulässigkeitsvoraussetzungen und Rechtsfolgen der Verleihung der konkurrierenden Gesetzgebungskompetenz Rn.1 zu Art.74. Die Sperrwirkung für die Landesgesetzgebung besteht seit dem 1. Besoldungsvereinheitlichungs- und NeuregelungsG v. 18. 3. 1971 (BGBl I 208; vgl. BVerfGE 34, 9/27 ff). Allerdings hat der Bund keine erschöpfende Regelung (Rn.3 zu Art.72) getroffen, sondern den Ländern in Randzonen der Besoldung Raum zu eigener Gestaltung gelassen (BVerfGE 62, 354/369; 64, 367/376 a. A. Degenhart BK 12). Ein Gebrauchmachen von Abs.1 setzt nicht voraus, erst die Vereinheitlichung des Besoldungsrechts durch Rahmengesetzgebung gem. Art.75 Abs.1 Nr.1 zu versuchen (Degenhart BK 29 f; Kunig MüK 6; offengelassen BVerfGE 34, 9/21). Für Bundesbedienstete ist Art.73 Nr.8, für Bundesrichter ist Art.98 Abs.1 lex specialis (vgl. aber unten Rn.6).

b) Unter **Besoldung** sind sämtliche in Erfüllung der Alimentati- **2** onspflicht (Rn.40–47 zu Art.33) gewährten Leistungen zu verstehen, also nicht nur Geld-, sondern auch Sachbezüge (BVerfGE 62, 354/368; Degenhart BK 40; Kunig MüK 7; a. A. Bothe AK 5). Besoldungsrecht (vgl. auch Rn.44 zu Art.33) steht im Gegensatz zum Statusrecht (allg. Dienstrecht) der Beamten, z. B. Laufbahnrecht und Regelung der Amtsbezeichnungen (BVerfGE 38, 1/10). Aus Abs.3 ergibt sich, dass auch die Bewertung der Ämter zur Besoldung zählt (Degenhart BK 62 ff; Maunz MD 9; vgl. auch BVerfGE 56, 87/94; 56, 146/161). Den Ländern muss aber die Möglichkeit offen bleiben, im Zuge von Reformen und strukturellen Änderungen ihrer Organisation Ämter mit neuem Amtsinhalt einschl. ihrer der Struktur der Bundesbesoldungsordnung für Landesbeamte entsprechenden besoldungsrechtlichen Einstufung in eigener Verantwortung zu schaffen (BVerfGE 34, 9/20 f).

Einzelfälle: Anwärterbezüge (Degenhart SA 8); Beihilfe (BVerfGE **3** 62, 354/368 f; Kunig MüK 8; Pestalozza MaK 75; a. A. Bothe AK 5; Degenhart BK 51), wobei der Bund von seiner Kompetenz erschöpfend Gebrauch gemacht hat (Rn.3 zu Art.72), soweit es um Krankheitsvorsorge, nicht aber, soweit es um Aufwendungen anlässlich konkreter Krankheitsfälle geht (BVerfG-K, NVwZ 00, 1037; SaarlVerfGH, LVerfGE 5, 243/251; BVerwGE 77, 345/351 f; NVwZ 91, 480); Dienstbezüge gem. § 1 Abs.2 BBesG (Rengeling HbStR IV 829); Dienstpostenbewertung (Degenhart SA 9; Stettner DR 7); Heilfürsorge (BVerfGE 62, 354/369); jährliche Sonderzuwendungen (vgl. BSGE 31, 247/250 f) und jährliches Urlaubsgeld (Degenhart SA 8); Stellenplan-Obergrenzen für Gemeinden (BVerwG, NVwZ 85, 415); Unfallfürsorge (Pestalozza MaK 75);

vermögenswirksame Leistungen (Kunig MüK 8; anders Degenhart
BK 50). **Keine** Besoldungsfragen sind: Beteiligung ärztlicher Mitarbeiter an Privatliquidationen (Pestalozza MaK 76; a. A. Rupp, FS
Ule, 1977, 452); Dienstaufwandsentschädigung; Jubiläumszuwen-
dung (Degenhart BK 53); Nebentätigkeiten (Oeter MKS 10); Reise-
und Umzugskosten (Degenhart BK 52; Kunig MüK 8; Stettner
DR 6; a. A. Pestalozza MaK 75).

4   **c)** Die **Versorgung** wird in verfassungsrechtlich zulässiger Weise
in § 2 Abs.1, 2 BeamtVG näher umschrieben (Bothe AK 5; Degenhart BK 54; Kunig MüK 10). Nicht dazu gehört ein von einem
Dienstunfall unabhängiger Schadensersatzanspruch des Beamten gegen seinen Dienstherrn (BVerwG, VwRspr Bd.32, Nr.9).

5   **d) Erfasste Personen** sind in systematischer Auslegung mit
Art.33 Abs.4 nur Beamte und wegen der Spezialität des Art.73 Nr.8
(oben Rn.1) nur der Länder, Gemeinden und sonstigen öffentlich-
rechtlichen Dienstherren. Dazu zählt auch das beamtete wissenschaftliche Hochschulpersonal (Degenhart BK 35). Gem. Abs.4 S.1
sind als lex specialis zu Art.98 Abs.3 (Pestalozza MaK 120) auch
Landesrichter, d. h. Richter (Rn.7 zu Art.92) im Dienst eines Landes
einbezogen. **Nicht** erfasste Personen sind Abgeordnete (Rn.25 zu
Art.38; Rn.6 f zu Art.48), Beliehene (Kunig MüK 12; Pestalozza
MaK 86), Dienstordnungsangestellte von landesunmittelbaren Körperschaften (BSGE 55, 67/69), ehrenamtliche und freiberufliche
Inhaber öffentlicher Ämter (Rengeling HbStR IV 829 f; anders für
Ehrenbeamte Kunig MüK 12), Kirchenbeamte (Kunig MüK 12;
vgl. auch BVerfGE 55, 207/230 f), Landesverfassungsrichter (Blümel
HbStR IV 980; Pestalozza MaK 127), Minister und Parlamentari-
sche Staatssekretäre (Bothe AK 6; Degenhart BK 37; Kunig MüK
12; a. A. Maunz MD 16).

2. Zustimmungsbedürftigkeit (Abs.2, 3)

6   Zustimmungsbedürftig (Rn.4–6 zu Art.77) sind gem. Abs.2 nicht
nur Bundesgesetze über die Besoldung und Versorgung der Beamten
der Länder, Gemeinden und sonstigen öffentlich-rechtlichen Dienstherren, einschl. der Landesrichter (Abs.4 S.1), sondern gem. Abs.3
auch bestimmte Gesetze über die Besoldung und Versorgung von
Bediensteten des Bundes, einschl. der Bundesrichter (Abs.4 S.2; vgl.
auch Rn.1 f zu Art.98): Diese Gesetze müssen **(1)** allgemeine Kriterien („Maßstäbe") oder bezifferte Beträge der Besoldung und Versorgung betreffen und **(2)** von den in den Ländern geltenden Regeln, gleich zu wessen Gunsten (Pestalozza MaK 111; a. A. Renge-

ling HbStR IV 830), abweichen. Abs.4 gebietet kein besonderes Richterbesoldungsgesetz (Degenhart BK 76; Kunig MüK 16; offengelassen BVerfGE 32, 199/213; 55, 372/385).

Art. 75 [Rahmengesetzgebung des Bundes]

(1) **Der Bund hat das Recht, unter den Voraussetzungen des Artikels 72 Rahmenvorschriften[2f] für die Gesetzgebung der Länder zu erlassen über:**

1. **die Rechtsverhältnisse der im öffentlichen Dienste der Länder, Gemeinden und anderen Körperschaften des öffentlichen Rechtes stehenden Personen, soweit Artikel 74 a nichts anderes bestimmt;[7]**

1 a. **die allgemeinen Grundsätze des Hochschulwesens;[8f]**

2. **die allgemeinen Rechtsverhältnisse der Presse;[10]**

3. **das Jagdwesen,[11] den Naturschutz und die Landschaftspflege;[12]**

4. **die Bodenverteilung,[13] die Raumordnung[14] und den Wasserhaushalt;[15]**

5. **das Melde-[16] und Ausweiswesen;[17]**

6. **den Schutz deutschen Kulturgutes gegen Abwanderung ins Ausland.[18]**

Artikel 72 Abs.3 gilt entsprechend.[6]

(2) **Rahmenvorschriften dürfen nur in Ausnahmefällen in Einzelheiten gehende oder unmittelbar geltende Regelungen enthalten.[2f]**

(3) **Erläßt der Bund Rahmenvorschriften, so sind die Länder verpflichtet, innerhalb einer durch das Gesetz bestimmten angemessenen Frist die erforderlichen Landesgesetze zu erlassen.[6]**

Übersicht

Literatur: *Gramm,* Zur Gesetzgebungskompetenz des Bundes für ein Umweltgesetzbuch, DÖV 1999, 540; *Gromitsaris,* Unmittelbare Wirkung von pflichtwidrig nicht umgesetzten Rahmenvorschriften des Bundes – Art.75 III GG, NJW 1998, 2196; *T. Schneider,* Die Rahmengesetzgebungskompetenz des Bundes, 1994. – S. auch Literatur zu Art.70 und 72.

I. Bedeutung

1. Zulässigkeit

1   **Allgemeines.** Art.75 ist nach zwei vorangegangenen Änderungen (Einl.3 Nr.22, 28) 1994 mit dem Ziel geändert worden (Einl.3 Nr.42), den Verlust der Gesetzgebungskompetenzen der Länder(parlamente) in den vergangenen Jahrzehnten auszugleichen (BT-Drs. 12/6000, 32); zur Fortgeltung alten Rechts Rn.1 f zu Art.125 a. Für die Rahmengesetzgebung als einer Art der Verleihung von Gesetzgebungskompetenzen an den Bund (Rn.10 zu Art.70) muss die Erforderlichkeit gem. Art.72 Abs.2 bestehen. Dies ist im abstrakten Normenkontrollverfahren gesondert nachprüfbar (Rn.20, 28 zu Art.93).

2   **Begriff.** Rahmengesetze (gleich: Rahmenvorschriften) zu den in Abs.1 aufgezählten Gegenständen (Materien) dürfen nur inhaltlich beschränkte Gesetze sein. Sie müssen „ausfüllungsfähig und ausfüllungsbedürftig, jedenfalls auf eine solche Ausfüllung hin angelegt sein"; sie „müssen dem Landesgesetzgeber Raum für Willensentscheidungen in der sachlichen Rechtsgestaltung übrig lassen" (BVerfGE 4, 115/129; 36, 193/202). Die frühere Rspr., wonach für einzelne Teile einer Materie der Rahmengesetzgebung eine Vollregelung getroffen (BVerfGE 43, 291/343; 66, 270/285; BVerwGE 64, 142/147; 85, 348/357) und für den Bürger unmittelbar geltendes Recht gesetzt (BVerfGE 4, 115/130; 80, 137/157) werden durfte, ist durch Abs.2 eingeschränkt worden: Sowohl in Einzelheiten gehende Regelungen, d.h. die keiner substantiellen Ausfüllung mehr fähig und bedürftig sind (Jarass, NVwZ 00, 1094), als auch unmittelbar, d.h. im Außenverhältnis Staat-Bürger (Degenhart SA 3), für jedermann verbindliche Regelungen sind im konkreten Rahmengesetz (Pestalozza MaK 708) nur in Ausnahmefällen zulässig, d.h. sie bedürfen eines rechtfertigenden Sachgrundes (Degen-

hart SA 12 f; Pestalozza MaK 733 ff) und es muss bezogen auf den
jeweiligen Kompetenztitel ein Übergewicht der Rahmenvorschriften bestehen (Pestalozza MaK 724 ff; krit. Jarass, NVwZ 00, 1094 f).
Einzelfälle. Eine erschöpfende Teilregelung bzw. punktuelle 3
Vollregelung ist regelmäßig keine Rahmenvorschrift (BT-Drs.
12/6000, 36); ihre Zulässigkeit ist allerdings dann vorstellbar, wenn
die Ausnahmesituation für den gesamten Teil bzw. Punkt der Gesamtregelung besteht (krit. Pestalozza MaK 737). Unter diesen Voraussetzungen sind auch Ermächtigungen zu Rechtsverordnungen
des Bundes in Rahmengesetzen zulässig (BVerwG, NJW 86, 951),
des Landes aber nur als Voll-, nicht als Rahmenregelung (Pestalozz-
za MaK 89 ff; Rozek MKS 22). Festlegungen des EG-Rechts begründen regelmäßig einen Ausnahmefall (Jarass, NVwZ 00, 1095 f).
Unzulässig sind danach Bundesgesetze zu den Gegenständen der
Art.75 Abs.1, Art.98 Abs.3 S.2, die nicht nur ausnahmsweise Vorschriften enthalten, die der Ausfüllung nicht fähig und bedürftig
sind; die dem Landesgesetzgeber nur die Wahl zwischen verschiedenen voll durchnormierten Alternativen lassen (Bothe AK 2); die
lediglich eine Sperre für die Landesgesetzgebung enthalten oder
Landesrecht festschreiben (BVerfGE 7, 120/127), außer sie beschränken sich auf einen Rahmen und erheben das Landesrecht zu
Bundesrecht (Pestalozza MaK 80). Unzulässig ist es auch, durch
(bundesrechtliche) Rechtsverordnung den Rahmen auszufüllen
(Maunz MD 16).

2. Rechtsfolgen

Es besteht **keine Sperrwirkung** (Rn.2 zu Art.71; Rn.5 zu 4
Art.72) für die Gesetzgebung der Länder (BVerfGE 4, 115/129;
Stettner DR 16; Jarass, NVwZ 96, 1042 f; a. A. Pestalozza MaK 102;
Rozek MKS 26; März, o. Lit. Art.31, 157 ff). Das BVerfG statuiert
die Auslegungsregel, dass die Gesetzgebungskompetenz der Länder
durch die Rahmenvorschrift „nicht weiter eingeschränkt werden
soll, als dies der Wortlaut der Rahmenvorschrift zwingend erfordert"
(BVerfGE 80, 137/158; 67, 1/12; 93, 319/343; BVerwGE 92,
263/265). Die Auslegungsregel gilt auch bei nicht unmittelbar geltenden Rahmenvorschriften (BVerwG, DVBl 00, 191).
Rechtsfolge der Überschreitung der Rahmengesetzgebung durch 5
den Bund ist die **Nichtigkeit;** dabei ist eine Teilnichtigkeit möglich
(Kunig MüK 12; krit. Maunz MD 37). Die Eigenschaft als Rahmengesetz ist gerichtlich voll überprüfbar (BVerfGE 4, 115/128).
Vorschriften, die der Landesgesetzgeber in Ausführung der Rah-

mengesetze erlässt, sind Landesrecht (BVerfGE 18, 407/415), außer es handelt sich um eine „nur zitierende Wiedergabe" (BayVerfGHE 37, 140/143; 37, 177/179; 38, 152/158). Verstößt das Landesgesetz hierbei gegen das Rahmengesetz, ist es bei unmittelbar geltenden Regelungen gem. Art. 31 (BVerfGE 66, 291/310; BVerwGE 67, 93/94; 109, 59/62; a. A. – Nichtigkeit gem. Art. 72 Abs. 1 – BVerfGE 87, 68/69; 87, 95; Degenhart SA 42; Rozek MKS 27; krit. dazu Pieroth, SächsVBl 93, 17; noch a. A. – Nichtigkeit gem. Art. 75 Abs. 3 – Bernhardt/Sacksofsky BK 105 f; Dreier DR 26), bei nicht unmittelbar geltenden Regelungen gem. Art. 75 Abs. 3 nichtig (Jarass, NVwZ 96, 1047; a. A. März MKS 74 zu Art. 31).

6　　**Fakultative Rechtsfolgen.** Abs. 3 begründet in bestimmtem Umfang eine *Pflicht* der Länder zur erforderlichen Gesetzgebung. Voraussetzungen sind, dass das Rahmengesetz überhaupt eine Frist bestimmt und dass diese angemessen ist. Durch die Frist kann auch die Nichtigkeit widersprechenden früheren Landesrecht hinausgeschoben werden (Pestalozza MaK 104 ff). Die Pflichtverletzung führt nicht zur unmittelbaren Anwendbarkeit der Rahmenvorschriften nach Fristablauf (Pestalozza MaK 750; krit. Stettner DR 14; Jarass, NVwZ 00, 1093 f). Rahmengesetze können gem. der durch Abs. 1 S. 2 in Bezug genommenen Freigabebefugnis (Rn. 12 f zu Art. 72) durch Landesrecht ersetzt werden (Degenhart SA 44 ff).

II. Die einzelnen Gegenstände (Abs. 1 S. 1)

1. Öffentlicher Dienst der Länder (Nr. 1)

7　　Der Gegenstand ist der Sache und den erfassten Personengattungen nach mit Art. 73 Nr. 8 identisch (diff. Pestalozza MaK 153 ff). Er unterscheidet sich von ihm nur insoweit, als Länder, Gemeinden und andere Körperschaften des öffentlichen Rechts – einschl. Anstalten und Stiftungen (Maunz MD 46; Kunig MüK 15; a. A. Pestalozza MaK 183; vgl. auch Rn. 1 zu Art. 86) – Dienstherr sein müssen und dass für Fragen der Besoldung und Versorgung der Beamten Art. 74 a ausdrücklich zur lex specialis erklärt wird. Außerdem sind Minister und Parlamentarische Staatssekretäre in den Ländern im Hinblick auf den eigenen Verfassungsrechtsbereich der Länder nicht erfasst (Maunz MD 51; Degenhart SA 16). Dienstordnungsangestellte der landesunmittelbaren Körperschaften fallen hierunter, nicht unter Art. 74 Abs. 1 Nr. 12 (BSGE 55, 268/271; 63, 185/188; a. A. BAGE 50, 92/100 f).

2. Allgemeine Grundsätze des Hochschulwesens (Nr. 1 a)

Hochschulwesen umfasst einerseits nicht nur wissenschaftliche **8**
Hochschulen, erstreckt sich andererseits aber auch nicht auf das
gesamte tertiäre Bildungswesen (Maunz MD 68; Kunig MüK 18;
Pestalozza MaK 257 ff). Im Einzelnen fallen hierunter: Universitäten, Kirchliche, Medizinische, Pädagogische und Technische Hochschulen, Kunst-, Musik- und Sporthochschulen, Gesamthochschulen, Fachhochschulen und private Hochschulen (Bothe AK 7;
Maunz MD 72); nicht dagegen Volkshochschulen (Kunig MüK 18;
Maunz MD 73; Pestalozza MaK 259). Die für das Hochschulwesen
konstitutive Lehre muss nicht notwendig mündlich und unter Anwesenden stattfinden (a. A. Pestalozza MaK 262). Für Bundeswehrhochschulen soll die ausschließliche Bundesgesetzgebungskompetenz für Verteidigung (Rn.4 zu Art.73) lex specialis sein (Bothe
AK 8; Degenhart SA 21; zweifelnd auch Heintzen MKS 15 zu
Art.73). Zum Hochschulwesen zählt u. a. der Hochschulzugang
(BayVerfGHE 28, 143/159; diff. Hailbronner, WissR 94, 1 ff) und
die studentische Krankenversicherung (offengelassen BVerwGE 32,
308/310). Für Berufszulassungsregelungen sind dagegen die jeweiligen berufsbezogenen Kompetenztitel speziell (vgl. Rn.10, 44 zu
Art.74). Die Regelung von Dienstverhältnissen im Hochschul-
bereich fällt unter Art.73 Nr.8, Art.74 a Abs.1 oder Art.75 Abs.1
Nr.1, nicht aber unter „bürgerliches Recht" oder „Arbeitsrecht"
(Rn.29 zu Art.74).

Allgemeine Grundsätze bedeuten, dass die Bundeskompetenz **9**
über den Rahmencharakter und die Voraussetzung der Erforderlichkeit (oben Rn.2) hinaus zusätzlich begrenzt ist (BVerfGE 66,
270/285). Den Landesgesetzgebern muss also mehr als sonst an
Raum für eigene Regelungen verbleiben (Kunig MüK 22; Rengeling HbStR IV 838 f). Das schließt aber nicht aus, dass der Bundesgesetzgeber ausnahmsweise einzelne Vollregelungen trifft und nicht
nur den Landesgesetzgeber, sondern auch den Bürger unmittelbar
bindet (Kunig MüK 22; Rozek MKS 38; ebenso zum alten Recht
BVerfGE 43, 291/343; 66, 270/285; 66, 291/307; a. A. Pestalozza
MaK 286 ff). Die Verfassungsmäßigkeit des HRG wird wegen seiner
hohen Regelungsdichte bezweifelt (Flämig, Handbuch des Wissen-
schaftsrechts I, 1982, 100).

3. Allgemeine Rechtsverhältnisse der Presse (Nr.2)

Zu dem Begriff der Presse Rn.25–28 zu Art.5. Der Rundfunk **10**
(Rn.36–41 zu Art.5) wird von Art.75 Abs.1 Nr.2 nicht erfasst, auch

nicht mehr der Film (Rn.1 zu Art.125 a). Nr.2 bezieht sich ausschließlich auf Öffentliches Recht (Pestalozza MaK 358). Der Begriff „allgemeine Rechtsverhältnisse" bedeutet zum einen, dass trotz
Verfolgung eines spezifisch presserechtlichen Ziels nicht bestimmte
einzelne Presseprodukte betroffen werden dürfen (Bothe AK 12;
Lerche, JZ 72, 473; Kunig MüK 25; a. A. Groß, DVBl 76, 925 f),
und zum anderen, dass nur grundsätzliche Regelungen getroffen
werden dürfen (vgl. Maunz MD 96; Kunig MüK 25; Pestalozza
MaK 361 ff). Sie können den Bürger ausnahmsweise (oben Rn.2)
unmittelbar binden (Degenhart SA 27; Pestalozza MaK 365; ebenso
zum alten Recht BVerfGE 7, 29/41). Zum Verhältnis zu anderen
Kompetenznormen Rn.3 zu Art.74 (Gegendarstellungsanspruch der
Presse), Rn.9 zu Art.74 (Beschlagnahme von Presseerzeugnissen,
Verjährung von Pressedelikten und Zeugnisverweigerungsrecht von
Presseangehörigen), Rn.26 zu Art.74 (Reisegewerbekarte für Zeit-
schriftenwerber), Rn.35 zu Art.74 (Pressefusionskontrolle).

4. Jagdwesen, Naturschutz, Landschaftspflege (Nr.3)

11   **Jagdwesen** ist nicht beschränkt auf das Individualrecht der Jagd,
sondern umfasst alle Fragen, die traditionell im Zusammenhang mit
der Jagd stehen (Maunz MD 118; Kunig MüK 29), z. B. Jagdbarkeit
und Schonzeiten (VerfGH RP, DVBl 01, 471), das Aussetzen von
Tieren (BVerwGE 70, 64/67), die Regelung des Jagdscheins
(BayVGH, VwRspr Bd.30, Nr.216) und die Wildhege (Pestalozza
MaK 427). Der Jagdschutz, d. h. Maßnahmen gegen gemeingefährliche und übertragbare Krankheiten bei Wildtieren, rechnet zu
Art.74 Abs.1 Nr.19, der Schutz des Wildes vor vermeidbaren
Schmerzen und Leiden zu Art.74 Abs.1 Nr.20; privatrechtliche und
strafrechtliche Normen über die Jagd und die an ihr Beteiligten
unterfallen Art.74 Abs.1 Nr.1 (Pestalozza MaK 424 f).

12   **Naturschutz** und **Landschaftspflege** können nicht voneinander
getrennt werden und sind unter dem Oberbegriff der Landespflege
zusammenzufassen (Degenhart SA 30; a. A. Pestalozza MaK 440 f).
Dabei geht es nicht nur um die Abwehr von Gefahren für Natur
und Landschaft, sondern um die gestalterische Tätigkeit des Staats
zum Schutz und zur Verbesserung des Landes (vgl. BVerwGE 85,
348/357; Bothe AK 14; Maunz MD 123; Kunig MüK 30) einschl.
des Bodens (Peine NuR 92, 359). Unter Nr.3 fällt das Reiten im
Wald (BVerwGE 71, 324/325; 85, 332/342 f), nicht aber der Denkmalschutz (Bothe AK 14), ausgenommen derjenige von Naturdenk-
mälern (Maunz MD 125; Kunig MüK 31; vgl. auch BVerwGE 102,

260/265). Verfehlt BVerwGE 92, 258/260, wonach Nr.3 dem Bund die Kompetenz gebe, Verfahrensvorschriften für das Naturschutzrecht zu erlassen (vgl. Rn.2 zu Art.83).

5. Bodenverteilung, Raumordnung, Wasserhaushalt (Nr.4)

Bodenverteilung bedeutet die Veränderung der Eigentums- und **13** Besitzverhältnisse an Grund und Boden im Weg einer Bodenreform (JöR 1951, 537; Bothe AK 15; Degenhart SA 32; a. A. Maunz MD 132). Für die Schaffung von Gemeineigentum ist Art.74 Abs.1 Nr.15 einschlägig; andere Regelungen der Beziehungen des Menschen zum Grund und Boden fallen unter Art.74 Abs.1 Nr.18 „Bodenrecht".

Raumordnung ist nach hM die überörtliche Planung im Bereich **14** eines Landes, einschl. der Braunkohlenplanung (BbgVerfG, LVerfGE 8, 97/118 f); die Raumplanung für den Gesamtstaat soll eine Bundeskompetenz aus der Natur der Sache (Rn.8 zu Art.70) sein (BVerfGE 3, 407/425 ff; 15, 1/16; Maunz MD 136; Kunig MüK 33). Richtigerweise erfasst Nr.4 das gesamte Bundesgebiet (Pestalozza MaK 540, 552 f). Bundeskompetenzen für raumwirksame Fachplanungen ergeben sich darüber hinaus z. B. aus Art.73 Nr.6, 74 Abs.1 Nr.21, 22 (vgl. Bothe AK 15 zu Art.30; anders aber 16 zu Art.75). Für die städtebauliche Planung ist Art.74 Abs.1 Nr.18 „Bodenrecht" lex specialis (BVerfGE 3, 407/428). Keine Raumordnung ist der konkrete Vollzug von Gesetzen im Einzelfall (BayVerfGHE 40, 94/105).

Wasserhaushalt umfasst die Wassermengen- und die Wasser- **15** gütewirtschaft (BVerfGE 15, 1/15; 58, 45/62) einschl. der Planfeststellung (BVerwGE 55, 220/225), der Festsetzung von Wasserschutzgebieten (BayVerfGHE 30, 99/103) und der Abwasserabgaben (BVerwG, NVwZ 92, 1210; NVwZ 93, 998), nicht aber das Wasserverkehrs- und -wegerecht (Rn.49–51 zu Art.74).

6. Melde- und Ausweiswesen (Nr.5)

Meldewesen umfasst die An- und Abmeldung bei Gründung **16** oder Aufgabe eines Wohnsitzes oder gewöhnlichen Aufenthalts von natürlichen (dagegen will Pestalozza MaK 594 auch juristische Personen einbeziehen) Personen, einschl. eines Melderegisterabgleichs (BVerfGE 65, 1/63; a. A. Pestalozza MaK 604). Für das Meldewesen der Ausländer ist Art.74 Abs.1 Nr.4 einschlägig (Bothe AK 18; Pestalozza MaK 594).

17   **Ausweiswesen** umfasst die Ausstellung und den Gebrauch von Ausweisen über die Identität von natürlichen Personen zur Benutzung im Inland (Personalausweise) im Gegensatz zum Gebrauch im grenzüberschreitenden oder ausländischen Verkehr (Rn.6 zu Art.73). Für Urkunden über den Personenstand ist Art.74 Abs.1 Nr.2 „Personenstandswesen" einschlägig. Nr.5 umfasst auch entsprechende Datenschutzregelungen (Bothe AK 19; Pestalozza MaK 628).

7. Ausfuhr deutschen Kulturguts (Nr.6)

18   Kulturgut bedeutet Kunstwerke und andere Kulturgegenstände, besonders wissenschaftliches, bibliothekarisches und archivarisches Gut, die national wertvoll sind; es umfasst privaten und öffentlichen Besitz (Maunz MD 100 zu Art.74; Kunig MüK 38). Deutsch ist Kulturgut bei deutscher Urheberschaft und Belegenheit in Deutschland (Pestalozza MaK 653 ff); bei ausländischer Herkunft dann, wenn es sich nicht nur vorübergehend im Geltungsbereich des GG befindet (Maunz MD 100 zu Art.74; Rengeling HbStR IV 787; vgl. auch BayVGH, BayVBl 89, 52). Abwanderung bedeutet jede nicht nur kurzfristige zivile Ausfuhr (Pestalozza MaK 662 f).

Art.76 [Einbringung von Gesetzesvorlagen]

(1) **Gesetzesvorlagen werden beim Bundestage durch die Bundesregierung, aus der Mitte des Bundestages oder durch den Bundesrat eingebracht**[2 ff].

(2) **Vorlagen der Bundesregierung sind zunächst dem Bundesrat zuzuleiten. Der Bundesrat ist berechtigt, innerhalb von sechs Wochen zu diesen Vorlagen Stellung zu nehmen. Verlangt er aus wichtigem Grunde, insbesondere mit Rücksicht auf den Umfang einer Vorlage, eine Fristverlängerung, so beträgt die Frist neun Wochen. Die Bundesregierung kann eine Vorlage, die sie bei der Zuleitung an den Bundesrat ausnahmsweise als besonders eilbedürftig bezeichnet hat, nach drei Wochen oder, wenn der Bundesrat ein Verlangen nach Satz 3 geäußert hat, nach sechs Wochen dem Bundestag zuleiten, auch wenn die Stellungnahme des Bundesrates noch nicht bei ihr eingegangen ist; sie hat die Stellungnahme des Bundesrates unverzüglich nach Eingang dem Bundestag nachzureichen. Bei Vorlagen zur Änderung dieses Grundgesetzes und zur Übertragung von Hoheitsrechten nach**

Artikel 23 oder Artikel 24 beträgt die Frist zur Stellungnahme neun Wochen; Satz 4 findet keine Anwendung.[6]

(3) Vorlagen des Bundesrates sind dem Bundestag durch die Bundesregierung innerhalb von sechs Wochen zuzuleiten. Sie soll hierbei ihre Auffassung darlegen. Verlangt sie aus wichtigem Grunde, insbesondere mit Rücksicht auf den Umfang einer Vorlage, eine Fristverlängerung, so beträgt die Frist neun Wochen. Wenn der Bundesrat eine Vorlage ausnahmsweise als besonders eilbedürftig bezeichnet hat, beträgt die Frist drei Wochen oder, wenn die Bundesregierung ein Verlangen nach Satz 3 geäußert hat, sechs Wochen. Bei Vorlagen zur Änderung dieses Grundgesetzes und zur Übertragung von Hoheitsrechten nach Artikel 23 oder Artikel 24 beträgt die Frist neun Wochen; Satz 4 findet keine Anwendung. Der Bundestag hat über die Vorlagen in angemessener Frist zu beraten und Beschluß zu fassen.[7]

Literatur: *Mengel,* Gesetzgebung und Verfahren, 1997; *Hofmann,* Die Ausgestaltung des Gesetzgebungsverfahrens nach der Reform des GG, NVwZ 1995, 134; *Sannwald,* Die Neuordnung der Gesetzgebungskompetenzen und des Gesetzgebungsverfahrens im Bundesstaat, 1995; *Kloepfer,* Das Gesetzgebungsverfahren nach dem GG, Jura 1991, 169; *Bryde,* Stationen, Entscheidungen und Beteiligte im Gesetzgebungsverfahren, ParlRPr, 1989, 859; *Schenke,* Gesetzgebung zwischen Parlamentarismus und Föderalismus, ParlRPr, 1989, 1485; *Dietlein,* Vermittlung zwischen Bundestag und Bundesrat, ParlRPr, 1989, 1565; *Wyduckel,* Der Bundesrat als Zweite Kammer, DÖV 1989, 181; *Antoni,* Zustimmungsvorbehalte des Bundesrates zu Rechtsetzungsakten des Bundes, AöR 1988, 329; *v. Mutius,* Zustimmungsbedürftigkeit von Bundesgesetzen, Jura 1988, 49; *Ossenbühl,* Verfahren der Gesetzgebung, HbStR III, 1988, 351; *Schürmann,* Grundlagen und Prinzipien des legislatorischen Einleitungsverfahrens nach dem GG, 1987; *Sachs,* Grenzen der Befugnisse des Vermittlungsausschusses, JuS 1987, 821; *Hill,* Rechtsdogmatische Probleme der Gesetzgebung, Jura 1986, 286; *Fritz,* Teilung von Bundesgesetzen, 1982. – S. auch Literatur zu Art.84.

1. Bedeutung und Abgrenzung zu anderen Vorschriften

Art.76 regelt zusammen mit Art.77, 78 und 82 das Verfahren für **1** die Bundesgesetze. Diese Vorschriften sind konstitutiv für den Gesetzesbegriff des GG: Hoheitsakt, der vom Parlament im vorgesehenen Verfahren als Gesetz erlassen wird (Jekewitz AK 1; Hesse 506; Bryde MüK 2). Hiervon zu unterscheiden sind Rechtsverordnungen gem. Art.80 und sog. schlichte Parlamentsbeschlüsse, die nicht das Verfahren gem. Art.76–78 und 82 einhalten und keine rechtlich verbindliche Wirkung haben (BVerwGE 12, 16/20; Klein HbStR II

348). Verstöße gegen grundgesetzliche Verfahrensvorschriften führen anders als Verstöße gegen die GeschOBT (Rn. 9 zu Art. 40) dann zur Nichtigkeit, wenn es sich um zwingendes Recht handelt und der Gesetzesbeschluss auf diesem Verstoß beruht (BVerfGE 44, 308/313; dagegen soll die Nichtigkeit nach BVerfGE 31, 47/53 nur bei „grobem" und nach BVerfGE 34, 9/25; 91, 148/175 nur bei „evidentem" Verfahrensfehler eintreten; richtigerweise geht es hier nicht um Evidenz, sondern um die Unterscheidung zwischen einer für die Vergangenheit als wirksam hingenommenen Rechtslage und zukünftiger Nichtigkeit). Gleiches gilt, wenn das Prinzip der Beteiligung aller Abgeordneten beeinträchtigt wird (BVerfGE 80, 188/219). Zum Gesetzesvorbehalt Rn. 44–59 zu Art. 20. Spezielle Regelungen bestehen für den Gesetzgebungsnotstand (Rn. 2–6 zu Art. 81) und den Verteidigungsfall (Art. 115 a ff), für Haushaltsgesetze (Rn. 11 zu Art. 110) und für Vertragsgesetze (Rn. 14 zu Art. 59). Nähere Regelungen zum Gesetzgebungsverfahren finden sich in den Geschäftsordnungen der beteiligten Bundesorgane.

2. Initiativrecht (Abs. 1)

2   **Berechtigte** sind allein Bundesregierung, Bundestagsabgeordnete und Bundesrat. Volksbegehren, Volksbefragung und Volksentscheid kennt das GG nur unter den Voraussetzungen des Art. 29. Entsprechende Einrichtungen auf Landesebene haben keine Rechtswirkung für die Bundesgesetzgebung (vgl. BVerfGE 8, 104/120 ff). Vorlagen der Bundesregierung müssen von dem gem. Art. 62 gebildeten Kollegium beschlossen werden (OLG Köln, NJW 77, 1464). Bei Vorlagen aus der Mitte des Bundestags sind die Bundestagsabgeordneten berechtigt (BVerfGE 1, 144/153). § 76 Abs. 1 GeschOBT, wonach derartige Vorlagen von einer Fraktion oder von 5% der Mitglieder des Bundestags unterzeichnet sein müssen, ist jedoch von der Geschäftsordnungsautonomie des Bundestags (Rn. 7–9 zu Art. 40) gedeckt (BVerfGE 1, 144/153). Vorlagen des Bundesrats setzen einen Beschluss gem. Art. 52 Abs. 3 S. 1 voraus; die Landesregierungen haben kein Initiativrecht.

3   Das Initiativrecht wird **ausgeübt** durch Einbringen eines ausformulierten Gesetzentwurfs; Erschwerungen wie das Erfordernis eines Deckungsvorschlags für kostenwirksame Gesetze sind unzulässig (BVerfGE 1, 144/158 ff). Eine verfassungsrechtliche Begründungspflicht besteht nicht (Schmidt-Jortzig/Schürmann BK 181; Stettner DR 16; Masing MKS 62; vgl. auch BVerfGE 75, 246/268; a. A. Lücke SA 7); die Begründungspflichten gem. §§ 76 Abs. 2, 96 Abs. 3

S.1 GeschOBT dürfen daher nicht als zwingende Vorschriften ausgelegt werden (Troßmann, Parlamentsrecht des Deutschen Bundestages, 1977, 4 zu § 97). Das Initiativrecht kann von den Berechtigten
unabhängig voneinander und auch konkurrierend ausgeübt werden.
Ein Initiativmonopol besteht nur für die Bundesregierung beim
Haushaltsplan (Masing MKS 43 ff). Ein in der Bundesregierung entstandener Entwurf darf auch aus der Mitte des Bundestags eingebracht
werden (Ossenbühl HbStR III 362; Bryde MüK 21; Schürmann,
AöR 1990, 63; vgl. auch BVerfGE 30, 250/253, 261; a. A. Stern II
621; diff. Lücke SA 24 ff). Absprachen über die Ausübung des Initiativrechts sind zulässig (Maunz MD 6), nicht aber gemeinsame
Gesetzesinitiativen (Schmidt-Jortzig/Schürmann BK 135 f; Masing
MKS 49; a. A. Stern II 619). Rechtsetzungspflichten können zu
Initiativpflichten führen (Masing MKS 66 ff).

Der jeweilige Berechtigte hat einen **Anspruch** darauf, „dass das **4**
Gesetzgebungsorgan sich mit seinem Vorschlag beschäftigt. Es muss
darüber beraten und Beschluss fassen" (BVerfGE 1, 144/153; 2,
143/173), und zwar in angemessener Frist (vgl. auch unten Rn.7).
Geschäftsordnungsanträge, die eine Behandlung des Entwurfs in der
Sache verhindern sollen und können, sind unzulässig (Schmidt-Jortzig/Schürmann BK 77). Das Initiativrecht wird auch verletzt, wenn
die Vorlage in einem Ausschuss vergraben (Bryde MüK 4) oder ihre
Behandlung ohne sachlich vertretbaren Grund auf unbestimmte Zeit
vertagt wird (Maunz MD 23). Um dies zu verhindern, sind die
Ausschüsse verpflichtet, dem Plenum über die ihnen überwiesenen
Vorlagen binnen angemessener Frist zu berichten (BVerfGE 1,
144/154). Die Beratung und Beschlussfassung darf nicht mit der
Begründung verweigert werden, die Vorlage verstoße gegen das GG
(Jekewitz AK 6 zu Art.77; Schmidt-Jortzig/Schürmann BK 109 ff;
Bryde MüK 5; Stern II 618; a. A. Maunz MD 30 zu Art.79).
Gesetzesvorlagen dürfen bis zur Beschlussfassung im Bundestag
(Rn.2 zu Art.77) zurückgezogen werden (Schmidt-Jortzig/Schürmann BK 186 ff; Bryde MüK 7; Stern II 617 f).

3. Vorverfahren (Abs.2, 3)

a) Allgemeines. Abs.2, 3 enthalten mehrfach geänderte (Einl.3 **5**
Nr.18, 23, 42) Verfahrensvorschriften für Vorlagen der Bundesregierung (Abs.2) und für Vorlagen des Bundesrats (Abs.3) vor Einbringung beim Bundestag, nicht aber für Vorlagen aus der Mitte des
Bundestags. Die Fristen werden nicht als Ausschlussfristen angesehen (Jekewitz AK 13), so dass ein Fristversäumnis das Gesetz-

gebungsverfahren nicht rechtswidrig macht und eine verspätete Stellungnahme zulässig ist (Maunz MD 15; Bryde MüK 18). Dagegen führt die gänzliche Nichtbeteiligung eines Organs zur Rechtswidrigkeit des Gesetzgebungsverfahrens. Zur Diskontinuität Rn.4 zu Art.39.

6   **b) Vorlagen der Bundesregierung (Abs.2)** sind dem Bundesrat zuzuleiten (S.1; sog. 1. Durchgang). Der Bundesrat ist zur Stellungnahme berechtigt, aber nicht verpflichtet (S.2). Für die Stellungnahme bestehen folgende Fristen: – **(1)** Im Regelfall 6 Wochen (S.2). – **(2)** Auf begründetes Verlangen des Bundesrats 9 Wochen (S.3). – **(3)** Wenn die Bundesregierung ihre Vorlage bei der Zuleitung an den Bundesrat ausnahmsweise als besonders eilbedürftig bezeichnet hat, 3 Wochen (S.4 Hs.1 Alt.1). – **(4)** Im Falle von (2) i. V. m. (3), 6 Wochen (S.4 Hs.1 Alt.2). – **(5)** Bei Vorlagen zur Änderung des GG und zur Übertragung von Hoheitsrechten nach Art.23 oder 24, 9 Wochen (S.5 Hs.1); eine Fristverkürzung wie bei (3) ist ausgeschlossen (S.5 Hs.2). Versäumt der Bundesrat in den Fällen (3) und (4) die 3- bzw. 6-Wochen-Frist, besteht anders als im Normalfall eine Pflicht der Bundesregierung zur Weiterleitung einer verspäteten Stellungnahme des Bundesrats, allerdings auch nur bis zum Ablauf der regulären 6- bzw. 9-Wochen-Frist (S.4 Hs.2). Die Frist beginnt mit dem Eingang der Vorlage beim Bundesrat; fristwahrend ist nicht die Beschlussfassung des Bundesrats (so aber Bryde MüK 18), sondern der Zugang bei der Bundesregierung (Schmidt-Jortzig/Schürmann BK 291 ff). Für die Stellungnahme des Bundesrats sind weder Form noch Inhalt festgelegt (Maunz MD 17; Bryde MüK 19); sie bedarf aber gem. Art.52 Abs.3 S.1 der Mehrheit der Stimmen (Masing MKS 104; Bryde MüK 19; Stern II 620; **a. A.** BVerfGE 3, 12/17). Die Stellungnahme des Bundesrats ist wegen Art.77 Abs.2, 3 vorläufig und bindet weder ihn noch andere Organe; die Stellungnahme, es handele sich um ein zustimmungsbedürftiges Gesetz (vgl. Rn.4 zu Art.77), ist dem Bundestag gegenüber nicht rechtserheblich iSd Art.93 Abs.1 Nr.1 (BVerfGE 3, 12/17). Die Bundesregierung ist nach Einholung der Stellungnahme des Bundesrats nicht verpflichtet, die Vorlage beim Bundestag einzubringen. Nimmt sie eine Änderung der Vorlage vor, muss ein erneutes Vorverfahren durchgeführt werden (Bryde ParlRPr 869; Ossenbühl HbStR III 361; a. A. Maunz/Zippelius 315; Lücke SA 21).

7   **c) Vorlagen des Bundesrats (Abs.3)** sind der Bundesregierung zuzuleiten; diese ist verpflichtet, sie dem Bundestag weiterzuleiten

(S.1). Die Bundesregierung soll hierbei ihre Auffassung darlegen (S.2); d. h. sie ist im Regelfall, nicht aber im begründeten Ausnahmefall, hierzu verpflichtet (BT-Drs. 12/6000, 37); auch Zeitnot kann die Ausnahme begründen (Masing MKS 109; Schmidt-Jortzig/Schürmann BK 393 a; a. A. Lücke SA 29). Für die Weiterleitung bestehen gem. S.1, 3–5 Fristen, die den oben Rn.6 dargestellten Fällen (1)–(5) spiegelbildlich entsprechen. Ein Unterschied besteht allerdings insofern, als sich im Fall der Eilbedürftigkeit nach Abs.3 die Frist für die Stellungnahme verkürzt, nach Abs.2 dagegen die Vorlage nur vor Fristende weitergeleitet werden darf. Die Fristen beginnen nicht schon mit der Beschlussfassung des Bundesrats, sondern erst mit dem Eingang der Vorlage des Bundesrats bei der Bundesregierung (Schmidt-Jortzig/Schürmann BK 411). Die Weiterleitung darf nicht mit der Begründung verweigert werden, die Vorlage verstoße gegen das GG (Bryde MüK 22). Bei Verletzung der Pflicht zur Weiterleitung hat der Bundesrat ein Selbsteinbringungsrecht (Masing MKS 152; a. A. Schmidt-Jortzig/Schürmann BK 406, 413). Der Bundestag ist gem. dem deklaratorischen (oben Rn.4) S.6 zur Beratung und Beschlussfassung in angemessener Zeit verpflichtet.

Art.**77** [Gesetzgebungsverfahren]

(1) **Die Bundesgesetze werden vom Bundestage beschlossen[2]. Sie sind nach ihrer Annahme durch den Präsidenten des Bundestages unverzüglich dem Bundesrate zuzuleiten[3].**

(2) **Der Bundesrat kann binnen drei Wochen nach Eingang des Gesetzesbeschlusses verlangen, daß ein aus Mitgliedern des Bundestages und des Bundesrates für die gemeinsame Beratung von Vorlagen[13] gebildeter Ausschuß[9] einberufen wird[10]. Die Zusammensetzung und das Verfahren dieses Ausschusses regelt eine Geschäftsordnung, die vom Bundestag beschlossen wird und der Zustimmung des Bundesrates bedarf[12]. Die in diesen Ausschuß entsandten Mitglieder des Bundesrates sind nicht an Weisungen gebunden[9]. Ist zu einem Gesetze die Zustimmung des Bundesrates erforderlich, so können auch der Bundestag und die Bundesregierung die Einberufung verlangen[11]. Schlägt der Ausschuß eine Änderung des Gesetzesbeschlusses vor, so hat der Bundestag erneut Beschluß zu fassen[14].**

(2 a) **Soweit zu einem Gesetz die Zustimmung des Bundesrates erforderlich ist, hat der Bundesrat, wenn ein Verlangen nach**

Absatz 2 Satz 1 nicht gestellt oder das Vermittlungsverfahren ohne einen Vorschlag zur Änderung des Gesetzesbeschlusses beendet ist, in angemessener Frist über die Zustimmung Beschluß zu fassen[6].

(3) Soweit zu einem Gesetze die Zustimmung des Bundesrates nicht erforderlich ist, kann der Bundesrat, wenn das Verfahren nach Absatz 2 beendigt ist, gegen ein vom Bundestage beschlossenes Gesetz binnen zwei Wochen Einspruch einlegen. Die Einspruchsfrist beginnt im Falle des Absatzes 2 letzter Satz mit dem Eingange des vom Bundestage erneut gefaßten Beschlusses, in allen anderen Fällen mit dem Eingange der Mitteilung des Vorsitzenden des in Absatz 2 vorgesehenen Ausschusses, daß das Verfahren vor dem Ausschusse abgeschlossen ist[7].

(4) Wird der Einspruch mit der Mehrheit der Stimmen des Bundesrates beschlossen, so kann er durch Beschluß der Mehrheit der Mitglieder des Bundestages zurückgewiesen werden. Hat der Bundesrat den Einspruch mit einer Mehrheit von mindestens zwei Dritteln seiner Stimmen beschlossen, so bedarf die Zurückweisung durch den Bundestag einer Mehrheit von zwei Dritteln, mindestens der Mehrheit der Mitglieder des Bundestages[8].

Übersicht

Literatur: S. Literatur zu Art. 76.

I. Bedeutung und Abgrenzung zu anderen Vorschriften

Art.77 regelt die wichtigsten Stadien des Verfahrens der Bundes- **1** gesetzgebung (Rn.1 zu Art.76), das einen unterschiedlichen Verlauf nehmen kann, je nach dem ob es sich um Zustimmungsgesetze, für die die Zustimmung des Bundesrats erforderlich ist (vgl. Abs.2 S.4, Abs.3 S.1), oder um Einspruchsgesetze, bei denen der Bundesrat nur ein aufschiebendes Veto hat (vgl. Abs.3, 4), handelt und ob der Vermittlungsausschuss (Abs.2) angerufen wird oder nicht. Die Behandlung eines Gesetzentwurfs unter großem Zeitdruck begründet für sich allein keinen Verfassungsverstoß (BVerfGE 29, 221/233; einschr. Stern II 624). Eine spezielle Regelung gegenüber Art.77 enthält Art.81.

II. Gesetzesbeschluss des Bundestags (Abs.1)

Gem. S.1 ist der Bundestag das **zentrale Gesetzgebungsorgan.** **2** Der Bundesrat wirkt bei der Gesetzgebung lediglich mit (Rn.3 zu Art.50). Die Beratung der Gesetzentwürfe in drei Lesungen ist verfassungsrechtlich nicht vorgeschrieben (BVerfGE 1, 144/151; 29, 221/234; Bryde MüK 4; einschr. Kokott BK 19), ebenso wenig die Behandlung in erster Lesung im Plenum vor Überweisung an einen Ausschuss (BVerfGE 1, 144/151). Auch die Entscheidung, welche Verbände und Sachverständigen bei einem nicht in der Verfassung vorgeschriebenen Anhörungsverfahren zu Wort kommen sollen, ist dem Ermessen der Gesetzgebungsorgane und ihrer Ausschüsse überlassen (BVerfGE 36, 321/330; SaarlVerfGH, LVerfGE 5, 243/255 f; BVerwGE 56, 308/315). Eine Grenze des Ermessens folgt aus dem Initiativrecht (Rn.4 zu Art.76). Voraussetzung für den Gesetzesbeschluss ist im Regelfall die Mehrheit der abgegebenen Stimmen (Rn.4 zu Art.42).

Nach dem Gesetzesbeschluss ist der Bundestagspräsident **ver-** **3** **pflichtet**, ihn unverzüglich **dem Bundesrat zuzuleiten** (S.2). Der Bundestag kann ihn grds. nicht mehr ändern oder zurücknehmen (sog. Grundsatz der Unverrückbarkeit des parlamentarischen Votums). Ausnahmen gelten bei Einspruch des Bundesrats (unten Rn.8), nach Durchführung des Vermittlungsverfahrens (unten Rn.13) und gem. Art.113 Abs.2 sowie gem. § 122 Abs.3 Gesch-OBT für die Berichtigung von Druckfehlern und anderen offenbaren Unrichtigkeiten (BVerfGE 48, 1/18 f). Der fortbestehende

Gesetzesbeschluss verpflichtet die anderen beteiligten Verfassungsorgane, diejenigen Entscheidungen zu treffen, die zum Inkrafttreten
des Gesetzes notwendig sind (Ossenbühl HbStR III 369).

III. Verfahren bei Zustimmungs- und Einspruchsgesetzen

1. Verfahren bei Zustimmungsgesetzen

4   **a)** Die **Fälle der Zustimmungsbedürftigkeit** sind im GG abschließend geregelt (Aufzählung bei Kokott BK 34; Jekewitz AK 13;
Bryde MüK 20; Maunz/Scholz MD 15 zu Art.50). Es gibt keine
ungeschriebene Zustimmungsbedürftigkeit, etwa nach dem Maßstab
der Beeinträchtigung von Länderinteressen, einer „Systemverschie-
bung zu Lasten der Länder" (Jekewitz AK 12; Bryde MüK 20) oder
aus der Natur der Sache (Ipsen 292; Kokott BK 32). Allerdings
müssen auch hier Zweifelsfragen durch Auslegung geklärt werden
(vgl. BVerfGE 26, 338/399; 28, 66/79). Ein Gesetz ist zustimmungsbedürftig, wenn es nur eine einzige zustimmungsbedürftige Vorschrift enthält (BVerfGE 8, 274/294; 55, 274/319; a.A. BVerfGE
abwM 55, 331/341 ff; Kokott BK 35 ff; vgl. auch Antoni, AöR 1988,
347 f). In mehr als 2/3 aller Fälle wird die Zustimmungsbedürftigkeit
durch Art.84 Abs.1 ausgelöst (Ossenbühl HbStR III 372; Kokott BK 32 ff). Es ist zulässig, Vorschriften, die zustimmungsbedürftig sind, aus Gesetzesvorschlägen herauszunehmen, insb. einen Gesetzentwurf in materielle und Verfahrensvorschriften aufzuteilen
(BVerfGE 37, 363/382; 39, 1/35; Bryde MüK 23; Kokott BK 42;
krit. Stern II 145). Grenzen bestehen nur bei Missbrauch (offengel-
lassen BVerfGE 24, 184/199 f; 39, 1/35; 77, 84/103). Daraus, dass
sich die Zustimmung auf alle Normen des Gesetzes bezieht, wird
gefolgert, dass alle zur Durchführung oder Ergänzung des Gesetzes
ergehenden Rechtsverordnungen zustimmungsbedürftig sind
(BVerfGE 24, 184/197 f).

5   Nicht jedes Gesetz, das ein **Zustimmungsgesetz ändert**, ist
allein aus diesem Grund zustimmungsbedürftig; dies ist nur der Fall,
wenn es selbst zustimmungsbedürftige Vorschriften enthält, wenn es
Vorschriften ändert, die die Zustimmungsbedürftigkeit des geänderten Gesetzes ausgelöst haben, oder wenn es dazu führt, dass die
zustimmungsbedürftigen Vorschriften eine wesentlich andere Bedeutung und Tragweite erhalten (BVerfGE 37, 363/382 f; 48,
127/180; str., vgl. Bryde MüK 22). Nicht zustimmungsbedürftig ist
die Aufhebung eines zustimmungsbedürftigen Gesetzes (BVerfGE
14, 208/219 f; a. A. Maunz MD 9).

b) Verfahren. Bei Erteilung der Zustimmung kommt das Gesetz **6** zustande (Rn.1 zu Art.78). Bei Nichterteilung der Zustimmung kann es auf Antrag des Bundestags, der Bundesregierung oder des Bundesrats zu einem Vermittlungsverfahren kommen (unten Rn.10 f). Nach Abschluss des Vermittlungsverfahrens kommt das Gesetz bei Erteilung der Zustimmung zustande und bei Nichterteilung der Zustimmung endgültig nicht zustande. Bei dieser Entscheidung ist gem. Abs.1 der Bundesrat an seine früheren Stellungnahmen und Entscheidungen nicht gebunden. Der Bundesrat ist gem. dem 1994 eingefügten (Einl.3 Nr.42), allerdings deklaratorischen (vgl. Jekewitz AK 16; Bryde MüK 19; Stern II 629) Abs.2 a verpflichtet, sowohl dann, wenn er keinen Antrag auf Einberufung des Vermittlungsausschusses stellt (unten Rn.10), als auch dann, wenn das Vermittlungsverfahren ohne Einigungsvorschlag beendet ist (unten Rn.13), in angemessener Frist über die Zustimmung Beschluss zu fassen.

2. Verfahren bei Einspruchsgesetzen (Abs.3, 4)

Das **Recht** zum Einspruch hat der Bundesrat bei allen nicht **7** zustimmungsbedürftigen (oben Rn.4) Gesetzen. Der Einspruch setzt ein vorangegangenes Vermittlungsverfahren (unten Rn.9–12) sowie ggf. einen erneuten Beschluss des Bundestags (unten Rn.13) voraus. Beim Einspruchsbeschluss ist der Bundesrat an seine früheren Stellungnahmen und Entscheidungen nicht gebunden. Der Einspruch bezieht sich auf das Gesetz als ganzes, nicht auf einzelne Bestimmungen (Maunz MD 17). Er muss als solcher eindeutig erkennbar sein (BVerfGE 37, 363/396), braucht nicht begründet zu werden (Kokott BK 81) und kann bis zur Beschlussfassung des Bundestags zurückgenommen werden (vgl. Art.78). Der Einspruch darf auch vorsorglich bzw. hilfsweise (Kokott BK 77) eingelegt werden, wenn der Bundesrat ein Gesetz für zustimmungsbedürftig hält und die Zustimmung verweigert hat (BVerfGE 37, 363/396). Für den Einspruch besteht seit 1968 (Einl.3 Nr.18) gem. Abs.3 S.1 eine Frist von zwei Wochen. Durch Abs.3 S.2 wird der Fristbeginn näher festgelegt.

Der Einspruch hat die **Wirkung** eines aufschiebenden Vetos. Es **8** kann durch den Bundestag gem. Abs.4 zurückgewiesen werden, wodurch das Gesetz zustandekommt (Rn.1 zu Art.78). Je nach der Mehrheit, mit der der Einspruch vom Bundesrat beschlossen wurde, ist für die Zurückweisung des Einspruchs eine unterschiedliche Mehrheit des Bundestags erforderlich: im Normalfall (vgl. Art.52 Abs.3 S.1) die Mehrheit der Mitglieder des Bundestags (Rn.1 f zu

Art. 121), bei 2/3-Mehrheit im Bundesrat 2/3 der Abstimmenden, mindestens die Mehrheit der Mitglieder des Bundestags. Die Abstimmung im Bundestag ist kein neuer Gesetzesbeschluss, sondern eine Entscheidung über den Einspruch des Bundesrats (Maunz MD 19). Hierfür besteht keine Frist. Wenn keine Zurückweisung des Einspruchs erfolgt, kommt das Gesetz nicht zustande. In diesem Fall hat das Veto des Bundesrats also endgültige (absolute) Wirkung.

IV. Vermittlungsverfahren (Abs. 2)

1. Rechtsstellung des Vermittlungsausschusses

9 Der Vermittlungsausschuss ist gem. S.1 eine gemeinsame Einrichtung von Bundestag und Bundesrat und ein Verfassungsorgan. Für ihn gilt der Grundsatz der Diskontinuität (Rn.4 zu Art.39): Das Vermittlungsverfahren endet zusammen mit der Legislaturperiode (Jekewitz AK 22; Maunz MD 23; Bryde MüK 7). Die Zusammensetzung des Vermittlungsausschusses ist gem. S.2 der GeschOVermA überlassen, die vom Bundestag beschlossen wird und der Zustimmung des Bundesrats bedarf (vgl. Dästner/Hoffmann, Die Geschäftsordnung des Vermittlungsausschusses, 1995). Der Vermittlungsausschuss besitzt also keine Geschäftsordnungsautonomie; im Übrigen gilt das bei Rn.7–9 zu Art.40 Gesagte entsprechend. Sinn und Zweck des Vermittlungsverfahrens verlangen eine gleiche Zahl von Mitgliedern des Bundestags und des Bundesrats. Der Bundestag darf das Verfahren zur Berechnung der Sitze – in den Grenzen des Missbrauchs – frei bestimmen (BVerfGE 96, 264/282 f). Eine Vertretung durch Beauftragte gem. Art.52 Abs.4 ist unzulässig (Bryde MüK 12). Um die Kompromissfähigkeit des Vermittlungsausschusses zu erhöhen, sind die Bundesratsmitglieder gem. S.3 und anders als im Bundesrat selbst (Rn.6 zu Art.51) nicht an Weisungen gebunden; zur Weisungsfreiheit der Bundestagsmitglieder Rn.26–29 zu Art.38. Die Beratungen sind vertraulich (BVerfGE 96, 264/284).

2. Einberufung und Verfahren des Vermittlungsausschusses

10 **a) Einberufung.** Der **Bundesrat** hat das Recht auf Einberufung bei allen Gesetzen (S.1), auch bei Vertragsgesetzen gem. Art.59 Abs.2 S.1 (Jekewitz AK 18; Bryde MüK 8). Der Einberufungsbeschluss bedarf der Mehrheit der Stimmen (Rn.6 zu Art.52); das gilt auch für verfassungsändernde Gesetze (Maunz MD 13; Bryde MüK 9). Es darf die Aufhebung des ganzen Gesetzes oder die Änderung einzelner Vorschriften des Gesetzes verlangt werden; Ergänzungsanträge müssen aber in einem Sachzusammenhang stehen (unten Rn.12). Das Einberufungsverlangen braucht nicht begründet zu werden (Hömig SeiHö 9). Die Nichterteilung der Zustimmung durch den Bundesrat kann nicht in einen Einberufungsbeschluss umgedeutet werden (Jekewitz AK 18; Bryde MüK 8). Der Einberufungsbeschluss ist bis zur Verabschiedung eines Einigungsvorschlags im Vermittlungsausschuss rücknehmbar (Maunz MD 10; Bryde MüK 9; Stern II 627 Fn.325). Für den Einberufungsbeschluss gilt seit 1968 (Einl.3 Nr.18) eine Frist von drei Wochen, die bei Einspruchsgesetzen, nicht aber bei Zustimmungsgesetzen Ausschlussfrist ist (Bryde MüK 10; a.A. Masing MKS 78; Lücke SA 9; Jekewitz AK 19).

Bundestag und **Bundesregierung** haben das Recht auf Einberufung des Vermittlungsausschusses nur bei Zustimmungsgesetzen (S.4). Das Einberufungsverlangen darf sich nicht auf die Aufhebung des ganzen Gesetzes, sondern nur auf Änderung einzelner Vorschriften des Gesetzes richten (Masing MKS 81; Kokott BK 72f; Bryde MüK 16). Als eine solche Änderung ist auch die Aufteilung auf mehrere Gesetze anzusehen. Für Begründung und Rücknahme gilt das oben Rn.10 Gesagte entsprechend. Grds. gilt für Bundestag und Bundesregierung keine Frist; aus Gründen der Rechtsklarheit muss das Einberufungsverlangen nach Nichterteilung der Zustimmung durch den Bundesrat aber in angemessener Frist erfolgen (Masing MKS 79; Jekewitz AK 19; Bryde MüK 17; a.A. Hömig SeiHö 8: keine Frist; Stern II 629: 3-Wochen-Frist). Einberufungsbeschlüsse können von allen Berechtigten unabhängig voneinander gefasst werden (Jekewitz AK 18; Bryde MüK 16). **11**

b) Das **Verfahren** des Vermittlungsausschusses ist wie seine Zusammensetzung gem. S.2 der GeschOVermA überlassen. Der Vermittlungsausschuss tagt zulässigerweise nichtöffentlich (vgl. BVerfGE 101, 297/305). Das Verfahren kann mit oder ohne Einigungsvorschlag enden. Der Einigungsvorschlag kann die Bestätigung, Änderung oder Aufhebung des Gesetzesbeschlusses beinhalten. Er bindet weder Bundestag noch Bundesrat. **12**

c) Die **Kompetenz** des Vermittlungsausschusses ist durch die Aufgabe begrenzt, das Gesetzgebungsziel auf der Grundlage des bisherigen Gesetzgebungsverfahrens zu verwirklichen und mit dieser Zielsetzung Meinungsverschiedenheiten zwischen Bundestag und Bundesrat in einer gemeinsamen Lösung auszugleichen (BVerfGE 101, 297/306). Der Vermittlungsausschuss darf eine Änderung, Er- **13**

gänzung oder Streichung der vom Bundestag beschlossenen Vorschriften nur vorschlagen, wenn und soweit dieser Einigungsvorschlag im Rahmen des Anrufungsbegehrens und des ihm zugrunde liegenden Gesetzgebungsverfahrens verbleibt (BVerfGE 101, 297/307; großzügiger noch BGHZ 92, 94/103; Jekewitz AK 23 f; Stettner DR 22: Sachzusammenhang des Einigungsvorschlags mit dem Anrufungsbegehren reicht aus). Mit dieser Maßgabe ist es zulässig, Gesetzentwürfe einzubeziehen, die nicht Gegenstand des Anrufungsbegehrens sind und vom Bundestag noch nicht in zweiter und dritter Lesung behandelt worden sind (BVerfGE 72, 175/187 ff; 78, 249/271; krit. Bryde ParlRPr 878; Masing MKS 88). Der Vermittlungsausschuss darf aber keinen Vorschlag unterbreiten, der außerhalb der bisherigen Auffassungsunterschiede im Parlament oder der bisherigen Gegenläufigkeit zwischen Bundestag und Bundesrat bleibt (BVerfGE 101, 297/308).

14   **d) Fortsetzung des Gesetzgebungsverfahrens.** Zwei Verfahrensfortsetzungen für Einspruchs- und Zustimmungsgesetze gleichermaßen sind zu unterscheiden: Schlägt der Vermittlungsausschuss die Bestätigung des Gesetzesbeschlusses vor oder hat er das Vermittlungsverfahren ohne Einigungsvorschlag beendet, dann hat der Bundesrat im Rahmen seiner Kompetenzen (oben Rn.6 f) zu entscheiden. Schlägt der Vermittlungsausschuss dagegen die Änderung oder Aufhebung des Gesetzesbeschlusses vor, dann hat der Bundestag gem. Abs.2 S.5 erneut Beschluss zu fassen. Daran schließt sich das Verfahren wie nach dem ursprünglichen Gesetzesbeschluss an (oben Rn.3), wobei folgende Besonderheiten zu beachten sind: Wenn der Bundestag dem Vorschlag des Vermittlungsausschusses auf Aufhebung seines ursprünglichen Gesetzesbeschlusses zustimmt, ist das Gesetz endgültig nicht zustande gekommen. Ein nochmaliger Beschluss des Bundesrats auf Einberufung des Vermittlungsausschusses ist unzulässig (Stern II 628).

Art.78 [Zustandekommen der Gesetze]

Ein vom Bundestage beschlossenes Gesetz kommt zustande, wenn der Bundesrat zustimmt, den Antrag gemäß Artikel 77 Abs.2 nicht stellt, innerhalb der Frist des Artikels 77 Abs.3 keinen Einspruch einlegt oder ihn zurücknimmt oder wenn der Einspruch vom Bundestage überstimmt wird[1f].

Literatur: S. Literatur zu Art.76.

Endgültig **zustande gekommen** ist ein Zustimmungs- wie ein **1**
Einspruchsgesetz (Bryde MüK 3; Kokott BK 9; Stettner DR 5) bei
Zustimmung des Bundesrats mit der Mehrheit der Stimmen (Rn.6
zu Art.52). Die Zustimmung muss ausdrücklich erklärt werden
(BVerfGE 8, 274/296 f; 28, 66/79; 37, 363/396); insb. kann der
Beschluss, den Vermittlungsausschuss nicht einzuberufen, nicht in
eine Zustimmung umgedeutet werden (Bryde MüK 3; Kokott
BK 12). Das BVerfG ist hiervon in Einzelfällen abgewichen
(BVerfGE 8, 274/297 ff; 28, 66/80). Es ist aber unschädlich, wenn
der Bundesrat bei einem Zustimmungsgesetz die für Einspruchs-
gesetze vorgesehene Formel verwendet hat (BVerfGE 9, 305/315 f).
Ein Einspruchsgesetz ist außerdem in folgenden Fällen zustande
gekommen: **(1)** Nichtstellung oder Rücknahme des Einberufungs-
verlangens (Rn.10 zu Art.77) oder Verzicht auf Einberufung (Kokott
BK 15), **(2)** Nichteinlegung des Einspruchs innerhalb der Frist des
Art.77 Abs.3, **(3)** Rücknahme des Einspruchs vor dem Bundestags-
beschluss gem. Art.77 Abs.4 (Bryde MüK 6) und **(4)** Überstimmung
(Zurückweisung) des Einspruchs durch den Bundestag (Rn.8 zu
Art.77).

Endgültig **nicht zustande gekommen** ist ein Gesetz in folgen- **2**
den Fällen: **(1)** Annahme des Einigungsvorschlags des Vermittlungsausschusses auf Aufhebung des Gesetzesbeschlusses durch den Bundestag (Rn.13 zu Art.77), **(2)** Nichterteilung der Zustimmung durch
den Bundesrat nach Abschluss des Vermittlungsverfahrens (Rn.6 zu
Art.77) und **(3)** Scheitern der Zurückweisung des Einspruchs des
Bundesrats durch den Bundestag (Rn.8 zu Art.77).

Art.**79** [Änderung des Grundgesetzes]

(1) **Das Grundgesetz kann nur durch ein Gesetz[2] geändert
werden, das den Wortlaut des Grundgesetzes ausdrücklich ändert oder ergänzt[3]. Bei völkerrechtlichen Verträgen, die eine
Friedensregelung, die Vorbereitung einer Friedensregelung oder
den Abbau einer besatzungsrechtlichen Ordnung zum Gegenstand haben oder der Verteidigung der Bundesrepublik zu dienen bestimmt sind, genügt zur Klarstellung, daß die Bestimmungen des Grundgesetzes dem Abschluß und dem Inkraftsetzen der Verträge nicht entgegenstehen, eine Ergänzung des
Wortlautes des Grundgesetzes, die sich auf diese Klarstellung
beschränkt[4].**

(2) **Ein solches Gesetz bedarf der Zustimmung von zwei Dritteln der Mitglieder des Bundestages und zwei Dritteln der Stimmen des Bundesrates[5].**

(3) **Eine Änderung dieses Grundgesetzes, durch welche die Gliederung des Bundes in Länder[8], die grundsätzliche Mitwirkung der Länder bei der Gesetzgebung[9] oder die in den Artikeln 1 und 20 niedergelegten Grundsätze[10] berührt[7] werden, ist unzulässig[6 ff].**

Übersicht

Literatur: *Hain,* Die Grundsätze des GG, 1999; *Bauer/Jestaedt,* Das GG im Spiegel seiner Änderungen, in: dies., Das GG im Wortlaut, 1997, 1; *Hufeld,* Die Verfassungsdurchbrechung, 1997; *Wegge,* Zur normativen Bedeutung des Demokratiegebots nach Art.79 Abs.3 GG, 1996; *Brenner,* Möglichkeiten und Grenzen grundrechtsbezogener Verfassungsänderungen, Staat 1993, 493; *Bushart,* Verfassungsänderung in Bund und Ländern, 1989; *Even,* Die Bedeutung der Unantastbarkeitsgarantie des Art.79 Abs.3 GG für die Grundrechte, 1988; *P. Kirchhof,* Die Identität der Verfassung in ihren unabänderlichen Inhalten, HbStR I, 1987, 775; *Stern,* Die Bedeutung der Unantastbarkeitsgarantie des Art.79 III GG für die Grundrechte, JuS 1985, 329; *Bryde,* Verfassungsentwicklung, 1982.

1. Bedeutung und Verhältnis zu anderen Regelungen

1 Die hier geregelte ausschließliche Bundesgesetzgebungskompetenz (Rn.3 zu Art.70) zu Änderungen des GG ist von der verfassunggebenden Gewalt zu unterscheiden, die beim Volk liegt (Rn.4 zu Art.20). Zur Frage, ob das GG eine Verfassungsneuregelung zulässt (vgl. Rn.2 zur Präamb; Rn.2–5 zu Art.146), besagt Art.79 nichts (BVerfGE 89, 155/180). Zu Ausnahmeregelungen im

Bereich der EU Rn.24 zu Art.23, im Bereich der internationalen Einrichtungen Rn.13 zu Art.24.

2. Gebot der Textänderung durch Gesetz (Abs.1)

a) Grundsatz (S.1). Mit der Verfassungsänderung „durch ein **2** Gesetz" ist ein **formelles Parlamentsgesetz** gemeint, für das die allgemeinen Regeln des Gesetzgebungsverfahrens (Art.76–78, 82) mit Ausnahme des Erfordernisses einer Zweidrittelmehrheit (unten Rn.5) gelten (Bryde MüK 7; Dreier DR 12). Unzulässig ist daher eine Verfassungsänderung durch Rechtsverordnung (Art.80), im Gesetzgebungsnotstand (Rn.6 zu Art.81) oder durch den Gemeinsamen Ausschuss (Rn.1 zu Art.115 e). Zu Verfassungsänderungen in Form von Zustimmungsgesetzen Rn.13 zu Art.59.

Weitere Voraussetzung einer wirksamen Änderung des GG ist **3** eine **ausdrückliche Änderung des Wortlauts.** Anders als unter der WRV sind damit Verfassungsdurchbrechungen unzulässig, d. h. von der Verfassung abweichende, mit der erforderlichen Mehrheit verabschiedete Gesetze, die den Verfassungstext nicht ändern. Das Gebot der Textänderung bzw. das Inkorporationsgebot (Dreier DR 20) soll der Rechtsklarheit und Rechtssicherheit dienen (krit. Ridder AK 16). Es wird der Grundsatz der „Urkundlichkeit und Einsichtbarkeit jeder Verfassungsänderung" festgelegt (BVerfGE 9, 334/336). Die Textänderung kann durch Ergänzungen, Streichungen, Ersetzungen oder Modifikationen des Textes oder durch Umbezifferungen oder durch Kombinationen dieser Vorgehensweisen geschehen. Es ist nicht vorgeschrieben, dass die Änderung einer Vorschrift nur an derselben Stelle erfolgen darf (BVerfGE 94, 49/104; Bryde MüK 13; a. A. Hoffmann BK 44). Eine Verweisung auf Texte außerhalb des GG ist zulässig, wenn die in Bezug genommenen Normen klar bestimmt sind (Dreier DR 24). Sie sind im Fall des Art.143 Abs.3 nicht überschritten (BVerfGE 84, 90/112; a. A. Lücke SA 6). Verfassungswandel, d. h. das sich mit der Zeit ändernde Verständnis der Verfassung, und Verfassungsgewohnheitsrecht sind nur innerhalb der Grenze des möglichen Wortsinns der Verfassung zulässig (BVerfGE 11, 78/87; 45, 1/33; Badura HbStR VII 61 ff; Stern I 160 ff; krit. Bryde, o. Lit., 267 ff).

b) Ausnahme (S.2). Die 1954 eingefügte (Einl.3 Nr.4) Aus- **4** nahme für bestimmte völkerrechtliche Verträge führt zum Vorrang des völkerrechtlichen Vertrags vor dem GG (Bryde MüK 20; diff. Hoffmann BK 84 ff; einschr. Dreier DR 36), nicht aber zur Aufhebung der Kompetenz des BVerfG zur Kontrolle des verfassungsändernden Gesetzes (a. A. Ridder AK 22). S.2 gilt nur für bestimmte völkerrechtliche Verträge und soll „als Ausnahmevorschrift eng auszulegen" sein (BVerfGE 41, 126/174). Die ersten drei Varianten (Friedensregelung, Vorbereitung einer Friedensregelung, Abbau einer besatzungsrechtlichen Ordnung) sind ausschließlich auf die Beseitigung der Folgen des 2. Weltkriegs bezogen (Hoffmann BK 156; Bryde MüK 16). Die 4. Variante (Verteidigung der Bundesrepublik) betrifft nicht alle in einem Zusammenhang mit der Verteidigung stehenden Verträge, sondern nur solche, die auf die Integration in ein Verteidigungs- und Bündnissystem gerichtet sind (Bryde MüK 19; a. A. Hoffmann BK 186 ff). Von der Möglichkeit einer Verfassungsänderung nach S.2 hat der Gesetzgeber bislang erst einmal durch Einfügung des Art.142 a (Einl.3 Nr.4) Gebrauch gemacht, der aber später wieder aufgehoben wurde (Einl.3 Nr.17; vgl. auch BVerfGE 41, 126/174).

3. Zustimmungs- und besonderes Mehrheitserfordernis (Abs.2)

5   Den normalen Vorschriften über das Gesetzgebungsverfahren (Rn.1 zu Art.76) wird durch Abs.2 das besondere Erfordernis einer Mehrheit von 2/3 der Mitglieder des Bundestags (Rn.1 f zu Art.121) und von 2/3 der Stimmen des Bundesrats (Rn.4–6 zu Art.51) hinzugefügt. Dieses Erfordernis gilt nur für die Schlussabstimmung, nicht für sonstige Beschlüsse im Gesetzgebungsverfahren (Hoffmann BK 56; Bryde MüK 23; Dreier DR 16).

4. Inhaltliche Schranken von Verfassungsänderungen (Abs.3)

6   **a) Allgemeines.** Die in Abs.3 abschließend aufgezählten (BVerfGE 94, 12/34) Einrichtungen und Normen des GG dürfen auch durch eine nach Abs.1, 2 erfolgende Verfassungsänderung nicht geändert werden (sog. Ewigkeitsgarantie). Gegen Abs.3 verstoßende (verfassungsändernde) Gesetze sind nichtig (BVerfGE 30, 1/24). Die Vorschrift hat insoweit einen gegenüber sonstigem Verfassungsrecht höheren Rang (Dreier DR 11; Ridder AK 28, 37; Stern I 113 f). Im Hinblick auf den Ausnahmecharakter dieser Vorschrift und die durch sie hervorgerufene Beschränkung der Volkssouveränität (Rn.4 zu Art.20) wird allgemein eine enge Auslegung gefordert (BVerfGE 30, 1/25; BVerfGE *abwM* 30, 33/38; Evers BK 69; Bryde MüK 28).

b) Darüber hinaus wird eine **„Berührung"** lediglich bei prinzi- 7
pieller Preisgabe angenommen: „Grundsätze werden ‚als Grundsätze'
von vornherein nicht ‚berührt', wenn ihnen im allgemeinen Rechnung getragen wird und sie nur für eine Sonderlage entsprechend
deren Eigenart aus evident sachgerechten Gründen modifiziert werden" (BVerfGE 30, 1/24; 84, 90/121; 94, 12/34; a. A. BVerfGE
abwM 30, 33/38; Ridder AK 36; Evers BK 114; Bryde MüK 28).
Richtigerweise stellen die in Bezug genommenen Normen in vollem Umfang Schranken für Verfassungsänderungen dar (a. A. Bryde
MüK 33; Evers BK 151 ff): Der Begriff „Grundsätze" beschreibt den
stark auf Konkretisierung angewiesenen Normtyp, nicht aber einen
geringeren Schutz im Rahmen des Art. 79 Abs. 3 (Wegge, o. Lit., 68;
a. A. Stern I 173); bei der für unantastbar erklärten Menschenwürde
(Art. 1 Abs. 1 S. 1) kann nicht zwischen dem Schutzbereich und
einem irgendwie reduzierten „Grundsatz" iSd Art. 79 Abs. 3 unterschieden werden; da Art. 1 und 20 in jedem Fall konkretisierungs-
bedürftig sind, lässt sich eine Grenze zwischen solchen Konkretisierungen, die dem einfachen Gesetzgeber und solchen, die dem verfassungsändernden Gesetzgeber Schranken setzen, nicht ziehen. Die
Wahrung der Volkssouveränität ist schon eine Aufgabe der Interpretation der Art. 1 und 20, nicht erst des Art. 79 Abs. 3.

c) Geschützte Einrichtungen und Normen: aa) Gliederung 8
des Bundes in Länder bedeutet wegen Art. 29 keine Garantie des
Bestandes und der Grenzen der gegenwärtig existierenden Bundesländer (BVerfGE 1, 14/48; 5, 34/38). Es müssen aber mindestens
drei (Evers BK 212; Bryde MüK 30; Dreier DR 16; a. A. Isensee
HbStR IV 671) Bundesländer fortbestehen. Ihnen muss zudem ein
Mindestmaß an Eigenständigkeit verbleiben (Evers BK 214; Bryde
MüK 31). Zu dem insoweit unentziehbaren „Hausgut" jedes Bundeslandes gehört ein „Kernbestand eigener Aufgaben und eigenstän-
diger Aufgabenerfüllung" (BVerfGE 87, 181/196 f) und „die freie
Bestimmung über seine Organisation einschl. der in der Landesver-
fassung enthaltenen organisatorischen Grundentscheidungen sowie
die Garantie der verfassungskräftigen Zuweisung eines angemessenen
Anteils am Gesamtsteueraufkommen im Bundesstaat" (BVerfGE 34,
9/20). Dazu gehört auch die Festlegung von Landtagswahlterminen
(Haratsch, DVBl 93, 1339). Umgekehrt wäre es unzulässig, den
Bund – außer zur Überwindung einer akuten Notsituation – zum
„Kostgänger" der Länder zu machen (Vogel/Walter BK 100 f zu
Art. 106; Bryde MüK 5 zu Art. 106); die Regelung des Finanzaus-
gleichs ist aber nicht unabänderbar (Maunz MD 8 zu Art. 107; Bryde

MüK 9 zu Art.107). Auch die Verteilung der Kompetenzen zwischen Bund und Ländern ist prinzipiell variabel (Dreier DR 17). Auf verfassungstheoretische Fragen der Staatlichkeit kommt es dabei nicht an (Ridder AK 31; Bryde MüK 31; **a. A.** BVerfGE 34, 9/19).

9   **bb) Grundsätzliche Mitwirkung der Länder bei der Gesetzgebung** bedeutet keine Garantie des gegenwärtigen Umfangs der Mitwirkung, z. B. durch Zustimmungsgesetze (Ridder AK 32; Bryde MüK 32; a. A. Evers BK 218) oder durch einen aus Regierungsmitgliedern bestehenden Bundesrat (Ridder AK 32; Bryde MüK 32; Stern I 170; a. A. Evers BK 220, wonach ein Senat mit vom Volk gewählten Abgeordneten unzulässig ist). In Ausnahmefällen darf eine Länderbeteiligung ausgeschlossen werden (Dreier DR 17).

10   **cc) Die in den Art.1 und 20 niedergelegten Grundsätze** verweisen auf die normativen Gehalte der genannten Vorschriften (oben Rn.6). Andere Grundrechte als Art.1 Abs.1 sind nur insofern erfasst, als sich normative Wirkungen zugleich aus Art.1 Abs.1 ergeben (sog. Menschenwürdegehalt). Hierzu gehören der Grundsatz der Rechtsgleichheit und das Willkürverbot (BVerfGE 84, 90/121; 94, 12/34; 95, 48/62) sowie ein Mindestbestand an Grundrechten in den Bereichen personaler Autonomie, demokratischer Willensbildung und justizstaatlicher Garantien (Dreier DR 26), nicht aber das Grundrecht auf Asyl (BVerfGE 94, 49/103). Das BVerfG hat auch den „Kernbereich" der Eigentumsgarantie dazu gerechnet, der allerdings nicht gebiete, Wiedergutmachung in der Form einer Restitution in Natur zu leisten (BVerfGE 84, 90/126 f). Zur Anerkennung besatzungsrechtlicher Enteignungen Rn.3 zu Art.143. Zum Europäischen Bundesstaat Rn.29 zu Art.23.

11   Ebenso sind **Konkretisierungen des Demokratie-, Rechtsstaats- und Sozialstaatsprinzips** in anderen GG-Bestimmungen nur mit ihrem dem jeweiligen Prinzip als solchen zuzurechnenden Gehalt erfasst. Beim Demokratieprinzip sind das die Legitimationsanforderungen an eine effektive demokratische Herrschaft (Rn.9 f zu Art.20), die bei Änderungen anderer GG-Bestimmungen nicht unterschritten werden dürfen (Wegge, o. Lit., 69, 169 f). Auch fällt Art.19 Abs.4 nicht unter Art.79 Abs.3 (BVerfGE 30, 1/25), wohl aber das rechtsstaatliche Gebot eines effektiven individuellen Rechtsschutzes gegen die öffentliche Gewalt (Rn.22 zu Art.19; Rn.89–95 zu Art.20) insoweit, als eine Kontrolle mit Sachverhaltskenntnis, eigenständigen Kontrollmaßstäben und rechtlichen Korrekturmöglichkeiten durch unabhängige Dritte stattfinden muss (Pieroth/Schlink, FS Mahrenholz, 1994, 693 f). Zur Ersetzung des Rechtswegs bei bestimmten Abhörmaßnahmen Rn.17–19 zu Art.10. Da

Kommunal- und Landeswahlrecht in Art.28 geregelt sind, steht Art.79 Abs.3 jedenfalls einer Wahlberechtigung für Ausländer nicht entgegen (BVerfGE 83, 37/59).

Art.1 und 20 werden mit ihrem **ursprünglichen Inhalt** in Bezug **12** genommen; nachträgliche Ergänzungen wie Art.20 Abs.4 werden nicht erfasst (Ridder AK 34; Evers BK 148; Bryde MüK 48; Stern I 172). Manche der vom BVerfG dem Art.20 zugeschriebenen Gehalte müssen ebenfalls als nachträgliche, richter- bzw. verfassungsgewohnheitsrechtliche Ergänzungen betrachtet werden (vgl. auch Dreier DR 44).

dd) Logischerweise darf auch **Art.79 Abs.3 selbst** nicht geändert **13** werden (Ridder AK 29; Hesse 707; Stern I 115; Ipsen 1015; Badura HbStR VII 70; a.A. Bryde MüK 27; krit. auch Evers BK 133 ff). Der verfassungsändernde Gesetzgeber ist nicht zu einer „Selbstbefreiung von den im GG festgelegten Schranken einer Verfassungsänderung" befugt (BVerfGE 84, 90/120).

d) Weitere Normen und Einrichtungen z.B. die Präambel (Zu- **14** leeg AK 23 zur Präamb; a.A. Wilhelm, ZRP 86, 267), unterfallen nicht der Ewigkeitsgarantie. Das gilt uneingeschränkt auch für Art.79 Abs.1 (Dreier DR 26). Bezüglich Art.79 Abs.2 gilt es für eine Erschwerung der Voraussetzungen; eine Erleichterung würde dagegen den vom Rechtsstaatsprinzip geschützten (oben Rn.11) Vorrang der Verfassung (Rn.32–36 zu Art.20) aushebeln (Dreier DR 19).

Art.80 [Erlass von Rechtsverordnungen]

(1) **Durch Gesetz[14] können die Bundesregierung, ein Bundesminister oder die Landesregierungen[6 ff] ermächtigt[22] werden, Rechtsverordnungen[2 f] zu erlassen. Dabei müssen Inhalt, Zweck und Ausmaß der erteilten Ermächtigung im Gesetze bestimmt werden[11 ff]. Die Rechtsgrundlage ist in der Verordnung anzugeben[16]. Ist durch Gesetz vorgesehen, daß eine Ermächtigung weiter übertragen werden kann, so bedarf es zur Übertragung der Ermächtigung einer Rechtsverordnung[19].**

(2) **Der Zustimmung des Bundesrates bedürfen, vorbehaltlich anderweitiger bundesgesetzlicher Regelung, Rechtsverordnungen der Bundesregierung oder eines Bundesministers über Grundsätze und Gebühren für die Benutzung der Einrichtungen des Postwesens und der Telekommunikation, über die Grund-**

sätze der Erhebung des Entgelts für die Benutzung der Einrichtungen der Eisenbahnen des Bundes, über den Bau und Betrieb der Eisenbahnen, sowie Rechtsverordnungen auf Grund von Bundesgesetzen, die der Zustimmung des Bundesrates bedürfen oder die von den Ländern im Auftrage des Bundes oder als eigene Angelegenheit ausgeführt werden[18 f].

(3) **Der Bundesrat kann der Bundesregierung Vorlagen für den Erlaß von Rechtsverordnungen zuleiten, die seiner Zustimmung bedürfen[18].**

(4) **Soweit durch Bundesgesetz oder auf Grund von Bundesgesetzen Landesregierungen ermächtigt werden, Rechtsverordnungen zu erlassen, sind die Länder zu einer Regelung auch durch Gesetz befugt[7 a].**

Übersicht

Literatur: *Uhle,* Verordnungsänderung durch Gesetz und Gesetzesänderung durch Verordnung?, DÖV 2001, 241; *Schmidt-Aßmann,* Die Rechtsverordnung in ihrem Verhältnis zu Gesetz und Verwaltungsvorschrift, FS Vogel, 2000, 477; *Müller-Terpitz,* Rechtsverordnungen auf dem Prüfstand des BVerfG, DVBl 2000, 232; *Ziekow,* Verordnungsermächtigungen mit supra-

und internationalen Bezügen, JZ 1999, 963; *Pegatzky,* Parlament und Verordnungsgeber, 1999; *Ossenbühl,* Gesetz und Verordnung im gegenwärtigen Staatsrecht, ZG 1997, 305; *Sommermann,* Verordnungsermächtigung und Demokratieprinzip, JZ 1997, 434; *Wagner/Brocker,* Das „verordnungsvertretende Gesetz" nach Art. 80 IV GG, NVwZ 1997, 759; *Cremer,* Art. 80 Abs. 1 S. 2 GG und Parlamentsvorbehalt, AöR 1997, 248; *Studenroth,* Einflußnahme des Bundestages auf Erlaß, Inhalt und Bestand von Rechtsverordnungen, DÖV 1995, 525; *R. Scholz,* Die Zustimmung des Bundesrats zu Rechtsverordnungen des Bundes, DÖV 1990, 455; *v. Danwitz,* Die Gestaltungsfreiheit des Verordnungsgebers, 1989; *Antoni,* Zustimmungsvorbehalte des Bundesrates zu Rechtsetzungsakten des Bundes, AöR 1989, 220; *Peine,* Gesetz und Verordnung, ZG 1988, 121; *Badura,* Das normative Ermessen beim Erlaß von Rechtsverordnungen und Satzungen, GS Martens, 1987, 25; *Brodersen,* Bundesstaatliche Probleme des Art. 80 I GG, GS Martens, 1987, 57.

I. Bedeutung, Abgrenzung, Anwendungsbereich

1. Bedeutung und Abgrenzung zu anderen Vorschriften

Art. 80 regelt einen wichtigen Teilbereich der Rechtsetzung durch **1** die Exekutive. Die Vorschrift ist einerseits Ausdruck der Tatsache, dass im modernen Industrie- und Sozialstaat der Normierungsbedarf nicht allein vom Parlament bewältigt werden kann. Andererseits zieht sie der Übertragung von Rechtsetzungsbefugnissen auf die Exekutive enge Grenzen: „Sinn der Regelung des Art. 80 Abs. 1 ist es, das Parlament darin zu hindern, sich seiner Verantwortung als gesetzgebende Körperschaft zu entäußern" (BVerfGE 78, 249/272). Er schließt also eine originäre außenwirksame Normsetzung der Exekutive aus und lässt eine Durchbrechung des Rechtsetzungsmonopols des Bundestags zugunsten der Exekutive nur unter absoluter Wahrung des Vorrangs des Gesetzes (Rn. 37–41 zu Art. 20) zu (Nierhaus BK 153, 176). Art. 80 ist damit eine Konkretisierung des Grundsatzes der Gewaltenteilung (Rn. 23–27 zu Art. 20), des Demokratieprinzips (Rn. 1–15 zu Art. 20) und des Rechtsstaatsprinzips, und zwar unter dem Aspekt der Rechtssicherheit wie unter dem des Gesetzesvorbehalts (Rn. 60, 54–56 zu Art. 20). Spezielle Regelungen gegenüber Art. 80 finden sich in Art. 109 Abs. 4 S. 2–4, 119 S. 1, 127, 129 und 132 Abs. 4. Das Inkrafttreten von Rechtsverordnungen ist in Art. 82 Abs. 2 geregelt.

2. Anwendungsbereich

a) Begriff der Rechtsverordnung. Die Rechtsverordnung lässt **2** sich nur durch **formelle Kriterien**, nicht ihrem Inhalt nach (materiell) von anderen Rechtssätzen unterscheiden (Ramsauer AK 31; Bryde MüK 6 ff; Bauer DR 14; a. A. Maunz MD 17 f). Solche formellen Kriterien sind: Bezeichnung als Rechtsverordnung, Veröffentlichung gem. Art.82 Abs.1 S.2 und Zitat des ermächtigenden Gesetzes (unten Rn.16). Soweit sich aus ihnen der Bezug zur Ermächtigungsgrundlage ergibt, handelt es sich um eine Rechtsverordnung (HessVGH, NJW 81, 780; Ramsauer AK 32; Nierhaus BK 147; ähnlich Bryde MüK 8; a. A. Stern II 653).

3   Art.80 **gilt nicht** für Allgemeinverbindlicherklärungen von Tarifverträgen (BVerfGE 44, 322/349; 55, 7/20), Anordnungen der Bundesanstalt für Arbeit gem. § 39 AFG (BSGE 35, 164/166; 41, 193/194 ff), bindende Festsetzungen der Heimarbeitsausschüsse (BVerfGE 34, 307/315 f; BAGE 24, 158/167 f), Kirchensteuerregelungen (BVerfGE 73, 388/400), Mindestreservefestsetzungen der Bundesbank (BVerwGE 41, 334/349), Satzungen (BVerfGE 33, 125/156 ff; 49, 343/362; BVerwGE 45, 277/278; BGHZ 126, 16/24; BSGE 79, 23/26; zu sonstigen verfassungsrechtlichen Anforderungen an sie Rn.55 zu Art.20) und Verwaltungsvorschriften, die nicht die Bürger, sondern staatliche Organe und Organwalter als Adressaten haben (BVerfGE 78, 214/227), gleichgültig ob sie als Rechtssätze bezeichnet werden (BVerfGE 40, 237/254) oder nicht (BVerwGE 55, 250/255; 58, 45/49). Auf Richtlinien des Bundesausschusses der Ärzte und Krankenkassen wird allerdings das Bestimmtheitsgebot des Abs.1 S.2 angewandt (BSGE 78, 70/80).

4   **b) Rechtsverordnungen des Bundes** sind auf der Grundlage eines Bundesgesetzes ergangen (vgl. aber auch unten Rn.20). Für landesgesetzliche Verordnungsermächtigungen ist Art.80 nicht unmittelbar anwendbar (BVerfGE 55, 207/226; 58, 257/277). Wegen Art.28 Abs.1 müssen aber diejenigen Bestandteile des Art.80 Abs.1, die zum Demokratie- und Rechtsstaatsprinzip gehören, auch für landesgesetzliche Verordnungsermächtigungen gelten (vgl. auch BVerfGE 73, 388/400). Dazu zählen die Ermächtigung durch Gesetz und das Bestimmtheitsgebot (BVerfGE 55, 207/226; 58, 257/277; BVerwGE 110, 253/256), nicht aber die Festlegung der Ermächtigungsadressaten, das Zitiergebot und die Anforderung an die Übertragung der Ermächtigung (ähnlich Ramsauer AK 23, 28 f; Bauer DR 17).

5   **c) Nachkonstitutionell.** Bezüglich des Zeitpunkts der Verordnungsermächtigung gilt Abs.1 für alle nach dem Zusammentritt des Bundestags (7. 9. 1949) erlassenen Ermächtigungen. Für vorkonstitutionelle Ermächtigungen (Rn.2 zu Art.123) gilt Abs.1 nicht

(BVerfGE 2, 307/326; 28, 119/144; 78, 179/197; BVerwGE 38, 322/323; BGH, NJW 76, 1262), außer der nachkonstitutionelle Gesetzgeber hat sie „in seinen Willen aufgenommen" (BVerfGE 9, 39/47) oder das materielle Recht, zu dessen Durchführung die Rechtsverordnungen dienen sollen, ist nach Inkrafttreten des GG wesentlich geändert worden (BVerfGE 22, 180/214 f; 78, 179/198; BVerwGE 31, 345/355; 38, 322/323; vgl. auch Rn.8 zu Art.100). Auf jeden Fall sind die Grenzen des Art.129 Abs.3 zu beachten (näher Rn.2 zu Art.129).

II. Rechtmäßigkeitsvoraussetzungen des Gesetzes

1. Ermächtigungsadressaten (Abs.1 S.1, Abs.4)

a) Allgemeines. Die Ermächtigungsadressaten werden vor- **6** behaltlich des Abs.4 erschöpfend aufgezählt. Unzulässig ist die Erteilung der Ermächtigung an den Leiter einer Bundesoberbehörde (BVerfGE 8, 155/163) oder an eine oberste Landesbehörde (BVerfGE 15, 268/271). Zur Weiterübertragung der Ermächtigung unten Rn.19. Diese Übertragung darf nicht durch das Gesetz vorweggenommen werden (BAGE 24, 158/167; Bryde MüK 11; Stern II 670). Innerhalb dieses Adressatenkreises hat der Gesetzgeber freie Wahl (BVerfGE 56, 298/311). Unzulässige Ermächtigungsadressatenregelungen dürfen durch eine Pauschalregelung korrigiert werden (BVerwG, DÖV 70, 135).

b) Folgende **drei Ermächtigungsadressaten** kommen in Be- **7** tracht: − **(1)** Die *Bundesregierung* muss als Kollegium entschieden haben (Rn.3 zu Art.62) − **(2)** Die Ermächtigung eines *Bundesministers* ist im Außenverhältnis konstitutiv, d. h. von abweichenden Beschlüssen der Bundesregierung (vgl. § 15 Abs.1c GOBReg) unabhängig (Ramsauer AK 44; Bryde MüK 13). Das gilt auch für den Fall, dass ein nach der Zuständigkeitsverteilung in der Bundesregierung unzuständiger Minister ermächtigt wird (Ossenbühl HbStR III 399 f; Bauer DR 22). Eine zulässige Sonderregelung enthält Art.56 ZuständigkeitsanpassungsG, wonach bei Neuabgrenzungen der Geschäftsbereiche von Bundesministern die Zuständigkeiten auf den danach zuständigen Bundesminister übergehen (Ramsauer AK 44; krit. Brandner/Uwer, DÖV 93, 107 ff). − **(3)** Es dürfen nur die *Landesregierungen*, nicht einzelne Landesminister ermächtigt werden (BVerfGE 11, 77/85 ff). Ein Landesminister darf aber dann von einer solchen Ermächtigung Gebrauch machen, wenn nach dem Landes-

verfassungsrecht unter Landesregierung auch der einzelne Landesminister verstanden werden kann (BVerfGE 11, 77/86; Maunz MD
40; Bryde MüK 14; Stern II 668; a. A. Wilke MaK V 4a).

7 a   **Rechtsverordnungsvertretende Gesetze (Abs.4).** Gem. dem
1994 eingefügten (Einl.3 Nr.42) Abs.4 sind im Fall der Ermächtigung der Landesregierungen die Länder zu einer Regelung durch
Gesetz befugt. Dies dient der Stärkung der Landesparlamente (BT-
Drs. 12/6000, 38; Schütz, NVwZ 96, 37) und der Wahrung der
Verfassungsautonomie der Länder (Nierhaus BK 823). Allerdings
wird dadurch der Kreis der Ermächtigungsadressaten nicht erweitert;
die Landesparlamente dürfen vom Bundesgesetzgeber nicht direkt
ermächtigt werden (Nierhaus BK 831). Bei den Gesetzen nach Abs.4
handelt es sich um formelle Landesgesetze. Aus dem „soweit"-Satz
folgt, dass sie sich im Rahmen der (bundes)gesetzlichen Ermächtigung (unten Rn.14 ff) halten müssen (Lücke SA 62; Nierhaus
BK 842 ff). Im Übrigen gelten die Anforderungen der jeweiligen
Landesverfassung. Weitergehende Beschränkungen wie die, dass eine
nach der Landesverfassung mögliche Volksgesetzgebung verboten sei
(so Nierhaus BK 868 f), dass in den Ländern, die ein Normenkontrollverfahren gegen Rechtsverordnungen, aber keine Verfassungsbeschwerde gegen Gesetze kennen, bedeutsame Gründe für ein
Gesetz nach Abs.4 sprechen müssten (so Lücke SA 61; a. A. Nierhaus
BK 875) oder dass das Gesetz nach Abs.4 dem Zitiergebot (unten
Rn.16) genügen müsse (so Lücke SA 62), sind nicht anzuerkennen.

8   **c)** Bei sog. **gemeinsamen Rechtsverordnungen** darf die
Rechtsverordnung nur von mehreren Ermächtigungsadressaten gemeinsam erlassen, geändert und aufgehoben werden (vgl.
BVerwGE 100, 323/325). Wegen der Ausschließlichkeit der Kompetenzverteilung zwischen Bund und Ländern (Rn.7 zu Art.30) sind
gemeinsame Rechtsverordnungen aber nur von mehreren Bundesministern, nicht aber von mehreren Landesregierungen oder von
Bundes- und Landesorganen zulässig (Ossenbühl HbStR III 400 f;
Ramsauer AK 43; Nierhaus BK 238). Dagegen bestehen zulässige
Mischverordnungen aus selbständigen Rechtsverordnungen, die von
unterschiedlichen Ermächtigungsadressaten zur gleichen Zeit erlassen werden (vgl. § 59 Abs.2 GGO II). Hiervon sind Sammelver-
ordnungen zu unterscheiden, in denen Vorschriften auf Grund mehrerer Ermächtigungen zusammengefasst werden (Dietlein, DÖV 84,
788).

9   **d) Beteiligung: aa)** Zulässig ist, den Erlass von Rechtsverordnungen von einer **Zustimmung** der in Abs.1 S.1 genannten Er-

mächtigungsadressaten (oben Rn.6) abhängig zu machen (sog. Zustimmungsvorbehalt; Ramsauer AK 48). Sodann ist der Bundesrat zustimmungsberechtigt (unten Rn.17 f). Schließlich ist es – über spezielle Regelungen wie in Art.109 Abs.4 S.4 hinaus – als eingeschränkte Ermächtigung zulässig, dass ein Zustimmungserfordernis des Bundestags selbst begründet wird, sofern hierfür ein legitimes Interesse des Parlaments besteht (BVerfGE 8, 274/321; näher Ossenbühl HbStR III 409 ff; vgl. auch BVerwGE 57, 130/139 f). Das Gleiche gilt für ein Zustimmungserfordernis zugunsten von Parlamentsausschüssen (Maunz MD 60; Bryde MüK 5; Stern II 664 f; **a. A.** BVerfGE 4, 193/203; Nierhaus BK 226 f; s. auch Rn.8 zu Art.110). Grds. unzulässig sind Änderungsvorbehalte, die dem Bundestag erlauben, einen Verordnungsentwurf durch schlichten Parlamentsbeschluss (Rn.1 zu Art.76) zu ändern, weil damit Art.76 ff unterlaufen werden (Bauer DR 26; Nierhaus BK 190 ff; Lücke SA 41 und wohl auch BVerfGE 8, 274/323; diff. Sommermann, JZ 97, 440 f).

bb) Zulässig ist, sonstige Organe und auch Private in nicht- **10** entscheidender Funktion, insb. durch **Anhörung**, beim Erlass von Rechtsverordnungen zu beteiligen (BVerfGE 28, 82/84; Maunz MD 65; Bryde MüK 19; Stern II 664 f).

2. Bestimmtheitsgebot (Abs.1 S.2)

Zur Auslegung dieser Vorschrift hat das BVerfG **verschiedene 11 Formeln** geprägt: Nach der „Selbstentscheidungsformel" muss der Gesetzgeber selbst die Entscheidung treffen, welche Fragen durch die Rechtsverordnung geregelt werden sollen (Inhalt), er muss die Grenzen einer solchen Regelung festsetzen (Ausmaß) und angeben, welchem Ziel die Regelung dienen soll (Zweck) (BVerfGE 2, 307/334; 23, 62/72). Nach der „Programmformel" muss sich aus dem Gesetz ermitteln lassen, welches vom Gesetzgeber gesetzte Programm durch die Rechtsverordnung erreicht werden soll (BVerfGE 5, 71/77; 8, 274/307 ff; 58, 257/277). Nach der „Vorhersehbarkeitsformel" muss der Bürger aus dem Gesetz ersehen können, in welchen Fällen und mit welcher Tendenz von der Ermächtigung Gebrauch gemacht werden wird und welchen Inhalt die auf Grund der Ermächtigung erlassenen Rechtsverordnungen haben können (BVerfGE 1, 14/60; 41, 251/266; 56, 1/12) bzw. mit welchen Regelungen der Bürger zu rechnen hat (BVerwGE 111, 143/150). Für die Ermittlung der Vorgaben des Gesetzes sind die allgemeinen Auslegungsgrundsätze anzuwenden (BVerfGE 58,

257/277; 62, 203/210; 85, 97/105; BVerwGE 89, 121/131; BFHE 174, 264/267; 176, 175/177). Insgesamt ist in der Rspr. des BVerfG eine Entwicklung zur Abschwächung des Bestimmtheitsgebots erkennbar (Ossenbühl HbStR III 396; Ramsauer AK 16 f, 65 ff; Nierhaus BK 96 ff; Bryde MüK 22).

12   Es lassen sich drei **maßgebliche Auslegungsgesichtspunkte** festhalten: Wichtigste Kategorie ist der *Zweck der Ermächtigung,* da Inhalt und Ausmaß sich gut erschließen lassen, wenn der Zweck bestimmt ist (Bryde MüK 22; weitergehend verlangt Ramsauer AK 55 a, dass die Art und Weise des Interessenausgleichs dem Verordnungsgeber in den Grundzügen vorgegeben werden muss). Der Zweck muss nicht nur hinsichtlich der Modalitäten einer möglichen Regelung, sondern auch hinsichtlich des „Ob überhaupt" hinreichend bestimmt sein; Kann-Ermächtigungen sind daher unzulässig, wenn die Anwendbarkeit des Gesetzes erst durch den Erlass der Rechtsverordnung ermöglicht wird (BVerfGE 78, 249/272; BFHE 171, 91/92 f). Es kommt außerdem auf die *Eingriffsintensität* an: Je schwerwiegender die Auswirkungen sind, desto höhere Anforderungen sind an die Bestimmtheit der Ermächtigung zu stellen (BVerfGE 58, 257/277 f; 62, 203/210; BVerwGE 68, 69/72; 100, 323/326; 110, 253/262). Schließlich ist nach der *Eigenart der Regelungsmaterien* zu unterscheiden (Bauer DR 30 f; Ramsauer AK 58 ff).

12 a   **Relevante Unterscheidungen.** Bei Ermächtigungen zu belastenden Regelungen sind strengere Anforderungen zu stellen als bei Ermächtigungen zu begünstigenden Regelungen (BVerfGE 23, 62/73; BFHE 171, 84/88). Für disziplinarische oder schulrechtliche Ordnungsmaßnahmen (BVerfGE 41, 251/265) sind geringere Anforderungen an die Bestimmtheit zu stellen als im Strafrecht (BVerfGE 14, 174/185 f; 51, 60/70 f). Geringere Anforderungen sind auch bei vielgestaltigen Sachverhalten zu stellen und wenn zu erwarten ist, dass sich die tatsächlichen Verhältnisse bald ändern werden (BVerfGE 58, 257/277 f; BVerwGE 89, 121/131; BFHE 173, 519/524). Dies gilt auch für die Umsetzung von europäischem Gemeinschaftsrecht, da der Zweck des Art.80 (oben Rn.1) wegen des Vorrangs des Gemeinschaftsrechts (Rn.32–38 zu Art.23) nicht in gleicher Weise greift (Nierhaus BK 13 f; Calliess, NVwZ 98, 12 f; vgl. auch Kingreen/Störmer, EuR 98, 281); unzulässig wäre aber eine allgemeine Ermächtigung, Rechtsverordnungen zur Ausführung von europäischem Gemeinschaftsrecht zu erlassen (Streinz HbStR VII 845). Dagegen sind strenge Anforderungen im Rahmen eines staatlichen Souveränitätsverzichts nach Art.24 Abs.1 zu fordern (BVerwGE 54, 291/299). Für zustimmungsbedürftige

Rechtsverordnungen (unten Rn.17f) gelten keine geringeren Bestimmtheitsanforderungen (BVerfGE 8, 274/319, 323). Ein rückwirkendes Inkrafttreten der Rechtsverordnung ist zulässig, wenn sich dies der Ermächtigungsnorm entnehmen lässt und die verfassungsrechtlichen Grenzen für rückwirkende Normierung (Rn.67–75 zu Art.20) beachtet werden (BVerfGE 45, 142/163f; BVerwG, DÖV 75, 171; BGHZ 65, 155/162; BFHE 171, 91/93; Bauer DR 36). Zu den rechtsstaatlichen Bestimmtheitsanforderungen Rn.60–62 zu Art.20; zum Bestimmtheitsgrundsatz im Strafrecht Rn.48–51 zu Art.103.

Beispiele für mangelnde Bestimmtheit: BVerwGE 90, 57/58 ff **13** (Bauplanungsrecht); BVerfGE 5, 71/76f (Entschädigungsrecht); BVerfGE 20, 257/270 (Kartellrecht); BVerfGE 1, 14/60 (Neugliederung des Bundesgebiets); BVerfGE 20, 180/215 (Sozialrecht); BVerfGE 7, 282/293 ff; 10, 251/257f; 15, 153/160 ff; 18, 52/60 ff; 23, 62/72f (Steuerrecht); BVerfGE 2, 307/335; 19, 370/375f (Verfahrensrecht); BVerfGE 11, 77/78; 23, 208/224 (Wirtschaftsrecht).

III. Rechtmäßigkeitsvoraussetzungen der Rechtsverordnung

1. Gesetzliche Ermächtigung (Abs.1 S.1)

Eine Rechtsverordnung bedarf der Ermächtigung durch ein **Bun-** **14** **desgesetz** (Rn.1 zu Art.76; Pestalozza MaK 21 zu Art.71). Sie steht damit im Rang unter dem Gesetz. Unabgeleitete, selbständige Rechtsverordnungen der Exekutive und Rechtsverordnungen mit Gesetzesrang (sog. gesetzesvertretende Verordnungen; vgl. BVerfGE 52, 1/16f; BVerwGE 87, 133/139) sind – von speziellen Vorschriften abgesehen (Art.119, 127) – unzulässig (vgl. BVerfGE 8, 155/169f; Maunz MD 7; Bryde MüK 3; a. A. Ossenbühl HbStR III 394). Dagegen darf ein Gesetz dazu ermächtigen, dass durch eine Rechtsverordnung von einzelnen Vorschriften des Gesetzes abgewichen wird (sog. Verordnungsvorbehalt; BVerfGE 8, 155/171; Bryde MüK 3; Stern II 663f). Die Ermächtigung ist „zuschiebend", nicht „abschiebend", d. h. ein späteres Gesetz kann den Gegenstand der Verordnungsermächtigung ohne weiteres selbst regeln (BVerfGE 22, 330/346). Dabei kann es auch zu Aufspaltungen der Normierung in solche mit Gesetzesrang und solche mit Verordnungsrang kommen (einschr. Lücke SA 7). Die Rechtsverordnung muss so erlassen werden, dass sie dem Verordnungsgeber zugerechnet werden kann (BVerfGE 91, 148/165).

15 Die Rechtsverordnung muss im **Zeitpunkt des Erlasses**, d. h. ihrer Verkündung (Rn. 8 zu Art. 82), eine gültige Ermächtigungsgrundlage haben. Es reicht aus, wenn das Gesetz am Tag der Verkündung der Rechtsverordnung in Kraft tritt (BVerfGE 3, 255/259 f; BGHZ 43, 269/273). Der spätere Wegfall der Verordnungsermächtigung lässt die Wirksamkeit der Rechtsverordnung grds. unberührt (BVerfGE 9, 3/12; 44, 216/226; 78, 179/198; BGHZ 54, 115/118; vgl. auch Rn. 2 zu Art. 129; a. A. Ossenbühl HbStR III 421); allerdings kann die Rechtsverordnung mit der neuen Gesetzeslage unvereinbar sein (vgl. BVerwG, NJW 90, 849). Eine Ausnahme besteht für den Fall, dass die Rechtsverordnung allein keine sinnvolle Regelung darstellt (Ramsauer AK 77; Wilke MaK X 2; vgl. auch BVerwGE 59, 195/197).

2. Formelle Voraussetzungen

16 **a)** Das **Zitiergebot (Abs. 1 S. 3)** dient der Rechtsklarheit, d. h. die Rechtsetzungsdelegation „verständlich und kontrollierbar zu machen" (BVerfGE 101, 1/41 f). Rechtsgrundlage bedeutet die die Ermächtigung zur Rechtsverordnung enthaltende einzelne Vorschrift (BVerfGE 101, 1/42) nach Paragraph, Absatz, Satz und Nummer (Sachs, BayVBl 87, 210); die bloße Angabe des Gesetzes reicht jedenfalls nicht aus (BGH, MDR 77, 474). Dem Zitiergebot ist durch eine Angabe in der Präambel der Rechtsverordnung genügt, die aber nicht auch die Fundstelle im amtlichen Gesetzblatt enthalten muss (BVerwG, NJW 83, 1922; a. A. Lücke SA 29). Bei einer auf mehrere Einzelermächtigungen gestützten Rechtsverordnung müssen diese vollständig zitiert werden; allerdings muss nicht bei jeder einzelnen Bestimmung der Rechtsverordnung angegeben werden, auf welcher Ermächtigung sie beruht (BVerfGE 20, 283/292; 101, 1/42).

17 **b)** Die **Zustimmungsbedürftigkeit (Abs. 2, 3)** besteht für **drei Gruppen** von Rechtsverordnungen: − **(1)** Verkehrsverordnungen (Ramsauer AK 80; Nierhaus BK 526 ff; Bryde MüK 26), d. h. Rechtsverordnungen über − nach den Verfassungsänderungen von 1993 und 1994 (Einl. 3 Nr. 40, 41) − Grundsätze und Gebühren für die Benutzung der Einrichtungen des Postwesens und der Telekommunikation (Rn. 16–18 zu Art. 73), über die Grundsätze der Erhebung des Entgelts für die Benutzung der Einrichtungen der Eisenbahnen des Bundes und über den Bau und Betrieb der Eisenbahnen (Rn. 15 zu Art. 73). Bezüglich der Eisenbahnen des Bundes geht es um Wettbewerbsaufsicht, nicht um staatliche Preisgestaltung (Schmidt-Aßmann/Röhl, DÖV 94, 583). – **(2)** Rechtsverordnungen auf Grund von Bundesgesetzen, die der Zustimmung des Bundesrats bedürfen (Rn.4 zu Art.77); das Zustimmungserfordernis ist unabhängig davon, ob die Ermächtigungsnorm selbst eine zustimmungsbedürftige Materie betrifft; es reicht aus, dass irgendeine Vorschrift des ermächtigenden Gesetzes die Zustimmungsbedürftigkeit ausgelöst hat (BVerfGE 24, 194/196 ff; BVerwGE 70, 77/80; Ramsauer AK 81; Nierhaus BK 614 ff; Bryde MüK 31; a. A. Ossenbühl, AöR 1974, 400 ff). – **(3)** Rechtsverordnungen auf Grund von Bundesgesetzen, die von den Ländern im Auftrag des Bundes oder als eigene Angelegenheit ausgeführt werden (vgl. Art.83–85); hier besteht eine Parallele zur Zustimmungsbedürftigkeit der Verwaltungsvorschriften in diesem Bereich (krit. Ramsauer AK 82; Bryde MüK 26).

Umfang. Die Zustimmungsbedürftigkeit gilt nur unter zwei Ein- **18** schränkungen: Es muss sich um Rechtsverordnungen der Bundesregierung oder eines Bundesministers handeln, auch wenn diese Einschränkung sprachlich nur auf die erste Gruppe bezogen ist (Bryde MüK 29). Außerdem steht die Zustimmungsbedürftigkeit unter dem Vorbehalt anderweitiger gesetzlicher Regelung, die die Zustimmungsbedürftigkeit einschränken oder ausdehnen kann; die Ausdehnung auf von Landesregierungen erlassene Rechtsverordnungen ist allerdings unzulässig (Ramsauer AK 83). Ein Gesetz, das die Zustimmungsbedürftigkeit gem. Abs.2 beseitigt, bedarf seinerseits der Zustimmung des Bundesrats (BVerfGE 28, 66/76 f; Bauer DR 44; Maunz MD 68; Bryde MüK 28; a. A. BVerwGE 28, 36/39 ff; Ramsauer AK 83). Die Zustimmungsbedürftigkeit erfasst auch den Erlass von Rechtsverordnungen auf Grund einer Weiterübertragung der Ermächtigung (unten Rn.19; Bryde MüK 29). Dagegen ist die Aufhebung einer Zustimmungsverordnung auch ohne Zustimmung des Bundesrats zulässig (Dellmann SeiHö 5; vgl. auch Rn.5 zu Art.77). Gem. dem 1994 eingefügten (Einl.3 Nr.42) Abs.3 besitzt der Bundesrat ein Initiativrecht für zustimmungsbedürftige Rechtsverordnungen (vgl. Jekewitz, ZG 2000, 344). Auch wenn die Vorlage unverändert verabschiedet wird, muss ihr der Bundesrat zustimmen. **Weitere Verfahrensanforderungen** betreffen den Erlass und die Verkündung von Rechtsverordnungen (Rn.8 zu Art.82).

3. Weiterübertragung der Ermächtigung (Abs.1 S.4)

Eine Weiterübertragung der Ermächtigung (sog. Subdelegation) **19** ist zulässig, sofern sie durch Gesetz zugelassen ist und durch Rechtsverordnung erfolgt. Das zulassende Gesetz muss nicht das Ermächtigungsgesetz sein (BVerwG, DÖV 70, 135; Maunz MD 43). Der Kreis der Adressaten der Weiterübertragung muss nicht bereits im Gesetz bestimmt werden (Ramsauer AK 45; a. A. Wilke MaK VIII 3). Durch die Weiterübertragung können andere als die in Abs.1 S.1 genannten Organe Rechtsverordnungen erlassen (vgl. auch BVerfGE 38, 139/147 f). Die Weiterübertragung ist wie die Ermächtigung (oben Rn.14) zuschiebend, nicht abschiebend (Ossenbühl HbStR III 402). Eine Weiterübertragung an Private ist unzulässig (Nierhaus BK 261; Ossenbühl HbStR III 401; Stern II 669; a. A. Wilke MaK VIII 3). Das Zitiergebot (oben Rn.16) gilt mit der Maßgabe, dass die auf der Subdelegation beruhende Rechtsverordnung nur die Rechtsverordnung zitieren muss, mit der die Ermächtigung weiterübertragen wurde (BGH, MDR 77, 475).

IV. Rechtsfolgen

20 **Wirksamkeit.** Ein die Rechtmäßigkeitsvoraussetzungen nicht erfüllendes *Gesetz* (oben Rn.6–13) ist nichtig. Eine die Voraussetzungen erfüllende *Rechtsverordnung* (oben Rn.14–19) ist wirksam. Eine wirksame Rechtsverordnung hat Außenwirkung und bindet jedermann (BVerfGE 18, 52/59; 19, 17/29). Eine die Voraussetzungen nicht erfüllende Rechtsverordnung ist nichtig; insb. darf die Rechtsverordnung nicht über die Grenzen der Ermächtigung hinausgehen (BVerfGE 42, 374/387 f; 58, 68/79; 101, 1/37 ff). Das gilt auch für die Verletzung des Zitiergebots (BVerfGE 101, 1/43; BVerwG, NJW 71, 1626; BFHE 173, 519/526; BGH, MDR 77, 474) und einer gesetzlichen Pflicht zur Anhörung (BVerfGE 10, 221/227; a. A. BVerwG, DÖV 70, 135), sofern sie Bestandteil der Ermächtigung ist und nicht nur der Vorbereitung der Rechtsetzung dient (BVerwGE 59, 48/51 ff). Dagegen soll ein nicht evidenter Verfahrensfehler beim Erlass der Rechtsverordnung (oben Rn.14) lediglich zur ex nunc-Nichtigkeit führen (BVerfGE 91, 148/175 f). Die Grundsätze über einen ausnahmsweisen Verzicht auf eine Ermächtigung für eine Übergangszeit (Rn.59 zu Art.20) werden auch hier angewandt (BVerfGE 79, 245/250 f; BFHE 173, 519/528). Eine mangels ausreichender gesetzlicher Ermächtigung nichtige Rechtsverordnung wird nicht dadurch geheilt, dass die gesetzliche Ermächtigung geschaffen wird (BGH, MDR 79, 825; Maunz MD 26). Auch die Zustimmung durch das Parlament (oben Rn.9) kann eine nichtige Rechtsverordnung nicht heilen (BVerfGE 2, 237/255 ff; 22, 330/346; 24, 184/199).

Die auf Grund Art. 80 ergehenden Rechtsverordnungen sind ent- **21** weder **Bundesrecht oder Landesrecht**. Das richtet sich danach, ob sie von einem Bundesorgan oder einem Landesorgan (oben Rn. 7 f) erlassen worden sind (BVerfGE 18, 407/414 ff; Ossenbühl HbStR III 400; Ramsauer AK 75; Maunz MD 45; Bryde MüK 15; Stern II 668; a. A. Wilke MaK V 4c).

Die Ermächtigung begründet grds. **keine Pflicht** der Ermächti- **22** gungsadressaten zum Tätigwerden, es sei denn, das ermächtigende Gesetz statuiert eine entsprechende Pflicht oder die gesetzliche Regelung kann ohne die Rechtsverordnung nicht praktiziert werden oder das Untätigbleiben des Verordnungsgebers würde einen Verstoß gegen Art. 3 darstellen (BVerfGE 13, 248/254; 16, 332/338; vgl. auch BayVerfGHE 42, 188/193). Entsprechendes gilt für die Aufhebung der Rechtsverordnung (Ossenbühl HbStR III 407 f).

Art. **80a** [Spannungs- und Zustimmungsfall; Bündnisklausel]

(1) **Ist in diesem Grundgesetz oder in einem Bundesgesetz über die Verteidigung einschließlich des Schutzes der Zivilbevölkerung bestimmt, daß Rechtsvorschriften nur nach Maßgabe dieses Artikels angewandt werden dürfen, so ist die Anwendung außer im Verteidigungsfalle nur zulässig, wenn der Bundestag den Eintritt des Spannungsfalles festgestellt oder wenn er der Anwendung besonders zugestimmt hat.**[1 ff] **Die Feststellung des Spannungsfalles und die besondere Zustimmung in den Fällen des Artikels 12 a Abs. 5 Satz 1 und Abs. 6 Satz 2 bedürfen einer Mehrheit von zwei Dritteln der abgegebenen Stimmen.**[1, 3]

(2) **Maßnahmen auf Grund von Rechtsvorschriften nach Absatz 1 sind aufzuheben, wenn der Bundestag es verlangt.**[2]

(3) **Abweichend von Absatz 1 ist die Anwendung solcher Rechtsvorschriften auch auf der Grundlage und nach Maßgabe eines Beschlusses zulässig, der von einem internationalen Organ im Rahmen eines Bündnisvertrages mit Zustimmung der Bundesregierung gefaßt wird.**[5 f] **Maßnahmen nach diesem Absatz sind aufzuheben, wenn der Bundestag es mit der Mehrheit seiner Mitglieder verlangt.**[5]

Literatur: *Vitzthum,* Der Spannungs- und der Verteidigungsfall, HbStR VII, 1993, 415; *Riedel,* Entscheidungskompetenz des Bundestags bei der Feststellung des Bündnisfalls, DÖV 1991, 305; *Daleki,* Die Regelungen über den

Spannungsfall und ihre gesetzestechnischen Mängel, DVBl 1986, 1031. –
S.auch Literatur zu Art.87 a und zu Art.115 a.

1. Vorbereitende Maßnahmen im Spannungs- und im Zustimmungsfall (Abs.1, 2)

1   **a) Erklärung und Aufhebung des Spannungsfalls.** Abs.1 der
1968 (Einl.3 Nr.17) eingefügten Vorschrift sieht als Vorstufe des
Verteidigungsfalls (dazu Rn.1 f zu Art.115 a) die Erklärung des
„**Spannungsfalls**" vor, womit bestimmte Vorschriften anwendbar,
also entsperrt werden (unten Rn.4). Sie enthält keine direkte Aussage dazu, wann der Spannungsfall festgestellt werden kann. Aus
dem Zusammenhang mit dem Verteidigungsfall ergibt sich jedoch,
dass eine erhöhte zwischenstaatliche Konfliktsituation notwendig ist,
die mit großer Wahrscheinlichkeit zu einem bewaffneten Angriff
(von außen) auf das Bundesgebiet führt (Vitzthum HbStR VII 420;
großzügiger Heun DR 5); vgl. dazu Rn.3 zu Art.115 a. Es geht um
die Vorstufe des Verteidigungsfalls, nicht um die Zeit danach (Herzog MD 16; a. A. Hernekamp MüK 2). Nicht erfasst werden Situationen des inneren Notstands (Lücke SA 1). Zudem müssen nach
dem Grundsatz der Verhältnismäßigkeit die Ausrufung des Spannungsfalls und die dadurch ermöglichten Maßnahmen notwendig
sein, um einen eventuellen Verteidigungsfall vorzubereiten
(Vitzthum HbStR VII 420). Der Spannungsfall ist gem. Abs.1 S.2
vom Bundestag mit einer relativen 2/3-Mehrheit festzustellen (vgl.
dazu Rn.4 zu Art.42). Für die Verkündung gelten Art.82 Abs.1 und
Art.115 a Abs.3 S.2 entsprechend (Lücke SA 2; Heun DR 5).

2   Der Bundestag hat während der Laufzeit des Spannungsfalls nach
Abs.2 das Recht, (mit einfacher Mehrheit) die **Aufhebung** oder
Aussetzung (als Minus) von Rechtsverordnungen oder Einzelakten
zu verlangen, die auf die entsperrten Vorschriften (unten Rn.4)
gestützt wurden (Vitzthum HbStR VII Rn.23; Lücke SA 4; a. A.
Hernekamp MüK 17: nur Einzelakte). Darüber hinaus kann er den
Spannungsfall jederzeit (mit einfacher Mehrheit) aufheben (Stern II
1453; Vitzthum HbStR VII 431 f). Die bereits auf Grund von Abs.1
ergriffenen Maßnahmen sind dann unverzüglich aufzuheben.

3   **b) Zustimmungsfall.** Ohne den Spannungsfall auszurufen, können durch einen (vorherigen) Zustimmungsbeschluss des Bundestags
einzelne, auf den Spannungsfall bezogene Vorschriften (Lücke SA 3)
entsperrt werden. Die Ausführungen für die Erklärung und Aufhebung des Spannungsfalles (oben Rn.1 f) gelten insoweit ganz entsprechend. Die sachlichen Anforderungen an die Angriffsgefahr sind

jedoch geringer (Vitzthum HbStR VII 434). Zudem ist eine (relative) 2/3-Mehrheit nach Abs.1 S.2 nur erforderlich, wenn es um Verpflichtungen iSd Art.12 a Abs.3 oder des Art.12 a Abs.6 S.1 geht.

c) Wirkungen des Spannungs- und Zustimmungsfalls. Die 4 (wirksame) Erklärung des Spannungsfalls führt zunächst dazu, dass bestimmte *Normen des GG* Wirkungen entfalten, *entsperrt* werden. Es geht gem. Art.12 a Abs.5 S.1 um die Verpflichtung zu verteidigungsbezogenen Dienstleistungen (dazu Rn.9–13 zu Art.12 a) und gem. Art.12 a Abs.6 S.2 um die Bindung an Berufe und Arbeitsplätze (dazu Rn.16 zu Art.12 a). Des Weiteren wird der *Aufgabenbereich der Streitkräfte* gem. Art.87 a Abs.3 ausgeweitet (dazu Rn.7 zu Art.87 a). Auf *einfach gesetzlicher Ebene* lässt die Ausrufung des Spannungsfalles alle Gesetze über die Verteidigung (einschl. Zivilschutz) wirksam werden, die kraft ausdrücklicher Regelung im jeweiligen Gesetz nach Maßgabe des Art.80 a anzuwenden sind, etwa § 3 Arbeits-, § 2 Ernährungs-, § 2 Verkehrs- und § 2 WirtschaftssicherstellungsG. Die Regelungen zur Verteidigung können auch in allgemeinen Gesetzen enthalten sein (Hernekamp MüK 4), wie etwa in § 95 VwVfG. Zudem werden Regelungen erfasst, die auf Gesetze zur Verteidigung iSd Art.80 a gestützt wurden (Stern II 1451 f). Für den Zustimmungsfall (oben Rn.3) gilt das Gleiche, allerdings beschränkt auf jene Maßnahmen, auf die sich die Zustimmung des Bundestages bezieht (Lücke SA 3). Art.80 a schließt Notstandsgesetze nicht aus, deren Anwendung ausschließlich von einer entsprechenden Entscheidung der Bundesregierung abhängt (Heun DR 9; Hernekamp MüK 10).

2. Vorbereitende Maßnahmen nach Abs.3 (Bündnisklausel)

Ein Teil der mit der Ausrufung des Spannungsfalls erzielten Wir- 5 kungen kann auch unter den (innerstaatlich) geringeren Voraussetzungen des Abs.3 eintreten. Man spricht dann vom „**Bündnisfall**" (Vitzthum HbStR VII 26; Hernekamp MüK 21), ein Begriff, der allerdings weitergehende Maßnahmen abdeckt, als sie Abs.3 vorsieht (vgl. Rn.6 zu Art.24 und Rn.3 zu Art.115 a). Abs.3 kommt zum Tragen, soweit die Bundesrepublik Mitglied in einer militärischen Bündnisorganisation ist, die eine Pflicht zur wechselseitigen Verteidigung vorsieht. Letzteres ergibt sich aus dem Zusammenhang mit dem Verteidigungsfall. Ein solches Bündnis ist die Nato (Herzog MD 57). Fordert oder empfiehlt das zuständige Bündnisorgan (d. h. der Minister-Rat oder der Ausschuss für Verteidigungsplanung der Nato) Maßnahmen, die nach Abs.3 ermöglicht werden (unten Rn.6), und hat die Bundesregierung (als Kollegium), also nicht nur der deutsche Vertreter in den Nato-Gremien (Heun DR 12; Vitzthum HbStR VII 437), diesem Beschluss zugestimmt, dann kommt Abs.3 zur Anwendung. Aus Gründen der Rechtsklarheit ist eine öffentliche Bekanntmachung des Beschlusses notwendig (Vitzthum HbStR VII 437), damit die Wirkungen des Bündnisfalles ausgelöst werden. Der Bundestag kann nach Abs.3 S.2 die Aufhebung der möglichen Maßnahmen mit der Mehrheit seiner Mitglieder (dazu Rn.1 zu Art.121) verlangen. Die Bundesregierung kann ihre Zustimmung widerrufen (Herzog MD 73).

6   Die Bündnisklausel des Abs.3 betrifft nur die „zivile Teilmobilmachung, nicht den Streitkräfteeinsatz im Bündnisfall" (BVerfGE 90, 286/386; Heun DR 13). Darüber hinaus lässt Abs.3 allein die **einfachgesetzlichen Normen** wirksam werden, die nach Maßgabe des Art.80 a anzuwenden sind (oben Rn.4). Die entsprechenden Vorschriften des GG werden dagegen nicht aktiviert: Art.12 a Abs.3 und Art.12 a Abs.6 S.1 kommen nicht zum Tragen, weil die Anwendungsnormen des Art.12 a Abs.5 S.1 bzw. des Art.12 a Abs.6 S.2 ausdrücklich auf Art.80 a Abs.1 und nicht auf Art.80 a Abs.3 verweisen (Lücke SA 8). Art.87 a Abs.3 ist nicht anwendbar, weil die Norm ausdrücklich den Spannungsfall nennt (Heun DR 13). Dementsprechend kann Abs.3 auch einfachgesetzliche Normen, die nach Maßgabe des Art.80 a anzuwenden sind, nicht aktivieren, soweit sie die genannten verfassungsrechtlichen Ermächtigungen nutzen. Sollen diese Normen aktiviert werden, muss zusätzlich der Spannungsfall in dem dafür vorgesehenen Verfahren erklärt werden.

Art.81 [Gesetzgebungsnotstand]

(1) **Wird im Falle des Artikels 68 der Bundestag nicht aufgelöst, so kann der Bundespräsident auf Antrag der Bundesregierung mit Zustimmung des Bundesrates für eine Gesetzesvorlage den Gesetzgebungsnotstand erklären, wenn der Bundestag sie ablehnt, obwohl die Bundesregierung sie als dringlich bezeichnet hat[2]. Das gleiche gilt, wenn eine Gesetzesvorlage abgelehnt worden ist, obwohl der Bundeskanzler mit ihr den Antrag des Artikels 68 verbunden hatte[3].**

(2) **Lehnt der Bundestag die Gesetzesvorlage nach Erklärung des Gesetzgebungsnotstandes erneut ab oder nimmt er sie in einer für die Bundesregierung als unannehmbar bezeichneten Fassung an, so gilt das Gesetz als zustande gekommen, soweit der Bundesrat ihm zustimmt. Das gleiche gilt, wenn die Vorlage**

vom **Bundestage nicht innerhalb von vier Wochen** nach der erneuten Einbringung verabschiedet wird[4].

(3) **Während der Amtszeit eines Bundeskanzlers kann auch jede andere vom Bundestage abgelehnte Gesetzesvorlage innerhalb einer Frist von sechs Monaten nach der ersten Erklärung des Gesetzgebungsnotstandes gemäß Absatz 1 und 2 verabschiedet werden**[5]. **Nach Ablauf der Frist ist während der Amtszeit des gleichen Bundeskanzlers eine weitere Erklärung des Gesetzgebungsnotstandes unzulässig**[6].

(4) **Das Grundgesetz darf durch ein Gesetz, das nach Absatz 2 zustande kommt, weder geändert, noch ganz oder teilweise außer Kraft oder außer Anwendung gesetzt werden**[6].

Literatur: *E. Klein,* Funktionsstörungen in der Staatsorganisation, HbStR VII, 1992, 361; *Böckenförde,* Ausnahmerecht und demokratischer Rechtsstaat, FS Hirsch, 1981, 259; *Stern,* Der Gesetzgebungsnotstand – eine vergessene Verfassungsnorm, FS F. Schäfer, 1980, 129.

1. Bedeutung

Die Vorschrift soll einer Funktionsstörung des Bundestags begegnen. Sie ermöglicht der Bundesregierung, unter bestimmten Voraussetzungen im Zusammenwirken mit dem Bundespräsidenten und dem Bundesrat Gesetze auch ohne Beschluss des Bundestags in Kraft zu setzen. Derartige Gesetze sind voll gültig (vgl. Rn.1 zu Art.76); sie unterscheiden sich weder in Geltungskraft noch in Geltungsdauer von den im Verfahren nach Art.76 ff zustande gekommenen Gesetzen (Ramsauer AK 12; Klein BK 68; Herzog MD 13; Stern II 1382). Der Bundestag verliert nach Maßgabe des Art.81 seine Gesetzgebungskompetenz, nicht aber seine sonstige Kompetenz, z.B. für Wahlakte, Maßnahmen der parlamentarischen Selbstorganisation und gesetzesunabhängige Beschlüsse (Klein HbStR VII 376 f). Das danach zustandegekommene Gesetz darf der Bundestag grds. solange nicht wieder aufheben, als die Voraussetzungen der Erklärung des Gesetzgebungsnotstands vorliegen, außer die Bundesregierung stimmt zu (Stettner DR 15; Bryde MüK 18; Klein BK 70; a. A. Ramsauer AK 13: gar nicht; Stern II 1382 f: nur mit Zustimmung des Bundesrats). **1**

2. Voraussetzungen für die Erklärung des Gesetzgebungsnotstands (Abs.1)

Verneinung der Vertrauensfrage (S.1). Es müssen folgende *Voraussetzungen* vorliegen: – **(1)** Die Vertrauensfrage ist verneint **2**

worden (Rn.2 zu Art.68). – **(2)** Der Bundeskanzler ist weiter im Amt, d. h. weder ist er zurückgetreten noch ist gem. Art.67 oder 68 Abs.1 S.2 ein neuer Bundeskanzler gewählt worden (Ramsauer AK 11, 16; Klein BK 20; Bryde MüK 3). – **(3)** Der Bundestag ist vom Bundespräsidenten nicht aufgelöst worden (Rn.3 zu Art.68). – **(4)** Der Bundestag hat eine Gesetzesvorlage, die die Bundesregierung als dringlich bezeichnet hat, abgelehnt; der Ablehnung steht gleich, wenn die Vorlage in einer Fassung angenommen wird, die die Bundesregierung als unannehmbar bezeichnet hat (arg. Abs.2 S.1), oder wenn sich der Bundestag nicht alsbald mit der Vorlage befasst (vgl. § 99 Abs.1 GeschOBT) oder wenn mehrfach wegen Beschlussunfähigkeit ergebnislos abgestimmt worden ist (vgl. § 99 Abs.2 GeschOBT). – **(5)** Die Bundesregierung (vgl. Art.62) hat mit Zustimmung des Bundesrats beim Bundespräsidenten einen Antrag auf Erklärung des Gesetzgebungsnotstands gestellt. Der Bundespräsident hat dann die in seinem Ermessen liegende *Kompetenz,* für diese Gesetzesvorlage den Gesetzgebungsnotstand zu erklären. Die Erklärung bedarf der Gegenzeichnung durch den Bundeskanzler oder durch den zuständigen Bundesminister (Rn.4 zu Art.58; Ramsauer AK 24; Stern II 1379; a. A. – Gegenzeichnung durch Bundeskanzler erforderlich – Klein BK 44; Herzog MD 48).

3 **Verbindung von Vertrauensfrage und Gesetzesvorlage** (S.2). Es müssen folgende *Voraussetzungen* vorliegen: – **(1)** Der Bundeskanzler hat eine Vertrauensfrage (Rn.1 zu Art.68) mit einer Gesetzesvorlage verbunden. – **(2)** Der Bundeskanzler ist weiter im Amt (oben Rn.2). – **(3)** Der Bundestag ist vom Bundespräsidenten nicht aufgelöst worden (Rn.3 zu Art.68). – **(4)** Der Bundestag hat die verbundene Gesetzesvorlage abgelehnt; damit kann eine Verneinung oder Bejahung der Vertrauensfrage einhergehen, wofür sich die Rechtsfolgen aus Art.68 ergeben (Ramsauer AK 20; Klein BK 50; Bryde MüK 5; Stern II 1379). – **(5)** Die Bundesregierung (vgl. Art.62) hat mit Zustimmung des Bundesrats beim Bundespräsidenten einen Antrag auf Erklärung des Gesetzgebungsnotstands gestellt. Der Bundespräsident hat dann die *Kompetenz* nach S.1 (oben Rn.2).

3. Gesetzgebungsverfahren im Gesetzgebungsnotstand (Abs.2, 3)

4 **Erste Gesetzesvorlage.** Nach der wirksamen Erklärung des Gesetzgebungsnotstands gilt ein Gesetz unter folgenden Voraussetzungen als zustande gekommen (vgl. Art.78): – **(1)** Die Bundesregie-

rung hat die Gesetzesvorlage erneut in den Bundestag eingebracht (Ramsauer AK 25; Klein BK 53; a. A. Herzog MD 55, wonach auch die anderen Initiativberechtigten, vgl. Rn.2 zu Art.76, einbringen dürfen); die Vorlage muss inhaltlich unverändert sein (Ramsauer AK 26; Klein BK 54; Herzog MD 56). – **(2)** Der Bundestag hat die Vorlage erneut abgelehnt oder nur in einer Fassung angenommen, die die Bundesregierung als unannehmbar bezeichnet hat, oder innerhalb von 4 Wochen nach der erneuten Einbringung nicht verabschiedet. – **(3)** Der Bundesrat hat der Gesetzesvorlage zugestimmt; eine eingeschränkte oder modifizierende Zustimmung ist unzulässig (Ramsauer AK 28; Klein BK 64; Stern II 1381; a. A. Herzog MD 69). Verhandlungen zwischen Bundestag und Bundesregierung und zwischen Bundesregierung und Bundesrat sind nicht ausgeschlossen (Bryde MüK 6; Klein BK 55; Stern II 1381 f). Zur Ausfertigung Rn.2 zu Art.82; zur Gegenzeichnung Rn.4 zu Art.82; zur Verkündung Rn.5 f zu Art.82.

Weitere Gesetzesvorlagen. Das Zustandekommen von Geset- **5** zen ohne Beschluss des Bundestags ist nach der ersten Erklärung des Gesetzgebungsnotstands unter geringeren Anforderungen möglich (Abs.3 S.1). Von den Voraussetzungen nach Abs.1, 2 (oben Rn.2–4) soll es nach hM jedenfalls der Stellung der Vertrauensfrage, ggf. in Verbindung mit einer Gesetzesvorlage (Ramsauer AK 31; Klein BK 82), teilw. darüber hinaus auch der Erklärung der Dringlichkeit der Gesetzesvorlage (Liesegang MüK 21; Stern II 1384) nicht bedürfen.

4. Grenzen des Gesetzgebungsnotstands (Abs.3, 4)

Zeitliche Grenzen sind: – **(1)** Die 6-Monatsfrist des Abs.3 S.1 **6** beginnt mit der ersten Erklärung des Gesetzgebungsnotstands; sie endet mit der „Verabschiedung", d. h. der letzte Akt, die Zustimmung des Bundesrats, muss innerhalb der 6-Monatsfrist erfolgen. – **(2)** Der Gesetzgebungsnotstand darf gem. Abs.3 S.2 nach Ablauf der 6-Monatsfrist in der Amtszeit desselben Bundeskanzlers kein weiteres Mal erklärt werden; eine neue Amtszeit ist gegeben, wenn derselbe Bundeskanzler von einem neuen Bundestag gewählt wird oder zwischenzeitlich ein anderer Bundeskanzler amtiert hat (Klein BK 92; Stern II 1387 f). *Inhaltliche* Grenze ist ausschließlich (Ramsauer AK 30; Klein BK 76; Stern II 1385 f) das Verbot jeder Verfassungsänderung (Rn.2 zu Art.79) gem. Abs.4.

Art.82 [Ausfertigung, Gegenzeichnung, Verkündung und Inkrafttreten von Bundesrecht]

(1) Die nach den Vorschriften dieses Grundgesetzes zustande gekommenen[3] Gesetze werden vom Bundespräsidenten nach Gegenzeichnung[4] ausgefertigt[2] und im Bundesgesetzblatte verkündet[5 ff]. Rechtsverordnungen werden von der Stelle, die sie erläßt, ausgefertigt und vorbehaltlich anderweitiger gesetzlicher Regelung im Bundesgesetzblatte verkündet[8].

(2) Jedes Gesetz und jede Rechtsverordnung soll den Tag des Inkrafttretens bestimmen[10]. Fehlt eine solche Bestimmung, so treten sie mit dem vierzehnten Tage nach Ablauf des Tages in Kraft, an dem das Bundesgesetzblatt ausgegeben worden ist[9 ff].

Literatur: *Hederich,* Zur Kompetenz des Bundespräsidenten, die Gesetzesausfertigung zu verweigern, ZG 1999, 123; *Gröpl,* Ausfertigung, Verkündung und Inkrafttreten von Bundesgesetzen nach Art.82 GG, Jura 1995, 641; *Schnapp,* Ist der Bundespräsident verpflichtet, verfassungsmäßige Gesetze auszufertigen?, JuS 1995, 286; *Friauf,* Zur Prüfungszuständigkeit des Bundespräsidenten bei der Ausfertigung der Bundesgesetze, FS Carstens, 1984, 545. – S. auch Literatur zu Art.54 und Art.76.

1. Bedeutung und Verhältnis zu anderen Regelungen

1   Die Vorschrift regelt in Abs.1 v.a. die letzten Verfahrensakte der Bundesgesetzgebung (Rn.1 zu Art.76), die „integrierender Bestandteil des Rechtsetzungsaktes selbst" sind (BVerfGE 7, 330/337; 42, 263/283; BGHZ 76, 387/390). Ohne sie wird ein Gesetz nicht wirksam (rechtsverbindlich). Abs.1 gilt nicht für landesrechtliche Normsetzungsverfahren (BVerwGE 88, 204/208; BGHZ 126, 16/19). Abs.2 betrifft demgegenüber nicht mehr das Gesetzgebungsverfahren (unten Rn.9). Art.82 gilt nicht für die Allgemeinverbindlicherklärung von Tarifverträgen (BVerfGE 44, 322/350; BAGE 27, 78/91 f) oder für die Veröffentlichung von Verwaltungsvorschriften (BVerwGE 38, 139/146). Zum Erfordernis der Veröffentlichung von Rechtsnormen allgemein Rn.66 zu Art.20.

2. Kompetenzen des Bundespräsidenten (Abs.1 S.1)

2   **Ausfertigung von Gesetzen** bedeutet, dass der Bundespräsident die Urschrift des Gesetzes herstellt, indem er die Gesetzesurkunde mit seinem vollen Namen unterzeichnet (Ramsauer AK 11; Maurer

BK 19; Bryde MüK 9; Stern II 631). Voraussetzung für die Ausfertigung ist, dass die dem Bundespräsidenten vorliegende Gesetzesurkunde mit dem von Bundestag und gegebenenfalls Bundesrat beschlossenen Gesetzestext übereinstimmt. Der Grundsatz der Unverrückbarkeit des parlamentarischen Votums (Rn.3 zu Art.77) gilt erst recht für zustandegekommene Gesetze (BVerfGE 55, 274/327); lediglich Druckfehler und andere offenbare Unrichtigkeiten dürfen berichtigt werden (BVerfGE 48, 1/18 f; näher Maurer BK 115 f). Soweit die Voraussetzungen vorliegen, ist der Bundespräsident vorbehaltlich seiner Verwerfungskompetenz (unten Rn.3) zur Ausfertigung in angemessener Zeit verpflichtet (Maurer BK 71; Bryde MüK 9; Stern II 632). Mit der Ausfertigung werden die zuständigen Organe (unten Rn.5) zur Verkündung ermächtigt.

Die **Überprüfung der Verfassungsmäßigkeit von Gesetzen** 3 betrifft die Frage der Verwerfungskompetenz (dazu Epping, JZ 91, 1102; Lehngut, DÖV 92, 439). Sie ist unstreitig gegeben, soweit der Bundespräsident meint, Gesetze seien nicht „nach den Vorschriften dieses GG zustande gekommen" (Abs.1 S.1). Zu diesem sog. *formellen* Prüfungsrecht wird üblicherweise auch die Frage der Einhaltung der Kompetenzvorschriften gezählt (Bryde MüK 3). Das sog. *materielle* Prüfungsrecht, d. h. die Kompetenz zur Verwerfung eines Gesetzes auch wegen Verstößen gegen materielles Verfassungsrecht, ist nur für Fälle schwerer und offensichtlicher materieller Verfassungsverstöße anzuerkennen (vgl. Maurer BK 50; Bauer DR 13; Bryde MüK 6; Schlaich HbStR II 558; dagegen für ein umfassendes materielles Prüfungsrecht Nierhaus SA 9 ff zu Art.54; Ipsen 411 ff; Stern II 230 ff; für ein bloß formelles Prüfungsrecht Ramsauer AK 16 ff); denn einerseits ist zur Überprüfung der Verfassungsmäßigkeit von Gesetzen in erster Linie das BVerfG zuständig, und andererseits darf das Staatsoberhaupt nicht zu klaren Verfassungsverstößen gezwungen sein. Die Rspr. neigt der Annahme einer Verwerfungskompetenz zu (vgl. BVerfGE 1, 396/413 f; 2, 143/169; 34, 9/22 f).

3. Kompetenzen anderer Exekutivorgane

a) Die **Gegenzeichnung von Gesetzen (Abs.1 S.1)** richtet sich 4 nach Art.58. Die Kompetenz der Gegenzeichnung ist im Übrigen in ihren Voraussetzungen und in ihrem Umfang der Kompetenz der Ausfertigung (oben Rn.2) parallel (Ramsauer AK 23 f; Maurer BK 60 ff; Bryde MüK 10). Soweit die Voraussetzungen vorliegen, besteht eine Pflicht zur Gegenzeichnung in angemessener Zeit (vgl. oben Rn.2). Die Ausfertigung darf erst nach der Gegenzeichnung erfolgen

(Maurer BK 58; a. A. Ramsauer AK 6). Gegenzeichnung und Ausfertigung sind unabhängig voneinander auszuführen. Einzelheiten
sind in §§ 57 ff GGO II geregelt.

5   **b) Verkündung von Gesetzen (Abs.1 S.1)** bedeutet die amtliche Bekanntgabe des Gesetzeswortlauts in dem dafür vorgeschriebenen amtlichen Blatt (BVerwG, VwRspr. Bd.17 Nr.30; vgl. auch
BVerfGE 65, 283/291). Eine Verkündung vor Gegenzeichnung
oder Ausfertigung ist unwirksam; eine Heilung durch nachträgliche
Gegenzeichnung oder Ausfertigung ist nicht möglich (MaK IV
3e). Mit der Verkündung ist das Gesetz rechtlich existent (BVerfGE
62, 343/353), aber noch nicht wirksam (unten Rn.9). Der technische Vollzug der Verkündung liegt in der Kompetenz der Bundesregierung (Maurer BK 95; Bauer DR 16; Bryde MüK 11; a. A.
Lücke SA 11; Ramsauer AK 25); gem. § 62 Abs.1 GGO II ist der
Bundesminister der Justiz zuständig. Dieser ist zur Verkündung
innerhalb angemessener Frist verpflichtet (Bryde MüK 12; Stern II
634). Die Verkündung verlangt den Abdruck des vollständigen
Gesetzestextes im BGBl; eine Ausnahme wird für die Einzelpläne
des Haushaltsplans (Rn.13 zu Art.110) und für sonstige umfang-
reiche Anlagen (BFHE 171, 84/90) zugelassen. Bei Verlängerungs-
gesetzen braucht das befristete Gesetz nicht neu verkündet zu
werden, wenn für die Betroffenen klar erkennbar ist, welche Vorschriften weitergelten (BVerfGE 8, 274/302 ff; krit. Stern II 636 f).
Zur Zulässigkeit von Verweisungen Rn.54, 64 f zu Art.20; Rn.9 zu
Art.30.

6   Die Verkündung setzt weiter die **Ausgabe** des BGBl voraus, die
den Zeitpunkt der Verkündung beeinflusst (vgl. Abs.2 S.2). Die
Ausgabe „ist mit dem Inverkehrbringen des ersten Stückes der jewei-
ligen Nummer des Gesetzblattes bewirkt" (BVerfGE 87, 48/60; vgl.
auch BVerfGE 16, 6/17). Das ist regelmäßig der Tag nach der
Einlieferung bei der Post (BSGE 67, 90/92; Maurer BK 98 ff; Bryde
MüK 12; Stern II 636; **a. A.** BVerfGE 16, 6/19; OVG NW, VwRspr
Bd.4 Nr.79: Einlieferung bei der Post). Die Angabe im Kopf einer
Nummer des BGBl begründet eine Vermutung für den Zeitpunkt
der Ausgabe, die aber – z.B. bei einem Poststreik – widerlegbar ist
(BVerfGE 16, 6/17; 81, 70/83 f; 87, 48/60; OVG NW, OVGE 22,
44/47).

7   Von der Verkündung ist die **Neubekanntmachung** eines Gesetzes zu unterscheiden. Dabei handelt es sich um eine deklaratorische
Feststellung des Gesetzestextes, die den Inhalt des Gesetzes einschl.
des Inkrafttretens (unten Rn.9–11) nicht verändert (BVerfGE 14,

245/250; 18, 389/391; 64, 217/221). Gleichwohl bedarf sie einer
ausdrücklichen gesetzlichen Ermächtigung (Ramsauer AK 31).

c) Ausfertigung und Verkündung von Rechtsverordnungen 8
(Abs.1 S.2). Die Vorschrift gilt nur für Rechtsverordnungen, die
von Bundesorganen erlassen werden (näher Maurer BK 134). Erlass
und Ausfertigung von Rechtsverordnungen fallen zusammen. Sie
dürfen erst erfolgen, wenn das ermächtigende Gesetz in Kraft getreten ist (BayVerfGHE 26, 48/62; Maurer BK 140; Stern II 671; a. A.
BGHZ 43, 269/273; Schmidt-Bleibtreu/Klein 43). Die Verkündung
muss nur vorbehaltlich anderweitiger gesetzlicher Regelung im
BGBl erfolgen; vgl. insoweit das G über die Verkündung von
Rechtsverordnungen v. 30. 1. 1950 (BGBl 23) sowie spezielle Regelungen in einzelnen Gesetzen. Für den Zeitpunkt der Verkündung
gilt das oben Rn.6 Gesagte entsprechend (BVerwGE 25, 104/108).
Zur Unterscheidung von Neubekanntmachungen gilt das oben
Rn.7 Gesagte entsprechend (BVerfGE 17, 364/368 f; 22, 1/14; 23,
276/285 f). Für Verweisungen gilt das Gleiche wie für Gesetze (vgl.
oben Rn.5; BSGE 34, 115/118).

**4. Inkrafttreten von Gesetzen und Rechtsverordnungen
(Abs.2)**

Das Inkrafttreten des verkündeten Gesetzes und der verkündeten 9
Rechtsverordnung ist **Teil der normativen Regelung**, nicht des
Gesetzgebungsverfahrens (BVerfGE 34, 9/23; 44, 227/240; 87,
48/60). Mit dem Inkrafttreten beginnt die Wirksamkeit (Rechtsver-
bindlichkeit) des Gesetzes und der Rechtsverordnung (oben Rn.8).
Die Verletzung der Sollvorschrift des S.1 hat nur die Rechtsfolge des
S.2. Die Bestimmung des Tags des Inkrafttretens von Gesetzen darf
Exekutivorganen nur nach Maßgabe des Art.80 (insoweit a. A. Maurer BK 118), nicht aber dem Bundesrat oder Bundespräsidenten
überlassen werden (BVerfGE 42, 263/284; 45, 297/326). Zur Zulässigkeit der Rückwirkung Rn.67–75 zu Art.20. Verfassungsrechtliche Schranken für das Inkrafttreten können sich auch aus Verfas-
sungsaufträgen, der Pflicht zur Bereinigung einer verfassungswidrigen Rechtslage und aus Art.3 Abs.1 ergeben (BVerfGE 47,
85/93 f); zu Stichtagsbestimmungen Rn.32 zu Art.3.

Bei kalendermäßiger **Bestimmung** des Inkrafttretens erfolgt es 10
um 0.00 Uhr des betreffenden Tags (Ramsauer AK 36; Maurer BK
124; Bryde MüK 17). Wenn das Gesetz eine an den Tag der Verkündung anknüpfende Frist benennt, ist der Tag der Verkündung
nicht mitzuzählen (Maurer BK 126; a. A. BFHE 64, 464/465; Bryde

MüK 17). Das Inkrafttreten darf grds. nicht von einer aufschiebenden Bedingung, d. h. dem ungewissen Eintritt eines zukünftigen
Ereignisses, insb. nicht von einer Willensbedingung abhängig gemacht werden (Ramsauer AK 37; Bryde MüK 18; Stern II 638).
Zulässig sind dagegen der Bezug auf ein „mit großer Wahrscheinlichkeit erwartetes bestimmtes Ereignis" (BVerfGE 42, 263/285;
Bryde MüK 18; a. A. Bauer DR 26; Lücke SA 19) und die deklaratorische Feststellung des Bedingungseintritts durch ein Exekutivorgan (BVerfGE 42, 263/289). Die Bestimmung kann sich auch aus
einer „Vorschriftenkette" ergeben (LVerfG MV, LVerfGE 4,
249/257). Eine Ausnahme ist auch für Vertragsgesetze gem. Art.59
Abs.2 anzuerkennen (BVerfGE 42, 263/284; Bauer DR 26; Maurer
BK 131).

11   Art.82 gilt auch für **verfassungsändernde Gesetze** (vgl. Art.79).
Fraglich ist, ab welchem Zeitpunkt ein das verfassungsändernde
Gesetz voraussetzendes (einfaches) Gesetz eingebracht, beraten, beschlossen, ausgefertigt, verkündet und in Kraft gesetzt werden darf.
Die rechtslogisch klare Abgrenzung, schon die Einbringung des
Gesetzes vom Inkrafttreten des ermächtigenden verfassungsändernden Gesetzes abhängig zu machen (so Ridder AK 24 zu Art.79),
widerspricht dringenden praktischen Bedürfnissen. Die Rspr. verlangt daher, dass mindestens die Ausfertigung eines auf der Verfassungsänderung beruhenden Gesetzes erst nach Inkrafttreten des verfassungsändernden Gesetzes erfolgen darf (BVerfGE 34, 9/22 f). Ausnahmsweise soll es aber ausreichen, wenn das Gesetz nach
Inkrafttreten des verfassungsändernden Gesetzes verkündet wird
(BVerfGE 32, 199/212; 34, 9/24 f; krit. Maurer BK 77; Bryde MüK
22 zu Art.79).

VIII. Die Ausführung der Bundesgesetze und die Bundesverwaltung

Art. 83 [Verwaltungskompetenzverteilung zwischen Bund und Ländern]

Die Länder führen die Bundesgesetze[5] als eigene Angelegenheit aus[3 f, 10], soweit dieses Grundgesetz nichts anderes bestimmt oder zuläßt[6 f].

Literatur: *Suerbaum,* Die Kompetenzverteilung beim Verwaltungsvollzug des Europäischen Gemeinschaftsrechts in Deutschland, 1998; *Blümel,* Verwaltungszuständigkeit, HbStR IV, 1990, 857; *Krebs,* Verwaltungsorganisation, HbStR III, 1988, 567; *Loeser,* Die bundesstaatliche Verwaltungsorganisation in der Bundesrepublik Deutschland, 1981.

1. Allgemeines zum VIII. Abschnitt

a) Systematik. Der VIII. Abschnitt regelt die Kompetenzvertei- 1 lung zwischen Bund und Ländern für den Bereich der Ausführung der Bundesgesetze. Dabei ist die Landesverwaltung in den Formen der Landeseigenverwaltung (Art. 84) und der Auftragsverwaltung (Art. 85) von der Bundesverwaltung in den Formen der unmittelbaren und mittelbaren Bundesverwaltung (Art. 86) zu unterscheiden. Die Landesverwaltung ist nicht etwa der Bundesverwaltung nachgeordnet (BVerfGE 26, 338/397). In den Art. 87 ff folgen Zuordnungen einzelner Sachgebiete (Materien) zu den verschiedenen Verwaltungsformen. Der VIII. Abschnitt erfasst zunächst nur die gesetzesausführende Verwaltung; einzelne seiner Regelungen gelten aber auch für die gesetzesfreie Verwaltung (Lerche MD 18). Zur Begrenzung der Grundrechte durch Kompetenznormen Vorb. 46 vor Art. 1.

Für das **Verhältnis zu den Gesetzgebungskompetenzen** gilt 2 grds., dass die Gesetzgebungskompetenz des Bundes die äußerste Grenze für seine Verwaltungskompetenz darstellt (BVerfGE 15, 1/16; 78, 374/386; 102, 167/174; BVerwGE 87, 181/184; 110, 9/14). Hiervon ist eine Ausnahme für gesetzgeberische Organisationsregelungen zu den Gegenständen der Bundesverwaltung zu machen; daher besteht eine Bundesgesetzgebungskompetenz für das Verwaltungsverfahren der Bundesverwaltung (Lerche MD 34; noch weitergehend v. Arnim HbStR IV 1013). Im Übrigen sind die in

Art. 83 ff geregelten Bundesgesetzgebungskompetenzen für das Organisations- und Verfahrensrecht, insb. Art. 84 Abs. 1 und 85 Abs. 1, entgegen verbreiteter Ansicht (vgl. Kirschenmann, JuS 77, 572; Stern II 798; Vogel HbVerfR 1078; wohl auch BVerwG, DÖV 82, 826; offengelassen BVerfGE 26, 338/369; 77, 288/298; BVerwGE 69, 1/2) leges speciales zu Art. 70 ff (Lerche MD 36 ff; Degenhart SA 36). Die Kompetenz zur gesetzgeberischen Sachregelung umfasst also nicht kraft Annexes (Rn. 7 zu Art. 70) auch die Kompetenz zur Regelung des Vollzugs (a. A. Jarass, NVwZ 00, 1091 f; Kuckuk, DÖV 78, 355; Hömig SeiHö 2 zu Art. 84).

3   **b)** Die **Ausführung der Bundesgesetze** setzt einen vollzugsfähigen Rechtssatz voraus. Ausführung liegt nicht nur bei bloßer Subsumtion sondern auch dann vor, wenn der Verwaltung Gestaltungsspielräume eingeräumt sind, die durch Bundesgesetze, z. B. Planungsgesetze, konkret gesteuert werden (Lerche MD 57). Keine Ausführung ist die bloße Beachtung von Gesetzen (BVerfGE 8, 122/131; 21, 312/327). Nicht unter den VIII. Abschnitt fallen die Ausführung von Landesgesetzen, die gesetzesfreie Landesverwaltung (dazu Rn. 3 zu Art. 30) und die administrative Zusammenarbeit der Länder (Hermes DR 53; Stern II 785 ff).

4   Der VIII. Abschnitt regelt nur die Ausführung **in verwaltungsmäßiger Weise** (BVerfGE 11, 6/15). Damit scheiden aus: Rechtsprechung einschl. der Gerichtsorganisation (Lerche MD 65; Broß MüK 22; vgl. auch BVerfGE 14, 197/219), förmliche Gesetze (Bull AK 31; Lerche MD 67) und Rechtsverordnungen (Bull AK 31; a. A. Blümel HbStR IV 870; Dittmann SA 22; Lerche MD 66). Dagegen fallen hierunter der Erlass von Verwaltungsvorschriften, auch soweit sie die Einrichtung der Behörden und das Verwaltungsverfahren (vgl. Rn. 3 f zu Art. 84) regeln, bis hin zu Verwaltungsmaßnahmen für den Einzelfall.

5   **c) Bundesgesetze** sind alle bundesrechtlichen Rechtssätze geschriebener oder ungeschriebener Art, d. h. das GG selbst (Lerche MD 74; Dittmann SA 19; a. A. Bull AK 26), förmliche Gesetze und Rechtsverordnungen, auch Rahmengesetze (BVerfGE 21, 312/326; Bull AK 27; Lerche MD 72; teilw. a. A. Broß MüK 20). Auf unmittelbar geltende Normen des Europäischen Gemeinschaftsrechts werden Art. 83 ff analog angewendet (BVerwGE 102, 119/125 f; Bull AK 105 vor Art. 83; Dittmann SA 20; Lerche MD 51; Streinz HbStR VII 847; diff. Hermes DR 10).

6   **d)** Für **ungeschriebene Verwaltungskompetenzen** des Bundes gilt grds. das bei Rn. 5 zu Art. 30 Gesagte (Broß MüK 11 f; für

ausnahmsweise Anerkennung Lerche MD 39 ff). Eine Kompetenz
kraft Sachzusammenhangs (Rn.5 zu Art.70) bzw. Annexes (Rn.7 zu
Art.70) ist für Hilfstätigkeiten und untergeordnete Nebenzwecke der
Erfüllung der der Bundesverwaltung gem. Art.86 ff zugewiesenen
Aufgaben gegeben (Bull AK 9 f; weitergehend Fischer-Menshausen
MüK 10 zu Art.104 a). Eine Kompetenz kraft Natur der Sache
(Rn.8 zu Art.70) hat das BVerfG für möglich gehalten – aber bisher
in keinem Fall konkret angenommen –, wenn der Zweck eines
Gesetzes durch das Verwaltungshandeln eines Landes überhaupt
nicht erreicht werden könne; unzureichend ist jedenfalls, dass eine
Ausführung durch den Bund zweckmäßiger ist (BVerfGE 11, 6/17 f;
22, 180/216 f; 41, 291/312; BVerwGE 98, 18/23). Bejaht man eine
derartige Kompetenz für Fälle sonst drohender unerträglicher Un-
einheitlichkeit (Lerche MD 45; Dittmann SA 17; weitergehend
Fischer-Menshausen MüK 10 zu Art.104 a), ist zur Zulässigkeit
darüber hinaus zu fordern, dass die gleiche Wirkung auch nicht
durch paralleles Verhalten der Länder untereinander, durch Benüt-
zung der dem Bund ohnehin verfügbaren speziellen Einwirkungsmöglichkeiten, z. B. Art.84 Abs.3, 85 Abs.3, oder durch Anwendung
des Gebots des bundesfreundlichen Verhaltens (Rn.20–22 zu Art.20)
erreicht werden kann (Lerche MD 47). Zur Kompetenz kraft Natur
der Sache bei Sachverhalten mit Auslandsbezug vgl. auch Rn.10 zu
Art.32.

Im Einzelnen ist eine Verwaltungskompetenz des Bundes **anzu-**   7
nehmen für die gesamtstaatliche und nationale Repräsentation,
soweit sie im Sachzusammenhang mit dem Auswärtigen Dienst
(Rn.3 zu Art.87) steht (Bull AK 15), nicht aber insgesamt für die
Pflege historisch oder künstlerisch bedeutender Veranstaltungen,
Einrichtungen und Denkmäler von nationalem Rang (so aber Fischer-Menshausen MüK 10 zu Art.104 a); für die Einbürgerung
eines Ausländers, der keine relevante Beziehung zu irgendeinem der
Länder aufweist (Lerche MD 48; a. A. Hermes DR 45), nicht aber
für Einbürgerungen überhaupt (so aber HambOVG, DVBl 60, 644);
ferner für den Personen- und Objektschutz durch das Bundeskriminalamt (Blümel HbStR IV 922; a. A. Merten, DVBl 87, 401 ff; diff.
Hermes DR 45), für die Planungs- und Linienführungsbestimmun-
gen gem. § 16 Abs.1 FStrG (BVerwGE 62, 342/344 f) und für das
Verbot einer überregionalen Vereinigung (BVerwGE 80, 299/302 f).
Zu pauschal ist wegen Art.87 b die Annahme, dass „die Wahrnehmung der Landesverteidigung insgesamt in die ausschließliche Verwaltungskompetenz des Bundes fällt" (BVerwG, NVwZ 01, 196).
Die finanzielle Förderung steht in der Verwaltungskompetenz des

Bundes bezüglich der Jugendpflege bei zentralen Einrichtungen, deren Wirkungsbereich sich auf das Bundesgebiet als Ganzes erstreckt, sowie bei gesamtdeutschen und internationalen Aufgaben (BVerfGE 22, 180/217), bezüglich der Olympischen Spiele (Fischer-Menshausen MüK 5a zu Art.104a) und bezüglich der übergreifenden Bewältigung der Folgen der deutschen Vereinigung (Selmer, FS Thieme, 1993, 372), nicht aber allgemein zur Abwehr einer Störung des gesamtwirtschaftlichen Gleichgewichts (BVerfGE 41, 291/312). Schließlich hat der Bund die Kompetenz zur Verwaltung seines Vermögens (Bull AK 20).

8   **Abgelehnt** wurde eine Verwaltungskompetenz des Bundes für die Typenzulassung von Dampfkesseln (BVerfGE 11, 6/17f), die Veranstaltung von Rundfunksendungen (BVerfGE 12, 205/250ff), die Herstellung der Personalausweise in der Bundesdruckerei (BVerwGE 98, 18/22f), die Unterbringung von Asylbewerbern auf dem Flughafengelände (BGHZ 141, 48/56ff) und den abwehrenden Brandschutz für Einrichtungen der Bundeswehr, soweit er nicht zur Erfüllung des Verteidigungsauftrags konkret geboten ist (BVerwG, NVwZ-RR 97, 351).

2. Verwaltungskompetenzverteilung zwischen Bund und Ländern

9   Art.83 legt ein doppeltes **Regel-Ausnahme-Verhältnis** fest, und zwar zum einen hinsichtlich der Verwaltungsbereiche (Verwaltungsgegenstände) und zum andern hinsichtlich der Verwaltungsformen (Verwaltungstypen): – **(1)** Der Bund besitzt nur die ihm zugewiesenen Verwaltungskompetenzen; der unbenannte Rest (Residual-Kompetenz) liegt bei den Ländern. Dies entspricht auch der faktischen Kompetenzverteilung (Bull AK 5 vor Art.83; Lerche MD 4). Die in Rn.7–10 zu Art.30 genannten Rechtsfolgen gelten auch hier. – **(2)** Die Ausführung der Bundesgesetze durch die Länder geschieht regelmäßig in der Verwaltungsform der Landeseigenverwaltung (näher Art.84), andere Verwaltungsformen sind nur auf Grund einer entsprechenden Regelung im GG zulässig (zum Problem der Mischverwaltung vgl. Rn.10 zu Art.30). In beiden Hinsichten besteht ein Vorbehalt anderer Regelung; die Ausnahmen können entweder bestimmt oder zugelassen sein (Rn.5 zu Art.30). Art.83 ist eine spezielle Regelung zu Art.30. Die in Rn.1f zu Art.30 getroffenen Feststellungen gelten aber auch hier. Zur Auslegung der Verwaltungskompetenzen gilt das bei Rn.4 zu Art.70 Gesagte entsprechend.

Verpflichtender Charakter. Anders als bei der Gesetzgebung **10** (Rn. 13 zu Art. 70) sind die Länder nicht nur berechtigt, sondern auch verpflichtet, die Bundesgesetze auszuführen (BVerfGE 37, 363/385; 55, 274/318; 75, 108/150). Die Länder müssen ihre Verwaltung nach Art, Umfang und Leistungsvermögen entsprechend den Anforderungen sachgerechter Erledigung des sich aus der Bundesgesetzgebung ergebenden Aufgabenbestandes einrichten (BVerfGE 55, 274/318; BVerwG, NJW 00, 3151) und sich dabei eigener personeller und sachlicher Mittel bedienen (vgl. BVerfGE 63, 1/41). Im Bereich der Bundesverwaltung dürfen sich öffentlich-rechtliche Rechtsträger der Aufgabe nicht entziehen, d. h. sie muss überhaupt wahrgenommen werden, und es darf der entsprechende Bereich nicht ganz privatisiert werden (Bull AK 79 f vor Art. 83, 75 zu Art. 87; Lerche MD 62 ff zu Art. 86; vgl. auch Rn. 2, 15 zu Art. 87). Subjektive Rechte erwachsen daraus aber nicht (a. A. BVerwGE 87, 332/339).

Art. 84 [Landeseigenverwaltung]

(1) **Führen die Länder die Bundesgesetze als eigene Angelegenheit aus, so regeln[6] sie die Einrichtung der Behörden[3] und das Verwaltungsverfahren[4 f], soweit nicht Bundesgesetze mit Zustimmung des Bundesrates etwas anderes bestimmen[2].**

(2) **Die Bundesregierung kann mit Zustimmung des Bundesrates allgemeine Verwaltungsvorschriften erlassen[8 f].**

(3) **Die Bundesregierung übt die Aufsicht darüber aus, daß die Länder die Bundesgesetze dem geltenden Rechte gemäß ausführen[12]. Die Bundesregierung kann zu diesem Zwecke Beauftragte zu den obersten Landesbehörden entsenden, mit deren Zustimmung und, falls diese Zustimmung versagt wird, mit Zustimmung des Bundesrates auch zu den nachgeordneten Behörden[13].**

(4) **Werden Mängel, die die Bundesregierung bei der Ausführung der Bundesgesetze in den Ländern festgestellt hat, nicht beseitigt, so beschließt auf Antrag der Bundesregierung oder des Landes der Bundesrat, ob das Land das Recht verletzt hat. Gegen den Beschluß des Bundesrates kann das Bundesverfassungsgericht angerufen werden[13].**

(5) **Der Bundesregierung kann durch Bundesgesetz, das der Zustimmung des Bundesrates bedarf, zur Ausführung von Bun-**

desgesetzen die Befugnis verliehen werden, für besondere Fälle Einzelweisungen zu erteilen. Sie sind, außer wenn die Bundesregierung den Fall für dringlich erachtet, an die obersten Landesbehörden zu richten[10 f].

Übersicht

Literatur: *Erichsen/Biermann,* Die Zustimmungsbedürftigkeit von Bundesgesetzen nach Art.84 Abs.1, 85 Abs.1 GG, Jura 1998, 494; *Britz,* Zustimmungsbedürftigkeit von Bundesgesetzen und die Verwaltungsorganisationshoheit der Länder, DÖV 1998, 636; *H. Krüger,* Rechtsfragen im Bereich der Zustimmungsbedürftigkeit von Rahmengesetzen, DVBl 1998, 293; *Sauter,* Die Zustimmungsbedürftigkeit von Bundesgesetzen unter besonderer Berücksichtigung des Art.84 Abs.1 GG, FS Franz Klein, 1994, 561. – S. auch Literatur zu Art.83.

1. Bedeutung

1   Art.84 betrifft die Ausgestaltung der Verwaltungsform (des Verwaltungstyps) der Landeseigenverwaltung (Rn.1 zu Art.83) und damit die sog. Organisationsgewalt, d. h. die Bestimmungsbefugnis über alle Fragen der verwaltungsmäßigen Ausführung von Bundesgesetzen (Lerche MD 12 f; Broß MüK 7). Dazu gehört auch die Bestimmung unmittelbarer oder mittelbarer Verwaltung (BVerfGE 83, 363/375; BVerwG, NJW 00, 3151). Die Organisationsgewalt steht den Ländern zu, vorbehaltlich der durch Art.84 zugelassenen Einflussnahmen durch den Bund. Der Zweck der Vorschrift wird in der Gewährleistung eines wirksamen Vollzugs der Bundesgesetze gesehen (BVerfGE 22, 180/210; krit. Lerche MD 9). Zum Anwendungsbereich Rn.3–8 zu Art.83. Art.84 enthält eine abschließende Regelung der Einflussmöglichkeiten des Bundes im Rahmen der Landeseigenverwaltung; eine Umgehung ist unzulässig (Hermes DR 15). Die Vorschrift ist aber nur anwendbar, wenn die Ausführung nicht in den speziellen Verwaltungsformen der Auftragsverwaltung (vgl. Art.85) oder der Bundesverwaltung (Art.86 ff) vom GG angeordnet ist.

2. Einfluss des Bundes durch Gesetze (Abs.1)

a) Allgemeines. Dem Bund steht die Organisationsgewalt inso- **2** fern zu, als er durch zustimmungsbedürftiges Bundesgesetz (Rn.4–6 zu Art.77) die Einrichtung der Behörden und das Verwaltungsverfahren regeln kann. Zum Verhältnis zu Art.70 ff Rn.2 zu Art.83. Diese Gesetzgebungskompetenz ist der Art nach eine ausschließliche Gesetzgebungskompetenz des Bundes (vgl. Art.71; Lerche MD 16), die hier aber einer konkurrierenden Gesetzgebungskompetenz (Art.72) gleichkommt (vgl. Hermes DR 22). Die Ausübung dieser Kompetenz ist an zwei Zulässigkeitsvoraussetzungen geknüpft: – **(1)** Der Bund muss von seiner Kompetenz zur Sachregelung Gebrauch gemacht haben oder zugleich Gebrauch machen (Akzessorietät der verfahrensrechtlichen zur materiell-rechtlichen Kompetenz; Lerche MD 19 ff). – **(2)** Der Bund darf nicht übermäßig in die Organisationsgewalt der Länder eingreifen, insb. darf er Gemeinden nur dann in den Vollzug der Bundesgesetze einschalten, „wenn es sich um eine punktuelle Annexregelung zu einer zur Zuständigkeit des Bundesgesetzgebers gehörenden materiellen Regelung handelt und wenn diese Annexregelung für den wirksamen Vollzug der materiellen Bestimmungen des Gesetzes notwendig ist" (BVerfGE 77, 288/299; 22, 180/209 f; LVerfG SAn, LVerfGE 9, 390/400 f; BVerwG, DÖV 82, 826; Schoch, Jura 01, 122; a. A. Dittmann SA 6; Lerche MD 17); diese Voraussetzung soll allerdings selbst bei der umfassenden Regelung der gemeindlichen Bauleitplanung (BVerfGE 77, 288/299 ff) und bei der Übertragung von Sozial- und Jugendhilfeaufgaben durch das BSHG auf Städte und Kreise (StGH BW, DVBl 99, 1352 f) erfüllt sein. Kein übermäßiger Eingriff liegt vor, wenn der Bund nur an die vorgegebene kommunalverfassungsrechtliche Ordnung anknüpft (BVerwGE 40, 276/281).

b) Einrichtung der Behörden umfasst die Errichtung (Grün- **3** dung, Bildung) und Einrichtung (Ausgestaltung, innere Organisation) der Behörden; das impliziert auch die Übertragung von Aufgaben und Befugnissen (Bull AK 7 ff; Dittmann SA 7; Lerche MD 25; Broß MüK 8) sowie deren Veränderung (BVerfGE 77, 288/299), wobei aber rein quantitative Vermehrungen bereits bestehender Aufgaben nicht ausreichen (BVerfGE 75, 108/151 f). Behörden sind alle amtlichen Stellen (vgl. BVerfGE 10, 20/48), auch der Gemeinden

(Rn.6 zu Art.30) und sonstiger selbständiger Rechtsträger (vgl. BVerfGE 39, 96/109).

4   c) Das **Verwaltungsverfahren** betrifft das Wie des Verwaltungshandelns (BVerfGE 37, 363/385; 55, 274/319). Es umfasst „jedenfalls gesetzliche Bestimmungen, die die Tätigkeit der Verwaltungsbehörden im Blick auf die Art und Weise der Ausführung des Gesetzes einschl. ihrer Handlungsformen, die Form der behördlichen Willensbildung, die Art der Prüfung und Vorbereitung der Entscheidung, deren Zustandekommen und Durchsetzung sowie verwaltungsinterne Mitwirkungs- und Kontrollvorgänge in ihrem Ablauf regeln" (BVerfGE 55, 274/320 f; 75, 108/152). Der Begriff ist also nicht auf die nach außen wirkende Tätigkeit beschränkt (Lerche MD 36). Bei Normen, die zugleich materielles und Verfahrensrecht sind, ist nicht darauf abzustellen, welche Zuordnung überwiegt (so aber Bull AK 14), sondern ob eine hinreichend konkrete Festlegung des Verwaltungshandelns bewirkt wird (BVerfGE 55, 274/321; 75, 108/152; Dittmann SA 10; Lerche MD 41 f; krit. Hermes DR 31 ff). Materiell-rechtliche Regelungen können auf Abs.1 gestützt werden, wenn sie einen hinreichend engen Sachzusammenhang (Rn.5 zu Art.70) zum Verwaltungsverfahren haben (Fiedler, AöR 1980, 79; Lerche MD 43; diff. Hermes DR 21, 36).

5   **Einzelfälle:** Antragserfordernis, außer es bildet nur eine materiell-rechtliche Anspruchsvoraussetzung (BVerfGE 24, 184/195; 37, 363/385 ff; a. A. Bull AK 16 a); Beweiserhebung (BVerfGE 55, 274/322 ff); Datenschutzregelungen im öffentlichen Bereich, ausgenommen die Rechte der Betroffenen (Bull AK 17; weitergehend Arndt, JuS 88, 682); Form- und Fristvorschriften (BVerfGE 24, 184/195; diff. Bull AK 16); Offenbarungs- und Verwertungsverbote (BVerfGE 55, 274/323; krit. Schulze-Fielitz, DVBl 82, 337 ff); Schweigepflichten für Amtswalter (Bull AK 17; **a. A.** BVerfGE 14, 197/221); Staatshaftungsrecht, soweit es in einem Sachzusammenhang zum Verwaltungsverfahrensrecht steht (Lerche MD 45); Verwaltungsgebühren (BVerfGE 26, 281/298, 301; BVerwGE 109, 272/278; NVwZ 00, 674); Verkündung von Gemeindesatzungen (BVerfGE 65, 283/289); Widerspruchsverfahren (Bull AK 18; Hermes DR 27; offengelassen BVerwGE 22, 281/282; a. A. Dittmann SA 11); Zustellungsvorschriften (BVerfGE 8, 274/294); Zustimmungserfordernis eines Bundesministers (BVerfGE 1, 76/79). **Nicht** hierunter fallen: Berechnung von Leistungsansprüchen (BVerfGE 37, 363/395); Erlöschen und Verjährung von Ansprüchen (BSGE 40, 11/13); Ermächtigung zum Erlass allgemeiner

Verwaltungsvorschriften (BVerfGE 26, 338/398 f; vgl. auch unten Rn.8 f).

d) Jeweils muss es um eine **Regelung** gehen. Das bedeutet eine **6** hinreichend konkrete Durchformung (Lerche MD 57). Das ist bei bloßer Berührung der Interessen der Länder (BVerfGE 75, 108/150) oder Wiederholung anderer Rechtssätze nicht der Fall (BVerfGE 55, 274/323 ff). Daher sind Auskunftsrechte und -pflichten der Behörden untereinander als Wiederholung der Rechts- und Amtshilfe gem. Art.35 Abs.1 keine Regelung des Verwaltungsverfahrens (BVerfGE 10, 20/49; a.A. Bull AK 17; Hermes DR 27). Bei Ermächtigungen zum Erlass verwaltungsverfahrensregelnder Rechtsverordnungen kommt es darauf an, ob sie die Organisationsgewalt der Länder nicht nur marginal beeinträchtigen (BVerfGE 55, 274/325 f). Das bloße Auslösen oder Beenden des Verwaltungshandelns stellt keine Regelung dar (BVerfGE 55, 274/319; 75, 108/153).

3. Sonstiger Einfluss des Bundes (Abs.2–5)

a) Allgemeines. Abs.2, 5 wirken schwerpunktmäßig präventiv, **7** während die Aufsicht gem. Abs.3, 4 wesentlich repressiver Art ist. Abs.2, 5 sind grds. nur Ermächtigungen des Bundes (BVerfGE 11, 6/18). Sie können aber ausnahmsweise zu Verpflichtungen werden, wenn anders eine hinreichend effektive Ausführung des Bundesgesetzes unmöglich ist (Lerche MD 91).

b) Allgemeine Verwaltungsvorschriften (Abs.2; vgl. Rn.3 zu **8** Art.80) stehen im Gegensatz zu Einzelweisungen (unten Rn.10). Sie sind Regelungen, „die für eine abstrakte Vielheit von Sachverhalten des Verwaltungsgeschehens verbindliche Aussagen treffen, ohne auf eine unmittelbare Rechtswirkung nach außen gerichtet zu sein" (BVerfGE 100, 249/258). Allgemeine Verwaltungsvorschriften dürfen sich daher auch an eine einzelne Landesregierung richten, wenn sie nur von konkreten Einzelfällen gelöst bleiben. Bloße Empfehlungen reichen nicht aus (BVerfGE 76, 1/76 f; a.A. Lerche MD 107). Sie dürfen materielle wie Organisations- und Verfahrensfragen (oben Rn.3–5) regeln, sofern nicht bestimmte Gegenstände dem Gesetzesvorbehalt (Rn.44 f zu Art.20) unterliegen (Bull AK 36; Lerche MD 88). Allgemeine Verwaltungsvorschriften nach Abs.2 gehen entsprechenden Ländervorschriften vor (BVerwGE 70, 127/131); sie sollen sogar formellen Landesgesetzen vorgehen (Lerche MD 40 zu Art.85). Ein Verzicht auf sie wird für bedenklich gehalten (Blümel HbStR IV 879 f).

9   Die **Bundesregierung** besteht aus dem Bundeskanzler und den Bundesministern (Rn.2 zu Art.62). Wie bei der Auftragsverwaltung (Rn.4 zu Art.85) können daher allgemeine Verwaltungsvorschriften ausschließlich von der Bundesregierung als Kollegium mit Zustimmung des Bundesrats erlassen werden. Auch für die Zustimmung des Bundesrats gilt das in Rn.4 zu Art.85 Gesagte (Bull AK 38; Lerche MD 111; a. A. Broß MüK 25).

10   c) **Einzelweisungen (Abs.5)** durch die gem. Art.62 aus dem Bundeskanzler und den Bundesministern bestehende Bundesregierung treffen für konkrete Sachverhalte rechtsverbindliche Aussagen ohne Außenwirkung (BVerfGE 49, 24/49; BVerwGE 42, 279/284). Von Abs.5 sind auch die milderen Formen, wie Zustimmungs-, Einvernehmens- und Anhörungserfordernisse (BVerwGE 42, 279/284; 67, 173/175 f; a. A. Blümel HbStR IV 877 f) sowie Anordnungen auf Vorlage von Berichten und Akten erfasst (Lerche MD 117 f; Dittmann SA 24). Die Einzelweisungen müssen **besondere Fälle** betreffen; sie müssen sich deutlich von der normalen Lage des Gesetzesvollzugs unterscheiden; das ist bei dem Erfordernis der Zustimmung des Bundesinnenministers für jede Verleihung der deutschen Staatsbürgerschaft nicht gegeben (Kisker, Fälle zum Staatsorganisationsrecht, 1985, 144; a. A. BVerwGE 67, 173/176). Abs.5 begründet hierfür eine ausschließliche Bundesgesetzgebungskompetenz (Rn.3 zu Art.70). Das entsprechende Gesetz, das der Zustimmung des Bundesrats bedarf (Rn.4–7 zu Art.77), muss dies in einer den Anforderungen des Art.80 Abs.1 S.2 entsprechenden Weise selbst regeln (Bull AK 45; Lerche MD 120; krit. Hermes DR 72).

11   Die Einzelweisungen sind grds. an die **obersten Landesbehörden**, d. h. Ministerien, zu richten. Ausnahmsweise kommen auch andere Behörden in Betracht, wenn die Bundesregierung den Fall für dringlich erachtet; hierbei ist sie nur den allgemeinen Missbrauchsgrenzen unterworfen (Lerche MD 121; Broß MüK 30; Dittmann SA 24; a. A. Tschentscher, oben Lit., 97: „dringend" sei Rechtsbegriff). Der Vollzug ist durch das Land sicherzustellen; es wird kein normaler Instanzenzug zwischen Bundesregierung und Landesbehörden etabliert (Bull AK 46; Lerche MD 121). Bei einer Kollision haben Weisungen der Bundesregierung nicht generell Vorrang vor Weisungen der Landesregierung (Lerche MD 121 Fn.121; a. A. Stern II 802 f; Tschentscher, oben Lit., 199).

12   d) Die **Bundesaufsicht (Abs.3, 4)** betrifft nur die Ausführung der Bundesgesetze (Rn.3 f zu Art.83). Die Pflicht zu bundesfreundlichem Verhalten ist nicht Gegenstand der Bundesaufsicht (BVerfGE 8, 122/131; a. A. Lerche MD 151). Im Regelfall muss es sich um bereits in Kraft getretene Bundesgesetze handeln; ausnahmsweise kann die Bundesaufsicht auch die Ankündigung einer bestimmten Art der Ausführung bzw. Nicht-Ausführung betreffen (Lerche MD 145). Die Bundesaufsicht ist Rechtsaufsicht; Maßstab sind alle Rechtsnormen, einschl. des Landesrechts (a. A. Hermes DR 76), sowie Verwaltungsvorschriften gem. Abs.2 und Einzelweisungen gem. Abs.5 (Bull AK 56; Lerche MD 157; a. A. Blümel HbStR IV 883 f; Broß MüK 32: nur bei Außenwirkung). Die Bundesaufsicht hat keinen individualschützenden Charakter (BVerwG, NJW 77, 118).

Verfahren. Die Beauftragten (Abs.3 S.2) sind Hilfsorgane der **13** Bundesregierung (oben Rn.9). Adressat ist immer das Land (Bull AK 52 f; Lerche MD 161). Der Bund hat dadurch keine Kommunalaufsicht (BVerfGE 8, 122/137). Mittel der Bundesaufsicht ist zunächst das Recht auf Auskunft, nicht aber auf Aktenvorlage (Bull AK 59 f; Lerche MD 164; krit. Hermes DR 81; a. A. Stern II 805 Fn.362). Die Beauftragten dürfen untersuchen, aber keine Anweisungen erteilen und sich nicht auf Dauer einrichten (Bull AK 61 f; Lerche MD 165; Broß MüK 34). Wichtigstes Mittel der Bundesaufsicht ist die Feststellung der Bundesregierung, dass eine Rechtsverletzung vorliegt (sog. Mängelrüge). Die Rechtsverletzung kann sich auch aus Europa- und Völkerrecht ergeben (Dittmann SA 27). Wenn das Land daraufhin den Mangel beseitigt, ist das Verfahren der Bundesaufsicht beendet. Andernfalls können beide Seiten gem. Abs.4 den Bundesrat, ggf. auch noch das BVerfG anrufen.

Beschluss des Bundesrats (Abs.4 S.1). Beseitigt das Land den **14** Mangel nicht, können die Bundesregierung und das Land den Bundesrat anrufen; eine Pflicht zur Antragstellung besteht weder für das Land noch für die Bundesregierung (Hermes DR 82; a. A. Broß MüK 36). Bestätigt der Bundesrat die Mängel nicht, kann die Bundesregierung das BVerfG anrufen (unten Rn.15) oder sich der Ansicht des Bundesrats anschließen; dann ist das Verfahren beendet. Bestätigt dagegen der Bundesrat die Mängel, gibt es drei Möglichkeiten: – **(1)** Wenn das Land den Mangel beseitigt, ist das Verfahren beendet. – **(2)** Das Land kann das BVerfG anrufen (unten Rn.15). – **(3)** Wenn das Land den Mangel nicht beseitigt, aber auch nicht das BVerfG anruft, kann die Bundesregierung den Bundeszwang durchführen (Rn.3 zu Art.37) oder das BVerfG in der verfassungsrechtlichen Bund-Länder-Streitigkeit (Rn.29–35 zu Art.93) anrufen, da insoweit nicht „gegen" den Beschluss des Bundesrats iSd Abs.4 S.2 vorgegangen wird (Benda/Klein 1000; Pestalozza 133).

15 Zulässigkeit des Mängelrügeverfahrens vor dem Bundesverfassungsgericht: – **(1)** Zur *Parteifähigkeit* gilt das bei Rn.29 zu Art.93 Gesagte entsprechend. – **(2)** *Streitgegenstand* sind Meinungsverschiedenheiten über Mängel bei der Ausführung von Bundesgesetzen. Damit kann auch um die Gesetzwidrigkeit des Verhaltens eines Landes gestritten werden (Pestalozza 139). Im Übrigen gilt das bei Rn.30 f zu Art.93 Gesagte entsprechend. – **(3)** Die *Antragsbefugnis* besteht bei Beschwer durch den Bundesratsbeschluss (oben Rn.14). Es gibt hier keine Prozessstandschaft (Pestalozza 140). – **(4)** Es muss das *Vorverfahren* vor dem Bundesrat (oben Rn.14) durchgeführt worden sein. – **(5)** Die *Formerfordernisse* ergeben sich aus § 23 Abs.1 BVerfGG. – **(6)** Die *Frist* beträgt gem. § 70 BVerfGG einen Monat nach der Beschlussfassung des Bundesrats.

Art.85 [Auftragsverwaltung]

(1) **Führen die Länder die Bundesgesetze im Auftrage des Bundes aus, so bleibt die Einrichtung der Behörden Angelegenheit der Länder, soweit nicht Bundesgesetze mit Zustimmung des Bundesrates etwas anderes bestimmen**[2 f].

(2) **Die Bundesregierung kann mit Zustimmung des Bundesrates allgemeine Verwaltungsvorschriften erlassen**[4]. **Sie kann die einheitliche Ausbildung der Beamten und Angestellten regeln**[4]. **Die Leiter der Mittelbehörden sind mit ihrem Einvernehmen zu bestellen**[5].

(3) **Die Landesbehörden unterstehen den Weisungen der zuständigen obersten Bundesbehörden. Die Weisungen sind, außer wenn die Bundesregierung es für dringlich erachtet, an die obersten Landesbehörden zu richten. Der Vollzug der Weisung ist durch die obersten Landesbehörden sicherzustellen**[6 f].

(4) **Die Bundesaufsicht erstreckt sich auf Gesetzmäßigkeit und Zweckmäßigkeit der Ausführung. Die Bundesregierung kann zu diesem Zwecke Bericht und Vorlage der Akten verlangen und Beauftragte zu allen Behörden entsenden**[8].

Literatur: *F. Loschelder,* Die Durchsetzbarkeit von Weisungen in der Bundesauftragsverwaltung, 1998; *Tschentscher,* Bundesaufsicht in der Bundesauftragsverwaltung, 1992; *Dieners,* Länderrechte in der Bundesauftragsverwaltung, DÖV 1991, 923; *Steinberg,* Bundesaufsicht, Länderhoheit und Atomgesetz, 1990; *K. Lange,* Das Weisungsrecht des Bundes in der atomrechtlichen Auftragsverwaltung, 1990; *M. Schulte,* Zur Rechtsnatur der Bundesauftragsverwaltung, VerwArch 1990, 415; *Pauly,* Anfechtbarkeit und Verbindlichkeit von Weisungen in der Bundesauftragsverwaltung, 1989; *Ossenbühl,* Weisungen des Bundes in der Bundesauftragsverwaltung, Staat 1989, 31. – S. auch Literatur zu Art.83.

1. Bedeutung und Abgrenzung zu anderen Vorschriften

Art.85 betrifft die Ausgestaltung der Verwaltungsform (des Ver- **1** waltungstyps) der Auftragsverwaltung der Länder und damit die sog. Organisationsgewalt (Rn.1 zu Art.84). Es wird eine doppelte Ausnahme von der Regel des Art.83 normiert: – **(1)** Die Auftragsverwaltung ist eine andere Verwaltungsform als die Landeseigenverwaltung. – **(2)** Es werden Kompetenzen des Bundes in diesem Bereich begründet, die weitergehen als bei der Landeseigenverwaltung. Die Gegenstände, für die die Auftragsverwaltung zur Anwendung kommt, sind in anderen Normen festgelegt. Dabei ist zwischen der obligatorischen Auftragsverwaltung (Art.90 Abs.2, 104a Abs.3 S.2, 108 Abs.3) und der fakultativen Auftragsverwaltung (Art.87b Abs.2, 87c, 87d Abs.2, 89 Abs.2 S.3 und 4, 120a) zu unterscheiden. Im ersten Fall wird „anderes bestimmt", im zweiten „zugelassen" (vgl. Rn.4f zu Art.30). Für die gesetzesfreie Verwaltung gilt Art.85 nur dann, wenn wie in Art.87d Abs.2 und 90 Abs.2 die Auftragsverwaltung über den Vollzug von Bundesgesetzen hinaus auf einen bestimmten Sachbereich insgesamt erstreckt wird (Hermes DR 16). Art.85 wird auf dem Gebiet der Steuerverwaltung stark modifiziert (Rn.6 zu Art.108).

2. Anwendungsbereich

Die Verwaltungsform der Auftragsverwaltung ist eine spezielle **2** Form der Landesverwaltung, nicht der Bundesverwaltung, weshalb der Ausdruck „Bundesauftragsverwaltung" mißverständlich ist (vgl. BVerfGE 81, 310/331; BbgVerfG, LVerfGE 7, 144/157; BVerwGE 100, 56/58). Es werden Behörden der Länder, einschl. der Gemeinden (Rn.6 zu Art.30), verwaltungsmäßig tätig (Rn.3f zu Art.83), d.h. die „Wahrnehmungskompetenz" bleibt bei den Ländern, auch soweit Art.85 die „Sachkompetenz" auf den Bund verlagert (BVerfGE 81, 310/332). Dazu gehört auch die Geltendmachung von Ersatzansprüchen für die Beschädigung von Gegenständen, die im Eigentum des Bundes stehen (BGHZ 73, 1/2f). Auftrag ist nicht iSd BGB zu verstehen (BGHZ 16, 95/99; vgl. auch BGH, NJW 74, 319; 79, 101).

3. Rechtsfolgen

3   a) Für den **Einfluss des Bundes durch Gesetze (Abs.1)** gilt
das bei Rn.2–6 zu Art.84 Gesagte entsprechend. Die Nichterwähnung der Regelung des Verwaltungsverfahrens ist als Redaktionsversehen zu werten: „Es ist nicht ersichtlich, warum die Kompetenz
des Bundes für die Regelung des Verwaltungsverfahrens bei der ihm
näherstehenden Auftragsverwaltung weniger weit gehen sollte als bei
der Ausführung von Bundesgesetzen in landeseigener Verwaltung"
(BVerfGE 26, 338/385; i. E. auch Hermes DR 29). Nach a. A. (Bull
AK 10) soll dagegen die Kompetenz zur Regelung des Verwaltungsverfahrens ein Annex der (legislativen) Sachkompetenz sein (Rn.2
zu Art.83) und sich aus Abs.1 ergeben, dass insoweit keine Zustimmung des Bundesrats erforderlich sei (Broß MüK 8; Lerche MD 28).
Das verträgt sich jedoch schwerlich mit Art.85 Abs.2 S.1 (vgl. auch
Ipsen 598).

4   b) Der **Erlass allgemeiner Verwaltungsvorschriften (Abs.2
S.1, 2)** ist auf die Bundesregierung als Kollegium mit Zustimmung
des Bundesrats beschränkt (BVerfGE 100, 249/261 gegen BVerfGE
26, 338/399; BVerwGE 42, 279/283; 67, 173/176; NJW 72, 1773).
Auch eine Ermächtigung von Bundesministern mit Zustimmung
des Bundesrats ist danach unzulässig (a. A. Tschentscher, JZ 99,
995 f). Die Zustimmung des Bundesrats bezieht sich auf den Erlass
der jeweiligen allgemeinen Verwaltungsvorschriften als Einheit; eine
(auch gesetzliche) Blankettermächtigung ist unzulässig (BVerfGE
100, 249/260 ff). Die Zustimmung kann durch schlichten Beschluss
erteilt werden (Blümel HbStR IV 879). Hierbei hat der Bundesrat
„freies Ermessen" (BVerfGE 11, 6/18). Zusätzlich ist der Bundesregierung die Befugnis eingeräumt, die einheitliche Ausbildung der
Beamten und Angestellten – nicht der Arbeiter – zu regeln (S.2),
und zwar je nach bloß interner oder Außenwirkung als Verwaltungsvorschriften oder Rechtsverordnung (Bull AK 12; Dittmann SA 15;
Lerche MD 47; einschr. Hermes DR 33). Anders als bei S.1 ist bei
S.2 keine Zustimmung des Bundesrats erforderlich (Lerche MD 47;
Broß MüK 13).

5   c) **Bundeskompetenz zum Erlass von Weisungen (Abs.2
S.3, Abs.3).** Die Leiter der Mittelbehörden, d. h. Landesbehörden,
die weder oberste oder obere noch untere Verwaltungsbehörden
sind, sind gem. Abs.2 S.3 mit **Einvernehmen** der Bundesregierung
zu bestellen. Außerdem gilt dies nur für Leiter von Mittelbehörden,
die ausschließlich mit Aufgaben der Auftragsverwaltung betraut sind
(Blümel HbStR IV 892; Dittmann SA 17; Lerche MD 40). Es

besteht aber ein Dienstverhältnis nur zu dem betreffenden Land (BAGE 13, 45/51).

Für die **Weisungen** gem. Abs.3 gilt grds. das bei Rn.10 f zu **6** Art.84 Gesagte entsprechend. Zwar besteht hier keine Beschränkung auf „besondere Fälle", doch bedeutet das wegen der erforderlichen Abgrenzung zu den allgemeinen Verwaltungsvorschriften (oben Rn.4) nicht die Kompetenz zu allgemeinen Weisungen (Bull AK 15; Hermes DR 43; Lerche MD 50; a. A. Blümel HbStR IV 893 f; Stern II 813). Andererseits sind die Weisungen „nicht auf Ausnahmefälle begrenzt und auch nicht weiter rechtfertigungsbedürftig", sondern ein „reguläres Mittel" (BVerfGE 81, 310/332). Anders als bei der Landeseigenverwaltung (Rn.12 zu Art.84) können sie sich sowohl auf die Recht- als auch auf die Zweckmäßigkeit der Ausführung beziehen (Hermes DR 42). Die Befugnis zu Weisungen bedarf keiner besonderen gesetzlichen Ermächtigung und kann von den zuständigen obersten Bundesbehörden erlassen werden (Rn.1 zu Art.87). Sie umfasst die gesamte Vollzugstätigkeit des Landes (BVerfGE 81, 310/335 f; 84, 25/31). Weisungen sind gegenüber allgemeinen Verwaltungsvorschriften (oben Rn.4) nachrangig (Lerche MD 43). Die Weisungsbefugnis hat keinen drittschützenden Charakter, etwa gegenüber Gemeinden (BVerwG, DVBl 70, 579; JZ 76, 683) und begründet keine notwendige Beiladung (BVerwG, NVwZ 99, 296).

Eine **Rechtsverletzung des Landes** durch eine Weisung gem. **7** Abs.3 kommt nur unter folgenden Voraussetzungen in Betracht (BVerfGE 81, 310/332 ff; 84, 25/31 ff; 102, 167/172): – **(1)** Die Inanspruchnahme der Weisungsbefugnis als solche verstößt gegen die Verfassung, etwa weil sie die Verwaltungskompetenz des Bundes überschreitet; auf die inhaltliche Recht- und Verfassungsmäßigkeit kommt es nicht an; eine Grenze soll sich in dem Fall ergeben, „dass eine zuständige oberste Bundesbehörde unter grober Mißachtung der ihr obliegenden Obhutspflicht zu einem Tun oder Unterlassen anweist, welches im Hinblick auf die damit einhergehende allgemeine Gefährdung oder Verletzung bedeutender Rechtsgüter schlechterdings nicht verantwortet werden kann" (BVerfGE 81, 310/334). – **(2)** Es wird gegen das Gebot der Weisungsklarheit (BVerfGE 81, 310/336 f) verstoßen. – **(3)** Es wird gegen die Pflicht zu bundesfreundlichem Verhalten (Rn.20–22 zu Art.20) verstoßen. Eine derartige Rechtsverletzung führt zur Unwirksamkeit der Weisung; eine gerichtliche Klärung kann nur in der verfassungsrechtlichen Bund-Länder-Streitigkeit (Rn.29–35 zu Art.93) erfolgen (BVerfGE 84, 25/30; Hermes DR 58 f, 63).

8   **d) Bundesaufsicht (Abs. 4).** Gegenstand sind alle Bereiche der Auftragsverwaltung. Maßstab sind Rechtmäßigkeit und Zweckmäßigkeit (S. 1). Dieser Unterschied zur Landeseigenverwaltung (vgl. Rn. 12 zu Art. 84) macht aus der Bundesaufsicht, die über fremde Angelegenheiten ausgeübt wird, noch keine Geschäftsleitung des Bundes in eigener Sache (a. A. v. Danwitz, DVBl 92, 1007 ff). Das Verfahren unterscheidet sich von dem bei Rn. 13 zu Art. 84 Gesagten dadurch, dass Aktenvorlage verlangt werden kann und Beauftragte zu allen Behörden entsandt werden können (S. 2). Während die in S. 2 genannten Aufsichtsmittel nur von der Bundesregierung (Rn. 9 zu Art. 84) eingesetzt werden können, stehen weniger weit gehende Maßnahmen gem. S. 1 auch den zuständigen obersten Bundesbehörden (oben Rn. 6) zu (Blümel HbStR IV 902; Broß MüK 21; Dittmann SA 32; Stern II 813; anders Hermes DR 20 ff, 49 f). Das Verfahren der Mängelrüge (Rn. 13 zu Art. 84) ist für den Fall der Nichtbefolgung der Weisungen zwar nicht vorgeschrieben (Bull AK 23; Hermes DR 60 f, 69; a. A. Lerche MD 81), aber die Anrufung des Bundesrats ist dadurch nicht unzulässig (Bull AK 23; a. A. Dittmann SA 34; Stern II 814).

Art. 86 [Bundesverwaltung]

Führt der Bund die Gesetze durch bundeseigene Verwaltung oder durch bundesunmittelbare Körperschaften oder Anstalten des öffentlichen Rechtes aus[5], so erläßt die Bundesregierung, soweit nicht das Gesetz Besonderes vorschreibt[8], die allgemeinen Verwaltungsvorschriften[2,7]. Sie regelt, soweit das Gesetz nichts anderes bestimmt[8], die Einrichtung der Behörden[2,7].

Literatur: *Boecken,* Verfassungsrechtliche Fragen einer Organisationsreform der gesetzlichen Rentenversicherung, 2000; *Maurer,* Zur Organisationsgewalt im Bereich der Regierung, FS Vogel, 2000, 331; *Britz,* Bundeseigenverwaltung durch selbständige Bundesoberbehörden nach Art. 87 III 1 GG, DVBl 1998, 1167; *Traumann,* Die Organisationsgewalt im Bereich der bundeseigenen Verwaltung, 1998; *Schoenenbroicher,* Bundesverwaltung unter Landesgewalt, 1995; *Butzer,* Zum Begriff der Organisationsgewalt, Verw 1994, 157; *Lerche,* Neue Entwicklungen zum Begriff der Bundeseigenverwaltung, FS Franz Klein, 1994, 527; *Gusy,* Die Zentralstellenkompetenz des Bundes, DVBl 1993, 1117; *Rupp,* Bemerkungen zur Bundeseigenverwaltung nach Art. 87 III 1 GG, FS Dürig, 1990, 387; *Blümel,* Verwaltungszuständigkeit, HbStR IV, 1990, 857; *Leyendecker,* Art. 87 Abs. 2 GG und die Aufsicht über die Träger der Sozialversicherung, ZfSH 1990, 568; *Köstlin,* Die Kulturhoheit des Bundes, 1989; *Steiner,* Verkehr und Post, HbStR III, 1988, 1087;

Welz, Ressortverantwortung im Leistungsstaat, 1988; *Loeser,* Die Bundesverwaltung in der Bundesrepublik Deutschland, 2 Bände, 2. A., 1987; *Oebbecke,* Weisungs- und unterrichtungsfreie Räume in der Verwaltung, 1986; *Ehlers,* Verwaltung in Privatrechtsform, 1984; *Dittmann,* Die Bundesverwaltung, 1983.

1. Bedeutung

Die Vorschrift regelt die **Verwaltungsform** (den Verwaltungs- 1 typ) der Bundesverwaltung. Sie ist eine andere Regelung iSd Art.83 (krit. Hermes DR 10). Nach dem Maß der Selbständigkeit der Verwaltung ist dabei zu unterscheiden zwischen der unmittelbaren Bundesverwaltung („bundeseigene Verwaltung") und der mittelbaren Bundesverwaltung („bundesunmittelbare Körperschaften oder Anstalten des öffentlichen Rechtes"), wozu regelmäßig auch Stiftungen des öffentlichen Rechts gerechnet werden (Blümel HbStR IV 908 f; Lerche MD 87; Sachs SA 44). Aus anderen Vorschriften dieses Abschnitts ergeben sich noch folgende weitere Aufteilungen: Nach dem Grad der Hierarchisierung ist die gegliederte (mit eigenem Verwaltungsunterbau) von der ungegliederten (ohne eigenen Verwaltungsunterbau) Bundesverwaltung zu unterscheiden; nach der Grundlage im GG selbst oder in einer weiteren Organisationsentscheidung gibt es einerseits obligatorische und andererseits fakultative Bundesverwaltung (Blümel HbStR IV 904; Lerche MD 14–16).

Zugleich regelt Art.86 teilw. die **Organisationsgewalt** des Bun- 2 des, d. h. die Kompetenzverteilung zwischen Bundesorganen für Organisationsentscheidungen. Für den Erlass allgemeiner Verwaltungsvorschriften und die Einrichtung der Behörden wird die Regelkompetenz der Bundesregierung festgelegt, die der Zugriffsmöglichkeit des Gesetzgebers unterliegt (Sachs SA 37). Daneben gilt der allgemeine organisationsrechtliche Vorbehalt des Gesetzes (Rn.51 f zu Art.20), der für die Organisationsgewalt folgendes besagt (vgl. Lerche MD 75 ff): Die Errichtung von Verwaltungsträgern muss ausnahmslos durch oder auf Grund Gesetzes erfolgen; die Errichtung von Behörden einschl. der Zuständigkeitsabgrenzungen jedenfalls grds. (vgl. auch BVerfGE 40, 237/250 f; BVerwG, Bh 401.71 Nr.3; a. A. BGH, NJW 83, 521). Dagegen gilt der Vorbehalt des Gesetzes nicht für Organisationsmaßnahmen ohne Außenwirkung und für die Bildung der Regierung (Rn.2 zu Art.64) und der anderen obersten Bundesbehörden (Rn.1 zu Art.87; Hermes DR 24). Aus der Organisationsgewalt folgt die Zulässigkeit von Einzelweisungen innerhalb der Verwaltungshierarchie; die oberste Zuständigkeit hierzu liegt gem. Art.65 S.2 bei den Ministern (BVerwGE 46, 55/57; Bh 401.71 Nr.3; Bull AK 26; Lerche MD 101; Stern II 820). Weitere Maßgaben für die organisatorische Gestaltung der Bundesverwaltung enthält Art.86 nicht (Broß MüK 5); es gilt das „Organisationsermessen des Bundes" (BVerfGE 97, 198/224). Grenzen ergeben sich aber aus der parlamentarischen Verantwortlichkeit der Bundesregierung (Rn.1 zu Art.65).

3   **Ministerialfreie Räume** sind dadurch gekennzeichnet, dass Verwaltungsstellen den sachlichen Weisungen des zuständigen Ressortministers nicht oder nur eingeschränkt unterliegen. Sie sind nur zulässig, wenn die wahrzunehmende Aufgabe nicht von solcher politischer Tragweite ist, dass sie eine parlamentarische Kontrolle erfordert und deshalb der Regierungsverantwortung nicht generell entzogen werden darf (BVerfGE 9, 268/282; 22, 106/113 f; Müller, JuS 85, 504). Voraussetzung für die Begründung ministerial- bzw. regierungsfreier Verwaltung sind eine gesetzliche oder gewohnheitsrechtliche Grundlage und zwingende Sachgründe (Hermes DR 43; Lerche MD 70).

4   **Beispiele:** Staatliche Prüfungsämter und -ausschüsse (BVerwGE 12, 359/362; a.A. BremStGH, NJW 74, 2223), Bundespersonalausschuss (Bull AK 29), Bundesprüfstelle für jugendgefährdende Schriften (BVerfGE 83, 130/149 f), Bundesbank (Rn.3 zu Art.88), Bundeskartellamt, Bundesdatenschutzbeauftragter, Musterungsausschüsse und -kammern.

2. Anwendungsbereich

5   Bundesverwaltung umfasst nicht nur die gesetzesakzessorische, sondern auch die gesetzesfreie Tätigkeit (BVerfGE 12, 205/246 f; Bull AK 2, 32 vor Art.83; Hermes DR 20 ff; Lerche MD 19; Sachs SA 47), nicht aber Landes- oder kommunale Körperschaften oder Anstalten (Lerche MD 86, Broß MüK 4). Mittelbare Bundesverwaltung (Rn.10 zu Art.87) ist solange dem Bund zurechenbar, als eine effektive Rechtskontrolle durch Bundesministerien erfolgt (Lerche MD 41). Gesetze iSd Art.86 sind nur Bundesgesetze; es gibt grds. keine Bundesausführung von Landesgesetzen (Rn.10 zu Art.30).

3. Rechtsfolgen

6   **Ausschluss der Länderkompetenz.** Soweit ein Gegenstand der Bundesverwaltung einschlägig ist (Rn.1 zu Art.87), ist die Länderkompetenz grds. ausgeschlossen (BVerfGE 63, 1/40; BSGE 59,

122/155). Die in Rn.7–10 zu Art.30 genannten Rechtsfolgen gelten auch hier (näher Lerche MD 32 ff).

Regelkompetenz der Bundesregierung. Sie besteht gem. S.1 **7** für den Erlass allgemeiner Verwaltungsvorschriften (Rn.8 zu Art.84) und gem. S.2 für die Regelung der Einrichtung der Behörden (Rn.3 zu Art.84). Bundesregierung ist das gem. Art.62 gebildete Kollegium (Bull AK 18; Broß MüK 6; Sachs SA 21, 36; Schröder HbStR II 596 f; Stern II 819 f; offengelassen BVerfGE 26, 338/396; a. A. BVerwGE 36, 327/333 f; NJW 79, 280, NVwZ 85, 498; Hermes DR 52, 58; Lerche MD 94). Adressaten der allgemeinen Verwaltungsvorschriften sind nur Bundesbehörden einschl. der mittelbaren Bundesverwaltung gem. Art.87 Abs.2 (BAGE 42, 375/381). Soweit Organisations- und Verfahrensregelungen Außenwirkung haben sollen, ist grds. ein Gesetz erforderlich (oben Rn.2). Zur Frage der Gesetzgebungskompetenz hierfür Rn.2 zu Art.83.

Durch Gesetz (oder Rechtsverordnung) kann eine **abweichende 8 Regelung** getroffen werden. Es dürfen aber nicht die Länder mit Kompetenzen versehen (Hermes DR 42; Lerche MD 104, 106) oder andere Formen der Bundesverwaltung eingeführt werden (Broß MüK 10). Die andere Regelung kann darin bestehen, dass die Kompetenz der Bundesregierung durch ein Zustimmungserfordernis des Bundesrats eingeschränkt oder durch die Begründung der Kompetenz eines anderen Bundesorgans, z. B. eines Ministers, ganz ersetzt wird oder dass der Bundestag die betreffenden Fragen zum Inhalt eines Gesetzes macht (BVerfGE 26, 338/369).

Art.87 [Gegenstände der Bundesverwaltung]

(1) **In bundeseigener Verwaltung mit eigenem Verwaltungsunterbau[2] werden geführt der Auswärtige Dienst, die Bundesfinanzverwaltung und nach Maßgabe des Artikels 89 die Verwaltung der Bundeswasserstraßen und der Schiffahrt[3]. Durch Bundesgesetz können Bundesgrenzschutzbehörden[4], Zentralstellen[5] für das polizeiliche Auskunfts- und Nachrichtenwesen[6], für die Kriminalpolizei[6] und zur Sammlung von Unterlagen für Zwecke des Verfassungsschutzes[7] und des Schutzes gegen Bestrebungen im Bundesgebiet, die durch Anwendung von Gewalt oder darauf gerichtete Vorbereitungshandlungen auswärtige Belange der Bundesrepublik Deutschland gefährden[7], eingerichtet werden.**

(2) **Als bundesunmittelbare Körperschaften des öffentlichen Rechtes werden diejenigen sozialen Versicherungsträger geführt,**

deren Zuständigkeitsbereich sich über das Gebiet eines Landes hinaus erstreckt[10f]. **Soziale Versicherungsträger, deren Zuständigkeitsbereich sich über das Gebiet eines Landes, aber nicht über mehr als drei Länder hinaus erstreckt, werden abweichend von Satz 1 als landesunmittelbare Körperschaften des öffentlichen Rechtes geführt, wenn das aufsichtsführende Land durch die beteiligten Länder bestimmt ist[12].**

(3) **Außerdem können für Angelegenheiten, für die dem Bunde die Gesetzgebung zusteht[13], selbständige Bundesoberbehörden[8] und neue bundesunmittelbare Körperschaften und Anstalten des öffentlichen Rechtes durch Bundesgesetz errichtet werden[13f].** **Erwachsen dem Bunde auf Gebieten, für die ihm die Gesetzgebung zusteht, neue Aufgaben, so können bei dringendem Bedarf bundeseigene Mittel- und Unterbehörden mit Zustimmung des Bundesrates und der Mehrheit der Mitglieder des Bundestages errichtet werden[9].**

Übersicht

Literatur: S. Literatur zu Art.86.

1. Bedeutung und Abgrenzung zu anderen Vorschriften

1   Art.87 enthält Gegenstände (Materien) der Bundesverwaltung. Für sie ergeben sich die Rechtsfolgen aus Art.86. Weitere Gegenstände ergeben sich aus Art.87 a–90, 108, 120, 120 a, 130 und 135 Abs.4. Zugleich werden in Art.87 über Art.86 hinaus die Verwaltungsformen der Bundesverwaltung weiter ausdifferenziert (Lerche MD 8 f). Für die obersten Bundesbehörden (Ministerien, Bundesbank, Bundesrechnungshof, Eigenverwaltungen der Verfassungsorgane) gibt es insoweit spezielle Vorschriften (Bull AK 14, 16). Zu Bundesoberbehörden unten Rn.8; zu Mittel- und Unterbehörden unten Rn.9. Schließlich enthalten Abs.1 S.2 (Gusy, DVBl 93, 1119) und Abs.3 (BVerfGE 14, 197/213) ausschließliche Gesetzgebungskompetenzen des Bundes; allerdings dürfte eine Ermächtigung an die Länder (Rn.3–5 zu Art.71) hier ausscheiden (Lerche MD 121, 172).

2. Obligatorische unmittelbare Bundesverwaltung (Abs.1 S.1)

Allgemeines. Der Bund darf sich den mit den hier genannten **2** Gegenständen beschriebenen Aufgaben nicht entziehen (Rn.10 zu Art.83) und muss einen regional gegliederten eigenen Verwaltungsunterbau errichten (Sachs SA 20). Zulässig ist aber daneben in den hier genannten Gegenständen die Errichtung von Zentralstellen (Bull AK 36; Becker, DÖV 78, 555), Bundesoberbehörden (Bull AK 20), verselbständigten Organisationseinheiten unterhalb eigener Rechtsfähigkeit (Lerche MD 44 ff zu Art.86; weitergehend Bull AK 20; vgl. auch BVerfGE 10, 89/102, 104; 15, 235/240 ff) sowie die Beleihung von Privaten (BVerwG, VwRspr Bd.28 Nr.50; Lerche MD 37; a. A. Krebs HbStR III 602; Sachs SA 19); allerdings sind bei der Wahl privatrechtlicher Organisationsformen folgende Grenzen zu beachten (Blümel HbStR IV 911; Lerche MD 60 ff zu Art.86): – **(1)** Es muss ein besonderer sachlicher Grund vorliegen. – **(2)** Es dürfen nur abgrenzbare Teilaufgaben „privatisiert" werden. – **(3)** Es muss die Anbindung an den Staat gewährleistet sein, die allerdings in untergeordneten Bereichen schwächer sein darf (Schmidt-Aßmann/Fromm, Aufgaben und Organisation der deutschen Bundesbahn in verfassungsrechtlicher Sicht, 1986, 104 ff).

Die einzelnen Gegenstände nach den Verfassungsänderungen **3** von 1993 und 1994 (Einl.3 Nr.40, 41): – **(1)** Zum *Auswärtigen Dienst* rechnen neben dem Auswärtigen Amt und den Auslandsvertretungen auch die privatrechtlich organisierten Goethe-Institute und Auslandsschulen (vgl. auch Rn.2 f zu Art.73). Zu Einzelheiten Hermes DR 26 ff; Lerche MD 55 ff. – **(2)** Zur *Bundesfinanzverwaltung* Art.108. – **(3)** Zur *Verwaltung der Bundeswasserstraßen und der Schiffahrt* Art.89.

3. Fakultative unmittelbare Bundesverwaltung (Abs.1 S.2, Abs.3)

a) Bundesgrenzschutzbehörden (Abs.1 S.2) können durch **4** Bundesgesetz errichtet werden; dies ist eine ausschließliche Bundesgesetzgebungskompetenz (Rn.3 zu Art.70). Ein gegliederter Aufbau (mit Mittel- und Unterbehörden) ist zulässig (Broß MüK 15; Lerche MD 127). Der Aufgabenbereich des Grenzschutzes besteht zunächst im Umfang der entsprechenden Bundesgesetzgebungskompetenz (Rn.13 zu Art.73; BVerfGE 97, 198/214) sowie der Aufgabenzuweisungen gem. Art.35 Abs.2, 3, Art.91 und 115f Abs.1 S.1. Darüber hinaus können ihm auch andere Polizeiaufgaben übertragen werden, soweit der Bund dafür nach anderen Normen die Verwaltungskompetenz (Rn.6–8 zu Art.83) besitzt, die Aufgabe nicht von Verfassungs wegen einem bestimmten Verwaltungsträger vorbehalten ist und die Übertragung das Gepräge des Bundesgrenzschutzes als einer Sonderpolizei zur Sicherung der Grenzen des Bundes und zur Abwehr bestimmter, das Gebiet oder die Kräfte eines Landes überschreitender Gefahrenlagen wahrt (BVerfGE 97, 198/217f; krit. Hermes DR 42ff).

5   **b) Zentralstellen** (Abs.1 S.2) stimmen grds. mit den Bundesoberbehörden (unten Rn.8) überein, sind aber auf Koordinationsaufgaben begrenzt (Gusy, DVBl 93, 1121ff). Sie können auf den hier genannten Gebieten durch Bundesgesetz errichtet werden; dies ist eine ausschließliche Bundesgesetzgebungskompetenz (Rn.3 zu Art.70). Hiermit wird zu einer Durchbrechung des Verbots der Mischverwaltung (Rn.10 zu Art.30) ermächtigt (Gusy, DVBl 93, 1120f; Lerche MD 130). Abs.1 S.2 ist lex specialis zu Abs.3 (unten Rn.8), so dass auf den hier genannten Gebieten keine Bundesoberbehörden eingerichtet werden dürfen (Lerche MD 136). Im Hinblick auf die unterschiedlichen Aufgaben von Polizei und nichtpolizeilichen Nachrichtendiensten (unten Rn.7) darf insoweit keine gemeinsame Zentralstelle errichtet werden (Götz HbStR III 1033f; Bull AK 95; Hermes DR 36; a. A. Roewer, DVBl 86, 205; offengelassen BVerfGE 97, 198/217). Den Zentralstellen darf ein auf die Zusammenarbeit (Rn.21 zu Art.73) gerichtetes Weisungsrecht gegenüber den Landesbehörden eingeräumt werden (Bull AK 35; Evers BK 16, 20 zu Art.73 Nr.10; Lerche MD 129; a. A. Hermes DR 49).

6   Die Zentralstellen für das **polizeiliche Auskunfts- und Nachrichtenwesen** und für die **Kriminalpolizei** sind im Bundeskriminalamt vereinigt. Es ist zugleich das in Art.73 Nr.10 vorgesehene Bundeskriminalpolizeiamt. Seine Befugnis zu polizeilichen Ermittlungen leitet sich aus der Ermittlungsbefugnis des Generalbundesanwalts (Rn.5 zu Art.96) ab (Bull AK 87; abl. Hermes DR 50).

7   Zum **Verfassungsschutz** und den weiteren hier genannten, teilw. 1972 eingefügten (Einl.3 Nr.31) Begriffen Rn.23f zu Art.73.

Die entsprechende Zentralstelle ist das Bundesamt für Verfassungsschutz. Die Betonung der „Sammlung von Unterlagen" als Aufgabe
verwirklicht die von den Besatzungsmächten vorgeschriebene Trennung von Informationsbeschaffung und exekutiven Befugnissen (vgl.
Bull AK 77; Lerche MD 142 f). Daraus ergibt sich aber keine verfassungsrechtliche Rechtfertigung der Geheimhaltung der Unterlagen (Hermes DR 54; a. A. BVerwGE 84, 375/380). Keine Zentralstellen iSd Abs.1 S.2 sind der Bundesnachrichtendienst, der eine
Bundesoberbehörde (unten Rn.8) ist (Lerche MD 145) und der
Militärische Abschirmdienst (Rn.2 zu Art.87 a).

c) Selbständige **Bundesoberbehörden** (Abs.3 S.1 Alt.1) sind den   **8**
Bundesministerien nachgeordnete Bundesbehörden ohne eigenen
Verwaltungsunterbau mit Zuständigkeit für das gesamte Bundesgebiet (BVerfGE 14, 197/211), die organisatorisch aus den Minis-
terien ausgegliedert und in bestimmtem, allerdings unterschiedli-
chem Maß weisungsfrei gestellt sind (Bull AK 28; Aufzählung bei
Dittmann, Lit. zu Art.86, 256 ff). Sie besitzen keine Rechtsfähigkeit
(Hermes DR 27). Nicht rechtsfähige Bundesanstalten können im
Einzelfall Bundesoberbehörden oder Teile von Bundesministerien
sein (vgl. Blümel HbStR IV 912; Bull AK 32, 50 ff). Zu den Voraussetzungen für die Errichtung von Bundesoberbehörden unten
Rn.12. Bei verschiedenen Forschungseinrichtungen als Teilen von
Bundesministerien ist die Bundesverwaltungskompetenz fraglich
(vgl. Ipsen 638 ff; Hermes DR 90 f).

d) Die Errichtung **neuer bundeseigener Mittel- und Unter-**   **9**
behörden (Abs.3 S.2) ist an strenge Zulässigkeitsvoraussetzungen
geknüpft: Formell muss ein Bundesgesetz (unten Rn.12; Broß
MüK 9; Lerche MD 212; a. A. Ipsen 614) mit Zustimmung des
Bundesrats (Rn.4–6 zu Art.77) und der Mehrheit der Mitglieder
des Bundestags (Rn.1 f zu Art.121) ergehen, und materiell müssen
neue Aufgaben und ein dringender Bedarf vorliegen. „Neu" ist
die Aufgabe, wenn sie bisher weder vom Bund noch von den
Ländern wahrgenommen wurde (Broß MüK 27; a. A. Hermes
DR 99). „Dringender Bedarf" ist ein gerichtlich überprüfbarer
unbestimmter Rechtsbegriff (Broß MüK 28; Stern II 827), der
bedeutet, dass bundeseigene Verwaltung gerade durch regional
beschränkt zuständige (BVerfGE 10, 20/48) Mittel- und/oder Unterbehörden für eine sachgerechte Aufgabenwahrnehmung erforderlich ist (Hermes DR 100; Sachs SA 76). Hiervon ist auch die
Übertragung neuer Aufgaben auf bestehende Mittel- und Unterbehörden gedeckt (Hermes DR 96; Lerche MD 217).

4. Obligatorische mittelbare Bundesverwaltung (Abs.2)

10 Der Begriff der **Körperschaft des öffentlichen Rechts** umfasst auch rechtsfähige (Hermes DR 31 zu Art.86; vgl. auch oben Rn.8) Anstalten und Stiftungen des öffentlichen Rechts sowie Mischformen, nicht aber beliehene Unternehmer (Lerche MD 160, 162; Broß MüK 7). Bundesunmittelbar bedeutet, dass sie nicht den Ländern unterstehen (BVerfGE 11, 105/108; 63, 1/42). Der Körperschaftsstatus verlangt einen Grundbestand an Selbstverwaltung (Lerche MD 159) und damit regelmäßig eine Beschränkung der Aufsicht auf Kontrolle der Rechtmäßigkeit und schließt jedenfalls eine umfassende Zweckmäßigkeitskontrolle aus (Bull AK 43 f). Obwohl Körperschaften typischerweise nicht hierarchisch untergliedert sind, wird hier allgemein ein mehrstufiger Aufbau für zulässig gehalten (Lerche MD 164; Stern II 823). Abs.2 erlaubt keine bundesunmittelbare Verwaltung (Lerche MD 157; Sachs SA 53) und keine Mischverwaltung (Bull AK 105; Broß MüK 20; a. A. Sendler, DÖV 81, 415), wohl aber eine Organleihe (BVerfGE 63, 1/29 ff).

11 Hierunter fallen die **überregionalen Sozialversicherungsträger** (Aufzählung bei Dittmann, Lit. zu Art.86, 243; vgl. auch BAGE 74, 218/222; BSGE 69, 259/261 f) und die **Bundesanstalt für Arbeit** (BayVerfGH, VwRspr Bd.20 Nr.207; vgl. auch Rn.1 zu Art.120). Überregionalität kommt nicht allein deshalb zustande, weil sich eine örtliche Zuständigkeit geringfügig auf das Gebiet eines anderen Landes erstreckt (BSGE 1, 17/33). Sozialversicherung bedeutet dasselbe wie in Art.74 Abs.1 Nr.12 (BVerfGE 63, 1/35). Es können auch neue bundesunmittelbare Sozialversicherungsträger gebildet werden (BVerfGE 11, 105/123). Die Vorschrift soll keine verfassungsrechtliche (Bestands-)Garantie der Sozialversicherung enthalten (BVerfGE 39, 302/315; krit. Lerche MD 152). Die privatrechtlich organisierten Spitzenverbände und Arbeitsgemeinschaften der Sozialversicherungsträger sind verfassungsrechtlich problematisch (Bull AK 103 ff). Die Bundeskompetenz umfasste nicht die Bezeichnung gem. § 657 Abs.1 Nr.2 RVO (BSGE 63, 62/64).

12 Eine **Ausnahme** von der obligatorischen mittelbaren Bundesverwaltung besteht gem. dem 1994 eingefügten (Einl.3 Nr.42) S.2 unter zwei Voraussetzungen (vgl. auch Papier, NZS 1995, 241 ff): – **(1)** Der Zuständigkeitsbereich des Sozialversicherungsträgers erstreckt sich nicht über mehr als drei Länder hinaus. – **(2)** Die beteiligten Länder bestimmen das aufsichtsführende Land; wegen des Grundsatzes der Einstimmigkeit (Rn.17 zu Art.20) kann die Bestimmung nur einvernehmlich erfolgen (BT-Drs. 12/6000, 42). Der Staatsvertrag über die Bestimmung aufsichtsführender Länder nach Art.87 Abs.2 S.2 GG (GVBl. NW 1996, 566) ist verfassungsmäßig (Sachs SA 59 a).

5. Fakultative mittelbare Bundesverwaltung (Abs.3 S.1 Alt.2)

Voraussetzung der Bundesgesetzgebungskompetenz. Die **13** Errichtung der bundesunmittelbaren Körperschaften und Anstalten des öffentlichen Rechts (Rn.1 zu Art.86; Aufzählung bei Dittmann, Lit. zu Art.86, 259 ff) setzt ein Bundesgesetz sowie eine entsprechende Bundesgesetzgebungskompetenz voraus. Während Abs.3 S.1 selbst eine ausschließliche Bundesgesetzgebungskompetenz begründet (Rn.3 zu Art.70), kommt für die „Angelegenheiten" jede Art der Bundesgesetzgebungskompetenz in Betracht; für einen generellen Ausschluss der Rahmenkompetenz (so Broß MüK 22) besteht kein Grund (Lerche MD 178; Sachs SA 61; Stern II 827; vgl. auch BVerfGE 4, 115/129 ff; 14, 197/214). Jedenfalls bei gesetzesakzessorischer Verwaltung muss die betreffende Materie mindestens gleichzeitig mit der Errichtung geregelt werden (Broß MüK 23; Lerche MD 180). Einzelheiten können auf Grund gesetzlicher Ermächtigung in einer Rechtsverordnung geregelt werden (Bull AK 29; Lerche MD 177). Es ist nicht Voraussetzung, dass die Verwaltungskompetenz des Bundes schon anderweitig im GG begründet oder zugelassen ist (BVerfGE 14, 197/210) oder dass ein Bedürfnis gem. Art.72 Abs.2 a. F. besteht (BVerfGE 14, 197/213 f). Auch soweit eine Verwaltungskompetenz des Bundes anderweitig begründet ist, gelten für die Errichtung der hier genannten Behörden die Voraussetzungen des Abs.3 S.1 (Bull AK 28; Lerche MD 171; anders Hermes DR 72 ff). Dagegen kann im Bereich von Abs.1 S.1 (oben Rn.2 f) nicht speziell wegen Abs.3 S.1 ein Bundesgesetz als Errichtungsakt gefordert werden (Lerche MD 170 f; vgl. auch OVG RP, AS 10, 353/355).

Sonstiges. Die Behörden müssen zur Erledigung der Aufgaben **14** geeignet sein (BVerfGE 14, 197/211). Die Vorschrift bezieht sich auch auf die Übertragung neuer Aufgaben auf bestehende Bundesoberbehörden und bundesunmittelbare Rechtsträger (Lerche MD 175; a. A. BayVGHE 23, 136/138; vgl. auch Blümel HbStR IV 924 f), einschl. Ministerien (Hermes DR 79), und umfasst die Regelung des Verwaltungsverfahrens vor den hier genannten Behörden (BVerfGE 31, 113/117; a. A. Hermes DR 68). Aus der Gegenüberstellung zu S.2 wird gefolgert, dass Mittel- und Unterbehörden (oben Rn.9) unzulässig sind (BVerfGE 14, 197/211; BVerwGE 35, 141/145).

6. Privatrechtlich organisierte Bundesverwaltung

15 Dem Bund steht ein weiter organisatorischer Gestaltungsspielraum zu (BVerfGE 63, 1/34, 41; 97, 198/217). Hiervon ist nach hM auch der Rückgriff auf privatrechtliche Organisationsformen gedeckt; insb. kann aus der Nichterwähnung privatrechtlich organisierter Verwaltungsträger in Art.83 ff kein generelles Verbot einer Delegation von Verwaltungskompetenzen an Rechtssubjekte des Privatrechts hergeleitet werden (Blümel HbStR IV 910 f; Ehlers, Lit. zu Art.86, 115 f; Hermes DR 34 ff, 46 ff zu Art.86; Lerche MD 201 ff; a. A. Reuß, DVBl 76, 930; zu den Erscheinungsformen Becker, Verw 1979, 161). Allerdings besteht auch hier eine rechtsstaatliche Missbrauchsgrenze (Krebs HbStR III 615). Zu den Grenzen vgl. auch oben Rn.2; Rn.10 zu Art.83.

Art.87 a [Streitkräfte]

(1) **Der Bund stellt Streitkräfte zur Verteidigung auf[1 f]. Ihre zahlenmäßige Stärke und die Grundzüge ihrer Organisation müssen sich aus dem Haushaltsplan ergeben[3].**

(2) **Außer zur Verteidigung[5] dürfen die Streitkräfte[2] nur eingesetzt werden[4], soweit dieses Grundgesetz es ausdrücklich zuläßt[6].**

(3) **Die Streitkräfte haben im Verteidigungsfalle und im Spannungsfalle die Befugnis, zivile Objekte zu schützen und Aufgaben der Verkehrsregelung wahrzunehmen, soweit dies zur Erfüllung ihres Verteidigungsauftrages erforderlich ist. Außerdem kann den Streitkräften im Verteidigungsfalle und im Spannungsfalle der Schutz ziviler Objekte auch zur Unterstützung polizeilicher Maßnahmen übertragen werden; die Streitkräfte wirken dabei mit den zuständigen Behörden zusammen[7].**

(4) **Zur Abwehr einer drohenden Gefahr für den Bestand oder die freiheitliche demokratische Grundordnung des Bundes oder eines Landes kann die Bundesregierung, wenn die Voraussetzungen des Artikels 91 Abs.2 vorliegen und die Polizeikräfte sowie der Bundesgrenzschutz nicht ausreichen, Streitkräfte zur Unterstützung der Polizei und des Bundesgrenzschutzes beim Schutze von zivilen Objekten und bei der Bekämpfung organisierter und militärisch bewaffneter Aufständischer einsetzen. Der**

Einsatz von Streitkräften ist einzustellen, wenn der Bundestag oder der Bundesrat es verlangen[8].

Literatur: *Wild,* Verfassungsrechtliche Möglichkeiten und Grenzen für Auslandseinsätze der Bundeswehr nach dem Kosovo-Krieg, DÖV 2000, 622; *Epping,* Die Evakuierung deutscher Staatsbürger im Ausland, AöR 1999, 423; *Baldus,* Exterritoriale Interventionen der Bundeswehr zur Rettung von fremden und deutschen Staatsangehörigen, in: Frieden und Recht, 1998, 259; *Depenheuer,* Der verfassungsrechtliche Verteidigungsauftrag der Bundeswehr, DVBl 1997, 685; *Raap,* Die Kontrolle der Streitkräfte durch das Parlament, JuS 1996, 980; *Roellecke,* Bewaffnete Auslandseinsätze – Krieg, Außenpolitik oder Innenpolitik?, Staat 1995, 415; *Fröhler,* Grenzen legislativer Gestaltungsfreiheit in zentralen Fragen des Wehrverfassungsrechts, 1995; *Zimmer,* Einsätze der Bundeswehr im Rahmen kollektiver Sicherheit, 1995; *Bähr,* Verfassungsmäßigkeit des Einsatzes der Bundeswehr im Rahmen der Vereinten Nationen, 1994; *Nolte,* Bundeswehreinsätze in kollektiven Sicherheitssystemen, ZaöRV 1994, 652; *März,* Bundeswehr in Somalia, 1993; *Kind,* Einsatz der Streitkräfte zur Verteidigung, DÖV 1993, 139; *Wieland,* Verfassungsrechtliche Grundlagen und Grenzen für einen Einsatz der Bundeswehr, DVBl 1991, 1174; *N. K. Riedel,* Der Einsatz deutscher Streitkräfte im Ausland, 1989; *F. Kirchhof,* Bundeswehr, HbStR III, 1988, 977. – S. auch Literatur zur Vorb. vor Art.115 a.

1. Bundeskompetenz und Wehretat (Abs.1)

Allgemeines. Die 1956 eingefügte und 1968 geänderte (Einl.3 **1** Nr.7, 17) Vorschrift weist in Abs.1 S.1 die Kompetenz für die Verteidigung durch Streitkräfte ausschließlich dem Bund zu. Es handelt sich im Unterschied zu Art.87 b nicht um eine Verwaltungs-, sondern um eine Exekutivkompetenz (Heun DR 8; Stern II 851 ff; Kokott SA 4 ff). Zur Gesetzgebungskompetenz Rn.4 zu Art.73. Die Exekutivkompetenz umfasst die Aufstellung der Streitkräfte. Dieser Aufgabe darf sich der Bund nicht entziehen (BVerfGE 28, 36/47; 69, 1/21 f; BVerwGE 73, 182/184; 73, 296/304; Hernekamp MüK 7; Stern II 863; a. A. Frank AK 15 hinter Art.87); d. h. es besteht ein grundsätzlicher Auftrag zur und an die Bundeswehr (Kirchhof HbStR III 981 ff). Im Übrigen ist über den Umfang der Streitkräfte nach weitgehend politischen Erwägungen zu entscheiden (BVerfGE 48, 127/160; BVerwGE 97, 203/209). Die Vorschrift ist keine Eingriffsermächtigung, z. B. für den Militärischen Abschirmdienst (Hernekamp MüK 5), und begründet keine Pflicht der Kriegsschiffe zu unentgeltlicher Hilfeleistung (BGHZ 69, 197/203); demgegenüber stützt die Rspr. die Zulässigkeit der Versetzung von Soldaten unmittelbar auf Abs.1 (BVerwG, NVwZ 96, 474; krit. Schmidt-Bremme, NVwZ 96, 455 ff).

2   **Aufstellung von Streitkräften (S.1).** Die Kompetenz umfasst mit der *Aufstellung* auch die Organisation der Streitkräfte (BVerfGE 8, 104/116), einschl. der Truppenverwaltung, d. h. der aus zwingendem Sacherfordernis in die Truppe integrierten Verwaltung (vgl. Lerche, FS Dürig, 1990, 401; Reinhart, DVBl 77, 473), und der militärspezifischen Gefahrenabwehr (BVerwG, NVwZ-RR 97, 351). Hierzu sollen auch „die Pflege der militärischen Tradition und der Beziehungen der Truppe zur Öffentlichkeit" (BVerwGE 84, 247/252) und die Überlassung von Kasernen an verbündete Streitkräfte (BVerwG, NVwZ 01, 196) gehören. *Streitkräfte* sind alle militärischen Verbände. Nicht dazu gehören: Bundesgrenzschutz, Bundeswehrverwaltung gem. Art. 87 b, Rechtspflege der Bundeswehr (Wehrdienstgerichtsbarkeit gem. Art. 96 Abs. 4 und Wehrstrafgerichtsbarkeit gem. Art. 96 Abs. 2) und Militärseelsorge gem. Art. 140 iVm Art. 141 WRV (Stern II 862). Dagegen ist der Militärische Abschirmdienst eine unselbständige Einrichtung der Bundeswehr (Dau, DÖV 91, 661).

3   **Anforderungen an den Wehretat (S.2).** Die Vorschrift bezweckt die parlamentarische Kontrolle der Streitkräfte (BVerwGE 15, 63/65). Sie ist eine spezielle Regelung gegenüber Art. 110, die insb. das Bepackungsverbot (Rn. 9 zu Art. 110) aufhebt (vgl. Stern II 866). Die zahlenmäßige Stärke betrifft Berufssoldaten, Soldaten auf Zeit und Wehrpflichtige; sie steht aber der Einberufung von zusätzlichen Wehrpflichtigen im Verteidigungsfall nicht entgegen (Hernekamp MüK 10; a. A. Frank AK 35 hinter Art. 87). Die Festlegung über die zahlenmäßige Stärke darf nicht über-, wohl aber unterschritten werden (Kokott SA 5; Stern II 865; a. A. Hernekamp MüK 10). Die verbindlichen (Heun DR 14) Grundzüge der Organisation werden durch Auffächerung der Bewilligungen nach ihrer Zweckbestimmung erkennbar (Kokott SA 5).

2. Einsatz von Streitkräften (Abs. 2–4)

4   **a) Einsatz** bedeutet Verwendung der Streitkräfte zu Kriegshandlungen oder anderen Eingriffsmaßnahmen (Stern II 1476 f), unabhängig von der Frage der Bewaffnung (Heun DR 15; Stern II 1476; a. A. Hernekamp MüK 13; Kokott SA 14). Einsatz bedeutet Verwendung nicht nur im Inland, sondern auch im Ausland (Epping, AöR 1999, 429 ff; Klein, ZaöRV 74, 432; Stern II 1477 ff; Wieland, DVBl 91, 1178 f; a. A. Kirchhof HbStR III 994 f; Randelzhofer MD 63 ff zu Art. 24 Abs. 2; offengelassen BVerfGE 90, 286/355). Erfasst wird daher der Schutz von deutschen Staatsbürgern im Ausland

(Franzke, NZWehrR 96, 189) und die Unterstützung polizeilicher
Fahndungen (Klückmann, DVBl 77, 954). Kein Einsatz ist dagegen
die Verwendung der Streitkräfte zu repräsentativen und karitativen
Zwecken sowie zu wirtschaftlicher Hilfe bei Ernten und Katastrophen (Frank AK 25 hinter Art. 87; Hernekamp MüK 13).

b) Zur Verteidigung. Die Aufgabe der Streitkräfte ist in Über- 5
einstimmung mit dem allgemeinen Friedensgebot (Rn. 2 zu Art. 26)
grds. auf die Verteidigung begrenzt. Verteidigung ist in Art. 115 a
Abs. 1 S. 1 so definiert, „dass das Bundesgebiet mit Waffengewalt
angegriffen wird oder ein solcher Angriff unmittelbar droht" (vgl.
auch BVerfGE 48, 127/160). Danach ist den Streitkräften weniger
gestattet als nach Völkerrecht, insb. zur individuellen und kollektiven
Selbstverteidigung, zulässig wäre (vgl. Epping, AöR 1999, 423; a. A.
Heun DR 17; Kirchhof HbStR III 990 f; Klein, ZaöRV 74, 437 f;
Randelzhofer MD 46 ff zu Art. 24).

c) Zu anderen Zwecken. Die Wahrnehmung von anderen Auf- 6
gaben als der Verteidigung (oben Rn. 5) steht unter **Verfassungsvorbehalt (Abs. 2):** Die Fälle eines Einsatzes der Streitkräfte
im Innern sind ausschließlich in Art. 35 Abs. 2, 3, 87 a Abs. 3, 4 geregelt
(BVerfGE 90, 286/357). Die Zulässigkeit von Auslandseinsätzen,
z. B. unter Blauhelmen (Fehn/Fehn, Jura 97, 621), wird aus Art. 24
Abs. 1, 2 hergeleitet (Rn. 6, 21 zu Art. 24). Dem soll Abs. 2 nicht
entgegenstehen (BVerfGE 90, 286/355 ff; BVerwGE 103, 361/363 f);
das ist wegen des Erfordernisses „ausdrücklicher" Zulassung fragwürdig (vgl. Wieland, DVBl 91, 1174; Franzke, NJW 92, 3075; Deise-
roth, NJ 93, 145).

Äußerer Notstand (Abs. 3). Nach Erklärung des Verteidigungs- 7
falls (Rn. 3–6 zu Art. 115 a) oder des Spannungsfalls (Rn. 1 f zu
Art. 80 a), nicht aber im bloßen Bündnisfall (Rn. 6 zu Art. 80 a),
werden die Aufgaben und Befugnisse der Streitkräfte (oben Rn. 4 f)
durch Abs. 3 erweitert. Gem. S. 1 haben sie auch die Kompetenz,
zivile Objekte vor Angriffen durch nicht kombattante Störer (andernfalls haben sie die Kompetenz bereits gem. Abs. 1) zu schützen
und Aufgaben der Verkehrsregelung wahrzunehmen, soweit das zur
Erfüllung ihrer eigentlichen Aufgabe erforderlich ist. Einzelne Eingriffsmaßnahmen bedürfen aber jeweils einer Befugnisnorm (Heun
DR 22). Unabhängig von dieser Zweckbeschränkung können die
Streitkräfte gem. S. 2 die Polizei beim Schutz ziviler Objekte unterstützen (Rn. 6 zu Art. 35), und zwar auf der polizeirechtlichen
Grundlage des UZwGBw (Heun DR 22).

8   **Innerer Notstand (Abs.4).** Voraussetzungen des Einsatzes (oben Rn.4) der Streitkräfte (oben Rn.2) gem. Abs.4 sind **(1)** eine drohende Gefahr für den Bestand oder die freiheitliche demokratische Grundordnung des Bundes oder eines Landes (Rn.1 zu Art.91), **(2)** fehlende Bereitschaft oder Fähigkeit des Landes zur Bekämpfung der Gefahr (Rn.2 zu Art.91) und **(3)** Nichtausreichen der Polizeikräfte und des Bundesgrenzschutzes zur Bekämpfung der Gefahr. Die Bundesregierung (vgl. Art.62) hat dann folgende, in ihrem Ermessen liegende Kompetenz: Sie kann die Streitkräfte zur Unterstützung (Rn.6 zu Art.35) der Polizei und des Bundesgrenzschutzes beim Schutze von zivilen Objekten und bei der Bekämpfung organisierter und militärisch bewaffneter Aufständischer einsetzen, wobei Polizeirecht (Heun DR 27, 29; Kokott SA 49; Stern II 1484 f), nicht Kriegsvölkerrecht (so aber Hase AK 6) anwendbar ist.

9   **d) Parlamentsvorbehalt.** Aus den Vorschriften der Art.115 a Abs.5, Art.115 b, Art.115 l Abs.3 und Art.87 a Abs.3 sowie aus deutscher Verfassungstradition folgt, dass das Parlament jedem militärischen Einsatz der Streitkräfte im Einzelfall vorher zustimmen muss, und zwar durch einen in den Ausschüssen vorbereiteten und im Plenum erörterten Beschluss gem. Art.42 Abs.2 (BVerfGE 90, 286/388) oder ein Gesetz. Dies gilt nicht nur im Fall der Erklärung des Verteidigungsfalls (Rn.7 zu Art.115 a), sondern bei jedem militärischen Einsatz der Streitkräfte, auch im Rahmen der NATO, vorbehaltlich spezieller Organkompetenz der Bundesregierung (oben Rn.8). Bei Gefahr im Verzug kann die Regierung vorläufig selbst entscheiden, muss aber umgehend den Bundestag für eine endgültige Entscheidung einschalten (BVerfGE 90, 286/388).

Art.**87 b** [Bundeswehrverwaltung]

(1) Die Bundeswehrverwaltung wird in bundeseigener Verwaltung mit eigenem Verwaltungsunterbau geführt. Sie dient den Aufgaben des Personalwesens und der unmittelbaren Deckung des Sachbedarfs der Streitkräfte. Aufgaben der Beschädigtenversorgung und des Bauwesens können der Bundeswehrverwaltung nur durch Bundesgesetz, das der Zustimmung des Bundesrates bedarf, übertragen werden. Der Zustimmung des Bundesrates bedürfen ferner Gesetze, soweit sie die Bundeswehrverwaltung zu Eingriffen in Rechte Dritter ermächtigen; das gilt nicht für Gesetze auf dem Gebiete des Personalwesens[2].

(2) Im übrigen können Bundesgesetze, die der Verteidigung einschließlich des Wehrersatzwesens und des Schutzes der Zivilbevölkerung dienen, mit Zustimmung des Bundesrates bestimmen, daß sie ganz oder teilweise in bundeseigener Verwaltung mit eigenem Verwaltungsunterbau oder von den Ländern im Auftrage des Bundes ausgeführt werden. Werden solche Gesetze von den Ländern im Auftrage des Bundes ausgeführt, so können sie mit Zustimmung des Bundesrates bestimmen, daß die der Bundesregierung und den zuständigen obersten Bundesbehörden auf Grund des Artikels 85 zustehenden Befugnisse ganz oder teilweise Bundesoberbehörden übertragen werden; dabei kann bestimmt werden, daß diese Behörden beim Erlaß allgemeiner Verwaltungsvorschriften gemäß Artikel 85 Abs.2 Satz 1 nicht der Zustimmung des Bundesrates bedürfen[3].

Literatur: *Walz,* Auslandseinsätze deutscher Streitkräfte und Art.87 b GG, NZWehrR 1997, 89; *Roellecke,* Streitkräfte und Bundeswehrverwaltung, DÖV 1992, 200; *Lerche,* Verfassungsfragen der Bundeswehrverwaltung, FS Dürig, 1990, 401. – S. auch Literatur zu Art.87 a.

Bedeutung. Der 1956 eingefügte (Einl.3 Nr.7) Art.87 b bestimmt, dass getrennt von den Streitkräften (Rn.2 zu Art.87 a) eine zivile Verwaltung des militärischen Bereichs existieren muss (BVerwGE 86, 140/141; 86, 166/169; BGHZ 64, 201/206 f). Er bezweckt aber nicht die Übertragung der anderen Trägern öffentlicher Gewalt zugewiesenen Aufgaben der Daseinsvorsorge auf die Bundeswehrverwaltung (BVerwG, NVwZ-RR 97, 351). Unberührt bleibt die Kompetenz gem. Art.87 Abs.3 S.1; nur gegenüber Art.87 Abs.3 S.2 ist Art.87 b Abs.2 S.1 lex specialis (Hernekamp MüK 21; a. A. Dittmann, Lit. zu Art.86, 220 f). **1**

Die **Bundeswehrverwaltung (Abs.1)** ist ein Gegenstand obligatorischer unmittelbarer Bundesverwaltung mit eigenem Verwaltungsunterbau (Rn.2 zu Art.87). Sie dient den Aufgaben des Personalwesens und der unmittelbaren Deckung des Sachbedarfs der Streitkräfte. Entscheidend ist der unmittelbare Bezug zu den Aufgaben der Streitkräfte (Frank AK 97 hinter Art.87). Beispielsweise fallen hierunter die bundeswehrinterne Personalverwaltung, einschl. der Organisation von dienstlichen Veranstaltungen (BSGE 71, 60/66) und des Wehrdisziplinar- und -beschwerdewesens (Hernekamp MüK 7), das Beschaffungs-, Instandsetzungs-, Lager-, Unterkunfts-, Liegenschafts- und Haushaltswesen (BVerwG, NVwZ-RR 97, 351; vgl. auch Stern II 868). Unter dem Aspekt der Aus- und Fortbildung des Personals wird die Errichtung von wissenschaftli- **2** chen Hochschulen, der Bundeswehr kompetentiell gerechtfertigt (Roellecke, DÖV 92, 201; vgl. auch Rn.4 zu Art.73). „Unmittelbare" Deckung des Sachbedarfs bedeutet, dass ein direkter Zusammenhang zwischen den Verwaltungsaufgaben und den militärischen Bedürfnissen bestehen muss. Darunter soll wohl noch die Rüstungsforschung, nicht aber mehr die Rüstungsgesamtplanung fallen (Hernekamp MüK 8; a. A. Dittmann, Lit. zu Art.86, 218). Die Errichtung einer Schule für die Kinder von Soldaten gehört jedenfalls nicht mehr hierzu (a. A. BGH, U. v. 4. 2. 72 – V ZR 29/70 –, zit. nach OVG NW, DVBl 75, 48). Zur Truppenverwaltung Rn.2 zu Art.87 a.

3   Eine **Zustimmungsbedürftigkeit** (Rn.4–6 zu Art.77) besteht für die Übertragung der Aufgaben der Beschädigtenversorgung und des Bauwesens auf die Bundeswehrverwaltung (S.3) und für Ermächtigungen zu Eingriffen in Rechte Dritter (S.4); insoweit wird jeweils eine ausschließliche Bundesgesetzgebungskompetenz begründet (Rn.3 zu Art.70). Das Zustimmungserfordernis gem. S.4 Hs.1 bezieht sich anders als sonst nur auf die einzelne Eingriffsnorm; es entfällt gem. S.4 Hs.2 für Gesetze auf dem Gebiet des Personalwesens.

4   Die **sonstige Verteidigungsverwaltung (Abs.2)** betrifft den Vollzug von Gesetzen gem. Art.73 Nr.1, der nicht unter Abs.1 fällt, insb. Wehrersatzwesen und Zivilschutz. Die Ermächtigungen gem. S.1 zur Einführung von unmittelbarer Bundesverwaltung mit eigenem Verwaltungsunterbau (Rn.1 zu Art.86) stehen im Ermessen des Gesetzgebers; ohne entsprechendes Gesetz bleibt es bei der Landeseigenverwaltung (Rn.1 zu Art.83; BVerfGE 48, 127/178 f). Die Ermächtigung zu bloß „teilweiser" Übertragung lässt nur Aufteilungen nach Sachgebieten, nicht aber Mischverwaltung (Rn.10 zu Art.30) zu (Hernekamp MüK 17; Stern II 869). Die Ermächtigung umfasst auch die Verwaltung durch bundesunmittelbare Körperschaften und Anstalten des öffentlichen Rechts (Kokott SA 18; HambOVG, DVBl 81, 49). Zur Zustimmungsbedürftigkeit Rn.4–6 zu Art.77. Für den Fall der Verteidigungsverwaltung als Auftragsverwaltung enthält S.2 die Ermächtigung zu Abweichungen gegenüber Art.85.

Art.87 c [Kernenergieverwaltung]

Gesetze, die auf Grund des Artikels 74 Nr.11 a ergehen, können mit Zustimmung des Bundesrates bestimmen, daß sie von den Ländern im Auftrage des Bundes ausgeführt werden.

Literatur: *Schmidt-Preuß,* Das neue Atomrecht, NVwZ 1998, 553; *K. Lan-ge,* Das Weisungsrecht des Bundes in der atomrechtlichen Auftragsverwaltung, 1990; *Steinberg,* Handlungs- und Entscheidungsspielräume des Landes bei der Bundesauftragsverwaltung unter besonderer Berücksichtigung der Aus-führung des Atomgesetzes, AöR 1985, 419. – S. auch Literatur zu Art.86.

Der 1959 eingefügte (Einl.3 Nr.10) Art.87 c enthält eine aus- **1** schließliche Bundesgesetzgebungskompetenz (Rn.3 zu Art.70) mit Zustimmungspflichtigkeit des Bundesrats (Rn.4–6 zu Art.77) für die fakultative Anordnung von Auftragsverwaltung (Rn.1 zu Art.85) für Gesetze, die sich auf die konkurrierende Gesetzgebungskompetenz des Bundes gem. Art.74 Abs.1 Nr.11 a stützen. Ohne entsprechendes Gesetz bleibt es bei der Regel der Landeseigenverwaltung (Rn.1 zu Art.83). Unberührt bleibt die Kompetenz gem. Art.87 Abs.3 S.1 (a. A. Hermes DR 20); nur gegenüber Art.87 Abs.3 S.2 ist Art.87 c lex specialis (Bull AK 16; Uerpmann MüK 9; Windthorst SA 32 f; a. A. Zieger/Bischof BK 25 f). Soweit der Bundesgesetzgeber von seiner Kompetenz gem. Art.74 Abs.1 Nr.11 a keinen Gebrauch gemacht hat (Rn.2–4 zu Art.72), ist Art.87 c nicht anwendbar (Zie-ger/Bischof BK 15, 23). Ein Gesetz bloß materiell-rechtlichen In-halts, das die Anordnung der Auftragsverwaltung einem anderen Gesetz überlässt, bedarf nicht der Zustimmung des Bundesrats (Zie-ger/Bischof BK 29; Uerpmann MüK 6).

Art.**87 d** [Luftverkehrsverwaltung]

(1) **Die Luftverkehrsverwaltung wird in bundeseigener Verwal-tung geführt. Über die öffentlich-rechtliche oder privat-recht-liche Organisationsform wird durch Bundesgesetz entschieden**[1].

(2) **Durch Bundesgesetz, das der Zustimmung des Bundesrates bedarf, können Aufgaben der Luftverkehrsverwaltung den Län-dern als Auftragsverwaltung übertragen werden**[2].

Literatur: *Pabst/Schwartmann,* Privatisierte Staatsverwaltung und staatliche Aufsicht, DÖV 1998, 315; *Trampler,* Verfassungs- und unternehmensrecht-liche Probleme der bundesdeutschen Flugsicherung, 1993; *Schwenk,* Hand-buch des Luftverkehrsrechts, 2. A. 1995. – S. auch Literatur zu Art.86.

Gem. **Abs.1** der 1961 eingefügten und 1992 um Abs.1 S.2 erwei- **1** terten (Einl.3 Nr.11, 37) Vorschrift ist die Verwaltung des Luftver-kehrs (Rn.14 zu Art.73) ein Gegenstand obligatorischer unmittel-barer Bundesverwaltung (Rn.2 zu Art.87). Luftverkehrsverwaltung umfasst nicht den Betrieb von Luftverkehrsunternehmen (Steiner HbStR III 1092); daher ist die Beteiligung des Bundes an der

Deutschen Lufthansa AG problematisch (vgl. Rn.3 zu Art.30). Statt unmittelbarer Bundesverwaltung ist auch mittelbare Bundesverwaltung zulässig (Hömig SeiHö 2; Uerpmann MüK 8; a. A. Hermes DR 17; Windthorst SA 28). Unberührt bleibt die Kompetenz gem. Art.87 Abs.3 S.1; nur gegenüber Art.87 Abs.3 S.2 ist Art.87 d Abs.1 lex specialis (Jess BK, Erstbearbeitung, II 2 f; teilw. a. A. Uerpmann MüK 10; Windthorst SA 24); d. h. es darf ein eigener Verwaltungsunterbau eingerichtet werden. Abs.1 S.2 begründet eine ausschließliche Bundesgesetzgebungskompetenz (Rn.3 zu Art.70). Danach sind auch privatrechtliche Organisationsformen zugelassen, damit Flugsicherungsaufgaben ohne Bindung an Art.33 Abs.4 und das Dienst-, Besoldungs- und Haushaltsrecht erfüllt werden können (BT-Drs. 12/6000, 41; Hermes DR 25; Lerche, FS Franz Klein, 1994, 535 ff); allerdings muss dem Bund der entscheidende inhaltliche Einfluss verbleiben (Uerpmann MüK 12; weitergehend Hermes DR 23: nur „reine Organisationsprivatisierung" zulässig). § 31 b LuftVG ermächtigt dementsprechend zur Beauftragung einer GmbH, deren Anteile ausschließlich vom Bund gehalten werden, als Flugsicherungsunternehmen.

2   Gem. **Abs.2** besteht eine ausschließliche Bundesgesetzgebungskompetenz (Rn.3 zu Art.70) für eine Ermächtigung zur Anordnung von Auftragsverwaltung (Rn.1 zu Art.85), die auf einzelne Aufgaben beschränkt sein muss (Windthorst SA 39; Hermes DR 31; a. A. Uerpmann MüK 18) und auch nicht alle Länder umfassen muss (BVerfGE 97, 198/227). Ohne entsprechendes Gesetz bleibt es bei der Regel des Art.87 d Abs.1. Zur Zustimmungsbedürftigkeit Rn.4–6 zu Art.77; allerdings ist hier auch die Aufhebung eines entsprechenden Gesetzes zustimmungsbedürftig, weil den Ländern dadurch eine Verwaltungskompetenz genommen wird (Uerpmann MüK 17; a. A. Hermes DR 29); anders liegt es, wenn die Rückübertragung durch die gesetzlich ausreichend ermächtigte Exekutive erfolgt (BVerfGE 97, 198/227). Ein Gesetz bloß materiell-rechtlichen Inhalts, das die Anordnung der Auftragsverwaltung einem anderen Gesetz überlässt, bedarf nicht der Zustimmung des Bundesrats (Uerpmann MüK 17; Windthorst SA 42). Soweit eine Aufgabe nach Abs.2 übertragen ist, wie z. B. die luftverkehrsrechtliche Planfeststellung (BVerwGE 75, 214/217 f; a. A. Bull AK 7) und die Genehmigung von Flugplätzen (BVerwG, DVBl 73, 451), kann ein diesbezügliches Landesgesetz die ausschließliche Gesetzgebungskompetenz des Bundes und das darauf beruhende Bundesgesetz, nicht aber Art.87 d Abs.2 verletzen (vgl. Hermes DR 33; a. A. HessStGH, ESVGH 32, 20/28).

Art.**87 e** [Eisenbahnverkehrsverwaltung]

(1) Die Eisenbahnverkehrsverwaltung für Eisenbahnen des Bundes wird in bundeseigener Verwaltung geführt[1]. Durch Bundesgesetz können Aufgaben der Eisenbahnverkehrsverwaltung den Ländern als eigene Angelegenheit übertragen werden[2].

(2) Der Bund nimmt die über den Bereich der Eisenbahnen des Bundes hinausgehenden Aufgaben der Eisenbahnverkehrsverwaltung wahr, die ihm durch Bundesgesetz übertragen werden[3].

(3) Eisenbahnen des Bundes werden als Wirtschaftsunternehmen in privat-rechtlicher Form geführt. Diese stehen im Eigentum des Bundes, soweit die Tätigkeit des Wirtschaftsunternehmens den Bau, die Unterhaltung und das Betreiben von Schienenwegen umfaßt. Die Veräußerung von Anteilen des Bundes an den Unternehmen nach Satz 2 erfolgt auf Grund eines Gesetzes; die Mehrheit der Anteile an diesen Unternehmen verbleibt beim Bund. Das Nähere wird durch Bundesgesetz geregelt[4].

(4) Der Bund gewährleistet, daß dem Wohl der Allgemeinheit, insbesondere den Verkehrsbedürfnissen, beim Ausbau und Erhalt des Schienennetzes der Eisenbahnen des Bundes sowie bei deren Verkehrsangeboten auf diesem Schienennetz, soweit diese nicht den Schienenpersonennahverkehr betreffen, Rechnung getragen wird. Das Nähere wird durch Bundesgesetz geregelt[5].

(5) Gesetze auf Grund der Absätze 1 bis 4 bedürfen der Zustimmung des Bundesrates. Der Zustimmung des Bundesrates bedürfen ferner Gesetze, die die Auflösung, die Verschmelzung und die Aufspaltung von Eisenbahnunternehmen des Bundes, die Übertragung von Schienenwegen der Eisenbahnen des Bundes an Dritte sowie die Stillegung von Schienenwegen der Eisenbahnen des Bundes regeln oder Auswirkungen auf den Schienenpersonennahverkehr haben[6].

Literatur: *Sommer,* Staatliche Gewährleistung im Verkehrs-, Post- und Telekommunikationsbereich, 2000; *Menges,* Die Rechtsgrundlagen für die Strukturreform der Deutschen Bahnen, 1997; *Grupp,* Eisenbahnaufsicht nach der Bahnreform, DVBl 1996, 591; *Lerche,* Infrastrukturelle Verfassungsaufträge (zu Nachrichtenverkehr, Eisenbahnen), FS Friauf, 1996, 251; *Hommelhoff/Schmidt-Aßmann,* Die Deutsche Bahn AG als Wirtschaftsunternehmen, ZHR 1996, 521; *G. Schulz,* Das Eisenbahnwesen des Bundes und die Stellung der deutschen Bahnen auf dem Europäischen Binnenmarkt, 1995; *Benz,* Postreform II und Bahnreform – Ein Elastizitätstest für die Verfassung, DÖV 1995, 679; *Schmidt-Aßmann/Röhl,* Grundpositionen des neuen Eisenbahnverfassungsrechts (Art.87 e GG), DÖV 1994, 577; *Fromm, Die Reorganisation der Deutschen Bahnen*, DVBl 1994, 187.

1. Verwaltungskompetenzen (Abs.1, 2)

1   Gem. **Abs.1 S.1** der 1993 eingefügten (Einl.3 Nr.40; vgl. auch Art.106 a und Art.143 a) Vorschrift ist die Verwaltung der Eisenbahnen des Bundes (Rn.15 zu Art.73) ein Gegenstand obligatorischer unmittelbarer Bundesverwaltung (Rn.2 zu Art.87). Verwaltung ist die Ausführung der Gesetze in verwaltungsmäßiger Weise (Rn.4 zu Art.83), insb. die Wahrnehmung von Aufsichts- und Genehmigungsbefugnissen (BT-Drs. 12/5015, 7). Wie bei der Luftverkehrsverwaltung (Rn.1 zu Art.87 d) und der Bundeswasserstraßenverwaltung (Rn.3 zu Art.89) ist davon nicht der Betrieb von wirtschaftlichen Unternehmen, sei es bezüglich des Transports, sei es bezüglich der Infrastruktur (Rn.15 zu Art.73), erfasst (BT-Drs. 12/5015, 7). Dieser Dienstleistungsbereich ist strikt von der Verwaltungskompetenz zu trennen (Hommelhoff/Schmidt-Aßmann, ZHR 96, 525). Aus der gewollten (BT-Drs. 12/5015, 6) Parallele zur Luftverkehrs- und Bundeswasserstraßenverwaltung ergeben sich noch folgende Rechtsfolgen (vgl. Rn.1 zu Art.87 d; Rn.2 zu Art.89): Statt unmittelbarer Bundesverwaltung ist auch mittelbare Bundesverwaltung zulässig (Uerpmann MüK 5; a. A. Windthorst SA 7, 18). Unberührt bleibt die Kompetenz gem. Art.87 Abs.3 S.1; nur gegenüber Art.87 Abs.3 S.2 ist Art.87 e Abs.1 S.1 lex specialis (teilw. a. A. Windthorst SA 19; Uerpmann MüK 5; Wieland DR 10); d. h. es darf ein eigener Verwaltungsunterbau eingerichtet werden.

2   Gem. **Abs.1 S.2** besteht eine ausschließliche Bundesgesetzgebungskompetenz (Rn.3 zu Art.70) für eine Ermächtigung zur Übertragung von Aufgaben der Eisenbahnverkehrsverwaltung auf die Länder, die zwar bei der Luftverkehrsverwaltung (Rn.2 zu Art.87 d) auf einzelne Aufgaben beschränkt sein muss, z. B. der Schienenpersonennahverkehr (BT-Drs. 12/5015, 7) und das Anhörungsverfahren im Rahmen der eisenbahnrechtlichen Planfeststellung (BVerwG, NVwZ 00, 674). Dass die Länder dann die Bundesgesetze als eigene Angelegenheit ausführen, ist angesichts des grundsätzlichen Regel-Ausnahme-Verhältnisses zugunsten der Landeseigenverwaltung (Rn.1 zu Art.83) eine bloße Klarstellung (BT-Drs. 12/6280, 8). Ohne entsprechendes Gesetz bleibt es bei der Regel des Abs.1 S.1.

3   Gem. **Abs.2** besteht für den Bundesgesetzgeber in gewollter (BT-Drs. 12/5015, 7) Parallele zur Bundeswasserstraßenverwaltung (Rn.4 zu Art.89) eine Ermächtigung zur Anordnung unmittelbarer Bun-

desverwaltung (Rn.1 zu Art.86) für über den Bereich der Eisenbahnen des Bundes hinausgehende Aufgaben der Eisenbahnverkehrsverwaltung. Voraussetzung ist also zum einen, dass es sich um die Verwaltung (oben Rn.1) von Eisenbahnen (Rn.15 zu Art.73) handelt, und zum anderen, dass die Eisenbahnen nicht mehr mindestens mehrheitlich im Eigentum des Bundes stehen. Auch dann ist z. B. die Bundesaufsicht über den Eisenbahnverkehr anderer Eisenbahnverkehrsunternehmen mit Sitz im Ausland auf dem Schienennetz deutscher Eisenbahnen und die Wahrnehmung der Aufgaben der Bahnpolizei durch den Bundesgrenzschutz zulässig (BT-Drs. 12/5015, 7; vgl. auch BVerfGE 97, 198/222 ff).

2. Privatrechtsform und Eigentum (Abs.3)

Gem. Abs.3 S.1 wird die privatrechtliche Form und die Eigenschaft **4** als Wirtschaftsunternehmen im Unterschied zur Eisenbahnverkehrsverwaltung (oben Rn.1) sowohl im Bereich des Transports wie in dem der Infrastruktur (Rn.15 zu Art.73) verfassungsrechtlich vorgeschrieben. Privatrechtliche Formen sind solche, die in einer für alle geltenden Rechtsordnung entwickelt sind und im allgemeinen Rechtsverkehr auch sonst Verwendung finden; Wirtschaftsunternehmen bedeutet kaufmännische Führung (Windthorst SA 33, 37; Hommelhoff/Schmidt-Aßmann, ZHR 96, 532 ff). Während der Regierungsentwurf keine Garantie des dauerhaften Eigentums des Bundes an seinen Eisenbahnen enthielt (BT-Drs. 12/5015, 7), normiert Abs.3 S.2, 3 ein Veräußerungsverbot bezüglich der Mehrheit der Anteile an den Unternehmen, die auch Infrastrukturaufgaben wahrnehmen; die Veräußerung der übrigen Anteile steht unter Gesetzesvorbehalt (Uerpmann MüK 11, 13; Schmidt-Aßmann/Röhl, DÖV 94, 581 f). Dies stellt einen Ausgleich zu den noch weiter gehenden Forderungen des Bundesrats dar, das Eigentum an Schienenwegen der Eisenbahnen des Bundes ganz beim Bund zu belassen (BT-Drs. 12/6280, 8). Im Umkehrschluss folgt aus Abs.3 S.3, dass andere Eisenbahnunternehmen als die nach S.2 uneingeschränkt einer Privatisierung offen stehen (Hommelhoff/Schmidt-Aßmann, ZHR 96, 537). Von der ausschließlichen Bundesgesetzgebungskompetenz (Rn.3 zu Art.70) des Abs.3 S.4 ist durch das G über die Gründung einer Deutschen Bahn AG Gebrauch gemacht worden.

3. Gewährleistungspflicht des Bundes (Abs.4)

Gewährleistung bedeutet nicht nur eine „politische Verantwortung **5** des Bundes" (so aber BT-Drs. 12/6280, 8), sondern eine – wenn auch vage – rechtliche Verpflichtung (Wieland DR 14 f; Windthorst SA 50; Hommelhoff/Schmidt-Aßmann, ZHR 96, 551 ff). Inhaltlich bleibt sie hinter dem aufgabenrechtlichen Gehalt des früheren Art. 87 Abs. 1 S. 1 zurück, betrifft aber nicht nur die Umstellungsphase nach der Privatisierung (Uerpmann MüK 17; Windthorst SA 50; teilw. a. A. Schmidt-Aßmann/Röhl, DÖV 94, 584 f). Die Entwidmung von Bahnanlagen muss durch eindeutige und bekanntgemachte Erklärungen geschehen (BVerwGE 102, 269/272).

4. Zustimmungsbedürftigkeit (Abs. 5)

6   Gem. S. 1 bedürfen alle Gesetze auf Grund der Abs. 1–4 der Zustimmung des Bundesrats (Rn. 4–6 zu Art. 77). Darüber hinaus werden durch S. 2 weitere Fälle einer Zustimmungsbedürftigkeit aufgezählt. Damit soll der Befürchtung der Länder Rechnung getragen werden, dass die einfach-gesetzlichen Regelungen zur Sicherung der Infrastrukturverantwortung des Bundes später ohne ihre Zustimmung wieder geändert werden könnten (BT-Drs. 12/6280, 8). Für die Zustimmungsbedürftigkeit gem. Abs. 1 S. 2 (oben Rn. 2) gelten die Ausführungen zu Rn. 2 zu Art. 87 d entsprechend.

Art. **87 f** [Post- und Telekommunikationsverwaltung]

(1) **Nach Maßgabe eines Bundesgesetzes, das der Zustimmung des Bundesrates bedarf, gewährleistet der Bund im Bereich des Postwesens und der Telekommunikation flächendeckend angemessene und ausreichende Dienstleistungen[4].**

(2) **Dienstleistungen im Sinne des Absatzes 1 werden als privatwirtschaftliche Tätigkeiten durch die aus dem Sondervermögen Deutsche Bundespost hervorgegangenen Unternehmen und durch andere private Anbieter erbracht[3]. Hoheitsaufgaben im Bereich des Postwesens und der Telekommunikation werden in bundeseigener Verwaltung ausgeführt[1].**

(3) **Unbeschadet des Absatzes 2 Satz 2 führt der Bund in der Rechtsform einer bundesunmittelbaren Anstalt des öffentlichen Rechts einzelne Aufgaben in bezug auf die aus dem Sondervermögen Deutsche Bundespost hervorgegangenen Unternehmen nach Maßgabe eines Bundesgesetzes aus[2].**

Literatur: *Windthorst,* Der Universaldienst im Bereich der Telekommunikation, 2000; *Aschenbrenner,* Deregulierungszwang im Fernsehkabelnetz?, 2000; *Stern,* Postreform zwischen Privatisierung und Infrastrukturgewährleistung, DVBl 1997, 309; *Wieland,* Der Wandel von Verwaltungsaufgaben als Folge der Postprivatisierung, Verw 1995, 315; *Gramlich,* Von der Postreform zur Postneuordnung, NJW 1994, 2785. – S. auch Literatur zu Art.87 e.

1. Verwaltungskompetenzen (Abs.2 S.2, Abs.3)

Gem. **Abs.2 S.2** der 1994 eingefügten (Einl.3 Nr.41; vgl. auch **1** Art.143 b) Vorschrift sind die Hoheitsaufgaben im Bereich des Postwesens und der Telekommunikation (Rn.16–18 zu Art.73) ein Gegenstand obligatorischer unmittelbarer Bundesverwaltung (Rn.2 zu Art.87); mittelbare Bundesverwaltung ist abgesehen von Abs.3 (unten Rn.2) unzulässig (Lerche MD 97). Problematisch ist die Beteiligung von Vertretern der Länder im Regulierungsrat gem. § 11 Abs.1 PTRegG (Uerpmann MüK 13). Hoheitsaufgaben stehen im Gegensatz zu privatwirtschaftlichen Tätigkeiten (unten Rn.3). Hoheitsaufgaben betreffen die normative und administrative Überwachung und Aufsicht, z. B. „Fragen der Standardisierung und Normierung, die Funkfrequenzverwaltung, die Erteilung von Genehmigungen für Funkanlagen und die Vorsorge für den Krisen- und Katastrophenfall" (BT-Drs. 12/7269, 5), ferner Aktivitäten zur Herstellung und Förderung des Wettbewerbs (Lerche MD 99). Auch die Verpflichtung aus Abs.1 (unten Rn.3) ist als Hoheitsaufgabe anzusehen (BT-Drs. 12/7269, 5). Weiterhin dürfte hierdurch gedeckt sein, dass von der Post auch solche öffentlichen Straßen ohne Sondernutzungserlaubnis befahren werden dürfen, die nicht dem Kraftfahrzeugverkehr gewidmet sind (BVerwGE 82, 266/269; krit. Schoenenbroicher, DVBl 90, 811).

Abs.3 normiert darüber hinaus mittelbare Bundesverwaltung in **2** der Rechtsform einer bundesunmittelbaren (Rn.10 zu Art.87) Anstalt des öffentlichen Rechts für einzelne Aufgaben in Bezug auf die aus dem Sondervermögen Deutsche Bundespost hervorgegangenen Unternehmen. Er begründet eine ausschließliche Bundesgesetzgebungskompetenz (Rn.3 zu Art.70) und eine Pflicht des Bundesgesetzgebers zur Errichtung der Anstalt, nicht aber zu ihrer Aufrechterhaltung, wenn alle relevanten Aufgaben für sie entfallen sind (Lerche MD 128 ff; Uerpmann MüK 16). Als einzelne Aufgaben kommen arbeits-, dienst- und sozialrechtliche Fragen, die Verwaltung der Gesellschaftsanteile an den Nachfolgeunternehmen und Beratungsfunktionen in Betracht (Wieland DR 19), nicht aber „die Ausführung postalischer Tätigkeiten" (BT-Drs. 12/7269, 5) und auch nicht die Wahrnehmung von Hoheitsaufgaben (oben Rn.1; Lerche MD 117).

2. Privatisierung (Abs.2 S.1)

3   Abs.2 S.1 enthält einen Verfassungsauftrag zur Privatisierung (Badura BK 20; Lerche MD 54). Zugleich verbietet er dem Staat „das verwaltungsmäßige Erbringen postalischer Dienstleistungen" (BT-Drs.12/7269, 5). Privatwirtschaftliches Handeln bezeichnet nicht nur die privatrechtliche Handlungsform, sondern setzt auch die privatrechtliche Organisationsform voraus und zielt zugleich auf Wirtschaftlichkeit als Zweck (Lerche MD 54). Die aus dem Sondervermögen Deutsche Bundespost hervorgegangenen Unternehmen meint die in Art.143 b Abs.2 genannten und die Deutsche Postbank (Rn.1 zu Art.143 b); sie haben abgesehen von den Bindungen, die sich aus Abs.1, 3 ergeben, die gleiche Rechtsstellung wie andere gemischtwirtschaftliche Unternehmen (Lerche MD 70 Fn.46; a. A. Badura BK 24). Andere private Anbieter sind notwendigerweise privatrechtlich organisierte Unternehmen (Lerche MD 58). Ein Postmonopol ist demnach nicht mehr zulässig (Uerpmann MüK 10).

3. Gewährleistung (Abs.1)

4   Abs.1 begründet in gewollter (BT-Drs.12/8108, 6) Parallelität zur Eisenbahnverkehrsverwaltung (Rn.4 zu Art.87 e) eine ausschließliche Bundesgesetzgebungskompetenz (Rn.3 zu Art.70) und eine Pflicht des Bundes zur Gewährleistung flächendeckend angemessener und ausreichender Dienstleistungen. „Angemessen" bezieht sich auf die Qualität, „ausreichend" auf die Quantität der Dienstleistungen (Lerche MD 75). „Flächendeckend" bezieht sich auf das gesamte Territorium der Bundesrepublik und soll eine „Rosinenpickerei" verhindern; spezielle Dienste für spezielle Nachfragen sind nicht umfasst (Lerche MD 77). Es wird eine Grundversorgung und nicht der Ausbau einer optimalen Infrastruktur verlangt (BT-Drs.12/7269, 5). Aus der Vagheit der Pflicht zur Gewährleistung folgt ein beträchtlicher Entscheidungsspielraum des Gesetzgebers (Lerche MD 80). Die Pflicht muss der Bund durch Gesetz, das der Zustimmung des Bundesrates bedarf (Rn.4–7 zu Art.77), und durch bundeseigene Verwaltung (oben Rn.1) erfüllen (großzügiger Wieland DR 13). Sie rechtfertigt Duldungspflichten von Grundstückseigentümern (BVerfG-K, NJW 00, 799) und begründet auch Bindungen der privaten Anbieter, z. B. zu einem Mindestangebot an Dienstleistungen für die Öffentlichkeit, selbst wenn diese nicht kostendeckend sind (Badura BK 28 f).

Art.**88** [Bundesbank]

Der Bund errichtet eine Währungs- und Notenbank als Bundesbank[1 ff]**. Ihre Aufgaben und Befugnisse können im Rahmen der Europäischen Union der Europäischen Zentralbank übertragen werden, die unabhängig ist und dem vorrangigen Ziel der Sicherung der Preisstabilität verpflichtet**[4]**.**

Literatur: *L. B. Weber,* Die Umsetzung der Bestimmungen über die Europäische Währungsunion in das deutsche Verfassungsrecht, 2000; *Sodan,* Die funktionelle Unabhängigkeit der Zentralbanken, NJW 1999, 1521; *Brosius-Gersdorf,* Deutsche Bundesbank und Demokratieprinzip, 1997; *Morgenthaler,* Der Euro – zwischen Integrationsdynamik und Geldwertstabilität, JuS 1997, 673; *Tettinger,* Das Schicksal der Deutschen Mark, FS Stern, 1997, 1365; *Janzen,* Der neue Art.88 S.2 GG, 1996; *Pernice,* Das Ende der währungspolitischen Souveränität Deutschlands und das Maastricht-Urteil des BVerfG, FS Everling, 1995, 1057; *Weikart,* Die Änderung des Bundesbank-Artikels im GG im Hinblick auf den Vertrag von Maastricht, NVwZ 1993, 834; *R. Schmidt,* Geld und Währung, HbStR III, 1988, 1121.

S.1 normiert die **Bundesbank** als Gegenstand der *obligatorischen* **1** *Bundesverwaltung* (Rn.2 zu Art.87; dagegen spricht Stern II 468 f von Exekutivkompetenz); zur fehlenden Verfassungsorganeigenschaft vgl. Rn.7 zu Art.93. Grds. ergeben sich die Rechtsfolgen aus Art.86; doch ist angesichts der Einräumung von Eingriffsbefugnissen nach dem Vorbehalt des Gesetzes (Rn.44 f zu Art.20) ein Gesetz zur Errichtung der Bundesbank erforderlich (Faber AK 27; Bauer MüK 6; Stern II 472 f). Mittelbare ist ebenso wie unmittelbare Bundesverwaltung zulässig (Bauer MüK 16; Stern II 472 ff). Unberührt bleibt die Kompetenz gem. Art.87 Abs.3 S.1; nur gegenüber Art.87 Abs.3 S.2 ist Art.88 S.1 lex specialis (vgl. BVerfGE 14, 197/215), d. h. es darf ein eigener Verwaltungsunterbau eingerichtet werden (Blümel HbStR IV 930; Faber AK 1; Stern II 473).

S.1 enthält eine **Pflicht des Bundes** zur Errichtung (BVerwGE **2** 41, 334/349; Herdegen MD 2, 27; Hahn/Häde BK 115; Tettinger SA 1; a. A. Faber AK 1, 34) und Erhaltung einer Bundesbank; insoweit ist S.1 eine institutionelle Garantie (Herdegen MD 27; Stern II 474 f), die allerdings unter den Voraussetzungen des S.2 (unten Rn.4) eingeschränkt werden kann, u. U. bis hin zur Auflösung der Bundesbank (Hahn/Häde BK 116, 303; a. A. Pernice DR 21). Jenseits der institutionellen Garantie ist die Deutsche Bundesbank der Gesetzgebung unterworfen. Auch eine Rechtsetzungs-

kompetenz steht ihr nur auf Grund gesetzlicher Ermächtigung zu
(BVerwGE 41, 334/351).

3   Die institutionelle Garantie ist mit den Begriffen „Währungs-
und Notenbank" nach Inhalt und Umfang nur grob umrissen (vgl.
Hahn/Häde BK 129 ff). Ihre **Unabhängigkeit** von Weisungen der
Bundesregierung ist verfassungsrechtlich nicht geboten (BVerwGE
41, 334/354 ff; Faber AK 24; Bauer MüK 11; Stern II 493 ff;
a. A. Herdegen MD 54 f; vgl. auch BVerfGE 62, 169/183). Sie ist
allerdings einfach-gesetzlich (§ 12 BBankG) sowie europarechtlich
(Art.108 EGV; vgl. Hahn/Häde BK 254, 550; Pernice DR 18:
„mittelbare" verfassungsrechtliche Unabhängigkeitsgarantie) normiert und verfassungsrechtlich zulässig (Rn.3 zu Art.86), weil genügend Abhängigkeiten sachlicher und personeller Art bestehen
(BVerwGE 41, 334/356 ff; Bauer MüK 21 f; Stern II 506 ff; Hahn/
Häde BK 245 ff; vgl. auch BVerfGE 89, 155/208 f; a. A. Klein, Die
verfassungsrechtliche Problematik des ministerialfreien Raumes,
1974, 215). Die institutionelle Garantie umfasste bislang neben der
Währungssicherung (Hahn/Häde BK 132) noch das grundsätzliche
Notenausgabemonopol (vgl. Faber AK 30; Herdegen MD 35;
Stern II 476 f; a. A. Hahn/Häde BK 143, 187 f). Dieses ist auf der
Grundlage von S.2 durch Art.106 Abs.1 S.1, 2 EGV dahingehend
modifiziert worden, dass das ausschließliche Recht, die Ausgabe von
Banknoten innerhalb der EG zu genehmigen, auf die Europäische
Zentralbank übergegangen ist (unten Rn.5), die Bundesbank aber
neben der Europäischen Zentralbank auch weiter zur Ausgabe von
Banknoten berechtigt ist.

4   Der 1992 im Hinblick auf das **System der Europäischen Zentralbanken** eingefügte (Einl.3 Nr.38) S.2 berührt die Rechtsstellung
der Bundesbank nicht unmittelbar (vgl. BT-Drs.12/6000, 29), lässt
aber Durchbrechungen ihrer institutionellen Garantie (oben Rn.2 f)
zu. Für die Kompetenzübertragung gelten folgende Voraussetzungen: – **(1)** Bindung „im Rahmen der Europäischen Union". Die
Aufgaben und Befugnisse der Bundesbank sind Hoheitsrechte iSd
Art.23 Abs.1 S.2 (Rn.17 zu Art.23). Eine Übertragung ist daher nur
unter den formellen Voraussetzungen des Art.23 Abs.1 S.2, 3
(Rn.16, 24–26 zu Art.23) auf die den materiellen Voraussetzungen
des Art.23 Abs.1 S.1, 3 (Rn.27–31 zu Art.23) entsprechende Europäische Union zulässig. – **(2)** Die Europäische Zentralbank muss
„unabhängig" sein, d. h. eigene Rechtspersönlichkeit und Finanzausstattung besitzen, von repressiver parlamentarischer Kontrolle und
Weisungen der Exekutive frei sein und ihren Organwaltern persönliche Unabhängigkeit gewähren. – **(3)** Die Europäische Zentralbank

muss dem Primat der Preisstabilität verpflichtet sein. Der Vertrag von Maastricht und die Teilnahme Deutschlands an der Währungsunion erfüllen diese Vorgaben (BVerfGE 89, 155/201 ff; 97, 350/372 ff; vgl. auch Pernice DR 23 ff).

Mit der Zustimmung zur **Europäischen Währungsunion** hat 5 der Gesetzgeber nach Art.14 Abs.1 S.2 Inhalt und Schranken des Geldeigentums in der Weise bestimmt, dass Deutschland unter den in Art.121 EGV genannten Voraussetzungen in die Währungsunion einbezogen werden kann (BVerfGE 97, 350/373). Durch den nunmehr erfolgten Eintritt in die dritte Stufe der Europäischen Währungsunion ist der Euro an die Stelle der Deutschen Mark getreten. Institutionell ist die Bundesbank zum integralen Bestandteil des Systems der Europäischen Zentralbanken, nicht aber zu einer Einrichtung der EG/EU (Hahn/Häde BK 557 ff), geworden und an die Leitlinien und Weisungen der Europäischen Zentralbank gebunden (Tettinger SA 12 a).

Art.89 [Bundeswasserstraßenverwaltung]

(1) **Der Bund ist Eigentümer der bisherigen Reichswasserstraßen[1].**

(2) **Der Bund verwaltet die Bundeswasserstraßen durch eigene Behörden[2 f]. Er nimmt die über den Bereich eines Landes hinausgehenden staatlichen Aufgaben der Binnenschiffahrt und die Aufgaben der Seeschiffahrt wahr, die ihm durch Gesetz übertragen werden[4]. Er kann die Verwaltung von Bundeswasserstraßen, soweit sie im Gebiete eines Landes liegen, diesem Lande auf Antrag als Auftragsverwaltung übertragen[2]. Berührt eine Wasserstraße das Gebiet mehrerer Länder, so kann der Bund das Land beauftragen, für das die beteiligten Länder es beantragen[2].**

(3) **Bei der Verwaltung, dem Ausbau und dem Neubau von Wasserstraßen sind die Bedürfnisse der Landeskultur und der Wasserwirtschaft im Einvernehmen mit den Ländern zu wahren[5].**

Literatur: S. Literatur zu Art.86.

1. Eigentum des Bundes an Reichswasserstraßen (Abs.1)

Das Eigentum des Bundes ist bürgerlich-rechtliches Eigentum, 1 das von den öffentlich-rechtlichen Regeln der Landeswassergesetze und des Bundeswasserstraßengesetzes überlagert wird (BGHZ 9, 373/385; 69, 284/286; 110, 148/149; OVG NW, OVGE 36, 1/5).

Der Bund hat als Eigentümer auch das Jagdausübungsrecht (BGHZ 84, 59/60 f), soweit es nicht früheren privaten Eigentümern zusteht (BGH, MDR 84, 823 f). Zur Möglichkeit der Eigentumsaufgabe Hoog MüK 11; zur Einräumung von Nutzungsrechten an die Länder BVerwGE 85, 223/225. Bisherige Reichswasserstraßen sind diejenigen Wasserstraßen, die im Zeitpunkt des Zusammenbruchs des Deutschen Reichs am 8. 5. 1945 Reichswasserstraßen waren (BVerwGE 9, 50/53; BGHZ 47, 117/119; 102, 1/2 f). Der Eigentumsübergang erfolgte mit Inkrafttreten des GG am 24. 5. 1949. Neue Bundeswasserstraßen können im Eigentum Dritter stehen (Sachs SA 14). Abs.1 ist auf Wasserstraßen im Gebiet der DDR nicht anwendbar (Sachs SA 17; a. A. Hoog MüK 13 a; vgl. auch BVerwGE 102, 74/77).

2. Verwaltungskompetenzen für das Wasserwege- und Wasserverkehrsrecht (Abs.2, 3)

2   **a)** Das **Wasserwegerecht** (**Abs.2 S.1, 3, 4;** Rn. 51 zu Art.74) ist gem. S.1 ein Gegenstand unmittelbarer Bundesverwaltung mit eigenem Verwaltungsunterbau (Rn.2 zu Art.87). Es ist auch mittelbare Bundesverwaltung zulässig (BayVGH, NVwZ 82, 509; Fastenrath/Simma, DVBl 83, 14; a. A. Hermes DR 20; Hoog MüK 22; Sachs SA 22). Außerdem lassen S.3, 4 unter näher bestimmten Voraussetzungen Auftragsverwaltung zu (Rn.1 zu Art.85); für die Übertragung reicht ein Akt der Bundesregierung aus (Sachs SA 26). Der Verwaltungskompetenz unterliegen nur die Seewasserstraßen und die dem allgemeinen Verkehr dienenden Binnenwasserstraßen (vgl. Rn.51 zu Art.74; Hoog MüK 19; Sachs SA 19).

3   Die Verwaltungskompetenz **umfasst** die Unterhaltung, den Aus- und Neubau der genannten Wasserstraßen (vgl. BGHZ 86, 152/158 f), einschl. der Enteignung (Hömig SeiHö 4), und die Verkehrssicherungspflicht (vgl. Rn.3 zu Art.90), nicht aber die Überwachung von Fähren, soweit sie sich auf das Ufergelände bezieht (VGH BW, ESVGH 7, 60/64) oder die Wasserwirtschaft (BVerfGE 15, 1/10). Der Bund darf sich bei der Ausübung seiner Verwaltungskompetenz nicht auf Landesrecht stützen (BVerfGE 21, 312/325).

4   **b)** Für das **Wasserverkehrsrecht** (**Abs.2 S.2;** Rn.49 zu Art.74) besteht für den Bundesgesetzgeber eine Ermächtigung zur Anordnung unmittelbarer Bundesverwaltung (Rn.1 zu Art.86). Ohne entsprechendes Gesetz bleibt es bei der Landeseigenverwaltung (Rn.1 zu Art.83); allerdings ist die Schifffahrtspolizei weitgehend ein Fall der Organleihe, d. h. der Bund bedient sich der Wasserschutzpoli-

zeien der Länder (Hoog MüK 31; vgl. auch Blümel HbStR IV 917). Der Betrieb von Wasserverkehrsunternehmen fällt nicht unter diese Verwaltungskompetenz (Hermes DR 27).

c) Ländereinfluss auf die Verwaltung der Bundeswasser- 5 straßen (Abs.3). Der Bund ist verpflichtet, bei der Verwaltung der Bundeswasserstraßen auf die Länderinteressen hinsichtlich der Landeskultur und der Wasserwirtschaft Rücksicht zu nehmen. Weiter ist in diesen Fällen das Einvernehmen der Länder einzuholen; das ist ein Fall von Mischverwaltung (Rn.10 zu Art.30).

Art.90 [Bundesstraßenverwaltung]

(1) **Der Bund ist Eigentümer der bisherigen Reichsautobahnen und Reichsstraßen[1].**

(2) **Die Länder oder die nach Landesrecht zuständigen Selbstverwaltungskörperschaften verwalten die Bundesautobahnen und sonstigen Bundesstraßen des Fernverkehrs im Auftrage des Bundes[2 f].**

(3) **Auf Antrag eines Landes kann der Bund Bundesautobahnen und sonstige Bundesstraßen des Fernverkehrs, soweit sie im Gebiet dieses Landes liegen, in bundeseigene Verwaltung übernehmen[4].**

Literatur: *Pabst,* Verfassungsrechtliche Grenzen der Privatisierung im Fernstraßenbau, 1997; *Bucher,* Die Privatisierung von Bundesfernstraßen, 1996 – S. auch Literatur zu Art.86.

1. Eigentum des Bundes an Reichsstraßen (Abs.1)

Das Eigentum des Bundes ist bürgerlich-rechtliches Eigentum, 1 das von den öffentlich-rechtlichen Regeln der LandesstraßenG und des FStrG überlagert wird (vgl. Rn.1 zu Art.89). Die Einführung von öffentlichem Eigentum an Straßen ist verfassungsrechtlich zulässig (BVerfGE 24, 367/388 ff; 42, 20/33 f). Bisherige Reichsautobahnen und Reichsstraßen sind diejenigen, die im Zeitpunkt des Zusammenbruchs des Deutschen Reichs so qualifiziert waren (vgl. Rn.1 zu Art.89). Der Eigentumsübergang erfolgte mit Inkrafttreten des GG am 24. 5. 1949. Die gesetzliche Regelung, wonach der Eigentumserwerb des Bundes nicht für diejenigen Ortsdurchfahrten gilt, für die die Straßenbaulast nicht vom Deutschen Reich zu tragen war, lässt sich als nachträgliche Übertragung des Eigentums auf die

Gemeinden verfassungsrechtlich rechtfertigen (Hermes DR 13; Sachs SA 13). Die Eigentumsverhältnisse an den im Straßenkörper verlegten Versorgungsleitungen haben sich durch den Eigentumsübergang nicht verändert (BGHZ 37, 353/359 f; 51, 319/323; 138, 266/271 f). Neue Bundesfernstraßen können im Eigentum Dritter stehen (Hoog MüK 4; Sachs SA 13). Abs.1 ist auf die Reichsautobahnen und Reichsstraßen im Gebiet der DDR nicht anwendbar (Sachs SA 14 f; a. A. Hoog MüK 5).

2. Verwaltungskompetenzen für Bundesfernstraßen (Abs.2, 3)

2   **a)** Regelmäßig besteht **Auftragsverwaltung** (Rn.1 zu Art.85) für Bundesstraßen des Fernverkehrs, d. h. Bundesautobahnen und Bundesstraßen (Abs.2). Die Weiterübertragung an Selbstverwaltungskörperschaften – d. h. nicht nur Gebietskörperschaften, sondern alle Formen mittelbarer Verwaltung (Hermes DR 22; Hoog MüK 7) – steht in der Kompetenz der Länder. Die Selbstverwaltungskörperschaften unterliegen dann aber der Fachaufsicht (Hermes DR 23).

3   Die Verwaltungskompetenz reicht über die korrespondierende Gesetzgebungskompetenz des Bundes für „den Bau und die Unterhaltung von Landstraßen für den Fernverkehr" (Rn.55 zu Art.74) nicht hinaus (BVerfGE 102, 167/174) und **umfaßt** sowohl die Hoheits- als auch die Vermögensverwaltung der Bundesfernstraßen, insb. die (faktische oder externe im Unterschied zur finanziellen oder internen) Straßenbaulast (BVerwGE 52, 226/228 f; 52, 237/241; 62, 342/344; NJW 81, 239), einschl. der Geltendmachung von Erstattungsansprüchen (BVerwG, NVwZ 83, 471), die Maßnahmen in Bezug auf den Rechtsstatus, die Benutzung und den Schutz der Straßen, die Behördenorganisation und die Straßenaufsicht (BVerfGE 102, 167/173) sowie die Verkehrssicherungspflicht (BGHZ 14, 83/85; 16, 95/98; 48, 98/107 f), nicht aber die Abstufung einer Bundesstraße zu einer Landesstraße (BVerfGE 102, 167/174 f). Die finanzielle Straßenbaulast tragen für die Zweckausgaben der Bund und für die Verwaltungsausgaben die Länder (Rn.4, 12 zu Art.104 a). Die Rechtsfolgen ergeben sich aus Art.85 (BayVGH, DÖV 83, 603; näher Zech, DVBl 87, 1090 ff). Zu § 16 Abs.1 FStrG Rn.7 zu Art.83.

4   **b) Unmittelbare Bundesverwaltung** (Rn.1 zu Art.86) kann unter bestimmten Voraussetzungen durch Bundesgesetz (vgl. Rn.2 zu Art.89) eingeführt werden (Abs.3). Wegen des fakultativen Cha-

rakters muss der Bund anders als sonst (Rn.2 zu Art.87) seine Verwaltungskompetenz zu einem eigenen Verwaltungsunterbau nicht ausschöpfen (a. A. Hermes DR 29).

Art.91 [Innerer Notstand]

(1) **Zur Abwehr einer drohenden Gefahr für den Bestand oder die freiheitliche demokratische Grundordnung des Bundes oder eines Landes kann ein Land Polizeikräfte anderer Länder sowie Kräfte und Einrichtungen anderer Verwaltungen und des Bundesgrenzschutzes anfordern[1].**

(2) **Ist das Land, in dem die Gefahr droht, nicht selbst zur Bekämpfung der Gefahr bereit oder in der Lage, so kann die Bundesregierung die Polizei in diesem Lande und die Polizeikräfte anderer Länder ihren Weisungen unterstellen sowie Einheiten des Bundesgrenzschutzes einsetzen[2]. Die Anordnung ist nach Beseitigung der Gefahr, im übrigen jederzeit auf Verlangen des Bundesrates aufzuheben[4]. Erstreckt sich die Gefahr auf das Gebiet mehr als eines Landes, so kann die Bundesregierung, soweit es zur wirksamen Bekämpfung erforderlich ist, den Landesregierungen Weisungen erteilen; Satz 1 und Satz 2 bleiben unberührt[3].**

Literatur: *E. Klein,* Der innere Notstand, HbStR VII, 1992, 387. – S. auch Literatur zu Art.35.

1. Anforderung eines Landes (Abs.1)

Voraussetzung hierfür ist eine drohende Gefahr iSd allgemeinen **1** Polizeirechts (Maunz MD 9; Hernekamp MüK 10; Stern II 1470 f) für den Bestand (Rn.34 zu Art.21) oder die freiheitliche demokratische Grundordnung (Rn.33 zu Art.21) des Bundes oder eines Landes, die insgesamt nur bei schwerwiegenden Umständen angenommen werden darf (Hase AK 19; Stern II 1471); Störungen im Wirtschafts- und Sozialgefüge gehören nicht dazu (Klein HbStR VII 394; Windthorst SA 11). Darüber hinaus ist eine Erforderlichkeit (Rn.6, 7 zu Art.35) zu verlangen (Hase AK 22; Maunz MD 17; Hernekamp MüK 13 f). Die Zuständigkeit richtet sich nach Landes(verfassungs)recht (einschr. Klein HbStR VII 395, der eine Mitwirkung des Parlaments ausschließt). *Rechtsfolgen* der ansonsten im Ermessen des Landes liegenden Anforderung sind, dass **(1)** Polizeikräfte anderer Länder und darüber hinaus seit 1968 (Einl.3 Nr.17)

(2) Kräfte und Einrichtungen (Rn.6 zu Art.35) anderer Verwaltungen, worunter nicht die Streitkräfte fallen (vgl. Rn.1 zu Art.87 a; Heun DR 16), sowie (3) des Bundesgrenzschutzes zur Gefahrenabwehr mitwirken dürfen und grds. (vgl. Rn.5 zu Art.35) auch müssen (Hase AK 25; Heun DR 15). Hinsichtlich dieser Adressaten haben die zuständigen Landesorgane ein Auswahlermessen (vgl. Rn.7 zu Art.35). Die angeforderten Kräfte bleiben Teil ihrer Herkunftsorganisation, sind aber an das Recht des Einsatzlandes gebunden (Klein HbStR VII 395; Windthorst SA 25).

2. Eingreifen des Bundes (Abs.2)

2   **Notstand innerhalb eines Landes** (S.1). *Voraussetzungen* für das Eingreifen des Bundes sind (1) eine drohende Gefahr für den Bestand oder die freiheitliche demokratische Grundordnung des Bundes oder eines Landes (oben Rn.1) und (2) fehlende Bereitschaft oder Fähigkeit des Landes zur Bekämpfung der Gefahr. Diese Voraussetzungen unterliegen ggf. der verfassungsgerichtlichen Überprüfung; für einen Einschätzungs- (Heun DR 18) bzw. Beurteilungsspielraum (Stern II 1472; Windthorst SA 38) oder gar ein Ermessen der Bundesregierung (Hernekamp MüK 28) ist kein Raum (vgl. auch Evers BK 54). Die Bundesregierung (vgl. Art.62) hat dann folgende, in ihrem Ermessen liegende *Kompetenzen:* –
(1) Sie kann die Polizei in diesem Lande und die Polizeikräfte anderer Länder ihren Weisungen (Rn.10 zu Art.84) unterstellen. –
(2) Sie kann seit 1968 (Einl.3 Nr.17) auch Einheiten des Bundesgrenzschutzes einsetzen. Eine Verpflichtung, in dieser Reihenfolge vorzugehen, besteht nicht (Hase AK 30; Klein HbStR VII 397; Stern II 1473; Windthorst SA 43; a.A. Hernekamp MüK 29; Heun DR 18). Wegen der Weisungsunterstellung und dem nicht nur unterstützenden (vgl. dagegen Art.35 Abs.3 S.1) Einsatz ist hier teilw. Bundesrecht anwendbar (vgl. Hernekamp MüK 33; Heun DR 20; Klein HbStR VII 397). Aus rechtsstaatlichen Gründen wird eine öffentliche Bekanntmachung gefordert (Hase AK 30; Stern II 1473).

3   **Notstand über ein Land hinaus** (S.3). Liegen die Voraussetzungen des S.1 (oben Rn.2) in mehr als einem Lande vor und ist es zur wirksamen Bekämpfung der drohenden Gefahr (oben Rn.1) erforderlich, dann erweitern sich seit 1968 (Einl.3 Nr.17) die Kompetenzen der Bundesregierung nach S.1 (oben Rn.2) um die Befugnis zu Weisungen (Rn.10 zu Art.84) gegenüber den Landesregierungen, die gegenständlich nicht beschränkt sind (Hase AK 36; Heun DR 21; Stern II 1473).

Beendigung des Eingreifens des Bundes (S.2). Alle von der **4** Bundesregierung getroffenen Maßnahmen (oben Rn.2, 3) sind unverzüglich (vgl. Rn.8 zu Art.35) nach Beseitigung der Gefahr, im Übrigen jederzeit auf Verlangen des Bundesrats aufzuheben. Auch insoweit wird eine öffentliche Bekanntmachung (oben Rn.2) gefordert (Stern II 1474).

VIII a. Gemeinschaftsaufgaben

Art.**91 a** [Gemeinschaftsaufgaben]

(1) Der Bund wirkt auf folgenden Gebieten bei der Erfüllung von Aufgaben der Länder mit, wenn diese Aufgaben für die Gesamtheit bedeutsam sind und die Mitwirkung des Bundes zur Verbesserung der Lebensverhältnisse erforderlich ist (Gemeinschaftsaufgaben)[2]:

1. Ausbau und Neubau von Hochschulen einschließlich der Hochschulkliniken[3],
2. Verbesserung der regionalen Wirtschaftsstruktur[4],
3. Verbesserung der Agrarstruktur und des Küstenschutzes[5].

(2) Durch Bundesgesetz mit Zustimmung des Bundesrates werden die Gemeinschaftsaufgaben näher bestimmt. Das Gesetz soll allgemeine Grundsätze für ihre Erfüllung enthalten[6].

(3) Das Gesetz trifft Bestimmungen über das Verfahren und über Einrichtungen für eine gemeinsame Rahmenplanung. Die Aufnahme eines Vorhabens in die Rahmenplanung bedarf der Zustimmung des Landes, in dessen Gebiet es durchgeführt wird[7 f].

(4) Der Bund trägt in den Fällen des Absatzes 1 Nr.1 und 2 die Hälfte der Ausgaben in jedem Land. In den Fällen des Absatzes 1 Nr.3 trägt der Bund mindestens die Hälfte; die Beteiligung ist für alle Länder einheitlich festzusetzen. Das Nähere regelt das Gesetz. Die Bereitstellung der Mittel bleibt der Feststellung in den Haushaltsplänen des Bundes und der Länder vorbehalten[9].

(5) Bundesregierung und Bundesrat sind auf Verlangen über die Durchführung der Gemeinschaftsaufgaben zu unterrichten[8].

Literatur: *Blümel,* Verwaltungszuständigkeit, HbStR IV, 1990, 857; *Oppermann,* Gemeinschaftsaufgabe Hochschulbau, FS Dürig, 1990, 411; *Zitzelsberger,* Gemeinschaftsaufgabe Hochschulbau, DÖV 1990, 724; *Spannowsky,* Der Handlungsspielraum und die Grenzen der regionalen Wirtschaftsförderung des Bundes, 1987; *Karpen,* Hochschulplanung und GG, 1987; *Neupert,* Regionale Strukturpolitik als Aufgabe der Länder, 1986; *Jacob,* Forschungsfinanzierung durch den Bund, Staat 1985, 527.

1. Bedeutung und Abgrenzung zu anderen Vorschriften

1   Der 1969 eingefügte und 1970 geänderte (Einl.3 Nr.21, 27) Art.91a ermächtigt zur Mitwirkung des Bundes bei der Aufgaben-

erfüllung durch die Länder und regelt damit die Kompetenzvertei-
lung zwischen Bund und Ländern. Darüber hinaus enthält er eine
Pflicht des Bundes zur Mitwirkung an der Erfüllung der hier ge-
nannten Landesaufgaben (Richter/Faber AK 22), nicht aber einen
Verfassungsauftrag für die Länder, diese Aufgaben wahrzunehmen
(a. A. Heun DR 7; Krüger SA 6; Maunz MD 25; Mager MüK 3;
Stern II 835). Art. 91 a ist lex specialis zu Art. 30, 83 ff und 104 a
Abs. 1, weil die Trennung der Verwaltungskompetenzen und der
Lastentragung zwischen Bund und Ländern teilw. aufgehoben wird
(Blümel HbStR IV 942 ff). Dagegen bleiben, abgesehen von der
zusätzlichen Bundesgesetzgebungskompetenz (unten Rn. 6), die Gesetzgebungskompetenzen (Art. 70 ff) unberührt (Maunz MD 7 f; Mager MüK 62; a. A. unter Berufung auf die Bundestreue Richter/
Faber AK 28 a). Maßnahmen nach Art. 91 a können dazu geeignet
sein, die Wirtschafts- und Einnahmestruktur eines Landes mittel-
und längerfristig nachhaltig zu verbessern (BVerfGE 86, 148/267).

2. Zulässigkeit von Gemeinschaftsaufgaben (Abs. 1)

Allgemeines. Es muss sich um Aufgaben in der Verwaltungs- **2**
kompetenz der Länder handeln. Der Bund ist aber durch Art. 91 a
nicht gehindert, über Art. 87 Abs. 3 Gebiete des Art. 91 a Abs. 1
Nr. 1–3 zu Bundesaufgaben zu machen (Richter/Faber AK 28;
Maunz MD 7). Voraussetzung für die Mitwirkung des Bundes ist,
dass die Aufgaben der Länder für die Gesamtheit bedeutsam sind
und die Mitwirkung des Bundes zur Verbesserung der Lebensverhältnisse erforderlich ist; insoweit steht dem Gesetzgeber ein Beurteilungsspielraum zu (vgl. BVerfGE 39, 96/115). Die Aufzählung
der Gebiete (unten Rn. 3–5) ist abschließend.

Ausbau und Neubau von Hochschulen einschließlich der **3**
Hochschulkliniken (Nr. 1). Zum Begriff der Hochschule Rn. 8 zu
Art. 75. Hierzu gehören auch die ihnen unmittelbar dienenden Einrichtungen, wie Labors, Bibliotheken, Sportplätze und Mensen,
nicht aber Studentenwohnheime und Dozentensiedlungen (Rich-
ter/Faber AK 30; Maunz MD 32; Mager MüK 16; anders Heun DR
14). Aus der Beschränkung auf den Aus- und Neubau folgt, dass der
Betrieb und die Unterhaltung nicht zur Gemeinschaftsaufgabe gehören (Maunz MD 33 ff; Mager MüK 17; a. A. Rengeling HbStR
IV 850 bezüglich Bauunterhaltungskosten). Die Hochschulkliniken
sind in ihrer Doppelfunktion als Einrichtungen der Lehre und Forschung sowie der Krankenversorgung erfasst (Maunz MD 31; Rengeling HbStR IV 850).

4   **Verbesserung der regionalen Wirtschaftsstruktur (Nr.2).**
Regional steht im Gegensatz zu sektoral und gesamtstaatlich. Es
darf daher nicht eine Förderung nach Branchen (Maunz MD 37;
a. A. Richter/Faber AK 35) oder im ganzen Bundesgebiet (Maunz
MD 39) oder im Gießkannenprinzip (Richter/Faber AK 38) erfolgen. Auch Maßnahmen der allgemeinen Verbesserung der Lebensverhältnisse in den Fördergebieten fallen nicht hierunter (Maunz
MD 38; Mager MüK 21). Verbesserung der Struktur bedeutet
primär nicht-einzelbetriebliche Maßnahmen zur dauerhaften Hebung der Wirtschaftskraft (Heun DR 18), z. B. bei genereller Un-
terentwicklung oder Monostruktur. Die Vorschrift enthält keine
Eingriffsermächtigung (Richter/Faber AK 35).

5   **Verbesserung der Agrarstruktur und des Küstenschutzes
(Nr.3).** Zu den Begriffen Agrarstruktur und Küstenschutz Rn.36 zu
Art.74. Nicht hierunter fallen Naturschutz und Landschaftspflege,
allgemeiner Umweltschutz sowie Maßnahmen zur allgemeinen Verbesserung der Lebensverhältnisse auf dem Lande wie Dorferneue-
rung (Richter/Faber AK 45; Maunz MD 41; Mager MüK 26). Im
Übrigen gilt das oben Rn.4 Gesagte entsprechend.

3. Grundsatzgesetzgebungskompetenz des Bundes für Ge-
meinschaftsaufgaben (Abs.2)

6   S.1 enthält eine ausschließliche Bundesgesetzgebungskompetenz
(Rn.3 zu Art.70) und einen Regelungsauftrag, der durch ein oder
mehrere zustimmungsbedürftige (Rn.4–6 zu Art.77) Gesetze erfüllt
werden kann. Das Gesetz soll gem. S.2 allgemeine Grundsätze für
die Erfüllung der Gemeinschaftsaufgaben enthalten. Der Art nach
(Rn.10 zu Art.70) handelt es sich um eine Grundsatzgesetzgebungskompetenz des Bundes parallel zur Regelung der Haushaltsgrundsätze (Rn.4 zu Art.109). Grundsatzgesetze sind ähnlich wie Rahmengesetze inhaltlich beschränkt (Rn.2 f zu Art.75); anders als diese
verpflichten und berechtigen sie aber nur Organe des Bundes und
der Länder, gelten also nicht im Staat-Bürger-Verhältnis (Richter/
Faber AK 27; Hesse 242; Rengeling HbStR IV 846; Krüger SA 14;
a. A. Maunz MD 51 zu Art.109); dass hier Adressat in erster Linie
die Exekutive ist, rechtfertigt keine zusätzliche terminologische Unterscheidung (a. A. Mager MüK 43).

4. Rechtsfolgen von Gemeinschaftsaufgaben (Abs.3–5)

7   **a)** Gemeinschaftsaufgaben unterliegen einer **gemeinsamen
Rahmenplanung** (Abs.3). Rahmenplanung ist ähnlich wie die

Rahmengesetzgebung (Rn.2 f zu Art.75) zu verstehen: Es darf keine Vollplanung geben, und die Detailplanung ist stets Sache der Länder (Maunz MD 52; Mager MüK 47; Krüger SA 15; a. A. Richter/Faber AK 17: Zielplanung). Die Abwicklung europarechtlicher Förderprogramme im Verfahren der Rahmenplanung kann daher unzulässig sein (vgl. Heun DR 27). Die Rahmenplanung umfasst Aufgaben- und Finanzplanung. Der Rahmenplan hat keine Gesetzesqualität (BVerwGE 75, 109/116). Planungsausschüsse, die ausschließlich mit Vertretern von Regierungen besetzt sind, und Bindungswirkungen des Rahmenplans ausschließlich zwischen Bundes- und Landesregierungen werden allgemein für verfassungskonform gehalten (vgl. Richter/Faber AK 18, 27; Maunz MD 12, 51; Mager MüK 46 f). Die Zulässigkeit von Mehrheitsentscheidungen ergibt sich im Umkehrschluss aus Abs.3 S.2 (sog. Sitzlandvorbehalt). Bei der Rahmenplanung sind alle Länder gleichzubehandeln, abgesehen von sachlichen Differenzierungen von der Art, dass nur Küstenländer Förderung des Küstenschutzes erhalten (Richter/Faber AK 25).

Die **Durchführung** der Rahmenpläne ist Aufgabe der Länder; **8** das ergibt sich aus Art.91 a Abs.1, nicht aber aus Art.83, da die Rahmenpläne keine Gesetze sind (Richter/Faber AK 20; Blümel HbStR IV 942; Krüger SA 17; a. A. Schmidt-Bleibtreu/Klein 15). Der Bund hat daher nicht die Befugnisse aus Art.84 (Mager MüK 56, 61). Einziges Aufsichtsmittel ist das Unterrichtungsrecht von Bundesregierung und Bundesrat gegenüber den Ländern gem. Abs.5. Einzelne Durchführungskompetenzen des Bundes können allenfalls damit gerechtfertigt werden, dass die Einführung des Art.91 a im Jahr 1969 das bestehende Fördersystem verfassungsrechtlich absichern, nicht aber verfassungswidrig machen sollte (Richter/Faber AK 34; vgl. auch BVerwGE 59, 327/330 ff; 59, 334/339 f). Bund und Länder dürfen ihr Zusammenwirken nicht durch anderweitige Maßnahmen beeinträchtigen (Blümel HbStR IV 947 f).

b) Für die **gemeinsame Finanzierung** der Gemeinschaftsauf- **9** gaben regelt Abs.4 S.1 und 2 unterschiedliche Quoten. Gem. S.3 ist auch hier das Nähere durch Gesetz zu regeln (oben Rn.6). Die Tragung der Verwaltungskosten richtet sich nach Art.104 a Abs.5 (v. Arnim HbStR IV 1017; Mager MüK 52). Die Haushaltshoheit des Bundestags (Rn.14 zu Art.110) und der Länderparlamente bleibt gem. S.4 durch die Rahmenplanung unberührt. Die in ihr enthaltenen Mittelansätze können also durch die Haushaltsgesetze ganz oder teilw. versagt werden (Maunz MD 57 ff; Blümel HbStR IV 954).

Pieroth 973

Art. 91 b [Zusammenwirken von Bund und Ländern durch Vereinbarungen]

> Bund und Länder können auf Grund von Vereinbarungen[2] bei der Bildungsplanung und bei der Förderung von Einrichtungen und Vorhaben der wissenschaftlichen Forschung von überregionaler Bedeutung zusammenwirken[2f]. Die Aufteilung der Kosten wird in der Vereinbarung geregelt[4].

Literatur: S. Literatur zu Art. 91 a.

1   **Bedeutung.** Der 1969 eingefügte (Einl. 3 Nr. 21) Art. 91 b ermächtigt wie Art. 91 a zur Mitwirkung des Bundes bei der Aufgabenerfüllung durch die Länder und ist wie dieser lex specialis zu Art. 30, 83 ff und 104 a Abs. 1 (Mager MüK 8). Anders als dort **(1)** besteht keine Pflicht des Bundes zur Mitwirkung, **(2)** ist ein Zusammenwirken auch in der Weise möglich, dass die Länder bei der Aufgabenerfüllung durch den Bund mitwirken, **(3)** geschieht die Ausgestaltung des Zusammenwirkens nicht durch Gesetz, sondern durch Vereinbarung, und **(4)** sind die Formen des Zusammenwirkens einschl. der Finanzierung nicht festgelegt. Maßnahmen nach Art. 91 b können dazu geeignet sein, die Wirtschafts- und Einnahmestruktur eines Landes mittel- und längerfristig nachhaltig zu verbessern (BVerfGE 86, 148/267).

2   Das **Zusammenwirken** geschieht durch schriftliche (Heun DR 7) Vereinbarungen, d. h. Staatsverträge oder Verwaltungsabkommen (Richter/Faber AK 27; Maunz MD 34; Mager MüK 12), die Rechte und Pflichten nur zwischen den Vertragsparteien begründen (BbgVerfG, LVerfGE 5, 94/111). Die Aufzählung der Gebiete ist abschließend (Maunz MD 7). Bildungsplanung umfasst sämtliche Bildungsbereiche von der vorschulischen Erziehung über das gesamte allgemeinbildende Schulwesen, das Hochschulwesen, die berufliche Fort- und Weiterbildung bis zur Erwachsenenbildung, einschl. der Ausbildungsförderung und allgemeiner Strukturfragen. Planung kann Rahmen-, Detail- und experimentelle Planung sein (Heun DR 10; Mager MüK 14 f; Stern II 840; a. A. Richter/Faber AK 17, 29: nur Rahmenplanung; Maunz MD 25: keine Modellvorhaben). Förderung von Einrichtungen und Vorhaben der wissenschaftlichen Forschung (Rn. 95 f zu Art. 5) von überregionaler Bedeutung umfasst die finanzielle Förderung einschl. der dafür erforderlichen Planung, nicht aber ihre Durchführung (Richter/Faber AK 32; a. A. Blümel HbStR IV 943 f; Heun DR 11; Mager MüK 17).

Das Zusammenwirken darf zu **institutioneller Verfestigung** 3 führen. Entsprechende Gremien dürfen nicht nur beratende, sondern in begrenztem Umfang auch Entscheidungsfunktionen haben (Mager MüK 9). Ihre Besetzung ausschließlich mit Vertretern von Regierungen und Bindungswirkungen ihrer Entscheidungen ausschließlich zwischen Bundes- und Landesregierungen werden allgemein für verfassungskonform gehalten (vgl. Richter/Faber AK 18, 27; Maunz MD 9, 26). Dies kann allerdings angesichts des zugrundeliegenden Einstimmigkeitsprinzips nur insoweit gelten, als eine Regierung zugestimmt hat. Der Bund darf nur aus sachlichem Grund Vereinbarungen nicht mit allen Ländern schließen (vgl. Richter/Faber AK 25; Heun DR 8; Mager MüK 11). Die Durchführung der Vereinbarungen erfolgt durch Bund und Länder getrennt, soweit jeweils die Verwaltungskompetenzen reichen (Richter/Faber AK 20; diff. Maunz MD 14 f; Mager MüK 15, 17).

Die **Finanzierung** des Zusammenwirkens muss in der Verein- 4 barung geregelt werden (S.2). Das gilt für Forschungsförderung und Bildungsplanung (a. A. Richter/Faber AK 19: nur Forschungsförderung). Die Aufteilung der Kosten ist beliebig; lediglich eine volle Kostentragung durch Bund oder Länder ist verboten. Die Tragung der Verwaltungskosten richtet sich nach Art.104 a Abs.5 (v. Arnim HbStR IV 1018; Mager MüK 26). Die Haushaltshoheit der Parlamente bleibt unberührt (Blümel HbStR IV 958 f; Krüger SA 12; vgl. auch Rn.9 zu Art.91 a).

IX. Die Rechtsprechung

Art. **92** [Gerichtsorganisation]

**Die rechtsprechende Gewalt[2 ff] ist den Richtern[7 ff] anvertraut[11];
sie wird durch das Bundesverfassungsgericht, durch die in diesem Grundgesetze vorgesehenen Bundesgerichte und durch die
Gerichte der Länder ausgeübt[12].**

Übersicht

Literatur: *Hoffmann-Riem,* Justizdienstleistungen im kooperativen Staat,
JZ 1999, 421; *Reinhardt,* Konsistente Jurisdiktion, 1997; *Voit,* Privatisierung
der Gerichtsbarkeit, JZ 1997, 120; *Heyde,* Rechtsprechung, HbVerfR, 2. A.
1994, 1579; *Schmidt-Jortzig,* Aufgabe, Stellung und Funktion des Richters im
demokratischen Rechtsstaat, NJW 1991, 2377; *Smid,* Rechtsprechung. Zur
Unterscheidung von Rechtsfürsorge und Prozess, 1990; *P. Kirchhof,* Der Auftrag des GG an die rechtsprechende Gewalt, FS Juristische Fakultät Heidel-
berg, 1986, 11. – S. auch Literatur zu Art.97.

1. Bedeutung und Abgrenzung zu anderen Vorschriften

1   Der 1968 geänderte (Einl.3 Nr.16) Art.92 konkretisiert in Hs.1
das Gewaltenteilungsprinzip (Rn.23–27 zu Art.20), indem er die
Aufgabe der Rechtsprechung ausschließlich den Richtern zuweist.
Damit gewährleistet er Voraussetzungen für effektiven Rechtsschutz
(Rn.35 ff zu Art.19) im Rechtsstaat (BVerfGE 60, 253/296 f). Art.92
ist ein objektives Gebot, kein subjektives öffentliches Recht des
einzelnen Richters gegen den Entzug seiner richterlichen Tätigkeit
(Classen MKS 4; Schulze-Fielitz DR 17; Detterbeck SA 3; a. A.
Wassermann AK 40; Meyer MüK 11); allerdings kann sein Gehalt
mittels Grundrechten und grundrechtsgleichen Rechten geltend

gemacht werden (vgl. auch Rn.1 zu Art.97). Art.92 Hs.2 regelt als lex specialis zu Art.30 die Kompetenzverteilung für die Organisation der rechtsprechenden Gewalt: Grds. sind die Länder für die Einrichtung der Gerichte kompetent; der Bund besitzt nur die ihm ausdrücklich vom GG zugewiesenen Kompetenzen. Die generelle Regelung der Gerichtsverfassung liegt in der Kompetenz des Bundes (Rn.7 zu Art.74).

2. Zuweisung der rechtsprechenden Gewalt an die Richter (Hs.1)

a) Rechtsprechende Gewalt: aa) Begriff. Der rechtsprechen- **2** den Gewalt unterfallen **von Verfassung wegen** alle Aufgaben, die das GG an anderer Stelle den Richtern bzw. Gerichten überträgt (vgl. Schulze-Fielitz DR 28 f): Rechtsweggarantien verlangen, dass der Richter irgendwann, meist nachträglich, in die Entscheidung bestimmter Konflikte eingeschaltet wird. Richtervorbehalte verlangen dagegen, dass der Richter ausschließlich über bestimmte Gegenstände entscheidet.

Darüber hinaus werden auch die **traditionellen Kernbereiche** **3** der Rechtsprechung – bürgerliche und Strafgerichtsbarkeit – der rechtsprechenden Gewalt zugerechnet (BVerfGE 22, 49/76 ff; 76, 100/106; NJW 01, 1052; BGHZ 82, 34/40; Achterberg BK 92 ff; Stern II 894 ff), soweit es um die eigentliche Entscheidung geht (BVerfGE 4, 358/363; 7, 183/188 f). Dabei wird zum Kernbereich der Strafgerichtsbarkeit die Verhängung von Kriminalstrafen, einschl. Geldstrafen (BVerfGE 22, 125/130), gerechnet, die einen besonders schweren Eingriff in die Rechtsstellung des Staatsbürgers darstellen und mit einem ethischen Schuldvorwurf verbunden sind (BVerfGE 22, 49/79; 27, 18/28 f; 27, 36/40; 45, 272/288 f). Nur ein Teil der Angelegenheiten der freiwilligen Gerichtsbarkeit unterfällt allerdings der rechtsprechenden Gewalt (Bettermann HbStR III 798; offengelassen BVerfGE 21, 139/144).

Schließlich handelt es sich **funktionell** um Rechtsprechung, **4** wenn durch den Gesetzgeber die letztverbindliche Klärung der Rechtslage in einem Streitfall im Rahmen besonders geregelter Verfahren vorgesehen wird (BVerfG, NJW 01, 1052). Zur rechtsprechenden Gewalt im funktionellen Sinn gehört, nur auf Antrag tätig zu werden (Schulze-Fielitz DR 26), den entscheidungserheblichen Sachverhalt zu ermitteln (Pietzcker, NVwZ 96, 316) und frei von Einwirkungen anderer Staatsorgane darüber zu befinden, welche Beweismittel zur Aufklärung der Sache notwendig sind (BGHZ 76,

288/291); dies soll allerdings bei entgegenstehenden zwingenden Sachgründen nicht gelten (BVerfGE 57, 250/287). Im Übrigen besteht eine Ausgestaltungsbefugnis des Gesetzgebers, die Aufgaben der rechtsprechenden Gewalt näher zu bestimmen (Schulze-Fielitz DR 36 f).

5   **bb) Einzelfälle,** die nicht Aufgaben der rechtsprechenden Gewalt sind: Aberkennung staatlicher Leistungen wegen pflichtwidrigen schuldhaften Handelns (BVerfGE 12, 264/274); Aktenanforderung und Aktenversendung (BVerfGE 29, 148/153); eidliche Zeugenvernehmung auf Ersuchen einer Verwaltungsbehörde (BVerfGE 7, 183/188 f); Gewährung von Urlaub aus der Haft (BVerfGE 64, 261/278 f); Gutachtenerstattung (BVerfGE 4, 358/363); Nichterteilung einer Fahrerlaubnis (BVerfGE 20, 365/369 f); Patentamtstätigkeit (BVerwGE 8, 350/353); Registereintragung (Detterbeck SA 13; Schulze-Fielitz DR 42); Schuldsprüche des Bundesoberseeamts (BVerwGE 32, 21); Verhängung von Diziplinarstrafen (BVerfGE 22, 311/317), Fahrverboten (BVerfGE 27, 36/40 ff), gebührenpflichtigen Verwarnungen (BVerfGE 22, 125/131 ff) und sonstigen Ordnungswidrigkeitensanktionen (BVerfGE 8, 197/207; 22, 49/81; 27, 18/30; 45, 272/288 f); Zwangsvollstreckungsangelegenheiten (Schulze-Fielitz DR 44).

6   **b)** Art.92 betrifft nur die **staatliche rechtsprechende Gewalt.** Private Gerichtsbarkeit, z. B. Betriebsjustiz, Schiedsgerichtsbarkeit, Vereins- und Verbandsgerichtsbarkeit, einschl. der Parteischiedsgerichte (Rn.25 a zu Art.21), wird hierdurch weder erlaubt noch verboten (BGHZ 65, 59/61; Detterbeck SA 25). Grenzen ergeben sich jedoch aus Rechtsweggarantien, Richtervorbehalten und Kernbereichen (oben Rn.2 f; Schulze-Fielitz DR 49 f); zu ihren sonstigen verfassungsrechtlichen Grenzen Wassermann AK 51 ff; Achterberg BK 173 ff. Zur kirchlichen Gerichtsbarkeit Rn.19–21 zu Art.137 WRV. Erfasst werden auch die Gerichte, die von anderen juristischen Personen des öffentlichen Rechts als dem Bund oder den Ländern eingerichtet werden (sog. mittelbare Staatsgerichtsbarkeit), z. B. Berufsgerichte und Gemeindegerichte, vorausgesetzt sie beruhen auf staatlichem Gesetz und unterliegen personell dem entscheidenden Einfluss des Staats (BVerfGE 18, 241/253 f; 26, 186/195; 27, 312/320; 27, 355/361 f; 48, 300/323; strenger Bettermann HbStR III 808 ff; Meyer MüK 12).

7   **c) Richter** sind durch organisatorische Selbständigkeit, persönliche und sachliche Unabhängigkeit (Art.97) sowie Neutralität und Distanz („als unbeteiligte Dritte") gegenüber den Verfahrensbeteilig-

ten (BVerfGE 60, 175/214; 87, 68/85; NJW 01, 1053; BVerwGE 78, 216/219) gekennzeichnet. Niemand darf Richter in eigener Sache sein (BVerfG, NJW 01, 1053). Richter können grds. Berufs- oder Laienrichter sein. Die Zuziehung von ehrenamtlichen Richtern steht im Ermessen des Gesetzgebers, der ihnen auch ein zahlenmäßiges Übergewicht zuerkennen kann (BVerfGE 4, 387/406; 42, 206/208 f; 48, 300/317; 54, 159/167; diff. Achterberg BK 289). Andere nicht den vollen Schutz der persönlichen Unabhängigkeit genießende Richter (Rn.6 zu Art.97) sind nur als Ausnahme und aus zwingendem Grund als Richter zuzulassen (BVerfGE 14, 156/163 ff; BVerfG-K, NJW 98, 1053; BVerwGE 102, 7/8; BGHZ 95, 22/26; 130, 304/310); ein Verstoß verletzt Art.101 Abs.1 S.2. Zu Ausbildungsfragen enthält Art.92 keine Aussage (Schulze-Fielitz DR 54; Wassermann AK 42 f; a. A. Achterberg BK 79; Stern II 904). Besoldungsfragen können allenfalls in extremen Fällen für die Richtereigenschaft bedeutsam werden (BVerfGE 23, 321/325; 32, 199/230 f).

Einzelfälle. Die Richtereigenschaft wurde **bejaht** für ärztliche **8** Beisitzer bei Berufsgerichten soweit sie nicht Angehörige der Beschluss- und Verwaltungsorgane der Ärztekammern sind (BVerfGE 4, 74/92 f; 18, 241/254 ff); ehrenamtliche Arbeitsrichter (BAGE 40, 75/83); Familienrichter (BVerfGE 64, 175/179); Gemeinderichter (BVerfGE 14, 56/69 f; BSGE 82, 150/152 ff); Handelsrichter (Schulze-Fielitz DR 52); kassenärztliche Sozialrichter (BVerfGE 27, 312/320 f; 33, 171/182); Landesverfassungsrichter (BVerfGE 96, 231/244); landwirtschaftliche Beisitzer, soweit sie nicht gleichzeitig dem Vorstand der Landwirtschaftskammer angehören (BVerfGE 21, 73/77; 42, 206/209 f; 54, 159/168 ff); Rechtsanwälte als ehrenamtliche Richter in Ehrengerichten und Ehrengerichtshöfen (BVerfGE 26, 186/200 f; 48, 300/316 ff); Schöffen (Schulze-Fielitz DR 52); technischer Beisitzer am Flurbereinigungsgericht (BVerwGE 44, 96/100).

Die Richtereigenschaft wurde **verneint** für ausgeschlossene **9** (BVerfGE 4, 412/417; 63, 77/80) und befangene (BVerfGE 21, 139/146; BVerfG-K, NJW 98, 370) Richter; Beschwerdeausschussmitglieder nach dem SoforthilfeG (BVerfGE 4, 331/344 ff); Einigungsstellenmitglieder nach dem BetriebsverfassungsG (BVerfG-K, NJW 88, 1135); fehlerhaft gewählte Schöffen (BVerfGE 31, 181/184); Gemeindebeamte als Friedensrichter (BVerfGE 10, 200/216 ff); Landtagsabgeordnete als Mitglieder eines Wahlprüfungsgerichts (BVerfG, NJW 01, 1053); Rechtspfleger (BVerfGE 56, 110/127; 101, 397/405; vgl. auch Rn.5 zu Art.100); Spruchkörpermitglieder der

Sozialversicherungs- und Versorgungsverwaltung (Meyer MüK 15; offengelassen BVerfGE 4, 193/198 f); Untersuchungsausschussmitglieder (BVerfGE 77, 1/42); Vergabeüberwachungsausschussmitglieder (Schulze-Fielitz DR 53).

10   **d) Gerichte** (Spruchkörper) sind die organisatorischen Einheiten, durch die die Richter (oben Rn.7–9) tätig werden (vgl. Achterberg BK 236 ff; Meyer MüK 4, 9; Schulze-Fielitz DR 55). Zur rechtsprechenden Gewalt zählen sie nur dann, wenn sämtliche Mitglieder Richter sind (Wassermann AK 35). Von den Gerichten als Spruchkörpern sind die Gerichte als Behörden zu unterscheiden: Justizverwaltungsangelegenheiten sind nicht Rechtsprechung (näher Schulze-Fielitz DR 45; Stern II 901 f); zum Rechtsschutz insoweit Rn.31 zu Art.19.

11   **e) Ausschließlichkeit der Zuweisung** der rechtsprechenden Gewalt an die Richter: Die oben Rn.2–6 beschriebene Aufgabe darf nur von den oben Rn.7–10 beschriebenen Funktionsträgern wahrgenommen werden; es besteht ein Rechtsprechungsmonopol der Richter und Gerichte (Bettermann HbStR III 777; Meyer MüK 2 f). Insofern kann auch von einem grundsätzlichen Gebot der Trennung von Rechtsprechung und Verwaltung gesprochen werden (BVerfGE 10, 200/216; 18, 241/254; 54, 159/166; BSGE 12, 237/238), das durch § 4 Abs.1 DRiG verfassungsgemäß konkretisiert wird (BVerwGE 25, 210/218 ff; 41, 195/198). Allerdings gilt das strikt nur in der Richtung, dass nicht Funktionsträger der Verwaltung rechtsprechende Gewalt ausüben dürfen. So ist für die Verhängung von Kriminalstrafen ein administratives Vorverfahren auch dann unzulässig, wenn es auf Antrag in ein gerichtliches Verfahren übergeleitet werden kann (BVerfGE 22, 49/80 f). Umgekehrt dürfen den Funktionsträgern der rechtsprechenden Gewalt Aufgaben der Verwaltung übertragen werden, sofern das GG deren Wahrnehmung nicht einer anderen Gewalt vorbehält (BVerfGE 21, 139/144; 64, 175/179; 76, 100/106). Insb. ergibt sich aus der parlamentarischen Verantwortlichkeit (Rn.1 zu Art.65), dass eine beliebige Ausweitung der Übertragung von Aufgaben auf die rechtsprechende Gewalt unzulässig ist (Schulze-Fielitz DR 40 f; Stern II 900). Rechtsfolge einer entsprechenden gesetzlichen Übertragung ist, dass auch insoweit die für Richter geltenden Normen des GG, besonders Art.97 f, anwendbar sind (BVerfGE 22, 49/78; 25, 336/345 f). Dies gilt nur nicht für Justizverwaltungsangelegenheiten (Meyer MüK 8; Schulze-Fielitz DR 46). Grds. ist auch die Trennung von Rechtsprechung und Gesetzgebung geboten (BVerfGE 4, 219/234).

3. Kompetenzverteilung (Hs.2)

Entscheidend für die Abgrenzung von Bundes- und Landes- **12** gerichten ist, ob der konkrete Organisationsakt von Bund oder vom Land vorgenommen wird (BVerfGE 24, 155/167; Achterberg BK 248; Schulze-Fielitz DR 61). Der Bund darf nur die im GG vorgesehenen Bundesgerichte errichten (BVerfGE 8, 174/176; 10, 200/213; BVerwGE 32, 21/23). Es können obligatorische (Art.93–95) und fakultative (Art.96 Abs.1–4) Bundesgerichte unterschieden werden. Innerhalb von Bund und Ländern sind nach dem Gesetzesvorbehalt (Rn.44 f zu Art.20) die Parlamente zuständig (BVerfGE 2, 307/316 ff; 24, 125/167). Abweichend von den Rechtsfolgen gem. Rn.7 f zu Art.30 sind hier ein Instanzenweg von Landgerichten zu Bundesgerichten (vgl. Art.95), auch soweit es um die Anwendung von Landesrecht geht (vgl. Art.99), und ein Zusammenwirken von Landes- und Bundesorganen (vgl. Art.96 Abs.5) zulässig (Blümel HbStR IV 983 f). Die mittelbare Staatsgerichtsbarkeit (oben Rn.6) unterliegt ganz der Kompetenz der Länder.

Art.**93** [Kompetenzen des Bundesverfassungsgerichts]

(1) **Das Bundesverfassungsgericht**[2 ff] **entscheidet:**

1. **über die Auslegung dieses Grundgesetzes aus Anlaß von Streitigkeiten über den Umfang der Rechte und Pflichten eines obersten Bundesorgans oder anderer Beteiligter, die durch dieses Grundgesetz oder in der Geschäftsordnung eines obersten Bundesorgans mit eigenen Rechten ausgestattet sind**[5 ff]**;**

2. **bei Meinungsverschiedenheiten oder Zweifeln über die förmliche und sachliche Vereinbarkeit von Bundesrecht oder Landesrecht mit diesem Grundgesetze oder die Vereinbarkeit von Landesrecht mit sonstigem Bundesrechte auf Antrag der Bundesregierung, einer Landesregierung oder eines Drittels der Mitglieder des Bundestages**[19 ff]**;**

2 a. **bei Meinungsverschiedenheiten, ob ein Gesetz den Voraussetzungen des Artikels 72 Abs.2 entspricht, auf Antrag des Bundesrates, einer Landesregierung oder der Volksvertretung eines Landes**[20, 28]**;**

3. **bei Meinungsverschiedenheiten über Rechte und Pflichten des Bundes und der Länder, insbesondere bei der Ausführung von Bundesrecht durch die Länder und bei der Ausübung der Bundesaufsicht**[29 ff]**;**

4. in anderen öffentlich-rechtlichen Streitigkeiten zwischen dem Bunde und den Ländern[36f], zwischen verschiedenen Ländern[38f] oder innerhalb eines Landes[40ff], soweit nicht ein anderer Rechtsweg gegeben ist;

4a. über Verfassungsbeschwerden, die von jedermann mit der Behauptung erhoben werden können, durch die öffentliche Gewalt in einem seiner Grundrechte oder in einem seiner in Artikel 20 Abs.4, 33, 38, 101, 103 und 104 enthaltenen Rechte verletzt zu sein[45ff];

4b. über Verfassungsbeschwerden von Gemeinden und Gemeindeverbänden wegen Verletzung des Rechts auf Selbstverwaltung nach Artikel 28 durch ein Gesetz, bei Landesgesetzen jedoch nur, soweit nicht Beschwerde beim Landesverfassungsgericht erhoben werden kann[74f];

5. in den übrigen in diesem Grundgesetze vorgesehenen Fällen[1].

(2) **Das Bundesverfassungsgericht wird ferner in den ihm sonst durch Bundesgesetz zugewiesenen Fällen tätig**[1].

Übersicht

Literatur I (Allgemeines): *Brohm,* Die Funktion des BVerfG – Olig-
archie in der Demokratie?, NJW 2001, 1; *Schuppert/Bumke,* Die Konstitu-
tionalisierung der Rechtsordnung, 2000; *Fleury,* Verfassungsprozessrecht,
3. A. 2000; *Broß,* Das BVerfG und die Fachgerichte, BayVBl 2000, 513;
E.-W. Böckenförde, Verfassungsgerichtsbarkeit: Strukturfragen, Organisation,
Legitimation, NJW 1999, 9; *Steiner,* Zum Entscheidungsausspruch und seinen Folgen bei der verfassungsgerichtlichen Normenkontrolle, FS Leisner,
1999, 569; *Tietje,* Die Stärkung der Verfassungsgerichtsbarkeit im föderalen
System Deutschlands in der jüngeren Rspr des BVerfG, AöR 1999, 282;
Badura (Hg.), Verfassungsgerichtsbarkeit und Gesetzgebung, 1998; *Pestalozza,*
Das BVerfG: Bonner Reform-Allerlei '98, JZ 1998, 1039; *Diederichsen,* Das

BVerfG als oberstes Zivilgericht, AcP 1998, 171; *Robbers,* Für ein neues Verhältnis zwischen BVerfG und Fachgerichtsbarkeit, NJW 1998, 935; *Schulze-Fielitz,* Das BVerfG in der Krise des Zeitgeists, AöR 1997, 1; *Bethge,* Verfahrenskonkurrenzen beim BVerfG, Jura 1997, 591; *Berkemann,* Das BVerfG und „seine" Fachgerichtsbarkeiten, DVBl 1996, 1028; *Simon,* Verfassungsgerichtsbarkeit, HbVerfR, 2. A. 1994, 1637; *Klenker,* Gesetzgebungsaufträge des BVerfG, 1993; *Heun,* Funktionell-rechtliche Schranken der Verfassungsgerichtsbarkeit, 1992; *Bender,* Die Befugnis des BVerfG zur Prüfung gerichtlicher Entscheidungen, 1991; *Scherzberg,* Grundrechtsschutz und „Eingriffsintensität", 1989; *Hein,* Die Unvereinbarerklärung verfassungswidriger Gesetze durch das BVerfG, 1988; *Schulte,* Appellentscheidungen des BVerfG, DVBl 1988, 1200; *Löwer,* Zuständigkeiten und Verfahren des BVerfG, HbStR II, 1987, 737; *Schenke,* Verfassungsgerichtsbarkeit und Fachgerichtsbarkeit, 1987. – **II (Verfassungsbeschwerde):** *Düwel,* Kontrollbefugnisse des BVerfG bei Verfassungsbeschwerden gegen gerichtliche Entscheidungen, 2000; *Cornils,* Prozessstandschaft im Verfassungsbeschwerdeverfahren, AöR 2000, 1; *Bogs* (Hg.), Urteilsverfassungsbeschwerde zum BVerfG, 1999; *Rühl,* Die Funktion der Verfassungsbeschwerde für die Verwirklichung der Grundrechte, KritV 1998, 156; *Dörr,* Die Verfassungsbeschwerde in der Prozesspraxis, 2. A. 1997; *Häberle,* Die Verfassungsbeschwerde im System der deutschen Verfassungsgerichtsbarkeit, JöR 1997, 89; *Rozek,* Abschied von der Verfassungsbeschwerde auf Raten?, DVBl 1997, 517; *Roth,* Die Überprüfung fachgerichtlicher Urteile durch das BVerfG und die Entscheidung über die Annahme einer Verfassungsbeschwerde, AöR 1996, 544; *Hoppe,* Probleme des verfassungsgerichtlichen Rechtsschutzes der kommunalen Selbstverwaltung, DVBl 1995, 179; *Posser,* Die Subsidiarität der Verfassungsbeschwerde, 1993; *Warmke,* Die Subsidiarität der Verfassungsbeschwerde, 1993; *v. d. Hövel,* Zulässigkeits- und Zulassungsprobleme der Verfassungsbeschwerde gegen Gesetze, 1990; *Gusy,* Die Verfassungsbeschwerde, 1988.

I. Allgemeines

1. Bedeutung der Regelung

1   Art.93 zählt in Abs.1 die Fälle der Rechtswegeröffnung zum BVerfG auf und begründet in Abs.2 eine ausschließliche Bundesgesetzgebungskompetenz (Rn.3 zu Art.70) für die Rechtswegeröffnung zum BVerfG. Abs.1 Nr.4 a (Verfassungsbeschwerde) und 4 b (Kommunalverfassungsbeschwerde) sind 1969 eingefügt worden (Einl.3 Nr.19). Abs.1 Nr.2 a ist 1994 mit dem Ziel eingefügt worden (Einl.3 Nr.42), die Justitiabilität der Inanspruchnahme der konkurrierenden Bundesgesetzgebungskompetenz zu verbessern (BT-Drs. 12/6000, 33, 36). Grenzen der Ermächtigung des Bundesgesetzgebers bestehen nur insoweit, als keine Funktionsunfähigkeit des BVerfG bewirkt werden darf (vgl. Stern BK 851 f; Maunz MD 3;

Meyer MüK 63; offengelassen BVerfGE 31, 371/377). Unter Abs.2 fallen (vgl. Stern BK 843 ff): § 105 BVerfGG, § 26 Abs.3 Europa-wahlG (BVerfGE 70, 271/276), §§ 14 Abs.3, 24 Abs.5; 36 Abs.4, 39 S.1 G zu Art.29 (Rn.7 zu Art.29), § 33 Abs.2 PartG, § 39 Abs.2 SGG, § 50 Abs.3 VwGO. Durch Art.93 werden die Kompetenzen des BVerfG abschließend aufgezählt (BVerfGE 1, 396/408 f; 13, 174/176 f; 63, 73/76). Eine analoge Anwendung dieser Kompeten-zen ist unzulässig (BVerfGE 2, 341/346; 21, 52/53), auch bei drin-gendem rechtspolitischen Bedürfnis (BVerfGE 22, 293/298; Bethge MSKU Vorb.47 vor § 1). Die in Abs.1 Nr.5 angesprochenen übrigen im GG vorgesehenen Fälle finden sich in Art.18 S.2, 21 Abs.2 S.2, 41 Abs.2, 61, 84 Abs.4 S.2, 98 Abs.2, 5, Art.99, 100, 126 (vgl. auch § 13 BVerfGG).

2. Stellung und Aufgabe des Bundesverfassungsgerichts

Das BVerfG ist gem. Art.92 ein **Gericht;** seinen Mitgliedern ist **2** als Richtern rechtsprechende Gewalt anvertraut (BVerfGE 40, 356/360; 65, 152/154). Das BVerfG hat sich selbst als Verfassungs-organ bezeichnet (BVerfGE 7, 11/14; 7, 377/413; 65,152/154; vgl. auch § 1 Abs.1 BVerfGG; zust. Bethge MSKU Vorb.5 vor § 1; krit. Ipsen 846 ff; Meyer MüK 64). Es hat zwar einen besonderen organi-satorischen Status, durch den der Erlass einer Geschäftsordnung noch gedeckt ist (näher Stern BK 21 ff); auf der Grundlage des § 1 Abs.3 BVerfGG hat sich das BVerfG eine Geschäftsordnung gegeben (abgedruckt Lechner/Zuck, Anh.). Hieraus können aber keine zu-sätzlichen Kompetenzen abgeleitet werden (Rinken AK 82 vor Art.93; Meyer MüK 6; Schlaich 30 ff). Es ist daher verfehlt, wenn sich das BVerfG als „Herr seines Verfahrens" bezeichnet (BVerfGE 13, 54/94; 36, 342/357; 60, 175/213). Das BVerfG ist als Gericht an das gesetzlich vorgeschriebene Verfahren (Rn.2 zu Art.94) gebun-den. Soweit die gesetzliche Regelung lückenhaft ist, darf das BVerfG sie in Analogie zum sonstigen deutschen Verfahrensrecht schließen (BVerfGE 1, 109/110 f; 50, 381/384; 51, 405/407; Bethge MSKU Vorb.42 vor § 1; Lechner/Zuck 3 vor § 17). In der Sache hat das BVerfG bisher auch keine Verfahrensautonomie in Anspruch ge-nommen (Rinken AK 25 f zu Art.94; Schlaich 54).

Aufgabe des BVerfG ist Rechtsprechung nach dem Maßstab des **3** GG. Mißverständlich ist es, wenn sich das BVerfG als „Hüter der Verfassung" bezeichnet (BVerfGE 1, 184/195 ff; 1, 396/408 f; 2, 124/131; 6, 300/304; 40, 88/93); denn das BVerfG steht nicht außerhalb, sondern unter der Verfassung, und es teilt die Aufgabe der

Wahrung der Verfassung mit den anderen Organen der öffentlichen Gewalt (Rinken AK 72, 81 vor Art.93; Meyer MüK 66). Da die Normen des GG häufig einen großen interpretatorischen Spielraum lassen und das BVerfG letztverbindlich entscheidet, stellt sich das Problem der Wahrung der Kompetenzen der anderen Gewalten durch das BVerfG. Die vom BVerfG verschiedentlich proklamierte Selbstbeschränkung (sog. judicial self-restraint; BVerfGE 36, 1/14; 59, 360/377) ist teils nichts sagend, teils verfehlt: Ein Gericht entscheidet auf Antrag nach der Rechtslage und hat dabei seine Kompetenzen sowohl wahrzunehmen als auch einzuhalten (Schlaich 469).

4   Das **Verhältnis zur Gesetzgebung** ist wegen der weitgehenden Kompetenzen des BVerfG zur Normenkontrolle besonders prekär. Das BVerfG weist insofern häufig auf ein Ermessen bzw. einen Gestaltungsspielraum des Gesetzgebers hin, der aber nach Sachgebieten unterschiedlich groß sein soll: weiter auf dem Gebiet der Wirtschaftspolitik (BVerfGE 4, 7/14; 50, 290/336 ff), der Außenpolitik (BVerfGE 4, 157/168 ff; 40, 141/178; 55, 349/365) und der Bildungspolitik (BVerfGE 34, 165/185), enger im Bereich des Strafrechts (BVerfGE 45, 187/238). Speziell bei Prognoseentscheidungen des Gesetzgebers billigt es sich eine unterschiedliche Kontrollkompetenz zu, die von einer Evidenzkontrolle über eine Vertretbarkeitskontrolle bis hin zu einer intensivierten inhaltlichen Kontrolle reicht; welcher Maßstab anzuwenden sei, hänge von Faktoren verschiedener Art ab, „im Besonderen von der Eigenart des in Rede stehenden Sachbereichs, den Möglichkeiten, sich ein hinreichend sicheres Urteil zu bilden, und der Bedeutung der auf dem Spiele stehenden Rechtsgüter" (BVerfGE 50, 290/333). Entscheidend für die Kontrolldichte ist aber letztlich die Existenz und Art der materiell-rechtlichen Normierung des betreffenden Sachgebietes (BVerfGE 62, 1/51; Bethge MSKU Vorb.158 vor § 1; vgl. auch Rn.87 f zu Art.20). Der Wahrung der Kompetenzen des Gesetzgebers dienen auch die Entscheidungsvarianten neben der Nichtigerklärung von Gesetzen, die das BVerfG entwickelt hat: bloße Erklärung der Verfassungswidrigkeit (z. B. BVerfGE 57, 361/388; 61, 43/68; 65, 325/357 f), Appellentscheidungen (z. B. BVerfGE 54, 11/37; 62, 256/286), verfassungskonforme Auslegung von Gesetzen (dazu Rn.33 f zu Art.20). Zum Verhältnis zur Fachgerichtsbarkeit unten Rn.73.

II. Bundesorganstreitigkeit (Abs.1 Nr.1)

1. Zulässigkeit

a) Parteifähigkeit besitzen die obersten Bundesorgane – Bun- 5
destag (Rn.1 zu Art.40), Bundesrat (Rn.1 zu Art.50), Bundespräsident (Rn.1 zu Art.54), Bundesregierung (Rn.1 zu Art.62), Bundesversammlung (Rn.5 zu Art.54), Gemeinsamer Ausschuss (Rn.1
zu Art.53 a) – und andere Beteiligte, die durch das GG oder in den
Geschäftsordnungen eines obersten Bundesorgans mit eigenen
Rechten ausgestattet sind. § 63 BVerfGG kann Abs.1 Nr.1 nicht
wirksam einschränken, so dass sich die Parteifähigkeit der insoweit
nicht erfassten Organe und Organteile direkt aus Abs.1 Nr.1 ergibt
(Benda/Klein 914, 936; Rinken AK 8; Pestalozza 108; Schlaich 82;
vgl. auch BVerfGE 13, 54/81). Anträge mehrerer Antragsteller
können gem. § 66 BVerfGG verbunden werden. Die Bundesorganstreitigkeit ist ein zulässiger Insichprozess (Schlaich 74).

Im Einzelnen ist die Parteifähigkeit **anzunehmen** für den *Bun-* 6
destag einschl. der Abgeordneten (Rn.36 zu Art.38), der Ausschüsse
(BVerfGE 2, 143/160), außer sie finden ihre Grundlage nur in
Gesetzen wie das Gremium gem. § 9 Abs.1 G 10 und die Parlamen-
tarische Kontrollkommission gem. § 1 G über die parlamentarische
Kontrolle der Nachrichtendienste (Schneider AK 3 zu Art.40; a.A.
Waechter, Jura 91, 520 ff), der Fraktionen und Gruppen (Rn.36 zu
Art.38), auch der Fraktionen in Untersuchungsausschüssen (BVerfGE
67, 100/124 f), der konstituierten Minderheiten iSd Art.39 Abs.3
S.3, 42 Abs.1 S.2, 44 Abs.1 S.1 (BVerfGE 67, 100/124), 61 Abs.1 S.2
und 79 Abs.2 sowie einzelner Regelungen der GeschOBT (Benda/
Klein 930) im Gegensatz zu bloßen Abstimmungsmehrheiten und
-minderheiten (BVerfGE 2, 143/159 ff), und des Bundestagspräsidenten (BVerfGE 62, 1/33); den *Bundesrat* einschl. der Ausschüsse
(Benda/Klein 932; Stern BK 123), der Minderheiten iSd Art.52
Abs.2 S.2, 61 Abs.1 S.2 und 79 Abs.2 (Benda/Klein 932; Stern BK
124), der Mitglieder (Blumenwitz BK 26 zu Art.51; Maunz MD 25
zu Art.51; a.A. Ulsamer MSKU 17 zu § 63) und des Bundesratspräsidenten (Benda/Klein 932; Stern BK 122); den *Bundespräsiden-*
ten; die *Bundesregierung* einschl. des Bundeskanzlers und der Bundesminister (BVerfGE 45, 1/28; 67, 100/127); die *Bundesversammlung*
(Pestalozza 104); den *Gemeinsamen Ausschuss* (Clemens UC 127 zu
§§ 63, 64). Darüber hinaus werden die *politischen Parteien* vom
BVerfG als parteifähig in der Bundesorganstreitigkeit angesehen
(Rn.44 zu Art.21). Rechte aus dem GG haben auch der Bundes-

rechnungshof (Rinken AK 10; Stern BK 98; Vogel/Kirchhof BK 179 zu Art.114; Häußer, DÖV 1998, 544; vgl. auch BbgVerfG, LVerfGE 7, 123/129; a. A. Benda/Klein 922; Löwer HbStR II 751; Maunz MD 12 zu Art.114), der Vermittlungsausschuss (Benda/Klein 933; Stern BK 128; a. A. Lechner/Zuck 13 vor § 63) und der Wehrbeauftragte (Benda/Klein 922; Rinken AK 10; a. A. Löwer HbStR II 751; Stern BK 99).

7   Die Parteifähigkeit ist **abzulehnen** für Landesorgane (BVerfGE 86, 65/70), Staatsbürger (BVerfGE 13, 54/95 f; 60, 175/200 f; a. A. Pestalozza 106), private Verbände (BVerfGE 1, 208/227; 13, 54/81 ff; 27, 240/244 f), Wählervereinigungen (BVerfGE 51, 222/233; 74, 96/101; 79, 379/383 ff), Gemeinden (BVerfGE 27, 240/246) einschl. der Mitglieder der Gemeinde- und Kreisvertretung (Clemens UC 36 zu §§ 63, 64), Körperschaften des öffentlichen Rechts (BVerfGE 27, 240/244), einschl. der Kirchen (BVerfGE 1, 208/227) und die Bundesbank (Rinken AK 10; Stern BK 100; Hahn/Häde BK 211 ff zu Art.88; a. A. Pernice DR 20 zu Art.88).

8   **b) Streitgegenstand** ist zunächst die Auslegung des GG. §§ 64, 67 BVerfGG haben das Verfahren zulässigerweise zu einem kontradiktorischen Verfahren fortgebildet (BVerfGE 20, 18/23 f; 64, 301/315), in dem ein Verstoß einer beanstandeten Maßnahme gegen das GG und die Verletzung von Rechten der Beteiligten festgestellt werden kann (BVerfGE 1, 208/231 f; 45, 1/3; 68, 1/66; vgl. auch StGH BW, ESVGH 35, 241/243; einschr. Rinken AK 4). Gem. § 64 Abs.1 BVerfGG reicht auch eine unmittelbare Gefährdung von Rechten aus (BVerfGE 2, 143/157; Stern BK 178 ff). Der Maßnahme steht eine pflichtwidrige Unterlassung gleich (offengelassen BVerfGE 92, 80/87). Die Rechte und Pflichten müssen gegenseitig sein (BVerfGE 68, 1/69 ff; 100, 266/268 f) und sich aus einem verfassungsrechtlichen, auch ungeschriebenen (BVerfGE 90, 286/337: Verfassungsorgantreue), nicht bloß einfach-gesetzlichen Rechtsverhältnis ergeben (BVerfGE 2, 143/152; 60, 374/379; 84, 290/297; vgl. auch § 64 Abs.1 BVerfGG).

9   **Einzelfälle:** Ein verfassungsrechtliches Rechtsverhältnis liegt nicht vor bei einem Streit zwischen einer politischen Partei und dem Bundestagspräsidenten um eine Abschlagzahlung auf die Wahlkampfkosten (BVerfGE 27, 152/157; 73, 1/30 f) und zwischen einer politischen Partei und der Bundesregierung um Aufsichts- und Verwaltungsbefugnisse aus dem EVertr (BVerfGE 84, 290/297 f), wohl aber bei einem Streit zwischen einer Fraktion und dem Präsidenten des Abgeordnetenhauses um die Rückforderung von Fraktions-

zuschüssen wegen zweckwidriger Verwendung (BVerfGE 62, 194/199; BVerfG-K, NVwZ 98, 387 f; BVerwG, DÖV 86, 246) und bei dem von einem Untersuchungsausschuss des Bundestags gegenüber einem Bundesminister geltend gemachten Anspruch auf Akteneinsicht (BVerfGE 67, 100/123 f).

c) Antragsbefugnis: aa) Die verfassungsrechtlichen (oben **10** Rn.8 f) Rechte müssen dem Antragsteller gem. § 64 Abs.1 BVerfGG **selbst zustehen.** Er muss geltend machen, dass ihm ein Recht „zur ausschließlich eigenen Wahrnehmung oder zur Mitwirkung übertragen" oder seine „Beachtung erforderlich ist, um die Wahrnehmung seiner Kompetenzen und die Gültigkeit seiner Akte zu gewährleisten" (BVerfGE 68, 1/73). IdS haben Bundestagsabgeordnete ein eigenes Recht an der Einhaltung der Legislaturperiode (BVerfGE 62, 1/32), nicht aber an der Beachtung des institutionellen Gesetzesvorbehalts (BVerfGE 80, 188/215) oder der Kompetenzen des Bundestags gegenüber der Bundesregierung (BVerfGE 90, 286/342 f). Bundestagsfraktionen haben ein eigenes Recht an der Einhaltung ihrer Rechte gegenüber dem Bundestag (BVerfGE 100, 266/270), insb. ihnen übertragener Minderheitsrechte (BVerfGE 70, 324/351) und politische Parteien an ihrem verfassungsrechtlichen Status (BVerfGE 84, 290/299 ff; Clemens UC 93 ff zu §§ 63, 64; vgl. Rn.11 f zu Art.21), nicht aber an Grundrechten (BVerfGE 84, 290/299; vgl. auch BVerfGE 73, 40/66 f) oder an sonstigem objektivem Verfassungsrecht (BVerfGE 73, 1/29 f). Der Bundestag kann nicht Grundrechtsverletzungen oder Verstöße gegen allgemeine Regeln des Völkerrechts iSd Art.25 rügen (Benda/Klein 941).

bb) Organteile können zulässigerweise gem. § 64 Abs.1 **11** BVerfGG die verfassungsrechtlichen (oben Rn.8 f) Rechte des Organs selbst in sog. **Prozessstandschaft** geltend machen, auch wenn das Organ mehrheitlich seine Rechte nicht als verletzt betrachtet (BVerfGE 1, 351/359; 45, 1/29 f; 68, 1/69 ff; krit. Stern BK 158 ff). Diese mit dem Minderheitenschutz begründete Rspr. ist bis jetzt aber nur auf Bundestagsfraktionen angewandt worden (krit. Benda/Klein 948), schon nicht mehr auf Fraktionen in Untersuchungsausschüssen des Bundestags (BVerfGE 67, 100/126) und auf Bundestagsabgeordnete (BVerfGE 70, 324/354; 90, 286/343 f; a. A. BVerfGE *abwM* 70, 366/275 f; Demmler, o.Lit. zu Art.38 II, 314 ff; Geis, ZG 93, 148 ff); Antragsgegner kann dann aber nicht der Bundestag selbst sein (vgl. StGH BW, DÖV 97, 204; VerfGH NW, OVGE 46, 282/287). Es gibt keine gewillkürte Prozessstandschaft (Benda/Klein 946).

12   **cc)** Der Antragsteller muss „schlüssig" behaupten, dass seine verfassungsrechtlichen (oben Rn. 8) Rechte **„möglicherweise verletzt oder** unmittelbar **gefährdet"** sind (BVerfGE 70, 324/350; 80, 188/209; 81, 310/329). Hierfür muss die beanstandete Maßnahme oder Unterlassung rechtserheblich sein (BVerfGE 60, 374/380 ff; 94, 351/362 f; 99, 19/28). Das kann auch beim Erlass eines Gesetzes (BVerfGE 4, 115/122; 73, 40/65; 82, 322/335) bzw. einer Geschäftsordnungsvorschrift (BVerfGE 80, 188/209; 84, 304/318) der Fall sein, sobald eine aktuelle rechtliche Betroffenheit besteht. Sie fehlt bei einem Gesetz, das eines „selbständigen Umsetzungsaktes" bedarf (BVerfGE 94, 351/363), bei einem bloßen Gesetzentwurf (BVerfGE 80, 188/212) und bei einem noch nicht in Kraft getretenen Gesetz (BVerfGE 92, 74/79 f). Stellungnahmen der Bundesregierung auf Anfragen im Bundestag bzw. im Verfassungsschutzbericht sollen überhaupt nicht (BVerfGE 13, 123/125) oder nur bei Willkür rechtserheblich sein (BVerfGE 40, 287/293; 57, 1/5 ff; krit. Benda/Klein 954; Rinken AK 13; Stern BK 173). Abgelehnt wurde die Rechtserheblichkeit auch bei dem Beschlussentwurf und Verfahrenshandlungen eines Bundestagsausschusses (BVerfGE 97, 408/414; 99, 19/29 ff), einer bloßen Meinungsäußerung (BVerfGE 2, 143/168) und vom Bundestagspräsidenten erteilten Rüge an einen Abgeordneten (BVerfGE 60, 374/381). Das Unterlassen einer Maßnahme ist nur dann rechtserheblich, wenn nicht ausgeschlossen werden kann, dass eine Verfassungspflicht zur Vornahme der Maßnahme besteht (BVerfGE 96, 264/277; BVerfG, NVwZ 01, 667).

13   **d) Passive Prozessführungsbefugnis.** Die beanstandete Maßnahme oder Unterlassung muss tatsächlich von dem bezeichneten Antragsgegner ausgegangen sein (BVerfGE 80, 188/216); dieser muss die rechtliche Verantwortlichkeit für die beanstandete Maßnahme oder Unterlassung tragen (BVerfGE 62, 1/33). Eine Prozessstandschaft ist insoweit ausgeschlossen (BVerfGE 2, 143/166 f). Passiv prozeßführungsbefugt sind der Bundestag allein oder gemeinsam mit dem Bundesrat, nicht aber die Bundesregierung, wenn sich der Antrag gegen ein Gesetz richtet (BVerfGE 73, 1/30; 73, 40/67; 82, 322/336; a. A. noch BVerfGE 1, 208/230 f; 4, 31/36); die Bundesregierung, wenn es um ihre Zustimmung zur Raketenstationierung geht (BVerfGE 68, 1/74); die Bundesminister bez. der im Rahmen ihrer Ressortkompetenz (Rn. 5 zu Art. 65) getroffenen Entscheidung (BVerfGE 67, 100/127), soweit diese verfassungsrechtliche Rechte des Antragstellers möglicherweise verletzt (BVerfGE 90, 286/338);

der Bundespräsident, wenn seine Entscheidung über die Auflösung des Bundestags (Rn.3 zu Art.68) beanstandet wird (BVerfGE 62, 1/33); der Bundestagspräsident, wenn eine von ihm ausgesprochene Ordnungsmaßnahme angegriffen wird (BVerfGE 60, 374/379). Dagegen ist für die Abberufung eines Bundestagsabgeordneten aus einem Ausschuss durch seine Fraktion nur diese, nicht aber der Bundestag oder dessen Präsident passiv prozeßführungsbefugt (BVerfGE 80, 188/216). Ein Antrag kann gegen mehrere Antragsgegner gerichtet sein (Benda/Klein 961).

e) Rechtsschutzbedürfnis. Dieses wird idR durch das Vorlie- **14** gen der Antragsbefugnis indiziert (BVerfGE 68, 1/77). Es entfällt nicht schon deshalb, weil die geltend gemachte Rechtsverletzung einen inzwischen abgeschlossenen Sachverhalt betrifft (BVerfGE 10, 4/11; 41, 291/303; 49, 70/77; vgl. auch Clemens UC 172 zu §§ 63, 64), weil das angegriffene Gesetz bereits im Wege der abstrakten Normenkontrolle für nichtig erklärt worden ist (BVerfGE 20, 134/141) oder weil der Antragsteller parlamentarisch-politische Handlungsmöglichkeiten hat (BVerfGE 90, 286/338 f). Dagegen besteht kein Rechtsschutzbedürfnis, wenn der Antragsteller das gerügte Verhalten selbst hätte verhindern können (BVerfGE 68, 1/77) oder wenn einfachere oder weiterreichende Abhilfen bestehen (BVerfGE 45, 1/30; Pestalozza 118). Veränderungen im Bereich der Antragsteller, insb. bedingt durch den Grundsatz der Diskontinuität (Rn.4 zu Art.39), führen nicht notwendig zur Unzulässigkeit (BVerfGE 102, 224/231; VerfGH NW, OVGE 46, 282/286; Pestalozza 118; a. A. Löwer HbStR II 747), wohl aber dann, wenn keine Wiederholungsgefahr besteht (BVerfGE 87, 207/209).

f) Form und Frist. Der Antrag ist gem. § 23 Abs.1 BVerfGG **15** schriftlich zu stellen und zu begründen. Über „die bloße Bezeichnung der Zulässigkeitsvoraussetzungen des § 64 Abs.1 und 2 BVerfGG hinaus" ist eine „nähere Substantiierung der Begründung" erforderlich (BVerfGE 24, 252/258). Das BVerfG hält sich „nicht an die Wortfassung eines Antrags gebunden; entscheidend ist vielmehr der eigentliche Sinn des mit einem Antrag verfolgten prozessualen Begehrens" (BVerfGE 68, 1/68). Der Antrag ist gem. § 64 Abs.3 BVerfGG binnen 6 Monaten, nachdem die beanstandete Maßnahme oder Unterlassung dem Antragsteller bekannt geworden ist, zu stellen. Bei Unterlassungen ist für den Beginn der Frist die eindeutige Erfüllungsverweigerung durch den Antragsteller maßgeblich (BVerfGE 4, 250/269; 21, 312/319; 71, 299/303 f; vgl. auch BVerfGE 92, 80/89). Bei Gesetzen wird insoweit teils auf ihre Ver-

kündung (BVerfGE 24, 252/258; 92, 80/87; krit. Benda/Klein 963),
teils auf den Tag ihres Beschlusses (BVerfGE 99, 332/336 f; 102,
224/234), bei Geschäftsordnungsbestimmungen auf ihren Erlass sowie u. U. auf eine später eintretende „aktuelle rechtliche Betroffenheit" beim Antragsteller (BVerfGE 80, 188/209, krit. zu Recht
Benda/Klein 404; Clemens UC 140 zu §§ 63, 64; Pestalozza 110)
abgestellt. Es handelt sich um eine Ausschlussfrist (BVerfGE 45,
1/30 f; 80, 188/210; 92, 80/87); eine Wiedereinsetzung in den vorigen Stand wird nicht zugelassen (BVerfGE 24, 252/257 f).

16   **g) Sonstiges: aa) Verfahrensbeitritt.** Dem Verfahren können
in jeder Lage andere Parteifähige (oben Rn.5–7) gem. § 65 Abs.1
BVerfGG beitreten, wenn die Entscheidung auch für die Abgrenzung ihrer Zuständigkeiten von Bedeutung ist. Hieran fehlt es, wenn
der Beitrittswillige gar keine in diesem Zusammenhang relevante
grundgesetzliche Kompetenz geltend machen kann (Clemens
UC 9 f zu § 65). Der Beitritt eines kollegialen Verfassungsorgans ist
nur wirksam, wenn er vom Kollegium beschlossen wird (BVerfGE
7, 282/288 f). Ein Beitrittswilliger darf nur auf Seiten der Partei
beitreten, deren rechtliche, nicht notwendig politische Interessen
den seinen entsprechen (BVerfGE 12, 308/310 f; 20, 18/22 ff; vgl.
auch BVerfGE 68, 346/348). Daher dürfen in einer Bundesorganstreitigkeit einer politischen Partei gegen den Bundestag andere
politische Parteien nicht aufseiten des Bundestags beitreten
(BVerfGE 20, 18/22 ff). In einem Streit zwischen einer Bundestags-
fraktion und der Bundesregierung darf der Bundestag nicht aufseiten
der Bundesregierung beitreten (Benda/Klein 969; **a. A.** BVerfGE 1,
351/359 ff). Anträge der Beitretenden müssen „mit dem Antrag des
Antragstellers in einem inneren Zusammenhang stehen" (BVerf-
GE 6, 309/326).

17   **bb)** Eine **Antragsrücknahme** soll nach der mündlichen Verhandlung der Zustimmung des Gerichts bedürfen und verweigert
werden können, wenn öffentliche Interessen entgegenstehen
(BVerfGE 24, 299/300; offengelassen BVerfGE 83, 175/181; a. A.
Lechner/Zuck 14 f zu § 65; Rinken AK 38 zu Art.94).

2. Begründetheit

18   Prüfungsmaßstab ist das Verfassungsrecht, einschl. des ungeschriebenen Verfassungsrechts (BVerfGE 6, 309/328), nicht dagegen Geschäftsordnungsrecht oder sonstiges Recht im Rang unterhalb der
Verfassung.

III. Abstrakte Normenkontrolle (Abs.1 Nr.2, 2 a)

1. Zulässigkeit

a) Antragsberechtigung besitzen **gem. Nr.2** nur: **(1)** die *Bun-* **19** *desregierung,* d. h. das Kollegium von Bundeskanzler und Bundesministern gem. Art.62; der Bundeskanzler ist auch nicht gestützt auf die Richtlinienkompetenz (Rn.3 zu Art.65) allein antragsbefugt (Benda/Klein 645; a. A. Stern BK 211), **(2)** die *Landesregierungen,* die nach dem jeweiligen Landesverfassungsrecht zu bestimmen sind, und **(3)** *1/3 der Mitglieder des Bundestags,* die „als Einheit auftreten und identische Ziele verfolgen" müssen (BVerfGE 68, 346/350). Selbständig Antragsberechtigte können einen gemeinsamen Antrag stellen (vgl. BVerfGE 61, 149/162). Eine Erweiterung der Antragsberechtigten durch Analogie ist unzulässig (BVerfGE 21, 52/53 f; 68, 346/349; vgl. auch BVerfGE 67, 26/37). Die abstrakte Normenkontrolle kennt als objektives Verfahren keinen Antragsgegner (BVerfGE 1, 208/219 f; 20, 56/95; 52, 63/80), keine Antragsfrist (BVerfGE 7, 305/310; 38, 258/269; 79, 311/326 f) und keine Verwirkung (BVerfGE 99, 57/66 f).

Antragsberechtigung besitzen **gem. Nr.2 a** nur: **(1)** der *Bun-* **20** *desrat,* **(2)** die *Landesregierungen,* die nach dem jeweiligen Landesverfassungsrecht zu bestimmen sind, und **(3)** die *Volksvertretungen der Länder.* Der Kreis der Antragsberechtigten nach Nr.2 a ist teils weiter (Bundesrat, Volksvertretungen der Länder), teils enger (Bundesregierung, 1/3 der Mitglieder des Bundestags) als nach Nr.2. Da Nr.2 a nach Systematik und Entstehungsgeschichte Nr.2 ergänzt, nicht verdrängt, bleibt die Antragsberechtigung von Bundesregierung und 1/3 der Mitglieder des Bundestags für die abstrakte Normenkontrolle von Bundesgesetzen am Maßstab des Art.72 Abs.2 gem. Nr.2 unberührt (Klein MD 48 m; a. A. Winkler, NVwZ 99, 1293).

b) Prüfungsgegenstand ist alles Bundes- und Landesrecht, **21** gleichgültig welchen Ranges, ob geschrieben oder ungeschrieben (Stern BK 230), ob bloß formeller oder bloß materieller Natur, ob nach- oder vorkonstitutioneller Art (BVerfGE 2, 124/131; 24, 174/179 f; NJW 01, 1048), bei Nr.2 a allerdings nur Bundesgesetze (Rn.2 zu Art.72). Voraussetzung ist die Verkündung der Norm; eine vorbeugende (präventive) Normenkontrolle ist grds. unzulässig (BVerfGE 1, 396/400 ff; a. A. Holzer, DÖV 78, 821). Eine Ausnahme gilt für Zustimmungsgesetze zu völkerrechtlichen Verträgen, wenn nur noch die Ausfertigung durch den Bundespräsidenten

und die Verkündung fehlen, damit vor dem völkerrechtlichen Inkrafttreten entschieden und ein Auseinanderfallen von völkerrechtlichen und verfassungsrechtlichen Pflichten vermieden werden kann
(BVerfGE 1, 396/413; 36, 1/15; Benda/Klein 661; krit. Stern BK
252). Außer Kraft getretene Normen können Prüfungsgegenstand
sein, soweit sie noch Rechtswirkungen haben (BVerfGE 79,
311/326 f; 100, 249/257; vgl. auch BVerfGE 6, 104/109 f).

22   **Im Einzelnen** sind **zulässige** Prüfungsgegenstände: Allgemein-
verbindliche Tarifverträge (vgl. BVerfGE 44, 322/338 ff; 55, 7/20 f);
Europäisches Gemeinschaftsrecht nur, soweit es sich um primäres
Gemeinschaftsrecht handelt (BVerfGE 52, 187/199); Geschäftsordnungen der Verfassungsorgane (Benda/Klein 654); Haushaltsgesetze (BVerfGE 20, 56/89 ff; 79, 311/326); Landesverfassungsrecht
(BVerfG, NJW 01, 1048); Rechtsverordnungen (BVerfGE 101, 1/30);
Satzungen (BVerfGE 10, 20/54); verfassungsändernde Gesetze (vgl.
BVerfGE 30, 1 ff); Zustimmungsgesetze zu Staatsverträgen (BVerfGE
12, 205/220) und zu völkerrechtlichen Verträgen (BVerfGE 1,
396/410; 6, 290/294 f).

23   **Unzulässige** Prüfungsgegenstände sind: Besatzungsrecht (Benda/
Klein 645); DDR-Recht, soweit es nicht nach Maßgabe des EVertr
fortgilt (Benda/Klein 656); Europäisches Gemeinschaftsrecht, soweit
es sich um sekundäres Gemeinschaftsrecht handelt (Benda/Klein
657); Kirchenrecht (Stern BK 248); Verwaltungsvorschriften (Benda/
Klein 655; Stern BK 251; vgl. auch BVerfGE 78, 214/227); Völkerrecht, soweit es nicht gem. Art. 25 Bundesrecht ist.

24   **c) Antragsbefugnis: aa)** Sie ist gegeben, wenn in der Rechts-
praxis **Meinungsverschiedenheiten oder Zweifel** über die Gültigkeit bzw. Ungültigkeit der betreffenden Norm bestehen, bei
Nr. 2 a allerdings nur bezüglich der Voraussetzungen der Art. 72 Abs. 2
und 75 Abs. 2; die Ausdehnung auf Art. 75 Abs. 2 durch § 76 Abs. 2
Hs. 2 BVerfGG ist zulässig (Zuck, NJW 98, 3031). Soweit § 76 Abs. 1
BVerfGG die Antragsbefugnis zusätzlich einengt, ist er nichtig (Rinken AK 22; Meyer MüK 36; Schlaich 122; offengelassen BVerfGE 1,
184/196; weite Auslegung des § 76 Abs. 1 BVerfGG in BVerfGE 12,
205/221; für verfassungskonforme Auslegung Benda/Klein 665 f;
Lechner/Zuck 6 zu § 76).

25   **bb)** Es ist ein besonderes **objektives Interesse** an der Klarstellung der Gültigkeit der Norm erforderlich (BVerfGE 88, 203/334;
96, 133/137; 100, 249/257); ein subjektives Rechtsschutzbedürfnis
ist nicht Voraussetzung (BVerfGE 52, 63/80; 83, 37/49; NJW 01,
1049), ebenso wenig ein „besonderes Kontrollinteresse" (BVerfGE

73, 118/150). Das besondere objektive Interesse an der Feststellung der Gültigkeit einer Norm gem. § 76 Abs.1 Nr.2 BVerfGG ist nur dann gegeben, wenn gerade die Unvereinbarkeit der Norm mit dem GG oder sonstigen Bundesrecht für deren Nichtanwendung entscheidungserheblich war (BVerfGE 96, 133/138). Bei Außerkrafttreten der Norm besteht das Feststellungsinteresse fort, wenn die Norm weiterhin Rechtswirkungen entfaltet (BVerfGE 97, 198/213). Die Antragsbefugnis entfällt nicht deshalb, weil sich Bund und Länder geeinigt haben (BVerfGE 39, 96/106) oder weil der Bund von einer konkurrierenden Gesetzgebungskompetenz Gebrauch machen könnte (BVerfGE 32, 199/211) oder weil noch kein Anwendungsfall ersichtlich ist (BVerfGE 100, 249/257 f). Eine Landesregierung kann grds. auch das Recht eines anderen Landes zur Prüfung stellen (BVerfGE 83, 37/49; a. A. Stuth UC 8 zu § 76). Die Diskontinuität (Rn.4 zu Art.39) führt nicht zur Unzulässigkeit des Antrags (BVerfGE 79, 311/327; 82, 286/297). Die abstrakte Normenkontrolle ist gegenüber keinem anderen Verfahren subsidiär (BVerfGE 7, 367/372; 8, 104/110; 20, 56/95).

d) Sonstiges: – **(1)** *Form.* Der Antrag bedarf gem. § 23 Abs.1 **26** BVerfGG der Schriftform und ist zu begründen. Das Gericht legt ihn im Hinblick auf die im Einzelnen vorgebrachten Beanstandungen aus (BVerfGE 86, 148/210 f; 93, 37/65). Anträge verschiedener Antragsberechtigter können verbunden werden (Benda/Klein 651). – **(2)** Ein *Verfahrensbeitritt* von Nichtantragsberechtigten ist nicht statthaft (BVerfGE 68, 346/349). Bestimmte Verfassungsorgane haben gem. § 77 BVerfGG ein Äußerungsrecht; sie können aber keine Ablehnungsanträge stellen (BVerfGE 1, 66/68) und nicht auf mündliche Verhandlung verzichten (BVerfGE 2, 307/312). – **(3)** *Antragsrücknahme, Ruhen des Verfahrens.* Auch wenn der Antragsteller seinen Antrag zurückgenommen hat, entscheidet das BVerfG in der Sache, wenn hierfür ein öffentliches Interesse besteht (BVerfGE 1, 396/414; 77, 345; 87, 152/153; a. A. Rinken AK 38 zu Art.94). Das Gleiche gilt für den Antrag, das Verfahren ruhen zu lassen (BVerfGE 89, 327/328).

2. Begründetheit

Prüfungsmaßstab im **Verfahren nach Nr.2** ist für Bundesrecht **27** das GG, für Landesrecht das GG und sonstiges Bundesrecht, nicht dagegen Landesverfassungsrecht (BVerfGE 2, 307/336; 41, 88/119) oder völkerrechtliche Verträge (BVerfGE 92, 365/392). Zum sonstigen Bundesrecht gehören jedoch die allgemeinen Regeln des Völkerrechts (Rn.5–10 zu Art.25). Zwar darf § 76 Abs.1 BVerfGG nicht dahin verstanden werden, dass untergesetzliches Bundesrecht außer am GG auch an Bundesgesetzen zu messen ist (Benda/Klein 667; Meyer MüK 38; Pestalozza 125 f; Schlaich 123; a. A. Rinken AK 27; Stern BK 264), und sind bei Art.80 seine spezifischen Anforderungen als Prüfungsmaßstab von den allgemeinen Anforderungen der Gesetzmäßigkeit der Verwaltung (Rn.39–41 zu Art.20) zu unterscheiden (Pestalozza 126). Aber mittelbar („als Vorfrage") muss die Vereinbarkeit einer Rechtsverordnung mit dem Bundesgesetz geprüft werden (BVerfGE 101, 1/30 f). Das BVerfG hat die zur Kontrolle gestellte Norm unter allen rechtlichen Gesichtspunkten zu prüfen (BVerfGE 52, 63/80; 86, 148/211; 101, 239/257; vgl. aber auch BVerfGE 73, 118/151); es ist nicht an den Antragsinhalt gebunden (BVerfGE 39, 96/106; 40, 296/309 f; 93, 37/65; krit. Benda/Klein 677; abl. Rinken AK 28). Die Auslegung des einfachen Rechts ist grds. Sache der dafür allg. zuständigen Gerichte und einer verfassungsgerichtlichen Kontrolle weitgehend entzogen (BVerfGE 101, 239/257).

28   Prüfungsmaßstab im **Verfahren nach Nr.2 a** sind nur Art.72 Abs.2 und 75 Abs.2 (vgl. oben Rn.24). Wegen der Einführung dieser Kompetenz des BVerfG (oben Rn.1) ist die frühere Rspr., wonach der Gesetzgeber bei der Inanspruchnahme der konkurrierenden Bundesgesetzgebungskompetenz eine politische und nur beschränkt gerichtlich kontrollierte Entscheidung treffe (Rn.11 zu Art.72), aufzugeben (Meyer MüK 41; Hendler, DÖV 93, 296; Sannwald, ZG 94, 140; zurückhaltender Wieland DR 60).

IV. Verfassungsrechtliche Bund-Länder-Streitigkeit (Abs.1 Nr.3)

1. Zulässigkeit

29   **a) Parteifähigkeit** besitzen ausschließlich der Bund und die Länder. Str. ist, ob die Regelung der Prozessfähigkeit gem. § 68 BVerfGG zulässigerweise nur die Bundesregierung für den Bund und die jeweiligen Landesregierungen für ein Land als Antragsteller und Antragsgegner bestimmt (so Benda/Klein 985 f; Bethge MSKU 7 ff zu § 68; Stern BK 333 f) oder ob je nach Lage des Falles auch die Parlamente Antragsteller und Antragsgegner sein können (so Pestalozza 136 f). Zur Antragstellung bedarf es eines Beschlusses der jeweiligen Regierung (BVerfGE 6, 309/323 f).

b) Streitgegenstand sind Meinungsverschiedenheiten über 30
Rechte und Pflichten des Bundes und der Länder. Die besonders
genannten Fälle der Ausführung von Bundesrecht durch die Länder
und der Bundesaufsicht sind nicht abschließend (BVerfGE 6,
309/330). Andere Fälle betreffen z. B. den Bundeszwang gem.
Art.37 oder die fehlerhafte Ausfüllung von Rahmengesetzen gem.
Art.75 (Benda/Klein 1003 f). Die Anrufung des BVerfG im Mängelrügeverfahren (Rn.15 zu Art.84) ist eine gegenüber Abs.1 Nr.3
spezielle Zuständigkeit (Pestalozza 133 f). §§ 64, 69 BVerfGG haben
den Begriff der Meinungsverschiedenheit zulässigerweise als konkrete Streitigkeit interpretiert: Es handelt sich wie bei der Bundesorganstreitigkeit um ein kontradiktorisches Verfahren (BVerfGE 13,
54/72 f; 20, 18/23 f; BVerfG, NVwZ 01, 667 f). Die gegenseitigen
Rechte (richtiger: Befugnisse, Kompetenzen oder Zuständigkeiten)
und Pflichten müssen sich aus einem verfassungsrechtlichen Rechtsverhältnis ergeben; nicht ausreichend sind Auseinandersetzungen
über staatsvertragliche oder einfach-gesetzliche, insb. verwaltungsrechtliche, Rechte und Pflichten (BVerfGE 41, 291/303; 95,
250/262; 99, 361/365 f; BVerwGE 109, 258/260). Das verfassungsrechtliche Rechtsverhältnis muss auch gerade zwischen den streiten-
den Parteien bestehen (BVerfGE 13, 54/72 f; 41, 291/303; vgl. aber
auch BVerfGE 92, 203/227), d. h. Bund und Länder „umspannen"
(BVerfGE 95, 250/262).

Einzelfälle: Ein Land kann sich nicht gegen Weisungen gem. 31
Art.85 Abs.3 mit der Begründung wehren, sie seien gesetzwidrig
(BVerfGE 81, 310/332 f). Der Bund kann nicht ein Land mit der
Begründung verklagen, eine Gemeinde habe die landesgesetzlichen
Grenzen ihrer Zuständigkeit überschritten (BVerfGE 8, 122/132 ff).
Der Grundsatz des bundesfreundlichen Verhaltens (Rn.20–22 zu
Art.20) kann nicht selbständig ein verfassungsrechtliches Rechtsver-
hältnis begründen und unterverfassungsrechtliche Rechte und
Pflichten zu verfassungsrechtlichen machen (BVerfGE 49, 103/113 f;
95, 220/266; BVerfG, NVwZ 01, 668; Benda/Klein 991 f; Pesta-
lozza 135 f).

c) Antragsbefugnis. Die verfassungsrechtlichen (oben Rn.8) 32
Rechte müssen dem Antragsteller gem. §§ 69, 64 Abs.1 BVerfGG
selbst zustehen (vgl. auch oben Rn.10). Das ist nicht der Fall bei
Grundrechten (Benda/Klein 990; Löwer HbStR II 762; Pestalozza
135; **a. A.** BVerfGE 12, 205/259), wohl aber bezüglich Art.29
(Evers BK 29 zu Art.29; Maunz/Herzog MD 18 zu Art.29; Kunig
MüK 13 zu Art.29; **a. A.** BVerfGE 49, 10/13 f). Es gibt hier keine

Prozessstandschaft (Benda/Klein 988; Bethge MSKU 80 ff zu § 69; Pestalozza 137). Der Antragsteller muss geltend machen, dass sich eine Verletzung oder unmittelbare Gefährdung seiner verfassungsrechtlichen (oben Rn.8 f) Rechte „als mögliche Rechtsfolge ergibt" (BVerfGE 81, 310/329; 21, 312/319; 41, 291/303). Als Maßnahme iSd §§ 69, 64 Abs.1 BVerfGG kommen auch ein Gesetz (BVerfGE 1, 14/30; 4, 115/122; 6, 309/324), die Mitwirkungsakte des Bundes bei der Setzung von Rechtsakten der EG (BVerfGE 92, 203/227) und die Klageerhebung in einer Bund-Länderstreitigkeit vor dem BVerwG (BVerfGE 99, 361/365 f), nicht aber ein einzelner Verwaltungsakt einer unteren Bundesbehörde (BVerfGE 21, 312/328) und eine bloße Meinungsäußerung (Bethge MSKU 44 zu § 69) in Betracht. Pflichtwidrige Unterlassungen sind z. B. die Nichtvorlage angeblich den Ländern geschuldeter Gesetzgebungsakte des Bundes (BVerfGE 13, 54/71) und das Untätigbleiben der Länder im Rahmen der Kommunalaufsicht (BVerfGE 8, 122/129 ff). Zur abstrakten Normenkontrolle (oben Rn.19–28) besteht kein Vorrang- oder Subsidiaritätsverhältnis (BVerfGE 1, 14/30; 7, 305/310 f; 20, 56/95).

33   **d) Rechtsschutzbedürfnis.** Insoweit gilt das zur Bundesorganstreitigkeit Gesagte (oben Rn.14) entsprechend (Benda/Klein 1005; Bethge MSKU 96 ff zu § 69; Pestalozza 137). Das Rechtsschutzbedürfnis entfällt, wenn keine Wiederholungsgefahr mehr besteht; dafür reicht eine entsprechende Versicherung des Antragsgegners solange nicht aus, wie sein Verhalten die Deutung zulässt, er fühle sich im Recht (BVerfGE 41, 291/303 f).

34   **e) Sonstiges:** – **(1)** *Form.* Der Antrag ist gem. § 23 Abs.1 BVerfGG schriftlich zu stellen und substantiiert (oben Rn.15) zu begründen. – **(2)** *Frist.* Der Antrag ist gem. §§ 69, 64 Abs.3 BVerfGG binnen 6 Monaten, nachdem die beanstandete Maßnahme oder Unterlassung dem Antragsteller bekannt geworden ist, zu stellen. Eine Sonderregelung besteht gem. § 70 BVerfGG für das Mängelrügeverfahren (Rn.15 zu Art.84). Das zur Bundesorganstreitigkeit Gesagte (oben Rn.15) gilt entsprechend. – **(3)** Der *Verfahrensbeitritt* ist gem. §§ 69, 65 Abs.1 BVerfGG zulässig (vgl. schon oben Rn.16). Nur weitere Länder können beitreten, allerdings nicht auf Seiten des Bundes (BVerfGE 12, 308 ff). Sie brauchen die Frist von 6 Monaten nicht einzuhalten, wenn sie sich dem fristgemäßen Antrag anschließen und lediglich zusätzlich die Verletzung auch ihrer eigenen Rechte festgestellt haben wollen (BVerfGE 92, 203/229). – **(4)** Eine *Antragsrücknahme* vor mündlicher Verhandlung bedarf weder der

Einwilligung des Antragsgegners noch der Zustimmung des Gerichts (BVerfGE 85, 164/165).

2. Begründetheit

Prüfungsmaßstab ist entsprechend dem Streitgegenstand (oben **35** Rn.30 f) nur Verfassungsrecht; in der Praxis sind es vor allem Kompetenznormen (vgl. BVerfGE 81, 310/330; näher Bethge MSKU 145 ff zu § 69) Unterverfassungsrecht ist nur Maßstab, soweit es notwendiger Bestandteil der verfassungsrechtlichen Überprüfung ist (Benda/Klein 1010). Das ist etwa der Fall bei der Ausführung der Bundesgesetze durch die Länder (Rn.3 f zu Art.83), wobei allerdings die Spezialität des Mängelrügeverfahrens (Rn.15 zu Art.84) zu beachten ist (oben Rn.30), und beim Bundeszwang (vgl. Rn.2 zu Art.37).

V. Streitigkeiten nach Abs.1 Nr.4

1. Nichtverfassungsrechtliche Bund-Länder-Streitigkeit (Abs.1 Nr.4, 1. Var.)

a) Zulässigkeit. – **(1)** *Parteifähigkeit* besitzen ausschließlich der **36** Bund und die Länder, für die nach der Regelung der Prozessfähigkeit gem. § 71 Abs.1 Nr.1 BVerfGG nur die Bundesregierung und die Landesregierungen Antragsteller und Antragsgegner sein können. Für ein untergegangenes Land können wie in der Länderstreitigkeit (unten Rn.38) die noch bestehenden Selbstverwaltungskörperschaften handeln (offengelassen BVerfGE 49, 10/15), nicht aber Einzelpersonen, auch wenn sie als Abgeordnete demokratisch legitimiert sind (BVerfGE 49, 10/15). – **(2)** *Streitgegenstand* sind öffentlich-rechtliche Streitigkeiten, die einerseits „andere", d. h. nicht verfassungsrechtlicher Art (oben Rn.30 f) und in Gesetzen oder Staatsverträgen begründet sind (Meyer MüK 50; Pestalozza 141; Stern BK 376; **a. A.** BVerfGE 31, 371/377; 49, 10/13 f; Bethge MSKU 17 ff zu § 71) und für die andererseits „nicht ein anderer Rechtsweg gegeben ist". Als solcher kommt regelmäßig der zum BVerwG gem. §§ 40 Abs.1 S.1, 50 Abs.1 Nr.1 VwGO und zum BSG gem. §§ 51, 39 Abs.2 SGG in Betracht (Benda/Klein 1019; Pestalozza 141; Schlaich 98; weiter diff. Umbach UC 7 ff zu § 71). Ein Anwendungsfall sind aber Rechte aus dem EVertr (BVerfGE 94, 297/309 ff; 95, 250/266). Ein anderer Rechtsweg idS ist auch die Zuständigkeit des BVerfG gem. Art.99 (BVerfGE 1, 208/218). – **(3)** Die *Antragsbefugnis* liegt vor, wenn eigene Rechte geltend gemacht werden, die durch den Antragsgegner möglicherweise verletzt oder unmittelbar gefährdet sind (Benda/ Klein 1018). – **(4)** Die *Formerfordernisse* ergeben sich aus § 23 Abs.1 BVerfGG. – **(5)** Die *Frist* beträgt gem. §§ 71 Abs.2, 64 Abs.3 BVerfGG 6 Monate, nachdem die beanstandete Maßnahme oder Unterlassung dem Antragsteller bekannt geworden ist.

37   **b) Begründetheit.** Prüfungsmaßstab ist entsprechend dem Streitgegenstand (oben Rn.36) Gesetzesrecht neben dem dadurch nicht ausgeschlossenen Verfassungsrecht. BVerfGE 4, 250/268 hat offengelassen, ob § 72 Abs.1 BVerfGG den Streitgegenstand „erschöpfend und bindend" für die Zuständigkeit gem. Abs.1 Nr.4, 1. Var. bestimmt hat.

2. Länderstreitigkeit (Abs.1 Nr.4, 2. Var.)

38   **a) Zulässigkeit.** – **(1)** *Parteifähigkeit* besitzen ausschließlich die Länder, für die nach der Regelung der Prozessfähigkeit gem. § 71 Abs.1 Nr.2 BVerfGG nur die Landesregierungen Antragsteller und Antragsgegner sein können. Im Fall untergegangener Länder können deren in unmittelbarem Zusammenhang mit dem Untergang stehende Rechte auch durch die in deren Staatsgebiet noch bestehenden Selbstverwaltungskörperschaften geltend gemacht werden (BVerfGE 3, 267/278 ff; 42, 345/355; 62, 295/312). – **(2)** *Streitgegenstand* sind alle öffentlich-rechtlichen Streitigkeiten, verfassungs- und verwaltungsrechtliche, da anders als bei der 1. Var. (oben Rn.36) keine anderweitige Zuständigkeit des BVerfG für verfassungsrechtliche Streitigkeiten zwischen den Ländern besteht (Benda/ Klein 1025; Rinken AK 36; Stern BK 379 ff; a. A. Bethge MSKU 74 ff zu § 71; Pestalozza 144). Da als „anderer Rechtsweg" der zum BVerwG gem. §§ 40 Abs.1, 50 Abs.1 VwGO und zum BSG gem. §§ 51, 39 Abs.2 SGG in Betracht kommt, bleiben für das BVerfG hier nur verfassungsrechtliche Streitigkeiten zwischen den Ländern übrig. Landesverfassungsgerichte sind ein „anderer Rechtsweg" allenfalls bei einer entsprechenden Schiedsvereinbarung (Benda/Klein 1026; Pestalozza 143 f). Staatsverträge können verfassungsrechtlicher (BVerfGE 22, 221/229 ff; 34, 216/226; 38, 231/237) oder verwaltungsrechtlicher Natur (BVerfGE 42, 103/112) sein, je nachdem ob sie im Grundverhältnis oder in einem engeren Rechtsverhältnis wurzeln (Bethge MSKU Vorb.106 ff vor § 1). Kein zulässiger Streitgegenstand sind privatrechtliche Verträge (BVerfGE 62, 295/312 ff). – **(3)** Die *Antragsbefugnis* liegt vor, wenn eigene Rechte geltend gemacht werden, die durch den Antragsgegner möglicherweise verletzt oder unmittelbar gefährdet sind (Benda/Klein 1031). – **(4)** Die

Formerfordernisse ergeben sich aus § 23 Abs.1 BVerfGG. – **(5)** Die *Frist* beträgt gem. §§ 71 Abs.2, 64 Abs.3 BVerfGG 6 Monate, nachdem die beanstandete Maßnahme oder Unterlassung dem Antragsteller bekannt geworden ist.

b) Begründetheit. Prüfungsmaßstab ist entsprechend dem **39** Streitgegenstand (oben Rn.38) Gesetzesrecht neben dem dadurch nicht ausgeschlossenen Verfassungsrecht. Die Entscheidungsbefugnis gem. § 72 Abs.1 Nr.2 BVerfGG geht zulässigerweise (Benda/Klein 1036) über diejenige gem. §§ 67, 69 BVerfGG hinaus.

3. Landesstreitigkeit (Abs.1 Nr.4, 3. Var.)

a) Zulässigkeit: aa) Parteifähigkeit besitzen gem. § 71 Abs.1 **40** Nr.3 BVerfGG die obersten Organe des Landes und die in der Landesverfassung oder in der Geschäftsordnung eines obersten Organs des Landes mit eigenen Rechten ausgestatteten Teile dieser Organe. Darüber hinaus ist der Kreis der Parteifähigen wie bei der Bundesorganstreitigkeit (oben Rn.5–7) zu bestimmen. Umfaßt sind: Landesparlamente (BVerfGE 62, 194/200; 93, 195/203), einschl. des früheren Bayerischen Senats; Landesregierungen (BVerfGE 60, 175/203; 67, 65/69), Ministerpräsidenten und Minister (Benda/Klein 1044; Pestalozza 158); Landesrechnungshöfe (Bethge MSKU 178 zu § 71; offengelassen BVerfGE 92, 130/133); Abgeordnete (BVerfGE 62, 194/200; 64, 301/312; 102, 224/231), Parlamentsausschüsse, Fraktionen und konstituierte Minderheiten (vgl. BVerfGE 60, 319/323 f; 62, 194/199 f; 93, 195/203); politische Parteien (BVerfGE 6, 367/374; 66, 107/115; 75, 34/39) sowie das in einigen Landesverfassungen mit Organrechten, z.B. zur Gesetzgebung, ausgestattete Staatsvolk (Pieroth/Kampmann, NWVBl 87, 60; a.A. Benda/Klein 1045; offengelassen BVerfGE 60, 175/202). Nicht umfasst sind: Landesverfassungsgerichte (BVerfGE 60, 175/202 f; 67, 65/68), Bürger (BVerfGE 60, 175/200 ff) und Kommunen (BVerfGE 27, 240/246).

bb) Streitgegenstand sind in systematischer Auslegung mit **41** Art.99 iSd „Aufrechterhaltung eines verfassungsgerichtlichen Minimums" (Pestalozza 148) nur die sich aus einem verfassungsrechtlichen Rechtsverhältnis ergebenden gegenseitigen Rechte und Pflichten (oben Rn.8 f) von Landesverfassungsorganen (BVerfGE 6, 445/449; 60, 175/199 f; 64, 301/312). Ein „anderer Rechtsweg" ist neben Art.99 der zu den Landesverfassungsgerichten (BVerfGE 60, 175/206; 75, 34/39), auch wenn dieser erst während des Verfahrens vor dem BVerfG eröffnet wird (BVerfGE 102, 245/251 f). Der

Rechtsweg zum BVerfG ist nicht nur eröffnet, wenn das Landesrecht dem Landesverfassungsgericht gar keine Organstreitigkeiten zuweist, sondern auch, soweit das Landesrecht den Kreis der Antragsberechtigten enger zieht (BVerfGE 60, 319/323 ff; 93, 195/202; 102, 245/250). Politische Parteien sind aber in jedem Fall auf das landesverfassungsgerichtliche Organstreitverfahren verwiesen (BVerfGE 6, 367/374; 27, 10/17 f; 66, 107/115; a. A. noch BVerfGE 4, 375/378; diff. Bethge MSKU 152 f zu § 71).

42 **cc) Die Antragsbefugnis** verlangt gem. § 71 Abs.1 Nr.3 BVerfGG zum einen die Geltendmachung eigener Rechte oder Zuständigkeiten, z. B. des Grundsatzes der Gleichbehandlung der Fraktionen (BVerfGE 93, 195/203); eine Prozessstandschaft von Organteilen für Organe ist unzulässig (BVerfGE 60, 319/325 ff; 91, 246/249 f; 92, 130/134; krit. Bethge MSKU 204 ff zu § 71). Sie verlangt zum andern die schlüssige Behauptung, dass diese Rechte durch eine Maßnahme oder Unterlassung des Antragsgegners verletzt oder unmittelbar gefährdet sind (BVerfGE 62, 194/201; 85, 353/358; 102, 224/232).

43 **dd) Sonstiges. – (1)** Für das *Rechtsschutzbedürfnis* gilt das zur Bundesorganstreitigkeit Gesagte (oben Rn.14) entsprechend (vgl. BVerfGE 99, 332/336 f). Aus Respekt vor der Landesverfassungsgerichtsbarkeit soll aber besondere Zurückhaltung geboten sein (BVerfGE 102, 224/232 f; 102, 245/253). – **(2)** Die *Formerfordernisse* ergeben sich aus § 23 Abs.1 BVerfGG. – **(3)** Die *Frist* beträgt gem. §§ 71 Abs.2, 64 Abs.3 BVerfGG 6 Monate, nachdem die beanstandete Maßnahme oder Unterlassung dem Antragsteller bekannt geworden ist.

44 **b) Begründetheit.** Prüfungsmaßstab ist gem. § 72 Abs.2 S.1 BVerfGG Landesverfassungsrecht. Dazu rechnen auch Grundgesetznormen, die unmittelbar Geltung in der Landesrechtsordnung beanspruchen, wie z. B. Art.21 (BVerfGE 66, 107/114; vgl. aber Rn.1 zu Art.28). Ferner ist die Gültigkeit von Landesverfassungsrecht am Maßstab des GG als Vorfrage zu überprüfen (vgl. Benda/Klein 1053; Meyer MüK 53).

VI. Verfassungsbeschwerde (Abs.1 Nr.4 a)

1. Allgemeines

45 Die Vorschrift begründet die Kompetenz und legt die wesentlichen Voraussetzungen der Zulässigkeit fest. Einzelheiten des Verfahrens sowie weitere Zulässigkeitsvoraussetzungen sind auf Grund der Ermächtigung des Art. 94 Abs. 2 in §§ 90 ff BVerfGG geregelt. Die Verfassungsbeschwerde gehört nicht zum Rechtsweg (BVerfGE 79, 365/367) und ist kein Rechtsmittel iSd Prozessgesetze, sondern ein außerordentlicher Rechtsbehelf (BVerfGE 18, 315/325; 49, 252/258), der keinen Suspensiveffekt hat, insb. die Rechtskraft des angegriffenen Urteils nicht hemmt (BVerfGE 93, 381/385). Die Verfassungsbeschwerde dient nicht nur der Sicherung und Durchsetzung subjektiver Rechtspositionen, sondern auch der Einhaltung objektiven Verfassungsrechts (BVerfGE 45, 63/74; 81, 278/290; 85, 109/113; Schlaich 263; krit. Rinken AK 40; Schlink, NJW 84, 92 f). Das hat Auswirkungen für die Bemessung des Gegenstandswerts der anwaltlichen Tätigkeit (BVerfGE 79, 365/367 ff) und für die Rücknahme der Verfassungsbeschwerde (unten Rn. 71). Der Verfassungsbeschwerde gegenüber ist das Wahlprüfungsverfahren nach Art. 41 Abs. 2 lex specialis (unten Rn. 66).

2. Annahmeverfahren

Gem. § 93 a Abs. 1 BVerfGG bedürfen Verfassungsbeschwerden **46** der Annahme zur Entscheidung. Diese Vorschrift ist verfassungsgemäß (BVerfG-K, NJW 97, 2229). Eine Pflicht zur Annahme besteht gem. § 93 a Abs. 2 BVerfGG für die gem. § 15 a BVerfGG gebildete Kammer und den Senat gleichermaßen zum einen, wenn der Verfassungsbeschwerde **grundsätzliche verfassungsrechtliche Bedeutung** zukommt (Buchst. a). Das ist der Fall, wenn die aufgeworfene verfassungsrechtliche Frage sich nicht ohne weiteres aus dem GG beantworten lässt und noch nicht durch die verfassungsgerichtliche Rechtsprechung geklärt oder durch veränderte Verhältnisse erneut klärungsbedürftig geworden ist (BVerfGE 90, 22/24 f; 96, 245/248).

Eine Pflicht zur Annahme der Verfassungsbeschwerde besteht **47** zum anderen, wenn dies **zur Durchsetzung der Grundrechte angezeigt** ist (Buchst. b). Ob diese Voraussetzung vorliegt, ist zunächst nach der objektiven Wichtigkeit zu beurteilen. Hierfür ist ein über den Einzelfall hinausgehendes Interesse an der Klärung der Rechtsfrage erforderlich (BVerfG-K, NJW 94, 993). Nicht angezeigt ist die Annahme z. B. bei offensichtlicher Unzulässigkeit oder Unbegründetheit der Verfassungsbeschwerde (Klein, NJW 93, 2074). Außerdem kann die Annahme gem. § 93 a Abs. 2 Buchst. b BVerfGG deshalb angezeigt sein, weil „dem Beschwerdeführer durch die Versagung der Entscheidung zur Sache ein besonders schwerer

Nachteil entsteht". Damit sollen Bagatellfälle ausgesondert werden
(vgl. Schlaich 250 ff; Klein, NJW 93, 2073). Bedenklich ist die Rspr
des BVerfG, bis zur Grenze „existentieller Betroffenheit" einen Ba-
gatellfall anzunehmen (BVerfGE 90, 22/25 f; BVerfG-K, EuGRZ
00, 246). Der besonders schwere Nachteil kann sich v. a. aus dem
Gegenstand der angegriffenen Entscheidung oder der aus ihr folgenden Belastung ergeben (BVerfGE 90, 22/25 f). Bei strafrechtlichen
Verurteilungen liegt sie regelmäßig vor, wenn der Schuldspruch
angegriffen wird (BVerfGE 96, 245/249 f). Obwohl diese Annahme-
voraussetzungen „weit gesteckt und höchst flexibel" sind (Klein,
NJW 93, 2074; vgl. auch Zuck, NJW 93, 2641 ff), dürfen sie nicht
iS eines freien Annahmeermessens verstanden werden (Umbach UC
Vorb.44 zu §§ 93 a ff). „Angezeigt" ist die Annahme der Verfassungsbeschwerde darüber hinaus aber nur, wenn sie hinreichende
Aussicht auf Erfolg hat (BVerfGE 96, 245/250).

3. Zulässigkeit

48   **a) Beschwerdefähigkeit.** Jedermann kann Verfassungsbeschwerde erheben, d. h. alle Träger eines der hier genannten Grundrechte
(unten Rn.72), soweit sie sich auf ein Grundrecht berufen können,
das auch ihnen zusteht (BVerfGE 35, 382/399; 63, 197/205). Näher
zur Grundrechtsberechtigung Rn.8–21 zu Art.19. Abgeordnete und
politische Parteien sind ein Jedermann nur soweit, als sie nicht
parteifähig für die Organstreitigkeit sind (Rn.44 zu Art.21; Rn.36 zu
Art.38). Für Gemeinden und Gemeindeverbände ist Nr.4 b (unten
Rn.74 f) einschlägig. Mitglieder kommunaler Vertretungskörperschaften sollen bez. ihres Status als Mandatsträger nicht beschwerde-
fähig sein (BVerfG-K, NVwZ 94, 57). Die Gesamtheit der Unter-
zeichner eines Volksbegehrens in Bayern soll eine staatliche Kompetenz ausüben und nicht grundrechtsberechtigt sein (BVerfGE 96,
231/239 ff).

49   **b) Die Prozessfähigkeit** ist im BVerfGG nicht geregelt. Es
kommt insofern auf behutsame Analogien zum sonstigen Verfahrensrecht (BVerfGE 72, 122/132 f) und v. a. auf die einzelnen in
Anspruch genommenen Grundrechte an. Bei Minderjährigen ist die
Einsichtsfähigkeit entscheidend. Prozessfähig ist ein 14-jähriger bezüglich Art.4 Abs.1, 2 (BVerfGE 1, 87/89) und ein 17-jähriger
bezüglich Art.4 Abs.3 (BVerfGE 28, 243/254 f). Geisteskranke und
Betreute (Entmündigte) sind in den Verfahren prozeßfähig, in denen
über ihre Geisteskrankheit und Betreuung (Entmündigung) entschieden wird (BVerfGE 10, 302/306; 19, 93/100 f; 65, 317/321).

Dem Gemeinschuldner fehlt die Prozessfähigkeit bezüglich der Konkursmasse (BVerfGE 51, 405/407 ff). Zur Vertretung Minderjähriger ist ein Ergänzungspfleger zu bestellen, wenn die sorgeberechtigten Eltern wegen eines Interessenwiderstreits an der Erhebung der Verfassungsbeschwerde für ihre minderjährigen Kinder verhindert sind (BVerfGE 72, 122/135; 75, 201/215).

c) Beschwerdegegenstand kann jeder **einzelne** Akt der öffent- **50** lichen Gewalt sein. Der Umfang möglicher Beschwerdegegenstände ist entsprechend dem Umfang der Grundrechtsbindung (Rn.22–34 zu Art.1) zu bestimmen. Gewohnheitsrecht kann nur insoweit Beschwerdegegenstand sein, als sich Akte der öffentlichen Gewalt auf es stützen (vgl. Schmidt-Bleibtreu MSKU 81 zu § 90). Entscheidungen des BVerfG selbst, einschl. der Vorprüfungsausschüsse und Kammern gem. § 15 a BVerfGG (BVerfGE 18, 440 f; 19, 88/90), scheiden aus (BVerfGE 1, 89/90; 7, 17/18). Allerdings besteht in Fällen groben prozessualen Unrechts die Möglichkeit einer Gegenvorstellung beim BVerfG gegen dessen eigene Entscheidung (BVerfGE 72, 84/88). Entscheidungen von Landesverfassungsgerichten sind grds. mit der Verfassungsbeschwerde angreifbar (BVerfGE 85, 148/157), außer wenn landesverfassungsrechtliche Streitigkeiten in der Sache abschließend entschieden worden sind, z. B. Organstreitigkeiten im Land (BVerfGE 96, 231/243 f). Entscheidungen von Parteigerichten sind nicht direkt, sondern erst nach Anrufung der Zivilgerichte mit der Verfassungsbeschwerde angreifbar (BVerfG-K, NJW 88, 3260). Eine Verfassungsbeschwerde gegen ein Unterlassen der öffentlichen Gewalt ist zulässig, wenn sich der Beschwerdeführer auf einen ausdrücklichen Auftrag des GG berufen kann, der Inhalt und Umfang der Gesetzgebungspflicht im Wesentlichen bestimmt (BVerfGE 56, 54/70; näher Möstl, DÖV 98, 1029; Benda/Klein 428 ff); u. U. kann auch das Unterlassen der Erfüllung einer grundrechtlichen Schutzpflicht (vgl. Vorb.7 vor Art.1) mit der Verfassungsbeschwerde gerügt werden (BVerfGE 77, 170/215; vorsichtiger noch BVerfGE 56, 54/70 ff).

Bei **mehreren** Akten der öffentlichen Gewalt in der gleichen **51** Sache hat der Beschwerdeführer die Wahl, ob er nur die letztinstanzliche Gerichtsentscheidung oder zusätzlich die Entscheidungen der Vorinstanzen bzw. den zugrundeliegenden Akt der vollziehenden Gewalt angreifen will (vgl. BVerfGE 19, 377/389; 54, 53/64 ff). In jedem Fall liegt nur eine Verfassungsbeschwerde vor. Greift der Beschwerdeführer alle Entscheidungen und den Verwaltungsakt an, so sind grds. auch alle Entscheidungen und der Verwaltungsakt aufzuheben (BVerfGE 84, 1/3 ff).

52   **d)** Die **Beschwerdebefugnis** ist gem. § 90 Abs.1 BVerfGG gegeben, wenn der Beschwerdeführer behauptet, in einem seiner
Grundrechte oder der hier genannten grundrechtsgleichen Rechte
(vgl. Vorb.1 vor Art.1; Pieroth/Schlink 50 f) verletzt zu sein. Aus
seinem Tatsachenvortrag muss sich die Möglichkeit einer Grundrechtsverletzung ergeben (BVerfGE 64, 367/375; 65, 227/233; 83,
162/169); die Verletzung darf nicht von vornherein ausgeschlossen
sein (BVerfGE 28, 17/19; 52, 303/327). Mit anderen Worten muss
die Behauptung „hinreichend substantiiert" (BVerfGE 92, 26/38;
92, 158/175) oder „hinreichend klar" (BVerfGE 94, 268/282) sein.
Darüber hinaus muss der Beschwerdeführer selbst, gegenwärtig und
unmittelbar betroffen sein (unten Rn.54–56); das dient dem Ausschluss von „Popularklagen" (BVerfGE 43, 291/386; 79, 1/14). Die
Beschwerdebefugnis fehlt, wenn ein Verhalten der öffentlichen Gewalt keinerlei Regelungsgehalt oder keinerlei Außenwirkung hat
(sog. Rechtsrelevanz).

53   **Einzelfälle** fehlender Betroffenheit: abstrakte Normauslegung
durch Behörde (BVerfGE 18, 1/14) oder Landesverfassungsgericht
(BVerfGE 30, 112/123); Ankündigung von zukünftigen Akten
(BVerfGE 15, 256/263); Auslieferungsbewilligung der Bundesregierung (BVerfGE 66, 215/226); Begründung einer Entscheidung als
solche (BVerfGE 8, 222/225); behördliche Ermittlungen (BVerfGE
3, 1/4); Belehrung durch die Rechtsanwaltskammer (BVerfGE 18,
203/213; 50, 16/27); Bewilligung von Haushaltmitteln (BVerfGE
35, 366/372); Bundestagsauflösung bezüglich einzelner Bürger
(BVerfGE 62, 397/399; 63, 73/75); Entscheidungsentwurf und
noch nicht von allen Richtern unterzeichnete Entscheidung
(BVerfG-K, NJW 85, 788); Feststellung nach § 31 EGGVG
(BVerfGE 49, 24/49 f); gerichtliche Teilentscheidung, außer sie hat
einen bleibenden und später nicht mehr vollständig behebbaren
Nachteil zur Folge (BVerfGE 58, 1/23; 101, 106/120), wie eine
selbständige Zwischenentscheidung (BVerfGE 24, 56/60 f; 53,
109/113; 101, 106/120), außer sie wird nicht bekanntgegeben
(BVerfGE 89, 28/34); Gesetz, das noch nicht in Kraft getreten ist
(BVerfGE 11, 339/342; offengelassen BVerfGE 18, 1/11 f), ausgenommen Zustimmungsgesetz zu völkerrechtlichem Vertrag (oben
Rn.18; BVerfGE 24, 33/53 f; 84, 90/113) und zukünftiges Wahlgesetz (BVerfGE 38, 326/335 f); Gesetz, das keine nachteiligen Auswirkungen auf Grundrechte hat, z.B. Haushaltsgesetz (BVerfGE 55,
349/362), Hochschulgesetz (BVerfGE 55, 37/53 f; 61, 260/275),
Neugliederungsgesetz (BVerfGE 49, 15/23), Sozialversicherungs-
gesetz (BVerfGE 60, 360/371), Zustimmungsgesetz zu völkerrecht-

lichem Vertrag (BVerfGE 40, 141/156; 43, 203/208 ff); gesetzliche Ermächtigung zum Erlass einer Rechtsverordnung (BVerfGE 57, 70/90); Hinweis auf anderweitige Zuständigkeit (BVerfGE 16, 89/93); Meinungsäußerung (BVerfGE 2, 237/244; 37, 57/61); Mitteilung über die Rechtslage (BVerfGE 3, 162/172; 29, 304/309) und den Stand der Dinge (BVerfGE 33, 18/21 f); Neubekanntmachung eines Gesetzes (BVerfGE 17, 364/368 f; 43, 108/115 f); Teilverwaltungsakt (BVerfGE 53, 30/48); verteidigungspolitische Leitentscheidungen (BVerfG-K, NJW 83, 2136); verwaltungsinterne Anregungen (BVerfGE 7, 61/62 f); Anträge (BVerfGE 20, 162/172), Schreiben (BVerfGE 7, 261 f) und Weisungen (BVerfGE 35, 366/372); Verwaltungsvorschrift (BVerfGE 18, 1/15; 33, 18/21 f; 41, 88/105; vgl. aber auch BVerfGE 40, 237/255); völkerrechtlicher Vertrag (BVerfG-K, DVBl 90, 1163); Zustimmung der Bundesregierung im Rahmen der Entstehung sekundären Gemeinschaftsrechts (BVerfG-K, EuGRZ 89, 339; DÖV 92, 1010).

aa) Die Beschwerdebefugnis setzt **Selbstbetroffenheit** voraus. **54** Der Beschwerdeführer muss in eigenen Grundrechten betroffen sein. Das ist jedenfalls gegeben, wenn der Beschwerdeführer Adressat der angegriffenen Maßnahme ist (BVerfGE 97, 157/164). Eine (gewillkürte; vgl. Ax, Prozessstandschaft im Verfassungsbeschwerdeverfahren, 1994) Prozessstandschaft ist unzulässig (BVerfGE 25, 256/263; 72, 122/131). Parteien kraft Amtes, z. B. Konkursverwalter (BVerfGE 51, 405/409; 65, 182/190), Nachlassverwalter (BVerfGE 27, 326/333), Testamentsvollstrecker (BVerfGE 21, 139/141) und Gesamtvollstreckungsverwalter (BVerfGE 95, 267/299 f) handeln aus eigenem Recht. Eine Vereinigung darf nicht Rechte ihrer Mitglieder wahrnehmen, selbst wenn die Satzung das vorschreibt (BVerfGE 27, 326/333; 31, 275/280; 35, 348/352); eine Ausnahme ist für den Fall zu machen, dass die Urheberrechte der Mitglieder ausschließlich durch die Verwertungsgesellschaft geltend gemacht werden können (BVerfGE 77, 263/269; vgl. aber auch BVerfGE 79, 1/19). Der Erwerber eines Grundstücks kann nicht in die Verfassungsbeschwerde des Voreigentümers eintreten (BVerfGE 56, 296/297). Erben und Sonderrechtsnachfolger können das Verfahren fortführen oder einleiten, soweit es um finanzielle Ansprüche (BVerfGE 39, 169/185; 93, 165/170; 94, 12/30), nicht aber höchstpersönliche Ansprüche geht (BVerfGE 12, 311/315). Wer zur Wiederaufnahme gem. § 361 Abs.2 StPO berechtigt ist, kann eine Verfassungsbeschwerde nach dem Tod des Beschwerdeführers fortführen (BVerfGE 6, 389/442; 37, 201/206). Soweit ein Akt der öffentlichen Gewalt sich an Dritte richtet, muss der Beschwerdeführer selbst rechtlich und nicht nur mittelbar faktisch betroffen sein (näher Stern BK 506 ff; Pestalozza 183 f). Rechtsanwälte sind von Gegenstandswertfestsetzungen selbst betroffen (BVerfGE 83, 1/12). Durch eine Ungleichbehandlung wird nur derjenige selbst betroffen, der durch die Beseitigung der Ungleichbehandlung eine Besserstellung erfahren kann (BVerfGE 49, 1/8 f).

55   **bb)** Die Beschwerdebefugnis setzt **gegenwärtige Betroffenheit** voraus. Es genügt nicht, dass der Beschwerdeführer irgendwann einmal in der Zukunft betroffen sein könnte (BVerfGE 1, 97/102; 60, 360/371) oder dass es den Beschwerdeführern gelingt, die Verwaltung schon jetzt zu einer Feststellung über die erst in der Zukunft aktuelle Rechtslage zu provozieren (BVerfGE 72, 1/5 f). Ausnahmsweise ist die gegenwärtige Betroffenheit zu bejahen, wenn ein Gesetz die Normadressaten bereits gegenwärtig zu später nicht mehr korrigierbaren Entscheidungen zwingt oder von Dispositionen abhält, die sie nach dem späteren Gesetzesvollzug nicht mehr nachholen können (BVerfGE 102, 197/207) oder wenn der mit diesem Erfordernis verfolgte Zweck, eine fachgerichtliche Klärung der Sach- und Rechtsfragen herbeizuführen, nicht mehr erreichbar ist (BVerfGE 65, 1/37 f; 74, 297/319 f; 75, 246/263). Das gilt auch für ernsthaft zu besorgende Grundrechtsgefährdungen (BVerfGE 51, 324/347; 53, 30/51; 66, 39/58 f). Eine gegenwärtige Betroffenheit fehlt grds. auch bei vergangenen Beeinträchtigungen; dieser Aspekt wird allerdings vom BVerfG meistens beim allgemeinen Rechtsschutzbedürfnis erörtert (unten Rn.66).

56   **cc)** Die Beschwerdebefugnis setzt **unmittelbare Betroffenheit** voraus. Sie fehlt, wenn der angegriffene Akt der öffentlichen Gewalt rechtsnotwendig oder nach der tatsächlichen Verwaltungspraxis einen besonderen Vollzugsakt voraussetzt (BVerfGE 72, 39/43). Dafür kommt auch eine Rechtsverordnung in Betracht (BVerfGE 53, 366/389; 74, 297/321). Die Ermächtigung zum Erlass von Rechtsverordnungen betrifft aber insoweit unmittelbar die Hochschulen, als deren Befugnis zum Erlass von Studien- und Prüfungsordnungen eingeschränkt wird (BVerfGE 93, 85/93). Eine unmittelbare Betroffenheit besteht auch, wenn der Betroffene keine Kenntnis vom Vollzugsakt erlangen kann (BVerfGE 100, 313/354). Sanktionen des Straf- und Ordnungswidrigkeitenrechts rechnen nicht als Vollzugsakte, da ihr Abwarten dem Betroffenen nicht zugemutet werden kann (BVerfGE 46, 246/256; 81, 70/82 f). Unter den gleichen Voraussetzungen wie bei der gegenwärtigen Betroffenheit (oben Rn.55) werden auch hier Ausnahmen zugelassen (näher Stern BK 574 ff; Pestalozza 180 f). Insb. kann das Inkrafttreten eines Bebau-

ungsplans eine unmittelbare Betroffenheit auslösen (BVerfGE 70, 35/51 ff).

e) Erschöpfung des Rechtswegs, Subsidiarität: aa) Herlei- 57
tung. Gem. § 90 Abs.2 S.1 BVerfGG ist die Erschöpfung des Rechtswegs in den Fällen erforderlich, in denen ein Rechtsweg prinzipiell eingeräumt ist. Dieses Erfordernis ist durch die Ermächtigung des Art.94 Abs.2 S.2 gedeckt. Das BVerfG hat die Zulässigkeitsvoraussetzung der Rechtswegerschöpfung zum Grundsatz der Subsidiarität der Verfassungsbeschwerde ausgedehnt: Er gebietet, dass der Beschwerdeführer über das Gebot der Erschöpfung des Rechtsweges im engeren Sinne hinaus alle nach Lage der Sache zur Verfügung stehenden prozessualen Möglichkeiten ergreift, um eine Korrektur der geltend gemachten Grundrechtsverletzung zu erwirken oder eine Grundrechtsverletzung zu verhindern" (BVerfGE 81, 22/27; 95, 163/171) und stützt sich auf die verfassungssystematische Aufgabenverteilung zwischen dem BVerfG und den Fachgerichten (BVerfGE 49, 252/258; 55, 244/247; 74, 69/75): Diesen obliegt ausschließlich die Ermittlung und Würdigung des Sachverhalts sowie die Auslegung des einfachen Rechts; ihnen obliegt auch zunächst die Wahrung der Grundrechte; die Verfassungsbeschwerde ist nur zulässig, wenn die Grundrechtsverletzung dort nicht hat oder hätte beseitigt werden können. Auf diese Weise soll neben einer Entlastung des BVerfG (BVerfGE 4, 193/198; 72, 39/46) auch gewährleistet werden, dass dieses auf einen in tatsächlicher und rechtlicher Hinsicht aufbereiteten Fall trifft (BVerfGE 71, 305/336; 86, 382/386 f; 102, 197/207).

bb) Folgerungen. Die Tatsachen müssen schon im fachgericht- 58
lichen Verfahren vollständig und deutlich vorgetragen werden (BVerfGE 79, 174/189 f; BVerfG-K, NJW 92, 1952 f; 96, 1588; 97, 999). Allerdings steht die Subsidiarität der Zulässigkeit nicht entgegen, wenn die geltend gemachten Grundrechtsverletzungen in fachgerichtlichen Verfahren „nur unvollständig geprüft werden" (BVerfGE 92, 26/38). Keine Subsidiarität besteht, wenn das einfache Recht keinerlei Auslegungsspielraum lässt (vgl. BVerfGE 97, 157/166). Der Grundsatz der Subsidiarität gilt auch dann, wenn zwar ein Rechtsweg prinzipiell nicht eingeräumt ist, wie bei formellen Gesetzen sowie bei denjenigen Rechtsverordnungen und Satzungen, die mangels landesrechtlicher Ausführungsgesetze nicht von § 47 VwGO erfasst werden, wenn aber Grundrechtsschutz auf andere Weise erreicht werden kann, insb. durch zulässige inzidente Normenkontrolle in einem fachgerichtlichen Verfahren (BVerfGE 72, 39/44; 75, 246/263 f; 102, 26/32); einschränkend ist zu fordern,

dass vom Beschwerdeführer nicht verlangt werden darf, einen Rechtsweg erst zu provozieren, und dass der zu beschreitende Rechtsweg eine reale Abhilfemöglichkeit bieten muss (Posser, o.Lit., 456 ff). Subsidiarität kann auch bei erschöpftem Rechtsweg gegeben sein, z. B. wenn Eilrechtsschutz bei einem anderen Gericht möglich ist (BVerfGE 95, 163/171 f).

59   **cc) Rechtsweg** ist „jede gesetzlich normierte Möglichkeit der Anrufung eines Gerichts" (BVerfGE 67, 157/170). Danach zählen zum Rechtsweg Normenkontrollen gem. § 47 VwGO (BVerfGE 70, 35/53 f; BVerfG-K, NVwZ 94, 59), einschl. der Nichtvorlagebeschwerde gem. § 47 Abs.8 VwGO (BVerfG-K, NVwZ 95, 157), Verfahren des vorläufigen Rechtsschutzes, z. B. nach § 80 Abs.5, 7 und § 123 VwGO (vgl. BVerfGE 86, 382/386 ff), sowie solche Rechtsbehelfe, die keinen Devolutiveffekt haben, z. B. Einspruch gegen einen Strafbefehl gem. §§ 409 ff StPO und Einspruch gegen ein Versäumnisurteil gem. § 338 ZPO (Lechner/Zuck 126 zu § 90). Zum Rechtsweg gehören auch der Antrag gem. § 33 a StPO (BVerfGE 42, 243/250; BGHSt 45, 37/40), der Antrag auf Wiedereinsetzung in den vorigen Stand (BVerfGE 42, 252/257; 93, 99/106), der Antrag auf Wiederaufnahme des Verfahrens (BVerfGE 11, 61/63; BVerfG-K, NJW 92, 1030 f), der Abänderungsantrag gem. § 123 iVm § 80 Abs.7 VwGO (BVerfGE 92, 245/260), die Berufung analog § 513 Abs.2 ZPO (BVerfG-K, NJW 97, 1301) und die Nichtzulassungsbeschwerden (BVerfG-K, NJW 96, 45). Als anderweitige Beschwerdemöglichkeiten müssen auch die Kontrolle durch die G-10-Kommission (BVerfG-K, NVwZ 94, 367) und die Gegenvorstellung, wenn ihr „der Erfolg nicht von vornherein abgesprochen werden kann" (BVerfGE 63, 77/78 f; 73, 322/326 f), ausgeschöpft werden. Mit Blick auf die anschließende Hauptverhandlung sollen auch erstinstanzliche Eröffnungsbeschlüsse in Strafverfahren nicht mit der Verfassungsbeschwerde angegriffen werden können (BVerfG-K, NJW 95, 316).

60   **Kein Rechtsweg** sind dagegen Dienstaufsichtsbeschwerden (Dörr, o.Lit., 189), gem. § 90 Abs.3 BVerfGG Grundrechtsklagen vor den Landesverfassungsgerichten (BVerfGE 32, 157/162) und Prozesse vor ausländischen und internationalen Gerichten (Dörr, o.Lit., 190 f).

61   **dd) Erschöpfung** des Rechtswegs bedeutet, dass der Beschwerdeführer die prozessualen Möglichkeiten nicht versäumt haben darf, z. B. dadurch, dass er ein zulässiges Rechtsmittel nicht eingelegt oder zurückgenommen hat (BVerfGE 1, 12/13) oder eine zulässige Rüge nicht erhoben hat (BVerfGE 83, 216/228 ff; 84, 203/208) oder

Anträge zu unklar formuliert hat (BVerfGE 87, 1/33). Keine Erschöpfung des Rechtswegs liegt grds. bei Zurückverweisungen vor (BVerfGE 78, 58/68; BVerfG-K, NJW 00, 3198 f); anders liegt es bei strafgerichtlichen Verfahren, wenn nur über den Schuldspruch endgültig entschieden wurde (vgl. BVerfGE 75, 369/375; 82, 236/258). Der Beschwerdeführer muss zwar nicht Verfahren in Anspruch nehmen, in denen es nicht um die Beseitigung der behaupteten Grundrechtsverletzung geht, sondern um andere, wenngleich damit zusammenhängende Fragen, z. B. einen Amtshaftungsprozess (BVerfGE 20, 162/173). Andererseits muss er Verfahren durchführen, in denen er die Beseitigung des Eingriffsakts aus anderen als grundrechtlichen Gründen erreichen kann (BVerfGE 78, 58/69). Grds. ist die behauptete Grundrechtswidrigkeit im jeweils mit dieser Beeinträchtigung zusammenhängenden sachnächsten Verfahren geltend zu machen (BVerfGE 84, 203/208).

Durch eine letztinstanzliche Entscheidung in **Verfahren des vorläufigen Rechtsschutzes** ist der Rechtsweg des Eilverfahrens erschöpft, wenn der Beschwerdeführer die Versagung gerade des vorläufigen Rechtsschutzes rügt und das Hauptsacheverfahren keine ausreichenden Möglichkeiten bietet, der Grundrechtsverletzung abzuhelfen. Das ist anzunehmen bei der Verweigerung des rechtlichen Gehörs im Eilverfahren (vgl. BVerfGE 65, 227/232 f) und einer Verletzung des Art.19 Abs.4 durch Ablehnung des einstweiligen Rechtsschutzes (BVerfGE 59, 63/84). Bei Verfassungsbeschwerden, mit denen ausschließlich Grundrechtsverletzungen gerügt werden, die sich auf die Hauptsache beziehen, ist dies ausnahmsweise dann der Fall, „wenn die Entscheidung von keiner weiteren tatsächlichen Aufklärung abhängt und diejenigen Voraussetzungen gegeben sind, unter denen gem. § 90 Abs.2 S.2 BVerfGG (unten Rn.63 f) vom Erfordernis der Rechtswegerschöpfung abgesehen werden kann" (BVerfGE 86, 15/22 f; 95, 220/233). Darüber hinaus kann die Beschreitung und Erschöpfung des Hauptsacherechtswegs (vgl. BVerfGE 86, 46/49) oder des vorläufigen Rechtsschutzes in einem anderen Rechtsweg (vgl. BVerfGE 86, 133/140 f) im Einzelfall unzumutbar sein. Erledigt sich der Gegenstand einer verwaltungsgerichtlichen Eilentscheidung durch Zeitablauf, kann die während des Andauerns der Beschwer entbehrliche Beschreitung und Erschöpfung des Hauptsacherechtswegs nachträglich notwendig werden (BVerfGE 79, 275/278 ff), sofern überhaupt noch ein Rechtsschutzbedürfnis besteht (dazu unten Rn.66). 62

ee) Durchbrechung der Subsidiarität. Eine sog. Vorabentscheidung gem. § 90 Abs.2 S.2 BVerfGG kann ergehen, d. h. dem 63

Gericht steht Ermessen zu (BVerfGE 8, 222/227; 76, 248/251 f; vgl. auch Kley/Rühmann UC 103 zu § 90), wenn eine der beiden folgenden tatbestandlichen Voraussetzungen gegeben ist: – **(1)** Die Verfassungsbeschwerde ist von *allgemeiner Bedeutung,* wenn über den Einzelfall hinaus Klarheit über die Rechtslage in einer Vielzahl gleichgelagerter Fälle geschaffen wird (z. B. BVerfGE 95, 193/208; 97, 298/309 f; 101, 54/74; Aufzählung bei Kley/Rühmann UC 107 a zu § 90). – **(2)** Dem Beschwerdeführer entstünde ein *schwerer und unabwendbarer Nachteil,* falls er zunächst auf den Rechtsweg verwiesen würde. Schwere Nachteile sind z. B. besonders intensive Grundrechtseingriffe (BVerfGE 34, 205/208; 69, 233/241). Unabwendbar ist ein Nachteil bes. bei Irreparabilität (vgl. BVerfGE 78, 290/305; 86, 382/388; 88, 366/376).

64   Darüber hinaus lässt das BVerfG Durchbrechung der Subsidiarität zu, wenn dem Beschwerdeführer die Erschöpfung des Rechtswegs **unzumutbar** ist. Dies ist der Fall, wenn dem Begehren des Beschwerdeführers eine gefestigte höchstrichterliche Rechtsprechung entgegensteht (BVerfGE 56, 363/380; 84, 59/72; 99, 202/211; vgl. aber BVerfG-K, NVwZ 99, 758), wenn wegen Eindeutigkeit der angegriffenen gesetzlichen Regelung keine dem Begehren des Beschwerdeführers entsprechende Entscheidung zu erwarten ist (BVerfG-K, NJW 95, 1080), wenn das Gericht den Beschwerdeführer falsch darüber belehrt hat, dass kein Rechtsmittel gegeben sei (BVerfGE 19, 253/256 f) oder wenn ein Rechtsbehelf nur vereinzelt als zulässig angesehen wird (BVerfGE 73, 322/329; 85, 80/86). Zumutbar ist dagegen der Gebrauch eines Rechtsmittels, dessen Zulässigkeit umstritten ist (BVerfGE 70, 180/185). Insgesamt stellt das BVerfG „strenge Anforderungen" an die Unzumutbarkeit (BVerfGE 79, 1/24).

65   **f) Rechtskraft, Bindungswirkung, Gesetzeskraft und Rechtshängigkeit.** Entscheidungen des BVerfG erwachsen wie die anderer Gerichte in materielle Rechtskraft. Dieser allgemeine prozeßrechtliche Grundsatz liegt auch § 41 BVerfGG zugrunde. Die materielle Rechtskraft bedeutet, dass über dasselbe Begehren desselben Beschwerdeführers bei gleicher Rechts- und Sachlage nicht erneut entschieden werden darf. Die materielle Rechtskraft bezieht sich nur auf den Tenor, nicht auf die Entscheidungsgründe, die aber zur Auslegung des Tenors herangezogen werden dürfen (BVerfGE 4, 31/38 f; 33, 199/203; 78, 320/328). Entscheidungen des BVerfG haben gem. § 31 Abs.1 BVerfGG Bindungswirkung für die Verfassungsorgane des Bundes und der Länder sowie alle Gerichte und

Behörden (vgl. BVerfGE 86, 369/378). Entscheidungen des BVerfG haben gem. § 31 Abs.2 S.2 BVerfGG Gesetzeskraft, wenn das BVerfG ein Gesetz als mit dem GG vereinbar oder unvereinbar oder für nichtig erklärt (vgl. BVerfGE 86, 81/86). Zur Rechtshängigkeit näher Pestalozza 188.

g) Allgemeines Rechtsschutzbedürfnis. Der im Prozessrecht 66 entwickelte ungeschriebene Auffangtatbestand des allgemeinen Rechtsschutzbedürfnisses ist auch im Verfassungsbeschwerdeverfahren anwendbar. Danach sind nicht oder nicht mehr erforderliche Verfassungsbeschwerden unzulässig. Eine Verfassungsbeschwerde ist *nicht erforderlich,* wenn eine einfachere Möglichkeit des Grundrechtsschutzes besteht, insb. wenn ein spezielles Verfahren vor dem BVerfG selbst zur Verfügung steht, z.B. das Wahlprüfungsverfahren gem. Art.41 Abs.2 (BVerfGE 14, 154/155; 74, 96/101; 83, 156/157 f). Eine Verfassungsbeschwerde ist *nicht mehr erforderlich,* wenn sich die Beschwer erledigt hat (näher Fröhlinger, Die Erledigung der Verfassungsbeschwerde, 1983). Trotz Aufhebung der grundrechtsverletzenden Maßnahme besteht ein Rechtsschutzbedürfnis, u. U. schon, wenn die Beeinträchtigung sich auf eine Zeitspanne beschränkt, in der nach regelmäßigem Geschäftsgang eine Entscheidung des BVerfG kaum erlangt werden konnte (BVerfGE 34, 165/180; 74, 163/172 f; 81, 138/140 f), wenn die beeinträchtigenden Wirkungen andauern (BVerfGE 85, 36/53; 91, 125/133; 99, 129/138), wenn eine Wiederholung der angegriffenen Maßnahme zu besorgen ist (BVerfGE 52, 42/51 f; 56, 99/106; 83, 341/352), wenn anders verfassungsgerichtlicher Rechtsschutz nicht erreichbar ist, z. B. bei zurückliegenden Freiheitsentziehungen (BVerfGE 76, 363/381; 86, 288/309), und auch wenn andernfalls die Klärung einer verfassungsrechtlichen Frage von grundsätzlicher Bedeutung unterbliebe und der gerügte Grundrechtseingriff besonders schwer wiegt (BVerfGE 98, 169/198; 99, 129/138; 100, 104/125). Kein Rechtsschutzbedürfnis besteht allein gegenüber einer Nebenentscheidung über die Kosten, es sei denn, diese enthält eine selbständige Beschwer (BVerfGE 33, 247/256 ff; 74, 78/90; 85, 109/113 f). Gegenüber aufgehobenen Normen besteht kein Rechtsschutzbedürfnis, wenn die Verfassungsbeschwerde gegen die inhaltsgleiche Neuregelung zulässig ist (BVerfGE 87, 181/194 f).

h) Form. Die Verfassungsbeschwerde ist gem. § 23 Abs.1 S.1 67 BVerfGG schriftlich einzulegen. Dafür genügt auch eine telegraphische Einlegung (BVerfGE 32, 365/368; vgl. auch BVerfGE 74, 228/235). Die Verfassungsbeschwerde ist gem. § 23 Abs.1 S.2

BVerfGG zu begründen, und es sind die erforderlichen „Belege oder sonstige Nachweise" (BVerfGE 83, 162/170) anzugeben. Das Gericht verlangt eine substantiierte und schlüssige Begründung (BVerfGE 99, 84/87). Gem. § 92 BVerfGG sind darüber hinaus in der Begründung das Recht, das verletzt sein soll, und die Handlung oder Unterlassung des Organs oder der Behörde, durch die der Beschwerdeführer sich verletzt fühlt, zu bezeichnen. Es muss der Inhalt der grundrechtlichen Beschwer, nicht notwendigerweise der Grundrechtsartikel bezeichnet werden (BVerfGE 47, 182/187; 59, 98/101; vgl. aber BVerfGE 86, 122/127). Ein Antrag, der die Verletzung des Art. 103 Abs. 1 rügt, ist nur ordnungsgemäß, wenn der Begründung entnommen werden kann, was der Beschwerdeführer bei ausreichender Gewährung rechtlichen Gehörs vorgetragen hätte (BVerfGE 28, 17/20; 82, 236/257 f; BVerfG-K, DVBl 95, 285).

68   Nach dem vom BVerfG herausgegebenen **„Merkblatt"** (II. Form und Inhalt der Verfassungsbeschwerde) muss die Begründung mindestens die folgenden Angaben enthalten: „1. Der Hoheitsakt (gerichtliche Entscheidung, Verwaltungsakt, Gesetz), gegen den sich die Verfassungsbeschwerde richtet, muss genau bezeichnet werden (bei gerichtlichen Entscheidungen und Verwaltungsakten sollen Datum, Aktenzeichen und Tag der Verkündung bzw. des Zugangs angegeben werden). 2. Das Grundrecht oder grundrechtsähnliche Recht, das durch den beanstandeten Hoheitsakt verletzt sein soll, muss benannt oder jedenfalls seinem Rechtsinhalt nach bezeichnet werden. 3. Es ist darzulegen, worin im Einzelnen die Grundrechtsverletzung erblickt wird. Hierzu sind auch die mit der Verfassungsbeschwerde angegriffenen Gerichtsentscheidungen, Bescheide usw. in Ausfertigung, Abschrift oder Fotokopie vorzulegen. Zumindest muss ihr Inhalt aus der Beschwerdeschrift ersichtlich sein".

69   **i) Frist: aa) Dauer.** Gem. § 93 Abs. 1 S. 1 BVerfGG ist die Verfassungsbeschwerde binnen eines Monats zu erheben und zu begründen. Der Normalfall dieser Fristbestimmung betrifft letztinstanzliche Gerichtsentscheidungen, da der Rechtsweg zunächst zu erschöpfen ist (oben Rn. 61 f). Allerdings beeinflusst ein offensichtlich unzulässiges Rechtsmittel den Lauf (und Ablauf) der Frist für die Erhebung der Verfassungsbeschwerde gegen die mit dem Rechtsmittel angefochtene Entscheidung nicht (BVerfGE 5, 17/19 f; 91, 93/106 f); im Zweifel kann eine Verfassungsbeschwerde „vorsorglich" eingelegt werden (Dörr, o. Lit., 192). Bei Gesetzen und sonstigen Hoheitsakten, gegen die ein Rechtsweg nicht offensteht, also unter gesetzlichen Normen, gegen die nicht der Rechtsweg des § 47 VwGO eröffnet ist (vgl. Dörr, o.Lit., 286 f), ist die Verfassungsbeschwerde gem. dem verfassungsmäßigen (BVerfG-K, NJW 97, 650) § 93 Abs.3 BVerfGG binnen eines Jahres zu erheben. Ist dagegen der Rechtsweg des § 47 VwGO eröffnet, läuft nach Abschluss des fachgerichtlichen Verfahrens die Monatsfrist des § 93 Abs.1 S.1 BVerfGG (Pestalozza 189; Majer UC 25 zu § 93; **a. A.** BVerfGE 76, 107/116: Jahresfrist).

bb) Beginn. Die Frist beginnt bei Gesetzen mit deren Inkraft- **70** treten zu laufen; inhaltsgleiche Neufassungen setzen keine neue Frist in Gang, es sei denn, sie wirken im systematischen Zusammenhang belastender (BVerfGE 78, 350/356; 79, 1/13 f; BVerfG-K, NJW 94, 1525; NVwZ-RR 99, 282). Bei rückwirkenden Gesetzen beginnt in sinngemäßer Fortentwicklung des Wortlauts die Frist allerdings erst mit der Verkündung zu laufen (BVerfGE 1, 415/416 f; 12, 81/87 f; 64, 367/376). Ihre Berechnung richtet sich nach §§ 187 ff BGB (BVerfGE 102, 254/295). Verfassungsbeschwerden gegen *Unterlassungen* der öffentlichen Gewalt sind zulässig, solange die Unterlassung andauert (BVerfGE 6, 257/266; 10, 302/308; 69, 161/167); die Fristvorschriften des § 93 BVerfGG greifen grds. nicht ein (BVerfGE 77, 170/214). Sobald der Beschwerdeführer weiß, dass das Unterlassen beendet ist, gilt die Monatsfrist des § 93 Abs.1 S.1 BVerfGG (BVerfGE 58, 208/218). Auf die Erteilung oder den Eingang einer Vollmacht gem. § 22 BVerfGG bezieht sich § 93 Abs.1 BVerfGG nicht (BVerfGE 50, 381/383 f; 62, 194/200). Nur unter den Voraussetzungen des § 93 Abs.2 BVerfGG ist eine Wiedereinsetzung in den vorigen Stand bei Urteilsverfassungsbeschwerden zulässig (BVerfGE 98, 169/196 f; Klein, NJW 93, 2076).

j) Sonstiges: – (1) *Verfahrensbeitritt.* Bestimmte Verfassungsorgane **71** haben gem. § 94 Abs.1, 2 und 4 BVerfGG ein Äußerungsrecht und können gem. § 94 Abs.5 S.1 BVerfGG dem Verfahren beitreten. Der Beitritt eines kollegialen Verfassungsorgans setzt einen Beschluss des Kollegialorgans voraus (BVerfGE 102, 370/383 f). – **(2)** *Antragsrücknahme.* Ein Beschwerdeführer kann die Verfassungsbeschwerde sowohl zurücknehmen als auch in der Hauptsache für erledigt erklären (BVerfGE 85, 109/113); im fortgeschrittenen Verfahrensstadium kann die Rücknahmebefugnis wegen der objektiven Funktion der Verfassungsbeschwerde allerdings eingeschränkt sein (BVerfGE 98, 218/243).

4. Begründetheit

Prüfungsmaßstab sind die Grundrechte der Art.1–19 und die **72** grundrechtsgleichen Rechte der Art.20 Abs.4, 33, 38, 101, 103 und

104 (vgl. Vorb.1 vor Art.1), unabhängig davon, ob sie gerügt worden sind (Müller-Franken, DÖV 99, 590). Nicht alle Absätze und Sätze dieser Artikel enthalten allerdings Grundrechte (vgl. Rn.1, 7 zu Art.7; Rn.30, 32 zu Art.33; Rn.25 zu Art.38). Kein Prüfungsmaßstab sind die UN-Menschenrechtserklärung (BVerfGE 41, 88/106), die Europäische Menschenrechtskonvention (BVerfGE 10, 271/274; 41, 88/105 f; 64, 135/157; s. aber Rn.17 f zu Art.1), die gemeinschaftsrechtlichen Grundfreiheiten (BVerfGE 31, 145/174 f; 82, 159/191; BVerfG-K, NVwZ 97, 160; a. A. Frenz, DÖV 95, 416 ff) und Landesverfassungsrecht (BVerfGE 41, 88/118). Soweit ein Grundrechtseingriff vorliegt, ist auch sonstiges Verfassungsrecht Prüfungsmaßstab (vgl. Rn.23 zu Art.2; Schlaich 210 ff); auf diese Weise können Kompetenznormen, Staatsfundamentalnormen und andere nichtgrundrechtliche Normen wie z. B. Art.140 und Art.25 (Rn.13 zu Art.25) Prüfungsmaßstab in der Verfassungsbeschwerde werden. Die Prüfung von Grundrechten Dritter ist gelegentlich abgelehnt worden (BVerfGE 70, 1/35; 77, 84/101). Weitergehend wird v. a. vom Zweiten Senat des BVerfG bei zulässigen Verfassungsbeschwerden unter Berufung auf deren Funktion als spezifisches Rechtsschutzmittel des objektiven Verfassungsrechts (BVerfGE 81, 278/290; 85, 109/113) ohne weitere subjektiv-rechtliche Anbindung von Amts wegen die Einhaltung allen Verfassungsrechts geprüft (BVerfGE 57, 220/241; 70, 138/162). Eine Ausnahme ist für Art.28 Abs.1 S.2 gemacht worden (BVerfGE 99, 1/7).

73   Bei **untergesetzlichen Akten,** insb. gerichtlichen Entscheidungen, ist Prüfungsmaßstab nicht auch das Gesetz, sondern nur Verfassungsrecht. Falsche Rechtsanwendung durch den Richter stellt nur dann eine Grundrechtsverletzung dar, wenn **(1)** der Einfluss der Grundrechte ganz oder doch grds. verkannt wird, **(2)** die Rechtsanwendung grob und offensichtlich willkürlich ist oder **(3)** die Grenzen der richterlichen Rechtsfortbildung überschritten werden (Verletzung „spezifischen Verfassungsrechts"). Dabei kommt es maßgeblich auf die Intensität des Eingriffs an: „Je mehr eine zivilgerichtliche Entscheidung grundrechtsgeschützte Voraussetzungen freiheitlicher Existenz und Betätigung verkürzt, desto eingehender muss die verfassungsgerichtliche Prüfung sein" (BVerfGE 61, 1/6; vgl. auch BVerfGE 81, 278/289 f; 83, 130/145 f; 89, 214/234; näher Rinken AK 115 ff vor Art.93; Pieroth/Schlink 1172 ff; Schlaich 271 ff; Berkemann, DVBl 96, 1028 ff). Eine große Eingriffsintensität haben idR strafrechtliche Sanktionen (BVerfGE 67, 213/223; 75, 369/376; 82, 236/259). Eine weitergehende Prüfung nimmt das BVerfG unter Willküraspekten (Rn.35 zu Art.3) und dort vor, wo ein Grundrecht

selbst entscheidender Maßstab für die Fachgerichte ist, z. B. Art.16 a Abs.1 (BVerfGE 76, 143/161 f; BVerfG-K, DVBl 98, 1180; für einen „Wertungsrahmen der Fachgerichte" BVerfG-K, EuGRZ 97, 420) oder Art.6 Abs.1 für die Ermessensentscheidung der Ausländerbehörde über die Aufenthaltsberechtigung (BVerfGE 80, 81/93 f). Zur materiell-rechtlichen Parallele bei der Ausstrahlungswirkung der Grundrechte Vorb.33 vor Art.1. Wenn allerdings inzident die Vereinbarkeit einer landesgesetzlichen Norm mit einer bundesrechtlichen Vorschrift zu prüfen ist, muss diese vom BVerfG zur Ermittlung des Prüfungsmaßstabs selbst ausgelegt werden (BVerfGE 80, 137/155 f).

VII. Kommunalverfassungsbeschwerde (Abs.1 Nr.4 b)

1. Zulässigkeit

(1) Die *Parteifähigkeit* beschränkt sich auf Gemeinden und Ge- **74** meindeverbände (Rn.17, 27 f zu Art.28). – **(2)** Die *Prozessfähigkeit* ist gegeben, wenn die nach dem jeweiligen Kommunalrecht bestimmten Organe die Gemeinden und Gemeindeverbände vertreten. – **(3)** *Beschwerdegegenstand* sind alle Arten von Rechtsnormen des Bundes- und Landesrechts, die Außenwirkung gegenüber Gemeinden haben (BVerfGE 26, 228/236; 71, 25/34; 76, 107/114), also Gesetze im formellen wie im materiellen Sinn, nicht aber konkrete Maßnahmen der vollziehenden Gewalt oder gerichtliche Entscheidungen. Das BVerfG hat offengelassen, ob Gewohnheitsrecht oder Richterrecht (BVerfG-K, DÖV 87, 342 f) oder gesetzgeberisches Unterlassen (BVerfG-K, NVwZ 01, 67) Beschwerdegegenstand sein können. – **(4)** Die *Beschwerdebefugnis* ist gem. § 91 S. 1 BVerfGG gegeben, wenn der Beschwerdeführer behauptet, in seinem Selbstverwaltungsrecht (Rn.10–28 zu Art.28) verletzt zu sein. Wie bei der Verfassungsbeschwerde (oben Rn.52–56) muss der Beschwerdeführer selbst, gegenwärtig und unmittelbar betroffen sein. Eine aufgelöste oder eingemeindete Gemeinde kann den entsprechenden Akt selbst überprüfen lassen (Benda/Klein 629; Stern BK 790). Das Erfordernis der unmittelbaren Betroffenheit hat hier allerdings nur die Bedeutung, dass die Beschwerdebefugnis fehlt, wenn ein Gesetz noch der Konkretisierung durch andere untergesetzliche Rechtsnormen bedarf (BVerfGE 71, 25/36; 76, 107/112 f). – **(5)** Die *Erschöpfung des Rechtswegs* gem. § 90 Abs.2 S.1 BVerfGG ist bei nur materiellen Gesetzen dann nicht gegeben, wenn das Verfahren gem. § 47 VwGO offensteht (vgl. BVerfGE 76, 107/114 f; Clemens UC 47 ff zu § 91). – **(6)** Die *Subsidiarität* gem. § 91 S.2 BVerfGG schließt die Kommunalverfassungsbeschwerde generell (BVerfG-K, NVwZ-RR 99, 353) aus, soweit gegen Landesgesetze eine Beschwerde wegen Verletzung des landesrechtlich gewährten Rechts auf Selbstverwaltung beim Landesverfassungsgericht erhoben werden kann (näher Pestalozza 194 f). Das gilt auch, wenn dort nur an den Maßstäben der Landesverfassung überprüft wird (BVerfG-K, NVwZ 94, 59). – **(7)** Zu *Form, Frist, Beschwerdehindernissen der Rechtskraft, Bindungswirkung, Gesetzeskraft, Rechtshängigkeit* und zum *allgemeinen Rechtsschutzbedürfnis* gilt das oben Rn.65–70 Gesagte entsprechend. Rechtskraft, Bindungswirkung und Gesetzeskraft reichen allerdings nur soweit wie der angelegte Prüfungsmaßstab (unten Rn.75).

2. Begründetheit

75   Prüfungsmaßstab ist das Recht auf Selbstverwaltung (Rn.12–16 zu Art.28) sowie solche Normen des GG, die geeignet sind, das verfassungsrechtliche Bild der Selbstverwaltung mitzubestimmen (BVerfGE 1, 167/181 ff; weitergehend Stern BK 813), *bejaht* für Art.120 (BVerfGE 1, 167/183), Art.3 Abs.1 (vgl. Rn.8 zu Art.3), Art.70 ff (BVerfGE 56, 298/310), Art.20 Abs.1 (BVerfGE 56, 298/311; vgl. aber auch BVerfGE 86, 90/106) und Art.106 Abs.5, soweit er Art.28 Abs.2 konkretisiert (BVerfGE 71, 25/38), *verneint* für Art.33 Abs.2 (BVerfGE 1, 167/184) und Art.106 Abs.5, soweit er Modalitäten der Steuerbeteiligung der Gemeinden regelt (BVerfGE 71, 25/38). Zur Grundrechtsträgerschaft von Gemeinden Rn.18 f zu Art.19. Die Intensität der Prüfung handhabt das BVerfG zurückhaltend (vgl. BVerfGE 50, 50/51 f; 76, 107/121 f); doch wird die gerichtliche Kontrolle „umso intensiver, je mehr als Folge der gesetzlichen Regelung die Selbstverwaltung der Gemeinden an Substanz verliert" (BVerfGE 79, 127/154).

Art.94 [Personelle Besetzung, Organisation und Verfahren des Bundesverfassungsgerichts]

(1) Das Bundesverfassungsgericht besteht aus Bundesrichtern und anderen Mitgliedern. Die Mitglieder des Bundesverfassungsgerichtes werden je zur Hälfte vom Bundestage und vom Bundesrate gewählt. Sie dürfen weder dem Bundestage, dem Bundesrate, der Bundesregierung noch entsprechenden Organen eines Landes angehören[1].

(2) Ein Bundesgesetz regelt seine Verfassung und das Verfahren und bestimmt, in welchen Fällen seine Entscheidungen Gesetzeskraft haben[2]**. Es kann für Verfassungsbeschwerden die vorherige Erschöpfung des Rechtsweges zur Voraussetzung machen und ein besonderes Annahmeverfahren vorsehen**[3]**.**

Literatur: *Pieper,* Verfassungsrichterwahlen, 1998; *Trautwein,* Bestellung und Ablehnung von Bundesverfassungsrichtern, 1994; *Preuß,* Die Wahl der Mitglieder des BVerfG als verfassungsrechtliches und verfassungspolitisches Problem, ZRP 1988, 389; *Geck,* Wahl und Status der Bundesverfassungsrichter, HbStR II, 1987, 697. – S. auch Literatur zu Art.93.

1. Personelle Besetzung (Abs.1)

S.1 soll die Fachkompetenz des BVerfG sichern (BVerfGE 65, **1** 152/157). Die nähere Ausgestaltung durch §§ 2, 3 BVerfGG wird allgemein für zulässig gehalten (Rinken AK 6; Meyer MüK 6, 10); der Anforderung von Bundesrichtern wird durch § 2 Abs.3 BVerfGG nachgekommen. Alle Mitglieder des BVerfG sind Richter in einem Amtsverhältnis zum Bund (vgl. auch § 69 DRiG). S.2 dient einer verstärkten demokratischen und bundesstaatlichen Legitimation. Die paritätische Zusammensetzung bezieht sich auf das BVerfG als ganzes, nicht auf einen einzelnen, jeweils tätig werdenden Spruchkörper (BVerfGE 19, 88/91). Die Delegation auf den Wahlausschuss des Bundestags gem. § 6 BVerfGG ist verfassungswidrig (Majer UC 39 ff zu § 6; Meyer ParlRPr 152 f; Steiger ParlRPr 782; Wieland DR 14; a. A. Klein MSKU 2 zu § 6; Kröger, FS BVerfG, 1976, I 92 mwN), aber vom BVerfG selbst nicht beanstandet worden (BVerfGE 40, 356 ff; 65, 152/154 ff), so dass von einer normativen Kraft des Faktischen die Rede ist (Lechner/Zuck 2 zu § 6). S.3 normiert zur Stärkung der richterlichen Unabhängigkeit weitgehende Inkompatibilitäten. Zulässigerweise erweitert § 3 Abs.4 S.1 BVerfGG die Inkompatibilitäten noch auf alle anderen beruflichen Tätigkeiten als die eines Lehrers des Rechts an einer deutschen Hochschule (Rinken AK 11; Meyer MüK 15; Wieland DR 17).

2. Organisation und Verfahren (Abs.2)

S.1 begründet eine ausschließliche Bundesgesetzgebungskom- **2** petenz (Rn.3 zu Art.70) und einen Regelungsauftrag (Rn.13 zu Art.70), der durch das BVerfGG und namentlich dessen § 31 Abs.2 erfüllt worden ist. Die Gesetzeskraft geht über die auch Entscheidungen des BVerfG zukommende formelle und materielle Rechtskraft sowie Bindungswirkung gem. § 31 Abs.1 (näher Rinken AK

59 ff; Löwer HbStR II 794 ff; Meyer MüK 17 f, 26 ff) insoweit hinaus, als sich aus ihr eine Wirkung für und gegen alle (inter omnes) ergibt (Battis HbStR VII 262; Maunz MSKU 28 ff zu § 31; Wieland DR 24 f). Der objektive und zeitliche Umfang der Gesetzeskraft bestimmt sich grds. wie der der Rechtskraft und der Bindungswirkung. Weder § 31 BVerfGG noch die Rechtskraft normverwerfender verfassungsgerichtlicher Entscheidungen hindern den Gesetzgeber, eine inhaltsgleiche oder inhaltsähnliche Neuregelung zu beschließen (BVerfGE 77, 84/103 f; a. A. Sturm SA 12). Gesetzeskräftig wird allein der Tenor der Entscheidung, die Gründe nur soweit, als auf sie − u. a. bei der verfassungskonformen Auslegung − im Tenor verwiesen wird (Battis HbStR VII 262; krit. Wilke/Koch, JZ 75, 238 f). Die Gesetzeskraft erfordert Publizität; dem ist durch § 31 Abs.2 S.3, 4 BVerfGG Rechnung getragen.

3   Von der Ermächtigung gem. S.2, der 1969 eingefügt wurde (Einl.3 Nr.19), ist durch §§ 90 Abs.2 (vgl. Rn.57−64 zu Art.93) und 93 a ff (vgl. Rn.46 f zu Art.93) BVerfGG Gebrauch gemacht worden. Ein freies Annahmeermessen des BVerfG wäre von der Ermächtigung nicht gedeckt (Klein, NJW 93, 2074; Umbach UC Vorb.44 zu §§ 93 a ff).

Art. 95 [Oberste Gerichtshöfe des Bundes]

(1) **Für die Gebiete der ordentlichen, der Verwaltungs-, der Finanz-, der Arbeits- und der Sozialgerichtsbarkeit errichtet der Bund als oberste Gerichtshöfe den Bundesgerichtshof, das Bundesverwaltungsgericht, den Bundesfinanzhof, das Bundesarbeitsgericht und das Bundessozialgericht**[1 f].

(2) **Über die Berufung der Richter dieser Gerichte entscheidet der für das jeweilige Sachgebiet zuständige Bundesminister gemeinsam mit einem Richterwahlausschuß, der aus den für das jeweilige Sachgebiet zuständigen Ministern der Länder und einer gleichen Anzahl von Mitgliedern besteht, die vom Bundestage gewählt werden**[4].

(3) **Zur Wahrung der Einheitlichkeit der Rechtsprechung ist ein Gemeinsamer Senat der in Absatz 1 genannten Gerichte zu bilden. Das Nähere regelt ein Bundesgesetz**[3].

Literatur: *Groß,* Verfassungsrechtliche Möglichkeiten und Begrenzungen für eine Selbstverwaltung der Justiz, ZRP 1999, 361; *Blümel,* Rechtsprechungszuständigkeit, HbStR IV, 1990, 965; *Degenhart,* Gerichtsorganisation,

HbStR III, 1988, 859; *M. Schulte,* Rechtsprechungseinheit als Verfassungsauftrag, 1986; *Kisker,* Die Beteiligung von Richtern an Entscheidungen über
Anstellung und Beförderung als staatsrechtliches Problem, DRiZ 1982, 81;
Strelitz, Entstehung und Problematik von Richterwahlausschüssen in Bund
und Ländern, FS Hirsch, 1981, 355. – S. auch Literatur zu Art.98.

1. Errichtung der obersten Bundesgerichte (Abs.1, 3)

a) Abs.1 der 1968 geänderten (Einl.3 Nr.16) Vorschrift enthält **1**
eine **Kompetenzzuweisung** und einen Regelungsauftrag an den
Bundesgesetzgeber (Rn.1, 12 zu Art.92). Die Aufzählung ist abschließend: Der Bund darf nicht weitere als die hier genannten
obersten Gerichtshöfe errichten. Die Aufzählung ist insoweit zwingend, als die genannten obersten Gerichtshöfe grds. auf den genannten Gebieten tätig werden müssen: Es muss der Kernbereich
der jeweiligen sachlichen Zuständigkeit gewahrt bleiben (Achterberg BK 129 ff; Meyer MüK 4, 8; Schulze-Fielitz DR 20; a. A.
BVerwG, DÖV 55, 443). Damit ist eine bloß organisatorische
Zusammenlegung der obersten Gerichtshöfe vereinbar (Degenhart
HbStR III 866; Detterbeck SA 6; Meyer MüK 4), ebenso die
Zuweisung öffentlich-rechtlicher Streitigkeiten an die ordentlichen
Gerichte, soweit ein sachlicher Zusammenhang mit einer diesen
zustehenden Zuständigkeit besteht (BVerfGE 4, 387/399; BGHZ
38, 208/211). Die Festlegung des Prüfungsmaßstabs der obersten
Bundesgerichte (nur Bundesrecht oder auch Landesrecht) ist grds.
Sache des Bundes (Rn.7–9 zu Art.74), ausnahmsweise des Landes
(Rn.2 zu Art.99).

Oberste Gerichtshöfe sind grds. höchstinstanzliche Rechtsmit- **2**
telgerichte; eine beschränkte Übertragung anderer Zuständigkeiten
ist zulässig (BVerfGE 8, 174/177; Achterberg BK 151 ff; Schulze-
Fielitz DR 18). Die Existenz herkömmlicher oberster Landes-
gerichte wird hierdurch nicht ausgeschlossen (BVerfGE 6, 45/51 f).
Hieraus soll keine Gewährleistung eines Instanzenzugs folgen
(BVerfGE 42, 243/248; 54, 277/291), obwohl doch „oberste" Ge-
richtshöfe untere voraussetzen (Schulze-Fielitz DR 19). Soweit ein
Instanzenzug eingerichtet ist, können die Zuständigkeiten der In-
stanzgerichte von Abs.1 abweichen (Wassermann AK 13; Schulze-
Fielitz DR 19). Die fünf Gerichtszweige sind grds. gleichrangig
(BVerfGE 12, 326/337). Das hat Auswirkungen für die Besoldung
(Rn.53 zu Art.33).

b) Ein **Gemeinsamer Senat** der obersten Gerichtshöfe des Bun- **3**
des ist gem. Abs.3 S.1 zu errichten. Die Mitglieder des Gemein-

samen Senats dürfen diesem nicht hauptamtlich angehören; alle obersten Bundesgerichte sind bei seiner Besetzung gleichberechtigt; das Wahlverfahren gem. Abs.2 ist insoweit nicht anwendbar (Schulze-Fielitz DR 32). Der ausschließlichen Bundesgesetzgebungskompetenz (Rn.3 zu Art.70) und dem Regelungsauftrag (Rn.13 zu Art.70) des Abs.3 S.2 ist durch G v. 19. 6. 1968 (BGBl I 661) Rechnung getragen worden.

2. Personelle Besetzung (Abs.2)

4   Die Vorschrift beschränkt die Personalgewalt der Bundesminister (Rn.5 zu Art.65), indem sie Richterwahlausschüsse als gleichberechtigte Wahlorgane für die Berufung der Richter der obersten Bundesgerichte vorschreibt und ihre Zusammensetzung regelt. Dies dient einer verstärkten demokratischen und bundesstaatlichen Legitimation (krit. Blümel HbStR IV 975). Die Vorschrift gilt nur für Berufsrichter, nicht für ehrenamtliche Richter (BVerfGE 26, 186/201; BGHZ 33, 381/382; krit. Wassermann AK 31). Die Berufung ist zu unterscheiden von der Ernennung (Rn.1 zu Art.60).

Art.96 [Bundesgerichte]

(1) **Der Bund kann für Angelegenheiten des gewerblichen Rechtsschutzes ein Bundesgericht errichten[1].**

(2) **Der Bund kann Wehrstrafgerichte für die Streitkräfte als Bundesgerichte errichten. Sie können die Strafgerichtsbarkeit nur im Verteidigungsfalle sowie über Angehörige der Streitkräfte ausüben, die in das Ausland entsandt oder an Bord von Kriegsschiffen eingeschifft sind. Das Nähere regelt ein Bundesgesetz. Diese Gerichte gehören zum Geschäftsbereich des Bundesjustizministers. Ihre hauptamtlichen Richter müssen die Befähigung zum Richteramt haben[2].**

(3) **Oberster Gerichtshof für die in Absatz 1 und 2 genannten Gerichte ist der Bundesgerichtshof[1 f].**

(4) **Der Bund kann für Personen, die zu ihm in einem öffentlich-rechtlichen Dienstverhältnis stehen, Bundesgerichte zur Entscheidung in Disziplinarverfahren und Beschwerdeverfahren errichten[3].**

(5) **Für Strafverfahren auf den Gebieten des Artikels 26 Abs.1 und des Staatsschutzes kann ein Bundesgesetz mit Zustimmung**

des Bundesrates vorsehen, daß Gerichte der Länder Gerichtsbarkeit des Bundes ausüben[4].

Literatur: S. Literatur zu Art.95.

1. Fakultative Bundesgerichte (Abs.1–4)

Die Gegenstände der Abs.1–4 waren 1956 als Art.96 a eingefügt **1** (Einl.3 Nr.7) und später mehrfach geändert, insb. umbeziffert worden (Einl.3 Nr.12, 16, 22). Von der Ermächtigung für ein **Bundesgericht für Angelegenheiten des gewerblichen Rechtsschutzes (Abs.1, 3;** zum Begriff des gewerblichen Rechtsschutzes Rn.20 zu Art.73) ist durch Errichtung des Bundespatentgerichts gem. §§ 65 ff PatentG teilw. Gebrauch gemacht worden (Schulze-Fielitz DR 14 f; a. A. BGHZ 128, 280/293 f: besonderes Gericht der ordentlichen Gerichtsbarkeit). Letzte Instanz ist gem. Abs.3 der BGH; das bedeutet aber nicht, dass in jeder Streitigkeit der Rechtsweg zum BGH eröffnet sein muss (Schulze-Fielitz DR 16).

Die Kompetenz der **Wehrstrafgerichte (Abs.2, 3)** ist personell **2** und sachlich beschränkt: – **(1)** Sie erfasst gem. Abs.2 S.1 nur Angehörige der Streitkräfte (Rn.2 zu Art.87 a) und zwar gem. Abs.2 S.2 im Verteidigungsfall (Art.115 a ff) alle, im Übrigen nur solche, die in das Ausland entsandt oder an Bord von Kriegsschiffen eingeschifft sind. Die Unterstellung von Kriegsgefangenen unter die Wehrstrafgerichte, zu der sich die Bundesrepublik völkerrechtlich verpflichtet hat, ist unzulässig (Wassermann AK 20; Meyer MüK 8; a. A. Detterbeck SA 10). – **(2)** Sie ist beschränkt auf die Strafgerichtsbarkeit; ihr Umfang bestimmt sich entsprechend dem Begriff des Strafrechts (Rn.4 zu Art.74; Detterbeck SA 9; Schulze-Fielitz DR 21; a. A. Wassermann AK 19; Meyer MüK 7, wonach die Entscheidung über Ordnungswidrigkeiten nicht erfasst sein soll). Die Straftatbestände können an dienstliches wie außerdienstliches Verhalten anknüpfen (Schulze-Fielitz DR 21). Die Wehrstrafgerichte gehören gem. Abs.2 S.4 zum Geschäftsbereich des Bundesjustizministers, und ihre hauptamtlichen Richter (Rn.6 zu Art.97) müssen gem. Abs.2 S.5 die Befähigung zum Richteramt haben. Von der ausschließlichen Bundesgesetzgebungskompetenz (Rn.3 zu Art.70) des Abs.2 S.3 ist bisher kein Gebrauch gemacht worden; vgl. aber zu entsprechenden Vorbereitungsmaßnahmen Blümel HbStR IV 978. Letzte Instanz ist gem. Abs.3 der BGH; das bedeutet aber nicht, dass in jeder Streitigkeit der Rechtsweg zum BGH eröffnet sein muss (Schulze-Fielitz DR 16, 25).

Die Kompetenzen der **Bundesdisziplinar- und Bundes- 3 beschwerdegerichte (Abs.4)** sind personell und sachlich beschränkt: – **(1)** Sie erfassen nur Personen, die in einem öffent-lich-rechtlichen Dienstverhältnis zum Bund stehen, insb. Bundes-minister, Bundesbeamte, Bundesrichter, Soldaten, Dienstpflichtige gem. Art.12 a Abs.1, 2 (Schulze-Fielitz DR 28). – **(2)** Sie beschrän-ken sich auf Disziplinarverfahren, d. h. Sanktionen des Dienstherrn gegen den Dienstnehmer aus dem Dienstverhältnis, und Beschwer-deverfahren, d. h. Klagen des Dienstnehmers gegen den Dienstherrn aus dem Dienstverhältnis (Meyer MüK 12). Der Begriff „errichten" schließt nicht aus, dass die Kompetenzen bereits bestehenden Ge-richten übertragen werden. Bundesgerichte iSd Abs.4 sind v. a. das Bundesdisziplinargericht und die Wehrdienstgerichte (BVerwGE 93, 287). Str. ist, ob der besondere Senat des BGH gem. § 61 f DRiG hierzu zählt (vgl. Blümel HbStR IV 977).

2. Ländergerichte und Bundesgerichtsbarkeit (Abs.5)

4   Die 1969 eingefügte (Einl.2 Nr.26) Vorschrift begründet für Strafverfahren auf den Gebieten des Art.26 Abs.1 (§§ 80, 80 a StGB) und des Staatsschutzes (§§ 81–101 a StGB) eine ausschließ-liche Bundesgesetzgebungskompetenz (Rn.3 zu Art.70) für eine Organleihe der Gerichte der Länder für den Bund, um nach der Verlagerung der 1. Instanz vom BGH auf die Oberlandesgerichte im Jahr 1969 folgende Rechtsfolgen zu erzielen: – **(1)** Die Mit-wirkung des Generalbundesanwalts bei der Verfolgung der entspre-chenden Straftaten bleibt zulässig. – **(2)** Das Begnadigungsrecht (Rn.3–5 zu Art.60) steht weiterhin dem Bundespräsidenten zu (Meyer MüK 14 ff). Das entsprechende Gesetz bedarf der Zustim-mung des Bundesrats (Rn.4–6 zu Art.77).

Art.**97** [Unabhängigkeit der Richter]

(1) **Die Richter sind unabhängig**[2 ff] **und nur dem Gesetze un-terworfen**[1]**.**

(2) **Die hauptamtlich und planmäßig endgültig angestellten Richter**[6] **können wider ihren Willen nur kraft richterlicher Ent-scheidung und nur aus Gründen und unter den Formen, welche die Gesetze bestimmen, vor Ablauf ihrer Amtszeit entlassen oder dauernd oder zeitweise ihres Amtes enthoben oder an eine andere Stelle oder in den Ruhestand versetzt werden**[7 f]**. Die Gesetz-gebung kann Altersgrenzen festsetzen, bei deren Erreichung auf Lebenszeit angestellte Richter in den Ruhestand treten**[8]**. Bei**

Veränderung der Einrichtung der Gerichte oder ihrer Bezirke können Richter an ein anderes Gericht versetzt oder aus dem Amte entfernt werden, jedoch nur unter Belassung des vollen Gehaltes[8].

Literatur: *Papier,* Die richterliche Unabhängigkeit und ihre Schranken, NJW 2001, 1089; *Röhl,* Justiz als Wirtschaftsunternehmen, DRiZ 2000, 220; *Baer,* Die Unabhängigkeit der Richter in der Bundesrepublik Deutschland und in der DDR, 1999; *Berlit,* Modernisierung der Justiz, richterliche Unabhängigkeit und RichterInnenbild, KritJ 1999, 58; *Mishra,* Zulässigkeit und Grenzen der Urteilsschelte, 1997; *Sendler,* Unabhängigkeit als Mythos?, NJW 1995, 2464; *Barbey,* Der Status des Richters, HbStR III, 1988, 815; *G. Hager,* Freie Meinung und Richteramt, 1987; *Achterberg,* Die richterliche Unabhängigkeit im Spiegel der Dienstgerichtsbarkeit, NJW 1985, 3041; *Dütz,* Richterliche Unabhängigkeit und Politik, JuS 1985, 745; *Schier,* Richteramt und GG, FS Firsching, 1985, 233; *R. Schmidt-Räntsch,* Dienstaufsicht über Richter, 1985. – S. auch Literatur zu Art.92.

1. Bedeutung und Abgrenzung zu anderen Vorschriften

Art.97 konkretisiert zusammen mit Art.98 den Art.92 Hs.1. Die **1** rechtsprechende Gewalt ist gekennzeichnet durch Unabhängigkeit der Richter (Abs.1 Hs.1, Abs.2) bei ihrer gleichzeitigen Bindung an das Gesetz (Abs.1 Hs.2). Zu dieser Bindung näher Rn.42 f zu Art.20. Die Unabhängigkeit ist ein wichtiges Merkmal des Begriffs des Richters (Rn.7 f zu Art.92). Verstöße gegen Art.97 können auf diese Weise auch die Rechtsfolgen gem. Rn.11 zu Art.92 herbeiführen (vgl. auch Herzog MD 6 f). Die richterliche Unabhängigkeit ist kein Grundrecht (BVerfGE 21, 211/217; 48, 246/263; BVerwGE 78, 216/220 f). Sie gehört aber zu den hergebrachten Grundsätzen des Berufsbeamtentums gem. Art.33 Abs.5 (BVerfGE 12, 81/88; 55, 372/392; BVerfG-K, NJW 96, 2150; SaarlVerfGH, NJW 86, 916; für die persönliche Unabhängigkeit offengelassen BVerfGE 38, 139/151), die ihrerseits nach der Rspr. des BVerfG ein grundrechtsgleiches Recht verleihen (Rn.32 zu Art.33). Die richterliche Unabhängigkeit ist eine notwendige Voraussetzung für die Verwirklichung des Justizgewährungsanspruchs (Rn.89 f zu Art.20; Detterbeck SA 1; Papier, NJW 90, 9 f).

2. Sachliche Unabhängigkeit der Richter (Abs.1 Hs.1)

a) Richter sind sämtliche Personen, die Rechtsprechung aus- **2** üben, Berufsrichter wie ehrenamtliche (BVerwGE 93, 90/92; BAGE 40, 75/85), Bundes- wie Landesrichter (BVerfGE 26, 186/201).

Abs.1 ist im Gegensatz zu Abs.2 auch auf nicht hauptamtliche und nicht planmäßig endgültig angestellte sowie auf durch den EVertr zur Rechtsprechung ermächtigte (BVerfGE 87, 68/86 ff) Richter anwendbar.

3 **b) Unabhängigkeit gegenüber der Exekutive** bedeutet Unzulässigkeit von Einzelweisungen (BVerfGE 14, 56/69; 26, 186/198; 27, 312/322; 31, 137/140; 36, 174/185; 60, 175/214), von Verwaltungsvorschriften und sonstiger vermeidbarer Einflussnahme (BVerfGE 26, 79/92 ff; 55, 372/389) bezogen auf die rechtsprechende Tätigkeit. Diese umfasst nicht nur den Entscheidungsanspruch, sondern auch diesem dienende, vorbereitende und nachfolgende Sach- und Verfahrensentscheidungen (BGHZ 90, 41/45; 93, 238/243 f; 102, 369/372), wie Terminbestimmung (BVerwGE 46, 69/71), Fristsetzung, Sitzungspolizei (BGHZ 67, 184/189), Beweiserhebung (Rn.4 zu Art.92), Geschäftsverteilung (BVerwGE 50, 11/16; BGHZ 46, 147/149; 112, 197/201) und Unterschrift unter das Urteil (BVerwGE 93, 90/91 f). Problematisch ist die Auffassung, dass die Kompetenz zur Pflege der auswärtigen Beziehungen die Entschließungen von Gerichten in Bezug auf Dienstreisen ins Ausland zur Teilnahme an Beweiserhebungen überlagert (BVerfG-K, DRiZ 79, 219; vgl. auch BGHZ 87, 385/389). Die sachliche Unabhängigkeit bezieht sich dagegen nicht auf die Justizverwaltungsangelegenheiten (BVerfGE 38, 139/152 f; vgl. auch Rn.10 zu Art.92).

4 **Im Einzelnen** wurde eine Beeinträchtigung der sachlichen Unabhängigkeit angenommen für Anleitungen (Wassermann AK 22 f), Bitten und Beschwerden von Behörden (BVerwGE 46, 69/71) und Vorhaltungen, die ein Unwerturteil enthalten (BGHZ 51, 363/370 f) oder sich auf die umgehende Bearbeitung bestimmter Sachen beziehen (BGH, NJW 87, 1198). Auch amtliche Urteilsschelte ist u. U. unzulässig (Mishra, Zulässigkeit und Grenzen der Urteilsschelte, 1997, 258 ff). Die *Dienstaufsicht* darf sich nicht als Maßregelung konkreter richterlicher Entscheidungen darstellen (BVerfGE 38, 139/151 f). Davon soll allerdings bei offensichtlich fehlerhafter Amtsausübung abgewichen werden können (BGHZ 67, 184/187 f; krit. Wassermann AK 30; Meyer MüK 33). Dementsprechend sind auch dienstliche Beurteilungen zulässig (BVerwGE 62, 135/138; BGH, NJW 88, 420), außer sie sind nicht losgelöst von einem Einzelfall (BGHZ 57, 344/348 f) oder üben Druck auf die Art der Prozesserledigung (BGHZ 69, 309/313; NJW 88, 423) oder Verhandlungsführung (BGHZ 90, 41/46 f) aus. Zulässig sind auch Ge-

schäftsprüfung (BGH, NJW 88, 418), Meldung über Nichterledigung (BGH, DRiZ 78, 185) und Urlaubsversagung zwecks fristgemäßer Absetzung der Urteilsgründe (BGHZ 102, 369/372 f). Nicht einzusehen ist dagegen, dass die Arbeitszeitfestsetzung die sachliche Unabhängigkeit beeinträchtigen soll (so BGHZ 113, 36/40 f; BVerwGE 78, 211/213 f; Lecheler HbStR III 740) und dass eine Bitte, einen Richter wegen seiner Justizverwaltungstätigkeit „wirksam und nachhaltig" zu entlasten, unzulässig sein soll (so BGHZ 112, 197/203). Anerkanntermaßen keine Beeinträchtigungen der sachlichen Unabhängigkeit sind einerseits die Berufung in herausgehobene Richterämter (BVerfGE 56, 146/165 f; krit. Meyer MüK 3, 5) und die Zulagengewährung (BVerfGE 36, 372/379) sowie andererseits Beweis- und Verwertungsverbote (BVerfGE 36, 174/185) und die Tatbestandswirkung (BGHZ 95, 212/218).

c) **Unabhängigkeit gegenüber Rechtsprechung, Legislative 5 und Privaten.** Sie gilt gegenüber der *rechtsprechenden Gewalt* selbst (BVerfG-K, NJW 96, 2150; Herzog MD 34; Ipsen 826). Die Richter dürfen von den Rechtsauffassungen übergeordneter Gerichte abweichen (Detterbeck SA 15) und ihre bisherige Rspr. ändern oder aufgeben (BVerwG, NJW 96, 867). Daher ist die Rechtspflege „konstitutionell uneinheitlich" (BVerfGE 87, 273/278; vgl. aber BVerfGE 12, 67/71; 31, 137/140). Allerdings sind insoweit Durchbrechungen zulässig, die zu den typischen und herkömmlichen Funktionsbedingungen der rechtsprechenden Gewalt gehören, wie die Tatbestands-, Rechtskraft- und sonstigen Bindungswirkungen von gerichtlichen Entscheidungen (Herzog MD 35 ff; Meyer MüK 8). Der Schutz der sachlichen Unabhängigkeit vor Eingriffen der *Legislative* (BVerfGE 12, 67/71; 38, 1/21) ist bisher nicht praktisch geworden (Herzog MD 22; vgl. aber BGHSt 25, 24/29). Wahl und Wiederwahl von Verfassungsrichtern durch einfache Parlamentsmehrheit sind verfassungsgemäß (BVerfG-K, NVwZ 99, 639 f). Schließlich ist die sachliche Unabhängigkeit gegenüber *privater und gesellschaftlicher Einflussnahme* geschützt (Detterbeck SA 17 f; Herzog MD 39 ff; widersprüchlich Wassermann AK 85, 88). Unzulässig ist danach die nicht grundrechtlich geschützte Druckausübung bezogen auf die rechtsprechende Tätigkeit.

3. Persönliche Unabhängigkeit der Richter (Abs.2)

a) Nur **hauptamtlich und planmäßig endgültig angestellte 6 Richter** genießen den vollen Schutz der persönlichen Unabhängigkeit. Es ist aber keine Anstellung der Richter auf Lebenszeit geboten (BVerfGE 3, 213/224; 4, 331/345; 14, 57/70 f). Selbst die Bestellung auf 3 Jahre (BVerfGE 42, 206/210) oder 4 Jahre (BVerfGE 18, 241/255) ist zulässig. Die Dauer der Amtszeit muss durch Gesetz geregelt werden (BVerfGE 27, 355/363); ihr Ende darf nicht von einer Entscheidung der Exekutive abhängen (BVerfGE 14, 56/71). Auch Richtern, die nicht die Qualifikationen des Abs.2 aufweisen – Richter auf Zeit, auf Probe, kraft Auftrags, im Nebenamt sowie ehrenamtliche und abgeordnete Richter –, muss ein Minimum persönlicher Unabhängigkeit garantiert sein; dieses Minimum garantiert Art.33 Abs.5 (Schulze-Fielitz DR 56). Das bedeutet für ehrenamtliche Richter, dass sie vor Ablauf ihrer Amtszeit nur unter den gesetzlich bestimmten Voraussetzungen und gegen ihren Willen nur kraft richterlicher Entscheidung abberufen werden können (BVerfGE 14, 56/70; 18, 241/255; 26, 186/198 f; 27, 312/322).

7   **b)** Es besteht ein grundsätzliches **Verbot der Amtsenthebung und Versetzung** für die oben Rn.6 genannten Richter (S.1). Verboten sind auch Maßnahmen, die den gleichen Effekt haben, so eine Geschäftsverteilung, die einen Richter praktisch von rechtsprechender Tätigkeit fernhält (BVerfGE 17, 252/259 ff), und die einer Versetzung gleichkommende Übertragung eines weiteren Richteramts mit mehr als der Hälfte der Arbeitskraft des Richters (BGHZ 67, 159/164); anders aber, wenn Verwaltungsbefugnisse entzogen werden (BVerfGE 38, 139/153). Dienstaufsichtliche Befugnisse der obersten Landesbehörden gegenüber den Richtern sind keine Beeinträchtigung der persönlichen Unabhängigkeit, solange sie sich im Rahmen des § 26 DRiG halten (BVerfGE 38, 139/151; vgl. auch BGHZ 85, 145). Dienstaufsicht ist grds. nur im Bereich äußerer Ordnung richterlicher Tätigkeit zulässig (BGHZ 67, 184/187; 70, 1/4; 93, 238/244; näher oben Rn.4).

8   **Ausnahmen** hiervon bestehen in folgenden Fällen: **(1)** bei Einverständnis des Richters (S.1), **(2)** bei richterlicher Entscheidung auf Grund von Gesetzen, die die Gründe und die Formen für Amtsenthebung und Versetzung bestimmen (S.1), z. B. die vorläufige Dienstenthebung im förmlichen Disziplinarverfahren (BVerfG-K, NJW 96, 2150), **(3)** bei gesetzlich festgelegten Altersgrenzen für auf Lebenszeit angestellte Richter (S.2), **(4)** bei Veränderung der Einrichtung der Gerichte oder ihrer Bezirke unter der Voraussetzung der Belassung des vollen Gehalts (S.3), wobei ungeschriebene weitere Voraussetzung hierfür eine gesetzliche Grundlage (vgl. Rn.12 zu Art.92) ist, sowie **(5)** unter den Voraussetzungen des Art.98 Abs.2, 5.

Art.98 [Rechtsstellung der Richter]

(1) Die Rechtsstellung der Bundesrichter ist durch besonderes Bundesgesetz zu regeln[1 ff].

(2) **Wenn ein Bundesrichter im Amte oder außerhalb des Amtes gegen die Grundsätze des Grundgesetzes oder gegen die verfassungsmäßige Ordnung eines Landes verstößt, so kann das Bundesverfassungsgericht mit Zweidrittelmehrheit auf Antrag des Bundestages anordnen, daß der Richter in ein anderes Amt oder in den Ruhestand zu versetzen ist. Im Falle eines vorsätzlichen Verstoßes kann auf Entlassung erkannt werden[1].**

(3) **Die Rechtsstellung der Richter in den Ländern ist durch besondere Landesgesetze zu regeln. Der Bund kann Rahmenvorschriften erlassen, soweit Artikel 74 a Abs.4 nichts anderes bestimmt[1 ff].**

(4) **Die Länder können bestimmen, daß über die Anstellung der Richter in den Ländern der Landesjustizminister gemeinsam mit einem Richterwahlausschuß entscheidet[4].**

(5) **Die Länder können für Landesrichter eine Absatz 2 entsprechende Regelung treffen. Geltendes Landesverfassungsrecht bleibt unberührt. Die Entscheidung über eine Richteranklage steht dem Bundesverfassungsgericht zu[1].**

Literatur: *Ziekow/Guckelberger,* Die Wahl von Richtern in den Ländern, NordÖR 2000, 13; *E.-W. Böckenförde,* Verfassungsfragen der Richterwahl, 2. A. 1998; *Ehlers,* Verfassungsrechtliche Fragen der Richterwahl, 1998. – S. auch Literatur zu Art.95.

1. Rechtsstellung der Richter (Abs.1–3, 5)

Rechtsstellung bedeutet dasselbe wie Rechtsverhältnisse (Rn.19 zu Art.73). Hierzu gehören die Regelung der Amtsbezeichnungen (BVerfGE 38, 1/8 ff unter ausdrücklicher Aufgabe von BVerfGE 32, 199/220 f), die Verpflichtung zum Anlegen einer Amtstracht bei Amtshandlungen (offengelassen BVerwGE 67, 222/230) und die Voraussetzungen der Befähigung zum Richteramt (Fastenrath, BayVBl 85, 423; Wahl, DVBl 85, 829 f). Zum Begriff des **Richters** Rn.7 f zu Art.92; allerdings sind hier wie bei Art.95 die ehrenamtlichen Richter nicht erfasst (Wassermann AK 23); Abs.2 gilt offensichtlich nicht für die Richter des BVerfG (Schulze-Fielitz DR 34; Lechner/Zuck 1 zu § 3). Die Vorschrift umfasst auch nicht die Staatsanwälte (BVerfGE

1

32, 199/216 f). Sie ist lex specialis zu Art. 73 Nr. 8, 74 a Abs. 1–3 und
75 Abs. 1 Nr. 1. Die Richteranklage gem. Abs. 2, 5 hat keine praktische
Bedeutung. Gem. § 58 Abs. 1 BVerfGG sind auf sie weitgehend die
Vorschriften über die Präsidentenanklage (Rn. 2 f zu Art. 61) anwendbar.

2   Abs. 1 und der 1971 geänderte (Einl. 3 Nr. 28) Abs. 3 enthalten
Gesetzesvorbehalte (Rn. 44 zu Art. 20); eine Regelung der Rechts-
stellung der Richter durch Rechtsverordnung reicht nicht aus (Meyer
MüK 2; a. A. Wassermann AK 21; Detterbeck SA 6; Herzog MD 2).
Außerdem muss das Bundes- bzw. Landesgesetz ein „besonderes"
sein: Die inhaltlichen Unterschiede des Richter- gegenüber dem
allgemeinen Beamtenstatus müssen in einem eigenständigen Gesetz
Ausdruck finden (abschwächend Meyer MüK 7: gesetzestechnische
Einheit zulässig). Das gilt folgerichtig auch für die Richterbesoldung
(Wassermann AK 20; Herzog MD 8; Meyer MüK 6; unentschieden
BVerfGE 26, 141/154 f; offengelassen BVerfGE 32, 199/213; 55,
372/385), nicht aber für die Versorgung der Richter im Ruhestand
(BVerfG-K, DRiZ 76, 381; a. A. Schulze-Fielitz DR 27). Eine Ver-
weisung der Richtergesetze auf einzelne Bestimmungen der Beam-
tengesetze ist zulässig (BVerwGE 67, 222/230).

3   Abs. 1, 3 weisen zugleich **Gesetzgebungskompetenzen** zu: Für
den Gegenstand der Rechtsstellung der Bundesrichter besteht eine
ausschließliche Bundesgesetzgebungskompetenz (Rn. 3 zu Art. 70),
für den der Richter in den Ländern eine Rahmengesetzgebungskompetenz des Bundes (Rn. 1–5 zu Art. 75), von der allerdings die
Landesverfassungsrichter ausgenommen sind (Blümel HbStR
IV 980; Pestalozza MaK 127 zu Art. 74 a; Schulze-Fielitz DR 22).
Für Fragen der Besoldung und Versorgung (Rn. 2–4 zu Art. 74 a)
gelten demgegenüber spezielle Regelungen (Rn. 6 zu Art. 74 a).

2. Richterwahlausschüsse auf Landesebene (Abs. 4)

4   Die Vorschrift ist nicht nur eine (deklatorische; Schulze-Fielitz
DR 41) Ermächtigung der Länder, Richterwahlausschüsse als Mit-
entscheidungsgremien bei der Anstellung von Landesrichtern einzurichten, sondern auch eine Garantie, dass Richterwahlausschüsse
der Länder nicht durch auf Art. 75 Abs. 1 Nr. 1 gestütztes einfaches
Bundesrecht verboten oder vorgeschrieben werden können (Wassermann AK 30; Böckenförde, o. Lit., 40 ff; Meyer MüK 12; a. A.
Herzog MD 35) und dass die Landesjustizminister „gemeinsam",
d. h. mindestens gleichberechtigt mit den Richterwahlausschüssen
entscheiden (Ehlers, o. Lit., 15 ff; vgl. auch BVerfGE 41, 1/10).

Landesjustizminister ist der für den jeweiligen Gerichtszweig zuständige Landesminister, auch wenn er anders heißt (Herzog MD 40; Schulze-Fielitz DR 43). Bei der Zusammensetzung der Richterwahlausschüsse sind das Demokratieprinzip (Rn.9 zu Art.20; Wassermann AK 34; Herzog MD 43 ff) und Art.3 Abs.1 (BVerfGE 41, 1/9 ff) zu beachten. Anstellung meint nicht nur erstmalige Anstellung, sondern auch Übernahme in das Richterverhältnis auf Lebenszeit (BGHZ 85, 319/323) und Beförderung (BVerwGE 70, 270/274; Herzog MD 47). Entscheidungen der Richterwahlausschüsse sind nur eingeschränkt gerichtlich überprüfbar (BVerwGE 105, 89/92 f).

Art.**99** [Entscheidung von Landesstreitigkeiten durch das Bundesverfassungsgericht und die obersten Gerichtshöfe des Bundes]

Dem Bundesverfassungsgerichte kann durch Landesgesetz die Entscheidung von Verfassungsstreitigkeiten innerhalb eines Landes[1], den in Artikel 95 Abs.1 genannten obersten Gerichtshöfen für den letzten Rechtszug die Entscheidung in solchen Sachen zugewiesen werden, bei denen es sich um die Anwendung von Landesrecht handelt[2].

Literatur: *Gundel,* Neue Wege zur Auslegung von Landesrecht durch das BVerwG – Die Neubelebung von Art.99 Alt.2 GG durch Länder-Staatsverträge, NVwZ 2000, 408. – S. auch Literatur zu Art.93.

1. Landesstreitigkeit vor dem Bundesverfassungsgericht (Alt.1)

Allgemeines. Gem. Alt.1 kann durch Landesgesetz, d.h. Lan- **1** desverfassung oder förmliches Gesetz (Meyer MüK 9), eine Entscheidungskompetenz des BVerfG begründet werden. Alt.1 ist lex specialis zu Art.93 Abs.1 Nr.4 Var.3 (BVerfGE 1, 208/218; zum einzigen Anwendungsfall Schl-H s. Pestalozza 149 ff; Gerhardt UC 1 f vor § 73 ff). Die Vorschrift begründet eine Organleihe (Löwer HbStR II 768; Meyer MüK 1) und eine Ausnahme von der ausschließlichen Bundesgesetzgebungskompetenz für das Verfahren des BVerfG (Rn.2 zu Art.94). Daraus folgt, dass auch über die ausdrücklichen Ermächtigungen zur Landesgesetzgebung (vgl. Rn.3–5 zu Art.71) hinaus jedenfalls der Zugang zum BVerfG und die Tragweite seiner Entscheidungen landesgesetzlich geregelt werden kann

(Gerhardt UC 7 ff vor §§ 73 ff; Meyer MüK 7; vgl. auch BVerfGE 102, 176/184). Verfassungsstreitigkeiten sind Organstreitigkeiten (BVerfGE 1, 208/218 f), abstrakte (BVerfGE 38, 258/267; 99, 57/65) und konkrete (BVerfGE 7, 77/82 f) Normenkontrollen sowie alle sonstigen Entscheidungskompetenzen des BVerfG gem. Art.93 (Wassermann AK 6; Meyer MüK 5).

2   Die **Zulässigkeit** ergibt sich für Organstreitigkeiten aus §§ 73 ff BVerfGG und dem Landesrecht, im Übrigen aus dem Landesrecht und den entsprechenden Verfahrensvorschriften des BVerfGG (Bethge MSKU 2 ff zu § 73; Pestalozza 150 ff). Für Organstreitigkeiten gelten folgende bundesrechtliche Zulässigkeitsvoraussetzungen: – **(1)** *Parteifähig* sind gem. § 73 Abs.1 BVerfGG die obersten Landesorgane, also Landtag (BVerfGE 1, 208/231; 27, 44/51) und Landesregierung (BVerfGE 1, 208/231), und Organteile, also Abgeordnete (BVerfGE 4, 144/148 f; 49, 70/77), Landtagsfraktionen (BVerfGE 1, 208/223; 27, 44/50 f), qualifizierte Landtagsminderheiten (BVerfGE 27, 240/244 f) und Landesminister (Pestalozza 152). Zu den obersten Landesorganen werden vom BVerfG auch die politischen Parteien gerechnet, indem Art.21 zum Bestandteil der Landesverfassung erklärt wird (BVerfGE 1, 208/222 f; 60, 53/61 f). – **(2)** Für die *Antragsbefugnis* wendet das BVerfG § 64 Abs.1 BVerfGG (Rn.10–12 zu Art.93) „sinngemäß" an (BVerfGE 60, 53/63; Gerhardt UC 9 ff zu § 73). – **(3)** Die *Frist* beträgt gem. § 73 Abs.2, 64 Abs.3 BVerfGG, „sofern das Landesrecht nichts anderes bestimmt", 6 Monate, nachdem die beanstandete Maßnahme oder Unterlassung dem Antragsteller bekannt geworden ist.

3   **Begründetheit.** Maßstab ist Landesverfassungsrecht. Bundesverfassungsrecht ist nur insoweit Maßstab, als es in das Landesverfassungsrecht hineinwirkt (BVerfGE 1, 208/232; 23, 33/39).

2. Landesstreitigkeit vor den obersten Gerichtshöfen des Bundes (Alt.2)

4   Gem. Alt.2, die 1968 geändert wurde (Einl.3 Nr.16), kann durch Landesgesetz (oben Rn.1) eine Entscheidungskompetenz der obersten Gerichtshöfe des Bundes (Rn.2 zu Art.95) für die hier genannten Sachen begründet werden (vgl. die negativen Fälle BFHE 137, 385/388; OVG NW, OVGE 20, 193/198 ff). Das ist neuerdings durch Staatsverträge der Länder geschehen (Gundel, NVwZ 00, 408). Die Vorschrift berührt nicht die Gesetzgebungskompetenz des Bundes gem. Art.74 Abs.1 Nr.1 und 108 Abs.6, die Anwendung von Landesrecht von den obersten Gerichtshöfen des Bundes über-

prüfen zu lassen (BVerfGE 10, 285/292 ff). Das Verfahren richtet sich nach Bundesrecht (BGHZ 16, 159/160 f).

Art. 100 [Einholung verfassungsgerichtlicher Entscheidungen durch Gerichte]

(1) **Hält ein Gericht[5] ein Gesetz[6 ff], auf dessen Gültigkeit es bei der Entscheidung ankommt[11 ff], für verfassungswidrig[14, 18], so ist das Verfahren auszusetzen und, wenn es sich um die Verletzung der Verfassung eines Landes handelt, die Entscheidung des für Verfassungsstreitigkeiten zuständigen Gerichtes des Landes, wenn es sich um die Verletzung dieses Grundgesetzes handelt, die Entscheidung des Bundesverfassungsgerichtes einzuholen[4]. Dies gilt auch, wenn es sich um die Verletzung dieses Grundgesetzes durch Landesrecht oder um die Unvereinbarkeit eines Landesgesetzes mit einem Bundesgesetze handelt[4].**

(2) **Ist in einem Rechtsstreite zweifelhaft, ob eine Regel des Völkerrechtes Bestandteil des Bundesrechtes ist und ob sie unmittelbar Rechte und Pflichten für den Einzelnen erzeugt (Artikel 25), so hat das Gericht die Entscheidung des Bundesverfassungsgerichtes einzuholen[19 f].**

(3) **Will das Verfassungsgericht eines Landes bei der Auslegung des Grundgesetzes von einer Entscheidung des Bundesverfassungsgerichtes oder des Verfassungsgerichtes eines anderen Landes abweichen, so hat das Verfassungsgericht die Entscheidung des Bundesverfassungsgerichtes einzuholen[21 f].**

Übersicht

Pieroth

Literatur: *Wollweber,* Aktuelle Aspekte der konkreten Normenkontrolle durch das BVerfG, DÖV 1999, 413; *Heun,* Richtervorlagen in der Rspr. des BVerfG, AöR 1997, 610; *T. Schmitt,* Richtervorlagen in Eilverfahren?, 1997; *Baumgarten,* Anforderungen an die Begründung von Richtervorlagen, 1996; *Zierlein,* Zur Prozeßverantwortung der Fachgerichte im Lichte der Verwerfungskompetenz des BVerfG nach Art.100 Abs.1 GG, FS Benda, 1995, 457; *Sachs,* Die konkrete Normenkontrolle – nur ein Instrument zum Schutze subjektiver Grundrechte der Beteiligten?, DVBl. 1985, 1106; *Aretz,* Neues zur Richtervorlage nach Art.100 Abs.1 GG, JZ 1984, 918; *Erichsen,* Die konkrete Normenkontrolle – Art.100 Abs.1 GG, Jura 1982, 88; *Gerontas,* Das konkrete Normenkontrollverfahren unter Berücksichtigung der Rspr. des BVerfG, DVBl. 1981, 1089. – S. auch Literatur zu Art.93.

I. Konkrete Normenkontrolle (Abs.1)

1. Allgemeines

1   **a) Zweck** der 1968 geänderten (Einl.3 Nr.16) Vorschrift ist, „die Autorität des unter der Herrschaft des GG tätig gewordenen Gesetzgebers zu wahren und zu verhüten, dass sich jedes einzelne Gericht über den Willen des Gesetzgebers hinwegsetzt, indem es die von ihm erlassenen Gesetze nicht anwendet" (BVerfGE 68, 337/344 f; 86, 71/77; 97, 117/122; krit. Hesse 686; Schlaich 130). Daneben sollen „durch allgemein verbindliche Klärung verfassungsrechtlicher Fragen divergierende Entscheidungen der Gerichte, Rechtsunsicherheit und Rechtszersplitterung" vermieden werden (BVerfGE 63, 131/141; 54, 47/51; vgl. auch BVerfGE 58, 300/322). Daraus darf aber nicht geschlossen werden, dass die Vorlage unzulässig ist, wenn es sich um einen singulären Fall handelt (BVerfGE 57, 295/317 f). Schließlich dient die konkrete Normenkontrolle dem Ziel, „eine verfassungsmäßige Entscheidung in einem konkreten Rechtsstreit zu gewährleisten" (BVerfGE 67, 26/33; 42, 42/49).

2   Abs.1 setzt das **Prüfungsrecht** jedes Richters voraus, d. h. die Frage, ob das für einen konkreten Rechtsstreit einschlägige Gesetz gültig ist. Für die hier genannten Gesetze wird aber die Entscheidung über ihre Gültigkeit oder Ungültigkeit (BVerfGE 47, 146/164) dem BVerfG bzw. den Verfassungsgerichten der Länder vorbehalten (Verwerfungsmonopol). Das Verwerfungsmonopol darf auch nicht in anderen Vorlageverfahren umgangen werden (vgl. BVerwGE 85, 332/337 ff). Abs.1 hindert aber ein Gericht, das ein für seine Entscheidung maßgebliches Gesetz für verfassungswidrig hält, nicht daran, vorläufigen Rechtsschutz zu gewährleisten (BVerfGE 86, 382/389). Im Übrigen hat jeder Richter die Verwerfungskompetenz. Er hat sie auch, soweit sich die Ungültigkeit eines Gesetzes nicht aus höherrangigem Recht, sondern durch neuere Gesetzgebung ergibt (BVerfGE 2, 124/128 ff; 71, 224/227 f). Das gilt auch im Verhältnis von Landesrecht zu neuerem Bundesrecht (BVerfGE 25, 142/147; 60, 135/153; 65, 359/373; BVerwG, NVwZ 00, 1180). Zur Prüfungs- und Nichtanwendungskompetenz der Exekutive Rn.39–41 zu Art.20.

Abs.1 begründet eine **Pflicht** jedes Richters, bei Vorliegen der **3** Voraussetzungen (unten Rn.5–17) das Verfahren auszusetzen und die Entscheidung des BVerfG bzw. des Landesverfassungsgerichts einzuholen. Das gilt auch, wenn andere Gerichte dieselbe Norm schon vorgelegt haben (Benda/Klein 709; Schlaich 151). Ein Verstoß gegen diese Pflicht verletzt Art.101 Abs.1 S.2 (Benda/Klein 708; Pestalozza 206; vgl. auch BVerfGE 13, 132/143).

b) Systematik. Abs.1 normiert folgende unterschiedliche Kons- **4** tellationen: – **(1)** Vorlage an das Landesverfassungsgericht, wenn das Gericht ein Landesgesetz wegen Verletzung der Landesverfassung für verfassungswidrig hält (S.1 Alt.1). – **(2)** Vorlage an das BVerfG, wenn das Gericht ein Bundesgesetz wegen Verletzung des GG für verfassungswidrig hält (S.1 Alt.2). – **(3)** Vorlage an das BVerfG, wenn das Gericht ein Landesgesetz wegen Verletzung des GG für verfassungswidrig hält (S.2 Alt.1). – **(4)** Vorlage an das BVerfG, wenn das Gericht ein Landesgesetz für unvereinbar mit einem Bundesgesetz oder sonstigem Bundesrecht hält (S.2 Alt.2). Die nähere Ausgestaltung des ersten Falls obliegt den Landesverfassungen und Landesverfassungsgerichtsgesetzen, die die Vorlagepflicht erweitern, nicht aber einschränken können (Pestalozza 203), so dass § 13 Nr.11 BVerfGG zu Recht nur die Fälle 2–4 genannt hat.

2. Zulässigkeit

a) Die **Vorlageberechtigung** liegt bei den (staatlichen) Gerich- **5** ten (Rn.6–10 zu Art.92). Zweifel an der Gerichts- oder Richterqualität dürfen aber nicht den Rechtsschutz verkürzen; daher werden unter Gerichten iSd Abs.1 alle Spruchstellen verstanden, die sachlich unabhängig, in einem formell gültigen Gesetz mit den Aufgaben eines Gerichts betraut und als Gerichte bezeichnet sind (BVerfGE 6,

55/63; 30, 170/171 f). Bei Kollegialgerichten ist grds. nur das Gericht in der vollen Besetzung vorlageberechtigt (BVerfGE 1, 80/81 f; 34, 52/57). Ausnahmsweise sind es einzelne Richter, wenn sie die Entscheidung, für die die Vorlagefrage erheblich ist, allein zu treffen haben (BVerfGE 24, 155/165; 54, 159/163 f; 98, 145/152). Nicht vorlageberechtigt ist der Rechtspfleger (BVerfGE 30, 170/172; 55, 370/371 f; 61, 75/77). In Justizverwaltungsangelegenheiten (Rn.10 zu Art.92) ist die Vorlageberechtigung des Richters als Vollstreckungsbehörde (BVerfGE 20, 309/311 f; BVerfG-K, NJW 94, 2751) verneint, dagegen im Verfahren der freiwilligen Gerichtsbarkeit (BVerfGE 4, 45/48), im Amtshilfeverfahren (BVerfGE 7, 183/186; 31, 43/44 f) und bei einer öffentlichen Bekanntmachung (BVerfGE 78, 77/82 f) bejaht worden. Abs.1 gilt auch für die Landesverfassungsgerichte (BVerfGE 69, 112/117; ThürVerfGH, LVerfGE 9, 413/429). Die Vorlageberechtigung besteht gem. § 80 Abs.3 BVerfGG unabhängig von der Rüge der Nichtigkeit der Rechtsvorschrift durch einen Prozessbeteiligten. Der Vorlagebeschluss kann nicht angefochten werden (OLG Düsseldorf, NJW 93, 411; Benda/Klein 799).

6   **b) Vorlagegegenstand** sind Gesetze iS einzelner Rechtsnormen (BVerfGE 55, 274/327). Im Hinblick auf den Zweck der konkreten Normenkontrolle (oben Rn.1) fallen darunter nur förmliche und nachkonstitutionelle (unten Rn.8 f) Gesetze des Bundes und der Länder (vgl. S.2 Alt.1), ausgenommen sog. satzungsvertretende Gesetze, die in den übrigen Bundesländern als Satzungen ergehen (BVerfGE 70, 35/58; a. A. BVerfGE *abwM* 70, 59/63 ff; Rinken AK 16; Löwer HbStR II 787), sowie Landesgesetze gem. Art.80 Abs.4 (Schütz, NVwZ 96, 38 ff; a. A. Jutzi, NVwZ 00, 1390). Im Fall des S.2 Alt.2 fallen darunter nur förmliche und nachlegale, d. h. nach dem den Prüfungsmaßstab bildenden Bundesrecht ergangene Landesgesetze (oben Rn.2). Voraussetzung ist grds. die Verkündung der Norm (vgl. BVerfGE 42, 263/281). Außer Kraft getretene Gesetze prüft das BVerfG, solange sich durch das Außerkrafttreten das Ausgangsverfahren nicht erledigt hat (BVerfGE 47, 46/64). Ein unterlassener Gesetzgebungsakt ist nicht vorlagefähig (Benda/Klein 726).

7   **Einzelfälle** *zulässiger* Vorlagegegenstände sind danach: Gesetze des Gemeinsamen Ausschusses (Meyer MüK 12); gesetzesvertretende Verordnungen vorkonstitutionellen Rechts (BVerfGE 52, 1/16 f); Gesetzgebungsnotstandsgesetze (BVerfGE 1, 184); Landesverfassungsrecht (BVerfGE 36, 342/356); verfassungsändernde Gesetze (Badura HbStR VII 71; Benda/Klein 716); Wirtschaftsratsgesetze (BVerfGE 4, 331/

339 ff); Zustimmungsgesetze zu Staatsverträgen (BVerfGE 63, 131/140) und zu völkerrechtlichen Verträgen (BVerfGE 1, 396/410; 29, 348/358; 95, 39/44), einschl. des Einigungsvertrags (Klein UC 29 zu § 80). – *Unzulässige* Vorlagegegenstände sind: Allgemeinverbindliche Tarifverträge (vgl. BVerfGE 44, 322/338 ff; 55, 7/20 f); Besatzungsrecht (Benda/Klein 740); DDR-Recht (BVerfGE 97, 117/123; BGHSt 39, 168/176); Europäisches Gemeinschaftsrecht (BVerfGE 102, 147/161 ff; Benda/Klein 732 ff; Wieland DR 15; vgl. auch Rn.39 zu Art.23; Rn.12 zu Art.24); Geschäftsordnungsrecht (Benda/Klein 716); Neubekanntmachung von Gesetzen (BVerfGE 18, 389/391; BFHE 176, 130/137 f); Rechtsprechungsakte (BVerfGE 24, 170/173); Rechtsverordnungen (BVerfGE 1, 184/201; 48, 40/45; BVerwGE 87, 133/139), auch wenn sie mit Zustimmung des Parlaments ergangen sind (BVerfGE 8, 274/322); Satzungen (Benda/Klein 716); Unterlassen des Gesetzgebers (Meyer MüK 12; Wieland DR 12); Verfassungsrecht abgesehen von verfassungsändernden Gesetzen (**a. A.** BVerfGE 3, 225/230 ff; Wieland DR 11); Verwaltungsvorschriften (BVerfGE 48, 40/46; BFHE 176, 130/137); Völkerrecht (Benda/Klein 728 f; vgl. auch BVerfGE 29, 348/360).

Grds. sind **vorkonstitutionelle Gesetze** kein Gesetz iSd Abs.1 **8** (oben Rn.6). Als nachkonstitutionell gelten alle nach dem 23. 5. 1949 (vgl. Art.145 Abs.2) verkündeten Gesetze (BVerfGE 4, 331/339 ff; vgl. aber Rn.5 zu Art.123). Dass sich das Gesetz Rückwirkung auf die Zeit vor Inkrafttreten des GG beimißt, ist unerheblich (BGHZ 125, 41/50). Wo das GG erst später in Kraft getreten ist, ist dieser Zeitpunkt maßgeblich (Benda/Klein 717). Ausnahmsweise sind auch vorkonstitutionelle Gesetze Prüfungsgegenstand, wenn der Bundesgesetzgeber sie in seinen Willen aufgenommen und damit bestätigt hat (BVerfGE 6, 55/65; 70, 126/129; krit. Klein UC 21 zu § 80). Sofern der Bestätigungswille nicht im Gesetz zum Ausdruck kommt, kann er sich auch aus dem engen sachlichen Zusammenhang zwischen unveränderten und geänderten Normen ergeben (BVerfGE 66, 248/254). Das ist insb. der Fall, wenn die alte Norm als Gesetz neu verkündet wird (BVerfGE 11, 126/131 f; 64, 217/220 ff), nicht aber wenn sie nur neu bekanntgemacht wird (BVerfGE 14, 245/249 f; 67, 217/221), und wenn eine neue (nachkonstitutionelle) Norm auf die alte Norm verweist (BVerfGE 13, 290/294; 70, 126/130 f). Ein Bestätigungswille ist demgegenüber nicht anzunehmen bei kleineren Korrekturen an einem vorkonstitutionellen Gesetz sowie dann, wenn der Gesetzgeber eine vorkonstitutionelle Norm nur als solche hinnimmt und von ihrer Aufhebung oder sachlichen Änderung vorerst absieht, ohne sie in ihrer Geltung bestätigen zu

wollen (BVerfGE 66, 248/255; 97, 117/124). Je länger der Gesetz-
geber solche Regelungen in Geltung lässt, desto geringer werden die
Voraussetzungen für die Annahme, er habe die Vorschriften in seinen
Willen aufgenommen (BVerfGE 63, 181/188; 70, 126/130).

9 **Einzelfälle** heute noch geltender Gesetze, für die das BVerfG
eine Aufnahme in den Willen des nachkonstitutionellen Gesetzgebers *angenommen* hat: § 11 Abs.1 EnergiewirtschaftsG (BVerfGE
66, 248/254 ff); § 211 StGB (BVerfGE 45, 187/211); § 53 Abs.1
Nr.3 StPO (BVerfGE 33, 367/374); § 162 Abs.1 S.2 und Abs.3
StPO (BVerfGE 31, 43/45); § 157 Abs.3 S.2 ZPO (BVerfGE 10,
185/191 f); §§ 899 ff ZPO (BVerfGE 48, 396/399). – *Abgelehnt*
wurde dies für § 828 Abs.2 BGB (BVerfG-K, EuGRZ 99, 92 f),
§ 1300 BGB (BVerfGE 32, 296/303 ff), § 124 b GewO (BVerfGE
64, 217/221), § 9 a UWG (BVerfGE 29, 39/43) und § 40 Abs.2 S.1
VVG (BVerfGE 70, 126/130).

10 **c)** Das vorlegende Gericht muss die **Überzeugung von der
Verfassungswidrigkeit** haben; Zweifel an der Verfassungsmäßigkeit
reichen anders als nach Abs.2 (unten Rn.20) nicht aus (BVerfGE 78,
104/117; 80, 54/59; 86, 52/57). Verfassungswidrigkeit umfasst sowohl die Nichtigkeit als auch die bloße Unvereinbarerklärung mit
zeitlich beschränkter Weiteranwendung (BVerfGE 61, 43/56; 66,
1/17; 93, 121/131; Löwer HbStR II 789 f). Das Gericht darf nicht
vorlegen, wenn es die Möglichkeit zu einer verfassungskonformen
Auslegung (Rn.34 zu Art.20) der entscheidungserheblichen (unten
Rn.11–15) Norm hat (BVerfGE 70, 134/137; 78, 20/24; 87,
114/133; Klein UC 49 ff zu § 80; krit. Benda/Klein 755). Das
Gericht muss selbst von der Verfassungswidrigkeit überzeugt sein,
wobei es keine allgemeine Bindung an die obergerichtliche Rspr.
gibt; es darf nicht unter Berufung auf eine solche Bindung eine
verfassungsgerichtliche Überprüfung der obergerichtlichen Rspr.
veranlassen (BVerfGE 64, 180/187; 68, 337/344 f; 80, 54/58 f);
anders wenn das Gericht nach einer zurückverweisenden Rechts-
mittelentscheidung konkret gebunden ist (BVerfGE 65, 132/139 f;
68, 352/358 ff).

11 **d) Entscheidungserheblichkeit: aa) Allgemeines.** Insoweit
legt das BVerfG einen „strengen Maßstab" an und bemüht zweifel-
hafterweise den verfassungsrechtlichen Justizgewährungsanspruch
(Rn.89 f zu Art.20). Er fordere vom Richter, „den Rechtsstreit so zu
behandeln, dass eine Verzögerung durch die Anrufung des BVerfG
nach Möglichkeit vermieden wird" (BVerfGE 86, 71/76 f; 78,
165/178). Das Gericht muss im Ausgangsverfahren bei Ungültigkeit

der Norm anders zu entscheiden haben als bei deren Gültigkeit (BVerfGE 67, 26/34; 78, 306/316; 80, 96/100). Bei Haushaltsgesetzen fehlt wegen ihrer bloß organinternen Rechtswirkung die Entscheidungserheblichkeit (BVerfGE 38, 121/125). Das Gericht muss eine hypothetische, die Gültigkeit des einschlägigen Gesetzes unterstellende Prüfung vornehmen (BVerfGE 60, 329/ 338). Das umfasst auch die Auslegung einer Ermessensvorschrift (BVerfGE 57, 295/315). Solange die Möglichkeit besteht, dass das vorlegende Gericht den Rechtsstreit in dem von ihm gewünschten Sinn entscheiden kann, ohne die für verfassungswidrig gehaltene Norm anzuwenden, fehlt es an der Entscheidungserheblichkeit (BVerfGE 64, 251/254). Das ist auch der Fall, wenn die Unanwendbarkeit der Norm aus anderen Gründen, z. B. auf Grund entgegenstehenden Europäischen Gemeinschaftsrechts, feststeht (BVerfGE 85, 191/203 ff). In aller Regel muss eine mündliche Verhandlung abgewartet werden (BVerfGE 79, 256/264). Wird das Ausgangsverfahren durch eine Rechtsänderung oder Klagerücknahme beendet, entfällt die Entscheidungserheblichkeit (BVerfGE 14, 140/142; 29, 325/326). Das Gleiche gilt, wenn das vorlegende Gericht seine Auffassung zur Gültigkeit des Gesetzes ändert (BVerfGE-K, NVwZ 95, 158). Eine für verfassungswidrig erachtete Rechtslage, die sich aus dem Zusammenwirken mehrerer Einzelregelungen ergibt, kann grds. anhand jeder der betroffenen Normen zur verfassungsgerichtlichen Prüfung gestellt werden (BVerfGE 82, 60/84 f; 85, 337/344; 102, 127/140 f). Zur Entscheidungserheblichkeit beim gleichheitswidrigen Begünstigungsausschluss BVerfGE 93, 386/394 ff; Klein UC 57 ff zu § 80; Rinken AK 11.

bb) Grds. ist der **Tenor** der Entscheidung dafür maßgeblich, ob **12** eine andere Entscheidung vorliegt (BVerfGE 44, 297/300). Andere Entscheidungen sind: Stattgabe und Abweisung der Klage (BVerfGE 73, 301/312; 75, 40/55); Unzulässigkeit und Unbegründetheit (BVerfGE 19, 330/336; 35, 65/72); Zurückweisung einer Berufung als unzulässig und aus sachlichen Gründen (BVerfGE 22, 106/109; 91, 118/122); sachliche Entscheidung und Aussetzung des Verfahrens (BVerfGE 74, 182/195; 84, 233/237; 93, 121/131; BFHE 190, 408/411; a. A. BVerfGE 8, 28/32 ff). Voraussetzung ist aber, dass der Verfassungsverstoß gerade Beteiligte des Ausgangsverfahrens trifft (BVerfGE 66, 100/105 ff; 67, 239/244). Ausnahmsweise kann auch die Begründung entscheidend sein, wenn ihr für Inhalt und Wirkung der Entscheidung rechtliche Bedeutung zukommt (BVerfGE 44, 297/301), z. B. wenn bei alternativer Begründung die Rechtskraftwirkungen einer Entscheidung im unklaren blieben und weiterer Rechtsstreit über künftiges Verhalten zwischen den Beteiligten zu gewärtigen ist (BVerfGE 47, 146/165; 63, 1/24).

13   **cc)** Grds. kommt es auf die **Endentscheidung** an (BVerfGE 76, 100/104; 79, 240/243; 85, 337/343). Prozessleitende Verfügungen (BVerfGE 21, 148/149) und Beweisbeschlüsse (BVerfGE 11, 330/335; 64, 251/254) gehören nicht dazu, wohl aber strafprozessuale richterliche Untersuchungshandlungen (BVerfGE 31, 43/45; 33, 367/373) und Geschäftswertfestsetzungen nach dem WEG (BVerfGE 85, 337/343 f). Bei Zwischenentscheidungen besteht eine Entscheidungserheblichkeit nur, wenn dies für den weiteren Ablauf des Ausgangsverfahrens dringend geboten erscheint (BVerfGE 63, 1/21 f). In einstweiligen Rechtsschutzverfahren ist das der Fall, wenn die vorläufige Regelung die endgültige Entscheidung weitgehend vorwegnimmt oder gar kein Hauptsacheverfahren mehr stattfindet (BVerfGE 46, 43/51; 63, 131/141). In Strafverfahren ist die Vorlage vor Eröffnung des Hauptverfahrens (BVerfGE 22, 39/41; 47, 109/114; 54, 47/50) und im Rechtsmittelverfahren auch dann zulässig, wenn nur noch über das Strafmaß zu entscheiden ist (BVerfGE 90, 145/166 f).

14   **dd)** Grds. legt das BVerfG die **Rechtsauffassung des vorlegenden Gerichts** für die Beurteilung der Entscheidungserheblichkeit zugrunde. Erst bei der inhaltlichen Entscheidung über die Gültigkeit des Gesetzes prüft es das BVerfG selbst (vgl. BVerfGE 44, 322/339; 50, 142/152 f; 80, 244/250). Ausnahmsweise weicht das BVerfG hiervon ab, wenn die Rechtsauffassung des vorlegenden Gerichts offensichtlich unhaltbar ist (BVerfGE 78, 25/30; 81, 40/49; 99, 300/313; krit. Löwer HbStR II 791 f; Meyer MüK 23) oder wenn die Entscheidungserheblichkeit von verfassungsrechtlichen Vorfragen abhängt (BVerfGE 63, 1/27 ff; 67, 26/35; 69, 150/159; 78, 165/172; krit. Benda/Klein 775 ff). Die Vorlagefrage kann vom BVerfG eingeschränkt (BVerfGE 76, 130/138; 85, 176/182 f) oder ausgeweitet (BVerfGE 72, 200/239 f; 78, 232/243; 102, 99/114) werden. Sie wird gelegentlich auch umgedeutet (vgl. BVerfGE 58, 300/318 ff; krit. Benda/Klein 792). Neufassungen der Gesetze werden einbezogen (BVerfGE 61, 291/306).

15   **ee) Ausnahmen.** Das BVerfG sieht vom Erfordernis der Entscheidungserheblichkeit ab, wenn „die Vorlagefrage von allgemeiner und grundsätzlicher Bedeutung für das Gemeinwohl und deshalb ihre Entscheidung dringlich ist" (BVerfGE 47, 146/151 ff). Es lässt auch eine mittelbare Entscheidungserheblichkeit eines Gesetzes bei unmittelbarer Entscheidungserheblichkeit einer Rechtsverordnung ausreichen (BVerfGE 75, 166/173 ff).

e) Form, Begründung. Der Vorlagebeschluss muss gem. § 80 **16**
Abs.2 S.1 als lex specialis zu § 23 Abs.1 S.2 BVerfGG begründet
werden, und es sind gem. § 80 Abs.2 S.2 BVerfGG die Akten beizufügen. Das BVerfG stellt insoweit strenge Anforderungen (krit.
Lechner/Zuck 21 zu § 80): Der Vorlagebeschluss muss aus sich
heraus, ohne Beiziehung der Akten verständlich sein und den Sachverhalt und die rechtlichen Erwägungen erschöpfend darlegen
(BVerfGE 69, 185/187; 77, 259/261; 83, 111/116); er muss sich
eingehend mit der Rechtslage auseinandersetzen und dabei die in
Literatur und Rechtsprechung entwickelten Rechtsauffassungen berücksichtigen (BVerfGE 79, 240/243 f; 86, 71/77; 88, 70/74). Dazu
gehört auch die Erörterung einer möglichen verfassungskonformen
Auslegung (BVerfGE 80, 68/72; 85, 329/333 f; anders noch BVerfGE
25, 198/204) und die Einbeziehung von weiteren Normen, wenn sich
aus deren Zusammenhang die Entscheidungserheblichkeit ergibt
(BVerfGE 80, 96/100 f; 83, 111/116; 88, 187/194), sowie die Berücksichtigung der Entstehungsgeschichte (BVerfGE 78, 201/204; 88,
70/74; 92, 277/312). Eine Ausnahme gilt, wenn das vorlegende
Gericht rechtlich gehindert ist, die gebotenen Ermittlungen selbst
durchzuführen (BVerfGE 24, 119/133 f; 58, 300/327), wenn ein nicht
erörterter Gesichtspunkt sich ohne weiteres aus einem erörterten
ergibt (BVerfGE 51, 401/403 f) oder wenn eine Problematik „rechtliches Gemeingut" ist (BVerfGE 93, 121/132 f). Der Vorlagebeschluss
darf keinen konstruierten Sachverhalt zugrundelegen (BVerfGE 66,
226/231), keine „sich mehr oder weniger im Ungefähren bewegende
Ausführungen" enthalten (BVerfGE 80, 68/71) und auch nicht „in
sich widersprüchlich" sein (BVerfGE 84, 160/166). Bei Abweichung
von einer Entscheidung des BVerfG gelten verschärfte Begründungspflichten (BVerfGE 65, 179/181; 87, 341/346); eventuelle neue
Tatsachen und Umstände müssen dargelegt werden (BVerfGE 70,
242/249 f; BVerfG-K, NJW 99, 2581); die ungeprüfte Übernahme
von Parteivorbringen reicht nicht aus (BVerfGE 87, 341/346).

f) Sonstiges. Soweit eine Vorlage sowohl an ein Landesverfas- **17**
sungsgericht als auch an das BVerfG in Betracht kommt, ist die
Vorlage zunächst an das BVerfG zulässig (BVerfGE 2, 380/388 f; 55,
207/224 f; 69, 174/182 f). Entgegenstehende frühere Entscheidungen machen die Vorlage gem. § 31 S.1 BVerfGG unzulässig (Pestalozza 213; vgl. auch BVerfGE 62, 63/67); eine Ausnahme gilt „beim
Auftreten neuer und erheblicher tatsächlicher und rechtlicher Gesichtspunkte" (BVerfGE 84, 348/358; 82, 198/205; 78, 38/48). Die
Parteien des Ausgangsverfahrens sind nicht Verfahrensbeteiligte vor

dem BVerfG (BVerfGE 20, 350/351), wohl aber gem. § 82 Abs.3
BVerfGG äußerungsberechtigt. Bedienen sie sich hierbei eines
Rechtsanwalts, stehen diesem Gebühren zu; insoweit ist für eine
Gegenstandswertfestsetzung durch das BVerfG Raum (BVerfGE 53,
332 ff). Eine Gegenvorstellung des vorlegenden Gerichts ist unzulässig (BVerfG-K, NJW 00, 1554). Die in § 77 BVerfGG genannten
Verfassungsorgane sind gem. § 82 Abs.2 BVerfGG beitrittsberech-
tigt. Die Unzulässigkeit einer Vorlage kann, soweit sie nicht von
einem Landesverfassungsgericht oder einem obersten Gerichtshof
des Bundes kommt, gem. § 81 a BVerfGG auch durch einstimmigen
Beschluss der gem. § 15 a BVerfGG gebildeten Kammer festgestellt
werden; dies dient wie das Annahmeverfahren bei der Verfassungsbeschwerde (Rn.46 f zu Art.93) der Entlastung des Gerichts.

3. Begründetheit

18   Prüfungsmaßstab sind das GG (S.1 Alt.2, S.2 Alt.1) sowie allgemeine Regeln des Völkerrechts iSd Art.25 (Meyer MüK 21, 29;
vgl. auch BVerfGE 14, 221/237). Soweit dem zuständigen Landesverfassungsgericht vorzulegen ist, ist Prüfungsmaßstab Landesverfassungsrecht (S.1 Alt.1). Gegenüber Landesgesetzen ist auch Bundesrecht Prüfungsmaßstab (S.2 Alt.2), d. h. Bundesgesetze und andere
Bundesrechtsnormen (BVerfGE 1, 283/291 f; 17, 208/210; 67,
1/11; BVerwGE 110, 363/366; BAGE 74, 218/225), die vom
BVerfG selbst ausgelegt werden (BVerfGE 25, 142/149 ff; 66,
270/282 ff; 66, 291/307 ff). Das zulässigerweise vorgelegte Gesetz
wird vom BVerfG unter allen verfassungsrechtlichen Gesichtspunkten nachgeprüft (BVerfGE 3, 187/197; 67, 1/11; 93, 121/133).

II. Feststellung von Völkerrecht als Bundesrecht (Abs.2)

19   **Zweck** der Vorschrift ist die verfahrensrechtliche Absicherung
der Geltung allgemeiner Regeln des Völkerrechts (Rn.5–10 zu
Art.25), indem gem. § 83 Abs.1 BVerfGG allein vom BVerfG geprüft wird, ob eine solche Regel als Bundesrecht existiert und ob sie
für den einzelnen Rechte und Pflichten erzeugt; das BVerfG spricht
von einer „Gewährleistungsfunktion des Art.100 Abs.2 GG zugunsten der allgemeinen Regeln des Völkerrechts" (BVerfGE 75, 1/11).
Abs.2 wird als Fall einer Normenqualifikation betrachtet (Meyer
MüK 29). Die Frage, ob ein Gesetz mit einer allgemeinen Regel des
Völkerrechts übereinstimmt, ist nach Abs.1 zu klären. Abs.2 begrün-

det eine Pflicht jedes Richters, bei Vorliegen der Voraussetzungen (unten Rn.20) die Entscheidung des BVerfG einzuholen. Das BVerfG hat darüber hinaus den Beteiligten am Ausgangsverfahren einen Rechtsanspruch auf Vorlage zugestanden (Rn.12 zu Art.101). **Zulässigkeit. – (1)** Vorliegen eines *Rechtsstreits,* d. h. jedes ge- **20** richtliche Verfahren (BVerfGE 75, 1/11); für die Vorlageberechtigung gilt das oben Rn.5 Gesagte entsprechend. – **(2)** *Zweifel* des vorlegenden Gerichts oder ernst zu nehmende Zweifel außerhalb des vorlegenden Gerichts (BVerfGE 64, 1/14 ff; 92, 277/316; 96, 68/78 f; BGHSt 35, 216/218; a. A. Rühmann UC 24 ff zu § 84). Bisher nicht geäußerte Zweifel müssen nachvollziehbar und haltbar sein (Pestalozza 221). – **(3)** *Vorlagegegenstand* sind Existenz, Rechtscharakter, Tragweite und Bindungskraft einer allgemeinen Regel des Völkerrechts (BVerfGE 15, 25/31 f; 64, 1/13; 94, 315/328; krit. Rühmann UC 12 zu § 84), nicht des Völkervertragsrechts (BVerfG-K, EuGRZ 01, 77). Ob die allgemeine Regel des Völkerrechts auch Rechte und Pflichten für den einzelnen erzeugt, ist unerheblich (Benda/Klein 874 f; Wieland DR 30). – **(4)** *Entscheidungserheblichkeit* (oben Rn.11–15) der Zweifel gem. §§ 84, 80 Abs.2 BVerfGG (BVerfGE 75, 1/12 ff; 96, 68/79 ff; 100, 209/211 f); dies ist auch bei Beweisbeschlüssen möglich (BVerfGE 46, 342/360). Das BVerfG legt die Rechtsauffassung des vorlegenden Gerichts für die Beurteilung der Entscheidungserheblichkeit zugrunde, außer sie ist offensichtlich unhaltbar (BVerfGE 75, 1/12 f; 78, 1/5; 100, 209/212). Die Entscheidungserheblichkeit fehlt, wenn der angegriffene Akt bereits aus anderen Gründen, z. B. wegen Gesetz- oder Verfassungswidrigkeit, keinen Bestand hat (vgl. BVerfGE 75, 1/14 ff). – **(5)** *Form, Begründung.* Gem. §§ 84, 80 Abs.2 BVerfGG ist die Vorlage wie bei der konkreten Normenkontrolle (oben Rn.16) zu begründen; doch sind hier die Anforderungen im Hinblick auf den Zweck (oben Rn.19) und das Ausreichen von bloßen Zweifeln erheblich niedriger (Benda/Klein 886). – **(6)** *Sonstiges.* Gem. § 83 Abs.2 S.2 BVerfGG können die obersten Verfassungsorgane in jeder Lage dem Verfahren beitreten. Die Parteien des Ausgangsverfahrens sind nicht Verfahrensbeteiligte vor dem BVerfG (BVerfGE 15, 25/30), wohl aber gem. §§ 84, 82 Abs.3 BVerfGG äußerungsberechtigt.

III. Divergenzvorlage (Abs.3)

Zweck der Vorschrift ist die Wahrung der Einheitlichkeit der **21** Rechtsanwendung im Verhältnis zwischen dem BVerfG und den

Verfassungsgerichten der Länder sowie zwischen den Verfassungsgerichten der Länder untereinander (BVerfGE 3, 261/265). Abs.3 begründet eine Pflicht der Landesverfassungsgerichte, bei Vorliegen der Voraussetzungen (unten Rn.22) die Entscheidung des BVerfG einzuholen; es hat aber Wahlfreiheit zwischen Abs.1 und 3 (BVerfGE 36, 342/356). Ein Verstoß gegen diese Pflicht verletzt Art.101 Abs.1 S.2 (BVerfGE 13, 132/142 ff). Da die Landesverfassungsgerichte als Prüfungsmaßstab grds. nur die Landesverfassung haben (BVerfGE 36, 342/368; 6, 376/382; 10, 285/293), ist für sie das GG Prüfungsmaßstab nur dafür, ob die Landesverfassung gültig ist (Rozek, Lit. zu Art.28 A, 53 ff, 200 ff; zu weitgehend BVerfGE 60, 175/207; 69, 112/117).

22   **Zulässigkeit.** – **(1)** Vorlage des *Verfassungsgerichts eines Landes;* dies kann auch ein Oberverwaltungsgericht sein, dem eine Zuständigkeit in Verfassungsstreitigkeiten durch Landes- oder Bundesgesetz zugewiesen wurde (Schlaich 177; krit. Pestalozza 229). – **(2)** *Entscheidung* umfasst Urteile und Beschlüsse der Senate und des Plenums (Rühmann UC 41 ff zu § 85), den Tenor und die tragenden Gründe (BVerfGE 3, 261/264 f), nicht aber obiter dicta (Wieland DR 35) und Kammerbeschlüsse (Bethge MSKU 49 zu § 85). – **(3)** *Abweichen* bedeutet eine andere Auslegung des GG; hierfür kommt es auf die Qualität als Bundesverfassungsrecht, nicht auf die inhaltliche Vergleichbarkeit oder Übereinstimmung von Landesverfassungsrecht mit Bundesverfassungsrecht an (Pestalozza 223; Wieland DR 36 f; a. A. Rühmann UC 32 ff zu § 85). Ein Abweichen kommt nicht in Betracht, wenn das GG keine Wirkung für das Landesverfassungsrecht hat (ThürVerfGH, LVerfGE 9, 413/431). – **(4)** *Entscheidungserheblichkeit* besteht nur dann, wenn die vom vorlegenden Gericht zu treffende Entscheidung auf der Grundlage seiner Rechtsansicht anders ausfallen wird als auf der Grundlage der Rechtsansicht des Gerichts, von der abgewichen werden soll (BVerfGE 18, 407/413; 96, 345/359). Das ist bei Erledigung des Ausgangsverfahrens nicht gegeben (BVerfGE 13, 165/166). Im Übrigen folgt das BVerfG der Ansicht des vorlegenden Landesverfassungsgerichts ohne eigene Prüfung der Entscheidungserheblichkeit (BVerfGE 36, 342/356 f; 96, 345/359; Wieland DR 38). – **(5)** *Form, Begründung.* Gem. § 85 Abs.1 BVerfGG hat das Verfassungsgericht des Landes bei Aktenvorlage seine Rechtsauffassung darzulegen. Die Begründungsanforderungen dürften im Hinblick auf die Stellung der Landesverfassungsgerichte niedriger als bei der konkreten Normenkontrolle (oben Rn.16) liegen (Benda/Klein 1107). Auch die Vorlagefrage darf weiter gefasst werden (BVerfGE 96, 345/359 ff). – **(6)** *Sonstiges.*

Gem. § 85 Abs.2 BVerfGG sind der Bundesrat, die Bundesregierung und das betroffene Landesverfassungsgericht äußerungsberechtigt.

Art.101 [Recht auf den gesetzlichen Richter]

(1) **Ausnahmegerichte sind unzulässig[4,9]. Niemand darf seinem gesetzlichen Richter[2 ff] entzogen werden[9 ff].**

(2) **Gerichte für besondere Sachgebiete können nur durch Gesetz errichtet werden[6].**

Übersicht

Literatur: *Roth,* Das Grundrecht auf den gesetzlichen Richter, 2000; *Pechstein,* Der gesetzliche Richter, Jura 1998, 197; *Reichl,* Probleme des gesetzlichen Richters in der Verwaltungsgerichtsbarkeit, 1994; *Eser,* Der „gesetzliche Richter" und seine Bestimmung für den Einzelfall, FS Salger, 1994, 247; *Voßkuhle,* Rechtsschutz gegen den Richter, 1993; *Degenhart,* Gerichtsorganisation, HbStR III, 1988, 859; *Gloria,* Verfassungsrechtliche Anforderungen an die gerichtlichen Geschäftsverteilungspläne, DÖV 1988, 849; *Vedder,* Ein neuer gesetzlicher Richter?, NJW 1987, 526; *Träger,* Der gesetzliche Richter, FS Zeidler, 1987, 123; *Engelhardt,* Staatsanwaltschaft und gesetzlicher Richter, DRiZ 1982, 418; *Niemöller/Schuppert,* Die Rspr. des BVerfG zum Strafverfahrensrecht, AöR 1982, 387; *Wipfelder,* Die Rspr. des BVerfG zu Art.101 Abs.1 S.2 GG, VBlBW 1982, 33.

1. Bedeutung, Systematik und Abgrenzung zu anderen Vorschriften

Die Garantie des gesetzlichen Richters soll „der Gefahr vorbeu- **1** gen, dass die Justiz durch eine Manipulation der rechtsprechenden

Organe sachfremden Einflüssen ausgesetzt wird" (BVerfGE 95,
322/327). Art.101 enthält ein einheitliches Grundrecht; Abs.1 S.1
und Abs.2 sind Spezialfälle von Abs.1 S.2 (unten Rn.4, 6). Das
Recht auf den gesetzlichen Richter ist eine wichtige Ausprägung
der rechtsstaatlichen Rechtssicherheit (BVerfGE 20, 336/344) und
des rechtsstaatlichen Objektivitätsgebots (BVerfGE 82, 159/194). Es
steht in engem sachlichen Zusammenhang mit Art.19 Abs.4 und ist
wie dieser stark normgeprägt und auf die Ausgestaltung durch den
Gesetzgeber (Rn.35 zu Art.19) angewiesen. Es besteht eine Verpflichtung, „Regelungen zu treffen, aus denen sich der gesetzliche
Richter ergibt" (BVerfGE 95, 322/328). Wie beim Anspruch auf
rechtliches Gehör (Rn.39 zu Art.103) sind Präklusionsregelungen
zulässig (BVerfG-K, NStZ 84, 370 f; BGHSt 44, 361/365). Abs.1
S.2 ist ein grundrechtsgleiches Recht (Vorb.1 vor Art.1; Rn.52, 72
zu Art.93) und enthält zugleich objektives Verfassungsrecht
(BVerfGE 20, 336/344; 40, 356/361; 61, 82/104), allerdings keine
institutionelle Garantie (vgl. Schulze-Fielitz DR 16; Roth, o.Lit.,
73 ff; a. A. Kunig MüK 1; Stern II 916, III/1 1466).

2. Schutzbereich

2 **a) Richter** ist neben dem zur Entscheidung im Einzelfall berufe-
nen Richter auch das Gericht als organisatorische Einheit und das
Gericht als Spruchkörper (BVerfGE 17, 294/298 f; 40, 356/361).
Für die Begriffe des Richters und des Gerichts gilt grds. das bei
Rn.7–10 zu Art.92 Gesagte. Darüber hinaus ist speziell zu Art.101
entschieden worden, dass er gilt für: Berichterstatter im Kollegialgericht (BSG, NJW 96, 2181; Roth, o.Lit., 32 ff; a. A. BGH, NJW 95,
403; BGHSt 21, 250/255; BFH, NVwZ 96, 102), BVerfG (Rn.3,
19, 21 zu Art.100), DDR–Richter, die nach dem EVertr. zur Rspr.
ermächtigt sind (BVerfG-K, DtZ 91, 408), ehrenamtliche Richter
(BVerfGE 48, 300/317; 91, 93/117; BVerfG-K, DtZ 92, 281;
BVerwGE 93, 161; BGHZ 127, 327/329), Ergänzungsrichter und
am Eröffnungsbeschluss beteiligte Richter (BVerfG *abwM* 30, 157/
162 ff; Roth 31 f; **a. A.** BVerfGE 30, 149/152 ff), EuGH (BVerfGE
73, 339/366 ff; 75, 223/231 f; 82, 159/192; BVerfG-K, NJW 94,
2017; NVwZ 97, 481; BGHZ 125, 27/36), Große und Gemeinsame
Senate (BVerfGE 19, 38/42 f; 38, 386/397 f), Landesverfassungsrichter (BVerfGE 82, 286/296 f; 96, 231/244), Revisionsrichter
(BVerfGE 30, 165/168; 63, 77/80), Richter in der freiwilligen
Gerichtsbarkeit (BVerfGE 21, 139/144 f), Richter, der Termin zur
Hauptverhandlung anberaumt (BVerfGE 4, 412/417 f), Schöffen

(BVerfGE 31, 181/183; BGHSt 37, 324/326 ff), Untersuchungsführer im förmlichen Disziplinarverfahren (BVerwGE 93, 151/155), Untersuchungsrichter (BVerfGE 25, 336/347 ff), Vorprüfungsausschuss des BVerfG (BVerfGE 19, 88/92) und Vorsitzender Richter am Truppendienstgericht (BVerfGE 40, 268/271); nicht aber für parlamentarische Untersuchungsausschüsse (BVerfGE 77, 1/42) und staatliche Prüfer (BVerwGE 30, 172/178).

Auf **persönliche Eignungsmerkmale** eines Richters kommt es 3 grds. nicht an, weil sie den Schutzzweck der Norm, Eingriffe Unbefugter in die Rechtspflege zu verhindern und das Vertrauen der Rechtsuchenden und der Öffentlichkeit in die Unparteilichkeit und Sachlichkeit der Gerichte zu schützen, nicht berühren (BVerfG-K, NJW 92, 2075). Mängel in der physischen oder psychischen Konstitution des Richters, die seine Verhandlungsfähigkeit vorübergehend oder auf Dauer beeinträchtigen können, wie etwa Blindheit, Taubheit, Schwerhörigkeit, Krankheit oder Übermüdung, können aber im Einzelfall zu Verletzungen des Anspruchs auf rechtliches Gehör (Rn.24 zu Art.103) oder auf ein rechtsstaatlich faires Verfahren (Rn.93 zu Art.20) führen. Soll-Vorschriften über die angemessene Berücksichtigung aller Gruppen der Bevölkerung bei der Schöffenwahl dienen nicht der Bestimmung des gesetzlichen Richters (Schulze-Fielitz DR 30; offengelassen BVerfG-K, DtZ 92, 282).

b) Die Zuständigkeit muss **im Voraus abstrakt–generell fest-** 4 **gelegt** sein (BVerfGE 63, 77/79; 82, 286/298; 95, 322/328 f). Änderungen der Zuständigkeit müssen außer anhängigen Verfahren auch eine unbestimmte Vielzahl künftiger Fälle erfassen (BVerfGE 24, 33/54 f). Die Festlegung der Zuständigkeit muss auch hinreichend klar sein (BVerfGE 95, 322/330). Dass Gesetze ausgelegt werden müssen, ist hierfür unschädlich (BVerfGE 48, 246/262 f); ebenso dass dem Richter Ermessen darüber eingeräumt ist, ob er zunächst das Eilverfahren oder das Hauptsacheverfahren erledigt (BVerfGE 78, 7/19). Ausnahmegerichte (Abs.1 S.1) sind dadurch gekennzeichnet, dass sie zur Entscheidung einzelner konkreter oder individuell bestimmter Fälle berufen sind (BVerfGE 3, 213/223; 8, 174/182; 10, 200/212; 14, 56/72); sie dürfen auch durch Gesetz nicht errichtet werden (Degenhart SA 23; Schulze-Fielitz DR 32).

c) Gesetzliche Zuständigkeit. Dieser **Gesetzesvorbehalt** be- 5 deutet, dass die fundamentalen Zuständigkeitsregeln in einem Parlamentsgesetz enthalten sein müssen (BVerfGE 19, 52/60; 95, 322/328) und insb. Verwaltungsvorschriften nicht ausreichend sind (BVerfGE 2, 307/320 ff). Im Übrigen kann unter den Voraussetzungen des Art.80 Abs.1 die Bestimmung des zuständigen Richters durch Rechtsverordnung erfolgen (BVerfGE 2, 307/326; 24, 155/166; 27, 18/34 f; BVerfG-K, NVwZ 93, 1080). Ergänzend sind für die Gesetzlichkeit hier erforderlich: – **(1)** Geschäftsverteilungspläne der Gerichtspräsidien (BVerfGE 17, 294/298 f; 19, 52/59 f; 95, 322/328; BVerwGE 50, 11/16; BAGE 68, 248/253 f), die aber nicht gegen das Gesetz verstoßen dürfen (BVerfGE 34, 180/182). Die falsche Zusammensetzung des kollegialen Organs, das den Geschäftsverteilungsplan erlässt, macht ihn nicht unwirksam oder nichtig (BVerfGE 31, 47/54). – **(2)** Geschäftsverteilungspläne (früher Mitwirkungspläne genannt) der Spruchkörper (vgl. § 21 g GVG), in denen abstrakt-generell festgelegt ist, welche Richter in welchen Verfahren mitwirken (BVerfGE 95, 322/328 gegen BVerfGE 18, 344/351; 69, 112/120); vgl. unten Rn.14 f.

6 Der Gesetzesvorbehalt gilt gem. Abs.2 auch für **Gerichte für besondere Sachgebiete;** allerdings reicht für die Errichtung dieser Gerichte ein Geschäftsverteilungsplan nicht aus (Schulze-Fielitz DR 24). Es kommen insoweit nur Landesgerichte in Betracht (Rn.12 zu Art.92), z.B. ärztliche Berufsgerichte (BVerfGE 27, 355/361 f; 71, 162/178), Disziplinargerichte für Beamte (Kunig MüK 42; Schulze-Fielitz DR 25), Ehrengerichte für Rechtsanwälte (BVerfGE 26, 186/192 ff), Flurbereinigungsgerichte (Kunig MüK 42; Schulze-Fielitz DR 25), Jugendgerichte (BayObLG, JR 75, 204), Richterdienstgerichte (BVerfGE 48, 300/324) und Schifffahrtsgerichte (Kunig MüK 42; Schulze-Fielitz DR 25), nicht aber die abschließend aufgezählten fakultativen Bundesgerichte gem. Art.96 Abs.1–4 (BVerfGE 10, 200/213; BVerwGE 32, 21/23; Degenhart SA 24; a. A. BVerwGE 93, 287 für Wehrdienstgerichte).

7 **d) Unabhängigkeit des Richters.** Gesetzlicher Richter ist nur derjenige, der in jeder Hinsicht den Anforderungen des GG entspricht (BVerfGE 3, 377/381; 60, 175/214; 82, 286/298). Damit werden praktisch die Anforderungen aus Art.92 und 97 verfassungsbeschwerdefähig gemacht; entsprechende Verstöße (Rn.2 ff zu Art.92; Rn.1 zu Art.97) sind zugleich Verstöße gegen Art.101 (Schulze-Fielitz DR 41 f; krit. Roth, o. Lit., 49 ff).

8 **e) Träger** des grundrechtsgleichen Rechts sind die Prozessbeteiligten, gleichgültig ob natürliche oder juristische Personen (BVerfGE 18, 441/447; 64, 1/11), auch juristische Personen des öffentlichen Rechts (Rn.20 zu Art.19), nichtrechtsfähige Personenmehrheiten als Antragsteller eines Volksbegehrens (BVerfGE 82, 286/295; 96, 231/244) und ausländische juristische Personen (Rn.17 zu Art.19), nicht aber die Richter (BVerfGE 15, 298/301). Es reicht auch eine unmittelbare Betroffenheit (BVerfGE 61, 82/104; vgl. auch Rn.8 zu Art.103). Soweit es in verfassungs- oder verwaltungsgerichtlichen Verfahren keine Prozessbeteiligten gibt, gilt Abs.1 S.2 jedenfalls als objektives Recht (BVerfGE 40, 356/361 f; BVerwGE 69, 30/33).

3. Beeinträchtigung und Ausgestaltung

a) Legislative. Das Erfordernis, dass die Zuständigkeit des Rich- **9** ters im Voraus abstrakt-generell festgelegt sein muss (oben Rn.4), kann auch durch den Gesetzgeber verletzt werden (BVerfGE 22, 49/73), etwa wenn Ausnahmegerichte gesetzlich errichtet werden (oben Rn.4). Das BVerfG verlangt allerdings nur eine „möglichst eindeutige" Bestimmung und lässt „unvermeidliche" Ungenauigkeiten vorheriger gesetzlicher Festlegung zu (BVerfGE 31, 145/163 f; 69, 112/122; 95, 322/329 f; krit. Roth, o.Lit., 86 f). Das geht an, soweit es wiederum Richter sind, die einen gesetzlichen Spielraum bei der Bestimmung des zuständigen Richters auszufüllen haben (BVerfGE 20, 336/343 ff; 25, 336/346; BVerwGE 72, 59/62), z. B. bei Verweisung (BVerfGE 6, 45/52 f), Zurückverweisung (BVerfGE 20, 336/345) und Rechtsmittelzulassung (BVerfGE 54, 277/292; 65, 77/91; 91, 93/117); nicht aber, soweit anderen Organen, z. B. der Staatsanwaltschaft, ein Spielraum bei der Bestimmung des zuständigen Richters (sog. bewegliche Zuständigkeit) eingeräumt ist (Degenhart HbStR III 871 f; Kunig MüK 28; Schulze-Fielitz DR 46; diff. Roth, o.Lit., 108 ff; **a. A.** BVerfGE 9, 223/226 f; 22, 254/259 ff). Mehrere Zuständigkeiten für eine Sache sind in jedem Fall eine Entziehung (Kunig MüK 26; Schulze-Fielitz DR 44). Unzulässig ist es auch, die Zulassung einer Revision von der Arbeitsbelastung des Revisionsgerichts abhängig zu machen (BVerfGE 54, 277/292 f). Keine Beeinträchtigung ist die gesetzliche Zuständigkeitsübertragung als solche (BFHE 186, 5/6; 190, 47/58).

b) Exekutive. Hier liegen die geschichtlichen Wurzeln des **10** Rechts auf den gesetzlichen Richter („Kabinettsjustiz"; BVerfGE 4, 412/416), aber nicht die aktuellen Probleme. Eine Entziehung wäre die Richterbestellung (oder Nichtbestellung) „ad hoc und ad personam" (BVerfGE 82, 159/194). Keine Entziehung ist die Ernennung und Besoldung der Richter durch die Exekutive (Kunig MüK 30; Schulze-Fielitz DR 47; vgl. auch BVerfGE 18, 423/426; 19, 52/62). Die Koppelung einer gerichtlichen Zuständigkeit an den Sitz einer Verwaltungsbehörde ist regelmäßig zulässig (BVerfGE 27, 18/35 f). Die übergangsweise Abhängigkeit einer örtlichen Zuständigkeit vom Behördengang ist unschädlich (BVerwG, DÖV 81, 26, 842).

11 **c) Anwendung der Zuständigkeitsregelung.** Die Rechtsprechung verstößt gegen Art.101, wenn sie diesbezügliche einfachrechtliche Verfahrensvorschriften **willkürlich unrichtig** anwendet, nicht aber wenn sie einen bloßen error in procedendo begeht (BVerfGE 3, 359/365; 67, 90/95; 86, 133/143; BVerwGE 69, 30/36; 104, 170/172 f; BGHZ 85, 116/119; BGHSt 42, 205/207 f; BAGE 88, 344/355 f), d. h. dass die gerichtliche Entscheidung „nicht mehr verständlich" erscheinen darf oder „offensichtlich unhaltbar" sein muss (BVerfGE 29, 45/49; 82, 159/194; BVerfG-K, NVwZ 94, 59) oder dass die „Bedeutung und Tragweite von Art.101 Abs.1 S.2 grundlegend verkannt" worden ist (BVerfGE 82, 286/299; 87, 282/285; BerlVerfGH, LVerfGE 6, 63/65). Das ist bisher in einigen Fällen von der Rechtsprechung bejaht worden (vgl. BVerfGE 29, 45/49 f; 42, 237/241 f; 75, 223/234 ff; 76, 93/96 ff; BVerfG-K, NJW 89, 3007; 91, 2893; 95, 443 f, 582; 96, 117; BerlVerfGH, NVwZ 99, 1332).

12 **Vorlagepflichten.** Die Vorlagepflicht an den EuGH wird offensichtlich unhaltbar gehandhabt, wenn sie grds. verkannt wird, wenn bewusst von der Rspr. des EuGH abgewichen wird und wenn Europäisches Gemeinschaftsrecht in unvertretbarer Weise ausgelegt wird (BVerfGE 82, 159/195 f; BVerfG-K, NVwZ 99, 293; NJW 01, 1268; Streinz HbStR VII 851; dagegen für gesteigerte Prüfungspflicht Heitsch, EuGRZ 97, 461). Ähnliches gilt für die Vorlagepflicht an den Großen Senat eines obersten Bundesgerichts (BVerfGE 19, 38/42 f; 38, 386/397 f; BVerfG-K, NJW 95, 2914; 96, 513), von Landesverfassungsgerichten an das BVerfG gem. Art.100 Abs.3 (BVerfGE 13, 132/143; BVerfG-K, NJW 1999, 1021) und für sonstige Vorlagepflichten (vgl. BVerfGE 101, 331/359 f; Schulze-Fielitz DR 62). Die Nichtvorlage eines Fachgerichts nach Art.100 Abs.2 verstößt schon dann gegen Abs.1 S.2, wenn hinsichtlich des Bestehens oder der Tragweite einer allgemeinen Regel des Völkerrechts objektiv ernst zu nehmende Zweifel vorliegen (BVerfGE 96, 68/77 f; 64, 1/21); doch muss die fachgerichtliche Entscheidung dann auch auf dem Verstoß beruhen, was nicht der Fall ist, wenn das BVerfG als gesetzlicher Richter in der Sache genauso entscheidet (BVerfGE 96, 68/86; 64, 1/21 f).

13 **Spruchkörperbesetzung.** Ein Verstoß liegt in jedem Fall in der Mitwirkung eines ausgeschlossenen oder Nicht-Richters (oben Rn.2; BVerfGE 30, 165/167; 31, 181/183 f; 63, 77/79 f) und der

Nichtmitwirkung eines zuständigen Richters (BVerfGE 48, 246/263; 91, 93/117). Bei Zweifeln über die richtige Besetzung muss daher umgehend die richtige Besetzung beschlussmäßig festgestellt werden ohne Mitwirkung des Richters, dessen Berechtigung zur Mitwirkung zweifelhaft erscheint (BVerfGE 46, 34/35 f; 65, 152/154; 89, 359/362). Das Verfahrensrecht muss Vorsorge dafür treffen, dass im Einzelfall ein Richter ggf. ausgeschlossen ist oder abgelehnt werden kann (BVerfGE 21, 139/146; BVerfG-K, NJW 98, 370).

d) Gerichtsorganisatorische Maßnahmen von Gerichtspräsidien und Spruchkörpern, insb. die von diesen zu erstellenden Geschäftsverteilungspläne (oben Rn. 5), müssen die Zuständigkeit der Richter im Voraus – d. h. vor Beginn des Geschäftsjahrs für dessen Dauer –, vollständig (BVerwG, NJW 91, 1370 f), schriftlich (BVerfGE 95, 322/328; BGHZ 126, 63/85 f) und nach objektiven Kriterien – d. h. ohne Ansehen der Person und des Einzelfalls – regeln (BVerfGE 82, 286/298; BVerwG, NJW 87, 2031; 88, 1339; Maunz MD 43; Kunig MüK 38). Die Sache muss „blindlings" an den entscheidenden Richter gelangen (BVerfGE 95, 322/329). Ermessensentscheidungen des Vorsitzenden sind grds. unzulässig (BGHZ 126, 63/81; BAGE 81, 265/283; 84, 189/193 f; 88, 344/354 f; noch strenger Roth, o. Lit., 193). Unvermeidliche Ungenauigkeiten (oben Rn. 9) ergeben sich hier besonders aus den Fällen des Ausscheidens, der Krankheit, der Verhinderung, der zulässigen Überbesetzung (unten Rn. 15), des Urlaubs und des Wechsels (BVerfGE 17, 294/299 f) bzw. der Überlastung (BGHSt 44, 161/169 f; NJW 00, 1581 f) von Richtern. Auch dann muss aber im Voraus abstrakt-generell festgelegt sein, welcher Richter bei welcher Sache mitwirkt (BVerfGE 95, 322/332 gegen BVerfGE 18, 344/351; 69, 112/120). Für ehrenamtliche Richter sollen nicht die gleichen Anforderungen gelten (BVerwG, NVwZ-RR 00, 646; zu Recht krit. Roth, o. Lit., 204 ff).

Die **Überbesetzung** mit ein oder zwei Mitgliedern einer Kammer **15** oder eines Senats ist nach bisheriger Rspr. unter der Voraussetzung der Unvermeidbarkeit grds. zulässig, aber unzulässig, wenn die Zahl der ordentlichen Mitglieder es gestattet, dass in zwei personell voneinander verschiedenen Sitzgruppen verhandelt und entschieden wird (BVerfGE 19, 145/147; 22, 282/285; BGHSt 33, 234/235; BFHE 165, 492/493 f; 165, 569/572 f), oder wenn der Vorsitzende drei Spruchkörper mit je verschiedenen Beisitzern bilden kann (BVerfGE 17, 294/301; 18, 344/350); es sollte sogar die Zahl der erkennenden Richter nicht festliegen, sondern sich nur im herkömmlichen Bild eines Kollegialgerichts halten müssen, was für die Besetzung eines Senats des BFH mit 10 Richtern gerade noch bejaht wurde (BVerfGE 19, 52/63). Nach neuerer Rspr. kommt es entscheidend darauf an, ob für den überbesetzten Spruchkörper ein Geschäftsverteilungsplan (oben Rn.5) besteht, der bestimmten Anforderungen genügt (oben Rn.14). Das ist nicht der Fall, wenn im Geschäftsverteilungsplan zunächst nur geregelt wird, welche Richter an welchen Sitzungstagen mitzuwirken haben, und erst die Terminierung der einzelnen Sache zu deren Zuordnung zur konkreten Sitzgruppe führt (BVerfGE 97, 1/10 f; BGH, NJW 00, 371; Roth, NJW 00, 3692).

16   **Sonstige Einzelfälle:** Fehler bei der Wahl der ehrenamtlichen Richter sind nur dann ein Verstoß gegen Abs.1 S.2, wenn sie die Zusammensetzung der Richterbank im Einzelfall als manipuliert erscheinen lassen können (BVerfG-K, NVwZ 89, 141; 96, 160; BVerwG, NVwZ 88, 725; BFHE 168, 508/510 f; BAGE 84, 189/193 f; **a.A.** noch BVerfGE 31, 181/183 f). Der von einem ehrenamtlichen Richter angegebene Hinderungsgrund muss vom Gericht nicht nachgeprüft werden (BVerwGE 13, 147/148; NVwZ 86, 1011). Bei der Neubildung einer Kammer müssen die abzugebenden Sachen nach allgemeinen und jederzeit ohne weiteres nachprüfbaren Merkmalen bestimmt sein (BVerwG, DVBl 85, 166). Der Vorsitz im Senat für Anwaltssachen darf zwischen dem Präsidenten des BGH und einem vom Präsidium des BGH bestimmten Vorsitzenden Richters wechseln (BGHZ 125, 288/292). Haftfragen müssen in der Hauptsacheverhandlung und während ihrer Unterbrechung von denselben Richtern entschieden werden (BGHSt 43, 91/94; vgl. auch BVerfG-K, NJW 98, 2963).

4. Rechtfertigung von Beeinträchtigungen (Schranken)

17   Das Recht auf den gesetzlichen Richter steht unter keinem Gesetzesvorbehalt. Im Hinblick auf die Ausgestaltungsbefugnis des Gesetzgebers (oben Rn.1) stellt sich die Frage nach kollidierendem Verfassungsrecht (Vorb.45–49 vor Art.1) praktisch nicht (vgl. Pieroth/Schlink 1073; anders Roth, o.Lit., 92 ff).

Art.102 [Unzulässigkeit der Todesstrafe]

Die Todesstrafe[2] ist abgeschafft.

Literatur: *Calliess,* Die Todesstrafe in der Bundesrepublik Deutschland, NJW 1988, 849; *Weides/Zimmermann,* Berücksichtigung der im Ausland drohenden Nachteile für Freiheit, Leib und Leben bei der Ausübung des Ausweisungsermessens durch Ausländerbehörden, DVBl 1988, 461; *Frankenberg*, Ausweisung und Abschiebung trotz drohender Todesstrafe?, JZ 1986, 414.

Die Vorschrift bildet zum einen eine Reaktion auf den Missbrauch **1** der Todesstrafe durch den nationalsozialistischen Staat (BVerfGE 39, 1/36 f; 45, 187/225) und trägt andererseits dem Gesichtspunkt Rechnung, dass der Nutzen der Todesstrafe im Vergleich zur lebenslangen Freiheitsstrafe zu gering ausfällt, um damit die Vernichtung des höchsten Rechtswertes, des Lebens eines Menschen, zu rechtfertigen. Die Vorschrift enthält kein Grundrecht (vgl. Art.93 Abs.1 Nr.4 a); sie bildet eine **Schranke** für die gem. Art.2 Abs.2 S.3 möglichen Beschränkungen des Rechts auf Leben (Stern III/1 372 f; Dreier DR 39; Kunig MüK 3). Art.102 dürfte wegen Art.1 Abs.1 nicht abgeschafft werden können (BGH, NJW 96, 858; Kunig MüK 18; Lorenz HbStR VI 25; offen gelassen BVerfGE 94, 115/138; einschr. Dreier DR 56 ff; Scholz MD 31; a. A. Zippelius BK 70 zu Art.1).

Die Formulierung, „die Todesstrafe ist abgeschafft", meint nichts **2** anderes als „die Todesstrafe ist verboten" (Dreier DR 37). Unzulässig ist ein Gesetz, das die Todesstrafe androht, wie jede Verhängung der Todesstrafe (vgl. BVerfGE 18, 112/116). **Todesstrafe** ist die Tötung eines Menschen als staatliche Reaktion auf die Verwirklichung einer Straftat (Kunig MüK 7; Scholz MD 16 f). Keine Todesstrafe ist der gezielte Todesschuss der Polizei zur Rettung von Menschenleben; insoweit ist allein Art.2 Abs.2 S.1 einschlägig (Dreier DR 45; Kunig MüK 7; Degenhart SA 2).

Eine **Auslieferung** oder **Ausweisung** in einen anderen Staat **3** wird nicht unmittelbar erfasst, auch wenn die Gefahr besteht, dass dort die Todesstrafe verhängt wird (BVerfGE 18, 112/116 ff; Scholz MD 26; offengelassen E 60, 348/354; anders BVerwG, NJW 88, 662; Azzola, AK 45; s. auch Rn.13 zu Art.16 a); der deutsche Staat verhängt nicht die Todesstrafe. Einschlägig ist daher das Recht auf Leben gem. Art.2 Abs.2 S.1 (vgl. Rn.76 zu Art.2). Darüber hinaus ist die Wertentscheidung des Art.102 zu beachten (BVerwGE 78, 285/294; Degenhart SA 3). Beide Elemente zusammen schließen eine Auslieferung oder Ausweisung bei drohender Todesstrafe regelmäßig aus (HessVGH, NVwZ-RR 90, 511; Degenhart SA 4; Robbers HbVerfR § 11 Rn.459; Lorenz HbStR VI 18; a.A. für Auslieferung Dreier DR 51). Gehen allerdings von dem Betroffenen erhebliche Gefahren für Leib oder Leben anderer Bürger aus, kann deren Schutz der Vorrang zukommen (vgl. Degenhart SA 5).

Art.103 [Anspruch auf rechtliches Gehör; nulla poena sine lege; ne bis in idem]

(1) **Vor Gericht[5] hat jedermann[6 ff] Anspruch auf rechtliches Gehör[11 ff].**

(2) **Eine Tat kann nur bestraft werden, wenn die Strafbarkeit[41 f] gesetzlich[43 f] bestimmt[48 f] war, bevor die Tat begangen wurde[52 ff].**

(3) **Niemand darf wegen derselben Tat[57 f] auf Grund der allgemeinen Strafgesetze[59] mehrmals bestraft[60 ff] werden.**

Übersicht

Literatur I (Abs.1): *Waldner,* Der Anspruch auf rechtliches Gehör, 2. A. 2000; *Voßkuhle,* Rechtsschutz gegen den Richter, 1993; *Gusy,* Rechtliches Gehör durch abwesende Richter?, JuS 1990, 712; *Knemeyer,* Rechtliches Gehör im Gerichtsverfahren, HbStR VI, 1989, 1271; *Zierlein,* Die Gewährleistung des Anspruchs auf rechtliches Gehör (Art.103 Abs.1 GG) nach der Rechtsprechung und Spruchpraxis des BVerfG, DVBl. 1989, 1169; *Degenhart,* Gerichtsverfahren, HbStR III, 1988, 879; *Schmidt-Aßmann,* Verfahrensfehler als Verletzungen des Art.103 Abs.1 GG, DÖV 1987, 1029; *Mauder,* Der Anspruch auf rechtliches Gehör, 1986; *Rüping,* Verfassungs- und Verfahrensrecht im Grundsatz des rechtlichen Gehörs, NVwZ 1985, 304; *E. Schumann,* Die Wahrung des Grundsatzes des rechtlichen Gehörs, NJW 1985, 1134; *Wimmer,* Die Wahrung des Grundsatzes des rechtlichen Gehörs, DVBl. 1985, 773. – **Literatur II (Abs.2):** *Appel,* Grundrechtsgleiche Rechte, Prozessgrundrechte oder Schranken-Schranken?, Jura 2000, 571; *Schroeder,* Der BGH und der Grundsatz: nulla poena sine lege, NJW 1999, 89; *Rosenau,* Tödliche Schüsse im staatlichen Auftrag, 2. A. 1998; *Classen,* Art.103 Abs.2

GG – ein Grundrecht unter Vorbehalt?, GA 1998, 215; *Kenntner,* Der deutsche Sonderweg zum Rückwirkungsverbot, NJW 1997, 2298; *Dreier,* Gustav Radbruch und die Mauerschützen, JZ 1997, 421; *Volkmann,* Qualifizierte Blankettnormen, ZRP 1995, 220; *Grünwald,* Die Entwicklung der Rspr. zum Gesetzlichkeitsprinzip, FS Arthur Kaufmann, 1993, 433; *U. Neumann,* Rückwirkungsverbot bei belastenden Rechtsprechungsänderungen der Strafgerichte?, ZStrW 1991, 331; *Ransiek,* Gesetz und Lebenswirklichkeit, 1989; *Krahl,* Die Rspr. des BVerfG und des BGH zum Bestimmtheitsgrundsatz im Strafrecht, 1986. – **Literatur III (Abs.3):** *Specht,* Die zwischenstaatliche Geltung des Grundsatzes ne bis in idem, 1999; *F.-C. Schroeder,* Die Rechtsnatur des Grundsatzes „ne bis in idem", JuS 1997, 227; *Helmken,* Strafklageverbrauch: Rechtssicherheit contra Einzelfallgerechtigkeit, MDR 1982, 715; *Fliedner,* Die verfassungsrechtlichen Grenzen mehrfacher staatlicher Bestrafungen aufgrund desselben Verhaltens, AöR 1974, 242.

A. Anspruch auf rechtliches Gehör (Abs.1)

I. Bedeutung und Abgrenzung zu anderen Vorschriften

1   **a) Bedeutung.** Der Anspruch auf rechtliches Gehör ist zum einen ein grundrechtsgleiches Recht (Vorb.1 vor Art.1; Rn.52, 72 zu Art.93), zum anderen ein objektiv-rechtliches Prinzip (BVerfGE 70, 180/188). Er ist Ausprägung des Rechtsstaatsprinzips (BVerfGE 9, 89/95; 39, 156/168; 74, 220/224) und des Menschenwürdeschutzes (BVerfGE 55, 1/6; 63, 332/337; BGHZ 118, 312/321). Er sichert die Einhaltung jener Standards, die für ein gerichtliches Verfahren iSd GG prägend sind (vgl. BVerfGE 9, 89/95) und stellt das prozessuale „Urrecht" des Menschen dar (BVerfGE 55, 1/6), als Rechtssubjekt ernstgenommen zu werden, d. h. vor einer Entscheidung, die seine Rechte betrifft, zu Wort kommen und auf das Verfahren und dessen Ergebnis Einfluss nehmen zu können (BVerfGE 9, 89/95). Daher ist Abs.1 nicht nur ein Abwehrrecht, sondern auch ein Teilhabe- und Leistungsrecht (unten Rn.32, 34, 36). Besondere Bedeutung entfaltet er im Strafprozess (unten Rn.15, 17, 21, 32, 33).

2   **b) Abgrenzung zu anderen Vorschriften.** Im **Verhältnis zu den Justizgewähransprüchen,** die sich im Hinblick auf Akte der öffentlichen Gewalt aus Art.19 Abs.4, im Übrigen aus dem Rechtsstaatsprinzip (Rn.89 f zu Art.20) und den materiellen Grundrechten ergeben (Vorb.11 f vor Art.1), kommt es zu inhaltlichen Überschneidungen (Papier HbStR VI 1223). Denn Justizgewähransprüche bein-

halten neben dem Zugang zum Gericht auch eine umfassende tatsächliche und rechtliche Prüfung des Streitgegenstandes (BVerfGE 81, 123/129; 85, 337/345). Insb. Art.19 Abs.4 ist zu einem Gebot wirksamen Rechtsschutzes fortentwickelt worden (Rn.35 f zu Art.19), und aus Art.20 Abs.3 mit Anforderungen an ein faires Verfahren hergeleitet werden (Rn.93–96 zu Art.20; Tettinger, Staat 1997, 580 ff). Insoweit ist Art.103 Abs.1 lex specialis (Degenhart SA 3; Kunig MüK 3 b, 15; Schulze-Fielitz DR 81; vgl. auch BVerfGE 79, 372/376 f). Zum Sonderfall des rechtlichen Gehörs bei Freiheitsentziehungen Rn.14 zu Art.104.

Im **Verhältnis zu Gleichheitsgeboten** gilt: Der Anspruch auf **3** rechtliches Gehör und das aus Art.3 Abs.1 abgeleitete Prinzip prozessualer Waffengleichheit (Rn.63 f zu Art.3) überschneiden sich nicht, weil das erste ein Freiheits-, das zweite ein Gleichheitsrecht ist (Schulze-Fielitz DR 83). Teilw. wird angenommen, dass Art.103 Abs.1 gleichwohl lex specialis sei (so Schmidt-Aßmann MD 10; Kunig MüK 3 b). Im Verhältnis zum ebenfalls aus Art.3 Abs.1 abgeleiteten allgemeinen Willkürverbot (Rn.35 zu Art.3) als Institut zur Sicherung materieller Gerechtigkeit, mit dem die grob fehlerhafte Anwendung einfachen Rechts sanktioniert werden soll, ist aber Art.103 Abs.1 lex specialis (BVerfGE 55, 95/98 f; 60, 305/308 f; 73, 322/324 f; a. A. BVerfGE 42, 64/72 ff; 52, 131/161 f; 71, 202/204).

Im **Verhältnis zu anderen Verfassungsrechtsnormen**, wie **4** materielle Grundrechte Dritter, die z. B. auf den Schutz persönlicher oder betrieblicher Geheimnisse gerichtet sind (Rüping BK 64 ff), oder wie die dem Rechtsstaatsprinzip zugeordneten Gesichtspunkte der „Funktionsfähigkeit der Rechtspflege" (BVerfGE 54, 277/292), der Rechtssicherheit (BVerfGE 60, 253/267 f) und des Beschleunigungsgebots (BVerfGE 35, 382/405; 63, 45/68 f) ist zum einen eine entsprechende inhaltliche Bestimmung der Reichweite des Gehörgrundrechts vorzunehmen und zum anderen eine Kollisionslösung bei der verfassungsrechtlichen Rechtfertigung von Beeinträchtigungen zu treffen (unten Rn.31).

II. Schutzbereich

1. Gehör vor Gericht

Der Anspruch auf rechtliches Gehör besteht in jedem Verfahren **5** vor staatlichen Gerichten, auch in Kostenfeststellungsverfahren (BVerfGE 19, 148/149) und in Prozesskostenhilfeverfahren (BVerfGE 20, 347/349). Soweit die Zuweisung der rechtsprechenden Gewalt an die Richter reicht (Rn.2–10 zu Art.92), handelt es sich auch um Gerichte iSd Abs.1. Dementsprechend fällt auch der Rechtspfleger nicht hierunter (BVerfGE 101, 397/404 f; a. A. BVerfG-K, NJW 93, 1699; Degenhart SA 4; Schmidt-Aßmann MD 55). Dagegen gilt Abs.1 weder direkt noch analog gegenüber Verwaltungsbehörden (BVerfGE 101, 397/404; Kunig MüK 5; Schmidt-Aßmann MD 62 ff), einschl. der Disziplinarbehörde (BVerfGE 46, 17/26), und der Staatsanwaltschaft (BVerfGE 27, 88/103). Die Aussagemöglichkeit vor der Polizei entspricht nur dann den Anforderungen des Abs.1, wenn der Betroffene weiß, dass seine Äußerung für das Gericht bestimmt ist (BVerfGE 83, 24/36). Die Übertragung einer Anhörung auf einen Offizier in richterlichem Auftrag ist unzulässig (BVerwGE 73, 206/208). Abs.1 gilt in jeder Instanz (BVerfGE 53, 25/28; 60, 313/317 f), eröffnet jedoch kein Recht auf eine weitere Instanz (BVerfGE 28, 88/95 f; 74, 358/377; 89, 381/390; BGHZ 136, 336/339; vgl. auch Rn.38 f zu Art.19).

2. Träger des Grundrechts

6   **a) Allgemeines.** Grundrechtsberechtigt aus Abs.1 ist jeder, der an einem gerichtlichen Verfahren als Partei oder in ähnlicher Stellung beteiligt ist oder von dem Verfahren „unmittelbar rechtlich betroffen wird" (BVerfGE 89, 381/390; 92, 158/183; 101, 397/404). Berechtigt sind neben natürlichen Personen, bei denen es nicht auf die Prozessfähigkeit ankommt (BVerfGE 75, 201/215), auch ausländische juristische Personen (BVerfGE 64, 1/11), juristische Personen des öffentlichen Rechts (BVerfGE 61, 82/104) und teilrechtsfähige Vereinigungen (Schmidt-Aßmann MD 31). Abs.1 sichert nur die Anhörung des Betroffenen selbst und gibt keinen Anspruch auf die Anhörung Dritter (BVerfG-K, NVwZ 95, 157).

7   **b) (Förmlich) Beteiligte.** Anhörungsberechtigt sind grds. diejenigen, denen die (einfach-gesetzlichen) Verfahrensordnungen die Stellung eines Beteiligten einräumen. Die Beteiligten haben das Recht auf Gehör nicht nur vor der Endentscheidung, sondern auch vor Zwischenentscheidungen, durch die sie nicht materiell betroffen sind; insb. ist Gehör zu gewähren vor Entscheidungen über Befangenheitsanträge (BVerfGE 24, 56/62) oder über die Selbstablehnung eines Richters (BVerfGE 89, 28/37; Degenhart SA 17; Schmidt-Aßmann MD 34; a. A. BGH, NJW 70, 1644). Aus Abs.1 ergibt sich kein Anhörungsrecht des Gegners des Antragstellers im Prozesskostenhilfeverfahren bezüglich der Angaben eines Antragstellers über

seine persönlichen und wirtschaftlichen Verhältnisse (BVerfG-K, NJW 91, 2078).

Unmittelbar Betroffene. Anhörungsberechtigt sind außerdem 8 diejenigen, die durch eine gerichtliche Entscheidung „unmittelbar rechtlich betroffen sind" (oben Rn.6). Die „unmittelbare Betroffenheit" (vgl. BVerwG, NVwZ 82, 243; NVwZ-RR 89, 109; BSGE 54, 104/107) ist abzugrenzen von bloßen „Auswirkungen" (BGH, JZ 82, 567). „Unmittelbar betroffen" sind: der Vater des nichtehelichen Kindes im Adoptionsverfahren (BVerfGE 92, 158/183 f); der Rechtsnachfolger eines Beteiligten wegen der sich auf ihn erstreckenden Rechtskraft der gerichtlichen Entscheidung (vgl. etwa § 265 ZPO; BSG, NJW 91, 1909 f); der Beschuldigte im Klageerzwingungsverfahren nach §§ 171 ff StPO, da seine strafprozessuale Stellung nach Erhebung der öffentlichen Klage durch den dem Klageerzwingungsantrag stattgebenden Beschluss des OLG ungünstiger ist als nach Erhebung der öffentlichen Klage durch die Staatsanwaltschaft (vgl. §§ 170, 175, 210, 401 StPO; BVerfGE 17, 356/362 f). „Unmittelbare Betroffenheit" entsteht auch durch Gestaltungsurteile. Deshalb ist etwa den Mitgesellschaftern einer GmbH Gehör zu gewähren, wenn ein Gesellschafter Auflösungsklage erhebt (BVerfGE 60, 7/14). Gleiches gilt wegen § 113 Abs.1 S.1 VwGO auch für den Adressaten eines begünstigenden Verwaltungsakts im Falle einer Drittanfechtung (Schmidt-Aßmann MD 42; Schulze-Fielitz DR 23) und in Wahlprüfungsverfahren (BVerfG-K, DVBl 93, 1069).

III. Beeinträchtigung und Ausgestaltung

1. Allgemeines

Abs.1 ist wie Art.19 Abs.4 (Rn.35 zu Art.19; BVerfGE 67, 9 208/211; 74, 1/5) und Art.101 (Rn.1 zu Art.101) stark normgeprägt. Gleichwohl liegen die wesentlichen inhaltlichen Strukturen des Anspruchs auf Gehör schon auf Verfassungsebene fest (Schmidt-Aßmann MD 21). Daher verlangt Abs.1, dass eine einfach-gesetzliche **Ausgestaltung** zur Verfügung stehen muss, die insgesamt die wirksame Ausübung des Gehörrechts ermöglicht (vgl. BVerfGE 89, 28/35 f). Eine bestimmte Art und Weise der Gehörgewährung ist dagegen grds. nicht verbürgt (BVerfGE 6, 19/20; 31, 364/370). Z.B. gebietet Abs.1 nicht, in der verfassungsrechtlichen Organstreitigkeit Dritte über die in § 65 BVerfGG vorgesehene Beitrittsmöglichkeit hinaus zu beteiligen (BVerfGE 20, 18/26). Sofern die einfachen Gesetze keinen Anspruch auf rechtliches Gehör geben, folgt er unmittelbar aus Abs.1 (BVerfGE 9, 89/96 f; 61, 37/41; 60, 7/14; BGH, NJW 94, 392).

10 Da die Ausgestaltung durch den einfachen Gesetzgeber über den verfassungsrechtlichen Gehalt des Anspruchs auf rechtliches Gehör hinausgehen kann, liegt nicht in jeder fehlerhaften Anwendung und Auslegung des einfachen Gesetzes durch die Gerichte zugleich ein Verstoß gegen Abs.1. Es gilt auch hier der Grundsatz (Rn.73 zu Art.93), dass die Anwendung des einfachen Rechts Sache der Fachgerichte ist und das BVerfG lediglich die **Verletzung spezifischen Verfassungsrechts** überprüft (BVerfGE 70, 288/294; 72, 119/121; 75, 302/312 ff). Eine solche Verletzung liegt insb. dann vor, wenn die Auslegung durch die Gerichte zu einem Ergebnis führt, das – wäre es in einem einfach-rechtlichen Gesetz enthalten – nach Abs.1 zur Nichtigerklärung durch das BVerfG führen müsste (BVerfGE 74, 228/233 f; 89, 28/36), oder wenn die Rechtsanwendung offensichtlich unrichtig (BVerfGE 69, 145/149; 86, 133/145 f), rechtsmissbräuchlich (BVerfGE 69, 126/139; 75, 302/316 f) oder willkürlich (BVerfGE 69, 126/139 f; 74, 228/234) ist. Wenn sich der Begründung einer Entscheidung nicht entnehmen lässt, ob nur einfaches Recht oder auch Verfassungsrecht verletzt worden ist, muss letzteres angenommen werden (BVerfGE 81, 97/106).

2. Recht auf Information

11 **a) Allgemeines.** Die effektive Wahrnehmung des Anhörungsrechts setzt zunächst eine Kenntnis des dem Rechtsstreit zugrunde liegenden Sach- und Streitstandes voraus. Daher garantiert Abs.1 ein Recht auf Information über den Verfahrensstoff. Um die mit diesem Anspruch korrespondierende Informationspflicht des Gerichts auszulösen, bedarf es keines Antrags und keiner Erkundigung des Grundrechtsträgers (BVerfGE 67, 154/155; BVerfG-K, NJW 90, 2374 f). Das Gericht hat die Pflicht, vor dem Erlass einer Entscheidung zu prüfen, ob den Verfahrensbeteiligten rechtliches Gehör gewährt wurde (BVerfGE 36, 85/88; 65, 227/235; 72, 84/88).

12 **b)** Zum **Verfahrensstoff,** über den informiert werden muss, gehören: alle Äußerungen der Gegenseite (BVerfGE 49, 325/328; 55, 95/99), einschl. der Anlagen von Schriftsätzen (BVerfGE 50, 280/284); allgemeinkundige Tatsachen, soweit sie einer Partei möglicherweise nicht bekannt sind (BVerfGE 48, 206/209; BVerwGE 67, 83 f); von Amts wegen eingeführte Tatsachen und Beweismittel (BVerfGE 15, 214/218; 70, 180/189; 101, 106/129); beigezo-

gene Gerichtsakten (BVerfG-K, NJW 94, 1210) und Verwaltungsakten (BVerfGE 17, 86/95); ausländische Rechtsnormen (BVerwG, NVwZ 85, 411); Behördenauskünfte (BerlVerfGH, JR 97, 189); Berichtigungen von Entscheidungen, es sei denn, die Änderungen betreffen reine Formalien und greifen nicht in Rechte ein (BVerfGE 34, 1/7); dienstliche Äußerungen (BVerfGE 10, 274/281; 24, 56/62), insb. (wegen Art. 101 Abs. 1 S. 2) wenn sie sich auf die Frage der Befangenheit eines Richters beziehen (oben Rn. 7); gerichtskundige Tatsachen (BVerfGE 10, 177/183); gutachtliche Stellungnahmen (BVerfG-K, NJW 91, 2757); polizeiliche Vernehmungsprotokolle (BVerfGE 25, 40/43); prozeßleitende Verfügungen (BVerfGE 64, 203/207); Selbstablehnung eines Richters (BVerfGE 89, 28/36 f; BVerfG-K, NJW 98, 370); tatsächliche Feststellungen aus anderen Verfahren (BVerwG, Bh 310 Nr. 251 zu § 108; BGH, NJW 91, 2824 ff); unterstellte Tatsachen, die dem Parteivortrag widersprechen (BVerfG-K, NJW 88, 817); Wiedereinsetzungsbeschlüsse (BVerfGE 62, 320/322); u. U. auch ein Vermerk des Berichterstatters über das Ergebnis einer Beweisaufnahme (BGH, NJW 91, 1548 f) und Absprachen zwischen dem Gericht und einem anderen Verfahrensbeteiligten (BGH, NJW 96, 1764).

Keinen Verfahrensstoff stellen andere Personen betreffende po- **13** lizeiliche „Spurenakten" (BGHSt 30, 131/141) oder Informationen aus strafrechtlichen Ermittlungsverfahren (BVerfG-K, NJW 88, 405) dar; zudem kann in Familiensachen das Kindeswohl Einschränkungen der Mitteilungspflicht rechtfertigen (vgl. BVerfGE 79, 51/68). Innerbetriebliche Informationen dürfen nur geheimgehalten werden, wenn ein erhebliches rechtliches Interesse daran besteht und dem Prozessgegner aus deren Verwertung keine unzumutbare Nachteile erwachsen (BGHZ 131, 90/93).

c) Der einfach-rechtlichen Umsetzung des Rechts auf Informa- **14** tion dienen die prozeßrechtlichen Vorschriften über die **Ladungen** (vgl. z. B. §§ 214 ff ZPO) und die Bekanntgabe, insb. die *Zustellung*. Mit dem Institut der Zustellung als formalisierter Bekanntgabe soll zum einen gesichert werden, dass der Betroffene von für ihn erheblichen Informationen zuverlässig Kenntnis erhält (BVerfGE 67, 208/211; BGHZ 116, 45/47). Problematisch sind insofern die Zustellungsarten, bei denen die Möglichkeit der Kenntnisnahme gesteigerten Risiken ausgesetzt ist (Ersatzzustellung; vgl. etwa § 56 Abs. 2 VwGO iVm § 11 Abs. 1 VwZG) oder zur bloßen Fiktion minimiert wird (vgl. etwa § 56 Abs. 2 VwGO iVm § 15 VwZG). Da die Vorschriften über die Zustellung aber neben der Gewährung von rechtlichem Gehör auch der Verfahrensbeschleunigung (insb. in Massenverfahren; vgl. BVerfGE 77, 275/285; BVerfG-K, NJW 88, 2361) dienen, sind diese Formen der Zustellung zulässig (vgl. BVerfGE 25, 158/165; 26, 315/318; Schmidt-Aßmann MD 72). Gleichwohl kann Abs.1 im Einzelfall verletzt sein, wenn eine öffentliche Zustellung erfolgt ist, obwohl eine andere Art der Zustellung ohne weiteres möglich gewesen wäre (vgl. BVerfG-K, NJW 88, 2361; BGHZ 118, 45/47 f). Setzt die Gewährung rechtlichen Gehörs die Übersendung eines Schriftstücks voraus, so muss sich das Gericht auch über dessen Zugang vergewissern; dabei darf es sich im Allgemeinen auf den Nachweis der förmlichen Zustellung (BVerfG-K, NJW 92, 225) nicht aber auf den Zugang formlos übersandter Schriftstücke (BVerfGE 36, 85/88 f; BVerfG-K, NJW 95, 2095; BSG, NVwZ 01, 237) verlassen. Die Konsularbescheinigung über eine Zustellung im Ausland muss Auskunft über den Zeitpunkt der Zustellung sowie darüber geben, an wen und in welcher Form zugestellt wurde (BVerwGE 109, 115/119). U. U. kann auch bei förmlicher Zustellung und unverschuldeter Unkenntnis Abs.1 beeinträchtigt sein (BVerwG, NVwZ-RR 95, 534 f).

15   **d)** Gegenstand des **Akteneinsichtsrechts** sind die Prozessakten und die beigezogenen Akten. Abs.1 gibt aber keinen Anspruch auf Erweiterung des gerichtlichen Aktenbestands (BVerfGE 63, 45/60 f; BVerfG-K, NVwZ 94, 54). Ein inhaftierter Beschuldigter hat Anspruch auf Akteneinsicht jedenfalls seines Verteidigers, wenn und insoweit nur so eine effektive Einwirkung auf die gerichtliche Haftentscheidung möglich ist (BVerfG-K, NJW 94, 3220), richtiger Ansicht nach aber auch dann, wenn er keinen Anwalt hat (Schulze-Fielitz DR 41; **a. A.** BVerfGE 53, 207/214).

16   **e) Hinweispflichten** sind im Kern von Abs.1 garantiert (Schmidt-Aßmann MD 76; Schulze-Fielitz DR 42). Danach müssen die Beteiligten zu erkennen vermögen, auf welchen Tatsachenvortrag es für die Entscheidung ankommt (BVerfGE 84, 188/190; 89, 28/35; BVerfG-K, NJW 96, 3202; 2000, 275; BVerwGe 78, 30/33). Gleichwohl normiert Abs.1 keine umfassende Frage-, Aufklärungs- und Informationspflicht des Gerichts, insb. nicht im Hinblick auf dessen Rechtsansichten (BVerfGE 67, 90/96; 74, 1/5; 86, 133/145). Das Gericht ist nur verpflichtet, sich über die seiner Entscheidung zugrunde liegenden Rechtsansichten mitzuteilen, wenn sonst der Anspruch auf rechtliches Gehör leerliefe (BVerfGE 86, 133/144). Das wäre etwa dann der Fall, wenn das Gericht auf einen rechtlichen Gesichtspunkt abstellen will, mit dessen Entscheidungserheblichkeit auch ein gewissenhafter und kundiger Prozessbeteiligter nicht zu rechnen braucht (unten Rn.39 a). Dass die Rechtslage unübersichtlich und umstritten ist, löst demgegenüber allein eine Hinweispflicht des Gerichts nicht aus, denn ein Verfahrensbeteiligter muss grds. alle vertretbaren rechtlichen Gesichtspunkte von sich aus in Betracht ziehen und seinen Vortrag darauf einstellen (BVerfGE 86, 133/145; BVerfG-K, DVBl 95, 35). Daher verlangt Abs.1 auch nicht, dass das Gericht mit den Beteiligten ein Rechtsgespräch führt (BVerfGE 86, 133/145).

Einzelfälle: Das Gericht muss bei Ordnungswidrigkeiten **17** (BVerfGE 42, 243/245), Berufungsentscheidungen (Schulze-Fielitz DR 43) und einstimmigen Zurückweisungen der Berufung (BVerwG, NVwZ 99, 1107) die Parteien auf die Möglichkeit eines Beschlussverfahrens ohne mündliche Verhandlung hinweisen. Eine Anhörungsmitteilung gem. § 125 Abs.2 S.3 VwGO darf nicht irreführend sein (BVerwG, NVwZ 99, 1107 f). Ein Verstoß gegen § 265 StPO stellt wegen dessen eminenter Bedeutung für das Äußerungsrecht zwar nicht zwangsläufig, aber idR zugleich eine Verletzung des Abs.1 dar (Schmidt-Aßmann MD 77; vgl. auch BGH, NJW 98, 3788). Dagegen gehen § 139 ZPO und § 86 VwGO über das verfassungsrechtlich Geforderte hinaus (vgl. BVerfG-K, NJW 93, 1699; 94, 849, 1274). Nicht nur § 139 ZPO, sondern auch Art.103 Abs.1 wäre aber etwa dann verletzt, wenn ein Rechtspfleger im Zwangsversteigerungsverfahren einen Hinweis an den Gläubiger unterlassen würde und dieser allein als Folge eines in Verkennung der Rechtslage gestellten, sachlich grob interessewidrigen Verfahrensantrags leer ausgehen würde (BVerfG-K, NJW 93, 1699).

f) Abs.1 enthält keine (allgemeine) Pflicht des Gerichts, eine **18** Rechtsmittelbelehrung (Schmidt-Aßmann MD 79; vgl. auch BVerfGE 93, 99/107 ff) oder bei einer anwaltlich vertretenen Partei eine **Belehrung** über die Folgen einer Fristversäumnis zu erteilen (BVerfGE 75, 302/318).

3. Recht auf Äußerung

a) Allgemeines. Abs.1 gewährleistet weiter die hinreichende **19** Möglichkeit, sich grds. vor Erlass einer Entscheidung mindestens schriftlich in tatsächlicher und rechtlicher Hinsicht zur Sache zu äußern (BVerfGE 86, 133/144 f; 101, 106/129; BSGE 68, 205/210) und Anträge stellen zu können (BVerfGE 69, 145/148). Er bezieht sich auf den gesamten Verfahrensstoff (oben Rn.12). Ein Anspruch auf eine bestimmte Verfahrensart (vgl. BVerfGE 6, 19/20; 31, 364/

370; BVerfG-K, NJW 93, 2864; BGHZ 118, 312/321), insb. auf
mündliche Verhandlung, besteht hingegen nicht (vgl. BVerfGE 36,
85/87; 60, 175/210 f; 89, 381/391; BVerwGE 57, 271/272; BFHE
166, 415/416). Ausnahmen sollen für das Asylrecht (wegen Art.19
Abs.4 und Art.16 Abs.2 S.2 a. F.; BVerfGE 67, 43/61 f) und für
Kriegsdienstverweigerungsverfahren (wegen Art.4 Abs.3; BVerwGE
72, 28/29; 77, 157/159; 81, 229/234 ff) gelten; u. U. kann die Überzeugung vom Vorliegen oder Nichtvorliegen einer Gewissensentscheidung aber auch auf andere Weise gewonnen werden (BVerwG,
NVwZ-RR 01, 168). Weiter darf ein Gericht die Prozessfähigkeit
eines Beteiligten nur feststellen, wenn es den Betroffenen vorher
persönlich angehört hat (BSG, NJW 94, 215). Sieht das einfache
Recht eine mündliche Verhandlung vor, von der nur ausnahmsweise
abgesehen werden darf, liegt im gesetzwidrigen Absehen von der
mündlichen Verhandlung ein Verstoß gegen Abs.1 (BFHE 166,
415/416 f), insb. wenn der Kläger nicht wirksam auf die Durchführung der mündlichen Verhandlung verzichtet hat (BFH, NJW 96,
1496) oder sich sonst der Möglichkeit seiner persönlichen Teilnahme
an der Verhandlung begibt (BVerfGE 41, 246/249).

20   **b)** Unabhängig davon, ob die Beteiligten die Möglichkeit zu
schriftlicher Vorbereitung genutzt haben, ist ihnen in der **mündlichen Verhandlung** Gelegenheit zu geben, ihren Standpunkt dar-
zutun (BSG, NJW 92, 1190). Mit dem Anspruch auf rechtliches
Gehör ist nicht vereinbar, wenn ein Gericht einen Antrag auf
Verlegung eines Termins trotz Vorliegen „erheblicher Gründe" ablehnt und nach mündlicher Verhandlung in Abwesenheit des betroffenen Beteiligten ein Urteil fällt, sofern dieser Beteiligte durch die
Verhinderung, an der mündlichen Verhandlung teilzunehmen, in
der sachgemäßen Wahrnehmung seiner Rechte beeinträchtigt worden ist (BVerwG, NJW 92, 2042; 95, 374; vgl. auch BSG, NJW 96,
677 f). Zwar verlangt Abs.1 vom Gericht nicht die Verschiebung
eines Termins wegen des Urlaubs des Prozessbevollmächtigten
(BVerfGE 14, 195/196), wohl aber wegen kurzfristiger Erkrankung
(BVerwG, NJW 84, 882), unverschuldeter Anreiseschwierigkeiten
(BVerwG, NJW 86, 1057), Entzugs des Mandats (BVerwG, NJW
86, 339) und erforderlicher weiterer Sachaufklärung (BFHE 154,
17/20). Desweiteren verlangt der Gehöranspruch den ordnungsgemäßen Aufruf der Sache (BVerfGE 42, 364/370; BVerwGE 72,
28/30 ff; BVerwG, NJW 86, 204). Bei geringfügiger Verspätung
kann ein Anspruch auf Wiedereröffnung der mündlichen Verhandlung bestehen (BVerwG, NVwZ 89, 858).

c) Nichtwahrnehmung. Da Abs.1 nur die Äußerungsmöglich- 21
keit garantiert, ist die Wahrnehmung des Gehörrechts eine Obliegenheit, deren Nichterfüllung (prozessuale) Nachteile für den Beteiligten haben kann, denn Abs.1 schützt nicht den nachlässigen Beteiligten, der die nach Lage der Sache gegebenen prozessualen
Möglichkeiten nicht ausschöpft (BVerfGE 74, 220/225). Das bedeutet, dass derjenige keinen Anspruch auf Gehör (mehr) hat, der eine
mögliche Äußerung in zurechenbarer Weise versäumt hat, etwa weil
er einen Antrag auf Beiladung (BVerfGE 15, 256/267 f), einen
Beitritt als Nebenintervenient (BVerfGE 21, 132/137 f), einen Antrag nach § 33 a StPO (BVerfGE 33, 192/195), nach § 80 Abs.6
VwGO aF (BVerfGE 70, 180/187 ff) oder eine Gegenvorstellung
vor der Sachentscheidung (BGH, NJW 95, 403) unterlässt. Keine
Nachlässigkeit stellt es allerdings dar, wenn ein Beteiligter nach
Verwerfung seines Rechtsmittels als unzulässig das Rechtsmittel
nicht innerhalb der vorgeschriebenen Frist begründet (BVerfGE 74,
220/224 f). Versäumnisverfahren im Zivilprozess und Abwesenheits-
verfahren im Strafprozess sind zulässige Institute (BVerfGE 41,
246/249); allerdings kann deren Anwendung im Einzelfall, insb. im
Strafverfahren, verfassungswidrig sein (vgl. BVerfGE 89, 120/129 f).

d) Unverzügliche Nachholung. Das Äußerungsrecht macht 22
nur Sinn, wenn der Berechtigte damit die gerichtliche Entscheidung
beeinflussen kann (BVerfGE 9, 89/96; BVerfG-K, NJW 91, 2757).
Daher gewährleistet Abs.1 die Möglichkeit, sich grds. vor der Entscheidung äußern zu können (BVerfGE 83, 24/35 f). Dies gilt auch
für Verfahren des vorläufigen Rechtsschutzes (BVerfGE 65, 227/
233). Ausnahmen sind nur unter „strengen Voraussetzungen" gerechtfertigt (BVerfGE 65, 227/233), die etwa dann erfüllt sind, wenn
eine vorherige Anhörung faktisch unmöglich ist oder den Zweck
einer gerichtlichen Maßnahme gefährden würde, z. B. bei Anordnung einer Beschlagnahme (BVerfGE 18, 399/404), Durchsuchung
(BVerfGE 57, 346/358 f), Fernmeldeüberwachung (Kunig MüK 15;
Schulze-Fielitz DR 47), Untersuchungshaft (BVerfGE 9, 89/96 ff),
Vorführung (Kunig MüK 15; Schulze-Fielitz DR 47) und Zwangsversteigerung (BGH, NJW 84, 2167) sowie in manchen Verfahren
des vorläufigen Rechtsschutzes (BVerfGE 49, 329/342; 65, 227/233;
70, 180/188 f), nicht aber im Strafbefehlsverfahren (Schulze-Fielitz
DR 47; **a. A.** BVerfGE 25, 158/165 f). In diesen Fällen gebietet
Abs.1 allerdings, die Gewährung rechtlichen Gehörs unverzüglich
nachzuholen. Das Gleiche gilt im Rahmen einer Nichtigkeitsklage
(BVerfG-K, NJW 98, 745).

4. Recht auf Berücksichtigung

23   **a) Allgemeines.** Nach Abs.1 ist das Gericht schließlich verpflichtet, den Vortrag der Beteiligten zu berücksichtigen, d. h. zur
Kenntnis zu nehmen und bei seiner Entscheidung in Erwägung zu
ziehen (BVerfGE 83, 24/35; BVerfG-K, NVwZ 95, 1097; NJW 95,
2096). Die Kontrolle des BVerfG orientiert sich dabei an Evidenzen:
Da das Fachgericht nicht ausdrücklich jedes Vorbringen der Beteiligten zu bescheiden hat, ist ein Verstoß gegen die Berücksichtigungspflicht nur dann anzunehmen, wenn im Einzelfall besondere
Umstände deutlich machen, dass tatsächliches Vorbringen eines Beteiligten entweder überhaupt nicht zur Kenntnis genommen (vgl.
z. B. BVerfG-K, NJW 97, 726 f; NJW 00, 131) oder bei der Entscheidung ersichtlich nicht erwogen worden ist (BVerfGE 65,
293/295 f; 87, 363/392 f; 96, 205/216 f; BVerfG-K, NJW 99, 1388).
Besondere Umstände liegen etwa vor, wenn das Gericht auf den
wesentlichen Kern des Vortrags einer Partei zu einer zentralen Frage
des Verfahrens nicht in den Entscheidungsgründen eingeht
(BVerfGE 86, 133/145 f; BVerfG-K, NJW 95, 1885; 99 1388) oder
den Hinweis auf Gutachten übergeht (BVerfG, NJW 97, 122 f; BSG,
NJW 97, 1661).

24   **b)** Kenntnisnahme setzt zum einen **Aufnahmefähigkeit** des Gerichts voraus (Rüping BK 53). Die Mitwirkung eines blinden Richters erfüllt diese Voraussetzungen, soweit die Kenntnisnahme nicht
vom Sehvermögen abhängt (BVerfGE 20, 52/55; BVerfG-K, NJW
92, 2075), was aber bei einem Vorsitzenden Richter in der Hauptverhandlung eines erstinstanzlichen Strafgerichts nicht der Fall ist
(BGHSt 35, 164 ff; a. A. Schulze-Fielitz DR 59). Ein schlafender
Richter beeinträchtigt Abs.1 (BVerwG, NJW 86, 2721). Ein tauber
Richter erfüllt den Anspruch auf rechtliches Gehör, soweit es für die
Streitsache nicht auf das Hörvermögen ankommt. Es genügt nicht
den Anforderungen des Abs.1, wenn Schriftsätze lediglich in den
Verfügungsbereich des Gerichts gelangen, dem Richter aber nicht
zur Kenntnis weitergeleitet worden sind, wobei ein Verschulden
der Geschäftsstelle ohne Belang ist (BVerfGE 34, 344/347; 53,
219/222 f). Gleiches gilt im Verhältnis von Ausgangs- und Rechts-
mittelgericht (BVerfGE 62, 347/352 f).

25   **c)** Kenntnisnahme setzt zum anderen **Aufnahmebereitschaft**
des Gerichts voraus. Räumt das Gericht den Beteiligten eine Frist
zur Äußerung ein, ist es verpflichtet, jeden Schriftsatz zu berücksichtigen, der innerhalb der Frist eingeht (BVerfGE 42, 243/247; 64,
224/227; BVerfG-K, NJW 95, 2096). Wenn Präklusionsvorschriften

(unten Rn.39) fehlen, hat es jedes Vorbringen zu berücksichtigen, das bis zum Erlass der Entscheidung eingeht, d. h. bis der Urkundsbeamte die Ausfertigung zur Zustellung hinausgibt (BVerfGE 62, 347/353; BVerfG-K, NJW 93, 51; BGH, NJW 97, 2525; BVerwG, Bh 406.17 Nr.29). Die Gerichte sind aus Abs.1 verpflichtet, die in einem Schriftsatz enthaltenen erheblichen Beweisanträge zu berücksichtigen (BVerfGE 69, 141/143 f; BVerfG-K, NVwZ 95, 1097; BFHE 174, 301/304; BSGE 79, 125). Verletzt ist das Gehörrecht auch, wenn das Gericht bei Anwendung von Präklusionsvorschriften den Ausschluss durch eine fehlerhafte Verfahrensgestaltung verursacht hat (BVerfGE 60, 1/6; 69, 126/139 f; 81, 264/273), Parteivortrag nicht berücksichtigt, der im Rahmen des § 296 ZPO für die Frage nicht fristgerecht vorgebrachter Angriffs- und Verteidigungsmittel erheblich ist (BVerfGE 36, 92/99 f; 70, 215/218) oder der von den Beteiligten nach einem als reinem Durchlauftermin konzipierten frühen ersten Termin vorgebracht worden ist (BVerfGE 69, 126/137 ff). Erst recht ist Abs.1 verletzt, wenn das Gericht einen in zulässiger Weise eingereichten Schriftsatz übersieht (BVerfGE 11, 218/220; 70, 288/295; 72, 84/88 f) oder eine fernschriftliche Berufungsbegründung wegen Verstoßes gegen das Schriftformerfordernis als unwirksam ansieht (BVerfGE 74, 228/234).

Abs.1 gewährt **kein Recht** auf ein bestimmtes Beweismittel oder **26** bestimmte Arten von Beweismitteln (BVerfGE 57, 250/274; 63, 45/60; BVerfG-K, NJW 98, 1939; BAGE 70, 85/98). Auch bestimmte Beweisregeln, wie z. B. die Unmittelbarkeit der Beweisaufnahme, sind nur einfach-rechtlich garantiert (BVerfGE 62, 392/396 f; BVerfG-K, NJW 94, 2347). Die Pflicht zur Berücksichtigung erheblicher Beweisanträge gilt nicht im Verfahren der freiwilligen Gerichtsbarkeit (BVerfGE 79, 51/62). Abs.1 ist nicht verletzt, wenn das Gericht einen Beweisantrag des Prozessgegners nicht berücksichtigt (BVerfGE 84, 82/89). Der pauschale Bezug auf Vorbringen in früherer Instanz löst idR keine Berücksichtigungspflicht aus (BVerfGE 70, 288/295; BVerfG-K, NJW 92, 495).

d) Erwägen bedeutet die Pflicht des Gerichts, Vorbringen der **27** Beteiligten in tatsächlicher und rechtlicher Hinsicht auf seine Erheblichkeit und Richtigkeit zu überprüfen. Abs.1 schützt aber nicht davor, dass das Vorbringen aus Gründen des formellen oder materiellen Rechts unberücksichtigt bleibt (BVerfGE 69, 145/148 f; 70, 288/294; 96, 205/216), weil es unerheblich, insb. abwegig (vgl. BVerfG-K, NJW 96, 2785; 97, 1433 f) ist. Dabei ist die Frage der Erheblichkeit allein nach Maßgabe des formellen und materiellen

Rechts zu entscheiden (Schulze-Fielitz DR 61). Auch schützt Abs.1 idR nicht davor, dass das Gericht einem tatsächlichen Umstand nicht die richtige Bedeutung beimißt (BVerfGE 76, 93/98) oder die Rechtsansicht eines Beteiligten nicht teilt (BVerfGE 64, 1/12; BVerfG-K, NJW 95, 2839). Die Vorschrift garantiert auch keinen Anspruch auf einen bestimmten Beratungsablauf (BVerfG-K, NJW 87, 2219 f; BFHE 169, 122 f) oder eine bestimmte Beratungsdauer (BGHSt 37, 141/143); das Votum des Berichterstatters darf auch in Urteilsform vor der Verhandlung vorliegen (BVerfGE 9, 213/215).

28   **e)** Aus der Pflicht zu erwägen folgt die grundsätzliche Verpflichtung, gerichtliche Entscheidungen zu **begründen** (BVerfGE 54, 86/91 f); denn nur anhand der Gründe kann der Betroffene beurteilen, ob sein Vorbringen berücksichtigt worden ist (Kunig MüK 15; Rüping BK 55; Schulze-Fielitz DR 74). Ausnahmen gelten für letztinstanzliche Entscheidungen (BVerfGE 71, 122/135 f; 81, 97/106) und für Erledigungsentscheidungen (BVerfGE 13, 132/149; Bay-VerfGH, NVwZ 93, 1083). Problematisch ist die weitgehende Einschränkung der Begründungspflicht für zivilgerichtliche (Bagatell-)Sachen in § 495 a Abs.2 ZPO (vgl. Kornblum, ZRP 99, 382). Die Begründungspflicht erstreckt sich auf die für die Rechtsverfolgung und -verteidigung wesentlichen Tatsachen (BVerfGE 47, 182/189; 58, 353/357; BVerfG-K, NJW 96, 2786; 97, 122). Dazu gehört, warum von einer höchstrichterlichen Rspr. abgewichen wird (BVerfG-K, NJW 95, 2911 f; 97, 187) und warum trotz neuer Beweisanträge die Offensichtlichkeit gem. § 313 Abs.2 StPO gegeben sein soll (Schulze-Fielitz DR 74). Eine Bezugnahme auf die vorinstanzlichen Entscheidungsgründe genügt bei noch nicht behandeltem Vorbringen nicht (BSG, NJW 97, 2003). Es besteht keine Pflicht, andere Gerichtsentscheidungen zu zitieren (BVerfGE 80, 170/181). Der Begründungspflicht wird auch durch den Verweis auf eine selbst aussagekräftige Begründung des Einspruchs- oder Widerspruchsbescheids genügt (BFHE 169, 1/2). Die Verspätung der Begründung allein begründet keinen Gehörsverstoß (BVerfG-K, NJW 96, 3203).

5. Weitere Voraussetzungen der Beeinträchtigung

29   Eine Beeinträchtigung setzt ein **Beruhen** der Entscheidung auf dem Fehlen des rechtlichen Gehörs voraus (BVerfGE 60, 313/318; 86, 133/147). Das ist der Fall, wenn nicht ausgeschlossen werden kann, dass die Anhörung des Beteiligten zu einer anderen, ihm günstigeren Entscheidung geführt hätte (BVerfGE 7, 95/99; 62, 392/396; 89, 381/392 f; BVerwGE 113, 212/216 f). Eine Entschei-

dung beruht nicht auf dem Fehlen des rechtlichen Gehörs, wenn es sich auf nur hilfsweise herangezogene Beweismittel bezogen hat (BVerfGE 17, 86/96). Dieses Erfordernis führt auch zu einer entsprechenden Begründungspflicht bei der Verfassungsbeschwerde (BVerfGE 28, 17/20; 72, 122/132).

Die Beeinträchtigung kann dadurch **geheilt** werden, dass das **30** zunächst unterbliebene rechtliche Gehör in derselben Instanz oder in der Rechtsmittelinstanz (BVerfGE 5, 9/10; 62, 392/397; 73, 322/326), nicht aber in einem neuen gerichtlichen Verfahren (BVerfGE 42, 172/175) nachgeholt wird. Bei Beeinträchtigung des Anspruchs auf rechtliches Gehör ist ein Rechtsmittel zuzulassen, wenn die Auslegung der Verfahrensvorschriften das ermöglicht (BVerfGE 49, 252/256; 61, 119/121; 69, 233/242; BVerfG-K, NJW 98, 745; Degenhart SA 43). Versäumt es der Betroffene, von den insofern gebotenen prozessualen Möglichkeiten Gebrauch zu machen, verliert er die Möglichkeit, diese Beeinträchtigung durch Verfassungsbeschwerde zu rügen (Rn.57–61 zu Art.93). Der Betroffene muss über die gebotene Erschöpfung des Rechtswegs hinaus alle ihm zur Verfügung stehenden, nicht offensichtlich unzulässigen prozessualen Möglichkeiten ergreifen, um bereits im Ausgangsverfahren eine Korrektur der geltend gemachten Verletzung des rechtlichen Gehörs zu erwirken und einen Grundrechtsverstoß zu verhindern (vgl. BVerfGE 81, 22/27; 81, 97/102 f; BVerfG-K, NJW 93, 255; 97, 1301; 99, 1177).

IV. Rechtfertigung von Beeinträchtigungen (Schranken)

1. Grundlagen

Der Anspruch auf rechtliches Gehör steht unter keinem Gesetzes- **31** vorbehalt. Im Hinblick auf die Ausgestaltungsbefugnis des Gesetzgebers (oben Rn.9) stellt sich die Frage nach kollidierendem Verfassungsrecht (Vorb.45–49 vor Art.1) nur ausnahmsweise, z.B. bei der Beschränkung des Akteneinsichtsrechts zugunsten des Schutzes persönlicher oder betrieblicher Geheimnisse (vgl. Kopp/Schenke, VwGO, 3a zu § 100) oder bei der Einführung eines in camera-Verfahrens im Verwaltungsgerichtsprozess (BVerfGE 101, 106/129 f).

2. Einzelne prozeßrechtliche Institute

a) Die **Vertretung durch einen Anwalt** soll nach der über- **32** wiegenden Rspr. nicht von Abs.1 geschützt sein (BVerfGE 9,

124/132; 39, 156/168; BVerwGE 51, 111 f). Dagegen ist zu sagen, dass angesichts der enormen Kompliziertheit des Rechts die Gefahr besteht, dass einzelne Bürger ohne rechtskundigen Beistand ihr Recht gar nicht zu Gehör bringen können (Wassermann AK 28; Kunig MüK 15; Schmidt-Aßmann MD 103; Pieroth/Schlink 1078). Dementsprechend erkennt das BVerwG neuerdings das Recht auf Vertretung durch einen rechtskundigen Prozessbevollmächtigten in der mündlichen Verhandlung an (BVerwG, NVwZ 89, 858; NJW 95, 1231, 1441); zur Strafverteidigung vgl. Rn.94 zu Art.20. Umgekehrt ist die gesetzliche Einführung des Anwaltszwangs mit Abs.1 vereinbar (BVerfGE 35, 41/63; Schmidt-Aßmann MD 107).

33   Soweit das Recht auf Gehör **durch den Anwalt ausgeübt** wird, hat das Gericht ihm gegenüber die aus Abs.1 folgenden Pflichten zu erfüllen (BGH, NJW 00, 3289; Schmidt-Aßmann MD 108). Abs.1 verlangt nicht durchgängig, dem Beteiligten neben seinem Anwalt die Möglichkeit zur persönlichen Erklärung zu geben. In bestimmten Fällen kann sich aber ein anderes ergeben: Das letzte Wort des Angeklagten ist verfassungsrechtlich gewährleistet (BVerfGE 54, 140/141 f). Die Information des Verfahrensbevollmächtigten ist dann nicht ausreichend, wenn dem Betroffenen daraus ein erhöhtes Risiko entsteht, von den mitzuteilenden Umständen keine Kenntnis zu erhalten (BVerfGE 81, 123/126 ff). Zur Frage, inwieweit die von seinem Anwalt verschuldete Versäumung einer Antrags- oder Äußerungsfrist dem Beteiligten zugerechnet werden darf, vgl. Rn.44 zu Art.19.

34   **b)** Aus dem Anspruch auf rechtliches Gehör ergibt sich ein grundsätzlicher Anspruch auf Gewährung von **Prozesskostenhilfe** in den Fällen, in denen der Betroffene zur Verfolgung seiner Rechte ohne finanzielle Hilfe des Staats nicht in der Lage ist (Schmidt-Aßmann MD 113). Das BVerfG leitet diesen Anspruch aus Art.3 Abs.1 ab (Rn.63 zu Art.3).

35   **c)** Nach der neueren Rspr. des BVerfG ist die Frage, ob und in welchem Umfang ein der **deutschen Sprache** nicht hinreichend mächtiger Beteiligter Anspruch auf Ausräumung der daraus folgenden Verständnisschwierigkeiten hat, nach Art.2 Abs.1 iVm dem aus dem Rechtsstaatsprinzip abgeleiteten „Gebot fairen Verfahrens" zu beurteilen (Rn.93 zu Art.20). Richtigerweise ist die Gewährleistung sprachlicher Verständigung von Art.103 Abs.1 geschützt (vgl. Kunig MüK 15; Schmidt-Aßmann MD 118; Schulze-Fielitz DR 53; BVerwG, NVwZ 83, 668 f). Allerdings ist lediglich eine Verständigung über die wesentlichen Verfahrensvorgänge sicherzustellen (vgl.

Schmidt-Aßmann MD 118; Schulze-Fielitz DR 53; BVerfGE 64, 135/146).

Im Einzelnen ist in der mündlichen Verhandlung ein Dolmet- **36** scher hinzuzuziehen: §§ 185 f GVG sind verfassungsrechtlich gefordert (BVerfGE 64, 135/146; Schmidt-Aßmann MD 119). Die Gerichte sind auch grds. verpflichtet, dafür zu sorgen, dass mangelnde Deutschkenntnisse nicht zu einer Verkürzung des Anspruchs Beteiligter auf rechtliches Gehör führen (BVerfG-K, NJW 91, 2208). Sie müssen deshalb z. B. ggf. von Amts wegen Übersetzungen von verfahrensrelevanten Schriftstücken einholen, wenn der Ausländer darlegt, dass er diese auf Grund finanzieller Notlage nicht beibringen kann (BVerfG-K, NVwZ 87, 785). Die beantragte Verwertung einer fremdsprachigen Urkunde darf nicht allein mit der Begründung abgelehnt werden, es fehle an einer deutschen Übersetzung (BVerwG, NJW 96, 1553). Bei sprachbedingter Versäumung einer Rechtsmittelfrist ist Wiedereinsetzung zu gewähren (BVerfGE 40, 95/99 f; 42, 120/123; weitergehend Schmidt-Aßmann MD 120). Abs.1 fordert dagegen nicht, entgegen § 184 GVG fremdsprachlichen Schriftsätzen stets Beachtlichkeit zukommen zu lassen (vgl. BGH, NJW 82, 532 f; Kopp/Schenke, VwGO, 9 zu § 55). Es ist auch nicht geboten, dem anwaltlich vertretenen Angeklagten das schriftliche Urteil in einer ihm verständlichen Sprache bekanntzugeben (BVerfGE 64, 135/154).

d) Bestimmungen über **Fristen** sind auf Verfahrensbeschleuni- **37** gung und Rechtssicherheit angelegt und daher (vgl. oben Rn.4) grds. zulässig (Schmidt-Aßmann MD 122); Grenzen ergeben sich v. a. aus dem Gebot effektiven Rechtsschutzes (Rn.44 zu Art.19). Richterliche Fristen müssen objektiv ausreichend sein (BVerfGE 49, 212/216) und abgewartet werden (BFHE 188, 273/275). Sofern vom Gericht keine Frist gesetzt wurde, muss auf eine erwartete oder angekündigte Stellungnahme eine angemessene Zeit gewartet werden (BVerfGE 60, 313/317). Drei Arbeitstage oder sechs Tage mit eingeschlossenem Wochenende sind nicht ausreichend (BVerfGE 24, 23/25 f), im vorläufigen Rechtsschutzverfahren auch nicht ein Tag (BVerfGE 65, 227/235). Bei gesetzlichen Fristen sind drei Tage der gesetzliche Mindestspielraum (BVerfGE 36, 298/302 ff; krit. Schmidt-Aßmann MD 124; vgl. auch BVerfGE 94, 166/207). Fristablauf ist regelmäßig 24 Uhr, nicht schon der Zeitpunkt des Dienstschlusses (BVerfGE 41, 323/327 f; 42, 128/131 f; BGHZ 80, 62/63). Fristwahrend ist die Verfügungsgewalt des Gerichts, nicht erst des Urkundsbeamten der Geschäftsstelle (BVerfGE 57, 117/120; 72, 84/88). Fristen dürfen grds. bis zum letzten Tag ausgenutzt werden (BVerfGE 62, 334/337; BVerfG-K, NJW 91, 2096). Vgl. auch Rn.44 zu Art.19 und Rn.92 zu Art.20.

38   **e)** Obwohl die Versäumung von Fristen sanktioniert werden darf (BVerfGE 36, 298/302), ist unter bestimmten Voraussetzungen die **Wiedereinsetzung in den vorigen Stand** verfassungsrechtlich geboten. Das BVerfG leitet dieses Erfordernis nicht nur aus Art.103 Abs.1 (vgl. BVerfGE 25, 158/165 f; 38, 35/38; BVerfG-K, NJW 92, 38), sondern auch aus dem Gebot effektiven Rechtsschutzes ab (Rn.44 zu Art.19). So bildet die nicht zurechenbare Fristversäumnis einen bereits von Verfassungs wegen gewährleisteten Wiedereinsetzungsgrund (vgl. BVerfGE 38, 35/38). Im Übrigen sind bei Entscheidungen über eine Wiedereinsetzung an eine Glaubhaftmachung der Wiedereinsetzungsgründe keine überspannten Anforderungen zu stellen (BVerfGE 37, 93/97 f; 40, 182/184; 54, 80/84; BVerfG-K, NJW 97, 1771). So brauchen von Seiten des Bürgers für die Urlaubsabwesenheit keine besonderen Vorkehrungen getroffen zu werden (BVerfGE 34, 154/156 f; 41, 332/335; krit. Schmidt-Aßmann MD 126). Verzögerungen der Briefbeförderung und -zustellung durch die Deutsche Bundespost dürfen dem Betroffenen nicht als Verschulden zugerechnet werden (BVerfGE 62, 216/221; BVerfG-K, NJW 95, 2546 f; BGHZ 105, 116/118 ff). Moderne Formen der Übermittlung durch Telefax (BVerfG-K, NJW 94, 1854 f) und e-mail (Schulze-Fielitz DR 70) dürfen genutzt werden. Versäumt ein der deutschen Sprache nicht hinreichend mächtiger Ausländer eine Rechtsmittelfrist, ist das Versäumnis dieser Frist, soweit sie auf den unzureichenden Sprachkenntnissen des Ausländers beruht, grds. als unverschuldet anzusehen (BVerfGE 40, 95/99 f); anderes gilt bei einer Verletzung der auch den Ausländer treffenden Sorgfaltspflicht in der Wahrnehmung seiner Rechte (BVerfGE 86, 280/284 f; BVerfG-K, NVwZ 92, 262 f).

39   **f) Präklusion.** Vorschriften über den Ausschluss von Vorbringen sind zulässig, sofern der betroffene Beteiligte ausreichend Gelegenheit hatte, sich zu allen für ihn wichtigen Punkten zur Sache zu äußern, die Äußerungsmöglichkeit aber aus von ihm zu vertretenden Gründen versäumt hat (BVerfGE 67, 39/41 f; 81, 264/273; BVerfG-K, NJW 92, 2556 f; 95, 2980). Allerdings dürfen solche Vorschriften nur „strengen Ausnahmecharakter" haben (BVerfGE 59, 330/334; 60, 1/6; 62, 249/254; SächsVerfGH, LVerfGE 8, 301/307). Die Präklusion darf nur Verstöße der Beteiligten gegen ihre Prozessförderungspflicht sanktionieren und ist deshalb ausgeschlossen, wenn das Gericht

seiner Fürsorgepflicht nicht nachgekommen ist (BVerfGE 67, 39/41 f;
75, 183/190 f; BVerfG-K, NJW 00, 946; BVerwG, NVwZ 84, 234;
BGHZ 86, 218/222 ff); insb. die Beweismittel, um deren Ausschluss
es geht, nicht hinreichend genau bestimmt hat (BFHE 177, 233/236),
oder wenn die pflichtwidrige Verspätung nicht kausal für die Verzögerung ist (BVerfGE 75, 302/316 f; BVerfG-K, NJW 95, 1417);
vgl. auch Rn.43 zu Art.19.

g) **Verwertungs- und Überraschungsverbote** sind die (negati-   39 a
ve) Konsequenz der (positiven) Pflicht der Gerichte, den Beteiligten
die Möglichkeit zur Äußerung zu allen erheblichen tatsächlichen
und rechtlichen Fragen einzuräumen. Denn daraus folgt zum einen,
dass die Gerichte solche Tatsachen oder Beweisergebnisse nicht verwerten dürfen, die nicht zum Gegenstand des Verfahrens gemacht
worden sind und zu denen sich die Beteiligten nicht äußern konnten
(BVerfGE 6, 12/14; 70, 180/189; BVerwGE 78, 30/33; BGHZ 116,
47/58; BFHE 165, 398/400). Zum anderen ergibt sich daraus das
Verbot von „Überraschungsentscheidungen", die ohne vorherigen
Hinweis des Gerichts auf einen rechtlichen Gesichtspunkt abstellen,
mit dem auch ein gewissenhafter und kundiger Prozessbeteiligter
selbst unter Berücksichtigung der Vielzahl vertretener Rechtsauffassungen nicht zu rechnen brauchte (BVerfGE 84, 188/190; 86,
133/144; 98, 218/263; BVerwGE 95, 237/241; BFHE 180,
396/401; BAGE 51, 59/104; BSGE 68, 205/211), oder in denen das
Gericht ohne entsprechenden Hinweis von seiner ständigen Rechtsprechung abweicht (BVerwG, NJW 61, 1549) oder höhere Anforderungen an das Vorbringen eines Beteiligten stellt als die ständige
höchstrichterliche Rspr. (BVerfG-K, NJW 95, 2544). Es muss also
in gravierender Weise prozessuales Vertrauen enttäuscht worden sein
(vgl. Schmidt-Aßmann MD 141).

B. Gesetzlichkeit bei Bestrafungen (Abs.2)

1. Bedeutung und Abgrenzung zu anderen Vorschriften

Abs.2 enthält ein grundrechtsgleiches Recht (Vorb.1 vor Art.1;   40
Rn.52, 72 zu Art.93; BVerfGE 85, 69/72) und ist eine Ausprägung
des Rechtsstaatsprinzips (BVerfGE 7, 89/92; 47, 109/120; 95,
96/130), insb. unter dem Gesichtspunkt der Rechtssicherheit (Schulze-Fielitz DR 11). Er ist lex specialis zum allgemeinen Gesetzesvorbehalt (unten Rn.43), Bestimmtheitsgrundsatz (unten Rn.48)

und Rückwirkungsverbot (unten Rn.52). Er konkurriert teilw. mit dem Schutz der Freiheit der Person (Rn.3 f zu Art.104) und soll spezielle Ausformung des allgemeinen Willkürverbots (Rn.35 zu Art.3) sein (BVerfGE 64, 389/394; BVerfG-K, NJW 98, 2589).

2. Schutzbereich

41   **Strafbarkeit** bezieht sich auf jede missbilligende hoheitliche Reaktion auf ein schuldhaftes Verhalten (BVerfGE 26, 186/204; 42, 261/262; 45, 346/351). Abs.2 erfasst zunächst das Kriminalstrafrecht und das Ordnungswidrigkeitenrecht (BVerfGE 81, 132/135; 87, 399/411; BayVerfGHE 36, 149/152); anders als Abs.3 (unten Rn.59) aber auch das Disziplinar- und Standesrecht (BVerfGE 45, 346/351; 60, 215/233; 66, 337/355 f; BVerwGE 93, 269/274; BGH, NJW 91, 1242; a. A. Rüping BK 78; Schmidt-Aßmann MD 196), wobei Abs.2 „wegen der Natur dieser Rechtsgebiete" allerdings nur eingeschränkt gelten soll (BVerfGE 26, 186/203; 45, 346/351; BayVerfGHE 23, 23/28; BGHSt 19, 90/91 f); nicht aber vollstreckungsrechtliche Beuge- und Ordnungsmittel wie z.B. Ordnungsgelder gem. § 890 ZPO (BVerfGE 84, 82/89), Ordnungsmittel nach § 178 GVG (Schmidt-Aßmann MD 195), präventive Maßnahmen der Gefahrenabwehr (vgl. BVerfGE 20, 323/331), die Kostentragungspflicht des Kraftfahrzeughalters gem. § 25 a StVG (BVerfG-K, NJW 92, 1953) und die Pflicht zur Steuerzahlung (BVerfGE 7, 89/95). Ebensowenig gilt Abs.2 für zivilrechtliche Verpflichtungen zu Schadenersatz (BVerfGE 34, 269/293), für die Vereinsstrafgewalt (Rüping BK 85) oder für die Verwirkung von Ansprüchen (BVerfGE 27, 231/235 f).

42   Strafbarkeit **umfasst** den Straftatbestand (BVerfGE 25, 269/286), zu dem sämtliche materiell-rechtlichen Voraussetzungen der Strafbarkeit zählen (Rüping BK 50, 67; vgl. auch BGHSt 39, 1/27; diff. BGHSt 39, 54/71), einschl. des räumlichen Anwendungsbereichs des Strafrechts (BVerfGE 92, 277/313), und die Strafandrohung (BVerfGE 45, 363/371; 86, 288/311), zu der alle strafrechtlichen Sanktionen, insb. Nebenstrafen und Nebenfolgen (Rüping BK 60, 74; Schmidt-Aßmann MD 197), Verfall und Einziehung (Rüping BK 60), Strafaussetzung zur Bewährung (Schmidt-Aßmann MD 197; für den Widerruf der Strafaussetzung offengelassen BVerfG-K, NJW 92, 2877) sowie Maßregeln zur Besserung und Sicherung (Wassermann AK 46; Schulze-Fielitz DR 17; Pieroth/Schlink 1086; offengelassen BVerfGE 74, 102/126; 83, 119/128; BVerfG-K, NJW 99, 634; diff. Rüping BK 61, 75; a. A. BGHSt 24, 103/106; Degen-

hart SA 57; Kunig MüK 20). Abs.2 erfasst dagegen nicht die Straf-
verfolgungsvoraussetzungen, wie die Verjährung (BVerfGE 25,
269/284 ff; 81, 132/135; BVerfG-K, NJW 00, 1555; BGHSt 40,
113/118) und das Strafantragserfordernis (Degenhart SA 59; a. A.
Kunig MüK 31; Rüping BK 62), ferner nicht das Strafverfahrensrecht (BVerfG-K, NJW 92, 2877; Rüping BK 76) einschl. der Frage,
auf welches Gebiet sich die Strafgerichtsbarkeit der Bundesrepublik
Deutschland erstreckt (BVerfGE 92, 277/324 f), und Behandlungs-
maßnahmen im Vollzug der Freiheitsstrafe (BVerfGE 64, 261/280).
Ferner soll Abs.2 nicht gelten für die Strafaussetzung bei lebens-
langer Freiheitsstrafe (BVerfGE 86, 288/311; a. A. BVerfGE *abwM*
86, 340/342; Kunig MüK 31; Schmidt-Aßmann MD 197).

3. Beeinträchtigung

a) Verstoß gegen Gesetzlichkeitsprinzip: aa) Die Gesetzlich- **43**
keit der Strafbarkeit bedeutet einen Gesetzesvorbehalt (vgl.
Rn.44–54 zu Art.20), der vom BVerfG als streng bezeichnet wird
(BVerfGE 71, 108/114; 75, 329/341; 78, 374/382): Die Voraussetzungen der Strafbarkeit und die Art der Strafe müssen in Parlaments-
gesetzen enthalten sein (BVerfGE 85, 69/72 f; 87, 363/391 f; 87,
399/411); Abs.2 regelt aber nicht, welches Verhalten für strafbar
erklärt werden darf (BVerfG-K, NJW 94, 2412). Dieser **Parlamentsvorbehalt** dient einem doppelten Zweck. Es geht einerseits (subjek-
tiv-rechtlich) um den Schutz des Normadressaten: Jedermann soll
vorhersehen können, welches Verhalten verboten und mit Strafe
bedroht ist. Andererseits soll (objektiv-rechtlich) sichergestellt werden, dass nur der Gesetzgeber (und nicht die vollziehende und rechtsprechende Gewalt) über die Strafbarkeit entscheidet (BVerfGE 7,
108/114; 67, 207/224; 87, 399/411). Damit soll vereinbar sein, dass
das BVerfG nach der Nichtigerklärung von Strafvorschriften (vgl.
BVerfGE 88, 203/208) durch Vollstreckungsanordnung gem. § 35
BVerfGG Übergangsregelungen trifft (vgl. BVerfGE 88, 203/209 f),
die die vom Gesetzgeber gezogenen Grenzen der Strafbarkeit nicht
überschreiten (BVerfGE 88, 203/336 f). Das bedeutet jedoch nicht,
dass die gesetzliche Strafnorm Tatbestand und Rechtsfolge selbst vollständig regeln müsste, vielmehr kann sie zu deren Konkretisierung
auf andere Rechtsakte (auch auf europäisches Gemeinschaftsrecht;
BVerfG-K, NJW 83, 1258 f) verweisen (Blankettstrafgesetz; BVerfGE
75, 329/342; 78, 374/382; 87, 399/407; BGHSt 37, 266/272).

bb) Verweis auf andere Rechtsakte. Wird der Straftatbestand **44**
durch ein anderes **förmliches Gesetz** ergänzt, ist den Anforderun-

gen des Abs.2 genügt, wenn die ausfüllende Norm die Voraussetzungen der Strafbarkeit hinreichend deutlich umschreibt (BVerfGE 75, 329/342; BGHSt 37, 266/272; 42, 219/221 f) und im Übrigen die allgemeinen Zulässigkeitsvoraussetzungen für Verweisungen (Rn.65 zu Art.20) vorliegen. Damit die Strafbarkeit vorhersehbar bleibt, muss allerdings klar sein, auf welche Norm verwiesen wird (Schmidt-Aßmann MD 201). Keine Blankettstrafgesetze idS sind die Tatbestände der Eigentumsdelikte (BVerfGE 78, 205/213).

45 Wird der Straftatbestand durch **Administrativakte** ergänzt (Verwaltungsakzessorietät; näher Schmidt-Aßmann MD 202 ff), sind beide Zwecke des Abs.2 (oben Rn.43) gefährdet. Ein Verweis auf eine **Rechtsverordnung** (BVerfGE 51, 60/70 ff; 75, 329/342; 78, 374/382; BVerfG-K, NJW 92, 2624) oder **Satzung** (BVerfGE 32, 346/362 f; BVerfG-K, NVwZ 90, 751) ist zulässig, wenn diesen nur eine „Spezifizierung" des Tatbestands verbleibt (BVerfGE 75, 329/342; 78, 374/383; BVerfG-K, NJW 92, 2624). Auch wenn die Satzung selbst wieder eine dynamische Verweisung auf Ortsrecht enthält, soll dies noch zulässig sein (BGHSt 42, 79/84 f). Soweit für Rechtsverordnungen auf Art.80 Abs.1 S.2 Bezug genommen wird (vgl. BVerfGE 75, 329/342; 78, 374/382; BVerfG-K, NJW 98, 669 f), kann das nur bedeuten, die Anforderungen dieser Vorschrift (Rn.12a zu Art.80) spezifisch für das Strafrecht zu verschärfen (Schulze-Fielitz DR 29; Kunig MüK 23; Schmidt-Aßmann MD 210). Vorkonstitutionelles Recht erfüllt diese Anforderungen auch, soweit gesetzesvertretende Verordnungen den Rang eines förmlichen Gesetzes hatten (BVerfGE 22, 1/12 f) und soweit es zu Landesstrafrecht geworden ist (BVerfGE 33, 206/219 f). Eine generelle Delegation der Normierung von Berufspflichten an die Kammern ist unzulässig (Pieroth/Schlink 1099; **a. A.** BVerfGE 45, 346/351).

46 Inwieweit eine Bezugnahme auf **Verwaltungsvorschriften** und **Verwaltungsakte** zulässig ist, ist streitig (näher Schmidt-Aßmann MD 216 ff). Bezüglich Verwaltungsvorschriften ist der Verweis auf sog. normkonkretisierende Verwaltungsvorschriften zulässig, wenn das Gesetz auf sie Bezug nimmt (Kunig MüK 24a; Schmidt-Aßmann MD 215). Bezüglich Verwaltungsakten besteht Konsens insoweit, als ein Verweis auf Verwaltungsakte nicht als schlechthin unzulässig angesehen wird. Dabei müssen zumindest die für die administrative Rechtsetzung maßgeblichen Anforderungen gelten. Eine pauschale Anknüpfung einer Strafdrohung an Verstöße gegen inhaltlich nicht näher bestimmte Verwaltungsakte reicht jedenfalls nicht aus (BVerfGE 78, 374/382, 389; vgl. auch Schmidt-Aßmann MD 219). Danach ist die Strafbarkeit der Zuwiderhandlung gegen ein vereinsrechtliches Betätigungsverbot, das weder im Gesetz noch in der Verbotsverfügung tatbestandlich bestimmt wird, verfassungswidrig (a. A. BVerfG-K, NJW 00, 3637).

cc) Analogieverbot. Abs.2 verbietet der rechtsprechenden Ge- **47** walt, Straftatbestände oder Strafen durch Gewohnheitsrecht oder Analogie zu begründen oder zu verschärfen (BVerfGE 71, 108/115; 73, 206/235; 92, 1/12; BGHSt 37, 226/230; 38, 144/151; näher Rüping BK 44 ff), nicht aber zu mildern (vgl. BVerfGE 95, 96/132). Der die Grenze bildende Wortsinn ist aus der Sicht des Bürgers zu bestimmen (BVerfGE 71, 108/115; 82, 236/269; 87, 209/224; BVerfG-K, NJW 95, 3051). Dabei ist „Analogie" nicht im engeren technischen Sinne zu verstehen; ausgeschlossen ist vielmehr jede Rechts„anwendung", die über den Inhalt einer gesetzlichen Sanktionsnorm hinausgeht (BVerfGE 82, 236/269; 87, 209/225; 87, 399/411; BVerfG-K, NJW 93, 2524); das ist namentlich der Fall, wenn das materielle Strafrecht objektiv unhaltbar und deshalb willkürlich ausgelegt wird (BVerfG-K, NJW 95, 187). Eine gerichtliche Entscheidung verstößt insb. auch dann gegen das Analogieverbot, wenn (erst) eine verfassungskonforme Auslegung einer Strafvorschrift deren Anwendungsbereich beschränkt (vgl. BVerfGE 87, 399/408 ff).

Im Einzelnen sind unzulässig die „erweiternde Auslegung" des **47 a** Gewaltbegriffs in § 240 Abs.1 StGB (BVerfGE 92, 1/14 ff; zust. Jeand'Heur, NJ 95, 465; krit. Amelung, NJW 95, 2587 f) die „wertende Auslegung" des Tatbestandsmerkmals „nicht geringe Menge" „mit Rücksicht auf den Einzelfall" (BGHSt 42, 1/3), die actio libera in causa als Ausnahme von § 20 StGB (BGHSt 42, 235/241), die Ausdehnung des § 370 AO auf steuerliche Nebenleistungen (BGHSt 43, 381/406), die Bestrafung wegen Verunglimpfung der ersten beiden Strophen des Deutschlandlieds (BVerfGE 81, 298/309) und einer Kettenbriefaktion wegen Glücksspiels (BGHSt 34, 171/178). Ein Verstoß gegen das Analogieverbot liegt ferner dann vor, wenn angenommen wird, der Begriff „Mensch" in § 131 Abs.1 StGB erfasse „menschenähnliche Wesen" (BVerfGE 87, 209/225) und der Begriff „nahe stehende Person" in § 241 Abs.1 StGB schließe auch nicht existierende Personen ein (BVerfG-K, NJW 95, 2777; a. A. Küper, JuS 96, 783). Zulässig bleibt dagegen die Auslegung und Interpretation der Strafgesetze, etwa des Landfriedensbruchstatbestands (BVerfGE 82, 236/269 ff), des Erschleichens einer Beförderung iSd § 265 a Abs.1 StGB (BVerfG-K, NJW 98, 1136), des Vermögensschadens beim sog. Anstellungsbetrug (BVerfG-K, NJW

98, 2590) und der Straßenverkehrsgefährdung durch falsches Überholen (BVerfG-K, NJW 95, 315).

48   **b) Verstoß gegen Bestimmtheitsgrundsatz: aa) Allgemeines.** Der Bestimmtheitsgrundsatz ist eine Ausprägung des allgemeinen Bestimmtheitsgrundsatzes (Rn.60 f zu Art.20) und stellt noch höhere Anforderungen (BVerfGE 49, 168/181; 78, 374/381 ff; krit. Schulze-Fielitz DR 34). Der Einzelne soll von vornherein wissen können, was strafrechtlich verboten ist und welche Strafe ihm für den Fall eines Verstoßes gegen das Verbot droht, damit er in der Lage ist, sein Verhalten danach einzurichten (BVerfGE 25, 269/285; 78, 374/381 f; 87, 363/391 f; 92, 1/12). Das soll allerdings zum einen die Verwendung unbestimmter, wertausfüllungsbedürftiger Begriffe und Generalklauseln nicht ausschließen (BVerfGE 66, 337/355; 92, 1/12; 96, 68/97 f). Zum anderen ist auch ein Anknüpfen an verwaltungsrechtliche Entscheidungen zulässig (oben Rn.45 f). Allerdings muss die Strafnorm umso präziser sein, je schwerer die angedrohte Strafe ist (BVerfGE 14, 245/251; 41, 314/320; 75, 329/342 f; BVerfG-K, NJW 93, 1900 f; krit. Kunig MüK 29). Dagegen sind die Bestimmtheitsanforderungen im Disziplinarstrafrecht geringer als im Kriminalstrafrecht (BVerfGE 66, 337/355; BVerwGE 93, 269/274) und darf das besondere Fachwissen des Adressatenkreises einer Norm berücksichtigt werden (BVerfGE 48, 48/57). Das Vorhandensein strafgerichtlicher Judikatur kann die Unbestimmtheit jedenfalls eines neuen Gesetzes nicht kompensieren (Kunig MüK 29; großzügiger BVerfGE 37, 201/208; 45, 363/372; 96, 68/98).

49   **bb) Einzelfälle:** Im **Kernstrafrecht** sind folgende Vorschriften ausreichend bestimmt: § 13 Abs.1 StGB, Garantenstellung beim unechten Unterlassungsdelikt (BVerfGE 96, 68/98 f); § 56 b Abs.2 Nr.3 iVm §§ 56, 56 a StGB, Auflage gemeinnützige Leistungen zu erbringen (BVerfGE 83, 119/128); § 94 Abs.2 S.1 und 2 Nr.2 StGB, Landesverrat, insb. die Begriffsbestimmung eines besonders schweren Falls eines Delikts (BVerfGE 45, 363/372); § 99 Abs.1 Nr.1 StGB, geheimdienstliche Agententätigkeit (BVerfGE 57, 250/262 ff); § 100 e StGB a. F., verräterische Beziehungen (BVerfGE 28, 175/183 ff); § 107 a Abs.1 StGB, Wahlfälschung (BVerfG-K, NJW 93, 55 f); § 131 StGB, der die Gewaltdarstellung und Aufstachelung zum Rassenhass unter Strafe stellt, soll nicht schon wegen der Vielzahl auslegungsbedürftiger Tatbestandsmerkmale zu unbestimmt sein (BVerfGE 87, 209/225), das Tatbestandsmerkmal „in einer die Menschenwürde verletzenden Weise" soll dem Bestimmtheitsgebot genügen, soweit darunter Darstellungen von grausamen und unmenschlichen Gewalttätigkeiten verstanden werden, die darauf angelegt sind, beim Betrachter eine Einstellung zu erzeugen oder zu verstärken, die den jedem Menschen zukommenden fundamentalen Wert- und Achtungsanspruch leugnen (BVerfGE 87, 209/228 f); § 170 b StGB, Verletzung der Unterhaltspflicht (BVerfGE 50, 142/164 f); § 180 a Abs.1 Nr.2 StGB, Förderung der Prostitutionsausübung durch Maßnahmen, die über das bloße Gewähren von Wohnung, Unterkunft oder Aufenthalt und die damit üblicherweise verbundenen Nebenleistungen hinausgehen (BVerfG-K, NJW 93, 1911); § 184 Abs.1 StGB, Verbreitung pornographischer Schriften (BVerfG-K, NJW 82, 1512); § 185 StGB, Beleidigung (BVerfGE 93, 266/291 f); § 220 a StGB, Völkermord (BVerfG-K, EuGRZ 01, 78 f); § 240 StGB, Nötigung durch Gewalt (BVerfGE 73, 206/237 ff; 76, 211/216; 92, 1/13 f; BGHSt 41, 231/240 f); § 241 Abs.1 StGB, Bedrohung (BVerfG-K, NJW 95, 2776); § 261 Abs.1, 5 StGB, leichtfertige Geldwäsche (BGHSt 43, 158/167 f); § 263 a StGB, unbefugte Verwendung von Daten (BGHSt 38, 120/121); § 327 Abs.2 Nr.1 StGB, Betreiben einer genehmigungspflichtigen Anlage ohne Genehmigung (BVerfGE 75, 329/343 ff); § 360 Abs.1 Nr.11 StGB a. F., grober Unfug (BVerfGE 26, 41/43), § 366 Nr.10 StGB a. F., Übertretung von Polizeiverordnungen, die zur Erhaltung der Sicherheit, Bequemlichkeit, Reinlichkeit und Ruhe auf den öffentlichen Wegen, Straßen, Plätzen oder Wasserstraßen erlassen wurden (BVerfGE 23, 265/269). – **Nicht** ausreichend bestimmt sind demgegenüber die Klausel der „guten Sitten" in § 226 a StGB (Rüping BK 69), die Strafandrohung jeder zulässigen Strafe (Rüping BK 70; a. A. BGHSt 13, 190/191) oder von Geldstrafen in unbestimmter Höhe (Rüping BK 73; a. A. BGHSt 3, 259/262).

Im **Nebenstrafrecht** sind ausreichend bestimmt: Arzneimittel- **50** begriff nach dem ArzneimittelG (BVerfG-K, NJW 00, 3417; BGHSt 43, 336/342 f); § 19 Abs.2 TransplantationsG (BVerfG-K, NJW 99, 3400); Gebot, die Jahresbilanz innerhalb der einem ordnungsgemäßen Geschäftsgang entsprechenden Zeit zu ziehen (BVerfGE 48, 48/57 ff); Gebot der Listenführung nach dem HeimarbeitsG (BVerfGE 41, 314/320 ff); Steuerhinterziehung (BVerfGE 37, 201/208 ff); Weisung, Arbeitsleistungen zu erbringen gem. § 10 Abs.1 S.3 Nr.4 JGG (BVerfGE 74, 102/126); Gefahr für die Sicherheit und Ordnung des öffentlichen Straßenverkehrs gem. § 21 StVG a. F. (BVerfGE 14, 245/253 f); § 370 Abs.1 Nr.1 AO, nach dem sich derjenige strafbar macht, der den Finanzbehörden über steuerlich erhebliche Tatsachen unrichtige oder unvollständige Angaben macht

und dadurch Steuern verkürzt (BVerfG-K, NJW 92, 35; vgl. auch
BGHSt 37, 266/272); außenwirtschaftliche Betätigung ohne die erforderliche Genehmigung gem. § 34 Abs.1 Nr.3 AWG (BVerfG-K,
NJW 93, 1910); Embargo-Verstöße gem. MilitärregierungsG Nr.53
(BVerfG-K, NJW 99, 3325); § 29 Abs.1 Nr.3 BtMG (BVerfG-K,
EuGRZ 97, 521). Die Vorschrift des § 26 Nr.2 VersammlG, die die
Durchführung einer unangemeldeten Versammlung unter Strafe
stellt, soll auch für sog. Eilversammlungen hinreichend bestimmt
sein, obwohl sie auf die Vorschrift des § 14 VersammlG verweist,
nach deren verfassungskonformer Auslegung Eilversammlungen anzumelden sind, „sobald die Möglichkeit dazu besteht" (BVerfGE 85,
69/72 ff, 75; a. A. BVerfGE *abwM* 85, 77 ff). – **Nicht** ausreichend
bestimmt waren dagegen Vorschriften des PersonenbeförderungsG
a. F. (BVerfGE 17, 306/314 f) und § 15 Abs.2 Buchstabe a FernmeldeanlagenG, wonach die Strafbarkeit sich erst aus Ermessensentscheidungen der Exekutive ergab (BVerfGE 78, 372/383 ff).

51 **Sonstiges.** Ausreichend bestimmt sind die Begriffe der Würdigkeit
und Gewissenhaftigkeit als Berufspflichten (BVerfGE 45, 346/352 f;
94, 372/394) und § 33 Abs.1 AWG, der für Zuwiderhandlungen
gegen die gem. §§ 2 Abs.1; 3 Abs.2, 3; 7 AWG durch Rechtsverordnung geregelten Beschränkungen des Außenwirtschaftsverkehrs
ein Bußgeld androht (BVerfG-K, NJW 92, 2624), nicht dagegen das
Verbot, sich „nach Art eines Land- oder Stadtstreichers herumzutrei-
ben" (VGH BW, NJW 84, 508). Fassbare Konturen soll auch der
Begriff der organisierten Kriminalität erhalten haben (BayVerfGH,
NVwZ-RR 98, 278).

52 **c) Verstoß gegen Rückwirkungsverbot: aa) Allgemeines.**
Das Rückwirkungsverbot ist ein Sonderfall des allgemeinen Rückwirkungsverbots (Rn.67 zu Art.20). Im Unterschied zu diesem
enthält Abs.2 ein absolutes Rückwirkungsverbot (vgl. BVerfGE 30,
367/385). Es verbietet dem Strafgesetzgeber die rückwirkende
Strafbegründung und Strafschärfung (BVerfGE 25, 269/285; 46,
88/192 f; 81, 132/135; BVerfG-K, NJW 93, 2167 f; 93, 2524) und
dem Strafrichter die rückwirkende Anwendung einer Strafnorm
(Hassemer AK – StGB 42 zu § 1). Es gilt auch bei der Ahndung von
Ordnungswidrigkeiten (BVerfG-K, NStZ 96, 193). Zulässig ist dagegen die Anwendung milderen Rechts als des zur Tatzeit geltenden
(BVerfGE 95, 96/137) und eines Gesetzes, das das zum Tatzeitpunkt
geltende Strafgesetz ersetzt, wenn altes und neues Gesetz den Un-
rechtsgehalt der Tat gleich bewerten (BVerfGE 46, 188/193; 81,
132/136). Desweiteren ist das Rückwirkungsverbot nicht schon

deshalb verletzt, weil die Tat in der Zeit zwischen ihrer Begehung und der Entscheidung vorübergehend nicht mit Strafe bedroht gewesen ist (BVerfGE 81, 132/135). Bei Dauerdelikten darf eine Strafschärfung aber nur die Teilakte erfassen, die nach der Rechtsänderung begangen wurden (BayObLG, NJW 96, 1422).

bb) Die **Änderung der Rechtsprechung** soll nicht unter das 53 Rückwirkungsverbot fallen (BayObLG, NJW 90, 2833 f; Rüping BK 63). Dies ist problematisch, wenn sich die Strafverfolgungsorgane für die Auslegung eines generalklauselartigen Tatbestandsmerkmals (oben Rn.48) an einer gefestigten höchstrichterlichen Rechtsprechung orientieren. Denn in diesen Fällen ist die strafrechtliche Reaktion erst auf Grund dieser „gesetzesergänzenden" (vgl. Schmidt-Aßmann MD 239) Rechtsprechung vorhersehbar und berechenbar. Wenn dem Bestimmtheitsgrundsatz gerade durch die Herausbildung einer gefestigten höchstrichterlichen Rechtsprechung Genüge getan wird (BVerfGE 26, 41/43; 37, 201/208; 48, 48/56; 73, 206/243; BVerfG-K, NJW 90, 3140), ist es nicht einzusehen, Änderungen dieser Rechtsprechung pauschal dem Anwendungsbereich der Vorschrift zu entziehen. Vielmehr sind Rechtsprechungsänderungen an Abs.2 zu messen, wenn sie (ohne Veränderung der Tatsachenbasis) das strafrechtliche Unwerturteil modifizieren (vgl. BVerfG-K, NJW 90, 3140; Degenhart SA 74 f; Kunig MüK 32 a; Schmidt-Aßmann MD 241). Hingegen ist Abs.2 nicht betroffen, wenn die höchstrichterliche Rechtsprechung wegen einer Veränderung der Tatsachenbasis zu einer anderen rechtlichen Bewertung bestimmter Sachverhalte gelangt (vgl. BVerfG-K, NJW 90, 3140; Schmidt-Aßmann MD 241; Schulze-Fielitz DR 46; krit. Degenhart SA 74 f). Die vom BGH vorgenommene Herabsetzung des Promille-Grenzwertes (BGHSt 37, 89/91 ff), bei dessen Erreichen stets Fahrunsicherheit iSd §§ 315 c Abs.1 Nr.1 a, 316 StGB angenommen wird, ist letzterem zuzuordnen und daher nicht an Abs.2 zu messen (BVerfG-K, NJW 90, 3140; 95, 126; a. A. Krahl, NJW 91, 808 f).

cc) Einigungsbedingte Fragen. Abs.2 erfasst nicht nur Straftat- 54 bestände ieS, sondern auch Rechtfertigungsgründe (oben Rn.42) und gebietet demgemäß, einen bei Begehung der Tat normierten Rechtfertigungsgrund auch dann noch anzuwenden, wenn dieser im Zeitpunkt des Strafverfahrens entfallen ist (BVerfGE 95, 96/132). Nach der 1982 erlassenen Vorschrift des § 27 DDR-GrenzG war der Schusswaffeneinsatz gegen Flüchtlinge gerechtfertigt. Ebenso stellte sich die allgemeine Befehlslage vor 1982 nach Rechtsverständnis und Staatspraxis der DDR als Rechtfertigungsgrund für

Tötungshandlungen an der Grenze dar (BGHSt 41, 101/103 f).
Dennoch bejaht der BGH die heutige Bestrafung der „**Mauerschützen**", weil die genannten Rechtfertigungsgründe wegen offensichtlichen, unerträglichen Verstoßes gegen elementare Gebote
der Gerechtigkeit und gegen völkerrechtlich geschützte Menschenrechte unwirksam seien. Die Erwartung, ein menschenrechtswid-
riger Rechtfertigungsgrund werde auch in Zukunft angewandt werden, sei durch Art.103 Abs.2 nicht geschützt (BGHSt 39, 1/14 ff;
39, 168/181, 183 f; 40, 241/250; 41, 101/111 f). Diese Rspr. hat das
BVerfG bestätigt: Der nach der DDR-Staatspraxis bestehende
Rechtfertigungsgrund soll als extremes staatliches Unrecht unbeachtlich sein, der strikte Vertrauensschutz des Art.103 Abs.2 hinter
das Gebot materieller Gerechtigkeit zurücktreten und damit das absolute Rückwirkungsverbot eine Einschränkung erfahren (BVerfGE
95, 96/133). Dadurch setzt sich das Gericht jedoch in Widerspruch
zu seiner eigenen Prämisse, wonach es gegen Abs.2 verstößt, wenn
„die Bewertung des Unrechtsgehalts der Tat nachträglich zum Nachteil des Täters geändert wird" (BVerfGE 95, 96/131). BVerfG und
BGH verkennen den Sinn des Art.103 Abs.2 (oben Rn.43), dessen
Rückwirkungsverbot eine Bestrafung nur zulässt, wenn sie im Tatzeitpunkt für den Bürger vorhersehbar und berechenbar war (vgl.
Dannecker/Stoffers, JZ 96, 492). Deshalb schützt die Vorschrift den
Betroffenen auch davor, dass die zum Tatzeitpunkt nach geltender
Staats- und Auslegungspraxis (vgl. oben Rn.53) verbürgte Straffrei-
heit nachträglich zu strafbarem Unrecht umgewertet wird. Von dem
Betroffenen kann nicht verlangt werden, dass er die Ungültigkeit
von Strafgesetzen wegen Unvereinbarkeit mit höherrangigen Normen, wie etwa den allen Völkern gemeinsamen Grundgedanken der
Gerechtigkeit und Menschlichkeit (vgl. BGHSt 39, 1/15), dem
Internationalen Pakt über bürgerliche und politische Rechte (vgl.
BGHSt 39, 1/18) oder der DDR-Verfassung (vgl. BGHSt 39,
1/23 f), erkennt. Daher kann der Rechtfertigungsgrund der Vorschrift des § 27 DDR-GrenzG nur in den Fällen außer Betracht
bleiben, in denen das Verhalten des Täters bereits durch diese Norm
nicht gedeckt war (sog. Exzesstaten; Schulze-Fielitz DR 49; vgl.
auch Schmidt-Aßmann MD 255).

54 a   Eine aus Sicht des Art.103 Abs.2 bedenkliche (weil nachträgliche)
sog. menschenrechtsfreundliche Auslegung des DDR-Rechts hat der
BGH auch in den Fällen zugrundegelegt, in denen es um Mitglieder
des Politbüros (BGHSt 45, 270/304 f) sowie um Vorwürfe der
Rechtsbeugung gegen DDR-Richter und Staatsanwälte ging (zusammenfassend BGHSt 41, 157/164); er ist damit im Ergebnis weit

seltener zur Strafbarkeit gelangt als bei den Mauerschützen. Entscheidend ist, ob eine – aus heutiger Sicht – durch Willkür gekennzeichnete schwere Menschenrechtsverletzung vorliegt (BVerfG-K, NJW 98, 2587, 2589; BGHSt 41, 247/253 ff; 41, 317/321). Die Verfolgung der **Spionagetätigkeit** von DDR-Agenten ist demgegenüber durchweg mit Art.103 Abs.2 vereinbar (BVerfGE 92, 277/323 f; Degenhart SA 76; a. A. Rittstieg, NJW 94, 912 f).

4. Rechtfertigung von Beeinträchtigungen (Schranken)

Da Abs.2 keine Eingriffsermächtigung enthält, könnten Be- **55** einträchtigungen allenfalls durch kollidierendes Verfassungsrecht (Vorb.45–49 vor Art.1) gerechtfertigt werden. Ein derartiger Versuch ist aber bisher weder im Schrifttum noch in der Rechtsprechung gemacht worden. Beeinträchtigungen des Schutzbereichs von Abs.2 führen stets zu seiner Verletzung.

C. Verbot mehrfacher Bestrafungen (Abs.3)

1. Bedeutung und Abgrenzung zu anderen Vorschriften

Abs.3 enthält ein grundrechtsgleiches Recht (Vorb.1 vor Art.1; **56** Rn.52, 72 zu Art.93; Schmidt-Aßmann MD 271; BVerfGE 56, 22/ 32: Prozessgrundrecht). Das Spannungsverhältnis zwischen Rechtssicherheit und materieller Gerechtigkeit (BVerfGE 65, 377/380) wird hier zugunsten der Rechtssicherheit aufgelöst (vgl. Schulze-Fielitz DR 13; Hill HbStR VI 1339; diff. Schmidt-Aßmann MD 259 ff): Der Einzelne wird davor bewahrt, sich nach einer rechtskräftigen strafgerichtlichen Entscheidung erneut verantworten zu müssen. Zum rechtsstaatlichen Verbot mehrfacher Bestrafung unten Rn.59.

2. Schutzbereich

a) Dieselbe Tat meint einen nach natürlicher Lebensauffassung **57** einheitlich zu bewertenden Lebensvorgang, auf den Anklage und Eröffnungsbeschluss hinweisen und innerhalb dessen der Angeklagte als Täter oder Teilnehmer einen Straftatbestand verwirklicht haben soll (BVerfGE 23, 191/202; 56, 22/28; BGHSt 43, 96/98 f; 43, 252/255 ff). Der Tatbegriff des Abs.3 knüpft damit zwar an den prozessualen Tatbegriff an (BVerfGE 45, 434/435; 56, 22/27 f;

BGHSt 32, 146/150; 38, 172/173); das bedeutet jedoch nicht, dass hiermit alle Verästelungen der Strafprozessrechtsdogmatik verfassungsrechtlich verbürgt sind (BVerfGE 56, 22/34; Kunig MüK 39; Schmidt-Aßmann MD 283; Rüping BK 57); Abs.3 garantiert vielmehr nur den Kerninhalt des „ne bis in idem"-Satzes (BVerfGE 56, 22/34 f). Der Tatbegriff des Abs.3 ist nicht identisch mit dem materiell-rechtlichen Tatbegriff der §§ 52, 53 StGB (BVerfGE 45, 434/435; 56, 22/29 f, 32 f, 34; BGHSt 35, 60/61): Tatmehrheit iSd § 53 StGB schließt Tateinheit iSd Abs.3 nicht aus (BVerfGE 45, 434/435); umgekehrt bilden Gesetzesverletzungen, die gem. § 52 StGB tateinheitlich begangen worden sind, nicht stets eine einheitliche Tat iSd Abs.3 (BVerfGE 56, 22/34).

58   **Im Einzelnen** ist Tateinheit angenommen worden, wenn die wiederholte Nichtbefolgung einer Einberufung zum Ersatzdienst auf eine einmal getroffene und seither fortwirkende Gewissensentscheidung zurückgeht (BVerfGE 23, 191/203 ff). Sie ist dagegen abgelehnt worden bei einer wiederholten Befehlsverweigerung eines Wehrdienstpflichtigen, wenn nicht angenommen werden kann, dass diese auf einer einmal getroffenen und seitdem fortwirkenden Gewissensentscheidung beruht, weil der Betroffene noch nicht als Kriegsdienstverweigerer anerkannt worden ist (BVerfGE 28, 264/279 f); bei der Mitgliedschaft in einer kriminellen Vereinigung und Mord (BVerfGE 56, 22/29, 33 ff) bzw. Beihilfe zum Mord (BVerfGE 45, 434/435 ff).

59   **b)** Mit den **allgemeinen Strafgesetzen** ist das Kern- und Nebenstrafrecht (BVerfGE 27, 180/185), nicht aber das Berufsstrafrecht (BVerfGE 66, 337/357), Dienststrafrecht (BVerfGE 21, 391/401; 43, 101/105), Disziplinarrecht (BVerfGE 27, 180/184 ff; 28, 264/276 f; 66, 337/357), Ordnungsstrafrecht (BVerfGE 21, 391/401; 43, 101/105) oder Polizeistrafrecht (BVerfGE 21, 391/401; 43, 101/105) gemeint. Ebenfalls nicht auf Grund allgemeiner Strafgesetze erlassen werden Maßnahmen der Verwaltung, wie etwa die Nichterteilung einer Fahrerlaubnis (BVerfGE 20, 365/372) oder der Entzug von Versorgungsbezügen (BVerfGE 22, 387/420). Es sprechen allerdings gute systematische Gründe (Rn.4 zu Art.74) dafür, auch das Ordnungswidrigkeitenrecht zu den allgemeinen Strafgesetzen zu rechnen (Kunig MüK 41; a. A. BVerfGE 43, 101/105). Grenzen mehrfacher Sanktionierung durch nicht unter Abs.3 fallende Mittel können sich aber aus dem Rechtsstaatsprinzip (Rn.98 f zu Art.20) ergeben (für Disziplinarmaßnahmen BVerfGE 21, 378/388; 27, 180/188; 28, 264/276 f).

3. Beeinträchtigung

a) Sperrwirkung rechtskräftiger Entscheidung. Sperrwir- **60**
kung entfaltet nicht nur das rechtskräftig verurteilende, sondern
über den Wortlaut hinaus auch das freisprechende Urteil (BVerfGE
12, 62/66; 65, 377/381; Schmidt-Aßmann MD 295; Rüping BK
61). Bei anderen gerichtlichen Entscheidungen kommt es darauf
an, inwieweit sie mit Rechtskraftwirkung einen Vorgang vollständig erfassen und abschließend entscheiden (BVerfGE 94, 351/364;
Rüping BK 61). Nur eingeschränkte Sperrwirkung kommt daher
Einstellungsbeschlüssen nach § 153 Abs.2 StPO (Rüping BK 65)
und § 153a Abs.2 StPO (Schmidt-Aßmann MD 296) sowie die
Eröffnung des Hauptverfahrens ablehnenden Beschlüssen gem.
§ 211 StPO (Schmidt-Aßmann MD 296) zu (Schulze-Fielitz DR
27).

Die **Rechtskraft des Strafbefehls** war früher umstritten. Die **61**
ständige Rechtsprechung der Strafgerichte hat wegen des summari-
schen Charakters des Strafbefehlsverfahrens nur eine eingeschränkte
Rechtskraft des Strafbefehls angenommen und eine erneute Verfolgung zugelassen, wenn sich nachträglich ein im Strafbefehl nicht
gewürdigter rechtlicher Gesichtspunkt ergeben hat, der eine erhöhte
Strafbarkeit begründete (BGHSt 3, 13 ff; 28, 69 ff). Das BVerfG
(BVerfGE 3, 248/252 ff) hat das zunächst mit Art.103 Abs.3 für
vereinbar gehalten. Später hat es nach Maßgabe des Art.3 Abs.1 diese
Rechtsprechung erheblich eingeschränkt und festgestellt, dass die
Rechtskraft des Strafbefehls einer erneuten Verfolgung entgegen-
stehe, wenn ein Umstand, der die Bestrafung des Täters wegen eines
schwereren Vergehens begründen würde, erst nach rechtskräftiger
Erledigung des Strafbefehlsverfahrens eingetreten sei (BVerfGE 65,
377/382 ff). Nunmehr ist die Wiederaufnahme des Verfahrens für
Strafbefehle in § 373a StPO entsprechend § 153a Abs.2 StPO geregelt und nur noch zulässig, wenn neue Umstände die Verurteilung
wegen eines Verbrechens begründen würden.

Nur die **Entscheidung eines deutschen Gerichts** führt nach **62**
Abs.3 zu einem Verbrauch der Strafklage (BVerfGE 12, 62/66; 75,
1/15). Eine Entscheidung durch ein ausländisches Gericht entfaltet
demgegenüber keine Sperrwirkung (BGHSt 24, 54/57; BGH, StV
86, 292; 88, 19; anders für Gerichte der Mitgliedstaaten der EU
Schulze-Fielitz DR 28). Keine ausländischen Gerichte sind DDR-
Gerichte (vgl. Art.18 Abs.1 EVertr; Degenhart SA 87; Schulze-Fielitz DR 28) und der EuGH (BGHSt 24, 54/57). Auch Entscheidungen der Staatsanwaltschaft, insb. die „Zusage", eine bestimmte Tat

nicht zu verfolgen, führen nicht zu einem Strafklageverbrauch (BGHSt 28, 119/121; 29, 288/292; 37, 10/11 f).

63   **b) Verbot erneuter Strafverfolgung.** Ein rechtskräftiger Verfahrensabschluss führt zu einem umfassenden, jeden rechtlichen Gesichtspunkt einschließenden Verbrauch der Strafklage. Er verbietet nicht nur eine mehrfache Verurteilung oder eine Verurteilung nach einem Freispruch, sondern steht bereits der Einleitung eines erneuten Verfahrens entgegen (BGHSt 35, 60/61; 38, 54/57; 44, 1/3; Schmidt-Aßmann MD 301; Rüping BK 25). Abs.3 bildet daher ein Verfahrenshindernis (BVerfGE 56, 22/32; BGHSt 20, 292/293; 38, 37/43; BayVerfGHE 11, 11/13 f; Kunig MüK 35; Rüping BK 72), das im Rechtsmittelverfahren von Amts wegen zu beachten ist (BGHSt 20, 292/293; 38, 37/43). Eine rechtskräftige Entscheidung schließt die Strafklage auch dann aus, wenn erschwerende Folgen der Tat erst nach Rechtskraft eintreten, so dass eine „Ergänzungsklage" ausgeschlossen ist (BVerfGE 65, 377/381). Erst recht verbietet Abs.3, in einem weiteren Strafverfahren strafprozessuale Zwangsmaßnahmen, wie etwa den Erlass eines Haftbefehls (BGHSt 38, 54/57 f), zu verhängen oder gar aus einer wiederholten Sachentscheidung zu vollstrecken (Rüping BK 25).

64   **c) Keine mehrmalige Bestrafung** stellt es dar, wenn in einem Strafverfahren mehrere Sanktionen verhängt werden, insb. ist zulässig, neben einer Strafe Maßregeln zur Besserung und Sicherung anzuordnen (vgl. BVerfGE 55, 28/30 für die Führungsaufsicht gem. § 68 f StGB; BVerfG-K, NJW 89, 2529 für die Verhängung von Jugendarrest wegen Verstoßes gegen eine Bewährungsauflage gem. §§ 23 Abs.1 S.4, 11 Abs.3 S.1 JGG). Auch ist es zulässig, gleichzeitig eine Vertragsstrafe und die Verhängung von Ordnungsmitteln zu verlangen (BGHZ 138, 67/70). Von Abs.3 nicht erfasst werden außerdem die Wiederaufnahme und Kassation von Entscheidungen zugunsten des Verurteilten (Schmidt-Aßmann MD 302).

65   **d) Keine Beeinträchtigung,** sondern „immanente Schranke" des Abs.3 soll der bei Inkrafttreten des GG geltende Stand des Prozessrechts und seine Auslegung durch die herrschende Rechtsprechung sein (BVerfGE 3, 248/252 f; 9, 89/96; vgl. auch Schmidt-Aßmann MD 268). Dies gilt aber nur für den Kerngehalt des Abs.3; Grenzkorrekturen sind dadurch nicht ausgeschlossen (BVerfGE 56, 22/34 f). Die Wiederaufnahme zuungunsten des Angeklagten kann als Beeinträchtigung des Schutzbereichs verstanden werden (Schmidt-Aßmann MD 270; Pieroth/Schlink 1114).

4. Rechtfertigung von Beeinträchtigungen (Schranken)

Abs.3 enthält keinen Gesetzesvorbehalt; Schranken können sich **66** daher nur aus kollidierendem Verfassungsrecht (Vorb.45–49 vor Art.1) ergeben. Abs.3 verlangt dabei eine genaue Normierung der Voraussetzungen, unter denen die Strafklage ausnahmsweise nicht verbraucht sein soll (vgl. Schmidt-Aßmann MD 270; Rüping BK 22). Inhaltlich kann die Rechtfertigung nur darauf gestützt werden, dass durch die Aufrechterhaltung der Rechtskraft die materielle Gerechtigkeit unerträglich beeinträchtigt würde (Schmidt-Aßmann MD 270; Schulze-Fielitz DR 35; Pieroth/Schlink 1114). Der die Wiederaufnahme regelnde § 362 StPO entspricht diesen Anforderungen (Schmidt-Aßmann MD 270; Kunig MüK 47).

Art. 104 [Formelle Voraussetzungen bei Freiheitsbeschränkungen]

(1) **Die Freiheit der Person[2] kann nur auf Grund eines förmlichen Gesetzes[3f] und nur unter Beachtung der darin vorgeschriebenen Formen[5] beschränkt werden. Festgehaltene Personen dürfen weder seelisch noch körperlich mißhandelt werden[7f].**

(2) **Über die Zulässigkeit und Fortdauer einer Freiheitsentziehung[10ff] hat nur der Richter zu entscheiden[13ff]. Bei jeder nicht auf richterlicher Anordnung beruhenden Freiheitsentziehung ist unverzüglich eine richterliche Entscheidung herbeizuführen[17]. Die Polizei darf aus eigener Machtvollkommenheit niemanden länger als bis zum Ende des Tages nach dem Ergreifen in eigenem Gewahrsam halten[23f]. Das Nähere ist gesetzlich zu regeln[17].**

(3) **Jeder wegen des Verdachtes einer strafbaren Handlung vorläufig Festgenommene ist spätestens am Tage nach der Festnahme dem Richter vorzuführen, der ihm die Gründe der Festnahme mitzuteilen, ihn zu vernehmen und ihm Gelegenheit zu Einwendungen zu geben hat[22]. Der Richter hat unverzüglich entweder einen mit Gründen versehenen schriftlichen Haftbefehl zu erlassen oder die Freilassung anzuordnen[21].**

(4) **Von jeder richterlichen Entscheidung über die Anordnung oder Fortdauer einer Freiheitsentziehung ist unverzüglich ein Angehöriger des Festgehaltenen oder eine Person seines Vertrauens zu benachrichtigen[16, 19].**

Übersicht

Literatur: *Denninger,* Normbestimmtheit und Verhältnismäßigkeitsgrundsatz im Sächsischen Polizeigesetz, 1995; *Gusy,* Freiheitsentziehung und GG, NJW 1992, 457; *Knösel,* Die Abschiebung im Lichte des Verfassungsrechts, ZAR 1990, 75; *Pentz,* Verfahrensfehler bei der Freiheitsentziehung, NJW 1990, 2777; *Blankenagel,* Verlängerung des polizeilichen Unterbindungsgewahrsams in Bayern, DÖV 1989, 689; *Hantel,* Der Begriff der Freiheitsentziehung in Art.104 Abs.2 GG, 1988; *Bernsmann,* Maßregelvollzug und GG, in: Straftäter in der Psychiatrie, 1984, 142; *Lisken,* Richtervorbehalt bei Freiheitsentzug, NJW 1982, 1268; *Neumann,* Freiheitssicherung und Fürsorge im Unterbringungsrecht, NJW 1982, 2588. – S. außerdem die Literatur B II zu Art.2.

I. Anforderungen an Freiheitsbeschränkungen

1. Grundlagen und Anwendungsbereich des Art.104

1   **a) Bedeutung, Systematik, Abgrenzung.** Art.104 enthält als grundrechtsgleiches Recht (Degenhart SA 3; vgl. Vorb.1 vor Art.1

und Rn.52, 72 zu Art.93) Anforderungen an Freiheitsbeschränkungen (zum Begriff unten Rn.2) und in Abs.2–4 zusätzliche Anforderungen an den Unterfall der Freiheitsentziehung (zum Begriff unten Rn.10); die Anforderungen des Abs.1 gelten daher auch im Bereich der Freiheitsentziehungen (Degenhart SA 4). Art.104 verstärkt den Schutz von Freiheitsbeschränkungen durch das Grundrecht des Art.2 Abs.2 S.2 in verfahrensrechtlicher Hinsicht (Schulze-Fielitz DR 13; vgl. Rn.82 zu Art.2). Dabei geht es durchweg um die Entscheidung über das Ob der Freiheitsbeschränkung (Schulze-Fielitz DR 13); lediglich das Misshandlungsverbot des Abs.1 S.2 geht darüber hinaus (unten Rn.7). Grundrechtsdogmatisch kann man Art.104 als Schranken-Schranke einstufen (Schulze-Fielitz DR 15). Zum Verhältnis zu Art.103 Abs.1 unten Rn.15, zu Art.103 Abs.2 unten Rn.4.

b) Freiheitsbeschränkungen sind alle Eingriffe in die körper- **2** liche Bewegungsfreiheit. Der Schutzbereich des Abs.1 ist der gleiche wie der des Art.2 Abs.2 S.2 (Schulze-Fielitz DR 21; Degenhart SA 4). Auf die dort zum Schutzbereich gemachten Ausführungen (Rn.84 f zu Art.2) wird daher verwiesen. Gleiches gilt für die Frage, wann ein Eingriff vorliegt (dazu Rn.86–88 zu Art.2). Zur Bedeutung für Privatpersonen unten Rn.25. Ein Auslieferungsersuchen fällt nicht unter Art.104 (BVerfGE 57, 1/23 f).

2. Voraussetzungen für Freiheitsbeschränkungen (Abs.1)

a) Formelle Voraussetzungen. Freiheitsbeschränkungen, also **3** Eingriffe in die körperliche Bewegungsfreiheit (oben Rn.2) dürfen nur **auf der Grundlage eines förmlichen Gesetzes** erfolgen (BVerfGE 78, 374/383; Rüping BK 27 f), wobei ein Bundes- oder Landesgesetz in Betracht kommt (Schulze-Fielitz DR 25). Ein analog angewandtes Gesetz ist ebenso wenig wie Gewohnheitsrecht eine ausreichende Grundlage (BVerfGE 29, 183/195 f; 83, 24/32; Schulze-Fielitz DR 30; Grabitz HbStR VI 120). Eine Spezifizierung der Eingriffsvoraussetzungen durch Rechtsverordnung wird als zulässig angesehen, sofern der Gesetzgeber die Grundzüge regelt (BVerfGE 14, 174/187; 51, 60/70 f; 75, 329/342 f; 78, 374/383); die (im GG seltene) Nennung des förmlichen Gesetzes verlangt jedoch eine so präzise Festlegung durch förmliches Gesetz, dass darauf ein Verwaltungsakt gestützt werden kann (Schulze-Fielitz DR 26; vgl. Kunig MüK 9).

Das Gesetz muss die materiellen Voraussetzungen der Freiheits- **4** beschränkung mit hinreichender Deutlichkeit **(Bestimmtheit)** regeln. Insb. Freiheitsentziehungen (zum Begriff unten Rn.10–12)

sind davon betroffen (BVerfGE 75, 329/342; unten Rn.13). Damit
dürften die häufig parallel zum Tragen kommenden Anforderungen
des Art.103 Abs.2 (Rn.48–51 zu Art.103) ebenfalls gewahrt sein
(Degenhart SA 9). Unzureichend bestimmt ist eine Freiheitsentziehung, die an einen Verwaltungsakt anknüpft, dessen Voraussetzungen nicht genügend bestimmt sind (BVerfGE 78, 374/387 f). Je
gewichtiger der Eingriff ist, umso genauer muss die Ermächtigung
ausfallen (Schulze-Fielitz DR 27; unten Rn.13; a. A. Kunig MüK
9). Ob die Regelungen für den sog. polizeilichen Unterbindungs-
gewahrsam dem gerecht werden, ist zweifelhaft (Degenhart SA 12;
Schulze-Fielitz DR 29). Da Art.104 nur gemeinsam mit Art.2 Abs.2
S.2 zum Tragen kommen kann (vgl. oben Rn.1), gilt für Einschränkungen das **Zitiergebot** (Kunig MüK 10), unabhängig davon, ob
man Art.19 Abs.1 auch auf grundrechtsgleiche Rechte erstreckt
oder nicht (dazu Rn.4 zu Art.19).

5   Die Freiheitsbeschränkung muss gem. Abs.1 S.1 die **im** ermächti-
genden **Gesetz vorgeschriebenen Formen,** d. h. Verfahrens-
regelungen beachten, etwa Antragserfordernisse, Zuständigkeiten,
Fristen und insb. die vorherige Anhörung des Betroffenen (Schulze-
Fielitz DR 31). Anderenfalls ist (auch) Art.104 Abs.1 verletzt
(BVerfGE 58, 208/220; 65, 317/321 f). Inhalt und Reichweite der
Vorschriften sind „so auszulegen, dass sie eine der Bedeutung des
Grundrechts angemessene Wirkung entfalten" (BVerfGE 96, 68/97).
Ein Verstoß führt zur Verfassungswidrigkeit (Schulze-Fielitz DR
32). Eine rückwirkende Heilung eines Verfahrensmangels ist aus-
geschlossen (BVerfG-K, NJW 90, 2310). Soweit die Freiheits-
beschränkung in einer **Freiheitsentziehung** (unten Rn.10–12) be-
steht, sind weitere formelle Voraussetzungen zu beachten (unten
Rn.13–24).

6   **b) Materielle   Voraussetzungen;   Misshandlungsverbot.**
aa) Die **materiellen Voraussetzungen** der Beschränkung der körperlichen Bewegungsfreiheit ergeben sich aus Art.2 Abs.2 (Schulze-
Fielitz DR 25; anders Degenhart SA 17), weshalb auf die dort
gemachten Ausführungen (Rn.92 zu Art.2) verwiesen wird. Art.104
enthält dazu, von Abs.1 S.2 abgesehen (unten Rn.7 f), keine Aussage
(Rüping BK 35).

7   **bb)** Zusätzliche Anforderungen zur Art und Weise der Freiheitsbeschränkung (nicht zu deren Ob) enthält Abs.1 S.2 **(Misshandlungsverbot).** Diese Vorschrift betrifft Beeinträchtigungen, die mit
Beschränkungen der körperlichen Bewegungsfreiheit, v. a. mit Freiheitsentziehungen, verbunden sein können und die zunächst dem

Regime der dafür einschlägigen Grundrechte (etwa allgemeines Persönlichkeitsrecht, körperliche Unversehrtheit, Meinungs- und Informationsfreiheit etc.) unterliegen (BVerfGE 33, 1/10; 49, 24/54 f; Kunig MüK 7; Rn.83 zu Art.2). Der Schutz vor Misshandlung ist also in Gefängnissen etc. nicht geringer als außerhalb (Kunig MüK 14; ähnlich Grabitz, HbStR VI § 130 Rn.23). Abs.1 S.2 enthält darüber hinaus ein striktes, vorbehaltloses Verbot elementarer, durch nichts zu rechtfertigender Eingriffe (Schulze-Fielitz DR 14, 54; Degenhart SA 45; Rüping BK 37).

Eine *seelische* **Misshandlung** iSd Abs.1 S.2 besteht in einer ent- **8** würdigenden und entehrenden Behandlung, etwa in Maßnahmen, die die freie Willensbildung oder das Erinnerungsvermögen beeinträchtigen, sowie in schweren Beleidigungen (Kunig MüK 15; Schulze-Fielitz DR 54). Als *körperliche Misshandlung* wird ein übles, unangemessenes Behandeln angesehen, das entweder das körperliche Wohlbefinden oder die körperliche Unversehrtheit nicht unerheblich beeinträchtigt (Schulze-Fielitz DR 54; Kunig MüK 14). Misshandlung ist auf jeden Fall die Folter, also die bewusste Zufügung von Übeln zum Zwecke der Brechung des Willens der betreffenden Person (Schulze-Fielitz DR 55). Gleiches gilt für das absichtliche Zufügen von Schmerzen, um den Betroffenen zu demütigen (vgl. EGMR, EuGRZ 1979, 149 Rn.162 ff). Verboten ist ein „unmenschlicher Vollzug" (BVerfGE 2, 118/119). In einer Kontaktsperre liegt keine Misshandlung, solange sie drei Monate nicht überschreitet (BVerfGE 49, 24/64; vgl. auch Starck MKS 60 zu Art.1). Die Zwangsernährung dürfte keine Misshandlung darstellen (vgl. Schulze-Fielitz DR 56), ist aber an Art.2 Abs.1 iVm Art.1 Abs.1 und Art.2 Abs.2 zu messen (Degenhart SA 46; vgl. Rn.81 zu Art.2). Für Verletzungen, die während eines Polizeigewahrsams entstanden sind, hat der Staat nachzuweisen, dass sie nicht durch eine polizeiliche Misshandlung verursacht wurden (Schulze-Fielitz DR 53; vgl. EGMR, EuGRZ 96, 504).

II. Anforderungen an Freiheitsentziehungen (Abs.2–4)

1. Grundlagen und Anwendungsbereich

a) Systematik und Abgrenzung. Abs.2–4 enthalten spezifische **9** Anforderungen für Freiheitsentziehungen, die einen Unterfall der Freiheitsbeschränkung darstellen (Schulze-Fielitz DR 22). Näher zur Systematik des Art.104 und zur Abgrenzung zu anderen Verfassungsnormen oben Rn.1.

10 **b) Anordnung oder Verlängerung einer Freiheitsentziehung. aa)** Eine **Freiheitsentziehung** liegt vor, wenn die körperliche Bewegungsfreiheit auf einen *eng umgrenzten Raum* beschränkt
wird (BVerwGE 62, 325/327 f; BGHZ 82, 261/266 f; Azzola AK
21; Kunig MüK 19); die Voraussetzung ist auch bei einem Lager-
oder Gebäudekomplex erfüllt (Degenhart SA 5; Schulze-Fielitz DR
23). Die Bewegungsfreiheit muss in jeder Richtung aufgehoben sein
(BVerfGE 94, 166/198). Im Hinblick auf den Zweck des Art. 104
wird man zusätzlich eine gewisse *Mindestdauer* verlangen müssen
(vgl. Hantel, JuS 90, 870). Wird die körperliche Bewegungsfreiheit
nur kurzfristig aufgehoben, etwa einige Stunden, liegt eine bloße
Freiheitsbeschränkung (Rn. 87 zu Art. 2) und keine Freiheitsentziehung vor (Schulze-Fielitz DR 23). Dies gilt z. B. bei kurzfristigem
Festhalten zur Identitätsfeststellung (Schulze-Fielitz DR 24), der
Mitnahme zur Dienststelle (Sistierung), einer Vorführung oder der
(bloßen) Anwendung sonstigen unmittelbaren Zwangs (BGHZ 82,
261/263; BVerwGE 62, 325/328; 82, 243/245; Degenhart SA 6;
anders Rüping BK 56 f). Eine Freiheitsentziehung ist dagegen bei
einem Festhalten über eine mehr als kurzfristige Zeit gegeben, insb.
in allen Fällen der Haft und der Unterbringung in einer geschlossenen Anstalt (BVerfGE 58, 208/220 f; 70, 297/311 f; Grabitz HbStR
VI 126) oder des polizeilichen Gewahrsams (vgl. Abs. 2 S. 3). Aus
welchen Gründen die Freiheitsentziehung erfolgt, ist unerheblich
(Schulze-Fielitz DR 23). Erfasst wird daher auch die fürsorgerische
Unterbringung (BVerfGE 10, 302/322), die erzieherische Unterbringung sowie der Wehr- oder Disziplinararrest (BVerfGE 22,
311/317; BGHSt 34, 365/368).

11 Generell fehlt es an einer Freiheitsentziehung, wenn **nicht einmal ein Eingriff in Art. 2 Abs. 2 S. 2** vorliegt (dazu Rn. 87 zu
Art. 2). Dementsprechend ist die Unterbringung von Asylsuchenden
im Flughafen keine Freiheitsentziehung, da nur die Einreise verweigert wird (BVerfGE 94, 166/198; Schulze-Fielitz DR 24; Rn. 87 zu
Art. 2). Weiter schließt die *Zustimmung* des Betroffenen einen solchen Eingriff aus; die Einwilligung allein des gesetzlichen Vertreters
genügt allerdings nicht (vgl. Rn. 88 zu Art. 2).

12 **bb)** Abs. 2–4 kommen nicht nur bei der **erstmaligen Anordnung** der Freiheitsentziehung, sondern gem. Abs. 2 S. 1 („Fortdauer") auch zum Tragen, wenn eine bereits angeordnete Freiheitsentziehung über den ursprünglich festgelegten Termin hinaus **verlängert** wird (Schulze-Fielitz DR 34). Dies gilt selbst für die
Entscheidung, ob eine zusammen mit einer Freiheitsstrafe angeordnete Sicherungsverwahrung nach Verbüßen der Freiheitsstrafe noch

weiter erforderlich ist (BVerfGE *abwM* 42, 1/12; Kunig MüK 20; **a. A.** BVerfGE 42, 1/6 ff). Abs.2–4 kommen dagegen nicht bei einem *Arrest* im Rahmen der Freiheitsentziehung zum Tragen (BVerfGE 98, 169/198; BVerfG-K, NJW 94, 1339). Abs.2–4 gelten zudem nicht für Entscheidungen (allein) zur *Art und Weise* der Freiheitsentziehung (BVerfGE 2, 118/119; 64, 261/280; Grabitz HbStR VI 121); dazu oben Rn.6–8.

2. Freiheitsentziehung nach vorheriger richterlicher Anordnung

a) Richterliche Anordnung. Gem. Abs.2 S.1 kann eine Frei- **13** heitsentziehung vorgenommen werden, wenn ein **Richter** diese **vorher angeordnet** hat (zur Freiheitsentziehung ohne richterliche Anordnung unten Rn.17–25). Dies gilt nicht für die Form bzw. die Art und Weise des Vollzugs der Freiheitsentziehung (Schulze-Fielitz DR 34; oben Rn.1; vgl. BVerfGE 64, 261/280). Für die richterliche Anordnung sind zunächst die allg. Vorgaben des Abs.1 (oben Rn.3 f) zu beachten (vgl. oben Rn.1), insb. das Erfordernis einer hinreichend bestimmten gesetzlichen *Ermächtigung.* Die Voraussetzungen müssen dabei umso präziser festgelegt werden, je schwerer die angedrohte Strafe ist (BVerfGE 14, 245/251; 75, 329/342; oben Rn.4). Zur gesetzlichen Grundlage des gerichtlichen Verfahrens unten Rn.14. Richter ist der gesetzliche Richter iSd Art.101; er muss also hauptberuflich und planmäßig angestellt und nach dem Geschäftsverteilungsplan zuständig sein (BVerfGE 14, 156/162; Rüping BK 44; Schulze-Fielitz DR 35).

Auch das **Verfahren** der richterlichen Entscheidung bedarf ge- **14** setzlicher Grundlage (oben Rn.5), wobei, anders als für die Ermächtigung zur Freiheitsentziehung, eine analog angewandte Norm genügt (BVerfGE 83, 24/32; Schulze-Fielitz DR 36). Im Übrigen gelten allgemeine Regeln; insb. muss die Hinzuziehung eines Verteidigers ermöglicht werden (Schulze-Fielitz DR 38; Rn.96 zu Art.20). Das Rechtsschutzbedürfnis für eine Beschwerde entfällt nicht durch die Freilassung (BVerfG-K, NJW 98, 2432 f; 99, 3773; Schulze-Fielitz DR 38; vgl. BVerfGE 96, 27/41 f).

Zur Notwendigkeit sowie zur Art und Weise der **Anhörung des 15 Betroffenen** vor der richterlichen Entscheidung ergibt sich aus Art.103 Abs.1 (dazu Rn.22 zu Art.103): Der Betroffene muss die Möglichkeit haben, vorher Stellung zu nehmen; ist das faktisch ausgeschlossen, genügt ausnahmsweise die unverzügliche Nachholung (Degenhart SA 23; Schulze-Fielitz DR 37; jeweils unter

Berufung auf Art.104 Abs.2); vgl. unten Rn.20. Zudem ist häufig eine mündliche Anhörung durch einfaches Recht vorgegeben; darin liegt eine verfassungsrechtliche Pflicht (BVerfGE 83, 24/35 f; oben Rn.5), die zudem im Hinblick auf den besonderen Rang der Grundrechte des Art.2 Abs.2 S.2 und des Art.104 strikt anzuwenden ist (BVerfGE 58, 208/223; 65, 317/322 f; 66, 191/197). Ein Verstoß gegen die Anhörungspflicht kann nicht rückwirkend geheilt werden (BVerfGE 58, 208/222 f; 61, 123/125). Für die Begründung gelten die Ausführungen unten Rn.19 (vgl. Rüping BK 46).

16   **b) Benachrichtigung.** Gem. Abs.4 ist für jede richterliche Entscheidung auf Anordnung oder Fortdauer der Freiheitsentziehung eine Benachrichtigung eines Angehörigen oder einer Vertrauensperson erforderlich, und zwar – vorbehaltlich gewichtiger Ausnahmegründe – nach Wahl des Festgehaltenen (Schulze-Fielitz DR 51; Hantel, JuS 90, 871; einschr. Grabitz HbStR VI 124; Kunig MüK 38). Eine Gefährdung des mit der Festnahme verfolgten Zwecks rechtfertigt keine Ausnahme von der Benachrichtigung (Kunig MüK 38; Schulze-Fielitz DR 50; Grabitz HbStR VI 123). Als Vertrauensperson kommt insb. der Wahlverteidiger in Betracht (BVerfGE 16, 119/124). Bei Kindern und Jugendlichen sind wegen Art.6 Abs.2 die Eltern zu benachrichtigen (Schulze-Fielitz DR 52; Degenhart SA 29). Abs.4 enthält ein subjektives Recht des Festgenommenen (BVerfGE 16, 119/122), nicht des zu Benachrichtigenden (BVerwG, DVBl 84, 1080; Kunig MüK 36). Verzichtet der Festgenommene auf die Benachrichtigung, hat der Richter die Verzichtsgründe zu prüfen und mit dem öffentlichen Interesse an der Benachrichtigung abzuwägen (Schulze-Fielitz DR 51; Rüping BK 83; s. auch Vorb.36 vor Art.1; str.). Im Übrigen ist ein Verzicht restriktiv zu deuten (vgl. BVerfGE 16, 119/123 f). Die gerichtliche Zurückweisung einer Haftbeschwerde ist eine Entscheidung über die Fortdauer (vgl. oben Rn.12) und führt daher zur Benachrichtigungspflicht (BVerfGE 16, 119/123; 38, 32/34; Kunig MüK 36). Die Benachrichtigung muss unverzüglich erfolgen. Für die Unverzüglichkeit gelten die diesbezüglichen Ausführungen unten in Rn.21, insbesondere kommt es nicht auf ein Verschulden an (Kunig MüK 37).

3. Freiheitsentziehung ohne vorherige richterliche Anordnung

17   **a) Grundlage.** Abs.2 S.1 macht deutlich, dass Freiheitsentziehungen **ohne vorherige richterliche Entscheidung** nur ausnahmsweise möglich sind (Degenhart SA 31; Schulze-Fielitz DR 33; Rüping BK 63; unten Rn.18). Allgemeine Vorgaben für solche Freiheitsentziehungen finden sich in Abs.2 S.2, 4. Sonderregelungen enthält Abs.3 für die Strafverfolgung und Abs.2 S.3 für sonstige Festnahmen durch die Polizei; die Abweichungen der Sonderregelungen sind eher marginal (Schulze-Fielitz DR 39; vgl. unten Rn.19, 23). Wie Abs.2 S.2 und Abs.3 zu entnehmen ist, hat die Festnahme durch die Exekutive *vorläufigen Charakter* (Schulze-Fielitz DR 41). Durch die Ermächtigung zu *näherer Regelung* in Abs.2 S.4 können die Vorgaben des Abs.2 nicht eingeschränkt werden (vgl. Vorb.41 vor Art.1); auch wird damit keine ausschließliche Bundeskompetenz begründet.

b) Anforderungen an Freiheitsentziehung. Eine Festnahme **18** ohne vorherige richterliche Anordnung setzt zunächst in **formeller** Hinsicht gem. Abs.1 eine hinreichend bestimmte gesetzliche Ermächtigung voraus (Schulze-Fielitz DR 40; oben Rn.3 f). Weiter sind die einfachgesetzlichen Verfahrensanforderungen einzuhalten (oben Rn.5). **Materiell** ist eine Festnahme ohne vorherige richterliche Entscheidung nach der Grundregel des Abs.2 S.1 nur zulässig, wenn der mit der Freiheitsentziehung verfolgte verfassungsrechtlich zulässige Zweck anders nicht erreicht werden kann (BVerfGE 22, 311/317 f; Schulze-Fielitz DR 41; Hill HbStR VI 1344); Degenhart SA 21), wenn sie idS *erforderlich* ist. Im Übrigen sind die materiellen Vorgaben des Art.2 Abs.2 S.2 zu beachten (dazu Rn.91 f zu Art.2) sowie das Misshandlungsverbot des Abs.1 S.2 (oben Rn.7 f).

c) Unverzügliche richterliche Entscheidung. aa) Nach der **19** Festnahme ist der **Richter** einzuschalten, der über die Festnahme **entscheidet**; zur Unverzüglichkeit etc. unten Rn.21: Dies ergibt sich für die Strafverfolgung aus Abs.3, im Übrigen aus Abs.2 S.2. Der Richter muss der gesetzliche Richter iSd Art.101 Abs.1 sein (vgl. oben Rn.13). Er darf sich nicht auf eine Plausibilitätsprüfung der Exekutiventscheidung beschränken und muss selbst die Tatsachen feststellen (BVerfGE 83, 24/33 f; Schulze-Fielitz DR 40; Degenhart SA 19). Die Entscheidung ist einzelfallbezogen *schriftlich* zu *begründen* (Schulze-Fielitz DR 46); formularmäßige Begründungen genügen regelmäßig nicht (Degenhart SA 42; Kunig MüK 21). Im Übrigen gelten zum Verfahren und zum Rechtsschutz die Ausführungen oben in Rn.14; zur Anhörung oben Rn.15. Schließlich ist bei der Anordnung einer Freiheitsentziehung oder der Entscheidung über ihre Fortdauer (nicht bei Ablehnung) die **Benachrichti-**

gungspflicht des Abs.4 (oben Rn.16) zu beachten (Schulze-Fielitz DR 50).

20 Der richterlichen Entscheidung muss immer eine persönliche bzw. **mündliche Anhörung** vorausgehen, da „dem Richter vorführen" iSd Abs.3 S.1 eine persönliche Gegenüberstellung meint (BVerfGE 58, 208/221); nur bei bettlägerigen Gefangenen wird man davon eine Ausnahme machen können (Grabitz HbStR VI 123; Kunig MüK 29). Gleiches gilt in den sonstigen Fällen der Freiheitsentziehung (Schulze-Fielitz DR 43). Eine Heilung durch eine Anhörung nach der Entscheidung ist ausgeschlossen (Schulze-Fielitz DR 44; vgl. oben Rn.15). Im Rahmen der Anhörung sind dem Betroffenen die Gründe der Festnahme mitzuteilen (Schulze-Fielitz DR 44; vgl. die ausdrückliche Regelung in Abs.3 S.1); weiter ist ihm Gelegenheit zu Einwendungen zu geben. Der Betroffene kann auf die Anhörung nicht verzichten, es sei denn, er wird gleichzeitig freigelassen (Schulze-Fielitz DR 47; Rüping BK 70; Degenhart SA 36).

21 Der zuständige Richter muss gem. Abs.2 S.2 **unverzüglich** eingeschaltet werden (Schulze-Fielitz DR 42). Dieser hat dann unverzüglich eine Entscheidung zu treffen (Schulze-Fielitz DR 45; vgl. Abs.3 S.2). Unverzüglich heißt nicht „ohne schuldhaftes Zögern". Vielmehr muss die Verzögerung sachlich zwingend geboten sein (BVerwGE 45, 51/63); entscheidend ist ein objektiver Maßstab (Rüping BK 65; Degenhart SA 33). Zudem ist zu beachten, dass es sich um einen schweren Grundrechtseingriff handelt und die Freiheitsentziehung ohne vorherige richterliche Entscheidung verfassungsrechtlich die Ausnahme bildet (oben Rn.17 f). Für das Einschalten des Richters soll tagsüber eine Zeit von 2–3 Stunden ausreichend sein (OVG NW, NJW 80, 139; Degenhart SA 33). Die Entscheidung des Richters hat regelmäßig am Tag der Anhörung zu ergehen (Schulze-Fielitz DR 45). Jedenfalls an Sonn- und Feiertagen muss ein Bereitschaftsdienst bestehen (Schulze-Fielitz DR 57; Rüping BK 69).

22 **bb)** Kumulativ zur Vorgabe der Unverzüglichkeit kommen **zeitliche Höchstgrenzen:** Erfolgt die Freiheitsentziehung zu Zwecken der **Strafverfolgung,** muss die Anhörung vor dem Richter gem. Abs.3 S.1 spätestens am Tage nach der Festnahme erfolgen; die bloße Einlieferung ins Gerichtsgebäude genügt nicht (Rüping BK 75). Ob der folgende Tag ein Sonn- oder Feiertag ist, spielt keine Rolle (Schulze-Fielitz DR 49). Durch den Wechsel der Rechtsgrundlage verlängert sich der Zeitrahmen nicht (BGHSt 34, 365/368 f). Die Vorgabe hat Vorrang vor der des Abs.2 S.3 (Kunig MüK 29; Degen-

hart SA 34). Die Verpflichtung zur Unverzüglichkeit (oben Rn.21) gilt zusätzlich (Rüping BK 73).

Erfolgt die Festnahme durch die **Polizei** (zu anderen Zwecken als   **23** der Strafverfolgung) muss die richterliche Entscheidung gem. Abs.2 S.3 spätestens bis zum Ende (Mitternacht) des auf die Festnahme folgenden Tages erfolgt sein (Schulze-Fielitz DR 49), sei es auch ein Sonn- oder Feiertag (Schulze-Fielitz DR 42). Umstritten ist, ob unter Polizei nur die Vollzugspolizei (so Degenhart SA 34) oder alle Ordnungsbehörden (so Kunig MüK 24; Grabitz HbStR VI § 130 Rn.26; Rüping BK 67) zu verstehen sind; für die nicht erfassten Behörden gilt keine strikte zeitliche Obergrenze. Der Zweck der Regelung des Abs.2 S.3 spricht für eine (zumindest) entsprechende Anwendung auf alle exekutiven Fälle der Freiheitsentziehung außerhalb des Abs.3, nicht aber auf von Privaten vorgenommene Freiheitsentziehungen (unten Rn.25). Die Pflicht zur Unverzüglichkeit nach Abs.2 S.2 (oben Rn.21) gilt zusätzlich (Rüping BK 68).

cc) Werden die **Fristen** des Abs.3 S.1 oder des Abs.2 S.3 **nicht**   **24** **gewahrt,** ist der Betroffene sofort freizulassen (Degenhart SA 37; Kunig MüK 27; Schulze-Fielitz DR 49); andernfalls liegt eine Freiheitsberaubung im Amt vor. Gleiches gilt, wenn bereits feststeht, dass die richterliche Entscheidung nicht mehr rechtzeitig ergehen kann, auch weil z. B. die Entscheidung nicht unverzüglich beantragt wurde (Kunig MüK 27; Schulze-Fielitz DR 49).

4. Freiheitsentziehung durch Privatpersonen

Art.104 gilt nicht unmittelbar für Freiheitsentziehungen durch   **25** Private. Ermächtigt oder gestattet der Staat Freiheitsentziehungen durch Privatpersonen, kommen Abs.2–4 ebenfalls zur Anwendung, unabhängig davon, ob die fragliche Norm öffentlich-rechtlicher oder privatrechtlicher Natur ist (Schulze-Fielitz DR 58), jedenfalls im Wege der Ausstrahlungswirkung. Die zwangsweise Unterbringung einer Person in einer geschlossenen Anstalt durch Vormund, Pfleger oder Betreuer bedarf daher einer unverzüglichen richterlichen Anordnung (BVerfGE 10, 302/327 ff; 74, 236/242; Schulze-Fielitz DR 59). Dies dürfte auch für eine Unterbringung durch die Eltern gelten (Degenhart SA 8; Grabitz HbStR § 130 Rn.33; a. A. Kunig MüK 4). Die Höchstfristen des Abs.2 S.3 bzw. des Abs.3 S.1 gelten hier nicht (Schulze-Fielitz DR 62).

X. Das Finanzwesen

Art. 104 a [Ausgaben- und Finanzhilfekompetenzverteilung zwischen Bund und Ländern]

(1) Der Bund und die Länder tragen gesondert die Ausgaben, die sich aus der Wahrnehmung ihrer Aufgaben ergeben, soweit dieses Grundgesetz nichts anderes bestimmt[2f].

(2) Handeln die Länder im Auftrage des Bundes, trägt der Bund die sich daraus ergebenden Ausgaben[4].

(3) Bundesgesetze, die Geldleistungen[5] gewähren[6] und von den Ländern ausgeführt werden, können bestimmen, daß die Geldleistungen ganz oder zum Teil vom Bund getragen werden[7]. Bestimmt das Gesetz, daß der Bund die Hälfte der Ausgaben oder mehr trägt, wird es im Auftrage des Bundes durchgeführt[7]. Bestimmt das Gesetz, daß die Länder ein Viertel der Ausgaben oder mehr tragen, so bedarf es der Zustimmung des Bundesrates[7].

(4) Der Bund kann den Ländern Finanzhilfen für besonders bedeutsame Investitionen der Länder und Gemeinden (Gemeindeverbände) gewähren[8], die zur Abwehr einer Störung des gesamtwirtschaftlichen Gleichgewichts oder zum Ausgleich unterschiedlicher Wirtschaftskraft im Bundesgebiet oder zur Förderung des wirtschaftlichen Wachstums erforderlich sind[9]. Das Nähere, insbesondere die Arten der zu fördernden Investitionen, wird durch Bundesgesetz, das der Zustimmung des Bundesrates bedarf, oder auf Grund des Bundeshaushaltsgesetzes durch Verwaltungsvereinbarung geregelt[10].

(5) Der Bund und die Länder tragen die bei ihren Behörden entstehenden Verwaltungsausgaben[12] und haften im Verhältnis zueinander für eine ordnungsmäßige Verwaltung[13]. Das Nähere bestimmt ein Bundesgesetz, das der Zustimmung des Bundesrates bedarf[12f].

Übersicht

Literatur: *Waiblinger,* Die „Aufgabe" im Finanzverfassungsrecht des GG, 2000; *Nopper,* Bund-Länder-Haftung beim fehlerhaften Verwaltungsvollzug von Gemeinschaftsrecht durch die deutschen Länder, 1998; *Stelkens,* Verwaltungshaftungsrecht, 1998; *Trapp,* Das Veranlassungsprinzip in der Finanzverfassung der Bundesrepublik Deutschland, 1997; *F. Kirchhof,* Die Verwaltungshaftung zwischen Bund und Ländern, NVwZ 1994, 105; *Selmer,* Zur verfassungsrechtlichen Zulässigkeit von Zwischenländerfinanzhilfen, FS Thieme, 1993, 353; *Eckertz,* Der gesamtdeutsche Finanzausgleich im System des geltenden Verfassungsrechts, DÖV 1993, 281; *Selmer/Kirchhof,* Grundsätze der Finanzverfassung im vereinten Deutschland, VVDStRL 1993, 10, 71; *Prokisch,* Die Justitiabilität der Finanzverfassung, 1993; *Wieland,* Einen und Teilen – Grundsätze der Finanzverfassung des vereinten Deutschlands, DVBl 1992, 1181; *v. Arnim,* Finanzzuständigkeit, HbStR IV, 1990, 987; *F. Klein,* Die Ausgabenabgrenzung zwischen Bund und Ländern nach Art.104 a GG, FS Geiger, 1989, 501; *Erichsen,* Zur Haftung im Bund-Länder-Verhältnis, 1986; *Carl,* Finanzierungskompetenz und Finanzverantwortung des Bundes auf dem Gebiet der sektoralen Wirtschaftsförderung, DÖV 1986, 581; *W. Jakob,* Forschungsfinanzierung durch den Bund, Staat 1985, 527.

1. Bedeutung der Art.104 a–109

Art.104 a–109 in der Fassung von 1969 (Einl.3 Nr.21) enthalten **1** die sog. bundesstaatliche Finanzverfassung des GG (näher Vogel HbStR IV 3). Als „Eckpfeiler" oder „tragender Pfeiler der bundesstaatlichen Ordnung" sollen sie den Gesamtstaat und die Gliedstaaten am Ertrag der Volkswirtschaft sachgerecht beteiligen (BVerfGE 55, 274/300; 72, 330/388; 86, 148/264). Diese Normen begründen keinen Anspruch der Länder gegen den Bund auf Ausstattung mit bestimmten Vermögensgegenständen (BVerfGE 95, 250/262 f). Sie verwenden zwar viele unbestimmte Begriffe und schaffen somit Beurteilungs- und Entscheidungsspielräume, sind aber kein Recht von minderer Geltungskraft (BVerfGE 72, 330/388 ff). Gegenstand der bundesstaatlichen Finanzverfassung ist die entkoppelte (Vogel/Waldhoff BK Vorb.37 zu Art.104 a) Regelung von Ausgaben

(Art.104 a) und Einnahmen im Bundesstaat. Entsprechend der sonstigen Systematik wird zwischen Gesetzgebungskompetenz (Art.105) und Verwaltungskompetenz (Art.108) unterschieden. Hinzu treten Regeln für die Verteilung der Einnahmen (sog. Ertragskompetenz, Art.106 f).

2. Grundsätzliche Ausgabenkompetenz (Abs.1)

2   **a) Anwendungsbereich.** Abs.1 gilt nicht nur im Verhältnis zwischen Bund und Ländern, sondern auch zwischen Bund und Gemeinden (BVerfGE 86, 148/215; BVerwGE 44, 351/364; 98, 18/21; 100, 56/59), nicht aber zwischen Ländern und Gemeinden (Fischer-Menshausen MüK 3 a; Heun DR 18). Ausgaben sind alle kassenwirksamen Geldzahlungen an Dritte (Heun DR 13), d. h. sowohl Verwaltungsausgaben als auch Zweckausgaben (unten Rn.12). Zum Begriff der Aufgaben Rn.3 zu Art.30. Der Schwerpunkt der kostenverursachenden Tätigkeit liegt bei der Exekutive, doch sind auch die Ausgaben für die Justiz- und Parlamentsverwaltung eingeschlossen. Nicht anzuerkennen sind Ausnahmen für die Baulast (Vogel/ Kirchhof BK 63; Fischer-Menshausen MüK 4; **a. A.** BVerfGE 26, 338/391) und die Zustandshaftung an Bundeswasserstraßen (a. A. BVerwGE 87, 181/186). Wahrnehmung bedeutet den unmittelbaren Vollzug; es kommt also nicht darauf an, wer die kostenverursachende Regelung getroffen oder veranlasst hat (BVerfGE 26, 338/390; BVerwGE 44, 351/364; NVwZ 92, 265; BGHZ 98, 244/254 f); insofern ist die Verwaltungskompetenz gem. Art.30, 83 ff entscheidend. Zu von Abs.1 abweichenden Regelungen unten Rn.4–11; Rn.9 zu Art.91 a; Rn.4 zu Art.91 b; Rn.19 f zu Art.106; Rn.1 f zu Art.120.

3   **b) Rechtsfolgen.** Diejenige Körperschaft, die die Verwaltungskompetenz besitzt, trägt auch die Ausgaben. Auch die Ausgaben für die Justiz- und Parlamentsverwaltung treffen den jeweiligen Kompetenzträger (sog. Konnexität von Aufgaben- und Ausgabenverantwortung). Die Ausgabenverantwortung bedeutet sowohl Finanzierungsbefugnis als auch Finanzierungspflicht (v. Arnim HbStR IV 1004 f; Fischer-Menshausen MüK 10 a). Abs.1 verbietet also eine Mischfinanzierung derart, dass der Bund Landesaufgaben finanziert oder dass er Länder zur Finanzierung von Bundesaufgaben heranzieht (BVerfGE 26, 338/390 f; BVerwGE 44, 351/364; 102, 119/ 124; BGH, NJW 87, 1627) bzw. umgekehrt (BVerwG, NVwZ 00, 675). Das gilt uneingeschränkt bei Aufgaben der Gefahrenabwehr, wo „eine klare und überschneidungsfreie Abgrenzung der Zustän-

digkeitsordnung erforderlich" ist (BVerwG, NVwZ 92, 265; krit. Lorenz, JZ 92, 462). Davon ist der Fall zu unterscheiden, dass sich Bundes- und Landesaufgaben nur faktisch verschränken oder überschneiden, wie z. B. bei der Beteiligung verschiedener Baulastträger am Bau von Verkehrswegekreuzungen (Fischer-Menshausen MüK 5 a), bei der Errichtung und Finanzierung öffentlicher Einrichtungen (Vogel HbStR IV 18) und bei der Kostenaufteilung im öffentlichen Personenverkehr (BVerwGE 81, 312/314 f; krit. Fromm, NVwZ 92, 536). Allerdings gebietet Abs.1 insofern, „dass jeder diejenigen Kosten trägt, die dem Anteil seiner Verpflichtung zur Aufgabenwahrnehmung entspricht" (BVerwGE 81, 312/314). Auch verbietet diese Vorschrift nicht die Mitfinanzierung der Aufgaben eines Landes durch andere Länder (Maunz MD 26; Siekmann SA 16; Stern II 1146; a. A. Vogel/Kirchhof BK 67; Fischer-Menshausen MüK 8; Heun DR 19; Selmer, FS Thieme, 1993, 367 ff). Nach hM soll aus Abs.1 (und Abs.5) auch ein Erstattungsanspruch desjenigen Verbandes folgen, der dem eigentlich verantwortlichen Verband Hilfe geleistet hat (Maunz MD 59 f; Fischer-Menshausen MüK 5, 39); das kann angesichts des von Abs.1 abweichenden Wortlauts des Abs.5 und des dort vorbehaltenen Gesetzes (unten Rn.12) jedenfalls nicht für Verwaltungsausgaben gelten (Siekmann SA 16; weitergehend Birk AK 9). Ausgaben für kompetenzwidrige Tätigkeit gehen stets zu Lasten der handelnden Körperschaft (Heun DR 19). Aus Abs.1 und der „Geschlossenheit des Finanzausgleichssystems" (Vogel HbStR IV 27) wird schließlich abgeleitet, dass eine gegenseitige Besteuerung hoheitlicher Tätigkeit zwischen Bund und Ländern unzulässig ist (Maunz MD 25 zu Art.105; Fischer-Menshausen MüK 2 a zu Art.105; Kirchhof HbStR IV 150 ff; vgl. auch BVerfGE 31, 314/323 ff; BVerwG NVwZ 00, 674 f).

3. Ausnahme: Auftragsverwaltung (Abs.2)

Abs.2 statuiert eine Ausnahme vom Lastenverteilungsgrundsatz des **4** Abs.1, da die Auftragsverwaltung eine besondere Form der Landesverwaltungskompetenz ist (Rn.2 zu Art.85). Das GG trägt insoweit der durch die weitgehenden Weisungsbefugnisse (Rn.4–7 zu Art.85) bedingten Kostenverursachung durch den Bund Rechnung. Die Ausgabenkompetenz ist im Hinblick auf den gegenüber Abs.2 speziellen Abs.5 auf die Zweckausgaben beschränkt (unten Rn.12). Abs.2 enthält kein Verbot bundesgesetzlicher Regelungen, die Kosten direkt auf Dritte abwälzen, so dass es erst gar nicht zu einer ausgleichsbedürftigen Belastung der Länder kommt (BVerwGE 95, 188/195).

4. Ausnahme: Geldleistungsgesetze (Abs.3)

5   **a) Anwendungsbereich.** Es muss sich um Bundesgesetze handeln, die Geldleistungen gewähren und von den Ländern ausgeführt werden. Da es sich hier nicht um eine Kompetenzverleihung (vgl. Rn.3 zu Art.70) handelt, kommen Bundesgesetze jeglicher Kompetenzart in Betracht (Rn.10 zu Art.70). **Geldleistungen** sind geldliche, einmalige oder laufende Zuwendungen aus öffentlichen Mitteln an Dritte; Sach- und Dienstleistungen, wie z. B. Krankenbehandlung oder Rechtshilfe, fallen nicht hierunter (Maunz MD 33; Fischer-Menshausen MüK 16). Subventionen durch Steuerermäßigung sind nicht nach Abs.3, sondern nach Art.105 zu beurteilen (Maunz MD 38; Fischer-Menshausen MüK 16). Soweit aber ein Steueranspruch, der ermäßigt werden könnte, gar nicht besteht, scheitert der Geldleistungscharakter eines Gesetzes nicht daran, dass die Zuwendungen aus dem Aufkommen der Einkommen- oder Körperschaftsteuer bestritten werden (Maunz MD 38; a. A. Fischer-Menshausen MüK 16). Dritte sind private oder mit ihnen gleichgestellte öffentliche Empfangsberechtigte (Vogel/Kirchhof BK 82). Soweit sich Geldleistungen auf Länder oder Gemeinden beschränken, handelt es sich um einen ausschließlich nach Art.106 und 107 zu beurteilenden Finanzausgleich. Art.120 enthält von Abs.3 S.2, 3 abweichende Regelungen (Rn.1 f zu Art.120).

6   **Gewähren** bedeutet, dass die Geldleistung freiwillig und nicht auf Grund bestehender vertraglicher, deliktischer oder sonstiger (z. B. Erstattungsansprüche) Verpflichtungen erbracht wird (Fischer-Menshausen MüK 16; Maunz MD 34). Es kommt auch nicht darauf an, ob dem Empfangsberechtigten ein Anspruch eingeräumt ist, doch darf die Geldleistung nicht dem freien Ermessen der Verwaltungsbehörden überlassen bleiben (Birk AK 15; Fischer-Menshausen MüK 17; Heun DR 26).

7   **b) Rechtsfolgen.** Der Bund kann gem. S.1 durch Gesetz eine von Abs.1 abweichende Kostenlast des Bundes oder der Länder in einer bestimmten Quote bestimmen. Die Festlegung in Form eines festen Geldbetrags ist unzulässig (Fischer-Menshausen MüK 19). Ohne eine entsprechende Bestimmung bleibt es bei der Kostenlast der Länder gem. Abs.1. Beträgt die nach S.1 bestimmte Quote für den Bund die Hälfte oder mehr, erfolgt gem. S.2 die Ausführung in Auftragsverwaltung (Rn.1 zu Art.85). Diese Regelung ist gegenüber Abs.2 spezieller (Siekmann SA 29; Vogel/Kirchhof BK 73; krit. Fischer-Menshausen MüK 21). Beträgt die nach S.1 bestimmte Quote für die Länder 1/4 oder mehr, ist das Gesetz gem. S.3

zustimmungsbedürftig (Rn.4–6 zu Art.77). Diese Rechtsfolge ergibt sich auch dann, wenn die Länder die Kostenlast ganz tragen, d. h. wenn eine Bestimmung nach Abs.3 S.1 fehlt und Abs.1 einschlägig ist (Birk AK 17; Vogel/Kirchhof BK 95; v. Arnim HbStR IV 1000 f; a. A. Fischer-Menshausen MüK 19; Heun DR 29; Wieland, DVBl 92, 1185). Dagegen ergibt sich diese Rechtsfolge nicht bei unmittelbar, d. h. ohne Erlass eines Bundesgesetzes, geltendem Europäischen Gemeinschaftsrecht; dennoch haben die Länder ggf. gem. Abs.1 iVm Art.30 die Ausgaben zu tragen (Birk AK 15; Fischer-Menshausen MüK 20; a. A. v. Arnim HbStR IV 1003 f: hälftige Aufteilung zwischen Bund und Ländern); es wird aber eine abweichende vertragliche Regelung für zulässig gehalten (v. Arnim HbStR IV 1003; Maunz MD 24).

5. Ausnahme: Finanzhilfekompetenz (Abs.4)

a) Anwendungsbereich. Finanzhilfen und Zuwendungen an **8** die Länder. Sie dienen nicht dazu, einen unzureichenden Finanzausgleich zu ersetzen (BVerfGE 39, 96/108, 111 f; vgl. aber unten Rn.11). Soweit sie für Gemeinden (Gemeindeverbände) bestimmt sind, muss die Vergabe der Mittel an sie in den Händen der Länder liegen (BVerfGE 39, 96/122; 41, 291/313). An Dritte darf die Finanzhilfe nur gewährt werden, wenn sie im Auftrag und für Rechnung der Länder tätig werden (Maunz MD 45; Fischer-Menshausen MüK 24; vgl. auch BVerfGE 83, 363/381). Die Finanzhilfen müssen für besonders bedeutsame Investitionen der Länder und Gemeinden (Gemeindeverbände) bestimmt sein, d. h. „in Ausmaß und Wirkung besonderes Gewicht haben" (BVerfGE 39, 96/115). Investitionen sind nur Sachinvestitionen (Maunz MD 43; Fischer-Menshausen MüK 25).

Die Finanzhilfen müssen zur Erreichung eines der drei in S.1 **9** genannten **Förderungsziele** erforderlich sein (näher v. Arnim HbStR IV 1007 ff; Fischer-Menshausen MüK 26 ff; Heun DR 36 ff). Eine pauschale Zuschussgewährung ist ausgeschlossen. Die Finanzhilfen sind „kein Instrument direkter oder indirekter Investitionssteuerung zur Durchsetzung allgemeiner wirtschafts-, währungs-, raumordnungs- oder strukturpolitischer Ziele des Bundes in den Ländern" und dürfen den Finanzausgleich nicht ersetzen (BVerfGE 39, 96/111 f). Allerdings sind diese Förderungsziele als Rechtsbegriffe so unbestimmt, dass eine verfassungsgerichtliche Überprüfung nur zurückhaltend vorgenommen wird (vgl. BVerfGE 39, 96/115).

10   **Verfahrensrechtlich** ist für die Finanzhilfen ein zustimmungsbedürftiges (Rn.4–6 zu Art.77) Bundesgesetz oder eine Verwaltungsvereinbarung Voraussetzung (S.2); dadurch wird eine ausschließliche
Bundesgesetzgebungskompetenz begründet (Rn.3 zu Art.70). Die
Verwaltungsvereinbarung muss mit allen gleichermaßen betroffenen
Ländern schriftlich und nach gehöriger Aushandelung abgeschlossen
werden (BVerfGE 41, 291/308). Es ist aber auch ein Einzelprojekt
mit einem Land möglich (BVerfGE 39, 96/121; vgl. auch BVerfGE
86, 148/267 f; BVerwG, Bh 454.4 § 19 Nr.1). Im Gesetz oder in der
Verwaltungsvereinbarung muss alles Wesentliche für die Finanzhilfen
enthalten sein; dazu gehören die Arten der zu fördernden Investitionen, die Bestimmung der Höhe des Bundesanteils und die Fixierung
eines einheitlichen Verteilungsmaßstabs für den Fall, dass die Summe
der von den Ländern angeforderten Bundesmittel den Ansatz im
Bundeshaushalt übersteigt (BVerfGE 39, 96/116; 41, 291/306 f).

11   **b) Rechtsfolgen.** Der Bund hat abweichend von Abs.1 eine
Finanzhilfekompetenz, d.h. es steht in seinem Ermessen, „nach
Maßgabe seiner Finanzkraft" sogar in seiner „Pflicht" (BVerfGE 39,
96/113), Landesaufgaben mitzufinanzieren (sekundärer Finanzausgleich; Vogel/Waldhoff BK Vorb.58 f zu Art.104 a). Sofern auch
andere Unterstützungsleistungen zulässig und geeignet sind, besteht
ein Auswahlermessen (vgl. BVerfGE 86, 148/269). Der Bund darf
aber immer nur einen Teil der Finanzierung übernehmen (BVerfGE
39, 96/116). Der Bund darf keine Investitionspläne in eigener Regie
aufstellen und nicht bei der Auswahl der Einzelprojekte mitwirken;
er darf aber bei programmwidriger Inanspruchnahme von Finanzhilfen durch die Länder einzelne Projekte von der Förderung ausschließen (BVerfGE 39, 96/118; 41, 291/313). Der Bund darf die
Finanzhilfen grds. nicht von Bedingungen (Einvernehmens-, Zu-
stimmungs- und Genehmigungsvorbehalte, Einspruchsrechte) und
Dotationsauflagen finanzieller oder sachlicher Art abhängig machen
(BVerfGE 39, 96/120; 41, 291/313). Allerdings sollen sachdienliche
Informationen und Anregungen des Bundes von den Ländern nach
dem Gebot des bundesfreundlichen Verhaltens (Rn.20–22 zu Art.20)
berücksichtigt werden (BVerfGE 39, 96/121; 41, 291/312). Der
Bund muss alle Länder gleich behandeln; eine regionale Differenzierung ist aber aus sachlichen Gründen (Fischer-Menshausen MüK
24), insb. bei einer Haushaltsnotlage eines Landes (BVerfGE 86,
148/267 f; krit. Heun DR 35 zu Art.107), zulässig; insoweit soll die
Kooperationspflicht des betroffenen Landes auch die Verpflichtung
zu einem Sanierungsprogramm umfassen (BVerfGE 86, 148/268).

6. Ausgabenkompetenz für Verwaltungsausgaben, Haftung (Abs.5)

a) Verwaltungsausgaben (S.1 Hs.1) sind die Kosten für die **12** Unterhaltung und den Betrieb des Verwaltungsapparats. Sie stehen im Gegensatz zu den Zweckausgaben, die durch die Erfüllung der Verwaltungsaufgaben entstehen (näher v. Arnim HbStR IV 994; Maunz MD 61 ff). Abs.5 ist lex specialis zu Abs.1, 2 (BVerwGE 95, 188/195). Für Verwaltungsausgaben gelten die Durchbrechungen des Grundsatzes der Konnexität von Aufgaben und Ausgaben (oben Rn.3) nicht (OVG NW, DÖV 92, 1066; Hoppe, DVBl 92, 121 f; Maunz MD 61; Fischer-Menshausen MüK 39; a. A. für Art.91 a Abs.4 und 91 b S.2: Stern II 1139). In Fällen zulässigen Zusammenwirkens, wie z. B. bei Amtshilfe (Rn.4 zu Art.35) und Organleihe (Rn.10 zu Art.30), oder zur Klärung schwieriger Abgrenzungsfragen kann jedoch eine gesetzliche Kostentragungs- bzw. Erstattungsregelung gem. S.2 erfolgen; insoweit wird eine ausschließliche Bundesgesetzgebungskompetenz (Rn.3 zu Art.70) begründet. Es soll auch eine entsprechende Verwaltungsvereinbarung geschlossen werden dürfen (BVerwG, NJW 76, 1468; BVerwGE 81, 312/314; Fischer-Menshausen MüK 39 f; Heun DR 19, 47; a. A. Siekmann SA 20; Vogel/Kirchhof BK 155).

b) Kosten für **Haftung** im Bund-Länder-Verhältnis (S.1 Hs.2) **13** gehören zu den Verwaltungsaufgaben (oben Rn.12). Abs.5 schafft insoweit eine **unmittelbare Anspruchsgrundlage** für Bund und Länder für jeweils vom anderen Verwaltungsträger verursachte Schäden (BVerwGE 96, 45/50; 104, 29/32; Birk AK 29 f; Vogel/Kirchhof BK 159; Maunz MD 67 a; a. A. wegen Fehlens der Ausgestaltung der Haftung F. Kirchhof, NVwZ 94, 105 ff; Erichsen, o.Lit., 34 ff). Auf das in S.2 vorgesehene, aber bisher nicht ergangene Gesetz kommt es nicht an (BVerwGE 96, 45/54; 104, 29/32; Maunz MD 68; Fischer-Menshausen MüK 43). Damit S.2 aber nicht leerläuft, ist die Haftung aus S.1 auf schwerwiegende Verletzungen des Kernbereichs dienstlicher Pflichten beschränkt (BVerwGE 96, 45/55 ff; 104, 29/33 f; Siekmann SA 68 ff). Der Anwendungsbereich des Abs.5 erstreckt sich auch auf zulässige (oben Rn.12) Verwaltungsvereinbarungen (a. A. BVerwG, BayVBl 80, 475), in denen allerdings der Umfang der Haftung näher ausgestaltet werden darf (a. A. Heun DR 50).

Haftungsvoraussetzungen. Haftungsauslösend ist jeder Verstoß **14** gegen die Grundsätze ordnungsgemäßer Verwaltung (BVerwGE 96, 50/57 f). Der unmittelbar anwendbare Kernbereich der Haftungsregelung erfasst aber nur vorsätzliche, nicht auch grob fahrlässige Pflichtverletzungen (BVerwGE 104, 29/33 ff). Art.34 iVm § 839 BGB ist nicht einschlägig, weil es im Bund-Länder-Verhältnis an einem „Dritten" fehlt (BGHZ 27, 210/214). Auch sind die Normen über das bürgerlich-rechtliche Auftragsverhältnis nicht analog anzuwenden (BVerwGE 12, 253/254). Allerdings ist der Rechtsgedanke des § 254 BGB zu berücksichtigen (BVerwG, NVwZ 95, 993). Hat eine Gemeinde den Schaden, kann er vom Land im Weg der Drittschadensliquidation geltend gemacht werden; begeht eine Gemeinde die Pflichtverletzung, haftet das Land für die Gemeinde (BVerwGE 96, 45/56; 100, 56/60 f; Maunz MD 72; Fischer-Menshausen MüK 42; a. A. Vogel/Kirchhof BK 165). Für den Regressanspruch des Landes gegenüber der Gemeinde ist eine spezialgesetzliche Grundlage erforderlich (BVerwGE 100, 56/61 f).

Art. 105 [Steuergesetzgebungskompetenzverteilung zwischen Bund und Ländern]

(1) **Der Bund hat die ausschließliche Gesetzgebung über die Zölle und Finanzmonopole[24].**

(2) **Der Bund hat die konkurrierende Gesetzgebung über die übrigen Steuern[3 ff], wenn ihm das Aufkommen dieser Steuern ganz oder zum Teil zusteht oder die Voraussetzungen des Artikels 72 Abs.2 vorliegen[25 f].**

(2 a) **Die Länder haben die Befugnis zur Gesetzgebung über die örtlichen Verbrauch- und Aufwandsteuern, solange und soweit sie nicht bundesgesetzlich geregelten Steuern gleichartig sind[27 f].**

(3) **Bundesgesetze über Steuern, deren Aufkommen den Ländern oder den Gemeinden (Gemeindeverbänden) ganz oder zum Teil zufließt, bedürfen der Zustimmung des Bundesrates[25].**

Übersicht

Literatur: *Kloepfer/Bröcker,* Das Gebot der widerspruchsfreien Normgebung als Schranke der Ausübung einer Steuergesetzgebungskompetenz nach Art.105 GG, DÖV 2001, 1; *Sacksofsky/Wieland* (Hg.), Vom Steuerstaat zum Gebührenstaat, 2000; *Drömann,* Nichtsteuerliche Abgaben im Steuerstaat, 2000; *Sacksofsky,* Umweltschutz durch nicht-steuerliche Abgaben, 2000; *Selmer/Brodersen,* Die Verfolgung ökonomischer, ökologischer und anderer öffentlicher Zwecke durch Instrumente des Abgabenrechts, DVBl 2000, 1153; *Jarass,* Nichtsteuerliche Abgaben und lenkende Steuern unter dem GG, 1999; *Henneke,* Verfassungsänderungen zwischen Placebo-Effekten und tagespolitisch motivierten Einzelfallregelungen, ZG 1999, 1; *Hidien,* Die Quadratur der Umsatzsteuer – Zur Kritik der „kleinen" Gemeindefinanzreform, DVBl 1998, 617; *Kesper,* Bundesstaatliche Finanzordnung, 1998; *H. Schaefer,* Der verfassungsrechtliche Steuerbegriff, 1997; *Manssen,* Die Einführung von Steuern und Sonderabgaben durch Landesgesetz, in: Rechtswissenschaft im Aufbruch, 1996, 145; *K.-A. Schwarz,* Finanzverfassung und kommunale Selbstverwaltung, 1996; *Schoch/Wieland,* Finanzierungsverantwortung für gesetzgeberisch veranlaßte kommunale Aufgaben, 1995; *Häde,* Die Finanzverfassung des GG, JA 1994, 1, 33; *Rodi,* Die Rechtfertigung von Steuern als Verfassungsproblem, 1994; *Selmer/F. Kirchhof,* Grundsätze der Finanzverfassung des vereinten Deutschlands, VVDStRL 1993, 10, 71; *Prokisch,* Die Justiziabilität der Finanzverfassung, 1993; *Birk/Eckhoff,* Kommentierung des § 3 AO, in: Hübschmann/Hepp/Spitaler, Kommentar zur AO und FGO, 9. A., 1993; *Küssner,* Die Abgrenzung der Kompetenzen des Bundes und der Länder im Bereich der Steuergesetzgebung sowie der Begriff der Gleichartigkeit von Steuern, 1992; *H. W. Kruse,* Lehrbuch des Steuerrechts I, 1991; *Wieland,* Die Konzessionsabgaben, 1991; *Holst,* Das Gleichartigkeitsverbot in Art.105 Abs.2 und 2 a GG, 1990; *Vogel,* Grundzüge des Finanzrechts des GG, HbStR IV, 1990, 3; *P. Kirchhof,* Staatliche Einnahmen, HbStR IV, 1990, 87.

I. Allgemeines zu Art.105–108

1. Systematik

Kompetenzverteilung. Art.105 trifft spezielle Regelungen über **1** die Gesetzgebungs-, Art.108 über die Verwaltungs- (und teilw. Gesetzgebungs-) sowie Art.106 f über die Ertragskompetenz nur für

Steuern, nicht für andere Einnahmen (Vogel HbStR IV 30). Die der Besteuerung zugrundeliegenden Vorgänge werden nur erfasst, wenn dies der Sachzusammenhang erfordert (BVerwGE 97, 12/14). Noch speziellere Vorschriften bestehen gem. Art.140 iVm Art.137 Abs.6 WRV für Kirchensteuern (BFHE 95, 310/312; 177, 303/306; Wendt HbStR IV 1048; krit. Maunz MD 54). Praktisch ist das gesamte Steuerrecht bundesrechtlich geregelt.

2   Die **Besteuerungsmöglichkeit im Verhältnis zum Bürger** wird vom GG stillschweigend vorausgesetzt (BVerfGE 55, 274/301). Da Regelungen für andere Einnahmequellen abgesehen von Art.115 fehlen, werden die öffentlichen Aufgaben grds. nur aus Steuern finanziert (Prinzip des Steuerstaats; vgl. BVerfGE 82, 159/178; 93, 319/342; 101, 141/147; Vogel/Waldhoff BK Vorb.337 ff zu Art.104 a; krit. Heun DR 11; Sacksofsky, o.Lit.; Hendler, DÖV 99, 757). Andere staatliche Einnahmen dürfen dieses Prinzip nicht aushöhlen oder unterlaufen (unten Rn.7). Das gilt für Bund und Länder gleichermaßen (BVerfGE 67, 256/286; 92, 91/115 f). Ein Wahlrecht des Gesetzgebers zwischen Steuern (unten Rn.3–7) und nicht-steuerlichen Abgaben (unten Rn.8–23) besteht nicht (BVerfGE 67, 256/275 f; 55, 274/300). Für die finanzverfassungsrechtliche Einordnung einer Abgabe kommt es nur auf den materiellen Gehalt, also weder auf ihre Bezeichnung noch auf ihre haushaltsmäßige Behandlung an (BVerfGE 55, 274/304 f; 67, 256/276; 92, 91/114; BVerwGE 72, 212/221; Birk/Eckhoff, o.Lit., 61 ff).

2. Steuern

3   a) Der **Steuerbegriff** wird vom GG vorausgesetzt; er knüpft an den in der AO gebrauchten, traditionellen Steuerbegriff an (BVerfGE 49, 343/353; 67, 256/282; BVerwGE 93, 319/346; BFHE 141, 369/372). Er reicht aber darüber hinaus (BVerfGE 55, 274/299; 67, 256/282) und ist daran nicht gebunden (vgl. Heun DR 12; Stern II 1097 ff; Vogel HbStR IV 31). Auch die Unterschiedsmerkmale der einzelnen Steuern und Steuerarten sind grds. dem traditionellen deutschen Steuerrecht zu entnehmen (BVerfGE 7, 244/252; 31, 314/331). Danach sind Steuern Geldleistungen, die nicht eine Gegenleistung für eine besondere Leistung darstellen und von einem öffentlich-rechtlichen Gemeinwesen zur Erzielung von Einnahmen auferlegt werden; die Erzielung von Einnahmen kann Nebenzweck sein. Steuern finanzieren allgemeine Staatsaufgaben (vgl. BVerfGE 98, 106/118) und fließen in den allgemeinen Haushalt (vgl. BVerfGE 91, 186/201).

Steuern wirken stets **sozialgestaltend** (Kruse, o.Lit., 34; Stern II **4**
1103), und der Gesetzgeber darf diese Wirkungen einsetzen (sog.
Lenkungsteuern; BVerfGE 98, 106/117); vgl. Rn.44 f zu Art.3.
Dafür kommen vor allem wirtschafts-, sozial- und umweltpolitische
(Osterloh, NVwZ 91, 823 ff; krit. Breuer DVBl 92, 488 ff; diff.
Kirchhof, DÖV 92, 235 ff) Aspekte in Betracht. Wegen der Speziali-
tät der Art.105–108 (oben Rn.1) ist für die Verfolgung von Neben-
zwecken nicht erforderlich, dass zusätzlich die für das jeweilige Sach-
gebiet einschlägige Gesetzgebungskompetenz vorliegt (BVerfGE 98,
106/118; BVerwGE 96, 272/290; 110, 248/249; Heun DR 16;
Maunz MD 24; Pieroth, WiVerw 96, 72 ff; a. A. Fischer-Menshausen MüK 9; Jarass, o.Lit., 14 ff; Stern II 1105). Die Grenze des
Steuerbegriffs ist erst erreicht, wenn die Abgabenregelung nach
Gewicht und Auswirkung einem Verhaltensgebot nachkommt
(BVerfGE 98, 106/118), die abgabepflichtigen Tatbestände also beseitigt werden sollen (Kloepfer/Schulte, UPR 92, 204; Vogel HbStR
IV 37). Dann liegen regelmäßig sonstige Abgaben (unten Rn.19–23)
vor.

Unter **öffentlich-rechtlichen Gemeinwesen** werden Bund, **5**
Länder und Gebietskörperschaften verstanden (BVerfGE 10, 141/
176; Birk/Eckhoff, o.Lit., 37 ff; Stern II 1100; a. A. Maunz MD 4;
Kruse, o.Lit., 33: alle juristischen Personen des öffentlichen Rechts).
Auch die Kirchen sind gem. Art.140 iVm 137 Abs.6 WRV erhe-
bungs- und ertragsberechtigt.

Weil Steuern zur Deckung des **allgemeinen Finanzbedarfs 6**
erhoben werden, sind rückzahlbare Abgaben (sog. Zwangsanleihen)
keine Steuern (BVerfGE 67, 256/282 f). Allerdings sind gewisse
Zweckbindungen des Aufkommens für zulässig gehalten worden
(sog. Zwecksteuern; vgl. BVerfGE 36, 66/70 f; 49, 343/353; 93,
319/348). Dabei ist der Kreis der Abgabepflichtigen nicht auf Personen begrenzt, die einen wirtschaftlichen Vorteil aus dem Vorhaben
ziehen (BVerfGE 49, 343/353 f; 65, 325/344); die Zwecksteuer darf
aber nicht zweckuntauglich sein (BVerwGE 66, 140/144). Eine
Zweckbindung des weit überwiegenden Teils der Steuern wäre
jedoch unzulässig, da nach Art.110 Abs.2 der Haushaltsgesetzgeber
über die Verwendung der eingenommenen Mittel entscheidet (vgl.
BVerfGE 82, 156/180 f; 93, 319/348; BVerfG-K, DVBl 92, 1589;
a. A. Siekmann SA 62 vor Art.104 a).

b) Einzelfälle: Einwohnersteuer (BVerfGE 16, 64/74; BVerwG, **7**
NVwZ 92, 1098; BayVerfGHE 45, 33/43); Getränkesteuer (BVerfGE
44, 216/226 f; 69, 174/183; BVerwG, VwRspr Bd.29 Nr.136);

Hundesteuer (BFHE 151, 285/286); Investitionsteuer (BVerfG-K, NJW 92, 2878); Jagdsteuer (BVerfG-K, NVwZ 89, 1152; BVerwG, NVwZ-RR 91, 423); Schankerlaubnissteuer (BVerfGE 13, 181/190 ff); Solidaritätszuschlag (BFHE 167, 551/553); Spielbankabgabe (BFHE 58, 559; 177, 276/285 ff; offengelassen BVerfGE 28, 119/150 f); Spielgerätesteuer (BVerwG, DVBl 94, 817; DÖV 95, 467; BFHE 160, 61/63; 180, 497/500 f); Stabilitätszuschlag (BVerfGE 36, 66/70 f); Straßengüterverkehrsteuer (BVerfGE 16, 147/162); Troncabgabe (BFHE 177, 288/297 ff); Vergnügungsteuer (BVerfGE 40, 56/64 ff; 42, 38/41; BVerwGE 45, 277/280); Verpackungsteuer (BVerfGE 98, 106/123; BVerwGE 96, 272/277 ff; Pieroth, WiVerw 96, 69 ff); Zweitwohnungsteuer (BVerfGE 65, 325/346 ff; BVerwGE 58, 230/234 ff; NVwZ 90, 568; BayVerfGHE 45, 33/43).

3. Nicht-steuerliche Abgaben

8   **a) Allgemeines.** Für Abgaben, die keine Steuern sind, richtet sich die Gesetzgebungskompetenz nach den allgemeinen Regeln der Art. 70 ff (BVerfGE 81, 156/187; 4, 7/13). Sie sind nicht allgemein zulässig: Das Prinzip des Steuerstaats (oben Rn. 2) verbietet, unter Berufung auf Art. 70 ff Abgaben zu erheben, die Art. 105 ff aushöhlen oder unterlaufen könnten. Nicht-steuerliche Abgaben bedürfen daher – über die Einnahmeerzielung hinaus oder an deren Stelle – einer besonderen sachlichen Rechtfertigung, und sie müssen sich ihrer Art nach von der Steuer deutlich unterscheiden (BVerfGE 93, 319/342 f; Vogel/Waldhoff BK Vorb. 405 f zu Art. 104 a). Wegen des Grundsatzes der Vollständigkeit des Haushaltsplans (Rn. 3 zu Art. 110) bedarf auch die Einrichtung spezieller Fonds zur Verwaltung von nichtsteuerlichen Einnahmen einer verfassungsrechtlichen Rechtfertigung (vgl. BVerfGE 55, 274/302 f; 82, 159/178 f; 93, 319/343; Kirchhof HbStR IV 182).

9   **b) Sonderabgaben** sind hoheitlich auferlegte Geldleistungspflichten, denen keine unmittelbare Gegenleistung gegenübersteht (BVerfGE 81, 156/186 f; 78, 249/267; 75, 108/147). Sie unterscheiden sich von der Steuer dadurch, dass sie nur von bestimmten Gruppen erhoben werden (Birk, Steuerrecht, 1998, Rn. 111), ihr Aufkommen näher festgelegt ist und sie der Erfüllung besonderer Sachaufgaben dienen (vgl. BVerfGE 101, 141/148; Jarass, o. Lit., 23). Sie sind doppelt rechtfertigungsbedürftig, weil sie in Konkurrenz zur Steuer stehen (BVerfGE 93, 319/344; 81, 156/186 f) und ihr Aufkommen in einen speziellen Fonds fließt, nicht in den allgemeinen Haushalt (Kruse, o. Lit., 87; Fischer-Menshausen MüK 6 b; Heun

DR 24; Vogel/Waldhoff, BK Vorb.452 vor Art.104 a; vgl. auch BVerfGE 55, 274/310). Die Rechtfertigung erfolgt durch die Verantwortlichkeit der Belasteten für die besondere Aufgabe, die sich in den Zulässigkeitsanforderungen (unten Rn.10) ausdrückt. Sie dienen der Sicherung der Finanzverfassung in bundesstaatlicher wie auch in grundrechtlicher Hinsicht (BVerfGE 82, 159/179; 91, 186/202 f; 92, 91/113). Teilw. werden Ausgleichsabgaben (unten Rn.21) als *Sonderabgaben ohne Finanzierungsfunktion* bezeichnet, für die die restriktiven Anforderungen nur eingeschränkt gelten. Ertragskompetent ist die Körperschaft, die die Abgabenregelung erlässt.

Zulässig sind Sonderabgaben nur in engen Grenzen (BVerfGE **10** 91, 186/202 f; 98, 83/100; 101, 141/147 f), die sowohl für bundesrechtliche wie für landesrechtliche Abgaben gelten (BVerfGE 101, 141/148). Es muss eine vorgefundene, von der Allgemeinheit abgrenzbare homogene Gruppe belastet werden; zwischen dem mit der Abgabeerhebung verfolgten Zweck und dieser Gruppe muss eine spezifische Sachnähe bestehen (sog. Finanzierungsverantwortlichkeit); es muss eine sachgerechte Verknüpfung zwischen der von der Sonderabgabe bewirkten Belastung und der mit ihr finanzierten Begünstigung bestehen, die durch die Verwendung zugunsten der belasteten Gruppe hergestellt wird (sog. gruppennützige Verwendung; BVerfGE 82, 159/180 f; 75, 108/147 f; 67, 256/276 f; 55, 274/307). Sonderabgaben sind temporär; sie müssen vom Gesetzgeber selbst daraufhin überprüft werden, ob die Voraussetzungen noch gegeben sind (BVerfGE 82, 159/181; 55, 274/308). Dabei kommt es nicht darauf an, ob die Finanzierung Haupt- oder Nebenzweck ist (BVerfGE 67, 256/278; 82, 159/181). Die erforderliche Sachkompetenz aus Art.70 ff verlangt aber einen über die Mittelbeschaffung hinausgehenden Zweck, der im Gesetz zum Ausdruck kommen muss (BVerfGE 67, 256/275; 82, 159/179 f).

Einzelfälle *zulässiger* Sonderabgaben: Beitrag nach dem Absatz- **11** fondsgesetz (BVerfGE 82, 159/178 ff); Abwasserabgabe (OVG NW, NVwZ 84, 391); Altölabgabe (Birk/Eckhoff, o.Lit., 111); Berufsausbildungsabgabe (BVerfGE 55, 274/308 ff; a. A. BVerfGE *abwM* 55, 274/329 ff); Filmförderungsabgabe (BVerwGE 45, 1/2); Hebammenabgabe (BVerfGE 17, 287/292); Insolvenzsicherungsabgabe (BVerwGE 72, 212/221); Ausgleichsabgabe nach dem Milch- und FettG (BVerfGE 18, 315/328 f); Notarabgabe (BGHZ 126, 16/28 ff); Sonderabfallabgabe (Hendler, Die Sonderabfallabgabe, 1996; Jarass, o.Lit., 66 f; a. A. Selmer, Sonderabfallabgaben und Verfassungsrecht, 1996); Ausgleichsabgabe für Stellplatzpflicht (BVerwG, NJW 86, 600 f; krit. Kirchhof, DÖV 92, 238); Weinwirtschaftsabgabe (BVerfGE 37, 1/16 f); Wertzuwachsausgleichsabgabe (BVerfGE 18, 274/287). – *Unzulässig* waren der Kohlepfennig (BVerfGE 91, 186/203) und die Ausgleichsabgabe nach dem Hess. SonderurlaubsG (BVerfGE 101, 141/149 ff) und ist der Solidarfonds Abfallrückführung (Lerche, Betrieb Beil. 10/95; a. A. Koch/Reese, DVBl 97, 85).

12   c) **Vorzugslasten** sind Abgaben, die ausschließlich als Gegenleistung für eine staatliche Leistung zu entrichten sind. Dadurch unterscheiden sie sich von Steuern und Sonderabgaben. Soweit der Entgeltcharakter reicht, geraten sie nicht in Konkurrenz zu den Steuern und sind ohne weiteres verfassungsrechtlich zulässig. Eine staatliche Mittelbeschaffung überwiegend aus Vorzugslasten (sog. Gebührenstaat) wäre jedoch als Umgehung des Prinzips des Steuerstaats (oben Rn.2) verfassungswidrig.

13   **aa) Gebühren** sind öffentlich-rechtliche Geldleistungen, die aus Anlass individuell zurechenbarer, öffentlicher Leistungen auferlegt werden und dazu bestimmt sind, in Anknüpfung an diese Leistung deren Kosten ganz oder teilw. zu decken (BVerfGE 50, 217/226; 97, 322/345); Gebühren werden für die tatsächliche Inanspruchnahme einer staatlichen Einrichtung erhoben (BVerfGE 92, 91/115). Dafür muss dem einzelnen kein Vorteil erwachsen sein; die Entstehung von individuell zu verantwortenden Kosten genügt (Brohm, FS Knöpfle, 1996, 61 f; Vogel HbStR IV 32 f; a. A. Birk/Eckhoff, o.Lit., 144). Ihre Rechtfertigung neben den Steuern (oben Rn.2) erlangen sie dadurch, dass sie Gegenleistung für eine staatliche Leistung sind (BVerfGE 50, 217/226; BVerwG, NJW 92, 2244). Daher müssen staatliche Kosten und Gebührenhöhe sachgerecht verknüpft sein (BVerfGE 85, 337/346; 97, 332/345). Es dürfen aber auch andere Ziele als die Kostendeckung verfolgt werden (BVerfGE 50, 217/226; Kirchhof, DÖV 92, 237); z. B. ist eine an sozialen Gesichtspunkten orientierte Staffelung zulässig (BVerfGE 97, 332/345; a. A. Vogel/Waldhoff BK Vorgb.420 zu Art.104 a). Zum Äquivalenzprinzip Rn.25 a zu Art.2; zum Kostendeckungsprinzip Rn.53 zu Art.3. Die Gesetzgebungskompetenz für Gebühren folgt der Kompetenz zur Regelung des Verwaltungsverfahrens (Jarass, o.Lit., 39). Die Ertragskompetenz richtet sich danach, wem die Kosten entstanden sind.

14   **Einzelfälle:** Flugsicherungsgebühr (BVerfG-K, NVwZ 99, 177); Gerichtsgebühren (BVerfGE 85, 337/346); Kindergartengebühr (BVerfGE 97, 332/343); Straßenbenutzungsgebühr (Jachmann, NVwZ 92, 936); Verwaltungsgebühren (BVerfGE 50, 217/225 f).

Die sog. Verleihungsgebühren sind zwar insofern gegenleistungs-
abhängig, als der Einzelne einen rechtlichen Vorteil erlangt (Kirchhof, DVBl 87, 554 ff); da dem Staat hierfür aber keine Kosten
entstehen, kommt eine Qualifizierung als Gebühr nicht in Betracht
(Jarass, DÖV 89, 1016; Heun, DVBl 90, 673 f; Manssen, o.Lit., 156 f;
a. A. Heimlich, Die Verleihungsgebühr als Umweltabgabe, 1996;
Kirchhof, DVBl 87, 554 ff; offengelassen BVerfGE 93, 319/346);
allenfalls können sie zulässige Abschöpfungsabgaben (unten Rn.17)
sein.

bb) Beiträge sind Abgaben zur vollen oder teilweisen Deckung **15**
der Kosten einer öffentlichen Einrichtung, die von denjenigen erhoben werden, denen die Einrichtung einen besonderen Vorteil
gewährt (BVerwGE 72, 212/218 f; vgl. auch BVerfGE 82, 159/178;
42, 223/228). Ihr Gegenleistungscharakter rechtfertigt sie gegenüber
dem Prinzip des Steuerstaats (oben Rn.2). Beiträge werden für die
potentielle Inanspruchnahme einer Einrichtung erhoben (BVerfGE
92, 91/115). Die Einrichtung muss also nicht in Anspruch genommen werden (BVerwGE 72, 212/219). In Abgrenzung zur Sonderabgabe finanziert der Beitrag eine Staatsaufgabe, die Sonderabgabe
eine Gruppenaufgabe (Kirchhof HbStR IV 182; Vogel/Waldhoff BK
Vorb.429 zu Art.104 a; vgl. BVerfGE 82, 159/178). Zur Gesetzgebung für Beiträge befugt ist die Körperschaft, die auch die Sachregelung trifft, ertragskompetent ist die Körperschaft, der die Kosten
entstanden sind.

Einzelfälle: Ausgleichsabgabe gem. § 154 BauGB (BVerwG, **16**
NVwZ 93, 1113 f); Erschließungsbeiträge (Birk/Eckhoff, o.Lit.,
158; Vogel HbStR IV 34); Fremdenverkehrsabgabe (BVerfGE 42,
223/228 f; BVerfG-K, NVwZ 89, 1052); Kurtaxe (Kirchhof HbStR
IV 181; Vogel/Waldhoff BK Vorb.429 zu Art.104 a); Rundfunkgebühren (offengelassen BVerwGE 79, 90/91; a. A. Siekmann SA
Vorb.81 vor Art.104 a: Steuer).

cc) Abschöpfungsabgaben sind hoheitliche auferlegte Geldleis- **17**
tungpflichten, die dazu dienen, einen individuellen Sondervorteil
des Abgabepflichtigen auszugleichen. Sondervorteil sind solche Begünstigungen, die dem einzelnen den Zugriff auf Güter der Allgemeinheit verschaffen, der für andere nicht in gleicher Weise besteht (vgl. BVerfGE 93, 319/345 f). Dafür kommt der zweckwidrige
Erhalt einer Subvention (BVerfGE 78, 249/268) oder eine privile-
gierte Teilhabe an einem Gut der Allgemeinheit (BVerfGE 93,
319/344) in Betracht. Die bloße Verleihung eines Rechts reicht
allein nicht aus (Jarass, o.Lit., 37 f). Keine Abschöpfungsabgabe,
sondern eine Steuer bzw. Sonderabgabe liegt vor, wenn die Abgabe

über die Abschöpfung des Vorteils hinausreicht (BVerfGE 93, 319/347, Jarass, o.Lit, 38). Abschöpfungsabgaben können in einen speziellen Fonds oder in den Haushalt fließen. Die Gesetzgebungskompetenz folgt der Sachgesetzgebungskompetenz für die Vorteilsgewährung (BVerfGE 78, 249/266). Sofern bundesrechtliche Sachregelungen nicht beeinträchtigt werden, können die Länder einen durch Bundesrecht gewährten Vorteil abschöpfen (Jarass, o.Lit., 40). Die Ertragskompetenz folgt der Gesetzgebungskompetenz.

18   **Einzelfälle:** Ausgleichspflicht nach § 128 AFG (BVerfGE 81, 156/187 f); Gülleabgabe (Jarass, o.Lit., 72 ff); Wasserentnahmeabgaben (BVerfGE 93, 319/345 ff; a. A. Pietzcker, DVBl 87, 781); Wohnraumfehlbelegungsabgabe (BVerfGE 78, 249/269; BVerwGE 88, 13/19; 101, 211/214 f; NJW 99, 737; a. A. Birk/Eckhoff, o.Lit., 79).

19   **d) Sonstige Abgaben.** Das System der Abgaben aus Steuern, Sonderabgaben und Vorzugslasten ist nicht abschließend (BVerfGE 82, 159/181; 93, 319/342; krit. Birk/Eckhoff, o.Lit., 164). Andere Abgaben sind zulässig, wenn sie die Finanzverfassung nicht gefährden (oben Rn.18).

20   **Abgaben ohne Finanzierungszweck** sind grds. zulässig, weil sie nicht mit dem Prinzip des Steuerstaats (oben Rn.2) kollidieren. So sind Bußgelder und Geldstrafen als Annex zur jeweiligen Sachkompetenz zulässig (vgl. BVerfGE 3, 407/435 f). Gleiches gilt für Abgaben, denen eine „reine Verwaltungsfunktion mit Verbotscharakter" zukommt (BVerfGE 38, 61/80 f; BVerwGE 96, 272/279), und für sog. Erdrosselungsteuern; das sind Abgaben, bei denen sich aus der Höhe des Steuersatzes ergibt, dass der Steuertatbestand nicht erfüllt werden soll; sie dienen nicht der Erzielung von Einnahmen (BVerfGE 16, 147/161; Kruse, o.Lit., 37); zu grundrechtlichen Grenzen Rn.67 zu Art.14.

21   Nur eingeschränkt zulässig sind **Ausgleichsabgaben eigener Art,** weil sie notwendig Einnahmen erbringen und dadurch die Finanzverfassung gefährden können. Sie liegen vor, wenn die Geldleistungspflicht an die Nichterfüllung einer rechtlichen Pflicht anknüpft (BVerfGE 92, 91/117; 57, 139/167). Wie die Abschöpfungsabgaben (oben Rn.17) haben sie eine Ausgleichsfunktion. Darüber hinaus wirken sie durch influenzierende Verhaltenssteuerung (BVerfGE 67, 256/277; 57, 139/167). Dazu muss die Rechtspflicht tatsächlich Wirkungen haben (BVerfGE 92, 91/117 ff). Aus diesem Grund verfassungswidrig war die Feuerwehrabgabe (BVerfGE 92, 91/115 ff). Zulässig sind: Nahverkehrsabgabe (Jachmann, NVwZ 92, 937; Manssen, DÖV 96, 16 ff); Schwerbehindertenabgabe (BVerfGE

57, 139/169); Ausgleichsabgabe nach dem NaturschutzG BW (BVerwGE 74, 308/310 ff; a. A. Jarass, o.Lit., 51).

Mangels dauerhafter Einnahmeerzielung sind **Zwangsanleihen** 22 keine echten Abgaben. Sie sind zulässig, soweit sie ihren Lenkungszweck nicht durch die Verwendung der Mittel, sondern ausschließlich durch die Belastungswirkung verfolgen (Jarass, o.Lit., 46 ff; vgl. BVerfGE 29, 402/409). Die Gesetzgebungskompetenz richtet sich nach allgemeinen Regeln. Sie fehlt, wenn die Abgabe allgemein gilt wie die Investitionshilfeabgabe (BVerfGE 67, 256/279).

Die Finanzierung von Gruppeninteressen durch Abgaben, die von 23 einer anderen als der begünstigten Gruppe erhoben werden (sog. **fremdnützige Finanzierungsabgaben**), ist zulässig, wenn die Gesetzgebungskompetenz ausnahmsweise die Abgabeerhebung umfasst (vgl. BVerfGE 75, 108/148). Anerkannt ist dies für Art.74 Abs.1 Nr.12 „Sozialversicherung" (BVerfGE 81, 156/185; BSGE 81, 276/284 f), z. B. Künstlersozialabgabe (BVerfGE 75, 108/148; Jarass, DÖV 89, 1016) und Konkursausfallgeld (BVerfGE 89, 132/144). Gleiches gilt für Verbandslasten als Annex zur Kompetenz der Errichtung des Verbandes (vgl. Birk/Eckhoff, o.Lit., 164; Fischer-Menshausen MüK 7; Kirchhof, HbStR IV 182; a. A. Jarass, DÖV 89, 1016). Die Finanzierung der Aufsichtsbehörden durch die zu Kontrollierenden (vgl. § 101 VAG, § 51 KWG) ist dagegen wegen Verstoßes gegen das Prinzip des Steuerstaats verfassungswidrig (Ehlers/Achelpöhler, NVwZ 93, 1025 ff).

II. Kompetenzverteilung für die Steuergesetzgebung

1. Bundeskompetenzen

a) Bei der **ausschließlichen Gesetzgebungskompetenz des** 24 **Bundes (Abs.1)** darf der Bund die Länder zur Gesetzgebung ausdrücklich ermächtigen (Rn.3 zu Art.71); um die Gesetzgebungskompetenz und die Ertragshoheit nicht auseinanderfallen zu lassen, muss Art.106 Abs.1 dahin verstanden werden, dass er die Ertragshoheit des Bundes nur für bundesrechtlich geregelte Quellen begründet (Birk AK 6; Maunz MD 28; a. A. Siekmann SA 14; Fischer-Menshausen MüK 13: keine Ermächtigung zulässig). Zölle sind „Abgaben, die nach Maßgabe des Zolltarifs von der Warenbewegung über die Zollgrenze erhoben werden" (BVerfGE 8, 260/269; BFH, BStBl II 70, 250). Sie sind ein Unterfall der Steuern (oben Rn.2–6; diff. Birk/Eckhoff, o.Lit., 194). Nach Abs.1 sind Landes- oder Gemeindesteuern unzulässig, die auf den grenzüberschreitenden

Warenverkehr erhoben werden (BVerfGE 8, 260/269, wo aber fälschlich auf Art.73 Nr.5 abgestellt wird; Maunz MD 33). Wegen der umfassenden Kompetenzen der EU für Zölle läuft die Vorschrift praktisch leer (Rn.1a zu Art.70). *Finanzmonopole* sind Einrichtungen, nach denen eine bestimmte wirtschaftliche Tätigkeit zum Zweck der Erzielung von Einnahmen ausschließlich einem Träger öffentlicher Gewalt zugewiesen ist; zu den Folgen für die grundrechtliche Zulässigkeit Rn.61f zu Art.12. Gegenwärtig existiert nur das Branntweinmonopol.

25   **b) Konkurrierende Gesetzgebungskompetenz des Bundes (Abs.2, 3): aa) Voraussetzungen.** Abs.2, 3 erfassen nur Steuern (oben Rn.3–7), aber auch das allgemeine, in der AO 1977 geregelte (materielle) Steuerrecht (Fischer-Menshausen MüK 18) sowie die Subventionen durch Steuerermäßigungen (Rn.5 zu Art.104a), nicht aber das diesbezügliche Organisations- und Verfahrensrecht (Rn.1 zu Art.108). Abs.2 setzt voraus, dass eine bundesgesetzliche Regelung erforderlich ist (Rn.7f zu Art.72) oder dass dem Bund das Aufkommen der Steuern ganz oder zum Teil zusteht (Rn.4, 6–11 zu Art.106). Letzterer Fall wird teilw. als ausschließliche Gesetzgebungskompetenz des Bundes angesehen, da der Bund bei eigener Ertragshoheit nicht von den Ländern abhängig sein könne (Fischer-Menshausen MüK 19). Beschränkt man dagegen die Ertragshoheit des Bundes auf bundesrechtlich geregelte Quellen (oben Rn.24), können alle Fälle des Abs.2 getreu dem Wortlaut als konkurrierende Gesetzgebungskompetenzen verstanden werden (Birk AK 14; Maunz MD 41; vgl. auch Heun DR 34; Stern II 1116). Soweit das Aufkommen der Steuern ganz oder zum Teil den Ländern oder den Gemeinden (Gemeindeverbänden) zufließt (Rn.12–18 zu Art.106), sind die Bundesgesetze gem. Abs.3 zustimmungsbedürftig (Rn.4–6 zu Art.77). Da dem Staat keine Steuererfindungsbefugnis zusteht (Rn.2, 12 zu Art.106), können sich keine weiteren Fälle der Zustimmungsbedürftigkeit ergeben (Maunz MD 61; a.A. Fischer-Menshausen MüK 27; vgl. auch BVerfGE 14, 197/220). Beim Auseinanderfallen von Steuer- und Sachgesetzgebungskompetenz dürfen Lenkungsteuern (oben Rn.4) nicht eingesetzt werden, wenn dadurch das bestehende sachgesetzliche Regelungskonzept unterlaufen würde (BVerfGE 98, 83/98; 98, 106/118 ff).

26   **bb)** Die **Sperrwirkung** (Rn.5–8 zu Art.72) tritt nur ein, wenn der Bund von der Kompetenz Gebrauch gemacht hat (Rn.2–4 zu Art.72). Das ist hier nur der Fall, wenn zwischen einer bundesrechtlich und einer landesrechtlich geregelten Steuer Gleichartigkeit be-

steht (Wendt HbStR IV 1044). Dafür müssen Steuern in ihren wesentlichen Merkmalen übereinstimmen (vgl. Küssner, o.Lit., 77 ff; Vogel HbStR IV 40 ff). Dazu gehören Steuergegenstand, Steuermaßstab, Art der Steuererhebung und die wirtschaftlichen Auswirkungen. In erster Linie ist darauf abzustellen, ob die zu vergleichenden Steuern dieselbe Quelle wirtschaftlicher Leistungsfähigkeit beanspruchen (BVerfGE 40, 56/62 f; 65, 325/351; 98, 106/125; BVerwGE 58, 230/240; NVwZ 89, 566; krit. Heun DR 37). Keine Gleichartigkeit besteht bei der Abgabe zur Deckung kommunaler Wohnungsbaufolgekosten mit der Grundsteuer (BVerfGE 49, 343/355 ff; BVerwGE 44, 202/206 ff; a.A. BVerfGE *abwM* 49, 363/370 f) und bei der Schankerlaubnissteuer mit der Gewerbe- und der Umsatzsteuer (BVerfGE 13, 181/192 ff; BVerwG, Bh 401.67 Nr.18).

2. Landeskompetenz

a) Voraussetzungen. Die ausschließliche Gesetzgebungskom- 27
petenz der Länder (Abs.2 a) besteht für **Verbrauch- und Aufwandsteuern.** Verbrauchsteuern knüpfen die Belastung an den Verbrauch von konsumierbaren Gütern (BVerfGE 98, 106/123 f; BFHE 57, 473/489; Birk AK 17; Fischer-Menshausen MüK 17 zu Art.106; a.A. BFHE 141, 369/373); sie werden regelmäßig nicht vom Steuerschuldner, sondern im Wege der Überwälzung vom Verbraucher getragen (BVerfGE 14, 76/96; 27, 375/384; 98, 106/124; BVerwGE 96, 272/281). Aufwandsteuern belasten die Aufwendungen für das Halten von Verbrauchsgegenständen; sie kann als direkte oder indirekte Steuer ausgestaltet sein (BVerwG, NVwZ 01, 440). In beiden Fällen ist Anknüpfungspunkt die im Verbrauch und Aufwand zum Ausdruck kommende wirtschaftliche Leistungsfähigkeit (BVerfGE 49, 343/354; 65, 325/346 ff; BVerwGE 99, 303/304 f; 111, 122/125).

Örtlich sind solche Steuern, „die an örtliche Gegebenheiten, v.a. 28
an die Belegenheit einer Sache oder an einen Vorgang im Gebiet der steuererhebenden Gemeinde anknüpfen und wegen der Begrenzung ihrer unmittelbaren Wirkungen auf das Gemeindegebiet nicht zu einem die Wirtschaftseinheit berührenden Steuergefälle führen können" (BVerfGE 65, 325/349; vgl. auch BVerfGE 16, 306/327; 40, 56/61; 98, 106/124; BVerwGE 45, 264/274; 58, 230/237; krit. Stern II 1122). Dies ist bei einer Steuer, die einheitlich für ein ganzes Land erhoben wird, nicht der Fall (BVerfGE 7, 244/258; a.A. Heun DR 40; Küssner, o.Lit., 261 ff); der Ertrag steht immer den Gemeinden zu (Rn.15 zu Art.106). Andererseits nimmt es einer Steuer nicht

den örtlichen Charakter, wenn sie auch von anderen Gemeinden erhoben wird (BFHE 160, 61/63). Auch die Höhe der Steuer ist insoweit irrelevant (BVerwG, DVBl 94, 817).

29 Die **Gleichartigkeit** ist enger als sonst (oben Rn.26) zu verstehen, um den Ländern einen substantiellen, über Abs.2 hinausgehenden Kompetenzbereich zu erhalten (BVerfGE 40, 56/63; 65, 325/350 f). Daher erstreckt sich die ausschließliche Ländergesetzgebungskompetenz auf die herkömmlichen, am 1. 1. 1970 üblicherweise bestehenden örtlichen Verbrauch- und Aufwandsteuern (BVerfGE 40, 52/55; 69, 174/183; 98, 116/125; Fischer-Menshausen MüK 25 f; a. A. Birk AK 20). Die Länder dürfen die Erhebung einzelner örtlicher Verbrauch- und Aufwandsteuern verbieten oder zur Pflicht machen (vgl. auch Rn.14 zu Art.28).

30 **b) Einzelfälle:** Einwohnersteuer (Maunz MD 55; Fischer-Menshausen MüK 26; **a. A.** BVerfGE 16, 64/74; BVerwG, NVwZ 92, 1098 f; BayVerfGHE 45, 33/43); Fischereisteuer (Fischer-Menshausen MüK 24); Getränkesteuer (BVerfGE 44, 216/226 f; 69, 174/183; BVerwG, VwRspr Bd.29 Nr.136); Hundesteuer (BVerwGE 110, 265/268; BFHE 151, 285/286); Jagdsteuer (BVerfG-K, NVwZ 89, 1152; HessStGH, NVwZ 01, 670; BVerwG, NVwZ-RR 91, 423); Speiseeissteuer (BVerfGE 16, 306/316 f); Spielgerätesteuer (BVerfG-K, NVwZ 97, 573; BVerwGE 110, 237/240; 110, 248/250; BFHE 160, 61/63; 180, 497/501 f); Vergnügungsteuer (BVerfGE 40, 56/64; 42, 38/41; BVerwGE 45, 277/280); Verpackungsteuer, soweit sie nur Waren zum Verzehr an Ort und Stelle erfasst (BVerfGE 98, 116/123; BVerwGE 96, 272/284; Pieroth, WiVerw 96, 70 f); Wohnraumsteuer (Küssner, o.Lit., 354 ff); Zweitwohnungsteuer (BVerfGE 65, 325/346 ff; BVerwGE 109, 188/189 f; 111, 122/126; BFHE 182, 243/245 ff; BayVerfGHE 45, 33/43), sofern die Wohnung nicht – wie z. B. bei Dauervermietung – ausschließlich zur Einkommenserzielung bestimmt ist (BVerfG-K, NVwZ 96, 58; BVerwGE 99, 303/305) oder einer juristischen Person gehört (BVerwG, NVwZ 01, 439 f).

Art.106 [Steuerertragsaufteilung zwischen Bund, Ländern und Gemeinden]

(1) **Der Ertrag**[1] **der Finanzmonopole und das Aufkommen der folgenden Steuern stehen dem Bund zu:**

1. die Zölle,

2. die Verbrauchsteuern, soweit sie nicht nach Absatz 2 den Ländern, nach Absatz 3 Bund und Ländern gemeinsam oder nach Absatz 6 den Gemeinden zustehen,
3. die Straßengüterverkehrsteuer,
4. die Kapitalverkehrsteuern, die Versicherungsteuer und die Wechselsteuer,
5. die einmaligen Vermögensabgaben und die zur Durchführung des Lastenausgleichs erhobenen Ausgleichsabgaben,
6. die Ergänzungsabgabe zur Einkommensteuer und zur Körperschaftsteuer,
7. Abgaben im Rahmen der Europäischen Gemeinschaften[4].

(2) Das Aufkommen der folgenden Steuern steht den Ländern zu[5]:
1. die Vermögensteuer,
2. die Erbschaftsteuer,
3. die Kraftfahrzeugsteuer,
4. die Verkehrsteuern, soweit sie nicht nach Absatz 1 dem Bund oder nach Absatz 3 Bund und Ländern gemeinsam zustehen,
5. die Biersteuer,
6. die Abgabe von Spielbanken.

(3) Das Aufkommen der Einkommensteuer, der Körperschaftsteuer und der Umsatzsteuer steht dem Bund und den Ländern gemeinsam zu (Gemeinschaftsteuern)[6], soweit das Aufkommen der Einkommensteuer nicht nach Absatz 5 und das Aufkommen der Umsatzsteuer nicht nach Absatz 5 a den Gemeinden zugewiesen wird. Am Aufkommen der Einkommensteuer und der Körperschaftsteuer sind der Bund und die Länder je zur Hälfte beteiligt[7]. Die Anteile von Bund und Ländern an der Umsatzsteuer werden durch Bundesgesetz, das der Zustimmung des Bundesrates bedarf, festgesetzt[8]. Bei der Festsetzung ist von folgenden Grundsätzen auszugehen:
1. Im Rahmen der laufenden Einnahmen haben der Bund und die Länder gleichmäßig Anspruch auf Deckung ihrer notwendigen Ausgaben. Dabei ist der Umfang der Ausgaben unter Berücksichtigung einer mehrjährigen Finanzplanung zu ermitteln.
2. Die Deckungsbedürfnisse des Bundes und der Länder sind so aufeinander abzustimmen, daß ein billiger Ausgleich erzielt, eine Überbelastung der Steuerpflichtigen vermieden und die Einheitlichkeit der Lebensverhältnisse im Bundesgebiet gewahrt wird[8].

Zusätzlich werden in die Festsetzung der Anteile von Bund und Ländern an der Umsatzsteuer Steuermindereinnahmen einbezogen, die den Ländern ab 1. Januar 1996 aus der Berücksichtigung von Kindern im Einkommensteuerrecht entstehen[9]. Das Nähere bestimmt das Bundesgesetz nach Satz 3[8].

(4) Die Anteile von Bund und Ländern an der Umsatzsteuer sind neu festzusetzen, wenn sich das Verhältnis zwischen den Einnahmen und Ausgaben des Bundes und der Länder wesentlich anders entwickelt[10]; Steuermindereinnahmen, die nach Absatz 3 Satz 5 in die Festsetzung der Umsatzsteueranteile zusätzlich einbezogen werden, bleiben hierbei unberücksichtigt[9]. Werden den Ländern durch Bundesgesetz zusätzliche Ausgaben auferlegt oder Einnahmen entzogen, so kann die Mehrbelastung durch Bundesgesetz, das der Zustimmung des Bundesrates bedarf, auch mit Finanzzuweisungen des Bundes ausgeglichen werden, wenn sie auf einen kurzen Zeitraum begrenzt ist[11]. In dem Gesetz sind die Grundsätze für die Bemessung dieser Finanzzuweisungen und für ihre Verteilung auf die Länder zu bestimmen[11].

(5) Die Gemeinden erhalten einen Anteil an dem Aufkommen der Einkommensteuer, der von den Ländern an ihre Gemeinden auf der Grundlage der Einkommensteuerleistungen ihrer Einwohner weiterzuleiten ist. Das Nähere bestimmt ein Bundesgesetz, das der Zustimmung des Bundesrates bedarf. Es kann bestimmen, daß die Gemeinden Hebesätze für den Gemeindeanteil festsetzen[13].

(5 a) Die Gemeinden erhalten ab dem 1. Januar 1998 einen Anteil an dem Aufkommen der Umsatzsteuer. Er wird von den Ländern auf der Grundlage eines orts- und wirtschaftsbezogenen Schlüssels an ihre Gemeinden weitergeleitet. Das Nähere wird durch Bundesgesetz, das der Zustimmung des Bundesrates bedarf, bestimmt[14].

(6) Das Aufkommen der Grundsteuer und Gewerbesteuer steht den Gemeinden, das Aufkommen der örtlichen Verbrauch- und Aufwandsteuern steht den Gemeinden oder nach Maßgabe der Landesgesetzgebung den Gemeindeverbänden zu[15]. Den Gemeinden ist das Recht einzuräumen, die Hebesätze der Grundsteuer und Gewerbesteuer im Rahmen der Gesetze festzusetzen[16]. Bestehen in einem Land keine Gemeinden, so steht das Aufkommen der Grundsteuer und Gewerbesteuer sowie der örtlichen Verbrauch- und Aufwandsteuern dem Land zu. Bund und Länder können durch eine Umlage an dem Aufkommen der

Gewerbesteuer beteiligt werden. Das Nähere über die Umlage bestimmt ein Bundesgesetz, das der Zustimmung des Bundesrates bedarf. Nach Maßgabe der Landesgesetzgebung können die Grundsteuer und Gewerbesteuer sowie der Gemeindeanteil vom Aufkommen der Einkommensteuer und der Umsatzsteuer als Bemessungsgrundlagen für Umlagen zugrunde gelegt werden[17].

(7) Von dem Länderanteil am Gesamtaufkommen der Gemeinschaftsteuern fließt den Gemeinden und Gemeindeverbänden insgesamt ein von der Landesgesetzgebung zu bestimmender Hundertsatz zu. Im übrigen bestimmt die Landesgesetzgebung, ob und inwieweit das Aufkommen der Landessteuern den Gemeinden (Gemeindeverbänden) zufließt[18].

(8) Veranlaßt der Bund in einzelnen Ländern oder Gemeinden (Gemeindeverbänden) besondere Einrichtungen, die diesen Ländern oder Gemeinden (Gemeindeverbänden) unmittelbar Mehrausgaben oder Mindereinnahmen (Sonderbelastungen) verursachen, gewährt der Bund den erforderlichen Ausgleich, wenn und soweit den Ländern oder Gemeinden (Gemeindeverbänden) nicht zugemutet werden kann, die Sonderbelastungen zu tragen. Entschädigungsleistungen Dritter und finanzielle Vorteile, die diesen Ländern oder Gemeinden (Gemeindeverbänden) als Folge der Einrichtungen erwachsen, werden bei dem Ausgleich berücksichtigt[19f].

(9) Als Einnahmen und Ausgaben der Länder im Sinne dieses Artikels gelten auch die Einnahmen und Ausgaben der Gemeinden (Gemeindeverbände)[12].

Übersicht

1. Bedeutung und Abgrenzung zu anderen Vorschriften

1   Art.106 regelt die **Ertragshoheit**, d. h. die Verteilung der steuerlichen Erträge (Aufkommen) auf Bund, Länder und Gemeinden. Zur eingeschränkten Geltung in den Neuen Ländern Art.7 Abs.2 EVertr; danach gilt Art.106 mit Ausnahme der Berechnung des Gemeindeanteils an der Einkommensteuer ab 1. 1. 1995 uneingeschränkt. Die verfassungsrechtliche Eigenständigkeit von Bund und Ländern bedarf eines realen wirtschaftlichen Fundaments (BVerfGE 32, 333/338; 39, 96/108). Zu den Grenzen einer Verfassungsänderung Rn.8 zu Art.79. Im Übrigen sind die einzelnen Steuern und Steuerarten sowie ihr Ertrag nicht verfassungsrechtlich garantiert: Einzelne Steuern brauchen nicht erhoben bzw. dürfen abgeschafft werden (Maunz MD 19, 21; Fischer-Menshausen MüK 13; Vogel/Waldhoff BK Vorb.581 zu Art.104a). Das gilt auch für Realsteuern (unten Rn.15; offengelassen BVerfGE 26, 172/184); die kommunale Beteiligung an der Einkommensteuer und an der Umsatzsteuer (unten Rn.13) darf aber nicht so ausgestaltet werden, dass der durch Art.28 Abs.2 garantierte Umfang der gemeindlichen Finanzausstattung unterschritten wird (BVerfGE 71, 25/38; weitergehend Siekmann SA 30). Für unverzichtbar wird allerdings die Umsatzsteuer gehalten (Fischer-Menshausen MüK 17; Vogel HbStR IV 22). Soweit durch die Abschaffung von Steuern oder Steuerarten das finanzielle Gleichgewicht im Bund-Länder-Verhältnis wesentlich verschoben wird, entsteht ein Anspruch gem. Abs.4 (unten Rn.10).

2   Die Regelung der Ertragshoheit steht in einem **engen Zusammenhang mit Art.105 und 107.** Während Art.106 die vertikale (auf Bund, Länder und Gemeinden verteilende) Steuerertragsaufteilung betrifft, regelt Art.107 Abs.1 die horizontale (im Verhältnis der Länder untereinander verteilende) Steuerertragsaufteilung und Art.107 Abs.2 vor allem den horizontalen Finanzausgleich (näher Vogel/Walter BK 85 ff). Bundesstaatlicher Bezugspunkt dieser Regelungen ist die aufgabengerechte Verteilung des Finanzaufkommens (BVerfGE 86, 148/215 f). Dementsprechend ist die Ertragshoheit von den Gesetzgebungskompetenzen unabhängig, während diese inhaltlich verschiedentlich an die Ertragshoheit geknüpft sind (Rn.25 zu Art.105). Die differenzierte und erkennbar erschöpfende Aufzählung von Steuern und Steuerarten in Art.106 lässt eine Steuererfindungsbefugnis von Bund und Ländern nicht zu (BFHE 141, 369/372; Birk AK 6; Vogel/Walter BK 30; Maunz MD 46 zu Art.105; Siekmann SA 45 zu Art.105; Stern II 1118 ff; a. A. Heun DR 14; Jarass, o.Lit., 17 ff; Manssen, o. Lit., 154 f unter Hinweis auf BVerfGE 49, 343/354; Wendt HbStR IV 1039 ff; Fischer-Menshausen MüK 14 a, 16 zu Art.105; offengelassen BVerfGE 98, 83/101). Art.106 bezieht sich nur auf Steuern (Rn.3–7 zu Art.105); die Ertragshoheit von Gebühren (Rn.13 f zu Art.105) und Beiträgen (Rn.15 f zu Art.105) folgt als Ausgleich für die entstandenen Kosten der Verwaltungskompetenz, diejenige von Sonder- und sonstigen Abgaben folgt der Gesetzgebungskompetenz (Vogel/Walter BK 32 ff; Fischer-Menshausen MüK 2; Stern II 1160 f). Sonderabgaben werden regelmäßig einem Fonds zugewiesen (Rn.9 zu Art.105).

Als Teil der **Kompetenzverteilung** zwischen Bund und Ländern **3** sind die von Art.106 vorgenommenen Zuweisungen grds. zwingend (Rn.8 zu Art.30). Bund und Länder können insb. nicht vertraglich abweichende Regelungen treffen (vgl. BVerfGE 55, 274/300); daher ist die Verwaltungsvereinbarung über die Abführung der Spielbankabgabe (Rn.7 zu Art.105) verfassungswidrig (Vogel/Walter BK 49; Heun DR 10, 16; Maunz MD 34; Siekmann SA 3; a. A. Fischer-Menshausen MüK 21). Dagegen ist die (Mit-)Finanzierung anderer Gebietskörperschaften auch aus dem Aufkommen bestimmter Steuern (zur Zwecksteuer Rn.6 zu Art.105) unter den Voraussetzungen des Art.104 a Abs.4 zulässig. Dem Bundesgesetzgeber sind bei Regelungen zu Lasten der Ertragshoheit der Länder Grenzen aus dem Grundsatz bundesfreundlichen Verhaltens (Rn.20–22 zu Art.20) gezogen (Birk AK 23 zu Art.105; vgl. auch BVerfGE 72, 330/397).

2. Vollständige Ertragshoheit des Bundes (Abs.1)

Der Ertrag der in Abs.1 abschließend aufgezählten Steuern steht **4** vollständig dem Bund zu (sog. Bundessteuern). Das gilt auch bei Ermächtigung der Länder zur Gesetzgebung (Siekmann SA 11 zu Art.105). Faktisch beruhen sie nur auf bundesrechtlicher Regelung (Rn.24 zu Art.105). Zu den *Finanzmonopolen und Zöllen (Nr.1)* Rn.24 zu Art.105. Zu den *Verbrauchsteuern (Nr.2)* Rn.27 zu Art.105. Zu ihnen gehören die Branntwein- (BFHE 141, 369/372 ff), Kaffee- (Seer BK 59 zu Art.108), Mineralöl- (Fischer-Menshausen MüK 16), Schaumwein- (BVerfGE 27, 375/383), Strom- (Seer BK 62 zu

Art.108) und Tabaksteuer (Fischer-Menshausen MüK 16) sowie die
Aufwandsteuern (BVerfGE 16, 64/74). Ausgenommen sind die
Biersteuer (unten Rn.5), die Einfuhrumsatzsteuer (unten Rn.5) und
die örtlichen Verbrauch- und Aufwandsteuern (unten Rn.15). *Verkehrsteuern (Nr.3, 4)* knüpfen an Akte oder Vorgänge des Rechtsverkehrs, an einen rechtlichen oder wirtschaftlichen Akt, an die
Vornahme eines Rechtsgeschäfts, einen wirtschaftlichen oder Verkehrsvorgang an (BVerfGE 16, 64/73; vgl. auch BVerwGE 96,
272/281 f; Jarass, o.Lit., 20). Die Kapitalverkehrsteuern, die Versicherungsteuer und die Wechselsteuer sollen den Umsatz von Fi-
nanzkapital erfassen. Dazu gehören auch die Börsenumsatzsteuer
und die Gesellschaftsteuer (Birk AK 17). Die *einmaligen Vermögensabgaben* und die zur Durchführung des Lastenausgleichs (vgl.
Art.120) erhobenen *Ausgleichsabgaben (Nr.5)* sind nicht identisch
(Maunz MD 27; a.A. Birk AK 18; Vogel/Walter BK 237). Die
*Ergänzungsabgabe zur Einkommensteuer und zur Körperschaftsteuer
(Nr.6),* wie der Solidaritätszuschlag zur Finanzierung der deutschen
Einheit seit dem 1. 1. 1995 (BVerfG-K, NJW 00, 798; Stuhrmann,
NJW 93, 2425; vgl. auch BFHE 167, 551/553), darf die Einkom-
men- und Körperschaftsteuer (unten Rn.6) nicht aushöhlen; sie ist
in der Höhe begrenzt, wobei die Grenze mit 3% nicht überschritten
ist; sie muss aber nicht von vornherein befristet werden (BVerfGE
32, 333/338 ff). Die *Abgaben im Rahmen der Europäischen Gemeinschaften (Nr.7)* reichen über den Begriff der Steuer (Rn.3–7 zu Art.105)
hinaus (Birk AK 20; Vogel/Walter BK 239; Maunz MD 29).

3. Vollständige Ertragshoheit der Länder (Abs.2)

5   Der Ertrag der in Abs.2 abschließend aufgezählten Steuern steht
vollständig den Ländern zu (sog. Landessteuern); sie können auf
bundes- oder landesrechtlicher Regelung beruhen (Rn.25 zu
Art.105). Die *Vermögensteuer (Nr.1)* ist eine Personalsteuer, die das
Vermögen zum Gegenstand hat (BVerfGE 4, 407/437; 43, 1/7). Sie
kann als Sollertrag- oder Substanzsteuer ausgestaltet sein (BVerfGE
abwM 93, 121/156; **a.A.** BVerfGE 93, 121/137: nur als Sollertrag-
steuer verfassungsgemäß). Die *Erbschaftsteuer (Nr.2)* erfasst den Erwerb auf Erbschaft, Vermächtnis und Schenkung. Die *Kraftfahrzeugsteuer (Nr.3)* ist eine Aufwandsteuer (Vogel/Walter BK 242; a.A.
BFHE 110, 213/217; Maunz MD 31: Verkehrsteuer). Die Ertragshoheit der Länder an den *sonstigen Verkehrsteuern (Nr.4)* ist beschränkt
durch die speziellen Zuweisungen an den Bund (oben Rn.4) sowie
bezüglich der Umsatzsteuer, die mit Ausnahme der Einfuhrumsatz-

steuer (oben Rn.4) verfassungsrechtlich (vgl. Seer BK 61 zu Art.108) als Verkehrsteuer gilt, an den Bund und die Länder gemeinsam (unten Rn.6). Danach stehen den Ländern die Erträge der Feuerschutz-, Grunderwerb-, Lotterie- und Rennwettsteuer (BVerwGE 97, 12/14) zu. Die *Biersteuer (Nr.5)* ist die Einzige den Ländern aus Tradition zustehende Verbrauchsteuer (Rn.27 zu Art.105). Die *Abgabe von Spielbanken (Nr.6)* ist eine Steuer (Rn.7 zu Art.105; vgl. auch oben Rn.3).

4. Gemeinsame Ertragshoheit von Bund und Ländern (Abs.3, 4)

a) Die **Gemeinschaftsteuern** umfassen die Einkommen-, Kör- 6
perschaft- und Umsatzsteuer. Zur Einkommensteuer rechnen auch die Besteuerung von Veräußerungsgewinnen (BVerfGE 26, 302/309; 27, 111/126) und der Stabilitätszuschlag (BVerfGE 36, 66/70 f), nicht aber die Ergänzungsabgabe (oben Rn.4). Die Körperschaftsteuer ist die Einkommensteuer juristischer Personen. Die Umsatzsteuer ist teilw. Verbrauch- und teilw. Verkehrsteuer (oben Rn.5); sie ist heute als Mehrwertsteuer ausgestaltet (vgl. BVerfGE 31, 314/331; 37, 38/45 f). Die Gemeinschaftsteuern machen ca. 72% des gesamten Steueraufkommens aus (Fischer-Menshausen MüK 22).

b) Verteilung der Einkommen- und Körperschaftsteuer 7
(Abs.3 S.1, 2). Das Aufkommen der Körperschaftsteuer steht Bund und Ländern je zur Hälfte zu. Vom Aufkommen der Einkommensteuer wird der gem. Abs.5 den Gemeinden zugewiesene Anteil (unten Rn.13) abgezogen. Der Rest steht Bund und Ländern je zur Hälfte zu.

c) Verteilung der Umsatzsteuer (Abs.3 S.3, 4 Abs.4 S.1). Vom 8
Aufkommen der Umsatzsteuer wird seit der Verfassungsänderung von 1997 (Einl.3 Nr.44) der gem. Abs.5 a den Gemeinden zugewiesene Anteil (unten Rn.14) abgezogen. Im Übrigen ist die Verteilung der Umsatzsteuer nicht quotenmäßig in der Verfassung festgeschrieben, um die Ertragsverteilung einer unterschiedlichen Bedarfsentwicklung in Bund und Ländern anpassen zu können (BVerfGE 72, 330/384). Die Festsetzung erfolgt gem. Abs.3 S.3 durch zustimmungsbedürftiges (Rn.4–6 zu Art.77) Bundesgesetz; dies ist eine ausschließliche Bundesgesetzgebungskompetenz (Rn.3 zu Art.70) und ein Regelungsauftrag (Fischer-Menshausen MüK 25). Die zeitliche Befristung des Gesetzes ist, wie sich u. a. aus Abs.4 S.1 ergibt (unten Rn.10), verfassungswidrig (Birk AK 30; Vogel/Walter BK

54 ff; Fischer-Menshausen MüK 30; a. A. Heun DR 27; Siekmann
SA 15; Wendt HbStR IV 1061). Die konkreten Quoten gem. § 1
FAG haben häufig gewechselt; unter Berücksichtigung von Vorabzü-
gen und dynamischen Elementen erhalten Bund und Länder seit
1998 jeweils etwa 50%. Für die Festsetzung sind in Abs.3 S.4 bestimmte Grundsätze normiert, die aber wegen ihrer Unbestimmtheit
dem Gesetzgeber einen weiten Entscheidungsspielraum lassen (Birk
AK 31 f; Maunz MD 42, 58; Fischer-Menshausen MüK 26; Wendt
HbStR IV 1058 ff). Der hier außerdem normierte Verfassungsauftrag, eine mehrjährige Finanzplanung aufzustellen, ist bisher nicht
erfüllt worden (krit. Vogel HbStR IV 21).

9   Die 1995 eingefügten (Einl.3 Nr.43) Abs.3 S.5, 6 und Abs.4 S.1
Hs.2 verpflichten den Gesetzgeber (oben Rn.8), bei der Festsetzung
den Verschiebungen im **Familienlastenausgleich** Rechnung zu
tragen, die durch die Systemumstellung auf das steuerrechtliche
Optionsmodell ab 1. 1. 1996 entstanden sind; insb. soll die verfassungsrechtliche Voraussetzung für eine Fortführung des bisherigen
Lastenverteilungsverhältnisses zwischen Bund und Ländern von
74 : 26 auch für den neuen Familienlastenausgleich durch entsprechende Regelungen im FinanzausgleichsG geschaffen werden (BT-
Drs. 13/2245, 3; krit. Heun DR 25; Henneke, ZG 1999, 13).

10   Zu einer **Neufestsetzung der Umsatzsteueranteile** ist der
Bundesgesetzgeber gem. Abs.4 S.1 Hs.1 verpflichtet, wenn sich das
Verhältnis zwischen den Einnahmen und Ausgaben des Bundes und
der Länder wesentlich anders entwickelt. Wesentlich bedeutet: nicht
nur vorübergehend, nicht nur geringfügig sowie offensichtlich (Birk
AK 33; Fischer-Menshausen MüK 29). Liegen diese Voraussetzungen nicht vor, kann der Bundesgesetzgeber gleichwohl im Rahmen
des Abs.3 S.4 (oben Rn.8) eine Neufestsetzung der Umsatzsteueranteile vornehmen (Birk AK 33; Heun DR 26; Vogel/Walter BK
66; a. A. Maunz MD 64).

11   **d) Finanzzuweisungen des Bundes an die Länder** (Abs.4 S.2,
3) können durch zustimmungsbedürftiges (Rn.4–6 zu Art.77) Bundesgesetz vorgesehen werden, wenn den Ländern dadurch eine kurz-
zeitige Mehrbelastung entsteht, dass ihnen durch Bundesgesetz zusätzliche Aufgaben auferlegt oder Einnahmen entzogen werden (sog.
Mehrbelastungsausgleich; vgl. Hidien, AöR 1997, 583). Das Ermessen des Gesetzgebers kann sich in Fällen unzumutbarer Belastung
der Länder unter Berücksichtigung von Abs.4 S.4 Nr.2 und dem
Grundsatz des bundesfreundlichen Verhaltens (Rn.20–22 zu Art.20)
zu einer Pflicht verdichten (Vogel/Walter BK 120 f; Fischer-Mens-

hausen MüK 31). Die Regelung ergänzt Abs.4 S.1 (oben Rn.10), der längerfristige Verschiebungen voraussetzt. Das Gesetz muss die Anforderungen des S.3 erfüllen.

5. Ertragshoheit der Gemeinden (Abs.5–7)

a) Allgemeines. Obwohl die Gemeinden und Gemeindever- **12** bände gem. Abs.9 als Teil der Länder anzusehen sind (vgl. auch Rn.6 zu Art.30), wird ihre Ertragshoheit hier speziell geregelt. Zur Garantie der gemeindlichen Selbstverwaltung gehört auch eine angemessene Finanzausstattung und die Garantie der Gewerbeertragsteuer (Rn.14 zu Art.28). Allerdings garantieren Abs.5–7 weder, dass der gemeindliche Finanzbedarf durch kommunale Steuern und Finanzausgleichsleistungen vollständig abgedeckt wird (NdsStGH, DÖV 95, 995 f), noch dass alle derzeitigen Steuern erhalten bleiben (Fischer-Menshausen MüK 32; vgl. auch BVerfGE 26, 178/184). Soweit in einem Land keine Gemeinden bestehen (Berlin und Hamburg), steht die Ertragshoheit den Ländern zu (Abs.6 S.3 analog; Fischer-Menshausen MüK 32; Siekmann SA 27; Vogel/Walter BK 72, 81). Ebensowenig wie Bund und Ländern (oben Rn.2) steht den Gemeinden eine Steuererfindungsbefugnis außerhalb der Einführung neuer örtlicher Verbrauch- und Aufwandsteuern zu (Winands, JuS 86, 942). Die Verwaltung der Steuern in der Ertragshoheit der Gemeinden erfolgt regelmäßig durch die Länder (Rn.4–7, 9–11 zu Art.108); für diese handelt es sich um „durchlaufende Posten" (BGHZ 106, 134/140).

b) Der Ertrag der **Einkommensteuer** (oben Rn.6, 7) steht teilw. **13** den Gemeinden zu (Abs.5). Die Länder sind verpflichtet, den Anteil an die Gemeinden auf der Grundlage der Einkommensteuerleistungen ihrer Einwohner weiterzuleiten (S.1). Damit ist der Verteilungsmaßstab nur grob festgelegt. Für die Höhe des Gemeindeanteils (derzeit 15%) und die Einzelheiten der Verteilung besteht eine ausschließliche Bundesgesetzgebungskompetenz (Rn.3 zu Art.70) mit Zustimmungspflichtigkeit des Bundesrats (S.2; vgl. Rn.4–6 zu Art.77). Von der Möglichkeit, den Gemeinden ein Hebesatzrecht für ihren Anteil an der Einkommensteuer einzuräumen (S.3), ist bisher nicht Gebrauch gemacht worden.

c) Der Ertrag der **Umsatzsteuer** (oben Rn.6, 8) steht gem. dem **14** 1997 eingefügten (Einl.3 Nr.44) Abs.5 a ab dem 1. 1. 1998 teilw. den Gemeinden zu (S.1). Die Länder sind verpflichtet (BT-Drs.13/8348, 15: „obligatorisch"), den Anteil an die Gemeinden auf der Grundlage eines orts- und wirtschaftsbezogenen Schlüssels weiterzuleiten (S.2). Die Höhe des Gemeindeanteils (derzeit: 2,2%) und die Einzelheiten der Verteilung sind zustimmungsbedürftigen (Rn.4–6 zu Art.77) Bundesgesetzen, d. h. FinanzausgleichsG und GemeindefinanzreformG, überlassen (S.3).

15   d) Über die **Grundsteuer**, die **Gewerbesteuer** und die **örtlichen Verbrauch- und Aufwandsteuern** haben die Gemeinden die vollständige Ertragshoheit (Abs.6). Die beiden ersten Begriffe ersetzen seit 1997 den Begriff „Realsteuern". Realsteuern stellen im Gegensatz zu Personalsteuern nicht auf die persönlichen Verhältnisse des Steuersubjekts ab, sondern erfassen das Objekt (vgl. BVerfGE 13, 331/345; 25, 28/38; 46, 224/237). Da als Realsteuern in Übereinstimmung mit § 3 Abs.2 AO die Grundsteuer, die den Grundbesitz in seinen verschiedenen Formen erfasst (Birk AK 41 a), und die Gewerbesteuer (BVerfGE 3, 407/438), einschl. der früheren Lohnsummensteuer (BVerfGE 21, 54/59), angesehen wurden, handelte es sich bei der Verfassungsänderung um eine „Klarstellung" (BT-Drs.13/8348, 15). Zu den örtlichen Verbrauch- und Aufwandsteuern Rn.27 zu Art.105. Sie können, anders als die Grundsteuer und Gewerbesteuer, durch Landesgesetze auch den Gemeindeverbänden zugewiesen werden (S.1).

16   Für die Grundsteuer und Gewerbesteuer ist den Gemeinden die **Hebesatzrechtsetzung** gewährleistet (S.2). Wie allgemein (Rn.20–22 zu Art.28) besteht diese Garantie nur im Rahmen der Gesetze, so dass die Hebesätze nach unten und oben begrenzbar sind (Birk AK 42; Maunz MD 91; vgl. auch BVerwG, NVwZ 91, 894). Wegen der Bundesgesetzgebungskompetenz für die Grundsteuer und Gewerbesteuer kommen hier Landesgesetze nur in Betracht, wenn der Bundesgesetzgeber von seiner Gesetzgebungskompetenz keinen vollständigen Gebrauch (Rn.2–4 zu Art.70) gemacht hat (vgl. BVerwG, NVwZ 94, 177). Eine bestimmte Höhe des Steuerertrags ist den Gemeinden nicht gewährleistet (BVerwG, NVwZ 94, 177; BFHE 168, 350/360).

17   Eine **Umlage** ist ein Beitrag von Gebietskörperschaften zur Finanzausstattung von Gebietskörperschaften höherer Ordnung (Vogel/Walter BK 82; vgl. BVerfGE 83, 363/390; BVerwGE 106, 280/283 f). Sie ändert nichts an der Ertragshoheit der Gemeinden, sondern gibt Bund und Ländern nur einen Anspruch gegen die Gemeinden (BVerwG, DVBl 83, 137). Eine *Gewerbesteuerumlage* kann durch zustimmungsbedürftiges (Rn.4–6 zu Art.77) Bundesgesetz eingeführt und näher geregelt werden (S.4, 5); dadurch wird eine ausschließliche Bundesgesetzgebungskompetenz begründet

(Rn.3 zu Art.70). *Weitere Umlagen* können landesgesetzlich zum Ausgleich der allgemeinen Finanzkraft (Kluth, DÖV 94, 456) oder für besondere Aufwendungen (sog. Zweckumlagen; BVerfGE 83, 363/390), z.B. die gleichmäßige Verteilung wiedervereinigungsbedingter Einnahmeverluste (BVerwGE 106, 280/284 f), eingeführt werden (S.6). Dabei sind die Grund- und die Gewerbesteuer (oben Rn.15) sowie der Gemeindeanteil am Aufkommen der Einkommensteuer und der Umsatzsteuer (oben Rn.13, 14) als Bemessungsgrundlagen zugrundezulegen. *Zweckumlagen* sind zulässig, wenn ihr Aufkommen im kommunalen Raum bleibt (BVerfGE 83, 363/392). Sie sind keine Abgaben, sondern ein Instrument des Finanzausgleichs, so dass das Äquivalenzprinzip (Rn.13 zu Art.105) nicht gilt (BVerfGE 83, 363/392 f). Die Gewerbesteuerumlage betrug 1986 14,5% und fließt Bund und Ländern je zur Hälfte zu (Wendt HbStR IV 1063). Auf S.6 stützt sich z.B. die *Kreisumlage* (Rn.25 zu Art.28).

e) Ertrag sonstiger Steuern (Abs.7). Der Ertrag der *Gemein-* **18** *schaftssteuern* (oben Rn.6) steht teilw. den Gemeinden zu (S.1). Die Höhe des Anteils ist von der Landesgesetzgebung als bestimmter Prozentsatz vom Länderanteil am Gesamtaufkommen der Gemeinschaftssteuern festzusetzen. Dieser Betrag darf nicht um die nach Art.107 Abs.2 zu leistenden Ausgleichsbeträge gekürzt werden (Maunz MD 94). Ob und inwieweit das Aufkommen der *Landessteuern* (oben Rn.5) den Gemeinden und Gemeindeverbänden zufließt, steht im Ermessen der Landesgesetzgebung (S.2). Zum Gemeindefinanzausgleich vgl. Literatur B zu Art.28.

6. Sonderlastenausgleich (Abs.8)

Die Vorschrift gewährt einzelnen Ländern, Gemeinden oder Ge- **19** meindeverbänden einen **Anspruch gegen den Bund** auf Ausgleich von Sonderbelastungen, die typischerweise von der Steuerertragsaufteilung gem. Abs.1–7 nicht erfasst und wegen ihrer Höhe unzumutbar sind (S.1; vgl. BVerfGE 86, 148/268; BVerwG, DVBl 94, 864). Dabei verringert sich der Anspruch um Entschädigungsleistungen Dritter und sonstige finanzielle Vorteile (S.2). Umgekehrt darf der Sonderlastenausgleich von Gemeinden im Rahmen von Landeszuschüssen nicht in der Weise berücksichtigt werden, dass sein Zweck verfehlt wird (BVerwG, NVwZ 86, 482). Der Ausgleich hat in Geld zu erfolgen (Maunz MD 111). Um einen Sonderlastenausgleich handelt es sich bei der Erstattungspflicht gem. § 14 Abs.3 FStrG (BVerwG, NVwZ 92, 266).

20   **Anspruchsvoraussetzungen sind:** Einrichtungen in einzelnen Ländern oder Gemeinden (Gemeindeverbänden) müssen vom Bund veranlasst sein. Es muss sich um besondere Einrichtungen handeln; die der allgemeinen Versorgung der Bevölkerung dienenden Einrichtungen, wie früher Bundespost und Bundesbahn, fallen nicht hierunter. Es kommen Einrichtungen des Bundes, aber auch Einrichtungen der Länder und Gemeinden in Betracht, z. B. Kasernen, Behörden und Forschungseinrichtungen. Soweit in den Fällen der Art.104 a Abs.4, Art.91 a Abs.4 und Art.91 b S.2 überhaupt eine Veranlassung gegeben ist, sind die dortigen Ausgleichsregelungen leges speciales (Maunz MD 103; Heun DR 43; a. A. Vogel/Walter BK 136, 142; Fischer-Menshausen MüK 40). Mehrausgaben oder Mindereinnahmen (Sonderbelastungen) sind im Wesentlichen einmalig auftretende Investitionslasten sowie Einbußen künftiger Erträge, mit denen ohne die Einrichtung hinreichend gewiss gerechnet werden konnte (BVerwG, DVBl 94, 865). Nicht dazu gehören: Wirkungen rein negativer Maßnahmen, wie die Aufhebung eines Standorts (a. A. Fischer-Menshausen MüK 40), Betriebs- und Unterhaltungskosten (Maunz MD 105). Sonderbelastungen müssen unmittelbar verursacht und wegen ihrer Höhe unzumutbar sein (näher Vogel/Walter BK 146 ff).

Art.106 a [Personennahverkehrsausgleich]

Den Ländern steht ab 1. Januar 1996 für den öffentlichen Personennahverkehr ein Betrag aus dem Steueraufkommen des Bundes zu. Das Nähere regelt ein Bundesgesetz, das der Zustimmung des Bundesrates bedarf. Der Betrag nach Satz 1 bleibt bei der Bemessung der Finanzkraft nach Artikel 107 Abs.2 unberücksichtigt[1].

Literatur: *Hidien,* Der spezielle Finanzierungsausgleich gem. Art.106 a GG, DVBl 1997, 595.

1   Die 1992 eingefügte (Einl.3 Nr.40) Vorschrift stellt eine Durchbrechung des Art.104 a Abs.1 dar (Henneke, ZG 99, 5) und steht im Zusammenhang mit der Privatisierung der Eisenbahnen des Bundes (Rn.4 f zu Art.87 e) und der Regionalisierung des Schienenpersonennahverkehrs ab dem 1. 1. 1996 (Rn.1 zu Art.143 a). In diesem Bereich bestehen Betriebskostendefizite (BT-Drs. 12/6280, 9). Der durch *S.1* angeordnete finanzielle Ausgleich für die Länder aus dem

Steueraufkommen des Bundes bezieht sich auf den gesamten öffentlichen Personennahverkehr, einschl. des Straßenpersonennahverkehrs. Die Begründung einer ausschließlichen Bundesgesetzgebungskompetenz (Rn.3 zu Art.70) mit Zustimmungsbedürftigkeit des Bundesrats (Rn.4–6 zu Art.77) gem. *S.2* umfasst v. a. die Höhe und die Verteilung auf die Länder. Die Zahlungen an die Länder bleiben gem. *S.3* bei der Bemessung der Finanzkraft der Länder im horizontalen Finanzausgleich (Rn.7 zu Art.107) unberücksichtigt.

Art.107 [Horizontale Steuerertragsaufteilung und Finanzausgleich unter den Ländern]

(1) **Das Aufkommen der Landessteuern und der Länderanteil am Aufkommen der Einkommensteuer und der Körperschaftsteuer stehen den einzelnen Ländern insoweit zu, als die Steuern von den Finanzbehörden in ihrem Gebiet vereinnahmt werden (örtliches Aufkommen)[2]. Durch Bundesgesetz, das der Zustimmung des Bundesrates bedarf, sind für die Körperschaftsteuer und die Lohnsteuer nähere Bestimmungen über die Abgrenzung sowie über Art und Umfang der Zerlegung des örtlichen Aufkommens zu treffen[3]. Das Gesetz kann auch Bestimmungen über die Abgrenzung und Zerlegung des örtlichen Aufkommens anderer Steuern treffen.[3] Der Länderanteil am Aufkommen der Umsatzsteuer steht den einzelnen Ländern nach Maßgabe ihrer Einwohnerzahl zu[4]; für einen Teil, höchstens jedoch für ein Viertel dieses Länderanteils, können durch Bundesgesetz, das der Zustimmung des Bundesrates bedarf, Ergänzungsanteile für die Länder vorgesehen werden, deren Einnahmen aus den Landessteuern und aus der Einkommensteuer und der Körperschaftsteuer je Einwohner unter dem Durchschnitt der Länder liegen[5].**

(2) **Durch das Gesetz ist sicherzustellen, daß die unterschiedliche Finanzkraft[7] der Länder angemessen ausgeglichen wird[6]; hierbei sind die Finanzkraft und der Finanzbedarf der Gemeinden (Gemeindeverbände) zu berücksichtigen[8]. Die Voraussetzungen für die Ausgleichsansprüche der ausgleichsberechtigten Länder, und für die Ausgleichsverbindlichkeiten der ausgleichspflichtigen Länder sowie die Maßstäbe für die Höhe der Ausgleichsleistungen sind in dem Gesetz zu bestimmen[6]. Es kann auch bestimmen, daß der Bund aus seinen Mitteln leistungsschwachen Ländern Zuweisungen zur ergänzenden Deckung ih-**

res allgemeinen Finanzbedarfs (Ergänzungszuweisungen) gewährt[10f].

Literatur: *Hidien,* Die Berücksichtigung der Finanzkraft und des Finanzbedarfs der Gemeinden (Gemeindeverbände) im Finanzausgleich nach
Art.107 Abs.2 Satz1 GG, 2001; *Schneider/Berlit,* Die bundesstaatliche Finanz-
verteilung zwischen Rationalität, Transparenz und Politik, NVwZ 2000, 841;
Bull/Mehde, Der rationale Finanzausgleich – ein Gesetzgebungsauftrag ohne-
gleichen, DÖV 2000, 305; *Carl,* Bund-Länder-Finanzausgleich im Verfassungsstaat, 1995; *Häde,* Solidarität im Bundesstaat, DÖV 1993, 461; *Henneke,*
Beistands- und Kooperationspflichten im Bundesstaat, Jura 1993, 129; *Schuppert,* Maßstäbe für einen künftigen Finanzausgleich, StWiss 1993, 26; *Heun,*
Strukturprobleme des Finanzausgleichs, Staat 1992, 205; *Wendt,* Finanzhoheit
und Finanzausgleich, HbStR IV, 1990, 1021; *H. Schneider,* Die Grenzen der
Leistungsfähigkeit des bundesstaatlichen Finanzausgleichs, GS Geck, 1989,
701; *Wieland,* Die verfassungsrechtliche Rahmenordnung des Finanzausgleichs, Jura 1988, 410.

1. Bedeutung und Abgrenzung zu anderen Vorschriften

1   Art.107 steht als „Teil des mehrstufigen Systems zur Verteilung
des Finanzaufkommens im Bundesstaat" (BVerfGE 72, 330/383) in
einem engen Zusammenhang mit Art.106 (Rn.2 zu Art.106). Er ist
Ausdruck der dem Bundesstaatsprinzip (Rn.16–22 zu Art.20) „inne-
wohnenden Spannungslage, die richtige Mitte zu finden zwischen
der Selbständigkeit, Eigenverantwortlichkeit und Bewahrung der
Individualität der Länder auf der einen und der solidargemeinschaft-
lichen Mitverantwortung für die Existenz und Eigenständigkeit der
Bundesgenossen auf der anderen Seite" (BVerfGE 72, 330/398). Er
bezieht sich grds. auf alle Länder und war nur bis Ende 1994 gem.
Art.7 Abs.3 EVertr auf die alten Länder beschränkt (BVerfGE 86,
148/213). Zu den Folgen eines Verstoßes Rn.35 zu Art.20.

2. Horizontale Steuerertragsaufteilung (Abs.1)

2   **Örtliches Aufkommen** (S.1) als maßgebliches Kriterium für die
horizontale Steuerertragsaufteilung ist definiert als die Vereinnahmung des Aufkommens der Landessteuern (Rn.5 zu Art.106) und
des Länderanteils am Aufkommen der Einkommensteuer und der
Körperschaftsteuer (Rn.7 zu Art.106) durch die Finanzbehörden
(Rn.3, 5–7 zu Art.108) in dem Gebiet eines jeden Landes. Die
Gemeindesteuern (Rn.12–18 zu Art.106) werden hiervon nicht
erfasst (Maunz MD 16 f). Vereinnahmt wird der Geldbetrag dort, wo
er in die Verfügungsmacht staatlicher Behörden übergegangen ist
(Vogel/Kirchhof BK 85; Maunz MD 20 ff). S.1 gibt den Ländern

einen verfassungsrechtlichen Anspruch sowohl gegenüber den anderen Ländern als auch gegenüber dem Bund (Vogel/Kirchhof BK 123 ff; Maunz MD 28), berührt aber nicht die Rechte der Steuerpflichtigen und hat keinen Einfluss auf die Rechtmäßigkeit des Steuerbescheids (BFH, NJW 71, 1336).

Für die Regelung der **Abgrenzung und Zerlegung** des örtli- 3 chen Aufkommens besteht eine ausschließliche Bundesgesetzgebungskompetenz (Rn.3 zu Art.70) mit Zustimmungspflichtigkeit des Bundesrats (Rn.4–6 zu Art.77). Bezüglich der Körperschaftsteuer und der Lohnsteuer muss, bezüglich anderer Steuern kann ein entsprechendes Gesetz erlassen werden (S.2, 3). Abgrenzung bedeutet, dass Steuern einem Land ganz zugesprochen werden; Zerlegung bedeutet, dass Steuern unter verschiedenen Ländern verteilt werden (Birk AK 5; Vogel/Kirchhof BK 99 f; Maunz MD 35 f; Fischer-Menshausen MüK 10). Dadurch sollen erhebungstechnisch bedingte Verzerrungen zwischen der örtlichen Vereinnahmung der Lohnsteuer und der Körperschaftsteuer und der tatsächlich vorhandenen Steuerkraft abgebaut und der Grundsatz der Verteilung nach dem örtlichen Aufkommen (oben Rn.2) verwirklicht werden. Die Bestimmung von Art und Umfang der Zerlegung eröffnet dem Gesetzgeber einen Gestaltungsspielraum, der aber dadurch begrenzt ist, dass die vom Gesetzgeber gewählte Regelung das Ziel und die Wirkung haben muss, die Verzerrung in relevanter Weise zu vermindern (BVerfGE 72, 330/395; 101, 158/221). Die Zerlegung führt zu Ausgleichsansprüchen zwischen den Ländern (Heun DR 16). Über sie sind Vereinbarungen der Länder untereinander unzulässig (Birk AK 5; Vogel/Kirchhof BK 108; Maunz MD 34, Fischer-Menshausen MüK 6).

Der Länderanteil an der **Umsatzsteuer** (Rn.8 zu Art.106) wird 4 nach einem pauschalen Bedarfsmaßstab, nämlich nach der Einwohnerzahl, verteilt (S.4 Hs.1). Das ist durch die besondere Erhebungstechnik dieser Steuer gerechtfertigt; denn sie wird vielfach nicht dort vereinnahmt, wo sie wirtschaftlich, nämlich durch die Endverbraucher, erbracht wird.

Die Zuweisung von **Ergänzungsanteilen** an bestimmte Länder 5 (S.4 Hs.2) ist eine Ausnahme vom Grundsatz der Verteilung nach dem örtlichen Aufkommen (oben Rn.2). Sie stellt ein „horizontal ausgleichendes Element im Sinne eines Gegenstromprinzips" dar (BVerfGE 72, 330/385). Voraussetzungen sind: ein zustimmungsbedürftiges (Rn.4–6 zu Art.77) Bundesgesetz; der Umfang ist auf höchstens 1/4 des Länderanteils am Aufkommen der Umsatzsteuer begrenzt; es dürfen nur Länder zuweisungsberechtigt sein, deren

Einnahmen aus den Landessteuern und aus der Einkommensteuer und der Körperschaftsteuer unterdurchschnittlich sind; die Ergänzungsanteile dürfen nicht zweckgebunden gewährt werden (Maunz MD 4). Der Bund hat von dieser ausschließlichen Gesetzgebungskompetenz (Rn.3 zu Art.70) durch § 2 FAG Gebrauch gemacht, das aber nur noch übergangsweise fortgilt (unten Rn.6). Seit 1. 1. 1995 fließen die eingenommenen Mittel den ostdeutschen Bundesländern zu.

3. Horizontaler Finanzausgleich (Abs.2 S.1, 2)

6 Eine **Verpflichtung zum Ausgleich** besteht für den Bundesgesetzgeber, wenn die Finanzkraft der Länder unangemessen unterschiedlich ist. Der horizontale Finanzausgleich dient daher der Korrektur der Ergebnisse der primären Steuerverteilung (BVerfGE 86, 148/214; 101, 158/221). Er hat zugleich eine sozialstaatliche Funktion, indem er die finanziellen Voraussetzungen für eine gleichmäßige Versorgung der Bevölkerung schafft (Fischer-Menshausen MüK 14; Heun DR 24; Siekmann SA 20). Der Gesetzgeber hat bei der Ausgestaltung des Finanzausgleichs, der zugleich mit den Ergänzungsanteilen (oben Rn.5) zu regeln ist (BVerfGE 72, 330/396), einen Gestaltungsspielraum (Heun DR 11). Allerdings hat das BVerfG nunmehr auch hier einen gestuften Gesetzgebungsauftrag postuliert (vgl. Rn.8 zu Art.106). Zunächst sollen in einem Maßstäbegesetz abstrakte Verteilungskriterien normiert werden, bevor in einem zweiten Finanzausgleichsgesetz die konkrete Verteilung vorzunehmen sein soll (BVerfGE 101, 158/214 ff; zust. Degenhart, ZG 2000, 84; krit. Heun DR 11; Pieroth, NJW 2000, 1086; Linck, DÖV 00, 327; Rupp, JZ 00, 269; Wieland, DVBl 00, 1314). Dabei sind die Voraussetzungen für die Ausgleichsansprüche der Ausgleichsberechtigten und für die Ausgleichsverbindlichkeiten der ausgleichspflichtigen Länder sowie die Maßstäbe für die Höhe der Ausgleichsleistungen zu regeln. Der horizontale Finanzausgleich muss dem freien Aushandeln der Beteiligten entzogen sein (BVerfGE 72, 330/396 f; 101, 158/218). Das FAG kommt diesen Anforderungen nur unzureichend nach und gilt nur noch längstens bis zum 31. 12. 2004 (BVerfGE 101, 158/238). Die Regelung des Abs.2 S.1, 2 ist für nicht aufgabenbezogene Finanzzuweisungen unter den Ländern abschließend (Maunz MD 5, 66; Stern II 1173; Vogel/Wiebel BK 52 zu Art.109).

7 Der Begriff der **Finanzkraft** ist umfassend zu verstehen, meint eine finanzielle Leistungsfähigkeit und darf nicht allein auf die Steuer-

kraft reduziert werden (BVerfGE 72, 330/398 f; 86, 148/214, 216; 101, 158/222). Wenn der Gesetzgeber die Finanzkraft anhand von Indikatoren bestimmt, müssen diese verlässlich sein und das Volumen zuverlässig erfassen; Ländereinnahmen dürfen nur dann unberücksichtigt bleiben, wenn sie ihrem Volumen nach nicht ausgleichsrelevant sind, wenn sie in allen Ländern verhältnismäßig gleich anfallen oder wenn der Aufwand für die Ermittlung der auszugleichenden Einnahmen zu dem möglichen Ausgleichseffekt außer Verhältnis steht (BVerfGE 72, 330/399 f; 86, 148/216; 101, 158/223). Außerdem darf von den Einnahmen ein besonderer Aufwand, der zu ihrer Erzielung getrieben worden ist, abgesetzt werden; z. B. müssen die Erträge aus der bergrechtlichen Förderabgabe voll in die Berechnung der Einnahmen einbezogen werden (BVerfGE 72, 330/410 ff). Es ist zulässig, die absoluten Erträge auf die jeweilige Einwohnerzahl der Länder umzurechnen (BVerfGE 72, 330/400; 101, 158/223). Dagegen müssen Sonderbedarfe einzelner Länder bei der Ermittlung der Finanzkraft unberücksichtigt bleiben (BVerfGE 101, 158/229). Soweit für Sonderbelastungen aus der Unterhaltung und Erneuerung der Seehäfen (BVerfGE 72, 330/413 f; 86, 148/236 ff; krit. Heun DR 30) und der Andersartigkeit der Stadtstaaten gegenüber den Flächenstaaten (BVerfGE 72, 330/415 ff; Maunz MD 57; krit. Wendt HbStR IV 1072 ff) Ausnahmen gelten sollen, bedürfen diese einer Rechtfertigung: Sie müssen nach Maßgabe „verläßlicher, objektivierbarer Indikatoren" angemessen sein (BVerfGE 86, 148/239; 101, 158/230).

Die Berücksichtigung der Finanzkraft und des Finanzbedarfs der **8** **Gemeinden** gem. S.1 Hs.2 verpflichtet den Gesetzgeber, die Finanzkraft der Gemeinden einzubeziehen, soweit dem nicht spezifische Gründe aus den Verhältnissen der Gemeinden entgegenstehen; das ist insb. der Fall bei Realsteuern, die in einem sachlichen Zusammenhang mit örtlich radizierbaren Lasten stehen (BVerfGE 86, 148/218 ff, 231 f). Der Finanzbedarf betrifft auch hier nicht Sonderbedarfe, sondern einen abstrakten Finanzbedarf, der ohne Rücksicht auf die besonderen Verhältnisse bestimmter Gemeinden allgemein bei der Erfüllung der den Gemeinden zukommenden Aufgaben anfällt (BVerfGE 86, 148/223).

Die **Angemessenheit** des Finanzausgleichs bedeutet einerseits, **9** dass die Länder soweit füreinander einzustehen haben, dass annähernd gleichwertige Lebensverhältnisse geschaffen werden (oben Rn.1), und andererseits, dass dies nicht zu einer Nivellierung der Länderfinanzen oder zu einer entscheidenden Schwächung der Leistungsfähigkeit der gebenden Länder führen darf (BVerfGE 72, 330/398; 86, 148/214 f, 250 ff; 101, 158/222). Damit ist es unvereinbar, einzelnen Ländern eine – sei es relative, sei es absolute – Garantie ihrer Finanzkraft zu gewähren (BVerfGE 72, 330/419). Ferner müssen Ansprüche und Verbindlichkeiten berechenbar sein (Birk AK 10; Maunz MD 71).

4. Bundesergänzungszuweisungen (Abs.2 S.3)

10   Eine **Ermächtigung zu Ergänzungszuweisungen** als einer Form des vertikalen Finanzausgleichs besteht für den Bundesgesetzgeber gegenüber leistungsschwachen Ländern. Es muss sich um dasselbe zustimmungsbedürftige Bundesgesetz handeln, in dem die Ergänzungsanteile (oben Rn.5) und der horizontale Finanzausgleich (oben Rn.6–9) geregelt sind. Die Ermächtigung kann u. U. praktisch zur Pflicht werden (vgl. BVerfGE 72, 330/403). Bundesergänzungszuweisungen dienen in erster Linie der Auffüllung von Lücken, die nach dem horizontalen Finanzausgleich noch bleiben; sie sind subsidiär (BVerfGE 72, 330/403; 86, 148/261; Fischer-Menshausen MüK 19; Stern II 1168) und dürfen nicht einfach den horizontalen Finanzausgleich mit Bundesmitteln fortsetzen (BVerfGE 101, 158/224, 234). Das bedeutet aber keine summenmäßige Begrenzung (vgl. BVerfGE 101, 158/233). Grds. müssen sie zur Deckung des allgemeinen Finanzbedarfs, d. h. nicht zweckgebunden, gewährt werden. Der Bund hat von der Ermächtigung im noch übergangsweise fortgeltenden (oben Rn.6) FAG Gebrauch gemacht.

11   Die **Leistungsschwäche** eines Landes ergibt sich aus der Relation seines Finanzaufkommens zu seinen Ausgabenlasten. Sie liegt regelmäßig vor, wenn auch nach Durchführung des Finanzkraftausgleichs (oben Rn.7) noch eine unterdurchschnittliche Finanzausstattung vorliegt; ausnahmsweise ist das aber nicht Voraussetzung, soweit bei der Vergabe der Ergänzungszuweisungen auch Sonderlasten einzelner Länder, z. B. eine Haushaltsnotlage (BVerfGE 86, 148/260 f), berücksichtigt werden (BVerfGE 72, 330/403). Ob der Gesetzgeber dies tut oder ob er die Finanzkraft der leistungsschwachen Länder allgemein anhebt oder ob er beides miteinander verbindet, steht in seinem Ermessen, das folgendermaßen gebunden ist: Wenn die Ergänzungszuweisungen die Finanzkraft der leistungsschwachen Länder allgemein anheben, darf dadurch keine überdurchschnittliche Finanzkraft geschaffen und müssen die begünstigten Länder gleichbehandelt werden; wenn die Ergänzungszuweisungen Sonderlasten einzelner Länder berücksichtigen, sind diese zu benennen und zu begründen, bei allen Ländern, bei denen sie vorliegen, zu berücksichtigen (sog. föderales Gleichbehandlungsgebot) und in angemessenen Abständen auf ihren Fortbestand zu überprüfen (BVerfGE 72,

330/404 ff; 101, 158/224 f). Im Fall einer extremen Haushaltsnotlage dürfen Ergänzungszuweisungen auch darüber hinaus geleistet werden, wenn sie im Rahmen eines Programms zur Haushaltsanierung geeignet sind, zur Behebung der Haushaltsnotlage beizutragen (BVerfGE 86, 148/263 ff; krit. Heun DR 35).

Art.108 [Finanzverwaltung]

(1) **Zölle, Finanzmonopole, die bundesgesetzlich geregelten Verbrauchsteuern einschließlich der Einfuhrumsatzsteuer und die Abgaben im Rahmen der Europäischen Gemeinschaften werden durch Bundesfinanzbehörden verwaltet. Der Aufbau dieser Behörden wird durch Bundesgesetz geregelt. Die Leiter der Mittelbehörden sind im Benehmen mit den Landesregierungen zu bestellen[2 f, 8].**

(2) **Die übrigen Steuern werden durch Landesfinanzbehörden verwaltet. Der Aufbau dieser Behörden und die einheitliche Ausbildung der Beamten können durch Bundesgesetz mit Zustimmung des Bundesrates geregelt werden. Die Leiter der Mittelbehörden sind im Einvernehmen mit der Bundesregierung zu bestellen[4 ff, 9].**

(3) **Verwalten die Landesfinanzbehörden Steuern, die ganz oder zum Teil dem Bund zufließen, so werden sie im Auftrage des Bundes tätig. Artikel 85 Abs.3 und 4 gilt mit der Maßgabe, daß an die Stelle der Bundesregierung der Bundesminister der Finanzen tritt[6].**

(4) **Durch Bundesgesetz, das der Zustimmung des Bundesrates bedarf, kann bei der Verwaltung von Steuern ein Zusammenwirken von Bundes- und Landesfinanzbehörden sowie für Steuern, die unter Absatz 1 fallen, die Verwaltung durch Landesfinanzbehörden und für andere Steuern die Verwaltung durch Bundesfinanzbehörden vorgesehen werden, wenn und soweit dadurch der Vollzug der Steuergesetze erheblich verbessert oder erleichtert wird[10]. Für die den Gemeinden (Gemeindeverbänden) allein zufließenden Steuern kann die den Landesfinanzbehörden zustehende Verwaltung durch die Länder ganz oder zum Teil den Gemeinden (Gemeindeverbänden) übertragen werden[11].**

(5) **Das von den Bundesfinanzbehörden anzuwendende Verfahren wird durch Bundesgesetz geregelt[8]. Das von den Landes-**

finanzbehörden und in den Fällen des Absatzes 4 Satz 2 von den Gemeinden (Gemeindeverbänden) anzuwendende Verfahren kann durch Bundesgesetz mit Zustimmung des Bundesrates geregelt werden[9].

(6) **Die Finanzgerichtsbarkeit wird durch Bundesgesetz einheitlich geregelt**[12].

(7) **Die Bundesregierung kann allgemeine Verwaltungsvorschriften erlassen, und zwar mit Zustimmung des Bundesrates, soweit die Verwaltung den Landesfinanzbehörden oder Gemeinden (Gemeindeverbänden) obliegt**[3, 5].

Literatur: *Oeter,* Die Finanzverwaltung im System der bundesstaatlichen Kompetenzteilung, ThürVBl 1997, 1, 28; *Bonsels,* Einwirkungs- und Mitwirkungsrechte des Bundes bei der Verwaltung der Steuern durch die Länder, 1995; *P. Kirchhof,* Finanzverwaltung und GG, in: Vogelgesang (Hrsg.), Perspektiven der Finanzverwaltung, 1992, 1; *Weyhausen,* Steuerverwaltung und bundesstaatliche Verfassungsordnung, 1982. – S. auch Literatur zu Art.86.

1. Bedeutung und Abgrenzung zu anderen Vorschriften

1 Abs.1–5 und 7 sind leges speciales zu Art.83 ff; Abs.6 ist lex specialis zu Art.74 Abs.1 Nr.1. Allerdings regelt Art.108 die Steuerverwaltung nicht umfassend, so dass vielfach auf Art.83 ff zurückgegriffen werden muss. Die durch Art.108 begründeten Gesetzgebungskompetenzen betreffen im Gegensatz zu Art.105 nicht das materielle Steuerrecht, sondern das auf die Steuerverwaltung bezogene Organisations- und Verfahrensrecht (Maunz MD 2), einschl. der Steuerfahndung (Fischer-Menshausen MüK 6), und sind gegenüber den Gesetzgebungskompetenzen aus Art.84 Abs.1, Art.85 Abs.1 speziell (vgl. auch Rn.2 zu Art.83). Die Verwaltungskompetenzen gem. Art.108 umfassen alle Steuern und Abgaben, auf die sich Art.105 und 106 erstrecken; die Kompetenz für die Bau- und Vermögensverwaltung einschl. der Erhebung nicht-steuerlicher Abgaben kann sich nur aus Art.83 ff ergeben (BVerwG, NVwZ-RR 90, 45; Maunz MD 5; Heun DR 6; unklar Fischer-Menshausen MüK 6). Als Teil der Kompetenzverteilung sind die von Art.108 vorgenommenen Zuweisungen grds. zwingend (Rn.8 zu Art.30; Rn.3 zu Art.106); die Verwaltungshoheit ist „der privatrechtlichen Disposition nicht zugänglich" (BFHE 158, 120/125). Gegenüber Art.108 ist die Regelung über Kirchensteuern gem. Art.140 iVm Art.137 Abs.6 WRV nochmals spezieller. Art.104 a bleibt durch Art.108 unberührt.

2. Verwaltungskompetenzverteilung

a) Bundeskompetenz. Ihre **Gegenstände** sind gem. Abs.1 S.1 **2**
Zölle (Rn.24 zu Art.105), Finanzmonopole (Rn.24 zu Art.105),
bundesgesetzlich geregelte Verbrauchsteuern einschl. der Einfuhrumsatzsteuer (Rn.4 zu Art.106) und Abgaben im Rahmen der
Europäischen Gemeinschaften (Rn.4 zu Art.106). Keine Verwaltung
von Abgaben ist die Ausstellung einer Bescheinigung über Sachverhalte aus dem Landwirtschaftsbereich (BVerwGE 79, 171/173).
Durch ein Gesetz gem. Abs.4 S.1 (unten Rn.10) kann aber dem
Bund die Verwaltungskompetenz für einzelne Steuern entzogen und
für andere übertragen werden.

Verwaltungsformen. Für die genannten Gegenstände besteht **3**
eine obligatorische unmittelbare Bundesverwaltung (Rn.2 zu Art.87).
Der Bund muss Bundesfinanzbehörden einrichten; diese müssen wegen Abs.1 S.3 mehrstufig aufgebaut sein; an ihrer Spitze muss wegen
Abs.3 S.2 der Bundesminister der Finanzen stehen; die Einrichtung
von Bundesoberbehörden ist zulässig. Entsprechende Regelungen
sind durch Gesetz zu treffen (unten Rn.8). Dass die Leiter der Mittelbehörden im Benehmen mit den Landesregierungen zu bestellen sind
(Abs.1 S.3), ist mangels Mitentscheidungsbefugnis kein Fall von
Mischverwaltung (Rn.10 zu Art.30). Sofern die Leiter der Mittelbehörden nach Abs.1 und 2 zulässigerweise (Maunz MD 11; vgl. auch
BVerfGE 32, 145/154 f; a. A. Dittmann, Lit. zu Art.86, 155 ff) identisch sind, ist gem. Abs.2 S.3 Mischverwaltung zulässig (Birk AK 6;
Stern II 1182; krit. Seer BK 72 f). Durch ein Gesetz gem. Abs.4 S.1
(unten Rn.10) kann eine weitergehende Mischverwaltung vorgesehen werden. Die Kompetenz zum Erlass allgemeiner Verwaltungsvorschriften (Rn.8 zu Art.84) hat gem. Abs.7 nur die Bundesregierung (Rn.9 zu Art.84); anders als gem. Art.86 S.1 steht diese Vorschrift nicht unter dem Vorbehalt abweichender gesetzlicher
Regelung; im Übrigen gilt das bei Rn.7 zu Art.86 Gesagte entsprechend.

b) Länderkompetenz. Ihre **Gegenstände** sind gem. Abs.2 S.1 **4**
die übrigen, d. h. die nicht vom Anwendungsbereich des Abs.1 S.1
(oben Rn.2) erfassten Steuern einschl. der Gemeindesteuern (vgl.
Abs.4 S.2). Durch ein Gesetz gem. Abs.4 S.1 (unten Rn.10) kann
aber den Ländern die Verwaltungskompetenz für einzelne Steuern
entzogen und für andere übertragen werden.

Verwaltungsformen. Die Organisationsgewalt der Länder (Rn.1 **5**
zu Art.84) ist wie folgt eingeschränkt: Die Länder müssen Landesfinanzbehörden einrichten; diese müssen wegen Abs.2 S.3 mehr-

stufig aufgebaut sein. Die Leiter der Mittelbehörden sind im Einvernehmen mit der Bundesregierung zu bestellen (Abs.2 S.3); das ist ein Fall von Mischverwaltung (Rn.10 zu Art.30). Es besteht eine Ermächtigung für den Bundesgesetzgeber, Organisations- und Verfahrensregelungen zu treffen (unten Rn.9) sowie eine weitergehende Mischverwaltung vorzusehen (unten Rn.10). Ferner besteht eine Ermächtigung für die Bundesregierung, mit Zustimmung des Bundesrats allgemeine Verwaltungsvorschriften (Rn.8 zu Art.84) zu erlassen (Abs.7); soweit hiervon kein Gebrauch gemacht wird, sind die Länder kompetent (Seer BK 164; Maunz MD 62; Fischer-Menshausen MüK 17; Heun DR 24). Darüber hinaus ist wie folgt zu unterscheiden:

6   Die Verwaltungsform der **Auftragsverwaltung** ist gem. Abs.3 S.1 vorgeschrieben für Steuern, die ganz oder zum Teil dem Bund zufließen (Rn.4, 6–11 zu Art.106). Die damit in Bezug genommenen Regelungen des Art.85 werden aber modifiziert: Abs.2 S.2, 3, Abs.5 S.2 und Abs.7 verdrängen Art.85 Abs.1 und 2 (Maunz MD 43); Art.85 Abs.3, 4 ist anwendbar, wobei aber an die Stelle der Bundesregierung der Bundesminister der Finanzen tritt (Abs.3 S.2). Der Streit, ob allgemeine Weisungen als Zwischenform zwischen Einzelweisung und allgemeiner Verwaltungsvorschrift hier zulässig sind (vgl. Rn.6 zu Art.85), ist für die Praxis durch eine Vereinbarung zwischen Bund und Ländern beigelegt worden (Birk AK 10; Seer BK 107 ff; krit. Heun DR 17; Siekmann SA 25).

7   Die Verwaltungsform der **Landeseigenverwaltung** ist gem. Abs.2 S.1 vorgeschrieben für Steuern, die ausschließlich den Ländern zufließen (Rn.5 zu Art.106). Die damit in Bezug genommenen Regelungen des Art.84 werden aber modifiziert: Abs.2 S.2, 3, Abs.5 S.2 und Abs.7 verdrängen Art.84 Abs.1 und 2; dagegen ist Art.84 Abs.3–5 anwendbar.

3. Gesetzgebungskompetenzverteilung

8   **a) Steuerverwaltung des Bundes.** Gem. Abs.1 S.2 besteht für den Aufbau, gem. Abs.5 S.1 besteht für das Verfahren (Rn.4 f zu Art.84) der Bundesfinanzbehörden eine ausschließliche Bundesgesetzgebungskompetenz (Rn.3 zu Art.70) sowie ein organisationsrechtlicher Gesetzesvorbehalt (Birk AK 5, 16; Heun DR 13; Maunz MD 30, 56). Der Begriff „Aufbau" ist enger als der Begriff „Einrichtung" (Rn.3 zu Art.84) zu verstehen (Maunz MD 26; Seer BK 65, 81; a. A. Ruhe SeiHö 6). Dies sind spezielle Vorschriften zur Organisationsgewalt des Bundes (Rn.2 zu Art.86).

b) Steuerverwaltung der Länder. Der Bund ist gem. Abs.2 S.2, **9** Abs.5 S.2 ermächtigt, nicht verpflichtet, durch zustimmungsbedürftiges (Rn.4–6 zu Art.77) Bundesgesetz den Aufbau und das Verfahren (oben Rn.8) der Landesfinanzbehörden, die einheitliche Ausbildung der Beamten sowie – für den Fall einer entsprechenden landesgesetzlichen Regelung (unten Rn.11) – das Verfahren der Gemeinden bei der Verwaltung der ihnen allein zufließenden Steuern zu regeln. Er hat von dieser ausschließlichen Bundesgesetzgebungskompetenz (Rn.3 zu Art.70) durch § 1 AO 1977 Gebrauch gemacht.

c) Änderung der Steuerverwaltungskompetenzen. Der **10 Bund** ist durch die ausschließliche Bundesgesetzgebungskompetenz (Rn.3 zu Art.70) mit Zustimmungspflichtigkeit des Bundesrats (Rn.4–6 zu Art.77) gem. Abs.4 S.1 ermächtigt, nicht verpflichtet, die Verwaltungskompetenzverteilung (oben Rn.2–7) zu ändern: Es darf die Verwaltung der Steuern von Bundes- auf Landesfinanzbehörden und umgekehrt übertragen und ein Zusammenwirken von Bundes- und Landesfinanzbehörden vorgesehen werden; letzteres ist ein Fall von Mischverwaltung (Rn.10 zu Art.30). Das Gesetz darf die Verwaltungskompetenzverteilung nur punktuell durchbrechen, nicht aber aufheben (Birk AK 14; Maunz MD 10, 47 ff; Siekmann SA 11). Voraussetzung ist ferner, dass durch das Gesetz der Vollzug der Steuergesetze erheblich verbessert oder erleichtert wird. Diese Voraussetzung kann auch durch eine Kostenersparnis erfüllt werden (a. A. Seer BK 118).

Die **Länder** sind gem. Abs.4 S.2 ermächtigt, nicht verpflichtet, **11** die Verwaltung der Steuern, die den Gemeinden (Gemeindeverbänden) allein zufließen (Rn.15–17 zu Art.106), ganz oder zum Teil den Gemeinden (Gemeindeverbänden) zu übertragen. Hierfür ist ein nachkonstitutionelles Landesgesetz erforderlich (BVerwGE 66, 178/181; 97, 357/361). Für die örtlichen Verbrauch- und Aufwandsteuern (Rn.27 zu Art.105) ist diese Ermächtigung regelmäßig in den Kommunalabgabengesetzen der Länder enthalten. Durch diese Vorschrift werden die Gesetzgebungskompetenzen des Bundes bezüglich des Aufbaus der Länderfinanzbehörden (oben Rn.9) begrenzt; dagegen bleiben die Bundeskompetenzen gem. Abs.5, 7 unberührt.

d) Finanzgerichtsbarkeit. Aufgrund der ausschließlichen Bun- **12** desgesetzgebungskompetenz (Rn.3 zu Art.70) gem. Abs.6 ist die FGO ergangen. „Einheitliche" Regelung bedeutet ein Verbot partiellen Rechts, wodurch eine Ermächtigung gem. Art.71 ausgeschlossen ist (Pestalozza MaK 18 zu Art.71). Dagegen bleiben Art.92 ff unberührt; aus Art. 99 wird geschlossen, dass der Zugang zum BFH in Streitigkeiten über die Anwendung von Landessteuerrecht nur durch Landesrecht begründet werden kann (Birk AK 19; Maunz MD 65; Fischer-Menshausen MüK 20; Heun DR 27; Seer BK 52, 149).

Art. 109 [Haushaltswirtschaft in Bund und Ländern]

(1) **Bund und Länder sind in ihrer Haushaltswirtschaft[1] selbständig und voneinander unabhängig[1f].**

(2) **Bund und Länder haben bei ihrer Haushaltswirtschaft den Erfordernissen des gesamtwirtschaftlichen Gleichgewichts Rechnung zu tragen[6].**

(3) **Durch Bundesgesetz, das der Zustimmung des Bundesrates bedarf, können für Bund und Länder gemeinsam geltende Grundsätze für das Haushaltsrecht, für eine konjunkturgerechte Haushaltswirtschaft und für eine mehrjährige Finanzplanung aufgestellt werden[4,7].**

(4) **Zur Abwehr einer Störung des gesamtwirtschaftlichen Gleichgewichts können durch Bundesgesetz, das der Zustimmung des Bundesrates bedarf, Vorschriften über**

1. **Höchstbeträge, Bedingungen und Zeitfolge der Aufnahme von Krediten durch Gebietskörperschaften und Zweckverbände und**

2. **eine Verpflichtung von Bund und Ländern, unverzinsliche Guthaben bei der Deutschen Bundesbank zu unterhalten (Konjunkturausgleichsrücklagen),**

erlassen werden[7]. Ermächtigungen zum Erlaß von Rechtsverordnungen können nur der Bundesregierung erteilt werden. Die Rechtsverordnungen bedürfen der Zustimmung des Bundesrates. Sie sind aufzuheben, soweit der Bundestag es verlangt; das Nähere bestimmt das Bundesgesetz[7].

Literatur: *Hellermann,* Die Europäische Wirtschafts- und Währungsunion als Stabilitätsgemeinschaft und der nationale Stabilitätspakt in der bundesstaatlichen Solidargemeinschaft, EuR 2000, 24; *Littwin,* Umsetzung der Konvergenzkriterien nach Art. 104 c I EGV, ZRP 1997, 325; *Mehde,* Gesetzgebungskompetenz des Bundes zur Aufteilung der Verschuldungsgrenzen des Vertrags von Maastricht?, DÖV 1997, 616; *Lappin,* Kreditäre Finanzierung des Staates unter dem Grundgesetz, 1994; *Kisker,* Staatshaushalt, HbStR IV, 1990, 235; *Geske,* Zur Koordinierung der Haushalts- und Finanzplanungen von Bund, Ländern und Gemeinden, Staat 1983, 83.

1. Allgemeine Vorgaben zur Haushaltswirtschaft

a) Haushaltautonomie von Bund und Ländern (Abs.1). In **1**
Konkretisierung des Bundesstaatsprinzips (Rn.16 zu Art.20) gewähr-
leistet Abs.1 die Unabhängigkeit und Selbständigkeit der Haushaltswirtschaft von Bund und Ländern, um insb. die politische Autonomie von Bund und Ländern zu sichern (BVerfGE 86, 148/264).
Die *Haushaltswirtschaft* umfasst alle unmittelbar auf die staatlichen
Einnahmen und Ausgaben bezogenen Vorgänge, soweit sie nach
Verfassungsrecht eigenständiger haushaltspolitischer Entscheidungen
unterliegen (Heun DR 14; Fischer-Menshausen MüK 3; enger
Siekmann SA 4); wegen der Einschränkungen im Bereich der Steuern (unten Rn.2) sind Haushaltswirtschaft und Finanzwirtschaft zu
trennen (vgl. BVerfGE 101, 158/220). Nicht erfasst wird insb. der
Finanzausgleich und das Geld- und Währungswesen (Siekmann SA
4). Die Vorschrift schützt den *Bund* und die einzelnen *Länder,* jeweils
in ihrer Gesamtheit, weshalb auch Einwirkungen des Bundes auf die
Haushalte der Gemeinden erfasst werden (Fischer-Menshausen
MüK 6; Maunz MD 22; a. A. Mahrenholz AK 22). Nicht erfasst
wird das Verhältnis eines Landes zu seinen Gemeinden (Siekmann
SA 6); insoweit ist Art.28 Abs.2 einschlägig (dazu Rn.14 zu Art.28).
Selbständigkeit und *Unabhängigkeit* verlangen nicht nur getrennte
Haushalte. Vielmehr müssen die zuständigen Organe von Bund und
Ländern die Entscheidungen im Bereich der Haushaltswirtschaft in
eigener Verantwortung treffen können, ohne Kontrollen und Ein-
wirkungen des Bundes bzw. der Länder ausgesetzt zu sein (Fischer-
Menshausen MüK 5).

Die grundsätzliche Trennung der Haushaltswirtschaft wird durch **2**
abweichende Vorgaben des GG **begrenzt** (vgl. BVerfGE 1, 117/
131; 20, 56/94). Einschränkungen finden sich (außer in Abs.2–4)
für die Einnahmen v. a. in den (den Grundsatz erheblich verändern-
den) Regelungen der Art.105–108 im Steuerbereich (BVerfGE 1,
117/131; 101, 158/ 220), für die Ausgaben in Art.91 a, Art.91 b und
Art.104 a (vgl. insb. Rn.4–11 zu Art.104 a). Zudem ist der Grundsatz des bundesfreundlichen Verhaltens zu beachten (vgl. BVerfGE
32, 199/218; allg. Rn.20–22 zu Art.20); eine begrenzte Verpflichtung zur Rücksichtnahme ist zulässig (BVerfGE 4, 115/140). Andererseits ist die Zielsetzung des Abs.1 bei der Konkretisierung anderer
Verfassungsnormen zu berücksichtigen.

Im Einzelnen verbietet Abs.1, soweit nicht das GG anderes **3**
vorsieht, eine Länderfinanzierung durch Dotationen bzw. Zuweisungen des Bundes (Heun DR 17; Siekmann SA 10; Fischer-Menshau-

sen MüK 5) sowie eine gegenseitige Haushaltskontrolle (BVerfGE 1, 117/133). Dagegen steht Abs.1 der Einleitung gerichtlicher Verfahren gegen die Haushaltsgesetze des Bundes oder eines Landes nicht entgegen (BVerfGE 20, 56/94).

4   **b) Regelung der Haushaltsgrundsätze (Abs.3).** Die 1967 eingefügte (Einl.2 Nr.15) Kompetenz des Abs.3 ermächtigt den Bund, mit Zustimmung des Bundesrates die Grundsätze der Haushaltswirtschaft (oben Rn.1) zu regeln. Die damit eröffnete Grundsatzgesetzgebungskompetenz ist ähnlich wie die Rahmengesetzgebung inhaltlich beschränkt, verpflichtet aber ausnahmslos nur staatliche Organe (vgl. Rn.6 zu Art.91 a; Heun DR 31). Gegenständlich erstreckt sich die Kompetenz auf das Haushaltsrecht, also auf die Rechtssätze, die die Haushaltswirtschaft öffentlich-rechtlicher Personen regeln (Siekmann SA 29); insb. geht es um die Sicherung der Konjunkturgerechtigkeit, also des gesamtwirtschaftlichen Gleichgewichts (dazu unten Rn.6) und um die mehrjährige Finanzplanung, die sich aber im Hinblick auf Abs.1 auf Form- und Verfahrensregeln sowie eine gemeinsame Systematik beschränken muss (Siekmann SA 32; anders Fischer-Menshausen MüK 24). Unklar ist, ob die Ermächtigung auch die Umsetzung EG-rechtlicher Vorgaben zur Haushaltswirtschaft nach Art.104 EGV und deren Aufteilung zwischen Bund und Ländern (vgl. unten Rn.5) erfasst (dafür Heun DR 7 mit gewissen Einschränkungen; dagegen Siekmann SA 52). Die Regelungen müssen einheitlich für Bund und Länder gelten; einseitige Bindungen sind unzulässig. Der Bund darf daher von Regelungen nicht abweichen; ggf. müssen sie vorher geändert werden (Rengeling HbStR IV § 100 Rn.295; Heun DR 33; Fischer-Menshausen MüK 17; a. A. Siekmann SA 38 ff). Adressat der Regelung können alle staatlichen Organe und Behörden sein, unter Einschluss der Gemeinden (Mahrenholz AK 26; Heun DR 32). Von der Ermächtigung wurde durch das HaushaltsgrundsätzeG und das StabilitätsG Gebrauch gemacht.

5   **c) Einfluss des EG-Rechts.** Aus Art.104 EGV ergeben sich weitreichende Vorgaben für die Haushaltswirtschaft in den Mitgliedstaaten. Diese Vorgaben sind von Bund und Ländern unter Beachtung des Art.109 durchzuführen (vgl. Art.2 ZustG; BGBl 1992 II 1251). Art.109 ist dabei EG-rechtskonform zu interpretieren (vgl. allg. Rn.41 zu Art.23); zu den Folgen oben Rn.4 und unten Rn.6. Ob sich damit die EG-rechtlichen Vorgaben ausreichend umsetzen lassen, ist umstritten (vgl. Siekmann SA 52 ff; Fischer-Menshausen MüK Vorb.7 vor Art.110).

2. Gesamtwirtschaftliches Gleichgewicht

a) Verpflichtung nach Abs.2. Im Bereich der Haushaltswirt- **6** schaft, die trotz der abweichenden Funktion des Abs.2 wie in Abs.1 (oben Rn.1) zu verstehen ist (Siekmann SA 16; Heun DR 26; a.A. Piduch, Bundeshaushaltsrecht, Art.109 Rn.5), muss bei allen Entscheidungen dem *gesamtwirtschaftlichen Gleichgewicht* Rechnung getragen werden. Darunter versteht man herkömmlich die Stabilität des Preisniveaus, einen hohen Beschäftigungsstand, außenwirtschaftliches Gleichgewicht und angemessenes Wirtschaftswachstum (BVerfGE 79, 311/338f; Vogel HbStR IV 12). Der verfassungsrechtliche Begriff des gesamtwirtschaftlichen Gleichgewichts ist aber darauf nicht festgelegt, kann sich insb. weiterentwickeln (BVerfGE 79, 311/338). Zudem ist der Begriff EG-rechtskonform zu interpretieren (vgl. auch oben Rn.5). Die Verpflichtung trifft alle Organe in Bund und Ländern, einschl. verselbständigter Einrichtungen, soweit sie finanzpolitische Entscheidungen treffen (Piduch, Bundeshaushaltsrecht, Stand 1991, Rn.16). Inhaltlich verlangt Abs.2 lediglich eine Berücksichtigung, was eine Abwägung mit anderen Verfassungszielen erlaubt, etwa mit dem Umweltschutz. Dementsprechend ist die gerichtliche Überprüfungsbefugnis begrenzt (BVerfG-K, NVwZ 90, 357). Abs.2 enthält weder eine Verpflichtung zu antizyklischer Haushaltspolitk (Heun DR 23; Siekmann SA 21) oder Globalsteuerung noch die Verankerung eines bestimmten Wirtschaftssystems (Siekmann SA 22; Heun DR 27; Mahrenholz AK 31) und gibt dem Bund keine Befugnisse gegenüber den Ländern (Maunz MD 40; Fischer-Menshausen MüK 12). Zu über- und außerplanmäßigen Ausgaben Rn.1 zu Art.112. Zur Bedeutung für die Kreditaufnahme des Bundes Rn.1, 4 zu Art.115.

b) Gesetzliche Konkretisierung. Das Gebot des gesamtwirt- **7** schaftlichen Gleichgewichts kann zunächst durch ein Grundsätzegesetz nach Abs.3 konkretisiert werden (dazu oben Rn.4). Geboten sind insb. Regelungen zur Vermeidung und Bewältigung von Haushaltsnotlagen (BVerfGE 86, 148/266f). Darüber hinaus ermächtigt Abs.4 S.1 (allein) den Bund (vgl. Rn.3 zu Art.70), bestimmte Regelungen zur Sicherung des gesamtwirtschaftlichen Gleichgewichts (oben Rn.6) zu erlassen: Im Einzelnen sind gem. Abs.4 S.1 Nr.1, 2 bestimmte kontraktiv wirkende Maßnahmen der Kreditlimitierung und der Verpflichtung zu Konjunkturausgleichsrücklagen möglich. Von der Ermächtigung ist durch §§ 5ff, 19ff StabG Gebrauch gemacht worden (dazu Reidt, in: Jarass, Wirtschaftsverwaltungs-

recht, 3.Aufl. 1997, § 13 Rn.19 ff). Ermächtigungen zum Erlass von
Rechtsverordnungen können gem. Abs.4 S.2, abweichend von
Art.80 Abs.1 S.1, nur der Bundesregierung erteilt werden. Die
Zustimmung des Bundesrats ist gem. Abs.4 S.3 generell notwendig.
Schließlich kann der Bundestag durch schlichten Beschluss die Auf-
hebung der Rechtsverordnung durch die Bundesregierung verlan-
gen, die dazu nicht der Zustimmung des Bundesrats bedarf (Heun
DR 40). Die vorbehaltene nähere Regelung durch Bundesgesetz ist
bisher nicht ergangen. Die Norm schließt auf andere Kompetenz-
grundlagen gestützte gesetzliche Ermächtigungen zur Abwehr einer
Störung des gesamtwirtschaftlichen Gleichgewichts nicht aus
(BVerfGE 29, 402/409 f; Heun DR 39).

Art.110 [Haushaltsplan und Haushaltsgesetz des Bundes]

(1) **Alle Einnahmen und Ausgaben des Bundes sind in den
Haushaltsplan[2] einzustellen; bei Bundesbetrieben und bei Sondervermögen brauchen nur die Zuführungen oder die Abliefe-
rungen eingestellt zu werden[4]. Der Haushaltsplan ist in Ein-
nahme und Ausgabe auszugleichen[5].**

(2) **Der Haushaltsplan wird für ein oder mehrere Rechnungs-
jahre, nach Jahren getrennt, vor Beginn des ersten Rechnungsjahres durch das Haushaltsgesetz festgestellt[6, 12]. Für Teile des
Haushaltsplanes kann vorgesehen werden, daß sie für unterschiedliche Zeiträume, nach Rechnungsjahren getrennt, gelten[6].**

(3) **Die Gesetzesvorlage nach Absatz 2 Satz 1 sowie Vorlagen
zur Änderung des Haushaltsgesetzes und des Haushaltsplanes
werden gleichzeitig mit der Zuleitung an den Bundesrat beim
Bundestage eingebracht[10 f]; der Bundesrat ist berechtigt, innerhalb von sechs Wochen, bei Änderungsvorlagen innerhalb von
drei Wochen, zu den Vorlagen Stellung zu nehmen[11].**

(4) **In das Haushaltsgesetz dürfen nur Vorschriften aufgenommen werden, die sich auf die Einnahmen und die Ausgaben des
Bundes und auf den Zeitraum beziehen, für den das Haushaltsgesetz beschlossen wird[9]. Das Haushaltsgesetz kann vorschreiben, daß die Vorschriften erst mit der Verkündung des nächsten
Haushaltsgesetzes oder bei Ermächtigung nach Artikel 115 zu
einem späteren Zeitpunkt außer Kraft treten.**

Übersicht

Literatur: *Puhl,* Budgetflucht und Haushaltsverfassung, 1996; *Piduch/ Dreßler,* Bundeshaushaltsrecht, 2. Aufl., Stand 1996; *Elles,* Die Grundrechtsbindung des Haushaltsgesetzgebers, 1996; *Häde,* Einführung in das Haushaltsverfassungsrecht, JA 1994, 80; *Walther,* Die Wirtschaftlichkeit als haushaltsrechtlicher Grundsatz und als verfassungsrechtlicher Maßstab, VR 1993, 14; *Arndt,* Staatshaushalt und Verfassungsrecht, JuS 1990, 343; *Kisker,* Staatshaushalt, HbStR IV, 1990, 235; *Heun,* Staatshaushalt und Staatsleitung, 1989; *Rottländer,* Haushaltsmäßige Bedeutung und Verfassungsmäßigkeit von Sonderabgaben, 1988; *v. Arnim,* Begrenzung öffentlicher Ausgaben durch Verfassungsrecht, DVBl 1985, 1286; *Jarass,* Der Vorbehalt des Gesetzes bei Subventionen, NVwZ 1984, 473; *Birk,* Das Haushaltsrecht in der bundesstaatlichen Finanzverfassung, JA 1983, 563. – S. Literatur zu Art.112, 114.

1. Bedeutung und Abgrenzung zu anderen Vorschriften

Die 1969 (Einl.3 Nr.20) erheblich veränderte Vorschrift enthält **1** Vorgaben zum Bundeshaushaltsplan (unten Rn.2–6) und zum Bundeshaushaltsgesetz (unten Rn.7–16). Zusammen mit den Vorschriften der Art.111–115 regelt sie die Haushaltsführung des *Bundes,* nicht jedoch die Haushaltsführung juristisch selbständiger Personen des Bundesrechts (vgl. allerdings Rn.6 zu Art.114). Gemeinsame Regelungen für die Haushalte von Bund *und* Ländern (einschl. der „zugehörigen" juristischen Personen) enthält Art.109.

2. Bundeshaushaltsplan

a) Bedeutung und Inhalt. Der Bundeshaushaltsplan ist „ein **2** Wirtschaftsplan und zugleich ein staatsleitender Hoheitsakt" (BVerfGE 79, 311/328 f) und bildet die Grundlage für die Haushalts- und Wirtschaftsführung des Bundes (§ 2 BHO). Er besteht aus einem Gesamtplan und den Einzelplänen: Der Gesamtplan enthält gem. § 13 Abs.4 BHO eine Zusammenfassung der Einzelpläne (Haushaltsübersicht), eine Berechnung des Finanzierungssaldos (Finanzierungsübersicht) und eine Darstellung der Einnahmen aus Krediten sowie der Tilgungsausgaben (Kreditfinanzierungsplan). Die Einzelpläne betreffen zumeist den Bereich eines Ressorts (Ministeriums) und sind nach Zwecken (Titel) geordnet (Siekmann SA 33). Zum Verhältnis von Haushaltsplan und Haushaltsgesetz unten Rn. 7.

3   **b) Grundsatz der Vollständigkeit.** Gem. Abs. 1 S. 1 sind alle zu erwartenden Einnahmen ebenso wie alle beabsichtigten Ausgaben in einem Plan **vollständig** aufzuführen (vgl. BVerfGE 55, 274/302 f; Kirchhof HbStR IV 96 f), und zwar in *einem* Plan (Siekmann SA 53; Heun DR 16). Der Grundsatz zielt darauf ab, „das gesamte staatliche Finanzvolumen der Budgetplanung und -entscheidung von Parlament und Regierung zu unterstellen" (BVerfGE 82, 159/179). Unzulässig sind Einnahme- und Ausgabekreisläufe außerhalb des Budgets (BVerfGE 82, 159/179; 91, 186/201 f; 93, 319/343) sowie „schwarze Kassen" (Kisker HbStR IV 262; Mahrenholz AK 47; Heun DR 15). Der Grundsatz der Vollständigkeit dient der Haushaltsklarheit wie der Lastengleichheit der Bürger (BVerfGE 82, 159/178 f). *Einnahmen* sind die im Rechnungsjahr objektiv zu erwartenden Mittel aus Steuern und anderen Abgaben, aber auch einmalige Einnahmen, etwa aus Verkäufen, sowie Einnahmen aus Krediten (Fischer-Menshausen MüK 16). Nicht erfasst werden Kassenkredite, die nur der Zwischenfinanzierung dienen, sowie durchlaufende Mittel (BVerfGE 4, 7/14, 26). *Ausgaben* sind die Geldzahlungen, die der Bund im Rechnungsjahr voraussichtlich leisten wird (Fischer-Menshausen MüK 17; Maunz MD 30). Nicht erfasst werden Einnahmen und Ausgaben juristisch selbständiger Personen (oben Rn. 1); im Bereich der durch Sonderabgaben gespeisten Fonds wird allerdings der Grundsatz der Vollständigkeit zudem durch die verfassungsrechtlichen Grenzen für Sonderabgaben (dazu Rn. 9–11 zu Art. 105) gesichert (BVerfGE 82, 159/179; 101, 141/146).

4   Des Weiteren ergibt sich aus dem Vollständigkeitsgebot das **Brutto-Prinzip**, d. h. die Forderung, Einnahmen und Ausgaben generell getrennt (und nicht bei bestimmten Posten saldiert) aufzuführen. Vom Brutto-Prinzip kann nur in begründeten Ausnahmefällen abgewichen werden, sofern dadurch die Funktion des Haushaltsgesetzgebers nicht beeinträchtigt wird (Mahrenholz AK 50; Vogel, DÖV 77, 842; strenger Siekmann SA 49 ff). Eine generelle Nettoveranschlagung der Kreditaufnahme ist daher schwerlich zulässig (Siekmann SA 51; Vogel HbStR IV § 88 Rn. 22; a. A. Heun DR 18). Für die *Bundesbetriebe* und *Sondervermögen* lässt dagegen Abs. 1 S. 1 Hs. 2

eine Saldierung ausdrücklich zu. Sondervermögen dienen bestimmten Aufgaben und werden aufgrund eines Gesetzes getrennt verwaltet, wie das Bundeseisenbahnvermögen oder das ERP-Sondervermögen. Zu den juristisch selbständigen Personen oben Rn.1.

c) Weitere verfassungsrechtliche Anforderungen. Gem. 5 Abs.1 S.2 müssen Einnahmen und Ausgaben (dazu oben Rn.3) formal **ausgeglichen** sein. Das heißt, der Haushaltsplan darf nicht mehr Ausgaben vorsehen als Einnahmen (einschl. der Kredite) auf Grund von Schätzungen zu erwarten sind (Mahrenholz AK 59; Siekmann SA 65; Kisker HbStR IV 267 f). Weiter muss der Haushaltsplan dem **gesamtwirtschaftlichen Gleichgewicht** Rechnung tragen (dazu Rn.6 zu Art.109). Endlich wird das parlamentarische Budgetrecht nur gewahrt, wenn der Grundsatz der **Spezialität** beachtet wird: Einnahmen und Ausgaben sind unter ausreichend spezifizierter Angabe des Zwecks aufzuführen (VerfGH NW, NVwZ 95, 149 f; Heun DR 24; Siekmann SA 62); Ausnahmen sind nur bei zwingenden Gründen möglich und müssen vom Bundestag geprüft werden (BVerfGE 70, 324/358). Leertitel sind daher vielfach unzulässig (vgl. VerfGH NW, NVwZ 92, 471).

Der Haushaltsplan ist gem. Abs.2 S.1 für **ein Jahr** oder – 6 gegliedert nach Jahren – für **mehrere Jahre** zu erstellen. In der Praxis ist die 1. Alternative üblich. Auch von den in Abs.2 S.2 vorgesehenen weiteren Möglichkeiten der Modifikation, die z.B. unterschiedliche Zeiträume für einen Verwaltungs- und einen Finanzhaushalt gestatten, wird kaum Gebrauch gemacht (Fischer-Menshausen MüK 23).

3. Bundeshaushaltsgesetz

a) Inhalt. Das Haushaltsgesetz enthält zunächst die „Feststel- 7 lung", d.h. die **Annahme des Haushaltsplans.** Der Haushaltsplan ist daher in seiner Gesamtheit Bestandteil des Haushaltsgesetzes (Siekmann SA 22; Fischer-Menshausen MüK 3; unten Rn.13; vgl. BVerfGE 20, 56/91; 38, 121/126), auch wenn die Formulierung des Abs.3 in anderer Weise verstanden werden könnte und in der Praxis getrennt über Haushaltsgesetz und Haushaltsplan abgestimmt wird. Zum Ergänzungs- und Nachtragshaushalt vgl. unten Rn.11.

Das Haushaltsgesetz bzw. der Haushaltsplan kann für bestimmte 8 Ausgaben **Vorbehalte** und **Sperrvermerke** vorsehen. Vor der Inanspruchnahme solcher Ausgaben ist eine Genehmigung des Bundestags oder des Haushaltsausschusses erforderlich. Gegen die Notwendigkeit einer Genehmigung durch den Bundestag bestehen keine durchgreifenden verfassungsrechtlichen Bedenken (Kisker HbStR IV 259; Fischer-Menshausen MüK 5a; Siekmann SA 93; teilweise a. A. Mahrenholz AK 68). Ein gesetzlich geregelter Sonderfall sind die Ausgaben auf Grund eines Leertitels bei einer konjunkturellen Abschwächung gem. § 6 Abs.2, 8 StabG. Für die Genehmigung durch den Haushaltsausschuss des Bundestags dürfte nichts anderes gelten, sofern die Vorgaben im Haushaltsplan ausreichend präzise sind (Siekmann SA 94; zurückhaltend Mahrenholz AK 68 a; Stern II 1225; s. auch Rn.9 zu Art.80). Zwar liegt die Haushaltskompetenz an sich beim Bundestag als Ganzes. Wenn er aber eine bestimmte Ausgabe in Aussicht stellt, hat er seine wesentlichen Budgetfunktionen erfüllt. Bedenken können sich erst ergeben, wenn durch dieses Verfahren einzelnen Fraktionen oder Abgeordneten die Möglichkeit der Einflussnahme auf das Haushaltsgesetz genommen wird (BVerfGE 66, 26/38; 70, 324/356; Rn.35 zu Art.38). Schließlich bestehen keine durchgreifenden Bedenken dagegen, die Inanspruchnahme bestimmter Mittel von einer Zustimmung des Bundesministers der Finanzen abhängig zu machen (Fischer-Menshausen MüK 5 b).

9   Darüber hinaus enthält das Haushaltsgesetz regelmäßig **zusätzliche Vorschriften,** insb. die durch Art.115 vorgeschriebenen Ermächtigungen (Rn.3 zu Art.115). Solche Vorschriften sind mit dem *Bepackungsverbot* des Abs.4 S.1 nur vereinbar, wenn sie sich auf die Einnahmen und Ausgaben des Bundes beziehen, also finanzwirksam sind (Maunz MD 44), und zudem den Zeitraum betreffen, für den das Haushaltsgesetz gilt. Allerdings sind gewisse Überschreitungen der zeitlichen Grenzen gem. Abs.4 S.2 zulässig. Ein Verstoß gegen das Bepackungsverbot dürfte zur Nichtigkeit der entsprechenden Regelung führen (Fischer-Menshausen MüK 25; Siekmann SA 89; a. A. OVG Lüneburg, DÖV 89, 317). Wird das Bepackungsverbot beachtet, werden vielfach auch materiell-rechtliche Regelungen als zulässig angesehen (BSGE 37, 144/145 ff; Heun DR 31; Fischer-Menshausen MüK 25; Elles o.Lit. 24 f), z. T. dagegen nur die Exekutive verpflichtende oder berechtigende Normen (Siekmann SA 25, 90; wohl auch Stern II 1253; vgl. BVerfGE 79, 311/327); vgl. auch unten Rn.15 f und Rn.3 zu Art.87 a. Ein Verzicht auf materielle Normen fördert jedenfalls die Rechtsklarheit.

10   **b) Verfahren, Zeitpunkt.** Das Haushaltsgesetz ergeht als förmliches Bundesgesetz. Eine Delegation der Gesetzgebungsbefugnis und damit eine Feststellung des Haushaltsplans durch Rechtsverordnung ist ausgeschlossen (Fischer-Menshausen MüK 21; Maunz MD 20).

Die Beratung erfolgt grundsätzlich öffentlich (BVerfGE 70, 324/
358; Siekmann SA 82). Jeder Abgeordnete hat „ein eigenes Recht
auf Beurteilung des Haushaltsentwurfs" (BVerfGE 70, 324/356); zur
Beteiligung der Fraktionen Rn.35 zu Art.38. Auf Fragen der Abgeordneten muss die Bundesregierung präzise und vollständige Antworten geben (Mahrenholz AK 29). Überlegenswert erscheint, ob
nicht nach amerikanischem Vorbild neben dem Haushaltsausschuss
die für die jeweiligen Ansätze sachlich zuständigen Ausschüsse beteiligt werden sollten (Jarass, NVwZ 84, 479). Der Bundesrat besitzt
(lediglich) ein Einspruchsrecht, es sei denn, die zusätzlichen Regelungen (oben Rn.9) betreffen zustimmungspflichtige Materien.

Das Recht der **Gesetzesinitiative** liegt, wie sich aus Abs.3 und **11**
Art.113 Abs.1 S.1 mittelbar entnehmen lässt, abweichend von Art.76
Abs.1, allein bei der Bundesregierung (BVerfGE 45, 1/46). Dies gilt
auch für Ergänzungsvorlagen (Stern II 1212; Siekmann SA 75; a. A.
Heun DR 34) und Nachtragsvorlagen (BVerfGE 70, 324/357), nicht
aber für Änderungen im Laufe des Gesetzgebungsverfahrens (vgl.
BVerfGE 70, 324/355; s. allerdings Art.113). *Ergänzungsvorlagen* betreffen ein eingebrachtes, aber noch nicht verabschiedetes Haushaltsgesetz; *Nachtragsvorlagen* sollen dagegen ein bereits verabschiedetes
Haushaltsgesetz ändern. Eine weitere Abweichung von den allgemeinen Vorschriften des Gesetzgebungsverfahrens, die für Ergän-
zungs- und Nachtragsvorlagen gilt, besteht darin, dass gem. Abs.3
und entgegen Art.76 Abs.2 aus Gründen der Beschleunigung des
Verfahrens der Entwurf des Haushaltsgesetzes *gleichzeitig dem Bundesrat und dem Bundestag* zuzuleiten ist. Dies gilt für die Vorlage des
Haushaltsgesetzes wie für Änderungsvorschläge, d. h. für Ergänzungsvorlagen sowie für Nachtragsvorlagen. Der Bundesrat hat gem.
Abs.3 für seine Stellungnahme wie im Normalfall (Rn.6 zu Art.76)
sechs Wochen Zeit, bei Ergänzungsvorlagen nur drei Wochen
(Maunz MD 67).

Das Haushaltsgesetz muss **vor Beginn des betreffenden Rech-** **12**
nungsjahres ergehen (Abs.2 S.1). Die Bundesregierung hat daher
den Entwurf des Haushaltsplanes entsprechend frühzeitig vorzulegen
(BVerfGE 45, 1/32 f; 66, 26/38). Der in der Praxis nicht seltene Fall,
das Haushaltsgesetz mit z.T. erheblicher Verspätung zu erlassen, verstößt gegen diese Verpflichtung (BVerfGE 45, 1/33; Kisker HbStR
IV 253 f). Das verspätet erlassene Haushaltsgesetz ist gleichwohl
rechtmäßig, wie Art.111 („bis zu seinem Inkrafttreten") entnommen
werden kann. Es tritt rückwirkend zu Beginn des betreffenden
Rechnungsjahres in Kraft (Siekmann SA 59; Fischer-Menshausen
MüK 8).

13　　Bei der **Verkündung** des Haushaltsgesetzes, die durch den Grundsatz der Budgetöffentlichkeit geboten ist (BVerfGE 70, 324/ 359; 79, 311/344), wird nur der Gesamtplan des Haushaltsplanes als Anlage mitveröffentlicht. Auf eine Publizierung der Einzelpläne wird traditionell verzichtet, um das Bundesgesetzblatt nicht zu überlasten. Dies soll mit Art.82 vereinbar sein (BVerfGE 20, 56/93; Heun DR 39; einschr. BVerfGE 65, 283/291); notwendig dürfte zumindest eine Publizierung als Anlage zum Bundesgesetzblatt sein (noch strenger Siekmann SA 88). Unabhängig davon sind die Einzelpläne Teil des Haushaltsgesetzes (Stern II 1205 f; Siekmann SA 22; oben Rn.7).

14　　**c) Rechtsnatur, Bedeutung, Wirkungen.** Der klassische Streit um die Rechtsnatur des Haushaltsgesetzes und des darin enthaltenen Haushaltsplans ist (jedenfalls) heute überholt bzw. ohne Bedeutung (Fischer-Menshausen MüK 6; Ipsen 461 ff; Heun DR 9). Das Parlament ist nicht nur formell, sondern auch nach der materiellen Funktionenzuordnung Herr des Budgets (vgl. BVerfGE 45, 1/34; 70, 324/355; Heun DR 9; Siekmann SA 14), weshalb das Haushaltsgesetz nicht nur der Form nach ein Gesetz ist (Siekmann SA 23; a. A. Kisker HbStR IV § 89 Rn.25). Immerhin besitzt das Haushaltsgesetz im Unterschied zu den meisten Gesetzen, aber ähnlich wie andere Organgesetze, primär Innenwirkung (vgl. unten Rn.15 f).

15　　Das Haushaltsgesetz hat in erster Linie Wirkungen innerhalb der Bundesexekutive **(Innenwirkung)**; sie wird zu den im Haushaltsplan vorgesehenen Ausgaben ermächtigt (BVerfGE 20, 56/89 f). Gleichzeitig ist die Exekutive an die dort aufgeführten Zwecke gebunden (Siekmann SA 26) und darf die aufgeführten Summen nicht überschreiten (BVerfGE 45, 1/34; Heun DR 29; s. allerdings Rn.1 zu Art.112). Den Fachgesetzen kommt aber der Vorrang zu (Heun DR 31; Siekmann SA 36 f). Dagegen ergibt sich aus dem Haushaltsplan keine Verpflichtung zur Leistung bestimmter Ausgaben (Pechstein, VerwArch 1995, 359; Maunz MD 15; Stern II 1207; diff. Heun DR 30). Weitere Berechtigungen und Verpflichtungen der Exekutive können sich aus den sonstigen Vorschriften des Haushaltsgesetzes (oben Rn.9) ergeben, etwa eine Verpflichtung, Beamtenstellen abzubauen. Wegen dieser Wirkungen kann das Haushaltsgesetz Gegenstand einer Normenkontrolle sein (Rn.22 zu Art.93).

16　　Unklar ist, wieweit das Haushaltsgesetz **Außenwirkungen** entfaltet, also für die rechtlichen Beziehungen zwischen Bund und Dritten von Bedeutung ist. Was die *zusätzlichen Regelungen* des

Haushaltsgesetzes angeht, wird insoweit auf die Ausführungen oben in Rn.9 verwiesen. Soweit das Haushaltsgesetz den *Haushaltsplan feststellt,* hat es grundsätzlich keine Außenwirkung (Kisker HbStR IV 247; Siekmann SA 24 f). Es begründet keine Rechte für die Personen, denen nach dem Haushaltsplan bestimmte Mittel zugute kommen sollen (BVerfGE 1, 299/307; 38, 121/125; vgl. § 3 Abs.2 BHO). Gesetzlich vorgesehene Ansprüche Dritter entfallen nicht deshalb, weil im Haushalt keine entsprechenden Mittel vorgesehen sind (BAGE 46, 394/400 f). Die Feststellung des Haushaltsplanes ist allerdings für Dritte insoweit bedeutsam, als eine Subventionsvergabe ohne entsprechende Grundlage im Haushaltsplan auch im Außenverhältnis rechtswidrig ist (BVerwGE 58, 45/48; OVG NW, NVwZ 82, 381; a. A. Siekmann SA 40), es sei denn, es besteht eine spezialgesetzliche Regelung (zum Vorrang des Fachrechts oben Rn.15).

Art. 111 [Nothaushaltsführung des Bundes]

(1) **Ist bis zum Schluß eines Rechnungsjahres der Haushaltsplan für das folgende Jahr nicht durch Gesetz festgestellt[1], so ist bis zu seinem Inkrafttreten die Bundesregierung ermächtigt, alle Ausgaben zu leisten, die nötig sind,**

a) **um gesetzlich bestehende Einrichtungen zu erhalten und gesetzlich beschlossene Maßnahmen durchzuführen,**

b) **um die rechtlich begründeten Verpflichtungen des Bundes zu erfüllen,**

c) **um Bauten, Beschaffungen und sonstige Leistungen fortzusetzen oder Beihilfen für diese Zwecke weiter zu gewähren, sofern durch den Haushaltsplan eines Vorjahres bereits Beträge bewilligt worden sind[2].**

(2) **Soweit nicht auf besonderem Gesetze beruhende Einnahmen aus Steuern, Abgaben und sonstigen Quellen oder die Betriebsmittelrücklage die Ausgaben unter Absatz 1 decken, darf die Bundesregierung die zur Aufrechterhaltung der Wirtschaftsführung erforderlichen Mittel bis zur Höhe eines Viertels der Endsumme des abgelaufenen Haushaltsplanes im Wege des Kredits flüssig machen[4].**

Literatur: *Birk,* Die Rechtsfolgen verfassungswidriger ausgabenwirksamer Gesetze im Bereich der Finanzverfassung, BayVBl 1981, 673. – S. auch Literatur zu Art.110.

1. Bedeutung und Anwendungsbereich

1 Der Haushaltsplan muss an sich gem. Art.110 Abs.2 S.1 vor Beginn des Rechnungsjahres durch das Haushaltsgesetz festgestellt werden (Rn.12 zu Art.110). Für den Fall, dass dies nicht gelingt, ermächtigt Art.111 die Bundesregierung bis zur Verkündung des Haushaltsgesetzes (Siekmann SA 9; Fischer-Menshausen MüK 1 f) auch ohne Haushaltsgesetz die Haushaltsführung in begrenztem Umfang fortzusetzen. Art.111 ersetzt dann die Ermächtigung des Haushaltsgesetzes (BVerfGE 20, 56/90). Aus welchen Gründen der Haushaltsplan nicht rechtzeitig festgestellt wurde, spielt keine Rolle (Kisker HbStR IV 254; Heun DR 7; Mahrenholz AK 5 f). Die Ermächtigung des Art.111 ist für kurzfristige Konstellationen gedacht (BVerfGE 45, 1/32 f; 66, 26/38; Heun DR 6), kann in Ausnahmefällen aber auch länger zum Tragen kommen (Maunz MD 13). An Stelle des Art.111 kann ein vom Bundestag erlassenes *Nothaushaltsgesetz* die Grundlage liefern. Es kann die Grenzen enger als in Art.111 vorgesehen abstecken (Siekmann SA 10; a. A. Maunz MD 6 f); die Gegenauffassung wird der Budgethoheit des Parlaments nicht gerecht, die durch Art.111 nicht verdrängt wird (vgl. BVerfGE 45, 1/32 f; 66, 26/38; Heun DR 6), und übersieht zudem, dass Art.111 Fälle mutmaßlicher Zustimmung des Bundestags enthält (unten Rn.3). Ein Nothaushaltsgesetz kann allerdings ebenso wenig wie ein reguläres Haushaltsgesetz die Vergabe gesetzlich vorgeschriebener Ausgaben behindern (vgl. Rn.16 zu Art.110).

2. Folgen

2 **a) Ausgaben** können gem. Abs.1 von der Bundesregierung bis zum Erlass des Haushaltsgesetzes geleistet werden, sofern sie **(1)** für folgende Zwecke notwendig und unaufschiebbar sind (näher Maunz MD 19 ff): Die Erhaltung gesetzlich vorgesehener Einrichtungen, die Durchführung gesetzlich beschlossener Maßnahmen (näher Mahrenholz AK 14), die Erfüllung bindender Verpflichtungen des Bundes und die Fortsetzung von Projekten und Beihilfen, für die im Haushaltsplan des Vorjahres Beträge bewilligt wurden. Die Vorjahresansätze können dabei überschritten werden, sofern dies zur Erhaltung des Status quo notwendig ist (Siekmann SA 13). – **(2)** Weiter müssen die Ausgaben unaufschiebbar sein, was bei Ausgaben etwa für die Öffentlichkeitsarbeit generell ausgeschlossen ist (Siekmann SA 13).

3 In allen Fällen wird vermutet, dass das Parlament entsprechenden Ausgaben zustimmen würde (Fischer-Menshausen MüK 3). Das

heißt umgekehrt, dass die genannten Ausgaben nicht geleistet werden dürfen, wenn das Parlament sich gegen sie entschieden hat, etwa ein Haushaltsgesetz gerade wegen dieser Ausgaben scheiterte (Siekmann SA 14). Auf Verpflichtungsermächtigungen ist Art. 111 nur anwendbar, wenn eine der Voraussetzungen des Abs. 1 gegeben ist (Mahrenholz AK 7). Eine weitere, parallel anzuwendende Ausgabenermächtigung enthält Art. 112 (Rn. 1 zu Art. 112). Dagegen können die Grenzen des Art. 111 nicht unter Berufung auf Art. 109 Abs. 2 überschritten werden (Maunz MD 4; a. A. Heun DR 9; Fischer-Menshausen MüK 6).

b) Die **Einnahmen** des Bundes fließen auch ohne Haushalts- **4** gesetz, weshalb für eine ausreichende Deckung der in Abs. 1 vorgesehenen Ausgaben regelmäßig gesorgt ist. Lediglich Kreditaufnahmen u. ä. setzen gem. Art. 115 eine gesetzliche Ermächtigung voraus (Heun DR 12). Davon macht Abs. 2 eine äußerst großzügig bemessene Ausnahme (Heun DR 12) für den Fall, dass die ohnehin fließenden Einnahmen zur Deckung der in Rn. 2 beschriebenen Ausgaben nicht genügen. Die Grenze des Art. 115 Abs. 1 S. 2 (Rn. 4 zu Art. 115) ist allerdings zu beachten (Mahrenholz AK 20; Maunz MD 32).

Art. 112 [Über- und außerplanmäßige Ausgaben des Bundes]

Überplanmäßige und außerplanmäßige Ausgaben[1] bedürfen der Zustimmung des Bundesministers der Finanzen[2]. Sie darf nur im Falle eines unvorhergesehenen[4] und unabweisbaren Bedürfnisses[5] erteilt werden. Näheres kann durch Bundesgesetz bestimmt werden[1].

Literatur: *Jahndorf,* Das Notbewilligungsrecht des Bundesministers der Finanzen nach Art. 112 GG, DVBl 1998, 75 ff; *Dorn,* Das Notbewilligungsrecht der Finanzminister des Bundes und der Länder – Geltung und Grenzen, DÖV 1989, 707; *Leibinger/Jordan,* Das Notbewilligungsrecht des Bundesministers der Finanzen nach Art. 112 GG, DÖV 1989, 16. – S. auch Literatur zu Art. 110.

1. Bedeutung und Anwendungsbereich

Die Exekutive darf an sich nur Ausgaben leisten, die im Haus- **1** haltsgesetz bzw. im Haushaltsplan vorgesehen sind (Rn. 15 zu Art. 110). Von dieser *Regel* erlaubt die 1969 (Einl. 3 Nr. 20) geänderte Vorschrift des Art. 112 in bestimmten *Ausnahmesituationen* eine Abweichung (BVerfGE 45, 1/31, 37; Kisker HbStR IV 255; Heun DR

4) und ersetzt insoweit die Ermächtigung eines Haushaltsgesetzes (BVerfGE 20, 56/90; Siekmann SA 1). Art. 112 gilt sowohl für *überplanmäßige* Ausgaben, für die im Haushaltsplan ein Ansatz vorgesehen ist, die aber diesen Ansatz überschreiten (Siekmann SA 7; Maunz MD 10), wie für *außerplanmäßige* Ausgaben, d. h. Leistungen, für die überhaupt kein Ansatz vorhanden ist (Maunz MD 11). Nicht erfasst wird eine überplanmäßige Kreditaufnahme (Siekmann SA 1). Die Vorschrift ist auch anwendbar, wenn das Haushaltsgesetz nicht rechtzeitig erlassen wurde und damit Art. 111 zum Tragen kommt (BVerfGE 45, 1/37; Maunz MD 4; Mahrenholz AK 1; a. A. Kisker HbStR IV 256). In diesem Falle ist die Ausgabe außerplanmäßig, wenn sie nicht gem. Art. 111 Abs. 1 getroffen werden darf (Siekmann SA 15; Heun DR 10). Durch ein **Gesetz** nach S. 3 können nur die näheren Einzelheiten geregelt werden. Insbesondere ist eine Abschwächung der Grenzen des S. 2 nicht möglich (Siekmann SA 32; Mahrenholz AK 16), außer für Bagatellbeträge (BVerfGE 45, 1/39). Eine Verpflichtung zur Regelung besteht nicht (BVerfGE 79, 311/352). *Art. 109 Abs. 2* rechtfertigt keine von Art. 112 nicht gedeckten über- und außerplanmäßigen Ausgaben (Siekmann SA 20 zu Art. 109; Heun DR 17; diff. Fischer-Menshausen MüK 11); insoweit müssen die Möglichkeiten eines Leertitels (Rn. 8 zu Art. 110) genutzt werden.

2. Zustimmung des Bundesfinanzministers

2   Ausgaben, für die eine haushaltsgesetzliche Ermächtigung vorliegt, können direkt von den Ressorts und den ihnen zugeordneten Behörden getroffen werden. Demgegenüber sind überplanmäßige und außerplanmäßige Ausgaben gem. Art. 112 nur möglich, wenn der Bundesminister der Finanzen seine Zustimmung erteilt. Die Zustimmung muss *vor* Leistung der Ausgaben ergehen (Siekmann SA 26; Mahrenholz AK 11).

3   **a)** In **verfahrensrechtlicher Hinsicht** hat der Minister zunächst die Richtlinienkompetenz des Kanzlers gem. Art. 65 S. 1 (Rn. 3 zu Art. 65) und die Kompetenz der Bundesregierung gem. Art. 65 S. 3 zu beachten (BVerfGE 45, 1/47), wenn er die Zustimmung erteilen will, nicht jedoch, wenn er sie verweigert (Fischer-Menshausen MüK 4; diff. Maunz MD 13). Wegen der Haushaltsverantwortung der Bundesregierung muss über den Wortlaut des Art. 112 hinaus sogar ein positiver Beschluss der Bundesregierung ergehen, sofern es um Mittel von erheblichem Gewicht geht (BVerfGE 45, 1/48, 50 f; a. A. Heun DR 8). Weiter muss der Minister das Parlament infor-

mieren, damit dieses ev. noch ein Haushaltsgesetz erlassen kann (BVerfGE 45, 1/39; Heun DR 7; Siekmann SA 16). Die Bundesregierung muss ggf. einen entsprechenden Nachtragshaushalt vorlegen (BVerfGE 45, 1/48 ff).

b) Sachlich ist die Zustimmung des Bundesfinanzministers nur **4** unter einer doppelten Voraussetzung möglich, die beide verfassungsgerichtlich voll überprüfbar sind (Heun DR 11; vgl. BVerfGE 45, 1/38 f): – **aa)** Die Ausgabe muss **unvorhergesehen** sein, d. h., sie bzw. ihre Dringlichkeit wurde „gleich aus welchen Gründen, vom Bundesminister der Finanzen oder der Bundesregierung bei der Aufstellung des Haushaltsplans oder vom Gesetzgeber bei dessen Beratung und Feststellung nicht vorhergesehen" (BVerfGE 45, 1/35). Auf die objektive Vorhersehbarkeit oder auf Kenntnisse eines Fachministers kommt es also nicht an (Siekmann SA 13). An der Unvorhergesehenheit fehlt es immer, wenn der Bundestag eine bestimmte Ausgabe abgelehnt hat, es sei denn, dass neue Aspekte hinzugetreten sind, die ein unabweisbares Bedürfnis erzeugen (Fischer-Menshausen MüK 7; Maunz MD 18).

bb) Für die Ausgabe muss sachlich und zeitlich ein **unabweisba- 5 res Bedürfnis** bestehen (Mahrenholz AK 12). „Nur wenn eine Ausgabe ohne Beeinträchtigung schwerwiegender politischer wirtschaftlicher und sozialer Staatsinteressen nicht mehr zeitlich aufgeschoben werden kann", ist diese Voraussetzung gegeben (BVerfGE 45, 1/36). Je größer der entsprechende Betrag ist, umso gewichtiger müssen die fraglichen Staatsinteressen sein. An der Unabweisbarkeit fehlt es, wenn durch einen Nachtragshaushalt (vgl. Rn.11 zu Art.110) rechtzeitig noch eine Grundlage geschaffen werden kann (Maunz MD 19). Gleiches gilt regelmäßig bei der Erhöhung des Kapitals eines bundeseigenen Unternehmens (BVerfGE 45, 1/45).

Art.113 [Finanzwirksame Bundesgesetze]

(1) **Gesetze, welche die von der Bundesregierung vorgeschlagenen Ausgaben des Haushaltsplanes erhöhen oder neue Ausgaben in sich schließen oder für die Zukunft mit sich bringen[2], bedürfen der Zustimmung der Bundesregierung[1, 5]. Das gleiche gilt für Gesetze, die Einnahmeminderungen in sich schließen oder für die Zukunft mit sich bringen[2]. Die Bundesregierung kann verlangen, daß der Bundestag die Beschlußfassung über solche Gesetze aussetzt[3]. In diesem Fall hat die Bundesregierung**

innerhalb von sechs Wochen dem Bundestage eine Stellungnahme zuzuleiten[3].

(2) Die Bundesregierung kann innerhalb von vier Wochen,
nachdem der Bundestag das Gesetz beschlossen hat, verlangen,
daß der Bundestag erneut Beschluß faßt[4].

(3) Ist das Gesetz nach Artikel 78 zustande gekommen, kann
die Bundesregierung ihre Zustimmung nur innerhalb von sechs
Wochen und nur dann versagen, wenn sie vorher das Verfahren
nach Absatz 1 Satz 3 und 4 oder nach Absatz 2 eingeleitet hat[5].
Nach Ablauf dieser Frist gilt die Zustimmung als erteilt[6].

Literatur: S. Literatur zu Art.110.

1. Zweck und Anwendungsbereich

1   Die 1969 (Einl.3 Nr.20) geänderte Vorschrift verlangt, dass Gesetze, die die Ausgaben des Bundes erhöhen oder die Einnahmen des
Bundes vermindern, nur nach vorheriger Zustimmung der Bundesregierung ergehen dürfen. Damit soll im Interesse einer sachgerechten Haushaltswirtschaft und zur Sicherung der Bundesfinanzen für
derartige Gesetze eine zusätzliche Hürde errichtet werden (Fischer-
Menshausen MüK 1); eine ähnliche Funktion hat die Regelung des
Art.23 Abs.5 S.3 (dazu Rn.60 zu Art.23). Die praktische Bedeutung
der Vorschrift ist allerdings gering (Kisker HbStR IV 256 f; Heun
DR 4). Sie steht im Übrigen selbständig neben Art.112 (Heun DR
9; Siekmann SA 21).

2   Im Einzelnen **betrifft** Art.113 **fünf Gruppen finanzwirksamer
Gesetze:** Die ersten drei, in Abs.1 S.1 angesprochenen Gesetzesarten führen zu *Mehrausgaben,* die durch das Haushaltsgesetz bedingt
sein können (Stern II 1221; Fischer-Menshausen MüK 4; a.A.
Mahrenholz AK 4), aber auch durch sonstige Gesetze, insb. Leis-
tungsgesetze. Ob eine Mehrausgabe vorliegt, ist beim Haushaltsgesetz durch Vergleich mit dem entsprechenden Entwurf der Bundesregierung festzustellen; sonstige Gesetze sind mit dem verabschie-
deten Haushaltsgesetz zu vergleichen (Siekmann SA 10). Die vierte
und fünfte Gruppe der erfassten und in Abs.1 S.2 angesprochenen
Gesetzesarten führen zu *Mindereinnahmen.* Vergleichsmaßstab sind
hier die bisher geltenden Gesetze über die Einnahmen des Bundes,
insb. die Steuergesetze (Mahrenholz AK 9; Stern II 1221 f; a.A.
Siekmann SA 10: auch Verwaltungsvorschriften). Geringfügige Abweichungen dürften den Zweck des Art.113 nicht beeinträchtigen.
Dagegen dürfte es zu weit gehen, lediglich solche finanzwirksamen

Gesetze erfasst zu sehen, die den Haushaltsausgleich ernsthaft und nachhaltig stören können oder die von grundsätzlicher finanzpolitischer Bedeutung sind (so aber Fischer-Menshausen MüK 4; dagegen zu Recht Siekmann SA 11).

2. Einwirkung der Bundesregierung

Fällt ein Gesetz in den Anwendungsbereich des Art.113 (oben **3** Rn.2), kann die Bundesregierung gem. Abs.1 S.3 verlangen, dass der Bundestag **vorläufig keinen Beschluss** über das fragliche Gesetz fasst und die Stellungnahme der Bundesregierung abwartet. Die Stellungnahme muss innerhalb von 6 Wochen nach Stellung des Aufschubbegehrens dem Bundestag zugeleitet werden (Abs.1 S.4). Nach Zuleitung der Stellungnahme bzw. nach Ablauf der sechs Wochen kann der Bundestag über das Gesetz beschließen.

Alternativ oder kumulativ zu dem Vorgehen nach Abs.1 S.3 **4** (oben Rn.3) kann die Bundesregierung gem. Abs.2 nach der Beschlussfassung des Bundestags verlangen, dass **erneut** über das Gesetz **entschieden** wird (Mahrenholz AK 13). Dieses Verlangen ist innerhalb von vier Wochen nach der abschließenden Beschlussfassung des Bundestags zu stellen; es führt zur Unwirksamkeit der (ersten) abschließenden Beschlussfassung (vgl. Fischer-Menshausen MüK 11).

3. Zustimmung und Wirksamkeit der erfassten Gesetze

Bei der Entscheidung über die **Zustimmung** dürfte die Bundes- **5** regierung einen weiten Spielraum haben; sie muss jedoch den Zweck des Art.113 beachten (Fischer-Menshausen MüK 6 f). Eine verfassungsgerichtliche Überprüfung ist nicht ausgeschlossen (Siekmann SA 13; zurückhaltender Fischer-Menshausen MüK 7). Die Verweigerung der Zustimmung ist gem. Abs.3 nur von Bedeutung, wenn sie innerhalb von sechs Wochen nach dem Zustandekommen des Gesetzes erfolgt und die Bundesregierung zudem gem. Abs.1 S.3 oder gem. Abs.2 vorgegangen ist. Andererseits führt die Verweigerung der Zustimmung zur Unwirksamkeit des *gesamten* Gesetzes (Siekmann SA 12).

Die unter Art.113 fallenden **Gesetze** (oben Rn.2) **werden** gem. **6** Abs.3 **wirksam,** wenn eine der drei folgenden Alternativen gegeben ist (vgl. Heun DR 14): **(1)** Die Bundesregierung hat weder einen rechtzeitigen Aussetzungsantrag gestellt (oben Rn.3) noch eine Wiederholungsaufforderung (oben Rn.4). **(2)** Die Bundesregierung erteilt ausdrücklich ihre Zustimmung. Eine teilweise Zustimmung genügt nicht; sie stellt weder eine Zustimmung noch eine Ablehnung dar. **(3)** Die Bundesregierung trifft innerhalb von sechs Wochen nach Zustandekommen des Gesetzes (Rn.1 f zu Art.78) keine ausdrückliche Entscheidung, ob sie die Zustimmung erteilt oder verweigert (Abs.3 S.2).

Art.114 [Rechnungsprüfung und Finanzkontrolle des Bundes]

(1) **Der Bundesminister der Finanzen hat dem Bundestage und dem Bundesrate über alle Einnahmen und Ausgaben sowie über das Vermögen und die Schulden im Laufe des nächsten Rechnungsjahres zur Entlastung der Bundesregierung Rechnung zu legen[1, 3].**

(2) **Der Bundesrechnungshof, dessen Mitglieder richterliche Unabhängigkeit besitzen[4], prüft die Rechnung[2] sowie die Wirtschaftlichkeit und Ordnungsmäßigkeit der Haushalts- und Wirtschaftsführung[5 ff]. Er hat außer der Bundesregierung unmittelbar dem Bundestage und dem Bundesrate jährlich zu berichten[2]. Im übrigen werden die Befugnisse des Bundesrechnungshofes durch Bundesgesetz geregelt[6].**

Literatur: *Degenhart/Schulze-Fielitz,* Kontrolle der Verwaltung durch Rechnungshöfe, VVDStRL 55 (1996), 192, 231; *Wieland,* Rechnungshofkontrolle im demokratischen Rechtsstaat, DVBl 1995, 894; *Blasius,* Prüfungs- und Erhebungskompetenzen des Bundesrechnungshofs im Länderbereich?, DÖV 1992, 18; *Jarass,* Reichweite der Rechnungsprüfung bei Rundfunkanstalten, 1992; *Böning/v. Mutius (Hg.),* Finanzkontrolle im repräsentativ-demokratischen System, 1991; *Blasius,* Der Rechnungshof als körperschaftlich-kollegial verfaßte unabhängige Einrichtung, JZ 1990, 954; *Kammer,* Finanzkontrolle und Finanzierungskompetenz des Bundes, DVBl 1990, 555; *Kisker,* Staatshaushalt, HbStR IV, 1990, 235; *Selmer,* Zur Intensivierung der Wirtschaftlichkeitskontrolle durch die Rechnungshöfe, Verw 1990, 1; *Arnim,* Grundprobleme der Finanzkontrolle, DVBl 1983, 664; *Kisker,* Sicherung von „Wirtschaftlichkeit und Sparsamkeit" durch den Rechnungshof, NJW 1983, 2167; *Haverkate,* Der Schutz subjektiv-öffentlicher Rechte in der Rechnungsprüfung, AöR 1982, 539; *Röper,* Entlastung, VR 1982, 33.

1. Rechnungslegung und Rechnungsprüfung (Abs.1)

1 Nach der 1969 (Einl.3 Nr.20) geänderten Vorschrift des Abs.1 hat der Bundesminister der Finanzen nach Ablauf des betreffenden Rechnungsjahres gegenüber dem Bundestag wie gegenüber dem Bundesrat

die Pflicht der **Rechnungslegung** (Mahrenholz AK 1 f; Ipsen 452).
Das heißt, er muss den Haushaltsvollzug darstellen (BVerfGE 79,
311/327 f), also über alle Einnahmen und Ausgaben des Bundes
berichten und sie den im Haushaltsplan vorgesehenen Einnahmen
und Ausgaben gegenüberstellen (Fischer-Menshausen MüK 5; Maunz
MD 12). Gleiches gilt für das Verwaltungs- und das Finanzvermögen
sowie für die Schulden des Bundes (Maunz MD 11, 13). Die Rechnungslegung muss „im Laufe des nächsten Rechnungsjahres" erfolgen, also im Jahr nach Ablauf des betreffenden Rechnungsjahres
(Heun DR 11). Auch im Falle eines mehrjährigen Haushaltsplanes
ist jährlich zu berichten (Siekmann SA 8; Heun DR 15).

Die Rechnungslegung wird gem. Abs.2 S.1 zunächst vom Bundes- **2**
rechnungshof (dazu unten Rn.4–7) geprüft **(administrative Rechnungsprüfung).** Über das Ergebnis seiner Prüfung hat der Bundesrechnungshof der Bundesregierung und gleichzeitig bzw. unmittelbar
dem Bundestag und dem Bundesrat gem. Abs.2 S.2 jährlich zu berichten (Siekmann SA 14). Im Bericht sind zudem die Ergebnisse der
rechnungsunabhängigen Finanzkontrolle (dazu unten Rn.5) aufzuführen, soweit darüber nicht gesondert berichtet wird (Fischer-
Menshausen MüK 16). Der Bericht hat keine rechtlichen Auswirkungen auf die kontrollierten Akte bzw. Behörden (vgl. BVerfGE 20,
56/95 f). Zur Veröffentlichung unten Rn.5.

Gestützt auf die Rechnungslegung des Bundesfinanzministers **3**
(oben Rn.1) und den Bericht des Bundesrechnungshofs (oben Rn.2)
haben Bundestag und Bundesrat jeweils selbständig (Siekmann SA
19; Heun DR 17) darüber zu entscheiden, ob sie der Bundesregierung die **Entlastung** erteilen (Abs.1). Die Funktion dieser Entscheidung besteht im Wesentlichen darin, die **parlamentarische Rechnungsprüfung** sicherzustellen (Vogel/Kirchhof BK 149). Die Entlastung selbst hat dagegen nur geringe Bedeutung. Sie hat keine
rechtlichen Folgen, insb. berührt sie nicht die rechtliche Verantwortung der an der Haushaltsführung beteiligten Personen (Kisker
HbStR IV 276 f; Mahrenholz AK 39; Siekmann SA 22). Daher wird
durch die Entlastung die Geltendmachung von Schadensersatzansprüchen nicht ausgeschlossen (Heun DR 34). Umgekehrt hat
auch die Verweigerung der Entlastung lediglich politische Bedeutung (Heun DR 33). Doch besteht eine Rechtspflicht zur Entlastung
(Mahrenholz AK 28), weshalb die Verweigerung verfassungsgerichtlich überprüfbar ist (Fischer-Menshausen MüK 21). Die Verweigerung der Entlastung stellt kein Misstrauensvotum im technischen
Sinne dar, sofern nicht die Voraussetzungen des Art.67 vorliegen.
Die Entlastung kann nur im Ganzen erteilt oder verweigert werden,

was andererseits Missbilligungen zu einzelnen Punkten nicht ausschließt (Fischer-Menshausen MüK 21; vgl. § 104 Abs.5 BHO).

2. Bundesrechnungshof (Abs.2)

4   **a) Organisation.** Nach der 1969 (Einl.3 Nr.20) geänderten Vorschrift des Abs.2 ist ein Bundesrechnungshof einzurichten. Zu dessen Organisation wird lediglich festgelegt, dass seine Mitglieder die richterliche Unabhängigkeit (dazu Rn.3–5, 7 f zu Art.97) besitzen. Daraus folgt, dass der Bundesrechnungshof gegenüber anderen staatlichen Stellen (insb. gegenüber der Regierung) eine ähnlich unabhängige Stellung wie ein Gericht aufweisen muss (Stern II 423 f; vgl. BSGE 52, 294/295 f). Die Mitglieder des Rechnungshofs sind weithin wie Richter zu behandeln, was Weisungsfreiheit (auch bei der Wahl des Prüfungsgegenstandes und -schwerpunkts) sowie Unabsetzbarkeit einschließt (Heun DR 22). Selbst eine Anordnung der Gleitzeit soll unzulässig sein (BGHZ 113, 36/38). Richterliche Entscheidungs- und Durchsetzungsrechte brauchen ihnen dagegen nicht eingeräumt zu werden (Fischer-Menshausen MüK 11). Weitere Einzelheiten der Organisation regelt das nach Abs.2 S.3 erlassene Gesetz über den Bundesrechnungshof. Der Bundesrechnungshof ist kein Verfassungsorgan (Maunz MD 25), wohl aber ein oberstes Bundesorgan iSd Art.93 Abs.1 Nr.1 (Siekmann SA 25; Heun DR 19; Rn.6 zu Art.93).

5   **b) Aufgaben.** Der Bundesrechnungshof hat zum einen die Rechnung, d. h. die Rechnungslegung (oben Rn.1), auf ihre sachliche Richtigkeit hin zu überprüfen. Darüber hinaus hat er gem. Abs.2 S.1 ganz generell die Haushalts- und Wirtschaftsführung aller Bundesbehörden unabhängig von der Rechnungslegung des Bundesfinanzministers zu prüfen (rechnungsunabhängige Kontrolle). Zum Bericht an Bundesregierung, Bundestag und Bundesrat oben Rn.2. Eine Veröffentlichung der Prüfungsergebnisse ist grundsätzlich zulässig (Siekmann SA 15). Sie kann aber ev. in Rechte Dritter eingreifen (HessVGH NVwZ 94, 514); in diesem Falle ist eine gesetzliche Grundlage notwendig (Jarass o. Lit. 51). Für den Rechtsschutz sind die Verwaltungsgerichte zuständig (BVerfGE 74, 69/75 f).

6   Was die zu prüfenden **Gegenstände** angeht, so erstreckt sich die Kontrolle kraft Verfassungsrechts auf die gesamte unmittelbare Bundesverwaltung, einschl. der Sondervermögen (Maunz MD 34) und der Fraktionsausschüsse (BVerfGE 80, 188/214). Auf der Grundlage des Abs.2 S.3 kann die Kontrolle durch Gesetz auch auf die selbständigen öffentlich-rechtlichen Personen des Bundes erstreckt wer-

den (BSGE 52, 294/298; Maunz MD 35). Schließlich können dem
Bundesrechnungshof auf der Grundlage des Abs.2 S.3 weitere Aufgaben übertragen werden, die allerdings mit den in Abs.2 S.1 angesprochenen Aufgaben (vgl. § 104 BRHG) in Zusammenhang stehen
müssen, etwa die Prüfung öffentlicher Unternehmen oder die Kontrolle privater Stiftungen, die öffentliche Gelder nutzen (BVerwGE
74, 58/61). Im Verhältnis zu den Ländern und Gemeinden können
die Aufgaben des Bundesrechnungshofs nur so weit reichen, wie die
Ausgabenverantwortung des *Bundes* geht (näher Maunz MD 38 ff;
Fischer-Menshausen MüK 12 a). Eine Beratung von Bundesregierung, Bundestag und Bundesrat *im Vorhinein* ist nur in engen Grenzen möglich (Maunz MD 30; Stern II 431 f).

Prüfungsmaßstab für die Kontrolle des Bundesrechnungshofs ist 7
zum einen die *Ordnungsmäßigkeit,* d. h. die rechnerische Richtigkeit
der Rechnungsführung und die Übereinstimmung mit dem Haushaltsgesetz (Fischer-Menshausen MüK 20; Heun Dr 28). Weiter
gehört zur Ordnungsmäßigkeit die Übereinstimmung mit der gesamten Rechtsordnung (BVerfGE 20, 56/95 f; Kisker HbStR IV
284). Der zweite Maßstab der Kontrolle, die *Wirtschaftlichkeit,* verlangt die Prüfung, ob nicht mit geringerem Aufwand der gleiche
Nutzen oder mit gleichem Aufwand ein größerer Nutzen erzielt
werden kann (Siekmann SA 13; Kisker HbStR IV 284). Dies gilt
auch für juristische Personen, die lediglich einer Rechtsaufsicht
unterliegen (BSGE 52, 294/298), die aber der Kontrolle des Rechnungshofs unterworfen wurden.

Art.115 [Kreditaufnahme und Gewährleistungen des Bun-
des]

(1) **Die Aufnahme von Krediten[2] sowie die Übernahme von
Bürgschaften, Garantien oder sonstigen Gewährleistungen, die
zu Ausgaben in künftigen Rechnungsjahren führen können,
bedürfen einer der Höhe nach bestimmten oder bestimmbaren
Ermächtigung durch Bundesgesetz[3]. Die Einnahmen aus Krediten[2] dürfen die Summe der im Haushaltsplan veranschlagten
Ausgaben für Investitionen nicht überschreiten; Ausnahmen sind
nur zulässig zur Abwehr einer Störung des gesamtwirtschaftlichen Gleichgewichts[4]. Das Nähere wird durch Bundesgesetz geregelt[1].**

(2) **Für Sondervermögen des Bundes können durch Bundesgesetz Ausnahmen von Absatz 1 zugelassen werden[1].**

Literatur: *Schwarz,* Voraussetzungen und Grenzen staatlicher Kreditaufnahme, DÖV 1998, 721; *Bröcker,* Grenzen staatlicher Verschuldung im System des Verfassungsstaats, 1997; *Isensee,* Schuldenbarriere für Legislative und Exekutive, FS Friauf, 1996, 705; *Müller,* Die Geltung der verfassungsrechtlichen Kredithöchstgrenze des Art.115 Abs.1 S.2 GG im Haushaltsvollzug, DÖV 1996, 490; *Isensee,* Staatsverschuldung im Haushaltsvollzug, DVBl 1996, 173; *Kriszeleit/Meuthen,* Kredithöchstgrenze und Haushaltsvollzug, DÖV 1995, 461; *Tiemann,* Die verfassungsrechtliche Kreditobergrenze im Haushaltsvollzug, DÖV 1995, 632; *Lappin,* Kreditäre Finanzierung des Staates unter dem Grundgesetz, 1994; *Höfling,* Staatsschuldenrecht, 1993; *Richter,* Staatsverschuldung, StWiss 1992, 171; *Müller,* Investitionen und verfassungsmäßige Verschuldungsgrenze, DÖV 1992, 1005; *Friauf,* Staatskredit, HbStR IV, 1990, 321; *Osterloh,* Staatsverschuldung als Rechtsproblem?, NJW 1990, 145; *Donner,* Verfassungsgrenzen der Staatsverschuldung, ZParl 1987, 436; *Heun,* Staatsverschuldung und Grundgesetz, Verw 1985, 1; *Birk,* Die finanzverfassungsrechtlichen Vorgaben und Begrenzungen der Staatsverschuldung, DVBl 1984, 745. – S. auch Literatur zu Art.110.

1. Bedeutung, Ausnahmen, Abgrenzung und Kreditbegriff

1 Die Aufnahme von Krediten führt zu Belastungen in künftigen Rechnungsjahren (Fischer-Menshausen MüK 1). Ähnliches kann bei Bürgschaften, Garantien und ähnlichen Maßnahmen der Fall sein. Die 1969 (Einl.3 Nr.20) geänderte Vorschrift des Art.115 unterwirft daher derartige Maßnahmen einem Parlamentsvorbehalt (unten Rn.3) bzw. fixiert Obergrenzen (unten Rn.4), damit der künftige finanzpolitische Spielraum in ausreichendem Maße gesichert bleibt. Einzelheiten können durch Bundesgesetz geregelt werden (Abs.1 S.3), wozu der Gesetzgeber nicht nur berechtigt, sondern auch verpflichtet ist (BVerfGE 79, 311/352). Für Sondervermögen (dazu Rn.4 zu Art.110) können gem. Abs.2 durch Bundesgesetz Ausnahmen zugelassen werden (dazu Wiebel BK 125 ff; Stern II 1276); Voraussetzung ist jedoch, dass die Verselbständigung zur besseren Aufgabenerfüllung sachlich geboten ist (Siekmann SA 56; a. A. Heun DR 34). Im Zusammenhang mit der Wiedervereinigung und den dadurch bedingten Aufgaben hat das große praktische Bedeutung erlangt (Fischer-Menshausen MüK 17 a). Der Regelungsvorbehalt des Abs.1 erlaubt keine Einschränkung des Art.109 Abs.2 (Siekmann SA 57). Von Art.115 nicht erfasst wird die Kreditaufnahme juristisch selbständiger Einrichtungen (Heun DR 35); dies darf aber nicht zur Umgehung von Art.115 genutzt werden (näher Siekmann SA 41). Die Vorgaben des Art.104 EGV und die andersartigen Sanktionen des Art.116 Abs.1, 2 iVm Art.104 Abs.2–13 führen zu keiner Einschränkung des Art.115 Abs.1 (Heun DR 5).

Mit **Kredit** iSd Art. 115 ist jede Begründung von Verbindlich- **2**
keiten zur Beschaffung von Geld oder zur Abgeltung von Ansprüchen (etwa Befriedigung von Lastenausgleichsansprüchen durch
Hingabe von Schuldtiteln) gemeint (Fischer-Menshausen MüK 8;
Siekmann SA 20). Nach ganz hM nicht erfasst werden Verwaltungs-
ansprüche, insb. Zahlungsfristen bei Verträgen (Mahrenholz AK 10;
Heun DR 11; diff. Siekmann SA 20).

2. Organisatorischer Gesetzesvorbehalt

Abs. 1 S. 1 statuiert einen Gesetzesvorbehalt (vgl. Rn. 51 zu Art. 20; **3**
Mahrenholz AK 9; Vogel HbStR IV 56), begründet aber weder
gegenüber den Ländern noch gegenüber dem Bürger Kompetenzen
(BVerfGE 67, 256/281). Der Gesetzesvorbehalt gilt zum einen für
die Aufnahme von *Krediten* (dazu oben Rn. 2). Weiterhin ist eine
gesetzliche Ermächtigung notwendig für *Bürgschaften,* mit denen
Forderungen Dritter gegen den Leistungsempfänger abgesichert
werden, für *Garantien,* die Risiken des Leistungsempfängers bei
Geschäften mit Dritten absichern, sowie für andere *Gewährleistungen,*
die zu Ausgaben in künftigen Rechnungsjahren führen können
(Maunz MD 19 ff, 25; Heun DR 12; Wiebel BK 46 ff). Auch
Leasing- und Mietkaufverfahren, bei denen der Finanzierungsaspekt
im Vordergrund steht, dürften erfasst sein (VerfGH RP, NVwZ-RR
98, 147 f; Siekmann SA 11; a. A. Heun DR 13). Die Ermächtigung
muss ausdrücklich (Wiebel BK 68; Heun DR 16) durch das Haushaltsgesetz oder durch ein anderes (förmliches) Bundesgesetz erteilt
werden (Friauf HbStR IV 333; Siekmann SA 24) und jeweils der
Höhe nach bestimmt oder doch bestimmbar sein (Heun DR 16;
Wiebel BK 71 ff). Wegen des Zusammenhangs mit Art. 110 ist zusätzlich die Bestimmung des Zwecks der Ermächtigung zu verlangen
(Jarass, NVwZ 84, 479; Rn. 5 zu Art. 110); dagegen wird immer
wieder verstoßen.

3. Höchstgrenzen für Kredite

Die Einnahmen aus den in einem Rechnungsjahr aufgenommenen **4**
Krediten dürfen gem. Abs. 1 S. 2 nicht höher sein als die im Haushaltsplan vorgesehenen Ausgaben für Investitionen. Zum Kreditbegriff
oben Rn. 2. Abzuziehen sind die im Rechnungsjahr zurückzuzahlen-
den Kredite (Siekmann SA 32; Mahrenholz AK 15). Zum Bereich der
erfassten Kredite oben Rn. 1. Als *Investitionen* sind Maßnahmen anzusehen, die die Produktionsmittel der Volkswirtschaft erhalten, ver-
mehren oder verbessern (BT-Drs. 5/3040 Rn. 134; Siekmann SA 25).

Der Investitionsbegriff muss allerdings eng ausgelegt werden (Siekmann SA 25; Vogel HbStR IV § 87 Rn.81; a. A. Heun DR 21), damit die Regelung ihrer Funktion gerecht werden kann (BVerfGE 79, 311/337 f). Die Begrenzung kann gem. Abs.1 S.2 zur Abwehr einer Störung des gesamtwirtschaftlichen Gleichgewichts (dazu Rn.6 zu Art.109) überschritten werden (Fischer-Menshausen MüK 14 a; Siekmann SA 28 ff); allerdings muss die Kreditaufnahme zur Abwehr der Störung bestimmt und geeignet sein, wobei die Ursachen der Störung in Betracht gezogen werden müssen (vgl. BVerfGE 79, 311/339 f). Zudem muss die Abweichung in der Aufschwungsphase wieder ausgeglichen werden (Siekmann SA 51; Heun DR 29). Bei der Beurteilung der Voraussetzungen besitzt der Haushaltsgesetzgeber einen erheblichen, nur begrenzt überprüfbaren Spielraum (Mahrenholz AK 20; Heun DR 27); doch trifft ihn eine detaillierte Darlegungslast (BVerfGE 79, 311/344 f; krit. Heun DR 28). Zur Notwendigkeit einer gesetzlichen Präzisierung der Begrenzung oben Rn.1.

X a. Verteidigungsfall

Art. 115 a [Feststellung des Verteidigungsfalls]

(1) Die Feststellung, daß das Bundesgebiet mit Waffengewalt angegriffen wird oder ein solcher Angriff unmittelbar droht (Verteidigungsfall)[1], trifft der Bundestag mit Zustimmung des Bundesrates[4f]. Die Feststellung erfolgt auf Antrag der Bundesregierung und bedarf einer Mehrheit von zwei Dritteln der abgegebenen Stimmen, mindestens der Mehrheit der Mitglieder des Bundestages[4].

(2) Erfordert die Lage unabweisbar ein sofortiges Handeln und stehen einem rechtzeitigen Zusammentritt des Bundestages unüberwindliche Hindernisse entgegen oder ist er nicht beschlußfähig, so trifft der Gemeinsame Ausschuß diese Feststellung mit einer Mehrheit von zwei Dritteln der abgegebenen Stimmen, mindestens der Mehrheit seiner Mitglieder[4].

(3) Die Feststellung wird vom Bundespräsidenten gemäß Artikel 82 im Bundesgesetzblatte verkündet[5]. Ist dies nicht rechtzeitig möglich, so erfolgt die Verkündung in anderer Weise; sie ist im Bundesgesetzblatte nachzuholen, sobald die Umstände es zulassen[5].

(4) Wird das Bundesgebiet mit Waffengewalt angegriffen und sind die zuständigen Bundesorgane außerstande, sofort die Feststellung nach Absatz 1 Satz 1 zu treffen, so gilt diese Feststellung als getroffen und als zu dem Zeitpunkt verkündet, in dem der Angriff begonnen hat[6]. Der Bundespräsident gibt diesen Zeitpunkt bekannt, sobald die Umstände es zulassen.

(5) Ist die Feststellung des Verteidigungsfalles verkündet und wird das Bundesgebiet mit Waffengewalt angegriffen, so kann der Bundespräsident völkerrechtliche Erklärungen über das Bestehen des Verteidigungsfalles mit Zustimmung des Bundestages abgeben[8]. Unter den Voraussetzungen des Absatzes 2 tritt an die Stelle des Bundestages der Gemeinsame Ausschuß[8].

Literatur: *Vitzthum,* Der Spannungs- und der Verteidigungsfall, HbStR VII, 1993, 415. *Busch,* Die Entscheidung über Krieg und Frieden, NZWehrR 1992, 171; *Hahnenfeld,* Befehls- und Kommandogewalt im Verteidigungsfall, NZWehrR 1988, 73; *Rieder,* Die Entscheidung über Krieg

und Frieden nach deutschem Verfassungsrecht, 1984 – S. auch Literatur zu
Art.80a und zu Art.87a.

1. Bedeutung der Art.115 a–Art.115 l

1   Die 1968 (Einl.2 Nr.17) in das GG eingefügten Vorschriften der
Art.115 a–Art.115 l (Teil X a des GG) regeln den **Verteidigungsfall**
und damit den sog. **äußeren Notstand,** der durch einen (aktuellen
oder drohenden) Angriff auf das Bundesgebiet von außen bedingt
ist, im Unterschied zum inneren Notstand (vgl. Art.91), der auf
andere Ursachen zurückzuführen ist. Die Art.115 a–Art.115 l regeln
des Weiteren nur eine Seite des äußeren Notstands: Die Veränderungen des verfassungsrechtlichen Organisationsrechts, mit denen der
Kriegssituation im Bundesgebiet Rechnung getragen wird, insb.
Änderungen der Kompetenzverteilung zwischen den obersten Bundesorganen und zwischen Bund und Ländern sowie Verfahrens-
erleichterungen. Nicht unmittelbar geregelt wird dagegen, unter
welchen Voraussetzungen die Streitkräfte eingesetzt werden können
(dazu Rn.5–9 zu Art.87 a). Auch ermächtigen die Art.115 a–Art.115 l
mit Ausnahme des Art.115 c Abs.2 nicht zu Einschränkungen der
Grundrechte (Robbers SA 5 zu Art.115 c; Heun DR 12 zu Art.115 c);
insoweit sind neben den allgemeinen Grundrechtsschranken Art.12 a
und Art.17 einschlägig (Vitzthum HbStR VII 446 f). Dies gilt auch
für den Rechtsschutz (Vitzthum HbStR VII 453; vgl. Rn.1 zu
Art.115 g).

2   Dem Verteidigungsfall kann der **Spannungsfall** (dazu Rn.1–4 zu
Art.80 a) vorgeschaltet sein. Eine besondere Variante des Verteidigungsfalls für den Fall eines Angriffs auf das gemeinsame Verteidi-
gungsbündnis, wie das die Bündnisklausel des Art.80 a Abs.3 als
Variante zum Spannungsfall vorsieht, besteht nicht. Sollen daher die
mit der Erklärung des Verteidigungsfalls verbundenen Wirkungen
im Falle eines Angriffs auf die Nato erreicht werden, ist das nur
durch Ausrufung des Verteidigungsfalls unter den dafür vorgesehenen Voraussetzungen möglich (vgl. insb. unten Rn.3). Geschieht
das nicht bzw. liegen die Voraussetzungen nicht vor, sind die
Art.115 a–115 l nicht anwendbar.

2. Erklärung und Wirkung des Verteidigungsfalls

3   **a) Erklärung und Fiktion. aa)** Die Erklärung des Verteidigungsfalls setzt **sachlich** gem. Abs.1 S.1 voraus, dass eine mit militärischen Waffen (vgl. Rn.6 f zu Art.26) durchgeführte Aktion gegen das
Bundesgebiet iSd Rn.10 zur Präamb (vgl. Heun DR 6) von außen,

d. h. unter Verletzung der Grenzen, durchgeführt wird oder unmittelbar, d. h. mit an Sicherheit grenzender Wahrscheinlichkeit (Herzog MD 33; Robbers SA 2 f droht. Übergriffe geringfügiger Art, wie Agententätigkeiten und Sabotage, stellen keinen Angriff iSd Abs.1 dar (Heun DR 7; Versteyl MüK 12). Auch im Falle eines Angriffs auf ein *Nato-Land* kann der Verteidigungsfall nur erklärt werden, wenn ein Angriff auf das Bundesgebiet unmittelbar droht, was bei einem Angriff auf ein anderes *Nato-Land* der Fall sein kann (sog. isolierter Bündnisfall), aber nicht muss (vgl. Heun DR 6; Robbers SA 2 f). Nur bei unmittelbaren Kriegsauswirkungen auf das Bundesgebiet sind die in den Art.115 b ff notwendigen Veränderungen der Kompetenzordnung erforderlich. Liegen die Voraussetzungen des Abs.1 vor, dann liegt die Entscheidung über die Erklärung des Verteidigungsfalls, die konstitutiven Charakter hat (Heun DR 8; Versteyl MüK 9), im Ermessen der zuständigen Organe (Herzog MD 55; Robbers SA 10). Die Organe (unten Rn.4) haben dabei insb. zu beurteilen, ob die mit der Erklärung zwangsläufig verbundenen Folgen notwendig sind (Herzog MD 37).

Die Erklärung, die konstitutiv wirkt (Heun DR 8; Versteyl MüK **4** 9), erfolgt auf Antrag der Bundesregierung durch (schlichten) **Beschluss des Bundestags** mit einer 2/3-Mehrheit der abgegebenen Stimmen, mindestens aber mit der Mehrheit seiner Mitglieder (dazu Rn.1 zu Art.121). Zudem muss der Bundesrat mit der Mehrheit seiner Mitglieder zustimmen (Herzog MD 45). Darüber hinaus kann der **Gemeinsame Ausschuss** (dazu Rn.1 zu Art.53 a) nach Abs.2 mit den entspr. Mehrheiten den Verteidigungsfall erklären, wenn der Bundestag nicht beschlussfähig ist und dies nicht rechtzeitig behoben werden kann. Für die Beurteilung der Rechtzeitigkeit ist maßgebend, ob durch die Verzögerung für die Bundesrepublik ein erheblicher Schaden entsteht (Heun DR 13; Versteyl MüK 23). Die Alternative der Unmöglichkeit des Zusammentritts hat kaum mehr Bedeutung (vgl. (2) in Rn.2 zu Art.115 e). Abs.2 ist analog anwendbar, wenn der Bundesrat nicht rechtzeitig entscheiden kann (Herzog MD 63 f; Heun DR 12; anders Robbers SA 14). Zur Aufhebung des Verteidigungsfalls Rn.2 zu Art.115 l.

Die **Verkündung** des Beschlusses des Bundestags bzw. des Ge- **5** meinsamen Ausschusses erfolgt durch den Bundespräsidenten grundsätzlich nach Abs.3 S.1 entsprechend der Vorgaben des Art.82 Abs.1 S.1 (dazu, auch zur Gegenzeichnung und zum Prüfungsrecht Rn.2–6 zu Art.82). Ist eine rechtzeitige Verkündung auf diesem Wege nicht möglich, lässt Abs.3 S.2 auch jede andere Verkündungsform zu, etwa im Rundfunk oder in der Presse (Versteyl MüK 29);

die Verkündung im Weg des Art.82 Abs.1 S.1 ist dann sobald wie möglich nachzuholen. Die Erklärung des Verteidigungsfalls unterliegt der Kontrolle durch das BVerfG (Heun DR 21).

6   Sind weder der Bundestag und Bundesrat noch der Gemeinsame Ausschuss zu einer Entscheidung über die Erklärung des Verteidigungsfalls in der Lage, was ein extremer Ausnahmefall sein dürfte (Heun DR 17), dann gilt er gem. Abs.4 als erklärt **(Fiktion),** sobald das Bundesgebiet mit Waffen angegriffen wurde. Aus Gründen der Rechtssicherheit ist eine deklaratorische Feststellung im Verfahren nach Abs.1 bzw. Abs.2 sobald wie möglich nachzuholen (Heun DR 18). Im Übrigen kann der Bundestag (mit Zustimmung des Bundesrats) die Fiktion jederzeit beseitigen; ggf. muss er das tun (dazu Rn.2 zu Art.115 l).

7   **b) Dauer und Wirkung.** Mit der wirksamen Erklärung und Verkündung des Verteidigungsfalls bzw. mit der Fiktion des Abs.4 (oben Rn.3–6) besteht bis zur Aufhebung (Rn.2 zu Art.115 l) der Verteidigungsfall **(Dauer des Verteidigungsfalls).** In dieser Zeit entfalten zunächst eine Reihe von Verfassungsnormen Wirksamkeit (vgl. Heun DR 5): Neben den Vorschriften der Art.115 b–Art.115 l sind dies Art.12 a Abs.3, 5 (dazu Rn.9–14 zu Art.12 a), Art.12 a Abs.4 (dazu Rn.15 zu Art.12 a), Art.12 a Abs.6 (dazu Rn.16 zu Art.12 a), Art.87 a Abs.3 (dazu Rn.7 zu Art.87 a) und Art.96 Abs.2 S.2 (dazu Rn.2 zu Art.96). Der Streitkräfteeinsatz nach Art.87 a Abs.1 setzt dagegen nicht die Erklärung des Verteidigungsfalls voraus (Herzog MD 23 Fn.4; Randelzhofer MD 46 zu Art.24 II; Riedel, DÖV 91, 309; Heun DR 22; a. A. Vitzthum HbStR VII 442; Rieder o.Lit. 337 f), nur die sachlichen Voraussetzungen eines Verteidigungsfalls (näher dazu Rn.5 zu Art.87 a) sowie die Zustimmung des Bundestags (Rn.9 zu Art.87 a). Andererseits schließt die Erklärung des Verteidigungsfalls die Zustimmung des Bundestags zum militärischen Einsatz der Bundeswehr ein (BVerfGE 90, 286/387). Des Weiteren entfalten alle *Gesetze* Wirksamkeit, die nach Maßgabe des Art.80 a anzuwenden sind, da Art.80 a Abs.1 S.1 auch auf den Verteidigungsfall verweist. Völkerrechtliche Wirkungen hat der Verteidigungsfall (allein) nicht (vgl. unten Rn.8).

3. Völkerrechtliche Erklärungen

8   Wurde das Bundesgebiet mit Waffen angegriffen und zudem der Verteidigungsfall erklärt (und nicht nur nach Art.115 a Abs.4 fingiert), kann der Bundespräsident gem. Abs.5 S.1 völkerrechtliche Erklärungen zum Verteidigungsfall abgeben, etwa eine Kriegserklä-

rung. Dabei bedarf er der Zustimmung des Bundestags bzw., falls dieser iSv Abs. 2 zu einer Entscheidung nicht in der Lage ist, gem. Abs. 5 S. 2 der Zustimmung des Gemeinsamen Ausschusses.

Art. 115 b [Befehls- und Kommandogewalt über Streitkräfte]

Mit der Verkündung des Verteidigungsfalles geht die Befehls- und Kommandogewalt über die Streitkräfte auf den Bundeskanzler über.

Literatur: S. die Literatur zu Art. 115 a.

Für die Dauer des Verteidigungsfalls (Rn. 7 zu Art. 115 a) verliert **1** der Bundesminister für Verteidigung den (ihm nach Art. 65 a zustehenden) *militärischen Zweig* seiner Ressortgewalt. Für die Bundeswehrverwaltung bleibt er zuständig; insoweit kann aber mangels verfassungsrechtlicher Vorgaben durch einen einfachen Organisationsakt die Zuständigkeit des Bundeskanzlers begründet werden (Robbers SA 7; Heun DR 9). Die Befehls- und Kommandogewalt über die Streitkräfte geht auf den Bundeskanzler über, mit der Folge, dass der Bundeskanzler zum Vorgesetzten des Verteidigungsministers wird (BVerfGE 90, 286/386; a. A. Hernekamp MüK 8). Der Bundeskanzler kann jedenfalls die Befehls- und Kommandogewalt zur Ausübung dem Verteidigungsminister wieder überlassen (Heun DR 7; Robbers SA 9). Der bloße NATO-Bündnisfall (vgl. Rn. 5 zu Art. 80 a) führt zu keinem Übergang der Befehls- und Kommandogewalt (Hernekamp MüK 3; Heun DR 5). Allg. zur Bedeutung der Art. 115 a–Art. 115 l Rn. 1 f zu Art. 115 a.

Art. 115 c [Erweiterte Gesetzgebungskompetenz des Bundes]

(1) Der Bund hat für den Verteidigungsfall das Recht der konkurrierenden Gesetzgebung auch auf den Sachgebieten, die zur Gesetzgebungszuständigkeit der Länder gehören[2]. Diese Gesetze bedürfen der Zustimmung des Bundesrates[2].

(2) Soweit es die Verhältnisse während des Verteidigungsfalles erfordern, kann durch Bundesgesetz für den Verteidigungsfall

1. bei Enteignungen abweichend von Artikel 14 Abs. 3 Satz 2 die Entschädigung vorläufig geregelt werden[3],

2. für Freiheitsentziehungen eine von Artikel 104 Abs.2 Satz 3
und Abs.3 Satz 1 abweichende Frist, höchstens jedoch eine
solche von vier Tagen, für den Fall festgesetzt werden, daß ein
Richter nicht innerhalb der für Normalzeiten geltenden Frist
tätig werden konnte[3].

(3) Soweit es zur Abwehr eines gegenwärtigen oder unmittelbar drohenden Angriffs erforderlich ist, kann für den Verteidigungsfall durch Bundesgesetz mit Zustimmung des Bundesrates
die Verwaltung und das Finanzwesen des Bundes und der Länder
abweichend von den Abschnitten VIII, VIII a und X geregelt
werden, wobei die Lebensfähigkeit der Länder, Gemeinden und
Gemeindeverbände, insbesondere auch in finanzieller Hinsicht,
zu wahren ist[4].

(4) Bundesgesetze nach den Absätzen 1 und 2 Nr.1 dürfen zur
Vorbereitung ihres Vollzuges schon vor Eintritt des Verteidigungsfalles angewandt werden[1].

Literatur: S. die Literatur zu Art.115 a.

1. Allgemeines

1 Art.115 c ermächtigt zum Erlass von Gesetzen, die außerhalb des
Verteidigungsfalls nicht mit dem GG vereinbar wären; allgemein zur
Bedeutung Rn.1 f zu Art.115 a. Der Erlass der Gesetze ist bereits vor
Erklärung des Verteidigungsfalls zulässig (Heun DR 4). Die **Anwen-
dung** der Gesetze ist aber grundsätzlich nur während der Dauer des
Verteidigungszustandes (Rn.7 zu Art.115 a) möglich (Robbers SA
2), wie der Ausnahmeregelung des Abs.4 im Umkehrschluss zu
entnehmen ist. Nach dieser Vorschrift ist eine Anwendung der
Gesetze außerhalb des Verteidigungsfalls lediglich „zur Vorbereitung
ihres Vollzugs" möglich. Damit sind keine Maßnahmen gemeint, die
in Rechte des Bürgers eingreifen (BT-Drs. 5/2873, S.16; Robbers
SA 15). Gemeint sind etwa die Länder bindende Verwaltungsvorschriften, Schulung von Verwaltungspersonal etc. Von solchen Ausnahmen abgesehen, können daher gem. Art.115 c erlassene Gesetze
nach Aufhebung des Verteidigungsfalls (Rn.2 zu Art.115 l) nicht
mehr angewandt werden (Rn.4 f zu Art.115 k). Dies muss auch für
Gesetze des Gemeinsamen Ausschusses gelten, die auf Art.115 c iVm
Art.115 e gestützt wurden. Da die Gesetze nach Art.115 c nur Sus-
pensivwirkung entfalten, lebt das außer Anwendung gesetzte frühere
Landesrecht wieder auf (Rn.1 zu Art.115 k).

2. Zulässige Abweichungen

aa) Abs. 1 erweitert die konkurrierende Gesetzgebung des Bundes   **2**
(dazu Rn. 1, 5 zu Art. 72) auf alle Fälle der **ausschließlichen Landesgesetzgebung,** auch im Bereich der Rahmengesetzgebung
(Vitzthum HbStR VII 444). Gem. Abs. 1 S. 2 bedürfen solche Bundesgesetze ausnahmslos der Zustimmung des Bundesrats. Die Voraussetzungen des Art. 72 Abs. 2 n. F. wird man auch auf die spezifischen Umstände des Verteidigungsfalls beziehen müssen (Heun
DR 4).

Art. 115 a bis Art. 115 l ermächtigen mit Ausnahme der beiden   **3**
folgenden Fälle nicht zu Einschränkungen der **Grundrechte** (Robbers SA 5; Heun DR 12): – **(1)** Abs. 2 Nr. 1 erlaubt abweichend von
Art. 14 Abs. 3 S. 2 den Erlass von *Enteignungsgesetzen,* ohne dass Art
und Höhe der Entschädigung im Gesetz endgültig geregelt wird.
Die endgültige Regelung ist sobald wie möglich nachzuholen (Robbers SA 7). Nicht erfasst werden Regelungen der Eigentumsbindung, insb. von enteignungsgleichen Eingriffen (Stern II 1358; Heun
DR 6; Versteyl MüK 6). Abs. 2 Nr. 2 erlaubt Gesetze über *Freiheitsentziehungen* mit etwas verlängerten Fristen: Die Frist des Art. 104
Abs. 2 S. 3 für die Höchstdauer einer Freiheitsentziehung der Polizei
(dazu Rn. 23 zu Art. 104) wird auf vier Tage erweitert. Gleiches gilt
für die Frist des Art. 104 Abs. 3 S. 1 zur Vorführung bei einem Richter
für Personen, die wegen des Verdachts einer Straftat festgenommen
wurden (dazu Rn. 22 zu Art. 104). Die Verpflichtung zur Unverzüglichkeit nach Art. 104 Abs. 2 S. 2 (Rn. 21 zu Art. 104) gilt aber auch im
Verteidigungsfall (vgl. Heun DR 7).

Abs. 3 (geänd. 1969; Einl. 3 Nr. 21) ermächtigt zu Änderungen im   **4**
Bereich der **Verwaltungskompetenzen** und des **Finanzwesens.**
Die Vorschrift gestattet zunächst Gesetze, die **Abweichungen von
Art. 83–91 b** vorsehen, mit Ausnahme des Art. 87 a und des Art. 91
(Robbers SA 11; a. A. Heun DR 9). Insb. können die Gesetze den
Einfluss des Bundes im Bereich der Landesverwaltung verstärken,
etwa zu einer Aufsicht über die Ausführung von Landesrecht ermächtigen, die Aufsicht bei der Ausführung von Bundesgesetzen als
eigene Angelegenheit ausbauen oder den Bereich der Auftragsverwaltung bzw. der bundeseigenen Verwaltung ausdehnen. Die Maßnahmen dürfen aber zu keiner auf Dauer angelegten, unumkehr-
baren Veränderung von Zuständigkeiten führen (Vitzthum HbStR
VII 445; vorsichtiger Heun DR 10). Ohne derartiges Ermächtigungsgesetz sind Weisungen nach Art. 115 f Abs. 1 Nr. 2 möglich. Des
Weiteren können gem. Abs. 3 Abweichungen von den Vorschriften

der Finanzverfassung in *Art.104 a–Art.115* durch Gesetz festgelegt
werden. Angesichts der weiten Ermächtigung des Abs.3 wird der
Grundsatz der Erforderlichkeit besonders betont und generell die
Zustimmung des Bundesrats verlangt.

Art.**115 d** [Vereinfachtes Bundesgesetzgebungsverfahren]

(1) **Für die Gesetzgebung des Bundes gilt im Verteidigungsfalle
abweichend von Artikel 76 Abs.2, Artikel 77 Abs.1 Satz 2 und
Abs.2 bis 4, Artikel 78 und Artikel 82 Abs.1 die Regelung der
Absätze 2 und 3.**

(2) **Gesetzesvorlagen der Bundesregierung, die sie als dringlich
bezeichnet, sind gleichzeitig mit der Einbringung beim Bundestage dem Bundesrate zuzuleiten. Bundestag und Bundesrat beraten diese Vorlagen unverzüglich gemeinsam[2]. Soweit zu einem
Gesetze die Zustimmung des Bundesrates erforderlich ist, bedarf
es zum Zustandekommen des Gesetzes der Zustimmung der
Mehrheit seiner Stimmen. Das Nähere regelt eine Geschäftsordnung, die vom Bundestage beschlossen wird und der Zustimmung des Bundesrates bedarf.**

(3) **Für die Verkündung der Gesetze gilt Artikel 115 a Abs.3
Satz 2 entsprechend.**

Literatur: S. die Literatur zu Art.115 a.

1   Art.115 d sieht als eine Zwischenstufe zwischen dem normalen
Gesetzgebungsverfahren und der Gesetzgebung durch den Gemeinsamen Ausschuss (Heun DR 3) ein beschleunigtes Gesetzgebungsverfahren und eine Notverkündung für den Erlass von Bundesgesetzen vor, solange der Verteidigungsfall andauert (dazu Rn.7 zu
Art.115 a). Von dieser Möglichkeit kann, muss aber nicht Gebrauch
gemacht werden (Heun DR 4). Allgemein zur Bedeutung der
Art.115 a–Art.115 l vgl. Rn.1 zu Art.115 a.

2   **(1)** Das **beschleunigte Verfahren** gilt gem. Abs.2 für alle von
der Bundesregierung eingebrachten und von ihr als dringlich bezeichneten Gesetze, nicht für Vorlagen von Bundestag und Bundesrat (Heun DR 6). Erfasst werden auch Haushaltsgesetze, nicht
jedoch verfassungsändernde Gesetze (Heun DR 10; Stern II 1427 f;
Versteyl MüK 3). Statt der normalerweise vorgesehenen konsekuti-
ven Beteiligung von Bundesrat und Bundestag erfolgt eine *gemeinsame* bzw. *gleichzeitige* Behandlung durch Bundestag und Bundesrat.

Die Behandlung erfolgt unverzüglich, was wie sonst im GG und abweichend vom Zivilrecht objektiv zu verstehen ist (Rn.20 zu Art.13; Rn.21 zu Art.104; a. A. Heun DR 8; Versteyl MüK 5). Die Beschlussfassung erfolgt getrennt (Heun DR 9). Bei Einspruchsgesetzen ist umstritten, ob der Einspruch des Bundestags entfällt (so Robbers SA 1) oder ob Art.77 Abs.4 anzuwenden ist (so Versteyl MüK 6; Heun DR 9 Fn.22). Generell entfällt das Vermittlungsverfahren. – **(2)** Gem. Abs.3 gilt die Erleichterung des Art.115 a Abs.3 S.2 (dazu Rn.5 zu Art.115 a) für die Verkündung aller Gesetze und Rechtsverordnungen (Robbers SA 9).

Art. 115 e [Aufgaben des Gemeinsamen Ausschusses]

(1) **Stellt der Gemeinsame Ausschuß im Verteidigungsfalle mit einer Mehrheit von zwei Dritteln der abgegebenen Stimmen, mindestens mit der Mehrheit seiner Mitglieder fest, daß dem rechtzeitigen Zusammentritt des Bundestages unüberwindliche Hindernisse entgegenstehen oder daß dieser nicht beschlußfähig ist[2], so hat der Gemeinsame Ausschuß die Stellung von Bundestag und Bundesrat und nimmt deren Rechte einheitlich wahr[1, 3].**

(2) **Durch ein Gesetz des Gemeinsamen Ausschusses darf das Grundgesetz weder geändert noch ganz oder teilweise außer Kraft oder außer Anwendung gesetzt werden. Zum Erlaß von Gesetzen nach Artikel 23 Abs.1 Satz 2, Artikel 24 Abs.1 und Artikel 29 ist der Gemeinsame Ausschuß nicht befugt[1].**

Literatur: *Fritz,* Handlungsbereich und Tätigkeitsdauer des Gemeinsamen Ausschusses im Verteidigungsfall, BayVBl 1983, 72. – S. außerdem die Literatur zu Art.53 a und Art.115 a.

Art.115 e legt für die Dauer des Verteidigungsfalls (Rn.7 zu **1** Art.115 a) zum einen fest, welche Aufgaben der Gemeinsame Ausschuss (zur Bedeutung und Organisation Rn.1 f zu Art.53 a) hat: Er übernimmt sämtliche **Funktionen des Bundestags** und des **Bundesrats,** subsidiär zu den eigentlich zuständigen Organen (Heun DR 3). Dies ist unabhängig davon, ob es um Rechtsetzung (auch nach Art.115 c), um die Kontrolle der Exekutive oder um die Wahl von Organen geht, soweit die Verfassung nicht ausdrücklich Grenzen vorsieht, etwa in Art.115 g, in Art.115 h, in Art.115 k und in Art.115 l. Ausgenommen sind gem. Abs.2 verfassungsändernde Gesetze (vgl. Rn.2 zu Art.79) sowie Gesetze, die das GG in anderer

Weise ganz oder teilweise außer Kraft oder Anwendung (zu diesem Unterschied Rn.3 zu Art.115 k) setzen. Weiter sind Gesetze zur Übertragung von Hoheitsrechten auf die Europäische Union nach Art.23 Abs.1 S.2 oder auf internationale Einrichtungen nach Art.24 Abs.1 und Gesetze zur Neugliederung des Bundesgebiets nach Art.29 ausgenommen. Möglich sind dagegen insb. alle anderen Gesetze im Zusammenhang mit der Europäischen Union, etwa zur Umsetzung von EG-Recht. Eine weitere Einschränkung enthält Art.115 g S.2. Allg. zur Bedeutung Rn.1 f zu Art.115 a.

2   **Voraussetzung** dieser Kompetenzübernahme durch den Gemeinsamen Ausschuss ist: – **(1)** Die Erklärung des Verteidigungsfalls, unter den Voraussetzungen des Art.115 a Abs.2 auch durch den Gemeinsamen Ausschuss (Rn.3–6 zu Art.115 a). – **(2)** In sachlicher Hinsicht muss der Bundestag nicht mit einer für die Beschlussfähigkeit notwendigen Zahl seiner Mitglieder entscheiden können. Die Alternative der Unmöglichkeit des Zusammentritts, die sich auf den erstmaligen Zusammentritt eines neu gewählten Bundestags bezieht (Heun DR 5), hat seit der Beseitigung der parlamentsfreien Zeit durch Art.39 Abs.1 S.2 kaum mehr Bedeutung, zumal die Vorgabe des Art.115 h Abs.1 greift (Robbers SA 6). Die Hindernisse dürfen sich durch Einsatz aller Möglichkeiten nicht rechtzeitig ausräumen lassen (Versteyl MüK 4). Politische Entschlusslosigkeit genügt auf keinen Fall (Heun DR 5; Robbers SA 3). Entsprechendes gilt in analoger Anwendung der Vorschrift, falls der Bundesrat nicht rechtzeitig entscheiden kann (Herzog MD 63 f zu Art.115 a; a. A. Robbers SA 9). – **(3)** Schließlich muss dieser Tatbestand durch den Gemeinsamen Ausschuss mit einer Mehrheit von 2/3 der abgegebenen Stimmen, mindestens mit der Mehrheit der Mitglieder (dazu Rn.1 zu Art.121) festgestellt werden, und zwar zu Beginn jeder Sitzung (Robbers SA 11; a. A. Heun DR 6). Anders als die Feststellung des Verteidigungsfalls bedarf dieser Beschluss nicht der Verkündung analog Art.115 a Abs.3 (Robbers SA 13).

3   Die Kompetenzübernahme **endet,** sobald der Bundestag mit einer für die Beschlussfähigkeit notwendigen Zahl seiner Mitglieder zusammentritt (Heun DR 5; Maunz/Herzog/Scholz MD 58; Vitzthum HbStR VII 448), der Gemeinsame Ausschuss seinen Beschluss gem. Art.115 e Abs.1 zurücknimmt (Heun DR 6) oder der Verteidigungsfall aufgehoben wird (dazu Rn.2 zu Art.115 l). Zur Geltungsdauer und zur Wirksamkeit der vom Gemeinsamen Ausschuss erlassenen Gesetze Rn.1, 6 zu Art.115 k.

Art.115 f [Erweiterte Befugnisse der Bundesregierung]

(1) Die Bundesregierung kann im Verteidigungsfalle[2], soweit es die Verhältnisse erfordern,

1. den Bundesgrenzschutz im gesamten Bundesgebiete einsetzen;

2. außer der Bundesverwaltung auch den Landesregierungen und, wenn sie es für dringlich erachtet, den Landesbehörden Weisungen erteilen und diese Befugnis auf von ihr zu bestimmende Mitglieder der Landesregierungen übertragen[1f].

(2) Bundestag, Bundesrat und der Gemeinsame Ausschuß sind unverzüglich von den nach Absatz 1 getroffenen Maßnahmen zu unterrichten[1].

Literatur: S. die Literatur zu Art.115 a.

Art.115 f ermöglicht bestimmte **Zentralisierungen** für die Dauer **1** des Verteidigungsfalls (dazu Rn.7 zu Art.115 a), sofern dies erforderlich ist. Die Grundsatzentscheidung muss durch die Bundesregierung als Kollegium getroffen werden, während die Durchführung, insb. das Erteilen einzelner Weisungen, etwa einem Bundesminister übertragen werden kann (Heun DR 5). Gem. Abs.2 sind der Bundestag und der Bundesrat oder der Gemeinsame Ausschuss unverzüglich (objektiv; vgl. Rn.2 zu Art.115 d; a. A. Heun DR 15) davon zu unterrichten, dass und in welchem Umfang von Art.115 f Gebrauch gemacht werden soll, insb. welche Aufgaben dem Bundesgrenzschutz übertragen und in welchem Bereich Weisungen erteilt werden. Über einzelne Aktivitäten braucht die Bundesregierung nicht von sich aus zu informieren. Insoweit kommt das allgemeine Informationsrecht zum Tragen (vgl. Rn.34 zu Art.38 und Rn.2 zu Art.53). Allg. zur Bedeutung Rn.1 f zu Art.115 a.

Im Einzelnen kann gem. Abs.1 Nr.1 der **Bundesgrenzschutz 2** über seine eigentlichen Aufgaben (dazu Rn.4 zu Art.87) hinaus im gesamten Bundesgebiet zu polizeilichen Aufgaben jeder Art eingesetzt werden (BVerfGE 97, 198/215; Herzog MD 5, 15), also auch im Bereich der den Ländern zustehenden Polizeiverwaltung. Des Weiteren kann gem. Abs.1 Nr.2 allen Teilen der Bundesverwaltung und der Landesverwaltung einschl. der Kommunen (Heun DR 12) ein **Weisungsrecht** *zu Rechts- und Fachfragen* eingeräumt werden. Unklar ist, ob ein Weisungsrecht auch insoweit möglich ist, als der Adressat keinerlei Weisungen unterliegt, wie etwa die Bundesbank (dafür Herzog MD 32; dagegen Seifert/Hömig 3). Weisungen (allgemeiner wie individueller Natur) im Bereich der Landesverwaltungen sind an die Landesregierungen zu richten; in dringlichen Fällen können sie auch direkt an die einzelnen Landesbehörden gerichtet werden. Zudem hat die Bundesregierung das Recht, ein *Mitglied der Landesregierung* als **Beauftragten** zu bestellen, der in ihrem Namen die Weisungsgewalt ausübt, umso die Bundesregierung zu entlasten (Herzog MD 53 f). Die unmittelbare Weisungsgewalt der Bundesregierung wird dadurch nicht eingeschränkt; auch kann sie dem Beauftragten jederzeit alle oder bestimmte Befugnisse entziehen (Versteyl MüK 11). Zum Verhältnis des Abs.1 Nr.2 zu Art.115 c vgl. Rn.4 zu Art.115 c.

Art.115 g [Stellung des Bundesverfassungsgerichts]

Die verfassungsmäßige Stellung und die Erfüllung der verfassungsmäßigen Aufgaben des Bundesverfassungsgerichtes und seiner Richter dürfen nicht beeinträchtigt werden. Das Gesetz über das Bundesverfassungsgericht darf durch ein Gesetz des Gemeinsamen Ausschusses nur insoweit geändert werden, als dies auch nach Auffassung des Bundesverfassungsgerichtes zur Aufrechterhaltung der Funktionsfähigkeit des Gerichtes erforderlich ist. Bis zum Erlaß eines solchen Gesetzes kann das Bundesverfassungsgericht die zur Erhaltung der Arbeitsfähigkeit des Gerichtes erforderlichen Maßnahmen treffen. Beschlüsse nach Satz 2 und Satz 3 faßt das Bundesverfassungsgericht mit der Mehrheit der anwesenden Richter.

Literatur: S. die Literatur zu Art.115 a.

1   Der Gemeinsame Ausschuss kann im Verteidigungsfall auch die Vorschriften über die Gerichte, unter Beachtung der allgemeinen verfassungsrechtlichen Grenzen, ändern (vgl. Rn.1 zu Art.115 e). Eine Änderung des BVerfGG ist gem. S.2 nur mit vorheriger Zustimmung des BVerfG möglich (Robbers SA 8). Zwischenzeitlich kann das BVerfG *selbst* von den Vorgaben des BVerfGG abweichen, soweit dies erforderlich ist, um seine Arbeitsfähigkeit trotz des Verteidigungsfalls sicherzustellen. Die darüber hinausgehenden Gehalte des S.1 dienen lediglich der Klarstellung. Deutlich wird zudem, dass Notstandsmaßnahmen der verfassungsgerichtlichen Kontrolle unterliegen (Heun DR 4). Die Zustimmung nach S.2 und der Beschluss über das Abweichen nach S.3 bedarf nach S.4 (nur) der Mehrheit der

anwesenden Richter; eine Mindestzahl der anwesenden Richter ist nicht vorgeschrieben. Allg. zur Bedeutung Rn.1 f zu Art.115 a.

Art.115 h [Wahlperioden und Amtszeiten]

(1) **Während des Verteidigungsfalles ablaufende Wahlperioden des Bundestages oder der Volksvertretungen der Länder enden sechs Monate nach Beendigung des Verteidigungsfalles. Die im Verteidigungsfalle ablaufende Amtszeit des Bundespräsidenten sowie bei vorzeitiger Erledigung seines Amtes die Wahrnehmung seiner Befugnisse durch den Präsidenten des Bundesrates enden neun Monate nach Beendigung des Verteidigungsfalles. Die im Verteidigungsfalle ablaufende Amtszeit eines Mitgliedes des Bundesverfassungsgerichtes endet sechs Monate nach Beendigung des Verteidigungsfalles.**

(2) **Wird eine Neuwahl des Bundeskanzlers durch den Gemeinsamen Ausschuß erforderlich, so wählt dieser einen neuen Bundeskanzler mit der Mehrheit seiner Mitglieder; der Bundespräsident macht dem Gemeinsamen Ausschuß einen Vorschlag. Der Gemeinsame Ausschuß kann dem Bundeskanzler das Mißtrauen nur dadurch aussprechen, daß er mit der Mehrheit von zwei Dritteln seiner Mitglieder einen Nachfolger wählt.**

(3) **Für die Dauer des Verteidigungsfalles ist die Auflösung des Bundestages ausgeschlossen.**

Literatur: S. die Literatur zu Art.115 a.

Die in **Abs.1** vorgesehenen Verlängerungen von Wahlperioden **1** und Amtszeiten in Bund und Ländern während der Laufzeit des Verteidigungsfalls (dazu Rn.7 zu Art.115 a) gelten auch, wenn der Ablauf nach Aufhebung des Verteidigungsfalls (Rn.2 zu Art.115 l), aber noch innerhalb der jeweiligen Frist erfolgt (Heun DR 4; Versteyl MüK 2; a.A. Robbers SA 3). Wird innerhalb der Frist der Verteidigungsfall erneut erklärt, kommt Art.115 h wiederum zur Anwendung (Herzog MD 3). Mit Ablauf der Wahlperiode des Bundestags ist der Zeitpunkt der Neuwahl gemeint (Heun DR 4). Abs.1 dürfte auch für kommunale Vertretungen gelten (Versteyl MüK 3; Heun DR 4).

Gem. **Abs.2** S.1 scheidet eine Wahl des Bundeskanzlers durch **2** den Gemeinsamen Ausschuss aus, wenn der Bundestag zu einer Entscheidung in der Lage ist (vgl. dazu Rn.2 zu Art.115 e). Gleiches gilt für das konstruktive Misstrauensvotum nach Abs.2 S.2 (vgl. dazu auch Rn.1–3 zu Art.67). Zur Bestimmung der Mehrheiten vgl. Rn.1 zu Art.121. **Abs.3** schließt die Möglichkeiten der Bundestagsauflösung nach Art.63 Abs.4 und Art.68 aus (Heun DR 9). Abs.2 und **Abs.3** gelten nur während der Laufzeit des Verteidigungsfalls (dazu Rn.7 zu Art.115 a). Allg. zur Bedeutung Rn.1 f zu Art.115 a.

Art.115 i [Erweiterte Befugnisse der Landesregierungen]

(1) **Sind die zuständigen Bundesorgane außerstande, die notwendigen Maßnahmen zur Abwehr der Gefahr zu treffen, und erfordert die Lage unabweisbar ein sofortiges selbständiges Handeln in einzelnen Teilen des Bundesgebietes, so sind die Landesregierungen oder die von ihnen bestimmten Behörden oder Beauftragten befugt, für ihren Zuständigkeitsbereich Maßnahmen im Sinne des Artikels 115 f Abs.1 zu treffen.**

(2) **Maßnahmen nach Absatz 1 können durch die Bundesregierung, im Verhältnis zu Landesbehörden und nachgeordneten Bundesbehörden auch durch die Ministerpräsidenten der Länder, jederzeit aufgehoben werden.**

Literatur: S. die Literatur zu Art.115 a.

1   Die in Ergänzung zu Art.115 f ergangene Vorschrift des Art.115 i, die für die Dauer des Verteidigungsfalls (Rn.7 zu Art.115 a) gilt (Heun DR 4; Versteyl MüK 2), setzt voraus, dass die zuständigen Bundesorgane, genauer (wegen des Verweises auf Art.115 f Abs.1) die Bundesregierung nicht in der Lage ist, Entscheidungen über Maßnahmen nach Art.115 f Abs.1 zu treffen. In diesem Falle kann die jeweilige Landesregierung (oder die von ihr bestimmten Behörden oder Beauftragten) den Bundesgrenzschutz einsetzen und Weisungen in Rechts- und Fachfragen an sämtliche Bundes- und Landesbehörden erteilen, jeweils beschränkt auf das Landesgebiet und unter der Voraussetzung, dass eine entsprechende Maßnahme dringend geboten ist. Möglich ist die Ernennung eines Beauftragten durch mehrere Landesregierungen (Stern II 1417; Versteyl MüK 9). Den Streitkräften können keine Weisungen erteilt werden (Robbers SA 5; Heun DR 9). Auf Abs.1 gestützte Maßnahmen können nach Abs.2 von der Bundesregierung und weithin von den jeweiligen Ministerpräsidenten aufgehoben werden.

Art. 115 k [Wirkung und Geltungsdauer der Vorschriften des Verteidigungsfalls]

(1) Für die Dauer ihrer Anwendbarkeit setzen Gesetze nach den Artikeln 115 c, 115 e und 115 g und Rechtsverordnungen, die auf Grund solcher Gesetze ergehen, entgegenstehendes Recht außer Anwendung. Dies gilt nicht gegenüber früherem Recht, das auf Grund der Artikel 115 c, 115 e und 115 g erlassen worden ist[1].

(2) Gesetze, die der Gemeinsame Ausschuß beschlossen hat, und Rechtsverordnungen, die auf Grund solcher Gesetze ergangen sind, treten spätestens sechs Monate nach Beendigung des Verteidigungsfalles außer Kraft[6].

(3) Gesetze, die von den Artikeln 91 a, 91 b, 104 a, 106 und 107 abweichende Regelungen enthalten, gelten längstens bis zum Ende des zweiten Rechnungsjahres, das auf die Beendigung des Verteidigungsfalles folgt[5]. Sie können nach Beendigung des Verteidigungsfalles durch Bundesgesetz mit Zustimmung des Bundesrates geändert werden, um zu der Regelung gemäß den Abschnitten VIII a und X überzuleiten[5].

Literatur: S. die Literatur zu Art. 115 a.

1. Verhältnis der Notstandsgesetze zu früherem Recht

Vom Bundestag (ggf. mit Zustimmung des Bundesrats) oder vom **1** Gemeinsamen Ausschuss auf Grund von Art. 115 c, von Art. 115 e oder von Art. 115 g erlassene **förmliche Gesetze** setzen gem. Abs. 1 entgegenstehendes früheres Recht nicht außer Kraft, sondern nur außer Anwendung, **suspendieren** es (Versteyl MüK 5; zum Unterschied unten Rn. 3). Mit dem Ende ihrer Anwendbarkeit (unten Rn. 3–6) lebt das entgegenstehende frühere Recht wieder auf. Anderes gilt lediglich im Verhältnis zu Normen, die ihrerseits auf Grund der Notstandsermächtigungen in Art. 115 c oder vom Gemeinsamen Ausschuss nach Art. 115 e (einschl. Art. 115 g S. 2) erlassen wurden. Solche Normen werden durch spätere Vorschriften nach Art. 115 c **derogiert,** also aufgehoben (Robbers SA 4; Heun DR 7). Auf im vereinfachten Verfahren nach Art. 115 d erlassene Gesetze ist Art. 115 k nicht anwendbar (Heun DR 14).

Entsprechendes gilt für **Rechtsverordnungen,** die auf Gesetze **2** nach Art. 115 c, Art. 115 e oder Art. 115 g gestützt wurden. Gegenüber förmlichen Gesetzen haben Rechtsverordnungen weder Suspensiv- noch Derogationswirkung. Insoweit gelten die allgemeinen Regeln (vgl. Rn.2 zu Art.129). Art.115 k erlaubt also keine echten gesetzesvertretenden Verordnungen (Herzog MD 37).

2. Unanwendbarkeit und Außerkrafttreten von Notstandsgesetzen

3   Das Ende der Anwendbarkeit und Geltung von Notstandsgesetzen (und -rechtsverordnungen) ist in Art.115 k nur teilweise geregelt. Für ein vollständiges Bild muss zwischen dem „Außerkrafttreten" und der bloßen „Unanwendbarkeit" unterschieden werden, ähnlich wie bei der Normenkollision zwischen Derogation und Suspension (vgl. Rn.35 zu Art.20). Anders als außer Kraft getretene Normen treten lediglich „unanwendbare" Normen wieder in Kraft, wenn der zur Unanwendbarkeit führende Umstand entfällt. Im Einzelnen ist zwischen Gesetzen des Bundestags und des Gemeinsamen Ausschusses zu unterscheiden:

4   **aa)** Förmliche **Gesetze des Bundestags,** die auf Art.115 c gestützt wurden, sowie auf Grund derartiger Gesetze erlassene **Rechtsverordnungen** sind mit dem Ende des Verteidigungsfalls nicht mehr anwendbar (Rn.1 zu Art.115 c). Mit der Unanwendbarkeit der auf Art.115 c beruhenden Gesetze und Rechtsverordnungen lebt das suspendierte frühere Recht wieder auf, insb. auch Landesrecht. Ein Außerkrafttreten ist bei diesen Rechtsvorschriften nicht vorgesehen. Sie können daher in einem späteren Verteidigungsfall wieder genutzt werden (Vitzthum HbStR VII 445), sofern sie nicht aufgehoben werden (dazu Rn.1 zu Art.115 l).

5   Anderes gilt, soweit Gesetze nach Art.115 c Abs.3 Abweichungen von Art.91 a, Art.91 b, Art.104 a und Art.106 vorsehen. Solche Regelungen bleiben nach Abs.3 S.1 bis zum Ende des zweiten Rechnungsjahres nach Aufhebung des Verteidigungsfalls anwendbar, es sei denn, der Bundestag setzt sie nach Abs.3 S.2 mit Zustimmung des Bundesrats bereits vorher außer Anwendung oder nähert die Vorschriften dem Normalverfassungsrecht an.

6   **bb)** Sämtliche **vom Gemeinsamen Ausschuss erlassenen Gesetze** *treten* gem. Abs.2 sechs Monate nach Aufhebung des Verteidigungsfalls (Rn.2 zu Art.115 l) *außer Kraft* (Heun DR 8). Eine frühere Aufhebung ist möglich (Rn.1 zu Art.115 l). Gleiches gilt für Rechtsverordnungen, die auf Gesetze des Gemeinsamen Ausschusses gestützt werden. Soweit i. ü. Gesetze des Gemeinsamen Ausschusses oder darauf gestützte Rechtsverordnungen durch Art.115 c ermög-

licht werden, sind sie bereits mit dem Ende des Verteidigungsfalls nicht mehr anwendbar (Rn. 1 zu Art. 115 c). Andererseits gilt die Fristverlängerung des Abs. 3 (oben Rn. 5) auch für entsprechende Gesetze des Gemeinsamen Ausschusses.

Art. 115 l [Aufhebung von Maßnahmen und Beendigung des Verteidigungsfalles]

(1) Der Bundestag kann jederzeit mit Zustimmung des Bundesrates Gesetze des Gemeinsamen Ausschusses aufheben. Der Bundesrat kann verlangen, daß der Bundestag hierüber beschließt. Sonstige zur Abwehr der Gefahr getroffene Maßnahmen des Gemeinsamen Ausschusses oder der Bundesregierung sind aufzuheben, wenn der Bundestag und der Bundesrat es beschließen[1].

(2) Der Bundestag kann mit Zustimmung des Bundesrates jederzeit durch einen vom Bundespräsidenten zu verkündenden Beschluß den Verteidigungsfall für beendet erklären. Der Bundesrat kann verlangen, daß der Bundestag hierüber beschließt. Der Verteidigungsfall ist unverzüglich für beendet zu erklären, wenn die Voraussetzungen für seine Feststellung nicht mehr gegeben sind[2].

(3) Über den Friedensschluß wird durch Bundesgesetz entschieden[2].

Literatur: S. die Literatur zu Art. 115 a.

Vom Gemeinsamen Ausschuss erlassene Gesetze und sonstige **1** Maßnahmen bleiben wirksam, auch wenn der Bundestag wieder zusammentreten kann. Der Bundestag kann aber in eigener Initiative **Gesetze** des Gemeinsamen Ausschusses jederzeit nach Abs. 1 S. 1 mit Zustimmung des Bundesrats **aufheben.** Zudem steht das Initiativrecht gem. Abs. 1 S. 2 dem Bundesrat zu (Robbers SA 3). Der Aufhebungsbeschluss bedarf generell der Zustimmung des Bundesrats. Unberührt bleiben die Möglichkeiten der Aufhebung durch normales Gesetz. **Sonstige Maßnahmen** des Gemeinsamen Ausschusses sowie Maßnahmen der Bundesregierung auf Grund von Gesetzen des Gemeinsamen Ausschusses sowie nach Art. 115 f sind aufzuheben, wenn der Bundestag mit Zustimmung des Bundesrats dies verlangt; die Vorgabe „zur Abwehr der Gefahr getroffen" hat keine einschränkende Wirkung (Heun DR 7; Versteyl MüK 5). Nach

Aufhebung des Verteidigungsfalls treten zu diesen (auf die Zeit während des Verteidigungsfalls zugeschnittenen Regeln) die Vorgaben über die Unanwendbarkeit bzw. das Außerkrafttreten von Gesetzen des Gemeinsamen Ausschusses (dazu Rn.6 zu Art.115 k).

2   Die **Aufhebung des Verteidigungsfalls** erfolgt nach Abs.2 S.1 durch in eigener Initiative mit einfacher Mehrheit und mit Zustimmung der einfachen Mehrheit des Bundesrats (Heun DR 10). Daneben hat gem. Art.76 Abs.1 der Bundesrat das Initiativrecht. Der Bundestag ist nach Abs.2 S.3 zur Aufhebung verpflichtet, wenn die sachlichen Voraussetzungen des Art.115 a Abs.1 S.1 (dazu Rn.3 zu Art.115 a) nicht mehr vorliegen (Heun DR 9). Andererseits kann der Verteidigungsfall auch aufgehoben werden, wenn die sachlichen Voraussetzungen noch andauern (Heun DR 9; Versteyl MüK 8; vgl. Rn.3 zu Art.115 a). Hat der Gemeinsame Ausschuss den Verteidigungsfall erklärt, steht auch ihm die Aufhebungsbefugnis nach Abs.2 zu (Versteyl MüK 11; Stern II 1432; a. A. Heun DR 9). Der Aufhebungsbeschluss wird wirksam, sobald er in der Form des Art.82 Abs.1 bekanntgemacht worden ist. Art.115 a Abs.3 S.2 ist anwendbar (Heun DR 10), auch wenn dafür kaum Bedarf sein dürfte.

3   Völkerrechtliche Erklärungen zum **Friedensschluss** erfolgen nach Abs.3 unmittelbar durch Bundesgesetz; im Übrigen gilt Art.59 Abs.2, etwa für die Beteiligung des Bundesrats (Vitzthum HbStR VII 452). Militärische Abmachungen über Waffenruhe, Kapitulation, etc. fallen nicht darunter (Herzog MD 32).

XI. Übergangs- und Schlussbestimmungen

Art. 116 [Begriff des „Deutschen"; nationalsozialistische Ausbürgerung]

(1) Deutscher im Sinne dieses Grundgesetzes[1] ist vorbehaltlich anderweitiger gesetzlicher Regelung[2], wer die deutsche Staatsangehörigkeit besitzt[2] oder als Flüchtling oder Vertriebener deutscher Volkszugehörigkeit[4ff] oder als dessen Ehegatte oder Abkömmling in dem Gebiete des Deutschen Reiches nach dem Stande vom 31. Dezember 1937 Aufnahme gefunden hat[6ff].

(2) Frühere deutsche Staatsangehörige, denen zwischen dem 30. Januar 1933 und dem 8. Mai 1945 die Staatsangehörigkeit aus politischen, rassischen oder religiösen Gründen entzogen worden ist[11f], und ihre Abkömmlinge[13] sind auf Antrag wieder einzubürgern[16]. Sie gelten als nicht ausgebürgert, sofern sie nach dem 8. Mai 1945 ihren Wohnsitz in Deutschland genommen haben und nicht einen entgegengesetzten Willen zum Ausdruck gebracht haben[14f].

Übersicht

Literatur: *Renner,* in: Hailbronner/Renner, Staatsangehörigkeitsrecht, 2. Aufl. 1998, Teil II A, Art.116; *Marx,* Kommentar zum Staatsangehörigkeitsrecht, 1997, 413 ff; *Silagi,* Von der heutigen Bedeutung des Art.116 GG, Recht in Ost und West 1986, 160; *Azzola,* Die deutsche Staatsangehörigkeit vom „Dritten Reich" ausgebürgerter Verfolgter, FS Podlech, 1994, 69; *v. Mangoldt,* Die deutsche Staatsangehörigkeit als Voraussetzung und Gegenstand der Grundrechte, in: HbStR V, 1992, 617; *Zimmermann,* Rechtliche Möglichkeiten von Zuzugsbeschränkungen für Aussiedler, ZRP 1991, 85; *Hailbronner/Renner,* Staatsangehörigkeitsrecht, 2. Aufl. 1998; *Bleckmann,* Anwartschaft auf die deutsche Staatsangehörigkeit?, NJW 1990, 1397; *Geisler,* Anwartschaft auf die deutsche Staatsangehörigkeit?, NJW 1990, 3059; *Blumenwitz,* Die deutsche Staatsangehörigkeit und der deutsche Staat, JuS 1988, 607; *Kokott,* Der Erwerb der deutschen Staatsangehörigkeit durch Einbürgerungen in die DDR, NVwZ 1988, 799; *Grawert,* Staatsvolk und Staatsangehörigkeit, HbStR I, 1987, § 14; *Silagi,* Zum Abkömmlingsbegriff in GG Art.116 Abs.2, StAZ 1987, 144; *Makarov/v. Mangoldt,* Deutsches Staatsangehörigkeitsrecht, Loseblattsammlung, 1998; *Mann,* Ausbürgerung und Einbürgerung nach Art.116 Abs.2 GG, FS Coing 1982, 323 ff.

I. Begriff des „Deutschen" und Status-Deutsche (Abs.1)

1. Begriff, Definition und Regelungsvorbehalt

1 **aa)** Die Übergangsbestimmung des Abs.1 zielt darauf ab, die für „Deutsche" geltenden Vorschriften des GG auch auf Personen ohne deutsche Staatsangehörigkeit zu erstrecken, die im Zusammenhang mit dem Zweiten Weltkrieg wegen ihrer deutschen Volkszugehörigkeit ihren Wohnsitz im Ausland verlassen mussten und nach Deutschland kamen (Kokott SA 1; Vedder MüK 1). **Deutsche** iSd GG sind daher zum einen die *deutschen Staatsangehörigen*; näher dazu Rn.2 f zu Art.16. Zum anderen fallen darunter Staatsangehörige anderer Staaten sowie Staatenlose (vgl. Vedder MüK 36), sofern sie Flüchtlinge bzw. Vertriebene deutscher Volkszugehörigkeit sind (dazu unten Rn.4 f) und in Deutschland Aufnahme gefunden haben (unten Rn.6–8). Man spricht insoweit von (bloßen) **Status-Deutschen** (Vedder MüK 4); zur Bedeutung des Status unten Rn.9 f. Die Übergangsbestimmung des Abs.1 bzw. die Kategorie des Status-Deutschen dürfte in der Sache heute überholt sein (vgl. unten Rn.3).

2 **bb)** Durch **Bundesgesetz,** nicht jedoch durch Landesgesetz (dazu Rn.5 zu Art.73), kann eine **abweichende Regelung** für Erwerb und Folgen des Status, aber auch für den Verlust des Status getroffen werden. Der Regelungsvorbehalt gilt allerdings nur für Status-Deutsche, also für Deutsche, die keine deutsche Staatsangehörigkeit besitzen (v. Mangoldt HbStR V 622; Kokott SA 2; Alexy

NJW 89, 2850 ff; Lübbe-Wolff DR 16; a. A. Vedder MüK 9; vgl.
auch Rn.1 zu Art.16). Der Regelungsvorbehalt erlaubt zum einen
Unklarheiten zu beseitigen, zum anderen den Kreis der Berechtigten
einzuschränken. Dagegen ist es ausgeschlossen, eindeutig nicht unter
Abs.1 fallende Personen zu „Deutschen" zu machen (Lübbe-Wolff
DR 44; vgl. Vedder MüK 9; a. A. v. Mangoldt HbStR V § 119
Rn.53). Das BundesvertriebenenG überschreitet diesen Rahmen,
etwa wenn es Spätaussiedler zu Deutschen iSd Art.116 Abs.1 erklärt
(vgl. Lübbe-Wolff DR 26, 30; Vedder MüK 55). Einfachgesetzlich
kann allerdings Spätaussiedlern ein privilegierter Status eingeräumt
werden.

Seit der Wiedervereinigung und dem damit verbundenen Wandel **3**
kann die Kategorie des Status-Deutschen durch Gesetz vollständig
abgeschafft werden, jedenfalls wenn den Status-Deutschen die Option der Staatsangehörigkeit eingeräumt wird (Lübbe-Wolff DR 23,
43; Vedder MüK 10). In der Sache ist die Kategorie heute überholt
(Vedder MüK 53, 59, 95 f; Kokott SA 2), weshalb sie nach dem
StAG ab dem 1. 1. 2000 kaum mehr Bedeutung hat, da fast alle
Status-Deutschen zu deutschen Staatsangehörigen werden (Lübbe-
Wolff DR 23).

2. Voraussetzungen der Stellung eines Status-Deutschen

a) Vertriebene deutscher Volkszugehörigkeit. aa) Damit **4**
eine Person *ohne* deutsche Staatsangehörigkeit der zweiten Gruppe
der Deutschen iSd Abs.1, also den Status-Deutschen (oben Rn.1)
zugeordnet werden kann, muss sie zunächst **Flüchtling** oder **Vertriebener** mit deutscher Volkszugehörigkeit sein (zu Ehegatten und
Abkömmlingen unten Rn.5). Flüchtlinge sind ein Unterfall der
Vertriebenen (Vedder MüK 37). Vertriebener ist, wer seinen Wohnsitz außerhalb des Gebiets der heutigen Bundesrepublik (Kokott SA
4) hatte und diesen Wohnsitz im Zusammenhang mit Ereignissen
des Zweiten Weltkriegs durch Vertreibung (insb. durch Ausweisung)
oder durch Flucht verloren hat (Kokott SA 4; Vedder MüK 37).
Gleichzustellen ist die Nichtrückkehr an den im Vertreibungsgebiet
beibehaltenen Wohnsitz (BVerfGE 17, 224/230 f). Der Wohnsitz-
verlust muss durch die Vertreibungsmaßnahmen verursacht sein
(Vedder MüK 40). Angesichts der begrifflichen Abweichungen
(Lübbe-Wolff DR 26) liefert das BundesvertriebenenG keine unmittelbar nutzbaren Hinweise für die Abgrenzung der verfassungsrechtlichen Begriffe (Stern III/1, 559; a. A. BVerwGE 38, 224/226;
außerdem oben Rn.2). **Deutscher Volkszugehöriger** ist, wer sich

in seiner früheren Heimat zum deutschen Volkstum bekannt hat und dies durch bestimmte Merkmale wie Abstammung, Sprache, Erziehung und Kultur bestätigt wurde (BVerwGE 5, 239/240 f; 9, 231/232; Grawert HbStR I 676 f; vgl. § 6 BVFG), und zwar vor Beginn der Vertreibungsmaßnahmen (BVerfGE 59, 128/150 f).

5   **bb)** Die gleiche Rechtsstellung besitzen **Ehegatten** und **Abkömmlinge** (ohne deutsche Volkszugehörigkeit) von unter Rn. 4 fallenden Personen, sofern sie die ursprüngliche Heimat wegen der Verbindung mit dem deutschen Volkszugehörigen verlassen haben. Bei Abkömmlingen genügt, wenn ein Elternteil Flüchtling deutscher Volkszugehörigkeit ist; dies gilt auch für nichteheliche Abkömmlinge (BVerfGE 37, 217/252; BVerwGE 85, 108/116). Zur Aufnahme von Ehegatten und Abkömmlingen unten Rn. 7.

6   **b) Aufnahme in Deutschland. aa)** Die erfassten Personen (oben Rn. 4 f) sind erst Deutsche iSd Art. 116, nachdem sie Aufnahme in Deutschland gefunden haben (unten Rn. 8). Dies gilt auch für Ehegatten und Abkömmlinge (vgl. unten Rn. 7). **Aufnahme** setzt voraus, dass „der Betroffene mit seinem Zuzug einen ständigen Aufenthalt im Bundesgebiet erstrebt und auf Grund eines Tätigwerdens oder sonstigen Verhaltens der Behörden der Schluss berechtigt ist, dass ihm die Aufnahme nicht verweigert wird" (BVerwGE 90, 173/178; ähnlich E 38, 224/229). Eine förmliche Zuzugsgenehmigung war unnötig (BVerwGE 9, 231/233 f); seit Juli 1990 ist nach dem BundesvertriebenenG ein Aufnahmebescheid des Bundesverwaltungsamts notwendig. Die Aufnahme ist nach h. A. entgegen dem Wortlaut, gestützt auf die Entstehungsgeschichte, auch noch nach Inkrafttreten des GG möglich (BVerfGE 8, 81/86; 17, 224/231; Vedder MüK 47; a. A. Ridder AK 8). Dagegen fehlt es an einer Aufnahme iSd Abs. 1, wenn der Betreffende vor der Niederlassung in Deutschland in einem anderen Staat Aufnahme gefunden hat, d. h. in zumutbarer Weise in das dortige Leben eingegliedert war (BVerwGE 9, 231/232 f). Die Aufnahme muss **in Deutschland** erfolgt sein. Trotz des Wortlauts (nach dem Stand vom 31. 12. 1937) war und ist damit nur das (heutige) Bundesgebiet gemeint, da die Aufnahme durch eine deutsche Behörde erfolgt sein muss (v. Mangoldt HbStR V 642; Vedder MüK 50; i. E. Lübbe-Wolff DR 38; vgl. BVerwGE 38, 224/228). Dazu rechneten auch die früheren DDR-Behörden (Grawert HbStR I 676 f). Die Aufnahme muss grundsätzlich in *engem zeitlichen und sachlichen Zusammenhang* mit der Vertreibung bzw. der Flucht stattgefunden haben (BVerfGE 2, 98/100 f; BVerwG, NJW 71, 2004).

Ehegatten und **Abkömmlinge** müssen daher grundsätzlich 7
mit den Volksdeutschen geflohen oder vertrieben (BVerwGE 84,
23/27 f) und aufgenommen worden sein; zumindest ist ein enger
zeitlicher oder sachlicher Zusammenhang erforderlich (BVerwGE
90, 173/176 f). Gleichgestellt wird eine spätere Übersiedlung aus
Gründen der familiären Einheit (BVerwGE 90, 173/177). Bei Ehegatten muss die Ehe im Zeitpunkt der Aufnahme bestehen
(BVerwGE 90, 181/185) und auch der volksdeutsche Ehepartner
Aufnahme in Deutschland gefunden haben (BVerwG, NVwZ-RR
90, 659).

bb) Vor ihrer Aufnahme in Deutschland sind die deutschen 8
Volkszugehörigen keine Deutschen iSd GG (BGHZ 121, 305/314;
Vedder MüK 47, 51; Seifert/Hömig 4; Makarov/v. Mangoldt o. Lit.
Art.116 Rn.45). Man kann sie als potentielle Deutsche bezeichnen
(Vedder MüK 47). Einen Anspruch auf Einreise in das Bundesge-
biet gewährt ihnen das Verfassungsrecht nur im Falle des Art.16a
(v. Mangoldt HbStR V 644; Seifert/Hömig 4; a. A. Vedder MüK 48,
obwohl er die Aufnahme als konstitutiv für den deutschen
Status ansieht; Vedder MüK 47). Andernfalls hätte die Beschränkung
des Status auf Personen, die in Deutschland durch eine behördliche
Entscheidung (oben Rn.6) Aufnahme gefunden haben, keinen rechten Sinn.

3. Folgen sowie Erwerb und Verlust der Stellung eines Sta-
tus-Deutschen

Auf Status-Deutsche sind alle **Normen des GG,** die für „Deut- 9
sche" gelten, **anwendbar.** Auch für das Wahlrecht soll das gelten
(Rn.4 zu Art.20; BVerwGE 90, 181/183). Im Bereich des Art.16
Abs.1 differenziert das GG dagegen zwischen Status-Deutschen und
deutschen Staatsangehörigen. Wieweit außerhalb der Regelungen
des GG für Deutsche im einfachen Recht eine Gleichstellung erfolgt, lässt Art.116 Abs.1 offen (Renner o. Lit. Art.116 Rn.7; für
weitestgehende Gleichstellung Lübbe-Wolff DR 14). Die Rechtsstellung des Status-Deutschen ist keine (zweite) Staatsangehörigkeit
(Vedder MüK 4). Auch ergibt sich aus ihr kein (verfassungsrechtlicher) Anspruch auf Verleihung der deutschen Staatsangehörigkeit
(Kokott SA 19). Unklar ist, ob ein Anspruch auf diplomatischen
Schutz besteht (dafür in gewissen Grenzen Kokott SA 16).

Die Rechtsstellung des Status-Deutschen **entsteht** mit der Auf- 10
nahme in Deutschland (oben Rn.6–8), frühestens mit Inkrafttreten
des GG (v. Mangoldt HbStR V 637), vorausgesetzt, es wurde nicht

ein entgegenstehender Wille zweifelsfrei bekundet. Die Rechtstellung eines Deutschen geht in analoger Anwendung der Vorschriften zur Staatsangehörigkeit auf Abkömmlinge und Ehegatten über; zum originären Erwerb (oben Rn.5) tritt damit ein *abgeleiteter Erwerb* (BVerwGE 71, 301/304 f.; v. Mangoldt HbStRV 644 f; a. A. Ridder AK 7). Im Übrigen ist der Status weder übertragbar noch vererblich (BVerwG, NVwZ 01, 209). Der **Verlust** der Rechtstellung erfolgt entsprechend den Regeln für die deutsche Staatsangehörigkeit (BVerwGE 8, 239/241 f; Vedder MüK 51); es ist daher auch ein Verzicht möglich.

II. Nationalsozialistische Ausbürgerungen (Abs.2)

1. Zweck und Anwendungsbereich des Abs.2

11 **aa)** Abs.2 dient der **Wiedergutmachung** nationalsozialistischen Unrechts im Bereich des Staatsangehörigkeitsrechts (BVerfGE 8, 81/86; 54, 53/69 f). Die erfassten Ausbürgerungen (unten Rn.12) waren offensichtlich rechtswidrig und daher nichtig (BVerfGE 23, 98/108; 54, 53/68, 70; Kokott SA 33); davon geht Abs.2 aus (Vedder MüK 81). Andererseits soll den betroffenen Personen die deutsche Staatsangehörigkeit nicht aufgedrängt werden. Abs.2 sieht daher ein Fortbestehen der Staatsangehörigkeit vor, soweit der Wille zur deutschen Staatsangehörigkeit zu vermuten ist (unten Rn.14). I.ü. besteht ein Einbürgerungsanspruch ex nunc (unten Rn.16). Abs.2 erzeugt subjektive Rechte der Betroffenen, aber keine grundrechtsähnlichen Rechte (Lübbe-Wolff DR 46).

12 **bb)** Unter Abs.2 fallen alle Personen, die zwischen dem 30. 1. 1933 und dem 8. 5. 1945 aus politischen, rassischen oder religiösen Gründen ihre deutsche **Staatsangehörigkeit verloren** haben, unabhängig davon, in welcher Form dies geschah (Vedder MüK 72; Lübbe-Wolff DR 48). Das Vorliegen des notwendigen Ausbürgerungsgrundes ergibt sich häufig schon aus den Vorschriften selbst, kann aber im Einzelfall auch mittelbar erschlossen werden (Vedder MüK 73; Lübbe-Wolff DR 47). Für Personen, die 1945 wieder als Österreicher in Anspruch genommen worden sind, gilt Abs.2 nicht (BVerwGE 85, 108/118).

13 Gleichgestellt sind die **Abkömmlinge** der in Rn.12 aufgeführten Personen, also Kinder, Enkel und weitere Nachkommen (BVerwGE 95, 36/37), sofern sie zum Ausgebürgerten in einem Verhältnis stehen, an das das jeweils geltende Staatsangehörigkeitsrecht den Erwerb der deutschen Staatsangehörigkeit knüpft (BVerwGE 68,

220/222; 85, 108/110 f; 95, 36/40 f; Vedder MüK 75). Voraussetzung ist, dass der Abkömmling infolge der Ausbürgerung des Elternteils nicht deutscher Staatsangehöriger geworden ist (*Kausalität;* BVerwGE 85, 108/112 ff; BVerwG, NVwZ 92, 796). Vor dem 1. 4. 1953 geborene nichteheliche Abkömmlinge werden trotz Art.6 Abs.5 nicht erfasst (BVerwGE 68, 220/234 f; 85, 108/114; Kokott SA 26). Gleiches gilt für vor dem 1. 4. 1953 geborene eheliche Kinder ausgebürgerter Frauen (BVerwGE 85, 108/110 ff). **Ehegatten** können sich nur dann auf Art.116 Abs.2 berufen, wenn sie selbst die Voraussetzungen des Abs.2 erfüllen (BVerwGE 68, 220/226; Vedder MüK 74).

2. Folgen des Abs.2

a) Unwirksamkeit der Ausbürgerung (Abs.2 S.2). Von den **14** in den Anwendungsbereich des Abs.2 fallenden Personen (oben Rn.13 f) war ein Teil von Anfang an als deutscher Staatsangehöriger zu behandeln (Grawert HbStR I 675 f). Dies sind Personen, die ihren tatsächlichen Wohnsitz nach dem 8. 5. 1945 in Deutschland genommen bzw. gehabt haben, sei es auch nach Inkrafttreten des GG (BVerfGE 8, 81/86; BGHZ 27, 375/377; Vedder MüK 83). Mit Deutschland dürfte, jedenfalls seit der Wiedervereinigung, das Gebiet des heutigen Deutschlands gemeint sein (Lübbe-Wolff DR 54; a. A. Makarov/v. Mangoldt o. Lit. Art.116 Rn.122 ff). Die Betroffenen dürften ein Recht auf Wohnsitznahme im Bundesgebiet haben (Lübbe-Wolff DR 54). Ein entgegenstehender Wille schließt die Unwirksamkeit der Ausbürgerung aus; er muss jedoch zweifelsfrei kundgetan werden (BVerfGE 8, 81/87), und zwar vor oder bei der Wohnsitznahme (Vedder MüK 84; Lübbe-Wolff DR 54). Ist der Betroffene vor dem 8. 5. 1945 verstorben, besteht die Staatsangehörigkeit fort, sofern nicht konkrete Anhaltspunkte dafür vorliegen, dass er in ein freies und demokratisches Deutschland nicht zurückkehren wollte (BVerfGE 23, 98/112; Vedder MüK 86). Liegen die Voraussetzungen des Abs.2 S.2 vor, hat der Betreffende seine Staatsangehörigkeit (ex tunc) nie verloren (Lübbe-Wolff DR 53). Die Verlusttatbestände des Staatsangehörigkeitsrechts sind nicht anwendbar (BVerfGE 8, 81/88; Lübbe-Wolff DR 53).

Mit der Wohnsitznahme gelten für **Abkömmlinge** und **Ehegat-** **15** **ten** die allgemeinen Regeln des Erwerbs der Staatsangehörigkeit. Vorher geborene Abkömmlinge (nicht aber vorher geehelichte Ehepartner) können sich ihrerseits auf Abs.2 S.2 berufen (vgl. oben Rn.13). Der Abkömmling muss seinen Wohnsitz in Deutschland genommen haben; umgekehrt macht sein entgegenstehender Wille die Ausbürgerung für seine Person wirksam (BVerwGE 68, 220/222 f). Mit der Wohnsitznahme erwirbt der Abkömmling die deutsche Staatsangehörigkeit, da er sie regelmäßig noch nicht besessen hat (Vedder MüK 85).

16   **b) Anspruch auf Wiedereinbürgerung (Abs.2 S.1).** Soweit die in Rn.13 aufgeführten Personen nicht unter Abs.2 S.2 fallen (oben Rn.14), sind sie auf Antrag wieder „einzubürgern". Welche der Vorgaben in Rn.14 nicht erfüllt ist, spielt keine Rolle. Insb. greift Abs.2 S.1 auch dann, wenn zunächst ein gegen die deutsche Staatsangehörigkeit gerichteter Wille geäußert wurde (Kokott SA 33; Hailbronner/Renner, o. Lit., Art.116 Rn.40; Lübbe-Wolff DR 51; a. A. BVerwGE 94, 185/195). Auch der Erwerb einer fremden Staatsangehörigkeit steht nicht entgegen (BVerfGE 23, 98/108; Vedder MüK 80), es sei denn, der Erwerb fand vor der Ausbürgerung statt (BVerwGE 94, 185/187) und stand nicht im Zusammenhang mit nationalsozialistischen Verfolgungsmaßnahmen. An den Antrag auf Wiedereinbürgerung dürfen keine zu hohen Anforderungen gestellt werden (BVerfGE 54, 53/71). Abkömmlinge müssen den Antrag selbst stellen. Obwohl die Ausbürgerungen als nichtig einzustufen sind (oben Rn.11), wirkt die Wiedereinbürgerung in den Fällen des Abs.2 S.1 ex nunc (BSGE 50, 21/23 f; Lübbe-Wolff DR 50; Vedder MüK 79; a. A. BVerfGE *abwM* 54, 53/75). Jedenfalls wird der Betreffende vor Stellung des Antrags nicht als deutscher Staatsangehöriger betrachtet (BVerfGE 23, 98/108 f; 54, 53/69 f). Andererseits dürfen dem Betroffenen, dem Sinn des Abs.2 (oben Rn.11) entsprechend, durch die bloße Wiedereinbürgerung ex nunc keine unangemessenen Nachteile erwachsen.

Art.117 [Übergangsregelung zu Art.3 Abs.2 und Art.11]

(1) **Das den Artikel 3 Absatz 2 entgegenstehende Recht bleibt bis zu seiner Anpassung an diese Bestimmung des Grundgesetzes in Kraft, jedoch nicht länger als bis zum 31. März 1953.**

(2) **Gesetze, die das Recht der Freizügigkeit mit Rücksicht auf die gegenwärtige Raumnot einschränken, bleiben bis zu ihrer Aufhebung durch Bundesgesetz in Kraft.**

Literatur: S. Literatur B zu Art.3.

Abs.1 ist seit dem 31. 3. 1953 im Wesentlichen überholt (näher **1**
Rn.83 zu Art.3); die Pflicht zur Anpassung des Besatzungsrechts
folgte aus Art.3 Abs.2 (vgl. Sachs SA 8; BVerfGE 15, 337/350 stütze
sie dagegen auf Art.117 Abs.1). Art.3 Abs.2 S.2 wurde von vornherein nicht von Art.117 erfasst, da Art.117 bei Schaffung des Art.3
Abs.2 S.2 bereits obsolet war (v. Münch MüK 3). Überholt ist auch
die in **Abs.2** enthaltene Übergangsregelung zu Art.11 (Pernice
DR 8; Randelzhofer BK 170 zu Art.11; Rn.12 zu Art.11).

Art.118 [Neugliederung im Südwesten]

**Die Neugliederung in dem die Länder Baden, Württemberg-
Baden und Württemberg-Hohenzollern umfassenden Gebiete
kann abweichend von den Vorschriften des Artikels 29 durch
Vereinbarung der beteiligten Länder erfolgen. Kommt eine Ver-
einbarung nicht zustande, so wird die Neugliederung durch
Bundesgesetz geregelt, das eine Volksbefragung vorsehen muß.**

Die Vorschrift erlaubte die Neugliederung im südwestdeutschen **1**
Raum in einem einfacheren Verfahren, als es in Art.29 vorgesehen
ist. Da eine Vereinbarung iSv S.1 nicht zustande kam, wurde die
Neugliederung durch die Gesetze v. 4. 5. 1951 (BGBl I 283 bzw.
284) entsprechend S.2 vorgenommen und in grundgesetzkonformer
Weise (BVerfGE 1, 14/32 ff) das Land Baden-Württemberg geschaffen. Art.118 hat damit keine Bedeutung mehr (Kunig MüK 4;
Pernice DR 6, 8). Künftige Veränderungen im Raum Baden-Württembergs sind (allein) im Verfahren nach Art.29 möglich (BVerfGE
5, 34/45; Pernice DR 11).

Art.118a [Neugliederung Berlin/Brandenburg]

**Die Neugliederung in dem die Länder Berlin und Branden-
burg umfassenden Gebiet kann abweichend von den Vorschriften
des Artikel 29 unter Beteiligung ihrer Wahlberechtigten durch
Vereinbarung beider Länder erfolgen.**

Literatur: *Keunecke,* Die gescheiterte Neugliederung Berlin-Branden-
burg, 2001; *Dietlein,* Länderfusion und verfassungsgebende Gewalt „in statu
nascendi", Staat 1999, 547; *Rüß,* Die Neugliederung der Region Berlin-
Brandenburg, LKV 1995, 337. – S. auch Literatur zu Art. 29.

Die Vorschrift erlaubt die Neugliederung der Bundesländer Berlin **1**
und Brandenburg, insb. ihren Zusammenschluss, in einem einfache-

ren Verfahren, als es in Art.29 vorgesehen ist (BbgVerfG, BVerfGE 4, 114/129 f). Die Neugliederung erfolgt durch Staatsvertrag zwischen den beiden Bundesländern, ohne Beteiligung des Bundes (Pernice DR 11). Der Staatsvertrag kann Vorgaben für das neugebildete Land enthalten (BbgVerfG, LVerfGE 4, 114/143). In ihm ist die Beteiligung der Wahlberechtigten näher zu regeln; eine Volksabstimmung ist aber nicht vorgeschrieben (BT-Drs.12/6000, 46; Pernice DR 13; Erbguth SA 5). Die Landesregierungen dürfen in sachlicher Form für den Zusammenschluss werben (BVerfG-K, LKV 96, 334; Berl-VerfGH, LVerfGE 3, 75/81; 4, 30/33 f). Die Vorschrift ist trotz der 1995 gescheiterten Volksabstimmung (dazu Kunig MüK 5 ff) weiterhin anwendbar (Kunig MüK 8; Pernice DR 9; Scholz MD 11). Daneben ist auch das Verfahren nach Art.29 möglich (Scholz MD 5).

Art.119 [Flüchtlinge und Vertriebene]

In Angelegenheiten der Flüchtlinge und Vertriebenen, insbesondere zu ihrer Verteilung auf die Länder, kann bis zu einer bundesgesetzlichen Regelung die Bundesregierung mit Zustimmung des Bundesrates Verordnungen mit Gesetzeskraft erlassen. Für besondere Fälle kann dabei die Bundesregierung ermächtigt werden, Einzelweisungen zu erteilen. Die Weisungen sind außer bei Gefahr im Verzuge an die obersten Landesbehörden zu richten.

1   Die Vorschrift ist nicht mehr anwendbar (Lübbe-Wolff DR 8; Lücke SA 1; vorsichtiger Schaefer MüK 5), da mit dem BVFG entsprechende bundesgesetzliche Vorschriften erlassen wurden.

Art.120 [Kriegsfolge- und Sozialversicherungslasten; Ertragshoheit]

(1) Der Bund trägt die Aufwendungen für Besatzungskosten[3] und die sonstigen inneren und äußeren Kriegsfolgelasten[3] nach näherer Bestimmung von Bundesgesetzen[4]. Soweit diese Kriegsfolgelasten bis zum 1. Oktober 1969 durch Bundesgesetze geregelt worden sind, tragen Bund und Länder im Verhältnis zueinander die Aufwendungen nach Maßgabe dieser Bundesgesetze[5]. Soweit Aufwendungen für Kriegsfolgelasten, die in Bundesgesetzen weder geregelt worden sind noch geregelt werden, bis zum 1. Oktober 1965 von den Ländern, Gemeinden (Gemeindeverbänden) oder sonstigen Aufgabenträgern, die Aufgaben von Län-

dern oder Gemeinden erfüllen, erbracht worden sind, ist der Bund zur Übernahme von Aufwendungen dieser Art auch nach diesem Zeitpunkt nicht verpflichtet[5]. Der Bund trägt die Zuschüsse zu den Lasten der Sozialversicherung mit Einschluß der Arbeitslosenversicherung und der Arbeitslosenhilfe[6 f]. Die durch diesen Absatz geregelte Verteilung der Kriegsfolgelasten auf Bund und Länder läßt die gesetzliche Regelung von Entschädigungsansprüchen für Kriegsfolgen unberührt[4].

(2) Die Einnahmen gehen auf den Bund zu demselben Zeitpunkte über, an dem der Bund die Ausgaben übernimmt[8].

Literatur: *Glombick,* Das GG und die Finanzverantwortung für die Rentenversicherung, RiA 1993, 280; *Bieback,* Die Garantiehaftung des Bundes für die Sozialversicherung, VSSR 1993, 1; *Diemer,* Zum Staatszuschuß bei den Sozialversicherungen, VSSR 1982, 31.

1. Finanzierungs- und Verwaltungsverantwortung für Kriegsfolgelasten und Sozialversicherung

a) Allgemeines. Die 1965 (Einl.3 Nr.14) um die Sätze 2, 3, 5 **1** erweiterte Vorschrift des Abs.1 enthält keine Übergangsregelung, sondern regelt auf Dauer abweichend von Art.104 a Abs.1, dass in großem Umfang der Bund (nicht die Länder) die Kriegsfolgelasten und die Zuschüsse zur Sozialversicherung zu tragen hat (Siekmann SA 1; Lübbe-Wolff DR 4 f). Dadurch soll eine gleichmäßige Belastung der Bevölkerung des gesamten Bundesgebiets mit diesen Lasten erreicht werden (BSGE 47, 148/154; Schaefer MüK 2). Abs.1 regelt allein die Lastenverteilung zwischen Bund und Ländern. Aus der Vorschrift ergibt sich daher, wie Abs.1 S.5 zudem klarstellt, weder ein Anspruch von Privatpersonen auf Entschädigung von Kriegsfolgelasten (Lübbe-Wolff DR 15) oder auf Sozialversicherungsleistungen noch ein Anspruch der Sozialversicherungsträger auf Zuschüsse (BVerfGE 14, 221/223; BVerwG, DÖV 67, 133; BSGE 81, 276/285 f; Lübbe-Wolff DR 16; Siekmann SA 6, 25). Art.120 regelt allein das Verhältnis zwischen Bund und Ländern (Siekmann SA 7).

Abs.1 regelt vollständig die **Finanzierungsverantwortung,** wes- **2** halb Art.104 a Abs.3 in diesem Bereich nicht anwendbar ist (Schaefer MüK 7; Siekmann SA 29). Für die Verwaltungskompetenz gelten dagegen die allg. Regeln (Siekmann SA 5), weshalb auch Art.104 a Abs.5 (dazu Rn.12 zu Art.104 a) zur Anwendung kommt (Lübbe-Wolff DR 5; Schaefer MüK 23). Art.120 gilt für alle auf den Zweck dieser Norm bezogenen Kosten, während Art.104 a Abs.5 nur für nicht zuordnungsfähige allgemeine Verwaltungskosten gilt (BVerwG, Bh 11 Art.120 GG Nr.5).

3   **b) Finanzierung der Kriegsfolgelasten. Kriegsfolgelasten** sind Lasten, „deren entscheidende – und in diesem Sinne alleinige – Ursache der Zweite Weltkrieg ist" (BVerfGE 9, 305/324). Die praktische Bedeutung der Kriegsfolgelasten wird dadurch im Laufe der Zeit immer geringer (BVerfGE 9, 305/324 ff; Lübbe-Wolff DR 6). Zu den Kriegsfolgelasten gehören insb. Wiederaufbaukosten, Leistungen an Kriegsgeschädigte und -hinterbliebene, der Lastenausgleich zugunsten der Prüflinge und Vertriebenen sowie Wiedergutmachungsleistungen (Lübbe-Wolff DR 7; Schaefer MüK 10). Keine Kriegsfolgelasten sind die Folgelasten der nationalsozialistischen Gewaltherrschaft sowie die Folgen der deutschen Teilung (Schaefer MüK 9 f; Siekmann SA 11). Gleiches gilt für die nicht spezifisch kriegsbedingten Folgekosten der Wiedervereinigung und für die Folgekosten von DDR-Unrechtsmaßnahmen (Lübbe-Wolff DR 7) sowie für die Kosten für Spätaussiedler (Lübbe-Wolff DR 7 Fn.23; Schäfer MüK 9 a; a. A. Siekmann SA 13). Was den Sonderfall der Besatzungskosten angeht, hat Art.120 nur noch für die Vergangenheit Bedeutung. Die Kosten der Stationierung ausländischer Truppen in der Bundesrepublik sind Verteidigungslasten, fallen also nicht unter Art.120 (Lübbe-Wolff DR 7; Siekmann SA 15).

4   Die Kostentragungspflicht greift nur „nach **näherer Bestimmung von Bundesgesetzen"**. Das bedeutet nur, dass der Bund die Auswirkungen im Einzelnen festlegen und das Verfahren regeln kann (BVerfGE 9, 305/325). Ersteres ist insb. für die Höhe der Entschädigung bedeutsam (Siekmann SA 16). Dagegen ist der Begriff der Kriegsfolgelasten im Wesentlichen durch Art.120 vorgegeben. Soweit der Bund die Kosten zu tragen hat, kann er sie den Ländern nicht (endgültig) auferlegen (BVerfGE 9, 305/317 ff). Dies gilt auch dann, wenn die Regelungen von den Ländern ausgeführt werden und daher an sich die Länder die Ausgaben gem. Art.104 a Abs.1 zu tragen hätten (Rn.2 f zu Art.104 a). Die Gemeinden zählen zu den Ländern (BSGE 34, 177/179 f; Siekmann SA 8; vgl. Rn.6 zu Art.30).

5   Die Kostentragungspflicht des Bundes iSd Rn.3 f wird durch zwei Vorgaben **beschränkt,** die 1965 (Einl.3 Nr.14) eingefügt und 1969 (Einl.3 Nr.24) geändert wurden; sie sind verfassungsrechtlich unbedenklich (vgl. BVerwGE 24, 272/274 ff): – **(1)** Nach der Bereinigungsvorschrift des Abs.1 S.2 haben die Länder Kriegsfolgelasten

zu tragen, soweit dies in Bundesgesetzen vorgesehen ist, die vor dem
1. 10. 1969 ergangen sind (Übersicht bei Schaefer MüK 12). Damit
wird die Lastenquote, nicht ein konkreter Betrag festgeschrieben
(Schaefer MüK 13). – **(2)** Abs.1 S.3 legt fest, dass Kriegsfolgelasten,
die bis zum 1. 10. 1965 von den Ländern, den Gemeinden oder
sonstigen Einrichtungen, die Aufgaben von Ländern oder Gemeinden erfüllen, getragen wurden und in Bundesgesetzen (Schäfer MüK
15) nicht geregelt waren, vom Bund nicht zu tragen sind. Werden
allerdings in diesem Bereich neue Bundesgesetze erlassen, gilt gem.
Abs.1 S.1 die Kostentragungspflicht des Bundes (Siekmann SA 21;
Schaefer MüK 15). Soweit der Bund vor dem Stichtag Leistungen
ohne gesetzliche Grundlage erbrachte, bleibt die Kostentragungspflicht weiter bei ihm (Lübbe-Wolff DR 14; Siekmann SA 21; a. A.
Schäfer MüK 16).

c) Finanzierung der Zuschüsse zur Sozialversicherung. Zur 6
Sozialversicherung iSd Abs.1 S.4 gehören die herkömmlichen
Sozialversicherungsbereiche, wie die Kranken-, die Unfall-, die In-
validitäts- und die Altersversicherung (Schaefer MüK 17; vgl. auch
Rn.31 zu Art.74). Dazu kommen kraft ausdrücklicher Regelung die
Arbeitslosenversicherung und die Arbeitslosenhilfe. Mit den Kriegs-
folgen muss kein Zusammenhang bestehen (Lübbe-Wolff DR 16;
Siekmann SA 22).

Abs.1 S.4 setzt die normative Regelung der Sozialversicherungs- 7
leistungen durch den **Bund,** gestützt auf Art.74 Abs.1 Nr.12, voraus.
Wie er das tut, wird durch die Vorschrift nicht geregelt (vgl. zu
Ansprüchen der Sozialversicherungsträger und Privater oben Rn.1).
Wenn er das tut, muss er die notwendigen **Zuschüsse übernehmen** und darf sie nicht den Ländern auferlegen, auch dort nicht, wo
die Sozialversicherungsträger zum Aufgabenbereich der Länder gehören (Siekmann SA 20). Nicht erfasst werden jedoch die Verwaltungskosten (Siekmann SA 19).

2. Überleitung der Ertragshoheit des Bundes (Abs.2)

Nach der heute obsoleten Übergangsvorschrift des Abs.2 ging das 8
Recht des Bundes auf Einnahmen gem. Art.106 nicht bereits mit
Inkrafttreten des GG auf den Bund über, sondern erst mit der Übernahme der Ausgaben durch den Bund. Durch das 1. ÜberleitungsG
vom 28. 11. 1950 (BGBl 773) wurde der Großteil der Einnahmen
und Ausgaben zum 1. 4. 1950 auf den Bund „übergeführt" (Schaefer
MüK 24; Lübbe-Wolff DR 17).

Art. 120 a [Durchführung des Lastenausgleichs]

(1) **Die Gesetze, die der Durchführung des Lastenausgleichs**[1] **dienen, können mit Zustimmung des Bundesrates bestimmen, dass sie auf dem Gebiete der Ausgleichsleistungen teils durch den Bund, teils im Auftrage des Bundes durch die Länder ausgeführt werden und daß die der Bundesregierung und den zuständigen obersten Bundesbehörden auf Grund des Artikels 85 insoweit zustehenden Befugnisse ganz oder teilweise dem Bundesausgleichsamt übertragen werden**[2]**. Das Bundesausgleichsamt bedarf bei Ausübung dieser Befugnisse nicht der Zustimmung des Bundesrates; seine Weisungen sind, abgesehen von den Fällen der Dringlichkeit, an die obersten Landesbehörden (Landesausgleichsämter) zu richten**[2]**.**

(2) **Artikel 87 Abs. 3 Satz 2 bleibt unberührt**[2]**.**

1   Die 1952 eingeführte Vorschrift (Einl. 3 Nr. 2) betrifft die Durchführung von Lastenausgleichsgesetzen des Bundes (vgl. dazu den Überblick bei Siekmann SA 6 f). Im Interesse einer effektiven Bewältigung dieser Aufgabe sind von Art. 83 ff abweichende Sonderregelungen vorgesehen (Siekmann SA 1). Mit **Lastenausgleich** ist ähnlich wie in § 1 LAG die Leistungsgewährung wegen materieller Kriegs-, Kriegsfolge- und (unmittelbarer) Nachkriegsschäden gemeint (Schaefer MüK 10). Erfasst wird auch die Rückforderung von Lastenausgleichszahlungen im Gefolge der Wiedervereinigung (Siekmann SA 4; Lübbe-Wolff DR 12); die Regelung des § 349 LAG ist verfassungsgemäß (BVerwGE 105, 110/111 ff). Die Zuordnung des BundesvertriebenenG ist umstritten (dafür Siekmann SA 6; dagegen Lübbe-Wolff DR 6). Die Verwaltung eventueller Lastenausgleichs*abgaben* wird von Art. 120 a nicht erfasst (Schaefer MüK 11, 13).

2   Die Durchführung von Lastenausgleichsgesetzen kann gem. Abs. 2 ausschließlich durch mittlere und untere Bundesbehörden erfolgen, wovon aber kein Gebrauch gemacht wurde (Siekmann SA 11). Wichtiger ist daher die in Abs. 1 enthaltene Ermächtigung, für diese Aufgabe durch Bundesgesetz mit Zustimmung des Bundesrats eine **Mischverwaltung** (dazu allg. Rn. 10 zu Art. 30) einzuführen, die bundeseigene Verwaltung und Auftragsverwaltung der Länder kombiniert (Lübbe-Wolff DR 3; Siekmann SA 1). Dabei geht Abs. 1 davon aus, dass der Bund ein Bundesausgleichsamt (als Bundesoberbehörde) schafft und es, jedenfalls zum Teil, mit den Aufgaben der

bundeseigenen Verwaltung in diesem Bereich betraut. Weiter werden Landesausgleichsämter vorausgesetzt. Gem. Abs.1 S.1 können die an sich nach Art.85 im Rahmen der Auftragsverwaltung der Bundesregierung bzw. den obersten Bundesbehörden zustehenden Befugnisse auf das Bundesausgleichsamt übertragen werden (Siekmann SA 8; vgl. auch BSGE 39, 260/264). Dies gilt auch für den Erlass von Verwaltungsvorschriften, mit der zusätzlichen Besonderheit, dass die in Art.85 Abs.2 S.1 vorgesehene Zustimmung des Bundesrats unnötig ist (Abs.1 S.2). Die Verwaltungsvorschriften können auch Zuständigkeiten regeln (BVerfGE 8, 155/167 ff). Weisungen sind direkt an die Landesausgleichsämter zu richten. Von den in Abs.1 vorgesehenen Möglichkeiten wurde durch eine Reihe von Gesetzen Gebrauch gemacht (näher Schaefer MüK 9). Das KriegsfolgenbereinigungsG von 1992 (BGBl I 2094) hat das Auslaufen des Lastenausgleichs eingeleitet (Lübbe-Wolff DR 7).

Art.121 [Mehrheit des Bundestages und der Bundesversammlung]

Mehrheit der Mitglieder des Bundestages[1] und der Bundesversammlung[1] im Sinne dieses Grundgesetzes ist die Mehrheit ihrer gesetzlichen Mitgliederzahl[2].

Die Vorschrift definiert den Begriff der **Mehrheit der Mitglie-** **1**
der des Bundestags und der Bundesversammlung als die Mehrheit der gesetzlichen Mitgliederzahl (sog. absolute Mehrheit oder Abgeordnetenmehrheit). Mehrheit bedeutet mehr als die Hälfte (vgl. Art.63 Abs.3). Die von Art.121 vorgeschriebene Bezugsgröße der gesetzlichen Mitgliederzahl ist aber nach allg. Meinung auch dann zugrunde zu legen, wenn nicht mehr als die Hälfte (sog. einfache Mitgliedermehrheit), sondern eine andere Mehrheit oder auch Minderheit des Bundestags verlangt wird, nämlich die Gesamtheit (Art.54 Abs.3), zwei Drittel (Art.61 Abs.1 S.3, 79 Abs.2), ein Drittel (Art.39 Abs.3 S.2, 93 Abs.1 Nr.2), ein Viertel (Art.44 Abs.1 S.1, 61 Abs.1 S.2) oder ein Zehntel (Art.42 Abs.1 S.2). Darüber hinaus ist Art.121 anwendbar, wenn Gesetzes- oder Geschäftsordnungsbestimmungen ausdrücklich oder stillschweigend auf ihn verweisen (Magiera SA 2; Schneider AK 5; Versteyl MüK 3 f). Da eine andere Bezugsgröße als die gesetzliche Mitgliederzahl ausdrücklich normiert sein müsste, bietet sich jedenfalls regelmäßig eine „gleichsinnige Auslegung" an (Morlok DR 9). Von der absoluten Mehrheit

des Art.121 ist die relative Mehrheit der abgegebenen Stimmen (sog. einfache Abstimmungsmehrheit) zu unterscheiden (Rn.4 zu Art.42). Nicht ein Verstoß gegen Art.121 führt zur Unwirksamkeit der Entscheidung (so aber Magiera SA 1; Rechenberg BK 6; diff. Morlok DR 16), sondern der Verstoß gegen die eine bestimmte Mehrheit fordernde Verfahrensvorschrift (vgl. Rn.1 zu Art.76).

2   **Gesetzliche Mitgliederzahl** ist die Zahl der Mitglieder, die nach Maßgabe des BWahlG im konkreten Zeitpunkt sitz- und stimmberechtigt sind (Magiera SA 4). Daher ist die Ausgangszahl des § 1 Abs.1 S.1 BWahlG durch Überhangmandate gem. § 6 Abs.5 BWahlG zu erhöhen und durch folgende Umstände zu verringern: Mandatsverlust des Abgeordneten gem. §§ 46 ff BWahlG, solange der Sitz nicht wiederbesetzt ist (Magiera SA 5; Morlok DR 14; Rechenberg BK 8; Versteyl MüK 5; teilw. a.A. Schneider AK 3); Erschöpfung der Parteiliste gem. §§ 6 Abs.4 S.4, 48 Abs.1 S.3 BWahlG; Erledigung eines Wahlkreismandats gem. §§ 44 Abs.3 S.2, 46 Abs.4 S.2, 48 Abs.2 S.3 BWahlG; Parteiverbot gem. § 46 Abs.4 BWahlG (vgl. aber Rn.23 zu Art.38). Bei der Ausgangszahl bleibt es dagegen, wenn ein Abgeordneter nur vorübergehend an der Ausübung seines Mandats verhindert ist, z.B. wegen Krankheit, Urlaub, Sitzungsausschluss (Magiera SA 5; Morlok DR 15; Rechenberg BK 8).

Art.122 [Überleitung der Gesetzgebung]

(1) **Vom Zusammentritt des Bundestages an werden die Gesetze ausschließlich von den in diesem Grundgesetze anerkannten gesetzgebenden Gewalten beschlossen.**

(2) **Gesetzgebende und bei der Gesetzgebung beratend mitwirkende Körperschaften, deren Zuständigkeit nach Absatz 1 endet, sind mit diesem Zeitpunkt aufgelöst.**

1   Gem. **Abs.1** stehen dem Bund die im GG vorgesehenen Gesetzgebungskompetenzen erst seit dem Zusammentritt des ersten Bundestages zu, d.h. seit dem Ablauf des 7. 9. 1949 (BVerfGE 16, 6/16; Kirn MüK 3). Vorher lag die Gesetzgebungskompetenz generell bei den Ländern bzw. bei den besatzungsrechtlich geschaffenen Gesetzgebungsorganen, auch im Bereich der ausschließlichen Bundesgesetzgebung (Maunz MD 7; Schmidt-Bleibtreu/Klein 2; a. A. Kirn MüK 4; Stettner DR 10; offengelassen BVerfGE 7, 330/339). Zum zeitlichen Anwendungsbereich des GG im übrigen Rn.2 f zu Art.145. **Abs.2** betrifft die Organe, die kraft Besatzungsrechts ge-

setzgebende oder gesetzesberatende Funktionen hatten, etwa den Wirtschaftsrat des Vereinigten Wirtschaftsgebiets (Rn.1 zu Art.133) oder den Länderrat der US-Zone (Stettner DR 11). Für Organe der Verwaltung und Rspr. enthält Art.130 eine vergleichbare Regelung.

Art.123 [Fortgeltung vorkonstitutionellen Rechts]

(1) **Recht[4] aus der Zeit vor dem Zusammentritt des Bundestages[5] gilt fort, soweit es dem Grundgesetze nicht widerspricht[6].**

(2) **Die vom Deutschen Reich abgeschlossenen Staatsverträge, die sich auf Gegenstände beziehen, für die nach diesem Grundgesetze die Landesgesetzgebung zuständig ist, bleiben, wenn sie nach allgemeinen Rechtsgrundsätzen gültig sind und fortgelten, unter Vorbehalt aller Rechte und Einwendungen der Beteiligten in Kraft, bis neue Staatsverträge durch die nach diesem Grundgesetze zuständigen Stellen abgeschlossen werden oder ihre Beendigung auf Grund der in ihnen enthaltenen Bestimmungen anderweitig erfolgt[8 f].**

1. Bedeutung und Abgrenzung zu anderen Normen

a) Bedeutung und Art des Fortgeltens. Art.123 regelt zusam- **1** men mit Art.124 und Art.125 (vgl. Rn.1 zu Art.124) die Fortgeltung von Rechtsnormen aus der Zeit vor dem Zusammentritt des ersten Bundestags (vgl. Rn.1 zu Art.122), und zwar in dem Gebiet, in dem das GG zu diesem Zeitpunkt galt (vgl. BGHZ 42, 70/76). Dort, wo das GG später in Kraft trat, ergibt sich die Geltung dieser Normen aus den Beitrittsregelungen. Liegen die noch zu erörternden Voraussetzungen (unten Rn.2, 4–8) vor, gilt die entsprechende Rechtsvorschrift (als Bundes- oder Landesrecht) fort. Anderenfalls ist sie unwirksam; Lücken sind durch Richterrecht zu schließen (BVerfGE 37, 67/81; 49, 286/301 ff; 56, 37/51). Am 28. 12. 1968 hat zudem das RechtsbereinigungsG (BGBl I 1451) altes *Bundes*recht außer Kraft gesetzt, soweit es in dem Gesetz nicht aufgeführt ist; die meisten Länder haben ähnliche Gesetze erlassen. Der **Rang** der fortgeltenden Vorschrift ist derselbe wie im Zeitpunkt ihres Entstehens (BVerfGE 22, 1/12; 28, 119/139 f; Kirn MüK 4; Stettner DR 15). Gesetzesvertretende Verordnungen sollen den Rang eines förmlichen Gesetzes haben (BVerfGE 22, 1/12; 52, 1/16; vorsichtig BVerwGE 75, 292/301). Ob die Rechtsnorm als *Bundes- oder Landesrecht* fortgilt, wird durch Art.124, 125 geregelt.

2   Die **Art.123–125** kommen **nicht** mehr **zum Tragen,** wenn eine fortgeltende Vorschrift nach dem 7. 9. 1949 geändert oder in den Willen des nachkonstitutionellen Gesetzgebers aufgenommen (vgl. Rn.8 zu Art.100) wurde (vgl. Sachs SA 9 zu Art.129). Gleiches gilt für Ermächtigungsvorschriften, falls das zugehörige materielle Recht wesentlich geändert wird (s. auch Rn.5 zu Art.80). Solche Vorschriften müssen als nachkonstitutionelle Regelungen auch den formellen verfassungsrechtlichen Anforderungen entsprechen (vgl. unten Rn.7).

3   **b) Fortgelten von DDR-Recht.** Vergleichbare Probleme wie für das Fortgelten des vor dem 7. 9. 1949 erlassenen Rechts stellen sich hinsichtlich des **Fortgeltens von Recht der** früheren **DDR.** Dieses Problem wurde in Art.9 EV in Anlehnung an Art.123 geregelt, weshalb zur Auslegung dieser Norm die für Art.123 maßgeblichen Gesichtspunkte herangezogen werden können (Schulze SA 17a). Allerdings wird fortgeltendes DDR-Recht nicht als vorkonstitutionelles Recht iSd Art.100 eingestuft (BVerfGE 97, 122/124; a. A. Kirn MüK 13). Insb. wird nur die materiell-inhaltliche Vereinbarkeit mit dem GG vorausgesetzt (mit den durch Art.143 eröffneten Einschränkungen), nicht die Vereinbarkeit mit Verfahrensvorschriften und speziellen Ermächtigungsanforderungen in dem unten in Rn.7 beschriebenen Sinne (wohl auch Schulze SA 20), da andernfalls die entsprechende Anwendung des Art.129 Abs.3 durch die Einigungsvertrag (Rn.7 zu Art.129) keinen Sinn machen würde (vgl. zum entsprechenden Argument bei der Auslegung von Art.123 Abs.1 unten (2) in Rn.7). Die Dispensierung von Ermächtigungsanforderungen dürfte aber nur übergangsweise gelten (Lerche, FS Helmrich, 1994, 59, 71; vgl. unten Rn.7). Relevanter Zeitpunkt ist grundsätzlich der 31. 8. 1990 (Schulze SA 18); vgl. allerdings Art.9 Abs.3 EV. Für die Frage der Fortgeltung als Bundes- oder Landesrecht enthält Art.9 Abs.4, 5 EV eine Art.124 entsprechende und von Art.125 abweichende Regelung.

2. Voraussetzungen der Fortgeltung

4   **a) Rechtsnormen früherer deutscher Organe.** Unter Recht iSd Abs.1 sind Rechtsnormen jeder Art zu verstehen (BVerfGE 28, 119/133), also förmliche Gesetze, auch Transformationsgesetze (unten Rn.8), Rechtsverordnungen (BVerfGE 28, 119/132 ff), Satzungen (vgl. BVerfGE 44, 216/226) und Gewohnheitsrecht (BVerfGE 41, 251/263). Aus welcher Zeit das Recht stammt, ist unerheblich, sofern es nur am 7. 9. 1949 wirksam war (unten Rn.5). Voraussetzung ist, dass das Recht zumindest in Teilen des Bundesgebiets des

Jahres 1949 Geltung besaß und von deutschen Organen erlassen wurde. Ob auch Verfassungsrecht erfasst wird, ist zweifelhaft. Jedenfalls ist die *Weimarer Reichsverfassung* mit Ausnahme der in Art.140 aufgeführten Vorschriften spätestens mit dem Inkrafttreten des GG außer Kraft getreten (BVerfGE 15, 167/195; Stettner DR 10). Kein vorkonstitutionelles Recht iSd Art.123 ist das fortgeltende *Recht der DDR* (a.A. Kirn MüK 10 zu Art.143); zu den insoweit einschlägigen Normen und der mittelbaren Bedeutung des Art.123 oben Rn.3.

Sofern **Besatzungsrecht** trotz des Erlöschens alliierter Rechte **4a** (Rn.2 zu Art.144) noch fortgelten sollte (dagegen wohl Vedder MüK 10 zu Art.139; vgl. allerdings BVerfGE 95, 39/47 f), ist Art.123 entsprechend anzuwenden (Kirn MüK 11; vgl. Stettner DR 8 zu Art.124), darf also nicht dem GG widersprechen (Starck MKS 226 zu Art.1; Stettner DR 19; Stern III/2, 298). Vor der Wiedervereinigung wurde Besatzungsrecht von Art.123 nicht erfasst (BVerfGE 3, 368/375), desgleichen nicht deutsche Rechtsvorschriften, die in Vollzug bindender Weisungen der Besatzungsbehörden ergingen (BVerfGE 2, 181/202 f).

b) Gültigkeit nach altem Recht. Rechtsnormen gelten nur **5** fort, wenn sie im Zeitpunkt des Zusammentretens des ersten Bundestags, also am 7. 9. 1949 (Rn.1 zu Art.122), wirksam waren (Kirn MüK 4). Sie müssen nach altem Recht wirksam zustande gekommen (BVerfGE 10, 354/360 f; BSGE 16, 227/233) und dürfen nach altem Recht nicht unwirksam geworden sein (BVerfGE 4, 115/138). Rechtsnormen, die auf Grund des Ermächtigungsgesetzes vom 24. 3. 1933 ergingen, sollen fortgelten (BVerfGE 28, 119/139 f; BVerwGE 2, 295 f; Stettner DR 15), obgleich das Ermächtigungsgesetz gegen die WRV verstieß (BVerfGE 6, 309/331). Rechtsvorschriften, insb. aus der Zeit des Nationalsozialismus, sind von Anfang an als nichtig zu erachten, wenn sie fundamentalen Prinzipien der Gerechtigkeit evident widersprechen, auch wenn sie formal ordnungsgemäß zustande gekommen sind (BVerfGE 3, 58/119; 6, 132/198; 23, 98/106). Zur Änderung von Reichsrecht seit Kriegsende vgl. Rn.1 zu Art.122. Schließlich muss der Erlass der Rechtsnorm vor dem 7. 9. 1949 vollständig abgeschlossen, insb. ordnungsgemäß verkündet worden sein (BVerfGE 7, 330/337).

c) Kein Widerspruch zum Grundgesetz. Die Rechtsnorm **6** gilt nur fort, wenn sie nicht im Widerspruch zum GG steht; anderenfalls ist sie zum 24. 5. 1949 außer Kraft getreten (BVerwGE 2, 114/117; Stettner DR 22; Schulze SA 9; für den 7. 9. 1949 Kirn MüK 6). Ein solcher Widerspruch besteht nur dann, wenn die

Rechtsvorschrift **materiell** bzw. ihrem **Inhalt** nach mit einzelnen Bestimmungen oder mit Prinzipien des GG nicht vereinbar ist (BVerfGE 10, 354/361; BGHSt 21, 125/128). Ist ein Gesetz teilweise mit dem GG nicht vereinbar, gelten die sonstigen Teile fort, sofern sie für sich noch eine sinnvolle Regelung darstellen (BVerfGE 7, 29/37; Kirn MüK 5). Art.139 enthält eine Ausnahmeregelung. Für die Landesgrundrechte ist Art.142 zu beachten (Stettner DR 16). Schließlich sind generell die Möglichkeiten der verfassungskonformen Auslegung auszuschöpfen, auch wenn dies den Zielen des ursprünglichen Gesetzgebers widerspricht (BVerfGE 78, 179/192 ff; Stettner DR 21).

7   Kein Widerspruch iSd Abs.1 liegt in folgenden Fällen vor: – **(1)** Die Rechtsvorschrift könnte im Hinblick auf **Form und Verfahren,** in der sie zustande kam, unter dem GG nicht mehr ergehen; anderenfalls hätte Art.129 Abs.3 keinen Sinn. Das hat Bedeutung für Rechtsverordnungen, die Art.80 Abs.1 nicht gerecht werden (Rn.5 zu Art.80); bei gesetzesvertretenden Rechtsverordnungen ist allerdings Art.129 Abs.3 zu beachten (Rn.2 zu Art.129). Zudem sind generell die formellen Voraussetzungen einzuhalten, wenn eine fortgeltende Vorschrift zur nachkonstitutionellen Regelung wird (oben Rn.2). – **(2)** Die Vorschrift könnte im Hinblick auf (materielle) Vorschriften des GG, die spezielle **Anforderungen an Ermächtigungsnormen** stellen, unter dem Grundgesetz nicht mehr ergehen (Sachs SA 8 zu Art.129). Dies betrifft v. a. das Erfordernis einer ausreichenden formellgesetzlichen Grundlage für *grundrechtseinschränkende Rechtsverordnungen* (BVerfGE 14, 174/184 f; 22, 1/13), sofern die Ermächtigung nicht völlig unbestimmt war (BVerfGE 8, 71/78 f; BVerwGE 2, 114/116 f). Solche materiellen Verstöße konnten aber nur für eine Übergangsfrist hingenommen werden, die heute abgelaufen ist (BVerfGE 78, 179/199 f; tendenziell Kirn MüK 7). Ähnliches gilt für *Gewohnheitsrecht,* zumal es über 50 Jahre nach Erlass des GG zu nachkonstitutionellem Gewohnheitsrecht geworden ist und den dafür geltenden Vorgaben unterliegt (Kirn MüK 8; für Beschränkung auf schwerwiegende Grundrechtsbeeinträchtigungen Stettner DR 21; vgl. auch oben Rn.2). Bedeutung hat das für die Einschränkung von Grundrechten (vgl. Vorb.43 vor Art.1).

8   **d) Insb. völkerrechtliche Verträge.** Bei völkerrechtlichen Verträgen, einschl. der Verwaltungsabkommen (Rn.20 zu Art.59), ist die völkerrechtliche Bindung einerseits und die durch die Übernahme (dazu Rn.1 zu Art.25) bedingte innerstaatliche Geltung andererseits zu unterscheiden (BVerfGE 6, 309/340 f; Kirn MüK

13): Die Fortgeltung der **völkerrechtlichen Bindung** hängt allein vom Völkerrecht ab, auch im Bereich des Abs.2; Art.123 trifft dazu keine Aussage (BVerfGE 6, 309/341, 350; Schulze SA 14). Die Fortgeltung der **innerstaatlichen Geltung** kommt (nur) unter den Voraussetzungen des Abs.1 zum Tragen; insb. darf der Vertrag seinem Inhalt nach mit dem GG nicht in Widerspruch stehen (BVerfGE 6, 309/344 ff). Darüber hinaus ist das Fortgelten daran gebunden, dass die völkerrechtliche Verpflichtung selbst fortbesteht (dazu unten Rn.9), wie dies Abs.2 („nach allgemeinen Rechtsgrundsätzen") für einen Teilbereich verdeutlicht (Stettner DR 25; vgl. BVerfGE 6, 309/345).

Ob der Vertrag mit dem Rang von Bundesrecht oder von **Lan-** 9 **desrecht** fortgilt, ergibt sich aus Art.124 und Art.125 (BVerfGE 6, 309/342 f). Gelten Verträge, wie das Reichskonkordat, als Landesrecht fort, sind die Länder dem Bund gegenüber nicht zur Beachtung der Verträge verpflichtet, wie Abs.2 entnommen werden kann; die Länder können also innerstaatlich abweichende Regelungen treffen (BVerfGE 6, 309/340 ff). Zu Staatsverträgen der Länder vgl. auch Rn.3 zu Art.32 a. E.

Art.124 [Fortgelten vorkonstitutionellen Rechts: Ausschließliche Gesetzgebung]

Recht[1], das Gegenstände der ausschließlichen Gesetzgebung des Bundes betrifft[2], wird innerhalb seines Geltungsbereichs Bundesrecht[4].

Literatur: *Grziwotz,* Partielles Bundesrecht und die Verteilung der Gesetzgebungsbefugnisse im Bundesstaat, AöR 1991, 588.

1. Allgemeines zu Art.124, 125

Die Art.124, 125 bestimmen, in welchen Fällen das gem. Art.123 1 fortgeltende Recht *Bundesrecht* wird (Wolfrum BK 1). Greifen die beiden Vorschriften nicht ein, wird das fortgeltende Recht ausnahmslos *Landesrecht* (Stettner DR 6). Der **Anwendungsbereich** der Art.124, 125 ist das von Art.123 erfasste Recht deutscher Organe (Rn.4 zu Art.123), das am 7. 9. 1949 gültig war und dem Grundgesetz nicht widersprach (Wolfrum BK 2); näher zu den Voraussetzungen Rn.5 f zu Art.123. Erfasst wird insb. das Verfahrensrecht; ob der Bundesgesetzgeber bei Erlass entsprechender Gesetze die Zustimmung des Bundesrats benötigen würde, ist für Art.124, 125 unerheblich (BVerfGE 9, 185/190; Stettner DR 12).

2. Fortgelten im Bereich ausschließl. Bundeskompetenz

2   **a) Voraussetzungen.** Gem. Art.124 wird Recht Bundesrecht, wenn es Gegenstände der **ausschließlichen** Gesetzgebung des Bundes betrifft. Dies ist der Fall, wenn es nach den am 7. 9. 1949 (BVerfGE 33, 206/216; Wolfrum BK 3; Kirn MüK 3) geltenden Vorschriften des Art.73 und des Art.105 Abs.1, aber auch der im GG enthaltenen Sonderregelungen (etwa des Art.4 Abs.3 S.2, Art.21 Abs.3, Art.38 Abs.3, Art.131) oder kraft stillschweigender Bundeskompetenzen nur als Bundesrecht ergehen konnte (Stettner DR 12). Die Aufnahme einer Vorschrift in die Sammlung des Bundesrechts ist ohne Einfluss (BVerwGE 39, 77/83).

3   Die Entscheidung der Frage, ob das Recht der ausschließlichen Gesetzgebungskompetenz des Bundes unterliegt, muss an sich **für jede einzelne** Norm getroffen werden, mit der Folge, dass ein Gesetz teilweise Bundes- und teilweise Landesrecht geworden ist (BVerfGE 33, 209/216 f; Stettner DR 10). Andererseits ist zu beachten, dass die ausschließliche Bundeskompetenz auch kraft Sachzusammenhangs bestehen kann (Rn.5 f zu Art.70), weshalb einzelne Normen, die für sich gesehen abweichend zu qualifizieren wären, meist das Geschick des gesamten Gesetzes teilen (Stettner DR 11).

4   **b) Folgen.** Liegen die Voraussetzungen des Art.124 (oben Rn.1–3) vor, gilt die betreffende Rechtsnorm ab dem 7. 9. 1949 als Bundesrecht. Galt es vorher nur für einen Teilbereich des Bundesgebietes, ändert sich daran nichts, wie Art.124 ausdrücklich klargestellt. Es kann also partikulares Bundesrecht entstehen (Schulze SA 6). Das fortgeltende Bundesrecht hat die gleiche Wirkung wie neues Bundesrecht. Insb. derogiert es entgegenstehendes Landesrecht gem. Art.31 (BVerfGE 8, 229/235; einschr. für den Fall des Art.129 Abs.1 Nr.1 BVerfGE 9, 153/157 f). Anwendbar sind Art.71 sowie Art.72 Abs.1 (BVerfGE 7, 18/27; 58, 45/60 f).

Art.125 [Fortgelten vorkonstitutionellen Rechts: Konkurrierende Gesetzgebung]

Recht[1], das Gegenstände der konkurrierenden Gesetzgebung des Bundes betrifft[2 f], wird innerhalb seines Geltungsbereiches Bundesrecht,

1. **soweit es innerhalb einer oder mehrerer Besatzungszonen einheitlich gilt[4],**
2. **soweit es sich um Recht handelt, durch das nach dem 8. Mai 1945 früheres Reichsrecht abgeändert worden ist[4].**

Literatur: S. Literatur zu Art.124.

1. Allgemeines und Folgen

Art.125 regelt weitere Fälle des Fortgeltens als Bundesrecht und **1** steht in Parallele zu Art.124. Was Bedeutung und Anwendungsbereich angeht, wird daher auf Rn.1 zu Art.124 verwiesen. Liegen die Voraussetzungen des Art.125 (und des Art.124) nicht vor, ist das Recht Landesrecht (Schulze SA 9), etwa bei unverändertem (örtlichen) Reichsrecht, das nur in einem Teil einer Besatzungszone galt (BVerwGE 89, 69/72 f). Für die Folgen gelten die Ausführungen in Rn.4 zu Art.124.

2. Voraussetzungen des Art.125

a) Konkurrierende Gesetzgebung. Altes Recht gilt als Bundes- **2** recht fort, wenn es Gegenstände der konkurrierenden Gesetzgebung betrifft. Dies bestimmt sich nach der am 7. 9. 1949 geltenden Fassung des Art.74 und des Art.105 Abs.2; die Voraussetzungen des Art.72 Abs.2 müssen nicht vorliegen (BVerfGE 1, 283/294 f; 23, 113/122; Stettner DR 9); Entsprechendes gilt für die Voraussetzung der Inanspruchnahme von Steuern durch den Bund in Art.105 Abs.2 (BVerfGE 7, 330/337). Auf die Rahmengesetzgebung bezieht sich Art.125 nicht (Wolfrum BK 4; Kirn MüK 2; Stettner DR 5; a. A. BVerwGE 3, 335/339 f). Im Übrigen dürfte es kaum vorkonstitutionelle Rahmen- oder Grundsatzgesetze geben (Bothe AK 4; Kirn MüK 2; vgl. BVerfGE 7, 29/41).

Die Entscheidung der Frage, ob Recht der konkurrierenden **3** Gesetzgebung unterliegt, muss ebenso wie bei Art.124 grundsätzlich **für jede einzelne Norm** erfolgen (BVerfGE 33, 206/216 f; s. aber auch BVerfGE 4, 178/183 f). Für die Auffassung, dass Art.125 insoweit völlig anders als Art.124 zu behandeln sei (so Stettner DR 10 zu Art.124; Schulze SA 5), gibt weder der Wortlaut noch die Entstehungsgeschichte etwas her. Richtig ist allerdings, dass die Kompetenz des Sachzusammenhangs (Rn.5 f zu Art.70) häufig dazu führt, dass einzelne Normen, die an sich anders zu qualifizieren wären, das Geschick des gesamten Gesetzes teilen.

4   **b) Weitere Voraussetzungen.** Recht aus dem Bereich der konkurrierenden Gesetzgebung wird nur dann Bundesrecht, wenn am Stichtag des 7. 9. 1949 (BVerfGE 4, 178/184; 11, 23/28; Rn.5 zu Art.123) eine der beiden folgenden Alternativen zutraf, die beide darauf abzielen, eine weitere Rechtszersplitterung im Bereich der konkurrierenden Gesetzgebung zu vermeiden (BVerwGE 89, 69/72): – **(1)** Das entsprechende Gesetz hat (in seiner Gesamtheit) wenigstens in einer Besatzungszone einheitlich gegolten (Maunz MD 7). Weicht *eine* wesentliche Vorschrift inhaltlich ab, ist die Voraussetzung für das gesamte Gesetz nicht gegeben (BVerfGE 4, 178/184; Stettner DR 11). Andererseits stehen sachlich oder räumlich unbedeutende Abweichungen bzw. durch die Behördenorganisation oder die Behördenzuständigkeit bedingte Abweichungen einer Qualifikation als Bundesrecht nicht entgegen (BVerfGE 4, 178/184; BVerwGE 1, 140/141; BGHZ 11, 104/106). – **(2)** Alternativ genügt es, wenn es sich um Recht handelt, das nach dem 8. Mai 1945 früheres Reichsrecht, also von einem Organ des Deutschen Reichs erlassenes Recht, abgeändert hat (vgl. Rn.1 zu Art.122). Unter Abänderung ist jeder Eingriff in den reichsrechtlichen Rechtsbestand gemeint, auch die Ersetzung eines reichsrechtlichen Regelungskomplexes durch eine landesrechtliche Gesamtregelung (BVerfGE 7, 18/26) oder die Änderung eines landesrechtlichen Gesetzes, das seinerseits Reichsrecht geändert hat (BVerfGE 7, 18/28), nicht jedoch eine landesrechtliche Neuregelung nach der Aufhebung reichsrechtlicher Bestimmungen durch die Besatzungsmächte (BVerfGE 11, 23/28).

Art.125 a [Fortgelten früheren Bundesrechts]

(1) **Recht, das als Bundesrecht erlassen worden ist, aber wegen Änderung des Artikels 74 Abs.1 oder des Artikels 75 Abs.1 nicht mehr als Bundesrecht erlassen werden könnte, gilt als Bundesrecht fort. Es kann durch Landesrecht ersetzt werden[1].**

(2) **Recht, das auf Grund des Artikels 72 Abs.2 in der bis zum 15. November 1994 geltenden Fassung erlassen worden ist, gilt als Bundesrecht fort. Durch Bundesgesetz kann bestimmt werden, dass es durch Landesrecht ersetzt werden kann. Entsprechendes gilt für Bundesrecht, das vor diesem Zeitpunkt erlassen worden ist und das nach Artikel 75 Abs.2 nicht mehr erlassen werden könnte[2].**

Werden **Kompetenztitel** des Bundesgesetzgebers **in Art.74 1 Abs.1** oder **in Art.75 Abs.1 gestrichen oder eingeschränkt** oder wird ein Kompetenztitel aus Art.74 Abs.1 in Art.75 Abs.1 verschoben, gilt die 1994 eingeführte (Einl.3 Nr.42) Übergangsregelung des Abs.1. Sie betrifft alle Änderungen dieser Art (Degenhart SA 3), nicht nur die mit der Einfügung der Regelung vorgenommenen Änderungen des GG: Fortfall der Bundeskompetenzen für die Staatsangehörigkeit in den Ländern (früher Art.74 Abs.1 Nr.8), für die Rechtsverhältnisse des Films (früher Art.75 Abs.1 Nr.2) und für das Erschließungsbeitragsrecht (Art.74 Abs.1 Nr.18). Auch die Verschiebung von Art.74 Abs.1 Nr.5 a. F. in Art.75 Abs.1 Nr.6 (Rn.11 zu Art.75) wird erfasst (Stettner DR 4; a. A. Kirn MüK 3). Soweit der Bund nach altem Recht zulässige Regelungen getroffen hat (entscheidend ist der Zeitpunkt der Verkündung, nicht des Inkrafttretens), die er auf Grund solcher Änderungen nicht mehr treffen könnte, stellt Abs.1 S.1 das Fortgelten als Bundesrecht klar (Stettner DR 4). Andererseits sind nach den Kompetenzänderungen gem. Abs.1 S.2 nur noch die Länder regelungsbefugt. Macht ein Land davon Gebrauch, gilt das bisherige Bundesrecht in den anderen Ländern als partikulares Bundesrecht fort (Degenhart SA 4). Ob und wie ein Land dies tut, steht ihm grundsätzlich frei; eine bundesrechtliche Ermächtigung ist anders als im Bereich des Abs.2 nicht nötig (Degenhart SA 4). Strittig ist, ob für die Rückholentscheidung ein förmliches Gesetz notwendig ist und ob auch eine bloße Aufhebung des Bundesrechts erfolgen kann (vgl. Rn.13 zu Art.72). Wird nur ein Teil des Bundesrechts aufgehoben, muss die verbleibende Regelung sinnvoll sein.

Abs.2 bezieht sich allein auf die **Verschärfung der allgemeinen 2 Anforderungen in Art.72 Abs.2** (auch soweit Art.75 Abs.1 auf diese Vorschrift verweist) und in **Art.75 Abs.2** durch das Gesetz zur Änderung des GG vom 27. 10. 1994 (Einl.3 Nr.42). Mit diesem Gesetz wurden die Regelungsmöglichkeiten des Bundesgesetzgebers durch die Neufassung des Art.72 Abs.2 beschränkt (dazu Rn.9–11 zu Art.72) und Art.75 Abs.2 neu eingefügt (dazu Rn.1 zu Art.75). Soweit erlassene Bundesgesetze auf Grund dieser Änderungen nicht mehr erlassen werden könnten, gelten sie gleichwohl gem. Abs.2 S.1, 3 als Bundesrecht fort (Stettner DR 5). Von einem Fortgelten wird noch auszugehen sein, wenn technische oder ähnliche Änderungen vorgenommen werden, die in keiner Weise zu einer Ausweitung des sachlichen Gehalts der Regelung führen. Der Bundesgesetzgeber kann gem. Abs.2 S.2, 3 jedoch die Länder zum Erlass von Landesrecht in diesem Bereich ermächtigen. Auch wenn dies dem Wortlaut des Abs.2 nicht zu entnehmen ist, erfasst Abs.2 nicht

Regelungen, die den schärferen Anforderungen des Art.72 Abs.2 n. F. bzw. Art.75 Abs.2 n. F. gerecht werden (Degenhart SA 5). Abs.2 gilt nicht für den durch die einschlägigen Umstände bedingten nachträglichen Fortfall der Erforderlichkeit; insoweit greift Art.72 Abs.3 (vgl Rn.12 zu Art.72).

Art.126 [Feststellung der Fortgeltung als Bundesrecht]

Meinungsverschiedenheiten über das Fortgelten von Recht als Bundesrecht entscheidet das Bundesverfassungsgericht[1 ff].

Literatur: S. Literatur zu Art.93.

1. Allgemeines

1 Die Vorschrift ergänzt Art.124 und 125 verfahrensrechtlich. Die Qualität von fortgeltendem Recht (Rn.1 zu Art.123) als Bundes- oder Landesrecht soll allein vom BVerfG festgestellt werden. Es handelt sich also um einen Fall von Normenqualifikation. Dagegen entscheidet das BVerfG nicht über die Frage der Fortgeltung überhaupt (s. aber unten Rn.2) oder darüber, welchen Rang die fragliche Norm innerhalb des Bundesrechts hat (Schlaich 182).

2. Zulässigkeit

2 Antrag durch **Verfassungsorgane:** – (1) *Antragsberechtigung* besitzen gem. § 86 Abs.1 BVerfGG Bundestag, Bundesrat, Bundesregierung und Landesregierungen. – (2) *Meinungsverschiedenheit* innerhalb dieser Organe oder zwischen ihnen oder mit einer beachtlichen Auffassung in Literatur oder Rechtsprechung (vgl. BVerfGE 4, 358/369 f; 7, 18/23 f; 8, 186/191 f). – (3) *Prüfungsgegenstand* ist die Qualität von fortgeltendem Recht als Bundes- oder Landesrecht (BVerfGE 2, 341/346; 16, 329/331); hierzu zählen auch Rechtsverordnungen (BVerfGE 28, 119/132 ff; Schulze SA 3; a. A. Pestalozza 233). Die Frage der Geltung ist als Vorfrage zu prüfen (BVerfGE 1, 162/165 f; 11, 89/93 f; 119/139). – (4) *Entscheidungserheblichkeit* ist gem. § 87 Abs.1 BVerfGG nur gegeben, wenn von der Entscheidung die Zulässigkeit einer bereits vollzogenen oder unmittelbar bevorstehenden Maßnahme eines Bundesorgans, einer Bundesbehörde oder des Organs oder der Behörde eines Landes abhängig ist; für Anträge des Bundestags gilt dies nicht (Benda/Klein 836). Nach dem Erlass neuen Rechts ist die abstrakte Normenkontrolle gem. Art.93 Abs.1 Nr.2 lex specialis

(Kirn MüK 3). – **(5)** *Form, Begründung.* Der Antrag ist gem. §§ 23 Abs.1, 87 Abs.2 BVerfGG schriftlich einzureichen und zu begründen. – **(6)** *Sonstiges.* Die obersten Verfassungsorgane können gem. §§ 88, 82 Abs.2, 77 BVerfGG in jeder Lage dem Verfahren beitreten.

Vorlage eines **Gerichts:** – **(1)** *Antragsberechtigung* besitzen gem. 3 § 86 Abs.2 BVerfGG die (staatlichen) Gerichte (Rn.5 zu Art.100). Bei Vorliegen der weiteren Voraussetzungen besteht eine Vorlagepflicht (BVerfGE 7, 18/23). – **(2)** *Meinungsverschiedenheit* entsprechend dem oben Rn.2 Gesagten (krit. Benda/Klein 837). Meinungsverschiedenheiten der Parteien des Ausgangsverfahrens sind weder erforderlich (Kirn MüK 4) noch ausreichend (BVerwGE 25, 55/59; DVBl 60, 283). – **(3)** *Prüfungsgegenstand* entsprechend dem oben Rn.2 Gesagten. – **(4)** *Entscheidungserheblichkeit* ist gem. § 86 Abs.2 iVm § 80 BVerfGG nur gegeben, wenn das vorlegende Gericht die Norm für gültig hält (BVerfGE 4, 214/216) und z.B. ihre Revisibilität (BVerfGE 7, 18/20; BVerwGE 41, 1), die Reichweite der Aufhebung einer vorkonstitutionellen Norm durch den Bundesgesetzgeber (BVerfGE 33, 206/213) oder die Sperrwirkung (Rn.2 zu Art.71, Rn.2–7 zu Art.72) von vorkonstitutionellem nunmehrigem Bundesrecht für Landesrecht (BVerfGE 23, 113/121; 28, 119/132) in Frage steht. Ausnahmsweise kann auch eine Entscheidungserheblichkeit gegeben sein, wenn das vorlegende Gericht die Norm für ungültig hält, nämlich dann, wenn für eine heute unstreitig ungültige Norm streitig ist, ob sie früher einmal gültiges Bundesrecht war (vgl. BVerfGE 33, 206/213). Wie bei der konkreten Normenkontrolle (Rn.14 zu Art.100) legt das BVerfG die Rechtsauffassung des vorlegenden Gerichts zugrunde, es sei denn, sie ist offensichtlich unhaltbar (BVerfGE 4, 178/181; 7, 18/24 f; 33, 206/215). Die konkrete Normenkontrolle gem. Art.100 Abs.1 ist nicht lex specialis (Kirn MüK 5). – **(5)** *Form, Begründung.* Gem. §§ 86 Abs.2, 80 Abs.2 BVerfGG gelten die gleichen Anforderungen wie bei der konkreten Normenkontrolle (Rn.16 zu Art.100). – **(6)** *Sonstiges.* Die Parteien des Ausgangsverfahrens sind nicht Verfahrensbeteiligte vor dem BVerfG, wohl aber gem. §§ 88, 82 Abs.3 BVerfGG äußerungsberechtigt.

Art.127 [Recht des Vereinigten Wirtschaftsgebiets]

Die Bundesregierung kann mit Zustimmung der Regierungen der beteiligten Länder Recht der Verwaltung des Vereinigten Wirtschaftsgebietes, soweit es nach Artikel 124 oder 125 als Bundesrecht fortgilt, innerhalb eines Jahres nach Verkündung dieses

Grundgesetzes in den Ländern Baden, Groß-Berlin, Rheinland-
Pfalz und Württemberg-Hohenzollern in Kraft setzen.

1   Die Vorschrift ermöglichte es, das als Bundesrecht fortgeltende
Recht des Vereinigten Wirtschaftsgebiets (Rn.1 zu Art.133) im
Wege der Rechtsverordnung (Stettner DR 4) auf das Gebiet der
französischen Besatzungszone zu erstrecken, auch auf den bayeri-
schen Kreis Lindau (BVerfGE 1, 117/142). Davon wurde reger
Gebrauch gemacht (BGBl I 1950, 332). Die Erstreckung auf Groß-
Berlin blieb allerdings folgenlos (Stettner DR 1). Die Ermächtigung
ist mit dem Ablauf des 23. 5. 1950 erloschen (Schulze SA 3; Stettner
DR 4; Rn.2 zu Art.145).

Art.128 [Fortbestehen von Weisungsrechten]

**Soweit fortgeltendes Recht Weisungsrechte im Sinne des Arti-
kels 84 Abs.5 vorsieht, bleiben sie bis zu einer anderweitigen
gesetzlichen Regelung bestehen.**

1   Art.128 betrifft Rechtsvorschriften, die gem. Art.123–125 als
Bundesrecht fortgelten, (unter dem GG) in landeseigener Verwal-
tung ausgeführt werden (Kirn MüK 2) und zudem der Norminten-
tion des Art.84 Abs.5 entsprechen (Stettner DR 6). Erfasst werden
auch Rechtsverordnungen sowie Regelungen aus der Zeit nach
Schaffung des Einheitsstaates im Jahre 1934 (BVerfGE 67,
173/176). Sind in solchen Vorschriften Weisungsrechte enthalten
(Kirn MüK 2), so bestehen diese Rechte fort. Weisungsrechte der
Reichsregierung (als Ganzes) gehen auf die Bundesregierung als
Ganzes über, Weisungsrechte eines Ministers auf den heute zuständigen Bundesminister (BVerwGE 67, 173/176 f; Rn.4 zu Art.129).
Art.84 Abs.5 S.2 ist anwendbar (Stettner DR 10). Als Weisungsrechte sind auch Zustimmungsvorbehalte anzusehen (BVerwGE 67,
173/175 f). Allerdings müssen sie auf besondere Fälle beschränkt sein
(vgl. Art.84 Abs.5 S.1), was von der Rechtsprechung sehr großzügig
verstanden wird (BVerwGE 67, 173/176). Nicht erfasst wird jedenfalls das 1934 eingeführte allgemeine Aufsichts- und Weisungsrecht
der Reichsregierung (Stettner DR 7).

Art.129 [Fortgelten von Ermächtigungen]

(1) **Soweit in Rechtsvorschriften, die als Bundesrecht fortgelten, eine Ermächtigung zum Erlasse von Rechtsverordnungen**

oder allgemeinen Verwaltungsvorschriften sowie zur Vornahme von Verwaltungsakten enthalten ist, geht sie auf die nunmehr sachlich zuständigen Stellen über[4]. In Zweifelsfällen entscheidet die Bundesregierung im Einvernehmen mit dem Bundesrate; die Entscheidung ist zu veröffentlichen[4].

(2) Soweit in Rechtsvorschriften, die als Landesrecht fortgelten, eine solche Ermächtigung enthalten ist, wird sie von den nach Landesrecht zuständigen Stellen ausgeübt[5].

(3) Soweit Rechtsvorschriften im Sinne der Absätze 1 und 2 zu ihrer Änderung oder Ergänzung oder zum Erlaß von Rechtsvorschriften an Stelle von Gesetzen ermächtigen, sind diese Ermächtigungen erloschen[2 f].

(4) Die Vorschriften der Absätze 1 und 2 gelten entsprechend, soweit in Rechtsvorschriften auf nicht mehr geltende Vorschriften oder nicht mehr bestehende Einrichtungen verwiesen ist[6].

Literatur: *Lerche,* Fortgeltung von DDR-Recht und Gesetzesvorbehalt, FS Helmrich, 1994, 57; *Firpe,* Wem stehen die Kompetenzen des alten Bundesrates zu, ausführende Bestimmungen zu gesetzlichen Vorschriften zu erlassen?, AöR 1984, 76.

1. Fortgeltung von Ermächtigungen (Abs.3)

Vorkonstitutionelle Vorschriften, gleich welcher Art (BVerfGE **1** 28, 119/143; BAGE 19, 14/24), die zum Erlass von Rechtsverordnungen und von Verwaltungsvorschriften sowie zur Vornahme von Verwaltungsakten ermächtigen (unten Rn.4), gelten gem. Art.123 fort (zu den Voraussetzungen Rn.4–7 zu Art.123). Ein Umkehrschluss zu Art.129 Abs.3 ist unnötig (Bauer DR 7; Sachs SA 3; a. A. BVerfGE 2, 307/326 ff). Ob die Vorschriften als Bundes- oder Landesrecht fortgelten, bestimmt sich nach Art.124, 125; zum Rang Rn.1 zu Art.123.

Das Fortgelten hängt an sich nicht davon ab, ob die Ermächti- **2** gungsnorm formell oder hinsichtlich spezifischer Anforderungen an Ermächtigungsnormen materiell mit dem GG vereinbar ist (Rn.7 zu Art.123). Abweichendes gilt gem. Abs.3 für Rechtsvorschriften, die zu ihrer Änderung oder Ergänzung oder zum Erlass von Vorschriften an Stelle von Gesetzen ermächtigen. Mit dieser missglückten Formulierung (Bauer DR 7) sind genau genommen alle, aber auch nur die Gesetze gemeint, die zum Erlass **echter gesetzesvertretender Rechtsverordnungen** ermächtigen. Das sind Rechtsverordnungen, denen der Vorrang des förmlichen Gesetzes zukommt (BVerfGE **2**,

307/330; Kirn MüK 5), die also allen früher erlassenen förmlichen Gesetzes vorgehen. Solche Ermächtigungen sind mit dem 7. 9. 1949 außer Kraft getreten (BVerfGE 2, 307/326; Kirn MüK 5; Sachs SA 12; vgl. auch Rn.14 zu Art.80). Dies gilt auch für entsprechende Ermächtigungen in Rechtsverordnungen (BVerfGE 28, 119/143). Soweit gar Verwaltungsvorschriften oder Verwaltungsakte solche Wirkungen entfalten sollen, gilt das erst recht (Kirn MüK 5). Keine Ermächtigung zu gesetzesvertretenden Rechtsverordnungen liegt dagegen vor, wenn ein Gesetz die Exekutive ermächtigt, durch Rechtsverordnung Abweichendes von bestimmten Vorgaben des ermächtigenden Gesetzes zu erlauben (sog. Verordnungsvorbehalt; vgl. dazu Ossenbühl HbStR III 397 f; Rn.14 zu Art.80). Die Ermächtigung kann auch teilweise erlöschen, falls sie nur teilweise unter Abs.3 fällt (BVerwGE 38, 322/323; Bauer DR 16).

3   Das Erlöschen einer Ermächtigung gem. Abs.3 berührt nicht die Gültigkeit von **darauf gestützten Staatsakten**, die vor dem 7. 9. 1949 wirksam geworden sind (Sachs SA 13), etwa Rechtsverordnungen (BVerfGE 9, 3/12; 12, 1/17; Rn.15 zu Art.80; einschr. BVerfGE 78, 179/199; (2) in Rn.7 zu Art.123), Satzungen (BVerfGE 44, 216/226) oder Verwaltungsakte (Kirn MüK 4; Bauer DR 17).

2. Zuständigkeiten (Abs.1, 2, 4)

4   **a) Inhaber bundesrechtlicher Ermächtigungen.** Abs.1 betrifft Vorschriften, die (gem. Art.124, 125) als Bundesrecht fortgelten und zum Erlass von Rechtsverordnungen, Verwaltungsvorschriften oder Verwaltungsakte ermächtigen. Dazu gehören auch Ermächtigungen zur Zustimmung zu Verwaltungsakten (BVerwGE 67, 173/177) sowie Weisungsrechte (Bauer DR 9; vgl. Rn.1 zu Art.128). Die Ermächtigung geht auf die Stelle über, die nach der Kompetenzverteilung des GG und den dazu ergangenen einfachen Zuständigkeitsvorschriften am 7. 9. 1949 bei einer inhaltsgleichen Neuregelung zuständig gewesen wäre (BVerfGE 4, 193/203; BVerwGE 15, 240/247; Sachs SA 15). Das kann ein Bundes- oder ein Landesorgan sein (Bauer DR 10). Dagegen spielt die Frage der Rechtsnachfolge keine Rolle (BVerfGE 4, 193/203). Bestehen Zweifel, welches Organ zuständig ist, entscheidet gem. Abs.1 S.2 die Bundesregierung im Einvernehmen, also mit Zustimmung des Bundesrats (dazu Sachs SA 17). Die Entscheidung ist vom BVerfG voll überprüfbar, das im Übrigen (auf Antrag) auch unmittelbar tätig werden kann (BVerfGE 11, 6/13). Sonstige Gerichte können auf die Frage im Rahmen einer Inzidentprüfung eingehen (Kirn MüK 9). Für die Nutzung der

fortgeltenden Ermächtigung gelten die allgemeinen Vorschriften; insb. ist beim Erlass von Rechtsverordnungen Art.80 Abs.2 zu beachten (BVerfGE 4, 193/203).

b) Inhaber landesrechtlicher Ermächtigungen. Ermächtigen 5 Vorschriften, die *nicht* unter Art.124, 125 fallen und daher als Landesrecht fortgelten, zum Erlass von Rechtsverordnungen, Verwaltungsvorschriften oder Verwaltungsakten, geht die Ermächtigung gem. Abs.2 auf die nach Landesrecht zuständige Stelle über. Neuen gesetzlichen Regelungen zur Zuständigkeit steht das nicht entgegen (BayVerfGH, DÖV 86, 390; Bauer DR 13; Sachs SA 19).

c) Subsidiäre Generalklausel. Verweisen die in Rn.4 f um- 6 schriebenen Ermächtigungsnormen auf Vorschriften, die nicht mehr in Kraft sind oder auf Einrichtungen, die nicht mehr bestehen, so treten gem. Abs.4 an deren Stelle die Normen bzw. Einrichtungen, die sachlich an die Stelle der früheren getreten sind (Bauer DR 20).

3. Ermächtigungen und Verweisungen des DDR-Rechts

Für **Ermächtigungen** zum Erlass von Rechtsverordnungen, An- 7 ordnungen oder allg. Verwaltungsvorschriften in als Bundesrecht fortbestehendem DDR-Recht (dazu Rn.3 zu Art.123) ist Art.129 Abs.1–3 gem. Abs.5 der Vorbemerkung zur Anlage II zum Einigungsvertrag entsprechend anzuwenden (dazu Sachs SA 21). Dies gilt für die Zuständigkeit (dazu oben Rn.4–6) wie das ausnahmsweise Erlöschen (dazu oben Rn.2 f). Auch bei Ermächtigungen zum Erlass von Verwaltungsakten dürfte über den Wortlaut hinaus nichts anderes gelten, desgleichen für als Landesrecht fortbestehendes DDR-Recht (Stettner DR 20; Sachs SA 22). Eine Art.129 Abs.4 entsprechende Regelung für **Verweisungen** trifft Abs.4 der Vorbemerkungen zur Anlage II des Einigungsvertrages.

Art.130 [Überleitung von Verwaltungs- und Rechtsprechungseinrichtungen]

(1) **Verwaltungsorgane und sonstige der öffentlichen Verwaltung oder Rechtspflege dienende Einrichtungen, die nicht auf Landesrecht oder Staatsverträgen zwischen Ländern beruhen**[1] **sowie die Betriebsvereinigung der südwestdeutschen Eisenbahnen und der Verwaltungsrat für das Post- und Fernmeldewesen für das französische Besatzungsgebiet unterstehen der Bun-**

desregierung². Diese regelt mit Zustimmung des Bundesrates die Überführung, Auflösung oder Abwicklung².

(2) Oberster Disziplinarvorgesetzter der Angehörigen dieser Verwaltungen und Einrichtungen ist der zuständige Bundesminister².

(3) Nicht landesunmittelbare und nicht auf Staatsverträgen zwischen den Ländern beruhende Körperschaften und Anstalten des öffentlichen Rechtes unterstehen der Aufsicht der zuständigen obersten Bundesbehörde³.

1 **Art.130 erfasst** neben den beiden ausdrücklich genannten Einrichtungen aus dem Bahn- und Postbereich alle vor In-Kraft-Treten des GG bereits bestehenden Verwaltungsorgane und -einrichtungen, deren Rechtsgrundlage als Bundesrecht weiter gilt oder die auf Besatzungsrecht beruhen (Sachs SA 4; Hermes DR 10). Gleiches gilt für Rechtsprechungsorgane. Weiter erfasst Art.130 Einrichtungen, die Verwaltungsvorschriften bzw. sonstigen Organisationsakten des Reiches oder der Besatzungsmächte ihre Entstehung verdanken. Weiter setzt Art.130 voraus, dass die Einrichtung nach dem GG *als Bundesbehörde bzw. Bundesgericht möglich* wäre, da Art.130 die Kompetenzverteilung zwischen Bund und Ländern in sachlicher Hinsicht nicht durchbrechen will (Hermes DR 6). Dementsprechend kann der Katalog der Bundesgerichte über Art.130 nicht erweitert werden (vgl. BVerwGE 32, 21/23; Rn.12 zu Art.92). Dagegen kommt es auf die formellen Voraussetzungen der Art.83 ff, 92 ff, etwa eine gesetzliche Grundlage, nicht an (Mager MüK 6; Hermes DR 6). Eine Art.130 vergleichbare Regelung treffen Art.13 f EV für die Überführung von DDR-Einrichtungen (näher dazu Sachs SA 14 ff).

2 Die in Rn.1 genannten Einrichtungen werden, soweit sie der **unmittelbaren Staatsverwaltung** (Mager MüK 2) bzw. der **Rechtsprechung** zuzurechnen sind, gem. Abs.1 S.1 der Bundesregierung unterstellt. Das heißt lediglich, dass sie zum organisatorischen Bereich des Bundes gehören (Hermes DR 12; vgl. Sachs SA 5); die Frage von Weisungsrechten wird nicht geregelt. Gem. Abs.2 fungiert der zuständige Bundesminister als Disziplinarvorgesetzter (Hermes DR 13). Auf Grund des Abs.1 S.2 kann die endgültige Überführung in den Bundes- oder Landesbereich (Mager MüK 5) oder die Auflösung, einschl. der Abwicklung (BVerfGE 84, 133/150) durch die Bundesregierung mit Zustimmung des Bundesrats geregelt werden. Sofern die Errichtung der Behörde auf einer Rechtsvorschrift beruht, ist eine Rechtsvorschrift erforderlich (Sachs SA 7); ansonsten genügt eine Verwaltungsvorschrift (Mager MüK 7).

In materieller Hinsicht ist eine Fortführung im Bereich des Bundes nur möglich, wenn dies nach den allg. Bestimmungen zu den Verwaltungs- und Rechtsprechungskompetenzen des Bundes möglich wäre (Hermes DR 16; Sachs SA 9).

Soweit es sich bei den in Rn.1 beschriebenen Einrichtungen **3** um Einrichtungen der **mittelbaren Staatsverwaltung** handelt, werden sie gem. Abs.3 der Aufsicht der zuständigen obersten Bundesbehörde unterstellt (Mager MüK 2). Dies gilt auch für die nicht erwähnten Stiftungen (Hermes DR 17; Mager MüK 9). Die Landesaufsicht über die Versorgungsanstalt der deutschen Bühnen ist dementsprechend unzulässig (BVerwG, NJW 88, 355). Wieweit die Aufsicht geht, hängt von den einschlägigen Rechtsvorschriften ab.

Art. 131 [Frühere Angehörige des Öffentlichen Dienstes]

Die Rechtsverhältnisse von Personen einschließlich der Flüchtlinge und Vertriebenen, die am 8. Mai 1945 im öffentlichen Dienste standen, aus anderen als beamten- oder tarifrechtlichen Gründen ausgeschieden sind und bisher nicht oder nicht ihrer früheren Stellung entsprechend verwendet werden, sind durch Bundesgesetz zu regeln[1f]. Entsprechendes gilt für Personen einschließlich der Flüchtlinge und Vertriebenen, die am 8. Mai 1945 versorgungsberechtigt waren und aus anderen als beamten- oder tarifrechtlichen Gründen keine oder keine entsprechende Versorgung mehr erhalten[1f]. Bis zum Inkrafttreten des Bundesgesetzes können vorbehaltlich anderweitiger landesrechtlicher Regelung Rechtsansprüche nicht geltend gemacht werden[1].

Literatur: *Langhorst,* Beamtentum und Art.131 des GG, 1994; *Merten/Lecheler (Hg.),* Grundfragen des Einigungsvertrags unter Berücksichtigung beamtenrechtlicher Probleme, 1991.

Nach dem Zusammenbruch des nationalsozialistischen Deutsch- **1** land wurden viele **Dienstverhältnisse** im öffentlichen Dienst **nicht fortgesetzt,** insb. weil die betreffende Dienststelle nicht fortbestand oder weil die Angehörigen des öffentlichen Dienstes kriegsgefangen oder vertrieben waren. Des Weiteren wurden eine Vielzahl von Angehörigen im Rahmen der Entnazifizierung entlassen. Um die daraus resultierenden Probleme zu bewältigen, verpflichtet S.1 den *Bundes*gesetzgeber (BVerfGE 7, 305/313; 15, 167/184 ff) zu einer

Regelung der dienstrechtlichen Ansprüche und S.2 zu einer Regelung der Versorgungsansprüche. Gleichzeitig sollte durch S.3 deutlich gemacht werden, dass die Betroffenen weder aus altem Recht noch auf Grund der sonstigen Vorschriften des GG, etwa nach Art.33 Abs.5, Rechtsansprüche geltend machen können. Die Notwendigkeit einer gesetzlichen Regelung ergab sich auch daraus, dass alle **Dienstverhältnisse** im öffentlichen Dienst wegen der Verbindung mit dem nationalsozialistischen Unrechtsstaat **erloschen** sind, wie das BVerfG klargestellt hat (BVerfGE 3, 58/113 f; 15, 80/100; 22, 387/408; 28, 163/173). Gleiches gilt für *Versorgungsansprüche* aus solchen Dienstverhältnissen (BVerfGE 28, 163/173).

2   Die Verpflichtung und Ermächtigung des Art.131, die Ausdruck staatlicher Fürsorge ist (BVerfGE 3, 58/146; 15, 105/120), eröffnet dem Gesetzgeber einen **weiten Spielraum** dabei, wie er den entsprechenden Personenkreis abgrenzt und welche Rechte er ihnen einräumt (BVerfGE 3, 58/134; 12, 264/273; 25, 198/206). An Art.14 bzw. Art.33 Abs.5 ist er nicht gebunden (BVerfGE 28, 163/174; 76, 256/328 f; vgl. auch BVerfGE 12, 264/274), wohl aber an den Gleichheitssatz (BVerfGE 15, 46/75; 27, 133/138 ff). Personengruppen, die in besonderer Weise an der Verwirklichung der nationalsozialistischen Gewaltherrschaft und Unrechtsideologie mitgewirkt haben, wie das für die Gestapo gilt, können völlig ausgeschlossen werden (BVerfGE 6, 132/205; 22, 387/408 f). Davon wurde erstaunlicherweise nur sehr begrenzt Gebrauch gemacht (Lübbe-Wolff DR 5).

3   Die Ermächtigung wurde durch verschiedene Regelungen genutzt, die durch das Kriegsfolgen-AbschlussG vom 20. 9. 1994 (BGBl I 2452) aufgehoben wurden (Lübbe-Wolff DR 5). Art.131 wurde dementsprechend gem. Art.6 EV in den neuen Bundesländern nicht mehr in Kraft gesetzt.

Art.132 [Ausschluss aus dem Öffentlichen Dienst]

(1) **Beamte und Richter, die im Zeitpunkte des Inkrafttretens dieses Grundgesetzes auf Lebenszeit angestellt sind, können binnen sechs Monaten nach dem ersten Zusammentritt des Bundestages in den Ruhestand oder Wartestand oder in ein Amt mit niedrigerem Diensteinkommen versetzt werden, wenn ihnen die persönliche oder fachliche Eignung für ihr Amt fehlt. Auf Angestellte, die in einem unkündbaren Dienstverhältnis stehen, findet diese Vorschrift entsprechende Anwendung. Bei Angestellten,**

deren Dienstverhältnis kündbar ist, können über die tarifmäßige Regelung hinausgehende Kündigungsfristen innerhalb der gleichen Frist aufgehoben werden.

(2) Diese Bestimmung findet keine Anwendung auf Angehörige des öffentlichen Dienstes, die von den Vorschriften über die „Befreiung von Nationalsozialismus und Militarismus" nicht betroffen oder die anerkannte Verfolgte des Nationalsozialismus sind, sofern nicht ein wichtiger Grund in ihrer Person vorliegt.

(3) Den Betroffenen steht der Rechtsweg gemäß Artikel 19 Absatz 4 offen.

(4) Das Nähere bestimmt eine Verordnung der Bundesregierung, die der Zustimmung des Bundesrates bedarf.

Die Vorschrift ist mit Ablauf der 6-Monate-Frist am 7. 3. 1950   **1** obsolet geworden und hat zudem nur begrenzte praktische Bedeutung erlangt (Lübbe-Wolff DR 4), da die Verordnung gem. Abs.4 erst am 17. 2. 1950 erging (BGBl I 34).

Art.133 [Verwaltung des Vereinigten Wirtschaftsgebiets]

Der Bund tritt in die Rechte und Pflichten der Verwaltung des Vereinigten Wirtschaftsgebietes ein.

Rechte und Pflichten der Verwaltung des Vereinigten Wirtschafts-   **1** gebiets der amerikanischen und der britischen Besatzungszone (vgl. Stolleis HbStR I 212 ff) gingen auf den Bund über, was u. a. für die Dienstverhältnisse der beschäftigten Personen bedeutsam war (Mager MüK 3).

Art.134 [Überleitung des Reichsvermögens]

(1) Das Vermögen des Reiches[1f] wird grundsätzlich Bundesvermögen[3].

(2) Soweit es nach seiner ursprünglichen Zweckbestimmung überwiegend für Verwaltungsaufgaben bestimmt war, die nach diesem Grundgesetze nicht Verwaltungsaufgaben des Bundes sind, ist es unentgeltlich auf die nunmehr zuständigen Aufgabenträger und, soweit es nach seiner gegenwärtigen, nicht nur vorübergehenden Benutzung Verwaltungsaufgaben dient, die nach diesem Grundgesetze nunmehr von den Ländern zu erfüllen sind,

auf die Länder zu übertragen[4]. Der Bund kann auch sonstiges Vermögen den Ländern übertragen[7].

(3) Vermögen, das dem Reich von den Ländern und Gemeinden (Gemeindeverbänden) unentgeltlich zur Verfügung gestellt wurde, wird wiederum Vermögen der Länder und Gemeinden (Gemeindeverbände), soweit es nicht der Bund für eigene Verwaltungsaufgaben benötigt[5].

(4) Das Nähere regelt ein Bundesgesetz, das der Zustimmung des Bundesrates bedarf[6 f].

Literatur: *Höfling,* Kommunale Ansprüche auf Rückübertragung ehemaligen Reichsvermögens, DVBl 1997, 1301 ff; *Bartlsperger,* Der Rückfall stationierungsrechtlich genutzten früheren Reichsvermögens, 1994; *Ipsen/Koch,* Zuordnung volkseigenen Vermögens und Restitution früheren Eigentums der öffentlichen Hand, DVBl 1993, 1; *Friauf,* Staatsvermögen, HbStR IV, 1990, 295; *Fastenrath,* Staatsrechtliche Probleme im Zusammenhang mit der Rückgabe des Mandatswaldes von Frankreich an Deutschland, DVBl 1986, 1039.

1. Anwendungsbereich und Abgrenzung zu anderen Vorschriften

1   Die Vorschrift regelt die Verteilung des Reichsvermögens auf Bund und Länder, soweit es dem Großdeutschen Reich am 24. 5. 1949 zustand. Die Zuordnung des Reichsvermögens zum Völkerrechtsubjekt Bundesrepublik Deutschland wird vorausgesetzt, nicht geregelt (Heun DR 19; Mager MüK 4). Sonderregelungen bestehen für Reichswasserstraßen (Rn.1 zu Art.89) und für Reichsautobahnen und Reichsstraßen (Rn.1 zu Art.90). Für die Reichsbahn und die Reichspost gilt dagegen Art.134; Art.87 a. F. setzte zwar einen entsprechenden Vermögensübergang voraus, bewirkte ihn aber nicht selbst.

2   In räumlicher Hinsicht wurde das Reichsvermögen im Bereich der damaligen Bundesrepublik erfasst, einschl. des Westteils von Berlin (Mager MüK 8; zu den Einschränkungen in West-Berlin Heun DR 20). In den **neuen Bundesländern** konnte Art.134 frühestens mit dem Beitritt wirksam werden; zu diesem Zeitpunkt war aber das Reichsvermögen längst in andere Hände übergegangen (BVerwGE 99, 283/289 f; Heun DR 21; i. E. BVerfGE 95, 250/264; Hahn o. Lit.33; Mager MüK 7; a. A. Ipsen/Koch SA 18 ff; Mußgnug/Hufeld BK 52 f). Dementsprechend ging man bei den Beratungen zum EinigungsV und damit auch zur Ausweitung des GG nicht von einer Anwendung des Art.134 aus; vielmehr schuf man in Art.21

Abs.3 Hs.2 EV und Art.22 Abs.1 S.7 EV eigenständige (Art.134 Abs.1 entsprechende) Regelungen. Auch eine analoge Anwendung von Art.134 Abs.3 ist ausgeschlossen (BVerfGE 95, 250/264 f; BVerwGE 99, 283/292 f).

2. Vermögensübergang und Vermögensübertragung

a) Vermögensübergang nach Abs.1. Das Reichsvermögen ist **3** gem. Abs.1 mit dem Inkrafttreten des GG (Rn.2 zu Art.145) **Bundesvermögen** geworden (Mager MüK 2), ohne dass es eines Gesetzes bedarf (BVerwG, NVwZ 01, 196; Heun DR 7). Erfasst wird das *Verwaltungsvermögen,* das überwiegend der unmittelbaren Erfüllung öffentlicher Aufgaben dient, wie das sonstige Vermögen, das *Finanzvermögen,* das durch seinen Wert oder durch seine Erträge nur mittelbar öffentlichen Zwecken dient, etwa die Beteiligung an Unternehmen (Heun DR 8; Mußgnug/Hufeld BK 56). Erfasst werden Aktiva und Passiva (BVerwGE 96, 231/234; BGHZ 128, 393/399; Friauf HbStR IV 305; Ipsen/Koch SA 7), jedenfalls im Rahmen des Abs.4 (BVerfGE 15, 126/133 f; Rn.1 zu Art.135 a). Zur Einschränkung des Übergangs durch Gesetz unten Rn.6.

b) Vermögensübertragungspflichten. aa) Gem. Abs.2 S.1 hat **4** der Bund Vermögen in zwei Fällen zu übertragen: **(1)** Vermögen, das seiner Zwecksetzung vor dem 8. 5. 1945 für **Verwaltungsaufgaben bestimmt** war, für deren Ausführung nach dem GG die Länder (einschl. der Gemeinden) zuständig sind (Heun DR 10) sowie **(2)** Vermögen, das gegenwärtig (d. h. nach dem AusführungsG nach Abs.4 am 1. 8. 1961) nicht nur vorübergehend der Erfüllung öffentlicher Aufgaben durch die Länder dient (Heun DR 11). Abs.2 S.1 kommt Vorrang vor Abs.3 zu (Ipsen/Koch SA 15; Friauf HbStR IV § 90 Rn.23). Darüber hinaus *kann* der Bund gem. Abs.2 S.2 sonstiges Vermögen, d. h. Finanzvermögen auf die Länder übertragen (Heun DR 12).

bb) Gem. Abs.3 besteht eine Rückübertragungspflicht (Ipsen/ **5** Koch SA 11; Friauf HbStR IV 307) bei **Vermögen,** das dem Reich von den Ländern, Gemeinden oder Gemeindeverbänden **unentgeltlich** (irgendwann vor dem 24. 5. 1949) **zur Verfügung gestellt** wurde. Unentgeltlichkeit meint auch Fälle eines deutlichen Missverhältnisses von Leistung und Gegenleistung (Heun DR 14; Mager MüK 13). Die Rückübertragungspflicht entfällt, wenn der Bund das Grundstück zur (unmittelbaren) Erfüllung von Verwaltungsaufgaben benötigt. Insoweit soll es allein auf den Zeitpunkt der Bedarfsanmeldung durch den Bund im Rahmen der Fristen des AusführungsG (unten Rn.6) ankommen (BVerwG, NVwZ 01, 196; a. A. Mager MüK 13; Heun DR 15; Ipsen/Koch SA 13). Wird an die *Stationierungsstreitkräfte* überlassenes Vermögen frei, kommt Abs.3 zum Tragen, wenn der Bund das Vermögen für Verwaltungsaufgaben nicht (mehr) benötigt (Ipsen/Koch SA 14; Bartlsperger o. Lit. 118 ff). Die Regelung des Abs.3 analog in den neuen Bundesländern anzuwenden (dafür Ipsen/Koch SA 20; Bartlsperger o. Lit. 215 ff), scheitert daran, dass im EV bewusst eine abweichende Regelung getroffen wurde (BVerwGE 99, 283/290 f; BT-Drs. 12/5553, S.218).

3. Ausführungsgesetz

6   Gem. Abs.4 kann durch *Bundes*gesetz (dazu Rn.3 zu Art.70) das Nähere geregelt werden, was mit dem ReichsvermögensG (BGBl 1961 I 597) geschehen ist. Da der Vermögensübergang gem. Abs.1 nur „grundsätzlich" erfolgt, kann das Gesetz den **Übergang einschränken.** Dies gilt insb. im Bereich der *Schulden* (BVerfGE 15, 126/136 ff; 19, 150/159; 41, 126/152), wie dies auch Art.135 a verdeutlicht (Stern II 1259). Dies erlaubt besonders weitreichende Eingriffe in Art.14; verlangt wird nur eine Berücksichtigung der Verbindlichkeit „nach Maßgabe des Möglichen" (BVerfGE 29, 413/425 f; 41, 126/152 f; vgl. BVerwGE 45, 250/254). Art.3 Abs.1 ist allerdings zu beachten (BVerfGE 15, 126/145; 46, 299/307 ff). Dagegen ist die spätere wirtschaftliche Entfaltung Deutschlands unerheblich (BVerfGE 27, 253/288 f; DVBl 96, 982).

7   Im Bereich des Abs.2, 3 besteht für den Gesetzgeber des Abs.4 eine **strikte Bindung.** Doch kann für die Geltendmachung von Rückübertragungsansprüchen eine angemessene **Frist** festgelegt werden. Im Falle des Abs.3 kann eine solche Frist frühestens mit dem Fortfall des Bundesbedarfs zu laufen beginnen (vgl. Ipsen/Koch SA 14; Bartlsperger o. Lit. 126). Zur zusätzlichen Übertragung von Finanzvermögen oben Rn.4.

Art.135 [Vermögensnachfolge bei Auflösung von Ländern u. a.]

(1) **Hat sich nach dem 8. Mai 1945 bis zum Inkrafttreten dieses Grundgesetzes die Landeszugehörigkeit eines Gebietes geändert, so steht in diesem Gebiete das Vermögen des Landes, dem das Gebiet angehört hat, dem Lande zu, dem es jetzt angehört**[1]**.**

(2) Das Vermögen nicht mehr bestehender Länder und nicht mehr bestehender anderer Körperschaften und Anstalten des öffentlichen Rechtes geht, soweit es nach seiner ursprünglichen Zweckbestimmung überwiegend für Verwaltungsaufgaben bestimmt war, oder nach seiner gegenwärtigen, nicht nur vorübergehenden Benutzung überwiegend Verwaltungsaufgaben dient, auf das Land oder die Körperschaft oder Anstalt des öffentlichen Rechtes über, die nunmehr diese Aufgaben erfüllen[2].

(3) Grundvermögen nicht mehr bestehender Länder geht einschließlich des Zubehörs, soweit es nicht bereits zu Vermögen im Sinne des Absatzes 1 gehört, auf das Land über, in dessen Gebiet es belegen ist[2].

(4) Sofern ein überwiegendes Interesse des Bundes oder das besondere Interesse eines Gebietes es erfordert, kann durch Bundesgesetz eine von den Absätzen 1 bis 3 abweichende Regelung getroffen werden[3].

(5) Im Übrigen wird die Rechtsnachfolge und die Auseinandersetzung, soweit sie nicht bis zum 1. Januar 1952 durch Vereinbarung zwischen den beteiligten Ländern oder Körperschaften oder Anstalten des öffentlichen Rechtes erfolgt, durch Bundesgesetz geregelt, das der Zustimmung des Bundesrates bedarf[3].

(6) Beteiligungen des ehemaligen Landes Preußen an Unternehmen des privaten Rechtes gehen auf den Bund über[2]. Das Nähere regelt ein Bundesgesetz, das auch Abweichendes bestimmen kann[3].

(7) Soweit über Vermögen, das einem Lande oder einer Körperschaft oder Anstalt des öffentlichen Rechtes nach den Absätzen 1 bis 3 zufallen würde, von dem danach Berechtigten durch ein Landesgesetz, auf Grund eines Landesgesetzes oder in anderer Weise bei Inkrafttreten des Grundgesetzes verfügt worden war, gilt der Vermögensübergang als vor der Verfügung erfolgt[1].

Literatur: S. die Hinweise zu Art.134.

Da nach dem 8. 5. 1945 mehrere Länder aufgelöst (Preußen, **1** Braunschweig, Oldenburg, Lippe, Lippe-Schaumburg) und bestimmte Gebiete umgegliedert wurden (Pfalz, Bremerhaven), regelt Art.135 den **Übergang von Landesvermögen** in diesen Fällen. Die Vorschrift gilt allein für Veränderungen, die zwischen dem 8. 5.

1945 und dem 24. 5. 1949 eingetreten sind, nicht für spätere Veränderungen insb. im Bereich der neuen Bundesländer (BVerfGE 95, 250/263 f; Ipsen/Koch SA 1; Heun DR 6). Der Übergang erfolgte zum 24. 5. 1949 (im Falle des Abs.7 bereits früher) kraft Verfassung (Heun DR 5). In den Abs.1–3, 6 finden sich sachliche Vorgaben dazu, an wen das Vermögen übergeht. Im Überschneidungsfalle haben Abs.2 und Abs.6 Vorrang vor Abs.1 und Abs.3. Zu Abweichungen durch Gesetz unten Rn.3. Im Einzelnen handelt es sich um folgende Vorgaben:

2   **(1)** Das *Verwaltungsvermögen* (zum Begriff Rn.3 zu Art.134) *aufgelöster Länder* sowie der ihnen angehörenden *juristischen Personen des öffentlichen Rechts,* gleich welcher Art, geht gem. Abs.2 auf den Funktionsnachfolger über, unabhängig davon, wo es sich im Zeitpunkt der Auflösung befand. Dies betrifft insb. die Stiftung Preußischer Kulturbesitz (BVerfGE 10, 20/36 ff). – **(2)** *Finanzvermögen,* also anderes Vermögen als Verwaltungsvermögen (vgl. Rn.3 zu Art.134), von *aufgelösten Ländern* sowie *Verwaltungs- und Finanzvermögen umgegliederter Gebiete* (oben Rn.1), jeweils soweit es sich in dem betreffenden Gebiet befand, geht gem. Abs.1 auf das Land über, dem das betreffende Gebiet nunmehr zugewiesen ist. – **(3)** Die Beteiligungen des *Preußischen Staates an privaten Gesellschaften* gehen gem. Abs.6 S.1, auch ohne nähere Regelung (Mager MüK 9), auf den Bund über. – **(4)** Gem. Abs.3 geht *Grundvermögen* aufgelöster Länder, das sich außerhalb der betreffenden Gebiete befand, auf das Land über, in dem das Grundvermögen liegt. Wegen des Vorrangs von Abs.2 (oben Rn.1) beschränkt sich das auf das Finanzgrundvermögen (Heun DR 10; Ipsen/Koch SA 6).

3   Gem. Abs.4 und Abs.6 S.2 kann von den in Rn.2 beschriebenen Vorgaben durch **Bundesgesetz** abgewichen werden, wobei der Gesetzgeber einen erheblichen Spielraum besitzt (BVerfGE 10, 20/40; Heun DR 11). Abs.5 ermächtigt zur **Regelung von Problemen,** die durch die Auflösung oder Gebietsänderung von Ländern und anderen juristischen Personen bedingt sind, in Art.135 aber nicht unmittelbar geregelt wurden, etwa das Erlöschen von Ansprüchen (BVerfGE 29, 413/425 f), wie auch Art.135 a klarstellt. Der Bund hat von der Ermächtigung durch das Rechtsträger-AbwicklungsG vom 6. 9. 1965 (BGBl I 1065) Gebrauch gemacht. Durch die Gesetze gem. Abs.4–6 wird ggfs. eine Verwaltungskompetenz des Bundes unabhängig von Art.87 Abs.3 S.1 begründet (BVerfG 10, 20/45; 12, 205/253).

Art. 135 a [Alte Verbindlichkeiten]

(1) **Durch die in Artikel 134 Abs.4 und Artikel 135 Abs.5 vorbehaltene Gesetzgebung des Bundes kann auch bestimmt werden, daß nicht oder nicht in voller Höhe zu erfüllen sind**

1. **Verbindlichkeiten des Reiches sowie Verbindlichkeiten des ehemaligen Landes Preußen und sonstiger nicht mehr bestehender Körperschaften und Anstalten des öffentlichen Rechts,**
2. **Verbindlichkeiten des Bundes oder anderer Körperschaften und Anstalten des öffentlichen Rechts, welche mit dem Übergang von Vermögenswerten nach Artikel 89, 90, 134 und 135 im Zusammenhang stehen, und Verbindlichkeiten dieser Rechtsträger, die auf Maßnahmen der in Nummer 1 bezeichneten Rechtsträger beruhen,**
3. **Verbindlichkeiten der Länder und Gemeinden (Gemeindeverbände), die aus Maßnahmen entstanden sind, welche diese Rechtsträger vor dem 1. August 1945 zur Durchführung von Anordnungen der Besatzungmächte oder zur Beseitigung eines kriegsbedingten Notstandes im Rahmen dem Reich obliegender oder vom Reich übertragener Verwaltungsaufgaben getroffen haben**[1].

(2) **Absatz 1 findet entsprechende Anwendung auf Verbindlichkeiten der Deutschen Demokratischen Republik oder ihrer Rechtsträger sowie auf Verbindlichkeiten des Bundes oder anderer Körperschaften und Anstalten des öffentlichen Rechts, die mit dem Übergang von Vermögenswerten der Deutschen Demokratischen Republik auf Bund, Länder und Gemeinden in Zusammenhang stehen, und auf Verbindlichkeiten, die auf Maßnahmen der Deutschen Demokratischen Republik oder ihrer Rechtsträger beruhen**[2].

Literatur: *Haratsch,* Die Befreiung von Verbindlichkeiten nach Art.135 a Abs.2 GG, 1998; *Bernsdorff,* Aufhebung oder Kürzung von Verbindlichkeiten der DDR, NJW 1997, 2712. – S. auch die Literatur zu Art.134.

Abs.1 wurde 1957 eingefügt (Einl.3 Nr.9), um Zweifelsfragen **1** auszuräumen, und betrifft Verbindlichkeiten, die vor **Inkrafttreten des GG** entstanden sind. Der Begriff der Verbindlichkeit ist weit zu verstehen und umfasst auch dingliche Herausgabeansprüche. Über den Wortlaut hinaus werden auch Stiftungen erfasst (Heun DR 6). Ob die Verbindlichkeiten fortbestehen, wird durch die Vorschrift nicht geregelt. Abs.1 hält nur fest, dass die Ermächtigungen des

Art.134 Abs.4 und die des Art.135 Abs.5 zur Beschränkung oder Aufhebung solcher Verbindlichkeiten (dazu Rn.6 zu Art.134, Rn.3 zu Art.135) durch Bundesgesetz auch für die in Nr.1–3 beschriebenen Verbindlichkeiten gelten (BVerfGE 15, 126/140, 144; Mager MüK 1). Insb. stellt Abs.1 Nr.2 klar, dass die mit dem Vermögensübergang gem. Art.89 Abs.1, Art.90 Abs.1, Art.134 und Art.135 zusammenhängenden Verbindlichkeiten durch gesetzliche Regelung beseitigt oder beschränkt werden können, wie dies bereits aus Art.134 Abs.4 bzw. Art.135 Abs.5 folgt (BVerfGE 29, 413/427; 41, 126/152; Heun DR 4). Der Gesetzgeber besitzt dabei einen sehr weiten Spielraum (BVerfGE 15, 126/140; Heun DR 9); zur Einschränkung von Art.14 vgl. Rn.6 zu Art.134. Nach der Wiedervereinigung ist Abs.1 auch auf Verbindlichkeiten des Reiches etc. in den neuen Bundesländern anwendbar (BGHZ 139, 152/163).

2   **Abs.2** wurde 1990 eingefügt (Einl.3 Nr.36) und betrifft zunächst **Verbindlichkeiten der** früheren **Deutschen Demokratischen Republik** und ihrer Rechtsträger bzw. Verbindlichkeiten, die auf Maßnahmen dieser juristischen Personen beruhen. Zudem werden Verbindlichkeiten des Bundes und (westdeutscher) öffentlich-rechtlicher Personen erfasst, die mit dem Übergang von Vermögen der DDR auf sie (vgl. Art.21 ff EV) in Zusammenhang stehen (Bernsdorff, NJW 97, 2714). Erfasst werden auch Enteignungsentschädigungen (BVerfGE 84, 90/128 f), nicht aber die in Zusatz- und Sonderversorgungssystemen begründeten Rentenansprüche und Anwartschaften (BVerfGE 100, 1/47 f). Abs.2 begründet eine ausschließliche Kompetenz des Bundes (Rn.3 zu Art.70) und ermächtigt den Bund, durch Gesetz die Verbindlichkeiten zu beschränken und aufzuheben (BVerwGE 96, 231/234). Art.14 tritt insoweit weitgehend zurück (vgl. Rn.6 zu Art.134). Damit soll dem Gesetzgeber ein weiter Gestaltungsspielraum gesichert sein (BGHZ 127, 285/296; BSGE 78, 168/174; Amtl. Begr. EV, BT-Drs. 11/7760, 359; Papier MD 271 zu Art.14; Ipsen/Koch SA 6). Die (bescheidenen) Vorgaben des allgemeinen Gleichheitssatzes sind jedoch zu beachten (BVerfGE 84, 90/128; 102, 254/299). Die Einfügung des Abs.2 war verfassungsgemäß (Heun DR 13). Der Gesetzgeber hat von der Ermächtigung durch das Entschädigungs- und Ausgleichsgesetz von 1994 (BGBl I 2624) Gebrauch gemacht. Abs.2 kann nicht Anspruchseinschränkungen rechtfertigen, wenn der Gesetzgeber nicht bewusst von Abs.2 Gebrauch gemacht hat (BVerfGE 100, 1/48 f).

Art.136 [Übergangsregelungen für Bundesrat und Bundespräsident]

(1) Der Bundesrat tritt erstmalig am Tage des ersten Zusammentrittes des Bundestages zusammen.

(2) Bis zur Wahl des ersten Bundespräsidenten werden dessen Befugnisse von dem Präsidenten des Bundesrates ausgeübt. Das Recht der Auflösung des Bundestages steht ihm nicht zu.

Die Vorschrift wurde mit dem ersten Zusammentritt des Bundestags (Rn.1 zu Art.122) bzw. der Wahl des ersten Bundespräsidenten am 12. 9. 1949 obsolet. Immerhin kann man Abs.2 S.2 im Umkehrschluss entnehmen, dass dem Bundesratspräsidenten im Normalfall des Art.57 alle Befugnisse zustehen (Bauer DR 6; Hernekamp MüK 2). **1**

Art.137 [Wählbarkeit von Angehörigen des Öffentlichen Dienstes u. a]

(1) Die Wählbarkeit[3] von Beamten, Angestellten des öffentlichen Dienstes, Berufssoldaten, freiwilligen Soldaten auf Zeit und Richtern[5] im Bund, in den Ländern und den Gemeinden[6] kann[8] gesetzlich[7] beschränkt werden[3 f].

(2) Für die Wahl des ersten Bundestages, der ersten Bundesversammlung und des ersten Bundespräsidenten der Bundesrepublik gilt das vom Parlamentarischen Rat zu beschließende Wahlgesetz[2].

(3) Die dem Bundesverfassungsgerichte gemäß Artikel 41 Abs.2 zustehende Befugnis wird bis zu seiner Errichtung von dem Deutschen Obergericht für das Vereinigte Wirtschaftgebiet wahrgenommen, das nach Maßgabe seiner Verfahrensordnung entscheidet[2].

Literatur: *Menzel,* Unvereinbarkeit von Amt und Mandat in den Ländern, DÖV 1996, 1037; *Grünert,* Amt, Mandat und „Mehrfach-Alimentation", VR 1992, 413; *Tsatsos,* Unvereinbarkeit zwischen Bundestagsmandat und anderen Funktionen, ParlRPr 1989, 701; *Walker,* Beschränkung der Wählbarkeit zu Orts- und Bezirksräten?, NVwZ 1984, 27; *Bernhard,* Richteramt und Kommunalmandat, 1983; *Greifeld,* Die Allgemeinheit der Wahl und das „Beamtenmonopol" in den Volksvertretungen, ZBR 1982, 97; *Schefold,* BVerfG und kommunalwirtschaftliche Inkompatibilität, JuS 1980, 493; *Schlaich,* Wählbarkeitsbeschränkungen für Beamte nach Art.137 Abs.1 GG und die Verantwortung des Gesetzgebers für die Zusammensetzung der Parlamente, AöR 1980, 188.

1. Bedeutung

1   Die 1965 (Einl.3 Nr.7) auf Soldaten erweiterte Vorschrift des **Art.137 Abs.1** erlaubt eine Beschränkung der Art.38 Abs.1 S.1, 28, Abs.1 S.2 und 48 Abs.2 (BVerfGE 48, 64/89; Magiera SA 3; Rn.25 zu Art.38). Die Regelung, die keineswegs Übergangscharakter hat, soll die organisatorische Gewaltenteilung (dazu Rn.30 zu Art.20) gegen Gefahren absichern, die durch ein Zusammentreffen von Exekutiv- bzw. Richteramt und Abgeordnetenmandat entstehen können (BVerfGE 42, 312/339; 57, 43/62; 98, 145/160; Stober BK 106). Sie vermochte jedoch in der Praxis nicht zu verhindern, dass der Öffentliche Dienst in den Parlamenten weit überrepräsentiert ist (vgl. BVerfGE 40, 296/321; Versteyl MüK 17 f; Stober BK 72 ff). Die Ermächtigung des Abs.1 hat *abschließenden Charakter;* daneben ist eine Beschränkung der Wählbarkeit in Anknüpfung an ein Dienstverhältnis durch einfaches Gesetz nicht zulässig (BVerfGE 58, 177/191; BbgVerfG, LVerfGE 4, 85/94; HambVerfG, LVerfGE 8, 227/240; Klein HbStR II 380; Stober BK 208). Art.55 Abs.1 und Art.94 Abs.1 S.3 enthalten Spezialregelungen zu Art.137 Abs.1 (Stober BK 81).

2   Die Regelungen des **Art.137 Abs.2, 3** sind durch Zeitablauf überholt (Stober BK 22 zu Art.137 II; Versteyl MüK 19 f für Abs.2). Zur Entscheidung des Parlamentarischen Rats nach Abs.2 BVerfGE 95, 335/351.

2. Anwendungsbereich des Abs.1

3   **a) Beschränkung der Wählbarkeit.** Wählbarkeit umfasst zum einen das passive Wahlrecht (vgl. Rn.3 zu Art.38), d. h. die Möglichkeit, sich um ein Mandat zu bewerben, sich als Kandidat aufstellen zu lassen, gewählt werden zu können und die Wahl anzunehmen, und zum andern einen Aspekt der Freiheit des Mandats (vgl. Rn.23 zu Art.38, Rn.5 zu Art.48), d.h. die Möglichkeit, das Mandat während der Legislaturperiode innezuhaben und auszuüben (BVerfGE 38, 326/337). Beschränkung der Wählbarkeit liegt namentlich bei Regelungen der Inkompatibilität von Amt und Mandat vor, die das passive Wahlrecht unberührt lassen, aber die Mandatsannahme und -ausübung von der Aufgabe des Amts abhängig machen (BVerfGE 12, 73/77 f; 57, 43/67; 58, 177/192).

Nicht unter Abs. 1 fällt dagegen der **Ausschluss der Wählbarkeit** **4** (sog. Ineligibilität), d. h. dass ein Amtsinhaber an der Bewerbung um ein Mandat und an dessen Annahme oder Ausübung rechtlich gehindert ist (BVerfGE 48, 64/88; 57, 43/67). Faktisch liegt ein Ausschluss der Wählbarkeit auch vor, wenn der Gewählte sich wegen der Folgen der Inkompatibilitätsregelung außerstande sieht, sich für das Mandat zu entscheiden (BVerfGE 38, 326/338; 48, 64/88; 98, 145/156). Eine zulässige Wählbarkeitsbeschränkung liegt in diesen Fällen nur vor, wenn der Gesetzgeber Folgeregelungen trifft, die die Nachteile der Inkompatibilitätsregelung für den Betroffenen auffangen und ihm eine Wahlmöglichkeit belassen (BVerfGE 48, 64/88; 98, 145/156). Das gilt allerdings dann nicht, wenn – wie im kommunalen Bereich – der Gefahr von Interessenkonflikten nur durch Ausschluss der Wählbarkeit wirksam begegnet werden kann (BVerfGE 48, 64/89 f; 57, 43/67; 58, 177/193). Die Folgeregelungen dürfen aber nicht zu einer Begünstigung von Abgeordneten aus dem Öffentlichen Dienst führen (Lübbe-Wolff DR 15); die Abgeordnetenentschädigung (Rn. 6 f zu Art. 48) bildet idR einen hinreichenden Ausgleich für den Verzicht auf ein Amt (vgl. BVerfG-K, NVwZ 96, 2499), es reichen aber auch andere Möglichkeiten zur Sicherung der Existenzgrundlage aus (vgl. HambVerfG, LVerfGE 8, 227/242).

b) Personenkreis. Wer **Beamter** ist, „bestimmt sich nach dem **5** allgemeinen Beamtenrecht" (BVerfGE 18, 172/180; 48, 64/83; 57, 43/59 f; Stober BK 291). Dazu gehören auch Professoren und Lehrer (BayVerfGH, NJW 70, 1312; Stober BK 313, 316; Versteyl MüK 5; s. auch unten Rn. 8) sowie Beamte auf Zeit (BVerfGE 18, 172/180 f), nicht jedoch Ehrenamtsträger (BVerfGE 18, 172/184; krit. Lübbe-Wolff DR 8; a. A. Tsatsos, ParlRPr 722 f), Beamte im Ruhestand (BVerfGE 57, 43/59) sowie Regierungsmitglieder (HessStGH, DÖV 70, 245 f; Lübbe-Wolff DR 8). **Angestellte** des Öffentlichen Dienstes sind alle in einem Dienstverhältnis zu einem öffentlichen Arbeitgeber stehenden Personen, die weder Beamte noch Arbeiter sind (BVerfGE 48, 64/84; 58, 177/192), sowie leitende, nicht aber sonstige Angestellte eines von der öffentlichen Hand beherrschten privatrechtlichen Unternehmens (BVerfGE 38, 326/338 f; 48, 64/83 f); der Gesetzgeber hat einen Einschätzungsraum, bei wem im Einzelnen die Möglichkeit von Interessen- und Entscheidungskonflikten besteht (BVerfGE 98, 145/161; LVerfG SAn, LVerfGE 7, 261/269 f). Auf Arbeiter im Öffentlichen Dienst ist Abs. 1 nicht anwendbar (vgl. BVerfGE 48, 64/84; Stober BK 285).

Der Begriff des **Soldaten** entspricht dem des § 1 Abs.3 SoldG
(Versteyl MüK 7). Unter **Richtern** sind auch die ehrenamtlichen
Richter zu verstehen (Lübbe-Wolff DR 11; Stober BK 338; Tsatsos,
ParlRPr 706 f; a. A. Versteyl MüK 10). Kirchliche Bedienstete fallen
nicht unter Abs.1 (BVerfGE 42, 312/340 f; Stober BK 89 f); doch
sind entsprechende kirchliche Regelungen möglich (Rn.27 zu
Art.4).

6   **c) Betroffene Gremien.** Abs.1 betrifft die Wählbarkeit zum
Bundestag, zu den Landesparlamenten sowie zu den Volksvertretungen der Gemeinden und Gemeindeverbände (BVerfGE 48, 64/82 f;
58, 177/191; Magiera SA 17), unabhängig davon, ob der Betreffende im Dienst des Bundes, der Länder oder der Gemeinden steht
(BVerfGE 18, 172/183 f; 58, 177/193 f; vgl. auch Rn.6 zu Art.28).

7   **d)** Die gesetzliche Beschränkung muss durch ein **förmliches
Gesetz** (Versteyl MüK 16; Magiera SA 19; Lübbe-Wolff DR 19)
erfolgen, für dessen wahlrechtliche Aspekte der Wahlrechtsgesetz-
geber (dazu Rn.21 zu Art.38) zuständig ist, während die dienstrechtlichen Aspekte nur vom Dienstrechtsgesetzgeber geregelt werden
können (Stober BK 189 f; vgl. Magiera SA 22). Die gesetzliche
Beschränkung kann auch durch die Landesverfassung erfolgen
(BbgVerfG, LVerfGE 4, 85/94 f). Bund und Länder haben von der
Ermächtigung des Abs.1 in einer Reihe von Gesetzen in mehr oder
minder großem Umfang Gebrauch gemacht (vgl. Magiera SA 23;
Versteyl MüK 11 ff).

3. Rechtsfolgen des Abs.1

8   Diese Vorschrift enthält eine Ermächtigung zu den Beschränkungen (oben Rn.3–7), die darüber hinaus nicht besonders gerechtfertigt werden müssen (vgl. Lübbe-Wolff DR 17; **a. A.** BVerfGE 98,
145/161). Sie enthält also keine Pflicht zur Beschränkung
(BbgVerfG, LVerfGE 4, 85/94; HambVerfG, LVerfGE 8, 227/243 f).
Die Ermächtigung muss auch nicht voll ausgeschöpft werden (Stober
BK 173). Ordnet der Gesetzgeber nur für einen Teil des in Abs.1
angesprochenen Personenkreises (oben Rn.5) eine Unvereinbarkeit
an, muss diese Differenzierung vor Art.3 Abs.1 und den Anforderungen der Wahlrechtsgleichheit (dazu Rn.6 f, 11, 18–20 zu Art.38)
Bestand haben (BVerfGE 48, 64/89 f; Stober BK 126), während die
Wahlrechtsgleichheit für die generelle Einführung einer Inkompatibilität nicht gilt (BVerfGE 38, 326/340). Keine Bedenken bestehen
dagegen, Professoren und Lehrer von der Inkompatibilität auszunehmen (BVerfGE 18, 172/185). Andererseits ist es zulässig, eine In-

kompatibilität für den gesamten Anwendungsbereich des Abs.1 anzuordnen (Versteyl MüK 12; vgl. BVerfGE 40, 296/320 f; HambVerfG, LVerfGE 8, 227/244; a. A. Stober BK 266).

Art. 138 [Süddeutsches Notariat]

Änderung der Einrichtungen des jetzt bestehenden Notariats in den Ländern Baden, Bayern, Württemberg-Baden und Württemberg-Hohenzollern bedürfen der Zustimmung der Regierungen dieser Länder.

Die Vorschrift schließt es aus, das 1949 bestehende Süddeutsche **1** Notariatssystem durch einfaches Bundesgesetz zu ändern, sofern die Regierungen Baden-Württembergs bzw. Bayerns nicht zustimmen. Eine Änderung des Art.138 unter den Voraussetzungen des Art.79 (also ohne notwendige Zustimmung der betroffenen Länder) wird dadurch nicht ausgeschlossen, zumal die Vorschrift in Art.79 Abs.3 nicht aufgeführt ist (Stettner DR 5; v. Campenhausen MKS 2; krit. Degenhart SA 5). Die Ausgestaltung des Notariats muss auch im Anwendungsbereich des Art.138 den Anforderungen des Art.12 gerecht werden (BVerfGE 16, 6/21 f; 7, 371/376; 47, 285/318 f; Degenhart SA 4).

Art. 139 [Entnazifizierungsvorschriften]

Die zur „Befreiung des deutschen Volkes vom Nationalsozialismus und Militarismus" erlassenen Rechtsvorschriften werden von den Bestimmungen dieses Grundgesetzes nicht berührt.

Literatur: *Lübbe-Wolff,* Zur Bedeutung des Art.139 GG für die Auseinandersetzung mit neonazistischen Gruppen, NJW 1988, 1289; *Herdegen,* Zur Fortgeltung besatzungsrechtlicher Vorschriften gegen die Erneuerung nationalsozialistischer Bestrebungen, EuGRZ 1986, 441; *Pawlita/Steinmeier,* Bemerkungen zu Art.139 GG, DuR 1980, 393.

Art.139 gilt für Vorschriften, die das primäre Ziel verfolgten, **1** Nationalsozialisten aus den Schaltstellen des öffentlichen Lebens zu entfernen (BGH, NJW 54, 228; Lübbe-Wolff DR 6). Einer Aufhebung der Vorschriften steht Art.139 nicht entgegen (BVerwG, NJW 90, 135). Seit ihrer Aufhebung ist die Bedeutung der Vorschrift gering (Lübbe-Wolff DR 9; Sachs SA 4; Vedder MüK 5; a. A. Hofmann HbStR I § 7 Rn.5; Ladeur AK 3). Unabhängig davon hat das GG an zahlreichen Stellen deutlich gemacht, dass es

eine dem nationalsozialistischen System entgegengesetzte Ordnung
errichtet hat (Herzog MD 4; Lübbe-Wolf, NJW 88, 1294; Rn.1 zu
Art.1; Rn.60 zu Art.2; Rn.105 zu Art.3; Rn.14 zu Art.5; Rn.88 zu
Art.12; Rn.1 zu Art.16; Rn.1 zu Art.16a; Rn.1 zu Art.102).

Art.140 [Übernahme von Glaubensbestimmungen der Weimarer Reichsverfassung]

**Die Bestimmungen der Artikel 136, 137, 138, 139 und 141 der
deutschen Verfassung vom 11. August 1919 sind Bestandteil dieses Grundgesetzes.**

Literatur: S. Literatur zu Art.4 Abs.1, 2.

1   Da man sich bei der Schaffung des GG auf keine positive Regelung der die Kirchen betreffenden Fragen einigen konnte, beschränkte man sich darauf, die Art.136, Art.137, Art.138, Art.139
und Art.141 der Weimarer Reichsverfassung (WRV) in das GG zu
übernehmen (v. Campenhausen MaK 2 ff). Diese Vorschriften sind
vollgültiges Verfassungsrecht und stehen gegenüber den anderen
Artikeln des GG nicht auf einer Stufe minderen Rangs (BVerfGE
19, 206/219; Ehlers SA 2). Sie sind in Zusammenhang mit der
Glaubensfreiheit des Art.4 Abs.1, 2 zu lesen (BVerfGE 99, 100/119)
und funktional auf die Inanspruchnahme und Verwirklichung des
Grundrechts des Art.4 Abs.1, 2 angelegt (BVerfGE 102, 370/387).
Die Vorschriften betreffen die individuelle Glaubensfreiheit (Rn.1–3
zu Art.140/136 WRV), vor allem aber die kollektive oder korporative Glaubensfreiheit bzw. das Verhältnis zwischen Staat und Religions- sowie Weltanschauungsgemeinschaften. Art.140 enthält kein
Grundrecht oder grundrechtsgleiches Recht, das mit der Verfassungsbeschwerde geltend gemacht werden kann (BVerfGE 19,
129/135; a. A. Ehlers SA 3); Gleiches gilt für Art.136 bis 139, 141
WRV. Ist allerdings eine Verfassungsbeschwerde (etwa unter Berufung auf Art.4) zulässig, prüft das BVerfG jeden Verfassungsverstoß
(BVerfGE 70, 138/162; 99, 100/119; 102, 370/384; vgl. Rn.72 zu
Art.93). Vor sonstigen Gerichten ist bedeutsam, dass jedenfalls die
Art.136 bis 138, 141 WRV subjektive Rechte enthalten (vgl. Morlok DR 29).

2   Die Beziehungen zwischen Staat und Religionsgemeinschaften
werden in erheblichem Umfang durch **Verträge** (Konkordate bzw.
Kirchenverträge) geregelt. Dies ist verfassungsrechtlich hinnehmbar,
soweit die Verträge mit den Vorgaben des GG vereinbar sind. Soweit

daher Landesverfassungen eine strikte Vertragsbindung vorsehen, sind diese Regelungen mit dem GG unvereinbar und nichtig (Morlok DR 46; vgl. BVerfGE 6, 309/363). Gesetzen kommt generell der Vorrang vor den Verträgen zu, auch wenn dadurch der Vertrag verletzt wird (BVerfGE 6, 309/363; v. Campenhausen MaK 58). Die Verträge dürften generell als Verträge sui generis und nicht als völkerrechtliche Verträge einzustufen sein (Morlok DR 47; diff. v. Campenhausen MaK 50).

Art.136 WRV [Individuelle Glaubensfreiheit und –gleichheit]

(1) **Die bürgerlichen und staatsbürgerlichen Rechte und Pflichten werden durch die Ausübung der Religionsfreiheit weder bedingt noch beschränkt[1f].**

(2) **Der Genuß bürgerlicher und staatsbürgerlicher Rechte sowie die Zulassung zu öffentlichen Ämtern sind unabhängig von dem religiösen Bekenntnis[1f].**

(3) **Niemand ist verpflichtet, seine religiöse Überzeugung zu offenbaren. Die Behörden haben nur soweit das Recht, nach der Zugehörigkeit zu einer Religionsgesellschaft zu fragen, als davon Rechte und Pflichten abhängen oder eine gesetzlich angeordnete statistische Erhebung dies fordert[3].**

(4) **Niemand darf zu einer kirchlichen Handlung oder Feierlichkeit oder zur Teilnahme an religiösen Übungen oder zur Benutzung einer religiösen Eidesform gezwungen werden[3].**

Literatur: *Muckel,* Religiöse Freiheit und staatliche Letztentscheidung, 1997. – S. auch Literatur A zu Art.4 und Literatur A zu Art.33.

1. Glaubensgleichheit (Abs.1, 2)

Die Regelungen des Abs.1 und deren Unterfall des Abs.2, die **1** gem. Art.140 vollgültiger Teil des GG sind (dazu Rn.1 zu Art.140), enthalten ein Verbot der Ungleichbehandlung wegen der Ausübung der Religionsfreiheit iSd Art.4 Abs.1, 2. Damit sichern sie auch die weltanschaulich-religiöse Neutralität des Staates (Rn.5 zu Art.4). Die Vorschriften überschneiden sich weithin mit Art.3 Abs.3, da diese Norm auch eine Ungleichbehandlung wegen der Ausübung religiöser Auffassungen verbietet (Rn.114 zu Art.3). Art.136 Abs.1, 2 WRV enthält aber kein Grundrecht (dazu sowie zum Rechtsschutz

Rn.1 zu Art.140). Im Bereich der *Rechte* bestehen zudem weitreichende Überschneidungen mit Art.33 Abs.3 (zum Verhältnis Rn.23 zu Art.33). Insgesamt haben Art.136 Abs.1, 2 WRV kaum eigenständige Bedeutung bei der Rechtsgewährung; im Bereich des Art.4 wirkt die Vorgabe des Art.136 Abs.1 WRV aber ähnlich wie ein *Vorbehalt des allgemeinen Gesetzes* (vgl. Rn.31 zu Art.4).

2   Die für den **Schutzbereich** des Abs.1, 2 bedeutsamen bürgerlichen und staatsbürgerlichen Rechte sowie Pflichten umfassen alle Rechte und Pflichten des privaten wie des öffentlichen Rechts (Morlok DR 14; Hemmrich MüK 11; Rn.24 zu Art.33). Die **Ungleichbehandlung** muss wegen der Ausübung oder Nichtausübung der Religionsfreiheit iSd Art.4 Abs.1, 2 erfolgen (vgl. Rn.118 zu Art.3). Gemeint ist nur die individuelle Religionsfreiheit (Morlok DR 8). Insb. stellen speziell den Bereich der Religion betreffende Pflichten, wie die Kirchensteuerpflicht, eine Beeinträchtigung dar (BVerfGE 19, 206/220). Eine **Rechtfertigung** wird vielfach nur aufgrund kollidierenden Verfassungsrechts zugelassen (etwa Morlok DR 13). Für die Kirchensteuerpflicht kann insoweit auf Art.137 Abs.6 WRV verwiesen werden. Darüber hinaus dürfte sich die Situation aber ähnlich wie bei Art.3 Abs.3 (dazu Rn.121 zu Art.3) darstellen; daher dürfte eine Befreiung von Geistlichen vom Wehrdienst nicht generell ausgeschlossen sein (Ehlers SA 6; Hemmrich MüK 12; a. A. Morlok DR 18). Zur Auslegung von Abs.2 gelten die Ausführungen in Rn.24–27 zu Art.33.

2. Negative Religionsfreiheit (Abs.3, 4)

3   Die Regelungen des Abs.3 und des Abs.4 betreffen wichtige Aspekte der negativen Glaubensfreiheit, die bereits durch Art.4 Abs.1, 2 gewährleistet werden (vgl. Morlok DR 20 f); insoweit wird auf die Ausführungen in Rn.11 zu Art.4 verwiesen. Zu den Folgen des Abs.3 S.2 im Einzelnen Rn.32 zu Art.4.

Art.137 WRV [Kollektive Glaubensfreiheit und öffentlich-rechtliche Organisation]

(1) **Es besteht keine Staatskirche[2].**

(2) **Die Freiheit der Vereinigung zu Religionsgesellschaften wird gewährleistet. Der Zusammenschluß von Religionsgesellschaften innerhalb des Reichsgebiets unterliegt keinen Beschränkungen[9].**

(3) Jede Religionsgesellschaft ordnet und verwaltet ihre Angelegenheiten selbständig innerhalb der Schranken des für alle geltenden Gesetzes[7f]. Sie verleiht ihre Ämter ohne Mitwirkung des Staates oder der bürgerlichen Gemeinde.

(4) Religionsgesellschaften erwerben die Rechtsfähigkeit nach den allgemeinen Vorschriften des bürgerlichen Rechtes[9].

(5) Die Religionsgesellschaften bleiben Körperschaften des öffentlichen Rechtes, soweit sie solche bisher waren. Anderen Religionsgesellschaften sind auf ihren Antrag gleiche Rechte zu gewähren, wenn sie durch ihre Verfassung und die Zahl ihrer Mitglieder die Gewähr der Dauer bieten[11f]. Schließen sich mehrere derartige öffentlich-rechtliche Religionsgesellschaften zu einem Verbande zusammen, so ist auch dieser Verband eine öffentlich-rechtliche Körperschaft[10].

(6) Die Religionsgesellschaften, welche Körperschaften des öffentlichen Rechtes sind, sind berechtigt, auf Grund der bürgerlichen Steuerlisten nach Maßgabe der landesrechtlichen Bestimmungen Steuern zu erheben[17f].

(7) Den Religionsgesellschaften werden die Vereinigungen gleichgestellt, die sich die gemeinschaftliche Pflege einer Weltanschauung zur Aufgabe machen[3].

(8) Soweit die Durchführung dieser Bestimmungen eine weitere Regelung erfordert, liegt diese der Landesgesetzgebung ob[4].

Übersicht

Literatur: *Ehlers,* Der Bedeutungswandel im Staatskirchenrecht, in: Pieroth (Hg.), Verfassungsrecht und soziale Wirklichkeit in Wechselwirkung, 2000, 85; *v. Campenhausen,* Staatskirchenrecht, 3. Aufl. 1996; *Bock,* Das für alle geltende Gesetz und die kirchliche Selbstbestimmung, 1996; *Kirchhof,* Die Kirchen und Religionsgemeinschaften als Körperschaften des öffentlichen Rechts, HbStKirchR, 2. Aufl. 1994, § 22. – S. außerdem Literatur A zu Art. 4.

1. Grundlagen

1   **a) Bedeutung und Begriffe.** Die Vorschrift des Art. 137 WRV, die vollgültiger Teil des GG ist (Rn. 1 zu Art. 140) und abgestimmt mit Art. 4 zu interpretieren ist (Rn. 3 zu Art. 4), regelt in Abs. 2–4 wichtige Fragen der kollektiven Glaubensfreiheit und in Abs. 5, 6 Sonderfragen der öffentlich-rechtlichen Organisation. Übergreifende Vorgaben finden sich in Abs. 1, Abs. 7 und Abs. 8. Terminologisch benutzt Art. 137 den veralteten Begriff der „Religionsgesellschaften" und den der weltanschaulichen „Vereinigung". Im neueren Sprachgebrauch wird in Anlehnung an Art. 7 Abs. 3 S. 2 von Religions- und Weltanschauungs*gemeinschaften* gesprochen. Zum Begriff der Glaubensfreiheit, der die Religions- und Weltanschauungsfreiheit umfasst, Rn. 2 zu Art. 4; zum Begriff der *kollektiven* (korporativen) Freiheit Rn. 19 zu Art. 4.

2   **b) Trennung von Staat und Kirche.** Eine besondere Ausprägung des objektiv-rechtlichen Gehalts der Glaubensfreiheit enthält das Verbot der Staatskirche in Abs. 1. Die Vorschrift enthält, zusammen mit dem allgemeineren Grundsatz der *weltanschaulich-religiösen Neutralität* (Rn. 5 zu Art. 4), ein grundsätzliches Verbot aller staatskirchenrechtlichen Rechtsformen (BVerfGE 19, 206/216). D. h., institutionelle oder organisatorische Verbindungen zwischen Staat und Kirche, wie sie sonst nur innerhalb der Staatsverwaltung üblich sind, verstoßen grundsätzlich gegen das GG (Ehlers SA 2; Rn. 5 zu Art. 4). Dazu gehört etwa die Amtshilfe (Morlok DR 17). *Ausnahmen* bedürfen einer verfassungsrechtlichen Grundlage, wie in Abs. 5, 6; die im GG aufgeführten Ausnahmen sind keine bloßen Beispiele (Morlok DR 21; a. A. v. Campenhausen MaK 4). Durchbrechungen, die allein durch die Tradition gerechtfertigt werden, sind nicht möglich (Morlok DR 21; vgl. BVerfGE 19, 1/11 f; 19, 206/223 f). Auch ein Konkordat liefert keine Grundlage für Durchbrechungen (BVerfGE 19, 1/12). Wegen der möglichen Ausnahmen liegt nur eine gemäßigte *Trennung von Staat und Kirche* vor (von „hinkender Trennung" spricht Ehlers SA 7 zu Art. 140).

c) Gleichstellung der Weltanschauungsgemeinschaften. 3
Gem. Abs.7 haben Weltanschauungsgemeinschaften verfassungsrechtlich die gleiche Stellung wie sie für Religionsgesellschaften
vorgesehen ist (BVerwGE 37, 344/362 f), so wie im Rahmen von
Art.4 Religion und Weltanschauung gleichbehandelt werden (Rn.7
zu Art.4). Das gilt nicht nur im Rahmen von Art.137 WRV, sondern
auch bei anderen Verfassungsnormen, etwa bei Art.138 WRV,
Art.141 WRV und bei Art.7 Abs.3 (Morlok DR 122; vgl. Rn. 24 zu
Art.4 und unten Rn.15). Eine Ungleichbehandlung wegen (im
betreffenden Zusammenhang) unterschiedlicher Aktivitäten ist möglich (BVerfGE 83, 130/150 f).

d) Gesetzgebungskompetenz. Abs.8 stellt klar, dass die Gesetz- 4
gebungskompetenz im Bereich des Staatskirchenrechts bei den Ländern liegt. Der Bund kann nur tätig werden, soweit andere Vorschriften des GG dies vorsehen (v. Campenhausen MaK 224), wie
etwa Art.138 Abs.1 S.2 WRV (dazu Rn.1 zu Art.140/138 WRV).
Das gilt gem. Abs.6 auch im Steuerbereich.

2. Kollektive Glaubensfreiheit

a) Bedeutung, Berechtigte, Abgrenzung. Abs.2–4 regeln 5
wichtige Fragen der Religionsgesellschaften bzw. der Religionsgemeinschaften (oben Rn.1), gleich wie sie organisiert sind; gleichgestellt sind Weltanschauungsgemeinschaften (oben Rn.3). Zu Sonderregeln für öffentlich-rechtliche Einrichtungen unten Rn.10–18.
Insgesamt beteffen die Abs.2–4 die kollektive bzw. korporative Glaubensfreiheit. Zum Begriff der Glaubensfreiheit, der die Religions-
und Weltanschauungsfreiheit umfasst, Rn.2 zu Art.4; zum Begriff
der kollektiven Freiheit Rn.19 zu Art.4. Abs.2–4 kommen allen
Trägern der kollektiven Glaubensfreiheit (Rn.19 f zu Art.4) zugute
(vgl. BVerfGE 99, 100/120; v. Campenhausen MaK 199; Ehlers
SA 5).

Die Vorgaben der Abs.2–4 gehen nicht weiter als der **Schutz-** 6
bereich des Art.4 Abs.1, 2. Das gilt zunächst für die Regelung des
Art.137 Abs.2 (BVerfGE 83, 341/354 f) und des Abs.4. Angesichts
des weiten Schutzbereichs des Art.4 Abs.1, 2 gilt das auch für
Art.137 Abs.3 WRV (Morlok DR 42; wohl auch BVerfGE 99,
100/118 f; für eine eigenständige Gewährleistung hingegen BVerfGE
53, 366/401; 72, 278/289). Abs.2–4 erschöpfen sich insoweit in der
Konkretisierung der Glaubensfreiheit. Zusätzliche Gehalte ergeben
sich allerdings aus den Schranken, insb. den allgemeinen Gesetzen in

Art.137 Abs.3 WRV, die auch im Bereich des Art.4 bedeutsam sind (str.; vgl. Rn.33 zu Art.4).

7   **b) Selbstbestimmung.** Abs.3 sichert den Religionsgesellschaften die Freiheit bei der Ordnung und Verwaltung ihrer Angelegenheiten. Über Abs.7 steht diese Freiheit auch den Weltanschauungsgemeinschaften zu (vgl. oben Rn.3). Zu den Angelegenheiten iSd Abs.3 (sog. **eigene Angelegenheiten**) rechnen: arbeits- und dienstrechtliche Gestaltung (BVerfGE 70, 138/165; BVerwGE 66, 241/243 ff; vgl. Art.137 Abs.3 S.2 WRV), Berufsbildung im kirchlichen Dienst (BVerfGE 72, 278/290), Mitbestimmung und Personalvertretung (BVerfGE 46, 73/94 f; BAG, NJW 86, 2592), das Ordensrecht (BVerwG, NJW 87, 207), Fragen der Mitgliedschaft (BVerfGE 30, 415/422), Beitrags- und Gebührenerhebung durch die Kirchen, nicht jedoch die vom Staat erhobene Kirchensteuer (BVerfGE 19, 206/217), die kirchliche Gerichtsbarkeit (BVerwG, NJW 81, 1972; BAGE 71, 157/160; vgl. Rn.32 zu Art.19 und unten Rn.19–21), das Hausrecht (BVerfGE 57, 220/243 f), territoriale Grenzen (BVerfGE 18, 385/388; 19, 206/216 f), die Veröffentlichung kirchlichen Rechts (BFHE 138, 303/307), Inkompatibilitäten (vgl. Rn.43 a zu Art.4). Die Besetzung der Ämter ist als wichtiger Unterfall (Morlok DR 46) in Abs.3 S.2 ausdrücklich genannt. Die Frage, welche glaubensgeleiteten Tätigkeiten im Übrigen zu den eigenen Angelegenheiten iSd Abs.3 zählen, etwa das Kirchenasyl (ablehnend Morlok DR 48), ist ohne Relevanz, da ebenfalls der Schutzbereich des Art.4 Abs.1, 2 greift.

8   Eine **Beeinträchtigung** der Selbstbestimmung liegt unter den in Rn.23 f, 26 f zu Art.4 beschriebenen Voraussetzungen vor (vgl. Morlok DR 50). Die Gewährleistung wird gem. Abs.3 S.1 durch den **Vorbehalt** „des für alle geltenden Gesetzes" begrenzt. Dieser Vorbehalt kommt auch im Bereich des Art.4 Abs.1, 2 zum Tragen; näher Rn.33 f zu Art.4. Vgl. auch die Einzelfälle in Rn.40 f, 43 f zu Art.4. Eine Beteiligung des Staats an der Besetzung kirchlicher Ämter dürfte gem. Abs.3 S.2 selbst dann ausgeschlossen sein, wenn die Glaubensgemeinschaft zustimmt. Zu den konfessionsgebundenen Staatsämtern Rn.28 zu Art.33.

9   **c) Zusammenschluss und Organisationsform. aa)** Abs.2 gewährleistet die *Freiheit des Zusammenschlusses* zu Religionsgemeinschaften und (über Abs.7) zu Weltanschauungsgemeinschaften; näher dazu Rn.15 zu Art.4. Über Abs.2 S.2 hinaus dürfte für grenzüberschreitende Zusammenschlüsse nichts anderes gelten (Ehlers SA 3). Die Regelung verdrängt im Verbund mit Art.4 Abs.1, 2 das Grund-

recht des Art.9 (Rn.2 zu Art.9); zum Verbot religiöser Organisationen Rn.43 zu Art.4. – **bb)** Abs.4 stellt als *Organisationsform* die entsprechenden Vorschriften des Privatrechts zur Verfügung; näher dazu Rn.16 zu Art.4. Unter bestimmten Voraussetzungen ist auch eine öffentlich-rechtliche Organisation möglich (dazu unten Rn.10–18). Zum *Rechtsschutz* unten Rn.19–21.

3. Insb. öffentlich-rechtliche Organisation

a) Grundlagen. Abweichend vom Grundsatz der Trennung von **10** Staat und Kirche (oben Rn.2) können gem. Abs.5 S.1 Religionsgesellschaften und gem. Abs.7 Weltanschauungsgemeinschaften (oben Rn.3) als öffentlich-rechtliche Körperschaften organisiert sein und dadurch gewisse Sonderrechte erlangen (unten Rn.13–18). Damit soll die Entfaltung der Glaubens- bzw. Religionsfreiheit gefördert werden (BVerfGE 102, 370/387).

b) Die **Berechtigung** zu öffentlich-rechtlicher Organisation steht **11** gem. Art.137 Abs.5 WRV den Religionsgemeinschaften zu, die bei Inkrafttreten des GG öffentlich-rechtlich organisiert waren, auch im Bereich der DDR (BVerwGE 105, 255/261 f). Des Weiteren ist allen religiösen und (gem. Abs.7) allen weltanschaulichen Gemeinschaften der öffentlich-rechtliche Status auf Antrag zu verleihen, sofern sie die unten in Rn.12 beschriebenen Voraussetzungen erfüllen. Das Recht der öffentlich-rechtlichen Organisation steht auch lokalen Untergliederungen einer öffentlich-rechtlichen Vereinigung zu, etwa einer Kirchengemeinde (BVerfGE 53, 366/393 ff) sowie gem. Art.137 Abs.5 S.2, Abs.7 WRV einem Zusammenschluss öffentlich-rechtlicher religiöser bzw. weltanschaulicher Vereinigungen.

Die Verleihung des öffentlich-rechtlichen Status hängt von fol- **12** genden **Voraussetzungen** ab: – **(1)** Die Vereinigung muss Gewähr für die **Dauerhaftigkeit ihres Bestandes** bieten. Dies hängt von ihrer „Verfassung" iSv tatsächlichem Zustand und von ihrem Mitgliederbestand ab (BVerfGE 102, 370/384 f; vgl. BVerfGE 83, 341/357; Ehlers SA 20). Auf eine Organisation als rechtsfähiger Verein o. ä. kommt es nicht an (BVerfGE 102, 370/385 f). Auch ein Mindestmaß an „Amtlichkeit" kann nicht verlangt werden, da gerade dies eine Frage des religiösen Selbstverständnisses sein kann (zu eng daher Hollerbach, HbStR VI 543 f). – **(2)** Außerdem muss die Vereinigung zumindest im Grundsatz bereit sein, **Recht und Gesetz zu achten** (BVerfGE 102, 370/392), darf nicht die Grundrechte Dritter in einem Maße beeinträchtigen, die zu einem staatlichen Eingreifen berechtigen oder gar verpflichten (BVerfGE 102,

370/393) und muss schließlich Gewähr dafür bieten, „daß das Verbot einer Staatskirche sowie die Prinzipien von Neutralität und Parität unangetastet" bleiben (BVerfGE 102, 370/394). Dagegen ist weder eine demokratische Binnenstruktur noch eine weiter gehende Loyalität gegenüber dem Staat notwendig (BVerfGE 102, 370/395 f; noch strenger BVerwGE 105, 117/126).

13   **c) Folgen des öffentlich-rechtlichen Status.** Aus der Organisation als öffentlich-rechtliche Körperschaft folgt **keine Gleichstellung mit anderen öffentlich-rechtlichen Körperschaften,** da die Religionsgesellschaften oder weltanschaulichen Gemeinschaften nicht in den Staat eingegliedert sind und keiner Staatsaufsicht unterliegen (BVerfGE 18, 385/386 f; 66, 1/19 f). Es handelt sich um einen Körperschaftsstatus sui generis (BVerfGE 102, 370/387 f; Morlok DR 77). Trotz der öffentlich-rechtlichen Organisation sind die Vereinigungen als gesellschaftliche Einrichtungen, nicht als staatliche zu verstehen (BVerfGE 66, 1/19; vgl. BVerfG-K, NVwZ 94, 159; unklar Hollerbach HbStR VI 541). Die Freiheit der Vereinigung kann daher nicht stärker als bei privatrechtlich organisierten Vereinigungen eingeschränkt werden (BVerfGE 66, 1/20). Die Beamtengesetze gelten nicht für kirchliche Beamte (BVerfGE 55, 207/230 f; s. allerdings BVerwG, NVwZ 86, 391), es sei denn, die Religionsgemeinschaft selbst erklärt sie für anwendbar. Zur Grundrechtsfähigkeit der öffentlich-rechtlichen Religions- und Weltanschauungsgemeinschaften Rn. 19 f zu Art. 4 und Rn. 21 a zu Art. 19. Umgekehrt stehen die öffentlich-rechtlichen Vereinigungen aber auch dem Staat nicht gleichberechtigt gegenüber, sondern besitzen ebenso wie privatrechtliche Vereinigungen „nur" einen verfassungsrechtlich geschützten Freiraum gegenüber dem Staat (Obermayer BK 85 f zu Art. 140; Renck, BayVBl 88, 226). Zu Staatskirchenverträgen Rn. 2 zu Art. 140.

14   Die **Beziehungen** zwischen der *Vereinigung und den Mitgliedern* sind grundsätzlich öffentlich-rechtlicher Natur, was insb. für den Rechtsweg von Bedeutung ist (BVerwGE 68, 62/65; a. A. Morlok DR 80). Allerdings können die öffentlich-rechtlichen Vereinigungen auch privatrechtliche Handlungsformen benutzen (BVerfGE 70, 138/164). Die Beziehungen gegenüber *Dritten* sind dagegen regelmäßig privatrechtlich, soweit der öffentlich-rechtlichen Vereinigung nicht durch ein spezielles Gesetz der Status eines Beliehenen übertragen ist, etwa bei der Verwaltung von Friedhöfen. Zum **Rechtsschutz** unten Rn. 19–21.

15   Der öffentlich-rechtliche Status soll eine Besserbehandlung gegenüber privatrechtlichen Vereinigungen rechtfertigen, da jede Ver-

einigung diesen Status gewinnen kann (BVerfGE 19, 129/134 f).
Doch verbietet vielen religiösen oder weltanschaulichen Vereinigungen ihr glaubensgeprägtes Selbstverständnis eine solche Organisationsform (Renck, NVwZ 87, 671). Akzeptabel sind daher neben den in der Verfassung ausdrücklich festgehaltenen Vor- und Nachteilen nur solche **Ungleichbehandlungen,** die mit der Organisationsform der öffentlich-rechtlichen Körperschaft unvermeidlich verbunden sind (Ehlers SA 17; wohl auch BVerfGE 102, 370/396; Starck MKS 124 zu Art.4; vgl. Rn.121 zu Art.3; zu großzügig BVerwGE 87, 115/124 f). Andernfalls wäre der Grundsatz der weltanschaulich-religiösen Neutralität (Rn.5 zu Art.4) verletzt. Dem Landesgesetzgeber kommt ein gewisser Regelungsspielraum zu, was auch einen Entzug einzelner Rechte möglich macht (vgl. Morlok DR 96).

Im Einzelnen sind die Körperschaften *dienstherrenfähig* (Hollerbach HbStR VI 542), mit der Folge, dass sie Arbeitsverhältnisse öffentlich-rechtlich ausgestalten und damit dem Arbeits- und Sozialversicherungsrecht entziehen können (Morlok DR 87); da auch die Beamtengesetze nicht anwendbar sind (oben Rn.13), besteht insoweit überhaupt kein staatlicher Schutz des Arbeitnehmers, was als problematisch anzusehen ist. Zulässig dürfte weiter die Ungleichbehandlung bei der Konkursunfähigkeit sein (nach BVerfGE 66, 1/17 ff soll sie sogar geboten sein), weiter bei der Erlaubnisfreiheit von Straßensammlungen (BGH, NJW 80, 462) sowie beim Ausschluss von Subventionen (BVerwG, NVwZ 87, 678), **nicht** jedoch die Befreiung der Mitglieder von der Schulpflicht (BVerwGE 42, 128/131) oder die gerichtliche Gebührenbefreiung (BSG, SGb 82, 354). Zur Förderung von Schulen Rn.68 zu Art.3 und Rn.20 zu Art.7.   **16**

d) Insb. Kirchensteuer. Die Organisation als öffentlich-rechtliche Körperschaft gibt der Vereinigung gem. Art.137 Abs.6 WRV einen Anspruch gegen das zuständige Land, ihr das Besteuerungsrecht zu verleihen, die Erhebung gesetzlich zu regeln, sich am dem Vollzug einschließlich des Verwaltungszwanges zu beteiligen und insgesamt die Möglichkeit geordneter Verwaltung der Kirchensteuern sicherzustellen (BVerfGE 19, 206/217; 44, 37/57; 73, 388/399). Das Land kann sich auf die allgemeine Ermächtigung zur Erhebung von Kirchensteuern beschränken und die Einzelregelung des formellen und materiellen Kirchensteuerrechts den steuerberechtigten Religionsgesellschaften überlassen oder aber die Kirchensteuererhebung selbst näher gesetzlich regeln (BVerfGE 19, 253/258; 73, 388/399). Als landesrechtliche Bestimmung genügt eine beim Inkrafttreten der   **17**

WRV vorhandene allgemeine staatliche Anerkennung (BVerfGE 19, 253/257 f). Art.80 Abs.1 ist nicht anwendbar (Rn.3 zu Art.80). Zulässig sind die Einziehung der Kirchensteuer durch staatliche Finanzämter und die Ausgestaltung der Kirchensteuer in Abhängigkeit von der Einkommensteuer (BVerfGE 20, 40/43 ff; 44, 103/104), die Einbehaltung der Kirchensteuer durch den Arbeitgeber (BVerfGE 44, 103/104) und das Sammeln der Kirchensteuer in einem gemeinsamen Fonds (BVerwG, VerwRspr 30 Nr.127).

18   Die Erhebung der Kirchensteuer muss die **individuelle Glaubensfreiheit** des Steuerpflichtigen beachten (BVerfGE 44, 37/55; BVerwGE 79, 62/63; Rn.28 zu Art.4). Die Kirchensteuerpflicht setzt daher voraus, dass der Betroffene in die Mitgliedschaft eingewilligt hat und jederzeit die Möglichkeit besitzt, die Mitgliedschaft jedenfalls kirchensteuerrechtlich zu beenden (vgl. BVerfGE 30, 415/423 f; Morlok DR 109). Diese Voraussetzung liegt nicht vor, wenn anstelle einer Einwilligung des Betroffenen eine kirchenrechtliche Vermutungsregelung zur Mitgliedschaft führt (a. A. BVerwG, NVwZ 92, 67), wenn an Abstammung oder Wohnsitznahme angeknüpft wird (BFHE 188, 245/248). Mit dem Austritt erlöschen (für das staatliche Recht) alle Pflichten (BVerfGE 44, 37/52 ff); eine Besteuerung ist allein bis zum Ende des folgenden Monats zulässig (BVerfGE 44, 59/68; BFHE 140, 489/491), wobei eine gleichmäßige Aufteilung des Jahreseinkommens nicht hingenommen werden muss (BVerwGE 79, 62/64). Die Austrittserklärung kann auf die für den Staat relevante Zugehörigkeit beschränkt werden (Mahrenholz, ZevKR 75, 66; Renck, DÖV 95, 373 ff; a. A. BVerwG, DÖV 80, 453). Unzulässig ist es, Ehen, in denen nur ein Partner steuerpflichtig ist, pauschal mit dem halben Einkommen heranzuziehen (BVerfGE 19, 268/273 ff; vgl. BVerwGE 52, 104/113 f; einschr. BVerfGE 20, 40/42 ff; a. A. Morlok DR 111). Die Kirchensteuer ist an der wirtschaftlichen Leistungsfähigkeit auszurichten (BVerwG, NJW 89, 1748). Zur Eintragung der Religionszugehörigkeit auf der Lohnsteuerkarte Rn.32 zu Art.4.

4. Rechtsschutz gegenüber Glaubensgemeinschaften

19   Ob und wieweit den **Mitgliedern** insb. von öffentlich-rechtlichen Glaubensgemeinschaften gegenüber deren Handlungen der Schutz der Gerichte von Verfassungs wegen zusteht, ist umstritten, soweit es nicht um die Sonderfälle geht, in denen die Glaubensgemeinschaften öffentliche Gewalt iSd Art.19 Abs.4 ausüben (dazu Rn.32 zu Art.19). Nach der Rspr. wird der staatliche Rechtsschutz trotz der Schranke des für alle geltenden Gesetzes in Art.137 Abs.3 WRV und des allgemeinen Justizgewährleistungsanspruchs (dazu Rn.89 f zu Art.20; Rüfner HbStKirchR II 1084 ff) verneint, soweit es um die eigenen Angelegenheiten (dazu oben Rn.7) geht (BVerfGE 18, 385/387 f; i. E. trotz abweichenden Ansatzes BGH, NJW 00, 1556), die auf rein innerkirchliche Angelegenheiten (dazu Rn.35 zu Art.4) zu begrenzen sind (BVerfG-K, NJW 99, 350). Der Ausschluss des Rechtsschutzes wird auch bei allen die kirchlichen Ämter betreffenden Handlungen angenommen, selbst soweit es um das Dienst- und Versorgungsrecht der Geistlichen geht, es sei denn, die Kirche hat selbst den Zugang zu den staatlichen Gerichten eröffnet (BVerwGE 66, 241/244; 95, 379/380; BVerfG-K, NJW 83, 2669); offengelassen wurde, ob auch Klagen hinsichtlich vermögensrechtlicher Auswirkungen unzulässig sind (BVerwGE 66, 241/249 f; BVerfG-K, NJW 83, 2570). Selbst in *privatrechtlichen Streitigkeiten* um die Ämterbesetzung soll der Rechtsweg unzulässig sein, sofern nicht das staatliche Arbeitsrecht eingesetzt wird (BAGE 64, 131/136). Bei der Anwendung von Zivilrecht ist der Rechtsweg dagegen eröffnet (BGH, NJW 00, 1556).

In der Literatur wird durchweg eine sehr viel **großzügigere 20 Öffnung des Rechtswegs** als verfassungsrechtlich geboten angesehen (Schmidt-Aßmann MD 115 zu Art.19; v.Campenhausen MaK 249 ff; Schulze-Fielitz DR 42 zu Art.19 IV; Morlok DR 69; Schenke BK 182 zu Art.19; Steiner, NVwZ 1989, 411 ff). In der Tat wird Art.137 Abs.3 WRV und Art.4 Abs.1 GG ausreichend Rechnung getragen, wenn bei der Behandlung von Klagen zum einen geprüft wird, ob der Betreffende eine Verletzung *staatlichen* Rechts geltend machen kann, wobei zu beachten ist, dass das staatliche Recht für den innerkirchlichen Bereich ohnehin weithin zurückhaltender als in anderen Bereichen ist. Damit werden etwa Klagen gegen die Teilung einer Kirchengemeinde oder wegen Verletzung innerkirchlicher Vorschriften regelmäßig ausgeschlossen (i. E. BVerwG, NVwZ 93, 672; BAGE 61, 376/382). Zum anderen ist bei allen präjudiziellen Vorfragen des religionsgemeinschaftlichen Bereichs (insb. des Inhalts religiöser Lehren und des Kirchenrechts) die Auffassung der Religionsgemeinschaft zugrunde zu legen (Ehlers SA 15; Steiner, NVwZ 89, 413; Schmidt-Aßmann MD 115 zu Art.19 IV; v.Campenhausen MaK 232; Rüfner HStKirchR II 1089 ff). Schließlich ist es zumutbar, zunächst den innerkirchlichen Rechtsweg zu nutzen (BVerfG-K, NJW 99, 349 f).

Im Verhältnis von öffentlich-rechtlichen Glaubensgemeinschaften **21** und **Dritten** ergeben sich für den Rechtsschutz keine Einschränkungen. Praktisch geworden ist das etwa bei der Beeinträchtigung durch Kirchenglocken (BVerwGE 68, 62/63). Weitere Fälle in Rn.38 f, 42 zu Art.4.

Art. 138 WRV [Staatsleistungen und Eigentum der Religionsgesellschaften]

(1) Die auf Gesetz, Vertrag oder besonderen Rechtstiteln beruhenden Staatsleistungen an die Religionsgesellschaften werden durch die Landesgesetzgebung abgelöst. Die Grundsätze hierfür stellt das Reich auf[1f]**.**

(2) Das Eigentum und andere Rechte der Religionsgesellschaften und religiösen Vereine an ihren für Kultus-, Unterrichts- und Wohltätigkeitszwecke bestimmten Anstalten, Stiftungen und sonstigen Vermögen werden gewährleistet[3f]**.**

Literatur: *Sailer,* Die staatliche Finanzierung der Kirchen und das Grundgesetz, ZRP 2001, 80; *Lücke,* Die Weimarer Kirchengutsgarantie als Bestandteil des GG, JZ 1998, 534; *Kästner,* Die zweite Eigentumsgarantie im GG, JuS 1997, 784; *Isensee,* Staatsleistungen an die Kirchen und Religionsgemeinschaften, HbStKirchR, 2. Aufl. 1994, 1009. Vgl. auch die Literatur zu Art.137 WRV.

1. Staatsleistungen (Abs.1)

1 Abs.1 des gem. Art.140 anzuwendenden Art.138 WRV enthält im Interesse der Trennung von Staat und Religionsgemeinschaften (Morlok DR 13; Ehlers SA 1) den bindenden Auftrag an die Länder, alle vermögenswerten Staatsleistungen an Religionsgemeinschaften abzulösen (Mikat HbVerfR 1084; Preuß AK 60, 68 zu Art.140), d. h. gegen angemessene Entschädigung aufzuheben, die keineswegs einen vollen Wertersatz verlangt (Ehlers SA 4). Dem entgegenstehende Regelungen des Landesrechts wie in Verträgen sind unwirksam (Morlok DR 21). Der bindende Verfassungsauftrag wurde bislang nicht umgesetzt, ein erstaunlicher Verfassungsverstoß. Der Auftrag setzt nach ganz h. A. eine bundesrechtliche Grundsatzregelung (vgl. dazu Rn.6 zu Art.91 a) voraus (Morlok DR 24), die bislang nicht ergangen ist. Angesichts des fortwährenden Verfassungsverstoßes kann aber der Landesgesetzgeber nicht mehr gebunden sein (a. A. etwa Morlok DR 24; Rengeling HbStR IV 853 f). Zu den *Leistungen* iSd Abs.1 gehören nur Leistungen, die bei Inkrafttreten der WRV durch Landesrecht gewährt wurden (BVerwG,

NVwZ 96, 787), nicht durch das Reich (BVerfG-K, NVwZ 01, 318). Zudem müssen sie wiederkehrender Natur sein (Morlok DR 15). In diesem Rahmen wird auch die Befreiung der Glaubensgemeinschaften von Steuern erfasst, nicht jedoch von Gerichtsgebühren (BVerfGE 19, 1/13; BVerfG-K, DVBl 01, 274; BVerwG, NVwZ 96, 786).

Die **Neubegründung** wiederkehrender Leistungen dürfte dem **2** Sinn der Vorschrift entsprechend unzulässig sein (Preuß AK 63 zu Art.140; Morlok DR 22; Sailer, ZRP 01, 84; a. A. Isensee HbStKirch I 1010; v. Campenhausen MKS 19). Jedenfalls müssen sie allen religiösen und weltanschaulichen Vereinigungen in gleicher Weise zugute kommen (Rn.7 zu Art.4 und Rn.15 f zu Art.140/137 WRV).

2. Schutz kirchlichen Eigentums (Abs.2)

Abs.2 des Art.138 WRV zielt auf die sächlichen Grundlagen der **3** durch Art.4 Abs.1, 2 und Art.137 WRV gewährleisteten Stellung und Freiheit der Religionsgesellschaften, einschl. der religiösen Vereine (BVerfGE 99, 100/120), und wohl auch der Weltanschauungsgemeinschaften (Rn.3 zu Art.140/137 WRV). Die Rechtsform spielt keine Rolle (BVerfGE 99, 100/120). Geschützt werden das Eigentum und andere Rechte des für Kultus-, Unterrichts- und Wohltätigkeitszwecke bestimmten Vermögens, soweit es um die Erfüllung des religiösen Auftrags geht (BVerwGE 87, 115/121 f). Zu den sonstigen Rechten zählen insb. Gebrauchsüberlassungsrechte privatrechtlicher wie öffentlich-rechtlicher Natur (BVerfGE 99, 100/120 f). Ähnlich wie Art.14 schützte Art.138 Abs.2 WRV das Vermögen „nur in dem Umfang, wie es nach Maßgabe des einschlägigen zivilen oder öffentlichen Rechts begründet ist" (BVerfGE 99, 100/121).

Das Eigentum unterliegt der **Beschränkung** durch allgemeine **4** Gesetze (BVerwGE 87, 115/124 f; Morlok DR 34; Ehlers SA 10; Rn.33 f zu Art.4). Dies gilt insb. für Beschränkungen durch das Ordnungs- und Umweltrecht. Enteignungen sind möglich (Ehlers SA 10; Sieckmann FH 55 zu Art.14), wobei die Vorgaben des Art.14 Abs.3 zu beachten sind. Unzulässig wäre aber eine speziell gegen die Kirchen gerichtete Enteignung nach Art der Säkularisierung (Ehlers SA 10); insoweit geht Abs.2 über Art.14 Abs.3 hinaus. Generell muss bei Beschränkungen eine Abwägung mit der **Wertentscheidung** des Art.4 stattfinden (vgl. Rn.34 zu Art.4).

Art. 139 WRV [Sonn- und Feiertagsruhe]

Der Sonntag und die staatlich anerkannten Feiertage bleiben als Tage der Arbeitsruhe und der seelischen Erhebung gesetzlich geschützt.

Literatur: *Kästner,* Der Sonntag und kirchlichen Feiertage, HbStKirchR II, 1995, 337; *Kunig,* Der Schutz des Sonntags im verfassungsrechtlichen Wandel, 1989; *Häberle,* Der Sonntag als Verfassungsprinzip, 1988.

1   Die nach Art. 140 anzuwendende Vorschrift des Art. 139 WRV enthält allein eine Institutsgarantie (BVerwGE 79, 118/122) ohne subjektive Berechtigung (BVerfG-K, NJW 95, 3379; Ehlers SA 1; a. A. Morlok DR 19). Die Vorschrift bindet auch den Gesetzgeber (BVerfGE 87, 363/393); bei Feiertagen ist aber die Anerkennung durch staatliches Gesetz vorausgesetzt (Morlok DR 13; Ehlers SA 3), weshalb auch einzelne Feiertage abgeschafft werden können. Art. 139 WRV vermag Grundrechtseinschränkungen zu rechtfertigen (BVerwGE 79, 236/243; Rn. 93 zu Art. 5; Rn. 41 zu Art. 12; s. aber auch Rn. 71 zu Art. 5), vorausgesetzt, die fragliche Tätigkeit beeinträchtigt die Funktion der Sonn- und Feiertagsruhe, was bei einem Betrieb von Sonnenstudios der Fall sein soll (BVerwGE 90, 337/343), des Weiteren bei Videotheken (BVerwG, NVwZ-RR 95, 516). Die Beschränkungen müssen verhältnismäßig sein (BVerwGE 79, 118/123; 90, 337/341; BAGE 73, 118/134). Notwendig ist zudem eine ausreichend bestimmte gesetzliche Regelung. Der *individuelle* Schutz des Genusses religiöser Feiertage (auch Sabbat etc.) folgt unmittelbar aus Art. 4 (Rn. 10 zu Art. 4).

Art. 141 WRV [Anstaltsseelsorge]

Soweit das Bedürfnis nach Gottesdienst und Seelsorge im Heer, in Krankenhäusern, Strafanstalten oder sonstigen öffentlichen Anstalten besteht, sind die Religionsgesellschaften zur Vornahme religiöser Handlungen zuzulassen, wobei jeder Zwang fernzuhalten ist.

Literatur: *Ennuschat,* Militärseelsorge, 1996; *Seiler,* Seelsorge in Bundeswehr und Bundesgrenzschutz, HbStKirchR, 1995, 961.

1   Nach der auf Grund von Art. 140 anzuwendenden Vorschrift des Art. 141 WRV haben Religions- und Weltanschauungsgemeinschaften (Morlok DR 8; Rn. 19 zu Art. 4; Rn. 1 zu Art. 140/137 WRV)

einen Anspruch auf Zugang zur Bundeswehr, zu Krankenhäusern, zu Strafvollzugsanstalten oder zu sonstigen öffentlichen Anstalten, sofern aus der Sicht der Anstaltsnutzer (Ehlers SA 2; Morlok DR 9; a. A. v. Campenhausen MaK 8) ein Bedürfnis besteht. Druck zur Teilnahme an religiösen Veranstaltungen darf aber weder von der Glaubensgemeinschaft noch vom Staat ausgeübt werden (BVerwGE 73, 247/249); siehe auch Rn. 11 zu Art. 4. Allg. zur Ableitung von Leistungsansprüchen aus der Glaubensfreiheit Rn. 26 zu Art. 4. Für eine *staatliche* Anstaltsseelsorge und die darin liegende Durchbrechung der Trennung von Staat und Kirche nach Art. 137 Abs. 1 WRV (dazu Rn. 2 zu Art. 140/137 WRV), insb. für beamtete Militärseelsorger, liefert Art. 141 WRV keine ausreichende Grundlage (Ehlers SA 7; Obermayer BK 195 zu Art. 140; Morlok DR 13; Höfling SA 331 zu Art. 33; a. A. Hollerbach HbStR VI § 140 Rn. 11, 13; v. Campenhausen MaK 17).

Art. 141 [Vorbehalt für Religionsunterricht]

Artikel 7 Abs. 3 Satz 1 findet keine Anwendung in einem Lande, in dem am 1. Januar 1949 eine andere landesrechtliche Regelung bestand.

Literatur: S. Literatur B zu Art. 7.

Anwendungsbereich. Länder, in denen am 1. 1. 1949 eine von **1** Art. 7 Abs. 3 S. 1 abweichende landesrechtliche, d. h. landesverfassungsrechtliche oder einfach-rechtliche (Maunz MD 3) Regelung bestand, sind unstreitig Bremen und ganz (BVerwGE 110, 326/331 ff) Berlin (Maunz MD 4; Hemmrich MüK 4; Richter AK 4); daher wird die Vorschrift auch „Bremer Klausel" genannt. Nach der Vereinigung zählen auch die neuen Länder Brandenburg, Mecklenburg-Vorpommern, Sachsen, Sachsen-Anhalt und Thüringen hierzu (Goerlich, NVwZ 98, 819; Lörler, ZRP 96, 123; Pieroth/Kingreen, GS Jeand'Heur, 1999, 265; Schmitt-Kammler SA 13 ff; Renck, DÖV 94, 32; Schlink, NJW 92, 1008). Die Gegenauffassung postuliert ohne Grund als „stillschweigende Voraussetzung" des Art. 141, dass ein Land, dessen Recht Art. 7 Abs. 3 S. 1 durchbrechen soll, zwischen dem 1. 1. 1949 und dem 3. 10. 1990 „ununterbrochen als Rechtssubjekt existiert haben muss" (v. Campenhausen MaK 7; vgl. auch Kremser, JZ 95, 929 f; Mückl, AöR 97, 542; Uhle, DÖV 97, 409; de Wall, ZevKR 1997, 353; Starck, FS Listl, 1999, 391) oder argumentiert mit einer eng zu interpretierenden Ausnahme gegenüber der Regel des ordentlichen Lehrfachs (Gröschner DR 14 ff). In den

Anwendungsbereich des Art.141 fallen auch Länder, in denen nur
bezüglich einzelner Schularten, z. B. Berufsschulen, eine andere Regelung bestand (Maunz MD 5; Hemmrich MüK 4; Schmitt-Kammler SA 6; a. A. Richter AK 4).

2   **Rechtsfolgen.** Die Verpflichtungen des Staates aus Art.7 Abs.3
S.1 (Rn.7 zu Art.7) samt der daran anknüpfenden einfach-rechtlichen
Verpflichtungen, insb. der Schüler, bestehen nicht. Damit entfallen
auch die darauf bezogenen Berechtigungen (Rn.8–10 zu Art.7). Die
unter den Anwendungsbereich des Art.141 fallenden Länder sind
aber befugt, einen Religionsunterricht iSd Art.7 Abs.3 S.1 einzuführen (Richter AK 4; Schmitt-Kammler SA 3; a. A. Renck, DÖV 94,
32). Sie sollen auch den Begriff der Religionsgemeinschaften anders
definieren dürfen (BVerwGE 110, 326/337 ff).

Art.142 [Landesgrundrechte]

**Ungeachtet der Vorschrift des Artikels 31 bleiben Bestimmun-
gen der Landesverfassungen auch insoweit in Kraft, als sie in
Übereinstimmung mit den Artikeln 1 bis 18 dieses Grundgesetzes Grundrechte gewährleisten.**

Literatur: *Wermeckes,* Der erweiterte Grundrechtsschutz in den Landesverfassungen, 2000; *Poscher,* Landesgrundrechte und Bundesrecht, NJ 1996,
351; *Uerpmann,* Landesrechtlicher Grundrechtsschutz und Kompetenzordnung, Staat 1996, 428; *Zierlein,* Prüfungs- und Entscheidungskompetenzen
der Landesverfassungsgerichte bei Verfassungsbeschwerden gegen landesrechtliche Hoheitsakte, die auf Bundesrecht beruhen oder in einem bundesrechtlich geregelten Verfahren ergangen sind, AöR 1995, 205; *Rozek,* Landesverfassungsgerichtsbarkeit, Landesgrundrechte und die Anwendung von
Bundesrecht, AöR 1994, 450; *Kunig,* Die rechtsprechende Gewalt in den
Ländern und die Grundrechte des Landesverfassungsrechts, NJW 1994, 687;
Dreier, Einheit und Vielfalt der Verfassungsordnungen im Bundesstaat, in:
K. Schmidt (Hg.), Vielfalt des Rechts – Einheit der Rechtsordnung, 1994,
113; *Dietlein,* Landesgrundrechte im Bundesstaat, Jura 1994, 57; *Pietzcker,*
Zuständigkeitsordnung und Kollisionsrecht im Bundesstaat, HbStR IV, 1990,
693. – S. auch Literatur zu Art.31.

1. Bedeutung

1   Die Vorschrift ist als lex specialis und Ausnahmevorschrift zu Art.31
konzipiert worden (vgl. v. Campenhausen MaK 3; Huber SA 2); dem
widerspricht aber, dass Landesverfassungsrecht, das mit dem GG übereinstimmt, ohnehin durch Art.31 nicht gebrochen wird (Rn.5 zu

Art.31); insofern bestätigt Art.142 den Art.31 (Dreier DR 30). Durch die Geltung von Grundrechten in den Landesverfassungen wird die Verfassungsautonomie der Länder (Rn.1 zu Art.28) bekräftigt und den Landesverfassungsgerichten ein Prüfungsmaßstab für die Landesverfassungsbeschwerde gegeben (BVerfGE 96, 345/369 f; Pietzcker HbStR IV 712). Zugleich ergibt sich aus Art.142, dass die Art.1–18 keine abschließende Regelung für Grundrechte enthalten, sondern lediglich ein grundrechtliches Mindestniveau garantieren (v. Münch MüK 9). In der Praxis haben die Landesgrundrechte bisher wenig Gewicht gewonnen (Pietzcker HbStR IV 712).

2. Voraussetzungen

Grundrechte sind nicht nur in Art.1–18, sondern auch in Art.19 **2** Abs.4 und außerhalb des ersten Abschnitts gewährleistet (BVerfGE 22, 267/271; 96, 345/364; HessStGH, ESVGH 21, 1/3). Die Landesverfassungen dürfen also auch grundrechtsgleiche Rechte (Rn.52, 72 zu Art.93) gewährleisten (v. Münch MüK 10; Pietzcker HbStR IV 712). Unerheblich ist, ob die Landesgrundrechte vor oder nach Inkrafttreten des GG erlassen worden sind oder werden (BVerfGE 96, 345/364 f; StGH BW, VBlBW 56, 153; v. Campenhausen MaK 5; Denninger AK 9; v. Münch MüK 5; Dreier DR 35; a. A. Schmidt-Bleibtreu/Klein 3). Art.142 gilt für Grundrechte jeder Art, also sowohl für Abwehr- als auch für Leistungs-, Teilhabe- und Mitwirkungsrechte (Pietzcker HbStR IV 713), nicht aber für Grundpflichten (Dreier DR 39).

Übereinstimmung liegt vor: **(1)** bei Inhaltsgleichheit, wobei **3** sprachliche Abweichungen insoweit unerheblich sind, **(2)** bei weitergehendem Schutz durch Landesgrundrechte, d. h. wenn das GG eine landesgrundrechtliche Gewährleistung in sachlicher oder persönlicher Hinsicht nicht oder nicht so kennt oder wenn die Einschränkungsmöglichkeiten des Landesgrundrechts gegenüber dem GG geringer sind (hM; a. A. Quaritsch HbStR V 666 f), sowie **(3)** entgegen verbreiteter Meinung (v. Campenhausen MaK 9 f; Denninger AK 7; v. Münch MüK 9) auch, wenn Landesgrundrechte einen gegenüber dem GG geringeren Schutz bieten (BVerfGE 96, 345/365; BbgVerfG, LKV 99, 459 f; Dreier, o. Lit., 134 ff; Huber SA 10; Pietzcker HbStR IV 714 f; Sachs, DÖV 85, 469/475 ff), d. h. wenn der Schutzbereich des Landesgrundrechts kleiner ist als der des Bundesgrundrechts oder die Einschränkungsmöglichkeiten des Landesgrundrechts gegenüber dem GG größer sind. Denn die weniger weit reichenden Landesgrundrechte haben regelmäßig nicht den Sinn, weitergehenden Schutz durch andere Vorschriften auszuschließen, so dass auch keine Kollision mit dem Bundesgrundrecht vorliegt. Übereinstimmung ist entsprechend der Bedeutung des Art.142 (oben Rn.1) insgesamt als Nicht-Widerspruch zu verstehen.

3. Rechtsfolgen

4 Das Inkraftbleiben bedeutet Berechtigung der Landesangehörigen und Bindung der jeweiligen Landesstaatsgewalt. Landesgrundrechte binden Landesrichter auch bei der Anwendung von Bundesverfahrensrecht, dessen Gültigkeit aber nur nach dem GG zu beurteilen ist (BVerfGE 96, 345/366 f). Landesverfassungsgerichte haben bei einer Überprüfung im Rahmen einer Landesverfassungsbeschwerde ein mehrstufiges Verfahren einzuhalten (vgl. BVerfGE 96, 345/372 ff; krit. Wittreck, DÖV 99, 634). Nach allgemeiner Meinung gilt dies aber nur, soweit kein Kollisionsfall vorliegt; im Kollisionsfall brechen (vgl. Rn.5 zu Art.31) sonstige Vorschriften des GG sowie (gültiges) Bundesrecht beliebigen Ranges die Landesgrundrechte (BVerfGE 1, 264/280 f; 96, 345/365 f; v. Campenhausen MaK 8; Denninger AK 3; v. Münch MüK 4; Pietzcker HbStR IV 712). Der Kollisionsfall liegt insb. vor, wenn die Landesgrundrechte von den Bundesgrundrechten nicht zugelassene Einschränkungen von Rechten Dritter zur Folge haben (Pietzcker HbStR IV 716 f; Dreier DR 50). Ein Landesgrundrecht, das mehr Schutz als das GG gewährt, kollidiert allerdings dann nicht mit Bundesrecht, wenn dieses Spielräume für die Berücksichtigung von weitergehendem Landesrecht lässt (BVerfGE 96, 345/366). Im Übrigen bleibt die Landesstaatsgewalt auch im Fall des Inkraftbleibens von Landesgrundrechten an das gesamte für sie einschlägige Bundesrecht gebunden (v. Münch MüK 8; Dreier DR 53; a. A. BAG, NJW 89, 190).

Art.**143** [Sondervorschriften für neue Bundesländer und Ost-Berlin]

(1) **Recht[3] in dem in Artikel 3 des Einigungsvertrages genannten Gebiet kann längstens bis zum 31. Dezember 1992 von Bestimmungen dieses Grundgesetzes abweichen, soweit und solange infolge der unterschiedlichen Verhältnisse die völlige Anpassung an die grundgesetzliche Ordnung noch nicht erreicht werden kann[2]. Abweichungen dürfen nicht gegen Artikel 19**

Abs.2 verstoßen und müssen mit den in Artikel 79 Abs.3 genannten Grundsätzen vereinbar sein.[3]

(2) **Abweichungen von den Abschnitten II, VIII, VIII a, IX, X und XI sind längstens bis zum 31. Dezember 1995 zulässig.**[2]

(3) **Unabhängig von Absatz 1 und 2 haben Artikel 41 des Einigungsvertrags und Regelungen zu seiner Durchführung auch insoweit Bestand, als sie vorsehen, daß Eingriffe in das Eigentum auf dem in Artikel 3 dieses Vertrags genannten Gebiet nicht mehr rückgängig gemacht werden.**[4 ff]

Übersicht

Literatur: *Ossenbühl,* Eigentumsfragen, HbStR, Bd. IX, 1997, § 212; *Uechtritz,* Bodenreform II – Ende der Diskussion?, DVBl 1996, 1218; *Badura,* Der Ausgleich für sozialistisches Unrecht als Wiedergutmachung nach den Grundsätzen des sozialen Rechtsstaats, FS Renners, 1995, 383; *Papier,* Eigentumsrechtliche Probleme in den neuen Bundesländern, in: Ipsen (Hg.), Verfassungsrecht im Wandel, 1995, 147; *Sachs,* Vom Grundgesetz abweichendes Recht nach der Wiedervereinigung Deutschlands, FS Heymanns Verlag, 1995, 193; *Feddersen,* Rechtseinheit durch Rechtszweiheit, DVBl 1995, 502; *Sendler,* Restitutionsausschluß verfassungswidrig?, DÖV 1994, 401; *Maurer,* Die Eigentumsregelung im Einigungsvertrag, JZ 1992, 183; *Andrae/Steding,* Das Bodenreform-Urteil des BVerfG und der Versuch seiner Demontage, WiR 1992, 135; *Herdegen,* Die Verfassungsänderungen im Einigungsvertrag, 1991; *Leisner,* Das Bodenreform-Urteil des BVerfG, NJW 1991, 1569; *Papier,* Verfassungsrechtliche Probleme der Eigentumsregelung im Einigungsvertrag, NJW 1991, 193; s. auch Literatur zur Präambel und zu Art.146.

1. Allgemeines

Art.143 enthielt ursprünglich einen 1951 (Einl.3 Nr.1) aufgeho- **1** benen Straftatbestand für verfassungswidrige Aktivitäten. 1956 trat an ihre Stelle eine Regelung zum inneren Notstand (Einl.2 Nr.7), die 1968 aufgehoben wurde (Einl.3 Nr.17). Die heutige Fassung wurde durch das Einigungsvertragsgesetz eingefügt (Einl.3 Nr.36). Durch dieses Gesetz und dem damit verbundenen Einigungsvertrag

wurde das GG (im Wesentlichen) in den ostdeutschen Bundesländern sowie im Ostteil von Berlin in Kraft gesetzt (näher Rn.3 zu
Art.145); vorher galt das Grundgesetz dort gem. Art.23 S.1 a. F.
nicht. Art.143 sieht allerdings bestimmte befristete Ausnahmen (unten Rn.2 f) sowie eine dauerhafte Einschränkung (unten Rn.4–8) für
die Geltung des GG in diesen Gebieten vor. Zur Vorschrift des
Art.131 vgl. Rn.3 zu Art.145.

2. Übergangsregelungen (Abs.1, 2)

2   Abs.1 und Abs.2 hatten das Ziel, soweit notwendig, eine schrittweise Überleitung des Rechts der DDR in die vom GG geforderte
Rechtsordnung ermöglichen (BT-Drs. 11/7760, 359). Das frühere
Recht der DDR galt grundsätzlich fort (Rn.3 zu Art.123). Soweit es
allerdings mit dem Grundgesetz nicht vereinbar war (zum Sonderfall
des Art.131 vgl. Rn.3 zu Art.145), trat es nach Art.9 Abs.1 EV (zum
3. 10. 1990) grundsätzlich außer Kraft. Abweichend davon galten
nach Art.9 Abs.2 EV die in Anlage II zum Einigungsvertrag aufgeführten Normen vorübergehend fort, soweit dies Art.143 Abs.1, 2
zuließ. **Abs.2** erlaubte die Fortgeltung von Recht der früheren
DDR bis zum 31. 12. 1995, auch wenn es gegen Art.20–37,
Art.83–115 oder gegen Art.116–142 verstieß. **Abs.1** erlaubte die
Fortgeltung von Recht der früheren DDR bis zum 31. 12. 1992
auch dann, wenn es gegen sonstige Normen der GG verstieß. Sofern
daher das einschlägige Recht keine kürzeren Fristen vorsieht, traten
die fraglichen Rechtsvorschriften zum 31. 12. 1995 bzw. zum
31. 12. 1992 außer Kraft (Kirn MüK 12).

3   Unter Recht iSd Abs.1 und des Abs.2 waren Rechtsnormen jeder
Art zu verstehen, deren Geltung sich auf den beigetretenen Teil
Deutschlands beschränkte (Scholz MD 5; Wieland DR 19). **Abweichungen nach Abs.1** durften weder dem Wesensgehalt der Grundrechte iSd Art.19 Abs.2 (dazu Rn.7 zu Art.19) noch den durch
Art.79 Abs.3 gewährleisteten Grundsätzen (dazu Rn.8–12 zu Art.79)
widersprechen. Abweichungen mussten zudem durch die unterschiedlichen Verhältnisse in beiden Teilen Deutschlands gerechtfertigt sein (BVerfGE 84, 133/145; 85, 360/371). Sie müssen sich
„zwangsläufig und unmittelbar aus der temporär unüberwindlichen
Unterschiedlichkeit der Verhältnisse ableiten lassen" (BVerfGE 100,
1/53). Endlich war eine verfassungskonforme Interpretation (dazu
Rn.34 zu Art.20) des DDR-Rechts geboten (Wendt SA 8). Ein
vollständiger Ausschluss des Rechtswegs war daher nicht möglich
(BVerfGE 87, 68/80). Für **Abweichungen nach Abs.2** galt nichts

anderes (so wohl auch BT-Drs. 11/7760, 359), da Abs.2 die Regelung des Abs.1 nur modifiziert (Wendt SA 16).

3. Besatzungsrechtliche und ähnliche Enteignungen (Abs.3)

a) Bedeutung und Vereinbarkeit mit sonstigem GG. Durch **4** Art.41 Abs.1 EV wurde die Gemeinsame Erklärung der Regierung der Bundesrepublik Deutschland und der Regierung der Deutschen Demokratischen Republik zur Regelung offener Vermögensfragen vom 15. 6. 1990 (Anl. III zum EV) Bestandteil des Einigungsvertrags. In Nr.1 der Erklärung wird festgehalten: „Die Enteignungen auf besatzungsrechtlicher bzw. besatzungshoheitlicher Grundlage (1945 bis 1949) sind nicht mehr rückgängig zu machen"; die Frage eventueller Ausgleichsleistungen blieb ausdrücklich offen (Nr.1.5.4; Wieland DR 26). Der Sicherung des Bestandes der Nr.1 der Erklärung und der sie konkretisierenden Normen dient die Vorschrift des Art.143 Abs.3. Dagegen dürfte die (sonstige Enteignungen betreffende) Regelung des Art.41 Abs.2 EV ohnehin mit dem GG vereinbar sein; soweit diesbezüglich Bedenken bestehen, greift Art.143 Abs.3.

Die gegen Abs.3 erhobenen **verfassungsrechtlichen Bedenken 5** (etwa Wasmuth, DtZ 93, 334 ff) sind nicht begründet (BVerfGE 84, 90; 94, 12/34; BVerwGE 96, 8/11 ff; näher Ossenbühl HbStR IX § 212 Rn.54 ff; Papier MD 255 ff zu Art.14). Art.143 Abs.3 ist zunächst, ebenso wie die anderen Verfassungsänderungen, durch das Gesetz zum Einigungsvertrag formal rechtmäßig zustande gekommen, weil insoweit das Wiedervereinigungsgebot eine ausreichende Legitimation lieferte (BVerfGE 82, 316/320; 84, 90/118). In materieller Hinsicht ist die Einfügung des Abs.3 verfassungsmäßig, weil die Stellen, die die Enteignungen durchführen, aus räumlichen und zeitlichen Gründen nicht durch das GG gebunden waren, wie sich insb. aus Art.23 a. F. ergab (vgl. BVerfGE 84, 90/122). Wenn die Bundesrepublik Deutschland die Enteignungen anerkennt (vgl. Rn.34 zu Art.14), verstößt das trotz der fehlenden Entschädigungsregelung nicht gegen Art.14, weil einer Verfassungsänderung allenfalls der Menschenwürdegehalt des Art.14 entgegengehalten werden kann (dazu Rn.10 zu Art.79) und andererseits die fraglichen Eigentumspositionen 1990 nicht mehr bestanden oder praktisch wertlos waren (BVerfGE 84, 90/124 f; Papier, NJW 91, 196). Zudem rechtfertigt das Verlangen der DDR und der Sowjetunion im Rahmen der Wiedervereinigungsverhandlungen, die Enteignungen aufrecht zu erhalten (BVerfGE 84, 90/127 ff).

6 **b) Erfasste Enteignungen.** Art.143 Abs.3 umfasst nicht nur Enteignungen, die unmittelbar durch die sowjetische Besatzungsmacht eingeleitet worden sind, sondern auch die Enteignungen im Rahmen der Bodenreform bis zur Gründung der DDR (BVerfGE 84, 90/113 f) sowie sonstige Enteignungen deutscher Stellen, die dem Willen der sowjetischen Besatzungsmacht entsprachen (BVerwGE 99, 268/270 f), wobei auch eine exzessive, rechtsstaatlich bedenkliche Auslegung der besatzungsrechtlichen Vorgaben nicht entgegensteht (BVerfGE 84, 90/115; BVerfG-K, NJW 97, 449; BGHZ 133, 98/106). Nicht erfasst werden Enteignungen vor dem 8. 5. 1945 und nach dem 6. 10. 1949.

7 **c) Folgen.** Aus Abs.3 ergibt sich, dass die erfassten Enteignungen (oben Rn.6) **mit dem GG vereinbar** sind. Insoweit tritt insb. das Grundrecht des Art.14, soweit es überhaupt einschlägig ist, zurück. Unklar ist, ob der Gesetzgeber daran durch einfaches Gesetz etwas ändern kann (so Scholz MD 29; Wendt SA 26) oder ob eine Verfassungsänderung notwendig wäre (so Kirn MüK 18; Badura, DVBl 90, 1260; Sendler, DÖV 94, 408 ff). Ein Rückübertragungsanspruch bei Zweckverfehlung der Enteignung ist ausgeschlossen (Ossenbühl HbStR IX § 212 Rn.71 f; Rn.81 zu Art.14). Abs.3 deckt nicht nur die Regelungen selbst, die der Funktion dieser Vorschrift dienen, sondern auch deren Auslegung (BVerfGE 95, 48/60). Daher sichert Abs.3 auch den Bestand von Rechtsnormen, die die Rückgängigmachung eines jedenfalls faktisch eingetretenen Rechtsverlusts ausschließen und damit zum Verlust evtl. noch vorhandener formaler Rechtspositionen führen (BVerfG-K, NJW 98, 222; NJW 98, 2583).

8 Ein Ausschluss von **Wiedergutmachungsansprüchen** im Bereich der erfassten Enteignungen berührt nicht Art.14 (BVerfGE 84, 90/126; Ossenbühl HbStR IX § 212 Rn.76). Ein Ausschluss jeglicher Ausgleichsleistungen ist allerdings mit Art.3 nicht vereinbar (BVerfGE 84, 90/129). Gewährt der Gesetzgeber solche Ansprüche, kommt ihm ein weiter Spielraum zu (BVerfGE 84, 90/130; Ossenbühl HbStR IX § 212 Rn.78; vgl. Rn.24 zu Art.3); insb. kann er das Gesamtvolumen der wiedergutzumachenden Schäden und den Wiederaufbau in den neuen Bundesländern berücksichtigen (BVerfGE 84, 90/131; Ossenbühl HbStR IX § 212 Rn.102). Zudem wird man aus Gründen der Gleichheit auch an eine Wiedergutmachung für die Beeinträchtigung anderer Rechtsgüter als des Eigentums zu denken haben; wenn Eigentumsverluste entschädigt werden, nicht aber die mit dem Entzug von Freiheit, insb. beruflicher Entfaltung verbundenen Vermögensverluste (ganz zu schweigen von den imma-

teriellen Verlusten), ist das schwerlich mit Art.3 und der Wertentscheidung der einschlägigen Freiheitsrechte vereinbar (vgl. BVerf-
GE 84, 90/130 f; 102, 254/301; Ossenbühl HbStR IX § 121
Rn.115 f; Wieland DR 24). Gewährte Restitutionsansprüche fallen
grundsätzlich nicht unter Art.14 (Ossenbühl HbStR IX § 212
Rn.98). Eine Vermögensabgabe für wiedererlangtes Eigentum ist
auch heute noch zulässig; vieles spricht sogar dafür, dass sie verfassungsrechtlich geboten ist (dafür Ossenbühl HbStR IX § 212
Rn.117; Kirn MüK 23). Vgl. auch Rn.106 zu Art.20.

Art. 143 a [Übergangsrecht für Bundeseisenbahnen]

(1) **Der Bund hat die ausschließliche Gesetzgebung über alle
Angelegenheiten, die sich aus der Umwandlung der in bundeseigener Verwaltung geführten Bundeseisenbahnen in Wirtschaftsunternehmen ergeben. Artikel 87 e Abs.5 findet entsprechende Anwendung[1]. Beamte der Bundeseisenbahnen können
durch Gesetz unter Wahrung ihrer Rechtsstellung und der Verantwortung des Dienstherrn einer privatrechtlich organisierten
Eisenbahn des Bundes zur Dienstleistung zugewiesen werden[2].**

(2) **Gesetze nach Absatz 1 führt der Bund aus[1].**

(3) **Die Erfüllung der Aufgaben im Bereich des Schienenpersonennahverkehrs der bisherigen Bundeseisenbahnen ist bis zum
31. Dezember 1995 Sache des Bundes. Dies gilt auch für die
entsprechenden Aufgaben der Eisenbahnverkehrsverwaltung[1].
Das Nähere wird durch Bundesgesetz geregelt, das der Zustimmung des Bundesrates bedarf.**

Literatur: S. Literatur zu Art.87 e.

Die 1993 eingefügte (Einl.3 Nr.40) Vorschrift enthält Übergangs- **1**
recht für die durch Art.87 e erfolgte Umwandlung der Bundeseisenbahnen in privatrechtliche Wirtschaftsunternehmen, die früher in
bundeseigener Verwaltung geführt wurden. Abs.1 S.1 stellt klar, dass
der Bund insoweit eine **ausschließliche Gesetzgebungskompetenz** (Rn.3 zu Art.70) besitzt. Diese Gesetze bedürfen der Zustimmung des Bundesrats (Rn.4–7 zu Art.77), wie der Verweis des
Abs.1 S.2 auf Art.87 e Abs.5 verdeutlicht (Battis SA 6; Wieland
DR 6; BT-Drs. 12/6280, 9). Davon wurde mit dem Eisenbahnneu-
ordnungsG vom 27. 12. 1993 (BGBl I 2378, ber. 2439) Gebrauch
gemacht. Die Ermächtigung gilt auch für Vorschriften, die später

erlassen werden, sofern die Umwandlung weiterer Regelungen bedarf. Die **Ausführung** der auf Abs.1 gestützten Gesetze erfolgt nach Abs.2 in obligatorischer unmittelbarer Bundesverwaltung (Rn.2 f zu Art.87; Rn.1 zu Art.87 e). Schließlich lag die Verwaltungskompetenz für den Schienenpersonennahverkehr (und damit dessen Finanzierung; vgl. Rn.1 zu Art.106 a) nach Abs.3 bis zum 31. 12. 1995 beim Bund (vgl. Rn.1 f zu Art.87e). Seitdem gehört sie zum Verwaltungsbereich der Länder (Fromm, DVBl 94, 193 f).

2   Die Vorschrift des Abs.1 S.3 regelt nicht die Gesetzgebungskompetenz des Bundes für die **Zuweisung von Beamten an eine privatrechtliche Bundeseisenbahn.** Insoweit ist bereits Abs.1 S.1 einschlägig. Die Norm stellt vielmehr klar, dass eine solche Zuweisung, insb. im Hinblick auf Art.33 Abs.5, verfassungsrechtlich zulässig ist (Battis SA 9). Im Einzelnen ermöglicht die Regelung, Beamte der Bundeseisenbahnen auch gegen ihren Willen einer privatrechtlich organisierten Eisenbahn des Bundes zuzuweisen. Die Beamten behalten aber ihre Rechtsstellung, d. h. ihren allgemeinen beamtenrechtlichen Status, was Veränderungen hinsichtlich des übertragenen Amtes wie der wahrgenommenen Tätigkeiten nicht ausschließt (BR-Drs. 130/93, 14). Möglich sind auch Änderungen bei der betrieblichen Interessenvertretung. Wahrung der Verantwortung des Dienstherrn bedeutet, dass der Bund Dienstherr bleibt und aus den Ansprüchen seiner bei der Deutschen Bahn AG tätigen Bediensteten aus dem Beamtenverhältnis verpflichtet wird (BVerwGE 108, 274/276; vgl. aber Rn.3 zu Art.143 b).

Art.**143 b** [Übergangsrecht im Postbereich]

(1) **Das Sondervermögen Deutsche Bundespost wird nach Maßgabe eines Bundesgesetzes in Unternehmen privater Rechtsform umgewandelt. Der Bund hat die ausschließliche Gesetzgebung über alle sich hieraus ergebenden Angelegenheiten[1].**

(2) **Die vor der Umwandlung bestehenden ausschließlichen Rechte des Bundes können durch Bundesgesetz für eine Übergangszeit den aus der Deutschen Bundespost POSTDIENST und der Deutschen Bundespost TELEKOM hervorgegangenen Unternehmen verliehen werden. Die Kapitalmehrheit am Nachfolgeunternehmen der Deutschen Bundespost POSTDIENST darf der Bund frühestens fünf Jahre nach Inkrafttreten des Gesetzes aufgeben. Dazu bedarf es eines Bundesgesetzes mit Zustimmung des Bundesrates[2].**

(3) **Die bei der Deutschen Bundespost tätigen Bundesbeamten werden unter Wahrung ihrer Rechtsstellung und der Verantwortung des Dienstherrn bei den privaten Unternehmen beschäftigt. Die Unternehmen üben Dienstherrenbefugnisse aus. Das Nähere bestimmt ein Bundesgesetz³.**

Literatur: S. Literatur zu Art. 87 f.

Die 1994 eingefügte (Einl. 3 Nr. 41) Vorschrift enthält Übergangs- **1** recht zu Art. 87 f. Gem. Abs. 1 S. 1 besteht ein **Gesetzgebungsauftrag,** die früher in bundeseigener Verwaltung geführte Deutsche Bundespost in privatrechtliche Wirtschaftsunternehmen umzuwandeln, um die durch Art. 87 f Abs. 2 S. 1 angeordnete privatwirtschaftliche Struktur von Post und Telekommunikation zu verwirklichen (Lerche MD 6). Abs. 1 S. 2 stellt klar, dass der Bund insoweit eine **ausschließliche Gesetzgebungskompetenz** (Rn. 3 zu Art. 70) besitzt. Davon wurde mit dem PostumwandlungsG vom 14. 9. 1994 (BGBl I 2339) Gebrauch gemacht. Die Ermächtigung gilt auch für Vorschriften, die später erlassen werden, sofern die Umwandlung weiterer Regelungen bedarf.

Gem. Abs. 2 S. 1 können die der Deutschen Bundespost zustehen- **2** den **ausschließlichen Rechte,** soweit sie den Aufgabenbereich des Postdienstes und der Telekommunikation (nicht aber der Postbank) betreffen, den entsprechenden Nachfolgeunternehmen, also der Deutschen Post AG und der Deutschen Telekom AG (Lerche MD 18; Wieland DR 8), für eine Übergangszeit verliehen werden. Dabei wurde an den 31. 12. 1997 gedacht, ohne dass man sich insoweit festgelegt hätte (BT-Drs. 12/8108, 7); das Datum war europarechtlich vorgegeben (Lerche MD 18). Der Bund darf seine **Kapitalanteile** an den Nachfolgeunternehmen abgeben bzw. veräußern. Gem. Abs. 2 S. 2 darf er aber die Kapitalmehrheit an der Deutschen Post AG frühestens fünf Jahre nach Inkrafttreten des PostneuordnungsG vom 14. 9. 1994 (BGBl I 2325), also zum 1. 1. 2000, aufgeben (BVerwGE 113, 208/211; Battis SA 6; Lerche MD 22). Außerdem errichtet Abs. 2 S. 3 hierfür den Vorbehalt eines Gesetzes, das in ausschließlicher Bundesgesetzgebungskompetenz steht (Rn. 3 zu Art. 70) und der Zustimmung des Bundesrats bedarf (Rn. 4–7 zu Art. 77). Diese Grenzen für eine materielle Privatisierung gelten nicht für die Deutsche Telekom AG und die Deutsche Postbank AG. Eine Verpflichtung zu materieller Privatisierung besteht in keinem Bereich (Lerche MD 21).

3   Abs.3 enthält besondere Regelungen für die im Zeitpunkt des
Entstehens der Nachfolgeunternehmen im Postbereich beschäftigten
Bundesbeamten (Lerche MD 28). Abs.3 S.1 stellt klar, dass die
Beschäftigung von Beamten bei privaten Unternehmen, insb. im
Hinblick auf Art.33 Abs.5, verfassungsrechtlich zulässig ist (Battis
SA 10). Die Beamten behalten aber ihre Rechtsstellung, d. h. ihren
allgemeinen beamtenrechtlichen Status einschl. des Disziplinarrechts
(BVerwGE 103, 375/377 f), was Veränderungen hinsichtlich des
übertragenen Amtes wie der wahrgenommenen Tätigkeit nicht aus-
schließt (Lerche MD 31). Die Wahrung der Verantwortung des
Dienstherrn bedeutet, dass der Bund Dienstherr bleibt (BVerwGE
103, 375/377). Gem. Abs.3 S.2 werden aber den privaten Unternehmen im Wege der Beleihung (BT-Drs. 12/7269, 6; Battis,
FS Raisch, 1995, 355; Lerche MD 26, 33) Dienstherrenbefugnisse
zur Ausübung übertragen. Für die Einzelheiten des Sonderstatus der
Beamten besteht eine ausschließliche Bundesgesetzgebungskompetenz (Rn.3 zu Art.70) gem. Abs.3 S.3 (vgl. Lerche MD 34).
Davon wurde mit dem PostpersonalrechtsG vom 14. 9. 1994 (BGBl
I 2353) Gebrauch gemacht.

Art.144 [Annahme des Grundgesetzes; Vorbehalte der Alliierten]

(1) Dieses Grundgesetz bedarf der Annahme durch die Volksvertretungen in zwei Dritteln der deutschen Länder, in denen es zunächst gelten soll[1].

(2) Soweit die Anwendung dieses Grundgesetzes in einem der in Artikel 23 aufgeführten Länder oder in einem Teile eines dieser Länder Beschränkungen unterliegt, hat das Land oder der Teil des Landes das Recht, gemäß Artikel 38 Vertreter in den Bundestag und gemäß Artikel 50 Vertreter in den Bundesrat zu entsenden[2f].

Literatur: *Scholz,* Der Status Berlins, HbStR I, 1987, 351; *Raap,* Das
Ende der Vier-Mächte-Rechte, BayVBl 1991, 196. – S. auch Literatur zur
Präambel.

1. Annahme des Grundgesetzes (Abs.1)

1   Von den Volksvertretungen der zwölf ursprünglichen Bundesländer (Einl.1), auf die sich Abs.1 bezieht (v. Münch MüK 3), haben in
der Zeit vom 16. bis 22. 5. 1949 zehn dem GG zugestimmt, womit
die Mehrheit des Abs.1 gegeben war. Allein der Bayerische Landtag

hat seine Zustimmung verweigert, gleichzeitig aber die Mehrheitsentscheidung als verbindlich bezeichnet (Starck MKS 11 zur Ver-
kündungsformel; Huber SA 1). Berlin wurde wegen der besatzungsrechtlichen Sondersituation nicht förmlich in die Abstimmung einbezogen (v. Münch MüK 3); seine Mitwirkung erfolgt über Art.145
Abs.1 (v. Münch MüK 3 zu Art.145).

2. Vorbehalte der Alliierten

Die *Anwendung* des GG unterlag ursprünglich den Beschränkun- **2**
gen durch die Vorbehalte der Alliierten (Mußgnug HbStR I 248 f),
die im Genehmigungsschreiben der Militärgouverneure vom 12. 4.
1949 enthalten waren (BVerfGE 7, 1/8; Dreier DR 20). Die Vorbehalte wurden zunächst schrittweise reduziert, v. a. durch den
Deutschlandvertrag und den Überleitungsvertrag von 1952 (idF des
Pariser Protokolls über die Beendigung des Besatzungsregimes von
1954; BGBl 1955 II 305, 405) und durch die Erklärung der Drei
Mächte von 1968 zur Ablösung der alliierten Vorbehaltsrechte
(BGBl 1968 I 714) eingeschränkt. Seit dem 3. 10. 1990 sind sie
durch den Vertrag über die abschließende Regelung in Bezug auf
Deutschland vom 12. 9. 1990 (BGBl II 1318) und durch die Erklä-
rung der Vier Mächte zur Aussetzung der Wirksamkeit der Vier-
Mächte-Rechte und -Verantwortlichkeiten in Bezug auf Deutsch-
land vom 1. 10. 1990 vollständig aufgehoben worden (Huber SA 9;
Raap, BayVBl 1991, 200). Zum Besatzungsrecht Rn.4 a zu Art.123.

Das GG galt seit 1949 auch in **Berlin** (BVerfGE 7, 1/7 ff; 37, **3**
57/62; Scholz HbStR I 372; a. A. Zuleeg AK 47 f zur Präambel),
genauer im Westteil von Berlin (Vitzthum HbStR I 718). Die
Anwendung des GG wurde allerdings durch die Vorbehalte der
Westmächte im Genehmigungsschreiben zum GG (oben Rn.2)
erheblich beschränkt (BVerfGE 37, 57/62). Berlin durfte nicht
„durch den Bund regiert" werden (dazu BVerfGE 20, 257/266;
Scholz HbStR I 370). Was die Einzelheiten angeht, wird auf Rn.8
zu Art.23 der 1. Auflage verwiesen. Des Weiteren betrafen die
Vorbehalte die Beteiligung Berlins im Bundestag und im Bundesrat. Dem trug Abs.2 Rechnung, ohne dass dies im Wortlaut
deutlich wird (vgl. BVerfGE 4, 157/175 f). Mit dem Fortfall der
Vorbehalte der Alliierten (oben Rn.2) wurde Abs.2 obsolet (Dreier
DR 23) und sollte gestrichen werden. Die Vorschrift ist auf die
ostdeutschen Länder, ihrer Entstehungsgeschichte entsprechend, nicht
anwendbar (Huber SA 11; Dreier DR 23).

Art.145 [Inkrafttreten des Grundgesetzes]

(1) **Der Parlamentarische Rat stellt in öffentlicher Sitzung unter Mitwirkung der Abgeordneten Groß-Berlins die Annahme dieses Grundgesetzes fest, fertigt es aus und verkündet es**[2].

(2) **Dieses Grundgesetz tritt mit Ablauf des Tages der Verkündigung in Kraft**[2].

(3) **Es ist im Bundesgesetzblatte zu veröffentlichen**[2].

Literatur: *Jauernig,* Wann ist das Grundgesetz in Kraft getreten?, JZ 1989, 615.

1   Der Zeitpunkt des Inkrafttretens des GG bestimmt den **zeitlichen Anwendungsbereich** des GG. Die Anforderungen des GG gelten für alle staatlichen Maßnahmen, die nach diesem Zeitpunkt durchgeführt werden (BVerfGE 4, 331/341; 17, 99/108; 29, 166/175 f; BGH, NVwZ 82, 459; s. auch Rn.83 zu Art.3). Gesetze aus der Zeit vor dem Inkrafttreten müssen lediglich in materieller Hinsicht dem GG entsprechen (Rn.6 f zu Art.123).

2   Was das Inkrafttreten des GG **in den ursprünglichen Bundesländern** (Einl.1) angeht, so wurde das GG am 23. 5. 1949 durch Unterzeichnung der Originalurkunde des GG durch den Parlamentarischen Rat und unter Beteiligung von Vertretern Berlins **ausgefertigt** und durch den Präsidenten des Parlamentarischen Rates mündlich **verkündet.** Die in Abs.3 vorgesehene Veröffentlichung im Bundesgesetzblatt (BGBl 1949, 1) hatte nur noch deklaratorischen Charakter (Huber SA 4). Gem. Abs.2 trat das GG am 24. 5. 1949 um 0 Uhr in Kraft (v. Münch MüK 4; v. Campenhausen MaK 7; a. A. Dreier DR 10; Huber SA 5: 23. 5. 1949, 24.00); das BVerfG spricht teilweise vom 23. 5. 1949 (BVerfGE 4, 331/341), teilweise vom 24. 5. 1949 (BVerfGE 11, 126/129). Damit war die Bundesrepublik Deutschland gegründet (Denninger AK Einl. I 40; Hernekamp MüK 3 zu Art.136; vgl. auch BVerfGE 3, 58/148). Zum Entstehen des GG Einl.2.

3   Was das Inkrafttreten in den **sonstigen Bundesländern** angeht, so ist das GG im *Saarland,* das der Bundesrepublik gem. Art.23 a. F. beitrat, zum 1. 1. 1957 in Kraft getreten (Rn.5 zur Präamb.). In den Ländern *Brandenburg, Mecklenburg-Vorpommern, Sachsen, Sachsen-Anhalt und Thüringen* sowie im *Ostteil von Berlin* trat das GG gem. Art.3 EV zum 3. 10. 1990 um 0 Uhr in Kraft. Dies galt gemäß Art.6 EV nicht für Art.131; insoweit gelten die Fristen des Art.141 Abs.1, 2 nicht (Kirn MüK 13; a. A. Scholz MD 14 zu Art.143). Die Vor-

schriften der Finanzverfassung traten gem. Art.7 EV nach Maßgabe detaillierter, teilweise bis Ende 1996 laufender Übergangsvorschriften in Kraft (Weis, AöR 1991, 26). Darüber hinaus ließ bzw. lässt Art.143 vom GG, auch soweit es in Kraft getreten ist, gewisse Abweichungen zu (näher Rn.2–8 zu Art.143).

Art. 146 [Geltungsdauer des Grundgesetzes]

Dieses Grundgesetz, das nach Vollendung der Einheit und Freiheit Deutschlands für das gesamte deutsche Volk gilt[1], verliert seine Gültigkeit an dem Tage, an dem eine Verfassung in Kraft tritt, die von dem deutschen Volke in freier Entscheidung beschlossen worden ist[2 ff].

Literatur: *Meyer,* Art.146 GG. Ein unerfüllter Verfassungsauftrag?, in: v. Arnim (Hg.), Direkte Demokratie, 2000, 67; *Stückrath,* Art.146 GG: Verfassungsablösung zwischen Legalität und Legitimität, 1997; *Moelle,* Der Verfassungsbeschluß nach Art.146 GG, 1996; *Baldus,* Eine vom deutschen Volk in freier Entscheidung beschlossene Verfassung, KritV 1993, 429; *Fliegauf,* Verfassungsgesetzgebung und Volksentscheid, LKV 1993, 181; *Isensee,* Schlußbestimmung des Grundgesetzes: Artikel 146, in: HbStR VII, 1993, 271; *Wiederin,* Die Verfassungsgebung im wiedervereinigten Deutschland, AöR 1992, 410; *Heckmann,* Verfassungsreform als Ideenwettbewerb zwischen Staat und Volk, DVBl 1991, 847; *Würtenberger,* Art.146 GG n. F., in: Stern (Hg.), Deutsche Wiedervereinigung, Bd. I, 1991, 95; *Busse,* Das vertragliche Werk der deutschen Einheit, DÖV 1991, 345; *Kempen,* Grundgesetz oder neue deutsche Verfassung, NJW 1991, 964; *Kriele,* Art.146 GG: Brücke zu einer neuen Fassung, ZRP 1991, 1; *Wahl,* Die Verfassungsfragen nach dem Beitritt, StWiss 90, 468; *Tomuschat,* Wege zur deutschen Einheit, VVDStRL 49 (1990), 39; *Bartlsperger,* Verfassung und verfassungsgebende Gewalt im vereinigten Deutschland, DVBl 1990, 1285; *Sterzel,* In neuer Verfassung?, KJ 1990, 385. – S. auch Literatur zur Präambel und zu Art.116.

1. Feststellung der Wiedervereinigung

Art.146 wurde 1990 durch das EinigungsvertragsG (Einl.2 Nr.36) **1** wesentlich geändert und knüpft an die Wiedervereinigung Deutschlands am 3. 10. 1990 (Rn.5 zur Präam) an. Die Vorschrift stellt zunächst fest, dass das GG für das gesamte deutsche Volk gilt, das Wiedervereinigungsgebot also erfüllt ist (Rn.5 zur Präamb). Damit wird auch der völkerrechtliche Verzicht auf die früheren Ostgebiete innerstaatlich bekräftigt (Kirn MüK 10).

2. Neue Verfassung

2   Art.146 legt fest, dass das GG **außer Kraft** tritt, sobald eine vom deutschen Volke in freier Entscheidung beschlossene Verfassung in Kraft tritt. Damit scheint das GG beseitigt werden zu können, ohne dass die verfahrensmäßigen oder materiellen Schranken des Art.79 zu beachten wären (so ausdrücklich Dreier DR 37 ff; wohl auch Scholz MD vor Rn.14). Bei einem solchen Verständnis stellt sich die Frage der Verfassungsmäßigkeit der Neufassung des Art.146 (für Verfassungswidrigkeit Bartelsperger, DVBl 90, 1287 f; Kriele, ZRP 91, 4; Kempen, NJW 91, 967). Die Vorschrift lässt sich aber auch in einer Weise verstehen, die diesen Bedenken nicht ausgesetzt ist.

3   Die Bedeutung des Art.146 n. F. erschließt sich, wenn man zunächst bedenkt, dass das GG im Jahre 1949 nicht im Wege einer **Volksabstimmung** erlassen wurde, um deutlich zu machen, dass das GG nur eine vorläufige Ordnung bis zur Erreichung der Wiedervereinigung bildet (Mußgnug HbStR I 228 f). Da die Wiedervereinigung im Jahre 1990, nicht zuletzt wegen des großen Zeitdrucks, im Wege des Beitritts erfolgte (Rn.5 zur Präamb), wurde in deren Rahmen keine neue Verfassung (unter Beteiligung des Volkes) erlassen. Im Hinblick auf die Entstehungsgeschichte hält Art.146 die Möglichkeit eines Verfahrens mit Volksabstimmung offen. Dies wird durch die Regelung des Art.5 EV bestätigt, die unter der amtlichen Überschrift „Verfassungsänderungen" festlegt, dass den gesetzgebenden Körperschaften der Bundesrepublik empfohlen wird, sich insb. „mit der Frage der Anwendung des Artikels 146 des Grundgesetzes und in deren Rahmen einer Volksabstimmung" zu befassen. Vor diesem Hintergrund kann von Art.146 erst Gebrauch gemacht werden, wenn durch eine Änderung des GG die Anwendung des Art.146 geregelt wurde (Heckel HbStR VIII § 197 Rn.107 ff; a. A. Kirn MüK 14). Andernfalls bliebe völlig offen, in welchem Verfahren und mit welchen Mehrheiten eine Verfassungsneugebung erfolgen soll (Degenhart 45). Für die Änderung gilt Art.79, insb. **Art.79 Abs.1, 2** (i. E. Amtl. Begr. EV BT-Drs. 11/7760, 359; Badura HbStR VII 67; Kirchhof HbStR VII 864; Weis, AöR 1991, 30; Huber SA 10). Dabei ist insb. zu regeln, ob in einer Volksabstimmung über die neue Verfassung entschieden wird oder ob eine verfassungsgebende Versammlung über sie entscheidet.

4   Die Vorgaben des **Art.79 Abs.3** gelten auch für die nach Art.146 zustande gekommene Verfassung (Schneider HbStR VII 23 f; Isensee HbStR VII 301 f; Kirchhof HbStR VII 864 f; a. A. Dreier DR 50; Huber SA 12). Art.146 n. F. kann von Art.79 Abs.3 nicht dispensie-

ren, weil die Vorschrift durch den verfassungsändernden Gesetzgeber eingefügt wurde (Hesse 707). Abzulehnen ist auch die Auffassung, dass Art.79 nur zum Tragen kommt, wenn Art.146 für eine Verfassungsänderung genutzt wird, nicht aber für eine Verfassungsneugebung (so aber Scholz MD 14 ff); Letzteres ist gerade der Sinn des Art.146 (vgl. außerdem Rn.2 zur Präamb). Art.79 Abs.3 schließt eine Legitimierung von Regeln, die den durch die Vorschrift gewährleisteten Kern antasten, im Wege eines Volksentscheids aus (BVerfGE 89, 155/180).

Insgesamt erlaubt Art.146 den Erlass einer neuen Verfassung, und **5** zwar im Wege einer Volksabstimmung. **Materiell** gelten aber die gleichen **Grenzen wie für Änderungen** des GG. Art.146 erlaubt daher keine unabgeleitete und unbegrenzte Verfassungsneugebung (vgl. Schneider HbStR VII 23 f; Kirchner HbStR VII 864). Art.146 dürfte nicht auf die Phase nach der Wiedervereinigung beschränkt sein (Isensee HbStR VII § 166 Rn.3; a. A. Lerche, FS Lobkowicz, 1996, 306). Insb. kann die Vorschrift im Prozess der Einigung Europas genutzt werden, wenn ein europäischer Bundesstaat geschaffen wird (vgl. Huber SA 19; Kirn MüK 8). Schließlich enthält Art.146 keinen Auftrag zum Erlass einer neuen Verfassung. Die Vorschrift ändert nichts daran, dass das GG die dauerhafte Verfassung der Bundesrepublik Deutschland ist (vgl. Kirchhof HbStR VII 865; Rn.2 zur Präamb). Art.146 enthält kein Grundrecht (BVerfGE 89, 155/180), etwa auf Volksabstimmung (BVerfG-K, NVwZ-RR 00, 474).

Anhang

Gesetz über das Bundesverfassungsgericht (Bundesverfassungsgerichtsgesetz – BVerfGG)[1]

in der Fassung der Bekanntmachung vom 11. 8. 1993

(BGBl. I S.1473), geändert durch Gesetz vom 16. 7. 1998 (BGBl. I S. 1823), Gesetz vom 16. 2. 2001 (BGBl. I S. 266), Gesetz vom 27. 4. 2001 (BGBl. I S. 751) und Gesetz vom 19. 6. 2001 (BGBl. I S. 1109)

(BGBl. III 1104-1)

Inhaltsübersicht

---

[1] Vgl. auch die Geschäftsordnung des BVerfG idF der Bekanntmachung v. 15. 12. 1986 (BGBl. I 2529), zuletzt geänd. durch Beschluss v. 18. 12. 1995 (BGBl. 1996 I 474).

I. Teil. Verfassung und Zuständigkeit des Bundesverfassungsgerichts

§ 1 [Stellung, Sitz, Geschäftsordnung] (1) Das Bundesverfassungsgericht ist ein allen übrigen Verfassungsorganen gegenüber selbständiger und unabhängiger Gerichtshof des Bundes[1].

(2) Der Sitz des Bundesverfassungsgerichts ist Karlsruhe.

(3) Das Bundesverfassungsgericht gibt sich eine Geschäftsordnung, die das Plenum beschließt[2].

§ 2 [Senate] (1) Das Bundesverfassungsgericht besteht aus zwei Senaten.

(2) In jeden Senat werden acht Richter gewählt.

(3) Drei Richter jedes Senats werden aus der Zahl der Richter an den obersten Gerichtshöfen des Bundes gewählt. Gewählt werden sollen nur Richter, die wenigstens drei Jahre an einem obersten Gerichtshof des Bundes tätig gewesen sind[3].

§ 3 [Qualifikation der Richter][3] (1) Die Richter müssen das 40. Lebensjahr vollendet haben, zum Bundestag wählbar sein und sich schriftlich bereit erklärt haben, Mitglied des Bundesverfassungsgerichts zu werden.

(2) Sie müssen die Befähigung zum Richteramt nach dem Deutschen Richtergesetz besitzen.

(3) Sie können weder dem Bundestag, dem Bundesrat, der Bundesregierung noch den entsprechenden Organen eines Landes angehören. Mit ihrer Ernennung scheiden sie aus solchen Organen aus.

(4) Mit der richterlichen Tätigkeit ist eine andere berufliche Tätigkeit als die eines Lehrers des Rechts an einer deutschen Hochschule unvereinbar. Die Tätigkeit als Richter des Bundesverfassungsgerichts geht der Tätigkeit als Hochschullehrer vor.

§ 4 [Amtszeit der Richter] (1) Die Amtszeit der Richter dauert zwölf Jahre, längstens bis zur Altersgrenze.

(2) Eine anschließende oder spätere Wiederwahl der Richter ist ausgeschlossen.

(3) Altersgrenze ist das Ende des Monats, in dem der Richter das 68. Lebensjahr vollendet.

---

[1] Vgl. dazu Rn.2–4 zu Art.93.
[2] Vgl. dazu Rn.2 zu Art.93.
[3] Vgl. dazu Rn.1 zu Art.94.

(4) Nach Ablauf der Amtszeit führen die Richter ihre Amtsgeschäfte bis zur Ernennung des Nachfolgers fort.

§ 5 [Wahlorgane][1] (1) Die Richter jedes Senats werden je zur Hälfte vom Bundestag und vom Bundesrat gewählt. Von den aus der Zahl der Richter an den obersten Gerichtshöfen des Bundes zu berufenden Richtern werden einer von dem einen, zwei von dem anderen Wahlorgan, von den übrigen Richtern drei von dem einen, zwei von dem anderen Wahlorgan in die Senate gewählt.

(2) Die Richter werden frühestens drei Monate vor Ablauf der Amtszeit ihrer Vorgänger oder, wenn der Bundestag in dieser Zeit aufgelöst ist, innerhalb eines Monats nach dem ersten Zusammentritt des Bundestages gewählt.

(3) Scheidet ein Richter vorzeitig aus, so wird der Nachfolger innerhalb eines Monats von demselben Bundesorgan gewählt, das den ausgeschiedenen Richter gewählt hat.

§ 6 [Wahlverfahren im Bundestag][1] (1) Die vom Bundestag zu berufenden Richter werden in indirekter Wahl gewählt.

(2) Der Bundestag wählt nach den Regeln der Verhältniswahl einen Wahlausschuss für die Richter des Bundesverfassungsgerichts, der aus zwölf Mitgliedern des Bundestages besteht. Jede Fraktion kann einen Vorschlag einbringen. Aus den Summen der für jeden Vorschlag abgegebenen Stimmen wird nach dem Höchstzahlverfahren (d'Hondt) die Zahl der auf jeden Vorschlag gewählten Mitglieder errechnet. Gewählt sind die Mitglieder in der Reihenfolge, in der ihr Name auf dem Vorschlag erscheint. Scheidet ein Mitglied des Wahlausschusses aus oder ist es verhindert, so wird es durch das nächste auf der gleichen Liste vorgeschlagene Mitglied ersetzt.

(3) Das älteste Mitglied des Wahlausschusses beruft die Mitglieder des Wahlausschusses unverzüglich unter Einhaltung einer Ladungsfrist von einer Woche zur Durchführung der Wahl und leitet die Sitzung, die fortgesetzt wird, bis alle Richter gewählt sind.

(4) Die Mitglieder des Wahlausschusses sind zur Verschwiegenheit über die ihnen durch ihre Tätigkeit im Wahlausschuss bekanntgewordenen persönlichen Verhältnisse der Bewerber sowie über die hierzu im Wahlausschuss gepflogenen Erörterungen und über die Abstimmung verpflichtet.

(5) Zum Richter ist gewählt, wer mindestens acht Stimmen auf sich vereinigt.

---

[1] Vgl. dazu Rn.1 zu Art.94.

§ 7 [Wahlverfahren im Bundesrat] Die vom Bundesrat zu berufenden Richter werden mit zwei Dritteln der Stimmen des Bundesrates gewählt.

§ 7 a [Wahlverfahren in besonderen Fällen] (1) Kommt innerhalb von zwei Monaten nach dem Ablauf der Amtszeit oder dem vorzeitigen Ausscheiden eines Richters die Wahl eines Nachfolgers auf Grund der Vorschriften des § 6 nicht zustande, so hat das älteste Mitglied des Wahlausschusses unverzüglich das Bundesverfassungsgericht aufzufordern, Vorschläge für die Wahl zu machen.

(2) Das Plenum des Bundesverfassungsgerichts beschließt mit einfacher Mehrheit, wer zur Wahl als Richter vorgeschlagen wird. Ist nur ein Richter zu wählen, so hat das Bundesverfassungsgericht drei Personen vorzuschlagen; sind gleichzeitig mehrere Richter zu wählen, so hat das Bundesverfassungsgericht doppelt so viele Personen vorzuschlagen, als Richter zu wählen sind. § 16 Abs.2 gilt entsprechend.

(3) Ist der Richter vom Bundesrat zu wählen, so gelten die Absätze 1 und 2 mit der Maßgabe, dass an die Stelle des ältesten Mitglieds des Wahlausschusses der Präsident des Bundesrates oder sein Stellvertreter tritt.

(4) Das Recht des Wahlorgans, einen nicht vom Bundesverfassungsgericht Vorgeschlagenen zu wählen, bleibt unberührt.

§ 8 [Vorschlagslisten] (1) Das Bundesministerium der Justiz stellt eine Liste aller Bundesrichter auf, die die Voraussetzungen des § 3 Abs.1 und 2 erfüllen.

(2) Das Bundesministerium der Justiz führt eine weitere Liste, in die alle Personen aufzunehmen sind, die von einer Fraktion des Bundestages, der Bundesregierung oder einer Landesregierung für das Amt eines Richters am Bundesverfassungsgericht vorgeschlagen werden und die die Voraussetzungen des § 3 Abs.1 und 2 erfüllen.

(3) Die Listen sind laufend zu ergänzen und spätestens eine Woche vor einer Wahl den Präsidenten des Bundestages und des Bundesrates zuzuleiten.

§ 9 [Wahl des Präsidenten und seines Stellvertreters] (1) Bundestag und Bundesrat wählen im Wechsel den Präsidenten des Bundesverfassungsgerichts und den Vizepräsidenten. Der Vizepräsident ist aus dem Senat zu wählen, dem der Präsident nicht angehört.

(2) Bei der ersten Wahl wählt der Bundestag den Präsidenten, der Bundesrat den Vizepräsidenten.

(3) Die Vorschriften der §§ 6 und 7 gelten entsprechend.

§ 10 [Ernennung][1] Der Bundespräsident ernennt die Gewählten.

§ 11 [Amtseid] (1) Die Richter des Bundesverfassungsgerichts leisten bei Antritt ihres Amtes vor dem Bundespräsidenten folgenden Eid:

> „Ich schwöre, dass ich als gerechter Richter allezeit das Grundgesetz der Bundesrepublik Deutschland getreulich wahren und meine richterlichen Pflichten gegenüber jedermann gewissenhaft erfüllen werde. So wahr mir Gott helfe."

Wird der Eid durch eine Richterin geleistet, so treten an die Stelle der Worte „als gerechter Richter" die Worte „als gerechte Richterin".

(2) Bekennt sich der Richter zu einer Religionsgemeinschaft, deren Angehörigen das Gesetz die Verwendung einer anderen Beteuerungsformel gestattet, so kann er diese gebrauchen.

(3) Der Eid kann auch ohne religiöse Beteuerungsformel geleistet werden.

§ 12 [Recht auf jederzeitige Entlassung] Die Richter des Bundesverfassungsgerichts können jederzeit ihre Entlassung aus dem Amt beantragen. Der Bundespräsident hat die Entlassung auszusprechen[1].

§ 13 [Zuständigkeit des Gerichts][2] Das Bundesverfassungsgericht entscheidet in den vom Grundgesetz bestimmten Fällen, und zwar

1. über die Verwirkung von Grundrechten (Artikel 18 des Grundgesetzes),
2. über die Verfassungswidrigkeit von Parteien (Artikel 21 Abs.2 des Grundgesetzes),
3. über Beschwerden gegen Entscheidungen des Bundestages, die die Gültigkeit einer Wahl oder den Erwerb oder Verlust der Mitgliedschaft eines Abgeordneten beim Bundestag betreffen (Artikel 41 Abs.2 des Grundgesetzes),
4. über Anklagen des Bundestages oder des Bundesrates gegen den Bundespräsidenten (Artikel 61 des Grundgesetzes),
5. über die Auslegung des Grundgesetzes aus Anlass von Streitigkeiten über den Umfang der Rechte und Pflichten eines obersten Bundesorgans oder anderer Beteiligter, die durch das Grundgesetz oder in der Geschäftsordnung eines obersten Bun-

---

[1] Vgl. dazu Rn.1–3 zu Art.60.
[2] Vgl. dazu Rn.1 zu Art.93.

desorgans mit eigenen Rechten ausgestattet sind (Artikel 93
Abs.1 Nr.1 des Grundgesetzes),

6. bei Meinungsverschiedenheiten oder Zweifeln über die förmliche oder sachliche Vereinbarkeit von Bundesrecht oder Landesrecht mit dem Grundgesetz oder die Vereinbarkeit von Landesrecht mit sonstigem Bundesrecht auf Antrag der Bundesregierung, einer Landesregierung oder eines Drittels der Mitglieder
des Bundestages (Artikel 93 Abs.1 Nr.2 des Grundgesetzes),

6 a. bei Meinungsverschiedenheiten, ob ein Gesetz den Voraussetzungen des Artikels 72 Abs.2 des Grundgesetzes entspricht,
auf Antrag des Bundesrates, einer Landesregierung oder der
Volksvertretung eines Landes (Artikel 93 Abs.1 Nr.2 a des
Grundgesetzes),

7. bei Meinungsverschiedenheiten über Rechte und Pflichten des
Bundes und der Länder, insbesondere bei der Ausführung von
Bundesrecht durch die Länder und bei der Ausübung der Bundesaufsicht (Artikel 93 Abs.1 Nr.3 und Artikel 84 Abs.4 Satz 2
des Grundgesetzes),

8. in anderen öffentlich-rechtlichen Streitigkeiten zwischen dem
Bund und den Ländern, zwischen verschiedenen Ländern oder
innerhalb eines Landes, soweit nicht ein anderer Rechtsweg
gegeben ist (Artikel 93 Abs.1 Nr.4 des Grundgesetzes),

8 a. über Verfassungsbeschwerden (Artikel 93 Abs.1 Nr.4 a und 4 b
des Grundgesetzes),

9. über Richteranklagen gegen Bundesrichter und Landesrichter
(Artikel 98 Abs.2 und 5 des Grundgesetzes),

10. über Verfassungsstreitigkeiten innerhalb eines Landes, wenn
diese Entscheidung durch Landesgesetz dem Bundesverfassungsgericht zugewiesen ist (Artikel 99 des Grundgesetzes),

11. über die Vereinbarkeit eines Bundesgesetzes oder eines Landesgesetzes mit dem Grundgesetz oder die Vereinbarkeit eines Landesgesetzes oder sonstigen Landesrechts mit einem Bundesgesetz
auf Antrag eines Gerichts (Artikel 100 Abs.1 des Grundgesetzes),

12. bei Zweifeln darüber, ob eine Regel des Völkerrechts Bestand-
teil des Bundesrechts ist und ob sie unmittelbar Rechte und
Pflichten für den einzelnen erzeugt, auf Antrag des Gerichts
(Artikel 100 Abs.2 des Grundgesetzes),

13. wenn das Verfassungsgericht eines Landes bei der Auslegung des
Grundgesetzes von einer Entscheidung des Bundesverfassungsgerichts oder des Verfassungsgerichts eines anderen Landes abweichen will, auf Antrag dieses Verfassungsgerichts (Artikel 100
Abs.3 des Grundgesetzes),

14. bei Meinungsverschiedenheiten über das Fortgelten von Recht als Bundesrecht (Artikel 126 des Grundgesetzes),
15. in den ihm sonst durch Bundesgesetz zugewiesenen Fällen (Artikel 93 Abs.2 des Grundgesetzes).

§ 14 [Zuständigkeit der Senate][1, 2] (1) Der Erste Senat des Bundesverfassungsgerichts ist zuständig für Normenkontrollverfahren (§ 13 Nr.6 und 11), in denen überwiegend die Unvereinbarkeit einer Vorschrift mit Grundrechten oder Rechten aus den Artikeln 33, 101, 103 und 104 des Grundgesetzes geltend gemacht wird, sowie für Verfassungsbeschwerden mit Ausnahme der Verfassungsbeschwerden nach § 91 und der Verfassungsbeschwerden aus dem Bereich des Wahlrechts.

(2) Der Zweite Senat des Bundesverfassungsgerichts ist zuständig in den Fällen des § 13 Nr.1 bis 5, 6a bis 9, 12 und 14, ferner für

---

[1] Siehe hierzu A des Beschl. des Plenums des BVerfG vom 15. 11. 1993 gemäß § 14 Abs.4 dieses Gesetzes (BGBl. I S.2492): Mit Wirkung vom 1. Januar 1994 ist abweichend von § 14 Abs.1 bis 3 des Gesetzes über das Bundesverfassungsgericht der Zweite Senat des Bundesverfassungsgerichts auch zuständig:
  I. für Normenkontrollverfahren (§ 13 Nr.6 und Nr.11 BVerfGG) und Verfassungsbeschwerden aus den Rechtsbereichen
  1. des Asylrechts;
  2. des Ausländergesetzes und der internationalen Rechtshilfe in Strafsachen;
  3. des Staatsangehörigkeitsrechts;
  4. des öffentlichen Dienstes und der Dienstverhältnisse zu Religionsgesellschaften, deren Recht dem Recht des öffentlichen Dienstes nachgebildet ist, einschließlich des jeweiligen Disziplinarrechts;
  5. des Wehr- und Ersatzdienstes einschließlich des diesen Bereich betreffenden Disziplinarrechts;
  6. des Strafrechts und des Strafverfahrensrechts mit Ausnahme von Verfahren, in denen Fragen der Auslegung und Anwendung des Art.5 oder des Art.8 GG überwiegen;
  7. des Vollzugs von Untersuchungs- und Strafhaft und von freiheitsentziehenden Maßregeln der Sicherung und Besserung sowie der Anordnung und des Vollzugs anderer Freiheitsentziehungen;
  8. des Bußgeldverfahrens;
  9. des Einkommensteuerrechts einschließlich des Kirchensteuerrechts.
  II. 1. im Übrigen für Normenkontrollverfahren und Verfassungsbeschwerden,
      a) bei denen die Auslegung und Anwendung von Völkerrecht oder primärem Europarecht von erheblicher Bedeutung sind;
      b) bei denen andere Fragen als solche der Auslegung und Anwendung der Art.1 bis 17, 19, 101 und 103 Abs.1 GG (auch in Verbindung mit dem Rechtsstaatsprinzip) überwiegen;
  2. darüber hinaus für Verfassungsbeschwerden aus dem Bereich der Zivilgerichtsbarkeit (mit Ausnahme des Familienrechts und des Erbrechts) von Beschwerdeführern mit den Anfangsbuchstaben L bis Z, in denen Fragen einer Verletzung der Rechte aus Art.101 Abs.1 oder Art.103 Abs.1 GG überwiegen.
[2] Vgl. auch die Geschäftsverteilungspläne der Senate; z. B. für 2001 NJW Beilage zu Heft 21/2001.

Normenkontrollverfahren und Verfassungsbeschwerden, die nicht dem Ersten Senat zugewiesen sind.

(3) In den Fällen des § 13 Nr.10 und 13 bestimmt sich die Zuständigkeit der Senate nach der Regel der Absätze 1 und 2.

(4) Das Plenum des Bundesverfassungsgerichts kann mit Wirkung vom Beginn des nächsten Geschäftsjahres die Zuständigkeit der Senate abweichend von den Absätzen 1 bis 3 regeln, wenn dies infolge einer nicht nur vorübergehenden Überlastung eines Senats unabweislich geworden ist. Die Regelung gilt auch für anhängige Verfahren, bei denen noch keine mündliche Verhandlung oder Beratung der Entscheidung stattgefunden hat. Der Beschluss wird im Bundesgesetzblatt bekanntgemacht.

(5) Wenn zweifelhaft ist, welcher Senat für ein Verfahren zuständig ist, so entscheidet darüber ein Ausschuss, der aus dem Präsidenten, dem Vizepräsidenten und vier Richtern besteht, von denen je zwei von jedem Senat für die Dauer des Geschäftsjahres berufen werden. Bei Stimmengleichheit gibt die Stimme des Vorsitzenden den Ausschlag.

§ 15 [Vorsitz und Beschlussfähigkeit] (1) Der Präsident des Bundesverfassungsgerichts und der Vizepräsident führen den Vorsitz in ihrem Senat. Sie werden von dem dienstältesten, bei gleichem Dienstalter von dem lebensältesten anwesenden Richter des Senats vertreten.

(2) Jeder Senat ist beschlussfähig, wenn mindestens sechs Richter anwesend sind. Ist ein Senat in einem Verfahren von besonderer Dringlichkeit nicht beschlussfähig, ordnet der Vorsitzende ein Losverfahren an, durch das so lange Richter des anderen Senats als Vertreter bestimmt werden, bis die Mindestzahl erreicht ist. Die Vorsitzenden der Senate können nicht als Vertreter bestimmt werden. Das Nähere regelt die Geschäftsordnung.

(3) Nach Beginn der Beratung einer Sache können weitere Richter nicht hinzutreten. Wird der Senat beschlussunfähig, muss die Beratung nach seiner Ergänzung neu begonnen werden.

(4) Im Verfahren gemäß § 13 Nr.1, 2, 4 und 9 bedarf es zu einer dem Antragsgegner nachteiligen Entscheidung in jedem Fall einer Mehrheit von zwei Dritteln der Mitglieder des Senats. Im Übrigen entscheidet die Mehrheit der an der Entscheidung mitwirkenden Mitglieder des Senats, soweit nicht das Gesetz etwas anderes bestimmt. Bei Stimmengleichheit kann ein Verstoß gegen das Grundgesetz oder sonstiges Bundesrecht nicht festgestellt werden.

§ 15 a [Kammern und Verteilung der Verfassungsbeschwerden][1] (1) Die Senate berufen für die Dauer eines Geschäftsjahres mehrere Kammern. Jede Kammer besteht aus drei Richtern. Die Zusammensetzung einer Kammer soll nicht länger als drei Jahre unverändert bleiben.

(2) Der Senat beschließt vor Beginn eines Geschäftsjahres für dessen Dauer die Verteilung der Anträge nach § 80 und der Verfassungsbeschwerden nach den §§ 90 und 91 auf die Berichterstatter, die Zahl und Zusammensetzung der Kammern sowie die Vertretung ihrer Mitglieder.

§ 16 [Plenarentscheidungen] (1) Will ein Senat in einer Rechtsfrage von der in einer Entscheidung des anderen Senats enthaltenen Rechtsauffassung abweichen, so entscheidet darüber das Plenum des Bundesverfassungsgerichts.

(2) Es ist beschlussfähig, wenn von jedem Senat zwei Drittel seiner Richter anwesend sind.

II. Teil. Verfassungsgerichtliches Verfahren

Erster Abschnitt. Allgemeine Verfahrensvorschriften

§ 17 [Anwendung von Vorschriften des Gerichtsverfassungsgesetzes] Soweit in diesem Gesetz nichts anderes bestimmt ist, sind hinsichtlich der Öffentlichkeit, der Sitzungspolizei, der Gerichtssprache, der Beratung und Abstimmung die Vorschriften der Titel 14 bis 16 des Gerichtsverfassungsgesetzes entsprechend anzuwenden.

§ 17 a [Rundfunk- und Filmaufnahmen] (1) Abweichend von § 169 Satz 2 des Gerichtsverfassungsgesetzes sind Ton- und Fernsehrundfunkaufnahmen sowie Ton- und Filmaufnahmen zum Zwecke der öffentlichen Vorführung oder der Veröffentlichung ihres Inhalts zulässig

1. in der mündlichen Verhandlung, bis das Gericht die Anwesenheit der Beteiligten festgestellt hat,
2. bei der öffentlichen Verkündung von Entscheidungen.

(2) Zur Wahrung schutzwürdiger Interessen der Beteiligten oder Dritter sowie eines ordnungsgemäßen Ablaufs des Verfahrens kann das Bundesverfassungsgericht die Aufnahmen nach Absatz 1 oder

---

[1] Vgl. Fn. 2 zu § 14.

deren Übertragung ganz oder teilweise ausschließen oder von der Einhaltung von Auflagen abhängig machen.

§ 18 [Ausschluss eines Richters] (1) Ein Richter des Bundesverfassungsgerichts ist von der Ausübung seines Richteramtes ausgeschlossen, wenn er

1. an der Sache beteiligt oder mit einem Beteiligten verheiratet ist oder war, in gerader Linie verwandt oder verschwägert oder in der Seitenlinie bis zum dritten Grade verwandt oder bis zum zweiten Grade verschwägert ist oder
2. in derselben Sache bereits von Amts oder Berufs wegen tätig gewesen ist.

(2) Beteiligt ist nicht, wer auf Grund seines Familienstandes, seines Berufs, seiner Abstammung, seiner Zugehörigkeit zu einer politischen Partei oder aus einem ähnlich allgemeinen Gesichtspunkt am Ausgang des Verfahrens interessiert ist.

(3) Als Tätigkeit im Sinne des Absatzes 1 Nr.2 gilt nicht

1. die Mitwirkung im Gesetzgebungsverfahren,
2. die Äußerung einer wissenschaftlichen Meinung zu einer Rechtsfrage, die für das Verfahren bedeutsam sein kann.

§ 19 [Ablehnung eines Richters wegen Besorgnis der Befangenheit] (1) Wird ein Richter des Bundesverfassungsgerichts wegen Besorgnis der Befangenheit abgelehnt, so entscheidet das Gericht unter Ausschluss des Abgelehnten; bei Stimmengleichheit gibt die Stimme des Vorsitzenden den Ausschlag.

(2) Die Ablehnung ist zu begründen. Der Abgelehnte hat sich dazu zu äußern. Die Ablehnung ist unbeachtlich, wenn sie nicht spätestens zu Beginn der mündlichen Verhandlung erklärt wird.

(3) Erklärt sich ein Richter, der nicht abgelehnt ist, selbst für befangen, so gilt Absatz 1 entsprechend.

(4) Hat das Bundesverfassungsgericht die Ablehnung oder Selbstablehnung eines Richters für begründet erklärt, wird durch Los ein Richter des anderen Senats als Vertreter bestimmt. Die Vorsitzenden der Senate können nicht als Vertreter bestimmt werden. Das Nähere regelt die Geschäftsordnung.

§ 20 [Akteneinsicht] Die Beteiligten haben das Recht der Akteneinsicht.

§ 21 [Beauftragte von Personengruppen] Wenn das Verfahren von einer Personengruppe oder gegen eine Personengruppe beantragt wird, kann das Bundesverfassungsgericht anordnen, dass sie ihre Rechte, insbesondere das Recht auf Anwesenheit im Termin, durch einen oder mehrere Beauftragte wahrnehmen lässt.

§ 22 [Verfahrensvertretung] (1) Die Beteiligten können sich in jeder Lage des Verfahrens durch einen bei einem deutschen Gericht zugelassenen Rechtsanwalt oder durch einen Lehrer des Rechts an einer deutschen Hochschule vertreten lassen; in der mündlichen Verhandlung vor dem Bundesverfassungsgericht müssen sie sich in dieser Weise vertreten lassen. Gesetzgebende Körperschaften und Teile von ihnen, die in der Verfassung oder in der Geschäftsordnung mit eigenen Rechten ausgestattet sind, können sich auch durch ihre Mitglieder vertreten lassen. Der Bund, die Länder und ihre Verfassungsorgane können sich außerdem durch ihre Beamten vertreten lassen, soweit sie die Befähigung zum Richteramt besitzen oder auf Grund der vorgeschriebenen Staatsprüfungen die Befähigung zum höheren Verwaltungsdienst erworben haben. Das Bundesverfassungsgericht kann auch eine andere Person als Beistand eines Beteiligten zulassen.

(2) Die Vollmacht ist schriftlich zu erteilen. Sie muss sich ausdrücklich auf das Verfahren beziehen.

(3) Ist ein Bevollmächtigter bestellt, so sind alle Mitteilungen des Gerichts an ihn zu richten.

§ 23 [Einleitung des Verfahrens] (1) Anträge, die das Verfahren einleiten, sind schriftlich beim Bundesverfassungsgericht einzureichen. Sie sind zu begründen; die erforderlichen Beweismittel sind anzugeben[1].

(2) Der Vorsitzende oder, wenn eine Entscheidung nach § 93 c in Betracht kommt, der Berichterstatter stellt den Antrag dem Antragsgegner, den übrigen Beteiligten sowie den Dritten, denen nach § 27 a Gelegenheit zur Stellungnahme gegeben wird, unverzüglich mit der Aufforderung zu, sich binnen einer zu bestimmenden Frist dazu zu äußern.

(3) Der Vorsitzende oder der Berichterstatter kann jedem Beteiligten aufgeben, binnen einer zu bestimmenden Frist die erforderliche Zahl von Abschriften seiner Schriftsätze und der angegriffenen Entscheidungen für das Gericht und für die übrigen Beteiligten nachzureichen.

§ 24 [A-limine-Abweisung] Unzulässige oder offensichtlich unbegründete Anträge können durch einstimmigen Beschluss des Gerichts verworfen werden. Der Beschluss bedarf keiner weiteren Be-

---

[1] Vgl. dazu Rn.15, 67 f zu Art.93; Rn.16 zu Art.100.

gründung, wenn der Antragsteller vorher auf die Bedenken gegen die Zulässigkeit oder Begründetheit seines Antrags hingewiesen worden ist.

§ 25 [Mündliche Verhandlung – Urteil – Beschluss] (1) Das Bundesverfassungsgericht entscheidet, soweit nichts anderes bestimmt ist, auf Grund mündlicher Verhandlung, es sei denn, dass alle Beteiligten ausdrücklich auf sie verzichten.

(2) Die Entscheidung auf Grund mündlicher Verhandlung ergeht als Urteil, die Entscheidung ohne mündliche Verhandlung als Beschluss.

(3) Teil- und Zwischenentscheidungen sind zulässig.

(4) Die Entscheidungen des Bundesverfassungsgerichts ergehen „im Namen des Volkes".

§ 25 a [Protokollierung] Über die mündliche Verhandlung wird ein Protokoll geführt. Darüber hinaus wird sie in einer Tonbandaufnahme festgehalten; das Nähere regelt die Geschäftsordnung.

§ 26 [Beweiserhebung] (1) Das Bundesverfassungsgericht erhebt den zur Erforschung der Wahrheit erforderlichen Beweis. Es kann damit außerhalb der mündlichen Verhandlung ein Mitglied des Gerichts beauftragen oder mit Begrenzung auf bestimmte Tatsachen und Personen ein anderes Gericht darum ersuchen.

(2) Auf Grund eines Beschlusses mit einer Mehrheit von zwei Dritteln der Stimmen des Gerichts kann die Beiziehung einzelner Urkunden unterbleiben, wenn ihre Verwendung mit der Staatssicherheit unvereinbar ist.

§ 27 [Rechts- und Amtshilfe] Alle Gerichte und Verwaltungsbehörden leisten dem Bundesverfassungsgericht Rechts- und Amtshilfe. Fordert das Bundesverfassungsgericht Akten eines Ausgangsverfahrens an, werden ihm diese unmittelbar vorgelegt.

§ 27 a [Sachkundige Dritte] Das Bundesverfassungsgericht kann sachkundigen Dritten Gelegenheit zur Stellungnahme geben.

§ 28 [Zeugen und Sachverständige] (1) Für die Vernehmung von Zeugen und Sachverständigen gelten in den Fällen des § 13 Nr. 1, 2, 4 und 9 die Vorschriften der Strafprozessordnung, in den übrigen Fällen die Vorschriften der Zivilprozessordnung entsprechend.

(2) Soweit ein Zeuge oder Sachverständiger nur mit Genehmigung einer vorgesetzten Stelle vernommen werden darf, kann diese Genehmigung nur verweigert werden, wenn es das Wohl des Bundes oder eines Landes erfordert. Der Zeuge oder Sachverständige

kann sich nicht auf seine Schweigepflicht berufen, wenn das Bundesverfassungsgericht mit einer Mehrheit von zwei Dritteln der Stimmen die Verweigerung der Aussagegenehmigung für unbegründet erklärt.

§ 29 [Beteiligtenrechte bei Beweisaufnahme] Die Beteiligten werden von allen Beweisterminen benachrichtigt und können der Beweisaufnahme beiwohnen. Sie können an Zeugen und Sachverständige Fragen richten. Wird eine Frage beanstandet, so entscheidet das Gericht.

§ 30 [Entscheidung; abweichende Meinung] (1) Das Bundesverfassungsgericht entscheidet in geheimer Beratung nach seiner freien, aus dem Inhalt der Verhandlung und dem Ergebnis der Beweisaufnahme geschöpften Überzeugung. Die Entscheidung ist schriftlich abzufassen, zu begründen und von den Richtern, die bei ihr mitgewirkt haben, zu unterzeichnen. Sie ist sodann, wenn eine mündliche Verhandlung stattgefunden hat, unter Mitteilung der wesentlichen Entscheidungsgründe öffentlich zu verkünden. Der Termin zur Verkündung einer Entscheidung kann in der mündlichen Verhandlung bekanntgegeben oder nach Abschluss der Beratungen festgelegt werden; in diesem Fall ist er den Beteiligten unverzüglich mitzuteilen. Zwischen dem Abschluss der mündlichen Verhandlung und der Verkündung der Entscheidung sollen nicht mehr als drei Monate liegen. Der Termin kann durch Beschluss des Bundesverfassungsgerichts verlegt werden.

(2) Ein Richter kann seine in der Beratung vertretene abweichende Meinung zu der Entscheidung oder zu deren Begründung in einem Sondervotum niederlegen; das Sondervotum ist der Entscheidung anzuschließen. Die Senate können in ihren Entscheidungen das Stimmenverhältnis mitteilen. Das Nähere regelt die Geschäftsordnung.

(3) Alle Entscheidungen sind den Beteiligten bekanntzugeben.

§ 31 [Verbindlichkeit der Entscheidungen][1] (1) Die Entscheidungen des Bundesverfassungsgerichts binden die Verfassungsorgane des Bundes und der Länder sowie alle Gerichte und Behörden.

(2) In den Fällen des § 13 Nr.6, 11, 12 und 14 hat die Entscheidung des Bundesverfassungsgerichts Gesetzeskraft. Das gilt auch in den Fällen des § 13 Nr.8a, wenn das Bundesverfassungsgericht ein Gesetz als mit dem Grundgesetz vereinbar oder unvereinbar oder für nichtig erklärt. Soweit ein Gesetz als mit dem Grundgesetz oder

---

[1] Vgl. dazu Rn.2 zu Art.94.

sonstigem Bundesrecht vereinbar oder unvereinbar oder für nichtig erklärt wird, ist die Entscheidungsformel durch das Bundesministerium der Justiz im Bundesgesetzblatt zu veröffentlichen. Entsprechendes gilt für die Entscheidungsformel in den Fällen des § 13 Nr. 12 und 14.

§ 32 [Einstweilige Anordnungen] (1) Das Bundesverfassungsgericht kann im Streitfall einen Zustand durch einstweilige Anordnung vorläufig regeln, wenn dies zur Abwehr schwerer Nachteile, zur Verhinderung drohender Gewalt oder aus einem anderen wichtigen Grund zum gemeinen Wohl dringend geboten ist.

(2) Die einstweilige Anordnung kann ohne mündliche Verhandlung ergehen. Bei besonderer Dringlichkeit kann das Bundesverfassungsgericht davon absehen, den am Verfahren zur Hauptsache Beteiligten, zum Beitritt Berechtigten oder Äußerungsberechtigten Gelegenheit zur Stellungnahme zu geben.

(3) Wird die einstweilige Anordnung durch Beschluss erlassen oder abgelehnt, so kann Widerspruch erhoben werden. Das gilt nicht für den Beschwerdeführer im Verfahren der Verfassungsbeschwerde. Über den Widerspruch entscheidet das Bundesverfassungsgericht nach mündlicher Verhandlung. Diese muss binnen zwei Wochen nach dem Eingang der Begründung des Widerspruchs stattfinden.

(4) Der Widerspruch gegen die einstweilige Anordnung hat keine aufschiebende Wirkung. Das Bundesverfassungsgericht kann die Vollziehung der einstweiligen Anordnung aussetzen.

(5) Das Bundesverfassungsgericht kann die Entscheidung über die einstweilige Anordnung oder über den Widerspruch ohne Begründung bekannt geben. In diesem Fall ist die Begründung den Beteiligten gesondert zu übermitteln.

(6) Die einstweilige Anordnung tritt nach sechs Monaten außer Kraft. Sie kann mit einer Mehrheit von zwei Dritteln der Stimmen wiederholt werden.

(7) Ist ein Senat nicht beschlussfähig, so kann die einstweilige Anordnung bei besonderer Dringlichkeit erlassen werden, wenn mindestens drei Richter anwesend sind und der Beschluss einstimmig gefasst wird. Sie tritt nach einem Monat außer Kraft. Wird sie durch den Senat bestätigt, so tritt sie sechs Monate nach ihrem Erlass außer Kraft.

§ 33 [Aussetzung des Verfahrens; vereinfachte Tatsachenfeststellung] (1) Das Bundesverfassungsgericht kann sein Verfahren bis zur Erledigung eines bei einem anderen Gericht anhängigen Verfahrens aussetzen, wenn für seine Entscheidung die Feststellungen oder die Entscheidung dieses anderen Gerichts von Bedeutung sein können.

(2) Das Bundesverfassungsgericht kann seiner Entscheidung die tatsächlichen Feststellungen eines rechtskräftigen Urteils zugrunde legen, das in einem Verfahren ergangen ist, in dem die Wahrheit von Amts wegen zu erforschen ist.

§ 34 [Kosten und Gebühren] (1) Das Verfahren des Bundesverfassungsgerichts ist kostenfrei.

(2) Das Bundesverfassungsgericht kann eine Gebühr bis zu 2600 Euro auferlegen, wenn die Einlegung der Verfassungsbeschwerde oder der Beschwerde nach Artikel 41 Abs.2 des Grundgesetzes einen Missbrauch darstellt oder wenn ein Antrag auf Erlass einer einstweiligen Anordnung (§ 32) missbräuchlich gestellt ist.

(3) Für die Einziehung der Gebühr gilt § 59 Abs.1 der Bundeshaushaltsordnung entsprechend.

§ 34 a [Auslagenerstattung] (1) Erweist sich der Antrag auf Verwirkung der Grundrechte (§ 13 Nr.1), die Anklage gegen den Bundespräsidenten (§ 13 Nr.4) oder einen Richter (§ 13 Nr.9) als unbegründet, so sind dem Antragsgegner oder dem Angeklagten die notwendigen Auslagen einschließlich der Kosten der Verteidigung zu ersetzen.

(2) Erweist sich eine Verfassungsbeschwerde als begründet, so sind dem Beschwerdeführer die notwendigen Auslagen ganz oder teilweise zu erstatten.

(3) In den übrigen Fällen kann das Bundesverfassungsgericht volle oder teilweise Erstattung der Auslagen anordnen.

§ 35 [Regelung der Vollstreckung] Das Bundesverfassungsgericht kann in seiner Entscheidung bestimmen, wer sie vollstreckt; es kann auch im Einzelfall die Art und Weise der Vollstreckung regeln.

Zweiter Abschnitt. Akteneinsicht außerhalb des Verfahrens

§ 35 a [Geltung des Bundesdatenschutzgesetzes] Betreffen außerhalb des Verfahrens gestellte Anträge auf Auskunft aus oder Einsicht in Akten des Bundesverfassungsgerichts personenbezogene Daten, so gelten die Vorschriften des Bundesdatenschutzgesetzes, soweit die nachfolgenden Bestimmungen keine abweichende Regelung treffen.

§ 35 b [Auskunft und Akteneinsicht] (1) Auskunft aus oder Einsicht in Akten des Bundesverfassungsgerichts kann gewährt werden

1. öffentlichen Stellen, soweit dies für Zwecke der Rechtspflege erforderlich ist oder die in § 14 Abs.2 Nr.4, 6 bis 9 des Bundesdatenschutzgesetzes genannten Voraussetzungen vorliegen,

2. Privatpersonen und anderen nicht-öffentlichen Stellen, soweit sie hierfür ein berechtigtes Interesse darlegen; Auskunft und Akteneinsicht sind zu versagen, wenn der Betroffene ein schutzwürdiges Interesse an der Versagung hat. § 16 Abs.3 des Bundesdatenschutzgesetzes findet keine Anwendung; die Erteilung der Auskunft und die Gewährung der Akteneinsicht sind in der Akte zu vermerken.

Auskunft oder Akteneinsicht kann auch gewährt werden, soweit der Betroffene eingewilligt hat.

(2) Akteneinsicht kann nur gewährt werden, wenn unter Angabe von Gründen dargelegt wird, dass die Erteilung einer Auskunft zur Erfüllung der Aufgaben der die Akteneinsicht begehrenden öffentlichen Stelle (Absatz 1 Nr.1) oder zur Wahrnehmung des berechtigten Interesses der die Akteneinsicht begehrenden Privatperson oder anderen nicht-öffentlichen Stelle (Absatz 1 Nr.2) nicht ausreichen würde oder die Erteilung einer Auskunft einen unverhältnismäßigen Aufwand erfordern würde.

(3) Aus beigezogenen Akten, die nicht Aktenbestandteil sind, dürfen Auskünfte nur erteilt werden, wenn der Antragsteller die Zustimmung der Stelle nachweist, um deren Akten es sich handelt; gleiches gilt für die Akteneinsicht.

(4) Die Akten des Bundesverfassungsgerichts werden nicht übersandt. An öffentliche Stellen können sie übersandt werden, wenn diesen gemäß Absatz 2 Akteneinsicht gewährt werden kann oder wenn einer Privatperson auf Grund besonderer Umstände dort Akteneinsicht gewährt werden soll.

§ 35 c [Nutzung durch das Gericht] Das Bundesverfassungsgericht darf in einem verfassungsgerichtlichen Verfahren zu den Akten gelangte personenbezogene Daten für ein anderes verfassungsgerichtliches Verfahren nutzen.

III. Teil. Einzelne Verfahrensarten

Erster Abschnitt. Verfahren in den Fällen des § 13 Nr.1 [Verwirkung von Grundrechten]

§ 36 [Antragsberechtigung][1] Der Antrag auf Entscheidung gemäß Artikel 18 Satz 2 des Grundgesetzes kann vom Bundestag, von der Bundesregierung oder von einer Landesregierung gestellt werden.

§ 37 [Vorverfahren] Das Bundesverfassungsgericht gibt dem Antragsgegner Gelegenheit zur Äußerung binnen einer zu bestimmenden Frist und beschließt dann, ob der Antrag als unzulässig oder als nicht hinreichend begründet zurückzuweisen oder ob die Verhandlung durchzuführen ist.

§ 38 [Beschlagnahme und Durchsuchungen] (1) Nach Eingang des Antrags kann das Bundesverfassungsgericht eine Beschlagnahme oder Durchsuchung nach den Vorschriften der Strafprozessordnung anordnen.

(2) Das Bundesverfassungsgericht kann zur Vorbereitung der mündlichen Verhandlung eine Voruntersuchung anordnen. Die Durchführung der Voruntersuchung ist einem Richter des nicht zur Entscheidung in der Hauptsache zuständigen Senats zu übertragen[2].

§ 39 [Entscheidungsinhalt][1] (1) Erweist sich der Antrag als begründet, so stellt das Bundesverfassungsgericht fest, welche Grundrechte der Antragsgegner verwirkt hat. Es kann die Verwirkung auf einen bestimmten Zeitraum, mindestens auf ein Jahr, befristen. Es kann dem Antragsgegner auch nach Art und Dauer genau bezeichnete Beschränkungen auferlegen, soweit sie nicht andere als die verwirkten Grundrechte beeinträchtigen. Insoweit bedürfen die Verwaltungsbehörden zum Einschreiten gegen den Antragsgegner keiner weiteren gesetzlichen Grundlage.

(2) Das Bundesverfassungsgericht kann dem Antragsgegner auf die Dauer der Verwirkung der Grundrechte das Wahlrecht, die Wählbarkeit und die Fähigkeit zur Bekleidung öffentlicher Ämter aberkennen und bei juristischen Personen ihre Auflösung anordnen.

---

[1] Vgl. dazu Rn.6 f zu Art.18.
[2] Vgl. Fn.2 zu § 14.

§ 40 [Aufhebung der Verwirkung] Ist die Verwirkung zeitlich nicht befristet oder für einen längeren Zeitraum als ein Jahr ausgesprochen, so kann das Bundesverfassungsgericht, wenn seit dem Ausspruch der Verwirkung zwei Jahre verflossen sind, auf Antrag des früheren Antragstellers oder Antragsgegners die Verwirkung ganz oder teilweise aufheben oder die Dauer der Verwirkung abkürzen. Der Antrag kann wiederholt werden, wenn seit der letzten Entscheidung des Bundesverfassungsgerichts ein Jahr verstrichen ist.

§ 41 [Wiederholung eines Antrags] Hat das Bundesverfassungsgericht über einen Antrag sachlich entschieden, so kann er gegen denselben Antragsgegner nur wiederholt werden, wenn er auf neue Tatsachen gestützt wird.

§ 42 (weggefallen)

Zweiter Abschnitt. Verfahren in den Fällen des § 13 Nr. 2 [Parteiverbot]

§ 43 [Antragsberechtigung][1] (1) Der Antrag auf Entscheidung, ob eine Partei verfassungswidrig ist (Artikel 21 Abs. 2 des Grundgesetzes), kann von dem Bundestag, dem Bundesrat oder von der Bundesregierung gestellt werden.

(2) Eine Landesregierung kann den Antrag nur gegen eine Partei stellen, deren Organisation sich auf das Gebiet ihres Landes beschränkt.

§ 44 [Vertretung der Partei] Die Vertretung der Partei bestimmt sich nach den gesetzlichen Vorschriften, hilfsweise nach ihrer Satzung. Sind die Vertretungsberechtigten nicht feststellbar oder nicht vorhanden oder haben sie nach Eingang des Antrags beim Bundesverfassungsgericht gewechselt, so gelten als vertretungsberechtigt diejenigen Personen, die die Geschäfte der Partei während der Tätigkeit, die den Antrag veranlasst hat, zuletzt tatsächlich geführt haben.

§ 45 [Vorverfahren] Das Bundesverfassungsgericht gibt dem Vertretungsberechtigten (§ 44) Gelegenheit zur Äußerung binnen einer zu bestimmenden Frist und beschließt dann, ob der Antrag als unzulässig oder als nicht hinreichend begründet zurückzuweisen oder ob die Verhandlung durchzuführen ist.

---

[1] Vgl. dazu Rn. 30 zu Art. 21.

§ 46 [Entscheidungsinhalt][1] (1) Erweist sich der Antrag als begründet, so stellt das Bundesverfassungsgericht fest, dass die politische Partei verfassungswidrig ist.

(2) Die Feststellung kann auf einen rechtlich oder organisatorisch selbständigen Teil einer Partei beschränkt werden.

(3) Mit der Feststellung ist die Auflösung der Partei oder des selbständigen Teiles der Partei und das Verbot, eine Ersatzorganisation zu schaffen, zu verbinden. Das Bundesverfassungsgericht kann in diesem Fall außerdem die Einziehung des Vermögens der Partei oder des selbständigen Teiles der Partei zugunsten des Bundes oder des Landes zu gemeinnützigen Zwecken aussprechen.

§ 47 [Beschlagnahme, Durchsuchungen usw.] Die Vorschriften der §§ 38 und 41 gelten entsprechend.

Dritter Abschnitt. Verfahren in den Fällen des § 13 Nr. 3 [Wahlprüfung und Mandatsprüfung]

§ 48 [Zulässigkeit][2] (1) Die Beschwerde gegen den Beschluss des Bundestages über die Gültigkeit einer Wahl oder den Verlust der Mitgliedschaft im Bundestag kann der Abgeordnete, dessen Mitgliedschaft bestritten ist, ein Wahlberechtigter, dessen Einspruch vom Bundestag verworfen worden ist, wenn ihm mindestens einhundert Wahlberechtigte beitreten, eine Fraktion oder eine Minderheit des Bundestages, die wenigstens ein Zehntel der gesetzlichen Mitgliederzahl umfasst, binnen einer Frist von zwei Monaten seit der Beschlussfassung des Bundestages beim Bundesverfassungsgericht erheben; die Beschwerde ist innerhalb dieser Frist zu begründen.

(2) Die Wahlberechtigten, die einem Wahlberechtigten als Beschwerdeführer beitreten, müssen diese Erklärung persönlich und handschriftlich unterzeichnen; neben der Unterschrift sind Familienname, Vornamen, Tag der Geburt und Anschrift (Hauptwohnung) des Unterzeichners anzugeben.

(3) Das Bundesverfassungsgericht kann von einer mündlichen Verhandlung absehen, wenn von ihr keine weitere Förderung des Verfahrens zu erwarten ist.

---

[1] Vgl. dazu Rn. 36 zu Art. 21.
[2] Vgl. dazu Rn. 3 f zu Art. 41.

Vierter Abschnitt. Verfahren in den Fällen des § 13 Nr.4 [Präsidentenanklage]

§ 49 [Anklageschrift][1] (1) Die Anklage gegen den Bundespräsidenten wegen vorsätzlicher Verletzung des Grundgesetzes oder eines anderen Bundesgesetzes wird durch Einreichung einer Anklageschrift beim Bundesverfassungsgericht erhoben.

(2) Auf Grund des Beschlusses einer der beiden gesetzgebenden Körperschaften (Artikel 61 Abs.1 des Grundgesetzes) fertigt deren Präsident die Anklageschrift und übersendet sie binnen eines Monats dem Bundesverfassungsgericht.

(3) Die Anklageschrift muss die Handlung oder Unterlassung, wegen der die Anklage erhoben wird, die Beweismittel und die Bestimmung der Verfassung oder des Gesetzes, die verletzt sein soll, bezeichnen. Sie muss die Feststellung enthalten, dass der Beschluss auf Erhebung der Anklage mit der Mehrheit von zwei Dritteln der gesetzlichen Mitgliederzahl des Bundestages oder von zwei Dritteln der Stimmen des Bundesrates gefasst worden ist.

§ 50 [Frist für Anklage] Die Anklage kann nur binnen drei Monaten, nachdem der ihr zugrunde liegende Sachverhalt der antragsberechtigten Körperschaft bekannt geworden ist, erhoben werden.

§ 51 [Beendigung des Amtes bzw. der Legislaturperiode] Die Einleitung und Durchführung des Verfahrens wird durch den Rücktritt des Bundespräsidenten, durch sein Ausscheiden aus dem Amt oder durch Auflösung des Bundestages oder den Ablauf seiner Wahlperiode nicht berührt.

§ 52 [Rücknahme der Anklage] (1) Die Anklage kann bis zur Verkündung des Urteils auf Grund eines Beschlusses der antragstellenden Körperschaft zurückgenommen werden. Der Beschluss bedarf der Zustimmung der Mehrheit der gesetzlichen Mitgliederzahl des Bundestages oder der Mehrheit der Stimmen des Bundesrates.

(2) Die Anklage wird vom Präsidenten der antragstellenden Körperschaft durch Übersendung einer Ausfertigung des Beschlusses an das Bundesverfassungsgericht zurückgenommen.

(3) Die Zurücknahme der Anklage wird unwirksam, wenn ihr der Bundespräsident binnen eines Monats widerspricht.

---

[1] Vgl. dazu Rn.2 zu Art.61.

§ 53 [Einstweilige Anordnungen] Das Bundesverfassungsgericht kann nach Erhebung der Anklage durch einstweilige Anordnung bestimmen, dass der Bundespräsident an der Ausübung seines Amtes verhindert ist.

§ 54 [Voruntersuchung] (1) Das Bundesverfassungsgericht kann zur Vorbereitung der mündlichen Verhandlung eine Voruntersuchung anordnen; es muss sie anordnen, wenn der Vertreter der Anklage oder der Bundespräsident sie beantragt.

(2) Die Durchführung der Voruntersuchung ist einem Richter des nicht zur Entscheidung in der Hauptsache zuständigen Senats zu übertragen[1].

§ 55 [Mündliche Verhandlung] (1) Das Bundesverfassungsgericht entscheidet auf Grund mündlicher Verhandlung.

(2) Zur Verhandlung ist der Bundespräsident zu laden. Dabei ist er darauf hinzuweisen, dass ohne ihn verhandelt wird, wenn er unentschuldigt ausbleibt oder ohne ausreichenden Grund sich vorzeitig entfernt.

(3) In der Verhandlung trägt der Beauftragte der antragstellenden Körperschaft zunächst die Anklage vor.

(4) Sodann erhält der Bundespräsident Gelegenheit, sich zur Anklage zu erklären.

(5) Hierauf findet die Beweiserhebung statt.

(6) Zum Schluss wird der Vertreter der Anklage mit seinem Antrag und der Bundespräsident mit seiner Verteidigung gehört. Er hat das letzte Wort.

§ 56 [Entscheidungsinhalt][2] (1) Das Bundesverfassungsgericht stellt im Urteil fest, ob der Bundespräsident einer vorsätzlichen Verletzung des Grundgesetzes oder eines genau zu bezeichnenden Bundesgesetzes schuldig ist.

(2) Im Falle der Verurteilung kann das Bundesverfassungsgericht den Bundespräsidenten seines Amtes für verlustig erklären. Mit der Verkündigung des Urteils tritt der Amtsverlust ein.

§ 57 [Ausfertigungen des Urteils] Eine Ausfertigung des Urteils samt Gründen ist dem Bundestag, dem Bundesrat und der Bundesregierung zu übersenden.

---

[1] Vgl. Fn.2 zu § 14.

**Fünfter Abschnitt. Verfahren in den Fällen des § 13 Nr. 9
[Richteranklage]**

§ 58 [Zulässigkeit und Verfahren][1] (1) Stellt der Bundestag gegen einen Bundesrichter den Antrag nach Artikel 98 Abs. 2 des Grundgesetzes, so sind die Vorschriften der §§ 49 bis 55 mit Ausnahme des § 49 Abs. 3 Satz 2, der §§ 50 und 52 Abs. 1 Satz 2 entsprechend anzuwenden.

(2) Wird dem Bundesrichter ein Verstoß im Amt vorgeworfen, so beschließt der Bundestag nicht vor rechtskräftiger Beendigung des gerichtlichen Verfahrens oder, wenn vorher wegen desselben Verstoßes ein förmliches Disziplinarverfahren eingeleitet worden ist, nicht vor der Eröffnung dieses Verfahrens. Nach Ablauf von sechs Monaten seit der rechtskräftigen Beendigung des gerichtlichen Verfahrens, in dem der Bundesrichter sich des Verstoßes schuldig gemacht haben soll, ist der Antrag nicht mehr zulässig.

(3) Abgesehen von den Fällen des Absatzes 2 ist ein Antrag gemäß Absatz 1 nicht mehr zulässig, wenn seit dem Verstoß zwei Jahre verflossen sind.

(4) Der Antrag wird vor dem Bundesverfassungsgericht von einem Beauftragten des Bundestages vertreten.

§ 59 [Entscheidungsinhalt; Ausfertigung] (1) Das Bundesverfassungsgericht erkennt auf eine der im Artikel 98 Abs. 2 des Grundgesetzes vorgesehenen Maßnahmen oder auf Freispruch.

(2) Erkennt das Bundesverfassungsgericht auf Entlassung, so tritt der Amtsverlust mit der Verkündung des Urteils ein.

(3) Wird auf Versetzung in ein anderes Amt oder in den Ruhestand erkannt, so obliegt der Vollzug der für die Entlassung des Bundesrichters zuständigen Stelle.

(4) Eine Ausfertigung des Urteils mit Gründen ist dem Bundespräsidenten, dem Bundestag und der Bundesregierung zu übersenden.

§ 60 [Aussetzung eines Disziplinarverfahrens] Solange ein Verfahren vor dem Bundesverfassungsgericht anhängig ist, wird das wegen desselben Sachverhalts bei einem Disziplinargericht anhängige Verfahren ausgesetzt. Erkennt das Bundesverfassungsgericht auf Entlassung aus dem Amt oder auf Anordnung der Versetzung in ein anderes Amt oder in den Ruhestand, so wird das Disziplinarverfahren eingestellt; im anderen Falle wird es fortgesetzt.

---

[1] Vgl. dazu Rn. 1 zu Art. 98.

§ 61 [Wiederaufnahme des Verfahrens] (1) Die Wiederaufnahme des Verfahrens findet nur zugunsten des Verurteilten und nur auf seinen Antrag oder nach seinem Tode auf Antrag seines Ehegatten, Lebenspartners oder eines seiner Abkömmlinge unter den Voraussetzungen der §§ 359 und 364 der Strafprozessordnung statt. In dem Antrag müssen der gesetzliche Grund der Wiederaufnahme sowie die Beweismittel angegeben werden. Durch den Antrag auf Wiederaufnahme wird die Wirksamkeit des Urteils nicht gehemmt.

(2) Über die Zulassung des Antrages entscheidet das Bundesverfassungsgericht ohne mündliche Verhandlung. Die Vorschriften der §§ 368, 369 Abs.1, 2 und 4 und der §§ 370 und 371 Abs.1 bis 3 der Strafprozessordnung gelten entsprechend.

(3) In der erneuten Hauptverhandlung ist entweder das frühere Urteil aufrechtzuerhalten oder auf eine mildere Maßnahme oder auf Freispruch zu erkennen.

§ 62 [Verfahren gegen Landesrichter][1] Soweit gemäß Artikel 98 Abs.5 Satz 2 des Grundgesetzes fortgeltendes Landesverfassungsrecht nichts Abweichendes bestimmt, gelten die Vorschriften dieses Abschnitts auch, wenn das Gesetz eines Landes für Landesrichter eine dem Artikel 98 Abs.2 des Grundgesetzes entsprechende Regelung trifft.

Sechster Abschnitt. Verfahren in den Fällen des § 13 Nr.5 [Bundesorganstreitigkeit]

§ 63 [Parteifähigkeit][2] Antragsteller und Antragsgegner können nur sein: der Bundespräsident, der Bundestag, der Bundesrat, die Bundesregierung und die im Grundgesetz oder in den Geschäftsordnungen des Bundestages und des Bundesrates mit eigenen Rechten ausgestatteten Teile dieser Organe.

§ 64 [Antragsbefugnis; Antragsfrist] (1) Der Antrag ist nur zulässig, wenn der Antragsteller geltend macht, dass er oder das Organ, dem er angehört, durch eine Maßnahme oder Unterlassung des Antragsgegners in seinen ihm durch das Grundgesetz übertragenen Rechten und Pflichten verletzt oder unmittelbar gefährdet ist[3].

---

[1] Vgl. dazu Rn.1 zu Art.98.
[2] Vgl. dazu Rn.5–7 zu Art.93.
[3] Vgl. dazu Rn.8–12 zu Art.93.

(2) Im Antrag ist die Bestimmung des Grundgesetzes zu bezeichnen, gegen die durch die beanstandete Maßnahme oder Unterlassung des Antragsgegners verstoßen wird.

(3) Der Antrag muss binnen sechs Monaten, nachdem die beanstandete Maßnahme oder Unterlassung dem Antragsteller bekannt geworden ist, gestellt werden[1].

(4) Soweit die Frist bei Inkrafttreten dieses Gesetzes verstrichen ist, kann der Antrag noch binnen drei Monaten nach Inkrafttreten gestellt werden.

§ 65 [Beitritt zum Verfahren; Unterrichtung] (1) Dem Antragsteller und dem Antragsgegner können in jeder Lage des Verfahrens andere in § 63 genannte Antragsberechtigte beitreten, wenn die Entscheidung auch für die Abgrenzung ihrer Zuständigkeiten von Bedeutung ist[2].

(2) Das Bundesverfassungsgericht gibt von der Einleitung des Verfahrens dem Bundespräsidenten, dem Bundestag, dem Bundesrat und der Bundesregierung Kenntnis.

§ 66 [Verbindung und Trennung von Verfahren] Das Bundesverfassungsgericht kann anhängige Verfahren verbinden und verbundene trennen.

§ 67 [Entscheidungsinhalt][3] Das Bundesverfassungsgericht stellt in seiner Entscheidung fest, ob die beanstandete Maßnahme oder Unterlassung des Antragsgegners gegen eine Bestimmung des Grundgesetzes verstößt. Die Bestimmung ist zu bezeichnen. Das Bundesverfassungsgericht kann in der Entscheidungsformel zugleich eine für die Auslegung der Bestimmung des Grundgesetzes erhebliche Rechtsfrage entscheiden, von der die Feststellung gemäß Satz 1 abhängt.

Siebenter Abschnitt. Verfahren in den Fällen des § 13 Nr. 7 [Verfassungsrechtliche Bund-Länder-Streitigkeit]

§ 68 [Parteifähigkeit][4] Antragsteller und Antragsgegner können nur sein:

für den Bund die Bundesregierung,

für ein Land die Landesregierung.

---

[1] Vgl. dazu Rn. 15 zu Art. 93.
[2] Vgl. dazu Rn. 16 zu Art. 93.
[3] Vgl. dazu Rn. 8 f zu Art. 93.
[4] Vgl. dazu Rn. 29 zu Art. 93.

§ 69 [Antragsbefugnis und -frist; Verfahren; Entscheidungs-inhalt][1] Die Vorschriften der §§ 64 bis 67 gelten entsprechend.

§ 70 [Frist][2] Der Beschluss des Bundesrates nach Artikel 84 Abs.4 Satz 1 des Grundgesetzes kann nur binnen eines Monats nach der Beschlussfassung angefochten werden.

Achter Abschnitt. Verfahren in den Fällen des § 13 Nr.8 [Nichtverfassungsrechtliche Bund-Länder-Streitigkeit, Länderstreitigkeit, Landesstreitigkeit]

§ 71 [Parteifähigkeit; Antragsfrist] (1) Antragsteller und An-tragsgegner können nur sein

1. bei öffentlich-rechtlichen Streitigkeiten gemäß Artikel 93 Abs.1 Nr.4 des Grundgesetzes zwischen dem Bund und den Ländern: die Bundesregierung und die Landesregierungen[3];
2. bei öffentlich-rechtlichen Streitigkeiten gemäß Artikel 93 Abs.1 Nr.4 des Grundgesetzes zwischen den Ländern: die Landesregierungen[4];
3. bei öffentlich-rechtlichen Streitigkeiten gemäß Artikel 93 Abs.1 Nr.4 des Grundgesetzes innerhalb eines Landes: die obersten Organe des Landes und die in der Landesverfassung oder in der Geschäftsordnung eines obersten Organs des Landes mit eigenen Rechten ausgestatteten Teile dieser Organe, wenn sie durch den Streitgegenstand in ihren Rechten oder Zuständigkei-ten unmittelbar berührt sind[5].

(2) Die Vorschrift des § 64 Abs.3 gilt entsprechend.

§ 72 [Entscheidungsinhalt][6] (1) Das Bundesverfassungsgericht kann in seiner Entscheidung erkennen auf

1. die Zulässigkeit oder Unzulässigkeit einer Maßnahme,
2. die Verpflichtung des Antragsgegners, eine Maßnahme zu unter-lassen, rückgängig zu machen, durchzuführen oder zu dulden,
3. die Verpflichtung, eine Leistung zu erbringen.

(2) In dem Verfahren nach § 71 Abs.1 Nr.3 stellt das Bundes-verfassungsgericht fest, ob die beanstandete Maßnahme oder Unter-lassung des Antragsgegners gegen eine Bestimmung der Landesver-

---

[1] Vgl. dazu Rn.30–32 zu Art.93.
[2] Vgl. dazu Rn.15 zu Art.84.
[3] Vgl. dazu Rn.36 zu Art.93.
[4] Vgl. dazu Rn.38 zu Art.93.
[5] Vgl. dazu Rn.40–43 zu Art.93.
[6] Vgl. dazu Rn.37, 39, 44 zu Art.93.

fassung verstößt. Die Vorschriften des § 67 Satz 2 und 3 gelten
entsprechend.

Neunter Abschnitt. Verfahren in den Fällen des § 13 Nr.10 [Zugewiesene Landesstreitigkeit]

§ 73 [Parteifähigkeit; Antragsfrist][1] (1) An einer Verfassungsstreitigkeit innerhalb eines Landes können nur die obersten Organe dieses Landes und die in der Landesverfassung oder in der Geschäftsordnung eines obersten Organs des Landes mit eigenen Rechten ausgestatteten Teile dieser Organe beteiligt sein.

(2) Die Vorschrift des § 64 Abs.3 gilt entsprechend, sofern das Landesrecht nichts anderes bestimmt.

§ 74 [Entscheidungsinhalt] Bestimmt das Landesrecht nicht, welchen Inhalt und welche Wirkung die Entscheidung des Bundesverfassungsgerichts haben kann, so gilt § 72 Abs.2 entsprechend.

§ 75 [Verfahren] Für das Verfahren gelten die allgemeinen Vorschriften des II. Teiles dieses Gesetzes entsprechend.

Zehnter Abschnitt. Verfahren in den Fällen des § 13 Nr.6 und 6 a [Abstrakte Normenkontrolle]

§ 76 [Zulässigkeit] (1) Der Antrag[2] der Bundesregierung, einer Landesregierung oder eines Drittels der Mitglieder des Bundestages gemäß Artikel 93 Abs.1 Nr.2 des Grundgesetzes ist nur zulässig, wenn der Antragsteller Bundes- oder Landesrecht[3]

1. wegen seiner förmlichen oder sachlichen Unvereinbarkeit mit dem Grundgesetz oder dem sonstigen Bundesrecht für nichtig hält oder

2. für gültig hält, nachdem ein Gericht, eine Verwaltungsbehörde oder ein Organ des Bundes oder eines Landes das Recht als unvereinbar mit dem Grundgesetz oder sonstigem Bundesrecht nicht angewendet hat[4].

(2) Der Antrag des Bundesrates, einer Landesregierung oder der Volksvertretung eines Landes gemäß Artikel 93 Abs.1 Nr.2 a des

---

[1] Vgl. dazu Rn.2 zu Art.99.
[2] Vgl. dazu Rn.19 zu Art.93.
[3] Vgl. dazu Rn.21–23 zu Art.93.
[4] Vgl. dazu Rn.24 f zu Art.93.

Grundgesetzes ist nur zulässig, wenn der Antragsteller ein Bundesgesetz wegen Nichterfüllung der Voraussetzungen des Artikels 72 Abs.2 des Grundgesetzes für nichtig hält; der Antrag kann auch darauf gestützt werden, dass der Antragsteller das Bundesgesetz wegen Nichterfüllung der Voraussetzungen des Artikels 75 Abs.2 des Grundgesetzes für nichtig hält.

§ 77 [Anhörung][1] Das Bundesverfassungsgericht gibt
1. in den Fällen des § 76 Abs.1 dem Bundestag, dem Bundesrat, der Bundesregierung, bei Meinungsverschiedenheiten über die Gültigkeit von Bundesrecht auch den Landesregierungen und bei Meinungsverschiedenheiten über die Gültigkeit einer landesrechtlichen Norm der Volksvertretung und der Regierung des Landes, in dem die Norm verkündet wurde,
2. in den Fällen des § 76 Abs.2 dem Bundestag, dem Bundesrat, der Bundesregierung sowie den Volksvertretungen und Regierungen der Länder
binnen einer zu bestimmenden Frist Gelegenheit zur Äußerung.

§ 78 [Entscheidungsinhalt][2] Kommt das Bundesverfassungsgericht zu der Überzeugung, dass Bundesrecht mit dem Grundgesetz oder Landesrecht mit dem Grundgesetz oder dem sonstigen Bundesrecht unvereinbar ist, so erklärt es das Gesetz für nichtig. Sind weitere Bestimmungen des gleichen Gesetzes aus denselben Gründen mit dem Grundgesetz oder sonstigem Bundesrecht unvereinbar, so kann sie das Bundesverfassungsgericht gleichfalls für nichtig erklären.

§ 79 [Folgen für Einzelfallentscheidungen] (1) Gegen ein rechtskräftiges Strafurteil, das auf einer mit dem Grundgesetz für unvereinbar oder nach § 78 für nichtig erklärten Norm oder auf der Auslegung einer Norm beruht, die vom Bundesverfassungsgericht für unvereinbar mit dem Grundgesetz erklärt worden ist, ist die Wiederaufnahme des Verfahrens nach den Vorschriften der Strafprozessordnung zulässig.

(2) Im Übrigen bleiben vorbehaltlich der Vorschrift des § 95 Abs.2 oder einer besonderen gesetzlichen Regelung die nicht mehr anfechtbaren Entscheidungen, die auf einer gemäß § 78 für nichtig erklärten Norm beruhen, unberührt. Die Vollstreckung aus einer solchen Entscheidung ist unzulässig. Soweit die Zwangsvollstreckung nach den Vorschriften der Zivilprozessordnung durchzuführen

---

[1] Vgl. dazu Rn.26 zu Art.93.
[2] Vgl. dazu Rn.27 zu Art.93.

ist, gilt die Vorschrift des § 767 der Zivilprozessordnung entsprechend. Ansprüche aus ungerechtfertigter Bereicherung sind ausgeschlossen.

Elfter Abschnitt. Verfahren in den Fällen des § 13 Nr.11 [Konkrete Normenkontrolle]

§ 80 [Zulässigkeit][1] (1) Sind die Voraussetzungen des Artikels 100 Abs.1 des Grundgesetzes gegeben, so holen die Gerichte unmittelbar die Entscheidung des Bundesverfassungsgerichts ein.

(2) Die Begründung muss angeben, inwiefern von der Gültigkeit der Rechtsvorschrift die Entscheidung des Gerichts abhängig ist und mit welcher übergeordneten Rechtsnorm sie unvereinbar ist. Die Akten sind beizufügen.

(3) Der Antrag des Gerichts ist unabhängig von der Rüge der Nichtigkeit der Rechtsvorschrift durch einen Prozessbeteiligten.

§ 81 [Entscheidungsgegenstand] Das Bundesverfassungsgericht entscheidet nur über die Rechtsfrage.

§ 81 a [Verwerfung wegen Unzulässigkeit durch Kammer] Die Kammer kann durch einstimmigen Beschluss die Unzulässigkeit eines Antrages nach § 80 feststellen. Die Entscheidung bleibt dem Senat vorbehalten, wenn der Antrag von einem Landesverfassungsgericht oder von einem obersten Gerichtshof des Bundes gestellt wird.

§ 82 [Entscheidungsinhalt; Folgen; Beitritt; Anhörung][2]
(1) Die Vorschriften der §§ 77 bis 79 gelten entsprechend.

(2) Die in § 77 genannten Verfassungsorgane können in jeder Lage des Verfahrens beitreten.

(3) Das Bundesverfassungsgericht gibt auch den Beteiligten des Verfahrens vor dem Gericht, das den Antrag gestellt hat, Gelegenheit zur Äußerung; es lädt sie zur mündlichen Verhandlung und erteilt den anwesenden Prozessbevollmächtigten das Wort.

(4) Das Bundesverfassungsgericht kann oberste Gerichtshöfe des Bundes oder oberste Landesgerichte um die Mitteilung ersuchen, wie und auf Grund welcher Erwägungen sie das Grundgesetz in der streitigen Frage bisher ausgelegt haben, ob und wie sie die in ihrer Gültigkeit streitige Rechtsvorschrift in ihrer Rechtsprechung ange-

---

[1] Vgl. dazu Rn.5–16 zu Art.100.
[2] Vgl. dazu Rn.17 f zu Art.100.

wandt haben und welche damit zusammenhängenden Rechtsfragen zur Entscheidung anstehen. Es kann sie ferner ersuchen, ihre Erwägungen zu einer für die Entscheidung erheblichen Rechtsfrage darzulegen. Das Bundesverfassungsgericht gibt den Äußerungsberechtigten Kenntnis von der Stellungnahme.

Zwölfter Abschnitt. Verfahren in den Fällen des § 13 Nr.12 [Völkerrecht als Bundesrecht]

§ 83 [Entscheidungsinhalt; Beitritt; Anhörung][1] (1) Das Bundesverfassungsgericht stellt in den Fällen des Artikels 100 Abs.2 des Grundgesetzes in seiner Entscheidung fest, ob die Regel des Völkerrechts Bestandteil des Bundesrechts ist und ob sie unmittelbar Rechte und Pflichten für den einzelnen erzeugt.

(2) Das Bundesverfassungsgericht hat vorher dem Bundestag, dem Bundesrat und der Bundesregierung Gelegenheit zur Äußerung binnen einer zu bestimmenden Frist zu geben. Sie können in jeder Lage des Verfahrens beitreten.

§ 84 [Zulässigkeit; Anhörung][2] Die Vorschriften der §§ 80 und 82 Abs.3 gelten entsprechend.

Dreizehnter Abschnitt. Verfahren in den Fällen des § 13 Nr.13 [Divergenzvorlage]

§ 85 [Zulässigkeit; Anhörung; Entscheidungsgegenstand][3]
(1) Ist die Entscheidung des Bundesverfassungsgerichts gemäß Artikel 100 Abs.3 Satz 1 des Grundgesetzes einzuholen, so legt das Verfassungsgericht des Landes unter Darlegung seiner Rechtsauffassung die Akten vor.

(2) Das Bundesverfassungsgericht gibt dem Bundesrat, der Bundesregierung und, wenn es von einer Entscheidung des Verfassungsgerichts eines Landes abweichen will, diesem Gericht Gelegenheit zur Äußerung binnen einer zu bestimmenden Frist.

(3) Das Bundesverfassungsgericht entscheidet nur über die Rechtsfrage.

---

[1] Vgl. dazu Rn.19 zu Art.100.
[2] Vgl. dazu Rn.20 zu Art.100.
[3] Vgl. dazu Rn.21 f zu Art.100.

Vierzehnter Abschnitt. Verfahren in den Fällen des § 13 Nr. 14 [Fortgeltung als Bundesrecht]

§ 86 [Antragsberechtigung][1] (1) Antragsberechtigt sind der Bundestag, der Bundesrat, die Bundesregierung und die Landesregierungen.

(2) Wenn in einem gerichtlichen Verfahren streitig und erheblich ist, ob ein Gesetz als Bundesrecht fortgilt, so hat das Gericht in sinngemäßer Anwendung des § 80 die Entscheidung des Bundesverfassungsgerichts einzuholen.

§ 87 [Zulässigkeit][2] (1) Der Antrag des Bundesrates, der Bundesregierung oder einer Landesregierung ist nur zulässig, wenn von der Entscheidung die Zulässigkeit einer bereits vollzogenen oder unmittelbar bevorstehenden Maßnahme eines Bundesorgans, einer Bundesbehörde oder des Organs oder der Behörde eines Landes abhängig ist.

(2) Aus der Begründung des Antrags muss sich das Vorliegen der in Absatz 1 bezeichneten Voraussetzung ergeben.

§ 88 [Entscheidungsfolgen; Anhörung; Beitritt] Die Vorschrift des § 82 gilt entsprechend.

§ 89 [Entscheidungsinhalt] Das Bundesverfassungsgericht spricht aus, ob das Gesetz ganz oder teilweise in dem gesamten Bundesgebiet oder einem bestimmten Teil des Bundesgebiets als Bundesrecht fortgilt.

Fünfzehnter Abschnitt. Verfahren in den Fällen des § 13 Nr. 8 a [Verfassungsbeschwerde]

§ 90 [Beschwerdebefugnis; Rechtswegserschöpfung] (1) Jedermann kann mit der Behauptung, durch die öffentliche Gewalt in einem seiner Grundrechte oder in einem seiner in Artikel 20 Abs. 4, Artikel 33, 38, 101, 103 und 104 des Grundgesetzes enthaltenen Rechte verletzt zu sein, die Verfassungsbeschwerde zum Bundesverfassungsgericht erheben[3].

(2) Ist gegen die Verletzung der Rechtsweg zulässig, so kann die Verfassungsbeschwerde erst nach Erschöpfung des Rechtswegs er-

---

[1] Vgl. dazu Rn. 2 f zu Art. 126.
[2] Vgl. dazu Rn. 21 f zu Art. 100.
[3] Vgl. dazu Rn. 48–56 zu Art. 93.

hoben werden[1]. Das Bundesverfassungsgericht kann jedoch über eine vor Erschöpfung des Rechtswegs eingelegte Verfassungsbeschwerde sofort entscheiden, wenn sie von allgemeiner Bedeutung ist oder wenn dem Beschwerdeführer ein schwerer und unabwendbarer Nachteil entstünde, falls er zunächst auf den Rechtsweg verwiesen würde[2].

(3) Das Recht, eine Verfassungsbeschwerde an das Landesverfassungsgericht nach dem Recht der Landesverfassung zu erheben, bleibt unberührt.

§ 91 [Kommunalverfassungsbeschwerde][3] Gemeinden und Gemeindeverbände können die Verfassungsbeschwerde mit der Behauptung erheben, dass ein Gesetz des Bundes oder des Landes die Vorschrift des Artikels 28 des Grundgesetzes verletzt. Die Verfassungsbeschwerde zum Bundesverfassungsgericht ist ausgeschlossen, soweit eine Beschwerde wegen Verletzung des Rechtes auf Selbstverwaltung nach dem Rechte des Landes beim Landesverfassungsgericht erhoben werden kann.

§ 92[4] **[Begründung der Beschwerde]** In der Begründung der Beschwerde sind das Recht, das verletzt sein soll, und die Handlung oder Unterlassung des Organs oder der Behörde, durch die der Beschwerdeführer sich verletzt fühlt, zu bezeichnen.

§ 93 [Beschwerdefrist][5] (1) Die Verfassungsbeschwerde ist binnen eines Monats zu erheben und zu begründen. Die Frist beginnt mit der Zustellung oder formlosen Mitteilung der in vollständiger Form abgefassten Entscheidung, wenn diese nach den maßgebenden verfahrensrechtlichen Vorschriften von Amts wegen vorzunehmen ist. In anderen Fällen beginnt die Frist mit der Verkündung der Entscheidung oder, wenn diese nicht zu verkünden ist, mit ihrer sonstigen Bekanntgabe an den Beschwerdeführer; wird dabei dem Beschwerdeführer eine Abschrift der Entscheidung in vollständiger Form nicht erteilt, so wird die Frist des Satzes 1 dadurch unterbrochen, dass der Beschwerdeführer schriftlich oder zu Protokoll der Geschäftsstelle die Erteilung einer in vollständiger Form abgefassten Entscheidung beantragt. Die Unterbrechung dauert fort, bis die Entscheidung in vollständiger Form dem Beschwerdeführer von

---

[1] Vgl. dazu Rn.57–61 zu Art.93.
[2] Vgl. dazu Rn.63 f zu Art.93.
[3] Vgl. dazu Rn.74 f zu Art.93.
[4] Vgl. dazu Rn.67 f zu Art.93.
[5] Vgl. dazu Rn.69 f zu Art.93.

dem Gericht erteilt oder von Amts wegen oder von einem an dem Verfahren Beteiligten zugestellt wird.

(2) War ein Beschwerdeführer ohne Verschulden verhindert, diese Frist einzuhalten, ist ihm auf Antrag Wiedereinsetzung in den vorigen Stand zu gewähren. Der Antrag ist binnen zwei Wochen nach Wegfall des Hindernisses zu stellen. Die Tatsachen zur Begründung des Antrags sind bei der Antragstellung oder im Verfahren über den Antrag glaubhaft zu machen. Innerhalb der Antragsfrist ist die versäumte Rechtshandlung nachzuholen; ist dies geschehen, kann die Wiedereinsetzung auch ohne Antrag gewährt werden. Nach einem Jahr seit dem Ende der versäumten Frist ist der Antrag unzulässig. Das Verschulden des Bevollmächtigten steht dem Verschulden eines Beschwerdeführers gleich.

(3) Richtet sich die Verfassungsbeschwerde gegen ein Gesetz oder gegen einen sonstigen Hoheitsakt, gegen den ein Rechtsweg nicht offensteht, so kann die Verfassungsbeschwerde nur binnen eines Jahres seit dem Inkrafttreten des Gesetzes oder dem Erlass des Hoheitsaktes erhoben werden.

(4) Ist ein Gesetz vor dem 1. April 1951 in Kraft getreten, so kann die Verfassungsbeschwerde bis zum 1. April 1952 erhoben werden.

§ 93 a [Annahme][1] (1) Die Verfassungsbeschwerde bedarf der Annahme zur Entscheidung.

(2) Sie ist zur Entscheidung anzunehmen,

a) soweit ihr grundsätzliche verfassungsrechtliche Bedeutung zukommt,

b) wenn es zur Durchsetzung der in § 90 Abs.1 genannten Rechte angezeigt ist; dies kann auch der Fall sein, wenn dem Beschwerdeführer durch die Versagung der Entscheidung zur Sache ein besonders schwerer Nachteil entsteht.

§ 93 b [Ablehnung der Annahme] Die Kammer kann die Annahme der Verfassungsbeschwerde ablehnen oder die Verfassungsbeschwerde im Falle des § 93 c zur Entscheidung annehmen. Im Übrigen entscheidet der Senat über die Annahme.

§ 93 c [Stattgebende Kammerentscheidung] (1) Liegen die Voraussetzungen des § 93 a Abs.2 Buchstabe b vor und ist die für die Beurteilung der Verfassungsbeschwerde maßgebliche verfassungsrechtliche Frage durch das Bundesverfassungsgericht bereits entschieden, kann die Kammer der Verfassungsbeschwerde stattgeben,

---

[1] Vgl. dazu Rn.46 f zu Art.93.

wenn sie offensichtlich begründet ist. Der Beschluss steht einer Entscheidung des Senats gleich. Eine Entscheidung, die mit der Wirkung des § 31 Abs.2 ausspricht, dass ein Gesetz mit dem Grundgesetz oder sonstigem Bundesrecht unvereinbar oder nichtig ist, bleibt dem Senat vorbehalten.

(2) Auf das Verfahren finden § 94 Abs.2 und 3 und § 95 Abs.1 und 2 Anwendung.

§ 93 d [Verfahren bei Kammerentscheidung] (1) Die Entscheidung nach § 93 b und § 93 c ergeht ohne mündliche Verhandlung. Sie ist unanfechtbar. Die Ablehnung der Annahme der Verfassungsbeschwerde bedarf keiner Begründung.

(2) Solange und soweit der Senat nicht über die Annahme der Verfassungsbeschwerde entschieden hat, kann die Kammer alle das Verfassungsbeschwerdeverfahren betreffenden Entscheidungen erlassen. Eine einstweilige Anordnung, mit der die Anwendung eines Gesetzes ganz oder teilweise ausgesetzt wird, kann nur der Senat treffen; § 32 Abs.7 bleibt unberührt. Der Senat entscheidet auch in den Fällen des § 32 Abs.3.

(3) Die Entscheidungen der Kammer ergehen durch einstimmigen Beschluss. Die Annahme durch den Senat ist beschlossen, wenn mindestens drei Richter ihr zustimmen.

§ 94 [Anhörung Dritter; Beitritt; mündliche Verhandlung]
(1) Das Bundesverfassungsgericht gibt dem Verfassungsorgan des Bundes oder des Landes, dessen Handlung oder Unterlassung in der Verfassungsbeschwerde beanstandet wird, Gelegenheit, sich binnen einer zu bestimmenden Frist zu äußern.

(2) Ging die Handlung oder Unterlassung von einem Minister oder einer Behörde des Bundes oder des Landes aus, so ist dem zuständigen Minister Gelegenheit zur Äußerung zu geben.

(3) Richtet sich die Verfassungsbeschwerde gegen eine gerichtliche Entscheidung, so gibt das Bundesverfassungsgericht auch dem durch die Entscheidung Begünstigten Gelegenheit zur Äußerung.

(4) Richtet sich die Verfassungsbeschwerde unmittelbar oder mittelbar gegen ein Gesetz, so ist § 77 entsprechend anzuwenden.

(5) Die in den Absätzen 1, 2 und 4 genannten Verfassungsorgane können dem Verfahren beitreten. Das Bundesverfassungsgericht kann von mündlicher Verhandlung absehen, wenn von ihr keine weitere Förderung des Verfahrens zu erwarten ist und die zur Äußerung berechtigten Verfassungsorgane, die dem Verfahren beigetreten sind, auf mündliche Verhandlung verzichten.

§ 95 [Entscheidungsinhalt und -wirkungen][1] (1) Wird der Verfassungsbeschwerde stattgegeben, so ist in der Entscheidung festzustellen, welche Vorschrift des Grundgesetzes und durch welche Handlung oder Unterlassung sie verletzt wurde. Das Bundesverfassungsgericht kann zugleich aussprechen, dass auch jede Wiederholung der beanstandeten Maßnahme das Grundgesetz verletzt.

(2) Wird der Verfassungsbeschwerde gegen eine Entscheidung stattgegeben, so hebt das Bundesverfassungsgericht die Entscheidung auf, in den Fällen des § 90 Abs.2 Satz 1 verweist es die Sache an ein zuständiges Gericht zurück.

(3) Wird der Verfassungsbeschwerde gegen ein Gesetz stattgegeben, so ist das Gesetz für nichtig zu erklären. Das Gleiche gilt, wenn der Verfassungsbeschwerde gemäß Absatz 2 stattgegeben wird, weil die aufgehobene Entscheidung auf einem verfassungswidrigen Gesetz beruht. Die Vorschrift des § 79 gilt entsprechend.

§ 96 (weggefallen)

Sechzehnter Abschnitt.
[Gutachtliche Äußerung des Bundesverfassungsgerichts]

§ 97 (weggefallen)

IV. Teil. Schlussvorschriften

§ 98 [Versetzung in den Ruhestand] (1) Ein Richter des Bundesverfassungsgerichts tritt mit Ablauf der Amtszeit (§ 4 Abs.1, 3 und 4) in den Ruhestand.

(2) Ein Richter des Bundesverfassungsgerichts ist bei dauernder Dienstunfähigkeit in den Ruhestand zu versetzen.

(3) Ein Richter des Bundesverfassungsgerichts ist auf Antrag ohne Nachweis der Dienstunfähigkeit in den Ruhestand zu versetzen, wenn er sein Amt als Richter des Bundesverfassungsgerichts wenigstens sechs Jahre bekleidet hat und wenn er
1. das 65. Lebensjahr vollendet hat oder
2. schwerbehinderter Mensch im Sinne des § 2 Abs.2 des Neunten Buches Sozialgesetzbuch ist und das 60. Lebensjahr vollendet hat.

(4) In den Fällen des Absatzes 3 gilt § 4 Abs.4 sinngemäß.

---

[1] Vgl. dazu Rn.72 f zu Art.93.

(5) Ein Richter im Ruhestand erhält Ruhegehalt. Das Ruhegehalt wird auf der Grundlage der Bezüge berechnet, die dem Richter nach dem Gesetz über das Amtsgehalt der Mitglieder des Bundesverfassungsgerichts zuletzt zugestanden haben. Entsprechendes gilt für die Hinterbliebenenversorgung.

(6) § 70 des Beamtenversorgungsgesetzes gilt entsprechend.

§ 99 (weggefallen)

§ 100 [Übergangsgeld] (1) Endet das Amt eines Richters des Bundesverfassungsgerichts nach § 12, so erhält er, wenn er sein Amt wenigstens zwei Jahre bekleidet hat, für die Dauer eines Jahres ein Übergangsgeld in Höhe seiner Bezüge nach Maßgabe des Gesetzes über das Amtsgehalt der Mitglieder des Bundesverfassungsgerichts. Dies gilt nicht für den Fall des Eintritts in den Ruhestand nach § 98.

(2) Die Hinterbliebenen eines früheren Richters des Bundesverfassungsgerichts, der zurzeit seines Todes Übergangsgeld bezog, erhalten Sterbegeld sowie für den Rest der Bezugsdauer des Übergangsgeldes Witwen- und Waisengeld; Sterbegeld, Witwen- und Waisengeld werden aus dem Übergangsgeld berechnet.

§ 101 [Bisheriges Amt][1] (1) Ein zum Richter des Bundesverfassungsgerichts gewählter Beamter oder Richter scheidet vorbehaltlich der Vorschrift des § 70 des Deutschen Richtergesetzes mit der Ernennung aus seinem bisherigen Amt aus. Für die Dauer des Amtes als Richter des Bundesverfassungsgerichts ruhen die in dem Dienstverhältnis als Beamter oder Richter begründeten Rechte und Pflichten. Bei unfallverletzten Beamten oder Richtern bleibt der Anspruch auf das Heilverfahren unberührt.

(2) Endet das Amt als Richter des Bundesverfassungsgerichts, so tritt der Beamte oder Richter, wenn ihm kein anderes Amt übertragen wird, aus seinem Dienstverhältnis als Beamter oder Richter in den Ruhestand und erhält das Ruhegehalt, das er in seinem früheren Amt unter Hinzurechnung der Dienstzeit als Richter des Bundesverfassungsgerichts erhalten hätte. Soweit es sich um Beamte oder Richter handelt, die nicht Bundesbeamte oder Bundesrichter sind, erstattet der Bund dem Dienstherrn das Ruhegehalt sowie die Hinterbliebenenbezüge.

(3) Die Absätze 1 und 2 gelten nicht für beamtete Lehrer des Rechts an einer deutschen Hochschule. Für die Dauer ihres Amtes als Richter am Bundesverfassungsgericht ruhen grundsätzlich ihre Pflichten aus dem Dienstverhältnis als Hochschullehrer. Von den

---

[1] Vgl. dazu Rn.1 zu Art.94.

Dienstbezügen aus dem Dienstverhältnis als Hochschullehrer werden zwei Drittel auf die ihnen als Richter des Bundesverfassungsgerichts zustehenden Bezüge angerechnet. Der Bund erstattet dem Dienstherrn des Hochschullehrers die durch seine Vertretung erwachsenden tatsächlichen Ausgaben bis zur Höhe der angerechneten Beträge.

§ 102 [Mehrere Bezüge] (1) Steht einem früheren Richter des Bundesverfassungsgerichts ein Anspruch auf Ruhegehalt nach § 101 zu, so ruht dieser Anspruch für den Zeitraum, für den ihm Ruhegehalt oder Übergangsgeld nach § 98 oder § 100 zu zahlen ist, bis zur Höhe des Betrages dieser Bezüge.

(2) Wird ein früherer Richter des Bundesverfassungsgerichts, der Übergangsgeld nach § 100 bezieht, im öffentlichen Dienst wiederverwendet, so wird das Einkommen aus dieser Verwendung auf das Übergangsgeld angerechnet.

(3) Bezieht ein früherer Richter des Bundesverfassungsgerichts Dienstbezüge, Emeritenbezüge oder Ruhegehalt aus einem vor oder während seiner Amtszeit als Bundesverfassungsrichter begründeten Dienstverhältnis als Hochschullehrer, so ruhen neben den Dienstbezügen das Ruhegeld oder das Übergangsgeld aus dem Richteramt insoweit, als sie zusammen um den nach § 101 Abs.3 Satz 3 anrechnungsfreien Betrag erhöhte Amtsgehalt übersteigen; neben den Emeritenbezügen oder dem Ruhegehalt aus dem Dienstverhältnis als Hochschullehrer werden das Ruhegehalt oder das Übergangsgeld aus dem Richteramt bis zur Erreichung des Ruhegehalts gewährt, das sich unter Zugrundelegung der gesamten ruhegehaltsfähigen Dienstzeit und des Amtsgehalts zuzüglich des anrechnungsfreien Betrages nach § 101 Abs.3 Satz 3 ergibt.

(4) Die Absätze 1 bis 3 gelten entsprechend für die Hinterbliebenen. § 54 Abs.3 und Abs.4 Satz 2 des Beamtenversorgungsgesetzes gilt sinngemäß.

§ 103 [Versorgungsrecht] Soweit in den §§ 98 bis 102 nichts anderes bestimmt ist, finden auf die Richter des Bundesverfassungsgerichts die für Bundesrichter geltenden versorgungsrechtlichen Vorschriften Anwendung; Zeiten einer Tätigkeit, die für die Wahrnehmung des Amts des Richters des Bundesverfassungsgerichts dienlich ist, sind Zeiten im Sinne des § 11 Abs.1 Nr.3 Buchstabe a des Beamtenversorgungsgesetzes. Die versorgungsrechtlichen Entscheidungen trifft der Präsident des Bundesverfassungsgerichts.

§ 104 [Rechtsanwälte und Notare als Richter am Bundesverfassungsgericht] (1) Wird ein Rechtsanwalt zum Richter am Bundesverfassungsgericht ernannt, so ruhen seine Rechte aus der Zulassung für die Dauer seines Amtes.

(2) Wird ein Notar zum Richter am Bundesverfassungsgericht ernannt, so gilt § 101 Abs.1 Satz 2 entsprechend.

§ 105 [Ruhestand; Entlassung] (1) Das Bundesverfassungsgericht kann den Bundespräsidenten ermächtigen

1. wegen dauernder Dienstunfähigkeit einen Richter des Bundesverfassungsgerichts in den Ruhestand zu versetzen;

2. einen Richter des Bundesverfassungsgerichts zu entlassen, wenn er wegen einer entehrenden Handlung oder zu einer Freiheitsstrafe von mehr als sechs Monaten rechtskräftig verurteilt worden ist oder wenn er sich einer so groben Pflichtverletzung schuldig gemacht hat, dass sein Verbleiben im Amt ausgeschlossen ist.

(2) Über die Einleitung des Verfahrens nach Absatz 1 entscheidet das Plenum des Bundesverfassungsgerichts.

(3) Die allgemeinen Verfahrensvorschriften sowie die Vorschriften des § 54 Abs.1 und § 55 Abs.1, 2, 4 bis 6 gelten entsprechend.

(4) Die Ermächtigung nach Absatz 1 bedarf der Zustimmung von zwei Dritteln der Mitglieder des Gerichts.

(5) Nach Einleitung des Verfahrens gemäß Absatz 2 kann das Plenum des Bundesverfassungsgerichts den Richter vorläufig seines Amtes entheben. Das Gleiche gilt, wenn gegen den Richter wegen einer Straftat das Hauptverfahren eröffnet worden ist. Die vorläufige Enthebung vom Amt bedarf der Zustimmung von zwei Dritteln der Mitglieder des Gerichts.

(6) Mit der Entlassung nach Absatz 1 Nr.2 verliert der Richter alle Ansprüche aus seinem Amt.

§ 106 (Inkrafttreten)[1]

§ 107 (weggefallen)

---

[1] Das BVerfGG ist in seiner ursprünglichen Fassung vom 12. 3. 1951 (BGBl. I S. 243) am 17. 4. 1951 in Kraft getreten.

Sachverzeichnis

Die Verweise beziehen sich auf Artikel (fett gedruckt) und Randnummern (mager gedruckt). Mit Einl, Präamb und Vorb wird auf die Randnummern zur Einleitung, zur Präambel bzw. zu den Vorbemerkungen vor Art. 1 verwiesen. „WRV" verweist auf die nach Art. 140 folgenden Artikel der Weimarer Reichsverfassung. Ä = Ae usw.

Sachverzeichnis

Sachverzeichnis

Sachverzeichnis

Sachverzeichnis

Sachverzeichnis

Sachverzeichnis

Sachverzeichnis

Sachverzeichnis

Sachverzeichnis

Sachverzeichnis

Sachverzeichnis

Sachverzeichnis

Sachverzeichnis

Sachverzeichnis

Sachverzeichnis

Sachverzeichnis

Sachverzeichnis

Sachverzeichnis

Sachverzeichnis

Sachverzeichnis

Sachverzeichnis

Sachverzeichnis

Sachverzeichnis

Sachverzeichnis

Sachverzeichnis

Sachverzeichnis

Sachverzeichnis

Sachverzeichnis

Sachverzeichnis

Sachverzeichnis

1349

Sachverzeichnis

Sachverzeichnis

Sachverzeichnis

Sachverzeichnis

Sachverzeichnis

Sachverzeichnis

Sachverzeichnis